Documenta Geigy
Wissenschaftliche Tabellen

Documenta Geigy

Wissenschaftliche Tabellen

7. Ausgabe

Redaktion:
Konrad Diem und Cornelius Lentner

Georg Thieme Verlag Stuttgart 1975

Sonderausgabe Georg Thieme Verlag, Stuttgart,
auf Grund des revidierten Nachdrucks 1975
Printed in Germany
ISBN 313 5232 01 8

Vorwort der Redaktion

Gegenüber der 6. sind in der 7. Ausgabe der *Wissenschaftlichen Tabellen* hauptsächlich folgende Änderungen vorgenommen worden:

Die Maßeinheiten und physikalischen Konstanten wurden auf den neuesten Stand gebracht unter Berücksichtigung der bis Ende 1967 von der Internationalen Union für reine und angewandte Physik (IUPAP) empfohlenen Nomenklatur, Symbole und Einheiten. Sämtliche Molgewichtsangaben sind nach der vereinheitlichten Skala der relativen Atommassen, Bezugsnuklid $^{12}C = 12$, berechnet.

Im Abschnitt «Physikalische Chemie» wurde ein Kapitel über pH-Standards eingefügt; die Angaben über Pufferlösungen sind auf die pH-Skala des National Bureau of Standards bezogen.

Dem stark erweiterten Abschnitt «Biochemie» wurden unter anderem Kapitel über die Protein- und Fettsäurensynthese sowie eine Zusammenstellung über angeborene Stoffwechselstörungen beigefügt. Die biochemische Nomenklatur entspricht weitgehend den Empfehlungen der Internationalen Union für reine und angewandte Chemie (IUPAC) und der Internationalen Union für Biochemie (IUB); für die Enzymnomenklatur waren die Empfehlungen der Enzymkommission (EC) der IUB maßgebend.

Im Abschnitt «Ernährung» wurden die Vitamine unter besonderer Berücksichtigung ihrer ernährungsphysiologischen Bedeutung ausführlicher beschrieben und die Angaben über die Zusammensetzung von Nahrungsmitteln kritisch überprüft.

Erweitert wurden die Kapitel «Chemische Zusammensetzung des Körpers», «Nierenfunktionswerte» und «Atmung». Die Darstellung der Körperflüssigkeiten enthält viele Daten aus der neuesten Literatur. Stark erweitert wurde die Zusammenstellung der Serumenzyme, neu aufgenommen sind die Kapitel «Synovialflüssigkeit» und «Schweiß».

Im Abschnitt «Körpermaße» wurden die Normalmaße der Schwangerschaft revidiert und die in der 6. Ausgabe enthaltenen Angaben über Normalmaße des Wachstums nordamerikanischer Kinder durch Daten aus einer Basler Studie ersetzt.

Den Abschnitt «Hormone» haben wir an das Ende der *Wissenschaftlichen Tabellen* gestellt, um vor der Drucklegung noch möglichst viel von den sich rasch vermehrenden Erkenntnissen der endokrinologischen Forschung berücksichtigen zu können.

Februar 1968 K. Diem und C. Lentner

Anmerkung zum revidierten Nachdruck 1975

Im vorliegenden Nachdruck haben wir die uns bekannt gewordenen Druckfehler nach Möglichkeit berichtigt. Überdies konnten wir an einigen Stellen auch inhaltliche Korrekturen anbringen. Die relativen Atommassen 1973, die revidierten Empfehlungen zur täglichen Zufuhr von Nährstoffen (National Academy of Sciences, USA, 1974) und die Strukturformeln der wichtigsten in den letzten Jahren entdeckten Hormone sind aus Platzgründen auf den Seiten 754–756 zusammengefaßt.

Februar 1975 K. Diem und C. Lentner

Anmerkung des Verlags

Als vor rund fünfundzwanzig Jahren die ersten *Wissenschaftlichen Tabellen – Documenta Geigy* als schmales Bändchen herauskamen, hat niemand den Erfolg voraussehen können. Bald wurde eine neue Ausgabe und bald eine dritte nötig. Von Erscheinen zu Erscheinen wuchs das Werk an Umfang. Immer mehr namhafte Autoren konnten zur Mitarbeit gewonnen werden. Mit ihrer Hilfe, aber auch dank wertvoller Hinweise kritischer Leser, die auf Lücken und Mängel aufmerksam machten, gewannen die *Wissenschaftlichen Tabellen – Documenta Geigy* an Qualität und Zuverlässigkeit. Sie wurden zum unentbehrlichen Nachschlagewerk. Aber *ein* Nachteil haftete allen Ausgaben, auch der als letzter erschienenen, vollständig revidierten siebten an: die Wissenschaftlichen Tabellen wurden nur in kleiner Auflage produziert. Sie blieben sozusagen ein Privatdruck für ausgewählte Empfänger, im Buchhandel nicht erhältlich.

Um so mehr freuen wir uns, daß es uns gelungen ist, den Herausgeber vom breiten Bedürfnis nach diesem Buch zu überzeugen. Unser Dank gilt den auf der folgenden Seite erwähnten Autoren und den Experten, die beim Zusammenstellen der Tabellen beratend geholfen haben, vor allem aber CIBA-GEIGY AG, Basel, die dieser ersten Buchhandelsausgabe zugestimmt hat.

Georg Thieme Verlag Stuttgart

Mitarbeiter

Dr. M. Aliapoulios, Peter Bent Brigham Hospital, Boston, Mass., USA
Prof. M. Allgöwer, Chirurgische Universitätsklinik, Kantonsspital Basel
Dr. G. Becker, Braunschweig
Dr. S. Böhme, Astronomisches Recheninstitut, Heidelberg
Dr. C. G. von Boroviczény, Medizinische Universitätsklinik Freiburg i. Br.
Dr. L. Braverman, St. Elizabeth's Hospital, Boston, Mass., USA
Dr. A. Brügger, Zürich
Dr. R. B. Clayton, Department of Psychiatry, Stanford University, Palo Alto, Calif., USA
Dr. E. R. Cohen, North American Rockwell Science Center, Thousand Oaks, Calif., USA
Dr. R. A. Cooper, Department of Biochemistry, University of Leicester, England
Dr. J. W. T. Dickerson, Department of Experimental Medicine, University of Cambridge, England
Prof. W. Fritz, Braunschweig
Prof. W. Furrer, Eidgenössische Technische Hochschule, Zürich
Prof. Maria-Pia Geppert, Institut für medizinische Statistik der Universität Tübingen
Dr. H. M. Goodman, Harvard Medical School, Boston, Mass., USA
PD Dr. U. F. Gruber, Chirurgische Universitätsklinik, Kantonsspital Basel
Dr. M. J. Herrera, Joslin Research Laboratory, Boston, Mass., USA
Prof. H. Herzog, Abteilung für Atmungskrankheiten, Kantonsspital Basel
Prof. W. H. Hitzig, Kinderspital Zürich
Prof. L. P. Holländer, Blutspendezentrum Basel-Stadt des Schweizerischen Roten Kreuzes
J. Hoppe-Blank, Braunschweig
Prof. W. Hübner, Braunschweig
Dr. F. E. Hytten, Reproduction and Growth Research Unit, University of Newcastle upon Tyne, England
Prof. M. J. Jaeger, Institut de physiologie de l'Université Fribourg
Prof. E. Kallee, Isotopenabteilung der Medizinischen Universitätsklinik Tübingen
PD Dr. H. J. Kaufmann, Röntgeninstitut des Kinderspitals Basel
Dozent F. Kohler, Institut für physikalische Chemie der Universität Wien
Prof. H. L. Kornberg, F. R. S., Department of Biochemistry, University of Leicester, England
Professor Sir Hans Krebs, F. R. S., Metabolic Research Laboratory, Nuffield Department of Clinical Medicine, Radcliffe Infirmary, Oxford, England
Dr. J. M. Lowenstein, Graduate Department of Biochemistry, Brandeis University, Waltham, Mass., USA
Dr. Patricia Lund, Metabolic Research Laboratory, Nuffield Department of Clinical Medicine, Radcliffe Infirmary, Oxford, England
Prof. H. Lüthy, Universitäts-Röntgeninstitut, Kantonsspital Basel
Dr. C. Montigel, Wissenschaftliche Laboratorien CIBA–GEIGY AG, Basel
Prof. D. P. Mertz, Medizinische Universitätspoliklinik Freiburg i. Br.
Dr. E. A. Newsholme, Department of Biochemistry, University of Oxford, England
Dr. C. V. Perrier, Clinique universitaire de thérapeutique, Hôpital cantonal, Genève
Prof. J. R. Quayle, Department of Microbiology, University of Sheffield, England
Dr. P. R. Raggatt, Department of Biochemistry, University of Oxford, England
Prof. S. Rauch, Kantonsspital Olten
Dr. W. J. Reddy, Harvard Medical School, Boston, Mass., USA
Dr. Charlotte Rhonheimer, Zürich
Prof. W. Rick, I. Medizinische Klinik der Städtischen Krankenanstalten, Düsseldorf
Dr. H. P. Rieder, Forschungslaboratorien der Neurologischen Universitätsklinik Basel
Dr. W. Roth, Harvard Medical School, Boston, Mass., USA
Prof. G. Ruhenstroth, Max-Planck-Institut für Biochemie, München
Prof. H. Sarre, Medizinische Universitätspoliklinik Freiburg i. Br.
Dr. P. Schmid, Eidgenössische Anstalt für das forstliche Versuchswesen, Birmensdorf ZH
Dr. E. Schmidt und Prof. F. W. Schmidt, Gastroenterologische Abteilung der Medizinischen Klinik der Medizinischen Hochschule Hannover
PD Dr. W. Schoop, Aggertal-Klinik, Engelskirchen
Dr. J. Solomon, Chestnut Hill, Mass., USA
Dr. J. Steinke, Joslin Research Laboratory, Boston, Mass., USA
Prof. U. Stille, Braunschweig
PD Dr. E. Strehler, Feldbach ZH
Prof. H. Studer, Medizinische Universitätsklinik Bern
Dr. R. Veyrat, Laboratoire de physiopathologie clinique et Département de médecine interne, Hôpital cantonal, Genève
Dr. I. O. Walker, Department of Biochemistry, University of Oxford, England
E. Wechselberger, Isotopenabteilung der Medizinischen Universitätsklinik Tübingen
Prof. H. Weicker, Institut für Humangenetik der Universität Bonn
Dr. H.-M. Weiss, Braunschweig
Dr. Elsie M. Widdowson, Department of Experimental Medicine, University of Cambridge, England
Dr. J. R. Williamson, Department of Biophysics and Physical Biochemistry, The Johnson Foundation, Philadelphia, Pa., USA
Prof. O. Wiss, F. Hoffmann-La Roche & Co. A.G., Basel
Dr. L. I. Woolf, Faculty of Medicine, University of British Columbia, Vancouver

---

Herausgeber und Redaktoren sind den folgenden Verlegern, Instituten und Herausgebern von Zeitschriften für die Überlassung von Reproduktionsrechten zu Dank verpflichtet (in Klammern Seitenangabe):

Academic Press Inc., New York (747); Acta Medica Scandinavica, Stockholm (544, 545); Acta Paediatrica Scandinavica, Stockholm (545); American Medical Association, Chicago, Ill. (735); American Physiological Society, Bethesda, Md. (524, 543); American Review of Respiratory Disease, New York (546); American Society for Clinical Investigation, New York (553); American Statistical Association, Washington, D.C. (53, 56, 57); Association of American Physicians, Baltimore, Md. (531); Bell Telephone Laboratories, Murray Hill, N.J. (130); The Biometric Society, Tucson, Ariz. (50, 53); Biometrika, London (47, 48, 49, 51, 52, 53); Birkhäuser Verlag, Basel (131); British Medical Bulletin, London (723); J. & A. Churchill Ltd., London (674, 704); Columbia University Press, New York (64, 65, 69); Federation of American Societies for Experimental Biology, Bethesda, Md. (537); Charles Griffin & Company Limited, London (66); Institute of Mathematical Statistics, Hayward, Calif. (53, 58, 129, 130); International Civil Aviation Organization, Montreal (246–248); The Lancet, London (530, 726); Lea & Febiger, Philadelphia, Pa. (561, 617); Smith-Corona Marchant, Inc., Oakland, Calif. (24); McGraw-Hill Book Company, New York (45, 46, 250); Masson & Cie, Editeurs, Paris (243); Methuen & Co. Ltd., London (682); The C.V. Mosby Company, St. Louis, Mo. (614); National Academy of Sciences, National Research Council, Washington, D.C. (250); National Bureau of Standards, Washington, D.C. (29, 31, 64, 65, 69); Oliver & Boyd Ltd., Edinburg (31, 54, 55, 613); Pathological Society of Great Britain and Ireland, London (613); Periodica, Kopenhagen (738, 739); Pitman Medical Publishing Company Limited, London (738); The Radiological Society of North America, Inc., New York (699); Royal College of Obstetricians and Gynaecologists, London (745); Schwabe & Co., Verlag, Basel (525); Skandinavisk Aktuarietidskrift, Stocksund, Schweden (36, 37); Smithsonian Institution Press, Washington, D.C. (250, 252); E. & F. N. Spon Limited, London (18–20, 23, 278); Springer-Verlag, Berlin, Heidelberg, New York (40, 41, 528, 529, 530, 531, 542, 544, 743); Stichting Mathematisch Centrum, Amsterdam (124–126); The University of Chicago Press, Chicago, Ill. (524); Urban & Schwarzenberg, München (477); Weltgesundheitsorganisation, Genf (749–753); John Wiley & Sons, Inc., New York (273, 552); The Williams & Wilkins Company, Baltimore, Md. (543, 558, 565).

Inhaltsübersicht

Inhaltsübersicht

Anleitung zur Handhabung

Über *allgemeine Kapitel* orientiert die vorstehende Inhaltsübersicht, über *spezielle Begriffe* das Stichwortverzeichnis im gelben Teil am Schluß des Buches. Der Einführung in die Statistik (S. 146–197) ist ein eigenes Stichwortverzeichnis beigegeben (S. 198).

In der Regel werden alle in den Tabellen verwendeten Symbole, Abkürzungen usw. an Ort und Stelle definiert bzw. erklärt. Nullwerte sind durchgehend mit Null (0) gekennzeichnet. Ein Strich (–) oder ein Fragezeichen anstelle eines Zahlenwertes bedeutet «Wert unbekannt», stellt also keine Wertangabe dar und soll vor allem nicht mit «Null» verwechselt werden.

Wenn am Schluß einer Zahlenangabe Ziffern durch einen aufgesetzten Punkt hervorgehoben sind, so handelt es sich um die Periode eines Bruches. Beispiele:

$$1{,}\dot{6} = 1{,}666\,666\ldots$$
$$1{,}65\dot{2}7\dot{8} = 1{,}652\,782\,782\,78\ldots$$

Wo es notwendig erscheint, exakte Zahlen, zum Beispiel 1,1257 (00000...), von anderen, wie 1,1257 (35486...), zu unterscheiden, ist die letzte Ziffer fett hervorgehoben, zum Beispiel 1,125**7**. Die Kennzeichnung erfolgt auf gleiche Weise, wenn eine Konstante arbitrarisch als exakte Zahl definiert ist.

Den Zahlentafeln entnehme man nur jene Anzahl Stellen, die im gegebenen Fall angebracht erscheint.

Normalbereiche sind, sofern sie nach statistischen Regeln berechnet wurden (zumeist nach Mittelwert ± 2 Standardabweichungen), in den Tabellenköpfen durch den Vermerk «95%-Bereich» gekennzeichnet.

Da es nicht möglich ist, die gesamte Literatur eines Gebietes zu berücksichtigen, haben wir in der Regel nur repräsentative Originalarbeiten bzw. Übersichtswerke aus der neueren Literatur zitiert. Bei aktuellen Themen sind die Literaturhinweise etwas vollständiger gehalten. Die Abkürzungen der Zeitschriftennamen erfolgten nach den Normen der Unesco (*World Medical Periodicals*, 1961).

Mathematische Konstanten

Bernoullische Zahlen

n	B_n
1	1/ 6
2	1/ 30
3	1/ 42
4	1/ 30
5	5/ 66
6	691/2730
7	7/ 6
8	3617/ 510
9	43867/ 798
10	1 74611/ 330
11	8 54513/ 138
12	2363 64091/2730
13	85 53103/ 6

Eulersche Zahlen

n	E_n
1	1
2	5
3	61
4	1385
5	50521
6	27 02765
7	1993 60981
8	1 93915 12145
9	240 48796 75441
10	37037 11882 37525
11	69 34887 43931 37901
12	15514 53416 35570 86905
13	40 87072 50929 31238 92361

Primzahlen < 100

Numerus	$\log_{10}$ (Mantisse)
2	30102 99956 63981 19521
3	47712 12547 19662 43730
5	69897 00043 36018 80479
7	84509 80400 14256 83071
11	04139 26851 58225 04075
13	11394 33523 06836 76921
17	23044 89213 78273 92854
19	27875 36009 52828 96154
23	36172 78360 17592 87887
29	46239 79978 98956 08733
31	49136 16938 34272 67967
37	56820 17240 66994 99681
41	61278 38567 19735 49451
43	63346 84555 79586 52641
47	67209 78579 35717 46441
53	72427 58696 00789 04563
59	77085 20116 42144 19026
61	78532 98350 10767 03389
67	82607 48027 00826 43415
71	85125 83487 19075 28609
73	86332 28601 20455 90107
79	89762 70912 90441 42799
83	91907 80923 76073 90383
89	94939 00066 44912 78472
97	98677 17342 66244 85178

Konstanten

Konstante	Numerus	$\log_{10}$
π	3,14159 26535 89793 23846	0,49714 98726 94133 85435
π^2	9,86960 44010 89358 61883	0,99429 97453 88267 70870
$(2\pi)^{-1/2}$	0,39894 22804 01432 67794	0,60091 00658 20942 47522 – 1
e	2,71828 18284 59045 23536	Siehe M
M	0,43429 44819 03251 82765	$= \log_{10} e = \lg e$
1/M	2,30258 50929 94045 68402	$= \log_e 10 = \ln 10$
γ (EULERsche Konstante)	0,57721 56649 01532 86061	0,76133 81087 83167 61054 – 1

Griechisches Alphabet

Griechischer Buchstabe				Griechischer Name	Lateinischer Buchstabe (deutsches Äquivalent)	
Α	α	*Α*	*α*	Alpha	A	a
Β	β	*Β*	*β*	Beta	B	b
Γ	γ	*Γ*	*γ*	Gamma	G	g
Δ	δ	*Δ*	*δ*	Delta	D	d
Ε	ε, ϵ	*Ε*	*ε, ϵ*	Epsilon	Ĕ	ĕ
Ζ	ζ	*Ζ*	*ζ*	Zeta	Z	z
Η	η	*Η*	*η*	Eta	Ē	ē
Θ	ϑ, θ	*Θ*	*ϑ, θ*	Theta	Th	th
Ι	ι	*Ι*	*ι*	Iota	I	i
Κ	ϰ, κ	*Κ*	*ϰ, κ*	Kappa	K	k
Λ	λ	*Λ*	*λ*	Lambda	L	l
Μ	μ	*Μ*	*μ*	My	M	m
Ν	ν	*Ν*	*ν*	Ny	N	n
Ξ	ξ	*Ξ*	*ξ*	Xi	X	x
Ο	ο	*Ο*	*ο*	Omikron	Ŏ	ŏ
Π	π, ϖ	*Π*	*π, ϖ*	Pi	P	p
Ρ	ρ	*Ρ*	*ϱ*	Rho	R	r
Σ	σ, ς	*Σ*	*σ, ς*	Sigma	S	s
Τ	τ	*Τ*	*τ*	Tau	T	t
Υ	υ	*Υ*	*υ*	Ypsilon	Y	y
Φ	φ, ϕ	*Φ*	*φ, ϕ*	Phi	Ph	ph
Χ	χ	*Χ*	*χ*	Chi	Ch	ch
Ψ	ψ	*Ψ*	*ψ*	Psi	Ps	ps
Ω	ω	*Ω*	*ω*	Omega	Ō	ō

Vorsätze zur Bezeichnung von dezimalen Vielfachen und Teilen der Einheiten [1]

Zehnerpotenz	Vorsatz	Symbol
10^{12}	Tera	T
10^{9}	Giga	G
10^{6}	Mega	M
10^{3}	Kilo	k
10^{2}	Hekto	h
10^{1}	Deka	da
10^{-1}	Dezi	d
10^{-2}	Zenti	c
10^{-3}	Milli	m
10^{-6}	Mikro	μ
10^{-9}	Nano	n
10^{-12}	Piko	p
10^{-15}	Femto	f
10^{-18}	Atto	a

[1] Conférence générale des Poids et Mesures, *Comptes rendus des séances de la 11e Conférence générale des Poids et Mesures*, Paris 1960, Gauthier-Villars, Paris, 1961, S. 87; *Comptes rendus des séances de la 12e Conférence générale des Poids et Mesures*, Paris 1964, Gauthier-Villars, Paris, 1964, S. 94.

Num. x	log x										Zuschläge für Zehntel der Spanne								
↓ →	0	1	2	3	4	5	6	7	8	9	1	2	3	4	5	6	7	8	9
100	0000	0004	0009	0013	0017	0022	0026	0030	0035	0039	0	1	1	2	2	3	3	3	4
101	0043	0048	0052	0056	0060	0065	0069	0073	0077	0082	0	1	1	2	2	3	3	3	4
102	0086	0090	0095	0099	0103	0107	0111	0116	0120	0124	0	1	1	2	2	3	3	3	4
103	0128	0133	0137	0141	0145	0149	0154	0158	0162	0166	0	1	1	2	2	3	3	3	4
104	0170	0175	0179	0183	0187	0191	0195	0199	0204	0208	0	1	1	2	2	2	3	3	4
105	0212	0216	0220	0224	0228	0233	0237	0241	0245	0249	0	1	1	2	2	2	3	3	4
106	0253	0257	0261	0265	0269	0273	0278	0282	0286	0290	0	1	1	2	2	2	3	3	4
107	0294	0298	0302	0306	0310	0314	0318	0322	0326	0330	0	1	1	2	2	2	3	3	4
108	0334	0338	0342	0346	0350	0354	0358	0362	0366	0370	0	1	1	2	2	2	3	3	4
109	0374	0378	0382	0386	0390	0394	0398	0402	0406	0410	0	1	1	2	2	2	3	3	4
↓ **10**	0000	0043	0086	0128	0170	0212	0253	0294	0334	0374	4	8	12	17	21	25	29	33	37
11	0414	0453	0492	0531	0569	0607	0645	0682	0719	0755	4	8	11	15	19	23	26	30	34
12	0792	0828	0864	0899	0934	0969	1004	1038	1072	1106	3	7	10	14	17	21	24	28	31
13	1139	1173	1206	1239	1271	1303	1335	1367	1399	1430	3	6	10	13	16	19	23	26	29
14	1461	1492	1523	1553	1584	1614	1644	1673	1703	1732	3	6	9	12	15	18	21	24	27
15	1761	1790	1818	1847	1875	1903	1931	1959	1987	2014	3	6	8	11	14	17	20	22	25
16	2041	2068	2095	2122	2148	2175	2201	2227	2253	2279	3	5	8	11	13	16	18	21	24
17	2304	2330	2355	2380	2405	2430	2455	2480	2504	2529	2	5	7	10	12	15	17	20	22
18	2553	2577	2601	2625	2648	2672	2695	2718	2742	2765	2	5	7	9	12	14	16	19	21
19	2788	2810	2833	2856	2878	2900	2923	2945	2967	2989	2	4	7	9	11	13	16	18	20
20	3010	3032	3054	3075	3096	3118	3139	3160	3181	3201	2	4	6	8	11	13	15	17	19
21	3222	3243	3263	3284	3304	3324	3345	3365	3385	3404	2	4	6	8	10	12	14	16	18
22	3424	3444	3464	3483	3502	3522	3541	3560	3579	3598	2	4	6	8	10	12	14	15	17
23	3617	3636	3655	3674	3692	3711	3729	3747	3766	3784	2	4	6	7	9	11	13	15	17
24	3802	3820	3838	3856	3874	3892	3909	3927	3945	3962	2	4	5	7	9	11	12	14	16
25	3979	3997	4014	4031	4048	4065	4082	4099	4116	4133	2	3	5	7	9	10	12	14	15
26	4150	4166	4183	4200	4216	4232	4249	4265	4281	4298	2	3	5	7	8	10	11	13	15
27	4314	4330	4346	4362	4378	4393	4409	4425	4440	4456	2	3	5	6	8	9	11	13	14
28	4472	4487	4502	4518	4533	4548	4564	4579	4594	4609	2	3	5	6	8	9	11	12	14
29	4624	4639	4654	4669	4683	4698	4713	4728	4742	4757	1	3	4	6	7	9	10	12	13
30	4771	4786	4800	4814	4829	4843	4857	4871	4886	4900	1	3	4	6	7	9	10	11	13
31	4914	4928	4942	4955	4969	4983	4997	5011	5024	5038	1	3	4	6	7	8	10	11	12
32	5051	5065	5079	5092	5105	5119	5132	5145	5159	5172	1	3	4	5	7	8	9	11	12
33	5185	5198	5211	5224	5237	5250	5263	5276	5289	5302	1	3	4	5	6	8	9	10	12
34	5315	5328	5340	5353	5366	5378	5391	5403	5416	5428	1	3	4	5	6	8	9	10	11
35	5441	5453	5465	5478	5490	5502	5514	5527	5539	5551	1	2	4	5	6	7	9	10	11
36	5563	5575	5587	5599	5611	5623	5635	5647	5658	5670	1	2	4	5	6	7	8	10	11
37	5682	5694	5705	5717	5729	5740	5752	5763	5775	5786	1	2	3	5	6	7	8	9	10
38	5798	5809	5821	5832	5843	5855	5866	5877	5888	5899	1	2	3	5	6	7	8	9	10
39	5911	5922	5933	5944	5955	5966	5977	5988	5999	6010	1	2	3	4	5	7	8	9	10
40	6021	6031	6042	6053	6064	6075	6085	6096	6107	6117	1	2	3	4	5	6	8	9	10
41	6128	6138	6149	6160	6170	6180	6191	6201	6212	6222	1	2	3	4	5	6	7	8	9
42	6232	6243	6253	6263	6274	6284	6294	6304	6314	6325	1	2	3	4	5	6	7	8	9
43	6335	6345	6355	6365	6375	6385	6395	6405	6415	6425	1	2	3	4	5	6	7	8	9
44	6435	6444	6454	6464	6474	6484	6493	6503	6513	6522	1	2	3	4	5	6	7	8	9
45	6532	6542	6551	6561	6571	6580	6590	6599	6609	6618	1	2	3	4	5	6	7	8	9
46	6628	6637	6646	6656	6665	6675	6684	6693	6702	6712	1	2	3	4	5	6	7	7	8
47	6721	6730	6739	6749	6758	6767	6776	6785	6794	6803	1	2	3	4	5	5	6	7	8
48	6812	6821	6830	6839	6848	6857	6866	6875	6884	6893	1	2	3	4	4	5	6	7	8
49	6902	6911	6920	6928	6937	6946	6955	6964	6972	6981	1	2	3	4	4	5	6	7	8
50	6990	6998	7007	7016	7024	7033	7042	7050	7059	7067	1	2	3	3	4	5	6	7	8
51	7076	7084	7093	7101	7110	7118	7126	7135	7143	7152	1	2	3	3	4	5	6	7	8
52	7160	7168	7177	7185	7193	7202	7210	7218	7226	7235	1	2	2	3	4	5	6	7	7
53	7243	7251	7259	7267	7275	7284	7292	7300	7308	7316	1	2	2	3	4	5	6	6	7
54	7324	7332	7340	7348	7356	7364	7372	7380	7388	7396	1	2	2	3	4	5	6	6	7
55	7404	7412	7419	7427	7435	7443	7451	7459	7466	7474	1	2	2	3	4	5	5	6	7
56	7482	7490	7497	7505	7513	7520	7528	7536	7543	7551	1	2	2	3	4	5	5	6	7
57	7559	7566	7574	7582	7589	7597	7604	7612	7619	7627	1	2	2	3	4	5	5	6	7
58	7634	7642	7649	7657	7664	7672	7679	7686	7694	7701	1	1	2	3	4	4	5	6	7
59	7709	7716	7723	7731	7738	7745	7752	7760	7767	7774	1	1	2	3	4	4	5	6	7
60	7782	7789	7796	7803	7810	7818	7825	7832	7839	7846	1	1	2	3	4	4	5	6	6
61	7853	7860	7868	7875	7882	7889	7896	7903	7910	7917	1	1	2	3	4	4	5	6	6
62	7924	7931	7938	7945	7952	7959	7966	7973	7980	7987	1	1	2	3	3	4	5	6	6
63	7993	8000	8007	8014	8021	8028	8035	8041	8048	8055	1	1	2	3	3	4	5	5	6
64	8062	8069	8075	8082	8089	8096	8102	8109	8116	8122	1	1	2	3	3	4	5	5	6
65	8129	8136	8142	8149	8156	8162	8169	8176	8182	8189	1	1	2	3	3	4	5	5	6
66	8195	8202	8209	8215	8222	8228	8235	8241	8248	8254	1	1	2	3	3	4	5	5	6
67	8261	8267	8274	8280	8287	8293	8299	8306	8312	8319	1	1	2	3	3	4	5	5	6
68	8325	8331	8338	8344	8351	8357	8363	8370	8376	8382	1	1	2	3	3	4	4	5	6
69	8388	8395	8401	8407	8414	8420	8426	8432	8439	8445	1	1	2	2	3	4	4	5	6
70	8451	8457	8463	8470	8476	8482	8488	8494	8500	8506	1	1	2	2	3	4	4	5	6
71	8513	8519	8525	8531	8537	8543	8549	8555	8561	8567	1	1	2	2	3	4	4	5	5
72	8573	8579	8585	8591	8597	8603	8609	8615	8621	8627	1	1	2	2	3	4	4	5	5
73	8633	8639	8645	8651	8657	8663	8669	8675	8681	8686	1	1	2	2	3	4	4	5	5
74	8692	8698	8704	8710	8716	8722	8727	8733	8739	8745	1	1	2	2	3	4	4	5	5
75	8751	8756	8762	8768	8774	8779	8785	8791	8797	8802	1	1	2	2	3	3	4	5	5
76	8808	8814	8820	8825	8831	8837	8842	8848	8854	8859	1	1	2	2	3	3	4	5	5
77	8865	8871	8876	8882	8887	8893	8899	8904	8910	8915	1	1	2	2	3	3	4	4	5
78	8921	8927	8932	8938	8943	8949	8954	8960	8965	8971	1	1	2	2	3	3	4	4	5
79	8976	8982	8987	8993	8998	9004	9009	9015	9020	9025	1	1	2	2	3	3	4	4	5
80	9031	9036	9042	9047	9053	9058	9063	9069	9074	9079	1	1	2	2	3	3	4	4	5
81	9085	9090	9096	9101	9106	9112	9117	9122	9128	9133	1	1	2	2	3	3	4	4	5
82	9138	9143	9149	9154	9159	9165	9170	9175	9180	9186	1	1	2	2	3	3	4	4	5
83	9191	9196	9201	9206	9212	9217	9222	9227	9232	9238	1	1	2	2	3	3	4	4	5
84	9243	9248	9253	9258	9263	9269	9274	9279	9284	9289	1	1	2	2	3	3	4	4	5
85	9294	9299	9304	9309	9315	9320	9325	9330	9335	9340	1	1	2	2	3	3	4	4	5
86	9345	9350	9355	9360	9365	9370	9375	9380	9385	9390	1	1	2	2	3	3	4	4	5
87	9395	9400	9405	9410	9415	9420	9425	9430	9435	9440	0	1	1	2	2	3	3	4	4
88	9445	9450	9455	9460	9465	9469	9474	9479	9484	9489	0	1	1	2	2	3	3	4	4
89	9494	9499	9504	9509	9513	9518	9523	9528	9533	9538	0	1	1	2	2	3	3	4	4
90	9542	9547	9552	9557	9562	9566	9571	9576	9581	9586	0	1	1	2	2	3	3	4	4
91	9590	9595	9600	9605	9609	9614	9619	9624	9628	9633	0	1	1	2	2	3	3	4	4
92	9638	9643	9647	9652	9657	9661	9666	9671	9675	9680	0	1	1	2	2	3	3	4	4
93	9685	9689	9694	9699	9703	9708	9713	9717	9722	9727	0	1	1	2	2	3	3	4	4
94	9731	9736	9741	9745	9750	9754	9759	9763	9768	9773	0	1	1	2	2	3	3	4	4
95	9777	9782	9786	9791	9795	9800	9805	9809	9814	9818	0	1	1	2	2	3	3	4	4
96	9823	9827	9832	9836	9841	9845	9850	9854	9859	9863	0	1	1	2	2	3	3	4	4
97	9868	9872	9877	9881	9886	9890	9894	9899	9903	9908	0	1	1	2	2	3	3	4	4
98	9912	9917	9921	9926	9930	9934	9939	9943	9948	9952	0	1	1	2	2	3	3	4	4
99	9956	9961	9965	9969	9974	9978	9983	9987	9991	9996	0	1	1	2	2	3	3	3	4

log x ↓ →	x 0	1	2	3	4	5	6	7	8	9	Zuschläge für Zehntel der Spanne 1	2	3	4	5	6	7	8	9
,00	1000	1002	1005	1007	1009	1012	1014	1016	1019	1021	0	0	1	1	1	1	2	2	2
,01	1023	1026	1028	1030	1033	1035	1038	1040	1042	1045	0	0	1	1	1	1	2	2	2
,02	1047	1050	1052	1054	1057	1059	1062	1064	1067	1069	0	0	1	1	1	1	2	2	2
,03	1072	1074	1076	1079	1081	1084	1086	1089	1091	1094	0	0	1	1	1	1	2	2	2
,04	1096	1099	1102	1104	1107	1109	1112	1114	1117	1119	0	1	1	1	1	2	2	2	2
,05	1122	1125	1127	1130	1132	1135	1138	1140	1143	1146	0	1	1	1	1	2	2	2	2
,06	1148	1151	1153	1156	1159	1161	1164	1167	1169	1172	0	1	1	1	1	2	2	2	2
,07	1175	1178	1180	1183	1186	1189	1191	1194	1197	1199	0	1	1	1	1	2	2	2	2
,08	1202	1205	1208	1211	1213	1216	1219	1222	1225	1227	0	1	1	1	1	2	2	2	3
,09	1230	1233	1236	1239	1242	1245	1247	1250	1253	1256	0	1	1	1	1	2	2	2	3
,10	1259	1262	1265	1268	1271	1274	1276	1279	1282	1285	0	1	1	1	1	2	2	2	3
,11	1288	1291	1294	1297	1300	1303	1306	1309	1312	1315	0	1	1	1	2	2	2	2	3
,12	1318	1321	1324	1327	1330	1334	1337	1340	1343	1346	0	1	1	1	2	2	2	2	3
,13	1349	1352	1355	1358	1361	1365	1368	1371	1374	1377	0	1	1	1	2	2	2	3	3
,14	1380	1384	1387	1390	1393	1396	1400	1403	1406	1409	0	1	1	1	2	2	2	3	3
,15	1413	1416	1419	1422	1426	1429	1432	1435	1439	1442	0	1	1	1	2	2	2	3	3
,16	1445	1449	1452	1455	1459	1462	1466	1469	1472	1476	0	1	1	1	2	2	2	3	3
,17	1479	1483	1486	1489	1493	1496	1500	1503	1507	1510	0	1	1	1	2	2	2	3	3
,18	1514	1517	1521	1524	1528	1531	1535	1538	1542	1545	0	1	1	1	2	2	2	3	3
,19	1549	1552	1556	1560	1563	1567	1570	1574	1578	1581	0	1	1	1	2	2	3	3	3
,20	1585	1589	1592	1596	1600	1603	1607	1611	1614	1618	0	1	1	1	2	2	3	3	3
,21	1622	1626	1629	1633	1637	1641	1644	1648	1652	1656	0	1	1	2	2	2	3	3	3
,22	1660	1663	1667	1671	1675	1679	1683	1687	1690	1694	0	1	1	2	2	2	3	3	3
,23	1698	1702	1706	1710	1714	1718	1722	1726	1730	1734	0	1	1	2	2	2	3	3	4
,24	1738	1742	1746	1750	1754	1758	1762	1766	1770	1774	0	1	1	2	2	2	3	3	4
,25	1778	1782	1786	1791	1795	1799	1803	1807	1811	1816	0	1	1	2	2	2	3	3	4
,26	1820	1824	1828	1832	1837	1841	1845	1849	1854	1858	0	1	1	2	2	3	3	3	4
,27	1862	1866	1871	1875	1879	1884	1888	1892	1897	1901	0	1	1	2	2	3	3	3	4
,28	1905	1910	1914	1919	1923	1928	1932	1936	1941	1945	0	1	1	2	2	3	3	4	4
,29	1950	1954	1959	1963	1968	1972	1977	1982	1986	1991	0	1	1	2	2	3	3	4	4
,30	1995	2000	2004	2009	2014	2018	2023	2028	2032	2037	0	1	1	2	2	3	3	4	4
,31	2042	2046	2051	2056	2061	2065	2070	2075	2080	2084	0	1	1	2	2	3	3	4	4
,32	2089	2094	2099	2104	2109	2113	2118	2123	2128	2133	0	1	1	2	2	3	3	4	4
,33	2138	2143	2148	2153	2158	2163	2168	2173	2178	2183	0	1	1	2	2	3	3	4	4
,34	2188	2193	2198	2203	2208	2213	2218	2223	2228	2234	1	1	2	2	3	3	4	4	5
,35	2239	2244	2249	2254	2259	2265	2270	2275	2280	2286	1	1	2	2	3	3	4	4	5
,36	2291	2296	2301	2307	2312	2317	2323	2328	2333	2339	1	1	2	2	3	3	4	4	5
,37	2344	2350	2355	2360	2366	2371	2377	2382	2388	2393	1	1	2	2	3	3	4	4	5
,38	2399	2404	2410	2415	2421	2427	2432	2438	2443	2449	1	1	2	2	3	3	4	4	5
,39	2455	2460	2466	2472	2477	2483	2489	2495	2500	2506	1	1	2	2	3	3	4	5	5
,40	2512	2518	2523	2529	2535	2541	2547	2553	2559	2564	1	1	2	2	3	4	4	5	5
,41	2570	2576	2582	2588	2594	2600	2606	2612	2618	2624	1	1	2	2	3	4	4	5	5
,42	2630	2636	2642	2649	2655	2661	2667	2673	2679	2685	1	1	2	2	3	4	4	5	6
,43	2692	2698	2704	2710	2716	2723	2729	2735	2742	2748	1	1	2	3	3	4	4	5	6
,44	2754	2761	2767	2773	2780	2786	2793	2799	2805	2812	1	1	2	3	3	4	4	5	6
,45	2818	2825	2831	2838	2844	2851	2858	2864	2871	2877	1	1	2	3	3	4	5	5	6
,46	2884	2891	2897	2904	2911	2917	2924	2931	2938	2944	1	1	2	3	3	4	5	5	6
,47	2951	2958	2965	2972	2979	2985	2992	2999	3006	3013	1	1	2	3	3	4	5	5	6
,48	3020	3027	3034	3041	3048	3055	3062	3069	3076	3083	1	1	2	3	4	4	5	6	6
,49	3090	3097	3105	3112	3119	3126	3133	3141	3148	3155	1	1	2	3	4	4	5	6	6
,50	3162	3170	3177	3184	3192	3199	3206	3214	3221	3228	1	1	2	3	4	4	5	6	7
,51	3236	3243	3251	3258	3266	3273	3281	3289	3296	3304	1	2	2	3	4	5	5	6	7
,52	3311	3319	3327	3334	3342	3350	3357	3365	3373	3381	1	2	2	3	4	5	5	6	7
,53	3388	3396	3404	3412	3420	3428	3436	3443	3451	3459	1	2	2	3	4	5	6	6	7
,54	3467	3475	3483	3491	3499	3508	3516	3524	3532	3540	1	2	2	3	4	5	6	6	7
,55	3548	3556	3565	3573	3581	3589	3597	3606	3614	3622	1	2	2	3	4	5	6	7	7
,56	3631	3639	3648	3656	3664	3673	3681	3690	3698	3707	1	2	3	3	4	5	6	7	8
,57	3715	3724	3733	3741	3750	3758	3767	3776	3784	3793	1	2	3	3	4	5	6	7	8
,58	3802	3811	3819	3828	3837	3846	3855	3864	3873	3882	1	2	3	4	4	5	6	7	8
,59	3890	3899	3908	3917	3926	3936	3945	3954	3963	3972	1	2	3	4	5	5	6	7	8
,60	3981	3990	3999	4009	4018	4027	4036	4046	4055	4064	1	2	3	4	5	6	6	7	8
,61	4074	4083	4093	4102	4111	4121	4130	4140	4150	4159	1	2	3	4	5	6	7	8	9
,62	4169	4178	4188	4198	4207	4217	4227	4236	4246	4256	1	2	3	4	5	6	7	8	9
,63	4266	4276	4285	4295	4305	4315	4325	4335	4345	4355	1	2	3	4	5	6	7	8	9
,64	4365	4375	4385	4395	4406	4416	4426	4436	4446	4457	1	2	3	4	5	6	7	8	9
,65	4467	4477	4487	4498	4508	4519	4529	4539	4550	4560	1	2	3	4	5	6	7	8	9
,66	4571	4581	4592	4603	4613	4624	4634	4645	4656	4667	1	2	3	4	5	6	7	9	10
,67	4677	4688	4699	4710	4721	4732	4742	4753	4764	4775	1	2	3	4	5	7	8	9	10
,68	4786	4797	4808	4819	4831	4842	4853	4864	4875	4887	1	2	3	4	6	7	8	9	10
,69	4898	4909	4920	4932	4943	4955	4966	4977	4989	5000	1	2	3	5	6	7	8	9	10
,70	5012	5023	5035	5047	5058	5070	5082	5093	5105	5117	1	2	4	5	6	7	8	9	11
,71	5129	5140	5152	5164	5176	5188	5200	5212	5224	5236	1	2	4	5	6	7	8	10	11
,72	5248	5260	5272	5284	5297	5309	5321	5333	5346	5358	1	2	4	5	6	7	9	10	11
,73	5370	5383	5395	5408	5420	5433	5445	5458	5470	5483	1	3	4	5	6	8	9	10	11
,74	5495	5508	5521	5534	5546	5559	5572	5585	5598	5610	1	3	4	5	6	8	9	10	12
,75	5623	5636	5649	5662	5675	5689	5702	5715	5728	5741	1	3	4	5	7	8	9	10	12
,76	5754	5768	5781	5794	5808	5821	5834	5848	5861	5875	1	3	4	5	7	8	9	11	12
,77	5888	5902	5916	5929	5943	5957	5970	5984	5998	6012	1	3	4	5	7	8	10	11	12
,78	6026	6039	6053	6067	6081	6095	6109	6124	6138	6152	1	3	4	6	7	8	10	11	13
,79	6166	6180	6194	6209	6223	6237	6252	6266	6281	6295	1	3	4	6	7	9	10	11	13
,80	6310	6324	6339	6353	6368	6383	6397	6412	6427	6442	1	3	4	6	7	9	10	12	13
,81	6457	6471	6486	6501	6516	6531	6546	6561	6577	6592	2	3	5	6	8	9	11	12	14
,82	6607	6622	6637	6653	6668	6683	6699	6714	6730	6745	2	3	5	6	8	9	11	12	14
,83	6761	6776	6792	6808	6823	6839	6855	6871	6887	6902	2	3	5	6	8	9	11	13	14
,84	6918	6934	6950	6966	6982	6998	7015	7031	7047	7063	2	3	5	6	8	10	11	13	15
,85	7079	7096	7112	7129	7145	7161	7178	7194	7211	7228	2	3	5	7	8	10	12	13	15
,86	7244	7261	7278	7295	7311	7328	7345	7362	7379	7396	2	3	5	7	8	10	12	13	15
,87	7413	7430	7447	7464	7482	7499	7516	7534	7551	7568	2	3	5	7	9	10	12	14	16
,88	7586	7603	7621	7638	7656	7674	7691	7709	7727	7745	2	4	5	7	9	11	12	14	16
,89	7762	7780	7798	7816	7834	7852	7870	7889	7907	7925	2	4	5	7	9	11	13	14	16
,90	7943	7962	7980	7998	8017	8035	8054	8072	8091	8110	2	4	6	7	9	11	13	15	17
,91	8128	8147	8166	8185	8204	8222	8241	8260	8279	8299	2	4	6	8	9	11	13	15	17
,92	8318	8337	8356	8375	8395	8414	8433	8453	8472	8492	2	4	6	8	10	12	14	15	17
,93	8511	8531	8551	8570	8590	8610	8630	8650	8670	8690	2	4	6	8	10	12	14	16	18
,94	8710	8730	8750	8770	8790	8810	8831	8851	8872	8892	2	4	6	8	10	12	14	16	18
,95	8913	8933	8954	8974	8995	9016	9036	9057	9078	9099	2	4	6	8	10	12	15	17	19
,96	9120	9141	9162	9183	9204	9226	9247	9268	9290	9311	2	4	6	8	11	13	15	17	19
,97	9333	9354	9376	9397	9419	9441	9462	9484	9506	9528	2	4	7	9	11	13	15	17	20
,98	9550	9572	9594	9616	9638	9661	9683	9705	9727	9750	2	4	7	9	11	13	16	18	20
,99	9772	9795	9817	9840	9863	9886	9908	9931	9954	9977	2	5	7	9	11	14	16	18	20

x	0,000	0,001	0,002	0,003	0,004	0,005	0,006	0,007	0,008	0,009
0,000	−∞	−6,90776	−6,21461	−5,80914	−5,52146	−5,29832	−5,11600	−4,96185	−4,82831	−4,71053
010	−4,60517	−4,50986	−4,42285	−4,34281	−4,26870	−4,19971	−4,13517	−4,07454	−4,01738	−3,96332
020	−3,91202	−3,86323	−3,81671	−3,77226	−3,72970	−3,68888	−3,64966	−3,61192	−3,57555	54046
030	50656	47377	44202	41125	38139	35241	32424	29684	27017	24419
040	21888	19418	17009	14656	12357	10109	07911	05761	03655	01593
0,050	−2,99573	−2,97593	−2,95651	−2,93746	−2,91877	−2,90042	−2,88240	−2,86470	−2,84731	−2,83022
060	81341	79688	78062	76462	74887	73337	71810	70306	68825	67365
070	65926	64508	63109	61730	60369	59027	57702	56395	55105	53831
080	52573	51331	50104	48891	47694	46510	45341	44185	43042	41912
090	40795	39690	38597	37516	36446	35388	34341	33304	32279	31264
0,100	−2,30259	−2,29263	−2,28278	−2,27303	−2,26336	−2,25379	−2,24432	−2,23493	−2,22562	−2,21641
110	20727	19823	18926	18037	17156	16282	15417	14558	13707	12863
120	12026	11196	10373	09557	08747	07944	07147	06357	05573	04794
130	04022	03256	02495	01741	00992	00248	−1,99510	−1,98777	−1,98050	−1,97328
140	−1,96611	−1,95900	−1,95193	−1,94491	−1,93794	−1,93102	92415	91732	91054	90381
0,150	−1,89712	−1,89048	−1,88387	−1,87732	−1,87080	−1,86433	−1,85790	−1,85151	−1,84516	−1,83885
160	83258	82635	82016	81401	80789	80181	79577	78976	78379	77786
170	77196	76609	76026	75446	74870	74297	73727	73161	72597	72037
180	71480	70926	70375	69827	69282	68740	68201	67665	67131	66601
190	66073	65548	65026	64507	63990	63476	62964	62455	61949	61445
0,200	−1,60944	−1,60445	−1,59949	−1,59455	−1,58964	−1,58475	−1,57988	−1,57504	−1,57022	−1,56542
210	56065	55590	55117	54646	54178	53712	53248	52786	52326	51868
220	51413	50959	50508	50058	49611	49165	48722	48281	47841	47403
230	46968	46534	46102	45672	45243	44817	44392	43970	43548	43129
240	42712	42296	41882	41469	41059	40650	40242	39837	39433	39030
0,250	−1,38629	−1,38230	−1,37833	−1,37437	−1,37042	−1,36649	−1,36258	−1,35868	−1,35480	−1,35093
260	34707	34323	33941	33560	33181	32803	32426	32051	31677	31304
270	30933	30564	30195	29828	29463	29098	28735	28374	28013	27654
280	27297	26940	26585	26231	25878	25527	25176	24827	24479	24133
290	23787	23443	23100	22758	22418	22078	21740	21402	21066	20731
0,300	−1,20397	−1,20065	−1,19733	−1,19402	−1,19073	−1,18744	−1,18417	−1,18091	−1,17766	−1,17441
310	17118	16796	16475	16155	15836	15518	15201	14885	14570	14256
320	13943	13631	13320	13010	12701	12393	12086	11780	11474	11170
330	10866	10564	10262	09961	09661	09362	09064	08767	08471	08176
340	07881	07587	07294	07002	06711	06421	06132	05843	05555	05268
0,350	−1,04982	−1,04697	−1,04412	−1,04129	−1,03846	−1,03564	−1,03282	−1,03002	−1,02722	−1,02443
360	02165	01888	01611	01335	01060	00786	00512	00239	−0,99967	−0,99696
370	−0,99425	−0,99155	−0,98886	−0,98618	−0,98350	−0,98083	−0,97817	−0,97551	97286	97022
380	96758	96496	96233	95972	95711	95451	95192	94933	94675	94418
390	94161	93905	93649	93395	93140	92887	92634	92382	92130	91879
0,400	−0,91629	−0,91379	−0,91130	−0,90882	−0,90634	−0,90387	−0,90140	−0,89894	−0,89649	−0,89404
410	89160	88916	88673	88431	88189	87948	87707	87467	87227	86988
420	86750	86512	86275	86038	85802	85567	85332	85097	84863	84630
430	84397	84165	83933	83702	83471	83241	83011	82782	82554	82326
440	82098	81871	81645	81419	81193	80968	80744	80520	80296	80073
0,450	−0,79851	−0,79629	−0,79407	−0,79186	−0,78966	−0,78746	−0,78526	−0,78307	−0,78089	−0,77871
460	77653	77436	77219	77003	76787	76572	76357	76143	75929	75715
470	75502	75290	75078	74866	74655	74444	74234	74024	73814	73605
480	73397	73189	72981	72774	72567	72361	72155	71949	71744	71539
490	71335	71131	70928	70725	70522	70320	70118	69917	69716	69515
0,500	−0,69315	−0,69115	−0,68916	−0,68717	−0,68518	−0,68320	−0,68122	−0,67924	−0,67727	−0,67531
510	67334	67139	66943	66748	66553	66359	66165	65971	65778	65585
520	65393	65201	65009	64817	64626	64436	64245	64055	63866	63677
530	63488	63299	63111	62923	62736	62549	62362	62176	61990	61804
540	61619	61434	61249	61065	60881	60697	60514	60331	60148	59966
0,550	−0,59784	−0,59602	−0,59421	−0,59240	−0,59059	−0,58879	−0,58699	−0,58519	−0,58340	−0,58161
560	57982	57803	57625	57448	57270	57093	56916	56740	56563	56387
570	56212	56037	55862	55687	55513	55339	55165	54991	54818	54645
580	54473	54300	54128	53957	53785	53614	53444	53273	53103	52933
590	52763	52594	52425	52256	52088	51919	51751	51584	51416	51249
0,600	−0,51083	−0,50916	−0,50750	−0,50584	−0,50418	−0,50253	−0,50088	−0,49923	−0,49758	−0,49594
610	49430	49266	49102	48939	48776	48613	48451	48289	48127	47965
620	47804	47642	47482	47321	47160	47000	46840	46681	46522	46362
630	46204	46045	45887	45728	45571	45413	45256	45099	44942	44785
640	44629	44473	44317	44161	44006	43850	43696	43541	43386	43232
0,650	−0,43078	−0,42925	−0,42771	−0,42618	−0,42465	−0,42312	−0,42159	−0,42007	−0,41855	−0,41703
660	41552	41400	41249	41098	40947	40797	40647	40497	40347	40197
670	40048	39899	39750	39601	39453	39304	39156	39008	38861	38713
680	38566	38419	38273	38126	37980	37834	37688	37542	37397	37251
690	37106	36962	36817	36673	36528	36384	36241	36097	35954	35810
0,700	−0,35667	−0,35525	−0,35382	−0,35240	−0,35098	−0,34956	−0,34814	−0,34672	−0,34531	−0,34390
710	34249	34108	33968	33827	33687	33547	33408	33268	33129	32989
720	32850	32712	32573	32435	32296	32158	32021	31883	31745	31608
730	31471	31334	31197	31061	30925	30788	30653	30517	30381	30246
740	30111	29975	29841	29706	29571	29437	29303	29169	29035	28902
0,750	−0,28768	−0,28635	−0,28502	−0,28369	−0,28236	−0,28104	−0,27971	−0,27839	−0,27707	−0,27575
760	27444	27312	27181	27050	26919	26788	26657	26527	26397	26266
770	26136	26007	25877	25748	25618	25489	25360	25231	25103	24974
780	24846	24718	24590	24462	24335	24207	24080	23953	23826	23699
790	23572	23446	23319	23193	23067	22941	22816	22690	22565	22439
0,800	−0,22314	−0,22189	−0,22065	−0,21940	−0,21816	−0,21691	−0,21567	−0,21443	−0,21319	−0,21196
810	21072	20949	20825	20702	20579	20457	20334	20212	20089	19967
820	19845	19723	19601	19480	19358	19237	19116	18995	18874	18754
830	18633	18513	18392	18272	18152	18032	17913	17793	17674	17554
840	17435	17316	17198	17079	16960	16842	16724	16605	16487	16370
0,850	−0,16252	−0,16134	−0,16017	−0,15900	−0,15782	−0,15665	−0,15548	−0,15432	−0,15315	−0,15199
860	15032	14966	14850	14734	14618	14503	14387	14272	14156	14041
870	13926	13811	13697	13582	13467	13353	13239	13125	13011	12897
880	12783	12670	12556	12443	12330	12217	12104	11991	11878	11766
890	11653	11541	11429	11317	11205	11093	10981	10870	10759	10647
0,900	−0,10536	−0,10425	−0,10314	−0,10203	−0,10093	−0,09982	−0,09872	−0,09761	−0,09651	−0,09541
910	09431	09321	09212	09102	08992	08883	08774	08665	08556	08447
920	08338	08230	08121	08013	07904	07796	07688	07580	07472	07365
930	07257	07150	07042	06935	06828	06721	06614	06507	06401	06294
940	06188	06081	05975	05869	05763	05657	05551	05446	05340	05235
0,950	−0,05129	−0,05024	−0,04919	−0,04814	−0,04709	−0,04604	−0,04500	−0,04395	−0,04291	−0,04186
960	04082	03978	03874	03770	03666	03563	03459	03356	03252	03149
970	03046	02943	02840	02737	02634	02532	02429	02327	02225	02122
980	02020	01918	01816	01715	01613	01511	01410	01309	01207	01106
990	01005	00904	00803	00702	00602	00501	00401	00300	00200	00100

* Ausrechnung des natürlichen Logarithmus (ln) von Zahlen, die in Zehnerpotenzen kleiner oder größer sind als die in den Tafeln angegebenen Zahlen: Ist die vorliegende Zahl *kleiner*, zum Beispiel $^1/_{10}$ (10^{-1}), $^1/_{100}$ (10^{-2}), $^1/_{1000}$ (10^{-3}) usw., dann *subtrahiere* ln 10, 2 ln 10, 3 ln 10 usw.; ist sie *größer*, zum Beispiel 10mal (10^1), 100mal (10^2) 1000mal (10^3) usw., dann *addiere* ln 10, 2 ln 10, 3 ln 10 usw. Beispiel: ln 0,02 = ln 0,2 − ln 10 oder ln 2000 = ln 200 + ln 10.

x	0,00	0,01	0,02	0,03	0,04	0,05	0,06	0,07	0,08	0,09
1,00	0,00000	0,00995	0,01980	0,02956	0,03922	0,04879	0,05827	0,06766	0,07696	0,08618
10	09531	10436	11333	12222	13103	13976	14842	15700	16551	17395
20	18232	19062	19885	20701	21511	22314	23111	23902	24686	25464
30	26236	27003	27763	28518	29267	30010	30748	31481	32208	32930
40	33647	34359	35066	35767	36464	37156	37844	38526	39204	39878
1,50	0,40547	0,41211	0,41871	0,42527	0,43178	0,43825	0,44469	0,45108	0,45742	0,46373
60	47000	47623	48243	48858	49470	50078	50682	51282	51879	52473
70	53063	53649	54232	54812	55389	55962	56531	57098	57661	58222
80	58779	59333	59884	60432	60977	61519	62058	62594	63127	63658
90	64185	64710	65233	65752	66269	66783	67294	67803	68310	68813
2,00	0,69315	0,69813	0,70310	0,70804	0,71295	0,71784	0,72271	0,72755	0,73237	0,73716
10	74194	74669	75142	75612	76081	76547	77011	77473	77932	78390
20	78846	79299	79751	80200	80648	81093	81536	81978	82418	82855
30	83291	83725	84157	84587	85015	85442	85866	86289	86710	87129
40	87547	87963	88377	88789	89200	89609	90016	90422	90826	91228
2,50	0,91629	0,92028	0,92426	0,92822	0,93216	0,93609	0,94001	0,94391	0,94779	0,95166
60	95551	95935	96317	96698	97078	97456	97833	98208	98582	98954
70	99325	99695	1,00063	1,00430	1,00796	1,01160	1,01523	1,01885	1,02245	1,02604
80	1,02962	1,03318	03674	04028	04380	04732	05082	05431	05779	06126
90	06471	06815	07158	07500	07841	08181	08519	08856	09192	09527
3,00	1,09861	1,10194	1,10526	1,10856	1,11186	1,11514	1,11841	1,12168	1,12493	1,12817
10	13140	13462	13783	14103	14422	14740	15057	15373	15688	16002
20	16315	16627	16938	17248	17557	17865	18173	18479	18784	19089
30	19392	19695	19996	20297	20597	20896	21194	21491	21788	22083
40	22378	22671	22964	23256	23547	23837	24127	24415	24703	24990
3,50	1,25276	1,25562	1,25846	1,26130	1,26413	1,26695	1,26976	1,27257	1,27536	1,27815
60	28093	28371	28647	28923	29198	29473	29746	30019	30291	30563
70	30833	31103	31372	31641	31909	32176	32442	32708	32972	33237
80	33500	33763	34025	34286	34547	34807	35067	35325	35584	35841
90	36098	36354	36609	36864	37118	37372	37624	37877	38128	38379
4,00	1,38629	1,38879	1,39128	1,39377	1,39624	1,39872	1,40118	1,40364	1,40610	1,40854
10	41099	41342	41585	41828	42070	42311	42552	42792	43031	43270
20	43508	43746	43984	44220	44456	44692	44927	45161	45395	45629
30	45862	46094	46326	46557	46787	47018	47247	47476	47705	47933
40	48160	48387	48614	48840	49065	49290	49515	49739	49962	50185
4,50	1,50408	1,50630	1,50851	1,51072	1,51293	1,51513	1,51732	1,51951	1,52170	1,52388
60	52606	52823	53039	53256	53471	53687	53902	54116	54330	54543
70	54756	54969	55181	55393	55604	55814	56025	56235	56444	56653
80	56862	57070	57277	57485	57691	57898	58104	58309	58515	58719
90	58924	59127	59331	59534	59737	59939	60141	60342	60543	60744
5,00	1,60944	1,61144	1,61343	1,61542	1,61741	1,61939	1,62137	1,62334	1,62531	1,62728
10	62924	63120	63315	63511	63705	63900	64094	64287	64481	64673
20	64866	65058	65250	65441	65632	65823	66013	66203	66393	66582
30	66771	66959	67147	67335	67523	67710	67896	68083	68269	68455
40	68640	68825	69010	69194	69378	69562	69745	69928	70111	70293
5,50	1,70475	1,70656	1,70838	1,71019	1,71199	1,71380	1,71560	1,71740	1,71919	1,72098
60	72277	72455	72633	72811	72988	73166	73342	73519	73695	73871
70	74047	74222	74397	74572	74746	74920	75094	75267	75440	75613
80	75786	75958	76130	76302	76473	76644	76815	76985	77156	77326
90	77495	77665	77834	78002	78171	78339	78507	78675	78842	79009
6,00	1,79176	1,79342	1,79509	1,79675	1,79840	1,80006	1,80171	1,80336	1,80500	1,80665
10	80829	80993	81156	81319	81482	81645	81808	81970	82132	82294
20	82455	82616	82777	82938	83098	83258	83418	83578	83737	83896
30	84055	84214	84372	84530	84688	84845	85003	85160	85317	85473
40	85630	85786	85942	86097	86253	86408	86563	86718	86872	87026
6,50	1,87180	1,87334	1,87487	1,87641	1,87794	1,87947	1,88099	1,88251	1,88403	1,88555
60	88707	88858	89010	89160	89311	89462	89612	89762	89912	90061
70	90211	90360	90509	90658	90806	90954	91102	91250	91398	91545
80	91692	91839	91986	92132	92279	92425	92571	92716	92862	93007
90	93152	93297	93442	93586	93730	93874	94018	94162	94305	94448
7,00	1,94591	1,94734	1,94876	1,95019	1,95161	1,95303	1,95445	1,95586	1,95727	1,95869
10	96009	96150	96291	96431	96571	96711	96851	96991	97130	97269
20	97408	97547	97685	97824	97962	98100	98238	98376	98513	98650
30	98787	98924	99061	99198	99334	99470	99606	99742	99877	2,00013
40	2,00148	2,00283	2,00418	2,00553	2,00687	2,00821	2,00956	2,01089	2,01223	01357
7,50	2,01490	2,01624	2,01757	2,01890	2,02022	2,02155	2,02287	2,02419	2,02551	2,02683
60	02815	02946	03078	03209	03340	03471	03601	03732	03862	03992
70	04122	04252	04381	04511	04640	04769	04898	05027	05156	05284
80	05412	05540	05668	05796	05924	06051	06179	06306	06433	06560
90	06686	06813	06939	07065	07191	07317	07443	07568	07694	07819
8,00	2,07944	2,08069	2,08194	2,08318	2,08443	2,08567	2,08691	2,08815	2,08939	2,09063
10	09186	09310	09433	09556	09679	09802	09924	10047	10169	10291
20	10413	10535	10657	10779	10900	11021	11142	11263	11384	11505
30	11626	11746	11866	11986	12106	12226	12346	12465	12585	12704
40	12823	12942	13061	13180	13298	13417	13535	13653	13771	13889
8,50	2,14007	2,14124	2,14242	2,14359	2,14476	2,14593	2,14710	2,14827	2,14943	2,15060
60	15176	15292	15409	15524	15640	15756	15871	15987	16102	16217
70	16332	16447	16562	16677	16791	16905	17020	17134	17248	17361
80	17475	17589	17702	17816	17929	18042	18155	18267	18380	18493
90	18605	18717	18830	18942	19054	19165	19277	19389	19500	19611
9,00	2,19722	2,19834	2,19944	2,20055	2,20166	2,20276	2,20387	2,20497	2,20607	2,20717
10	20827	20937	21047	21157	21266	21375	21485	21594	21703	21812
20	21920	22029	22138	22246	22354	22462	22570	22678	22786	22894
30	23001	23109	23216	23324	23431	23538	23645	23751	23858	23965
40	24071	24177	24284	24390	24496	24601	24707	24813	24918	25024
9,50	2,25129	2,25234	2,25339	2,25444	2,25549	2,25654	2,25759	2,25863	2,25968	2,26072
60	26176	26280	26384	26488	26592	26696	26799	26903	27006	27109
70	27213	27316	27419	27521	27624	27727	27829	27932	28034	28136
80	28238	28340	28442	28544	28646	28747	28849	28950	29051	29152
90	29253	29354	29455	29556	29657	29757	29858	29958	30058	30158

* Ausrechnung des natürlichen Logarithmus (ln) von Zahlen, die in Zehnerpotenzen kleiner oder größer sind als die in den Tafeln angegebenen Zahlen: Ist die vorliegende Zahl *kleiner*, zum Beispiel $^1/_{10}$ (10^{-1}), $^1/_{100}$ (10^{-2}), $^1/_{1000}$ (10^{-3}) usw., dann *subtrahiere* ln 10, 2 ln 10, 3 ln 10 usw.; ist sie *größer*, zum Beispiel 10mal (10^1), 100mal (10^2), 1000mal (10^3) usw., dann *addiere* ln 10, 2 ln 10, 3 ln 10 usw. Beispiel: ln 0,02 = ln 0,2 − ln 10 oder ln 2000 = ln 200 + ln 10.

Natürliche Logarithmen* 10,0–99,9

x	0,0	0,1	0,2	0,3	0,4	0,5	0,6	0,7	0,8	0,9
10,0	2,30259	2,31254	2,32239	2,33214	2,34181	2,35138	2,36085	2,37024	2,37955	2,38876
11,0	39790	40695	41591	42480	43361	44235	45101	45959	46810	47654
12,0	48491	49321	50144	50960	51770	52573	53370	54160	54945	55723
13,0	56495	57261	58022	58776	59525	60269	61007	61740	62467	63189
14,0	63906	64617	65324	66026	66723	67415	68102	68785	69463	70136
15,0	2,70805	2,71469	2,72130	2,72785	2,73437	2,74084	2,74727	2,75366	2,76001	2,76632
16,0	77259	77882	78501	79117	79728	80336	80940	81541	82138	82731
17,0	83321	83908	84491	85071	85647	86220	86790	87356	87920	88480
18,0	89037	89591	90142	90690	91235	91777	92316	92852	93386	93916
19,0	94444	94969	95491	96011	96527	97041	97553	98062	98568	99072
20,0	2,99573	3,00072	3,00568	3,01062	3,01553	3,02042	3,02529	3,03013	3,03495	3,03975
21,0	3,04452	04927	05400	05871	06339	06805	07269	07731	08191	08649
22,0	09104	09558	10009	10459	10906	11352	11795	12236	12676	13114
23,0	13549	13983	14415	14845	15274	15700	16125	16548	16969	17388
24,0	17805	18221	18635	19048	19458	19867	20275	20680	21084	21487
25,0	3,21888	3,22287	3,22684	3,23080	3,23475	3,23868	3,24259	3,24649	3,25037	3,25424
26,0	25810	26194	26576	26957	27336	27714	28091	28466	28840	29213
27,0	29584	29953	30322	30689	31054	31419	31782	32143	32504	32863
28,0	33220	33577	33932	34286	34639	34990	35341	35690	36038	36384
29,0	36730	37074	37417	37759	38099	38439	38777	39115	39451	39786
30,0	3,40120	3,40453	3,40784	3,41115	3,41444	3,41773	3,42100	3,42426	3,42751	3,43076
31,0	43399	43721	44042	44362	44681	44999	45316	45632	45947	46261
32,0	46574	46886	47197	47507	47816	48124	48431	48738	49043	49347
33,0	49651	49953	50255	50556	50856	51155	51453	51750	52046	52342
34,0	52636	52930	53223	53515	53806	54096	54385	54674	54962	55249
35,0	3,55535	3,55820	3,56105	3,56388	3,56671	3,56953	3,57235	3,57515	3,57795	3,58074
36,0	58352	58629	58906	59182	59457	59731	60005	60278	60550	60821
37,0	61092	61362	61631	61899	62167	62434	62700	62966	63231	63495
38,0	63759	64021	64284	64545	64806	65066	65325	65584	65842	66099
39,0	66356	66612	66868	67122	67377	67630	67883	68135	68387	68638
40,0	3,68888	3,69138	3,69387	3,69635	3,69883	3,70130	3,70377	3,70623	3,70868	3,71113
41,0	71357	71601	71844	72086	72328	72569	72810	73050	73290	73529
42,0	73767	74005	74242	74479	74715	74950	75185	75420	75654	75887
43,0	76120	76352	76584	76815	77046	77276	77506	77735	77963	78191
44,0	78419	78646	78872	79098	79324	79549	79773	79997	80221	80444
45,0	3,80666	3,80888	3,81110	3,81331	3,81551	3,81771	3,81991	3,82210	3,82428	3,82647
46,0	82864	83081	83298	83514	83730	83945	84160	84374	84588	84802
47,0	85015	85227	85439	85651	85862	86073	86283	86493	86703	86912
48,0	87120	87328	87536	87743	87950	88156	88362	88568	88773	88978
49,0	89182	89386	89589	89792	89995	90197	90399	90600	90801	91002
50,0	3,91202	3,91402	3,91602	3,91801	3,91999	3,92197	3,92395	3,92593	3,92790	3,92986
51,0	93183	93378	93574	93769	93964	94158	94352	94546	94739	94932
52,0	95124	95316	95508	95700	95891	96081	96272	96462	96651	96840
53,0	97029	97218	97406	97594	97781	97968	98155	98341	98527	98713
54,0	98898	99083	99268	99452	99636	99820	4,00003	4,00186	4,00369	4,00551
55,0	4,00733	4,00915	4,01096	4,01277	4,01458	4,01638	4,01818	4,01998	4,02177	4,02356
56,0	02535	02714	02892	03069	03247	03424	03601	03777	03954	04130
57,0	04305	04480	04655	04830	05004	05178	05352	05526	05699	05872
58,0	06044	06217	06389	06560	06732	06903	07073	07244	07414	07584
59,0	07754	07923	08092	08261	08429	08598	08766	08933	09101	09268
60,0	4,09434	4,09601	4,09767	4,09933	4,10099	4,10264	4,10429	4,10594	4,10759	4,10923
61,0	11087	11251	11415	11578	11741	11904	12066	12228	12390	12552
62,0	12713	12875	13036	13196	13357	13517	13677	13836	13996	14155
63,0	14313	14472	14630	14789	14946	15104	15261	15418	15575	15732
64,0	15888	16044	16200	16356	16511	16667	16821	16976	17131	17285
65,0	4,17439	4,17592	4,17746	4,17899	4,18052	4,18205	4,18358	4,18510	4,18662	4,18814
66,0	18965	19117	19268	19419	19570	19720	19870	20020	20170	20320
67,0	20469	20618	20767	20916	21065	21213	21361	21509	21656	21804
68,0	21951	22098	22244	22391	22537	22683	22829	22975	23120	23266
69,0	23411	23555	23700	23844	23989	24133	24276	24420	24563	24707
70,0	4,24850	4,24992	4,25135	4,25277	4,25419	4,25561	4,25703	4,25845	4,25986	4,26127
71,0	26268	26409	26549	26690	26830	26970	27110	27249	27388	27528
72,0	27667	27805	27944	28082	28221	28359	28496	28634	28772	28909
73,0	29046	29183	29320	29456	29592	29729	29865	30000	30136	30271
74,0	30407	30542	30676	30811	30946	31080	31214	31348	31482	31615
75,0	4,31749	4,31882	4,32015	4,32149	4,32281	4,32413	4,32546	4,32678	4,32810	4,32942
76,0	33073	33205	33336	33467	33598	33729	33860	33990	34120	34251
77,0	34381	34510	34640	34769	34899	35028	35157	35286	35414	35543
78,0	35671	35800	35927	36055	36182	36310	36437	36564	36691	36818
79,0	36945	37071	37198	37324	37450	37576	37701	37827	37952	38078
80,0	4,38203	4,38328	4,38452	4,38577	4,38701	4,38826	4,38950	4,39074	4,39198	4,39321
81,0	39445	39568	39692	39815	39938	40060	40183	40305	40428	40550
82,0	40672	40794	40916	41037	41159	41280	41401	41522	41643	41764
83,0	41884	42004	42125	42245	42365	42485	42604	42724	42843	42963
84,0	43082	43201	43319	43438	43557	43675	43793	43912	44030	44147
85,0	4,44265	4,44383	4,44500	4,44617	4,44735	4,44852	4,44969	4,45085	4,45202	4,45318
86,0	45435	45551	45667	45783	45899	46014	46130	46245	46361	46476
87,0	46591	46706	46820	46935	47050	47164	47278	47392	47506	47620
88,0	47734	47847	47961	48074	48187	48300	48413	48526	48639	48751
89,0	48864	48976	49088	49200	49312	49424	49536	49647	49758	49870
90,0	4,49981	4,50092	4,50203	4,50314	4,50424	4,50535	4,50645	4,50756	4,50866	4,50976
91,0	51086	51196	51305	51415	51525	51634	51743	51852	51961	52070
92,0	52179	52287	52396	52504	52613	52721	52829	52937	53045	53152
93,0	53260	53367	53475	53582	53689	53796	53903	54010	54116	54223
94,0	54329	54436	54542	54648	54754	54860	54966	55071	55177	55282
95,0	4,55388	4,55493	4,55598	4,55703	4,55808	4,55913	4,56017	4,56122	4,56226	4,56331
96,0	56435	56539	56643	56747	56851	56954	57058	57161	57265	57368
97,0	57471	57574	57677	57780	57883	57985	58088	58190	58292	58395
98,0	58497	58599	58701	58802	58904	59006	59107	59208	59310	59411
99,0	59512	59613	59714	59815	59915	60016	60116	60217	60317	60417

* Ausrechnung des natürlichen Logarithmus (ln) von Zahlen, die in Zehnerpotenzen kleiner oder größer sind als die in den Tafeln angegebenen Zahlen: Ist die vorliegende Zahl *kleiner*, zum Beispiel $^1/_{10}(10^{-1})$, $^1/_{100}(10^{-2})$, $^1/_{1000}(10^{-3})$ usw., dann *subtrahiere* ln 10, 2 ln 10, 3 ln 10 usw.; ist sie *größer*, zum Beispiel 10mal (10^1), 100mal (10^2), 1000mal (10^3) usw., dann *addiere* ln 10, 2 ln 10, 3 ln 10 usw. Beispiel: ln 0,02 = ln 0,2 − ln 10 oder ln 2000 = ln 200 + ln 10.

x	0	1	2	3	4	5	6	7	8	9
00	∞	0,00000	0,69315	1,09861	1,38629	1,60944	1,79176	1,94591	2,07944	2,19722
10	2,30259	2,39790	2,48491	2,56495	2,63906	2,70805	2,77259	2,83321	89037	94444
20	99573	3,04452	3,09104	3,13549	3,17805	3,21888	3,25810	3,29584	3,33220	3,36730
30	3,40120	43399	46574	49651	52636	55535	58352	61092	63759	66356
40	68888	71357	73767	76120	78419	80666	82864	85015	87120	89182
50	3,91202	3,93183	3,95124	3,97029	3,98898	4,00733	4,02535	4,04305	4,06044	4,07754
60	4,09434	4,11087	4,12713	4,14313	4,15888	17439	18965	20469	21951	23411
70	24850	26268	27667	29046	30407	31749	33073	34381	35671	36945
80	38203	39445	40672	41884	43082	44265	45435	46591	47734	48864
90	49981	51086	52179	53260	54329	55388	56435	57471	58497	59512
100	4,60517	4,61512	4,62497	4,63473	4,64439	4,65396	4,66344	4,67283	4,68213	4,69135
110	70048	70953	71850	72739	73620	74493	75359	76217	77068	77912
120	78749	79579	80402	81218	82028	82831	83628	84419	85203	85981
130	86753	87520	88280	89035	89784	90527	91265	91998	92725	93447
140	94164	94876	95583	96284	96981	97673	98361	99043	99721	5,00395
150	5,01064	5,01728	5,02388	5,03044	5,03695	5,04343	5,04986	5,05625	5,06260	5,06890
160	07517	08140	08760	09375	09987	10595	11199	11799	12396	12990
170	13580	14166	14749	15329	15906	16479	17048	17615	18178	18739
180	19296	19850	20401	20949	21494	22036	22575	23111	23644	24175
190	24702	25227	25750	26269	26786	27300	27811	28320	28827	29330
200	5,29832	5,30330	5,30827	5,31321	5,31812	5,32301	5,32788	5,33272	5,33754	5,34233
210	34711	35186	35659	36129	36598	37064	37528	37990	38450	38907
220	39363	39816	40268	40717	41165	41610	42053	42495	42935	43372
230	43808	44242	44674	45104	45532	45959	46383	46806	47227	47646
240	48064	48480	48894	49306	49717	50126	50533	50939	51343	51745
250	5,52146	5,52545	5,52943	5,53339	5,53733	5,54126	5,54518	5,54908	5,55296	5,55683
260	56068	56452	56834	57215	57595	57973	58350	58725	59099	59471
270	59842	60212	60580	60947	61313	61677	62040	62402	62762	63121
280	63479	63835	64191	64545	64897	65249	65599	65948	66296	66643
290	66988	67332	67675	68017	68358	68698	69036	69373	69709	70044
300	5,70378	5,70711	5,71043	5,71373	5,71703	5,72031	5,72359	5,72685	5,73010	5,73334
310	73657	73979	74300	74620	74939	75257	75574	75890	76205	76519
320	76832	77144	77455	77765	78074	78383	78690	78996	79301	79606
330	79909	80212	80513	80814	81114	81413	81711	82008	82305	82600
340	82895	83188	83481	83773	84064	84354	84644	84932	85220	85507
350	5,85793	5,86079	5,86363	5,86647	5,86930	5,87212	5,87493	5,87774	5,88053	5,88332
360	88610	88888	89164	89440	89715	89990	90263	90536	90808	91080
370	91350	91620	91889	92158	92426	92693	92959	93225	93489	93754
380	94017	94280	94542	94803	95064	95324	95584	95842	96101	96358
390	96615	96871	97126	97381	97635	97889	98141	98394	98645	98896
400	5,99146	5,99396	5,99645	5,99894	6,00141	6,00389	6,00635	6,00881	6,01127	6,01372
410	6,01616	6,01859	6,02102	6,02345	02587	02828	03069	03309	03548	03787
420	04025	04263	04501	04737	04973	05209	05444	05678	05912	06146
430	06379	06611	06843	07074	07304	07535	07764	07993	08222	08450
440	08677	08904	09131	09357	09582	09807	10032	10256	10479	10702
450	6,10925	6,11147	6,11368	6,11589	6,11810	6,12030	6,12249	6,12468	6,12687	6,12905
460	13123	13340	13556	13773	13988	14204	14419	14633	14847	15060
470	15273	15486	15698	15910	16121	16331	16542	16752	16961	17170
480	17379	17587	17794	18002	18208	18415	18621	18826	19032	19236
490	19441	19644	19848	20051	20254	20456	20658	20859	21060	21261
500	6,21461	6,21661	6,21860	6,22059	6,22258	6,22456	6,22654	6,22851	6,23048	6,23245
510	23441	23637	23832	24028	24222	24417	24611	24804	24998	25190
520	25383	25575	25767	25958	26149	26340	26530	26720	26910	27099
530	27288	27476	27664	27852	28040	28227	28413	28600	28786	28972
540	29157	29342	29527	29711	29895	30079	30262	30445	30628	30810
550	6,30992	6,31173	6,31355	6,31536	6,31716	6,31897	6,32077	6,32257	6,32436	6,32615
560	32794	32972	33150	33328	33505	33683	33859	34036	34212	34388
570	34564	34739	34914	35089	35263	35437	35611	35784	35957	36130
580	36303	36475	36647	36819	36990	37161	37332	37502	37673	37843
590	38012	38182	38351	38519	38688	38856	39024	39192	39359	39526
600	6,39693	6,39859	6,40026	6,40192	6,40357	6,40523	6,40688	6,40853	6,41017	6,41182
610	41346	41510	41673	41836	41999	42162	42325	42487	42649	42811
620	42972	43133	43294	43455	43615	43775	43935	44095	44254	44413
630	44572	44731	44889	45047	45205	45362	45520	45677	45834	45990
640	46147	46303	46459	46614	46770	46925	47080	47235	47389	47543
650	6,47697	6,47851	6,48004	6,48158	6,48311	6,48464	6,48616	6,48768	6,48920	6,49072
660	49224	49375	49527	49677	49828	49979	50129	50279	50429	50578
670	50728	50877	51026	51175	51323	51471	51619	51767	51915	52062
680	52209	52356	52503	52649	52796	52942	53088	53233	53379	53524
690	53669	53814	53959	54103	54247	54391	54535	54679	54822	54965
700	6,55108	6,55251	6,55393	6,55536	6,55678	6,55820	6,55962	6,56103	6,56244	6,56386
710	56526	56667	56808	56948	57088	57228	57368	57508	57647	57786
720	57925	58064	58203	58341	58479	58617	58755	58893	59030	59167
730	59304	59441	59578	59715	59851	59987	60123	60259	60394	60530
740	60665	60800	60935	61070	61204	61338	61473	61607	61740	61874
750	6,62007	6,62141	6,62274	6,62407	6,62539	6,62672	6,62804	6,62936	6,63068	6,63200
760	63332	63463	63595	63726	63857	63988	64118	64249	64379	64509
770	64639	64769	64898	65028	65157	65286	65415	65544	65673	65801
780	65929	66058	66185	66313	66441	66568	66696	66823	66950	67077
790	67203	67330	67456	67582	67708	67834	67960	68085	68211	68336
800	6,68461	6,68586	6,68711	6,68835	6,68960	6,69084	6,69208	6,69332	6,69456	6,69580
810	69703	69827	69950	70073	70196	70319	70441	70564	70686	70808
820	70930	71052	71174	71296	71417	71538	71659	71780	71901	72022
830	72143	72263	72383	72503	72623	72743	72863	72982	73102	73221
840	73340	73459	73578	73697	73815	73934	74052	74170	74288	74406
850	6,74524	6,74641	6,74759	6,74876	6,74993	6,75110	6,75227	6,75344	6,75460	6,75577
860	75693	75809	75926	76041	76157	76273	76388	76504	76619	76734
870	76849	76964	77079	77194	77308	77422	77537	77651	77765	77878
880	77992	78106	78219	78333	78446	78559	78672	78784	78897	79010
890	79122	79234	79347	79459	79571	79682	79794	79906	80017	80128
900	6,80239	6,80351	6,80461	6,80572	6,80683	6,80793	6,80904	6,81014	6,81124	6,81235
910	81344	81454	81564	81674	81783	81892	82002	82111	82220	82329
920	82437	82546	82655	82763	82871	82979	83087	83195	83303	83411
930	83518	83626	83733	83841	83948	84055	84162	84268	84375	84482
940	84588	84694	84801	84907	85013	85118	85224	85330	85435	85541
950	6,85646	6,85751	6,85857	6,85961	6,86066	6,86171	6,86276	6,86380	6,86485	6,86589
960	86693	86797	86901	87005	87109	87213	87316	87420	87523	87626
970	87730	87833	87936	88038	88141	88244	88346	88449	88551	88653
980	88755	88857	88959	89061	89163	89264	89366	89467	89568	89669
990	89770	89871	89972	90073	90174	90274	90375	90475	90575	90675

* Ausrechnung des natürlichen Logarithmus (ln) von Zahlen, die in Zehnerpotenzen kleiner oder größer sind als die in den Tafeln angegebenen Zahlen: Ist die vorliegende Zahl *kleiner*, zum Beispiel $^1/_{10}(10^{-1})$, $^1/_{100}(10^{-2})$, $^1/_{1000}(10^{-3})$ usw., dann *subtrahiere* ln 10, 2 ln 10, 3 ln 10 usw.; ist sie *größer*, zum Beispiel 10mal (10^1), 100mal (10^2), 1000mal (10^3) usw., dann *addiere* ln 10, 2 ln 10, 3 ln 10 usw. Beispiel: ln 0,02 = ln 0,2 − ln 10 oder ln 2000 = ln 200 + ln 10.

x	e^x	$\log_{10}(e^x)$	e^{-x}	x	e^x	$\log_{10}(e^x)$	e^{-x}	x	e^x	$\log_{10}(e^x)$	e^{-x}
0,00	1,0000	0,00000	1,000000	**1,00**	2,7183	0,43429	0,367879	**2,00**	7,3891	0,86859	0,135335
0,01	1,0101	00434	0,990050	1,01	2,7456	43864	364219	2,01	7,4633	87293	133989
0,02	1,0202	00869	980199	1,02	2,7732	44298	360595	2,02	7,5383	87727	132655
0,03	1,0305	01303	970446	1,03	2,8011	44732	357007	2,03	7,6141	88162	131336
0,04	1,0408	01737	960789	1,04	2,8292	45167	353455	2,04	7,6906	88596	130029
0,05	1,0513	0,02171	0,951229	**1,05**	2,8577	0,45601	0,349938	**2,05**	7,7679	0,89030	0,128735
0,06	1,0618	02606	941765	1,06	2,8864	46035	346456	2,06	7,8460	89465	127454
0,07	1,0725	03040	932394	1,07	2,9154	46470	343009	2,07	7,9248	89899	126186
0,08	1,0833	03474	923116	1,08	2,9447	46904	339596	2,08	8,0045	90333	124930
0,09	1,0942	03909	913931	1,09	2,9743	47338	336216	2,09	8,0849	90768	123687
0,10	1,1052	0,04343	0,904837	**1,10**	3,0042	0,47772	0,332871	**2,10**	8,1662	0,91202	0,122456
0,11	1,1163	04777	895834	1,11	3,0344	48207	329559	2,11	8,2482	91636	121238
0,12	1,1275	05212	886920	1,12	3,0649	48641	326280	2,12	8,3311	92070	120032
0,13	1,1388	05646	878095	1,13	3,0957	49075	323033	2,13	8,4149	92505	118837
0,14	1,1503	06080	869358	1,14	3,1268	49510	319819	2,14	8,4994	92939	117655
0,15	1,1618	0,06514	0,860708	**1,15**	3,1582	0,49944	0,316637	**2,15**	8,5849	0,93373	0,116484
0,16	1,1735	06949	852144	1,16	3,1899	50378	313486	2,16	8,6711	93808	115325
0,17	1,1853	07383	843665	1,17	3,2220	50812	310367	2,17	8,7583	94242	114178
0,18	1,1972	07817	835270	1,18	3,2544	51247	307279	2,18	8,8463	94676	113042
0,19	1,2092	08252	826959	1,19	3,2871	51681	304221	2,19	8,9352	95110	111917
0,20	1,2214	0,08686	0,818731	**1,20**	3,3201	0,52115	0,301194	**2,20**	9,0250	0,95545	0,110803
0,21	1,2337	09120	810584	1,21	3,3535	52550	298197	2,21	9,1157	95979	109701
0,22	1,2461	09554	802519	1,22	3,3872	52984	295230	2,22	9,2073	96413	108609
0,23	1,2586	09989	794534	1,23	3,4212	53418	292293	2,23	9,2999	96848	107528
0,24	1,2712	10423	786628	1,24	3,4556	53853	289384	2,24	9,3933	97282	106459
0,25	1,2840	0,10857	0,778801	**1,25**	3,4903	0,54287	0,286505	**2,25**	9,4877	0,97716	0,105399
0,26	1,2969	11292	771052	1,26	3,5254	54721	283654	2,26	9,5831	98151	104350
0,27	1,3100	11726	763379	1,27	3,5609	55155	280832	2,27	9,6794	98585	103312
0,28	1,3231	12160	755784	1,28	3,5966	55590	278037	2,28	9,7767	99019	102284
0,29	1,3364	12595	748264	1,29	3,6328	56024	275271	2,29	9,8749	99453	101266
0,30	1,3499	0,13029	0,740818	**1,30**	3,6693	0,56458	0,272532	**2,30**	9,9742	0,99888	0,100259
0,31	1,3634	13463	733447	1,31	3,7062	56893	269820	2,31	10,074	1,00322	099261
0,32	1,3771	13897	726149	1,32	3,7434	57327	267135	2,32	10,176	00756	098274
0,33	1,3910	14332	718924	1,33	3,7810	57761	264477	2,33	10,278	01191	097296
0,34	1,4049	14766	711770	1,34	3,8190	58195	261846	2,34	10,381	01625	096328
0,35	1,4191	0,15200	0,704688	**1,35**	3,8574	0,58630	0,259240	**2,35**	10,486	1,02059	0,095369
0,36	1,4333	15635	697676	1,36	3,8962	59064	256661	2,36	10,591	02493	094420
0,37	1,4477	16069	690734	1,37	3,9354	59498	254107	2,37	10,697	02928	093481
0,38	1,4623	16503	683861	1,38	3,9749	59933	251579	2,38	10,805	03362	092551
0,39	1,4770	16937	677057	1,39	4,0149	60367	249075	2,39	10,913	03796	091630
0,40	1,4918	0,17372	0,670320	**1,40**	4,0552	0,60801	0,246597	**2,40**	11,023	1,04231	0,090718
0,41	1,5068	17806	663650	1,41	4,0960	61236	244143	2,41	11,134	04665	089815
0,42	1,5220	18240	657047	1,42	4,1371	61670	241714	2,42	11,246	05099	088922
0,43	1,5373	18675	650509	1,43	4,1787	62104	239309	2,43	11,359	05534	088037
0,44	1,5527	19109	644036	1,44	4,2207	62538	236928	2,44	11,473	05968	087161
0,45	1,5683	0,19543	0,637628	**1,45**	4,2631	0,62973	0,234570	**2,45**	11,588	1,06402	0,086294
0,46	1,5841	19978	631284	1,46	4,3060	63407	232236	2,46	11,705	06836	085435
0,47	1,6000	20412	625002	1,47	4,3492	63841	229925	2,47	11,822	07271	084585
0,48	1,6161	20846	618783	1,48	4,3929	64276	227638	2,48	11,941	07705	083743
0,49	1,6323	21280	612626	1,49	4,4371	64710	225373	2,49	12,061	08139	082910
0,50	1,6487	0,21715	0,606531	**1,50**	4,4817	0,65144	0,223130	**2,50**	12,182	1,08574	0,082085
0,51	1,6653	22149	600496	1,51	4,5267	65578	220910	2,51	12,305	09008	081268
0,52	1,6820	22583	594521	1,52	4,5722	66013	218712	2,52	12,429	09442	080460
0,53	1,6989	23018	588605	1,53	4,6182	66447	216536	2,53	12,554	09877	079659
0,54	1,7160	23452	582748	1,54	4,6646	66881	214381	2,54	12,680	10311	078866
0,55	1,7333	0,23886	0,576950	**1,55**	4,7115	0,67316	0,212248	**2,55**	12,807	1,10745	0,078082
0,56	1,7507	24320	571209	1,56	4,7588	67750	210136	2,56	12,936	11179	077305
0,57	1,7683	24755	565525	1,57	4,8066	68184	208045	2,57	13,066	11614	076536
0,58	1,7860	25189	559898	1,58	4,8550	68619	205975	2,58	13,197	12048	075774
0,59	1,8040	25623	554327	1,59	4,9037	69053	203926	2,59	13,330	12482	075020
0,60	1,8221	0,26058	0,548812	**1,60**	4,9530	0,69487	0,201897	**2,60**	13,464	1,12917	0,074274
0,61	1,8404	26492	543351	1,61	5,0028	69921	199888	2,61	13,599	13351	073535
0,62	1,8589	26926	537944	1,62	5,0531	70356	197899	2,62	13,736	13785	072803
0,63	1,8776	27361	532592	1,63	5,1039	70790	195930	2,63	13,874	14219	072078
0,64	1,8965	27795	527292	1,64	5,1552	71224	193980	2,64	14,013	14654	071361
0,65	1,9155	0,28229	0,522046	**1,65**	5,2070	0,71659	0,192050	**2,65**	14,154	1,15088	0,070651
0,66	1,9348	28663	516851	1,66	5,2593	72093	190139	2,66	14,296	15522	069948
0,67	1,9542	29098	511709	1,67	5,3122	72527	188247	2,67	14,440	15957	069252
0,68	1,9739	29532	506617	1,68	5,3656	72961	186374	2,68	14,585	16391	068563
0,69	1,9937	29966	501576	1,69	5,4195	73396	184520	2,69	14,732	16825	067881
0,70	2,0138	0,30401	0,496585	**1,70**	5,4739	0,73830	0,182684	**2,70**	14,880	1,17260	0,067206
0,71	2,0340	30835	491644	1,71	5,5290	74264	180866	2,71	15,029	17694	066537
0,72	2,0544	31269	486752	1,72	5,5845	74699	179066	2,72	15,180	18128	065875
0,73	2,0751	31703	481909	1,73	5,6407	75133	177284	2,73	15,333	18562	065219
0,74	2,0959	32138	477114	1,74	5,6973	75567	175520	2,74	15,487	18997	064570
0,75	2,1170	0,32572	0,472367	**1,75**	5,7546	0,76002	0,173774	**2,75**	15,643	1,19431	0,063928
0,76	2,1383	33006	467666	1,76	5,8124	76436	172045	2,76	15,800	19865	063292
0,77	2,1598	33441	463013	1,77	5,8709	76870	170333	2,77	15,959	20300	062662
0,78	2,1815	33875	458406	1,78	5,9299	77304	168638	2,78	16,119	20734	062039
0,79	2,2034	34309	453845	1,79	5,9895	77739	166960	2,79	16,281	21168	061421
0,80	2,2255	0,34744	0,449329	**1,80**	6,0496	0,78173	0,165299	**2,80**	16,445	1,21602	0,060810
0,81	2,2479	35178	444858	1,81	6,1104	78607	163654	2,81	16,610	22037	060205
0,82	2,2705	35612	440432	1,82	6,1719	79042	162026	2,82	16,777	22471	059606
0,83	2,2933	36046	436049	1,83	6,2339	79476	160414	2,83	16,945	22905	059013
0,84	2,3164	36481	431711	1,84	6,2965	79910	158817	2,84	17,116	23340	058426
0,85	2,3396	0,36915	0,427415	**1,85**	6,3598	0,80344	0,157237	**2,85**	17,288	1,23774	0,057844
0,86	2,3632	37349	423162	1,86	6,4237	80779	155673	2,86	17,462	24208	057269
0,87	2,3869	37784	418952	1,87	6,4883	81213	154124	2,87	17,637	24643	056699
0,88	2,4109	38218	414783	1,88	6,5535	81647	152590	2,88	17,814	25077	056135
0,89	2,4351	38652	410656	1,89	6,6194	82082	151072	2,89	17,993	25511	055576
0,90	2,4596	0,39087	0,406570	**1,90**	6,6859	0,82516	0,149569	**2,90**	18,174	1,25945	0,055023
0,91	2,4843	39521	402524	1,91	6,7531	82950	148080	2,91	18,357	26380	054476
0,92	2,5093	39955	398519	1,92	6,8210	83385	146607	2,92	18,541	26814	053934
0,93	2,5345	40389	394554	1,93	6,8895	83819	145148	2,93	18,728	27248	053397
0,94	2,5600	40824	390628	1,94	6,9588	84253	143704	2,94	18,916	27683	052866
0,95	2,5857	0,41258	0,386741	**1,95**	7,0287	0,84687	0,142274	**2,95**	19,106	1,28117	0,052340
0,96	2,6117	41692	382893	1,96	7,0993	85122	140858	2,96	19,298	28551	051819
0,97	2,6379	42127	379083	1,97	7,1707	85556	139457	2,97	19,492	28985	051303
0,98	2,6645	42561	375311	1,98	7,2427	85990	138069	2,98	19,688	29420	050793
0,99	2,6912	42995	371577	1,99	7,3155	86425	136695	2,99	19,886	29854	050287

x	e^x	$\log_{10}(e^x)$	e^{-x}
3,00	20,086	1,30288	0,049787
3,01	20,287	1,30723	049292
3,02	20,491	1,31157	048801
3,03	20,697	1,31591	048316
3,04	20,905	1,32026	047835
3,05	21,115	1,32460	0,047359
3,06	21,328	1,32894	046888
3,07	21,542	1,33328	046421
3,08	21,758	1,33763	045959
3,09	21,977	1,34197	045502
3,10	22,198	1,34631	0,045049
3,11	22,421	1,35066	044601
3,12	22,646	1,35500	044157
3,13	22,874	1,35934	043718
3,14	23,104	1,36368	043283
3,15	23,336	1,36803	0,042852
3,16	23,571	1,37237	042426
3,17	23,807	1,37671	042004
3,18	24,047	1,38106	041586
3,19	24,288	1,38540	041172
3,20	24,533	1,38974	0,040762
3,21	24,779	1,39409	040357
3,22	25,028	1,39843	039955
3,23	25,280	1,40277	039557
3,24	25,534	1,40711	039164
3,25	25,790	1,41146	0,038774
3,26	26,050	1,41580	038388
3,27	26,311	1,42014	038006
3,28	26,576	1,42449	037628
3,29	26,843	1,42883	037254
3,30	27,113	1,43317	0,036883
3,31	27,385	1,43751	036516
3,32	27,660	1,44186	036153
3,33	27,938	1,44620	035793
3,34	28,219	1,45054	035437
3,35	28,503	1,45489	0,035084
3,36	28,789	1,45923	034735
3,37	29,079	1,46357	034390
3,38	29,371	1,46792	034047
3,39	29,666	1,47226	033709
3,40	29,964	1,47660	0,033373
3,41	30,265	1,48094	033041
3,42	30,569	1,48529	032712
3,43	30,877	1,48963	032387
3,44	31,187	1,49397	032065
3,45	31,500	1,49832	0,031746
3,46	31,817	1,50266	031430
3,47	32,137	1,50700	031117
3,48	32,460	1,51134	030807
3,49	32,786	1,51569	030501
3,50	33,115	1,52003	0,030197
3,51	33,448	1,52437	029897
3,52	33,784	1,52872	029599
3,53	34,124	1,53306	029305
3,54	34,467	1,53740	029013
3,55	34,813	1,54175	0,028725
3,56	35,163	1,54609	028439
3,57	35,517	1,55043	028156
3,58	35,874	1,55477	027876
3,59	36,234	1,55912	027598
3,60	36,598	1,56346	0,027324
3,61	36,966	1,56780	027052
3,62	37,338	1,57215	026783
3,63	37,713	1,57649	026516
3,64	38,092	1,58083	026252
3,65	38,475	1,58517	0,025991
3,66	38,861	1,58952	025733
3,67	39,252	1,59386	025476
3,68	39,646	1,59820	025223
3,69	40,045	1,60255	024972
3,70	40,447	1,60689	0,024724
3,71	40,854	1,61123	024478
3,72	41,264	1,61558	024234
3,73	41,679	1,61992	023993
3,74	42,098	1,62426	023754
3,75	42,521	1,62860	0,023518
3,76	42,948	1,63295	023284
3,77	43,380	1,63729	023052
3,78	43,816	1,64163	022823
3,79	44,256	1,64598	022596
3,80	44,701	1,65032	0,022371
3,81	45,150	1,65466	022148
3,82	45,604	1,65900	021928
3,83	46,063	1,66335	021710
3,84	46,525	1,66769	021494
3,85	46,993	1,67203	0,021280
3,86	47,465	1,67638	021068
3,87	47,942	1,68072	020858
3,88	48,424	1,68506	020651
3,89	48,911	1,68941	020445
3,90	49,402	1,69375	0,020242
3,91	49,899	1,69809	020041
3,92	50,400	1,70243	019841
3,93	50,907	1,70678	019644
3,94	51,419	1,71112	019448
3,95	51,935	1,71546	0,019255
3,96	52,457	1,71981	019063
3,97	52,985	1,72415	018873
3,98	53,517	1,72849	018686
3,99	54,055	1,73283	018500

x	e^x	$\log_{10}(e^x)$	e^{-x}
4,00	54,598	1,73718	0,018316
4,01	55,147	1,74152	018133
4,02	55,701	1,74586	017953
4,03	56,261	1,75021	017774
4,04	56,826	1,75455	017597
4,05	57,397	1,75889	0,017422
4,06	57,974	1,76324	017249
4,07	58,557	1,76758	017077
4,08	59,145	1,77192	016907
4,09	59,740	1,77626	016739
4,10	60,340	1,78061	0,016573
4,11	60,947	1,78495	016408
4,12	61,559	1,78929	016245
4,13	62,178	1,79364	016083
4,14	62,803	1,79798	015923
4,15	63,434	1,80232	0,015764
4,16	64,072	1,80667	015608
4,17	64,715	1,81101	015452
4,18	65,366	1,81535	015299
4,19	66,023	1,81969	015146
4,20	66,686	1,82404	0,014996
4,21	67,357	1,82838	014846
4,22	68,033	1,83272	014699
4,23	68,717	1,83707	014552
4,24	69,408	1,84141	014408
4,25	70,105	1,84575	0,014264
4,26	70,810	1,85009	014122
4,27	71,522	1,85444	013982
4,28	72,240	1,85878	013843
4,29	72,966	1,86312	013705
4,30	73,700	1,86747	0,013569
4,31	74,440	1,87181	013434
4,32	75,189	1,87615	013300
4,33	75,944	1,88050	013168
4,34	76,708	1,88484	013037
4,35	77,478	1,88918	0,012907
4,36	78,257	1,89352	012778
4,37	79,044	1,89787	012651
4,38	79,838	1,90221	012525
4,39	80,640	1,90655	012401
4,40	81,451	1,91090	0,012277
4,41	82,269	1,91524	012155
4,42	83,096	1,91958	012034
4,43	83,931	1,92392	011914
4,44	84,775	1,92827	011796
4,45	85,627	1,93261	0,011679
4,46	86,488	1,93695	011562
4,47	87,357	1,94130	011447
4,48	88,235	1,94564	011333
4,49	89,121	1,94998	011221
4,50	90,017	1,95433	0,011109
4,51	90,922	1,95867	010998
4,52	91,836	1,96301	010889
4,53	92,759	1,96735	010781
4,54	93,691	1,97170	010673
4,55	94,632	1,97604	0,010567
4,56	95,583	1,98038	010462
4,57	96,544	1,98473	010358
4,58	97,514	1,98907	010255
4,59	98,494	1,99341	010153
4,60	99,484	1,99775	0,010052
4,61	100,48	2,00210	009952
4,62	101,49	2,00644	009853
4,63	102,51	2,01078	009755
4,64	103,54	2,01513	009658
4,65	104,58	2,01947	0,009562
4,66	105,64	2,02381	009466
4,67	106,70	2,02816	009372
4,68	107,77	2,03250	009279
4,69	108,85	2,03684	009187
4,70	109,95	2,04118	0,009095
4,71	111,05	2,04553	009005
4,72	112,17	2,04987	008915
4,73	113,30	2,05421	008826
4,74	114,43	2,05856	008739
4,75	115,58	2,06290	0,008652
4,76	116,75	2,06724	008566
4,77	117,92	2,07158	008480
4,78	119,10	2,07593	008396
4,79	120,30	2,08027	008312
4,80	121,51	2,08461	0,008230
4,81	122,73	2,08896	008148
4,82	123,97	2,09330	008067
4,83	125,21	2,09764	007987
4,84	126,47	2,10199	007907
4,85	127,74	2,10633	0,007828
4,86	129,02	2,11067	007750
4,87	130,32	2,11501	007673
4,88	131,63	2,11936	007597
4,89	132,95	2,12370	007521
4,90	134,29	2,12804	0,007447
4,91	135,64	2,13239	007372
4,92	137,00	2,13673	007299
4,93	138,38	2,14107	007227
4,94	139,77	2,14541	007155
4,95	141,17	2,14976	0,007083
4,96	142,59	2,15410	007013
4,97	144,03	2,15844	006943
4,98	145,47	2,16279	006874
4,99	146,94	2,16713	006806

x	e^x	$\log_{10}(e^x)$	e^{-x}
5,00	148,41	2,17147	0,006738
5,01	149,90	2,17582	006671
5,02	151,41	2,18016	006605
5,03	152,93	2,18450	006539
5,04	154,47	2,18884	006474
5,05	156,02	2,19319	0,006409
5,06	157,59	2,19753	006346
5,07	159,17	2,20187	006282
5,08	160,77	2,20622	006220
5,09	162,39	2,21056	006158
5,10	164,02	2,21490	0,006097
5,11	165,67	2,21924	006036
5,12	167,34	2,22359	005976
5,13	169,02	2,22793	005917
5,14	170,72	2,23227	005858
5,15	172,43	2,23662	0,005799
5,16	174,16	2,24096	005742
5,17	175,91	2,24530	005685
5,18	177,68	2,24965	005628
5,19	179,47	2,25399	005572
5,20	181,27	2,25833	0,005517
5,21	183,09	2,26267	005462
5,22	184,93	2,26702	005407
5,23	186,79	2,27136	005354
5,24	188,67	2,27570	005300
5,25	190,57	2,28005	0,005248
5,26	192,48	2,28439	005195
5,27	194,42	2,28873	005144
5,28	196,37	2,29307	005092
5,29	198,34	2,29742	005042
5,30	200,34	2,30176	0,004992
5,31	202,35	2,30610	004942
5,32	204,38	2,31045	004893
5,33	206,44	2,31479	004844
5,34	208,51	2,31913	004796
5,35	210,61	2,32348	0,004748
5,36	212,72	2,32782	004701
5,37	214,86	2,33216	004654
5,38	217,02	2,33650	004608
5,39	219,20	2,34085	004562
5,40	221,41	2,34519	0,004517
5,41	223,63	2,34953	004472
5,42	225,88	2,35388	004427
5,43	228,15	2,35822	004383
5,44	230,44	2,36256	004339
5,45	232,76	2,36690	0,004296
5,46	235,10	2,37125	004254
5,47	237,46	2,37559	004211
5,48	239,85	2,37993	004169
5,49	242,26	2,38428	004128
5,5	244,69	2,38862	0,004087
5,6	270,43	2,43205	003698
5,7	298,87	2,47548	003346
5,8	330,30	2,51891	003028
5,9	365,04	2,56234	002739
6,0	403,43	2,60577	0,002479
6,1	445,86	2,64920	002243
6,2	492,75	2,69263	002029
6,3	544,57	2,73606	001836
6,4	601,85	2,77948	001662
6,5	665,14	2,82291	0,001503
6,6	735,10	2,86634	001360
6,7	812,41	2,90977	001231
6,8	897,85	2,95320	001114
6,9	992,27	2,99663	001008
7,0	1096,6	3,04006	0,000912
7,1	1212,0	3,08349	000825
7,2	1339,4	3,12692	000747
7,3	1480,3	3,17035	000676
7,4	1636,0	3,21378	000611
7,5	1808,0	3,25721	0,000553
7,6	1998,2	3,30064	000501
7,7	2208,3	3,33407	000453
7,8	2440,6	3,38750	000410
7,9	2697,3	3,43093	000371
8,0	2981,0	3,47436	0,000336
8,1	3294,5	3,51779	000304
8,2	3641,0	3,56121	000275
8,3	4023,9	3,60464	000249
8,4	4447,1	3,64807	000225
8,5	4914,8	3,69150	0,000204
8,6	5431,7	3,73493	000184
8,7	6002,9	3,77836	000167
8,8	6634,2	3,82179	000151
8,9	7332,0	3,86522	000136
9,0	8103,1	3,90865	0,000123
9,1	8955,3	3,95208	000112
9,2	9897,1	3,99551	000101
9,3	10938	4,03894	000091
9,4	12088	4,08237	000083
9,5	13360	4,12580	0,000075
9,6	14765	4,16923	000068
9,7	16318	4,21266	000061
9,8	18034	4,25609	000056
9,9	19930	4,29952	000050
10,0	22026	4,34294	0,000045

Reziproken[1] der Zahlen 1–999

$1/n$ = Reziproke von n

n	0	1	2	3	4	5	6	7	8	9
0	–	1	0,5 000 0000	0,3 333 3333	0,2 500 0000	0,2 000 0000	0,1 666 6667	0,1 428 5714	0,1 250 0000	0,1 111 1111
10	0,1 000 0000	0,0 909 0909	0,0 833 3333	0,0 769 2308	0,0 714 2857	0,0 666 6667	0,0 625 0000	0,0 588 2353	0,0 555 5556	0,0 526 3158
20	0,0 500 0000	476 1905	454 5455	434 7826	416 6667	400 0000	384 6154	370 3704	357 1429	344 8276
30	333 3333	322 5806	312 5000	303 0303	294 1176	285 7143	277 7778	270 2703	263 1579	256 4103
40	250 0000	243 9024	238 0952	232 5581	227 2727	222 2222	217 3913	212 7660	208 3333	204 0816
50	0,0 200 0000	0,0 196 0784	0,0 192 3077	0,0 188 6792	0,0 185 1852	0,0 181 8182	0,0 178 5714	0,0 175 4386	0,0 172 4138	0,0 169 4915
60	166 6667	163 9344	161 2903	158 7302	156 2500	153 8462	151 5152	149 2537	147 0588	144 9275
70	142 8571	140 8451	138 8889	136 9863	135 1351	133 3333	131 5789	129 8701	128 2051	126 5823
80	125 0000	123 4568	121 9512	120 4819	119 0476	117 6471	116 2791	114 9425	113 6364	112 3596
90	111 1111	109 8901	108 6957	107 5269	106 3830	105 2632	104 1667	103 0928	102 0408	101 0101
100	0,01 000 0000	0,00 990 0990	0,00 980 3922	0,00 970 8738	0,00 961 5385	0,00 952 3810	0,00 943 3962	0,00 934 5794	0,00 925 9259	0,00 917 4312
110	0,00 909 0909	900 9009	892 8571	884 9558	877 1930	869 5652	862 0690	854 7009	847 4576	840 3361
120	833 3333	826 4463	819 6721	813 0081	806 4516	800 0000	793 6508	787 4016	781 2500	775 1938
130	769 2308	763 3588	757 5758	751 8797	746 2687	740 7407	735 2941	729 9270	724 6377	719 4245
140	714 2857	709 2199	704 2254	699 3007	694 4444	689 6552	684 9315	680 2721	675 6757	671 1409
150	0,00 666 6667	0,00 662 2517	0,00 657 8947	0,00 653 5948	0,00 649 3506	0,00 645 1613	0,00 641 0256	0,00 636 9427	0,00 632 9114	0,00 628 9308
160	625 0000	621 1180	617 2840	613 4969	609 7561	606 0606	602 4096	598 8024	595 2381	591 7160
170	588 2353	584 7953	581 3953	578 0347	574 7126	571 4286	568 1818	564 9718	561 7978	558 6592
180	555 5556	552 4862	549 4505	546 4481	543 4783	540 5405	537 6344	534 7594	531 9149	529 1005
190	526 3158	523 5602	520 8333	518 1347	515 4639	512 8205	510 2041	507 6142	505 0505	502 5126
200	0,00 500 0000	0,00 497 5124	0,00 495 0495	0,00 492 6108	0,00 490 1961	0,00 487 8049	0,00 485 4369	0,00 483 0918	0,00 480 7692	0,00 478 4689
210	476 1905	473 9336	471 6981	469 4836	467 2897	465 1163	462 9630	460 8295	458 7156	456 6210
220	454 5455	452 4887	450 4505	448 4305	446 4286	444 4444	442 4779	440 5286	438 5965	436 6812
230	434 7826	432 9004	431 0345	429 1845	427 3504	425 5319	423 7288	421 9409	420 1681	418 4100
240	416 6667	414 9378	413 2231	411 5226	409 8361	408 1633	406 5041	404 8583	403 2258	401 6064
250	0,00 400 0000	0,00 398 4064	0,00 396 8254	0,00 395 2569	0,00 393 7008	0,00 392 1569	0,00 390 6250	0,00 389 1051	0,00 387 5969	0,00 386 1004
260	384 6154	383 1418	381 6794	380 2281	378 7879	377 3585	375 9398	374 5318	373 1343	371 7472
270	370 3704	369 0037	367 6471	366 3004	364 9635	363 6364	362 3188	361 0108	359 7122	358 4229
280	357 1429	355 8719	354 6099	353 3569	352 1127	350 8772	349 6503	348 4321	347 2222	346 0208
290	344 8276	343 6426	342 4658	341 2969	340 1361	338 9831	337 8378	336 7003	335 5705	334 4482
300	0,00 333 3333	0,00 332 2259	0,00 331 1258	0,00 330 0330	0,00 328 9474	0,00 327 8689	0,00 326 7974	0,00 325 7329	0,00 324 6753	0,00 323 6246
310	322 5806	321 5434	320 5128	319 4888	318 4713	317 4603	316 4557	315 4574	314 4654	313 4796
320	312 5000	311 5265	310 5590	309 5975	308 6420	307 6923	306 7485	305 8104	304 8780	303 9514
330	303 0303	302 1148	301 2048	300 3003	299 4012	298 5075	297 6190	296 7359	295 8580	294 9853
340	294 1176	293 2551	292 3977	291 5452	290 6977	289 8551	289 0173	288 1844	287 3563	286 5330
350	0,00 285 7143	0,00 284 9003	0,00 284 0909	0,00 283 2861	0,00 282 4859	0,00 281 6901	0,00 280 8989	0,00 280 1120	0,00 279 3296	0,00 278 5515
360	277 7778	277 0083	276 2431	275 4821	274 7253	273 9726	273 2240	272 4796	271 7391	271 0027
370	270 2703	269 5418	268 8172	268 0965	267 3797	266 6667	265 9574	265 2520	264 5503	263 8522
380	263 1579	262 4672	261 7801	261 0966	260 4167	259 7403	259 0674	258 3979	257 7320	257 0694
390	256 4103	255 7545	255 1020	254 4529	253 8071	253 1646	252 5253	251 8892	251 2563	250 6266
400	0,00 250 0000	0,00 249 3766	0,00 248 7562	0,00 248 1390	0,00 247 5248	0,00 246 9136	0,00 246 3054	0,00 245 7002	0,00 245 0980	0,00 244 4988
410	243 9024	243 3090	242 7184	242 1308	241 5459	240 9639	240 3846	239 8082	239 2344	238 6635
420	238 0952	237 5297	236 9668	236 4066	235 8491	235 2941	234 7418	234 1920	233 6449	233 1002
430	232 5581	232 0186	231 4815	230 9469	230 4147	229 8851	229 3578	228 8330	228 3105	227 7904
440	227 2727	226 7574	226 2443	225 7336	225 2252	224 7191	224 2152	223 7136	223 2143	222 7171
450	0,00 222 2222	0,00 221 7295	0,00 221 2389	0,00 220 7506	0,00 220 2643	0,00 219 7802	0,00 219 2982	0,00 218 8184	0,00 218 3406	0,00 217 8649
460	217 3913	216 9197	216 4502	215 9827	215 5172	215 0538	214 5923	214 1328	213 6752	213 2196
470	212 7660	212 3142	211 8644	211 4165	210 9705	210 5263	210 0840	209 6436	209 2050	208 7683
480	208 3333	207 9002	207 4689	207 0393	206 6116	206 1856	205 7613	205 3388	204 9180	204 4990
490	204 0816	203 6660	203 2520	202 8398	202 4291	202 0202	201 6129	201 2072	200 8032	200 4008
500	0,00 200 0000	0,00 199 6008	0,00 199 2032	0,00 198 8072	0,00 198 4127	0,00 198 0198	0,00 197 6285	0,00 197 2387	0,00 196 8504	0,00 196 4637
510	196 0784	195 6947	195 3125	194 9318	194 5525	194 1748	193 7984	193 4236	193 0502	192 6782
520	192 3077	191 9386	191 5709	191 2046	190 8397	190 4762	190 1141	189 7533	189 3939	189 0359
530	188 6792	188 3239	187 9699	187 6173	187 2659	186 9159	186 5672	186 2197	185 8736	185 5288
540	185 1852	184 8429	184 5018	184 1621	183 8235	183 4862	183 1502	182 8154	182 4818	182 1494
550	0,00 181 8182	0,00 181 4882	0,00 181 1594	0,00 180 8318	0,00 180 5054	0,00 180 1802	0,00 179 8561	0,00 179 5332	0,00 179 2115	0,00 178 8909
560	178 5714	178 2531	177 9359	177 6199	177 3050	176 9912	176 6784	176 3668	176 0563	175 7469
570	175 4386	175 1313	174 8252	174 5201	174 2160	173 9130	173 6111	173 3102	173 0104	172 7116
580	172 4138	172 1170	171 8213	171 5266	171 2329	170 9402	170 6485	170 3578	170 0680	169 7793
590	169 4915	169 2047	168 9189	168 6341	168 3502	168 0672	167 7852	167 5042	167 2241	166 9449
600	0,00 166 6667	0,00 166 3894	0,00 166 1130	0,00 165 8375	0,00 165 5629	0,00 165 2893	0,00 165 0165	0,00 164 7446	0,00 164 4737	0,00 164 2036
610	163 9344	163 6661	163 3987	163 1321	162 8664	162 6016	162 3377	162 0746	161 8123	161 5509
620	161 2903	161 0306	160 7717	160 5136	160 2564	160 0000	159 7444	159 4896	159 2357	158 9825
630	158 7302	158 4786	158 2278	157 9779	157 7287	157 4803	157 2327	156 9859	156 7398	156 4945
640	156 2500	156 0062	155 7632	155 5210	155 2795	155 0388	154 7988	154 5595	154 3210	154 0832
650	0,00 153 8462	0,00 153 6098	0,00 153 3742	0,00 153 1394	0,00 152 9052	0,00 152 6718	0,00 152 4390	0,00 152 2070	0,00 151 9757	0,00 151 7451
660	151 5152	151 2859	151 0574	150 8296	150 6024	150 3759	150 1502	149 9250	149 7006	149 4768
670	149 2537	149 0313	148 8095	148 5884	148 3680	148 1481	147 9290	147 7105	147 4926	147 2754
680	147 0588	146 8429	146 6276	146 4129	146 1988	145 9854	145 7726	145 5604	145 3488	145 1379
690	144 9275	144 7178	144 5087	144 3001	144 0922	143 8849	143 6782	143 4720	143 2665	143 0615
700	0,00 142 8571	0,00 142 6534	0,00 142 4501	0,00 142 2475	0,00 142 0455	0,00 141 8440	0,00 141 6431	0,00 141 4427	0,00 141 2429	0,00 141 0437
710	140 8451	140 6470	140 4494	140 2525	140 0560	139 8601	139 6648	139 4700	139 2758	139 0821
720	138 8889	138 6963	138 5042	138 3126	138 1215	137 9310	137 7410	137 5516	137 3626	137 1742
730	136 9863	136 7989	136 6120	136 4256	136 2398	136 0544	135 8696	135 6852	135 5014	135 3180
740	135 1351	134 9528	134 7709	134 5895	134 4086	134 2282	134 0483	133 8688	133 6898	133 5113
750	0,00 133 3333	0,00 133 1558	0,00 132 9787	0,00 132 8021	0,00 132 6260	0,00 132 4503	0,00 132 2751	0,00 132 1004	0,00 131 9261	0,00 131 7523
760	131 5789	131 4060	131 2336	131 0616	130 8901	130 7190	130 5483	130 3781	130 2083	130 0390
770	129 8701	129 7017	129 5337	129 3661	129 1990	129 0323	128 8660	128 7001	128 5347	128 3697
780	128 2051	128 0410	127 8772	127 7139	127 5510	127 3885	127 2265	127 0648	126 9036	126 7427
790	126 5823	126 4223	126 2626	126 1034	125 9446	125 7862	125 6281	125 4705	125 3133	125 1564
800	0,00 125 0000	0,00 124 8439	0,00 124 6883	0,00 124 5330	0,00 124 3781	0,00 124 2236	0,00 124 0695	0,00 123 9157	0,00 123 7624	0,00 123 6094
810	123 4568	123 3046	123 1527	123 0012	122 8501	122 6994	122 5490	122 3990	122 2494	122 1001
820	121 9512	121 8027	121 6545	121 5067	121 3592	121 2121	121 0654	120 9190	120 7729	120 6273
830	120 4819	120 3369	120 1923	120 0480	119 9041	119 7605	119 6172	119 4743	119 3317	119 1895
840	119 0476	118 9061	118 7648	118 6240	118 4834	118 3432	118 2033	118 0638	117 9245	117 7856
850	0,00 117 6471	0,00 117 5088	0,00 117 3709	0,00 117 2333	0,00 117 0960	0,00 116 9591	0,00 116 8224	0,00 116 6861	0,00 116 5501	0,00 116 4144
860	116 2791	116 1440	116 0093	115 8749	115 7407	115 6069	115 4734	115 3403	115 2074	115 0748
870	114 9425	114 8106	114 6789	114 5475	114 4165	114 2857	114 1553	114 0251	113 8952	113 7656
880	113 6364	113 5074	113 3787	113 2503	113 1222	112 9944	112 8668	112 7396	112 6126	112 4859
890	112 3596	112 2334	112 1076	111 9821	111 8568	111 7318	111 6071	111 4827	111 3586	111 2347
900	0,00 111 1111	0,00 110 9878	0,00 110 8647	0,00 110 7420	0,00 110 6195	0,00 110 4972	0,00 110 3753	0,00 110 2536	0,00 110 1322	0,00 110 0110
910	109 8901	109 7695	109 6491	109 5290	109 4092	109 2896	109 1703	109 0513	108 9325	108 8139
920	108 6957	108 5776	108 4599	108 3424	108 2251	108 1081	107 9914	107 8749	107 7586	107 6426
930	107 5269	107 4114	107 2961	107 1811	107 0664	106 9519	106 8376	106 7236	106 6098	106 4963
940	106 3830	106 2699	106 1571	106 0445	105 9322	105 8201	105 7082	105 5966	105 4852	105 3741
950	0,00 105 2632	0,00 105 1525	0,00 105 0420	0,00 104 9318	0,00 104 8218	0,00 104 7120	0,00 104 6025	0,00 104 4932	0,00 104 3841	0,00 104 2753
960	104 1667	104 0583	103 9501	103 8422	103 7344	103 6269	103 5197	103 4126	103 3058	103 1992
970	103 0928	102 9866	102 8807	102 7749	102 6694	102 5641	102 4590	102 3541	102 2495	102 1450
980	102 0408	101 9368	101 8330	101 7294	101 6260	101 5228	101 4199	101 3171	101 2146	101 1122
990	101 0101	100 9082	100 8065	100 7049	100 6036	100 5025	100 4016	100 3009	100 2004	100 1001

[1] Werte nach COMRIE, L. J. (Hrsg.), *Barlow's Tables of Squares, Cubes, Square Roots, Cube Roots and Reciprocals of all Integers up to 12,500*, 4. Aufl., Spon, London, 1958. Nachdruck mit freundlicher Erlaubnis des Autors und des Verlages.

n	0	1	2	3	4	5	6	7	8	9
0	0	1	8	27	64	125	216	343	512	729
10	1 000	1 331	1 728	2 197	2 744	3 375	4 096	4 913	5 832	6 859
20	8 000	9 261	10 648	12 167	13 824	15 625	17 576	19 683	21 952	24 389
30	27 000	29 791	32 768	35 937	39 304	42 875	46 656	50 653	54 872	59 319
40	64 000	68 921	74 088	79 507	85 184	91 125	97 336	103 823	110 592	117 649
50	125 000	132 651	140 608	148 877	157 464	166 375	175 616	185 193	195 112	205 379
60	216 000	226 981	238 328	250 047	262 144	274 625	287 496	300 763	314 432	328 509
70	343 000	357 911	373 248	389 017	405 224	421 875	438 976	456 533	474 552	493 039
80	512 000	531 441	551 368	571 787	592 704	614 125	636 056	658 503	681 472	704 969
90	729 000	753 571	778 688	804 357	830 584	857 375	884 736	912 673	941 192	970 299
100	1 000 000	1 030 301	1 061 208	1 092 727	1 124 864	1 157 625	1 191 016	1 225 043	1 259 712	1 295 029
110	1 331 000	1 367 631	1 404 928	1 442 897	1 481 544	1 520 875	1 560 896	1 601 613	1 643 032	1 685 159
120	1 728 000	1 771 561	1 815 848	1 860 867	1 906 624	1 953 125	2 000 376	2 048 383	2 097 152	2 146 689
130	2 197 000	2 248 091	2 299 968	2 352 637	2 406 104	2 460 375	2 515 456	2 571 353	2 628 072	2 685 619
140	2 744 000	2 803 221	2 863 288	2 924 207	2 985 984	3 048 625	3 112 136	3 176 523	3 241 792	3 307 949
150	3 375 000	3 442 951	3 511 808	3 581 577	3 652 264	3 723 875	3 796 416	3 869 893	3 944 312	4 019 679
160	4 096 000	4 173 281	4 251 528	4 330 747	4 410 944	4 492 125	4 574 296	4 657 463	4 741 632	4 826 809
170	4 913 000	5 000 211	5 088 448	5 177 717	5 268 024	5 359 375	5 451 776	5 545 233	5 639 752	5 735 339
180	5 832 000	5 929 741	6 028 568	6 128 487	6 229 504	6 331 625	6 434 856	6 539 203	6 644 672	6 751 269
190	6 859 000	6 967 871	7 077 888	7 189 057	7 301 384	7 414 875	7 529 536	7 645 373	7 762 392	7 880 599
200	8 000 000	8 120 601	8 242 408	8 365 427	8 489 664	8 615 125	8 741 816	8 869 743	8 998 912	9 129 329
210	9 261 000	9 393 931	9 528 128	9 663 597	9 800 344	9 938 375	10 077 696	10 218 313	10 360 232	10 503 459
220	10 648 000	10 793 861	10 941 048	11 089 567	11 239 424	11 390 625	11 543 176	11 697 083	11 852 352	12 008 989
230	12 167 000	12 326 391	12 487 168	12 649 337	12 812 904	12 977 875	13 144 256	13 312 053	13 481 272	13 651 919
240	13 824 000	13 997 521	14 172 488	14 348 907	14 526 784	14 706 125	14 886 936	15 069 223	15 252 992	15 438 249
250	15 625 000	15 813 251	16 003 008	16 194 277	16 387 064	16 581 375	16 777 216	16 974 593	17 173 512	17 373 979
260	17 576 000	17 779 581	17 984 728	18 191 447	18 399 744	18 609 625	18 821 096	19 034 163	19 248 832	19 465 109
270	19 683 000	19 902 511	20 123 648	20 346 417	20 570 824	20 796 875	21 024 576	21 253 933	21 484 952	21 717 639
280	21 952 000	22 188 041	22 425 768	22 665 187	22 906 304	23 149 125	23 393 656	23 639 903	23 887 872	24 137 569
290	24 389 000	24 642 171	24 897 088	25 153 757	25 412 184	25 672 375	25 934 336	26 198 073	26 463 592	26 730 899
300	27 000 000	27 270 901	27 543 608	27 818 127	28 094 464	28 372 625	28 652 616	28 934 443	29 218 112	29 503 629
310	29 791 000	30 080 231	30 371 328	30 664 297	30 959 144	31 255 875	31 554 496	31 855 013	32 157 432	32 461 759
320	32 768 000	33 076 161	33 386 248	33 698 267	34 012 224	34 328 125	34 645 976	34 965 783	35 287 552	35 611 289
330	35 937 000	36 264 691	36 594 368	36 926 037	37 259 704	37 595 375	37 933 056	38 272 753	38 614 472	38 958 219
340	39 304 000	39 651 821	40 001 688	40 353 607	40 707 584	41 063 625	41 421 736	41 781 923	42 144 192	42 508 549
350	42 875 000	43 243 551	43 614 208	43 986 977	44 361 864	44 738 875	45 118 016	45 499 293	45 882 712	46 268 279
360	46 656 000	47 045 881	47 437 928	47 832 147	48 228 544	48 627 125	49 027 896	49 430 863	49 836 032	50 243 409
370	50 653 000	51 064 811	51 478 848	51 895 117	52 313 624	52 734 375	53 157 376	53 582 633	54 010 152	54 439 939
380	54 872 000	55 306 341	55 742 968	56 181 887	56 623 104	57 066 625	57 512 456	57 960 603	58 411 072	58 863 869
390	59 319 000	59 776 471	60 236 288	60 698 457	61 162 984	61 629 875	62 099 136	62 570 773	63 044 792	63 521 199
400	64 000 000	64 481 201	64 964 808	65 450 827	65 939 264	66 430 125	66 923 416	67 419 143	67 917 312	68 417 929
410	68 921 000	69 426 531	69 934 528	70 444 997	70 957 944	71 473 375	71 991 296	72 511 713	73 034 632	73 560 059
420	74 088 000	74 618 461	75 151 448	75 686 967	76 225 024	76 765 625	77 308 776	77 854 483	78 402 752	78 953 589
430	79 507 000	80 062 991	80 621 568	81 182 737	81 746 504	82 312 875	82 881 856	83 453 453	84 027 672	84 604 519
440	85 184 000	85 766 121	86 350 888	86 938 307	87 528 384	88 121 125	88 716 536	89 314 623	89 915 392	90 518 849
450	91 125 000	91 733 851	92 345 408	92 959 677	93 576 664	94 196 375	94 818 816	95 443 993	96 071 912	96 702 579
460	97 336 000	97 972 181	98 611 128	99 252 847	99 897 344	100 544 625	101 194 696	101 847 563	102 503 232	103 161 709
470	103 823 000	104 487 111	105 154 048	105 823 817	106 496 424	107 171 875	107 850 176	108 531 333	109 215 352	109 902 239
480	110 592 000	111 284 641	111 980 168	112 678 587	113 379 904	114 084 125	114 791 256	115 501 303	116 214 272	116 930 169
490	117 649 000	118 370 771	119 095 488	119 823 157	120 553 784	121 287 375	122 023 936	122 763 473	123 505 992	124 251 499
500	125 000 000	125 751 501	126 506 008	127 263 527	128 024 064	128 787 625	129 554 216	130 323 843	131 096 512	131 872 229
510	132 651 000	133 432 831	134 217 728	135 005 697	135 796 744	136 590 875	137 388 096	138 188 413	138 991 832	139 798 359
520	140 608 000	141 420 761	142 236 648	143 055 667	143 877 824	144 703 125	145 531 576	146 363 183	147 197 952	148 035 889
530	148 877 000	149 721 291	150 568 768	151 419 437	152 273 304	153 130 375	153 990 656	154 854 153	155 720 872	156 590 819
540	157 464 000	158 340 421	159 220 088	160 103 007	160 989 184	161 878 625	162 771 336	163 667 323	164 566 592	165 469 149
550	166 375 000	167 284 151	168 196 608	169 112 377	170 031 464	170 953 875	171 879 616	172 808 693	173 741 112	174 676 879
560	175 616 000	176 558 481	177 504 328	178 453 547	179 406 144	180 362 125	181 321 496	182 284 263	183 250 432	184 220 009
570	185 193 000	186 169 411	187 149 248	188 132 517	189 119 224	190 109 375	191 102 976	192 100 033	193 100 552	194 104 539
580	195 112 000	196 122 941	197 137 368	198 155 287	199 176 704	200 201 625	201 230 056	202 262 003	203 297 472	204 336 469
590	205 379 000	206 425 071	207 474 688	208 527 857	209 584 584	210 644 875	211 708 736	212 776 173	213 847 192	214 921 799
600	216 000 000	217 081 801	218 167 208	219 256 227	220 348 864	221 445 125	222 545 016	223 648 543	224 755 712	225 866 529
610	226 981 000	228 099 131	229 220 928	230 346 397	231 475 544	232 608 375	233 744 896	234 885 113	236 029 032	237 176 659
620	238 328 000	239 483 061	240 641 848	241 804 367	242 970 624	244 140 625	245 314 376	246 491 883	247 673 152	248 858 189
630	250 047 000	251 239 591	252 435 968	253 636 137	254 840 104	256 047 875	257 259 456	258 474 853	259 694 072	260 917 119
640	262 144 000	263 374 721	264 609 288	265 847 707	267 089 984	268 336 125	269 586 136	270 840 023	272 097 792	273 359 449
650	274 625 000	275 894 451	277 167 808	278 445 077	279 726 264	281 011 375	282 300 416	283 593 393	284 890 312	286 191 179
660	287 496 000	288 804 781	290 117 528	291 434 247	292 754 944	294 079 625	295 408 296	296 740 963	298 077 632	299 418 309
670	300 763 000	302 111 711	303 464 448	304 821 217	306 182 024	307 546 875	308 915 776	310 288 733	311 665 752	313 046 839
680	314 432 000	315 821 241	317 214 568	318 611 987	320 013 504	321 419 125	322 828 856	324 242 703	325 660 672	327 082 769
690	328 509 000	329 939 371	331 373 888	332 812 557	334 255 384	335 702 375	337 153 536	338 608 873	340 068 392	341 532 099
700	343 000 000	344 472 101	345 948 408	347 428 927	348 913 664	350 402 625	351 895 816	353 393 243	354 894 912	356 400 829
710	357 911 000	359 425 431	360 944 128	362 467 097	363 994 344	365 525 875	367 061 696	368 601 813	370 146 232	371 694 959
720	373 248 000	374 805 361	376 367 048	377 933 067	379 503 424	381 078 125	382 657 176	384 240 583	385 828 352	387 420 489
730	389 017 000	390 617 891	392 223 168	393 832 837	395 446 904	397 065 375	398 688 256	400 315 553	401 947 272	403 583 419
740	405 224 000	406 869 021	408 518 488	410 172 407	411 830 784	413 493 625	415 160 936	416 832 723	418 508 992	420 189 749
750	421 875 000	423 564 751	425 259 008	426 957 777	428 661 064	430 368 875	432 081 216	433 798 093	435 519 512	437 245 479
760	438 976 000	440 711 081	442 450 728	444 194 947	445 943 744	447 697 125	449 455 096	451 217 663	452 984 832	454 756 609
770	456 533 000	458 314 011	460 099 648	461 889 917	463 684 824	465 484 375	467 288 576	469 097 433	470 910 952	472 729 139
780	474 552 000	476 379 541	478 211 768	480 048 687	481 890 304	483 736 625	485 587 656	487 443 403	489 303 872	491 169 069
790	493 039 000	494 913 671	496 793 088	498 677 257	500 566 184	502 459 875	504 358 336	506 261 573	508 169 592	510 082 399
800	512 000 000	513 922 401	515 849 608	517 781 627	519 718 464	521 660 125	523 606 616	525 557 943	527 514 112	529 475 129
810	531 441 000	533 411 731	535 387 328	537 367 797	539 353 144	541 343 375	543 338 496	545 338 513	547 343 432	549 353 259
820	551 368 000	553 387 661	555 412 248	557 441 767	559 476 224	561 515 625	563 559 976	565 609 283	567 663 552	569 722 789
830	571 787 000	573 856 191	575 930 368	578 009 537	580 093 704	582 182 875	584 277 056	586 376 253	588 480 472	590 589 719
840	592 704 000	594 823 321	596 947 688	599 077 107	601 211 584	603 351 125	605 495 736	607 645 423	609 800 192	611 960 049
850	614 125 000	616 295 051	618 470 208	620 650 477	622 835 864	625 026 375	627 222 016	629 422 793	631 628 712	633 839 779
860	636 056 000	638 277 381	640 503 928	642 735 647	644 972 544	647 214 625	649 461 896	651 714 363	653 972 032	656 234 909
870	658 503 000	660 776 311	663 054 848	665 338 617	667 627 624	669 921 875	672 221 376	674 526 133	676 836 152	679 151 439
880	681 472 000	683 797 841	686 128 968	688 465 387	690 807 104	693 154 125	695 506 456	697 864 103	700 227 072	702 595 369
890	704 969 000	707 347 971	709 732 288	712 121 957	714 516 984	716 917 375	719 323 136	721 734 273	724 150 792	726 572 699
900	729 000 000	731 432 701	733 870 808	736 314 327	738 763 264	741 217 625	743 677 416	746 142 643	748 613 312	751 089 429
910	753 571 000	756 058 031	758 550 528	761 048 497	763 551 944	766 060 875	768 575 296	771 095 213	773 620 632	776 151 559
920	778 688 000	781 229 961	783 777 448	786 330 467	788 889 024	791 453 125	794 022 776	796 597 983	799 178 752	801 765 089
930	804 357 000	806 954 491	809 557 568	812 166 237	814 780 504	817 400 375	820 025 856	822 656 953	825 293 672	827 936 019
940	830 584 000	833 237 621	835 896 888	838 561 807	841 232 384	843 908 625	846 590 536	849 278 123	851 971 392	854 670 349
950	857 375 000	860 085 351	862 801 408	865 523 177	868 250 664	870 983 875	873 722 816	876 467 493	879 217 912	881 974 079
960	884 736 000	887 503 681	890 277 128	893 056 347	895 841 344	898 632 125	901 428 696	904 231 063	907 039 232	909 853 209
970	912 673 000	915 498 611	918 330 048	921 167 317	924 010 424	926 859 375	929 714 176	932 574 833	935 441 352	938 313 739
980	941 192 000	944 076 141	946 966 168	949 862 087	952 763 904	955 671 625	958 585 256	961 504 803	964 430 272	967 361 669
990	970 299 000	973 242 271	976 191 488	979 146 657	982 107 784	985 074 875	988 047 936	991 026 973	994 011 992	997 002 999

[1] Werte nach Comrie, L. J. (Hrsg.), *Barlow's Tables of Squares, Cubes, Square Roots, Cube Roots and Reciprocals of all Integers up to 12,500*, 4. Aufl., Spon, London, 1958. Nachdruck mit freundlicher Erlaubnis des Autors und des Verlages.

Quadrate und Quadratwurzeln[1] der Zahlen 1–399

$\sqrt{100n} = 10\sqrt{n}$ $\sqrt{1000n} = 10\sqrt{10n}$ $\sqrt{0,1n} = 0,1\sqrt{10n}$ $\sqrt{0,01n} = 0,1\sqrt{n}$ $\sqrt{0,001n} = 0,01\sqrt{10n}$

n	n^2	$\sqrt{n}$	$\sqrt{10n}$	n	n^2	$\sqrt{n}$	$\sqrt{10n}$	n	n^2	$\sqrt{n}$	$\sqrt{10n}$	n	n^2	$\sqrt{n}$	$\sqrt{10n}$
				100	1 00 00	10,000 0000	31,622 777	200	4 00 00	14,142 1356	44,721 360	300	9 00 00	17,320 5081	54,772 256
1	1	1,000 0000	3,162 2777	101	1 02 01	10,049 8756	31,780 497	201	4 04 01	14,177 4469	44,833 024	301	9 06 01	17,349 3516	54,863 467
2	4	1,414 2136	4,472 1360	102	1 04 04	10,099 5049	31,937 439	202	4 08 04	14,212 6704	44,944 410	302	9 12 04	17,378 1472	54,954 527
3	9	1,732 0508	5,477 2256	103	1 06 09	10,148 8916	32,093 613	203	4 12 09	14,247 8068	45,055 521	303	9 18 09	17,406 8952	55,045 436
4	16	2,000 0000	6,324 5553	104	1 08 16	10,198 0390	32,249 031	204	4 16 16	14,282 8569	45,166 359	304	9 24 16	17,435 5958	55,136 195
5	25	2,236 0680	7,071 0678	105	1 10 25	10,246 9508	32,403 703	205	4 20 25	14,317 8211	45,276 926	305	9 30 25	17,464 2492	55,226 805
6	36	2,449 4897	7,745 9667	106	1 12 36	10,295 6301	32,557 641	206	4 24 36	14,352 7001	45,387 223	306	9 36 36	17,492 8557	55,317 267
7	49	2,645 7513	8,366 6003	107	1 14 49	10,344 0804	32,710 854	207	4 28 49	14,387 4946	45,497 253	307	9 42 49	17,521 4155	55,407 581
8	64	2,828 4271	8,944 2719	108	1 16 64	10,392 3048	32,863 353	208	4 32 64	14,422 2051	45,607 017	308	9 48 64	17,549 9288	55,497 748
9	81	3,000 0000	9,486 8330	109	1 18 81	10,440 3065	33,015 148	209	4 36 81	14,456 8323	45,716 518	309	9 54 81	17,578 3958	55,587 768
10	1 00	3,162 2777	10,000 0000	110	1 21 00	10,488 0885	33,166 248	210	4 41 00	14,491 3767	45,825 757	310	9 61 00	17,606 8169	55,677 644
11	1 21	3,316 6248	10,488 0885	111	1 23 21	10,535 6538	33,316 662	211	4 45 21	14,525 8390	45,934 736	311	9 67 21	17,635 1921	55,767 374
12	1 44	3,464 1016	10,954 4512	112	1 25 44	10,583 0052	33,466 401	212	4 49 44	14,560 2198	46,043 458	312	9 73 44	17,663 5217	55,856 960
13	1 69	3,605 5513	11,401 7543	113	1 27 69	10,630 1458	33,615 473	213	4 53 69	14,594 5195	46,151 923	313	9 79 69	17,691 8060	55,946 403
14	1 96	3,741 6574	11,832 1596	114	1 29 96	10,677 0783	33,763 886	214	4 57 96	14,628 7388	46,260 134	314	9 85 96	17,720 0451	56,035 703
15	2 25	3,872 9833	12,247 4487	115	1 32 25	10,723 8053	33,911 650	215	4 62 25	14,662 8783	46,368 092	315	9 92 25	17,748 2393	56,124 861
16	2 56	4,000 0000	12,649 1106	116	1 34 56	10,770 3296	34,058 773	216	4 66 56	14,696 9385	46,475 800	316	9 98 56	17,776 3888	56,213 877
17	2 89	4,123 1056	13,038 4048	117	1 36 89	10,816 6538	34,205 263	217	4 70 89	14,730 9199	46,583 259	317	10 04 89	17,804 4938	56,302 753
18	3 24	4,242 6407	13,416 4079	118	1 39 24	10,862 7805	34,351 128	218	4 75 24	14,764 8231	46,690 470	318	10 11 24	17,832 5545	56,391 489
19	3 61	4,358 8989	13,784 0488	119	1 41 61	10,908 7121	34,496 377	219	4 79 61	14,798 6486	46,797 436	319	10 17 61	17,860 5711	56,480 085
20	4 00	4,472 1360	14,142 1356	120	1 44 00	10,954 4512	34,641 016	220	4 84 00	14,832 3970	46,904 158	320	10 24 00	17,888 5438	56,568 542
21	4 41	4,582 5757	14,491 3767	121	1 46 41	11,000 0000	34,785 054	221	4 88 41	14,866 0687	47,010 637	321	10 30 41	17,916 4729	56,656 862
22	4 84	4,690 4158	14,832 3970	122	1 48 84	11,045 3610	34,928 498	222	4 92 84	14,899 6644	47,116 876	322	10 36 84	17,944 3584	56,745 044
23	5 29	4,795 8315	15,165 7509	123	1 51 29	11,090 5365	35,071 356	223	4 97 29	14,933 1845	47,222 876	323	10 43 29	17,972 2008	56,833 089
24	5 76	4,898 9795	15,491 9334	124	1 53 76	11,135 5287	35,213 634	224	5 01 76	14,966 6295	47,328 638	324	10 49 76	18,000 0000	56,920 998
25	6 25	5,000 0000	15,811 3883	125	1 56 25	11,180 3399	35,355 339	225	5 06 25	15,000 0000	47,434 165	325	10 56 25	18,027 7564	57,008 771
26	6 76	5,099 0195	16,124 5155	126	1 58 76	11,224 9722	35,496 479	226	5 10 76	15,033 2964	47,539 457	326	10 62 76	18,055 4701	57,096 410
27	7 29	5,196 1524	16,431 6767	127	1 61 29	11,269 4277	35,637 059	227	5 15 29	15,066 5192	47,644 517	327	10 69 29	18,083 1413	57,183 914
28	7 84	5,291 5026	16,733 2005	128	1 63 84	11,313 7085	35,777 088	228	5 19 84	15,099 6689	47,749 346	328	10 75 84	18,110 7703	57,271 284
29	8 41	5,385 1648	17,029 3864	129	1 66 41	11,357 8167	35,916 570	229	5 24 41	15,132 7460	47,853 944	329	10 82 41	18,138 3571	57,358 522
30	9 00	5,477 2256	17,320 5081	130	1 69 00	11,401 7543	36,055 513	230	5 29 00	15,165 7509	47,958 315	330	10 89 00	18,165 9021	57,445 626
31	9 61	5,567 7644	17,606 8169	131	1 71 61	11,445 5231	36,193 922	231	5 33 61	15,198 6842	48,062 459	331	10 95 61	18,193 4054	57,532 599
32	10 24	5,656 8542	17,888 5438	132	1 74 24	11,489 1253	36,331 804	232	5 38 24	15,231 5462	48,166 378	332	11 02 24	18,220 8672	57,619 441
33	10 89	5,744 5626	18,165 9021	133	1 76 89	11,532 5626	36,469 165	233	5 42 89	15,264 3375	48,270 074	333	11 08 89	18,248 2876	57,706 152
34	11 56	5,830 9519	18,439 0889	134	1 79 56	11,575 8369	36,606 010	234	5 47 56	15,297 0585	48,373 546	334	11 15 56	18,275 6669	57,792 733
35	12 25	5,916 0798	18,708 2869	135	1 82 25	11,618 9500	36,742 346	235	5 52 25	15,329 7097	48,476 799	335	11 22 25	18,303 0052	57,879 185
36	12 96	6,000 0000	18,973 6660	136	1 84 96	11,661 9038	36,878 178	236	5 56 96	15,362 2915	48,579 831	336	11 28 96	18,330 3028	57,965 507
37	13 69	6,082 7625	19,235 3841	137	1 87 69	11,704 6999	37,013 511	237	5 61 69	15,394 8043	48,682 646	337	11 35 69	18,357 5598	58,051 701
38	14 44	6,164 4140	19,493 5887	138	1 90 44	11,747 3401	37,148 351	238	5 66 44	15,427 2486	48,785 244	338	11 42 44	18,384 7763	58,137 767
39	15 21	6,244 9980	19,748 4177	139	1 93 21	11,789 8261	37,282 704	239	5 71 21	15,459 6248	48,887 626	339	11 49 21	18,411 9526	58,223 707
40	16 00	6,324 5553	20,000 0000	140	1 96 00	11,832 1596	37,416 574	240	5 76 00	15,491 9334	48,989 795	340	11 56 00	18,439 0889	58,309 519
41	16 81	6,403 1242	20,248 4567	141	1 98 81	11,874 3421	37,549 967	241	5 80 81	15,524 1747	49,091 751	341	11 62 81	18,466 1853	58,395 205
42	17 64	6,480 7407	20,493 9015	142	2 01 64	11,916 3753	37,682 887	242	5 85 64	15,556 3492	49,193 496	342	11 69 64	18,493 2420	58,480 766
43	18 49	6,557 4385	20,736 4414	143	2 04 49	11,958 2607	37,815 341	243	5 90 49	15,588 4573	49,295 030	343	11 76 49	18,520 2592	58,566 202
44	19 36	6,633 2496	20,976 1770	144	2 07 36	12,000 0000	37,947 332	244	5 95 36	15,620 4994	49,396 356	344	11 83 36	18,547 2370	58,651 513
45	20 25	6,708 2039	21,213 2034	145	2 10 25	12,041 5946	38,078 866	245	6 00 25	15,652 4758	49,497 475	345	11 90 25	18,574 1756	58,736 701
46	21 16	6,782 3300	21,447 6106	146	2 13 16	12,083 0460	38,209 946	246	6 05 16	15,684 3871	49,598 387	346	11 97 16	18,601 0752	58,821 765
47	22 09	6,855 6546	21,679 4834	147	2 16 09	12,124 3557	38,340 579	247	6 10 09	15,716 2336	49,699 095	347	12 04 09	18,627 9360	58,906 706
48	23 04	6,928 2032	21,908 9023	148	2 19 04	12,165 5251	38,470 768	248	6 15 04	15,748 0157	49,799 598	348	12 11 04	18,654 7581	58,991 525
49	24 01	7,000 0000	22,135 9436	149	2 22 01	12,206 5556	38,600 518	249	6 20 01	15,779 7338	49,899 900	349	12 18 01	18,681 5417	59,076 222
50	25 00	7,071 0678	22,360 6798	150	2 25 00	12,247 4487	38,729 833	250	6 25 00	15,811 3883	50,000 000	350	12 25 00	18,708 2869	59,160 798
51	26 01	7,141 4284	22,583 1796	151	2 28 01	12,288 2057	38,858 718	251	6 30 01	15,842 9795	50,099 900	351	12 32 01	18,734 9940	59,245 253
52	27 04	7,211 1026	22,803 5085	152	2 31 04	12,328 8280	38,987 177	252	6 35 04	15,874 5079	50,199 602	352	12 39 04	18,761 6630	59,329 588
53	28 09	7,280 1099	23,021 7289	153	2 34 09	12,369 3169	39,115 214	253	6 40 09	15,905 9737	50,299 105	353	12 46 09	18,788 2942	59,413 803
54	29 16	7,348 4692	23,237 9001	154	2 37 16	12,409 6736	39,242 834	254	6 45 16	15,937 3775	50,398 413	354	12 53 16	18,814 8877	59,497 899
55	30 25	7,416 1985	23,452 0788	155	2 40 25	12,449 8996	39,370 039	255	6 50 25	15,968 7194	50,497 525	355	12 60 25	18,841 4437	59,581 876
56	31 36	7,483 3148	23,664 3191	156	2 43 36	12,489 9960	39,496 835	256	6 55 36	16,000 0000	50,596 443	356	12 67 36	18,867 9623	59,665 736
57	32 49	7,549 8344	23,874 6728	157	2 46 49	12,529 9641	39,623 226	257	6 60 49	16,031 2195	50,695 167	357	12 74 49	18,894 4436	59,749 477
58	33 64	7,615 7731	24,083 1892	158	2 49 64	12,569 8051	39,749 214	258	6 65 64	16,062 3784	50,793 700	358	12 81 64	18,920 8879	59,833 101
59	34 81	7,681 1457	24,289 9156	159	2 52 81	12,609 5202	39,874 804	259	6 70 81	16,093 4769	50,892 043	359	12 88 81	18,947 2953	59,916 609
60	36 00	7,745 9667	24,494 8974	160	2 56 00	12,649 1106	40,000 000	260	6 76 00	16,124 5155	50,990 195	360	12 96 00	18,973 6660	60,000 000
61	37 21	7,810 2497	24,698 1781	161	2 59 21	12,688 5775	40,124 805	261	6 81 21	16,155 4944	51,088 159	361	13 03 21	19,000 0000	60,083 276
62	38 44	7,874 0079	24,899 7992	162	2 62 44	12,727 9221	40,249 224	262	6 86 44	16,186 4141	51,185 936	362	13 10 44	19,026 2976	60,166 436
63	39 69	7,937 2539	25,099 8008	163	2 65 69	12,767 1453	40,373 258	263	6 91 69	16,217 2747	51,283 526	363	13 17 69	19,052 5589	60,249 481
64	40 96	8,000 0000	25,298 2213	164	2 68 96	12,806 2485	40,496 913	264	6 96 96	16,248 0768	51,380 930	364	13 24 96	19,078 7840	60,332 413
65	42 25	8,062 2577	25,495 0976	165	2 72 25	12,845 2326	40,620 192	265	7 02 25	16,278 8206	51,478 151	365	13 32 25	19,104 9732	60,415 230
66	43 56	8,124 0384	25,690 4652	166	2 75 56	12,884 0987	40,743 098	266	7 07 56	16,309 5064	51,575 188	366	13 39 56	19,131 1265	60,497 934
67	44 89	8,185 3528	25,884 3582	167	2 78 89	12,922 8480	40,865 633	267	7 12 89	16,340 1346	51,672 043	367	13 46 89	19,157 2441	60,580 525
68	46 24	8,246 2113	26,076 8096	168	2 82 24	12,961 4814	40,987 803	268	7 18 24	16,370 7055	51,768 716	368	13 54 24	19,183 3261	60,663 004
69	47 61	8,306 6239	26,267 8511	169	2 85 61	13,000 0000	41,109 610	269	7 23 61	16,401 2195	51,865 210	369	13 61 61	19,209 3727	60,745 370
70	49 00	8,366 6003	26,457 5131	170	2 89 00	13,038 4048	41,231 056	270	7 29 00	16,431 6767	51,961 524	370	13 69 00	19,235 3841	60,827 625
71	50 41	8,426 1498	26,645 8252	171	2 92 41	13,076 6968	41,352 146	271	7 34 41	16,462 0776	52,057 660	371	13 76 41	19,261 3603	60,909 769
72	51 84	8,485 2814	26,832 8157	172	2 95 84	13,114 8770	41,472 883	272	7 39 84	16,492 4225	52,153 619	372	13 83 84	19,287 3015	60,991 803
73	53 29	8,544 0037	27,018 5122	173	2 99 29	13,152 9464	41,593 269	273	7 45 29	16,522 7116	52,249 402	373	13 91 29	19,313 2079	61,073 726
74	54 76	8,602 3253	27,202 9410	174	3 02 76	13,190 9060	41,713 307	274	7 50 76	16,552 9454	52,345 009	374	13 98 76	19,339 0796	61,155 539
75	56 25	8,660 2540	27,386 1279	175	3 06 25	13,228 7566	41,833 001	275	7 56 25	16,583 1240	52,440 442	375	14 06 25	19,364 9167	61,237 244
76	57 76	8,717 7979	27,568 0975	176	3 09 76	13,266 4992	41,952 354	276	7 61 76	16,613 2477	52,535 702	376	14 13 76	19,390 7194	61,318 839
77	59 29	8,774 9644	27,748 8739	177	3 13 29	13,304 1347	42,071 368	277	7 67 29	16,643 3170	52,630 789	377	14 21 29	19,416 4878	61,400 326
78	60 84	8,831 7609	27,928 4801	178	3 16 84	13,341 6641	42,190 046	278	7 72 84	16,673 3320	52,725 705	378	14 28 84	19,442 2221	61,481 705
79	62 41	8,888 1944	28,106 9386	179	3 20 41	13,379 0882	42,308 392	279	7 78 41	16,703 2931	52,820 451	379	14 36 41	19,467 9223	61,562 976
80	64 00	8,944 2719	28,284 2712	180	3 24 00	13,416 4079	42,426 407	280	7 84 00	16,733 2005	52,915 026	380	14 44 00	19,493 5887	61,644 140
81	65 61	9,000 0000	28,460 4989	181	3 27 61	13,453 6240	42,544 095	281	7 89 61	16,763 0546	53,009 433	381	14 51 61	19,519 2213	61,725 197
82	67 24	9,055 3851	28,635 6421	182	3 31 24	13,490 7376	42,661 458	282	7 95 24	16,792 8556	53,103 672	382	14 59 24	19,544 8203	61,806 149
83	68 89	9,110 4336	28,809 7206	183	3 34 89	13,527 7493	42,778 499	283	8 00 89	16,822 6038	53,197 744	383	14 66 89	19,570 3858	61,886 994
84	70 56	9,165 1514	28,982 7535	184	3 38 56	13,564 6600	42,895 221	284	8 06 56	16,852 2995	53,291 650	384	14 74 56	19,595 9179	61,967 734
85	72 25	9,219 5445	29,154 7595	185	3 42 25	13,601 4705	43,011 626	285	8 12 25	16,881 9430	53,385 391	385	14 82 25	19,621 4169	62,048 368
86	73 96	9,273 6185	29,325 7566	186	3 45 96	13,638 1817	43,127 717	286	8 17 96	16,911 5345	53,478 968	386	14 89 96	19,646 8827	62,128 898
87	75 69	9,327 3791	29,495 7624	187	3 49 69	13,674 7943	43,243 497	287	8 23 69	16,941 0743	53,572 381	387	14 97 69	19,672 3156	62,209 324
88	77 44	9,380 8315	29,664 7939	188	3 53 44	13,711 3092	43,358 967	288	8 29 44	16,970 5627	53,665 631	388	15 05 44	19,697 7156	62,289 646
89	79 21	9,433 9811	29,832 8678	189	3 57 21	13,747 7271	43,474 130	289	8 35 21	17,000 0000	53,758 720	389	15 13 21	19,723 0829	62,369 865
90	81 00	9,486 8330	30,000 0000	190	3 61 00	13,784 0488	43,588 989	290	8 41 00	17,029 3864	53,851 648	390	15 21 00	19,748 4177	62,449 980
91	82 81	9,539 3920	30,166 2063	191	3 64 81	13,820 2750	43,703 547	291	8 46 81	17,058 7221	53,944 416	391	15 28 81	19,773 7199	62,529 993
92	84 64	9,591 6630	30,331 5018	192	3 68 64	13,856 4065	43,817 805	292	8 52 64	17,088 0075	54,037 024	392	15 36 64	19,798 9899	62,609 903
93	86 49	9,643 6508	30,495 9014	193	3 72 49	13,892 4440	43,931 765	293	8 58 49	17,117 2428	54,129 474	393	15 44 49	19,824 2276	62,689 712
94	88 36	9,695 3597	30,659 4194	194	3 76 36	13,928 3883	44,045 431	294	8 64 36	17,146 4282	54,221 767	394	15 52 36	19,849 4332	62,769 419
95	90 25	9,746 7943	30,822 0700	195	3 80 25	13,964 2400	44,158 804	295	8 70 25	17,175 5640	54,313 902	395	15 60 25	19,874 6069	62,849 025
96	92 16	9,797 9590	30,983 8668	196	3 84 16	14,000 0000	44,271 887	296	8 76 16	17,204 6505	54,405 882	396	15 68 16	19,899 7487	62,928 531
97	94 09	9,848 8578	31,144 8230	197	3 88 09	14,035 6688	44,384 682	297	8 82 09	17,233 6879	54,497 706	397	15 76 09	19,924 8588	63,007 936
98	96 04	9,899 4949	31,304 9517	198	3 92 04	14,071 2473	44,497 191	298	8 88 04	17,262 6765	54,589 376	398	15 84 04	19,949 9373	63,087 241
99	98 01	9,949 8744	31,464 2654	199	3 96 01	14,106 7360	44,609 416	299	8 94 01	17,291 6165	54,680 892	399	15 92 01	19,974 9844	63,166 447

[1] Werte nach COMRIE, L. J. (Hrsg.), *Barlow's Tables of Squares, Cubes, Square Roots, Cube Roots and Reciprocals of all Integers up to 12,500*, 4. Aufl., Spon, London, 1958. Nachdruck mit freundlicher Erlaubnis des Autors und des Verlages.

$\sqrt{100n} = 10\sqrt{n}$ $\sqrt{1000n} = 10\sqrt{10n}$ $\sqrt{0{,}1n} = 0{,}1\sqrt{10n}$ $\sqrt{0{,}01n} = 0{,}1\sqrt{n}$ $\sqrt{0{,}001n} = 0{,}01\sqrt{10n}$

n	n^2	$\sqrt{n}$	$\sqrt{10n}$	n	n^2	$\sqrt{n}$	$\sqrt{10n}$	n	n^2	$\sqrt{n}$	$\sqrt{10n}$	n	n^2	$\sqrt{n}$	$\sqrt{10n}$
400	16 00 00	20,000 0000	63,245 553	**500**	25 00 00	22,360 6798	70,710 678	**600**	36 00 00	24,494 8974	77,459 667	**700**	49 00 00	26,457 5131	83,666 003
401	16 08 01	20,024 9844	63,324 561	501	25 10 01	22,383 0293	70,781 353	601	36 12 01	24,515 3013	77,524 190	701	49 14 01	26,476 4046	83,725 743
402	16 16 04	20,049 9377	63,403 470	502	25 20 04	22,405 3565	70,851 958	602	36 24 04	24,535 6883	77,588 659	702	49 28 04	26,495 2826	83,785 440
403	16 24 09	20,074 8599	63,482 281	503	25 30 09	22,427 6615	70,922 493	603	36 36 09	24,556 0583	77,653 075	703	49 42 09	26,514 1472	83,845 095
404	16 32 16	20,099 7512	63,560 994	504	25 40 16	22,449 9443	70,992 957	604	36 48 16	24,576 4115	77,717 437	704	49 56 16	26,532 9983	83,904 708
405	16 40 25	20,124 6118	63,639 610	**505**	25 50 25	22,472 2051	71,063 352	**605**	36 60 25	24,596 7478	77,781 746	**705**	49 70 25	26,551 8361	83,964 278
406	16 48 36	20,149 4417	63,718 129	506	25 60 36	22,494 4438	71,133 677	606	36 72 36	24,617 0673	77,846 002	706	49 84 36	26,570 6605	84,023 806
407	16 56 49	20,174 2410	63,796 552	507	25 70 49	22,516 6605	71,203 932	607	36 84 49	24,637 3700	77,910 205	707	49 98 49	26,589 4716	84,083 292
408	16 64 64	20,199 0099	63,874 878	508	25 80 64	22,538 8553	71,274 119	608	36 96 64	24,657 6560	77,974 355	708	50 12 64	26,608 2694	84,142 736
409	16 72 81	20,223 7484	63,953 108	509	25 90 81	22,561 0283	71,344 236	609	37 08 81	24,677 9254	78,038 452	709	50 26 81	26,627 0539	84,202 138
410	16 81 00	20,248 4567	64,031 242	**510**	26 01 00	22,583 1796	71,414 284	**610**	37 21 00	24,698 1781	78,102 497	**710**	50 41 00	26,645 8252	84,261 498
411	16 89 21	20,273 1349	64,109 282	511	26 11 21	22,605 3091	71,484 264	611	37 33 21	24,718 4142	78,166 489	711	50 55 21	26,664 5833	84,320 816
412	16 97 44	20,297 7831	64,187 226	512	26 21 44	22,627 4170	71,554 175	612	37 45 44	24,738 6338	78,230 429	712	50 69 44	26,683 3281	84,380 092
413	17 05 69	20,322 4014	64,265 076	513	26 31 69	22,649 5033	71,624 018	613	37 57 69	24,758 8368	78,294 317	713	50 83 69	26,702 0598	84,439 327
414	17 13 96	20,346 9899	64,342 832	514	26 41 96	22,671 5681	71,693 793	614	37 69 96	24,779 0234	78,358 152	714	50 97 96	26,720 7784	84,498 521
415	17 22 25	20,371 5488	64,420 494	**515**	26 52 25	22,693 6114	71,763 500	**615**	37 82 25	24,799 1935	78,421 936	**715**	51 12 25	26,739 4839	84,557 673
416	17 30 56	20,396 0781	64,498 062	516	26 62 56	22,715 6334	71,833 140	616	37 94 56	24,819 3473	78,485 667	716	51 26 56	26,758 1763	84,616 783
417	17 38 89	20,420 5779	64,575 537	517	26 72 89	22,737 6340	71,902 712	617	38 06 89	24,839 4847	78,549 348	717	51 40 89	26,776 8557	84,675 853
418	17 47 24	20,445 0483	64,652 920	518	26 83 24	22,759 6134	71,972 217	618	38 19 24	24,859 6058	78,612 976	718	51 55 24	26,795 5220	84,734 881
419	17 55 61	20,469 4895	64,730 209	519	26 93 61	22,781 5715	72,041 655	619	38 31 61	24,879 7106	78,676 553	719	51 69 61	26,814 1754	84,793 868
420	17 64 00	20,493 9015	64,807 407	**520**	27 04 00	22,803 5085	72,111 026	**620**	38 44 00	24,899 7992	78,740 079	**720**	51 84 00	26,832 8157	84,852 814
421	17 72 41	20,518 2845	64,884 513	521	27 14 41	22,825 4244	72,180 330	621	38 56 41	24,919 8716	78,803 553	721	51 98 41	26,851 4432	84,911 719
422	17 80 84	20,542 6386	64,961 527	522	27 24 84	22,847 3193	72,249 567	622	38 68 84	24,939 9278	78,866 977	722	52 12 84	26,870 0577	84,970 583
423	17 89 29	20,566 9638	65,038 450	523	27 35 29	22,869 1933	72,318 739	623	38 81 29	24,959 9679	78,930 349	723	52 27 29	26,888 6593	85,029 407
424	17 97 76	20,591 2603	65,115 282	524	27 45 76	22,891 0463	72,387 844	624	38 93 76	24,979 9920	78,993 671	724	52 41 76	26,907 2481	85,088 190
425	18 06 25	20,615 5281	65,192 024	**525**	27 56 25	22,912 8785	72,456 884	**625**	39 06 25	25,000 0000	79,056 942	**725**	52 56 25	26,925 8240	85,146 932
426	18 14 76	20,639 7674	65,268 675	526	27 66 76	22,934 6899	72,525 857	626	39 18 76	25,019 9920	79,120 162	726	52 70 76	26,944 3872	85,205 634
427	18 23 29	20,663 9783	65,345 237	527	27 77 29	22,956 4806	72,594 766	627	39 31 29	25,039 9681	79,183 332	727	52 85 29	26,962 9375	85,264 295
428	18 31 84	20,688 1609	65,421 709	528	27 87 84	22,978 2506	72,663 608	628	39 43 84	25,059 9282	79,246 451	728	52 99 84	26,981 4751	85,322 916
429	18 40 41	20,712 3152	65,498 092	529	27 98 41	23,000 0000	72,732 386	629	39 56 41	25,079 8724	79,309 520	729	53 14 41	27,000 0000	85,381 497
430	18 49 00	20,736 4414	65,574 385	**530**	28 09 00	23,021 7289	72,801 099	**630**	39 69 00	25,099 8008	79,372 539	**730**	53 29 00	27,018 5122	85,440 037
431	18 57 61	20,760 5395	65,650 590	531	28 19 61	23,043 4372	72,869 747	631	39 81 61	25,119 7134	79,435 508	731	53 43 61	27,037 0117	85,498 538
432	18 66 24	20,784 6097	65,726 707	532	28 30 24	23,065 1252	72,938 330	632	39 94 24	25,139 6102	79,498 428	732	53 58 24	27,055 4985	85,556 999
433	18 74 89	20,808 6520	65,802 736	533	28 40 89	23,086 7928	73,006 849	633	40 06 89	25,159 4913	79,561 297	733	53 72 89	27,073 9727	85,615 419
434	18 83 56	20,832 6667	65,878 676	534	28 51 56	23,108 4400	73,075 304	634	40 19 56	25,179 3566	79,624 117	734	53 87 56	27,092 4344	85,673 800
435	18 92 25	20,856 6536	65,954 530	**535**	28 62 25	23,130 0670	73,143 694	**635**	40 32 25	25,199 2063	79,686 887	**735**	54 02 25	27,110 8834	85,732 141
436	19 00 96	20,880 6130	66,030 296	536	28 72 96	23,151 6738	73,212 021	636	40 44 96	25,219 0404	79,749 608	736	54 16 96	27,129 3199	85,790 442
437	19 09 69	20,904 5450	66,105 976	537	28 83 69	23,173 2605	73,280 284	637	40 57 69	25,238 8589	79,812 280	737	54 31 69	27,147 7439	85,848 704
438	19 18 44	20,928 4495	66,181 568	538	28 94 44	23,194 8270	73,348 483	638	40 70 44	25,258 6619	79,874 902	738	54 46 44	27,166 1554	85,906 926
439	19 27 21	20,952 3268	66,257 075	539	29 05 21	23,216 3735	73,416 619	639	40 83 21	25,278 4493	79,937 476	739	54 61 21	27,184 5544	85,965 109
440	19 36 00	20,976 1770	66,332 496	**540**	29 16 00	23,237 9001	73,484 692	**640**	40 96 00	25,298 2213	80,000 000	**740**	54 76 00	27,202 9410	86,023 253
441	19 44 81	21,000 0000	66,407 831	541	29 26 81	23,259 4067	73,552 702	641	41 08 81	25,317 9778	80,062 476	741	54 90 81	27,221 3152	86,081 357
442	19 53 64	21,023 7960	66,483 081	542	29 37 64	23,280 8935	73,620 649	642	41 21 64	25,337 7189	80,124 902	742	55 05 64	27,239 6769	86,139 422
443	19 62 49	21,047 5652	66,558 245	543	29 48 49	23,302 3604	73,688 534	643	41 34 49	25,357 4447	80,187 281	743	55 20 49	27,258 0263	86,197 448
444	19 71 36	21,071 3075	66,633 325	544	29 59 36	23,323 8076	73,756 356	644	41 47 36	25,377 1551	80,249 611	744	55 35 36	27,276 3634	86,255 435
445	19 80 25	21,095 0231	66,708 320	**545**	29 70 25	23,345 2351	73,824 115	**645**	41 60 25	25,396 8502	80,311 892	**745**	55 50 25	27,294 6881	86,313 383
446	19 89 16	21,118 7121	66,783 231	546	29 81 16	23,366 6429	73,891 813	646	41 73 16	25,416 5301	80,374 125	746	55 65 16	27,313 0006	86,371 292
447	19 98 09	21,142 3745	66,858 059	547	29 92 09	23,388 0311	73,959 448	647	41 86 09	25,436 1947	80,436 310	747	55 80 09	27,331 3007	86,429 162
448	20 07 04	21,166 0105	66,932 802	548	30 03 04	23,409 3998	74,027 022	648	41 99 04	25,455 8441	80,498 447	748	55 95 04	27,349 5887	86,486 993
449	20 16 01	21,189 6201	67,007 462	549	30 14 01	23,430 7490	74,094 534	649	42 12 01	25,475 4784	80,560 536	749	56 10 01	27,367 8644	86,544 786
450	20 25 00	21,213 2034	67,082 039	**550**	30 25 00	23,452 0788	74,161 985	**650**	42 25 00	25,495 0976	80,622 577	**750**	56 25 00	27,386 1279	86,602 540
451	20 34 01	21,236 7606	67,156 534	551	30 36 01	23,473 3892	74,229 374	651	42 38 01	25,514 7016	80,684 571	751	56 40 01	27,404 3792	86,660 256
452	20 43 04	21,260 2916	67,230 945	552	30 47 04	23,494 6802	74,296 702	652	42 51 04	25,534 2907	80,746 517	752	56 55 04	27,422 6184	86,717 934
453	20 52 09	21,283 7967	67,305 275	553	30 58 09	23,515 9520	74,363 970	653	42 64 09	25,553 8647	80,808 415	753	56 70 09	27,440 8455	86,775 573
454	20 61 16	21,307 2758	67,379 522	554	30 69 16	23,537 2046	74,431 176	654	42 77 16	25,573 4237	80,870 266	754	56 85 16	27,459 0604	86,833 173
455	20 70 25	21,330 7290	67,453 688	**555**	30 80 25	23,558 4380	74,498 322	**655**	42 90 25	25,592 9678	80,932 070	**755**	57 00 25	27,477 2633	86,890 736
456	20 79 36	21,354 1565	67,527 772	556	30 91 36	23,579 6522	74,565 408	656	43 03 36	25,612 4969	80,993 827	756	57 15 36	27,495 4542	86,948 260
457	20 88 49	21,377 5583	67,601 775	557	31 02 49	23,600 8474	74,632 433	657	43 16 49	25,632 0112	81,055 537	757	57 30 49	27,513 6330	87,005 747
458	20 97 64	21,400 9346	67,675 697	558	31 13 64	23,622 0236	74,699 398	658	43 29 64	25,651 5107	81,117 199	758	57 45 64	27,531 7998	87,063 195
459	21 06 81	21,424 2853	67,749 539	559	31 24 81	23,643 1808	74,766 303	659	43 42 81	25,670 9953	81,178 815	759	57 60 81	27,549 9546	87,120 606
460	21 16 00	21,447 6106	67,823 300	**560**	31 36 00	23,664 3191	74,833 148	**660**	43 56 00	25,690 4652	81,240 384	**760**	57 76 00	27,568 0975	87,177 979
461	21 25 21	21,470 9106	67,896 981	561	31 47 21	23,685 4386	74,899 933	661	43 69 21	25,709 9203	81,301 906	761	57 91 21	27,586 2284	87,235 314
462	21 34 44	21,494 1853	67,970 582	562	31 58 44	23,706 5392	74,966 659	662	43 82 44	25,729 3607	81,363 382	762	58 06 44	27,604 3475	87,292 611
463	21 43 69	21,517 4348	68,044 103	563	31 69 69	23,727 6210	75,033 326	663	43 95 69	25,748 7864	81,424 812	763	58 21 69	27,622 4546	87,349 871
464	21 52 96	21,540 6592	68,117 545	564	31 80 96	23,748 6842	75,099 933	664	44 08 96	25,768 1975	81,486 195	764	58 36 96	27,640 5499	87,407 094
465	21 62 25	21,563 8587	68,190 908	**565**	31 92 25	23,769 7286	75,166 482	**665**	44 22 25	25,787 5939	81,547 532	**765**	58 52 25	27,658 6334	87,464 278
466	21 71 56	21,587 0331	68,264 193	566	32 03 56	23,790 7545	75,232 971	666	44 35 56	25,806 9758	81,608 823	766	58 67 56	27,676 7050	87,521 426
467	21 80 89	21,610 1828	68,337 398	567	32 14 89	23,811 7618	75,299 402	667	44 48 89	25,826 3431	81,670 068	767	58 82 89	27,694 7648	87,578 536
468	21 90 24	21,633 3077	68,410 526	568	32 26 24	23,832 7506	75,365 775	668	44 62 24	25,845 6960	81,731 267	768	58 98 24	27,712 8129	87,635 609
469	21 99 61	21,656 4078	68,483 575	569	32 37 61	23,853 7209	75,432 089	669	44 75 61	25,865 0343	81,792 420	769	59 13 61	27,730 8492	87,692 645
470	22 09 00	21,679 4834	68,556 546	**570**	32 49 00	23,874 6728	75,498 344	**670**	44 89 00	25,884 3582	81,853 528	**770**	59 29 00	27,748 8739	87,749 644
471	22 18 41	21,702 5344	68,629 440	571	32 60 41	23,895 6063	75,564 542	671	45 02 41	25,903 6677	81,914 590	771	59 44 41	27,766 8868	87,806 606
472	22 27 84	21,725 5610	68,702 256	572	32 71 84	23,916 5215	75,630 682	672	45 15 84	25,922 9628	81,975 606	772	59 59 84	27,784 8880	87,863 531
473	22 37 29	21,748 5632	68,774 995	573	32 83 29	23,937 4184	75,696 763	673	45 29 29	25,942 2435	82,036 577	773	59 75 29	27,802 8775	87,920 419
474	22 46 76	21,771 5411	68,847 658	574	32 94 76	23,958 2971	75,762 788	674	45 42 76	25,961 5100	82,097 503	774	59 90 76	27,820 8555	87,977 270
475	22 56 25	21,794 4947	68,920 244	**575**	33 06 25	23,979 1576	75,828 754	**675**	45 56 25	25,980 7621	82,158 384	**775**	60 06 25	27,838 8218	88,034 084
476	22 65 76	21,817 4242	68,992 753	576	33 17 76	24,000 0000	75,894 664	676	45 69 76	26,000 0000	82,219 219	776	60 21 76	27,856 7766	88,090 862
477	22 75 29	21,840 3297	69,065 187	577	33 29 29	24,020 8243	75,960 516	677	45 83 29	26,019 2237	82,280 010	777	60 37 29	27,874 7197	88,147 603
478	22 84 84	21,863 2111	69,137 544	578	33 40 84	24,041 6306	76,026 311	678	45 96 84	26,038 4331	82,340 755	778	60 52 84	27,892 6514	88,204 308
479	22 94 41	21,886 0686	69,209 826	579	33 52 41	24,062 4188	76,092 050	679	46 10 41	26,057 6284	82,401 456	779	60 68 41	27,910 5715	88,260 977
480	23 04 00	21,908 9023	69,282 032	**580**	33 64 00	24,083 1892	76,157 731	**680**	46 24 00	26,076 8096	82,462 113	**780**	60 84 00	27,928 4801	88,317 609
481	23 13 61	21,931 7122	69,354 164	581	33 75 61	24,103 9416	76,223 356	681	46 37 61	26,095 9767	82,522 724	781	60 99 61	27,946 3772	88,374 204
482	23 23 24	21,954 4984	69,426 220	582	33 87 24	24,124 6762	76,288 924	682	46 51 24	26,115 1297	82,583 291	782	61 15 24	27,964 2629	88,430 764
483	23 32 89	21,977 2610	69,498 201	583	33 98 89	24,145 3929	76,354 437	683	46 64 89	26,134 2687	82,643 814	783	61 30 89	27,982 1372	88,487 287
484	23 42 56	22,000 0000	69,570 109	584	34 10 56	24,166 0919	76,419 893	684	46 78 56	26,153 3937	82,704 293	784	61 46 56	28,000 0000	88,543 774
485	23 52 25	22,022 7155	69,641 941	**585**	34 22 25	24,186 7732	76,485 293	**685**	46 92 25	26,172 5047	82,764 727	**785**	61 62 25	28,017 8515	88,600 226
486	23 61 96	22,045 4077	69,713 700	586	34 33 96	24,207 4369	76,550 637	686	47 05 96	26,191 6017	82,825 117	786	61 77 96	28,035 6915	88,656 641
487	23 71 69	22,068 0765	69,785 385	587	34 45 69	24,228 0829	76,615 925	687	47 19 69	26,210 6848	82,885 463	787	61 93 69	28,053 5203	88,713 020
488	23 81 44	22,090 7220	69,856 997	588	34 57 44	24,248 7113	76,681 158	688	47 33 44	26,229 7541	82,945 765	788	62 09 44	28,071 3377	88,769 364
489	23 91 21	22,113 3444	69,928 535	589	34 69 21	24,269 3222	76,746 335	689	47 47 21	26,248 8095	83,006 024	789	62 25 21	28,089 1438	88,825 672
490	24 01 00	22,135 9436	70,000 000	**590**	34 81 00	24,289 9156	76,811 457	**690**	47 61 00	26,267 8511	83,066 239	**790**	62 41 00	28,106 9386	88,881 944
491	24 10 81	22,158 5198	70,071 392	591	34 92 81	24,310 4916	76,876 524	691	47 74 81	26,286 8789	83,126 410	791	62 56 81	28,124 7222	88,938 181
492	24 20 64	22,181 0730	70,142 712	592	35 04 64	24,331 0501	76,941 536	692	47 88 64	26,305 8929	83,186 537	792	62 72 64	28,142 4946	88,994 382
493	24 30 49	22,203 6033	70,213 959	593	35 16 49	24,351 5913	77,006 493	693	48 02 49	26,324 8932	83,246 622	793	62 88 49	28,160 2557	89,050 547
494	24 40 36	22,226 1108	70,285 134	594	35 28 36	24,372 1152	77,071 395	694	48 16 36	26,343 8797	83,306 662	794	63 04 36	28,178 0056	89,106 678
495	24 50 25	22,248 5955	70,356 236	**595**	35 40 25	24,392 6218	77,136 243	**695**	48 30 25	26,362 8527	83,366 660	**795**	63 20 25	28,195 7444	89,162 773
496	24 60 16	22,271 0575	70,427 267	596	35 52 16	24,413 1112	77,201 036	696	48 44 16	26,381 8119	83,426 614	796	63 36 16	28,213 4720	89,218 832
497	24 70 09	22,293 4968	70,498 227	597	35 64 09	24,433 5834	77,265 775	697	48 58 09	26,400 7576	83,486 526	797	63 52 09	28,231 1884	89,274 856
498	24 80 04	22,315 9136	70,569 115	598	35 76 04	24,454 0385	77,330 460	698	48 72 04	26,419 6896	83,546 394	798	63 68 04	28,248 8938	89,330 846
499	24 90 01	22,338 3079	70,639 932	599	35 88 01	24,474 4765	77,395 090	699	48 86 01	26,438 6081	83,606 220	799	63 84 01	28,266 5881	89,386 800

$\sqrt{100n} = 10\sqrt{n}$ $\sqrt{1000n} = 10\sqrt{10n}$ $\sqrt{0{,}1n} = 0{,}1\sqrt{10n}$ $\sqrt{0{,}01n} = 0{,}1\sqrt{n}$ $\sqrt{0{,}001n} = 0{,}01\sqrt{10n}$

n	n^2	$\sqrt{n}$	$\sqrt{10n}$	n	n^2	$\sqrt{n}$	$\sqrt{10n}$	n	n^2	$\sqrt{n}$	$\sqrt{10n}$	n	n^2	$\sqrt{n}$	$\sqrt{10n}$
800	64 00 00	28,284 2712	89,442 719	**900**	81 00 00	30,000 0000	94,868 330	**1000**	1 00 00 00	31,622 777	100,000 000	**1100**	1 21 00 00	33,166 248	104,880 885
801	64 16 01	28,301 9434	89,498 603	901	81 18 01	30,016 6620	94,921 020	1001	1 00 20 01	31,638 584	100,049 988	1101	1 21 22 01	33,181 320	104,928 547
802	64 32 04	28,319 6045	89,554 453	902	81 36 04	30,033 3148	94,973 681	1002	1 00 40 04	31,654 384	100,099 950	1102	1 21 44 04	33,196 385	104,976 188
803	64 48 09	28,337 2546	89,610 267	903	81 54 09	30,049 9584	95,026 312	1003	1 00 60 09	31,670 175	100,149 888	1103	1 21 66 09	33,211 444	105,023 807
804	64 64 16	28,354 8938	89,666 047	904	81 72 16	30,066 5928	95,078 915	1004	1 00 80 16	31,685 959	100,199 800	1104	1 21 88 16	33,226 495	105,071 404
805	64 80 25	28,372 5219	89,721 792	**905**	81 90 25	30,083 2179	95,131 488	**1005**	1 01 00 25	31,701 735	100,249 688	**1105**	1 22 10 25	33,241 540	105,118 980
806	64 96 36	28,390 1391	89,777 503	906	82 08 36	30,099 8339	95,184 032	1006	1 01 20 36	31,717 503	100,299 551	1106	1 22 32 36	33,256 578	105,166 535
807	65 12 49	28,407 7454	89,833 179	907	82 26 49	30,116 4407	95,236 548	1007	1 01 40 49	31,733 263	100,349 390	1107	1 22 54 49	33,271 610	105,214 068
808	65 28 64	28,425 3408	89,888 820	908	82 44 64	30,133 0383	95,289 034	1008	1 01 60 64	31,749 016	100,399 203	1108	1 22 76 64	33,286 634	105,261 579
809	65 44 81	28,442 9253	89,944 427	909	82 62 81	30,149 6269	95,341 491	1009	1 01 80 81	31,764 760	100,448 992	1109	1 22 98 81	33,301 652	105,309 069
810	65 61 00	28,460 4989	90,000 000	**910**	82 81 00	30,166 2063	95,393 920	**1010**	1 02 01 00	31,780 497	100,498 756	**1110**	1 23 21 00	33,316 662	105,356 538
811	65 77 21	28,478 0617	90,055 538	911	82 99 21	30,182 7765	95,446 320	1011	1 02 21 21	31,796 226	100,548 496	1111	1 23 43 21	33,331 667	105,403 985
812	65 93 44	28,495 6137	90,111 043	912	83 17 44	30,199 3377	95,498 691	1012	1 02 41 44	31,811 947	100,598 211	1112	1 23 65 44	33,346 664	105,451 411
813	66 09 69	28,513 1549	90,166 513	913	83 35 69	30,215 8899	95,551 033	1013	1 02 61 69	31,827 661	100,647 901	1113	1 23 87 69	33,361 655	105,498 815
814	66 25 96	28,530 6852	90,221 949	914	83 53 96	30,232 4329	95,603 347	1014	1 02 81 96	31,843 367	100,697 567	1114	1 24 09 96	33,376 639	105,546 198
815	66 42 25	28,548 2048	90,277 350	**915**	83 72 25	30,248 9669	95,655 632	**1015**	1 03 02 25	31,859 065	100,747 208	**1115**	1 24 32 25	33,391 616	105,593 560
816	66 58 56	28,565 7137	90,332 718	916	83 90 56	30,265 4919	95,707 889	1016	1 03 22 56	31,874 755	100,796 825	1116	1 24 54 56	33,406 586	105,640 901
817	66 74 89	28,583 2119	90,388 052	917	84 08 89	30,282 0079	95,760 117	1017	1 03 42 89	31,890 437	100,846 418	1117	1 24 76 89	33,421 550	105,688 221
818	66 91 24	28,600 6993	90,443 352	918	84 27 24	30,298 5148	95,812 317	1018	1 03 63 24	31,906 112	100,895 986	1118	1 24 99 24	33,436 507	105,735 519
819	67 07 61	28,618 1760	90,498 619	919	84 45 61	30,315 0128	95,864 488	1019	1 03 83 61	31,921 779	100,945 530	1119	1 25 21 61	33,451 457	105,782 796
820	67 24 00	28,635 6421	90,553 851	**920**	84 64 00	30,331 5018	95,916 630	**1020**	1 04 04 00	31,937 439	100,995 049	**1120**	1 25 44 00	33,466 401	105,830 052
821	67 40 41	28,653 0976	90,609 050	921	84 82 41	30,347 9818	95,968 745	1021	1 04 24 41	31,953 091	101,044 545	1121	1 25 66 41	33,481 338	105,877 287
822	67 56 84	28,670 5424	90,664 216	922	85 00 84	30,364 4529	96,020 831	1022	1 04 44 84	31,968 735	101,094 016	1122	1 25 88 84	33,496 268	105,924 501
823	67 73 29	28,687 9766	90,719 347	923	85 19 29	30,380 9151	96,072 889	1023	1 04 65 29	31,984 371	101,143 462	1123	1 26 11 29	33,511 192	105,971 694
824	67 89 76	28,705 4002	90,774 446	924	85 37 76	30,397 3683	96,124 919	1024	1 04 85 76	32,000 000	101,192 885	1124	1 26 33 76	33,526 109	106,018 866
825	68 06 25	28,722 8132	90,829 511	**925**	85 56 25	30,413 8127	96,176 920	**1025**	1 05 06 25	32,015 621	101,242 284	**1125**	1 26 56 25	33,541 020	106,066 017
826	68 22 76	28,740 2157	90,884 542	926	85 74 76	30,430 2481	96,228 894	1026	1 05 26 76	32,031 235	101,291 658	1126	1 26 78 76	33,555 923	106,113 147
827	68 39 29	28,757 6077	90,939 540	927	85 93 29	30,446 6747	96,280 839	1027	1 05 47 29	32,046 841	101,341 008	1127	1 27 01 29	33,570 821	106,160 256
828	68 55 84	28,774 9891	90,994 505	928	86 11 84	30,463 0924	96,332 757	1028	1 05 67 84	32,062 439	101,390 335	1128	1 27 23 84	33,585 711	106,207 344
829	68 72 41	28,792 3601	91,049 437	929	86 30 41	30,479 5013	96,384 646	1029	1 05 88 41	32,078 030	101,439 637	1129	1 27 46 41	33,600 595	106,254 412
830	68 89 00	28,809 7206	91,104 336	**930**	86 49 00	30,495 9014	96,436 508	**1030**	1 06 09 00	32,093 613	101,488 916	**1130**	1 27 69 00	33,615 473	106,301 458
831	69 05 61	28,827 0706	91,159 201	931	86 67 61	30,512 2926	96,488 341	1031	1 06 29 61	32,109 189	101,538 170	1131	1 27 91 61	33,630 343	106,348 484
832	69 22 24	28,844 4102	91,214 034	932	86 86 24	30,528 6750	96,540 147	1032	1 06 50 24	32,124 757	101,587 401	1132	1 28 14 24	33,645 208	106,395 489
833	69 38 89	28,861 7394	91,268 834	933	87 04 89	30,545 0487	96,591 925	1033	1 06 70 89	32,140 317	101,636 608	1133	1 28 36 89	33,660 065	106,442 473
834	69 55 56	28,879 0582	91,323 600	934	87 23 56	30,561 4136	96,643 675	1034	1 06 91 56	32,155 870	101,685 791	1134	1 28 59 56	33,674 916	106,489 436
835	69 72 25	28,896 3666	91,378 334	**935**	87 42 25	30,577 7697	96,695 398	**1035**	1 07 12 25	32,171 416	101,734 950	**1135**	1 28 82 25	33,689 761	106,536 379
836	69 88 96	28,913 6646	91,433 036	936	87 60 96	30,594 1171	96,747 093	1036	1 07 32 96	32,186 954	101,784 085	1136	1 29 04 96	33,704 599	106,583 301
837	70 05 69	28,930 9523	91,487 704	937	87 79 69	30,610 4557	96,798 760	1037	1 07 53 69	32,202 484	101,833 197	1137	1 29 27 69	33,719 431	106,630 202
838	70 22 44	28,948 2297	91,542 340	938	87 98 44	30,626 7857	96,850 400	1038	1 07 74 44	32,218 007	101,882 285	1138	1 29 50 44	33,734 256	106,677 083
839	70 39 21	28,965 4967	91,596 943	939	88 17 21	30,643 1069	96,902 012	1039	1 07 95 21	32,233 523	101,931 349	1139	1 29 73 21	33,749 074	106,723 943
840	70 56 00	28,982 7535	91,651 514	**940**	88 36 00	30,659 4194	96,953 597	**1040**	1 08 16 00	32,249 031	101,980 390	**1140**	1 29 96 00	33,763 886	106,770 783
841	70 72 81	29,000 0000	91,706 052	941	88 54 81	30,675 7233	97,005 155	1041	1 08 36 81	32,264 532	102,029 408	1141	1 30 18 81	33,778 692	106,817 602
842	70 89 64	29,017 2363	91,760 558	942	88 73 64	30,692 0185	97,056 684	1042	1 08 57 64	32,280 025	102,078 401	1142	1 30 41 64	33,793 490	106,864 400
843	71 06 49	29,034 4623	91,815 031	943	88 92 49	30,708 3051	97,108 187	1043	1 08 78 49	32,295 511	102,127 371	1143	1 30 64 49	33,808 283	106,911 178
844	71 23 36	29,051 6781	91,869 473	944	89 11 36	30,724 5830	97,159 662	1044	1 08 99 36	32,310 989	102,176 318	1144	1 30 87 36	33,823 069	106,957 936
845	71 40 25	29,068 8837	91,923 882	**945**	89 30 25	30,740 8523	97,211 110	**1045**	1 09 20 25	32,326 460	102,225 242	**1145**	1 31 10 25	33,837 849	107,004 673
846	71 57 16	29,086 0791	91,978 258	946	89 49 16	30,757 1130	97,262 531	1046	1 09 41 16	32,341 923	102,274 141	1146	1 31 33 16	33,852 622	107,051 390
847	71 74 09	29,103 2644	92,032 603	947	89 68 09	30,773 3651	97,313 925	1047	1 09 62 09	32,357 379	102,323 018	1147	1 31 56 09	33,867 388	107,098 086
848	71 91 04	29,120 4396	92,086 915	948	89 87 04	30,789 6086	97,365 292	1048	1 09 83 04	32,372 828	102,371 871	1148	1 31 79 04	33,882 149	107,144 762
849	72 08 01	29,137 6046	92,141 196	949	90 06 01	30,805 8436	97,416 631	1049	1 10 04 01	32,388 269	102,420 701	1149	1 32 02 01	33,896 903	107,191 418
850	72 25 00	29,154 7595	92,195 445	**950**	90 25 00	30,822 0700	97,467 943	**1050**	1 10 25 00	32,403 703	102,469 508	**1150**	1 32 25 00	33,911 650	107,238 053
851	72 42 01	29,171 9043	92,249 661	951	90 44 01	30,838 2879	97,519 229	1051	1 10 46 01	32,419 130	102,518 291	1151	1 32 48 01	33,926 391	107,284 668
852	72 59 04	29,189 0390	92,303 846	952	90 63 04	30,854 4972	97,570 487	1052	1 10 67 04	32,434 549	102,567 051	1152	1 32 71 04	33,941 125	107,331 263
853	72 76 09	29,206 1637	92,357 999	953	90 82 09	30,870 6981	97,621 719	1053	1 10 88 09	32,449 961	102,615 788	1153	1 32 94 09	33,955 854	107,377 838
854	72 93 16	29,223 2784	92,412 120	954	91 01 16	30,886 8904	97,672 924	1054	1 11 09 16	32,465 366	102,664 502	1154	1 33 17 16	33,970 576	107,424 392
855	73 10 25	29,240 3830	92,466 210	**955**	91 20 25	30,903 0743	97,724 101	**1055**	1 11 30 25	32,480 764	102,713 193	**1155**	1 33 40 25	33,985 291	107,470 926
856	73 27 36	29,257 4777	92,520 268	956	91 39 36	30,919 2497	97,775 252	1056	1 11 51 36	32,496 154	102,761 861	1156	1 33 63 36	34,000 000	107,517 440
857	73 44 49	29,274 5623	92,574 294	957	91 58 49	30,935 4166	97,826 377	1057	1 11 72 49	32,511 536	102,810 505	1157	1 33 86 49	34,014 703	107,563 934
858	73 61 64	29,291 6370	92,628 289	958	91 77 64	30,951 5751	97,877 474	1058	1 11 93 64	32,526 912	102,859 127	1158	1 34 09 64	34,029 399	107,610 408
859	73 78 81	29,308 7018	92,682 253	959	91 96 81	30,967 7251	97,928 545	1059	1 12 14 81	32,542 280	102,907 726	1159	1 34 32 81	34,044 089	107,656 862
860	73 96 00	29,325 7566	92,736 185	**960**	92 16 00	30,983 8668	97,979 590	**1060**	1 12 36 00	32,557 641	102,956 301	**1160**	1 34 56 00	34,058 773	107,703 296
861	74 13 21	29,342 8015	92,790 086	961	92 35 21	31,000 0000	98,030 607	1061	1 12 57 21	32,572 995	103,004 854	1161	1 34 79 21	34,073 450	107,749 710
862	74 30 44	29,359 8365	92,843 955	962	92 54 44	31,016 1248	98,081 599	1062	1 12 78 44	32,588 341	103,053 384	1162	1 35 02 44	34,088 121	107,796 104
863	74 47 69	29,376 8616	92,897 793	963	92 73 69	31,032 2413	98,132 563	1063	1 12 99 69	32,603 681	103,101 891	1163	1 35 25 69	34,102 786	107,842 478
864	74 64 96	29,393 8769	92,951 600	964	92 92 96	31,048 3494	98,183 502	1064	1 13 20 96	32,619 013	103,150 376	1164	1 35 48 96	34,117 444	107,888 832
865	74 82 25	29,410 8823	93,005 376	**965**	93 12 25	31,064 4491	98,234 414	**1065**	1 13 42 25	32,634 338	103,198 837	**1165**	1 35 72 25	34,132 096	107,935 166
866	74 99 56	29,427 8779	93,059 121	966	93 31 56	31,080 5405	98,285 299	1066	1 13 63 56	32,649 655	103,247 276	1166	1 35 95 56	34,146 742	107,981 480
867	75 16 89	29,444 8637	93,112 835	967	93 50 89	31,096 6236	98,336 158	1067	1 13 84 89	32,664 966	103,295 692	1167	1 36 18 89	34,161 382	108,027 774
868	75 34 24	29,461 8397	93,166 518	968	93 70 24	31,112 6984	98,386 991	1068	1 14 06 24	32,680 269	103,344 085	1168	1 36 42 24	34,176 015	108,074 049
869	75 51 61	29,478 8059	93,220 169	969	93 89 61	31,128 7648	98,437 798	1069	1 14 27 61	32,695 565	103,392 456	1169	1 36 65 61	34,190 642	108,120 303
870	75 69 00	29,495 7624	93,273 791	**970**	94 09 00	31,144 8230	98,488 578	**1070**	1 14 49 00	32,710 854	103,440 804	**1170**	1 36 89 00	34,205 263	108,166 538
871	75 86 41	29,512 7091	93,327 381	971	94 28 41	31,160 8729	98,539 332	1071	1 14 70 41	32,726 136	103,489 130	1171	1 37 12 41	34,219 877	108,212 753
872	76 03 84	29,529 6461	93,380 940	972	94 47 84	31,176 9145	98,590 060	1072	1 14 91 84	32,741 411	103,537 433	1172	1 37 35 84	34,234 486	108,258 949
873	76 21 29	29,546 5734	93,434 469	973	94 67 29	31,192 9479	98,640 762	1073	1 15 13 29	32,756 679	103,585 713	1173	1 37 59 29	34,249 088	108,305 125
874	76 38 76	29,563 4910	93,487 967	974	94 86 76	31,208 9731	98,691 438	1074	1 15 34 76	32,771 939	103,633 971	1174	1 37 82 76	34,263 683	108,351 281
875	76 56 25	29,580 3989	93,541 435	**975**	95 06 25	31,224 9900	98,742 088	**1075**	1 15 56 25	32,787 193	103,682 207	**1175**	1 38 06 25	34,278 273	108,397 417
876	76 73 76	29,597 2972	93,594 872	976	95 25 76	31,240 9987	98,792 712	1076	1 15 77 76	32,802 439	103,730 420	1176	1 38 29 76	34,292 856	108,443 534
877	76 91 29	29,614 1858	93,648 278	977	95 45 29	31,256 9992	98,843 310	1077	1 15 99 29	32,817 678	103,778 611	1177	1 38 53 29	34,307 434	108,489 631
878	77 08 84	29,631 0648	93,701 654	978	95 64 84	31,272 9915	98,893 883	1078	1 16 20 84	32,832 910	103,826 779	1178	1 38 76 84	34,322 005	108,535 708
879	77 26 41	29,647 9342	93,755 000	979	95 84 41	31,288 9757	98,944 429	1079	1 16 42 41	32,848 135	103,874 925	1179	1 39 00 41	34,336 569	108,581 766
880	77 44 00	29,664 7939	93,808 315	**980**	96 04 00	31,304 9517	98,994 949	**1080**	1 16 64 00	32,863 353	103,923 048	**1180**	1 39 24 00	34,351 128	108,627 805
881	77 61 61	29,681 6442	93,861 600	981	96 23 61	31,320 9195	99,045 444	1081	1 16 85 61	32,878 564	103,971 150	1181	1 39 47 61	34,365 681	108,673 824
882	77 79 24	29,698 4848	93,914 855	982	96 43 24	31,336 8792	99,095 913	1082	1 17 07 24	32,893 768	104,019 229	1182	1 39 71 24	34,380 227	108,719 823
883	77 96 89	29,715 3159	93,968 080	983	96 62 89	31,352 8308	99,146 356	1083	1 17 28 89	32,908 965	104,067 286	1183	1 39 94 89	34,394 767	108,765 803
884	78 14 56	29,732 1375	94,021 274	984	96 82 56	31,368 7743	99,196 774	1084	1 17 50 56	32,924 155	104,115 321	1184	1 40 18 56	34,409 301	108,811 764
885	78 32 25	29,748 9496	94,074 439	**985**	97 02 25	31,384 7097	99,247 166	**1085**	1 17 72 25	32,939 338	104,163 333	**1185**	1 40 42 25	34,423 829	108,857 705
886	78 49 96	29,765 7521	94,127 573	986	97 21 96	31,400 6369	99,297 533	1086	1 17 93 96	32,954 514	104,211 324	1186	1 40 65 96	34,438 351	108,903 627
887	78 67 69	29,782 5452	94,180 677	987	97 41 69	31,416 5561	99,347 874	1087	1 18 15 69	32,969 683	104,259 292	1187	1 40 89 69	34,452 866	108,949 530
888	78 85 44	29,799 3289	94,233 752	988	97 61 44	31,432 4673	99,398 189	1088	1 18 37 44	32,984 845	104,307 238	1188	1 41 13 44	34,467 376	108,995 413
889	79 03 21	29,816 1030	94,286 797	989	97 81 21	31,448 3704	99,448 479	1089	1 18 59 21	33,000 000	104,355 163	1189	1 41 37 21	34,481 879	109,041 277
890	79 21 00	29,832 8678	94,339 811	**990**	98 01 00	31,464 2654	99,498 744	**1090**	1 18 81 00	33,015 148	104,403 065	**1190**	1 41 61 00	34,496 377	109,087 121
891	79 38 81	29,849 6231	94,392 796	991	98 20 81	31,480 1525	99,548 983	1091	1 19 02 81	33,030 289	104,450 945	1191	1 41 84 81	34,510 868	109,132 946
892	79 56 64	29,866 3690	94,445 752	992	98 40 64	31,496 0315	99,599 197	1092	1 19 24 64	33,045 423	104,498 804	1192	1 42 08 64	34,525 353	109,178 753
893	79 74 49	29,883 1056	94,498 677	993	98 60 49	31,511 9025	99,649 385	1093	1 19 46 49	33,060 551	104,546 640	1193	1 42 32 49	34,539 832	109,224 539
894	79 92 36	29,899 8328	94,551 573	994	98 80 36	31,527 7655	99,699 549	1094	1 19 68 36	33,075 671	104,594 455	1194	1 42 56 36	34,554 305	109,270 307
895	80 10 25	29,916 5506	94,604 440	**995**	99 00 25	31,543 6206	99,749 687	**1095**	1 19 90 25	33,090 784	104,642 248	**1195**	1 42 80 25	34,568 772	109,316 056
896	80 28 16	29,933 2591	94,657 277	996	99 20 16	31,559 4677	99,799 800	1096	1 20 12 16	33,105 891	104,690 019	1196	1 43 04 16	34,583 233	109,361 785
897	80 46 09	29,949 9583	94,710 084	997	99 40 09	31,575 3068	99,849 887	1097	1 20 34 09	33,120 990	104,737 768	1197	1 43 28 09	34,597 688	109,407 495
898	80 64 04	29,966 6481	94,762 862	998	99 60 04	31,591 1380	99,899 950	1098	1 20 56 04	33,136 083	104,785 495	1198	1 43 52 04	34,612 137	109,453 186
899	80 82 01	29,983 3287	94,815 611	999	99 80 01	31,606 9613	99,949 987	1099	1 20 78 01	33,151 169	104,833 201	1199	1 43 76 01	34,626 579	109,498 858

Reziproken der Quadratwurzeln[1] der Zahlen 1–999

$1/\sqrt{n}$ = Reziproke von $\sqrt{n}$

n	0	1	2	3	4	5	6	7	8	9
0	–	1	0,7071068	0,5773503	0,5000000	0,4472136	0,4082483	0,3779645	0,3535534	0,3333333
10	0,3162278	0,3015113	2886751	2773501	2672612	2581989	2500000	2425356	2357023	2294157
20	2236068	2182179	2132007	2085144	2041241	2000000	1961161	1924501	1889822	1856953
30	1825742	1796053	1767767	1740777	1714986	1690309	1666667	1643990	1622214	1601282
40	1581139	1561738	1543034	1524986	1507557	1490712	1474420	1458650	1443376	1428571
50	0,1414214	0,1400280	0,1386750	0,1373606	0,1360828	0,1348400	0,1336306	0,1324532	0,1313064	0,1301889
60	1290994	1280369	1270001	1259882	1250000	1240347	1230915	1221694	1212678	1203859
70	1195229	1186782	1178511	1170411	1162476	1154701	1147079	1139606	1132277	1125088
80	1118034	1111111	1104315	1097643	1091089	1084652	1078328	1072113	1066004	1059998
90	1054093	1048285	1042572	1036952	1031421	1025978	1020621	1015346	1010153	1005038
100	0,1000000	0,0995037	0,0990148	0,0985329	0,0980581	0,0975900	0,0971286	0,0966736	0,0962250	0,0957826
110	0953463	0949158	0944911	0940721	0936586	0932505	0928477	0924500	0920575	0916698
120	0912871	0909091	0905357	0901670	0898027	0894427	0890871	0887357	0883883	0880451
130	0877058	0873704	0870388	0867110	0863868	0860663	0857493	0854358	0851257	0848189
140	0845154	0842152	0839181	0836242	0833333	0830455	0827606	0824786	0821995	0819232
150	0,0816497	0,0813788	0,0811107	0,0808452	0,0805823	0,0803219	0,0800641	0,0798087	0,0795557	0,0793052
160	0790569	0788110	0785674	0783260	0780869	0778499	0776151	0773823	0771517	0769231
170	0766965	0764719	0762493	0760286	0758098	0755929	0753778	0751646	0749532	0747435
180	0745356	0743294	0741249	0739221	0737210	0735215	0733236	0731272	0729325	0727393
190	0725476	0723575	0721688	0719816	0717958	0716115	0714286	0712470	0710669	0708881
200	0,0707107	0,0705346	0,0703598	0,0701862	0,0700140	0,0698430	0,0696733	0,0695048	0,0693375	0,0691714
210	0690066	0688428	0686803	0685189	0683586	0681994	0680414	0678844	0677285	0675737
220	0674200	0672673	0671156	0669650	0668153	0666667	0665190	0663723	0662266	0660819
230	0659380	0657952	0656532	0655122	0653720	0652328	0650945	0649570	0648204	0646846
240	0645497	0644157	0642824	0641500	0640184	0638877	0637577	0636285	0635001	0633724
250	0,0632456	0,0631194	0,0629941	0,0628695	0,0627456	0,0626224	0,0625000	0,0623783	0,0622573	0,0621370
260	0620174	0618984	0617802	0616626	0615457	0614295	0613139	0611990	0610847	0609711
270	0608581	0607457	0606339	0605228	0604122	0603023	0601929	0600842	0599760	0598684
280	0597614	0596550	0595491	0594438	0593391	0592349	0591312	0590281	0589256	0588235
290	0587220	0586210	0585206	0584206	0583212	0582223	0581238	0580259	0579284	0578315
300	0,0577350	0,0576390	0,0575435	0,0574485	0,0573539	0,0572598	0,0571662	0,0570730	0,0569803	0,0568880
310	0567962	0567048	0566139	0565233	0564333	0563436	0562544	0561656	0560772	0559893
320	0559017	0558146	0557278	0556415	0555556	0554700	0553849	0553001	0552158	0551318
330	0550482	0549650	0548821	0547997	0547176	0546358	0545545	0544735	0543928	0543125
340	0542326	0541530	0540738	0539949	0539164	0538382	0537603	0536828	0536056	0535288
350	0,0534522	0,0533761	0,0533002	0,0532246	0,0531494	0,0530745	0,0529999	0,0529256	0,0528516	0,0527780
360	0527046	0526316	0525588	0524864	0524142	0523424	0522708	0521996	0521286	0520579
370	0519875	0519174	0518476	0517780	0517088	0516398	0515711	0515026	0514345	0513665
380	0512989	0512316	0511645	0510976	0510310	0509647	0508987	0508329	0507673	0507020
390	0506370	0505722	0505076	0504433	0503793	0503155	0502519	0501886	0501255	0500626
400	0,0500000	0,0499376	0,0498755	0,0498135	0,0497519	0,0496904	0,0496292	0,0495682	0,0495074	0,0494468
410	0493865	0493264	0492665	0492068	0491473	0490881	0490290	0489702	0489116	0488532
420	0487950	0487370	0486792	0486217	0485643	0485071	0484502	0483934	0483368	0482805
430	0482243	0481683	0481125	0480569	0480015	0479463	0478913	0478365	0477818	0477274
440	0476731	0476190	0475651	0475114	0474579	0474045	0473514	0472984	0472456	0471929
450	0,0471405	0,0470882	0,0470360	0,0469841	0,0469323	0,0468807	0,0468293	0,0467780	0,0467269	0,0466760
460	0466252	0465746	0465242	0464739	0464238	0463739	0463241	0462745	0462250	0461757
470	0461266	0460776	0460287	0459800	0459315	0458831	0458349	0457869	0457389	0456912
480	0456435	0455961	0455488	0455016	0454545	0454077	0453609	0453143	0452679	0452216
490	0451754	0451294	0450835	0450377	0449921	0449467	0449013	0448561	0448111	0447661
500	0,0447214	0,0446767	0,0446322	0,0445878	0,0445435	0,0444994	0,0444554	0,0444116	0,0443678	0,0443242
510	0442807	0442374	0441942	0441511	0441081	0440653	0440225	0439799	0439375	0438951
520	0438529	0438108	0437688	0437269	0436852	0436436	0436021	0435607	0435194	0434783
530	0434372	0433963	0433555	0433148	0432742	0432338	0431934	0431532	0431131	0430730
540	0430331	0429934	0429537	0429141	0428746	0428353	0427960	0427569	0427179	0426790
550	0,0426401	0,0426014	0,0425628	0,0425243	0,0424859	0,0424476	0,0424094	0,0423714	0,0423334	0,0422955
560	0422577	0422200	0421825	0421450	0421076	0420703	0420331	0419961	0419591	0419222
570	0418854	0418487	0418121	0417756	0417392	0417029	0416667	0416305	0415945	0415586
580	0415227	0414870	0414513	0414158	0413803	0413449	0413096	0412744	0412393	0412043
590	0411693	0411345	0410997	0410651	0410305	0409960	0409616	0409273	0408930	0408589
600	0,0408248	0,0407909	0,0407570	0,0407231	0,0406894	0,0406558	0,0406222	0,0405887	0,0405554	0,0405220
610	0404888	0404557	0404226	0403896	0403567	0403239	0402911	0402585	0402259	0401934
620	0401610	0401286	0400963	0400642	0400320	0400000	0399680	0399362	0399043	0398726
630	0398410	0398094	0397779	0397464	0397151	0396838	0396526	0396214	0395904	0395594
640	0395285	0394976	0394669	0394362	0394055	0393750	0393445	0393141	0392837	0392534
650	0,0392232	0,0391931	0,0391630	0,0391330	0,0391031	0,0390732	0,0390434	0,0390137	0,0389841	0,0389545
660	0389249	0388955	0388661	0388368	0388075	0387783	0387492	0387202	0386912	0386622
670	0386334	0386046	0385758	0385472	0385186	0384900	0384615	0384331	0384048	0383765
680	0383482	0383201	0382920	0382639	0382360	0382080	0381802	0381524	0381246	0380970
690	0380693	0380418	0380143	0379869	0379595	0379322	0379049	0378777	0378506	0378235
700	0,0377964	0,0377695	0,0377426	0,0377157	0,0376889	0,0376622	0,0376355	0,0376089	0,0375823	0,0375558
710	0375293	0375029	0374766	0374503	0374241	0373979	0373718	0373457	0373197	0372937
720	0372678	0372419	0372161	0371904	0371647	0371391	0371135	0370879	0370625	0370370
730	0370117	0369863	0369611	0369358	0369107	0368856	0368605	0368355	0368105	0367856
740	0367607	0367359	0367112	0366864	0366618	0366372	0366126	0365881	0365636	0365392
750	0,0365148	0,0364905	0,0364662	0,0364420	0,0364179	0,0363937	0,0363696	0,0363456	0,0363216	0,0362977
760	0362738	0362500	0362262	0362024	0361787	0361551	0361315	0361079	0360844	0360609
770	0360375	0360141	0359908	0359675	0359443	0359211	0358979	0358748	0358517	0358287
780	0358057	0357828	0357599	0357371	0357143	0356915	0356688	0356462	0356235	0356009
790	0355784	0355559	0355335	0355110	0354887	0354663	0354441	0354218	0353996	0353775
800	0,0353553	0,0353333	0,0353112	0,0352892	0,0352673	0,0352454	0,0352235	0,0352017	0,0351799	0,0351581
810	0351364	0351147	0350931	0350715	0350500	0350285	0350070	0349856	0349642	0349428
820	0349215	0349002	0348790	0348578	0348367	0348155	0347945	0347734	0347524	0347314
830	0347105	0346896	0346688	0346479	0346272	0346064	0345857	0345651	0345444	0345238
840	0345033	0344828	0344623	0344418	0344214	0344010	0343807	0343604	0343401	0343199
850	0,0342997	0,0342796	0,0342594	0,0342393	0,0342193	0,0341993	0,0341793	0,0341593	0,0341394	0,0341196
860	0340997	0340799	0340601	0340404	0340207	0340010	0339814	0339618	0339422	0339227
870	0339032	0338837	0338643	0338449	0338255	0338062	0337869	0337676	0337484	0337292
880	0337100	0336909	0336718	0336527	0336336	0336146	0335957	0335767	0335578	0335389
890	0335201	0335013	0334825	0334637	0334450	0334263	0334077	0333890	0333704	0333519
900	0,0333333	0,0333148	0,0332964	0,0332779	0,0332595	0,0332411	0,0332228	0,0332045	0,0331862	0,0331679
910	0331497	0331315	0331133	0330952	0330771	0330590	0330409	0330229	0330049	0329870
920	0329690	0329511	0329332	0329154	0328976	0328798	0328620	0328443	0328266	0328089
930	0327913	0327737	0327561	0327385	0327210	0327035	0326860	0326686	0326512	0326338
940	0326164	0325991	0325818	0325645	0325472	0325300	0325128	0324956	0324785	0324614
950	0,0324443	0,0324272	0,0324102	0,0323932	0,0323762	0,0323592	0,0323423	0,0323254	0,0323085	0,0322917
960	0322749	0322581	0322413	0322245	0322078	0321911	0321745	0321578	0321412	0321246
970	0321081	0320915	0320750	0320585	0320421	0320256	0320092	0319928	0319765	0319601
980	0319438	0319275	0319113	0318950	0318788	0318626	0318465	0318304	0318142	0317982
990	0317821	0317660	0317500	0317340	0317181	0317021	0316862	0316703	0316544	0316386

[1] Werte nach Comrie, L. J. (Hrsg.), *Barlow's Tables of Squares, Cubes, Square Roots, Cube Roots and Reciprocals of all Integers up to 12,500*, 4. Aufl., Spon, London, 1958. Nachdruck mit freundlicher Erlaubnis des Autors und des Verlages.

Hilfstafel[1] zur Berechnung von Quadratwurzeln auf Rechenmaschinen

Es lassen sich beliebige Rechenmaschinen mit Divisionsvorrichtung verwenden.

Zunächst bringt man den Radikanden durch Verschieben des Kommas um Zweiergruppen in linker oder rechter Richtung in die Größenordnung 1–100. Dann sucht man auf der Tafel in Kolonne A die zwei dem Radikanden nächstliegenden Zahlen und entnimmt die zwischen ihnen (in Zeilenrichtung) liegenden Werte der Kolonnen *B* und *C*. Es ist nun:

$$\sqrt{n} = \frac{n + B}{C}$$

Das Resultat ist auf 6 signifikante Stellen genau und weicht in der siebten Stelle um weniger als 5 Einheiten vom korrekten Resultat ab.

Die Kommastelle der Wurzel findet man folgendermaßen:

a) *Radikand größer als 1.* Man teilt die vor dem Komma liegenden Zahlen in Zweiergruppen ein, zählt diese inklusive eine eventuell überzählige Einergruppe und erhält so die bei der Wurzel vor dem Komma liegende Stellenzahl.

Beispiel. Ein Radikand mit 5 Stellen vor dem Komma läßt sich in 2 Zweier- und 1 Einergruppe einteilen. Die Wurzel besitzt demnach 3 Stellen vor dem Komma.

b) *Radikand kleiner als 1.* Man teilt die dem Komma folgenden Nullen in Zweiergruppen ein, zählt diese ohne Berücksichtigung einer eventuell überzähligen Einergruppe und erhält so die bei der Wurzel nach dem Komma folgende Anzahl der Nullen.

Beispiel. Ein Radikand kleiner als 1 mit 5 dem Komma folgenden Nullen läßt sich in 2 Zweiergruppen einteilen. Die Wurzel besitzt demnach 2 Nullen nach dem Komma.

Beispiele

$\sqrt{0{,}0067\,89345}$	$\sqrt{129{,}3456}$
= (67,89345 + 68): 1649243	= (1,293456 + 1,3): 228036
= 823974 6962	= 1137301127
Gesuchte Wurzel: 0,0823974	Gesuchte Wurzel: 11,3730

A	B	C
1,00	1	200
1,005	1,01	200 998
1,015	1,02	201 99
1,025	1,03	202 978
1,035	1,04	203 961
1,045	1,05	204 939
1,055	1,06	205 913
1,065	1,07	206 882
1,075	1,08	207 846
1,085	1,09	208 806
1,095	1,1	209 762
1,105	1,11	210 713
1,115	1,12	211 66
1,125	1,13	212 603
1,135	1,14	213 542
1,145	1,15	214 476
1,155	1,16	215 407
1,165	1,17	216 333
1,175	1,18	217 256
1,185	1,19	218 174
1,195	1,2	219 089
1,205	1,21	220
1,215	1,22	220 907
1,225	1,23	221 811
1,235	1,24	222 711
1,245	1,25	223 607
1,255	1,26	224 500 2
1,27	1,28	226 275
1,29	1,3	228 036
1,31	1,32	229 783 3
1,33	1,34	231 517 5
1,35	1,36	233 239
1,37	1,38	234 947 6
1,39	1,4	236 644
1,41	1,42	238 328
1,43	1,44	240 001
1,45	1,46	241 661 6
1,47	1,48	243 311
1,49	1,5	244 949 7
1,51	1,52	246 577
1,53	1,54	248 194
1,55	1,56	249 800 6
1,57	1,58	251 397
1,59	1,6	252 983
1,61	1,62	254 559
1,63	1,64	256 125 6
1,65	1,66	257 682 6
1,67	1,68	259 23
1,69	1,7	260 769
1,71	1,72	262 298
1,73	1,74	263 819
1,75	1,76	265 330 5
1,77	1,78	266 834
1,79	1,8	268 329
1,81	1,82	269 815
1,83	1,84	271 294
1,85	1,86	272 764
1,87	1,88	274 227
1,89	1,9	275 681
1,91	1,92	277 129
1,93	1,94	278 568
1,95	1,96	280
1,97	1,98	281 425
1,99	2	282 843
2,01	2,02	284 254
2,03	2,04	285 658
2,05	2,06	287 054
2,07	2,08	288 445
2,09	2,1	289 828
2,11	2,12	291 205 3

A	B	C
2,135	2,15	293 258 5
2,165	2,18	295 297 4
2,195	2,21	297 322 3
2,225	2,24	299 333 5
2,255	2,27	301 331 2
2,285	2,3	303 316
2,315	2,33	305 287 7
2,345	2,36	307 246 6
2,375	2,39	309 193 3
2,405	2,42	311 127 7
2,435	2,45	313 05
2,465	2,48	314 961
2,495	2,51	316 860 4
2,525	2,54	318 748 4
2,555	2,57	320 625
2,585	2,6	322 491
2,615	2,63	324 346
2,645	2,66	326 191
2,675	2,69	328 025
2,705	2,72	329 849
2,735	2,75	331 663
2,765	2,78	333 467
2,795	2,81	335 262
2,825	2,84	337 046 6
2,855	2,87	338 822
2,885	2,9	340 588
2,915	2,93	342 345
2,945	2,96	344 093 7
2,975	2,99	345 833
3,005	3,02	347 563 6
3,035	3,05	349 285 6
3,065	3,08	350 999
3,095	3,11	352 704
3,125	3,14	354 401 6
3,155	3,17	356 09
3,185	3,2	357 771 7
3,22	3,24	360 001
3,26	3,28	362 216 2
3,30	3,32	364 418 2
3,34	3,36	366 607
3,38	3,4	368 782 6
3,42	3,44	370 945 6
3,46	3,48	373 096
3,50	3,52	375 234
3,54	3,56	377 36
3,58	3,6	379 474
3,62	3,64	381 576 3
3,66	3,68	383 667 3
3,70	3,72	385 747
3,74	3,76	387 815
3,78	3,8	389 872 5
3,82	3,84	391 919
3,86	3,88	393 955
3,90	3,92	395 980 5
3,94	3,96	397 995 6
3,98	4	400 001
4,02	4,04	401 996
4,06	4,08	403 981
4,10	4,12	405 956
4,14	4,16	407 922
4,18	4,2	409 879
4,225	4,25	412 311 5
4,275	4,3	414 729 7
4,325	4,35	417 134
4,375	4,4	419 524 4
4,425	4,45	421 901 3
4,475	4,5	424 265
4,525	4,55	426 615 4
4,575	4,6	428 953
4,625	4,65	431 278

A	B	C
4,675	4,7	433 590 4
4,725	4,75	435 890 6
4,775	4,8	438 179
4,825	4,85	440 455
4,875	4,9	442 719 5
4,925	4,95	444 972 7
4,975	5	447 214
5,025	5,05	449 445
5,075	5,1	451 664
5,125	5,15	453 873
5,175	5,2	456 071
5,225	5,25	458 258
5,275	5,3	460 435
5,325	5,35	462 602
5,375	5,4	464 759
5,425	5,45	466 905
5,475	5,5	469 042
5,525	5,55	471 169
5,575	5,6	473 287
5,625	5,65	475 395
5,675	5,7	477 494
5,725	5,75	479 584
5,775	5,8	481 664
5,825	5,85	483 736
5,875	5,9	485 799
5,925	5,95	487 853
5,975	6	489 898 5
6,025	6,05	491 935 5
6,075	6,1	493 964
6,125	6,15	495 984
6,175	6,2	497 996
6,225	6,25	500 001
6,275	6,3	501 996 5
6,325	6,35	503 985
6,375	6,4	505 965
6,425	6,45	507 937
6,475	6,5	509 902
6,525	6,55	511 86
6,575	6,6	513 81
6,625	6,65	515 752
6,675	6,7	517 688
6,725	6,75	519 616
6,775	6,8	521 537
6,825	6,85	523 45
6,875	6,9	525 357
6,925	6,95	527 257
6,975	7	529 151
7,025	7,05	531 037
7,075	7,1	532 917
7,125	7,15	534 79
7,175	7,2	536 657
7,225	7,25	538 517
7,275	7,3	540 371
7,325	7,35	542 218
7,375	7,4	544 059
7,425	7,45	545 894
7,475	7,5	547 723
7,525	7,55	549 546
7,575	7,6	551 362
7,625	7,65	553 173
7,675	7,7	554 978
7,725	7,75	556 777
7,775	7,8	558 57
7,825	7,85	560 357
7,875	7,9	562 139
7,925	7,95	563 915
7,975	8	565 686
8,025	8,05	567 451
8,075	8,1	569 21
8,125	8,15	570 964

A	B	C
8,175	8,2	572 713
8,225	8,25	574 457
8,275	8,3	576 195
8,325	8,35	577 928
8,375	8,4	579 655
8,425	8,45	581 378
8,475	8,5	583 096
8,525	8,55	584 808
8,575	8,6	586 516
8,625	8,65	588 218
8,675	8,7	589 916
8,725	8,75	591 608
8,775	8,8	593 296
8,825	8,85	594 979
8,875	8,9	596 658
8,925	8,95	598 331
8,975	9	600
9,025	9,05	601 665
9,075	9,1	603 324
9,125	9,15	604 98
9,175	9,2	606 63
9,225	9,25	608 276
9,275	9,3	609 918
9,325	9,35	611 556
9,375	9,4	613 189
9,425	9,45	614 817
9,475	9,5	616 442
9,525	9,55	618 062
9,575	9,6	619 678
9,625	9,65	621 289
9,675	9,7	622 897
9,725	9,75	624 5
9,775	9,8	626 099
9,825	9,85	627 694
9,875	9,9	629 286
9,925	9,95	630 873
9,975	9,99	632 139
10,00*	10	632 456
10,025	10,05	634 035
10,075	10,1	635 61
10,125	10,15	637 181
10,175	10,2	638 749
10,225	10,25	640 313
10,275	10,3	641 872
10,325	10,35	643 429
10,375	10,4	644 981
10,425	10,45	646 529
10,475	10,5	648 074
10,525	10,55	649 615
10,575	10,6	651 153 7
10,65	10,7	654 218
10,75	10,8	657 268
10,85	10,9	660 303 8
10,95	11	663 326
11,05	11,1	666 334
11,15	11,2	669 329
11,25	11,3	672 310 3
11,35	11,4	675 278 6
11,45	11,5	678 233 8
11,55	11,6	681 176 2
11,65	11,7	684 106
11,75	11,8	687 023 3
11,85	11,9	689 928 4
11,95	12	692 821
12,05	12,1	695 702
12,15	12,2	698 570 7
12,25	12,3	701 428
12,35	12,4	704 273 3
12,45	12,5	707 107 5
12,55	12,6	709 93

A	B	C
12,65	12,7	712 742
12,75	12,8	715 542 5
12,85	12,9	718 332
12,95	13	721 111
13,05	13,1	723 879
13,15	13,2	726 637
13,25	13,3	729 384
13,35	13,4	732 121
13,45	13,5	734 848
13,55	13,6	737 564
13,65	13,7	740 271
13,75	13,8	742 968
13,85	13,9	745 655
13,95	14	748 332
14,05	14,1	751
14,15	14,2	753 658
14,25	14,3	756 307
14,35	14,4	758 947
14,45	14,5	761 578
14,55	14,6	764 199 5
14,65	14,7	766 812
14,75	14,8	769 416
14,85	14,9	772 011
14,95	15	774 597
15,05	15,1	777 175
15,15	15,2	779 744
15,25	15,3	782 305
15,35	15,4	784 857
15,45	15,5	787 401
15,55	15,6	789 937
15,65	15,7	792 465
15,75	15,8	794 985
15,85	15,9	797 496 6
15,95	16	800
16,05	16,1	802 497
16,15	16,2	804 985
16,25	16,3	807 466
16,35	16,4	809 939
16,45	16,5	812 404
16,55	16,6	814 862
16,65	16,7	817 313
16,75	16,8	819 756
16,85	16,9	822 193
16,95	17	824 622
17,05	17,1	827 043
17,15	17,2	829 458
17,25	17,3	831 866
17,35	17,4	834 266
17,45	17,5	836 66
17,55	17,6	839 047
17,65	17,7	841 428
17,75	17,8	843 801
17,85	17,9	846 168
17,95	18	848 529
18,05	18,1	850 882
18,15	18,2	853 23
18,25	18,3	855 57
18,35	18,4	857 905
18,45	18,5	860 233
18,55	18,6	862 555
18,65	18,7	864 87
18,75	18,8	867 18
18,85	18,9	869 483
18,95	19	871 78
19,05	19,1	874 071
19,15	19,2	876 356
19,25	19,3	878 636
19,35	19,4	880 909
19,45	19,5	883 176
19,55	19,6	885 438

A	B	C
19,65	19,7	887 694
19,75	19,8	889 944
19,85	19,9	892 189
19,95	20	894 428
20,05	20,1	896 661
20,15	20,2	898 889
20,25	20,3	901 111
20,35	20,4	903 328
20,45	20,5	905 539
20,55	20,6	907 745
20,65	20,7	909 945
20,75	20,8	912 141
20,85	20,9	914 331
20,95	21	916 516
21,05	21,1	918 695
21,15	21,2	920 87
21,25	21,3	923 039
21,35	21,4	925 203
21,45	21,5	927 362
21,55	21,6	929 516
21,65	21,7	931 666
21,75	21,8	933 81
21,85	21,9	935 949
21,95	22	938 084
22,05	22,1	940 213
22,15	22,2	942 338
22,25	22,3	944 458
22,35	22,4	946 573
22,45	22,5	948 683
22,55	22,6	950 789
22,65	22,7	952 891
22,75	22,8	954 987
22,85	22,9	957 079
22,95	23	959 167
23,05	23,1	961 249
23,15	23,2	963 328
23,25	23,3	965 402
23,35	23,4	967 471
23,45	23,5	969 536
23,55	23,6	971 597
23,65	23,7	973 653
23,75	23,8	975 705
23,85	23,9	977 753
23,95	24	979 796
24,05	24,1	981 835
24,15	24,2	983 87
24,25	24,3	985 901
24,35	24,4	987 927
24,45	24,5	989 95
24,55	24,6	991 968
24,65	24,7	993 982
24,75	24,8	995 992
24,85	24,9	997 998
24,95	25	100
25,05	25,1	100 199 8
25,15	25,2	100 399 2
25,25	25,3	100 598 2
25,35	25,4	100 796 8
25,45	25,5	100 995 1
25,55	25,6	101 192 9
25,65	25,7	101 390 4
25,75	25,8	101 587 4
25,85	25,9	101 784 1
25,95	26	101 980 4
26,05	26,1	102 176 3
26,15	26,2	102 371 9
26,25	26,3	102 567 1
26,35	26,4	102 761 9
26,45	26,5	102 956 3
26,55	26,6	103 150 4

* Für $\sqrt{10{,}00}$ verwende man die Tabellenwerte zwischen 10,00 und 10,025.

[1] Nachdruck der Marchant-Tafel 81 mit freundlicher Erlaubnis der Copyright-Inhaber, Marchant Calculators Division of Smith-Corona Marchant Inc. Oakland (Cal.), USA.

Hilfstafel zur Berechnung von Quadratwurzeln auf Rechenmaschinen
Binomialkoeffizienten

A	B	C	A	B	C	A	B	C	A	B	C	A	B	C	A	B	C
26,65	26,7	103 344 1	34,7	34,8	117 983 1	43,1	43,2	131 453 5	53,75	53,9	146 833 3	66,35	66,5	163 095 1	82,6	82,8	181 989 1
26,75	26,8	103 537 5	34,9	35	118 321 66	43,3	43,4	131 757 4	54,05	54,2	147 241 37	66,65	66,8	163 462 6	83,0	83,2	182 428 1
26,85	26,9	103 730 4	35,1	35,2	118 659 24	43,5	43,6	132 060 6	54,35	54,5	147 648 3	66,95	67,1	163 829 2	83,4	83,6	182 866 14
26,95	27	103 923 13	35,3	35,4	118 995 86	43,7	43,8	132 363 2	54,65	54,8	148 054 1	67,25	67,4	164 195 1	83,8	84	183 303 1
27,10	27,2	104 307 33	35,5	35,6	119 331 5	43,9	44	132 665 1	54,95	55,1	148 458 8	67,55	67,7	164 560 1	84,2	84,4	183 739
27,30	27,4	104 690 1	35,7	35,8	119 666 3	44,1	44,2	132 966 2	55,25	55,4	148 862 4	67,85	68	164 924 3	84,6	84,8	184 173 9
27,50	27,6	105 071 5	35,9	36	120 000 1	44,3	44,4	133 266 7	55,55	55,7	149 264 9	68,2	68,4	165 408 67	85,0	85,2	184 607 76
27,7	27,8	105 451 5	36,1	36,2	120 332 9	44,5	44,6	133 566 5	55,85	56	149 666 4	68,6	68,8	165 891 62	85,4	85,6	185 040 6
27,9	28	105 830 15	36,3	36,4	120 664 9	44,7	44,8	133 865 6	56,15	56,3	150 066 73	69,0	69,2	166 373 17	85,8	86	185 472 4
28,1	28,2	106 207 42	36,5	36,6	120 995 9	44,9	45	134 164 1	56,45	56,6	150 466	69,4	69,6	166 853 3	86,2	86,4	185 903 3
28,3	28,4	106 583 4	36,7	36,8	121 326 1	45,1	45,2	134 461 9	56,75	56,9	150 864 25	69,8	70	167 332 1	86,6	86,8	186 333 1
28,5	28,6	106 958 02	36,9	37	121 655 3	45,3	45,4	134 759 1	57,05	57,2	151 261 4	70,2	70,4	167 809 5	87,0	87,2	186 761 94
28,7	28,8	107 331 34	37,1	37,2	121 983 7	45,5	45,6	135 055 6	57,35	57,5	151 657 6	70,6	70,8	168 285 56	87,4	87,6	187 189 8
28,9	29	107 703 38	37,3	37,4	122 311 1	45,7	45,8	135 351 4	57,65	57,8	152 052 7	71,0	71,2	168 760 27	87,8	88	187 616 7
29,1	29,2	108 074 13	37,5	37,6	122 637 7	45,9	46	135 646 6	57,95	58,1	152 446 8	71,4	71,6	169 233 65	88,2	88,4	188 042 6
29,3	29,4	108 443 6	37,7	37,8	122 963 5	46,1	46,2	135 941 2	58,25	58,4	152 839 85	71,8	72	169 705 7	88,6	88,8	188 467 6
29,5	29,6	108 811 84	37,9	38	123 288 3	46,3	46,4	136 235 1	58,55	58,7	153 231 9	72,2	72,4	170 176 46	89,0	89,2	188 891 6
29,7	29,8	109 178 8	38,1	38,2	123 612 4	46,5	46,6	136 528 4	58,85	59	153 623	72,6	72,8	170 645 92	89,4	89,6	189 314 6
29,9	30	109 544 6	38,3	38,4	123 935 5	46,70	46,8	136 821 1	59,15	59,3	154 013 05	73,0	73,2	171 114 08	89,8	90	189 736 7
30,1	30,2	109 909 14	38,5	38,6	124 257 9	46,90	47	137 113 2	59,45	59,6	154 402 14	73,4	73,6	171 580 96	90,2	90,4	190 157 9
30,3	30,4	110 272 48	38,7	38,8	124 579 4	47,15	47,3	137 550 1	59,75	59,9	154 790 24	73,8	74	172 046 6	90,60	90,8	190 578 1
30,5	30,6	110 634 6	38,9	39	124 9	47,45	47,6	137 985 6	60,05	60,2	155 177 4	74,2	74,4	172 510 95	91,00	91,2	190 997 4
30,7	30,8	110 995 57	39,1	39,2	125 219 9	47,75	47,9	138 419 75	60,35	60,5	155 563 6	74,6	74,8	172 974 06	91,40	91,6	191 415 8
30,9	31	111 355 35	39,3	39,4	125 538 9	48,05	48,2	138 852 53	60,65	60,8	155 948 8	75,0	75,2	173 435 95	91,80	92	191 833 35
31,1	31,2	111 714	39,5	39,6	125 857 1	48,35	48,5	139 283 96	60,95	61,1	156 333	75,4	75,6	173 896 6	92,25	92,5	192 353 93
31,3	31,4	112 071 5	39,7	39,8	126 174 5	48,65	48,8	139 714 08	61,25	61,4	156 716 4	75,8	76	174 356 04	92,75	93	192 873 1
31,5	31,6	112 427 83	39,9	40	126 491 1	48,95	49,1	140 142 86	61,55	61,7	157 098 8	76,2	76,4	174 814 26	93,25	93,5	193 390 88
31,7	31,8	112 783 05	40,1	40,2	126 807	49,25	49,4	140 570 35	61,85	62	157 480 2	76,6	76,8	175 271 3	93,75	94	193 907 29
31,9	32	113 137 15	40,3	40,4	127 122	49,55	49,7	140 996 55	62,15	62,3	157 860 8	77,0	77,2	175 727 14	94,25	94,5	194 422 3
32,1	32,2	113 490 14	40,5	40,6	127 436 3	49,85	50	141 421 44	62,45	62,6	158 240 4	77,4	77,6	176 181 8	94,75	95	194 935 96
32,3	32,4	113 842 07	40,7	40,8	127 749 8	50,15	50,3	141 845 07	62,75	62,9	158 619 1	77,8	78	176 635 3	95,25	95,5	195 448 3
32,5	32,6	114 192 9	40,9	41	128 062 5	50,45	50,6	142 267 43	63,05	63,2	158 996 9	78,2	78,4	177 087 6	95,75	96,	195 959 26
32,7	32,8	114 542 6	41,1	41,2	128 374 5	50,75	50,9	142 688 55	63,35	63,5	159 373 8	78,6	78,8	177 538 8	96,25	96,5	196 468 9
32,9	33	114 891 3	41,3	41,4	128 685 7	51,05	51,2	143 108 44	63,65	63,8	159 749 9	79,0	79,2	177 988 84	96,75	97	196 977 24
33,1	33,2	115 238 95	41,5	41,6	128 996 2	51,35	51,5	143 527 1	63,95	64,1	160 125	79,4	79,6	178 437 74	97,25	97,5	197 484 26
33,3	33,4	115 585 5	41,7	41,8	129 305 9	51,65	51,8	143 944 5	64,25	64,4	160 499 3	79,8	80	178 885 5	97,75	98	197 989 98
33,5	33,6	115 931 1	41,9	42	129 614 9	51,95	52,1	144 360 74	64,55	64,7	160 872 7	80,2	80,4	179 332 16	98,25	98,5	198 494 4
33,7	33,8	116 275 6	42,1	42,2	129 923 1	52,25	52,4	144 775 76	64,85	65	161 245 2	80,6	80,8	179 777 7	98,75	99	198 997 57
33,9	34	116 619 1	42,3	42,4	130 230 6	52,55	52,7	145 189 6	65,15	65,3	161 616 9	81,0	81,2	180 222 15	99,20	99,4	199 399 1
34,1	34,2	116 961 6	42,5	42,6	130 537 4	52,85	53	145 602 27	65,45	65,6	161 987 7	81,4	81,6	180 665 5	99,60	99,8	199 799 9
34,3	34,4	117 303 1	42,7	42,8	130 843 5	53,15	53,3	146 013 77	65,75	65,9	162 357 7	81,8	82	181 107 8	100,0		
34,5	34,6	117 643 6	42,9	43	131 148 8	53,45	53,6	146 424 1	66,05	66,2	162 726 8	82,2	82,4	181 548 96			
34,7			43,1			53,75			66,35			82,6					

Binomialkoeffizienten*

$$\binom{n}{x} = \frac{n!}{x!\,(n-x)!}$$

n	$\binom{n}{0}$	$\binom{n}{1}$	$\binom{n}{2}$	$\binom{n}{3}$	$\binom{n}{4}$	$\binom{n}{5}$	$\binom{n}{6}$	$\binom{n}{7}$	$\binom{n}{8}$	$\binom{n}{9}$	$\binom{n}{10}$	$\binom{n}{11}$	$\binom{n}{12}$	$\binom{n}{13}$	$\binom{n}{14}$	$\binom{n}{15}$
0	1															
1	1	1														
2	1	2	1													
3	1	3	3	1												
4	1	4	6	4	1											
5	1	5	10	10	5	1										
6	1	6	15	20	15	6	1									
7	1	7	21	35	35	21	7	1								
8	1	8	28	56	70	56	28	8	1							
9	1	9	36	84	126	126	84	36	9	1						
10	1	10	45	120	210	252	210	120	45	10	1					
11	1	11	55	165	330	462	462	330	165	55	11	1				
12	1	12	66	220	495	792	924	792	495	220	66	12	1			
13	1	13	78	286	715	1287	1716	1716	1287	715	286	78	13	1		
14	1	14	91	364	1001	2002	3003	3432	3003	2002	1001	364	91	14	1	
15	1	15	105	455	1365	3003	5005	6435	6435	5005	3003	1365	455	105	15	1
16	1	16	120	560	1820	4368	8008	11440	12870	11440	8008	4368	1820	560	120	16
17	1	17	136	680	2380	6188	12376	19448	24310	24310	19448	12376	6188	2380	680	136
18	1	18	153	816	3060	8568	18564	31824	43758	48620	43758	31824	18564	8568	3060	816
19	1	19	171	969	3876	11628	27132	50388	75582	92378	92378	75582	50388	27132	11628	3876
20	1	20	190	1140	4845	15504	38760	77520	125970	167960	184756	167960	125970	77520	38760	15504
21	1	21	210	1330	5985	20349	54264	116280	203490	293930	352716	352716	293930	203490	116280	54264
22	1	22	231	1540	7315	26334	74613	170544	319770	497420	646646	705432	646646	497420	319770	170544
23	1	23	253	1771	8855	33649	100947	245157	490314	817190	1144066	1352078	1352078	1144066	817190	490314
24	1	24	276	2024	10626	42504	134596	346104	735471	1307504	1961256	2496144	2704156	2496144	1961256	1307504
25	1	25	300	2300	12650	53130	177100	480700	1081575	2042975	3268760	4457400	5200300	5200300	4457400	3268760
26	1	26	325	2600	14950	65780	230230	657800	1562275	3124550	5311735	7726160	9657700	10400600	9657700	7726160
27	1	27	351	2925	17550	80730	296010	888030	2220075	4686825	8436285	13037895	17383860	20058300	20058300	17383860
28	1	28	378	3276	20475	98280	376740	1184040	3108105	6906900	13123110	21474180	30421755	37442160	40116600	37442160
29	1	29	406	3654	23751	118755	475020	1560780	4292145	10015005	20030010	34597290	51895935	67863915	77558760	77558760
30	1	30	435	4060	27405	142506	593775	2035800	5852925	14307150	30045015	54627300	86493225	119759850	145422675	155117520
31	1	31	465	4495	31465	169911	736281	2629575	7888725	20160075	44352165	84672315	141120525	206253075	265182525	300540195
32	1	32	496	4960	35960	201376	906192	3365856	10518300	28048800	64512240	129024480	225792840	347373600	471435600	565722720
33	1	33	528	5456	40920	237336	1107568	4272048	13884156	38567100	92561040	193536720	354817320	573166440	818809200	1037158320
34	1	34	561	5984	46376	278256	1344904	5379616	18156204	52451256	131128140	286097760	548354040	927983760	1391975640	1855967520
35	1	35	595	6545	52360	324632	1623160	6724520	23535820	70607460	183579396	417225900	834451800	1476337800	2319959400	3247943160
36	1	36	630	7140	58905	376992	1947792	8347680	30260340	94143280	254186856	600805296	1251677700	2310789600	3796297200	5567902560
37	1	37	666	7770	66045	435897	2324784	10295472	38608020	124403620	348330136	854992152	1852482996	3562467300	6107086800	9364199760
38	1	38	703	8436	73815	501942	2760681	12620256	48903492	163011640	472733756	1203322288	2707475148	5414950296	9669554100	15471286560
39	1	39	741	9139	82251	575757	3262623	15380937	61523748	211915132	635745396	1676056044	3910797436	8122425444	15084504396	25140840660

* Logarithmen der Binomialkoeffizienten bis $\binom{n}{100}$ siehe S. 70–77.

Zehnerlogarithmen der Fakultäten* der Zahlen 1–999

$n!$ = Fakultät von $n = n \times (n-1) \times \cdots \times 3 \times 2 \times 1$; Fakultät von 0 = 1

n → ↓	0	1	2	3	4	5	6	7	8	9
0	0,00000	0,00000	0,30103	0,77815	1,38021	2,07918	2,85733	3,70243	4,60552	5,55976
10	6,55976	7,60116	8,68034	9,79428	10,94041	12,11650	13,32062	14,55107	15,80634	17,08509
20	18,38612	19,70834	21,05077	22,41249	23,79271	25,19065	26,60562	28,03698	29,48414	30,94654
30	32,42366	33,91502	35,42017	36,93869	38,47016	40,01423	41,57054	43,13874	44,71852	46,30959
40	47,91165	49,52443	51,14768	52,78115	54,42460	56,07781	57,74057	59,41267	61,09391	62,78410
50	64,48307	66,19064	67,90665	69,63092	71,36332	73,10368	74,85187	76,60774	78,37117	80,14202
60	81,92017	83,70550	85,49790	87,29724	89,10342	90,91633	92,73587	94,56195	96,39446	98,23331
70	100,07841	101,92966	103,78700	105,65032	107,51955	109,39461	111,27543	113,16192	115,05401	116,95164
80	118,85473	120,76321	122,67703	124,59610	126,52038	128,44980	130,38430	132,32382	134,26830	136,21769
90	138,17194	140,13098	142,09476	144,06325	146,03638	148,01410	149,99637	151,98314	153,97437	155,97000
100	157,97000	159,97433	161,98293	163,99576	166,01280	168,03398	170,05929	172,08867	174,12210	176,15952
110	178,20092	180,24624	182,29546	184,34854	186,40544	188,46614	190,53060	192,59878	194,67067	196,74621
120	198,82539	200,90818	202,99454	205,08444	207,17787	209,27478	211,37515	213,47895	215,58616	217,69675
130	219,81069	221,92797	224,04854	226,17239	228,29950	230,42983	232,56337	234,70009	236,83997	238,98298
140	241,12911	243,27833	245,43062	247,58595	249,74432	251,90568	254,07004	256,23735	258,40762	260,58080
150	262,75689	264,93587	267,11771	269,30240	271,48993	273,68026	275,87338	278,06928	280,26794	282,46933
160	284,67345	286,88028	289,08980	291,30198	293,51683	295,73431	297,95442	300,17713	302,40244	304,63033
170	306,86078	309,09378	311,32930	313,56735	315,80790	318,05094	320,29645	322,54442	324,79484	327,04770
180	329,30297	331,56065	333,82072	336,08317	338,34799	340,61516	342,88467	345,15651	347,43067	349,70713
190	351,98589	354,26692	356,55022	358,83578	361,12358	363,41362	365,70587	368,00034	370,29700	372,59586
200	374,89689	377,20008	379,50544	381,81293	384,12256	386,43432	388,74818	391,06415	393,38222	395,70236
210	398,02458	400,34887	402,67520	405,00358	407,33400	409,66643	412,00089	414,33735	416,67580	419,01625
220	421,35867	423,70306	426,04942	428,39772	430,74797	433,10015	435,45426	437,81029	440,16822	442,52806
230	444,88978	447,25340	449,61888	451,98624	454,35546	456,72652	459,09944	461,47418	463,85076	466,22916
240	468,60937	470,99139	473,37520	475,76081	478,14820	480,53737	482,92830	485,32100	487,71545	490,11165
250	492,50959	494,90926	497,31066	499,71378	502,11862	504,52516	506,93340	509,34333	511,75495	514,16825
260	516,58322	518,99986	521,41816	523,83812	526,25972	528,68297	531,10785	533,53436	535,96250	538,39225
270	540,82361	543,25658	545,69115	548,12731	550,56506	553,00439	555,44530	557,88778	560,33183	562,77743
280	565,22459	567,67330	570,12354	572,57533	575,02865	577,48349	579,93986	582,39774	584,85713	587,31803
290	589,78043	592,24432	594,70971	597,17657	599,64492	602,11474	604,58603	607,05879	609,53301	612,00868
300	614,48580	616,96436	619,44437	621,92581	624,40869	626,89299	629,37871	631,86585	634,35440	636,84436
310	639,33572	641,82848	644,32263	646,81818	649,31511	651,81342	654,31310	656,81416	659,31659	661,82038
320	664,32553	666,83204	669,33989	671,84910	674,35964	676,87152	679,38474	681,89929	684,41516	686,93236
330	689,45087	691,97070	694,49184	697,01428	699,53803	702,06307	704,58941	707,11704	709,64596	712,17616
340	714,70764	717,24039	719,77442	722,30971	724,84627	727,38409	729,92317	732,46350	735,00508	737,54790
350	740,09197	742,63728	745,18382	747,73160	750,28060	752,83083	755,38228	757,93495	760,48883	763,04392
360	765,60023	768,15773	770,71644	773,27635	775,83745	778,39974	780,96323	783,52789	786,09374	788,66077
370	791,22897	793,79834	796,36888	798,94059	801,51347	804,08750	806,66268	809,23903	811,81652	814,39516
380	816,97494	819,55587	822,13793	824,72113	827,30546	829,89092	832,47751	835,06522	837,65405	840,24400
390	842,83507	845,42724	848,02053	850,61492	853,21042	855,80701	858,40471	861,00350	863,60338	866,20436
400	868,80642	871,40956	874,01379	876,61909	879,22547	881,83293	884,44146	887,05105	889,66171	892,27343
410	894,88622	897,50006	900,11496	902,73091	905,34791	907,96595	910,58505	913,20518	915,82636	918,44857
420	921,07182	923,69611	926,32142	928,94776	931,57512	934,20351	936,83292	939,46335	942,09480	944,72725
430	947,36072	949,99520	952,63068	955,26717	957,90466	960,54315	963,18263	965,82312	968,46459	971,10705
440	973,75051	976,39495	979,04037	981,68677	984,33415	986,98251	989,63185	992,28216	994,93344	997,58568
450	1000,23889	1002,89307	1005,54821	1008,20431	1010,86136	1013,51937	1016,17834	1018,83825	1021,49912	1024,16093
460	1026,82369	1029,48739	1032,15203	1034,81761	1037,48413	1040,15158	1042,81997	1045,48929	1048,15953	1050,83071
470	1053,50280	1056,17582	1058,84977	1061,52463	1064,20041	1066,87710	1069,55471	1072,23322	1074,91265	1077,59299
480	1080,27423	1082,95637	1085,63942	1088,32337	1091,00821	1093,69395	1096,38059	1099,06812	1101,75654	1104,44585
490	1107,13604	1109,82712	1112,51909	1115,21194	1117,90566	1120,60027	1123,29575	1125,99211	1128,68934	1131,38744
500	1134,08641	1136,78624	1139,48695	1142,18851	1144,89094	1147,59424	1150,29839	1153,00339	1155,70926	1158,41598
510	1161,12355	1163,83197	1166,54124	1169,25135	1171,96232	1174,67412	1177,38677	1180,10026	1182,81459	1185,52976
520	1188,24576	1190,96260	1193,68027	1196,39877	1199,11810	1201,83826	1204,55925	1207,28106	1210,00369	1212,72715
530	1215,45142	1218,17652	1220,90243	1223,62916	1226,35670	1229,08505	1231,81422	1234,54419	1237,27497	1240,00656
540	1242,73896	1245,47215	1248,20615	1250,94095	1253,67655	1256,41295	1259,15014	1261,88813	1264,62691	1267,36648
550	1270,10684	1272,84799	1275,58993	1278,33266	1281,07617	1283,82046	1286,56554	1289,31139	1292,05803	1294,80544
560	1297,55363	1300,30259	1303,05232	1305,80283	1308,55411	1311,30616	1314,05898	1316,81256	1319,56691	1322,32202
570	1325,07790	1327,83453	1330,59193	1333,35008	1336,10899	1338,86866	1341,62908	1344,39026	1347,15219	1349,91487
580	1352,67829	1355,44247	1358,20739	1360,97306	1363,73948	1366,50663	1369,27453	1372,04317	1374,81254	1377,58266
590	1380,35351	1383,12510	1385,89742	1388,67048	1391,44426	1394,21878	1396,99403	1399,77000	1402,54670	1405,32413
600	1408,10228	1410,88115	1413,66075	1416,44107	1419,22210	1422,00386	1424,78633	1427,56952	1430,35343	1433,13804
610	1435,92337	1438,70941	1441,49617	1444,28363	1447,07179	1449,86067	1452,65025	1455,44054	1458,23152	1461,02322
620	1463,81561	1466,60870	1469,40249	1472,19698	1474,99216	1477,78804	1480,58462	1483,38188	1486,17984	1488,97849
630	1491,77784	1494,57787	1497,37858	1500,17999	1502,98208	1505,78485	1508,58831	1511,39245	1514,19727	1517,00277
640	1519,80895	1522,61581	1525,42334	1528,23155	1531,04044	1533,85000	1536,66023	1539,47114	1542,28271	1545,09496
650	1547,90787	1550,72145	1553,53570	1556,35061	1559,16619	1561,98243	1564,79933	1567,61690	1570,43513	1573,25401
660	1576,07356	1578,89376	1581,71461	1584,53613	1587,35830	1590,18112	1593,00459	1595,82872	1598,65350	1601,47892
670	1604,30500	1607,13172	1609,95909	1612,78710	1615,61576	1618,44507	1621,27501	1624,10560	1626,93683	1629,76870
680	1632,60121	1635,43436	1638,26814	1641,10256	1643,93762	1646,77331	1649,60964	1652,44659	1655,28418	1658,12240
690	1660,96125	1663,80073	1666,64083	1669,48157	1672,32293	1675,16491	1678,00752	1680,85075	1683,69461	1686,53909
700	1689,38418	1692,22990	1695,07624	1697,92320	1700,77077	1703,61896	1706,46776	1709,31718	1712,16721	1715,01786
710	1717,86912	1720,72099	1723,57347	1726,42656	1729,28026	1732,13456	1734,98948	1737,84500	1740,70112	1743,55785
720	1746,41518	1749,27312	1752,13165	1754,99079	1757,85053	1760,71087	1763,57181	1766,43334	1769,29547	1772,15820
730	1775,02152	1777,88544	1780,74995	1783,61505	1786,48075	1789,34704	1792,21391	1795,08138	1797,94944	1800,81808
740	1803,68731	1806,55713	1809,42754	1812,29853	1815,17010	1818,04225	1820,91499	1823,78831	1826,66222	1829,53670
750	1832,41176	1835,28740	1838,16362	1841,04041	1843,91778	1846,79573	1849,67425	1852,55335	1855,43302	1858,31326
760	1861,19407	1864,07546	1866,95741	1869,83994	1872,72303	1875,60669	1878,49092	1881,37571	1884,26108	1887,14700
770	1890,03349	1892,92055	1895,80816	1898,69634	1901,58508	1904,47439	1907,36425	1910,25467	1913,14565	1916,03718
780	1918,92928	1921,82193	1924,71514	1927,60890	1930,50321	1933,39808	1936,29351	1939,18948	1942,08601	1944,98308
790	1947,88071	1950,77889	1953,67761	1956,57689	1959,47671	1962,37707	1965,27799	1968,17944	1971,08145	1973,98399
800	1976,88708	1979,79072	1982,69489	1985,59961	1988,50486	1991,41066	1994,31699	1997,22387	2000,13128	2003,03922
810	2005,94771	2008,85673	2011,76629	2014,67638	2017,58700	2020,49816	2023,40985	2026,32207	2029,23482	2032,14811
820	2035,06192	2037,97626	2040,89114	2043,80654	2046,72246	2049,63892	2052,55590	2055,47340	2058,39143	2061,30999
830	2064,22906	2067,14867	2070,06879	2072,98943	2075,91060	2078,83229	2081,75449	2084,67722	2087,60046	2090,52422
840	2093,44850	2096,37330	2099,29861	2102,22444	2105,15078	2108,07764	2111,00501	2113,93289	2116,86129	2119,79019
850	2122,71961	2125,64954	2128,57998	2131,51093	2134,44239	2137,37435	2140,30683	2143,23981	2146,17330	2149,10729
860	2152,04179	2154,97679	2157,91230	2160,84831	2163,78482	2166,72184	2169,65936	2172,59737	2175,53589	2178,47491
870	2181,41443	2184,35445	2187,29497	2190,23598	2193,17749	2196,11950	2199,06200	2202,00500	2204,94850	2207,89249
880	2210,83697	2213,78195	2216,72741	2219,67338	2222,61983	2225,56677	2228,51420	2231,46213	2234,41054	2237,35944
890	2240,30883	2243,25871	2246,20908	2249,15993	2252,11126	2255,06309	2258,01540	2260,96819	2263,92146	2266,87522
900	2269,82947	2272,78419	2275,73940	2278,69509	2281,65125	2284,60790	2287,56503	2290,52264	2293,48072	2296,43929
910	2299,39833	2302,35785	2305,31784	2308,27831	2311,23926	2314,20068	2317,16258	2320,12495	2323,08779	2326,05111
920	2329,01489	2331,97915	2334,94388	2337,90909	2340,87476	2343,84090	2346,80751	2349,77459	2352,74214	2355,71015
930	2358,67864	2361,64759	2364,61700	2367,58688	2370,55723	2373,52804	2376,49932	2379,47106	2382,44326	2385,41593
940	2388,38906	2391,36265	2394,33670	2397,31121	2400,28618	2403,26161	2406,23750	2409,21385	2412,19066	2415,16793
950	2418,14565	2421,12383	2424,10247	2427,08156	2430,06111	2433,04112	2436,02157	2439,00249	2441,98385	2444,96567
960	2447,94794	2450,93066	2453,91384	2456,89747	2459,88154	2462,86607	2465,85105	2468,83647	2471,82235	2474,80867
970	2477,79545	2480,78266	2483,77033	2486,75844	2489,74700	2492,73601	2495,72546	2498,71535	2501,70569	2504,69647
980	2507,68770	2510,67937	2513,67148	2516,66403	2519,65703	2522,65047	2525,64434	2528,63866	2531,63342	2534,62861
990	2537,62425	2540,62032	2543,61683	2546,61378	2549,61117	2552,60899	2555,60725	2558,60595	2561,60508	2564,60464

Zehnerlogarithmen der reziproken Fakultäten* der Zahlen 1–999

$1/n!$ = Reziproke der Fakultät von *n*. **Fett** gedruckte Zahlen sind negative Kennziffern, die Mantissen sind positiv

n	0	1	2	3	4	5	6	7	8	9
0	00000	00000	**1** 69897	**1** 22185	**2** 61979	**3** 92082	**3** 14267	**4** 29757	**5** 39448	**6** 44024
10	**7** 44024	**8** 39884	**9** 31966	**10** 20572	**11** 05959	**13** 88350	**14** 67938	**15** 44893	**16** 19366	**18** 91491
20	**19** 61388	**20** 29166	**22** 94923	**23** 58751	**24** 20729	**26** 80935	**27** 39438	**29** 96302	**30** 51586	**31** 05346
30	**33** 57634	**34** 08498	**36** 57983	**37** 06131	**39** 52984	**41** 98577	**42** 42946	**44** 86126	**45** 28148	**47** 69041
40	**48** 08835	**50** 47557	**52** 85232	**53** 21885	**55** 57540	**57** 92219	**58** 25943	**60** 58733	**62** 90609	**63** 21590
50	**65** 51693	**67** 80936	**68** 09335	**70** 36908	**72** 63668	**74** 89632	**75** 14813	**77** 39226	**79** 62883	**81** 85798
60	**82** 07983	**84** 29450	**86** 50210	**88** 70276	**90** 89658	**91** 08367	**93** 26413	**95** 43805	**97** 60554	**99** 76669
70	**101** 92159	**102** 07034	**104** 21300	**106** 34968	**108** 48045	**110** 60539	**112** 72457	**114** 83808	**116** 94599	**117** 04836
80	**119** 14527	**121** 23679	**123** 32297	**125** 40390	**127** 47962	**129** 55020	**131** 61570	**133** 67618	**135** 73170	**137** 78231
90	**139** 82806	**141** 86902	**143** 90524	**145** 93675	**147** 96362	**149** 98590	**150** 00363	**152** 01686	**154** 02563	**156** 03000
100	**158** 03000	**160** 02567	**162** 01707	**164** 00424	**167** 98720	**169** 96602	**171** 94071	**173** 91133	**175** 87790	**177** 84048
110	**179** 79908	**181** 75376	**183** 70454	**185** 65146	**187** 59456	**189** 53386	**191** 46940	**193** 40122	**195** 32933	**197** 25379
120	**199** 17461	**201** 09182	**203** 00546	**206** 91556	**208** 82213	**210** 72522	**212** 62485	**214** 52105	**216** 41384	**218** 30325
130	**220** 18931	**222** 07203	**225** 95146	**227** 82761	**229** 70050	**231** 57017	**233** 43663	**235** 29991	**237** 16003	**239** 01702
140	**242** 87089	**244** 72167	**246** 56938	**248** 41405	**250** 25568	**252** 09432	**255** 92996	**257** 76265	**259** 59238	**261** 41920
150	**263** 24311	**265** 06413	**268** 88229	**270** 69760	**272** 51007	**274** 31974	**276** 12662	**279** 93072	**281** 73206	**283** 53067
160	**285** 32655	**287** 11972	**290** 91020	**292** 69802	**294** 48317	**296** 26569	**298** 04558	**301** 82287	**303** 59756	**305** 36967
170	**307** 13922	**310** 90622	**312** 67070	**314** 43265	**316** 19210	**319** 94906	**321** 70355	**323** 45558	**325** 20516	**328** 95230
180	**330** 69703	**332** 43935	**334** 17928	**337** 91683	**339** 65201	**341** 38484	**343** 11533	**346** 84349	**348** 56933	**350** 29287
190	**352** 01411	**355** 73308	**357** 44978	**359** 16422	**362** 87642	**364** 58638	**366** 29413	**369** 99966	**371** 70300	**373** 40414
200	**375** 10311	**378** 79992	**380** 49456	**382** 18707	**385** 87744	**387** 56568	**389** 25182	**392** 93585	**394** 61778	**396** 29764
210	**399** 97542	**401** 65113	**403** 32480	**406** 99642	**408** 66600	**410** 33357	**413** 99911	**415** 66265	**417** 32420	**420** 98375
220	**422** 64133	**424** 29694	**427** 95058	**429** 60228	**431** 25203	**434** 89985	**436** 54574	**438** 18971	**441** 83178	**443** 47194
230	**445** 11022	**448** 74660	**450** 38112	**452** 01376	**455** 64454	**457** 27348	**460** 90056	**462** 52582	**464** 14924	**467** 77084
240	**469** 39063	**471** 00861	**474** 62480	**476** 23919	**479** 85180	**481** 46263	**483** 07170	**486** 67900	**488** 28455	**491** 88835
250	**493** 49041	**495** 09074	**498** 68934	**500** 28622	**503** 88138	**505** 47484	**507** 06660	**510** 65667	**512** 24505	**515** 83175
260	**517** 41678	**519** 00014	**522** 58184	**524** 16188	**527** 74028	**529** 31703	**532** 89215	**534** 46564	**536** 03750	**539** 60775
270	**541** 17639	**544** 74342	**546** 30885	**549** 87269	**551** 43494	**554** 99561	**556** 55470	**558** 11222	**561** 66817	**563** 22257
280	**566** 77541	**568** 32670	**571** 87646	**573** 42467	**576** 97135	**578** 51651	**580** 06014	**583** 60226	**585** 14287	**588** 68197
290	**590** 21957	**593** 75568	**595** 29029	**598** 82343	**600** 35508	**603** 88526	**605** 41397	**608** 94121	**610** 46699	**613** 99132
300	**615** 51420	**617** 03564	**620** 55563	**622** 07419	**625** 59131	**627** 10701	**630** 62129	**632** 13415	**635** 64560	**637** 15564
310	**640** 66428	**642** 17152	**645** 67737	**647** 18182	**650** 68489	**652** 18658	**655** 68690	**657** 18584	**660** 68341	**662** 17962
320	**665** 67447	**667** 16796	**670** 66011	**672** 15090	**675** 64036	**677** 12848	**680** 61526	**682** 10071	**685** 58484	**687** 06764
330	**690** 54913	**692** 02930	**695** 50816	**698** 98572	**700** 46197	**703** 93693	**705** 41059	**708** 88296	**710** 35404	**713** 82384
340	**715** 29236	**718** 75961	**720** 22558	**723** 69029	**725** 15373	**728** 61591	**730** 07683	**733** 53650	**736** 99492	**738** 45210
350	**741** 90803	**743** 36272	**746** 81618	**748** 26840	**751** 71940	**753** 16917	**756** 61772	**758** 06505	**761** 51117	**764** 95608
360	**766** 39977	**769** 84227	**771** 28356	**774** 72365	**776** 16255	**779** 60026	**781** 03677	**784** 47211	**787** 90626	**789** 33923
370	**792** 77103	**794** 20166	**797** 63112	**799** 05941	**802** 48653	**805** 91250	**807** 33732	**810** 76097	**812** 18348	**815** 60484
380	**817** 02506	**820** 44413	**823** 86207	**825** 27887	**828** 69454	**830** 10908	**833** 52249	**836** 93478	**838** 34595	**841** 75600
390	**843** 16493	**846** 57276	**849** 97947	**851** 38508	**854** 78958	**856** 19299	**859** 59529	**862** 99650	**864** 39662	**867** 79564
400	**869** 19358	**872** 59044	**875** 98621	**877** 38091	**880** 77453	**882** 16707	**885** 55854	**888** 94895	**890** 33829	**893** 72657
410	**895** 11378	**898** 49994	**901** 88504	**903** 26909	**906** 65209	**908** 03405	**911** 41495	**914** 79482	**916** 17364	**919** 55143
420	**922** 92818	**924** 30389	**927** 67858	**929** 05224	**932** 42488	**935** 79649	**937** 16708	**940** 53665	**943** 90520	**945** 27275
430	**948** 63928	**950** 00480	**953** 36932	**956** 73283	**958** 09534	**961** 45685	**964** 81737	**966** 17688	**969** 53541	**972** 89295
440	**974** 24949	**977** 60505	**980** 95963	**982** 31323	**985** 66585	**987** 01749	**990** 36815	**993** 71784	**995** 06656	**998** 41432
450	**1001** 76111	**1003** 10693	**1006** 45179	**1009** 79569	**1011** 13864	**1014** 48063	**1017** 82166	**1019** 16175	**1022** 50088	**1025** 83907
460	**1027** 17631	**1030** 51261	**1033** 84797	**1035** 18239	**1038** 51587	**1041** 84842	**1043** 18003	**1046** 51071	**1049** 84047	**1051** 16929
470	**1054** 49720	**1057** 82418	**1059** 15023	**1062** 47537	**1065** 79959	**1067** 12290	**1070** 44529	**1073** 76678	**1075** 08735	**1078** 40701
480	**1081** 72577	**1083** 04363	**1086** 36058	**1089** 67663	**1092** 99179	**1094** 30605	**1097** 61941	**1100** 93188	**1102** 24346	**1105** 55415
490	**1108** 86396	**1110** 17288	**1113** 48091	**1116** 78806	**1118** 09434	**1121** 39973	**1124** 70425	**1126** 00789	**1129** 31066	**1132** 61256
500	**1135** 91359	**1137** 21376	**1140** 51305	**1143** 81149	**1145** 10906	**1148** 40576	**1151** 70161	**1154** 99661	**1156** 29074	**1159** 58402
510	**1162** 87645	**1164** 16803	**1167** 45876	**1170** 74865	**1172** 03768	**1175** 32588	**1178** 61323	**1181** 89974	**1183** 18541	**1186** 47024
520	**1189** 75424	**1191** 03740	**1194** 31973	**1197** 60123	**1200** 88190	**1202** 16174	**1205** 44075	**1208** 71894	**1211** 99631	**1213** 27285
530	**1216** 54858	**1219** 82348	**1221** 09757	**1224** 37084	**1227** 64330	**1230** 91495	**1232** 18578	**1235** 45581	**1238** 72503	**1241** 99344
540	**1243** 26104	**1246** 52785	**1249** 79385	**1251** 05905	**1254** 32345	**1257** 58705	**1260** 84986	**1262** 11187	**1265** 37309	**1268** 63352
550	**1271** 89316	**1273** 15201	**1276** 41007	**1279** 66734	**1282** 92383	**1284** 17954	**1287** 43446	**1290** 68861	**1293** 94197	**1295** 19456
560	**1298** 44637	**1301** 69741	**1304** 94768	**1306** 19717	**1309** 44589	**1312** 69384	**1315** 94102	**1317** 18744	**1320** 43309	**1323** 67798
570	**1326** 92210	**1328** 16547	**1331** 40807	**1334** 64992	**1337** 89101	**1339** 13134	**1342** 37092	**1345** 60974	**1348** 84781	**1350** 08513
580	**1353** 32171	**1356** 55753	**1359** 79261	**1361** 02694	**1364** 26052	**1367** 49337	**1370** 72547	**1373** 95683	**1375** 18746	**1378** 41734
590	**1381** 64649	**1384** 87490	**1386** 10258	**1389** 32952	**1392** 55574	**1395** 78122	**1397** 00597	**1400** 23000	**1403** 45330	**1406** 67587
600	**1409** 89772	**1411** 11885	**1414** 33925	**1417** 55893	**1420** 77790	**1423** 99614	**1425** 21367	**1428** 43048	**1431** 64657	**1434** 86196
610	**1436** 07663	**1439** 29059	**1442** 50383	**1445** 71637	**1448** 92821	**1450** 13933	**1453** 34975	**1456** 55946	**1459** 76848	**1462** 97678
620	**1464** 18439	**1467** 39130	**1470** 59751	**1473** 80302	**1475** 00784	**1478** 21196	**1481** 41538	**1484** 61812	**1487** 82016	**1489** 02151
630	**1492** 22216	**1495** 42213	**1498** 62142	**1501** 82001	**1503** 01792	**1506** 21515	**1509** 41169	**1512** 60755	**1515** 80273	**1518** 99723
640	**1520** 19105	**1523** 38419	**1526** 57666	**1529** 76845	**1532** 95956	**1534** 15000	**1537** 33977	**1540** 52886	**1543** 71729	**1546** 90504
650	**1548** 09213	**1551** 27855	**1554** 46430	**1557** 64939	**1560** 83381	**1562** 01757	**1565** 20067	**1568** 38310	**1571** 56487	**1574** 74599
660	**1577** 92644	**1579** 10624	**1582** 28539	**1585** 46387	**1588** 64170	**1591** 81888	**1594** 99541	**1596** 17128	**1599** 34650	**1602** 52108
670	**1605** 69500	**1608** 86828	**1610** 04091	**1613** 21290	**1616** 38424	**1619** 55493	**1622** 72499	**1625** 89440	**1627** 06317	**1630** 23130
680	**1633** 39879	**1636** 56564	**1639** 73186	**1642** 89744	**1644** 06238	**1647** 22669	**1650** 39036	**1653** 55341	**1656** 71582	**1659** 87760
690	**1661** 03875	**1664** 19927	**1667** 35917	**1670** 51843	**1673** 67707	**1676** 83509	**1679** 99248	**1681** 14925	**1684** 30539	**1687** 46091
700	**1690** 61582	**1693** 77010	**1696** 92376	**1698** 07680	**1701** 22923	**1704** 38104	**1707** 53224	**1710** 68282	**1713** 83279	**1716** 98214
710	**1718** 13088	**1721** 27901	**1724** 42653	**1727** 57344	**1730** 71974	**1733** 86544	**1735** 01052	**1738** 15500	**1741** 29888	**1744** 44215
720	**1747** 58482	**1750** 72688	**1753** 86835	**1755** 00921	**1758** 14947	**1761** 28913	**1764** 42819	**1767** 56666	**1770** 70453	**1773** 84180
730	**1776** 97848	**1778** 11456	**1781** 25005	**1784** 38495	**1787** 51925	**1790** 65296	**1793** 78609	**1796** 91862	**1798** 05056	**1801** 18192
740	**1804** 31269	**1807** 44287	**1810** 57246	**1813** 70147	**1816** 82990	**1819** 95775	**1821** 08501	**1824** 21169	**1827** 33778	**1830** 46330
750	**1833** 58824	**1836** 71260	**1839** 83638	**1842** 95959	**1844** 08222	**1847** 20427	**1850** 32575	**1853** 44665	**1856** 56698	**1859** 68674
760	**1862** 80593	**1865** 92454	**1867** 04259	**1870** 16006	**1873** 27697	**1876** 39331	**1879** 50908	**1882** 62429	**1885** 73892	**1888** 85300
770	**1891** 96651	**1893** 07945	**1896** 19184	**1899** 30366	**1902** 41492	**1905** 52561	**1908** 63575	**1911** 74533	**1914** 85435	**1917** 96282
780	**1919** 07072	**1922** 17807	**1925** 28486	**1928** 39110	**1931** 49679	**1934** 60192	**1937** 70649	**1940** 81052	**1943** 91399	**1945** 01692
790	**1948** 11929	**1951** 22111	**1954** 32239	**1957** 42311	**1960** 52329	**1963** 62293	**1966** 72201	**1969** 82056	**1972** 91855	**1974** 01601
800	**1977** 11292	**1980** 20928	**1983** 30511	**1986** 40039	**1989** 49514	**1992** 58934	**1995** 68301	**1998** 77613	**2001** 86872	**2004** 96078
810	**2006** 05229	**2009** 14327	**2012** 23371	**2015** 32362	**2018** 41300	**2021** 50184	**2024** 59015	**2027** 67793	**2030** 76518	**2033** 85189
820	**2036** 93808	**2038** 02374	**2041** 10886	**2044** 19346	**2047** 27754	**2050** 36108	**2053** 44410	**2056** 52660	**2059** 60857	**2062** 69001
830	**2065** 77094	**2068** 85133	**2071** 93121	**2073** 01057	**2076** 08940	**2079** 16771	**2082** 24551	**2085** 32278	**2088** 39954	**2091** 47578
840	**2094** 55150	**2097** 62670	**2100** 70139	**2103** 77556	**2106** 84922	**2109** 92236	**2112** 99499	**2114** 06711	**2117** 13871	**2120** 20981
850	**2123** 28039	**2126** 35046	**2129** 42002	**2132** 48907	**2135** 55761	**2138** 62565	**2141** 69317	**2144** 76019	**2147** 82670	**2150** 89271
860	**2153** 95821	**2155** 02321	**2158** 08770	**2161** 15169	**2164** 21518	**2167** 27816	**2170** 34064	**2173** 40263	**2176** 46411	**2179** 52509
870	**2182** 58557	**2185** 64555	**2188** 70503	**2191** 76402	**2194** 82251	**2197** 88050	**2200** 93800	**2203** 99500	**2205** 05150	**2208** 10751
880	**2211** 16303	**2214** 21805	**2217** 27259	**2220** 32662	**2223** 38017	**2226** 43323	**2229** 48580	**2232** 53787	**2235** 58946	**2238** 64056
890	**2241** 69117	**2244** 74129	**2247** 79092	**2250** 84007	**2253** 88874	**2256** 93691	**2259** 98460	**2261** 03181	**2264** 07854	**2267** 12478
900	**2270** 17053	**2273** 21581	**2276** 26060	**2279** 30491	**2282** 34875	**2285** 39210	**2288** 43497	**2291** 47736	**2294** 51928	**2297** 56071
910	**2300** 60167	**2303** 64215	**2306** 68216	**2309** 72169	**2312** 76074	**2315** 79932	**2318** 83742	**2321** 87505	**2324** 91221	**2327** 94889
920	**2330** 98511	**2332** 02085	**2335** 05612	**2338** 09091	**2341** 12524	**2344** 15910	**2347** 19249	**2350** 22541	**2353** 25786	**2356** 28985
930	**2359** 32136	**2362** 35241	**2365** 38300	**2368** 41312	**2371** 44277	**2374** 47196	**2377** 50068	**2380** 52894	**2383** 55674	**2386** 58407
940	**2389** 61094	**2392** 63735	**2395** 66330	**2398** 68879	**2401** 71382	**2404** 73839	**2407** 76250	**2410** 78615	**2413** 80934	**2416** 83207
950	**2419** 85435	**2422** 87617	**2425** 89753	**2428** 91844	**2431** 93889	**2434** 95888	**2437** 97843	**2440** 99751	**2442** 01615	**2445** 03433
960	**2448** 05206	**2451** 06934	**2454** 08616	**2457** 10253	**2460** 11846	**2463** 13393	**2466** 14895	**2469** 16353	**2472** 17765	**2475** 19133
970	**2478** 20455	**2481** 21734	**2484** 22967	**2487** 24156	**2490** 25300	**2493** 26399	**2496** 27454	**2499** 28465	**2502** 29431	**2505** 30353
980	**2508** 31230	**2511** 32063	**2514** 32852	**2517** 33597	**2520** 34297	**2523** 34953	**2526** 35566	**2529** 36134	**2532** 36658	**2535** 37139
990	**2538** 37575	**2541** 37968	**2544** 38317	**2547** 38622	**2550** 38883	**2553** 39101	**2556** 39275	**2559** 39405	**2562** 39492	**2565** 39536

Integral → Abweichung c*

$\int_{-\infty}^{c}$	0,000	0,001	0,002	0,003	0,004	0,005	0,006	0,007	0,008	0,009
0,00	–	*3,0902*	*2,8782*	*2,7478*	*2,6521*	*2,5758*	*2,5121*	*2,4573*	*2,4089*	*2,3656*
0,01	*2,3263*	*2,2904*	*2,2571*	*2,2262*	*2,1973*	*2,1701*	*2,1444*	*2,1201*	*2,0969*	*2,0749*
0,02	*2,0537*	*2,0335*	*2,0141*	*1,9954*	*1,9774*	*1,9600*	*1,9431*	*1,9268*	*1,9110*	*1,8957*
0,03	*1,8808*	*1,8663*	*1,8522*	*1,8384*	*1,8250*	*1,8119*	*1,7991*	*1,7866*	*1,7744*	*1,7624*
0,04	*1,7507*	*1,7392*	*1,7279*	*1,7169*	*1,7060*	*1,6954*	*1,6849*	*1,6747*	*1,6646*	*1,6546*
0,05	*1,6449*	*1,6352*	*1,6258*	*1,6164*	*1,6072*	*1,5982*	*1,5893*	*1,5805*	*1,5718*	*1,5632*
0,06	*1,5548*	*1,5464*	*1,5382*	*1,5301*	*1,5220*	*1,5141*	*1,5063*	*1,4985*	*1,4909*	*1,4833*
0,07	*1,4758*	*1,4684*	*1,4611*	*1,4538*	*1,4466*	*1,4395*	*1,4325*	*1,4255*	*1,4187*	*1,4118*
0,08	*1,4051*	*1,3984*	*1,3917*	*1,3852*	*1,3787*	*1,3722*	*1,3658*	*1,3595*	*1,3532*	*1,3469*
0,09	*1,3408*	*1,3346*	*1,3285*	*1,3225*	*1,3165*	*1,3106*	*1,3047*	*1,2988*	*1,2930*	*1,2873*
0,10	*1,2816*	*1,2759*	*1,2702*	*1,2646*	*1,2591*	*1,2536*	*1,2481*	*1,2426*	*1,2372*	*1,2319*
0,11	*1,2265*	*1,2212*	*1,2160*	*1,2107*	*1,2055*	*1,2004*	*1,1952*	*1,1901*	*1,1850*	*1,1800*
0,12	*1,1750*	*1,1700*	*1,1650*	*1,1601*	*1,1552*	*1,1503*	*1,1455*	*1,1407*	*1,1359*	*1,1311*
0,13	*1,1264*	*1,1217*	*1,1170*	*1,1123*	*1,1077*	*1,1031*	*1,0985*	*1,0939*	*1,0893*	*1,0848*
0,14	*1,0803*	*1,0758*	*1,0714*	*1,0669*	*1,0625*	*1,0581*	*1,0537*	*1,0494*	*1,0450*	*1,0407*
0,15	*1,0364*	*1,0322*	*1,0279*	*1,0237*	*1,0194*	*1,0152*	*1,0110*	*1,0069*	*1,0027*	*0,9986*
0,16	*0,9945*	*0,9904*	*0,9863*	*0,9822*	*0,9782*	*0,9741*	*0,9701*	*0,9661*	*0,9621*	*0,9581*
0,17	*0,9542*	*0,9502*	*0,9463*	*0,9424*	*0,9385*	*0,9346*	*0,9307*	*0,9269*	*0,9230*	*0,9192*
0,18	*0,9154*	*0,9116*	*0,9078*	*0,9040*	*0,9002*	*0,8965*	*0,8927*	*0,8890*	*0,8853*	*0,8816*
0,19	*0,8779*	*0,8742*	*0,8705*	*0,8669*	*0,8633*	*0,8596*	*0,8560*	*0,8524*	*0,8488*	*0,8452*
0,20	*0,8416*	*0,8381*	*0,8345*	*0,8310*	*0,8274*	*0,8239*	*0,8204*	*0,8169*	*0,8134*	*0,8099*
0,21	*0,8064*	*0,8030*	*0,7995*	*0,7961*	*0,7926*	*0,7892*	*0,7858*	*0,7824*	*0,7790*	*0,7756*
0,22	*0,7722*	*0,7688*	*0,7655*	*0,7621*	*0,7588*	*0,7554*	*0,7521*	*0,7488*	*0,7454*	*0,7421*
0,23	*0,7388*	*0,7356*	*0,7323*	*0,7290*	*0,7257*	*0,7225*	*0,7192*	*0,7160*	*0,7128*	*0,7095*
0,24	*0,7063*	*0,7031*	*0,6999*	*0,6967*	*0,6935*	*0,6903*	*0,6871*	*0,6840*	*0,6808*	*0,6776*
0,25	*0,6745*	*0,6713*	*0,6682*	*0,6651*	*0,6620*	*0,6588*	*0,6557*	*0,6526*	*0,6495*	*0,6464*
0,26	*0,6433*	*0,6403*	*0,6372*	*0,6341*	*0,6311*	*0,6280*	*0,6250*	*0,6219*	*0,6189*	*0,6158*
0,27	*0,6128*	*0,6098*	*0,6068*	*0,6038*	*0,6008*	*0,5978*	*0,5948*	*0,5918*	*0,5888*	*0,5858*
0,28	*0,5828*	*0,5799*	*0,5769*	*0,5740*	*0,5710*	*0,5681*	*0,5651*	*0,5622*	*0,5592*	*0,5563*
0,29	*0,5534*	*0,5505*	*0,5476*	*0,5446*	*0,5417*	*0,5388*	*0,5359*	*0,5330*	*0,5302*	*0,5273*
0,30	*0,5244*	*0,5215*	*0,5187*	*0,5158*	*0,5129*	*0,5101*	*0,5072*	*0,5044*	*0,5015*	*0,4987*
0,31	*0,4959*	*0,4930*	*0,4902*	*0,4874*	*0,4845*	*0,4817*	*0,4789*	*0,4761*	*0,4733*	*0,4705*
0,32	*0,4677*	*0,4649*	*0,4621*	*0,4593*	*0,4565*	*0,4538*	*0,4510*	*0,4482*	*0,4454*	*0,4427*
0,33	*0,4399*	*0,4372*	*0,4344*	*0,4316*	*0,4289*	*0,4261*	*0,4234*	*0,4207*	*0,4179*	*0,4152*
0,34	*0,4125*	*0,4097*	*0,4070*	*0,4043*	*0,4016*	*0,3989*	*0,3961*	*0,3934*	*0,3907*	*0,3880*
0,35	*0,3853*	*0,3826*	*0,3799*	*0,3772*	*0,3745*	*0,3719*	*0,3692*	*0,3665*	*0,3638*	*0,3611*
0,36	*0,3585*	*0,3558*	*0,3531*	*0,3505*	*0,3478*	*0,3451*	*0,3425*	*0,3398*	*0,3372*	*0,3345*
0,37	*0,3319*	*0,3292*	*0,3266*	*0,3239*	*0,3213*	*0,3186*	*0,3160*	*0,3134*	*0,3107*	*0,3081*
0,38	*0,3055*	*0,3029*	*0,3002*	*0,2976*	*0,2950*	*0,2924*	*0,2898*	*0,2871*	*0,2845*	*0,2819*
0,39	*0,2793*	*0,2767*	*0,2741*	*0,2715*	*0,2689*	*0,2663*	*0,2637*	*0,2611*	*0,2585*	*0,2559*
0,40	*0,2533*	*0,2508*	*0,2482*	*0,2456*	*0,2430*	*0,2404*	*0,2378*	*0,2353*	*0,2327*	*0,2301*
0,41	*0,2275*	*0,2250*	*0,2224*	*0,2198*	*0,2173*	*0,2147*	*0,2121*	*0,2096*	*0,2070*	*0,2045*
0,42	*0,2019*	*0,1993*	*0,1968*	*0,1942*	*0,1917*	*0,1891*	*0,1866*	*0,1840*	*0,1815*	*0,1789*
0,43	*0,1764*	*0,1738*	*0,1713*	*0,1687*	*0,1662*	*0,1637*	*0,1611*	*0,1586*	*0,1560*	*0,1535*
0,44	*0,1510*	*0,1484*	*0,1459*	*0,1434*	*0,1408*	*0,1383*	*0,1358*	*0,1332*	*0,1307*	*0,1282*
0,45	*0,1257*	*0,1231*	*0,1206*	*0,1181*	*0,1156*	*0,1130*	*0,1105*	*0,1080*	*0,1055*	*0,1030*
0,46	*0,1004*	*0,0979*	*0,0954*	*0,0929*	*0,0904*	*0,0878*	*0,0853*	*0,0828*	*0,0803*	*0,0778*
0,47	*0,0753*	*0,0728*	*0,0702*	*0,0677*	*0,0652*	*0,0627*	*0,0602*	*0,0577*	*0,0552*	*0,0527*
0,48	*0,0502*	*0,0476*	*0,0451*	*0,0426*	*0,0401*	*0,0376*	*0,0351*	*0,0326*	*0,0301*	*0,0276*
0,49	*0,0251*	*0,0226*	*0,0201*	*0,0175*	*0,0150*	*0,0125*	*0,0100*	*0,0075*	*0,0050*	*0,0025*
0,50	0,0000	0,0025	0,0050	0,0075	0,0100	0,0125	0,0150	0,0175	0,0201	0,0226
0,51	0,0251	0,0276	0,0301	0,0326	0,0351	0,0376	0,0401	0,0426	0,0451	0,0476
0,52	0,0502	0,0527	0,0552	0,0577	0,0602	0,0627	0,0652	0,0677	0,0702	0,0728
0,53	0,0753	0,0778	0,0803	0,0828	0,0853	0,0878	0,0904	0,0929	0,0954	0,0979
0,54	0,1004	0,1030	0,1055	0,1080	0,1105	0,1130	0,1156	0,1181	0,1206	0,1231
0,55	0,1257	0,1282	0,1307	0,1332	0,1358	0,1383	0,1408	0,1434	0,1459	0,1484
0,56	0,1510	0,1535	0,1560	0,1586	0,1611	0,1637	0,1662	0,1687	0,1713	0,1738
0,57	0,1764	0,1789	0,1815	0,1840	0,1866	0,1891	0,1917	0,1942	0,1968	0,1993
0,58	0,2019	0,2045	0,2070	0,2096	0,2121	0,2147	0,2173	0,2198	0,2224	0,2250
0,59	0,2275	0,2301	0,2327	0,2353	0,2378	0,2404	0,2430	0,2456	0,2482	0,2508
0,60	0,2533	0,2559	0,2585	0,2611	0,2637	0,2663	0,2689	0,2715	0,2741	0,2767
0,61	0,2793	0,2819	0,2845	0,2871	0,2898	0,2924	0,2950	0,2976	0,3002	0,3029
0,62	0,3055	0,3081	0,3107	0,3134	0,3160	0,3186	0,3213	0,3239	0,3266	0,3292
0,63	0,3319	0,3345	0,3372	0,3398	0,3425	0,3451	0,3478	0,3505	0,3531	0,3558
0,64	0,3585	0,3611	0,3638	0,3665	0,3692	0,3719	0,3745	0,3772	0,3799	0,3826
0,65	0,3853	0,3880	0,3907	0,3934	0,3961	0,3989	0,4016	0,4043	0,4070	0,4097
0,66	0,4125	0,4152	0,4179	0,4207	0,4234	0,4261	0,4289	0,4316	0,4344	0,4372
0,67	0,4399	0,4427	0,4454	0,4482	0,4510	0,4538	0,4565	0,4593	0,4621	0,4649
0,68	0,4677	0,4705	0,4733	0,4761	0,4789	0,4817	0,4845	0,4874	0,4902	0,4930
0,69	0,4959	0,4987	0,5015	0,5044	0,5072	0,5101	0,5129	0,5158	0,5187	0,5215
0,70	0,5244	0,5273	0,5302	0,5330	0,5359	0,5388	0,5417	0,5446	0,5476	0,5505
0,71	0,5534	0,5563	0,5592	0,5622	0,5651	0,5681	0,5710	0,5740	0,5769	0,5799
0,72	0,5828	0,5858	0,5888	0,5918	0,5948	0,5978	0,6008	0,6038	0,6068	0,6098
0,73	0,6128	0,6158	0,6189	0,6219	0,6250	0,6280	0,6311	0,6341	0,6372	0,6403
0,74	0,6433	0,6464	0,6495	0,6526	0,6557	0,6588	0,6620	0,6651	0,6682	0,6713
0,75	0,6745	0,6776	0,6808	0,6840	0,6871	0,6903	0,6935	0,6967	0,6999	0,7031
0,76	0,7063	0,7095	0,7128	0,7160	0,7192	0,7225	0,7257	0,7290	0,7323	0,7356
0,77	0,7388	0,7421	0,7454	0,7488	0,7521	0,7554	0,7588	0,7621	0,7655	0,7688
0,78	0,7722	0,7756	0,7790	0,7824	0,7858	0,7892	0,7926	0,7961	0,7995	0,8030
0,79	0,8064	0,8099	0,8134	0,8169	0,8204	0,8239	0,8274	0,8310	0,8345	0,8381
0,80	0,8416	0,8452	0,8488	0,8524	0,8560	0,8596	0,8633	0,8669	0,8705	0,8742
0,81	0,8779	0,8816	0,8853	0,8890	0,8927	0,8965	0,9002	0,9040	0,9078	0,9116
0,82	0,9154	0,9192	0,9230	0,9269	0,9307	0,9346	0,9385	0,9424	0,9463	0,9502
0,83	0,9542	0,9581	0,9621	0,9661	0,9701	0,9741	0,9782	0,9822	0,9863	0,9904
0,84	0,9945	0,9986	1,0027	1,0069	1,0110	1,0152	1,0194	1,0237	1,0279	1,0322
0,85	1,0364	1,0407	1,0450	1,0494	1,0537	1,0581	1,0625	1,0669	1,0714	1,0758
0,86	1,0803	1,0848	1,0893	1,0939	1,0985	1,1031	1,1077	1,1123	1,1170	1,1217
0,87	1,1264	1,1311	1,1359	1,1407	1,1455	1,1503	1,1552	1,1601	1,1650	1,1700
0,88	1,1750	1,1800	1,1850	1,1901	1,1952	1,2004	1,2055	1,2107	1,2160	1,2212
0,89	1,2265	1,2319	1,2372	1,2426	1,2481	1,2536	1,2591	1,2646	1,2702	1,2759
0,90	1,2816	1,2873	1,2930	1,2988	1,3047	1,3106	1,3165	1,3225	1,3285	1,3346
0,91	1,3408	1,3469	1,3532	1,3595	1,3658	1,3722	1,3787	1,3852	1,3917	1,3984
0,92	1,4051	1,4118	1,4187	1,4255	1,4325	1,4395	1,4466	1,4538	1,4611	1,4684
0,93	1,4758	1,4833	1,4909	1,4985	1,5063	1,5141	1,5220	1,5301	1,5382	1,5464
0,94	1,5548	1,5632	1,5718	1,5805	1,5893	1,5982	1,6072	1,6164	1,6258	1,6352
0,95	1,6449	1,6546	1,6646	1,6747	1,6849	1,6954	1,7060	1,7169	1,7279	1,7392
0,96	1,7507	1,7624	1,7744	1,7866	1,7991	1,8119	1,8250	1,8384	1,8522	1,8663
0,97	1,8808	1,8957	1,9110	1,9268	1,9431	1,9600	1,9774	1,9954	2,0141	2,0335
0,98	2,0537	2,0749	2,0969	2,1201	2,1444	2,1701	2,1973	2,2262	2,2571	2,2904
0,99	2,3263	2,3656	2,4089	2,4573	2,5121	2,5758	2,6521	2,7478	2,8782	3,0902

* Die *kursiv* gesetzten Zahlen sind mit einem Minuszeichen zu versehen.

[1] Gerechnet durch den Herausgeber nach Werten aus [1], S. 29.

Abweichung c → Integral

c	0,00	0,01	0,02	0,03	0,04	0,05	0,06	0,07	0,08	0,09
	0,	0,	0,	0,	0,	0,	0,	0,	0,	0,
−3,2	00069	00066	00064	00062	00060	00058	00056	00054	00052	00050
−3,1	00097	00094	00090	00087	00084	00082	00079	00076	00074	00071
−3,0	00135	00131	00126	00122	00118	00114	00111	00107	00104	00100
−2,9	00187	00181	00175	00169	00164	00159	00154	00149	00144	00139
−2,8	00256	00248	00240	00233	00226	00219	00212	00205	00199	00193
−2,7	00347	00336	00326	00317	00307	00298	00289	00280	00272	00264
−2,6	00466	00453	00440	00427	00415	00402	00391	00379	00368	00357
−2,5	00621	00604	00587	00570	00554	00539	00523	00508	00494	00480
−2,4	00820	00798	00776	00755	00734	00714	00695	00676	00657	00639
−2,3	01072	01044	01017	00990	00964	00939	00914	00889	00866	00842
−2,2	01390	01355	01321	01287	01255	01222	01191	01160	01130	01101
−2,1	01786	01743	01700	01659	01618	01578	01539	01500	01463	01426
−2,0	02275	02222	02169	02118	02068	02018	01970	01923	01876	01831
−1,9	02872	02807	02743	02680	02619	02559	02500	02442	02385	02330
−1,8	03593	03515	03438	03362	03288	03216	03144	03074	03005	02938
−1,7	04457	04363	04272	04182	04093	04006	03920	03836	03754	03673
−1,6	05480	05370	05262	05155	05050	04947	04846	04746	04648	04551
−1,5	06681	06552	06426	06301	06178	06057	05938	05821	05705	05592
−1,4	08076	07927	07780	07636	07493	07353	07215	07078	06944	06811
−1,3	09680	09510	09342	09176	09012	08851	08691	08534	08379	08226
−1,2	11507	11314	11123	10935	10749	10565	10383	10204	10027	09853
−1,1	13567	13350	13136	12924	12714	12507	12302	12100	11900	11702
−1,0	15866	15625	15386	15151	14917	14686	14457	14231	14007	13786
−0,9	18406	18141	17879	17619	17361	17106	16853	16602	16354	16109
−0,8	21186	20897	20611	20327	20045	19766	19489	19215	18943	18673
−0,7	24196	23885	23576	23270	22965	22663	22363	22065	21770	21476
−0,6	27425	27093	26763	26435	26109	25785	25463	25143	24825	24510
−0,5	30854	30503	30153	29806	29460	29116	28774	28434	28096	27760
−0,4	34458	34090	33724	33360	32997	32636	32276	31918	31561	31207
−0,3	38209	37828	37448	37070	36693	36317	35942	35569	35197	34827
−0,2	42074	41683	41294	40905	40517	40129	39743	39358	38974	38591
−0,19	42465	42426	42387	42348	42309	42270	42231	42191	42152	42113
−0,18	42858	42818	42779	42740	42701	42661	42622	42583	42544	42505
−0,17	43251	43211	43172	43133	43093	43054	43015	42975	42936	42897
−0,16	43644	43605	43565	43526	43487	43447	43408	43369	43329	43290
−0,15	44038	43999	43959	43920	43880	43841	43802	43762	43723	43683
−0,14	44433	44393	44354	44315	44275	44236	44196	44157	44117	44078
−0,13	44828	44789	44749	44710	44670	44631	44591	44552	44512	44473
−0,12	45224	45185	45145	45105	45066	45026	44987	44947	44907	44868
−0,11	45620	45581	45541	45502	45462	45422	45383	45343	45303	45264
−0,10	46017	45978	45938	45898	45858	45819	45779	45739	45700	45660
−0,09	46414	46375	46335	46295	46255	46216	46176	46136	46097	46057
−0,08	46812	46772	46732	46693	46653	46613	46573	46534	46494	46454
−0,07	47210	47170	47130	47090	47051	47011	46971	46931	46891	46852
−0,06	47608	47568	47528	47488	47449	47409	47369	47329	47289	47249
−0,05	48006	47966	47926	47887	47847	47807	47767	47727	47687	47648
−0,04	48405	48365	48325	48285	48245	48205	48166	48126	48086	48046
−0,03	48803	48763	48724	48684	48644	48604	48564	48524	48484	48445
−0,02	49202	49162	49122	49083	49043	49003	48963	48923	48883	48843
−0,01	49601	49561	49521	49481	49441	49402	49362	49322	49282	49242
−0,00	50000	49960	49920	49880	49840	49801	49761	49721	49681	49641
+0,00	50000	50040	50080	50120	50160	50199	50239	50279	50319	50359
+0,01	50399	50439	50479	50519	50559	50598	50638	50678	50718	50758
+0,02	50798	50838	50878	50917	50957	50997	51037	51077	51117	51157
+0,03	51197	51237	51276	51316	51356	51396	51436	51476	51516	51555
+0,04	51595	51635	51675	51715	51755	51795	51834	51874	51914	51954
+0,05	51994	52034	52074	52113	52153	52193	52233	52273	52313	52352
+0,06	52392	52432	52472	52512	52551	52591	52631	52671	52711	52751
+0,07	52790	52830	52870	52910	52949	52989	53029	53069	53109	53148
+0,08	53188	53228	53268	53307	53347	53387	53427	53466	53506	53546
+0,09	53586	53625	53665	53705	53745	53784	53824	53864	53903	53943
+0,10	53983	54022	54062	54102	54142	54181	54221	54261	54300	54340
+0,11	54380	54419	54459	54498	54538	54578	54617	54657	54697	54736
+0,12	54776	54815	54855	54895	54934	54974	55013	55053	55093	55132
+0,13	55172	55211	55251	55290	55330	55369	55409	55448	55488	55527
+0,14	55567	55607	55646	55685	55725	55764	55804	55843	55883	55922
+0,15	55962	56001	56041	56080	56120	56159	56198	56238	56277	56317
+0,16	56356	56395	56435	56474	56513	56553	56592	56631	56671	56710
+0,17	56749	56789	56828	56867	56907	56946	56985	57025	57064	57103
+0,18	57142	57182	57221	57260	57299	57339	57378	57417	57456	57495
+0,19	57535	57574	57613	57652	57691	57730	57769	57809	57848	57887
+0,2	57926	58317	58706	59095	59483	59871	60257	60642	61026	61409
+0,3	61791	62172	62552	62930	63307	63683	64058	64431	64803	65173
+0,4	65542	65910	66276	66640	67003	67364	67724	68082	68439	68793
+0,5	69146	69497	69847	70194	70540	70884	71226	71566	71904	72240
+0,6	72575	72907	73237	73565	73891	74215	74537	74857	75175	75490
+0,7	75804	76115	76424	76730	77035	77337	77637	77935	78230	78524
+0,8	78814	79103	79389	79673	79955	80234	80511	80785	81057	81327
+0,9	81594	81859	82121	82381	82639	82894	83147	83398	83646	83891
+1,0	84134	84375	84614	84849	85083	85314	85543	85769	85993	86214
+1,1	86433	86650	86864	87076	87286	87493	87698	87900	88100	88298
+1,2	88493	88686	88877	89065	89251	89435	89617	89796	89973	90147
+1,3	90320	90490	90658	90824	90988	91149	91309	91466	91621	91774
+1,4	91924	92073	92220	92364	92507	92647	92785	92922	93056	93189
+1,5	93319	93448	93574	93699	93822	93943	94062	94179	94295	94408
+1,6	94520	94630	94738	94845	94950	95053	95154	95254	95352	95449
+1,7	95543	95637	95728	95818	95907	95994	96080	96164	96246	96327
+1,8	96407	96485	96562	96638	96712	96784	96856	96926	96995	97062
+1,9	97128	97193	97257	97320	97381	97441	97500	97558	97615	97670
+2,0	97725	97778	97831	97882	97932	97982	98030	98077	98124	98169
+2,1	98214	98257	98300	98341	98382	98422	98461	98500	98537	98574
+2,2	98610	98645	98679	98713	98745	98778	98809	98840	98870	98899
+2,3	98928	98956	98983	99010	99036	99061	99086	99111	99134	99158
+2,4	99180	99202	99224	99245	99266	99286	99305	99324	99343	99361
+2,5	99379	99396	99413	99430	99446	99461	99477	99492	99506	99520
+2,6	99534	99547	99560	99573	99585	99598	99609	99621	99632	99643
+2,7	99653	99664	99674	99683	99693	99702	99711	99720	99728	99736
+2,8	99744	99752	99760	99767	99774	99781	99788	99795	99801	99807
+2,9	99813	99819	99825	99831	99836	99841	99846	99851	99856	99861
+3,0	99865	99869	99874	99878	99882	99886	99889	99893	99896	99900
+3,1	99903	99906	99910	99913	99916	99918	99921	99924	99926	99929
+3,2	99931	99934	99936	99938	99940	99942	99944	99946	99948	99950

Integral → Abweichung c

$\int_{-c}^{c}$ →	0,000	0,001	0,002	0,003	0,004	0,005	0,006	0,007	0,008	0,009
0,00	0,0000	0,0013	0,0025	0,0038	0,0050	0,0063	0,0075	0,0088	0,0100	0,0113
0,01	0,0125	0,0138	0,0150	0,0163	0,0175	0,0188	0,0201	0,0213	0,0226	0,0238
0,02	0,0251	0,0263	0,0276	0,0288	0,0301	0,0313	0,0326	0,0338	0,0351	0,0364
0,03	0,0376	0,0389	0,0401	0,0414	0,0426	0,0439	0,0451	0,0464	0,0476	0,0489
0,04	0,0502	0,0514	0,0527	0,0539	0,0552	0,0564	0,0577	0,0589	0,0602	0,0615
0,05	0,0627	0,0640	0,0652	0,0665	0,0677	0,0690	0,0702	0,0715	0,0728	0,0740
0,06	0,0753	0,0765	0,0778	0,0790	0,0803	0,0816	0,0828	0,0841	0,0853	0,0866
0,07	0,0878	0,0891	0,0904	0,0916	0,0929	0,0941	0,0954	0,0967	0,0979	0,0992
0,08	0,1004	0,1017	0,1030	0,1042	0,1055	0,1067	0,1080	0,1093	0,1105	0,1118
0,09	0,1130	0,1143	0,1156	0,1168	0,1181	0,1193	0,1206	0,1219	0,1231	0,1244
0,10	0,1257	0,1269	0,1282	0,1295	0,1307	0,1320	0,1332	0,1345	0,1358	0,1370
0,11	0,1383	0,1396	0,1408	0,1421	0,1434	0,1446	0,1459	0,1472	0,1484	0,1497
0,12	0,1510	0,1522	0,1535	0,1548	0,1560	0,1573	0,1586	0,1598	0,1611	0,1624
0,13	0,1637	0,1649	0,1662	0,1675	0,1687	0,1700	0,1713	0,1726	0,1738	0,1751
0,14	0,1764	0,1776	0,1789	0,1802	0,1815	0,1827	0,1840	0,1853	0,1866	0,1878
0,15	0,1891	0,1904	0,1917	0,1929	0,1942	0,1955	0,1968	0,1981	0,1993	0,2006
0,16	0,2019	0,2032	0,2045	0,2057	0,2070	0,2083	0,2096	0,2109	0,2121	0,2134
0,17	0,2147	0,2160	0,2173	0,2186	0,2198	0,2211	0,2224	0,2237	0,2250	0,2263
0,18	0,2275	0,2288	0,2301	0,2314	0,2327	0,2340	0,2353	0,2366	0,2378	0,2391
0,19	0,2404	0,2417	0,2430	0,2443	0,2456	0,2469	0,2482	0,2495	0,2508	0,2521
0,20	0,2533	0,2546	0,2559	0,2572	0,2585	0,2598	0,2611	0,2624	0,2637	0,2650
0,21	0,2663	0,2676	0,2689	0,2702	0,2715	0,2728	0,2741	0,2754	0,2767	0,2780
0,22	0,2793	0,2806	0,2819	0,2832	0,2845	0,2858	0,2871	0,2885	0,2898	0,2911
0,23	0,2924	0,2937	0,2950	0,2963	0,2976	0,2989	0,3002	0,3015	0,3029	0,3042
0,24	0,3055	0,3068	0,3081	0,3094	0,3107	0,3121	0,3134	0,3147	0,3160	0,3173
0,25	0,3186	0,3200	0,3213	0,3226	0,3239	0,3252	0,3266	0,3279	0,3292	0,3305
0,26	0,3319	0,3332	0,3345	0,3358	0,3372	0,3385	0,3398	0,3411	0,3425	0,3438
0,27	0,3451	0,3465	0,3478	0,3491	0,3505	0,3518	0,3531	0,3545	0,3558	0,3571
0,28	0,3585	0,3598	0,3611	0,3625	0,3638	0,3651	0,3665	0,3678	0,3692	0,3705
0,29	0,3719	0,3732	0,3745	0,3759	0,3772	0,3786	0,3799	0,3813	0,3826	0,3840
0,30	0,3853	0,3867	0,3880	0,3894	0,3907	0,3921	0,3934	0,3948	0,3961	0,3975
0,31	0,3989	0,4002	0,4016	0,4029	0,4043	0,4056	0,4070	0,4084	0,4097	0,4111
0,32	0,4125	0,4138	0,4152	0,4166	0,4179	0,4193	0,4207	0,4220	0,4234	0,4248
0,33	0,4261	0,4275	0,4289	0,4303	0,4316	0,4330	0,4344	0,4358	0,4372	0,4385
0,34	0,4399	0,4413	0,4427	0,4441	0,4454	0,4468	0,4482	0,4496	0,4510	0,4524
0,35	0,4538	0,4552	0,4565	0,4579	0,4593	0,4607	0,4621	0,4635	0,4649	0,4663
0,36	0,4677	0,4691	0,4705	0,4719	0,4733	0,4747	0,4761	0,4775	0,4789	0,4803
0,37	0,4817	0,4831	0,4845	0,4860	0,4874	0,4888	0,4902	0,4916	0,4930	0,4944
0,38	0,4959	0,4973	0,4987	0,5001	0,5015	0,5029	0,5044	0,5058	0,5072	0,5086
0,39	0,5101	0,5115	0,5129	0,5144	0,5158	0,5172	0,5187	0,5201	0,5215	0,5230
0,40	0,5244	0,5258	0,5273	0,5287	0,5302	0,5316	0,5330	0,5345	0,5359	0,5374
0,41	0,5388	0,5403	0,5417	0,5432	0,5446	0,5461	0,5476	0,5490	0,5505	0,5519
0,42	0,5534	0,5548	0,5563	0,5578	0,5592	0,5607	0,5622	0,5636	0,5651	0,5666
0,43	0,5681	0,5695	0,5710	0,5725	0,5740	0,5754	0,5769	0,5784	0,5799	0,5814
0,44	0,5828	0,5843	0,5858	0,5873	0,5888	0,5903	0,5918	0,5933	0,5948	0,5963
0,45	0,5978	0,5993	0,6008	0,6023	0,6038	0,6053	0,6068	0,6083	0,6098	0,6113
0,46	0,6128	0,6143	0,6158	0,6174	0,6189	0,6204	0,6219	0,6234	0,6250	0,6265
0,47	0,6280	0,6295	0,6311	0,6326	0,6341	0,6357	0,6372	0,6387	0,6403	0,6418
0,48	0,6433	0,6449	0,6464	0,6480	0,6495	0,6511	0,6526	0,6542	0,6557	0,6573
0,49	0,6588	0,6604	0,6620	0,6635	0,6651	0,6666	0,6682	0,6698	0,6713	0,6729
0,50	0,6745	0,6761	0,6776	0,6792	0,6808	0,6824	0,6840	0,6855	0,6871	0,6887
0,51	0,6903	0,6919	0,6935	0,6951	0,6967	0,6983	0,6999	0,7015	0,7031	0,7047
0,52	0,7063	0,7079	0,7095	0,7111	0,7128	0,7144	0,7160	0,7176	0,7192	0,7209
0,53	0,7225	0,7241	0,7257	0,7274	0,7290	0,7306	0,7323	0,7339	0,7356	0,7372
0,54	0,7388	0,7405	0,7421	0,7438	0,7454	0,7471	0,7488	0,7504	0,7521	0,7537
0,55	0,7554	0,7571	0,7588	0,7604	0,7621	0,7638	0,7655	0,7671	0,7688	0,7705
0,56	0,7722	0,7739	0,7756	0,7773	0,7790	0,7807	0,7824	0,7841	0,7858	0,7875
0,57	0,7892	0,7909	0,7926	0,7943	0,7961	0,7978	0,7995	0,8012	0,8030	0,8047
0,58	0,8064	0,8082	0,8099	0,8116	0,8134	0,8151	0,8169	0,8186	0,8204	0,8221
0,59	0,8239	0,8257	0,8274	0,8292	0,8310	0,8327	0,8345	0,8363	0,8381	0,8398
0,60	0,8416	0,8434	0,8452	0,8470	0,8488	0,8506	0,8524	0,8542	0,8560	0,8578
0,61	0,8596	0,8614	0,8633	0,8651	0,8669	0,8687	0,8705	0,8724	0,8742	0,8761
0,62	0,8779	0,8797	0,8816	0,8834	0,8853	0,8871	0,8890	0,8909	0,8927	0,8946
0,63	0,8965	0,8983	0,9002	0,9021	0,9040	0,9059	0,9078	0,9097	0,9116	0,9135
0,64	0,9154	0,9173	0,9192	0,9211	0,9230	0,9249	0,9269	0,9288	0,9307	0,9327
0,65	0,9346	0,9365	0,9385	0,9404	0,9424	0,9443	0,9463	0,9483	0,9502	0,9522
0,66	0,9542	0,9561	0,9581	0,9601	0,9621	0,9641	0,9661	0,9681	0,9701	0,9721
0,67	0,9741	0,9761	0,9782	0,9802	0,9822	0,9842	0,9863	0,9883	0,9904	0,9924
0,68	0,9945	0,9965	0,9986	1,001	1,003	1,005	1,007	1,009	1,011	1,013
0,69	1,015	1,017	1,019	1,022	1,024	1,026	1,028	1,030	1,032	1,034
0,70	1,036	1,039	1,041	1,043	1,045	1,047	1,049	1,052	1,054	1,056
0,71	1,058	1,060	1,063	1,065	1,067	1,069	1,071	1,074	1,076	1,078
0,72	1,080	1,083	1,085	1,087	1,089	1,092	1,094	1,096	1,098	1,101
0,73	1,103	1,105	1,108	1,110	1,112	1,115	1,117	1,119	1,122	1,124
0,74	1,126	1,129	1,131	1,134	1,136	1,138	1,141	1,143	1,146	1,148
0,75	1,150	1,153	1,155	1,158	1,160	1,163	1,165	1,168	1,170	1,172
0,76	1,175	1,177	1,180	1,183	1,185	1,188	1,190	1,193	1,195	1,198
0,77	1,200	1,203	1,206	1,208	1,211	1,213	1,216	1,219	1,221	1,224
0,78	1,227	1,229	1,232	1,235	1,237	1,240	1,243	1,245	1,248	1,251
0,79	1,254	1,256	1,259	1,262	1,265	1,267	1,270	1,273	1,276	1,279
0,80	1,282	1,284	1,287	1,290	1,293	1,296	1,299	1,302	1,305	1,308
0,81	1,311	1,314	1,317	1,320	1,323	1,326	1,329	1,332	1,335	1,338
0,82	1,341	1,344	1,347	1,350	1,353	1,356	1,359	1,363	1,366	1,369
0,83	1,372	1,375	1,379	1,382	1,385	1,388	1,392	1,395	1,398	1,402
0,84	1,405	1,408	1,412	1,415	1,419	1,422	1,426	1,429	1,433	1,436
0,85	1,440	1,443	1,447	1,450	1,454	1,457	1,461	1,465	1,468	1,472
0,86	1,476	1,480	1,483	1,487	1,491	1,495	1,499	1,502	1,506	1,510
0,87	1,514	1,518	1,522	1,526	1,530	1,534	1,538	1,542	1,546	1,551
0,88	1,555	1,559	1,563	1,567	1,572	1,576	1,580	1,585	1,589	1,594
0,89	1,598	1,603	1,607	1,612	1,616	1,621	1,626	1,630	1,635	1,640
0,90	1,645	1,650	1,655	1,660	1,665	1,670	1,675	1,680	1,685	1,690
0,91	1,695	1,701	1,706	1,711	1,717	1,722	1,728	1,734	1,739	1,745
0,92	1,751	1,757	1,762	1,768	1,774	1,780	1,787	1,793	1,799	1,806
0,93	1,812	1,818	1,825	1,832	1,838	1,845	1,852	1,859	1,866	1,873
0,94	1,881	1,888	1,896	1,903	1,911	1,919	1,927	1,935	1,943	1,951
0,95	1,960	1,969	1,977	1,986	1,995	2,005	2,014	2,024	2,034	2,044
0,96	2,054	2,064	2,075	2,086	2,097	2,108	2,120	2,132	2,144	2,157
0,97	2,170	2,183	2,197	2,212	2,226	2,241	2,257	2,273	2,290	2,308
0,98	2,326	2,346	2,366	2,387	2,409	2,432	2,457	2,484	2,512	2,543
0,99	2,576	2,612	2,652	2,697	2,748	2,807	2,878	2,968	3,090	3,291

[1] Abgekürzt nach Werten aus *Tables of Normal Probability Functions*, National Bureau of Standards, Applied Mathematics Series 23, Washington, 1953.

Abweichung c → Integral

c → ↓	0,000	0,001	0,002	0,003	0,004	0,005	0,006	0,007	0,008	0,009
	0,	0,	0,	0,	0,	0,	0,	0,	0,	0,
0,00	00000	00080	00160	00239	00319	00399	00479	00559	00638	00718
0,01	00798	00878	00957	01037	01117	01197	01277	01356	01436	01516
0,02	01596	01675	01755	01835	01915	01995	02074	02154	02234	02314
0,03	02393	02473	02553	02633	02712	02792	02872	02951	03031	03111
0,04	03191	03270	03350	03430	03510	03589	03669	03749	03828	03908
0,05	03988	04067	04147	04227	04306	04386	04466	04545	04625	04705
0,06	04784	04864	04944	05023	05103	05183	05262	05342	05421	05501
0,07	05581	05660	05740	05819	05899	05979	06058	06138	06217	06297
0,08	06376	06456	06535	06615	06694	06774	06853	06933	07012	07092
0,09	07171	07251	07330	07410	07489	07569	07648	07727	07807	07886
0,10	07966	08045	08124	08204	08283	08362	08442	08521	08600	08680
0,11	08759	08838	08918	08997	09076	09155	09235	09314	09393	09472
0,12	09552	09631	09710	09789	09868	09948	10027	10106	10185	10264
0,13	10343	10422	10502	10581	10660	10739	10818	10897	10976	11055
0,14	11134	11213	11292	11371	11450	11529	11608	11687	11766	11845
0,15	11924	12002	12081	12160	12239	12318	12397	12476	12554	12633
0,16	12712	12791	12869	12948	13027	13106	13184	13263	13342	13420
0,17	13499	13578	13656	13735	13813	13892	13971	14049	14128	14206
0,18	14285	14363	14442	14520	14599	14677	14756	14834	14912	14991
0,19	15069	15147	15226	15304	15382	15461	15539	15617	15695	15774
0,20	15852	15930	16008	16086	16165	16243	16321	16399	16477	16555
0,21	16633	16711	16789	16867	16945	17023	17101	17179	17257	17335
0,22	17413	17491	17569	17646	17724	17802	17880	17958	18035	18113
0,23	18191	18269	18346	18424	18502	18579	18657	18734	18812	18889
0,24	18967	19044	19122	19199	19277	19354	19432	19509	19587	19664
0,25	19741	19819	19896	19973	20050	20128	20205	20282	20359	20436
0,26	20514	20591	20668	20745	20822	20899	20976	21053	21130	21207
0,27	21284	21361	21438	21515	21592	21668	21745	21822	21899	21976
0,28	22052	22129	22206	22282	22359	22436	22512	22589	22665	22742
0,29	22818	22895	22971	23048	23124	23201	23277	23353	23430	23506
0,30	23582	23659	23735	23811	23887	23963	24040	24116	24192	24268
0,31	24344	24420	24496	24572	24648	24724	24800	24876	24952	25027
0,32	25103	25179	25255	25330	25406	25482	25558	25633	25709	25784
0,33	25860	25936	26011	26087	26162	26237	26313	26388	26464	26539
0,34	26614	26690	26765	26840	26915	26991	27066	27141	27216	27291
0,35	27366	27441	27516	27591	27666	27741	27816	27891	27966	28040
0,36	28115	28190	28265	28340	28414	28489	28563	28638	28713	28787
0,37	28862	28936	29011	29085	29160	29234	29308	29383	29457	29531
0,38	29605	29680	29754	29828	29902	29976	30050	30124	30198	30272
0,39	30346	30420	30494	30568	30642	30716	30789	30863	30937	31011
0,40	31084	31158	31232	31305	31379	31452	31526	31599	31673	31746
0,41	31819	31893	31966	32039	32113	32186	32259	32332	32405	32478
0,42	32551	32624	32697	32770	32843	32916	32989	33062	33135	33208
0,43	33280	33353	33426	33499	33571	33644	33716	33789	33861	33934
0,44	34006	34079	34151	34223	34296	34368	34440	34512	34585	34657
0,45	34729	34801	34873	34945	35017	35089	35161	35233	35305	35377
0,46	35448	35520	35592	35664	35735	35807	35878	35950	36022	36093
0,47	36164	36236	36307	36379	36450	36521	36593	36664	36735	36806
0,48	36877	36948	37019	37090	37161	37232	37303	37374	37445	37516
0,49	37587	37657	37728	37799	37869	37940	38011	38081	38152	38222
0,50	38292	38363	38433	38504	38574	38644	38714	38785	38855	38925
0,51	38995	39065	39135	39205	39275	39345	39415	39484	39554	39624
0,52	39694	39763	39833	39903	39972	40042	40111	40181	40250	40319
0,53	40389	40458	40527	40597	40666	40735	40804	40873	40942	41011
0,54	41080	41149	41218	41287	41356	41425	41493	41562	41631	41699
0,55	41768	41837	41905	41974	42042	42111	42179	42247	42316	42384
0,56	42452	42520	42588	42657	42725	42793	42861	42929	42997	43064
0,57	43132	43200	43268	43336	43403	43471	43538	43606	43674	43741
0,58	43809	43876	43943	44011	44078	44145	44212	44280	44347	44414
0,59	44481	44548	44615	44682	44749	44816	44882	44949	45016	45083
0,60	45149	45216	45283	45349	45416	45482	45549	45615	45681	45748
0,61	45814	45880	45946	46012	46078	46145	46211	46277	46342	46408
0,62	46474	46540	46606	46672	46737	46803	46869	46934	47000	47065
0,63	47131	47196	47261	47327	47392	47457	47522	47588	47653	47718
0,64	47783	47848	47913	47978	48042	48107	48172	48237	48302	48366
0,65	48431	48495	48560	48624	48689	48753	48818	48882	48946	49010
0,66	49075	49139	49203	49267	49331	49395	49459	49523	49587	49650
0,67	49714	49778	49842	49905	49969	50032	50096	50159	50223	50286
0,68	50350	50413	50476	50539	50602	50666	50729	50792	50855	50918
0,69	50981	51043	51106	51169	51232	51294	51357	51420	51482	51545
0,7	51607	52230	52848	53461	54070	54675	55275	55870	56461	57047
0,8	57629	58206	58778	59346	59909	60467	61021	61570	62114	62653
0,9	63188	63718	64243	64763	65278	65789	66294	66795	67291	67783
1,0	68269	68750	69227	69699	70166	70628	71086	71538	71986	72429
1,1	72867	73300	73729	74152	74571	74986	75395	75800	76200	76595
1,2	76986	77372	77754	78130	78502	78870	79233	79592	79945	80295
1,3	80640	80980	81316	81648	81975	82298	82617	82931	83241	83547
1,4	83849	84146	84439	84728	85013	85294	85571	85844	86113	86378
1,5	86639	86896	87149	87398	87644	87886	88124	88358	88589	88817
1,6	89040	89260	89477	89690	89899	90106	90309	90508	90704	90897
1,7	91087	91273	91457	91637	91814	91988	92159	92327	92492	92655
1,8	92814	92970	93124	93275	93423	93569	93711	93852	93989	94124
1,9	94257	94387	94514	94639	94762	94882	95000	95116	95230	95341
2,0	95450	95557	95662	95764	95865	95964	96060	96155	96247	96338
2,1	96427	96514	96599	96683	96765	96844	96923	96999	97074	97148
2,2	97219	97289	97358	97425	97491	97555	97618	97679	97739	97798
2,3	97855	97911	97966	98019	98072	98123	98173	98221	98269	98315
2,4	98360	98405	98448	98490	98531	98571	98611	98649	98686	98723
2,5	98758	98793	98826	98859	98891	98923	98953	98983	99012	99040
2,6	99068	99095	99121	99146	99171	99195	99219	99241	99264	99285
2,7	99307	99327	99347	99367	99386	99404	99422	99439	99456	99473
2,8	99489	99505	99520	99535	99549	99563	99576	99590	99602	99615
2,9	99627	99639	99650	99661	99672	99682	99692	99702	99712	99721
3,0	99730	99739	99747	99755	99763	99771	99779	99786	99793	99800
3,1	99806	99813	99819	99825	99831	99837	99842	99848	99853	99858
3,2	99863	99867	99872	99876	99880	99885	99889	99892	99896	99900
3,3	99903	99907	99910	99913	99916	99919	99922	99925	99928	99930

3,4: 99933; 3,5: 99953; 3,6: 99968; 3,7: 99978; 3,8: 99986; 3,891: 99990

$2P$ = doppeltes Integral von Unendlich bis c

Integral 2P (außerhalb $-c$ und c)

Abweichung c → Integral

c	0,000	0,001	0,002	0,003	0,004	0,005	0,006	0,007	0,008	0,009
	0,	0,	0,	0,	0,	0,	0,	0,	0,	0,
0,00	00000*	99920	99840	99761	99681	99601	99521	99441	99362	99282
0,01	99202	99122	99043	98963	98883	98803	98723	98644	98564	98484
0,02	98404	98325	98245	98165	98085	98005	97926	97846	97766	97686
0,03	97607	97527	97447	97367	97288	97208	97128	97049	96969	96889
0,04	96809	96730	96650	96570	96490	96411	96331	96251	96172	96092
0,05	96012	95933	95853	95773	95694	95614	95534	95455	95375	95295
0,06	95216	95136	95056	94977	94897	94817	94738	94658	94579	94499
0,07	94419	94340	94260	94181	94101	94021	93942	93862	93783	93703
0,08	93624	93544	93465	93385	93306	93226	93147	93067	92988	92908
0,09	92829	92749	92670	92590	92511	92431	92352	92273	92193	92114
0,10	92034	91955	91876	91796	91717	91638	91558	91479	91400	91320
0,11	91241	91162	91082	91003	90924	90845	90765	90686	90607	90528
0,12	90448	90369	90290	90211	90132	90052	89974	89894	89815	89736
0,13	89657	89578	89498	89419	89340	89261	89182	89103	89024	88945
0,14	88866	88787	88708	88629	88550	88471	88392	88313	88234	88155
0,15	88076	87998	87919	87840	87761	87682	87603	87524	87446	87367
0,16	87288	87209	87131	87052	86973	86894	86816	86737	86658	86580
0,17	86501	86422	86344	86265	86187	86108	86029	85951	85872	85794
0,18	85715	85637	85558	85480	85401	85323	85244	85166	85088	85009
0,19	84931	84853	84774	84696	84618	84539	84461	84383	84305	84226
0,20	84148	84070	83992	83914	83835	83757	83679	83601	83523	83445
0,21	83367	83289	83211	83133	83055	82977	82899	82821	82743	82665
0,22	82587	82509	82431	82354	82276	82198	82120	82042	81965	81887
0,23	81809	81731	81654	81576	81498	81421	81343	81266	81188	81111
0,24	81033	80956	80878	80801	80723	80646	80568	80491	80413	80336
0,25	80259	80181	80104	80027	79950	79872	79795	79718	79641	79564
0,26	79486	79409	79332	79255	79178	79101	79024	78947	78870	78793
0,27	78716	78639	78562	78485	78408	78332	78255	78178	78101	78024
0,28	77948	77871	77794	77718	77641	77564	77488	77411	77335	77258
0,29	77182	77105	77029	76952	76876	76799	76723	76647	76570	76494
0,30	76418	76341	76265	76189	76113	76037	75960	75884	75808	75732
0,31	75656	75580	75504	75428	75352	75276	75200	75124	75048	74973
0,32	74897	74821	74745	74670	74594	74518	74442	74367	74291	74216
0,33	74140	74064	73989	73913	73838	73763	73687	73612	73536	73461
0,34	73386	73310	73235	73160	73085	73009	72934	72859	72784	72709
0,35	72634	72559	72484	72409	72334	72259	72184	72109	72034	71960
0,36	71885	71810	71735	71660	71586	71511	71437	71362	71287	71213
0,37	71138	71064	70989	70915	70840	70766	70692	70617	70543	70469
0,38	70395	70320	70246	70172	70098	70024	69950	69876	69802	69728
0,39	69654	69580	69506	69432	69358	69284	69211	69137	69063	68989
0,40	68916	68842	68768	68695	68621	68548	68474	68401	68327	68254
0,41	68181	68107	68034	67961	67887	67814	67741	67668	67595	67522
0,42	67449	67376	67303	67230	67157	67084	67011	66938	66865	66792
0,43	66720	66647	66574	66501	66429	66356	66284	66211	66139	66066
0,44	65994	65921	65849	65777	65704	65632	65560	65488	65415	65343
0,45	65271	65199	65127	65055	64983	64911	64839	64767	64695	64623
0,46	64552	64480	64408	64336	64265	64193	64122	64050	63978	63907
0,47	63836	63764	63693	63621	63550	63479	63407	63336	63265	63194
0,48	63123	63052	62981	62910	62839	62768	62697	62626	62555	62484
0,49	62413	62343	62272	62201	62131	62060	61989	61919	61848	61778
0,50	61708	61637	61567	61496	61426	61356	61286	61215	61145	61075
0,51	61005	60935	60865	60795	60725	60655	60585	60516	60446	60376
0,52	60306	60237	60167	60097	60028	59958	59889	59819	59750	59681
0,53	59611	59542	59473	59403	59334	59265	59196	59127	59058	58989
0,54	58920	58851	58782	58713	58644	58575	58507	58438	58369	58301
0,55	58232	58163	58095	58026	57958	57889	57821	57753	57684	57616
0,56	57548	57480	57412	57343	57275	57207	57139	57071	57003	56936
0,57	56868	56800	56732	56664	56597	56529	56462	56394	56326	56259
0,58	56191	56124	56057	55989	55922	55855	55788	55720	55653	55586
0,59	55519	55452	55385	55318	55251	55184	55118	55051	54984	54917
0,60	54851	54784	54717	54651	54584	54518	54451	54385	54319	54252
0,61	54186	54120	54054	53988	53922	53855	53789	53723	53658	53592
0,62	53526	53460	53394	53328	53263	53197	53131	53066	53000	52935
0,63	52869	52804	52739	52673	52608	52543	52478	52412	52347	52282
0,64	52217	52152	52087	52022	51958	51893	51828	51763	51698	51634
0,65	51569	51505	51440	51376	51311	51247	51182	51118	51054	50990
0,66	50925	50861	50797	50733	50669	50605	50541	50477	50413	50350
0,67	50286	50222	50158	50095	50031	49968	49904	49841	49777	49714
0,68	49650	49587	49524	49461	49398	49334	49271	49208	49145	49082
0,69	49019	48957	48894	48831	48768	48706	48643	48580	48518	48455
0,7	48393	47770	47152	46539	45930	45325	44725	44130	43539	42953
0,8	42371	41794	41222	40654	40091	39533	38979	38430	37886	37347
0,9	36812	36282	35757	35237	34722	34211	33706	33205	32709	32217
1,0	31731	31250	30773	30301	29834	29372	28914	28462	28014	27571
1,1	27133	26700	26271	25848	25429	25014	24605	24200	23800	23405
1,2	23014	22628	22246	21870	21498	21130	20767	20408	20055	19705
1,3	19360	19020	18684	18352	18025	17702	17383	17069	16759	16453
1,4	16151	15854	15561	15272	14987	14706	14429	14156	13887	13622
1,5	13361	13104	12851	12602	12356	12114	11876	11642	11411	11183
1,6	10960	10740	10523	10310	10101	09894	09691	09492	09296	09103
1,7	08913	08727	08543	08363	08186	08012	07841	07673	07508	07345
1,8	07186	07030	06876	06725	06577	06431	06289	06148	06011	05876
1,9	05743	05613	05486	05361	05238	05118	05000	04884	04770	04659
2,0	04550	04443	04338	04236	04135	04036	03940	03845	03753	03662
2,1	03573	03486	03401	03317	03235	03156	03077	03001	02926	02852
2,2	02781	02711	02642	02575	02509	02445	02382	02321	02261	02202
2,3	02145	02089	02034	01981	01928	01877	01827	01779	01731	01685
2,4	01640	01595	01552	01510	01469	01429	01389	01351	01314	01277
2,5	01242	01207	01174	01141	01109	01077	01047	01017	00988	00960
2,6	00932	00905	00879	00854	00829	00805	00781	00759	00736	00715
2,7	00693	00673	00653	00633	00614	00596	00578	00561	00544	00527
2,8	00511	00495	00480	00465	00451	00437	00424	00410	00398	00385
2,9	00373	00361	00350	00339	00328	00318	00308	00298	00288	00279
3,0	00270	00261	00253	00245	00237	00229	00221	00214	00207	00200
3,1	00194	00187	00181	00175	00169	00163	00158	00152	00147	00142
3,2	00137	00133	00128	00124	00120	00115	00111	00108	00104	00100
3,3	00097	00093	00090	00087	00084	00081	00078	00075	00072	00070

3,4: 00067; 3,5: 00047; 3,6: 00032; 3,7: 00022; 3,8: 00014; 3,891: 00010

Integral von Null bis c

Abweichung c → Integral

c	0,000	0,001	0,002	0,003	0,004	0,005	0,006	0,007	0,008	0,009
	0,	0,	0,	0,	0,	0,	0,	0,	0,	0,
0,00	00000	00040	00080	00120	00160	00200	00240	00280	00319	00359
0,01	00399	00439	00479	00519	00559	00599	00639	00678	00718	00758
0,02	00798	00838	00878	00918	00958	00998	01037	01077	01117	01157
0,03	01197	01237	01277	01317	01356	01396	01436	01476	01516	01556
0,04	01596	01635	01675	01715	01755	01795	01835	01875	01914	01954
0,05	01994	02034	02074	02114	02153	02193	02233	02273	02313	02353
0,06	02392	02432	02472	02512	02552	02592	02631	02671	02711	02751
0,07	02791	02830	02870	02910	02950	02990	03029	03069	03109	03149
0,08	03188	03228	03268	03308	03347	03387	03427	03467	03506	03546
0,09	03586	03626	03665	03705	03745	03785	03824	03864	03904	03943
0,10	03983	04023	04062	04102	04142	04181	04221	04261	04300	04340
0,11	04380	04419	04459	04499	04538	04578	04618	04657	04697	04736
0,12	04776	04816	04855	04895	04934	04974	05013	05053	05093	05132
0,13	05172	05211	05251	05291	05330	05370	05409	05449	05488	05528
0,14	05567	05607	05646	05686	05725	05765	05804	05844	05883	05923
0,15	05962	06001	06041	06080	06120	06159	06199	06238	06277	06317
0,16	06356	06396	06435	06474	06514	06553	06592	06632	06671	06710
0,17	06750	06789	06828	06868	06907	06946	06986	07025	07064	07103
0,18	07143	07182	07221	07260	07300	07339	07378	07417	07456	07496
0,19	07535	07574	07613	07652	07691	07731	07770	07809	07848	07887
0,20	07926	07965	08004	08043	08083	08122	08161	08200	08239	08278
0,21	08317	08356	08395	08434	08473	08512	08551	08590	08629	08668
0,22	08707	08746	08785	08823	08862	08901	08940	08979	09018	09057
0,23	09096	09135	09173	09212	09251	09290	09329	09367	09406	09445
0,24	09484	09522	09561	09600	09639	09677	09716	09755	09794	09832
0,25	09871	09910	09948	09987	10025	10064	10103	10141	10180	10218
0,26	10257	10296	10334	10373	10411	10450	10488	10527	10565	10604
0,27	10642	10681	10719	10758	10796	10834	10873	10911	10950	10988
0,28	11026	11065	11103	11141	11180	11218	11256	11295	11333	11371
0,29	11409	11448	11486	11524	11562	11601	11639	11677	11715	11753
0,30	11791	11830	11868	11906	11944	11982	12020	12058	12096	12134
0,31	12172	12210	12248	12286	12324	12362	12400	12438	12476	12514
0,32	12552	12590	12628	12665	12703	12741	12779	12817	12855	12892
0,33	12930	12968	13006	13044	13081	13119	13157	13194	13232	13270
0,34	13307	13345	13383	13420	13458	13496	13533	13571	13608	13646
0,35	13683	13721	13758	13796	13833	13871	13908	13946	13983	14020
0,36	14058	14095	14133	14170	14207	14245	14282	14319	14357	14394
0,37	14431	14468	14506	14543	14580	14617	14654	14692	14729	14766
0,38	14803	14840	14877	14914	14951	14988	15025	15062	15099	15136
0,39	15173	15210	15247	15284	15321	15358	15395	15432	15469	15506
0,40	15542	15579	15616	15653	15690	15726	15763	15800	15837	15873
0,41	15910	15947	15983	16020	16057	16093	16130	16166	16203	16239
0,42	16276	16312	16349	16385	16422	16458	16495	16531	16568	16604
0,43	16640	16677	16713	16750	16786	16822	16858	16895	16931	16967
0,44	17003	17040	17076	17112	17148	17184	17220	17256	17293	17329
0,45	17365	17401	17437	17473	17509	17545	17581	17617	17653	17689
0,46	17724	17760	17796	17832	17868	17904	17939	17975	18011	18047
0,47	18082	18118	18154	18190	18225	18261	18297	18332	18368	18403
0,48	18439	18474	18510	18545	18581	18616	18652	18687	18723	18758
0,49	18794	18829	18864	18900	18935	18970	19006	19041	19076	19111
0,50	19146	19182	19217	19252	19287	19322	19357	19393	19428	19463
0,51	19498	19533	19568	19603	19638	19673	19708	19742	19777	19812
0,52	19847	19882	19917	19952	19986	20021	20056	20091	20125	20160
0,53	20195	20229	20264	20299	20333	20368	20402	20437	20471	20506
0,54	20540	20575	20609	20644	20678	20713	20747	20781	20816	20850
0,55	20884	20919	20953	20987	21021	21056	21090	21124	21158	21192
0,56	21226	21260	21294	21329	21363	21397	21431	21465	21499	21532
0,57	21566	21600	21634	21668	21702	21736	21769	21803	21837	21871
0,58	21905	21938	21972	22006	22039	22073	22106	22140	22174	22207
0,59	22241	22274	22308	22341	22375	22408	22441	22475	22508	22542
0,60	22575	22608	22642	22675	22708	22741	22775	22808	22841	22874
0,61	22907	22940	22973	23006	23039	23073	23106	23139	23171	23204
0,62	23237	23270	23303	23336	23369	23402	23435	23467	23500	23533
0,63	23566	23598	23631	23664	23696	23729	23761	23794	23827	23859
0,64	23892	23924	23957	23989	24021	24054	24086	24119	24151	24183
0,65	24216	24248	24280	24312	24345	24377	24409	24441	24473	24505
0,66	24538	24570	24602	24634	24666	24698	24730	24762	24794	24825
0,67	24857	24889	24921	24953	24985	25016	25048	25080	25112	25143
0,68	25175	25207	25238	25270	25301	25333	25365	25396	25428	25459
0,69	25491	25522	25553	25585	25616	25647	25679	25710	25741	25773
0,7	25804	26115	26424	26731	27035	27338	27638	27935	28231	28524
0,8	28814	29103	29389	29673	29955	30234	30511	30785	31057	31327
0,9	31594	31859	32122	32382	32639	32895	33147	33398	33646	33892
1,0	34135	34375	34614	34850	35083	35314	35543	35769	35993	36215
1,1	36434	36650	36865	37076	37286	37493	37698	37900	38100	38298
1,2	38493	38686	38877	39065	39251	39435	39617	39796	39973	40148
1,3	40320	40490	40658	40824	40988	41149	41309	41466	41621	41774
1,4	41925	42073	42220	42364	42507	42647	42786	42922	43057	43189
1,5	43320	43448	43575	43699	43822	43943	44062	44179	44295	44409
1,6	44520	44630	44739	44845	44950	45053	45155	45254	45352	45449
1,7	45544	45637	45729	45819	45907	45994	46080	46164	46246	46328
1,8	46407	46485	46562	46638	46712	46785	46856	46926	46995	47062
1,9	47129	47194	47257	47320	47381	47441	47500	47558	47615	47671
2,0	47725	47779	47831	47882	47933	47982	48030	48078	48124	48169
2,1	48214	48257	48300	48342	48383	48422	48462	48500	48537	48574
2,2	48610	48645	48679	48713	48746	48778	48809	48840	48870	48899
2,3	48928	48956	48983	49010	49036	49062	49087	49111	49135	49158
2,4	49180	49203	49224	49245	49266	49286	49306	49325	49343	49362
2,5	49379	49397	49413	49430	49446	49462	49477	49492	49506	49520
2,6	49534	49548	49561	49573	49586	49598	49610	49621	49632	49643
2,7	49654	49664	49674	49684	49693	49702	49711	49720	49728	49737
2,8	49745	49753	49760	49768	49775	49782	49788	49795	49801	49808
2,9	49814	49820	49825	49831	49836	49841	49846	49851	49856	49861
3,0	49865	49870	49874	49878	49882	49886	49890	49893	49897	49900
3,1	49903	49907	49910	49913	49916	49919	49921	49924	49927	49929
3,2	49932	49934	49936	49938	49940	49943	49945	49946	49948	49950
3,3	49952	49954	49955	49957	49958	49960	49961	49963	49964	49965

3,4: 49967; 3,5: 49977; 3,6: 49984; 3,7: 49989; 3,8: 49993; 3,891: 49995

* 1,000 00.

[1] Gerechnet durch den Herausgeber nach Werten aus *Tables of Normal Probability Functions*, National Bureau of Standards, Applied Mathematics Series 23, Washington, 1953.

Abweichung |c| → Ordinate *f* (*c*)

|c|	0,000	0,001	0,002	0,003	0,004	0,005	0,006	0,007	0,008	0,009
	0,	0,	0,	0,	0,	0,	0,	0,	0,	0,
0,00	39894	39894	39894	39894	39894	39894	39894	39893	39893	39893
0,01	39892	39892	39891	39891	39890	39890	39889	39888	39888	39887
0,02	39886	39885	39885	39884	39883	39882	39881	39880	39879	39877
0,03	39876	39875	39874	39873	39871	39870	39868	39867	39865	39864
0,04	39862	39861	39859	39857	39856	39854	39852	39850	39848	39846
0,05	39844	39842	39840	39838	39836	39834	39832	39829	39827	39825
0,06	39822	39820	39818	39815	39813	39810	39807	39805	39802	39799
0,07	39797	39794	39791	39788	39785	39782	39779	39776	39773	39770
0,08	39767	39764	39760	39757	39754	39750	39747	39744	39740	39737
0,09	39733	39729	39726	39722	39718	39715	39711	39707	39703	39699
0,10	39695	39691	39687	39683	39679	39675	39671	39667	39662	39658
0,11	39654	39649	39645	39640	39636	39631	39627	39622	39617	39613
0,12	39608	39603	39598	39594	39589	39584	39579	39574	39569	39564
0,13	39559	39553	39548	39543	39538	39532	39527	39522	39516	39511
0,14	39505	39500	39494	39488	39483	39477	39471	39466	39460	39454
0,15	39448	39442	39436	39430	39424	39418	39412	39406	39399	39393
0,16	39387	39381	39374	39368	39361	39355	39348	39342	39335	39329
0,17	39322	39315	39308	39302	39295	39288	39281	39274	39267	39260
0,18	39253	39246	39239	39232	39225	39217	39210	39203	39195	39188
0,19	39181	39173	39166	39158	39151	39143	39135	39128	39120	39112
0,20	39104	39096	39089	39081	39073	39065	39057	39049	39041	39032
0,21	39024	39016	39008	38999	38991	38983	38974	38966	38957	38949
0,22	38940	38932	38923	38915	38906	38897	38888	38880	38871	38862
0,23	38853	38844	38835	38826	38817	38808	38799	38789	38780	38771
0,24	38762	38752	38743	38734	38724	38715	38705	38696	38686	38676
0,25	38667	38657	38647	38638	38628	38618	38608	38598	38588	38578
0,26	38568	38558	38548	38538	38528	38518	38508	38497	38487	38477
0,27	38466	38456	38445	38435	38424	38414	38403	38393	38382	38371
0,28	38361	38350	38339	38328	38317	38306	38296	38285	38274	38263
0,29	38251	38240	38229	38218	38207	38196	38184	38173	38162	38150
0,30	38139	38127	38116	38104	38093	38081	38070	38058	38046	38034
0,31	38023	38011	37999	37987	37975	37963	37951	37939	37927	37915
0,32	37903	37891	37879	37867	37854	37842	37830	37817	37805	37793
0,33	37780	37768	37755	37743	37730	37717	37705	37692	37679	37667
0,34	37654	37641	37628	37615	37602	37589	37576	37563	37550	37537
0,35	37524	37511	37498	37484	37471	37458	37445	37431	37418	37405
0,36	37391	37378	37364	37351	37337	37323	37310	37296	37282	37269
0,37	37255	37241	37227	37213	37199	37186	37172	37158	37144	37129
0,38	37115	37101	37087	37073	37059	37044	37030	37016	37002	36987
0,39	36973	36958	36944	36929	36915	36900	36886	36871	36856	36842
0,40	36827	36812	36797	36783	36768	36753	36738	36723	36708	36693
0,41	36678	36663	36648	36633	36618	36603	36587	36572	36557	36542
0,42	36526	36511	36496	36480	36465	36449	36434	36418	36403	36387
0,43	36371	36356	36340	36324	36309	36293	36277	36261	36245	36229
0,44	36213	36198	36182	36166	36150	36133	36117	36101	36085	36069
0,45	36053	36036	36020	36004	35988	35971	35955	35938	35922	35906
0,46	35889	35873	35856	35839	35823	35806	35789	35773	35756	35739
0,47	35723	35706	35689	35672	35655	35638	35621	35604	35587	35570
0,48	35553	35536	35519	35502	35485	35468	35450	35433	35416	35399
0,49	35381	35364	35347	35329	35312	35294	35277	35259	35242	35224
0,50	35207	35189	35171	35154	35136	35118	35100	35083	35065	35047
0,51	35029	35011	34993	34975	34958	34940	34922	34904	34885	34867
0,52	34849	34831	34813	34795	34777	34758	34740	34722	34703	34685
0,53	34667	34648	34630	34612	34593	34575	34556	34538	34519	34500
0,54	34482	34463	34445	34426	34407	34388	34370	34351	34332	34313
0,55	34294	34276	34257	34238	34219	34200	34181	34162	34143	34124
0,56	34105	34085	34066	34047	34028	34009	33990	33970	33951	33932
0,57	33912	33893	33874	33854	33835	33815	33796	33777	33757	33738
0,58	33718	33698	33679	33659	33640	33620	33600	33581	33561	33541
0,59	33521	33502	33482	33462	33442	33422	33402	33382	33362	33342
0,60	33322	33302	33282	33262	33242	33222	33202	33182	33162	33142
0,61	33121	33101	33081	33061	33040	33020	33000	32980	32959	32939
0,62	32918	32898	32878	32857	32837	32816	32796	32775	32754	32734
0,63	32713	32693	32672	32651	32631	32610	32589	32569	32548	32527
0,64	32506	32485	32465	32444	32423	32402	32381	32360	32339	32318
0,65	32297	32276	32255	32234	32213	32192	32171	32150	32129	32108
0,66	32086	32065	32044	32023	32002	31980	31959	31938	31916	31895
0,67	31874	31852	31831	31810	31788	31767	31745	31724	31702	31681
0,68	31659	31638	31616	31595	31573	31551	31530	31508	31487	31465
0,69	31443	31421	31400	31378	31356	31334	31313	31291	31269	31247

|c|	0,000	0,001	0,002	0,003	0,004	0,005	0,006	0,007	0,008	0,009
	0,	0,	0,	0,	0,	0,	0,	0,	0,	0,
0,70	31225	31204	31182	31160	31138	31116	31094	31072	31050	31028
0,71	31006	30984	30962	30940	30918	30896	30874	30852	30829	30807
0,72	30785	30763	30741	30719	30696	30674	30652	30630	30607	30585
0,73	30563	30540	30518	30496	30473	30451	30429	30406	30384	30361
0,74	30339	30316	30294	30272	30249	30227	30204	30181	30159	30136
0,75	30114	30091	30069	30046	30023	30001	29978	29955	29933	29910
0,76	29887	29865	29842	29819	29796	29774	29751	29728	29705	29682
0,77	29659	29637	29614	29591	29568	29545	29522	29499	29476	29453
0,78	29431	29408	29385	29362	29339	29316	29293	29270	29246	29223
0,79	29200	29177	29154	29131	29108	29085	29062	29039	29015	28992
0,80	28969	28946	28923	28900	28876	28853	28830	28807	28783	28760
0,81	28737	28714	28690	28667	28644	28620	28597	28574	28550	28527
0,82	28504	28480	28457	28433	28410	28387	28363	28340	28316	28293
0,83	28269	28246	28223	28199	28176	28152	28129	28105	28081	28058
0,84	28034	28011	27987	27964	27940	27917	27893	27869	27846	27822
0,85	27798	27775	27751	27728	27704	27680	27657	27633	27609	27586
0,86	27562	27538	27514	27491	27467	27443	27419	27396	27372	27348
0,87	27324	27301	27277	27253	27229	27205	27182	27158	27134	27110
0,88	27086	27063	27039	27015	26991	26967	26943	26919	26896	26872
0,89	26848	26824	26800	26776	26752	26728	26704	26680	26656	26632
0,90	26609	26585	26561	26537	26513	26489	26465	26441	26417	26393
0,91	26369	26345	26321	26297	26273	26249	26225	26201	26177	26153
0,92	26129	26105	26081	26056	26032	26008	25984	25960	25936	25912
0,93	25888	25864	25840	25816	25792	25768	25744	25719	25695	25671
0,94	25647	25623	25599	25575	25551	25527	25502	25478	25454	25430
0,95	25406	25382	25358	25333	25309	25285	25261	25237	25213	25189
0,96	25164	25140	25116	25092	25068	25044	25019	24995	24971	24947
0,97	24923	24899	24874	24850	24826	24802	24778	24754	24729	24705
0,98	24681	24657	24633	24608	24584	24560	24536	24512	24487	24463
0,99	24439	24415	24391	24366	24342	24318	24294	24270	24245	24221
1,00	24197	24173	24149	24124	24100	24076	24052	24028	24003	23979
1,01	23955	23931	23907	23883	23858	23834	23810	23786	23762	23737
1,02	23713	23689	23665	23641	23616	23592	23568	23544	23520	23496
1,03	23471	23447	23423	23399	23375	23351	23326	23302	23278	23254
1,04	23230	23206	23181	23157	23133	23109	23085	23061	23036	23012
1,05	22988	22964	22940	22916	22892	22868	22843	22819	22795	22771
1,06	22747	22723	22699	22675	22651	22626	22602	22578	22554	22530
1,07	22506	22482	22458	22434	22410	22386	22362	22338	22313	22289
1,08	22265	22241	22217	22193	22169	22145	22121	22097	22073	22049
1,09	22025	22001	21977	21953	21929	21905	21881	21857	21833	21809
1,1	21785	21546	21307	21069	20831	20594	20357	20121	19886	19652
1,2	19419	19186	18954	18724	18494	18265	18037	17810	17585	17360
1,3	17137	16915	16694	16474	16256	16038	15822	15608	15395	15183
1,4	14973	14764	14556	14350	14146	13943	13742	13542	13344	13147
1,5	12952	12758	12566	12376	12188	12001	11816	11632	11450	11270
1,6	11092	10915	10741	10567	10396	10226	10059	09893	09728	09566
1,7	09405	09246	09089	08933	08780	08628	08478	08329	08183	08038
1,8	07895	07754	07614	07477	07341	07206	07074	06943	06814	06687
1,9	06562	06438	06316	06195	06077	05959	05844	05730	05618	05508
2,0	05399	05292	05186	05082	04980	04879	04780	04682	04586	04491
2,1	04398	04307	04217	04128	04041	03955	03871	03788	03706	03626
2,2	03547	03470	03394	03319	03246	03174	03103	03034	02965	02898
2,3	02833	02768	02705	02643	02582	02522	02463	02406	02349	02294
2,4	02239	02186	02134	02083	02033	01984	01936	01888	01842	01797
2,5	01753	01709	01667	01625	01585	01545	01506	01468	01431	01394
2,6	01358	01323	01289	01256	01223	01191	01160	01130	01100	01071
2,7	01042	01014	00987	00961	00935	00909	00885	00861	00837	00814
2,8	00792	00770	00748	00727	00707	00687	00668	00649	00631	00613
2,9	00595	00578	00562	00545	00530	00514	00499	00485	00470	00457
3,0	00443	00430	00417	00405	00393	00381	00370	00358	00348	00337
3,1	00327	00317	00307	00298	00288	00279	00271	00262	00254	00246
3,2	00238	00231	00224	00216	00210	00203	00196	00190	00184	00178
3,3	00172	00167	00161	00156	00151	00146	00141	00136	00132	00127
3,4	00123	00119	00115	00111	00107	00104	00100	00097	00094	00090
3,5	00087	00084	00081	00079	00076	00073	00071	00068	00066	00063
3,6	00061	00059	00057	00055	00053	00051	00049	00047	00046	00044
3,7	00042	00041	00039	00038	00037	00035	00034	00033	00031	00030
3,8	00029	00028	00027	00026	00025	00024	00023	00022	00021	00021
3,9	00020	00019	00018	00018	00017	00016	00016	00015	00014	00014
4,0	00013	00013	00012	00012	00011	00011	00011	00010	00010	00009

Wahrscheinlichkeit[2] 2 *P* → Abweichung *c*

2 *P* = doppeltes Integral von Unendlich bis *c*

2 *P*	0,00	0,01	0,02	0,03	0,04	0,05	0,06	0,07	0,08	0,09
	Abweichung *c*									
0,0	∞	2,575829	2,326348	2,170090	2,053749	1,959964	1,880794	1,811911	1,750686	1,695398
0,1	1,644854	1,598193	1,554774	1,514102	1,475791	1,439531	1,405072	1,372204	1,340755	1,310579
0,2	1,281552	1,253565	1,226528	1,200359	1,174987	1,150349	1,126391	1,103063	1,080319	1,058122
0,3	1,036433	1,015222	0,994458	0,974114	0,954165	0,934589	0,915365	0,896473	0,877896	0,859617
0,4	0,841621	0,823894	0,806421	0,789192	0,772193	0,755415	0,738847	0,722479	0,706303	0,690309
0,5	0,674490	0,658838	0,643345	0,628006	0,612813	0,597760	0,582842	0,568051	0,553385	0,538836
0,6	0,524401	0,510073	0,495850	0,481727	0,467699	0,453762	0,439913	0,426148	0,412463	0,398855
0,7	0,385320	0,371856	0,358459	0,345126	0,331853	0,318639	0,305481	0,292375	0,279319	0,266311
0,8	0,253347	0,240426	0,227545	0,214702	0,201893	0,189118	0,176374	0,163658	0,150969	0,138304
0,9	0,125661	0,113039	0,100434	0,087845	0,075270	0,062707	0,050154	0,037608	0,025069	0,012533

Sehr kleine *P*

2 *P*	0,004	0,003	0,002	0,001	0,000 1	0,000 01	0,000 001	0,000 000 1	0,000 000 01	0,000 000 001
c	2,878162	2,967738	3,090233	3,290527	3,89059	4,41717	4,89164	5,32672	5,73073	6,10941

[1] Abgekürzt nach Werten aus *Tables of Normal Probability Functions*, National Bureau of Standards, Applied Mathematics Series 23, Washington, 1953. Nachdruck nur mit Erlaubnis des Herausgebers.

[2] Werte nach FISHER und YATES, *Statistical Tables for Biological, Agricultural and Medical Research*, 6. Aufl., Oliver and Boyd, Edinburg, 1963, S. 44. Nachdruck mit freundlicher Erlaubnis der Autoren und des Verlages.

Signifikanzschranken der Student-Verteilung* ν = 1–50

$P = P$ (rechts) = Integral von Unendlich bis t. P (links) = P (rechts)

2 P	0,9995	0,999	0,995	0,99	0,98	0,975	0,95	0,90	0,80	0,70	0,60	0,50	0,40	0,30	0,20	0,10	0,05	0,025	0,02	0,01	0,005	0,001
P	0,49975	0,4995	0,4975	0,495	0,49	0,4875	0,475	0,45	0,40	0,35	0,30	0,25	0,20	0,15	0,10	0,05	0,025	0,0125	0,01	0,005	0,0025	0,0005
ν																						
1	0,0008	0,0015	0,0077	0,0154	0,030	0,0385	0,0770	0,1580	0,3250	0,5100	0,7270	1,0000	1,376	1,963	3,078	6,3138	12,706	25,452	31,821	63,657	127,32	636,619
2	0,0007	0,0014	0,0071	0,0141	0,028	0,0353	0,0707	0,1419	0,2885	0,4448	0,6172	0,8165	1,061	1,386	1,886	2,9200	4,3027	6,2053	6,965	9,9248	14,089	31,598
3	0,0007	0,0014	0,0068	0,0136	0,027	0,0340	0,0681	0,1366	0,2766	0,4243	0,5840	0,7649	0,978	1,250	1,638	2,3534	3,1825	4,1765	4,541	5,8409	7,4533	12,924
4	0,0007	0,0013	0,0067	0,0133	0,026	0,0333	0,0667	0,1338	0,2707	0,4143	0,5692	0,7407	0,941	1,190	1,533	2,1318	2,7764	3,4954	3,747	4,6041	5,5976	8,610
5	0,0007	0,0013	0,0066	0,0132	0,026	0,0329	0,0659	0,1322	0,2672	0,4083	0,5598	0,7267	0,920	1,156	1,476	2,0150	2,5706	3,1634	3,365	4,0321	4,7733	6,869
6	0,0007	0,0013	0,0065	0,0131	0,026	0,0327	0,0654	0,1311	0,2648	0,4044	0,5536	0,7176	0,906	1,134	1,440	1,9432	2,4469	2,9687	3,143	3,7074	4,3168	5,959
7	0,0006	0,0013	0,0065	0,0130	0,025	0,0325	0,0650	0,1303	0,2632	0,4016	0,5493	0,7111	0,896	1,119	1,415	1,8946	2,3646	2,8412	2,998	3,4995	4,0293	5,408
8	0,0006	0,0013	0,0065	0,0129	0,025	0,0323	0,0647	0,1297	0,2619	0,3995	0,5461	0,7064	0,889	1,108	1,397	1,8595	2,3060	2,7515	2,896	3,3554	3,8325	5,041
9	0,0006	0,0013	0,0064	0,0129	0,025	0,0322	0,0645	0,1293	0,2610	0,3979	0,5436	0,7027	0,883	1,100	1,383	1,8331	2,2622	2,6850	2,821	3,2498	3,6897	4,781
10	0,0006	0,0013	0,0064	0,0129	0,025	0,0321	0,0643	0,1289	0,2602	0,3966	0,5416	0,6998	0,879	1,093	1,372	1,8125	2,2281	2,6338	2,764	3,1693	3,5814	4,587
11	0,0006	0,0013	0,0064	0,0128	0,025	0,0321	0,0642	0,1286	0,2596	0,3956	0,5400	0,6975	0,876	1,088	1,363	1,7959	2,2010	2,5931	2,718	3,1058	3,4966	4,437
12	0,0006	0,0013	0,0064	0,0128	0,025	0,0320	0,0640	0,1283	0,2590	0,3947	0,5387	0,6955	0,873	1,083	1,356	1,7823	2,1788	2,5600	2,681	3,0545	3,4284	4,318
13	0,0006	0,0013	0,0064	0,0128	0,025	0,0319	0,0639	0,1281	0,2586	0,3940	0,5375	0,6938	0,870	1,079	1,350	1,7709	2,1604	2,5326	2,650	3,0123	3,3725	4,221
14	0,0006	0,0013	0,0064	0,0128	0,025	0,0319	0,0638	0,1280	0,2582	0,3933	0,5366	0,6924	0,868	1,076	1,345	1,7613	2,1448	2,5096	2,624	2,9768	3,3257	4,140
15	0,0006	0,0013	0,0064	0,0127	0,025	0,0319	0,0638	0,1278	0,2579	0,3928	0,5358	0,6912	0,866	1,074	1,341	1,7530	2,1315	2,4899	2,602	2,9467	3,2860	4,073
16	0,0006	0,0013	0,0064	0,0127	0,025	0,0318	0,0637	0,1277	0,2576	0,3923	0,5350	0,6901	0,865	1,071	1,337	1,7459	2,1199	2,4729	2,583	2,9208	3,2520	4,015
17	0,0006	0,0013	0,0064	0,0127	0,025	0,0318	0,0636	0,1276	0,2574	0,3919	0,5344	0,6892	0,863	1,069	1,333	1,7396	2,1098	2,4581	2,567	2,8982	3,2225	3,965
18	0,0006	0,0013	0,0064	0,0127	0,025	0,0318	0,0636	0,1274	0,2571	0,3915	0,5338	0,6884	0,862	1,067	1,330	1,7341	2,1009	2,4450	2,552	2,8784	3,1966	3,922
19	0,0006	0,0013	0,0063	0,0127	0,025	0,0318	0,0635	0,1274	0,2569	0,3912	0,5333	0,6876	0,861	1,066	1,328	1,7291	2,0930	2,4334	2,539	2,8609	3,1737	3,883
20	0,0006	0,0013	0,0063	0,0127	0,025	0,0317	0,0635	0,1273	0,2567	0,3909	0,5329	0,6870	0,860	1,064	1,325	1,7247	2,0860	2,4231	2,528	2,8453	3,1534	3,850
21	0,0006	0,0013	0,0063	0,0127	0,025	0,0317	0,0635	0,1272	0,2566	0,3906	0,5325	0,6864	0,859	1,063	1,323	1,7207	2,0796	2,4138	2,518	2,8314	3,1352	3,819
22	0,0006	0,0013	0,0063	0,0127	0,025	0,0317	0,0634	0,1271	0,2564	0,3904	0,5321	0,6858	0,858	1,061	1,321	1,7171	2,0739	2,4055	2,508	2,8188	3,1188	3,792
23	0,0006	0,0013	0,0063	0,0127	0,025	0,0317	0,0634	0,1271	0,2563	0,3902	0,5318	0,6853	0,858	1,060	1,319	1,7139	2,0687	2,3979	2,500	2,8073	3,1040	3,767
24	0,0006	0,0013	0,0063	0,0127	0,025	0,0317	0,0634	0,1270	0,2562	0,3900	0,5315	0,6849	0,857	1,059	1,318	1,7109	2,0639	2,3910	2,492	2,7969	3,0905	3,745
25	0,0006	0,0013	0,0063	0,0127	0,025	0,0317	0,0633	0,1269	0,2561	0,3898	0,5312	0,6844	0,856	1,058	1,316	1,7081	2,0595	2,3846	2,485	2,7874	3,0782	3,725
26	0,0006	0,0013	0,0063	0,0127	0,025	0,0316	0,0633	0,1269	0,2560	0,3896	0,5309	0,6841	0,856	1,058	1,315	1,7056	2,0555	2,3788	2,479	2,7787	3,0669	3,707
27	0,0006	0,0013	0,0063	0,0126	0,025	0,0316	0,0633	0,1269	0,2559	0,3895	0,5307	0,6837	0,855	1,057	1,314	1,7033	2,0518	2,3734	2,473	2,7707	3,0565	3,690
28	0,0006	0,0013	0,0063	0,0126	0,025	0,0316	0,0633	0,1268	0,2558	0,3893	0,5304	0,6834	0,855	1,056	1,313	1,7011	2,0484	2,3685	2,467	2,7633	3,0469	3,674
29	0,0006	0,0013	0,0063	0,0126	0,025	0,0316	0,0633	0,1268	0,2557	0,3892	0,5302	0,6830	0,854	1,055	1,311	1,6991	2,0452	2,3638	2,462	2,7564	3,0380	3,659
30	0,0006	0,0013	0,0063	0,0126	0,025	0,0316	0,0632	0,1267	0,2556	0,3890	0,5300	0,6828	0,854	1,055	1,310	1,6973	2,0423	2,3596	2,457	2,7500	3,0298	3,646
31	0,0006	0,0013	0,0063	0,0126	0,025	0,0316	0,0632	0,1267	0,2555	0,3889	0,5298	0,6825	0,8535	1,0541	1,3095	1,6955	2,0395	2,3556	2,453	2,7441	3,0222	3,6338
32	0,0006	0,0013	0,0063	0,0126	0,025	0,0316	0,0632	0,1267	0,2555	0,3888	0,5297	0,6823	0,8531	1,0536	1,3086	1,6939	2,0370	2,3519	2,449	2,7385	3,0150	3,6221
33	0,0006	0,0013	0,0063	0,0126	0,025	0,0316	0,0632	0,1266	0,2554	0,3887	0,5295	0,6820	0,8527	1,0531	1,3078	1,6924	2,0345	2,3484	2,445	2,7333	3,0083	3,6111
34	0,0006	0,0013	0,0063	0,0126	0,025	0,0316	0,0632	0,1266	0,2553	0,3886	0,5294	0,6818	0,8524	1,0526	1,3070	1,6909	2,0323	2,3451	2,441	2,7284	3,0020	3,6011
35	0,0006	0,0013	0,0063	0,0126	0,025	0,0316	0,0632	0,1266	0,2553	0,3885	0,5292	0,6816	0,8521	1,0521	1,3062	1,6896	2,0301	2,3420	2,438	2,7239	2,9962	3,5915
36	0,0006	0,0013	0,0063	0,0126	0,025	0,0316	0,0631	0,1266	0,2552	0,3884	0,5291	0,6814	0,8518	1,0516	1,3055	1,6883	2,0281	2,3391	2,434	2,7195	2,9905	3,5824
37	0,0006	0,0013	0,0063	0,0126	0,025	0,0316	0,0631	0,1265	0,2552	0,3883	0,5290	0,6812	0,8515	1,0512	1,3049	1,6871	2,0262	2,3364	2,431	2,7155	2,9853	3,5741
38	0,0006	0,0013	0,0063	0,0126	0,025	0,0315	0,0631	0,1265	0,2551	0,3883	0,5288	0,6810	0,8512	1,0508	1,3042	1,6860	2,0244	2,3338	2,428	2,7116	2,9804	3,5661
39	0,0006	0,0013	0,0063	0,0126	0,025	0,0315	0,0631	0,1265	0,2551	0,3882	0,5287	0,6808	0,8510	1,0504	1,3037	1,6849	2,0227	2,3313	2,426	2,7079	2,9757	3,5586
40	0,0006	0,0013	0,0063	0,0126	0,025	0,0315	0,0631	0,1265	0,2550	0,3881	0,5286	0,6807	0,8507	1,0501	1,3031	1,6839	2,0211	2,3290	2,423	2,7045	2,9713	3,5511
41	0,0006	0,0013	0,0063	0,0126	0,025	0,0315	0,0631	0,1264	0,2550	0,3880	0,5285	0,6805	0,8505	1,0498	1,3026	1,6829	2,0196	2,3268	2,421	2,7012	2,9671	3,5446
42	0,0006	0,0013	0,0063	0,0126	0,025	0,0315	0,0631	0,1264	0,2550	0,3880	0,5284	0,6804	0,8503	1,0494	1,3020	1,6820	2,0181	2,3247	2,418	2,6981	2,9631	3,5383
43	0,0006	0,0013	0,0063	0,0126	0,025	0,0315	0,0631	0,1264	0,2549	0,3879	0,5283	0,6803	0,8501	1,0491	1,3016	1,6811	2,0167	2,3226	2,416	2,6952	2,9592	3,5323
44	0,0006	0,0013	0,0063	0,0126	0,025	0,0315	0,0631	0,1264	0,2549	0,3879	0,5282	0,6801	0,8499	1,0488	1,3011	1,6802	2,0154	2,3207	2,414	2,6923	2,9556	3,5264
45	0,0006	0,0013	0,0063	0,0126	0,025	0,0315	0,0631	0,1264	0,2549	0,3878	0,5281	0,6800	0,8497	1,0485	1,3007	1,6794	2,0141	2,3189	2,412	2,6896	2,9522	3,5207
46	0,0006	0,0013	0,0063	0,0126	0,025	0,0315	0,0631	0,1264	0,2548	0,3877	0,5281	0,6799	0,8495	1,0483	1,3002	1,6787	2,0129	2,3172	2,410	2,6870	2,9489	3,5153
47	0,0006	0,0013	0,0063	0,0126	0,025	0,0315	0,0630	0,1263	0,2548	0,3877	0,5280	0,6798	0,8494	1,0480	1,2998	1,6779	2,0118	2,3155	2,408	2,6846	2,9457	3,5104
48	0,0006	0,0013	0,0063	0,0126	0,025	0,0315	0,0630	0,1263	0,2548	0,3876	0,5279	0,6796	0,8492	1,0478	1,2994	1,6772	2,0106	2,3139	2,406	2,6822	2,9427	3,5053
49	0,0006	0,0013	0,0063	0,0126	0,025	0,0315	0,0630	0,1263	0,2547	0,3876	0,5278	0,6795	0,8490	1,0476	1,2991	1,6766	2,0096	2,3124	2,405	2,6800	2,9398	3,5010
50	0,0006	0,0013	0,0063	0,0126	0,025	0,0315	0,0630	0,1263	0,2547	0,3875	0,5278	0,6794	0,8489	1,0473	1,2987	1,6759	2,0086	2,3109	2,403	2,6778	2,9370	3,4965

Signifikanzschranken der Student-Verteilung* ν = 51–100

$P = P$ (rechts) = Integral von Unendlich bis t. P (links) = P (rechts)

2 P	0,9995	0,999	0,995	0,99	0,98	0,975	0,95	0,90	0,80	0,70	0,60	0,50	0,40	0,30	0,20	0,10	0,05	0,025	0,02	0,01	0,005	0,001
P	0,49975	0,4995	0,4975	0,495	0,49	0,4875	0,475	0,45	0,40	0,35	0,30	0,25	0,20	0,15	0,10	0,05	0,025	0,0125	0,01	0,005	0,0025	0,0005
ν																						
51	0,0006	0,0013	0,0063	0,0126	0,025	0,0315	0,0630	0,1263	0,2547	0,3875	0,5277	0,6793	0,8488	1,0471	1,2984	1,6753	2,0077	2,3096	2,402	2,6758	2,9344	3,4924
52	0,0006	0,0013	0,0063	0,0126	0,025	0,0315	0,0630	0,1263	0,2547	0,3875	0,5276	0,6792	0,8486	1,0469	1,2981	1,6747	2,0067	2,3082	2,400	2,6738	2,9318	3,4883
53	0,0006	0,0013	0,0063	0,0126	0,025	0,0315	0,0630	0,1263	0,2547	0,3875	0,5276	0,6792	0,8485	1,0467	1,2978	1,6742	2,0058	2,3070	2,399	2,6719	2,9295	3,4845
54	0,0006	0,0013	0,0063	0,0126	0,025	0,0315	0,0630	0,1263	0,2546	0,3874	0,5275	0,6791	0,8484	1,0465	1,2975	1,6736	2,0049	2,3057	2,397	2,6700	2,9271	3,4807
55	0,0006	0,0013	0,0063	0,0126	0,025	0,0315	0,0630	0,1263	0,2546	0,3874	0,5275	0,6790	0,8483	1,0463	1,2972	1,6731	2,0041	2,3045	2,396	2,6683	2,9249	3,4770
56	0,0006	0,0013	0,0063	0,0126	0,025	0,0315	0,0630	0,1262	0,2546	0,3873	0,5274	0,6789	0,8481	1,0461	1,2969	1,6725	2,0033	2,3033	2,395	2,6666	2,9226	3,4733
57	0,0006	0,0013	0,0063	0,0126	0,025	0,0315	0,0630	0,1262	0,2546	0,3873	0,5274	0,6789	0,8480	1,0460	1,2967	1,6721	2,0025	2,3022	2,393	2,6650	2,9205	3,4702
58	0,0006	0,0013	0,0063	0,0126	0,025	0,0315	0,0630	0,1262	0,2545	0,3872	0,5273	0,6788	0,8479	1,0458	1,2964	1,6716	2,0017	2,3011	2,392	2,6633	2,9184	3,4670
59	0,0006	0,0013	0,0063	0,0126	0,025	0,0315	0,0630	0,1262	0,2545	0,3872	0,5273	0,6787	0,8478	1,0457	1,2962	1,6712	2,0010	2,3001	2,391	2,6618	2,9165	3,4638
60	0,0006	0,0013	0,0063	0,0126	0,025	0,0315	0,0630	0,1262	0,2545	0,3872	0,5272	0,6786	0,8477	1,0455	1,2959	1,6707	2,0003	2,2991	2,390	2,6603	2,9146	3,4606
61	0,0006	0,0013	0,0063	0,0126	0,025	0,0315	0,0630	0,1262	0,2545	0,3872	0,5272	0,6786	0,8476	1,0454	1,2957	1,6703	1,9997	2,2982	2,389	2,6590	2,9128	3,4577
62	0,0006	0,0013	0,0063	0,0126	0,025	0,0315	0,0630	0,1262	0,2544	0,3871	0,5271	0,6785	0,8475	1,0452	1,2954	1,6698	1,9990	2,2972	2,388	2,6576	2,9110	3,4548
63	0,0006	0,0013	0,0063	0,0126	0,025	0,0315	0,0630	0,1262	0,2544	0,3871	0,5271	0,6785	0,8474	1,0451	1,2952	1,6694	1,9984	2,2963	2,387	2,6563	2,9094	3,4521
64	0,0006	0,0013	0,0063	0,0126	0,025	0,0315	0,0630	0,1262	0,2544	0,3871	0,5270	0,6784	0,8473	1,0449	1,2950	1,6690	1,9977	2,2954	2,386	2,6549	2,9077	3,4494
65	0,0006	0,0013	0,0063	0,0126	0,025	0,0315	0,0630	0,1262	0,2544	0,3871	0,5270	0,6783	0,8472	1,0448	1,2948	1,6687	1,9972	2,2946	2,385	2,6537	2,9061	3,4470
66	0,0006	0,0013	0,0063	0,0126	0,025	0,0315	0,0629	0,1261	0,2544	0,3870	0,5270	0,6782	0,8471	1,0447	1,2945	1,6683	1,9966	2,2937	2,384	2,6525	2,9045	3,4445
67	0,0006	0,0013	0,0063	0,0126	0,025	0,0315	0,0629	0,1261	0,2544	0,3870	0,5270	0,6782	0,8471	1,0446	1,2944	1,6680	1,9961	2,2929	2,383	2,6513	2,9031	3,4423
68	0,0006	0,0013	0,0063	0,0126	0,025	0,0315	0,0629	0,1261	0,2543	0,3870	0,5269	0,6781	0,8470	1,0444	1,2942	1,6676	1,9955	2,2921	2,382	2,6501	2,9016	3,4400
69	0,0006	0,0013	0,0063	0,0126	0,025	0,0315	0,0629	0,1261	0,2543	0,3870	0,5269	0,6781	0,8469	1,0443	1,2940	1,6673	1,9950	2,2914	2,381	2,6491	2,9002	3,4378
70	0,0006	0,0013	0,0063	0,0126	0,025	0,0315	0,0629	0,1261	0,2543	0,3869	0,5268	0,6780	0,8468	1,0442	1,2938	1,6669	1,9945	2,2907	2,381	2,6480	2,8988	3,4355
71	0,0006	0,0013	0,0063	0,0126	0,025	0,0315	0,0629	0,1261	0,2543	0,3869	0,5268	0,6780	0,8468	1,0441	1,2936	1,6666	1,9940	2,2900	2,380	2,6470	2,8976	3,4333
72	0,0006	0,0013	0,0063	0,0126	0,025	0,0314	0,0629	0,1261	0,2543	0,3869	0,5267	0,6779	0,8467	1,0440	1,2934	1,6663	1,9935	2,2893	2,379	2,6459	2,8963	3,4310
73	0,0006	0,0013	0,0063	0,0126	0,025	0,0314	0,0629	0,1261	0,2543	0,3869	0,5267	0,6779	0,8466	1,0439	1,2933	1,6660	1,9931	2,2887	2,378	2,6450	2,8950	3,4291
74	0,0006	0,0013	0,0063	0,0126	0,025	0,0314	0,0629	0,1261	0,2543	0,3868	0,5267	0,6778	0,8465	1,0438	1,2931	1,6657	1,9926	2,2880	2,378	2,6440	2,8937	3,4272
75	0,0006	0,0013	0,0063	0,0126	0,025	0,0314	0,0629	0,1261	0,2543	0,3868	0,5267	0,6778	0,8465	1,0437	1,2930	1,6655	1,9922	2,2874	2,377	2,6431	2,8925	3,4253
76	0,0006	0,0013	0,0063	0,0126	0,025	0,0314	0,0629	0,1261	0,2542	0,3868	0,5266	0,6777	0,8464	1,0436	1,2928	1,6652	1,9917	2,2867	2,376	2,6421	2,8913	3,4234
77	0,0006	0,0013	0,0063	0,0126	0,025	0,0314	0,0629	0,1261	0,2542	0,3868	0,5266	0,6777	0,8464	1,0435	1,2927	1,6649	1,9913	2,2861	2,376	2,6413	2,8903	3,4217
78	0,0006	0,0013	0,0063	0,0126	0,025	0,0314	0,0629	0,1261	0,2542	0,3867	0,5266	0,6777	0,8463	1,0434	1,2925	1,6646	1,9909	2,2855	2,375	2,6404	2,8892	3,4200
79	0,0006	0,0013	0,0063	0,0126	0,025	0,0314	0,0629	0,1261	0,2542	0,3867	0,5266	0,6777	0,8463	1,0433	1,2924	1,6644	1,9905	2,2850	2,374	2,6396	2,8882	3,4185
80	0,0006	0,0013	0,0063	0,0126	0,025	0,0314	0,0629	0,1261	0,2542	0,3867	0,5265	0,6776	0,8462	1,0432	1,2922	1,6641	1,9901	2,2844	2,374	2,6388	2,8871	3,4169
81	0,0006	0,0013	0,0063	0,0126	0,025	0,0314	0,0629	0,1261	0,2542	0,3867	0,5265	0,6776	0,8461	1,0431	1,2921	1,6639	1,9897	2,2839	2,373	2,6380	2,8861	3,4152
82	0,0006	0,0013	0,0063	0,0126	0,025	0,0314	0,0629	0,1261	0,2542	0,3867	0,5265	0,6775	0,8460	1,0430	1,2920	1,6637	1,9893	2,2833	2,372	2,6372	2,8851	3,4135
83	0,0006	0,0013	0,0063	0,0126	0,025	0,0314	0,0629	0,1261	0,2542	0,3867	0,5265	0,6775	0,8460	1,0430	1,2919	1,6635	1,9890	2,2828	2,372	2,6365	2,8842	3,4121
84	0,0006	0,0013	0,0063	0,0126	0,025	0,0314	0,0629	0,1260	0,2542	0,3866	0,5264	0,6774	0,8459	1,0429	1,2917	1,6632	1,9886	2,2823	2,371	2,6357	2,8832	3,4106
85	0,0006	0,0013	0,0063	0,0126	0,025	0,0314	0,0629	0,1260	0,2542	0,3866	0,5264	0,6774	0,8459	1,0428	1,2916	1,6630	1,9883	2,2818	2,371	2,6350	2,8823	3,4091
86	0,0006	0,0013	0,0063	0,0126	0,025	0,0314	0,0629	0,1260	0,2541	0,3866	0,5264	0,6774	0,8458	1,0427	1,2915	1,6628	1,9880	2,2813	2,370	2,6343	2,8814	3,4076
87	0,0006	0,0013	0,0063	0,0126	0,025	0,0314	0,0629	0,1260	0,2541	0,3866	0,5264	0,6774	0,8458	1,0427	1,2914	1,6626	1,9877	2,2809	2,370	2,6336	2,8805	3,4063
88	0,0006	0,0013	0,0063	0,0126	0,025	0,0314	0,0629	0,1260	0,2541	0,3866	0,5263	0,6773	0,8457	1,0426	1,2913	1,6624	1,9873	2,2804	2,369	2,6329	2,8796	3,4050
89	0,0006	0,0013	0,0063	0,0126	0,025	0,0314	0,0629	0,1260	0,2541	0,3866	0,5263	0,6773	0,8457	1,0426	1,2912	1,6622	1,9870	2,2800	2,369	2,6323	2,8788	3,4036
90	0,0006	0,0013	0,0063	0,0126	0,025	0,0314	0,0629	0,1260	0,2541	0,3866	0,5263	0,6772	0,8457	1,0425	1,2910	1,6620	1,9867	2,2795	2,368	2,6316	2,8779	3,4022
91	0,0006	0,0013	0,0063	0,0126	0,025	0,0314	0,0629	0,1260	0,2541	0,3866	0,5263	0,6772	0,8457	1,0424	1,2909	1,6618	1,9864	2,2791	2,368	2,6310	2,8772	3,4010
92	0,0006	0,0013	0,0063	0,0126	0,025	0,0314	0,0629	0,1260	0,2541	0,3865	0,5262	0,6772	0,8456	1,0423	1,2908	1,6616	1,9861	2,2787	2,367	2,6303	2,8764	3,3997
93	0,0006	0,0013	0,0063	0,0126	0,025	0,0314	0,0629	0,1260	0,2541	0,3865	0,5262	0,6772	0,8456	1,0423	1,2907	1,6614	1,9859	2,2783	2,367	2,6298	2,8757	3,3986
94	0,0006	0,0013	0,0063	0,0126	0,025	0,0314	0,0629	0,1260	0,2541	0,3865	0,5262	0,6771	0,8455	1,0422	1,2906	1,6612	1,9856	2,2779	2,366	2,6292	2,8749	3,3975
95	0,0006	0,0013	0,0063	0,0126	0,025	0,0314	0,0629	0,1260	0,2541	0,3865	0,5262	0,6771	0,8455	1,0422	1,2905	1,6611	1,9853	2,2775	2,366	2,6286	2,8742	3,3964
96	0,0006	0,0013	0,0063	0,0126	0,025	0,0314	0,0629	0,1260	0,2541	0,3865	0,5262	0,6771	0,8454	1,0421	1,2904	1,6609	1,9850	2,2771	2,366	2,6280	2,8734	3,3952
97	0,0006	0,0013	0,0063	0,0126	0,025	0,0314	0,0629	0,1260	0,2541	0,3865	0,5262	0,6771	0,8454	1,0421	1,2904	1,6608	1,9848	2,2768	2,365	2,6275	2,8728	3,3940
98	0,0006	0,0013	0,0063	0,0126	0,025	0,0314	0,0629	0,1260	0,2540	0,3865	0,5261	0,6770	0,8453	1,0420	1,2903	1,6606	1,9845	2,2764	2,365	2,6270	2,8721	3,3928
99	0,0006	0,0013	0,0063	0,0126	0,025	0,0314	0,0629	0,1260	0,2540	0,3865	0,5261	0,6770	0,8453	1,0419	1,2902	1,6604	1,9843	2,2761	2,364	2,6265	2,8714	3,3919
100	0,0006	0,0013	0,0063	0,0126	0,025	0,0314	0,0629	0,1260	0,2540	0,3864	0,5261	0,6770	0,8452	1,0418	1,2901	1,6602	1,9840	2,2757	2,364	2,6260	2,8707	3,3909

Signifikanzschranken der Student-Verteilung* ν = 101–150

$P = P$ (rechts) = Integral von Unendlich bis t. P (links) = P (rechts)

2 P	0,9995	0,999	0,995	0,99	0,98	0,975	0,95	0,90	0,80	0,70	0,60	0,50	0,40	0,30	0,20	0,10	0,05	0,025	0,02	0,01	0,005	0,001
P	0,49975	0,4995	0,4975	0,495	0,49	0,4875	0,475	0,45	0,40	0,35	0,30	0,25	0,20	0,15	0,10	0,05	0,025	0,0125	0,01	0,005	0,0025	0,0005
ν																						
101	0,0006	0,0013	0,0063	0,0126	0,025	0,0314	0,0629	0,1260	0,2540	0,3864	0,5261	0,6770	0,8452	1,0418	1,2900	1,6601	1,9838	2,2754	2,364	2,6255	2,8701	3,3899
102	0,0006	0,0013	0,0063	0,0126	0,025	0,0314	0,0629	0,1260	0,2540	0,3864	0,5261	0,6769	0,8452	1,0417	1,2899	1,6599	1,9835	2,2750	2,363	2,6249	2,8695	3,3888
103	0,0006	0,0013	0,0063	0,0126	0,025	0,0314	0,0629	0,1260	0,2540	0,3864	0,5261	0,6769	0,8452	1,0417	1,2899	1,6598	1,9833	2,2747	2,363	2,6245	2,8689	3,3879
104	0,0006	0,0013	0,0063	0,0126	0,025	0,0314	0,0629	0,1260	0,2540	0,3864	0,5260	0,6769	0,8451	1,0416	1,2898	1,6596	1,9831	2,2743	2,363	2,6240	2,8682	3,3870
105	0,0006	0,0013	0,0063	0,0126	0,025	0,0314	0,0629	0,1260	0,2540	0,3864	0,5260	0,6769	0,8451	1,0416	1,2897	1,6595	1,9829	2,2740	2,362	2,6236	2,8677	3,3860
106	0,0006	0,0013	0,0063	0,0126	0,025	0,0314	0,0629	0,1260	0,2540	0,3864	0,5260	0,6768	0,8450	1,0415	1,2896	1,6594	1,9826	2,2737	2,362	2,6231	2,8671	3,3850
107	0,0006	0,0013	0,0063	0,0126	0,025	0,0314	0,0629	0,1260	0,2540	0,3864	0,5260	0,6768	0,8450	1,0415	1,2895	1,6593	1,9824	2,2734	2,362	2,6227	2,8665	3,3840
108	0,0006	0,0013	0,0063	0,0126	0,025	0,0314	0,0629	0,1260	0,2540	0,3864	0,5260	0,6768	0,8450	1,0414	1,2894	1,6591	1,9822	2,2731	2,361	2,6222	2,8659	3,3830
109	0,0006	0,0013	0,0063	0,0126	0,025	0,0314	0,0629	0,1260	0,2540	0,3864	0,5260	0,6768	0,8450	1,0414	1,2894	1,6590	1,9820	2,2728	2,361	2,6218	2,8654	3,3823
110	0,0006	0,0013	0,0063	0,0126	0,025	0,0314	0,0629	0,1260	0,2540	0,3863	0,5259	0,6767	0,8449	1,0414	1,2893	1,6588	1,9818	2,2725	2,361	2,6213	2,8648	3,3816
111	0,0006	0,0013	0,0063	0,0126	0,025	0,0314	0,0629	0,1260	0,2540	0,3863	0,5259	0,6767	0,8449	1,0414	1,2893	1,6587	1,9816	2,2723	2,360	2,6209	2,8643	3,3808
112	0,0006	0,0013	0,0063	0,0126	0,025	0,0314	0,0628	0,1259	0,2540	0,3863	0,5259	0,6767	0,8449	1,0413	1,2892	1,6586	1,9814	2,2720	2,360	2,6205	2,8638	3,3800
113	0,0006	0,0013	0,0063	0,0126	0,025	0,0314	0,0628	0,1259	0,2540	0,3863	0,5259	0,6767	0,8449	1,0413	1,2891	1,6585	1,9812	2,2717	2,360	2,6201	2,8633	3,3791
114	0,0006	0,0013	0,0063	0,0126	0,025	0,0314	0,0628	0,1259	0,2539	0,3863	0,5259	0,6767	0,8448	1,0412	1,2890	1,6583	1,9810	2,2714	2,359	2,6197	2,8627	3,3782
115	0,0006	0,0013	0,0063	0,0126	0,025	0,0314	0,0628	0,1259	0,2539	0,3863	0,5259	0,6767	0,8448	1,0412	1,2890	1,6582	1,9808	2,2712	2,359	2,6193	2,8623	3,3775
116	0,0006	0,0013	0,0063	0,0126	0,025	0,0314	0,0628	0,1259	0,2539	0,3863	0,5259	0,6766	0,8447	1,0411	1,2889	1,6581	1,9806	2,2709	2,359	2,6189	2,8618	3,3767
117	0,0006	0,0013	0,0063	0,0126	0,025	0,0314	0,0628	0,1259	0,2539	0,3863	0,5259	0,6766	0,8447	1,0411	1,2889	1,6580	1,9805	2,2707	2,359	2,6186	2,8613	3,3760
118	0,0006	0,0013	0,0063	0,0126	0,025	0,0314	0,0628	0,1259	0,2539	0,3863	0,5258	0,6766	0,8447	1,0410	1,2888	1,6579	1,9803	2,2704	2,358	2,6182	2,8608	3,3752
119	0,0006	0,0013	0,0063	0,0126	0,025	0,0314	0,0628	0,1259	0,2539	0,3863	0,5258	0,6766	0,8447	1,0410	1,2888	1,6578	1,9801	2,2702	2,358	2,6179	2,8604	3,3744
120	0,0006	0,0013	0,0063	0,0126	0,025	0,0314	0,0628	0,1259	0,2539	0,3862	0,5258	0,6765	0,8446	1,0409	1,2887	1,6577	1,9799	2,2699	2,358	2,6175	2,8599	3,3736
121	0,0006	0,0013	0,0063	0,0126	0,025	0,0314	0,0628	0,1259	0,2539	0,3862	0,5258	0,6765	0,8446	1,0409	1,2886	1,6576	1,9798	2,2697	2,357	2,6172	2,8595	3,3729
122	0,0006	0,0013	0,0063	0,0126	0,025	0,0314	0,0628	0,1259	0,2539	0,3862	0,5258	0,6765	0,8446	1,0409	1,2885	1,6575	1,9796	2,2694	2,357	2,6168	2,8591	3,3721
123	0,0006	0,0013	0,0063	0,0126	0,025	0,0314	0,0628	0,1259	0,2539	0,3862	0,5258	0,6765	0,8446	1,0409	1,2885	1,6574	1,9795	2,2692	2,357	2,6165	2,8587	3,3715
124	0,0006	0,0013	0,0063	0,0126	0,025	0,0314	0,0628	0,1259	0,2539	0,3862	0,5258	0,6765	0,8445	1,0408	1,2884	1,6573	1,9793	2,2690	2,357	2,6161	2,8582	3,3709
125	0,0006	0,0013	0,0063	0,0126	0,025	0,0314	0,0628	0,1259	0,2539	0,3862	0,5258	0,6765	0,8445	1,0408	1,2884	1,6572	1,9792	2,2688	2,356	2,6158	2,8578	3,3702
126	0,0006	0,0013	0,0063	0,0126	0,025	0,0314	0,0628	0,1259	0,2539	0,3862	0,5257	0,6765	0,8445	1,0407	1,2883	1,6571	1,9790	2,2685	2,356	2,6155	2,8574	3,3694
127	0,0006	0,0013	0,0063	0,0126	0,025	0,0314	0,0628	0,1259	0,2539	0,3862	0,5257	0,6765	0,8445	1,0407	1,2883	1,6570	1,9789	2,2683	2,356	2,6152	2,8570	3,3690
128	0,0006	0,0013	0,0063	0,0126	0,025	0,0314	0,0628	0,1259	0,2539	0,3862	0,5257	0,6764	0,8445	1,0407	1,2882	1,6569	1,9787	2,2681	2,356	2,6148	2,8566	3,3685
129	0,0006	0,0013	0,0063	0,0126	0,025	0,0314	0,0628	0,1259	0,2539	0,3862	0,5257	0,6764	0,8445	1,0407	1,2882	1,6568	1,9786	2,2679	2,355	2,6145	2,8562	3,3679
130	0,0006	0,0013	0,0063	0,0126	0,025	0,0314	0,0628	0,1259	0,2539	0,3862	0,5257	0,6764	0,8444	1,0406	1,2881	1,6567	1,9784	2,2677	2,355	2,6142	2,8558	3,3673
131	0,0006	0,0013	0,0063	0,0126	0,025	0,0314	0,0628	0,1259	0,2539	0,3862	0,5257	0,6764	0,8444	1,0406	1,2881	1,6566	1,9783	2,2675	2,355	2,6139	2,8555	3,3667
132	0,0006	0,0013	0,0063	0,0126	0,025	0,0314	0,0628	0,1259	0,2539	0,3862	0,5257	0,6764	0,8444	1,0405	1,2880	1,6565	1,9781	2,2673	2,355	2,6136	2,8551	3,3661
133	0,0006	0,0013	0,0063	0,0126	0,025	0,0314	0,0628	0,1259	0,2539	0,3862	0,5257	0,6764	0,8444	1,0405	1,2880	1,6564	1,9780	2,2671	2,355	2,6134	2,8548	3,3655
134	0,0006	0,0013	0,0063	0,0126	0,025	0,0314	0,0628	0,1259	0,2539	0,3862	0,5257	0,6763	0,8443	1,0405	1,2879	1,6563	1,9778	2,2669	2,354	2,6131	2,8544	3,3648
135	0,0006	0,0013	0,0063	0,0126	0,025	0,0314	0,0628	0,1259	0,2539	0,3862	0,5257	0,6763	0,8443	1,0405	1,2879	1,6563	1,9777	2,2667	2,354	2,6128	2,8540	3,3642
136	0,0006	0,0013	0,0063	0,0126	0,025	0,0314	0,0628	0,1259	0,2538	0,3861	0,5256	0,6763	0,8443	1,0404	1,2878	1,6562	1,9776	2,2665	2,354	2,6125	2,8536	3,3636
137	0,0006	0,0013	0,0063	0,0126	0,025	0,0314	0,0628	0,1259	0,2538	0,3861	0,5256	0,6763	0,8443	1,0404	1,2878	1,6561	1,9775	2,2664	2,354	2,6123	2,8533	3,3631
138	0,0006	0,0013	0,0063	0,0126	0,025	0,0314	0,0628	0,1259	0,2538	0,3861	0,5256	0,6763	0,8442	1,0403	1,2877	1,6560	1,9773	2,2662	2,354	2,6120	2,8529	3,3626
139	0,0006	0,0013	0,0063	0,0126	0,025	0,0314	0,0628	0,1259	0,2538	0,3861	0,5256	0,6763	0,8442	1,0403	1,2877	1,6559	1,9772	2,2660	2,353	2,6117	2,8526	3,3621
140	0,0006	0,0013	0,0063	0,0126	0,025	0,0314	0,0628	0,1259	0,2538	0,3861	0,5256	0,6763	0,8442	1,0403	1,2876	1,6558	1,9771	2,2658	2,353	2,6114	2,8523	3,3615
141	0,0006	0,0013	0,0063	0,0126	0,025	0,0314	0,0628	0,1259	0,2538	0,3861	0,5256	0,6763	0,8442	1,0403	1,2876	1,6558	1,9770	2,2657	2,353	2,6112	2,8520	3,3611
142	0,0006	0,0013	0,0063	0,0126	0,025	0,0314	0,0628	0,1259	0,2538	0,3861	0,5256	0,6762	0,8442	1,0402	1,2876	1,6557	1,9768	2,2655	2,353	2,6109	2,8516	3,3606
143	0,0006	0,0013	0,0063	0,0126	0,025	0,0314	0,0628	0,1259	0,2538	0,3861	0,5256	0,6762	0,8442	1,0402	1,2876	1,6556	1,9767	2,2653	2,353	2,6107	2,8513	3,3600
144	0,0006	0,0013	0,0063	0,0126	0,025	0,0314	0,0628	0,1259	0,2538	0,3861	0,5256	0,6762	0,8441	1,0402	1,2875	1,6555	1,9766	2,2651	2,352	2,6104	2,8510	3,3594
145	0,0006	0,0013	0,0063	0,0126	0,025	0,0314	0,0628	0,1259	0,2538	0,3861	0,5256	0,6762	0,8441	1,0402	1,2875	1,6555	1,9765	2,2650	2,352	2,6102	2,8507	3,3590
146	0,0006	0,0013	0,0063	0,0126	0,025	0,0314	0,0628	0,1259	0,2538	0,3861	0,5256	0,6762	0,8441	1,0401	1,2874	1,6554	1,9764	2,2648	2,352	2,6099	2,8504	3,3585
147	0,0006	0,0013	0,0063	0,0126	0,025	0,0314	0,0628	0,1259	0,2538	0,3861	0,5256	0,6762	0,8441	1,0401	1,2874	1,6553	1,9763	2,2647	2,352	2,6097	2,8501	3,3581
148	0,0006	0,0013	0,0063	0,0126	0,025	0,0314	0,0628	0,1259	0,2538	0,3861	0,5255	0,6762	0,8441	1,0401	1,2873	1,6552	1,9762	2,2645	2,352	2,6095	2,8498	3,3576
149	0,0006	0,0013	0,0063	0,0126	0,025	0,0314	0,0628	0,1259	0,2538	0,3861	0,5255	0,6762	0,8441	1,0401	1,2873	1,6552	1,9761	2,2644	2,352	2,6093	2,8495	3,3572
150	0,0006	0,0013	0,0063	0,0126	0,025	0,0314	0,0628	0,1259	0,2538	0,3861	0,5255	0,6761	0,8440	1,0400	1,2872	1,6551	1,9759	2,2642	2,351	2,6090	2,8492	3,3567

Signifikanzschranken der Student-Verteilung* ν = 151–200

$P = P$ (rechts) = Integral von Unendlich bis t. P (links) = P (rechts)

2 P	0,9995	0,999	0,995	0,99	0,98	0,975	0,95	0,90	0,80	0,70	0,60	0,50	0,40	0,30	0,20	0,10	0,05	0,025	0,02	0,01	0,005	0,001
P	0,49975	0,4995	0,4975	0,495	0,49	0,4875	0,475	0,45	0,40	0,35	0,30	0,25	0,20	0,15	0,10	0,05	0,025	0,0125	0,01	0,005	0,0025	0,0005
ν																						
151	0,0006	0,0013	0,0063	0,0126	0,025	0,0314	0,0628	0,1259	0,2538	0,3861	0,5255	0,6761	0,8440	1,0400	1,2872	1,6551	1,9758	2,2641	2,351	2,6088	2,8490	3,3563
152	0,0006	0,0013	0,0063	0,0126	0,025	0,0314	0,0628	0,1259	0,2538	0,3861	0,5255	0,6761	0,8440	1,0400	1,2872	1,6550	1,9757	2,2639	2,351	2,6086	2,8487	3,3559
153	0,0006	0,0013	0,0063	0,0126	0,025	0,0314	0,0628	0,1259	0,2538	0,3861	0,5255	0,6761	0,8440	1,0400	1,2872	1,6549	1,9756	2,2638	2,351	2,6084	2,8484	3,3554
154	0,0006	0,0013	0,0063	0,0126	0,025	0,0314	0,0628	0,1259	0,2538	0,3860	0,5255	0,6761	0,8440	1,0399	1,2871	1,6548	1,9755	2,2636	2,351	2,6082	2,8481	3,3548
155	0,0006	0,0013	0,0063	0,0126	0,025	0,0314	0,0628	0,1259	0,2538	0,3860	0,5255	0,6761	0,8440	1,0399	1,2871	1,6548	1,9754	2,2635	2,351	2,6080	2,8478	3,3545
156	0,0006	0,0013	0,0063	0,0126	0,025	0,0314	0,0628	0,1259	0,2538	0,3860	0,5255	0,6761	0,8439	1,0399	1,2870	1,6547	1,9753	2,2633	2,350	2,6077	2,8475	3,3541
157	0,0006	0,0013	0,0063	0,0126	0,025	0,0314	0,0628	0,1259	0,2538	0,3860	0,5255	0,6761	0,8439	1,0399	1,2870	1,6547	1,9752	2,2632	2,350	2,6075	2,8473	3,3538
158	0,0006	0,0013	0,0063	0,0126	0,025	0,0314	0,0628	0,1259	0,2538	0,3860	0,5255	0,6761	0,8439	1,0398	1,2869	1,6546	1,9751	2,2630	2,350	2,6073	2,8471	3,3535
159	0,0006	0,0013	0,0063	0,0126	0,025	0,0314	0,0628	0,1259	0,2538	0,3860	0,5255	0,6761	0,8439	1,0398	1,2869	1,6546	1,9750	2,2629	2,350	2,6072	2,8468	3,3531
160	0,0006	0,0013	0,0063	0,0126	0,025	0,0314	0,0628	0,1259	0,2538	0,3860	0,5255	0,6760	0,8439	1,0398	1,2869	1,6545	1,9749	2,2627	2,350	2,6070	2,8465	3,3527
161	0,0006	0,0013	0,0063	0,0126	0,025	0,0314	0,0628	0,1259	0,2538	0,3860	0,5255	0,6760	0,8439	1,0398	1,2869	1,6544	1,9748	2,2626	2,350	2,6068	2,8463	3,3524
162	0,0006	0,0013	0,0063	0,0126	0,025	0,0314	0,0628	0,1259	0,2538	0,3860	0,5254	0,6760	0,8439	1,0398	1,2868	1,6543	1,9747	2,2625	2,349	2,6066	2,8461	3,3521
163	0,0006	0,0013	0,0063	0,0126	0,025	0,0314	0,0628	0,1259	0,2538	0,3860	0,5254	0,6760	0,8439	1,0398	1,2868	1,6543	1,9747	2,2624	2,349	2,6064	2,8459	3,3517
164	0,0006	0,0013	0,0063	0,0126	0,025	0,0314	0,0628	0,1259	0,2538	0,3860	0,5254	0,6760	0,8438	1,0397	1,2868	1,6542	1,9746	2,2622	2,349	2,6062	2,8456	3,3512
165	0,0006	0,0013	0,0063	0,0126	0,025	0,0314	0,0628	0,1259	0,2538	0,3860	0,5254	0,6760	0,8438	1,0397	1,2868	1,6542	1,9745	2,2621	2,349	2,6060	2,8454	3,3509
166	0,0006	0,0013	0,0063	0,0126	0,025	0,0314	0,0628	0,1259	0,2538	0,3860	0,5254	0,6760	0,8438	1,0397	1,2867	1,6541	1,9744	2,2619	2,349	2,6058	2,8451	3,3506
167	0,0006	0,0013	0,0063	0,0126	0,025	0,0314	0,0628	0,1259	0,2538	0,3860	0,5254	0,6760	0,8438	1,0397	1,2867	1,6541	1,9743	2,2618	2,349	2,6057	2,8449	3,3502
168	0,0006	0,0013	0,0063	0,0126	0,025	0,0314	0,0628	0,1259	0,2538	0,3860	0,5254	0,6760	0,8438	1,0396	1,2866	1,6540	1,9742	2,2617	2,349	2,6055	2,8447	3,3497
169	0,0006	0,0013	0,0063	0,0126	0,025	0,0314	0,0628	0,1259	0,2538	0,3860	0,5254	0,6760	0,8438	1,0396	1,2866	1,6540	1,9741	2,2616	2,348	2,6053	2,8445	3,3493
170	0,0006	0,0013	0,0063	0,0126	0,025	0,0314	0,0628	0,1259	0,2537	0,3860	0,5254	0,6759	0,8438	1,0396	1,2866	1,6539	1,9740	2,2615	2,348	2,6051	2,8442	3,3489
171	0,0006	0,0013	0,0063	0,0126	0,025	0,0314	0,0628	0,1259	0,2537	0,3860	0,5254	0,6759	0,8438	1,0396	1,2866	1,6539	1,9740	2,2614	2,348	2,6050	2,8440	3,3486
172	0,0006	0,0013	0,0063	0,0126	0,025	0,0314	0,0628	0,1258	0,2537	0,3860	0,5254	0,6759	0,8437	1,0396	1,2865	1,6538	1,9739	2,2612	2,348	2,6048	2,8438	3,3482
173	0,0006	0,0013	0,0063	0,0126	0,025	0,0314	0,0628	0,1258	0,2537	0,3860	0,5254	0,6759	0,8437	1,0396	1,2865	1,6538	1,9738	2,2611	2,348	2,6046	2,8436	3,3479
174	0,0006	0,0013	0,0063	0,0126	0,025	0,0314	0,0628	0,1258	0,2537	0,3860	0,5254	0,6759	0,8437	1,0395	1,2865	1,6537	1,9737	2,2610	2,348	2,6044	2,8434	3,3476
175	0,0006	0,0013	0,0063	0,0126	0,025	0,0314	0,0628	0,1258	0,2537	0,3860	0,5254	0,6759	0,8437	1,0395	1,2865	1,6537	1,9737	2,2609	2,348	2,6043	2,8432	3,3474
176	0,0006	0,0013	0,0063	0,0126	0,025	0,0314	0,0628	0,1258	0,2537	0,3860	0,5254	0,6759	0,8437	1,0395	1,2864	1,6536	1,9736	2,2608	2,348	2,6041	2,8430	3,3471
177	0,0006	0,0013	0,0063	0,0126	0,025	0,0314	0,0628	0,1258	0,2537	0,3860	0,5254	0,6759	0,8437	1,0395	1,2864	1,6536	1,9735	2,2607	2,347	2,6040	2,8428	3,3467
178	0,0006	0,0013	0,0063	0,0126	0,025	0,0314	0,0628	0,1258	0,2537	0,3859	0,5253	0,6759	0,8437	1,0395	1,2863	1,6535	1,9734	2,2605	2,347	2,6038	2,8426	3,3462
179	0,0006	0,0013	0,0063	0,0126	0,025	0,0314	0,0628	0,1258	0,2537	0,3859	0,5253	0,6759	0,8437	1,0395	1,2863	1,6535	1,9734	2,2604	2,347	2,6037	2,8424	3,3459
180	0,0006	0,0013	0,0063	0,0126	0,025	0,0314	0,0628	0,1258	0,2537	0,3859	0,5253	0,6759	0,8436	1,0394	1,2863	1,6534	1,9733	2,2603	2,347	2,6035	2,8421	3,3456
181	0,0006	0,0013	0,0063	0,0126	0,025	0,0314	0,0628	0,1258	0,2537	0,3859	0,5253	0,6759	0,8436	1,0394	1,2863	1,6534	1,9732	2,2602	2,347	2,6034	2,8419	3,3453
182	0,0006	0,0013	0,0063	0,0126	0,025	0,0314	0,0628	0,1258	0,2537	0,3859	0,5253	0,6758	0,8436	1,0394	1,2862	1,6533	1,9731	2 2601	2,347	2,6032	2,8417	3,3450
183	0,0006	0,0013	0,0063	0,0126	0,025	0,0314	0,0628	0,1258	0,2537	0,3859	0,5253	0,6758	0,8436	1,0394	1,2862	1,6533	1,9731	2,2600	2,347	2,6031	2,8416	3,3447
184	0,0006	0,0013	0,0063	0,0126	0,025	0,0314	0,0628	0,1258	0,2537	0,3859	0,5253	0,6758	0,8436	1,0394	1,2862	1,6532	1,9730	2,2599	2,347	2,6029	2,8414	3,3444
185	0,0006	0,0013	0,0063	0,0126	0,025	0,0314	0,0628	0,1258	0,2537	0,3859	0,5253	0,6758	0,8436	1,0394	1,2862	1,6532	1,9729	2,2598	2,346	2,6028	2,8412	3,3441
186	0,0006	0,0013	0,0063	0,0126	0,025	0,0314	0,0628	0,1258	0,2537	0,3859	0,5253	0,6758	0,8436	1,0393	1,2861	1,6531	1,9728	2,2597	2,346	2,6026	2,8410	3,3438
187	0,0006	0,0013	0,0063	0,0126	0,025	0,0314	0,0628	0,1258	0,2537	0,3859	0,5253	0,6758	0,8436	1,0393	1,2861	1,6531	1,9728	2,2596	2,346	2,6025	2,8408	3,3435
188	0,0006	0,0013	0,0063	0,0126	0,025	0,0314	0,0628	0,1258	0,2537	0,3859	0,5253	0,6758	0,8435	1,0393	1,2861	1,6530	1,9727	2,2595	2,346	2,6023	2,8406	3,3432
189	0,0006	0,0013	0,0063	0,0126	0,025	0,0314	0,0628	0,1258	0,2537	0,3859	0,5253	0,6758	0,8435	1,0393	1,2861	1,6530	1,9727	2,2594	2,346	2,6022	2,8405	3,3429
190	0,0006	0,0013	0,0063	0,0126	0,025	0,0314	0,0628	0,1258	0,2537	0,3859	0,5253	0,6758	0,8435	1,0393	1,2860	1,6529	1,9726	2,2593	2,346	2,6020	2,8403	3,3426
191	0,0006	0,0013	0,0063	0,0126	0,025	0,0314	0,0628	0,1258	0,2537	0,3859	0,5253	0,6758	0,8435	1,0393	1,2860	1,6529	1,9725	2,2592	2,346	2,6019	2,8401	3,3424
192	0,0006	0,0013	0,0063	0,0126	0,025	0,0314	0,0628	0,1258	0,2537	0,3859	0,5253	0,6758	0,8435	1,0392	1,2860	1,6528	1,9724	2,2591	2,346	2,6017	2,8399	3,3421
193	0,0006	0,0013	0,0063	0,0126	0,025	0,0314	0,0628	0,1258	0,2537	0,3859	0,5253	0,6758	0,8435	1,0392	1,2860	1,6528	1,9724	2,2591	2,346	2,6016	2,8397	3,3418
194	0,0006	0,0013	0,0063	0,0126	0,025	0,0314	0,0628	0,1258	0,2537	0,3859	0,5253	0,6758	0,8435	1,0392	1,2859	1,6528	1,9723	2,2590	2,346	2,6015	2,8395	3,3415
195	0,0006	0,0013	0,0063	0,0126	0,025	0,0314	0,0628	0,1258	0,2537	0,3859	0,5253	0,6758	0,8435	1,0392	1,2859	1,6528	1,9723	2,2589	2,345	2,6014	2,8394	3,3414
196	0,0006	0,0013	0,0063	0,0126	0,025	0,0314	0,0628	0,1258	0,2537	0,3859	0,5253	0,6758	0,8435	1,0392	1,2859	1,6527	1,9722	2,2588	2,345	2,6012	2,8392	3,3412
197	0,0006	0,0013	0,0063	0,0126	0,025	0,0314	0,0628	0,1258	0,2537	0,3859	0,5253	0,6758	0,8435	1,0392	1,2859	1,6527	1,9721	2,2587	2,345	2,6011	2,8391	3,3409
198	0,0006	0,0013	0,0063	0,0126	0,025	0,0314	0,0628	0,1258	0,2537	0,3859	0,5253	0,6757	0,8435	1,0392	1,2859	1,6526	1,9720	2,2586	2,345	2,6009	2,8389	3,3406
199	0,0006	0,0013	0,0063	0,0126	0,025	0,0314	0,0628	0,1258	0,2537	0,3859	0,5253	0,6757	0,8435	1,0392	1,2859	1,6526	1,9720	2,2585	2,345	2,6008	2,8388	3,3403
200	0,0006	0,0013	0,0063	0,0125	0,025	0,0314	0,0628	0,1258	0,2537	0,3859	0,5252	0,6757	0,8434	1,0391	1,2858	1,6525	1,9719	2,2584	2,345	2,6006	2,8386	3,3400

* Nachdruck nur mit Erlaubnis des Herausgebers.

Signifikanzschranken der χ^2-Verteilung[1] $\nu = 1$–50

$\int_r$ = Integral von Unendlich bis χ^2 ($1 \int_r = 2\alpha$, $\frac{1}{2}\int_r = \alpha$ bei χ^2-Testen); $\int_l$ = Integral von Null bis χ^2

$\int_r$ 1 / ½	0,99950 0,49975	0,9990 0,4995	0,9950 0,4975	0,990 0,495	0,9750 0,4875	0,950 0,475	0,90 0,45	0,80 0,40	0,70 0,35	0,60 0,30	0,50 0,25	0,40 0,20	0,30 0,15	0,20 0,10	0,10 0,05	0,050 0,025	0,0250 0,0125	0,010 0,005	0,0050 0,0025	0,0010 0,0005	0,00050 0,00025
$\int_l$ 1 / ½	0,00050 0,00025	0,0010 0,0005	0,0050 0,0025	0,010 0,005	0,0250 0,0125	0,050 0,025	0,10 0,05	0,20 0,10	0,30 0,15	0,40 0,20	0,50 0,25	0,60 0,30	0,70 0,35	0,80 0,40	0,90 0,45	0,950 0,475	0,9750 0,4875	0,990 0,495	0,9950 0,4975	0,9990 0,4995	0,99950 0,49975
ν																					
1	0,000000393	0,00000157	0,0000393	0,000157	0,000982	0,00393	0,0158	0,0642	0,148	0,275	0,455	0,708	1,074	1,642	2,706	3,841	5,024	6,635	7,879	10,828	12,116
2	0,00100	0,00200	0,0100	0,0201	0,0506	0,103	0,211	0,446	0,713	1,022	1,386	1,833	2,408	3,219	4,605	5,991	7,378	9,210	10,597	13,816	15,202
3	0,0153	0,0243	0,0717	0,115	0,216	0,352	0,584	1,005	1,424	1,869	2,366	2,946	3,665	4,642	6,251	7,815	9,348	11,345	12,838	16,266	17,730
4	0,0639	0,0908	0,207	0,297	0,484	0,711	1,064	1,649	2,195	2,753	3,357	4,045	4,878	5,989	7,779	9,488	11,143	13,277	14,860	18,467	19,998
5	0,158	0,210	0,412	0,554	0,831	1,145	1,610	2,343	3,000	3,655	4,351	5,132	6,064	7,289	9,236	11,070	12,832	15,086	16,750	20,515	22,105
6	0,299	0,381	0,676	0,872	1,237	1,635	2,204	3,070	3,828	4,570	5,348	6,211	7,231	8,558	10,645	12,592	14,449	16,812	18,548	22,458	24,103
7	0,485	0,598	0,989	1,239	1,690	2,167	2,833	3,822	4,671	5,493	6,346	7,283	8,383	9,803	12,017	14,067	16,013	18,475	20,278	24,322	26,018
8	0,710	0,857	1,344	1,646	2,180	2,733	3,490	4,594	5,527	6,423	7,344	8,351	9,524	11,030	13,362	15,507	17,535	20,090	21,955	26,125	27,868
9	0,972	1,153	1,735	2,088	2,700	3,325	4,168	5,380	6,393	7,357	8,343	9,414	10,656	12,242	14,684	16,919	19,023	21,666	23,589	27,877	29,666
10	1,265	1,479	2,156	2,558	3,247	3,940	4,865	6,179	7,267	8,295	9,342	10,473	11,781	13,442	15,987	18,307	20,483	23,209	25,188	29,588	31,419
11	1,587	1,834	2,603	3,053	3,816	4,575	5,578	6,989	8,148	9,237	10,341	11,530	12,899	14,631	17,275	19,675	21,920	24,725	26,757	31,264	33,136
12	1,934	2,214	3,074	3,571	4,404	5,226	6,304	7,807	9,034	10,182	11,340	12,584	14,011	15,812	18,549	21,026	23,336	26,217	28,300	32,909	34,821
13	2,305	2,617	3,565	4,107	5,009	5,892	7,042	8,634	9,926	11,129	12,340	13,636	15,119	16,985	19,812	22,362	24,736	27,688	29,819	34,528	36,478
14	2,697	3,041	4,075	4,660	5,629	6,571	7,790	9,467	10,821	12,079	13,339	14,685	16,222	18,151	21,064	23,685	26,119	29,141	31,319	36,123	38,109
15	3,108	3,483	4,601	5,229	6,262	7,261	8,547	10,307	11,721	13,030	14,339	15,733	17,322	19,311	22,307	24,996	27,488	30,578	32,801	37,697	39,719
16	3,536	3,942	5,142	5,812	6,908	7,962	9,312	11,152	12,624	13,983	15,338	16,780	18,418	20,465	23,542	26,296	28,845	32,000	34,267	39,252	41,308
17	3,980	4,416	5,697	6,408	7,564	8,672	10,085	12,002	13,531	14,937	16,338	17,824	19,511	21,615	24,769	27,587	30,191	33,409	35,718	40,790	42,879
18	4,439	4,905	6,265	7,015	8,231	9,390	10,865	12,857	14,440	15,893	17,338	18,868	20,601	22,760	25,989	28,869	31,526	34,805	37,156	42,312	44,434
19	4,912	5,407	6,844	7,633	8,907	10,117	11,651	13,716	15,352	16,850	18,338	19,910	21,689	23,900	27,204	30,144	32,852	36,191	38,582	43,820	45,973
20	5,398	5,921	7,434	8,260	9,591	10,851	12,443	14,578	16,266	17,809	19,337	20,951	22,775	25,038	28,412	31,410	34,170	37,566	39,997	45,315	47,498
21	5,896	6,447	8,034	8,897	10,283	11,591	13,240	15,445	17,182	18,768	20,337	21,991	23,858	26,171	29,615	32,671	35,479	38,932	41,401	46,797	49,010
22	6,405	6,983	8,643	9,542	10,982	12,338	14,041	16,314	18,101	19,729	21,337	23,031	24,939	27,301	30,813	33,924	36,781	40,289	42,796	48,268	50,511
23	6,924	7,529	9,260	10,196	11,688	13,091	14,848	17,187	19,021	20,690	22,337	24,069	26,018	28,429	32,007	35,172	38,076	41,638	44,181	49,728	52,000
24	7,453	8,085	9,886	10,856	12,401	13,848	15,659	18,062	19,943	21,652	23,337	25,106	27,096	29,553	33,196	36,415	39,364	42,980	45,558	51,179	53,479
25	7,991	8,649	10,520	11,524	13,120	14,611	16,473	18,940	20,867	22,616	24,337	26,143	28,172	30,675	34,382	37,652	40,646	44,314	46,928	52,620	54,947
26	8,538	9,222	11,160	12,198	13,844	15,379	17,292	19,820	21,792	23,579	25,336	27,179	29,246	31,795	35,563	38,885	41,923	45,642	48,290	54,052	56,407
27	9,093	9,803	11,808	12,879	14,573	16,151	18,114	20,703	22,719	24,544	26,336	28,214	30,319	32,912	36,741	40,113	43,194	46,963	49,645	55,476	57,858
28	9,656	10,391	12,461	13,565	15,308	16,928	18,939	21,588	23,647	25,509	27,336	29,249	31,391	34,027	37,916	41,337	44,461	48,278	50,993	56,892	59,300
29	10,227	10,986	13,121	14,256	16,047	17,708	19,768	22,475	24,577	26,475	28,336	30,283	32,461	35,139	39,087	42,557	45,722	49,588	52,336	58,302	60,734
30	10,804	11,588	13,787	14,953	16,791	18,493	20,599	23,364	25,508	27,442	29,336	31,316	33,530	36,250	40,256	43,773	46,979	50,892	53,672	59,703	62,161
31	11,389	12,196	14,458	15,655	17,539	19,281	21,434	24,255	26,440	28,409	30,336	32,349	34,598	37,359	41,422	44,985	48,232	52,191	55,003	61,098	63,582
32	11,979	12,811	15,134	16,362	18,291	20,072	22,271	25,148	27,373	29,376	31,336	33,381	35,665	38,466	42,585	46,194	49,480	53,486	56,328	62,487	64,995
33	12,576	13,431	15,815	17,073	19,047	20,867	23,110	26,042	28,307	30,344	32,336	34,413	36,731	39,572	43,745	47,400	50,725	54,776	57,648	63,870	66,402
34	13,179	14,057	16,501	17,789	19,806	21,664	23,952	26,938	29,242	31,313	33,336	35,444	37,795	40,676	44,903	48,602	51,966	56,061	58,964	65,247	67,803
35	13,788	14,688	17,192	18,509	20,569	22,465	24,797	27,836	30,178	32,282	34,336	36,475	38,859	41,778	46,059	49,802	53,203	57,342	60,275	66,619	69,198
36	14,401	15,324	17,887	19,233	21,336	23,269	25,643	28,735	31,115	33,252	35,336	37,505	39,922	42,879	47,212	50,998	54,437	58,619	61,581	67,985	70,588
37	15,020	15,965	18,586	19,960	22,106	24,075	26,492	29,635	32,053	34,222	36,336	38,535	40,984	43,978	48,363	52,192	55,668	59,892	62,883	69,346	71,972
38	15,644	16,611	19,289	20,691	22,878	24,884	27,343	30,537	32,992	35,192	37,335	39,564	42,045	45,076	49,513	53,384	56,895	61,162	64,181	70,703	73,351
39	16,273	17,261	19,996	21,426	23,654	25,695	28,196	31,441	33,932	36,163	38,335	40,593	43,105	46,173	50,660	54,572	58,120	62,428	65,476	72,055	74,725
40	16,906	17,916	20,707	22,164	24,433	26,509	29,051	32,345	34,872	37,134	39,335	41,622	44,165	47,269	51,805	55,758	59,342	63,691	66,766	73,402	76,095
41	17,544	18,575	21,421	22,906	25,215	27,326	29,907	33,251	35,813	38,105	40,335	42,651	45,224	48,363	52,949	56,942	60,561	64,950	68,053	74,745	77,459
42	18,186	19,238	22,138	23,650	25,999	28,144	30,765	34,157	36,755	39,077	41,335	43,679	46,282	49,456	54,090	58,124	61,777	66,206	69,336	76,084	78,820
43	18,832	19,905	22,859	24,398	26,785	28,965	31,625	35,065	37,698	40,050	42,335	44,706	47,339	50,548	55,230	59,304	62,990	67,459	70,616	77,418	80,176
44	19,482	20,576	23,584	25,148	27,575	29,787	32,487	35,974	38,641	41,022	43,335	45,734	48,396	51,639	56,369	60,481	64,201	68,709	71,893	78,749	81,528
45	20,136	21,251	24,311	25,901	28,366	30,612	33,350	36,884	39,585	41,995	44,335	46,761	49,452	52,729	57,505	61,656	65,410	69,957	73,166	80,077	82,876
46	20,794	21,929	25,041	26,657	29,160	31,439	34,215	37,795	40,529	42,968	45,335	47,787	50,507	53,818	58,641	62,830	66,617	71,201	74,437	81,400	84,220
47	21,456	22,610	25,774	27,416	29,956	32,268	35,081	38,708	41,474	43,942	46,335	48,814	51,562	54,906	59,774	64,001	67,821	72,443	75,704	82,720	85,560
48	22,121	23,295	26,511	28,177	30,755	33,098	35,949	39,621	42,420	44,915	47,335	49,840	52,616	55,993	60,907	65,171	69,023	73,683	76,969	84,037	86,897
49	22,789	23,983	27,249	28,941	31,555	33,930	36,818	40,534	43,366	45,889	48,335	50,866	53,670	57,079	62,038	66,339	70,222	74,919	78,231	85,350	88,231
50	23,461	24,674	27,991	29,707	32,357	34,764	37,689	41,449	44,313	46,864	49,335	51,892	54,723	58,164	63,167	67,505	71,420	76,154	79,490	86,661	89,561

[1] Werte nach HALD und SINKBÆK, *Skand. Aktuar Tidskr.*, **33**, 168 (1950). Nachdruck mit freundlicher Erlaubnis der Autoren und des Verlages.

Signifikanzschranken der χ^2-Verteilung[1] $\nu = 51$–100

$\int_r$ = Integral von Unendlich bis χ^2 ($1\int_r = 2\alpha$, $\frac{1}{2}\int_r = \alpha$ bei χ^2-Testen); $\int_l$ = Integral von Null bis χ^2

$\int_r$ 1 ½	0,99950 0,49975	0,9990 0,4995	0,9950 0,4975	0,990 0,495	0,9750 0,4875	0,950 0,475	0,90 0,45	0,80 0,40	0,70 0,35	0,60 0,30	0,50 0,25	0,40 0,20	0,30 0,15	0,20 0,10	0,10 0,05	0,050 0,025	0,0250 0,0125	0,010 0,005	0,0050 0,0025	0,0010 0,0005	0,00050 0,00025
$\int_l$ 1 ½	0,00050 0,00025	0,0010 0,0005	0,0050 0,0025	0,010 0,005	0,0250 0,0125	0,050 0,025	0,10 0,05	0,20 0,10	0,30 0,15	0,40 0,20	0,50 0,25	0,60 0,30	0,70 0,35	0,80 0,40	0,90 0,45	0,950 0,475	0,9750 0,4875	0,990 0,495	0,9950 0,4975	0,9990 0,4995	0,99950 0,49975
ν																					
51	24,136	25,368	28,735	30,475	33,162	35,600	38,560	42,365	45,261	47,838	50,335	52,917	55,775	59,248	64,295	68,669	72,616	77,386	80,747	87,968	90,887
52	24,814	26,065	29,481	31,246	33,968	36,437	39,433	43,281	46,209	48,813	51,335	53,942	56,827	60,332	65,422	69,832	73,810	78,616	82,001	89,272	92,211
53	25,495	26,765	30,230	32,018	34,776	37,276	40,308	44,199	47,157	49,788	52,335	54,967	57,879	61,414	66,548	70,993	75,002	79,843	83,253	90,573	93,532
54	26,179	27,468	30,981	32,793	35,586	38,116	41,183	45,117	48,106	50,764	53,335	55,992	58,930	62,496	67,673	72,153	76,192	81,069	84,502	91,872	94,849
55	26,866	28,173	31,735	33,570	36,398	38,958	42,060	46,036	49,056	51,739	54,335	57,016	59,980	63,577	68,796	73,311	77,380	82,292	85,749	93,167	96,163
56	27,556	28,881	32,490	34,350	37,212	39,801	42,937	46,955	50,005	52,715	55,335	58,040	61,031	64,658	69,918	74,468	78,567	83,513	86,994	94,460	97,475
57	28,248	29,592	33,248	35,131	38,027	40,646	43,816	47,876	50,956	53,691	56,335	59,064	62,080	65,737	71,040	75,624	79,752	84,733	88,236	95,751	98,784
58	28,943	30,305	34,008	35,913	38,844	41,492	44,696	48,797	51,906	54,667	57,335	60,088	63,129	66,816	72,160	76,778	80,936	85,950	89,477	97,039	100,090
59	29,640	31,021	34,771	36,698	39,662	42,339	45,577	49,718	52,857	55,643	58,335	61,111	64,178	67,894	73,279	77,931	82,117	87,166	90,715	98,324	101,394
60	30,340	31,739	35,535	37,485	40,482	43,188	46,459	50,641	53,809	56,620	59,335	62,135	65,226	68,972	74,397	79,082	83,298	88,379	91,952	99,607	102,695
61	31,043	32,459	36,301	38,273	41,303	44,038	47,342	51,564	54,761	57,597	60,335	63,158	66,274	70,049	75,514	80,232	84,476	89,591	93,186	100,888	103,993
62	31,748	33,181	37,068	39,063	42,126	44,889	48,226	52,487	55,714	58,574	61,335	64,181	67,322	71,125	76,630	81,381	85,654	90,802	94,419	102,166	105,289
63	32,455	33,906	37,838	39,855	42,950	45,741	49,111	53,411	56,666	59,551	62,335	65,204	68,369	72,201	77,745	82,529	86,830	92,010	95,649	103,442	106,583
64	33,165	34,633	38,610	40,649	43,776	46,595	49,996	54,336	57,619	60,528	63,335	66,226	69,416	73,276	78,860	83,675	88,004	93,217	96,878	104,716	107,874
65	33,877	35,362	39,383	41,444	44,603	47,450	50,883	55,262	58,573	61,506	64,335	67,249	70,462	74,351	79,973	84,821	89,177	94,422	98,105	105,988	109,164
66	34,591	36,093	40,158	42,240	45,431	48,305	51,770	56,188	59,527	62,484	65,335	68,271	71,508	75,425	81,086	85,965	90,349	95,626	99,330	107,258	110,451
67	35,307	36,826	40,935	43,038	46,261	49,162	52,659	57,115	60,481	63,461	66,335	69,293	72,554	76,498	82,197	87,108	91,519	96,828	100,554	108,525	111,735
68	36,025	37,561	41,713	43,838	47,092	50,020	53,548	58,042	61,436	64,440	67,334	70,315	73,600	77,571	83,308	88,250	92,688	98,028	101,776	109,791	113,018
69	36,745	38,298	42,494	44,639	47,924	50,879	54,438	58,970	62,391	65,418	68,334	71,337	74,645	78,643	84,418	89,391	93,856	99,227	102,996	111,055	114,299
70	37,467	39,036	43,275	45,442	48,758	51,739	55,329	59,898	63,346	66,396	69,334	72,358	75,689	79,715	85,527	90,531	95,023	100,425	104,215	112,317	115,577
71	38,192	39,777	44,058	46,246	49,592	52,600	56,221	60,827	64,302	67,375	70,334	73,380	76,734	80,786	86,635	91,670	96,189	101,621	105,432	113,577	116,854
72	38,918	40,520	44,843	47,051	50,428	53,462	57,113	61,756	65,258	68,353	71,334	74,401	77,778	81,857	87,743	92,808	97,353	102,816	106,648	114,835	118,129
73	39,646	41,264	45,629	47,858	51,265	54,325	58,006	62,686	66,214	69,332	72,334	75,422	78,822	82,927	88,850	93,945	98,516	104,010	107,862	116,091	119,402
74	40,376	42,010	46,417	48,666	52,103	55,189	58,900	63,616	67,170	70,311	73,334	76,443	79,865	83,997	89,956	95,081	99,678	105,202	109,074	117,346	120,673
75	41,107	42,757	47,206	49,475	52,942	56,054	59,795	64,547	68,127	71,290	74,334	77,464	80,908	85,066	91,061	96,217	100,839	106,393	110,286	118,599	121,942
76	41,841	43,506	47,998	50,286	53,782	56,920	60,690	65,478	69,084	72,270	75,334	78,485	81,951	86,135	92,166	97,351	101,999	107,583	111,495	119,851	123,209
77	42,576	44,257	48,788	51,097	54,623	57,786	61,586	66,409	70,042	73,249	76,334	79,505	82,994	87,203	93,270	98,484	103,158	108,771	112,704	121,100	124,475
78	43,313	45,010	49,582	51,910	55,466	58,654	62,483	67,341	70,999	74,228	77,334	80,526	84,036	88,271	94,374	99,617	104,316	109,958	113,911	122,348	125,739
79	44,051	45,764	50,376	52,725	56,309	59,522	63,380	68,274	71,957	75,208	78,334	81,546	85,078	89,338	95,476	100,749	105,473	111,144	115,117	123,594	127,001
80	44,791	46,520	51,172	53,540	57,153	60,391	64,278	69,207	72,915	76,188	79,334	82,566	86,120	90,405	96,578	101,879	106,629	112,329	116,321	124,839	128,261
81	45,533	47,277	51,969	54,357	57,998	61,261	65,176	70,140	73,874	77,168	80,334	83,586	87,161	91,472	97,680	103,009	107,783	113,512	117,524	126,083	129,520
82	46,276	48,036	52,767	55,174	58,845	62,132	66,076	71,074	74,833	78,148	81,334	84,606	88,202	92,538	98,780	104,139	108,937	114,695	118,726	127,324	130,777
83	47,021	48,796	53,567	55,993	59,692	63,004	66,976	72,008	75,792	79,128	82,334	85,626	89,243	93,604	99,880	105,267	110,090	115,876	119,927	128,565	132,033
84	47,767	49,557	54,368	56,813	60,540	63,876	67,876	72,943	76,751	80,108	83,334	86,646	90,284	94,669	100,980	106,395	111,242	117,057	121,126	129,804	133,287
85	48,515	50,320	55,170	57,634	61,389	64,749	68,777	73,878	77,710	81,089	84,334	87,665	91,325	95,734	102,079	107,522	112,393	118,236	122,325	131,041	134,540
86	49,264	51,085	55,973	58,456	62,239	65,623	69,679	74,813	78,670	82,069	85,334	88,685	92,365	96,799	103,177	108,648	113,544	119,414	123,522	132,277	135,792
87	50,015	51,850	56,777	59,279	63,089	66,498	70,581	75,749	79,630	83,050	86,334	89,704	93,405	97,863	104,275	109,773	114,693	120,591	124,718	133,512	137,042
88	50,767	52,617	57,582	60,103	63,941	67,373	71,484	76,685	80,590	84,031	87,334	90,723	94,445	98,927	105,372	110,898	115,841	121,767	125,912	134,745	138,290
89	51,521	53,386	58,389	60,928	64,793	68,249	72,387	77,622	81,550	85,012	88,334	91,742	95,484	99,991	106,469	112,022	116,989	122,942	127,106	135,977	139,537
90	52,276	54,155	59,196	61,754	65,647	69,126	73,291	78,558	82,511	85,993	89,334	92,761	96,524	101,054	107,565	113,145	118,136	124,116	128,299	137,208	140,783
91	53,032	54,926	60,005	62,581	66,501	70,003	74,196	79,496	83,472	86,974	90,334	93,780	97,563	102,116	108,661	114,268	119,282	125,289	129,491	138,438	142,027
92	53,790	55,698	60,815	63,409	67,356	70,882	75,101	80,433	84,433	87,955	91,334	94,799	98,602	103,179	109,756	115,390	120,427	126,462	130,681	139,666	143,270
93	54,549	56,471	61,625	64,238	68,211	71,760	76,006	81,371	85,394	88,936	92,334	95,818	99,641	104,242	110,850	116,511	121,571	127,633	131,871	140,893	144,511
94	55,309	57,246	62,437	65,068	69,068	72,640	76,912	82,309	86,356	89,917	93,334	96,836	100,679	105,303	111,944	117,632	122,715	128,803	133,059	142,119	145,751
95	56,070	58,022	63,250	65,898	69,925	73,520	77,818	83,248	87,317	90,899	94,334	97,855	101,717	106,364	113,038	118,752	123,858	129,973	134,247	143,343	146,990
96	56,833	58,799	64,063	66,730	70,783	74,400	78,725	84,187	88,279	91,881	95,334	98,873	102,755	107,425	114,131	119,871	125,000	131,141	135,433	144,567	148,228
97	57,597	59,577	64,878	67,562	71,642	75,282	79,633	85,126	89,241	92,862	96,334	99,892	103,793	108,486	115,223	120,990	126,141	132,309	136,619	145,789	149,464
98	58,362	60,356	65,694	68,396	72,501	76,164	80,541	86,065	90,204	93,844	97,334	100,910	104,831	109,547	116,315	122,108	127,282	133,476	137,803	147,010	150,699
99	59,128	61,136	66,510	69,230	73,361	77,046	81,449	87,005	91,166	94,826	98,334	101,928	105,868	110,607	117,406	123,225	128,422	134,642	138,987	148,230	151,934
100	59,897	61,919	67,328	70,065	74,222	77,930	82,358	87,945	92,129	95,808	99,334	102,946	106,906	111,667	118,498	124,342	129,561	135,806	140,169	149,448	153,165

[1] Werte nach Hald und Sinkbæk, *Skand. Aktuar Tidskr.*, **33**, 168 (1950). Nachdruck mit freundlicher Erlaubnis der Autoren und des Verlages.

Signifikanzschranken der χ^2-Verteilung* $\nu = 101–150$

$\int_r$ = Integral von Unendlich bis χ^2 ($1\int_r = 2\alpha$, $½\int_r = \alpha$ bei χ^2-Testen); $\int_l$ = Integral von Null bis χ^2

$\int_r$ 1 / ½	0,99950 / 0,49975	0,9990 / 0,4995	0,9950 / 0,4975	0,990 / 0,495	0,9750 / 0,4875	0,950 / 0,475	0,90 / 0,45	0,80 / 0,40	0,70 / 0,35	0,60 / 0,30	0,50 / 0,25	0,40 / 0,20	0,30 / 0,15	0,20 / 0,10	0,10 / 0,05	0,050 / 0,025	0,0250 / 0,0125	0,010 / 0,005	0,0050 / 0,0025	0,0010 / 0,0005	0,00050 / 0,00025
$\int_l$ 1 / ½	0,00050 / 0,00025	0,0010 / 0,0005	0,0050 / 0,0025	0,010 / 0,005	0,0250 / 0,0125	0,050 / 0,025	0,10 / 0,05	0,20 / 0,10	0,30 / 0,15	0,40 / 0,20	0,50 / 0,25	0,60 / 0,30	0,70 / 0,35	0,80 / 0,40	0,90 / 0,45	0,950 / 0,475	0,9750 / 0,4875	0,990 / 0,495	0,9950 / 0,4975	0,9990 / 0,4995	0,99950 / 0,49975
ν																					
101	60,666	62,702	68,147	70,901	75,084	78,813	83,267	88,886	93,092	96,790	100,334	103,964	107,943	112,726	119,589	125,458	130,700	136,971	141,351	150,666	154,397
102	61,436	63,485	68,966	71,738	75,946	79,698	84,177	89,826	94,055	97,772	101,334	104,982	108,980	113,786	120,679	126,574	131,837	138,134	142,532	151,883	155,628
103	62,207	64,270	69,786	72,575	76,809	80,582	85,088	90,767	95,018	98,754	102,334	105,999	110,017	114,845	121,769	127,689	132,975	139,297	143,712	153,098	156,857
104	62,978	65,056	70,607	73,413	77,672	81,468	85,998	91,709	95,981	99,737	103,334	107,017	111,053	115,903	122,858	128,804	134,111	140,459	144,891	154,313	158,086
105	63,752	65,842	71,429	74,252	78,537	82,354	86,909	92,650	96,945	100,719	104,334	108,035	112,090	116,962	123,947	129,918	135,247	141,620	146,069	155,527	159,313
106	64,526	66,630	72,252	75,092	79,401	83,240	87,821	93,592	97,909	101,701	105,334	109,052	113,126	118,020	125,035	131,031	136,382	142,780	147,246	156,739	160,539
107	65,301	67,419	73,075	75,933	80,267	84,127	88,733	94,534	98,873	102,684	106,334	110,070	114,162	119,078	126,123	132,144	137,517	143,940	148,423	157,951	161,765
108	66,077	68,208	73,899	76,774	81,133	85,015	89,645	95,477	99,837	103,667	107,334	111,087	115,198	120,135	127,211	133,257	138,650	145,099	149,599	159,161	162,989
109	66,854	68,999	74,725	77,616	82,000	85,903	90,558	96,419	100,801	104,649	108,334	112,104	116,233	121,193	128,298	134,369	139,784	146,257	150,774	160,371	164,212
110	67,632	69,791	75,551	78,459	82,867	86,792	91,471	97,362	101,766	105,632	109,334	113,121	117,269	122,250	129,385	135,480	140,916	147,414	151,948	161,580	165,434
111	68,412	70,583	76,377	79,302	83,735	87,681	92,385	98,306	102,730	106,615	110,334	114,138	118,304	123,306	130,472	136,591	142,048	148,571	153,121	162,787	166,655
112	69,192	71,377	77,205	80,146	84,604	88,570	93,299	99,249	103,695	107,598	111,334	115,156	119,340	124,363	131,558	137,701	143,180	149,727	154,294	163,994	167,875
113	69,973	72,171	78,033	80,991	85,473	89,461	94,213	100,193	104,660	108,581	112,334	116,172	120,375	125,419	132,643	138,811	144,311	150,882	155,466	165,200	169,094
114	70,755	72,966	78,862	81,837	86,343	90,351	95,128	101,137	105,625	109,564	113,334	117,189	121,410	126,475	133,729	139,921	145,441	152,036	156,637	166,405	170,312
115	71,538	73,762	79,692	82,683	87,213	91,242	96,043	102,081	106,590	110,547	114,334	118,206	122,444	127,531	134,813	141,030	146,571	153,190	157,807	167,609	171,530
116	72,322	74,559	80,523	83,530	88,084	92,134	96,958	103,025	107,556	111,531	115,334	119,223	123,479	128,587	135,898	142,138	147,700	154,344	158,977	168,812	172,746
117	73,107	75,357	81,354	84,377	88,955	93,026	97,874	103,970	108,521	112,514	116,334	120,239	124,513	129,642	136,982	143,246	148,829	155,496	160,146	170,015	173,961
118	73,893	76,156	82,186	85,225	89,827	93,918	98,790	104,915	109,487	113,497	117,334	121,256	125,548	130,697	138,066	144,354	149,957	156,648	161,314	171,216	175,176
119	74,680	76,956	83,019	86,074	90,700	94,811	99,707	105,860	110,453	114,481	118,334	122,273	126,582	131,752	139,149	145,461	151,084	157,799	162,481	172,417	176,389
120	75,468	77,756	83,852	86,924	91,573	95,705	100,624	106,806	111,419	115,465	119,334	123,289	127,616	132,806	140,233	146,567	152,211	158,950	163,648	173,617	177,602
121	76,256	78,557	84,686	87,774	92,446	96,599	101,541	107,751	112,385	116,448	120,334	124,305	128,650	133,861	141,315	147,673	153,338	160,100	164,814	174,815	178,813
122	77,046	79,360	85,521	88,624	93,320	97,493	102,458	108,697	113,351	117,432	121,334	125,322	129,684	134,915	142,398	148,779	154,464	161,249	165,979	176,014	180,024
123	77,836	80,162	86,356	89,476	94,195	98,388	103,376	109,643	114,317	118,416	122,334	126,338	130,717	135,969	143,480	149,885	155,589	162,398	167,144	177,211	181,234
124	78,627	80,966	87,193	90,328	95,070	99,283	104,295	110,589	115,284	119,399	123,334	127,354	131,751	137,022	144,562	150,989	156,714	163,546	168,308	178,407	182,443
125	79,419	81,771	88,029	91,180	95,946	100,178	105,213	111,536	116,250	120,383	124,334	128,370	132,784	138,076	145,643	152,094	157,838	164,694	169,471	179,603	183,652
126	80,212	82,576	88,867	92,033	96,822	101,074	106,132	112,483	117,217	121,367	125,334	129,386	133,817	139,129	146,724	153,198	158,962	165,841	170,634	180,798	184,859
127	81,006	83,382	89,705	92,887	97,699	101,971	107,051	113,430	118,184	122,351	126,334	130,402	134,850	140,182	147,805	154,301	160,086	166,987	171,796	181,992	186,066
128	81,800	84,189	90,544	93,741	98,576	102,867	107,971	114,377	119,151	123,335	127,334	131,418	135,883	141,235	148,885	155,405	161,209	168,133	172,957	183,186	187,272
129	82,595	84,996	91,383	94,596	99,453	103,765	108,891	115,324	120,118	124,320	128,334	132,434	136,916	142,288	149,965	156,507	162,331	169,278	174,118	184,378	188,477
130	83,391	85,805	92,223	95,451	100,331	104,662	109,811	116,272	121,086	125,304	129,334	133,450	137,949	143,340	151,045	157,610	163,453	170,423	175,278	185,570	189,681
131	84,188	86,614	93,063	96,307	101,210	105,560	110,732	117,219	122,053	126,288	130,334	134,465	138,981	144,392	152,125	158,712	164,575	171,567	176,437	186,761	190,885
132	84,985	87,423	93,905	97,164	102,089	106,459	111,652	118,167	123,021	127,272	131,334	135,481	140,014	145,444	153,204	159,814	165,696	172,711	177,596	187,952	192,087
133	85,784	88,234	94,746	98,021	102,968	107,357	112,573	119,116	123,988	128,257	132,334	136,497	141,046	146,496	154,283	160,915	166,816	173,854	178,755	189,141	193,289
134	86,583	89,045	95,589	98,878	103,848	108,257	113,495	120,064	124,956	129,241	133,334	137,512	142,078	147,548	155,361	162,016	167,936	174,996	179,912	190,330	194,490
135	87,383	89,857	96,432	99,736	104,729	109,156	114,416	121,012	125,924	130,226	134,334	138,528	143,110	148,599	156,440	163,116	169,056	176,138	181,069	191,519	195,691
136	88,183	90,669	97,275	100,595	105,609	110,056	115,338	121,961	126,892	131,210	135,334	139,543	144,142	149,651	157,518	164,216	170,175	177,280	182,226	192,706	196,890
137	88,984	91,483	98,119	101,454	106,491	110,956	116,261	122,910	127,860	132,195	136,334	140,559	145,174	150,702	158,595	165,316	171,294	178,420	183,382	193,893	198,089
138	89,786	92,297	98,964	102,314	107,372	111,857	117,183	123,859	128,829	133,180	137,334	141,574	146,206	151,753	159,673	166,415	172,412	179,561	184,537	195,080	199,288
139	90,589	93,111	99,809	103,174	108,254	112,758	118,106	124,809	129,797	134,164	138,334	142,589	147,237	152,803	160,750	167,514	173,530	180,701	185,692	196,265	200,485
140	91,393	93,926	100,655	104,035	109,137	113,659	119,029	125,758	130,766	135,149	139,334	143,604	148,269	153,854	161,827	168,613	174,648	181,840	186,846	197,450	201,682
141	92,197	94,742	101,502	104,896	110,020	114,561	119,953	126,708	131,734	136,134	140,334	144,619	149,300	154,904	162,904	169,711	175,765	182,979	188,000	198,634	202,878
142	93,001	95,559	102,349	105,757	110,903	115,463	120,876	127,658	132,703	137,119	141,334	145,635	150,331	155,954	163,980	170,809	176,881	184,117	189,153	199,818	204,073
143	93,807	96,376	103,196	106,620	111,787	116,366	121,800	128,608	133,672	138,104	142,334	146,650	151,362	157,004	165,056	171,907	177,998	185,255	190,306	201,001	205,268
144	94,613	97,194	104,044	107,482	112,671	117,268	122,724	129,558	134,641	139,089	143,334	147,665	152,393	158,054	166,132	173,004	179,114	186,393	191,458	202,183	206,462
145	95,420	98,012	104,892	108,345	113,556	118,171	123,649	130,508	135,610	140,074	144,334	148,680	153,424	159,104	167,207	174,101	180,229	187,530	192,610	203,365	207,656
146	96,227	98,832	105,741	109,209	114,441	119,075	124,574	131,459	136,579	141,059	145,334	149,694	154,455	160,153	168,283	175,198	181,344	188,666	193,761	204,546	208,848
147	97,035	99,651	106,591	110,073	115,326	119,979	125,499	132,409	137,548	142,044	146,334	150,709	155,486	161,202	169,358	176,294	182,459	189,802	194,911	205,726	210,040
148	97,844	100,472	107,441	110,937	116,212	120,883	126,424	133,360	138,518	143,029	147,334	151,724	156,516	162,251	170,432	177,390	183,573	190,938	196,061	206,906	211,232
149	98,654	101,293	108,292	111,802	117,098	121,787	127,349	134,311	139,487	144,015	148,334	152,739	157,547	163,300	171,507	178,485	184,687	192,073	197,211	208,085	212,422
150	99,464	102,114	109,143	112,668	117,985	122,692	128,275	135,263	140,457	145,000	149,334	153,753	158,577	164,349	172,581	179,581	185,800	193,207	198,360	209,264	213,613

Signifikanzschranken der χ^2-Verteilung* $\nu = 151–200$

$\int_r$ = Integral von Unendlich bis χ^2 ($1\int_r = 2\alpha$, $\frac{1}{2}\int_r = \alpha$ bei χ^2-Testen); $\int_l$ = Integral von Null bis χ^2

$\int_r$ 1 / ½	0,99950 / 0,49975	0,9990 / 0,4995	0,9950 / 0,4975	0,990 / 0,495	0,9750 / 0,4875	0,950 / 0,475	0,90 / 0,45	0,80 / 0,40	0,70 / 0,35	0,60 / 0,30	0,50 / 0,25	0,40 / 0,20	0,30 / 0,15	0,20 / 0,10	0,10 / 0,05	0,050 / 0,025	0,0250 / 0,0125	0,010 / 0,005	0,0050 / 0,0025	0,0010 / 0,0005	0,00050 / 0,00025
$\int_l$ 1 / ½	0,00050 / 0,00025	0,0010 / 0,0005	0,0050 / 0,0025	0,010 / 0,005	0,0250 / 0,0125	0,050 / 0,025	0,10 / 0,05	0,20 / 0,10	0,30 / 0,15	0,40 / 0,20	0,50 / 0,25	0,60 / 0,30	0,70 / 0,35	0,80 / 0,40	0,90 / 0,45	0,950 / 0,475	0,9750 / 0,4875	0,990 / 0,495	0,9950 / 0,4975	0,9990 / 0,4995	0,99950 / 0,49975
ν																					
151	100,274	102,936	109,994	113,534	118,872	123,597	129,201	136,214	141,427	145,985	150,334	154,768	159,608	165,398	173,655	180,676	186,913	194,342	199,508	210,442	214,802
152	101,086	103,759	110,846	114,400	119,759	124,502	130,127	137,165	142,396	146,971	151,334	155,783	160,638	166,446	174,729	181,770	188,026	195,475	200,656	211,619	215,991
153	101,898	104,582	111,699	115,267	120,646	125,408	131,054	138,117	143,366	147,956	152,334	156,797	161,668	167,495	175,803	182,865	189,139	196,609	201,804	212,796	217,179
154	102,710	105,406	112,552	116,134	121,535	126,314	131,980	139,069	144,336	148,942	153,334	157,812	162,698	168,543	176,876	183,959	190,251	197,742	202,951	213,973	218,367
155	103,523	106,230	113,405	117,001	122,423	127,220	132,907	140,021	145,306	149,927	154,334	158,826	163,728	169,591	177,949	185,052	191,362	198,874	204,098	215,148	219,554
156	104,337	107,055	114,259	117,870	123,312	128,127	133,835	140,973	146,277	150,913	155,334	159,841	164,758	170,639	179,022	186,146	192,473	200,006	205,244	216,323	220,740
157	105,151	107,881	115,114	118,738	124,201	129,034	134,762	141,925	147,247	151,898	156,334	160,855	165,787	171,686	180,094	187,239	193,584	201,138	206,389	217,498	221,926
158	105,966	108,707	115,968	119,607	125,090	129,941	135,690	142,878	148,217	152,884	157,334	161,869	166,817	172,734	181,167	188,332	194,695	202,269	207,535	218,672	223,111
159	106,782	109,534	116,824	120,476	125,980	130,848	136,618	143,831	149,188	153,870	158,334	162,883	167,847	173,781	182,239	189,424	195,805	203,400	208,679	219,845	224,296
160	107,598	110,361	117,680	121,346	126,870	131,756	137,546	144,783	150,158	154,856	159,334	163,898	168,876	174,828	183,311	190,516	196,915	204,530	209,824	221,018	225,480
161	108,415	111,189	118,536	122,216	127,761	132,664	138,474	145,736	151,129	155,841	160,334	164,912	169,905	175,875	184,382	191,608	198,025	205,660	210,967	222,191	226,663
162	109,232	112,017	119,393	123,086	128,651	133,573	139,403	146,689	152,100	156,827	161,334	165,926	170,935	176,922	185,454	192,700	199,134	206,789	212,111	223,363	227,846
163	110,050	112,846	120,250	123,957	129,543	134,481	140,331	147,643	153,070	157,813	162,334	166,940	171,964	177,969	186,525	193,791	200,243	207,919	213,254	224,534	229,029
164	110,868	113,675	121,107	124,829	130,434	135,390	141,260	148,596	154,041	158,799	163,334	167,954	172,993	179,016	187,596	194,883	201,351	209,047	214,396	225,705	230,211
165	111,687	114,505	121,965	125,700	131,326	136,299	142,190	149,549	155,012	159,785	164,334	168,968	174,022	180,062	188,667	195,973	202,459	210,176	215,538	226,875	231,392
166	112,506	115,335	122,824	126,572	132,218	137,209	143,119	150,503	155,984	160,771	165,334	169,982	175,051	181,109	189,737	197,064	203,567	211,304	216,680	228,045	232,573
167	113,326	116,166	123,683	127,445	133,111	138,118	144,049	151,457	156,955	161,757	166,334	170,996	176,079	182,155	190,808	198,154	204,675	212,431	217,821	229,214	233,753
168	114,147	116,998	124,542	128,318	134,003	139,028	144,979	152,411	157,926	162,743	167,334	172,010	177,108	183,201	191,878	199,244	205,782	213,558	218,962	230,383	234,932
169	114,968	117,829	125,401	129,191	134,897	139,939	145,909	153,365	158,897	163,729	168,334	173,024	178,137	184,247	192,948	200,334	206,889	214,685	220,102	231,551	236,111
170	115,790	118,662	126,262	130,065	135,790	140,849	146,839	154,319	159,869	164,716	169,334	174,037	179,165	185,293	194,017	201,423	207,995	215,812	221,242	232,719	237,290
171	116,612	119,495	127,122	130,939	136,684	141,760	147,769	155,273	160,840	165,702	170,334	175,051	180,194	186,338	195,087	202,513	209,102	216,938	222,382	233,886	238,468
172	117,434	120,328	127,983	131,813	137,578	142,671	148,700	156,228	161,812	166,688	171,334	176,065	181,222	187,384	196,156	203,601	210,208	218,063	223,521	235,053	239,646
173	118,257	121,162	128,844	132,688	138,472	143,582	149,631	157,182	162,784	167,675	172,334	177,079	182,250	188,429	197,225	204,690	211,313	219,189	224,660	236,219	240,823
174	119,081	121,996	129,706	133,563	139,367	144,494	150,562	158,137	163,755	168,661	173,334	178,092	183,279	189,475	198,294	205,779	212,419	220,314	225,798	237,385	241,999
175	119,905	122,831	130,568	134,438	140,262	145,406	151,493	159,092	164,727	169,647	174,334	179,106	184,307	190,520	199,363	206,867	213,524	221,438	226,936	238,550	243,175
176	120,730	123,666	131,431	135,314	141,157	146,318	152,425	160,047	165,699	170,634	175,334	180,119	185,335	191,565	200,432	207,955	214,628	222,562	228,073	239,715	244,351
177	121,555	124,502	132,294	136,190	142,053	147,230	153,356	161,002	166,671	171,620	176,334	181,133	186,363	192,610	201,500	209,042	215,733	223,686	229,210	240,880	245,526
178	122,381	125,338	133,157	137,067	142,949	148,143	154,288	161,957	167,643	172,607	177,334	182,146	187,391	193,654	202,568	210,130	216,837	224,810	230,347	242,043	246,700
179	123,207	126,175	134,021	137,943	143,845	149,056	155,220	162,913	168,616	173,593	178,334	183,160	188,418	194,699	203,636	211,217	217,941	225,933	231,484	243,207	247,874
180	124,033	127,012	134,885	138,821	144,741	149,969	156,153	163,868	169,588	174,580	179,334	184,173	189,446	195,743	204,704	212,304	219,044	227,056	232,620	244,370	249,048
181	124,860	127,849	135,749	139,698	145,638	150,882	157,085	164,824	170,560	175,567	180,334	185,187	190,474	196,788	205,771	213,391	220,148	228,178	233,755	245,533	250,221
182	125,688	128,687	136,614	140,576	146,535	151,796	158,018	165,780	171,533	176,553	181,334	186,200	191,501	197,832	206,839	214,477	221,250	229,301	234,890	246,695	251,393
183	126,516	129,526	137,479	141,454	147,432	152,709	158,950	166,735	172,505	177,540	182,334	187,213	192,529	198,876	207,906	215,563	222,353	230,423	236,025	247,856	252,565
184	127,344	130,364	138,345	142,333	148,330	153,624	159,883	167,691	173,478	178,527	183,334	188,226	193,556	199,920	208,973	216,649	223,456	231,544	237,160	249,018	253,737
185	128,173	131,204	139,211	143,211	149,228	154,538	160,817	168,647	174,450	179,513	184,334	189,240	194,584	200,964	210,040	217,735	224,558	232,665	238,294	250,178	254,908
186	129,003	132,043	140,077	144,091	150,126	155,452	161,750	169,604	175,423	180,500	185,334	190,253	195,611	202,008	211,106	218,820	225,660	233,786	239,428	251,339	256,079
187	129,833	132,884	140,944	144,970	151,025	156,367	162,684	170,560	176,396	181,487	186,334	191,266	196,638	203,052	212,173	219,906	226,761	234,907	240,561	252,499	257,249
188	130,663	133,724	141,811	145,850	151,923	157,282	163,617	171,517	177,369	182,474	187,334	192,279	197,665	204,095	213,239	220,991	227,862	236,027	241,694	253,658	258,419
189	131,494	134,565	142,678	146,730	152,822	158,197	164,551	172,473	178,342	183,461	188,334	193,292	198,692	205,139	214,305	222,076	228,964	237,147	242,827	254,817	259,588
190	132,325	135,407	143,546	147,611	153,721	159,113	165,485	173,430	179,315	184,448	189,334	194,305	199,719	206,182	215,371	223,160	230,064	238,266	243,959	255,976	260,757
191	133,157	136,248	144,414	148,491	154,621	160,028	166,419	174,387	180,288	185,435	190,334	195,318	200,746	207,225	216,437	224,245	231,165	239,385	245,091	257,134	261,925
192	133,989	137,091	145,282	149,372	155,521	160,944	167,354	175,343	181,261	186,422	191,334	196,331	201,773	208,268	217,502	225,329	232,265	240,504	246,223	258,292	263,093
193	134,821	137,933	146,151	150,254	156,421	161,860	168,288	176,301	182,234	187,409	192,334	197,344	202,800	209,311	218,568	226,413	233,365	241,623	247,354	259,449	264,261
194	135,654	138,776	147,020	151,136	157,321	162,776	169,223	177,258	183,207	188,396	193,334	198,357	203,827	210,354	219,633	227,496	234,465	242,741	248,485	260,606	265,428
195	136,488	139,620	147,889	152,018	158,222	163,693	170,158	178,215	184,181	189,383	194,334	199,370	204,853	211,397	220,698	228,580	235,564	243,859	249,616	261,763	266,595
196	137,322	140,464	148,759	152,900	159,122	164,610	171,093	179,172	185,154	190,370	195,334	200,383	205,880	212,439	221,763	229,663	236,663	244,977	250,746	262,919	267,761
197	138,156	141,308	149,629	153,783	160,023	165,527	172,029	180,130	186,128	191,358	196,334	201,395	206,906	213,482	222,828	230,746	237,762	246,095	251,876	264,075	268,927
198	138,990	142,153	150,499	154,665	160,925	166,444	172,964	181,087	187,101	192,345	197,334	202,408	207,933	214,524	223,892	231,829	238,861	247,212	253,006	265,230	270,092
199	139,826	142,998	151,370	155,549	161,826	167,361	173,900	182,045	188,075	193,332	198,334	203,421	208,959	215,567	224,957	232,912	239,960	248,328	254,135	266,385	271,257
200	140,661	143,843	152,241	156,432	162,728	168,279	174,835	183,003	189,049	194,319	199,334	204,434	209,985	216,609	226,021	233,994	241,058	249,445	255,264	267,540	272,422

Obere Signifikanzschranken der F-Verteilung[1] $P = 0{,}05$

$P = P$ (rechts) = Integral von Unendlich bis F

ν_2 \ ν_1	1	2	3	4	5	6	7	8	9	10	11	12	13	14	15	16	17	18	19	20	22	24	26	28	30	40	50	60	80	100
1	161,44	200	216	225	230	234	237	239	241	242	243	244	245	245	246	246	247	247	248	248	249	249	249	250	250	251	252	252	252	253
2	18,51	19,0	19,2	19,2	19,3	19,3	19,4	19,4	19,4	19,4	19,4	19,4	19,4	19,4	19,4	19,4	19,4	19,4	19,4	19,4	19,5	19,5	19,5	19,5	19,5	19,5	19,5	19,5	19,5	19,5
3	10,13	9,55	9,28	9,12	9,01	8,94	8,89	8,85	8,81	8,79	8,76	8,74	8,73	8,71	8,70	8,69	8,68	8,67	8,67	8,66	8,65	8,64	8,63	8,62	8,62	8,59	8,58	8,57	8,56	8,55
4	7,71	6,94	6,59	6,39	6,26	6,16	6,09	6,04	6,00	5,96	5,94	5,91	5,89	5,87	5,86	5,84	5,83	5,82	5,81	5,80	5,79	5,77	5,76	5,75	5,75	5,72	5,70	5,69	5,67	5,66
5	6,61	5,79	5,41	5,19	5,05	4,95	4,88	4,82	4,77	4,74	4,70	4,68	4,66	4,64	4,62	4,60	4,59	4,58	4,57	4,56	4,54	4,53	4,52	4,50	4,50	4,46	4,44	4,43	4,41	4,41
6	5,99	5,14	4,76	4,53	4,39	4,28	4,21	4,15	4,10	4,06	4,03	4,00	3,98	3,96	3,94	3,92	3,91	3,90	3,88	3,87	3,86	3,84	3,83	3,82	3,81	3,77	3,75	3,74	3,72	3,71
7	5,59	4,74	4,35	4,12	3,97	3,87	3,79	3,73	3,68	3,64	3,60	3,57	3,55	3,53	3,51	3,49	3,48	3,47	3,46	3,44	3,43	3,41	3,40	3,39	3,38	3,34	3,32	3,30	3,29	3,27
8	5,32	4,46	4,07	3,84	3,69	3,58	3,50	3,44	3,39	3,35	3,31	3,28	3,26	3,24	3,22	3,20	3,19	3,17	3,16	3,15	3,13	3,12	3,10	3,09	3,08	3,04	3,02	3,01	2,99	2,97
9	5,12	4,26	3,86	3,63	3,48	3,37	3,29	3,23	3,18	3,14	3,10	3,07	3,05	3,03	3,01	2,99	2,97	2,96	2,95	2,94	2,92	2,90	2,89	2,87	2,86	2,83	2,80	2,79	2,77	2,76
10	4,96	4,10	3,71	3,48	3,33	3,22	3,14	3,07	3,02	2,98	2,94	2,91	2,89	2,86	2,85	2,83	2,81	2,80	2,78	2,77	2,75	2,74	2,72	2,71	2,70	2,66	2,64	2,62	2,60	2,59
11	4,84	3,98	3,59	3,36	3,20	3,09	3,01	2,95	2,90	2,85	2,82	2,79	2,76	2,74	2,72	2,70	2,69	2,67	2,66	2,65	2,63	2,61	2,59	2,58	2,57	2,53	2,51	2,49	2,47	2,46
12	4,75	3,89	3,49	3,26	3,11	3,00	2,91	2,85	2,80	2,75	2,72	2,69	2,66	2,64	2,62	2,60	2,58	2,57	2,56	2,54	2,52	2,51	2,49	2,48	2,47	2,43	2,40	2,38	2,36	2,35
13	4,67	3,81	3,41	3,18	3,03	2,92	2,83	2,77	2,71	2,67	2,63	2,60	2,58	2,55	2,53	2,51	2,50	2,48	2,47	2,46	2,44	2,42	2,41	2,39	2,38	2,34	2,31	2,30	2,27	2,26
14	4,60	3,74	3,34	3,11	2,96	2,85	2,76	2,70	2,65	2,60	2,57	2,53	2,51	2,48	2,46	2,44	2,43	2,41	2,40	2,39	2,37	2,35	2,33	2,32	2,31	2,27	2,24	2,22	2,20	2,19
15	4,54	3,68	3,29	3,06	2,90	2,79	2,71	2,64	2,59	2,54	2,51	2,48	2,45	2,42	2,40	2,38	2,37	2,35	2,34	2,33	2,31	2,29	2,27	2,26	2,25	2,20	2,18	2,16	2,14	2,12
16	4,49	3,63	3,24	3,01	2,85	2,74	2,66	2,59	2,54	2,49	2,46	2,42	2,40	2,37	2,35	2,33	2,32	2,30	2,29	2,28	2,25	2,24	2,22	2,21	2,19	2,15	2,12	2,11	2,08	2,07
17	4,45	3,59	3,20	2,96	2,81	2,70	2,61	2,55	2,49	2,45	2,41	2,38	2,35	2,33	2,31	2,29	2,27	2,26	2,24	2,23	2,21	2,19	2,17	2,16	2,15	2,10	2,08	2,06	2,03	2,02
18	4,41	3,55	3,16	2,93	2,77	2,66	2,58	2,51	2,46	2,41	2,37	2,34	2,31	2,29	2,27	2,25	2,23	2,22	2,20	2,19	2,17	2,15	2,13	2,12	2,11	2,06	2,04	2,02	1,99	1,98
19	4,38	3,52	3,13	2,90	2,74	2,63	2,54	2,48	2,42	2,38	2,34	2,31	2,28	2,26	2,23	2,21	2,20	2,18	2,17	2,16	2,13	2,11	2,10	2,08	2,07	2,03	2,00	1,98	1,96	1,94
20	4,35	3,49	3,10	2,87	2,71	2,60	2,51	2,45	2,39	2,35	2,31	2,28	2,25	2,22	2,20	2,18	2,17	2,15	2,14	2,12	2,10	2,08	2,07	2,05	2,04	1,99	1,97	1,95	1,92	1,91
21	4,32	3,47	3,07	2,84	2,68	2,57	2,49	2,42	2,37	2,32	2,28	2,25	2,22	2,20	2,18	2,16	2,14	2,12	2,11	2,10	2,07	2,05	2,04	2,02	2,01	1,96	1,94	1,92	1,89	1,88
22	4,30	3,44	3,05	2,82	2,66	2,55	2,46	2,40	2,34	2,30	2,26	2,23	2,20	2,17	2,15	2,13	2,11	2,10	2,08	2,07	2,05	2,03	2,01	2,00	1,98	1,94	1,91	1,89	1,86	1,85
23	4,28	3,42	3,03	2,80	2,64	2,53	2,44	2,37	2,32	2,27	2,23	2,20	2,18	2,15	2,13	2,11	2,09	2,07	2,06	2,05	2,02	2,00	1,99	1,97	1,96	1,91	1,88	1,86	1,84	1,82
24	4,26	3,40	3,01	2,78	2,62	2,51	2,42	2,36	2,30	2,25	2,21	2,18	2,15	2,13	2,11	2,09	2,07	2,05	2,04	2,03	2,00	1,98	1,97	1,95	1,94	1,89	1,86	1,84	1,82	1,80
25	4,24	3,39	2,99	2,76	2,60	2,49	2,40	2,34	2,28	2,24	2,20	2,16	2,14	2,11	2,09	2,07	2,05	2,04	2,02	2,01	1,98	1,96	1,95	1,93	1,92	1,87	1,84	1,82	1,80	1,78
26	4,23	3,37	2,98	2,74	2,59	2,47	2,39	2,32	2,27	2,22	2,18	2,15	2,12	2,09	2,07	2,05	2,03	2,02	2,00	1,99	1,97	1,95	1,93	1,91	1,90	1,85	1,82	1,80	1,78	1,76
27	4,21	3,35	2,96	2,73	2,57	2,46	2,37	2,31	2,25	2,20	2,17	2,13	2,10	2,08	2,06	2,04	2,02	2,00	1,99	1,97	1,95	1,93	1,91	1,90	1,88	1,84	1,81	1,79	1,76	1,74
28	4,20	3,34	2,95	2,71	2,56	2,45	2,36	2,29	2,24	2,19	2,15	2,12	2,09	2,06	2,04	2,02	2,00	1,99	1,97	1,96	1,93	1,91	1,90	1,88	1,87	1,82	1,79	1,77	1,74	1,73
29	4,18	3,33	2,93	2,70	2,55	2,43	2,35	2,28	2,22	2,18	2,14	2,10	2,08	2,05	2,03	2,01	1,99	1,97	1,96	1,94	1,92	1,90	1,88	1,87	1,85	1,81	1,77	1,75	1,73	1,71
30	4,17	3,32	2,92	2,69	2,53	2,42	2,33	2,27	2,21	2,16	2,13	2,09	2,06	2,04	2,01	1,99	1,98	1,96	1,95	1,93	1,91	1,89	1,87	1,85	1,84	1,79	1,76	1,74	1,71	1,70
32	4,15	3,29	2,90	2,67	2,51	2,40	2,31	2,24	2,19	2,14	2,10	2,07	2,04	2,01	1,99	1,97	1,95	1,94	1,92	1,91	1,88	1,86	1,85	1,83	1,82	1,77	1,74	1,71	1,69	1,67
34	4,13	3,28	2,88	2,65	2,49	2,38	2,29	2,23	2,17	2,12	2,08	2,05	2,02	1,99	1,97	1,95	1,93	1,92	1,90	1,89	1,86	1,84	1,82	1,80	1,80	1,75	1,71	1,69	1,66	1,65
36	4,11	3,26	2,87	2,63	2,48	2,36	2,28	2,21	2,15	2,11	2,07	2,03	2,00	1,98	1,95	1,93	1,92	1,90	1,88	1,87	1,85	1,82	1,81	1,79	1,78	1,73	1,69	1,67	1,64	1,62
38	4,10	3,24	2,85	2,62	2,46	2,35	2,26	2,19	2,14	2,09	2,05	2,02	1,99	1,96	1,94	1,92	1,90	1,88	1,87	1,85	1,83	1,81	1,79	1,77	1,76	1,71	1,68	1,65	1,62	1,61
40	4,08	3,23	2,84	2,61	2,45	2,34	2,25	2,18	2,12	2,08	2,04	2,00	1,97	1,95	1,92	1,90	1,89	1,87	1,85	1,84	1,81	1,79	1,77	1,76	1,74	1,69	1,66	1,64	1,61	1,59
42	4,07	3,22	2,83	2,59	2,44	2,32	2,24	2,17	2,11	2,06	2,03	1,99	1,96	1,93	1,91	1,89	1,87	1,86	1,84	1,83	1,80	1,78	1,76	1,74	1,73	1,68	1,65	1,62	1,59	1,57
44	4,06	3,21	2,82	2,58	2,43	2,31	2,23	2,16	2,10	2,05	2,01	1,98	1,95	1,92	1,90	1,88	1,86	1,84	1,83	1,81	1,79	1,77	1,75	1,73	1,72	1,67	1,63	1,61	1,58	1,56
46	4,05	3,20	2,81	2,57	2,42	2,30	2,22	2,15	2,09	2,04	2,00	1,97	1,94	1,91	1,89	1,87	1,85	1,83	1,82	1,80	1,78	1,76	1,74	1,72	1,71	1,65	1,62	1,60	1,57	1,55
48	4,04	3,19	2,80	2,57	2,41	2,29	2,21	2,14	2,08	2,03	1,99	1,96	1,93	1,90	1,88	1,86	1,84	1,82	1,81	1,79	1,77	1,75	1,73	1,71	1,70	1,64	1,61	1,59	1,56	1,54
50	4,03	3,18	2,79	2,56	2,40	2,29	2,20	2,13	2,07	2,03	1,99	1,95	1,92	1,89	1,87	1,85	1,83	1,81	1,80	1,78	1,76	1,74	1,72	1,70	1,69	1,63	1,60	1,58	1,54	1,52
60	4,00	3,15	2,76	2,53	2,37	2,25	2,17	2,10	2,04	1,99	1,95	1,92	1,89	1,86	1,84	1,82	1,80	1,78	1,76	1,75	1,72	1,70	1,68	1,66	1,65	1,59	1,56	1,53	1,50	1,48
70	3,98	3,13	2,74	2,50	2,35	2,23	2,14	2,07	2,02	1,97	1,93	1,89	1,86	1,84	1,81	1,79	1,77	1,75	1,74	1,72	1,70	1,67	1,65	1,64	1,62	1,57	1,53	1,50	1,47	1,45
80	3,96	3,11	2,72	2,49	2,33	2,21	2,13	2,06	2,00	1,95	1,91	1,88	1,84	1,82	1,79	1,77	1,75	1,73	1,72	1,70	1,68	1,65	1,63	1,62	1,60	1,54	1,51	1,48	1,45	1,43
90	3,95	3,10	2,71	2,47	2,32	2,20	2,11	2,04	1,99	1,94	1,90	1,86	1,83	1,80	1,78	1,76	1,74	1,72	1,70	1,69	1,66	1,64	1,62	1,60	1,59	1,53	1,49	1,46	1,43	1,41
100	3,94	3,09	2,70	2,46	2,31	2,19	2,10	2,03	1,97	1,93	1,89	1,85	1,82	1,79	1,77	1,75	1,73	1,71	1,69	1,68	1,65	1,63	1,61	1,59	1,57	1,52	1,48	1,45	1,41	1,39
125	3,92	3,07	2,68	2,44	2,29	2,17	2,08	2,01	1,96	1,91	1,87	1,83	1,80	1,77	1,75	1,72	1,70	1,69	1,67	1,65	1,63	1,60	1,58	1,57	1,55	1,49	1,45	1,42	1,39	1,36
150	3,90	3,06	2,66	2,43	2,27	2,16	2,07	2,00	1,94	1,89	1,85	1,82	1,79	1,76	1,73	1,71	1,69	1,67	1,66	1,64	1,61	1,59	1,57	1,55	1,53	1,48	1,44	1,41	1,37	1,34
200	3,89	3,04	2,65	2,42	2,26	2,14	2,06	1,98	1,93	1,88	1,84	1,80	1,77	1,74	1,72	1,69	1,67	1,66	1,64	1,62	1,60	1,57	1,55	1,53	1,52	1,46	1,41	1,39	1,35	1,32
300	3,87	3,03	2,63	2,40	2,24	2,13	2,04	1,97	1,91	1,86	1,82	1,78	1,75	1,72	1,70	1,68	1,66	1,64	1,62	1,61	1,58	1,55	1,53	1,51	1,50	1,43	1,39	1,36	1,32	1,30
500	3,86	3,01	2,62	2,39	2,23	2,12	2,03	1,96	1,90	1,85	1,81	1,77	1,74	1,71	1,69	1,66	1,64	1,62	1,61	1,59	1,56	1,54	1,52	1,50	1,48	1,42	1,38	1,34	1,30	1,28
1000	3,85	3,00	2,61	2,38	2,22	2,11	2,02	1,95	1,89	1,84	1,80	1,76	1,73	1,70	1,68	1,65	1,63	1,61	1,60	1,58	1,55	1,53	1,51	1,49	1,47	1,41	1,36	1,33	1,29	1,26

[1] Nach VAN DER WAERDEN, B.L., *Mathematische Statistik*, Springer, Berlin, 1957, S.340. Nachdruck mit freundlicher Erlaubnis des Autors und des Verlages.

Obere Signifikanzschranken der F-Verteilung[1] $P = 0{,}01$

$P = P$ (rechts) = Integral von Unendlich bis F

ν_2 \ ν_1	1	2	3	4	5	6	7	8	9	10	11	12	13	14	15	16	17	18	19	20	22	24	26	28	30	40	50	60	80	100
2	98,50	99,0	99,2	99,2	99,3	99,3	99,4	99,4	99,4	99,4	99,4	99,4	99,4	99,4	99,4	99,4	99,4	99,4	99,4	99,4	99,5	99,5	99,5	99,5	99,5	99,5	99,5	99,5	99,5	99,5
3	34,12	30,8	29,5	28,7	28,2	27,9	27,7	27,5	27,3	27,2	27,1	27,1	27,0	26,9	26,9	26,8	26,8	26,8	26,7	26,7	26,6	26,6	26,6	26,5	26,5	26,4	26,4	26,3	26,3	26,2
4	21,20	18,0	16,7	16,0	15,5	15,2	15,0	14,8	14,7	14,5	14,4	14,4	14,3	14,2	14,2	14,2	14,1	14,1	14,0	14,0	14,0	13,9	13,9	13,9	13,8	13,7	13,7	13,7	13,6	13,6
5	16,26	13,3	12,1	11,4	11,0	10,7	10,5	10,3	10,2	10,1	9,96	9,89	9,82	9,77	9,72	9,68	9,64	9,61	9,58	9,55	9,51	9,47	9,43	9,40	9,38	9,29	9,24	9,20	9,16	9,13
6	13,75	10,9	9,78	9,15	8,75	8,47	8,26	8,10	7,98	7,87	7,79	7,72	7,66	7,60	7,56	7,52	7,48	7,45	7,42	7,40	7,35	7,31	7,28	7,25	7,23	7,14	7,09	7,06	7,01	6,99
7	12,25	9,55	8,45	7,85	7,46	7,19	6,99	6,84	6,72	6,62	6,54	6,47	6,41	6,36	6,31	6,27	6,24	6,21	6,18	6,16	6,11	6,07	6,04	6,02	5,99	5,91	5,86	5,82	5,78	5,75
8	11,26	8,65	7,59	7,01	6,63	6,37	6,18	6,03	5,91	5,81	5,73	5,67	5,61	5,56	5,52	5,48	5,44	5,41	5,38	5,36	5,32	5,28	5,25	5,22	5,20	5,12	5,07	5,03	4,99	4,96
9	10,56	8,02	6,99	6,42	6,06	5,80	5,61	5,47	5,35	5,26	5,18	5,11	5,05	5,00	4,96	4,92	4,89	4,86	4,83	4,81	4,77	4,73	4,70	4,67	4,65	4,57	4,52	4,48	4,44	4,42
10	10,04	7,56	6,55	5,99	5,64	5,39	5,20	5,06	4,94	4,85	4,77	4,71	4,65	4,60	4,56	4,52	4,49	4,46	4,43	4,41	4,36	4,33	4,30	4,27	4,25	4,17	4,12	4,08	4,04	4,01
11	9,65	7,21	6,22	5,67	5,32	5,07	4,89	4,74	4,63	4,54	4,46	4,40	4,34	4,29	4,25	4,21	4,18	4,15	4,12	4,10	4,06	4,02	3,99	3,96	3,94	3,86	3,81	3,78	3,73	3,71
12	9,33	6,93	5,95	5,41	5,06	4,82	4,64	4,50	4,39	4,30	4,22	4,16	4,10	4,05	4,01	3,97	3,94	3,91	3,88	3,86	3,82	3,78	3,75	3,72	3,70	3,62	3,57	3,54	3,49	3,47
13	9,07	6,70	5,74	5,21	4,86	4,62	4,44	4,30	4,19	4,10	4,02	3,96	3,91	3,86	3,82	3,78	3,75	3,72	3,69	3,66	3,62	3,59	3,56	3,53	3,51	3,43	3,38	3,34	3,30	3,27
14	8,86	6,51	5,56	5,04	4,69	4,46	4,28	4,14	4,03	3,94	3,86	3,80	3,75	3,70	3,66	3,62	3,59	3,56	3,53	3,51	3,46	3,43	3,40	3,37	3,35	3,27	3,22	3,18	3,14	3,11
15	8,68	6,36	5,42	4,89	4,56	4,32	4,14	4,00	3,89	3,80	3,73	3,67	3,61	3,56	3,52	3,49	3,45	3,42	3,40	3,37	3,33	3,29	3,26	3,24	3,21	3,13	3,08	3,05	3,00	2,98
16	8,53	6,23	5,29	4,77	4,44	4,20	4,03	3,89	3,78	3,69	3,62	3,55	3,50	3,45	3,41	3,37	3,34	3,31	3,28	3,26	3,22	3,18	3,15	3,12	3,10	3,02	2,97	2,93	2,89	2,86
17	8,40	6,11	5,18	4,67	4,34	4,10	3,93	3,79	3,68	3,59	3,52	3,46	3,40	3,35	3,31	3,27	3,24	3,21	3,18	3,16	3,12	3,08	3,05	3,03	3,00	2,92	2,87	2,83	2,79	2,76
18	8,29	6,01	5,09	4,58	4,25	4,01	3,84	3,71	3,60	3,51	3,43	3,37	3,32	3,27	3,23	3,19	3,16	3,13	3,10	3,08	3,03	3,00	2,97	2,94	2,92	2,84	2,78	2,75	2,70	2,68
19	8,18	5,93	5,01	4,50	4,17	3,94	3,77	3,63	3,52	3,43	3,36	3,30	3,24	3,19	3,15	3,12	3,08	3,05	3,03	3,00	2,96	2,92	2,89	2,87	2,84	2,76	2,71	2,67	2,63	2,60
20	8,10	5,85	4,94	4,43	4,10	3,87	3,70	3,56	3,46	3,37	3,29	3,23	3,18	3,13	3,09	3,05	3,02	2,99	2,96	2,94	2,90	2,86	2,83	2,80	2,78	2,69	2,64	2,61	2,56	2,54
21	8,02	5,78	4,87	4,37	4,04	3,81	3,64	3,51	3,40	3,31	3,24	3,17	3,12	3,07	3,03	2,99	2,96	2,93	2,90	2,88	2,84	2,80	2,77	2,74	2,72	2,64	2,58	2,55	2,50	2,48
22	7,95	5,72	4,82	4,31	3,99	3,76	3,59	3,45	3,35	3,26	3,18	3,12	3,07	3,02	2,98	2,94	2,91	2,88	2,85	2,83	2,78	2,75	2,72	2,69	2,67	2,58	2,53	2,50	2,45	2,42
23	7,88	5,66	4,76	4,26	3,94	3,71	3,54	3,41	3,30	3,21	3,14	3,07	3,02	2,97	2,93	2,89	2,86	2,83	2,80	2,78	2,74	2,70	2,67	2,64	2,62	2,54	2,48	2,45	2,40	2,37
24	7,82	5,61	4,72	4,22	3,90	3,67	3,50	3,36	3,26	3,17	3,09	3,03	2,98	2,93	2,89	2,85	2,82	2,79	2,76	2,74	2,70	2,66	2,63	2,60	2,58	2,49	2,44	2,40	2,36	2,33
25	7,77	5,57	4,68	4,18	3,86	3,63	3,46	3,32	3,22	3,13	3,06	2,99	2,94	2,89	2,85	2,81	2,78	2,75	2,72	2,70	2,66	2,62	2,59	2,56	2,54	2,45	2,40	2,36	2,32	2,29
26	7,72	5,53	4,64	4,14	3,82	3,59	3,42	3,29	3,18	3,09	3,02	2,96	2,90	2,86	2,82	2,78	2,74	2,72	2,69	2,66	2,62	2,58	2,55	2,53	2,50	2,42	2,36	2,33	2,28	2,25
27	7,68	5,49	4,60	4,11	3,78	3,56	3,39	3,26	3,15	3,06	2,99	2,93	2,87	2,82	2,78	2,75	2,71	2,68	2,66	2,63	2,59	2,55	2,52	2,49	2,47	2,38	2,33	2,29	2,25	2,22
28	7,64	5,45	4,57	4,07	3,75	3,53	3,36	3,23	3,12	3,03	2,96	2,90	2,84	2,79	2,75	2,72	2,68	2,65	2,63	2,60	2,56	2,52	2,49	2,46	2,44	2,35	2,30	2,26	2,22	2,19
29	7,60	5,42	4,54	4,04	3,73	3,50	3,33	3,20	3,09	3,00	2,93	2,87	2,81	2,77	2,73	2,69	2,66	2,63	2,60	2,57	2,53	2,49	2,46	2,44	2,41	2,33	2,27	2,23	2,19	2,16
30	7,56	5,39	4,51	4,02	3,70	3,47	3,30	3,17	3,07	2,98	2,91	2,84	2,79	2,74	2,70	2,66	2,63	2,60	2,57	2,55	2,51	2,47	2,44	2,41	2,39	2,30	2,25	2,21	2,16	2,13
32	7,50	5,34	4,46	3,97	3,65	3,43	3,26	3,13	3,02	2,93	2,86	2,80	2,74	2,70	2,66	2,62	2,58	2,55	2,53	2,50	2,46	2,42	2,39	2,36	2,34	2,25	2,20	2,16	2,11	2,08
34	7,44	5,29	4,42	3,93	3,61	3,39	3,22	3,09	2,98	2,89	2,82	2,76	2,70	2,66	2,62	2,58	2,55	2,51	2,49	2,46	2,42	2,38	2,35	2,32	2,30	2,21	2,16	2,12	2,07	2,04
36	7,40	5,25	4,38	3,89	3,57	3,35	3,18	3,05	2,95	2,86	2,79	2,72	2,67	2,62	2,58	2,54	2,51	2,48	2,45	2,43	2,38	2,35	2,32	2,29	2,26	2,17	2,12	2,08	2,03	2,00
38	7,35	5,21	4,34	3,86	3,54	3,32	3,15	3,02	2,92	2,83	2,75	2,69	2,64	2,59	2,55	2,51	2,48	2,45	2,42	2,40	2,35	2,32	2,28	2,26	2,23	2,14	2,09	2,05	2,00	1,97
40	7,31	5,18	4,31	3,83	3,51	3,29	3,12	2,99	2,89	2,80	2,73	2,66	2,61	2,56	2,52	2,48	2,45	2,42	2,39	2,37	2,33	2,29	2,26	2,23	2,20	2,11	2,06	2,02	1,97	1,94
42	7,28	5,15	4,29	3,80	3,49	3,27	3,10	2,97	2,86	2,78	2,70	2,64	2,59	2,54	2,50	2,46	2,43	2,40	2,37	2,34	2,30	2,26	2,23	2,20	2,18	2,09	2,03	1,99	1,94	1,91
44	7,25	5,12	4,26	3,78	3,47	3,24	3,08	2,95	2,84	2,75	2,68	2,62	2,56	2,52	2,47	2,44	2,40	2,37	2,35	2,32	2,28	2,24	2,21	2,18	2,15	2,06	2,01	1,97	1,92	1,89
46	7,22	5,10	4,24	3,76	3,44	3,22	3,06	2,93	2,82	2,73	2,66	2,60	2,54	2,50	2,45	2,42	2,38	2,35	2,33	2,30	2,26	2,22	2,19	2,16	2,13	2,04	1,99	1,95	1,90	1,86
48	7,19	5,08	4,22	3,74	3,43	3,20	3,04	2,91	2,80	2,72	2,64	2,58	2,53	2,48	2,44	2,40	2,37	2,33	2,31	2,28	2,24	2,20	2,17	2,14	2,12	2,02	1,97	1,93	1,88	1,84
50	7,17	5,06	4,20	3,72	3,41	3,19	3,02	2,89	2,79	2,70	2,63	2,56	2,51	2,46	2,42	2,38	2,35	2,32	2,29	2,27	2,22	2,18	2,15	2,12	2,10	2,01	1,95	1,91	1,86	1,82
55	7,12	5,01	4,16	3,68	3,37	3,15	2,98	2,85	2,75	2,66	2,59	2,53	2,47	2,42	2,38	2,34	2,31	2,28	2,25	2,23	2,18	2,15	2,11	2,08	2,06	1,97	1,91	1,87	1,81	1,78
60	7,08	4,98	4,13	3,65	3,34	3,12	2,95	2,82	2,72	2,63	2,56	2,50	2,44	2,39	2,35	2,31	2,28	2,25	2,22	2,20	2,15	2,12	2,08	2,05	2,03	1,94	1,88	1,84	1,78	1,75
70	7,01	4,92	4,08	3,60	3,29	3,07	2,91	2,78	2,67	2,59	2,51	2,45	2,40	2,35	2,31	2,27	2,23	2,20	2,18	2,15	2,11	2,07	2,03	2,01	1,98	1,89	1,83	1,78	1,73	1,70
80	6,96	4,88	4,04	3,56	3,26	3,04	2,87	2,74	2,64	2,55	2,48	2,42	2,36	2,31	2,27	2,23	2,20	2,17	2,14	2,12	2,07	2,03	2,00	1,97	1,94	1,85	1,79	1,75	1,69	1,66
90	6,93	4,85	4,01	3,54	3,23	3,01	2,84	2,72	2,61	2,52	2,45	2,39	2,33	2,29	2,24	2,21	2,17	2,14	2,11	2,09	2,04	2,00	1,97	1,94	1,92	1,82	1,76	1,72	1,66	1,62
100	6,90	4,82	3,98	3,51	3,21	2,99	2,82	2,69	2,59	2,50	2,43	2,37	2,31	2,26	2,22	2,19	2,15	2,12	2,09	2,07	2,02	1,98	1,94	1,92	1,89	1,80	1,73	1,69	1,63	1,60
125	6,84	4,78	3,94	3,47	3,17	2,95	2,79	2,66	2,55	2,47	2,39	2,33	2,28	2,23	2,19	2,15	2,11	2,08	2,05	2,03	1,98	1,94	1,91	1,88	1,85	1,76	1,69	1,65	1,59	1,55
150	6,81	4,75	3,92	3,45	3,14	2,92	2,76	2,63	2,53	2,44	2,37	2,31	2,25	2,20	2,16	2,12	2,09	2,06	2,03	2,00	1,96	1,92	1,88	1,85	1,83	1,73	1,66	1,62	1,56	1,52
200	6,76	4,71	3,88	3,41	3,11	2,89	2,73	2,60	2,50	2,41	2,34	2,27	2,22	2,17	2,13	2,09	2,06	2,02	2,00	1,97	1,93	1,89	1,85	1,82	1,79	1,69	1,63	1,58	1,52	1,48
300	6,72	4,68	3,85	3,38	3,08	2,86	2,70	2,57	2,47	2,38	2,31	2,24	2,19	2,14	2,10	2,06	2,03	1,99	1,97	1,94	1,89	1,85	1,82	1,79	1,76	1,66	1,59	1,55	1,48	1,44
500	6,69	4,65	3,82	3,36	3,05	2,84	2,68	2,55	2,44	2,36	2,28	2,22	2,17	2,12	2,07	2,04	2,00	1,97	1,94	1,92	1,87	1,83	1,79	1,76	1,74	1,63	1,56	1,52	1,45	1,41
1000	6,66	4,63	3,80	3,34	3,04	2,82	2,66	2,53	2,43	2,34	2,27	2,20	2,15	2,10	2,06	2,02	1,98	1,95	1,92	1,90	1,85	1,81	1,77	1,74	1,72	1,61	1,54	1,50	1,43	1,38

[1] Nach VAN DER WAERDEN, B.L., *Mathematische Statistik*, Springer, Berlin, 1957, S. 342. Nachdruck mit freundlicher Erlaubnis des Autors und des Verlages.

$P=2\alpha$	0,20	0,10	0,05	0,02	0,01	0,005	0,001
$\frac{1}{2}P=\alpha$	0,10	0,05	0,025	0,01	0,005	0,0025	0,0005
ν							
1	9,474	39,864	161,442	1012,576	4052,214	16210,382	405283,751
2	3,557	8,526	18,513	48,511	98,502	198,500	998,434
3	2,683	5,538	10,128	20,621	34,116	55,552	167,030
4	2,350	4,545	7,708	14,040	21,198	31,333	74,132
5	2,179	4,060	6,608	11,323	16,258	22,784	47,183
6	2,074	3,776	5,987	9,878	13,745	18,635	35,510
7	2,002	3,590	5,591	8,988	12,247	16,235	29,246
8	1,952	3,458	5,318	8,387	11,259	14,688	25,412
9	1,913	3,360	5,118	7,958	10,561	13,614	22,858
10	1,882	3,285	4,964	7,640	10,044	12,826	21,041
11	1,858	3,225	4,844	7,388	9,646	12,226	19,687
12	1,839	3,177	4,747	7,188	9,330	11,754	18,645
13	1,823	3,136	4,667	7,023	9,074	11,374	17,817
14	1,809	3,102	4,600	6,885	8,861	11,060	17,140
15	1,798	3,073	4,543	6,770	8,683	10,798	16,589
16	1,788	3,048	4,494	6,672	8,531	10,576	16,120
17	1,777	3,026	4,451	6,589	8,400	10,385	15,721
18	1,769	3,007	4,414	6,513	8,285	10,218	15,382
19	1,764	2,990	4,381	6,447	8,185	10,072	15,078
20	1,756	2,975	4,351	6,391	8,096	9,944	14,823
21	1,750	2,961	4,325	6,340	8,017	9,829	14,585
22	1,745	2,948	4,301	6,290	7,946	9,727	14,379
23	1,740	2,937	4,280	6,250	7,881	9,635	14,190
24	1,737	2,927	4,260	6,210	7,823	9,551	14,025
25	1,732	2,918	4,242	6,175	7,770	9,475	13,876
26	1,729	2,909	4,225	6,145	7,721	9,406	13,742
27	1,727	2,901	4,210	6,116	7,677	9,342	13,616
28	1,724	2,894	4,196	6,086	7,636	9,284	13,498
29	1,719	2,887	4,183	6,061	7,598	9,229	13,388
30	1,716	2,881	4,171	6,037	7,563	9,180	13,293
31	1,715	2,875	4,160	6,015	7,530	9,134	13,205
32	1,712	2,869	4,149	5,995	7,499	9,090	13,120
33	1,710	2,864	4,139	5,976	7,471	9,050	13,040
34	1,708	2,859	4,130	5,958	7,444	9,012	12,968
35	1,706	2,855	4,121	5,941	7,420	8,977	12,899
36	1,704	2,850	4,113	5,925	7,396	8,943	12,834
37	1,703	2,846	4,105	5,911	7,374	8,912	12,774
38	1,701	2,843	4,098	5,897	7,353	8,883	12,717
39	1,700	2,839	4,091	5,883	7,333	8,855	12,664
40	1,698	2,836	4,085	5,871	7,314	8,829	12,610
41	1,697	2,832	4,079	5,859	7,296	8,804	12,564
42	1,695	2,829	4,073	5,848	7,280	8,780	12,520
43	1,694	2,826	4,067	5,837	7,264	8,757	12,477
44	1,693	2,823	4,062	5,827	7,248	8,736	12,435
45	1,692	2,820	4,057	5,817	7,234	8,715	12,395
46	1,691	2,818	4,052	5,808	7,220	8,696	12,357
47	1,689	2,815	4,047	5,799	7,207	8,677	12,323
48	1,688	2,813	4,043	5,791	7,194	8,659	12,287
49	1,688	2,811	4,038	5,783	7,182	8,642	12,257
50	1,687	2,809	4,034	5,775	7,171	8,626	12,226
51	1,686	2,807	4,031	5,767	7,160	8,611	12,197
52	1,685	2,805	4,027	5,760	7,149	8,595	12,168
53	1,684	2,803	4,023	5,753	7,139	8,582	12,142
54	1,684	2,801	4,020	5,747	7,129	8,568	12,115
55	1,683	2,799	4,016	5,740	7,120	8,555	12,090
56	1,682	2,797	4,013	5,734	7,111	8,542	12,064
57	1,681	2,796	4,010	5,728	7,102	8,529	12,042
58	1,681	2,794	4,007	5,723	7,093	8,517	12,020
59	1,680	2,793	4,004	5,717	7,085	8,506	11,998
60	1,679	2,791	4,001	5,712	7,077	8,495	11,976
61	1,679	2,790	3,999	5,707	7,070	8,484	11,956
62	1,678	2,788	3,996	5,702	7,063	8,474	11,936
63	1,678	2,787	3,994	5,698	7,056	8,465	11,917
64	1,677	2,786	3,991	5,693	7,048	8,455	11,898
65	1,677	2,785	3,989	5,689	7,042	8,445	11,882
66	1,676	2,783	3,986	5,684	7,036	8,436	11,865
67	1,675	2,782	3,984	5,680	7,029	8,428	11,849
68	1,675	2,781	3,982	5,676	7,023	8,419	11,834
69	1,674	2,780	3,980	5,672	7,018	8,411	11,818
70	1,674	2,779	3,978	5,668	7,012	8,403	11,803
71	1,673	2,778	3,976	5,665	7,007	8,396	11,788
72	1,673	2,777	3,974	5,661	7,001	8,389	11,772
73	1,673	2,776	3,972	5,658	6,996	8,381	11,759
74	1,672	2,775	3,970	5,654	6,991	8,373	11,746
75	1,672	2,774	3,969	5,651	6,986	8,367	11,733
76	1,671	2,773	3,967	5,648	6,981	8,360	11,720
77	1,671	2,772	3,965	5,645	6,976	8,354	11,708
78	1,671	2,771	3,964	5,642	6,972	8,347	11,696
79	1,670	2,770	3,962	5,639	6,967	8,342	11,686
80	1,670	2,769	3,960	5,636	6,963	8,335	11,675
81	1,670	2,769	3,959	5,633	6,959	8,330	11,664
82	1,669	2,768	3,957	5,630	6,955	8,324	11,652
83	1,669	2,767	3,956	5,628	6,951	8,319	11,642
84	1,668	2,766	3,955	5,625	6,947	8,313	11,632
85	1,668	2,766	3,953	5,622	6,943	8,308	11,622
86	1,668	2,765	3,952	5,620	6,940	8,302	11,612
87	1,668	2,764	3,951	5,618	6,936	8,297	11,603
88	1,667	2,764	3,949	5,615	6,932	8,292	11,594
89	1,667	2,763	3,948	5,613	6,929	8,287	11,584
90	1,667	2,762	3,947	5,611	6,925	8,282	11,575
91	1,666	2,762	3,946	5,608	6,922	8,278	11,567
92	1,666	2,761	3,945	5,606	6,918	8,274	11,558
93	1,666	2,760	3,944	5,604	6,916	8,270	11,550
94	1,666	2,760	3,943	5,602	6,913	8,265	11,543
95	1,665	2,759	3,941	5,600	6,910	8,261	11,536
96	1,665	2,759	3,940	5,598	6,906	8,256	11,527
97	1,665	2,758	3,939	5,596	6,904	8,253	11,519
98	1,665	2,758	3,938	5,594	6,901	8,249	11,511
99	1,665	2,757	3,937	5,592	6,899	8,245	11,505
100	1,664	2,756	3,936	5,590	6,896	8,241	11,498

$P=2\alpha$	0,20	0,10	0,05	0,02	0,01	0,005	0,001
$\frac{1}{2}P=\alpha$	0,10	0,05	0,025	0,01	0,005	0,0025	0,0005
ν							
101	1,664	2,756	3,935	5,589	6,893	8,237	11,491
102	1,664	2,755	3,934	5,587	6,890	8,234	11,484
103	1,664	2,755	3,933	5,585	6,888	8,231	11,478
104	1,664	2,754	3,933	5,583	6,885	8,227	11,472
105	1,663	2,754	3,932	5,582	6,883	8,224	11,465
106	1,663	2,754	3,931	5,580	6,881	8,220	11,458
107	1,663	2,753	3,930	5,579	6,879	8,217	11,451
108	1,663	2,753	3,929	5,577	6,876	8,213	11,445
109	1,663	2,752	3,928	5,575	6,874	8,211	11,440
110	1,662	2,752	3,928	5,574	6,871	8,207	11,435
111	1,662	2,751	3,927	5,572	6,869	8,204	11,430
112	1,662	2,751	3,926	5,571	6,867	8,201	11,424
113	1,662	2,751	3,925	5,570	6,865	8,198	11,418
114	1,662	2,750	3,924	5,568	6,863	8,195	11,412
115	1,662	2,750	3,924	5,567	6,861	8,193	11,408
116	1,661	2,749	3,923	5,565	6,859	8,190	11,402
117	1,661	2,749	3,922	5,564	6,857	8,187	11,397
118	1,661	2,749	3,922	5,563	6,855	8,184	11,392
119	1,661	2,748	3,921	5,561	6,853	8,182	11,387
120	1,661	2,748	3,920	5,560	6,851	8,179	11,381
121	1,660	2,748	3,920	5,559	6,850	8,177	11,376
122	1,660	2,747	3,919	5,558	6,848	8,174	11,371
123	1,660	2,747	3,918	5,556	6,846	8,172	11,367
124	1,660	2,747	3,918	5,555	6,844	8,169	11,363
125	1,660	2,746	3,917	5,554	6,842	8,167	11,358
126	1,660	2,746	3,916	5,553	6,841	8,165	11,353
127	1,660	2,746	3,916	5,552	6,839	8,162	11,350
128	1,659	2,745	3,915	5,551	6,837	8,160	11,347
129	1,659	2,745	3,915	5,550	6,836	8,158	11,343
130	1,659	2,745	3,914	5,549	6,834	8,156	11,339
131	1,659	2,744	3,914	5,547	6,832	8,154	11,335
132	1,659	2,744	3,913	5,546	6,831	8,152	11,331
133	1,659	2,744	3,912	5,545	6,830	8,150	11,327
134	1,659	2,743	3,912	5,544	6,828	8,148	11,322
135	1,659	2,743	3,911	5,543	6,827	8,145	11,318
136	1,658	2,743	3,911	5,542	6,825	8,143	11,314
137	1,658	2,743	3,911	5,541	6,824	8,141	11,310
138	1,658	2,742	3,910	5,540	6,823	8,139	11,307
139	1,658	2,742	3,909	5,540	6,821	8,137	11,304
140	1,658	2,742	3,909	5,539	6,819	8,136	11,300
141	1,658	2,742	3,909	5,538	6,818	8,134	11,297
142	1,658	2,741	3,908	5,537	6,817	8,132	11,294
143	1,658	2,741	3,907	5,536	6,816	8,130	11,290
144	1,658	2,741	3,907	5,535	6,814	8,128	11,286
145	1,658	2,741	3,907	5,534	6,813	8,126	11,283
146	1,657	2,740	3,906	5,533	6,812	8,125	11,280
147	1,657	2,740	3,906	5,532	6,811	8,123	11,277
148	1,657	2,740	3,905	5,532	6,809	8,121	11,273
149	1,657	2,740	3,905	5,531	6,808	8,120	11,271
150	1,657	2,739	3,904	5,530	6,807	8,118	11,267
151	1,657	2,739	3,904	5,529	6,806	8,117	11,265
152	1,657	2,739	3,903	5,528	6,805	8,115	11,262
153	1,657	2,739	3,903	5,528	6,804	8,113	11,259
154	1,657	2,738	3,903	5,527	6,803	8,112	11,255
155	1,657	2,738	3,902	5,526	6,802	8,110	11,253
156	1,656	2,738	3,902	5,525	6,800	8,108	11,250
157	1,656	2,738	3,901	5,525	6,799	8,107	11,248
158	1,656	2,738	3,901	5,524	6,798	8,106	11,246
159	1,656	2,738	3,901	5,523	6,797	8,104	11,243
160	1,656	2,737	3,900	5,522	6,796	8,103	11,241
161	1,656	2,737	3,900	5,522	6,795	8,101	11,239
162	1,656	2,737	3,899	5,521	6,794	8,100	11,237
163	1,656	2,737	3,899	5,520	6,793	8,099	11,234
164	1,656	2,736	3,899	5,520	6,792	8,097	11,231
165	1,656	2,736	3,899	5,519	6,791	8,096	11,229
166	1,656	2,736	3,898	5,518	6,790	8,095	11,227
167	1,656	2,736	3,898	5,518	6,790	8,093	11,224
168	1,655	2,736	3,897	5,517	6,789	8,092	11,220
169	1,655	2,736	3,897	5,516	6,788	8,091	11,218
170	1,655	2,735	3,897	5,516	6,787	8,089	11,215
171	1,655	2,735	3,897	5,515	6,786	8,088	11,213
172	1,655	2,735	3,896	5,515	6,785	8,087	11,210
173	1,655	2,735	3,896	5,514	6,784	8,086	11,208
174	1,655	2,735	3,895	5,513	6,783	8,085	11,206
175	1,655	2,735	3,895	5,513	6,782	8,084	11,205
176	1,655	2,734	3,895	5,512	6,781	8,083	11,203
177	1,655	2,734	3,895	5,512	6,781	8,082	11,200
178	1,655	2,734	3,894	5,511	6,780	8,080	11,197
179	1,655	2,734	3,894	5,511	6,779	8,079	11,195
180	1,655	2,734	3,894	5,510	6,778	8,078	11,193
181	1,655	2,734	3,894	5,509	6,778	8,076	11,191
182	1,654	2,733	3,893	5,509	6,777	8,075	11,189
183	1,654	2,733	3,893	5,508	6,776	8,075	11,187
184	1,654	2,733	3,893	5,508	6,775	8,074	11,185
185	1,654	2,733	3,892	5,507	6,775	8,072	11,183
186	1,654	2,733	3,892	5,507	6,774	8,071	11,181
187	1,654	2,733	3,892	5,506	6,773	8,070	11,179
188	1,654	2,732	3,892	5,506	6,772	8,069	11,177
189	1,654	2,732	3,892	5,505	6,771	8,068	11,175
190	1,654	2,732	3,891	5,505	6,770	8,067	11,173
191	1,654	2,732	3,891	5,504	6,770	8,066	11,172
192	1,654	2,732	3,890	5,504	6,769	8,065	11,170
193	1,654	2,732	3,890	5,503	6,768	8,064	11,168
194	1,654	2,732	3,890	5,503	6,768	8,063	11,166
195	1,654	2,732	3,890	5,502	6,767	8,062	11,165
196	1,654	2,731	3,890	5,502	6,766	8,061	11,164
197	1,654	2,731	3,889	5,501	6,766	8,060	11,162
198	1,654	2,731	3,889	5,501	6,765	8,059	11,160
199	1,654	2,731	3,889	5,500	6,764	8,059	11,158
200	1,653	2,731	3,888	5,500	6,763	8,058	11,156

Vertrauensfaktoren für den Mittelwert $\bar{x}$*

Vertrauensgrenzen für μ: $\bar{x} \pm k_2 s$; k_2 ist in der Tafel gegeben; N = Umfang der Stichprobe, aus der $\bar{x}$ und s berechnet wurden

100 (1 − 2α) = 95%

N	0	1	2	3	4	5	6	7	8	9
0			8,9845	2,4842	1,5913	1,2416	1,0494	0,9248	0,8360	0,7687
10	0,7154	0,6718	0,6354	0,6043	0,5774	0,5538	0,5329	5142	4973	4820
20	4680	4552	4434	4324	4223	4128	4039	3956	3878	3804
30	3734	3668	3605	3546	3489	3435	3384	3334	3287	3242
40	3198	3156	3116	3078	3040	3004	2970	2936	2904	2872
50	0,2842	0,2813	0,2784	0,2756	0,2730	0,2703	0,2678	0,2653	0,2629	0,2606
60	2583	2561	2540	2519	2498	2478	2458	2439	2421	2402
70	2385	2367	2350	2333	2317	2301	2285	2270	2255	2240
80	2225	2211	2197	2184	2170	2157	2144	2131	2119	2107
90	2095	2083	2071	2060	2048	2037	2026	2016	2005	1995
100	0,1984	0,1974	0,1964	0,1954	0,1945	0,1935	0,1926	0,1917	0,1908	0,1899
110	1890	1881	1872	1864	1856	1847	1839	1831	1823	1815
120	1808	1800	1792	1785	1778	1770	1763	1756	1749	1742
130	1735	1729	1722	1715	1709	1702	1696	1690	1683	1677
140	1671	1665	1659	1653	1647	1642	1636	1630	1625	1619
150	0,1614	0,1608	0,1603	0,1597	0,1592	0,1587	0,1582	0,1577	0,1571	0,1566
160	1561	1556	1552	1547	1542	1537	1533	1528	1523	1519
170	1514	1510	1505	1501	1496	1492	1488	1483	1479	1475
180	1471	1467	1463	1459	1455	1451	1447	1443	1439	1435
190	1431	1427	1424	1420	1416	1412	1409	1405	1402	1398
200	0,1394	0,1391	0,1379	0,1376	0,1372	0,1369	0,1366	0,1362	0,1359	0,1356
210	1353	1349	1346	1343	1340	1337	1334	1331	1328	1324
220	1321	1318	1315	1313	1310	1307	1304	1301	1298	1295
230	1292	1290	1287	1284	1281	1279	1276	1273	1271	1268
240	1265	1263	1260	1257	1255	1252	1250	1247	1245	1242
250	0,1240	0,1237	0,1235	0,1232	0,1230	0,1227	0,1225	0,1223	0,1220	0,1218
260	1216	1213	1211	1209	1206	1204	1202	1200	1197	1195
270	1193	1191	1188	1186	1184	1182	1180	1178	1176	1173
280	1171	1169	1167	1165	1163	1161	1159	1157	1155	1153
290	1151	1149	1147	1145	1143	1141	1139	1138	1135	1134
300	0,1132	0,1130	0,1128	0,1126	0,1124	0,1122	0,1120	0,1119	0,1117	0,1115
310	1113	1111	1110	1108	1106	1104	1103	1101	1099	1097
320	1096	1094	1092	1091	1089	1087	1086	1084	1082	1081
330	1079	1077	1076	1074	1072	1071	1069	1068	1066	1065
340	1063	1061	1060	1058	1057	1055	1054	1052	1051	1049
350	0,1048	0,1046	0,1045	0,1043	0,1042	0,1040	0,1039	0,1037	0,1036	0,1034
360	1033	1032	1030	1029	1027	1026	1025	1023	1022	1020
370	1019	1018	1016	1015	1014	1012	1011	1009	1008	1007
380	1005	1004	1003	1002	1000	0999	0998	0996	0995	0994
390	0993	0991	0990	0989	0987	0986	0985	0984	0982	0981
400	0,0980	0,0979	0,0978	0,0976	0,0975	0,0974	0,0973	0,0972	0,0970	0,0969
410	0968	0967	0966	0964	0963	0962	0961	0960	0959	0958
420	0956	0955	0954	0953	0952	0951	0950	0949	0947	0946
430	0945	0944	0943	0942	0941	0940	0939	0938	0937	0935
440	0934	0933	0932	0931	0930	0929	0928	0927	0926	0925
450	0,0924	0,0923	0,0922	0,0921	0,0920	0,0919	0,0918	0,0917	0,0916	0,0915
460	0914	0913	0912	0911	0910	0909	0908	0907	0906	0905
470	0904	0903	0902	0901	0900	0899	0898	0897	0897	0896
480	0895	0894	0893	0892	0891	0890	0889	0888	0887	0886
490	0885	0885	0884	0883	0882	0881	0880	0879	0878	0877
500	0,0877	0,0876	0,0875	0,0874	0,0873	0,0872	0,0871	0,0871	0,0870	0,0869
510	0868	0867	0866	0865	0865	0864	0863	0862	0861	0860
520	0860	0859	0858	0857	0856	0855	0855	0854	0853	0852
530	0851	0851	0850	0849	0848	0847	0847	0846	0845	0844
540	0843	0843	0842	0841	0840	0840	0839	0838	0837	0837
550	0,0836	0,0835	0,0834	0,0834	0,0833	0,0832	0,0831	0,0831	0,0830	0,0829
560	0828	0828	0827	0826	0825	0825	0824	0823	0822	0822
570	0821	0820	0820	0819	0818	0817	0817	0816	0815	0815
580	0814	0813	0812	0812	0811	0810	0810	0809	0808	0808
590	0807	0806	0806	0805	0804	0804	0803	0802	0802	0801
600	0,0800	0,0800	0,0799	0,0798	0,0798	0,0797	0,0796	0,0796	0,0795	0,0794
610	0794	0793	0792	0792	0791	0790	0790	0789	0788	0788
620	0787	0787	0786	0785	0785	0784	0783	0783	0782	0782
630	0781	0780	0780	0779	0778	0778	0777	0777	0776	0775
640	0775	0774	0774	0773	0772	0772	0771	0771	0770	0769
650	0,0769	0,0768	0,0768	0,0767	0,0766	0,0766	0,0765	0,0765	0,0764	0,0764
660	0763	0762	0762	0761	0761	0760	0760	0759	0758	0758
670	0757	0757	0756	0756	0755	0754	0754	0753	0753	0752
680	0752	0751	0751	0750	0749	0749	0748	0748	0747	0747
690	0746	0746	0745	0745	0744	0744	0743	0742	0742	0741
700	0,0741	0,0740	0,0740	0,0739	0,0739	0,0738	0,0738	0,0737	0,0737	0,0736
710	0736	0735	0735	0734	0734	0733	0733	0732	0732	0731
720	0730	0730	0729	0729	0728	0728	0727	0727	0726	0726
730	0725	0725	0724	0724	0723	0723	0723	0722	0722	0721
740	0721	0720	0720	0719	0719	0718	0718	0717	0717	0716
750	0,0716	0,0715	0,0715	0,0714	0,0714	0,0713	0,0713	0,0712	0,0712	0,0711
760	0711	0711	0710	0710	0709	0709	0708	0708	0707	0707
770	0706	0706	0705	0705	0705	0704	0704	0703	0703	0702
780	0702	0701	0701	0700	0700	0700	0699	0699	0698	0698
790	0697	0697	0696	0696	0696	0695	0695	0694	0694	0693
800	0,0693	0,0693	0,0692	0,0692	0,0691	0,0691	0,0690	0,0690	0,0690	0,0689
810	0689	0688	0688	0687	0687	0687	0686	0686	0685	0685
820	0684	0684	0684	0683	0683	0682	0682	0682	0681	0681
830	0680	0680	0680	0679	0679	0678	0678	0678	0677	0677
840	0676	0676	0675	0675	0675	0674	0674	0674	0673	0673
850	0,0672	0,0672	0,0672	0,0671	0,0671	0,0670	0,0670	0,0670	0,0669	0,0669
860	0668	0668	0668	0667	0667	0666	0666	0666	0665	0665
870	0665	0664	0664	0663	0663	0663	0662	0662	0662	0661
880	0661	0660	0660	0660	0659	0659	0659	0658	0658	0657
890	0657	0657	0656	0656	0656	0655	0655	0654	0654	0654
900	0,0653	0,0653	0,0653	0,0652	0,0652	0,0652	0,0651	0,0651	0,0650	0,0650
910	0650	0649	0649	0649	0648	0648	0648	0647	0647	0647
920	0646	0646	0646	0645	0645	0644	0644	0644	0643	0643
930	0643	0642	0642	0642	0641	0641	0641	0640	0640	0640
940	0639	0639	0639	0638	0638	0638	0637	0637	0637	0636
950	0,0636	0,0636	0,0635	0,0635	0,0635	0,0634	0,0634	0,0634	0,0633	0,0633
960	0633	0632	0632	0632	0631	0631	0631	0630	0630	0630
970	0629	0629	0629	0628	0628	0628	0627	0627	0627	0626
980	0626	0626	0625	0625	0625	0625	0624	0624	0624	0623
990	0623	0623	0622	0622	0622	0621	0621	0621	0620	0620
1000	0,0620									

100 (1 − 2α) = 99%

N	0	1	2	3	4	5	6	7	8	9
0			45,012	5,7301	2,9205	2,0590	1,6461	1,4013	1,2373	1,1185
10	1,0277	0,9556	0,8966	0,8472	0,8051	0,7686	0,7367	0,7084	0,6831	0,6604
20	0,6397	6209	6037	5878	5730	5594	5467	5348	5236	5131
30	5033	4939	4851	4767	4688	4612	4540	4471	4405	4342
40	4282	4224	4168	4115	4063	4013	3966	3919	3875	3832
50	0,3790	0,3750	0,3711	0,3673	0,3636	0,3600	0,3566	0,3532	0,3499	0,3467
60	3436	3406	3377	3348	3320	3293	3267	3241	3215	3190
70	3166	3143	3120	3097	3075	3053	3032	3011	2991	2971
80	2951	2932	2913	2895	2877	2859	2841	2824	2807	2791
90	2775	2759	2743	2728	2712	2698	2683	2668	2654	2640
100	0,2627	0,2613	0,2600	0,2586	0,2574	0,2561	0,2548	0,2536	0,2524	0,2512
110	2500	2488	2477	2465	2454	2443	2432	2421	2411	2400
120	2390	2380	2370	2360	2350	2340	2330	2321	2312	2302
130	2293	2284	2275	2266	2258	2249	2241	2232	2224	2216
140	2207	2199	2191	2183	2176	2168	2160	2153	2145	2138
150	0,2131	0,2123	0,2116	0,2109	0,2102	0,2095	0,2088	0,2081	0,2074	0,2068
160	2061	2055	2048	2042	2035	2029	2023	2016	2010	2004
170	1998	1992	1986	1980	1975	1969	1963	1957	1952	1946
180	1941	1935	1930	1924	1919	1914	1909	1903	1898	1893
190	1888	1883	1878	1873	1868	1863	1858	1853	1849	1844
200	0,1839	0,1834	0,1812	0,1808	0,1803	0,1799	0,1795	0,1790	0,1786	0,1782
210	1778	1773	1769	1765	1761	1757	1753	1749	1745	1741
220	1737	1733	1729	1725	1721	1717	1713	1710	1706	1702
230	1699	1695	1691	1688	1684	1680	1677	1673	1670	1666
240	1663	1659	1656	1652	1649	1646	1642	1639	1636	1632
250	0,1629	0,1626	0,1623	0,1619	0,1616	0,1613	0,1610	0,1607	0,1604	0,1601
260	1598	1594	1591	1588	1585	1582	1579	1576	1573	1571
270	1568	1565	1562	1559	1556	1553	1551	1548	1545	1542
280	1539	1537	1534	1531	1529	1526	1523	1521	1518	1515
290	1513	1510	1507	1505	1502	1500	1497	1495	1492	1490
300	0,1487	0,1485	0,1482	0,1480	0,1477	0,1475	0,1473	0,1470	0,1468	0,1465
310	1463	1461	1458	1456	1454	1451	1449	1447	1445	1442
320	1440	1438	1436	1433	1431	1429	1427	1424	1422	1420
330	1418	1416	1414	1412	1409	1407	1405	1403	1401	1399
340	1397	1395	1393	1391	1389	1387	1385	1383	1381	1379
350	0,1377	0,1375	0,1373	0,1371	0,1369	0,1367	0,1365	0,1363	0,1361	0,1360
360	1358	1356	1354	1352	1350	1348	1346	1345	1343	1341
370	1339	1337	1336	1334	1332	1330	1328	1327	1325	1323
380	1321	1320	1318	1316	1315	1313	1311	1309	1308	1306
390	1304	1303	1301	1299	1298	1296	1294	1293	1291	1290
400	0,1288	0,1286	0,1285	0,1283	0,1282	0,1280	0,1278	0,1277	0,1275	0,1274
410	1272	1271	1269	1268	1266	1264	1263	1261	1260	1258
420	1257	1255	1254	1252	1251	1250	1248	1247	1245	1244
430	1242	1241	1239	1238	1236	1235	1234	1232	1231	1229
440	1228	1227	1225	1224	1222	1221	1220	1218	1217	1216
450	0,1214	0,1213	0,1212	0,1210	0,1209	0,1208	0,1206	0,1205	0,1204	0,1202
460	1201	1200	1198	1197	1196	1195	1193	1192	1191	1189
470	1188	1187	1186	1184	1183	1182	1181	1179	1178	1177
480	1176	1175	1173	1172	1171	1170	1168	1167	1166	1165
490	1164	1163	1161	1160	1159	1158	1157	1155	1154	1153
500	0,1152	0,1151	0,1150	0,1149	0,1147	0,1146	0,1145	0,1144	0,1143	0,1142
510	1141	1140	1138	1137	1136	1135	1134	1133	1132	1131
520	1130	1129	1127	1126	1125	1124	1123	1122	1121	1120
530	1119	1118	1117	1116	1115	1114	1113	1112	1111	1110
540	1109	1107	1106	1105	1104	1103	1102	1101	1100	1099
550	0,1098	0,1097	0,1096	0,1095	0,1094	0,1093	0,1092	0,1091	0,1090	0,1090
560	1089	1088	1087	1086	1085	1084	1083	1082	1081	1080
570	1079	1078	1077	1076	1075	1074	1073	1072	1071	1071
580	1070	1069	1068	1067	1066	1065	1064	1063	1062	1061
590	1061	1060	1059	1058	1057	1056	1055	1054	1053	1053
600	0,1052	0,1051	0,1050	0,1049	0,1048	0,1047	0,1046	0,1046	0,1045	0,1044
610	1043	1042	1041	1040	1040	1039	1038	1037	1036	1035
620	1035	1034	1033	1032	1031	1030	1030	1029	1028	1027
630	1026	1025	1025	1024	1023	1022	1021	1021	1020	1019
640	1018	1017	1017	1016	1015	1014	1013	1013	1012	1011
650	0,1010	0,1010	0,1009	0,1008	0,1007	0,1007	0,1006	0,1005	0,1004	0,1003
660	1003	1002	1001	1000	1000	0999	0998	0997	0997	0996
670	0995	0994	0994	0993	0992	0991	0991	0990	0989	0989
680	0988	0987	0986	0986	0985	0984	0984	0983	0982	0981
690	0981	0980	0979	0979	0978	0977	0976	0976	0975	0974
700	0,0974	0,0973	0,0972	0,0972	0,0971	0,0970	0,0969	0,0969	0,0968	0,0967
710	0967	0966	0965	0965	0964	0963	0963	0962	0961	0961
720	0960	0959	0959	0958	0957	0957	0956	0955	0955	0954
730	0953	0953	0952	0951	0951	0950	0950	0949	0948	0948
740	0947	0946	0946	0945	0944	0944	0943	0942	0942	0941
750	0,0941	0,0940	0,0939	0,0939	0,0938	0,0937	0,0937	0,0936	0,0936	0,0935
760	0934	0934	0933	0933	0932	0931	0931	0930	0930	0929
770	0928	0928	0927	0927	0926	0925	0925	0924	0924	0923
780	0922	0922	0921	0921	0920	0919	0919	0918	0918	0917
790	0916	0916	0915	0915	0914	0914	0913	0913	0912	0912
800	0,0911	0,0910	0,0910	0,0909	0,0908	0,0908	0,0907	0,0907	0,0906	0,0906
810	0905	0905	0904	0903	0903	0902	0902	0901	0901	0900
820	0900	0899	0898	0898	0897	0897	0896	0896	0895	0895
830	0894	0894	0893	0893	0892	0891	0891	0890	0890	0889
840	0889	0888	0888	0887	0887	0886	0886	0885	0885	0884
850	0,0884	0,0883	0,0883	0,0882	0,0881	0,0881	0,0880	0,0880	0,0879	0,0879
860	0878	0878	0877	0877	0876	0876	0875	0875	0874	0874
870	0873	0873	0872	0872	0871	0871	0870	0870	0869	0869
880	0868	0868	0867	0867	0866	0866	0865	0865	0864	0864
890	0863	0863	0863	0862	0862	0861	0861	0860	0860	0859
900	0,0859	0,0858	0,0858	0,0857	0,0857	0,0856	0,0856	0,0855	0,0855	0,0854
910	0854	0853	0853	0853	0852	0852	0851	0851	0850	0850
920	0849	0849	0848	0848	0847	0847	0847	0846	0846	0845
930	0845	0844	0844	0843	0843	0842	0842	0842	0841	0841
940	0840	0840	0839	0839	0838	0838	0838	0837	0837	0836
950	0,0836	0,0835	0,0835	0,0834	0,0834	0,0834	0,0833	0,0833	0,0832	0,0832
960	0831	0831	0831	0830	0830	0829	0829	0828	0828	0828
970	0827	0827	0826	0826	0825	0825	0825	0824	0824	0823
980	0823	0822	0822	0822	0821	0821	0820	0820	0820	0819
990	0819	0818	0818	0817	0817	0817	0816	0816	0815	0815
1000	0,0815									

Toleranzfaktoren*

$\beta_p = (1 - 2\alpha_p)$ = Toleranzwahrscheinlichkeit; $\beta_t = (1 - 2\alpha_t)$ = Vertrauenswahrscheinlichkeit
N = Umfang der Stichprobe, aus der $\bar{x}$ und s berechnet wurden

	A									B									
	k_3 für ($\bar{x} \pm k_3\sigma$)				k_4 für ($\bar{x} \pm k_4 s$)				$\sqrt{\frac{N+1}{N}}$	k_5 für ($\bar{x} \pm k_5\sigma$)				k_6 für ($\mu \pm k_6 s$)					
										$\beta_t = 0{,}95$		$\beta_t = 0{,}99$		$\beta_t = 0{,}95$		$\sqrt{\frac{N-1}{\chi^2(N-1;0{,}95)}}$	$\beta_t = 0{,}99$		$\sqrt{\frac{N-1}{\chi^2(N-1;0{,}99)}}$
N \ β_p	0,90	0,95	0,98	0,99	0,90	0,95	0,98	0,99		0,90	0,95	0,95	0,99	0,90	0,95		0,95	0,99	
2	2,0145	2,4005	2,8492	3,1547	7,7328	15,562	38,973	77,964	1,224745	2,667	3,031	3,466	4,147	26,231	31,256	15,947	156,38	205,52	79,789
3	1,8993	2,2632	2,6862	2,9743	3,3717	4,9683	8,042	11,460	154701	2,415	2,776	3,132	3,813	7,263	8,654	4,4155	19,550	25,694	9,9749
4	1,8390	2,1913	2,6009	2,8799	2,6312	3,5581	5,077	6,5303	118034	2,265	2,626	2,933	3,614	4,803	5,723	2,9199	10,018	13,166	5,1113
5	1,8018	2,1470	2,5484	2,8217	2,3353	3,0414	4,105	5,0435	1,095445	2,165	2,525	2,797	3,478	3,902	4,650	2,3724	7,191	9,451	3,6692
6	7766	1170	5127	7822	2,1764	2,7766	3,635	4,3552	080123	2,093	450	698	3,370	3,437	4,095	2,0893	5,887	7,736	3,0034
7	7584	0953	4870	7537	2,0774	2,6158	3,360	3,9634	069045	2,038	394	620	3,301	3,151	3,754	1,9154	5,141	6,756	2,6230
8	7446	0789	4675	7321	2,0095	2,5080	3,180	3,7118	060660	1,995	349	558	3,238	2,956	3,522	1,7971	4,659	6,122	2,3769
9	7338	0660	4522	7152	1,9601	2,4307	3,053	3,5369	054092	1,961	313	507	3,186	2,814	3,354	1,7110	4,320	5,678	2,2043
10	1,7251	2,0556	2,4399	2,7016	1,9226	2,3726	2,959	3,4084	1,048809	1,932	2,283	2,465	3,143	2,706	3,225	1,6452	4,069	5,348	2,0762
11	7180	0471	4298	6904	8931	3272	887	3,3102	044466	909	258	428	3,105	620	3,122	5931	3,875	5,093	1,9771
12	7120	0400	4213	6810	8692	2909	829	3,2326	040833	889	236	397	3,073	551	3,039	5506	3,720	4,889	1,8980
13	7069	0340	4142	6731	8496	2610	782	3,1698	037749	872	218	369	3,044	492	2,970	5153	3,593	4,722	1,8332
14	7026	0288	4080	6662	8331	2362	743	3,1180	035098	856	201	345	3,018	443	2,911	4854	3,487	4,583	1,7792
15	1,6988	2,0242	2,4026	2,6603	1,8191	2,2151	2,710	3,0744	1,032796	1,843	2,186	2,324	2,996	2,401	2,861	1,4597	3,397	4,464	1,7332
16	6955	0203	3979	6551	8070	1971	682	3,0374	030776	832	174	309	976	364	817	4373	3,319	4,361	6936
17	6925	0168	3938	6505	7965	1814	658	3,0055	028991	821	162	287	958	332	778	4176	3,252	4,274	6592
18	6899	0137	3901	6464	7873	1676	637	2,9776	027402	812	153	272	941	303	744	4001	3,192	4,196	6288
19	6876	0109	3868	6427	7791	1555	618	2,9532	025978	804	143	258	926	277	714	3845	3,140	4,126	6019
20	1,6855	2,0084	2,3838	2,6394	1,7718	2,1447	2,602	2,9315	1,024695	1,796	2,134	2,245	2,912	2,254	2,686	1,3704	3,092	4,064	1,5777
21	6836	0061	3811	6364	7653	1351	587	9123	023533	789	127	233	899	233	661	3576	3,050	4,008	5560
22	6818	0040	3786	6337	7594	1263	575	8950	022475	783	120	222	887	214	638	3460	3,011	3,957	5363
23	6802	0021	3764	6312	7540	1185	562	8794	021508	777	113	212	876	196	617	3353	2,976	3,911	5184
24	6788	0004	3743	6289	7492	1114	552	8652	020621	772	107	202	866	180	598	3255	2,944	3,869	5020
25	1,6774	1,9988	2,3724	2,6268	1,7448	2,1048	2,541	2,8523	1,019804	1,767	2,101	2,193	2,856	2,165	2,580	1,3165	2,914	3,830	1,4868
26	6762	9973	3707	6249	7406	0987	532	8405	019049	762	096	185	847	152	564	3081	887	794	4729
27	6750	9959	3690	6231	7369	0932	524	8297	018350	758	092	178	839	139	548	3002	861	761	4600
28	6740	9947	3675	6214	7334	0881	517	8197	017700	754	087	171	831	127	534	2929	838	730	4479
29	6730	9935	3661	6199	7302	0834	509	8105	017095	751	083	164	823	115	521	2861	816	701	4367
30	1,6720	1,9924	2,3648	2,6184	1,7272	2,0790	2,503	2,8020	1,016530	1,747	2,079	2,158	2,816	2,105	2,508	1,2797	2,795	3,674	1,4262
31	6712	9913	3636	6170	7245	0750	496	7940	016001	744	075	153	810	095	496	2737	776	648	4164
32	6704	9904	3624	6158	7218	0711	491	7866	015505	741	072	147	803	086	485	2680	758	625	4072
33	6696	9894	3613	6146	7194	0676	486	7797	015039	738	069	142	797	077	475	2626	741	602	3985
34	6689	9886	3603	6134	7171	0642	481	7732	014599	736	066	137	792	069	465	2576	725	581	3903
35	1,6682	1,9878	2,3593	2,6124	1,7149	2,0611	2,476	2,7671	1,014185	1,733	2,063	2,132	2,786	2,061	2,455	1,2528	2,710	3,561	1,3825
36	6675	9870	3584	6114	7129	0581	472	7615	013794	731	060	127	781	053	446	2482	695	542	3751
37	6669	9863	3576	6104	7110	0553	467	7560	013423	728	057	123	776	046	438	2438	682	524	3681
38	6664	9856	3568	6095	7092	0527	463	7510	013072	726	055	119	772	039	430	2397	669	507	3615
39	6658	9849	3560	6086	7075	0502	459	7461	012740	724	053	115	767	033	422	2358	656	491	3552
40	1,6653	1,9843	2,3552	2,6078	1,7058	2,0478	2,456	2,7415	1,012423	1,722	2,051	2,112	2,763	2,026	2,415	1,2320	2,644	3,475	1,3492
41	6648	9837	3545	6071	7043	0456	452	7373	012122	720	048	108	759	020	408	2284	633	460	3434
42	6643	9832	3539	6063	7028	0435	450	7332	011835	718	046	105	755	015	401	2249	622	446	3379
43	6639	9826	3532	6056	7014	0414	446	7293	011561	717	044	102	752	009	394	2216	612	433	3326
44	6634	9821	3526	6049	7001	0395	443	7257	011300	715	042	099	748	004	388	2184	602	420	3276
45	1,6630	1,9816	2,3521	2,6043	1,6988	2,0377	2,441	2,7220	1,011050	1,714	2,040	2,096	2,745	1,999	2,382	1,2154	2,593	3,407	1,3227
46	6626	9812	3515	6037	6976	0359	438	7187	010811	712	039	093	742	994	376	2124	583	395	3181
47	6623	9807	3510	6031	6965	0342	436	7154	010582	711	037	091	738	990	371	2096	575	384	3136
48	6619	9803	3505	6025	6953	0326	433	7124	010363	710	036	088	735	985	365	2069	566	373	3093
49	6616	9799	3500	6020	6942	0310	430	7094	010152	708	034	086	732	981	360	2043	558	361	3052
50	1,6612	1,9795	2,3495	2,6015	1,6933	2,0296	2,429	2,7066	1,009951	1,707	2,033	2,083	2,729	1,977	2,355	1,2017	2,550	3,352	1,3012
51	6609	9791	3490	6010	6923	0282	426	7039	009756	706	031	081	727	973	351	1993	543	342	2974
52	6606	9787	3486	6005	6913	0269	425	7014	009569	705	030	079	724	969	346	1969	536	332	2936
53	6603	9784	3482	6000	6904	0255	423	6989	009390	704	029	077	722	965	341	1946	528	323	2900
54	6600	9780	3478	5996	6896	0243	421	6965	009217	703	028	075	719	961	337	1924	522	314	2866
55	1,6597	1,9777	2,3474	2,5991	1,6887	2,0230	2,419	2,6942	1,009050	1,702	2,026	2,073	2,717	1,958	2,333	1,1903	2,515	3,305	1,2832
56	6595	9774	3470	5987	6879	0219	417	6920	008889	701	025	071	714	954	329	1882	509	297	2800
57	6592	9771	3467	5983	6871	0208	416	6899	008734	700	024	069	712	951	325	1862	503	289	2768
58	6590	9768	3463	5979	6864	0197	414	6878	008584	699	023	067	710	948	321	1842	497	281	2738
59	6587	9765	3460	5976	6857	0186	412	6858	008439	698	022	065	708	945	317	1823	491	273	2708
60	1,6585	1,9762	2,3457	2,5972	1,6850	2,0176	2,411	2,6839	1,008299	1,697	2,021	2,064	2,706	1,942	2,314	1,1805	2,485	3,266	1,2680
61	6583	9760	3453	5969	6843	0166	410	6820	008164	696	020	062	704	939	310	1787	480	259	2652
62	6581	9757	3450	5965	6837	0157	408	6803	008032	695	019	060	702	936	307	1769	474	252	2625
63	6579	9755	3447	5962	6830	0148	407	6785	007906	694	018	059	700	933	303	1752	469	245	2598
64	6577	9752	3445	5959	6824	0139	406	6769	007782	694	017	057	698	930	300	1736	464	239	2573
65	1,6575	1,9750	2,3442	2,5956	1,6818	2,0130	2,404	2,6753	1,007663	1,693	2,016	2,056	2,696	1,928	2,297	1,1720	2,459	3,232	1,2548
66	6573	9748	3439	5953	6813	0122	403	6737	007547	692	016	055	695	925	294	1704	455	226	2524
67	6571	9745	3436	5950	6807	0114	402	6722	007435	691	015	053	693	923	291	1689	450	220	2500
68	6569	9743	3434	5947	6802	0107	400	6707	007326	691	014	052	692	920	288	1674	445	214	2477
69	6567	9741	3431	5944	6796	0099	399	6692	007221	690	013	051	690	918	285	1660	441	208	2455
70	1,6566	1,9739	2,3429	2,5942	1,6791	2,0092	2,398	2,6679	1,007118	1,689	2,012	2,049	2,689	1,916	2,282	1,1645	2,437	3,203	1,2433
71	6564	9737	3427	5939	6786	0085	398	6666	007018	689	012	048	687	913	280	1632	433	197	2411
72	6562	9735	3424	5937	6781	0078	396	6653	006920	688	011	047	686	911	277	1618	429	192	2391
73	6561	9733	3422	5934	6777	0071	395	6640	006826	688	010	046	684	909	275	1605	425	186	2370
74	6559	9732	3420	5932	6772	0065	394	6628	006734	687	010	045	683	907	272	1592	421	181	2350
75	1,6558	1,9730	2,3418	2,5929	1,6768	2,0058	2,394	2,6616	1,006645	1,686	2,009	2,044	2,681	1,905	2,270	1,1579	2,417	3,176	1,2331
76	6556	9728	3416	5927	6764	0052	393	6604	006558	686	009	043	680	903	267	1567	413	171	2312
77	6555	9727	3414	5925	6760	0046	391	6592	006473	685	008	042	679	901	265	1555	410	167	2294
78	6554	9725	3412	5923	6755	0040	391	6582	006390	685	007	041	678	899	263	1543	406	162	2276
79	6552	9723	3410	5921	6751	0035	390	6571	006309	685	007	040	677	897	260	1532	403	158	2258
80	1,6551	1,9722	2,3408	2,5919	1,6747	2,0029	2,389	2,6560	1,006231	1,684	2,006	2,039	2,676	1,895	2,258	1,1521	2,399	3,153	1,2241
81	6550	9720	3407	5917	6743	0023	389	6550	006154	684	006	038	674	893	256	1509	396	149	2224
82	6549	9719	3405	5915	6740	0018	387	6540	006079	683	005	037	673	891	254	1499	393	144	2207
83	6547	9717	3403	5913	6737	0012	386	6530	006006	683	004	036	672	890	252	1488	389	140	2191
84	6546	9716	3402	5911	6734	0007	386	6521	005934	682	004	035	671	888	250	1478	386	136	2175
85	1,6545	1,9715	2,3400	2,5909	1,6730	2,0003	2,385	2,6512	1,005865	1,682	2,004	2,034	2,670	1,886	2,248	1,1468	2,383	3,132	1,2159
86	6544	9713	3398	5908	6726	1,9998	385	6503	005797	681	003	033	669	885	246	1458	380	128	2144
87	6543	9712	3397	5906	6723	9994	384	6494	005731	681	002	032	668	883	244	1448	377	124	2129
88	6542	9711	3395	5904	6720	9989	383	6485	005666	680	002	032	667	881	242	1438	374	121	2115
89	6541	9709	3394	5903	6717	9985	382	6476	005602	680	002	031	666	880	240	1429	372	117	2100
90	1,6540	1,9708	2,3392	2,5901	1,6714	1,9980	2,382	2,6468	1,005541	1,680	2,001	2,030	2,665	1,878	2,238	1,1419	2,369	3,113	1,2086
91	6539	9707	3391	5899	6711	9976	381	6460	005480	679	000	029	664	877	236	1410	366	110	2072
92	6538	9706	3390	5898	6708	9972	381	6452	005420	679	000	029	664	875	235	1401	363	106	2059
93	6537	9705	3388	5896	6705	9968	380	6444	005362	678	000	028	663	874	233	1393	361	103	2045
94	6536	9704	3387	5895	6702	9964	380	6437	005305	678	1,999	027	662	873	231	1384	358	099	2032
95	1,6535	1,9703	2,3386	2,5893	1,6699	1,9960	2,378	2,6430	1,005249	1,678	1,999	2,026	2,661	1,871	2,230	1,1376	2,356	3,096	1,2019
96	6534	9701	3384	5892	6697	9956	378	6423	005195	677	999	026	660	870	228	1367	353	093	2007
97	6533	9700	3383	5891	6694	9952	378	6416	005141	677	998	025	659	868	226	1359	351	090	1994
98	6532	9699	3382	5889	6692	9949	377	6409	005090	677	998	024	658	867	225	1351	348	086	1982
99	6531	9698	3381	5888	6689	9945	377	6402	005038	677	997	024	657	866	223	1343	346	083	1970
100	1,6531	1,9697	2,3380	2,5887	1,6687	1,9942	2,376	2,6396	1,004988	1,676	1,997	2,023	2,657	1,865	2,222	1,1336	2,344	3,080	1,1958
∞	1,6449	1,9600	2,3263	2,5758	1,6449	1,9600	2,326	2,5758	1,000000	1,645	1,960	1,960	2,576	1,645	1,960	1,0000	1,960	2,576	1,0000

* Nachdruck nur mit Erlaubnis des Herausgebers.

Toleranzfaktor[1] k_γ zur Bestimmung des Toleranzbereiches $\bar{x} \pm k_\gamma s$. $\beta_p = (1 - 2\alpha_p)$ = Toleranzwahrscheinlichkeit; $\beta_t = (1 - 2\alpha_t)$ = Vertrauenswahrscheinlichkeit; N = Umfang der Stichprobe, aus der $\bar{x}$ und s berechnet wurden

	$\beta_t = 0{,}75$					$\beta_t = 0{,}90$					$\beta_t = 0{,}95$					$\beta_t = 0{,}99$				
β_p / N	0,75	0,90	0,95	0,99	0,999	0,75	0,90	0,95	0,99	0,999	0,75	0,90	0,95	0,99	0,999	0,75	0,90	0,95	0,99	0,999
2	4,498	6,301	7,414	9,531	11,920	11,407	15,978	18,800	24,167	30,227	22,858	32,019	37,674	48,430	60,573	114,363	160,193	188,491	242,300	303,054
3	2,501	3,538	4,187	5,431	6,844	4,132	5,847	6,919	8,974	11,309	5,922	8,380	9,916	12,861	16,208	13,378	18,930	22,401	29,055	36,616
4	2,035	2,892	3,431	4,471	5,657	2,932	4,166	4,943	6,440	8,149	3,779	5,369	6,370	8,299	10,502	6,614	9,398	11,150	14,527	18,383
5	1,825	2,599	3,088	4,033	5,117	2,454	3,494	4,152	5,423	6,879	3,002	4,275	5,079	6,634	8,415	4,643	6,612	7,855	10,260	13,015
6	1,704	2,429	2,889	3,779	4,802	2,196	3,131	3,723	4,870	6,188	2,604	3,712	4,414	5,775	7,337	3,743	5,337	6,345	8,301	10,548
7	1,624	2,318	2,757	3,611	4,593	2,034	2,902	3,452	4,521	5,750	2,361	3,369	4,007	5,248	6,676	3,233	4,613	5,488	7,187	9,142
8	1,568	2,238	2,663	3,491	4,444	1,921	2,743	3,264	4,278	5,446	2,197	3,136	3,732	4,891	6,226	2,905	4,147	4,936	6,468	8,234
9	1,525	2,178	2,593	3,400	4,330	1,839	2,626	3,125	4,098	5,220	2,078	2,967	3,532	4,631	5,899	2,677	3,822	4,550	5,966	7,600
10	1,492	2,131	2,537	3,328	4,241	1,775	2,535	3,018	3,959	5,046	1,987	2,839	3,379	4,433	5,649	2,508	3,582	4,265	5,594	7,129
11	1,465	2,093	2,493	3,271	4,169	1,724	2,463	2,933	3,849	4,906	1,916	2,737	3,259	4,277	5,452	2,378	3,397	4,045	5,308	6,766
12	1,443	2,062	2,456	3,223	4,110	1,683	2,404	2,863	3,758	4,792	1,858	2,655	3,162	4,150	5,291	2,274	3,250	3,870	5,079	6,477
13	1,425	2,036	2,424	3,183	4,059	1,648	2,355	2,805	3,682	4,697	1,810	2,587	3,081	4,044	5,158	2,190	3,130	3,727	4,893	6,240
14	1,409	2,013	2,398	3,148	4,016	1,619	2,314	2,756	3,618	4,615	1,770	2,529	3,012	3,955	5,045	2,120	3,029	3,608	4,737	6,043
15	1,395	1,994	2,375	3,118	3,979	1,594	2,278	2,713	3,562	4,545	1,735	2,480	2,954	3,878	4,949	2,060	2,945	3,507	4,605	5,876
16	1,383	1,977	2,355	3,092	3,946	1,572	2,246	2,676	3,514	4,484	1,705	2,437	2,903	3,812	4,865	2,009	2,872	3,421	4,492	5,732
17	1,372	1,962	2,337	3,069	3,917	1,552	2,219	2,643	3,471	4,430	1,679	2,400	2,858	3,754	4,791	1,965	2,808	3,345	4,393	5,607
18	1,363	1,948	2,321	3,048	3,891	1,535	2,194	2,614	3,433	4,382	1,655	2,366	2,819	3,702	4,725	1,926	2,753	3,279	4,307	5,497
19	1,355	1,936	2,307	3,030	3,867	1,520	2,172	2,588	3,399	4,339	1,635	2,337	2,784	3,656	4,667	1,891	2,703	3,221	4,230	5,399
20	1,347	1,925	2,294	3,013	3,846	1,506	2,152	2,564	3,368	4,300	1,616	2,310	2,752	3,615	4,614	1,860	2,659	3,168	4,161	5,312
21	1,340	1,915	2,282	2,998	3,827	1,493	2,135	2,543	3,340	4,264	1,599	2,286	2,723	3,577	4,567	1,833	2,620	3,121	4,100	5,234
22	1,334	1,906	2,271	2,984	3,809	1,482	2,118	2,524	3,315	4,232	1,584	2,264	2,697	3,543	4,523	1,808	2,584	3,078	4,044	5,163
23	1,328	1,898	2,261	2,971	3,793	1,471	2,103	2,506	3,292	4,203	1,570	2,244	2,673	3,512	4,484	1,785	2,551	3,040	3,993	5,098
24	1,322	1,891	2,252	2,959	3,778	1,462	2,089	2,489	3,270	4,176	1,557	2,225	2,651	3,483	4,447	1,764	2,522	3,004	3,947	5,039
25	1,317	1,883	2,244	2,948	3,764	1,453	2,077	2,474	3,251	4,151	1,545	2,208	2,631	3,457	4,413	1,745	2,494	2,972	3,904	4,985
26	1,313	1,877	2,236	2,938	3,751	1,444	2,065	2,460	3,232	4,127	1,534	2,193	2,612	3,432	4,382	1,727	2,469	2,941	3,865	4,935
27	1,309	1,871	2,229	2,929	3,740	1,437	2,054	2,447	3,215	4,106	1,523	2,178	2,595	3,409	4,353	1,711	2,446	2,914	3,828	4,888
28	1,305	1,865	2,222	2,920	3,728	1,430	2,044	2,435	3,199	4,085	1,514	2,164	2,579	3,388	4,326	1,695	2,424	2,888	3,794	4,845
29	1,301	1,860	2,216	2,911	3,718	1,423	2,034	2,424	3,184	4,066	1,505	2,152	2,564	3,368	4,301	1,681	2,404	2,864	3,763	4,805
30	1,297	1,855	2,210	2,904	3,708	1,417	2,025	2,413	3,170	4,049	1,497	2,140	2,549	3,350	4,278	1,668	2,385	2,841	3,733	4,768
31	1,294	1,850	2,204	2,896	3,699	1,411	2,017	2,403	3,157	4,032	1,489	2,129	2,536	3,332	4,256	1,656	2,367	2,820	3,706	4,732
32	1,291	1,846	2,199	2,890	3,690	1,405	2,009	2,393	3,145	4,016	1,481	2,118	2,524	3,316	4,235	1,644	2,351	2,801	3,680	4,699
33	1,288	1,842	2,194	2,883	3,682	1,400	2,001	2,385	3,133	4,001	1,475	2,108	2,512	3,300	4,215	1,633	2,335	2,782	3,655	4,668
34	1,285	1,838	2,189	2,877	3,674	1,395	1,994	2,376	3,122	3,987	1,468	2,099	2,501	3,286	4,197	1,623	2,320	2,764	3,632	4,639
35	1,283	1,834	2,185	2,871	3,667	1,390	1,988	2,368	3,112	3,974	1,462	2,090	2,490	3,272	4,179	1,613	2,306	2,748	3,611	4,611
36	1,280	1,830	2,181	2,866	3,660	1,386	1,981	2,361	3,102	3,961	1,455	2,081	2,479	3,258	4,161	1,604	2,293	2,732	3,590	4,585
37	1,278	1,827	2,177	2,860	3,653	1,381	1,975	2,353	3,092	3,949	1,450	2,073	2,470	3,246	4,146	1,595	2,281	2,717	3,571	4,560
38	1,275	1,824	2,173	2,855	3,647	1,377	1,969	2,346	3,083	3,938	1,446	2,068	2,464	3,237	4,134	1,587	2,269	2,703	3,552	4,537
39	1,273	1,821	2,169	2,850	3,641	1,374	1,964	2,340	3,075	3,927	1,441	2,060	2,455	3,226	4,120	1,579	2,257	2,690	3,534	4,514
40	1,271	1,818	2,166	2,846	3,635	1,370	1,959	2,334	3,066	3,917	1,435	2,052	2,445	3,213	4,104	1,571	2,247	2,677	3,518	4,493
41	1,269	1,815	2,162	2,841	3,629	1,366	1,954	2,328	3,059	3,907	1,430	2,045	2,437	3,202	4,090	1,564	2,236	2,665	3,502	4,472
42	1,267	1,812	2,159	2,837	3,624	1,363	1,949	2,322	3,051	3,897	1,426	2,039	2,429	3,192	4,077	1,557	2,227	2,653	3,486	4,453
43	1,266	1,810	2,156	2,833	3,619	1,360	1,944	2,316	3,044	3,888	1,422	2,033	2,422	3,183	4,065	1,551	2,217	2,642	3,472	4,434
44	1,264	1,807	2,153	2,829	3,614	1,357	1,940	2,311	3,037	3,879	1,418	2,027	2,415	3,173	4,053	1,545	2,208	2,631	3,458	4,416
45	1,262	1,805	2,150	2,826	3,609	1,354	1,935	2,306	3,030	3,871	1,414	2,021	2,408	3,165	4,042	1,539	2,200	2,621	3,444	4,399
46	1,261	1,802	2,148	2,822	3,605	1,351	1,931	2,301	3,024	3,863	1,410	2,016	2,402	3,156	4,031	1,533	2,192	2,611	3,431	4,383
47	1,259	1,800	2,145	2,819	3,600	1,348	1,927	2,297	3,018	3,855	1,406	2,011	2,396	3,148	4,021	1,527	2,184	2,602	3,419	4,367
48	1,258	1,798	2,143	2,815	3,596	1,345	1,924	2,292	3,012	3,847	1,403	2,006	2,390	3,140	4,011	1,522	2,176	2,593	3,407	4,352
49	1,256	1,796	2,140	2,812	3,592	1,343	1,920	2,288	3,006	3,840	1,399	2,001	2,384	3,133	4,002	1,517	2,169	2,584	3,396	4,337
50	1,255	1,794	2,138	2,809	3,588	1,340	1,916	2,284	3,001	3,833	1,396	1,996	2,379	3,126	3,993	1,512	2,162	2,576	3,385	4,323
51	1,253	1,792	2,135	2,806	3,584	1,338	1,913	2,279	2,995	3,826	1,393	1,992	2,373	3,119	3,984	1,507	2,155	2,568	3,374	4,310
52	1,252	1,790	2,133	2,803	3,581	1,336	1,910	2,276	2,990	3,820	1,390	1,988	2,368	3,112	3,975	1,503	2,148	2,560	3,364	4,297
53	1,251	1,789	2,131	2,801	3,577	1,334	1,907	2,272	2,985	3,813	1,387	1,984	2,363	3,106	3,967	1,498	2,142	2,552	3,354	4,284
54	1,250	1,787	2,129	2,798	3,574	1,331	1,904	2,268	2,981	3,807	1,384	1,980	2,359	3,100	3,959	1,494	2,136	2,545	3,344	4,272
55	1,249	1,785	2,127	2,795	3,571	1,329	1,901	2,265	2,976	3,801	1,382	1,976	2,354	3,094	3,951	1,490	2,130	2,538	3,335	4,260
56	1,247	1,784	2,125	2,793	3,567	1,327	1,898	2,261	2,972	3,796	1,379	1,972	2,350	3,088	3,944	1,486	2,124	2,531	3,326	4,249
57	1,246	1,782	2,123	2,790	3,564	1,325	1,895	2,258	2,967	3,790	1,377	1,968	2,345	3,082	3,937	1,482	2,119	2,524	3,318	4,238
58	1,245	1,781	2,122	2,788	3,561	1,323	1,892	2,255	2,963	3,785	1,374	1,965	2,341	3,076	3,930	1,478	2,113	2,518	3,309	4,227
59	1,244	1,779	2,120	2,786	3,558	1,322	1,890	2,252	2,959	3,779	1,372	1,961	2,337	3,071	3,923	1,474	2,108	2,512	3,301	4,216
60	1,243	1,778	2,118	2,784	3,556	1,320	1,887	2,248	2,955	3,774	1,369	1,958	2,333	3,066	3,916	1,471	2,103	2,506	3,293	4,206
61	1,242	1,776	2,117	2,781	3,553	1,318	1,885	2,245	2,951	3,769	1,367	1,955	2,329	3,061	3,909	1,467	2,098	2,500	3,285	4,196
62	1,241	1,775	2,115	2,779	3,550	1,316	1,882	2,243	2,947	3,765	1,365	1,951	2,325	3,056	3,903	1,464	2,093	2,494	3,278	4,187
63	1,240	1,774	2,113	2,777	3,548	1,315	1,880	2,240	2,944	3,760	1,363	1,948	2,322	3,051	3,897	1,461	2,089	2,489	3,271	4,178
64	1,240	1,772	2,112	2,775	3,545	1,313	1,878	2,237	2,940	3,755	1,361	1,945	2,318	3,046	3,891	1,458	2,084	2,483	3,264	4,169
65	1,239	1,771	2,110	2,773	3,543	1,312	1,875	2,235	2,937	3,751	1,359	1,943	2,315	3,042	3,886	1,455	2,080	2,478	3,257	4,160
66	1,238	1,770	2,109	2,771	3,540	1,310	1,873	2,232	2,933	3,747	1,357	1,940	2,311	3,037	3,880	1,452	2,076	2,473	3,250	4,152
67	1,237	1,769	2,108	2,770	3,538	1,309	1,871	2,229	2,930	3,742	1,355	1,937	2,308	3,033	3,874	1,449	2,071	2,468	3,244	4,143
68	1,236	1,768	2,106	2,768	3,536	1,307	1,869	2,227	2,927	3,738	1,353	1,934	2,305	3,029	3,869	1,446	2,067	2,463	3,237	4,135
69	1,235	1,766	2,105	2,766	3,533	1,306	1,867	2,225	2,923	3,734	1,351	1,932	2,302	3,025	3,864	1,443	2,063	2,459	3,231	4,127
70	1,235	1,765	2,104	2,764	3,531	1,304	1,865	2,222	2,920	3,730	1,349	1,929	2,299	3,021	3,859	1,440	2,060	2,454	3,225	4,120
71	1,234	1,764	2,102	2,763	3,529	1,303	1,863	2,220	2,917	3,727	1,347	1,927	2,296	3,017	3,854	1,438	2,056	2,450	3,219	4,112
72	1,233	1,763	2,101	2,761	3,527	1,302	1,861	2,218	2,915	3,723	1,346	1,924	2,293	3,013	3,849	1,435	2,052	2,445	3,214	4,105
73	1,233	1,762	2,100	2,760	3,525	1,300	1,859	2,216	2,912	3,719	1,344	1,922	2,290	3,009	3,844	1,433	2,049	2,441	3,208	4,098
74	1,232	1,761	2,099	2,758	3,523	1,299	1,858	2,214	2,909	3,716	1,343	1,920	2,287	3,006	3,840	1,430	2,045	2,437	3,203	4,091
75	1,231	1,760	2,098	2,757	3,521	1,298	1,856	2,211	2,906	3,712	1,341	1,917	2,285	3,002	3,835	1,428	2,042	2,433	3,197	4,084
76	1,230	1,759	2,096	2,755	3,519	1,297	1,854	2,209	2,904	3,709	1,339	1,915	2,282	2,999	3,831	1,426	2,039	2,429	3,192	4,078
77	1,230	1,758	2,095	2,754	3,517	1,296	1,853	2,207	2,901	3,706	1,338	1,913	2,279	2,996	3,826	1,423	2,035	2,425	3,187	4,071
78	1,229	1,758	2,094	2,752	3,516	1,295	1,851	2,206	2,898	3,702	1,336	1,911	2,277	2,992	3,822	1,421	2,032	2,421	3,182	4,065
79	1,229	1,757	2,093	2,751	3,514	1,293	1,849	2,204	2,896	3,699	1,335	1,909	2,274	2,989	3,818	1,419	2,029	2,418	3,177	4,059
80	1,228	1,756	2,092	2,749	3,512	1,292	1,848	2,202	2,894	3,696	1,334	1,907	2,272	2,986	3,814	1,417	2,026	2,414	3,173	4,053
81	1,227	1,755	2,091	2,748	3,510	1,291	1,846	2,200	2,891	3,693	1,332	1,905	2,270	2,983	3,810	1,415	2,023	2,411	3,168	4,047
82	1,227	1,754	2,090	2,747	3,509	1,290	1,845	2,198	2,889	3,690	1,331	1,903	2,267	2,980	3,806	1,413	2,020	2,407	3,163	4,041
83	1,226	1,753	2,089	2,746	3,507	1,289	1,843	2,196	2,887	3,687	1,329	1,901	2,265	2,977	3,803	1,411	2,017	2,404	3,159	4,035
84	1,226	1,753	2,088	2,744	3,506	1,288	1,842	2,195	2,884	3,684	1,328	1,899	2,263	2,974	3,799	1,409	2,014	2,400	3,155	4,030
85	1,225	1,752	2,087	2,743	3,504	1,287	1,841	2,193	2,882	3,682	1,327	1,897	2,261	2,971	3,795	1,407	2,012	2,397	3,150	4,024
86	1,225	1,751	2,086	2,742	3,503	1,286	1,839	2,191	2,880	3,679	1,326	1,896	2,259	2,968	3,792	1,405	2,009	2,394	3,146	4,019
87	1,224	1,750	2,086	2,741	3,501	1,285	1,838	2,190	2,878	3,676	1,324	1,894	2,257	2,966	3,788	1,403	2,007	2,391	3,142	4,014
88	1,224	1,749	2,085	2,740	3,500	1,284	1,837	2,188	2,876	3,674	1,323	1,892	2,255	2,963	3,785	1,402	2,004	2,388	3,138	4,009
89	1,223	1,749	2,084	2,738	3,498	1,284	1,835	2,187	2,874	3,671	1,322	1,890	2,253	2,960	3,781	1,400	2,001	2,385	3,134	4,004
90	1,223	1,748	2,083	2,737	3,497	1,283	1,834	2,185	2,872	3,669	1,321	1,889	2,251	2,958	3,778	1,398	1,999	2,382	3,130	3,999
91	1,222	1,747	2,082	2,736	3,495	1,282	1,833	2,184	2,870	3,666	1,320	1,887	2,249	2,955	3,775	1,396	1,997	2,379	3,127	3,994
92	1,222	1,747	2,081	2,735	3,494	1,281	1,832	2,182	2,868	3,664	1,319	1,886	2,247	2,953	3,772	1,395	1,994	2,376	3,123	3,989
93	1,221	1,746	2,081	2,734	3,493	1,280	1,830	2,181	2,866	3,661	1,318	1,884	2,245	2,950	3,769	1,393	1,992	2,373	3,119	3,985
94	1,221	1,745	2,080	2,733	3,491	1,279	1,829	2,180	2,864	3,659	1,317	1,882	2,243	2,948	3,766	1,392	1,990	2,371	3,116	3,980
95	1,220	1,745	2,079	2,732	3,490	1,278	1,828	2,178	2,863	3,657	1,315	1,881	2,241	2,945	3,763	1,390	1,987	2,368	3,112	3,976
96	1,220	1,744	2,078	2,731	3,489	1,278	1,827	2,177	2,861	3,654	1,314	1,880	2,240	2,943	3,760	1,388	1,985	2,366	3,109	3,971
97	1,219	1,743	2,077	2,730	3,488	1,277	1,826	2,175	2,859	3,652	1,313	1,878	2,238	2,941	3,757	1,387	1,983	2,363	3,105	3,967
98	1,219	1,743	2,077	2,729	3,486	1,276	1,825	2,174	2,857	3,650	1,312	1,877	2,236	2,939	3,754	1,385	1,981	2,360	3,102	3,963
99	1,219	1,742	2,076	2,728	3,485	1,275	1,824	2,173	2,856	3,648	1,311	1,875	2,234	2,936	3,751	1,384	1,979	2,358	3,099	3,958

[1] Nach Bowker, A. H., in: Eisenhart et al. (Hrsg.), *Selected Techniques of Statistical Analysis for Scientific and Industrial Research and Production and Management Engineering*, McGraw-Hill Book Company, Inc., New York, 1947, S. 102. Nachdruck mit freundlicher Erlaubnis des Verfassers und des Verlages.

Toleranzfaktor[7] k_7 zur Bestimmung des Toleranzbereiches $\bar{x} \pm k_7 s$. $\beta_p = (1 - 2\alpha_p)$ = Toleranzwahrscheinlichkeit; $\beta_t = (1 - 2\alpha_t)$ = Vertrauenswahrscheinlichkeit; N = Umfang der Stichprobe, aus der $\bar{x}$ und s berechnet wurden

	$\beta_t = 0{,}75$					$\beta_t = 0{,}90$					$\beta_t = 0{,}95$					$\beta_t = 0{,}99$				
β_p / N	0,75	0,90	0,95	0,99	0,999	0,75	0,90	0,95	0,99	0,999	0,75	0,90	0,95	0,99	0,999	0,75	0,90	0,95	0,99	0,999
100	1,218	1,742	2,075	2,727	3,484	1,275	1,822	2,172	2,854	3,646	1,311	1,874	2,233	2,934	3,748	1,383	1,977	2,355	3,096	3,954
101	1,218	1,741	2,075	2,726	3,483	1,274	1,821	2,170	2,852	3,644	1,310	1,872	2,231	2,932	3,746	1,381	1,975	2,353	3,092	3,950
102	1,217	1,741	2,074	2,726	3,482	1,273	1,820	2,169	2,851	3,642	1,309	1,871	2,230	2,930	3,743	1,380	1,973	2,351	3,089	3,946
104	1,217	1,739	2,073	2,724	3,480	1,272	1,818	2,167	2,848	3,638	1,307	1,869	2,227	2,926	3,738	1,377	1,969	2,346	3,083	3,939
106	1,216	1,738	2,071	2,722	3,477	1,270	1,816	2,164	2,845	3,634	1,305	1,866	2,224	2,922	3,733	1,374	1,965	2,342	3,077	3,931
108	1,215	1,737	2,070	2,721	3,475	1,269	1,815	2,162	2,842	3,630	1,303	1,864	2,221	2,918	3,728	1,372	1,962	2,337	3,072	3,924
110	1,214	1,736	2,069	2,719	3,473	1,268	1,813	2,160	2,839	3,626	1,302	1,861	2,218	2,915	3,723	1,369	1,958	2,333	3,066	3,917
112	1,214	1,735	2,068	2,717	3,471	1,267	1,811	2,158	2,836	3,623	1,300	1,859	2,215	2,911	3,719	1,367	1,955	2,329	3,061	3,910
114	1,213	1,734	2,067	2,716	3,469	1,265	1,809	2,156	2,833	3,619	1,299	1,857	2,212	2,908	3,714	1,365	1,951	2,325	3,056	3,904
116	1,212	1,733	2,065	2,714	3,468	1,264	1,808	2,154	2,831	3,616	1,297	1,855	2,210	2,904	3,710	1,363	1,948	2,321	3,051	3,897
118	1,212	1,733	2,064	2,713	3,466	1,263	1,806	2,152	2,828	3,613	1,296	1,852	2,207	2,901	3,706	1,360	1,945	2,318	3,046	3,891
120	1,211	1,732	2,063	2,712	3,464	1,262	1,804	2,150	2,826	3,610	1,294	1,850	2,205	2,898	3,702	1,358	1,942	2,314	3,041	3,885
122	1,210	1,731	2,062	2,710	3,462	1,261	1,803	2,148	2,823	3,607	1,293	1,848	2,203	2,895	3,698	1,356	1,939	2,311	3,037	3,879
124	1,210	1,730	2,061	2,709	3,461	1,260	1,801	2,147	2,821	3,604	1,291	1,847	2,200	2,892	3,694	1,354	1,936	2,307	3,032	3,873
126	1,209	1,729	2,060	2,708	3,459	1,259	1,800	2,145	2,819	3,601	1,290	1,845	2,198	2,889	3,690	1,352	1,934	2,304	3,028	3,868
128	1,209	1,728	2,060	2,707	3,458	1,258	1,799	2,143	2,816	3,598	1,289	1,843	2,196	2,886	3,686	1,350	1,931	2,301	3,024	3,862
130	1,208	1,728	2,059	2,705	3,456	1,257	1,797	2,141	2,814	3,595	1,288	1,841	2,194	2,883	3,683	1,349	1,928	2,298	3,019	3,857
132	1,208	1,727	2,058	2,704	3,455	1,256	1,796	2,140	2,812	3,592	1,286	1,839	2,192	2,880	3,679	1,347	1,926	2,295	3,015	3,852
134	1,207	1,726	2,057	2,703	3,453	1,255	1,795	2,138	2,810	3,590	1,285	1,838	2,190	2,878	3,676	1,345	1,923	2,292	3,012	3,847
136	1,207	1,725	2,056	2,702	3,452	1,254	1,793	2,137	2,808	3,587	1,284	1,836	2,188	2,865	3,673	1,343	1,921	2,289	3,008	3,842
138	1,206	1,725	2,055	2,701	3,450	1,253	1,792	2,135	2,806	3,585	1,283	1,834	2,186	2,873	3,669	1,342	1,918	2,286	3,004	3,837
140	1,206	1,724	2,054	2,700	3,449	1,252	1,791	2,134	2,804	3,582	1,282	1,833	2,184	2,870	3,666	1,340	1,916	2,283	3,000	3,833
142	1,205	1,723	2,054	2,699	3,448	1,252	1,790	2,132	2,802	3,580	1,281	1,831	2,182	2,868	3,663	1,338	1,914	2,280	2,997	3,828
144	1,205	1,723	2,053	2,698	3,446	1,251	1,788	2,131	2,801	3,578	1,280	1,830	2,180	2,865	3,660	1,337	1,912	2,278	2,993	3,824
146	1,204	1,722	2,052	2,697	3,445	1,250	1,787	2,130	2,799	3,575	1,279	1,828	2,178	2,863	3,657	1,335	1,909	2,275	2,990	3,820
148	1,204	1,722	2,051	2,696	3,444	1,249	1,786	2,128	2,797	3,573	1,278	1,827	2,177	2,861	3,654	1,334	1,907	2,273	2,987	3,815
150	1,204	1,721	2,051	2,695	3,443	1,248	1,785	2,127	2,795	3,571	1,277	1,825	2,175	2,859	3,652	1,332	1,905	2,270	2,983	3,811
152	1,203	1,720	2,050	2,694	3,441	1,248	1,784	2,126	2,794	3,569	1,276	1,824	2,173	2,856	3,649	1,331	1,903	2,268	2,980	3,807
154	1,203	1,720	2,049	2,693	3,440	1,247	1,783	2,125	2,792	3,567	1,275	1,823	2,172	2,854	3,646	1,330	1,901	2,265	2,977	3,803
156	1,202	1,719	2,049	2,692	3,439	1,246	1,782	2,123	2,791	3,565	1,274	1,821	2,170	2,852	3,644	1,328	1,899	2,263	2,974	3,799
158	1,202	1,719	2,048	2,691	3,438	1,246	1,781	2,122	2,789	3,563	1,273	1,820	2,169	2,850	3,641	1,327	1,897	2,261	2,971	3,796
160	1,202	1,718	2,047	2,691	3,437	1,245	1,780	2,121	2,787	3,561	1,272	1,819	2,167	2,848	3,638	1,326	1,896	2,259	2,968	3,792
162	1,201	1,718	2,047	2,690	3,436	1,244	1,779	2,120	2,786	3,559	1,271	1,818	2,166	2,846	3,636	1,324	1,894	2,256	2,965	3,788
164	1,201	1,717	2,046	2,689	3,435	1,244	1,778	2,119	2,785	3,557	1,270	1,816	2,164	2,844	3,634	1,323	1,892	2,254	2,963	3,785
166	1,201	1,717	2,045	2,688	3,434	1,243	1,777	2,118	2,783	3,555	1,269	1,815	2,163	2,843	3,631	1,322	1,890	2,252	2,960	3,781
168	1,200	1,716	2,045	2,687	3,433	1,242	1,776	2,117	2,782	3,553	1,269	1,814	2,162	2,841	3,629	1,321	1,888	2,250	2,957	3,778
170	1,200	1,716	2,044	2,687	3,432	1,242	1,775	2,116	2,780	3,552	1,268	1,813	2,160	2,839	3,627	1,320	1,887	2,248	2,955	3,774
172	1,199	1,715	2,044	2,686	3,431	1,241	1,775	2,115	2,779	3,550	1,267	1,812	2,159	2,837	3,624	1,318	1,885	2,246	2,952	3,771
174	1,199	1,715	2,043	2,685	3,430	1,240	1,774	2,114	2,778	3,548	1,266	1,811	2,158	2,835	3,622	1,317	1,884	2,244	2,950	3,768
176	1,199	1,714	2,043	2,684	3,429	1,240	1,773	2,113	2,776	3,547	1,266	1,810	2,156	2,834	3,620	1,316	1,882	2,243	2,947	3,765
178	1,199	1,714	2,042	2,684	3,428	1,239	1,772	2,112	2,775	3,545	1,265	1,809	2,155	2,832	3,618	1,315	1,880	2,241	2,945	3,762
180	1,198	1,713	2,042	2,683	3,427	1,239	1,771	2,111	2,774	3,543	1,264	1,808	2,154	2,831	3,616	1,314	1,879	2,239	2,942	3,759
185	1,197	1,712	2,040	2,681	3,425	1,237	1,769	2,108	2,771	3,539	1,262	1,805	2,151	2,827	3,611	1,311	1,875	2,234	2,937	3,751
190	1,197	1,711	2,039	2,680	3,423	1,236	1,767	2,106	2,768	3,536	1,261	1,803	2,148	2,823	3,606	1,309	1,872	2,230	2,931	3,744
195	1,196	1,710	2,038	2,678	3,421	1,235	1,766	2,104	2,765	3,532	1,259	1,800	2,145	2,819	3,601	1,307	1,868	2,226	2,926	3,738
200	1,195	1,709	2,037	2,677	3,419	1,234	1,764	2,102	2,762	3,529	1,258	1,798	2,143	2,816	3,597	1,304	1,865	2,222	2,921	3,731
205	1,195	1,708	2,036	2,675	3,418	1,233	1,762	2,100	2,760	3,526	1,256	1,796	2,140	2,812	3,593	1,302	1,862	2,219	2,916	3,725
210	1,194	1,708	2,035	2,674	3,416	1,231	1,761	2,098	2,757	3,522	1,255	1,794	2,138	2,809	3,589	1,300	1,859	2,215	2,911	3,719
215	1,194	1,707	2,034	2,673	3,414	1,230	1,759	2,096	2,755	3,519	1,253	1,792	2,135	2,806	3,585	1,298	1,856	2,212	2,907	3,713
220	1,193	1,706	2,033	2,671	3,413	1,229	1,758	2,095	2,753	3,516	1,252	1,790	2,133	2,803	3,581	1,296	1,854	2,209	2,903	3,708
225	1,192	1,705	2,032	2,670	3,411	1,228	1,756	2,093	2,750	3,514	1,251	1,788	2,131	2,800	3,577	1,294	1,851	2,205	2,898	3,703
230	1,192	1,704	2,031	2,669	3,409	1,227	1,755	2,091	2,748	3,511	1,249	1,787	2,129	2,798	3,574	1,293	1,848	2,202	2,894	3,697
235	1,191	1,704	2,030	2,668	3,408	1,226	1,754	2,090	2,746	3,508	1,248	1,785	2,127	2,795	3,571	1,291	1,846	2,199	2,890	3,692
240	1,191	1,703	2,029	2,667	3,407	1,226	1,752	2,088	2,744	3,506	1,247	1,783	2,125	2,792	3,567	1,289	1,843	2,197	2,887	3,688
245	1,190	1,702	2,028	2,666	3,405	1,225	1,751	2,087	2,742	3,503	1,246	1,782	2,123	2,790	3,564	1,288	1,841	2,194	2,883	3,683
250	1,190	1,702	2,028	2,665	3,404	1,224	1,750	2,085	2,740	3,501	1,245	1,780	2,121	2,788	3,561	1,286	1,839	2,191	2,880	3,678
255	1,190	1,701	2,027	2,664	3,403	1,223	1,749	2,084	2,739	3,499	1,244	1,779	2,119	2,785	3,558	1,284	1,837	2,189	2,876	3,674
260	1,189	1,700	2,026	2,663	3,401	1,222	1,748	2,083	2,737	3,496	1,243	1,777	2,118	2,783	3,555	1,283	1,835	2,186	2,873	3,670
265	1,189	1,700	2,025	2,662	3,400	1,222	1,747	2,081	2,735	3,494	1,242	1,776	2,116	2,781	3,552	1,282	1,833	2,184	2,870	3,666
270	1,188	1,699	2,025	2,661	3,399	1,221	1,746	2,080	2,734	3,492	1,241	1,774	2,114	2,779	3,550	1,280	1,831	2,181	2,867	3,662
275	1,188	1,699	2,024	2,660	3,398	1,220	1,745	2,079	2,732	3,490	1,240	1,773	2,113	2,777	3,547	1,279	1,829	2,179	2,864	3,658
280	1,188	1,698	2,023	2,659	3,397	1,219	1,744	2,078	2,730	3,488	1,239	1,772	2,111	2,775	3,544	1,278	1,827	2,177	2,861	3,655
285	1,187	1,698	2,023	2,658	3,396	1,219	1,743	2,076	2,729	3,486	1,238	1,771	2,110	2,773	3,542	1,276	1,825	2,175	2,858	3,651
290	1,187	1,697	2,022	2,658	3,395	1,218	1,742	2,075	2,727	3,484	1,237	1,769	2,108	2,771	3,540	1,275	1,823	2,173	2,855	3,647
295	1,186	1,697	2,022	2,657	3,394	1,217	1,741	2,074	2,726	3,482	1,237	1,768	2,107	2,769	3,537	1,274	1,822	2,170	2,853	3,644
300	1,186	1,696	2,021	2,656	3,393	1,217	1,740	2,073	2,725	3,481	1,236	1,767	2,106	2,767	3,535	1,273	1,820	2,169	2,850	3,641
310	1,185	1,695	2,020	2,655	3,391	1,216	1,738	2,071	2,722	3,477	1,234	1,765	2,103	2,764	3,531	1,271	1,817	2,165	2,845	3,634
320	1,185	1,694	2,019	2,653	3,389	1,215	1,737	2,069	2,719	3,474	1,233	1,763	2,100	2,760	3,526	1,268	1,814	2,161	2,840	3,628
330	1,184	1,693	2,018	2,652	3,388	1,213	1,735	2,067	2,717	3,471	1,231	1,761	2,098	2,757	3,522	1,266	1,811	2,158	2,836	3,623
340	1,184	1,693	2,017	2,651	3,386	1,212	1,734	2,066	2,715	3,468	1,230	1,759	2,096	2,754	3,519	1,265	1,808	2,154	2,831	3,617
350	1,183	1,692	2,016	2,649	3,384	1,211	1,732	2,064	2,713	3,465	1,229	1,757	2,094	2,752	3,515	1,263	1,805	2,151	2,827	3,612
360	1,183	1,691	2,015	2,648	3,383	1,210	1,731	2,062	2,710	3,463	1,228	1,755	2,092	2,749	3,512	1,261	1,803	2,148	2,823	3,607
370	1,182	1,690	2,014	2,647	3,382	1,210	1,730	2,061	2,708	3,460	1,227	1,754	2,090	2,746	3,508	1,259	1,801	2,146	2,820	3,602
380	1,182	1,690	2,013	2,646	3,380	1,209	1,728	2,059	2,707	3,458	1,225	1,752	2,088	2,744	3,505	1,258	1,798	2,143	2,816	3,598
390	1,181	1,689	2,013	2,645	3,379	1,208	1,727	2,058	2,705	3,455	1,224	1,751	2,086	2,742	3,502	1,256	1,796	2,140	2,813	3,593
400	1,181	1,688	2,012	2,644	3,378	1,207	1,726	2,057	2,703	3,453	1,223	1,749	2,084	2,739	3,499	1,255	1,794	2,138	2,809	3,589
425	1,180	1,687	2,010	2,642	3,375	1,205	1,723	2,054	2,699	3,448	1,221	1,746	2,080	2,734	3,492	1,251	1,789	2,132	2,802	3,579
450	1,179	1,686	2,009	2,640	3,372	1,204	1,721	2,051	2,695	3,443	1,219	1,743	2,077	2,729	3,486	1,248	1,785	2,127	2,795	3,570
475	1,178	1,685	2,007	2,638	3,370	1,202	1,719	2,048	2,692	3,438	1,217	1,740	2,073	2,725	3,481	1,245	1,781	2,122	2,788	3,562
500	1,177	1,683	2,006	2,636	3,368	1,201	1,717	2,046	2,689	3,434	1,215	1,737	2,070	2,721	3,475	1,243	1,777	2,117	2,783	3,555
525	1,177	1,682	2,005	2,635	3,366	1,199	1,715	2,043	2,686	3,431	1,213	1,735	2,067	2,717	3,471	1,240	1,773	2,113	2,777	3,548
550	1,176	1,681	2,004	2,633	3,364	1,198	1,713	2,041	2,683	3,427	1,212	1,733	2,065	2,713	3,466	1,238	1,770	2,109	2,772	3,541
575	1,175	1,681	2,003	2,632	3,362	1,197	1,712	2,039	2,680	3,424	1,210	1,731	2,062	2,710	3,462	1,236	1,767	2,106	2,767	3,535
600	1,175	1,680	2,002	2,631	3,360	1,196	1,710	2,038	2,678	3,421	1,209	1,729	2,060	2,707	3,458	1,234	1,764	2,102	2,763	3,530
625	1,174	1,679	2,001	2,629	3,359	1,195	1,709	2,036	2,676	3,418	1,208	1,727	2,058	2,704	3,455	1,232	1,762	2,099	2,759	3,525
650	1,174	1,678	2,000	2,628	3,357	1,194	1,707	2,034	2,674	3,416	1,207	1,725	2,056	2,702	3,451	1,230	1,759	2,096	2,755	3,520
675	1,173	1,678	1,999	2,627	3,356	1,193	1,706	2,033	2,672	3,413	1,205	1,724	2,054	2,699	3,448	1,229	1,757	2,094	2,752	3,515
700	1,173	1,677	1,998	2,626	3,355	1,192	1,705	2,032	2,670	3,411	1,204	1,722	2,052	2,697	3,445	1,227	1,755	2,091	2,748	3,511
725	1,172	1,676	1,998	2,625	3,354	1,192	1,704	2,030	2,668	3,408	1,203	1,721	2,050	2,694	3,442	1,226	1,753	2,089	2,745	3,507
750	1,172	1,676	1,997	2,624	3,352	1,191	1,703	2,029	2,667	3,406	1,202	1,719	2,049	2,692	3,439	1,225	1,751	2,086	2,742	3,503
800	1,171	1,675	1,996	2,623	3,350	1,189	1,701	2,027	2,663	3,402	1,201	1,717	2,046	2,688	3,434	1,222	1,747	2,082	2,736	3,495
850	1,171	1,674	1,994	2,621	3,348	1,188	1,699	2,025	2,661	3,399	1,199	1,714	2,043	2,685	3,430	1,220	1,744	2,078	2,731	3,489
900	1,170	1,673	1,993	2,620	3,347	1,187	1,697	2,023	2,658	3,396	1,198	1,712	2,040	2,682	3,426	1,218	1,741	2,075	2,726	3,483
950	1,169	1,672	1,992	2,619	3,345	1,186	1,696	2,021	2,656	3,393	1,196	1,710	2,038	2,679	3,422	1,216	1,738	2,071	2,722	3,477
1000	1,169	1,671	1,992	2,617	3,344	1,185	1,695	2,019	2,654	3,390	1,195	1,709	2,036	2,676	3,418	1,214	1,736	2,068	2,718	3,472
∞	1,150	1,645	1,960	2,576	3,291	1,150	1,645	1,960	2,576	3,291	1,150	1,645	1,960	2,576	3,291	1,150	1,645	1,960	2,576	3,291

[7] Nach Bowker, A.H., in: Eisenhart et al. (Hrsg.), *Selected Techniques of Statistical Analysis for Scientific and Industrial Research and Production and Management Engineering*, McGraw-Hill Book Company, Inc., New York, 1947, S. 102. Nachdruck mit freundlicher Erlaubnis des Verfassers und des Verlages.

Siehe die Erläuterungen auf der nächsten Seite

Korrektur-[1] und Vertrauensfaktoren[2] für σ

ν	k_s	$1-2\alpha = 0{,}90$	$1-2\alpha = 0{,}95$	$1-2\alpha = 0{,}98$	$1-2\alpha = 0{,}99$
1	1,2533	0,5102-15,947	0,4463-31,910	0,3882-79,789	0,3562-159,58
2	1284	5777- 4,416	5207- 6,285	4660- 9,974	4344- 14,124
3	0854	6196- 2,920	5665- 3,729	5142- 5,111	4834- 6,468
4	0638	6493- 372	5991- 2,874	5489- 3,669	5188- 4,396
5	1,0509	0,6720- 2,089	0,6242- 2,453	0,5757- 3,003	0,5464- 3,485
6	0424	6903- 1,915	6444- 202	5974- 2,623	5688- 2,980
7	0362	7054- 797	6612- 035	6155- 377	5875- 660
8	0317	7183- 711	6755- 1,916	6310- 204	6036- 439
9	0281	7293- 645	6878- 826	6445- 076	6177- 278
10	1,0253	0,7391- 1,593	0,6987- 1,755	0,6564- 1,977	0,6301- 2,154
11	0230	7477- 551	7084- 698	6670- 898	6412- 056
12	0210	7555- 515	7171- 651	6765- 833	6512- 1,976
13	0194	7625- 485	7250- 611	6852- 779	6603- 910
14	0180	7688- 460	7321- 577	6931- 733	6686- 854
15	1,0168	0,7747- 1,437	0,7387- 1,548	0,7004- 1,694	0,6762- 1,806
16	0157	7800- 418	7448- 522	7071- 659	6833- 764
17	0148	7850- 400	7504- 499	7133- 629	6899- 727
18	0140	7896- 384	7556- 479	7191- 602	6960- 695
19	0132	7939- 370	7604- 461	7246- 578	7018- 666
20	1,0126	0,7980- 1,358	0,7651- 1,444	0,7297- 1,556	0,7071- 1,640
21	0120	8017- 346	7694- 429	7344- 536	7122- 617
22	0114	8053- 335	7734- 415	7390- 518	7170- 596
23	0109	8087- 326	7772- 403	7432- 502	7215- 576
24	0105	8118- 316	7808- 391	7473- 487	7258- 558
25	1,0100	0,8148- 1,308	0,7843- 1,380	0,7511- 1,473	0,7299- 1,542
26	0097	8177- 300	7875- 370	7548- 460	7338- 526
27	0093	8204- 293	7906- 361	7582- 448	7375- 512
28	0090	8230- 286	7936- 352	7616- 437	7410- 499
29	0087	8255- 280	7964- 344	7647- 426	7444- 487
30	1,0084	0,8279- 1,274	0,7991- 1,337	0,7678- 1,416	0,7476- 1,475
31	0081	8301- 268	8017- 329	7707- 407	7507- 464
32	0078	8323- 263	8042- 323	7735- 399	7537- 454
33	0076	8344- 258	8066- 316	7762- 390	7566- 445
34	0074	8364- 253	8089- 310	7788- 382	7594- 435
35	1,0072	0,8383- 1,248	0,8111- 1,304	0,7813- 1,375	0,7620- 1,427
36	0070	8402- 244	8132- 299	7837- 368	7646- 419
37	0068	8420- 240	8153- 294	7860- 362	7671- 411
38	0066	8437- 236	8172- 289	7882- 355	7695- 404
39	0064	8454- 232	8192- 284	7904- 349	7718- 397
40	1,0063	0,8470- 1,228	0,8210- 1,279	0,7925- 1,343	0,7740- 1,390
41	0061	8485- 225	8228- 275	7945- 338	7762- 383
42	0060	8501- 222	8245- 271	7965- 333	7783- 377
43	0058	8515- 218	8262- 267	7984- 328	7803- 372
44	0057	8529- 215	8279- 263	8002- 323	7823- 366
45	1,0056	0,8543- 1,212	0,8294- 1,260	0,8020- 1,318	0,7842- 1,361
46	0055	8556- 210	8310- 256	8038- 314	7861- 355
47	0053	8569- 207	8325- 253	8055- 309	7879- 350
48	0052	8582- 204	8339- 249	8071- 305	7897- 346
49	0051	8594- 202	8353- 246	8087- 301	7914- 341
50	1,0050	0,8606- 1,199	0,8367- 1,243	0,8103- 1,297	0,7931- 1,337
51	0049	8618- 197	8380- 240	8118- 294	7947- 332
52	0048	8629- 195	8394- 237	8133- 290	7963- 328
53	0047	8640- 192	8406- 235	8147- 287	7979- 324
54	0046	8651- 190	8419- 232	8161- 283	7994- 320
55	1,0046	0,8662- 1,188	0,8431- 1,229	0,8175- 1,280	0,8009- 1,316
56	0045	8672- 186	8443- 227	8189- 277	8023- 313
57	0044	8682- 184	8454- 224	8202- 274	8037- 309
58	0043	8692- 182	8465- 222	8215- 271	8051- 306
59	0043	8701- 180	8476- 220	8227- 268	8065- 303
60	1,0042	0,8710- 1,179	0,8487- 1,217	0,8239- 1,265	0,8078- 1,299
61	0041	8719- 177	8498- 215	8251- 262	8091- 296
62	0040	8728- 175	8508- 213	8263- 260	8103- 293
63	0040	8737- 174	8518- 211	8275- 257	8116- 290
64	0039	8746- 172	8528- 209	8286- 255	8128- 287
65	1,0039	0,8754- 1,170	0,8537- 1,207	0,8297- 1,252	0,8140- 1,285
66	0038	8762- 169	8547- 205	8308- 250	8151- 282
67	0037	8770- 167	8556- 203	8318- 248	8163- 279
68	0037	8778- 166	8565- 202	8329- 245	8174- 277
69	0036	8786- 165	8574- 200	8339- 243	8185- 274
70	1,0036	0,8793- 1,163	0,8583- 1,198	0,8349- 1,241	0,8196- 1,272
71	0035	8801- 162	8591- 197	8359- 239	8206- 269
72	0035	8808- 160	8600- 195	8368- 237	8217- 267
73	0034	8815- 159	8608- 193	8378- 235	8227- 265
74	0034	8822- 158	8616- 192	8387- 233	8237- 263
75	1,0033	0,8829- 1,157	0,8624- 1,190	0,8396- 1,231	0,8247- 1,260
76	0033	8836- 156	8632- 189	8405- 229	8256- 258
77	0033	8842- 154	8640- 187	8414- 228	8266- 256
78	0032	8849- 153	8647- 186	8422- 226	8275- 254
79	0032	8855- 152	8655- 184	8431- 224	8284- 252
80	1,0031	0,8861- 1,151	0,8662- 1,183	0,8439- 1,222	0,8293- 1,250
81	0031	8868- 150	8669- 182	8447- 221	8302- 248
82	0031	8874- 149	8676- 180	8455- 219	8311- 247
83	0030	8880- 148	8683- 179	8463- 218	8319- 245
84	0030	8885- 147	8690- 178	8471- 216	8328- 243
85	1,0030	0,8891- 1,146	0,8696- 1,177	0,8479- 1,214	0,8336- 1,241
86	0029	8897- 145	8703- 175	8486- 213	8344- 240
87	0029	8902- 144	8709- 174	8494- 211	8352- 238
88	0029	8908- 143	8716- 173	8501- 210	8360- 236
89	0028	8913- 142	8722- 172	8508- 209	8368- 235
90	1,0028	0,8919- 1,141	0,8728- 1,171	0,8515- 1,207	0,8375- 1,233
91	0028	8924- 140	8734- 170	8522- 206	8383- 231
92	0027	8929- 139	8740- 169	8529- 205	8390- 230
93	0027	8934- 138	8746- 168	8536- 203	8398- 228
94	0027	8939- 138	8752- 167	8543- 202	8405- 227
95	1,0026	0,8944- 1,137	0,8758- 1,166	0,8549- 1,201	0,8412- 1,226
96	0026	8949- 136	8764- 165	8556- 199	8419- 224
97	0026	8954- 135	8769- 164	8562- 198	8426- 223
98	0026	8959- 134	8775- 163	8569- 197	8433- 221
99	0025	8963- 134	8780- 162	8575- 196	8440- 220
100	1,0025	0,8968- 1,133	0,8785- 1,161	0,8581- 1,195	0,8446- 1,219
∞	1,0000	1,0000	1,0000	1,0000	1,0000

Mittlerer Extrembereich[3] als Vielfaches von σ

n	0	1 10	2 20	3 30	4 40	5 50	6 60	7 70	8 80	9 90
0	—	—	1,1284	1,6926	2,0588	2,3259	2,5344	2,7044	2,8472	2,9700
10	3,0775	3,1729	3,2585	3,3360	3,4068	3,4718	3,5320	3,5879	3,6401	3,6890
20	3,7350	3,7783	3,8194	3,8583	3,8954	3,9306	3,9643	3,9965	4,0274	4,0570
30	4,0855	4,1129	4,1393	4,1648	4,1894	4,2132	4,2363	4,2586	4,2802	4,3012
40	4,3216	4,3414	4,3606	4,3794	4,3976	4,4154	4,4328	4,4497	4,4662	4,4824
50	4,4982	4,5136	4,5286	4,5434	4,5578	4,5720	4,5858	4,5994	4,6127	4,6258
60	4,6386	4,6511	4,6635	4,6756	4,6875	4,6992	4,7107	4,7219	4,7331	4,7440
70	4,7547	4,7653	4,7757	4,7860	4,7960	4,8060	4,8158	4,8254	4,8349	4,8443
80	4,8536	4,8627	4,8717	4,8805	4,8893	4,8979	4,9064	4,9148	4,9231	4,9313
90	4,9394	4,9474	4,9553	4,9631	4,9708	4,9784	4,9859	4,9934	5,0007	5,0080
100	5,0152	5,0223	5,0293	5,0363	5,0432	5,0500	5,0567	5,0634	5,0700	5,0765
110	5,0830	5,0893	5,0957	5,1020	5,1082	5,1143	5,1204	5,1264	5,1324	5,1383
120	5,1442	5,1500	5,1557	5,1614	5,1671	5,1727	5,1782	5,1837	5,1892	5,1946
130	5,2000	5,2053	5,2106	5,2158	5,2210	5,2261	5,2312	5,2363	5,2413	5,2462
140	5,2512	5,2561	5,2609	5,2658	5,2705	5,2753	5,2800	5,2847	5,2893	5,2939
150	5,2985	5,3030	5,3075	5,3120	5,3165	5,3209	5,3252	5,3296	5,3339	5,3382
160	5,3424	5,3467	5,3509	5,3550	5,3592	5,3633	5,3674	5,3714	5,3755	5,3795
170	5,3834	5,3874	5,3913	5,3952	5,3991	5,4030	5,4068	5,4106	5,4144	5,4181
180	5,4219	5,4256	5,4293	5,4329	5,4366	5,4402	5,4438	5,4474	5,4509	5,4545
190	5,4580	5,4615	5,4650	5,4684	5,4719	5,4753	5,4787	5,4821	5,4854	5,4888
200	5,4921	5,4954	5,4987	5,5020	5,5052	5,5084	5,5117	5,5149	5,5180	5,5212
210	5,5244	5,5275	5,5306	5,5337	5,5368	5,5399	5,5429	5,5459	5,5490	5,5520
220	5,5550	5,5579	5,5609	5,5639	5,5668	5,5697	5,5726	5,5755	5,5784	5,5812
230	5,5841	5,5869	5,5898	5,5926	5,5954	5,5981	5,6009	5,6037	5,6064	5,6091
240	5,6119	5,6146	5,6173	5,6199	5,6226	5,6253	5,6279	5,6305	5,6332	5,6358
250	5,6384	5,6410	5,6435	5,6461	5,6487	5,6512	5,6537	5,6563	5,6588	5,6613
260	5,6638	5,6662	5,6687	5,6712	5,6736	5,6760	5,6785	5,6809	5,6833	5,6857
270	5,6881	5,6905	5,6928	5,6952	5,6975	5,6999	5,7022	5,7045	5,7068	5,7091
280	5,7114	5,7137	5,7160	5,7183	5,7205	5,7228	5,7250	5,7273	5,7295	5,7317
290	5,7339	5,7361	5,7383	5,7405	5,7427	5,7448	5,7470	5,7491	5,7513	5,7534
300	5,7555	5,7577	5,7598	5,7619	5,7640	5,7661	5,7681	5,7702	5,7723	5,7743
310	5,7764	5,7784	5,7805	5,7825	5,7845	5,7865	5,7886	5,7906	5,7926	5,7945
320	5,7965	5,7985	5,8005	5,8024	5,8044	5,8063	5,8083	5,8102	5,8121	5,8141
330	5,8160	5,8179	5,8198	5,8217	5,8236	5,8255	5,8273	5,8292	5,8311	5,8329
340	5,8348	5,8367	5,8385	5,8403	5,8422	5,8440	5,8458	5,8476	5,8494	5,8512
350	5,8530	5,8548	5,8566	5,8584	5,8602	5,8619	5,8637	5,8655	5,8672	5,8690
360	5,8707	5,8724	5,8742	5,8759	5,8776	5,8793	5,8810	5,8827	5,8844	5,8861
370	5,8878	5,8895	5,8912	5,8929	5,8945	5,8962	5,8979	5,8995	5,9012	5,9028
380	5,9045	5,9061	5,9077	5,9094	5,9110	5,9126	5,9142	5,9158	5,9174	5,9190
390	5,9206	5,9222	5,9238	5,9254	5,9270	5,9286	5,9301	5,9317	5,9333	5,9348
400	5,9364	5,9517	5,9666	5,9811	5,9952	6,0090	6,0225	6,0357	6,0485	6,0611
500	6,0734	6,0854	6,0972	6,1087	6,1200	6,1311	6,1420	6,1526	6,1631	6,1733
600	6,1834	6,1933	6,2030	6,2126	6,2219	6,2312	6,2402	6,2492	6,2579	6,2666
700	6,2751	6,2835	6,2917	6,2999	6,3079	6,3158	6,3235	6,3312	6,3388	6,3462
800	6,3536	6,3608	6,3680	6,3751	6,3820	6,3889	6,3957	6,4025	6,4091	6,4156
900	6,4221	6,4285	6,4348	6,4411	6,4473	6,4534	6,4594	6,4754	6,4713	6,4771

σ als Bruchteil des mittleren Extrembereiches[4]

n	0	1 10	2 20	3 30	4 40	5 50	6 60	7 70	8 80	9 90
	0,	0,	0,	0,	0,	0,	0,	0,	0,	0,
0	—	—	88623	59082	48573	42994	39457	36977	35122	33670
10	32494	31517	30689	29976	29353	28803	28313	27872	27472	27108
20	26774	26467	26182	25918	25672	25441	25225	25022	24830	24649
30	24477	24314	24158	24011	23870	23735	23606	23482	23364	23249
40	23140	23034	22932	22834	22739	22648	22559	22473	22390	22310
50	22231	22155	22082	22010	21940	21872	21806	21742	21679	21618
60	21558	21500	21443	21388	21333	21280	21228	21178	21128	21079
70	21032	20985	20939	20894	20851	20807	20765	20724	20683	20643
80	20603	20565	20527	20490	20453	20417	20382	20347	20312	20279
90	20245	20213	20180	20149	20118	20087	20056	20027	19997	19968
100	19939	19911	19883	19856	19829	19802	19776	19750	19724	19699
110	19674	19649	19624	19600	19577	19553	19530	19507	19484	19462
120	19439	19418	19396	19374	19353	19332	19312	19291	19271	19251
130	19231	19211	19192	19173	19154	19135	19116	19098	19079	19061
140	19043	19026	19008	18991	18973	18956	18939	18923	18906	18890
150	18873	18857	18841	18825	18810	18794	18779	18763	18748	18733
160	18718	18703	18689	18674	18660	18645	18631	18617	18603	18589
170	18575	18562	18548	18535	18522	18508	18495	18482	18469	18457
180	18444	18431	18419	18406	18394	18382	18370	18357	18345	18334
190	18322	18310	18298	18287	18275	18264	18253	18241	18230	18219
200	18208	18197	18186	18175	18165	18154	18143	18133	18122	18112
210	18102	18091	18081	18071	18061	18051	18041	18031	18021	18012
220	18002	17992	17983	17973	17964	17954	17945	17936	17926	17917
230	17908	17899	17890	17881	17872	17863	17854	17845	17837	17828
240	17819	17811	17802	17794	17785	17777	17769	17760	17752	17744
250	17736	17727	17719	17711	17703	17695	17687	17680	17672	17664
260	17656	17648	17641	17633	17625	17618	17610	17603	17595	17588
270	17581	17573	17566	17559	17551	17544	17537	17530	17523	17516
280	17509	17502	17495	17488	17481	17474	17467	17460	17454	17447
290	17440	17433	17427	17420	17414	17407	17400	17394	17387	17381
300	17375	17368	17362	17355	17349	17343	17337	17330	17324	17318
310	17312	17306	17300	17294	17287	17281	17275	17270	17264	17258
320	17252	17246	17240	17234	17228	17223	17217	17211	17205	17200
330	17194	17188	17183	17177	17172	17166	17160	17155	17149	17144
340	17139	17133	17128	17122	17117	17112	17106	17101	17096	17090
350	17085	17080	17075	17070	17064	17059	17054	17049	17044	17039
360	17034	17029	17024	17019	17014	17009	17004	16999	16994	16989
370	16984	16979	16974	16970	16965	16960	16955	16951	16946	16941
380	16936	16932	16927	16922	16918	16913	16908	16904	16899	16895
390	16890	16886	16881	16876	16872	16868	16863	16859	16854	16850
400	16845	16802	16760	16719	16680	16642	16604	16568	16533	16499
500	16465	16433	16401	16370	16340	16310	16281	16253	16226	16199
600	16172	16146	16121	16096	16072	16048	16025	16002	15980	15958
700	15936	15915	15894	15873	15853	15833	15814	15795	15776	15757
800	15739	15721	15704	15686	15669	15652	15636	15619	15603	15587
900	15571	15556	15540	15525	15510	15496	15481	15443	15453	15439

[1–4] Die Notentexte befinden sich am Fuß der nächsten Seite.

$\sigma_{\bar{x}}$ als Bruchteil des mittleren Extrembereiches[4] (siehe die untenstehenden Erläuterungen)

n	2	3	4	5	6	7	8	9	10	11	12	13	14	15	16	17	18	19	20
m	0, 0,0	0, 0,0	0, 0,0	0, 0,0	0, 0,0	0, 0,0	0, 0,0	0, 0,0	0, 0,0	0,0	0,0	0,0	0,0	0,0	0,0	0,0 0,00	0,0 0,00	0,0 0,00	0,0 0,00
1	*62666*	*34111*	*24287*	*19227*	*16108*	*13976*	*12418*	*11223*	*10275*	95027	88592	83139	78450	74370	70782	67599	64752	62190	59869
2	*44311*	*24120*	*17173*	*13596*	*11390*	98826	87806	79360	72658	67195	62644	58788	55473	52587	50050	47799	45787	43975	42334
3	*36180*	*19694*	*14022*	*11101*	93001	80691	71693	64797	59325	54864	51149	48000	45293	42937	40866	39028	37385	35905	34565
4	*31333*	*17055*	*12143*	96137	80541	69548	62088	56116	51377	47514	44296	41569	39225	37185	35391	33799	32376	31095	29934
5	*28025*	*15255*	*10861*	85987	72038	62503	55533	50192	45953	42498	39620	37181	35084	33259	31655	30231	28958	27812	26774
6	*25583*	*13926*	99150	78495	65762	57057	50695	45819	41949	38795	36168	33941	32027	30361	28897	27597	26435	25389	24441
7	*23685*	*12893*	91795	72672	60883	52825	46934	42420	38838	35917	33485	31424	29651	28109	26753	25550	24474	23506	22628
8	*22156*	*12060*	85866	67979	56951	49413	43903	39680	36329	33597	31322	29394	27736	26294	25025	23900	22893	21987	21167
9	*20889*	*11370*	80955	64091	53694	46587	41392	37411	34251	31676	29531	27713	26150	24790	23594	22533	21584	20730	19956
10	*19817*	*10787*	76801	60802	50939	44196	39268	35491	32494	30050	28015	26291	24808	23518	22383	21377	20476	19666	18932
11	*18894*	*10285*	73227	57973	48568	42140	37440	33839	30982	28652	26712	25067	23654	22423	21342	20382	19524	18751	18051
12	*18090*	98470	70109	55504	46500	40346	35846	32399	29663	27432	25574	24000	22647	21469	20433	19514	18692	17953	17283
13	*17380*	94607	67359	53327	44676	38763	34440	31128	28499	26356	24571	23059	21758	20626	19631	18748	17959	17248	16605
14	*16748*	91165	64909	51387	43051	37353	33187	29995	27462	25397	23677	22220	20967	19876	18917	18066	17306	16621	16001
15	*16180*	88074	62708	49645	41591	36086	32062	28978	26531	24536	22874	21466	20256	19202	18276	17454	16719	16057	15458
16	*15666*	85277	60716	48068	40271	34940	31044	28058	25689	23757	22148	20785	19613	18592	17695	16900	16188	15547	14967
17	*15199*	82731	58904	46633	39068	33897	30117	27220	24922	23048	21487	20164	19027	18037	17167	16395	15705	15083	14520
18	*14770*	80400	57244	45319	37967	32942	29269	26453	24219	22398	20881	19596	18491	17529	16683	15933	15262	14658	14111
19	*14376*	78256	55717	44110	36955	32063	28488	25748	23573	21801	20325	19073	17998	17062	16238	15508	14855	14267	13735
20	*14012*	76274	54306	42994	36019	31252	27767	25096	22977	21249	19810	18590	17542	16630	15827	15115	14479	13906	13387
21	*13675*	74436	52998	41957	35151	30498	27097	24491	22423	20737	19332	18142	17119	16229	15446	14751	14130	13571	13064
22	*13360*	72725	51779	40993	34343	29797	26474	23928	21907	20260	18888	17725	16726	15856	15091	14412	13805	13259	12764
23	*13067*	71126	50641	40092	33588	29142	25892	23402	21426	19815	18473	17336	16358	15507	14759	14095	13502	12967	12483
24	*12792*	69628	49575	39248	32881	28529	25347	22909	20975	19397	18084	16971	16014	15181	14448	13799	13218	12694	12220
25	*12533*	68222	48573	38455	32216	27952	24835	22446	20551	19006	17718	16628	15690	14874	14156	13520	12950	12438	11974
26	*12290*	66897	47630	37708	31591	27409	24353	22011	20152	18637	17374	16305	15385	14585	13881	13257	12699	12196	11741
27	*12060*	65646	46740	37003	31000	26897	23898	21599	19775	18288	17050	16000	15098	14312	13622	13009	12462	11968	11522
28	*11843*	64463	45897	36336	30442	26412	23467	21210	19419	17959	16742	15712	14826	14055	13377	12775	12237	11753	11314
29	*11637*	63342	45099	35704	29912	25953	23059	20841	19081	17646	16451	15439	14568	13810	13144	12553	12024	11548	11117
30	*11441*	62278	44341	35104	29409	25517	22671	20491	18760	17350	16175	15179	14323	13578	12923	12342	11822	11354	10930
31	*11255*	61265	43620	34533	28931	25102	22303	20158	18455	17068	15912	14932	14090	13357	12713	12141	11630	11170	10753
32	*11078*	60300	42932	33989	28476	24707	21951	19840	18165	16799	15661	14697	13868	13147	12513	11950	11447	10994	10583
33	*10909*	59379	42277	33470	28041	24329	21616	19537	17887	16542	15422	14473	13656	12946	12322	11767	11272	10826	10422
34	*10747*	58500	41651	32975	27625	23969	21296	19248	17622	16297	15193	14258	13454	12754	12139	11593	11105	10665	10267
35	*10592*	57658	41052	32500	27228	23624	20990	18971	17369	16063	14975	14053	13261	12571	11964	11426	10945	10512	10120
36	*10444*	56851	40478	32046	26847	23294	20696	18705	17126	15838	14765	13856	13075	12395	11797	11266	10792	10365	*99781*
37	*10302*	56078	39927	31610	26482	22977	20414	18451	16893	15623	14565	13668	12897	12226	11636	11113	10645	10224	*98424*
38	*10166*	55335	39398	31191	26131	22672	20144	18206	16669	15416	14372	13487	12726	12064	11482	10966	10504	10089	*97120*
39	*10035*	54621	38890	30788	25794	22380	19884	17972	16454	15217	14186	13313	12562	11909	11334	10824	10369	*99583*	*95867*
40	99083	53934	38400	30401	25469	22098	19634	17745	16247	15025	14008	13145	12404	11759	11192	10688	10238	*98331*	*94661*
41	97867	53272	37929	30028	25157	21827	19393	17528	16048	14841	13836	12984	12252	11615	11054	10557	10113	*97124*	*93499*
42	96695	52634	37475	29668	24856	21566	19161	17318	15855	14663	13670	12829	12105	11476	10922	10431	*99915*	*95961*	*92380*
43	95564	52019	37037	29321	24565	21313	18937	17115	15670	14492	13510	12679	11964	11341	10794	10309	*98746*	*94839*	*91299*
44	94472	51424	36613	28986	24284	21070	18720	16920	15491	14326	13356	12534	11827	11212	10671	10191	*97618*	*93755*	*90256*
45	93416	50849	36204	28662	24013	20834	18511	16731	15318	14166	13207	12394	11695	11086	10552	10077	*96527*	*92707*	*89247*
46	92395	50294	35809	28349	23750	20607	18309	16548	15150	14011	13062	12258	11567	10965	10436	*99668*	*95472*	*91694*	*88272*
47	91407	49756	35426	28046	23496	20386	18113	16371	14988	13861	12923	12127	11443	10848	10325	*98603*	*94451*	*90713*	*87328*
48	90450	49235	35055	27752	23250	20173	17923	16199	14831	13716	12787	12000	11323	10734	10216	*97570*	*93462*	*89763*	*86413*
49	89522	48730	34695	27468	23012	19966	17739	16033	14679	13575	12656	11877	11207	10624	10112	*96569*	*92503*	*88843*	*85527*
50	88623	48240	34346	27192	22780	19765	17561	15872	14532	13439	12529	11758	11095	10517	10010	*95599*	*91574*	*87950*	*84667*

Erläuterungen zu den Seiten 47–49

Korrektur-[1] und Vertrauensfaktoren[2] für σ

a) Die Schätzung von σ^2 durch s^2 ist biasfrei, nicht aber die Schätzung von σ durch s. Multiplikation von s mit dem Faktor k_s behebt diesen Bias.

b) Vertrauensgrenzen für σ. Die Kolonnen 3–6 geben die Vertrauensfaktoren, mit denen s zu multiplizieren ist, um die Vertrauensgrenzen zu erhalten, zwischen denen sich σ mit einer Wahrscheinlichkeit $(1 - 2\alpha)$ befindet.

Extrembereich

Es seien x_1 der kleinste, x_n der größte Wert einer Stichprobe des Umfanges n. Dann ist $(x_n - x_1)$ der Extrembereich w_n dieser Stichprobe.

Der standardisierte Extrembereich einer Stichprobe des Umfanges n aus einer Bevölkerung mit Standardabweichung σ ist

$$W_n = \frac{w_n}{\sigma} = \frac{x_n - x_1}{\sigma}$$

Bei m Stichproben des Umfanges n aus ein und derselben Bevölkerung ist der mittlere Extrembereich

$$\bar{w}_{m,n} = \frac{\sum_1^m w_n}{m} = \frac{\sum_1^m (x_n - x_1)}{m}$$

und der standardisierte mittlere Extrembereich

$$\bar{W}_{m,n} = \frac{\bar{w}_{m,n}}{\sigma} = \frac{\sum_1^m w_n}{m\sigma} = \frac{\sum_1^m (x_n - x_1)}{m\sigma}$$

Da der Extrembereich w_n nur ein Sonderfall des mittleren Extrembereiches $\bar{w}_{m,n}$ mit $m = 1$ darstellt, sprechen wir im folgenden nur vom mittleren Extrembereich.

Mittlerer Extrembereich[3] als Vielfaches von σ

Der Erwartungswert $\overline{\boldsymbol{W}}_n$ einer normalverteilten Bevölkerung mit Standardabweichung σ ist definiert

$$\bar{W}_{m,n} \underset{(m \to \infty)}{\to} \overline{\boldsymbol{W}}_n$$

Die Tafel gibt die Werte von $\overline{\boldsymbol{W}}_n$ der standardisierten Normalverteilung (σ = 1) als Vielfaches von σ. ($\overline{\boldsymbol{W}}_n$ wird vielerorts als d_n bezeichnet.)

σ als Bruchteil des mittleren Extrembereiches[4]

Der Quotient $\dfrac{\bar{w}_{m,n}}{\overline{\boldsymbol{W}}_n} = \bar{w}_{m,n} \times \boldsymbol{A}_n$

ergibt eine biasfreie Schätzung von σ. Diese Schätzung verbessert sich mit wachsendem m, verschlechtert sich aber schnell mit wachsendem n der einzelnen Stichproben. Sie besitzt auch eine größere Streuung als s.

Bei kleinen Stichproben hingegen, bei n zwischen 5 und 10, besteht zwischen den beiden Schätzungen praktisch kein Unterschied, auch schon für $m = 1$.

$\sigma_{\bar{x}}$ als Bruchteil des mittleren Extrembereiches[4]

Der Quotient $\dfrac{\bar{w}_{m,n}}{\overline{\boldsymbol{W}}_n \sqrt{mn}} = \bar{w}_{m,n} \times \boldsymbol{A}_{m,n}$

ergibt auf Grund des Stichprobenumfanges $mn = N$ eine biasfreie Schätzung der Standardabweichung $\sigma_{\bar{x}}$ der Schätzung $\bar{x}$. Siehe auch den vorhergehenden Abschnitt.

Signifikanzschranken für die Differenz zweier Mittelwerte auf Grund des Extrembereiches

Die Tafel gibt die 2α-Signifikanzschranken für u:

a) $u = \dfrac{(\bar{x} - \mu)\, m}{[\Sigma(x_n - x_1)]\, \boldsymbol{A}_{m,n}}$

b) $u = \dfrac{(\bar{x}' - \bar{x}'')\sqrt{m' m''}}{[\Sigma(x_n' - x_1') + \Sigma(x_n'' - x_1'')]\, \boldsymbol{A}_{m,n}}$

$(m = m' + m'')$

Zu a): Ist $m = 1$, so läßt sich der Test stark vereinfachen (vgl. S. 53).

Zu b): Ist $m' = m'' = 1$, so läßt sich der Test stark vereinfachen (vgl. S. 53 sowie den Abschnitt 16E, S. 174).

---

[1] Berechnet nach Werten in Pearson und Hartley (Hrsg.), *Biometrika Tables for Statisticians*, Band 1, Cambridge University Press, Cambridge, 1954.

[2] Vertrauensfaktoren berechnet nach χ^2-Werten in Pearson und Hartley, loc. cit., und nach Werten von Hald und Sinkbæk, *Skand. Aktuar Tidskr.*, **33**, 168 (1950). Nachdruck nur mit Erlaubnis des Herausgebers.

[3] Werte nach Tippett, L. H. C., *Biometrika*, **17**, 364 (1925). Nachdruck mit freundlicher Erlaubnis des Verfassers und des Verlages.

[4] Berechnet nach den Werten von Tippett, L. H. C., loc. cit. Nachdruck nur mit Erlaubnis des Herausgebers.

Signifikanzschranken[1] für die Differenz zweier Mittelwerte auf Grund des Extrembereiches*

$2\alpha = 0{,}10$

m \ n	2	3	4	5	6	7	8	9	10	11	12	13	14	15	16	17	18	19	20
1	5,04	2,59	2,18	2,02	1,94	1,88	1,85	1,82	1,81	1,79	1,78	1,77	1,76	1,75	1,75	1,74	1,74	1,73	1,73
2	2,62	02	1,88	1,81	78	76	74	73	72	71	71	71	70	70	70	69	69	69	69
3	20	1,88	79	75	73	72	71	70	70	69	69	69	68	68	68	68	68	67	67
4	03	81	75	73	71	70	69	69	68	68	68	68	67	67	67	67	67	67	67
5	1,94	1,77	1,73	1,71	1,70	1,69	1,68	1,68	1,68	1,68	1,67	1,67	1,67	1,67	1,67	1,67	1,66	1,66	1,66
6	89	75	72	70	69	68	68	67	67	67	67	67	66	66	66	66	66	66	66
7	85	73	71	69	68	67	67	67	66	66	66	66	66	66	66	66	66	66	66
8	82	72	70	68	68	67	67	67	66	66	66	66	66	66	66	66	66	66	66
9	80	71	69	68	67	67	67	66	66	66	66	66	66	66	66	66	66	66	66
10	1,78	1,71	1,69	1,68	1,67	1,67	1,66	1,66	1,66	1,66	1,66	1,66	1,66	1,66	1,65	1,65	1,65	1,65	1,65
11	77	71	68	68	67	67	66	66	66	66	66	66	66	66	65	65	65	65	65
12	76	70	68	68	66	66	66	66	65	65	65	65	65	65	65	65	65	65	65
13	75	70	67	67	66	66	66	66	65	65	65	65	65	65	65	65	65	65	65
14	74	69	67	67	66	66	66	66	65	65	65	65	65	65	65	65	65	65	65
15	1,73	1,69	1,67	1,67	1,66	1,66	1,66	1,66	1,65	1,65	1,65	1,65	1,65	1,65	1,65	1,65	1,65	1,65	1,65
16	72	69	67	67	66	66	66	66	65	65	65	65	65	65	65	65	65	65	65
17	72	68	67	67	66	66	66	66	65	65	65	65	65	65	65	65	65	65	65
18	72	68	67	66	66	66	65	65	65	65	65	65	65	65	65	65	65	65	65
19	71	67	67	66	66	66	65	65	65	65	65	65	65	65	65	65	65	65	65
20	1,71	1,67	1,67	1,66	1,66	1,66	1,65	1,65	1,65	1,65	1,65	1,65	1,65	1,65	1,65	1,65	1,65	1,65	1,65
30	69	66	66	66	65	65	65	65	65	65	65	65	65	65	65	65	65	65	65
60	67	66	65	65	65	65	65	65	65	65	65	65	65	65	65	65	65	65	65
120	66	65	65	65	65	65	65	65	65	65	65	65	65	65	65	65	65	65	65

$2\alpha = 0{,}05$

m \ n	2	3	4	5	6	7	8	9	10	11	12	13	14	15	16	17	18	19	20
1	10,14	3,82	2,95	2,63	2,48	2,38	2,32	2,27	2,24	2,21	2,19	2,17	2,16	2,15	2,14	2,13	2,12	2,11	2,11
2	3,87	2,64	37	25	19	15	13	11	09	08	07	06	06	05	05	04	04	03	03
3	2,98	37	22	15	11	09	07	06	05	04	03	02	02	02	02	01	01	01	01
4	66	25	15	10	07	05	04	03	02	01	01	01	01	00	00	00	00	00	00
5	2,49	2,19	2,11	2,07	2,05	2,03	2,02	2,02	2,01	2,01	2,00	2,00	2,00	1,99	1,99	1,99	1,99	1,99	1,99
6	38	14	08	05	03	02	01	01	00	00	00	00	1,99	99	99	99	99	99	99
7	31	11	06	04	02	02	01	00	1,99	1,99	1,99	1,99	99	98	98	98	98	98	98
8	26	09	05	03	01	01	00	00	99	99	99	99	98	98	98	98	98	98	98
9	23	08	04	02	01	00	1,99	1,99	99	99	98	98	98	98	98	98	98	98	98
10	2,20	2,07	2,03	2,01	2,00	2,00	1,99	1,99	1,98	1,98	1,98	1,98	1,98	1,98	1,98	1,98	1,98	1,97	1,97
11	17	06	02	01	00	1,99	99	99	98	98	98	98	98	98	98	98	98	97	97
12	15	05	02	01	00	99	98	99	98	98	97	97	97	97	97	97	97	97	97
13	14	04	02	00	1,99	98	98	98	98	98	97	97	97	97	97	97	97	97	97
14	12	04	01	00	99	98	98	98	98	98	97	97	97	97	97	97	97	97	97
15	2,11	2,03	2,01	2,00	1,99	1,98	1,98	1,98	1,98	1,98	1,97	1,97	1,97	1,97	1,97	1,97	1,97	1,97	1,97
16	10	03	01	00	99	98	98	98	98	98	97	97	97	97	97	97	97	97	97
17	09	02	01	00	99	98	98	98	98	98	97	97	97	97	97	97	97	97	97
18	08	02	00	1,99	98	98	98	97	97	97	97	97	97	97	97	97	97	97	97
19	08	01	00	99	98	98	98	97	97	97	97	97	97	97	97	97	97	97	97
20	2,07	2,01	2,00	1,99	1,98	1,98	1,98	1,97	1,97	1,97	1,97	1,97	1,97	1,97	1,97	1,97	1,97	1,97	1,97
30	03	1,99	1,98	98	97	97	97	97	97	97	97	97	97	97	97	97	97	96	96
60	00	98	97	97	97	97	97	96	96	96	96	96	96	96	96	96	96	96	96
120	1,98	97	97	96	96	96	96	96	96	96	96	96	96	96	96	96	96	96	96

$2\alpha = 0{,}02$

m \ n	2	3	4	5	6	7	8	9	10	11	12	13	14	15	16	17	18	19	20
1	25,39	6,19	4,21	3,56	3,25	3,07	2,95	2,87	2,81	2,76	2,72	2,69	2,67	2,65	2,63	2,61	2,60	2,59	2,58
2	6,27	3,56	3,05	2,84	2,73	2,66	61	58	55	53	51	50	49	48	47	46	46	45	45
3	4,27	05	2,77	65	58	54	51	49	47	46	45	44	43	43	42	42	41	41	41
4	3,60	2,84	65	56	51	48	46	45	44	43	42	42	41	41	40	40	39	39	39
5	3,27	2,72	2,58	2,51	2,47	2,45	2,43	2,42	2,41	2,41	2,40	2,40	2,39	2,39	2,38	2,38	2,38	2,37	2,37
6	08	65	53	48	45	43	42	41	40	39	39	38	38	38	37	37	37	37	37
7	2,95	60	50	46	43	41	40	40	39	38	38	37	37	37	36	36	36	36	36
8	86	56	48	44	42	40	39	39	38	38	37	37	37	37	36	36	36	36	36
9	79	53	46	43	41	39	38	38	37	37	37	36	36	36	35	35	35	35	35
10	2,73	2,51	2,45	2,42	2,40	2,39	2,38	2,37	2,37	2,37	2,36	2,36	2,36	2,36	2,35	2,35	2,35	2,35	2,35
11	69	49	44	41	39	38	37	37	36	36	36	36	36	36	35	35	35	35	35
12	66	48	43	41	38	38	37	37	36	36	36	36	36	36	35	35	35	35	34
13	63	47	42	40	38	38	37	36	36	36	35	35	35	35	35	34	34	34	34
14	61	46	42	40	37	37	36	36	35	35	35	35	35	35	35	34	34	34	34
15	2,59	2,45	2,41	2,39	2,37	2,37	2,36	2,36	2,35	2,35	2,35	2,35	2,35	2,35	2,35	2,34	2,34	2,34	2,34
16	57	44	41	39	37	37	36	36	35	35	35	35	35	35	35	34	34	34	34
17	56	44	40	38	36	37	36	36	35	35	35	35	35	35	35	34	34	34	34
18	54	43	40	38	36	36	35	35	35	34	34	34	34	34	34	34	34	34	34
19	53	42	39	37	36	36	35	35	35	34	34	34	34	34	34	34	34	34	34
20	2,52	2,42	2,39	2,37	2,36	2,36	2,35	2,35	2,35	2,34	2,34	2,34	2,34	2,34	2,34	2,34	2,34	2,34	2,34
30	45	39	37	36	35	35	34	34	34	34	34	34	34	34	34	33	33	33	33
60	39	36	35	34	34	34	33	33	33	33	33	33	33	33	33	33	33	33	33
120	36	34	34	33	33	33	33	33	33	33	33	33	33	33	33	33	33	33	33

$2\alpha = 0{,}01$

m \ n	2	3	4	5	6	7	8	9	10	11	12	13	14	15	16	17	18	19	20
1	50,79	8,82	5,42	4,38	3,90	3,63	3,45	3,33	3,24	3,17	3,12	3,08	3,05	3,02	2,99	2,97	2,95	2,93	2,92
2	8,93	4,34	3,60	3,29	13	03	2,97	2,92	2,88	2,85	2,83	2,81	2,80	2,79	78	77	76	75	74
3	5,49	3,60	20	02	2,93	2,87	83	80	78	76	74	73	72	71	71	70	70	69	69
4	4,43	30	02	2,90	83	79	76	74	72	71	70	69	69	68	67	66	66	66	66
5	3,93	3,14	2,92	2,83	2,78	2,75	2,72	2,71	2,69	2,68	2,68	2,67	2,66	2,66	2,65	2,65	2,65	2,64	2,64
6	64	03	86	79	74	72	70	68	67	66	66	65	65	64	64	64	63	63	63
7	46	2,96	82	75	72	70	68	67	66	65	65	64	64	63	63	63	62	62	62
8	32	91	79	73	70	68	67	66	65	64	64	63	63	62	62	62	62	62	62
9	21	87	77	71	68	67	66	65	64	63	63	63	62	62	62	62	61	61	61
10	3,14	2,84	2,74	2,70	2,67	2,66	2,65	2,64	2,63	2,63	2,62	2,62	2,62	2,62	2,61	2,61	2,61	2,61	2,61
11	08	82	72	69	66	65	64	64	63	62	62	62	62	61	61	61	61	61	61
12	03	80	71	68	66	64	63	63	62	62	62	62	61	61	61	61	61	61	61
13	2,99	78	70	67	65	64	63	63	62	62	61	61	61	60	60	60	60	60	60
14	96	76	69	67	65	63	62	62	61	61	61	61	60	60	60	60	60	60	60
15	2,93	2,75	2,68	2,66	2,64	2,63	2,62	2,62	2,61	2,61	2,61	2,61	2,60	2,60	2,60	2,60	2,60	2,60	2,60
16	91	74	68	66	64	63	62	62	61	61	61	61	60	60	60	60	60	60	60
17	89	73	67	65	63	63	61	62	61	61	61	61	60	60	60	60	60	60	60
18	87	72	67	65	63	62	61	61	60	60	60	60	60	60	60	59	59	59	59
19	85	71	66	64	62	62	61	61	60	60	60	60	60	60	60	59	59	59	59
20	2,84	2,70	2,66	2,64	2,62	2,62	2,61	2,61	2,60	2,60	2,60	2,60	2,60	2,60	2,60	2,59	2,59	2,59	2,59
30	75	66	63	62	61	60	60	60	59	59	59	59	59	59	59	59	59	59	58
60	66	62	60	60	59	59	59	59	59	58	58	58	58	58	58	58	58	58	58
120	62	60	59	59	58	58	58	58	58	58	58	58	58	58	58	58	58	58	58

* Siehe die Erläuterungen auf nebenstehender Seite.

[1] Nach LORD, E., *Biometrika*, **34**, 41 (1947), ergänzt mit interpolierten Werten durch den Herausgeber der *Wissenschaftlichen Tabellen*. Nachdruck mit freundlicher Erlaubnis des Autors und des Verlages.

Obere Signifikanzschranken für die Extrembereiche mehrerer Mittelwerte[1]

Anleitung siehe S. 174

ν \ n	2	3	4	5	6	7	8	9	10	11	12	13	14	15	16	17	18	19	20	22	24	26	28	30	32	34	36	38	40	50	60
	$2\alpha = 0{,}05$																														
1	17,97	17,97	17,97	17,97	17,97	17,97	17,97	17,97	17,97	17,97	17,97	17,97	17,97	17,97	17,97	17,97	17,97	17,97	17,97	17,97	17,97	17,97	17,97	17,97	17,97	17,97	17,97	17,97	17,97	17,97	17,97
2	6,085	6,085	6,085	6,085	6,085	6,085	6,085	6,085	6,085	6,085	6,085	6,085	6,085	6,085	6,085	6,085	6,085	6,085	6,085	6,085	6,085	6,085	6,085	6,085	6,085	6,085	6,085	6,085	6,085	6,085	6,085
3	4,501	4,516	4,516	4,516	4,516	4,516	4,516	4,516	4,516	4,516	4,516	4,516	4,516	4,516	4,516	4,516	4,516	4,516	4,516	4,516	4,516	4,516	4,516	4,516	4,516	4,516	4,516	4,516	4,516	4,516	4,516
4	3,927	4,013	4,033	4,033	4,033	4,033	4,033	4,033	4,033	4,033	4,033	4,033	4,033	4,033	4,033	4,033	4,033	4,033	4,033	4,033	4,033	4,033	4,033	4,033	4,033	4,033	4,033	4,033	4,033	4,033	4,033
5	3,635	3,749	3,797	3,814	3,814	3,814	3,814	3,814	3,814	3,814	3,814	3,814	3,814	3,814	3,814	3,814	3,814	3,814	3,814	3,814	3,814	3,814	3,814	3,814	3,814	3,814	3,814	3,814	3,814	3,814	3,814
6	3,461	3,587	3,649	3,680	3,694	3,697	3,697	3,697	3,697	3,697	3,697	3,697	3,697	3,697	3,697	3,697	3,697	3,697	3,697	3,697	3,697	3,697	3,697	3,697	3,697	3,697	3,697	3,697	3,697	3,697	3,697
7	3,344	3,477	3,548	3,588	3,611	3,622	3,626	3,626	3,626	3,626	3,626	3,626	3,626	3,626	3,626	3,626	3,626	3,626	3,626	3,626	3,626	3,626	3,626	3,626	3,626	3,626	3,626	3,626	3,626	3,626	3,626
8	3,261	3,399	3,475	3,521	3,549	3,566	3,575	3,579	3,579	3,579	3,579	3,579	3,579	3,579	3,579	3,579	3,579	3,579	3,579	3,579	3,579	3,579	3,579	3,579	3,579	3,579	3,579	3,579	3,579	3,579	3,579
9	3,199	3,339	3,420	3,470	3,502	3,523	3,536	3,544	3,547	3,547	3,547	3,547	3,547	3,547	3,547	3,547	3,547	3,547	3,547	3,547	3,547	3,547	3,547	3,547	3,547	3,547	3,547	3,547	3,547	3,547	3,547
10	3,151	3,293	3,376	3,430	3,465	3,489	3,505	3,516	3,522	3,525	3,526	3,526	3,526	3,526	3,526	3,526	3,526	3,526	3,526	3,526	3,526	3,526	3,526	3,526	3,526	3,526	3,526	3,526	3,526	3,526	3,526
11	3,113	3,256	3,342	3,397	3,435	3,462	3,480	3,493	3,501	3,506	3,509	3,510	3,510	3,510	3,510	3,510	3,510	3,510	3,510	3,510	3,510	3,510	3,510	3,510	3,510	3,510	3,510	3,510	3,510	3,510	3,510
12	3,082	3,225	3,313	3,370	3,410	3,439	3,459	3,474	3,484	3,491	3,496	3,498	3,499	3,499	3,499	3,499	3,499	3,499	3,499	3,499	3,499	3,499	3,499	3,499	3,499	3,499	3,499	3,499	3,499	3,499	3,499
13	3,055	3,200	3,289	3,348	3,389	3,419	3,442	3,458	3,470	3,478	3,484	3,488	3,490	3,490	3,490	3,490	3,490	3,490	3,490	3,490	3,490	3,490	3,490	3,490	3,490	3,490	3,490	3,490	3,490	3,490	3,490
14	3,033	3,178	3,268	3,329	3,372	3,403	3,426	3,444	3,457	3,467	3,474	3,479	3,482	3,484	3,484	3,485	3,485	3,485	3,485	3,485	3,485	3,485	3,485	3,485	3,485	3,485	3,485	3,485	3,485	3,485	3,485
15	3,014	3,160	3,250	3,312	3,356	3,389	3,413	3,432	3,446	3,457	3,465	3,471	3,476	3,478	3,480	3,481	3,481	3,481	3,481	3,481	3,481	3,481	3,481	3,481	3,481	3,481	3,481	3,481	3,481	3,481	3,481
16	2,998	3,144	3,235	3,298	3,343	3,376	3,402	3,422	3,437	3,449	3,458	3,465	3,470	3,473	3,477	3,478	3,478	3,478	3,478	3,478	3,478	3,478	3,478	3,478	3,478	3,478	3,478	3,478	3,478	3,478	3,478
17	2,984	3,130	3,222	3,285	3,331	3,366	3,392	3,412	3,429	3,441	3,451	3,459	3,465	3,469	3,473	3,475	3,476	3,476	3,476	3,476	3,476	3,476	3,476	3,476	3,476	3,476	3,476	3,476	3,476	3,476	3,476
18	2,971	3,118	3,210	3,274	3,321	3,356	3,383	3,405	3,421	3,435	3,445	3,454	3,460	3,465	3,470	3,472	3,474	3,474	3,474	3,474	3,474	3,474	3,474	3,474	3,474	3,474	3,474	3,474	3,474	3,474	3,474
19	2,960	3,107	3,199	3,264	3,311	3,347	3,375	3,397	3,415	3,429	3,440	3,449	3,456	3,462	3,467	3,470	3,472	3,473	3,474	3,474	3,474	3,474	3,474	3,474	3,474	3,474	3,474	3,474	3,474	3,474	3,474
20	2,950	3,097	3,190	3,255	3,303	3,339	3,368	3,391	3,409	3,424	3,436	3,445	3,453	3,459	3,464	3,467	3,470	3,472	3,473	3,474	3,474	3,474	3,474	3,474	3,474	3,474	3,474	3,474	3,474	3,474	3,474
24	2,919	3,066	3,160	3,226	3,276	3,315	3,345	3,370	3,390	3,406	3,420	3,432	3,441	3,449	3,456	3,461	3,465	3,469	3,471	3,475	3,477	3,477	3,477	3,477	3,477	3,477	3,477	3,477	3,477	3,477	3,477
30	2,888	3,035	3,131	3,199	3,250	3,290	3,322	3,349	3,371	3,389	3,405	3,418	3,430	3,439	3,447	3,454	3,460	3,466	3,470	3,477	3,481	3,484	3,486	3,486	3,486	3,486	3,486	3,486	3,486	3,486	3,486
40	2,858	3,006	3,102	3,171	3,224	3,266	3,300	3,328	3,352	3,373	3,390	3,405	3,418	3,429	3,439	3,448	3,456	3,463	3,469	3,479	3,486	3,492	3,497	3,500	3,503	3,504	3,504	3,504	3,504	3,504	3,504
60	2,829	2,976	3,073	3,143	3,198	3,241	3,277	3,307	3,333	3,355	3,374	3,391	3,406	3,419	3,431	3,442	3,451	3,460	3,467	3,481	3,492	3,501	3,509	3,515	3,521	3,525	3,529	3,531	3,534	3,537	3,537
120	2,800	2,947	3,045	3,116	3,172	3,217	3,254	3,287	3,314	3,337	3,359	3,377	3,394	3,409	3,423	3,435	3,446	3,457	3,466	3,483	3,498	3,511	3,522	3,532	3,541	3,548	3,555	3,561	3,566	3,585	3,596
∞	2,772	2,918	3,017	3,089	3,146	3,193	3,232	3,265	3,294	3,320	3,343	3,363	3,382	3,399	3,414	3,428	3,442	3,454	3,466	3,486	3,505	3,522	3,536	3,550	3,562	3,574	3,584	3,594	3,603	3,640	3,668
	$2\alpha = 0{,}01$																														
1	90,03	90,03	90,03	90,03	90,03	90,03	90,03	90,03	90,03	90,03	90,03	90,03	90,03	90,03	90,03	90,03	90,03	90,03	90,03	90,03	90,03	90,03	90,03	90,03	90,03	90,03	90,03	90,03	90,03	90,03	90,03
2	14,04	14,04	14,04	14,04	14,04	14,04	14,04	14,04	14,04	14,04	14,04	14,04	14,04	14,04	14,04	14,04	14,04	14,04	14,04	14,04	14,04	14,04	14,04	14,04	14,04	14,04	14,04	14,04	14,04	14,04	14,04
3	8,261	8,321	8,321	8,321	8,321	8,321	8,321	8,321	8,321	8,321	8,321	8,321	8,321	8,321	8,321	8,321	8,321	8,321	8,321	8,321	8,321	8,321	8,321	8,321	8,321	8,321	8,321	8,321	8,321	8,321	8,321
4	6,512	6,677	6,740	6,756	6,756	6,756	6,756	6,756	6,756	6,756	6,756	6,756	6,756	6,756	6,756	6,756	6,756	6,756	6,756	6,756	6,756	6,756	6,756	6,756	6,756	6,756	6,756	6,756	6,756	6,756	6,756
5	5,702	5,893	5,989	6,040	6,065	6,074	6,074	6,074	6,074	6,074	6,074	6,074	6,074	6,074	6,074	6,074	6,074	6,074	6,074	6,074	6,074	6,074	6,074	6,074	6,074	6,074	6,074	6,074	6,074	6,074	6,074
6	5,243	5,439	5,549	5,614	5,655	5,680	5,694	5,701	5,703	5,703	5,703	5,703	5,703	5,703	5,703	5,703	5,703	5,703	5,703	5,703	5,703	5,703	5,703	5,703	5,703	5,703	5,703	5,703	5,703	5,703	5,703
7	4,949	5,145	5,260	5,334	5,383	5,416	5,439	5,454	5,464	5,470	5,472	5,472	5,472	5,472	5,472	5,472	5,472	5,472	5,472	5,472	5,472	5,472	5,472	5,472	5,472	5,472	5,472	5,472	5,472	5,472	5,472
8	4,746	4,939	5,057	5,135	5,189	5,227	5,256	5,276	5,291	5,302	5,309	5,314	5,316	5,317	5,317	5,317	5,317	5,317	5,317	5,317	5,317	5,317	5,317	5,317	5,317	5,317	5,317	5,317	5,317	5,317	5,317
9	4,596	4,787	4,906	4,986	5,043	5,086	5,118	5,142	5,160	5,174	5,185	5,193	5,199	5,203	5,205	5,206	5,206	5,206	5,206	5,206	5,206	5,206	5,206	5,206	5,206	5,206	5,206	5,206	5,206	5,206	5,206
10	4,482	4,671	4,790	4,871	4,931	4,975	5,010	5,037	5,058	5,074	5,088	5,098	5,106	5,112	5,117	5,120	5,122	5,124	5,124	5,124	5,124	5,124	5,124	5,124	5,124	5,124	5,124	5,124	5,124	5,124	5,124
11	4,392	4,579	4,697	4,780	4,841	4,887	4,924	4,952	4,975	4,994	5,009	5,021	5,031	5,039	5,045	5,050	5,054	5,057	5,059	5,061	5,061	5,061	5,061	5,061	5,061	5,061	5,061	5,061	5,061	5,061	5,061
12	4,320	4,504	4,622	4,706	4,767	4,815	4,852	4,883	4,907	4,927	4,944	4,958	4,969	4,978	4,986	4,993	4,998	5,002	5,006	5,010	5,011	5,011	5,011	5,011	5,011	5,011	5,011	5,011	5,011	5,011	5,011
13	4,260	4,442	4,560	4,644	4,706	4,755	4,793	4,824	4,850	4,872	4,889	4,904	4,917	4,928	4,937	4,944	4,950	4,956	4,960	4,966	4,970	4,972	4,972	4,972	4,972	4,972	4,972	4,972	4,972	4,972	4,972
14	4,210	4,391	4,508	4,591	4,654	4,704	4,743	4,775	4,802	4,824	4,843	4,859	4,872	4,884	4,894	4,902	4,910	4,916	4,921	4,929	4,935	4,938	4,940	4,940	4,940	4,940	4,940	4,940	4,940	4,940	4,940
15	4,168	4,347	4,463	4,547	4,610	4,660	4,700	4,733	4,760	4,783	4,803	4,820	4,834	4,846	4,857	4,866	4,874	4,881	4,887	4,897	4,904	4,909	4,912	4,914	4,914	4,914	4,914	4,914	4,914	4,914	4,914
16	4,131	4,309	4,425	4,509	4,572	4,622	4,663	4,696	4,724	4,748	4,768	4,786	4,800	4,813	4,825	4,835	4,844	4,851	4,858	4,869	4,877	4,883	4,887	4,890	4,892	4,892	4,892	4,892	4,892	4,892	4,892
17	4,099	4,275	4,391	4,475	4,539	4,589	4,630	4,664	4,693	4,717	4,738	4,756	4,771	4,785	4,797	4,807	4,816	4,824	4,832	4,844	4,853	4,860	4,865	4,869	4,872	4,873	4,874	4,874	4,874	4,874	4,874
18	4,071	4,246	4,362	4,445	4,509	4,560	4,601	4,635	4,664	4,689	4,711	4,729	4,745	4,759	4,772	4,783	4,792	4,801	4,808	4,821	4,832	4,839	4,846	4,850	4,854	4,856	4,857	4,858	4,858	4,858	4,858
19	4,046	4,220	4,335	4,419	4,483	4,534	4,575	4,610	4,639	4,665	4,686	4,705	4,722	4,736	4,749	4,761	4,771	4,780	4,788	4,802	4,812	4,821	4,828	4,833	4,838	4,841	4,843	4,844	4,845	4,845	4,845
20	4,024	4,197	4,312	4,395	4,459	4,510	4,552	4,587	4,617	4,642	4,664	4,684	4,701	4,716	4,729	4,741	4,751	4,761	4,769	4,784	4,795	4,805	4,813	4,818	4,823	4,827	4,830	4,832	4,833	4,833	4,833
24	3,956	4,126	4,239	4,322	4,386	4,437	4,480	4,516	4,546	4,573	4,596	4,616	4,634	4,651	4,665	4,678	4,690	4,700	4,710	4,727	4,741	4,752	4,762	4,770	4,777	4,783	4,788	4,791	4,794	4,802	4,802
30	3,889	4,056	4,168	4,250	4,314	4,366	4,409	4,445	4,477	4,504	4,528	4,550	4,569	4,586	4,601	4,615	4,628	4,640	4,650	4,669	4,685	4,699	4,711	4,721	4,730	4,738	4,744	4,750	4,755	4,772	4,777
40	3,825	3,988	4,098	4,180	4,244	4,296	4,339	4,376	4,408	4,436	4,461	4,483	4,503	4,521	4,537	4,553	4,566	4,579	4,591	4,611	4,630	4,645	4,659	4,671	4,682	4,692	4,700	4,708	4,715	4,740	4,754
60	3,762	3,922	4,031	4,111	4,174	4,226	4,270	4,307	4,340	4,368	4,394	4,417	4,438	4,456	4,474	4,490	4,504	4,518	4,530	4,553	4,573	4,591	4,607	4,620	4,633	4,645	4,655	4,665	4,673	4,707	4,730
120	3,702	3,858	3,965	4,044	4,107	4,158	4,202	4,239	4,272	4,301	4,327	4,351	4,372	4,392	4,410	4,426	4,442	4,456	4,469	4,494	4,516	4,535	4,552	4,568	4,583	4,596	4,609	4,619	4,630	4,673	4,703
∞	3,643	3,796	3,900	3,978	4,040	4,091	4,135	4,172	4,205	4,235	4,261	4,285	4,307	4,327	4,345	4,363	4,379	4,394	4,408	4,434	4,457	4,478	4,497	4,514	4,530	4,545	4,559	4,572	4,584	4,635	4,675

[1] HARTER, H. L., *Biometrics*, **16**, 671 (1960). Nachdruck mit freundlicher Erlaubnis des Verfassers und des Verlages.

Obere Signifikanzschranken des studentisierten Extrembereiches[1]

Testquotient: $\frac{x_N - x_1}{s}$

x_N größter, x_1 kleinster Wert der zu prüfenden Stichprobe des Umfanges N_1; s = Standardabweichung mit Freiheitsgrad $\nu = N_2 - 1$ einer von der Stichprobe N_1 *unabhängigen* Stichprobe N_2

$2\alpha = 0{,}05$

ν \ N_1	2	3	4	5	6	7	8	9	10	11	12	13	14	15	16	17	18	19	20
1	17,969	26,98	32,82	37,08	40,41	43,12	45,40	47,36	49,07	50,59	51,96	53,20	54,33	55,36	56,32	57,22	58,04	58,83	59,56
2	6,085	8,33	9,80	10,88	11,74	12,44	13,03	13,54	13,99	14,39	14,75	15,08	15,38	15,65	15,91	16,14	16,37	16,57	16,77
3	4,501	5,91	6,82	7,50	8,04	8,48	8,85	9,18	9,46	9,72	9,95	10,15	10,35	10,52	10,69	10,84	10,98	11,11	11,24
4	3,926	5,04	5,76	6,29	6,71	7,05	7,35	7,60	7,83	8,03	8,21	8,37	8,52	8,66	8,79	8,91	9,03	9,13	9,23
5	3,635	4,60	5,22	5,67	6,03	6,33	6,58	6,80	6,99	7,17	7,32	7,47	7,60	7,72	7,83	7,93	8,03	8,12	8,21
6	460	34	4,90	30	5,63	5,90	12	32	49	6,65	6,79	6,92	03	14	24	34	7,43	7,51	7,59
7	344	16	68	06	36	61	5,82	00	16	30	43	55	6,66	6,76	6,85	6,94	02	10	17
8	261	04	53	4,89	17	40	60	5,77	5,92	05	18	29	39	48	57	65	6,73	6,80	6,87
9	199	3,95	41	76	02	24	43	59	74	5,87	5,98	09	19	28	36	44	51	58	64
10	3,151	3,88	4,33	4,65	4,91	5,12	5,30	5,46	5,60	5,72	5,83	5,93	6,03	6,11	6,19	6,27	6,34	6,40	6,47
11	113	82	26	57	82	03	20	35	49	61	71	81	5,90	5,98	06	13	20	27	33
12	081	77	20	51	75	4,95	12	27	39	51	61	71	80	88	5,95	02	09	15	21
13	055	73	15	45	69	88	05	19	32	43	53	63	71	79	86	5,93	5,99	05	11
14	033	70	11	41	64	83	4,99	13	25	36	46	55	64	71	79	85	91	5,97	03
15	3,014	3,67	4,08	4,37	4,59	4,78	4,94	5,08	5,20	5,31	5,40	5,49	5,57	5,65	5,72	5,78	5,85	5,90	5,96
16	2,998	65	05	33	56	74	90	03	15	26	35	44	52	59	66	73	79	84	90
17	984	63	02	30	52	70	86	4,99	11	21	31	39	47	54	61	67	73	79	84
18	971	61	00	28	49	67	82	96	07	17	27	35	43	50	57	63	69	74	79
19	960	59	3,98	25	47	65	79	92	04	14	23	31	39	46	53	59	65	70	75
20	2,950	3,58	3,96	4,23	4,45	4,62	4,77	4,90	5,01	5,11	5,20	5,28	5,36	5,43	5,49	5,55	5,61	5,66	5,71
21	941	56	94	21	43	60	74	87	4,98	08	17	25	33	40	46	52	58	62	67
22	933	55	93	20	41	58	72	85	96	05	15	23	30	37	43	49	55	59	64
23	926	54	91	18	39	56	70	83	94	03	12	20	27	34	40	46	52	57	62
24	919	53	90	17	37	54	68	81	92	01	10	18	25	32	38	44	49	55	59
25	2,913	3,52	3,89	4,16	4,36	4,52	4,66	4,79	4,90	4,99	5,08	5,16	5,23	5,30	5,36	5,42	5,48	5,52	5,57
26	907	51	88	14	34	51	65	78	89	97	06	14	21	28	34	40	46	50	55
27	902	51	87	13	33	50	63	76	87	96	04	12	19	26	32	38	43	48	53
28	897	50	86	12	32	48	62	75	86	94	03	11	18	24	30	36	42	46	51
29	892	49	85	11	31	47	61	73	84	93	01	09	16	23	29	35	40	44	49
30	2,888	3,49	3,85	4,10	4,30	4,46	4,60	4,72	4,82	4,92	5,00	5,08	5,15	5,21	5,27	5,33	5,38	5,43	5,47
31	884	48	83	09	29	45	59	71	82	91	4,99	07	14	20	26	32	37	41	46
32	881	48	83	09	28	44	58	70	81	89	98	06	13	19	24	30	35	40	45
33	877	47	82	08	27	44	57	69	80	88	97	04	11	17	23	29	34	39	44
34	874	47	82	07	27	43	56	68	79	87	96	03	10	16	22	28	33	37	42
35	2,871	3,46	3,81	4,07	4,26	4,42	4,55	4,67	4,78	4,86	4,95	5,02	5,09	5,15	5,21	5,27	5,32	5,36	5,41
36	868	46	81	06	25	41	55	66	77	85	94	01	08	14	20	26	31	35	40
37	865	45	80	05	25	41	54	65	76	84	93	00	08	14	19	25	30	34	39
38	863	45	80	05	24	40	53	64	75	84	92	00	07	13	18	24	29	33	38
39	861	44	79	04	24	40	53	64	75	83	92	4,99	06	12	17	23	28	32	37
40	2,858	3,44	3,79	4,04	4,23	4,39	4,52	4,63	4,73	4,82	4,90	4,98	5,04	5,11	5,16	5,22	5,27	5,31	5,36
50	841	41	76	00	19	34	47	58	69	76	85	92	4,99	05	10	15	20	24	29
60	829	40	74	3,98	16	31	44	55	65	73	81	88	94	00	06	11	15	20	24
120	800	36	68	92	10	24	36	47	56	64	71	78	84	4,90	4,95	00	04	09	13
∞	772	31	63	86	03	17	29	39	47	55	62	68	74	80	85	4,89	4,93	4,97	01

$2\alpha = 0{,}01$

ν \ N_1	2	3	4	5	6	7	8	9	10	11	12	13	14	15	16	17	18	19	20
1	90,025	135,0	164,3	185,6	202,2	215,8	227,2	237,0	245,6	253,2	260,0	266,2	271,8	277,0	281,8	286,3	290,4	294,3	298,0
2	14,036	19,02	22,29	24,72	26,63	28,20	29,53	30,68	31,69	32,59	33,40	34,13	34,81	35,43	36,00	36,53	37,03	37,50	37,95
3	8,260	10,62	12,17	13,33	14,24	15,00	15,64	16,20	16,69	17,13	17,53	17,89	18,22	18,52	18,81	19,07	19,32	19,55	19,77
4	6,511	8,12	9,17	9,96	10,58	11,10	11,55	11,93	12,27	12,57	12,84	13,09	13,32	13,53	13,73	13,91	14,08	14,24	14,40
5	5,702	6,98	7,80	8,42	8,91	9,32	9,67	9,97	10,24	10,48	10,70	10,89	11,08	11,24	11,40	11,55	11,68	11,81	11,93
6	243	33	03	7,56	7,97	8,32	8,61	8,87	9,10	9,30	9,48	9,65	9,81	9,95	10,08	10,21	10,32	10,43	10,54
7	4,949	5,92	6,54	01	37	7,68	7,94	17	8,37	8,55	8,71	8,86	00	12	9,24	9,35	9,46	9,55	9,65
8	745	64	20	6,62	6,96	24	47	7,68	7,86	03	18	31	8,44	8,55	8,66	8,76	8,85	8,94	03
9	596	43	5,96	35	66	6,91	13	33	49	7,65	7,78	7,91	03	13	23	33	41	49	8,57
10	4,482	5,27	5,77	6,14	6,43	6,67	6,87	7,05	7,21	7,36	7,49	7,60	7,71	7,81	7,91	7,99	8,08	8,15	8,23
11	392	15	62	5,97	25	48	67	6,84	6,99	13	25	36	46	56	65	73	7,81	7,88	7,95
12	320	05	50	84	10	32	51	67	81	6,94	06	17	26	36	44	52	59	66	73
13	260	4,96	40	73	5,98	19	37	53	67	79	6,90	01	10	19	27	35	42	48	55
14	210	89	32	63	88	08	26	41	54	66	77	6,87	6,96	05	13	20	27	33	39
15	4,167	4,84	5,25	5,56	5,80	5,99	6,16	6,31	6,44	6,55	6,66	6,76	6,84	6,93	7,00	7,07	7,14	7,20	7,26
16	131	79	19	49	72	92	08	22	35	46	56	66	74	82	6,90	6,97	03	09	15
17	099	74	14	43	66	85	01	15	27	38	48	57	66	73	81	87	6,94	00	05
18	071	70	09	38	60	79	5,94	08	20	31	41	50	58	65	73	79	85	6,91	6,97
19	045	67	05	33	55	73	89	02	14	25	34	43	51	58	65	72	78	84	89
20	4,024	4,64	5,02	5,29	5,51	5,69	5,84	5,97	6,09	6,19	6,28	6,37	6,45	6,52	6,59	6,65	6,71	6,77	6,82
21	004	61	4,99	26	47	65	80	92	04	14	24	32	39	47	53	59	65	70	76
22	3,986	58	96	22	43	61	76	88	00	10	19	27	35	42	48	54	60	65	70
23	970	56	93	20	40	57	72	84	5,96	06	15	23	30	37	43	49	55	60	65
24	955	55	91	17	37	54	69	81	92	02	11	19	26	33	39	45	51	56	61
25	3,942	4,52	4,89	5,15	5,34	5,51	5,66	5,78	5,89	5,99	6,07	6,15	6,22	6,29	6,35	6,41	6,47	6,52	6,57
26	930	50	87	12	32	49	63	75	86	95	04	12	19	26	32	38	43	48	53
27	918	49	85	10	30	46	61	72	83	93	01	09	16	22	28	34	40	45	50
28	908	47	83	08	28	44	58	70	80	90	5,98	06	13	19	25	31	37	42	47
29	898	46	82	07	26	42	56	67	78	87	95	03	10	17	23	29	34	39	44
30	3,889	4,45	4,80	5,05	5,24	5,40	5,54	5,65	5,76	5,85	5,93	6,01	6,08	6,14	6,20	6,26	6,31	6,36	6,41
31	881	44	79	03	22	38	52	63	74	83	91	5,99	06	12	18	23	29	34	38
32	873	43	78	02	21	37	50	61	72	81	89	97	03	09	16	21	26	31	36
33	865	42	76	01	19	35	48	59	70	79	87	95	01	07	13	19	24	29	34
34	859	41	75	4,99	18	34	47	58	68	77	86	93	5,99	05	10	17	22	27	31
35	3,852	4,41	4,74	4,98	5,16	5,33	5,45	5,56	5,67	5,76	5,84	5,91	5,98	6,04	6,10	6,15	6,20	6,25	6,29
36	846	40	73	97	15	31	44	55	65	74	82	90	96	02	08	13	18	23	28
37	841	39	72	96	14	30	43	54	64	73	81	88	94	00	06	12	17	22	26
38	835	38	72	95	13	29	41	52	62	72	80	87	93	5,99	05	10	15	20	24
39	830	38	71	94	12	28	40	51	61	70	78	85	91	97	03	08	13	18	23
40	3,825	4,37	4,70	4,93	5,11	5,26	5,39	5,50	5,60	5,69	5,76	5,83	5,90	5,96	6,02	6,07	6,12	6,16	6,21
50	787	32	64	86	04	19	30	41	51	59	67	74	80	86	5,91	5,96	01	06	09
60	762	28	59	82	4,99	13	25	36	45	53	60	67	73	78	84	89	5,93	5,97	01
120	702	20	50	71	87	01	12	21	30	37	44	50	56	61	66	71	75	79	5,83
∞	643	12	40	60	76	4,88	4,99	08	16	23	29	35	40	45	49	54	57	61	65

[1] Werte nach MAY, J. M., *Biometrika*, **39**, 192 (1952), mit Korrekturen nach Tafel 29 in PEARSON und HARTLEY (Hrsg.), *Biometrika Tables for Statisticians*, Band 1, Cambridge University Press, Cambridge, 1954, S. 176, und nach PACHARES, J., *Biometrika*, **46**, 461 (1959); ergänzt mit direkt gerechneten (Kolonne 2) und interpolierten Werten durch den Herausgeber der *Wissenschaftlichen Tabellen*. Nachdruck mit freundlicher Erlaubnis der Autoren und des Verlages.

Obere Signifikanzgrenzen* der standardisierten Extremabweichung

Testquotient: $\frac{x_N - \mu}{\sigma}$ oder $\frac{\mu - x_1}{\sigma}$; x_N größter, x_1 kleinster Wert der Stichprobe

N \ α	0,10	0,05	0,025	0,01	0,005	0,001	0,0005
1	1,282	1,645	1,960	2,326	2,576	3,090	3,291
2	632	955	2,239	575	807	290	481
3	818	2,121	391	712	935	403	588
4	943	234	494	806	3,023	481	662
5	2,036	2,319	2,572	2,877	3,090	3,540	3,719
6	111	386	635	934	143	588	765
7	172	442	687	981	188	628	803
8	224	490	731	3,022	227	662	836
9	269	531	769	057	260	692	865
10	2,309	2,568	2,803	3,089	3,290	3,719	3,891
11	344	601	834	117	317	743	914
12	376	630	862	143	341	765	935
13	406	657	887	166	363	785	954
14	432	682	910	187	383	803	971
15	2,457	2,705	2,932	3,207	3,402	3,820	3,988
16	480	726	952	226	420	836	4,003
17	502	746	970	243	436	851	017
18	522	765	988	259	452	865	031
19	541	783	3,004	275	466	878	044
20	2,559	2,799	3,020	3,289	3,480	3,890	4,056
21	576	815	034	303	493	902	067
22	592	830	048	316	506	914	078
23	607	844	062	328	517	924	088
24	621	858	075	340	529	934	098
25	2,635	2,870	3,087	3,351	3,539	3,944	4,107
26	648	883	098	362	550	954	116
27	661	895	109	373	560	963	125
28	673	906	120	383	569	971	134
29	685	917	130	392	578	980	142
30	2,696	2,928	3,140	3,402	3,587	3,988	4,149
31	707	938	150	411	596	996	157
32	718	948	159	419	604	4,003	164
33	728	957	168	428	612	010	171
34	738	966	177	436	620	017	178
35	2,747	2,975	3,185	3,444	3,627	4,024	4,185
36	756	984	193	451	635	031	191
37	765	992	201	459	642	037	197
38	774	3,000	209	466	648	044	203
39	782	008	216	473	655	050	209

N \ α	0,10	0,05	0,025	0,01	0,005	0,001	0,0005
40	2,791	3,016	3,224	3,479	3,662	4,056	4,215
41	799	023	231	486	668	061	220
42	806	031	238	493	674	067	226
43	814	038	244	499	680	072	231
44	821	045	251	505	686	078	236
45	2,828	3,051	3,257	3,511	3,692	4,083	4,241
46	835	058	263	517	697	088	246
47	842	064	270	522	703	093	251
48	849	071	276	528	708	098	256
49	856	077	281	533	713	103	260
50	2,862	3,083	3,287	3,539	3,718	4,107	4,265
51	868	089	293	544	723	112	269
52	875	094	298	549	728	116	274
53	880	100	303	554	733	121	278
54	886	106	309	559	738	125	282
55	2,892	3,111	3,314	3,564	3,742	4,129	4,286
56	898	116	319	569	747	134	290
57	903	122	324	573	751	138	294
58	909	127	329	578	756	142	298
59	914	132	333	582	760	146	302
60	2,919	3,137	3,338	3,587	3,764	4,149	4,305
61	924	141	343	591	768	153	309
62	929	146	347	595	772	157	313
63	934	151	352	599	776	160	316
64	939	155	356	603	780	164	320
65	2,944	3,160	3,360	3,607	3,784	4,168	4,323
66	949	164	364	611	788	171	326
67	953	169	369	615	792	175	330
68	958	173	373	619	795	178	333
69	962	177	377	623	799	181	336
70	2,967	3,182	3,381	3,627	3,803	4,184	4,339
71	971	186	384	630	806	188	342
72	976	190	388	634	810	191	346
73	980	194	392	637	813	194	349
74	984	198	396	641	816	197	352
75	2,988	3,201	3,400	3,644	3,820	4,200	4,355
76	992	205	403	648	823	203	357
77	996	209	407	651	826	206	360
78	3,000	213	410	655	829	209	363
79	004	216	414	658	832	212	366

N \ α	0,10	0,05	0,025	0,01	0,005	0,001	0,0005
80	3,008	3,220	3,417	3,661	3,835	4,215	4,369
81	011	224	421	664	839	217	371
82	015	227	424	667	842	220	374
83	019	231	427	670	845	223	377
84	022	234	430	673	847	226	379
85	3,026	3,237	3,434	3,676	3,850	4,228	4,382
86	030	241	437	679	853	231	384
87	033	244	440	682	856	234	387
88	037	247	443	685	859	236	389
89	040	250	446	688	862	239	392
90	3,043	3,254	3,449	3,691	3,864	4,241	4,394
91	047	257	452	694	867	244	397
92	050	260	455	697	870	246	399
93	053	263	458	699	872	249	401
94	056	266	461	702	875	251	404
95	3,060	3,269	3,464	3,705	3,878	4,253	4,406
96	063	272	466	707	880	256	408
97	066	275	469	710	883	258	411
98	069	278	472	713	885	260	413
99	072	281	475	715	888	263	415
100	3,075	3,283	3,477	3,718	3,890	4,265	4,417
200	276	474	659	889	4,055	417	565
300	389	581	762	987	149	504	649
400	467	656	833	4,054	214	565	708
500	3,526	3,713	3,888	4,106	4,264	4,611	4,754
600	574	758	932	148	305	649	790
700	614	797	968	183	339	681	821
800	649	830	4,000	214	368	708	848
900	679	859	028	240	394	732	871
1000	3,706	3,884	4,053	4,264	4,417	4,754	4,892

Obere Signifikanzgrenzen der studentisierten Extremabweichung[1]

Testquotienten: $\frac{x_N - \bar{x}}{s}$ oder $\frac{\bar{x} - x_1}{s}$ $(\nu < \infty)$ und $\frac{x_N - \bar{x}}{\sigma}$ oder $\frac{\bar{x} - x_1}{\sigma}$ $(\nu = \infty)$

x_N größter, x_1 kleinster Wert, $\bar{x}$ Mittelwert der zu prüfenden Stichprobe des Umfanges N_1; s = Standardabweichung mit Freiheitsgrad $\nu = N_2 - 1$ einer von der Stichprobe N_1 *unabhängigen* Stichprobe N_2

	α = 0,1							α = 0,05							α = 0,025						
ν \ N_1	3	4	5	6	7	8	9	3	4	5	6	7	8	9	3	4	5	6	7	8	9
10	1,68	1,92	2,09	2,23	2,33	2,42	2,50	2,01	2,27	2,46	2,60	2,72	2,81	2,89	2,34	2,63	2,83	2,98	3,10	3,20	3,29
11	1,66	1,90	2,07	2,20	2,30	2,39	2,46	1,98	2,24	2,42	2,56	2,67	2,76	2,84	2,30	2,58	2,77	2,92	3,03	3,13	3,22
12	1,65	1,88	2,05	2,17	2,28	2,36	2,44	1,96	2,21	2,39	2,52	2,63	2,72	2,80	2,27	2,54	2,73	2,87	2,98	3,08	3,16
13	1,63	1,86	2,03	2,16	2,26	2,34	2,41	1,94	2,19	2,36	2,50	2,60	2,69	2,76	2,24	2,51	2,69	2,83	2,94	3,03	3,11
14	1,62	1,85	2,01	2,14	2,24	2,32	2,39	1,93	2,17	2,34	2,47	2,57	2,66	2,74	2,22	2,48	2,66	2,79	2,90	2,99	3,07
15	1,61	1,84	2,00	2,12	2,22	2,31	2,38	1,91	2,15	2,32	2,45	2,55	2,64	2,71	2,20	2,45	2,63	2,76	2,87	2,96	3,04
16	1,61	1,83	1,99	2,11	2,21	2,29	2,36	1,90	2,14	2,31	2,43	2,53	2,62	2,69	2,18	2,43	2,61	2,74	2,84	2,93	3,01
17	1,60	1,82	1,98	2,10	2,20	2,28	2,35	1,89	2,13	2,29	2,42	2,52	2,60	2,67	2,17	2,42	2,59	2,72	2,82	2,91	2,98
18	1,59	1,82	1,97	2,09	2,19	2,27	2,34	1,88	2,11	2,28	2,40	2,50	2,58	2,65	2,15	2,40	2,57	2,70	2,80	2,89	2,96
19	1,59	1,81	1,96	2,08	2,18	2,26	2,33	1,87	2,11	2,27	2,39	2,49	2,57	2,64	2,14	2,39	2,56	2,68	2,78	2,87	2,94
20	1,58	1,80	1,96	2,08	2,17	2,25	2,32	1,87	2,10	2,26	2,38	2,47	2,56	2,63	2,13	2,37	2,54	2,67	2,77	2,85	2,92
24	1,57	1,78	1,94	2,05	2,15	2,22	2,29	1,84	2,07	2,23	2,34	2,44	2,52	2,58	2,10	2,34	2,50	2,62	2,72	2,80	2,87
30	1,55	1,77	1,92	2,03	2,12	2,20	2,26	1,82	2,04	2,20	2,31	2,40	2,48	2,54	2,07	2,30	2,46	2,58	2,67	2,75	2,81
40	1,54	1,75	1,90	2,01	2,10	2,17	2,23	1,80	2,02	2,17	2,28	2,37	2,44	2,50	2,04	2,27	2,42	2,53	2,62	2,70	2,76
60	1,52	1,73	1,87	1,98	2,07	2,14	2,20	1,78	1,99	2,14	2,25	2,33	2,41	2,47	2,01	2,23	2,38	2,49	2,58	2,65	2,71
120	1,51	1,71	1,85	1,96	2,05	2,12	2,18	1,76	1,96	2,11	2,22	2,30	2,37	2,43	1,98	2,20	2,34	2,45	2,53	2,60	2,66
∞	1,50	1,70	1,83	1,94	2,02	2,09	2,15	1,74	1,94	2,08	2,18	2,27	2,33	2,39	1,95	2,16	2,30	2,41	2,49	2,56	2,61

	α = 0,01							α = 0,005							α = 0,001						
ν \ N_1	3	4	5	6	7	8	9	3	4	5	6	7	8	9	3	4	5	6	7	8	9
10	2,78	3,10	3,32	3,48	3,62	3,73	3,82	3,12	3,46	3,70	3,87	4,02	4,14	4,24	4,0	4,3	4,6	4,8	5,0	5,2	5,3
11	2,72	3,02	3,24	3,39	3,52	3,63	3,72	3,04	3,37	3,59	3,76	3,90	4,01	4,11	3,8	4,2	4,5	4,7	4,8	5,0	5,1
12	2,67	2,96	3,17	3,32	3,45	3,55	3,64	2,98	3,29	3,51	3,67	3,80	3,91	4,00	3,7	4,1	4,3	4,5	4,7	4,8	4,9
13	2,63	2,92	3,12	3,27	3,38	3,48	3,57	2,93	3,23	3,44	3,60	3,72	3,83	3,92	3,6	4,0	4,2	4,4	4,5	4,6	4,7
14	2,60	2,88	3,07	3,22	3,33	3,43	3,51	2,88	3,18	3,38	3,54	3,66	3,76	3,85	3,5	3,9	4,1	4,3	4,4	4,5	4,6
15	2,57	2,84	3,03	3,17	3,29	3,38	3,46	2,84	3,13	3,33	3,48	3,60	3,70	3,78	3,5	3,8	4,0	4,2	4,3	4,4	4,5
16	2,54	2,81	3,00	3,14	3,25	3,34	3,42	2,81	3,10	3,29	3,44	3,56	3,65	3,73	3,4	3,7	4,0	4,1	4,3	4,4	4,5
17	2,52	2,79	2,97	3,11	3,22	3,31	3,38	2,78	3,07	3,26	3,40	3,52	3,61	3,68	3,4	3,7	3,9	4,1	4,2	4,3	4,4
18	2,50	2,77	2,95	3,08	3,19	3,28	3,35	2,76	3,04	3,23	3,37	3,48	3,57	3,64	3,3	3,6	3,9	4,0	4,1	4,2	4,3
19	2,49	2,75	2,93	3,06	3,16	3,25	3,33	2,74	3,01	3,20	3,34	3,45	3,54	3,61	3,3	3,6	3,8	4,0	4,1	4,2	4,3
20	2,47	2,73	2,91	3,04	3,14	3,23	3,30	2,72	2,99	3,17	3,31	3,42	3,51	3,58	3,3	3,6	3,8	3,9	4,0	4,1	4,2
24	2,42	2,68	2,84	2,97	3,07	3,16	3,23	2,66	2,92	3,10	3,23	3,33	3,42	3,49	3,2	3,5	3,7	3,8	3,9	4,0	4,1
30	2,38	2,62	2,79	2,91	3,01	3,08	3,15	2,60	2,86	3,03	3,15	3,25	3,33	3,40	3,1	3,4	3,6	3,7	3,8	3,9	4,0
40	2,34	2,57	2,73	2,85	2,94	3,02	3,08	2,55	2,79	2,96	3,08	3,17	3,25	3,31	3,0	3,3	3,5	3,6	3,7	3,7	3,8
60	2,29	2,52	2,68	2,79	2,88	2,95	3,01	2,50	2,73	2,89	3,01	3,10	3,17	3,23	2,9	3,2	3,4	3,5	3,6	3,6	3,7
120	2,25	2,48	2,62	2,73	2,82	2,89	2,95	2,45	2,67	2,83	2,94	3,02	3,09	3,15	2,9	3,1	3,3	3,4	3,5	3,5	3,6
∞	2,22	2,43	2,57	2,68	2,76	2,83	2,88	2,40	2,62	2,76	2,87	2,95	3,02	3,07	2,8	3,0	3,2	3,3	3,4	3,4	3,5

[1] Werte nach NAIR, K. R., *Biometrika*, **39**, 189 (1952), unter Berücksichtigung der Korrekturen von DAVID, H. A., *Biometrika*, **43**, 449 (1956). Nachdruck mit freundlicher Erlaubnis der Verfasser und des Verlages.

Signifikanzschranken[1] zur Beurteilung von Extremwerten einer Stichprobe auf Grund ihrer eigenen Merkmale

$x_1 \leqq x_2 \leqq x_3 \ldots \leqq x_N$

N \ α	0,30	0,20	0,10	0,05	0,02	0,01	0,005	Testquotient
3	0,684	0,781	0,886	0,941	0,976	0,988	0,994	$\frac{x_N - x_{N-1}}{x_N - x_1}$
4	471	560	679	765	846	889	926	
5	373	451	557	642	729	780	821	
6	318	386	482	560	644	698	740	
7	281	344	434	507	586	637	680	
8	0,318	0,385	0,479	0,554	0,631	0,683	0,725	$\frac{x_N - x_{N-1}}{x_N - x_2}$
9	288	352	441	512	587	635	677	
10	265	325	409	477	551	597	639	
11	0,391	0,442	0,517	0,576	0,638	0,679	0,713	$\frac{x_N - x_{N-2}}{x_N - x_2}$
12	370	419	490	546	605	642	675	
13	351	399	467	521	578	615	649	
14	0,370	0,421	0,492	0,546	0,602	0,641	0,674	$\frac{x_N - x_{N-2}}{x_N - x_3}$
15	0,353	0,402	0,472	0,525	0,579	0,616	0,647	
16	338	386	454	507	559	595	624	
17	325	373	438	490	542	577	605	
18	314	361	424	475	527	561	589	
19	304	350	412	462	514	547	575	
20	0,295	0,340	0,401	0,450	0,502	0,535	0,562	
21	287	331	391	440	491	524	551	
22	280	323	382	430	481	514	541	
23	274	316	374	421	472	505	532	
24	268	310	367	413	464	497	524	
25	0,262	0,304	0,360	0,406	0,457	0,489	0,516	

Signifikanzschranken[2] für die Differenz zwischen $\bar{x}$ einer Stichprobe und einem hypothetischen Mittelwert μ

Testquotient: $\frac{|\bar{x} - \mu|}{x_N - x_1}$; x_N größter, x_1 kleinster Wert einer Stichprobe des Umfanges N

N \ 2α	0,10	0,05	0,02	0,01	0,002	0,001
2	3,157	6,353	15,910	31,828	159,16	318,31
3	0,885	1,304	2,111	3,008	6,77	9,58
4	0,529	0,717	1,023	1,316	2,29	2,85
5	0,388	0,507	0,685	0,843	1,32	1,58
6	0,312	0,399	0,523	0,628	0,92	1,07
7	0,263	0,333	0,429	0,507	0,71	0,82
8	0,230	0,288	0,366	0,429	0,59	0,67
9	0,205	0,255	0,322	0,374	0,50	0,57
10	0,186	0,230	0,288	0,333	0,44	0,50
11	0,170	0,210	0,262	0,302	0,40	0,44
12	0,158	0,194	0,241	0,277	0,36	0,40
13	0,147	0,181	0,224	0,256	0,33	0,37
14	0,138	0,170	0,209	0,239	0,31	0,34
15	0,131	0,160	0,197	0,224	0,29	0,32
16	0,124	0,151	0,186	0,212	0,27	0,30
17	0,118	0,144	0,177	0,201	0,26	0,28
18	0,113	0,137	0,168	0,191	0,24	0,26
19	0,108	0,131	0,161	0,182	0,23	0,25
20	0,104	0,126	0,154	0,175	0,22	0,24

Signifikanzschranken[2] für die Differenz zweier Stichprobenmittelwerte aus Stichproben gleichen Umfanges

Testquotient: $\frac{|\bar{x}' - \bar{x}''|}{x_N' - x_1' + x_N'' - x_1''}$; x_N größte, x_1 kleinste Werte der beiden Stichproben des Umfanges $N' = N'' = N$

N \ 2α	0,10	0,05	0,02	0,01	0,002	0,001
2	1,161	1,714	2,777	3,958	8,91	12,62
3	0,487	0,636	0,857	1,047	1,64	2,09
4	0,322	0,407	0,524	0,619	0,87	1,00
5	0,247	0,307	0,386	0,448	0,61	0,68
6	0,203	0,250	0,311	0,357	0,47	0,52
7	0,174	0,213	0,263	0,300	0,39	0,43
8	0,153	0,187	0,230	0,261	0,34	0,37
9	0,137	0,167	0,205	0,232	0,30	0,32
10	0,125	0,152	0,186	0,210	0,27	0,29
11	0,117	0,140	0,170	0,192	0,24	0,26
12	0,107	0,130	0,158	0,178	0,22	0,24
13	0,101	0,122	0,147	0,166	0,21	0,22
14	0,095	0,114	0,138	0,156	0,20	0,21
15	0,090	0,108	0,131	0,147	0,18	0,20
16	0,085	0,103	0,124	0,139	0,17	0,19
17	0,081	0,098	0,118	0,132	0,17	0,18
18	0,078	0,094	0,113	0,126	0,16	0,17
19	0,075	0,090	0,108	0,121	0,15	0,16
20	0,072	0,086	0,104	0,116	0,15	0,16

Signifikanzschranken für die Differenz zwischen $\bar{x}$ einer Stichprobe und einem hypothetischen Mittelwert μ

$\bar{x}$ muß bei diesen Testen nicht ausgerechnet werden. Man rangiere die x so, daß $x_1 \leqq x_2 \leqq x_3 \cdots \leqq x_N$. Test B ist auch für nicht normale, aber symmetrische Verteilungen geeignet

A[3] Testquotient: $\frac{|x_N + x_1 - 2\mu|}{x_N - x_1}$

N \ 2α	0,10	0,05	0,02	0,01
2	6,32	12,70	31,82	63,66
3	1,80	2,60	4,22	6,04
4	1,11	1,48	2,08	2,74
5	0,85	1,04	1,42	1,70
6	0,70	0,86	1,12	1,32
7	0,60	0,75	0,95	1,10
8	0,53	0,66	0,84	0,95
9	0,48	0,60	0,76	0,85
10	0,45	0,55	0,70	0,78

B[4]

N	$\bar{x} \neq \mu$ (2α), wenn — entweder: $\bar{x} < \mu$ (α), wenn	oder: $\bar{x} > \mu$ (α), wenn	2α
4	$1{,}055\,x_4 - 0{,}055\,x_1 < \mu$	$1{,}055\,x_1 - 0{,}055\,x_4 > \mu$	0,10
5	$0{,}63\,x_5 + 0{,}37\,x_4 < \mu$	$0{,}63\,x_1 + 0{,}37\,x_2 > \mu$	0,10
	$1{,}02\,x_5 - 0{,}02\,x_1 < \mu$	$1{,}02\,x_1 - 0{,}02\,x_5 > \mu$	0,05
6	$0{,}63\,x_6 + 0{,}37\,x_5 < \mu$	$0{,}63\,x_1 + 0{,}37\,x_2 > \mu$	0,05
	$1{,}06\,x_6 - 0{,}06\,x_1 < \mu$	$1{,}06\,x_1 - 0{,}06\,x_6 > \mu$	0,02
7	$0{,}785\,x_7 + 0{,}215\,x_6 < \mu$	$0{,}785\,x_1 + 0{,}215\,x_2 > \mu$	0,02
	$1{,}05\,x_7 - 0{,}05\,x_1 < \mu$	$1{,}05\,x_1 - 0{,}05\,x_7 > \mu$	0,01
8	der *größere* der Werte x_7 oder $(0{,}5\,x_8 + 0{,}28\,x_6 + 0{,}22\,x_7) < \mu$	der *kleinere* der Werte x_2 oder $(0{,}5\,x_1 + 0{,}28\,x_3 + 0{,}22\,x_2) > \mu$	$\cong$ 0,02
	$0{,}785\,x_8 + 0{,}215\,x_7 < \mu$	$0{,}785\,x_1 + 0{,}215\,x_2 > \mu$	0,01
9	der *größere* der Werte x_8 oder $0{,}5\,(x_5 + x_9) < \mu$	der *kleinere* der Werte x_2 oder $0{,}5\,(x_1 + x_5) > \mu$	0,02
	der *größere* der Werte x_8 oder $(0{,}5\,x_9 + 0{,}28\,x_7 + 0{,}22\,x_8) < \mu$	der *kleinere* der Werte x_2 oder $(0{,}5\,x_1 + 0{,}28\,x_3 + 0{,}22\,x_2) > \mu$	$\cong$ 0,01
10	der *größere* der Werte x_9 oder $0{,}5\,(x_6 + x_{10}) < \mu$	der *kleinere* der Werte x_2 oder $0{,}5\,(x_1 + x_5) > \mu$	0,01
11	der *größere* der Werte x_7 oder $0{,}5\,(x_4 + x_{11}) < \mu$	der *kleinere* der Werte x_5 oder $0{,}5\,(x_1 + x_8) > \mu$	$\cong$ 0,10
	der *größere* der Werte x_9 oder $0{,}5\,(x_7 + x_{11}) < \mu$	der *kleinere* der Werte x_3 oder $0{,}5\,(x_1 + x_5) > \mu$	$\cong$ 0,01
12	der *größere* der Werte x_9 oder $0{,}5\,(x_6 + x_{12}) < \mu$	der *kleinere* der Werte x_4 oder $0{,}5\,(x_1 + x_7) > \mu$	0,02
13	der *größere* der Werte x_{10} oder $0{,}5\,(x_7 + x_{13}) < \mu$	der *kleinere* der Werte x_4 oder $0{,}5\,(x_1 + x_7) > \mu$	0,01
14	der *größere* der Werte x_{10} oder $0{,}5\,(x_6 + x_{14}) < \mu$	der *kleinere* der Werte x_5 oder $0{,}5\,(x_1 + x_9) > \mu$	0,02
15	der *größere* der Werte x_{11} oder $0{,}5\,(x_7 + x_{15}) < \mu$	der *kleinere* der Werte x_5 oder $0{,}5\,(x_1 + x_9) > \mu$	0,01

[1] Werte nach DIXON, W. J., *Biometrics*, **9**, 74 (1953).
[2] Werte nach LORD, E., *Biometrika*, **34**, 41 (1947), aber umgerechnet auf den oben angegebenen vereinfachten Testquotienten.
[3] Werte nach WALSH, J. E., *Ann. math. Statist.*, **20**, 257 (1949).
[4] Nach WALSH, J. E., loc. cit., und *J. Amer. statist. Ass.*, **44**, 343 (1949).
[1-4] Nachdruck mit freundlicher Erlaubnis der Autoren und Verleger.

Die Prozente entsprechen dem 100fachen der Fläche unter der Normalverteilung zwischen den Ordinaten $c = -\infty$ und c, die Probits den Abweichungen $c + 5$

% → ↓	0,0	0,1	0,2	0,3	0,4	0,5	0,6	0,7	0,8	0,9	1	2	3	4	5
						Probits									
0	...	1,9098	2,1218	2,2522	2,3479	2,4242	2,4879	2,5427	2,5911	2,6344					
1	2,6737	2,7096	2,7429	2,7738	2,8027	2,8299	2,8556	2,8799	2,9031	2,9251					
2	2,9463	2,9665	2,9859	3,0046	3,0226	3,0400	3,0569	3,0732	3,0890	3,1043					
3	3,1192	3,1337	3,1478	3,1616	3,1750	3,1881	3,2009	3,2134	3,2256	3,2376					
4	3,2493	3,2608	3,2721	3,2831	3,2940	3,3046	3,3151	3,3253	3,3354	3,3454					
5	3,3551	3,3648	3,3742	3,3836	3,3928	3,4018	3,4107	3,4195	3,4282	3,4368	9	18	27	36	45
6	3,4452	3,4536	3,4618	3,4699	3,4780	3,4859	3,4937	3,5015	3,5091	3,5167	8	16	24	32	40
7	3,5242	3,5316	3,5389	3,5462	3,5534	3,5605	3,5675	3,5745	3,5813	3,5882	7	14	21	28	36
8	3,5949	3,6016	3,6083	3,6148	3,6213	3,6278	3,6342	3,6405	3,6468	3,6531	6	13	19	26	32
9	3,6592	3,6654	3,6715	3,6775	3,6835	3,6894	3,6953	3,7012	3,7070	3,7127	6	12	18	24	30
10	3,7184	3,7241	3,7298	3,7354	3,7409	3,7464	3,7519	3,7574	3,7628	3,7681	6	11	17	22	28
11	3,7735	3,7788	3,7840	3,7893	3,7945	3,7996	3,8048	3,8099	3,8150	3,8200	5	10	16	21	26
12	3,8250	3,8300	3,8350	3,8399	3,8448	3,8497	3,8545	3,8593	3,8641	3,8689	5	10	15	20	24
13	3,8736	3,8783	3,8830	3,8877	3,8923	3,8969	3,9015	3,9061	3,9107	3,9152	5	9	14	18	23
14	3,9197	3,9242	3,9286	3,9331	3,9375	3,9419	3,9463	3,9506	3,9550	3,9593	4	9	13	18	22
15	3,9636	3,9678	3,9721	3,9763	3,9806	3,9848	3,9890	3,9931	3,9973	4,0014	4	8	13	17	21
16	4,0055	4,0096	4,0137	4,0178	4,0218	4,0259	4,0299	4,0339	4,0379	4,0419	4	8	12	16	20
17	4,0458	4,0498	4,0537	4,0576	4,0615	4,0654	4,0693	4,0731	4,0770	4,0808	4	8	12	16	19
18	4,0846	4,0884	4,0922	4,0960	4,0998	4,1035	4,1073	4,1110	4,1147	4,1184	4	8	11	15	19
19	4,1221	4,1258	4,1295	4,1331	4,1367	4,1404	4,1440	4,1476	4,1512	4,1548	4	7	11	15	18
20	4,1584	4,1619	4,1655	4,1690	4,1726	4,1761	4,1796	4,1831	4,1866	4,1901	4	7	11	14	18
21	4,1936	4,1970	4,2005	4,2039	4,2074	4,2108	4,2142	4,2176	4,2210	4,2244	3	7	10	14	17
22	4,2278	4,2312	4,2345	4,2379	4,2412	4,2446	4,2479	4,2512	4,2546	4,2579	3	7	10	13	17
23	4,2612	4,2644	4,2677	4,2710	4,2743	4,2775	4,2808	4,2840	4,2872	4,2905	3	7	10	13	16
24	4,2937	4,2969	4,3001	4,3033	4,3065	4,3097	4,3129	4,3160	4,3192	4,3224	3	6	10	13	16
25	4,3255	4,3287	4,3318	4,3349	4,3380	4,3412	4,3443	4,3474	4,3505	4,3536	3	6	9	12	16
26	4,3567	4,3597	4,3628	4,3659	4,3689	4,3720	4,3750	4,3781	4,3811	4,3842	3	6	9	12	15
27	4,3872	4,3902	4,3932	4,3962	4,3992	4,4022	4,4052	4,4082	4,4112	4,4142	3	6	9	12	15
28	4,4172	4,4201	4,4231	4,4260	4,4290	4,4319	4,4349	4,4378	4,4408	4,4437	3	6	9	12	15
29	4,4466	4,4495	4,4524	4,4554	4,4583	4,4612	4,4641	4,4670	4,4698	4,4727	3	6	9	12	14
30	4,4756	4,4785	4,4813	4,4842	4,4871	4,4899	4,4928	4,4956	4,4985	4,5013	3	6	9	11	14
31	4,5041	4,5070	4,5098	4,5126	4,5155	4,5183	4,5211	4,5239	4,5267	4,5295	3	6	8	11	14
32	4,5323	4,5351	4,5379	4,5407	4,5435	4,5462	4,5490	4,5518	4,5546	4,5573	3	6	8	11	14
33	4,5601	4,5628	4,5656	4,5684	4,5711	4,5739	4,5766	4,5793	4,5821	4,5848	3	5	8	11	14
34	4,5875	4,5903	4,5930	4,5957	4,5984	4,6011	4,6039	4,6066	4,6093	4,6120	3	5	8	11	14
35	4,6147	4,6174	4,6201	4,6228	4,6255	4,6281	4,6308	4,6335	4,6362	4,6389	3	5	8	11	13
36	4,6415	4,6442	4,6469	4,6495	4,6522	4,6549	4,6575	4,6602	4,6628	4,6655	3	5	8	11	13
37	4,6681	4,6708	4,6734	4,6761	4,6787	4,6814	4,6840	4,6866	4,6893	4,6919	3	5	8	11	13
38	4,6945	4,6971	4,6998	4,7024	4,7050	4,7076	4,7102	4,7129	4,7155	4,7181	3	5	8	10	13
39	4,7207	4,7233	4,7259	4,7285	4,7311	4,7337	4,7363	4,7389	4,7415	4,7441	3	5	8	10	13
40	4,7467	4,7492	4,7518	4,7544	4,7570	4,7596	4,7622	4,7647	4,7673	4,7699	3	5	8	10	13
41	4,7725	4,7750	4,7776	4,7802	4,7827	4,7853	4,7879	4,7904	4,7930	4,7955	3	5	8	10	13
42	4,7981	4,8007	4,8032	4,8058	4,8083	4,8109	4,8134	4,8160	4,8185	4,8211	3	5	8	10	13
43	4,8236	4,8262	4,8287	4,8313	4,8338	4,8363	4,8389	4,8414	4,8440	4,8465	3	5	8	10	13
44	4,8490	4,8516	4,8541	4,8566	4,8592	4,8617	4,8642	4,8668	4,8693	4,8718	3	5	8	10	13
45	4,8743	4,8769	4,8794	4,8819	4,8844	4,8870	4,8895	4,8920	4,8945	4,8970	3	5	8	10	13
46	4,8996	4,9021	4,9046	4,9071	4,9096	4,9122	4,9147	4,9172	4,9197	4,9222	3	5	8	10	13
47	4,9247	4,9272	4,9298	4,9323	4,9348	4,9373	4,9398	4,9423	4,9448	4,9473	3	5	8	10	13
48	4,9498	4,9524	4,9549	4,9574	4,9599	4,9624	4,9649	4,9674	4,9699	4,9724	3	5	8	10	13
49	4,9749	4,9774	4,9799	4,9825	4,9850	4,9875	4,9900	4,9925	4,9950	4,9975	3	5	8	10	13
50	5,0000	5,0025	5,0050	5,0075	5,0100	5,0125	5,0150	5,0175	5,0201	5,0226	3	5	8	10	13
51	5,0251	5,0276	5,0301	5,0326	5,0351	5,0376	5,0401	5,0426	5,0451	5,0476	3	5	8	10	13
52	5,0502	5,0527	5,0552	5,0577	5,0602	5,0627	5,0652	5,0677	5,0702	5,0728	3	5	8	10	13
53	5,0753	5,0778	5,0803	5,0828	5,0853	5,0878	5,0904	5,0929	5,0954	5,0979	3	5	8	10	13
54	5,1004	5,1030	5,1055	5,1080	5,1105	5,1130	5,1156	5,1181	5,1206	5,1231	3	5	8	10	13
55	5,1257	5,1282	5,1307	5,1332	5,1358	5,1383	5,1408	5,1434	5,1459	5,1484	3	5	8	10	13
56	5,1510	5,1535	5,1560	5,1586	5,1611	5,1637	5,1662	5,1687	5,1713	5,1738	3	5	8	10	13
57	5,1764	5,1789	5,1815	5,1840	5,1866	5,1891	5,1917	5,1942	5,1968	5,1993	3	5	8	10	13
58	5,2019	5,2045	5,2070	5,2096	5,2121	5,2147	5,2173	5,2198	5,2224	5,2250	3	5	8	10	13
59	5,2275	5,2301	5,2327	5,2353	5,2378	5,2404	5,2430	5,2456	5,2482	5,2508	3	5	8	10	13
60	5,2533	5,2559	5,2585	5,2611	5,2637	5,2663	5,2689	5,2715	5,2741	5,2767	3	5	8	10	13
61	5,2793	5,2819	5,2845	5,2871	5,2898	5,2924	5,2950	5,2976	5,3002	5,3029	3	5	8	10	13
62	5,3055	5,3081	5,3107	5,3134	5,3160	5,3186	5,3213	5,3239	5,3266	5,3292	3	5	8	11	13
63	5,3319	5,3345	5,3372	5,3398	5,3425	5,3451	5,3478	5,3505	5,3531	5,3558	3	5	8	11	13
64	5,3585	5,3611	5,3638	5,3665	5,3692	5,3719	5,3745	5,3772	5,3799	5,3826	3	5	8	11	13
65	5,3853	5,3880	5,3907	5,3934	5,3961	5,3989	5,4016	5,4043	5,4070	5,4097	3	5	8	11	14
66	5,4125	5,4152	5,4179	5,4207	5,4234	5,4261	5,4289	5,4316	5,4344	5,4372	3	5	8	11	14
67	5,4399	5,4427	5,4454	5,4482	5,4510	5,4538	5,4565	5,4593	5,4621	5,4649	3	6	8	11	14
68	5,4677	5,4705	5,4733	5,4761	5,4789	5,4817	5,4845	5,4874	5,4902	5,4930	3	6	8	11	14
69	5,4959	5,4987	5,5015	5,5044	5,5072	5,5101	5,5129	5,5158	5,5187	5,5215	3	6	9	11	14
70	5,5244	5,5273	5,5302	5,5330	5,5359	5,5388	5,5417	5,5446	5,5476	5,5505	3	6	9	12	14
71	5,5534	5,5563	5,5592	5,5622	5,5651	5,5681	5,5710	5,5740	5,5769	5,5799	3	6	9	12	15
72	5,5828	5,5858	5,5888	5,5918	5,5948	5,5978	5,6008	5,6038	5,6068	5,6098	3	6	9	12	15
73	5,6128	5,6158	5,6189	5,6219	5,6250	5,6280	5,6311	5,6341	5,6372	5,6403	3	6	9	12	15
74	5,6433	5,6464	5,6495	5,6526	5,6557	5,6588	5,6620	5,6651	5,6682	5,6713	3	6	9	12	16
75	5,6745	5,6776	5,6808	5,6840	5,6871	5,6903	5,6935	5,6967	5,6999	5,7031	3	6	10	13	16
76	5,7063	5,7095	5,7128	5,7160	5,7192	5,7225	5,7257	5,7290	5,7323	5,7356	3	7	10	13	16
77	5,7388	5,7421	5,7454	5,7488	5,7521	5,7554	5,7588	5,7621	5,7655	5,7688	3	7	10	13	17
78	5,7722	5,7756	5,7790	5,7824	5,7858	5,7892	5,7926	5,7961	5,7995	5,8030	3	7	10	14	17
79	5,8064	5,8099	5,8134	5,8169	5,8204	5,8239	5,8274	5,8310	5,8345	5,8381	4	7	11	14	18
80	5,8416	5,8452	5,8488	5,8524	5,8560	5,8596	5,8633	5,8669	5,8705	5,8742	4	7	11	14	18
81	5,8779	5,8816	5,8853	5,8890	5,8927	5,8965	5,9002	5,9040	5,9078	5,9116	4	7	11	15	19
82	5,9154	5,9192	5,9230	5,9269	5,9307	5,9346	5,9385	5,9424	5,9463	5,9502	4	8	12	15	19
83	5,9542	5,9581	5,9621	5,9661	5,9701	5,9741	5,9782	5,9822	5,9863	5,9904	4	8	12	16	20
84	5,9945	5,9986	6,0027	6,0069	6,0110	6,0152	6,0194	6,0237	6,0279	6,0322	4	8	13	17	21
85	6,0364	6,0407	6,0450	6,0494	6,0537	6,0581	6,0625	6,0669	6,0714	6,0758	4	9	13	18	22
86	6,0803	6,0848	6,0893	6,0939	6,0985	6,1031	6,1077	6,1123	6,1170	6,1217	5	9	14	18	23
87	6,1264	6,1311	6,1359	6,1407	6,1455	6,1503	6,1552	6,1601	6,1650	6,1700	5	10	15	19	24
88	6,1750	6,1800	6,1850	6,1901	6,1952	6,2004	6,2055	6,2107	6,2160	6,2212	5	10	15	21	26
89	6,2265	6,2319	6,2372	6,2426	6,2481	6,2536	6,2591	6,2646	6,2702	6,2759	5	11	16	22	27
90	6,2816	6,2873	6,2930	6,2988	6,3047	6,3106	6,3165	6,3225	6,3285	6,3346	6	12	18	24	29
91	6,3408	6,3469	6,3532	6,3595	6,3658	6,3722	6,3787	6,3852	6,3917	6,3984	6	13	19	26	32
92	6,4051	6,4118	6,4187	6,4255	6,4325	6,4395	6,4466	6,4538	6,4611	6,4684	7	14	21	28	35
93	6,4758	6,4833	6,4909	6,4985	6,5063	6,5141	6,5220	6,5301	6,5382	6,5464	8	16	24	31	39
94	6,5548	6,5632	6,5718	6,5805	6,5893	6,5982	6,6072	6,6164	6,6258	6,6352	9	18	27	36	45

[1] Werte nach FISHER und YATES, *Statistical Tables for Biological, Agricultural and Medical Research*, 6. Aufl., Oliver and Boyd, Edinburg, 1963, S. 68. – Nachdruck dieser Seite mit freundlicher Erlaubnis der Autoren und des Verlages.

% → ↓	0,0	0,1	0,2	0,3	0,4	0,5	0,6	0,7	0,8	0,9	1	2	3	4	5
						Probits									
95	6,6449	6,6546	6,6646	6,6747	6,6849	6,6954	6,7060	6,7169	6,7279	6,7392					
	97	100	101	102	105	106	109	110	113	115					
96	6,7507	6,7624	6,7744	6,7866	6,7991	6,8119	6,8250	6,8384	6,8522	6,8663					
	117	120	122	125	128	131	134	138	141	145					
97	6,8808	6,8957	6,9110	6,9268	6,9431	6,9600	6,9774	6,9954	7,0141	7,0335					
	149	153	158	163	169	174	180	187	194	202					
	0,00	0,01	0,02	0,03	0,04	0,05	0,06	0,07	0,08	0,09					
98,0	7,0537	7,0558	7,0579	7,0600	7,0621	7,0642	7,0663	7,0684	7,0706	7,0727	2	4	6	8	11
98,1	7,0749	7,0770	7,0792	7,0814	7,0836	7,0858	7,0880	7,0902	7,0924	7,0947	2	4	7	9	11
98,2	7,0969	7,0992	7,1015	7,1038	7,1061	7,1084	7,1107	7,1130	7,1154	7,1177	2	5	7	9	12
98,3	7,1201	7,1224	7,1248	7,1272	7,1297	7,1321	7,1345	7,1370	7,1394	7,1419	2	5	7	10	12
98,4	7,1444	7,1469	7,1494	7,1520	7,1545	7,1571	7,1596	7,1622	7,1648	7,1675	3	5	8	10	13
98,5	7,1701	7,1727	7,1754	7,1781	7,1808	7,1835	7,1862	7,1890	7,1917	7,1945	3	5	8	11	14
98,6	7,1973	7,2001	7,2029	7,2058	7,2086	7,2115	7,2144	7,2173	7,2203	7,2232	3	6	9	12	14
98,7	7,2262	7,2292	7,2322	7,2353	7,2383	7,2414	7,2445	7,2476	7,2508	7,2539	3	6	9	12	15
98,8	7,2571	7,2603	7,2636	7,2668	7,2701	7,2734	7,2768	7,2801	7,2835	7,2869	3	7	10	13	17
98,9	7,2904	7,2938	7,2973	7,3009	7,3044	7,3080	7,3116	7,3152	7,3189	7,3226	4	7	11	14	18
99,0	7,3263	7,3301	7,3339	7,3378	7,3416	7,3455	7,3495	7,3535	7,3575	7,3615	4	8	12	16	20
99,1	7,3656	7,3698	7,3739	7,3781	7,3824	7,3867	7,3911	7,3954	7,3999	7,4044	4	9	13	17	22
99,2	7,4089	7,4135	7,4181	7,4228	7,4276	7,4324	7,4372	7,4422	7,4471	7,4522	5	10	14	19	24
99,3	7,4573	7,4624	7,4677	7,4730	7,4783	7,4838	7,4893	7,4949	7,5006	7,5063	5	11	16	22	27
99,4	7,5121	7,5181	7,5241	7,5302	7,5364	7,5427	7,5491	7,5556	7,5622	7,5690	6	13	19	25	32
99,5	7,5758	7,5828	7,5899	7,5972	7,6045	7,6121	7,6197	7,6276	7,6356	7,6437					
99,6	7,6521	7,6606	7,6693	7,6783	7,6874	7,6968	7,7065	7,7164	7,7266	7,7370					
99,7	7,7478	7,7589	7,7703	7,7822	7,7944	7,8070	7,8202	7,8338	7,8480	7,8627					
99,8	7,8782	7,8943	7,9112	7,9290	7,9478	7,9677	7,9889	8,0115	8,0357	8,0618					
99,9	8,0902	8,1214	8,1559	8,1947	8,2389	8,2905	8,3528	8,4316	8,5401	8,7190					

Bewertungskoeffizienten und Probitwerte für die endgültige Ausrechnung

Provisorischer Probit Y	Minimaler Arbeitsprobit $Y-P/Z$	Bereich $1/Z$	Maximaler Arbeitsprobit $Y+Q/Z$	Bewertungskoeffizient Z^2/PQ	Provisorischer Probit Y	Minimaler Arbeitsprobit $Y-P/Z$	Bereich $1/Z$	Maximaler Arbeitsprobit $Y+Q/Z$	Bewertungskoeffizient Z^2/PQ
					5,0	3,7467	2,5066	6,2533	0,63662
1,1	0,8579	5034	5035	0,00082	5,1	3,7401	2,5192	6,2593	63431
1,2	0,9522	3425	3426	00118	5,2	3,7186	2,5573	6,2759	62742
1,3	1,0462	2354	2355	00167	5,3	3,6798	2,6220	6,3018	61609
1,4	1,1400	1634	1635	00235	5,4	3,6203	2,7154	6,3357	60052
1,5	1,2335	1146	1147	0,00327	**5,5**	3,5360	2,8404	6,3764	0,58099
1,6	1,3266	811,5	812,8	00451	5,6	3,4220	3,0010	6,4230	55788
1,7	1,4194	580,5	581,9	00614	5,7	3,2724	3,2025	6,4749	53159
1,8	1,5118	419,4	420,9	00828	5,8	3,0794	3,4519	6,5313	50260
1,9	1,6038	306,1	307,7	01104	5,9	2,8335	3,7582	6,5917	47144
2,0	1,6954	225,6	227,3	0,01457	**6,0**	2,5230	4,1327	6,6557	0,43863
2,1	1,7866	168,00	169,79	01903	6,1	2,1324	4,5903	6,7227	40474
2,2	1,8772	126,34	128,22	02459	6,2	1,6429	5,1497	6,7926	37031
2,3	1,9673	95,96	97,93	03143	6,3	1,0295	5,8354	6,8649	33589
2,4	2,0568	73,62	75,68	03977	6,4	0,2606	6,6788	6,9394	30199
2,5	2,1457	57,05	59,20	0,04979	**6,5**	−0,705	7,721	7,0158	0,26907
2,6	2,2340	44,654	46,888	06169	6,6	−1,921	9,015	7,0940	23753
2,7	2,3214	35,302	37,623	07563	6,7	−3,459	10,633	7,1739	20774
2,8	2,4081	28,189	30,597	09179	6,8	−5,411	12,666	7,2551	17994
2,9	2,4938	22,736	25,230	11026	6,9	−7,902	15,240	7,3376	15436
3,0	2,5786	18,522	21,101	0,13112	**7,0**	−11,101	18,522	7,4214	0,13112
3,1	2,6624	15,240	17,902	15436	7,1	−15,230	22,736	7,5062	11026
3,2	2,7449	12,666	15,411	17994	7,2	−20,597	28,189	7,5919	09179
3,3	2,8261	10,633	13,459	20774	7,3	−27,623	35,302	7,6786	07564
3,4	2,9060	9,015	11,921	23753	7,4	−36,888	44,654	7,7661	06168
3,5	2,9842	7,721	10,705	0,26907	**7,5**	−49,20	57,05	7,8543	0,04979
3,6	3,0606	6,6788	9,7394	30199	7,6	−65,68	73,62	7,9432	03977
3,7	3,1351	5,8354	8,9705	33589	7,7	−87,93	95,96	8,0327	03143
3,8	3,2074	5,1497	8,3571	37031	7,8	−118,22	126,34	8,1228	02458
3,9	3,2773	4,5903	7,8676	40474	7,9	−159,79	168,00	8,2134	01903
4,0	3,3443	4,1327	7,4770	0,43863	**8,0**	−217,3	225,6	8,3046	0,01457
4,1	3,4083	3,7582	7,1665	47144	8,1	−297,7	306,1	8,3962	01104
4,2	3,4687	3,4519	6,9206	50260	8,2	−410,9	419,4	8,4882	00828
4,3	3,5251	3,2025	6,7276	53159	8,3	−571,9	580,5	8,5806	00614
4,4	3,5770	3,0010	6,5780	55788	8,4	−802,8	811,5	8,6734	00451
4,5	3,6236	2,8404	6,4640	0,58099	**8,5**	−1137	1146	8,7666	0,00327
4,6	3,6643	2,7154	6,3797	60052	8,6	−1625	1634	8,8600	00235
4,7	3,6982	2,6220	6,3202	61609	8,7	−2345	2354	8,9538	00167
4,8	3,7241	2,5573	6,2814	62741	8,8	−3416	3425	9,0478	00118
4,9	3,7407	2,5192	6,2599	63431	8,9	−5025	5034	9,1421	00082

[1] Werte nach Fisher und Yates, *Statistical Tables for Biological, Agricultural and Medical Research*, 6. Aufl., Oliver and Boyd, Edinburg, 1963, S. 68–71. – Nachdruck der Tabelle mit freundlicher Erlaubnis der Autoren und des Verlages.

Logits und Antilogits[1]

Die *kursiv* gesetzten Zahlen sind mit einem Minuszeichen zu versehen

p	0,000	0,001	0,002	0,003	0,004	0,005	0,006	0,007	0,008	0,009
0,00	—	*6,90675*	*6,21261*	*5,80614*	*5,51745*	*5,29330*	*5,10998*	*4,95482*	*4,82028*	*4,70149*
0,01	*4,59512*	*4,49880*	*4,41078*	*4,32972*	*4,25460*	*4,18459*	*4,11904*	*4,05740*	*3,99922*	*3,94413*
0,02	*3,89182*	*3,84201*	*3,79447*	*3,74899*	*3,70541*	*3,66356*	*3,62331*	*3,58455*	*3,54715*	*3,51103*
0,03	*3,47610*	*3,44228*	*3,40950*	*3,37769*	*3,34680*	*3,31678*	*3,28757*	*3,25914*	*3,23143*	*3,20441*
0,04	*3,17805*	*3,15232*	*3,12718*	*3,10260*	*3,07857*	*3,05505*	*3,03202*	*3,00947*	*2,98736*	*2,96569*
0,05	*2,94444*	*2,92358*	*2,90311*	*2,88301*	*2,86326*	*2,84385*	*2,82477*	*2,80601*	*2,78756*	*2,76941*
0,06	*2,75154*	*2,73394*	*2,71662*	*2,69955*	*2,68273*	*2,66616*	*2,64982*	*2,63371*	*2,61783*	*2,60215*
0,07	*2,58669*	*2,57143*	*2,55637*	*2,54149*	*2,52681*	*2,51231*	*2,49798*	*2,48382*	*2,46984*	*2,45601*
0,08	*2,44235*	*2,42884*	*2,41548*	*2,40227*	*2,38920*	*2,37627*	*2,36348*	*2,35083*	*2,33830*	*2,32591*
0,09	*2,31363*	*2,30149*	*2,28946*	*2,27754*	*2,26574*	*2,25406*	*2,24248*	*2,23101*	*2,21965*	*2,20839*
0,10	*2,19722*	*2,18616*	*2,17520*	*2,16433*	*2,15355*	*2,14286*	*2,13227*	*2,12176*	*2,11133*	*2,10100*
0,11	*2,09074*	*2,08057*	*2,07047*	*2,06046*	*2,05052*	*2,04066*	*2,03087*	*2,02115*	*2,01151*	*2,00193*
0,12	*1,99243*	*1,98299*	*1,97363*	*1,96432*	*1,95508*	*1,94591*	*1,93680*	*1,92775*	*1,91876*	*1,90983*
0,13	*1,90096*	*1,89215*	*1,88339*	*1,87469*	*1,86605*	*1,85745*	*1,84892*	*1,84043*	*1,83200*	*1,82362*
0,14	*1,81529*	*1,80701*	*1,79878*	*1,79059*	*1,78246*	*1,77437*	*1,76632*	*1,75833*	*1,75037*	*1,74247*
0,15	*1,73460*	*1,72678*	*1,71900*	*1,71126*	*1,70357*	*1,69591*	*1,68830*	*1,68072*	*1,67318*	*1,66569*
0,16	*1,65823*	*1,65081*	*1,64342*	*1,63607*	*1,62876*	*1,62149*	*1,61425*	*1,60704*	*1,59987*	*1,59273*
0,17	*1,58563*	*1,57856*	*1,57152*	*1,56451*	*1,55754*	*1,55060*	*1,54369*	*1,53681*	*1,52996*	*1,52314*
0,18	*1,51635*	*1,50959*	*1,50286*	*1,49615*	*1,48948*	*1,48283*	*1,47621*	*1,46962*	*1,46306*	*1,45652*
0,19	*1,45001*	*1,44353*	*1,43707*	*1,43063*	*1,42423*	*1,41784*	*1,41148*	*1,40515*	*1,39884*	*1,39256*
0,20	*1,38629*	*1,38006*	*1,37384*	*1,36765*	*1,36148*	*1,35533*	*1,34921*	*1,34310*	*1,33702*	*1,33096*
0,21	*1,32493*	*1,31891*	*1,31291*	*1,30694*	*1,30098*	*1,29505*	*1,28913*	*1,28324*	*1,27736*	*1,27150*
0,22	*1,26567*	*1,25985*	*1,25405*	*1,24827*	*1,24251*	*1,23676*	*1,23104*	*1,22533*	*1,21964*	*1,21397*
0,23	*1,20831*	*1,20267*	*1,19705*	*1,19145*	*1,18586*	*1,18029*	*1,17474*	*1,16920*	*1,16368*	*1,15817*
0,24	*1,15268*	*1,14720*	*1,14175*	*1,13630*	*1,13087*	*1,12546*	*1,12006*	*1,11468*	*1,10931*	*1,10395*
0,25	*1,09861*	*1,09329*	*1,08797*	*1,08268*	*1,07739*	*1,07212*	*1,06686*	*1,06162*	*1,05639*	*1,05117*
0,26	*1,04597*	*1,04078*	*1,03560*	*1,03043*	*1,02528*	*1,02014*	*1,01501*	*1,00990*	*1,00479*	*0,99970*
0,27	*0,99462*	*0,98955*	*0,98450*	*0,97945*	*0,97442*	*0,96940*	*0,96439*	*0,95939*	*0,95440*	*0,94943*
0,28	*0,94446*	*0,93951*	*0,93456*	*0,92963*	*0,92471*	*0,91979*	*0,91489*	*0,91000*	*0,90512*	*0,90025*
0,29	*0,89538*	*0,89053*	*0,88569*	*0,88086*	*0,87604*	*0,87122*	*0,86642*	*0,86162*	*0,85684*	*0,85206*
0,30	*0,84730*	*0,84254*	*0,83779*	*0,83305*	*0,82832*	*0,82360*	*0,81889*	*0,81418*	*0,80949*	*0,80480*
0,31	*0,80012*	*0,79545*	*0,79079*	*0,78613*	*0,78148*	*0,77685*	*0,77222*	*0,76759*	*0,76298*	*0,75837*
0,32	*0,75377*	*0,74918*	*0,74460*	*0,74002*	*0,73545*	*0,73089*	*0,72633*	*0,72179*	*0,71724*	*0,71271*
0,33	*0,70819*	*0,70367*	*0,69915*	*0,69465*	*0,69015*	*0,68566*	*0,68117*	*0,67669*	*0,67222*	*0,66775*
0,34	*0,66329*	*0,65884*	*0,65439*	*0,64995*	*0,64552*	*0,64109*	*0,63667*	*0,63225*	*0,62784*	*0,62344*
0,35	*0,61904*	*0,61465*	*0,61026*	*0,60588*	*0,60150*	*0,59713*	*0,59277*	*0,58841*	*0,58406*	*0,57971*
0,36	*0,57536*	*0,57103*	*0,56669*	*0,56237*	*0,55804*	*0,55373*	*0,54942*	*0,54511*	*0,54081*	*0,53651*
0,37	*0,53222*	*0,52793*	*0,52365*	*0,51937*	*0,51509*	*0,51083*	*0,50656*	*0,50230*	*0,49805*	*0,49379*
0,38	*0,48955*	*0,48531*	*0,48107*	*0,47683*	*0,47260*	*0,46838*	*0,46416*	*0,45994*	*0,45573*	*0,45152*
0,39	*0,44731*	*0,44311*	*0,43891*	*0,43472*	*0,43053*	*0,42634*	*0,42216*	*0,41798*	*0,41381*	*0,40963*
0,40	*0,40547*	*0,40130*	*0,39714*	*0,39298*	*0,38883*	*0,38467*	*0,38053*	*0,37638*	*0,37224*	*0,36810*
0,41	*0,36397*	*0,35983*	*0,35570*	*0,35158*	*0,34745*	*0,34333*	*0,33922*	*0,33510*	*0,33099*	*0,32688*
0,42	*0,32277*	*0,31867*	*0,31457*	*0,31047*	*0,30637*	*0,30228*	*0,29819*	*0,29410*	*0,29002*	*0,28593*
0,43	*0,28185*	*0,27777*	*0,27370*	*0,26962*	*0,26555*	*0,26148*	*0,25741*	*0,25335*	*0,24928*	*0,24522*
0,44	*0,24116*	*0,23710*	*0,23305*	*0,22900*	*0,22494*	*0,22089*	*0,21685*	*0,21280*	*0,20875*	*0,20471*
0,45	*0,20067*	*0,19663*	*0,19259*	*0,18856*	*0,18452*	*0,18049*	*0,17646*	*0,17243*	*0,16840*	*0,16437*
0,46	*0,16034*	*0,15632*	*0,15229*	*0,14827*	*0,14425*	*0,14023*	*0,13621*	*0,13219*	*0,12818*	*0,12416*
0,47	*0,12014*	*0,11613*	*0,11212*	*0,10811*	*0,10409*	*0,10008*	*0,09607*	*0,09206*	*0,08806*	*0,08405*
0,48	*0,08004*	*0,07604*	*0,07203*	*0,06803*	*0,06402*	*0,06002*	*0,05601*	*0,05201*	*0,04801*	*0,04401*
0,49	*0,04001*	*0,03600*	*0,03200*	*0,02800*	*0,02400*	*0,02000*	*0,01600*	*0,01200*	*0,00800*	*0,00400*
0,50	0,00000	0,00400	0,00800	0,01200	0,01600	0,02000	0,02400	0,02800	0,03200	0,03600
0,51	0,04001	0,04401	0,04801	0,05201	0,05601	0,06002	0,06402	0,06803	0,07203	0,07604
0,52	0,08004	0,08405	0,08806	0,09206	0,09607	0,10008	0,10409	0,10811	0,11212	0,11613
0,53	0,12014	0,12416	0,12818	0,13219	0,13621	0,14023	0,14425	0,14827	0,15229	0,15632
0,54	0,16034	0,16437	0,16840	0,17243	0,17646	0,18049	0,18452	0,18856	0,19259	0,19663
0,55	0,20067	0,20471	0,20875	0,21280	0,21685	0,22089	0,22494	0,22900	0,23305	0,23710
0,56	0,24116	0,24522	0,24928	0,25335	0,25741	0,26148	0,26555	0,26962	0,27370	0,27777
0,57	0,28185	0,28593	0,29002	0,29410	0,29819	0,30228	0,30637	0,31047	0,31457	0,31867
0,58	0,32277	0,32688	0,33099	0,33510	0,33922	0,34333	0,34745	0,35158	0,35570	0,35983
0,59	0,36397	0,36810	0,37224	0,37638	0,38053	0,38467	0,38883	0,39298	0,39714	0,40130
0,60	0,40547	0,40963	0,41381	0,41798	0,42216	0,42634	0,43053	0,43472	0,43891	0,44311
0,61	0,44731	0,45152	0,45573	0,45994	0,46416	0,46838	0,47260	0,47683	0,48107	0,48531
0,62	0,48955	0,49379	0,49805	0,50230	0,50656	0,51083	0,51509	0,51937	0,52365	0,52793
0,63	0,53222	0,53651	0,54081	0,54511	0,54942	0,55373	0,55804	0,56237	0,56669	0,57103
0,64	0,57536	0,57971	0,58406	0,58841	0,59277	0,59713	0,60150	0,60588	0,61026	0,61465
0,65	0,61904	0,62344	0,62784	0,63225	0,63667	0,64109	0,64552	0,64995	0,65439	0,65884
0,66	0,66329	0,66775	0,67222	0,67669	0,68117	0,68566	0,69015	0,69465	0,69915	0,70367
0,67	0,70819	0,71271	0,71724	0,72179	0,72633	0,73089	0,73545	0,74002	0,74460	0,74918
0,68	0,75377	0,75837	0,76298	0,76759	0,77222	0,77685	0,78148	0,78613	0,79079	0,79545
0,69	0,80012	0,80480	0,80949	0,81418	0,81889	0,82360	0,82832	0,83305	0,83779	0,84254
0,70	0,84730	0,85206	0,85684	0,86162	0,86642	0,87122	0,87604	0,88086	0,88569	0,89053
0,71	0,89538	0,90025	0,90512	0,91000	0,91489	0,91979	0,92471	0,92963	0,93456	0,93951
0,72	0,94446	0,94943	0,95440	0,95939	0,96439	0,96940	0,97442	0,97945	0,98450	0,98955
0,73	0,99462	0,99970	1,00479	1,00990	1,01501	1,02014	1,02528	1,03043	1,03560	1,04078
0,74	1,04597	1,05117	1,05639	1,06162	1,06686	1,07212	1,07739	1,08268	1,08797	1,09329
0,75	1,09861	1,10395	1,10931	1,11468	1,12006	1,12546	1,13087	1,13630	1,14175	1,14720
0,76	1,15268	1,15817	1,16368	1,16920	1,17474	1,18029	1,18586	1,19145	1,19705	1,20267
0,77	1,20831	1,21397	1,21964	1,22533	1,23104	1,23676	1,24251	1,24827	1,25405	1,25985
0,78	1,26567	1,27150	1,27736	1,28324	1,28913	1,29505	1,30098	1,30694	1,31291	1,31891
0,79	1,32493	1,33096	1,33702	1,34310	1,34921	1,35533	1,36148	1,36765	1,37384	1,38006
0,80	1,38629	1,39256	1,39884	1,40515	1,41148	1,41784	1,42423	1,43063	1,43707	1,44353
0,81	1,45001	1,45652	1,46306	1,46962	1,47621	1,48283	1,48948	1,49615	1,50286	1,50959
0,82	1,51635	1,52314	1,52996	1,53681	1,54369	1,55060	1,55754	1,56451	1,57152	1,57856
0,83	1,58563	1,59273	1,59987	1,60704	1,61425	1,62149	1,62876	1,63607	1,64342	1,65081
0,84	1,65823	1,66569	1,67318	1,68072	1,68830	1,69591	1,70357	1,71126	1,71900	1,72678
0,85	1,73460	1,74247	1,75037	1,75833	1,76632	1,77437	1,78246	1,79059	1,79878	1,80701
0,86	1,81529	1,82362	1,83200	1,84043	1,84892	1,85745	1,86605	1,87469	1,88339	1,89215
0,87	1,90096	1,90983	1,91876	1,92775	1,93680	1,94591	1,95508	1,96432	1,97363	1,98299
0,88	1,99243	2,00193	2,01151	2,02115	2,03087	2,04066	2,05052	2,06046	2,07047	2,08057
0,89	2,09074	2,10100	2,11133	2,12176	2,13227	2,14286	2,15355	2,16433	2,17520	2,18616
0,90	2,19722	2,20839	2,21965	2,23101	2,24248	2,25406	2,26574	2,27754	2,28946	2,30149
0,91	2,31363	2,32591	2,33830	2,35083	2,36348	2,37627	2,38920	2,40227	2,41548	2,42884
0,92	2,44235	2,45601	2,46984	2,48382	2,49798	2,51231	2,52681	2,54149	2,55637	2,57143
0,93	2,58669	2,60215	2,61783	2,63371	2,64982	2,66616	2,68273	2,69955	2,71662	2,73394
0,94	2,75154	2,76941	2,78756	2,80601	2,82477	2,84385	2,86326	2,88301	2,90311	2,92358
0,95	2,94444	2,96569	2,98736	3,00947	3,03202	3,05505	3,07857	3,10260	3,12718	3,15232
0,96	3,17805	3,20441	3,23143	3,25914	3,28757	3,31678	3,34680	3,37769	3,40950	3,44228
0,97	3,47610	3,51103	3,54715	3,58455	3,62331	3,66356	3,70541	3,74899	3,79447	3,84201
0,98	3,89182	3,94413	3,99922	4,05740	4,11904	4,18459	4,25460	4,32972	4,41078	4,49880
0,99	4,59512	4,70149	4,82028	4,95482	5,10998	5,29330	5,51745	5,80614	6,21261	6,90675

l	0,00	0,01	0,02	0,03	0,04	0,05	0,06	0,07	0,08	0,09
	0,	0,	0,	0,	0,	0,	0,	0,	0,	0,
— **4,9**	00739	00732	00725	00717	00710	00703	00696	00690	00683	00676
— 4,8	00816	00808	00800	00792	00785	00777	00769	00761	00754	00747
— 4,7	00901	00892	00884	00875	00866	00858	00849	00841	00833	00824
— 4,6	00995	00985	00976	00966	00957	00947	00938	00929	00919	00910
— **4,5**	01099	01088	01077	01067	01056	01046	01035	01025	01015	01005
— 4,4	01213	01201	01189	01177	01166	01154	01143	01132	01121	01110
— 4,3	01339	01326	01313	01300	01287	01274	01262	01249	01237	01225
— 4,2	01477	01463	01449	01434	01420	01406	01393	01379	01365	01352
— 4,1	01630	01614	01598	01583	01567	01552	01537	01522	01507	01492
— **4,0**	01799	01781	01764	01746	01729	01712	01696	01679	01663	01646
— 3,9	01984	01965	01946	01927	01908	01889	01871	01852	01834	01816
— 3,8	02188	02167	02146	02125	02104	02084	02063	02043	02023	02004
— 3,7	02413	02389	02366	02343	02320	02298	02275	02253	02231	02210
— 3,6	02660	02634	02608	02583	02558	02533	02509	02484	02460	02436
— **3,5**	02931	02903	02875	02847	02820	02792	02765	02738	02712	02686
— 3,4	03230	03198	03168	03137	03107	03077	03047	03018	02989	02960
— 3,3	03557	03523	03489	03456	03422	03390	03357	03325	03293	03261
— 3,2	03917	03879	03842	03805	03769	03733	03697	03661	03626	03592
— 3,1	04311	04270	04229	04189	04149	04109	04070	04031	03993	03954
— **3,0**	04743	04698	04653	04609	04565	04522	04479	04436	04394	04352
— 2,9	05215	05166	05117	05069	05021	04974	04927	04880	04834	04788
— 2,8	05732	05679	05625	05572	05520	05468	05417	05366	05315	05265
— 2,7	06297	06239	06180	06123	06065	06009	05952	05897	05841	05787
— 2,6	06914	06850	06786	06723	06661	06599	06538	06477	06416	06357
— **2,5**	07586	07516	07447	07378	07310	07243	07176	07109	07044	06978
— 2,4	08317	08241	08166	08091	08017	07944	07871	07799	07727	07656
— 2,3	09112	09030	08948	08867	08786	08707	08627	08549	08471	08394
— 2,2	09975	09886	09797	09709	09622	09535	09449	09364	09279	09195
— 2,1	10910	10813	10717	10621	10527	10433	10340	10248	10156	10065
— **2,0**	11920	11816	11712	11609	11507	11405	11305	11205	11106	11007
— 1,9	13011	12898	12786	12675	12565	12455	12347	12239	12132	12026
— 1,8	14185	14064	13943	13824	13705	13587	13470	13354	13239	13124
— 1,7	15447	15316	15187	15059	14931	14805	14679	14554	14430	14307
— 1,6	16798	16659	16520	16383	16247	16111	15976	15842	15710	15578
— **1,5**	18243	18094	17946	17799	17654	17509	17365	17222	17080	16938
— 1,4	19782	19623	19466	19310	19155	19000	18847	18694	18543	18392
— 1,3	21417	21249	21082	20916	20751	20587	20424	20262	20101	19941
— 1,2	23148	22970	22794	22618	22444	22270	22097	21926	21755	21585
— 1,1	24974	24787	24601	24416	24232	24049	23867	23685	23505	23326
— **1,0**	26894	26698	26503	26308	26115	25923	25731	25540	25351	25162
— 0,9	28905	28700	28496	28292	28090	27888	27688	27488	27289	27091
— 0,8	31003	30789	30576	30365	30153	29943	29734	29525	29318	29111
— 0,7	33181	32960	32739	32519	32300	32082	31865	31648	31432	31217
— 0,6	35434	35206	34978	34751	34525	34299	34074	33850	33626	33403
— **0,5**	37754	37519	37285	37052	36819	36586	36355	36124	35893	35663
— 0,4	40131	39891	39652	39413	39174	38936	38699	38462	38225	37989
— 0,3	42556	42311	42068	41824	41581	41338	41096	40854	40613	40372
— 0,2	45017	44769	44522	44275	44029	43782	43536	43291	43045	42800
— 0,1	47502	47253	47004	46755	46506	46257	46009	45760	45512	45264
— **0,0**	50000	49750	49500	49250	49000	48750	48500	48251	48001	47752
+ **0,0**	50000	50250	50500	50750	51000	51250	51500	51749	51999	52248
+ 0,1	52498	52747	52996	53245	53494	53743	53991	54240	54488	54736
+ 0,2	54983	55231	55478	55725	55971	56218	56464	56709	56955	57200
+ 0,3	57444	57689	57932	58176	58419	58662	58904	59146	59387	59628
+ 0,4	59869	60109	60348	60587	60826	61064	61301	61538	61775	62011
+ **0,5**	62246	62481	62715	62948	63181	63414	63645	63876	64107	64337
+ 0,6	64566	64794	65022	65249	65475	65701	65926	66150	66374	66597
+ 0,7	66819	67040	67261	67481	67700	67918	68135	68352	68568	68783
+ 0,8	68997	69211	69424	69635	69847	70057	70266	70475	70682	70889
+ 0,9	71095	71300	71504	71708	71910	72112	72312	72512	72711	72909
+ **1,0**	73106	73302	73497	73692	73885	74077	74269	74460	74649	74838
+ 1,1	75026	75213	75399	75584	75768	75951	76133	76315	76495	76674
+ 1,2	76852	77030	77206	77382	77556	77730	77903	78074	78245	78415
+ 1,3	78583	78751	78918	79084	79249	79413	79576	79738	79899	80059
+ 1,4	80218	80377	80534	80690	80845	81000	81153	81306	81457	81608
+ **1,5**	81757	81906	82054	82201	82346	82491	82635	82778	82920	83062
+ 1,6	83202	83341	83480	83617	83753	83889	84024	84158	84290	84422
+ 1,7	84553	84684	84813	84941	85069	85195	85321	85446	85570	85693
+ 1,8	85815	85936	86057	86176	86295	86413	86530	86646	86761	86876
+ 1,9	86989	87102	87214	87325	87435	87545	87653	87761	87868	87974
+ **2,0**	88080	88184	88288	88391	88493	88595	88695	88795	88894	88993
+ 2,1	89090	89187	89283	89379	89473	89567	89660	89752	89844	89935
+ 2,2	90025	90114	90203	90291	90378	90465	90551	90636	90721	90805
+ 2,3	90888	90970	91052	91133	91214	91293	91373	91451	91529	91606
+ 2,4	91683	91759	91834	91909	91983	92056	92129	92201	92273	92344
+ **2,5**	92414	92484	92553	92622	92690	92757	92824	92891	92956	93022
+ 2,6	93086	93150	93214	93277	93339	93401	93462	93523	93584	93643
+ 2,7	93703	93761	93820	93877	93935	93991	94048	94103	94159	94213
+ 2,8	94268	94321	94375	94428	94480	94532	94583	94634	94685	94735
+ 2,9	94785	94834	94883	94931	94979	95026	95073	95120	95166	95212
+ **3,0**	95257	95302	95347	95391	95435	95478	95521	95564	95606	95648
+ 3,1	95689	95730	95771	95811	95851	95891	95930	95969	96007	96046
+ 3,2	96083	96121	96158	96195	96231	96267	96303	96339	96374	96408
+ 3,3	96443	96477	96511	96544	96578	96610	96643	96675	96707	96739
+ 3,4	96770	96802	96832	96863	96893	96923	96953	96982	97011	97040
+ **3,5**	97069	97097	97125	97153	97180	97208	97235	97262	97288	97314
+ 3,6	97340	97366	97392	97417	97442	97467	97491	97516	97540	97564
+ 3,7	97587	97611	97634	97657	97680	97702	97725	97747	97769	97790
+ 3,8	97812	97833	97854	97875	97896	97916	97937	97957	97977	97996
+ 3,9	98016	98035	98054	98073	98092	98111	98129	98148	98166	98184
+ **4,0**	98201	98219	98236	98254	98271	98288	98304	98321	98337	98354
+ 4,1	98370	98386	98402	98417	98433	98448	98463	98478	98493	98508
+ 4,2	98523	98537	98551	98566	98580	98594	98607	98621	98635	98648
+ 4,3	98661	98674	98687	98700	98713	98726	98738	98751	98763	98775
+ 4,4	98787	98799	98811	98823	98834	98846	98857	98868	98879	98890
+ **4,5**	98901	98912	98923	98933	98944	98954	98965	98975	98985	98995
+ 4,6	99005	99015	99024	99034	99043	99053	99062	99071	99081	99090
+ 4,7	99099	99108	99116	99125	99134	99142	99151	99159	99167	99176
+ 4,8	99184	99192	99200	99208	99215	99223	99231	99239	99246	99253
+ 4,9	99261	99268	99275	99283	99290	99297	99304	99310	99317	99324

[1] Werte für *l* (ab +0,0 bis +4,9) und *p* nach BERKSON, J., *J. Amer. statist. Ass.*, **48**, 565 (1953). Nachdruck mit freundlicher Erlaubnis des Autors und des Verlages.

Bewertungskoeffizienten für Logits[1]

In der ersten Zeile sind die Werte für $w = pq$, in der zweiten die für $wl = pql$ angegeben. Die *kursiv* gesetzten Zahlen sind mit einem Minuszeichen zu versehen

p	0,000	0,001	0,002	0,003	0,004	0,005	0,006	0,007	0,008	0,009
	0,	0,	0,	0,	0,	0,	0,	0,	0,	0,
0,00	0000	0010	0020	0030	0040	0050	0060	0070	0079	0089
	—	*0069*	*0124*	*0174*	*0220*	*0263*	*0305*	*0344*	*0383*	*0419*
0,01	0099	0109	0119	0128	0138	0148	0157	0167	0177	0186
	0455	*0489*	*0523*	*0556*	*0587*	*0618*	*0649*	*0678*	*0707*	*0735*
0,02	0196	0206	0215	0225	0234	0244	0253	0263	0272	0282
	0763	*0790*	*0816*	*0842*	*0868*	*0893*	*0918*	*0942*	*0965*	*0989*
0,03	0291	0300	0310	0319	0328	0338	0347	0356	0366	0375
	1012	*1034*	*1056*	*1078*	*1099*	*1120*	*1141*	*1161*	*1181*	*1201*
0,04	0384	0393	0402	0412	0421	0430	0439	0448	0457	0466
	1220	*1239*	*1258*	*1277*	*1295*	*1313*	*1331*	*1348*	*1365*	*1382*
0,05	0475	0484	0493	0502	0511	0520	0529	0538	0546	0555
	1399	*1415*	*1431*	*1447*	*1463*	*1478*	*1493*	*1508*	*1523*	*1538*
0,06	0564	0573	0582	0590	0599	0608	0616	0625	0634	0642
	1552	*1566*	*1580*	*1594*	*1607*	*1620*	*1633*	*1646*	*1659*	*1672*
0,07	0651	0660	0668	0677	0685	0694	0702	0711	0719	0728
	1684	*1696*	*1708*	*1720*	*1731*	*1743*	*1754*	*1765*	*1776*	*1787*
0,08	0736	0744	0753	0761	0769	0778	0786	0794	0803	0811
	1798	*1808*	*1818*	*1828*	*1838*	*1848*	*1858*	*1867*	*1877*	*1886*
0,09	0819	0827	0835	0844	0852	0860	0868	0876	0884	0892
	1895	*1904*	*1913*	*1921*	*1930*	*1938*	*1946*	*1954*	*1962*	*1970*
0,10	0900	0908	0916	0924	0932	0940	0948	0956	0963	0971
	1977	*1985*	*1992*	*2000*	*2007*	*2014*	*2021*	*2027*	*2034*	*2040*
0,11	0979	0987	0995	1002	1010	1018	1025	1033	1041	1048
	2047	*2053*	*2059*	*2065*	*2071*	*2077*	*2083*	*2088*	*2093*	*2099*
0,12	1056	1064	1071	1079	1086	1094	1101	1109	1116	1124
	2104	*2109*	*2114*	*2119*	*2124*	*2128*	*2133*	*2137*	*2142*	*2146*
0,13	1131	1138	1146	1153	1160	1168	1175	1182	1190	1197
	2150	*2154*	*2158*	*2162*	*2165*	*2169*	*2173*	*2176*	*2179*	*2182*
0,14	1204	1211	1218	1226	1233	1240	1247	1254	1261	1268
	2186	*2189*	*2192*	*2194*	*2197*	*2200*	*2202*	*2205*	*2207*	*2209*
0,15	1275	1282	1289	1296	1303	1310	1317	1324	1330	1337
	2212	*2214*	*2216*	*2218*	*2219*	*2221*	*2223*	*2224*	*2226*	*2227*
0,16	1344	1351	1358	1364	1371	1378	1384	1391	1398	1404
	2229	*2230*	*2231*	*2232*	*2233*	*2234*	*2235*	*2236*	*2236*	*2237*
0,17	1411	1418	1424	1431	1437	1444	1450	1457	1463	1470
	2237	*2238*	*2238*	*2238*	*2239*	*2239*	*2239*	*2239*	*2239*	*2238*
0,18	1476	1482	1489	1495	1501	1508	1514	1520	1527	1533
	2238	*2238*	*2237*	*2237*	*2236*	*2236*	*2235*	*2234*	*2233*	*2233*
0,19	1539	1545	1551	1558	1564	1570	1576	1582	1588	1594
	2232	*2231*	*2229*	*2228*	*2227*	*2226*	*2224*	*2223*	*2221*	*2220*
0,20	1600	1606	1612	1618	1624	1630	1636	1642	1647	1653
	2218	*2216*	*2215*	*2213*	*2211*	*2209*	*2207*	*2205*	*2203*	*2200*
0,21	1659	1665	1671	1676	1682	1688	1693	1699	1705	1710
	2198	*2196*	*2193*	*2191*	*2188*	*2186*	*2183*	*2180*	*2178*	*2175*
0,22	1716	1722	1727	1733	1738	1744	1749	1755	1760	1766
	2172	*2169*	*2166*	*2163*	*2160*	*2157*	*2153*	*2150*	*2147*	*2143*
0,23	1771	1776	1782	1787	1792	1798	1803	1808	1814	1819
	2140	*2136*	*2133*	*2129*	*2126*	*2122*	*2118*	*2114*	*2110*	*2106*
0,24	1824	1829	1834	1840	1845	1850	1855	1860	1865	1870
	2102	*2098*	*2094*	*2090*	*2086*	*2082*	*2078*	*2073*	*2069*	*2064*
0,25	1875	1880	1885	1890	1895	1900	1905	1910	1914	1919
	2060	*2055*	*2051*	*2046*	*2041*	*2037*	*2032*	*2027*	*2022*	*2017*
0,26	1924	1929	1934	1938	1943	1948	1952	1957	1962	1966
	2012	*2007*	*2002*	*1997*	*1992*	*1987*	*1982*	*1976*	*1971*	*1966*
0,27	1971	1976	1980	1985	1989	1994	1998	2003	2007	2012
	1960	*1955*	*1949*	*1944*	*1938*	*1933*	*1927*	*1921*	*1916*	*1910*
0,28	2016	2020	2025	2029	2033	2038	2042	2046	2051	2055
	1904	*1898*	*1892*	*1886*	*1880*	*1874*	*1868*	*1862*	*1856*	*1850*
0,29	2059	2063	2067	2072	2076	2080	2084	2088	2092	2096
	1844	*1837*	*1831*	*1825*	*1818*	*1812*	*1805*	*1799*	*1792*	*1786*
0,30	2100	2104	2108	2112	2116	2120	2124	2128	2131	2135
	1779	*1773*	*1766*	*1759*	*1753*	*1746*	*1739*	*1732*	*1725*	*1718*
0,31	2139	2143	2147	2150	2154	2158	2161	2165	2169	2172
	1711	*1704*	*1697*	*1690*	*1683*	*1676*	*1669*	*1662*	*1655*	*1647*
0,32	2176	2180	2183	2187	2190	2194	2197	2201	2204	2208
	1640	*1633*	*1626*	*1618*	*1611*	*1603*	*1596*	*1588*	*1581*	*1573*
0,33	2211	2214	2218	2221	2224	2228	2231	2234	2238	2241
	1566	*1558*	*1551*	*1543*	*1535*	*1527*	*1520*	*1512*	*1504*	*1496*
0,34	2244	2247	2250	2254	2257	2260	2263	2266	2269	2272
	1488	*1481*	*1473*	*1465*	*1457*	*1449*	*1441*	*1433*	*1425*	*1416*
0,35	2275	2278	2281	2284	2287	2290	2293	2296	2298	2301
	1408	*1400*	*1392*	*1384*	*1376*	*1367*	*1359*	*1351*	*1342*	*1334*
0,36	2304	2307	2310	2312	2315	2318	2320	2323	2326	2328
	1326	*1317*	*1309*	*1300*	*1292*	*1283*	*1275*	*1266*	*1258*	*1249*
0,37	2331	2334	2336	2339	2341	2344	2346	2349	2351	2354
	1241	*1232*	*1223*	*1215*	*1206*	*1197*	*1189*	*1180*	*1171*	*1162*
0,38	2356	2358	2361	2363	2365	2368	2370	2372	2375	2377
	1153	*1145*	*1136*	*1127*	*1118*	*1109*	*1100*	*1091*	*1082*	*1073*
0,39	2379	2381	2383	2386	2388	2390	2392	2394	2396	2398
	1064	*1055*	*1046*	*1037*	*1028*	*1019*	*1010*	*1001*	*0991*	*0982*
0,40	2400	2402	2404	2406	2408	2410	2412	2414	2415	2417
	0973	*0964*	*0955*	*0945*	*0936*	*0927*	*0918*	*0908*	*0899*	*0890*
0,41	2419	2421	2423	2424	2426	2428	2429	2431	2433	2434
	0880	*0871*	*0862*	*0852*	*0843*	*0834*	*0824*	*0815*	*0805*	*0796*
0,42	2436	2438	2439	2441	2442	2444	2445	2447	2448	2450
	0786	*0777*	*0767*	*0758*	*0748*	*0739*	*0729*	*0720*	*0710*	*0700*
0,43	2451	2452	2454	2455	2456	2458	2459	2460	2462	2463
	0691	*0681*	*0672*	*0662*	*0652*	*0643*	*0633*	*0623*	*0614*	*0604*
0,44	2464	2465	2466	2468	2469	2470	2471	2472	2473	2474
	0594	*0584*	*0575*	*0565*	*0555*	*0546*	*0536*	*0526*	*0516*	*0506*
0,45	2475	2476	2477	2478	2479	2480	2481	2482	2482	2483
	0497	*0487*	*0477*	*0467*	*0457*	*0448*	*0438*	*0428*	*0418*	*0408*
0,46	2484	2485	2486	2486	2487	2488	2488	2489	2490	2490
	0398	*0388*	*0379*	*0369*	*0359*	*0349*	*0339*	*0329*	*0319*	*0309*
0,47	2491	2492	2492	2493	2493	2494	2494	2495	2495	2496
	0299	*0289*	*0279*	*0269*	*0260*	*0250*	*0240*	*0230*	*0220*	*0210*
0,48	2496	2496	2497	2497	2497	2498	2498	2498	2499	2499
	0200	*0190*	*0180*	*0170*	*0160*	*0150*	*0140*	*0130*	*0120*	*0110*
0,49	2499	2499	2499	2500	2500	2500	2500	2500	2500	2500
	0100	*0090*	*0080*	*0070*	*0060*	*0050*	*0040*	*0030*	*0020*	*0010*

p	0,000	0,001	0,002	0,003	0,004	0,005	0,006	0,007	0,008	0,009
	0,	0,	0,	0,	0,	0,	0,	0,	0,	0,
0,50	2500	2500	2500	2500	2500	2500	2500	2500	2499	2499
	0000	0010	0020	0030	0040	0050	0060	0070	0080	0090
0,51	2499	2499	2499	2498	2498	2498	2498	2497	2497	2496
	0100	0110	0120	0130	0140	0150	0160	0170	0180	0190
0,52	2496	2496	2495	2495	2494	2494	2493	2493	2492	2492
	0200	0210	0220	0230	0240	0250	0260	0269	0279	0289
0,53	2491	2490	2490	2489	2488	2488	2487	2486	2486	2485
	0299	0309	0319	0329	0339	0349	0359	0369	0379	0388
0,54	2484	2483	2482	2482	2481	2480	2479	2478	2477	2476
	0398	0408	0418	0428	0438	0448	0457	0467	0477	0487
0,55	2475	2474	2473	2472	2471	2470	2469	2468	2466	2465
	0497	0506	0516	0526	0536	0546	0555	0565	0575	0584
0,56	2464	2463	2462	2460	2459	2458	2456	2455	2454	2552
	0594	0604	0614	0623	0633	0643	0652	0662	0672	0681
0,57	2451	2450	2448	2447	2445	2444	2442	2441	2439	2438
	0691	0700	0710	0720	0729	0739	0748	0758	0767	0777
0,58	2436	2434	2433	2431	2429	2428	2426	2424	2423	2421
	0786	0796	0805	0815	0824	0834	0843	0852	0862	0871
0,59	2419	2417	2415	2414	2412	2410	2408	2406	2404	2402
	0880	0890	0899	0908	0918	0927	0936	0945	0955	0964
0,60	2400	2398	2396	2394	2392	2390	2388	2386	2383	2381
	0973	0982	0991	1001	1010	1019	1028	1037	1046	1055
0,61	2379	2377	2375	2372	2370	2368	2365	2363	2361	2358
	1064	1073	1082	1091	1100	1109	1118	1127	1136	1145
0,62	2356	2354	2351	2349	2346	2344	2341	2339	2336	2334
	1153	1162	1171	1180	1189	1197	1206	1215	1223	1232
0,63	2331	2328	2326	2323	2320	2318	2315	2312	2310	2307
	1241	1249	1258	1266	1275	1283	1292	1300	1309	1317
0,64	2304	2301	2298	2296	2293	2290	2287	2284	2281	2278
	1326	1334	1342	1351	1359	1367	1376	1384	1392	1400
0,65	2275	2272	2269	2266	2263	2260	2257	2254	2250	2247
	1408	1416	1425	1433	1441	1449	1457	1465	1473	1481
0,66	2244	2241	2238	2234	2231	2228	2224	2221	2218	2214
	1488	1496	1504	1512	1520	1527	1535	1543	1551	1558
0,67	2211	2208	2204	2201	2197	2194	2190	2187	2183	2180
	1566	1573	1581	1588	1596	1603	1611	1618	1626	1633
0,68	2176	2172	2169	2165	2161	2158	2154	2150	2147	2143
	1640	1647	1655	1662	1669	1676	1683	1690	1697	1704
0,69	2139	2135	2131	2128	2124	2120	2116	2112	2108	2104
	1711	1718	1725	1732	1739	1746	1753	1759	1766	1773
0,70	2100	2096	2092	2088	2084	2080	2076	2072	2067	2063
	1779	1786	1792	1799	1805	1812	1818	1825	1831	1837
0,71	2059	2055	2051	2046	2042	2038	2033	2029	2025	2020
	1844	1850	1856	1862	1868	1874	1880	1886	1892	1898
0,72	2016	2012	2007	2003	1998	1994	1989	1985	1980	1976
	1904	1910	1916	1921	1927	1933	1938	1944	1949	1955
0,73	1971	1966	1962	1957	1952	1948	1943	1938	1934	1929
	1960	1966	1971	1976	1982	1987	1992	1997	2002	2007
0,74	1924	1919	1914	1910	1905	1900	1895	1890	1885	1880
	2012	2017	2022	2027	2032	2037	2041	2046	2051	2055
0,75	1875	1870	1865	1860	1855	1850	1845	1840	1834	1829
	2060	2064	2069	2073	2078	2082	2086	2090	2094	2098
0,76	1824	1819	1814	1808	1803	1798	1792	1787	1782	1776
	2102	2106	2110	2114	2118	2122	2126	2129	2133	2136
0,77	1771	1766	1760	1755	1749	1744	1738	1733	1727	1722
	2140	2143	2147	2150	2153	2157	2160	2163	2166	2169
0,78	1716	1710	1705	1699	1693	1688	1682	1676	1671	1665
	2172	2175	2178	2180	2183	2186	2188	2191	2193	2196
0,79	1659	1653	1647	1642	1636	1630	1624	1618	1612	1606
	2198	2200	2203	2205	2207	2209	2211	2213	2215	2216
0,80	1600	1594	1588	1582	1576	1570	1564	1558	1551	1545
	2218	2220	2221	2223	2224	2226	2227	2228	2229	2231
0,81	1539	1533	1527	1520	1514	1508	1501	1495	1489	1482
	2232	2233	2233	2234	2235	2236	2236	2237	2237	2238
0,82	1476	1470	1463	1457	1450	1444	1437	1431	1424	1418
	2238	2238	2239	2239	2239	2239	2239	2238	2238	2238
0,83	1411	1404	1398	1391	1384	1378	1371	1364	1358	1351
	2237	2237	2236	2236	2235	2234	2233	2232	2231	2230
0,84	1344	1337	1330	1324	1317	1310	1303	1296	1289	1282
	2229	2227	2226	2224	2223	2221	2219	2218	2216	2214
0,85	1275	1268	1261	1254	1247	1240	1233	1226	1218	1211
	2212	2209	2207	2205	2202	2200	2197	2194	2192	2189
0,86	1204	1197	1190	1182	1175	1168	1160	1153	1146	1138
	2186	2182	2179	2176	2173	2169	2165	2162	2158	2154
0,87	1131	1124	1116	1109	1101	1094	1086	1079	1071	1064
	2150	2146	2142	2137	2133	2128	2124	2119	2114	2109
0,88	1056	1048	1041	1033	1025	1018	1010	1002	0995	0987
	2104	2099	2093	2088	2083	2077	2071	2065	2059	2053
0,89	0979	0971	0963	0956	0948	0940	0932	0924	0916	0908
	2047	2040	2034	2027	2021	2014	2007	2000	1992	1985
0,90	0900	0892	0884	0876	0868	0860	0852	0844	0835	0827
	1977	1970	1962	1954	1946	1938	1930	1921	1913	1904
0,91	0819	0811	0803	0794	0786	0778	0769	0761	0753	0744
	1895	1886	1877	1867	1858	1848	1838	1828	1818	1808
0,92	0736	0728	0719	0711	0702	0694	0685	0677	0668	0660
	1798	1787	1776	1765	1754	1743	1731	1720	1708	1696
0,93	0651	0642	0634	0625	0616	0608	0599	0590	0582	0573
	1684	1672	1659	1646	1633	1620	1607	1594	1580	1566
0,94	0564	0555	0546	0538	0529	0520	0511	0502	0493	0484
	1552	1538	1523	1508	1493	1478	1463	1447	1431	1415
0,95	0475	0466	0457	0448	0439	0430	0421	0412	0402	0393
	1399	1382	1365	1348	1331	1313	1295	1277	1258	1239
0,96	0384	0375	0366	0356	0347	0338	0328	0319	0310	0300
	1220	1201	1181	1161	1141	1120	1099	1078	1056	1034
0,97	0291	0282	0272	0263	0253	0244	0234	0225	0215	0206
	1012	0989	0965	0942	0918	0893	0868	0842	0816	0790
0,98	0196	0186	0177	0167	0157	0148	0138	0128	0119	0109
	0763	0735	0707	0678	0649	0618	0587	0556	0523	0489
0,99	0099	0089	0079	0070	0060	0050	0040	0030	0020	0010
	0455	0419	0383	0344	0305	0263	0220	0174	0124	0069

[1] Werte nach BERKSON, J., *J. Amer. statist. Ass.*, **48**, 565 (1953). Nachdruck mit freundlicher Erlaubnis des Autors und des Verlages.

Sukzessive Differenzenstreuung[1,3]

N = Umfang der Stichprobe; Testquotient siehe (**854**), S. 194

N	$2\alpha = 0{,}10$	$2\alpha = 0{,}02$	N	$2\alpha = 0{,}10$	$2\alpha = 0{,}02$
			101	1,676–2,324	1,542–2,458
			102	677– 323	544– 456
			103	679– 321	546– 454
4	0,780–3,220	0,626–3,374	104	680– 320	548– 452
5	0,820–3,180	0,538–3,462	**105**	1,682–2,318	1,550–2,450
6	890– 110	561– 439	106	683– 317	552– 448
7	936– 064	614– 386	107	685– 315	554– 446
8	982– 018	663– 337	108	686– 314	556– 444
9	1,024–2,976	709– 291	109	688– 312	558– 442
10	1,062–2,938	0,752–3,248	**110**	1,689–2,311	1,560–2,440
11	096– 904	791– 209	111	691– 309	562– 438
12	128– 872	828– 172	112	692– 308	564– 436
13	156– 844	862– 138	113	693– 307	566– 434
14	182– 818	893– 107	114	695– 305	568– 432
15	1,205–2,795	0,922–3,078	**115**	1,696–2,304	1,570–2,430
16	227– 773	949– 051	116	697– 303	572– 428
17	247– 753	974– 026	117	698– 302	573– 427
18	266– 734	998– 002	118	700– 300	575– 425
19	283– 717	1,020–2,980	119	701– 299	577– 423
20	1,300–2,700	1,041–2,959	**120**	1,702–2,298	1,579–2,421
21	315– 685	060– 940	121	703– 297	580– 420
22	329– 671	078– 922	122	705– 295	582– 418
23	342– 658	096– 904	123	706– 294	584– 416
24	355– 645	112– 888	124	707– 293	585– 415
25	1,367–2,633	1,128–2,872	**125**	1,708–2,292	1,587–2,413
26	378– 622	142– 858	126	709– 291	589– 411
27	389– 611	157– 843	127	710– 290	590– 410
28	399– 601	170– 830	128	711– 289	592– 408
29	409– 591	183– 817	129	713– 287	593– 407
30	1,418–2,582	1,195–2,805	**130**	1,714–2,286	1,595–2,405
31	426– 574	207– 793	131	715– 285	597– 403
32	435– 565	218– 782	132	716– 284	598– 402
33	443– 557	228– 772	133	717– 283	600– 400
34	451– 549	239– 761	134	718– 282	601– 399
35	1,458–2,542	1,248–2,752	**135**	1,719–2,281	1,602–2,398
36	466– 534	258– 742	136	720– 280	604– 396
37	472– 528	267– 733	137	721– 279	605– 395
38	479– 521	276– 724	138	722– 278	607– 393
39	486– 514	285– 715	139	723– 277	608– 392
40	1,492–2,508	1,293–2,707	**140**	1,724–2,276	1,610–2,390
41	498– 502	302– 698	141	725– 275	611– 389
42	504– 496	310– 690	142	726– 274	612– 388
43	510– 490	317– 683	143	727– 273	614– 386
44	515– 485	325– 675	144	728– 272	615– 385
45	1,521–2,479	1,332–2,668	**145**	1,729–2,271	1,616–2,384
46	526– 474	339– 661	146	730– 270	618– 382
47	530– 470	345– 655	147	730– 270	619– 381
48	535– 465	351– 649	148	731– 269	620– 380
49	539– 461	357– 643	149	732– 268	621– 379
50	1,544–2,456	1,363–2,637	**150**	1,733–2,267	1,623–2,377
51	548– 452	368– 632	151	734– 266	624– 376
52	552– 448	374– 626	152	735– 265	625– 375
53	556– 444	379– 621	153	736– 264	626– 374
54	559– 441	384– 616	154	737– 263	627– 373
55	1,563–2,437	1,390–2,610	**155**	1,737–2,263	1,629–2,371
56	567– 433	395– 605	156	738– 262	630– 370
57	571– 429	400– 600	157	739– 261	631– 369
58	574– 426	405– 595	158	740– 260	632– 368
59	578– 422	410– 590	159	741– 259	633– 367
60	1,581–2,419	1,414–2,586	**160**	1,742–2,258	1,634–2,366
61	584– 416	419– 581	161	742– 258	636– 364
62	587– 413	423– 577	162	743– 257	637– 363
63	590– 410	427– 573	163	744– 256	638– 362
64	593– 407	431– 569	164	745– 255	639– 361
65	1,596–2,404	1,435–2,565	**165**	1,745–2,255	1,640–2,360
66	599– 401	439– 561	166	746– 254	641– 359
67	602– 398	443– 557	167	747– 253	642– 358
68	605– 395	447– 553	168	748– 252	643– 357
69	608– 392	451– 549	169	748– 252	644– 356
70	1,611–2,389	1,454–2,546	**170**	1,749–2,251	1,645–2,355
71	614– 386	458– 542	171	750– 250	646– 354
72	617– 383	461– 539	172	751– 249	647– 353
73	620– 380	465– 535	173	751– 249	648– 352
74	623– 377	468– 532	174	752– 248	649– 351
75	1,625–2,375	1,471–2,529	**175**	1,753–2,247	1,650–2,350
76	628– 372	474– 526	176	753– 247	651– 349
77	630– 370	477– 523	177	754– 246	652– 348
78	632– 368	480– 520	178	755– 245	653– 347
79	635– 365	483– 517	179	755– 245	654– 346
80	1,637–2,363	1,486–2,514	**180**	1,756–2,244	1,655–2,345
81	639– 361	489– 511	181	757– 243	656– 344
82	641– 359	492– 508	182	757– 243	657– 343
83	643– 357	495– 505	183	758– 242	658– 342
84	645– 355	498– 502	184	759– 241	659– 341
85	1,647–2,353	1,501–2,499	**185**	1,759–2,241	1,660–2,340
86	649– 351	504– 496	186	760– 240	661– 339
87	651– 349	507– 493	187	761– 239	662– 338
88	653– 347	510– 490	188	761– 239	662– 338
89	655– 345	512– 488	189	762– 238	663– 337
90	1,657–2,343	1,515–2,485	**190**	1,763–2,237	1,664–2,336
91	659– 341	518– 482	191	763– 237	665– 335
92	661– 339	520– 480	192	764– 236	666– 334
93	662– 338	523– 477	193	764– 236	667– 333
94	664– 336	525– 475	194	765– 235	668– 332
95	1,666–2,334	1,528–2,472	**195**	1,766–2,234	1,668–2,332
96	668– 332	530– 470	196	766– 234	669– 331
97	669– 331	532– 468	197	767– 233	670– 330
98	671– 329	535– 465	198	767– 233	671– 329
99	673– 327	537– 463	199	768– 232	672– 328
100	1,674–2,326	1,539–2,461	**200**	1,768–2,232	1,673–2,327
			∞	2,000–2,000	2,000–2,000

[1] Bis $N = 60$ Umrechnung mit Faktor $(N-1)/N$ der exakten Werte von Hart, B. I., *Ann. math. Statist.*, **13**, 445 (1942).

[2] Bis $N = 15$ direkt, bis $N = 75$ interpoliert nach den exakten Werten von Anderson, R. L., *Ann. math. Statist.*, **13**, 1 (1942).

Serienkorrelation[2,3] (Signifikanz gegen Null)

N = Umfang der Stichprobe; h = Verzugsspanne (lag); siehe (**857**), S. 194

N	$2\alpha = 0{,}10$	$2\alpha = 0{,}02$	N	$2\alpha = 0{,}10$	$2\alpha = 0{,}02$
			101	-0,174–+0,154	-0,242–+0,221
			102	173– 153	240– 220
			103	172– 152	239– 219
			104	171– 152	238– 218
5	-0,753–+0,253	-0,798–+0,297	**105**	-0,170–+0,151	-0,237–+0,217
6	708– 345	863– 447	106	169– 150	236– 216
7	674– 370	799– 510	107	168– 150	234– 216
8	625– 371	764– 531	108	167– 149	233– 215
9	593– 366	737– 533	109	167– 148	232– 214
10	-0,564–+0,360	-0,705–+0,525	**110**	-0,166–+0,148	-0,231–+0,213
11	539– 353	679– 515	111	165– 147	230– 212
12	516– 348	655– 505	112	164– 146	229– 211
13	497– 341	634– 495	113	164– 146	228– 210
14	479– 335	615– 485	114	163– 145	227– 209
15	-0,462–+0,328	-0,597–+0,475	**115**	-0,162–+0,145	-0,226–+0,208
16	447– 322	580– 465	116	161– 144	225– 207
17	434– 316	564– 456	117	161– 143	224– 206
18	421– 310	550– 448	118	160– 143	223– 206
19	410– 304	536– 440	119	159– 142	222– 205
20	-0,399–+0,299	-0,524–+0,432	**120**	-0,159–+0,142	-0,221–+0,204
21	389– 294	512– 424	121	158– 141	220– 203
22	380– 289	502– 417	122	157– 141	219– 202
23	372– 285	491– 411	123	157– 140	218– 202
24	364– 280	482– 404	124	156– 140	217– 201
25	-0,356–+0,276	-0,473–+0,398	**125**	-0,155–+0,139	-0,216–+0,200
26	349– 272	464– 392	126	155– 139	215– 199
27	343– 268	456– 386	127	154– 138	214– 199
28	336– 264	448– 380	128	153– 138	214– 198
29	331– 260	440– 375	129	153– 137	213– 197
30	-0,325–+0,257	-0,433–+0,370	**130**	-0,152–+0,137	-0,212–+0,196
31	319– 254	426– 365	131	151– 136	211– 196
32	314– 251	420– 361	132	151– 136	210– 195
33	309– 248	413– 356	133	150– 135	209– 194
34	304– 245	408– 352	134	150– 135	209– 193
35	-0,300–+0,242	-0,402–+0,348	**135**	-0,149–+0,134	-0,208–+0,193
36	295– 239	396– 344	136	148– 134	207– 192
37	291– 236	391– 340	137	148– 133	206– 191
38	287– 234	386– 336	138	147– 133	205– 191
39	283– 231	381– 333	139	147– 132	205– 190
40	-0,279–+0,229	-0,377–+0,330	**140**	-0,146–+0,132	-0,204–+0,189
41	275– 227	372– 326	141	146– 131	203– 189
42	272– 224	368– 323	142	145– 131	202– 188
43	268– 222	364– 320	143	145– 131	202– 188
44	265– 220	360– 317	144	144– 130	201– 187
45	-0,262–+0,218	-0,356–+0,314	**145**	-0,144–+0,130	-0,200–+0,186
46	259– 216	352– 311	146	143– 129	199– 186
47	256– 214	348– 308	147	143– 129	199– 185
48	253– 212	345– 305	148	142– 128	198– 184
49	250– 210	341– 302	149	142– 128	197– 184
50	-0,248–+0,208	-0,338–+0,300	**150**	-0,141–+0,128	-0,197–+0,183
51	245– 206	334– 297	151	141– 127	196– 183
52	242– 205	331– 295	152	140– 127	195– 182
53	240– 203	328– 292	153	140– 126	195– 182
54	238– 201	325– 290	154	139– 126	194– 181
55	-0,235–+0,199	-0,322–+0,287	**155**	-0,139–+0,126	-0,193–+0,180
56	233– 198	319– 285	156	138– 125	193– 180
57	231– 196	316– 283	157	138– 125	192– 179
58	229– 195	314– 281	158	137– 125	191– 179
59	227– 193	311– 279	159	137– 124	191– 178
60	-0,225–+0,192	-0,308–+0,276	**160**	-0,136–+0,124	-0,190–+0,178
61	223– 190	306– 274	161	136– 123	190– 177
62	221– 189	303– 272	162	135– 123	189– 177
63	219– 188	301– 270	163	135– 123	188– 176
64	217– 186	299– 269	164	135– 122	188– 176
65	-0,215–+0,185	-0,296–+0,267	**165**	-0,134–+0,122	-0,187–+0,175
66	213– 184	294– 265	166	134– 122	187– 175
67	212– 182	292– 263	167	133– 121	186– 174
68	210– 181	290– 261	168	133– 121	186– 174
69	208– 180	288– 260	169	133– 121	185– 173
70	-0,207–+0,179	-0,286–+0,258	**170**	-0,132–+0,120	-0,184–+0,173
71	205– 177	284– 256	171	132– 120	184– 172
72	203– 176	282– 255	172	131– 120	183– 172
73	202– 175	280– 253	173	131– 119	183– 171
74	200– 174	278– 252	174	131– 119	182– 171
75	-0,199–+0,173	-0,276–+0,250	**175**	-0,130–+0,119	-0,182–+0,170
76	198– 172	275– 249	176	130– 118	181– 170
77	197– 172	273– 248	177	129– 118	181– 169
78	196– 171	272– 247	178	129– 118	180– 169
79	195– 170	271– 246	179	129– 117	180– 168
80	-0,194–+0,169	-0,269–+0,245	**180**	-0,128–+0,117	-0,179–+0,168
81	193– 169	268– 243	181	128– 117	179– 167
82	192– 168	267– 242	182	127– 116	178– 167
83	191– 167	265– 241	183	127– 116	178– 167
84	190– 166	264– 240	184	127– 116	177– 166
85	-0,189–+0,166	-0,263–+0,239	**185**	-0,126–+0,116	-0,177–+0,166
86	188– 165	261– 238	186	126– 115	176– 165
87	187– 164	260– 237	187	126– 115	176– 165
88	186– 163	259– 236	188	125– 115	175– 164
89	185– 163	257– 234	189	125– 114	175– 164
90	-0,184–+0,162	-0,256–+0,233	**190**	-0,125–+0,114	-0,174–+0,164
91	183– 161	255– 232	191	124– 114	174– 163
92	182– 160	254– 231	192	124– 114	173– 163
93	181– 160	252– 230	193	124– 113	173– 162
94	180– 159	251– 229	194	123– 113	172– 162
95	-0,179–+0,158	-0,249–+0,228	**195**	-0,123–+0,113	-0,172–+0,161
96	178– 157	248– 227	196	123– 112	171– 161
97	177– 157	247– 226	197	122– 112	171– 161
98	177– 156	245– 224	198	122– 112	170– 160
99	176– 155	244– 223	199	122– 112	170– 160
100	-0,175–+0,154	-0,243–+0,222	**200**	-0,121–+0,111	-0,170–+0,160
			1000	-0,053–+0,051	-0,075–+0,073

[1,2] Nachdruck mit freundlicher Erlaubnis des Autors und des Verlages.

[3] Bei den Übergangswerten empirisch, danach normal approximiert. Nachdruck nur mit Erlaubnis des Herausgebers.

$\sqrt{1-r^2}$

r	0,000	0,001	0,002	0,003	0,004	0,005	0,006	0,007	0,008	0,009
	0,	0,	0,	0,	0,	0,	0,	0,	0,	0,
0,000	00000*	00000*	00000*	00000*	99999	99999	99998	99998	99997	99996
010	99995	99994	99993	99992	99990	99989	99987	99986	99984	99982
020	99980	99978	99976	99974	99971	99969	99966	99964	99961	99958
030	99955	99952	99949	99946	99942	99939	99935	99932	99928	99924
040	99920	99916	99912	99908	99903	99899	99894	99889	99885	99880
0,050	99875	99870	99865	99859	99854	99849	99843	99837	99832	99826
060	99820	99814	99808	99801	99795	99789	99782	99775	99769	99762
070	99755	99748	99740	99733	99726	99718	99711	99703	99695	99687
080	99679	99671	99663	99655	99647	99638	99630	99621	99612	99603
090	99594	99585	99576	99567	99557	99548	99538	99528	99519	99509
0,100	99499	99489	99478	99468	99458	99447	99437	99426	99415	99404
110	99393	99382	99371	99359	99348	99337	99325	99313	99301	99289
120	99277	99265	99253	99241	99228	99216	99203	99190	99177	99164
130	99151	99138	99125	99112	99098	99085	99071	99057	99043	99029
140	99015	99001	98987	98972	98958	98943	98928	98914	98899	98884
0,150	98869	98853	98838	98823	98807	98791	98776	98760	98744	98728
160	98712	98695	98679	98663	98646	98629	98613	98596	98579	98562
170	98544	98527	98510	98492	98475	98457	98439	98421	98403	98385
180	98367	98348	98330	98311	98293	98274	98255	98236	98217	98198
190	98178	98159	98139	98120	98100	98080	98060	98040	98020	98000
0,200	97980	97959	97939	97918	97897	97876	97855	97834	97813	97792
210	97770	97749	97727	97705	97683	97661	97639	97617	97595	97572
220	97550	97527	97505	97482	97459	97436	97413	97389	97366	97343
230	97319	97295	97272	97248	97224	97200	97175	97151	97127	97102
240	97077	97053	97028	97003	96978	96952	96927	96902	96876	96850
0,250	96825	96799	96773	96747	96720	96694	96668	96641	96614	96588
260	96561	96534	96507	96480	96452	96425	96397	96370	96342	96314
270	96286	96258	96230	96201	96173	96144	96116	96087	96058	96029
280	96000	95971	95941	95912	95882	95853	95823	95793	95763	95733
290	95703	95672	95642	95611	95581	95550	95519	95488	95457	95425
0,300	95394	95362	95331	95299	95267	95235	95203	95171	95139	95106
310	95074	95041	95008	94975	94942	94909	94876	94843	94809	94775
320	94742	94708	94674	94640	94606	94571	94537	94502	94468	94433
330	94398	94363	94328	94293	94257	94222	94186	94150	94115	94079
340	94043	94006	93970	93934	93897	93860	93823	93787	93749	93712
0,350	93675	93638	93600	93562	93525	93487	93449	93410	93372	93334
360	93295	93257	93218	93179	93140	93101	93061	93022	92983	92943
370	92903	92863	92823	92783	92743	92702	92662	92621	92581	92540
380	92499	92458	92416	92375	92333	92292	92250	92208	92166	92124
390	92081	92039	91997	91954	91911	91868	91825	91782	91739	91695
0,400	91652	91608	91564	91520	91476	91432	91387	91343	91298	91253
410	91209	91164	91118	91073	91028	90982	90936	90891	90845	90799
420	90752	90706	90660	90613	90566	90519	90472	90425	90378	90330
430	90283	90235	90187	90139	90091	90043	89995	89946	89897	89849
440	89800	89751	89702	89652	89603	89553	89503	89453	89403	89353
0,450	89303	89252	89202	89151	89100	89049	88998	88947	88895	88844
460	88792	88740	88688	88636	88584	88531	88478	88426	88373	88320
470	88267	88213	88160	88106	88052	87999	87945	87890	87836	87781
480	87727	87672	87617	87562	87507	87451	87396	87340	87284	87228
490	87172	87116	87060	87003	86946	86889	86832	86775	86718	86660
0,500	86603	86545	86487	86429	86370	86312	86253	86195	86136	86077
510	86017	85958	85899	85839	85779	85719	85659	85599	85538	85477
520	85417	85356	85295	85233	85172	85110	85048	84987	84924	84862
530	84800	84737	84674	84612	84548	84485	84422	84358	84294	84231
540	84167	84102	84038	83973	83909	83844	83779	83713	83648	83582
0,550	83516	83451	83384	83318	83252	83185	83118	83051	82984	82917
560	82849	82782	82714	82646	82577	82509	82441	82372	82303	82234
570	82164	82095	82025	81956	81886	81815	81745	81674	81604	81533
580	81462	81390	81319	81247	81175	81103	81031	80959	80886	80813
590	80740	80667	80594	80520	80447	80373	80298	80224	80150	80075
0,600	80000	79925	79850	79774	79698	79623	79546	79470	79394	79317
610	79240	79163	79086	79008	78931	78853	78775	78696	78618	78539
620	78460	78381	78302	78222	78142	78062	77982	77902	77821	77741
630	77660	77578	77497	77415	77333	77251	77169	77086	77004	76921
640	76837	76754	76670	76587	76503	76418	76334	76249	76164	76079
0,650	75993	75908	75822	75736	75649	75563	75476	75389	75302	75214
660	75127	75039	74950	74862	74773	74684	74595	74506	74416	74326
670	74236	74146	74055	73964	73873	73782	73690	73598	73506	73414
680	73321	73228	73135	73042	72948	72854	72760	72666	72571	72476
690	72381	72285	72190	72094	71997	71901	71804	71707	71610	71512
0,700	71414	71316	71218	71119	71020	70921	70821	70721	70621	70521
710	70420	70319	70218	70116	70015	69912	69810	69707	69604	69501
720	69397	69294	69189	69085	68980	68875	68769	68664	68558	68451
730	68345	68238	68130	68023	67915	67807	67698	67589	67480	67371
740	67261	67151	67040	66929	66818	66706	66595	66482	66370	66257
0,750	66144	66030	65916	65802	65687	65572	65457	65341	65225	65109
760	64992	64875	64758	64640	64522	64403	64284	64165	64045	63925
770	63804	63684	63562	63441	63319	63196	63073	62950	62826	62702
780	62578	62453	62328	62202	62076	61950	61823	61695	61568	61439
790	61311	61182	61052	60922	60792	60661	60530	60398	60266	60133
0,800	60000	59866	59732	59598	59463	59327	59192	59055	58918	58781
810	58643	58505	58366	58226	58086	57946	57805	57664	57522	57379
820	57236	57093	56949	56804	56659	56513	56367	56220	56073	55925
830	55776	55627	55478	55327	55176	55025	54873	54720	54567	54413
840	54259	54104	53948	53791	53634	53477	53318	53159	53000	52839
0,850	52678	52517	52354	52191	52027	51863	51698	51532	51365	51198
860	51029	50860	50691	50520	50349	50177	50004	49831	49656	49481
870	49305	49128	48951	48772	48593	48412	48231	48049	47866	47682
880	47497	47312	47125	46937	46749	46559	46369	46177	45984	45791
890	45596	45400	45204	45006	44807	44607	44405	44203	44000	43795
0,900	43589	43382	43174	42964	42753	42541	42328	42113	41897	41680
910	41461	41241	41019	40796	40571	40345	40118	39889	39658	39426
920	39192	38956	38719	38480	38239	37997	37752	37506	37258	37008
930	36756	36502	36246	35988	35727	35465	35200	34933	34664	34392
940	34117	33841	33561	33279	32995	32707	32417	32123	31827	31528
0,950	31225	30919	30610	30297	29981	29661	29337	29009	28677	28341
960	28000	27655	27305	26950	26590	26225	25854	25478	25095	24706
970	24310	23908	23498	23081	22655	22220	21777	21324	20860	20386
980	19900	19401	18888	18361	17817	17255	16675	16072	15445	14792
990	14107	13386	12624	11811	10938	09987	08935	07740	06321	04471

$1-r^2$

r	0,000	0,001	0,002	0,003	0,004	0,005	0,006	0,007	0,008	0,009
	0,	0,	0,	0,	0,	0,	0,	0,	0,	0,
0,000	00000*	00000*	00000*	99999	99998	99998	99996	99995	99994	99992
010	99990	99988	99986	99983	99980	99978	99974	99971	99968	99964
020	99960	99956	99952	99947	99942	99938	99932	99927	99922	99916
030	99910	99904	99898	99891	99884	99878	99870	99863	99856	99848
040	99840	99832	99824	99815	99806	99798	99788	99779	99770	99760
0,050	99750	99740	99730	99719	99708	99698	99686	99675	99664	99652
060	99640	99628	99616	99603	99590	99578	99564	99551	99538	99524
070	99510	99496	99482	99467	99452	99438	99422	99407	99392	99376
080	99360	99344	99328	99311	99294	99278	99260	99243	99226	99208
090	99190	99172	99154	99135	99116	99098	99078	99059	99040	99020
0,100	99000	98980	98960	98939	98918	98898	98876	98855	98834	98812
110	98790	98768	98746	98723	98700	98678	98654	98631	98608	98584
120	98560	98536	98512	98487	98462	98438	98412	98387	98362	98336
130	98310	98284	98258	98231	98204	98178	98150	98123	98096	98068
140	98040	98012	97984	97955	97926	97898	97868	97839	97810	97780
0,150	97750	97720	97690	97659	97628	97598	97566	97535	97504	97472
160	97440	97408	97376	97343	97310	97278	97244	97211	97178	97144
170	97110	97076	97042	97007	96972	96938	96902	96867	96832	96796
180	96760	86724	96688	96651	96614	96578	96540	96503	96466	96428
190	96390	96352	96314	96275	96236	96198	96158	96119	96080	96040
0,200	96000	95960	95920	95879	95838	95798	95756	95715	95674	95632
210	95590	95548	95506	95463	95420	95378	95334	95291	95248	95204
220	95160	95116	95072	95027	94982	94938	94892	94847	94802	94756
230	94710	94664	94618	94571	94524	94478	94430	94383	94336	94288
240	94240	94192	94144	94095	94046	93998	93948	93899	93850	93800
0,250	93750	93700	93650	93599	93548	93498	93446	93395	93344	93292
260	93240	93188	93136	93083	93030	92978	92924	92871	92818	92764
270	92710	92656	92602	92547	92492	92438	92382	92327	92272	92216
280	92160	92104	92048	91991	91934	91878	91820	91763	91706	91648
290	91590	91532	91474	91415	91356	91298	91238	91179	91120	91060
0,300	91000	90940	90880	90819	90758	90698	90636	90575	90514	90452
310	90390	90328	90266	90203	90140	90078	90014	89951	89888	89824
320	89760	89696	89632	89567	89502	89438	89372	89307	89242	89176
330	89110	89044	88978	88911	88844	88778	88710	88643	88576	88508
340	88440	88372	88304	88235	88166	88098	88028	87959	87890	87820
0,350	87750	87680	87610	87539	87468	87398	87326	87255	87184	87112
360	87040	86968	86896	86823	86750	86678	86604	86531	86458	86384
370	86310	86236	86162	86087	86012	85938	85862	85787	85712	85636
380	85560	85484	85408	85331	85254	85178	85100	85023	84946	84868
390	84790	84712	84634	84555	84476	84398	84318	84239	84160	84080
0,400	84000	83920	83840	83759	83678	83598	83516	83435	83354	83272
410	83190	83108	83026	82943	82860	82778	82694	82611	82528	82444
420	82360	82276	82192	82107	82022	81938	81852	81767	81682	81596
430	81510	81424	81338	81251	81164	81078	80990	80903	80816	80728
440	80640	80552	80464	80375	80286	80198	80108	80019	79930	79840
0,450	79750	79660	79570	79479	79388	79298	79206	79115	79024	78932
460	78840	78748	78656	78563	78470	78378	78284	78191	78098	78004
470	77910	77816	77722	77627	77532	77438	77342	77247	77152	77056
480	76960	76864	76768	76671	76574	76478	76380	76283	76186	76088
490	75990	75892	75794	75695	75596	75498	75398	75299	75200	75100
0,500	75000	74900	74800	74699	74598	74498	74396	74295	74194	74092
510	73990	73888	73786	73683	73580	73478	73374	73271	73168	73064
520	72960	72856	72752	72647	72542	72438	72332	72227	72122	72016
530	71910	71804	71698	71591	71484	71378	71270	71163	71056	70948
540	70840	70732	70624	70515	70406	70298	70188	70079	69970	69860
0,550	69750	69640	69530	69419	69308	69198	69086	68975	68864	68752
560	68640	68528	68416	68303	68190	68078	67964	67851	67738	67624
570	67510	67396	67282	67167	67052	66938	66822	66707	66592	66476
580	66360	66244	66128	66011	65894	65778	65660	65543	65426	65308
590	65190	65072	64954	64835	64716	64598	64478	64359	64240	64120
0,600	64000	63880	63760	63639	63518	63398	63276	63155	63034	62912
610	62790	62668	62546	62423	62300	62178	62054	61931	61808	61684
620	61560	61436	61312	61187	61062	60938	60812	60687	60562	60436
630	60310	60184	60058	59931	59804	59678	59550	59423	59296	59168
640	59040	58912	58784	58655	58526	58398	58268	58139	58010	57880
0,650	57750	57620	57490	57359	57228	57098	56966	56835	56704	56572
660	56440	56308	56176	56043	55910	55778	55644	55511	55378	55244
670	55110	54976	54842	54707	54572	54438	54302	54167	54032	53896
680	53760	53624	53488	53351	53214	53078	52940	52803	52666	52528
690	52390	52252	52114	51975	51836	51698	51558	51419	51280	51140
0,700	51000	50860	50720	50579	50438	50298	50156	50015	49874	49732
710	49590	49448	49306	49163	49020	48878	48734	48591	48448	48304
720	48160	48016	47872	47727	47582	47438	47292	47147	47002	46856
730	46710	46564	46418	46271	46124	45978	45830	45683	45536	45388
740	45240	45092	44944	44795	44646	44498	44348	44199	44050	43900
0,750	43750	43600	43450	43299	43148	42998	42846	42695	42544	42392
760	42240	42088	41936	41783	41630	41478	41324	41171	41018	40864
770	40710	40556	40402	40247	40092	39938	39782	39627	39472	39316
780	39160	39004	38848	38691	38534	38378	38220	38063	37906	37748
790	37590	37432	37274	37115	36956	36798	36638	36479	36320	36160
0,800	36000	35840	35680	35519	35358	35198	35036	34875	34714	34552
810	34390	34228	34066	33903	33740	33578	33414	33251	33088	32924
820	32760	32596	32432	32267	32102	31938	31772	31607	31442	31276
830	31110	30944	30778	30611	30444	30278	30110	29943	29776	29608
840	29440	29272	29104	28935	28766	28598	28428	28259	28090	27920
0,850	27750	27580	27410	27239	27068	26898	26726	26555	26384	26212
860	26040	25868	25696	25523	25350	25178	25004	24831	24658	24484
870	24310	24136	23962	23787	23612	23438	23262	23087	22912	22736
880	22560	22384	22208	22031	21854	21678	21500	21323	21146	20968
890	20790	20612	20434	20255	20076	19898	19718	19539	19360	19180
0,900	19000	18820	18640	18459	18278	18098	17916	17735	17554	17372
910	17190	17008	16826	16643	16460	16278	16094	15911	15728	15544
920	15360	15176	14992	14807	14622	14438	14252	14067	13882	13696
930	13510	13324	13138	12951	12764	12578	12390	12203	12016	11828
940	11640	11452	11264	11075	10886	10698	10508	10319	10130	09940
0,950	09750	09560	09370	09179	08988	08798	08606	08415	08224	08032
960	07840	07648	07456	07263	07070	06878	06684	06491	06298	06104
970	05910	05716	05522	05327	05132	04938	04742	04547	04352	04156
980	03960	03764	03568	03371	03174	02978	02780	02583	02386	02188
990	01990	01792	01594	01395	01196	00998	00798	00599	00400	00200

* 1,00000.

n	$\sqrt{\frac{n-1}{n-2}}$	$\frac{n-1}{n-2}$	n	$\sqrt{\frac{n-1}{n-2}}$	$\frac{n-1}{n-2}$	n	$\sqrt{\frac{n-1}{n-2}}$	$\frac{n-1}{n-2}$	n	$\sqrt{\frac{n-1}{n-2}}$	$\frac{n-1}{n-2}$	n	$\sqrt{\frac{n-1}{n-2}}$	$\frac{n-1}{n-2}$
	1,	1,		1,	1,		1,	1,		1,	1,		1,	1,
0	–	–	**50**	01036	02083	**100**	00509	01020	**150**	00337	00676	**200**	00252	00505
1	–	–	51	01015	02041	101	00504	01010	151	00335	00671	201	00251	00503
2	–	–	52	00995	02000	102	00499	01000	152	00333	00667	202	00250	00500
3	41421	00000**	53	00976	01961	103	00494	00990	153	00331	00662	203	00248	00498
4	22474	50000	54	00957	01923	104	00489	00980	154	00328	00658	204	00247	00495
5	15470	33333	**55**	00939	01887	**105**	00484	00971	**155**	00326	00654	**205**	00246	00493
6	11803	25000	56	00922	01852	106	00480	00962	156	00324	00649	206	00245	00490
7	09545	20000	57	00905	01818	107	00475	00952	157	00322	00645	207	00244	00488
8	08012	16667	58	00889	01786	108	00471	00943	158	00320	00641	208	00242	00485
9	06904	14286	59	00873	01754	109	00466	00935	159	00318	00637	209	00241	00483
10	06066	12500	**60**	00858	01724	**110**	00462	00926	**160**	00316	00633	**210**	00240	00481
11	05409	11111	61	00844	01695	111	00458	00917	161	00314	00629	211	00239	00478
12	04881	10000	62	00830	01667	112	00454	00909	162	00312	00625	212	00238	00476
13	04447	09091	63	00816	01639	113	00449	00901	163	00310	00621	213	00237	00474
14	04083	08333	64	00803	01613	114	00445	00893	164	00308	00617	214	00236	00472
15	03775	07692	**65**	00791	01587	**115**	00442	00885	**165**	00306	00613	**215**	00234	00469
16	03510	07143	66	00778	01563	116	00438	00877	166	00304	00610	216	00233	00467
17	03280	06667	67	00766	01538	117	00434	00870	167	00303	00606	217	00232	00465
18	03078	06250	68	00755	01515	118	00430	00862	168	00301	00602	218	00231	00463
19	02899	05882	69	00744	01493	119	00426	00855	169	00299	00599	219	00230	00461
20	02740	05556	**70**	00733	01471	**120**	00423	00847	**170**	00297	00595	**220**	00229	00459
21	02598	05263	71	00722	01449	121	00419	00840	171	00295	00592	221	00228	00457
22	02470	05000	72	00712	01429	122	00416	00833	172	00294	00588	222	00227	00455
23	02353	04762	73	00702	01408	123	00412	00826	173	00292	00585	223	00226	00452
24	02247	04545	74	00692	01389	124	00409	00820	174	00290	00581	224	00225	00450
25	02151	04348	**75**	00683	01370	**125**	00406	00813	**175**	00289	00578	**225**	00224	00448
26	02062	04167	76	00673	01351	126	00402	00806	176	00287	00575	226	00223	00446
27	01980	04000	77	00664	01333	127	00399	00800	177	00285	00571	227	00222	00444
28	01905	03846	78	00656	01316	128	00396	00794	178	00284	00568	228	00221	00442
29	01835	03704	79	00647	01299	129	00393	00787	179	00282	00565	229	00220	00441
30	01770	03571	**80**	00639	01282	**130**	00390	00781	**180**	00281	00562	**230**	00219	00439
31	01710	03448	81	00631	01266	131	00387	00775	181	00279	00559	231	00218	00437
32	01653	03333	82	00623	01250	132	00384	00769	182	00277	00556	232	00217	00435
33	01600	03226	83	00615	01235	133	00381	00763	183	00276	00552	233	00216	00433
34	01550	03125	84	00608	01220	134	00378	00758	184	00274	00549	234	00215	00431
35	01504	03030	**85**	00601	01205	**135**	00375	00752	**185**	00273	00546	**235**	00214	00429
36	01460	02941	86	00593	01190	136	00372	00746	186	00271	00543	236	00213	00427
37	01419	02857	87	00587	01176	137	00370	00741	187	00270	00541	237	00213	00426
38	01379	02778	88	00580	01163	138	00367	00735	188	00268	00538	238	00212	00424
39	01342	02703	89	00573	01149	139	00364	00730	189	00267	00535	239	00211	00422
40	01307	02632	**90**	00567	01136	**140**	00362	00725	**190**	00266	00532	**240**	00210	00420
41	01274	02564	91	00560	01124	141	00359	00719	191	00264	00529	241	00209	00418
42	01242	02500	92	00554	01111	142	00357	00714	192	00263	00526	242	00208	00417
43	01212	02439	93	00548	01099	143	00354	00709	193	00261	00524	243	00207	00415
44	01183	02381	94	00542	01087	144	00351	00704	194	00260	00521	244	00206	00413
45	01156	02326	**95**	00536	01075	**145**	00349	00699	**195**	00259	00518	**245**	00206	00412
46	01130	02273	96	00531	01064	146	00347	00694	196	00257	00515	246	00205	00410
47	01105	02222	97	00525	01053	147	00344	00690	197	00256	00513	247	00204	00408
48	01081	02174	98	00519	01042	148	00342	00685	198	00255	00510	248	00203	00407
49	01058	02128	99	00514	01031	149	00340	00680	199	00253	00508	249	00202	00405
50	01036	02083	**100**	00509	01020	**150**	00337	00676	**200**	00252	00505	**250**	00202	00403

Beispiel: $s_{y.x} = s_y \sqrt{1-r^2} \sqrt{\frac{n-1}{n-2}}$, $s^2_{y.x} = s^2_y (1-r^2) \frac{n-1}{n-2}$ usw.

Erläuterungen zu Seite 61

Die Tafel gibt die Werte zu

$$r = \sqrt{\frac{t^2}{t^2+\nu}} \quad \text{(Freiheitsgrad von } t = \nu\text{)}$$

Damit kann ohne Rechnung geprüft werden, ob sich ein Korrelationskoeffizient signifikant von Null unterscheidet. Mit diesem Test werden automatisch auch die entsprechenden Regressionskoeffizienten in gleichem Sinne geprüft. Ist zum Beispiel $r_{xy} \neq$ Null, so sind auch b_{xy} und b_{yx} ungleich Null.

Den Freiheitsgrad ν findet man folgendermaßen: Von der Anzahl n der Beobachtungspaare wird die Zahl 2 abgezogen und dazu, sofern es sich um Partialkorrelationskoeffizienten handelt, noch die Anzahl der ausgeschalteten Variabeln.

Beispiele: (Variable 1, 2, ...) r_{12} $\nu = n-2$
$r_{12\cdot3}$ $\nu = n-2-1$
$r_{12\cdot34}$ $\nu = n-2-2$
usw.

 ** 2,00000.

ν \ 2α	0,1	0,05	0,01	0,001	ν \ 2α	0,1	0,05	0,01	0,001
1	0,9877	0,9969	0,9999	1,0000	101	0,1630	0,1937	0,2528	0,3196
2	9000	9500	9900	0,9990	102	1622	1927	2515	3181
3	8054	8783	9587	9911	103	1614	1918	2504	3166
4	7293	8114	9172	9741	104	1606	1909	2492	3152
5	0,6694	0,7545	0,8745	0,9509	**105**	0,1599	0,1900	0,2480	0,3138
6	6215	7067	8343	9249	106	1591	1891	2469	3123
7	5822	6664	7977	8983	107	1584	1882	2458	3109
8	5494	6319	7646	8721	108	1577	1874	2447	3095
9	5214	6021	7348	8471	109	1569	1865	2436	3082
10	0,4973	0,5760	0,7079	0,8233	**110**	0,1562	0,1857	0,2425	0,3069
11	4762	5529	6835	8010	111	1555	1848	2414	3055
12	4575	5324	6614	7800	112	1548	1840	2404	3042
13	4409	5139	6411	7604	113	1542	1832	2393	3029
14	4259	4973	6226	7419	114	1535	1824	2383	3017
15	0,4124	0,4821	0,6055	0,7247	**115**	0,1528	0,1816	0,2373	0,3004
16	4000	4683	5897	7084	116	1522	1809	2363	2992
17	3887	4555	5751	6932	117	1515	1801	2353	2979
18	3783	4438	5614	6788	118	1509	1793	2343	2967
19	3687	4329	5487	6652	119	1502	1786	2334	2955
20	0,3598	0,4227	0,5368	0,6524	**120**	0,1496	0,1779	0,2324	0,2943
21	3515	4132	5256	6402	121	1490	1771	2315	2932
22	3438	4044	5151	6287	122	1484	1764	2305	2920
23	3365	3961	5052	6177	123	1478	1757	2296	2909
24	3297	3882	4958	6073	124	1472	1750	2287	2897
25	0,3233	0,3809	0,4869	0,5974	**125**	0,1466	0,1743	0,2278	0,2886
26	3172	3739	4785	5880	126	1460	1736	2269	2875
27	3115	3673	4705	5790	127	1455	1730	2261	2864
28	3061	3610	4629	5703	128	1449	1723	2252	2854
29	3009	3550	4556	5620	129	1443	1716	2243	2843
30	0,2960	0,3494	0,4487	0,5541	**130**	0,1438	0,1710	0,2235	0,2832
31	2913	3440	4421	5465	131	1432	1703	2226	2822
32	2869	3388	4357	5392	132	1427	1697	2218	2812
33	2826	3338	4297	5322	133	1422	1690	2210	2801
34	2785	3291	4238	5255	134	1416	1684	2202	2791
35	0,2746	0,3246	0,4182	0,5189	**135**	0,1411	0,1678	0,2194	0,2781
36	2709	3202	4128	5126	136	1406	1672	2186	2771
37	2673	3160	4076	5066	137	1401	1666	2178	2762
38	2638	3120	4026	5007	138	1396	1660	2170	2752
39	2605	3081	3978	4951	139	1391	1654	2163	2742
40	0,2573	0,3044	0,3932	0,4896	**140**	0,1386	0,1648	0,2155	0,2733
41	2542	3008	3887	4843	141	1381	1642	2148	2724
42	2512	2973	3843	4792	142	1376	1637	2140	2714
43	2483	2940	3802	4742	143	1371	1631	2133	2705
44	2455	2907	3761	4694	144	1367	1625	2126	2696
45	0,2428	0,2875	0,3721	0,4647	**145**	0,1362	0,1620	0,2118	0,2687
46	2403	2845	3683	4602	146	1357	1614	2111	2678
47	2377	2816	3646	4558	147	1353	1609	2104	2669
48	2353	2787	3610	4515	148	1348	1603	2097	2660
49	2329	2759	3575	4473	149	1344	1598	2090	2652
50	0,2306	0,2732	0,3541	0,4433	**150**	0,1339	0,1593	0,2083	0,2643
51	2284	2706	3509	4393	151	1335	1587	2077	2635
52	2262	2681	3477	4355	152	1330	1582	2070	2626
53	2241	2656	3445	4317	153	1326	1577	2063	2618
54	2221	2632	3415	4281	154	1322	1572	2057	2610
55	0,2201	0,2609	0,3385	0,4245	**155**	0,1318	0,1567	0,2050	0,2602
56	2181	2586	3357	4210	156	1313	1562	2044	2594
57	2162	2564	3329	4176	157	1309	1557	2037	2586
58	2144	2542	3301	4143	158	1305	1552	2031	2578
59	2126	2521	3274	4111	159	1301	1547	2025	2570
60	0,2108	0,2500	0,3248	0,4079	**160**	0,1297	0,1543	0,2019	0,2562
61	2091	2480	3223	4048	161	1293	1538	2012	2554
62	2075	2461	3198	4018	162	1289	1533	2006	2547
63	2058	2442	3174	3988	163	1285	1529	2000	2539
64	2042	2423	3150	3959	164	1281	1524	1994	2532
65	0,2027	0,2405	0,3127	0,3931	**165**	0,1277	0,1519	0,1988	0,2524
66	2012	2387	3104	3904	166	1273	1515	1982	2517
67	1997	2369	3081	3877	167	1270	1510	1977	2510
68	1982	2352	3060	3850	168	1266	1506	1971	2502
69	1968	2335	3038	3824	169	1262	1501	1965	2495
70	0,1954	0,2319	0,3017	0,3798	**170**	0,1258	0,1497	0,1959	0,2488
71	1940	2303	2997	3773	171	1255	1493	1954	2481
72	1927	2287	2977	3749	172	1251	1488	1948	2474
73	1914	2272	2957	3725	173	1248	1484	1943	2467
74	1901	2257	2938	3701	174	1244	1480	1937	2460
75	0,1889	0,2242	0,2919	0,3678	**175**	0,1240	0,1476	0,1932	0,2453
76	1876	2227	2900	3655	176	1237	1471	1926	2446
77	1864	2213	2882	3633	177	1233	1467	1921	2440
78	1852	2199	2864	3611	178	1230	1463	1915	2433
79	1841	2185	2847	3590	179	1227	1459	1910	2426
80	0,1829	0,2172	0,2830	0,3569	**180**	0,1223	0,1455	0,1905	0,2420
81	1818	2159	2813	3548	181	1220	1451	1900	2413
82	1807	2146	2796	3527	182	1216	1447	1895	2407
83	1796	2133	2780	3507	183	1213	1443	1890	2400
84	1786	2120	2764	3488	184	1210	1439	1885	2394
85	0,1775	0,2108	0,2748	0,3468	**185**	0,1207	0,1435	0,1880	0,2388
86	1765	2096	2733	3449	186	1203	1432	1874	2381
87	1755	2084	2717	3430	187	1200	1428	1870	2375
88	1745	2072	2702	3412	188	1197	1424	1865	2369
89	1735	2061	2688	3394	189	1194	1420	1860	2363
90	0,1726	0,2050	0,2673	0,3376	**190**	0,1191	0,1417	0,1855	0,2357
91	1716	2039	2659	3358	191	1188	1413	1850	2351
92	1707	2028	2645	3341	192	1184	1409	1845	2345
93	1698	2017	2631	3324	193	1181	1406	1841	2339
94	1689	2006	2617	3307	194	1178	1402	1836	2333
95	0,1680	0,1996	0,2604	0,3291	**195**	0,1175	0,1399	0,1831	0,2327
96	1671	1986	2591	3274	196	1172	1395	1827	2321
97	1663	1976	2578	3258	197	1169	1391	1822	2316
98	1654	1966	2565	3242	198	1166	1388	1818	2310
99	1646	1956	2552	3227	199	1164	1384	1813	2304
100	0,1638	0,1946	0,2540	0,3211	**200**	0,1161	0,1381	0,1809	0,2299

r	0,000	0,001	0,002	0,003	0,004	0,005	0,006	0,007	0,008	0,009
0,000	0,00000	0,00100	0,00200	0,00300	0,00400	0,00500	0,00600	0,00700	0,00800	0,00900
010	01000	01100	01200	01300	01400	01500	01600	01700	01800	01900
020	02000	02100	02200	02300	02400	02501	02601	02701	02801	02901
030	03001	03101	03201	03301	03401	03501	03602	03702	03802	03902
040	04002	04102	04202	04303	04403	04503	04603	04703	04804	04904
0,050	0,05004	0,05104	0,05205	0,05305	0,05405	0,05506	0,05606	0,05706	0,05806	0,05907
060	06007	06108	06208	06308	06409	06509	06610	06710	06810	06911
070	07011	07112	07212	07313	07414	07514	07615	07715	07816	07916
080	08017	08118	08218	08319	08420	08521	08621	08722	08823	08924
090	09024	09125	09226	09327	09428	09529	09630	09731	09832	09933
0,100	0,10034	0,10135	0,10236	0,10337	0,10438	0,10539	0,10640	0,10741	0,10842	0,10943
110	11045	11146	11247	11348	11450	11551	11652	11754	11855	11957
120	12058	12160	12261	12363	12464	12566	12667	12769	12871	12972
130	13074	13176	13277	13379	13481	13583	13685	13787	13889	13991
140	14093	14195	14297	14399	14501	14603	14705	14807	14910	15012
0,150	0,15114	0,15216	0,15319	0,15421	0,15524	0,15626	0,15728	0,15831	0,15934	0,16036
160	16139	16241	16344	16447	16549	16652	16755	16858	16961	17064
170	17167	17270	17373	17476	17579	17682	17785	17888	17992	18095
180	18198	18302	18405	18509	18612	18716	18819	18923	19026	19130
190	19234	19338	19441	19545	19649	19753	19857	19961	20065	20169
0,200	0,20273	0,20377	0,20482	0,20586	0,20690	0,20795	0,20899	0,21004	0,21108	0,21213
210	21317	21422	21526	21631	21736	21841	21946	22051	22156	22261
220	22366	22471	22576	22681	22786	22892	22997	23102	23208	23313
230	23419	23525	23630	23736	23842	23948	24053	24159	24265	24371
240	24477	24584	24690	24796	24902	25009	25115	25222	25328	25435
0,250	0,25541	0,25648	0,25755	0,25862	0,25968	0,26075	0,26182	0,26289	0,26396	0,26504
260	26611	26718	26825	26933	27040	27148	27255	27363	27471	27579
270	27686	27794	27902	28010	28118	28226	28335	28443	28551	28660
280	28768	28877	28985	29094	29203	29312	29420	29529	29638	29747
290	29857	29966	30075	30184	30294	30403	30513	30623	30732	30842
0,300	0,30952	0,31062	0,31172	0,31282	0,31392	0,31502	0,31613	0,31723	0,31833	0,31944
310	32055	32165	32276	32387	32498	32609	32720	32831	32942	33053
320	33165	33276	33388	33499	33611	33723	33835	33947	34059	34171
330	34283	34395	34507	34620	34732	34845	34958	35070	35183	35296
340	35409	35522	35636	35749	35862	35976	36089	36203	36317	36430
0,350	0,36544	0,36658	0,36772	0,36887	0,37001	0,37115	0,37230	0,37344	0,37459	0,37574
360	37689	37804	37919	38034	38149	38264	38380	38495	38611	38726
370	38842	38958	39074	39190	39307	39423	39539	39656	39772	39889
380	40006	40123	40240	40357	40474	40592	40709	40827	40944	41062
390	41180	41298	41416	41534	41653	41771	41890	42008	42127	42246
0,400	0,42365	0,42484	0,42603	0,42723	0,42842	0,42962	0,43081	0,43201	0,43321	0,43441
410	43561	43681	43802	43922	44043	44164	44284	44405	44527	44648
420	44769	44891	45012	45134	45256	45378	45500	45622	45745	45867
430	45990	46112	46235	46358	46481	46605	46728	46852	46975	47099
440	47223	47347	47471	47596	47720	47845	47970	48094	48220	48345
0,450	0,48470	0,48595	0,48721	0,48847	0,48973	0,49099	0,49225	0,49351	0,49478	0,49604
460	49731	49858	49985	50112	50240	50367	50495	50623	50751	50879
470	51007	51135	51264	51393	51522	51651	51780	51909	52039	52169
480	52298	52428	52559	52689	52819	52950	53081	53212	53343	53475
490	53606	53738	53870	54002	54134	54266	54399	54531	54664	54797
0,500	0,54931	0,55064	0,55198	0,55331	0,55465	0,55600	0,55734	0,55868	0,56003	0,56138
510	56273	56408	56544	56679	56815	56951	57087	57224	57360	57497
520	57634	57771	57908	58046	58184	58322	58460	58598	58737	58876
530	59015	59154	59293	59433	59572	59712	59853	59993	60134	60274
540	60416	60557	60698	60840	60982	61124	61266	61409	61552	61695
0,550	0,61838	0,61982	0,62125	0,62269	0,62413	0,62558	0,62702	0,62847	0,62992	0,63138
560	63283	63429	63575	63721	63868	64015	64162	64309	64457	64604
570	64752	64901	65049	65198	65347	65496	65646	65795	65945	66096
580	66246	66397	66548	66700	66851	67003	67155	67308	67460	67613
590	67767	67920	68074	68228	68382	68537	68692	68847	69003	69159
0,600	0,69315	0,69471	0,69628	0,69785	0,69942	0,70100	0,70258	0,70416	0,70574	0,70733
610	70892	71052	71211	71371	71532	71692	71853	72015	72176	72338
620	72500	72663	72826	72989	73153	73317	73481	73646	73811	73976
630	74142	74308	74474	74641	74808	74975	75143	75311	75479	75648
640	75817	75987	76157	76327	76498	76669	76840	77012	77184	77357
0,650	0,77530	0,77703	0,77877	0,78051	0,78226	0,78401	0,78576	0,78752	0,78928	0,79104
660	79281	79459	79637	79815	79993	80172	80352	80532	80712	80893
670	81074	81256	81438	81621	81804	81987	82171	82355	82540	82726
680	82911	83098	83284	83472	83659	83847	84036	84225	84415	84605
690	84796	84987	85178	85370	85563	85756	85950	86144	86339	86534
0,700	0,86730	0,86926	0,87123	0,87321	0,87519	0,87717	0,87916	0,88116	0,88316	0,88517
710	88718	88920	89123	89326	89530	89734	89939	90144	90350	90557
720	90765	90972	91181	91390	91600	91811	92022	92233	92446	92659
730	92873	93087	93302	93518	93735	93952	94169	94388	94607	94827
740	95048	95269	95491	95714	95938	96162	96387	96613	96840	97067
0,750	0,97296	0,97524	0,97754	0,97985	0,98216	0,98448	0,98681	0,98915	0,99150	0,99385
760	99622	99859	1,00097	1,00336	1,00575	1,00816	1,01058	1,01300	1,01543	1,01788
770	1,02033	1,02279	02526	02774	03023	03273	03524	03775	04028	04282
780	04537	04793	05050	05308	05567	05827	06088	06350	06613	06878
790	07143	07410	07677	07946	08216	08488	08760	09033	09308	09584
0,800	1,09861	1,10140	1,10419	1,10700	1,10982	1,11266	1,11551	1,11837	1,12124	1,12413
810	12703	12994	13287	13581	13877	14174	14473	14773	15074	15377
820	15682	15988	16295	16604	16915	17227	17541	17857	18174	18493
830	18814	19136	19460	19786	20113	20443	20774	21107	21442	21779
840	22117	22458	22801	23145	23492	23840	24191	24544	24899	25256
0,850	1,25615	1,25977	1,26340	1,26706	1,27075	1,27445	1,27818	1,28194	1,28571	1,28952
860	29334	29720	30108	30498	30891	31287	31686	32087	32491	32898
870	33308	33721	34137	34555	34977	35403	35831	36262	36697	37135
880	37577	38022	38470	38922	39378	39838	40301	40768	41239	41714
890	42193	42676	43163	43654	44150	44651	45156	45665	46179	46698
0,900	1,47222	1,47751	1,48285	1,48824	1,49368	1,49918	1,50473	1,51034	1,51601	1,52174
910	52752	53337	53928	54526	55130	55741	56359	56984	57616	58256
920	58903	59558	60221	60892	61571	62260	62957	63663	64379	65104
930	65839	66584	67340	68107	68885	69674	70475	71288	72114	72953
940	73805	74671	75552	76447	77358	78284	79227	80188	81166	82162
0,950	1,83178	1,84214	1,85270	1,86349	1,87450	1,88574	1,89723	1,90898	1,92100	1,93331
960	94591	95882	97207	98566	99961	2,01395	2,02870	2,04388	2,05952	2,07565
970	2,09230	2,10950	2,12730	2,14574	2,16486	18472	20539	22692	24940	27291
980	29756	32346	35075	37958	41014	44266	47741	51472	55499	59875
990	64665	69958	75873	82574	90307	99448	3,10630	3,25039	3,45338	3,80020

z-Transformation

Die Verteilung des Korrelationskoeffizienten weicht um so mehr von der Normalverteilung ab, je kleiner die Anzahl der Beobachtungspaare n und je größer sein Absolutwert ist. Durch die z-Transformation wird die Verteilung des Korrelationskoeffizienten normalisiert.

Es ist

$$z = \tfrac{1}{2} \ln \frac{1+r}{1-r}$$

(siehe Tafel links; ln = natürlicher Logarithmus, siehe S. 12)

und

$$r = \frac{e^{2z}-1}{e^{2z}+1} = \tanh z$$

= Tangens hyperbolicus von z (siehe S. 64 und 65)

Die Streuung von z ist

$$\sigma_z^2 = \frac{1}{n-p-3} = \frac{1}{n'-3}$$

n = Anzahl der Beobachtungspaare, p = Anzahl der ausgeschalteten Variabeln. Beim Korrelationskoeffizienten r_{xy} ist zum Beispiel $p = 0$, folglich $n' = n$, beim Partialkorrelationskoeffizienten $r_{xy.z}$ ist $p = 1$, folglich $n' = n - 1$.

Der Erwartungswert von z annähernd (vgl. S. 180)

$$\boldsymbol{z} \approx \tfrac{1}{2} \ln \frac{1+\boldsymbol{r}}{1-\boldsymbol{r}}$$

$\boldsymbol{z}$ wird durch z geschätzt, bei k Korrelationskoeffizienten durch $\bar{z}$**:

$$\bar{z} = \frac{\sum_1^k (n_i'-3)\, z_i}{\sum_1^k (n_i'-3)}$$

mit Varianz

$$\sigma_{\bar{z}}^2 = \frac{1}{\sum_1^k (n_i'-3)}$$

Der Vertrauensbereich für $\boldsymbol{z}$ ist

$$z \pm \frac{|c_\alpha|}{\sqrt{n'-3}}; \left(\frac{|c_\alpha|}{\sqrt{n'-3}} \text{ siehe Tafel rechts} \right)$$

bzw. $\bar{z} \pm |c_\alpha|\, \sigma_{\bar{z}}$

Der Vertrauensbereich für $\boldsymbol{r}$ ist

$$\tanh\left(z - \frac{|c_\alpha|}{\sqrt{n'-3}}\right) \leqq \boldsymbol{r} \leqq \tanh\left(z + \frac{|c_\alpha|}{\sqrt{n'-3}}\right)$$

bzw. $\tanh(\bar{z} - |c_\alpha|\, \sigma_{\bar{z}}) \leqq \boldsymbol{r} \leqq \tanh(\bar{z} + |c_\alpha|\, \sigma_{\bar{z}})$

Teste

Prüfung $r = \boldsymbol{r}$

$$c = (z - \boldsymbol{z})\sqrt{n'-3}$$

Prüfung $r_1 = \boldsymbol{r}_1 = r_2 = \boldsymbol{r}_2$

$$c = \frac{z_1 - z_2}{\sqrt{\dfrac{1}{n_1'-3} + \dfrac{1}{n_2'-3}}}$$

Weitere Teste siehe S. 180 und 181.

** $\bar{z}$ darf nur dann als Schätzung von $\boldsymbol{z}$ angenommen werden, wenn χ^2 nicht signifikant ist. Es ist $\chi^2 = \sum_1^k (n_i'-3)(z_i - \bar{z})^2$, Freiheitsgrad $\nu = k - 1$

Vertrauensgrenzen für $z = \zeta \pm |c_\alpha| / \sqrt{n-3}$. Die Tafel gibt die Werte für $|c_\alpha| / \sqrt{n-3}$. Siehe S. 181

95%-Grenzen ($1 - 2\alpha = 0{,}95$)

n	0	1	2	3	4	5	6	7	8	9
	0,	0,	0,	0,	0,	0,	0,	0,	0,	0,
10	74080	69295	65332	61980	59095	56579	54360	52382	50606	48999
20	47536	46197	44965	43826	42770	41787	40868	40008	39199	38438
30	37720	37040	36396	35784	35202	34648	34119	33613	33129	32666
40	32222	31795	31385	30990	30609	30243	29889	29548	29217	28898
50	28589	28290	27999	27718	27445	27180	26922	26672	26428	26191
60	25960	25736	25517	25303	25095	24892	24693	24500	24310	24125
70	23945	23768	23595	23426	23260	23098	22940	22784	22632	22482
80	22336	22192	22051	21913	21777	21644	21513	21385	21259	21135
90	21013	20893	20776	20660	20546	20434	20324	20215	20109	20004
100	19900	19799	19698	19600	19502	19407	19312	19219	19127	19037
110	18948	18860	18773	18688	18603	18520	18438	18357	18277	18198
120	18120	18043	17967	17892	17818	17745	17672	17601	17530	17461
130	17392	17324	17257	17190	17124	17059	16995	16931	16869	16807
140	16745	16684	16624	16565	16506	16448	16390	16333	16277	16221
150	16166	16111	16057	16003	15950	15897	15845	15794	15743	15692
160	15642	15593	15544	15495	15447	15399	15352	15305	15258	15212
170	15167	15121	15077	15032	14988	14945	14901	14858	14816	14774
180	14732	14691	14649	14609	14568	14528	14488	14449	14410	14371
190	14333	14295	14257	14219	14182	14145	14108	14072	14036	14000
200	13964	13929	13894	13859	13825	13790	13756	13722	13689	13656
210	13623	13590	13557	13525	13493	13461	13429	13398	13367	13336
220	13305	13275	13244	13214	13184	13154	13125	13096	13066	13037
230	13009	12980	12952	12924	12896	12868	12840	12813	12785	12758
240	12731	12705	12678	12652	12625	12599	12573	12547	12522	12496
250	12471	12446	12421	12396	12371	12347	12322	12298	12274	12250
260	12226	12202	12179	12155	12132	12109	12086	12063	12040	12017
270	11995	11972	11950	11928	11906	11884	11862	11841	11819	11798
280	11776	11755	11734	11713	11692	11671	11651	11630	11610	11590
290	11569	11549	11529	11509	11490	11470	11450	11431	11411	11392
300	11373	11354	11335	11316	11297	11278	11260	11241	11223	11204
310	11186	11168	11150	11132	11114	11096	11078	11061	11043	11026
320	11008	10991	10974	10957	10939	10922	10906	10889	10872	10855
330	10839	10822	10806	10789	10773	10757	10741	10724	10708	10692
340	10677	10661	10645	10629	10614	10598	10583	10567	10552	10537
350	10522	10507	10491	10476	10462	10447	10432	10417	10402	10388
360	10373	10359	10344	10330	10316	10301	10287	10273	10259	10245
370	10231	10217	10203	10189	10176	10162	10148	10135	10121	10108
380	10094	10081	10068	10054	10041	10028	10015	10002	09989	09976
390	09963	09950	09937	09925	09912	09899	09887	09874	09862	09849
400	09837	09824	09812	09800	09788	09775	09763	09751	09739	09727
410	09715	09703	09691	09680	09668	09656	09644	09633	09621	09610
420	09598	09586	09575	09564	09552	09541	09530	09518	09507	09496
430	09485	09474	09463	09452	09441	09430	09419	09408	09397	09387
440	09376	09365	09354	09344	09333	09323	09312	09302	09291	09281
450	09270	09260	09250	09239	09229	09219	09209	09199	09188	09178
460	09168	09158	09148	09138	09128	09119	09109	09099	09089	09079
470	09070	09060	09050	09041	09031	09021	09012	09002	08993	08983
480	08974	08965	08955	08946	08937	08927	08918	08909	08900	08891
490	08881	08872	08863	08854	08845	08836	08827	08818	08809	08800
500	08792	08783	08774	08765	08756	08748	08739	08730	08722	08713
510	08705	08696	08687	08679	08670	08662	08653	08645	08637	08628
520	08620	08612	08603	08595	08587	08579	08570	08562	08554	08546
530	08538	08530	08522	08514	08506	08498	08490	08482	08474	08466
540	08458	08450	08442	08434	08427	08419	08411	08403	08396	08388
550	08380	08373	08365	08357	08350	08342	08335	08327	08320	08312
560	08305	08297	08290	08282	08275	08268	08260	08253	08246	08238
570	08231	08224	08217	08209	08202	08195	08188	08181	08174	08167
580	08159	08152	08145	08138	08131	08124	08117	08110	08103	08097
590	08090	08083	08076	08069	08062	08055	08049	08042	08035	08028
600	08022	08015	08008	08002	07995	07988	07982	07975	07968	07962
610	07955	07949	07942	07936	07929	07923	07916	07910	07903	07897
620	07891	07884	07878	07871	07865	07859	07852	07846	07840	07834
630	07827	07821	07815	07809	07802	07796	07790	07784	07778	07772
640	07766	07760	07753	07747	07741	07735	07729	07723	07717	07711
650	07705	07699	07694	07688	07682	07676	07670	07664	07658	07652
660	07647	07641	07635	07629	07623	07618	07612	07606	07600	07595
670	07589	07583	07578	07572	07566	07561	07555	07549	07544	07538
680	07533	07527	07522	07516	07511	07505	07500	07494	07489	07483
690	07478	07472	07467	07461	07456	07451	07445	07440	07435	07429
700	07424	07419	07413	07408	07403	07397	07392	07387	07382	07376
710	07371	07366	07361	07356	07350	07345	07340	07335	07330	07325
720	07320	07315	07309	07304	07299	07294	07289	07284	07279	07274
730	07269	07264	07259	07254	07249	07244	07239	07234	07229	07225
740	07220	07215	07210	07205	07200	07195	07190	07186	07181	07176
750	07171	07166	07162	07157	07152	07147	07143	07138	07133	07128
760	07124	07119	07114	07110	07105	07100	07096	07091	07086	07082
770	07077	07072	07068	07063	07059	07054	07050	07045	07040	07036
780	07031	07027	07022	07018	07013	07009	07004	07000	06995	06991
790	06987	06982	06978	06973	06969	06964	06960	06956	06951	06947
800	06943	06938	06934	06930	06925	06921	06917	06912	06908	06904
810	06899	06895	06891	06887	06882	06878	06874	06870	06865	06861
820	06857	06853	06849	06844	06840	06836	06832	06828	06824	06820
830	06815	06811	06807	06803	06799	06795	06791	06787	06783	06779
840	06775	06771	06767	06763	06758	06754	06750	06746	06742	06738
850	06735	06731	06727	06723	06719	06715	06711	06707	06703	06699
860	06695	06691	06687	06683	06680	06676	06672	06668	06664	06660
870	06656	06653	06649	06645	06641	06637	06633	06630	06626	06622
880	06618	06615	06611	06607	06603	06600	06596	06592	06588	06585
890	06581	06577	06574	06570	06566	06562	06559	06555	06551	06548
900	06544	06540	06537	06533	06530	06526	06522	06519	06515	06512
910	06508	06504	06501	06497	06494	06490	06487	06483	06479	06476
920	06472	06469	06465	06462	06458	06455	06451	06448	06444	06441
930	06437	06434	06430	06427	06424	06420	06417	06413	06410	06406
940	06403	06400	06396	06393	06389	06386	06383	06379	06376	06372
950	06369	06366	06362	06359	06356	06352	06349	06346	06342	06339
960	06336	06332	06329	06326	06322	06319	06316	06313	06309	06306
970	06303	06300	06296	06293	06290	06287	06283	06280	06277	06274
980	06270	06267	06264	06261	06258	06254	06251	06248	06245	06242
990	06239	06235	06232	06229	06226	06223	06220	06217	06214	06210
1000	06207									

99%-Grenzen ($1 - 2\alpha = 0{,}99$)

n	0	1	2	3	4	5	6	7	8	9
	0,	0,	0,	0,	0,	0,	0,	0,	0,	0,
10	97357	91069	85861	81455	77664	74358	71441	68842	66508	64396
20	62473	60713	59094	57597	56209	54917	53710	52579	51517	50516
30	49572	48679	47832	47028	46263	45535	44839	44175	43539	42930
40	42346	41785	41246	40727	40228	39746	39281	38832	38398	37979
50	37572	37179	36798	36428	36069	35720	35382	35053	34732	34421
60	34118	33822	33534	33254	32980	32713	32452	32198	31949	31706
70	31469	31237	31009	30787	30569	30356	30148	29943	29743	29547
80	29354	29166	28980	28799	28620	28445	28273	28105	27939	27776
90	27616	27458	27304	27152	27002	26855	26710	26568	26427	26289
100	26154	26020	25888	25758	25630	25505	25380	25258	25138	25019
110	24901	24786	24672	24560	24449	24339	24231	24125	24020	23916
120	23814	23712	23613	23514	23417	23320	23225	23132	23039	22947
130	22857	22767	22679	22592	22505	22420	22335	22252	22169	22088
140	22007	21927	21848	21770	21692	21616	21540	21465	21391	21318
150	21245	21173	21102	21032	20962	20893	20824	20757	20690	20623
160	20557	20492	20428	20364	20300	20238	20175	20114	20053	19992
170	19932	19873	19814	19756	19698	19641	19584	19527	19471	19416
180	19361	19307	19253	19199	19146	19093	19041	18989	18938	18887
190	18836	18786	18736	18687	18638	18589	18541	18493	18446	18399
200	18352	18306	18260	18214	18168	18123	18079	18034	17990	17947
210	17903	17860	17817	17775	17733	17691	17649	17608	17567	17526
220	17486	17446	17406	17366	17327	17288	17249	17210	17172	17134
230	17096	17059	17022	16985	16948	16911	16875	16839	16803	16767
240	16732	16697	16662	16627	16592	16558	16524	16490	16456	16423
250	16390	16357	16324	16291	16258	16226	16194	16162	16130	16099
260	16068	16036	16005	15975	15944	15914	15883	15853	15823	15793
270	15764	15734	15705	15676	15647	15618	15590	15561	15533	15505
280	15477	15449	15421	15394	15366	15339	15312	15285	15258	15231
290	15205	15178	15152	15126	15100	15074	15048	15023	14997	14972
300	14946	14921	14896	14872	14847	14822	14798	14773	14749	14725
310	14701	14677	14653	14630	14606	14583	14559	14536	14513	14490
320	14467	14445	14422	14399	14377	14355	14332	14310	14288	14266
330	14244	14223	14201	14179	14158	14137	14115	14094	14073	14052
340	14031	14011	13990	13969	13949	13928	13908	13888	13868	13848
350	13828	13808	13788	13768	13749	13729	13710	13690	13671	13652
360	13633	13614	13595	13576	13557	13538	13520	13501	13483	13464
370	13446	13427	13409	13391	13373	13355	13337	13319	13302	13284
380	13266	13249	13231	13214	13196	13179	13162	13145	13128	13111
390	13094	13077	13060	13043	13027	13010	12993	12977	12960	12944
400	12928	12911	12895	12879	12863	12847	12831	12815	12799	12784
410	12768	12752	12737	12721	12706	12690	12675	12660	12644	12629
420	12614	12599	12584	12569	12554	12539	12524	12509	12495	12480
430	12465	12451	12436	12422	12407	12393	12379	12364	12350	12336
440	12322	12308	12294	12280	12266	12252	12238	12224	12211	12197
450	12183	12170	12156	12143	12129	12116	12102	12089	12076	12062
460	12049	12036	12023	12010	11997	11984	11971	11958	11945	11932
470	11920	11907	11894	11881	11869	11856	11844	11831	11819	11806
480	11794	11782	11769	11757	11745	11733	11720	11708	11696	11684
490	11672	11660	11648	11636	11625	11613	11601	11589	11577	11566
500	11554	11543	11531	11519	11508	11496	11485	11474	11462	11451
510	11440	11428	11417	11406	11395	11384	11373	11361	11350	11339
520	11328	11318	11307	11296	11285	11274	11263	11253	11242	11231
530	11220	11210	11199	11189	11178	11168	11157	11147	11136	11126
540	11116	11105	11095	11085	11074	11064	11054	11044	11034	11024
550	11013	11003	10993	10983	10973	10963	10954	10944	10934	10924
560	10914	10904	10895	10885	10875	10865	10856	10846	10837	10827
570	10817	10808	10798	10789	10780	10770	10761	10751	10742	10733
580	10723	10714	10705	10696	10686	10677	10668	10659	10650	10641
590	10632	10623	10614	10605	10596	10587	10578	10569	10560	10551
600	10542	10533	10525	10516	10507	10498	10490	10481	10472	10464
610	10455	10446	10438	10429	10421	10412	10404	10395	10387	10378
620	10370	10362	10353	10345	10336	10328	10320	10312	10303	10295
630	10287	10279	10271	10262	10254	10246	10238	10230	10222	10214
640	10206	10198	10190	10182	10174	10166	10158	10150	10142	10134
650	10127	10119	10111	10103	10095	10088	10080	10072	10065	10057
660	10049	10042	10034	10026	10019	10011	10004	09996	09989	09981
670	09974	09966	09959	09951	09944	09936	09929	09922	09914	09907
680	09900	09892	09885	09878	09871	09863	09856	09849	09842	09835
690	09827	09820	09813	09806	09799	09792	09785	09778	09771	09764
700	09757	09750	09743	09736	09729	09722	09715	09708	09701	09694
710	09687	09681	09674	09667	09660	09653	09647	09640	09633	09626
720	09620	09613	09606	09600	09593	09586	09580	09573	09566	09560
730	09553	09547	09540	09534	09527	09521	09514	09508	09501	09495
740	09488	09482	09475	09469	09463	09456	09450	09443	09437	09431
750	09424	09418	09412	09406	09399	09393	09387	09381	09374	09368
760	09362	09356	09350	09344	09337	09331	09325	09319	09313	09307
770	09301	09295	09289	09283	09277	09271	09265	09259	09253	09247
780	09241	09235	09229	09223	09217	09211	09205	09199	09194	09188
790	09182	09176	09170	09164	09159	09153	09147	09141	09136	09130
800	09124	09118	09113	09107	09101	09096	09090	09084	09079	09073
810	09067	09062	09056	09051	09045	09039	09034	09028	09023	09017
820	09012	09006	09001	08995	08990	08984	08979	08973	08968	08962
830	08957	08952	08946	08941	08936	08930	08925	08919	08914	08909
840	08903	08898	08893	08887	08882	08877	08872	08866	08861	08856
850	08851	08845	08840	08835	08830	08825	08819	08814	08809	08804
860	08799	08794	08789	08784	08778	08773	08768	08763	08758	08753
870	08748	08743	08738	08733	08728	08723	08718	08713	08708	08703
880	08698	08693	08688	08683	08678	08673	08668	08663	08659	08654
890	08649	08644	08639	08634	08629	08625	08620	08615	08610	08605
900	08600	08596	08591	08586	08581	08577	08572	08567	08562	08558
910	08553	08548	08543	08539	08534	08529	08525	08520	08515	08511
920	08506	08502	08497	08492	08488	08483	08478	08474	08469	08465
930	08460	08456	08451	08446	08442	08437	08433	08428	08424	08419
940	08415	08410	08406	08401	08397	08393	08388	08384	08379	08375
950	08370	08366	08361	08357	08353	08348	08344	08340	08335	08331
960	08326	08322	08318	08313	08309	08305	08300	08296	08292	08288
970	08283	08279	08275	08270	08266	08262	08258	08253	08249	08245
980	08241	08237	08232	08228	08224	08220	08216	08211	08207	08203
990	08199	08195	08191	08187	08182	08178	08174	08170	08166	08162
1000	08158									

z-Transformation[1]: Tangens hyperbolicus z des Korrelationskoeffizienten r

$z = \tanh^{-1} r$

z	0,000	0,001	0,002	0,003	0,004	0,005	0,006	0,007	0,008	0,009
0,000	0,00000	0,00100	0,00200	0,00300	0,00400	0,00500	0,00600	0,00700	0,00800	0,00900
010	01000	01100	01200	01300	01400	01500	01600	01700	01800	01900
020	02000	02100	02200	02300	02400	02499	02599	02699	02799	02899
030	02999	03099	03199	03299	03399	03499	03598	03698	03798	03898
040	03998	04098	04198	04297	04397	04497	04597	04697	04796	04896
0,050	0,04996	0,05096	0,05195	0,05295	0,05395	0,05494	0,05594	0,05694	0,05794	0,05893
060	05993	06092	06192	06292	06391	06491	06590	06690	06790	06889
070	06989	07088	07188	07287	07387	07486	07585	07685	07784	07884
080	07983	08082	08182	08281	08380	08480	08579	08678	08777	08877
090	08976	09075	09174	09273	09372	09472	09571	09670	09769	09868
0,100	0,09967	0,10066	0,10165	0,10264	0,10363	0,10462	0,10560	0,10659	0,10758	0,10857
110	10956	11055	11153	11252	11351	11450	11548	11647	11746	11844
120	11943	12041	12140	12238	12337	12435	12534	12632	12731	12829
130	12927	13026	13124	13222	13320	13419	13517	13615	13713	13811
140	13909	14007	14105	14203	14301	14399	14497	14595	14693	14791
0,150	0,14889	0,14986	0,15084	0,15182	0,15279	0,15377	0,15475	0,15572	0,15670	0,15767
160	15865	15962	16060	16157	16255	16352	16449	16546	16644	16741
170	16838	16935	17032	17129	17227	17324	17420	17517	17614	17711
180	17808	17905	18002	18098	18195	18292	18388	18485	18582	18678
190	18775	18871	18967	19064	19160	19257	19353	19449	19545	19641
0,200	0,19738	0,19834	0,19930	0,20026	0,20122	0,20218	0,20313	0,20409	0,20505	0,20601
210	20697	20792	20888	20984	21079	21175	21270	21366	21461	21556
220	21652	21747	21842	21938	22033	22128	22223	22318	22413	22508
230	22603	22698	22793	22887	22982	23077	23171	23266	23361	23455
240	23550	23644	23738	23833	23927	24021	24115	24210	24304	24398
0,250	0,24492	0,24586	0,24680	0,24774	0,24868	0,24961	0,25055	0,25149	0,25242	0,25336
260	25430	25523	25617	25710	25803	25897	25990	26083	26176	26269
270	26362	26456	26548	26641	26734	26827	26920	27013	27105	27198
280	27291	27383	27476	27568	27660	27753	27845	27937	28029	28121
290	28213	28305	28397	28489	28581	28673	28765	28856	28948	29040
0,300	0,29131	0,29223	0,29314	0,29406	0,29497	0,29588	0,29679	0,29771	0,29862	0,29953
310	30044	30135	30226	30316	30407	30498	30589	30679	30770	30860
320	30951	31041	31131	31222	31312	31402	31492	31582	31672	31762
330	31852	31942	32032	32121	32211	32301	32390	32480	32569	32658
340	32748	32837	32926	33015	33104	33193	33282	33371	33460	33549
0,350	0,33638	0,33726	0,33815	0,33903	0,33992	0,34080	0,34169	0,34257	0,34345	0,34433
360	34521	34609	34697	34785	34873	34961	35049	35136	35224	35312
370	35399	35487	35574	35661	35749	35836	35923	36010	36097	36184
380	36271	36358	36444	36531	36618	36704	36791	36877	36963	37050
390	37136	37222	37308	37394	37480	37566	37652	37738	37824	37909
0,400	0,37995	0,38080	0,38166	0,38251	0,38337	0,38422	0,38507	0,38592	0,38677	0,38762
410	38847	38932	39017	39102	39186	39271	39356	39440	39524	39609
420	39693	39777	39861	39945	40029	40113	40197	40281	40365	40449
430	40532	40616	40699	40783	40866	40949	41032	41115	41199	41282
440	41364	41447	41530	41613	41695	41778	41861	41943	42025	42108
0,450	0,42190	0,42272	0,42354	0,42436	0,42518	0,42600	0,42682	0,42764	0,42845	0,42927
460	43008	43090	43171	43253	43334	43415	43496	43577	43658	43739
470	43820	43901	43981	44062	44143	44223	44303	44384	44464	44544
480	44624	44704	44784	44864	44944	45024	45104	45183	45263	45342
490	45422	45501	45580	45659	45739	45818	45897	45975	46054	46133
0,500	0,46212	0,46290	0,46369	0,46447	0,46526	0,46604	0,46682	0,46760	0,46839	0,46917
510	46995	47072	47150	47228	47306	47383	47461	47538	47615	47693
520	47770	47847	47924	48001	48078	48155	48232	48308	48385	48462
530	48538	48615	48691	48767	48843	48919	48995	49071	49147	49223
540	49299	49374	49450	49526	49601	49676	49752	49827	49902	49977
0,550	0,50052	0,50127	0,50202	0,50277	0,50351	0,50426	0,50500	0,50575	0,50649	0,50724
560	50798	50872	50946	51020	51094	51168	51242	51315	51389	51462
570	51536	51609	51683	51756	51829	51902	51975	52048	52121	52194
580	52267	52339	52412	52484	52557	52629	52701	52773	52846	52918
590	52990	53061	53133	53205	53277	53348	53420	53491	53562	53634
0,600	0,53705	0,53776	0,53847	0,53918	0,53989	0,54060	0,54131	0,54201	0,54272	0,54342
610	54413	54483	54553	54624	54694	54764	54834	54904	54973	55043
620	55113	55182	55252	55321	55391	55460	55529	55598	55667	55736
630	55805	55874	55943	56011	56080	56149	56217	56285	56354	56422
640	56490	56558	56626	56694	56762	56829	56897	56965	57032	57100
0,650	0,57167	0,57234	0,57301	0,57369	0,57436	0,57503	0,57570	0,57636	0,57703	0,57770
660	57836	57903	57969	58036	58102	58168	58234	58300	58366	58432
670	58498	58564	58629	58695	58760	58826	58891	58957	59022	59087
680	59152	59217	59282	59347	59411	59476	59541	59605	59670	59734
690	59798	59862	59927	59991	60055	60118	60182	60246	60310	60373
0,700	0,60437	0,60500	0,60564	0,60627	0,60690	0,60753	0,60816	0,60879	0,60942	0,61005
710	61068	61130	61193	61255	61318	61380	61443	61505	61567	61629
720	61691	61753	61815	61876	61938	62000	62061	62123	62184	62245
730	62307	62368	62429	62490	62551	62611	62672	62733	62794	62854
740	62915	62975	63035	63095	63156	63216	63276	63336	63395	63455
0,750	0,63515	0,63575	0,63634	0,63694	0,63753	0,63812	0,63871	0,63931	0,63990	0,64049
760	64108	64167	64225	64284	64343	64401	64460	64518	64576	64635
770	64693	64751	64809	64867	64925	64983	65040	65098	65156	65213
780	65271	65328	65385	65443	65500	65557	65614	65671	65727	65784
790	65841	65898	65954	66011	66067	66123	66179	66236	66292	66348
0,800	0,66404	0,66460	0,66515	0,66571	0,66627	0,66682	0,66738	0,66793	0,66849	0,66904
810	66959	67014	67069	67124	67179	67234	67289	67343	67398	67453
820	67507	67561	67616	67670	67724	67778	67832	67886	67940	67994
830	68048	68101	68155	68208	68262	68315	68368	68422	68475	68528
840	68581	68634	68687	68739	68792	68845	68897	68950	69002	69055
0,850	0,69107	0,69159	0,69211	0,69263	0,69315	0,69367	0,69419	0,69471	0,69523	0,69574
860	69626	69677	69729	69780	69831	69882	69934	69985	70036	70087
870	70137	70188	70239	70290	70340	70391	70441	70491	70542	70592
880	70642	70692	70742	70792	70842	70892	70941	70991	71040	71090
890	71139	71189	71238	71287	71336	71385	71434	71483	71532	71581
0,900	0,71630	0,71678	0,71727	0,71776	0,71824	0,71872	0,71921	0,71969	0,72017	0,72065
910	72113	72161	72209	72257	72305	72352	72400	72448	72495	72542
920	72590	72637	72684	72731	72778	72825	72872	72919	72966	73013
930	73059	73106	73153	73199	73245	73292	73338	73384	73430	73476
940	73522	73568	73614	73660	73705	73751	73797	73842	73888	73933
0,950	0,73978	0,74024	0,74069	0,74114	0,74159	0,74204	0,74249	0,74294	0,74338	0,74383
960	74428	74472	74517	74561	74606	74650	74694	74738	74782	74826
970	74870	74914	74958	75002	75046	75089	75133	75176	75220	75263
980	75307	75350	75393	75436	75479	75522	75565	75608	75651	75694
990	75736	75779	75821	75864	75906	75949	75991	76033	76075	76117
1,000	0,76159	0,76201	0,76243	0,76285	0,76327	0,76369	0,76410	0,76452	0,76493	0,76535
010	76576	76618	76659	76700	76741	76782	76823	76864	76905	76946
020	76987	77027	77068	77109	77149	77190	77230	77270	77310	77351
030	77391	77431	77471	77511	77551	77591	77630	77670	77710	77749
040	77789	77828	77868	77907	77946	77985	78025	78064	78103	78142

[1] Abgekürzt nach Werten aus *Table of Circular and Hyperbolic Tangents and Cotangents for Radian Arguments*, New York, 1947. Nachdruck mit freundlicher Erlaubnis des National Bureau of Standards und der Columbia University Press.

z-Transformation[1]: Tangens hyperbolicus z des Korrelationskoeffizienten r

$z = \tanh^{-1} r$

z	0,000	0,001	0,002	0,003	0,004	0,005	0,006	0,007	0,008	0,009
1,050	0,78181	0,78219	0,78258	0,78297	0,78336	0,78374	0,78413	0,78451	0,78490	0,78528
060	78566	78605	78643	78681	78719	78757	78795	78833	78871	78908
070	78946	78984	79021	79059	79096	79134	79171	79208	79246	79283
080	79320	79357	79394	79431	79468	79505	79541	79578	79615	79651
090	79688	79724	79761	79797	79833	79870	79906	79942	79978	80014
1,100	0,80050	0,80086	0,80122	0,80157	0,80193	0,80229	0,80264	0,80300	0,80335	0,80371
110	80406	80442	80477	80512	80547	80582	80617	80652	80687	80722
120	80757	80792	80826	80861	80896	80930	80965	80999	81033	81068
130	81102	81136	81170	81204	81238	81272	81306	81340	81374	81408
140	81441	81475	81509	81542	81576	81609	81642	81676	81709	81742
1,150	0,81775	0,81809	0,81842	0,81875	0,81907	0,81940	0,81973	0,82006	0,82039	0,82071
160	82104	82137	82169	82202	82234	82266	82299	82331	82363	82395
170	82427	82459	82491	82523	82555	82587	82619	82650	82682	82714
180	82745	82777	82808	82840	82871	82902	82933	82965	82996	83027
190	83058	83089	83120	83151	83182	83212	83243	83274	83304	83335
1,200	0,83365	0,83396	0,83426	0,83457	0,83487	0,83517	0,83548	0,83578	0,83608	0,83638
210	83668	83698	83728	83758	83788	83817	83847	83877	83906	83936
220	83965	83995	84024	84054	84083	84112	84142	84171	84200	84229
230	84258	84287	84316	84345	84374	84402	84431	84460	84488	84517
240	84546	84574	84603	84631	84659	84688	84716	84744	84772	84800
1,250	0,84828	0,84856	0,84884	0,84912	0,84940	0,84968	0,84996	0,85023	0,85051	0,85079
260	85106	85134	85161	85189	85216	85244	85271	85298	85325	85353
270	85380	85407	85434	85461	85488	85515	85542	85568	85595	85622
280	85648	85675	85702	85728	85755	85781	85808	85834	85860	85886
290	85913	85939	85965	85991	86017	86043	86069	86095	86121	86147
1,300	0,86172	0,86198	0,86224	0,86249	0,86275	0,86300	0,86326	0,86351	0,86377	0,86402
310	86428	86453	86478	86503	86528	86554	86579	86604	86629	86654
320	86678	86703	86728	86753	86778	86802	86827	86851	86876	86900
330	86925	86949	86974	86998	87022	87047	87071	87095	87119	87143
340	87167	87191	87215	87239	87263	87287	87311	87334	87358	87382
1,350	0,87405	0,87429	0,87452	0,87476	0,87499	0,87523	0,87546	0,87570	0,87593	0,87616
360	87639	87662	87686	87709	87732	87755	87778	87801	87824	87846
370	87869	87892	87915	87937	87960	87983	88005	88028	88050	88073
380	88095	88118	88140	88162	88184	88207	88229	88251	88273	88295
390	88317	88339	88361	88383	88405	88427	88448	88470	88492	88514
1,400	0,88535	0,88557	0,88578	0,88600	0,88621	0,88643	0,88664	0,88686	0,88707	0,88728
410	88749	88771	88792	88813	88834	88855	88876	88897	88918	88939
420	88960	88981	89002	89022	89043	89064	89084	89105	89126	89146
430	89167	89187	89208	89228	89248	89269	89289	89309	89329	89350
440	89370	89390	89410	89430	89450	89470	89490	89510	89530	89549
1,450	0,89569	0,89589	0,89609	0,89628	0,89648	0,89668	0,89687	0,89707	0,89726	0,89746
460	89765	89785	89804	89823	89843	89862	89881	89900	89920	89939
470	89958	89977	89996	90015	90034	90053	90072	90090	90109	90128
480	90147	90166	90184	90203	90221	90240	90259	90277	90296	90314
490	90332	90351	90369	90388	90406	90424	90442	90460	90479	90497
1,500	0,90515	0,90533	0,90551	0,90569	0,90587	0,90605	0,90623	0,90641	0,90658	0,90676
510	90694	90712	90729	90747	90765	90782	90800	90817	90835	90852
520	90870	90887	90905	90922	90939	90957	90974	90991	91008	91025
530	91042	91060	91077	91094	91111	91128	91145	91161	91178	91195
540	91212	91229	91246	91262	91279	91296	91312	91329	91345	91362
1,550	0,91379	0,91395	0,91411	0,91428	0,91444	0,91461	0,91477	0,91493	0,91510	0,91526
560	91542	91558	91574	91591	91607	91623	91639	91655	91671	91687
570	91703	91718	91734	91750	91766	91782	91797	91813	91829	91845
580	91860	91876	91891	91907	91922	91938	91953	91969	91984	92000
590	92015	92030	92046	92061	92076	92091	92106	92122	92137	92152
1,600	0,92167	0,92182	0,92197	0,92212	0,92227	0,92242	0,92257	0,92272	0,92286	0,92301
610	92316	92331	92346	92360	92375	92390	92404	92419	92433	92448
620	92462	92477	92491	92506	92520	92535	92549	92563	92578	92592
630	92606	92620	92635	92649	92663	92677	92691	92705	92719	92733
640	92747	92761	92775	92789	92803	92817	92831	92844	92858	92872
1,650	0,92886	0,92899	0,92913	0,92927	0,92940	0,92954	0,92968	0,92981	0,92995	0,93008
660	93022	93035	93049	93062	93075	93089	93102	93115	93129	93142
670	93155	93168	93182	93195	93208	93221	93234	93247	93260	93273
680	93286	93299	93312	93325	93338	93351	93364	93376	93389	93402
690	93415	93427	93440	93453	93465	93478	93491	93503	93516	93528
1,700	0,93541	0,93553	0,93566	0,93578	0,93591	0,93603	0,93615	0,93628	0,93640	0,93652
710	93665	93677	93689	93701	93714	93726	93738	93750	93762	93774
720	93786	93798	93810	93822	93834	93846	93858	93870	93882	93894
730	93906	93917	93929	93941	93953	93964	93976	93988	93999	94011
740	94023	94034	94046	94057	94069	94080	94092	94103	94115	94126
1,750	0,94138	0,94149	0,94160	0,94172	0,94183	0,94194	0,94205	0,94217	0,94228	0,94239
760	94250	94261	94273	94284	94295	94306	94317	94328	94339	94350
770	94361	94372	94383	94394	94405	94415	94426	94437	94448	94459
780	94470	94480	94491	94502	94512	94523	94534	94544	94555	94565
790	94576	94587	94597	94608	94618	94629	94639	94649	94660	94670
1,800	0,94681	0,94691	0,94701	0,94712	0,94722	0,94732	0,94742	0,94753	0,94763	0,94773
810	94783	94793	94803	94814	94824	94834	94844	94854	94864	94874
820	94884	94894	94904	94914	94924	94933	94943	94953	94963	94973
830	94983	94992	95002	95012	95022	95031	95041	95051	95060	95070
840	95080	95089	95099	95108	95118	95127	95137	95146	95156	95165
1,850	0,95175	0,95184	0,95193	0,95203	0,95212	0,95221	0,95231	0,95240	0,95249	0,95259
860	95268	95277	95286	95296	95305	95314	95323	95332	95341	95350
870	95359	95368	95378	95387	95396	95405	95413	95422	95431	95440
880	95449	95458	95467	95476	95485	95493	95502	95511	95520	95529
890	95537	95546	95555	95563	95572	95581	95589	95598	95607	95615
1,900	0,95624	0,95632	0,95641	0,95649	0,95658	0,95666	0,95675	0,95683	0,95692	0,95700
910	95709	95717	95725	95734	95742	95750	95759	95767	95775	95783
920	95792	95800	95808	95816	95825	95833	95841	95849	95857	95865
930	95873	95881	95890	95898	95906	95914	95922	95930	95938	95945
940	95953	95961	95969	95977	95985	95993	96001	96009	96016	96024
1,950	0,96032	0,96040	0,96047	0,96055	0,96063	0,96071	0,96078	0,96086	0,96094	0,96101
960	96109	96117	96124	96132	96139	96147	96155	96162	96170	96177
970	96185	96192	96200	96207	96214	96222	96229	96237	96244	96251
980	96259	96266	96273	96281	96288	96295	96303	96310	96317	96324
990	96331	96339	96346	96353	96360	96367	96374	96382	96389	96396

z	0,0	0,1	0,2	0,3	0,4	0,5	0,6	0,7	0,8	0,9
0,0	0,00000 00000	0,09966 79946	0,19737 53202	0,29131 26125	0,37994 89623	0,46211 71573	0,53704 95670	0,60436 77771	0,66403 67703	0,71629 78702
1,0	76159 41560	80049 90218	83365 46070	86172 31593	88535 16482	90514 82536	92166 85544	93540 90706	94680 60128	95623 74581
2,0	96402 75801	97045 19366	97574 31300	98009 63963	98367 48577	98661 42982	98902 74022	99100 74537	99263 15202	99396 31674
3,0	99505 47537	99594 93592	99668 23978	99728 29601	99777 49279	99817 78976	99850 79423	99877 82413	99899 95978	99918 08657
4,0	99932 92997	99945 08437	99955 03665	99963 18562	99969 85793	99975 32108	99979 79416	99983 45656	99986 45517	99988 91030
5,0	0,99990 92043	0,99992 56621	0,99993 91369	0,99995 01692	0,99995 92018	0,99996 65972	0,99997 26520	0,99997 76093	0,99998 16680	0,99998 49910
6,0	99998 77117	99998 99391	99999 17629	99999 32560	99999 44785	99999 54794	99999 62988	99999 69697	99999 75190	99999 79687
7,0	99999 83369	99999 86384	99999 88852	99999 90873	99999 92527	99999 93882	99999 94991	99999 95899	99999 96642	99999 97251
8,0	99999 97749	99999 98157	99999 98491	99999 98765	99999 98989	99999 99172	99999 99322	99999 99445	99999 99546	99999 99628
9,0	99999 99695	99999 99751	99999 99796	99999 99833	99999 99863	99999 99888	99999 99908	99999 99925	99999 99939	99999 99950

[1] Siehe Note auf S. 64.

ΣD^2 = Summe der quadrierten Differenzen der beiden Werte von *n* Beobachtungspaaren. Werte für *n* von 1 bis 10 exakt[1]. *Kursiv* gesetzte Werte = Werte der Tangente durch den letzten exakten Wert ($n = 10$) an die Approximationskurve $|c_\alpha|/\sqrt{n-1}$ (für $2\alpha = 0{,}05$, 0,02, 0,01 und 0,001). Bei $2\alpha = 0{,}10$ entsprechen die *kursiv* gesetzten Werte der extrapolierten Exponentialkurve zwischen den beiden letzten exakten Werten ($n = 9$ und 10). Damit befindet man sich bei allen approximierten Werten immer auf der sichern Seite

n	$2\alpha = 0{,}10$		$2\alpha = 0{,}05$		$2\alpha = 0{,}02$		$2\alpha = 0{,}01$		$2\alpha = 0{,}001$	
	ΣD^2 unten–oben	*R* (±)	ΣD^2 unten–oben	*R* (±)	ΣD^2 unten–oben	*R* (±)	ΣD^2 unten–oben	*R* (±)	ΣD^2 unten–oben	*R* (±)
5	2– 38	0,9000	0– 40	1,0000	0– 40	1,0000	–	–	–	–
6	6– 64	8286	4– 66	0,8857	2– 68	0,9429	0– 70	1,0000	–	–
7	16– 96	7143	12– 100	7857	6– 106	8929	4– 108	0,9286	0– 112	1,0000
8	30– 138	6429	22– 146	7381	14– 154	8333	10– 158	8810	2– 166	0,9762
9	48– 192	6000	38– 202	6833	26– 214	7833	20– 220	8333	8– 232	9333
10	72– 258	0,5636	58– 272	0,6485	44– 286	0,7333	34– 296	0,7939	16– 314	0,9030
11	*103– 337*	*5294*	*83– 357*	*6194*	*63– 377*	*7110*	*50– 390*	*7724*	*24– 416*	*8875*
12	*143– 429*	*4973*	116– 456	5910	*89– 483*	*6887*	*71– 501*	*7509*	*36– 536*	*8720*
13	191– 537	4748	158– 570	5658	*121– 607*	*6634*	*98– 630*	*7294*	*52– 676*	*8565*
14	247– 663	4562	207– 703	5436	*161– 748*	*6441*	*132– 778*	*7080*	*72– 838*	*8410*
15	313– 807	0,4396	266– 854	0,5238	211– 909	0,6217	*175– 945*	*0,6865*	*97– 1023*	*0,8255*
16	391– 969	4247	335– 1025	5061	271– 1089	6007	*227– 1133*	*6650*	*129– 1231*	*8100*
17	480– 1152	4112	416– 1216	4900	341– 1291	5816	290– 1342	6440	*167– 1465*	*7945*
18	582– 1356	3989	508– 1430	4754	422– 1516	5642	363– 1575	6247	*214– 1724*	*7790*
19	698– 1582	3877	613– 1667	4620	514– 1766	5483	447– 1833	6071	*269– 2011*	*7635*
20	828– 1832	0,3774	731– 1929	0,4496	620– 2040	0,5337	544– 2116	0,5909	*335– 2325*	*0,7480*
21	973– 2107	3678	865– 2215	4383	738– 2342	5202	653– 2427	5760	*412– 2668*	*7325*
22	1135– 2407	3589	1013– 2529	4277	871– 2671	5077	775– 2767	5621	*501– 3041*	*7170*
23	1314– 2734	3507	1178– 2870	4179	1020– 3028	4960	912– 3136	5492	*604– 3444*	*7015*
24	1511– 3089	3430	1360– 3240	4087	1184– 3416	4851	1064– 3536	5371	721– 3879	6861
25	1727– 3473	0,3358	1559– 3641	0,4001	1365– 3835	0,4749	1232– 3968	0,5258	853– 4347	0,6717
26	1962– 3888	3290	1778– 4072	3920	1564– 4286	4653	1418– 4432	5152	1000– 4850	6581
27	2219– 4333	3226	2016– 4536	3844	1781– 4771	4562	1621– 4931	5052	1161– 5391	6453
28	2497– 4811	3166	2275– 5033	3772	2018– 5290	4477	1842– 5466	4957	1340– 5968	6333
29	2797– 5323	3108	2556– 5564	3704	2275– 5845	4396	2083– 6037	4868	1535– 6585	6219
30	3122– 5868	0,3054	2859– 6131	0,3640	2553– 6437	0,4320	2344– 6646	0,4783	1748– 7242	0,6110
31	3470– 6450	3003	3185– 6735	3578	2853– 7067	4247	2627– 7293	4703	1980– 7940	6008
32	3844– 7068	2954	3535– 7377	3520	3176– 7736	4178	2931– 7981	4626	2231– 8681	5910
33	4244– 7724	2908	3910– 8058	3465	3523– 8445	4112	3259– 8709	4553	2503– 9465	5817
34	4670– 8420	2863	4311– 8779	3412	3894– 9196	4050	3610– 9480	4484	2795– 10295	5728
35	5125– 9155	0,2821	4740– 9540	0,3361	4291– 9989	0,3990	3985– 10295	0,4418	3110– 11170	0,5643
36	5609– 9931	2780	5195– 10345	3313	4714– 10826	3932	4386– 11154	4354	3448– 12092	5562
37	6123– 10749	2741	5680– 11192	3267	5165– 11707	3877	4814– 12058	4293	3809– 13063	5484
38	6667– 11611	2704	6194– 12084	3222	5643– 12635	3824	5268– 13010	4235	4195– 14083	5410
39	7243– 12517	2668	6738– 13022	3179	6151– 13609	3774	5751– 14009	4179	4606– 15154	5338
40	7852– 13468	0,2634	7314– 14006	0,3138	6689– 14631	0,3725	6263– 15057	0,4125	5043– 16277	0,5269
41	8494– 14466	2601	7922– 15038	3099	7257– 15703	3678	6804– 16156	4073	5507– 17453	5203
42	9170– 15512	2569	8563– 16119	3061	7857– 16825	3633	7376– 17306	4023	5999– 18683	5139
43	9882– 16606	2538	9238– 17250	3024	8489– 17999	3590	7980– 18508	3975	6519– 19969	5077
44	10630– 17750	2508	9948– 18432	2989	9155– 19225	3548	8616– 19764	3928	7069– 21311	5018
45	11415– 18945	0,2480	10694– 19666	0,2955	9856– 20504	0,3507	9285– 21075	0,3883	7649– 22711	0,4961
46	12239– 20191	2452	11477– 20953	2922	10591– 21839	3468	9988– 22442	3840	8261– 24169	4905
47	13101– 21491	2425	12297– 22295	2890	11363– 23229	3430	10727– 23865	3798	8904– 25688	4852
48	14003– 22845	2399	13156– 23692	2859	12172– 24676	3393	11501– 25347	3757	9580– 27268	4800
49	14946– 24254	2374	14055– 25145	2829	13018– 26182	3358	12312– 26888	3718	10291– 28909	4749
50	15931– 25719	0,2350	14994– 26656	0,2800	13904– 27746	0,3323	13161– 28489	0,3680	11035– 30615	0,4701
51	16959– 27241	2326	15974– 28226	2772	14829– 29371	3290	14049– 30151	3643	11815– 32385	4654
52	18030– 28822	2303	16996– 29856	2744	15794– 31058	3258	14976– 31876	3607	12632– 34220	4608
53	19146– 30462	2281	18062– 31546	2718	16802– 32806	3226	15943– 33665	3572	13485– 36123	4563
54	20307– 32163	2259	19171– 33299	2692	17851– 34619	3195	16952– 35518	3538	14377– 38093	4520
55	21515– 33925	0,2238	20326– 35114	0,2667	18944– 36496	0,3166	18003– 37437	0,3505	15307– 40133	0,4478
56	22770– 35750	2218	21527– 36993	2643	20081– 38439	3137	19097– 39423	3473	16277– 42243	4437
57	24073– 37639	2198	22774– 38938	2619	21263– 40449	3109	20235– 41477	3442	17288– 44424	4397
58	25426– 39592	2179	24069– 40949	2596	22491– 42527	3081	21417– 43601	3412	18340– 46678	4358
59	26829– 41611	2160	25413– 43027	2574	23767– 44673	3055	22646– 45794	3382	19434– 49006	4321
60	28283– 43697	0,2141	26806– 45174	0,2552	25089– 46891	0,3029	23920– 48060	0,3353	20572– 51408	0,4284
61	29788– 45852	2123	28250– 47390	2530	26461– 49179	3003	25243– 50397	3325	21753– 53887	4248
62	31347– 48075	2106	29745– 49677	2509	27882– 51540	2979	26614– 52808	3298	22980– 56442	4213
63	32960– 50368	2089	31293– 52035	2489	29354– 53974	2954	28034– 55294	3271	24252– 59076	4179
64	34628– 52732	2072	32893– 54467	2469	30877– 56483	2931	29504– 57856	3245	25571– 61789	4146
65	36351– 55169	0,2056	34549– 56971	0,2450	32453– 59067	0,2908	31026– 60494	0,3220	26938– 64582	0,4113
66	38131– 57679	2040	36259– 59551	2431	34082– 61728	2885	32599– 63211	3195	28353– 67457	4081
67	39969– 60263	2025	38025– 62207	2413	35765– 64467	2864	34226– 66006	3171	29817– 70415	4050
68	41865– 62923	2010	39848– 64940	2394	37503– 67285	2842	35906– 68882	3147	31331– 73457	4020
69	43821– 65659	1995	41729– 67751	2377	39297– 70183	2821	37641– 71839	3124	32896– 76584	3990
70	45837– 68473	0,1980	43669– 70641	0,2360	41148– 73162	0,2801	39431– 74879	0,3101	34514– 79796	0,3961
71	47914– 71366	1966	45668– 73612	2343	43056– 76224	2781	41278– 78002	3079	36183– 83097	3933
72	50054– 74338	1952	47728– 76664	2326	45024– 79368	2761	43183– 81209	3057	37907– 86485	3905
73	52258– 77390	1938	49850– 79798	2310	47051– 82597	2742	45145– 84503	3036	39685– 89963	3878
74	54525– 80525	1925	52035– 83015	2294	49139– 85911	2723	47167– 87883	3015	41519– 93531	3851
75	56857– 83743	0,1912	54282– 86318	0,2278	51288– 89312	0,2704	49249– 91351	0,2994	43409– 97191	0,3825
76	59256– 87044	1899	56594– 89706	2263	53500– 92800	2686	51392– 94908	2974	45356–100944	3800
77	61722– 90430	1887	58972– 93180	2248	55775– 96377	2669	53597– 98555	2955	47361–104791	3774
78	64255– 93903	1874	61416– 96742	2234	58114–100044	2651	55865–102293	2935	49425–108733	3750
79	66858– 97462	1862	63926–100394	2219	60518–103802	2634	58197–106123	2917	51548–112772	3726
80	69530–101110	0,1851	66505–104135	0,2205	62988–107652	0,2617	60593–110047	0,2898	53733–116907	0,3702
81	72273–104847	1839	69153–107967	2191	65526–111594	2601	63055–114065	2880	55979–121141	3679
82	75088–108674	1828	71871–111891	2178	68131–115631	2585	65584–118178	2862	58287–125475	3656
83	77976–112592	1816	74660–115908	2164	70805–119763	2569	68180–122388	2845	60659–129909	3634
84	80937–116603	1805	77521–120019	2151	73549–123991	2553	70844–126696	2827	63095–134445	3612
85	83973–120707	0,1795	80454–124226	0,2138	76363–128317	0,2538	73577–131103	0,2810	65597–139083	0,3590
86	87084–124906	1784	83461–128529	2126	79249–132741	2523	76381–135609	2794	68164–143826	3569
87	90272–129200	1774	86543–132929	2113	82208–137264	2509	79255–140217	2778	70798–148674	3548
88	93537–133591	1763	89700–137428	2101	85239–141889	2494	82202–144926	2762	73500–153628	3528
89	96880–138080	1753	92934–142026	2089	88346–146614	2480	85221–149739	2746	76271–158689	3508
90	100303–142667	0,1744	96245–146725	0,2078	91527–151443	0,2466	88315–154655	0,2730	79111–163859	0,3488
91	103806–147354	1734	99635–151525	2066	94785–156375	2452	91482–159678	2715	82022–169138	3469
92	107390–152142	1724	103104–156428	2055	98120–161412	2439	94726–164806	2700	85004–174528	3449
93	111057–157031	1715	106653–161435	2043	101533–166555	2425	98046–170042	2685	88058–180030	3431
94	114806–162024	1706	110283–166547	2032	105025–171805	2412	101444–175386	2671	91186–185644	3412
95	118639–167121	0,1697	113996–171764	0,2022	108596–177164	0,2399	104920–180840	0,2657	94387–191373	0,3394
96	122558–172322	1688	117791–177089	2011	112249–182631	2387	108475–186405	2643	97664–197216	3376
97	126562–177630	1679	121671–182521	2000	115983–188209	2374	112110–192082	2629	101016–203176	3358
98	130653–183045	1670	125635–188063	1990	119800–193898	2362	115827–197871	2615	104445–209253	3341
99	134832–188568	1662	129685–193715	1980	123701–199699	2350	119625–203775	2602	107951–215449	3324

[1] Werte nach KENDALL, M.G., *Rank Correlation Methods*, 3. Aufl., Charles Griffin, London, 1962, S. 174. Nachdruck mit freundlicher Erlaubnis des Autors und des Verlages.

ΣD^2 = Summe der quadrierten Differenzen der beiden Werte von n Beobachtungspaaren. Approximierte Werte nach $R = |c_\alpha| / \sqrt{n-1}$

n	$2\alpha = 0{,}10$		$2\alpha = 0{,}05$		$2\alpha = 0{,}02$		$2\alpha = 0{,}01$		$2\alpha = 0{,}001$	
	ΣD^2 unten oben	R (±)	ΣD^2 unten oben	R (±)	ΣD^2 unten oben	R (±)	ΣD^2 unten oben	R (±)	ΣD^2 unten oben	R (±)
100	139100– 194200	0,1653	133822– 199478	0,1970	127686– 205614	0,2338	123507– 209793	0,2589	111537– 221763	0,3307
101	143457– 199943	1645	138047– 205353	1960	131756– 211644	2326	127473– 215927	2576	115201– 228199	3291
102	147905– 205797	1637	142360– 211342	1950	135913– 217789	2315	131523– 222179	2563	118946– 234756	3274
103	152445– 211763	1629	146763– 217445	1941	140157– 224051	2303	135659– 228549	2550	122772– 241436	3258
104	157077– 217843	1621	151257– 223663	1931	144490– 230430	2292	139881– 235039	2538	126680– 248240	3242
105	161803– 224037	0,1613	155842– 229998	0,1922	148911– 236929	0,2281	144192– 241648	0,2526	130671– 255169	0,3227
106	166623– 230347	1605	160520– 236450	1913	153423– 243547	2270	148590– 248380	2514	134746– 262224	3211
107	171539– 236773	1598	165291– 243021	1904	158025– 250287	2260	153078– 255234	2502	138906– 269406	3196
108	176551– 243317	1590	170156– 249712	1895	162720– 257148	2249	157657– 262211	2490	143152– 276716	3181
109	181660– 249980	1583	175116– 256524	1886	167508– 264132	2239	162327– 269313	2479	147484– 284156	3166
110	186868– 256762	0,1575	180173– 263457	0,1877	172389– 271241	0,2228	167088– 276542	0,2467	151904– 291726	0,3152
111	192175– 263665	1568	185327– 270513	1869	177365– 278475	2218	171943– 283897	2456	156412– 299428	3137
112	197582– 270690	1561	190579– 277693	1860	182437– 285835	2208	176892– 291380	2445	161009– 307263	3123
113	203090– 277838	1554	195930– 284998	1852	187605– 293323	2198	181936– 298992	2434	165697– 315231	3109
114	208700– 285110	1547	201381– 292429	1844	192871– 300939	2188	187076– 306734	2423	170476– 323334	3095
115	214413– 292507	0,1541	206932– 299988	0,1836	198235– 308685	0,2179	192313– 314607	0,2412	175347– 331573	0,3082
116	220230– 300030	1534	212586– 307674	1828	203699– 316561	2169	197647– 322613	2402	180310– 339950	3068
117	226152– 307680	1527	218343– 315489	1820	209263– 324569	2160	203080– 330752	2392	185368– 348464	3055
118	232180– 315458	1521	224203– 323435	1812	214928– 332710	2151	208612– 339026	2381	190520– 357118	3042
119	238314– 323366	1514	230168– 331512	1804	220695– 340985	2142	214246– 347434	2371	195768– 365912	3029
120	244557– 331403	0,1508	236238– 339722	0,1797	226566– 349394	0,2133	219980– 355980	0,2361	201113– 374847	0,3016
121	250908– 339572	1502	242415– 348065	1789	232541– 357939	2124	225817– 364663	2351	206554– 383926	3004
122	257369– 347873	1495	248700– 356542	1782	238620– 366622	2115	231757– 373485	2342	212095– 393147	2991
123	263940– 356308	1489	255093– 365155	1774	244806– 375442	2106	237801– 382447	2332	217734– 402514	2979
124	270624– 364876	1483	261595– 373905	1767	251098– 384402	2098	243951– 391549	2323	223474– 412026	2967
125	277419– 373581	0,1477	268208– 382792	0,1760	257499– 393501	0,2089	250206– 400794	0,2313	229315– 421685	0,2955
126	284328– 382422	1471	274932– 391818	1753	264008– 402742	2081	256569– 410181	2304	235258– 431492	2943
127	291352– 391400	1465	281769– 400983	1746	270626– 412126	2072	263039– 419713	2295	241303– 441449	2931
128	298491– 400517	1460	288718– 410290	1739	277355– 421653	2064	269618– 429390	2286	247453– 451555	2920
129	305746– 409774	1454	295782– 419738	1732	284196– 431324	2056	276307– 439213	2277	253707– 461813	2908
130	313119– 419171	0,1448	302961– 429329	0,1726	291149– 441141	0,2048	283107– 449183	0,2268	260067– 472223	0,2897
131	320610– 428710	1443	310255– 439065	1719	298216– 451104	2040	290018– 459302	2259	266533– 482787	2886
132	328220– 438392	1437	317667– 448945	1712	305397– 461215	2033	297042– 469570	2251	273107– 493505	2875
133	335950– 448218	1432	325197– 458971	1706	312693– 471475	2025	304179– 479989	2242	279789– 504379	2864
134	343802– 458188	1426	332845– 469145	1700	320106– 481884	2017	311431– 490559	2234	286581– 515409	2853
135	351775– 468305	0,1421	340614– 479466	0,1693	327635– 492445	0,2010	318798– 501282	0,2225	293482– 526598	0,2843
136	359872– 478568	1416	348503– 489937	1687	335283– 503157	2002	326282– 512158	2217	300495– 537945	2832
137	368093– 488979	1410	356513– 500559	1681	343050– 514022	1995	333882– 523190	2209	307620– 549452	2822
138	376438– 499540	1405	364647– 511331	1675	350937– 525041	1988	341601– 534377	2201	314857– 561121	2811
139	384910– 510250	1400	372904– 522256	1668	358944– 536216	1980	349439– 545721	2193	322209– 572951	2801
140	393508– 521112	0,1395	381285– 533335	0,1662	367074– 547546	0,1973	357397– 557223	0,2185	329675– 584945	0,2791
141	402234– 532126	1390	389792– 544568	1656	375326– 559034	1966	365476– 568884	2177	337256– 597104	2781
142	411089– 543293	1385	398426– 555956	1651	383702– 570680	1959	373676– 580706	2169	344955– 609427	2771
143	420074– 554614	1380	407187– 567501	1645	392203– 582485	1952	382000– 592688	2162	352771– 621917	2761
144	429189– 566091	1375	416076– 579204	1639	400829– 594451	1945	390447– 604833	2154	360705– 634575	2752
145	438436– 577724	0,1371	425095– 591065	0,1633	409582– 606578	0,1939	399019– 617141	0,2147	368758– 647402	0,2742
146	447816– 589514	1366	434243– 603087	1628	418462– 618868	1932	407716– 629614	2139	376932– 660398	2733
147	457329– 601463	1361	443523– 615269	1622	427471– 631321	1925	416540– 642252	2132	385227– 673565	2723
148	466977– 613571	1357	452935– 627613	1617	436609– 643939	1919	425492– 655056	2125	393644– 686904	2714
149	476760– 625840	1352	462481– 640119	1611	445877– 656723	1912	434572– 668028	2117	402184– 700416	2705
150	486680– 638270	0,1348	472160– 652790	0,1606	455277– 669673	0,1906	443781– 681169	0,2110	410848– 714102	0,2696
151	496737– 650863	1343	481974– 665626	1600	464809– 682791	1899	453120– 694480	2103	419636– 727964	2687
152	506933– 663619	1339	491924– 678628	1595	474474– 696078	1893	462591– 707961	2096	428551– 742001	2678
153	517267– 676541	1334	502011– 691797	1590	484273– 709535	1887	472194– 721614	2089	437591– 756217	2669
154	527742– 689628	1330	512236– 705134	1585	494207– 723163	1881	481930– 735440	2082	446760– 770610	2660
155	538359– 702881	0,1325	522600– 718640	0,1579	504277– 736963	0,1875	491800– 749440	0,2076	456057– 785183	0,2652
156	549117– 716303	1321	533103– 732317	1574	514483– 750937	1869	501805– 763615	2069	465483– 799937	2643
157	560019– 729893	1317	543747– 746165	1569	524828– 765084	1863	511945– 777967	2062	475040– 814872	2635
158	571065– 743653	1313	554533– 760185	1564	535311– 779407	1857	522223– 792495	2056	484728– 829990	2626
159	582255– 757585	1309	565461– 774379	1559	545935– 793905	1851	532638– 807202	2049	494548– 845292	2618
160	593592– 771688	0,1304	576533– 788747	0,1554	556698– 808582	0,1845	543192– 822088	0,2043	504500– 860780	0,2610
161	605076– 785964	1300	587750– 803290	1549	567604– 823436	1839	553886– 837154	2036	514587– 876453	2601
162	616708– 800414	1296	599111– 818011	1545	578652– 838470	1833	564720– 852402	2030	524809– 892313	2593
163	628489– 815039	1292	610620– 832908	1540	589843– 853685	1828	575696– 867832	2024	535167– 908361	2585
164	640419– 829841	1288	622275– 847985	1535	601179– 869081	1822	586814– 883446	2018	545661– 924599	2577
165	652500– 844820	0,1284	634079– 863241	0,1530	612660– 884660	0,1817	598075– 899245	0,2011	556293– 941027	0,2569
166	664734– 859976	1281	646032– 878678	1526	624287– 900423	1811	609481– 915229	2005	567064– 957646	2562
167	677120– 875312	1277	658135– 894297	1521	636062– 916370	1806	621032– 931400	1999	577974– 974458	2554
168	689659– 890829	1273	670390– 910098	1517	647985– 932503	1800	632729– 947759	1993	589025– 991463	2546
169	702353– 906527	1269	682797– 926083	1512	660057– 948823	1795	644574– 964306	1987	600216–1008664	2539
170	715203– 922407	0,1265	695356– 942254	0,1508	672279– 965331	0,1789	656566– 981044	0,1981	611550–1026060	0,2531
171	728210– 938470	1262	708070– 958610	1503	684653– 982027	1784	668707– 997973	1976	623028–1043652	2524
172	741374– 954718	1258	720939– 975153	1499	697178– 998914	1779	680999–1015093	1970	634649–1061443	2516
173	754696– 971152	1254	733963– 991885	1494	709856–1015992	1774	693441–1032407	1964	646415–1079433	2509
174	768179– 987771	1251	747145–1008805	1490	722688–1033262	1769	706035–1049915	1958	658328–1097622	2502
175	781821–1004579	0,1247	760484–1025916	0,1486	735675–1050725	0,1764	718782–1067618	0,1953	670387–1116013	0,2495
176	795625–1021575	1243	773982–1043218	1482	748817–1068383	1759	731682–1085518	1947	682594–1134606	2487
177	809591–1038761	1240	787640–1060712	1477	762117–1086235	1754	744737–1103615	1942	694949–1153403	2480
178	823721–1056137	1236	801458–1078400	1473	775573–1104285	1749	757948–1121910	1936	707455–1172403	2473
179	838014–1073706	1233	815438–1096282	1469	789189–1122531	1744	771315–1140405	1931	720110–1191610	2466
180	852473–1091467	0,1229	829581–1114359	0,1465	802964–1140976	0,1739	784840–1159100	0,1925	732918–1211022	0,2459
181	867099–1109421	1226	843887–1132633	1461	816899–1159621	1734	798523–1177997	1920	745877–1230643	2453
182	881891–1127571	1223	858358–1151104	1457	830996–1178466	1729	812365–1197097	1915	758990–1250472	2446
183	896852–1145916	1219	872995–1169773	1453	845256–1197512	1724	826367–1216401	1909	772257–1270511	2439
184	911981–1164459	1216	887797–1188643	1449	859678–1216762	1720	840531–1235909	1904	785680–1290760	2432
185	927281–1183199	0,1213	902767–1207713	0,1445	874265–1236215	0,1715	854857–1255623	0,1899	799258–1311222	0,2426
186	942752–1202138	1209	917906–1226984	1441	889017–1255873	1710	869346–1275544	1894	812994–1331896	2419
187	958394–1221278	1206	933213–1246459	1437	903936–1275736	1706	883999–1295673	1889	826887–1352785	2413
188	974210–1240618	1203	948691–1266137	1433	919021–1295807	1701	898817–1316011	1884	840939–1373889	2406
189	990199–1260161	1200	964341–1286019	1429	934274–1316086	1697	913801–1336559	1879	855151–1395209	2400
190	1006364–1279906	0,1196	980162–1306108	0,1426	949697–1336573	0,1692	928952–1357318	0,1874	869524–1416746	0,2394
191	1022704–1299856	1193	996156–1326404	1422	965289–1357271	1688	944271–1378289	1869	884059–1438501	2387
192	1039221–1320011	1190	1012325–1346907	1418	981052–1378180	1683	959758–1399474	1864	898756–1460476	2381
193	1055915–1340373	1187	1028668–1367620	1414	996987–1399301	1679	975415–1420873	1859	913616 1482672	2375
194	1072789–1360941	1184	1045188–1388542	1411	1013095–1420635	1675	991243–1442487	1854	928641–1505089	2369
195	1089842–1381718	0,1181	1061884–1409676	0,1407	1029377–1442183	0,1670	1007242–1464318	0,1849	943831–1527729	0,2362
196	1107075–1402705	1178	1078758–1431022	1404	1045833–1463947	1666	1023414–1486366	1845	959188–1550592	2356
197	1124491–1423901	1175	1095811–1452581	1400	1062465–1485927	1662	1039759–1508633	1840	974711–1573681	2350
198	1142089–1445309	1172	1113044–1474354	1396	1079274–1508124	1657	1056279–1531119	1835	990403–1596995	2344
199	1159870–1466930	1169	1130458–1496342	1393	1096260–1530540	1653	1072973–1553827	1831	1006264–1620536	2338

Werte* von $6/(n^3 - n)$ zur Berechnung des Spearmanschen Korrelationskoeffizienten R

n	0	1	2	3	4	5	6	7	8	9
0			1,00000	$10^{-1}\times$ 2,50000	$10^{-1}\times$ 1,00000	$10^{-2}\times$ 5,00000	$10^{-2}\times$ 2,85714	$10^{-2}\times$ 1,78571	$10^{-2}\times$ 1,19048	$10^{-3}\times$ 8,33333
10	$10^{-3}\times$ 6,06061	$10^{-3}\times$ 4,54545	$10^{-3}\times$ 3,49650	$10^{-3}\times$ 2,74725	$10^{-3}\times$ 2,19780	$10^{-3}\times$ 1,78571	$10^{-3}\times$ 1,47059	$10^{-3}\times$ 1,22549	$10^{-3}\times$ 1,03199	$10^{-4}\times$ 8,77193
20	$10^{-4}\times$ 7,51880	$10^{-4}\times$ 6,49351	$10^{-4}\times$ 5,64653	$10^{-4}\times$ 4,94071	$10^{-4}\times$ 4,34783	$10^{-4}\times$ 3,84615	$10^{-4}\times$ 3,41880	$10^{-4}\times$ 3,05250	$10^{-4}\times$ 2,73673	2,46305
30	2,22469	2,01613	1,83284	1,67112	1,52788	1,40056	1,28700	1,18540	1,09421	1,01215
40	$10^{-5}\times$ 9,38086	$10^{-5}\times$ 8,71080	$10^{-5}\times$ 8,10307	$10^{-5}\times$ 7,55059	$10^{-5}\times$ 7,04722	$10^{-5}\times$ 6,58762	$10^{-5}\times$ 6,16713	$10^{-5}\times$ 5,78168	$10^{-5}\times$ 5,42770	$10^{-5}\times$ 5,10204
50	4,80192	4,52489	4,26876	4,03161	3,81170	3,60750	3,41763	3,24086	3,07607	2,92227
60	2,77855	2,64410	2,51819	2,40015	2,28938	2,18531	2,08746	1,99537	1,90862	1,82682
70	1,74963	1,67673	1,60782	1,54264	1,48093	1,42248	1,36705	1,31447	1,26456	1,21714
80	1,17206	1,12918	1,08836	1,04949	1,01245	$10^{-6}\times$ 9,77135	$10^{-6}\times$ 9,43441	$10^{-6}\times$ 9,11278	$10^{-6}\times$ 8,80561	$10^{-6}\times$ 8,51209
90	$10^{-6}\times$ 8,23147	$10^{-6}\times$ 7,96305	$10^{-6}\times$ 7,70618	$10^{-6}\times$ 7,46024	$10^{-6}\times$ 7,22465	6,99888	6,78242	6,57479	6,37556	6,18429
100	$10^{-6}\times$ 6,00060	$10^{-6}\times$ 5,82411	$10^{-6}\times$ 5,65448	$10^{-6}\times$ 5,49137	$10^{-6}\times$ 5,33447	$10^{-6}\times$ 5,18350	$10^{-6}\times$ 5,03816	$10^{-6}\times$ 4,89822	$10^{-6}\times$ 4,76340	$10^{-6}\times$ 4,63349
110	4,50826	4,38750	4,27102	4,15863	4,05014	3,94540	3,84423	3,74650	3,65205	3,56075
120	3,47246	3,38707	3,30446	3,22452	3,14713	3,07220	2,99963	2,92932	2,86120	2,79517
130	2,73116	2,66909	2,60888	2,55047	2,49380	2,43879	2,38538	2,33353	2,28316	2,23424
140	2,18670	2,14050	2,09560	2,05194	2,00948	1,96819	1,92803	1,88895	1,85091	1,81389
150	1,77786	1,74277	1,70860	1,67531	1,64289	1,61129	1,58050	1,55049	1,52124	1,49272
160	1,46490	1,43777	1,41131	1,38549	1,36030	1,33572	1,31172	1,28830	1,26543	1,24310
170	1,22129	1,19999	1,17918	1,15885	1,13898	1,11957	1,10059	1,08204	1,06391	1,04618
180	1,02884	1,01188	$10^{-7}\times$ 9,95291	$10^{-7}\times$ 9,79064	$10^{-7}\times$ 9,63187	$10^{-7}\times$ 9,47652	$10^{-7}\times$ 9,32449	$10^{-7}\times$ 9,17569	$10^{-7}\times$ 9,03005	$10^{-7}\times$ 8,88747
190	$10^{-7}\times$ 8,74787	$10^{-7}\times$ 8,61119	8,47733	8,34624	8,21784	8,09206	7,96883	7,84809	7,72977	7,61383
200	$10^{-7}\times$ 7,50019	$10^{-7}\times$ 7,38880	$10^{-7}\times$ 7,27960	$10^{-7}\times$ 7,17255	$10^{-7}\times$ 7,06759	$10^{-7}\times$ 6,96466	$10^{-7}\times$ 6,86372	$10^{-7}\times$ 6,76473	$10^{-7}\times$ 6,66763	$10^{-7}\times$ 6,57237
210	6,47893	6,38725	6,29728	6,20901	6,12237	6,03733	5,95387	5,87194	5,79150	5,71252
220	5,63498	5,55883	5,48405	5,41060	5,33846	5,26759	5,19798	5,12958	5,06238	4,99635
230	4,93146	4,86770	4,80502	4,74342	4,68286	4,62334	4,56481	4,50727	4,45070	4,39506
240	4,34035	4,28655	4,23363	4,18157	4,13037	4,08000	4,03045	3,98169	3,93372	3,88651
250	3,84006	3,79435	3,74935	3,70507	3,66148	3,61857	3,57633	3,53475	3,49380	3,45349
260	3,41380	3,37471	3,33621	3,29830	3,26096	3,22418	3,18796	3,15227	3,11712	3,08248
270	3,04836	3,01474	2,98161	2,94896	2,91679	2,88509	2,85384	2,82304	2,79269	2,76277
280	2,73327	2,70419	2,67553	2,64726	2,61940	2,59192	2,56483	2,53811	2,51177	2,48578
290	2,46015	2,43488	2,40995	2,38536	2,36110	2,33717	2,31356	2,29027	2,26729	2,24462
300	$10^{-7}\times$ 2,22225	$10^{-7}\times$ 2,20017	$10^{-7}\times$ 2,17839	$10^{-7}\times$ 2,15689	$10^{-7}\times$ 2,13568	$10^{-7}\times$ 2,11474	$10^{-7}\times$ 2,09407	$10^{-7}\times$ 2,07368	$10^{-7}\times$ 2,05354	$10^{-7}\times$ 2,03367
310	2,01405	1,99469	1,97557	1,95669	1,93806	1,91966	1,90149	1,88355	1,86584	1,84835
320	1,83107	1,81401	1,79716	1,78052	1,76409	1,74785	1,73182	1,71598	1,70033	1,68487
330	1,66960	1,65452	1,63961	1,62488	1,61033	1,59596	1,58175	1,56771	1,55384	1,54012
340	1,52658	1,51318	1,49995	1,48687	1,47394	1,46116	1,44853	1,43604	1,42370	1,41149
350	1,39943	1,38750	1,37571	1,36405	1,35252	1,34113	1,32986	1,31871	1,30769	1,29679
360	1,28602	1,27536	1,26482	1,25440	1,24409	1,23389	1,22380	1,21383	1,20396	1,19420
370	1,18454	1,17499	1,16554	1,15619	1,14694	1,13779	1,12873	1,11977	1,11091	1,10214
380	1,09346	1,08487	1,07638	1,06797	1,05965	1,05141	1,04326	1,03519	1,02721	1,01931
390	1,01149	1,00375	$10^{-8}\times$ 9,96084	$10^{-8}\times$ 9,88499	$10^{-8}\times$ 9,80992	$10^{-8}\times$ 9,73560	$10^{-8}\times$ 9,66203	$10^{-8}\times$ 9,58920	$10^{-8}\times$ 9,51710	$10^{-8}\times$ 9,44572
400	$10^{-8}\times$ 9,37506	$10^{-8}\times$ 9,30510	$10^{-8}\times$ 9,23583	$10^{-8}\times$ 9,16724	$10^{-8}\times$ 9,09934	$10^{-8}\times$ 9,03210	$10^{-8}\times$ 8,96553	$10^{-8}\times$ 8,89960	$10^{-8}\times$ 8,83432	$10^{-8}\times$ 8,76968
410	8,70567	8,64228	8,57950	8,51733	8,45576	8,39478	8,33439	8,27457	8,21533	8,15665
420	8,09852	8,04095	7,98392	7,92743	7,87147	7,81604	7,76113	7,70673	7,65283	7,59944
430	7,54655	7,49414	7,44222	7,39077	7,33980	7,28930	7,23926	7,18967	7,14054	7,09186
440	7,04361	6,99581	6,94843	6,90148	6,85495	6,80884	6,76315	6,71786	6,67297	6,62849
450	6,58439	6,54069	6,49738	6,45444	6,41189	6,36970	6,32789	6,28644	6,24535	6,20462
460	6,16424	6,12422	6,08453	6,04519	6,00619	5,96753	5,92919	5,89118	5,85350	5,81614
470	5,77909	5,74236	5,70594	5,66983	5,63402	5,59851	5,56330	5,52838	5,49376	5,45942
480	5,42537	5,39160	5,35811	5,32490	5,29197	5,25930	5,22690	5,19477	5,16290	5,13129
490	5,09994	5,06884	5,03800	5,00740	4,97705	4,94695	4,91709	4,88747	4,85808	4,82893

Zusammenhang* zwischen R und r $\quad r \simeq 2\sin\frac{\pi}{6}R$

R	0,000	0,001	0,002	0,003	0,004	0,005	0,006	0,007	0,008	0,009	R	0,000	0,001	0,002	0,003	0,004	0,005	0,006	0,007	0,008	0,009
0,00	0,000	0,001	0,002	0,003	0,004	0,005	0,006	0,007	0,008	0,009	**0,50**	0,518	0,519	0,520	0,521	0,522	0,523	0,524	0,525	0,526	0,527
01	010	012	013	014	015	016	017	018	019	020	51	528	529	530	531	532	533	534	535	536	537
02	021	022	023	024	025	026	027	028	029	030	52	538	539	540	541	542	543	544	545	546	547
03	031	032	034	035	036	037	038	039	040	041	53	548	549	550	551	552	553	554	555	556	557
04	042	043	044	045	046	047	048	049	050	051	54	558	559	560	561	562	563	564	565	566	567
0,05	0,052	0,053	0,054	0,055	0,057	0,058	0,059	0,060	0,061	0,062	**0,55**	0,568	0,569	0,570	0,571	0,572	0,573	0,574	0,575	0,576	0,577
06	063	064	065	066	067	068	069	070	071	072	56	578	579	580	581	582	583	584	585	586	587
07	073	074	075	076	077	079	080	081	082	083	57	588	589	590	591	592	593	594	595	596	597
08	084	085	086	087	088	089	090	091	092	093	58	598	599	600	601	602	603	604	605	606	607
09	094	095	096	097	098	099	100	102	103	104	59	608	609	610	611	612	613	614	615	616	617
0,10	0,105	0,106	0,107	0,108	0,109	0,110	0,111	0,112	0,113	0,114	**0,60**	0,618	0,619	0,620	0,621	0,622	0,623	0,624	0,625	0,626	0,627
11	115	116	117	118	119	120	121	122	123	125	61	628	629	630	631	632	633	634	635	636	637
12	126	127	128	129	130	131	132	133	134	135	62	638	639	640	641	642	643	644	645	646	647
13	136	137	138	139	140	141	142	143	144	145	63	648	649	650	651	652	653	654	655	656	657
14	146	148	149	150	151	152	153	154	155	156	64	658	659	660	661	662	663	664	665	666	667
0,15	0,157	0,158	0,159	0,160	0,161	0,162	0,163	0,164	0,165	0,166	**0,65**	0,668	0,669	0,670	0,671	0,672	0,673	0,674	0,675	0,676	0,676
16	167	168	169	170	172	173	174	175	176	177	66	677	678	679	680	681	682	683	684	685	686
17	178	179	180	181	182	183	184	185	186	187	67	687	688	689	690	691	692	693	694	695	696
18	188	189	190	191	192	193	194	196	197	198	68	697	698	699	700	701	702	703	704	705	706
19	199	200	201	202	203	204	205	206	207	208	69	707	708	709	710	711	712	713	714	715	716
0,20	0,209	0,210	0,211	0,212	0,213	0,214	0,215	0,216	0,217	0,218	**0,70**	0,717	0,718	0,719	0,720	0,721	0,722	0,723	0,724	0,725	0,726
21	219	221	222	223	224	225	226	227	228	229	71	727	727	728	729	730	731	732	733	734	735
22	230	231	232	233	234	235	236	237	238	239	72	736	737	738	739	740	741	742	743	744	745
23	240	241	242	243	244	245	247	248	249	250	73	746	747	748	749	750	751	752	753	754	755
24	251	252	253	254	255	256	257	258	259	260	74	756	757	758	759	760	761	761	762	763	764
0,25	0,261	0,262	0,263	0,264	0,265	0,266	0,267	0,268	0,269	0,270	**0,75**	0,765	0,766	0,767	0,768	0,769	0,770	0,771	0,772	0,773	0,774
26	271	272	274	275	276	277	278	279	280	281	76	775	776	777	778	779	780	781	782	783	784
27	282	283	284	285	286	287	288	289	290	291	77	785	786	787	788	789	789	790	791	792	793
28	292	293	294	295	296	297	298	299	300	301	78	794	795	796	797	798	799	800	801	802	803
29	303	304	305	306	307	308	309	310	311	312	79	804	805	806	807	808	809	810	811	812	813
0,30	0,313	0,314	0,315	0,316	0,317	0,318	0,319	0,320	0,321	0,322	**0,80**	0,813	0,814	0,815	0,816	0,817	0,818	0,819	0,820	0,821	0,822
31	323	324	325	326	327	328	329	330	331	333	81	823	824	825	826	827	828	829	830	831	832
32	334	335	336	337	338	339	340	341	342	343	82	833	834	834	835	836	837	838	839	840	841
33	344	345	346	347	348	349	350	351	352	353	83	842	843	844	845	846	847	848	849	850	851
34	354	355	356	357	358	359	360	361	362	363	84	852	853	853	854	855	856	857	858	859	860
0,35	0,364	0,366	0,367	0,368	0,369	0,370	0,371	0,372	0,373	0,374	**0,85**	0,861	0,862	0,863	0,864	0,865	0,866	0,867	0,868	0,869	0,870
36	375	376	377	378	379	380	381	382	383	384	86	870	871	872	873	874	875	876	877	878	879
37	385	386	387	388	389	390	391	392	393	394	87	880	881	882	883	884	885	886	886	887	888
38	395	396	397	398	399	400	401	402	404	405	88	889	890	891	892	893	894	895	896	897	898
39	406	407	408	409	410	411	412	413	414	415	89	899	900	901	901	902	903	904	905	906	907
0,40	0,416	0,417	0,418	0,419	0,420	0,421	0,422	0,423	0,424	0,425	**0,90**	0,908	0,909	0,910	0,911	0,912	0,913	0,914	0,915	0,915	0,916
41	426	427	428	429	430	431	432	433	434	435	91	917	918	919	920	921	922	923	924	925	926
42	436	437	438	439	440	441	442	443	444	445	92	927	928	928	929	930	931	932	933	934	935
43	447	448	449	450	451	452	453	454	455	456	93	936	937	938	939	940	940	941	942	943	944
44	457	458	459	460	461	462	463	464	465	466	94	945	946	947	948	949	950	951	952	952	953
0,45	0,467	0,468	0,469	0,470	0,471	0,472	0,473	0,474	0,475	0,476	**0,95**	0,954	0,955	0,956	0,957	0,958	0,959	0,960	0,961	0,962	0,963
46	477	478	479	480	481	482	483	484	485	486	96	964	964	965	966	967	968	969	970	971	972
47	487	488	489	490	491	492	493	494	495	496	97	973	974	975	975	976	977	978	979	980	981
48	497	498	499	500	501	502	503	504	505	507	98	982	983	984	985	985	986	987	988	989	990
49	508	509	510	511	512	513	514	515	516	517	99	991	992	993	994	995	995	996	997	998	999

Arcus sinus x[1]

(für Arcus-sinus-Transformationen)

x	0,000	0,001	0,002	0,003	0,004	0,005	0,006	0,007	0,008	0,009
0,000	0,00000	0,00100	0,00200	0,00300	0,00400	0,00500	0,00600	0,00700	0,00800	0,00900
010	01000	01100	01200	01300	01400	01500	01600	01700	01800	01900
020	02000	02100	02200	02300	02400	02500	02600	02700	02800	02900
030	03000	03100	03201	03301	03401	03501	03601	03701	03801	03901
040	04001	04101	04201	04301	04401	04502	04602	04702	04802	04902
0,050	0,05002	0,05102	0,05202	0,05302	0,05403	0,05503	0,05603	0,05703	0,05803	0,05903
060	06004	06104	06204	06304	06404	06505	06605	06705	06805	06905
070	07006	07106	07206	07306	07407	07507	07607	07708	07808	07908
080	08009	08109	08209	08310	08410	08510	08611	08711	08811	08912
090	09012	09113	09213	09313	09414	09514	09615	09715	09816	09916
0,100	0,10017	0,10117	0,10218	0,10318	0,10419	0,10519	0,10620	0,10721	0,10821	0,10922
110	11022	11123	11224	11324	11425	11525	11626	11727	11828	11928
120	12029	12130	12230	12331	12432	12533	12634	12734	12835	12936
130	13037	13138	13239	13340	13440	13541	13642	13743	13844	13945
140	14046	14147	14248	14349	14450	14551	14652	14753	14855	14956
0,150	0,15057	0,15158	0,15259	0,15360	0,15462	0,15563	0,15664	0,15765	0,15866	0,15968
160	16069	16170	16272	16373	16474	16576	16677	16779	16880	16981
170	17083	17184	17286	17387	17489	17591	17692	17794	17895	17997
180	18099	18200	18302	18404	18505	18607	18709	18811	18913	19014
190	19116	19218	19320	19422	19524	19626	19728	19830	19932	20034
0,200	0,20136	0,20238	0,20340	0,20442	0,20544	0,20646	0,20749	0,20851	0,20953	0,21055
210	21157	21260	21362	21464	21567	21669	21772	21874	21976	22079
220	22181	22284	22387	22489	22592	22694	22797	22900	23002	23105
230	23208	23311	23413	23516	23619	23722	23825	23928	24031	24134
240	24237	24340	24443	24546	24649	24752	24855	24958	25062	25165
0,250	0,25268	0,25371	0,25475	0,25578	0,25681	0,25785	0,25888	0,25992	0,26095	0,26199
260	26302	26406	26509	26613	26717	26820	26924	27028	27132	27235
270	27339	27443	27547	27651	27755	27859	27963	28067	28171	28275
280	28379	28484	28588	28692	28796	28901	29005	29109	29214	29318
290	29423	29527	29632	29736	29841	29946	30050	30155	30260	30364
0,300	0,30469	0,30574	0,30679	0,30784	0,30889	0,30994	0,31099	0,31204	0,31309	0,31414
310	31519	31625	31730	31835	31940	32046	32151	32256	32362	32467
320	32573	32679	32784	32890	32995	33101	33207	33313	33419	33524
330	33630	33736	33842	33948	34054	34161	34267	34373	34479	34585
340	34692	34798	34904	35011	35117	35224	35330	35437	35544	35650
0,350	0,35757	0,35864	0,35971	0,36078	0,36184	0,36291	0,36398	0,36505	0,36613	0,36720
360	36827	36934	37041	37149	37256	37363	37471	37578	37686	37793
370	37901	38009	38116	38224	38332	38440	38548	38656	38764	38872
380	38980	39088	39196	39304	39412	39521	39629	39738	39846	39955
390	40063	40172	40280	40389	40498	40607	40716	40825	40934	41043
0,400	0,41152	0,41261	0,41370	0,41479	0,41589	0,41698	0,41807	0,41917	0,42026	0,42136
410	42245	42355	42465	42575	42684	42794	42904	43014	43124	43234
420	43345	43455	43565	43675	43786	43896	44007	44117	44228	44339
430	44449	44560	44671	44782	44893	45004	45115	45226	45337	45449
440	45560	45671	45783	45894	46006	46117	46229	46341	46453	46565
0,450	0,46677	0,46789	0,46901	0,47013	0,47125	0,47237	0,47350	0,47462	0,47574	0,47687
460	47800	47912	48025	48138	48251	48363	48476	48590	48703	48816
470	48929	49042	49156	49269	49383	49496	49610	49724	49838	49952
480	50065	50179	50294	50408	50522	50636	50751	50865	50980	51094
490	51209	51324	51439	51553	51668	51783	51899	52014	52129	52244
0,500	0,52360	0,52475	0,52591	0,52707	0,52822	0,52938	0,53054	0,53170	0,53286	0,53402
510	53518	53635	53751	53868	53984	54101	54217	54334	54451	54568
520	54685	54802	54919	55037	55154	55272	55389	55507	55624	55742
530	55860	55978	56096	56214	56332	56451	56569	56688	56806	56925
540	57044	57163	57282	57401	57520	57639	57758	57878	57997	58117
0,550	0,58236	0,58356	0,58476	0,58596	0,58716	0,58836	0,58957	0,59077	0,59197	0,59318
560	59439	59559	59680	59801	59922	60043	60165	60286	60407	60529
570	60651	60772	60894	61016	61138	61260	61383	61505	61628	61750
580	61873	61996	62119	62242	62365	62488	62611	62735	62858	62982
590	63106	63230	63354	63478	63602	63727	63851	63976	64100	64225
0,600	0,64350	0,64475	0,64600	0,64726	0,64851	0,64977	0,65102	0,65228	0,65354	0,65480
610	65606	65732	65859	65985	66112	66239	66365	66492	66620	66747
620	66874	67002	67129	67257	67385	67513	67641	67770	67898	68027
630	68155	68284	68413	68542	68671	68801	68930	69060	69190	69320
640	69450	69580	69710	69841	69972	70102	70233	70364	70496	70627
0,650	0,70758	0,70890	0,71022	0,71154	0,71286	0,71418	0,71551	0,71683	0,71816	0,71949
660	72082	72215	72348	72482	72616	72749	72883	73017	73152	73286
670	73421	73556	73691	73826	73961	74096	74232	74368	74504	74640
680	74776	74913	75049	75186	75323	75460	75598	75735	75873	76011
690	76149	76287	76426	76564	76703	76842	76981	77121	77260	77400
0,700	0,77540	0,77680	0,77820	0,77961	0,78101	0,78242	0,78383	0,78525	0,78666	0,78808
710	78950	79092	79234	79377	79519	79662	79806	79949	80092	80236
720	80380	80524	80669	80813	80958	81103	81249	81394	81540	81686
730	81832	81979	82125	82272	82419	82567	82714	82862	83010	83158
740	83307	83456	83605	83754	83904	84053	84204	84354	84504	84655
0,750	0,84806	0,84958	0,85109	0,85261	0,85413	0,85565	0,85718	0,85871	0,86024	0,86178
760	86331	86485	86640	86794	86949	87104	87260	87415	87571	87728
770	87884	88041	88198	88356	88513	88672	88830	88989	89148	89307
780	89467	89627	89787	89947	90108	90270	90431	90593	90755	90918
790	91081	91244	91408	91572	91736	91901	92066	92231	92397	92563
0,800	0,92730	0,92896	0,93064	0,93231	0,93399	0,93568	0,93736	0,93905	0,94075	0,94245
810	94415	94586	94757	94929	95101	95273	95446	95619	95793	95967
820	96141	96316	96491	96667	96843	97020	97197	97375	97553	97732
830	97911	98090	98270	98451	98632	98813	98995	99178	99361	99544
840	99728	99913	1,00098	1,00284	1,00470	1,00657	1,00844	1,01032	1,01220	1,01409
0,850	1,01599	1,01789	1,01979	1,02171	1,02363	1,02555	1,02748	1,02942	1,03136	1,03331
860	03527	03723	03920	04118	04316	04515	04715	04915	05116	05318
870	05520	05723	05927	06132	06337	06544	06751	06958	07167	07376
880	07586	07797	08009	08222	08435	08649	08865	09081	09298	09516
890	09735	09954	10175	10397	10619	10843	11068	11294	11520	11748
0,900	1,11977	1,12207	1,12438	1,12670	1,12903	1,13138	1,13374	1,13610	1,13849	1,14088
910	14328	14570	14813	15058	15304	15551	15799	16049	16301	16554
920	16808	17064	17321	17581	17841	18104	18368	18633	18901	19170
930	19441	19714	19989	20266	20545	20826	21109	21394	21681	21971
940	22263	22557	22854	23153	23455	23759	24067	24376	24689	25005
0,950	1,25324	1,25645	1,25970	1,26299	1,26631	1,26966	1,27305	1,27648	1,27994	1,28345
960	28700	29060	29423	29792	30166	30544	30928	31318	31713	32115
970	32523	32938	33360	33789	34226	34672	35127	35591	36065	36550
980	37046	37555	38077	38614	39167	39737	40327	40938	41572	42234
990	42926	43653	44422	45241	46120	47075	48132	49332	50754	52607
1,000	1,57080									

[1] Abgekürzt nach Werten aus *Table of Arc Sin X*, New York, 1945. Mit freundlicher Erlaubnis des National Bureau of Standards und der Columbia University Press.

Zehnerlogarithmen der Binomialkoeffizienten C und ihrer Reziproken* $N = 2$–33

Erläuterungen siehe S.77

Exponent von $p(q)$	Exponent von $q(p)$	$\log C$	$\log 1/C$
$N = 2$			
0	2	0,00000	0 00000
1	1	0,30103	1 69897
$N = 3$			
0	3	0,00000	0 00000
1	2	0,47712	1 52288
$N = 4$			
0	4	0,00000	0 00000
1	3	0,60206	1 39794
2	2	0,77815	1 22185
$N = 5$			
0	5	0,00000	0 00000
1	4	0,69897	1 30103
2	3	1,00000	2 00000
$N = 6$			
0	6	0,00000	0 00000
1	5	0,77815	1 22185
2	4	1,17609	2 82391
3	3	1,30103	2 69897
$N = 7$			
0	7	0,00000	0 00000
1	6	0,84510	1 15490
2	5	1,32222	2 67778
3	4	1,54407	2 45593
$N = 8$			
0	8	0,00000	0 00000
1	7	0,90309	1 09691
2	6	1,44716	2 55284
3	5	1,74819	2 25181
4	4	1,84510	2 15490
$N = 9$			
0	9	0,00000	0 00000
1	8	0,95424	1 04576
2	7	1,55630	2 44370
3	6	1,92428	2 07572
4	5	2,10037	3 89963
$N = 10$			
0	10	0,00000	0 00000
1	9	1,00000	2 00000
2	8	1,65321	2 34679
3	7	2,07918	3 92082
4	6	2,32222	3 67778
5	5	2,40140	3 59860
$N = 11$			
0	11	0,00000	0 00000
1	10	1,04139	2 95861
2	9	1,74036	2 25964
3	8	2,21748	3 78252
4	7	2,51851	3 48149
5	6	2,66464	3 33536
$N = 12$			
0	12	0,00000	0 00000
1	11	1,07918	2 92082
2	10	1,81954	2 18046
3	9	2,34242	3 65758
4	8	2,69461	3 30539
5	7	2,89873	3 10127
6	6	2,96567	3 03433
$N = 13$			
0	13	0,00000	0 00000
1	12	1,11394	2 88606
2	11	1,89209	2 10791
3	10	2,45637	3 54363
4	9	2,85431	3 14569
5	8	3,10958	4 89042
6	7	3,23452	4 76548
$N = 14$			
0	14	0,00000	0 00000
1	13	1,14613	2 85387
2	12	1,95904	2 04096
3	11	2,56110	3 43890
4	10	3,00043	4 99957
5	9	3,30146	4 69854
6	8	3,47756	4 52244
7	7	3,53555	4 46445
$N = 15$			
0	15	0,00000	0 00000
1	14	1,17609	2 82391
2	13	2,02119	3 97881
3	12	2,65801	3 34199
4	11	3,13513	4 86487
5	10	3,47756	4 52244
6	9	3,69940	4 30060
7	8	3,80855	4 19145
$N = 16$			
0	16	0,00000	0 00000
1	15	1,20412	2 79588
2	14	2,07918	3 92082
3	13	2,74819	3 25181
4	12	3,26007	4 73993
5	11	3,64028	4 35972
6	10	3,90352	4 09648
7	9	4,05843	5 94157
8	8	4,10958	5 89042
$N = 17$			
0	17	0,00000	0 00000
1	16	1,23045	2 76955
2	15	2,13354	3 86646
3	14	2,83251	3 16749
4	13	3,37658	4 62342
5	12	3,79155	4 20845
6	11	4,09258	5 90742
7	10	4,28887	5 71113
8	9	4,38578	5 61422
$N = 18$			
0	18	0,00000	0 00000
1	17	1,25527	2 74473
2	16	2,18469	3 81531
3	15	2,91169	3 08831
4	14	3,48572	4 51428
5	13	3,93288	4 06712
6	12	4,26867	5 73133
7	11	4,50275	5 49725
8	10	4,64106	5 35894
9	9	4,68681	5 31319
$N = 19$			
0	19	0,00000	0 00000
1	18	1,27875	2 72125
2	17	2,23300	3 76700
3	16	2,98632	3 01368
4	15	3,58838	4 41162
5	14	4,06551	5 93449
6	13	4,43348	5 56652
7	12	4,70233	5 29767
8	11	4,87842	5 12158
9	10	4,96557	5 03443
$N = 20$			
0	20	0,00000	0 00000
1	19	1,30103	2 69897
2	18	2,27875	3 72125
3	17	3,05690	4 94310
4	16	3,68529	4 31471
5	15	4,19044	5 80956
6	14	4,58838	5 41162
7	13	4,88941	5 11059
8	12	5,10027	6 89973
9	11	5,22521	6 77479
10	10	5,26660	6 73340
$N = 21$			
0	21	0,00000	0 00000
1	20	1,32222	2 67778
2	19	2,32222	3 67778
3	18	3,12385	4 87615
4	17	3,77706	4 22294
5	16	4,30854	5 69146
6	15	4,73451	5 26549
7	14	5,06551	6 93449
8	13	5,30854	6 69146
9	12	5,46824	6 53176
10	11	5,54743	6 45257
$N = 22$			
0	22	0,00000	0 00000
1	21	1,34242	2 65758
2	20	2,36361	3 63639
3	19	3,18752	4 81248
4	18	3,86421	4 13579
5	17	4,42052	5 57948
6	16	4,87281	5 12719
7	15	5,23184	6 76816
$N = 22$ (Fortsetzung)			
8	14	5,50484	6 49516
9	13	5,69672	6 30328
10	12	5,81067	6 18933
11	11	5,84846	6 15154
$N = 23$			
0	23	0,00000	0 00000
1	22	1,36173	2 63827
2	21	2,40312	3 59688
3	20	3,24822	4 75178
4	19	3,94719	4 05281
5	18	4,52697	5 47303
6	17	5,00409	6 99591
7	16	5,38944	6 61056
8	15	5,69047	6 30953
9	14	5,91232	6 08768
10	13	6,05845	7 94155
11	12	6,13100	7 86900
$N = 24$			
0	24	0,00000	0 00000
1	23	1,38021	2 61979
2	22	2,44091	3 55909
3	21	3,30621	4 69379
4	20	4,02637	5 97363
5	19	4,62843	5 37157
6	18	5,12903	6 87097
7	17	5,53921	6 46079
8	16	5,86657	6 13343
9	15	6,11644	7 88356
10	14	6,29253	7 70747
11	13	6,39727	7 60273
12	12	6,43203	7 56797
$N = 25$			
0	25	0,00000	0 00000
1	24	1,39794	2 60206
2	23	2,47712	3 52288
3	22	3,36173	4 63827
4	21	4,10209	5 89791
5	20	4,72534	5 27466
6	19	5,24822	6 75178
7	18	5,68187	6 31813
8	17	6,03406	7 96594
9	16	6,31026	7 68974
10	15	6,51438	7 48562
11	14	6,64908	7 35092
12	13	6,71603	7 28397
$N = 26$			
0	26	0,00000	0 00000
1	25	1,41497	2 58503
2	24	2,51188	3 48812
3	23	3,41497	4 58503
4	22	4,17464	5 82536
5	21	4,81809	5 18191
6	20	5,36216	6 63784
7	19	5,81809	6 18191
8	18	6,19376	7 80624
9	17	6,49479	7 50521
10	16	6,72524	7 27476
11	15	6,88796	7 11204
12	14	6,98487	7 01513
13	13	7,01706	8 98294
$N = 27$			
0	27	0,00000	0 00000
1	26	1,43136	2 56864
2	25	2,54531	3 45469
3	24	3,46613	4 53387
4	23	4,24428	5 75572
5	22	4,90703	5 09297
6	21	5,47131	6 52869
7	20	5,94843	6 05157
8	19	6,34637	7 65363
9	18	6,67088	7 32912
10	17	6,92615	7 07385
11	16	7,11521	8 88479
12	15	7,24015	8 75985
13	14	7,30229	8 69771
$N = 28$			
0	28	0,00000	0 00000
1	27	1,44716	2 55284
2	26	2,57749	3 42251
3	25	3,51534	4 48466
4	24	4,31122	5 68878
5	23	4,99247	5 00753
6	22	5,57604	6 42396
7	21	6,07337	7 92663
$N = 28$ (Fortsetzung)			
8	20	6,49250	7 50750
9	19	6,83928	7 16072
10	18	7,11804	8 88196
11	17	7,33192	8 66808
12	16	7,48318	8 51682
13	15	7,57336	8 42664
14	14	7,60332	8 39668
$N = 29$			
0	29	0,00000	0 00000
1	28	1,46240	2 53760
2	27	2,60853	3 39147
3	26	3,56277	4 43723
4	25	4,37568	5 62432
5	24	5,07465	6 92535
6	23	5,67671	6 32329
7	22	6,19334	7 80666
8	21	6,63267	7 36733
9	20	7,00065	8 99935
10	19	7,30168	8 69832
11	18	7,53904	8 46096
12	17	7,71513	8 28487
13	16	7,83164	8 16836
14	15	7,88963	8 11037
$N = 30$			
0	30	0,00000	0 00000
1	29	1,47712	2 52288
2	28	2,63849	3 36151
3	27	3,60853	4 39147
4	26	4,43783	5 56217
5	25	5,15383	6 84617
6	24	5,77362	6 22638
7	23	6,30874	7 69126
8	22	6,76737	7 23263
9	21	7,15555	8 84445
10	20	7,47777	8 52223
11	19	7,73741	8 26259
12	18	7,93698	8 06302
13	17	8,07831	9 92169
14	16	8,16263	9 83737
15	15	8,19066	9 80934
$N = 31$			
0	31	0,00000	0 00000
1	30	1,49136	2 50864
2	29	2,66745	3 33255
3	28	3,65273	4 34727
4	27	4,49783	5 50217
5	26	5,23022	6 76978
6	25	5,86704	6 13296
7	24	6,41989	7 58011
8	23	6,89701	7 10299
9	22	7,30449	8 69551
10	21	7,64691	8 35309
11	20	7,92774	8 07226
12	19	8,14959	9 85041
13	18	8,31440	9 68560
14	17	8,42354	9 57646
15	16	8,47790	9 52210
$N = 32$			
0	32	0,00000	0 00000
1	31	1,50515	2 49485
2	30	2,69548	3 30452
3	29	3,69548	4 30452
4	28	4,55582	5 44418
5	27	5,30401	6 69599
6	26	5,95722	6 04278
7	25	6,52710	7 47290
8	24	7,02195	8 97805
9	23	7,44791	8 55209
10	22	7,80964	8 19036
11	21	8,11067	9 88933
12	20	8,35371	9 64629
13	19	8,54080	9 45920
14	18	8,67342	9 32658
15	17	8,75260	9 24740
16	16	8,77893	9 22107
$N = 33$			
0	33	0,00000	0 00000
1	32	1,51851	2 48149
2	31	2,72263	3 27737
3	30	3,73687	4 26313
4	29	4,61194	5 38806
5	28	5,37536	6 62464
6	27	6,04437	7 95563
7	26	6,63064	7 36936
8	25	7,14252	8 85748
9	24	7,58622	8 41378

Zehnerlogarithmen der Binomialkoeffizienten C und ihrer Reziproken* $N = 33$–49

Erläuterungen siehe S.77

Exponent von $p(q)$	Exponent von $q(p)$	log C	log $1/C$
$N = 33$ (Fortsetzung)			
10	23	7,96643	8 03357
11	22	8,28676	9 71324
12	21	8,55000	9 45000
13	20	8,75828	9 24172
14	19	8,91318	9 08682
15	18	9,01585	10 98415
16	17	9,06700	10 93300
$N = 34$			
0	34	0,00000	0 00000
1	33	1,53148	2 46852
2	32	2,74896	3 25104
3	31	3,77699	4 22301
4	30	4,66629	5 33371
5	29	5,44444	6 55556
6	28	6,12869	7 87131
7	27	6,73075	7 26925
8	26	7,25903	8 74097
9	25	7,71976	8 28024
10	24	8,11770	9 88230
11	23	8,45651	9 54349
12	22	8,73906	9 26094
13	21	8,96754	9 03246
14	20	9,14363	10 85637
15	19	9,26857	10 73143
16	18	9,34320	10 65680
17	17	9,36803	10 63197
$N = 35$			
0	35	0,00000	0 00000
1	34	1,54407	2 45593
2	33	2,77452	3 22548
3	32	3,81591	4 18409
4	31	4,71900	5 28100
5	30	5,51139	6 48861
6	29	6,21036	7 78964
7	28	6,82766	7 17234
8	27	7,37173	8 62827
9	26	7,84885	8 15115
10	25	8,26382	9 73618
11	24	8,62037	9 37963
12	23	8,92140	9 07860
13	22	9,16919	10 83081
14	21	9,36548	10 63452
15	20	9,51161	10 48839
16	19	9,60852	10 39148
17	18	9,65682	10 34318
$N = 36$			
0	36	0,00000	0 00000
1	35	1,55630	2 44370
2	34	2,79934	3 20066
3	33	3,85370	4 14630
4	32	4,77015	5 22985
5	31	5,57633	6 42367
6	30	6,28954	7 71046
7	29	6,92157	7 07843
8	28	7,48087	8 51913
9	27	7,97379	8 02621
10	26	8,40515	9 59485
11	25	8,77873	9 22127
12	24	9,09749	10 90251
13	23	9,36376	10 63624
14	22	9,57936	10 42064
15	21	9,74569	10 25431
16	20	9,86379	10 13621
17	19	9,93437	10 06563
18	18	9,95785	10 04215
$N = 37$			
0	37	0,00000	0 00000
1	36	1,56820	2 43180
2	35	2,82347	3 17653
3	34	3,89042	4 10958
4	33	4,81984	5 18016
5	32	5,63938	6 36062
6	31	6,36638	7 63362
7	30	7,01265	8 98735
8	29	7,58668	8 41332
9	28	8,09483	9 90517
10	27	8,54199	9 45801
11	26	8,93196	9 06804
12	25	9,26775	10 73225
13	24	9,55175	10 44825
14	23	9,78583	10 21417
15	22	9,97147	10 02853
16	21	10,10977	11 89023
17	20	10,20154	11 79846
18	19	10,24730	11 75270
$N = 38$			
0	38	0,00000	0 00000
1	37	1,57978	2 42022

Exponent von $p(q)$	Exponent von $q(p)$	log C	log $1/C$
$N = 38$ (Fortsetzung)			
2	36	2,84696	3 15304
3	35	3,92614	4 07386
4	34	4,86814	5 13186
5	33	5,70065	6 29935
6	32	6,44102	7 55898
7	31	7,10107	8 89893
8	30	7,68934	8 31066
9	29	8,21222	9 78778
10	28	8,67462	9 32538
11	27	9,08038	10 91962
12	26	9,43256	10 56744
13	25	9,73359	10 26641
14	24	9,98541	10 01459
15	23	10,18953	11 81047
16	22	10,34713	11 65287
17	21	10,45911	11 54089
18	20	10,52605	11 47395
19	19	10,54833	11 45167
$N = 39$			
0	39	0,00000	0 00000
1	38	1,59106	2 40894
2	37	2,86982	3 13018
3	36	3,96090	4 03910
4	35	4,91514	5 08486
5	34	5,76024	6 23976
6	33	6,51357	7 48643
7	32	7,18698	8 81302
8	31	7,78904	8 21096
9	30	8,32616	9 67384
10	29	8,80328	9 19672
11	28	9,22429	10 77571
12	27	9,59227	10 40773
13	26	9,90969	10 09031
14	25	10,17853	11 82147
15	24	10,40038	11 59962
16	23	10,57647	11 42353
17	22	10,70775	11 29225
18	21	10,79490	11 20510
19	20	10,83837	11 16163
$N = 40$			
0	40	0,00000	0 00000
1	39	1,60206	2 39794
2	38	2,89209	3 10791
3	37	3,99476	4 00524
4	36	4,96090	5 03910
5	35	5,81823	6 18177
6	34	6,58415	7 41585
7	33	7,27053	8 72947
8	32	7,88595	8 11405
9	31	8,43686	9 56314
10	30	8,92822	9 07178
11	29	9,36395	10 63605
12	28	9,74717	10 25283
13	27	10,08038	11 91962
14	26	10,36562	11 63438
15	25	10,60450	11 39550
16	24	10,79832	11 20168
17	23	10,94808	11 05192
18	22	11,05454	12 94546
19	21	11,11821	12 88179
20	20	11,13940	12 86060
$N = 41$			
0	41	0,00000	0 00000
1	40	1,61278	2 38722
2	39	2,91381	3 08619
3	38	4,02776	5 97224
4	37	5,00548	6 99452
5	36	5,87471	6 12529
6	35	6,65286	7 34714
7	34	7,35183	8 64817
8	33	7,98022	8 01978
9	32	8,54449	9 45551
10	31	9,04964	10 95036
11	30	9,49961	10 50039
12	29	9,89755	10 10245
13	28	10,24601	11 75399
14	27	10,54704	11 45296
15	26	10,80231	11 19769
16	25	11,01316	12 98684
17	24	11,18065	12 81935
18	23	11,30559	12 69441
19	22	11,38857	12 61143
20	21	11,42996	12 57004
$N = 42$			
0	42	0,00000	0 00000
1	41	1,62325	2 37675
2	40	2,93500	3 06500
3	39	4,05994	5 94006

Exponent von $p(q)$	Exponent von $q(p)$	log C	log $1/C$
$N = 42$ (Fortsetzung)			
4	38	5,04895	6 95105
5	37	5,92976	6 07024
6	36	6,71981	7 28019
7	35	7,43102	8 56898
8	34	8,07199	9 92801
9	33	8,64923	9 35077
10	32	9,16774	10 83226
11	31	9,63150	10 36850
12	30	10,04368	11 95632
13	29	10,40686	11 59314
14	28	10,72313	11 27687
15	27	10,99420	11 00580
16	26	11,22144	12 77856
17	25	11,40596	12 59404
18	24	11,54863	12 45137
19	23	11,65009	12 34991
20	22	11,71079	12 28921
21	21	11,73099	12 26901
$N = 43$			
0	43	0,00000	0 00000
1	42	1,63347	2 36653
2	41	2,95569	3 04431
3	40	4,09135	5 90865
4	39	5,09135	6 90865
5	38	5,98344	6 01656
6	37	6,78508	7 21492
7	36	7,50818	8 49182
8	35	8,16139	9 83861
9	34	8,75122	9 24878
10	33	9,28270	10 71730
11	32	9,75982	10 24018
12	31	10,18579	11 81421
13	30	10,56321	11 43679
14	29	10,89420	11 10580
15	28	11,18051	12 81949
16	27	11,42354	12 57646
17	26	11,62446	12 37554
18	25	11,78416	12 21584
19	24	11,90335	12 09665
20	23	11,98253	12 01747
21	22	12,02204	13 97796
$N = 44$			
0	44	0,00000	0 00000
1	43	1,64345	2 35655
2	42	2,97589	3 02411
3	41	4,12202	5 87798
4	40	5,13274	6 86726
5	39	6,03583	7 96417
6	38	6,84875	7 15125
7	37	7,58343	8 41657
8	36	8,24854	9 75146
9	35	8,85060	9 14940
10	34	9,39467	10 60533
11	33	9,88476	10 11524
12	32	10,32409	11 67591
13	31	10,71530	11 28470
14	30	11,06053	12 93947
15	29	11,36156	12 63844
16	28	11,61984	12 38016
17	27	11,83655	12 16345
18	26	12,01264	13 98736
19	25	12,14886	13 85114
20	24	12,24577	13 75423
21	23	12,30376	13 69624
22	22	12,32307	13 67693
$N = 45$			
0	45	0,00000	0 00000
1	44	1,65321	2 34679
2	43	2,99564	3 00436
3	42	4,15198	5 84802
4	41	5,17317	6 82683
5	40	6,08699	7 91301
6	39	6,91089	7 08911
7	38	7,65686	8 34314
8	37	8,33355	9 66645
9	36	8,94751	9 05249
10	35	9,50382	10 49618
11	34	10,00649	11 99351
12	33	10,45879	11 54121
13	32	10,86336	11 13664
14	31	11,22238	12 77762
15	30	11,53765	12 46235
16	29	11,81065	12 18935
17	28	12,04260	13 95740
18	27	12,23449	13 76551
19	26	12,38710	13 61290
20	25	12,50104	13 49896
21	24	12,57676	13 42324
22	23	12,61455	13 38545

Exponent von $p(q)$	Exponent von $q(p)$	log C	log $1/C$
$N = 46$			
0	46	0,00000	0 00000
1	45	1,66276	2 33724
2	44	3,01494	4 98506
3	43	4,18127	5 81873
4	42	5,21268	6 78732
5	41	6,13696	7 86304
6	40	6,97159	7 02841
7	39	7,72855	8 27145
8	38	8,41653	9 58347
9	37	9,04207	10 95793
10	36	9,61027	10 38973
11	35	10,12518	11 87482
12	34	10,59007	11 40993
13	33	11,00760	12 99240
14	32	11,37999	12 62001
15	31	11,70905	12 29095
16	30	11,99629	12 00371
17	29	12,24296	13 75704
18	28	12,45009	13 54991
19	27	12,61849	13 38151
20	26	12,74883	13 25117
21	25	12,84158	13 15842
22	24	12,89710	13 10290
23	23	12,91558	13 08442
$N = 47$			
0	47	0,00000	0 00000
1	46	1,67210	2 32790
2	45	3,03383	4 96617
3	44	4,20992	5 79008
4	43	5,25131	6 74869
5	42	6,18581	7 81419
6	41	7,03091	8 96909
7	40	7,79859	8 20141
8	39	8,49756	9 50244
9	38	9,13438	10 86562
10	37	9,71417	10 28583
11	36	10,24098	11 75902
12	35	10,71810	11 28190
13	34	11,14822	12 85178
14	33	11,53357	12 46643
15	32	11,87600	12 12400
16	31	12,17703	13 82297
17	30	12,43794	13 56206
18	29	12,65979	13 34021
19	28	12,84343	13 15657
20	27	12,98956	13 01044
21	26	13,09870	14 90130
22	25	13,17126	14 82874
23	24	13,20747	14 79253
$N = 48$			
0	48	0,00000	0 00000
1	47	1,68124	2 31876
2	46	3,05231	4 94769
3	45	4,23795	5 76205
4	44	5,28910	6 71090
5	43	6,23358	7 76642
6	42	7,08890	8 91110
7	41	7,86705	8 13295
8	40	8,57674	9 42326
9	39	9,22456	10 77544
10	38	9,81563	10 18437
11	37	10,35402	11 64598
12	36	10,84304	11 15696
13	35	11,28540	12 71460
14	34	11,68334	12 31666
15	33	12,03872	13 96128
16	32	12,35312	13 64688
17	31	12,62782	13 37218
18	30	12,86391	13 13609
19	29	13,06228	14 93772
20	28	13,22364	14 77636
21	27	13,34858	14 65142
22	26	13,43752	14 56248
23	25	13,49077	14 50923
24	24	13,50850	14 49150
$N = 49$			
0	49	0,00000	0 00000
1	48	1,69020	2 30980
2	47	3,07041	4 92959
3	46	4,26538	5 73462
4	45	5,32608	6 67392
5	44	6,28032	7 71968
6	43	7,14563	8 85437
7	42	7,93400	8 06600
8	41	8,65416	9 34584
9	40	9,31270	10 68730
10	39	9,91476	10 08524
11	38	10,46443	11 53557
12	37	10,96503	11 03497
13	36	11,41929	12 58071
14	35	11,82946	12 17054

Zehnerlogarithmen der Binomialkoeffizienten C und ihrer Reziproken* N = 49–61

Erläuterungen siehe S.77

Exponent von p (q)	q (p)	log C	log 1/C
N = 49 (Fortsetzung)			
15	34	12,19744	13 80256
16	33	12,52480	13 47520
17	32	12,81286	13 18714
18	31	13,06274	14 93726
19	30	13,27535	14 72465
20	29	13,45144	14 54856
21	28	13,59162	14 40838
22	27	13,69636	14 30364
23	26	13,76599	14 23401
24	25	13,80075	14 19925

Exponent von p (q)	q (p)	log C	log 1/C
N = 50			
0	50	0,00000	0 00000
1	49	1,69897	2 30103
2	48	3,08814	4 91186
3	47	4,29226	5 70774
4	46	5,36229	6 63771
5	45	6,32608	7 67392
6	44	7,20114	8 79886
7	43	7,99950	8 00050
8	42	8,72988	9 27012
9	41	9,39888	10 60112
10	40	10,01167	11 98833
11	39	10,57233	11 42767
12	38	11,08422	12 91578
13	37	11,55006	12 44994
14	36	11,97213	12 02787
15	35	12,35234	13 64766
16	34	12,69229	13 30771
17	33	12,99332	13 00668
18	32	13,25656	14 74344
19	31	13,48296	14 51704
20	30	13,67329	14 32671
21	29	13,82819	14 17181
22	28	13,94817	14 05183
23	27	14,03360	15 96640
24	26	14,08475	15 91525
25	25	14,10178	15 89822

Exponent von p (q)	q (p)	log C	log 1/C
N = 51			
0	51	0,00000	0 00000
1	50	1,70757	2 29243
2	49	3,10551	4 89449
3	48	4,31859	5 68141
4	47	5,39777	6 60223
5	46	6,37089	7 62911
6	45	7,25550	8 74450
7	44	8,06362	9 93638
8	43	8,80398	9 19602
9	42	9,48320	10 51680
10	41	10,10645	11 89355
11	40	10,67784	11 32216
12	39	11,20072	12 79928
13	38	11,67784	12 32216
14	37	12,11150	13 88850
15	36	12,50361	13 49639
16	35	12,85579	13 14421
17	34	13,16941	14 83059
18	33	13,44562	14 55438
19	32	13,68538	14 31462
20	31	13,88950	14 11050
21	30	14,05864	15 94136
22	29	14,19334	15 80666
23	28	14,29401	15 70599
24	27	14,36096	15 63904
25	26	14,39438	15 60562

Exponent von p (q)	q (p)	log C	log 1/C
N = 52			
0	52	0,00000	0 00000
1	51	1,71600	2 28400
2	50	3,12254	4 87746
3	49	4,34439	5 65561
4	48	5,43253	6 56747
5	47	6,41480	7 58520
6	46	7,30875	8 69125
7	45	8,12641	9 87359
8	44	8,87653	9 12347
9	43	9,56574	10 43426
10	42	10,19921	11 80079
11	41	10,78106	11 21894
12	40	11,31467	12 68533
13	39	11,80278	12 19722
14	38	12,24772	13 75228
15	37	12,65141	13 34859
16	36	13,01549	14 98451
17	35	13,34135	14 65865
18	34	13,63014	14 36986
19	33	13,88287	14 11713
20	32	14,10035	15 89965
21	31	14,28328	15 71672
22	30	14,43222	15 56778
23	29	14,54762	15 45238
24	28	14,62980	15 37020

Exponent von p (q)	q (p)	log C	log 1/C
N = 52 (Fortsetzung)			
25	27	14,67902	15 32098
26	26	14,69541	15 30459

Exponent von p (q)	q (p)	log C	log 1/C
N = 53			
0	53	0,00000	0 00000
1	52	1,72428	2 27572
2	51	3,13925	4 86075
3	50	4,36970	5 63030
4	49	5,46661	6 53339
5	48	6,45783	7 54217
6	47	7,36092	8 63908
7	46	8,18792	9 81208
8	45	8,94759	9 05241
9	44	9,64656	10 35344
10	43	10,29001	11 70999
11	42	10,88209	11 11791
12	41	11,42616	12 57384
13	40	11,92500	12 07500
14	39	12,38093	13 61907
15	38	12,79590	13 20410
16	37	13,17157	14 82843
17	36	13,50932	14 49068
18	35	13,81035	14 18965
19	34	14,07567	15 92433
20	33	14,30611	15 69389
21	32	14,50241	15 49759
22	31	14,66514	15 33486
23	30	14,79477	15 20523
24	29	14,89168	15 10832
25	28	14,95614	15 04386
26	27	14,98832	15 01168

Exponent von p (q)	q (p)	log C	log 1/C
N = 54			
0	54	0,00000	0 00000
1	53	1,73239	2 26761
2	52	3,15564	4 84436
3	51	4,39452	5 60548
4	50	5,50003	6 49997
5	49	6,50003	7 49997
6	48	7,41208	8 58792
7	47	8,24822	9 75178
8	46	9,01723	10 98277
9	45	9,72574	10 27426
10	44	10,37896	11 62104
11	43	10,98102	11 01898
12	42	11,53530	12 46470
13	41	12,04461	13 95539
14	40	12,51126	13 48874
15	39	12,93723	13 06277
16	38	13,32418	14 67582
17	37	13,67351	14 32649
18	36	13,98644	14 01356
19	35	14,26399	15 73601
20	34	14,50703	15 49297
21	33	14,71629	15 28371
22	32	14,89238	15 10762
23	31	15,03580	16 96420
24	30	15,14695	16 85305
25	29	15,22613	16 77387
26	28	15,27356	16 72644
27	27	15,28935	16 71065

Exponent von p (q)	q (p)	log C	log 1/C
N = 55			
0	55	0,00000	0 00000
1	54	1,74036	2 25964
2	53	3,17173	4 82827
3	52	4,41888	5 58112
4	51	5,53282	6 46718
5	50	6,54142	7 45858
6	49	7,46224	8 53776
7	48	8,30734	9 69266
8	47	9,08549	10 91451
9	46	9,80335	10 19665
10	45	10,46611	11 53389
11	44	11,07793	12 92207
12	43	11,64220	12 35780
13	42	12,16172	13 83828
14	41	12,63884	13 36116
15	40	13,07554	14 92446
16	39	13,47348	14 52652
17	38	13,83409	14 16591
18	37	14,15860	15 84140
19	36	14,44805	15 55195
20	35	14,70332	15 29668
21	34	14,92517	15 07483
22	33	15,11423	16 88577
23	32	15,27101	16 72899
24	31	15,39595	16 60405
25	30	15,48937	16 51063
26	29	15,55152	16 44848
27	28	15,58256	16 41744

Exponent von p (q)	q (p)	log C	log 1/C
N = 56			
0	56	0,00000	0 00000
1	55	1,74819	2 25181
2	54	3,18752	4 81248
3	53	4,44279	5 55721
4	52	5,56501	6 43499
5	51	6,58204	7 41796
6	50	7,51146	8 48854
7	49	8,36533	9 63467
8	48	9,15244	10 84756
9	47	9,87944	10 12056
10	46	10,55154	11 44846
11	45	11,17290	12 82710
12	44	11,74693	12 25307
13	43	12,27644	13 72356
14	42	12,76378	13 23622
15	41	13,21094	14 78906
16	40	13,61960	14 38040
17	39	13,99122	14 00878
18	38	14,32701	15 67299
19	37	14,62804	15 37196
20	36	14,89521	15 10479
21	35	15,12929	16 87071
22	34	15,33094	16 66906
23	33	15,50069	16 49931
24	32	15,63899	16 36101
25	31	15,74620	16 25380
26	30	15,82259	16 17741
27	29	15,86835	16 13165
28	28	15,88359	16 11641

Exponent von p (q)	q (p)	log C	log 1/C
N = 57			
0	57	0,00000	0 00000
1	56	1,75587	2 24413
2	55	3,20303	4 79697
3	54	4,46627	5 53373
4	53	5,59661	6 40339
5	52	6,62191	7 37809
6	51	7,55977	8 44023
7	50	8,42224	9 57776
8	49	9,21812	10 78188
9	48	9,95407	10 04593
10	47	10,63531	11 36469
11	46	11,26602	12 73398
12	45	11,84959	12 15041
13	44	12,38886	13 61114
14	43	12,88619	13 11381
15	42	13,34357	14 65643
16	41	13,76270	14 23730
17	40	14,14503	15 85497
18	39	14,49182	15 50818
19	38	14,80413	15 19587
20	37	15,08288	16 91712
21	36	15,32886	16 67114
22	35	15,54274	16 45726
23	34	15,72508	16 27492
24	33	15,87635	16 12365
25	32	15,99693	16 00307
26	31	16,08710	17 91290
27	30	16,14710	17 85290
28	29	16,17706	17 82294

Exponent von p (q)	q (p)	log C	log 1/C
N = 58			
0	58	0,00000	0 00000
1	57	1,76343	2 23657
2	56	3,21827	4 78173
3	55	4,48934	5 51066
4	54	5,62764	6 37236
5	53	6,66107	7 33893
6	52	7,60719	8 39281
7	51	8,47810	9 52190
8	50	9,28258	10 71742
9	49	10,02730	11 97270
10	48	10,71750	11 28250
11	47	11,35735	12 64265
12	46	11,95026	12 04974
13	45	12,49908	13 50092
14	44	13,00616	14 99384
15	43	13,47353	14 52647
16	42	13,90287	14 09713
17	41	14,29567	15 70433
18	40	14,65319	15 34681
19	39	14,97649	15 02351
20	38	15,26653	16 73347
21	37	15,52409	16 47591
22	36	15,74987	16 25013
23	35	15,94444	16 05556
24	34	16,10830	17 89170
25	33	16,24184	17 75816
26	32	16,34538	17 65462
27	31	16,41917	17 58083
28	30	16,46337	17 53663
29	29	16,47809	17 52191

Exponent von p (q)	q (p)	log C	log 1/C
N = 59			
0	59	0,00000	0 00000
1	58	1,77085	2 22915
2	57	3,23325	4 76675
3	56	4,51200	5 48800
4	55	5,65813	6 34187
5	54	6,69952	7 30048
6	53	7,65377	8 34623
7	52	8,53294	9 46706
8	51	9,34586	10 65414
9	50	10,09919	11 90081
10	49	10,79816	11 20184
11	48	11,44606	12 55304
12	47	12,04902	13 95098
13	46	12,60717	13 39283
14	45	13,12380	14 87620
15	44	13,60092	14 39908
16	43	14,04026	15 95974
17	42	14,44328	15 55672
18	41	14,81125	15 18875
19	40	15,14528	16 85472
20	39	15,44631	16 55369
21	38	15,71516	16 28484
22	37	15,95252	16 04748
23	36	16,15899	17 84101
24	35	16,33509	17 66491
25	34	16,48121	17 51879
26	33	16,59772	17 40228
27	32	16,68487	17 31513
28	31	16,74286	17 25714
29	30	16,77182	17 22818

Exponent von p (q)	q (p)	log C	log 1/C
N = 60			
0	60	0,00000	0 00000
1	59	1,77815	2 22185
2	58	3,24797	4 75203
3	57	4,53428	5 46572
4	56	5,68809	6 31191
5	55	6,73731	7 26269
6	54	7,69952	8 30048
7	53	8,58682	9 41318
8	52	9,40801	10 59199
9	51	10,16977	11 83023
10	50	10,87734	11 12266
11	49	11,53491	12 46509
12	48	12,14593	13 85407
13	47	12,71323	13 28677
14	46	13,23920	14 76080
15	45	13,72586	14 27414
16	44	14,17496	15 82504
17	43	14,58796	15 41204
18	42	14,96616	15 03384
19	41	15,31065	16 68935
20	40	15,62241	16 37759
21	39	15,90225	16 09775
22	38	16,15089	17 84911
23	37	16,36894	17 63106
24	36	16,55693	17 44307
25	35	16,71530	17 28470
26	34	16,84439	17 15561
27	33	16,94451	17 05549
28	32	17,01586	18 98414
29	31	17,05861	18 94139
30	30	17,07285	18 92715

Exponent von p (q)	q (p)	log C	log 1/C
N = 61			
0	61	0,00000	0 00000
1	60	1,78533	2 21467
2	59	3,26245	4 73755
3	58	4,55618	5 44382
4	57	5,71755	6 28245
5	56	6,77445	22555
6	55	7,74449	8 25551
7	54	8,63976	9 36024
8	53	9,46906	10 53094
9	52	10,23909	11 76091
10	51	10,95510	11 04490
11	50	11,62127	12 37873
12	49	12,24106	13 75894
13	48	12,81732	13 18268
14	47	13,35243	14 64757
15	46	13,84844	14 15156
16	45	14,30707	15 69293
17	44	14,72984	15 27016
18	43	15,11802	16 88198
19	42	15,47273	16 52727
20	41	15,79495	16 20505
21	40	16,08552	17 91448
22	39	16,34515	17 65485
23	38	16,57449	17 42551
24	37	16,77406	17 22594
25	36	16,94432	17 05568
26	35	17,08565	18 91435
27	34	17,19836	18 80164
28	33	17,28268	18 71732

Zehnerlogarithmen der Binomialkoeffizienten *C* und ihrer Reziproken* *N* = 61–72

Erläuterungen siehe S. 77

Exponent von *p (q)*	Exponent von *q (p)*	log *C*	log 1/*C*
N = 61 (Fortsetzung)			
29	32	17,33879	18 66121
30	31	17,36682	18 63318
N = 62			
0	62	0,00000	0 00000
1	61	1,79239	2 20761
2	60	3,27669	4 72331
3	59	4,57772	5 42228
4	58	5,74651	6 25349
5	57	6,81097	7 18903
6	56	7,78870	8 21130
7	55	8,69179	9 30821
8	54	9,52906	10 47094
9	53	10,30721	11 69279
10	52	11,03148	12 96852
11	51	11,70610	12 29390
12	50	12,33448	13 66552
13	49	12,91951	13 08049
14	48	13,46358	14 53642
15	47	13,96873	14 03127
16	46	14,43671	15 56329
17	45	14,86902	15 13098
18	44	15,26696	16 73304
19	43	15,63166	16 36834
20	42	15,96409	16 03591
21	41	16,26512	17 73488
22	40	16,53548	17 46452
23	39	16,77582	17 22418
24	38	16,98667	17 01333
25	37	17,16851	18 83149
26	36	17,32174	18 67826
27	35	17,44668	18 55332
28	34	17,54359	18 45641
29	33	17,61267	18 38733
30	32	17,65406	18 34594
31	31	17,66785	18 33215
N = 63			
0	63	0,00000	0 00000
1	62	1,79934	2 20066
2	61	3,29070	4 70930
3	60	4,59891	5 40109
4	59	5,77500	6 22500
5	58	6,84688	7 15312
6	57	7,83216	8 16784
7	56	8,74294	9 25706
8	55	9,58804	10 41196
9	54	10,37416	11 62584
10	53	11,10655	12 89345
11	52	11,78943	12 21057
12	51	12,42625	13 57375
13	50	13,01988	14 98012
14	49	13,57272	14 42728
15	48	14,08683	15 91317
16	47	14,56395	15 43605
17	46	15,00560	16 99440
18	45	15,41308	16 58692
19	44	15,78754	16 21246
20	43	16,12997	17 87003
21	42	16,44121	17 55879
22	41	16,72204	17 27796
23	40	16,97310	17 02690
24	39	17,19495	18 80505
25	38	17,38807	18 61193
26	37	17,55288	18 44712
27	36	17,68972	18 31028
28	35	17,79886	18 20114
29	34	17,88053	18 11947
30	33	17,93489	18 06511
31	32	17,96204	18 03796
N = 64			
0	64	0,00000	0 00000
1	63	1,80618	2 19382
2	62	3,30449	4 69551
3	61	4,61976	5 38024
4	60	5,80303	6 19697
5	59	6,88221	7 11779
6	58	7,87491	8 12509
7	57	8,79324	9 20676
8	56	9,64603	10 35397
9	55	10,43997	11 56003
10	54	11,18034	12 81966
11	53	11,87134	12 12866
12	52	12,51643	13 48357
13	51	13,11849	14 88151
14	50	13,67993	14 32007
15	49	14,20281	15 79719
16	48	14,68889	15 31111
17	47	15,13968	16 86032
18	46	15,55651	16 44349
19	45	15,94051	16 05949
N = 64 (Fortsetzung)			
20	44	16,29269	17 70731
21	43	16,61393	17 38607
22	42	16,90497	17 09503
23	41	17,16649	18 83351
24	40	17,39907	18 60093
25	39	17,60319	18 39681
26	38	17,77928	18 22072
27	37	17,92770	18 07230
28	36	18,04874	19 95126
29	35	18,14265	19 85735
30	34	18,20959	19 79041
31	33	18,24971	19 75029
32	32	18,26307	19 73693
N = 65			
0	65	0,00000	0 00000
1	64	1,81291	2 18709
2	63	3,31806	4 68194
3	62	4,64028	5 35972
4	61	5,83061	6 16939
5	60	6,91697	7 08303
6	59	7,91697	8 08303
7	58	8,84273	9 15727
8	57	9,70307	10 29693
9	56	10,50470	11 49530
10	55	11,25289	12 74711
11	54	11,95186	12 04814
12	53	12,60507	13 39493
13	52	13,21540	14 78460
14	51	13,78528	14 21472
15	50	14,31676	15 68324
16	49	14,81161	15 18839
17	48	15,27135	16 72865
18	47	15,69732	16 30268
19	46	16,09067	17 90933
20	45	16,45239	17 54761
21	44	16,78339	17 21661
22	43	17,08442	18 91558
23	42	17,35616	18 64384
24	41	17,59920	18 40080
25	40	17,81404	18 18596
26	39	18,00113	19 99887
27	38	18,16083	19 83917
28	37	18,29345	19 70655
29	36	18,39926	19 60074
30	35	18,47844	19 52156
31	34	18,53114	19 46886
32	33	18,55747	19 44253
N = 66			
0	66	0,00000	0 00000
1	65	1,81954	2 18046
2	64	3,33143	4 66857
3	63	4,66049	5 33951
4	62	5,85777	6 14223
5	61	6,95119	7 04881
6	60	7,95837	8 04163
7	59	8,89142	9 10858
8	58	9,75918	10 24082
9	57	10,56837	11 43163
10	56	11,32424	12 67576
11	55	12,03104	13 96896
12	54	12,69222	13 30778
13	53	13,31067	14 68933
14	52	13,88882	14 11118
15	51	14,42873	15 57127
16	50	14,93218	15 06782
17	49	15,40070	16 59930
18	48	15,83562	16 16438
19	47	16,23811	17 76189
20	46	16,60918	17 39082
21	45	16,94972	17 05028
22	44	17,26051	18 73949
23	43	17,54223	18 45777
24	42	17,79549	18 20451
25	41	18,02080	19 97920
26	40	18,21861	19 78139
27	39	18,38931	19 61069
28	38	18,53321	19 46679
29	37	18,65060	19 34940
30	36	18,74168	19 25832
31	35	18,80662	19 19338
32	34	18,84554	19 15446
33	33	18,85850	19 14150
N = 67			
0	67	0,00000	0 00000
1	66	1,82607	2 17393
2	65	3,34459	4 65541
3	64	4,68038	5 31962
4	63	5,88450	6 11550
5	62	6,98487	7 01513
6	61	7,99911	8 00089
N = 67 (Fortsetzung)			
7	60	8,93934	9 06066
8	59	9,81440	10 18560
9	58	10,63101	11 36899
10	57	11,39444	12 60556
11	56	12,10892	13 89108
12	55	12,77793	13 22207
13	54	13,40435	14 59565
14	53	13,99062	14 00938
15	52	14,53880	15 46120
16	51	15,05068	16 94932
17	50	15,52781	16 47219
18	49	15,97150	16 02850
19	48	16,38295	17 61705
20	47	16,76316	17 23684
21	46	17,11304	18 88696
22	45	17,43337	18 56663
23	44	17,72486	18 27514
24	43	17,98810	18 01190
25	42	18,22363	19 77637
26	41	18,43190	19 56810
27	40	18,61332	19 38668
28	39	18,76822	19 23178
29	38	18,89689	19 10311
30	37	18,99955	19 00045
31	36	19,07639	20 92361
32	35	19,12754	20 87246
33	34	19,15310	20 84690
N = 68			
0	68	0,00000	0 00000
1	67	1,83251	2 16749
2	66	3,35755	4 64245
3	65	4,69998	5 30002
4	64	5,91083	6 08917
5	63	7,01804	8 98196
6	62	8,03923	9 96077
7	61	8,98652	9 01348
8	60	9,86876	10 13124
9	59	10,69267	11 30733
10	58	11,46352	12 53648
11	57	12,18556	13 81444
12	56	12,86225	13 13775
13	55	13,49650	14 50350
14	54	14,09073	15 90927
15	53	14,64703	15 35297
16	52	15,16719	16 83281
17	51	15,65274	16 34726
18	50	16,10504	17 89496
19	49	16,52526	17 47474
20	48	16,91442	17 08558
21	47	17,27345	18 72655
22	46	17,60312	18 39688
23	45	17,90415	18 09585
24	44	18,17715	19 82285
25	43	18,42267	19 57733
26	42	18,64116	19 35884
27	41	18,83305	19 16695
28	40	18,99867	19 00133
29	39	19,13833	20 86167
30	38	19,25228	20 74772
31	37	19,34070	20 65930
32	36	19,40375	20 59625
33	35	19,44154	20 55846
34	34	19,45413	20 54587
N = 69			
0	69	0,00000	0 00000
1	68	1,83885	2 16115
2	67	3,37033	4 62967
3	66	4,71928	5 28072
4	65	5,93677	6 06323
5	64	7,05071	8 94929
6	63	8,07874	9 92126
7	62	9,03298	10 96702
8	61	9,92228	10 07772
9	60	10,75337	11 24663
10	59	11,53152	12 46848
11	58	12,26098	13 73902
12	57	12,94523	13 05477
13	56	13,58716	14 41284
14	55	14,18922	15 81078
15	54	14,75349	15 24651
16	53	15,28176	16 71824
17	52	15,77559	16 22441
18	51	16,23632	17 76368
19	50	16,66514	17 33486
20	49	17,06308	18 93692
21	48	17,43105	18 56895
22	47	17,76987	18 23013
23	46	18,08024	19 91976
24	45	18,36279	19 63721
25	44	18,61806	19 38194
26	43	18,84654	19 15346
27	42	19,04865	20 95135
N = 69 (Fortsetzung)			
28	41	19,22474	20 77526
29	40	19,37512	20 62488
30	39	19,50006	20 49994
31	38	19,59976	20 40024
32	37	19,67440	20 32560
33	36	19,72409	20 27591
34	35	19,74891	20 25109
N = 70			
0	70	0,00000	0 00000
1	69	1,84510	2 15490
2	68	3,38292	4 61708
3	67	4,73830	5 26170
4	66	5,96232	6 03768
5	65	7,08289	8 91711
6	64	8,11766	9 88234
7	63	9,07874	10 92126
8	62	9,97499	10 02501
9	61	10,81314	11 18686
10	60	11,59847	12 40153
11	59	12,33523	13 66477
12	58	13,02690	14 97310
13	57	13,67638	14 32362
14	56	14,28613	15 71387
15	55	14,85822	15 14178
16	54	15,39447	16 60553
17	53	15,89641	16 10359
18	52	16,36542	17 63458
19	51	16,80267	17 19733
20	50	17,20921	18 79079
21	49	17,58596	18 41404
22	48	17,93373	18 06627
23	47	18,25324	19 74676
24	46	18,54513	19 45487
25	45	18,80995	19 19005
26	44	19,04819	20 95181
27	43	19,26028	20 73972
28	42	19,44659	20 55341
29	41	19,60744	20 39256
30	40	19,74310	20 25690
31	39	19,85380	20 14620
32	38	19,93971	20 06029
33	37	20,00098	21 99902
34	36	20,03771	21 96229
35	35	20,04994	21 95006
N = 71			
0	71	0,00000	0 00000
1	70	1,85126	2 14874
2	69	3,39533	4 60467
3	68	4,75705	5 24295
4	67	5,98750	6 01250
5	66	7,11461	8 88539
6	65	8,15600	9 84400
7	64	9,12382	10 87618
8	63	10,02691	11 97309
9	62	10,87200	11 12800
10	61	11,66440	12 33560
11	60	12,40833	13 59167
12	59	13,10730	14 89270
13	58	13,76421	14 23579
14	57	14,38151	15 61849
15	56	14,96130	15 03870
16	55	15,50536	16 49464
17	54	16,01528	17 98472
18	53	16,49240	17 50760
19	52	16,93792	17 06208
20	51	17,35289	18 64711
21	50	17,73824	18 26176
22	49	18,09479	19 90521
23	48	18,42326	19 57674
24	47	18,72429	19 27571
25	46	18,99845	19 00155
26	45	19,24623	20 75377
27	44	19,46808	20 53192
28	43	19,66438	20 33562
29	42	19,83545	20 16455
30	41	19,98157	20 01843
31	40	20,10300	21 89700
32	39	20,19991	21 80009
33	38	20,27246	21 72754
34	37	20,32076	21 67924
35	36	20,34490	21 65510
N = 72			
0	72	0,00000	0 00000
1	71	1,85733	2 14267
2	70	3,40756	4 59244
3	69	4,77554	5 22446
4	68	6,01233	7 98767
5	67	7,14587	8 85413
6	66	8,19379	9 80621

Zehnerlogarithmen der Binomialkoeffizienten C und ihrer Reziproken* $N = 72–81$

Erläuterungen siehe S.77

$N = 72$ (Fortsetzung)

Exponent von $p (q)$	Exponent von $q (p)$	log C	log $1/C$
7	65	9,16824	10 83176
8	64	10,07806	11 92194
9	63	10,93000	11 07000
10	62	11,72934	12 27066
11	61	12,48034	13 51966
12	60	13,18648	14 81352
13	59	13,85069	14 14931
14	58	14,47542	15 52458
15	57	15,06275	16 93725
16	56	15,61451	16 38549
17	55	16,13225	17 86775
18	54	16,61734	17 38266
19	53	17,07098	18 92902
20	52	17,49422	18 50578
21	51	17,88801	18 11199
22	50	18,25315	19 74685
23	49	18,59040	19 40960
24	48	18,90038	19 09962
25	47	19,18368	20 81632
26	46	19,44081	20 55919
27	45	19,67220	20 32780
28	44	19,87826	20 12174
29	43	20,05931	21 94069
30	42	20,21566	21 78434
31	41	20,34755	21 65245
32	40	20,45518	21 54482
33	39	20,53873	21 46127
34	38	20,59831	21 40169
35	37	20,63403	21 36597
36	36	20,64593	21 35407

$N = 73$

Exponent von $p (q)$	Exponent von $q (p)$	log C	log $1/C$
0	73	0,00000	0 00000
1	72	1,86332	2 13668
2	71	3,41963	4 58037
3	70	4,79376	5 20624
4	69	6,03680	7 96320
5	68	7,17668	8 82332
6	67	8,23104	9 76896
7	66	9,21201	10 78799
8	65	10,12847	11 87153
9	64	10,98714	11 01286
10	63	11,79332	12 20668
11	62	12,55127	13 44873
12	61	13,26448	14 73552
13	60	13,93586	14 06414
14	59	14,56789	15 43211
15	58	15,16265	16 83735
16	57	15,72196	16 27804
17	56	16,24738	17 75262
18	55	16,74030	17 25970
19	54	17,20191	18 79809
20	53	17,63327	18 36673
21	52	18,03533	19 96467
22	51	18,40891	19 59109
23	50	18,75475	19 24525
24	49	19,07351	20 92649
25	48	19,36576	20 63424
26	47	19,63203	20 36797
27	46	19,87277	20 12723
28	45	20,08837	21 91163
29	44	20,27918	21 72082
30	43	20,44551	21 55449
31	42	20,58762	21 41238
32	41	20,70572	21 29428
33	40	20,79999	21 20001
34	39	20,87057	21 12943
35	38	20,91757	21 08243
36	37	20,94105	21 05895

$N = 74$

Exponent von $p (q)$	Exponent von $q (p)$	log C	log $1/C$
0	74	0,00000	0 00000
1	73	1,86923	2 13077
2	72	3,43152	4 56848
3	71	4,81174	5 18826
4	70	6,06093	7 93907
5	69	7,20706	8 79294
6	68	8,26776	9 73224
7	67	9,25517	10 74483
8	66	10,17816	11 82184
9	65	11,04346	12 95654
10	64	11,85637	12 14363
11	63	12,62116	13 37884
12	62	13,34132	14 65868
13	61	14,01977	15 98023
14	60	14,65897	15 34103
15	59	15,26103	16 73897
16	58	15,82776	16 17224
17	57	16,36074	17 63926
18	56	16,86134	17 13866
19	55	17,33078	18 66922
20	54	17,77011	18 22989
21	53	18,18028	19 81972
22	52	18,56214	19 43786

$N = 74$ (Fortsetzung)

Exponent von $p (q)$	Exponent von $q (p)$	log C	log $1/C$
23	51	18,91641	19 08359
24	50	19,24377	20 75623
25	49	19,54480	20 45520
26	48	19,82002	20 17998
27	47	20,06990	21 93010
28	46	20,29484	21 70516
29	45	20,49520	21 50480
30	44	20,67129	21 32871
31	43	20,82338	21 17662
32	42	20,95170	21 04830
33	41	21,05644	22 94356
34	40	21,13774	22 86226
35	39	21,19573	22 80427
36	38	21,23049	22 76951
37	37	21,24208	22 75792

$N = 75$

Exponent von $p (q)$	Exponent von $q (p)$	log C	log $1/C$
0	75	0,00000	0 00000
1	74	1,87506	2 12494
2	73	3,44326	4 55674
3	72	4,82946	5 17054
4	71	6,08474	7 91526
5	70	7,23703	8 76297
6	69	8,30397	9 69603
7	68	9,29772	10 70228
8	67	10,22714	11 77286
9	66	11,09897	12 90103
10	65	11,91852	12 08148
11	64	12,69004	13 30996
12	63	13,41704	14 58296
13	62	14,10244	15 89756
14	61	14,74870	15 25130
15	60	15,35794	16 64206
16	59	15,93197	16 06803
17	58	16,47237	17 52763
18	57	16,98053	17 01947
19	56	17,45765	18 54235
20	55	17,90481	18 09519
21	54	18,32295	19 67705
22	53	18,71292	19 28708
23	52	19,07547	20 92453
24	51	19,41126	20 58874
25	50	19,72089	20 27911
26	49	20,00489	21 99511
27	48	20,26372	21 73628
28	47	20,49780	21 50220
29	46	20,70750	21 29250
30	45	20,89314	21 10686
31	44	21,05499	22 94501
32	43	21,19329	22 80671
33	42	21,30825	22 69175
34	41	21,40002	22 59998
35	40	21,46873	22 53127
36	39	21,51449	22 48551
37	38	21,53735	22 46265

$N = 76$

Exponent von $p (q)$	Exponent von $q (p)$	log C	log $1/C$
0	76	0,00000	0 00000
1	75	1,88081	2 11919
2	74	3,45484	4 54516
3	73	4,84696	5 15304
4	72	6,10822	7 89178
5	71	7,26658	8 73342
6	70	8,33969	9 66031
7	69	9,33969	10 66031
8	68	10,27545	11 72455
9	67	11,15371	12 84629
10	66	11,97979	12 02021
11	65	12,75794	13 24206
12	64	13,49167	14 50833
13	63	14,18391	15 81609
14	62	14,83712	15 16288
15	61	15,45342	16 54658
16	60	16,03463	17 96537
17	59	16,58233	17 41767
18	58	17,09791	18 90209
19	57	17,58259	18 41741
20	56	18,03743	19 96257
21	55	18,46340	19 53660
22	54	18,86134	19 13866
23	53	19,23201	20 76799
24	52	19,57607	20 42393
25	51	19,89413	20 10587
26	50	20,18673	21 81327
27	49	20,45434	21 54566
28	48	20,69738	21 30262
29	47	20,91622	21 08378
30	46	21,11120	22 88880
31	45	21,28259	22 71741
32	44	21,43065	22 56935
33	43	21,55559	22 44441
34	42	21,65758	22 34242
35	41	21,73676	22 26324
36	40	21,79325	22 20675

$N = 76$ (Fortsetzung)

Exponent von $p (q)$	Exponent von $q (p)$	log C	log $1/C$
37	39	21,82710	22 17290
38	38	21,83838	22 16162

$N = 77$

Exponent von $p (q)$	Exponent von $q (p)$	log C	log $1/C$
0	77	0,00000	0 00000
1	76	1,88649	2 11351
2	75	3,46627	4 53373
3	74	4,86421	5 13579
4	73	6,13139	7 86861
5	72	7,29574	8 70426
6	71	8,37492	9 62508
7	70	9,38108	10 61892
8	69	10,32309	11 67691
9	68	11,20770	12 79230
10	67	12,04020	13 95980
11	66	12,82489	13 17511
12	65	13,56525	14 43475
13	64	14,26422	15 73578
14	63	14,92427	15 07573
15	62	15,54752	16 45248
16	61	16,13579	17 86421
17	60	16,69067	17 30933
18	59	17,21355	18 78645
19	58	17,70565	18 29435
20	57	18,16805	19 83195
21	56	18,60170	19 39830
22	55	19,00747	20 99253
23	54	19,38610	20 61390
24	53	19,73829	20 26171
25	52	20,06462	21 93538
26	51	20,36565	21 63435
27	50	20,64186	21 35814
28	49	20,89367	21 10633
29	48	21,12147	22 87853
30	47	21,32559	22 67441
31	46	21,50632	22 49368
32	45	21,66393	22 33607
33	44	21,79863	22 20137
34	43	21,91060	22 08940
35	42	22,00001	23 99999
36	41	22,06695	23 93305
37	40	22,11153	23 88847
38	39	22,13381	23 86619

$N = 78$

Exponent von $p (q)$	Exponent von $q (p)$	log C	log $1/C$
0	78	0,00000	0 00000
1	77	1,89209	2 10791
2	76	3,47756	4 52244
3	75	4,88125	5 11875
4	74	6,15425	7 84575
5	73	7,32451	8 67549
6	72	8,40968	9 59032
7	71	9,42192	10 57808
8	70	10,37009	11 62991
9	69	11,26094	12 73906
10	68	12,09979	13 90021
11	67	12,89091	13 10909
12	66	13,63780	14 36220
13	65	14,34340	15 65660
14	64	15,01019	16 98981
15	63	15,64027	16 35973
16	62	16,23549	17 76451
17	61	16,79744	17 20256
18	60	17,32749	18 67251
19	59	17,82689	18 17311
20	58	18,29671	19 70329
21	57	18,73792	19 26208
22	56	19,15138	20 84862
23	55	19,53784	20 46216
24	54	19,89799	20 10201
25	53	20,23244	21 76756
26	52	20,54174	21 45826
27	51	20,82638	21 17362
28	50	21,08679	22 91321
29	49	21,32337	22 67663
30	48	21,53644	22 46356
31	47	21,72632	22 27368
32	46	21,89327	22 10673
33	45	22,03751	23 96249
34	44	22,15925	23 84075
35	43	22,25863	23 74137
36	42	22,33580	23 66420
37	41	22,39084	23 60916
38	40	22,42385	23 57615
39	39	22,43484	23 56516

$N = 79$

Exponent von $p (q)$	Exponent von $q (p)$	log C	log $1/C$
0	79	0,00000	0 00000
1	78	1,89763	2 10237
2	77	3,48869	4 51131
3	76	4,89806	5 10194
4	75	6,17681	7 82319
5	74	7,35291	8 64709

$N = 79$ (Fortsetzung)

Exponent von $p (q)$	Exponent von $q (p)$	log C	log $1/C$
6	73	8,44399	9 55601
7	72	9,46221	10 53779
8	71	10,41645	11 58355
9	70	11,31347	12 68653
10	69	12,15857	13 84143
11	68	12,95602	13 04398
12	67	13,70935	14 29065
13	66	14,42148	15 57852
14	65	15,09490	16 90510
15	64	15,73172	16 26828
16	63	16,33378	17 66622
17	62	16,90267	17 09733
18	61	17,43979	18 56021
19	60	17,94637	18 05363
20	59	18,42349	19 57651
21	58	18,87212	19 12788
22	57	19,29313	20 70687
23	56	19,68727	20 31273
24	55	20,05525	21 94475
25	54	20,39767	21 60233
26	53	20,71509	21 28491
27	52	21,00801	22 99199
28	51	21,27685	22 72315
29	50	21,52202	22 47798
30	49	21,74387	22 25613
31	48	21,94271	22 05729
32	47	22,11880	23 88120
33	46	22,27238	23 72762
34	45	22,40366	23 59634
35	44	22,51281	23 48719
36	43	22,59996	23 40004
37	42	22,66522	23 33478
38	41	22,70869	23 29131
39	40	22,73041	23 26959

$N = 80$

Exponent von $p (q)$	Exponent von $q (p)$	log C	log $1/C$
0	80	0,00000	0 00000
1	79	1,90309	2 09691
2	78	3,49969	4 50031
3	77	4,91466	5 08534
4	76	6,19909	7 80091
5	75	7,38093	8 61907
6	74	8,47784	9 52216
7	73	9,50198	10 49802
8	72	10,46221	11 53779
9	71	11,36530	12 63470
10	70	12,21656	13 78344
11	69	13,02027	14 97973
12	68	13,77993	14 22007
13	67	14,49850	15 50150
14	66	15,17845	16 82155
15	65	15,82190	16 17810
16	64	16,43069	17 56931
17	63	17,00642	18 99358
18	62	17,55049	18 44951
19	61	18,06413	19 93587
20	60	18,54843	19 45157
21	59	19,00436	20 99564
22	58	19,43279	20 56721
23	57	19,83449	20 16551
24	56	20,21015	21 78985
25	55	20,56040	21 43960
26	54	20,88579	21 11421
27	53	21,18682	22 81318
28	52	21,46394	22 53606
29	51	21,71754	22 28246
30	50	21,94799	22 05201
31	49	22,15560	23 84440
32	48	22,34065	23 65935
33	47	22,50337	23 49663
34	46	22,64399	23 35601
35	45	22,76268	23 23732
36	44	22,85959	23 14041
37	43	22,93484	23 06516
38	42	22,98853	23 01147
39	41	23,02071	24 97929
40	40	23,03144	24 96856

$N = 81$

Exponent von $p (q)$	Exponent von $q (p)$	log C	log $1/C$
0	81	0,00000	0 00000
1	80	1,90849	2 09151
2	79	3,51055	4 48945
3	78	4,93105	5 06895
4	77	6,22109	7 77891
5	76	7,40861	8 59139
6	75	8,51127	9 48873
7	74	9,54123	10 45877
8	73	10,50737	11 49263
9	72	11,41645	12 58355
10	71	12,27379	13 72621
11	70	13,08365	14 91635
12	69	13,84957	14 15043
13	68	14,57447	15 42553
14	67	15,26086	16 73914

Zehnerlogarithmen der Binomialkoeffizienten *C* und ihrer Reziproken* $N = 81–89$

Erläuterungen siehe S.77

Exponent von $p(q)$	Exponent von $q(p)$	log C	log $1/C$
$N = 81$ (Fortsetzung)			
15	66	15,91084	16 08916
16	65	16,52626	17 47374
17	64	17,10873	18 89127
18	63	17,65963	18 34037
19	62	18,18022	19 81978
20	61	18,67158	19 32842
21	60	19,13469	20 86531
22	59	19,57042	20 42958
23	58	19,97955	20 02045
24	57	20,36276	21 63724
25	56	20,72070	21 27930
26	55	21,05391	22 94609
27	54	21,36291	22 63709
28	53	21,64815	22 35185
29	52	21,91003	22 08997
30	51	22,14891	23 85109
31	50	22,36512	23 63488
32	49	22,55894	23 44106
33	48	22,73062	23 26938
34	47	22,88038	23 11962
35	46	23,00841	24 99159
36	45	23,11487	24 88513
37	44	23,19988	24 80012
38	43	23,26355	24 73645
39	42	23,30595	24 69405
40	41	23,32714	24 67286
$N = 82$			
0	82	0,00000	0 00000
1	81	1,91381	2 08619
2	80	3,52127	4 47873
3	79	4,94724	5 05276
4	78	6,24280	7 75720
5	77	7,43593	8 56407
6	76	8,54427	9 45573
7	75	9,57998	10 42002
8	74	10,55196	11 44804
9	73	11,46694	12 53306
10	72	12,33027	13 66973
11	71	13,14621	14 85379
12	70	13,91828	14 08172
13	69	14,64944	15 35056
14	68	15,34216	16 65784
15	67	15,99858	16 00142
16	66	16,62053	17 37947
17	65	17,20963	18 79037
18	64	17,76727	18 23273
19	63	18,29470	19 70530
20	62	18,79301	19 20699
21	61	19,26318	20 73682
22	60	19,70609	20 29391
23	59	20,12251	21 87749
24	58	20,51315	21 48685
25	57	20,87864	21 12136
26	56	21,21954	22 78046
27	55	21,53636	22 46364
28	54	21,82957	22 17043
29	53	22,09956	23 90044
30	52	22,34672	23 65328
31	51	22,57136	23 42864
32	50	22,77378	23 22622
33	49	22,95424	23 04576
34	48	23,11295	24 88705
35	47	23,25013	24 74987
36	46	23,36592	24 63408
37	45	23,46048	24 53952
38	44	23,53391	24 46609
39	43	23,58629	24 41371
40	42	23,61770	24 38230
41	41	23,62817	24 37183
$N = 83$			
0	83	0,00000	0 00000
1	82	1,91908	2 08092
2	81	3,53186	4 46814
3	80	4,96323	5 03677
4	79	6,26426	7 73574
5	78	7,46291	8 53709
6	77	8,57686	9 42314
7	76	9,61825	10 38175
8	75	10,59597	11 40403
9	74	11,51679	12 48321
10	73	12,38602	13 61398
11	72	13,20795	14 79205
12	71	13,98610	14 01390
13	70	14,72342	15 27658
14	69	15,42239	16 57761
15	68	16,08515	17 91485
16	67	16,71354	17 28646
17	66	17,30916	18 69084
18	65	17,87343	18 12657
19	64	18,40759	19 59241
20	63	18,91274	19 08726
21	62	19,38986	20 61014
$N = 83$ (Fortsetzung)			
22	61	19,83983	20 16017
23	60	20,26344	21 73656
24	59	20,66138	21 33862
25	58	21,03429	22 96571
26	57	21,38274	22 61726
27	56	21,70725	22 29275
28	55	22,00828	23 99172
29	54	22,28625	23 71375
30	53	22,54152	23 45848
31	52	22,77443	23 22557
32	51	22,98529	23 01471
33	50	23,17434	24 82566
34	49	23,34184	24 65816
35	48	23,48796	24 51204
36	47	23,61290	24 38710
37	46	23,71680	24 28320
38	45	23,79977	24 20023
39	44	23,86192	24 13808
40	43	23,90331	24 09669
41	42	23,92400	24 07600
$N = 84$			
0	84	0,00000	0 00000
1	83	1,92428	2 07572
2	82	3,54233	4 45767
3	81	4,97902	5 02098
4	80	6,28545	7 71455
5	79	7,48956	8 51044
6	78	8,60904	9 39096
7	77	9,65604	10 34396
8	76	10,63944	11 36056
9	75	11,56601	12 43399
10	74	12,44107	13 55893
11	73	13,26891	14 73109
12	72	14,05305	15 94695
13	71	14,79644	15 20356
14	70	15,50157	16 49843
15	69	16,17058	17 82942
16	68	16,80531	17 19469
17	67	17,40737	18 59263
18	66	17,97817	18 02183
19	65	18,51896	19 48104
20	64	19,03084	20 96916
21	63	19,51480	20 48520
22	62	19,97172	20 02828
23	61	20,40238	21 59762
24	60	20,80750	21 19250
25	59	21,18771	22 81229
26	58	21,54359	22 45641
27	57	21,87566	22 12434
28	56	22,18437	23 81563
29	55	22,47016	23 52984
30	54	22,73341	23 26659
31	53	22,97444	23 02556
32	52	23,19356	24 80644
33	51	23,39105	24 60895
34	50	23,56714	24 43286
35	49	23,72205	24 27795
36	48	23,85594	24 14406
37	47	23,96898	24 03102
38	46	24,06129	25 93871
39	45	24,13299	25 86701
40	44	24,18414	25 81586
41	43	24,21481	25 78519
42	42	24,22503	25 77497
$N = 85$			
0	85	0,00000	0 00000
1	84	1,92942	2 07058
2	83	3,55267	4 44733
3	82	4,99463	5 00537
4	81	6,30638	7 69362
5	80	7,51589	8 48411
6	79	8,64083	9 35917
7	78	9,69336	10 30664
8	77	10,68237	11 31763
9	76	11,61461	12 38539
10	75	12,49543	13 50457
11	74	13,32910	14 67090
12	73	14,11915	15 88085
13	72	14,86853	15 13147
14	71	15,57973	16 42027
15	70	16,25490	17 74510
16	69	16,89588	17 10412
17	68	17,50428	18 49572
18	67	18,08151	19 91849
19	66	18,62883	19 37117
20	65	19,14735	20 85265
21	64	19,63804	20 36196
22	63	20,10180	21 89820
23	62	20,53941	21 46059
24	61	20,95159	21 04841
25	60	21,33898	22 66102
26	59	21,70216	22 29784
$N = 85$ (Fortsetzung)			
27	58	22,04165	23 95835
28	57	22,35792	23 64208
29	56	22,65140	23 34860
30	55	22,92246	23 07754
31	54	23,17146	24 82854
32	53	23,39871	24 60129
33	52	23,60447	24 39553
34	51	23,78899	24 21101
35	50	23,95250	24 04750
36	49	24,09516	25 90484
37	48	24,21716	25 78284
38	47	24,31861	25 68139
39	46	24,39965	25 60035
40	45	24,46035	25 53965
41	44	24,50077	25 49923
42	43	24,52098	25 47902
$N = 86$			
0	86	0,00000	0 00000
1	85	1,93450	2 06550
2	84	3,56289	4 43711
3	83	5,01005	6 98995
4	82	6,32706	7 67294
5	81	7,54191	8 45809
6	80	8,67224	9 32776
7	79	9,73023	10 26977
8	78	10,72477	11 27523
9	77	11,66262	12 33738
10	76	12,54911	13 45089
11	75	13,38853	14 61147
12	74	14,18441	15 81559
13	73	14,93970	15 06030
14	72	15,65690	16 34310
15	71	16,33814	17 66186
16	70	16,98528	17 01472
17	69	17,59993	18 40007
18	68	18,18350	19 81650
19	67	18,73726	19 26274
20	66	19,26230	20 73770
21	65	19,75963	20 24037
22	64	20,23012	21 76988
23	63	20,67457	21 32543
24	62	21,09370	22 90630
25	61	21,48815	22 51185
26	60	21,85851	22 14149
27	59	22,20529	23 79471
28	58	22,52899	23 47101
29	57	22,83002	23 16998
30	56	23,10877	24 89123
31	55	23,36560	24 63440
32	54	23,60081	24 39919
33	53	23,81469	24 18531
34	52	24,00749	25 99251
35	51	24,17942	25 82058
36	50	24,33069	25 66931
37	49	24,46146	25 53854
38	48	24,57187	25 42813
39	47	24,66205	25 33795
40	46	24,73209	25 26791
41	45	24,78206	25 21794
42	44	24,81202	25 18798
43	43	24,82201	25 17799
$N = 87$			
0	87	0,00000	0 00000
1	86	1,93952	2 06048
2	85	3,57299	4 42701
3	84	5,02529	6 97471
4	83	6,34750	7 65250
5	82	7,56761	8 43239
6	81	8,70328	9 29672
7	80	9,76666	10 23334
8	79	10,76666	11 23334
9	78	11,71005	12 28995
10	77	12,60214	13 39786
11	76	13,44724	14 55276
12	75	14,24887	15 75113
13	74	15,00999	16 99001
14	73	15,73309	16 26691
15	72	16,42033	17 57967
16	71	17,07354	18 92646
17	70	17,69435	18 30565
18	69	18,28417	19 71583
19	68	18,84427	19 15573
20	67	19,37575	20 62425
21	66	19,87960	20 12040
22	65	20,35672	21 64328
23	64	20,80791	21 19209
24	63	21,23388	22 76612
25	62	21,63528	22 36472
26	61	22,01270	23 98730
27	60	22,36666	23 63334
28	59	22,69766	23 30234
29	58	23,00611	24 99389
$N = 87$ (Fortsetzung)			
30	57	23,29242	24 70758
31	56	23,55693	24 44307
32	55	23,79997	24 20003
33	54	24,02182	25 97818
34	53	24,22273	25 77727
35	52	24,40294	25 59706
36	51	24,56264	25 43736
37	50	24,70201	25 29799
38	49	24,82120	25 17880
39	48	24,92033	25 07967
40	47	24,99951	25 00049
41	46	25,05882	26 94118
42	45	25,09833	26 90167
43	44	25,11807	26 88193
$N = 88$			
0	88	0,00000	0 00000
1	87	1,94448	2 05552
2	86	3,58297	4 41703
3	85	5,04035	6 95965
4	84	6,36771	7 63229
5	83	7,59302	8 40698
6	82	8,73394	9 26606
7	81	9,80266	10 19734
8	80	10,80806	11 19194
9	79	11,75690	12 24310
10	78	12,65453	13 34547
11	77	13,50523	14 49477
12	76	14,31254	15 68746
13	75	15,07941	16 92059
14	74	15,80834	16 19166
15	73	16,50148	17 49852
16	72	17,16069	18 83931
17	71	17,78757	18 21243
18	70	18,38356	19 61644
19	69	18,94990	19 05010
20	68	19,48772	20 51228
21	67	19,99801	20 00199
22	66	20,48166	21 51834
23	65	20,93948	21 06052
24	64	21,37218	22 62782
25	63	21,78042	22 21958
26	62	22,16479	23 83521
27	61	22,52582	23 47418
28	60	22,86399	23 13601
29	59	23,17974	24 82026
30	58	23,47347	24 52653
31	57	23,74554	24 25446
32	56	23,99626	24 00374
33	55	24,22594	25 77406
34	54	24,43482	25 56518
35	53	24,62315	25 37685
36	52	24,79112	25 20888
37	51	24,93892	25 06108
38	50	25,06671	26 93329
39	49	25,17461	26 82539
40	48	25,26275	26 73725
41	47	25,33121	26 66879
42	46	25,38006	26 61994
43	45	25,40934	26 59066
44	44	25,41910	26 58090
$N = 89$			
0	89	0,00000	0 00000
1	88	1,94939	2 05061
2	87	3,59284	4 40716
3	86	5,05524	6 94476
4	85	6,38768	7 61232
5	84	7,61813	8 38187
6	83	8,76426	9 23574
7	82	9,83824	10 16176
8	81	10,84896	11 15104
9	80	11,80320	12 19680
10	79	12,70629	13 29371
11	78	13,56253	14 43747
12	77	14,37544	15 62456
13	76	15,14799	16 85201
14	75	15,88267	16 11733
15	74	16,58164	17 41836
16	73	17,24675	18 75325
17	72	17,87963	18 12037
18	71	18,48169	19 51831
19	70	19,05419	20 94581
20	69	19,59826	20 40174
21	68	20,11489	21 88511
22	67	20,60498	21 39502
23	66	21,06932	22 93068
24	65	21,50866	22 49134
25	64	21,92363	22 07637
26	63	22,31484	23 68516
27	62	22,68281	23 31719
28	61	23,02805	24 97195
29	60	23,35098	24 64902
30	59	23,65201	24 34799
31	58	23,93150	24 06850

Zehnerlogarithmen der Binomialkoeffizienten C und ihrer Reziproken* N = 89–97

Erläuterungen siehe S. 77

$N = 89$ (Fortsetzung)

Exponent von $p(q)$	Exponent von $q(p)$	log C	log $1/C$
32	57	24,18978	25 81022
33	56	24,42714	25 57286
34	55	24,64385	25 35615
35	54	24,84014	25 15986
36	53	25,01623	26 98377
37	52	25,17231	26 82769
38	51	25,30853	26 69147
39	50	25,42503	26 57497
40	49	25,52194	26 47806
41	48	25,59936	26 40064
42	47	25,65735	26 34265
43	46	25,69598	26 30402
44	45	25,71528	26 28472

$N = 90$

Exponent von $p(q)$	Exponent von $q(p)$	log C	log $1/C$
0	90	0,00000	0 00000
1	89	1,95424	2 04576
2	88	3,60260	4 39740
3	87	5,06996	6 93004
4	86	6,40742	7 59258
5	85	7,64295	8 35705
6	84	8,79422	9 20578
7	83	9,87340	10 12660
8	82	10,88939	11 11061
9	81	11,84896	12 15104
10	80	12,75745	13 24255
11	79	13,61914	14 38086
12	78	14,43759	15 56241
13	77	15,21574	16 78426
14	76	15,95610	16 04390
15	75	16,66082	17 33918
16	74	17,33177	18 66823
17	73	17,97055	18 02945
18	72	18,57860	19 42140
19	71	19,15718	20 84282
20	70	19,70741	20 29259
21	69	20,23028	21 76972
22	68	20,72671	21 27329
23	67	21,19749	22 80251
24	66	21,64336	22 35664
25	65	22,06496	23 93504
26	64	22,46290	23 53710
27	63	22,83772	23 16228
28	62	23,18990	24 81010
29	61	23,51989	24 48011
30	60	23,82810	24 17190
31	59	24,11489	25 88511
32	58	24,38059	25 61941
33	57	24,62551	25 37449
34	56	24,84990	25 15010
35	55	25,05402	26 94598
36	54	25,23808	26 76192
37	53	25,40227	26 59773
38	52	25,54677	26 45323
39	51	25,67171	26 32829
40	50	25,77722	26 22278
41	49	25,86340	26 13660
42	48	25,93035	26 06965
43	47	25,97812	26 02188
44	46	26,00677	27 99323
45	45	26,01631	27 98369

$N = 91$

Exponent von $p(q)$	Exponent von $q(p)$	log C	log $1/C$
0	91	0,00000	0 00000
1	90	1,95904	2 04096
2	89	3,61225	4 38775
3	88	5,08452	6 91548
4	87	6,42695	7 57305
5	86	7,66749	8 33251
6	85	8,82384	9 17616
7	84	9,90816	10 09184
8	83	10,92935	11 07065
9	82	11,89419	12 10581
10	81	12,80800	13 19200
11	80	13,67509	14 32491
12	79	14,49900	15 50100
13	78	15,28269	16 71731
14	77	16,02865	17 97135
15	76	16,73905	17 26095
16	75	17,41575	18 58425
17	74	18,06036	19 93964
18	73	18,67432	19 32568
19	72	19,25889	20 74111
20	71	19,81519	20 18481
21	70	20,34423	21 65577
22	69	20,84690	21 15310
23	68	21,32402	22 67598
24	67	21,77632	22 22368
25	66	22,20446	23 79554
26	65	22,60903	23 39097
27	64	22,99058	23 00942
28	63	23,34960	24 65040
29	62	23,68654	24 31346
30	61	24,00181	25 99819

$N = 91$ (Fortsetzung)

Exponent von $p(q)$	Exponent von $q(p)$	log C	log $1/C$
31	60	24,29578	25 70422
32	59	24,56878	25 43122
33	58	24,82112	25 17888
34	57	25,05307	26 94693
35	56	25,26488	26 73512
36	55	25,45676	26 54324
37	54	25,62892	26 37108
38	53	25,78153	26 21847
39	52	25,91474	26 08526
40	51	26,02869	27 97131
41	50	26,12347	27 87653
42	49	26,19919	27 80081
43	48	26,25592	27 74408
44	47	26,29371	27 70629
45	46	26,31260	27 68740

$N = 92$

Exponent von $p(q)$	Exponent von $q(p)$	log C	log $1/C$
0	92	0,00000	0 00000
1	91	1,96379	2 03621
2	90	3,62180	4 37820
3	89	5,09892	6 90108
4	88	6,44625	7 55375
5	87	7,69176	8 30824
6	86	8,85313	9 14687
7	85	9,94253	10 05747
8	84	10,96886	11 03114
9	83	11,93890	12 06110
10	82	12,85798	13 14202
11	81	13,73040	14 26960
12	80	14,55970	15 44030
13	79	15,34885	16 65115
14	78	16,10035	17 89965
15	77	16,81635	17 18365
16	76	17,49872	18 50128
17	75	18,14908	19 85092
18	74	18,76887	19 23113
19	73	19,35935	20 64065
20	72	19,92164	20 07836
21	71	20,45676	21 54324
22	70	20,96559	21 03441
23	69	21,44896	22 55104
24	68	21,90760	22 09240
25	67	22,34217	23 65783
26	66	22,75327	23 24673
27	65	23,14145	24 85855
28	64	23,50721	24 49279
29	63	23,85099	24 14901
30	62	24,17321	25 82679
31	61	24,47424	25 52576
32	60	24,75442	25 24558
33	59	25,01406	26 98594
34	58	25,25343	26 74657
35	57	25,47279	26 52721
36	56	25,67236	26 32764
37	55	25,85235	26 14765
38	54	26,01293	27 98707
39	53	26,15426	27 84574
40	52	26,27647	27 72353
41	51	26 37969	27 62031
42	50	26,46401	27 53599
43	49	26,52951	27 47049
44	48	26,57626	27 42374
45	47	26,60429	27 39571
46	46	26,61363	27 38637

$N = 93$

Exponent von $p(q)$	Exponent von $q(p)$	log C	log $1/C$
0	93	0,00000	0 00000
1	92	1,96848	2 03152
2	91	3,63124	4 36876
3	90	5,11316	6 88684
4	89	6,46534	7 53466
5	88	7,71576	8 28424
6	87	8,88209	9 11791
7	86	9,97652	10 02348
8	85	11,00792	12 99208
9	84	11,98310	12 01690
10	83	12,90738	13 09262
11	82	13,78507	14 21493
12	81	14,61970	15 38030
13	80	15,41424	16 58576
14	79	16,17120	17 82880
15	78	16,89274	17 10726
16	77	17,58071	18 41929
17	76	18,23675	19 76325
18	75	18,86230	19 13770
19	74	19,45860	20 54140
20	73	20,02680	21 97320
21	72	20,56791	21 43209
22	71	21,08282	22 91718
23	70	21,57235	22 42765
24	69	22,03724	23 96276
25	68	22,47814	23 52186
26	67	22,89568	23 10432
27	66	23,29039	24 70961

$N = 93$ (Fortsetzung)

Exponent von $p(q)$	Exponent von $q(p)$	log C	log $1/C$
28	65	23,66278	24 33722
29	64	24,01329	25 98671
30	63	24,34235	25 65765
31	62	24,65033	25 34967
32	61	24,93757	25 06243
33	60	25,20439	26 79561
34	59	25,45106	26 54894
35	58	25,67784	26 32216
36	57	25,88497	26 11503
37	56	26,07264	27 92736
38	55	26,24105	27 75895
39	54	26,39034	27 60966
40	53	26,52068	27 47932
41	52	26,63217	27 36783
42	51	26,72492	27 27508
43	50	26,79903	27 20097
44	49	26,85454	27 14546
45	48	26,89153	27 10847
46	47	26,91001	27 08999

$N = 94$

Exponent von $p(q)$	Exponent von $q(p)$	log C	log $1/C$
0	94	0,00000	0 00000
1	93	1,97313	2 02687
2	92	3,64058	4 35942
3	91	5,12725	6 87275
4	90	6,48423	7 51577
5	89	7,73950	8 26050
6	88	8,91074	9 08926
7	87	10,01012	11 98988
8	86	11,04655	12 95345
9	85	12,02681	13 97319
10	84	12,95623	13 04377
11	83	13,83912	14 16088
12	82	14,67901	15 32099
13	81	15,47888	16 52112
14	80	16,24124	17 75876
15	79	16,96824	17 03176
16	78	17,66175	18 33825
17	77	18,32339	19 67661
18	76	18,95461	19 04539
19	75	19,55667	20 44333
20	74	20,13070	21 86930
21	73	20,67771	21 32229
22	72	21,19861	22 80139
23	71	21,69422	22 30578
24	70	22,16527	23 83473
25	69	22,61242	23 38758
26	68	23,03630	24 96370
27	67	23,43744	24 56256
28	66	23,81636	24 18364
29	65	24,17351	25 82649
30	64	24,50930	25 49070
31	63	24,82412	25 17588
32	62	25,11831	26 88169
33	61	25,39219	26 60781
34	60	25,64604	26 35396
35	59	25,88012	26 11988
36	58	26,09467	27 90533
37	57	26,28990	27 71010
38	56	26,46599	27 53401
39	55	26,62311	27 37689
40	54	26,76141	27 23859
41	53	26,88102	27 11898
42	52	26,98205	27 01795
43	51	27,06458	28 93542
44	50	27,12870	28 87130
45	49	27,17446	28 82554
46	48	27,20190	28 79810
47	47	27,21104	28 78896

$N = 95$

Exponent von $p(q)$	Exponent von $q(p)$	log C	log $1/C$
0	95	0,00000	0 00000
1	94	1,97772	2 02228
2	93	3,64982	4 35018
3	92	5,14118	6 85882
4	91	6,50291	7 49709
5	90	7,76298	8 23702
6	89	8,93907	9 06093
7	88	10,04337	11 95663
8	87	11,08476	12 91524
9	86	12,07004	13 92996
10	85	13,00453	14 99547
11	84	13,89256	14 10744
12	83	14,73766	15 26234
13	82	15,54279	16 45721
14	81	16,31048	17 68952
15	80	17,04287	18 95713
16	79	17,74184	18 25816
17	78	18,40902	19 59098
18	77	19,04584	20 95416
19	76	19,65358	20 34642
20	75	20,23336	21 76664
21	74	20,78621	21 21379
22	73	21,31301	22 68699

$N = 95$ (Fortsetzung)

Exponent von $p(q)$	Exponent von $q(p)$	log C	log $1/C$
23	72	21,81461	22 18539
24	71	22,29173	23 70827
25	70	22,74505	23 25495
26	69	23,17517	24 82483
27	68	23,58266	24 41734
28	67	23,96801	24 03199
29	66	24,33169	25 66831
30	65	24,67411	25 32589
31	64	24,99566	25 00434
32	63	25,29669	26 70331
33	62	25,57752	26 42248
34	61	25,83843	26 16157
35	60	26,07969	27 92031
36	59	26,30154	27 69846
37	58	26,50419	27 49581
38	57	26,68784	27 31216
39	56	26,85265	27 14735
40	55	26,99877	27 00123
41	54	27,12635	28 87365
42	53	27,23550	28 76450
43	52	27,32630	28 67370
44	51	27,39886	28 60114
45	50	27,45321	28 54679
46	49	27,48942	28 51058
47	48	27,50752	28 49248

$N = 96$

Exponent von $p(q)$	Exponent von $q(p)$	log C	log $1/C$
0	96	0,00000	0 00000
1	95	1,98227	2 01773
2	94	3,65896	4 34104
3	93	5,15497	6 84503
4	92	6,52139	7 47861
5	91	7,78621	8 21379
6	90	8,96710	9 03290
7	89	10,07625	11 92375
8	88	11,12255	12 87745
9	87	12,11279	13 88721
10	86	13,05231	14 94769
11	85	13,94541	14 05459
12	84	14,79565	15 20435
13	83	15,60599	16 39401
14	82	16,37894	17 62106
15	81	17,11666	18 88334
16	80	17,82102	18 17898
17	79	18,49366	19 50634
18	78	19,13602	20 86398
19	77	19,74936	20 25064
20	76	20,33482	21 66518
21	75	20,89342	21 10658
22	74	21,42605	22 57395
23	73	21,93356	22 06644
24	72	22,41667	23 58333
25	71	22,87606	23 12394
26	70	23,31235	24 68765
27	69	23,72608	24 27392
28	68	24,11777	25 88223
29	67	24,48788	25 51212
30	66	24,83684	25 16316
31	65	25,16502	26 83498
32	64	25,47278	26 52722
33	63	25,76045	26 23955
34	62	26,02831	27 97169
35	61	26,27663	27 72337
36	60	26,50566	27 49434
37	59	26,71561	27 28439
38	58	26,90668	27 09332
39	57	27,07904	28 92096
40	56	27,23286	28 76714
41	55	27,36826	28 63174
42	54	27,48537	28 51463
43	53	27,58430	28 41570
44	52	27,66512	28 33488
45	51	27,72791	28 27209
46	50	27,77273	28 22727
47	49	27,79960	28 20040
48	48	27,80855	28 19145

$N = 97$

Exponent von $p(q)$	Exponent von $q(p)$	log C	log $1/C$
0	97	0,00000	0 00000
1	96	1,98677	2 01323
2	95	3,66801	4 33199
3	94	5,16862	6 83138
4	93	6,53968	7 46032
5	92	7,80920	8 19080
6	91	8,99483	9 00517
7	90	10,10878	11 89122
8	89	11,15993	12 84007
9	88	12,15508	13 84492
10	87	13,09956	14 90044
11	86	13,99769	14 00231
12	85	14,85300	15 14700
13	84	15,66848	16 33152
14	83	16,44663	17 55337
15	82	17,18962	18 81038

Zehnerlogarithmen der Binomialkoeffizienten *C* und ihrer Reziproken* $N = 97\text{–}100$

Erläuterungen siehe unten

Exponent von $p\,(q)$	Exponent von $q\,(p)$	log *C*	log 1/*C*
$N = 97$ (Fortsetzung)			
16	81	17,89931	**18** 10069
17	80	18,57735	**19** 42265
18	79	19,22516	**20** 77484
19	78	19,84404	**20** 15596
20	77	20,43510	**21** 56490
21	76	20,99937	**21** 00063
22	75	21,53776	**22** 46224
23	74	22,05110	**23** 94890
24	73	22,54012	**23** 45988
25	72	23,00550	**24** 99450
26	71	23,44786	**24** 55214
27	70	23,86775	**24** 13225
28	69	24,26569	**25** 73431
29	68	24,64215	**25** 35785
30	67	24,99753	**25** 00247
31	66	25,33225	**26** 66775
32	65	25,64664	**26** 35336
33	64	25,94104	**26** 05896
34	63	26,21574	**27** 78426
35	62	26,47101	**27** 52899
36	61	26,70710	**27** 29290
37	60	26,92423	**27** 07577
38	59	27,12260	**28** 87740
39	58	27,30239	**28** 69761
40	57	27,46375	**28** 53625
41	56	27,60684	**28** 39316
42	55	27,73178	**28** 26822
43	54	27,83868	**28** 16132
44	53	27,92762	**28** 07238
45	52	27,99868	**28** 00132
46	51	28,05193	**29** 94807
47	50	28,08740	**29** 91260
48	49	28,10513	**29** 89487
$N = 98$			
0	98	0,00000	**0** 00000
1	97	1,99123	**2** 00877
2	96	3,67697	**4** 32303
3	95	5,18212	**6** 81788
4	94	6,55778	**7** 44222
5	93	7,83194	**8** 16806
6	92	9,02227	**10** 97773
7	91	10,14096	**11** 85904
8	90	11,19691	**12** 80309
9	89	12,19691	**13** 80309
10	88	13,14630	**14** 85370
11	87	14,04939	**15** 95061
12	86	14,90973	**15** 09027
13	85	15,73029	**16** 26971
14	84	16,51358	**17** 48642
15	83	17,26176	**18** 73824
16	82	17,97672	**18** 02328
17	81	18,66009	**19** 33991
18	80	19,31330	**20** 68670
19	79	19,93764	**20** 06236
20	78	20,53423	**21** 46577
21	77	21,10411	**22** 89589
22	76	21,64818	**22** 35182
23	75	22,16726	**23** 83274
24	74	22,66211	**23** 33789
25	73	23,13340	**24** 86660
26	72	23,58175	**24** 41825
27	71	24,00772	**25** 99228
28	70	24,41182	**25** 58818
29	69	24,79452	**25** 20548
30	68	25,15625	**26** 84375
31	67	25,49740	**26** 50260
32	66	25,81832	**26** 18168
33	65	26,11935	**27** 88065
34	64	26,40079	**27** 59921
35	63	26,66290	**27** 33710
36	62	26,90594	**27** 09406
37	61	27,13013	**28** 86987
38	60	27,33567	**28** 66433
39	59	27,52276	**28** 47724
40	58	27,69155	**28** 30845
41	57	27,84220	**28** 15780
42	56	27,97482	**28** 02518
43	55	28,08954	**29** 91046
44	54	28,18645	**29** 81355
45	53	28,26563	**29** 73437
46	52	28,32715	**29** 67285
47	51	28,37106	**29** 62894
48	50	28,39738	**29** 60262
49	49	28,40616	**29** 59384
$N = 99$			
0	99	0,00000	**0** 00000
1	98	1,99564	**2** 00436
2	97	3,68583	**4** 31417
3	96	5,19548	**6** 80452
4	95	6,57569	**7** 42431
5	94	7,85445	**8** 14555
6	93	9,04942	**10** 95058
$N = 99$ (Fortsetzung)			
7	92	10,17281	**11** 82719
8	91	11,23351	**12** 76649
9	90	12,23830	**13** 76170
10	89	13,19255	**14** 80745
11	88	14,10054	**15** 89946
12	87	14,96585	**15** 03415
13	86	15,79142	**16** 20858
14	85	16,57979	**17** 42021
15	84	17,33312	**18** 66688
16	83	18,05328	**19** 94672
17	82	18,74191	**19** 25809
18	81	19,40045	**20** 59955
19	80	20,03018	**21** 96982
20	79	20,63224	**21** 36776
21	78	21,20765	**22** 79235
22	77	21,75732	**22** 24268
23	76	22,28208	**23** 71792
24	75	22,78269	**23** 21731
25	74	23,25981	**24** 74019
26	73	23,71407	**24** 28593
27	72	24,14602	**25** 85398
28	71	24,55620	**25** 44380
29	70	24,94506	**25** 05494
30	69	25,31304	**26** 68696
31	68	25,66052	**26** 33948
32	67	25,98788	**26** 01212
33	66	26,29544	**27** 70456
34	65	26,58351	**27** 41649
35	64	26,85235	**27** 14765
36	63	27,10223	**28** 89777
37	62	27,33337	**28** 66663
38	61	27,54598	**28** 45402
39	60	27,74024	**28** 25976
40	59	27,91633	**28** 08367
41	58	28,07440	**29** 92560
42	57	28,21458	**29** 78542
43	56	28,33699	**29** 66301
44	55	28,44172	**29** 55828
45	54	28,52887	**29** 47113
46	53	28,59851	**29** 40149
47	52	28,65069	**29** 34931
48	51	28,68545	**29** 31455
49	50	28,70282	**29** 29718
$N = 100$			
0	100	0,00000	**0** 00000
1	99	2,00000	**3** 00000
2	98	3,69461	**4** 30539
3	97	5,20871	**6** 79129
4	96	6,59342	**7** 40658
5	95	7,87672	**8** 12328
6	94	9,07630	**10** 92370
7	93	10,20433	**11** 79567
8	92	11,26972	**12** 73028
9	91	12,27926	**13** 72074
10	90	13,23830	**14** 76170
11	89	14,15115	**15** 84885
12	88	15,02136	**16** 97864
13	87	15,85190	**16** 14810
14	86	16,64529	**17** 35471
15	85	17,40370	**18** 59630
16	84	18,12900	**19** 87100
17	83	18,82283	**19** 17717
18	82	19,48664	**20** 51336
19	81	20,12170	**21** 87830
20	80	20,72915	**21** 27085
21	79	21,31002	**22** 68998
22	78	21,86523	**22** 13477
23	77	22,39559	**23** 60441
24	76	22,90187	**23** 09813
25	75	23,38475	**24** 61525
26	74	23,84483	**24** 15517
27	73	24,28270	**25** 71730
28	72	24,69887	**25** 30113
29	71	25,09380	**26** 90620
30	70	25,46794	**26** 53206
31	69	25,82167	**26** 17833
32	68	26,15537	**27** 84463
33	67	26,46937	**27** 53063
34	66	26,76396	**27** 23604
35	65	27,03944	**28** 96056
36	64	27,29605	**28** 70395
37	63	27,53403	**28** 46597
38	62	27,75359	**28** 24641
39	61	27,95491	**28** 04509
40	60	28,13818	**29** 86182
41	59	28,30355	**29** 69645
42	58	28,45115	**29** 54885
43	57	28,58111	**29** 41889
44	56	28,69354	**29** 30646
45	55	28,78851	**29** 21149
46	54	28,86612	**29** 13388
47	53	28,92641	**29** 07359
48	52	28,96945	**29** 03055
49	51	28,99525	**29** 00475
50	50	29,00385	**30** 99615

Erläuterungen zu den Seiten 70–84

Bei den Logarithmen bedeuten die **fett** gedruckten Zahlen negative Kennziffern. Die Mantissen sind alle positiv.

Binomialkoeffizient $C\,(N, x) = \binom{N}{x} = \dfrac{N!}{x!\,(N-x)!}$

Für N zwischen 100 und 1000 errechne man C mittels der Tafeln auf S. 26 und 27.

Beispiel:

$$\log \binom{54}{6} = 7{,}41208 \qquad C(54, 6) = 2{,}583 \times 10^{7}$$

$$\log 1 \Big/ \binom{54}{6} = -8 + 0{,}58792 \qquad 1/C(54, 6) = 3{,}872 \times 10^{-8}$$

Berechnung der Einzelwahrscheinlichkeit $\mathrm{Prob}\,(x_1 | N, N_1, X)$ **der hypergeometrischen Verteilung**

Gegeben:

$$\begin{array}{cc|c} x_1 & N_1 - x_1 & N_1 \\ x_2 & N_2 - x_2 & N_2 \\ \hline X & N - X & N \end{array}$$

$$\mathrm{Prob}\,(x_1 | N, N_1, X) = \frac{N_1!\,N_2!\,X!\,(N - X)!}{x_1!\,(N_1 - x_1)!\,x_2!\,(N_2 - x_2)!\,N!}$$

$$= \dot{P}(x_1) = \binom{N_1}{x_1} \times \binom{N_2}{x_2} \times 1 \Big/ \binom{N}{X}$$

$$\log \dot{P}\,(x_1) = \underbrace{\log C(N_1, x_1) + \log C(N_2, x_2) + \log 1/C(N, X)}_{\text{aus S. 70–77}}$$

Beispiel:

$$\begin{array}{cc|c} 2 & 5 & 7 \\ 3 & 2 & 5 \\ \hline 5 & 7 & 12 \end{array}$$

	$\log C(7, 2)$	$+\ 1 + 0{,}32222$
	$\log C(5, 3)$	$+\ 1 + 0{,}00000$
	$\log 1/C(12, 5)$	$-\ 3 + 0{,}10127$
Summe:	$\log \dot{P}\,(x_1)$	$= -\ 1 + 0{,}42349$
	$\dot{P}\,(x_1)$	$= 0{,}2653$

Berechnung der Einzelwahrscheinlichkeit $\dot{P}(x)$ **der Binomialverteilung**

Gesucht: $\dot{P}\,(x) = \binom{N}{x} p^x q^{N-x}$

Lösung: $\log \dot{P}\,(x) = \underbrace{\log C\,(N, x)}_{\text{S. 70–77}} + \underbrace{\log p^x + \log q^{N-x}}_{\text{S. 78–84}}$

Beispiel: $N = 32$, $p = 0{,}06$, $x_1 = 2$, $x_2 = 30$

$\dot{P}_2$		$\dot{P}_{30}$	
$\log C\,(32, 2)$	$+ 2 + 0{,}69548$	$\log C(32, 30)$	$+\ 2 + 0{,}69548$
$\log p^2$	$- 3 + 0{,}55630$	$\log p^{30}$	$- 37 + 0{,}34454$
$\log q^{30}$	$- 1 + 0{,}19384$	$\log q^2$	$-\ 1 + 0{,}94626$
$\log \dot{P}_2$	$- 2 + 1{,}44562$	$\log \dot{P}_{30}$	$- 36 + 1{,}98628$
	$= - 1 + 0{,}44562$		$= - 35 + 0{,}98628$
$\dot{P}_2 =$	$0{,}2790$	$\dot{P}_{30} =$	$9{,}690 \times 10^{-35}$

Erläuterungen siehe S. 77

n	p (q) 0,01	q (p) 0,99	p (q) 0,02	q (p) 0,98	p (q) 0,03	q (p) 0,97	p (q) 0,04	q (p) 0,96	p (q) 0,05	q (p) 0,95	p (q) 0,06	q (p) 0,94	p (q) 0,07	q (p) 0,93
0	0 00000	0 00000	0 00000	0 00000	0 00000	0 00000	0 00000	0 00000	0 00000	0 00000	0 00000	0 00000	0 00000	0 00000
1	2 00000	1 99564	2 30103	1 99123	2 47712	1 98677	2 60206	1 98227	2 69897	1 97772	2 77815	1 97313	2 84510	1 96848
2	4 00000	1 99127	4 60206	1 98245	4 95424	1 97354	3 20412	1 96454	3 39794	1 95545	3 55630	1 94626	3 69020	1 93697
3	6 00000	1 98691	6 90309	1 97368	5 43136	1 96032	5 80618	1 94681	4 09691	1 93317	4 33445	1 91938	4 53529	1 90545
4	8 00000	1 98254	7 20412	1 96490	7 90849	1 94709	6 40824	1 92908	6 79588	1 91089	5 11261	1 89251	5 38039	1 87393
5	10 00000	1 97818	9 50515	1 95613	8 38561	1 93386	7 01030	1 91136	7 49485	1 88862	7 89076	1 86564	6 22549	1 84241
6	12 00000	1 97381	11 80618	1 94736	10 86273	1 92063	9 61236	1 89363	8 19382	1 86634	8 66891	1 83877	7 07059	1 81090
7	14 00000	1 96945	12 10721	1 93858	11 33985	1 90740	10 21442	1 87590	10 89279	1 84407	9 44706	1 81189	9 91569	1 77938
8	16 00000	1 96508	14 40824	1 92981	13 81697	1 89417	12 81648	1 85817	11 59176	1 82179	10 22521	1 78502	10 76078	1 74786
9	18 00000	1 96072	16 70927	1 92103	14 29409	1 88095	13 41854	1 84044	12 29073	1 79951	11 00336	1 75815	11 60588	1 71635
10	20 00000	1 95635	17 01030	1 91226	16 77121	1 86772	14 02060	1 82271	14 98970	1 77724	13 78151	1 73128	12 45098	1 68483
11	22 00000	1 95199	19 31133	1 90349	17 24833	1 85449	16 62266	1 80498	15 68867	1 75496	14 55966	1 70441	13 29608	1 65331
12	24 00000	1 94762	21 61236	1 89471	19 72546	1 84126	17 22472	1 78725	16 38764	1 73268	15 33782	1 67753	14 14118	1 62180
13	26 00000	1 94326	23 91339	1 88594	20 20258	1 82803	19 82678	1 76953	17 08661	1 71041	16 11597	1 65066	16 98627	1 59028
14	28 00000	1 93889	24 21442	1 87717	22 67970	1 81480	20 42884	1 75180	19 78558	1 68813	18 89412	1 62379	17 83137	1 55876
15	30 00000	1 93453	26 51545	1 86839	23 15682	1 80158	21 03090	1 73407	20 48455	1 66585	19 67227	1 59692	18 67647	1 52724
16	32 00000	1 93016	28 81648	1 85962	25 63394	1 78835	23 63296	1 71634	21 18352	1 64358	20 45042	1 57005	19 52157	1 49573
17	34 00000	1 92580	29 11751	1 85084	26 11106	1 77512	24 23502	1 69861	23 88249	1 62130	21 22857	1 54317	20 36667	1 46421
18	36 00000	1 92143	31 41854	1 84207	28 58818	1 76189	26 83708	1 68088	24 58146	1 59902	22 00672	1 51630	21 21176	1 43269
19	38 00000	1 91707	33 71957	1 83330	29 06530	1 74866	27 43914	1 66315	25 28043	1 57675	24 78487	1 48943	22 05686	1 40118
20	40 00000	1 91270	34 02060	1 82452	31 54243	1 73543	28 04120	1 64542	27 97940	1 55447	25 56303	1 46256	24 90196	1 36966
21	42 00000	1 90834	36 32163	1 81575	32 01955	1 72221	30 64326	1 62770	28 67837	1 53220	26 34118	1 43568	25 74706	1 33814
22	44 00000	1 90397	38 62266	1 80697	34 49667	1 70898	31 24532	1 60997	29 37734	1 50992	27 11933	1 40881	26 59216	1 30662
23	46 00000	1 89961	40 92369	1 79820	36 97379	1 69575	33 84738	1 59224	30 07631	1 48764	29 89748	1 38194	27 43725	1 27511
24	48 00000	1 89524	41 22472	1 78943	37 45091	1 68252	34 44944	1 57451	32 77528	1 46537	30 67563	1 35507	28 28235	1 24359
25	50 00000	1 89088	43 52575	1 78065	39 92803	1 66929	35 05150	1 55678	33 47425	1 44309	31 45378	1 32820	29 12745	1 21207
26	52 00000	1 88652	45 82678	1 77188	40 40515	1 65607	37 65356	1 53905	34 17322	1 42081	32 23193	1 30132	31 97255	1 18056
27	54 00000	1 88215	46 12781	1 76310	42 88227	1 64284	38 25562	1 52132	36 87219	1 39854	33 01008	1 27445	32 81765	1 14904
28	56 00000	1 87779	48 42884	1 75433	43 35940	1 62961	40 85768	1 50359	37 57116	1 37626	35 78824	1 24758	33 66275	1 11752
29	58 00000	1 87342	50 72987	1 74556	45 83652	1 61638	41 45974	1 48587	38 27013	1 35398	36 56639	1 22071	34 50784	1 08601
30	60 00000	1 86906	51 03090	1 73678	46 31364	1 60315	42 06180	1 46814	40 96910	1 33171	37 34454	1 19384	35 35294	1 05449
31	62 00000	1 86469	53 33193	1 72801	48 79076	1 58992	44 66386	1 45041	41 66807	1 30943	38 12269	1 16696	36 19804	1 02297
32	64 00000	1 86033	55 63296	1 71923	49 26788	1 57670	45 26592	1 43268	42 36704	1 28716	40 90084	1 14009	37 04314	2 99145
33	66 00000	1 85596	57 93399	1 71046	51 74500	1 56347	47 86798	1 41495	43 06601	1 26488	41 67899	1 11322	39 88824	2 95994
34	68 00000	1 85160	58 23502	1 70169	52 22212	1 55024	48 47004	1 39722	45 76498	1 24260	42 45714	1 08635	40 73333	2 92842
35	70 00000	1 84723	60 53605	1 69291	54 69924	1 53701	49 07210	1 37949	46 46395	1 22033	43 23529	1 05947	41 57843	2 89690
36	72 00000	1 84287	62 83708	1 68414	55 17637	1 52378	51 67416	1 36176	47 16292	1 19805	44 01345	1 03260	42 42353	2 86539
37	74 00000	1 83850	63 13811	1 67536	57 65349	1 51055	52 27622	1 34404	49 86189	1 17577	46 79160	1 00573	43 26863	2 83387
38	76 00000	1 83414	65 43914	1 66659	58 13061	1 49733	54 87828	1 32631	50 56086	1 15350	47 56975	2 97886	44 11373	2 80235
39	78 00000	1 82977	67 74017	1 65782	60 60773	1 48410	55 48034	1 30858	51 25983	1 13122	48 34790	2 95199	46 95882	2 77083
40	80 00000	1 82541	68 04120	1 64904	61 08485	1 47087	56 08240	1 29085	53 95880	1 10894	49 12605	2 92511	47 80392	2 73932
41	82 00000	1 82104	70 34223	1 64027	63 56197	1 45764	58 68446	1 27312	54 65777	1 08667	51 90420	2 89824	48 64902	2 70780
42	84 00000	1 81668	72 64326	1 63150	64 03909	1 44441	59 28652	1 25539	55 35674	1 06439	52 68235	2 87137	49 49412	2 67628
43	86 00000	1 81231	74 94429	1 62272	66 51621	1 43118	61 88858	1 23766	56 05571	1 04212	53 46050	2 84450	50 33922	2 64477
44	88 00000	1 80795	75 24532	1 61395	68 99334	1 41796	62 49064	1 21993	58 75468	1 01984	54 23866	2 81763	51 18431	2 61325
45	90 00000	1 80358	77 54635	1 60517	69 47046	1 40473	63 09270	1 20221	59 45365	2 99756	55 01681	2 79075	52 02941	2 58173
46	92 00000	1 79922	79 84738	1 59640	71 94758	1 39150	65 69476	1 18448	60 15262	2 97529	57 79496	2 76388	54 87451	2 55022
47	94 00000	1 79485	80 14841	1 58763	72 42470	1 37827	66 29682	1 16675	62 85159	2 95301	58 57311	2 73701	55 71961	2 51870
48	96 00000	1 79049	82 44944	1 57885	74 90182	1 36504	68 89888	1 14902	63 55056	2 93073	59 35126	2 71014	56 56471	2 48718
49	98 00000	1 78612	84 75047	1 57008	75 37894	1 35181	69 50094	1 13129	64 24953	2 90846	60 12941	2 68326	57 40980	2 45566
50	100 00000	1 78176	85 05150	1 56130	77 85606	1 33859	70 10300	1 11356	66 94850	2 88618	62 90756	2 65639	58 25490	2 42415
51	102 00000	1 77739	87 35253	1 55253	78 33318	1 32536	72 70506	1 09583	67 64747	2 86390	63 68571	2 62952	59 10000	2 39263
52	104 00000	1 77303	89 65356	1 54376	80 81031	1 31213	73 30712	1 07810	68 34644	2 84163	64 46387	2 60265	61 94510	2 36111
53	106 00000	1 76867	91 95459	1 53498	81 28743	1 29890	75 90918	1 06038	69 04541	2 81935	65 24202	2 57578	62 79020	2 32960
54	108 00000	1 76430	92 25562	1 52621	83 76455	1 28567	76 51124	1 04265	71 74438	2 79707	66 02017	2 54890	63 63529	2 29808
55	110 00000	1 75994	94 55665	1 51743	84 24167	1 27245	77 11330	1 02492	72 44335	2 77480	68 79832	2 52203	64 48039	2 26656
56	112 00000	1 75557	96 85768	1 50866	86 71879	1 25922	79 71536	1 00719	73 14232	2 75252	69 57647	2 49516	65 32549	2 23505
57	114 00000	1 75121	97 15871	1 49989	87 19591	1 24599	80 31742	2 98946	75 84129	2 73025	70 35462	2 46829	66 17059	2 20353
58	116 00000	1 74684	99 45974	1 49111	89 67303	1 23276	82 91948	2 97173	76 54026	2 70797	71 13277	2 44142	67 01569	2 17201
59	118 00000	1 74248	101 76077	1 48234	90 15015	1 21953	83 52154	2 95400	77 23923	2 68569	73 91092	2 41454	69 86078	2 14049
60	120 00000	1 73811	102 06180	1 47356	92 62728	1 20630	84 12360	2 93627	79 93820	2 66342	74 68908	2 38767	70 70588	2 10898
61	122 00000	1 73375	104 36283	1 46479	93 10440	1 19308	86 72566	2 91855	80 63717	2 64114	75 46723	2 36080	71 55098	2 07746
62	124 00000	1 72938	106 66386	1 45602	95 58152	1 17985	87 32772	2 90082	81 33614	2 61886	76 24538	2 33393	72 39608	2 04594
63	126 00000	1 72502	108 96489	1 44724	96 05864	1 16662	89 92978	2 88309	82 03511	2 59659	77 02353	2 30705	73 24118	2 01443
64	128 00000	1 72065	109 26592	1 43847	98 53576	1 15339	90 53184	2 86536	84 73408	2 57431	79 80168	2 28018	74 08627	3 98291
65	130 00000	1 71629	111 56695	1 42969	99 01288	1 14016	91 13390	2 84763	85 43305	2 55203	80 57983	2 25331	76 93137	3 95139
66	132 00000	1 71192	113 86798	1 42092	101 49000	1 12693	93 73596	2 82990	86 13202	2 52976	81 35798	2 22644	77 77647	3 91987
67	134 00000	1 70756	114 16901	1 41215	103 96712	1 11371	94 33802	2 81217	88 83099	2 50748	82 13613	2 19957	78 62157	3 88836
68	136 00000	1 70319	116 47004	1 40337	104 44425	1 10048	96 94008	2 79444	89 52996	2 48521	84 91429	2 17269	79 46667	3 85684
69	138 00000	1 69883	118 77107	1 39460	106 92137	1 08725	97 54214	2 77672	90 22893	2 46293	85 69244	2 14582	80 31176	3 82532
70	140 00000	1 69446	119 07210	1 38583	107 39849	1 07402	98 14420	2 75899	92 92790	2 44065	86 47059	2 11895	81 15686	3 79381
71	142 00000	1 69010	121 37313	1 37705	109 87561	1 06079	100 74626	2 74126	93 62687	2 41838	87 24874	2 09208	82 00196	3 76229
72	144 00000	1 68573	123 67416	1 36828	110 35273	1 04756	101 34832	2 72353	94 32584	2 39610	88 02689	2 06521	84 84706	3 73077
73	146 00000	1 68137	125 97519	1 35950	112 82985	1 03434	103 95038	2 70580	95 02481	2 37382	90 80504	2 03833	85 69216	3 69926
74	148 00000	1 67700	126 27622	1 35073	113 30697	1 02111	104 55244	2 68807	97 72378	2 35155	91 58319	2 01146	86 53725	3 66774
75	150 00000	1 67264	128 57725	1 34196	115 78409	1 00788	105 15450	2 67034	98 42275	2 32927	92 36134	3 98459	87 38235	3 63622
76	152 00000	1 66827	130 87828	1 33318	116 26122	2 99465	107 75656	2 65261	99 12172	2 30699	93 13950	3 95772	88 22745	3 60470
77	154 00000	1 66391	131 17931	1 32441	118 73834	2 98142	108 35862	2 63488	101 82069	2 28472	95 91765	3 93084	89 07255	3 57319
78	156 00000	1 65955	133 48034	1 31563	119 21546	2 96820	110 96068	2 61716	102 51966	2 26244	96 69580	3 90397	91 91765	3 54167
79	158 00000	1 65518	135 78137	1 30686	121 69258	2 95497	111 56274	2 59943	103 21863	2 24016	97 47395	3 87710	92 76275	3 51015
80	160 00000	1 65082	136 08240	1 29809	122 16970	2 94174	112 16480	2 58170	105 91760	2 21789	98 25210	3 85023	93 60784	3 47864
81	162 00000	1 64645	138 38343	1 28931	124 64682	2 92851	114 76686	2 56397	106 61657	2 19561	99 03025	3 82336	94 45294	3 44712
82	164 00000	1 64209	140 68446	1 28054	125 12394	2 91528	115 36892	2 54624	107 31554	2 17334	101 80840	3 79648	95 29804	3 41560
83	166 00000	1 63772	142 98549	1 27176	127 60106	2 90205	117 97098	2 52851	108 01451	2 15106	102 58655	3 76961	96 14314	3 38408
84	168 00000	1 63336	143 28652	1 26299	128 07819	2 88883	118 57304	2 51078	110 71348	2 12878	103 36471	3 74274	98 98824	3 35257
85	170 00000	1 62899	145 58755	1 25422	130 55531	2 87560	119 17510	2 49305	111 41245	2 10651	104 14286	3 71587	99 83333	3 32105
86	172 00000	1 62463	147 88858	1 24544	131 03243	2 86237	121 77716	2 47533	112 11142	2 08423	106 92101	3 68900	100 67843	3 28953
87	174 00000	1 62026	148 18961	1 23667	133 50955	2 84914	122 37922	2 45760	114 81039	2 06195	107 69916	3 66212	101 52353	3 25802
88	176 00000	1 61590	150 49064	1 22789	135 98667	2 83591	124 98128	2 43987	115 50936	2 03968	108 47731	3 63525	102 36863	3 22650
89	178 00000	1 61153	152 79167	1 21912	136 46379	2 82268	125 58334	2 42214	116 20833	2 01740	109 25546	3 60838	103 21373	3 19498
90	180 00000	1 60717	153 09270	1 21035	138 94091	2 80946	126 18540	2 40441	118 90730	3 99512	110 03361	3 58151	104 05882	3 16347
91	182 00000	1 60280	155 39373	1 20157	139 41803	2 79623	128 78746	2 38668	119 60627	3 97285	112 81176	3 55463	106 90392	3 13195
92	184 00000	1 59844	157 69476	1 19280	141 89516	2 78300	129 38952	2 36895	120 30524	3 95057	113 58992	3 52776	107 74902	3 10043
93	186 00000	1 59407	159 99579	1 18403	142 37228	2 76977	131 99158	2 35122	121 00421	3 92830	114 36807	3 50089	108 59412	3 06891
94	188 00000	1 58971	160 29682	1 17525	144 84940	2 75654	132 59364	2 33350	123 70318	3 90602	115 14622	3 47402	109 43922	3 03740
95	190 00000	1 58534	162 59785	1 16648	145 32652	2 74331	133 19570	2 31577	124 40215	3 88374	117 92437	3 44715	110 28431	3 00588
96	192 00000	1 58098	164 89888	1 15770	147 80364	2 73009	135 79776	2 29804	125 10112	3 86147	118 70252	3 42027	111 12941	4 97436
97	194 00000	1 57661	165 19991	1 14893	148 28076	2 71686	136 39982	2 28031	127 80009	3 83919	119 48067	3 39340	113 97451	4 94285
98	196 00000	1 57225	167 50094	1 14016	150 75788	2 70363	137 00188	2 26258	128 49906	3 81691	120 25882	3 36653	114 81961	4 91133
99	198 00000	1 56788	169 80197	1 13138	151 23500	2 69040	139 60394	2 24485	129 19803	3 79464	121 03697	3 33966	115 66471	4 87981
100	200 00000	1 56352	170 10300	1 12261	153 71213	2 67717	140 20600	2 22712	131 89700	3 77236	123 81513	3 31279	116 50980	4 84829

Zehnerlogarithmen* von p^n und q^n ($q = 1-p$)

Erläuterungen siehe S.77

n	p (q) 0,08	q (p) 0,92	p (q) 0,09	q (p) 0,91	p (q) 0,10	q (p) 0,90	p (q) 0,11	q (p) 0,89	p (q) 0,12	q (p) 0,88	p (q) 0,13	q (p) 0,87	p (q) 0,14	q (p) 0,86
0	0 00000	0 00000	0 00000	0 00000	0 00000	0 00000	0 00000	0 00000	0 00000	0 00000	0 00000	0 00000	0 00000	0 00000
1	2 90309	1 96379	2 95424	1 95904	1 00000	1 95424	1 04139	1 94939	1 07918	1 94448	1 11394	1 93952	1 14613	1 93450
2	3 80618	1 92758	3 90849	1 91808	2 00000	1 90849	2 08279	1 89878	2 15836	1 88897	2 22789	1 87904	2 29226	1 86900
3	4 70927	1 89136	4 86273	1 87712	3 00000	1 86273	3 12418	1 84817	3 23754	1 83345	3 34183	1 81856	3 43838	1 80350
4	5 61236	1 85515	5 81697	1 83617	4 00000	1 81697	4 16557	1 79756	4 31672	1 77793	4 45577	1 75808	4 58451	1 73799
5	6 51545	1 81894	6 77121	1 79521	5 00000	1 77121	5 20696	1 74695	5 39591	1 72241	5 56972	1 69760	5 73064	1 67249
6	7 41854	1 78273	7 72546	1 75425	6 00000	1 72546	6 24836	1 69634	6 47509	1 66690	6 68366	1 63712	6 87677	1 60699
7	8 32163	1 74651	8 67970	1 71329	7 00000	1 67970	7 28975	1 64573	7 55427	1 61138	7 79760	1 57663	6 02290	1 54149
8	9 22472	1 71030	9 63394	1 67233	8 00000	1 63394	8 33114	1 59512	8 63345	1 55586	8 91155	1 51615	7 16902	1 47599
9	10 12781	1 67409	10 58818	1 63137	9 00000	1 58818	9 37253	1 54451	9 71263	1 50034	8 02549	1 45567	8 31515	1 41049
10	11 03090	1 63788	11 54243	1 59041	10 00000	1 54243	10 41393	1 49390	10 79181	1 44483	9 13943	1 39519	9 46128	1 34498
11	13 93399	1 60167	12 49667	1 54946	11 00000	1 49667	11 45532	1 44329	11 87099	1 38931	10 25338	1 33471	10 60741	1 27948
12	14 83708	1 56545	13 45091	1 50850	12 00000	1 45091	12 49671	1 39268	12 95017	1 33379	11 36732	1 27423	11 75354	1 21398
13	15 74017	1 52924	14 40515	1 46754	13 00000	1 40515	13 53810	1 34207	12 02936	1 27827	12 48126	1 21375	12 89966	1 14848
14	16 64326	1 49303	15 35940	1 42658	14 00000	1 35940	14 57950	1 29146	13 10854	1 22276	13 59521	1 15327	12 04579	1 08298
15	17 54635	1 45682	16 31364	1 38562	15 00000	1 31364	15 62089	1 24085	14 18772	1 16724	14 70915	1 09279	13 19192	1 01748
16	18 44944	1 42061	17 26788	1 34466	16 00000	1 26788	16 66228	1 19024	15 26690	1 11172	15 82309	1 03231	14 33805	2 95198
17	19 35253	1 38439	18 22212	1 30370	17 00000	1 22212	17 70368	1 13963	16 34608	1 05621	16 93704	2 97183	15 48418	2 88647
18	20 25562	1 34818	19 17637	1 26275	18 00000	1 17637	18 74507	1 08902	17 42526	1 00069	16 05098	2 91135	16 63030	2 82097
19	21 15871	1 31197	20 13061	1 22179	19 00000	1 13061	19 78646	1 03841	18 50444	2 94517	17 16492	2 85087	17 77643	2 75547
20	22 06180	1 27576	21 08485	1 18083	20 00000	1 08485	20 82785	2 98780	19 58362	2 88965	18 27887	2 79039	18 92256	2 68997
21	24 96489	1 23954	22 03909	1 13987	21 00000	1 03909	21 86925	2 93719	20 66281	2 83414	19 39281	2 72990	18 06869	2 62447
22	25 86798	1 20333	24 99334	1 09891	22 00000	2 99334	22 91064	2 88658	21 74199	2 77862	20 50675	2 66942	19 21482	2 55897
23	26 77107	1 16712	25 94758	1 05795	23 00000	2 94758	23 95203	2 83597	22 82117	2 72310	21 62070	2 60894	20 36094	2 49346
24	27 67416	1 13091	26 90182	1 01699	24 00000	2 90182	24 99342	2 78536	23 90035	2 66758	22 73464	2 54846	21 50707	2 42796
25	28 57725	1 09470	27 85606	2 97603	25 00000	2 85606	24 03482	2 73475	24 97953	2 61207	23 84858	2 48798	22 65320	2 36246
26	29 48034	1 05848	28 81031	2 93508	26 00000	2 81031	25 07621	2 68414	24 05871	2 55655	24 96253	2 42750	23 79933	2 29696
27	30 38343	1 02227	29 76455	2 89412	27 00000	2 76455	26 11760	2 63353	25 13789	2 50103	24 07647	2 36702	24 94546	2 23146
28	31 28652	2 98606	30 71879	2 85316	28 00000	2 71879	27 15900	2 58292	26 21707	2 44551	25 19041	2 30654	24 09159	2 16596
29	32 18961	2 94985	31 67303	2 81220	29 00000	2 67303	28 20039	2 53231	27 29626	2 39000	26 30436	2 24606	25 23771	2 10046
30	33 09270	2 91363	32 62728	2 77124	30 00000	2 62728	29 24178	2 48170	28 37544	2 33448	27 41830	2 18558	26 38384	2 03495
31	35 99579	2 87742	33 58152	2 73028	31 00000	2 58152	30 28317	2 43109	29 45462	2 27896	28 53224	2 12510	27 52997	3 96945
32	36 89888	2 84121	34 53576	2 68932	32 00000	2 53576	31 32457	2 38048	30 53380	2 22345	29 64619	2 06462	28 67610	3 90395
33	37 80197	2 80500	35 49000	2 64837	33 00000	2 49000	32 36596	2 32987	31 61298	2 16793	30 76013	2 00414	29 82223	3 83845
34	38 70506	2 76879	36 44425	2 60741	34 00000	2 44425	33 40735	2 27926	32 69216	2 11241	31 87407	3 94365	30 96835	3 77295
35	39 60815	2 73257	37 39849	2 56645	35 00000	2 39849	34 44874	2 22865	33 77134	2 05689	32 98802	3 88317	30 11448	3 70745
36	40 51124	2 69636	38 35273	2 52549	36 00000	2 35273	35 49014	2 17804	34 85052	2 00138	32 10196	3 82269	31 26061	3 64194
37	41 41433	2 66015	39 30697	2 48453	37 00000	2 30697	36 53153	2 12743	35 92971	3 94586	33 21590	3 76221	32 40674	3 57644
38	42 31742	2 62394	40 26122	2 44357	38 00000	2 26122	37 57292	2 07682	35 00889	3 89034	34 32985	3 70173	33 55287	3 51094
39	43 22051	2 58773	41 21546	2 40261	39 00000	2 21546	38 61431	2 02621	36 08807	3 83482	35 44379	3 64125	34 69899	3 44544
40	44 12360	2 55151	42 16970	2 36166	40 00000	2 16970	39 65571	3 97560	37 16725	3 77931	36 55773	3 58077	35 84512	3 37994
41	45 02669	2 51530	43 12394	2 32070	41 00000	2 12394	40 69710	3 92499	38 24643	3 72379	37 67168	3 52029	36 99125	3 31444
42	47 92978	2 47909	44 07819	2 27974	42 00000	2 07819	41 73849	3 87438	39 32561	3 66827	38 78562	3 45981	36 13738	3 24893
43	48 83287	2 44288	45 03243	2 23878	43 00000	2 03243	42 77989	3 82377	40 40479	3 61275	39 89956	3 39933	37 28351	3 18343
44	49 73596	2 40666	47 98667	2 19782	44 00000	3 98667	43 82128	3 77316	41 48397	3 55724	39 01351	3 33885	38 42963	3 11793
45	50 63905	2 37045	48 94091	2 15686	45 00000	3 94091	44 86267	3 72255	42 56316	3 50172	40 12745	3 27837	39 57576	3 05243
46	51 54214	2 33424	49 89516	2 11590	46 00000	3 89516	45 90406	3 67194	43 64234	3 44620	41 24139	3 21789	40 72189	4 98693
47	52 44523	2 29803	50 84940	2 07495	47 00000	3 84940	46 94546	3 62133	44 72152	3 39069	42 35534	3 15740	41 86802	4 92143
48	53 34832	2 26182	51 80364	2 03399	48 00000	3 80364	47 98685	3 57072	45 80070	3 33517	43 46928	3 09692	41 01415	4 85593
49	54 25141	2 22560	52 75788	3 99303	49 00000	3 75788	47 02824	3 52011	46 87988	3 27965	44 58322	3 03644	42 16027	4 79042
50	55 15450	2 18939	53 71213	3 95207	50 00000	3 71213	48 06963	3 46950	47 95906	3 22413	45 69717	4 97596	43 30640	4 72492
51	56 05759	2 15318	54 66637	3 91111	51 00000	3 66637	49 11103	3 41889	47 03824	3 16862	46 81111	4 91548	44 45253	4 65942
52	58 96068	2 11697	55 62061	3 87015	52 00000	3 62061	50 15242	3 36828	48 11742	3 11310	47 92505	4 85500	45 59866	4 59392
53	59 86377	2 08075	56 57485	3 82919	53 00000	3 57485	51 19381	3 31767	49 19661	3 05758	47 03900	4 79452	46 74479	4 52842
54	60 76686	2 04454	57 52910	3 78824	54 00000	3 52910	52 23521	3 26706	50 27579	3 00206	48 15294	4 73404	47 89091	4 46292
55	61 66995	2 00833	58 48334	3 74728	55 00000	3 48334	53 27660	3 21645	51 35497	4 94655	49 26688	4 67356	47 03704	4 39741
56	62 57304	3 97212	59 43758	3 70632	56 00000	3 43758	54 31799	3 16584	52 43415	4 89103	50 38083	4 61308	48 18317	4 33191
57	63 47613	3 93591	60 39182	3 66536	57 00000	3 39182	55 35938	3 11523	53 51333	4 83551	51 49477	4 55260	49 32930	4 26641
58	64 37922	3 89969	61 34607	3 62440	58 00000	3 34607	56 40078	3 06462	54 59251	4 77999	52 60871	4 49212	50 47543	4 20091
59	65 28231	3 86348	62 30031	3 58344	59 00000	3 30031	57 44217	3 01401	55 67169	4 72448	53 72266	4 43164	51 62155	4 13541
60	66 18540	3 82727	63 25455	3 54248	60 00000	3 25455	58 48356	4 96340	56 75087	4 66896	54 83660	4 37116	52 76768	4 06991
61	67 08849	3 79106	64 20879	3 50152	61 00000	3 20879	59 52495	4 91279	57 83006	4 61344	55 95054	4 31067	53 91381	4 00441
62	69 99158	3 75485	65 16304	3 46057	62 00000	3 16304	60 56635	4 86218	58 90924	4 55793	55 06449	4 25019	53 05994	5 93890
63	70 89467	3 71863	66 11728	3 41961	63 00000	3 11728	61 60774	4 81157	59 98842	4 50241	56 17843	4 18971	54 20607	5 87340
64	71 79776	3 68242	67 07152	3 37865	64 00000	3 07152	62 64913	4 76096	59 06760	4 44689	57 29237	4 12923	55 35219	5 80790
65	72 70085	3 64621	68 02576	3 33769	65 00000	3 02576	63 69052	4 71035	60 14678	4 39137	58 40632	4 06875	56 49832	5 74240
66	73 60394	3 61000	70 98001	3 29673	66 00000	4 98001	64 73192	4 65974	61 22596	4 33586	59 52026	4 00827	57 64445	5 67690
67	74 50703	3 57378	71 93425	3 25577	67 00000	4 93425	65 77331	4 60913	62 30514	4 28034	60 63420	5 94779	58 79058	5 61140
68	75 41012	3 53757	72 88849	3 21481	68 00000	4 88849	66 81470	4 55852	63 38432	4 22482	61 74815	5 88731	59 93671	5 54589
69	76 31321	3 50136	73 84273	3 17386	69 00000	4 84273	67 85610	4 50791	64 46351	4 16930	62 86209	5 82683	59 08283	5 48039
70	77 21630	3 46515	74 79698	3 13290	70 00000	4 79698	68 89749	4 45730	65 54269	4 11379	63 97603	5 76635	60 22896	5 41489
71	78 11939	3 42894	75 75122	3 09194	71 00000	4 75122	69 93888	4 40669	66 62187	4 05827	63 08998	5 70587	61 37509	5 34939
72	79 02248	3 39272	76 70546	3 05098	72 00000	4 70546	70 98027	4 35608	67 70105	4 00275	64 20392	5 64539	62 52122	5 28389
73	81 92557	3 35651	77 65970	3 01002	73 00000	4 65970	70 02167	4 30547	68 78023	5 94724	65 31786	5 58491	63 66735	5 21839
74	82 82866	3 32030	78 61395	4 96906	74 00000	4 61395	71 06306	4 25486	69 85941	5 89172	66 43181	5 52442	64 81347	5 15289
75	83 73175	3 28409	79 56819	4 92810	75 00000	4 56819	72 10445	4 20425	70 93859	5 83620	67 54575	5 46394	65 95960	5 08738
76	84 63484	3 24787	80 52243	4 88715	76 00000	4 52243	73 14584	4 15364	70 01777	5 78068	68 65969	5 40346	65 10573	5 02188
77	85 53793	3 21166	81 47667	4 84619	77 00000	4 47667	74 18724	4 10303	71 09696	5 72517	69 77364	5 34298	66 25186	6 95638
78	86 44102	3 17545	82 43092	4 80523	78 00000	4 43092	75 22863	4 05242	72 17614	5 66965	70 88758	5 28250	67 39799	6 89088
79	87 34411	3 13924	83 38516	4 76427	79 00000	4 38516	76 27002	4 00181	73 25532	5 61413	70 00152	5 22202	68 54411	6 82538
80	88 24720	3 10303	84 33940	4 72331	80 00000	4 33940	77 31141	5 95120	74 33450	5 55861	71 11547	5 16154	69 69024	6 75988
81	89 15029	3 06681	85 29364	4 68235	81 00000	4 29364	78 35281	5 90059	75 41368	5 50310	72 22941	5 10106	70 83637	6 69437
82	90 05338	3 03060	86 24789	4 64139	82 00000	4 24789	79 39420	5 84998	76 49286	5 44758	73 34335	5 04058	71 98250	6 62887
83	92 95647	4 99439	87 20213	4 60044	83 00000	4 20213	80 43559	5 79937	77 57204	5 39206	74 45730	6 98010	71 12863	6 56337
84	93 85956	4 95818	88 15637	4 55948	84 00000	4 15637	81 47699	5 74876	78 65122	5 33654	75 57124	6 91962	72 27476	6 49787
85	94 76265	4 92197	89 11061	4 51852	85 00000	4 11061	82 51838	5 69815	79 73041	5 28103	76 68518	6 85914	73 42088	6 43237
86	95 66574	4 88575	90 06486	4 47756	86 00000	4 06486	83 55977	5 64754	80 80959	5 22551	77 79913	6 79866	74 56701	6 36687
87	96 56883	4 84954	91 01910	4 43660	87 00000	4 01910	84 60116	5 59693	81 88877	5 16999	78 91307	6 73817	75 71314	6 30137
88	97 47192	4 81333	93 97334	4 39564	88 00000	5 97334	85 64256	5 54632	82 96795	5 11448	78 02702	6 67769	76 85927	6 23586
89	98 37501	4 77712	94 92758	4 35468	89 00000	5 92758	86 68395	5 49571	82 04713	5 05896	79 14096	6 61721	76 00540	6 17036
90	99 27810	4 74090	95 88183	4 31373	90 00000	5 88183	87 72534	5 44510	83 12631	5 00344	80 25490	6 55673	77 15152	6 10486
91	100 18119	4 70469	96 83607	4 27277	91 00000	5 83607	88 76673	5 39449	84 20549	6 94792	81 36885	6 49625	78 29765	6 03936
92	101 08428	4 66848	97 79031	4 23181	92 00000	5 79031	89 80813	5 34388	85 28467	6 89241	82 48279	6 43577	79 44378	7 97386
93	103 98737	4 63227	98 74455	4 19085	93 00000	5 74455	90 84952	5 29327	86 36386	6 83689	83 59673	6 37529	80 58991	7 90836
94	104 89046	4 59606	99 69880	4 14989	94 00000	5 69880	91 89091	5 24266	87 44304	6 78137	84 71068	6 31481	81 73604	7 84285
95	105 79355	4 55984	100 65304	4 10893	95 00000	5 65304	92 93231	5 19205	88 52222	6 72585	85 82462	6 25433	82 88216	7 77735
96	106 69664	4 52363	101 60728	4 06797	96 00000	5 60728	93 97370	5 14144	89 60140	6 67034	86 93856	6 19385	82 02829	7 71185
97	107 59973	4 48742	102 56152	4 02702	97 00000	5 56152	93 01509	5 09083	90 68058	6 61482	86 05251	6 13337	83 17442	7 64635
98	108 50282	4 45121	103 51577	5 98606	98 00000	5 51577	94 05648	5 04022	91 75976	6 55930	87 16645	6 07289	84 32055	7 58085
99	109 40591	4 41499	104 47001	5 94510	99 00000	5 47001	95 09788	6 98961	92 83894	6 50378	88 28039	6 01241	85 46668	7 51535
100	110 30900	4 37878	105 42425	5 90414	100 00000	5 42425	96 13927	6 93900	93 91812	6 44827	89 39434	7 95193	86 61280	7 44985

Zehnerlogarithmen* von p^n und q^n ($q = 1 - p$)

Erläuterungen siehe S.77

n	p (q) 0,15	q (p) 0,85	p (q) 0,16	q (p) 0,84	p (q) 0,17	q (p) 0,83	p (q) 0,18	q (p) 0,82	p (q) 0,19	q (p) 0,81	p (q) 0,20	q (p) 0,80	p (q) 0,21	q (p) 0,79
0	0 00000	0 00000	0 00000	0 00000	0 00000	0 00000	0 00000	0 00000	0 00000	0 00000	0 00000	0 00000	0 00000	0 00000
1	1 17609	1 92942	1 20412	1 92428	1 23045	1 91908	1 25527	1 91381	1 27875	1 90849	1 30103	1 90309	1 32222	1 89763
2	2 35218	1 85884	2 40824	1 84856	2 46090	1 83816	2 51055	1 82763	2 55751	1 81697	2 60206	1 80618	2 64444	1 79525
3	3 52827	1 78826	3 61236	1 77284	3 69135	1 75723	3 76582	1 74144	3 83626	1 72546	3 90309	1 70927	3 96666	1 69288
4	4 70437	1 71768	4 81648	1 69712	4 92180	1 67631	3 02109	1 65526	3 11501	1 63394	3 20412	1 61236	3 28888	1 59051
5	5 88046	1 64709	4 02060	1 62140	4 15224	1 59539	4 27636	1 56907	4 39377	1 54243	4 50515	1 51545	4 61110	1 48814
6	5 05655	1 57651	5 22472	1 54568	5 38269	1 51447	5 53164	1 48288	5 67252	1 45091	5 80618	1 41854	5 93332	1 38576
7	6 23264	1 50593	6 42884	1 46996	6 61314	1 43355	6 78691	1 39670	6 95128	1 35940	5 10721	1 32163	5 25554	1 28339
8	7 40873	1 43535	7 63296	1 39423	7 84359	1 35262	6 04218	1 31051	6 23003	1 26788	6 40824	1 22472	6 57775	1 18102
9	8 58482	1 36477	8 83708	1 31851	7 07404	1 27170	7 29745	1 22432	7 50878	1 17637	7 70927	1 12781	7 89997	1 07864
10	9 76091	1 29419	8 04120	1 24279	8 30449	1 19078	8 55273	1 13814	8 78754	1 08485	7 01030	1 03090	7 22219	2 97627
11	10 93700	1 22361	9 24532	1 16707	9 53494	1 10986	9 80800	1 05195	8 06629	2 99334	8 31133	2 93399	8 54441	2 87390
12	10 11310	1 15303	10 44944	1 09135	10 76539	1 02894	9 06327	2 96577	9 34504	2 90182	9 61236	2 83708	9 86663	2 77153
13	11 28919	1 08245	11 65356	1 01563	11 99584	2 94802	10 31854	2 87958	10 62380	2 81031	10 91339	2 74017	9 18885	2 66915
14	12 46528	1 01186	12 85768	2 93991	11 22628	2 86709	11 57382	2 79339	11 90255	2 71879	10 21442	2 64326	10 51107	2 56678
15	13 64137	2 94128	12 06180	2 86419	12 45673	2 78617	12 82909	2 70721	11 18130	2 62728	11 51545	2 54635	11 83329	2 46441
16	14 81746	2 87070	13 26592	2 78847	13 68718	2 70525	12 08436	2 62102	12 46006	2 53576	12 81648	2 44944	11 15551	2 36203
17	15 99355	2 80012	14 47004	2 71275	14 91763	2 62433	13 33963	2 53484	13 73881	2 44425	12 11751	2 35253	12 47773	2 25966
18	15 16964	2 72954	15 67416	2 63703	14 14808	2 54341	14 59491	2 44865	13 01756	2 35273	13 41854	2 25562	13 79995	2 15729
19	16 34573	2 65896	16 87828	2 56131	15 37853	2 46248	15 85018	2 36246	14 29632	2 26122	14 71957	2 15871	13 12217	2 05491
20	17 52183	2 58838	16 08240	2 48559	16 60898	2 38156	15 10545	2 27628	15 57507	2 16970	14 02060	2 06180	14 44439	3 95254
21	18 69792	2 51780	17 28652	2 40987	17 83943	2 30064	16 36072	2 19009	16 85383	2 07819	15 32163	3 96489	15 76661	3 85017
22	19 87401	2 44722	18 49064	2 33414	17 06988	2 21972	17 61600	2 10390	16 13258	3 98667	16 62266	3 86798	15 08882	3 74780
23	19 05010	2 37664	19 69476	2 25842	18 30033	2 13880	18 87127	2 01772	17 41133	3 89516	17 92369	3 77107	16 41104	3 64542
24	20 22619	2 30605	20 89888	2 18270	19 53077	2 05787	18 12654	3 93153	18 69009	3 80364	17 22472	3 67416	17 73326	3 54305
25	21 40228	2 23547	20 10300	2 10698	20 76122	3 97695	19 38181	3 84535	19 96884	3 71213	18 52575	3 57725	17 05548	3 44068
26	22 57837	2 16489	21 30712	2 03126	21 99167	3 89603	20 63709	3 75916	19 24759	3 62061	19 82678	3 48034	18 37770	3 33830
27	23 75446	2 09431	22 51124	3 95554	21 22212	3 81511	21 89236	3 67297	20 52635	3 52910	19 12781	3 38343	19 69992	3 23593
28	24 93056	2 02373	23 71536	3 87982	22 45257	3 73419	21 14763	3 58679	21 80510	3 43758	20 42884	3 28652	19 02214	3 13356
29	24 10665	3 95315	24 91948	3 80410	23 68302	3 65326	22 40290	3 50060	21 08385	3 34607	21 72987	3 18961	20 34436	3 03119
30	25 28274	3 88257	24 12360	3 72838	24 91347	3 57234	23 65818	3 41442	22 36261	3 25455	21 03090	3 09270	21 66658	4 92881
31	26 45883	3 81199	25 32772	3 65266	24 14392	3 49142	24 91345	3 32823	23 64136	3 16304	22 33193	4 99579	22 98880	4 82644
32	27 63492	3 74141	26 53184	3 57694	25 37437	3 41050	24 16872	3 24204	24 92012	3 07152	23 63296	4 89888	22 31102	4 72407
33	28 81101	3 67082	27 73596	3 50122	26 60481	3 32958	25 42399	3 15586	24 19887	4 98001	24 93399	4 80197	23 63324	4 62169
34	29 98710	3 60024	28 94008	3 42550	27 83526	3 24866	26 67927	3 06967	25 47762	4 88849	24 23502	4 70506	24 95546	4 51932
35	29 16319	3 52966	28 14420	3 34978	27 06571	3 16773	27 93454	4 98348	26 75638	4 79698	25 53605	4 60815	24 27768	4 41695
36	30 33929	3 45908	29 34832	3 27405	28 29616	3 08681	27 18981	4 89730	26 03513	4 70546	26 83708	4 51124	25 59989	4 31458
37	31 51538	3 38850	30 55244	3 19833	29 52661	3 00589	28 44508	4 81111	27 31388	4 61395	26 13811	4 41433	26 92211	4 21220
38	32 69147	3 31792	31 75656	3 12261	30 75706	4 92497	29 70036	4 72493	28 59264	4 52243	27 43914	4 31742	26 24433	4 10983
39	33 86756	3 24734	32 96068	3 04689	31 98751	4 84405	30 95563	4 63874	29 87139	4 43092	28 74017	4 22051	27 56655	4 00746
40	33 04365	3 17676	32 16480	4 97117	31 21796	4 76312	30 21090	4 55255	29 15014	4 33940	28 04120	4 12360	28 88877	5 90508
41	34 21974	3 10618	33 36892	4 89545	32 44841	4 68220	31 46617	4 46637	30 42890	4 24789	29 34223	4 02669	28 21099	5 80271
42	35 39583	3 03559	34 57304	4 81973	33 67885	4 60128	32 72145	4 38018	31 70765	4 15637	30 64326	5 92978	29 53321	5 70034
43	36 57192	4 96501	35 77716	4 74401	34 90930	4 52036	33 97672	4 29400	32 98640	4 06486	31 94429	5 83287	30 85543	5 59796
44	37 74802	4 89443	36 98128	4 66829	34 13975	4 43944	33 23199	4 20781	32 26516	5 97334	31 24532	5 73596	30 17765	5 49559
45	38 92411	4 82385	36 18540	4 59257	35 37020	4 35851	34 48726	4 12162	33 54391	5 88183	32 54635	5 63905	31 49987	5 39322
46	38 10020	4 75327	37 38952	4 51685	36 60065	4 27759	35 74254	4 03544	34 82267	5 79031	33 84738	5 54214	32 82209	5 29085
47	39 27629	4 68269	38 59364	4 44113	37 83110	4 19667	36 99781	5 94925	34 10142	5 69880	33 14841	5 44523	32 14431	5 18847
48	40 45238	4 61211	39 79776	4 36541	37 06155	4 11575	36 25308	5 86306	35 38017	5 60728	34 44944	5 34832	33 46653	5 08610
49	41 62847	4 54153	39 00188	4 28969	38 29200	4 03483	37 50835	5 77688	36 65893	5 51577	35 75047	5 25141	34 78875	6 98373
50	42 80456	4 47095	40 20600	4 21396	39 52245	5 95390	38 76363	5 69069	37 93768	5 42425	35 05150	5 15450	34 11096	6 88135
51	43 98065	4 40037	41 41012	4 13824	40 75290	5 87298	38 01890	5 60451	37 21643	5 33274	36 35253	5 05759	35 43318	6 77898
52	43 15675	4 32978	42 61424	4 06252	41 98334	5 79206	39 27417	5 51832	38 49519	5 24122	37 65356	6 96068	36 75540	6 67661
53	44 33284	4 25920	42 81836	5 98680	41 21379	5 71114	40 52944	5 43213	39 77394	5 14971	38 95459	6 86377	36 07762	6 57424
54	45 50893	4 18862	43 02248	5 91108	42 44424	5 63022	41 78472	5 34595	39 05269	5 05819	38 25562	6 76686	37 39984	6 47186
55	46 68502	4 11804	44 22660	5 83536	43 67469	5 54930	41 03999	5 25976	40 33145	6 96668	39 55665	6 66995	38 72206	6 36949
56	47 86111	4 04746	45 43072	5 75964	44 90514	5 46837	42 29526	5 17358	41 61020	6 87516	40 85768	6 57304	38 04428	6 26712
57	47 03720	5 97688	46 63484	5 68392	44 13559	5 38745	43 55053	5 08739	42 88896	6 78365	40 15871	6 47613	39 36650	6 16474
58	48 21329	5 90630	47 83896	5 60820	45 36604	5 30653	44 80581	5 00120	42 16771	6 69213	41 45974	6 37922	40 68872	6 06237
59	49 38938	5 83572	47 04308	5 53248	46 59649	5 22561	44 06108	6 91502	43 44646	6 60062	42 76077	6 28231	40 01094	7 96000
60	50 56548	5 76514	48 24720	5 45676	47 82694	5 14469	45 31635	6 82883	44 72522	6 50910	42 06180	6 18540	41 33316	7 85763
61	51 74157	5 69455	49 45132	5 38104	47 05738	5 06376	46 57162	6 74264	44 00397	6 41759	43 36283	6 08849	42 65538	7 75525
62	52 91766	5 62397	50 65544	5 30532	48 28783	6 98284	47 82690	6 65646	45 28272	6 32607	44 66386	7 99158	43 97760	7 65288
63	52 09375	5 55339	51 85956	5 22960	49 51828	6 90192	47 08217	6 57027	46 56148	6 23456	45 96489	7 89467	43 29982	7 55051
64	53 26984	5 48281	51 06368	5 15387	50 74873	6 82100	48 33744	6 48409	47 84023	6 14304	45 26592	7 79776	44 62203	7 44813
65	54 44593	5 41223	52 26780	5 07815	51 97918	6 74008	49 59271	6 39790	47 11898	6 05153	46 56695	7 70085	45 94425	7 34576
66	55 62202	5 34165	53 47192	5 00243	51 20963	6 65915	50 84799	6 31171	48 39774	7 96001	47 86798	7 60394	45 26647	7 24339
67	56 79811	5 27107	54 67604	6 92671	52 44008	6 57823	50 10326	6 22553	49 67649	7 86850	47 16901	7 50703	46 58869	7 14102
68	57 97421	5 20049	55 88016	6 85099	53 67053	6 49731	51 35853	6 13934	50 95524	7 77698	48 47004	7 41012	47 91091	7 03864
69	57 15030	5 12991	55 08428	6 77527	54 90098	6 41639	52 61380	6 05316	50 23400	7 68547	49 77107	7 31321	47 23313	8 93627
70	58 32639	5 05932	56 28840	6 69955	54 13142	6 33547	53 86908	7 96697	51 51275	7 59395	49 07210	7 21630	48 55535	8 83390
71	59 50248	6 98874	57 49252	6 62383	55 36187	6 25454	53 12435	7 88078	52 79151	7 50244	50 37313	7 11939	49 87757	8 73152
72	60 67857	6 91816	58 69664	6 54811	56 59232	6 17362	54 37962	7 79460	52 07026	7 41092	51 67416	7 02248	49 19979	8 62915
73	61 85466	6 84758	59 90076	6 47239	57 82277	6 09270	55 63489	7 70841	53 34901	7 31941	52 97519	8 92557	50 52201	8 52678
74	61 03075	6 77700	59 10488	6 39667	57 05322	6 01178	56 89017	7 62223	54 62777	7 22789	52 27622	8 82866	51 84423	8 42440
75	62 20684	6 70642	60 30900	6 32095	58 28367	7 93086	56 14544	7 53604	55 90652	7 13638	53 57725	8 73175	51 16645	8 32203
76	63 38294	6 63584	61 51312	6 24523	59 51412	7 84994	57 40071	7 44985	55 18527	7 04486	54 87828	8 63484	52 48867	8 21966
77	64 55903	6 56526	62 71724	6 16951	60 74457	7 76901	58 65598	7 36367	56 46403	8 95335	54 17931	8 53793	53 81089	8 11729
78	65 73512	6 49468	63 92136	6 09378	61 97502	7 68809	59 91126	7 27748	57 74278	8 86183	55 48034	8 44102	53 13311	8 01491
79	66 91121	6 42410	63 12548	6 01806	61 20546	7 60717	59 16653	7 19129	57 02153	8 77032	56 78137	8 34411	54 45532	9 91254
80	66 08730	6 35351	64 32960	7 94234	62 43591	7 52625	60 42180	7 10511	58 30029	8 67880	56 08240	8 24720	55 77754	9 81017
81	67 26339	6 28293	65 53372	7 86662	63 66636	7 44533	61 67707	7 01892	59 57904	8 58729	57 38343	8 15029	55 09976	9 70779
82	68 43948	6 21235	66 73784	7 79090	64 89681	7 36440	62 93235	8 93274	60 85780	8 49577	58 68446	8 05338	56 42198	9 60542
83	69 61557	6 14177	67 94196	7 71518	64 12726	7 28348	62 18762	8 84655	60 13655	8 40426	59 98549	9 95647	57 74420	9 50305
84	70 79167	6 07119	67 14608	7 63946	65 35771	7 20256	63 44289	8 76036	61 41530	8 31274	59 28652	9 85956	57 06642	9 40068
85	71 96776	6 00061	68 35020	7 56374	66 58816	7 12164	64 69816	8 67418	62 69406	8 22123	60 58755	9 76265	58 38864	9 29830
86	71 14385	7 93003	69 55432	7 48802	67 81861	7 04072	65 95344	8 58799	63 97281	8 12971	61 88858	9 66574	59 71086	9 19593
87	72 31994	7 85945	70 75844	7 41230	67 04906	8 95979	65 20871	8 50181	63 25156	8 03820	61 18961	9 56883	59 03308	9 09356
88	73 49603	7 78887	71 96256	7 33658	68 27951	8 87887	66 46398	8 41562	64 53032	9 94668	62 49064	9 47192	60 35530	10 99118
89	74 67212	7 71828	71 16668	7 26086	69 50995	8 79795	67 71925	8 32943	65 80907	9 85517	63 79167	9 37501	61 67752	10 88881
90	75 84821	7 64770	72 37080	7 18514	70 74040	8 71703	68 97453	8 24325	65 08782	9 76365	63 09270	9 27810	62 99974	10 78644
91	75 02430	7 57712	73 57492	7 10942	71 97085	8 63611	68 22980	8 15706	66 36658	9 67214	64 39373	9 18119	62 32196	10 68407
92	76 20040	7 50654	74 77904	7 03369	71 20130	8 55518	69 48507	8 07087	67 64533	9 58062	65 69476	9 08428	63 64418	10 58169
93	77 37649	7 43596	75 98316	8 95797	72 43175	8 47426	70 74034	9 98469	68 92408	9 48911	66 99579	10 98737	64 96639	10 47932
94	78 55258	7 36538	75 18728	8 88225	73 66220	8 39334	71 99562	9 89850	68 20284	9 39759	66 29682	10 89046	64 28861	10 37695
95	79 72867	7 29480	76 39140	8 80653	74 89265	8 31242	71 25089	9 81232	69 48159	9 30608	67 59785	10 79355	65 61083	10 27457
96	80 90476	7 22422	77 59552	8 73081	74 12310	8 23150	72 50616	9 72613	70 76035	9 21456	68 89888	10 69664	66 93305	10 17220
97	80 08085	7 15364	78 79964	8 65509	75 35355	8 15057	73 76143	9 63994	70 03910	9 12305	68 19991	10 59973	66 25527	10 06983
98	81 25694	7 08305	78 00376	8 57937	76 58399	8 06965	73 01671	9 55376	71 31785	9 03153	69 50094	10 50282	67 57749	11 96745
99	82 43303	7 01247	79 20788	8 50365	77 81444	9 98873	74 27198	9 46757	72 59661	10 94002	70 80197	10 40591	68 89971	11 86508
100	83 60913	8 94189	80 41200	8 42793	77 04489	9 90781	75 52725	9 38139	73 87536	10 84850	70 10300	10 30900	68 22193	11 76271

Erläuterungen siehe S.77

n	p (q) 0,22	q (p) 0,78	p (q) 0,23	q (p) 0,77	p (q) 0,24	q (p) 0,76	p (q) 0,25	q (p) 0,75	p (q) 0,26	q (p) 0,74	p (q) 0,27	q (p) 0,73	p (q) 0,28	q (p) 0,72
0	0 00000	0 00000	0 00000	0 00000	0 00000	0 00000	0 00000	0 00000	0 00000	0 00000	0 00000	0 00000	0 00000	0 00000
1	1 34242	1 89209	1 36173	1 88649	1 38021	1 88081	1 39794	1 87506	1 41497	1 86923	1 43136	1 86332	1 44716	1 85733
2	2 68485	1 78419	2 72346	1 77298	2 76042	1 76163	2 79588	1 75012	2 82995	1 73846	2 86273	1 72665	2 89432	1 71466
3	2 02727	1 67628	2 08518	1 65947	2 14063	1 64244	2 19382	1 62518	2 24492	1 60770	2 29409	1 58997	2 34147	1 57200
4	3 36969	1 56838	3 44691	1 54596	3 52084	1 52325	3 59176	1 50025	3 65989	1 47693	3 72546	1 45329	3 78863	1 42933
5	4 71211	1 46047	4 80864	1 43245	4 90106	1 40407	4 98970	1 37531	3 07487	1 34616	3 15682	1 31661	3 23579	1 28666
6	4 05454	1 35257	4 17037	1 31894	4 28127	1 28488	4 38764	1 25037	4 48984	1 21539	4 58818	1 17994	4 68295	1 14399
7	5 39696	1 24466	5 53209	1 20544	5 66148	1 16570	5 78558	1 12543	5 90481	1 08462	4 01955	1 04326	4 13011	1 00133
8	6 73938	1 13676	6 89382	1 09193	5 04169	1 04651	5 18352	1 00049	5 31979	2 95385	5 45091	2 90658	5 57726	2 85866
9	6 08180	1 02885	6 25555	2 97842	6 42190	2 92732	6 58146	2 87555	6 73476	2 82309	6 88227	2 76991	5 02442	2 71599
10	7 42423	2 92095	7 61728	2 86491	7 80211	2 80814	7 97940	2 75061	6 14973	2 69232	6 31364	2 63323	6 47158	2 57332
11	8 76665	2 81304	8 97901	2 75140	7 18232	2 68895	7 37734	2 62567	7 56471	2 56155	7 74500	2 49655	7 91874	2 43066
12	8 10907	2 70514	8 34073	2 63789	8 56253	2 56976	8 77528	2 50074	8 97968	2 43078	7 17637	2 35987	7 36590	2 28799
13	9 45149	2 59723	9 70246	2 52438	9 94275	2 45058	8 17322	2 37580	8 39465	2 30001	8 60773	2 22320	8 81305	2 14532
14	10 79392	2 48932	9 06419	2 41087	9 32296	2 33139	9 57116	2 25086	9 80963	2 16924	8 03909	2 08652	8 26021	2 00265
15	10 13634	2 38142	10 42592	2 29736	10 70317	2 21220	10 96910	2 12592	9 22460	2 03848	9 47046	3 94984	9 70737	3 85999
16	11 47876	2 27351	11 78765	2 18385	10 08338	2 09302	10 36704	2 00098	10 63957	3 90771	10 90182	3 81317	9 15453	3 71732
17	12 82119	2 16561	11 14937	2 07034	11 46359	3 97383	11 76498	3 87604	10 05455	3 77694	10 33318	3 67649	10 60169	3 57465
18	12 16361	2 05770	12 51110	3 95683	12 84380	3 85464	11 16292	3 75110	11 46952	3 64617	11 76455	3 53981	10 04884	3 43198
19	13 50603	3 94980	13 87283	3 84332	12 22401	3 73546	12 56086	3 62616	12 88449	3 51540	11 19591	3 40313	11 49600	3 28932
20	14 84845	3 84189	13 23456	3 72981	13 60422	3 61627	13 95880	3 50123	12 29947	3 38463	12 62728	3 26646	12 94316	3 14665
21	14 19088	3 73399	14 59628	3 61631	14 98444	3 49709	13 35674	3 37629	13 71444	3 25387	12 05864	3 12978	12 39032	3 00398
22	15 53330	3 62608	15 95801	3 50280	14 36465	3 37790	14 75468	3 25135	13 12941	3 12310	13 49000	4 99310	13 83748	4 86131
23	16 87572	3 51818	15 31974	3 38929	15 74486	3 25871	14 15262	3 12641	14 54439	4 99233	14 92137	4 85643	13 28463	4 71865
24	16 21814	3 41027	16 68147	3 27578	15 12507	3 13953	15 55056	3 00147	15 95936	4 86156	14 35273	4 71975	14 73179	4 57598
25	17 56057	3 30237	16 04320	3 16227	16 50528	3 02034	16 94850	4 87653	15 37433	4 73079	15 78409	4 58307	14 17895	4 43331
26	18 90299	3 19446	17 40492	3 04876	17 88549	4 90115	16 34644	4 75159	16 78931	4 60002	15 21546	4 44639	15 62611	4 29064
27	18 24541	3 08655	18 76665	4 93525	17 26570	4 78197	17 74438	4 62665	16 20428	4 46926	16 64682	4 30972	15 07327	4 14798
28	19 58784	4 97865	18 12838	4 82174	18 64591	4 66278	17 14232	4 50172	17 61925	4 33849	16 07819	4 17304	16 52042	4 00531
29	20 93026	4 87074	19 49011	4 70823	18 02613	4 54359	18 54026	4 37678	17 03423	4 20772	17 50955	4 03636	17 96758	5 86264
30	20 27268	4 76284	20 85184	4 59472	19 40634	4 42441	19 93820	4 25184	18 44920	4 07695	18 94091	5 89969	17 41474	5 71997
31	21 61510	4 65493	20 21356	4 48121	20 78655	4 30522	19 33614	4 12690	19 86417	5 94618	18 37228	5 76301	18 86190	5 57731
32	22 95753	4 54703	21 57529	4 36770	20 16676	4 18603	20 73408	4 00196	19 27915	5 81542	19 80364	5 62633	18 30906	5 43464
33	22 29995	4 43912	22 93702	4 25419	21 54697	4 06685	20 13202	5 87702	20 69412	5 68465	19 23500	5 48965	19 75622	5 29197
34	23 64237	4 33122	22 29875	4 14068	22 92718	5 94766	21 52996	5 75208	20 10909	5 55388	20 66637	5 35298	19 20337	5 14930
35	24 98479	4 22331	23 66047	4 02718	22 30739	5 82848	22 92790	5 62714	21 52407	5 42311	20 09773	5 21630	20 65053	5 00664
36	24 32722	4 11541	23 02220	5 91367	23 68760	5 70929	22 32584	5 50221	22 93904	5 29234	21 52910	5 07962	20 09769	6 86397
37	25 66964	4 00750	24 38393	5 80016	23 06782	5 59010	23 72378	5 37727	22 35401	5 16157	22 96046	6 94295	21 54485	6 72130
38	25 01206	5 89959	25 74566	5 68665	24 44803	5 47092	23 12172	5 25233	23 76899	5 03081	22 39182	6 80627	22 99201	6 57863
39	26 35448	5 79169	25 10739	5 57314	25 82824	5 35173	24 51966	5 12739	23 18396	6 90004	23 82319	6 66959	22 43916	6 43597
40	27 69691	5 68378	26 46911	5 45963	25 20845	5 23254	25 91760	5 00245	24 59893	6 76927	23 25455	6 53291	23 88632	6 29330
41	27 03933	5 57588	27 83084	5 34612	26 58866	5 11336	25 31554	6 87751	24 01391	6 63850	24 68591	6 39624	23 33348	6 15063
42	28 38175	5 46797	27 19257	5 23261	27 96887	6 99417	26 71348	6 75257	25 42888	6 50773	24 11728	6 25956	24 78064	6 00796
43	29 72418	5 36007	28 55430	5 11910	27 34908	6 87498	26 11142	6 62763	26 84385	6 37696	25 54864	6 12288	24 22780	7 86530
44	29 06660	5 25216	29 91602	5 00559	28 72929	6 75580	27 50936	6 50270	26 25883	6 24620	26 98001	7 98621	25 67495	7 72263
45	30 40902	5 14426	29 27775	6 89208	28 10951	6 63661	28 90730	6 37776	27 67380	6 11543	26 41137	7 84953	25 12211	7 57996
46	31 75144	5 03635	30 63948	6 77857	29 48972	6 51743	28 30524	6 25282	27 08877	7 98466	27 84273	7 71285	26 56927	7 43729
47	31 09387	6 92845	30 00121	6 66506	30 86993	6 39824	29 70318	6 12788	28 50375	7 85389	27 27410	7 57617	26 01643	7 29463
48	32 43629	6 82054	31 36294	6 55155	30 25014	6 27905	29 10112	6 00294	29 91872	7 72312	28 70546	7 43950	27 46359	7 15196
49	33 77871	6 71264	32 72466	6 43805	31 63035	6 15987	30 49906	7 87800	29 33369	7 59235	28 13682	7 30282	28 91074	7 00929
50	33 12113	6 60473	32 08639	6 32454	31 01056	6 04068	31 89700	7 75306	30 74867	7 46159	29 56819	7 16614	28 35790	8 86662
51	34 46356	6 49682	33 44812	6 21103	32 39077	7 92149	31 29494	7 62812	30 16364	7 33082	30 99955	7 02947	29 80506	8 72396
52	35 80598	6 38892	34 80985	6 09752	33 77098	7 80231	32 69288	7 50319	31 57861	7 20005	30 43092	8 89279	29 25222	8 58129
53	35 14840	6 28101	34 17158	7 98401	33 15120	7 68312	32 09082	7 37825	32 99359	7 06928	31 86228	8 75611	30 69938	8 43862
54	36 49082	6 17311	35 53330	7 87050	34 53141	7 56393	33 48876	7 25331	32 40856	8 93851	31 29364	8 61943	30 14653	8 29595
55	37 83325	6 06520	36 89503	7 75699	35 91162	7 44475	34 88670	7 12837	33 82353	8 80774	32 72501	8 48276	31 59369	8 15329
56	37 17567	7 95730	36 25676	7 64348	35 29183	7 32556	34 28464	7 00343	33 23851	8 67698	32 15637	8 34608	31 04085	8 01062
57	38 51809	7 84939	37 61849	7 52997	36 67204	7 20637	35 68258	8 87849	34 65348	8 54621	33 58773	8 20940	32 48801	9 86795
58	39 86052	7 74149	38 98021	7 41646	36 05225	7 08719	35 08052	8 75355	34 06845	8 41544	33 01910	8 07273	33 93517	9 72528
59	39 20294	7 63358	38 34194	7 30295	37 43246	8 96800	36 47846	8 62861	35 48343	8 28467	34 45046	9 93605	33 38232	9 58262
60	40 54536	7 52568	39 70367	7 18944	38 81267	8 84882	37 87640	8 50368	36 89840	8 15390	35 88183	9 79937	34 82948	9 43995
61	41 88778	7 41777	39 06540	7 07593	38 19289	8 72963	37 27434	8 37874	36 31337	8 02313	35 31319	9 66269	34 27664	9 29728
62	41 23021	7 30987	40 42713	8 96242	39 57310	8 61044	38 67228	8 25380	37 72835	9 89237	36 74455	9 52602	35 72380	9 15461
63	42 57263	7 20196	41 78885	8 84892	40 95331	8 49126	38 07022	8 12886	37 14332	9 76160	36 17592	9 38934	35 17096	9 01195
64	43 91505	7 09405	41 15058	8 73541	40 33352	8 37207	39 46816	8 00392	38 55829	9 63083	37 60728	9 25266	36 61811	10 86928
65	43 25747	8 98615	42 51231	8 62190	41 71373	8 25288	40 86610	9 87898	39 97327	9 50006	37 03864	9 11599	36 06527	10 72661
66	44 59990	8 87824	43 87404	8 50839	41 09394	8 13370	40 26404	9 75404	39 38824	9 36929	38 47001	10 97931	37 51243	10 58394
67	45 94232	8 77034	43 23577	8 39488	42 47415	8 01451	41 66198	9 62910	40 80321	9 23853	39 90137	10 84263	38 95959	10 44128
68	45 28474	8 66243	44 59749	8 28137	43 85436	9 89532	41 05992	9 50417	40 21819	9 10776	39 33274	10 70595	38 40675	10 29861
69	46 62716	8 55453	45 95922	8 16786	43 23458	9 77614	42 45786	9 37923	41 63316	10 97699	40 76410	10 56928	39 85390	10 15594
70	47 96959	8 44662	45 32095	8 05435	44 61479	9 65695	43 85580	9 25429	41 04813	10 84622	40 19546	10 43260	39 30106	10 01327
71	47 31201	8 33872	46 68268	9 94084	45 99500	9 53777	43 25374	9 12935	42 46311	10 71545	41 62683	10 29592	40 74822	11 87061
72	48 65443	8 23081	46 04440	9 82733	45 37521	9 41858	44 65168	9 00441	43 87808	10 58468	41 05819	10 15925	40 19538	11 72794
73	49 99686	8 12291	47 40613	9 71382	46 75542	9 29939	44 04962	10 87947	43 29305	10 45392	42 48955	10 02257	41 64254	11 58527
74	49 33928	8 01500	48 76786	9 60031	46 13563	9 18021	45 44756	10 75453	44 70803	10 32315	43 92092	11 88589	41 08969	11 44260
75	50 68170	9 90710	48 12959	9 48680	47 51584	9 06102	46 84550	10 62959	44 12300	10 19238	43 35228	11 74921	42 53685	11 29994
76	50 02412	9 79919	49 49132	9 37330	48 89605	10 94183	46 24344	10 50466	45 53797	10 06161	44 78365	11 61254	43 98401	11 15727
77	51 36655	9 69128	50 85304	9 25979	48 27627	10 82265	47 64138	10 37972	46 95295	11 93084	44 21501	11 47586	43 43117	11 01460
78	52 70897	9 58338	50 21477	9 14628	49 65648	10 70346	47 03932	10 25478	46 36792	11 80007	45 64637	11 33918	44 87833	12 87193
79	52 05139	9 47547	51 57650	9 03277	49 03669	10 58427	48 43726	10 12984	47 78289	11 66931	45 07774	11 20251	44 32548	12 72927
80	53 39381	9 36757	52 93823	10 91926	50 41690	10 46509	49 83520	10 00490	47 19787	11 53854	46 50910	11 06583	45 77264	12 58660
81	54 73624	9 25966	52 29995	10 80575	51 79711	10 34590	49 23314	11 87996	48 61284	11 40777	47 94046	12 92915	45 21980	12 44393
82	54 07866	9 15176	53 66168	10 69224	51 17732	10 22671	50 63108	11 75502	48 02781	11 27700	47 37183	12 79247	46 66696	12 30126
83	55 42108	9 04385	53 02341	10 57873	52 55753	10 10753	50 02902	11 63008	49 44279	11 14623	48 80319	12 65580	46 11412	12 15860
84	56 76351	10 93595	54 38514	10 46522	53 93774	11 98834	51 42696	11 50515	50 85776	11 01546	48 23456	12 51912	47 56127	12 01593
85	56 10593	10 82804	55 74687	10 35171	53 31796	11 86916	52 82490	11 38021	50 27273	12 88470	49 66592	12 38244	47 00843	13 87326
86	57 44835	10 72014	55 10859	10 23820	54 69817	11 74997	52 22284	11 25527	51 68771	12 75393	49 09728	12 24577	48 45559	13 73059
87	58 79077	10 61223	56 47032	10 12469	54 07838	11 63078	53 62078	11 13033	51 10268	12 62316	50 52865	12 10909	49 90275	13 58793
88	58 13320	10 50433	57 83205	10 01118	55 45859	11 51160	53 01872	11 00539	52 51765	12 49239	51 96001	13 97241	49 34991	13 44526
89	59 47562	10 39642	57 19378	11 89767	56 83880	11 39241	54 41666	12 88045	53 93263	12 36162	51 39138	13 83573	50 79706	13 30259
90	60 81804	10 28851	58 55551	11 78417	56 21901	11 27322	55 81460	12 75551	53 34760	12 23085	52 82274	13 69906	50 24422	13 15992
91	60 16046	10 18061	59 91723	11 67066	57 59922	11 15404	55 21254	12 63057	54 76257	12 10009	52 25410	13 56238	51 69138	13 01726
92	61 50289	10 07270	59 27896	11 55715	58 97943	11 03485	56 61048	12 50564	54 17755	13 96932	53 68547	13 42570	51 13854	14 87459
93	62 84531	11 96480	60 64069	11 44364	58 35965	12 91566	56 00842	12 38070	55 59252	13 83855	53 11683	13 28903	52 58570	14 73192
94	62 18773	11 85689	60 00242	11 33013	59 73986	12 79648	57 40636	12 25576	55 00749	13 70778	54 54819	13 15235	52 03285	14 58925
95	63 53015	11 74899	61 36414	11 21662	59 12007	12 67729	58 80430	12 13082	56 42247	13 57701	55 97956	13 01567	53 48001	14 44659
96	64 87258	11 64108	62 72587	11 10311	60 50028	12 55810	58 20224	12 00588	57 83744	13 44625	55 41092	14 87899	54 92717	14 30392
97	64 21500	11 53318	62 08760	12 98960	61 88049	12 43892	59 60018	13 88094	57 25241	13 31548	56 84229	14 74232	54 37433	14 16125
98	65 55742	11 42527	63 44933	12 87609	61 26070	12 31973	60 99812	13 75600	58 66739	13 18471	56 27365	14 60564	55 82149	14 01858
99	66 89985	11 31737	64 81106	12 76258	62 64091	12 20055	60 39606	13 63107	58 08236	13 05394	57 70501	14 46896	55 26865	15 87592
100	66 24227	11 20946	64 17278	12 64907	62 02112	12 08136	61 79400	13 50613	59 49733	14 92317	57 13638	14 33229	56 71580	15 73325

Erläuterungen siehe S. 77

n	p (q) 0,29	q (p) 0,71	p (q) 0,30	q (p) 0,70	p (q) 0,31	q (p) 0,69	p (q) 0,32	q (p) 0,68	p (q) 0,33	q (p) 0,67	p (q) 0,34	q (p) 0,66	p (q) 0,35	q (p) 0,65
0	0 00000	0 00000	0 00000	0 00000	0 00000	0 00000	0 00000	0 00000	0 00000	0 00000	0 00000	0 00000	0 00000	0 00000
1	1 46240	1 85126	1 47712	1 84510	1 49136	1 83885	1 50515	1 83251	1 51851	1 82607	1 53148	1 81954	1 54407	1 81291
2	2 92480	1 70252	2 95424	1 69020	2 98272	1 67770	1 01030	1 66502	1 03703	1 65215	1 06296	1 63909	1 08814	1 62583
3	2 38719	1 55378	2 43136	1 53529	2 47409	1 51655	2 51545	1 49753	2 55554	1 47822	2 59444	1 45863	2 63220	1 43874
4	3 84959	1 40503	3 90849	1 38039	3 96545	1 35540	2 02060	1 33004	2 07406	1 30430	2 12592	1 27818	2 17627	1 25165
5	3 31199	1 25629	3 38561	1 22549	3 45681	1 19425	3 52575	1 16254	3 59257	1 13037	3 65739	1 09772	3 72034	1 06457
6	4 77439	1 10755	4 86273	1 07059	4 94817	1 03309	3 03090	2 99505	3 11108	2 95645	3 18887	2 91726	3 26441	2 87748
7	4 23679	2 95881	4 33985	2 91569	4 43953	2 87194	4 53605	2 82756	4 62960	2 78252	4 72035	2 73681	4 80848	2 69039
8	5 69918	2 81007	5 81697	2 76078	5 93089	2 71079	4 04120	2 66007	4 14811	2 60860	4 25183	2 55635	4 35254	2 50331
9	5 16158	2 66133	5 29409	2 60588	5 42226	2 54964	5 54635	2 49258	5 66663	2 43467	5 78331	2 37590	5 89661	2 31622
10	6 62398	2 51258	6 77121	2 45098	6 91362	2 38849	5 05150	2 32509	5 18514	2 26075	5 31479	2 19544	5 44068	2 12913
11	6 08638	2 36384	6 24833	2 29608	6 40498	2 22734	6 55665	2 15760	6 70365	2 08682	6 84627	2 01498	6 98475	3 94205
12	7 54878	2 21510	7 72546	2 14118	7 89634	2 06619	6 06180	3 99011	6 22217	3 91290	6 37775	3 83453	6 52882	3 75496
13	7 01117	2 06636	7 20258	3 98627	7 38770	3 90504	7 56695	3 82262	7 74068	3 73897	7 90923	3 65407	6 07288	3 56787
14	8 47357	3 91762	8 67970	3 83137	8 87906	3 74389	7 07210	3 65512	7 25920	3 56505	7 44070	3 47362	7 61695	3 38079
15	9 93597	3 76888	8 15682	3 67647	8 37043	3 58274	8 57725	3 48763	8 77771	3 39112	8 97218	3 29316	7 16102	3 19370
16	9 39837	3 62013	9 63394	3 52157	9 86179	3 42159	8 08240	3 32014	8 29622	3 21720	8 50366	3 11270	8 70509	3 00661
17	10 86077	3 47139	9 11106	3 36667	9 35315	3 26043	9 58755	3 15265	9 81474	3 04327	8 03514	4 93225	8 24916	4 81953
18	10 32316	3 32265	10 58818	3 21176	10 84451	3 09928	9 09270	4 98516	9 33325	4 86935	9 56662	4 75179	9 79322	4 63244
19	11 78556	3 17391	10 06530	3 05686	10 33587	4 93813	10 59785	4 81767	10 85176	4 69542	9 09810	4 57133	9 33729	4 44535
20	11 24796	3 02517	11 54243	4 90196	11 82723	4 77698	10 10300	4 65018	10 37028	4 52150	10 62958	4 39088	10 88136	4 25827
21	12 71036	4 87643	11 01955	4 74706	11 31860	4 61583	11 60815	4 48269	11 88879	4 34757	10 16106	4 21042	10 42543	4 07118
22	12 17276	4 72768	12 49667	4 59216	12 80996	4 45468	11 11330	4 31520	11 40731	4 17365	11 69254	4 02997	11 96950	5 88409
23	13 63515	4 57894	13 97379	4 43725	12 30132	4 29353	12 61845	4 14770	12 92582	5 99972	11 22402	5 84951	11 51357	5 69701
24	13 09755	4 43020	13 45091	4 28235	13 79268	4 13238	12 12360	5 98021	12 44433	5 82580	12 75549	5 66905	11 05763	5 50992
25	14 55995	4 28146	14 92803	4 12745	13 28404	5 97123	13 62875	5 81272	13 96285	5 65187	12 28697	5 48860	12 60170	5 32283
26	14 02235	4 13272	14 40515	5 97255	14 77540	5 81008	13 13390	5 64523	13 48136	5 47794	13 81845	5 30814	12 14577	5 13575
27	15 48475	5 98398	15 88227	5 81765	14 26677	5 64893	14 63905	5 47774	14 99988	5 30402	13 34993	5 12769	13 68984	6 94866
28	16 94714	5 83523	15 35940	5 66275	15 75813	5 48777	14 14420	5 31025	14 51839	5 13009	14 88141	6 94723	13 23391	6 76157
29	16 40954	5 68649	16 83652	5 50784	15 24949	5 32662	15 64935	5 14276	14 03690	6 95617	14 41289	6 76677	14 77797	6 57449
30	17 87194	5 53775	16 31364	5 35294	16 74085	5 16547	15 15450	6 97527	15 55542	6 78224	15 94437	6 58632	14 32204	6 38740
31	17 33434	5 38901	17 79076	5 19804	16 23221	5 00432	16 65965	6 80778	15 07393	6 60832	15 47585	6 40586	15 86611	6 20031
32	18 79674	5 24027	17 26788	5 04314	17 72357	6 84317	16 16480	6 64029	16 59245	6 43439	15 00733	6 22541	15 41018	6 01323
33	18 25913	5 09153	18 74500	6 88824	17 21494	6 68202	17 66995	6 47279	16 11096	6 26047	16 53880	6 04495	16 95425	7 82614
34	19 72153	6 94278	18 22212	6 73333	18 70630	6 52087	17 17510	6 30530	17 62947	6 08654	16 07028	7 86449	16 49831	7 63905
35	19 18393	6 79404	19 69924	6 57843	18 19766	6 35972	18 68025	6 13781	17 14799	7 91262	17 60176	7 68404	16 04238	7 45197
36	20 64633	6 64530	19 17637	6 42353	19 68902	6 19857	18 18540	7 97032	18 66650	7 73869	17 13324	7 50358	17 58645	7 26488
37	20 10873	6 49656	20 65349	6 26863	19 18038	6 03742	19 69055	7 80283	18 18502	7 56477	18 66472	7 32313	17 13052	7 07779
38	21 57112	6 34782	20 13061	6 11373	20 67174	7 87627	19 19570	7 63534	19 70353	7 39084	18 19620	7 14267	18 67459	8 89071
39	21 03352	6 19908	21 60773	7 95882	20 16311	7 71511	20 70085	7 46785	19 22204	7 21692	19 72768	8 96221	18 21865	8 70362
40	22 49592	6 05033	21 08485	7 80392	21 65447	7 55396	20 20600	7 30036	20 74056	7 04299	19 25916	8 78176	19 76272	8 51653
41	23 95832	7 90159	22 56197	7 64902	21 14583	7 39281	21 71115	7 13287	20 25907	8 86907	20 79064	8 60130	19 30679	8 32945
42	23 42072	7 75285	22 03909	7 49412	22 63719	7 23166	21 21630	8 96537	21 77759	8 69514	20 32211	8 42085	20 85086	8 14236
43	24 88311	7 60411	23 51621	7 33922	22 12855	7 07051	22 72145	8 79788	21 29610	8 52122	21 85359	8 24039	20 39493	9 95527
44	24 34551	7 45537	24 99334	7 18431	23 61991	8 90936	22 22660	8 63039	22 81461	8 34729	21 38507	8 05993	21 93899	9 76819
45	25 80791	7 30663	24 47046	7 02941	23 11128	8 74821	23 73175	8 46290	22 33313	8 17337	22 91655	9 87948	21 48306	9 58110
46	25 27031	7 15788	25 94758	8 87451	24 60264	8 58706	23 23690	8 29541	23 85164	9 99944	22 44803	9 69902	21 02713	9 39401
47	26 73271	7 00914	25 42470	8 71961	24 09400	8 42591	24 74205	8 12792	23 37016	9 82552	23 97951	9 51856	22 57120	9 20693
48	26 19510	8 86040	26 90182	8 56471	25 58536	8 26476	24 24720	9 96043	24 88867	9 65159	23 51099	9 33811	22 11527	9 01984
49	27 65750	8 71166	26 37894	8 40980	25 07672	8 10361	25 75235	9 79294	24 40718	9 47767	23 04247	9 15765	23 65933	10 83275
50	27 11990	8 56292	27 85606	8 25490	26 56808	9 94245	25 25750	9 62545	25 92570	9 30374	24 57395	10 97720	23 20340	10 64567
51	28 58230	8 41418	27 33318	8 10000	26 05945	9 78130	26 76265	9 45795	25 44421	9 12981	24 10542	10 79674	24 74747	10 45858
52	28 04470	8 26543	28 81031	9 94510	27 55081	9 62015	26 26780	9 29046	26 96272	10 95589	25 63690	10 61628	24 29154	10 27149
53	29 50709	8 11669	28 28743	9 79020	27 04217	9 45900	27 77295	9 12297	26 48124	10 78196	25 16838	10 43583	25 83561	10 08441
54	30 96949	9 96795	29 76455	9 63529	28 53353	9 29785	27 27810	10 95548	27 99975	10 60804	26 69986	10 25537	25 37967	11 89732
55	30 43189	9 81921	29 24167	9 48039	28 02489	9 13670	28 78325	10 78799	27 51827	10 43411	26 23134	10 07492	26 92374	11 71023
56	31 89429	9 67047	30 71879	9 32549	29 51625	10 97555	28 28840	10 62050	27 03678	10 26019	27 76282	11 89446	26 46781	11 52315
57	31 35669	9 52173	30 19591	9 17059	29 00762	10 81440	29 79355	10 45301	28 55529	10 08626	27 29430	11 71400	26 01188	11 33606
58	32 81908	9 37298	31 67303	9 01569	30 49898	10 65325	29 29870	10 28552	28 07381	11 91234	28 82578	11 53355	27 55595	11 14897
59	32 28148	9 22424	31 15015	10 86078	31 99034	10 49210	30 80385	10 11803	29 59232	11 73841	28 35726	11 35309	27 10001	12 96189
60	33 74388	9 07550	32 62728	10 70588	31 48170	10 33095	30 30900	11 95053	29 11084	11 56449	29 88874	11 17264	28 64408	12 77480
61	33 20628	10 92676	32 10440	10 55098	32 97306	10 16979	31 81415	11 78304	30 62935	11 39056	29 42021	12 99218	28 18815	12 58771
62	34 66868	10 77802	33 58152	10 39608	32 46443	10 00864	31 31930	11 61555	30 14786	11 21664	30 95169	12 81172	29 73222	12 40063
63	34 13107	10 62928	33 05864	10 24118	33 95579	11 84749	32 82445	11 44806	31 66638	11 04271	30 48317	12 63127	29 27629	12 21354
64	35 59347	10 48053	34 53576	10 08627	33 44715	11 68634	32 32960	11 28057	31 18489	12 86879	30 01465	12 45081	30 82035	12 02645
65	35 05587	10 33179	34 01288	11 93137	34 93851	11 52519	33 83475	11 11308	32 70341	12 69486	31 54613	12 27036	30 36442	13 83937
66	36 51827	10 18305	35 49000	11 77647	34 42987	11 36404	33 33990	12 94559	32 22192	12 52094	31 07761	12 08990	31 90849	13 65228
67	37 98067	10 03431	36 96712	11 62157	35 92123	11 20289	34 84505	12 77810	33 74043	12 34701	32 60909	13 90944	31 45256	13 46519
68	37 44306	11 88557	36 44425	11 46667	35 41260	11 04174	34 35020	12 61061	33 25895	12 17309	32 14057	13 72899	32 99663	13 27811
69	38 90546	11 73683	37 92137	11 31176	36 90396	12 88059	35 85535	12 44311	34 77746	13 99916	33 67205	13 54853	32 54070	13 09102
70	38 36786	11 58808	37 39849	11 15686	36 39532	12 71944	35 36050	12 27562	34 29598	13 82524	33 20352	13 36808	32 08476	14 90393
71	39 83026	11 43934	38 87561	11 00196	37 88668	12 55829	36 86565	12 10813	35 81449	13 65131	34 73500	13 18762	33 62883	14 71685
72	39 29266	11 29060	38 35273	12 84706	37 37804	12 39713	36 37080	13 94064	35 33300	13 47739	34 26648	13 00716	33 17290	14 52976
73	40 75505	11 14186	39 82985	12 69216	38 86940	12 23598	37 87595	13 77315	36 85152	13 30346	35 79796	14 82671	34 71697	14 34268
74	40 21745	12 99312	39 30697	12 53725	38 36077	12 07483	37 38110	13 60566	36 37003	13 12954	35 32944	14 64625	34 26104	14 15559
75	41 67985	12 84438	40 78409	12 38235	39 85213	13 91368	38 88625	13 43817	37 88855	14 95561	36 86092	14 46580	35 80510	15 96850
76	41 14225	12 69563	40 26122	12 22745	39 34349	13 75253	38 39140	13 27068	37 40706	14 78169	36 39240	14 28534	35 34917	15 78142
77	42 60465	12 54689	41 73834	12 07255	40 83485	13 59138	39 89655	13 10319	38 92557	14 60776	37 92388	14 10488	36 89324	15 59433
78	42 06704	12 39815	41 21546	13 91765	40 32621	13 43023	39 40170	14 93570	38 44409	14 43383	37 45536	15 92443	36 43731	15 40724
79	43 52944	12 24941	42 69258	13 76275	41 81757	13 26908	40 90685	14 76820	39 96260	14 25991	38 98683	15 74397	37 98138	15 22016
80	44 99184	12 10067	42 16970	13 60784	41 30894	13 10793	40 41200	14 60071	39 48112	14 08598	38 51831	15 56351	37 52544	15 03307
81	44 45424	13 95193	43 64682	13 45294	42 80030	14 94678	41 91715	14 43322	40 99963	15 91206	38 04979	15 38306	37 06951	16 84598
82	45 91664	13 80318	43 12394	13 29804	42 29166	14 78563	41 42230	14 26573	40 51814	15 73813	39 58127	15 20260	38 61358	16 65890
83	45 37903	13 65444	44 60106	13 14314	43 78302	14 62447	42 92745	14 09824	40 03666	15 56421	39 11275	15 02215	38 15765	16 47181
84	46 84143	13 50570	44 07819	14 98824	43 27438	14 46332	42 43260	15 93075	41 55517	15 39028	40 64423	16 84169	39 70172	16 28472
85	46 30383	13 35696	45 55531	14 83333	44 76574	14 30217	43 93775	15 76326	41 07368	15 21636	40 17571	16 66123	39 24578	16 09764
86	47 76623	13 20822	45 03243	14 67843	44 25711	14 14102	43 44290	15 59577	42 59220	15 04243	41 70719	16 48078	40 78985	17 91055
87	47 22863	13 05948	46 50955	14 52353	45 74847	15 97987	44 94805	15 42828	42 11071	16 86851	41 23867	16 30032	40 33392	17 72346
88	48 69102	14 91073	47 98667	14 36863	45 23983	15 81872	44 45320	15 26078	43 62923	16 69458	42 77014	16 11987	41 87799	17 53638
89	48 15342	14 76199	47 46379	14 21373	46 73119	15 65757	45 95835	15 09329	43 14774	16 52066	42 30162	17 93941	41 42206	17 34929
90	49 61582	14 61325	48 94091	14 05882	46 22255	15 49642	45 46350	16 92580	44 66625	16 34673	43 83310	17 75895	42 96612	17 16220
91	49 07822	14 46451	48 41803	15 90392	47 71391	15 33527	46 96865	16 75831	44 18477	16 17281	43 36458	17 57850	42 51019	18 97512
92	50 54062	14 31577	49 89516	15 74902	47 20528	15 17412	46 47380	16 59082	45 70328	17 99888	44 89606	17 39804	42 05426	18 78803
93	50 00301	14 16703	49 37228	15 59412	48 69664	15 01297	47 97895	16 42333	45 22180	17 82496	44 42754	17 21759	43 59833	18 60094
94	51 46541	14 01828	50 84940	15 43922	48 18800	16 85181	47 48410	16 25584	46 74031	17 65103	45 95902	17 03713	43 14240	18 41386
95	52 92781	15 86954	50 32652	15 28431	49 67936	16 69066	48 98925	16 08835	46 25882	17 47711	45 49050	18 85667	44 68646	18 22677
96	52 39021	15 72080	51 80364	15 12941	49 17072	16 52951	48 49440	17 92086	47 77734	17 30318	45 02198	18 67622	44 23053	18 03968
97	53 85261	15 57206	51 28076	16 97451	50 66208	16 36836	49 99955	17 75336	47 29585	17 12926	46 55345	18 49576	45 77460	19 85260
98	53 31500	15 42332	52 75788	16 81961	50 15345	16 20721	49 50470	17 58587	48 81437	18 95533	46 08493	18 31531	45 31867	19 66551
99	54 77740	15 27458	52 23500	16 66471	51 64481	16 04606	49 00985	17 41838	48 33288	18 78141	47 61641	18 13485	46 86274	19 47842
100	54 23980	15 12583	53 71213	16 50980	51 13617	17 88491	50 51500	17 25089	49 85139	18 60748	47 14789	19 95439	46 40680	19 29134

Zehnerlogarithmen* von p^n und q^n ($q = 1-p$)

Erläuterungen siehe S. 77

n	p (q) 0,36	q (p) 0,64	p (q) 0,37	q (p) 0,63	p (q) 0,38	q (p) 0,62	p (q) 0,39	q (p) 0,61	p (q) 0,40	q (p) 0,60	p (q) 0,41	q (p) 0,59	p (q) 0,42	q (p) 0,58
0	0 00000	0 00000	0 00000	0 00000	0 00000	0 00000	0 00000	0 00000	0 00000	0 00000	0 00000	0 00000	0 00000	0 00000
1	1 55630	1 80618	1 56820	1 79934	1 57978	1 79239	1 59106	1 78533	1 60206	1 77815	1 61278	1 77085	1 62325	1 76343
2	1 11261	1 61236	1 13640	1 59868	1 15957	1 58478	1 18213	1 57066	1 20412	1 55630	1 22557	1 54170	1 24650	1 52686
3	2 66891	1 41854	2 70461	1 39802	2 73935	1 37718	2 77319	1 35599	2 80618	1 33445	2 83835	1 31256	2 86975	1 29028
4	2 22521	1 22472	2 27281	1 19736	2 31913	1 16957	2 36426	1 14132	2 40824	1 11261	2 45114	1 08341	2 49300	1 05371
5	3 78151	1 03090	3 84101	2 99670	3 89892	2 96196	3 95532	2 92665	2 01030	2 89076	2 06392	2 85426	2 11625	2 81714
6	3 33782	2 83708	3 40921	2 79604	3 47870	2 75435	3 54639	2 71198	3 61236	2 66891	3 67670	2 62511	3 73950	2 58057
7	4 89412	2 64326	4 97741	2 59538	3 05849	2 54674	3 13745	2 49731	3 21442	2 44706	3 28949	2 39596	3 36275	2 34400
8	4 45042	2 44944	4 54561	2 39472	4 63827	2 33913	4 72852	2 28264	4 81648	2 22521	4 90227	2 16682	4 98599	2 10742
9	4 00672	2 25562	4 11382	2 19406	4 21805	2 13153	4 31958	2 06797	4 41854	2 00336	4 51505	3 93767	4 60924	3 87085
10	5 56303	2 06180	5 68202	3 99341	5 79784	3 92392	5 91065	3 85330	4 02060	3 78151	4 12784	3 70852	4 23249	3 63428
11	5 11933	3 86798	5 25022	3 79275	5 37762	3 71631	5 50171	3 63863	5 62266	3 55966	5 74062	3 47937	5 85574	3 39771
12	6 67563	3 67416	6 81842	3 59209	6 95740	3 50870	5 09278	3 42396	5 22472	3 33782	5 35341	3 25022	5 47899	3 16114
13	6 23193	3 48034	6 38662	3 39143	6 53719	3 30109	6 68384	3 20929	6 82678	3 11597	6 96619	3 02108	5 10224	4 92456
14	7 78824	3 28652	7 95482	3 19077	6 11697	3 09348	6 27490	4 99462	6 42884	4 89412	6 57897	4 79193	6 72549	4 68799
15	7 34454	3 09270	7 52303	4 99011	7 69675	4 88588	7 86597	4 77995	6 03090	4 67227	6 19176	4 56278	6 34874	4 45142
16	8 90084	4 89888	7 09123	4 78945	7 27654	4 67827	7 45703	4 56528	7 63296	4 45042	7 80454	4 33363	7 97199	4 21485
17	8 45714	4 70506	8 65943	4 58879	8 85632	4 47066	7 04810	4 35061	7 23502	4 22857	7 41733	4 10448	7 59524	5 97828
18	8 01345	4 51124	8 22763	4 38813	8 43610	4 26305	8 63916	4 13594	8 83708	4 00672	7 03011	5 87534	7 21849	5 74170
19	9 56975	4 31742	9 79583	4 18747	8 01589	4 05544	8 23023	5 92127	8 43914	5 78487	8 64289	5 64619	8 84174	5 50513
20	9 12605	4 12360	9 36403	5 98681	9 59567	5 84783	9 82129	5 70660	8 04120	5 56303	8 25568	5 41704	8 46499	5 26856
21	10 68235	5 92978	10 93224	5 78615	9 17546	5 64023	9 41236	5 49193	9 64326	5 34118	9 86846	5 18789	8 08824	5 03199
22	10 23866	5 73596	10 50044	5 58549	10 75524	5 43262	9 00342	5 27726	9 24532	5 11933	9 48124	6 95874	9 71148	6 79542
23	11 79496	5 54214	10 06864	5 38483	10 33502	5 22501	10 59449	5 06259	10 84738	6 89748	9 09403	6 72960	9 33473	6 55884
24	11 35126	5 34832	11 63684	5 18417	11 91481	5 01740	10 18555	6 84792	10 44944	6 67563	10 70681	6 50045	10 95798	6 32227
25	12 90756	5 15450	11 20504	6 98351	11 49459	6 80979	11 77662	6 63325	10 05150	6 45378	10 31960	6 27130	10 58123	6 08570
26	12 46387	6 96068	12 77324	6 78285	11 07437	6 60218	11 36768	6 41858	11 65356	6 23193	11 93238	6 04215	10 20448	7 84913
27	12 02017	6 76686	12 34145	6 58219	12 65416	6 39458	12 95874	6 20391	11 25562	6 01008	11 54516	7 81300	11 82773	7 61256
28	13 57647	6 57304	13 90965	6 38154	12 23394	6 18697	12 54981	7 98924	12 85768	7 78824	11 15795	7 58386	11 45098	7 37598
29	13 13277	6 37922	13 47785	6 18088	13 81372	7 97936	12 14087	7 77457	12 45974	7 56639	12 77073	7 35471	11 07423	7 13941
30	14 68908	6 18540	13 04605	7 98022	13 39351	7 77175	13 73194	7 55990	12 06180	7 34454	12 38352	7 12556	12 69748	8 90284
31	14 24538	7 99158	14 61425	7 77956	14 97329	7 56414	13 32300	7 34522	13 66386	7 12269	13 99630	8 89641	12 32073	8 66627
32	15 80168	7 79776	14 18246	7 57890	14 55308	7 35653	14 91407	7 13055	13 26592	8 90084	13 60908	8 66726	13 94398	8 42970
33	15 35798	7 60394	15 75066	7 37824	14 13286	7 14893	14 50513	8 91588	14 86798	8 67899	13 22187	8 43812	13 56723	8 19312
34	16 91429	7 41012	15 31886	7 17758	15 71264	8 94132	14 09620	8 70121	14 47004	8 45714	14 83465	8 20897	13 19048	9 95655
35	16 47059	7 21630	16 88706	8 97692	15 29243	8 73371	15 68726	8 48654	14 07210	8 23529	14 44743	9 97982	14 81373	9 71998
36	16 02689	7 02248	16 45526	8 77626	16 87221	8 52610	15 27833	8 27187	15 67416	8 01345	14 06022	9 75067	14 43697	9 48341
37	17 58319	8 82866	16 02346	8 57560	16 45199	8 31849	16 86939	8 05720	15 27622	9 79160	15 67300	9 52152	14 06022	9 24684
38	17 13950	8 63484	17 59167	8 37494	16 03178	8 11088	16 46046	9 84253	16 87828	9 56975	15 28579	9 29238	15 68347	9 01026
39	18 69580	8 44102	17 15987	8 17428	17 61156	9 90328	16 05152	9 62786	16 48034	9 34790	16 89857	9 06323	15 30672	10 77369
40	18 25210	8 24720	18 72807	9 97362	17 19134	9 69567	17 64258	9 41319	16 08240	9 12605	16 51135	10 83408	16 92997	10 53712
41	19 80840	8 05338	18 29627	9 77296	18 77113	9 48806	17 23365	9 19852	17 68446	10 90420	16 12414	10 60493	16 55322	10 30055
42	19 36471	9 85956	19 86447	9 57230	18 35091	9 28045	18 82471	10 98385	17 28652	10 68235	17 73692	10 37578	16 17647	10 06398
43	20 92101	9 66574	19 43267	9 37164	19 93069	9 07284	18 41578	10 76918	18 88858	10 46050	17 34971	10 14664	17 79972	11 82740
44	20 47731	9 47192	19 00088	9 17098	19 51048	10 86523	18 00684	10 55451	18 49064	10 23866	18 96249	11 91749	17 42297	11 59083
45	20 03361	9 27810	20 56908	10 97032	19 09026	10 65763	19 59791	10 33984	18 09270	10 01681	18 57527	11 68834	17 04622	11 35426
46	21 58992	9 08428	20 13728	10 76967	20 67005	10 45002	19 18897	10 12517	19 69476	11 79496	18 18806	11 45919	18 66947	11 11769
47	21 14622	10 89046	21 70548	10 56901	20 24983	10 24241	20 78004	11 91050	19 29682	11 57311	19 80084	11 23004	18 29272	12 88112
48	22 70252	10 69664	21 27368	10 36835	21 82961	10 03480	20 37110	11 69583	20 89888	11 35126	19 41363	11 00090	19 91597	12 64454
49	22 25882	10 50282	22 84188	10 16769	21 40940	11 82719	21 96217	11 48116	20 50094	11 12941	19 02641	12 77175	19 53922	12 40797
50	23 81513	10 30900	22 41009	11 96703	22 98918	11 61958	21 55323	11 26649	20 10300	12 90756	20 63919	12 54260	19 16246	12 17140
51	23 37143	10 11518	23 97829	11 76637	22 56896	11 41198	21 14429	11 05182	21 70506	12 68571	20 25198	12 31345	20 78571	13 93483
52	24 92773	11 92136	23 54649	11 56571	22 14875	11 20437	22 73536	12 83715	21 30712	12 46387	21 86476	12 08430	20 40896	13 69826
53	24 48403	11 72754	23 11469	11 36505	23 72853	12 99676	22 32642	12 62248	22 90918	12 24202	21 47754	13 85516	20 03221	13 46168
54	24 04034	11 53372	24 68289	11 16439	23 30831	12 78915	23 91749	12 40781	22 51124	12 02017	21 09033	13 62601	21 65546	13 22511
55	25 59664	11 33990	24 25109	12 96373	24 88810	12 58154	23 50855	12 19314	22 11330	13 79832	22 70311	13 39686	21 27871	14 98854
56	25 15294	11 14608	25 81930	12 76307	24 46788	12 37393	23 09962	13 97847	23 71536	13 57647	22 31590	13 16771	22 90196	14 75197
57	26 70924	12 95226	25 38750	12 56241	24 04767	12 16633	24 69068	13 76380	23 31742	13 35462	23 92868	14 93856	22 52521	14 51540
58	26 26555	12 75844	26 95570	12 36175	25 62745	13 95872	24 28175	13 54913	24 91948	13 13277	23 54146	14 70942	22 14846	14 27882
59	27 82185	12 56462	26 52390	12 16109	25 20723	13 75111	25 87281	13 33446	24 52154	14 91092	23 15425	14 48027	23 77171	14 04225
60	27 37815	12 37080	26 09210	13 96043	26 78702	13 54350	25 46388	13 11979	24 12360	14 68908	24 76703	14 25112	23 39496	15 80568
61	28 93445	12 17698	27 66031	13 75977	26 36680	13 33589	25 05494	14 90512	25 72566	14 46723	24 37982	14 02197	23 01821	15 56911
62	28 49076	13 98316	27 22851	13 55911	27 94658	13 12828	26 64601	14 69045	25 32772	14 24538	25 99260	15 79282	24 64146	15 33254
63	28 04706	13 78934	28 79671	13 35845	27 52637	14 92068	26 23707	14 47578	26 92978	14 02353	25 60538	15 56368	24 26471	15 09596
64	29 60336	13 59552	28 36491	13 15780	27 10615	14 71307	27 82813	14 26111	26 53184	15 80168	25 21817	15 33453	25 88795	16 85939
65	29 15966	13 40170	29 93311	14 95714	28 68593	14 50546	27 41920	14 04644	26 13390	15 57983	26 83095	15 10538	25 51120	16 62282
66	30 71597	13 20788	29 50131	14 75648	28 26572	14 29785	27 01026	15 83177	27 73596	15 35798	26 44373	16 87623	25 13445	16 38625
67	30 27227	13 01406	29 06952	14 55582	29 84550	14 09024	28 60133	15 61710	27 33802	15 13613	26 05652	16 64708	26 75770	16 14968
68	31 82857	14 82024	30 63772	14 35516	29 42528	15 88263	28 19239	15 40243	28 94008	16 91429	27 66930	16 41794	26 38095	17 91310
69	31 38487	14 62642	30 20592	14 15450	29 00507	15 67503	29 78346	15 18776	28 54214	16 69244	27 28209	16 18879	26 00420	17 67653
70	32 94118	14 43260	31 77412	15 95384	30 58485	15 46742	29 37452	16 97309	28 14420	16 47059	28 89487	17 95964	27 62745	17 43996
71	32 49748	14 23878	31 34232	15 75318	30 16464	15 25981	30 96559	16 75842	29 74626	16 24874	28 50765	17 73049	27 25070	17 20339
72	32 05378	14 04496	32 91052	15 55252	31 74442	15 05220	30 55665	16 54375	29 34832	16 02689	28 12044	17 50134	28 87395	18 96682
73	33 61008	15 85114	32 47873	15 35186	31 32420	16 84459	30 14772	16 32908	30 95038	17 80504	29 73322	17 27220	28 49720	18 73024
74	33 16639	15 65732	32 04693	15 15120	32 90399	16 63699	31 73878	16 11441	30 55244	17 58319	29 34601	17 04305	28 12045	18 49367
75	34 72269	15 46350	33 61513	16 95054	32 48377	16 42938	31 32985	17 89974	30 15450	17 36134	30 95879	18 81390	29 74370	18 25710
76	34 27899	15 26968	33 18333	16 74988	32 06355	16 22177	32 92091	17 68507	31 75656	17 13950	30 57157	18 58475	29 36695	18 02053
77	35 83529	15 07586	34 75153	16 54922	33 64334	16 01416	32 51197	17 47040	31 35862	18 91765	30 18436	18 35560	30 99020	19 78396
78	35 39160	16 88204	34 31973	16 34856	33 22312	17 80655	32 10304	17 25573	32 96068	18 69580	31 79714	18 12646	30 61344	19 54738
79	36 94790	16 68822	35 88794	16 14790	34 80290	17 59894	33 69410	17 04106	32 56274	18 47395	31 40992	19 89731	30 23669	19 31081
80	36 50420	16 49440	35 45614	17 94724	34 38269	17 39134	33 28517	18 82639	32 16480	18 25210	31 02271	19 66816	31 85994	19 07424
81	36 06050	16 30058	35 02434	17 74658	35 96247	17 18373	34 87623	18 61172	33 76686	18 03025	32 63549	19 43901	31 48319	20 83767
82	37 61681	16 10676	36 59254	17 54593	35 54225	18 97612	34 46730	18 39705	33 36892	19 80840	32 24828	19 20986	31 10644	20 60110
83	37 17311	17 91294	36 16074	17 34527	35 12204	18 76851	34 05836	18 18238	34 97098	19 58655	33 86106	20 98072	32 72969	20 36452
84	38 72941	17 71912	37 72894	17 14461	36 70182	18 56090	35 64943	19 96771	34 57304	19 36471	33 47384	20 75157	32 35294	20 12795
85	38 28571	17 52530	37 29715	18 94395	36 28161	18 35329	35 24049	19 75304	34 17510	19 14286	33 08663	20 52242	33 97619	21 89138
86	39 84202	17 33148	38 86535	18 74329	37 86139	18 14569	36 83156	19 53837	35 77716	20 92101	34 69941	20 29327	33 59944	21 65481
87	39 39832	17 13766	38 43355	18 54263	37 44117	19 93808	36 42262	19 32370	35 37922	20 69916	34 31220	20 06413	33 22269	21 41824
88	40 95462	18 94384	38 00175	18 34197	37 02096	19 73047	36 01369	19 10903	36 98128	20 47731	35 92498	21 83498	34 84594	21 18166
89	40 51092	18 75002	39 56995	18 14131	38 60074	19 52286	37 60475	20 89436	36 58334	20 25546	35 53776	21 60583	34 46919	22 94509
90	40 06723	18 55620	39 13816	19 94065	38 18052	19 31525	37 19581	20 67969	36 18540	20 03361	35 15055	21 37668	34 09244	22 70852
91	41 62353	18 36238	40 70636	19 73999	39 76031	19 10764	38 78688	20 46501	37 78746	21 81176	36 76333	21 14753	35 71569	22 47195
92	41 17983	18 16856	40 27456	19 53933	39 34009	20 90004	38 37794	20 25034	37 38952	21 58992	36 37611	22 91839	35 33893	22 23538
93	42 73613	19 97474	41 84276	19 33867	40 91987	20 69243	39 96901	20 03567	38 99158	21 36807	37 98890	22 68924	36 96218	23 99880
94	42 29244	19 78092	41 41096	19 13801	40 49966	20 48482	39 56007	21 82100	38 59364	21 14622	37 60168	22 46009	36 58543	23 76223
95	43 84874	19 58710	42 97916	20 93735	40 07944	20 27721	39 15114	21 60633	38 19570	22 92437	37 21447	22 23094	36 20868	23 52566
96	43 40504	19 39328	42 54737	20 73669	41 65923	20 06960	40 74220	21 39166	39 79776	22 70252	38 82725	22 00179	37 83193	23 28909
97	44 96134	19 19946	42 11557	20 53603	41 23901	21 86199	40 33327	21 17699	39 39982	22 48067	38 44003	23 77265	37 45518	23 05252
98	44 51765	19 00564	43 68377	20 33537	42 81879	21 65439	41 92433	22 96232	39 00188	22 25882	38 05282	23 54350	37 07843	24 81594
99	44 07395	20 81182	43 25197	20 13471	42 39858	21 44678	41 51540	22 74765	40 60394	22 03697	39 66560	23 31435	38 70168	24 57937
100	45 63025	20 61800	44 82017	21 93405	43 97836	21 23917	41 10646	22 53298	40 20600	23 81513	39 27839	23 08520	38 32493	24 34280

Erläuterungen siehe S. 77

n	p(q) 0,43	q(p) 0,57	p(q) 0,44	q(p) 0,56	p(q) 0,45	q(p) 0,55	p(q) 0,46	q(p) 0,54	p(q) 0,47	q(p) 0,53	p(q) 0,48	q(p) 0,52	p(q) 0,49	q(p) 0,51	p(q) 0,50	q(p) 0,50
0	0 00000	0 00000	0 00000	0 00000	0 00000	0 00000	0 00000	0 00000	0 00000	0 00000	0 00000	0 00000	0 00000	0 00000	0 00000	0 00000
1	1 63347	1 75587	1 64345	1 74819	1 65321	1 74036	1 66276	1 73239	1 67210	1 72428	1 68124	1 71600	1 69020	1 70757	1 69897	1 69897
2	1 26694	1 51175	1 28691	1 49638	1 30643	1 48073	1 32552	1 46479	1 34420	1 44855	1 36248	1 43201	1 38039	1 41514	1 39794	1 39794
3	2 90041	1 26762	2 93036	1 24456	2 95964	1 22109	2 98827	1 19718	1 01629	1 17283	1 04372	1 14801	1 07059	1 12271	1 09691	1 09691
4	2 53387	1 02350	2 57381	2 99275	2 61285	2 96145	2 65103	2 92958	2 68839	2 89710	2 72496	2 86401	2 76078	2 83028	2 79588	2 79588
5	2 16734	2 77937	2 21726	2 74094	2 26606	2 70181	2 31379	2 66197	2 36049	2 62138	2 40621	2 58002	2 45098	2 53785	2 49485	2 49485
6	3 80081	2 53525	3 86072	2 48913	3 91928	2 44218	3 97655	2 39436	2 03259	2 34566	2 08745	2 29602	2 14118	2 24542	2 19382	2 19382
7	3 43428	2 29112	3 50417	2 23732	3 57249	2 18254	3 63930	2 12676	3 70469	2 06993	3 76869	2 01202	3 83137	3 95299	3 89279	3 89279
8	3 06775	2 04700	3 14762	3 98550	3 22570	3 92290	3 30206	3 85915	3 37678	3 79421	3 44993	3 72803	3 52157	3 66056	3 59176	3 59176
9	4 70122	3 80287	4 79107	3 73369	4 87891	3 66326	4 96482	3 59154	3 04888	3 51848	3 13117	3 44403	3 21176	3 36813	3 29073	3 29073
10	4 33468	3 55875	4 43453	3 48188	4 53213	3 40363	4 62758	3 32394	4 72098	3 24276	4 81241	3 16003	4 90196	3 07570	4 98970	4 98970
11	5 96815	3 31462	4 07798	3 23007	4 18534	3 14399	4 29034	3 05633	4 39308	4 96703	4 49365	4 87604	4 59216	4 78327	4 68867	4 68867
12	5 60162	3 07050	5 72143	4 97826	5 83855	4 88435	5 95309	4 78873	4 06517	4 69131	4 17489	4 59204	4 28235	4 49084	4 38764	4 38764
13	5 23509	4 82637	5 36488	4 72644	5 49176	4 62471	5 61585	4 52112	5 73727	4 41559	5 85614	4 30804	5 97255	4 19841	4 08661	4 08661
14	6 86856	4 58225	5 00834	4 47463	5 14498	4 36508	5 27861	4 25351	5 40937	4 13986	5 53738	4 02405	5 66275	5 90598	5 78558	5 78558
15	6 50203	4 33812	6 65179	4 22282	6 79819	4 10544	6 94137	5 98591	5 08147	5 86414	5 21862	5 74005	5 35294	5 61355	5 48455	5 48455
16	6 13550	4 09400	6 29524	5 97101	6 45140	5 84580	6 60413	5 71830	6 75357	5 58841	6 89986	5 45605	5 04314	5 32112	5 18352	5 18352
17	7 76896	5 84987	7 93870	5 71920	6 10461	5 58617	6 26688	5 45069	6 42566	5 31269	6 58110	5 17206	6 73333	5 02869	6 88249	6 88249
18	7 40243	5 60575	7 58215	5 46738	7 75783	5 32653	7 92964	5 18309	6 09776	5 03697	6 26234	6 88806	6 42353	6 73626	6 58146	6 58146
19	7 03590	5 36162	7 22560	5 21557	7 41104	5 06689	7 59240	6 91548	7 76986	6 76124	7 94358	6 60406	6 11373	6 44383	6 28043	6 28043
20	8 66937	5 11750	8 86905	6 96376	7 06425	6 80725	7 25516	6 64788	7 44196	6 48552	7 62482	6 32007	7 80392	6 15140	7 97940	7 97940
21	8 30284	6 87337	8 51251	6 71195	8 71746	6 54762	8 91791	6 38027	7 11406	6 20979	7 30607	6 03607	7 49412	7 85897	7 67837	7 67837
22	9 93631	6 62925	8 15596	6 46014	8 37068	6 28798	8 58067	6 11266	8 78615	7 93407	8 98731	7 75207	7 18431	7 56654	7 37734	7 37734
23	9 56977	6 38512	9 79941	6 20832	8 02389	6 02834	8 24343	7 84506	8 45825	7 65835	8 66855	7 46808	8 87451	7 27411	7 07631	7 07631
24	9 20324	6 14100	9 44286	7 95651	9 67710	7 76870	9 90619	7 57745	8 13035	7 38262	8 34979	7 18408	8 56471	8 98168	8 77528	8 77528
25	10 83671	7 89687	9 08632	7 70470	9 33031	7 50907	9 56895	7 30984	9 80245	7 10690	8 03103	8 90008	8 25490	8 68925	8 47425	8 47425
26	10 47018	7 65275	10 72977	7 45289	10 98353	7 24943	9 23170	7 04224	9 47454	8 83117	9 71227	8 61609	9 94510	8 39682	8 17322	8 17322
27	10 10365	7 40862	10 37322	7 20108	10 63674	8 98979	10 89446	8 77463	9 14664	8 55545	9 39351	8 33209	9 63529	8 10439	9 87219	9 87219
28	11 73712	7 16450	10 01667	8 94926	10 28995	8 73016	10 55722	8 50703	10 81874	8 27972	9 07475	8 04809	9 32549	9 81196	9 57116	9 57116
29	11 37059	8 92037	11 66013	8 69745	11 94316	8 47052	10 21998	8 23942	10 49084	8 00400	10 75600	9 76410	9 01569	9 51954	9 27013	9 27013
30	11 00405	8 67625	11 30358	8 44564	11 59638	8 21088	11 88273	9 97181	10 16294	9 72828	10 43724	9 48010	10 70588	9 22711	10 96910	10 96910
31	12 63752	8 43212	12 94703	8 19383	11 24959	9 95124	11 54549	9 70421	11 83503	9 45255	10 11848	9 19610	10 39608	10 93468	10 66807	10 66807
32	12 27099	8 18800	12 59049	9 94202	12 90280	9 69161	11 20825	9 43660	11 50713	9 17683	11 79972	10 91211	10 08627	10 64225	10 36704	10 36704
33	13 90446	9 94387	12 23394	9 69020	12 55601	9 43197	12 87101	9 16899	11 17923	10 90110	11 48096	10 62811	11 77647	10 34982	10 06601	10 06601
34	13 53793	9 69975	13 87739	9 43839	12 20923	9 17233	12 53377	10 90139	12 85133	10 62538	11 16220	10 34411	11 46667	10 05739	11 76498	11 76498
35	13 17140	9 45562	13 52084	9 18658	13 86244	10 91269	12 19652	10 63378	12 52343	10 34966	12 84344	10 06012	11 15686	11 76496	11 46395	11 46395
36	14 80486	9 21149	13 16430	10 93477	13 51565	10 65306	13 85928	10 36618	12 19552	10 07393	12 52468	11 77612	12 84706	11 47253	11 16292	11 16292
37	14 43833	10 96737	14 80775	10 68296	13 16886	10 39342	13 52204	10 09857	13 86762	11 79821	12 20593	11 49212	12 53725	11 18010	12 86189	12 86189
38	14 07180	10 72324	14 45120	10 43115	14 82208	10 13378	13 18480	11 83096	13 53972	11 52248	13 88717	11 20813	12 22745	12 88767	12 56086	12 56086
39	15 70527	10 47912	14 09465	10 17933	14 47529	11 87414	14 84756	11 56336	13 21182	11 24676	13 56841	12 92413	13 91765	12 59524	12 25983	12 25983
40	15 33874	10 23499	15 73811	11 92752	14 12850	11 61451	14 51031	11 29575	14 88391	12 97103	13 24965	12 64013	13 60784	12 30281	13 95880	13 95880
41	16 97221	11 99087	15 38156	11 67571	15 78171	11 35487	14 17307	11 02814	14 55601	12 69531	14 93089	12 35614	13 29804	12 01038	13 65777	13 65777
42	16 60568	11 74674	15 02501	11 42390	15 43493	11 09523	15 83583	12 76054	14 22811	12 41959	14 61213	12 07214	14 98824	13 71795	13 35674	13 35674
43	16 23914	11 50262	16 66847	11 17209	15 08814	12 83560	15 49859	12 49293	15 90021	12 14386	14 29337	13 78814	14 67843	13 42552	13 05571	13 05571
44	17 87261	11 25849	16 31192	12 92027	16 74135	12 57596	15 16134	12 22533	15 57231	13 86814	15 97461	13 50415	14 36863	13 13309	14 75468	14 75468
45	17 50608	11 01437	17 95537	12 66846	16 39456	12 31632	16 82410	13 95772	15 24440	13 59241	15 65586	13 22015	14 05882	14 84066	14 45365	14 45365
46	17 13955	12 77024	17 59882	12 41665	16 04778	12 05668	16 48686	13 69011	16 91650	13 31669	15 33710	14 93615	15 74902	14 54823	14 15262	14 15262
47	18 77302	12 52612	17 24228	12 16484	17 70099	13 79705	16 14962	13 42251	16 58860	13 04097	15 01834	14 65216	15 43922	14 25580	15 85159	15 85159
48	18 40649	12 28199	18 88573	13 91303	17 35420	13 53741	17 81238	13 15490	16 26070	14 76524	16 69958	14 36816	15 12941	15 96337	15 55056	15 55056
49	18 03995	12 03787	18 52918	13 66121	17 00741	13 27777	17 47513	14 88729	17 93280	14 48952	16 38082	14 08416	16 81961	15 67094	15 24953	15 24953
50	19 67342	13 79374	18 17263	13 40940	18 66063	13 01813	17 13789	14 61969	17 60489	14 21379	16 06206	15 80017	16 50980	15 37851	16 94850	16 94850
51	19 30689	13 54962	19 81609	13 15759	18 31384	14 75850	18 80065	14 35208	17 27699	15 93807	17 74330	15 51617	16 20000	16 05808	16 64747	16 64747
52	20 94036	13 30549	19 45954	14 90578	19 96705	14 49886	18 46341	14 08448	18 94909	15 66235	17 42454	15 23217	17 89020	16 79365	16 34644	16 34644
53	20 57383	13 06137	19 10299	14 65397	19 62026	14 23922	18 12617	15 81687	18 62119	15 38662	17 10579	16 94818	17 58039	16 50122	16 04541	16 04541
54	20 20730	14 81724	20 74644	14 40215	19 27348	15 97959	19 78892	15 54926	18 29328	15 11090	18 78703	16 66418	17 27059	16 20879	17 74438	17 74438
55	21 84077	14 57312	20 38990	14 15034	20 92669	15 71995	19 45168	15 28166	19 96538	16 83517	18 46827	16 38018	18 96078	17 91636	17 44335	17 44335
56	21 47423	14 32899	20 03335	15 89853	20 57990	15 46031	19 11444	15 01405	19 63748	16 55945	18 14951	16 09619	18 65098	17 62393	17 14232	17 14232
57	21 10770	14 08487	21 67680	15 64672	20 23311	15 20067	20 77720	16 74644	19 30958	16 28372	19 83075	17 81219	18 34118	17 33150	18 84129	18 84129
58	22 74117	15 84074	21 32026	15 39491	21 88633	16 94104	20 43995	16 47884	20 98168	16 00800	19 51199	17 52819	18 03137	17 03907	18 54026	18 54026
59	22 37464	15 59662	22 96371	15 14309	21 53954	16 68140	20 10271	16 21123	20 65377	17 73228	19 19323	17 24420	19 72157	18 74664	18 23923	18 23923
60	22 00811	15 35249	22 60716	16 89128	21 19275	16 42176	21 76547	17 94363	20 32587	17 45655	20 87447	18 96020	19 41176	18 45421	19 93820	19 93820
61	23 64158	15 10837	22 25061	16 63947	22 84596	16 16212	21 42823	17 67602	21 99797	17 18083	20 55572	18 67620	19 10196	18 16178	19 63717	19 63717
62	23 27504	16 86424	23 89407	16 38766	22 49918	17 90249	21 09099	17 40841	21 67007	18 90510	20 23696	18 39221	20 79216	19 86935	19 33614	19 33614
63	24 90851	16 62012	23 53752	16 13585	22 15239	17 64285	22 75374	17 14081	21 34217	18 62938	21 91820	18 10821	20 48235	19 57692	19 03511	19 03511
64	24 54198	16 37599	23 18097	17 88403	23 80560	17 38321	22 41650	18 87320	21 01426	18 35366	21 59944	19 82421	20 17255	19 28449	20 73408	20 73408
65	24 17545	16 13187	24 82442	17 63222	23 45881	17 12357	22 07926	18 60559	22 68636	18 07793	21 28068	19 54022	21 86275	20 99206	20 43305	20 43305
66	25 80892	17 88774	24 46788	17 38041	23 11203	18 86394	23 74202	18 33799	22 35846	19 80221	22 96192	19 25622	21 55294	20 69963	20 13202	20 13202
67	25 44239	17 64362	24 11133	17 12860	24 76524	18 60430	23 40477	18 07038	22 03056	19 52648	22 64316	20 97222	21 24314	20 40720	21 83099	21 83099
68	25 07585	17 39949	25 75478	18 87679	24 41845	18 34466	23 06753	19 80278	23 70265	19 25076	22 32440	20 68823	22 93333	20 11477	21 52996	21 52996
69	26 70932	17 15537	25 39823	18 62497	24 07166	18 08503	24 73029	19 53517	23 37475	20 97504	22 00565	20 40423	22 62353	21 82234	21 22893	21 22893
70	26 34279	18 91124	25 04169	18 37316	25 72488	19 82539	24 39305	19 26756	23 04685	20 69931	23 68689	20 12023	22 31373	21 52991	22 92790	22 92790
71	27 97626	18 66711	26 68514	18 12135	25 37809	19 56575	24 05581	20 99996	24 71895	20 42359	23 36813	21 83624	22 00392	21 23748	22 62687	22 62687
72	27 60973	18 42299	26 32859	19 86954	25 03130	19 30611	25 71856	20 73235	24 39105	20 14786	23 04937	21 55224	23 69412	22 94505	22 32584	22 32584
73	27 24320	18 17886	27 97205	19 61773	26 68451	19 04648	25 38132	20 46474	24 06314	21 87214	24 73061	21 26824	23 38431	22 65262	22 02481	22 02481
74	28 87667	19 93474	27 61550	19 36591	26 33773	20 78684	25 04408	20 19714	25 73524	21 59641	24 41185	22 98425	23 07451	22 36019	23 72378	23 72378
75	28 51013	19 69061	27 25895	19 11410	27 99094	20 52720	26 70684	21 92953	25 40734	21 32069	24 09309	22 70025	24 76471	22 06776	23 42275	23 42275
76	28 14360	19 44649	28 90240	20 86229	27 64415	20 26756	26 36960	21 66193	25 07944	21 04497	25 77433	22 41625	24 45490	23 77533	23 12172	23 12172
77	29 77707	19 20236	28 54586	20 61048	27 29736	20 00793	26 03235	21 39432	26 75154	22 76924	25 45558	22 13226	24 14510	23 48290	24 82069	24 82069
78	29 41054	20 95824	28 18931	20 35867	28 95058	21 74829	27 69511	21 12671	26 42363	22 49352	25 13682	23 84826	25 83529	23 19047	24 51966	24 51966
79	29 04401	20 71411	29 83276	20 10685	28 60379	21 48865	27 35787	22 85911	26 09573	22 21779	26 81806	23 56426	25 52549	24 89804	24 21863	24 21863
80	30 67748	20 46999	29 47621	21 85504	28 25700	21 22902	27 02063	22 59150	27 76783	23 94207	26 49930	23 28027	25 21569	24 60561	25 91760	25 91760
81	30 31094	20 22586	29 11967	21 60323	29 91021	22 96938	28 68338	22 32389	27 43993	23 66635	26 18054	24 99627	26 90588	24 31318	25 61657	25 61657
82	31 94441	21 98174	30 76312	21 35142	29 56343	22 70974	28 34614	22 05629	27 11202	23 39062	27 86178	24 71227	26 59608	24 02075	25 31554	25 31554
83	31 57788	21 73761	30 40657	21 09961	29 21664	22 45010	28 00890	23 78868	28 78412	23 11490	27 54302	24 42828	26 28627	25 72832	25 01451	25 01451
84	31 21135	21 49349	30 05002	22 84779	30 86985	22 19047	29 67166	23 52108	28 45622	24 83917	27 22426	24 14428	27 97647	25 43589	26 71348	26 71348
85	32 84482	21 24936	31 69348	22 59598	30 52306	23 93083	29 33442	23 25347	28 12832	24 56345	28 90551	25 86028	27 66667	25 14347	26 41245	26 41245
86	32 47829	21 00524	31 33693	22 34417	30 17628	23 67119	30 99717	24 98586	29 80042	24 28772	28 58675	25 57629	27 35686	26 85104	26 11142	26 11142
87	32 11176	22 76111	32 98038	22 09236	31 82949	23 41155	30 65993	24 71826	29 47251	24 01200	28 26799	25 29229	27 04706	26 55861	27 81039	27 81039
88	33 74522	22 51699	32 62384	23 84055	31 48270	23 15192	30 32269	24 45065	29 14461	25 73628	29 94923	25 00829	28 73726	26 26618	27 50936	27 50936
89	33 37869	22 27286	32 26729	23 58873	31 13591	24 89228	31 98545	24 18304	30 81671	25 46055	29 63047	26 72430	28 42745	27 97375	27 20833	27 20833
90	33 01216	22 02874	33 91074	23 33692	32 78913	24 63264	31 64820	25 91544	30 48881	25 18483	29 31171	26 44030	28 11765	27 68132	28 90730	28 90730
91	34 64563	23 78461	33 55419	23 08511	32 44234	24 37300	31 31096	25 64783	30 16091	26 90910	30 99295	26 15630	29 80784	27 38889	28 60627	28 60627
92	34 27910	23 54049	33 19765	24 83330	32 09555	24 11337	32 97372	25 38023	31 83300	26 63338	30 67419	27 87231	29 49804	27 09646	28 30524	28 30524
93	35 91257	23 29636	34 84110	24 58149	33 74876	25 85373	32 63648	25 11262	31 50510	26 35766	30 35544	27 58831	29 18824	28 80403	28 00421	28 00421
94	35 54603	23 05224	34 48455	24 32967	33 40198	25 59409	32 29924	26 84501	31 17720	26 08193	30 03668	27 30431	30 87843	28 51160	29 70318	29 70318
95	35 17950	24 80811	34 12800	24 07786	33 05519	25 33446	33 96199	26 57741	32 84930	27 80621	31 71792	27 02032	30 56863	28 21917	29 40215	29 40215
96	36 81297	24 56399	35 77146	25 82605	34 70840	25 07482	33 62475	26 30980	32 52139	27 53048	31 39916	28 73632	30 25882	29 92674	29 10112	29 10112
97	36 44644	24 31986	35 41491	25 57424	34 36161	26 81518	33 28751	26 04219	32 19349	27 25476	31 08040	28 45232	31 94902	29 63431	30 80009	30 80009
98	36 07991	24 07574	35 05836	25 32243	34 01483	26 55554	34 95027	27 77459	33 86559	28 97904	32 76164	28 16833	31 63922	29 34188	30 49906	30 49906
99	37 71338	25 83161	36 70182	25 07061	35 66804	26 29591	34 61303	27 50698	33 53769	28 70331	32 44288	29 88433	31 32941	29 04945	30 19803	30 19803
100	37 34685	25 58749	36 34527	26 81880	35 32125	26 03627	34 27578	27 23938	33 20979	28 42759	32 12412	29 60033	31 01961	30 75702	31 89700	31 89700

N = Anzahl der Versuche, x = Anzahl der Erfolge usw., $100\,p_x = 100\,x/N$

N = 2

x	$100p_x$	100 (1 — 2α)-Grenzen 95% $100p_l$ $100p_r$	99% $100p_l$ $100p_r$
0	0,00	0,00–84,19	0,00–92,93
1	50,00	1,26–98,74	0,25–99,75
2	100,00	15,81–100,00	7,07–100,00

N = 3

x	$100p_x$	95%	99%
0	0,00	0,00–70,76	0,00–82,90
1	33,33	0,84–90,57	0,17–95,86
2	66,67	9,43–99,16	4,14–99,83
3	100,00	29,24–100,00	17,10–100,00

N = 4

x	$100p_x$	95%	99%
0	0,00	0,00–60,24	0,00–73,41
1	25,00	0,63–80,59	0,13–88,91
2	50,00	6,76–93,24	2,94–97,06
3	75,00	19,41–99,37	11,09–99,87
4	100,00	39,76–100,00	26,59–100,00

N = 5

x	$100p_x$	95%	99%
0	0,00	0,00–52,18	0,00–65,34
1	20,00	0,51–71,64	0,10–81,49
2	40,00	5,27–85,34	2,29–91,72
3	60,00	14,66–94,73	8,28–97,71
4	80,00	28,36–99,49	18,51–99,90
5	100,00	47,82–100,00	34,66–100,00

N = 6

x	$100p_x$	95%	99%
0	0,00	0,00–45,93	0,00–58,65
1	16,67	0,42–64,12	0,08–74,60
2	33,33	4,33–77,72	1,87–85,64
3	50,00	11,81–88,19	6,63–93,37
4	66,67	22,28–95,67	14,36–98,13
5	83,33	35,88–99,58	25,40–99,92
6	100,00	54,07–100,00	41,35–100,00

N = 7

x	$100p_x$	95%	99%
0	0,00	0,00–40,96	0,00–53,09
1	14,29	0,36–57,87	0,07–68,49
2	28,57	3,67–70,96	1,58–79,70
3	42,86	9,90–81,59	5,53–88,23
4	57,14	18,41–90,10	11,77–94,47
5	71,43	29,04–96,33	20,30–98,42
6	85,71	42,13–99,64	31,51–99,93
7	100,00	59,04–100,00	46,91–100,00

N = 8

x	$100p_x$	95%	99%
0	0,00	0,00–36,94	0,00–48,43
1	12,50	0,32–52,65	0,06–63,15
2	25,00	3,19–65,09	1,37–74,22
3	37,50	8,52–75,51	4,75–83,03
4	50,00	15,70–84,30	9,99–90,01
5	62,50	24,49–91,48	16,97–95,25
6	75,00	34,91–96,81	25,78–98,63
7	87,50	47,35–99,68	36,85–99,94
8	100,00	63,06–100,00	51,57–100,00

N = 9

x	$100p_x$	95%	99%
0	0,00	0,00–33,63	0,00–44,50
1	11,11	0,28–48,25	0,06–58,50
2	22,22	2,81–60,01	1,21–69,26
3	33,33	7,49–70,07	4,16–78,09
4	44,44	13,70–78,80	8,68–85,39
5	55,56	21,20–86,30	14,61–91,32
6	66,67	29,93–92,51	21,91–95,84
7	77,78	39,99–97,19	30,74–98,79
8	88,89	51,75–99,72	41,50–99,94
9	100,00	66,37–100,00	55,50–100,00

N = 10

x	$100p_x$	95%	99%
0	0,00	0,00–30,85	0,00–41,13
1	10,00	0,25–44,50	0,05–54,43
2	20,00	2,52–55,61	1,09–64,82
3	30,00	6,67–65,25	3,70–73,51
4	40,00	12,16–73,76	7,68–80,91
5	50,00	18,71–81,29	12,83–87,17
6	60,00	26,24–87,84	19,09–92,32
7	70,00	34,75–93,33	26,49–96,30
8	80,00	44,39–97,48	35,18–98,91
9	90,00	55,50–99,75	45,57–99,95
10	100,00	69,15–100,00	58,87–100,00

N = 11

x	$100p_x$	95%	99%
0	0,00	0,00–28,49	0,00–38,22
1	9,09	0,23–41,28	0,05–50,86
2	18,18	2,28–51,78	0,98–60,85
3	27,27	6,02–60,97	3,33–69,33
4	36,36	10,93–69,21	6,88–76,68
5	45,45	16,75–76,62	11,45–83,07
6	54,55	23,38–83,25	16,93–88,55
7	63,64	30,79–89,07	23,32–93,12
8	72,73	39,03–93,98	30,67–96,67
9	81,82	48,22–97,72	39,15–99,02

N = 11 (Fortsetzung)

x	$100p_x$	95%	99%
10	90,91	58,72–99,77	49,14–99,95
11	100,00	71,51–100,00	61,78–100,00

N = 12

x	$100p_x$	95%	99%
0	0,00	0,00–26,46	0,00–35,69
1	8,33	0,21–38,48	0,04–47,70
2	16,67	2,09–48,41	0,90–57,29
3	25,00	5,49–57,19	3,03–65,52
4	33,33	9,92–65,11	6,24–72,75
5	41,67	15,17–72,33	10,34–79,15
6	50,00	21,09–78,91	15,22–84,78
7	58,33	27,67–84,83	20,85–89,66
8	66,67	34,89–90,08	27,25–93,76
9	75,00	42,81–94,51	34,48–96,97
10	83,33	51,59–97,91	42,71–99,10
11	91,67	61,52–99,79	52,30–99,96
12	100,00	73,54–100,00	64,31–100,00

N = 13

x	$100p_x$	95%	99%
0	0,00	0,00–24,71	0,00–33,47
1	7,69	0,19–36,03	0,04–44,90
2	15,38	1,92–45,45	0,83–54,10
3	23,08	5,04–53,81	2,78–62,06
4	30,77	9,09–61,43	5,71–69,13
5	38,46	13,86–68,42	9,42–75,46
6	46,15	19,22–74,87	13,83–81,13
7	53,85	25,13–80,78	18,87–86,17
8	61,54	31,58–86,14	24,54–90,58
9	69,23	38,57–90,91	30,87–94,29
10	76,92	46,19–94,96	37,94–97,22
11	84,62	54,55–98,08	45,90–99,17
12	92,31	63,97–99,81	55,10–99,96
13	100,00	75,29–100,00	66,53–100,00

N = 14

x	$100p_x$	95%	99%
0	0,00	0,00–23,16	0,00–31,51
1	7,14	0,18–33,87	0,04–42,40
2	14,29	1,78–42,81	0,76–51,23
3	21,43	4,66–50,80	2,57–58,92
4	28,57	8,39–58,10	5,26–65,79
5	35,71	12,76–64,86	8,66–72,01
6	42,86	17,66–71,14	12,67–77,66
7	50,00	23,04–76,96	17,24–82,76
8	57,14	28,86–82,34	22,34–87,33
9	64,29	35,14–87,24	27,99–91,34
10	71,43	41,90–91,61	34,21–94,74
11	78,57	49,20–95,34	41,08–97,43
12	85,71	57,19–98,22	48,77–99,24
13	92,86	66,13–99,82	57,60–99,96
14	100,00	76,84–100,00	68,49–100,00

N = 15

x	$100p_x$	95%	99%
0	0,00	0,00–21,80	0,00–29,76
1	6,67	0,17–31,95	0,03–40,16
2	13,33	1,66–40,46	0,71–48,63
3	20,00	4,33–48,09	2,39–56,05
4	26,67	7,79–55,10	4,88–62,73
5	33,33	11,82–61,62	8,01–68,82
6	40,00	16,34–67,71	11,70–74,39
7	46,67	21,27–73,41	15,87–79,49
8	53,33	26,59–78,73	20,51–84,13
9	60,00	32,29–83,66	25,61–88,30
10	66,67	38,38–88,18	31,18–91,99
11	73,33	44,90–92,21	37,27–95,12
12	80,00	51,91–95,67	43,95–97,61
13	86,67	59,54–98,34	51,37–99,29
14	93,33	68,05–99,83	59,84–99,97
15	100,00	78,20–100,00	70,24–100,00

N = 16

x	$100p_x$	95%	99%
0	0,00	0,00–20,59	0,00–28,19
1	6,25	0,16–30,23	0,03–38,14
2	12,50	1,55–38,35	0,67–46,28
3	18,75	4,05–45,65	2,23–53,44
4	25,00	7,27–52,38	4,55–59,91
5	31,25	11,02–58,66	7,45–65,85
6	37,50	15,20–64,57	10,86–71,32
7	43,75	19,75–70,12	14,71–76,38
8	50,00	24,65–75,35	18,97–81,03
9	56,25	29,88–80,25	23,62–85,29
10	62,50	35,43–84,80	28,68–89,14
11	68,75	41,34–88,98	34,15–92,55
12	75,00	47,62–92,73	40,09–95,45
13	81,25	54,35–95,95	46,56–97,77
14	87,50	61,65–98,45	53,72–99,33
15	93,75	69,77–99,84	61,86–99,97
16	100,00	79,41–100,00	71,81–100,00

N = 17

x	$100p_x$	95%	99%
0	0,00	0,00–19,51	0,00–26,78
1	5,88	0,15–28,69	0,03–36,30
2	11,76	1,46–36,44	0,63–44,13
3	17,65	3,80–43,43	2,09–51,04
4	23,53	6,81–49,90	4,26–57,32

N = 17 (Fortsetzung)

x	$100p_x$	95%	99%
5	29,41	10,31–55,96	6,97–63,10
6	35,29	14,21–61,67	10,14–68,46
7	41,18	18,44–67,08	13,71–73,44
8	47,06	22,98–72,19	17,64–78,07
9	52,94	27,81–77,02	21,93–82,36
10	58,82	32,92–81,56	26,56–86,29
11	64,71	38,33–85,79	31,54–89,86
12	70,59	44,04–89,69	36,90–93,03
13	76,47	50,10–93,19	42,68–95,74
14	82,35	56,57–96,20	48,96–97,91
15	88,24	63,56–98,54	55,87–99,37
16	94,12	71,31–99,85	63,70–99,97
17	100,00	80,49–100,00	73,22–100,00

N = 18

x	$100p_x$	95%	99%
0	0,00	0,00–18,53	0,00–25,50
1	5,56	0,14–27,29	0,03–34,63
2	11,11	1,38–34,71	0,59–42,17
3	16,67	3,58–41,42	1,97–48,84
4	22,22	6,41–47,64	4,00–54,92
5	27,78	9,69–53,48	6,54–60,55
6	33,33	13,34–59,01	9,51–65,79
7	38,89	17,30–64,25	12,84–70,68
8	44,44	21,53–69,24	16,49–75,26
9	50,00	26,02–73,98	20,47–79,53
10	55,56	30,76–78,47	24,74–83,51
11	61,11	35,75–82,70	29,32–87,16
12	66,67	40,99–86,66	34,21–90,49
13	72,22	46,52–90,31	39,45–93,46
14	77,78	52,36–93,59	45,08–96,00
15	83,33	58,58–96,42	51,16–98,03
16	88,89	65,29–98,62	57,83–99,41
17	94,44	72,71–99,86	65,37–99,97
18	100,00	81,47–100,00	74,50–100,00

N = 19

x	$100p_x$	95%	99%
0	0,00	0,00–17,65	0,00–24,34
1	5,26	0,13–26,03	0,03–33,11
2	10,53	1,30–33,14	0,56–40,37
3	15,79	3,38–39,58	1,86–46,82
4	21,05	6,05–45,57	3,78–52,71
5	26,32	9,15–51,20	6,17–58,18
6	31,58	12,58–56,55	8,95–63,29
7	36,84	16,29–61,64	12,07–68,09
8	42,11	20,25–66,50	15,49–72,60
9	47,37	24,45–71,14	19,19–76,84
10	52,63	28,86–75,55	23,16–80,81
11	57,89	33,50–79,75	27,40–84,51
12	63,16	38,36–83,71	31,91–87,93
13	68,42	43,45–87,42	36,71–91,05
14	73,68	48,80–90,85	41,82–93,83
15	78,95	54,43–93,95	47,29–96,22
16	84,21	60,42–96,62	53,18–98,14
17	89,47	66,86–98,70	59,63–99,44
18	94,74	73,97–99,87	66,89–99,97
19	100,00	82,35–100,00	75,66–100,00

N = 20

x	$100p_x$	95%	99%
0	0,00	0,00–16,84	0,00–23,27
1	5,00	0,13–24,87	0,03–31,71
2	10,00	1,23–31,70	0,53–38,71
3	15,00	3,21–37,89	1,76–44,95
4	20,00	5,73–43,66	3,58–50,66
5	25,00	8,66–49,10	5,83–55,98
6	30,00	11,89–54,28	8,46–60,96
7	35,00	15,39–59,22	11,39–65,66
8	40,00	19,12–63,95	14,60–70,09
9	45,00	23,06–68,47	18,06–74,28
10	50,00	27,20–72,80	21,77–78,23
11	55,00	31,53–76,94	25,72–81,94
12	60,00	36,05–80,88	29,91–85,40
13	65,00	40,78–84,61	34,34–88,61
14	70,00	45,72–88,11	39,04–91,54
15	75,00	50,90–91,34	44,02–94,17
16	80,00	56,34–94,27	49,34–96,42
17	85,00	62,11–96,79	55,05–98,24
18	90,00	68,30–98,77	61,29–99,47
19	95,00	75,13–99,87	68,29–99,97
20	100,00	83,16–100,00	76,73–100,00

N = 21

x	$100p_x$	95%	99%
0	0,00	0,00–16,11	0,00–22,30
1	4,76	0,12–23,82	0,02–30,43
2	9,52	1,17–30,38	0,50–37,18
3	14,29	3,05–36,34	1,68–43,22
4	19,05	5,45–41,91	3,39–48,76
5	23,81	8,22–47,17	5,53–53,92
6	28,57	11,28–52,18	8,01–58,78
7	33,33	14,59–56,97	10,78–63,37
8	38,10	18,11–61,56	13,81–67,72
9	42,86	21,82–65,98	17,07–71,85
10	47,62	25,71–70,22	20,55–75,76
11	52,38	29,78–74,29	24,24–79,45
12	57,14	34,02–78,18	28,15–82,93
13	61,90	38,44–81,89	32,28–86,19
14	66,67	43,03–85,41	36,63–89,22

N = 21 (Fortsetzung)

x	$100p_x$	95%	99%
15	71,43	47,82–88,72	41,22–91,99
16	76,19	52,83–91,78	46,08–94,47
17	80,95	58,09–94,55	51,24–96,61
18	85,71	63,66–96,95	56,78–98,32
19	90,48	69,62–98,83	62,82–99,50
20	95,24	76,18–99,88	69,57–99,98
21	100,00	83,89–100,00	77,70–100,00

N = 22

x	$100p_x$	95%	99%
0	0,00	0,00–15,44	0,00–21,40
1	4,55	0,12–22,84	0,02–29,24
2	9,09	1,12–29,16	0,48–35,77
3	13,64	2,91–34,91	1,60–41,61
4	18,18	5,19–40,28	3,23–46,99
5	22,73	7,82–45,37	5,26–52,01
6	27,27	10,73–50,22	7,61–56,74
7	31,82	13,86–54,87	10,24–61,23
8	36,36	17,20–59,34	13,10–65,49
9	40,91	20,71–63,65	16,18–69,54
10	45,45	24,39–67,79	19,46–73,40
11	50,00	28,22–71,78	22,93–77,07
12	54,55	32,21–75,61	26,60–80,54
13	59,09	36,35–79,29	30,46–83,82
14	63,64	40,66–82,80	34,51–86,90
15	68,18	45,13–86,14	38,77–89,76
16	72,73	49,78–89,27	43,26–92,39
17	77,27	54,63–92,18	47,99–94,74
18	81,82	59,72–94,81	53,01–96,77
19	86,36	65,09–97,09	58,39–98,40
20	90,91	70,84–98,88	64,23–99,52
21	95,45	77,16–99,88	70,76–99,98
22	100,00	84,56–100,00	78,60–100,00

N = 23

x	$100p_x$	95%	99%
0	0,00	0,00–14,82	0,00–20,58
1	4,35	0,11–21,95	0,02–28,14
2	8,70	1,07–28,04	0,46–34,46
3	13,04	2,78–33,59	1,53–40,12
4	17,39	4,95–38,78	3,08–45,34
5	21,74	7,46–43,70	5,02–50,22
6	26,09	10,23–48,41	7,25–54,83
7	30,43	13,21–52,92	9,74–59,21
8	34,78	16,38–57,27	12,46–63,38
9	39,13	19,71–61,46	15,37–67,36
10	43,48	23,19–65,51	18,48–71,16
11	47,83	26,82–69,41	21,76–74,79
12	52,17	30,59–73,18	25,21–78,24
13	56,52	34,49–76,81	28,84–81,52
14	60,87	38,54–80,29	32,64–84,63
15	65,22	42,73–83,62	36,62–87,54
16	69,57	47,08–86,79	40,79–90,26
17	73,91	51,59–89,77	45,17–92,75
18	78,26	56,30–92,54	49,78–94,98
19	82,61	61,22–95,05	54,66–96,92
20	86,96	66,41–97,22	59,88–98,47
21	91,30	71,96–98,93	65,54–99,54
22	95,65	78,05–99,89	71,86–99,98
23	100,00	85,18–100,00	79,42–100,00

N = 24

x	$100p_x$	95%	99%
0	0,00	0,00–14,25	0,00–19,81
1	4,17	0,11–21,12	0,02–27,13
2	8,33	1,03–27,00	0,44–33,24
3	12,50	2,66–32,36	1,46–38,73
4	16,67	4,74–37,38	2,95–43,79
5	20,83	7,13–42,15	4,79–48,55
6	25,00	9,77–46,71	6,92–53,04
7	29,17	12,62–51,09	9,30–57,32
8	33,33	15,63–55,32	11,88–61,40
9	37,50	18,80–59,41	14,65–65,30
10	41,67	22,11–63,36	17,59–69,04
11	45,83	25,55–67,18	20,70–72,62
12	50,00	29,12–70,88	23,96–76,04
13	54,17	32,82–74,45	27,38–79,30
14	58,33	36,64–77,89	30,96–82,41
15	62,50	40,59–81,20	34,70–85,35
16	66,67	44,68–84,37	38,60–88,12
17	70,83	48,91–87,38	42,68–90,70
18	75,00	53,29–90,23	46,96–93,08
19	79,17	57,85–92,87	51,45–95,21
20	83,33	62,62–95,26	56,21–97,05
21	87,50	67,64–97,34	61,27–98,54
22	91,67	73,00–98,97	66,76–99,56
23	95,83	78,88–99,89	72,87–99,98
24	100,00	85,75–100,00	80,19–100,00

N = 25

x	$100p_x$	95%	99%
0	0,00	0,00–13,72	0,00–19,10
1	4,00	0,10–20,35	0,02–26,18
2	8,00	0,98–26,03	0,42–32,10
3	12,00	2,55–31,22	1,40–37,43
4	16,00	4,54–36,08	2,82–42,35
5	20,00	6,83–40,70	4,59–46,98
6	24,00	9,36–45,13	6,63–51,36
7	28,00	12,07–49,39	8,89–55,53
8	32,00	14,95–53,50	11,35–59,52

N = Anzahl der Versuche, x = Anzahl der Erfolge usw., $100\,p_x = 100\,x/N$

$N = 25$ (Fortsetzung)

x	$100p_x$	100 (1 − 2α)-Grenzen 95% $100p_l$	95% $100p_r$	99% $100p_l$	99% $100p_r$
9	36,00	17,97	57,48	13,99	63,35
10	40,00	21,13	61,33	16,79	67,02
11	44,00	24,40	65,07	19,74	70,54
12	48,00	27,80	68,69	22,83	73,93
13	52,00	31,31	72,20	26,07	77,17
14	56,00	34,93	75,60	29,46	80,26
15	60,00	38,67	78,87	32,98	83,21
16	64,00	42,52	82,03	36,65	86,01
17	68,00	46,50	85,05	40,48	88,65
18	72,00	50,61	87,93	44,47	91,11
19	76,00	54,87	90,64	48,64	93,37
20	80,00	59,30	93,17	53,02	95,41
21	84,00	63,92	95,46	57,65	97,18
22	88,00	68,78	97,45	62,57	98,60
23	92,00	73,97	99,02	67,90	99,58
24	96,00	79,65	99,90	73,82	99,98
25	100,00	86,28	100,00	80,90	100,00

$N = 26$

x	$100p_x$	95% $100p_l$	95% $100p_r$	99% $100p_l$	99% $100p_r$
0	0,00	0,00	13,23	0,00	18,44
1	3,85	0,10	19,64	0,02	25,29
2	7,69	0,95	25,13	0,41	31,04
3	11,54	2,45	30,15	1,34	36,21
4	15,38	4,36	34,87	2,71	41,00
5	19,23	6,55	39,35	4,40	45,50
6	23,08	8,97	43,65	6,35	49,77
7	26,92	11,57	47,79	8,52	53,85
8	30,77	14,33	51,79	10,87	57,75
9	34,62	17,21	55,67	13,38	61,50
10	38,46	20,23	59,43	16,05	65,10
11	42,31	23,35	63,08	18,86	68,57
12	46,15	26,59	66,63	21,81	71,91
13	50,00	29,93	70,07	24,89	75,11
14	53,85	33,37	73,41	28,09	78,19
15	57,69	36,92	76,65	31,43	81,14
16	61,54	40,57	79,77	34,90	83,95
17	65,38	44,33	82,79	38,50	86,62
18	69,23	48,21	85,67	42,25	89,13
19	73,08	52,21	88,43	46,15	91,48
20	76,92	56,35	91,03	50,23	93,65
21	80,77	60,65	93,45	54,50	95,60
22	84,62	65,13	95,64	59,00	97,29
23	88,46	69,85	97,55	63,79	98,66
24	92,31	74,87	99,05	68,96	99,59
25	96,15	80,36	99,90	74,71	99,98
26	100,00	86,77	100,00	81,56	100,00

$N = 27$

x	$100p_x$	95% $100p_l$	95% $100p_r$	99% $100p_l$	99% $100p_r$
0	0,00	0,00	12,77	0,00	17,82
1	3,70	0,09	18,97	0,02	24,46
2	7,41	0,91	24,29	0,39	30,04
3	11,11	2,35	29,16	1,29	35,07
4	14,81	4,19	33,73	2,60	39,73
5	18,52	6,30	38,08	4,23	44,11
6	22,22	8,62	42,26	6,10	48,28
7	25,93	11,11	46,28	8,17	52,26
8	29,63	13,75	50,18	10,42	56,08
9	33,33	16,52	53,96	12,83	59,75
10	37,04	19,40	57,63	15,38	63,28
11	40,74	22,39	61,20	18,07	66,69
12	44,44	25,48	64,67	20,88	69,98
13	48,15	28,67	68,05	23,81	73,14
14	51,85	31,95	71,33	26,86	76,19
15	55,56	35,33	74,52	30,02	79,12
16	59,26	38,80	77,61	33,31	81,93
17	62,96	42,37	80,60	36,72	84,62
18	66,67	46,04	83,48	40,25	87,17
19	70,37	49,82	86,25	43,92	89,58
20	74,07	53,72	88,89	47,74	91,83
21	77,78	57,74	91,38	51,72	93,90
22	81,48	61,92	93,70	55,89	95,77
23	85,19	66,27	95,81	60,27	97,40
24	88,89	70,84	97,65	64,93	98,71
25	92,59	75,71	99,09	69,96	99,61
26	96,30	81,03	99,91	75,54	99,98
27	100,00	87,23	100,00	82,18	100,00

$N = 28$

x	$100p_x$	95% $100p_l$	95% $100p_r$	99% $100p_l$	99% $100p_r$
0	0,00	0,00	12,34	0,00	17,24
1	3,57	0,09	18,35	0,02	23,69
2	7,14	0,88	23,50	0,38	29,11
3	10,71	2,27	28,23	1,25	33,99
4	14,29	4,03	32,67	2,51	38,53
5	17,86	6,06	36,89	4,07	42,80
6	21,43	8,30	40,95	5,86	46,87
7	25,00	10,69	44,87	7,86	50,76
8	28,57	13,22	48,67	10,02	54,49
9	32,14	15,88	52,35	12,32	58,08
10	35,71	18,64	55,93	14,77	61,55
11	39,29	21,50	59,42	17,33	64,90
12	42,86	24,46	62,82	20,02	68,14
13	46,43	27,51	66,13	22,82	71,26
14	50,00	30,65	69,35	25,72	74,28
15	53,57	33,87	72,49	28,74	77,18
16	57,14	37,18	75,54	31,86	79,98
17	60,71	40,58	78,50	35,10	82,67

$N = 28$ (Fortsetzung)

x	$100p_x$	95% $100p_l$	95% $100p_r$	99% $100p_l$	99% $100p_r$
18	64,29	44,07	81,36	38,45	85,23
19	67,86	47,65	84,12	41,92	87,68
20	71,43	51,33	86,78	45,51	89,98
21	75,00	55,13	89,31	49,24	92,14
22	78,57	59,05	91,70	53,13	94,14
23	82,14	63,11	93,94	57,20	95,93
24	85,71	67,33	95,97	61,47	97,49
25	89,29	71,77	97,73	66,01	98,75
26	92,86	76,50	99,12	70,89	99,62
27	96,43	81,65	99,91	76,31	99,98
28	100,00	87,66	100,00	82,76	100,00

$N = 29$

x	$100p_x$	95% $100p_l$	95% $100p_r$	99% $100p_l$	99% $100p_r$
0	0,00	0,00	11,94	0,00	16,70
1	3,45	0,09	17,76	0,02	22,96
2	6,90	0,85	22,77	0,36	28,23
3	10,34	2,19	27,35	1,20	32,98
4	13,79	3,89	31,66	2,42	37,40
5	17,24	5,85	35,77	3,92	41,57
6	20,69	7,99	39,72	5,65	45,54
7	24,14	10,30	43,54	7,56	49,33
8	27,59	12,73	47,24	9,64	52,99
9	31,03	15,28	50,83	11,85	56,51
10	34,48	17,94	54,33	14,20	59,91
11	37,93	20,69	57,74	16,66	63,20
12	41,38	23,52	61,06	19,23	66,38
13	44,83	26,45	64,31	21,91	69,46
14	48,28	29,45	67,47	24,69	72,43
15	51,72	32,53	70,55	27,57	75,31
16	55,17	35,69	73,55	30,54	78,09
17	58,62	38,94	76,48	33,62	80,77
18	62,07	42,26	79,31	36,80	83,34
19	65,52	45,67	82,06	40,09	85,80
20	68,97	49,17	84,72	43,49	88,15
21	72,41	52,76	87,27	47,01	90,36
22	75,86	56,46	89,70	50,67	92,44
23	79,31	60,28	92,01	54,46	94,35
24	82,76	64,23	94,15	58,43	96,08
25	86,21	68,34	96,11	62,60	97,58
26	89,66	72,65	97,81	67,02	98,80
27	93,10	77,23	99,15	71,77	99,64
28	96,55	82,24	99,91	77,04	99,98
29	100,00	88,06	100,00	83,30	100,00

$N = 30$

x	$100p_x$	95% $100p_l$	95% $100p_r$	99% $100p_l$	99% $100p_r$
0	0,00	0,00	11,57	0,00	16,19
1	3,33	0,08	17,22	0,02	22,27
2	6,67	0,82	22,07	0,35	27,40
3	10,00	2,11	26,53	1,16	32,03
4	13,33	3,76	30,72	2,33	36,34
5	16,67	5,64	34,72	3,78	40,40
6	20,00	7,71	38,57	5,45	44,28
7	23,33	9,93	42,28	7,29	47,99
8	26,67	12,28	45,89	9,29	51,56
9	30,00	14,73	49,40	11,42	55,01
10	33,33	17,29	52,81	13,67	58,34
11	36,67	19,93	56,14	16,04	61,57
12	40,00	22,66	59,40	18,50	64,70
13	43,33	25,46	62,57	21,07	67,73
14	46,67	28,34	65,67	23,73	70,67
15	50,00	31,30	68,70	26,48	73,52
16	53,33	34,33	71,66	29,33	76,27
17	56,67	37,43	74,54	32,27	78,93
18	60,00	40,60	77,34	35,30	81,50
19	63,33	43,86	80,07	38,43	83,96
20	66,67	47,19	82,71	41,66	86,33
21	70,00	50,60	85,27	44,99	88,58
22	73,33	54,11	87,72	48,44	90,71
23	76,67	57,72	90,07	52,01	92,71
24	80,00	61,43	92,29	55,72	94,55
25	83,33	65,28	94,36	59,60	96,22
26	86,67	69,28	96,24	63,66	97,67
27	90,00	73,47	97,89	67,97	98,84
28	93,33	77,93	99,18	72,60	99,65
29	96,67	82,78	99,92	77,73	99,98
30	100,00	88,43	100,00	83,81	100,00

$N = 31$

x	$100p_x$	95% $100p_l$	95% $100p_r$	99% $100p_l$	99% $100p_r$
0	0,00	0,00	11,22	0,00	15,71
1	3,23	0,08	16,70	0,02	21,63
2	6,45	0,79	21,42	0,34	26,62
3	9,68	2,04	25,75	1,12	31,13
4	12,90	3,63	29,83	2,25	35,33
5	16,13	5,45	33,73	3,65	39,30
6	19,35	7,45	37,47	5,26	43,08
7	22,58	9,59	41,10	7,04	46,71
8	25,81	11,86	44,61	8,96	50,21
9	29,03	14,22	48,04	11,02	53,58
10	32,26	16,68	51,37	13,18	56,85
11	35,48	19,23	54,63	15,46	60,02
12	38,71	21,85	57,81	17,83	63,09
13	41,94	24,55	60,92	20,29	66,08
14	45,16	27,32	63,97	22,85	68,98
15	48,39	30,15	66,94	25,49	71,79
16	51,61	33,06	69,85	28,21	74,51
17	54,84	36,03	72,68	31,02	77,15

$N = 31$ (Fortsetzung)

x	$100p_x$	95% $100p_l$	95% $100p_r$	99% $100p_l$	99% $100p_r$
18	58,06	39,08	75,45	33,92	79,71
19	61,29	42,19	78,15	36,91	82,17
20	64,52	45,37	80,77	39,98	84,54
21	67,74	48,63	83,32	43,15	86,82
22	70,97	51,96	85,78	46,42	88,98
23	74,19	55,39	88,14	49,79	91,04
24	77,42	58,90	90,41	53,29	92,96
25	80,65	62,53	92,55	56,92	94,74
26	83,87	66,27	94,55	60,70	96,35
27	87,10	70,17	96,37	64,67	97,75
28	90,32	74,25	97,96	68,87	98,88
29	93,55	78,58	99,21	73,38	99,66
30	96,77	83,30	99,92	78,37	99,98
31	100,00	88,78	100,00	84,29	100,00

$N = 32$

x	$100p_x$	95% $100p_l$	95% $100p_r$	99% $100p_l$	99% $100p_r$
0	0,00	0,00	10,89	0,00	15,26
1	3,13	0,08	16,22	0,02	21,02
2	6,25	0,77	20,81	0,33	25,88
3	9,38	1,98	25,02	1,09	30,28
4	12,50	3,51	28,99	2,18	34,38
5	15,63	5,28	32,79	3,53	38,25
6	18,75	7,21	36,44	5,09	41,95
7	21,88	9,28	39,97	6,80	45,50
8	25,00	11,46	43,40	8,66	48,92
9	28,13	13,75	46,75	10,64	52,22
10	31,25	16,12	50,01	12,73	55,43
11	34,38	18,57	53,19	14,92	58,54
12	37,50	21,10	56,31	17,20	61,56
13	40,63	23,70	59,36	19,57	64,50
14	43,75	26,36	62,34	22,03	67,35
15	46,88	29,09	65,26	24,56	70,13
16	50,00	31,89	68,11	27,18	72,82
17	53,13	34,74	70,91	29,87	75,44
18	56,25	37,66	73,64	32,65	77,97
19	59,38	40,64	76,30	35,50	80,43
20	62,50	43,69	78,90	38,44	82,80
21	65,63	46,81	81,43	41,46	85,08
22	68,75	49,99	83,88	44,57	87,27
23	71,88	53,25	86,25	47,78	89,36
24	75,00	56,60	88,54	51,08	91,34
25	78,13	60,03	90,72	54,50	93,20
26	81,25	63,56	92,79	58,05	94,91
27	84,38	67,21	94,72	61,75	96,47
28	87,50	71,01	96,49	65,62	97,82
29	90,63	74,98	98,02	69,72	98,91
30	93,75	79,19	99,23	74,12	99,67
31	96,88	83,78	99,92	78,98	99,98
32	100,00	89,11	100,00	84,74	100,00

$N = 33$

x	$100p_x$	95% $100p_l$	95% $100p_r$	99% $100p_l$	99% $100p_r$
0	0,00	0,00	10,58	0,00	14,83
1	3,03	0,08	15,76	0,02	20,44
2	6,06	0,74	20,23	0,32	25,18
3	9,09	1,92	24,33	1,05	29,47
4	12,12	3,40	28,20	2,11	33,47
5	15,15	5,11	31,90	3,42	37,26
6	18,18	6,98	35,46	4,92	40,87
7	21,21	8,98	38,91	6,58	44,34
8	24,24	11,09	42,26	8,38	47,69
9	27,27	13,30	45,52	10,29	50,93
10	30,30	15,59	48,71	12,31	54,08
11	33,33	17,96	51,83	14,42	57,13
12	36,36	20,40	54,88	16,62	60,10
13	39,39	22,91	57,86	18,90	62,98
14	42,42	25,48	60,78	21,27	65,79
15	45,45	28,11	63,65	23,71	68,53
16	48,48	30,80	66,46	26,22	71,19
17	51,52	33,54	69,20	28,81	73,78
18	54,55	36,35	71,89	31,47	76,29
19	57,58	39,22	74,52	34,21	78,73
20	60,61	42,14	77,09	37,02	81,10
21	63,64	45,12	79,60	39,90	83,38
22	66,67	48,17	82,04	42,87	85,58
23	69,70	51,29	84,41	45,92	87,69
24	72,73	54,48	86,70	49,07	89,71
25	75,76	57,74	88,91	52,31	91,62
26	78,79	61,09	91,02	55,66	93,42
27	81,82	64,54	93,02	59,13	95,08
28	84,85	68,10	94,89	62,74	96,58
29	87,88	71,80	96,60	66,53	97,89
30	90,91	75,67	98,08	70,53	98,95
31	93,94	79,77	99,26	74,82	99,68
32	96,97	84,24	99,92	79,56	99,98
33	100,00	89,42	100,00	85,17	100,00

$N = 34$

x	$100p_x$	95% $100p_l$	95% $100p_r$	99% $100p_l$	99% $100p_r$
0	0,00	0,00	10,28	0,00	14,43
1	2,94	0,07	15,33	0,01	19,90
2	5,88	0,72	19,68	0,31	24,52
3	8,82	1,86	23,68	1,02	28,71
4	11,76	3,30	27,45	2,05	32,62
5	14,71	4,95	31,06	3,32	36,31
6	17,65	6,76	34,53	4,77	39,85
7	20,59	8,70	37,90	6,38	43,24
8	23,53	10,75	41,17	8,11	46,52

$N = 34$ (Fortsetzung)

x	$100p_x$	95% $100p_l$	95% $100p_r$	99% $100p_l$	99% $100p_r$
9	26,47	12,88	44,36	9,96	49,70
10	29,41	15,10	47,48	11,91	52,78
11	32,35	17,39	50,53	13,95	55,78
12	35,29	19,75	53,51	16,07	58,69
13	38,24	22,17	56,44	18,28	61,53
14	41,18	24,65	59,30	20,56	64,30
15	44,12	27,19	62,11	22,91	67,00
16	47,06	29,78	64,87	25,33	69,62
17	50,00	32,43	67,57	27,82	72,18
18	52,94	35,13	70,22	30,38	74,67
19	55,88	37,89	72,81	33,00	77,09
20	58,82	40,70	75,35	35,70	79,44
21	61,76	43,56	77,83	38,47	81,72
22	64,71	46,49	80,25	41,31	83,93
23	67,65	49,47	82,61	44,22	86,05
24	70,59	52,52	84,90	47,22	88,09
25	73,53	55,64	87,12	50,30	90,04
26	76,47	58,83	89,25	53,48	91,89
27	79,41	62,10	91,30	56,76	93,62
28	82,35	65,47	93,24	60,15	95,23
29	85,29	68,94	95,05	63,69	96,68
30	88,24	72,55	96,70	67,38	97,95
31	91,18	76,32	98,14	71,29	98,98
32	94,12	80,32	99,28	75,48	99,69
33	97,06	84,67	99,93	80,10	99,99
34	100,00	89,72	100,00	85,57	100,00

$N = 35$

x	$100p_x$	95% $100p_l$	95% $100p_r$	99% $100p_l$	99% $100p_r$
0	0,00	0,00	10,00	0,00	14,05
1	2,86	0,07	14,92	0,01	19,38
2	5,71	0,70	19,16	0,30	23,89
3	8,57	1,80	23,06	0,99	27,98
4	11,43	3,20	26,74	1,99	31,80
5	14,29	4,81	30,26	3,22	35,42
6	17,14	6,56	33,65	4,63	38,87
7	20,00	8,44	36,94	6,18	42,20
8	22,86	10,42	40,14	7,86	45,41
9	25,71	12,49	43,26	9,65	48,52
10	28,57	14,64	46,30	11,54	51,55
11	31,43	16,85	49,29	13,51	54,49
12	34,29	19,13	52,21	15,56	57,35
13	37,14	21,47	55,08	17,69	60,14
14	40,00	23,87	57,89	19,89	62,87
15	42,86	26,32	60,65	22,16	65,52
16	45,71	28,83	63,35	24,50	68,11
17	48,57	31,38	66,01	26,90	70,64
18	51,43	33,99	68,62	29,36	73,10
19	54,29	36,65	71,17	31,89	75,50
20	57,14	39,35	73,68	34,48	77,84
21	60,00	42,11	76,13	37,13	80,11
22	62,86	44,92	78,53	39,86	82,31
23	65,71	47,79	80,87	42,65	84,44
24	68,57	50,71	83,15	45,51	86,49
25	71,43	53,70	85,36	48,45	88,46
26	74,29	56,74	87,51	51,48	90,35
27	77,14	59,86	89,58	54,59	92,14
28	80,00	63,06	91,56	57,80	93,82
29	82,86	66,35	93,44	61,13	95,37
30	85,71	69,74	95,19	64,58	96,78
31	88,57	73,26	96,80	68,20	98,01
32	91,43	76,94	98,20	72,02	99,01
33	94,29	80,84	99,30	76,11	99,70
34	97,14	85,08	99,93	80,62	99,99
35	100,00	90,00	100,00	85,95	100,00

$N = 36$

x	$100p_x$	95% $100p_l$	95% $100p_r$	99% $100p_l$	99% $100p_r$
0	0,00	0,00	9,74	0,00	13,69
1	2,78	0,07	14,53	0,01	18,89
2	5,56	0,68	18,66	0,29	23,29
3	8,33	1,75	22,47	0,96	27,29
4	11,11	3,11	26,06	1,93	31,02
5	13,89	4,67	29,50	3,12	34,56
6	16,67	6,37	32,81	4,49	37,94
7	19,44	8,19	36,02	6,00	41,20
8	22,22	10,12	39,15	7,63	44,35
9	25,00	12,12	42,20	9,36	47,40
10	27,78	14,20	45,19	11,19	50,37
11	30,56	16,35	48,11	13,10	53,25
12	33,33	18,56	50,97	15,09	56,07
13	36,11	20,82	53,78	17,14	58,81
14	38,89	23,14	56,54	19,27	61,49
15	41,67	25,51	59,24	21,46	64,11
16	44,44	27,94	61,90	23,72	66,66
17	47,22	30,41	64,51	26,03	69,16
18	50,00	32,92	67,08	28,41	71,59
19	52,78	35,49	69,59	30,84	73,97
20	55,56	38,10	72,06	33,34	76,28
21	58,33	40,76	74,49	35,89	78,54
22	61,11	43,46	76,86	38,51	80,73
23	63,89	46,22	79,18	41,19	82,86
24	66,67	49,03	81,44	43,93	84,91
25	69,44	51,89	83,65	46,75	86,90
26	72,22	54,81	85,80	49,63	88,81
27	75,00	57,80	87,88	52,60	90,64
28	77,78	60,85	89,88	55,65	92,37
29	80,56	63,98	91,81	58,80	94,00

N = Anzahl der Versuche, x = Anzahl der Erfolge usw., $100\,p_x = 100\,x/N$

x	$100\,p_x$	100 (1 − 2α)-Grenzen 95% $100\,p_l$	95% $100\,p_r$	99% $100\,p_l$	99% $100\,p_r$
	N = 36 (Fortsetzung)				
30	83,33	67,19–	93,63	62,06–	95,51
31	86,11	70,50–	95,33	65,44–	96,88
32	88,89	73,94–	96,89	68,98–	98,07
33	91,67	77,53–	98,25	72,71–	99,04
34	94,44	81,34–	99,32	76,71–	99,71
35	97,22	85,47–	99,93	81,11–	99,99
36	100,00	90,26–	100,00	86,31–	100,00
	N = 37				
0	0,00	0,00–	9,49	0,00–	13,34
1	2,70	0,07–	14,16	0,01–	18,42
2	5,41	0,66–	18,19	0,28–	22,73
3	8,11	1,70–	21,91	0,94–	26,63
4	10,81	3,03–	25,42	1,88–	30,28
5	13,51	4,54–	28,77	3,04–	33,75
6	16,22	6,19–	32,01	4,36–	37,06
7	18,92	7,96–	35,16	5,83–	40,25
8	21,62	9,83–	38,21	7,41–	43,33
9	24,32	11,77–	41,20	9,09–	46,32
10	27,03	13,79–	44,12	10,86–	49,24
11	29,73	15,87–	46,98	12,71–	52,07
12	32,43	18,01–	49,79	14,64–	54,83
13	35,14	20,21–	52,54	16,63–	57,53
14	37,84	22,46–	55,24	18,69–	60,17
15	40,54	24,75–	57,90	20,81–	62,75
16	43,24	27,10–	60,51	22,99–	65,26
17	45,95	29,49–	63,08	25,22–	67,73
18	48,65	31,92–	65,60	27,52–	70,13
19	51,35	34,40–	68,08	29,87–	72,48
20	54,05	36,92–	70,51	32,27–	74,78
21	56,76	39,49–	72,90	34,74–	77,01
22	59,46	42,10–	75,25	37,25–	79,19
23	62,16	44,76–	77,54	39,83–	81,31
24	64,86	47,46–	79,79	42,47–	83,37
25	67,57	50,21–	81,99	45,17–	85,36
26	70,27	53,02–	84,13	47,93–	87,29
27	72,97	55,88–	86,21	50,76–	89,14
28	75,68	58,80–	88,23	53,68–	90,91
29	78,38	61,79–	90,17	56,67–	92,59
30	81,08	64,84–	92,04	59,75–	94,17
31	83,78	67,99–	93,81	62,94–	95,64
32	86,49	71,23–	95,46	66,25–	96,96
33	89,19	74,58–	96,97	69,72–	98,12
34	91,89	78,09–	98,30	73,37–	99,06
35	94,59	81,81–	99,34	77,27–	99,72
36	97,30	85,84–	99,93	81,58–	99,99
37	100,00	90,51–	100,00	86,66–	100,00
	N = 38				
0	0,00	0,00–	9,25	0,00–	13,01
1	2,63	0,07–	13,81	0,01–	17,98
2	5,26	0,64–	17,75	0,28–	22,19
3	7,89	1,66–	21,38	0,91–	26,01
4	10,53	2,94–	24,80	1,83–	29,58
5	13,16	4,41–	28,09	2,95–	32,97
6	15,79	6,02–	31,25	4,24–	36,21
7	18,42	7,74–	34,33	5,67–	39,34
8	21,05	9,55–	37,32	7,20–	42,36
9	23,68	11,44–	40,24	8,83–	45,30
10	26,32	13,40–	43,10	10,55–	48,15
11	28,95	15,42–	45,90	12,35–	50,94
12	31,58	17,50–	48,65	14,21–	53,65
13	34,21	19,63–	51,35	16,14–	56,31
14	36,84	21,81–	54,01	18,14–	58,90
15	39,47	24,04–	56,61	20,19–	61,44
16	42,11	26,31–	59,18	22,30–	63,92
17	44,74	28,62–	61,70	24,47–	66,35
18	47,37	30,98–	64,18	26,68–	68,72
19	50,00	33,38–	66,62	28,95–	71,05
20	52,63	35,82–	69,02	31,28–	73,32
21	55,26	38,30–	71,38	33,65–	75,53
22	57,89	40,82–	73,69	36,08–	77,70
23	60,53	43,39–	75,96	38,56–	79,81
24	63,16	45,99–	78,19	41,10–	81,86
25	65,79	48,65–	80,37	43,69–	83,86
26	68,42	51,35–	82,50	46,35–	85,79
27	71,05	54,10–	84,58	49,06–	87,65
28	73,68	56,90–	86,60	51,85–	89,45
29	76,32	59,76–	88,56	54,70–	91,17
30	78,95	62,68–	90,45	57,64–	92,80
31	81,58	65,67–	92,26	60,66–	94,33
32	84,21	68,75–	93,98	63,79–	95,76
33	86,84	71,91–	95,59	67,03–	97,05
34	89,47	75,20–	97,06	70,42–	98,17
35	92,11	78,62–	98,34	73,99–	99,09
36	94,74	82,25–	99,36	77,81–	99,72
37	97,37	86,19–	99,93	82,02–	99,99
38	100,00	90,75–	100,00	86,99–	100,00
	N = 39				
0	0,00	0,00–	9,03	0,00–	12,70
1	2,56	0,06–	13,48	0,01–	17,56
2	5,13	0,63–	17,32	0,27–	21,67
3	7,69	1,62–	20,87	0,89–	25,41
4	10,26	2,87–	24,22	1,78–	28,90
5	12,82	4,30–	27,43	2,87–	32,22

x	$100\,p_x$	100 (1 − 2α)-Grenzen 95% $100\,p_l$	95% $100\,p_r$	99% $100\,p_l$	99% $100\,p_r$
	N = 39 (Fortsetzung)				
6	15,38	5,86–	30,53	4,13–	35,40
7	17,95	7,54–	33,54	5,51–	38,47
8	20,51	9,30–	36,46	7,01–	41,43
9	23,08	11,13–	39,33	8,59–	44,31
10	25,64	13,04–	42,13	10,26–	47,12
11	28,21	15,00–	44,87	12,00–	49,85
12	30,77	17,02–	47,57	13,81–	52,52
13	33,33	19,09–	50,22	15,69–	55,13
14	35,90	21,20–	52,82	17,62–	57,68
15	38,46	23,36–	55,38	19,61–	60,18
16	41,03	25,57–	57,90	21,66–	62,62
17	43,59	27,81–	60,38	23,75–	65,02
18	46,15	30,09–	62,82	25,90–	67,36
19	48,72	32,42–	65,22	28,10–	69,66
20	51,28	34,78–	67,58	30,34–	71,90
21	53,85	37,18–	69,91	32,64–	74,10
22	56,41	39,62–	72,19	34,98–	76,25
23	58,97	42,10–	74,43	37,38–	78,34
24	61,54	44,62–	76,64	39,82–	80,39
25	64,10	47,18–	78,80	42,32–	82,38
26	66,67	49,78–	80,91	44,87–	84,31
27	69,23	52,43–	82,98	47,48–	86,19
28	71,79	55,13–	85,00	50,15–	88,00
29	74,36	57,87–	86,96	52,88–	89,74
30	76,92	60,67–	88,87	55,69–	91,41
31	79,49	63,54–	90,70	58,57–	92,99
32	82,05	66,46–	92,46	61,53–	94,49
33	84,62	69,47–	94,14	64,60–	95,87
34	87,18	72,57–	95,70	67,78–	97,13
35	89,74	75,78–	97,13	71,10–	98,22
36	92,31	79,13–	98,38	74,59–	99,11
37	94,87	82,68–	99,37	78,33–	99,73
38	97,44	86,52–	99,94	82,44–	99,99
39	100,00	90,97–	100,00	87,30–	100,00
	N = 40				
0	0,00	0,00–	8,81	0,00–	12,41
1	2,50	0,06–	13,16	0,01–	17,15
2	5,00	0,61–	16,92	0,26–	21,18
3	7,50	1,57–	20,39	0,86–	24,84
4	10,00	2,79–	23,66	1,73–	28,26
5	12,50	4,19–	26,80	2,80–	31,51
6	15,00	5,71–	29,84	4,02–	34,63
7	17,50	7,34–	32,78	5,37–	37,63
8	20,00	9,05–	35,65	6,82–	40,54
9	22,50	10,84–	38,45	8,36–	43,37
10	25,00	12,69–	41,20	9,98–	46,12
11	27,50	14,60–	43,89	11,68–	48,81
12	30,00	16,56–	46,53	13,44–	51,43
13	32,50	18,57–	49,13	15,26–	54,00
14	35,00	20,63–	51,68	17,13–	56,51
15	37,50	22,73–	54,20	19,06–	58,97
16	40,00	24,86–	56,67	21,05–	61,38
17	42,50	27,04–	59,11	23,08–	63,74
18	45,00	29,26–	61,51	25,16–	66,05
19	47,50	31,51–	63,87	27,29–	68,32
20	50,00	33,80–	66,20	29,46–	70,54
21	52,50	36,13–	68,49	31,68–	72,71
22	55,00	38,49–	70,74	33,95–	74,84
23	57,50	40,89–	72,96	36,26–	76,92
24	60,00	43,33–	75,14	38,62–	78,95
25	62,50	45,80–	77,27	41,03–	80,94
26	65,00	48,32–	79,37	43,49–	82,87
27	67,50	50,87–	81,43	46,00–	84,74
28	70,00	53,47–	83,44	48,57–	86,56
29	72,50	56,11–	85,40	51,19–	88,32
30	75,00	58,80–	87,31	53,88–	90,02
31	77,50	61,55–	89,16	56,63–	91,64
32	80,00	64,35–	90,95	59,46–	93,18
33	82,50	67,22–	92,66	62,37–	94,63
34	85,00	70,16–	94,29	65,37–	95,98
35	87,50	73,20–	95,81	68,49–	97,20
36	90,00	76,34–	97,21	71,74–	98,27
37	92,50	79,61–	98,43	75,16–	99,14
38	95,00	83,08–	99,39	78,82–	99,74
39	97,50	86,84–	99,94	82,85–	99,99
40	100,00	91,19–	100,00	87,59–	100,00
	N = 41				
0	0,00	0,00–	8,60	0,00–	12,12
1	2,44	0,06–	12,86	0,01–	16,77
2	4,88	0,60–	16,53	0,26–	20,71
3	7,32	1,54–	19,92	0,84–	24,29
4	9,76	2,72–	23,13	1,69–	27,64
5	12,20	4,08–	26,20	2,73–	30,83
6	14,63	5,57–	29,17	3,92–	33,89
7	17,07	7,15–	32,06	5,23–	36,83
8	19,51	8,82–	34,87	6,64–	39,69
9	21,95	10,56–	37,61	8,14–	42,46
10	24,39	12,36–	40,30	9,72–	45,17
11	26,83	14,22–	42,94	11,37–	47,81
12	29,27	16,13–	45,54	13,08–	50,38
13	31,71	18,08–	48,09	14,85–	52,91
14	34,15	20,08–	50,59	16,67–	55,38
15	36,59	22,12–	53,06	18,55–	57,80
16	39,02	24,20–	55,50	20,47–	60,17

x	$100\,p_x$	100 (1 − 2α)-Grenzen 95% $100\,p_l$	95% $100\,p_r$	99% $100\,p_l$	99% $100\,p_r$
	N = 41 (Fortsetzung)				
17	41,46	26,32–	57,89	22,44–	62,50
18	43,90	28,47–	60,25	24,46–	64,78
19	46,34	30,66–	62,58	26,53–	67,02
20	48,78	32,88–	64,87	28,63–	69,22
21	51,22	35,13–	67,12	30,78–	71,37
22	53,66	37,42–	69,34	32,98–	73,47
23	56,10	39,75–	71,53	35,22–	75,54
24	58,54	42,11–	73,68	37,50–	77,56
25	60,98	44,50–	75,80	39,83–	79,53
26	63,41	46,94–	77,88	42,20–	81,45
27	65,85	49,41–	79,92	44,62–	83,33
28	68,29	51,91–	81,92	47,09–	85,15
29	70,73	54,46–	83,87	49,62–	86,92
30	73,17	57,06–	85,78	52,19–	88,63
31	75,61	59,70–	87,64	54,83–	90,28
32	78,05	62,39–	89,44	57,54–	91,86
33	80,49	65,13–	91,18	60,31–	93,36
34	82,93	67,94–	92,85	63,17–	94,77
35	85,37	70,83–	94,43	66,11–	96,08
36	87,80	73,80–	95,92	69,17–	97,27
37	90,24	76,87–	97,28	72,36–	98,31
38	92,68	80,08–	98,46	75,71–	99,16
39	95,12	83,47–	99,40	79,29–	99,74
40	97,56	87,14–	99,94	83,23–	99,99
41	100,00	91,40–	100,00	87,88–	100,00
	N = 42				
0	0,00	0,00–	8,41	0,00–	11,85
1	2,38	0,06–	12,57	0,01–	16,40
2	4,76	0,58–	16,16	0,25–	20,26
3	7,14	1,50–	19,48	0,82–	23,77
4	9,52	2,66–	22,62	1,65–	27,05
5	11,90	3,98–	25,63	2,66–	30,18
6	14,29	5,43–	28,54	3,82–	33,18
7	16,67	6,97–	31,36	5,10–	36,07
8	19,05	8,60–	34,12	6,47–	38,87
9	21,43	10,30–	36,81	7,94–	41,59
10	23,81	12,05–	39,45	9,47–	44,25
11	26,19	13,86–	42,04	11,08–	46,84
12	28,57	15,72–	44,58	12,74–	49,38
13	30,95	17,62–	47,09	14,46–	51,86
14	33,33	19,57–	49,55	16,23–	54,29
15	35,71	21,55–	51,97	18,06–	56,68
16	38,10	23,57–	54,36	19,93–	59,02
17	40,48	25,63–	56,72	21,84–	61,31
18	42,86	27,72–	59,04	23,80–	63,56
19	45,24	29,85–	61,33	25,81–	65,77
20	47,62	32,00–	63,58	27,85–	67,94
21	50,00	34,19–	65,81	29,93–	70,07
22	52,38	36,42–	68,00	32,06–	72,15
23	54,76	38,67–	70,15	34,23–	74,19
24	57,14	40,96–	72,28	36,44–	76,20
25	59,52	43,28–	74,37	38,69–	78,16
26	61,90	45,64–	76,43	40,98–	80,07
27	64,29	48,03–	78,45	43,32–	81,94
28	66,67	50,45–	80,43	45,71–	83,77
29	69,05	52,91–	82,38	48,14–	85,54
30	71,43	55,42–	84,28	50,62–	87,26
31	73,81	57,96–	86,14	53,16–	88,92
32	76,19	60,55–	87,95	55,75–	90,53
33	78,57	63,19–	89,70	58,41–	92,06
34	80,95	65,88–	91,40	61,13–	93,53
35	83,33	68,64–	93,03	63,93–	94,90
36	85,71	71,46–	94,57	66,82–	96,18
37	88,10	74,37–	96,02	69,82–	97,34
38	90,48	77,38–	97,34	72,95–	98,35
39	92,86	80,52–	98,50	76,23–	99,18
40	95,24	83,84–	99,42	79,74–	99,75
41	97,62	87,43–	99,94	83,60–	99,99
42	100,00	91,59–	100,00	88,15–	100,00
	N = 43				
0	0,00	0,00–	8,22	0,00–	11,59
1	2,33	0,06–	12,29	0,01–	16,04
2	4,65	0,57–	15,81	0,24–	19,82
3	6,98	1,46–	19,06	0,80–	23,27
4	9,30	2,59–	22,14	1,61–	26,49
5	11,63	3,89–	25,08	2,60–	29,55
6	13,95	5,30–	27,93	3,73–	32,49
7	16,28	6,81–	30,70	4,97–	35,33
8	18,60	8,39–	33,40	6,32–	38,08
9	20,93	10,04–	36,04	7,74–	40,76
10	23,26	11,76–	38,63	9,24–	43,37
11	25,58	13,52–	41,17	10,80–	45,92
12	27,91	15,33–	43,67	12,42–	48,41
13	30,23	17,18–	46,13	14,09–	50,85
14	32,56	19,08–	48,54	15,82–	53,25
15	34,88	21,01–	50,93	17,59–	55,59
16	37,21	22,98–	53,27	19,41–	57,90
17	39,53	24,98–	55,59	21,27–	60,16
18	41,86	27,01–	57,87	23,18–	62,38
19	44,19	29,08–	60,12	25,12–	64,56
20	46,51	31,18–	62,35	27,11–	66,70
21	48,84	33,31–	64,54	29,13–	68,80
22	51,16	35,46–	66,69	31,20–	70,87
23	53,49	37,65–	68,82	33,30–	72,89

x	$100\,p_x$	100 (1 − 2α)-Grenzen 95% $100\,p_l$	95% $100\,p_r$	99% $100\,p_l$	99% $100\,p_r$
	N = 43 (Fortsetzung)				
24	55,81	39,88–	70,92	35,44–	74,88
25	58,14	42,13–	72,99	37,62–	76,82
26	60,47	44,41–	75,02	39,84–	78,73
27	62,79	46,73–	77,02	42,10–	80,59
28	65,12	49,07–	78,99	44,41–	82,41
29	67,44	51,46–	80,92	46,75–	84,18
30	69,77	53,87–	82,82	49,15–	85,91
31	72,09	56,33–	84,67	51,59–	87,58
32	74,42	58,83–	86,48	54,08–	89,20
33	76,74	61,37–	88,24	56,63–	90,76
34	79,07	63,96–	89,96	59,24–	92,26
35	81,40	66,60–	91,61	61,92–	93,68
36	83,72	69,30–	93,19	64,67–	95,03
37	86,05	72,07–	94,70	67,51–	96,27
38	88,37	74,92–	96,11	70,45–	97,40
39	90,70	77,86–	97,41	73,51–	98,39
40	93,02	80,94–	98,54	76,73–	99,20
41	95,35	84,19–	99,43	80,18–	99,76
42	97,67	87,71–	99,94	83,96–	99,99
43	100,00	91,78–	100,00	88,41–	100,00
	N = 44				
0	0,00	0,00–	8,04	0,00–	11,34
1	2,27	0,06–	12,02	0,01–	15,70
2	4,55	0,56–	15,47	0,24–	19,41
3	6,82	1,43–	18,66	0,78–	22,79
4	9,09	2,53–	21,67	1,57–	25,95
5	11,36	3,79–	24,56	2,54–	28,95
6	13,64	5,17–	27,35	3,64–	31,84
7	15,91	6,64–	30,07	4,85–	34,62
8	18,18	8,19–	32,71	6,16–	37,33
9	20,45	9,80–	35,30	7,55–	39,96
10	22,73	11,47–	37,84	9,01–	42,52
11	25,00	13,19–	40,34	10,53–	45,03
12	27,27	14,96–	42,79	12,11–	47,48
13	29,55	16,76–	45,20	13,74–	49,88
14	31,82	18,61–	47,58	15,43–	52,24
15	34,09	20,49–	49,92	17,15–	54,55
16	36,36	22,41–	52,23	18,92–	56,82
17	38,64	24,36–	54,50	20,73–	59,05
18	40,91	26,34–	56,75	22,59–	61,24
19	43,18	28,35–	58,97	24,48–	63,39
20	45,45	30,39–	61,15	26,41–	65,50
21	47,73	32,46–	63,31	28,37–	67,58
22	50,00	34,56–	65,44	30,38–	69,62
23	52,27	36,69–	67,54	32,42–	71,63
24	54,55	38,85–	69,61	34,50–	73,59
25	56,82	41,03–	71,65	36,61–	75,52
26	59,09	43,25–	73,66	38,76–	77,41
27	61,36	45,50–	75,64	40,95–	79,27
28	63,64	47,77–	77,59	43,18–	81,08
29	65,91	50,08–	79,51	45,45–	82,85
30	68,18	52,42–	81,39	47,76–	84,57
31	70,45	54,80–	83,24	50,12–	86,26
32	72,73	57,21–	85,04	52,52–	87,89
33	75,00	59,66–	86,81	54,97–	89,47
34	77,27	62,16–	88,53	57,48–	90,99
35	79,55	64,70–	90,20	60,04–	92,45
36	81,82	67,29–	91,81	62,67–	93,84
37	84,09	69,93–	93,36	65,38–	95,15
38	86,36	72,65–	94,83	68,16–	96,36
39	88,64	75,44–	96,21	71,05–	97,46
40	90,91	78,33–	97,47	74,05–	98,43
41	93,18	81,34–	98,57	77,21–	99,22
42	95,45	84,53–	99,44	80,59–	99,76
43	97,73	87,98–	99,94	84,30–	99,99
44	100,00	91,96–	100,00	88,66–	100,00
	N = 45				
0	0,00	0,00–	7,87	0,00–	11,11
1	2,22	0,06–	11,77	0,01–	15,38
2	4,44	0,54–	15,15	0,23–	19,01
3	6,67	1,40–	18,27	0,77–	22,32
4	8,89	2,48–	21,22	1,54–	25,43
5	11,11	3,71–	24,05	2,48–	28,38
6	13,33	5,05–	26,79	3,56–	31,21
7	15,56	6,49–	29,46	4,74–	33,95
8	17,78	8,00–	32,05	6,02–	36,60
9	20,00	9,58–	34,60	7,37–	39,18
10	22,22	11,20–	37,09	8,80–	41,71
11	24,44	12,88–	39,54	10,28–	44,17
12	26,67	14,60–	41,94	11,82–	46,58
13	28,89	16,37–	44,31	13,41–	48,95
14	31,11	18,17–	46,65	15,05–	51,27
15	33,33	20,00–	48,95	16,73–	53,54
16	35,56	21,87–	51,22	18,46–	55,78
17	37,78	23,77–	53,46	20,22–	57,98
18	40,00	25,70–	55,67	22,02–	60,14
19	42,22	27,66–	57,85	23,86–	62,26
20	44,44	29,64–	60,00	25,74–	64,35
21	46,67	31,66–	62,13	27,65–	66,40
22	48,89	33,70–	64,23	29,60–	68,42
23	51,11	35,77–	66,30	31,58–	70,40
24	53,33	37,87–	68,34	33,60–	72,35
25	55,56	40,00–	70,36	35,65–	74,26
26	57,78	42,15–	72,34	37,74–	76,14
27	60,00	44,33–	74,30	39,86–	77,98

N = Anzahl der Versuche, x = Anzahl der Erfolge usw., $100\,p_x = 100\,x/N$

x	$100\,p_x$	100 (1 — 2α)-Grenzen 95% $100\,p_l$	95% $100\,p_r$	99% $100\,p_l$	99% $100\,p_r$
N = 45 (Fortsetzung)					
28	62,22	46,54	76,23	42,02	79,78
29	64,44	48,78	78,13	44,22	81,54
30	66,67	51,05	80,00	46,46	83,27
31	68,89	53,35	81,83	48,73	84,95
32	71,11	55,69	83,63	51,05	86,59
33	73,33	58,06	85,40	53,42	88,18
34	75,56	60,46	87,12	55,83	89,72
35	77,78	62,91	88,80	58,29	91,20
36	80,00	65,40	90,42	60,82	92,63
37	82,22	67,95	92,00	63,40	93,98
38	84,44	70,54	93,51	66,05	95,26
39	86,67	73,21	94,95	68,79	96,44
40	88,89	75,95	96,29	71,62	97,52
41	91,11	78,78	97,52	74,57	98,46
42	93,33	81,73	98,60	77,68	99,23
43	95,56	84,85	99,46	80,99	99,77
44	97,78	88,23	99,94	84,62	99,99
45	100,00	92,13	100,00	88,89	100,00
N = 46					
0	0,00	0,00	7,71	0,00	10,88
1	2,17	0,06	11,53	0,01	15,07
2	4,35	0,53	14,84	0,23	18,63
3	6,52	1,37	17,90	0,75	21,88
4	8,70	2,42	20,79	1,50	24,93
5	10,87	3,62	23,57	2,42	27,82
6	13,04	4,94	26,26	3,47	30,60
7	15,22	6,34	28,87	4,63	33,29
8	17,39	7,82	31,42	5,88	35,90
9	19,57	9,36	33,91	7,20	38,44
10	21,74	10,95	36,36	8,59	40,92
11	23,91	12,59	38,77	10,04	43,34
12	26,09	14,27	41,13	11,54	45,72
13	28,26	15,99	43,46	13,10	48,04
14	30,43	17,74	45,75	14,69	50,33
15	32,61	19,53	48,02	16,33	52,57
16	34,78	21,35	50,25	18,01	54,77
17	36,96	23,21	52,45	19,73	56,94
18	39,13	25,09	54,63	21,49	59,07
19	41,30	27,00	56,77	23,28	61,16
20	43,48	28,93	58,89	25,11	63,23
21	45,65	30,90	60,99	26,97	65,25
22	47,83	32,89	63,05	28,86	67,25
23	50,00	34,90	65,10	30,79	69,21
24	52,17	36,95	67,11	32,75	71,14
25	54,35	39,01	69,10	34,75	73,03
26	56,52	41,11	71,07	36,77	74,89
27	58,70	43,23	73,00	38,84	76,72
28	60,87	45,37	74,91	40,93	78,51
29	63,04	47,55	76,79	43,06	80,27
30	65,22	49,75	78,65	45,23	81,99
31	67,39	51,98	80,47	47,43	83,67
32	69,57	54,25	82,26	49,67	85,31
33	71,74	56,54	84,01	51,96	86,90
34	73,91	58,87	85,73	54,28	88,46
35	76,09	61,23	87,41	56,66	89,96
36	78,26	63,64	89,05	59,08	91,41
37	80,43	66,09	90,64	61,56	92,80
38	82,61	68,58	92,18	64,10	94,12
39	84,78	71,13	93,66	66,71	95,37
40	86,96	73,74	95,06	69,40	96,53
41	89,13	76,43	96,38	72,18	97,58
42	91,30	79,21	97,58	75,07	98,50
43	93,48	82,10	98,63	78,12	99,25
44	95,65	85,16	99,47	81,37	99,77
45	97,83	88,47	99,94	84,93	99,99
46	100,00	92,29	100,00	89,12	100,00
N = 47					
0	0,00	0,00	7,55	0,00	10,66
1	2,13	0,05	11,29	0,01	14,77
2	4,26	0,52	14,54	0,22	18,27
3	6,38	1,34	17,54	0,73	21,45
4	8,51	2,37	20,38	1,47	24,44
5	10,64	3,55	23,10	2,37	27,29
6	12,77	4,83	25,74	3,40	30,02
7	14,89	6,20	28,31	4,53	32,66
8	17,02	7,65	30,81	5,75	35,23
9	19,15	9,15	33,26	7,04	37,72
10	21,28	10,70	35,66	8,40	40,16
11	23,40	12,30	38,03	9,81	42,55
12	25,53	13,94	40,35	11,28	44,88
13	27,66	15,62	42,64	12,79	47,17
14	29,79	17,34	44,89	14,35	49,42
15	31,91	19,09	47,12	15,95	51,63
16	34,04	20,86	49,31	17,59	53,80
17	36,17	22,67	51,48	19,27	55,94
18	38,30	24,51	53,62	20,98	58,04
19	40,43	26,37	55,73	22,73	60,11
20	42,55	28,26	57,82	24,51	62,14
21	44,68	30,17	59,88	26,32	64,14
22	46,81	32,11	61,92	28,16	66,11
23	48,94	34,08	63,94	30,04	68,05
24	51,06	36,06	65,92	31,95	69,96
25	53,19	38,08	67,89	33,89	71,84
26	55,32	40,12	69,83	35,86	73,68
27	57,45	42,18	71,74	37,86	75,49
N = 47 (Fortsetzung)					
28	59,57	44,27	73,63	39,89	77,27
29	61,70	46,38	75,49	41,96	79,02
30	63,83	48,52	77,33	44,06	80,73
31	65,96	50,69	79,14	46,20	82,41
32	68,09	52,88	80,91	48,37	84,05
33	70,21	55,11	82,66	50,58	85,65
34	72,34	57,36	84,38	52,83	87,21
35	74,47	59,65	86,06	55,12	88,72
36	76,60	61,97	87,70	57,45	90,19
37	78,72	64,34	89,30	59,84	91,60
38	80,85	66,74	90,85	62,28	92,96
39	82,98	69,19	92,35	64,77	94,25
40	85,11	71,69	93,80	67,34	95,47
41	87,23	74,26	95,17	69,98	96,60
42	89,36	76,90	96,45	72,71	97,63
43	91,49	79,62	97,63	75,56	98,53
44	93,62	82,46	98,66	78,55	99,27
45	95,74	85,46	99,48	81,73	99,78
46	97,87	88,71	99,95	85,23	99,99
47	100,00	92,45	100,00	89,34	100,00
N = 48					
0	0,00	0,00	7,40	0,00	10,45
1	2,08	0,05	11,07	0,01	14,48
2	4,17	0,51	14,25	0,22	17,91
3	6,25	1,31	17,20	0,72	21,04
4	8,33	2,32	19,98	1,44	23,98
5	10,42	3,47	22,66	2,32	26,78
6	12,50	4,73	25,25	3,32	29,46
7	14,58	6,07	27,76	4,43	32,06
8	16,67	7,48	30,22	5,62	34,58
9	18,75	8,95	32,63	6,89	37,03
10	20,83	10,47	34,99	8,21	39,43
11	22,92	12,03	37,31	9,59	41,78
12	25,00	13,64	39,60	11,03	44,08
13	27,08	15,28	41,85	12,51	46,33
14	29,17	16,95	44,06	14,03	48,55
15	31,25	18,66	46,25	15,59	50,72
16	33,33	20,40	48,41	17,19	52,86
17	35,42	22,16	50,54	18,83	54,97
18	37,50	23,95	52,65	20,50	57,04
19	39,58	25,77	54,73	22,20	59,08
20	41,67	27,61	56,79	23,93	61,09
21	43,75	29,48	58,82	25,70	63,07
22	45,83	31,37	60,83	27,50	65,01
23	47,92	33,29	62,81	29,33	66,93
24	50,00	35,23	64,77	31,18	68,82
25	52,08	37,19	66,71	33,07	70,67
26	54,17	39,17	68,63	34,99	72,50
27	56,25	41,18	70,52	36,93	74,30
28	58,33	43,21	72,39	38,91	76,07
29	60,42	45,27	74,23	40,92	77,80
30	62,50	47,35	76,05	42,96	79,50
31	64,58	49,46	77,84	45,03	81,17
32	66,67	51,59	79,60	47,14	82,81
33	68,75	53,75	81,34	49,28	84,41
34	70,83	55,94	83,05	51,45	85,97
35	72,92	58,15	84,72	53,67	87,49
36	75,00	60,40	86,36	55,92	88,97
37	77,08	62,69	87,97	58,22	90,41
38	79,17	65,01	89,53	60,57	91,79
39	81,25	67,37	91,05	62,97	93,11
40	83,33	69,78	92,52	65,42	94,38
41	85,42	72,24	93,93	67,94	95,57
42	87,50	74,75	95,27	70,54	96,68
43	89,58	77,34	96,53	73,22	97,68
44	91,67	80,02	97,68	76,02	98,56
45	93,75	82,80	98,69	78,96	99,28
46	95,83	85,75	99,49	82,09	99,78
47	97,92	88,93	99,95	85,52	99,99
48	100,00	92,60	100,00	89,55	100,00
N = 49					
0	0,00	0,00	7,25	0,00	10,25
1	2,04	0,05	10,85	0,01	14,21
2	4,08	0,50	13,98	0,21	17,58
3	6,12	1,28	16,87	0,70	20,65
4	8,16	2,27	19,60	1,41	23,53
5	10,20	3,40	22,23	2,27	26,28
6	12,24	4,63	24,77	3,25	28,92
7	14,29	5,94	27,24	4,34	31,47
8	16,33	7,32	29,66	5,50	33,95
9	18,37	8,76	32,02	6,74	36,37
10	20,41	10,24	34,34	8,03	38,73
11	22,45	11,77	36,62	9,39	41,04
12	24,49	13,34	38,87	10,79	43,30
13	26,53	14,95	41,08	12,23	45,52
14	28,57	16,58	43,26	13,72	47,70
15	30,61	18,25	45,42	15,24	49,85
16	32,65	19,95	47,54	16,81	51,96
17	34,69	21,67	49,64	18,40	54,03
18	36,73	23,42	51,71	20,03	56,07
19	38,78	25,20	53,76	21,69	58,09
20	40,82	27,00	55,79	23,39	60,07
21	42,86	28,82	57,79	25,11	62,02
22	44,90	30,67	59,77	26,86	63,95
23	46,94	32,53	61,73	28,64	65,84
N = 49 (Fortsetzung)					
24	48,98	34,42	63,66	30,45	67,71
25	51,02	36,34	65,58	32,29	69,55
26	53,06	38,27	67,47	34,16	71,36
27	55,10	40,23	69,33	36,05	73,14
28	57,14	42,21	71,18	37,98	74,89
29	59,18	44,21	73,00	39,93	76,61
30	61,22	46,24	74,80	41,91	78,31
31	63,27	48,29	76,58	43,93	79,97
32	65,31	50,36	78,33	45,97	81,60
33	67,35	52,46	80,05	48,04	83,19
34	69,39	54,58	81,75	50,15	84,76
35	71,43	56,74	83,42	52,30	86,28
36	73,47	58,92	85,05	54,48	87,77
37	75,51	61,13	86,66	56,70	89,21
38	77,55	63,38	88,23	58,96	90,61
39	79,59	65,66	89,76	61,27	91,97
40	81,63	67,98	91,24	63,63	93,26
41	83,67	70,34	92,68	66,05	94,50
42	85,71	72,76	94,06	68,53	95,66
43	87,76	75,23	95,37	71,08	96,75
44	89,80	77,77	96,60	73,72	97,73
45	91,84	80,40	97,73	76,47	98,59
46	93,88	83,13	98,72	79,35	99,30
47	95,92	86,02	99,50	82,42	99,79
48	97,96	89,15	99,95	85,79	99,99
49	100,00	92,75	100,00	89,75	100,00
N = 50					
0	0,00	0,00	7,11	0,00	10,05
1	2,00	0,05	10,65	0,01	13,94
2	4,00	0,49	13,71	0,21	17,25
3	6,00	1,25	16,55	0,69	20,27
4	8,00	2,22	19,23	1,38	23,11
5	10,00	3,33	21,81	2,22	25,80
6	12,00	4,53	24,31	3,19	28,40
7	14,00	5,82	26,74	4,25	30,91
8	16,00	7,17	29,11	5,39	33,35
9	18,00	8,58	31,44	6,60	35,73
10	20,00	10,03	33,72	7,86	38,05
11	22,00	11,53	35,96	9,19	40,32
12	24,00	13,06	38,17	10,56	42,55
13	26,00	14,63	40,34	11,97	44,74
14	28,00	16,23	42,49	13,42	46,89
15	30,00	17,86	44,61	14,91	49,00
16	32,00	19,52	46,70	16,44	51,08
17	34,00	21,21	48,77	18,00	53,12
18	36,00	22,92	50,81	19,59	55,14
19	38,00	24,65	52,83	21,21	57,13
20	40,00	26,41	54,82	22,87	59,08
21	42,00	28,19	56,79	24,55	61,01
22	44,00	29,99	58,75	26,26	62,91
23	46,00	31,81	60,68	27,99	64,78
24	48,00	33,66	62,58	29,76	66,63
25	50,00	35,53	64,47	31,55	68,45
26	52,00	37,42	66,34	33,37	70,24
27	54,00	39,32	68,19	35,22	72,01
28	56,00	41,25	70,01	37,09	73,74
29	58,00	43,21	71,81	38,99	75,45
30	60,00	45,18	73,59	40,92	77,13
31	62,00	47,17	75,35	42,87	78,79
32	64,00	49,19	77,08	44,86	80,41
33	66,00	51,23	78,79	46,88	82,00
34	68,00	53,30	80,48	48,92	83,56
35	70,00	55,39	82,14	51,00	85,09
36	72,00	57,51	83,77	53,11	86,58
37	74,00	59,66	85,37	55,26	88,03
38	76,00	61,83	86,94	57,45	89,44
39	78,00	64,04	88,47	59,68	90,81
40	80,00	66,28	89,97	61,95	92,14
41	82,00	68,56	91,42	64,27	93,40
42	84,00	70,89	92,83	66,65	94,61
43	86,00	73,26	94,18	69,09	95,75
44	88,00	75,69	95,47	71,60	96,81
45	90,00	78,19	96,67	74,20	97,78
46	92,00	80,77	97,78	76,89	98,62
47	94,00	83,45	98,75	79,73	99,31
48	96,00	86,29	99,51	82,75	99,79
49	98,00	89,35	99,95	86,06	99,99
50	100,00	92,89	100,00	89,95	100,00
N = 51					
0	0,00	0,00	6,98	0,00	9,87
1	1,96	0,05	10,45	0,01	13,68
2	3,92	0,48	13,46	0,20	16,94
3	5,88	1,23	16,24	0,67	19,90
4	7,84	2,18	18,88	1,35	22,69
5	9,80	3,26	21,41	2,18	25,35
6	11,76	4,44	23,87	3,12	27,90
7	13,73	5,70	26,26	4,16	30,37
8	15,69	7,02	28,59	5,28	32,77
9	17,65	8,40	30,87	6,46	35,11
10	19,61	9,82	33,12	7,70	37,39
11	21,57	11,29	35,32	8,99	39,63
12	23,53	12,79	37,49	10,33	41,82
13	25,49	14,33	39,63	11,72	43,98
14	27,45	15,89	41,74	13,14	46,09
15	29,41	17,49	43,83	14,59	48,18
N = 51 (Fortsetzung)					
16	31,37	19,11	45,89	16,09	50,23
17	33,33	20,76	47,92	17,61	52,25
18	35,29	22,43	49,93	19,17	54,23
19	37,25	24,13	51,92	20,75	56,19
20	39,22	25,84	53,89	22,37	58,12
21	41,18	27,58	55,83	24,01	60,03
22	43,14	29,35	57,75	25,68	61,91
23	45,10	31,13	59,66	27,37	63,76
24	47,06	32,93	61,54	29,10	65,58
25	49,02	34,75	63,40	30,84	67,38
26	50,98	36,60	65,25	32,62	69,16
27	52,94	38,46	67,07	34,42	70,90
28	54,90	40,34	68,87	36,24	72,63
29	56,86	42,25	70,65	38,09	74,32
30	58,82	44,17	72,42	39,97	75,99
31	60,78	46,11	74,16	41,88	77,63
32	62,75	48,08	75,87	43,81	79,25
33	64,71	50,07	77,57	45,77	80,83
34	66,67	52,08	79,24	47,75	82,39
35	68,63	54,11	80,89	49,77	83,91
36	70,59	56,17	82,51	51,82	85,41
37	72,55	58,26	84,11	53,91	86,86
38	74,51	60,37	85,67	56,02	88,28
39	76,47	62,51	87,21	58,18	89,67
40	78,43	64,68	88,71	60,37	91,01
41	80,39	66,88	90,18	62,61	92,30
42	82,35	69,13	91,60	64,89	93,54
43	84,31	71,41	92,98	67,23	94,72
44	86,27	73,74	94,30	69,63	95,84
45	88,24	76,13	95,56	72,10	96,88
46	90,20	78,59	96,74	74,65	97,82
47	92,16	81,12	97,82	77,31	98,65
48	94,12	83,76	98,77	80,10	99,33
49	96,08	86,54	99,52	83,06	99,80
50	98,04	89,55	99,95	86,32	99,99
51	100,00	93,02	100,00	90,13	100,00
N = 52					
0	0,00	0,00	6,85	0,00	9,69
1	1,92	0,05	10,26	0,01	13,44
2	3,85	0,47	13,21	0,20	16,63
3	5,77	1,21	15,95	0,66	19,55
4	7,69	2,14	18,54	1,32	22,29
5	9,62	3,20	21,03	2,13	24,90
6	11,54	4,35	23,44	3,06	27,41
7	13,46	5,59	25,79	4,08	29,84
8	15,38	6,88	28,08	5,17	32,20
9	17,31	8,23	30,33	6,33	34,51
10	19,23	9,63	32,53	7,54	36,76
11	21,15	11,06	34,70	8,81	38,96
12	23,08	12,53	36,84	10,12	41,12
13	25,00	14,03	38,95	11,47	43,24
14	26,92	15,57	41,02	12,86	45,33
15	28,85	17,13	43,08	14,29	47,38
16	30,77	18,72	45,10	15,75	49,40
17	32,69	20,33	47,11	17,24	51,39
18	34,62	21,97	49,09	18,76	53,36
19	36,54	23,62	51,04	20,31	55,29
20	38,46	25,30	52,98	21,89	57,20
21	40,38	27,01	54,90	23,49	59,08
22	42,31	28,73	56,80	25,12	60,93
23	44,23	30,47	58,67	26,78	62,76
24	46,15	32,23	60,53	28,46	64,57
25	48,08	34,01	62,37	30,17	66,35
26	50,00	35,81	64,19	31,90	68,10
27	51,92	37,63	65,99	33,65	69,83
28	53,85	39,47	67,77	35,43	71,54
29	55,77	41,33	69,53	37,24	73,22
30	57,69	43,20	71,27	39,07	74,88
31	59,62	45,10	72,99	40,92	76,51
32	61,54	47,02	74,70	42,80	78,11
33	63,46	48,96	76,38	44,71	79,69
34	65,38	50,91	78,03	46,64	81,24
35	67,31	52,89	79,67	48,61	82,76
36	69,23	54,90	81,28	50,60	84,25
37	71,15	56,92	82,87	52,62	85,71
38	73,08	58,98	84,43	54,67	87,14
39	75,00	61,05	85,97	56,76	88,53
40	76,92	63,16	87,47	58,88	89,88
41	78,85	65,30	88,94	61,04	91,19
42	80,77	67,47	90,37	63,24	92,46
43	82,69	69,67	91,77	65,49	93,67
44	84,62	71,92	93,12	67,80	94,83
45	86,54	74,21	94,41	70,16	95,92
46	88,46	76,56	95,65	72,59	96,94
47	90,38	78,97	96,80	75,10	97,87
48	92,31	81,46	97,86	77,71	98,68
49	94,23	84,05	98,79	80,45	99,34
50	96,15	86,79	99,53	83,37	99,80
51	98,08	89,74	99,95	86,56	99,99
52	100,00	93,15	100,00	90,31	100,00
N = 53					
0	0,00	0,00	6,72	0,00	9,51
1	1,89	0,05	10,07	0,01	13,20
2	3,77	0,46	12,98	0,20	16,34
3	5,66	1,18	15,66	0,65	19,21

N = Anzahl der Versuche, x = Anzahl der Erfolge usw., $100\,p_x = 100\,x/N$

N = 53 (Fortsetzung)

x	$100p_x$	95% $100p_l$–$100p_r$	99% $100p_l$–$100p_r$
4	7,55	2,09–18,21	1,30–21,90
5	9,43	3,13–20,66	2,09–24,47
6	11,32	4,27–23,03	3,00–26,94
7	13,21	5,48–25,34	4,00–29,33
8	15,09	6,75–27,59	5,07–31,66
9	16,98	8,07–29,80	6,20–33,93
10	18,87	9,44–31,97	7,39–36,14
11	20,75	10,84–34,11	8,63–38,31
12	22,64	12,28–36,21	9,92–40,44
13	24,53	13,76–38,28	11,24–42,53
14	26,42	15,26–40,33	12,60–44,59
15	28,30	16,79–42,35	14,00–46,61
16	30,19	18,34–44,34	15,43–48,61
17	32,08	19,92–46,32	16,89–50,57
18	33,96	21,52–48,27	18,37–52,51
19	35,85	23,14–50,20	19,89–54,41
20	37,74	24,79–52,11	21,43–56,30
21	39,62	26,45–54,00	23,00–58,15
22	41,51	28,14–55,87	24,59–59,99
23	43,40	29,84–57,72	26,21–61,79
24	45,28	31,56–59,55	27,86–63,58
25	47,17	33,30–61,36	29,52–65,34
26	49,06	35,06–63,16	31,21–67,07
27	50,94	36,84–64,94	32,93–68,79
28	52,83	38,64–66,70	34,66–70,48
29	54,72	40,45–68,44	36,42–72,14
30	56,60	42,28–70,16	38,21–73,79
31	58,49	44,13–71,86	40,01–75,41
32	60,38	46,00–73,55	41,85–77,00
33	62,26	47,89–75,21	43,70–78,57
34	64,15	49,80–76,86	45,59–80,11
35	66,04	51,73–78,48	47,49–81,63
36	67,92	53,68–80,08	49,43–83,11
37	69,81	55,66–81,66	51,39–84,57
38	71,70	57,65–83,21	53,39–86,00
39	73,58	59,67–84,74	55,41–87,40
40	75,47	61,72–86,24	57,47–88,76
41	77,36	63,79–87,72	59,56–90,08
42	79,25	65,89–89,16	61,69–91,37
43	81,13	68,03–90,56	63,86–92,61
44	83,02	70,20–91,93	66,07–93,80
45	84,91	72,41–93,25	68,34–94,93
46	86,79	74,66–94,52	70,67–96,00
47	88,68	76,97–95,73	73,06–97,00
48	90,57	79,34–96,87	75,53–97,91
49	92,45	81,79–97,91	78,10–98,70
50	94,34	84,34–98,82	80,79–99,35
51	96,23	87,02–99,54	83,66–99,80
52	98,11	89,93–99,95	86,80–99,99
53	100,00	93,28–100,00	90,49–100,00

N = 54

x	$100p_x$	95% $100p_l$–$100p_r$	99% $100p_l$–$100p_r$
0	0,00	0,00–6,60	0,00–9,35
1	1,85	0,05–9,89	0,01–12,97
2	3,70	0,45–12,75	0,19–16,06
3	5,56	1,16–15,39	0,64–18,88
4	7,41	2,06–17,89	1,27–21,53
5	9,26	3,08–20,30	2,05–24,06
6	11,11	4,19–22,63	2,94–26,49
7	12,96	5,37–24,90	3,92–28,84
8	14,81	6,62–27,12	4,97–31,13
9	16,67	7,92–29,29	6,08–33,36
10	18,52	9,25–31,43	7,25–35,55
11	20,37	10,63–33,53	8,46–37,69
12	22,22	12,04–35,60	9,72–39,78
13	24,07	13,49–37,64	11,02–41,85
14	25,93	14,96–39,65	12,35–43,87
15	27,78	16,46–41,64	13,72–45,87
16	29,63	17,98–43,61	15,12–47,83
17	31,48	19,52–45,55	16,55–49,77
18	33,33	21,09–47,47	18,00–51,68
19	35,19	22,68–49,38	19,49–53,56
20	37,04	24,29–51,26	20,99–55,42
21	38,89	25,92–53,12	22,53–57,26
22	40,74	27,57–54,97	24,09–59,07
23	42,59	29,23–56,79	25,67–60,85
24	44,44	30,92–58,60	27,27–62,62
25	46,30	32,62–60,39	28,90–64,36
26	48,15	34,34–62,16	30,55–66,08
27	50,00	36,08–63,92	32,23–67,77
28	51,85	37,84–65,66	33,92–69,45
29	53,70	39,61–67,38	35,64–71,10
30	55,56	41,40–69,08	37,38–72,73
31	57,41	43,21–70,77	39,15–74,33
32	59,26	45,03–72,43	40,93–75,91
33	61,11	46,88–74,08	42,74–77,47
34	62,96	48,74–75,71	44,58–79,01
35	64,81	50,62–77,32	46,44–80,51
36	66,67	52,53–78,91	48,32–82,00
37	68,52	54,45–80,48	50,23–83,45
38	70,37	56,39–82,02	52,17–84,88
39	72,22	58,36–83,54	54,13–86,28
40	74,07	60,35–85,04	56,13–87,65
41	75,93	62,36–86,51	58,15–88,98
42	77,78	64,40–87,96	60,22–90,28
43	79,63	66,47–89,37	62,31–91,54
44	81,48	68,57–90,75	64,45–92,75
45	83,33	70,71–92,08	66,64–93,92

N = 54 (Fortsetzung)

x	$100p_x$	95% $100p_l$–$100p_r$	99% $100p_l$–$100p_r$
46	85,19	72,88–93,38	68,87–95,03
47	87,04	75,10–94,63	71,16–96,08
48	88,89	77,37–95,81	73,51–97,06
49	90,74	79,70–96,92	75,94–97,95
50	92,59	82,11–97,94	78,47–98,73
51	94,44	84,61–98,84	81,12–99,36
52	96,30	87,25–99,55	83,94–99,81
53	98,15	90,11–99,95	87,03–99,99
54	100,00	93,40–100,00	90,65–100,00

N = 55

x	$100p_x$	95% $100p_l$–$100p_r$	99% $100p_l$–$100p_r$
0	0,00	0,00–6,49	0,00–9,18
1	1,82	0,05–9,72	0,01–12,75
2	3,64	0,44–12,53	0,19–15,79
3	5,45	1,14–15,12	0,62–18,56
4	7,27	2,02–17,59	1,25–21,17
5	9,09	3,02–19,95	2,01–23,66
6	10,91	4,11–22,25	2,89–26,05
7	12,73	5,27–24,48	3,85–28,37
8	14,55	6,50–26,66	4,88–30,62
9	16,36	7,77–28,80	5,97–32,82
10	18,18	9,08–30,90	7,11–34,97
11	20,00	10,43–32,97	8,30–37,08
12	21,82	11,81–35,01	9,53–39,15
13	23,64	13,23–37,02	10,81–41,18
14	25,45	14,67–39,00	12,11–43,18
15	27,27	16,14–40,96	13,45–45,15
16	29,09	17,63–42,90	14,82–47,08
17	30,91	19,14–44,81	16,22–49,00
18	32,73	20,68–46,71	17,64–50,88
19	34,55	22,24–48,58	19,10–52,74
20	36,36	23,81–50,44	20,57–54,57
21	38,18	25,41–52,27	22,07–56,39
22	40,00	27,02–54,09	23,60–58,17
23	41,82	28,65–55,89	25,15–59,94
24	43,64	30,30–57,68	26,72–61,68
25	45,45	31,97–59,45	28,31–63,40
26	47,27	33,65–61,20	29,92–65,10
27	49,09	35,35–62,93	31,56–66,78
28	50,91	37,07–64,65	33,22–68,44
29	52,73	38,80–66,35	34,90–70,08
30	54,55	40,55–68,03	36,60–71,69
31	56,36	42,32–69,70	38,32–73,28
32	58,18	44,11–71,35	40,06–74,85
33	60,00	45,91–72,98	41,83–76,40
34	61,82	47,73–74,59	43,61–77,93
35	63,64	49,56–76,19	45,43–79,43
36	65,45	51,42–77,76	47,26–80,90
37	67,27	53,29–79,32	49,12–82,36
38	69,09	55,19–80,86	51,00–83,78
39	70,91	57,10–82,37	52,92–85,18
40	72,73	59,04–83,86	54,85–86,55
41	74,55	61,00–85,33	56,82–87,89
42	76,36	62,98–86,77	58,82–89,19
43	78,18	64,99–88,19	60,85–90,47
44	80,00	67,03–89,57	62,92–91,70
45	81,82	69,10–90,92	65,03–92,89
46	83,64	71,20–92,23	67,18–94,03
47	85,45	73,34–93,50	69,38–95,12
48	87,27	75,52–94,73	71,63–96,15
49	89,09	77,75–95,89	73,95–97,11
50	90,91	80,05–96,98	76,34–97,99
51	92,73	82,41–97,98	78,83–98,75
52	94,55	84,88–98,86	81,44–99,38
53	96,36	87,47–99,56	84,21–99,81
54	98,18	90,28–99,95	87,25–99,99
55	100,00	93,51–100,00	90,82–100,00

N = 56

x	$100p_x$	95% $100p_l$–$100p_r$	99% $100p_l$–$100p_r$
0	0,00	0,00–6,38	0,00–9,03
1	1,79	0,05–9,55	0,01–12,53
2	3,57	0,44–12,31	0,19–15,52
3	5,36	1,12–14,87	0,61–18,25
4	7,14	1,98–17,29	1,23–20,82
5	8,93	2,96–19,62	1,98–23,27
6	10,71	4,03–21,88	2,83–25,63
7	12,50	5,18–24,07	3,77–27,91
8	14,29	6,38–26,22	4,79–30,13
9	16,07	7,62–28,33	5,86–32,30
10	17,86	8,91–30,40	6,98–34,42
11	19,64	10,23–32,43	8,14–36,49
12	21,43	11,59–34,44	9,35–38,53
13	23,21	12,98–36,42	10,60–40,53
14	25,00	14,39–38,37	11,88–42,50
15	26,79	15,83–40,30	13,19–44,45
16	28,57	17,30–42,21	14,53–46,36
17	30,36	18,78–44,10	15,90–48,24
18	32,14	20,29–45,96	17,30–50,10
19	33,93	21,81–47,81	18,72–51,94
20	35,71	23,36–49,64	20,17–53,75
21	37,50	24,92–51,45	21,64–55,54
22	39,29	26,50–53,25	23,13–57,31
23	41,07	28,10–55,02	24,65–59,05
24	42,86	29,71–56,78	26,18–60,77
25	44,64	31,34–58,53	27,74–62,48
26	46,43	32,99–60,26	29,32–64,16
27	48,21	34,66–61,97	30,92–65,82

N = 56 (Fortsetzung)

x	$100p_x$	95% $100p_l$–$100p_r$	99% $100p_l$–$100p_r$
28	50,00	36,34–63,66	32,54–67,46
29	51,79	38,03–65,34	34,18–69,08
30	53,57	39,74–67,01	35,84–70,68
31	55,36	41,47–68,66	37,52–72,26
32	57,14	43,22–70,29	39,23–73,82
33	58,93	44,98–71,90	40,95–75,35
34	60,71	46,75–73,50	42,69–76,87
35	62,50	48,55–75,08	44,46–78,36
36	64,29	50,36–76,64	46,25–79,83
37	66,07	52,19–78,19	48,06–81,28
38	67,86	54,04–79,71	49,90–82,70
39	69,64	55,90–81,22	51,76–84,10
40	71,43	57,79–82,70	53,64–85,47
41	73,21	59,70–84,17	55,55–86,81
42	75,00	61,63–85,61	57,50–88,12
43	76,79	63,58–87,02	59,47–89,40
44	78,57	65,56–88,41	61,47–90,65
45	80,36	67,57–89,77	63,51–91,86
46	82,14	69,60–91,09	65,58–93,02
47	83,93	71,67–92,38	67,70–94,14
48	85,71	73,78–93,62	69,87–95,21
49	87,50	75,93–94,82	72,09–96,23
50	89,29	78,12–95,97	74,37–97,17
51	91,07	80,38–97,04	76,73–98,02
52	92,86	82,71–98,02	79,18–98,77
53	94,64	85,13–98,88	81,75–99,39
54	96,43	87,69–99,56	84,48–99,81
55	98,21	90,45–99,95	87,47–99,99
56	100,00	93,62–100,00	90,97–100,00

N = 57

x	$100p_x$	95% $100p_l$–$100p_r$	99% $100p_l$–$100p_r$
0	0,00	0,00–6,27	0,00–8,88
1	1,75	0,04–9,39	0,01–12,32
2	3,51	0,43–12,11	0,18–15,27
3	5,26	1,10–14,62	0,60–17,96
4	7,02	1,95–17,00	1,21–20,48
5	8,77	2,91–19,30	1,94–22,90
6	10,53	3,96–21,52	2,78–25,22
7	12,28	5,08–23,68	3,71–27,47
8	14,04	6,26–25,79	4,70–29,65
9	15,79	7,48–27,87	5,75–31,79
10	17,54	8,75–29,91	6,85–33,88
11	19,30	10,05–31,91	7,99–35,92
12	21,05	11,38–33,89	9,18–37,93
13	22,81	12,74–35,84	10,40–39,91
14	24,56	14,13–37,76	11,66–41,85
15	26,32	15,54–39,66	12,94–43,77
16	28,07	16,97–41,54	14,26–45,65
17	29,82	18,43–43,40	15,60–47,51
18	31,58	19,91–45,24	16,97–49,35
19	33,33	21,40–47,06	18,36–51,16
20	35,09	22,91–48,87	19,78–52,95
21	36,84	24,45–50,66	21,22–54,72
22	38,60	26,00–52,43	22,68–56,46
23	40,35	27,56–54,18	24,17–58,19
24	42,11	29,14–55,92	25,67–59,89
25	43,86	30,74–57,64	27,20–61,57
26	45,61	32,36–59,34	28,74–63,24
27	47,37	33,98–61,03	30,31–64,88
28	49,12	35,63–62,71	31,89–66,51
29	50,88	37,29–64,37	33,49–68,11
30	52,63	38,97–66,02	35,12–69,69
31	54,39	40,66–67,64	36,76–71,26
32	56,14	42,36–69,26	38,43–72,80
33	57,89	44,08–70,86	40,11–74,33
34	59,65	45,82–72,44	41,81–75,83
35	61,40	47,57–74,00	43,54–77,32
36	63,16	49,34–75,55	45,28–78,78
37	64,91	51,13–77,09	47,05–80,22
38	66,67	52,94–78,60	48,84–81,64
39	68,42	54,76–80,09	50,65–83,03
40	70,18	56,60–81,57	52,49–84,40
41	71,93	58,46–83,03	54,35–85,74
42	73,68	60,34–84,46	56,23–87,06
43	75,44	62,24–85,87	58,15–88,34
44	77,19	64,16–87,26	60,09–89,60
45	78,95	66,11–88,62	62,07–90,82
46	80,70	68,09–89,95	64,08–92,01
47	82,46	70,09–91,25	66,12–93,15
48	84,21	72,13–92,52	68,21–94,25
49	85,96	74,21–93,74	70,35–95,30
50	87,72	76,32–94,92	72,53–96,29
51	89,47	78,48–96,04	74,78–97,22
52	91,23	80,70–97,09	77,10–98,06
53	92,98	83,00–98,05	79,52–98,79
54	94,74	85,38–98,90	82,04–99,40
55	96,49	87,89–99,57	84,73–99,82
56	98,25	90,61–99,96	87,68–99,99
57	100,00	93,73–100,00	91,12–100,00

N = 58

x	$100p_x$	95% $100p_l$–$100p_r$	99% $100p_l$–$100p_r$
0	0,00	0,00–6,16	0,00–8,73
1	1,72	0,04–9,24	0,01–12,12
2	3,45	0,42–11,91	0,18–15,02
3	5,17	1,08–14,38	0,59–17,67
4	6,90	1,91–16,73	1,18–20,16

N = 58 (Fortsetzung)

x	$100p_x$	95% $100p_l$–$100p_r$	99% $100p_l$–$100p_r$
5	8,62	2,86–18,98	1,91–22,53
6	10,34	3,89–21,17	2,73–24,82
7	12,07	4,99–23,30	3,64–27,03
8	13,79	6,15–25,38	4,61–29,19
9	15,52	7,35–27,42	5,64–31,29
10	17,24	8,59–29,43	6,72–33,35
11	18,97	9,87–31,41	7,85–35,37
12	20,69	11,17–33,35	9,01–37,35
13	22,41	12,51–35,27	10,21–39,30
14	24,14	13,87–37,17	11,44–41,22
15	25,86	15,26–39,04	12,70–43,11
16	27,59	16,66–40,90	13,99–44,97
17	29,31	18,09–42,73	15,31–46,80
18	31,03	19,54–44,54	16,65–48,62
19	32,76	21,01–46,34	18,02–50,41
20	34,48	22,49–48,12	19,41–52,17
21	36,21	23,99–49,88	20,82–53,92
22	37,93	25,51–51,63	22,25–55,64
23	39,66	27,05–53,36	23,70–57,35
24	41,38	28,60–55,07	25,18–59,03
25	43,10	30,16–56,77	26,67–60,70
26	44,83	31,74–58,46	28,18–62,34
27	46,55	33,34–60,13	29,72–63,97
28	48,28	34,95–61,78	31,27–65,57
29	50,00	36,58–63,42	32,84–67,16
30	51,72	38,22–65,05	34,43–68,73
31	53,45	39,87–66,66	36,03–70,28
32	55,17	41,54–68,26	37,66–71,82
33	56,90	43,23–69,84	39,30–73,33
34	58,62	44,93–71,40	40,97–74,82
35	60,34	46,64–72,95	42,65–76,30
36	62,07	48,37–74,49	44,36–77,75
37	63,79	50,12–76,01	46,08–79,18
38	65,52	51,88–77,51	47,83–80,59
39	67,24	53,66–78,99	49,59–81,98
40	68,97	55,46–80,46	51,38–83,35
41	70,69	57,27–81,91	53,20–84,69
42	72,41	59,10–83,34	55,03–86,01
43	74,14	60,96–84,74	56,89–87,30
44	75,86	62,83–86,13	58,78–88,56
45	77,59	64,73–87,49	60,70–89,79
46	79,31	66,65–88,83	62,65–90,99
47	81,03	68,59–90,13	64,63–92,15
48	82,76	70,57–91,41	66,65–93,28
49	84,48	72,58–92,65	68,71–94,36
50	86,21	74,62–93,85	70,81–95,39
51	87,93	76,70–95,01	72,97–96,36
52	89,66	78,83–96,11	75,18–97,27
53	91,38	81,02–97,14	77,47–98,09
54	93,10	83,27–98,09	79,84–98,82
55	94,83	85,62–98,92	82,33–99,41
56	96,55	88,09–99,58	84,98–99,82
57	98,28	90,76–99,96	87,88–99,99
58	100,00	93,84–100,00	91,27–100,00

N = 59

x	$100p_x$	95% $100p_l$–$100p_r$	99% $100p_l$–$100p_r$
0	0,00	0,00–6,06	0,00–8,59
1	1,69	0,04–9,09	0,01–11,93
2	3,39	0,41–11,71	0,18–14,78
3	5,08	1,06–14,15	0,58–17,39
4	6,78	1,88–16,46	1,16–19,84
5	8,47	2,81–18,68	1,87–22,18
6	10,17	3,82–20,83	2,69–24,43
7	11,86	4,91–22,93	3,58–26,62
8	13,56	6,04–24,98	4,53–28,74
9	15,25	7,22–26,99	5,54–30,82
10	16,95	8,44–28,97	6,60–32,84
11	18,64	9,69–30,91	7,71–34,83
12	20,34	10,98–32,83	8,85–36,79
13	22,03	12,29–34,73	10,03–38,71
14	23,73	13,62–36,60	11,24–40,60
15	25,42	14,98–38,44	12,47–42,47
16	27,12	16,36–40,27	13,74–44,30
17	28,81	17,76–42,08	15,03–46,12
18	30,51	19,19–43,87	16,35–47,91
19	32,20	20,62–45,64	17,69–49,67
20	33,90	22,08–47,39	19,05–51,42
21	35,59	23,55–49,13	20,43–53,14
22	37,29	25,04–50,85	21,84–54,84
23	38,98	26,55–52,56	23,26–56,53
24	40,68	28,07–54,25	24,70–58,19
25	42,37	29,61–55,93	26,17–59,84
26	44,07	31,16–57,60	27,65–61,47
27	45,76	32,72–59,25	29,15–63,08
28	47,46	34,30–60,88	30,67–64,67
29	49,15	35,89–62,50	32,20–66,24
30	50,85	37,50–64,11	33,76–67,80
31	52,54	39,12–65,70	35,33–69,33
32	54,24	40,75–67,28	36,92–70,85
33	55,93	42,40–68,84	38,53–72,35
34	57,63	44,07–70,39	40,16–73,83
35	59,32	45,75–71,93	41,81–75,30
36	61,02	47,44–73,45	43,47–76,74
37	62,71	49,15–74,96	45,16–78,16
38	64,41	50,87–76,45	46,86–79,57
39	66,10	52,61–77,92	48,58–80,95
40	67,80	54,36–79,38	50,33–82,31
41	69,49	56,13–80,81	52,09–83,65

(Spaltenköpfe: 100 (1 — 2α)-Grenzen, 95 % und 99 %)

$N =$ Anzahl der Versuche, $x =$ Anzahl der Erfolge usw., $100\,p_x = 100\,x/N$

$N = 59$ (Fortsetzung)

x	$100\,p_x$	95% $100\,p_l$	95% $100\,p_r$	99% $100\,p_l$	99% $100\,p_r$
42	71,19	57,92	82,24	53,88	84,97
43	72,88	59,73	83,64	55,70	86,26
44	74,58	61,56	85,02	57,53	87,53
45	76,27	63,40	86,38	59,40	88,76
46	77,97	65,27	87,71	61,29	89,97
47	79,66	67,17	89,02	63,21	91,15
48	81,36	69,09	90,31	65,17	92,29
49	83,05	71,03	91,56	67,16	93,40
50	84,75	73,01	92,78	69,18	94,46
51	86,44	75,02	93,96	71,26	95,47
52	88,14	77,07	95,09	73,38	96,42
53	89,83	79,17	96,18	75,57	97,31
54	91,53	81,32	97,19	77,82	98,13
55	93,22	83,54	98,12	80,16	98,84
56	94,92	85,85	98,94	82,61	99,42
57	96,61	88,29	99,59	85,22	99,82
58	98,31	90,91	99,96	88,07	99,99
59	100,00	93,94	100,00	91,41	100,00

$N = 60$

x	$100\,p_x$	95% $100\,p_l$	95% $100\,p_r$	99% $100\,p_l$	99% $100\,p_r$
0	0,00	0,00	5,96	0,00	8,45
1	1,67	0,04	8,94	0,01	11,74
2	3,33	0,41	11,53	0,17	14,55
3	5,00	1,04	13,92	0,57	17,12
4	6,67	1,85	16,20	1,14	19,53
5	8,33	2,76	18,39	1,84	21,84
6	10,00	3,76	20,51	2,64	24,06
7	11,67	4,82	22,57	3,51	26,21
8	13,33	5,94	24,59	4,45	28,31
9	15,00	7,10	26,57	5,45	30,35
10	16,67	8,29	28,52	6,49	32,35
11	18,33	9,52	30,44	7,57	34,31
12	20,00	10,78	32,33	8,69	36,24
13	21,67	12,07	34,20	9,85	38,14
14	23,33	13,38	36,04	11,04	40,00
15	25,00	14,72	37,86	12,25	41,84
16	26,67	16,07	39,66	13,49	43,66
17	28,33	17,45	41,44	14,76	45,45
18	30,00	18,85	43,21	16,05	47,21
19	31,67	20,26	44,96	17,37	48,96
20	33,33	21,69	46,69	18,70	50,68
21	35,00	23,13	48,40	20,06	52,39
22	36,67	24,59	50,10	21,44	54,07
23	38,33	26,07	51,79	22,83	55,73
24	40,00	27,56	53,46	24,25	57,38
25	41,67	29,07	55,12	25,68	59,01
26	43,33	30,59	56,76	27,13	60,62
27	45,00	32,12	58,39	28,60	62,21
28	46,67	33,67	60,00	30,09	63,78
29	48,33	35,23	61,61	31,60	65,34
30	50,00	36,81	63,19	33,12	66,88
31	51,67	38,39	64,77	34,66	68,40
32	53,33	40,00	66,33	36,22	69,91
33	55,00	41,61	67,88	37,79	71,40
34	56,67	43,24	69,41	39,38	72,87
35	58,33	44,88	70,93	40,99	74,32
36	60,00	46,54	72,44	42,62	75,75
37	61,67	48,21	73,93	44,27	77,17
38	63,33	49,90	75,41	45,93	78,56
39	65,00	51,60	76,87	47,61	79,94
40	66,67	53,31	78,31	49,32	81,30
41	68,33	55,04	79,74	51,04	82,63
42	70,00	56,79	81,15	52,79	83,95
43	71,67	58,56	82,55	54,55	85,24
44	73,33	60,34	83,93	56,34	86,51
45	75,00	62,14	85,28	58,16	87,75
46	76,67	63,96	86,62	60,00	88,96
47	78,33	65,80	87,93	61,86	90,15
48	80,00	67,67	89,22	63,76	91,31
49	81,67	69,56	90,48	65,69	92,43
50	83,33	71,48	91,71	67,65	93,51
51	85,00	73,43	92,90	69,65	94,55
52	86,67	75,41	94,06	71,69	95,55
53	88,33	77,43	95,18	73,79	96,49
54	90,00	79,49	96,24	75,94	97,36
55	91,67	81,61	97,24	78,16	98,16
56	93,33	83,80	98,15	80,47	98,86
57	95,00	86,08	98,96	82,88	99,43
58	96,67	88,47	99,59	85,45	99,83
59	98,33	91,06	99,96	88,26	99,99
60	100,00	94,04	100,00	91,55	100,00

$N = 61$

x	$100\,p_x$	95% $100\,p_l$	95% $100\,p_r$	99% $100\,p_l$	99% $100\,p_r$
0	0,00	0,00	5,87	0,00	8,32
1	1,64	0,04	8,80	0,01	11,56
2	3,28	0,40	11,35	0,17	14,33
3	4,92	1,03	13,71	0,56	16,86
4	6,56	1,82	15,95	1,12	19,24
5	8,20	2,72	18,10	1,81	21,51
6	9,84	3,70	20,19	2,59	23,70
7	11,48	4,74	22,22	3,45	25,82
8	13,11	5,84	24,22	4,38	27,88
9	14,75	6,98	26,17	5,35	29,90
10	16,39	8,15	28,09	6,38	31,87
11	18,03	9,36	29,98	7,44	33,81
12	19,67	10,60	31,84	8,54	35,71
13	21,31	11,86	33,68	9,68	37,58

$N = 61$ (Fortsetzung)

x	$100\,p_x$	95% $100\,p_l$	95% $100\,p_r$	99% $100\,p_l$	99% $100\,p_r$
14	22,95	13,15	35,50	10,84	39,42
15	24,59	14,46	37,29	12,04	41,24
16	26,23	15,80	39,07	13,26	43,03
17	27,87	17,15	40,83	14,50	44,80
18	29,51	18,52	42,57	15,77	46,54
19	31,15	19,90	44,29	17,06	48,26
20	32,79	21,31	46,00	18,37	49,97
21	34,43	22,73	47,69	19,70	51,65
22	36,07	24,16	49,37	21,05	53,31
23	37,70	25,61	51,04	22,42	54,96
24	39,34	27,07	52,69	23,81	56,59
25	40,98	28,55	54,32	25,21	58,20
26	42,62	30,04	55,94	26,64	59,79
27	44,26	31,55	57,55	28,08	61,36
28	45,90	33,06	59,15	29,54	62,92
29	47,54	34,60	60,73	31,01	64,46
30	49,18	36,14	62,30	32,50	65,99
31	50,82	37,70	63,86	34,01	67,50
32	52,46	39,27	65,40	35,54	68,99
33	54,10	40,85	66,94	37,08	70,46
34	55,74	42,45	68,45	38,64	71,92
35	57,38	44,06	69,96	40,21	73,36
36	59,02	45,68	71,45	41,80	74,79
37	60,66	47,31	72,93	43,41	76,19
38	62,30	48,96	74,39	45,04	77,58
39	63,93	50,63	75,84	46,69	78,95
40	65,57	52,31	77,27	48,35	80,30
41	67,21	54,00	78,69	50,03	81,63
42	68,85	55,71	80,10	51,74	82,94
43	70,49	57,43	81,48	53,46	84,23
44	72,13	59,17	82,85	55,20	85,50
45	73,77	60,93	84,20	56,97	86,74
46	75,41	62,71	85,54	58,76	87,96
47	77,05	64,50	86,85	60,58	89,16
48	78,69	66,32	88,14	62,42	90,32
49	80,33	68,16	89,40	64,29	91,46
50	81,97	70,02	90,64	66,19	92,56
51	83,61	71,91	91,85	68,13	93,62
52	85,25	73,83	93,02	70,10	94,65
53	86,89	75,78	94,16	72,12	95,62
54	88,52	77,78	95,26	74,18	96,55
55	90,16	79,81	96,30	76,30	97,41
56	91,80	81,90	97,28	78,49	98,19
57	93,44	84,05	98,18	80,76	98,88
58	95,08	86,29	98,97	83,14	99,44
59	96,72	88,65	99,60	85,67	99,83
60	98,36	91,20	99,96	88,44	99,99
61	100,00	94,13	100,00	91,68	100,00

$N = 62$

x	$100\,p_x$	95% $100\,p_l$	95% $100\,p_r$	99% $100\,p_l$	99% $100\,p_r$
0	0,00	0,00	5,78	0,00	8,19
1	1,61	0,04	8,66	0,01	11,38
2	3,23	0,39	11,17	0,17	14,11
3	4,84	1,01	13,50	0,55	16,60
4	6,45	1,79	15,70	1,11	18,95
5	8,06	2,67	17,83	1,78	21,19
6	9,68	3,63	19,88	2,55	23,35
7	11,29	4,66	21,89	3,40	25,44
8	12,90	5,74	23,85	4,30	27,47
9	14,52	6,86	25,78	5,26	29,46
10	16,13	8,02	27,67	6,27	31,41
11	17,74	9,20	29,53	7,32	33,32
12	19,35	10,42	31,37	8,40	35,20
13	20,97	11,66	33,18	9,51	37,04
14	22,58	12,93	34,97	10,66	38,86
15	24,19	14,22	36,74	11,83	40,65
16	25,81	15,53	38,50	13,03	42,42
17	27,42	16,85	40,23	14,25	44,16
18	29,03	18,20	41,95	15,49	45,89
19	30,65	19,56	43,65	16,76	47,59
20	32,26	20,94	45,34	18,05	49,27
21	33,87	22,33	47,01	19,35	50,93
22	35,48	23,74	48,66	20,68	52,58
23	37,10	25,16	50,31	22,02	54,21
24	38,71	26,60	51,93	23,38	55,81
25	40,32	28,05	53,55	24,76	57,41
26	41,94	29,51	55,15	26,16	58,98
27	43,55	30,99	56,74	27,57	60,54
28	45,16	32,48	58,32	29,00	62,08
29	46,77	33,98	59,88	30,45	63,61
30	48,39	35,50	61,44	31,91	65,12
31	50,00	37,02	62,98	33,39	66,61
32	51,61	38,56	64,50	34,88	68,09
33	53,23	40,12	66,02	36,39	69,55
34	54,84	41,68	67,52	37,92	71,00
35	56,45	43,26	69,01	39,46	72,43
36	58,06	44,85	70,49	41,02	73,84
37	59,68	46,45	71,95	42,59	75,24
38	61,29	48,07	73,40	44,19	76,62
39	62,90	49,69	74,84	45,79	77,98
40	64,52	51,34	76,26	47,42	79,32
41	66,13	52,99	77,67	49,07	80,65
42	67,74	54,66	79,06	50,73	81,95
43	69,35	56,35	80,44	52,41	83,24
44	70,97	58,05	81,80	54,11	84,51
45	72,58	59,77	83,15	55,84	85,75
46	74,19	61,50	84,47	57,58	86,97
47	75,81	63,26	85,78	59,35	88,17

$N = 62$ (Fortsetzung)

x	$100\,p_x$	95% $100\,p_l$	95% $100\,p_r$	99% $100\,p_l$	99% $100\,p_r$
48	77,42	65,03	87,07	61,14	89,34
49	79,03	66,82	88,34	62,96	90,49
50	80,65	68,63	89,58	64,80	91,60
51	82,26	70,47	90,80	66,68	92,68
52	83,87	72,33	91,98	68,59	93,73
53	85,48	74,22	93,14	70,54	94,74
54	87,10	76,15	94,26	72,53	95,70
55	88,71	78,11	95,34	74,56	96,60
56	90,32	80,12	96,37	76,65	97,45
57	91,94	82,17	97,33	78,81	98,22
58	93,55	84,30	98,21	81,05	98,89
59	95,16	86,50	98,99	83,40	99,45
60	96,77	88,83	99,61	85,89	99,83
61	98,39	91,34	99,96	88,62	99,99
62	100,00	94,22	100,00	91,81	100,00

$N = 63$

x	$100\,p_x$	95% $100\,p_l$	95% $100\,p_r$	99% $100\,p_l$	99% $100\,p_r$
0	0,00	0,00	5,69	0,00	8,07
1	1,59	0,04	8,53	0,01	11,21
2	3,17	0,39	11,00	0,17	13,90
3	4,76	0,99	13,29	0,54	16,36
4	6,35	1,76	15,47	1,09	18,67
5	7,94	2,63	17,56	1,75	20,88
6	9,52	3,58	19,59	2,51	23,00
7	11,11	4,59	21,56	3,34	25,07
8	12,70	5,65	23,50	4,23	27,08
9	14,29	6,75	25,39	5,18	29,04
10	15,87	7,88	27,26	6,17	30,96
11	17,46	9,05	29,10	7,19	32,84
12	19,05	10,25	30,91	8,26	34,70
13	20,63	11,47	32,70	9,35	36,52
14	22,22	12,72	34,46	10,48	38,31
15	23,81	13,98	36,21	11,63	40,08
16	25,40	15,27	37,94	12,81	41,83
17	26,98	16,57	39,65	14,01	43,55
18	28,57	17,89	41,35	15,23	45,25
19	30,16	19,23	43,02	16,47	46,93
20	31,75	20,58	44,69	17,74	48,59
21	33,33	21,95	46,34	19,02	50,24
22	34,92	23,34	47,97	20,32	51,86
23	36,51	24,73	49,60	21,64	53,47
24	38,10	26,15	51,20	22,98	55,06
25	39,68	27,57	52,80	24,33	56,64
26	41,27	29,01	54,38	25,70	58,19
27	42,86	30,46	55,95	27,08	59,74
28	44,44	31,92	57,51	28,49	61,26
29	46,03	33,39	59,06	29,90	62,77
30	47,62	34,88	60,59	31,34	64,27
31	49,21	36,38	62,11	32,79	65,75
32	50,79	37,89	63,62	34,25	67,21
33	52,38	39,41	65,12	35,73	68,66
34	53,97	40,94	66,61	37,23	70,10
35	55,56	42,49	68,08	38,74	71,51
36	57,14	44,05	69,54	40,26	72,92
37	58,73	45,62	70,99	41,81	74,30
38	60,32	47,20	72,43	43,36	75,67
39	61,90	48,80	73,85	44,94	77,02
40	63,49	50,40	75,27	46,53	78,36
41	65,08	52,03	76,66	48,14	79,68
42	66,67	53,66	78,05	49,76	80,98
43	68,25	55,31	79,42	51,41	82,26
44	69,84	56,98	80,77	53,07	83,53
45	71,43	58,65	82,11	54,75	84,77
46	73,02	60,35	83,43	56,45	85,99
47	74,60	62,06	84,73	58,17	87,19
48	76,19	63,79	86,02	59,92	88,37
49	77,78	65,54	87,28	61,69	89,52
50	79,37	67,30	88,53	63,48	90,65
51	80,95	69,09	89,75	65,30	91,74
52	82,54	70,90	90,95	67,16	92,81
53	84,13	72,74	92,12	69,04	93,83
54	85,71	74,61	93,25	70,96	94,82
55	87,30	76,50	94,35	72,92	95,77
56	88,89	78,44	95,41	74,93	96,66
57	90,48	80,41	96,42	77,00	97,49
58	92,06	82,44	97,37	79,12	98,25
59	93,65	84,53	98,24	81,33	98,91
60	95,24	86,71	99,01	83,64	99,46
61	96,83	89,00	99,61	86,10	99,83
62	98,41	91,47	99,96	88,79	99,99
63	100,00	94,31	100,00	91,93	100,00

$N = 64$

x	$100\,p_x$	95% $100\,p_l$	95% $100\,p_r$	99% $100\,p_l$	99% $100\,p_r$
0	0,00	0,00	5,60	0,00	7,95
1	1,56	0,04	8,40	0,01	11,04
2	3,13	0,38	10,84	0,16	13,69
3	4,69	0,98	13,09	0,54	16,12
4	6,25	1,73	15,24	1,07	18,40
5	7,81	2,59	17,30	1,72	20,57
6	9,38	3,52	19,30	2,47	22,67
7	10,94	4,51	21,25	3,29	24,71
8	12,50	5,55	23,15	4,17	26,69
9	14,06	6,64	25,02	5,09	28,62
10	15,63	7,76	26,86	6,07	30,52
11	17,19	8,90	28,68	7,08	32,38
12	18,75	10,08	30,46	8,12	34,21
13	20,31	11,28	32,23	9,20	36,01

$N = 64$ (Fortsetzung)

x	$100\,p_x$	95% $100\,p_l$	95% $100\,p_r$	99% $100\,p_l$	99% $100\,p_r$
14	21,88	12,51	33,97	10,30	37,78
15	23,44	13,75	35,69	11,44	39,53
16	25,00	15,02	37,40	12,59	41,25
17	26,56	16,30	39,09	13,77	42,95
18	28,13	17,60	40,76	14,97	44,63
19	29,69	18,91	42,42	16,19	46,29
20	31,25	20,24	44,06	17,43	47,94
21	32,81	21,59	45,69	18,69	49,56
22	34,38	22,95	47,30	19,97	51,17
23	35,94	24,32	48,90	21,27	52,76
24	37,50	25,70	50,49	22,58	54,33
25	39,06	27,10	52,07	23,91	55,89
26	40,63	28,51	53,63	25,25	57,43
27	42,19	29,94	55,18	26,61	58,95
28	43,75	31,37	56,72	27,99	60,46
29	45,31	32,82	58,25	29,38	61,96
30	46,88	34,28	59,77	30,79	63,44
31	48,44	35,75	61,27	32,21	64,90
32	50,00	37,23	62,77	33,64	66,36
33	51,56	38,73	64,25	35,10	67,79
34	53,13	40,23	65,72	36,56	69,21
35	54,69	41,75	67,18	38,04	70,62
36	56,25	43,28	68,63	39,54	72,01
37	57,81	44,82	70,06	41,05	73,39
38	59,38	46,37	71,49	42,57	74,75
39	60,94	47,93	72,90	44,11	76,09
40	62,50	49,51	74,30	45,67	77,42
41	64,06	51,10	75,68	47,24	78,73
42	65,63	52,70	77,05	48,83	80,03
43	67,19	54,31	78,41	50,44	81,31
44	68,75	55,94	79,76	52,06	82,57
45	70,31	57,58	81,09	53,71	83,81
46	71,88	59,24	82,40	55,37	85,03
47	73,44	60,91	83,70	57,05	86,23
48	75,00	62,60	84,98	58,75	87,41
49	76,56	64,31	86,25	60,47	88,56
50	78,13	66,03	87,49	62,22	89,70
51	79,69	67,77	88,72	63,99	90,80
52	81,25	69,54	89,92	65,79	91,88
53	82,81	71,32	91,10	67,62	92,92
54	84,38	73,14	92,24	69,48	93,93
55	85,94	74,98	93,36	71,38	94,91
56	87,50	76,85	94,45	73,31	95,83
57	89,06	78,75	95,49	75,29	96,71
58	90,63	80,70	96,48	77,33	97,53
59	92,19	82,70	97,41	79,43	98,28
60	93,75	84,76	98,27	81,60	98,93
61	95,31	86,91	99,02	83,88	99,46
62	96,88	89,16	99,62	86,31	99,84
63	98,44	91,60	99,96	88,96	99,99
64	100,00	94,40	100,00	92,05	100,00

$N = 65$

x	$100\,p_x$	95% $100\,p_l$	95% $100\,p_r$	99% $100\,p_l$	99% $100\,p_r$
0	0,00	0,00	5,52	0,00	7,83
1	1,54	0,04	8,28	0,01	10,88
2	3,08	0,37	10,68	0,16	13,49
3	4,62	0,96	12,90	0,53	15,88
4	6,15	1,70	15,01	1,05	18,13
5	7,69	2,54	17,05	1,70	20,28
6	9,23	3,46	19,02	2,43	22,35
7	10,77	4,44	20,94	3,24	24,36
8	12,31	5,47	22,82	4,10	26,31
9	13,85	6,53	24,66	5,01	28,22
10	15,38	7,63	26,48	5,97	30,09
11	16,92	8,76	28,27	6,96	31,93
12	18,46	9,92	30,03	7,99	33,73
13	20,00	11,10	31,77	9,05	35,51
14	21,54	12,31	33,49	10,14	37,26
15	23,08	13,53	35,19	11,25	38,98
16	24,62	14,77	36,87	12,38	40,69
17	26,15	16,03	38,54	13,54	42,37
18	27,69	17,31	40,19	14,72	44,03
19	29,23	18,60	41,83	15,93	45,67
20	30,77	19,91	43,45	17,14	47,29
21	32,31	21,23	45,05	18,38	48,90
22	33,85	22,57	46,65	19,64	50,49
23	35,38	23,92	48,23	20,91	52,06
24	36,92	25,28	49,80	22,20	53,61
25	38,46	26,65	51,36	23,50	55,15
26	40,00	28,04	52,90	24,82	56,68
27	41,54	29,44	54,44	26,16	58,19
28	43,08	30,85	55,96	27,51	59,68
29	44,62	32,27	57,47	28,88	61,16
30	46,15	33,70	58,97	30,26	62,63
31	47,69	35,15	60,46	31,65	64,08
32	49,23	36,60	61,93	33,06	65,52
33	50,77	38,07	63,40	34,48	66,94
34	52,31	39,54	64,85	35,92	68,35
35	53,85	41,03	66,30	37,37	69,74
36	55,38	42,53	67,73	38,84	71,12
37	56,92	44,04	69,15	40,32	72,49
38	58,46	45,56	70,56	41,81	73,84
39	60,00	47,10	71,96	43,32	75,18
40	61,54	48,64	73,35	44,85	76,50
41	63,08	50,20	74,72	46,39	77,80
42	64,62	51,77	76,08	47,94	79,09
43	66,15	53,35	77,43	49,51	80,36
44	67,69	54,95	78,77	51,10	81,62

(Column headings: $100\,(1 - 2\alpha)$-Grenzen, 95% / 99%)

Exakte Vertrauensgrenzen* für p $N = 65$–71

N = Anzahl der Versuche, x = Anzahl der Erfolge usw., $100\,p_x = 100\,x/N$

$N = 65$ (Fortsetzung)

x	$100p_x$	100 (1 − 2α)-Grenzen 95 % $100p_l$ – $100p_r$	100 (1 − 2α)-Grenzen 99 % $100p_l$ – $100p_r$
45	69,23	56,55– 80,09	52,71– 82,86
46	70,77	58,17– 81,40	54,33– 84,07
47	72,31	59,81– 82,69	55,97– 85,28
48	73,85	61,46– 83,97	57,63– 86,46
49	75,38	63,13– 85,23	59,31– 87,62
50	76,92	64,81– 86,47	61,02– 88,75
51	78,46	66,51– 87,69	62,74– 89,86
52	80,00	68,23– 88,90	64,49– 90,95
53	81,54	69,97– 90,08	66,27– 92,01
54	83,08	71,73– 91,24	68,07– 93,04
55	84,62	73,52– 92,37	69,91– 94,03
56	86,15	75,34– 93,47	71,78– 94,99
57	87,69	77,18– 94,53	73,69– 95,90
58	89,23	79,06– 95,56	75,64– 96,76
59	90,77	80,98– 96,54	77,65– 97,57
60	92,31	82,95– 97,46	79,72– 98,30
61	93,85	84,99– 98,30	81,87– 98,95
62	95,38	87,10– 99,04	84,12– 99,47
63	96,92	89,32– 99,63	86,51– 99,84
64	98,46	91,72– 99,96	89,12– 99,99
65	100,00	94,48–100,00	92,17–100,00

$N = 66$

x	$100p_x$	95 % $100p_l$ – $100p_r$	99 % $100p_l$ – $100p_r$
0	0,00	0,00– 5,44	0,00– 7,71
1	1,52	0,04– 8,16	0,01– 10,72
2	3,03	0,37– 10,52	0,16– 13,30
3	4,55	0,95– 12,71	0,52– 15,66
4	6,06	1,68– 14,80	1,04– 17,88
5	7,58	2,51– 16,80	1,67– 19,99
6	9,09	3,41– 18,74	2,39– 22,04
7	10,61	4,37– 20,64	3,19– 24,02
8	12,12	5,38– 22,49	4,03– 25,95
9	13,64	6,43– 24,31	4,93– 27,83
10	15,15	7,51– 26,10	5,87– 29,68
11	16,67	8,62– 27,87	6,85– 31,49
12	18,18	9,76– 29,61	7,86– 33,27
13	19,70	10,93– 31,32	8,90– 35,03
14	21,21	12,11– 33,02	9,97– 36,75
15	22,73	13,31– 34,70	11,07– 38,46
16	24,24	14,54– 36,36	12,18– 40,14
17	25,76	15,78– 38,01	13,32– 41,80
18	27,27	17,03– 39,64	14,49– 43,44
19	28,79	18,30– 41,25	15,67– 45,06
20	30,30	19,59– 42,85	16,86– 46,67
21	31,82	20,89– 44,44	18,08– 48,25
22	33,33	22,20– 46,01	19,31– 49,82
23	34,85	23,53– 47,58	20,56– 51,38
24	36,36	24,87– 49,13	21,83– 52,92
25	37,88	26,22– 50,66	23,11– 54,44
26	39,39	27,58– 52,19	24,41– 55,95
27	40,91	28,95– 53,71	25,72– 57,44
28	42,42	30,34– 55,21	27,05– 58,92
29	43,94	31,74– 56,70	28,39– 60,39
30	45,45	33,14– 58,19	29,74– 61,84
31	46,97	34,56– 59,66	31,11– 63,28
32	48,48	35,99– 61,12	32,49– 64,70
33	50,00	37,43– 62,57	33,89– 66,11
34	51,52	38,88– 64,01	35,30– 67,51
35	53,03	40,34– 65,44	36,72– 68,89
36	54,55	41,81– 66,86	38,16– 70,26
37	56,06	43,30– 68,26	39,61– 71,61
38	57,58	44,79– 69,66	41,08– 72,95
39	59,09	46,29– 71,05	42,56– 74,28
40	60,61	47,81– 72,42	44,05– 75,59
41	62,12	49,34– 73,78	45,56– 76,89
42	63,64	50,87– 75,13	47,08– 78,17
43	65,15	52,42– 76,47	48,62– 79,44
44	66,67	53,99– 77,80	50,18– 80,69
45	68,18	55,56– 79,11	51,75– 81,92
46	69,70	57,15– 80,41	53,33– 83,14
47	71,21	58,75– 81,70	54,94– 84,33
48	72,73	60,36– 82,97	56,56– 85,51
49	74,24	61,99– 84,22	58,20– 86,68
50	75,76	63,64– 85,46	59,86– 87,82
51	77,27	65,30– 86,69	61,54– 88,93
52	78,79	66,98– 87,89	63,25– 90,03
53	80,30	68,68– 89,07	64,97– 91,10
54	81,82	70,39– 90,24	66,73– 92,14
55	83,33	72,13– 91,38	68,51– 93,15
56	84,85	73,90– 92,49	70,32– 94,13
57	86,36	75,69– 93,57	72,17– 95,07
58	87,88	77,51– 94,62	74,05– 95,97
59	89,39	79,36– 95,63	75,98– 96,81
60	90,91	81,26– 96,59	77,96– 97,61
61	92,42	83,20– 97,49	80,01– 98,33
62	93,94	85,20– 98,32	82,12– 98,96
63	95,45	87,29– 99,05	84,34– 99,48
64	96,97	89,48– 99,63	86,70– 99,84
65	98,48	91,84– 99,96	89,28– 99,99
66	100,00	94,56–100,00	92,29–100,00

$N = 67$

x	$100p_x$	95 % $100p_l$ – $100p_r$	99 % $100p_l$ – $100p_r$
0	0,00	0,00– 5,36	0,00– 7,60
1	1,49	0,04– 8,04	0,01– 10,57
2	2,99	0,36– 10,37	0,16– 13,11
3	4,48	0,93– 12,53	0,51– 15,44
4	5,97	1,65– 14,59	1,02– 17,63
5	7,46	2,47– 16,56	1,65– 19,72
6	8,96	3,36– 18,48	2,36– 21,73
7	10,45	4,31– 20,35	3,14– 23,69
8	11,94	5,30– 22,18	3,97– 25,59
9	13,43	6,33– 23,97	4,86– 27,45
10	14,93	7,40– 25,74	5,78– 29,28
11	16,42	8,49– 27,48	6,74– 31,07
12	17,91	9,61– 29,20	7,74– 32,82
13	19,40	10,76– 30,89	8,76– 34,56
14	20,90	11,92– 32,57	9,82– 36,26
15	22,39	13,11– 34,22	10,89– 37,95
16	23,88	14,31– 35,86	11,99– 39,61
17	25,37	15,53– 37,49	13,11– 41,25
18	26,87	16,76– 39,10	14,25– 42,87
19	28,36	18,01– 40,69	15,41– 44,47
20	29,85	19,28– 42,27	16,59– 46,06
21	31,34	20,56– 43,84	17,79– 47,63
22	32,84	21,85– 45,40	19,00– 49,18
23	34,33	23,15– 46,94	20,23– 50,72
24	35,82	24,47– 48,47	21,47– 52,24
25	37,31	25,80– 49,99	22,73– 53,74
26	38,81	27,14– 51,50	24,01– 55,24
27	40,30	28,49– 53,00	25,30– 56,72
28	41,79	29,85– 54,48	26,60– 58,18
29	43,28	31,22– 55,96	27,92– 59,63
30	44,78	32,60– 57,42	29,25– 61,07
31	46,27	34,00– 58,88	30,59– 62,49
32	47,76	35,40– 60,33	31,95– 63,90
33	49,25	36,82– 61,76	33,32– 65,30
34	50,75	38,24– 63,18	34,70– 66,68
35	52,24	39,67– 64,60	36,10– 68,05
36	53,73	41,12– 66,00	37,51– 69,41
37	55,22	42,58– 67,40	38,93– 70,75
38	56,72	44,04– 68,78	40,37– 72,08
39	58,21	45,52– 70,15	41,82– 73,40
40	59,70	47,00– 71,51	43,28– 74,70
41	61,19	48,50– 72,86	44,76– 75,99
42	62,69	50,01– 74,20	46,26– 77,27
43	64,18	51,53– 75,53	47,76– 78,53
44	65,67	53,06– 76,85	49,28– 79,77
45	67,16	54,60– 78,15	50,82– 81,00
46	68,66	56,16– 79,44	52,37– 82,21
47	70,15	57,73– 80,72	53,94– 83,41
48	71,64	59,31– 81,99	55,53– 84,59
49	73,13	60,90– 83,24	57,13– 85,75
50	74,63	62,51– 84,47	58,75– 86,89
51	76,12	64,14– 85,69	60,39– 88,01
52	77,61	65,78– 86,89	62,05– 89,11
53	79,10	67,43– 88,08	63,74– 90,18
54	80,60	69,11– 89,24	65,44– 91,24
55	82,09	70,80– 90,39	67,18– 92,26
56	83,58	72,52– 91,51	68,93– 93,26
57	85,07	74,26– 92,60	70,72– 94,22
58	86,57	76,03– 93,67	72,55– 95,14
59	88,06	77,82– 94,70	74,41– 96,03
60	89,55	79,65– 95,69	76,31– 96,86
61	91,04	81,52– 96,64	78,27– 97,64
62	92,54	83,44– 97,53	80,28– 98,35
63	94,03	85,41– 98,35	82,37– 98,98
64	95,52	87,47– 99,07	84,56– 99,49
65	97,01	89,63– 99,64	86,89– 99,84
66	98,51	91,96– 99,96	89,43– 99,99
67	100,00	94,64–100,00	92,40–100,00

$N = 68$

x	$100p_x$	95 % $100p_l$ – $100p_r$	99 % $100p_l$ – $100p_r$
0	0 00	0,00– 5,28	0,00– 7,50
1	1,47	0,04– 7,92	0,01– 10,42
2	2,94	0,36– 10,22	0,15– 12,93
3	4,41	0,92– 12,36	0,50– 15,22
4	5,88	1,63– 14,38	1,01– 17,38
5	7,35	2,43– 16,33	1,62– 19,45
6	8,82	3,31– 18,22	2,32– 21,44
7	10,29	4,24– 20,07	3,09– 23,37
8	11,76	5,22– 21,87	3,91– 25,25
9	13,24	6,23– 23,64	4,78– 27,08
10	14,71	7,28– 25,39	5,69– 28,88
11	16,18	8,36– 27,10	6,64– 30,65
12	17,65	9,46– 28,80	7,62– 32,39
13	19,12	10,59– 30,47	8,63– 34,10
14	20,59	11,74– 32,12	9,66– 35,78
15	22,06	12,90– 33,76	10,72– 37,45
16	23,53	14,09– 35,38	11,80– 39,09
17	25,00	15,29– 36,98	12,91– 40,71
18	26,47	16,50– 38,57	14,03– 42,31
19	27,94	17,73– 40,15	15,17– 43,90
20	29,41	18,98– 41,71	16,33– 45,46
21	30,88	20,24– 43,26	17,51– 47,02
22	32,35	21,51– 44,79	18,70– 48,55
23	33,82	22,79– 46,32	19,91– 50,07
24	35,29	24,08– 47,83	21,13– 51,57
25	36,76	25,39– 49,33	22,37– 53,07
26	38,24	26,71– 50,82	23,62– 54,54
27	39,71	28,03– 52,30	24,89– 56,00
28	41,18	29,37– 53,77	26,17– 57,45
29	42,65	30,72– 55,23	27,46– 58,89
30	44,12	32,08– 56,68	28,77– 60,31
31	45,59	33,45– 58,12	30,09– 61,72
32	47,06	34,83– 59,55	31,42– 63,12
33	48,53	36,22– 60,97	32,77– 64,50
34	50,00	37,62– 62,38	34,12– 65,88
35	51,47	39,03– 63,78	35,50– 67,23
36	52,94	40,45– 65,17	36,88– 68,58
37	54,41	41,88– 66,55	38,28– 69,91
38	55,88	43,32– 67,92	39,69– 71,23
39	57,35	44,77– 69,28	41,11– 72,54
40	58,82	46,23– 70,63	42,55– 73,83
41	60,29	47,70– 71,97	44,00– 75,11
42	61,76	49,18– 73,29	45,46– 76,38
43	63,24	50,67– 74,61	46,93– 77,63
44	64,71	52,17– 75,92	48,43– 78,87
45	66,18	53,68– 77,21	49,93– 80,09
46	67,65	55,21– 78,49	51,45– 81,30
47	69,12	56,74– 79,76	52,98– 82,49
48	70,59	58,29– 81,02	54,54– 83,67
49	72,06	59,85– 82,27	56,10– 84,83
50	73,53	61,43– 83,50	57,69– 85,97
51	75,00	63,02– 84,71	59,29– 87,09
52	76,47	64,62– 85,91	60,91– 88,20
53	77,94	66,24– 87,10	62,55– 89,28
54	79,41	67,88– 88,26	64,22– 90,34
55	80,88	69,53– 89,41	65,90– 91,37
56	82,35	71,20– 90,54	67,61– 92,38
57	83,82	72,90– 91,64	69,35– 93,36
58	85,29	74,61– 92,72	71,12– 94,31
59	86,76	76,36– 93,77	72,92– 95,22
60	88,24	78,13– 94,78	74,75– 96,09
61	89,71	79,93– 95,76	76,63– 96,91
62	91,18	81,78– 96,69	78,56– 97,68
63	92,65	83,67– 97,57	80,55– 98,38
64	94,12	85,62– 98,37	82,62– 98,99
65	95,59	87,64– 99,08	84,78– 99,50
66	97,06	89,78– 99,64	87,07– 99,85
67	98,53	92,08– 99,96	89,58– 99,99
68	100,00	94,72–100,00	92,50–100,00

$N = 69$

x	$100p_x$	95 % $100p_l$ – $100p_r$	99 % $100p_l$ – $100p_r$
0	0,00	0,00– 5,21	0,00– 7,39
1	1,45	0,04– 7,81	0,01– 10,28
2	2,90	0,35– 10,08	0,15– 12,75
3	4,35	0,91– 12,18	0,50– 15,02
4	5,80	1,60– 14,18	0,99– 17,15
5	7,25	2,39– 16,11	1,60– 19,18
6	8,70	3,26– 17,97	2,29– 21,15
7	10,14	4,18– 19,79	3,04– 23,05
8	11,59	5,14– 21,57	3,85– 24,91
9	13,04	6,14– 23,32	4,71– 26,72
10	14,49	7,17– 25,04	5,61– 28,50
11	15,94	8,24– 26,74	6,54– 30,25
12	17,39	9,32– 28,41	7,50– 31,96
13	18,84	10,43– 30,06	8,50– 33,65
14	20,29	11,56– 31,69	9,51– 35,32
15	21,74	12,71– 33,31	10,56– 36,96
16	23,19	13,87– 34,91	11,62– 38,58
17	24,64	15,06– 36,49	12,71– 40,19
18	26,09	16,25– 38,06	13,81– 41,77
19	27,54	17,46– 39,62	14,93– 43,34
20	28,99	18,69– 41,16	16,07– 44,88
21	30,43	19,92– 42,69	17,23– 46,42
22	31,88	21,17– 44,21	18,40– 47,94
23	33,33	22,44– 45,71	19,59– 49,44
24	34,78	23,71– 47,21	20,80– 50,93
25	36,23	25,00– 48,69	22,01– 52,40
26	37,68	26,29– 50,16	23,24– 53,86
27	39,13	27,60– 51,63	24,49– 55,31
28	40,58	28,91– 53,08	25,75– 56,75
29	42,03	30,24– 54,52	27,02– 58,17
30	43,48	31,58– 55,96	28,30– 59,58
31	44,93	32,92– 57,38	29,60– 60,97
32	46,38	34,28– 58,80	30,91– 62,36
33	47,83	35,65– 60,20	32,23– 63,73
34	49,28	37,02– 61,59	33,57– 65,09
35	50,72	38,41– 62,98	34,91– 66,43
36	52,17	39,80– 64,35	36,27– 67,77
37	53,62	41,20– 65,72	37,64– 69,09
38	55,07	42,62– 67,08	39,03– 70,40
39	56,52	44,04– 68,42	40,42– 71,70
40	57,97	45,48– 69,76	41,83– 72,98
41	59,42	46,92– 71,09	43,25– 74,25
42	60,87	48,37– 72,40	44,69– 75,51
43	62,32	49,84– 73,71	46,14– 76,76
44	63,77	51,31– 75,00	47,60– 77,99
45	65,22	52,79– 76,29	49,07– 79,20
46	66,67	54,29– 77,56	50,56– 80,41
47	68,12	55,79– 78,83	52,06– 81,60
48	69,57	57,31– 80,08	53,58– 82,77
49	71,01	58,84– 81,31	55,12– 83,93
50	72,46	60,38– 82,54	56,66– 85,07
51	73,91	61,94– 83,75	58,23– 86,19
52	75,36	63,51– 84,94	59,81– 87,29
53	76,81	65,09– 86,13	61,42– 88,38
54	78,26	66,69– 87,29	63,04– 89,44
55	79,71	68,31– 88,44	64,68– 90,49
56	81,16	69,94– 89,57	66,35– 91,50
57	82,61	71,59– 90,68	68,04– 92,50
58	84,06	73,26– 91,76	69,75– 93,46
59	85,51	74,96– 92,83	71,50– 94,39
60	86,96	76,68– 93,86	73,28– 95,29
61	88,41	78,43– 94,86	75,09– 96,15
62	89,86	80,21– 95,82	76,95– 96,96
63	91,30	82,03– 96,74	78,85– 97,71
64	92,75	83,89– 97,61	80,82– 98,40
65	94,20	85,82– 98,40	82,85– 99,01
66	95,65	87,82– 99,09	84,98– 99,50
67	97,10	89,92– 99,65	87,25– 99,85
68	98,55	92,19– 99,96	89,72– 99,99
69	100,00	94,79–100,00	92,61–100,00

$N = 70$

x	$100p_x$	95 % $100p_l$ – $100p_r$	99 % $100p_l$ – $100p_r$
0	0,00	0,00– 5,13	0,00– 7,29
1	1,43	0,04– 7,70	0,01– 10,14
2	2,86	0,35– 9,94	0,15– 12,58
3	4,29	0,89– 12,02	0,49– 14,81
4	5,71	1,58– 13,99	0,98– 16,92
5	7,14	2,36– 15,89	1,57– 18,93
6	8,57	3,21– 17,73	2,25– 20,87
7	10,00	4,12– 19,52	3,00– 22,75
8	11,43	5,07– 21,28	3,80– 24,58
9	12,86	6,05– 23,01	4,64– 26,37
10	14,29	7,07– 24,71	5,52– 28,13
11	15,71	8,11– 26,38	6,44– 29,85
12	17,14	9,18– 28,03	7,39– 31,55
13	18,57	10,28– 29,66	8,37– 33,22
14	20,00	11,39– 31,27	9,37– 34,86
15	21,43	12,52– 32,87	10,40– 36,49
16	22,86	13,67– 34,45	11,45– 38,09
17	24,29	14,83– 36,01	12,51– 39,67
18	25,71	16,01– 37,56	13,60– 41,24
19	27,14	17,20– 39,10	14,71– 42,79
20	28,57	18,40– 40,62	15,83– 44,32
21	30,00	19,62– 42,13	16,97– 45,84
22	31,43	20,85– 43,63	18,12– 47,34
23	32,86	22,09– 45,12	19,29– 48,82
24	34,29	23,35– 46,60	20,47– 50,30
25	35,71	24,61– 48,07	21,67– 51,76
26	37,14	25,89– 49,52	22,88– 53,20
27	38,57	27,17– 50,97	24,11– 54,63
28	40,00	28,47– 52,41	25,34– 56,05
29	41,43	29,77– 53,83	26,59– 57,46
30	42,86	31,09– 55,25	27,85– 58,86
31	44,29	32,41– 56,66	29,13– 60,24
32	45,71	33,74– 58,06	30,42– 61,61
33	47,14	35,09– 59,45	31,72– 62,97
34	48,57	36,44– 60,83	33,03– 64,32
35	50,00	37,80– 62,20	34,35– 65,65
36	51,43	39,17– 63,56	35,68– 66,97
37	52,86	40,55– 64,91	37,03– 68,28
38	54,29	41,94– 66,26	38,39– 69,58
39	55,71	43,34– 67,59	39,76– 70,87
40	57,14	44,75– 68,91	41,14– 72,15
41	58,57	46,17– 70,23	42,54– 73,41
42	60,00	47,59– 71,53	43,95– 74,66
43	61,43	49,03– 72,83	45,37– 75,89
44	62,86	50,48– 74,11	46,80– 77,12
45	64,29	51,93– 75,39	48,24– 78,33
46	65,71	53,40– 76,65	49,70– 79,53
47	67,14	54,88– 77,91	51,18– 80,71
48	68,57	56,37– 79,15	52,66– 81,88
49	70,00	57,87– 80,38	54,16– 83,03
50	71,43	59,38– 81,60	55,68– 84,17
51	72,86	60,90– 82,80	57,21– 85,29
52	74,29	62,44– 83,99	58,76– 86,40
53	75,71	63,99– 85,17	60,33– 87,49
54	77,14	65,55– 86,33	61,91– 88,55
55	78,57	67,13– 87,48	63,51– 89,60
56	80,00	68,73– 88,61	65,14– 90,63
57	81,43	70,34– 89,72	66,78– 91,63
58	82,86	71,97– 90,82	68,45– 92,61
59	84,29	73,62– 91,89	70,15– 93,56
60	85,71	75,29– 92,93	71,87– 94,48
61	87,14	76,99– 93,95	73,63– 95,36
62	88,57	78,72– 94,93	75,42– 96,20
63	90,00	80,48– 95,88	77,25– 97,00
64	91,43	82,27– 96,79	79,13– 97,75
65	92,86	84,11– 97,64	81,07– 98,43
66	94,29	86,01– 98,42	83,08– 99,02
67	95,71	87,98– 99,11	85,19– 99,51
68	97,14	90,06– 99,65	87,42– 99,85
69	98,57	92,30– 99,96	89,86– 99,99
70	100,00	94,87–100,00	92,71–100,00

$N = 71$

x	$100p_x$	95 % $100p_l$ – $100p_r$	99 % $100p_l$ – $100p_r$
0	0,00	0,00– 5,06	0,00– 7,19
1	1,41	0,04– 7,60	0,01– 10,00
2	2,82	0,34– 9,81	0,15– 12,41
3	4,23	0,88– 11,86	0,48– 14,62
4	5,63	1,56– 13,80	0,96– 16,69
5	7,04	2,33– 15,67	1,55– 18,68
6	8,45	3,17– 17,49	2,22– 20,59
7	9,86	4,06– 19,26	2,95– 22,45
8	11,27	4,99– 21,00	3,74– 24,26
9	12,68	5,96– 22,70	4,57– 26,03
10	14,08	6,97– 24,38	5,44– 27,77
11	15,49	8,00– 26,03	6,35– 29,47
12	16,90	9,05– 27,66	7,28– 31,14

N = Anzahl der Versuche, x = Anzahl der Erfolge usw., $100\,p_x = 100\,x/N$

$N = 71$ (Fortsetzung)

x	$100\,p_x$	100 (1 − 2α)-Grenzen 95% $100\,p_l$	95% $100\,p_r$	99% $100\,p_l$	99% $100\,p_r$
13	18,31	10,13	29,27	8,24	32,79
14	19,72	11,22	30,87	9,23	34,42
15	21,13	12,33	32,44	10,24	36,02
16	22,54	13,46	34,00	11,27	37,61
17	23,94	14,61	35,54	12,33	39,17
18	25,35	15,77	37,08	13,40	40,72
19	26,76	16,94	38,59	14,48	42,25
20	28,17	18,13	40,10	15,59	43,77
21	29,58	19,33	41,59	16,71	45,27
22	30,99	20,54	43,08	17,84	46,75
23	32,39	21,76	44,55	18,99	48,22
24	33,80	23,00	46,01	20,16	49,68
25	35,21	24,24	47,46	21,34	51,12
26	36,62	25,50	48,90	22,53	52,55
27	38,03	26,76	50,33	23,73	53,97
28	39,44	28,03	51,75	24,95	55,38
29	40,85	29,32	53,16	26,18	56,77
30	42,25	30,61	54,56	27,42	58,15
31	43,66	31,91	55,95	28,67	59,52
32	45,07	33,23	57,34	29,94	60,88
33	46,48	34,55	58,71	31,22	62,23
34	47,89	35,88	60,08	32,50	63,56
35	49,30	37,22	61,44	33,80	64,88
36	50,70	38,56	62,78	35,12	66,20
37	52,11	39,92	64,12	36,44	67,50
38	53,52	41,29	65,45	37,77	68,78
39	54,93	42,66	66,77	39,12	70,06
40	56,34	44,05	68,09	40,48	71,33
41	57,75	45,44	69,39	41,85	72,58
42	59,15	46,84	70,68	43,23	73,82
43	60,56	48,25	71,97	44,62	75,05
44	61,97	49,67	73,24	46,03	76,27
45	63,38	51,10	74,50	47,45	77,47
46	64,79	52,54	75,76	48,88	78,66
47	66,20	53,99	77,00	50,32	79,84
48	67,61	55,45	78,24	51,78	81,01
49	69,01	56,92	79,46	53,25	82,16
50	70,42	58,41	80,67	54,73	83,29
51	71,83	59,90	81,87	56,23	84,41
52	73,24	61,41	83,06	57,75	85,52
53	74,65	62,92	84,23	59,28	86,60
54	76,06	64,46	85,39	60,83	87,67
55	77,46	66,00	86,54	62,39	88,73
56	78,87	67,56	87,67	63,98	89,76
57	80,28	69,13	88,78	65,58	90,77
58	81,69	70,73	89,87	67,21	91,76
59	83,10	72,34	90,95	68,86	92,72
60	84,51	73,97	92,00	70,53	93,65
61	85,92	75,62	93,03	72,23	94,56
62	87,32	77,30	94,04	73,97	95,43
63	88,73	79,00	95,01	75,74	96,26
64	90,14	80,74	95,94	77,55	97,05
65	91,55	82,51	96,83	79,41	97,78
66	92,96	84,33	97,67	81,32	98,45
67	94,37	86,20	98,44	83,31	99,04
68	95,77	88,14	99,12	85,38	99,52
69	97,18	90,19	99,66	87,59	99,85
70	98,59	92,40	99,96	90,00	99,99
71	100,00	94,94	100,00	92,81	100,00

$N = 72$

x	$100\,p_x$	95% $100\,p_l$	95% $100\,p_r$	99% $100\,p_l$	99% $100\,p_r$
0	0,00	0,00	4,99	0,00	7,09
1	1,39	0,04	7,50	0,01	9,87
2	2,78	0,34	9,68	0,14	12,25
3	4,17	0,87	11,70	0,48	14,42
4	5,56	1,53	13,62	0,95	16,48
5	6,94	2,29	15,47	1,53	18,44
6	8,33	3,12	17,26	2,19	20,33
7	9,72	4,00	19,01	2,91	22,16
8	11,11	4,92	20,72	3,69	23,95
9	12,50	5,88	22,41	4,51	25,70
10	13,89	6,87	24,06	5,36	27,41
11	15,28	7,88	25,69	6,26	29,09
12	16,67	8,92	27,30	7,18	30,75
13	18,06	9,98	28,89	8,12	32,38
14	19,44	11,06	30,47	9,10	33,99
15	20,83	12,16	32,02	10,09	35,57
16	22,22	13,27	33,56	11,11	37,14
17	23,61	14,40	35,09	12,14	38,69
18	25,00	15,54	36,60	13,20	40,22
19	26,39	16,70	38,10	14,27	41,73
20	27,78	17,86	39,59	15,36	43,23
21	29,17	19,05	41,07	16,46	44,71
22	30,56	20,24	42,53	17,58	46,18
23	31,94	21,44	43,99	18,71	47,64
24	33,33	22,66	45,43	19,86	49,08
25	34,72	23,88	46,86	21,01	50,51
26	36,11	25,12	48,29	22,19	51,92
27	37,50	26,36	49,70	23,37	53,33
28	38,89	27,62	51,11	24,57	54,72
29	40,28	28,88	52,50	25,78	56,10
30	41,67	30,15	53,89	27,00	57,47
31	43,06	31,43	55,27	28,23	58,82
32	44,44	32,72	56,64	29,48	60,17
33	45,83	34,02	58,00	30,73	61,50
34	47,22	35,33	59,35	32,00	62,82
35	48,61	36,65	60,69	33,28	64,13
36	50,00	37,98	62,02	34,57	65,43

$N = 72$ (Fortsetzung)

x	$100\,p_x$	95% $100\,p_l$	95% $100\,p_r$	99% $100\,p_l$	99% $100\,p_r$
37	51,39	39,31	63,35	35,87	66,72
38	52,78	40,65	64,67	37,18	68,00
39	54,17	42,00	65,98	38,50	69,27
40	55,56	43,36	67,28	39,83	70,52
41	56,94	44,73	68,57	41,18	71,77
42	58,33	46,11	69,85	42,53	73,00
43	59,72	47,50	71,12	43,90	74,22
44	61,11	48,89	72,38	45,28	75,43
45	62,50	50,30	73,64	46,67	76,63
46	63,89	51,71	74,88	48,08	77,81
47	65,28	53,14	76,12	49,49	78,99
48	66,67	54,57	77,34	50,92	80,14
49	68,06	56,01	78,56	52,36	81,29
50	69,44	57,47	79,76	53,82	82,42
51	70,83	58,93	80,95	55,29	83,54
52	72,22	60,41	82,14	56,77	84,64
53	73,61	61,90	83,30	58,27	85,73
54	75,00	63,40	84,46	59,78	86,80
55	76,39	64,91	85,60	61,31	87,86
56	77,78	66,44	86,73	62,86	88,89
57	79,17	67,98	87,84	64,43	89,91
58	80,56	69,53	88,94	66,01	90,90
59	81,94	71,11	90,02	67,62	91,88
60	83,33	72,70	91,08	69,25	92,82
61	84,72	74,31	92,12	70,91	93,74
62	86,11	75,94	93,13	72,59	94,64
63	87,50	77,59	94,12	74,30	95,49
64	88,89	79,28	95,08	76,05	96,31
65	90,28	80,99	96,00	77,84	97,09
66	91,67	82,74	96,88	79,67	97,81
67	93,06	84,53	97,71	81,56	98,47
68	94,44	86,38	98,47	83,52	99,05
69	95,83	88,30	99,13	85,58	99,52
70	97,22	90,32	99,66	87,75	99,86
71	98,61	92,50	99,96	90,13	99,99
72	100,00	95,01	100,00	92,91	100,00

$N = 73$

x	$100\,p_x$	95% $100\,p_l$	95% $100\,p_r$	99% $100\,p_l$	99% $100\,p_r$
0	0,00	0,00	4,93	0,00	7,00
1	1,37	0,03	7,40	0,01	9,74
2	2,74	0,33	9,55	0,14	12,09
3	4,11	0,86	11,54	0,47	14,24
4	5,48	1,51	13,44	0,94	16,26
5	6,85	2,26	15,26	1,51	18,20
6	8,22	3,08	17,04	2,16	20,07
7	9,59	3,94	18,76	2,87	21,88
8	10,96	4,85	20,46	3,63	23,65
9	12,33	5,80	22,12	4,44	25,37
10	13,70	6,77	23,75	5,29	27,07
11	15,07	7,77	25,36	6,17	28,73
12	16,44	8,79	26,95	7,07	30,37
13	17,81	9,84	28,53	8,01	31,98
14	19,18	10,90	30,08	8,97	33,57
15	20,55	11,98	31,62	9,95	35,13
16	21,92	13,08	33,14	10,95	36,68
17	23,29	14,19	34,65	11,97	38,21
18	24,66	15,32	36,14	13,01	39,73
19	26,03	16,45	37,62	14,06	41,22
20	27,40	17,61	39,09	15,13	42,71
21	28,77	18,77	40,55	16,22	44,17
22	30,14	19,94	42,00	17,32	45,63
23	31,51	21,13	43,44	18,43	47,06
24	32,88	22,33	44,87	19,56	48,49
25	34,25	23,53	46,28	20,70	49,90
26	35,62	24,75	47,69	21,86	51,31
27	36,99	25,97	49,09	23,02	52,70
28	38,36	27,21	50,48	24,20	54,07
29	39,73	28,45	51,86	25,39	55,44
30	41,10	29,71	53,23	26,59	56,79
31	42,47	30,97	54,59	27,80	58,14
32	43,84	32,24	55,95	29,03	59,47
33	45,21	33,52	57,30	30,26	60,79
34	46,58	34,80	58,63	31,51	62,10
35	47,95	36,10	59,96	32,77	63,40
36	49,32	37,40	61,28	34,03	64,69
37	50,68	38,72	62,60	35,31	65,97
38	52,05	40,04	63,90	36,60	67,23
39	53,42	41,37	65,20	37,90	68,49
40	54,79	42,70	66,48	39,21	69,74
41	56,16	44,05	67,76	40,53	70,97
42	57,53	45,41	69,03	41,86	72,20
43	58,90	46,77	70,29	43,21	73,41
44	60,27	48,14	71,55	44,56	74,61
45	61,64	49,52	72,79	45,93	75,80
46	63,01	50,91	74,03	47,30	76,98
47	64,38	52,31	75,25	48,69	78,14
48	65,75	53,72	76,47	50,10	79,30
49	67,12	55,13	77,67	51,51	80,44
50	68,49	56,56	78,87	52,94	81,57
51	69,86	58,00	80,06	54,37	82,68
52	71,23	59,45	81,23	55,83	83,78
53	72,60	60,91	82,39	57,29	84,87
54	73,97	62,38	83,55	58,78	85,94
55	75,34	63,86	84,68	60,27	86,99
56	76,71	65,35	85,81	61,79	88,03
57	78,08	66,86	86,92	63,32	89,05
58	79,45	68,38	88,02	64,87	90,05
59	80,82	69,92	89,10	66,43	91,03

$N = 73$ (Fortsetzung)

x	$100\,p_x$	95% $100\,p_l$	95% $100\,p_r$	99% $100\,p_l$	99% $100\,p_r$
60	82,19	71,47	90,16	68,02	91,99
61	83,56	73,05	91,21	69,63	92,93
62	84,93	74,64	92,23	71,27	93,83
63	86,30	76,25	93,23	72,93	94,71
64	87,67	77,88	94,20	74,63	95,56
65	89,04	79,54	95,15	76,35	96,37
66	90,41	81,24	96,06	78,12	97,13
67	91,78	82,96	96,92	79,93	97,84
68	93,15	84,74	97,74	81,80	98,49
69	94,52	86,56	98,49	83,74	99,06
70	95,89	88,46	99,14	85,76	99,53
71	97,26	90,45	99,67	87,91	99,86
72	98,63	92,60	99,97	90,26	99,99
73	100,00	95,07	100,00	93,00	100,00

$N = 74$

x	$100\,p_x$	95% $100\,p_l$	95% $100\,p_r$	99% $100\,p_l$	99% $100\,p_r$
0	0,00	0,00	4,86	0,00	6,91
1	1,35	0,03	7,30	0,01	9,62
2	2,70	0,33	9,42	0,14	11,93
3	4,05	0,84	11,39	0,46	14,06
4	5,41	1,49	13,27	0,92	16,06
5	6,76	2,23	15,07	1,49	17,97
6	8,11	3,03	16,82	2,13	19,81
7	9,46	3,89	18,52	2,83	21,60
8	10,81	4,78	20,19	3,58	23,35
9	12,16	5,71	21,84	4,38	25,06
10	13,51	6,68	23,45	5,21	26,73
11	14,86	7,66	25,04	6,08	28,37
12	16,22	8,67	26,61	6,97	29,99
13	17,57	9,70	28,17	7,89	31,58
14	18,92	10,75	29,70	8,84	33,15
15	20,27	11,81	31,22	9,80	34,70
16	21,62	12,89	32,72	10,79	36,24
17	22,97	13,99	34,21	11,80	37,75
18	24,32	15,10	35,69	12,82	39,25
19	25,68	16,22	37,16	13,86	40,73
20	27,03	17,35	38,61	14,91	42,19
21	28,38	18,50	40,05	15,98	43,64
22	29,73	19,66	41,48	17,07	45,08
23	31,08	20,83	42,90	18,16	46,51
24	32,43	22,00	44,32	19,27	47,92
25	33,78	23,19	45,72	20,40	49,32
26	35,14	24,39	47,11	21,53	50,70
27	36,49	25,60	48,49	22,68	52,08
28	37,84	26,81	49,87	23,84	53,44
29	39,19	28,04	51,23	25,01	54,79
30	40,54	29,27	52,59	26,20	56,14
31	41,89	30,51	53,94	27,39	57,47
32	43,24	31,77	55,28	28,59	58,79
33	44,59	33,02	56,61	29,81	60,10
34	45,95	34,29	57,93	31,03	61,39
35	47,30	35,57	59,25	32,27	62,68
36	48,65	36,85	60,56	33,52	63,96
37	50,00	38,14	61,86	34,77	65,23
38	51,35	39,44	63,15	36,04	66,48
39	52,70	40,75	64,43	37,32	67,73
40	54,05	42,07	65,71	38,61	68,97
41	55,41	43,39	66,98	39,90	70,19
42	56,76	44,72	68,23	41,21	71,41
43	58,11	46,06	69,49	42,53	72,61
44	59,46	47,41	70,73	43,86	73,80
45	60,81	48,77	71,96	45,21	74,99
46	62,16	50,13	73,19	46,56	76,16
47	63,51	51,51	74,40	47,92	77,32
48	64,86	52,89	75,61	49,30	78,47
49	66,22	54,28	76,81	50,68	79,60
50	67,57	55,68	78,00	52,08	80,73
51	68,92	57,10	79,17	53,49	81,84
52	70,27	58,52	80,34	54,92	82,93
53	71,62	59,95	81,50	56,36	84,02
54	72,97	61,39	82,65	57,81	85,09
55	74,32	62,84	83,78	59,27	86,14
56	75,68	64,31	84,90	60,75	87,18
57	77,03	65,79	86,01	62,25	88,20
58	78,38	67,28	87,11	63,76	89,21
59	79,73	68,78	88,19	65,30	90,20
60	81,08	70,30	89,25	66,85	91,16
61	82,43	71,83	90,30	68,42	92,11
62	83,78	73,39	91,33	70,01	93,03
63	85,14	74,96	92,34	71,63	93,92
64	86,49	76,55	93,32	73,27	94,79
65	87,84	78,16	94,29	74,94	95,62
66	89,19	79,81	95,22	76,65	96,42
67	90,54	81,48	96,11	78,40	97,17
68	91,89	83,18	96,97	80,19	97,87
69	93,24	84,93	97,77	82,03	98,51
70	94,59	86,73	98,51	83,94	99,08
71	95,95	88,61	99,16	85,94	99,54
72	97,30	90,58	99,67	88,07	99,86
73	98,65	92,70	99,97	90,38	99,99
74	100,00	95,14	100,00	93,09	100,00

$N = 75$

x	$100\,p_x$	95% $100\,p_l$	95% $100\,p_r$	99% $100\,p_l$	99% $100\,p_r$
0	0,00	0,00	4,80	0,00	6,82
1	1,33	0,03	7,21	0,01	9,49
2	2,67	0,32	9,30	0,14	11,78
3	4,00	0,83	11,25	0,46	13,88
4	5,33	1,47	13,10	0,91	15,85

$N = 75$ (Fortsetzung)

x	$100\,p_x$	95% $100\,p_l$	95% $100\,p_r$	99% $100\,p_l$	99% $100\,p_r$
5	6,67	2,20	14,88	1,47	17,74
6	8,00	2,99	16,60	2,10	19,57
7	9,33	3,84	18,29	2,79	21,34
8	10,67	4,72	19,94	3,53	23,06
9	12,00	5,64	21,56	4,32	24,75
10	13,33	6,58	23,16	5,14	26,40
11	14,67	7,56	24,73	5,99	28,03
12	16,00	8,55	26,28	6,88	29,63
13	17,33	9,57	27,81	7,78	31,20
14	18,67	10,60	29,33	8,71	32,75
15	20,00	11,65	30,83	9,67	34,29
16	21,33	12,71	32,32	10,64	35,80
17	22,67	13,79	33,79	11,63	37,30
18	24,00	14,89	35,25	12,64	38,78
19	25,33	15,99	36,70	13,66	40,24
20	26,67	17,11	38,14	14,70	41,69
21	28,00	18,24	39,56	15,75	43,13
22	29,33	19,38	40,98	16,82	44,55
23	30,67	20,53	42,38	17,90	45,96
24	32,00	21,69	43,78	19,00	47,36
25	33,33	22,86	45,17	20,10	48,74
26	34,67	24,04	46,54	21,22	50,11
27	36,00	25,23	47,91	22,35	51,48
28	37,33	26,43	49,27	23,49	52,83
29	38,67	27,64	50,62	24,65	54,16
30	40,00	28,85	51,96	25,81	55,49
31	41,33	30,08	53,30	26,99	56,81
32	42,67	31,31	54,62	28,17	58,12
33	44,00	32,55	55,94	29,37	59,42
34	45,33	33,79	57,25	30,57	60,70
35	46,67	35,05	58,55	31,79	61,98
36	48,00	36,31	59,85	33,02	63,25
37	49,33	37,58	61,14	34,25	64,50
38	50,67	38,86	62,42	35,50	65,75
39	52,00	40,15	63,69	36,75	66,98
40	53,33	41,45	64,95	38,02	68,21
41	54,67	42,75	66,21	39,30	69,43
42	56,00	44,06	67,45	40,58	70,63
43	57,33	45,38	68,69	41,88	71,83
44	58,67	46,70	69,92	43,19	73,01
45	60,00	48,04	71,15	44,51	74,19
46	61,33	49,38	72,36	45,84	75,35
47	62,67	50,73	73,57	47,17	76,51
48	64,00	52,09	74,77	48,52	77,65
49	65,33	53,46	75,96	49,89	78,78
50	66,67	54,83	77,14	51,26	79,90
51	68,00	56,22	78,31	52,64	81,00
52	69,33	57,62	79,47	54,04	82,10
53	70,67	59,02	80,62	55,45	83,18
54	72,00	60,44	81,76	56,87	84,25
55	73,33	61,86	82,89	58,31	85,30
56	74,67	63,30	84,01	59,76	86,34
57	76,00	64,75	85,11	61,22	87,36
58	77,33	66,21	86,21	62,70	88,37
59	78,67	67,68	87,29	64,20	89,36
60	80,00	69,17	88,35	65,71	90,33
61	81,33	70,67	89,40	67,25	91,29
62	82,67	72,19	90,43	68,80	92,22
63	84,00	73,72	91,45	70,37	93,12
64	85,33	75,27	92,44	71,97	94,01
65	86,67	76,84	93,42	73,60	94,86
66	88,00	78,44	94,36	75,25	95,68
67	89,33	80,06	95,28	76,94	96,47
68	90,67	81,71	96,16	78,66	97,21
69	92,00	83,40	97,01	80,43	97,90
70	93,33	85,12	97,80	82,26	98,53
71	94,67	86,90	98,53	84,15	99,09
72	96,00	88,75	99,17	86,12	99,54
73	97,33	90,70	99,68	88,22	99,86
74	98,67	92,79	99,97	90,51	99,99
75	100,00	95,20	100,00	93,18	100,00

$N = 76$

x	$100\,p_x$	95% $100\,p_l$	95% $100\,p_r$	99% $100\,p_l$	99% $100\,p_r$
0	0,00	0,00	4,74	0,00	6,73
1	1,32	0,03	7,11	0,01	9,37
2	2,63	0,32	9,18	0,14	11,63
3	3,95	0,82	11,11	0,45	13,71
4	5,26	1,45	12,93	0,90	15,66
5	6,58	2,17	14,69	1,45	17,52
6	7,89	2,95	16,40	2,07	19,33
7	9,21	3,78	18,06	2,76	21,07
8	10,53	4,66	19,69	3,49	22,78
9	11,84	5,56	21,29	4,26	24,45
10	13,16	6,49	22,87	5,07	26,08
11	14,47	7,45	24,42	5,91	27,69
12	15,79	8,43	25,96	6,78	29,27
13	17,11	9,43	27,47	7,68	30,83
14	18,42	10,45	28,97	8,59	32,36
15	19,74	11,49	30,46	9,53	33,88
16	21,05	12,54	31,92	10,49	35,37
17	22,37	13,60	33,38	11,47	36,85
18	23,68	14,68	34,82	12,46	38,32
19	25,00	15,77	36,26	13,47	39,77
20	26,32	16,87	37,68	14,49	41,20
21	27,63	17,99	39,09	15,53	42,62
22	28,95	19,11	40,49	16,58	44,03
23	30,26	20,25	41,87	17,65	45,43
24	31,58	21,39	43,25	18,73	46,81

N = Anzahl der Versuche, x = Anzahl der Erfolge usw., $100 p_x = 100\, x/N$

N = 76 (Fortsetzung)

x	$100p_x$	100 (1 − 2α)-Grenzen 95% $100p_l$	95% $100p_r$	99% $100p_l$	99% $100p_r$
25	32,89	22,54	44,63	19,82	48,18
26	34,21	23,71	45,99	20,92	49,54
27	35,53	24,88	47,34	22,03	50,89
28	36,84	26,06	48,69	23,16	52,22
29	38,16	27,25	50,02	24,29	53,55
30	39,47	28,44	51,35	25,44	54,86
31	40,79	29,65	52,67	26,59	56,17
32	42,11	30,86	53,98	27,76	57,46
33	43,42	32,08	55,29	28,94	58,75
34	44,74	33,31	56,59	30,13	60,02
35	46,05	34,55	57,87	31,32	61,29
36	47,37	35,79	59,16	32,53	62,55
37	48,68	37,04	60,43	33,75	63,79
38	50,00	38,30	61,70	34,97	65,03
39	51,32	39,57	62,96	36,21	66,25
40	52,63	40,84	64,21	37,45	67,47
41	53,95	42,13	65,45	38,71	68,68
42	55,26	43,41	66,69	39,98	69,87
43	56,58	44,71	67,92	41,25	71,06
44	57,89	46,02	69,14	42,54	72,24
45	59,21	47,33	70,35	43,83	73,41
46	60,53	48,65	71,56	45,14	74,56
47	61,84	49,98	72,75	46,45	75,71
48	63,16	51,31	73,94	47,78	76,84
49	64,47	52,66	75,12	49,11	77,97
50	65,79	54,01	76,29	50,46	79,08
51	67,11	55,37	77,46	51,82	80,18
52	68,42	56,75	78,61	53,19	81,27
53	69,74	58,13	79,75	54,57	82,35
54	71,05	59,51	80,89	55,97	83,42
55	72,37	60,91	82,01	57,38	84,47
56	73,68	62,32	83,13	58,80	85,51
57	75,00	63,74	84,23	60,23	86,53
58	76,32	65,18	85,32	61,68	87,54
59	77,63	66,62	86,40	63,15	88,53
60	78,95	68,08	87,46	64,63	89,51
61	80,26	69,54	88,51	66,12	90,47
62	81,58	71,03	89,55	67,64	91,41
63	82,89	72,53	90,57	69,17	92,32
64	84,21	74,04	91,57	70,73	93,22
65	85,53	75,58	92,55	72,31	94,09
66	86,84	77,13	93,51	73,92	94,93
67	88,16	78,71	94,44	75,55	95,74
68	89,47	80,31	95,34	77,22	96,51
69	90,79	81,94	96,22	78,93	97,24
70	92,11	83,60	97,05	80,67	97,93
71	93,42	85,31	97,83	82,48	98,55
72	94,74	87,07	98,55	84,34	99,10
73	96,05	88,89	99,18	86,29	99,55
74	97,37	90,82	99,68	88,37	99,86
75	98,68	92,89	99,97	90,63	99,99
76	100,00	95,26	100,00	93,27	100,00

N = 77

x	$100p_x$	95% $100p_l$	95% $100p_r$	99% $100p_l$	99% $100p_r$
0	0,00	0,00	4,68	0,00	6,65
1	1,30	0,03	7,02	0,01	9,26
2	2,60	0,32	9,07	0,14	11,49
3	3,90	0,81	10,97	0,44	13,54
4	5,19	1,43	12,77	0,89	15,47
5	6,49	2,14	14,51	1,43	17,31
6	7,79	2,91	16,19	2,04	19,09
7	9,09	3,73	17,84	2,72	20,82
8	10,39	4,59	19,45	3,44	22,50
9	11,69	5,49	21,03	4,20	24,15
10	12,99	6,41	22,59	5,00	25,77
11	14,29	7,35	24,13	5,83	27,36
12	15,58	8,32	25,64	6,69	28,92
13	16,88	9,31	27,14	7,57	30,46
14	18,18	10,31	28,62	8,48	31,98
15	19,48	11,33	30,09	9,40	33,48
16	20,78	12,37	31,54	10,35	34,96
17	22,08	13,42	32,98	11,31	36,42
18	23,38	14,48	34,41	12,29	37,87
19	24,68	15,56	35,82	13,28	39,31
20	25,97	16,64	37,23	14,29	40,72
21	27,27	17,74	38,62	15,32	42,13
22	28,57	18,85	40,00	16,35	43,52
23	29,87	19,97	41,38	17,40	44,90
24	31,17	21,09	42,74	18,46	46,27
25	32,47	22,23	44,10	19,54	47,63
26	33,77	23,38	45,45	20,62	48,97
27	35,06	24,53	46,78	21,72	50,31
28	36,36	25,70	48,12	22,83	51,63
29	37,66	26,87	49,44	23,95	52,95
30	38,96	28,05	50,75	25,08	54,25
31	40,26	29,23	52,06	26,21	55,54
32	41,56	30,43	53,36	27,36	56,82
33	42,86	31,63	54,65	28,52	58,10
34	44,16	32,84	55,93	29,69	59,36
35	45,45	34,06	57,21	30,87	60,62
36	46,75	35,29	58,48	32,06	61,86
37	48,05	36,52	59,74	33,26	63,10
38	49,35	37,76	61,00	34,46	64,32
39	50,65	39,00	62,24	35,68	65,54
40	51,95	40,26	63,48	36,90	66,74
41	53,25	41,52	64,71	38,14	67,94
42	54,55	42,79	65,94	39,38	69,13
43	55,84	44,07	67,16	40,64	70,31
44	57,14	45,35	68,37	41,90	71,48
45	58,44	46,64	69,57	43,18	72,64
46	59,74	47,94	70,77	44,46	73,79
47	61,04	49,25	71,95	45,75	74,92
48	62,34	50,56	73,13	47,05	76,05
49	63,64	51,88	74,30	48,37	77,17
50	64,94	53,22	75,47	49,69	78,28
51	66,23	54,55	76,62	51,03	79,38
52	67,53	55,90	77,77	52,37	80,46
53	68,83	57,26	78,91	53,73	81,54
54	70,13	58,62	80,03	55,10	82,60
55	71,43	60,00	81,15	56,48	83,65
56	72,73	61,38	82,26	57,87	84,68
57	74,03	62,77	83,36	59,28	85,71
58	75,32	64,18	84,44	60,69	86,72
59	76,62	65,59	85,52	62,13	87,71
60	77,92	67,02	86,58	63,58	88,69
61	79,22	68,46	87,63	65,04	89,65
62	80,52	69,91	88,67	66,52	90,60
63	81,82	71,38	89,69	68,02	91,52
64	83,12	72,86	90,69	69,54	92,43
65	84,42	74,36	91,68	71,08	93,31
66	85,71	75,87	92,65	72,64	94,17
67	87,01	77,41	93,59	74,23	95,00
68	88,31	78,97	94,51	75,85	95,80
69	89,61	80,55	95,41	77,50	96,56
70	90,91	82,16	96,27	79,18	97,28
71	92,21	83,81	97,09	80,91	97,96
72	93,51	85,49	97,86	82,69	98,57
73	94,81	87,23	98,57	84,53	99,11
74	96,10	89,03	99,19	86,46	99,56
75	97,40	90,93	99,68	88,51	99,86
76	98,70	92,98	99,97	90,74	99,99
77	100,00	95,32	100,00	93,35	100,00

N = 78

x	$100p_x$	95% $100p_l$	95% $100p_r$	99% $100p_l$	99% $100p_r$
0	0,00	0,00	4,62	0,00	6,57
1	1,28	0,03	6,94	0,01	9,14
2	2,56	0,31	8,96	0,13	11,35
3	3,85	0,80	10,83	0,44	13,37
4	5,13	1,41	12,61	0,88	15,28
5	6,41	2,11	14,33	1,41	17,10
6	7,69	2,88	15,99	2,02	18,86
7	8,97	3,68	17,62	2,68	20,57
8	10,26	4,53	19,21	3,39	22,24
9	11,54	5,41	20,78	4,15	23,87
10	12,82	6,32	22,32	4,94	25,46
11	14,10	7,26	23,83	5,76	27,03
12	15,38	8,21	25,33	6,60	28,58
13	16,67	9,18	26,81	7,47	30,10
14	17,95	10,17	28,28	8,36	31,60
15	19,23	11,18	29,73	9,28	33,09
16	20,51	12,20	31,16	10,21	34,55
17	21,79	13,24	32,59	11,16	36,00
18	23,08	14,29	34,00	12,12	37,43
19	24,36	15,35	35,40	13,10	38,85
20	25,64	16,42	36,79	14,10	40,26
21	26,92	17,50	38,16	15,11	41,65
22	28,21	18,59	39,53	16,13	43,03
23	29,49	19,70	40,89	17,16	44,39
24	30,77	20,81	42,24	18,21	45,75
25	32,05	21,93	43,58	19,27	47,09
26	33,33	23,06	44,92	20,34	48,42
27	34,62	24,20	46,24	21,42	49,74
28	35,90	25,34	47,56	22,51	51,05
29	37,18	26,50	48,87	23,61	52,36
30	38,46	27,66	50,17	24,72	53,65
31	39,74	28,83	51,46	25,85	54,93
32	41,03	30,01	52,75	26,98	56,20
33	42,31	31,19	54,02	28,12	57,46
34	43,59	32,39	55,30	29,27	58,71
35	44,87	33,59	56,56	30,43	59,96
36	46,15	34,79	57,82	31,60	61,19
37	47,44	36,01	59,07	32,78	62,41
38	48,72	37,23	60,31	33,97	63,63
39	50,00	38,46	61,54	35,16	64,84
40	51,28	39,69	62,77	36,37	66,03
41	52,56	40,93	63,99	37,59	67,22
42	53,85	42,18	65,21	38,81	68,40
43	55,13	43,44	66,41	40,04	69,57
44	56,41	44,70	67,61	41,29	70,73
45	57,69	45,98	68,81	42,54	71,88
46	58,97	47,25	69,99	43,80	73,02
47	60,26	48,54	71,17	45,07	74,15
48	61,54	49,83	72,34	46,35	75,28
49	62,82	51,13	73,50	47,64	76,39
50	64,10	52,44	74,66	48,95	77,49
51	65,38	53,76	75,80	50,26	78,58
52	66,67	55,08	76,94	51,58	79,66
53	67,95	56,42	78,07	52,91	80,73
54	69,23	57,76	79,19	54,25	81,79
55	70,51	59,11	80,30	55,61	82,84
56	71,79	60,47	81,41	56,97	83,87
57	73,08	61,84	82,50	58,35	84,89
58	74,36	63,21	83,58	59,74	85,90
59	75,64	64,60	84,65	61,15	86,90
60	76,92	66,00	85,71	62,57	87,88
61	78,21	67,41	86,76	64,00	88,84
62	79,49	68,84	87,80	65,45	89,79
63	80,77	70,27	88,82	66,91	90,72
64	82,05	71,72	89,83	68,40	91,64
65	83,33	73,19	90,82	69,90	92,53
66	84,62	74,67	91,79	71,42	93,40
67	85,90	76,17	92,74	72,97	94,24
68	87,18	77,68	93,68	74,54	95,06
69	88,46	79,22	94,59	76,13	95,85
70	89,74	80,79	95,47	77,76	96,61
71	91,03	82,38	96,32	79,43	97,32
72	92,31	84,01	97,12	81,14	97,98
73	93,59	85,67	97,89	82,90	98,59
74	94,87	87,39	98,59	84,72	99,12
75	96,15	89,17	99,20	86,63	99,56
76	97,44	91,04	99,69	88,65	99,87
77	98,72	93,06	99,97	90,86	99,99
78	100,00	95,38	100,00	93,43	100,00

N = 79

x	$100p_x$	95% $100p_l$	95% $100p_r$	99% $100p_l$	99% $100p_r$
0	0,00	0,00	4,56	0,00	6,49
1	1,27	0,03	6,85	0,01	9,03
2	2,53	0,31	8,85	0,13	11,21
3	3,80	0,79	10,70	0,43	13,21
4	5,06	1,40	12,46	0,86	15,10
5	6,33	2,09	14,16	1,39	16,90
6	7,59	2,84	15,80	1,99	18,64
7	8,86	3,64	17,41	2,65	20,33
8	10,13	4,47	18,98	3,35	21,97
9	11,39	5,34	20,53	4,09	23,59
10	12,66	6,24	22,05	4,87	25,17
11	13,92	7,16	23,55	5,68	26,72
12	15,19	8,10	25,03	6,51	28,25
13	16,46	9,06	26,49	7,37	29,75
14	17,72	10,04	27,94	8,25	31,24
15	18,99	11,03	29,38	9,15	32,71
16	20,25	12,04	30,80	10,07	34,16
17	21,52	13,06	32,20	11,01	35,59
18	22,78	14,10	33,60	11,96	37,01
19	24,05	15,14	34,98	12,93	38,41
20	25,32	16,20	36,36	13,91	39,80
21	26,58	17,27	37,72	14,90	41,18
22	27,85	18,35	39,07	15,91	42,54
23	29,11	19,43	40,42	16,93	43,89
24	30,38	20,53	41,75	17,96	45,23
25	31,65	21,63	43,08	19,00	46,56
26	32,91	22,75	44,40	20,06	47,88
27	34,18	23,87	45,71	21,12	49,19
28	35,44	25,00	47,01	22,20	50,49
29	36,71	26,14	48,31	23,29	51,78
30	37,97	27,28	49,59	24,38	53,06
31	39,24	28,44	50,87	25,49	54,33
32	40,51	29,60	52,15	26,60	55,59
33	41,77	30,77	53,41	27,73	56,84
34	43,04	31,94	54,67	28,86	58,08
35	44,30	33,12	55,92	30,00	59,31
36	45,57	34,31	57,17	31,16	60,53
37	46,84	35,51	58,40	32,32	61,75
38	48,10	36,71	59,64	33,49	62,95
39	49,37	37,92	60,86	34,66	64,15
40	50,63	39,14	62,08	35,85	65,34
41	51,90	40,36	63,29	37,05	66,51
42	53,16	41,60	64,49	38,25	67,68
43	54,43	42,83	65,69	39,47	68,84
44	55,70	44,08	66,88	40,69	70,00
45	56,96	45,33	68,06	41,92	71,14
46	58,23	46,59	69,23	43,16	72,27
47	59,49	47,85	70,40	44,41	73,40
48	60,76	49,13	71,56	45,67	74,51
49	62,03	50,41	72,72	46,94	75,62
50	63,29	51,69	73,86	48,22	76,71
51	64,56	52,99	75,00	49,51	77,80
52	65,82	54,29	76,13	50,81	78,88
53	67,09	55,60	77,25	52,12	79,94
54	68,35	56,92	78,37	53,44	81,00
55	69,62	58,25	79,47	54,77	82,04
56	70,89	59,58	80,57	56,11	83,07
57	72,15	60,93	81,65	57,46	84,09
58	73,42	62,28	82,73	58,82	85,10
59	74,68	63,64	83,80	60,20	86,09
60	75,95	65,02	84,86	61,59	87,07
61	77,22	66,40	85,90	62,99	88,04
62	78,48	67,80	86,94	64,41	88,99
63	79,75	69,20	87,96	65,84	89,93
64	81,01	70,62	88,97	67,29	90,85
65	82,28	72,06	89,96	68,76	91,75
66	83,54	73,51	90,94	70,25	92,63
67	84,81	74,97	91,90	71,75	93,49
68	86,08	76,45	92,84	73,28	94,32
69	87,34	77,95	93,76	74,83	95,13
70	88,61	79,47	94,66	76,41	95,91
71	89,87	81,02	95,53	78,03	96,65
72	91,14	82,59	96,36	79,67	97,35
73	92,41	84,20	97,16	81,36	98,01
74	93,67	85,84	97,91	83,10	98,61
75	94,94	87,54	98,60	84,90	99,14
76	96,20	89,30	99,21	86,79	99,57
77	97,47	91,15	99,69	88,79	99,87
78	98,73	93,15	99,97	90,97	99,99
79	100,00	95,44	100,00	93,51	100,00

N = 80

x	$100p_x$	95% $100p_l$	95% $100p_r$	99% $100p_l$	99% $100p_r$
0	0,00	0,00	4,51	0,00	6,41
1	1,25	0,03	6,77	0,01	8,92
2	2,50	0,30	8,74	0,13	11,08
3	3,75	0,78	10,57	0,43	13,05
4	5,00	1,38	12,31	0,85	14,92
5	6,25	2,06	13,99	1,37	16,70
6	7,50	2,80	15,61	1,96	18,42
7	8,75	3,59	17,20	2,61	20,09
8	10,00	4,42	18,76	3,31	21,72
9	11,25	5,28	20,28	4,04	23,31
10	12,50	6,16	21,79	4,81	24,87
11	13,75	7,07	23,27	5,61	26,41
12	15,00	8,00	24,74	6,43	27,92
13	16,25	8,95	26,18	7,28	29,41
14	17,50	9,91	27,62	8,14	30,88
15	18,75	10,89	29,03	9,03	32,33
16	20,00	11,89	30,44	9,94	33,77
17	21,25	12,89	31,83	10,86	35,19
18	22,50	13,91	33,21	11,80	36,59
19	23,75	14,95	34,58	12,75	37,98
20	25,00	15,99	35,94	13,72	39,35
21	26,25	17,04	37,29	14,70	40,72
22	27,50	18,10	38,62	15,70	42,07
23	28,75	19,18	39,95	16,70	43,41
24	30,00	20,26	41,28	17,72	44,73
25	31,25	21,35	42,59	18,75	46,05
26	32,50	22,45	43,89	19,79	47,36
27	33,75	23,55	45,19	20,84	48,65
28	35,00	24,67	46,48	21,90	49,94
29	36,25	25,79	47,76	22,97	51,21
30	37,50	26,92	49,04	24,05	52,48
31	38,75	28,06	50,30	25,14	53,74
32	40,00	29,20	51,56	26,24	54,99
33	41,25	30,35	52,82	27,35	56,22
34	42,50	31,51	54,06	28,46	57,45
35	43,75	32,68	55,30	29,59	58,68
36	45,00	33,85	56,53	30,72	59,89
37	46,25	35,03	57,76	31,87	61,09
38	47,50	36,21	58,98	33,02	62,29
39	48,75	37,41	60,19	34,18	63,47
40	50,00	38,60	61,40	35,35	64,65
41	51,25	39,81	62,59	36,53	65,82
42	52,50	41,02	63,79	37,71	66,98
43	53,75	42,24	64,97	38,91	68,13
44	55,00	43,47	66,15	40,11	69,28
45	56,25	44,70	67,32	41,32	70,41
46	57,50	45,94	68,49	42,55	71,54
47	58,75	47,18	69,65	43,78	72,65
48	60,00	48,44	70,80	45,01	73,76
49	61,25	49,70	71,94	46,26	74,86
50	62,50	50,96	73,08	47,52	75,95
51	63,75	52,24	74,21	48,79	77,03
52	65,00	53,52	75,33	50,06	78,10
53	66,25	54,81	76,45	51,35	79,16
54	67,50	56,11	77,55	52,64	80,21
55	68,75	57,41	78,65	53,95	81,25
56	70,00	58,72	79,74	55,27	82,28
57	71,25	60,05	80,82	56,59	83,30
58	72,50	61,38	81,90	57,93	84,30
59	73,75	62,71	82,96	59,28	85,30
60	75,00	64,06	84,01	60,65	86,28
61	76,25	65,42	85,05	62,02	87,25
62	77,50	66,79	86,09	63,41	88,20
63	78,75	68,17	87,11	64,81	89,14
64	80,00	69,56	88,11	66,23	90,06
65	81,25	70,97	89,11	67,67	90,97
66	82,50	72,38	90,09	69,12	91,86
67	83,75	73,82	91,05	70,59	92,72
68	85,00	75,26	92,00	72,08	93,57
69	86,25	76,73	92,93	73,59	94,39
70	87,50	78,21	93,84	75,13	95,19
71	88,75	79,72	94,72	76,69	95,96
72	90,00	81,24	95,58	78,28	96,69
73	91,25	82,80	96,41	79,91	97,39
74	92,50	84,39	97,20	81,58	98,04
75	93,75	86,01	97,94	83,30	98,63
76	95,00	87,69	98,62	85,08	99,15
77	96,25	89,43	99,22	86,95	99,57
78	97,50	91,24	99,70	88,92	99,87
79	98,75	93,23	99,97	91,08	99,99
80	100,00	95,49	100,00	93,59	100,00

N = 81

x	$100p_x$	95% $100p_l$	95% $100p_r$	99% $100p_l$	99% $100p_r$
0	0,00	0,00	4,45	0,00	6,33
1	1,23	0,03	6,69	0,01	8,82
2	2,47	0,30	8,64	0,13	10,95
3	3,70	0,77	10,44	0,42	12,90
4	4,94	1,36	12,16	0,84	14,74
5	6,17	2,03	13,82	1,36	16,50
6	7,41	2,77	15,43	1,94	18,21
7	8,64	3,55	17,00	2,58	19,86
8	9,88	4,36	18,54	3,27	21,47
9	11,11	5,21	20,05	3,99	23,04
10	12,35	6,08	21,53	4,75	24,59
11	13,58	6,98	23,00	5,53	26,11
12	14,81	7,90	24,45	6,35	27,60
13	16,05	8,83	25,88	7,18	29,08
14	17,28	9,78	27,30	8,04	30,53

N = Anzahl der Versuche, x = Anzahl der Erfolge usw., $100\,p_x = 100\,x/N$

$N = 81$ (Fortsetzung)

x	$100p_x$	100 (1 — 2α)-Grenzen 95% $100p_l$ $100p_r$	99% $100p_l$ $100p_r$
15	18,52	10,75- 28,70	8,92- 31,97
16	19,75	11,73- 30,09	9,81- 33,39
17	20,99	12,73- 31,46	10,72- 34,79
18	22,22	13,73- 32,83	11,65- 36,18
19	23,46	14,75- 34,18	12,59- 37,55
20	24,69	15,78- 35,53	13,54- 38,92
21	25,93	16,82- 36,86	14,51- 40,27
22	27,16	17,87- 38,19	15,49- 41,60
23	28,40	18,93- 39,50	16,48- 42,93
24	29,63	19,99- 40,81	17,49- 44,24
25	30,86	21,07- 42,11	18,50- 45,55
26	32,10	22,15- 43,40	19,52- 46,84
27	33,33	23,24- 44,68	20,56- 48,12
28	34,57	24,34- 45,96	21,61- 49,40
29	35,80	25,45- 47,23	22,66- 50,66
30	37,04	26,56- 48,49	23,73- 51,92
31	38,27	27,69- 49,74	24,80- 53,16
32	39,51	28,81- 50,99	25,88- 54,40
33	40,74	29,95- 52,23	26,97- 55,62
34	41,98	31,09- 53,46	28,08- 56,84
35	43,21	32,24- 54,69	29,18- 58,05
36	44,44	33,40- 55,91	30,30- 59,26
37	45,68	34,56- 57,13	31,43- 60,45
38	46,91	35,73- 58,33	32,56- 61,64
39	48,15	36,90- 59,53	33,71- 62,81
40	49,38	38,08- 60,73	34,86- 63,98
41	50,62	39,27- 61,92	36,02- 65,14
42	51,85	40,47- 63,10	37,19- 66,29
43	53,09	41,67- 64,27	38,36- 67,44
44	54,32	42,87- 65,44	39,55- 68,57
45	55,56	44,09- 66,60	40,74- 69,70
46	56,79	45,31- 67,76	41,95- 70,82
47	58,02	46,54- 68,91	43,16- 71,92
48	59,26	47,77- 70,05	44,38- 73,03
49	60,49	49,01- 71,19	45,60- 74,12
50	61,73	50,26- 72,31	46,84- 75,20
51	62,96	51,51- 73,44	48,08- 76,27
52	64,20	52,77- 74,55	49,34- 77,34
53	65,43	54,04- 75,66	50,60- 78,39
54	66,67	55,32- 76,76	51,88- 79,44
55	67,90	56,60- 77,85	53,16- 80,48
56	69,14	57,89- 78,93	54,45- 81,50
57	70,37	59,19- 80,01	55,76- 82,51
58	71,60	60,50- 81,07	57,07- 83,52
59	72,84	61,81- 82,13	58,40- 84,51
60	74,07	63,14- 83,18	59,73- 85,49
61	75,31	64,47- 84,22	61,08- 86,46
62	76,54	65,82- 85,25	62,45- 87,41
63	77,78	67,17- 86,27	63,82- 88,35
64	79,01	68,54- 87,27	65,21- 89,28
65	80,25	69,91- 88,27	66,61- 90,19
66	81,48	71,30- 89,25	68,03- 91,08
67	82,72	72,70- 90,22	69,47- 91,96
68	83,95	74,12- 91,17	70,92- 92,82
69	85,19	75,55- 92,10	72,40- 93,65
70	86,42	77,00- 93,02	73,89- 94,47
71	87,65	78,47- 93,92	75,41- 95,25
72	88,89	79,95- 94,79	76,96- 96,01
73	90,12	81,46- 95,64	78,53- 96,73
74	91,36	83,00- 96,45	80,14- 97,42
75	92,59	84,57- 97,23	81,79- 98,06
76	93,83	86,18- 97,97	83,50- 98,64
77	95,06	87,84- 98,64	85,26- 99,16
78	96,30	89,56- 99,23	87,10- 99,58
79	97,53	91,36- 99,70	89,05- 99,87
80	98,77	93,31- 99,97	91,18- 99,99
81	100,00	95,55-100,00	93,67-100,00

$N = 82$

x	$100p_x$	95% $100p_l$ $100p_r$	99% $100p_l$ $100p_r$
0	0,00	0,00- 4,40	0,00- 6,26
1	1,22	0,03- 6,61	0,01- 8,71
2	2,44	0,30- 8,53	0,13- 10,82
3	3,66	0,76- 10,32	0,42- 12,75
4	4,88	1,34- 12,02	0,83- 14,57
5	6,10	2,01- 13,66	1,34- 16,31
6	7,32	2,73- 15,25	1,92- 18,00
7	8,54	3,50- 16,80	2,55- 19,63
8	9,76	4,31- 18,32	3,22- 21,22
9	10,98	5,14- 19,82	3,94- 22,78
10	12,20	6,01- 21,29	4,69- 24,31
11	13,41	6,89- 22,74	5,46- 25,81
12	14,63	7,80- 24,17	6,27- 27,29
13	15,85	8,72- 25,58	7,09- 28,75
14	17,07	9,66- 26,98	7,94- 30,19
15	18,29	10,62- 28,37	8,80- 31,61
16	19,51	11,58- 29,74	9,68- 33,02
17	20,73	12,57- 31,11	10,58- 34,41
18	21,95	13,56- 32,46	11,50- 35,78
19	23,17	14,56- 33,80	12,42- 37,14
20	24,39	15,58- 35,12	13,37- 38,49
21	25,61	16,60- 36,45	14,32- 39,82
22	26,83	17,64- 37,76	15,29- 41,15
23	28,05	18,68- 39,06	16,27- 42,46
24	29,27	19,74- 40,35	17,26- 43,76
25	30,49	20,80- 41,64	18,26- 45,05
26	31,71	21,87- 42,92	19,27- 46,33
27	32,93	22,94- 44,19	20,29- 47,61
28	34,15	24,03- 45,45	21,32- 48,87

$N = 82$ (Fortsetzung)

x	$100p_x$	95% $100p_l$ $100p_r$	99% $100p_l$ $100p_r$
29	35,37	25,12- 46,70	22,36- 50,12
30	36,59	26,22- 47,95	23,41- 51,36
31	37,80	27,32- 49,19	24,47- 52,60
32	39,02	28,44- 50,43	25,54- 53,82
33	40,24	29,56- 51,66	26,61- 55,04
34	41,46	30,68- 52,88	27,70- 56,25
35	42,68	31,82- 54,09	28,79- 57,45
36	43,90	32,95- 55,30	29,89- 58,64
37	45,12	34,10- 56,51	31,00- 59,82
38	46,34	35,25- 57,70	32,12- 61,00
39	47,56	36,41- 58,89	33,25- 62,16
40	48,78	37,58- 60,08	34,38- 63,32
41	50,00	38,75- 61,25	35,53- 64,47
42	51,22	39,92- 62,42	36,68- 65,62
43	52,44	41,11- 63,59	37,84- 66,75
44	53,66	42,30- 64,75	39,00- 67,88
45	54,88	43,49- 65,90	40,18- 69,00
46	56,10	44,70- 67,05	41,36- 70,11
47	57,32	45,91- 68,18	42,55- 71,21
48	58,54	47,12- 69,32	43,75- 72,30
49	59,76	48,34- 70,44	44,96- 73,39
50	60,98	49,57- 71,56	46,18- 74,46
51	62,20	50,81- 72,68	47,40- 75,53
52	63,41	52,05- 73,78	48,64- 76,59
53	64,63	53,30- 74,88	49,88- 77,64
54	65,85	54,55- 75,97	51,13- 78,68
55	67,07	55,81- 77,06	52,39- 79,71
56	68,29	57,08- 78,13	53,67- 80,73
57	69,51	58,36- 79,20	54,95- 81,74
58	70,73	59,65- 80,26	56,24- 82,74
59	71,95	60,94- 81,32	57,54- 83,73
60	73,17	62,24- 82,36	58,85- 84,71
61	74,39	63,55- 83,40	60,18- 85,68
62	75,61	64,88- 84,42	61,51- 86,63
63	76,83	66,20- 85,44	62,86- 87,58
64	78,05	67,54- 86,44	64,22- 88,50
65	79,27	68,89- 87,43	65,59- 89,42
66	80,49	70,26- 88,42	66,98- 90,32
67	81,71	71,63- 89,38	68,39- 91,20
68	82,93	73,02- 90,34	69,81- 92,06
69	84,15	74,42- 91,28	71,25- 92,91
70	85,37	75,83- 92,20	72,71- 93,73
71	86,59	77,26- 93,11	74,19- 94,54
72	87,80	78,71- 93,99	75,69- 95,31
73	89,02	80,18- 94,86	77,22- 96,06
74	90,24	81,68- 95,69	78,78- 96,78
75	91,46	83,20- 96,50	80,37- 97,45
76	92,68	84,75- 97,27	82,00- 98,08
77	93,90	86,34- 97,99	83,69- 98,66
78	95,12	87,98- 98,66	85,43- 99,17
79	96,34	89,68- 99,24	87,25- 99,58
80	97,56	91,47- 99,70	89,18- 99,87
81	98,78	93,39- 99,97	91,29- 99,99
82	100,00	95,60-100,00	93,74-100,00

$N = 83$

x	$100p_x$	95% $100p_l$ $100p_r$	99% $100p_l$ $100p_r$
0	0,00	0,00- 4,35	0,00- 6,18
1	1,20	0,03- 6,53	0,01- 8,61
2	2,41	0,29- 8,43	0,13- 10,70
3	3,61	0,75- 10,20	0,41- 12,61
4	4,82	1,33- 11,88	0,82- 14,41
5	6,02	1,98- 13,50	1,32- 16,13
6	7,23	2,70- 15,07	1,89- 17,79
7	8,43	3,46- 16,61	2,52- 19,41
8	9,64	4,25- 18,11	3,18- 20,98
9	10,84	5,08- 19,59	3,89- 22,53
10	12,05	5,93- 21,04	4,63- 24,04
11	13,25	6,81- 22,48	5,40- 25,53
12	14,46	7,70- 23,89	6,19- 26,99
13	15,66	8,61- 25,29	7,00- 28,43
14	16,87	9,54- 26,68	7,84- 29,86
15	18,07	10,48- 28,05	8,69- 31,26
16	19,28	11,44- 29,41	9,56- 32,65
17	20,48	12,41- 30,76	10,45- 34,03
18	21,69	13,39- 32,09	11,35- 35,39
19	22,89	14,38- 33,42	12,27- 36,74
20	24,10	15,38- 34,73	13,20- 38,07
21	25,30	16,39- 36,04	14,14- 39,39
22	26,51	17,42- 37,34	15,09- 40,70
23	27,71	18,45- 38,62	16,06- 42,00
24	28,92	19,48- 39,91	17,03- 43,29
25	30,12	20,53- 41,18	18,02- 44,57
26	31,33	21,59- 42,44	19,02- 45,84
27	32,53	22,65- 43,70	20,03- 47,10
28	33,73	23,72- 44,95	21,04- 48,35
29	34,94	24,80- 46,19	22,07- 49,59
30	36,14	25,88- 47,43	23,10- 50,82
31	37,35	26,97- 48,66	24,15- 52,04
32	38,55	28,07- 49,88	25,20- 53,26
33	39,76	29,17- 51,10	26,26- 54,46
34	40,96	30,28- 52,31	27,33- 55,66
35	42,17	31,40- 53,51	28,41- 56,85
36	43,37	32,53- 54,71	29,50- 58,03
37	44,58	33,66- 55,90	30,59- 59,20
38	45,78	34,79- 57,08	31,69- 60,37
39	46,99	35,93- 58,26	32,80- 61,53
40	48,19	37,08- 59,44	33,92- 62,68
41	49,40	38,24- 60,60	35,05- 63,82

$N = 83$ (Fortsetzung)

x	$100p_x$	95% $100p_l$ $100p_r$	99% $100p_l$ $100p_r$
42	50,60	39,40- 61,76	36,18- 64,95
43	51,81	40,56- 62,92	37,32- 66,08
44	53,01	41,74- 64,07	38,47- 67,20
45	54,22	42,92- 65,21	39,63- 68,31
46	55,42	44,10- 66,34	40,80- 69,41
47	56,63	45,29- 67,47	41,97- 70,50
48	57,83	46,49- 68,60	43,15- 71,59
49	59,04	47,69- 69,72	44,34- 72,67
50	60,24	48,90- 70,83	45,54- 73,74
51	61,45	50,12- 71,93	46,74- 74,80
52	62,65	51,34- 73,03	47,96- 75,85
53	63,86	52,57- 74,12	49,18- 76,90
54	65,06	53,81- 75,20	50,41- 77,93
55	66,27	55,05- 76,28	51,65- 78,96
56	67,47	56,30- 77,35	52,90- 79,97
57	68,67	57,56- 78,41	54,16- 80,98
58	69,88	58,82- 79,47	55,43- 81,98
59	71,08	60,09- 80,52	56,71- 82,97
60	72,29	61,38- 81,55	58,00- 83,94
61	73,49	62,66- 82,58	59,30- 84,91
62	74,70	63,96- 83,61	60,61- 85,86
63	75,90	65,27- 84,62	61,93- 86,80
64	77,11	66,58- 85,62	63,26- 87,73
65	78,31	67,91- 86,61	64,61- 88,65
66	79,52	69,24- 87,59	65,97- 89,55
67	80,72	70,59- 88,56	67,35- 90,44
68	81,93	71,95- 89,52	68,74- 91,31
69	83,13	73,32- 90,46	70,14- 92,16
70	84,34	74,71- 91,39	71,57- 93,00
71	85,54	76,11- 92,30	73,01- 93,81
72	86,75	77,52- 93,19	74,47- 94,60
73	87,95	78,96- 94,07	75,96- 95,37
74	89,16	80,41- 94,92	77,47- 96,11
75	90,36	81,89- 95,75	79,02- 96,82
76	91,57	83,39- 96,54	80,59- 97,48
77	92,77	84,93- 97,30	82,21- 98,11
78	93,98	86,50- 98,02	83,87- 98,68
79	95,18	88,12- 98,67	85,59- 99,18
80	96,39	89,80- 99,25	87,39- 99,59
81	97,59	91,57- 99,71	89,30- 99,87
82	98,80	93,47- 99,97	91,39- 99,99
83	100,00	95,65-100,00	93,82-100,00

$N = 84$

x	$100p_x$	95% $100p_l$ $100p_r$	99% $100p_l$ $100p_r$
0	0,00	0,00- 4,30	0,00- 6,11
1	1,19	0,03- 6,46	0,01- 8,51
2	2,38	0,29- 8,34	0,12- 10,57
3	3,57	0,74- 10,08	0,41- 12,46
4	4,76	1,31- 11,75	0,81- 14,24
5	5,95	1,96- 13,35	1,31- 15,95
6	7,14	2,67- 14,90	1,87- 17,59
7	8,33	3,42- 16,42	2,49- 19,19
8	9,52	4,20- 17,91	3,15- 20,75
9	10,71	5,02- 19,37	3,84- 22,28
10	11,90	5,86- 20,81	4,57- 23,77
11	13,10	6,72- 22,22	5,33- 25,25
12	14,29	7,61- 23,62	6,11- 26,69
13	15,48	8,51- 25,01	6,91- 28,12
14	16,67	9,42- 26,38	7,74- 29,53
15	17,86	10,35- 27,74	8,58- 30,92
16	19,05	11,30- 29,08	9,44- 32,30
17	20,24	12,25- 30,41	10,32- 33,66
18	21,43	13,22- 31,74	11,21- 35,01
19	22,62	14,20- 33,05	12,11- 36,34
20	23,81	15,19- 34,35	13,03- 37,66
21	25,00	16,19- 35,64	13,96- 38,97
22	26,19	17,20- 36,93	14,90- 40,27
23	27,38	18,21- 38,20	15,85- 41,56
24	28,57	19,24- 39,47	16,82- 42,83
25	29,76	20,27- 40,73	17,79- 44,10
26	30,95	21,31- 41,98	18,77- 45,35
27	32,14	22,36- 43,22	19,77- 46,60
28	33,33	23,42- 44,46	20,77- 47,84
29	34,52	24,48- 45,69	21,78- 49,07
30	35,71	25,55- 46,92	22,81- 50,29
31	36,90	26,63- 48,13	23,84- 51,50
32	38,10	27,71- 49,34	24,87- 52,70
33	39,29	28,80- 50,55	25,92- 53,90
34	40,48	29,90- 51,75	26,98- 55,09
35	41,67	31,00- 52,94	28,04- 56,27
36	42,86	32,11- 54,12	29,11- 57,44
37	44,05	33,22- 55,30	30,19- 58,60
38	45,24	34,34- 56,48	31,28- 59,76
39	46,43	35,47- 57,65	32,37- 60,90
40	47,62	36,60- 58,81	33,47- 62,04
41	48,81	37,74- 59,96	34,58- 63,18
42	50,00	38,88- 61,12	35,70- 64,30
43	51,19	40,04- 62,26	36,82- 65,42
44	52,38	41,19- 63,40	37,96- 66,53
45	53,57	42,35- 64,53	39,10- 67,63
46	54,76	43,52- 65,66	40,24- 68,72
47	55,95	44,70- 66,78	41,40- 69,81
48	57,14	45,88- 67,89	42,56- 70,89
49	58,33	47,06- 69,00	43,73- 71,96
50	59,52	48,25- 70,10	44,91- 73,02
51	60,71	49,45- 71,20	46,10- 74,08
52	61,90	50,66- 72,29	47,30- 75,13
53	63,10	51,87- 73,37	48,50- 76,16

$N = 84$ (Fortsetzung)

x	$100p_x$	95% $100p_l$ $100p_r$	99% $100p_l$ $100p_r$
54	64,29	53,08- 74,45	49,71- 77,19
55	65,48	54,31- 75,52	50,93- 78,22
56	66,67	55,54- 76,58	52,16- 79,23
57	67,86	56,78- 77,64	53,40- 80,23
58	69,05	58,02- 78,69	54,65- 81,23
59	70,24	59,27- 79,73	55,90- 82,21
60	71,43	60,53- 80,76	57,17- 83,18
61	72,62	61,80- 81,79	58,44- 84,15
62	73,81	63,07- 82,80	59,73- 85,10
63	75,00	64,36- 83,81	61,03- 86,04
64	76,19	65,65- 84,81	62,34- 86,97
65	77,38	66,95- 85,80	63,66- 87,89
66	78,57	68,26- 86,78	64,99- 88,79
67	79,76	69,59- 87,75	66,34- 89,68
68	80,95	70,92- 88,70	67,70- 90,56
69	82,14	72,26- 89,65	69,08- 91,42
70	83,33	73,62- 90,58	70,47- 92,26
71	84,52	74,99- 91,49	71,88- 93,09
72	85,71	76,38- 92,39	73,31- 93,89
73	86,90	77,78- 93,28	74,75- 94,67
74	88,10	79,19- 94,14	76,23- 95,43
75	89,29	80,63- 94,98	77,72- 96,16
76	90,48	82,09- 95,80	79,25- 96,85
77	91,67	83,58- 96,58	80,81- 97,51
78	92,86	85,10- 97,33	82,41- 98,13
79	94,05	86,65- 98,04	84,05- 98,69
80	95,24	88,25- 98,69	85,76- 99,19
81	96,43	89,92- 99,26	87,54- 99,59
82	97,62	91,66- 99,71	89,43- 99,88
83	98,81	93,54- 99,97	91,49- 99,99
84	100,00	95,70-100,00	93,89-100,00

$N = 85$

x	$100p_x$	95% $100p_l$ $100p_r$	99% $100p_l$ $100p_r$
0	0,00	0,00- 4,25	0,00- 6,04
1	1,18	0,03- 6,38	0,01- 8,42
2	2,35	0,29- 8,24	0,12- 10,45
3	3,53	0,74- 9,97	0,40- 12,32
4	4,71	1,30- 11,61	0,80- 14,08
5	5,88	1,94- 13,20	1,29- 15,77
6	7,06	2,64- 14,73	1,85- 17,40
7	8,24	3,38- 16,23	2,46- 18,98
8	9,41	4,15- 17,71	3,11- 20,52
9	10,59	4,96- 19,15	3,80- 22,03
10	11,76	5,79- 20,57	4,52- 23,51
11	12,94	6,64- 21,98	5,26- 24,97
12	14,12	7,51- 23,36	6,04- 26,40
13	15,29	8,40- 24,73	6,83- 27,82
14	16,47	9,31- 26,09	7,64- 29,21
15	17,65	10,23- 27,43	8,48- 30,59
16	18,82	11,16- 28,76	9,33- 31,95
17	20,00	12,10- 30,08	10,19- 33,30
18	21,18	13,06- 31,39	11,07- 34,63
19	22,35	14,03- 32,69	11,96- 35,95
20	23,53	15,00- 33,97	12,87- 37,26
21	24,71	15,99- 35,25	13,78- 38,56
22	25,88	16,99- 36,52	14,71- 39,84
23	27,06	17,99- 37,79	15,65- 41,12
24	28,24	19,00- 39,04	16,61- 42,38
25	29,41	20,02- 40,29	17,57- 43,63
26	30,59	21,05- 41,53	18,54- 44,88
27	31,76	22,08- 42,76	19,52- 46,12
28	32,94	23,13- 43,98	20,51- 47,34
29	34,12	24,18- 45,20	21,51- 48,56
30	35,29	25,23- 46,41	22,51- 49,77
31	36,47	26,29- 47,62	23,53- 50,97
32	37,65	27,36- 48,82	24,55- 52,16
33	38,82	28,44- 50,01	25,59- 53,35
34	40,00	29,52- 51,20	26,63- 54,52
35	41,18	30,61- 52,38	27,68- 55,69
36	42,35	31,70- 53,55	28,73- 56,85
37	43,53	32,80- 54,72	29,80- 58,01
38	44,71	33,91- 55,89	30,87- 59,15
39	45,88	35,02- 57,04	31,95- 60,29
40	47,06	36,13- 58,19	33,03- 61,42
41	48,24	37,26- 59,34	34,13- 62,55
42	49,41	38,39- 60,48	35,23- 63,66
43	50,59	39,52- 61,61	36,34- 64,77
44	51,76	40,66- 62,74	37,45- 65,87
45	52,94	41,81- 63,87	38,58- 66,97
46	54,12	42,96- 64,98	39,71- 68,05
47	55,29	44,11- 66,09	40,85- 69,13
48	56,47	45,28- 67,20	41,99- 70,20
49	57,65	46,45- 68,30	43,15- 71,27
50	58,82	47,62- 69,39	44,31- 72,32
51	60,00	48,80- 70,48	45,48- 73,37
52	61,18	49,99- 71,56	46,65- 74,41
53	62,35	51,18- 72,64	47,84- 75,45
54	63,53	52,38- 73,71	49,03- 76,47
55	64,71	53,59- 74,77	50,23- 77,49
56	65,88	54,80- 75,82	51,44- 78,49
57	67,06	56,02- 76,87	52,66- 79,49
58	68,24	57,24- 77,92	53,88- 80,48
59	69,41	58,47- 78,95	55,12- 81,46
60	70,59	59,71- 79,98	56,37- 82,43
61	71,76	60,96- 81,00	57,62- 83,39
62	72,94	62,21- 82,01	58,88- 84,35
63	74,12	63,48- 83,01	60,16- 85,29
64	75,29	64,75- 84,01	61,44- 86,22

N = Anzahl der Versuche, x = Anzahl der Erfolge usw., $100\,p_x = 100\,x/N$

N = 85 (Fortsetzung)

x	$100p_x$	100 (1 — 2α)-Grenzen 95% $100p_l$ $100p_r$	99% $100p_l$ $100p_r$
65	76,47	66,03- 85,00	62,74- 87,13
66	77,65	67,31- 85,97	64,05- 88,04
67	78,82	68,61- 86,94	65,37- 88,93
68	80,00	69,92- 87,90	66,70- 89,81
69	81,18	71,24- 88,84	68,05- 90,67
70	82,35	72,57- 89,77	69,41- 91,52
71	83,53	73,91- 90,69	70,79- 92,36
72	84,71	75,27- 91,60	72,18- 93,17
73	85,88	76,64- 92,49	73,60- 93,96
74	87,06	78,02- 93,36	75,03- 94,74
75	88,24	79,43- 94,21	76,49- 95,48
76	89,41	80,85- 95,04	77,97- 96,20
77	90,59	82,29- 95,85	79,48- 96,89
78	91,76	83,77- 96,62	81,02- 97,54
79	92,94	85,27- 97,36	82,60- 98,15
80	94,12	86,80- 98,06	84,23- 98,71
81	95,29	88,39- 98,70	85,92- 99,20
82	96,47	90,03- 99,26	87,68- 99,60
83	97,65	91,76- 99,71	89,55- 99,88
84	98,82	93,62- 99,97	91,58- 99,99
85	100,00	95,75-100,00	93,96-100,00

N = 86

x	$100p_x$	95% $100p_l$ $100p_r$	99% $100p_l$ $100p_r$
0	0,00	0,00- 4,20	0,00- 5,97
1	1,16	0,03- 6,31	0,01- 8,32
2	2,33	0,28- 8,15	0,12- 10,34
3	3,49	0,73- 9,86	0,40- 12,19
4	4,65	1,28- 11,48	0,79- 13,93
5	5,81	1,91- 13,05	1,28- 15,60
6	6,98	2,60- 14,57	1,82- 17,21
7	8,14	3,34- 16,05	2,43- 18,77
8	9,30	4,10- 17,51	3,07- 20,30
9	10,47	4,90- 18,94	3,75- 21,79
10	11,63	5,72- 20,35	4,46- 23,26
11	12,79	6,56- 21,73	5,20- 24,70
12	13,95	7,42- 23,11	5,96- 26,12
13	15,12	8,30- 24,46	6,75- 27,52
14	16,28	9,20- 25,80	7,55- 28,90
15	17,44	10,10- 27,13	8,37- 30,26
16	18,60	11,02- 28,45	9,21- 31,61
17	19,77	11,96- 29,75	10,07- 32,94
18	20,93	12,90- 31,05	10,93- 34,27
19	22,09	13,86- 32,33	11,81- 35,57
20	23,26	14,82- 33,61	12,71- 36,87
21	24,42	15,80- 34,87	13,61- 38,15
22	25,58	16,78- 36,13	14,53- 39,42
23	26,74	17,77- 37,38	15,46- 40,69
24	27,91	18,77- 38,62	16,40- 41,94
25	29,07	19,78- 39,86	17,35- 43,18
26	30,23	20,79- 41,08	18,31- 44,41
27	31,40	21,81- 42,30	19,27- 45,64
28	32,56	22,84- 43,52	20,25- 46,85
29	33,72	23,88- 44,72	21,24- 48,06
30	34,88	24,92- 45,92	22,23- 49,26
31	36,05	25,97- 47,12	23,23- 50,45
32	37,21	27,02- 48,30	24,24- 51,63
33	38,37	28,08- 49,49	25,26- 52,80
34	39,53	29,15- 50,66	26,29- 53,97
35	40,70	30,22- 51,83	27,32- 55,13
36	41,86	31,30- 52,99	28,37- 56,28
37	43,02	32,39- 54,15	29,41- 57,43
38	44,19	33,48- 55,30	30,47- 58,56
39	45,35	34,58- 56,45	31,54- 59,69
40	46,51	35,68- 57,59	32,61- 60,81
41	47,67	36,79- 58,73	33,69- 61,93
42	48,84	37,90- 59,86	34,77- 63,03
43	50,00	39,02- 60,98	35,86- 64,14
44	51,16	40,14- 62,10	36,97- 65,23
45	52,33	41,27- 63,21	38,07- 66,31
46	53,49	42,41- 64,32	39,19- 67,39
47	54,65	43,55- 65,42	40,31- 68,46
48	55,81	44,70- 66,52	41,44- 69,53
49	56,98	45,85- 67,61	42,57- 70,59
50	58,14	47,01- 68,70	43,72- 71,63
51	59,30	48,17- 69,78	44,87- 72,68
52	60,47	49,34- 70,85	46,03- 73,71
53	61,63	50,51- 71,92	47,20- 74,74
54	62,79	51,70- 72,98	48,37- 75,76
55	63,95	52,88- 74,03	49,55- 76,77
56	65,12	54,08- 75,08	50,74- 77,77
57	66,28	55,28- 76,12	51,94- 78,76
58	67,44	56,48- 77,16	53,15- 79,75
59	68,60	57,70- 78,19	54,36- 80,73
60	69,77	58,92- 79,21	55,59- 81,69
61	70,93	60,14- 80,22	56,82- 82,65
62	72,09	61,38- 81,23	58,06- 83,60
63	73,26	62,62- 82,23	59,31- 84,54
64	74,42	63,87- 83,22	60,58- 85,47
65	75,58	65,13- 84,20	61,85- 86,39
66	76,74	66,39- 85,18	63,13- 87,29
67	77,91	67,67- 86,14	64,43- 88,19
68	79,07	68,95- 87,10	65,73- 89,07
69	80,23	70,25- 88,04	67,06- 89,93
70	81,40	71,55- 88,98	68,39- 90,79
71	82,56	72,87- 89,90	69,74- 91,63
72	83,72	74,20- 90,80	71,10- 92,45
73	84,88	75,54- 91,70	72,48- 93,25
74	86,05	76,89- 92,58	73,88- 94,04

N = 86 (Fortsetzung)

x	$100p_x$	95% $100p_l$ $100p_r$	99% $100p_l$ $100p_r$
75	87,21	78,27- 93,44	75,30- 94,80
76	88,37	79,65- 94,28	76,74- 95,54
77	89,53	81,06- 95,10	78,21- 96,25
78	90,70	82,49- 95,90	79,70- 96,93
79	91,86	83,95- 96,66	81,23- 97,57
80	93,02	85,43- 97,40	82,79- 98,18
81	94,19	86,95- 98,09	84,40- 98,72
82	95,35	88,52- 98,72	86,07- 99,21
83	96,51	90,14- 99,27	87,81- 99,60
84	97,67	91,85- 99,72	89,66- 99,88
85	98,84	93,69- 99,97	91,68- 99,99
86	100,00	95,80-100,00	94,03-100,00

N = 87

x	$100p_x$	95% $100p_l$ $100p_r$	99% $100p_l$ $100p_r$
0	0,00	0,00- 4,15	0,00- 5,91
1	1,15	0,03- 6,24	0,01- 8,23
2	2,30	0,28- 8,06	0,12- 10,22
3	3,45	0,72- 9,75	0,39- 12,05
4	4,60	1,27- 11,36	0,78- 13,78
5	5,75	1,89- 12,90	1,26- 15,43
6	6,90	2,57- 14,41	1,80- 17,02
7	8,05	3,30- 15,88	2,40- 18,57
8	9,20	4,05- 17,32	3,03- 20,08
9	10,34	4,84- 18,73	3,71- 21,56
10	11,49	5,65- 20,12	4,41- 23,01
11	12,64	6,48- 21,50	5,14- 24,44
12	13,79	7,34- 22,85	5,89- 25,84
13	14,94	8,20- 24,20	6,67- 27,23
14	16,09	9,09- 25,52	7,46- 28,59
15	17,24	9,98- 26,84	8,27- 29,94
16	18,39	10,89- 28,14	9,10- 31,28
17	19,54	11,81- 29,43	9,94- 32,60
18	20,69	12,75- 30,71	10,80- 33,91
19	21,84	13,69- 31,98	11,67- 35,20
20	22,99	14,64- 33,25	12,55- 36,48
21	24,14	15,60- 34,50	13,45- 37,75
22	25,29	16,58- 35,75	14,35- 39,02
23	26,44	17,55- 36,98	15,27- 40,27
24	27,59	18,54- 38,21	16,20- 41,51
25	28,74	19,54- 39,43	17,13- 42,74
26	29,89	20,54- 40,65	18,08- 43,96
27	31,03	21,55- 41,86	19,04- 45,17
28	32,18	22,56- 43,06	20,00- 46,38
29	33,33	23,58- 44,25	20,97- 47,57
30	34,48	24,61- 45,44	21,95- 48,76
31	35,63	25,65- 46,62	22,94- 49,94
32	36,78	26,69- 47,80	23,94- 51,11
33	37,93	27,74- 48,97	24,95- 52,27
34	39,08	28,79- 50,13	25,96- 53,43
35	40,23	29,85- 51,29	26,98- 54,58
36	41,38	30,92- 52,45	28,01- 55,72
37	42,53	31,99- 53,59	29,04- 56,85
38	43,68	33,06- 54,74	30,09- 57,98
39	44,83	34,15- 55,87	31,13- 59,10
40	45,98	35,23- 57,00	32,19- 60,21
41	47,13	36,33- 58,13	33,26- 61,32
42	48,28	37,42- 59,25	34,33- 62,42
43	49,43	38,53- 60,36	35,40- 63,51
44	50,57	39,64- 61,47	36,49- 64,60
45	51,72	40,75- 62,58	37,58- 65,67
46	52,87	41,87- 63,67	38,68- 66,74
47	54,02	43,00- 64,77	39,79- 67,81
48	55,17	44,13- 65,85	40,90- 68,87
49	56,32	45,26- 66,94	42,02- 69,91
50	57,47	46,41- 68,01	43,15- 70,96
51	58,62	47,55- 69,08	44,28- 71,99
52	59,77	48,71- 70,15	45,42- 73,02
53	60,92	49,87- 71,21	46,57- 74,04
54	62,07	51,03- 72,26	47,73- 75,05
55	63,22	52,20- 73,31	48,89- 76,06
56	64,37	53,38- 74,35	50,06- 77,06
57	65,52	54,56- 75,39	51,24- 78,05
58	66,67	55,75- 76,42	52,43- 79,03
59	67,82	56,94- 77,44	53,62- 80,00
60	68,97	58,14- 78,45	54,83- 80,96
61	70,11	59,35- 79,46	56,04- 81,92
62	71,26	60,57- 80,46	57,26- 82,87
63	72,41	61,79- 81,46	58,49- 83,80
64	73,56	63,02- 82,45	59,73- 84,73
65	74,71	64,25- 83,42	60,98- 85,65
66	75,86	65,50- 84,40	62,25- 86,55
67	77,01	66,75- 85,36	63,52- 87,45
68	78,16	68,02- 86,31	64,80- 88,33
69	79,31	69,29- 87,25	66,09- 89,20
70	80,46	70,57- 88,19	67,40- 90,06
71	81,61	71,86- 89,11	68,72- 90,90
72	82,76	73,16- 90,02	70,06- 91,73
73	83,91	74,48- 90,91	71,41- 92,54
74	85,06	75,80- 91,80	72,77- 93,33
75	86,21	77,15- 92,66	74,16- 94,11
76	87,36	78,50- 93,52	75,56- 94,86
77	88,51	79,88- 94,35	76,99- 95,59
78	89,66	81,27- 95,16	78,44- 96,29
79	90,80	82,68- 95,95	79,92- 96,97
80	91,95	84,12- 96,70	81,43- 97,60
81	93,10	85,59- 97,43	82,98- 98,20
82	94,25	87,10- 98,11	84,57- 98,74
83	95,40	88,64- 98,73	86,22- 99,22

N = 87 (Fortsetzung)

x	$100p_x$	95% $100p_l$ $100p_r$	99% $100p_l$ $100p_r$
84	96,55	90,25- 99,28	87,95- 99,61
85	97,70	91,94- 99,72	89,78- 99,88
86	98,85	93,76- 99,97	91,77- 99,99
87	100,00	95,85-100,00	94,09-100,00

N = 88

x	$100p_x$	95% $100p_l$ $100p_r$	99% $100p_l$ $100p_r$
0	0,00	0,00- 4,11	0,00- 5,84
1	1,14	0,03- 6,17	0,01- 8,14
2	2,27	0,28- 7,97	0,12- 10,11
3	3,41	0,71- 9,64	0,39- 11,92
4	4,55	1,25- 11,23	0,77- 13,63
5	5,68	1,87- 12,76	1,25- 15,26
6	6,82	2,54- 14,25	1,78- 16,84
7	7,95	3,26- 15,70	2,37- 18,37
8	9,09	4,01- 17,13	3,00- 19,87
9	10,23	4,78- 18,53	3,66- 21,33
10	11,36	5,59- 19,91	4,36- 22,77
11	12,50	6,41- 21,27	5,08- 24,18
12	13,64	7,25- 22,61	5,82- 25,57
13	14,77	8,11- 23,94	6,59- 26,94
14	15,91	8,98- 25,25	7,37- 28,29
15	17,05	9,87- 26,55	8,17- 29,63
16	18,18	10,76- 27,84	8,99- 30,95
17	19,32	11,68- 29,12	9,82- 32,26
18	20,45	12,60- 30,39	10,67- 33,55
19	21,59	13,53- 31,65	11,53- 34,84
20	22,73	14,47- 32,89	12,40- 36,11
21	23,86	15,42- 34,14	13,29- 37,37
22	25,00	16,38- 35,37	14,18- 38,61
23	26,14	17,34- 36,59	15,09- 39,85
24	27,27	18,32- 37,81	16,00- 41,08
25	28,41	19,30- 39,02	16,93- 42,30
26	29,55	20,29- 40,22	17,86- 43,51
27	30,68	21,29- 41,42	18,80- 44,71
28	31,82	22,29- 42,61	19,76- 45,91
29	32,95	23,30- 43,79	20,72- 47,09
30	34,09	24,32- 44,97	21,68- 48,27
31	35,23	25,34- 46,14	22,66- 49,44
32	36,36	26,37- 47,31	23,65- 50,60
33	37,50	27,40- 48,47	24,64- 51,75
34	38,64	28,44- 49,62	25,64- 52,90
35	39,77	29,49- 50,77	26,64- 54,04
36	40,91	30,54- 51,91	27,66- 55,17
37	42,05	31,60- 53,05	28,68- 56,29
38	43,18	32,66- 54,18	29,71- 57,41
39	44,32	33,73- 55,30	30,74- 58,52
40	45,45	34,80- 56,42	31,79- 59,63
41	46,59	35,88- 57,54	32,84- 60,72
42	47,73	36,96- 58,65	33,89- 61,81
43	48,86	38,05- 59,75	34,96- 62,90
44	50,00	39,15- 60,85	36,03- 63,97
45	51,14	40,25- 61,95	37,10- 65,04
46	52,27	41,35- 63,04	38,19- 66,11
47	53,41	42,46- 64,12	39,28- 67,16
48	54,55	43,58- 65,20	40,37- 68,21
49	55,68	44,70- 66,27	41,48- 69,26
50	56,82	45,82- 67,34	42,59- 70,29
51	57,95	46,95- 68,40	43,71- 71,32
52	59,09	48,09- 69,46	44,83- 72,34
53	60,23	49,23- 70,51	45,96- 73,36
54	61,36	50,38- 71,56	47,10- 74,36
55	62,50	51,53- 72,60	48,25- 75,36
56	63,64	52,69- 73,63	49,40- 76,35
57	64,77	53,86- 74,66	50,56- 77,34
58	65,91	55,03- 75,68	51,73- 78,32
59	67,05	56,21- 76,70	52,91- 79,28
60	68,18	57,39- 77,71	54,09- 80,24
61	69,32	58,58- 78,71	55,29- 81,20
62	70,45	59,78- 79,71	56,49- 82,14
63	71,59	60,98- 80,70	57,70- 83,07
64	72,73	62,19- 81,68	58,92- 84,00
65	73,86	63,41- 82,66	60,15- 84,91
66	75,00	64,63- 83,62	61,39- 85,82
67	76,14	65,86- 84,58	62,63- 86,71
68	77,27	67,11- 85,53	63,89- 87,60
69	78,41	68,35- 86,47	65,16- 88,47
70	79,55	69,61- 87,40	66,45- 89,33
71	80,68	70,88- 88,32	67,74- 90,18
72	81,82	72,16- 89,24	69,05- 91,01
73	82,95	73,45- 90,13	70,37- 91,83
74	84,09	74,75- 91,02	71,71- 92,63
75	85,23	76,06- 91,89	73,06- 93,41
76	86,36	77,39- 92,75	74,43- 94,18
77	87,50	78,73- 93,59	75,82- 94,92
78	88,64	80,09- 94,41	77,23- 95,64
79	89,77	81,47- 95,22	78,67- 96,34
80	90,91	82,87- 95,99	80,13- 97,00
81	92,05	84,30- 96,74	81,63- 97,63
82	93,18	85,75- 97,46	83,16- 98,22
83	94,32	87,24- 98,13	84,74- 98,75
84	95,45	88,77- 98,75	86,37- 99,23
85	96,59	90,36- 99,29	88,08- 99,61
86	97,73	92,03- 99,72	89,89- 99,88
87	98,86	93,83- 99,97	91,86- 99,99
88	100,00	95,89-100,00	94,16-100,00

N = 89

x	$100p_x$	95% $100p_l$ $100p_r$	99% $100p_l$ $100p_r$
0	0,00	0,00- 4,06	0,00- 5,78
1	1,12	0,03- 6,10	0,01- 8,05

N = 89 (Fortsetzung)

x	$100p_x$	95% $100p_l$ $100p_r$	99% $100p_l$ $100p_r$
2	2,25	0,27- 7,88	0,12- 10,00
3	3,37	0,70- 9,54	0,38- 11,79
4	4,49	1,24- 11,11	0,77- 13,48
5	5,62	1,85- 12,63	1,23- 15,10
6	6,74	2,51- 14,10	1,76- 16,66
7	7,87	3,22- 15,54	2,34- 18,18
8	8,99	3,96- 16,95	2,96- 19,66
9	10,11	4,73- 18,33	3,62- 21,11
10	11,24	5,52- 19,69	4,31- 22,53
11	12,36	6,33- 21,04	5,02- 23,92
12	13,48	7,17- 22,37	5,75- 25,30
13	14,61	8,01- 23,68	6,51- 26,66
14	15,73	8,88- 24,98	7,29- 28,00
15	16,85	9,75- 26,27	8,08- 29,32
16	17,98	10,64- 27,55	8,89- 30,63
17	19,10	11,54- 28,81	9,71- 31,93
18	20,22	12,45- 30,07	10,55- 33,21
19	21,35	13,37- 31,31	11,39- 34,48
20	22,47	14,30- 32,55	12,26- 35,74
21	23,60	15,24- 33,78	13,13- 36,99
22	24,72	16,19- 35,00	14,01- 38,22
23	25,84	17,14- 36,21	14,91- 39,45
24	26,97	18,10- 37,42	15,81- 40,67
25	28,09	19,07- 38,62	16,72- 41,87
26	29,21	20,05- 39,81	17,65- 43,07
27	30,34	21,03- 40,99	18,58- 44,27
28	31,46	22,03- 42,17	19,52- 45,45
29	32,58	23,02- 43,34	20,47- 46,62
30	33,71	24,03- 44,51	21,42- 47,79
31	34,83	25,04- 45,67	22,39- 48,95
32	35,96	26,05- 46,82	23,36- 50,10
33	37,08	27,07- 47,97	24,34- 51,24
34	38,20	28,10- 49,11	25,32- 52,38
35	39,33	29,13- 50,25	26,32- 53,51
36	40,45	30,17- 51,38	27,32- 54,63
37	41,57	31,21- 52,51	28,33- 55,75
38	42,70	32,26- 53,63	29,34- 56,85
39	43,82	33,32- 54,75	30,36- 57,96
40	44,94	34,38- 55,86	31,39- 59,05
41	46,07	35,44- 56,96	32,43- 60,14
42	47,19	36,51- 58,06	33,47- 61,22
43	48,31	37,59- 59,16	34,52- 62,30
44	49,44	38,67- 60,25	35,57- 63,36
45	50,56	39,75- 61,33	36,64- 64,43
46	51,69	40,84- 62,41	37,70- 65,48
47	52,81	41,94- 63,49	38,78- 66,53
48	53,93	43,04- 64,56	39,86- 67,57
49	55,06	44,14- 65,62	40,95- 68,61
50	56,18	45,25- 66,68	42,04- 69,64
51	57,30	46,37- 67,74	43,15- 70,66
52	58,43	47,49- 68,79	44,25- 71,67
53	59,55	48,62- 69,83	45,37- 72,68
54	60,67	49,75- 70,87	46,49- 73,68
55	61,80	50,89- 71,90	47,62- 74,68
56	62,92	52,03- 72,93	48,76- 75,66
57	64,04	53,18- 73,95	49,90- 76,64
58	65,17	54,33- 74,96	51,05- 77,61
59	66,29	55,49- 75,97	52,21- 78,58
60	67,42	56,66- 76,98	53,38- 79,53
61	68,54	57,83- 77,97	54,55- 80,48
62	69,66	59,01- 78,97	55,73- 81,42
63	70,79	60,19- 79,95	56,93- 82,35
64	71,91	61,38- 80,93	58,13- 83,28
65	73,03	62,58- 81,90	59,33- 84,19
66	74,16	63,79- 82,86	60,55- 85,09
67	75,28	65,00- 83,81	61,78- 85,99
68	76,40	66,22- 84,76	63,01- 86,87
69	77,53	67,45- 85,70	64,26- 87,74
70	78,65	68,69- 86,63	65,52- 88,61
71	79,78	69,93- 87,55	66,79- 89,45
72	80,90	71,19- 88,46	68,07- 90,29
73	82,02	72,45- 89,36	69,37- 91,11
74	83,15	73,73- 90,25	70,68- 91,92
75	84,27	75,02- 91,12	72,00- 92,71
76	85,39	76,32- 91,99	73,34- 93,49
77	86,52	77,63- 92,83	74,70- 94,25
78	87,64	78,96- 93,67	76,08- 94,98
79	88,76	80,31- 94,48	77,47- 95,69
80	89,89	81,67- 95,27	78,89- 96,38
81	91,01	83,05- 96,04	80,34- 97,04
82	92,13	84,46- 96,78	81,82- 97,66
83	93,26	85,90- 97,49	83,34- 98,24
84	94,38	87,37- 98,15	84,90- 98,77
85	95,51	88,89- 98,76	86,52- 99,23
86	96,63	90,46- 99,30	88,21- 99,62
87	97,75	92,12- 99,73	90,00- 99,88
88	98,88	93,90- 99,97	91,95- 99,99
89	100,00	95,94-100,00	94,22-100,00

N = 90

x	$100p_x$	95% $100p_l$ $100p_r$	99% $100p_l$ $100p_r$
0	0,00	0,00- 4,02	0,00- 5,72
1	1,11	0,03- 6,04	0,01- 7,97
2	2,22	0,27- 7,80	0,12- 9,90
3	3,33	0,69- 9,43	0,38- 11,67
4	4,44	1,22- 10,99	0,76- 13,34
5	5,56	1,83- 12,49	1,22- 14,94
6	6,67	2,49- 13,95	1,74- 16,48
7	7,78	3,18- 15,37	2,32- 17,99
8	8,89	3,92- 16,77	2,93- 19,45

N = Anzahl der Versuche, x = Anzahl der Erfolge usw., $100\,p_x = 100\,x/N$

$N = 90$ (Fortsetzung)

x	$100p_x$	100 (1 − 2α)-Grenzen 95% $100p_l$	95% $100p_r$	99% $100p_l$	99% $100p_r$
9	10,00	4,68	18,14	3,58	20,89
10	11,11	5,46	19,49	4,26	22,29
11	12,22	6,26	20,82	4,96	23,68
12	13,33	7,08	22,13	5,69	25,04
13	14,44	7,92	23,43	6,44	26,38
14	15,56	8,77	24,72	7,20	27,71
15	16,67	9,64	26,00	7,98	29,02
16	17,78	10,52	27,26	8,78	30,32
17	18,89	11,41	28,51	9,60	31,60
18	20,00	12,31	29,75	10,42	32,87
19	21,11	13,22	30,99	11,26	34,13
20	22,22	14,13	32,21	12,11	35,38
21	23,33	15,06	33,43	12,97	36,61
22	24,44	16,00	34,64	13,85	37,84
23	25,56	16,94	35,84	14,73	39,05
24	26,67	17,89	37,03	15,62	40,26
25	27,78	18,85	38,22	16,53	41,46
26	28,89	19,82	39,40	17,44	42,65
27	30,00	20,79	40,57	18,36	43,83
28	31,11	21,77	41,74	19,28	45,00
29	32,22	22,75	42,90	20,22	46,16
30	33,33	23,74	44,05	21,16	47,32
31	34,44	24,74	45,20	22,12	48,47
32	35,56	25,74	46,35	23,08	49,61
33	36,67	26,75	47,49	24,04	50,74
34	37,78	27,77	48,62	25,02	51,87
35	38,89	28,79	49,74	26,00	52,99
36	40,00	29,81	50,87	26,99	54,10
37	41,11	30,84	51,98	27,98	55,21
38	42,22	31,88	53,09	28,98	56,31
39	43,33	32,92	54,20	29,99	57,40
40	44,44	33,96	55,30	31,01	58,49
41	45,56	35,02	56,40	32,03	59,57
42	46,67	36,07	57,49	33,06	60,64
43	47,78	37,13	58,57	34,09	61,71
44	48,89	38,20	59,65	35,13	62,77
45	50,00	39,27	60,73	36,18	63,82
46	51,11	40,35	61,80	37,23	64,87
47	52,22	41,43	62,87	38,29	65,91
48	53,33	42,51	63,93	39,36	66,94
49	54,44	43,60	64,98	40,43	67,97
50	55,56	44,70	66,04	41,51	68,99
51	56,67	45,80	67,08	42,60	70,01
52	57,78	46,91	68,12	43,69	71,02
53	58,89	48,02	69,16	44,79	72,02
54	60,00	49,13	70,19	45,90	73,01
55	61,11	50,26	71,21	47,01	74,00
56	62,22	51,38	72,23	48,13	74,98
57	63,33	52,51	73,25	49,26	75,96
58	64,44	53,65	74,26	50,39	76,92
59	65,56	54,80	75,26	51,53	77,88
60	66,67	55,95	76,26	52,68	78,84
61	67,78	57,10	77,25	53,84	79,78
62	68,89	58,26	78,23	55,00	80,72
63	70,00	59,43	79,21	56,17	81,64
64	71,11	60,60	80,18	57,35	82,56
65	72,22	61,78	81,15	58,54	83,47
66	73,33	62,97	82,11	59,74	84,38
67	74,44	64,16	83,06	60,95	85,27
68	75,56	65,36	84,00	62,16	86,15
69	76,67	66,57	84,94	63,39	87,03
70	77,78	67,79	85,87	64,62	87,89
71	78,89	69,01	86,78	65,87	88,74
72	80,00	70,25	87,69	67,13	89,58
73	81,11	71,49	88,59	68,40	90,40
74	82,22	72,74	89,48	69,68	91,22
75	83,33	74,00	90,36	70,98	92,02
76	84,44	75,28	91,23	72,29	92,80
77	85,56	76,57	92,08	73,62	93,56
78	86,67	77,87	92,92	74,96	94,31
79	87,78	79,18	93,74	76,32	95,04
80	88,89	80,51	94,54	77,71	95,74
81	90,00	81,86	95,32	79,11	96,42
82	91,11	83,23	96,08	80,55	97,07
83	92,22	84,63	96,82	82,01	97,68
84	93,33	86,05	97,51	83,52	98,26
85	94,44	87,51	98,17	85,06	98,78
86	95,56	89,01	98,78	86,66	99,24
87	96,67	90,57	99,31	88,33	99,62
88	97,78	92,20	99,73	90,10	99,88
89	98,89	93,96	99,97	92,03	99,99
90	100,00	95,98	100,00	94,28	100,00

$N = 91$

x	$100p_x$	95% $100p_l$	95% $100p_r$	99% $100p_l$	99% $100p_r$
0	0,00	0,00	3,97	0,00	5,66
1	1,10	0,03	5,97	0,01	7,88
2	2,20	0,27	7,71	0,11	9,79
3	3,30	0,69	9,33	0,38	11,55
4	4,40	1,21	10,87	0,75	13,20
5	5,49	1,81	12,36	1,20	14,78
6	6,59	2,46	13,80	1,72	16,31
7	7,69	3,15	15,21	2,29	17,80
8	8,79	3,87	16,59	2,90	19,25
9	9,89	4,62	17,95	3,54	20,67
10	10,99	5,40	19,28	4,21	22,06
11	12,09	6,19	20,60	4,91	23,43
12	13,19	7,00	21,90	5,62	24,78
13	14,29	7,83	23,19	6,36	26,12

$N = 91$ (Fortsetzung)

x	$100p_x$	95% $100p_l$	95% $100p_r$	99% $100p_l$	99% $100p_r$
14	15,38	8,67	24,46	7,12	27,43
15	16,48	9,53	25,73	7,89	28,73
16	17,58	10,40	26,98	8,68	30,01
17	18,68	11,28	28,22	9,49	31,28
18	19,78	12,17	29,45	10,30	32,54
19	20,88	13,06	30,67	11,13	33,79
20	21,98	13,97	31,88	11,97	35,02
21	23,08	14,89	33,09	12,82	36,25
22	24,18	15,81	34,28	13,69	37,46
23	25,27	16,75	35,47	14,56	38,66
24	26,37	17,69	36,65	15,44	39,86
25	27,47	18,63	37,83	16,33	41,05
26	28,57	19,59	39,00	17,23	42,22
27	29,67	20,55	40,16	18,14	43,39
28	30,77	21,51	41,32	19,06	44,56
29	31,87	22,49	42,47	19,98	45,71
30	32,97	23,47	43,61	20,91	46,85
31	34,07	24,45	44,75	21,85	47,99
32	35,16	25,44	45,88	22,80	49,12
33	36,26	26,44	47,01	23,76	50,25
34	37,36	27,44	48,13	24,72	51,37
35	38,46	28,45	49,25	25,69	52,48
36	39,56	29,46	50,36	26,66	53,58
37	40,66	30,48	51,47	27,65	54,68
38	41,76	31,50	52,57	28,63	55,77
39	42,86	32,53	53,66	29,63	56,85
40	43,96	33,56	54,75	30,63	57,93
41	45,05	34,60	55,84	31,64	59,00
42	46,15	35,64	56,92	32,65	60,07
43	47,25	36,69	58,00	33,68	61,12
44	48,35	37,74	59,07	34,70	62,18
45	49,45	38,80	60,14	35,74	63,22
46	50,55	39,86	61,20	36,78	64,26
47	51,65	40,93	62,26	37,82	65,30
48	52,75	42,00	63,31	38,88	66,32
49	53,85	43,08	64,36	39,93	67,35
50	54,95	44,16	65,40	41,00	68,36
51	56,04	45,25	66,44	42,07	69,37
52	57,14	46,34	67,47	43,15	70,37
53	58,24	47,43	68,50	44,23	71,37
54	59,34	48,53	69,52	45,32	72,35
55	60,44	49,64	70,54	46,42	73,34
56	61,54	50,75	71,55	47,52	74,31
57	62,64	51,87	72,56	48,63	75,28
58	63,74	52,99	73,56	49,75	76,24
59	64,84	54,12	74,56	50,88	77,20
60	65,93	55,25	75,55	52,01	78,15
61	67,03	56,39	76,53	53,15	79,09
62	68,13	57,53	77,51	54,29	80,02
63	69,23	58,68	78,49	55,44	80,94
64	70,33	59,84	79,45	56,61	81,86
65	71,43	61,00	80,41	57,78	82,77
66	72,53	62,17	81,37	58,95	83,67
67	73,63	63,35	82,31	60,14	84,56
68	74,73	64,53	83,25	61,34	85,44
69	75,82	65,72	84,19	62,54	86,31
70	76,92	66,91	85,11	63,75	87,18
71	78,02	68,12	86,03	64,98	88,03
72	79,12	69,33	86,94	66,21	88,87
73	80,22	70,55	87,83	67,46	89,70
74	81,32	71,78	88,72	68,72	90,51
75	82,42	73,02	89,60	69,99	91,32
76	83,52	74,27	90,47	71,27	92,11
77	84,62	75,54	91,33	72,57	92,88
78	85,71	76,81	92,17	73,88	93,64
79	86,81	78,10	93,00	75,22	94,38
80	87,91	79,40	93,81	76,57	95,09
81	89,01	80,72	94,60	77,94	95,79
82	90,11	82,05	95,38	79,33	96,46
83	91,21	83,41	96,13	80,75	97,10
84	92,31	84,79	96,85	82,20	97,71
85	93,41	86,20	97,54	83,69	98,28
86	94,51	87,64	98,19	85,22	98,80
87	95,60	89,13	98,79	86,80	99,25
88	96,70	90,67	99,31	88,45	99,62
89	97,80	92,29	99,73	90,21	99,89
90	98,90	94,03	99,97	92,12	99,99
91	100,00	96,03	100,00	94,34	100,00

$N = 92$

x	$100p_x$	95% $100p_l$	95% $100p_r$	99% $100p_l$	99% $100p_r$
0	0,00	0,00	3,93	0,00	5,60
1	1,09	0,03	5,91	0,01	7,80
2	2,17	0,26	7,63	0,11	9,69
3	3,26	0,68	9,24	0,37	11,43
4	4,35	1,20	10,76	0,74	13,06
5	5,43	1,79	12,23	1,19	14,63
6	6,52	2,43	13,66	1,70	16,15
7	7,61	3,11	15,05	2,27	17,62
8	8,70	3,83	16,42	2,87	19,05
9	9,78	4,57	17,76	3,50	20,46
10	10,87	5,34	19,08	4,16	21,84
11	11,96	6,12	20,39	4,85	23,20
12	13,04	6,93	21,68	5,56	24,53
13	14,13	7,74	22,95	6,29	25,85
14	15,22	8,58	24,21	7,04	27,15
15	16,30	9,42	25,46	7,80	28,44
16	17,39	10,28	26,70	8,58	29,71
17	18,48	11,15	27,93	9,38	30,97

$N = 92$ (Fortsetzung)

x	$100p_x$	95% $100p_l$	95% $100p_r$	99% $100p_l$	99% $100p_r$
18	19,57	12,03	29,15	10,18	32,22
19	20,65	12,92	30,36	11,00	33,45
20	21,74	13,81	31,56	11,83	34,67
21	22,83	14,72	32,75	12,68	35,89
22	23,91	15,63	33,94	13,53	37,09
23	25,00	16,55	35,11	14,39	38,28
24	26,09	17,48	36,29	15,26	39,47
25	27,17	18,42	37,45	16,14	40,64
26	28,26	19,36	38,61	17,03	41,81
27	29,35	20,31	39,76	17,93	42,97
28	30,43	21,27	40,90	18,83	44,12
29	31,52	22,23	42,04	19,75	45,27
30	32,61	23,20	43,18	20,67	46,40
31	33,70	24,17	44,30	21,60	47,53
32	34,78	25,15	45,43	22,53	48,65
33	35,87	26,13	46,54	23,48	49,77
34	36,96	27,12	47,66	24,43	50,87
35	38,04	28,12	48,76	25,38	51,98
36	39,13	29,12	49,86	26,35	53,07
37	40,22	30,12	50,96	27,32	54,16
38	41,30	31,13	52,05	28,29	55,24
39	42,39	32,15	53,14	29,28	56,32
40	43,48	33,17	54,22	30,27	57,38
41	44,57	34,19	55,30	31,26	58,45
42	45,65	35,22	56,37	32,26	59,50
43	46,74	36,26	57,44	33,27	60,55
44	47,83	37,30	58,50	34,28	61,60
45	48,91	38,34	59,56	35,30	62,64
46	50,00	39,39	60,61	36,33	63,67
47	51,09	40,44	61,66	37,36	64,70
48	52,17	41,50	62,70	38,40	65,72
49	53,26	42,56	63,74	39,45	66,73
50	54,35	43,63	64,78	40,50	67,74
51	55,43	44,70	65,81	41,55	68,74
52	56,52	45,78	66,83	42,62	69,73
53	57,61	46,86	67,85	43,68	70,72
54	58,70	47,95	68,87	44,76	71,71
55	59,78	49,04	69,88	45,84	72,68
56	60,87	50,14	70,88	46,93	73,65
57	61,96	51,24	71,88	48,02	74,62
58	63,04	52,34	72,88	49,13	75,57
59	64,13	53,46	73,87	50,23	76,52
60	65,22	54,57	74,85	51,35	77,47
61	66,30	55,70	75,83	52,47	78,40
62	67,39	56,82	76,80	53,60	79,33
63	68,48	57,96	77,77	54,73	80,25
64	69,57	59,10	78,73	55,88	81,17
65	70,65	60,24	79,69	57,03	82,07
66	71,74	61,39	80,64	58,19	82,97
67	72,83	62,55	81,58	59,36	83,86
68	73,91	63,71	82,52	60,53	84,74
69	75,00	64,89	83,45	61,72	85,61
70	76,09	66,06	84,37	62,91	86,47
71	77,17	67,25	85,28	64,11	87,32
72	78,26	68,44	86,19	65,33	88,17
73	79,35	69,64	87,08	66,55	89,00
74	80,43	70,85	87,97	67,78	89,82
75	81,52	72,07	88,85	69,03	90,62
76	82,61	73,30	89,72	70,29	91,42
77	83,70	74,54	90,58	71,56	92,20
78	84,78	75,79	91,42	72,85	92,96
79	85,87	77,05	92,26	74,15	93,71
80	86,96	78,32	93,07	75,47	94,44
81	88,04	79,61	93,88	76,80	95,15
82	89,13	80,92	94,66	78,16	95,84
83	90,22	82,24	95,43	79,54	96,50
84	91,30	83,58	96,17	80,95	97,13
85	92,39	84,95	96,89	82,38	97,73
86	93,48	86,34	97,57	83,85	98,30
87	94,57	87,77	98,21	85,37	98,81
88	95,65	89,24	98,80	86,94	99,26
89	96,74	90,76	99,32	88,57	99,63
90	97,83	92,37	99,74	90,31	99,89
91	98,91	94,09	99,97	92,20	99,99
92	100,00	96,07	100,00	94,40	100,00

$N = 93$

x	$100p_x$	95% $100p_l$	95% $100p_r$	99% $100p_l$	99% $100p_r$
0	0,00	0,00	3,89	0,00	5,54
1	1,08	0,03	5,85	0,01	7,72
2	2,15	0,26	7,55	0,11	9,59
3	3,23	0,67	9,14	0,37	11,31
4	4,30	1,18	10,65	0,73	12,93
5	5,38	1,77	12,10	1,18	14,48
6	6,45	2,41	13,52	1,68	15,98
7	7,53	3,08	14,90	2,24	17,44
8	8,60	3,79	16,25	2,83	18,86
9	9,68	4,52	17,58	3,46	20,25
10	10,75	5,28	18,89	4,12	21,62
11	11,83	6,05	20,18	4,80	22,96
12	12,90	6,85	21,45	5,50	24,29
13	13,98	7,66	22,72	6,22	25,59
14	15,05	8,48	23,97	6,96	26,88
15	16,13	9,32	25,20	7,72	28,16
16	17,20	10,17	26,43	8,49	29,42
17	18,28	11,02	27,65	9,27	30,66
18	19,35	11,89	28,85	10,07	31,90
19	20,43	12,77	30,05	10,88	33,12
20	21,51	13,66	31,24	11,70	34,33

$N = 93$ (Fortsetzung)

x	$100p_x$	95% $100p_l$	95% $100p_r$	99% $100p_l$	99% $100p_r$
21	22,58	14,55	32,42	12,53	35,54
22	23,66	15,46	33,60	13,37	36,73
23	24,73	16,37	34,76	14,23	37,91
24	25,81	17,29	35,92	15,09	39,08
25	26,88	18,21	37,08	15,96	40,25
26	27,96	19,14	38,22	16,84	41,41
27	29,03	20,08	39,36	17,72	42,56
28	30,11	21,03	40,50	18,62	43,70
29	31,18	21,98	41,63	19,52	44,83
30	32,26	22,93	42,75	20,43	45,96
31	33,33	23,89	43,87	21,35	47,08
32	34,41	24,86	44,98	22,27	48,19
33	35,48	25,83	46,09	23,20	49,29
34	36,56	26,81	47,19	24,14	50,39
35	37,63	27,79	48,28	25,09	51,48
36	38,71	28,78	49,38	26,04	52,57
37	39,78	29,78	50,46	27,00	53,65
38	40,86	30,77	51,54	27,96	54,72
39	41,94	31,78	52,62	28,93	55,79
40	43,01	32,78	53,69	29,91	56,85
41	44,09	33,80	54,76	30,89	57,90
42	45,16	34,81	55,83	31,88	58,95
43	46,24	35,84	56,88	32,87	59,99
44	47,31	36,86	57,94	33,88	61,03
45	48,39	37,89	58,99	34,88	62,06
46	49,46	38,93	60,03	35,90	63,09
47	50,54	39,97	61,07	36,91	64,10
48	51,61	41,01	62,11	37,94	65,12
49	52,69	42,06	63,14	38,97	66,12
50	53,76	43,12	64,16	40,01	67,13
51	54,84	44,17	65,19	41,05	68,12
52	55,91	45,24	66,20	42,10	69,11
53	56,99	46,31	67,22	43,15	70,09
54	58,06	47,38	68,22	44,21	71,07
55	59,14	48,46	69,23	45,28	72,04
56	60,22	49,54	70,22	46,35	73,00
57	61,29	50,62	71,22	47,43	73,96
58	62,37	51,72	72,21	48,52	74,91
59	63,44	52,81	73,19	49,61	75,86
60	64,52	53,91	74,17	50,71	76,80
61	65,59	55,02	75,14	51,81	77,73
62	66,67	56,13	76,11	52,92	78,65
63	67,74	57,25	77,07	54,04	79,57
64	68,82	58,37	78,02	55,17	80,48
65	69,89	59,50	78,97	56,30	81,38
66	70,97	60,64	79,92	57,44	82,28
67	72,04	61,78	80,86	58,59	83,16
68	73,12	62,92	81,79	59,75	84,04
69	74,19	64,08	82,71	60,92	84,91
70	75,27	65,24	83,63	62,09	85,77
71	76,34	66,40	84,54	63,27	86,63
72	77,42	67,58	85,45	64,46	87,47
73	78,49	68,76	86,34	65,67	88,30
74	79,57	69,95	87,23	66,88	89,12
75	80,65	71,15	88,11	68,10	89,93
76	81,72	72,35	88,98	69,34	90,73
77	82,80	73,57	89,83	70,58	91,51
78	83,87	74,80	90,68	71,84	92,28
79	84,95	76,03	91,52	73,12	93,04
80	86,02	77,28	92,34	74,41	93,78
81	87,10	78,55	93,15	75,71	94,50
82	88,17	79,82	93,95	77,04	95,20
83	89,25	81,11	94,72	78,38	95,88
84	90,32	82,42	95,48	79,75	96,54
85	91,40	83,75	96,21	81,14	97,17
86	92,47	85,10	96,92	82,56	97,76
87	93,55	86,48	97,59	84,02	98,32
88	94,62	87,90	98,23	85,52	98,82
89	95,70	89,35	98,82	87,07	99,27
90	96,77	90,86	99,33	88,69	99,63
91	97,85	92,45	99,74	90,41	99,89
92	98,92	94,15	99,97	92,28	99,99
93	100,00	96,11	100,00	94,46	100,00

$N = 94$

x	$100p_x$	95% $100p_l$	95% $100p_r$	99% $100p_l$	99% $100p_r$
0	0,00	0,00	3,85	0,00	5,48
1	1,06	0,03	5,79	0,01	7,64
2	2,13	0,26	7,48	0,11	9,49
3	3,19	0,66	9,04	0,36	11,19
4	4,26	1,17	10,54	0,72	12,80
5	5,32	1,75	11,98	1,17	14,33
6	6,38	2,38	13,38	1,67	15,82
7	7,45	3,05	14,74	2,22	17,26
8	8,51	3,75	16,08	2,80	18,67
9	9,57	4,47	17,40	3,42	20,05
10	10,64	5,22	18,70	4,07	21,40
11	11,70	5,99	19,97	4,74	22,74
12	12,77	6,77	21,24	5,44	24,05
13	13,83	7,57	22,49	6,15	25,34
14	14,89	8,39	23,72	6,88	26,62
15	15,96	9,22	24,95	7,63	27,88
16	17,02	10,05	26,16	8,39	29,13
17	18,09	10,90	27,37	9,17	30,36
18	19,15	11,76	28,56	9,96	31,59
19	20,21	12,63	29,75	10,76	32,80
20	21,28	13,51	30,93	11,57	34,00
21	22,34	14,39	32,10	12,39	35,19
22	23,40	15,29	33,26	13,22	36,37

N = Anzahl der Versuche, x = Anzahl der Erfolge usw., $100\,p_x = 100\,x/N$

$N = 94$ (Fortsetzung)

x	$100p_x$	95%: $100p_l$ – $100p_r$	99%: $100p_l$ – $100p_r$
23	24,47	16,19- 34,42	14,07- 37,54
24	25,53	17,09- 35,57	14,92- 38,71
25	26,60	18,01- 36,71	15,78- 39,86
26	27,66	18,93- 37,85	16,65- 41,01
27	28,72	19,86- 38,98	17,52- 42,15
28	29,79	20,79- 40,10	18,41- 43,28
29	30,85	21,73- 41,22	19,30- 44,40
30	31,91	22,67- 42,33	20,20- 45,52
31	32,98	23,62- 43,44	21,10- 46,63
32	34,04	24,58- 44,54	22,02- 47,73
33	35,11	25,54- 45,64	22,94- 48,83
34	36,17	26,51- 46,73	23,86- 49,92
35	37,23	27,48- 47,82	24,80- 51,00
36	38,30	28,46- 48,90	25,74- 52,08
37	39,36	29,44- 49,98	26,68- 53,15
38	40,43	30,42- 51,05	27,64- 54,21
39	41,49	31,41- 52,12	28,59- 55,27
40	42,55	32,41- 53,18	29,56- 56,32
41	43,62	33,41- 54,24	30,53- 57,37
42	44,68	34,41- 55,29	31,51- 58,41
43	45,74	35,42- 56,34	32,49- 59,44
44	46,81	36,44- 57,39	33,48- 60,47
45	47,87	37,46- 58,43	34,47- 61,50
46	48,94	38,48- 59,46	35,47- 62,51
47	50,00	39,51- 60,49	36,48- 63,52
48	51,06	40,54- 61,52	37,49- 64,53
49	52,13	41,57- 62,54	38,50- 65,53
50	53,19	42,61- 63,56	39,53- 66,52
51	54,26	43,66- 64,58	40,56- 67,51
52	55,32	44,71- 65,59	41,59- 68,49
53	56,38	45,76- 66,59	42,63- 69,47
54	57,45	46,82- 67,59	43,68- 70,44
55	58,51	47,88- 68,59	44,73- 71,41
56	59,57	48,95- 69,58	45,79- 72,36
57	60,64	50,02- 70,56	46,85- 73,32
58	61,70	51,10- 71,54	47,92- 74,26
59	62,77	52,18- 72,52	49,00- 75,20
60	63,83	53,27- 73,49	50,08- 76,14
61	64,89	54,36- 74,46	51,17- 77,06
62	65,96	55,46- 75,42	52,27- 77,98
63	67,02	56,56- 76,38	53,37- 78,90
64	68,09	57,67- 77,33	54,48- 79,80
65	69,15	58,78- 78,27	55,60- 80,70
66	70,21	59,90- 79,21	56,72- 81,59
67	71,28	61,02- 80,14	57,85- 82,48
68	72,34	62,15- 81,07	58,99- 83,35
69	73,40	63,29- 81,99	60,14- 84,22
70	74,47	64,43- 82,91	61,29- 85,08
71	75,53	65,58- 83,81	62,46- 85,93
72	76,60	66,74- 84,71	63,63- 86,78
73	77,66	67,90- 85,61	64,81- 87,61
74	78,72	69,07- 86,49	66,00- 88,43
75	79,79	70,25- 87,37	67,20- 89,24
76	80,85	71,44- 88,24	68,41- 90,04
77	81,91	72,63- 89,10	69,64- 90,83
78	82,98	73,84- 89,95	70,87- 91,61
79	84,04	75,05- 90,78	72,12- 92,37
80	85,11	76,28- 91,61	73,38- 93,12
81	86,17	77,51- 92,43	74,66- 93,85
82	87,23	78,76- 93,23	75,95- 94,56
83	88,30	80,03- 94,01	77,26- 95,26
84	89,36	81,30- 94,78	78,60- 95,93
85	90,43	82,60- 95,53	79,95- 96,58
86	91,49	83,92- 96,25	81,33- 97,20
87	92,55	85,26- 96,95	82,74- 97,78
88	93,62	86,62- 97,62	84,18- 98,33
89	94,68	88,02- 98,25	85,67- 98,83
90	95,74	89,46- 98,83	87,20- 99,28
91	96,81	90,96- 99,34	88,81- 99,64
92	97,87	92,52- 99,74	90,51- 99,89
93	98,94	94,21- 99,97	92,36- 99,99
94	100,00	96,15-100,00	94,52-100,00

$N = 95$

x	$100p_x$	95%: $100p_l$ – $100p_r$	99%: $100p_l$ – $100p_r$
0	0,00	0,00- 3,81	0,00- 5,42
1	1,05	0,03- 5,73	0,01- 7,56
2	2,11	0,26- 7,40	0,11- 9,40
3	3,16	0,66- 8,95	0,36- 11,08
4	4,21	1,16- 10,43	0,72- 12,67
5	5,26	1,73- 11,86	1,15- 14,19
6	6,32	2,35- 13,24	1,65- 15,66
7	7,37	3,01- 14,59	2,19- 17,09
8	8,42	3,71- 15,92	2,77- 18,49
9	9,47	4,42- 17,22	3,39- 19,85
10	10,53	5,16- 18,51	4,03- 21,19
11	11,58	5,92- 19,77	4,69- 22,51
12	12,63	6,70- 21,03	5,38- 23,81
13	13,68	7,49- 22,26	6,08- 25,09
14	14,74	8,30- 23,49	6,81- 26,36
15	15,79	9,12- 24,70	7,55- 27,61
16	16,84	9,94- 25,90	8,30- 28,84
17	17,89	10,78- 27,10	9,07- 30,07
18	18,95	11,63- 28,28	9,85- 31,28
19	20,00	12,49- 29,46	10,64- 32,48
20	21,05	13,36- 30,62	11,44- 33,67
21	22,11	14,23- 31,78	12,25- 34,85
22	23,16	15,12- 32,94	13,08- 36,02
23	24,21	16,01- 34,08	13,91- 37,18

$N = 95$ (Fortsetzung)

x	$100p_x$	95%: $100p_l$ – $100p_r$	99%: $100p_l$ – $100p_r$
24	25,26	16,91- 35,22	14,75- 38,34
25	26,32	17,81- 36,35	15,60- 39,48
26	27,37	18,72- 37,48	16,46- 40,62
27	28,42	19,64- 38,60	17,33- 41,75
28	29,47	20,56- 39,71	18,20- 42,87
29	30,53	21,49- 40,82	19,08- 43,98
30	31,58	22,42- 41,92	19,97- 45,09
31	32,63	23,36- 43,02	20,86- 46,19
32	33,68	24,31- 44,11	21,77- 47,28
33	34,74	25,26- 45,20	22,68- 48,37
34	35,79	26,21- 46,28	23,59- 49,45
35	36,84	27,17- 47,36	24,51- 50,53
36	37,89	28,14- 48,43	25,44- 51,59
37	38,95	29,11- 49,50	26,38- 52,66
38	40,00	30,08- 50,56	27,32- 53,71
39	41,05	31,06- 51,62	28,27- 54,76
40	42,11	32,04- 52,67	29,22- 55,81
41	43,16	33,03- 53,72	30,18- 56,84
42	44,21	34,02- 54,77	31,14- 57,88
43	45,26	35,02- 55,81	32,11- 58,90
44	46,32	36,02- 56,85	33,09- 59,92
45	47,37	37,03- 57,88	34,07- 60,94
46	48,42	38,04- 58,90	35,06- 61,95
47	49,47	39,05- 59,93	36,05- 62,95
48	50,53	40,07- 60,95	37,05- 63,95
49	51,58	41,10- 61,96	38,05- 64,94
50	52,63	42,12- 62,97	39,06- 65,93
51	53,68	43,15- 63,98	40,08- 66,91
52	54,74	44,19- 64,98	41,10- 67,89
53	55,79	45,23- 65,98	42,12- 68,86
54	56,84	46,28- 66,97	43,16- 69,82
55	57,89	47,33- 67,96	44,19- 70,78
56	58,95	48,38- 68,94	45,24- 71,73
57	60,00	49,44- 69,92	46,29- 72,68
58	61,05	50,50- 70,89	47,34- 73,62
59	62,11	51,57- 71,86	48,41- 74,56
60	63,16	52,64- 72,83	49,47- 75,49
61	64,21	53,72- 73,79	50,55- 76,41
62	65,26	54,80- 74,74	51,63- 77,32
63	66,32	55,89- 75,69	52,72- 78,23
64	67,37	56,98- 76,64	53,81- 79,14
65	68,42	58,08- 77,58	54,91- 80,03
66	69,47	59,18- 78,51	56,02- 80,92
67	70,53	60,29- 79,44	57,13- 81,80
68	71,58	61,40- 80,36	58,25- 82,67
69	72,63	62,52- 81,28	59,38- 83,54
70	73,68	63,65- 82,19	60,52- 84,40
71	74,74	64,78- 83,09	61,66- 85,25
72	75,79	65,92- 83,99	62,82- 86,09
73	76,84	67,06- 84,88	63,98- 86,92
74	77,89	68,22- 85,77	65,15- 87,75
75	78,95	69,38- 86,64	66,33- 88,56
76	80,00	70,54- 87,51	67,52- 89,36
77	81,05	71,72- 88,37	68,72- 90,15
78	82,11	72,90- 89,22	69,93- 90,93
79	83,16	74,10- 90,06	71,16- 91,70
80	84,21	75,30- 90,88	72,39- 92,45
81	85,26	76,51- 91,70	73,64- 93,19
82	86,32	77,74- 92,51	74,91- 93,92
83	87,37	78,97- 93,30	76,19- 94,62
84	88,42	80,23- 94,08	77,49- 95,31
85	89,47	81,49- 94,84	78,81- 95,97
86	90,53	82,78- 95,58	80,15- 96,61
87	91,58	84,08- 96,29	81,51- 97,23
88	92,63	85,41- 96,99	82,91- 97,81
89	93,68	86,76- 97,65	84,34- 98,35
90	94,74	88,14- 98,27	85,81- 98,85
91	95,79	89,57- 98,84	87,33- 99,28
92	96,84	91,05- 99,34	88,92- 99,64
93	97,89	92,60- 99,74	90,60- 99,89
94	98,95	94,27- 99,97	92,44- 99,99
95	100,00	96,19-100,00	94,58-100,00

$N = 96$

x	$100p_x$	95%: $100p_l$ – $100p_r$	99%: $100p_l$ – $100p_r$
0	0,00	0,00- 3,77	0,00- 5,37
1	1,04	0,03- 5,67	0,01- 7,49
2	2,08	0,25- 7,32	0,11- 9,30
3	3,13	0,65- 8,86	0,36- 10,97
4	4,17	1,15- 10,33	0,71- 12,54
5	5,21	1,71- 11,74	1,14- 14,05
6	6,25	2,33- 13,11	1,63- 15,51
7	7,29	2,98- 14,45	2,17- 16,92
8	8,33	3,67- 15,76	2,74- 18,30
9	9,38	4,38- 17,05	3,35- 19,66
10	10,42	5,11- 18,32	3,98- 20,99
11	11,46	5,86- 19,58	4,64- 22,29
12	12,50	6,63- 20,82	5,32- 23,58
13	13,54	7,41- 22,04	6,02- 24,85
14	14,58	8,21- 23,26	6,73- 26,10
15	15,63	9,02- 24,46	7,47- 27,34
16	16,67	9,84- 25,65	8,21- 28,57
17	17,71	10,67- 26,83	8,97- 29,78
18	18,75	11,51- 28,00	9,74- 30,98
19	19,79	12,36- 29,17	10,52- 32,17
20	20,83	13,21- 30,33	11,32- 33,35
21	21,88	14,08- 31,47	12,12- 34,52
22	22,92	14,95- 32,62	12,93- 35,68
23	23,96	15,83- 33,75	13,76- 36,83

$N = 96$ (Fortsetzung)

x	$100p_x$	95%: $100p_l$ – $100p_r$	99%: $100p_l$ – $100p_r$
24	25,00	16,72- 34,88	14,59- 37,98
25	26,04	17,62- 36,00	15,43- 39,11
26	27,08	18,52- 37,11	16,28- 40,24
27	28,13	19,42- 38,22	17,13- 41,36
28	29,17	20,33- 39,33	18,00- 42,47
29	30,21	21,25- 40,43	18,87- 43,57
30	31,25	22,18- 41,52	19,75- 44,67
31	32,29	23,10- 42,61	20,63- 45,76
32	33,33	24,04- 43,69	21,52- 46,85
33	34,38	24,98- 44,77	22,42- 47,92
34	35,42	25,92- 45,84	23,33- 48,99
35	36,46	26,87- 46,91	24,24- 50,06
36	37,50	27,82- 47,97	25,16- 51,12
37	38,54	28,78- 49,03	26,08- 52,17
38	39,58	29,75- 50,08	27,01- 53,22
39	40,63	30,71- 51,13	27,94- 54,26
40	41,67	31,68- 52,18	28,88- 55,30
41	42,71	32,66- 53,22	29,83- 56,33
42	43,75	33,64- 54,25	30,78- 57,35
43	44,79	34,63- 55,29	31,74- 58,37
44	45,83	35,62- 56,31	32,71- 59,38
45	46,88	36,61- 57,34	33,68- 60,39
46	47,92	37,61- 58,36	34,65- 61,39
47	48,96	38,61- 59,37	35,63- 62,39
48	50,00	39,62- 60,38	36,62- 63,38
49	51,04	40,63- 61,39	37,61- 64,37
50	52,08	41,64- 62,39	38,61- 65,35
51	53,13	42,66- 63,39	39,61- 66,32
52	54,17	43,69- 64,38	40,62- 67,29
53	55,21	44,71- 65,37	41,63- 68,26
54	56,25	45,75- 66,36	42,65- 69,22
55	57,29	46,78- 67,34	43,67- 70,17
56	58,33	47,82- 68,32	44,70- 71,12
57	59,38	48,87- 69,29	45,74- 72,06
58	60,42	49,92- 70,25	46,78- 72,99
59	61,46	50,97- 71,22	47,83- 73,92
60	62,50	52,03- 72,18	48,88- 74,84
61	63,54	53,09- 73,13	49,94- 75,76
62	64,58	54,16- 74,08	51,01- 76,67
63	65,63	55,23- 75,02	52,08- 77,58
64	66,67	56,31- 75,96	53,15- 78,48
65	67,71	57,39- 76,90	54,24- 79,37
66	68,75	58,48- 77,82	55,33- 80,25
67	69,79	59,57- 78,75	56,43- 81,13
68	70,83	60,67- 79,67	57,53- 82,00
69	71,88	61,78- 80,58	58,64- 82,87
70	72,92	62,89- 81,48	59,76- 83,72
71	73,96	64,00- 82,38	60,89- 84,57
72	75,00	65,12- 83,28	62,02- 85,41
73	76,04	66,25- 84,17	63,17- 86,24
74	77,08	67,38- 85,05	64,32- 87,07
75	78,13	68,53- 85,92	65,48- 87,88
76	79,17	69,67- 86,79	66,65- 88,68
77	80,21	70,83- 87,64	67,83- 89,48
78	81,25	72,00- 88,49	69,02- 90,26
79	82,29	73,17- 89,33	70,22- 91,03
80	83,33	74,35- 90,16	71,43- 91,79
81	84,38	75,54- 90,98	72,66- 92,53
82	85,42	76,74- 91,79	73,90- 93,27
83	86,46	77,96- 92,59	75,15- 93,98
84	87,50	79,18- 93,37	76,42- 94,68
85	88,54	80,42- 94,14	77,71- 95,36
86	89,58	81,68- 94,89	79,01- 96,02
87	90,63	82,95- 95,62	80,34- 96,65
88	91,67	84,24- 96,33	81,70- 97,26
89	92,71	85,55- 97,02	83,08- 97,83
90	93,75	86,89- 97,67	84,49- 98,37
91	94,79	88,26- 98,29	85,95- 98,86
92	95,83	89,67- 98,85	87,46- 99,29
93	96,88	91,14- 99,35	89,03- 99,64
94	97,92	92,68- 99,75	90,70- 99,89
95	98,96	94,33- 99,97	92,51- 99,99
96	100,00	96,23-100,00	94,63-100,00

$N = 97$

x	$100p_x$	95%: $100p_l$ – $100p_r$	99%: $100p_l$ – $100p_r$
0	0,00	0,00- 3,73	0,00- 5,32
1	1,03	0,03- 5,61	0,01- 7,41
2	2,06	0,25- 7,25	0,11- 9,21
3	3,09	0,64- 8,77	0,35- 10,86
4	4,12	1,13- 10,22	0,70- 12,42
5	5,15	1,69- 11,62	1,13- 13,91
6	6,19	2,30- 12,98	1,61- 15,35
7	7,22	2,95- 14,30	2,15- 16,76
8	8,25	3,63- 15,61	2,71- 18,13
9	9,28	4,33- 16,88	3,31- 19,47
10	10,31	5,06- 18,14	3,94- 20,78
11	11,34	5,80- 19,39	4,59- 22,08
12	12,37	6,56- 20,61	5,26- 23,35
13	13,40	7,33- 21,83	5,95- 24,61
14	14,43	8,12- 23,03	6,66- 25,85
15	15,46	8,92- 24,22	7,39- 27,08
16	16,49	9,73- 25,40	8,12- 28,29
17	17,53	10,55- 26,57	8,87- 29,50
18	18,56	11,38- 27,73	9,63- 30,69
19	19,59	12,22- 28,89	10,41- 31,87
20	20,62	13,07- 30,03	11,19- 33,03
21	21,65	13,93- 31,17	11,99- 34,19
22	22,68	14,79- 32,30	12,79- 35,34

$N = 97$ (Fortsetzung)

x	$100p_x$	95%: $100p_l$ – $100p_r$	99%: $100p_l$ – $100p_r$
23	23,71	15,66- 33,42	13,61- 36,49
24	24,74	16,54- 34,54	14,43- 37,62
25	25,77	17,42- 35,65	15,26- 38,74
26	26,80	18,32- 36,76	16,10- 39,86
27	27,84	19,21- 37,86	16,94- 40,97
28	28,87	20,11- 38,95	17,80- 42,07
29	29,90	21,02- 40,04	18,66- 43,17
30	30,93	21,93- 41,12	19,53- 44,26
31	31,96	22,85- 42,20	20,40- 45,34
32	32,99	23,78- 43,27	21,28- 46,41
33	34,02	24,70- 44,34	22,17- 47,48
34	35,05	25,64- 45,41	23,07- 48,55
35	36,08	26,58- 46,46	23,97- 49,60
36	37,11	27,52- 47,52	24,87- 50,65
37	38,14	28,47- 48,57	25,79- 51,70
38	39,18	29,42- 49,61	26,71- 52,74
39	40,21	30,37- 50,65	27,63- 53,77
40	41,24	31,33- 51,69	28,56- 54,80
41	42,27	32,30- 52,72	29,49- 55,82
42	43,30	33,27- 53,75	30,44- 56,84
43	44,33	34,24- 54,77	31,38- 57,85
44	45,36	35,22- 55,79	32,33- 58,85
45	46,39	36,20- 56,81	33,29- 59,86
46	47,42	37,19- 57,82	34,26- 60,85
47	48,45	38,18- 58,82	35,22- 61,84
48	49,48	39,17- 59,83	36,20- 62,82
49	50,52	40,17- 60,83	37,18- 63,80
50	51,55	41,18- 61,82	38,16- 64,78
51	52,58	42,18- 62,81	39,15- 65,74
52	53,61	43,19- 63,80	40,14- 66,71
53	54,64	44,21- 64,78	41,15- 67,67
54	55,67	45,23- 65,76	42,15- 68,62
55	56,70	46,25- 66,73	43,16- 69,56
56	57,73	47,28- 67,70	44,18- 70,51
57	58,76	48,31- 68,67	45,20- 71,44
58	59,79	49,35- 69,63	46,23- 72,37
59	60,82	50,39- 70,58	47,26- 73,29
60	61,86	51,43- 71,53	48,30- 74,21
61	62,89	52,48- 72,48	49,35- 75,13
62	63,92	53,54- 73,42	50,40- 76,03
63	64,95	54,59- 74,36	51,45- 76,93
64	65,98	55,66- 75,30	52,52- 77,83
65	67,01	56,73- 76,22	53,59- 78,72
66	68,04	57,80- 77,15	54,66- 79,60
67	69,07	58,88- 78,07	55,74- 80,47
68	70,10	59,96- 78,98	56,83- 81,34
69	71,13	61,05- 79,89	57,93- 82,20
70	72,16	62,14- 80,79	59,03- 83,06
71	73,20	63,24- 81,68	60,14- 83,90
72	74,23	64,35- 82,58	61,26- 84,74
73	75,26	65,46- 83,46	62,38- 85,57
74	76,29	66,58- 84,34	63,51- 86,39
75	77,32	67,70- 85,21	64,66- 87,21
76	78,35	68,83- 86,07	65,81- 88,01
77	79,38	69,97- 86,93	66,97- 88,81
78	80,41	71,11- 87,78	68,13- 89,59
79	81,44	72,27- 88,62	69,31- 90,37
80	82,47	73,43- 89,45	70,50- 91,13
81	83,51	74,60- 90,27	71,71- 91,88
82	84,54	75,78- 91,08	72,92- 92,61
83	85,57	76,97- 91,88	74,15- 93,34
84	86,60	78,17- 92,67	75,39- 94,05
85	87,63	79,39- 93,44	76,65- 94,74
86	88,66	80,61- 94,20	77,92- 95,41
87	89,69	81,86- 94,94	79,22- 96,06
88	90,72	83,12- 95,67	80,53- 96,69
89	91,75	84,39- 96,37	81,87- 97,29
90	92,78	85,70- 97,05	83,24- 97,85
91	93,81	87,02- 97,70	84,65- 98,39
92	94,85	88,38- 98,31	86,09- 98,87
93	95,88	89,78- 98,87	87,58- 99,30
94	96,91	91,23- 99,36	89,14- 99,65
95	97,94	92,75- 99,75	90,79- 99,89
96	98,97	94,39- 99,97	92,59- 99,99
97	100,00	96,27-100,00	94,68-100,00

$N = 98$

x	$100p_x$	95%: $100p_l$ – $100p_r$	99%: $100p_l$ – $100p_r$
0	0,00	0,00- 3,69	0,00- 5,26
1	1,02	0,03- 5,55	0,01- 7,34
2	2,04	0,25- 7,18	0,11- 9,12
3	3,06	0,64- 8,69	0,35- 10,75
4	4,08	1,12- 10,12	0,69- 12,30
5	5,10	1,68- 11,51	1,12- 13,78
6	6,12	2,28- 12,85	1,60- 15,21
7	7,14	2,92- 14,16	2,12- 16,60
8	8,16	3,59- 15,45	2,69- 17,95
9	9,18	4,29- 16,72	3,28- 19,28
10	10,20	5,00- 17,97	3,90- 20,58
11	11,22	5,74- 19,20	4,54- 21,87
12	12,24	6,49- 20,41	5,21- 23,13
13	13,27	7,26- 21,62	5,89- 24,38
14	14,29	8,04- 22,81	6,59- 25,61
15	15,31	8,83- 23,99	7,31- 26,82
16	16,33	9,63- 25,16	8,04- 28,04
17	17,35	10,44- 26,31	8,78- 29,22
18	18,37	11,26- 27,47	9,53- 30,40
19	19,39	12,10- 28,61	10,30- 31,57
20	20,41	12,93- 29,74	11,07- 32,73

N = Anzahl der Versuche, x = Anzahl der Erfolge usw., $100\,p_x = 100\,x/N$

x	$100\,p_x$	100 (1 − 2α)-Grenzen 95% $100\,p_l$	95% $100\,p_r$	99% $100\,p_l$	99% $100\,p_r$
		$N = 98$ (Fortsetzung)			
21	21,43	13,78	30,87	11,86	33,87
22	22,45	14,64	31,99	12,65	35,01
23	23,47	15,50	33,11	13,46	36,15
24	24,49	16,36	34,21	14,27	37,27
25	25,51	17,24	35,31	15,09	38,38
26	26,53	18,12	36,41	15,92	39,49
27	27,55	19,01	37,50	16,76	40,59
28	28,57	19,90	38,58	17,60	41,69
29	29,59	20,79	39,66	18,46	42,77
30	30,61	21,70	40,74	19,31	43,85
31	31,63	22,61	41,80	20,18	44,92
32	32,65	23,52	42,87	21,05	45,99
33	33,67	24,44	43,93	21,93	47,05
34	34,69	25,36	44,98	22,81	48,11
35	35,71	26,29	46,03	23,70	49,15
36	36,73	27,22	47,07	24,60	50,20
37	37,76	28,16	48,12	25,50	51,23
38	38,78	29,10	49,15	26,41	52,26
39	39,80	30,04	50,18	27,32	53,29
40	40,82	30,99	51,21	28,24	54,31
41	41,84	31,95	52,23	29,17	55,32
42	42,86	32,90	53,25	30,10	56,33
43	43,88	33,87	54,27	31,03	57,34
44	44,90	34,83	55,28	31,97	58,33
45	45,92	35,80	56,29	32,92	59,33
46	46,94	36,78	57,29	33,87	60,31
47	47,96	37,76	58,29	34,82	61,30
48	48,98	38,74	59,28	35,79	62,27
49	50,00	39,73	60,27	36,75	63,25
50	51,02	40,72	61,26	37,73	64,21
51	52,04	41,71	62,24	38,70	65,18
52	53,06	42,71	63,22	39,69	66,13
53	54,08	43,71	64,20	40,67	67,08
54	55,10	44,72	65,17	41,67	68,03
55	56,12	45,73	66,13	42,66	68,97
56	57,14	46,75	67,10	43,67	69,90
57	58,16	47,77	68,05	44,68	70,83
58	59,18	48,79	69,01	45,69	71,76
59	60,20	49,82	69,96	46,71	72,68
60	61,22	50,85	70,90	47,74	73,59
61	62,24	51,88	71,84	48,77	74,50
62	63,27	52,93	72,78	49,80	75,40
63	64,29	53,97	73,71	50,85	76,30
64	65,31	55,02	74,64	51,89	77,19
65	66,33	56,07	75,56	52,95	78,07
66	67,35	57,13	76,48	54,01	78,95
67	68,37	58,20	77,39	55,08	79,82
68	69,39	59,26	78,30	56,15	80,69
69	70,41	60,34	79,21	57,23	81,54
70	71,43	61,42	80,10	58,31	82,40
71	72,45	62,50	80,99	59,41	83,24
72	73,47	63,59	81,88	60,51	84,08
73	74,49	64,69	82,76	61,60	84,91
74	75,51	65,79	83,64	62,73	85,73
75	76,53	66,89	84,50	63,85	86,54
76	77,55	68,01	85,36	64,99	87,35
77	78,57	69,13	86,22	66,13	88,14
78	79,59	70,26	87,07	67,27	88,93
79	80,61	71,39	87,90	68,43	89,70
80	81,63	72,53	88,74	69,60	90,47
81	82,65	73,69	89,56	70,78	91,22
82	83,67	74,84	90,37	71,97	91,96
83	84,69	76,01	91,17	73,18	92,69
84	85,71	77,19	91,96	74,39	93,41
85	86,73	78,38	92,74	75,62	94,11
86	87,76	79,59	93,51	76,87	94,79
87	88,78	80,80	94,26	78,13	95,46
88	89,80	82,03	95,00	79,42	96,10
89	90,82	83,28	95,71	80,72	96,72
90	91,84	84,55	96,41	82,05	97,31
91	92,86	85,84	97,08	83,40	97,88
92	93,88	87,15	97,72	84,79	98,40
93	94,90	88,49	98,32	86,22	98,88
94	95,92	89,88	98,88	87,70	99,31
95	96,94	91,31	99,36	89,25	99,65
96	97,96	92,82	99,75	90,88	99,89
97	98,98	94,45	99,97	92,66	99,99
98	100,00	96,31	100,00	94,74	100,00
		$N = 99$			
0	0,00	0,00	3,66	0,00	5,21
1	1,01	0,03	5,50	0,01	7,27
2	2,02	0,25	7,11	0,11	9,03
3	3,03	0,63	8,60	0,34	10,65
4	4,04	1,11	10,02	0,69	12,18
5	5,05	1,66	11,39	1,11	13,64
6	6,06	2,26	12,73	1,58	15,06
7	7,07	2,89	14,03	2,10	16,44
8	8,08	3,55	15,30	2,66	17,78
9	9,09	4,24	16,56	3,25	19,10
10	10,10	4,95	17,79	3,86	20,39
11	11,11	5,68	19,01	4,50	21,66
12	12,12	6,42	20,22	5,15	22,91
13	13,13	7,18	21,41	5,83	24,15
14	14,14	7,95	22,59	6,52	25,36
15	15,15	8,74	23,76	7,23	26,57
16	16,16	9,53	24,91	7,95	27,76
17	17,17	10,33	26,06	8,69	28,94
18	18,18	11,15	27,20	9,43	30,11
19	19,19	11,97	28,34	10,19	31,27
20	20,20	12,80	29,46	10,96	32,42
21	21,21	13,64	30,58	11,73	33,56
22	22,22	14,48	31,69	12,52	34,69
23	23,23	15,33	32,79	13,32	35,81
24	24,24	16,19	33,89	14,12	36,93
25	25,25	17,06	34,98	14,93	38,03
26	26,26	17,93	36,07	15,75	39,13
27	27,27	18,80	37,15	16,58	40,22
28	28,28	19,69	38,22	17,42	41,31
29	29,29	20,57	39,29	18,26	42,38
30	30,30	21,47	40,36	19,11	43,45
31	31,31	22,36	41,41	19,96	44,52
32	32,32	23,27	42,47	20,82	45,57
33	33,33	24,18	43,52	21,69	46,63
34	34,34	25,09	44,56	22,56	47,67
35	35,35	26,01	45,60	23,44	48,71
36	36,36	26,93	46,64	24,33	49,75
37	37,37	27,85	47,67	25,22	50,77
38	38,38	28,78	48,70	26,12	51,80
39	39,39	29,72	49,72	27,02	52,81
40	40,40	30,66	50,74	27,93	53,83
41	41,41	31,60	51,76	28,84	54,83
42	42,42	32,55	52,77	29,76	55,83
43	43,43	33,50	53,77	30,69	56,83
44	44,44	34,45	54,78	31,62	57,82
45	45,45	35,41	55,77	32,55	58,81
46	46,46	36,38	56,77	33,49	59,79
47	47,47	37,34	57,76	34,44	60,76
48	48,48	38,32	58,75	35,39	61,73
49	49,49	39,29	59,73	36,34	62,70
50	50,51	40,27	60,71	37,30	63,66
51	51,52	41,25	61,68	38,27	64,61
52	52,53	42,24	62,66	39,24	65,56
53	53,54	43,23	63,62	40,21	66,51
54	54,55	44,23	64,59	41,19	67,45
55	55,56	45,22	65,55	42,18	68,38
56	56,57	46,23	66,50	43,17	69,31
57	57,58	47,23	67,45	44,17	70,24
58	58,59	48,24	68,40	45,17	71,16
59	59,60	49,26	69,34	46,17	72,07
60	60,61	50,28	70,28	47,19	72,98
61	61,62	51,30	71,22	48,20	73,88
		$N = 99$ (Fortsetzung)			
62	62,63	52,33	72,15	49,23	74,78
63	63,64	53,36	73,07	50,25	75,67
64	64,65	54,40	73,99	51,29	76,56
65	65,66	55,44	74,91	52,33	77,44
66	66,67	56,48	75,82	53,37	78,31
67	67,68	57,53	76,73	54,43	79,18
68	68,69	58,59	77,64	55,48	80,04
69	69,70	59,64	78,53	56,55	80,89
70	70,71	60,71	79,43	57,62	81,74
71	71,72	61,78	80,31	58,69	82,58
72	72,73	62,85	81,20	59,78	83,42
73	73,74	63,93	82,07	60,87	84,25
74	74,75	65,02	82,94	61,97	85,07
75	75,76	66,11	83,81	63,07	85,88
76	76,77	67,21	84,67	64,19	86,68
77	77,78	68,31	85,52	65,31	87,48
78	78,79	69,42	86,36	66,44	88,27
79	79,80	70,54	87,20	67,58	89,04
80	80,81	71,66	88,03	68,73	89,81
81	81,82	72,80	88,85	69,89	90,57
82	82,83	73,94	89,67	71,06	91,31
83	83,84	75,09	90,47	72,24	92,05
84	84,85	76,24	91,26	73,43	92,77
85	85,86	77,41	92,05	74,64	93,48
86	86,87	78,59	92,82	75,85	94,17
87	87,88	79,78	93,58	77,09	94,85
88	88,89	80,99	94,32	78,34	95,50
89	89,90	82,21	95,05	79,61	96,14
90	90,91	83,44	95,76	80,90	96,75
91	91,92	84,70	96,45	82,22	97,34
92	92,93	85,97	97,11	83,56	97,90
93	93,94	87,27	97,74	84,94	98,42
94	94,95	88,61	98,34	86,36	98,89
95	95,96	89,98	98,89	87,82	99,31
96	96,97	91,40	99,37	89,35	99,66
97	97,98	92,89	99,75	90,97	99,89
98	98,99	94,50	99,97	92,73	99,99
99	100,00	96,34	100,00	94,79	100,00
		$N = 100$			
0	0,00	0,00	3,62	0,00	5,16
1	1,00	0,03	5,45	0,01	7,20
2	2,00	0,24	7,04	0,10	8,94
3	3,00	0,62	8,52	0,34	10,55
4	4,00	1,10	9,93	0,68	12,06
5	5,00	1,64	11,28	1,09	13,51
6	6,00	2,23	12,60	1,56	14,92
7	7,00	2,86	13,89	2,08	16,28
8	8,00	3,52	15,16	2,63	17,61
9	9,00	4,20	16,40	3,21	18,92
10	10,00	4,90	17,62	3,82	20,20
11	11,00	5,62	18,83	4,45	21,45
12	12,00	6,36	20,02	5,10	22,70
13	13,00	7,11	21,20	5,77	23,92
14	14,00	7,87	22,37	6,45	25,13
15	15,00	8,65	23,53	7,15	26,32
16	16,00	9,43	24,68	7,87	27,51
17	17,00	10,23	25,82	8,59	28,68
18	18,00	11,03	26,95	9,33	29,84
19	19,00	11,84	28,07	10,08	30,98
20	20,00	12,67	29,18	10,84	32,12
21	21,00	13,49	30,29	11,61	33,25
22	22,00	14,33	31,39	12,39	34,37
23	23,00	15,17	32,49	13,18	35,49
24	24,00	16,02	33,57	13,97	36,59
25	25,00	16,88	34,66	14,77	37,69
26	26,00	17,74	35,73	15,59	38,77
27	27,00	18,61	36,80	16,40	39,86
28	28,00	19,48	37,87	17,23	40,93
29	29,00	20,36	38,93	18,06	42,00
		$N = 100$ (Fortsetzung)			
30	30,00	21,24	39,98	18,90	43,06
31	31,00	22,13	41,03	19,75	44,12
32	32,00	23,02	42,08	20,60	45,17
33	33,00	23,92	43,12	21,46	46,21
34	34,00	24,82	44,15	22,32	47,25
35	35,00	25,73	45,18	23,19	48,28
36	36,00	26,64	46,21	24,07	49,30
37	37,00	27,56	47,24	24,95	50,32
38	38,00	28,48	48,25	25,84	51,34
39	39,00	29,40	49,27	26,73	52,35
40	40,00	30,33	50,28	27,63	53,35
41	41,00	31,26	51,29	28,53	54,35
42	42,00	32,20	52,29	29,44	55,35
43	43,00	33,14	53,29	30,35	56,33
44	44,00	34,08	54,28	31,27	57,32
45	45,00	35,03	55,27	32,19	58,30
46	46,00	35,98	56,26	33,12	59,27
47	47,00	36,94	57,24	34,06	60,24
48	48,00	37,90	58,22	34,99	61,20
49	49,00	38,86	59,20	35,94	62,16
50	50,00	39,83	60,17	36,89	63,11
51	51,00	40,80	61,14	37,84	64,06
52	52,00	41,78	62,10	38,80	65,01
53	53,00	42,76	63,06	39,76	65,94
54	54,00	43,74	64,02	40,73	66,88
55	55,00	44,73	64,97	41,70	67,81
56	56,00	45,72	65,92	42,68	68,73
57	57,00	46,71	66,86	43,67	69,65
58	58,00	47,71	67,80	44,65	70,56
59	59,00	48,71	68,74	45,65	71,47
60	60,00	49,72	69,67	46,65	72,37
61	61,00	50,73	70,60	47,65	73,27
62	62,00	51,75	71,52	48,66	74,16
63	63,00	52,76	72,44	49,68	75,05
64	64,00	53,79	73,36	50,70	75,93
65	65,00	54,82	74,27	51,72	76,81
66	66,00	55,85	75,18	52,75	77,68
67	67,00	56,88	76,08	53,79	78,54
68	68,00	57,92	76,98	54,83	79,40
69	69,00	58,97	77,87	55,88	80,25
70	70,00	60,02	78,76	56,94	81,10
71	71,00	61,07	79,64	58,00	81,94
72	72,00	62,13	80,52	59,07	82,77
73	73,00	63,20	81,39	60,14	83,60
74	74,00	64,27	82,26	61,23	84,41
75	75,00	65,34	83,12	62,31	85,23
76	76,00	66,43	83,98	63,41	86,03
77	77,00	67,51	84,83	64,51	86,82
78	78,00	68,61	85,67	65,63	87,61
79	79,00	69,71	86,51	66,75	88,39
80	80,00	70,82	87,33	67,88	89,16
81	81,00	71,93	88,16	69,02	89,92
82	82,00	73,05	88,97	70,16	90,67
83	83,00	74,18	89,77	71,32	91,41
84	84,00	75,32	90,57	72,49	92,13
85	85,00	76,47	91,35	73,68	92,85
86	86,00	77,63	92,13	74,87	93,55
87	87,00	78,80	92,89	76,08	94,23
88	88,00	79,98	93,64	77,30	94,90
89	89,00	81,17	94,38	78,55	95,55
90	90,00	82,38	95,10	79,80	96,18
91	91,00	83,60	95,80	81,08	96,79
92	92,00	84,84	96,48	82,39	97,37
93	93,00	86,11	97,14	83,72	97,92
94	94,00	87,40	97,77	85,08	98,44
95	95,00	88,72	98,36	86,49	98,91
96	96,00	90,07	98,90	87,94	99,32
97	97,00	91,48	99,38	89,45	99,66
98	98,00	92,96	99,76	91,06	99,89
99	99,00	94,55	99,97	92,80	99,99
100	100,00	96,38	100,00	94,84	100,00

* Nachdruck nur mit Erlaubnis des Herausgebers.

N = Anzahl der Versuche, x = Anzahl der Erfolge usw., $100\,p_x = 100\,x/N$

Die *kursiv* gesetzten Grenzen sind exakt, alle andern nach der Approximation von Freeman und Tukey berechnet. Zur Interpolation siehe S. 187

x	$N = 105$			$N = 110$			$N = 120$			$N = 130$		
	$100\,p_x$	100 (1 − 2α)-Grenzen 95%	99%	$100\,p_x$	100 (1 − 2α)-Grenzen 95%	99%	$100\,p_x$	100 (1 − 2α)-Grenzen 95%	99%	$100\,p_x$	100 (1 − 2α)-Grenzen 95%	99%
		$100\,p_l$ $100\,p_r$	$100\,p_l$ $100\,p_r$		$100\,p_l$ $100\,p_r$	$100\,p_l$ $100\,p_r$		$100\,p_l$ $100\,p_r$	$100\,p_l$ $100\,p_r$		$100\,p_l$ $100\,p_r$	$100\,p_l$ $100\,p_r$
0	*0,00*	*0,00- 3,45*	*0,00- 4,92*	*0,00*	*0,00- 3,30*	*0,00- 4,70*	*0,00*	*0,00- 3,03*	*0,00- 4,32*	*0,00*	*0,00- 2,80*	*0,00- 3,99*
1	*0,95*	*0,02- 5,19*	*0,00- 6,86*	*0,91*	*0,02- 4,96*	*0,00- 6,56*	*0,83*	*0,02- 4,56*	*0,00- 6,03*	*0,77*	*0,02- 4,21*	*0,00- 5,58*
2	*1,90*	*0,23- 6,71*	*0,10- 8,53*	*1,82*	*0,22- 6,41*	*0,09- 8,16*	*1,67*	*0,20- 5,89*	*0,09- 7,50*	*1,54*	*0,19- 5,45*	*0,08- 6,94*
3	*2,86*	*0,59- 8,12*	*0,32-10,07*	*2,73*	*0,57- 7,76*	*0,31- 9,62*	*2,50*	*0,52- 7,13*	*0,28- 8,85*	*2,31*	*0,48- 6,60*	*0,26- 8,19*
4	*3,81*	*1,05- 9,47*	*0,65-11,51*	*3,64*	*1,00- 9,05*	*0,62-11,01*	*3,33*	*0,92- 8,31*	*0,57-10,13*	*3,08*	*0,84- 7,69*	*0,52- 9,37*
5	4,76	1,53-10,84	0,88-12,78	4,55	1,46-10,37	0,84-12,23	4,17	1,34- 9,53	0,77-11,24	3,85	1,23- 8,81	0,71-10,41
6	5,71	2,10-12,10	1,33-14,13	5,45	2,00-11,56	1,26-13,51	5,00	1,83-10,63	1,16-12,43	4,62	1,69- 9,84	1,06-11,50
7	6,67	2,70-13,32	1,81-15,43	6,36	2,58-12,74	1,73-14,76	5,83	2,36-11,71	1,58-13,58	5,38	2,17-10,84	1,46-12,57
8	7,62	3,33-14,53	2,34-16,71	7,27	3,18-13,89	2,23-15,98	6,67	2,91-12,77	2,04-14,71	6,15	2,68-11,82	1,88-13,62
9	8,57	3,99-15,71	2,90-17,96	8,18	3,80-15,02	2,76-17,18	7,50	3,48-13,81	2,52-15,81	6,92	3,20-12,79	2,32-14,64
10	9,52	4,66-16,87	3,48-19,19	9,09	4,44-16,14	3,31-18,36	8,33	4,06-14,84	3,03-16,90	7,69	3,74-13,74	2,79-15,65
11	10,48	5,35-18,03	4,08-20,40	10,00	5,10-17,24	3,89-19,52	9,17	4,66-15,86	3,55-17,97	8,46	4,30-14,68	3,27-16,65
12	11,43	6,05-19,16	4,70-21,59	10,91	5,77-18,33	4,48-20,66	10,00	5,28-16,86	4,09-19,02	9,23	4,86-15,61	3,77-17,62
13	12,38	6,77-20,29	5,34-22,76	11,82	6,45-19,41	5,09-21,79	10,83	5,90-17,86	4,65-20,06	10,00	5,43-16,53	4,28-18,59
14	13,33	7,50-21,41	6,00-23,92	12,73	7,15-20,48	5,71-22,90	11,67	6,53-18,84	5,22-21,09	10,77	6,02-17,45	4,80-19,55
15	14,29	8,24-22,51	6,67-25,07	13,64	7,85-21,54	6,35-24,00	12,50	7,18-19,82	5,80-22,11	11,54	6,61-18,35	5,34-20,49
16	15,24	8,99-23,61	7,35-26,21	14,55	8,57-22,59	7,00-25,09	13,33	7,83-20,79	6,39-23,12	12,31	7,21-19,25	5,88-21,43
17	16,19	9,75-24,69	8,04-27,33	15,45	9,29-23,63	7,66-26,17	14,17	8,49-21,75	6,99-24,11	13,08	7,82-20,15	6,43-22,36
18	17,14	10,51-25,77	8,75-28,45	16,36	10,02-24,66	8,33-27,24	15,00	9,16-22,70	7,61-25,10	13,85	8,43-21,03	7,00-23,28
19	18,10	11,29-26,85	9,47-29,55	17,27	10,76-25,69	9,01-28,30	15,83	9,83-23,65	8,23-26,08	14,62	9,05-21,91	7,57-24,19
20	19,05	12,07-27,91	10,19-30,65	18,18	11,50-26,71	9,70-29,35	16,67	10,51-24,59	8,86-27,06	15,38	9,68-22,79	8,14-25,10
21	20,00	12,86-28,97	10,93-31,74	19,09	12,25-27,73	10,40-30,39	17,50	11,20-25,53	9,49-28,02	16,15	10,31-23,66	8,73-25,99
22	20,95	13,66-30,02	11,67-32,82	20,00	13,01-28,73	11,11-31,43	18,33	11,89-26,46	10,14-28,98	16,92	10,94-24,52	9,32-26,89
23	21,90	14,46-31,07	12,42-33,89	20,91	13,78-29,74	11,83-32,46	19,17	12,58-27,39	10,79-29,93	17,69	11,58-25,39	9,92-27,77
24	22,86	15,27-32,11	13,18-34,95	21,82	14,55-30,74	12,55-33,48	20,00	13,29-28,31	11,44-30,88	18,46	12,23-26,24	10,52-28,65
25	23,81	16,09-33,14	13,95-36,01	22,73	15,32-31,73	13,28-34,49	20,83	13,99-29,23	12,11-31,82	19,23	12,88-27,09	11,13-29,53
26	24,76	16,91-34,17	14,73-37,05	23,64	16,10-32,73	14,01-35,50	21,67	14,70-30,14	12,78-32,76	20,00	13,53-27,94	11,74-30,40
27	25,71	17,73-35,20	15,51-38,10	24,55	16,89-33,70	14,76-36,50	22,50	15,42-31,05	13,45-33,68	20,77	14,19-28,79	12,36-31,27
28	26,67	18,56-36,22	16,30-39,13	25,45	17,68-34,68	15,51-37,50	23,33	16,14-31,96	14,13-34,61	21,54	14,85-29,63	12,99-32,13
29	27,62	19,40-37,23	17,09-40,16	26,36	18,47-35,65	16,26-38,49	24,17	16,86-32,86	14,82-35,53	22,31	15,51-30,47	13,62-32,98
30	28,57	20,24-38,24	17,89-41,19	27,27	19,27-36,62	17,02-39,47	25,00	17,59-33,75	15,51-36,44	23,08	16,18-31,30	14,25-33,84
31	29,52	21,08-39,25	18,70-42,20	28,18	20,08-37,59	17,79-40,45	25,83	18,32-34,65	16,21-37,35	23,85	16,85-32,13	14,89-34,68
32	30,48	21,93-40,25	19,52-43,22	29,09	20,88-38,55	18,56-41,43	26,67	19,06-35,54	16,91-38,25	24,62	17,53-32,96	15,53-35,53
33	31,43	22,79-41,25	20,33-44,22	30,00	21,69-39,50	19,34-42,39	27,50	19,80-36,42	17,62-39,15	25,38	18,20-33,79	16,18-36,37
34	32,38	23,65-42,24	21,16-45,22	30,91	22,51-40,46	20,12-43,36	28,33	20,54-37,31	18,33-40,05	26,15	18,88-34,61	16,83-37,20
35	33,33	24,51-43,23	21,99-46,22	31,82	23,33-41,41	20,91-44,32	29,17	21,28-38,19	19,04-40,94	26,92	19,57-35,43	17,48-38,03
36	34,29	25,38-44,21	22,82-47,21	32,73	24,15-42,35	21,70-45,27	30,00	22,03-39,06	19,76-41,83	27,69	20,25-36,24	18,14-38,86
37	35,24	26,25-45,19	23,66-48,20	33,64	24,98-43,30	22,50-46,22	30,83	22,78-39,94	20,48-42,71	28,46	20,94-37,06	18,80-39,69
38	36,19	27,12-46,17	24,51-49,18	34,55	25,81-44,23	23,30-47,16	31,67	23,54-40,81	21,21-43,59	29,23	21,64-37,87	19,47-40,51
39	37,14	28,00-47,14	25,36-50,15	35,45	26,64-45,17	24,11-48,10	32,50	24,30-41,68	21,94-44,46	30,00	22,33-38,68	20,13-41,33
40	38,10	28,88-48,11	26,22-51,12	36,36	27,48-46,10	24,92-49,04	33,33	25,06-42,54	22,68-45,33	30,77	23,03-39,48	20,81-42,14
41	39,05	29,77-49,08	27,08-52,09	37,27	28,32-47,03	25,74-49,97	34,17	25,82-43,40	23,42-46,20	31,54	23,73-40,29	21,48-42,95
42	40,00	30,66-50,04	27,94-53,05	38,18	29,17-47,96	26,56-50,90	35,00	26,59-44,26	24,16-47,06	32,31	24,43-41,09	22,16-43,76
43	40,95	31,55-51,00	28,81-54,01	39,09	30,01-48,88	27,38-51,82	35,83	27,36-45,12	24,90-47,92	33,08	25,14-41,89	22,84-44,56
44	41,90	32,45-51,96	29,69-54,96	40,00	30,87-49,80	28,21-52,74	36,67	28,13-45,97	25,65-48,78	33,85	25,84-42,68	23,53-45,37
45	42,86	33,35-52,91	30,57-55,91	40,91	31,72-50,71	29,04-53,65	37,50	28,90-46,82	26,41-49,63	34,62	26,55-43,48	24,22-46,17
46	43,81	34,25-53,86	31,45-56,85	41,82	32,58-51,63	29,88-54,56	38,33	29,68-47,67	27,17-50,48	35,38	27,26-44,27	24,91-46,96
47	44,76	35,16-54,80	32,34-57,79	42,73	33,44-52,54	30,72-55,47	39,17	30,46-48,52	27,93-51,33	36,15	27,98-45,06	25,60-47,75
48	45,71	36,07-55,74	33,23-58,72	43,64	34,30-53,44	31,57-56,37	40,00	31,25-49,36	28,69-52,17	36,92	28,69-45,84	26,30-48,54
49	46,67	36,98-56,68	34,13-59,65	44,55	35,17-54,35	32,42-57,27	40,83	32,03-50,20	29,46-53,01	37,69	29,41-46,63	27,00-49,33
50	47,62	37,90-57,62	35,04-60,57	45,45	36,04-55,25	33,27-58,16	41,67	32,82-51,04	30,23-53,85	38,46	30,13-47,41	27,70-50,12
51	48,57	38,82-58,55	35,94-61,49	46,36	36,91-56,14	34,13-59,05	42,50	33,61-51,87	31,00-54,68	39,23	30,86-48,19	28,41-50,90
52	49,52	39,74-59,48	36,85-62,41	47,27	37,79-57,04	34,99-59,94	43,33	34,40-52,71	31,78-55,51	40,00	31,58-48,97	29,12-51,68
53	50,48	40,52-60,26	37,59-63,15	48,18	38,67-57,93	35,86-60,82	44,17	35,20-53,54	32,56-56,34	40,77	32,31-49,75	29,83-52,45
54	51,43	41,45-61,18	38,51-64,06	49,09	39,55-58,82	36,73-61,70	45,00	36,00-54,36	33,35-57,16	41,54	33,04-50,52	30,54-53,22
55	52,38	42,38-62,10	39,43-64,96	50,00	40,36-59,64	37,51-62,49	45,83	36,80-55,19	34,13-57,98	42,31	33,77-51,30	31,26-53,99
56	53,33	43,32-63,02	40,35-65,87	50,91	41,18-60,45	38,30-63,27	46,67	37,60-56,01	34,92-58,79	43,08	34,51-52,07	31,98-54,76
57	54,29	44,26-63,93	41,28-66,77	51,82	42,07-61,33	39,18-64,14	47,50	38,41-56,83	35,72-59,61	43,85	35,24-52,83	32,70-55,53
58	55,24	45,20-64,84	42,21-67,66	52,73	42,96-62,21	40,06-65,01	48,33	39,22-57,65	36,52-60,42	44,62	35,98-53,60	33,43-56,29
59	56,19	46,14-65,75	43,15-68,55	53,64	43,86-63,09	40,95-65,87	49,17	40,03-58,47	37,32-61,23	45,38	36,72-54,36	34,16-57,05
60	57,14	47,09-66,65	44,09-69,43	54,55	44,75-63,96	41,84-66,73	50,00	40,78-59,22	38,04-61,96	46,15	37,46-55,13	34,89-57,81
61	58,10	48,04-67,55	45,04-70,31	55,45	45,65-64,83	42,73-67,58	50,83	41,53-59,97	38,77-62,68	46,92	38,21-55,89	35,62-58,56
62	59,05	49,00-68,45	45,99-71,19	56,36	46,56-65,70	43,63-68,43	51,67	42,35-60,78	39,58-63,48	47,69	38,95-56,64	36,36-59,31
63	60,00	49,96-69,34	46,95-72,06	57,27	47,46-66,56	44,53-69,28	52,50	43,17-61,59	40,39-64,28	48,46	39,70-57,40	37,10-60,06
64	60,95	50,92-70,23	47,91-72,92	58,18	48,37-67,42	45,44-70,12	53,33	43,99-62,40	41,21-65,08	49,23	40,45-58,15	37,84-60,81
65	61,90	51,89-71,12	48,88-73,78	59,09	49,29-68,28	46,35-70,96	54,17	44,81-63,20	42,02-65,87	50,00	41,14-58,86	38,51-61,51
66	62,86	52,86-72,00	49,85-74,64	60,00	50,20-69,13	47,26-71,79	55,00	45,64-64,00	42,84-66,65	50,77	41,85-59,55	39,19-62,16
67	63,81	53,83-72,88	50,82-75,49	60,91	51,12-69,99	48,18-72,62	55,83	46,46-64,80	43,66-67,44	51,54	42,60-60,30	39,94-62,90
68	64,76	54,81-73,75	51,80-76,34	61,82	52,04-70,83	49,10-73,44	56,67	47,29-65,60	44,49-68,22	52,31	43,36-61,05	40,69-63,64
69	65,71	55,79-74,62	52,79-77,18	62,73	52,97-71,68	50,03-74,26	57,50	48,13-66,39	45,32-69,00	53,08	44,11-61,79	41,44-64,38
70	66,67	56,77-75,49	53,78-78,01	63,64	53,90-72,52	50,96-75,08	58,33	48,96-67,18	46,15-69,77	53,85	44,87-62,54	42,19-65,11
71	67,62	57,76-76,35	54,78-78,84	64,55	54,83-73,36	51,90-75,89	59,17	49,80-67,97	46,99-70,54	54,62	45,64-63,28	42,95-65,84
72	68,57	58,75-77,21	55,78-79,67	65,45	55,77-74,19	52,84-76,70	60,00	50,64-68,75	47,83-71,31	55,38	46,40-64,02	43,71-66,57
73	69,52	59,75-78,07	56,78-80,48	66,36	56,70-75,02	53,78-77,50	60,83	51,48-69,54	48,67-72,07	56,15	47,17-64,76	44,47-67,30
74	70,48	60,75-78,92	57,80-81,30	67,27	57,65-75,85	54,73-78,30	61,67	52,33-70,32	49,52-72,83	56,92	47,93-65,49	45,24-68,02
75	71,43	61,76-79,76	58,81-82,11	68,18	58,59-76,67	55,68-79,09	62,50	53,18-71,10	50,37-73,59	57,69	48,70-66,23	46,01-68,74
76	72,38	62,77-80,60	59,84-82,91	69,09	59,54-77,49	56,64-79,88	63,33	54,03-71,87	51,22-74,35	58,46	49,48-66,96	46,78-69,46
77	73,33	63,78-81,44	60,87-83,70	70,00	60,50-78,31	57,61-80,66	64,17	54,88-72,64	52,08-75,10	59,23	50,25-67,69	47,55-70,17
78	74,29	64,80-82,27	61,90-84,49	70,91	61,45-79,12	58,57-81,44	65,00	55,74-73,41	52,94-75,84	60,00	51,03-68,42	48,32-70,88
79	75,24	65,83-83,09	62,95-85,27	71,82	62,41-79,92	59,55-82,21	65,83	56,60-74,18	53,80-76,58	60,77	51,81-69,14	49,10-71,59
80	76,19	66,86-83,91	63,99-86,05	72,73	63,38-80,73	60,53-82,98	66,67	57,46-74,94	54,67-77,32	61,54	52,59-69,87	49,88-72,30
81	77,14	67,89-84,73	65,05-86,82	73,64	64,35-81,53	61,51-83,74	67,50	58,32-75,70	55,54-78,06	62,31	53,37-70,59	50,67-73,00
82	78,10	68,93-85,54	66,11-87,58	74,55	65,32-82,32	62,50-84,49	68,33	59,19-76,46	56,41-78,79	63,08	54,16-71,31	51,46-73,70
83	79,05	69,98-86,34	67,18-88,33	75,45	66,30-83,11	63,50-85,24	69,17	60,06-77,22	57,29-79,52	63,85	54,94-72,02	52,25-74,40
84	80,00	71,03-87,14	68,26-89,07	76,36	67,27-83,90	64,50-85,99	70,00	60,94-77,97	58,17-80,24	64,62	55,73-72,74	53,04-75,09
85	80,95	72,09-87,93	69,35-89,81	77,27	68,27-84,68	65,51-86,72	70,83	61,81-78,72	59,06-80,96	65,38	56,52-73,45	53,83-75,78
86	81,90	73,15-88,71	70,45-90,53	78,18	69,26-85,45	66,52-87,45	71,67	62,69-79,46	59,95-81,67	66,15	57,32-74,16	54,63-76,47
87	82,86	74,23-89,49	71,55-91,25	79,09	70,26-86,22	67,54-88,17	72,50	63,58-80,20	60,85-82,38	66,92	58,11-74,86	55,44-77,16
88	83,81	75,31-90,25	72,67-91,96	80,00	71,27-86,99	68,57-88,89	73,33	64,46-80,94	61,75-83,09	67,69	58,91-75,57	56,24-77,84
89	84,76	76,39-91,01	73,79-92,65	80,91	72,27-87,75	69,61-89,60	74,17	65,35-81,68	62,65-83,79	68,46	59,71-76,27	57,05-78,52
90	85,71	77,49-91,76	74,93-93,33	81,82	73,29-88,50	70,65-90,30	75,00	66,25-82,41	63,56-84,49	69,23	60,52-76,97	57,86-79,19
91	86,67	78,59-92,50	76,08-94,00	82,73	74,31-89,24	71,70-90,99	75,83	67,14-83,14	64,47-85,18	70,00	61,32-77,67	58,67-79,87
92	87,62	79,71-93,23	77,24-94,66	83,64	75,34-89,98	72,76-91,67	76,67	68,04-83,86	65,39-85,87	70,77	62,13-78,36	59,49-80,53
93	88,57	80,84-93,95	78,41-95,30	84,55	76,37-90,71	73,83-92,34	77,50	68,95-84,58	66,32-86,55	71,54	62,94-79,06	60,31-81,20
94	89,52	81,97-94,65	79,60-95,92	85,45	77,41-91,43	74,91-93,00	78,33	69,86-85,30	67,24-87,22	72,31	63,76-79,75	61,14-81,86
95	90,48	83,13-95,34	80,81-96,52	86,36	78,46-92,15	76,00-93,65	79,17	70,77-86,01	68,18-87,89	73,08	64,57-80,43	61,97-82,52
96	91,43	84,29-96,01	82,04-97,10	87,27	79,52-92,85	77,10-94,29	80,00	71,69-86,71	69,12-88,56	73,85	65,39-81,12	62,80-83,17
97	92,38	85,47-96,67	83,29-97,66	88,18	80,59-93,55	78,21-94,91	80,83	72,61-87,42	70,07-89,21	74,62	66,21-81,80	63,63-83,82
98	93,33	86,68-97,30	84,57-98,19	89,09	81,67-94,23	79,34-95,52	81,67	73,54-88,11	71,02-89,86	75,38	67,04-82,47	64,47-84,47
99	94,29	87,90-97,90	85,87-98,67	90,00	82,76-94,90	80,48-96,11	82,50	74,47-88,80	71,98-90,51	76,15	67,87-83,15	65,32-85,11
100	95,24	89,16-98,47	87,22-99,12	90,91	83,86-95,56	81,64-96,69	83,33	75,41-89,49	72,94-91,14	76,92	68,70-83,82	66,16-85,75

N = Anzahl der Versuche, x = Anzahl der Erfolge usw., $100\,p_x = 100\,x/N$

Die *kursiv* gesetzten Grenzen sind exakt, alle andern nach der Approximation von FREEMAN und TUKEY berechnet. Zur Interpolation siehe S. 187

x	$N = 140$			$N = 150$			$N = 160$			$N = 170$		
	$100\,p_x$	100 (1 — 2α)-Grenzen 95% $100\,p_l$ $100\,p_r$	99% $100\,p_l$ $100\,p_r$	$100\,p_x$	100 (1 — 2α)-Grenzen 95% $100\,p_l$ $100\,p_r$	99% $100\,p_l$ $100\,p_r$	$100\,p_x$	100 (1 — 2α)-Grenzen 95% $100\,p_l$ $100\,p_r$	99% $100\,p_l$ $100\,p_r$	$100\,p_x$	100 (1 — 2α)-Grenzen 95% $100\,p_l$ $100\,p_r$	99% $100\,p_l$ $100\,p_r$
0	*0,00*	*0,00- 2,60*	*0,00- 3,71*	*0,00*	*0,00- 2,43*	*0,00- 3,47*	*0,00*	*0,00- 2,28*	*0,00- 3,26*	*0,00*	*0,00- 2,15*	*0,00- 3,07*
1	*0,71*	*0,02- 3,92*	*0,00- 5,19*	*0,67*	*0,02- 3,66*	*0,00- 4,85*	*0,63*	*0,02- 3,43*	*0,00- 4,55*	*0,59*	*0,01- 3,23*	*0,00- 4,29*
2	*1,43*	*0,17- 5,07*	*0,07- 6,45*	*1,33*	*0,16- 4,73*	*0,07- 6,03*	*1,25*	*0,15- 4,44*	*0,07- 5,67*	*1,18*	*0,14- 4,19*	*0,06- 5,34*
3	*2,14*	*0,45- 6,13*	*0,24- 7,62*	*2,00*	*0,42- 5,73*	*0,23- 7,13*	*1,88*	*0,39- 5,38*	*0,21- 6,69*	*1,76*	*0,37- 5,07*	*0,20- 6,31*
4	*2,86*	*0,78- 7,15*	*0,49- 8,72*	*2,67*	*0,73- 6,69*	*0,45- 8,16*	*2,50*	*0,69- 6,28*	*0,42- 7,66*	*2,35*	*0,64- 5,91*	*0,40- 7,22*
5	3,57	1,14- 8,20	0,66- 9,68	3,33	1,07- 7,66	0,61- 9,06	3,13	1,00- 7,20	0,57- 8,51	2,94	0,94- 6,78	0,54- 8,02
6	4,29	1,57- 9,15	0,99-10,71	4,00	1,46- 8,56	0,92-10,02	3,75	1,37- 8,03	0,86- 9,41	3,53	1,29- 7,57	0,81- 8,87
7	5,00	2,02-10,08	1,35-11,71	4,67	1,88- 9,43	1,26-10,95	4,38	1,76- 8,85	1,18-10,29	4,12	1,66- 8,34	1,11- 9,70
8	5,71	2,48-11,00	1,74-12,68	5,33	2,32-10,28	1,62-11,86	5,00	2,17- 9,66	1,52-11,14	4,71	2,04- 9,10	1,43-10,51
9	6,43	2,97-11,90	2,15-13,64	6,00	2,77-11,13	2,00-12,76	5,63	2,59-10,45	1,88-11,99	5,29	2,44- 9,85	1,76-11,30
10	7,14	3,47-12,79	2,58-14,58	6,67	3,23-11,96	2,41-13,64	6,25	3,03-11,23	2,25-12,82	5,88	2,85-10,59	2,12-12,09
11	7,86	3,98-13,67	3,03-15,50	7,33	3,71-12,78	2,82-14,51	6,88	3,47-12,01	2,64-13,63	6,47	3,27-11,32	2,48-12,86
12	8,57	4,50-14,53	3,49-16,42	8,00	4,20-13,60	3,25-15,37	7,50	3,93-12,77	3,04-14,44	7,06	3,70-12,04	2,86-13,62
13	9,29	5,04-15,39	3,96-17,32	8,67	4,69-14,40	3,69-16,21	8,13	4,39-13,53	3,45-15,24	7,65	4,13-12,75	3,24-14,37
14	10,00	5,58-16,25	4,45-18,21	9,33	5,20-15,20	4,14-17,05	8,75	4,87-14,28	3,87-16,03	8,24	4,57-13,46	3,64-15,12
15	10,71	6,13-17,09	4,94-19,10	10,00	5,71-15,99	4,60-17,88	9,38	5,34-15,02	4,30-16,81	8,82	5,02-14,17	4,04-15,85
16	11,43	6,68-17,93	5,44-19,97	10,67	6,23-16,78	5,07-18,70	10,00	5,83-15,76	4,74-17,58	9,41	5,48-14,86	4,45-16,58
17	12,14	7,24-18,76	5,96-20,84	11,33	6,75-17,56	5,54-19,51	10,63	6,32-16,50	5,19-18,34	10,00	5,94-15,56	4,87-17,31
18	12,86	7,81-19,59	6,48-21,70	12,00	7,28-18,33	6,03-20,32	11,25	6,81-17,23	5,64-19,10	10,59	6,40-16,25	5,30-18,03
19	13,57	8,38-20,41	7,00-22,55	12,67	7,81-19,10	6,52-21,12	11,88	7,31-17,95	6,10-19,86	11,18	6,87-16,93	5,73-18,74
20	14,29	8,96-21,23	7,54-23,40	13,33	8,35-19,87	7,02-21,91	12,50	7,81-18,67	6,56-20,61	11,76	7,34-17,61	6,16-19,45
21	15,00	9,55-22,04	8,08-24,24	14,00	8,89-20,63	7,52-22,70	13,13	8,32-19,39	7,03-21,35	12,35	7,82-18,29	6,60-20,15
22	15,71	10,13-22,85	8,62-25,07	14,67	9,44-21,39	8,03-23,49	13,75	8,83-20,10	7,50-22,09	12,94	8,30-18,96	7,05-20,85
23	16,43	10,73-23,65	9,18-25,90	15,33	9,99-22,14	8,54-24,27	14,38	9,35-20,81	7,98-22,82	13,53	8,78-19,63	7,50-21,54
24	17,14	11,32-24,45	9,73-26,73	16,00	10,55-22,89	9,06-25,04	15,00	9,87-21,52	8,47-23,55	14,12	9,27-20,30	7,95-22,23
25	17,86	11,92-25,25	10,30-27,55	16,67	11,10-23,64	9,58-25,81	15,63	10,39-22,22	8,96-24,28	14,71	9,76-20,96	8,41-22,92
26	18,57	12,53-26,04	10,86-28,36	17,33	11,67-24,38	10,11-26,57	16,25	10,91-22,92	9,45-25,00	15,29	10,25-21,62	8,87-23,60
27	19,29	13,14-26,83	11,43-29,17	18,00	12,23-25,12	10,64-27,34	16,88	11,44-23,62	9,94-25,72	15,88	10,75-22,28	9,34-24,28
28	20,00	13,75-27,62	12,01-29,98	18,67	12,80-25,86	11,17-28,09	17,50	11,97-24,31	10,44-26,43	16,47	11,25-22,94	9,80-24,96
29	20,71	14,36-28,40	12,59-30,78	19,33	13,37-26,59	11,71-28,85	18,13	12,51-25,00	10,95-27,14	17,06	11,75-23,59	10,28-25,63
30	21,43	14,98-29,18	13,18-31,58	20,00	13,94-27,33	12,25-29,60	18,75	13,04-25,69	11,45-27,85	17,65	12,25-24,24	10,75-26,30
31	22,14	15,60-29,96	13,77-32,37	20,67	14,52-28,06	12,80-30,34	19,38	13,58-26,38	11,96-28,56	18,24	12,76-24,89	11,23-26,97
32	22,86	16,22-30,73	14,36-33,16	21,33	15,10-28,78	13,35-31,09	20,00	14,12-27,07	12,48-29,26	18,82	13,27-25,54	11,71-27,63
33	23,57	16,85-31,50	14,95-33,95	22,00	15,68-29,51	13,90-31,83	20,63	14,67-27,75	12,99-29,96	19,41	13,78-26,19	12,19-28,29
34	24,29	17,48-32,27	15,55-34,73	22,67	16,27-30,23	14,46-32,56	21,25	15,21-28,43	13,51-30,65	20,00	14,29-26,83	12,68-28,95
35	25,00	18,11-33,04	16,16-35,51	23,33	16,85-30,95	15,02-33,30	21,88	15,76-29,11	14,03-31,34	20,59	14,80-27,47	13,17-29,61
36	25,71	18,74-33,80	16,76-36,29	24,00	17,44-31,67	15,58-34,03	22,50	16,31-29,78	14,56-32,03	21,18	15,32-28,11	13,66-30,26
37	26,43	19,38-34,56	17,37-37,06	24,67	18,03-32,38	16,15-34,76	23,13	16,86-30,46	15,09-32,72	21,76	15,84-28,75	14,16-30,91
38	27,14	20,02-35,32	17,99-37,83	25,33	18,63-33,09	16,72-35,48	23,75	17,42-31,13	15,62-33,41	22,35	16,36-29,38	14,65-31,56
39	27,86	20,66-36,08	18,60-38,60	26,00	19,22-33,81	17,29-36,21	24,38	17,97-31,80	16,15-34,09	22,94	16,88-30,02	15,15-32,21
40	28,57	21,30-36,83	19,22-39,36	26,67	19,82-34,51	17,86-36,93	25,00	18,53-32,47	16,69-34,77	23,53	17,40-30,65	15,65-32,85
41	29,29	21,95-37,59	19,85-40,12	27,33	20,42-35,22	18,44-37,64	25,63	19,09-33,13	17,22-35,45	24,12	17,92-31,28	16,16-33,49
42	30,00	22,60-38,34	20,47-40,88	28,00	21,02-35,93	19,02-38,36	26,25	19,65-33,80	17,76-36,12	24,71	18,45-31,91	16,66-34,13
43	30,71	23,25-39,08	21,10-41,64	28,67	21,63-36,63	19,60-39,07	26,88	20,22-34,46	18,31-36,80	25,29	18,98-32,54	17,17-34,77
44	31,43	23,90-39,83	21,73-42,39	29,33	22,23-37,33	20,19-39,78	27,50	20,78-35,12	18,85-37,47	25,88	19,51-33,16	17,68-35,41
45	32,14	24,56-40,57	22,36-43,14	30,00	22,84-38,03	20,77-40,49	28,13	21,35-35,78	19,40-38,14	26,47	20,04-33,79	18,19-36,04
46	32,86	25,21-41,31	23,00-43,89	30,67	23,45-38,73	21,36-41,19	28,75	21,92-36,44	19,95-38,80	27,06	20,57-34,41	18,71-36,67
47	33,57	25,87-42,05	23,64-44,64	31,33	24,06-39,42	21,95-41,90	29,38	22,49-37,10	20,50-39,47	27,65	21,11-35,03	19,22-37,30
48	34,29	26,53-42,79	24,28-45,38	32,00	24,67-40,12	22,55-42,60	30,00	23,06-37,75	21,05-40,13	28,24	21,64-35,65	19,74-37,93
49	35,00	27,19-43,53	24,92-46,12	32,67	25,29-40,81	23,15-43,29	30,63	23,63-38,41	21,61-40,79	28,82	22,18-36,27	20,26-38,56
50	35,71	27,86-44,26	25,57-46,86	33,33	25,90-41,50	23,74-43,99	31,25	24,21-39,06	22,16-41,45	29,41	22,72-36,89	20,78-39,18
51	36,43	28,52-44,99	26,22-47,59	34,00	26,52-42,19	24,34-44,68	31,88	24,78-39,71	22,72-42,11	30,00	23,26-37,51	21,30-39,81
52	37,14	29,19-45,73	26,87-48,33	34,67	27,14-42,88	24,95-45,38	32,50	25,36-40,36	23,28-42,76	30,59	23,80-38,12	21,83-40,43
53	37,86	29,86-46,45	27,52-49,06	35,33	27,76-43,56	25,55-46,07	33,13	25,94-41,01	23,85-43,41	31,18	24,34-38,73	22,35-41,05
54	38,57	30,53-47,18	28,18-49,78	36,00	28,39-44,25	26,16-46,75	33,75	26,52-41,65	24,41-44,07	31,76	24,89-39,35	22,88-41,67
55	39,29	31,21-47,91	28,84-50,51	36,67	29,01-44,93	26,77-47,44	34,38	27,10-42,30	24,98-44,71	32,35	25,43-39,96	23,41-42,28
56	40,00	31,88-48,63	29,50-51,23	37,33	29,64-45,61	27,38-48,12	35,00	27,69-42,94	25,55-45,36	32,94	25,98-40,57	23,94-42,90
57	40,71	32,56-49,35	30,16-51,95	38,00	30,26-46,29	27,99-48,80	35,63	28,27-43,59	26,12-46,01	33,53	26,52-41,17	24,48-43,51
58	41,43	33,24-50,07	30,83-52,67	38,67	30,89-46,97	28,61-49,48	36,25	28,86-44,23	26,69-46,65	34,12	27,07-41,78	25,01-44,12
59	42,14	33,92-50,79	31,50-53,39	39,33	31,52-47,65	29,23-50,16	36,88	29,44-44,87	27,26-47,29	34,71	27,62-42,39	25,55-44,73
60	42,86	34,60-51,50	32,17-54,10	40,00	32,16-48,32	29,85-50,84	37,50	30,03-45,50	27,84-47,93	35,29	28,17-42,99	26,09-45,34
61	43,57	35,29-52,22	32,84-54,82	40,67	32,79-48,99	30,47-51,51	38,13	30,62-46,14	28,42-48,57	35,88	28,73-43,60	26,63-45,95
62	44,29	35,97-52,93	33,51-55,53	41,33	33,42-49,67	31,08-52,18	38,75	31,21-46,78	28,99-49,21	36,47	29,28-44,20	27,17-46,55
63	45,00	36,66-53,64	34,19-56,23	42,00	34,06-50,34	31,71-52,85	39,38	31,81-47,41	29,58-49,85	37,06	29,83-44,80	27,71-47,16
64	45,71	37,35-54,35	34,87-56,94	42,67	34,70-51,01	32,34-53,52	40,00	32,40-48,04	30,16-50,48	37,65	30,39-45,40	28,25-47,76
65	46,43	38,04-55,06	35,55-57,64	43,33	35,34-51,68	32,97-54,19	40,63	33,00-48,68	30,74-51,11	38,24	30,95-46,00	28,80-48,36
66	47,14	38,74-55,77	36,24-58,34	44,00	35,98-52,34	33,60-54,85	41,25	33,59-49,31	31,33-51,74	38,82	31,51-46,60	29,35-48,96
67	47,86	39,43-56,47	36,92-59,04	44,67	36,62-53,01	34,23-55,51	41,88	34,19-49,94	31,92-52,37	39,41	32,06-47,20	29,89-49,56
68	48,57	40,13-57,17	37,61-59,74	45,33	37,27-53,67	34,87-56,17	42,50	34,79-50,56	32,50-53,00	40,00	32,62-47,79	30,44-50,15
69	49,29	40,82-57,87	38,30-60,44	46,00	37,91-54,33	35,51-56,83	43,13	35,39-51,19	33,10-53,62	40,59	33,19-48,39	30,99-50,75
70	50,00	41,47-58,53	38,93-61,07	46,67	38,56-54,99	36,14-57,49	43,75	35,99-51,82	33,69-54,25	41,18	33,75-48,98	31,55-51,34
71	50,71	42,13-59,18	39,56-61,70	47,33	39,21-55,65	36,78-58,14	44,38	36,59-52,44	34,28-54,87	41,76	34,31-49,57	32,10-51,94
72	51,43	42,83-59,87	40,26-62,39	48,00	39,86-56,31	37,43-58,80	45,00	37,20-53,06	34,88-55,49	42,35	34,88-50,17	32,66-52,53
73	52,14	43,53-60,57	40,96-63,08	48,67	40,51-56,97	38,07-59,45	45,63	37,80-53,69	35,47-56,11	42,94	35,44-50,76	33,21-53,12
74	52,86	44,23-61,26	41,66-63,76	49,33	41,16-57,62	38,72-60,10	46,25	38,41-54,31	36,07-56,73	43,53	36,01-51,35	33,77-53,71
75	53,57	44,94-61,96	42,36-64,45	50,00	41,76-58,24	39,30-60,70	46,88	39,02-54,93	36,67-57,34	44,12	36,58-51,93	34,33-54,29
76	54,29	45,65-62,65	43,06-65,13	50,67	42,38-58,84	39,90-61,28	47,50	39,63-55,55	37,28-57,96	44,71	37,15-52,52	34,89-54,88
77	55,00	46,36-63,34	43,77-65,81	51,33	43,03-59,49	40,55-61,93	48,13	40,24-56,16	37,88-58,56	45,29	37,72-53,11	35,46-55,46
78	55,71	47,07-64,03	44,47-66,49	52,00	43,69-60,14	41,20-62,57	48,75	40,85-56,78	38,48-59,18	45,88	38,29-53,69	36,02-56,05
79	56,43	47,78-64,71	45,18-67,16	52,67	44,35-60,79	41,86-63,22	49,38	41,46-57,39	39,09-59,79	46,47	38,86-54,28	36,59-56,63
80	57,14	48,50-65,40	45,90-67,83	53,33	45,01-61,44	42,51-63,86	50,00	42,03-57,97	39,65-60,35	47,06	39,43-54,86	37,15-57,21
81	57,86	49,21-66,08	46,61-68,50	54,00	45,67-62,09	43,17-64,49	50,63	42,61-58,54	40,21-60,91	47,65	40,01-55,44	37,72-57,79
82	58,57	49,93-66,76	47,33-69,17	54,67	46,33-62,73	43,83-65,13	51,25	43,22-59,15	40,82-61,52	48,24	40,58-56,02	38,29-58,36
83	59,29	50,65-67,44	48,05-69,84	55,33	46,99-63,38	44,49-65,77	51,88	43,84-59,76	41,44-62,12	48,82	41,16-56,60	38,86-58,94
84	60,00	51,37-68,12	48,77-70,50	56,00	47,66-64,02	45,15-66,40	52,50	44,45-60,37	42,04-62,72	49,41	41,73-57,18	39,43-59,51
85	60,71	52,09-68,79	49,49-71,16	56,67	48,32-64,66	45,81-67,03	53,13	45,07-60,98	42,66-63,33	50,00	42,27-57,73	39,96-60,04
86	61,43	52,82-69,47	50,22-71,82	57,33	48,99-65,30	46,48-67,66	53,75	45,69-61,59	43,27-63,93	50,59	42,82-58,27	40,49-60,57
87	62,14	53,55-70,14	50,94-72,48	58,00	49,66-65,94	47,15-68,29	54,38	46,31-62,20	43,89-64,53	51,18	43,40-58,84	41,06-61,14
88	62,86	54,27-70,81	51,67-73,13	58,67	50,33-66,58	47,82-68,92	55,00	46,94-62,80	44,51-65,12	51,76	43,98-59,42	41,64-61,71
89	63,57	55,01-71,48	52,41-73,78	59,33	51,01-67,21	48,49-69,53	55,63	47,56-63,41	45,13-65,72	52,35	44,56-59,99	42,21-62,28
90	64,29	55,74-72,14	53,14-74,43	60,00	51,68-67,84	49,16-70,15	56,25	48,18-64,01	45,75-66,31	52,94	45,14-60,57	42,79-62,85
91	65,00	56,47-72,81	53,88-75,08	60,67	52,35-68,48	49,84-70,77	56,88	48,81-64,61	46,38-66,90	53,53	45,72-61,14	43,37-63,41
92	65,71	57,21-73,47	54,62-75,72	61,33	53,03-69,11	50,52-71,39	57,50	49,44-65,21	47,00-67,50	54,12	46,31-61,71	43,95-63,98
93	66,43	57,95-74,13	55,36-76,36	62,00	53,71-69,74	51,20-72,01	58,13	50,06-65,81	47,63-68,08	54,71	46,89-62,28	44,54-64,54
94	67,14	58,69-74,79	56,11-77,00	62,67	54,39-70,36	51,88-72,62	58,75	50,69-66,41	48,26-68,67	55,29	47,48-62,85	45,12-65,11
95	67,86	59,43-75,44	56,86-77,64	63,33	55,07-70,99	52,56-73,23	59,38	51,32-67,00	48,89-69,26	55,88	48,07-63,42	45,71-65,67
96	68,57	60,17-76,10	57,61-78,27	64,00	55,75-71,61	53,25-73,84	60,00	51,96-67,60	49,52-69,84	56,47	48,65-63,99	46,29-66,23
97	69,29	60,92-76,75	58,36-78,90	64,67	56,44-72,24	53,93-74,45	60,63	52,59-68,19	50,15-70,42	57,06	49,24-64,56	46,88-66,79
98	70,00	61,66-77,40	59,12-79,53	65,33	57,12-72,86	54,62-75,05	61,25	53,22-68,79	50,79-71,01	57,65	49,83-65,12	47,47-67,34
99	70,71	62,41-78,05	59,88-80,15	66,00	57,81-73,48	55,32-75,66	61,88	53,86-69,38	51,43-71,58	58,24	50,43-65,69	48,06-67,90
100	71,43	63,17-78,70	60,64-80,78	66,67	58,50-74,10	56,01-76,26	62,50	54,50-69,97	52,07-72,16	58,82	51,02-66,25	48,66-68,45

N = Anzahl der Versuche, x = Anzahl der Erfolge usw., $100\,p_x = 100\,x/N$

Die *kursiv* gesetzten Grenzen sind exakt, alle andern nach der Approximation von Freeman und Tukey berechnet. Zur Interpolation siehe S. 187

x	$N = 180$			$N = 190$		
	$100\,p_x$	100 (1 − 2α)-Grenzen 95% $100\,p_l$ $100\,p_r$	99% $100\,p_l$ $100\,p_r$	$100\,p_x$	100 (1 − 2α)-Grenzen 95% $100\,p_l$ $100\,p_r$	99% $100\,p_l$ $100\,p_r$
0	*0,00*	*0,00– 2,03*	*0,00– 2,90*	*0,00*	*0,00– 1,92*	*0,00– 2,75*
1	*0,56*	*0,01– 3,06*	*0,00– 4,06*	*0,53*	*0,01– 2,90*	*0,00– 3,85*
2	*1,11*	*0,14– 3,96*	*0,06– 5,05*	*1,05*	*0,13– 3,75*	*0,05– 4,79*
3	*1,67*	*0,35– 4,79*	*0,19– 5,97*	*1,58*	*0,33– 4,54*	*0,18– 5,66*
4	*2,22*	*0,61– 5,59*	*0,38– 6,83*	*2,11*	*0,58– 5,30*	*0,36– 6,48*
5	2,78	0,89– 6,41	0,51– 7,58	2,63	0,84– 6,08	0,48– 7,19
6	3,33	1,21– 7,16	0,76– 8,39	3,16	1,15– 6,79	0,72– 7,96
7	3,89	1,56– 7,89	1,04– 9,17	3,68	1,48– 7,48	0,99– 8,70
8	4,44	1,92– 8,61	1,35– 9,94	4,21	1,82– 8,17	1,27– 9,43
9	5,00	2,30– 9,32	1,66–10,69	4,74	2,18– 8,84	1,57–10,15
10	5,56	2,69–10,01	2,00–11,44	5,26	2,54– 9,50	1,89–10,85
11	6,11	3,08–10,71	2,34–12,17	5,79	2,92–10,15	2,21–11,54
12	6,67	3,49–11,39	2,69–12,89	6,32	3,30–10,80	2,55–12,23
13	7,22	3,90–12,06	3,06–13,60	6,84	3,69–11,45	2,89–12,91
14	7,78	4,31–12,74	3,43–14,31	7,37	4,08–12,08	3,25–13,58
15	8,33	4,74–13,40	3,81–15,00	7,89	4,48–12,71	3,61–14,24
16	8,89	5,17–14,06	4,20–15,70	8,42	4,89–13,34	3,97–14,90
17	9,44	5,60–14,72	4,59–16,38	8,95	5,30–13,97	4,35–15,55
18	10,00	6,04–15,37	4,99–17,06	9,47	5,71–14,58	4,72–16,20
19	10,56	6,48–16,02	5,40–17,74	10,00	6,13–15,20	5,11–16,84
20	11,11	6,93–16,66	5,81–18,41	10,53	6,55–15,81	5,49–17,48
21	11,67	7,38–17,30	6,22–19,08	11,05	6,98–16,42	5,89–18,11
22	12,22	7,83–17,94	6,64–19,74	11,58	7,41–17,03	6,28–18,74
23	12,78	8,28–18,58	7,07–20,40	12,11	7,84–17,63	6,68–19,37
24	13,33	8,74–19,21	7,49–21,05	12,63	8,27–18,23	7,09–19,99
25	13,89	9,20–19,84	7,92–21,70	13,16	8,71–18,83	7,49–20,61
26	14,44	9,67–20,47	8,36–22,35	13,68	9,15–19,43	7,90–21,22
27	15,00	10,14–21,09	8,80–22,99	14,21	9,59–20,02	8,32–21,84
28	15,56	10,61–21,71	9,24–23,64	14,74	10,03–20,61	8,73–22,45
29	16,11	11,08–22,33	9,68–24,27	15,26	10,48–21,20	9,15–23,05
30	16,67	11,55–22,95	10,13–24,91	15,79	10,93–21,79	9,58–23,66
31	17,22	12,03–23,57	10,58–25,54	16,32	11,38–22,37	10,00–24,26
32	17,78	12,51–24,18	11,03–26,17	16,84	11,83–22,95	10,43–24,86
33	18,33	12,99–24,79	11,49–26,80	17,37	12,28–23,54	10,86–25,46
34	18,89	13,47–25,40	11,95–27,43	17,89	12,74–24,12	11,29–26,05
35	19,44	13,95–26,01	12,41–28,05	18,42	13,20–24,69	11,73–26,65
36	20,00	14,44–26,62	12,87–28,67	18,95	13,65–25,27	12,16–27,24
37	20,56	14,93–27,22	13,33–29,29	19,47	14,12–25,85	12,60–27,83
38	21,11	15,42–27,82	13,80–29,90	20,00	14,58–26,42	13,04–28,41
39	21,67	15,91–28,42	14,27–30,52	20,53	15,04–26,99	13,49–29,00
40	22,22	16,40–29,02	14,74–31,13	21,05	15,51–27,56	13,93–29,58
41	22,78	16,89–29,62	15,21–31,74	21,58	15,97–28,13	14,38–30,16
42	23,33	17,39–30,22	15,69–32,35	22,11	16,44–28,70	14,83–30,74
43	23,89	17,89–30,81	16,17–32,96	22,63	16,91–29,26	15,28–31,32
44	24,44	18,38–31,41	16,65–33,56	23,16	17,38–29,83	15,73–31,89
45	25,00	18,88–32,00	17,13–34,16	23,68	17,85–30,39	16,18–32,47
46	25,56	19,39–32,59	17,61–34,76	24,21	18,33–30,96	16,64–33,04
47	26,11	19,89–33,18	18,10–35,36	24,74	18,80–31,52	17,09–33,61
48	26,67	20,39–33,77	18,58–35,96	25,26	19,28–32,08	17,55–34,18
49	27,22	20,90–34,36	19,07–36,56	25,79	19,75–32,64	18,01–34,75
50	27,78	21,40–34,94	19,56–37,15	26,32	20,23–33,19	18,48–35,32
51	28,33	21,91–35,53	20,05–37,74	26,84	20,71–33,75	18,94–35,88
52	28,89	22,42–36,11	20,54–38,33	27,37	21,19–34,31	19,40–36,44
53	29,44	22,93–36,70	21,04–38,92	27,89	21,67–34,86	19,87–37,01
54	30,00	23,44–37,28	21,53–39,51	28,42	22,16–35,41	20,34–37,57
55	30,56	23,95–37,86	22,03–40,10	28,95	22,64–35,97	20,81–38,13
56	31,11	24,47–38,44	22,53–40,68	29,47	23,13–36,52	21,28–38,68
57	31,67	24,98–39,02	23,03–41,27	30,00	23,61–37,07	21,75–39,24
58	32,22	25,50–39,59	23,53–41,85	30,53	24,10–37,62	22,22–39,80
59	32,78	26,02–40,17	24,04–42,43	31,05	24,59–38,17	22,70–40,35
60	33,33	26,53–40,74	24,54–43,01	31,58	25,07–38,71	23,17–40,90
61	33,89	27,05–41,32	25,05–43,59	32,11	25,56–39,26	23,65–41,45
62	34,44	27,57–41,89	25,56–44,16	32,63	26,05–39,81	24,13–42,00
63	35,00	28,09–42,46	26,07–44,74	33,16	26,55–40,35	24,61–42,55
64	35,56	28,62–43,03	26,58–45,31	33,68	27,04–40,89	25,09–43,10
65	36,11	29,14–43,60	27,09–45,89	34,21	27,53–41,44	25,57–43,65
66	36,67	29,66–44,17	27,60–46,46	34,74	28,03–41,98	26,05–44,19
67	37,22	30,19–44,74	28,11–47,03	35,26	28,52–42,52	26,54–44,74
68	37,78	30,72–45,30	28,63–47,60	35,79	29,02–43,06	27,02–45,28
69	38,33	31,24–45,87	29,15–48,16	36,32	29,52–43,60	27,51–45,82
70	38,89	31,77–46,44	29,67–48,73	36,84	30,01–44,14	28,00–46,36
71	39,44	32,30–47,00	30,18–49,29	37,37	30,51–44,68	28,49–46,90
72	40,00	32,83–47,56	30,71–49,86	37,89	31,01–45,21	28,98–47,44
73	40,56	33,36–48,12	31,23–50,42	38,42	31,51–45,75	29,47–47,98
74	41,11	33,89–48,68	31,75–50,98	38,95	32,01–46,28	29,96–48,52
75	41,67	34,43–49,25	32,28–51,54	39,47	32,52–46,82	30,45–49,05
76	42,22	34,96–49,80	32,80–52,10	40,00	33,02–47,35	30,95–49,59
77	42,78	35,50–50,36	33,33–52,66	40,53	33,52–47,88	31,44–50,12
78	43,33	36,03–50,92	33,86–53,21	41,05	34,03–48,41	31,94–50,65
79	43,89	36,57–51,48	34,39–53,77	41,58	34,53–48,95	32,44–51,18
80	44,44	37,11–52,03	34,92–54,32	42,11	35,04–49,48	32,94–51,71
81	45,00	37,64–52,59	35,45–54,88	42,63	35,55–50,01	33,44–52,24
82	45,56	38,18–53,14	35,98–55,43	43,16	36,06–50,53	33,94–52,77
83	46,11	38,72–53,69	36,51–55,98	43,68	36,56–51,06	34,44–53,29
84	46,67	39,26–54,25	37,05–56,53	44,21	37,07–51,59	34,94–53,82
85	47,22	39,81–54,80	37,59–57,08	44,74	37,58–52,11	35,45–54,34
86	47,78	40,35–55,35	38,12–57,62	45,26	38,10–52,64	35,95–54,87
87	48,33	40,89–55,90	38,66–58,17	45,79	38,61–53,16	36,46–55,39
88	48,89	41,44–56,44	39,20–58,71	46,32	39,12–53,69	36,96–55,91
89	49,44	41,98–56,99	39,74–59,26	46,84	39,63–54,21	37,47–56,43
90	50,00	42,49–57,51	40,24–59,76	47,37	40,15–54,73	37,98–56,95
91	50,56	43,01–58,02	40,74–60,26	47,89	40,66–55,25	38,49–57,47
92	51,11	43,56–58,56	41,29–60,80	48,42	41,18–55,78	39,00–57,99
93	51,67	44,10–59,11	41,83–61,34	48,95	41,70–56,29	39,52–58,51
94	52,22	44,65–59,65	42,38–61,88	49,47	42,21–56,81	40,03–59,02
95	52,78	45,20–60,19	42,92–62,41	50,00	42,70–57,30	40,50–59,50
96	53,33	45,75–60,74	43,47–62,95	50,53	43,19–57,79	40,98–59,97
97	53,89	46,31–61,28	44,02–63,49	51,05	43,71–58,30	41,49–60,48
98	54,44	46,86–61,82	44,57–64,02	51,58	44,22–58,82	42,01–61,00
99	55,00	47,41–62,36	45,12–64,55	52,11	44,75–59,34	42,53–61,51
100	55,56	47,97–62,89	45,68–65,08	52,63	45,27–59,85	43,05–62,02

x	$N = 200$			$N = 250$		
	$100\,p_x$	100 (1 − 2α)-Grenzen 95% $100\,p_l$ $100\,p_r$	99% $100\,p_l$ $100\,p_r$	$100\,p_x$	100 (1 − 2α)-Grenzen 95% $100\,p_l$ $100\,p_r$	99% $100\,p_l$ $100\,p_r$
0	*0,00*	*0,00– 1,83*	*0,00– 2,61*	*0,00*	*0,00– 1,46*	*0,00– 2,10*
1	*0,50*	*0,01– 2,75*	*0,00– 3,66*	*0,40*	*0,01– 2,21*	*0,00– 2,93*
2	*1,00*	*0,12– 3,57*	*0,05– 4,55*	*0,80*	*0,10– 2,86*	*0,04– 3,66*
3	*1,50*	*0,31– 4,32*	*0,17– 5,38*	*1,20*	*0,25– 3,47*	*0,14– 4,32*
4	*2,00*	*0,55– 5,04*	*0,34– 6,16*	*1,60*	*0,44– 4,05*	*0,27– 4,95*
5	2,50	0,80– 5,78	0,46– 6,84	2,00	0,64– 4,64	0,36– 5,49
6	3,00	1,09– 6,46	0,69– 7,57	2,40	0,87– 5,18	0,55– 6,08
7	3,50	1,40– 7,12	0,94– 8,28	2,80	1,12– 5,71	0,75– 6,65
8	4,00	1,73– 7,76	1,21– 8,97	3,20	1,38– 6,24	0,96– 7,21
9	4,50	2,07– 8,40	1,49– 9,65	3,60	1,65– 6,75	1,19– 7,76
10	5,00	2,41– 9,03	1,79– 10,32	4,00	1,93– 7,26	1,43– 8,30
11	5,50	2,77– 9,66	2,10– 10,98	4,40	2,21– 7,76	1,67– 8,84
12	6,00	3,13– 10,28	2,42– 11,64	4,80	2,50– 8,26	1,93– 9,36
13	6,50	3,50– 10,89	2,75– 12,28	5,20	2,79– 8,75	2,19– 9,88
14	7,00	3,88– 11,49	3,08– 12,92	5,60	3,09– 9,24	2,45– 10,40
15	7,50	4,26– 12,09	3,42– 13,55	6,00	3,39– 9,72	2,72– 10,91
16	8,00	4,64– 12,69	3,77– 14,18	6,40	3,70– 10,21	3,00– 11,42
17	8,50	5,03– 13,29	4,12– 14,80	6,80	4,01– 10,68	3,28– 11,92
18	9,00	5,42– 13,88	4,48– 15,42	7,20	4,32– 11,16	3,57– 12,42
19	9,50	5,82– 14,46	4,84– 16,03	7,60	4,64– 11,63	3,85– 12,91
20	10,00	6,22– 15,04	5,21– 16,63	8,00	4,96– 12,10	4,15– 13,40
21	10,50	6,62– 15,62	5,58– 17,24	8,40	5,28– 12,57	4,44– 13,89
22	11,00	7,03– 16,20	5,96– 17,84	8,80	5,60– 13,04	4,74– 14,38
23	11,50	7,44– 16,78	6,34– 18,44	9,20	5,92– 13,50	5,04– 14,86
24	12,00	7,85– 17,35	6,72– 19,03	9,60	6,25– 13,96	5,34– 15,34
25	12,50	8,26– 17,92	7,11– 19,62	10,00	6,58– 14,42	5,65– 15,82
26	13,00	8,68– 18,49	7,50– 20,21	10,40	6,91– 14,88	5,96– 16,30
27	13,50	9,10– 19,05	7,89– 20,79	10,80	7,24– 15,34	6,27– 16,77
28	14,00	9,52– 19,61	8,28– 21,37	11,20	7,58– 15,80	6,58– 17,24
29	14,50	9,94– 20,18	8,68– 21,95	11,60	7,91– 16,25	6,90– 17,71
30	15,00	10,37– 20,73	9,08– 22,53	12,00	8,25– 16,70	7,21– 18,18
31	15,50	10,79– 21,29	9,48– 23,10	12,40	8,59– 17,15	7,53– 18,65
32	16,00	11,22– 21,85	9,89– 23,67	12,80	8,93– 17,60	7,85– 19,11
33	16,50	11,65– 22,40	10,30– 24,24	13,20	9,27– 18,05	8,17– 19,57
34	17,00	12,08– 22,95	10,70– 24,81	13,60	9,61– 18,50	8,50– 20,03
35	17,50	12,52– 23,51	11,12– 25,38	14,00	9,96– 18,94	8,82– 20,49
36	18,00	12,95– 24,05	11,53– 25,94	14,40	10,30– 19,39	9,15– 20,95
37	18,50	13,39– 24,60	11,95– 26,50	14,80	10,65– 19,83	9,48– 21,41
38	19,00	13,83– 25,15	12,36– 27,06	15,20	11,00– 20,27	9,81– 21,86
39	19,50	14,27– 25,69	12,78– 27,62	15,60	11,34– 20,72	10,14– 22,32
40	20,00	14,71– 26,24	13,20– 28,18	16,00	11,69– 21,16	10,47– 22,77
41	20,50	15,15– 26,78	13,63– 28,73	16,40	12,04– 21,60	10,81– 23,22
42	21,00	15,59– 27,32	14,05– 29,28	16,80	12,40– 22,04	11,14– 23,67
43	21,50	16,04– 27,86	14,48– 29,84	17,20	12,75– 22,47	11,48– 24,12
44	22,00	16,48– 28,40	14,91– 30,39	17,60	13,10– 22,91	11,82– 24,57
45	22,50	16,93– 28,94	15,34– 30,93	18,00	13,45– 23,35	12,16– 25,01
46	23,00	17,38– 29,47	15,77– 31,48	18,40	13,81– 23,78	12,50– 25,46
47	23,50	17,83– 30,01	16,20– 32,03	18,80	14,17– 24,22	12,84– 25,90
48	24,00	18,28– 30,54	16,63– 32,57	19,20	14,52– 24,65	13,18– 26,35
49	24,50	18,73– 31,08	17,07– 33,11	19,60	14,88– 25,08	13,52– 26,79
50	25,00	19,18– 31,61	17,51– 33,65	20,00	15,24– 25,51	13,87– 27,23
60	30,00	23,77– 36,88	21,95– 38,99	24,00	18,86– 29,80	17,36– 31,59
70	35,00	28,44– 42,06	26,51– 44,21	28,00	22,55– 34,01	20,94– 35,87
80	40,00	33,19– 47,16	31,17– 49,33	32,00	26,29– 38,18	24,60– 40,08
90	45,00	38,02– 52,18	35,93– 54,36	36,00	30,07– 42,30	28,31– 44,23
100	50,00	42,89– 57,11	40,74– 59,26	40,00	33,91– 46,37	32,08– 48,31
110	55,00	47,82– 61,98	45,64– 64,07	44,00	37,78– 50,40	35,91– 52,35
120	60,00	52,84– 66,81	50,67– 68,83	48,00	41,70– 54,39	39,80– 56,33
130	65,00	57,94– 71,56	55,79– 73,49	52,00	45,61– 58,30	43,67– 60,20
140	70,00	63,12– 76,23	61,01– 78,05	56,00	49,60– 62,22	47,65– 64,09
150	75,00	68,39– 80,82	66,35– 82,49	60,00	53,63– 66,09	51,69– 67,92
160	80,00	73,76– 85,29	71,82– 86,80	64,00	57,70– 69,93	55,77– 71,69
170	85,00	79,27– 89,63	77,47– 90,92	68,00	61,82– 73,71	59,92– 75,40
180	90,00	84,96– 93,78	83,37– 94,79	72,00	65,99– 77,45	64,13– 79,06
190	95,00	90,97– 97,59	89,68– 98,21	76,00	70,20– 81,14	68,41– 82,64
200	*100,00*	*98,17–100,00*	*97,39–100,00*	80,00	74,49– 84,76	72,77– 86,13
210				84,00	78,84– 88,31	77,23– 89,53
220				88,00	83,30– 91,75	81,82– 92,79
230				92,00	87,90– 95,04	86,60– 95,85
240				96,00	92,74– 98,07	91,70– 98,57
250				*100,00*	*98,54–100,00*	*97,90–100,00*

N = Anzahl der Versuche, x = Anzahl der Erfolge usw., $100\,p_x = 100\,x/N$

Die *kursiv* gesetzten Grenzen sind exakt, alle andern nach der Approximation von Freeman und Tukey berechnet. Zur Interpolation siehe S. 187

x	$N = 300$			$N = 400$			$N = 500$			$N = 600$		
	$100\,p_x$	100 (1 − 2α)-Grenzen 95% $100\,p_l$ $100\,p_r$	100 (1 − 2α)-Grenzen 99% $100\,p_l$ $100\,p_r$	$100\,p_x$	100 (1 − 2α)-Grenzen 95% $100\,p_l$ $100\,p_r$	100 (1 − 2α)-Grenzen 99% $100\,p_l$ $100\,p_r$	$100\,p_x$	100 (1 − 2α)-Grenzen 95% $100\,p_l$ $100\,p_r$	100 (1 − 2α)-Grenzen 99% $100\,p_l$ $100\,p_r$	$100\,p_x$	100 (1 − 2α)-Grenzen 95% $100\,p_l$ $100\,p_r$	100 (1 − 2α)-Grenzen 99% $100\,p_l$ $100\,p_r$
0	*0,00*	*0,00– 1,22*	*0,00– 1,75*	*0,00*	*0,00– 0,92*	*0,00– 1,32*	*0,00*	*0,00– 0,74*	*0,00– 1,05*	*0,00*	*0,00– 0,61*	*0,00– 0,88*
1	*0,33*	*0,01– 1,84*	*0,00– 2,45*	*0,25*	*0,01– 1,38*	*0,00– 1,84*	*0,20*	*0,01– 1,11*	*0,00– 1,48*	*0,17*	*0,00– 0,93*	*0,00– 1,23*
2	*0,67*	*0,08– 2,39*	*0,03– 3,05*	*0,50*	*0,06– 1,79*	*0,03– 2,30*	*0,40*	*0,05– 1,44*	*0,02– 1,84*	*0,33*	*0,04– 1,20*	*0,02– 1,54*
3	*1,00*	*0,21– 2,89*	*0,11– 3,61*	*0,75*	*0,16– 2,18*	*0,08– 2,72*	*0,60*	*0,12– 1,74*	*0,07– 2,18*	*0,50*	*0,10– 1,45*	*0,06– 1,82*
4	*1,33*	*0,36– 3,38*	*0,23– 4,14*	*1,00*	*0,27– 2,54*	*0,17– 3,11*	*0,80*	*0,22– 2,04*	*0,14– 2,50*	*0,67*	*0,18– 1,70*	*0,11– 2,08*
5	1,67	0,53– 3,88	0,30– 4,59	1,25	0,40– 2,92	0,23– 3,46	1,00	0,32– 2,34	0,18– 2,77	0,83	0,26– 1,95	0,15– 2,31
6	2,00	0,73– 4,33	0,45– 5,08	1,50	0,54– 3,26	0,34– 3,83	1,20	0,43– 2,61	0,27– 3,07	1,00	0,36– 2,18	0,23– 2,56
7	2,33	0,93– 4,77	0,62– 5,56	1,75	0,70– 3,59	0,46– 4,19	1,40	0,56– 2,88	0,37– 3,36	1,17	0,46– 2,40	0,31– 2,80
8	2,67	1,15– 5,21	0,80– 6,03	2,00	0,86– 3,92	0,60– 4,54	1,60	0,69– 3,14	0,48– 3,64	1,33	0,57– 2,62	0,40– 3,04
9	3,00	1,37– 5,64	0,99– 6,49	2,25	1,03– 4,25	0,74– 4,89	1,80	0,82– 3,40	0,59– 3,92	1,50	0,68– 2,84	0,49– 3,27
10	3,33	1,60– 6,07	1,19– 6,94	2,50	1,20– 4,57	0,89– 5,23	2,00	0,96– 3,66	0,71– 4,20	1,67	0,80– 3,06	0,59– 3,50
11	3,67	1,84– 6,49	1,39– 7,39	2,75	1,37– 4,88	1,04– 5,57	2,20	1,10– 3,92	0,83– 4,47	1,83	0,91– 3,27	0,69– 3,73
12	4,00	2,08– 6,90	1,60– 7,83	3,00	1,55– 5,20	1,20– 5,90	2,40	1,24– 4,17	0,96– 4,74	2,00	1,03– 3,48	0,79– 3,95
13	4,33	2,32– 7,32	1,82– 8,27	3,25	1,74– 5,51	1,36– 6,23	2,60	1,39– 4,42	1,08– 5,00	2,17	1,15– 3,69	0,90– 4,18
14	4,67	2,57– 7,73	2,04– 8,70	3,50	1,92– 5,82	1,52– 6,56	2,80	1,54– 4,67	1,22– 5,26	2,33	1,28– 3,89	1,01– 4,39
15	5,00	2,82– 8,13	2,26– 9,13	3,75	2,11– 6,12	1,69– 6,88	3,00	1,69– 4,91	1,35– 5,52	2,50	1,40– 4,10	1,12– 4,61
16	5,33	3,08– 8,53	2,49– 9,55	4,00	2,30– 6,43	1,86– 7,20	3,20	1,84– 5,16	1,49– 5,78	2,67	1,53– 4,30	1,24– 4,83
17	5,67	3,33– 8,94	2,72– 9,98	4,25	2,49– 6,73	2,03– 7,52	3,40	1,99– 5,40	1,62– 6,04	2,83	1,66– 4,51	1,35– 5,04
18	6,00	3,59– 9,33	2,96– 10,39	4,50	2,69– 7,03	2,21– 7,84	3,60	2,14– 5,64	1,76– 6,29	3,00	1,78– 4,71	1,47– 5,26
19	6,33	3,85– 9,73	3,20– 10,81	4,75	2,88– 7,33	2,39– 8,15	3,80	2,30– 5,88	1,91– 6,55	3,17	1,91– 4,91	1,59– 5,47
20	6,67	4,12– 10,12	3,44– 11,22	5,00	3,08– 7,63	2,57– 8,47	4,00	2,46– 6,12	2,05– 6,80	3,33	2,05– 5,11	1,71– 5,68
21	7,00	4,38– 10,52	3,69– 11,63	5,25	3,28– 7,93	2,75– 8,78	4,20	2,62– 6,36	2,20– 7,05	3,50	2,18– 5,31	1,83– 5,89
22	7,33	4,65– 10,91	3,93– 12,04	5,50	3,48– 8,22	2,94– 9,09	4,40	2,78– 6,60	2,34– 7,30	3,67	2,31– 5,51	1,95– 6,09
23	7,67	4,92– 11,30	4,18– 12,45	5,75	3,68– 8,51	3,12– 9,39	4,60	2,94– 6,83	2,49– 7,54	3,83	2,44– 5,70	2,07– 6,30
24	8,00	5,19– 11,68	4,43– 12,85	6,00	3,88– 8,81	3,31– 9,70	4,80	3,10– 7,07	2,64– 7,79	4,00	2,58– 5,90	2,19– 6,51
25	8,33	5,47– 12,07	4,69– 13,25	6,25	4,08– 9,10	3,50– 10,00	5,00	3,26– 7,30	2,79– 8,03	4,17	2,71– 6,10	2,32– 6,71
26	8,67	5,74– 12,45	4,94– 13,65	6,50	4,29– 9,39	3,69– 10,31	5,20	3,42– 7,54	2,94– 8,28	4,33	2,85– 6,29	2,45– 6,92
27	9,00	6,02– 12,84	5,20– 14,05	6,75	4,49– 9,68	3,88– 10,61	5,40	3,59– 7,77	3,09– 8,52	4,50	2,99– 6,49	2,57– 7,12
28	9,33	6,29– 13,22	5,46– 14,45	7,00	4,70– 9,97	4,07– 10,91	5,60	3,75– 8,00	3,25– 8,76	4,67	3,12– 6,68	2,70– 7,32
29	9,67	6,57– 13,60	5,72– 14,84	7,25	4,91– 10,26	4,27– 11,21	5,80	3,92– 8,23	3,40– 9,01	4,83	3,26– 6,88	2,83– 7,53
30	10,00	6,85– 13,98	5,98– 15,24	7,50	5,12– 10,54	4,46– 11,51	6,00	4,08– 8,46	3,56– 9,25	5,00	3,40– 7,07	2,96– 7,73
31	10,33	7,13– 14,36	6,25– 15,63	7,75	5,33– 10,83	4,66– 11,81	6,20	4,25– 8,69	3,71– 9,49	5,17	3,54– 7,26	3,09– 7,93
32	10,67	7,41– 14,74	6,51– 16,02	8,00	5,54– 11,12	4,85– 12,10	6,40	4,42– 8,92	3,87– 9,72	5,33	3,68– 7,45	3,22– 8,13
33	11,00	7,70– 15,11	6,78– 16,41	8,25	5,75– 11,40	5,05– 12,40	6,60	4,59– 9,15	4,03– 9,96	5,50	3,82– 7,64	3,35– 8,33
34	11,33	7,98– 15,49	7,05– 16,80	8,50	5,96– 11,69	5,25– 12,69	6,80	4,76– 9,38	4,19– 10,20	5,67	3,96– 7,84	3,48– 8,52
35	11,67	8,27– 15,86	7,32– 17,18	8,75	6,17– 11,97	5,45– 12,99	7,00	4,92– 9,61	4,35– 10,44	5,83	4,10– 8,03	3,61– 8,72
36	12,00	8,55– 16,24	7,59– 17,57	9,00	6,38– 12,25	5,65– 13,28	7,20	5,09– 9,84	4,51– 10,67	6,00	4,24– 8,22	3,75– 8,92
37	12,33	8,84– 16,61	7,86– 17,95	9,25	6,60– 12,53	5,86– 13,57	7,40	5,26– 10,06	4,67– 10,91	6,17	4,38– 8,41	3,88– 9,12
38	12,67	9,13– 16,98	8,13– 18,34	9,50	6,81– 12,82	6,06– 13,86	7,60	5,43– 10,29	4,83– 11,14	6,33	4,52– 8,60	4,01– 9,31
39	13,00	9,42– 17,35	8,41– 18,72	9,75	7,03– 13,10	6,26– 14,15	7,80	5,61– 10,52	4,99– 11,38	6,50	4,66– 8,79	4,15– 9,51
40	13,33	9,71– 17,72	8,68– 19,10	10,00	7,24– 13,38	6,47– 14,44	8,00	5,78– 10,74	5,15– 11,61	6,67	4,81– 8,97	4,28– 9,71
41	13,67	10,00– 18,09	8,96– 19,48	10,25	7,46– 13,66	6,67– 14,73	8,20	5,95– 10,97	5,32– 11,84	6,83	4,95– 9,16	4,42– 9,90
42	14,00	10,29– 18,46	9,23– 19,86	10,50	7,68– 13,94	6,88– 15,02	8,40	6,12– 11,19	5,48– 12,08	7,00	5,09– 9,35	4,55– 10,10
43	14,33	10,58– 18,83	9,51– 20,24	10,75	7,89– 14,21	7,08– 15,31	8,60	6,30– 11,42	5,64– 12,31	7,17	5,24– 9,54	4,69– 10,29
44	14,67	10,87– 19,20	9,79– 20,62	11,00	8,11– 14,49	7,29– 15,59	8,80	6,47– 11,64	5,81– 12,54	7,33	5,38– 9,73	4,83– 10,48
45	15,00	11,16– 19,56	10,07– 20,99	11,25	8,33– 14,77	7,50– 15,88	9,00	6,64– 11,86	5,97– 12,77	7,50	5,52– 9,91	4,96– 10,68
46	15,33	11,46– 19,93	10,35– 21,37	11,50	8,55– 15,05	7,71– 16,17	9,20	6,82– 12,09	6,14– 13,00	7,67	5,67– 10,10	5,10– 10,87
47	15,67	11,75– 20,29	10,63– 21,74	11,75	8,77– 15,33	7,92– 16,45	9,40	6,99– 12,31	6,31– 13,23	7,83	5,81– 10,29	5,24– 11,06
48	16,00	12,05– 20,66	10,92– 22,12	12,00	8,99– 15,60	8,13– 16,74	9,60	7,17– 12,53	6,47– 13,46	8,00	5,96– 10,47	5,38– 11,26
49	16,33	12,34– 21,02	11,20– 22,49	12,25	9,21– 15,88	8,34– 17,02	9,80	7,34– 12,76	6,64– 13,69	8,17	6,10– 10,66	5,52– 11,45
50	16,67	12,64– 21,39	11,48– 22,86	12,50	9,43– 16,15	8,55– 17,30	10,00	7,52– 12,98	6,81– 13,92	8,33	6,25– 10,84	5,66– 11,64
60	20,00	15,63– 24,99	14,37– 26,55	15,00	11,65– 18,89	10,68– 20,11	12,00	9,29– 15,18	8,50– 16,18	10,00	7,72– 12,69	7,06– 13,54
70	23,33	18,68– 28,55	17,32– 30,16	17,50	13,91– 21,59	12,86– 22,87	14,00	11,08– 17,36	10,23– 18,42	11,67	9,21– 14,51	8,50– 15,41
80	26,67	21,76– 32,06	20,32– 33,73	20,00	16,20– 24,27	15,08– 25,60	16,00	12,90– 19,52	11,99– 20,62	13,33	10,72– 16,32	9,95– 17,26
90	30,00	24,89– 35,54	23,37– 37,25	22,50	18,51– 26,92	17,33– 28,30	18,00	14,74– 21,66	13,77– 22,80	15,00	12,24– 18,12	11,43– 19,09
100	33,33	28,04– 38,99	26,46– 40,73	25,00	20,84– 29,55	19,61– 30,96	20,00	16,59– 23,78	15,58– 24,97	16,67	13,78– 19,90	12,92– 20,91
110	36,67	31,22– 42,40	29,59– 44,17	27,50	23,19– 32,16	21,91– 33,61	22,00	18,45– 25,90	17,40– 27,11	18,33	15,32– 21,67	14,43– 22,71
120	40,00	34,44– 45,79	32,76– 47,57	30,00	25,56– 34,76	24,23– 36,23	24,00	20,33– 28,00	19,23– 29,24	20,00	16,87– 23,43	15,95– 24,51
130	43,33	37,67– 49,15	35,97– 50,93	32,50	27,94– 37,34	26,57– 38,83	26,00	22,21– 30,08	21,08– 31,35	21,67	18,44– 25,19	17,47– 26,28
140	46,67	40,94– 52,49	39,20– 54,27	35,00	30,34– 39,90	28,94– 41,41	28,00	24,11– 32,16	22,95– 33,45	23,33	20,01– 26,93	19,01– 28,05
150	50,00	44,21– 55,79	42,45– 57,55	37,50	32,75– 42,45	31,32– 43,98	30,00	26,02– 34,23	24,82– 35,54	25,00	21,59– 28,67	20,56– 29,81
160	53,33	47,51– 59,06	45,73– 60,80	40,00	35,18– 44,99	33,72– 46,52	32,00	27,94– 36,29	26,71– 37,62	26,67	23,17– 30,40	22,12– 31,56
170	56,67	50,85– 62,33	49,07– 64,03	42,50	37,62– 47,51	36,14– 49,05	34,00	29,86– 38,34	28,61– 39,68	28,33	24,76– 32,13	23,69– 33,31
180	60,00	54,21– 65,56	52,43– 67,24	45,00	40,07– 50,03	38,57– 51,57	36,00	31,80– 40,38	30,52– 41,74	30,00	26,36– 33,84	25,26– 35,04
190	63,33	57,60– 68,78	55,83– 70,41	47,50	42,53– 52,52	41,02– 54,06	38,00	33,74– 42,42	32,45– 43,78	31,67	27,97– 35,56	26,85– 36,77
200	66,67	61,01– 71,96	59,27– 73,54	50,00	45,00– 55,00	43,47– 56,53	40,00	35,69– 44,45	34,38– 45,82	33,33	29,58– 37,27	28,44– 38,49
210	70,00	64,46– 75,11	62,75– 76,63	52,50	47,48– 57,47	45,94– 58,98	42,00	37,64– 46,47	36,32– 47,84	35,00	31,19– 38,97	30,03– 40,20
220	73,33	67,94– 78,24	66,27– 79,68	55,00	49,97– 59,93	48,43– 61,43	44,00	39,61– 48,48	38,27– 49,86	36,67	32,81– 40,67	31,64– 41,90
230	76,67	71,45– 81,32	69,84– 82,68	57,50	52,49– 62,38	50,95– 63,86	46,00	41,58– 50,48	40,23– 51,86	38,33	34,43– 42,36	33,25– 43,60
240	80,00	75,01– 84,37	73,45– 85,63	60,00	55,01– 64,82	53,48– 66,28	48,00	43,56– 52,48	42,20– 53,86	40,00	36,06– 44,05	34,86– 45,30
250	83,33	78,61– 87,36	77,14– 88,52	62,50	57,55– 67,25	56,02– 68,68	50,00	45,54– 54,46	44,17– 55,83	41,67	37,70– 45,73	36,49– 46,98
260	86,67	82,28– 90,29	80,90– 91,32	65,00	60,10– 69,66	58,59– 71,06	52,00	47,52– 56,44	46,14– 57,80	43,33	39,34– 47,41	38,11– 48,66
270	90,00	86,02– 93,15	84,76– 94,02	67,50	62,66– 72,06	61,17– 73,43	54,00	49,52– 58,42	48,14– 59,77	45,00	40,98– 49,08	39,75– 50,34
280	93,33	89,88– 95,88	88,78– 96,56	70,00	65,24– 74,44	63,77– 75,77	56,00	51,52– 60,39	50,14– 61,73	46,67	42,63– 50,75	41,39– 52,01
290	96,67	93,93– 98,40	93,06– 98,81	72,50	67,84– 76,81	66,39– 78,09	58,00	53,53– 62,36	52,16– 63,68	48,33	44,28– 52,42	43,03– 53,67
300	*100,00*	*98,78–100,00*	*98,25–100,00*	75,00	70,45– 79,16	69,04– 80,39	60,00	55,55– 64,31	54,18– 65,62	50,00	45,93– 54,07	44,68– 55,32
310				77,50	73,08– 81,49	71,70– 82,67	62,00	57,58– 66,26	56,22– 67,55	51,67	47,58– 55,72	46,33– 56,97
320				80,00	75,73– 83,80	74,40– 84,92	64,00	59,62– 68,20	58,26– 69,48	53,33	49,25– 57,37	47,99– 58,61
330				82,50	78,41– 86,09	77,13– 87,14	66,00	61,66– 70,14	60,32– 71,39	55,00	50,92– 59,02	49,66– 60,25
340				85,00	81,11– 88,35	79,89– 89,32	68,00	63,71– 72,06	62,38– 73,29	56,67	52,59– 60,66	51,34– 61,89
350				87,50	83,85– 90,57	82,70– 91,45	70,00	65,77– 73,98	64,46– 75,18	58,33	54,27– 62,30	53,02– 63,51
360				90,00	86,62– 92,76	85,56– 93,53	72,00	67,84– 75,89	66,55– 77,05	60,00	55,95– 63,94	54,70– 65,14
370				92,50	89,46– 94,88	88,49– 95,54	74,00	69,92– 77,79	68,65– 78,92	61,67	57,64– 65,57	56,40– 66,75
380				95,00	92,37– 96,92	91,53– 97,43	76,00	72,00– 79,67	70,76– 80,77	63,33	59,33– 67,19	58,10– 68,36
390				97,50	95,43– 98,80	94,77– 99,11	78,00	74,10– 81,55	72,89– 82,60	65,00	61,03– 68,81	59,80– 69,97
400				*100,00*	*99,08–100,00*	*98,68–100,00*	80,00	76,22– 83,41	75,03– 84,42	66,67	62,73– 70,42	61,51– 71,56
410							82,00	78,34– 85,26	77,20– 86,23	68,33	64,44– 72,03	63,23– 73,15
420							84,00	80,48– 87,10	79,38– 88,01	70,00	66,16– 73,64	64,96– 74,74
430							86,00	82,64– 88,92	81,58– 89,77	71,67	67,87– 75,24	66,69– 76,31
440							88,00	84,82– 90,71	83,82– 91,50	73,33	69,60– 76,83	68,44– 77,88
450							90,00	87,02– 92,48	86,08– 93,19	75,00	71,33– 78,41	70,19– 79,44
460							92,00	89,26– 94,22	88,39– 94,85	76,67	73,07– 79,99	71,95– 80,99
470							94,00	91,54– 95,92	90,75– 96,44	78,33	74,81– 81,56	73,72– 82,53
480							96,00	93,88– 97,54	93,20– 97,95	80,00	76,57– 83,13	75,49– 84,05
490							98,00	96,34– 99,04	95,80– 99,29	81,67	78,33– 84,68	77,29– 85,57
500							*100,00*	*99,26–100,00*	*98,95–100,00*	83,33	80,10– 86,22	79,09– 87,08
510										85,00	81,88– 87,76	80,91– 88,57
520										86,67	83,68– 89,28	82,74– 90,05
530										88,33	85,49– 90,79	84,59– 91,50
540										90,00	87,31– 92,28	86,46– 92,94
550										91,67	89,16– 93,75	88,36– 94,34

N = Anzahl der Versuche, x = Anzahl der Erfolge usw., $100\,p_x = 100\,x/N$
Die *kursiv* gesetzten Grenzen sind exakt, alle andern nach der Approximation von FREEMAN und TUKEY berechnet. Zur Interpolation siehe S.187

x	$N = 700$: $100p_x$	$N = 700$: 95% $100p_l$–$100p_r$	$N = 700$: 99% $100p_l$–$100p_r$	$N = 800$: $100p_x$	$N = 800$: 95% $100p_l$–$100p_r$	$N = 800$: 99% $100p_l$–$100p_r$	$N = 900$: $100p_x$	$N = 900$: 95% $100p_l$–$100p_r$	$N = 900$: 99% $100p_l$–$100p_r$	$N = 1000$: $100p_x$	$N = 1000$: 95% $100p_l$–$100p_r$	$N = 1000$: 99% $100p_l$–$100p_r$
		100 (1 – 2α)-Grenzen			100 (1 – 2α)-Grenzen			100 (1 – 2α)-Grenzen			100 (1 – 2α)-Grenzen	
0	*0,00*	*0,00- 0,53*	*0,00- 0,75*	*0,00*	*0,00- 0,46*	*0,00- 0,66*	*0,00*	*0,00- 0,41*	*0,00- 0,59*	*0,00*	*0,00- 0,37*	*0,00- 0,53*
1	*0,14*	*0,00- 0,79*	*0,00- 1,06*	*0,13*	*0,00- 0,69*	*0,00- 0,93*	*0,11*	*0,00- 0,62*	*0,00- 0,82*	*0,10*	*0,00- 0,56*	*0,00- 0,74*
2	*0,29*	*0,03- 1,03*	*0,01- 1,32*	*0,25*	*0,03- 0,90*	*0,01- 1,15*	*0,22*	*0,03- 0,80*	*0,01- 1,03*	*0,20*	*0,02- 0,72*	*0,01- 0,92*
3	*0,43*	*0,09- 1,25*	*0,05- 1,56*	*0,38*	*0,08- 1,09*	*0,04- 1,37*	*0,33*	*0,07- 0,97*	*0,04- 1,21*	*0,30*	*0,06- 0,87*	*0,03- 1,09*
4	*0,57*	*0,16- 1,46*	*0,10- 1,79*	*0,50*	*0,14- 1,28*	*0,08- 1,57*	*0,44*	*0,12- 1,13*	*0,07- 1,39*	*0,40*	*0,11- 1,02*	*0,07- 1,25*
5	0,71	0,23- 1,67	0,13- 1,98	0,63	0,20- 1,46	0,11- 1,74	0,56	0,18- 1,30	0,10- 1,54	0,50	0,16- 1,17	0,09- 1,39
6	0,86	0,31- 1,87	0,19- 2,20	0,75	0,27- 1,64	0,17- 1,92	0,67	0,24- 1,45	0,15- 1,71	0,60	0,22- 1,31	0,14- 1,54
7	1,00	0,40- 2,06	0,26- 2,40	0,88	0,35- 1,80	0,23- 2,11	0,78	0,31- 1,60	0,21- 1,87	0,70	0,28- 1,44	0,18- 1,69
8	1,14	0,49- 2,25	0,34- 2,61	1,00	0,43- 1,97	0,30- 2,28	0,89	0,38- 1,75	0,26- 2,03	0,80	0,34- 1,58	0,24- 1,83
9	1,29	0,59- 2,44	0,42- 2,81	1,13	0,51- 2,13	0,37- 2,46	1,00	0,45- 1,90	0,33- 2,19	0,90	0,41- 1,71	0,29- 1,97
10	1,43	0,68- 2,62	0,50- 3,01	1,25	0,60- 2,30	0,44- 2,63	1,11	0,53- 2,04	0,39- 2,34	1,00	0,48- 1,84	0,35- 2,11
11	1,57	0,78- 2,80	0,59- 3,20	1,38	0,68- 2,46	0,52- 2,80	1,22	0,61- 2,18	0,46- 2,49	1,10	0,55- 1,97	0,41- 2,25
12	1,71	0,89- 2,98	0,68- 3,39	1,50	0,77- 2,61	0,60- 2,97	1,33	0,69- 2,32	0,53- 2,64	1,20	0,62- 2,09	0,48- 2,38
13	1,86	0,99- 3,16	0,77- 3,58	1,63	0,87- 2,77	0,68- 3,14	1,44	0,77- 2,46	0,60- 2,79	1,30	0,69- 2,22	0,54- 2,51
14	2,00	1,09- 3,34	0,87- 3,77	1,75	0,96- 2,93	0,76- 3,30	1,56	0,85- 2,60	0,67- 2,94	1,40	0,77- 2,34	0,60- 2,65
15	2,14	1,20- 3,52	0,96- 3,96	1,88	1,05- 3,08	0,84- 3,47	1,67	0,93- 2,74	0,75- 3,09	1,50	0,84- 2,47	0,67- 2,78
16	2,29	1,31- 3,69	1,06- 4,15	2,00	1,14- 3,23	0,92- 3,63	1,78	1,02- 2,88	0,82- 3,23	1,60	0,92- 2,59	0,74- 2,91
17	2,43	1,42- 3,87	1,16- 4,33	2,13	1,24- 3,39	1,01- 3,79	1,89	1,10- 3,01	0,90- 3,37	1,70	0,99- 2,71	0,81- 3,04
18	2,57	1,53- 4,04	1,26- 4,51	2,25	1,34- 3,54	1,10- 3,95	2,00	1,19- 3,15	0,98- 3,52	1,80	1,07- 2,84	0,88- 3,17
19	2,71	1,64- 4,21	1,36- 4,69	2,38	1,43- 3,69	1,19- 4,11	2,11	1,27- 3,28	1,05- 3,66	1,90	1,15- 2,96	0,95- 3,30
20	2,86	1,75- 4,39	1,46- 4,87	2,50	1,53- 3,84	1,28- 4,27	2,22	1,36- 3,42	1,13- 3,80	2,00	1,22- 3,08	1,02- 3,42
21	3,00	1,86- 4,56	1,56- 5,05	2,63	1,63- 3,99	1,37- 4,43	2,33	1,45- 3,55	1,21- 3,94	2,10	1,30- 3,20	1,09- 3,55
22	3,14	1,98- 4,73	1,67- 5,23	2,75	1,73- 4,14	1,46- 4,58	2,44	1,54- 3,68	1,29- 4,08	2,20	1,38- 3,32	1,16- 3,67
23	3,29	2,09- 4,90	1,77- 5,41	2,88	1,83- 4,29	1,55- 4,74	2,56	1,63- 3,82	1,38- 4,22	2,30	1,46- 3,44	1,24- 3,80
24	3,43	2,21- 5,07	1,88- 5,59	3,00	1,93- 4,44	1,64- 4,90	2,67	1,71- 3,95	1,46- 4,36	2,40	1,54- 3,55	1,31- 3,92
25	3,57	2,32- 5,23	1,99- 5,76	3,13	2,03- 4,58	1,74- 5,05	2,78	1,80- 4,08	1,54- 4,49	2,50	1,62- 3,67	1,39- 4,05
26	3,71	2,44- 5,40	2,09- 5,94	3,25	2,13- 4,73	1,83- 5,20	2,89	1,89- 4,21	1,62- 4,63	2,60	1,70- 3,79	1,46- 4,17
27	3,86	2,56- 5,57	2,20- 6,11	3,38	2,23- 4,88	1,92- 5,36	3,00	1,99- 4,34	1,71- 4,77	2,70	1,79- 3,91	1,54- 4,29
28	4,00	2,67- 5,74	2,31- 6,29	3,50	2,34- 5,02	2,02- 5,51	3,11	2,08- 4,47	1,79- 4,90	2,80	1,87- 4,03	1,61- 4,42
29	4,14	2,79- 5,90	2,42- 6,46	3,63	2,44- 5,17	2,12- 5,66	3,22	2,17- 4,60	1,88- 5,04	2,90	1,95- 4,14	1,69- 4,54
30	4,29	2,91- 6,07	2,53- 6,64	3,75	2,54- 5,32	2,21- 5,81	3,33	2,26- 4,73	1,96- 5,17	3,00	2,03- 4,26	1,77- 4,66
31	4,43	3,03- 6,23	2,64- 6,81	3,88	2,65- 5,46	2,31- 5,97	3,44	2,35- 4,86	2,05- 5,31	3,10	2,12- 4,38	1,84- 4,78
32	4,57	3,15- 6,40	2,75- 6,98	4,00	2,75- 5,61	2,41- 6,12	3,56	2,44- 4,99	2,14- 5,44	3,20	2,20- 4,49	1,92- 4,90
33	4,71	3,27- 6,56	2,87- 7,15	4,13	2,86- 5,75	2,50- 6,27	3,67	2,54- 5,12	2,22- 5,58	3,30	2,28- 4,61	2,00- 5,02
34	4,86	3,39- 6,73	2,98- 7,32	4,25	2,96- 5,89	2,60- 6,42	3,78	2,63- 5,24	2,31- 5,71	3,40	2,37- 4,72	2,08- 5,14
35	5,00	3,51- 6,89	3,09- 7,49	4,38	3,07- 6,04	2,70- 6,57	3,89	2,72- 5,37	2,40- 5,84	3,50	2,45- 4,84	2,16- 5,26
36	5,14	3,63- 7,05	3,21- 7,66	4,50	3,17- 6,18	2,80- 6,72	4,00	2,82- 5,50	2,49- 5,98	3,60	2,53- 4,95	2,24- 5,38
37	5,29	3,75- 7,22	3,32- 7,83	4,63	3,28- 6,32	2,90- 6,86	4,11	2,91- 5,63	2,58- 6,11	3,70	2,62- 5,07	2,32- 5,50
38	5,43	3,87- 7,38	3,43- 8,00	4,75	3,38- 6,47	3,00- 7,01	4,22	3,00- 5,75	2,66- 6,24	3,80	2,70- 5,18	2,40- 5,62
39	5,57	3,99- 7,54	3,55- 8,17	4,88	3,49- 6,61	3,10- 7,16	4,33	3,10- 5,88	2,75- 6,37	3,90	2,79- 5,30	2,48- 5,74
40	5,71	4,11- 7,71	3,66- 8,34	5,00	3,60- 6,75	3,20- 7,31	4,44	3,19- 6,01	2,84- 6,50	4,00	2,87- 5,41	2,56- 5,86
41	5,86	4,24- 7,87	3,78- 8,51	5,13	3,70- 6,89	3,30- 7,46	4,56	3,29- 6,13	2,93- 6,64	4,10	2,96- 5,53	2,64- 5,98
42	6,00	4,36- 8,03	3,90- 8,67	5,25	3,81- 7,04	3,40- 7,60	4,67	3,38- 6,26	3,02- 6,77	4,20	3,04- 5,64	2,72- 6,10
43	6,14	4,48- 8,19	4,01- 8,84	5,38	3,92- 7,18	3,51- 7,75	4,78	3,48- 6,39	3,11- 6,90	4,30	3,13- 5,75	2,80- 6,21
44	6,29	4,60- 8,35	4,13- 9,01	5,50	4,02- 7,32	3,61- 7,90	4,89	3,57- 6,51	3,20- 7,03	4,40	3,21- 5,87	2,88- 6,33
45	6,43	4,73- 8,51	4,25- 9,17	5,63	4,13- 7,46	3,71- 8,04	5,00	3,67- 6,64	3,29- 7,16	4,50	3,30- 5,98	2,96- 6,45
46	6,57	4,85- 8,67	4,36- 9,34	5,75	4,24- 7,60	3,81- 8,19	5,11	3,77- 6,76	3,39- 7,29	4,60	3,39- 6,09	3,04- 6,57
47	6,71	4,98- 8,83	4,48- 9,51	5,88	4,35- 7,74	3,92- 8,33	5,22	3,86- 6,89	3,48- 7,42	4,70	3,47- 6,20	3,13- 6,68
48	6,86	5,10- 8,99	4,60- 9,67	6,00	4,46- 7,88	4,02- 8,48	5,33	3,96- 7,01	3,57- 7,55	4,80	3,56- 6,32	3,21- 6,80
49	7,00	5,22- 9,15	4,72- 9,84	6,13	4,57- 8,02	4,12- 8,62	5,44	4,05- 7,14	3,66- 7,68	4,90	3,65- 6,43	3,29- 6,92
50	7,14	5,35- 9,31	4,84-10,00	6,25	4,67- 8,16	4,23- 8,77	5,56	4,15- 7,26	3,75- 7,80	5,00	3,73- 6,54	3,37- 7,03
60	8,57	6,61-10,90	6,04-11,64	7,50	5,77- 9,55	5,28-10,20	6,67	5,13- 8,50	4,68- 9,08	6,00	4,61- 7,66	4,21- 8,19
70	10,00	7,88-12,47	7,27-13,25	8,75	6,89-10,93	6,34-11,62	7,78	6,11- 9,73	5,63-10,35	7,00	5,50- 8,76	5,06- 9,32
80	11,43	9,17-14,03	8,51-14,84	10,00	8,01-12,29	7,43-13,02	8,89	7,11-10,94	6,59-11,59	8,00	6,40- 9,86	5,93-10,45
90	12,86	10,47-15,57	9,77-16,42	11,25	9,15-13,65	8,53-14,41	10,00	8,12-12,15	7,57-12,83	9,00	7,30-10,95	6,80-11,57
100	14,29	11,78-17,10	11,04-17,99	12,50	10,29-15,00	9,64-15,78	11,11	9,13-13,35	8,55-14,06	10,00	8,21-12,03	7,69-12,67
110	15,71	13,10-18,63	12,32-19,54	13,75	11,44-16,34	10,76-17,15	12,22	10,15-14,54	9,54-15,28	11,00	9,13-13,11	8,58-13,77
120	17,14	14,43-20,15	13,62-21,09	15,00	12,60-17,67	11,89-18,51	13,33	11,18-15,73	10,54-16,49	12,00	10,05-14,18	9,47-14,87
130	18,57	15,76-21,66	14,92-22,62	16,25	13,76-19,00	13,02-19,86	14,44	12,21-16,92	11,55-17,69	13,00	10,98-15,25	10,38-15,95
140	20,00	17,10-23,16	16,23-24,15	17,50	14,93-20,32	14,16-21,20	15,56	13,25-18,09	12,56-18,89	14,00	11,91-16,31	11,29-17,03
150	21,43	18,45-24,66	17,55-25,67	18,75	16,11-21,63	15,31-22,54	16,67	14,29-19,27	13,58-20,08	15,00	12,84-17,37	12,20-18,11
160	22,86	19,80-26,15	18,88-27,18	20,00	17,28-22,95	16,47-23,87	17,78	15,34-20,44	14,60-21,27	16,00	13,78-18,42	13,12-19,18
170	24,29	21,16-27,64	20,21-28,69	21,25	18,47-24,25	17,63-25,19	18,89	16,38-21,60	15,63-22,46	17,00	14,72-19,48	14,04-20,25
180	25,71	22,52-29,12	21,55-30,19	22,50	19,65-25,56	18,80-26,51	20,00	17,44-22,77	16,66-23,63	18,00	15,67-20,53	14,97-21,32
190	27,14	23,88-30,60	22,90-31,68	23,75	20,84-26,86	19,97-27,83	21,11	18,49-23,93	17,70-24,81	19,00	16,61-21,57	15,90-22,38
200	28,57	25,25-32,08	24,25-33,17	25,00	22,04-28,15	21,14-29,14	22,22	19,55-25,08	18,74-25,98	20,00	17,56-22,64	16,83-23,44
210	30,00	26,63-33,55	25,61-34,65	26,25	23,23-29,45	22,32-30,44	23,33	20,61-26,24	19,79-27,15	21,00	18,52-23,66	17,77-24,49
220	31,43	28,01-35,01	26,97-36,13	27,50	24,44-30,74	23,51-31,75	24,44	21,67-27,39	20,83-28,31	22,00	19,47-24,70	18,71-25,54
230	32,86	29,39-36,48	28,34-37,60	28,75	25,64-32,03	24,70-33,05	25,56	22,74-28,54	21,88-29,47	23,00	20,43-25,74	19,65-26,59
240	34,29	30,78-37,94	29,71-39,07	30,00	26,85-33,31	25,89-34,34	26,67	23,81-29,69	22,94-30,63	24,00	21,39-26,77	20,59-27,64
250	35,71	32,17-39,39	31,09-40,53	31,25	28,05-34,59	27,08-35,63	27,78	24,88-30,83	24,00-31,78	25,00	22,35-27,81	21,54-28,68
260	37,14	33,56-40,84	32,47-41,99	32,50	29,27-35,87	28,28-36,92	28,89	25,95-31,97	25,06-32,93	26,00	23,31-28,84	22,49-29,72
270	38,57	34,96-42,29	33,85-43,44	33,75	30,48-37,15	29,48-38,20	30,00	27,02-33,11	26,12-34,08	27,00	24,27-29,87	23,44-30,76
280	40,00	36,36-43,74	35,24-44,89	35,00	31,70-38,42	30,69-39,48	31,11	28,10-34,25	27,18-35,23	28,00	25,24-30,90	24,40-31,80
290	41,43	37,76-45,18	36,63-46,34	36,25	32,92-39,69	31,90-40,76	32,22	29,18-35,39	28,25-36,37	29,00	26,21-31,92	25,36-32,83
300	42,86	39,16-46,62	38,03-47,78	37,50	34,14-40,96	33,11-42,03	33,33	30,26-36,52	29,32-37,51	30,00	27,18-32,95	26,31-33,87
310	44,29	40,57-48,06	39,43-49,22	38,75	35,36-42,23	34,33-43,30	34,44	31,34-37,65	30,40-38,65	31,00	28,15-33,97	27,28-34,90
320	45,71	41,99-49,49	40,84-50,65	40,00	36,59-43,49	35,55-44,57	35,56	32,43-38,78	31,47-39,79	32,00	29,12-34,99	28,24-35,92
330	47,14	43,40-50,92	42,25-52,08	41,25	37,82-44,75	36,77-45,84	36,67	33,52-39,91	32,55-40,92	33,00	30,09-36,01	29,20-36,95
340	48,57	44,82-52,35	43,66-53,51	42,50	39,05-46,01	37,99-47,10	37,78	34,60-41,04	33,63-42,05	34,00	31,07-37,03	30,17-37,97
350	50,00	46,24-53,76	45,07-54,93	43,75	40,28-47,27	39,22-48,36	38,89	35,69-42,16	34,71-43,18	35,00	32,05-38,05	31,14-39,00
360	51,43	47,65-55,18	46,49-56,34	45,00	41,52-48,52	40,45-49,61	40,00	36,79-43,29	35,80-44,30	36,00	33,02-39,06	32,11-40,02
370	52,86	49,08-56,60	47,92-57,75	46,25	42,76-49,78	41,68-50,87	41,11	37,88-44,41	36,89-45,43	37,00	34,00-40,08	33,09-41,03
380	54,29	50,51-58,01	49,35-59,16	47,50	44,00-51,03	42,92-52,12	42,22	38,97-45,53	37,98-46,55	38,00	34,98-41,09	34,06-42,05
390	55,71	51,94-59,43	50,78-60,57	48,75	45,24-52,28	44,16-53,36	43,33	40,07-46,64	39,07-47,67	39,00	35,97-42,10	35,04-43,07
400	57,14	53,38-60,84	52,22-61,97	50,00	46,49-53,51	45,39-54,61	44,44	41,17-47,76	40,16-48,79	40,00	36,95-43,11	36,01-44,08
410	58,57	54,82-62,24	53,66-63,37	51,25	47,72-54,76	46,64-55,84	45,56	42,27-48,88	41,26-49,90	41,00	37,94-44,12	36,99-45,09
420	60,00	56,26-63,64	55,11-64,76	52,50	48,97-56,00	47,88-57,08	46,67	43,37-49,99	42,36-51,02	42,00	38,92-45,13	37,98-46,10
430	61,43	57,71-65,04	56,56-66,15	53,75	50,22-57,24	49,13-58,32	47,78	44,48-51,10	43,46-52,13	43,00	39,91-46,14	38,96-47,11
440	62,86	59,16-66,44	58,01-67,53	55,00	51,48-58,48	50,39-59,55	48,89	45,58-52,21	44,56-53,24	44,00	40,90-47,14	39,95-48,11
450	64,29	60,61-67,83	59,47-68,91	56,25	52,73-59,72	51,64-60,78	50,00	46,69-53,31	45,66-54,34	45,00	41,89-48,15	40,93-49,12
460	65,71	62,06-69,22	60,93-70,29	57,50	53,99-60,95	52,90-62,01	51,11	47,79-54,42	46,76-55,44	46,00	42,88-49,15	41,92-50,12
470	67,14	63,52-70,61	62,40-71,66	58,75	55,25-62,18	54,16-63,23	52,22	48,90-55,52	47,87-56,54	47,00	43,87-50,15	42,91-51,12
480	68,57	64,99-71,99	63,87-73,03	60,00	56,51-63,41	55,43-64,45	53,33	50,01-56,63	48,98-57,64	48,00	44,87-51,15	43,90-52,12
490	70,00	66,45-73,37	65,35-74,39	61,25	57,77-64,64	56,70-65,67	54,44	51,12-57,73	50,10-58,74	49,00	45,86-52,15	44,90-53,12
500	71,43	67,92-74,75	66,83-75,75	62,50	59,04-65,86	57,97-66,89	55,56	52,24-58,83	51,21-59,84	50,00	46,85-53,15	45,88-54,12
510	72,86	69,40-76,12	68,32-77,10	63,75	60,31-67,08	59,24-68,10	56,67	53,36-59,93	52,33-60,93	51,00	47,85-54,14	46,88-55,10
520	74,29	70,88-77,48	69,81-78,45	65,00	61,58-68,30	60,52-69,31	57,78	54,47-61,03	53,45-62,02	52,00	48,85-55,13	47,88-56,10
530	75,71	72,36-78,84	71,31-79,79	66,25	62,85-69,52	61,80-70,52	58,89	55,59-62,12	54,57-63,11	53,00	49,85-56,13	48,88-57,09
540	77,14	73,85-80,20	72,82-81,12	67,50	64,13-70,73	63,08-71,72	60,00	56,71-63,21	55,70-64,20	54,00	50,85-57,12	49,88-58,08
550	78,57	75,34-81,55	74,33-82,45	68,75	65,41-71,95	64,37-72,92	61,11	57,84-64,31	56,82-65,29	55,00	51,85-58,11	50,88-59,07

N = Anzahl der Versuche. Vertrauensgrenzen für Binomialverteilung Prob $[x_l < N\boldsymbol{p} < x_r] \geqq 1 - 2\alpha$, für Quantile von stetigen Verteilungen Prob $[(x_l + 1) < N\boldsymbol{p} < x_r] \geqq 1 - 2\alpha$. Das Fehlen einer signifikanten Schranke auf einer Seite ist durch einen Punkt, auf beiden Seiten durch einen isolierten Strich gekennzeichnet

p =	0,05		0,10		0,15		0,20		0,25		0,30		0,35		0,40		0,45		0,50	
2α =	0,05	0,01	0,05	0,01	0,05	0,01	0,05	0,01	0,05	0,01	0,05	0,01	0,05	0,01	0,05	0,01	0,05	0,01	0,05	0,01
N	x_l x_r	x_l x_r	x_l x_r	x_l x_r	x_l x_r	x_l x_r	x_l x_r	x_l x_r	x_l x_r	x_l x_r	x_l x_r	x_l x_r	x_l x_r	x_l x_r	x_l x_r	x_l x_r	x_l x_r	x_l x_r	x_l x_r	x_l x_r
5	•– 2	•– 3	•– 3	•– 4	•– 4	•– 4	•– 4	•– 5	•– 4	•– 5	•– 5	•– 5	•– 5	—	•– 5	—	•– 5	—	—	—
6	•– 3	•– 3	•– 3	•– 4	•– 4	•– 5	•– 4	•– 5	•– 5	•– 5	•– 5	•– 6	•– 5	•– 6	•– 6	•– 6	•– 6	—	0– 6	—
7	•– 3	•– 3	•– 4	•– 4	•– 4	•– 5	•– 5	•– 5	•– 5	•– 6	•– 6	•– 6	•– 6	•– 7	•– 6	•– 7	0– 7	•– 7	0– 7	—
8	•– 3	•– 4	•– 4	•– 5	•– 4	•– 5	•– 5	•– 6	•– 6	•– 6	•– 6	•– 7	•– 7	•– 7	0– 7	•– 8	0– 7	•– 8	0– 8	0– 8
9	•– 3	•– 4	•– 4	•– 5	•– 5	•– 6	•– 5	•– 6	•– 6	•– 7	•– 7	•– 7	0– 7	•– 8	0– 8	•– 8	0– 8	0– 9	1– 8	0– 9
10	•– 3	•– 4	•– 4	•– 5	•– 5	•– 6	•– 6	•– 7	•– 6	•– 7	•– 7	•– 8	0– 8	•– 8	0– 8	•– 9	1– 9	0– 9	1– 9	0–10
11	•– 3	•– 4	•– 4	•– 5	•– 5	•– 6	•– 6	•– 7	•– 7	•– 8	0– 7	•– 8	0– 8	•– 9	0– 9	0–10	1– 9	0–10	1–10	0–11
12	•– 3	•– 4	•– 5	•– 5	•– 5	•– 6	•– 6	•– 7	•– 7	•– 8	0– 8	•– 9	0– 9	•–10	1– 9	0–10	1–10	0–11	2–10	1–11
13	•– 3	•– 4	•– 5	•– 6	•– 6	•– 7	•– 7	•– 8	0– 7	•– 9	0– 8	•– 9	0– 9	0–10	1–10	0–11	1–10	1–11	2–11	1–12
14	•– 4	•– 4	•– 5	•– 6	•– 6	•– 7	•– 7	•– 8	0– 8	•– 9	0– 9	•–10	1– 9	0–11	1–10	0–11	2–11	1–12	2–12	1–13
15	•– 4	•– 5	•– 5	•– 6	•– 6	•– 7	•– 7	•– 8	0– 8	•– 9	0– 9	0–10	1–10	0–11	1–11	0–12	2–12	1–13	3–12	2–13
16	•– 4	•– 5	•– 5	•– 6	•– 6	•– 8	•– 8	•– 9	0– 9	•–10	0–10	0–11	1–10	0–12	2–11	1–12	2–12	1–13	3–13	2–14
17	•– 4	•– 5	•– 5	•– 6	•– 7	•– 8	0– 8	•– 9	0– 9	•–10	1–10	0–11	1–11	0–12	2–12	1–13	3–13	2–14	4–13	2–15
18	•– 4	•– 5	•– 6	•– 7	•– 7	•– 8	0– 8	•– 9	0– 9	•–11	1–10	0–12	2–11	1–13	2–12	1–14	3–13	2–14	4–14	3–15
19	•– 4	•– 5	•– 6	•– 7	•– 7	•– 8	0– 8	•–10	0–10	0–11	1–11	0–12	2–12	1–13	3–13	1–14	3–14	2–15	4–15	3–16
20	•– 4	•– 5	•– 6	•– 7	•– 7	•– 9	0– 9	•–10	1–10	0–11	1–11	0–13	2–12	1–14	3–13	2–15	4–14	3–16	5–15	3–17
21	•– 4	•– 5	•– 6	•– 7	•– 8	•– 9	0– 9	•–10	1–10	0–12	1–12	0–13	2–13	1–14	3–14	2–15	4–15	3–16	5–16	4–17
22	•– 4	•– 5	•– 6	•– 7	•– 8	•– 9	0– 9	•–11	1–11	0–12	2–12	1–13	3–13	1–15	3–14	2–16	4–15	3–17	5–17	4–18
23	•– 5	•– 5	•– 6	•– 8	0– 8	•– 9	0–10	•–11	1–11	0–12	2–12	1–14	3–14	2–15	4–15	2–16	5–16	3–17	6–17	4–19
24	•– 5	•– 6	•– 7	•– 8	0– 8	•–10	0–10	0–11	1–11	0–13	2–13	1–14	3–14	2–16	4–15	3–17	5–17	4–18	6–18	5–19
25	•– 5	•– 6	•– 7	•– 8	0– 9	•–10	0–10	0–12	1–12	0–13	2–13	1–15	3–15	2–16	4–16	3–17	5–17	4–19	7–18	5–20
26	•– 5	•– 6	•– 7	•– 8	0– 9	•–10	1–10	0–12	1–12	0–14	2–14	1–15	4–15	2–17	5–16	3–18	6–18	4–19	7–19	6–20
27	•– 5	•– 6	•– 7	•– 8	0– 9	•–10	1–11	0–12	2–12	1–14	3–14	1–15	4–15	2–17	5–17	4–18	6–18	5–20	7–20	6–21
28	•– 5	•– 6	•– 7	•– 8	0– 9	•–11	1–11	0–12	2–13	1–14	3–14	2–16	4–16	3–17	5–17	4–19	7–19	5–20	8–20	6–22
29	•– 5	•– 6	•– 7	•– 9	0– 9	•–11	1–11	0–13	2–13	1–15	3–15	2–16	4–16	3–18	6–18	4–19	7–19	5–21	8–21	7–22
30	•– 5	•– 6	•– 8	•– 9	0–10	•–11	1–12	0–13	2–13	1–15	3–15	2–17	5–17	3–18	6–18	4–20	7–20	6–22	9–21	7–23
31	•– 5	•– 6	•– 8	•– 9	0–10	•–11	1–12	0–13	2–14	1–15	4–15	2–17	5–17	3–19	6–19	5–21	8–20	6–22	9–22	7–24
32	•– 5	•– 6	•– 8	•– 9	0–10	•–12	1–12	0–14	2–14	1–16	4–16	2–18	5–18	4–19	7–19	5–21	8–21	6–23	9–23	8–24
33	•– 5	•– 7	•– 8	•– 9	0–10	0–12	1–12	0–14	3–14	1–16	4–16	3–18	5–18	4–20	7–20	5–22	8–21	7–23	10–23	8–25
34	•– 6	•– 7	•– 8	•–10	0–10	0–12	2–13	1–14	3–15	2–16	4–17	3–18	6–18	4–20	7–20	6–22	9–22	7–24	10–24	9–25
35	•– 6	•– 7	•– 8	•–10	1–11	0–12	2–13	1–15	3–15	2–17	4–17	3–19	6–19	4–21	7–21	6–23	9–23	7–24	11–24	9–26
36	•– 6	•– 7	0– 8	•–10	1–11	0–12	2–13	1–15	3–15	2–17	5–17	3–19	6–19	5–21	8–21	6–23	9–23	8–25	11–25	9–27
37	•– 6	•– 7	0– 9	•–10	1–11	0–13	2–13	1–15	3–16	2–17	5–18	3–20	6–20	5–22	8–22	6–24	10–24	8–25	12–25	10–27
38	•– 6	•– 7	0– 9	•–10	1–11	0–13	2–14	1–15	4–16	2–18	5–18	4–20	7–20	5–22	8–22	7–24	10–24	8–26	12–26	10–28
39	•– 6	•– 7	0– 9	•–10	1–11	0–13	2–14	1–16	4–16	2–18	5–18	4–20	7–21	5–23	9–23	7–25	11–25	9–27	12–27	11–28
40	•– 6	•– 7	0– 9	•–11	1–12	0–13	2–14	1–16	4–17	3–18	6–19	4–21	7–21	6–23	9–23	7–25	11–25	9–27	13–27	11–29
41	•– 6	•– 7	0– 9	•–11	1–12	0–14	3–14	1–16	4–17	3–19	6–19	4–21	8–21	6–23	9–24	8–26	11–26	9–28	13–28	11–30
42	•– 6	•– 7	0– 9	•–11	1–12	0–14	3–15	1–17	4–17	3–19	6–20	4–22	8–22	6–24	10–24	8–26	12–26	10–28	14–28	12–30
43	•– 6	•– 8	0– 9	•–11	1–12	0–14	3–15	2–17	4–18	3–19	6–20	5–22	8–22	6–24	10–25	8–27	12–27	10–29	14–29	12–31
44	•– 6	•– 8	0–10	•–11	1–13	0–14	3–15	2–17	5–18	3–20	6–20	5–22	8–23	7–25	10–25	9–27	12–27	10–29	15–29	13–31
45	•– 6	•– 8	0–10	•–11	1–13	0–14	3–15	2–17	5–18	3–20	7–21	5–23	9–23	7–25	11–25	9–28	13–28	11–30	15–30	13–32
46	•– 7	•– 8	0–10	•–11	2–13	0–15	3–16	2–18	5–18	4–20	7–21	5–23	9–24	7–26	11–26	9–28	13–28	11–30	15–31	13–33
47	•– 7	•– 8	0–10	•–12	2–13	1–15	3–16	2–18	5–19	4–21	7–21	5–23	9–24	7–26	11–26	9–29	14–29	12–31	16–31	14–33
48	•– 7	•– 8	0–10	•–12	2–13	1–15	4–16	2–18	5–19	4–21	7–22	6–24	10–24	8–27	12–27	10–29	14–29	12–31	16–32	14–34
49	•– 7	•– 8	0–10	•–12	2–14	1–15	4–17	2–18	6–19	4–21	8–22	6–24	10–25	8–27	12–27	10–30	14–30	12–32	17–32	15–34
50	•– 7	•– 8	0–10	•–12	2–14	1–16	4–17	2–19	6–20	4–22	8–23	6–25	10–25	8–27	12–28	10–30	15–30	13–33	17–33	15–35
51	•– 7	•– 8	0–11	0–12	2–14	1–16	4–17	3–19	6–20	4–22	8–23	6–25	10–26	8–28	13–28	11–31	15–31	13–33	18–33	15–36
52	•– 7	•– 8	0–11	0–12	2–14	1–16	4–17	3–19	6–20	5–22	8–23	7–25	11–26	9–28	13–29	11–31	15–31	13–34	18–34	16–36
53	•– 7	•– 8	0–11	0–13	2–14	1–16	4–18	3–20	6–21	5–23	9–24	7–26	11–26	9–29	13–29	11–31	16–32	14–34	18–35	16–37
54	•– 7	•– 9	1–11	0–13	2–15	1–16	4–18	3–20	7–21	5–23	9–24	7–26	11–27	9–29	14–30	12–32	16–32	14–35	19–35	17–37
55	•– 7	•– 9	1–11	0–13	2–15	1–17	5–18	3–20	7–21	5–23	9–24	7–27	11–27	10–30	14–30	12–32	17–33	14–35	19–36	17–38
56	•– 7	•– 9	1–11	0–13	3–15	1–17	5–18	3–20	7–22	5–24	9–25	7–27	12–28	10–30	14–31	12–33	17–34	15–36	20–36	17–39
57	•– 7	•– 9	1–11	0–13	3–15	1–17	5–19	3–21	7–22	5–24	10–25	8–27	12–28	10–30	15–31	13–33	17–34	15–36	20–37	18–39
58	•– 8	•– 9	1–12	0–13	3–15	1–17	5–19	3–21	7–22	6–24	10–25	8–28	12–29	10–31	15–32	13–34	18–35	16–37	21–37	18–40
59	•– 8	•– 9	1–12	0–13	3–16	2–17	5–19	4–21	8–22	6–25	10–26	8–28	13–29	11–31	15–32	13–34	18–35	16–37	21–38	19–40
60	•– 8	•– 9	1–12	0–14	3–16	2–18	5–19	4–21	8–23	6–25	10–26	8–28	13–29	11–32	16–32	13–35	19–36	16–38	21–39	19–41
61	•– 8	•– 9	1–12	0–14	3–16	2–18	5–20	4–22	8–23	6–25	11–26	9–29	13–30	11–32	16–33	14–35	19–36	17–38	22–39	20–41
62	•– 8	•– 9	1–12	0–14	3–16	2–18	6–20	4–22	8–23	6–26	11–27	9–29	14–30	11–33	16–33	14–36	19–37	17–39	22–40	20–42
63	•– 8	•– 9	1–12	0–14	3–16	2–18	6–20	4–22	8–24	6–26	11–27	9–30	14–31	12–33	17–34	14–36	20–37	17–40	23–40	20–43
64	•– 8	•– 9	1–12	0–14	3–16	2–19	6–20	4–23	8–24	7–26	11–28	9–30	14–31	12–33	17–34	15–37	20–38	18–40	23–41	21–43
65	•– 8	•– 9	1–13	0–14	3–17	2–19	6–21	4–23	9–24	7–27	11–28	9–30	14–31	12–34	17–35	15–37	20–38	18–41	24–41	21–44
66	•– 8	•–10	1–13	0–15	4–17	2–19	6–21	5–23	9–25	7–27	12–28	10–31	15–32	12–34	18–35	15–38	21–39	18–41	24–42	22–44
67	•– 8	•–10	1–13	0–15	4–17	2–19	6–21	5–23	9–25	7–27	12–29	10–31	15–32	13–35	18–36	16–38	21–39	19–42	25–42	22–45
68	•– 8	•–10	1–13	0–15	4–17	2–19	6–21	5–24	9–25	7–28	12–29	10–31	15–33	13–35	18–36	16–39	22–40	19–42	25–43	22–46
69	•– 8	•–10	1–13	0–15	4–17	2–20	7–22	5–24	9–26	8–28	12–29	10–32	16–33	13–36	19–37	16–39	22–40	20–43	25–44	23–46
70	•– 8	•–10	2–13	0–15	4–18	3–20	7–22	5–24	10–26	8–28	13–30	11–32	16–33	14–36	19–37	17–40	22–41	20–43	26–44	23–47
71	•– 9	•–10	2–13	0–15	4–18	3–20	7–22	5–24	10–26	8–29	13–30	11–33	16–34	14–36	19–38	17–40	23–41	20–44	26–45	24–47
72	0– 9	•–10	2–14	1–15	4–18	3–20	7–22	5–25	10–26	8–29	13–30	11–33	16–34	14–37	20–38	17–41	23–42	21–44	27–45	24–48
73	0– 9	•–10	2–14	1–16	4–18	3–20	7–23	5–25	10–27	8–29	13–31	11–33	17–35	14–37	20–38	18–41	24–42	21–45	27–46	25–48
74	0– 9	•–10	2–14	1–16	4–18	3–21	7–23	6–25	10–27	8–29	14–31	12–34	17–35	15–38	20–39	18–42	24–43	21–45	28–46	25–49
75	0– 9	•–10	2–14	1–16	5–19	3–21	8–23	6–25	11–27	9–30	14–31	12–34	17–35	15–38	21–39	18–42	24–43	22–46	28–47	25–50
76	0– 9	•–10	2–14	1–16	5–19	3–21	8–23	6–26	11–28	9–30	14–32	12–34	18–36	15–39	21–40	19–43	25–44	22–46	28–48	26–50
77	0– 9	•–10	2–14	1–16	5–19	3–21	8–24	6–26	11–28	9–30	14–32	12–35	18–36	16–39	21–40	19–43	25–44	23–47	29–48	26–51
78	0– 9	•–11	2–14	1–16	5–19	3–21	8–24	6–26	11–28	9–31	15–32	12–35	18–37	16–39	22–41	19–43	26–45	23–47	29–49	27–51
79	0– 9	•–11	2–14	1–16	5–19	3–22	8–24	6–26	11–28	9–31	15–33	13–35	19–37	16–40	22–41	20–44	26–45	23–48	30–49	27–52
80	0– 9	•–11	2–15	1–17	5–20	4–22	8–24	6–27	12–29	10–31	15–33	13–36	19–37	16–40	23–42	20–44	26–46	24–48	30–50	28–52
81	0– 9	•–11	2–15	1–17	5–20	4–22	8–25	7–27	12–29	10–32	15–34	13–36	19–38	17–41	23–42	20–45	27–46	24–49	31–50	28–53
82	0– 9	•–11	2–15	1–17	5–20	4–22	9–25	7–27	12–29	10–32	16–34	13–37	19–38	17–41	23–43	21–45	27–47	24–50	31–51	28–54
83	0– 9	•–11	2–15	1–17	5–20	4–22	9–25	7–27	12–30	10–32	16–34	14–37	20–39	17–41	24–43	21–46	28–47	25–50	32–51	29–54
84	0– 9	•–11	2–15	1–17	6–20	4–23	9–25	7–28	12–30	10–33	16–35	14–37	20–39	17–42	24–43	21–46	28–48	25–51	32–52	29–55
85	0–10	•–11	3–15	1–17	6–20	4–23	9–25	7–28	13–30	11–33	16–35	14–38	20–39	18–42	24–44	22–47	28–48	26–51	32–53	30–55
86	0–10	•–11	3–15	1–17	6–21	4–23	9–26	7–28	13–31	11–33	17–35	14–38	21–40	18–43	25–44	22–47	29–49	26–52	33–53	30–56
87	0–10	•–11	3–16	1–18	6–21	4–23	9–26	7–28	13–31	11–34	17–36	15–38	21–40	18–43	25–45	22–48	29–49	26–52	33–54	31–56
88	0–10	•–11	3–16	1–18	6–21	4–23	10–26	8–29	13–31	11–34	17–36	15–39	21–41	19–44	25–45	23–48	30–50	27–53	34–54	31–57
89	0–10	•–11	3–16	1–18	6–21	4–24	10–26	8–29	14–31	11–34	17–36	15–39	21–41	19–44	26–46	23–49	30–50	27–53	34–55	31–58
90	0–10	•–12	3–16	2–18	6–21	5–24	10–27	8–29	14–32	11–34	18–37	15–40	22–41	19–44	26–46	23–49	30–51	27–54	35–55	32–58
91	0–10	•–12	3–16	2–18	6–22	5–24	10–27	8–30	14–32	12–35	18–37	15–40	22–42	19–45	26–47	24–50	31–51	28–54	35–56	32–59
92	0–10	•–12	3–16	2–18	6–22	5–24	10–27	8–30	14–32	12–35	18–37	16–40	22–42	20–45	27–47	24–50	31–52	28–55	36–56	33–59
93	0–10	•–12	3–16	2–18	7–22	5–24	10–27	8–30	14–33	12–35	18–38	16–41	23–43	20–46	27–48	24–50	32–52	29–55	36–57	33–60
94	0–10	•–12	3–16	2–19	7–22	5–25	11–28	8–30	15–33	12–36	19–38	16–41	23–43	20–46	27–48	25–51	32–53	29–56	37–57	34–60
95	0–10	•–12	3–17	2–19	7–22	5–25	11–28	9–31	15–33	12–36	19–38	16–41	23–43	21–46	28–48	25–51	32–53	29–56	37–58	34–61
96	0–10	•–12	3–17	2–19	7–23	5–25	11–28	9–31	15–34	13–36	19–39	17–42	24–44	21–47	28–49	25–52	33–54	30–57	37–59	34–62
97	0–10	•–12	3–17	2–19	7–23	5–25	11–28	9–31	15–34	13–37	19–39	17–42	24–44	21–47	28–49	26–52	33–54	30–57	38–59	35–62
98	0–11	•–12	3–17	2–19	7–23	5–25	11–29	9–31	15–34	13–37	20–39	17–42	24–45	21–48	29–50	26–53	34–55	31–58	38–60	35–63
99	0–11	•–12	3–17	2–19	7–23	5–26	11–29	9–32	16–34	13–37	20–40	17–43	25–45	22–48	29–50	26–53	34–55	31–58	39–60	36–63
100	0–11	•–12	4–17	2–19	7–23	6–26	11–29	9–32	16–35	13–38	20–40	18–43	25–45	22–49	30–51	27–54	34–56	31–59	39–61	36–64

* Nachdruck nur mit Erlaubnis des Herausgebers.

Vertrauensgrenzen* für Np ($p = 0{,}5$, $N = 6$–500) (Zeichentest u. a.)

N = Anzahl der Versuche. Siehe auch S. 104

N	$2\alpha = 0{,}05$	$2\alpha = 0{,}01$	N	$2\alpha = 0{,}05$	$2\alpha = 0{,}01$	N	$2\alpha = 0{,}05$	$2\alpha = 0{,}01$	N	$2\alpha = 0{,}05$	$2\alpha = 0{,}01$	N	$2\alpha = 0{,}05$	$2\alpha = 0{,}01$
	x_l x_r	x_l x_r		x_l x_r	x_l x_r		x_l x_r	x_l x_r		x_l x_r	x_l x_r		x_l x_r	x_l x_r
0	–	–	100	39-61	36-64	200	85-115	81-119	300	132-168	127-173	400	179-221	173-227
1	–	–	101	40-61	37-64	201	86-115	81-120	301	132-169	127-174	401	180-221	174-227
2	–	–	102	40-62	37-65	202	86-116	82-120	302	133-169	128-174	402	180-222	174-228
3	–	–	103	41-62	37-66	203	87-116	82-121	303	133-170	128-175	403	181-222	175-228
4	–	–	104	41-63	38-66	204	87-117	83-121	304	134-170	129-175	404	181-223	175-229
5	–	–	105	41-64	38-67	205	87-118	83-122	305	134-171	129-176	405	182-223	176-229
6	0-6	–	106	42-64	39-67	206	88-118	84-122	306	135-171	129-177	406	182-224	176-230
7	0-7	–	107	42-65	39-68	207	88-119	84-123	307	135-172	130-177	407	183-224	177-230
8	0-8	0-8	108	43-65	40-68	208	89-119	84-124	308	136-172	130-178	408	183-225	177-231
9	1-8	0-9	109	43-66	40-69	209	89-120	85-124	309	136-173	131-178	409	184-225	177-232
10	1-9	0-10	110	44-66	41-69	210	90-120	85-125	310	137-173	131-179	410	184-226	178-232
11	1-10	0-11	111	44-67	41-70	211	90-121	86-125	311	137-174	132-179	411	185-226	178-233
12	2-10	1-11	112	45-67	42-71	212	91-121	86-126	312	138-174	132-180	412	185-227	179-233
13	2-11	1-12	113	45-68	42-71	213	91-122	87-126	313	138-175	133-180	413	186-227	179-234
14	2-12	1-13	114	46-68	43-72	214	92-122	87-127	314	139-175	133-181	414	186-228	180-234
15	3-12	2-13	115	46-69	43-72	215	92-123	88-127	315	139-176	134-181	415	187-228	180-235
16	3-13	2-14	116	46-70	43-73	216	93-123	88-128	316	140-176	134-182	416	187-229	181-235
17	4-13	2-15	117	47-70	44-73	217	93-124	89-128	317	140-177	135-182	417	187-230	181-236
18	4-14	3-15	118	47-71	44-74	218	94-124	89-129	318	141-177	135-183	418	188-230	182-236
19	4-15	3-16	119	48-71	45-75	219	94-125	89-130	319	141-178	135-184	419	188-231	182-237
20	5-15	3-17	120	48-72	45-75	220	94-126	90-130	320	141-179	136-184	420	189-231	183-237
21	5-16	4-17	121	49-72	45-76	221	95-126	90-131	321	142-179	136-185	421	189-232	183-238
22	5-17	4-18	122	49-73	46-76	222	95-127	91-131	322	142-180	137-185	422	190-232	184-238
23	6-17	4-19	123	50-73	46-77	223	96-127	91-132	323	143-180	137-186	423	190-233	184-239
24	6-18	5-19	124	50-74	47-77	224	96-128	92-132	324	143-181	138-186	424	191-233	184-240
25	7-18	5-20	125	51-74	47-78	225	97-128	92-133	325	144-181	138-187	425	191-234	185-240
26	7-19	6-20	126	51-75	48-78	226	97-129	93-133	326	144-182	139-187	426	192-234	185-241
27	7-20	6-21	127	51-76	48-79	227	98-129	93-134	327	145-182	139-188	427	192-235	186-241
28	8-20	6-22	128	52-76	49-80	228	98-130	94-134	328	145-183	140-188	428	193-235	186-242
29	8-21	7-22	129	52-77	49-80	229	99-130	94-135	329	146-183	140-189	429	193-236	187-242
30	9-21	7-23	130	53-77	49-81	230	99-131	94-136	330	146-184	141-189	430	194-236	187-243
31	9-22	7-24	131	53-78	50-81	231	100-131	95-136	331	147-184	141-190	431	194-237	188-243
32	9-23	8-24	132	54-78	50-82	232	100-132	95-137	332	147-185	142-190	432	195-237	188-244
33	10-23	8-25	133	54-79	51-82	233	101-132	96-137	333	148-185	142-191	433	195-238	189-244
34	10-24	9-25	134	55-79	51-83	234	101-133	96-138	334	148-186	142-192	434	196-238	189-245
35	11-24	9-26	135	55-80	52-83	235	101-134	97-138	335	149-186	143-192	435	196-239	190-245
36	11-25	9-27	136	56-80	52-84	236	102-134	97-139	336	149-187	143-193	436	197-239	190-246
37	12-25	10-27	137	56-81	52-85	237	102-135	98-139	337	150-187	144-193	437	197-240	191-246
38	12-26	10-28	138	56-82	53-85	238	103-135	98-140	338	150-188	144-194	438	197-241	191-247
39	12-27	11-28	139	57-82	53-86	239	103-136	99-140	339	150-189	145-194	439	198-241	192-247
40	13-27	11-29	140	57-83	54-86	240	104-136	99-141	340	151-189	145-195	440	198-242	192-248
41	13-28	11-30	141	58-83	54-87	241	104-137	100-141	341	151-190	146-195	441	199-242	192-249
42	14-28	12-30	142	58-84	55-87	242	105-137	100-142	342	152-190	146-196	442	199-243	193-249
43	14-29	12-31	143	59-84	55-88	243	105-138	100-143	343	152-191	147-196	443	200-243	193-250
44	15-29	13-31	144	59-85	56-88	244	106-138	101-143	344	153-191	147-197	444	200-244	194-250
45	15-30	13-32	145	60-85	56-89	245	106-139	101-144	345	153-192	148-197	445	201-244	194-251
46	15-31	13-33	146	60-86	56-90	246	107-139	102-144	346	154-192	148-198	446	201-245	195-251
47	16-31	14-33	147	61-86	57-90	247	107-140	102-145	347	154-193	149-198	447	202-245	195-252
48	16-32	14-34	148	61-87	57-91	248	108-140	103-145	348	155-193	149-199	448	202-246	196-252
49	17-32	15-34	149	62-87	58-91	249	108-141	103-146	349	155-194	149-200	449	203-246	196-253
50	17-33	15-35	150	62-88	58-92	250	109-141	104-146	350	156-194	150-200	450	203-247	197-253
51	18-33	15-36	151	62-89	59-92	251	109-142	104-147	351	156-195	150-201	451	204-247	197-254
52	18-34	16-36	152	63-89	59-93	252	109-143	105-147	352	157-195	151-201	452	204-248	198-254
53	18-35	16-37	153	63-90	60-93	253	110-143	105-148	353	157-196	151-202	453	205-248	198-255
54	19-35	17-37	154	64-90	60-94	254	110-144	105-149	354	158-196	152-202	454	205-249	199-255
55	19-36	17-38	155	64-91	60-95	255	111-144	106-149	355	158-197	152-203	455	206-249	199-256
56	20-36	17-39	156	65-91	61-95	256	111-145	106-150	356	159-197	153-203	456	206-250	199-257
57	20-37	18-39	157	65-92	61-96	257	112-145	107-150	357	159-198	153-204	457	207-250	200-257
58	21-37	18-40	158	66-92	62-96	258	112-146	107-151	358	159-199	154-204	458	207-251	200-258
59	21-38	19-40	159	66-93	62-97	259	113-146	108-151	359	160-199	154-205	459	208-251	201-258
60	21-39	19-41	160	67-93	63-97	260	113-147	108-152	360	160-200	155-205	460	208-252	201-259
61	22-39	20-41	161	67-94	63-98	261	114-147	109-152	361	161-200	155-206	461	208-253	202-259
62	22-40	20-42	162	68-94	64-98	262	114-148	109-153	362	161-201	155-207	462	209-253	202-260
63	23-40	20-43	163	68-95	64-99	263	115-148	110-153	363	162-201	156-207	463	209-254	203-260
64	23-41	21-43	164	68-96	65-99	264	115-149	110-154	364	162-202	156-208	464	210-254	203-261
65	24-41	21-44	165	69-96	65-100	265	116-149	111-154	365	163-202	157-208	465	210-255	204-261
66	24-42	22-44	166	69-97	65-101	266	116-150	111-155	366	163-203	157-209	466	211-255	204-262
67	25-42	22-45	167	70-97	66-101	267	116-151	111-156	367	164-203	158-209	467	211-256	205-262
68	25-43	22-46	168	70-98	66-102	268	117-151	112-156	368	164-204	158-210	468	212-256	205-263
69	25-44	23-46	169	71-98	67-102	269	117-152	112-157	369	165-204	159-210	469	212-257	206-263
70	26-44	23-47	170	71-99	67-103	270	118-152	113-157	370	165-205	159-211	470	213-257	206-264
71	26-45	24-47	171	72-99	68-103	271	118-153	113-158	371	166-205	160-211	471	213-258	207-264
72	27-45	24-48	172	72-100	68-104	272	119-153	114-158	372	166-206	160-212	472	214-258	207-265
73	27-46	25-48	173	73-100	69-104	273	119-154	114-159	373	167-206	161-212	473	214-259	207-266
74	28-46	25-49	174	73-101	69-105	274	120-154	115-159	374	167-207	161-213	474	215-259	208-266
75	28-47	25-50	175	74-101	69-106	275	120-155	115-160	375	168-207	162-213	475	215-260	208-267
76	28-48	26-50	176	74-102	70-106	276	121-155	116-160	376	168-208	162-214	476	216-260	209-267
77	29-48	26-51	177	74-103	70-107	277	121-156	116-161	377	168-209	162-215	477	216-261	209-268
78	29-49	27-51	178	75-103	71-107	278	122-156	117-161	378	169-209	163-215	478	217-261	210-268
79	30-49	27-52	179	75-104	71-108	279	122-157	117-162	379	169-210	163-216	479	217-262	210-269
80	30-50	28-52	180	76-104	72-108	280	123-157	117-163	380	170-210	164-216	480	218-262	211-269
81	31-50	28-53	181	76-105	72-109	281	123-158	118-163	381	170-211	164-217	481	218-263	211-270
82	31-51	28-54	182	77-105	73-109	282	124-158	118-164	382	171-211	165-217	482	218-264	212-270
83	32-51	29-54	183	77-106	73-110	283	124-159	119-164	383	171-212	165-218	483	219-264	212-271
84	32-52	29-55	184	78-106	74-110	284	124-160	119-165	384	172-212	166-218	484	219-265	213-271
85	32-53	30-55	185	78-107	74-111	285	125-160	120-165	385	172-213	166-219	485	220-265	213-272
86	33-53	30-56	186	79-107	74-112	286	125-161	120-166	386	173-213	167-219	486	220-266	214-272
87	33-54	31-56	187	79-108	75-112	287	126-161	121-166	387	173-214	167-220	487	221-266	214-273
88	34-54	31-57	188	80-108	75-113	288	126-162	121-167	388	174-214	168-220	488	221-267	215-273
89	34-55	31-58	189	80-109	76-113	289	127-162	122-167	389	174-215	168-221	489	222-267	215-274
90	35-55	32-58	190	80-110	76-114	290	127-163	122-168	390	175-215	169-221	490	222-268	215-275
91	35-56	32-59	191	81-110	77-114	291	128-163	123-168	391	175-216	169-222	491	223-268	216-275
92	36-56	33-59	192	81-111	77-115	292	128-164	123-169	392	176-216	170-222	492	223-269	216-276
93	36-57	33-60	193	82-111	78-115	293	129-164	123-170	393	176-217	170-223	493	224-269	217-276
94	37-57	34-60	194	82-112	78-116	294	129-165	124-170	394	177-217	170-224	494	224-270	217-277
95	37-58	34-61	195	83-112	79-116	295	130-165	124-171	395	177-218	171-224	495	225-270	218-277
96	37-59	34-62	196	83-113	79-117	296	130-166	125-171	396	177-219	171-225	496	225-271	218-278
97	38-59	35-62	197	84-113	79-118	297	131-166	125-172	397	178-219	172-225	497	226-271	219-278
98	38-60	35-63	198	84-114	80-118	298	131-167	126-172	398	178-220	172-226	498	226-272	219-279
99	39-60	36-63	199	85-114	80-119	299	132-167	126-173	399	179-220	173-226	499	227-272	220-279
100	39-61	36-64	200	85-115	81-119	300	132-168	127-173	400	179-221	173-227	500	227-273	220-280

Vertrauensgrenzen* für Np ($p = 0{,}5$, $N = 500$–1000) (Zeichentest u. a.)

N = Anzahl der Versuche. Siehe auch S. 104

N	$2\alpha =$ 0,05	$2\alpha =$ 0,01	N	$2\alpha =$ 0,05	$2\alpha =$ 0,01	N	$2\alpha =$ 0,05	$2\alpha =$ 0,01	N	$2\alpha =$ 0,05	$2\alpha =$ 0,01	N	$2\alpha =$ 0,05	$2\alpha =$ 0,01
	x_l x_r	x_l x_r		x_l x_r	x_l x_r		x_l x_r	x_l x_r		x_l x_r	x_l x_r		x_l x_r	x_l x_r
500	227–273	220–280	**600**	275–325	267–333	**700**	323–377	315–385	**800**	371–429	363–437	**900**	420–480	410–490
501	228–273	221–280	601	275–326	268–333	701	324–377	315–386	801	372–429	363–438	901	420–481	411–490
502	228–274	221–281	602	276–326	268–334	702	324–378	316–386	802	372–430	364–438	902	421–481	411–491
503	229–274	222–281	603	276–327	269–334	703	325–378	316–387	803	373–430	364–439	903	421–482	412–491
504	229–275	222–282	604	277–327	269–335	704	325–379	317–387	804	373–431	364–440	904	422–482	412–492
505	229–276	223–282	**605**	277–328	270–335	**705**	325–380	317–388	**805**	374–431	365–440	**905**	422–483	413–492
506	230–276	223–283	606	278–328	270–336	706	326–380	318–388	806	374–432	365–441	906	423–483	413–493
507	230–277	224–283	607	278–329	271–336	707	326–381	318–389	807	375–432	366–441	907	423–484	414–493
508	231–277	224–284	608	279–329	271–337	708	327–381	319–389	808	375–433	366–442	908	423–485	414–494
509	231–278	224–285	609	279–330	272–337	709	327–382	319–390	809	376–433	367–442	909	424–485	415–494
510	232–278	225–285	**610**	280–330	272–338	**710**	328–382	320–390	**810**	376–434	367–443	**910**	424–486	415–495
511	232–279	225–286	611	280–331	273–338	711	328–383	320–391	811	377–434	368–443	911	425–486	416–495
512	233–279	226–286	612	281–331	273–339	712	329–383	321–391	812	377–435	368–444	912	425–487	416–496
513	233–280	226–287	613	281–332	274–339	713	329–384	321–392	813	378–435	369–444	913	426–487	417–496
514	234–280	227–287	614	282–332	274–340	714	330–384	322–392	814	378–436	369–445	914	426–488	417–497
515	234–281	227–288	**615**	282–333	275–340	**715**	330–385	322–393	**815**	379–436	370–445	**915**	427–488	418–497
516	235–281	228–288	616	283–333	275–341	716	331–385	323–393	816	379–437	370–446	916	427–489	418–498
517	235–282	228–289	617	283–334	276–341	717	331–386	323–394	817	379–438	371–446	917	428–489	418–499
518	236–282	229–289	618	284–334	276–342	718	332–386	323–395	818	380–438	371–447	918	428–490	419–499
519	236–283	229–290	619	284–335	276–343	719	332–387	324–395	819	380–439	372–447	919	429–490	419–500
520	237–283	230–290	**620**	285–335	277–343	**720**	333–387	324–396	**820**	381–439	372–448	**920**	429–491	420–500
521	237–284	230–291	621	285–336	277–344	721	333–388	325–396	821	381–440	373–448	921	430–491	420–501
522	238–284	231–291	622	286–336	278–344	722	334–388	325–397	822	382–440	373–449	922	430–492	421–501
523	238–285	231–292	623	286–337	278–345	723	334–389	326–397	823	382–441	374–449	923	431–492	421–502
524	239–285	232–292	624	287–337	279–345	724	335–389	326–398	824	383–441	374–450	924	431–493	422–502
525	239–286	232–293	**625**	287–338	279–346	**725**	335–390	327–398	**825**	383–442	375–450	**925**	432–493	422–503
526	240–286	232–294	626	287–339	280–346	726	336–390	327–399	826	384–442	375–451	926	432–494	423–503
527	240–287	233–294	627	288–339	280–347	727	336–391	328–399	827	384–443	375–452	927	433–494	423–504
528	240–288	233–295	628	288–340	281–347	728	337–391	328–400	828	385–443	376–452	928	433–495	424–504
529	241–288	234–295	629	289–340	281–348	729	337–392	329–400	829	385–444	376–453	929	434–495	424–505
530	241–289	234–296	**630**	289–341	282–348	**730**	338–392	329–401	**830**	386–444	377–453	**930**	434–496	425–505
531	242–289	235–296	631	290–341	282–349	731	338–393	330–401	831	386–445	377–454	931	435–496	425–506
532	242–290	235–297	632	290–342	283–349	732	338–394	330–402	832	387–445	378–454	932	435–497	426–506
533	243–290	236–297	633	291–342	283–350	733	339–394	331–402	833	387–446	378–455	933	436–497	426–507
534	243–291	236–298	634	291–343	284–350	734	339–395	331–403	834	388–446	379–455	934	436–498	427–507
535	244–291	237–298	**635**	292–343	284–351	**735**	340–395	332–403	**835**	388–447	379–456	**935**	437–498	427–508
536	244–292	237–299	636	292–344	285–351	736	340–396	332–404	836	389–447	380–456	936	437–499	428–508
537	245–292	238–299	637	293–344	285–352	737	341–396	333–404	837	389–448	380–457	937	438–499	428–509
538	245–293	238–300	638	293–345	285–353	738	341–397	333–405	838	390–448	381–457	938	438–500	429–509
539	246–293	239–300	639	294–345	286–353	739	342–397	333–406	839	390–449	381–458	939	438–501	429–510
540	246–294	239–301	**640**	294–346	286–354	**740**	342–398	334–406	**840**	391–449	382–458	**940**	439–501	430–510
541	247–294	240–301	641	295–346	287–354	741	343–398	334–407	841	391–450	382–459	941	439–502	430–511
542	247–295	240–302	642	295–347	287–355	742	343–399	335–407	842	392–450	383–459	942	440–502	430–512
543	248–295	240–303	643	296–347	288–355	743	344–399	335–408	843	392–451	383–460	943	440–503	431–512
544	248–296	241–303	644	296–348	288–356	744	344–400	336–408	844	393–451	384–460	944	441–503	431–513
545	249–296	241–304	**645**	297–348	289–356	**745**	345–400	336–409	**845**	393–452	384–461	**945**	441–504	432–513
546	249–297	242–304	646	297–349	289–357	746	345–401	337–409	846	393–453	385–461	946	442–504	432–514
547	250–297	242–305	647	298–349	290–357	747	346–401	337–410	847	394–453	385–462	947	442–505	433–514
548	250–298	243–305	648	298–350	290–358	748	346–402	338–410	848	394–454	385–463	948	443–505	433–515
549	251–298	243–306	649	299–350	291–358	749	347–402	338–411	849	395–454	386–463	949	443–506	434–515
550	251–299	244–306	**650**	299–351	291–359	**750**	347–403	339–411	**850**	395–455	386–464	**950**	444–506	434–516
551	251–300	244–307	651	299–352	292–359	751	348–403	339–412	851	396–455	387–464	951	444–507	435–516
552	252–300	245–307	652	300–352	292–360	752	348–404	340–412	852	396–456	387–465	952	445–507	435–517
553	252–301	245–308	653	300–353	293–360	753	349–404	340–413	853	397–456	388–465	953	445–508	436–517
554	253–301	246–308	654	301–353	293–361	754	349–405	341–413	854	397–457	388–466	954	446–508	436–518
555	253–302	246–309	**655**	301–354	294–361	**755**	350–405	341–414	**855**	398–457	389–466	**955**	446–509	437–518
556	254–302	247–309	656	302–354	294–362	756	350–406	342–414	856	398–458	389–467	956	447–509	437–519
557	254–303	247–310	657	302–355	294–363	757	351–406	342–415	857	399–458	390–467	957	447–510	438–519
558	255–303	248–310	658	303–355	295–363	758	351–407	343–415	858	399–459	390–468	958	448–510	438–520
559	255–304	248–311	659	303–356	295–364	759	352–407	343–416	859	400–459	391–468	959	448–511	439–520
560	256–304	249–311	**660**	304–356	296–364	**760**	352–408	343–417	**860**	400–460	391–469	**960**	449–511	439–521
561	256–305	249–312	661	304–357	296–365	761	352–409	344–417	861	401–460	392–469	961	449–512	440–521
562	257–305	249–313	662	305–357	297–365	762	353–409	344–418	862	401–461	392–470	962	450–512	440–522
563	257–306	250–313	663	305–358	297–366	763	353–410	345–418	863	402–461	393–470	963	450–513	441–522
564	258–306	250–314	664	306–358	298–366	764	354–410	345–419	864	402–462	393–471	964	451–513	441–523
565	258–307	251–314	**665**	306–359	298–367	**765**	354–411	346–419	**865**	403–462	394–471	**965**	451–514	441–524
566	259–307	251–315	666	307–359	299–367	766	355–411	346–420	866	403–463	394–472	966	452–514	442–524
567	259–308	252–315	667	307–360	299–368	767	355–412	347–420	867	404–463	395–472	967	452–515	442–525
568	260–308	252–316	668	308–360	300–368	768	356–412	347–421	868	404–464	395–473	968	453–515	443–525
569	260–309	253–316	669	308–361	300–369	769	356–413	348–421	869	405–464	396–473	969	453–516	443–526
570	261–309	253–317	**670**	309–361	301–369	**770**	357–413	348–422	**870**	405–465	396–474	**970**	453–517	444–526
571	261–310	254–317	671	309–362	301–370	771	357–414	349–422	871	406–465	396–475	971	454–517	444–527
572	262–310	254–318	672	310–362	302–370	772	358–414	349–423	872	406–466	397–475	972	454–518	445–527
573	262–311	255–318	673	310–363	302–371	773	358–415	350–423	873	407–466	397–476	973	455–518	445–528
574	263–311	255–319	674	311–363	303–371	774	359–415	350–424	874	407–467	398–476	974	455–519	446–528
575	263–312	256–319	**675**	311–364	303–372	**775**	359–416	351–424	**875**	408–467	398–477	**975**	456–519	446–529
576	263–313	256–320	676	312–364	304–372	776	360–416	351–425	876	408–468	399–477	976	456–520	447–529
577	264–313	257–320	677	312–365	304–373	777	360–417	352–425	877	408–469	399–478	977	457–520	447–530
578	264–314	257–321	678	312–366	304–374	778	361–417	352–426	878	409–469	400–478	978	457–521	448–530
579	265–314	258–321	679	313–366	305–374	779	361–418	353–426	879	409–470	400–479	979	458–521	448–531
580	265–315	258–322	**680**	313–367	305–375	**780**	362–418	353–427	**880**	410–470	401–479	**980**	458–522	449–531
581	266–315	258–323	681	314–367	306–375	781	362–419	354–427	881	410–471	401–480	981	459–522	449–532
582	266–316	259–323	682	314–368	306–376	782	363–419	354–428	882	411–471	402–480	982	459–523	450–532
583	267–316	259–324	683	315–368	307–376	783	363–420	354–429	883	411–472	402–481	983	460–523	450–533
584	267–317	260–324	684	315–369	307–377	784	364–420	355–429	884	412–472	403–481	984	460–524	451–533
585	268–317	260–325	**685**	316–369	308–377	**785**	364–421	355–430	**885**	412–473	403–482	**985**	461–524	451–534
586	268–318	261–325	686	316–370	308–378	786	365–421	356–430	886	413–473	404–482	986	461–525	452–534
587	269–318	261–326	687	317–370	309–378	787	365–422	356–431	887	413–474	404–483	987	462–525	452–535
588	269–319	262–326	688	317–371	309–379	788	365–423	357–431	888	414–474	405–483	988	462–526	453–535
589	270–319	262–327	689	318–371	310–379	789	366–423	357–432	889	414–475	405–484	989	463–526	453–536
590	270–320	263–327	**690**	318–372	310–380	**790**	366–424	358–432	**890**	415–475	406–484	**990**	463–527	453–537
591	271–320	263–328	691	319–372	311–380	791	367–424	358–433	891	415–476	406–485	991	464–527	454–537
592	271–321	264–328	692	319–373	311–381	792	367–425	359–433	892	416–476	407–485	992	464–528	454–538
593	272–321	264–329	693	320–373	312–381	793	368–425	359–434	893	416–477	407–486	993	465–528	455–538
594	272–322	265–329	694	320–374	312–382	794	368–426	360–434	894	417–477	407–487	994	465–529	455–539
595	273–322	265–330	**695**	321–374	313–382	**795**	369–426	360–435	**895**	417–478	408–487	**995**	466–529	456–539
596	273–323	266–330	696	321–375	313–383	796	369–427	361–435	896	418–478	408–488	996	466–530	456–540
597	274–323	266–331	697	322–375	313–384	797	370–427	361–436	897	418–479	409–488	997	467–530	457–540
598	274–324	267–331	698	322–376	314–384	798	370–428	362–436	898	419–479	409–489	998	467–531	457–541
599	275–324	267–332	699	323–376	314–385	799	371–428	362–437	899	419–480	410–489	999	468–531	458–541
600	275–325	267–333	**700**	323–377	315–385	**800**	371–429	363–437	**900**	420–480	410–490	**1000**	468–532	458–542

95%-Vertrauensgrenzen* für λ

Die Werte von 0 bis 100 sind exakt, alle andern nach der Approximation von FREEMAN und TUKEY berechnet (siehe S. 190)

x	0	1 10 100	2 20 200	3 30 300	4 40 400	5 50 500	6 60 600	7 70 700	8 80 800	9 90 900
	λ_l λ_r	λ_l λ_r	λ_l λ_r	λ_l λ_r	λ_l λ_r	λ_l λ_r	λ_l λ_r	λ_l λ_r	λ_l λ_r	λ_l λ_r
0	0 –3,6889	0,0253–5,5716	0,2422–7,2247	0,6187–8,7673	1,0899–10,242	1,6235–11,669	2,2019–13,060	2,8144–14,423	3,4539–15,764	4,1154–17,085
10	4,7954–18,391	5,4913–19,683	6,2008–20,962	6,9223–22,231	7,6542–23,490	8,3957–24,741	9,1459–25,983	9,9037–27,219	10,668–28,448	11,440–29,671
20	12,217–30,889	13,000–32,101	13,788–33,309	14,581–34,512	15,378–35,711	16,178–36,905	16,983–38,097	17,793–39,284	18,606–40,468	19,422–41,649
30	20,241–42,827	21,063–44,002	21,888–45,175	22,715–46,345	23,545–47,512	24,378–48,677	25,213–49,840	26,050–51,000	26,890–52,158	27,732–53,315
40	28,575–54,469	29,421–55,622	30,269–56,772	31,119–57,921	31,970–59,068	32,823–60,214	33,678–61,358	34,534–62,501	35,392–63,642	36,251–64,781
50	37,112–65,919	37,973–67,056	38,837–68,192	39,701–69,326	40,567–70,459	41,433–71,591	42,301–72,721	43,171–73,851	44,041–74,979	44,912–76,106
60	45,785–77,232	46,658–78,357	47,533–79,482	48,409–80,605	49,286–81,727	50,164–82,848	51,042–83,969	51,922–85,088	52,803–86,207	53,685–87,324
70	54,567–88,441	55,451–89,557	56,335–90,673	57,220–91,787	58,106–92,901	58,993–94,014	59,880–95,126	60,768–96,237	61,657–97,348	62,547–98,458
80	63,437–99,567	64,328–100,68	65,219–101,79	66,111–102,90	67,003–104,00	67,897–105,11	68,790–106,21	69,684–107,32	70,579–108,42	71,474–109,53
90	72,370–110,63	73,267–111,73	74,164–112,83	75,061–113,94	75,959–115,04	76,858–116,14	77,757–117,24	78,657–118,34	79,557–119,44	80,458–120,53
100	81,36–121,66	90,40–132,61	99,49–143,52	108,61–154,39	117,77–165,23	126,96–176,04	136,17–186,83	145,41–197,59	154,66–208,33	163,94–219,05
200	173,24–229,75	182,56–240,43	191,89–251,10	201,24–261,75	210,60–272,39	219,97–283,01	229,36–293,62	238,75–304,23	248,16–314,82	257,58–325,39
300	267,01–335,96	276,45–346,52	285,90–357,08	295,36–367,62	304,82–378,15	314,29–388,68	323,77–399,20	333,26–409,71	342,75–420,22	352,25–430,72
400	361,76–441,21	371,27–451,69	380,79–462,18	390,32–472,65	399,85–483,12	409,38–493,58	418,92–504,04	428,47–514,50	438,02–524,95	447,57–535,39
500	457,13–545,83	466,70–556,27	476,27–566,70	485,84–577,12	495,41–587,55	505,00–597,97	514,58–608,38	524,17–618,79	533,76–629,20	543,35–639,61
600	552,95–650,01	562,55–660,41	572,16–670,80	581,77–681,19	591,38–691,58	600,99–701,97	610,61–712,35	620,23–722,73	629,85–733,11	639,48–743,48
700	649,11–753,85	658,74–764,22	668,37–774,59	678,01–784,95	687,64–795,31	697,28–805,67	706,93–816,03	716,57–826,38	726,22–836,73	735,87–847,08
800	745,52–857,43	755,18–867,78	764,84–878,12	774,49–888,46	784,16–898,80	793,82–909,14	803,48–919,47	813,15–929,80	822,82–940,14	832,49–950,46
900	842,16–960,79	851,84–971,12	861,51–981,44	871,19–991,76	880,87–1002,1	890,55–1012,5	900,23–1022,8	909,92–1033,1	919,60–1043,4	929,29–1053,7
1000	938,98–1064,0	948,67–1074,3	958,36–1084,6	968,06–1094,9	977,75–1105,2	987,45–1115,6	997,15–1125,8	1006,8–1136,1	1016,5–1146,4	1026,2–1156,7
1100	1035,9–1167,0	1045,6–1177,3	1055,3–1187,6	1065,0–1197,9	1074,7–1208,2	1084,4–1218,5	1094,2–1228,8	1103,9–1239,1	1113,6–1249,4	1123,3–1259,6
1200	1133,0–1269,9	1142,7–1280,2	1152,5–1290,5	1162,2–1300,8	1171,9–1311,1	1181,6–1321,3	1191,3–1331,6	1201,1–1341,9	1210,8–1352,2	1220,5–1362,4
1300	1230,2–1372,7	1240,0–1383,0	1249,7–1393,2	1259,4–1403,5	1269,2–1413,8	1278,9–1424,0	1288,6–1434,3	1298,4–1444,6	1308,1–1454,8	1317,8–1465,1
1400	1327,6–1475,4	1337,3–1485,6	1347,1–1495,9	1356,8–1506,1	1366,5–1516,4	1376,3–1526,7	1386,0–1536,9	1395,8–1547,2	1405,5–1557,4	1415,3–1567,7
1500	1425,0–1577,9	1434,8–1588,2	1444,5–1598,4	1454,3–1608,7	1464,0–1618,9	1473,8–1629,2	1483,5–1639,4	1493,3–1649,7	1503,0–1659,9	1512,8–1670,2
1600	1522,5–1680,4	1532,3–1690,7	1542,0–1700,9	1551,8–1711,2	1561,5–1721,4	1571,3–1731,7	1581,1–1741,9	1590,8–1752,1	1600,6–1762,4	1610,3–1772,6
1700	1620,1–1782,8	1629,9–1793,1	1639,6–1803,3	1649,4–1813,6	1659,2–1823,8	1668,9–1834,0	1678,7–1844,3	1688,5–1854,5	1698,2–1864,7	1708,0–1875,0
1800	1717,8–1885,2	1727,5–1895,4	1737,3–1905,6	1747,1–1915,9	1756,8–1926,1	1766,6–1936,3	1776,4–1946,6	1786,2–1956,8	1795,9–1967,0	1805,7–1977,2
1900	1815,5–1987,5	1825,3–1997,7	1835,0–2007,9	1844,8–2018,1	1854,6–2028,4	1864,4–2038,6	1874,1–2048,8	1883,9–2059,0	1893,7–2069,3	1903,5–2079,5
2000	1913,3–2089,7	1923,0–2099,9	1932,8–2110,1	1942,6–2120,3	1952,4–2130,6	1962,2–2140,8	1972,0–2151,0	1981,7–2161,2	1991,5–2171,4	2001,3–2181,6
2100	2011,1–2191,8	2020,9–2202,1	2030,7–2212,3	2040,5–2222,5	2050,2–2232,7	2060,0–2242,9	2069,8–2253,1	2079,6–2263,3	2089,4–2273,5	2099,2–2283,7
2200	2109,0–2294,0	2118,8–2304,2	2128,6–2314,4	2138,4–2324,6	2148,2–2334,8	2157,9–2345,0	2167,7–2355,2	2177,5–2365,4	2187,3–2375,6	2197,1–2385,8
2300	2206,9–2396,0	2216,7–2406,2	2226,5–2416,4	2236,3–2426,6	2246,1–2436,8	2255,9–2447,0	2265,7–2457,2	2275,5–2467,4	2285,3–2477,6	2295,1–2487,8
2400	2304,9–2498,0	2314,7–2508,2	2324,5–2518,4	2334,3–2528,6	2344,1–2538,8	2353,9–2549,0	2363,7–2559,2	2373,5–2569,4	2383,3–2579,6	2393,1–2589,8
2500	2402,9–2600,0	2412,7–2610,2	2422,5–2620,4	2432,3–2630,6	2442,1–2640,8	2451,9–2651,0	2461,7–2661,2	2471,6–2671,4	2481,4–2681,6	2491,2–2691,8
2600	2501,0–2702,0	2510,8–2712,2	2520,6–2722,3	2530,4–2732,5	2540,2–2742,7	2550,0–2752,9	2559,8–2763,1	2569,6–2773,3	2579,5–2783,5	2589,3–2793,7
2700	2599,1–2803,9	2608,9–2814,1	2618,7–2824,2	2628,5–2834,4	2638,3–2844,6	2648,1–2854,8	2657,9–2865,0	2667,8–2875,2	2677,6–2885,4	2687,4–2895,6
2800	2697,2–2905,7	2707,0–2915,9	2716,8–2926,1	2726,6–2936,3	2736,5–2946,5	2746,3–2956,7	2756,1–2966,8	2765,9–2977,0	2775,7–2987,2	2785,6–2997,4
2900	2795,4–3007,6	2805,2–3017,8	2815,0–3027,9	2824,8–3038,1	2834,6–3048,3	2844,5–3058,5	2854,3–3068,7	2864,1–3078,8	2873,9–3089,0	2883,7–3099,2
3000	2893,6–3109,4	2903,4–3119,6	2913,2–3129,7	2923,0–3139,9	2932,9–3150,1	2942,7–3160,3	2952,5–3170,4	2962,3–3180,6	2972,1–3190,8	2982,0–3201,0
3100	2991,8–3211,1	3001,6–3221,3	3011,4–3231,5	3021,3–3241,7	3031,1–3251,9	3040,9–3262,0	3050,7–3272,2	3060,6–3282,4	3070,4–3292,5	3080,2–3302,7
3200	3090,0–3312,9	3099,9–3323,1	3109,7–3333,2	3119,5–3343,4	3129,4–3353,6	3139,2–3363,8	3149,0–3373,9	3158,8–3384,1	3168,7–3394,3	3178,5–3404,4
3300	3188,3–3414,6	3198,2–3424,8	3208,0–3435,0	3217,8–3445,1	3227,6–3455,3	3237,5–3465,5	3247,3–3475,6	3257,1–3485,8	3267,0–3496,0	3276,8–3506,1
3400	3286,6–3516,3	3296,5–3526,5	3306,3–3536,6	3316,1–3546,8	3326,0–3557,0	3335,8–3567,1	3345,6–3577,3	3355,5–3587,5	3365,3–3597,6	3375,1–3607,8
3500	3385,0–3618,0	3394,8–3628,1	3404,6–3638,3	3414,5–3648,5	3424,3–3658,6	3434,1–3668,8	3444,0–3679,0	3453,8–3689,1	3463,6–3699,3	3473,5–3709,5
3600	3483,3–3719,6	3493,2–3729,8	3503,0–3739,9	3512,8–3750,1	3522,7–3760,3	3532,5–3770,4	3542,3–3780,6	3552,2–3790,8	3562,0–3800,9	3571,9–3811,1
3700	3581,7–3821,2	3591,5–3831,4	3601,4–3841,6	3611,2–3851,7	3621,1–3861,9	3630,9–3872,0	3640,7–3882,2	3650,6–3892,4	3660,4–3902,5	3670,3–3912,7
3800	3680,1–3922,8	3689,9–3933,0	3699,8–3943,2	3709,6–3953,3	3719,5–3963,5	3729,3–3973,6	3739,1–3983,8	3749,0–3993,9	3758,8–4004,1	3768,7–4014,3
3900	3778,5–4024,4	3788,4–4034,6	3798,2–4044,7	3808,0–4054,9	3817,9–4065,0	3827,7–4075,2	3837,6–4085,4	3847,4–4095,5	3857,3–4105,7	3867,1–4115,8
4000	3877,0–4126,0	3886,8–4136,1	3896,6–4146,3	3906,5–4156,4	3916,3–4166,6	3926,2–4176,8	3936,0–4186,9	3945,9–4197,1	3955,7–4207,2	3965,6–4217,4
4100	3975,4–4227,5	3985,3–4237,7	3995,1–4247,8	4005,0–4258,0	4014,8–4268,1	4024,7–4278,3	4034,5–4288,4	4044,3–4298,6	4054,2–4308,7	4064,0–4318,9
4200	4073,9–4329,0	4083,7–4339,2	4093,6–4349,3	4103,4–4359,5	4113,3–4369,6	4123,1–4379,8	4133,0–4389,9	4142,8–4400,1	4152,7–4410,2	4162,5–4420,4
4300	4172,4–4430,5	4182,2–4440,7	4192,1–4450,8	4201,9–4461,0	4211,8–4471,1	4221,6–4481,3	4231,5–4491,4	4241,4–4501,6	4251,2–4511,7	4261,1–4521,9
4400	4270,9–4532,0	4280,8–4542,2	4290,6–4552,3	4300,5–4562,5	4310,3–4572,6	4320,2–4582,8	4330,0–4592,9	4339,9–4603,1	4349,7–4613,2	4359,6–4623,4
4500	4369,4–4633,5	4379,3–4643,6	4389,1–4653,8	4399,0–4663,9	4408,9–4674,1	4418,7–4684,2	4428,6–4694,4	4438,4–4704,5	4448,3–4714,7	4458,1–4724,8
4600	4468,0–4735,0	4477,8–4745,1	4487,7–4755,2	4497,6–4765,4	4507,4–4775,5	4517,3–4785,7	4527,1–4795,8	4537,0–4806,0	4546,8–4816,1	4556,7–4826,2
4700	4566,5–4836,4	4576,4–4846,5	4586,3–4856,7	4596,1–4866,8	4606,0–4877,0	4615,8–4887,1	4625,7–4897,2	4635,6–4907,4	4645,4–4917,5	4655,3–4927,7
4800	4665 1–4937,8	4675,0–4948,0	4684,8–4958,1	4694,7–4968,2	4704,6–4978,4	4714,4–4988,5	4724,3–4998,7	4734,1–5008,8	4744,0–5018,9	4753,9–5029,1
4900	4763,7–5039,2	4773,6–5049,4	4783,4–5059,5	4793,3–5069,6	4803,2–5079,8	4813,0–5089,9	4822,9–5100,1	4832,7–5110,2	4842,6–5120,3	4852,5–5130,5
5000	4862,3–5140,6	4960,9–5242,0	5059,6–5343,4	5158,2–5444,7	5256,9–5546,0	5355,6–5647,4	5454,2–5748,7	5552,9–5850,0	5651,6–5951,3	5750,4–6052,6
6000	5849,1–6153,8	5947,8–6255,1	6046,6–6356,3	6145,3–6457,6	6244,1–6558,8	6342,9–6660,0	6441,7–6761,3	6540,5–6862,4	6639,3–6963,6	6738,1–7064,8
7000	6836,9–7166,0	6935,8–7267,2	7034,6–7368,3	7133,5–7469,5	7232,3–7570,6	7331,2–7671,8	7430,0–7772,9	7528,9–7874,0	7627,8–7975,1	7726,7–8076,2
8000	7825,6–8177,3	7924,5–8278,4	8023,4–8379,5	8122,4–8480,6	8221,3–8581,6	8320,2–8682,7	8419,2–8783,8	8518,1–8884,8	8617,1–8985,9	8716,0–9086,9
9000	8815,0–9188,0	8913,9–9289,0	9012,9–9390,0	9111,9–9491,0	9210,9–9592,0	9309,9–9693,0	9408,9–9794,1	9507,9–9895,0	9606,9–9996,0	9705,9–10097
10000	9804,9–10198	9903,9–10299	10003–10400	10102–10501	10201–10602	10300–10703	10399–10804	10498–10905	10597–11006	10696–11107
11000	10795–11208	10894–11309	10993–11410	11092–11511	11191–11612	11290–11713	11389–11814	11488–11914	11588–12015	11687–12116
12000	11786–12217	11885–12318	11984–12419	12083–12520	12182–12621	12281–12722	12380–12822	12480–12923	12579–13024	12678–13125
13000	12777–13226	12876–13327	12975–13428	13074–13528	13174–13629	13273–13730	13372–13831	13471–13932	13570–14033	13669–14134
14000	13769–14234	13868–14335	13967–14436	14066–14537	14165–14638	14264–14738	14364–14839	14463–14940	14562–15041	14661–15142
15000	14760–15243	14860–15343	14959–15444	15058–15545	15157–15646	15256–15746	15356–15847	15455–15948	15554–16049	15653–16150
16000	15753–16250	15852–16351	15951–16452	16050–16553	16149–16653	16249–16754	16348–16855	16447–16956	16546–17057	16646–17157
17000	16745–17258	16844–17359	16943–17460	17042–17560	17142–17661	17241–17762	17340–17862	17440–17963	17539–18064	17638–18165
18000	17738–18265	17837–18366	17936–18467	18035–18568	18135–18668	18234–18769	18333–18870	18432–18970	18532–19071	18631–19172
19000	18730–19273	18830–19373	18929–19474	19028–19575	19127–19675	19227–19776	19326–19877	19425–19978	19525–20078	19624–20179
20000	19723–20280	19823–20380	19922–20481	20021–20582	20121–20682	20220–20783	20319–20884	20418–20984	20518–21085	20617–21186
21000	20716–21286	20816–21387	20915–21488	21014–21589	21114–21689	21213–21790	21312–21891	21412–21991	21511–22092	21610–22193
22000	21710–22293	21809–22394	21908–22494	22007–22595	22107–22696	22206–22796	22306–22897	22405–22998	22505–23098	22604–23199
23000	22703–23300	22803–23400	22902–23501	23001–23602	23101–23702	23200–23803	23299–23904	23399–24004	23498–24105	23597–24205
24000	23697–24306	23796–24407	23896–24507	23995–24608	24094–24709	24194–24809	24293–24910	24392–25010	24492–25111	24591–25212
25000	24691–25312	24790–25413	24889–25514	24989–25614	25088–25715	25187–25815	25287–25916	25386–26017	25486–26117	25585–26218
26000	25684–26318	25784–26419	25883–26520	25983–26620	26082–26721	26181–26822	26281–26922	26380–27023	26480–27123	26579–27224
27000	26678–27325	26778–27425	26877–27526	26977–27627	27076–27727	27175–27827	27275–27928	27374–28029	27474–28129	27573–28230
28000	27673–28330	27772–28431	27871–28532	27971–28632	28070–28733	28170–28833	28269–28934	28368–29035	28468–29135	28567–29236
29000	28667–29336	28766–29437	28866–29537	28965–29638	29064–29739	29164–29839	29263–29940	29363–30040	29462–30141	29562–30241
30000	29661–30342	29760–30443	29860–30543	29959–30644	30059–30744	30158–30845	30258–30945	30357–31046	30456–31146	30556–31247
31000	30655–31348	30755–31448	30854–31549	30954–31649	31053–31750	31153–31850	31252–31951	31352–32051	31451–32152	31550–32253
32000	31650–32353	31749–32454	31849–32554	31948–32655	32048–32755	32147–32856	32247–32956	32346–33057	32446–33157	32545–33258
33000	32644–33359	32744–33459	32843–33560	32943–33660	33042–33761	33142–33861	33241–33962	33341–34062	33440–34163	33540–34263
34000	33639–34364	33739–34464	33838–34565	33938–34665	34037–34766	34136–34867	34236–34967	34335–35068	34435–35168	34534–35269
35000	34634–35369	34733–35470	34833–35570	34932–35671	35032–35771	35131–35872	35231–35972	35330–36073	35430–36173	35529–36274
36000	35629–36374	35728–36475	35828–36575	35927–36676	36027–36776	36126–36877	36226–36977	36325–37078	36424–37178	36524–37279
37000	36623–37379	36723–37480	36822–37580	36922–37681	37021–37781	37121–37882	37220–37983	37320–38083	37419–38184	37519–38284
38000	37618–38385	37718–38485	37817–38586	37917–38686	38016–38787	38116–38887	38215–38988	38315–39088	38414–39189	38514–39289
39000	38613–39390	38713–39490	38812–39591	38912–39691	39011–39792	39111–39892	39210–39992	39310–40093	39409–40193	39509–40294
40000	39608–40394	39708–40495	39807–40595	39907–40696	40007–40796	40106–40897	40206–40997	40305–41098	40405–41198	40504–41299
41000	40604–41399	40703–41500	40803–41600	40902–41701	41002–41801	41101–41902	41201–42002	41300–42103	41400–42203	41499–42304
42000	41599–42404	41698–42505	41798–42605	41897–42706	41997–42806	42096–42907	42196–43007	42295–43107	42395–43208	42495–43308
43000	42594–43409	42694–43509	42793–43610	42893–43710	42992–43811	43092–43911	43191–44012	43291–44112	43390–44213	43490–44313
44000	43589–44414	43689–44514	43788–44615	43888–44715	43987–44815	44087–44916	44187–45016	44286–45117	44386–45217	44485–45318

Die Werte von 0 bis 100 sind exakt, alle andern nach der Approximation von FREEMAN und TUKEY berechnet (siehe S. 190)

x	0	1 10 100	2 20 200	3 30 300	4 40 400	5 50 500	6 60 600	7 70 700	8 80 800	9 90 900
	λ_l λ_r	λ_l λ_r	λ_l λ_r	λ_l λ_r	λ_l λ_r	λ_l λ_r	λ_l λ_r	λ_l λ_r	λ_l λ_r	λ_l λ_r
0	0 –5,2983	0,0050–7,4301	0,1035–9,2738	0,3379–10,978	0,6722–12,595	1,0779–14,150	1,5369–15,660	2,0374–17,134	2,5711–18,579	3,1325–19,999
10	3,7172–21,398	4,3216–22,780	4,9434–24,145	5,5807–25,497	6,2316–26,836	6,8946–28,164	7,5680–29,482	8,2518–30,791	8,9453–32,091	9,6470–33,383
20	10,355–34,668	11,072–35,947	11,795–37,219	12,525–38,485	13,260–39,745	14,000–41,001	14,745–42,251	15,495–43,497	16,244–44,739	17,003–45,976
30	17,767–47,210	18,535–48,439	19,306–49,666	20,080–50,888	20,858–52,108	21,638–53,324	22,422–54,538	23,208–55,748	23,997–56,956	24,789–58,161
40	25,583–59,363	26,381–60,564	27,181–61,761	27,983–62,957	28,788–64,150	29,596–65,341	30,406–66,530	31,218–67,717	32,032–68,902	32,848–70,085
50	33,666–71,267	34,485–72,446	35,306–73,624	36,129–74,800	36,953–75,975	37,779–77,148	38,605–78,319	39,434–79,489	40 263–80,657	41,094–81,825
60	41,926–82,990	42,759–84,155	43,594–85,317	44,430–86,479	45,267–87,640	46,106–88,799	46,946–89,957	47,787–91,114	48,630–92,269	49,475–93,424
70	50,320–94,577	51,167–95,730	52,015–96,881	52,865–98,031	53,716–99,180	54,567–100,33	55,420–101,48	56,275–102,63	57,130–103,77	57,986–104,92
80	58,844–106,06	59,701–107,20	60,559–108,34	61,419–109,49	62,279–110,63	63,140–111,77	64,001–112,90	64,863–114,04	65,725–115,18	66,587–116,31
90	67,451–117,45	68,314–118,59	69,179–119,72	70,043–120,85	70,909–121,98	71,775–123,12	72,641–124,25	73,508–125,38	74,375–126,51	75,244–127,64
100	75,90–128,55	84,64–139,80	93,44–150,99	102,29–162,14	111,18–173,24	120,11–184,31	129,08–195,34	138,07–206,34	147,10–217,31	156,15–228,26
200	165,23–239,18	174,33–250,07	183,45–260,95	192,59–271,81	201,75–282,65	210,93–293,47	220,12–304,27	229,33–315,06	238,56–325,84	247,79–336,60
300	257,04–347,35	266,31–358,08	275,58–368,81	284,87–379,52	294,16–390,22	303,47–400,92	312,79–411,60	322,11–422,27	331,45–432,94	340,79–443,59
400	350,14–454,24	359,50–464,88	368,87–475,51	378,25–486,13	387,63–496,75	397,02–507,36	406,41–517,96	415,82–528,56	425,23–539,15	434,64–549,74
500	444,06–560,31	453,49–570,89	462,92–581,45	472,36–592,01	481,80–602,57	491,25–613,12	500,70–623,67	510,16–634,21	519,62–644,75	529,09–655,28
600	538,56–665,81	548,04–676,33	557,52–686,85	567,01–697,36	576,49–707,87	585,99–718,38	595,48–728,88	604,99–739,38	614,49–749,88	624,00–760,37
700	633,51–770,86	643,02–781,34	652,54–791,82	662,06–802,30	671,59–812,78	681,12–823,25	690,65–833,72	700,18–844,18	709,72–854,64	719,26–865,10
800	728,80–875,56	738,35–886,01	747,90–896,46	757,45–906,91	767,00–917,36	776,56–927,80	786,12–938,24	795,68–948,68	805,25–959,11	814,81–969,55
900	824,38–979,98	833,96–990,40	843,53–1000,9	853,11–1011,3	862,69–1021,7	872,27–1032,1	881,85–1042,6	891,43–1053,0	901,02–1063,4	910,61–1073,8
1000	920,20–1084,2	929,80–1094,6	939,39–1105,0	948,99–1115,4	958,59–1125,8	968,19–1136,2	977,80–1146,6	987,40–1157,0	997,01–1167,4	1006,6–1177,8
1100	1016,2–1188,2	1025,8–1198,6	1035,4–1209,0	1045,0–1219,3	1054,6–1229,7	1064,3–1240,1	1073,9–1250,5	1083,5–1260,9	1093,1–1271,2	1102,8–1281,6
1200	1112,4–1292,0	1122,0–1302,3	1131,6–1312,7	1141,3–1323,1	1150,9–1333,4	1160,5–1343,8	1170,2–1354,2	1179,8–1364,5	1189,5–1374,9	1199,1–1385,3
1300	1208,7–1395,6	1218,4–1406,0	1228,0–1416,3	1237,7–1426,7	1247,3–1437,0	1257,0–1447,4	1266,6–1457,7	1276,3–1468,1	1285,9–1478,4	1295,6–1488,8
1400	1305,2–1499,1	1314,9–1509,5	1324,5–1519,8	1334,2–1530,1	1343,9–1540,5	1353,5–1550,8	1363,2–1561,2	1372,9–1571,5	1382,5–1581,8	1392,2–1592,2
1500	1401,9–1602,5	1411,5–1612,8	1421,2–1623,2	1430,9–1633,5	1440,5–1643,8	1450,2–1654,1	1459,9–1664,5	1469,6–1674,8	1479,2–1685,1	1488,9–1695,4
1600	1498,6–1705,8	1508,3–1716,1	1517,9–1726,4	1527,6–1736,7	1537,3–1747,0	1547,0–1757,4	1556,7–1767,7	1566,4–1778,0	1576,0–1788,3	1585,7–1798,6
1700	1595,4–1808,9	1605,1–1819,3	1614,8–1829,6	1624,5–1839,9	1634,2–1850,2	1643,9–1860,5	1653,6–1870,8	1663,2–1881,1	1672,9–1891,4	1682,6–1901,7
1800	1692,3–1912,0	1702,0–1922,3	1711,7–1932,6	1721,4–1942,9	1731,1–1953,2	1740,8–1963,5	1750,5–1973,8	1760,2–1984,1	1769,9–1994,4	1779,6–2004,7
1900	1789,3–2015,0	1799,0–2025,3	1808,7–2035,6	1818,5–2045,9	1828,2–2056,2	1837,9–2066,5	1847,6–2076,8	1857,3–2087,1	1867,0–2097,3	1876,7–2107,6
2000	1886,4–2117,9	1896,1–2128,2	1905,8–2138,5	1915,6–2148,8	1925,3–2159,1	1935,0–2169,4	1944,7–2179,6	1954,4–2189,9	1964,1–2200,2	1973,9–2210,5
2100	1983,6–2220,8	1993,3–2231,1	2003,0–2241,3	2012,7–2251,6	2022,5–2261,9	2032,2–2272,2	2041,9–2282,4	2051,6–2292,7	2061,3–2303,0	2071,1–2313,3
2200	2080,8–2323,5	2090,5–2333,8	2100,2–2344,1	2110,0–2354,4	2119,7–2364,6	2129,4–2374,9	2139,2–2385,2	2148,9–2395,5	2158,6–2405,7	2168,4–2416,0
2300	2178,1–2426,3	2187,8–2436,5	2197,5–2446,8	2207,3–2457,1	2217,0–2467,3	2226,7–2477,6	2236,5–2487,9	2246,2–2498,1	2256,0–2508,4	2265,7–2518,7
2400	2275,4–2528,9	2285,2–2539,2	2294,9–2549,4	2304,6–2559,7	2314,4–2570,0	2324,1–2580,2	2333,9–2590,5	2343,6–2600,7	2353,3–2611,0	2363,1–2621,3
2500	2372,8–2631,5	2382,6–2641,8	2392,3–2652,0	2402,1–2662,3	2411,8–2672,5	2421,5–2682,8	2431,3–2693,1	2441,0–2703,3	2450,8–2713,6	2460,5–2723,8
2600	2470,3–2734,1	2480,0–2744,3	2489,8–2754,6	2499,5–2764,8	2509,3–2775,1	2519,0–2785,3	2528,8–2795,6	2538,5–2805,8	2548,3–2816,1	2558,0–2826,3
2700	2567,8–2836,6	2577,5–2846,8	2587,3–2857,1	2597,0–2867,3	2606,8–2877,6	2616,5–2887,8	2626,3–2898,1	2636,0–2908,3	2645,8–2918,5	2655,6–2928,8
2800	2665,3–2939,0	2675,1–2949,3	2684,8–2959,5	2694,6–2969,8	2704,3–2980,0	2714,1–2990,2	2723,9–3000,5	2733,6–3010,7	2743,4–3021,0	2753,1–3031,2
2900	2762,9–3041,4	2772,7–3051,7	2782,4–3061,9	2792,2–3072,2	2801,9–3082,4	2811,7–3092,6	2821,5–3102,9	2831,2–3113,1	2841,0–3123,3	2850,8–3133,6
3000	2860,5–3143,8	2870,3–3154,0	2880,1–3164,3	2889,8–3174,5	2899,6–3184,7	2909,4–3195,0	2919,1–3205,2	2928,9–3215,4	2938,7–3225,7	2948,4–3235,9
3100	2958,2–3246,1	2968,0–3256,4	2977,7–3266,6	2987,5–3276,8	2997,3–3287,1	3007,0–3297,3	3016,8–3307,5	3026,6–3317,8	3036,4–3328,0	3046,1–3338,2
3200	3055,9–3348,4	3065,7–3358,7	3075,4–3368,9	3085,2–3379,1	3095,0–3389,3	3104,8–3399,6	3114,5–3409,8	3124,3–3420,0	3134,1–3430,2	3143,9–3440,5
3300	3153,6–3450,7	3163,4–3460,9	3173,2–3471,1	3183,0–3481,4	3192,7–3491,6	3202,5–3501,8	3212,3–3512,0	3222,1–3522,3	3231,9–3532,5	3241,6–3542,7
3400	3251,4–3552,9	3261,2–3563,1	3271,0–3573,4	3280,8–3583,6	3290,5–3593,8	3300,3–3604,0	3310,1–3614,2	3319,9–3624,5	3329,7–3634,7	3339,4–3644,9
3500	3349,2–3655,1	3359,0–3665,3	3368,8–3675,5	3378,6–3685,8	3388,4–3696,0	3398,1–3706,2	3407,9–3716,4	3417,7–3726,6	3427,5–3736,8	3437,3–3747,1
3600	3447,1–3757,3	3456,8–3767,5	3466,6–3777,7	3476,4–3787,9	3486,2–3798,1	3496,0–3808,3	3505,8–3818,6	3515,6–3828,8	3525,4–3839,0	3535,1–3849,2
3700	3544,9–3859,4	3554,7–3869,6	3564,5–3879,8	3574,3–3890,0	3584,1–3900,3	3593,9–3910,5	3603,7–3920,7	3613,5–3930,9	3623,2–3941,1	3633,0–3951,3
3800	3642,8–3961,5	3652,6–3971,7	3662,4–3981,9	3672,2–3992,1	3682,0–4002,3	3691,8–4012,6	3701,6–4022,8	3711,4–4033,0	3721,2–4043,2	3731,0–4053,4
3900	3740,8–4063,6	3750,5–4073,8	3760,3–4084,0	3770,1–4094,2	3779,9–4104,4	3789,7–4114,6	3799,5–4124,8	3809,3–4135,0	3819,1–4145,2	3828,9–4155,4
4000	3838,7–4165,6	3848,5–4175,8	3858,3–4186,0	3868,1–4196,2	3877,9–4206,4	3887,7–4216,6	3897,5–4226,9	3907,3–4237,1	3917,1–4247,3	3926,9–4257,5
4100	3936,7–4267,7	3946,5–4277,9	3956,3–4288,1	3966,1–4298,3	3975,9–4308,5	3985,7–4318,7	3995,5–4328,9	4005,3–4339,1	4015,1–4349,3	4024,9–4359,5
4200	4034,7–4369,7	4044,5–4379,9	4054,3–4390,1	4064,1–4400,3	4073,9–4410,4	4083,7–4420,6	4093,5–4430,8	4103,3–4441,0	4113,1–4451,2	4122,9–4461,4
4300	4132,7–4471,6	4142,5–4481,8	4152,3–4492,0	4162,1–4502,2	4171,9–4512,4	4181,7–4522,6	4191,5–4532,8	4201,3–4543,0	4211,1–4553,2	4220,9–4563,4
4400	4230,8–4573,6	4240,6–4583,8	4250,4–4594,0	4260,2–4604,2	4270,0–4614,4	4279,8–4624,6	4289,6–4634,7	4299,4–4644,9	4309,2–4655,1	4319,0–4665,3
4500	4328,8–4675,5	4338,6–4685,7	4348,4–4695,9	4358,2–4706,1	4368,1–4716,3	4377,9–4726,5	4387,7–4736,7	4397,5–4746,9	4407,3–4757,0	4417,1–4767,2
4600	4426,9–4777,4	4436,7–4787,6	4446,5–4797,8	4456,3–4808,0	4466,2–4818,2	4476,0–4828,4	4485,8–4838,6	4495,6–4848,7	4505,4–4858,9	4515,2–4869,1
4700	4525,0–4879,3	4534,8–4889,5	4544,6–4899,7	4554,5–4909,9	4564,3–4920,1	4574,1–4930,2	4583,9–4940,4	4593,7–4950,6	4603,5–4960,8	4613,3–4971,0
4800	4623,2–4981,2	4633,0–4991,4	4642,8–5001,6	4652,6–5011,7	4662,4–5021,9	4672,2–5032,1	4682,0–5042,3	4691,9–5052,5	4701,7–5062,7	4711,5–5072,8
4900	4721,3–5083,0	4731,1–5093,2	4740,9–5103,4	4750,8–5113,6	4760,6–5123,8	4770,4–5134,0	4780,2–5144,1	4790,0–5154,3	4799,8–5164,5	4809,7–5174,7
5000	4819,5–5184,9	4917,7–5286,7	5015,9–5388,5	5114,1–5490,2	5212,3–5592,0	5310,6–5693,7	5408,9–5795,5	5507,1–5897,2	5605,4–5998,9	5703,8–6100,6
6000	5802,1–6202,2	5900,4–6303,9	5998,8–6405,5	6097,2–6507,2	6195,5–6608,8	6293,9–6710,4	6392,4–6812,0	6490,8–6913,6	6589,2–7015,1	6687,6–7116,7
7000	6786,1–7218,2	6884,6–7319,8	6983,0–7421,3	7081,5–7522,8	7180,0–7624,3	7278,5–7725,8	7377,1–7827,3	7475,6–7928,7	7574,1–8030,2	7672,7–8131,7
8000	7771,2–8233,1	7869,8–8334,5	7968,4–8436,0	8066,9–8537,4	8165,5–8638,8	8264,1–8740,2	8362,7–8841,6	8461,4–8943,0	8560,0–9044,4	8658,6–9145,7
9000	8757,2–9247,1	8855,9–9348,4	8954,5–9449,8	9053,2–9551,1	9151,9–9652,5	9250,6–9753,8	9349,2–9855,1	9447,9–9956,4	9546,6–10058	9645,3–10159
10000	9744,0–10261	9842,7–10362	9941,5–10463	10040–10565	10138–10666	10237–10767	10336–10868	10435–10970	10533–11071	10632–11172
11000	10731–11273	10830–11375	10929–11476	11027–11577	11126–11678	11225–11779	11324–11881	11423–11982	11521–12083	11620–12184
12000	11719–12285	11818–12387	11917–12488	12015–12589	12114–12690	12213–12791	12312–12892	12411–12993	12510–13095	12609–13196
13000	12707–13297	12806–13398	12905–13499	13004–13600	13103–13701	13202–13802	13301–13904	13400–14005	13499–14106	13597–14207
14000	13696–14308	13795–14409	13894–14510	13993–14611	14092–14712	14191–14813	14290–14914	14389–15015	14488–15117	14587–15218
15000	14686–15319	14785–15420	14884–15521	14983–15622	15082–15723	15180–15824	15279–15925	15378–16026	15477–16127	15576–16228
16000	15675–16329	15774–16430	15873–16531	15972–16632	16071–16733	16170–16834	16269–16935	16368–17036	16467–17137	16566–17238
17000	16665–17339	16764–17440	16863–17541	16962–17642	17061–17743	17160–17844	17259–17945	17358–18046	17458–18147	17557–18248
18000	17656–18349	17755–18450	17854–18551	17953–18652	18052–18753	18151–18854	18250–18954	18349–19055	18448–19156	18547–19257
19000	18646–19358	18745–19459	18844–19560	18943–19661	19042–19762	19141–19863	19241–19964	19340–20065	19439–20166	19538–20267
20000	19637–20367	19736–20468	19835–20569	19934–20670	20033–20771	20132–20872	20231–20973	20331–21074	20430–21175	20529–21276
21000	20628–21376	20727–21477	20826–21578	20925–21679	21024–21780	21123–21881	21223–21982	21322–22083	21421–22183	21520–22284
22000	21619–22385	21718–22486	21817–22587	21917–22688	22016–22789	22115–22890	22214–22990	22313–23091	22412–23192	22511–23293
23000	22611–23394	22710–23495	22809–23596	22908–23696	23007–23797	23106–23898	23205–23999	23305–24100	23404–24201	23503–24301
24000	23602–24401	23701–24503	23800–24604	23900–24705	23999–24806	24098–24906	24197–25007	24296–25108	24396–25209	24495–25310
25000	24594–25410	24693–25511	24792–25612	24891–25713	24991–25814	25090–25914	25189–26015	25288–26116	25387–26217	25487–26318
26000	25586–26419	25685–26519	25784–26620	25883–26721	25983–26822	26082–26922	26181–27023	26280–27124	26379–27225	26479–27326
27000	26578–27426	26677–27527	26776–27628	26876–27729	26975–27830	27074–27930	27173–28031	27272–28132	27372–28233	27471–28333
28000	27570–28434	27669–28535	27769–28636	27868–28736	27967–28837	28066–28938	28166–29039	28265–29140	28364–29240	28463–29341
29000	28563–29442	28662–29543	28761–29643	28860–29744	28960–29845	29059–29946	29158–30046	29257–30147	29357–30248	29456–30349
30000	29555–30449	29654–30550	29754–30651	29853–30752	29952–30852	30051–30953	30151–31054	30250–31154	30349–31255	30448–31356
31000	30548–31457	30647–31556	30746–31658	30845–31759	30945–31860	31044–31960	31143–32061	31243–32162	31342–32263	31441–32363
32000	31540–32464	31640–32565	31739–32665	31838–32766	31938–32867	32037–32968	32136–33068	32235–33169	32335–33270	32434–33370
33000	32533–33471	32633–33572	32732–33672	32831–33773	32930–33874	33030–33975	33129–34075	33228–34176	33328–34277	33427–34377
34000	33526–34478	33626–34579	33725–34680	33824–34780	33923–34881	34023–34982	34122–35082	34221–35183	34321–35284	34420–35384
35000	34519–35485	34619–35586	34718–35686	34817–35787	34917–35888	35016–35988	35115–36089	35214–36190	35314–36291	35413–36391
36000	35512–36492	35612–36593	35711–36693	35810–36794	35910–36895	36009–36995	36108–37096	36208–37197	36307–37297	36406–37398
37000	36506–37499	36605–37599	36704–37700	36804–37801	36903–37901	37002–38002	37102–38103	37201–38203	37300–38304	37400–38405
38000	37499–38505	37598–38606	37698–38707	37797–38807	37896–38908	37996–39009	38095–39109	38194–39210	38294–39311	38393–39411
39000	38492–39512	38592–39612	38691–39713	38791–39814	38890–39914	38989–40015	39089–40116	39188–40216	39287–40317	39387–40418
40000	39486–40518	39585–40619	39685–40720	39784–40820	39883–40921	39983–41022	40082–41122	40182–41223	40281–41323	40380–41424
41000	40480–41525	40579–41625	40678–41726	40778–41827	40877–41927	40976–42028	41076–42129	41175–42229	41275–42330	41374–42430
42000	41473–42531	41573–42632	41672–42732	41771–42833	41871–42934	41970–43034	42070–43135	42169–43235	42268–43336	42368–43437
43000	42467–43537	42566–43638	42666–43739	42765–43839	42865–43940	42964–44040	43063–44141	43163–44242	43262–44342	43361–44443
44000	43461–44543	43560–44644	43660–44745	43759–44845	43858–44946	43958–45047	44057–45147	44157–45248	44256–45348	44355–45449

* Nachdruck nur mit Erlaubnis des Herausgebers.

Signifikanzschranken für den Vierfeldertest*

x_1	$N_1 - x_1$	N_1
x_2	$N_2 - x_2$	N_2
X	$N - X$	N

$$N = N_1 + N_2,\quad X = x_1 + x_2,\quad N_1 \leqq N_2,\quad x_1 \leqq N_1 - x_1$$

Anleitung siehe S.123

N_1	x_1	$2\alpha=$ 0,20	$2\alpha=$ 0,10	$2\alpha=$ 0,05	$2\alpha=$ 0,02	$2\alpha=$ 0,01	$2\alpha=$ 0,002
$N = 8$							
4	0	•- 3	•- 4	•- 4	-	-	-
	1	•- 5	-	-	-	-	-
	2	-	-	-	-	-	-
$N = 9$							
4	0	•- 4	•- 4	•- 5	•- 5	-	-
	1	•- 6	•- 6	-	-	-	-
	2	-	-	-	-	-	-
$N = 10$							
4	0	•- 4	•- 5	•- 5	•- 6	•- 6	-
	1	•- 7	•- 7	-	-	-	-
	2	-	-	-	-	-	-
5	0	•- 3	•- 4	•- 4	•- 5	•- 5	-
	1	•- 6	•- 6	•- 6	-	-	-
	2	•- 7	-	-	-	-	-
$N = 11$							
4	0	•- 5	•- 5	•- 6	•- 7	•- 7	-
	1	•- 7	•- 8	•- 8	-	-	-
	2	-	-	-	-	-	-
5	0	•- 4	•- 4	•- 5	•- 6	•- 6	-
	1	•- 6	•- 7	•- 7	-	-	-
	2	•- 8	-	-	-	-	-
$N = 12$							
4	0	•- 5	•- 6	•- 7	•- 8	•- 8	-
	1	•- 8	•- 9	•- 9	-	-	-
	2	2-10	-	-	-	-	-
5	0	•- 4	•- 5	•- 6	•- 6	•- 7	-
	1	•- 7	•- 7	•- 8	-	-	-
	2	•- 9	•- 9	-	-	-	-
6	0	•- 3	•- 4	•- 5	•- 5	•- 6	-
	1	•- 6	•- 6	•- 7	•- 7	-	-
	2	•- 8	•- 8	-	-	-	-
	3	3- 9	-	-	-	-	-
$N = 13$							
4	0	•- 5	•- 6	•- 7	•- 8	•- 9	-
	1	•- 9	•-10	•-10	-	-	-
	2	2-11	-	-	-	-	-
5	0	•- 4	•- 5	•- 6	•- 7	•- 7	•- 8
	1	•- 7	•- 8	•- 9	•- 9	-	-
	2	•-10	•-10	-	-	-	-
6	0	•- 4	•- 4	•- 5	•- 6	•- 6	•- 7
	1	•- 6	•- 7	•- 8	•- 8	•- 8	-
	2	•- 8	•- 9	•- 9	-	-	-
	3	3-10	-	-	-	-	-
$N = 14$							
4	0	•- 6	•- 7	•- 8	•- 9	•- 9	•-10
	1	•- 9	•-10	•-11	-	-	-
	2	2-12	-	-	-	-	-
5	0	•- 5	•- 6	•- 7	•- 8	•- 8	•- 9
	1	•- 8	•- 9	•- 9	•-10	•-10	-
	2	•-10	•-11	-	-	-	-
6	0	•- 4	•- 5	•- 6	•- 6	•- 7	•- 8
	1	•- 7	•- 8	•- 8	•- 9	•- 9	-
	2	•- 9	•-10	•-10	-	-	-
	3	3-11	-	-	-	-	-
7	0	•- 3	•- 4	•- 5	•- 6	•- 6	•- 7
	1	•- 6	•- 7	•- 7	•- 8	•- 8	-
	2	•- 8	•- 9	•- 9	-	-	-
	3	3-10	•-10	-	-	-	-
$N = 15$							
4	0	•- 6	•- 8	•- 9	•-10	•-10	•-11
	1	•-10	•-11	•-12	•-12	-	-
	2	2-13	-	-	-	-	-
5	0	•- 5	•- 6	•- 7	•- 8	•- 9	•-10
	1	•- 9	•- 9	•-10	•-11	•-11	-
	2	2-11	•-12	•-12	-	-	-
6	0	•- 4	•- 5	•- 6	•- 7	•- 8	•- 9
	1	•- 7	•- 8	•- 9	•-10	•-10	-
	2	•-10	•-10	•-11	-	-	-
	3	3-12	3-12	-	-	-	-
7	0	•- 4	•- 5	•- 5	•- 6	•- 7	•- 8
	1	•- 6	•- 7	•- 8	•- 8	•- 9	-
	2	•- 9	•- 9	•-10	•-10	-	-
	3	3-11	•-11	-	-	-	-
$N = 16$							
4	0	•- 7	•- 8	•- 9	•-10	•-11	•-12
	1	•-11	•-12	•-13	•-13	-	-
	2	2-14	-	-	-	-	-
5	0	•- 6	•- 7	•- 8	•- 9	•- 9	•-11
	1	•- 9	•-10	•-11	•-12	•-12	-
	2	2-12	•-13	•-13	-	-	-

N_1	x_1	$2\alpha=$ 0,20	$2\alpha=$ 0,10	$2\alpha=$ 0,05	$2\alpha=$ 0,02	$2\alpha=$ 0,01	$2\alpha=$ 0,002
$N = 16$ (Fortsetzung)							
6	0	•- 5	•- 6	•- 7	•- 8	•- 8	•- 9
	1	•- 8	•- 9	•- 9	•-10	•-11	-
	2	•-10	•-11	•-12	•-12	-	-
	3	3-13	3-13	-	-	-	-
7	0	•- 4	•- 5	•- 6	•- 7	•- 7	•- 8
	1	•- 7	•- 8	•- 8	•- 9	•-10	•-10
	2	•- 9	•-10	•-10	•-11	•-11	-
	3	3-11	•-12	•-12	-	-	-
8	0	•- 3	•- 4	•- 5	•- 6	•- 6	•- 7
	1	•- 6	•- 7	•- 7	•- 8	•- 9	•- 9
	2	•- 8	•- 9	•- 9	•-10	•-10	-
	3	•-10	•-11	•-11	-	-	-
	4	4-12	4-12	-	-	-	-
$N = 17$							
4	0	•- 7	•- 9	•-10	•-11	•-12	•-13
	1	•-11	•-13	•-13	•-14	-	-
	2	2-15	2-15	-	-	-	-
5	0	•- 6	•- 7	•- 8	•- 9	•-10	•-11
	1	•-10	•-11	•-12	•-12	•-13	-
	2	2-13	•-14	•-14	-	-	-
6	0	•- 5	•- 6	•- 7	•- 8	•- 9	•-10
	1	•- 8	•- 9	•-10	•-11	•-12	•-12
	2	•-11	•-12	•-13	•-13	-	-
	3	4-13	3-14	-	-	-	-
7	0	•- 4	•- 5	•- 6	•- 7	•- 8	•- 9
	1	•- 7	•- 8	•- 9	•-10	•-10	•-11
	2	•-10	•-11	•-11	•-12	•-12	-
	3	3-12	•-13	•-13	-	-	-
8	0	•- 4	•- 5	•- 5	•- 6	•- 7	•- 8
	1	•- 6	•- 7	•- 8	•- 9	•- 9	•-10
	2	•- 9	•- 9	•-10	•-11	•-11	-
	3	3-11	•-11	•-12	•-12	-	-
	4	4-13	4-13	-	-	-	-
$N = 18$							
4	0	•- 8	•- 9	•-10	•-12	•-12	•-14
	1	•-12	•-13	•-14	•-15	•-15	-
	2	2-16	2-16	-	-	-	-
5	0	•- 6	•- 8	•- 9	•-10	•-11	•-12
	1	•-10	•-11	•-12	•-13	•-14	-
	2	2-13	•-14	•-15	-	-	-
6	0	•- 5	•- 6	•- 7	•- 9	•- 9	•-11
	1	•- 9	•-10	•-11	•-12	•-12	•-13
	2	2-12	•-13	•-13	•-14	•-14	-
	3	4-14	3-15	3-15	-	-	-
7	0	•- 5	•- 6	•- 6	•- 8	•- 8	•-10
	1	•- 8	•- 9	•- 9	•-10	•-11	•-12
	2	•-10	•-11	•-12	•-13	•-13	-
	3	3-13	3-13	•-14	-	-	-
8	0	•- 4	•- 5	•- 6	•- 7	•- 7	•- 9
	1	•- 7	•- 8	•- 8	•- 9	•-10	•-11
	2	•- 9	•-10	•-11	•-11	•-12	-
	3	3-11	•-12	•-13	•-13	-	-
	4	5-13	4-14	4-14	-	-	-
9	0	•- 4	•- 4	•- 5	•- 6	•- 6	•- 8
	1	•- 6	•- 7	•- 7	•- 8	•- 9	•-10
	2	•- 8	•- 9	•-10	•-10	•-11	-
	3	•-10	•-11	•-11	•-12	•-12	-
	4	4-12	4-13	•-13	-	-	-
$N = 19$							
4	0	•- 8	•-10	•-11	•-12	•-13	•-15
	1	•-13	•-14	•-15	•-16	•-16	-
	2	3-16	2-17	-	-	-	-
5	0	•- 7	•- 8	•- 9	•-11	•-11	•-13
	1	•-11	•-12	•-13	•-14	•-15	-
	2	2-14	•-15	•-16	-	-	-
6	0	•- 6	•- 7	•- 8	•- 9	•-10	•-12
	1	•- 9	•-10	•-11	•-12	•-13	•-14
	2	2-12	•-13	•-14	•-15	•-15	-
	3	4-15	3-16	3-16	-	-	-
7	0	•- 5	•- 6	•- 7	•- 8	•- 9	•-10
	1	•- 8	•- 9	•-10	•-11	•-12	•-13
	2	•-11	•-12	•-13	•-13	•-14	-
	3	3-13	3-14	•-15	•-15	-	-
8	0	•- 4	•- 5	•- 6	•- 7	•- 8	•- 9
	1	•- 7	•- 8	•- 9	•-10	•-10	•-12
	2	•-10	•-11	•-11	•-12	•-13	-
	3	3-12	•-13	•-13	•-14	•-14	-
	4	5-14	4-15	4-15	-	-	-
9	0	•- 4	•- 5	•- 5	•- 6	•- 7	•- 8
	1	•- 6	•- 7	•- 8	•- 9	•- 9	•-10
	2	•- 9	•-10	•-10	•-11	•-11	•-12
	3	3-11	•-12	•-12	•-13	•-13	-
	4	4-13	4-13	•-14	-	-	-
$N = 20$							
4	0	•- 9	•-10	•-12	•-13	•-14	•-16
	1	•-14	•-15	•-16	•-17	•-17	-
	2	3-17	2-18	-	-	-	-

N_1	x_1	$2\alpha=$ 0,20	$2\alpha=$ 0,10	$2\alpha=$ 0,05	$2\alpha=$ 0,02	$2\alpha=$ 0,01	$2\alpha=$ 0,002
$N = 20$ (Fortsetzung)							
5	0	•- 7	•- 9	•-10	•-11	•-12	•-14
	1	•-11	•-13	•-14	•-15	•-15	-
	2	2-15	•-16	•-17	•-17	-	-
6	0	•- 6	•- 7	•- 8	•-10	•-11	•-12
	1	•-10	•-11	•-12	•-13	•-14	•-15
	2	2-13	•-14	•-15	•-16	•-16	-
	3	4-16	3-17	3-17	-	-	-
7	0	•- 5	•- 6	•- 7	•- 9	•- 9	•-11
	1	•- 9	•-10	•-11	•-12	•-12	•-14
	2	•-12	•-13	•-13	•-14	•-15	-
	3	3-14	3-15	•-16	•-16	-	-
8	0	•- 5	•- 6	•- 6	•- 8	•- 8	•-10
	1	•- 8	•- 9	•- 9	•-10	•-11	•-12
	2	•-10	•-11	•-12	•-13	•-13	•-14
	3	3-13	3-14	•-14	•-15	•-15	-
	4	5-15	4-16	4-16	-	-	-
9	0	•- 4	•- 5	•- 6	•- 7	•- 7	•- 9
	1	•- 7	•- 8	•- 8	•- 9	•-10	•-11
	2	•- 9	•-10	•-11	•-12	•-12	•-13
	3	3-11	•-12	•-13	•-14	•-14	-
	4	5-14	4-14	•-15	•-15	-	-
10	0	•- 4	•- 4	•- 5	•- 6	•- 7	•- 8
	1	•- 6	•- 7	•- 8	•- 8	•- 9	•-10
	2	•- 8	•- 9	•-10	•-11	•-11	•-12
	3	•-10	•-11	•-12	•-12	•-13	-
	4	4-12	4-13	•-14	•-14	-	-
	5	6-14	5-15	5-15	-	-	-
$N = 21$							
4	0	•- 9	•-11	•-12	•-14	•-15	•-16
	1	•-14	•-16	•-17	•-18	•-18	-
	2	3-18	2-19	-	-	-	-
5	0	•- 7	•- 9	•-10	•-12	•-13	•-15
	1	•-12	•-13	•-15	•-16	•-16	•-17
	2	2-16	2-17	•-18	•-18	-	-
6	0	•- 6	•- 8	•- 9	•-10	•-11	•-13
	1	•-10	•-12	•-13	•-14	•-15	•-16
	2	2-14	•-15	•-16	•-17	•-17	-
	3	4-17	3-18	3-18	-	-	-
7	0	•- 5	•- 7	•- 8	•- 9	•-10	•-12
	1	•- 9	•-10	•-11	•-12	•-13	•-14
	2	•-12	•-13	•-14	•-15	•-16	-
	3	4-15	3-16	•-17	•-17	-	-
8	0	•- 5	•- 6	•- 7	•- 8	•- 9	•-10
	1	•- 8	•- 9	•-10	•-11	•-12	•-13
	2	•-11	•-12	•-13	•-14	•-14	•-15
	3	3-13	3-14	•-15	•-16	•-16	-
	4	5-16	5-16	4-17	-	-	-
9	0	•- 4	•- 5	•- 6	•- 7	•- 8	•- 9
	1	•- 7	•- 8	•- 9	•-10	•-11	•-12
	2	•-10	•-11	•-11	•-12	•-13	•-14
	3	3-12	•-13	•-14	•-14	•-15	-
	4	5-14	4-15	4-16	•-16	-	-
10	0	•- 4	•- 5	•- 5	•- 6	•- 7	•- 8
	1	•- 6	•- 7	•- 8	•- 9	•-10	•-11
	2	•- 9	•-10	•-10	•-11	•-12	•-13
	3	3-11	•-12	•-12	•-13	•-14	-
	4	4-13	4-14	•-14	•-15	•-15	-
	5	6-15	5-16	5-16	-	-	-
$N = 22$							
4	0	•- 9	•-11	•-13	•-14	•-15	•-17
	1	•-15	•-16	•-17	•-18	•-19	-
	2	3-19	2-20	-	-	-	-
5	0	•- 8	•- 9	•-11	•-12	•-13	•-15
	1	•-13	•-14	•-15	•-16	•-17	•-18
	2	2-17	2-18	•-18	•-19	-	-
6	0	•- 7	•- 8	•- 9	•-11	•-12	•-14
	1	•-11	•-12	•-13	•-15	•-15	•-17
	2	2-14	•-16	•-17	•-17	•-18	-
	3	4-18	4-18	3-19	-	-	-
7	0	•- 6	•- 7	•- 8	•-10	•-10	•-12
	1	•-10	•-11	•-12	•-13	•-14	•-15
	2	2-13	•-14	•-15	•-16	•-16	•-17
	3	4-16	3-17	3-17	•-18	•-18	-
8	0	•- 5	•- 6	•- 7	•- 8	•- 9	•-11
	1	•- 8	•-10	•-11	•-12	•-12	•-14
	2	•-11	•-12	•-13	•-14	•-15	•-16
	3	3-14	3-15	•-16	•-17	•-17	-
	4	6-16	5-17	4-18	4-18	-	-
9	0	•- 4	•- 5	•- 6	•- 8	•- 8	•-10
	1	•- 8	•- 9	•- 9	•-11	•-11	•-13
	2	•-10	•-11	•-12	•-13	•-14	•-15
	3	3-13	•-14	•-14	•-15	•-16	-
	4	5-15	4-16	4-16	•-17	•-17	-
10	0	•- 4	•- 5	•- 6	•- 7	•- 7	•- 9
	1	•- 7	•- 8	•- 9	•-10	•-10	•-11
	2	•- 9	•-10	•-11	•-12	•-12	•-14
	3	3-11	•-12	•-13	•-14	•-14	•-15
	4	4-14	4-14	•-15	•-16	•-16	-
	5	6-16	6-16	5-17	5-17	-	-
11	0	•- 4	•- 4	•- 5	•- 6	•- 7	•- 8

Signifikanzschranken für den Vierfeldertest*

x_1	$N_1 - x_1$	N_1
x_2	$N_2 - x_2$	N_2
X	$N - X$	N

$$N = N_1 + N_2,\quad X = x_1 + x_2,\quad N_1 \leqq N_2,\quad x_1 \leqq N_1 - x_1$$

Anleitung siehe S. 123

N_1	x_1	2α = 0,20	2α = 0,10	2α = 0,05	2α = 0,02	2α = 0,01	2α = 0,002
		$N = 22$ (Fortsetzung)					
11	1	•-6	•-7	•-8	•-9	•-9	•-10
	2	•-8	•-9	•-10	•-11	•-11	•-12
	3	•-10	•-11	•-12	•-13	•-13	•-14
	4	4-12	4-13	•-14	•-15	•-15	–
	5	6-14	5-15	5-16	•-16	–	–
		$N = 23$					
4	0	•-10	•-12	•-13	•-15	•-16	•-18
	1	•-16	•-17	•-18	•-19	•-20	–
	2	3-20	2-21	2-21	–	–	–
5	0	•-8	•-10	•-11	•-13	•-14	•-16
	1	•-13	•-15	•-16	•-17	•-18	•-19
	2	2-17	2-18	•-19	•-20	–	–
6	0	•-7	•-8	•-10	•-11	•-12	•-14
	1	•-11	•-13	•-14	•-15	•-16	•-18
	2	2-15	•-16	•-17	•-18	•-19	–
	3	5-18	4-19	3-20	–	–	–
7	0	•-6	•-7	•-9	•-10	•-11	•-13
	1	•-10	•-11	•-12	•-14	•-14	•-16
	2	2-13	•-15	•-16	•-17	•-17	•-18
	3	4-16	3-17	3-18	•-19	•-19	–
8	0	•-5	•-6	•-8	•-9	•-10	•-12
	1	•-9	•-10	•-11	•-12	•-13	•-15
	2	•-12	•-13	•-14	•-15	•-16	•-17
	3	3-15	3-16	•-17	•-17	•-18	–
	4	6-17	5-18	4-19	4-19	–	–
9	0	•-5	•-6	•-7	•-8	•-9	•-10
	1	•-8	•-9	•-10	•-11	•-12	•-13
	2	•-11	•-12	•-13	•-14	•-14	•-16
	3	3-13	3-14	•-15	•-16	•-16	•-17
	4	5-16	4-17	4-17	•-18	•-18	–
10	0	•-4	•-5	•-6	•-7	•-8	•-9
	1	•-7	•-8	•-9	•-10	•-11	•-12
	2	•-10	•-11	•-12	•-13	•-13	•-14
	3	3-12	•-13	•-14	•-15	•-15	•-16
	4	5-14	4-15	4-16	•-17	•-17	–
	5	7-16	6-17	5-18	5-18	–	–
11	0	•-4	•-5	•-5	•-6	•-7	•-9
	1	•-6	•-7	•-8	•-9	•-10	•-11
	2	•-9	•-10	•-11	•-11	•-12	•-13
	3	3-11	•-12	•-13	•-14	•-14	•-15
	4	4-13	4-14	•-15	•-15	•-16	–
	5	6-15	5-16	5-16	•-17	•-17	–
		$N = 24$					
4	0	•-10	•-12	•-14	•-16	•-17	•-19
	1	•-16	•-18	•-19	•-20	•-21	–
	2	3-21	2-22	2-22	–	–	–
5	0	•-9	•-10	•-12	•-14	•-15	•-17
	1	•-14	•-15	•-17	•-18	•-19	•-20
	2	3-18	2-19	•-20	•-21	•-21	–
6	0	•-7	•-9	•-10	•-12	•-13	•-15
	1	•-12	•-13	•-15	•-16	•-17	•-18
	2	2-16	•-17	•-18	•-19	•-20	–
	3	5-19	4-20	3-21	3-21	–	–
7	0	•-6	•-8	•-9	•-10	•-11	•-13
	1	•-10	•-12	•-13	•-14	•-15	•-17
	2	2-14	•-15	•-16	•-17	•-18	•-19
	3	4-17	3-18	3-19	•-20	•-20	–
8	0	•-6	•-7	•-8	•-9	•-10	•-12
	1	•-9	•-11	•-12	•-13	•-14	•-15
	2	•-12	•-14	•-15	•-16	•-16	•-18
	3	4-15	3-16	•-17	•-18	•-19	–
	4	6-18	5-19	4-20	4-20	–	–
9	0	•-5	•-6	•-7	•-8	•-9	•-11
	1	•-8	•-9	•-10	•-12	•-12	•-14
	2	•-11	•-12	•-13	•-14	•-15	•-16
	3	3-14	3-15	•-16	•-17	•-17	•-18
	4	5-16	5-17	4-18	•-19	•-19	–
10	0	•-4	•-5	•-6	•-7	•-8	•-10
	1	•-7	•-9	•-9	•-11	•-11	•-13
	2	•-10	•-11	•-12	•-13	•-14	•-15
	3	3-13	•-14	•-14	•-15	•-16	•-17
	4	5-15	4-16	4-17	•-17	•-18	–
	5	7-17	6-18	5-19	5-19	–	–
11	0	•-4	•-5	•-6	•-7	•-7	•-9
	1	•-7	•-8	•-9	•-10	•-10	•-12
	2	•-9	•-10	•-11	•-12	•-13	•-14
	3	3-12	•-12	•-13	•-14	•-15	•-16
	4	4-14	4-15	•-15	•-16	•-17	•-17
	5	6-16	6-17	5-17	•-18	•-18	–
12	0	•-4	•-4	•-5	•-6	•-7	•-8
	1	•-6	•-7	•-8	•-9	•-9	•-11
	2	•-8	•-9	•-10	•-11	•-12	•-13
	3	•-11	•-11	•-12	•-13	•-14	•-15
	4	4-13	4-13	•-14	•-15	•-15	•-16
	5	6-15	5-15	5-16	•-17	•-17	–
	6	8-16	7-17	6-18	6-18	–	–
		$N = 25$					
4	0	•-11	•-13	•-15	•-16	•-18	•-20
	1	•-17	•-19	•-20	•-21	•-22	–
	2	3-22	2-23	2-23	–	–	–

N_1	x_1	2α = 0,20	2α = 0,10	2α = 0,05	2α = 0,02	2α = 0,01	2α = 0,002
		$N = 25$ (Fortsetzung)					
5	0	•-9	•-11	•-12	•-14	•-15	•-18
	1	•-14	•-16	•-17	•-19	•-20	•-21
	2	3-19	2-20	•-21	•-22	•-22	–
6	0	•-8	•-9	•-11	•-12	•-14	•-16
	1	•-12	•-14	•-15	•-17	•-18	•-19
	2	2-16	•-18	•-19	•-20	•-21	–
	3	5-20	4-21	3-22	3-22	–	–
7	0	•-7	•-8	•-9	•-11	•-12	•-14
	1	•-11	•-12	•-14	•-15	•-16	•-18
	2	2-15	•-16	•-17	•-18	•-19	•-20
	3	4-18	3-19	3-20	•-21	•-21	–
8	0	•-6	•-7	•-8	•-10	•-11	•-13
	1	•-10	•-11	•-12	•-13	•-14	•-16
	2	2-13	•-14	•-15	•-16	•-17	•-19
	3	4-16	3-17	3-18	•-19	•-20	–
	4	6-19	5-20	5-20	4-21	–	–
9	0	•-5	•-6	•-7	•-9	•-10	•-11
	1	•-9	•-10	•-11	•-12	•-13	•-15
	2	•-12	•-13	•-14	•-15	•-16	•-17
	3	3-14	3-16	•-17	•-17	•-18	•-19
	4	6-17	5-18	4-19	4-20	•-20	–
10	0	•-5	•-6	•-7	•-8	•-9	•-10
	1	•-8	•-9	•-10	•-11	•-12	•-13
	2	•-11	•-12	•-13	•-14	•-14	•-16
	3	3-13	•-14	•-15	•-16	•-17	•-18
	4	5-16	4-17	4-17	•-18	•-19	–
	5	7-18	6-19	6-19	5-20	5-20	–
11	0	•-4	•-5	•-6	•-7	•-8	•-9
	1	•-7	•-8	•-9	•-10	•-11	•-12
	2	•-10	•-11	•-12	•-13	•-13	•-15
	3	3-12	•-13	•-14	•-15	•-15	•-17
	4	5-14	4-15	•-16	•-17	•-17	•-18
	5	6-16	6-17	5-18	5-19	•-19	–
12	0	•-4	•-5	•-5	•-6	•-7	•-9
	1	•-6	•-7	•-8	•-9	•-10	•-11
	2	•-9	•-10	•-11	•-12	•-12	•-14
	3	3-11	•-12	•-13	•-14	•-14	•-15
	4	4-13	4-14	•-15	•-16	•-16	•-17
	5	6-15	5-16	5-17	•-17	•-18	–
	6	8-17	7-18	6-19	6-19	–	–
		$N = 26$					
4	0	•-11	•-13	•-15	•-17	•-18	•-21
	1	•-18	•-19	•-21	•-22	•-23	–
	2	4-22	2-24	2-24	–	–	–
5	0	•-9	•-11	•-13	•-15	•-16	•-18
	1	•-15	•-17	•-18	•-20	•-20	•-22
	2	3-20	2-21	•-22	•-23	•-23	–
6	0	•-8	•-10	•-11	•-13	•-14	•-16
	1	•-13	•-15	•-16	•-17	•-18	•-20
	2	2-17	2-19	•-20	•-21	•-21	–
	3	5-21	4-22	3-23	3-23	–	–
7	0	•-7	•-8	•-10	•-11	•-13	•-15
	1	•-11	•-13	•-14	•-16	•-17	•-18
	2	2-15	•-17	•-18	•-19	•-20	•-21
	3	4-19	4-20	3-21	•-22	•-22	–
8	0	•-6	•-7	•-9	•-10	•-11	•-13
	1	•-10	•-11	•-13	•-14	•-15	•-17
	2	2-14	•-15	•-16	•-17	•-18	•-19
	3	4-17	3-18	3-19	•-20	•-20	•-21
	4	6-20	5-21	5-21	4-22	4-22	–
9	0	•-5	•-7	•-8	•-9	•-10	•-12
	1	•-9	•-10	•-11	•-13	•-14	•-15
	2	•-12	•-13	•-15	•-16	•-16	•-18
	3	3-15	3-16	•-17	•-18	•-19	•-20
	4	6-18	5-19	4-20	4-20	•-21	–
10	0	•-5	•-6	•-7	•-8	•-9	•-11
	1	•-8	•-9	•-10	•-12	•-12	•-14
	2	•-11	•-12	•-13	•-14	•-15	•-17
	3	3-14	3-15	•-16	•-17	•-17	•-19
	4	5-16	4-17	4-18	•-19	•-20	•-20
	5	7-19	6-20	6-20	5-21	5-21	–
11	0	•-4	•-5	•-6	•-7	•-8	•-10
	1	•-7	•-8	•-9	•-11	•-11	•-13
	2	•-10	•-11	•-12	•-13	•-14	•-15
	3	3-13	•-14	•-15	•-16	•-16	•-17
	4	5-15	4-16	4-17	•-18	•-18	•-19
	5	7-17	6-18	5-19	5-20	•-20	–
12	0	•-4	•-5	•-6	•-7	•-8	•-9
	1	•-7	•-8	•-9	•-10	•-10	•-12
	2	•-9	•-10	•-11	•-12	•-13	•-14
	3	3-12	•-13	•-13	•-14	•-15	•-16
	4	4-14	4-15	•-16	•-16	•-17	•-18
	5	6-16	5-17	5-18	•-18	•-19	–
	6	8-18	7-19	7-19	6-20	6-20	–
13	0	•-4	•-4	•-5	•-6	•-7	•-8
	1	•-6	•-7	•-8	•-9	•-10	•-11
	2	•-9	•-9	•-10	•-11	•-12	•-13
	3	•-11	•-12	•-12	•-13	•-14	•-15
	4	4-13	4-14	•-14	•-15	•-16	•-17
	5	6-15	5-16	5-16	•-17	•-18	•-18
	6	7-17	7-17	6-18	6-19	•-19	–

N_1	x_1	2α = 0,20	2α = 0,10	2α = 0,05	2α = 0,02	2α = 0,01	2α = 0,002
		$N = 27$					
4	0	•-12	•-14	•-16	•-18	•-19	•-21
	1	•-18	•-20	•-21	•-23	•-24	–
	2	4-23	3-24	2-25	–	–	–
5	0	•-10	•-12	•-13	•-15	•-17	•-19
	1	•-16	•-17	•-19	•-20	•-21	•-23
	2	3-20	2-22	•-23	•-24	•-24	–
6	0	•-8	•-10	•-12	•-14	•-15	•-17
	1	•-13	•-15	•-17	•-18	•-19	•-21
	2	2-18	2-19	•-20	•-22	•-22	•-23
	3	5-22	4-23	4-23	3-24	–	–
7	0	•-7	•-9	•-10	•-12	•-13	•-15
	1	•-12	•-13	•-15	•-16	•-17	•-19
	2	2-16	•-17	•-18	•-20	•-20	•-22
	3	5-19	4-20	3-21	•-22	•-23	–
8	0	•-6	•-8	•-9	•-11	•-12	•-14
	1	•-10	•-12	•-13	•-15	•-16	•-17
	2	2-14	•-15	•-17	•-18	•-19	•-20
	3	4-17	3-19	3-20	•-21	•-21	•-22
	4	7-20	6-21	5-22	4-23	4-23	–
9	0	•-6	•-7	•-8	•-10	•-11	•-13
	1	•-9	•-11	•-12	•-13	•-14	•-16
	2	•-13	•-14	•-15	•-16	•-17	•-19
	3	4-16	3-17	•-18	•-19	•-20	•-21
	4	6-18	5-20	4-20	4-21	•-22	–
10	0	•-5	•-6	•-7	•-9	•-10	•-11
	1	•-8	•-10	•-11	•-12	•-13	•-15
	2	•-11	•-13	•-14	•-15	•-16	•-17
	3	3-14	3-15	•-16	•-18	•-18	•-19
	4	5-17	5-18	4-19	•-20	•-20	•-21
	5	8-19	7-20	6-21	5-22	5-22	–
11	0	•-5	•-6	•-7	•-8	•-9	•-10
	1	•-8	•-9	•-10	•-11	•-12	•-14
	2	•-10	•-12	•-13	•-14	•-15	•-16
	3	3-13	•-14	•-15	•-16	•-17	•-18
	4	5-16	4-17	4-17	•-18	•-19	•-20
	5	7-18	6-19	5-20	5-20	•-21	–
12	0	•-4	•-5	•-6	•-7	•-8	•-10
	1	•-7	•-8	•-9	•-10	•-11	•-12
	2	•-10	•-11	•-12	•-13	•-13	•-15
	3	3-12	•-13	•-14	•-15	•-16	•-17
	4	4-14	4-15	•-16	•-17	•-18	•-19
	5	6-17	6-17	5-18	5-19	•-20	•-20
	6	8-19	8-19	7-20	6-21	6-21	–
13	0	•-4	•-5	•-5	•-7	•-7	•-9
	1	•-6	•-7	•-8	•-9	•-10	•-12
	2	•-9	•-10	•-11	•-12	•-12	•-14
	3	3-11	•-12	•-13	•-14	•-15	•-16
	4	4-13	4-14	•-15	•-16	•-17	•-18
	5	6-15	5-16	5-17	•-18	•-18	•-19
	6	8-17	7-18	6-19	6-20	•-20	–
		$N = 28$					
4	0	•-12	•-14	•-16	•-19	•-20	•-22
	1	•-19	•-21	•-22	•-24	•-24	–
	2	4-24	3-25	2-26	–	–	–
5	0	•-10	•-12	•-14	•-16	•-17	•-20
	1	•-16	•-18	•-20	•-21	•-22	•-24
	2	3-21	2-23	•-24	•-25	•-25	–
6	0	•-9	•-10	•-12	•-14	•-15	•-18
	1	•-14	•-16	•-17	•-19	•-20	•-22
	2	2-18	2-20	•-21	•-22	•-23	•-24
	3	6-22	4-24	4-24	3-25	–	–
7	0	•-7	•-9	•-11	•-12	•-14	•-16
	1	•-12	•-14	•-15	•-17	•-18	•-20
	2	2-16	•-18	•-19	•-20	•-21	•-23
	3	5-20	4-21	3-22	•-23	•-24	–
8	0	•-7	•-8	•-9	•-11	•-12	•-14
	1	•-11	•-12	•-14	•-15	•-16	•-18
	2	2-15	•-16	•-17	•-19	•-19	•-21
	3	4-18	3-19	3-20	•-21	•-22	•-23
	4	7-21	6-22	5-23	4-24	4-24	–
9	0	•-6	•-7	•-8	•-10	•-11	•-13
	1	•-10	•-11	•-12	•-14	•-15	•-17
	2	2-13	•-15	•-16	•-17	•-18	•-19
	3	4-16	3-18	•-19	•-20	•-20	•-22
	4	6-19	5-20	4-21	4-22	•-23	–
10	0	•-5	•-6	•-8	•-9	•-10	•-12
	1	•-9	•-10	•-11	•-13	•-14	•-15
	2	•-12	•-13	•-14	•-16	•-16	•-18
	3	3-15	3-16	•-17	•-18	•-19	•-20
	4	6-18	5-19	4-20	•-21	•-21	•-22
	5	8-20	7-21	6-22	5-23	5-23	–
11	0	•-5	•-6	•-7	•-8	•-9	•-11
	1	•-8	•-9	•-10	•-12	•-12	•-14
	2	•-11	•-12	•-13	•-14	•-15	•-17
	3	3-14	•-15	•-16	•-17	•-18	•-19
	4	5-16	4-17	4-18	•-19	•-20	•-21
	5	7-19	6-20	6-20	5-21	5-22	–
12	0	•-4	•-5	•-6	•-7	•-8	•-10
	1	•-7	•-8	•-9	•-11	•-11	•-13
	2	•-10	•-11	•-12	•-13	•-14	•-16
	3	3-13	•-14	•-15	•-16	•-16	•-18
	4	5-15	4-16	4-17	•-18	•-18	•-20
	5	7-17	6-18	5-19	5-20	•-20	•-21

* Nachdruck nur mit Erlaubnis des Herausgebers.

x_1	$N_1 - x_1$	N_1
x_2	$N_2 - x_2$	N_2
X	$N - X$	N

$N = N_1 + N_2$, $X = x_1 + x_2$, $N_1 \leqq N_2$, $x_1 \leqq N_1 - x_1$

Anleitung siehe S. 123

$N = 28$ (Fortsetzung)

N_1	x_1	2α = 0,20	2α = 0,10	2α = 0,05	2α = 0,02	2α = 0,01	2α = 0,002
	6	9–19	8–20	7–21	6–22	6–22	–
13	0	•–4	•–5	•–6	•–7	•–8	•–9
	1	•–7	•–8	•–9	•–10	•–11	•–12
	2	•–9	•–10	•–11	•–12	•–13	•–14
	3	3–12	•–13	•–14	•–15	•–15	•–17
	4	4–14	4–15	•–16	•–17	•–17	•–18
	5	6–16	5–17	5–18	•–19	•–19	•–20
	6	8–18	7–19	7–20	6–20	6–21	–
14	0	•–4	•–4	•–5	•–6	•–7	•–8
	1	•–6	•–7	•–8	•–9	•–10	•–11
	2	•–9	•–10	•–10	•–11	•–12	•–13
	3	•–11	•–12	•–13	•–14	•–14	•–15
	4	4–13	4–14	•–15	•–16	•–16	•–17
	5	6–15	5–16	5–17	•–17	•–18	•–19
	6	7–17	7–18	6–18	6–19	•–20	•–20
	7	9–19	8–20	8–20	7–21	7–21	–

$N = 29$

N_1	x_1	2α = 0,20	2α = 0,10	2α = 0,05	2α = 0,02	2α = 0,01	2α = 0,002
4	0	•–13	•–15	•–17	•–19	•–21	•–23
	1	•–20	•–22	•–23	•–25	•–25	–
	2	4–25	3–26	2–27	–	–	–
5	0	•–10	•–13	•–15	•–17	•–18	•–21
	1	•–17	•–19	•–20	•–22	•–23	•–25
	2	3–22	2–23	2–24	•–26	•–26	–
6	0	•–9	•–11	•–13	•–15	•–16	•–18
	1	•–14	•–16	•–18	•–20	•–21	•–22
	2	3–19	2–21	•–22	•–23	•–24	•–25
	3	6–23	5–24	4–25	3–26	–	–
7	0	•–8	•–9	•–11	•–13	•–14	•–17
	1	•–13	•–14	•–16	•–18	•–19	•–21
	2	2–17	•–19	•–20	•–21	•–22	•–23
	3	5–21	4–22	3–23	3–24	•–25	–
8	0	•–7	•–8	•–10	•–12	•–13	•–15
	1	•–11	•–13	•–14	•–16	•–17	•–19
	2	2–15	•–17	•–18	•–19	•–20	•–22
	3	4–19	3–20	3–21	•–22	•–23	•–24
	4	7–22	6–23	5–24	4–25	4–25	–
9	0	•–6	•–7	•–9	•–10	•–11	•–14
	1	•–10	•–12	•–13	•–14	•–15	•–17
	2	2–14	•–15	•–16	•–18	•–19	•–20
	3	4–17	3–18	3–19	•–21	•–21	•–23
	4	6–20	5–21	5–22	4–23	•–24	–
10	0	•–5	•–7	•–8	•–9	•–10	•–12
	1	•–9	•–11	•–12	•–13	•–14	•–16
	2	•–12	•–14	•–15	•–16	•–17	•–19
	3	3–15	3–17	•–18	•–19	•–20	•–21
	4	6–18	5–19	4–20	4–21	•–22	•–23
	5	8–21	7–22	6–23	5–24	5–24	–
11	0	•–5	•–6	•–7	•–9	•–9	•–11
	1	•–8	•–10	•–11	•–12	•–13	•–15
	2	•–11	•–13	•–14	•–15	•–16	•–17
	3	3–14	3–15	•–16	•–18	•–18	•–20
	4	5–17	4–18	4–19	•–20	•–21	•–22
	5	7–19	6–20	6–21	5–22	5–23	•–23
12	0	•–5	•–6	•–7	•–8	•–9	•–10
	1	•–8	•–9	•–10	•–11	•–12	•–14
	2	•–10	•–12	•–13	•–14	•–15	•–16
	3	3–13	•–14	•–15	•–16	•–17	•–18
	4	5–15	4–17	4–18	•–19	•–19	•–20
	5	7–18	6–19	5–20	5–21	•–21	•–22
	6	9–20	8–21	7–22	6–23	6–23	–
13	0	•–4	•–5	•–6	•–7	•–8	•–10
	1	•–7	•–8	•–9	•–10	•–11	•–13
	2	•–10	•–11	•–12	•–13	•–14	•–15
	3	3–12	•–13	•–14	•–15	•–16	•–17
	4	4–14	4–15	•–16	•–17	•–18	•–19
	5	6–17	6–18	5–18	•–19	•–20	•–21
	6	8–19	7–20	7–20	6–21	6–22	–
14	0	•–4	•–5	•–6	•–7	•–7	•–9
	1	•–6	•–7	•–8	•–9	•–10	•–12
	2	•–9	•–10	•–11	•–12	•–13	•–14
	3	3–11	•–12	•–13	•–14	•–15	•–16
	4	4–13	4–14	•–15	•–16	•–17	•–18
	5	6–15	5–16	5–17	•–18	•–19	•–20
	6	8–17	7–18	6–19	6–20	•–20	•–21
	7	10–19	9–20	8–21	7–22	7–22	–

$N = 30$

N_1	x_1	2α = 0,20	2α = 0,10	2α = 0,05	2α = 0,02	2α = 0,01	2α = 0,002
4	0	•–13	•–15	•–18	•–20	•–21	•–24
	1	•–20	•–22	•–24	•–25	•–26	•–27
	2	4–26	3–27	2–28	–	–	–
5	0	•–11	•–13	•–15	•–17	•–19	•–21
	1	•–17	•–19	•–21	•–23	•–24	•–25
	2	3–23	2–24	2–25	•–26	•–27	–
6	0	•–9	•–11	•–13	•–15	•–17	•–19
	1	•–15	•–17	•–19	•–20	•–21	•–23
	2	3–20	2–21	•–23	•–24	•–25	•–26
	3	6–24	5–25	4–26	3–27	3–27	–
7	0	•–8	•–10	•–11	•–13	•–15	•–17
	1	•–13	•–15	•–17	•–18	•–19	•–21
	2	2–18	2–19	•–21	•–22	•–23	•–24
	3	5–21	4–23	3–24	3–25	•–26	–
8	0	•–7	•–9	•–10	•–12	•–13	•–16
	1	•–12	•–13	•–15	•–16	•–18	•–20

$N = 30$ (Fortsetzung)

N_1	x_1	2α = 0,20	2α = 0,10	2α = 0,05	2α = 0,02	2α = 0,01	2α = 0,002
	2	2–16	•–17	•–19	•–20	•–21	•–23
	3	4–19	4–21	3–22	•–23	•–24	•–25
	4	7–23	6–24	5–25	4–26	4–26	–
9	0	•–6	•–8	•–9	•–11	•–12	•–14
	1	•–10	•–12	•–13	•–15	•–16	•–18
	2	2–14	•–16	•–17	•–18	•–19	•–21
	3	4–17	3–19	3–20	•–21	•–22	•–23
	4	7–21	6–22	5–23	4–24	4–24	•–25
10	0	•–6	•–7	•–8	•–10	•–11	•–13
	1	•–9	•–11	•–12	•–14	•–15	•–17
	2	•–13	•–14	•–16	•–17	•–18	•–19
	3	4–16	3–17	•–18	•–20	•–20	•–22
	4	6–19	5–20	4–21	4–22	•–23	•–24
	5	8–22	7–23	6–24	6–24	5–25	–
11	0	•–5	•–6	•–7	•–9	•–10	•–12
	1	•–9	•–10	•–11	•–13	•–13	•–15
	2	•–12	•–13	•–14	•–16	•–16	•–18
	3	3–15	3–16	•–17	•–18	•–19	•–20
	4	5–17	5–19	4–20	•–21	•–21	•–23
	5	8–20	7–21	6–22	5–23	5–23	•–24
12	0	•–5	•–6	•–7	•–8	•–9	•–11
	1	•–8	•–9	•–10	•–12	•–12	•–14
	2	•–11	•–12	•–13	•–14	•–15	•–17
	3	3–13	•–15	•–16	•–17	•–18	•–19
	4	5–16	4–17	4–18	•–19	•–20	•–21
	5	7–18	6–20	5–20	5–21	•–22	•–23
	6	9–21	8–22	7–23	7–23	6–24	–
13	0	•–4	•–5	•–6	•–7	•–8	•–10
	1	•–7	•–8	•–9	•–11	•–11	•–13
	2	•–10	•–11	•–12	•–13	•–14	•–16
	3	3–12	•–14	•–15	•–16	•–17	•–18
	4	5–15	4–16	•–17	•–18	•–19	•–20
	5	6–17	6–18	5–19	5–20	•–21	•–22
	6	9–19	8–20	7–21	6–22	6–23	•–23
14	0	•–4	•–5	•–6	•–7	•–8	•–9
	1	•–7	•–8	•–9	•–10	•–11	•–12
	2	•–9	•–10	•–11	•–12	•–13	•–15
	3	3–12	•–13	•–14	•–15	•–15	•–17
	4	4–14	4–15	•–16	•–17	•–18	•–19
	5	6–16	5–17	5–18	•–19	•–19	•–21
	6	8–18	7–19	6–20	6–21	•–21	•–22
	7	10–20	9–21	8–22	8–22	7–23	–
15	0	•–4	•–4	•–5	•–6	•–7	•–9
	1	•–6	•–7	•–8	•–9	•–10	•–11
	2	•–9	•–10	•–11	•–12	•–12	•–14
	3	•–11	•–12	•–13	•–14	•–14	•–16
	4	4–13	4–14	•–15	•–16	•–16	•–18
	5	6–15	5–16	5–17	•–18	•–18	•–19
	6	7–17	7–18	6–19	6–20	•–20	•–21
	7	9–19	8–20	8–21	7–21	7–22	–

$N = 31$

N_1	x_1	2α = 0,20	2α = 0,10	2α = 0,05	2α = 0,02	2α = 0,01	2α = 0,002
4	0	•–13	•–16	•–18	•–21	•–22	•–25
	1	•–21	•–23	•–25	•–26	•–27	•–28
	2	4–27	3–28	2–29	–	–	–
5	0	•–11	•–14	•–16	•–18	•–19	•–22
	1	•–18	•–20	•–22	•–23	•–25	•–26
	2	3–23	2–25	2–26	•–27	•–28	–
6	0	•–10	•–12	•–14	•–16	•–17	•–20
	1	•–15	•–18	•–19	•–21	•–22	•–24
	2	3–20	2–22	•–24	•–25	•–26	•–27
	3	6–25	5–26	4–27	3–28	3–28	–
7	0	•–8	•–10	•–12	•–14	•–15	•–18
	1	•–14	•–16	•–17	•–19	•–20	•–22
	2	2–18	2–20	•–21	•–23	•–24	•–25
	3	5–22	4–24	3–25	3–26	•–27	–
8	0	•–7	•–9	•–11	•–12	•–14	•–16
	1	•–12	•–14	•–15	•–17	•–18	•–20
	2	2–16	•–18	•–19	•–21	•–22	•–23
	3	5–20	4–21	3–23	•–24	•–25	•–26
	4	8–23	6–25	5–26	5–26	4–27	–
9	0	•–7	•–8	•–9	•–11	•–12	•–15
	1	•–11	•–12	•–14	•–16	•–17	•–19
	2	2–15	•–16	•–18	•–19	•–20	•–22
	3	4–18	3–20	3–21	•–22	•–23	•–24
	4	7–21	6–23	5–24	4–25	4–25	•–26
10	0	•–6	•–7	•–9	•–10	•–11	•–13
	1	•–10	•–11	•–13	•–14	•–15	•–17
	2	2–13	•–15	•–16	•–17	•–18	•–20
	3	4–17	3–18	•–19	•–20	•–21	•–23
	4	6–20	5–21	4–22	4–23	•–24	•–25
	5	9–22	8–23	7–24	6–25	5–26	–
11	0	•–5	•–7	•–8	•–9	•–10	•–12
	1	•–9	•–10	•–12	•–13	•–14	•–16
	2	•–12	•–14	•–15	•–16	•–17	•–19
	3	3–15	3–17	•–18	•–19	•–20	•–21
	4	6–18	5–19	4–20	•–21	•–22	•–23
	5	8–21	7–22	6–23	5–24	5–24	•–25
12	0	•–5	•–6	•–7	•–8	•–9	•–11
	1	•–8	•–9	•–11	•–12	•–13	•–15
	2	•–11	•–12	•–14	•–15	•–16	•–18
	3	3–14	3–15	•–16	•–18	•–18	•–20
	4	5–17	4–18	4–19	•–20	•–21	•–22
	5	7–19	6–20	6–21	5–22	5–23	•–24
	6	9–22	8–23	8–23	7–24	6–25	–

$N = 31$ (Fortsetzung)

N_1	x_1	2α = 0,20	2α = 0,10	2α = 0,05	2α = 0,02	2α = 0,01	2α = 0,002
13	0	•–4	•–6	•–7	•–8	•–9	•–10
	1	•–8	•–9	•–10	•–11	•–12	•–14
	2	•–10	•–12	•–13	•–14	•–15	•–16
	3	3–13	•–14	•–15	•–16	•–17	•–19
	4	5–15	4–17	4–18	•–19	•–19	•–21
	5	7–18	6–19	5–20	5–21	•–21	•–23
	6	9–20	8–21	7–22	6–23	6–23	•–24
14	0	•–4	•–5	•–6	•–7	•–8	•–10
	1	•–7	•–8	•–9	•–10	•–11	•–13
	2	•–10	•–11	•–12	•–13	•–14	•–15
	3	3–12	•–13	•–14	•–15	•–16	•–17
	4	4–14	4–15	•–16	•–17	•–18	•–20
	5	6–17	5–18	5–19	•–20	•–20	•–21
	6	8–19	7–20	7–21	6–21	6–22	•–23
	7	10–21	9–22	8–23	8–23	7–24	–
15	0	•–4	•–5	•–6	•–7	•–7	•–9
	1	•–6	•–8	•–8	•–10	•–10	•–12
	2	•–9	•–10	•–11	•–12	•–13	•–14
	3	•–11	•–12	•–13	•–14	•–15	•–16
	4	4–13	4–14	•–15	•–16	•–17	•–18
	5	6–16	5–17	5–17	•–18	•–19	•–20
	6	8–18	7–19	6–19	6–20	•–21	•–22
	7	9–20	9–21	8–21	7–22	7–23	•–23

$N = 32$

N_1	x_1	2α = 0,20	2α = 0,10	2α = 0,05	2α = 0,02	2α = 0,01	2α = 0,002
4	0	•–14	•–17	•–19	•–21	•–23	•–25
	1	•–22	•–24	•–26	•–27	•–28	•–29
	2	4–28	3–29	2–30	–	–	–
5	0	•–12	•–14	•–16	•–18	•–20	•–23
	1	•–18	•–21	•–22	•–24	•–25	•–27
	2	3–24	2–26	2–27	•–28	•–29	–
6	0	•–10	•–12	•–14	•–16	•–18	•–21
	1	•–16	•–18	•–20	•–22	•–23	•–25
	2	3–21	2–23	•–24	•–26	•–27	•–28
	3	6–26	5–27	4–28	3–29	3–29	–
7	0	•–9	•–11	•–12	•–14	•–16	•–19
	1	•–14	•–16	•–18	•–20	•–21	•–23
	2	2–19	2–21	•–22	•–24	•–24	•–26
	3	5–23	4–24	3–26	3–27	•–27	•–28
8	0	•–8	•–9	•–11	•–13	•–14	•–17
	1	•–13	•–14	•–16	•–18	•–19	•–21
	2	2–17	•–18	•–20	•–21	•–22	•–24
	3	5–21	4–22	3–23	•–25	•–25	•–27
	4	8–24	7–25	6–26	5–27	4–28	–
9	0	•–7	•–8	•–10	•–12	•–13	•–15
	1	•–11	•–13	•–14	•–16	•–17	•–19
	2	2–15	•–17	•–18	•–20	•–21	•–23
	3	4–19	3–20	3–21	•–23	•–24	•–25
	4	7–22	6–23	5–24	4–26	4–26	•–27
10	0	•–6	•–8	•–9	•–11	•–12	•–14
	1	•–10	•–12	•–13	•–15	•–16	•–18
	2	2–14	•–15	•–17	•–18	•–19	•–21
	3	4–17	3–19	3–20	•–21	•–22	•–24
	4	6–20	5–22	5–23	4–24	•–24	•–26
	5	9–23	8–24	7–25	6–26	5–27	–
11	0	•–6	•–7	•–8	•–10	•–11	•–13
	1	•–9	•–11	•–12	•–13	•–14	•–17
	2	•–13	•–14	•–15	•–17	•–18	•–19
	3	3–16	3–17	•–18	•–20	•–20	•–22
	4	6–19	5–20	4–21	4–22	•–23	•–24
	5	8–21	7–23	6–23	5–24	5–25	•–26
12	0	•–5	•–6	•–7	•–9	•–10	•–12
	1	•–9	•–10	•–11	•–12	•–13	•–15
	2	•–12	•–13	•–14	•–15	•–16	•–18
	3	3–14	3–16	•–17	•–18	•–19	•–21
	4	5–17	4–18	4–20	•–21	•–21	•–23
	5	7–20	6–21	6–22	5–23	5–24	•–25
	6	10–22	9–23	8–24	7–25	6–26	–
13	0	•–5	•–6	•–7	•–8	•–9	•–11
	1	•–8	•–9	•–10	•–11	•–12	•–14
	2	•–11	•–12	•–13	•–14	•–15	•–17
	3	3–13	•–15	•–16	•–17	•–18	•–19
	4	5–16	4–17	4–18	•–19	•–20	•–21
	5	7–18	6–20	5–21	5–22	•–22	•–23
	6	9–21	8–22	7–23	6–24	6–24	•–25
14	0	•–4	•–5	•–6	•–7	•–8	•–10
	1	•–7	•–8	•–9	•–11	•–11	•–13
	2	•–10	•–11	•–12	•–13	•–14	•–16
	3	3–12	•–14	•–15	•–16	•–17	•–18
	4	5–15	4–16	•–17	•–18	•–19	•–20
	5	6–17	6–18	5–19	5–20	•–21	•–22
	6	8–19	8–20	7–21	6–22	6–23	•–24
	7	10–22	9–23	9–23	8–24	7–25	–
15	0	•–4	•–5	•–6	•–7	•–8	•–9
	1	•–7	•–8	•–9	•–10	•–11	•–12
	2	•–9	•–10	•–11	•–12	•–13	•–15
	3	3–12	•–13	•–14	•–15	•–16	•–17
	4	4–14	4–15	•–16	•–17	•–18	•–19
	5	6–16	5–17	5–18	•–19	•–20	•–21
	6	8–18	7–19	6–20	6–21	•–22	•–23
	7	10–20	9–21	8–22	7–23	7–23	•–24
16	0	•–4	•–5	•–5	•–6	•–7	•–9
	1	•–6	•–7	•–8	•–9	•–10	•–12
	2	•–9	•–10	•–11	•–12	•–12	•–14
	3	•–11	•–12	•–13	•–14	•–15	•–16

Signifikanzschranken für den Vierfeldertest*

$$\begin{array}{cc|c} x_1 & N_1 - x_1 & N_1 \\ x_2 & N_2 - x_2 & N_2 \\ \hline X & N - X & N \end{array} \quad \left.\begin{array}{l} N = N_1 + N_2 \\ X = x_1 + x_2 \\ N_1 \leq N_2 \\ x_1 \leq N_1 - x_1 \end{array}\right\}$$

Anleitung siehe S.123

N = 32 (Fortsetzung)

N_1	x_1	2α = 0,20	2α = 0,10	2α = 0,05	2α = 0,02	2α = 0,01	2α = 0,002
16	4	4-13	•-14	•-15	•-16	•-17	•-18
	5	6-15	5-16	5-17	•-18	•-19	•-20
	6	7-17	7-18	6-19	6-20	•-20	•-22
	7	9-19	8-20	8-21	7-22	7-22	•-23
	8	11-21	10-22	9-23	9-23	8-24	–

N = 33

N_1	x_1	2α = 0,20	2α = 0,10	2α = 0,05	2α = 0,02	2α = 0,01	2α = 0,002
4	0	•-14	•-17	•-19	•-22	•-24	•-26
	1	•-22	•-25	•-26	•-28	•-29	•-30
	2	5-28	3-30	2-31	–	–	–
5	0	•-12	•-14	•-17	•-19	•-21	•-24
	1	•-19	•-21	•-23	•-25	•-26	•-28
	2	4-25	2-27	2-28	•-29	•-30	–
6	0	•-10	•-12	•-14	•-17	•-18	•-21
	1	•-17	•-19	•-20	•-22	•-24	•-26
	2	3-22	2-24	•-25	•-27	•-27	•-29
	3	7-26	5-28	4-29	3-30	3-30	–
7	0	•- 9	•-11	•-13	•-15	•-16	•-19
	1	•-15	•-17	•-18	•-20	•-21	•-24
	2	2-19	2-21	•-23	•-24	•-25	•-27
	3	6-24	4-25	4-26	3-28	•-28	•-29
8	0	•- 8	•-10	•-11	•-13	•-15	•-17
	1	•-13	•-15	•-16	•-18	•-19	•-22
	2	2-17	•-19	•-21	•-22	•-23	•-25
	3	5-21	4-23	3-24	•-25	•-26	•-28
	4	8-25	7-26	6-27	5-28	4-29	–
9	0	•- 7	•- 9	•-10	•-12	•-13	•-16
	1	•-12	•-13	•-15	•-17	•-18	•-20
	2	2-16	•-17	•-19	•-20	•-21	•-23
	3	4-19	3-21	3-22	•-24	•-24	•-26
	4	7-23	6-24	5-25	4-26	4-27	•-28
10	0	•- 6	•- 8	•- 9	•-11	•-12	•-14
	1	•-11	•-12	•-14	•-15	•-16	•-19
	2	2-14	•-16	•-17	•-19	•-20	•-22
	3	4-18	3-19	3-20	•-22	•-23	•-24
	4	6-21	5-22	5-23	4-25	•-25	•-27
	5	9-24	8-25	7-26	6-27	5-28	–
11	0	•- 6	•- 7	•- 8	•-10	•-11	•-13
	1	•-10	•-11	•-12	•-14	•-15	•-17
	2	•-13	•-15	•-16	•-17	•-18	•-20
	3	4-16	3-18	•-19	•-20	•-21	•-23
	4	6-19	5-21	4-22	4-23	•-24	•-25
	5	8-22	7-23	6-24	6-25	5-26	•-27
12	0	•- 5	•- 6	•- 8	•- 9	•-10	•-12
	1	•- 9	•-10	•-11	•-13	•-14	•-16
	2	•-12	•-13	•-15	•-16	•-17	•-19
	3	3-15	3-16	•-18	•-19	•-20	•-21
	4	5-18	5-19	4-20	•-21	•-22	•-24
	5	8-20	7-22	6-23	5-24	5-24	•-26
	6	10-23	9-24	8-25	7-26	7-26	6-27
13	0	•- 5	•- 6	•- 7	•- 8	•- 9	•-11
	1	•- 8	•- 9	•-11	•-12	•-13	•-15
	2	•-11	•-12	•-14	•-15	•-16	•-18
	3	3-14	•-15	•-16	•-18	•-18	•-20
	4	5-16	4-18	4-19	•-20	•-21	•-22
	5	7-19	6-20	6-21	5-22	•-23	•-24
	6	9-21	8-23	7-23	7-24	6-25	•-26
14	0	•- 4	•- 5	•- 6	•- 8	•- 9	•-10
	1	•- 8	•- 9	•-10	•-11	•-12	•-14
	2	•-10	•-12	•-13	•-14	•-15	•-16
	3	3-13	•-14	•-15	•-16	•-17	•-19
	4	5-15	4-17	4-18	•-19	•-20	•-21
	5	7-18	6-19	5-20	5-21	•-22	•-23
	6	9-20	8-21	7-22	6-23	6-24	•-25
	7	11-22	10-23	9-24	8-25	8-25	7-26
15	0	•- 4	•- 5	•- 6	•- 7	•- 8	•-10
	1	•- 7	•- 8	•- 9	•-10	•-11	•-13
	2	•-10	•-11	•-12	•-13	•-14	•-15
	3	3-12	•-13	•-14	•-15	•-16	•-18
	4	4-14	4-16	•-17	•-18	•-18	•-20
	5	6-17	5-18	5-19	•-20	•-20	•-22
	6	8-19	7-20	7-21	6-22	6-22	•-24
	7	10-21	9-22	8-23	8-24	7-24	•-25
16	0	•- 4	•- 5	•- 6	•- 7	•- 7	•- 9
	1	•- 7	•- 8	•- 8	•-10	•-10	•-12
	2	•- 9	•-10	•-11	•-12	•-13	•-14
	3	•-11	•-12	•-13	•-14	•-15	•-17
	4	4-13	4-15	•-16	•-17	•-17	•-19
	5	6-16	5-17	5-18	•-19	•-19	•-21
	6	8-18	7-19	6-20	6-21	•-21	•-22
	7	9-20	9-21	8-22	7-22	7-23	•-24
	8	11-22	10-23	10-23	9-24	8-25	8-25

N = 34

N_1	x_1	2α = 0,20	2α = 0,10	2α = 0,05	2α = 0,02	2α = 0,01	2α = 0,002
4	0	•-15	•-18	•-20	•-23	•-24	•-27
	1	•-23	•-25	•-27	•-29	•-30	•-31
	2	5-29	3-31	2-32	–	–	–
5	0	•-12	•-15	•-17	•-20	•-21	•-24
	1	•-20	•-22	•-24	•-26	•-27	•-29
	2	4-26	2-27	2-29	•-30	•-31	–
6	0	•-11	•-13	•-15	•-17	•-19	•-22
	1	•-17	•-19	•-21	•-23	•-24	•-27
	2	3-22	2-24	•-26	•-27	•-28	•-30
	3	7-27	5-29	4-30	3-31	3-31	–

N = 34 (Fortsetzung)

N_1	x_1	2α = 0,20	2α = 0,10	2α = 0,05	2α = 0,02	2α = 0,01	2α = 0,002
7	0	•- 9	•-11	•-13	•-15	•-17	•-20
	1	•-15	•-17	•-19	•-21	•-22	•-24
	2	2-20	2-22	•-23	•-25	•-26	•-28
	3	6-24	5-26	4-27	3-28	•-29	•-30
8	0	•- 8	•-10	•-12	•-14	•-15	•-18
	1	•-13	•-15	•-17	•-19	•-20	•-22
	2	2-18	2-20	•-21	•-23	•-24	•-26
	3	5-22	4-24	3-25	3-26	•-27	•-29
	4	8-26	7-27	6-28	5-29	4-30	–
9	0	•- 7	•- 9	•-10	•-12	•-14	•-16
	1	•-12	•-14	•-15	•-17	•-18	•-21
	2	2-16	•-18	•-19	•-21	•-22	•-24
	3	4-20	4-22	3-23	•-24	•-25	•-27
	4	7-23	6-25	5-26	4-27	4-28	•-29
10	0	•- 7	•- 8	•- 9	•-11	•-12	•-15
	1	•-11	•-13	•-14	•-16	•-17	•-19
	2	2-15	•-16	•-18	•-19	•-20	•-22
	3	4-18	3-20	3-21	•-23	•-23	•-25
	4	7-21	6-23	5-24	4-25	4-26	•-27
	5	9-25	8-26	7-27	6-28	6-28	5-29
11	0	•- 6	•- 7	•- 9	•-10	•-11	•-14
	1	•-10	•-11	•-13	•-14	•-16	•-18
	2	2-13	•-15	•-16	•-18	•-19	•-21
	3	4-17	3-18	•-19	•-21	•-22	•-24
	4	6-20	5-21	4-22	4-24	•-24	•-26
	5	9-23	7-24	7-25	6-26	5-27	•-28
12	0	•- 5	•- 7	•- 8	•- 9	•-10	•-13
	1	•- 9	•-11	•-12	•-13	•-14	•-16
	2	•-12	•-14	•-15	•-17	•-18	•-19
	3	3-15	3-17	•-18	•-19	•-20	•-22
	4	6-18	5-20	4-21	•-22	•-23	•-24
	5	8-21	7-22	6-23	5-25	5-25	•-26
	6	10-24	9-25	8-26	7-27	7-27	6-28
13	0	•- 5	•- 6	•- 7	•- 9	•-10	•-12
	1	•- 8	•-10	•-11	•-12	•-13	•-15
	2	•-11	•-13	•-14	•-15	•-16	•-18
	3	3-14	3-16	•-17	•-18	•-19	•-21
	4	5-17	4-18	4-19	•-21	•-22	•-23
	5	7-20	6-21	6-22	5-23	5-24	•-25
	6	10-22	8-23	8-24	7-25	6-26	•-27
14	0	•- 5	•- 6	•- 7	•- 8	•- 9	•-11
	1	•- 8	•- 9	•-10	•-11	•-12	•-14
	2	•-11	•-12	•-13	•-14	•-15	•-17
	3	3-13	•-15	•-16	•-17	•-18	•-20
	4	5-16	4-17	4-18	•-19	•-20	•-22
	5	7-18	6-20	5-21	5-22	•-22	•-24
	6	9-21	8-22	7-23	6-24	6-24	•-26
	7	11-23	10-24	9-25	8-26	8-26	7-27
15	0	•- 4	•- 5	•- 6	•- 7	•- 8	•-10
	1	•- 7	•- 8	•- 9	•-11	•-12	•-13
	2	•-10	•-11	•-12	•-13	•-14	•-16
	3	3-12	•-14	•-15	•-16	•-17	•-18
	4	4-15	4-16	•-17	•-18	•-19	•-21
	5	6-17	6-18	5-19	•-20	•-21	•-22
	6	8-19	7-21	7-21	6-22	6-23	•-24
	7	10-22	9-23	9-23	8-24	7-25	•-26
16	0	•- 4	•- 5	•- 6	•- 7	•- 8	•- 9
	1	•- 7	•- 8	•- 9	•-10	•-11	•-12
	2	•- 9	•-10	•-11	•-13	•-13	•-15
	3	3-12	•-13	•-14	•-15	•-16	•-17
	4	4-14	4-15	•-16	•-17	•-18	•-19
	5	6-16	5-17	5-18	•-19	•-20	•-21
	6	8-18	7-19	6-20	6-21	•-22	•-23
	7	10-20	9-21	8-22	7-23	7-24	•-25
	8	12-22	11-23	10-24	9-25	9-25	8-26
17	0	•- 4	•- 5	•- 5	•- 6	•- 7	•- 9
	1	•- 6	•- 7	•- 8	•- 9	•-10	•-12
	2	•- 9	•-10	•-11	•-12	•-13	•-14
	3	•-11	•-12	•-13	•-14	•-15	•-16
	4	4-13	•-14	•-15	•-16	•-17	•-18
	5	6-15	5-16	5-17	•-18	•-19	•-20
	6	7-17	7-18	6-19	6-20	•-21	•-22
	7	9-19	8-20	8-21	7-22	7-23	•-24
	8	11-21	10-22	9-23	9-24	8-24	•-25

N = 35

N_1	x_1	2α = 0,20	2α = 0,10	2α = 0,05	2α = 0,02	2α = 0,01	2α = 0,002
4	0	•-15	•-18	•-21	•-23	•-25	•-28
	1	•-24	•-26	•-28	•-30	•-31	•-32
	2	5-30	3-32	2-33	–	–	–
5	0	•-13	•-15	•-18	•-20	•-22	•-25
	1	•-20	•-23	•-25	•-27	•-28	•-30
	2	4-26	3-28	2-30	•-31	•-32	–
6	0	•-11	•-13	•-15	•-18	•-19	•-23
	1	•-18	•-20	•-22	•-24	•-25	•-27
	2	3-23	2-25	•-27	•-28	•-29	•-31
	3	7-28	6-29	4-31	3-32	3-32	–
7	0	•- 9	•-12	•-14	•-16	•-17	•-20
	1	•-15	•-18	•-19	•-21	•-23	•-25
	2	3-21	2-23	•-24	•-26	•-27	•-29
	3	6-25	5-27	4-28	3-29	•-30	•-31
8	0	•- 8	•-10	•-12	•-14	•-16	•-19
	1	•-14	•-16	•-17	•-19	•-21	•-23
	2	2-18	2-20	•-22	•-24	•-25	•-27
	3	5-23	4-24	3-26	3-27	•-28	•-29
	4	9-26	7-28	6-29	5-30	4-31	–

N = 35 (Fortsetzung)

N_1	x_1	2α = 0,20	2α = 0,10	2α = 0,05	2α = 0,02	2α = 0,01	2α = 0,002
9	0	•- 7	•- 9	•-11	•-13	•-14	•-17
	1	•-12	•-14	•-16	•-18	•-19	•-21
	2	2-17	•-18	•-20	•-22	•-23	•-25
	3	5-21	4-22	3-24	•-25	•-26	•-28
	4	8-24	6-26	5-27	4-28	4-29	•-30
10	0	•- 7	•- 8	•-10	•-12	•-13	•-16
	1	•-11	•-13	•-14	•-16	•-17	•-20
	2	2-15	•-17	•-18	•-20	•-21	•-23
	3	4-19	3-20	3-22	•-23	•-24	•-26
	4	7-22	6-24	5-25	4-26	4-27	•-28
	5	10-25	8-27	7-28	6-29	6-29	5-30
11	0	•- 6	•- 8	•- 9	•-11	•-12	•-14
	1	•-10	•-12	•-13	•-15	•-16	•-18
	2	2-14	•-15	•-17	•-18	•-20	•-22
	3	4-17	3-19	•-20	•-22	•-23	•-24
	4	6-20	5-22	4-23	4-24	•-25	•-27
	5	9-23	8-25	7-26	6-27	5-28	•-29
12	0	•- 6	•- 7	•- 8	•-10	•-11	•-13
	1	•- 9	•-11	•-12	•-14	•-15	•-17
	2	•-13	•-14	•-16	•-17	•-18	•-20
	3	3-16	3-17	•-19	•-20	•-21	•-23
	4	6-19	5-20	4-21	4-23	•-24	•-25
	5	8-22	7-23	6-24	5-25	5-26	•-27
	6	11-24	9-26	8-27	7-28	7-28	6-29
13	0	•- 5	•- 6	•- 8	•- 9	•-10	•-12
	1	•- 9	•-10	•-11	•-13	•-14	•-16
	2	•-12	•-13	•-14	•-16	•-17	•-19
	3	3-15	3-16	•-17	•-19	•-20	•-21
	4	5-18	4-19	4-20	•-21	•-22	•-24
	5	7-20	6-22	6-23	5-24	5-25	•-26
	6	10-23	9-24	8-25	7-26	6-27	•-28
14	0	•- 5	•- 6	•- 7	•- 8	•- 9	•-11
	1	•- 8	•- 9	•-10	•-12	•-13	•-15
	2	•-11	•-12	•-13	•-15	•-16	•-18
	3	3-14	•-15	•-16	•-18	•-18	•-20
	4	5-16	4-18	4-19	•-20	•-21	•-22
	5	7-19	6-20	5-21	5-22	•-23	•-25
	6	9-21	8-23	7-23	7-25	6-25	•-26
	7	11-24	10-25	9-26	8-27	8-27	7-28
15	0	•- 4	•- 5	•- 6	•- 8	•- 9	•-11
	1	•- 7	•- 9	•-10	•-11	•-12	•-14
	2	•-10	•-11	•-13	•-14	•-15	•-17
	3	3-13	•-14	•-15	•-16	•-17	•-19
	4	5-15	4-17	•-18	•-19	•-20	•-21
	5	6-18	6-19	5-20	5-21	•-22	•-23
	6	8-20	8-21	7-22	6-23	6-24	•-25
	7	11-22	10-23	9-24	8-25	7-26	7-27
16	0	•- 4	•- 5	•- 6	•- 7	•- 8	•-10
	1	•- 7	•- 8	•- 9	•-10	•-11	•-13
	2	•-10	•-11	•-12	•-13	•-14	•-16
	3	3-12	•-13	•-14	•-15	•-16	•-18
	4	4-14	4-16	•-17	•-18	•-19	•-20
	5	6-17	5-18	5-19	•-20	•-21	•-22
	6	8-19	7-20	7-21	6-22	6-23	•-24
	7	10-21	9-22	8-23	8-24	7-25	•-26
	8	12-23	11-24	10-25	9-26	9-26	8-27
17	0	•- 4	•- 5	•- 6	•- 7	•- 7	•- 9
	1	•- 7	•- 8	•- 8	•-10	•-10	•-12
	2	•- 9	•-10	•-11	•-12	•-13	•-15
	3	•-11	•-12	•-13	•-15	•-15	•-17
	4	4-14	4-15	•-16	•-17	•-17	•-19
	5	6-16	5-17	5-18	•-19	•-20	•-21
	6	8-18	7-19	6-20	6-21	•-21	•-23
	7	9-20	9-21	8-22	7-23	7-23	•-24
	8	11-22	10-23	10-24	9-24	8-25	•-26

N = 36

N_1	x_1	2α = 0,20	2α = 0,10	2α = 0,05	2α = 0,02	2α = 0,01	2α = 0,002
4	0	•-16	•-19	•-21	•-24	•-26	•-29
	1	•-24	•-27	•-29	•-31	•-32	•-33
	2	5-31	3-33	2-34	2-34	–	–
5	0	•-13	•-16	•-18	•-21	•-23	•-26
	1	•-21	•-23	•-25	•-27	•-29	•-31
	2	4-27	3-29	2-30	•-32	•-33	–
6	0	•-11	•-14	•-16	•-18	•-20	•-23
	1	•-18	•-20	•-22	•-25	•-26	•-28
	2	3-24	2-26	2-27	•-29	•-30	•-32
	3	7-29	6-30	5-31	3-33	3-33	–
7	0	•-10	•-12	•-14	•-16	•-18	•-21
	1	•-16	•-18	•-20	•-22	•-23	•-26
	2	3-21	2-23	•-25	•-27	•-28	•-30
	3	6-26	5-27	4-29	3-30	3-31	•-32
8	0	•- 9	•-11	•-12	•-15	•-16	•-19
	1	•-14	•-16	•-18	•-20	•-21	•-24
	2	2-19	2-21	•-23	•-24	•-25	•-28
	3	5-23	4-25	3-26	3-28	•-29	•-30
	4	9-27	7-29	6-30	5-31	4-32	–
9	0	•- 8	•- 9	•-11	•-13	•-15	•-17
	1	•-13	•-15	•-16	•-18	•-20	•-22
	2	2-17	•-19	•-21	•-22	•-23	•-26
	3	5-21	4-23	3-24	•-26	•-27	•-29
	4	8-25	7-26	6-28	5-29	4-30	•-31
10	0	•- 7	•- 9	•-10	•-12	•-13	•-16
	1	•-12	•-13	•-15	•-17	•-18	•-20
	2	2-16	•-17	•-19	•-21	•-22	•-24
	3	4-19	3-21	3-22	•-24	•-25	•-27

Signifikanzschranken für den Vierfeldertest*

x_1	$N_1 - x_1$	N_1
x_2	$N_2 - x_2$	N_2
X	$N - X$	N

$N = N_1 + N_2$, $X = x_1 + x_2$, $N_1 \leqq N_2$, $x_1 \leqq N_1 - x_1$

Anleitung siehe S.123

N = 36 (Fortsetzung)

N_1	x_1	2α = 0,20	2α = 0,10	2α = 0,05	2α = 0,02	2α = 0,01	2α = 0,002
	4	7-23	6-24	5-26	4-27	4-28	•-29
	5	10-26	9-27	8-28	6-30	6-30	5-31
11	0	•- 6	•- 8	•- 9	•-11	•-12	•-15
	1	•-11	•-12	•-14	•-15	•-17	•-19
	2	2-14	•-16	•-17	•-19	•-20	•-22
	3	4-18	3-19	3-21	•-22	•-23	•-25
	4	6-21	5-23	5-24	4-25	•-26	•-28
	5	9-24	8-25	7-27	6-28	5-28	•-30
12	0	•- 6	•- 7	•- 8	•-10	•-11	•-14
	1	•-10	•-11	•-13	•-14	•-15	•-18
	2	•-13	•-15	•-16	•-18	•-19	•-21
	3	4-16	3-18	•-19	•-21	•-22	•-24
	4	6-19	5-21	4-22	4-24	•-24	•-26
	5	8-22	7-24	6-25	5-26	5-27	•-28
	6	11-25	10-26	9-27	8-28	7-29	6-30
13	0	•- 5	•- 7	•- 8	•- 9	•-10	•-13
	1	•- 9	•-10	•-12	•-13	•-14	•-16
	2	•-12	•-14	•-15	•-16	•-17	•-19
	3	3-15	3-17	•-18	•-19	•-20	•-22
	4	5-18	5-19	4-21	•-22	•-23	•-25
	5	8-21	7-22	6-23	5-25	5-25	•-27
	6	10-23	9-25	8-26	7-27	7-27	6-29
14	0	•- 5	•- 6	•- 7	•- 9	•-10	•-12
	1	•- 8	•-10	•-11	•-12	•-13	•-15
	2	•-11	•-13	•-14	•-15	•-16	•-18
	3	3-14	•-16	•-17	•-18	•-19	•-21
	4	5-17	4-18	4-19	•-21	•-22	•-23
	5	7-19	6-21	6-22	5-23	•-24	•-25
	6	9-22	8-23	7-24	7-25	6-26	•-27
	7	12-24	10-26	10-26	9-27	8-28	7-29
15	0	•- 5	•- 6	•- 7	•- 8	•- 9	•-11
	1	•- 8	•- 9	•-10	•-11	•-12	•-14
	2	•-11	•-12	•-13	•-14	•-15	•-17
	3	3-13	•-15	•-16	•-17	•-18	•-20
	4	5-16	4-17	4-18	•-19	•-20	•-22
	5	7-18	6-20	5-21	5-22	•-23	•-24
	6	9-21	8-22	7-23	6-24	6-25	•-26
	7	11-23	10-24	9-25	8-26	8-27	7-28
16	0	•- 4	•- 5	•- 6	•- 7	•- 8	•-10
	1	•- 7	•- 8	•- 9	•-11	•-12	•-13
	2	•-10	•-11	•-12	•-13	•-14	•-16
	3	3-12	•-14	•-15	•-16	•-17	•-19
	4	4-15	4-16	•-17	•-18	•-19	•-21
	5	6-17	6-18	5-19	•-21	•-21	•-23
	6	8-19	7-21	7-22	6-23	6-23	•-25
	7	10-22	9-23	8-24	8-25	7-25	•-26
	8	12-24	11-25	10-26	9-27	9-27	8-28
17	0	•- 4	•- 5	•- 6	•- 7	•- 8	•- 9
	1	•- 7	•- 8	•- 9	•-10	•-11	•-13
	2	•- 9	•-10	•-11	•-13	•-13	•-15
	3	3-12	•-13	•-14	•-15	•-16	•-17
	4	4-14	4-15	•-16	•-17	•-18	•-20
	5	6-16	5-17	5-18	•-19	•-20	•-22
	6	8-18	7-19	6-20	6-21	•-22	•-23
	7	10-20	9-22	8-22	7-23	7-24	•-25
	8	12-22	11-23	10-24	9-25	8-26	8-27
18	0	•- 4	•- 5	•- 5	•- 6	•- 7	•- 9
	1	•- 6	•- 7	•- 8	•- 9	•-10	•-12
	2	•- 9	•-10	•-11	•-12	•-13	•-14
	3	•-11	•-12	•-13	•-14	•-15	•-17
	4	4-13	•-14	•-15	•-16	•-17	•-19
	5	6-15	5-16	5-17	•-18	•-19	•-21
	6	7-17	7-18	6-19	6-20	•-21	•-22
	7	9-19	8-20	8-21	7-22	7-23	•-24
	8	11-21	10-22	9-23	9-24	8-25	•-26
	9	13-23	12-24	11-25	10-26	10-26	9-27

N = 37

N_1	x_1	2α = 0,20	2α = 0,10	2α = 0,05	2α = 0,02	2α = 0,01	2α = 0,002
4	0	•-16	•-19	•-22	•-25	•-26	•-30
	1	•-25	•-28	•-30	•-31	•-32	•-34
	2	5-32	4-33	2-35	2-35	–	–
5	0	•-13	•-16	•-19	•-22	•-23	•-27
	1	•-21	•-24	•-26	•-28	•-29	•-32
	2	4-28	3-30	2-31	•-33	•-33	–
6	0	•-11	•-14	•-16	•-19	•-21	•-24
	1	•-19	•-21	•-23	•-25	•-27	•-29
	2	3-24	2-27	2-28	•-30	•-31	•-33
	3	7-30	6-31	5-32	4-33	3-34	–
7	0	•-10	•-12	•-14	•-17	•-18	•-22
	1	•-16	•-19	•-21	•-23	•-24	•-27
	2	3-22	2-24	•-26	•-27	•-28	•-30
	3	6-26	5-28	4-30	3-31	3-32	•-33
8	0	•- 9	•-11	•-13	•-15	•-17	•-20
	1	•-15	•-17	•-19	•-21	•-22	•-25
	2	2-19	2-22	•-23	•-25	•-26	•-28
	3	5-24	4-26	3-27	3-29	•-30	•-31
	4	9-28	8-29	6-31	5-32	5-32	–
9	0	•- 8	•-10	•-12	•-14	•-15	•-18
	1	•-13	•-15	•-17	•-19	•-20	•-23
	2	2-18	•-20	•-21	•-23	•-24	•-26
	3	5-22	4-24	3-25	•-27	•-28	•-29
	4	8-25	7-27	6-28	5-30	4-30	•-32
10	0	•- 7	•- 9	•-10	•-12	•-14	•-17
	1	•-12	•-14	•-15	•-17	•-19	•-21
	2	2-16	•-18	•-19	•-21	•-22	•-25

N = 37 (Fortsetzung)

N_1	x_1	2α = 0,20	2α = 0,10	2α = 0,05	2α = 0,02	2α = 0,01	2α = 0,002
	3	4-20	3-22	3-23	•-25	•-26	•-28
	4	7-23	6-25	5-26	4-28	4-29	•-30
	5	10-27	9-28	8-29	7-30	6-31	5-32
11	0	•- 6	•- 8	•-10	•-11	•-13	•-15
	1	•-11	•-13	•-14	•-16	•-17	•-20
	2	2-15	•-16	•-18	•-20	•-21	•-23
	3	4-18	3-20	3-21	•-23	•-24	•-26
	4	7-22	5-23	5-24	4-26	4-27	•-28
	5	9-25	8-26	7-27	6-29	5-29	•-31
12	0	•- 6	•- 7	•- 9	•-10	•-12	•-14
	1	•-10	•-12	•-13	•-15	•-16	•-18
	2	2-14	•-15	•-17	•-18	•-19	•-21
	3	4-17	3-18	•-20	•-21	•-22	•-24
	4	6-20	5-22	4-23	4-24	•-25	•-27
	5	9-23	7-24	6-26	6-27	5-28	•-29
	6	11-26	10-27	9-28	8-29	7-30	6-31
13	0	•- 5	•- 7	•- 8	•-10	•-11	•-13
	1	•- 9	•-11	•-12	•-14	•-15	•-17
	2	•-13	•-14	•-15	•-17	•-18	•-20
	3	3-16	3-17	•-18	•-20	•-21	•-23
	4	6-19	5-20	4-21	•-23	•-24	•-25
	5	8-21	7-23	6-24	5-25	5-26	•-28
	6	10-24	9-25	8-26	7-28	7-28	6-30
14	0	•- 5	•- 6	•- 7	•- 9	•-10	•-12
	1	•- 9	•-10	•-11	•-13	•-14	•-16
	2	•-12	•-13	•-14	•-16	•-17	•-19
	3	3-15	3-16	•-17	•-19	•-20	•-22
	4	5-17	4-19	4-20	•-21	•-22	•-24
	5	7-20	6-21	6-23	5-24	5-25	•-26
	6	10-23	8-24	8-25	7-26	6-27	•-28
	7	12-25	11-26	10-27	9-28	8-29	7-30
15	0	•- 5	•- 6	•- 7	•- 8	•- 9	•-11
	1	•- 8	•- 9	•-10	•-12	•-13	•-15
	2	•-11	•-12	•-13	•-15	•-16	•-18
	3	3-14	•-15	•-16	•-18	•-18	•-20
	4	5-16	4-18	4-19	•-20	•-21	•-23
	5	7-19	6-20	5-21	5-22	•-23	•-25
	6	9-21	8-22	7-24	6-25	6-25	•-27
	7	11-24	10-25	9-26	8-27	8-27	7-29
16	0	•- 4	•- 5	•- 6	•- 8	•- 9	•-11
	1	•- 7	•- 9	•-10	•-11	•-12	•-14
	2	•-10	•-11	•-13	•-14	•-15	•-17
	3	3-13	•-14	•-15	•-17	•-17	•-19
	4	5-15	4-17	•-18	•-19	•-20	•-21
	5	6-18	6-19	5-20	•-21	•-22	•-24
	6	8-20	7-21	7-22	6-23	6-24	•-25
	7	10-22	9-23	9-24	8-25	7-26	•-27
	8	13-24	11-26	11-26	10-27	9-28	8-29
17	0	•- 4	•- 5	•- 6	•- 7	•- 8	•-10
	1	•- 7	•- 8	•- 9	•-10	•-11	•-13
	2	•-10	•-11	•-12	•-13	•-14	•-16
	3	3-12	•-13	•-14	•-16	•-16	•-18
	4	4-14	4-16	•-17	•-18	•-19	•-20
	5	6-17	5-18	5-19	•-20	•-21	•-22
	6	8-19	7-20	6-21	6-22	•-23	•-24
	7	10-21	9-22	8-23	7-24	7-25	•-26
	8	12-23	11-24	10-25	9-26	9-27	8-28
18	0	•- 4	•- 5	•- 6	•- 7	•- 7	•- 9
	1	•- 7	•- 8	•- 9	•-10	•-11	•-12
	2	•- 9	•-10	•-11	•-12	•-13	•-15
	3	•-11	•-12	•-13	•-15	•-15	•-17
	4	4-14	4-15	•-16	•-17	•-18	•-19
	5	6-16	5-17	5-18	•-19	•-20	•-21
	6	8-18	7-19	6-20	6-21	•-22	•-23
	7	9-20	8-21	8-22	7-23	7-24	•-25
	8	11-22	10-23	10-24	9-25	8-25	•-27
	9	13-24	12-25	11-26	10-27	10-27	9-28

N = 38

N_1	x_1	2α = 0,20	2α = 0,10	2α = 0,05	2α = 0,02	2α = 0,01	2α = 0,002
4	0	•-16	•-20	•-22	•-25	•-27	•-30
	1	•-26	•-28	•-30	•-32	•-33	•-35
	2	5-33	4-34	3-35	2-36	–	–
5	0	•-14	•-17	•-19	•-22	•-24	•-27
	1	•-22	•-25	•-27	•-29	•-30	•-32
	2	4-29	3-31	2-32	•-34	•-34	–
6	0	•-12	•-14	•-17	•-19	•-21	•-25
	1	•-19	•-22	•-24	•-26	•-27	•-30
	2	3-25	2-27	2-29	•-31	•-32	•-33
	3	8-30	6-32	5-33	4-34	3-35	–
7	0	•-10	•-13	•-15	•-17	•-19	•-22
	1	•-17	•-19	•-21	•-23	•-25	•-28
	2	3-22	2-24	•-26	•-28	•-29	•-31
	3	6-27	5-29	4-30	3-32	3-33	•-34
8	0	•- 9	•-11	•-13	•-16	•-17	•-20
	1	•-15	•-17	•-19	•-21	•-23	•-25
	2	2-20	2-22	•-24	•-26	•-27	•-29
	3	6-25	4-26	4-28	3-30	•-30	•-32
	4	9-29	8-30	7-31	5-33	5-33	4-34
9	0	•- 8	•-10	•-12	•-14	•-16	•-19
	1	•-13	•-16	•-17	•-19	•-21	•-23
	2	2-18	•-20	•-22	•-24	•-25	•-27
	3	5-22	4-24	3-26	3-27	•-28	•-30
	4	8-26	7-28	6-29	5-31	4-31	•-33
10	0	•- 7	•- 9	•-11	•-13	•-14	•-17
	1	•-12	•-14	•-16	•-18	•-19	•-22

N = 38 (Fortsetzung)

N_1	x_1	2α = 0,20	2α = 0,10	2α = 0,05	2α = 0,02	2α = 0,01	2α = 0,002
	2	2-16	•-18	•-20	•-22	•-23	•-25
	3	4-20	4-22	3-24	•-25	•-26	•-28
	4	7-24	6-26	5-27	4-28	4-29	•-31
	5	11-27	9-29	8-30	7-31	6-32	5-33
11	0	•- 7	•- 8	•-10	•-12	•-13	•-16
	1	•-11	•-13	•-14	•-16	•-18	•-20
	2	2-15	•-17	•-18	•-20	•-21	•-24
	3	4-19	3-20	3-22	•-24	•-25	•-27
	4	7-22	6-24	5-25	4-27	4-28	•-29
	5	10-25	8-27	7-28	6-29	6-30	5-32
12	0	•- 6	•- 8	•- 9	•-11	•-12	•-14
	1	•-10	•-12	•-13	•-15	•-16	•-19
	2	2-14	•-16	•-17	•-19	•-20	•-22
	3	4-17	3-19	•-20	•-22	•-23	•-25
	4	6-21	5-22	4-23	4-25	•-26	•-28
	5	9-24	8-25	7-26	6-28	5-28	•-30
	6	11-27	10-28	9-29	8-30	7-31	6-32
13	0	•- 6	•- 7	•- 8	•-10	•-11	•-13
	1	•- 9	•-11	•-12	•-14	•-15	•-17
	2	•-13	•-14	•-16	•-17	•-19	•-21
	3	3-16	3-18	•-19	•-21	•-22	•-24
	4	6-19	5-21	4-22	4-23	•-24	•-26
	5	8-22	7-23	6-25	5-26	5-27	•-28
	6	11-25	9-26	8-27	7-28	7-29	6-30
14	0	•- 5	•- 6	•- 8	•- 9	•-10	•-12
	1	•- 9	•-10	•-11	•-13	•-14	•-16
	2	•-12	•-13	•-15	•-16	•-17	•-19
	3	3-15	3-16	•-18	•-19	•-20	•-22
	4	5-18	4-19	4-21	•-22	•-23	•-25
	5	7-21	7-22	6-23	5-24	5-25	•-27
	6	10-23	9-25	8-26	7-27	6-28	•-29
	7	12-26	11-27	10-28	9-29	8-30	7-31
15	0	•- 5	•- 6	•- 7	•- 9	•-10	•-12
	1	•- 8	•-10	•-11	•-12	•-13	•-15
	2	•-11	•-13	•-14	•-15	•-16	•-18
	3	3-14	•-15	•-17	•-18	•-19	•-21
	4	5-17	4-18	4-19	•-21	•-22	•-23
	5	7-19	6-21	5-22	5-23	•-24	•-26
	6	9-22	8-23	7-24	7-25	6-26	•-28
	7	11-24	10-25	9-26	8-28	8-28	7-29
16	0	•- 4	•- 6	•- 7	•- 8	•- 9	•-11
	1	•- 8	•- 9	•-10	•-11	•-12	•-14
	2	•-10	•-12	•-13	•-14	•-15	•-17
	3	3-13	•-14	•-16	•-17	•-18	•-20
	4	5-16	4-17	4-18	•-20	•-20	•-22
	5	7-18	6-19	5-21	5-22	•-23	•-24
	6	9-21	8-22	7-23	6-24	6-25	•-26
	7	11-23	10-24	9-25	8-26	7-27	7-28
	8	13-25	12-26	11-27	10-28	9-29	8-30
17	0	•- 4	•- 5	•- 6	•- 7	•- 8	•-10
	1	•- 7	•- 8	•- 9	•-11	•-12	•-13
	2	•-10	•-11	•-12	•-13	•-14	•-16
	3	3-12	•-14	•-15	•-16	•-17	•-19
	4	4-15	4-16	•-17	•-18	•-19	•-21
	5	6-17	5-18	5-19	•-21	•-21	•-23
	6	8-19	7-21	7-22	6-23	6-24	•-25
	7	10-22	9-23	8-24	8-25	7-26	•-27
	8	12-24	11-25	10-26	9-27	9-27	8-29
18	0	•- 4	•- 5	•- 6	•- 7	•- 8	•-10
	1	•- 7	•- 8	•- 9	•-10	•-11	•-13
	2	•- 9	•-10	•-11	•-13	•-14	•-15
	3	3-12	•-13	•-14	•-15	•-16	•-18
	4	4-14	4-15	•-16	•-17	•-18	•-20
	5	6-16	5-17	5-18	•-20	•-20	•-22
	6	8-18	7-20	6-21	6-22	•-22	•-24
	7	10-20	9-22	8-23	7-24	7-24	•-26
	8	11-23	11-24	10-25	9-26	8-26	8-27
	9	13-25	12-26	12-26	11-27	10-28	9-29
19	0	•- 4	•- 5	•- 5	•- 6	•- 7	•- 9
	1	•- 6	•- 7	•- 8	•- 9	•-10	•-12
	2	•- 9	•-10	•-11	•-12	•-13	•-14
	3	•-11	•-12	•-13	•-14	•-15	•-17
	4	4-13	•-14	•-15	•-17	•-17	•-19
	5	6-15	5-16	5-17	•-19	•-19	•-21
	6	7-17	7-19	6-20	6-21	•-21	•-23
	7	9-19	8-21	8-21	7-23	7-23	•-24
	8	11-21	10-22	9-23	9-24	8-25	•-26
	9	13-23	12-24	11-25	10-26	10-27	9-28

N = 39

N_1	x_1	2α = 0,20	2α = 0,10	2α = 0,05	2α = 0,02	2α = 0,01	2α = 0,002
4	0	•-17	•-20	•-23	•-26	•-28	•-31
	1	•-26	•-29	•-31	•-33	•-34	•-36
	2	5-34	4-35	3-36	2-37	–	–
5	0	•-14	•-17	•-20	•-23	•-25	•-28
	1	•-23	•-25	•-27	•-30	•-31	•-33
	2	4-29	3-31	2-33	•-35	•-35	–
6	0	•-12	•-15	•-17	•-20	•-22	•-25
	1	•-20	•-22	•-24	•-27	•-28	•-31
	2	3-26	2-28	2-30	•-32	•-33	•-34
	3	8-31	6-33	5-34	4-35	3-36	–
7	0	•-11	•-13	•-15	•-18	•-20	•-23
	1	•-17	•-20	•-22	•-24	•-26	•-28
	2	3-23	2-25	•-27	•-29	•-30	•-32
	3	7-28	5-30	4-31	3-33	3-34	•-35
8	0	•- 9	•-12	•-14	•-16	•-18	•-21
	1	•-15	•-18	•-20	•-22	•-23	•-26

* Nachdruck nur mit Erlaubnis des Herausgebers.

Signifikanzschranken für den Vierfeldertest*

x_1	$N_1 - x_1$	N_1
x_2	$N_2 - x_2$	N_2
X	$N - X$	N

$N = N_1 + N_2$, $X = x_1 + x_2$, $N_1 \leq N_2$, $x_1 \leq N_1 - x_1$

Anleitung siehe S. 123

N_1	x_1	2α = 0,20	2α = 0,10	2α = 0,05	2α = 0,02	2α = 0,01	2α = 0,002
			$N = 39$ (Fortsetzung)				
	2	2–21	2–23	•–25	•–26	•–28	•–30
	3	6–25	5–27	4–29	3–30	•–31	•–33
	4	10–29	8–31	7–32	5–34	5–34	4–35
9	0	•–8	•–10	•–12	•–14	•–16	•–19
	1	•–14	•–16	•–18	•–20	•–21	•–24
	2	2–19	2–21	•–22	•–24	•–26	•–28
	3	5–23	4–25	3–26	3–28	•–29	•–31
	4	8–27	7–29	6–30	5–31	4–32	•–34
10	0	•–8	•–9	•–11	•–13	•–15	•–18
	1	•–13	•–15	•–16	•–18	•–20	•–22
	2	2–17	•–19	•–21	•–22	•–24	•–26
	3	5–21	4–23	3–24	•–26	•–27	•–29
	4	8–25	6–26	5–28	4–29	4–30	•–32
	5	11–28	9–30	8–31	7–32	6–33	5–34
11	0	•–7	•–9	•–10	•–12	•–13	•–16
	1	•–11	•–13	•–15	•–17	•–18	•–21
	2	2–16	•–17	•–19	•–21	•–22	•–24
	3	4–19	3–21	3–23	•–24	•–25	•–27
	4	7–23	6–24	5–26	4–27	4–28	•–30
	5	10–26	8–28	7–29	6–30	6–31	5–32
12	0	•–6	•–8	•–9	•–11	•–12	•–15
	1	•–11	•–12	•–14	•–16	•–17	•–19
	2	2–14	•–16	•–18	•–19	•–20	•–23
	3	4–18	3–20	3–21	•–23	•–24	•–26
	4	6–21	5–23	5–24	4–26	•–27	•–28
	5	9–24	8–26	7–27	6–28	5–29	•–31
	6	12–27	10–29	9–30	8–31	7–32	6–33
13	0	•–6	•–7	•–9	•–10	•–11	•–14
	1	•–10	•–11	•–13	•–14	•–16	•–18
	2	•–13	•–15	•–16	•–18	•–19	•–21
	3	4–17	3–18	•–20	•–21	•–22	•–24
	4	6–20	5–21	4–23	4–24	•–25	•–27
	5	8–23	7–24	6–25	5–27	5–28	•–29
	6	11–25	10–27	9–28	8–29	7–30	6–31
14	0	•–5	•–7	•–8	•–9	•–11	•–13
	1	•–9	•–11	•–12	•–13	•–15	•–17
	2	•–12	•–14	•–15	•–17	•–18	•–20
	3	3–15	3–17	•–18	•–20	•–21	•–23
	4	5–18	5–20	4–21	•–23	•–24	•–25
	5	8–21	7–23	6–24	5–25	5–26	•–28
	6	10–24	9–25	8–26	7–28	6–28	6–30
	7	13–26	11–28	10–29	9–30	8–31	7–32
15	0	•–5	•–6	•–7	•–9	•–10	•–12
	1	•–8	•–10	•–11	•–13	•–14	•–16
	2	•–12	•–13	•–14	•–16	•–17	•–19
	3	3–14	3–16	•–17	•–19	•–20	•–22
	4	5–17	4–19	4–20	•–21	•–22	•–24
	5	7–20	6–21	6–22	5–24	•–25	•–26
	6	9–22	8–24	7–25	7–26	6–27	•–28
	7	12–25	11–26	10–27	9–28	8–29	7–30
16	0	•–5	•–6	•–7	•–8	•–9	•–11
	1	•–8	•–9	•–10	•–12	•–13	•–15
	2	•–11	•–12	•–13	•–15	•–16	•–18
	3	3–14	•–15	•–16	•–18	•–18	•–20
	4	5–16	4–18	4–19	•–20	•–21	•–23
	5	7–19	6–20	5–21	5–22	•–23	•–25
	6	9–21	8–22	7–24	6–25	6–26	•–27
	7	11–24	10–25	9–26	8–27	8–28	7–29
	8	13–26	12–27	11–28	10–29	9–30	8–31
17	0	•–4	•–5	•–6	•–8	•–9	•–11
	1	•–7	•–9	•–10	•–11	•–12	•–14
	2	•–10	•–11	•–13	•–14	•–15	•–17
	3	3–13	•–14	•–15	•–17	•–17	•–19
	4	4–15	4–17	•–18	•–19	•–20	•–22
	5	6–18	6–19	5–20	•–21	•–22	•–24
	6	8–20	7–21	7–22	6–23	6–24	•–26
	7	10–22	9–23	9–24	8–26	7–26	•–28
	8	12–24	11–26	10–27	10–28	9–28	8–29
18	0	•–4	•–5	•–6	•–7	•–8	•–10
	1	•–7	•–8	•–9	•–10	•–11	•–13
	2	•–10	•–11	•–12	•–13	•–14	•–16
	3	3–12	•–13	•–14	•–16	•–16	•–18
	4	4–14	4–16	•–17	•–18	•–19	•–20
	5	6–17	5–18	5–19	•–20	•–21	•–23
	6	8–19	7–20	6–21	6–22	•–23	•–25
	7	10–21	9–22	8–23	7–24	7–25	•–26
	8	12–23	11–24	10–25	9–26	9–27	8–28
	9	14–25	13–26	12–27	11–28	10–29	9–30
19	0	•–4	•–5	•–6	•–7	•–8	•–9
	1	•–7	•–8	•–9	•–10	•–11	•–12
	2	•–9	•–10	•–11	•–12	•–13	•–15
	3	•–11	•–13	•–14	•–15	•–16	•–17
	4	4–14	4–15	•–16	•–17	•–18	•–19
	5	6–16	5–17	5–18	•–19	•–20	•–21
	6	7–18	7–19	6–20	6–21	•–22	•–23
	7	9–20	8–21	8–22	7–23	7–24	•–25
	8	11–22	10–23	9–24	9–25	8–26	•–27
	9	13–24	12–25	11–26	10–27	10–27	9–29
			$N = 40$				
4	0	•–17	•–21	•–24	•–27	•–29	•–32
	1	•–27	•–30	•–32	•–34	•–35	•–37
	2	6–34	4–36	3–37	2–38	–	–
5	0	•–14	•–18	•–20	•–23	•–25	•–29
	1	•–23	•–26	•–28	•–30	•–32	•–34
	2	4–30	3–32	2–34	•–35	•–36	–

N_1	x_1	2α = 0,20	2α = 0,10	2α = 0,05	2α = 0,02	2α = 0,01	2α = 0,002
			$N = 40$ (Fortsetzung)				
6	0	•–12	•–15	•–18	•–21	•–22	•–26
	1	•–20	•–23	•–25	•–27	•–29	•–32
	2	4–26	2–29	2–31	•–32	•–33	•–35
	3	8–32	6–34	5–35	4–36	3–37	–
7	0	•–11	•–13	•–16	•–18	•–20	•–24
	1	•–18	•–20	•–22	•–25	•–26	•–29
	2	3–24	2–26	•–28	•–30	•–31	•–33
	3	7–29	5–31	4–32	3–34	3–34	•–36
8	0	•–10	•–12	•–14	•–16	•–18	•–21
	1	•–16	•–18	•–20	•–22	•–24	•–27
	2	3–21	2–23	•–25	•–27	•–28	•–31
	3	6–26	5–28	4–29	3–31	•–32	•–34
	4	10–30	8–32	7–33	6–34	5–35	4–36
9	0	•–9	•–11	•–13	•–15	•–16	•–20
	1	•–14	•–16	•–18	•–20	•–22	•–25
	2	2–19	2–21	•–23	•–25	•–26	•–29
	3	5–24	4–25	3–27	3–29	•–30	•–32
	4	9–28	7–29	6–31	5–32	4–33	•–35
10	0	•–8	•–10	•–11	•–13	•–15	•–18
	1	•–13	•–15	•–17	•–19	•–20	•–23
	2	2–17	•–19	•–21	•–23	•–24	•–27
	3	5–22	4–23	3–25	•–27	•–28	•–30
	4	8–25	6–27	5–29	5–30	4–31	•–33
	5	11–29	10–30	8–32	7–33	6–34	5–35
11	0	•–7	•–9	•–10	•–12	•–14	•–17
	1	•–12	•–14	•–15	•–17	•–19	•–21
	2	2–16	•–18	•–19	•–21	•–23	•–25
	3	4–20	3–22	3–23	•–25	•–26	•–28
	4	7–23	6–25	5–27	4–28	4–29	•–31
	5	10–27	9–28	8–30	6–31	6–32	5–33
12	0	•–6	•–8	•–10	•–11	•–13	•–15
	1	•–11	•–13	•–14	•–16	•–17	•–20
	2	2–15	•–16	•–18	•–20	•–21	•–23
	3	4–18	3–20	3–22	•–23	•–24	•–26
	4	6–22	5–23	5–25	4–26	•–27	•–29
	5	9–25	8–26	7–28	6–29	5–30	•–32
	6	12–28	11–29	9–31	8–32	8–32	6–34
13	0	•–6	•–7	•–9	•–10	•–12	•–14
	1	•–10	•–12	•–13	•–15	•–16	•–19
	2	•–14	•–15	•–17	•–18	•–20	•–22
	3	4–17	3–19	•–20	•–22	•–23	•–25
	4	6–20	5–22	4–23	4–25	•–26	•–28
	5	8–23	7–25	6–26	6–27	5–28	•–30
	6	11–26	10–28	9–29	8–30	7–31	6–32
14	0	•–5	•–7	•–8	•–10	•–11	•–13
	1	•–9	•–11	•–12	•–14	•–15	•–17
	2	•–13	•–14	•–16	•–17	•–18	•–21
	3	3–16	3–17	•–19	•–20	•–21	•–24
	4	6–19	5–20	4–22	•–23	•–24	•–26
	5	8–22	7–23	6–25	5–26	5–27	•–28
	6	10–24	9–26	8–27	7–28	7–29	6–31
	7	13–27	12–28	10–30	9–31	9–31	7–33
15	0	•–5	•–6	•–8	•–9	•–10	•–12
	1	•–9	•–10	•–11	•–13	•–14	•–16
	2	•–12	•–13	•–15	•–16	•–17	•–19
	3	3–15	3–16	•–18	•–19	•–20	•–22
	4	5–18	4–19	4–20	•–22	•–23	•–25
	5	7–20	6–22	6–23	5–24	5–25	•–27
	6	10–23	9–24	8–26	7–27	6–28	•–29
	7	12–26	11–27	10–28	9–29	8–30	7–31
16	0	•–5	•–6	•–7	•–8	•–9	•–12
	1	•–8	•–9	•–11	•–12	•–13	•–15
	2	•–11	•–12	•–14	•–15	•–16	•–18
	3	3–14	•–15	•–17	•–18	•–19	•–21
	4	5–17	4–18	4–19	•–21	•–22	•–23
	5	7–19	6–21	5–22	5–23	•–24	•–26
	6	9–22	8–23	7–24	6–25	6–26	•–28
	7	11–24	10–25	9–27	8–28	8–28	7–30
	8	14–26	12–28	11–29	10–30	10–30	8–32
17	0	•–4	•–6	•–7	•–8	•–9	•–11
	1	•–8	•–9	•–10	•–11	•–12	•–14
	2	•–10	•–12	•–13	•–14	•–15	•–17
	3	3–13	•–14	•–16	•–17	•–18	•–20
	4	5–16	4–17	•–18	•–20	•–20	•–22
	5	6–18	6–19	5–21	5–22	•–23	•–24
	6	8–21	8–22	7–23	6–24	6–25	•–27
	7	11–23	10–24	9–25	8–26	7–27	•–28
	8	13–25	12–26	11–27	10–28	9–29	8–30
18	0	•–4	•–5	•–6	•–7	•–8	•–10
	1	•–7	•–8	•–9	•–11	•–12	•–14
	2	•–10	•–11	•–12	•–13	•–14	•–16
	3	3–12	•–14	•–15	•–16	•–17	•–19
	4	4–15	4–16	•–17	•–18	•–19	•–21
	5	6–17	5–18	5–20	•–21	•–22	•–23
	6	8–19	7–21	7–22	6–23	6–24	•–25
	7	10–22	9–23	8–24	8–25	7–26	•–27
	8	12–24	11–25	10–26	9–27	9–28	8–29
	9	14–26	13–27	12–28	11–29	10–30	9–31
19	0	•–4	•–5	•–6	•–7	•–8	•–10
	1	•–7	•–8	•–9	•–10	•–11	•–13
	2	•–9	•–10	•–11	•–13	•–14	•–15
	3	3–12	•–13	•–14	•–15	•–16	•–18
	4	4–14	4–15	•–16	•–18	•–18	•–20
	5	6–16	5–17	5–19	•–20	•–21	•–22
	6	8–18	7–20	6–21	6–22	•–23	•–24
	7	9–21	9–22	8–23	7–24	7–25	•–26
	8	11–23	10–24	10–25	9–26	8–26	8–28

N_1	x_1	2α = 0,20	2α = 0,10	2α = 0,05	2α = 0,02	2α = 0,01	2α = 0,002
			$N = 40$ (Fortsetzung)				
	9	13–25	12–26	11–27	11–28	10–28	9–29
20	0	•–4	•–5	•–5	•–7	•–7	•–9
	1	•–6	•–7	•–8	•–9	•–10	•–12
	2	•–9	•–10	•–11	•–12	•–13	•–15
	3	•–11	•–12	•–13	•–14	•–15	•–17
	4	4–13	•–14	•–15	•–17	•–17	•–19
	5	6–15	5–17	5–18	•–19	•–20	•–21
	6	7–18	7–19	6–20	•–21	•–22	•–23
	7	9–20	8–21	8–22	7–23	7–23	•–25
	8	11–22	10–23	9–24	9–25	8–25	•–27
	9	13–24	12–25	11–25	10–26	10–27	9–28
	10	15–25	14–26	13–27	12–28	11–29	10–30
			$N = 41$				
4	0	•–18	•–21	•–24	•–27	•–29	•–33
	1	1–28	•–31	•–33	•–35	•–36	•–38
	2	6–35	4–37	3–38	2–39	–	–
5	0	•–15	•–18	•–21	•–24	•–26	•–30
	1	•–24	•–27	•–29	•–31	•–33	•–35
	2	4–31	3–33	2–35	•–36	•–37	•–38
6	0	•–13	•–16	•–18	•–21	•–23	•–27
	1	•–21	•–23	•–26	•–28	•–30	•–32
	2	4–27	2–30	2–31	•–33	•–34	•–36
	3	8–33	6–35	5–36	4–37	3–38	–
7	0	•–11	•–14	•–16	•–19	•–21	•–24
	1	•–18	•–21	•–23	•–25	•–27	•–30
	2	3–24	2–26	•–28	•–30	•–32	•–34
	3	7–29	5–31	4–33	3–34	3–35	•–37
8	0	•–10	•–12	•–14	•–17	•–19	•–22
	1	•–16	•–19	•–21	•–23	•–25	•–28
	2	3–22	2–24	•–26	•–28	•–29	•–32
	3	6–27	5–29	4–30	3–32	•–33	•–35
	4	10–31	8–33	7–34	6–35	5–36	4–37
9	0	•–9	•–11	•–13	•–15	•–17	•–20
	1	•–15	•–17	•–19	•–21	•–23	•–25
	2	2–20	2–22	•–24	•–26	•–27	•–29
	3	5–24	4–26	3–28	3–30	•–31	•–33
	4	9–28	7–30	6–32	5–33	4–34	•–35
10	0	•–8	•–10	•–12	•–14	•–15	•–19
	1	•–13	•–15	•–17	•–19	•–21	•–24
	2	2–18	•–20	•–22	•–24	•–25	•–27
	3	5–22	4–24	3–26	•–27	•–29	•–31
	4	8–26	7–28	6–29	5–31	4–32	•–34
	5	11–30	10–31	8–33	7–34	6–35	5–36
11	0	•–7	•–9	•–11	•–13	•–14	•–17
	1	•–12	•–14	•–16	•–18	•–19	•–22
	2	2–16	•–18	•–20	•–22	•–23	•–26
	3	4–20	3–22	3–24	•–26	•–27	•–29
	4	7–24	6–26	5–27	4–29	4–30	•–32
	5	10–27	9–29	8–30	7–32	6–33	5–34
12	0	•–7	•–8	•–10	•–12	•–13	•–16
	1	•–11	•–13	•–15	•–16	•–18	•–20
	2	2–15	•–17	•–19	•–20	•–22	•–24
	3	4–19	3–21	3–22	•–24	•–25	•–27
	4	7–22	5–24	5–25	4–27	4–28	•–30
	5	9–26	8–27	7–28	6–30	5–31	•–32
	6	12–29	11–30	10–31	8–33	8–33	6–35
13	0	•–6	•–8	•–9	•–11	•–12	•–15
	1	•–10	•–12	•–13	•–15	•–17	•–19
	2	2–14	•–16	•–17	•–19	•–20	•–23
	3	4–17	3–19	•–21	•–22	•–23	•–26
	4	6–21	5–22	4–24	4–25	•–26	•–28
	5	9–24	7–25	7–27	6–28	5–29	•–31
	6	11–27	10–28	9–29	8–31	7–32	6–33
14	0	•–6	•–7	•–8	•–10	•–11	•–14
	1	•–10	•–11	•–13	•–14	•–15	•–18
	2	•–13	•–15	•–16	•–18	•–19	•–21
	3	3–16	3–18	•–19	•–21	•–22	•–24
	4	6–19	5–21	4–22	4–24	•–25	•–27
	5	8–22	7–24	6–25	5–27	5–28	•–29
	6	11–25	9–27	8–28	7–29	7–30	6–31
	7	13–28	12–29	11–30	10–31	9–32	7–34
15	0	•–5	•–7	•–8	•–9	•–10	•–13
	1	•–9	•–10	•–12	•–13	•–14	•–17
	2	•–12	•–14	•–15	•–17	•–18	•–20
	3	3–15	3–17	•–18	•–20	•–21	•–23
	4	5–18	4–20	4–21	•–23	•–23	•–25
	5	7–21	7–22	6–24	5–25	5–26	•–28
	6	10–24	9–25	8–26	7–28	6–28	•–30
	7	12–26	11–28	10–29	9–30	8–31	7–32
16	0	•–5	•–6	•–7	•–9	•–10	•–12
	1	•–8	•–10	•–11	•–12	•–14	•–16
	2	•–11	•–13	•–14	•–16	•–17	•–19
	3	3–14	•–16	•–17	•–19	•–20	•–22
	4	5–17	4–19	4–20	•–21	•–22	•–24
	5	7–20	6–21	5–22	5–24	•–25	•–26
	6	9–22	8–24	7–25	7–26	6–27	•–29
	7	11–25	10–26	9–27	8–28	8–29	7–31
	8	14–27	13–28	12–29	10–31	10–31	9–32
17	0	•–5	•–6	•–7	•–8	•–9	•–11
	1	•–8	•–9	•–10	•–12	•–13	•–15
	2	•–11	•–12	•–13	•–15	•–16	•–18
	3	3–13	•–15	•–16	•–18	•–18	•–20
	4	5–16	4–17	4–19	•–20	•–21	•–23
	5	7–19	6–20	5–21	5–23	•–23	•–25
	6	9–21	8–22	7–24	6–25	6–26	•–27

x_1	N_1-x_1	N_1
x_2	N_2-x_2	N_2
X	$N-X$	N

$N=N_1+N_2$, $X=x_1+x_2$, $N_1 \leq N_2$, $x_1 \leq N_1-x_1$

Anleitung siehe S.123

$N=41$ (Fortsetzung)

N_1	x_1	2α = 0,20	2α = 0,10	2α = 0,05	2α = 0,02	2α = 0,01	2α = 0,002
	7	11-23	10-25	9-26	8-27	7-28	7-29
	8	13-26	12-27	11-28	10-29	9-30	8-31
18	0	•-4	•-5	•-6	•-8	•-9	•-11
	1	•-7	•-9	•-10	•-11	•-12	•-14
	2	•-10	•-11	•-13	•-14	•-15	•-17
	3	3-13	•-14	•-15	•-17	•-17	•-19
	4	4-15	4-17	•-18	•-19	•-20	•-22
	5	6-18	6-19	5-20	•-21	•-22	•-24
	6	8-20	7-21	7-22	6-24	6-24	•-26
	7	10-22	9-23	8-25	8-26	7-26	•-28
	8	12-24	11-26	10-27	9-28	9-28	8-30
	9	14-27	13-28	12-29	11-30	11-30	9-32
19	0	•-4	•-5	•-6	•-7	•-8	•-10
	1	•-7	•-8	•-9	•-10	•-11	•-13
	2	•-10	•-11	•-12	•-13	•-14	•-16
	3	3-12	•-13	•-14	•-16	•-17	•-18
	4	4-14	4-16	•-17	•-18	•-19	•-21
	5	6-17	5-18	5-19	•-20	•-21	•-23
	6	8-19	7-20	6-21	6-22	•-23	•-25
	7	10-21	9-22	8-23	7-25	7-25	•-27
	8	12-23	11-24	10-25	9-27	8-27	8-29
	9	14-25	13-26	12-27	11-28	10-29	9-30
20	0	•-4	•-5	•-6	•-7	•-8	•-9
	1	•-7	•-8	•-9	•-10	•-11	•-12
	2	•-9	•-10	•-11	•-12	•-13	•-15
	3	•-11	•-13	•-14	•-15	•-16	•-17
	4	4-14	4-15	•-16	•-17	•-18	•-20
	5	6-16	5-17	5-18	•-19	•-20	•-22
	6	7-18	7-19	6-20	6-21	•-22	•-24
	7	9-20	8-21	8-22	7-23	7-24	•-26
	8	11-22	10-23	9-24	9-25	8-26	•-27
	9	13-24	12-25	11-26	10-27	10-28	9-29
	10	15-26	14-27	13-28	12-29	11-30	10-31

$N=42$

N_1	x_1	2α = 0,20	2α = 0,10	2α = 0,05	2α = 0,02	2α = 0,01	2α = 0,002
4	0	•-18	•-22	•-25	•-28	•-30	•-34
	1	1-28	•-31	•-34	•-36	•-37	•-39
	2	6-36	4-38	3-39	2-40	–	–
5	0	•-15	•-18	•-21	•-25	•-27	•-30
	1	•-24	•-27	•-30	•-32	•-34	•-36
	2	5-32	3-34	2-36	•-37	•-38	•-39
6	0	•-13	•-16	•-19	•-22	•-24	•-27
	1	•-21	•-24	•-26	•-29	•-30	•-33
	2	4-28	3-30	2-32	•-34	•-35	•-37
	3	8-34	7-35	5-37	4-38	3-39	–
7	0	•-11	•-14	•-16	•-19	•-21	•-25
	1	•-19	•-21	•-23	•-26	•-28	•-31
	2	3-25	2-27	2-29	•-31	•-32	•-35
	3	7-30	6-32	4-34	3-35	3-36	•-38
8	0	•-10	•-12	•-15	•-17	•-19	•-23
	1	•-17	•-19	•-21	•-24	•-25	•-28
	2	3-22	2-25	•-26	•-29	•-30	•-32
	3	6-27	5-29	4-31	3-33	3-34	•-36
	4	10-32	9-33	7-35	6-36	5-37	4-38
9	0	•-9	•-11	•-13	•-16	•-17	•-21
	1	•-15	•-17	•-19	•-22	•-23	•-26
	2	2-20	2-22	•-24	•-26	•-28	•-30
	3	5-25	4-27	3-29	3-30	•-32	•-34
	4	9-29	8-31	6-32	5-34	4-35	•-36
10	0	•-8	•-10	•-12	•-14	•-16	•-19
	1	•-14	•-16	•-18	•-20	•-21	•-24
	2	2-18	•-20	•-22	•-24	•-26	•-28
	3	5-23	4-25	3-26	•-28	•-29	•-32
	4	8-27	7-29	6-30	5-31	4-33	•-34
	5	12-30	10-32	9-33	7-35	7-35	5-37
11	0	•-7	•-9	•-11	•-13	•-15	•-18
	1	•-12	•-14	•-16	•-18	•-20	•-22
	2	2-17	•-19	•-21	•-23	•-24	•-26
	3	4-21	4-23	3-24	•-26	•-27	•-30
	4	7-25	6-26	5-28	4-30	4-31	•-33
	5	10-28	9-30	8-31	7-33	6-34	5-35
12	0	•-7	•-8	•-10	•-12	•-13	•-16
	1	•-11	•-13	•-15	•-17	•-18	•-21
	2	2-15	•-17	•-19	•-21	•-22	•-25
	3	4-19	3-21	3-23	•-25	•-26	•-28
	4	7-23	6-25	5-26	4-28	4-29	•-31
	5	10-26	8-28	7-29	6-31	6-32	5-33
	6	13-29	11-31	10-32	9-33	8-34	6-36
13	0	•-6	•-8	•-9	•-11	•-12	•-15
	1	•-11	•-12	•-14	•-16	•-17	•-20
	2	2-14	•-16	•-18	•-20	•-21	•-23
	3	4-18	3-20	3-21	•-23	•-24	•-26
	4	6-21	5-23	4-24	4-26	•-27	•-29
	5	9-24	8-26	7-27	6-29	5-30	•-32
	6	12-27	10-29	9-30	8-32	7-32	6-34
14	0	•-6	•-7	•-9	•-10	•-12	•-14
	1	•-10	•-11	•-13	•-15	•-16	•-18
	2	•-13	•-15	•-17	•-18	•-19	•-22
	3	4-17	3-18	•-20	•-22	•-23	•-25
	4	6-20	5-22	4-23	4-25	•-26	•-28
	5	8-23	7-24	6-26	5-27	5-28	•-30
	6	11-26	9-27	8-29	7-30	7-31	6-32
	7	13-29	12-30	11-31	10-32	9-33	8-34
15	0	•-5	•-7	•-8	•-10	•-11	•-13
	1	•-9	•-11	•-12	•-14	•-15	•-17

$N=42$ (Fortsetzung)

N_1	x_1	2α = 0,20	2α = 0,10	2α = 0,05	2α = 0,02	2α = 0,01	2α = 0,002
	2	•-12	•-14	•-15	•-17	•-18	•-21
	3	3-16	3-17	•-19	•-20	•-21	•-23
	4	5-19	5-20	4-22	•-23	•-24	•-26
	5	8-21	7-23	6-24	5-26	5-27	•-29
	6	10-24	9-26	8-27	7-28	6-29	6-31
	7	13-27	11-28	10-29	9-31	8-31	7-33
16	0	•-5	•-6	•-7	•-9	•-10	•-12
	1	•-9	•-10	•-11	•-13	•-14	•-16
	2	•-12	•-13	•-15	•-16	•-17	•-19
	3	3-15	3-16	•-18	•-19	•-20	•-22
	4	5-17	4-19	4-20	•-22	•-23	•-25
	5	7-20	6-22	6-23	5-24	•-25	•-27
	6	9-23	8-24	8-26	7-27	6-28	•-29
	7	12-25	11-27	10-28	9-29	8-30	7-31
	8	14-28	13-29	12-30	11-31	10-32	9-33
17	0	•-5	•-6	•-7	•-8	•-9	•-12
	1	•-8	•-9	•-11	•-12	•-13	•-15
	2	•-11	•-12	•-14	•-15	•-16	•-18
	3	3-14	•-15	•-17	•-18	•-19	•-21
	4	5-16	4-18	4-19	•-21	•-22	•-24
	5	7-19	6-21	5-22	5-23	•-24	•-26
	6	9-22	8-23	7-24	6-26	6-26	•-28
	7	11-24	10-25	9-27	8-28	8-29	7-30
	8	13-26	12-28	11-29	10-30	9-31	8-32
18	0	•-4	•-5	•-7	•-8	•-9	•-11
	1	•-8	•-9	•-10	•-11	•-12	•-14
	2	•-10	•-12	•-13	•-14	•-15	•-17
	3	3-13	•-14	•-16	•-17	•-18	•-20
	4	5-16	4-17	•-18	•-20	•-20	•-22
	5	6-18	6-19	5-21	•-22	•-23	•-25
	6	8-20	7-22	7-23	6-24	6-25	•-27
	7	10-23	9-24	9-25	8-26	7-27	•-29
	8	13-25	11-26	11-27	10-29	9-29	8-31
	9	15-27	14-28	13-29	11-31	11-31	10-32
19	0	•-4	•-5	•-6	•-7	•-8	•-10
	1	•-7	•-8	•-9	•-11	•-12	•-14
	2	•-10	•-11	•-12	•-14	•-14	•-16
	3	3-12	•-14	•-15	•-16	•-17	•-19
	4	4-15	4-16	•-17	•-19	•-19	•-21
	5	6-17	5-18	5-20	•-21	•-22	•-23
	6	8-19	7-21	7-22	6-23	•-24	•-26
	7	10-22	9-23	8-24	7-25	7-26	•-27
	8	12-24	11-25	10-26	9-27	9-28	8-29
	9	14-26	13-27	12-28	11-29	10-30	9-31
20	0	•-4	•-5	•-6	•-7	•-8	•-10
	1	•-7	•-8	•-9	•-10	•-11	•-13
	2	•-9	•-10	•-12	•-13	•-14	•-16
	3	3-12	•-13	•-14	•-15	•-16	•-18
	4	4-14	4-15	•-16	•-18	•-18	•-20
	5	6-16	5-18	5-19	•-20	•-21	•-22
	6	8-18	7-20	6-21	6-22	•-23	•-24
	7	9-21	9-22	8-23	7-24	7-25	•-26
	8	11-23	10-24	10-25	9-26	8-27	•-28
	9	13-25	12-26	11-27	10-28	10-29	9-30
	10	15-27	14-28	13-29	12-30	12-30	11-31
21	0	•-4	•-5	•-5	•-7	•-7	•-9
	1	•-6	•-7	•-8	•-10	•-10	•-12
	2	•-9	•-10	•-11	•-12	•-13	•-15
	3	•-11	•-12	•-13	•-15	•-15	•-17
	4	4-13	•-15	•-16	•-17	•-18	•-19
	5	6-15	5-17	5-18	•-19	•-20	•-21
	6	7-18	7-19	6-20	•-21	•-22	•-23
	7	9-20	8-21	8-22	7-23	7-24	•-25
	8	11-22	10-23	9-24	8-25	8-26	•-27
	9	13-24	12-25	11-26	10-27	10-27	9-29
	10	15-26	13-27	13-28	12-29	11-29	10-30

$N=43$

N_1	x_1	2α = 0,20	2α = 0,10	2α = 0,05	2α = 0,02	2α = 0,01	2α = 0,002
4	0	•-19	•-22	•-25	•-29	•-31	•-35
	1	1-29	•-32	•-34	•-37	•-38	•-40
	2	6-37	4-39	3-40	2-41	–	–
5	0	•-16	•-19	•-22	•-25	•-27	•-31
	1	•-25	•-28	•-30	•-33	•-34	•-37
	2	5-32	3-35	2-36	•-38	•-39	•-40
6	0	•-13	•-16	•-19	•-22	•-24	•-28
	1	•-22	•-25	•-27	•-30	•-31	•-34
	2	4-28	3-31	2-33	•-35	•-36	•-38
	3	9-34	7-36	5-38	4-39	3-40	–
7	0	•-12	•-14	•-17	•-20	•-22	•-25
	1	•-19	•-22	•-24	•-27	•-28	•-31
	2	3-25	2-28	2-30	•-32	•-33	•-36
	3	7-31	6-33	5-35	3-36	3-37	•-39
8	0	•-10	•-13	•-15	•-18	•-20	•-23
	1	•-17	•-20	•-22	•-24	•-26	•-29
	2	3-23	2-25	•-27	•-29	•-31	•-33
	3	6-28	5-30	4-32	3-34	3-35	•-37
	4	11-32	9-34	7-36	6-37	5-38	4-39
9	0	•-9	•-11	•-14	•-16	•-18	•-21
	1	•-15	•-18	•-20	•-22	•-24	•-27
	2	2-21	2-23	•-25	•-27	•-28	•-31
	3	6-25	4-27	4-29	3-31	•-32	•-34
	4	9-30	8-32	6-33	5-35	5-36	•-37
10	0	•-8	•-10	•-12	•-15	•-16	•-20
	1	•-14	•-16	•-18	•-20	•-22	•-25
	2	2-19	2-21	•-23	•-25	•-26	•-29
	3	5-23	4-25	3-27	3-29	•-30	•-32

$N=43$ (Fortsetzung)

N_1	x_1	2α = 0,20	2α = 0,10	2α = 0,05	2α = 0,02	2α = 0,01	2α = 0,002
	4	8-27	7-29	6-31	5-32	4-33	•-35
	5	12-31	10-33	9-34	7-36	7-36	5-38
11	0	•-8	•-9	•-11	•-13	•-15	•-18
	1	•-13	•-15	•-17	•-19	•-20	•-23
	2	2-17	•-19	•-21	•-23	•-24	•-27
	3	5-21	4-23	3-25	•-27	•-28	•-30
	4	8-25	6-27	5-29	4-30	4-31	•-33
	5	11-29	9-31	8-32	7-33	6-34	5-36
12	0	•-7	•-9	•-10	•-12	•-14	•-17
	1	•-12	•-14	•-15	•-17	•-19	•-22
	2	2-16	•-18	•-20	•-21	•-23	•-25
	3	4-20	3-22	3-23	•-25	•-26	•-29
	4	7-23	6-25	5-27	4-28	4-30	•-32
	5	10-27	8-29	7-30	6-31	6-32	5-34
	6	13-30	11-32	10-33	9-34	8-35	7-36
13	0	•-6	•-8	•-10	•-11	•-13	•-16
	1	•-11	•-13	•-14	•-16	•-17	•-20
	2	2-15	•-17	•-18	•-20	•-21	•-24
	3	4-18	3-20	3-22	•-24	•-25	•-27
	4	6-22	5-24	5-25	4-27	•-28	•-30
	5	9-25	8-27	7-28	6-30	5-31	•-32
	6	12-28	10-30	9-31	8-32	7-33	6-35
14	0	•-6	•-7	•-9	•-11	•-12	•-14
	1	•-10	•-12	•-13	•-15	•-16	•-19
	2	•-14	•-15	•-17	•-19	•-20	•-22
	3	4-17	3-19	•-20	•-22	•-23	•-26
	4	6-20	5-22	4-24	4-25	•-26	•-28
	5	8-23	7-25	6-26	5-28	5-29	•-31
	6	11-26	10-28	9-29	8-31	7-32	6-33
	7	14-29	12-31	11-32	10-33	9-34	8-35
15	0	•-6	•-7	•-8	•-10	•-11	•-14
	1	•-9	•-11	•-12	•-14	•-15	•-18
	2	•-13	•-14	•-16	•-18	•-19	•-21
	3	3-16	3-18	•-19	•-21	•-22	•-24
	4	6-19	5-21	4-22	•-24	•-25	•-27
	5	8-22	7-24	6-25	5-26	5-27	•-29
	6	10-25	9-26	8-28	7-29	7-30	6-32
	7	13-28	11-29	10-30	9-31	9-32	7-34
16	0	•-5	•-6	•-8	•-9	•-10	•-13
	1	•-9	•-10	•-12	•-13	•-14	•-17
	2	•-12	•-14	•-15	•-17	•-18	•-20
	3	3-15	3-17	•-18	•-20	•-21	•-23
	4	5-18	4-20	4-21	•-22	•-23	•-25
	5	7-21	6-22	6-24	5-25	5-26	•-28
	6	10-23	9-25	8-26	7-28	6-28	•-30
	7	12-26	11-27	10-29	9-30	8-31	7-32
	8	14-29	13-30	12-31	11-32	10-33	9-34
17	0	•-5	•-6	•-7	•-9	•-10	•-12
	1	•-8	•-10	•-11	•-12	•-13	•-16
	2	•-11	•-13	•-14	•-16	•-17	•-19
	3	3-14	•-16	•-17	•-18	•-20	•-22
	4	5-17	4-18	4-20	•-21	•-22	•-24
	5	7-20	6-21	5-22	5-24	•-25	•-27
	6	9-22	8-24	7-25	6-26	6-27	•-29
	7	11-25	10-26	9-27	8-28	8-29	7-31
	8	14-27	12-28	11-29	10-31	10-31	8-33
18	0	•-5	•-6	•-7	•-8	•-9	•-11
	1	•-8	•-9	•-10	•-12	•-13	•-15
	2	•-11	•-12	•-13	•-15	•-16	•-18
	3	3-13	•-15	•-16	•-17	•-18	•-20
	4	5-16	4-17	4-19	•-20	•-21	•-23
	5	7-19	6-20	5-21	5-23	•-23	•-25
	6	9-21	8-22	7-24	6-25	6-26	•-27
	7	11-23	10-25	9-26	8-27	7-28	7-30
	8	13-26	12-27	11-28	10-29	9-30	8-31
	9	15-28	14-29	13-30	12-31	11-32	10-33
19	0	•-4	•-5	•-6	•-8	•-9	•-11
	1	•-7	•-9	•-10	•-11	•-12	•-14
	2	•-10	•-11	•-13	•-14	•-15	•-17
	3	3-13	•-14	•-15	•-17	•-18	•-19
	4	4-15	4-17	•-18	•-19	•-20	•-22
	5	6-18	5-19	5-20	•-21	•-22	•-24
	6	8-20	7-21	7-22	6-24	6-25	•-26
	7	10-22	9-24	8-25	8-26	7-27	•-28
	8	12-24	11-26	10-27	9-28	9-29	8-30
	9	14-27	13-28	12-29	11-30	11-31	9-32
20	0	•-4	•-5	•-6	•-7	•-8	•-10
	1	•-7	•-8	•-9	•-10	•-11	•-13
	2	•-10	•-11	•-12	•-13	•-14	•-16
	3	3-12	•-13	•-14	•-16	•-17	•-18
	4	4-14	4-16	•-17	•-18	•-19	•-21
	5	6-17	5-18	5-19	•-20	•-21	•-23
	6	8-19	7-20	6-21	6-23	•-23	•-25
	7	10-21	9-22	8-23	7-25	7-25	•-27
	8	12-23	11-25	10-26	9-27	8-27	8-29
	9	14-25	12-27	12-28	11-29	10-29	9-31
	10	16-27	14-29	13-30	12-31	12-31	11-32
21	0	•-4	•-5	•-6	•-7	•-8	•-9
	1	•-7	•-8	•-9	•-10	•-11	•-13
	2	•-9	•-10	•-11	•-12	•-13	•-15
	3	•-11	•-13	•-14	•-15	•-16	•-18
	4	4-14	4-15	•-16	•-17	•-18	•-20
	5	6-16	5-17	5-18	•-19	•-20	•-22
	6	7-18	7-19	6-20	6-22	•-22	•-24
	7	9-20	8-21	8-22	7-24	7-24	•-26
	8	11-22	10-23	9-24	9-26	8-26	•-28
	9	13-24	12-25	11-26	10-27	10-28	9-29
	10	15-26	14-27	13-28	12-29	11-30	10-31

$$\begin{array}{cc|c} x_1 & N_1 - x_1 & N_1 \\ x_2 & N_2 - x_2 & N_2 \\ \hline X & N - X & N \end{array} \quad \left\{ \begin{array}{l} N = N_1 + N_2 \\ X = x_1 + x_2 \\ N_1 \leqq N_2 \\ x_1 \leqq N_1 - x_1 \end{array} \right.$$

Anleitung siehe S.123

N_1	x_1	2α = 0,20	2α = 0,10	2α = 0,05	2α = 0,02	2α = 0,01	2α = 0,002
				$N = 44$			
4	0	•–19	•–23	•–26	•–30	•–32	•–35
	1	1–30	•–33	•–35	•–37	•–39	•–41
	2	6–38	4–40	3–41	2–42	–	–
5	0	•–16	•–19	•–22	•–26	•–28	•–32
	1	•–25	•–29	•–31	•–34	•–35	•–38
	2	5–33	3–36	2–37	•–39	•–40	•–41
6	0	•–14	•–17	•–20	•–23	•–25	•–29
	1	•–22	•–25	•–28	•–30	•–32	•–35
	2	4–29	3–32	2–34	•–36	•–37	•–39
	3	9–35	7–37	5–39	4–40	3–41	–
7	0	•–12	•–15	•–17	•–20	•–22	•–26
	1	•–20	•–22	•–25	•–27	•–29	•–32
	2	3–26	2–28	2–31	•–33	•–34	•–36
	3	7–32	6–34	5–35	4–37	3–38	•–40
8	0	•–11	•–13	•–15	•–18	•–20	•–24
	1	•–17	•–20	•–22	•–25	•–26	•–30
	2	3–23	2–26	•–28	•–30	•–31	•–34
	3	6–28	5–31	4–32	3–34	3–35	•–37
	4	11–33	9–35	7–37	6–38	5–39	4–40
9	0	•–9	•–12	•–14	•–16	•–18	•–22
	1	•–16	•–18	•–20	•–23	•–24	•–27
	2	2–21	2–23	•–25	•–28	•–29	•–32
	3	6–26	4–28	4–30	3–32	•–33	•–35
	4	9–30	8–32	7–34	5–36	5–36	4–38
10	0	•–9	•–11	•–13	•–15	•–17	•–20
	1	•–14	•–16	•–18	•–21	•–22	•–25
	2	2–19	2–21	•–23	•–26	•–27	•–30
	3	5–24	4–26	3–28	3–30	•–31	•–33
	4	8–28	7–30	6–32	5–33	4–34	•–36
	5	12–32	10–34	9–35	8–36	7–37	5–39
11	0	•–8	•–10	•–12	•–14	•–15	•–19
	1	•–13	•–15	•–17	•–19	•–21	•–24
	2	2–18	•–20	•–22	•–24	•–25	•–28
	3	5–22	4–24	3–26	•–28	•–29	•–31
	4	8–26	6–28	5–29	4–31	4–32	•–34
	5	11–30	9–31	8–33	7–34	6–35	5–37
12	0	•–7	•–9	•–11	•–13	•–14	•–17
	1	•–12	•–14	•–16	•–18	•–19	•–22
	2	2–16	•–18	•–20	•–22	•–23	•–26
	3	4–20	3–22	3–24	•–26	•–27	•–29
	4	7–24	6–26	5–27	4–29	4–30	•–32
	5	10–27	9–29	8–31	6–32	6–33	5–35
	6	13–31	12–32	10–34	9–35	8–36	7–37
13	0	•–7	•–8	•–10	•–12	•–13	•–16
	1	•–11	•–13	•–15	•–17	•–18	•–21
	2	2–15	•–17	•–19	•–21	•–22	•–24
	3	4–19	3–21	3–22	•–24	•–25	•–28
	4	6–22	5–24	5–26	4–27	•–29	•–31
	5	9–26	8–27	7–29	6–30	5–31	•–33
	6	12–29	11–30	9–32	8–33	8–34	6–36
14	0	•–6	•–8	•–9	•–11	•–12	•–15
	1	•–10	•–12	•–14	•–15	•–17	•–19
	2	2–14	•–16	•–17	•–19	•–20	•–23
	3	4–18	3–19	•–21	•–23	•–24	•–26
	4	6–21	5–23	4–24	4–26	•–27	•–29
	5	9–24	7–26	6–27	6–29	5–30	•–32
	6	11–27	10–29	9–30	8–31	7–32	6–34
	7	14–30	13–31	11–33	10–34	9–35	8–36
15	0	•–6	•–7	•–8	•–10	•–11	•–14
	1	•–10	•–11	•–13	•–14	•–16	•–18
	2	•–13	•–15	•–16	•–18	•–19	•–22
	3	3–16	3–18	•–20	•–21	•–22	•–25
	4	6–20	5–21	4–23	•–24	•–25	•–28
	5	8–23	7–24	6–26	5–27	5–28	•–30
	6	10–25	9–27	8–28	7–30	7–31	6–32
	7	13–28	12–30	11–31	9–32	9–33	7–35
16	0	•–5	•–7	•–8	•–9	•–11	•–13
	1	•–9	•–10	•–12	•–14	•–15	•–17
	2	•–12	•–14	•–15	•–17	•–18	•–20
	3	3–15	3–17	•–18	•–20	•–21	•–23
	4	5–18	4–20	4–21	•–23	•–24	•–26
	5	8–21	7–23	6–24	5–26	5–27	•–29
	6	10–24	9–26	8–27	7–28	6–29	•–31
	7	12–27	11–28	10–29	9–31	8–32	7–33
	8	15–29	13–31	12–32	11–33	10–34	9–35
17	0	•–5	•–6	•–7	•–9	•–10	•–12
	1	•–8	•–10	•–11	•–13	•–14	•–16
	2	•–12	•–13	•–14	•–16	•–17	•–19
	3	3–15	•–16	•–17	•–19	•–20	•–22
	4	5–17	4–19	4–20	•–22	•–23	•–25
	5	7–20	6–22	5–23	5–24	•–25	•–27
	6	9–23	8–24	7–25	7–27	6–28	•–30
	7	12–25	10–27	9–28	8–29	8–30	7–32
	8	14–28	13–29	12–30	10–31	10–32	9–34
18	0	•–5	•–6	•–7	•–8	•–9	•–12
	1	•–8	•–9	•–10	•–12	•–13	•–15
	2	•–11	•–12	•–14	•–15	•–16	•–18
	3	3–14	•–15	•–16	•–18	•–19	•–21
	4	5–16	4–18	4–19	•–21	•–22	•–24
	5	7–19	6–20	5–22	5–23	•–24	•–26
	6	9–21	8–23	7–24	6–26	6–26	•–28
	7	11–24	10–25	9–27	8–28	8–29	7–30
	8	13–26	12–28	11–29	10–30	9–31	8–32
	9	15–29	14–30	13–31	12–32	11–33	10–34
19	0	•–4	•–5	•–7	•–8	•–9	•–11
	1	•–8	•–9	•–10	•–11	•–12	•–14

N_1	x_1	2α = 0,20	2α = 0,10	2α = 0,05	2α = 0,02	2α = 0,01	2α = 0,002
				$N = 44$ (Fortsetzung)			
	2	•–10	•–12	•–13	•–14	•–15	•–17
	3	3–13	•–14	•–16	•–17	•–18	•–20
	4	5–16	4–17	•–18	•–20	•–21	•–22
	5	6–18	6–19	5–21	•–22	•–23	•–25
	6	8–20	7–22	7–23	6–24	6–25	•–27
	7	10–23	9–24	9–25	8–27	7–27	•–29
	8	12–25	11–26	10–27	9–29	9–29	8–31
	9	15–27	13–29	12–30	11–31	11–31	10–33
20	0	•–4	•–5	•–6	•–7	•–8	•–10
	1	•–7	•–8	•–9	•–11	•–12	•–14
	2	•–10	•–11	•–12	•–14	•–14	•–16
	3	3–12	•–14	•–15	•–16	•–17	•–19
	4	4–15	4–16	•–17	•–19	•–20	•–21
	5	6–17	5–18	5–20	•–21	•–22	•–24
	6	8–19	7–21	6–22	6–23	•–24	•–26
	7	10–22	9–23	8–24	7–25	7–26	•–28
	8	12–24	11–25	10–26	9–27	9–28	8–30
	9	14–26	13–27	12–28	11–29	10–30	9–31
	10	16–28	15–29	14–30	13–31	12–32	11–33
21	0	•–4	•–5	•–6	•–7	•–8	•–10
	1	•–7	•–8	•–9	•–10	•–11	•–13
	2	•–9	•–10	•–12	•–13	•–14	•–16
	3	•–12	•–13	•–14	•–15	•–16	•–18
	4	4–14	4–15	•–16	•–18	•–19	•–20
	5	6–16	5–18	5–19	•–20	•–21	•–23
	6	8–18	7–20	6–21	6–22	•–23	•–25
	7	9–21	9–22	8–23	7–24	7–25	•–27
	8	11–23	10–24	10–25	9–26	8–27	•–28
	9	13–25	12–26	11–27	10–28	10–29	9–30
	10	15–27	14–28	13–29	12–30	12–31	10–32
22	0	•–4	•–5	•–5	•–7	•–7	•–9
	1	•–6	•–7	•–8	•–10	•–10	•–12
	2	•–9	•–10	•–11	•–12	•–13	•–15
	3	•–11	•–12	•–13	•–15	•–15	•–17
	4	4–13	•–15	•–16	•–17	•–18	•–19
	5	6–16	5–17	5–18	•–19	•–20	•–22
	6	7–18	7–19	6–20	•–21	•–22	•–24
	7	9–20	8–21	8–22	7–23	7–24	•–25
	8	11–22	10–23	9–24	8–25	8–26	•–27
	9	13–24	12–25	11–26	10–27	10–28	9–29
	10	14–26	13–27	13–28	12–29	11–29	10–31
	11	16–28	15–29	14–30	13–31	13–31	12–32
				$N = 45$			
4	0	•–20	•–23	•–27	•–30	•–32	•–36
	1	1–31	•–34	•–36	•–38	•–40	•–42
	2	6–39	4–41	3–42	2–43	–	–
5	0	•–16	•–20	•–23	•–26	•–29	•–33
	1	•–26	•–29	•–32	•–34	•–36	•–39
	2	5–34	3–36	2–38	•–40	•–41	•–42
6	0	•–14	•–17	•–20	•–23	•–25	•–29
	1	•–23	•–26	•–28	•–31	•–33	•–36
	2	4–30	3–32	2–34	•–37	•–38	•–40
	3	9–36	7–38	6–39	4–41	3–42	–
7	0	•–12	•–15	•–18	•–21	•–23	•–27
	1	•–20	•–23	•–25	•–28	•–30	•–33
	2	3–26	2–29	2–31	•–33	•–35	•–37
	3	8–32	6–34	5–36	4–38	3–39	•–41
8	0	•–11	•–13	•–16	•–19	•–21	•–24
	1	•–18	•–20	•–23	•–25	•–27	•–30
	2	3–24	2–26	•–28	•–31	•–32	•–35
	3	7–29	5–31	4–33	3–35	3–36	•–38
	4	11–34	9–36	8–37	6–39	5–40	4–41
9	0	•–10	•–12	•–14	•–17	•–19	•–22
	1	•–16	•–19	•–21	•–23	•–25	•–28
	2	3–22	2–24	•–26	•–28	•–30	•–33
	3	6–27	5–29	4–31	3–33	•–34	•–36
	4	10–31	8–33	7–35	5–36	5–37	4–39
10	0	•–9	•–11	•–13	•–15	•–17	•–21
	1	•–15	•–17	•–19	•–21	•–23	•–26
	2	2–20	2–22	•–24	•–26	•–28	•–30
	3	5–24	4–26	3–28	3–30	•–32	•–34
	4	9–29	7–31	6–32	5–34	4–35	•–37
	5	12–33	11–34	9–36	8–37	7–38	5–40
11	0	•–8	•–10	•–12	•–14	•–16	•–19
	1	•–13	•–15	•–17	•–20	•–21	•–24
	2	2–18	•–20	•–22	•–24	•–26	•–28
	3	5–22	4–24	3–26	•–28	•–30	•–32
	4	8–26	7–28	6–30	5–32	4–33	•–35
	5	11–30	10–32	8–34	7–35	6–36	5–38
12	0	•–7	•–9	•–11	•–13	•–14	•–18
	1	•–12	•–14	•–16	•–18	•–20	•–23
	2	2–17	•–19	•–20	•–23	•–24	•–27
	3	4–21	3–23	3–24	•–26	•–28	•–30
	4	7–24	6–26	5–28	4–30	4–31	•–33
	5	10–28	9–30	8–31	7–33	6–34	5–36
	6	13–32	12–33	10–35	9–36	8–37	7–38
13	0	•–7	•–8	•–10	•–12	•–13	•–16
	1	•–11	•–13	•–15	•–17	•–18	•–21
	2	2–15	•–17	•–19	•–21	•–22	•–25
	3	4–19	3–21	3–23	•–25	•–26	•–28
	4	7–23	6–25	5–26	4–28	4–29	•–31
	5	9–26	8–28	7–30	6–31	5–32	•–34
	6	12–29	11–31	10–33	8–34	8–35	6–37
14	0	•–6	•–8	•–9	•–11	•–12	•–15
	1	•–11	•–12	•–14	•–16	•–17	•–20

N_1	x_1	2α = 0,20	2α = 0,10	2α = 0,05	2α = 0,02	2α = 0,01	2α = 0,002
				$N = 45$ (Fortsetzung)			
	2	2–14	•–16	•–18	•–20	•–21	•–24
	3	4–18	3–20	•–21	•–23	•–24	•–27
	4	6–21	5–23	4–25	4–26	•–28	•–30
	5	9–25	8–26	7–28	6–29	5–30	•–32
	6	11–28	10–29	9–31	8–32	7–33	6–35
	7	14–31	13–32	12–33	10–35	9–36	8–37
15	0	•–6	•–7	•–9	•–10	•–12	•–14
	1	•–10	•–11	•–13	•–15	•–16	•–19
	2	•–13	•–15	•–17	•–18	•–20	•–22
	3	3–17	3–19	•–20	•–22	•–23	•–25
	4	6–20	5–22	4–23	4–25	•–26	•–28
	5	8–23	7–25	6–26	5–28	5–29	•–31
	6	11–26	9–28	8–29	7–30	7–31	6–33
	7	13–29	12–30	11–32	10–33	9–34	8–35
16	0	•–5	•–7	•–8	•–10	•–11	•–13
	1	•–9	•–11	•–12	•–14	•–15	•–18
	2	•–13	•–14	•–16	•–17	•–19	•–21
	3	3–16	3–17	•–19	•–21	•–22	•–24
	4	5–19	5–20	4–22	•–24	•–25	•–27
	5	8–22	7–23	6–25	5–26	5–27	•–29
	6	10–25	9–26	8–27	7–29	6–30	6–32
	7	13–27	11–29	10–30	9–31	8–32	7–34
	8	15–30	14–31	12–33	11–34	10–35	9–36
17	0	•–5	•–6	•–8	•–9	•–10	•–13
	1	•–9	•–10	•–11	•–13	•–14	•–17
	2	•–12	•–13	•–15	•–16	•–18	•–20
	3	3–15	3–16	•–18	•–19	•–21	•–23
	4	5–18	4–19	4–21	•–22	•–23	•–25
	5	7–21	6–22	6–23	5–25	•–26	•–28
	6	9–23	8–25	8–26	7–28	6–28	•–30
	7	12–26	11–27	10–29	9–30	8–31	7–32
	8	14–28	13–30	12–31	11–32	10–33	9–34
18	0	•–5	•–6	•–7	•–9	•–10	•–12
	1	•–8	•–10	•–11	•–12	•–13	•–16
	2	•–11	•–13	•–14	•–15	•–17	•–19
	3	3–14	•–16	•–17	•–18	•–19	•–22
	4	5–17	4–18	4–20	•–21	•–22	•–24
	5	7–19	6–21	5–22	5–24	•–25	•–27
	6	9–22	8–23	7–25	6–26	6–27	•–29
	7	11–25	10–26	9–27	8–29	8–29	7–31
	8	13–27	12–28	11–29	10–31	9–32	8–33
	9	16–29	14–31	13–32	12–33	11–34	10–35
19	0	•–5	•–6	•–7	•–8	•–9	•–11
	1	•–8	•–9	•–10	•–12	•–13	•–15
	2	•–11	•–12	•–13	•–15	•–16	•–18
	3	3–13	•–15	•–16	•–17	•–18	•–21
	4	5–16	4–17	•–19	•–20	•–21	•–23
	5	7–18	6–20	5–21	5–23	•–24	•–25
	6	8–21	8–22	7–24	6–25	6–26	•–28
	7	11–23	10–25	9–26	8–27	7–28	•–30
	8	13–26	12–27	11–28	10–29	9–30	8–32
	9	15–28	14–29	13–30	12–31	11–32	10–34
20	0	•–4	•–5	•–6	•–8	•–9	•–11
	1	•–7	•–8	•–10	•–11	•–12	•–14
	2	•–10	•–11	•–12	•–14	•–15	•–17
	3	3–13	•–14	•–15	•–17	•–18	•–20
	4	4–15	4–16	•–18	•–19	•–20	•–22
	5	6–18	5–19	5–20	•–21	•–22	•–24
	6	8–20	7–21	7–22	6–24	6–25	•–26
	7	10–22	9–24	8–25	8–26	7–27	•–28
	8	12–24	11–26	10–27	9–28	9–29	8–30
	9	14–27	13–28	12–29	11–30	10–31	9–32
	10	16–29	15–30	14–31	13–32	12–33	11–34
21	0	•–4	•–5	•–6	•–7	•–8	•–10
	1	•–7	•–8	•–9	•–10	•–11	•–13
	2	•–10	•–11	•–12	•–13	•–14	•–16
	3	3–12	•–13	•–14	•–16	•–17	•–19
	4	4–14	4–16	•–17	•–18	•–19	•–21
	5	6–17	5–18	5–19	•–20	•–21	•–23
	6	8–19	7–20	6–21	6–23	•–24	•–25
	7	10–21	9–22	8–24	7–25	7–26	•–27
	8	12–23	11–25	10–26	9–27	8–28	8–29
	9	13–25	12–27	12–28	11–29	10–30	9–31
	10	15–28	14–29	13–30	12–31	12–31	11–33
22	0	•–4	•–5	•–6	•–7	•–8	•–9
	1	•–7	•–8	•–9	•–10	•–11	•–13
	2	•–9	•–10	•–11	•–13	•–13	•–15
	3	•–11	•–13	•–14	•–15	•–16	•–18
	4	4–14	4–15	•–16	•–17	•–18	•–20
	5	6–16	5–17	5–18	•–20	•–20	•–22
	6	7–18	7–19	6–20	6–22	•–23	•–24
	7	9–20	8–21	8–23	7–24	7–25	•–26
	8	11–22	10–24	9–25	9–26	8–27	•–28
	9	13–24	12–26	11–27	10–28	10–28	9–30
	10	15–26	14–27	13–28	12–30	11–30	10–32
	11	17–28	16–29	15–30	14–31	13–32	12–33
				$N = 46$			
4	0	•–20	•–24	•–27	•–31	•–33	•–37
	1	1–31	•–34	•–37	•–39	•–40	•–43
	2	6–40	4–42	3–43	2–44	–	–
5	0	•–17	•–20	•–23	•–27	•–29	•–33
	1	•–27	•–30	•–32	•–35	•–37	•–40
	2	5–35	3–37	2–39	2–41	•–42	•–43
6	0	•–14	•–18	•–20	•–24	•–26	•–30
	1	•–23	•–26	•–29	•–32	•–33	•–36
	2	4–30	3–33	2–35	•–37	•–39	•–41

Signifikanzschranken für den Vierfeldertest*

x_1	$N_1 - x_1$	N_1
x_2	$N_2 - x_2$	N_2
X	$N - X$	N

$N = N_1 + N_2$, $X = x_1 + x_2$, $N_1 \leqq N_2$, $x_1 \leqq N_1 - x_1$

Anleitung siehe S. 123

N_1	x_1	$2\alpha =$ 0,20	$2\alpha =$ 0,10	$2\alpha =$ 0,05	$2\alpha =$ 0,02	$2\alpha =$ 0,01	$2\alpha =$ 0,002
		$N = 46$ (Fortsetzung)					
	3	9-37	7-39	6-40	4-42	4-42	–
7	0	•-13	•-15	•-18	•-21	•-23	•-27
	1	•-20	•-23	•-26	•-29	•-30	•-34
	2	3-27	2-30	2-32	•-34	•-36	•-38
	3	8-33	6-35	5-37	4-39	3-40	•-42
8	0	•-11	•-14	•-16	•-19	•-21	•-25
	1	•-18	•-21	•-23	•-26	•-28	•-31
	2	3-24	2-27	•-29	•-31	•-33	•-36
	3	7-30	5-32	4-34	3-36	3-37	•-39
	4	11-35	9-37	8-38	6-40	5-41	4-42
9	0	•-10	•-12	•-15	•-17	•-19	•-23
	1	•-16	•-19	•-21	•-24	•-25	•-29
	2	3-22	2-25	•-27	•-29	•-30	•-33
	3	6-27	5-29	4-31	3-33	•-35	•-37
	4	10-32	8-34	7-35	6-37	5-38	4-40
10	0	•-9	•-11	•-13	•-16	•-17	•-21
	1	•-15	•-17	•-19	•-22	•-23	•-27
	2	2-20	2-22	•-24	•-27	•-28	•-31
	3	5-25	4-27	3-29	3-31	•-32	•-35
	4	9-29	7-31	6-33	5-35	4-36	•-38
	5	13-33	11-35	9-37	8-38	7-39	6-40
11	0	•-8	•-10	•-12	•-14	•-16	•-19
	1	•-14	•-16	•-18	•-20	•-22	•-25
	2	2-18	•-21	•-23	•-25	•-26	•-29
	3	5-23	4-25	3-27	•-29	•-30	•-33
	4	8-27	7-29	6-31	5-33	4-34	•-36
	5	11-31	10-33	9-34	7-36	6-37	5-39
12	0	•-8	•-9	•-11	•-13	•-15	•-18
	1	•-13	•-15	•-16	•-19	•-20	•-23
	2	2-17	•-19	•-21	•-23	•-25	•-27
	3	4-21	4-23	3-25	•-27	•-28	•-31
	4	7-25	6-27	5-29	4-31	4-32	•-34
	5	10-29	9-31	8-32	7-34	6-35	5-37
	6	14-32	12-34	11-35	9-37	8-38	7-39
13	0	•-7	•-9	•-10	•-12	•-14	•-17
	1	•-12	•-14	•-15	•-17	•-19	•-22
	2	2-16	•-18	•-20	•-22	•-23	•-26
	3	4-20	3-22	3-23	•-25	•-27	•-29
	4	7-23	6-25	5-27	4-29	4-30	•-32
	5	10-27	8-29	7-30	6-32	6-33	5-35
	6	13-30	11-32	10-33	9-35	8-36	6-37
14	0	•-6	•-8	•-10	•-11	•-13	•-16
	1	•-11	•-13	•-14	•-16	•-18	•-20
	2	2-15	•-17	•-18	•-20	•-22	•-24
	3	4-18	3-20	3-22	•-24	•-25	•-27
	4	6-22	5-24	5-25	4-27	•-28	•-30
	5	9-25	8-27	7-28	6-30	5-31	•-33
	6	12-28	10-30	9-31	8-33	7-34	6-36
	7	15-31	13-33	12-34	10-36	10-36	8-38
15	0	•-6	•-7	•-9	•-11	•-12	•-15
	1	•-10	•-12	•-13	•-15	•-16	•-19
	2	•-14	•-16	•-17	•-19	•-20	•-23
	3	4-17	3-19	•-21	•-22	•-24	•-26
	4	6-20	5-22	4-24	4-26	•-27	•-29
	5	8-24	7-25	6-27	5-28	5-30	•-32
	6	11-27	10-28	9-30	8-31	7-32	6-34
	7	14-30	12-31	11-32	10-34	9-35	8-36
16	0	•-6	•-7	•-8	•-10	•-11	•-14
	1	•-9	•-11	•-12	•-14	•-15	•-18
	2	•-13	•-15	•-16	•-18	•-19	•-22
	3	3-16	3-18	•-19	•-21	•-22	•-25
	4	6-19	5-21	4-22	•-24	•-25	•-27
	5	8-22	7-24	6-25	5-27	5-28	•-30
	6	10-25	9-27	8-28	7-30	7-31	6-32
	7	13-28	11-29	10-31	9-32	9-33	7-35
	8	15-31	14-32	13-33	11-35	11-35	9-37
17	0	•-5	•-7	•-8	•-9	•-10	•-13
	1	•-9	•-10	•-12	•-13	•-15	•-17
	2	•-12	•-14	•-15	•-17	•-18	•-20
	3	3-15	3-17	•-18	•-20	•-21	•-23
	4	5-18	4-20	4-21	•-23	•-24	•-26
	5	7-21	6-23	6-24	5-26	5-27	•-29
	6	10-24	9-25	8-27	7-28	6-29	•-31
	7	12-26	11-28	10-29	9-31	8-32	7-33
	8	14-29	13-30	12-32	11-33	10-34	9-35
18	0	•-5	•-6	•-7	•-9	•-10	•-12
	1	•-8	•-10	•-11	•-13	•-14	•-16
	2	•-11	•-13	•-14	•-16	•-17	•-19
	3	3-14	•-16	•-17	•-19	•-20	•-22
	4	5-17	4-19	4-20	•-22	•-23	•-25
	5	7-20	6-21	5-23	5-24	•-25	•-27
	6	9-23	8-24	7-26	6-27	6-28	•-30
	7	11-25	10-27	9-28	8-29	8-30	7-32
	8	14-28	12-29	11-30	10-31	10-32	8-34
	9	16-30	15-31	14-32	12-34	12-34	10-36
19	0	•-5	•-6	•-7	•-8	•-9	•-11
	1	•-8	•-9	•-10	•-12	•-13	•-15
	2	•-11	•-12	•-14	•-15	•-16	•-18
	3	3-14	•-15	•-16	•-18	•-19	•-21
	4	5-16	4-18	4-19	•-21	•-22	•-24
	5	7-19	6-20	5-22	5-23	•-24	•-26
	6	9-21	8-23	7-24	6-26	6-26	•-28
	7	11-24	10-25	9-26	8-28	7-29	7-30
	8	13-26	12-28	11-29	10-30	9-31	8-32
	9	15-29	14-30	13-31	12-32	11-33	10-34
20	0	•-4	•-5	•-6	•-8	•-9	•-11

N_1	x_1	$2\alpha =$ 0,20	$2\alpha =$ 0,10	$2\alpha =$ 0,05	$2\alpha =$ 0,02	$2\alpha =$ 0,01	$2\alpha =$ 0,002
		$N = 46$ (Fortsetzung)					
	1	•-7	•-9	•-10	•-11	•-12	•-14
	2	•-10	•-12	•-13	•-14	•-15	•-17
	3	3-13	•-14	•-16	•-17	•-18	•-20
	4	4-15	4-17	•-18	•-20	•-21	•-23
	5	6-18	6-19	5-21	•-22	•-23	•-25
	6	8-20	7-22	7-23	6-24	6-25	•-27
	7	10-23	9-24	8-25	8-27	7-27	•-29
	8	12-25	11-26	10-27	9-29	9-30	8-31
	9	14-27	13-29	12-30	11-31	11-32	9-33
	10	17-29	15-31	14-32	13-33	12-34	11-35
21	0	•-4	•-5	•-6	•-7	•-8	•-10
	1	•-7	•-8	•-9	•-11	•-12	•-14
	2	•-10	•-11	•-12	•-14	•-15	•-17
	3	3-12	•-14	•-15	•-16	•-17	•-19
	4	4-15	4-16	•-17	•-19	•-20	•-22
	5	6-17	5-18	5-20	•-21	•-22	•-24
	6	8-19	7-21	6-22	6-23	•-24	•-26
	7	10-22	9-23	8-24	7-25	7-26	•-28
	8	12-24	11-25	10-26	9-28	9-28	8-30
	9	14-26	13-27	12-28	11-30	10-30	9-32
	10	16-28	15-29	14-30	13-32	12-32	11-34
22	0	•-4	•-5	•-6	•-7	•-8	•-10
	1	•-7	•-8	•-9	•-10	•-11	•-13
	2	•-9	•-10	•-12	•-13	•-14	•-16
	3	•-12	•-13	•-14	•-15	•-16	•-18
	4	4-14	4-15	•-16	•-18	•-19	•-21
	5	6-16	5-18	5-19	•-20	•-21	•-23
	6	8-19	7-20	6-21	6-22	•-23	•-25
	7	9-21	8-22	8-23	7-24	7-25	•-27
	8	11-23	10-24	10-25	9-26	8-27	•-29
	9	13-25	12-26	11-27	10-28	10-29	9-31
	10	15-27	14-28	13-29	12-30	11-31	10-32
	11	17-29	16-30	15-31	14-32	13-33	12-34
23	0	•-4	•-5	•-5	•-7	•-7	•-9
	1	•-6	•-7	•-8	•-10	•-10	•-12
	2	•-9	•-10	•-11	•-12	•-13	•-15
	3	•-11	•-12	•-13	•-15	•-16	•-17
	4	4-13	•-15	•-16	•-17	•-18	•-20
	5	6-16	5-17	5-18	•-19	•-20	•-22
	6	7-18	7-19	6-20	•-21	•-22	•-24
	7	9-20	8-21	8-22	7-23	7-24	•-26
	8	11-22	10-23	9-24	8-25	8-26	•-28
	9	13-24	12-25	11-26	10-27	10-28	9-29
	10	14-26	13-27	13-28	12-29	11-30	10-31
	11	16-28	15-29	14-30	13-31	13-32	12-33
		$N = 47$					
4	0	•-20	•-24	•-28	•-32	•-34	•-38
	1	1-32	•-35	•-38	•-40	•-41	•-43
	2	7-40	4-43	3-44	2-45	–	–
5	0	•-17	•-21	•-24	•-28	•-30	•-34
	1	•-27	•-31	•-33	•-36	•-38	•-40
	2	5-35	3-38	2-40	2-42	•-43	•-44
6	0	•-15	•-18	•-21	•-24	•-27	•-31
	1	•-24	•-27	•-29	•-32	•-34	•-37
	2	4-31	3-34	2-36	•-38	•-40	•-42
	3	9-38	7-40	6-41	4-43	4-43	–
7	0	•-13	•-16	•-18	•-22	•-24	•-28
	1	•-21	•-24	•-26	•-29	•-31	•-34
	2	4-28	2-30	2-33	•-35	•-36	•-39
	3	8-34	6-36	5-38	4-40	3-41	•-42
8	0	•-11	•-14	•-17	•-19	•-21	•-26
	1	•-19	•-21	•-24	•-27	•-28	•-32
	2	3-25	2-28	•-30	•-32	•-34	•-36
	3	7-30	5-33	4-35	3-37	3-38	•-40
	4	11-36	9-38	8-39	6-41	5-42	4-43
9	0	•-10	•-13	•-15	•-18	•-20	•-23
	1	•-17	•-19	•-22	•-24	•-26	•-29
	2	3-23	2-25	•-27	•-30	•-31	•-34
	3	6-28	5-30	4-32	3-34	•-35	•-38
	4	10-32	8-35	7-36	6-38	5-39	4-41
10	0	•-9	•-11	•-14	•-16	•-18	•-22
	1	•-15	•-18	•-20	•-22	•-24	•-27
	2	2-21	2-23	•-25	•-27	•-29	•-32
	3	5-25	4-28	3-30	3-32	•-33	•-36
	4	9-30	7-32	6-34	5-36	4-37	•-39
	5	13-34	11-36	10-37	8-39	7-40	6-41
11	0	•-8	•-10	•-12	•-15	•-16	•-20
	1	•-14	•-16	•-18	•-21	•-22	•-25
	2	2-19	•-21	•-23	•-25	•-27	•-30
	3	5-23	4-26	3-27	•-30	•-31	•-34
	4	8-28	7-30	6-31	5-33	4-35	•-37
	5	12-32	10-33	9-35	7-37	7-38	5-39
12	0	•-8	•-10	•-11	•-14	•-15	•-18
	1	•-13	•-15	•-17	•-19	•-21	•-24
	2	2-17	•-20	•-21	•-24	•-25	•-28
	3	5-22	4-24	3-26	•-28	•-29	•-32
	4	7-26	6-28	5-29	4-31	4-32	•-35
	5	11-29	9-31	8-33	7-35	6-36	5-38
	6	14-33	12-35	11-36	9-38	9-38	7-40
13	0	•-7	•-9	•-11	•-13	•-14	•-17
	1	•-12	•-14	•-16	•-18	•-19	•-22
	2	2-16	•-18	•-20	•-22	•-23	•-26
	3	4-20	3-22	3-24	•-26	•-27	•-30
	4	7-24	6-26	5-28	4-29	4-31	•-33
	5	10-27	8-29	7-31	6-33	6-34	5-36

N_1	x_1	$2\alpha =$ 0,20	$2\alpha =$ 0,10	$2\alpha =$ 0,05	$2\alpha =$ 0,02	$2\alpha =$ 0,01	$2\alpha =$ 0,002
		$N = 47$ (Fortsetzung)					
	6	13-31	11-33	10-34	9-36	8-37	7-38
14	0	•-7	•-8	•-10	•-12	•-13	•-16
	1	•-11	•-13	•-15	•-17	•-18	•-21
	2	2-15	•-17	•-19	•-21	•-22	•-25
	3	4-19	3-21	3-22	•-24	•-26	•-28
	4	6-22	5-24	5-26	4-28	•-29	•-31
	5	9-26	8-28	7-29	6-31	5-32	•-34
	6	12-29	11-31	9-32	8-34	7-35	6-37
	7	15-32	13-34	12-35	11-36	10-37	8-39
15	0	•-6	•-8	•-9	•-11	•-12	•-15
	1	•-10	•-12	•-14	•-16	•-17	•-20
	2	2-14	•-16	•-18	•-19	•-21	•-23
	3	4-18	3-19	•-21	•-23	•-24	•-27
	4	6-21	5-23	4-24	4-26	•-27	•-30
	5	9-24	7-26	6-27	6-29	5-30	•-32
	6	11-27	10-29	9-30	8-32	7-33	6-35
	7	14-30	12-32	11-33	10-35	9-35	8-37
16	0	•-6	•-7	•-9	•-10	•-11	•-14
	1	•-10	•-11	•-13	•-15	•-16	•-18
	2	•-13	•-15	•-16	•-18	•-20	•-22
	3	3-17	3-18	•-20	•-22	•-23	•-25
	4	6-20	5-21	4-23	•-25	•-26	•-28
	5	8-23	7-24	6-26	5-28	5-29	•-31
	6	10-26	9-27	8-29	7-30	7-31	6-33
	7	13-29	12-30	11-31	9-33	9-34	7-36
	8	16-31	14-33	13-34	12-35	11-36	9-38
17	0	•-5	•-7	•-8	•-10	•-11	•-13
	1	•-9	•-11	•-12	•-14	•-15	•-17
	2	•-12	•-14	•-16	•-17	•-18	•-21
	3	3-16	3-17	•-19	•-20	•-22	•-24
	4	5-19	4-20	4-22	•-23	•-25	•-27
	5	8-21	7-23	6-25	5-26	5-27	•-29
	6	10-24	9-26	8-27	7-29	6-30	•-32
	7	12-27	11-29	10-30	9-31	8-32	7-34
	8	15-30	13-31	12-32	11-34	10-35	9-36
18	0	•-5	•-6	•-7	•-9	•-10	•-12
	1	•-9	•-10	•-11	•-13	•-14	•-16
	2	•-12	•-13	•-15	•-16	•-17	•-20
	3	3-15	•-16	•-18	•-19	•-20	•-23
	4	5-18	4-19	4-21	•-22	•-23	•-25
	5	7-20	6-22	6-23	5-25	•-26	•-28
	6	9-23	8-25	7-26	7-27	6-28	•-30
	7	12-26	10-27	9-28	8-30	8-31	7-33
	8	14-28	13-30	12-31	10-32	10-33	9-35
	9	16-31	15-32	14-33	13-34	12-35	10-37
19	0	•-5	•-6	•-7	•-8	•-10	•-12
	1	•-8	•-9	•-11	•-12	•-13	•-16
	2	•-11	•-13	•-14	•-15	•-17	•-19
	3	3-14	•-15	•-17	•-18	•-19	•-22
	4	5-17	4-18	4-20	•-21	•-22	•-24
	5	7-19	6-21	5-22	5-24	•-25	•-27
	6	9-22	8-23	7-25	6-26	6-27	•-29
	7	11-24	10-26	9-27	8-29	8-29	7-31
	8	13-27	12-28	11-29	10-31	9-32	8-33
	9	15-29	14-31	13-32	12-33	11-34	10-35
20	0	•-4	•-6	•-7	•-8	•-9	•-11
	1	•-8	•-9	•-10	•-12	•-13	•-15
	2	•-11	•-12	•-13	•-15	•-16	•-18
	3	3-13	•-15	•-16	•-17	•-18	•-21
	4	5-16	4-17	•-19	•-20	•-21	•-23
	5	6-18	6-20	5-21	•-23	•-24	•-26
	6	8-21	7-22	7-24	6-25	6-26	•-28
	7	10-23	9-25	9-26	8-27	7-28	•-30
	8	13-26	11-27	11-28	10-29	9-30	8-32
	9	15-28	13-29	12-30	11-32	11-32	10-34
	10	17-30	16-31	15-32	13-34	13-34	11-36
21	0	•-4	•-5	•-6	•-8	•-8	•-11
	1	•-7	•-8	•-10	•-11	•-12	•-14
	2	•-10	•-11	•-12	•-14	•-15	•-17
	3	3-13	•-14	•-15	•-17	•-18	•-20
	4	4-15	4-16	•-18	•-19	•-20	•-22
	5	6-17	5-19	5-20	•-22	•-22	•-24
	6	8-20	7-21	7-22	6-24	•-25	•-27
	7	10-22	9-24	8-25	7-26	7-27	•-29
	8	12-24	11-26	10-27	9-28	9-29	8-31
	9	14-27	13-28	12-29	11-30	10-31	9-33
	10	16-29	15-30	14-31	13-32	12-33	11-34
22	0	•-4	•-5	•-6	•-7	•-8	•-10
	1	•-7	•-8	•-9	•-10	•-11	•-13
	2	•-10	•-11	•-12	•-13	•-14	•-16
	3	3-12	•-13	•-14	•-16	•-17	•-19
	4	4-14	4-16	•-17	•-18	•-19	•-21
	5	6-17	5-18	5-19	•-21	•-21	•-23
	6	8-19	7-20	6-21	6-23	•-24	•-25
	7	10-21	9-23	8-24	7-25	7-26	•-28
	8	11-23	10-25	10-26	9-27	8-28	•-29
	9	13-25	12-27	11-28	11-29	10-30	9-31
	10	15-28	14-29	13-30	12-31	12-32	11-33
	11	17-30	16-31	15-32	14-33	13-34	12-35
23	0	•-4	•-5	•-6	•-7	•-8	•-9
	1	•-7	•-8	•-9	•-10	•-11	•-13
	2	•-9	•-10	•-11	•-13	•-13	•-15
	3	•-11	•-13	•-14	•-15	•-16	•-18
	4	4-14	4-15	•-16	•-17	•-18	•-20
	5	6-16	5-17	5-18	•-20	•-21	•-22
	6	7-18	7-19	6-21	6-22	•-23	•-24
	7	9-20	8-22	8-23	7-24	7-25	•-26
	8	11-22	10-24	9-25	9-26	8-27	•-28

Signifikanzschranken für den Vierfeldertest*

$$\begin{array}{cc|c} x_1 & N_1 - x_1 & N_1 \\ x_2 & N_2 - x_2 & N_2 \\ \hline X & N - X & N \end{array} \quad \left\} \begin{array}{l} N = N_1 + N_2 \\ X = x_1 + x_2 \\ N_1 \leq N_2 \\ x_1 \leq N_1 - x_1 \end{array} \right\}$$

Anleitung siehe S. 123

$N = 47$ (Fortsetzung)

N_1	x_1	2α = 0,20	2α = 0,10	2α = 0,05	2α = 0,02	2α = 0,01	2α = 0,002
	9	13-24	12-26	11-27	10-28	10-29	9-30
	10	15-26	14-28	13-29	12-30	11-31	10-32
	11	17-28	16-30	15-31	14-32	13-32	12-34

$N = 48$

N_1	x_1	2α = 0,20	2α = 0,10	2α = 0,05	2α = 0,02	2α = 0,01	2α = 0,002
4	0	•-21	•-25	•-28	•-32	•-35	•-39
	1	1-33	•-36	•-38	•-41	•-42	•-44
	2	7-41	5-43	3-45	2-46	–	–
5	0	•-17	•-21	•-24	•-28	•-31	•-35
	1	•-28	•-31	•-34	•-37	•-38	•-41
	2	5-36	4-39	2-41	2-43	•-44	•-45
6	0	•-15	•-18	•-21	•-25	•-27	•-32
	1	•-24	•-27	•-30	•-33	•-35	•-38
	2	4-32	3-35	2-37	•-39	•-40	•-43
	3	10-38	8-40	6-42	4-44	4-44	–
7	0	•-13	•-16	•-19	•-22	•-24	•-29
	1	•-21	•-24	•-27	•-30	•-32	•-35
	2	4-28	2-31	2-33	•-36	•-37	•-40
	3	8-34	6-37	5-39	4-41	3-42	•-43
8	0	•-12	•-14	•-17	•-20	•-22	•-26
	1	•-19	•-22	•-24	•-27	•-29	•-33
	2	3-25	2-28	2-30	•-33	•-34	•-37
	3	7-31	6-34	4-36	3-38	3-39	•-41
	4	12-36	10-38	8-40	6-42	6-42	4-44
9	0	•-10	•-13	•-15	•-18	•-20	•-24
	1	•-17	•-20	•-22	•-25	•-27	•-30
	2	3-23	2-26	•-28	•-30	•-32	•-35
	3	6-28	5-31	4-33	3-35	3-36	•-39
	4	10-33	9-35	7-37	6-39	5-40	4-42
10	0	•- 9	•-12	•-14	•-16	•-18	•-22
	1	•-16	•-18	•-20	•-23	•-25	•-28
	2	2-21	2-23	•-26	•-28	•-30	•-33
	3	6-26	4-28	4-30	3-32	•-34	•-36
	4	9-31	8-33	6-34	5-36	5-38	•-40
	5	13-35	11-37	10-38	8-40	7-41	6-42
11	0	•- 9	•-11	•-13	•-15	•-17	•-20
	1	•-14	•-17	•-19	•-21	•-23	•-26
	2	2-19	2-22	•-24	•-26	•-28	•-30
	3	5-24	4-26	3-28	3-30	•-32	•-34
	4	8-28	7-30	6-32	5-34	4-35	•-38
	5	12-32	10-34	9-36	7-37	7-39	5-40
12	0	•- 8	•-10	•-12	•-14	•-16	•-19
	1	•-13	•-15	•-17	•-20	•-21	•-24
	2	2-18	•-20	•-22	•-24	•-26	•-29
	3	5-22	4-24	3-26	•-28	•-30	•-32
	4	8-26	6-28	5-30	4-32	4-33	•-36
	5	11-30	9-32	8-34	7-35	6-36	5-38
	6	14-34	13-35	11-37	10-38	9-39	7-41
13	0	•- 7	•- 9	•-11	•-13	•-14	•-18
	1	•-12	•-14	•-16	•-18	•-20	•-23
	2	2-17	•-19	•-20	•-23	•-24	•-27
	3	4-21	3-23	3-24	•-26	•-28	•-30
	4	7-24	6-26	5-28	4-30	4-31	•-34
	5	10-28	9-30	7-32	6-33	6-34	5-37
	6	13-32	12-33	10-35	9-36	8-37	7-39
14	0	•- 7	•- 8	•-10	•-12	•-13	•-16
	1	•-11	•-13	•-15	•-17	•-18	•-21
	2	2-15	•-17	•-19	•-21	•-23	•-25
	3	4-19	3-21	3-23	•-25	•-26	•-29
	4	7-23	5-25	5-26	4-28	•-30	•-32
	5	9-26	8-28	7-30	6-31	5-33	•-35
	6	12-30	11-31	10-33	8-34	8-35	6-37
	7	15-33	14-34	12-36	11-37	10-38	8-40
15	0	•- 6	•- 8	•- 9	•-11	•-13	•-15
	1	•-11	•-12	•-14	•-16	•-17	•-20
	2	2-14	•-16	•-18	•-20	•-21	•-24
	3	4-18	3-20	•-22	•-23	•-25	•-27
	4	6-21	5-23	4-25	4-27	•-28	•-30
	5	9-25	7-27	7-28	6-30	5-31	•-33
	6	11-28	10-30	9-31	8-33	7-34	6-36
	7	14-31	13-33	11-34	10-35	9-36	8-38
16	0	•- 6	•- 7	•- 9	•-10	•-12	•-14
	1	•-10	•-12	•-13	•-15	•-16	•-19
	2	•-14	•-15	•-17	•-19	•-20	•-23
	3	3-17	3-19	•-20	•-22	•-23	•-26
	4	6-20	5-22	4-24	4-25	•-26	•-29
	5	8-23	7-25	6-27	5-28	5-29	•-32
	6	11-26	9-28	8-29	7-31	7-32	6-34
	7	13-29	12-31	11-32	10-34	9-35	7-36
	8	16-32	14-34	13-35	12-36	11-37	9-39
17	0	•- 5	•- 7	•- 8	•-10	•-11	•-14
	1	•- 9	•-11	•-12	•-14	•-15	•-18
	2	•-13	•-14	•-16	•-18	•-19	•-21
	3	3-16	3-18	•-19	•-21	•-22	•-25
	4	5-19	5-21	4-22	•-24	•-25	•-27
	5	8-22	7-24	6-25	5-27	5-28	•-30
	6	10-25	9-27	8-28	7-30	6-31	•-33
	7	12-28	11-29	10-31	9-32	8-33	7-35
	8	15-30	14-32	12-33	11-34	10-35	9-37
18	0	•- 5	•- 6	•- 8	•- 9	•-10	•-13
	1	•- 9	•-10	•-12	•-13	•-14	•-17
	2	•-12	•-14	•-15	•-17	•-18	•-20
	3	3-15	3-17	•-18	•-20	•-21	•-23
	4	5-18	4-20	4-21	•-23	•-24	•-26
	5	7-21	6-22	6-24	5-25	•-27	•-29

$N = 48$ (Fortsetzung)

N_1	x_1	2α = 0,20	2α = 0,10	2α = 0,05	2α = 0,02	2α = 0,01	2α = 0,002
	6	9-24	8-25	8-27	7-28	6-29	•-31
	7	12-26	11-28	10-29	9-31	8-32	7-33
	8	14-29	13-30	12-32	11-33	10-34	9-35
	9	17-31	15-33	14-34	13-35	12-36	11-37
19	0	•- 5	•- 6	•- 7	•- 9	•-10	•-12
	1	•- 8	•-10	•-11	•-13	•-14	•-16
	2	•-11	•-13	•-14	•-16	•-17	•-19
	3	3-14	•-16	•-17	•-19	•-20	•-22
	4	5-17	4-19	4-20	•-22	•-23	•-25
	5	7-20	6-21	5-23	5-24	•-25	•-27
	6	9-22	8-24	7-25	6-27	6-28	•-30
	7	11-25	10-26	9-28	8-29	8-30	7-32
	8	13-27	12-29	11-30	10-32	9-32	8-34
	9	16-30	14-31	13-32	12-34	11-35	10-36
20	0	•- 5	•- 6	•- 7	•- 8	•- 9	•-11
	1	•- 8	•- 9	•-10	•-12	•-13	•-15
	2	•-11	•-12	•-13	•-15	•-16	•-18
	3	3-14	•-15	•-16	•-18	•-19	•-21
	4	5-16	4-18	4-19	•-21	•-22	•-24
	5	7-19	6-20	5-22	5-23	•-24	•-26
	6	9-21	8-23	7-24	6-26	6-27	•-28
	7	11-24	10-25	9-26	8-28	7-29	•-31
	8	13-26	12-28	11-29	10-30	9-31	8-33
	9	15-28	14-30	13-31	12-32	11-33	10-35
	10	17-31	16-32	15-33	14-34	13-35	11-37
21	0	•- 4	•- 5	•- 6	•- 8	•- 9	•-11
	1	•- 7	•- 9	•-10	•-11	•-12	•-14
	2	•-10	•-12	•-13	•-14	•-15	•-17
	3	3-13	•-14	•-16	•-17	•-18	•-20
	4	4-15	4-17	•-18	•-20	•-21	•-23
	5	6-18	6-19	5-21	•-22	•-23	•-25
	6	8-20	7-22	7-23	6-24	6-25	•-27
	7	10-23	9-24	8-25	8-27	7-28	•-29
	8	12-25	11-26	10-28	9-29	9-30	8-31
	9	14-27	13-29	12-30	11-31	10-32	9-33
	10	16-29	15-31	14-32	13-33	12-34	11-35
22	0	•- 4	•- 5	•- 6	•- 7	•- 8	•-10
	1	•- 7	•- 8	•- 9	•-11	•-12	•-14
	2	•-10	•-11	•-12	•-14	•-15	•-17
	3	3-12	•-14	•-15	•-16	•-17	•-19
	4	4-15	4-16	•-17	•-19	•-20	•-22
	5	6-17	5-18	5-20	•-21	•-22	•-24
	6	8-19	7-21	6-22	6-23	•-24	•-26
	7	10-22	9-23	8-24	7-26	7-26	•-28
	8	12-24	11-25	10-26	9-28	8-29	8-30
	9	14-26	13-27	12-28	11-30	10-31	9-32
	10	16-28	14-29	14-31	13-32	12-32	11-34
	11	18-30	16-32	15-33	14-34	14-34	12-36
23	0	•- 4	•- 5	•- 6	•- 7	•- 8	•-10
	1	•- 7	•- 8	•- 9	•-10	•-11	•-13
	2	•- 9	•-10	•-12	•-13	•-14	•-16
	3	•-12	•-13	•-14	•-15	•-16	•-18
	4	4-14	4-15	•-17	•-18	•-19	•-21
	5	6-16	5-18	5-19	•-20	•-21	•-23
	6	8-19	7-20	6-21	6-22	•-23	•-25
	7	9-21	8-22	8-23	7-24	7-25	•-27
	8	11-23	10-24	9-25	9-27	8-27	•-29
	9	13-25	12-26	11-27	10-29	10-29	9-31
	10	15-27	14-28	13-29	12-30	11-31	10-33
	11	17-29	16-30	15-31	14-32	13-33	12-34
24	0	•- 4	•- 5	•- 5	•- 7	•- 7	•- 9
	1	•- 6	•- 7	•- 8	•-10	•-11	•-12
	2	•- 9	•-10	•-11	•-12	•-13	•-15
	3	•-11	•-12	•-13	•-15	•-16	•-18
	4	4-13	•-15	•-16	•-17	•-18	•-20
	5	6-16	5-17	5-18	•-19	•-20	•-22
	6	7-18	7-19	6-20	•-21	•-22	•-24
	7	9-20	8-21	8-22	7-23	7-24	•-26
	8	11-22	10-23	9-24	8-25	8-26	•-28
	9	13-24	12-25	11-26	10-27	9-28	9-30
	10	14-26	13-27	13-28	12-29	11-30	10-32
	11	16-28	15-29	14-30	13-31	13-32	12-33
	12	18-30	17-31	16-32	15-33	14-34	13-35

$N = 49$

N_1	x_1	2α = 0,20	2α = 0,10	2α = 0,05	2α = 0,02	2α = 0,01	2α = 0,002
4	0	•-21	•-26	•-29	•-33	•-35	•-39
	1	1-33	•-37	•-39	•-42	•-43	•-45
	2	7-42	5-44	3-46	2-47	–	–
5	0	•-18	•-22	•-25	•-29	•-31	•-36
	1	•-28	•-32	•-35	•-38	•-39	•-42
	2	5-37	4-40	3-42	2-43	•-45	•-46
6	0	•-15	•-19	•-22	•-25	•-28	•-32
	1	•-25	•-28	•-31	•-34	•-36	•-39
	2	4-32	3-35	2-38	•-40	•-41	•-43
	3	10-39	8-41	6-43	5-44	4-45	–
7	0	•-13	•-16	•-19	•-23	•-25	•-29
	1	•-22	•-25	•-28	•-31	•-32	•-36
	2	4-29	3-32	2-34	•-37	•-38	•-41
	3	8-35	6-38	5-39	4-41	3-42	•-44
8	0	•-12	•-15	•-17	•-20	•-22	•-27
	1	•-19	•-22	•-25	•-28	•-30	•-33
	2	3-26	2-29	2-31	•-34	•-35	•-38
	3	7-32	6-34	4-36	3-38	3-40	•-42
	4	12-37	10-39	8-41	7-42	6-43	4-45
9	0	•-11	•-13	•-16	•-18	•-20	•-24
	1	•-18	•-20	•-23	•-25	•-27	•-31

$N = 49$ (Fortsetzung)

N_1	x_1	2α = 0,20	2α = 0,10	2α = 0,05	2α = 0,02	2α = 0,01	2α = 0,002
	2	3-24	2-26	•-28	•-31	•-33	•-36
	3	6-29	5-31	4-33	3-36	3-37	•-39
	4	11-34	9-36	7-38	6-40	5-41	4-43
10	0	•-10	•-12	•-14	•-17	•-19	•-23
	1	•-16	•-18	•-21	•-23	•-25	•-29
	2	2-21	2-24	•-26	•-29	•-30	•-33
	3	6-26	4-29	4-31	3-33	•-35	•-37
	4	9-31	8-33	7-35	5-37	5-38	4-40
	5	13-36	11-38	10-39	8-41	7-42	6-43
11	0	•- 9	•-11	•-13	•-15	•-17	•-21
	1	•-15	•-17	•-19	•-22	•-23	•-27
	2	2-20	2-22	•-24	•-27	•-28	•-31
	3	5-24	4-27	3-29	3-31	•-32	•-35
	4	9-29	7-31	6-33	5-35	4-36	•-38
	5	12-33	10-35	9-37	8-38	7-39	5-41
12	0	•- 8	•-10	•-12	•-14	•-16	•-19
	1	•-13	•-16	•-18	•-20	•-22	•-25
	2	2-18	•-20	•-22	•-25	•-26	•-29
	3	5-23	4-25	3-27	•-29	•-30	•-33
	4	8-27	6-29	5-31	4-33	4-34	•-36
	5	11-31	9-33	8-34	7-36	6-37	5-39
	6	15-34	13-36	11-38	10-39	9-40	7-42
13	0	•- 7	•- 9	•-11	•-13	•-15	•-18
	1	•-12	•-15	•-16	•-19	•-20	•-23
	2	2-17	•-19	•-21	•-23	•-25	•-28
	3	4-21	3-23	3-25	•-27	•-28	•-31
	4	7-25	6-27	5-29	4-31	4-32	•-34
	5	10-29	9-31	8-32	6-34	6-35	5-37
	6	13-32	12-34	10-36	9-37	8-38	7-40
14	0	•- 7	•- 9	•-10	•-12	•-14	•-17
	1	•-12	•-14	•-15	•-17	•-19	•-22
	2	2-16	•-18	•-20	•-22	•-23	•-26
	3	4-20	3-22	3-23	•-25	•-27	•-29
	4	7-23	6-25	5-27	4-29	4-30	•-33
	5	9-27	8-29	7-30	6-32	5-33	•-36
	6	12-30	11-32	10-34	8-35	8-36	6-38
	7	16-33	14-35	12-37	11-38	10-39	8-41
15	0	•- 6	•- 8	•-10	•-11	•-13	•-16
	1	•-11	•-13	•-14	•-16	•-18	•-21
	2	2-15	•-17	•-18	•-20	•-22	•-24
	3	4-18	3-20	3-22	•-24	•-25	•-28
	4	6-22	5-24	4-25	4-27	•-29	•-31
	5	9-25	8-27	7-29	6-30	5-32	•-34
	6	12-28	10-30	9-32	8-33	7-34	6-36
	7	14-32	13-33	12-35	10-36	9-37	8-39
16	0	•- 6	•- 7	•- 9	•-11	•-12	•-15
	1	•-10	•-12	•-13	•-15	•-17	•-19
	2	•-14	•-16	•-17	•-19	•-20	•-23
	3	4-17	3-19	•-21	•-23	•-24	•-26
	4	6-21	5-22	4-24	4-26	•-27	•-29
	5	8-24	7-26	6-27	5-29	5-30	•-32
	6	11-27	10-29	9-30	7-32	7-33	6-35
	7	14-30	12-31	11-33	10-34	9-35	8-37
	8	16-33	15-34	13-36	12-37	11-38	10-39
17	0	•- 6	•- 7	•- 8	•-10	•-11	•-14
	1	•-10	•-11	•-13	•-14	•-16	•-18
	2	•-13	•-15	•-16	•-18	•-19	•-22
	3	3-16	3-18	•-20	•-21	•-23	•-25
	4	6-19	5-21	4-23	•-25	•-26	•-28
	5	8-22	7-24	6-26	5-27	5-29	•-31
	6	10-25	9-27	8-29	7-30	7-31	6-33
	7	13-28	11-30	10-31	9-33	8-34	7-36
	8	15-31	14-33	13-34	11-35	11-36	9-38
18	0	•- 5	•- 7	•- 8	•- 9	•-11	•-13
	1	•- 9	•-10	•-12	•-14	•-15	•-17
	2	•-12	•-14	•-15	•-17	•-18	•-21
	3	3-15	3-17	•-19	•-20	•-21	•-24
	4	5-18	4-20	4-22	•-23	•-24	•-27
	5	7-21	6-23	6-24	5-26	5-27	•-29
	6	10-24	9-26	8-27	7-29	6-30	•-31
	7	12-27	11-28	10-30	9-31	8-32	7-34
	8	14-29	13-31	12-32	11-34	10-35	9-36
	9	17-32	16-33	14-35	13-36	12-37	11-38
19	0	•- 5	•- 6	•- 7	•- 9	•-10	•-12
	1	•- 8	•-10	•-11	•-13	•-14	•-16
	2	•-12	•-13	•-15	•-16	•-17	•-20
	3	3-15	•-16	•-18	•-19	•-20	•-23
	4	5-17	4-19	4-20	•-22	•-23	•-25
	5	7-20	6-22	5-23	5-25	•-26	•-28
	6	9-23	8-24	7-26	6-27	6-28	•-30
	7	11-25	10-27	9-28	8-30	8-31	7-33
	8	14-28	12-30	11-31	10-32	10-33	8-35
	9	16-30	15-32	14-33	12-34	12-35	10-37
20	0	•- 5	•- 6	•- 7	•- 8	•- 9	•-12
	1	•- 8	•- 9	•-11	•-12	•-13	•-16
	2	•-11	•-12	•-14	•-15	•-16	•-19
	3	3-14	•-15	•-17	•-18	•-19	•-22
	4	5-17	4-18	4-19	•-21	•-22	•-24
	5	7-19	6-21	5-22	5-24	•-25	•-27
	6	9-22	8-23	7-25	6-26	6-27	•-29
	7	11-24	10-26	9-27	8-29	7-29	7-31
	8	13-27	12-28	11-29	10-31	9-32	8-33
	9	15-29	14-31	13-32	12-33	11-34	10-35
	10	18-31	16-33	15-34	14-35	13-36	12-37
21	0	•- 4	•- 6	•- 7	•- 8	•- 9	•-11
	1	•- 8	•- 9	•-10	•-12	•-13	•-15
	2	•-10	•-12	•-13	•-15	•-16	•-18

Signifikanzschranken für den Vierfeldertest*

x_1	$N_1 - x_1$	N_1
x_2	$N_2 - x_2$	N_2
X	$N - X$	N

$N = N_1 + N_2$, $X = x_1 + x_2$, $N_1 \leqq N_2$, $x_1 \leqq N_1 - x_1$

Anleitung siehe S. 123

N_1	x_1	2α = 0,20	2α = 0,10	2α = 0,05	2α = 0,02	2α = 0,01	2α = 0,002
		$N = 49$ (Fortsetzung)					
	3	3–13	•–15	•–16	•–17	•–18	•–21
	4	5–16	4–17	•–19	•–20	•–21	•–23
	5	6–18	6–20	5–21	•–23	•–24	•–26
	6	8–21	7–22	7–24	6–25	6–26	•–28
	7	10–23	9–25	9–26	8–27	7–28	•–30
	8	12–26	11–27	10–28	9–30	9–30	8–32
	9	15–28	13–29	12–30	11–32	11–33	9–34
	10	17–30	15–31	14–33	13–34	13–35	11–36
22	0	•–4	•–5	•–6	•–8	•–8	•–11
	1	•–7	•–8	•–10	•–11	•–12	•–14
	2	•–10	•–11	•–12	•–14	•–15	•–17
	3	3–13	•–14	•–15	•–17	•–18	•–20
	4	4–15	4–16	•–18	•–19	•–20	•–22
	5	6–17	5–19	5–20	•–22	•–23	•–25
	6	8–20	7–21	6–22	6–24	•–25	•–27
	7	10–22	9–24	8–25	7–26	7–27	•–29
	8	12–24	11–26	10–27	9–28	9–29	8–31
	9	14–27	13–28	12–29	11–30	10–31	9–33
	10	16–29	15–30	14–31	13–32	12–33	11–35
	11	18–31	17–32	16–33	15–34	14–35	12–37
23	0	•–4	•–5	•–6	•–7	•–8	•–10
	1	•–7	•–8	•–9	•–10	•–11	•–13
	2	•–10	•–11	•–12	•–13	•–14	•–16
	3	3–12	•–13	•–14	•–16	•–17	•–19
	4	4–14	4–16	•–17	•–18	•–19	•–21
	5	6–17	5–18	5–19	•–21	•–22	•–24
	6	8–19	7–20	6–22	6–23	•–24	•–26
	7	10–21	9–23	8–24	7–25	7–26	•–28
	8	11–23	10–25	10–26	9–27	8–28	•–30
	9	13–26	12–27	11–28	10–29	10–30	9–32
	10	15–28	14–29	13–30	12–31	12–32	10–33
	11	17–30	16–31	15–32	14–33	13–34	12–35
24	0	•–4	•–5	•–6	•–7	•–8	•–9
	1	•–7	•–8	•–9	•–10	•–11	•–13
	2	•–9	•–10	•–11	•–13	•–14	•–15
	3	•–11	•–13	•–14	•–15	•–16	•–18
	4	4–14	4–15	•–16	•–18	•–18	•–20
	5	6–16	5–17	5–18	•–20	•–21	•–23
	6	7–18	7–19	6–21	6–22	•–23	•–25
	7	9–20	8–22	8–23	7–24	7–25	•–27
	8	11–22	10–24	9–25	9–26	8–27	•–29
	9	13–24	12–26	11–27	10–28	10–29	9–30
	10	15–27	14–28	13–29	12–30	11–31	10–32
	11	17–29	15–30	15–31	14–32	13–33	12–34
	12	19–30	17–32	16–33	15–34	15–34	13–36
		$N = 50$					
4	0	•–22	•–26	•–30	•–34	•–36	•–40
	1	1–34	•–37	•–40	•–43	•–44	•–46
	2	7–43	5–45	3–47	2–48	2–48	–
5	0	•–18	•–22	•–26	•–29	•–32	•–36
	1	•–29	•–33	•–35	•–38	•–40	•–43
	2	5–38	4–40	3–42	2–44	•–45	•–47
6	0	•–16	•–19	•–22	•–26	•–28	•–33
	1	•–25	•–29	•–31	•–34	•–36	•–40
	2	4–33	3–36	2–38	•–41	•–42	•–44
	3	10–40	8–42	6–44	5–45	4–46	–
7	0	•–14	•–17	•–20	•–23	•–25	•–30
	1	•–22	•–25	•–28	•–31	•–33	•–37
	2	4–29	3–32	2–35	•–37	•–39	•–42
	3	9–36	7–38	5–40	4–42	3–43	•–45
8	0	•–12	•–15	•–18	•–21	•–23	•–27
	1	•–20	•–23	•–25	•–28	•–30	•–34
	2	3–26	2–29	2–32	•–34	•–36	•–39
	3	7–32	6–35	5–37	3–39	3–40	•–43
	4	12–38	10–40	8–42	7–43	6–44	4–46
9	0	•–11	•–13	•–16	•–19	•–21	•–25
	1	•–18	•–21	•–23	•–26	•–28	•–31
	2	3–24	2–27	•–29	•–32	•–33	•–36
	3	7–30	5–32	4–34	3–36	3–38	•–40
	4	11–35	9–37	7–39	6–41	5–42	4–44
10	0	•–10	•–12	•–14	•–17	•–19	•–23
	1	•–16	•–19	•–21	•–24	•–26	•–29
	2	3–22	2–24	•–27	•–29	•–31	•–34
	3	6–27	5–30	4–32	3–34	•–35	•–38
	4	10–32	8–34	7–36	5–38	5–39	4–41
	5	14–36	12–38	10–40	8–42	8–42	6–44
11	0	•–9	•–11	•–13	•–16	•–18	•–21
	1	•–15	•–17	•–19	•–22	•–24	•–27
	2	2–20	2–23	•–25	•–27	•–29	•–32
	3	5–25	4–27	3–29	3–32	•–33	•–36
	4	9–29	7–32	6–34	5–36	4–37	•–39
	5	12–34	11–36	9–37	8–39	7–40	5–42
12	0	•–8	•–10	•–12	•–15	•–16	•–20
	1	•–14	•–16	•–18	•–20	•–22	•–25
	2	2–19	•–21	•–23	•–25	•–27	•–30
	3	5–23	4–25	3–27	•–30	•–31	•–34
	4	8–27	7–29	6–31	5–33	4–35	•–37
	5	11–31	10–33	8–35	7–37	6–38	5–40
	6	15–35	13–37	12–38	10–40	9–41	7–43
13	0	•–8	•–9	•–11	•–14	•–15	•–18
	1	•–13	•–15	•–17	•–19	•–21	•–24
	2	2–17	•–19	•–21	•–24	•–25	•–28
	3	4–21	4–24	3–26	•–28	•–29	•–32
	4	7–25	6–28	5–29	4–31	4–33	•–35
	5	10–29	9–31	8–33	7–35	6–36	5–38

N_1	x_1	2α = 0,20	2α = 0,10	2α = 0,05	2α = 0,02	2α = 0,01	2α = 0,002
		$N = 50$ (Fortsetzung)					
	6	14–33	12–35	11–36	9–38	8–39	7–41
14	0	•–7	•–9	•–10	•–13	•–14	•–17
	1	•–12	•–14	•–16	•–18	•–19	•–22
	2	2–16	•–18	•–20	•–22	•–24	•–27
	3	4–20	3–22	3–24	•–26	•–27	•–30
	4	7–24	6–26	5–28	4–30	4–31	•–33
	5	10–27	8–29	7–31	6–33	6–34	5–36
	6	13–31	11–33	10–34	9–36	8–37	6–39
	7	16–34	14–36	13–37	11–39	10–40	9–41
15	0	•–7	•–8	•–10	•–12	•–13	•–16
	1	•–11	•–13	•–15	•–17	•–18	•–21
	2	2–15	•–17	•–19	•–21	•–22	•–25
	3	4–19	3–21	3–23	•–25	•–26	•–29
	4	6–22	5–24	5–26	4–28	•–29	•–32
	5	9–26	8–28	7–29	6–31	5–32	•–35
	6	12–29	10–31	9–32	8–34	7–35	6–37
	7	15–32	13–34	12–35	10–37	10–38	8–40
16	0	•–6	•–8	•–9	•–11	•–12	•–15
	1	•–10	•–12	•–14	•–16	•–17	•–20
	2	2–14	•–16	•–18	•–20	•–21	•–24
	3	4–18	3–20	•–21	•–23	•–24	•–27
	4	6–21	5–23	4–25	4–26	•–28	•–30
	5	8–24	7–26	6–28	6–30	5–31	•–33
	6	11–27	10–29	9–31	8–32	7–34	6–36
	7	14–30	12–32	11–34	10–35	9–36	8–38
	8	17–33	15–35	14–36	12–38	11–39	10–40
17	0	•–6	•–7	•–9	•–10	•–12	•–14
	1	•–10	•–11	•–13	•–15	•–16	•–19
	2	•–13	•–15	•–17	•–18	•–20	•–22
	3	3–17	3–18	•–20	•–22	•–23	•–26
	4	6–20	5–22	4–23	•–25	•–26	•–29
	5	8–23	7–25	6–26	5–28	5–29	•–31
	6	10–26	9–28	8–29	7–31	7–32	6–34
	7	13–29	12–31	10–32	9–33	9–35	7–36
	8	16–32	14–33	13–35	12–36	11–37	9–39
18	0	•–5	•–7	•–8	•–10	•–11	•–13
	1	•–9	•–11	•–12	•–14	•–15	•–18
	2	•–13	•–14	•–16	•–17	•–19	•–21
	3	3–16	3–17	•–19	•–21	•–22	•–24
	4	5–19	4–21	4–22	•–24	•–25	•–27
	5	8–22	7–23	6–25	5–27	5–28	•–30
	6	10–25	9–26	8–28	7–29	6–30	•–33
	7	12–27	11–29	10–30	9–32	8–33	7–35
	8	15–30	13–32	12–33	11–34	10–35	9–37
	9	17–33	16–34	15–35	13–37	12–38	11–39
19	0	•–5	•–6	•–8	•–9	•–10	•–13
	1	•–9	•–10	•–11	•–13	•–14	•–17
	2	•–12	•–13	•–15	•–17	•–18	•–20
	3	3–15	3–17	•–18	•–20	•–21	•–23
	4	5–18	4–19	4–21	•–23	•–24	•–26
	5	7–21	6–22	6–24	5–25	•–26	•–29
	6	9–23	8–25	7–26	7–28	6–29	•–31
	7	12–26	10–28	9–29	8–31	8–32	7–33
	8	14–29	13–30	12–31	10–33	10–34	9–36
	9	16–31	15–33	14–34	13–35	12–36	10–38
20	0	•–5	•–6	•–7	•–9	•–10	•–12
	1	•–8	•–10	•–11	•–12	•–14	•–16
	2	•–11	•–13	•–14	•–16	•–17	•–19
	3	3–14	3–16	•–17	•–19	•–20	•–22
	4	5–17	4–19	4–20	•–22	•–23	•–25
	5	7–20	6–21	5–23	5–24	•–25	•–27
	6	9–22	8–24	7–25	6–27	6–28	•–30
	7	11–25	10–26	9–28	8–29	8–30	7–32
	8	13–27	12–29	11–30	10–32	9–32	8–34
	9	16–30	14–31	13–32	12–34	11–35	10–36
	10	18–32	16–34	15–35	14–36	13–37	12–38
21	0	•–5	•–6	•–7	•–8	•–9	•–11
	1	•–8	•–9	•–10	•–12	•–13	•–15
	2	•–11	•–12	•–13	•–15	•–16	•–18
	3	3–13	•–15	•–16	•–18	•–19	•–21
	4	5–16	4–18	•–19	•–21	•–22	•–24
	5	7–19	6–20	5–22	5–23	•–24	•–26
	6	8–21	8–23	7–24	6–26	6–27	•–29
	7	11–24	9–25	9–26	8–28	7–29	•–31
	8	13–26	12–28	11–29	10–30	9–31	8–33
	9	15–28	14–30	13–31	11–32	11–33	10–35
	10	17–31	16–32	15–33	13–35	13–35	11–37
22	0	•–4	•–5	•–6	•–8	•–9	•–11
	1	•–7	•–9	•–10	•–11	•–12	•–14
	2	•–10	•–12	•–13	•–14	•–15	•–17
	3	3–13	•–14	•–16	•–17	•–18	•–20
	4	4–15	4–17	•–18	•–20	•–21	•–23
	5	6–18	5–19	5–21	•–22	•–23	•–25
	6	8–20	7–22	7–23	6–24	6–25	•–27
	7	10–23	9–24	8–25	8–27	7–28	•–30
	8	12–25	11–26	10–28	9–29	9–30	8–32
	9	14–27	13–29	12–30	11–31	10–32	9–34
	10	16–29	15–31	14–32	13–33	12–34	11–36
	11	18–32	17–33	16–34	15–35	14–36	13–37
23	0	•–4	•–5	•–6	•–7	•–8	•–10
	1	•–7	•–8	•–9	•–11	•–12	•–14
	2	•–10	•–11	•–12	•–14	•–15	•–17
	3	3–12	•–14	•–15	•–16	•–17	•–19
	4	4–15	4–16	•–17	•–19	•–20	•–22
	5	6–17	5–18	5–20	•–21	•–22	•–24
	6	8–19	7–21	6–22	6–23	•–24	•–26
	7	10–22	9–23	8–24	7–26	7–27	•–28
	8	12–24	11–25	10–26	9–28	8–29	8–30

N_1	x_1	2α = 0,20	2α = 0,10	2α = 0,05	2α = 0,02	2α = 0,01	2α = 0,002
		$N = 50$ (Fortsetzung)					
	9	14–26	12–27	12–29	11–30	10–31	9–32
	10	16–28	14–30	13–31	12–32	12–33	11–34
	11	18–30	16–32	15–33	14–34	14–35	12–36
24	0	•–4	•–5	•–6	•–7	•–8	•–10
	1	•–7	•–8	•–9	•–10	•–11	•–13
	2	•–9	•–10	•–12	•–13	•–14	•–16
	3	•–12	•–13	•–14	•–16	•–16	•–18
	4	4–14	4–15	•–17	•–18	•–19	•–21
	5	6–16	5–18	5–19	•–20	•–21	•–23
	6	8–19	7–20	6–21	6–22	•–23	•–25
	7	9–21	8–22	8–23	7–25	7–26	•–27
	8	11–23	10–24	9–25	9–27	8–28	•–29
	9	13–25	12–26	11–27	10–29	10–30	9–31
	10	15–27	14–28	13–29	12–31	11–31	10–33
	11	17–29	16–30	15–31	14–33	13–33	12–35
	12	19–31	18–32	17–33	16–34	15–35	13–37
25	0	•–4	•–5	•–6	•–7	•–7	•–9
	1	•–6	•–7	•–8	•–10	•–11	•–12
	2	•–9	•–10	•–11	•–12	•–13	•–15
	3	•–11	•–12	•–14	•–15	•–16	•–18
	4	4–13	•–15	•–16	•–17	•–18	•–20
	5	6–16	5–17	•–18	•–19	•–20	•–22
	6	7–18	7–19	6–20	•–22	•–22	•–24
	7	9–20	8–21	8–22	7–24	7–25	•–26
	8	11–22	10–23	9–24	8–26	8–27	•–28
	9	13–24	12–25	11–26	10–28	9–28	9–30
	10	14–26	13–27	12–28	12–30	11–30	10–32
	11	16–28	15–29	14–30	13–31	13–32	12–34
	12	18–30	17–31	16–32	15–33	14–34	13–35
		$N = 52$					
4	0	•–23	•–27	•–31	•–35	•–38	•–42
	1	1–35	•–39	•–42	•–44	•–46	•–48
	2	7–45	5–47	3–49	2–50	2–50	–
5	0	•–19	•–23	•–27	•–31	•–33	•–38
	1	1–30	•–34	•–37	•–40	•–42	•–45
	2	6–39	4–42	3–44	2–46	•–47	•–49
6	0	•–16	•–20	•–23	•–27	•–29	•–34
	1	•–26	•–30	•–33	•–36	•–38	•–41
	2	5–34	3–38	2–40	•–42	•–44	•–46
	3	10–42	8–44	6–46	5–47	4–48	3–49
7	0	•–14	•–18	•–21	•–24	•–26	•–31
	1	•–23	•–26	•–29	•–32	•–34	•–38
	2	4–31	3–34	2–36	•–39	•–40	•–43
	3	9–37	7–40	5–42	4–44	3–45	•–47
8	0	•–13	•–16	•–18	•–22	•–24	•–28
	1	•–21	•–24	•–26	•–30	•–32	•–35
	2	3–28	2–31	2–33	•–36	•–37	•–41
	3	8–34	6–36	5–39	4–41	3–42	•–45
	4	13–39	10–42	9–43	7–45	6–46	4–48
9	0	•–11	•–14	•–17	•–20	•–22	•–26
	1	•–19	•–22	•–24	•–27	•–29	•–33
	2	3–25	2–28	•–30	•–33	•–35	•–38
	3	7–31	5–33	4–36	3–38	3–39	•–42
	4	11–36	9–38	8–40	6–42	5–43	4–45
10	0	•–10	•–13	•–15	•–18	•–20	•–24
	1	•–17	•–20	•–22	•–25	•–27	•–30
	2	3–23	2–26	•–28	•–30	•–32	•–35
	3	6–28	5–31	4–33	3–35	•–37	•–40
	4	10–33	8–35	7–37	6–39	5–41	4–43
	5	14–38	12–40	10–42	9–43	8–44	6–46
11	0	•–9	•–12	•–14	•–16	•–18	•–22
	1	•–16	•–18	•–20	•–23	•–25	•–28
	2	2–21	2–24	•–26	•–28	•–30	•–33
	3	5–26	4–28	3–31	3–33	•–34	•–37
	4	9–31	7–33	6–35	5–37	4–38	•–41
	5	13–35	11–37	9–39	8–41	7–42	6–44
12	0	•–9	•–11	•–13	•–15	•–17	•–21
	1	•–14	•–17	•–19	•–21	•–23	•–27
	2	2–19	2–22	•–24	•–26	•–28	•–31
	3	5–24	4–26	3–28	3–31	•–32	•–35
	4	8–28	7–31	6–33	5–35	4–36	•–39
	5	12–33	10–35	9–36	7–38	7–40	5–42
	6	15–37	14–38	12–40	10–42	9–43	7–45
13	0	•–8	•–10	•–12	•–14	•–16	•–19
	1	•–13	•–15	•–17	•–20	•–21	•–25
	2	2–18	•–20	•–22	•–25	•–26	•–29
	3	5–22	4–25	3–27	•–29	•–30	•–33
	4	8–26	6–29	5–31	4–33	4–34	•–37
	5	11–30	9–33	8–34	7–36	6–37	5–40
	6	14–34	12–36	11–38	10–40	9–41	7–43
14	0	•–7	•–9	•–11	•–13	•–15	•–18
	1	•–12	•–14	•–16	•–19	•–20	•–23
	2	2–17	•–19	•–21	•–23	•–25	•–28
	3	4–21	3–23	3–25	•–27	•–29	•–31
	4	7–25	6–27	5–29	4–31	4–32	•–35
	5	10–29	9–31	7–32	6–34	6–36	5–38
	6	13–32	12–34	10–36	9–37	8–39	7–41
	7	16–36	15–37	13–39	12–40	11–41	9–43
15	0	•–7	•–9	•–10	•–12	•–14	•–17
	1	•–12	•–13	•–15	•–17	•–19	•–22
	2	2–16	•–18	•–20	•–22	•–23	•–26
	3	4–20	3–22	3–23	•–26	•–27	•–30
	4	7–23	5–25	5–27	4–29	•–30	•–33
	5	9–27	8–29	7–31	6–32	5–34	•–36
	6	12–30	11–32	10–34	8–36	8–37	6–39

x_1	$N_1 - x_1$	N_1
x_2	$N_2 - x_2$	N_2
X	$N - X$	N

$N = N_1 + N_2$, $X = x_1 + x_2$, $N_1 \leq N_2$, $x_1 \leq N_1 - x_1$

Anleitung siehe S. 123

N_1	x_1	$2\alpha = 0{,}20$	$2\alpha = 0{,}10$	$2\alpha = 0{,}05$	$2\alpha = 0{,}02$	$2\alpha = 0{,}01$	$2\alpha = 0{,}002$
		$N = 52$ (Fortsetzung)					
	7	15-34	14-35	12-37	11-38	10-39	8-41
16	0	•-6	•-8	•-10	•-11	•-13	•-16
	1	•-11	•-13	•-14	•-16	•-18	•-21
	2	2-15	•-17	•-18	•-20	•-22	•-25
	3	4-18	3-20	•-22	•-24	•-26	•-28
	4	6-22	5-24	4-26	4-28	•-29	•-31
	5	9-25	8-27	7-29	6-31	5-32	•-34
	6	11-29	10-30	9-32	8-34	7-35	6-37
	7	14-32	13-33	12-35	10-37	9-38	8-40
	8	17-35	16-36	14-38	13-39	12-40	10-42
17	0	•-6	•-8	•-9	•-11	•-12	•-15
	1	•-10	•-12	•-13	•-15	•-17	•-20
	2	•-14	•-16	•-17	•-19	•-21	•-23
	3	4-17	3-19	•-21	•-23	•-24	•-27
	4	6-21	5-23	4-24	4-26	•-27	•-30
	5	8-24	7-26	6-27	5-29	5-30	•-33
	6	11-27	10-29	8-30	7-32	7-33	6-36
	7	13-30	12-32	11-33	10-35	9-36	8-38
	8	16-33	15-35	13-36	12-38	11-39	10-40
18	0	•-6	•-7	•-8	•-10	•-11	•-14
	1	•-10	•-11	•-13	•-15	•-16	•-19
	2	•-13	•-15	•-16	•-18	•-20	•-22
	3	3-16	3-18	•-20	•-22	•-23	•-26
	4	6-20	5-21	4-23	•-25	•-26	•-29
	5	8-23	7-24	6-26	5-28	5-29	•-31
	6	10-26	9-27	8-29	7-31	7-32	6-34
	7	13-28	11-30	10-32	9-33	8-34	7-36
	8	15-31	14-33	13-34	11-36	11-37	9-39
	9	18-34	16-36	15-37	14-38	13-39	11-41
19	0	•-5	•-7	•-8	•-10	•-11	•-13
	1	•-9	•-11	•-12	•-14	•-15	•-18
	2	•-12	•-14	•-16	•-17	•-19	•-21
	3	3-16	3-17	•-19	•-21	•-22	•-24
	4	5-19	4-20	4-22	•-24	•-25	•-27
	5	7-22	6-23	6-25	5-27	5-28	•-30
	6	10-24	9-26	8-28	7-29	6-30	•-33
	7	12-27	11-29	10-30	9-32	8-33	7-35
	8	14-30	13-31	12-33	11-34	10-35	9-37
	9	17-32	16-34	14-35	13-37	12-38	11-39
20	0	•-5	•-6	•-8	•-9	•-10	•-13
	1	•-9	•-10	•-11	•-13	•-14	•-17
	2	•-12	•-13	•-15	•-16	•-18	•-20
	3	3-15	•-16	•-18	•-20	•-21	•-23
	4	5-18	4-19	4-21	•-23	•-24	•-26
	5	7-20	6-22	5-24	5-25	•-26	•-29
	6	9-23	8-25	7-26	7-28	6-29	•-31
	7	11-26	10-27	9-29	8-30	8-32	7-34
	8	14-28	12-30	11-31	10-33	10-34	8-36
	9	16-31	15-33	14-34	12-35	12-36	10-38
	10	19-33	17-35	16-36	15-37	14-38	12-40
21	0	•-5	•-6	•-7	•-9	•-10	•-12
	1	•-8	•-10	•-11	•-12	•-13	•-16
	2	•-11	•-13	•-14	•-16	•-17	•-19
	3	3-14	•-16	•-17	•-19	•-20	•-22
	4	5-17	4-18	4-20	•-21	•-23	•-25
	5	7-20	6-21	5-23	5-24	•-25	•-27
	6	9-22	8-24	7-25	6-27	6-28	•-30
	7	11-25	10-26	9-28	8-29	7-30	7-32
	8	13-27	12-29	11-30	10-32	9-33	8-34
	9	15-30	14-31	13-32	12-34	11-35	10-36
	10	18-32	16-33	15-35	14-36	13-37	12-38
22	0	•-5	•-6	•-7	•-8	•-9	•-11
	1	•-8	•-9	•-10	•-12	•-13	•-15
	2	•-11	•-12	•-13	•-15	•-16	•-18
	3	3-13	•-15	•-16	•-18	•-19	•-21
	4	5-16	4-18	•-19	•-21	•-22	•-24
	5	6-19	6-20	5-22	•-23	•-24	•-26
	6	8-21	7-23	7-24	6-26	6-27	•-29
	7	10-24	9-25	9-26	8-28	7-29	•-31
	8	13-26	11-27	10-29	10-30	9-31	8-33
	9	15-28	13-30	12-31	11-32	11-33	10-35
	10	17-31	16-32	14-33	13-35	13-35	11-37
	11	19-33	18-34	17-35	15-37	15-37	13-39
23	0	•-4	•-5	•-6	•-8	•-9	•-11
	1	•-7	•-9	•-10	•-11	•-12	•-14
	2	•-10	•-12	•-13	•-14	•-15	•-17
	3	3-13	•-14	•-15	•-17	•-18	•-20
	4	4-15	4-17	•-18	•-20	•-21	•-23
	5	6-18	5-19	5-21	•-22	•-23	•-25
	6	8-20	7-22	7-23	6-24	6-26	•-28
	7	10-23	9-24	8-25	7-27	7-28	•-30
	8	12-25	11-26	10-28	9-29	9-30	8-32
	9	14-27	13-29	12-30	11-31	10-32	9-34
	10	16-29	15-31	14-32	13-33	12-34	11-36
	11	18-32	17-33	16-34	15-35	14-36	13-38
24	0	•-4	•-5	•-6	•-7	•-8	•-10
	1	•-7	•-8	•-9	•-11	•-12	•-14
	2	•-10	•-11	•-12	•-14	•-15	•-17
	3	3-12	•-14	•-15	•-16	•-17	•-19
	4	4-15	4-16	•-17	•-19	•-20	•-22
	5	6-17	5-18	5-20	•-21	•-22	•-24
	6	8-19	7-21	6-22	6-23	•-24	•-26
	7	10-22	9-23	8-24	7-26	7-27	•-29
	8	12-24	11-25	10-27	9-28	8-29	8-31
	9	13-26	12-27	12-29	11-30	10-31	9-33
	10	15-28	14-30	13-31	12-32	12-33	11-35
	11	18-30	16-32	15-33	14-34	13-35	12-36
	12	20-32	18-34	17-35	16-36	15-37	14-38

N_1	x_1	$2\alpha = 0{,}20$	$2\alpha = 0{,}10$	$2\alpha = 0{,}05$	$2\alpha = 0{,}02$	$2\alpha = 0{,}01$	$2\alpha = 0{,}002$
		$N = 52$ (Fortsetzung)					
25	0	•-4	•-5	•-6	•-7	•-8	•-10
	1	•-7	•-8	•-9	•-10	•-11	•-13
	2	•-9	•-11	•-12	•-13	•-14	•-16
	3	•-12	•-13	•-14	•-16	•-17	•-19
	4	4-14	4-15	•-17	•-18	•-19	•-21
	5	6-16	5-18	5-19	•-20	•-21	•-23
	6	7-19	7-20	6-21	6-23	•-24	•-25
	7	9-21	8-22	8-23	7-25	7-26	•-28
	8	11-23	10-24	9-25	9-27	8-28	•-30
	9	13-25	12-26	11-28	10-29	10-30	9-31
	10	15-27	14-28	13-30	12-31	11-32	10-33
	11	17-29	16-30	15-32	14-33	13-34	12-35
	12	19-31	18-32	17-34	15-35	15-35	13-37
26	0	•-4	•-5	•-6	•-7	•-7	•-9
	1	•-6	•-7	•-8	•-10	•-11	•-13
	2	•-9	•-10	•-11	•-12	•-13	•-15
	3	•-11	•-12	•-14	•-15	•-16	•-18
	4	4-13	•-15	•-16	•-17	•-18	•-20
	5	6-16	5-17	•-18	•-20	•-20	•-22
	6	7-18	7-19	6-20	•-22	•-23	•-24
	7	9-20	8-21	8-22	7-24	7-25	•-26
	8	11-22	10-23	9-25	8-26	8-27	•-28
	9	13-24	12-25	11-27	10-28	9-29	9-30
	10	14-26	13-27	12-29	12-30	11-31	10-32
	11	16-28	15-29	14-30	13-32	13-32	11-34
	12	18-30	17-31	16-32	15-34	14-34	13-36
	13	20-32	19-33	18-34	17-35	16-36	15-37
		$N = 54$					
4	0	•-23	•-28	•-32	•-36	•-39	•-44
	1	1-37	•-40	•-43	•-46	•-48	•-50
	2	7-47	5-49	4-50	2-52	2-52	–
5	0	•-20	•-24	•-28	•-32	•-34	•-39
	1	1-31	•-35	•-38	•-41	•-43	•-47
	2	6-41	4-44	3-46	2-48	•-49	•-51
6	0	•-17	•-21	•-24	•-28	•-31	•-36
	1	•-27	•-31	•-34	•-37	•-39	•-43
	2	5-36	3-39	2-41	•-44	•-46	•-48
	3	11-43	8-46	7-47	5-49	4-50	3-51
7	0	•-15	•-18	•-21	•-25	•-28	•-32
	1	•-24	•-28	•-30	•-34	•-36	•-40
	2	4-32	3-35	2-38	•-40	•-42	•-45
	3	9-39	7-41	6-44	4-46	3-47	•-49
8	0	•-13	•-16	•-19	•-23	•-25	•-30
	1	•-21	•-25	•-28	•-31	•-33	•-37
	2	3-29	2-32	2-34	•-37	•-39	•-42
	3	8-35	6-38	5-40	4-42	3-44	•-46
	4	13-41	11-43	9-45	7-47	6-48	4-50
9	0	•-12	•-15	•-17	•-20	•-23	•-27
	1	•-19	•-22	•-25	•-28	•-30	•-34
	2	3-26	2-29	•-31	•-34	•-36	•-39
	3	7-32	5-35	4-37	3-39	3-41	•-44
	4	12-37	10-40	8-42	6-44	5-45	4-47
10	0	•-11	•-13	•-16	•-19	•-21	•-25
	1	•-18	•-20	•-23	•-26	•-28	•-32
	2	3-24	2-27	•-29	•-32	•-33	•-37
	3	6-29	5-32	4-34	3-37	3-38	•-41
	4	10-34	9-37	7-39	6-41	5-42	4-45
	5	15-39	13-41	11-43	9-45	8-46	6-48
11	0	•-10	•-12	•-14	•-17	•-19	•-23
	1	•-16	•-19	•-21	•-24	•-26	•-30
	2	2-22	2-24	•-27	•-29	•-31	•-35
	3	6-27	4-30	4-32	3-34	•-36	•-39
	4	9-32	8-34	6-36	5-39	5-40	•-42
	5	13-36	11-39	10-40	8-42	7-44	6-46
12	0	•-9	•-11	•-13	•-16	•-18	•-22
	1	•-15	•-17	•-20	•-22	•-24	•-28
	2	2-20	2-23	•-25	•-27	•-29	•-33
	3	5-25	4-27	3-30	3-32	•-34	•-37
	4	9-30	7-32	6-34	5-36	4-38	•-40
	5	12-34	10-36	9-38	8-40	7-41	5-43
	6	16-38	14-40	12-42	11-43	10-44	8-46
13	0	•-8	•-10	•-12	•-15	•-16	•-20
	1	•-14	•-16	•-18	•-21	•-22	•-26
	2	2-19	•-21	•-23	•-26	•-27	•-31
	3	5-23	4-26	3-28	•-30	•-32	•-35
	4	8-28	7-30	6-32	5-34	4-35	•-38
	5	11-32	10-34	8-36	7-38	6-39	5-41
	6	15-36	13-38	11-39	10-41	9-42	7-44
14	0	•-8	•-10	•-11	•-14	•-15	•-19
	1	•-13	•-15	•-17	•-19	•-21	•-24
	2	2-17	•-20	•-22	•-24	•-26	•-29
	3	4-22	4-24	3-26	•-28	•-30	•-33
	4	7-26	6-28	5-30	4-32	4-34	•-36
	5	10-30	9-32	8-34	7-36	6-37	5-39
	6	14-33	12-35	11-37	9-39	8-40	7-42
	7	17-37	15-39	14-40	12-42	11-43	9-45
15	0	•-7	•-9	•-11	•-13	•-14	•-18
	1	•-12	•-14	•-16	•-18	•-20	•-23
	2	2-16	•-18	•-20	•-23	•-24	•-27
	3	4-20	3-23	3-24	•-27	•-28	•-31
	4	7-24	6-26	5-28	4-30	4-32	•-34
	5	10-28	8-30	7-32	6-34	6-35	5-38
	6	13-31	11-33	10-35	9-37	8-38	6-40
	7	16-35	14-37	13-38	11-40	10-41	9-43
16	0	•-7	•-8	•-10	•-12	•-13	•-17

N_1	x_1	$2\alpha = 0{,}20$	$2\alpha = 0{,}10$	$2\alpha = 0{,}05$	$2\alpha = 0{,}02$	$2\alpha = 0{,}01$	$2\alpha = 0{,}002$
		$N = 54$ (Fortsetzung)					
	1	•-11	•-13	•-15	•-17	•-19	•-22
	2	2-15	•-17	•-19	•-21	•-23	•-26
	3	4-19	3-21	3-23	•-25	•-27	•-29
	4	6-23	5-25	5-27	4-29	•-30	•-33
	5	9-26	8-28	7-30	6-32	5-33	•-36
	6	12-30	10-32	9-33	8-35	7-36	6-39
	7	15-33	13-35	12-36	10-38	10-39	8-41
	8	18-36	16-38	15-39	13-41	12-42	10-44
17	0	•-6	•-8	•-9	•-11	•-13	•-16
	1	•-11	•-12	•-14	•-16	•-17	•-20
	2	2-14	•-16	•-18	•-20	•-22	•-24
	3	4-18	3-20	•-22	•-24	•-25	•-28
	4	6-22	5-24	4-25	4-27	•-29	•-31
	5	9-25	7-27	6-29	6-30	5-32	•-34
	6	11-28	10-30	9-32	8-33	7-35	6-37
	7	14-31	12-33	11-35	10-36	9-37	8-40
	8	17-34	15-36	14-37	12-39	11-40	10-42
18	0	•-6	•-7	•-9	•-11	•-12	•-15
	1	•-10	•-12	•-13	•-15	•-17	•-19
	2	•-14	•-15	•-17	•-19	•-20	•-23
	3	3-17	3-19	•-21	•-23	•-24	•-27
	4	6-20	5-22	4-24	4-26	•-27	•-30
	5	8-24	7-25	6-27	5-29	5-30	•-33
	6	11-27	9-29	8-30	7-32	7-33	6-35
	7	13-30	12-31	11-33	9-35	9-36	7-38
	8	16-33	14-34	13-36	12-37	11-38	9-40
	9	19-35	17-37	16-38	14-40	13-41	11-43
19	0	•-6	•-7	•-8	•-10	•-11	•-14
	1	•-9	•-11	•-13	•-14	•-16	•-18
	2	•-13	•-15	•-16	•-18	•-19	•-22
	3	3-16	3-18	•-20	•-21	•-23	•-25
	4	5-19	5-21	4-23	•-25	•-26	•-28
	5	8-22	7-24	6-26	5-28	5-29	•-31
	6	10-25	9-27	8-29	7-30	6-32	•-34
	7	12-28	11-30	10-31	9-33	8-34	7-36
	8	15-31	14-33	12-34	11-36	10-37	9-39
	9	18-34	16-35	15-37	13-38	13-39	11-41
20	0	•-5	•-7	•-8	•-9	•-11	•-13
	1	•-9	•-10	•-12	•-14	•-15	•-17
	2	•-12	•-14	•-15	•-17	•-18	•-21
	3	3-15	3-17	•-19	•-20	•-22	•-24
	4	5-18	4-20	4-22	•-23	•-25	•-27
	5	7-21	6-23	6-25	5-26	5-28	•-30
	6	10-24	8-26	8-27	7-29	6-30	•-33
	7	12-27	11-29	10-30	9-32	8-33	7-35
	8	14-30	13-31	12-33	11-34	10-35	9-37
	9	17-32	15-34	14-35	13-37	12-38	10-39
	10	19-35	18-36	16-38	15-39	14-40	12-42
21	0	•-5	•-6	•-7	•-9	•-10	•-13
	1	•-8	•-10	•-11	•-13	•-14	•-17
	2	•-12	•-13	•-15	•-16	•-18	•-20
	3	3-15	•-16	•-18	•-19	•-21	•-23
	4	5-18	4-19	4-21	•-22	•-24	•-26
	5	7-20	6-22	5-23	5-25	•-26	•-29
	6	9-23	8-25	7-26	6-28	6-29	•-31
	7	11-26	10-27	9-29	8-30	8-31	7-34
	8	14-28	12-30	11-31	10-33	10-34	8-36
	9	16-31	15-32	13-34	12-35	11-36	10-38
	10	18-33	17-35	16-36	14-37	13-38	12-40
22	0	•-5	•-6	•-7	•-9	•-10	•-12
	1	•-8	•-9	•-11	•-12	•-13	•-16
	2	•-11	•-13	•-14	•-16	•-17	•-19
	3	3-14	•-16	•-17	•-19	•-20	•-22
	4	5-17	4-18	4-20	•-21	•-23	•-25
	5	7-19	6-21	5-22	5-24	•-25	•-27
	6	9-22	8-24	7-25	6-27	6-28	•-30
	7	11-25	10-26	9-28	8-29	7-30	7-32
	8	13-27	12-29	11-30	10-32	9-33	8-35
	9	15-29	14-31	13-32	12-34	11-35	10-37
	10	17-32	16-33	15-35	14-36	13-37	11-39
	11	20-34	18-36	17-37	16-38	15-39	13-41
23	0	•-4	•-6	•-7	•-8	•-9	•-11
	1	•-8	•-9	•-10	•-12	•-13	•-15
	2	•-11	•-12	•-13	•-15	•-16	•-18
	3	3-13	•-15	•-16	•-18	•-19	•-21
	4	5-16	4-18	•-19	•-20	•-22	•-24
	5	6-19	6-20	5-21	•-23	•-24	•-26
	6	8-21	7-23	7-24	6-26	6-27	•-29
	7	10-24	9-25	9-26	8-28	7-29	•-31
	8	12-26	11-27	10-29	9-30	9-31	8-33
	9	15-28	13-30	12-31	11-33	11-33	9-35
	10	17-31	15-32	14-33	13-35	12-36	11-37
	11	19-33	18-34	16-35	15-37	14-38	13-39
24	0	•-4	•-5	•-6	•-8	•-9	•-11
	1	•-7	•-9	•-10	•-11	•-12	•-14
	2	•-10	•-11	•-13	•-14	•-15	•-17
	3	3-13	•-14	•-15	•-17	•-18	•-20
	4	4-15	4-17	•-18	•-20	•-21	•-23
	5	6-18	5-19	5-21	•-22	•-23	•-25
	6	8-20	7-22	7-23	6-25	•-26	•-28
	7	10-23	9-24	8-25	7-27	7-28	•-30
	8	12-25	11-26	10-28	9-29	9-30	8-32
	9	14-27	13-29	12-30	11-31	10-32	9-34
	10	16-29	15-31	14-32	13-33	12-34	11-36
	11	18-32	17-33	16-34	15-35	14-36	12-38
	12	20-34	19-35	18-36	17-37	16-38	14-40
25	0	•-4	•-5	•-6	•-7	•-8	•-10
	1	•-7	•-8	•-9	•-11	•-12	•-14

Signifikanzschranken für den Vierfeldertest*

x_1	N_1-x_1	N_1
x_2	N_2-x_2	N_2
X	$N-X$	N

$$\left\{\begin{array}{l} N=N_1+N_2 \\ X=x_1+x_2 \\ N_1\leqq N_2 \\ x_1\leqq N_1-x_1 \end{array}\right\}$$

Anleitung siehe S.123

$N = 54$ (Fortsetzung)

N_1	x_1	2α = 0,20	2α = 0,10	2α = 0,05	2α = 0,02	2α = 0,01	2α = 0,002
	2	•–10	•–11	•–12	•–14	•–15	•–17
	3	3–12	•–14	•–15	•–16	•–17	•–19
	4	4–15	4–16	•–17	•–19	•–20	•–22
	5	6–17	5–18	5–20	•–21	•–22	•–24
	6	8–19	7–21	6–22	6–24	•–25	•–27
	7	10–22	9–23	8–24	7–26	7–27	•–29
	8	11–24	10–25	10–27	9–28	8–29	•–31
	9	13–26	12–28	11–29	11–30	10–31	9–33
	10	15–28	14–30	13–31	12–32	12–33	10–35
	11	17–30	16–32	15–33	14–34	13–35	12–37
	12	19–32	18–34	17–35	16–36	15–37	14–38
26	0	•– 4	•– 5	•– 6	•– 7	•– 8	•–10
	1	•– 7	•– 8	•– 9	•–10	•–11	•–13
	2	•– 9	•–11	•–12	•–13	•–14	•–16
	3	•–12	•–13	•–14	•–16	•–17	•–19
	4	4–14	4–15	•–17	•–18	•–19	•–21
	5	6–16	5–18	5–19	•–20	•–21	•–23
	6	7–19	7–20	6–21	6–23	•–24	•–26
	7	9–21	8–22	8–23	7–25	7–26	•–28
	8	11–23	10–24	9–26	9–27	8–28	•–30
	9	13–25	12–26	11–28	10–29	10–30	9–32
	10	15–27	14–29	13–30	12–31	11–32	10–34
	11	17–29	16–31	15–32	14–33	13–34	12–35
	12	19–31	17–33	16–34	15–35	15–36	13–37
	13	21–33	19–35	18–36	17–37	16–38	15–39
27	0	•– 4	•– 5	•– 6	•– 7	•– 8	•– 9
	1	•– 6	•– 8	•– 9	•–10	•–11	•–13
	2	•– 9	•–10	•–11	•–12	•–13	•–15
	3	•–11	•–12	•–14	•–15	•–16	•–18
	4	4–14	•–15	•–16	•–17	•–18	•–20
	5	6–16	5–17	•–18	•–20	•–21	•–22
	6	7–18	6–19	6–20	•–22	•–23	•–25
	7	9–20	8–21	7–23	7–24	•–25	•–27
	8	11–22	10–23	9–25	8–26	8–27	•–29
	9	12–24	12–26	11–27	10–28	9–29	9–31
	10	14–26	13–28	12–29	12–30	11–31	10–32
	11	16–28	15–30	14–31	13–32	13–33	11–34
	12	18–30	17–31	16–33	15–34	14–35	13–36
	13	20–32	19–33	18–34	17–36	16–36	15–38

$N = 56$

N_1	x_1	2α = 0,20	2α = 0,10	2α = 0,05	2α = 0,02	2α = 0,01	2α = 0,002
4	0	•–24	•–29	•–33	•–38	•–40	•–45
	1	1–38	•–42	•–45	•–48	•–49	•–52
	2	8–48	5–51	4–52	2–54	2–54	–
5	0	•–20	•–25	•–29	•–33	•–36	•–41
	1	1–33	•–36	•–40	•–43	•–45	•–48
	2	6–42	4–45	3–48	2–50	•–51	•–53
6	0	•–18	•–21	•–25	•–29	•–32	•–37
	1	•–28	•–32	•–35	•–39	•–41	•–45
	2	5–37	3–40	2–43	2–46	•–47	•–50
	3	11–45	9–47	7–49	5–51	4–52	3–53
7	0	•–15	•–19	•–22	•–26	•–29	•–34
	1	•–25	•–29	•–32	•–35	•–37	•–41
	2	4–33	3–36	2–39	•–42	•–44	•–47
	3	10–40	7–43	6–45	4–47	4–49	•–51
8	0	•–14	•–17	•–20	•–23	•–26	•–31
	1	•–22	•–26	•–29	•–32	•–34	•–38
	2	4–30	2–33	2–36	•–39	•–40	•–44
	3	8–36	6–39	5–42	4–44	3–45	•–48
	4	14–42	11–45	9–47	7–49	6–50	5–51
9	0	•–12	•–15	•–18	•–21	•–24	•–28
	1	•–20	•–23	•–26	•–29	•–31	•–35
	2	3–27	2–30	2–33	•–36	•–37	•–41
	3	7–33	6–36	4–38	3–41	3–42	•–45
	4	12–39	10–41	8–43	7–45	6–47	4–49
10	0	•–11	•–14	•–16	•–19	•–22	•–26
	1	•–18	•–21	•–24	•–27	•–29	•–33
	2	3–25	2–28	•–30	•–33	•–35	•–38
	3	7–30	5–33	4–36	3–38	3–40	•–43
	4	11–36	9–38	7–40	6–43	5–44	4–47
	5	15–41	13–43	11–45	9–47	8–48	6–50
11	0	•–10	•–13	•–15	•–18	•–20	•–24
	1	•–17	•–20	•–22	•–25	•–27	•–31
	2	3–23	2–25	•–28	•–31	•–32	•–36
	3	6–28	5–31	4–33	3–36	•–37	•–40
	4	10–33	8–36	7–38	5–40	5–41	4–44
	5	14–38	12–40	10–42	9–44	8–45	6–47
12	0	•– 9	•–12	•–14	•–17	•–18	•–22
	1	•–15	•–18	•–20	•–23	•–25	•–29
	2	2–21	2–24	•–26	•–29	•–30	•–34
	3	5–26	4–29	3–31	3–33	•–35	•–38
	4	9–31	7–33	6–35	5–38	4–39	•–42
	5	13–35	11–37	9–39	8–41	7–43	5–45
	6	17–39	14–42	13–43	11–45	10–46	8–48
13	0	•– 9	•–11	•–13	•–15	•–17	•–21
	1	•–14	•–17	•–19	•–22	•–23	•–27
	2	2–19	•–22	•–24	•–27	•–28	•–32
	3	5–24	4–27	3–29	•–31	•–33	•–36
	4	8–29	7–31	6–33	5–35	4–37	•–40
	5	12–33	10–35	9–37	7–39	6–41	5–43
	6	15–37	13–39	12–41	10–43	9–44	7–46
14	0	•– 8	•–10	•–12	•–14	•–16	•–20
	1	•–13	•–16	•–18	•–20	•–22	•–25
	2	2–18	•–20	•–23	•–25	•–27	•–30
	3	5–23	4–25	3–27	•–29	•–31	•–34
	4	8–27	6–29	5–31	4–33	4–35	•–38

$N = 56$ (Fortsetzung)

N_1	x_1	2α = 0,20	2α = 0,10	2α = 0,05	2α = 0,02	2α = 0,01	2α = 0,002
	5	11–31	9–33	8–35	7–37	6–38	5–41
	6	14–35	12–37	11–39	9–40	9–42	7–44
	7	18–38	16–40	14–42	12–44	11–45	9–47
15	0	•– 7	•– 9	•–11	•–13	•–15	•–18
	1	•–12	•–15	•–17	•–19	•–21	•–24
	2	2–17	•–19	•–21	•–24	•–25	•–28
	3	4–21	3–23	3–25	•–28	•–29	•–32
	4	7–25	6–27	5–29	4–32	4–33	•–36
	5	10–29	9–31	7–33	6–35	6–36	5–39
	6	13–33	11–35	10–37	9–38	8–40	7–42
	7	16–36	15–38	13–40	12–42	11–43	9–45
16	0	•– 7	•– 9	•–10	•–13	•–14	•–17
	1	•–12	•–14	•–16	•–18	•–19	•–23
	2	2–16	•–18	•–20	•–22	•–24	•–27
	3	4–20	3–22	3–24	•–26	•–28	•–31
	4	7–24	6–26	5–28	4–30	4–31	•–34
	5	9–27	8–29	7–31	6–33	5–35	•–37
	6	12–31	11–33	10–35	8–37	8–38	6–40
	7	15–34	14–36	12–38	11–40	10–41	8–43
	8	19–37	17–39	15–41	14–42	12–44	11–45
17	0	•– 7	•– 8	•–10	•–12	•–13	•–16
	1	•–11	•–13	•–15	•–17	•–18	•–21
	2	2–15	•–17	•–19	•–21	•–22	•–25
	3	4–19	3–21	3–23	•–25	•–26	•–29
	4	6–22	5–24	4–26	4–28	•–30	•–33
	5	9–26	8–28	7–30	6–32	5–33	•–36
	6	12–29	10–31	9–33	8–35	7–36	6–38
	7	14–32	13–34	12–36	10–38	9–39	8–41
	8	17–36	16–37	14–39	13–41	12–42	10–44
18	0	•– 6	•– 8	•– 9	•–11	•–12	•–15
	1	•–10	•–12	•–14	•–16	•–17	•–20
	2	2–14	•–16	•–18	•–20	•–21	•–24
	3	4–18	3–20	•–21	•–24	•–25	•–28
	4	6–21	5–23	4–25	4–27	•–28	•–31
	5	8–24	7–26	6–28	5–30	5–31	•–34
	6	11–28	10–30	9–31	7–33	7–34	6–37
	7	14–31	12–33	11–34	10–36	9–37	8–39
	8	16–34	15–36	13–37	12–39	11–40	10–42
	9	19–37	18–38	16–40	15–41	14–42	12–44
19	0	•– 6	•– 7	•– 9	•–10	•–12	•–15
	1	•–10	•–12	•–13	•–15	•–16	•–19
	2	•–13	•–15	•–17	•–19	•–20	•–23
	3	3–17	3–19	•–20	•–22	•–24	•–26
	4	6–20	5–22	4–24	•–26	•–27	•–30
	5	8–23	7–25	6–27	5–29	5–30	•–33
	6	10–26	9–28	8–30	7–32	7–33	6–35
	7	13–29	12–31	10–33	9–34	9–36	7–38
	8	16–32	14–34	13–36	11–37	11–38	9–40
	9	18–35	17–37	15–38	14–40	13–41	11–43
20	0	•– 5	•– 7	•– 8	•–10	•–11	•–14
	1	•– 9	•–11	•–12	•–14	•–16	•–18
	2	•–13	•–14	•–16	•–18	•–19	•–22
	3	3–16	3–18	•–19	•–21	•–23	•–25
	4	5–19	5–21	4–23	•–24	•–26	•–28
	5	8–22	7–24	6–26	5–27	5–29	•–31
	6	10–25	9–27	8–28	7–30	6–31	•–34
	7	12–28	11–30	10–31	9–33	8–34	7–36
	8	15–31	13–32	12–34	11–36	10–37	9–39
	9	17–33	16–35	14–37	13–38	12–39	11–41
	10	20–36	18–38	17–39	15–41	15–41	13–43
21	0	•– 5	•– 6	•– 8	•– 9	•–11	•–13
	1	•– 9	•–10	•–12	•–14	•–15	•–17
	2	•–12	•–14	•–15	•–17	•–18	•–21
	3	3–15	3–17	•–18	•–20	•–22	•–24
	4	5–18	4–20	4–22	•–23	•–25	•–27
	5	7–21	6–23	6–24	5–26	•–27	•–30
	6	9–24	8–26	7–27	7–29	6–30	•–32
	7	12–27	10–28	9–30	8–32	8–33	7–35
	8	14–29	13–31	12–33	10–34	10–35	9–37
	9	16–32	15–34	14–35	13–37	12–38	10–40
	10	19–35	17–36	16–38	15–39	14–40	12–42
22	0	•– 5	•– 6	•– 7	•– 9	•–10	•–12
	1	•– 8	•–10	•–11	•–13	•–14	•–17
	2	•–12	•–13	•–15	•–16	•–17	•–20
	3	3–15	•–16	•–18	•–19	•–21	•–23
	4	5–17	4–19	4–21	•–22	•–24	•–26
	5	7–20	6–22	5–23	5–25	•–26	•–29
	6	9–23	8–25	7–26	6–28	6–29	•–31
	7	11–26	10–27	9–29	8–30	8–31	7–34
	8	13–28	12–30	11–31	10–33	9–34	8–36
	9	16–31	14–32	13–34	12–35	11–36	10–38
	10	18–33	16–35	15–37	14–37	13–38	12–40
	11	20–36	19–37	18–38	16–40	15–41	14–42
23	0	•– 5	•– 6	•– 7	•– 8	•–10	•–12
	1	•– 8	•– 9	•–11	•–12	•–13	•–16
	2	•–11	•–13	•–14	•–16	•–17	•–19
	3	3–14	•–15	•–17	•–19	•–20	•–22
	4	5–17	4–18	4–20	•–21	•–23	•–25
	5	7–19	6–21	5–22	5–24	•–25	•–28
	6	9–22	8–24	7–25	6–27	6–28	•–30
	7	11–24	10–26	9–27	8–29	7–30	•–32
	8	13–27	12–29	11–30	10–32	9–33	8–35
	9	15–29	14–31	13–32	12–34	11–35	10–37
	10	17–32	16–33	15–35	14–36	13–37	11–39
	11	20–34	18–36	17–37	16–38	15–39	13–41
24	0	•– 4	•– 6	•– 7	•– 8	•– 9	•–11
	1	•– 8	•– 9	•–10	•–12	•–13	•–15
	2	•–11	•–12	•–13	•–15	•–16	•–18

$N = 56$ (Fortsetzung)

N_1	x_1	2α = 0,20	2α = 0,10	2α = 0,05	2α = 0,02	2α = 0,01	2α = 0,002
	3	3–13	•–15	•–16	•–18	•–19	•–21
	4	4–16	4–17	•–19	•–20	•–22	•–24
	5	6–18	6–20	5–21	•–23	•–24	•–26
	6	8–21	7–23	7–24	6–26	6–27	•–29
	7	10–23	9–25	8–26	8–28	7–29	•–31
	8	12–26	11–27	10–29	9–30	9–31	8–33
	9	14–28	13–30	12–31	11–33	11–34	9–35
	10	17–31	15–32	14–33	13–35	12–36	11–38
	11	19–33	17–34	16–36	15–37	14–38	13–40
	12	21–35	20–36	18–38	17–39	16–40	15–41
25	0	•– 4	•– 5	•– 6	•– 8	•– 9	•–11
	1	•– 7	•– 9	•–10	•–11	•–12	•–14
	2	•–10	•–11	•–13	•–14	•–15	•–17
	3	3–13	•–14	•–15	•–17	•–18	•–20
	4	4–15	4–17	•–18	•–20	•–21	•–23
	5	6–18	5–19	5–21	•–22	•–23	•–25
	6	8–20	7–22	6–23	6–25	•–26	•–28
	7	10–23	9–24	8–25	7–27	7–28	•–30
	8	12–25	11–26	10–28	9–29	9–30	8–32
	9	14–27	13–29	12–30	11–31	10–32	9–34
	10	16–29	15–31	14–32	13–34	12–34	11–36
	11	18–32	17–33	16–34	14–36	14–36	12–38
	12	20–34	19–35	18–36	16–38	16–38	14–40
26	0	•– 4	•– 5	•– 6	•– 7	•– 8	•–10
	1	•– 7	•– 8	•– 9	•–11	•–12	•–14
	2	•–10	•–11	•–12	•–14	•–15	•–17
	3	3–12	•–14	•–15	•–16	•–17	•–19
	4	4–15	4–16	•–17	•–19	•–20	•–22
	5	6–17	5–18	5–20	•–21	•–22	•–24
	6	8–19	7–21	6–22	6–24	•–25	•–27
	7	10–22	9–23	8–24	7–26	7–27	•–29
	8	11–24	10–25	10–27	9–28	8–29	•–31
	9	13–26	12–28	11–29	10–30	10–31	9–33
	10	15–28	14–30	13–31	12–32	12–33	10–35
	11	17–30	16–32	15–33	14–34	13–35	12–37
	12	19–33	18–34	17–35	16–36	15–37	14–39
	13	21–35	20–36	19–37	18–38	17–39	15–41
27	0	•– 4	•– 5	•– 6	•– 7	•– 8	•–10
	1	•– 7	•– 8	•– 9	•–10	•–11	•–13
	2	•– 9	•–11	•–12	•–13	•–14	•–16
	3	•–12	•–13	•–14	•–16	•–17	•–19
	4	4–14	4–15	•–17	•–18	•–19	•–21
	5	6–16	5–18	5–19	•–20	•–21	•–24
	6	7–19	7–20	6–21	6–23	•–24	•–26
	7	9–21	8–22	8–23	7–25	7–26	•–28
	8	11–23	10–24	9–26	9–27	8–28	•–30
	9	13–25	12–27	11–28	10–29	10–30	9–32
	10	15–27	14–29	13–30	12–31	11–32	10–34
	11	17–29	16–31	15–32	14–33	13–34	12–36
	12	19–31	17–33	16–34	15–35	15–36	13–38
	13	21–33	19–35	18–36	17–37	16–38	15–39
28	0	•– 4	•– 5	•– 6	•– 7	•– 8	•– 9
	1	•– 6	•– 8	•– 9	•–10	•–11	•–13
	2	•– 9	•–10	•–11	•–13	•–13	•–15
	3	•–11	•–13	•–14	•–15	•–16	•–18
	4	4–14	•–15	•–16	•–17	•–18	•–20
	5	6–16	5–17	•–18	•–20	•–21	•–23
	6	7–18	6–19	6–20	•–22	•–23	•–25
	7	9–20	8–21	7–23	7–24	•–25	•–27
	8	11–22	10–24	9–25	8–26	8–27	•–29
	9	12–24	11–26	11–27	10–28	9–29	9–31
	10	14–26	13–28	12–29	11–30	11–31	10–33
	11	16–28	15–30	14–31	13–32	13–33	11–35
	12	18–30	17–32	16–33	15–34	14–35	13–36
	13	20–32	19–34	18–35	17–36	16–37	15–38
	14	22–34	21–35	20–36	18–38	18–38	16–40

$N = 58$

N_1	x_1	2α = 0,20	2α = 0,10	2α = 0,05	2α = 0,02	2α = 0,01	2α = 0,002
4	0	•–25	•–30	•–35	•–39	•–42	•–47
	1	1–39	•–43	•–47	•–49	•–51	•–54
	2	8–50	6–52	4–54	2–56	2–56	–
5	0	•–21	•–26	•–30	•–34	•–37	•–42
	1	1–34	•–38	•–41	•–45	•–47	•–50
	2	6–44	4–47	3–49	2–52	•–53	•–55
6	0	•–18	•–22	•–26	•–30	•–33	•–38
	1	•–29	•–33	•–37	•–40	•–42	•–46
	2	5–38	4–42	2–45	2–47	•–49	•–52
	3	12–46	9–49	7–51	5–53	4–54	3–55
7	0	•–16	•–20	•–23	•–27	•–30	•–35
	1	•–26	•–30	•–33	•–36	•–39	•–43
	2	4–34	3–38	2–40	•–43	•–45	•–48
	3	10–42	8–45	6–47	4–49	4–50	•–53
8	0	•–14	•–17	•–21	•–24	•–27	•–32
	1	•–23	•–27	•–30	•–33	•–35	•–40
	2	4–31	3–34	2–37	•–40	•–42	•–45
	3	9–38	7–41	5–43	4–46	3–47	•–50
	4	14–44	12–46	10–48	8–50	7–51	5–53
9	0	•–13	•–16	•–19	•–22	•–24	•–29
	1	•–21	•–24	•–27	•–30	•–32	•–37
	2	3–28	2–31	2–34	•–37	•–39	•–42
	3	8–34	6–37	5–40	4–42	3–44	•–47
	4	12–40	10–43	8–45	7–47	6–48	4–51
10	0	•–11	•–14	•–17	•–20	•–22	•–27
	1	•–19	•–22	•–25	•–28	•–30	•–34
	2	3–26	2–29	•–31	•–34	•–36	•–40
	3	7–31	5–34	4–37	3–39	3–41	•–44
	4	11–37	9–40	8–42	6–44	5–46	4–48

x_1	$N_1 - x_1$	N_1
x_2	$N_2 - x_2$	N_2
X	$N - X$	N

$$\left.\begin{matrix} N = N_1 + N_2 \\ X = x_1 + x_2 \\ N_1 \leqq N_2 \\ x_1 \leqq N_1 - x_1 \end{matrix}\right\}$$

Anleitung siehe S. 123

N_1	x_1	$2\alpha=$ 0,20	$2\alpha=$ 0,10	$2\alpha=$ 0,05	$2\alpha=$ 0,02	$2\alpha=$ 0,01	$2\alpha=$ 0,002
		$N = 58$ (Fortsetzung)					
	5	16–42	13–45	12–46	10–48	9–49	7–51
11	0	•–10	•–13	•–16	•–19	•–21	•–25
	1	•–17	•–20	•–23	•–26	•–28	•–32
	2	3–23	2–26	•–29	•–32	•–34	•–37
	3	6–29	5–32	4–34	3–37	•–39	•–42
	4	10–34	8–37	7–39	6–41	5–43	4–46
	5	14–39	12–42	10–44	9–46	8–47	6–49
12	0	•–10	•–12	•–14	•–17	•–19	•–23
	1	•–16	•–19	•–21	•–24	•–26	•–30
	2	2–22	2–24	•–27	•–30	•–31	•–35
	3	6–27	4–30	3–32	3–35	•–36	•–40
	4	9–32	8–34	6–37	5–39	4–41	•–43
	5	13–36	11–39	10–41	8–43	7–44	6–47
	6	17–41	15–43	13–45	11–47	10–48	8–50
13	0	•– 9	•–11	•–13	•–16	•–18	•–22
	1	•–15	•–17	•–20	•–22	•–24	•–28
	2	2–20	2–23	•–25	•–28	•–29	•–33
	3	5–25	4–28	3–30	3–32	•–34	•–37
	4	8–30	7–32	6–34	5–37	4–38	•–41
	5	12–34	10–36	9–38	7–41	7–42	5–45
	6	16–38	14–40	12–42	10–44	9–45	8–48
14	0	•– 8	•–10	•–12	•–15	•–17	•–20
	1	•–14	•–16	•–18	•–21	•–23	•–26
	2	2–19	•–21	•–23	•–26	•–28	•–31
	3	5–23	4–26	3–28	•–31	•–32	•–35
	4	8–28	6–30	5–32	4–35	4–36	•–39
	5	11–32	9–34	8–36	7–38	6–40	5–43
	6	15–36	13–38	11–40	10–42	9–43	7–46
	7	18–40	16–42	15–43	13–45	12–46	10–48
15	0	•– 8	•–10	•–12	•–14	•–16	•–19
	1	•–13	•–15	•–17	•–20	•–21	•–25
	2	2–18	•–20	•–22	•–24	•–26	•–30
	3	4–22	4–24	3–26	•–29	•–30	•–34
	4	7–26	6–28	5–30	4–33	4–34	•–37
	5	10–30	9–32	8–34	7–36	6–38	5–41
	6	14–34	12–36	10–38	9–40	8–41	7–44
	7	17–37	15–40	14–41	12–43	11–44	9–46
16	0	•– 7	•– 9	•–11	•–13	•–15	•–18
	1	•–12	•–14	•–16	•–18	•–20	•–23
	2	2–17	•–19	•–21	•–23	•–25	•–28
	3	4–21	3–23	3–25	•–27	•–29	•–32
	4	7–25	6–27	5–29	4–31	4–33	•–35
	5	10–28	8–31	7–32	6–35	6–36	5–39
	6	13–32	11–34	10–36	9–38	8–39	6–42
	7	16–35	14–38	13–39	11–41	10–42	9–45
	8	19–39	17–41	16–42	14–44	13–45	11–47
17	0	•– 7	•– 8	•–10	•–12	•–14	•–17
	1	•–11	•–13	•–15	•–17	•–19	•–22
	2	2–16	•–18	•–20	•–22	•–23	•–27
	3	4–19	3–22	3–24	•–26	•–27	•–30
	4	6–23	5–25	5–27	4–29	•–31	•–34
	5	9–27	8–29	7–31	6–33	5–34	•–37
	6	12–30	10–32	9–34	8–36	7–37	6–40
	7	15–34	13–36	12–37	11–39	10–40	8–43
	8	18–37	16–39	15–40	13–42	12–43	10–45
18	0	•– 6	•– 8	•–10	•–12	•–13	•–16
	1	•–11	•–13	•–14	•–16	•–18	•–21
	2	2–15	•–17	•–19	•–21	•–22	•–25
	3	4–18	3–20	•–22	•–24	•–26	•–29
	4	6–22	5–24	4–26	4–28	•–29	•–32
	5	9–25	7–27	7–29	6–31	5–33	•–35
	6	11–29	10–31	9–32	8–34	7–36	6–38
	7	14–32	13–34	11–36	10–37	9–39	8–41
	8	17–35	15–37	14–39	12–40	11–41	10–44
	9	20–38	18–40	17–41	15–43	14–44	12–46
19	0	•– 6	•– 8	•– 9	•–11	•–12	•–15
	1	•–10	•–12	•–14	•–16	•–17	•–20
	2	•–14	•–16	•–18	•–20	•–21	•–24
	3	4–17	3–19	•–21	•–23	•–25	•–28
	4	6–21	5–23	4–25	4–27	•–28	•–31
	5	8–24	7–26	6–28	5–30	5–31	•–34
	6	11–27	9–29	8–31	7–33	7–34	6–37
	7	13–30	12–32	11–34	10–36	9–37	7–39
	8	16–33	14–35	13–37	12–39	11–40	9–42
	9	19–36	17–38	16–40	14–41	13–42	11–44
20	0	•– 6	•– 7	•– 9	•–10	•–12	•–14
	1	•–10	•–11	•–13	•–15	•–16	•–19
	2	•–13	•–15	•–17	•–19	•–20	•–23
	3	3–17	3–18	•–20	•–22	•–24	•–26
	4	6–20	5–22	4–23	•–25	•–27	•–29
	5	8–23	7–25	6–27	5–29	5–30	•–32
	6	10–26	9–28	8–30	7–31	6–33	6–35
	7	13–29	11–31	10–32	9–34	8–35	7–38
	8	15–32	14–34	13–35	11–37	10–38	9–40
	9	18–35	16–36	15–38	14–40	13–41	11–43
	10	21–37	19–39	17–41	16–42	15–43	13–45
21	0	•– 5	•– 7	•– 8	•–10	•–11	•–14
	1	•– 9	•–11	•–12	•–14	•–15	•–18
	2	•–13	•–14	•–16	•–18	•–19	•–22
	3	3–16	3–18	•–19	•–21	•–22	•–25
	4	5–19	4–21	4–22	•–24	•–26	•–28
	5	7–22	6–24	6–25	5–27	5–29	•–31
	6	10–25	9–27	8–28	7–30	6–31	•–34
	7	12–28	11–30	10–31	9–33	8–34	7–36
	8	15–30	13–32	12–34	11–35	10–37	9–39
	9	17–33	15–35	14–36	13–38	12–39	11–41
	10	20–36	18–38	17–39	15–40	14–41	13–43

N_1	x_1	$2\alpha=$ 0,20	$2\alpha=$ 0,10	$2\alpha=$ 0,05	$2\alpha=$ 0,02	$2\alpha=$ 0,01	$2\alpha=$ 0,002
		$N = 58$ (Fortsetzung)					
22	0	•– 5	•– 6	•– 8	•– 9	•–10	•–13
	1	•– 9	•–10	•–12	•–13	•–15	•–17
	2	•–12	•–14	•–15	•–17	•–18	•–21
	3	3–15	3–17	•–18	•–20	•–21	•–24
	4	5–18	4–20	4–21	•–23	•–24	•–27
	5	7–21	6–23	5–24	5–26	•–27	•–30
	6	9–24	8–26	7–27	7–29	6–30	•–32
	7	12–26	10–28	9–30	8–32	8–33	7–35
	8	14–29	13–31	11–32	10–34	10–35	8–37
	9	16–32	15–33	14–35	12–37	12–38	10–40
	10	19–34	17–36	16–37	15–39	14–40	12–42
	11	21–37	20–38	18–40	17–41	16–42	14–44
23	0	•– 5	•– 6	•– 7	•– 9	•–10	•–12
	1	•– 8	•–10	•–11	•–13	•–14	•–16
	2	•–11	•–13	•–14	•–16	•–17	•–20
	3	3–14	•–16	•–18	•–19	•–21	•–23
	4	5–17	4–19	4–20	•–22	•–23	•–26
	5	7–20	6–22	5–23	5–25	•–26	•–29
	6	9–23	8–24	7–26	6–28	6–29	•–31
	7	11–25	10–27	9–29	8–30	8–31	7–34
	8	13–28	12–30	11–31	10–33	9–34	8–36
	9	16–30	14–32	13–34	12–35	11–36	10–38
	10	18–33	16–35	15–36	14–37	13–38	12–40
	11	20–35	19–37	17–38	16–40	15–41	14–42
24	0	•– 5	•– 6	•– 7	•– 8	•– 9	•–12
	1	•– 8	•– 9	•–11	•–12	•–13	•–16
	2	•–11	•–12	•–14	•–15	•–17	•–19
	3	3–14	•–15	•–17	•–18	•–20	•–22
	4	5–17	4–18	•–20	•–21	•–22	•–25
	5	7–19	6–21	5–22	5–24	•–25	•–28
	6	9–22	8–23	7–25	6–27	6–28	•–30
	7	11–24	10–26	9–27	8–29	7–30	•–32
	8	13–27	12–28	11–30	10–32	9–33	8–35
	9	15–29	14–31	13–32	11–34	11–35	10–37
	10	17–32	16–33	15–35	13–36	13–37	11–39
	11	19–34	18–36	17–37	15–38	15–39	13–41
	12	22–36	20–38	19–39	18–40	17–41	15–43
25	0	•– 4	•– 6	•– 7	•– 8	•– 9	•–11
	1	•– 8	•– 9	•–10	•–12	•–13	•–15
	2	•–11	•–12	•–13	•–15	•–16	•–18
	3	3–13	•–15	•–16	•–18	•–19	•–21
	4	4–16	4–17	•–19	•–20	•–22	•–24
	5	6–18	6–20	5–21	•–23	•–24	•–26
	6	8–21	7–23	7–24	6–26	6–27	•–29
	7	10–23	9–25	8–26	8–28	7–29	•–31
	8	12–26	11–27	10–29	9–30	9–31	8–33
	9	14–28	13–30	12–31	11–33	10–34	9–36
	10	16–30	15–32	14–33	13–35	12–36	11–38
	11	19–33	17–34	16–36	15–37	14–38	13–40
	12	21–35	19–36	18–38	17–39	16–40	14–42
26	0	•– 4	•– 5	•– 6	•– 8	•– 9	•–11
	1	•– 7	•– 9	•–10	•–11	•–12	•–14
	2	•–10	•–11	•–13	•–14	•–15	•–18
	3	3–13	•–14	•–15	•–17	•–18	•–20
	4	4–15	4–17	•–18	•–20	•–21	•–23
	5	6–18	5–19	5–21	•–22	•–23	•–25
	6	8–20	7–22	6–23	6–25	•–26	•–28
	7	10–22	9–24	8–25	7–27	7–28	•–30
	8	12–25	11–26	10–28	9–29	9–30	8–32
	9	14–27	13–29	12–30	11–31	10–32	9–34
	10	16–29	15–31	14–32	13–34	12–35	11–36
	11	18–32	17–33	16–34	14–36	14–37	12–38
	12	20–34	19–35	18–36	16–38	15–39	14–40
	13	22–36	21–37	20–38	18–40	17–41	16–42
27	0	•– 4	•– 5	•– 6	•– 7	•– 8	•–10
	1	•– 7	•– 8	•– 9	•–11	•–12	•–14
	2	•–10	•–11	•–12	•–14	•–15	•–17
	3	3–12	•–14	•–15	•–16	•–17	•–20
	4	4–15	4–16	•–17	•–19	•–20	•–22
	5	6–17	5–18	5–20	•–21	•–22	•–25
	6	8–19	7–21	6–22	6–24	•–25	•–27
	7	10–22	9–23	8–24	7–26	7–27	•–29
	8	11–24	10–25	10–27	9–28	8–29	•–31
	9	13–26	12–28	11–29	10–30	10–31	9–33
	10	15–28	14–30	13–31	12–32	12–33	10–35
	11	17–30	16–32	15–33	14–35	13–35	12–37
	12	19–33	18–34	17–35	16–37	15–37	14–39
	13	21–35	20–36	19–37	18–38	17–39	15–41
28	0	•– 4	•– 5	•– 6	•– 7	•– 8	•–10
	1	•– 7	•– 8	•– 9	•–10	•–11	•–13
	2	•– 9	•–11	•–12	•–13	•–14	•–16
	3	•–12	•–13	•–14	•–16	•–17	•–19
	4	4–14	4–15	•–17	•–18	•–19	•–21
	5	6–16	5–18	5–19	•–21	•–22	•–24
	6	7–19	7–20	6–21	6–23	•–24	•–26
	7	9–21	8–22	8–24	7–25	7–26	•–28
	8	11–23	10–24	9–26	9–27	8–28	•–30
	9	13–25	12–27	11–28	10–29	10–30	9–32
	10	15–27	14–29	13–30	12–31	11–32	10–34
	11	17–29	15–31	15–32	13–33	13–34	12–36
	12	19–31	17–33	16–34	15–35	15–36	13–38
	13	21–33	19–35	18–36	17–37	16–38	15–40
	14	23–35	21–37	20–38	19–39	18–40	17–41
29	0	•– 4	•– 5	•– 6	•– 7	•– 8	•– 9
	1	•– 6	•– 8	•– 9	•–10	•–11	•–13
	2	•– 9	•–10	•–11	•–13	•–13	•–16
	3	•–11	•–13	•–14	•–15	•–16	•–18
	4	4–14	•–15	•–16	•–17	•–18	•–20
	5	6–16	5–17	•–18	•–20	•–21	•–23

N_1	x_1	$2\alpha=$ 0,20	$2\alpha=$ 0,10	$2\alpha=$ 0,05	$2\alpha=$ 0,02	$2\alpha=$ 0,01	$2\alpha=$ 0,002
		$N = 58$ (Fortsetzung)					
	6	7–18	6–19	6–21	•–22	•–23	•–25
	7	9–20	8–22	7–23	7–24	•–25	•–27
	8	11–22	10–24	9–25	8–26	8–27	•–29
	9	12–24	11–26	11–27	10–28	9–29	9–31
	10	14–26	13–28	12–29	11–30	11–31	10–33
	11	16–28	15–30	14–31	13–32	13–33	11–35
	12	18–30	17–32	16–33	15–34	14–35	13–37
	13	20–32	19–34	18–35	17–36	16–37	14–38
	14	22–34	20–36	19–37	18–38	18–39	16–40
		$N = 60$					
4	0	•–26	•–31	•–36	•–40	•–43	•–49
	1	1–41	•–45	•–48	•–51	•–53	•–56
	2	8–52	6–54	4–56	3–57	2–58	–
5	0	•–22	•–27	•–31	•–35	•–38	•–44
	1	1–35	•–39	•–43	•–46	•–48	•–52
	2	7–45	4–48	3–51	2–53	•–55	•–57
6	0	•–19	•–23	•–27	•–31	•–34	•–40
	1	•–30	•–34	•–38	•–42	•–44	•–48
	2	5–40	4–43	3–46	2–49	•–51	•–53
	3	12–48	9–51	7–53	5–55	4–56	3–57
7	0	•–16	•–20	•–24	•–28	•–31	•–36
	1	•–27	•–31	•–34	•–38	•–40	•–44
	2	5–35	3–39	2–42	•–45	•–47	•–50
	3	10–43	8–46	6–48	5–51	4–52	•–54
8	0	•–15	•–18	•–21	•–25	•–28	•–33
	1	•–24	•–28	•–31	•–34	•–37	•–41
	2	4–32	3–35	2–38	•–41	•–43	•–47
	3	9–39	7–42	5–45	4–47	3–49	•–52
	4	15–45	12–48	10–50	8–52	7–53	5–55
9	0	•–13	•–16	•–19	•–23	•–25	•–30
	1	•–22	•–25	•–28	•–31	•–34	•–38
	2	3–29	2–32	2–35	•–38	•–40	•–44
	3	8–36	6–39	5–41	4–44	3–46	•–49
	4	13–42	11–44	9–47	7–49	6–50	4–53
10	0	•–12	•–15	•–18	•–21	•–23	•–28
	1	•–20	•–23	•–26	•–29	•–31	•–35
	2	3–26	2–30	•–32	•–35	•–37	•–41
	3	7–33	5–36	4–38	3–41	3–43	•–46
	4	11–38	9–41	8–43	6–46	5–47	4–50
	5	16–44	14–46	12–48	10–50	9–51	7–53
11	0	•–11	•–14	•–16	•–19	•–21	•–26
	1	•–18	•–21	•–24	•–27	•–29	•–33
	2	3–24	2–27	•–30	•–33	•–35	•–39
	3	6–30	5–33	4–35	3–38	3–40	•–43
	4	10–35	9–38	7–40	6–43	5–45	4–47
	5	15–40	13–43	11–45	9–47	8–49	6–51
12	0	•–10	•–12	•–15	•–18	•–20	•–24
	1	•–17	•–19	•–22	•–25	•–27	•–31
	2	3–22	2–25	•–28	•–31	•–33	•–36
	3	6–28	5–31	4–33	3–36	•–38	•–41
	4	9–33	8–36	7–38	5–40	5–42	•–45
	5	13–38	11–40	10–42	8–45	7–46	6–49
	6	18–42	15–45	14–46	12–48	10–50	8–52
13	0	•– 9	•–12	•–14	•–17	•–18	•–23
	1	•–15	•–18	•–20	•–23	•–25	•–29
	2	2–21	2–24	•–26	•–29	•–31	•–34
	3	5–26	4–29	3–31	3–34	•–35	•–39
	4	9–31	7–33	6–36	5–38	4–40	•–43
	5	12–35	11–38	9–40	8–42	7–44	5–46
	6	16–40	14–42	13–44	11–46	10–47	8–49
14	0	•– 9	•–11	•–13	•–15	•–17	•–21
	1	•–14	•–17	•–19	•–22	•–24	•–27
	2	2–19	•–22	•–24	•–27	•–29	•–32
	3	5–24	4–27	3–29	•–32	•–33	•–37
	4	8–29	7–31	6–33	5–36	4–38	•–41
	5	11–33	10–35	8–38	7–40	6–41	5–44
	6	15–37	13–39	12–41	10–44	9–45	7–47
	7	19–41	17–43	15–45	13–47	12–48	10–50
15	0	•– 8	•–10	•–12	•–14	•–16	•–20
	1	•–13	•–16	•–18	•–20	•–22	•–26
	2	2–18	•–21	•–23	•–25	•–27	•–31
	3	5–23	4–25	3–27	•–30	•–32	•–35
	4	8–27	6–29	5–32	4–34	4–36	•–39
	5	11–31	9–33	8–36	7–38	6–39	5–42
	6	14–35	12–37	11–39	9–41	8–43	7–45
	7	18–39	16–41	14–43	12–45	11–46	9–48
16	0	•– 7	•– 9	•–11	•–14	•–15	•–19
	1	•–13	•–15	•–17	•–19	•–21	•–24
	2	2–17	•–19	•–21	•–24	•–26	•–29
	3	4–21	3–24	3–26	•–28	•–30	•–33
	4	7–25	6–28	5–30	4–32	4–34	•–37
	5	10–29	9–32	7–34	6–36	6–37	5–40
	6	13–33	11–35	10–37	9–39	8–41	7–43
	7	16–37	15–39	13–41	11–43	10–44	9–46
	8	20–40	18–42	16–44	14–46	13–47	11–49
17	0	•– 7	•– 9	•–11	•–13	•–14	•–18
	1	•–12	•–14	•–16	•–18	•–20	•–23
	2	2–16	•–18	•–20	•–23	•–24	•–28
	3	4–20	3–22	3–24	•–27	•–28	•–31
	4	7–24	6–26	5–28	4–31	4–32	•–35
	5	9–28	8–30	7–32	6–34	5–36	•–38
	6	12–31	11–34	10–35	8–37	8–39	6–41
	7	15–35	14–37	12–39	11–41	10–42	8–44
	8	19–38	17–40	15–42	13–44	12–45	11–47

Signifikanzschranken für den Vierfeldertest*

x_1	$N_1 - x_1$	N_1
x_2	$N_2 - x_2$	N_2
X	$N - X$	N

$N = N_1 + N_2$, $X = x_1 + x_2$, $N_1 \leqq N_2$, $x_1 \leqq N_1 - x_1$

Anleitung siehe unten

N_1	x_1	$2\alpha =$ 0,20	$2\alpha =$ 0,10	$2\alpha =$ 0,05	$2\alpha =$ 0,02	$2\alpha =$ 0,01	$2\alpha =$ 0,002
		$N = 60$ (Fortsetzung)					
18	0	•– 7	•– 8	•–10	•–12	•–13	•–17
	1	•–11	•–13	•–15	•–17	•–19	•–22
	2	2–15	•–17	•–19	•–21	•–23	•–26
	3	4–19	3–21	3–23	•–25	•–27	•–30
	4	6–23	5–25	4–27	4–29	•–31	•–33
	5	9–26	8–28	7–30	6–32	5–34	•–37
	6	12–30	10–32	9–34	8–36	7–37	6–40
	7	15–33	13–35	12–37	10–39	9–40	8–43
	8	18–36	16–38	14–40	13–42	12–43	10–45
	9	21–39	19–41	17–43	15–45	14–46	12–48
19	0	•– 6	•– 8	•– 9	•–11	•–13	•–16
	1	•–11	•–12	•–14	•–16	•–18	•–21
	2	2–14	•–16	•–18	•–20	•–22	•–25
	3	4–18	3–20	•–22	•–24	•–26	•–29
	4	6–22	5–24	4–26	4–28	•–29	•–32
	5	8–25	7–27	6–29	5–31	5–32	•–35
	6	11–28	10–30	9–32	8–34	7–35	6–38
	7	14–31	12–33	11–35	10–37	9–38	8–41
	8	17–35	15–37	14–38	12–40	11–41	10–43
	9	19–38	18–39	16–41	15–43	14–44	12–46
20	0	•– 6	•– 7	•– 9	•–11	•–12	•–15
	1	•–10	•–12	•–13	•–15	•–17	•–20
	2	•–14	•–16	•–17	•–19	•–21	•–24
	3	3–17	3–19	•–21	•–23	•–24	•–27
	4	6–21	5–23	4–24	4–26	•–28	•–31
	5	8–24	7–26	6–28	5–30	5–31	•–34
	6	11–27	9–29	8–31	7–33	7–34	6–37
	7	13–30	12–32	11–34	9–36	9–37	7–39
	8	16–33	14–35	13–37	12–38	11–40	9–42
	9	18–36	17–38	15–39	14–41	13–42	11–44
	10	21–39	19–41	18–42	16–44	15–45	13–47
21	0	•– 6	•– 7	•– 8	•–10	•–11	•–14
	1	•–10	•–11	•–13	•–15	•–16	•–19
	2	•–13	•–15	•–16	•–18	•–20	•–23
	3	3–16	3–18	•–20	•–22	•–23	•–26
	4	5–20	5–22	4–23	•–25	•–27	•–29
	5	8–23	7–25	6–26	5–28	5–30	•–32
	6	10–26	9–28	8–29	7–31	6–33	•–35
	7	12–29	11–31	10–32	9–34	8–35	7–38
	8	15–32	14–33	12–35	11–37	10–38	9–40
	9	18–34	16–36	15–38	13–39	12–41	11–43
	10	20–37	19–39	17–40	16–42	15–43	13–45
22	0	•– 5	•– 7	•– 8	•–10	•–11	•–14
	1	•– 9	•–11	•–12	•–14	•–15	•–18
	2	•–12	•–14	•–16	•–18	•–19	•–22
	3	3–16	3–17	•–19	•–21	•–22	•–25
	4	5–19	4–21	4–22	•–24	•–25	•–28
	5	7–22	6–24	6–25	5–27	5–28	•–31
	6	10–25	8–26	8–28	7–30	6–31	•–34
	7	12–27	11–29	10–31	9–33	8–34	7–36
	8	14–30	13–32	12–34	11–35	10–37	9–39
	9	17–33	15–35	14–36	13–38	12–39	10–41
	10	19–36	18–37	16–39	15–40	14–41	12–43
	11	22–38	20–40	19–41	17–43	16–44	14–46
23	0	•– 5	•– 6	•– 8	•– 9	•–10	•–13
	1	•– 9	•–10	•–12	•–13	•–15	•–17
	2	•–12	•–14	•–15	•–17	•–18	•–21
	3	3–15	•–17	•–18	•–20	•–21	•–24
	4	5–18	4–20	4–21	•–23	•–24	•–27
	5	7–21	6–23	5–24	5–26	•–27	•–30
	6	9–24	8–25	7–27	6–29	6–30	•–32
	7	11–26	10–28	9–30	8–31	8–33	7–35
	8	14–29	12–31	11–32	10–34	10–35	8–37
	9	16–32	15–33	13–35	12–36	11–38	10–40
	10	18–34	17–36	16–37	14–39	13–40	12–42
	11	21–37	19–38	18–40	17–41	16–42	14–44
24	0	•– 5	•– 6	•– 7	•– 9	•–10	•–12
	1	•– 8	•–10	•–11	•–13	•–14	•–16
	2	•–11	•–13	•–14	•–16	•–17	•–20
	3	3–14	•–16	•–17	•–19	•–20	•–23
	4	5–17	4–19	4–20	•–22	•–23	•–26
	5	7–20	6–22	5–23	5–25	•–26	•–29
	6	9–23	8–24	7–26	6–28	6–29	•–31
	7	11–25	10–27	9–28	8–30	7–31	7–34
	8	13–28	12–30	11–31	10–33	9–34	8–36
	9	15–30	14–32	13–33	12–35	11–36	10–38
	10	18–33	16–34	15–36	14–37	13–39	12–41
	11	20–35	18–37	17–38	16–40	15–41	13–43
	12	22–38	21–39	19–41	18–42	17–43	15–45
25	0	•– 5	•– 6	•– 7	•– 8	•– 9	•–12
	1	•– 8	•– 9	•–11	•–12	•–13	•–16
	2	•–11	•–12	•–14	•–15	•–17	•–19
	3	3–14	•–15	•–17	•–18	•–20	•–22
	4	5–16	4–18	•–20	•–21	•–22	•–25
	5	7–19	6–21	5–22	5–24	•–25	•–28
	6	8–22	8–23	7–25	6–27	6–28	•–30
	7	11–24	9–26	9–27	8–29	7–30	•–32
	8	13–27	11–28	11–30	10–31	9–33	8–35
	9	15–29	14–31	12–32	11–34	11–35	10–37
	10	17–32	16–33	14–35	13–36	13–37	11–39
	11	19–34	18–36	17–37	15–38	14–39	13–41
	12	21–36	20–38	19–39	17–41	16–41	15–43
26	0	•– 4	•– 6	•– 7	•– 8	•– 9	•–11
	1	•– 8	•– 9	•–10	•–12	•–13	•–15
	2	•–10	•–12	•–13	•–15	•–16	•–18
	3	3–13	•–15	•–16	•–18	•–19	•–21
	4	4–16	4–17	•–19	•–20	•–22	•–24
	5	6–18	6–20	5–21	•–23	•–24	•–27
	6	8–21	7–22	7–24	6–26	6–27	•–29
	7	10–23	9–25	8–26	8–28	7–29	•–31
	8	12–26	11–27	10–29	9–30	9–31	8–34
	9	14–28	13–30	12–31	11–33	10–34	9–36
	10	16–30	15–32	14–33	13–35	12–36	11–38
	11	18–33	17–34	16–36	15–37	14–38	13–40
	12	21–35	19–36	18–38	17–39	16–40	14–42
	13	23–37	21–39	20–40	19–41	18–42	16–44
27	0	•– 4	•– 5	•– 6	•– 8	•– 9	•–11
	1	•– 7	•– 9	•–10	•–11	•–12	•–14
	2	•–10	•–11	•–13	•–14	•–15	•–18
	3	3–13	•–14	•–15	•–17	•–18	•–20
	4	4–15	4–17	•–18	•–20	•–21	•–23
	5	6–18	5–19	5–21	•–22	•–23	•–26
	6	8–20	7–22	6–23	6–25	•–26	•–28
	7	10–22	9–24	8–25	7–27	7–28	•–30
	8	12–25	11–26	10–28	9–29	8–30	8–32
	9	14–27	13–29	12–30	11–32	10–33	9–35
	10	16–29	15–31	14–32	12–34	12–35	11–37
	11	18–32	16–33	15–34	14–36	14–37	12–39
	12	20–34	19–35	17–36	16–38	15–39	14–41
	13	22–36	21–37	19–39	18–40	17–41	16–42
28	0	•– 4	•– 5	•– 6	•– 7	•– 8	•–10
	1	•– 7	•– 8	•– 9	•–11	•–12	•–14
	2	•–10	•–11	•–12	•–14	•–15	•–17
	3	3–12	•–14	•–15	•–16	•–17	•–20
	4	4–15	4–16	•–17	•–19	•–20	•–22
	5	6–17	5–18	5–20	•–21	•–22	•–25
	6	8–19	7–21	6–22	6–24	•–25	•–27
	7	9–22	9–23	8–24	7–26	7–27	•–29
	8	11–24	10–25	10–27	9–28	8–29	•–31
	9	13–26	12–28	11–29	10–30	10–31	9–33
	10	15–28	14–30	13–31	12–33	11–34	10–35
	11	17–30	16–32	15–33	14–35	13–36	12–37
	12	19–33	18–34	17–35	16–37	15–38	14–39
	13	21–35	20–36	19–37	18–39	17–40	15–41
	14	23–37	22–38	21–39	19–41	19–41	17–43
29	0	•– 4	•– 5	•– 6	•– 7	•– 8	•–10
	1	•– 7	•– 8	•– 9	•–10	•–11	•–13
	2	•– 9	•–11	•–12	•–13	•–14	•–16
	3	•–12	•–13	•–14	•–16	•–17	•–19
	4	4–14	4–15	•–17	•–18	•–19	•–21
	5	6–16	5–18	5–19	•–21	•–22	•–24
	6	7–19	7–20	6–21	6–23	•–24	•–26
	7	9–21	8–22	8–24	7–25	7–26	•–28
	8	11–23	10–25	9–26	9–27	8–28	•–30
	9	13–25	12–27	11–28	10–29	10–30	9–32
	10	15–27	14–29	13–30	12–31	11–32	10–34
	11	17–29	15–31	14–32	13–34	13–34	12–36
	12	19–31	17–33	16–34	15–35	14–36	13–38
	13	20–34	19–35	18–36	17–37	16–38	15–40
	14	22–36	21–37	20–38	19–39	18–40	17–42
30	0	•– 4	•– 5	•– 6	•– 7	•– 8	•– 9
	1	•– 6	•– 8	•– 9	•–10	•–11	•–13
	2	•– 9	•–10	•–11	•–13	•–14	•–16
	3	•–11	•–13	•–14	•–15	•–16	•–18
	4	4–14	•–15	•–16	•–18	•–19	•–21
	5	6–16	5–17	•–18	•–20	•–21	•–23
	6	7–18	6–19	6–21	•–22	•–23	•–25
	7	9–20	8–22	7–23	7–24	•–25	•–27
	8	11–22	10–24	9–25	8–26	8–27	•–29
	9	12–24	11–26	11–27	10–28	9–29	9–31
	10	14–26	13–28	12–29	11–30	11–31	10–33
	11	16–28	15–30	14–31	13–32	12–33	11–35
	12	18–30	17–32	16–33	15–34	14–35	13–37
	13	20–32	19–34	18–35	16–36	16–37	14–39
	14	22–34	20–36	19–37	18–38	17–39	16–41
	15	24–36	22–38	21–39	20–40	19–41	18–42

Erläuterungen zu den Seiten 109–123

Irgendeine statistische Prüfung führe auf die Vierfeldertafel

x_1	$(N_1 - x_1)$	N_1
x_2	$(N_2 - x_2)$	N_2

die man in den Zeilen und Spalten so ordnet, daß $N_1 \leqq N_2$ und $x_1 \leqq (N_1 - x_1)$ sei.

Danach addiere man $N_1 + N_2 = N$ und $x_1 + x_2 = X$. Nun sucht man in der Tafel zuerst N, dann N_1, dann x_1 und findet daneben die der gewünschten Signifikanz entsprechenden Schranken X_l und X_r. Dann gilt, wenn $x_1/N_1 = p_1$ und $x_2/N_2 = p_2$:

Ist $X \leqq X_l$, so ist $\begin{cases} \text{Prob}\ (p_1 > p_2) \leqq \alpha \\ \text{Prob}\ (p_1 \neq p_2) \leqq 2\alpha \end{cases}$

Ist $X \geqq X_r$, so ist $\begin{cases} \text{Prob}\ (p_1 < p_2) \leqq \alpha \\ \text{Prob}\ (p_1 \neq p_2) \leqq 2\alpha \end{cases}$

Liegt X zwischen X_l und X_r, so läßt sich die Nullhypothese $p_1 = p_2$ nicht verwerfen.

Prob $[T_l < \boldsymbol{T} < T_r] \geq 1 - 2\alpha$. Erläuterungen siehe S. 193. Die *kursiv* gesetzten Schranken sind exakt berechnet[1], die andern approximiert[2]. Die **fett** gedruckten Schranken gelten für $N_1 = N_2$

$2\alpha = 0{,}10$ — jede Zelle: T_l–T_r

N_2 \ N_1	4	5	6	7	8	9	10	11	12	13	14	15	16	17	18	19	20	21	22	23	24	25
4	**11–25**	17–33	24–42	32–52	41–63	51–75	62–88	74–102	87–117	101–133	116–150	132–168	150–186	168–206	187–227	207–249	228–272	250–296	273–321	297–347	322–374	348–402
5	12–28	**19–36**	26–46	34–57	44–68	54–81	66–94	78–109	91–125	106–141	121–159	138–177	155–197	173–218	193–239	213–262	235–285	257–310	281–335	305–362	330–390	357–418
6	13–31	20–40	**28–50**	36–62	46–74	57–87	69–101	82–116	95–133	110–150	126–168	143–187	161–207	179–229	199–251	220–274	242–298	265–323	289–349	313–377	339–405	366–434
7	14–34	21–44	29–55	**39–66**	49–79	60–93	72–108	85–124	99–141	115–158	131–177	148–197	166–218	186–239	206–262	227–286	249–311	272–337	297–363	322–391	348–420	375–450
8	15–37	23–47	31–59	41–71	**51–85**	63–99	75–115	89–131	104–148	119–167	136–186	153–207	172–228	192–250	212–274	234–298	257–323	280–350	305–377	330–406	357–435	385–465
9	16–40	24–51	33–63	43–76	54–90	**66–105**	79–121	93–138	108–156	124–178	141–195	159–216	178–238	198–261	219–285	241–310	264–336	288–363	313–391	339–420	366–450	394–481
10	17–43	26–54	35–67	45–81	56–96	69–111	**82–128**	97–145	112–164	128–184	146–204	164–226	184–248	204–272	226–297	248–322	272–348	296–376	321–405	348–434	375–465	403–497
11	18–46	27–58	37–71	47–86	59–101	72–117	86–134	**100–153**	116–172	133–192	151–213	170–235	190–258	210–283	232–308	255–334	279–361	304–389	329–419	356–449	384–480	413–512
12	19–49	28–62	38–76	49–91	62–106	75–123	89–141	104–160	**120–180**	138–200	156–222	175–245	196–258	217–293	239–319	262–346	286–374	312–402	338–432	365–463	393–495	423–527
13	20–52	30–65	40–80	52–95	64–112	78–129	92–148	108–167	125–187	**142–209**	161–231	181–254	201–279	223–304	245–331	269–358	294–386	320–415	346–446	374–477	403–509	433–542
14	21–55	31–69	42–84	54–100	67–117	81–135	96–154	112–174	129–195	147–217	**166–240**	186–264	207–289	229–315	252–342	276–370	301–399	328–428	355–459	383–491	412–524	442–558
15	22–58	33–72	44–88	56–105	69–123	84–141	99–161	116–181	133–203	152–225	171–249	**191–274**	213–299	235–326	259–353	284–381	309–411	336–441	363–473	392–505	422–538	452–573
16	24–60	34–76	46–92	58–110	72–128	87–147	103–167	120–188	138–210	156–234	176–258	197–283	**219–309**	242–336	266–364	291–393	317–423	344–454	372–486	401–519	431–553	462–588
17	25–63	35–80	47–97	61–114	75–133	90–153	106–174	123–196	142–218	161–242	181–267	202–293	225–319	**248–347**	273–375	298–405	325–435	352–467	380–500	410–533	440–568	472–603
18	26–66	37–83	49–101	63–119	77–139	93–159	110–180	127–203	146–226	165–251	186–276	208–302	231–329	255–357	**280–386**	305–417	332–448	360–480	389–513	419–547	450–582	482–618
19	27–69	38–87	51–105	65–124	80–144	96–165	113–187	131–210	150–234	170–259	191–285	214–311	237–339	261–368	286–398	**313–428**	340–460	368–493	398–526	428–561	459–597	492–633
20	28–72	40–90	53–109	67–129	83–149	99–171	117–193	135–217	154–242	175–267	196–294	219–321	243–349	268–378	293–409	320–440	**348–472**	376–506	406–540	437–575	469–611	501–649
21	29–75	41–94	55–113	69–134	85–155	102–177	120–200	139–224	159–249	180–275	202–302	225–330	249–359	274–389	300–420	327–452	355–485	**385–518**	415–553	446–589	478–626	511–664
22	30–78	43–97	57–117	72–138	88–160	105–183	123–207	142–232	163–257	184–284	207–311	230–340	255–369	280–400	307–431	335–463	363–497	393–531	**423–567**	455–603	488–640	521–679
23	31–81	44–101	58–122	74–143	90–166	108–189	127–213	146–239	167–265	189–292	212–320	236–349	261–379	287–410	314–442	342–475	371–509	401–544	432–580	**464–617**	497–655	531–694
24	32–84	45–105	60–126	76–148	93–171	111–195	130–220	150–246	171–273	194–300	217–329	242–358	267–389	293–421	321–453	349–487	379–521	409–557	441–593	473–631	**507–669**	541–709
25	33–87	47–108	62–130	78–153	96–176	114–201	133–227	154–253	176–280	199–308	222–338	247–368	273–399	300–431	328–464	357–498	386–534	417–570	449–607	482–645	516–684	**551–724**
26	34–90	48–112	64–134	81–157	98–182	117–207	137–233	158–260	180–288	203–317	227–347	253–377	279–409	306–442	335–475	364–510	394–546	426–582	458–620	491–659	526–698	561–739
27	35–93	50–115	66–138	83–162	101–187	120–213	140–240	162–267	184–296	208–325	233–355	258–387	285–419	313–452	342–486	371–522	402–558	434–595	467–633	500–673	535–713	571–754
28	36–96	51–119	67–143	85–167	103–193	123–219	144–246	166–274	189–303	213–333	238–364	264–396	291–429	319–463	348–498	379–533	410–570	442–608	475–647	510–686	545–727	581–769
29	37–99	53–122	69–147	87–172	106–198	126–225	147–253	170–281	193–311	218–341	243–373	270–405	297–439	326–473	355–509	386–545	418–582	450–621	484–660	519–700	554–742	591–784
30	38–102	54–126	71–151	89–177	109–203	129–231	151–259	174–288	197–319	222–350	248–382	275–415	303–449	332–484	362–520	393–557	425–595	459–633	493–673	528–714	564–756	601–799
31	39–105	55–130	73–155	92–181	111–209	132–237	154–266	178–295	202–326	227–358	253–391	281–424	309–459	339–494	369–531	401–568	433–607	467–646	501–687	537–728	574–770	611–814
32	40–108	57–133	75–159	94–186	114–214	135–243	158–272	181–303	206–334	232–366	259–399	286–434	315–469	345–505	376–542	408–580	441–619	475–659	510–700	546–742	583–785	621–829
33	41–111	58–137	77–163	96–191	117–219	138–249	161–279	185–310	210–342	237–374	264–408	292–443	321–479	352–515	383–553	415–592	449–631	483–672	519–713	555–756	593–799	631–844
34	42–114	60–140	78–168	98–196	119–225	141–255	165–285	189–317	215–349	241–383	269–417	298–452	327–489	358–526	390–564	423–603	457–643	492–684	527–727	564–770	602–814	641–859
35	43–117	61–144	80–172	100–201	122–230	144–261	168–292	193–324	219–357	246–391	274–426	303–462	333–499	365–536	397–575	430–615	464–656	500–697	536–740	574–783	612–828	651–874
36	44–120	62–148	82–176	102–206	124–236	148–266	172–298	197–331	223–365	251–399	279–435	309–471	340–508	371–547	404–586	438–626	472–668	508–710	545–753	583–797	621–843	661–889
37	45–123	64–151	84–180	105–210	127–241	151–272	175–305	201–338	228–372	256–407	285–443	315–480	346–518	378–557	411–597	445–638	480–680	516–723	554–766	592–811	631–857	671–904
38	46–126	65–155	85–185	107–215	130–246	154–278	179–311	205–345	232–380	260–416	290–452	320–490	352–528	384–568	418–608	452–650	488–692	525–735	562–780	601–825	641–871	681–919
39	47–129	67–158	87–189	109–220	132–252	157–284	182–318	209–352	236–388	265–424	295–461	326–499	358–538	391–578	425–619	460–661	496–704	533–748	571–793	610–839	650–886	691–934
40	48–132	68–162	89–193	111–225	135–257	160–290	186–324	213–359	241–395	270–432	300–470	331–509	364–548	397–589	432–630	467–673	504–716	541–761	580–806	619–853	660–900	702–948
41	49–135	69–166	91–197	114–229	138–262	163–296	189–331	217–366	245–403	275–440	305–479	337–518	370–558	404–599	439–641	474–685	511–729	549–774	588–820	628–867	669–915	712–963
42	50–138	71–169	93–201	116–234	140–268	166–302	193–337	221–373	249–411	279–449	311–487	343–527	376–568	410–610	446–652	482–696	519–741	558–786	597–833	638–880	679–929	722–978
43	51–141	72–173	95–205	118–239	143–273	169–308	196–344	224–381	254–418	284–457	316–496	348–537	382–578	417–620	452–664	489–708	527–753	566–799	606–846	647–894	689–943	732–993
44	52–144	74–176	96–210	120–244	146–278	172–314	200–350	228–388	258–426	289–465	321–505	354–546	388–588	423–631	459–675	497–719	535–765	574–812	615–859	656–908	698–958	742–1008
45	53–147	75–180	98–214	123–248	148–284	175–320	203–357	232–395	262–434	294–473	326–514	360–555	394–598	430–641	466–686	504–731	543–777	583–824	623–873	665–922	708–972	752–1023
46	55–149	77–183	100–218	125–253	151–289	178–326	207–363	236–402	267–441	299–481	331–523	365–565	400–608	436–652	473–697	511–743	551–789	591–837	632–886	674–936	718–986	762–1038
47	56–152	78–187	102–222	127–258	154–294	181–332	210–370	240–409	271–449	303–490	337–531	371–574	406–618	443–662	480–708	519–754	558–802	599–850	641–899	683–950	727–1001	772–1053
48	57–155	79–191	104–226	129–263	156–300	184–338	214–376	244–416	275–457	308–498	342–540	377–583	412–628	449–673	487–719	526–766	566–814	607–863	649–913	693–963	737–1015	782–1068
49	58–158	81–194	106–230	132–267	159–305	187–344	217–383	248–423	280–464	313–506	347–549	382–593	418–638	456–683	494–730	534–777	574–826	616–875	658–926	702–977	746–1030	792–1083
50	59–161	82–198	107–235	134–272	162–310	190–350	221–387	252–430	284–472	318–514	352–558	388–602	425–647	462–694	501–741	541–789	582–838	624–888	667–939	711–991	756–1044	802–1098

[1] Auf Grund der exakten Schranken für $W = 2U$ in WABEKE und VAN EEDEN, *Handleiding voor de toets van Wilcoxon*, Rapport S 176 (M 65), Mathematisch Centrum, Statistische Afdeling (Prof. Dr. D. VAN DANTZIG), Amsterdam, 1955. Mit freundlicher Erlaubnis der Verfasser und des Verlages.

[2] Auf Grund der normalen Approximation mit empirischer Kontinuitätskorrektur. Nachdruck nur mit Erlaubnis des Herausgebers.

Prob $[T_l < \boldsymbol{T} < T_r] \geqq 1 - 2\alpha$. Erläuterungen siehe S. 193. Die *kursiv* gesetzten Schranken sind exakt berechnet[1], die andern approximiert[2]. Die **fett** gedruckten Schranken gelten für $N_1 = N_2$

$2\alpha = 0{,}05$ — Tabelle: T_l–T_r

N_2 \ N_1	4	5	6	7	8	9	10	11	12	13	14	15	16	17	18	19	20	21	22	23	24	25
4	**10–26**	16–34	23–43	31–53	40–64	49–77	60–90	72–104	85–119	99–135	114–152	130–170	147–189	164–210	183–231	203–253	224–276	246–300	269–325	293–351	317–379	343–407
5	11–29	**17–38**	24–48	33–58	42–70	52–83	63–97	75–112	89–127	103–144	118–162	134–181	151–201	170–221	189–243	209–266	230–290	253–314	276–340	300–367	325–395	352–423
6	12–32	18–42	**26–52**	34–64	44–76	55–89	66–104	79–119	92–136	107–153	122–172	139–191	157–211	175–233	195–255	215–279	237–303	260–328	283–355	308–382	333–411	360–440
7	13–35	20–45	27–57	**36–69**	46–82	57–96	69–111	82–127	96–144	111–162	127–181	144–201	162–222	181–244	201–267	222–291	244–316	267–342	291–369	316–397	342–426	369–456
8	14–38	21–49	29–61	38–74	**49–87**	60–102	72–118	85–135	100–152	115–171	131–191	149–211	167–233	187–255	207–279	228–304	251–329	274–356	298–384	324–412	350–442	378–472
9	14–42	22–53	31–65	40–79	51–93	**62–109**	75–125	89–142	104–160	119–180	136–200	154–221	173–243	192–267	213–291	235–316	258–342	281–370	306–398	332–427	359–457	387–488
10	15–45	23–57	32–70	42–84	53–99	65–115	**78–132**	92–150	107–169	124–188	141–209	159–231	178–254	198–278	219–303	242–328	265–355	289–383	314–412	340–442	368–472	396–504
11	16–48	24–61	34–74	44–89	55–105	68–121	81–139	**96–157**	111–177	128–197	145–219	164–241	183–265	204–289	226–314	248–341	272–368	296–397	322–426	349–456	376–488	405–520
12	17–51	26–64	35–79	46–94	58–110	71–127	84–146	99–165	**115–185**	132–206	150–228	169–251	189–275	210–300	232–326	255–353	279–381	304–410	330–440	357–471	385–503	414–536
13	18–54	27–68	37–83	48–99	60–116	73–134	88–152	103–172	119–193	**136–215**	155–237	174–261	195–285	216–311	239–337	262–365	286–394	312–423	338–454	365–486	394–518	423–552
14	19–57	28–72	38–88	50–104	62–122	76–140	91–159	106–180	123–201	141–223	**160–246**	179–271	200–296	222–322	245–349	269–377	293–407	319–437	346–468	374–500	403–533	433–567
15	20–60	29–76	40–92	52–109	65–127	79–146	94–166	110–187	127–209	145–232	164–256	**184–281**	206–306	228–333	251–361	275–390	301–419	327–450	354–482	382–515	412–548	442–583
16	21–63	30–80	42–96	54–114	67–133	82–152	97–173	113–195	131–217	150–240	169–265	190–290	**211–317**	234–344	258–372	282–402	308–432	335–463	362–496	391–529	421–563	451–599
17	21–67	32–83	43–101	56–119	70–138	84–159	100–180	117–202	135–225	154–249	174–274	195–300	217–327	**240–355**	264–384	289–414	315–445	342–477	370–510	399–544	429–579	461–614
18	22–70	33–87	45–105	58–124	72–144	87–165	103–187	121–209	139–233	159–257	179–283	200–310	223–337	246–366	**271–395**	296–426	322–458	350–490	378–524	408–558	438–594	470–630
19	23–73	34–91	46–110	60–129	74–150	90–171	107–193	124–217	143–241	163–266	184–292	205–320	228–348	252–377	277–407	**303–438**	330–470	358–503	387–537	416–573	447–609	479–646
20	24–76	35–95	48–114	62–134	77–155	93–177	110–200	128–224	147–249	167–275	188–302	211–329	234–358	258–388	283–419	310–450	**337–483**	365–517	395–551	425–587	456–624	489–661
21	25–79	37–98	50–118	64–139	79–161	95–184	113–207	131–232	151–257	172–283	193–311	216–339	240–368	264–399	290–430	317–462	344–496	**373–530**	403–565	434–601	465–639	498–677
22	26–82	38–102	51–123	66–144	81–167	98–190	116–214	135–239	155–265	176–292	198–320	221–349	245–379	270–410	296–442	324–474	352–508	381–543	**411–579**	442–616	474–654	508–692
23	27–85	39–106	53–127	68–149	84–172	101–196	119–221	139–246	159–273	180–301	203–329	226–359	251–389	276–421	303–453	330–487	359–521	389–556	419–593	**451–630**	483–669	517–708
24	27–89	40–110	54–132	70–154	86–178	104–202	123–227	142–254	163–281	185–309	208–338	232–368	257–399	282–432	309–465	337–499	366–534	396–570	427–607	459–645	**492–684**	527–723
25	28–92	42–113	56–136	72–159	89–183	107–208	126–234	146–261	167–289	189–318	213–347	237–378	262–410	289–442	316–476	344–511	374–546	404–583	436–620	468–659	502–698	**536–739**
26	29–95	43–117	58–140	74–164	91–189	109–215	129–241	150–268	171–297	194–326	217–357	242–388	268–420	295–453	322–488	351–523	381–559	412–596	444–634	477–673	511–713	545–755
27	30–98	44–121	59–145	76–169	93–195	112–221	132–248	153–276	175–305	198–335	222–366	247–398	273–431	301–464	329–499	358–535	388–572	420–609	452–648	485–688	520–728	555–770
28	31–101	45–125	61–149	78–174	96–200	115–227	135–255	157–283	179–313	203–343	227–375	253–407	279–441	307–475	335–511	365–547	396–584	427–623	460–662	494–702	529–743	564–786
29	32–104	47–128	63–153	80–179	98–206	118–233	139–261	160–291	183–321	207–352	232–384	258–417	285–451	313–486	342–522	372–559	403–597	435–636	468–676	503–716	538–758	574–801
30	33–107	48–132	64–158	82–184	101–211	121–239	142–268	164–298	187–329	211–361	237–393	263–427	291–461	319–497	348–534	379–571	411–609	443–649	477–689	511–731	547–773	584–816
31	34–110	49–136	66–162	84–189	103–217	123–246	145–275	167–306	191–337	216–369	242–402	268–437	296–472	325–508	355–545	386–583	418–622	451–662	485–703	520–745	556–788	593–832
32	34–114	50–140	67–167	86–194	106–222	126–252	148–282	171–313	195–345	220–378	246–412	274–446	302–482	331–519	362–556	393–595	425–635	459–675	493–717	529–759	565–803	603–847
33	35–117	52–143	69–171	88–199	108–228	129–258	151–289	175–320	199–353	225–386	251–421	279–456	308–492	337–530	368–568	400–607	433–647	467–688	501–731	537–774	574–818	612–863
34	36–120	53–147	71–175	90–204	110–234	132–264	155–295	178–328	203–361	229–395	256–430	284–466	313–503	343–541	375–579	407–619	440–660	474–702	510–744	546–788	583–833	622–878
35	37–123	54–151	72–180	92–209	113–239	135–270	158–302	182–335	207–369	234–403	261–439	289–476	319–513	350–551	381–591	414–631	447–673	482–715	518–758	555–802	592–848	631–894
36	38–126	55–155	74–184	94–214	115–245	137–277	161–309	185–343	211–377	238–412	266–448	295–485	325–523	356–562	388–602	421–643	455–685	490–728	526–772	563–817	602–862	641–909
37	39–129	57–158	76–188	96–219	117–251	140–283	164–316	189–350	215–385	242–421	271–457	300–495	330–534	362–573	394–614	428–655	462–698	498–741	534–786	572–831	611–877	650–925
38	40–132	58–162	77–193	98–224	120–256	143–289	167–323	193–357	219–393	247–429	275–467	305–505	336–544	368–584	401–625	435–667	470–710	506–754	543–799	581–845	620–892	660–940
39	41–135	59–166	79–197	100–229	122–262	146–295	170–330	196–365	223–401	251–438	280–476	311–514	342–554	374–595	407–637	442–679	477–723	514–767	551–813	589–860	629–907	670–955
40	41–139	60–170	80–202	102–234	125–267	149–301	174–336	200–372	227–409	256–446	285–485	316–524	347–565	380–606	414–648	449–691	485–735	521–781	559–827	598–874	638–922	679–971
41	42–142	61–174	82–206	104–239	127–273	151–308	177–343	204–379	231–417	260–455	290–494	321–534	353–575	386–617	420–660	456–703	492–748	529–794	568–840	607–888	647–937	689–986
42	43–145	63–177	84–210	106–244	129–279	154–314	180–350	207–387	235–425	265–463	295–503	326–544	359–585	392–628	427–671	463–715	499–761	537–807	576–854	616–902	656–952	698–1002
43	44–148	64–181	85–215	108–249	132–284	157–320	183–357	211–394	239–433	269–472	300–512	332–553	365–595	399–638	434–682	470–727	507–773	545–820	584–868	624–917	666–966	708–1017
44	45–151	65–185	87–219	110–254	134–290	160–326	186–364	214–402	243–441	273–481	305–521	337–563	370–606	405–649	440–694	477–739	514–786	553–833	592–882	633–931	675–981	717–1033
45	46–154	66–189	88–224	112–259	137–295	163–332	190–370	218–409	247–449	278–489	309–531	342–573	376–616	411–660	447–705	484–751	522–798	561–846	601–895	642–945	684–996	727–1048
46	47–157	68–192	90–228	114–264	139–301	165–339	193–377	222–416	251–457	282–498	314–540	347–583	382–626	417–671	453–717	491–763	529–811	568–860	609–909	651–959	693–1011	737–1063
47	48–160	69–196	92–232	116–269	141–307	168–345	196–384	225–424	255–465	287–506	319–549	353–592	387–637	423–682	460–728	498–775	536–824	576–873	617–923	659–974	702–1026	746–1079
48	48–164	70–200	93–237	118–274	144–312	171–351	199–391	229–431	259–473	291–515	324–558	358–602	393–647	429–693	466–740	505–787	544–836	584–886	626–936	668–988	711–1041	756–1094
49	49–167	71–204	95–241	120–279	146–318	174–357	202–398	232–439	263–481	296–523	329–567	363–612	399–657	435–704	473–751	512–799	551–849	592–899	634–950	677–1002	721–1055	766–1109
50	50–170	73–207	97–245	122–284	149–323	177–363	206–404	236–446	267–489	300–532	334–576	369–621	405–667	441–715	480–762	519–811	559–861	600–912	642–964	685–1017	730–1070	775–1125

[1] Auf Grund der exakten Schranken für $W = 2U$ in WABEKE und VAN EEDEN, *Handleiding voor de toets van Wilcoxon*, Rapport S 176 (M 65), Mathematisch Centrum, Statistische Afdeling (Prof. Dr. D. VAN DANTZIG), Amsterdam, 1955. Mit freundlicher Erlaubnis der Verfasser und des Verlages.

[2] Auf Grund der normalen Approximation mit empirischer Kontinuitätskorrektur.

Prob $[T_l < \boldsymbol{T} < T_r] \geqq 1 - 2\alpha$. Erläuterungen siehe S. 193. Die *kursiv* gesetzten Schranken sind exakt berechnet[1], die andern approximiert[2]. Die **fett** gedruckten Schranken gelten für $N_1 = N_2$

$2\alpha = 0{,}02$ (each cell: T_l–T_r)

N_2 \ N_1	4	5	6	7	8	9	10	11	12	13	14	15	16	17	18	19	20	21	22	23	24	25
4	—	15–35	22–44	29–55	38–66	48–78	58–92	70–106	83–121	96–138	111–155	127–173	143–193	161–213	180–234	199–257	220–280	242–304	264–330	288–356	313–383	338–412
5	10–30	**16–39**	23–49	31–60	40–72	50–85	61–99	73–114	86–130	100–147	115–165	131–184	148–204	166–225	185–247	205–270	226–294	248–319	271–345	295–372	320–400	346–429
6	11–33	17–43	**24–54**	32–66	42–78	52–92	63–107	75–123	89–139	103–157	118–176	135–195	152–216	171–237	190–260	210–284	232–308	254–334	277–361	302–388	327–417	354–446
7	11–37	18–47	25–59	**34–71**	43–85	54–99	66–114	78–131	92–148	107–166	122–186	139–206	157–227	176–249	195–273	216–297	238–322	261–348	284–376	309–404	335–433	361–464
8	12–40	19–51	27–63	35–77	**45–91**	56–106	68–122	81–139	95–157	111–175	127–195	144–216	162–238	181–261	201–285	222–310	244–336	267–363	291–391	316–420	342–450	370–480
9	13–43	20–55	28–68	37–82	47–97	**59–112**	71–129	84–147	99–165	114–185	131–205	148–227	167–249	186–273	207–297	228–323	250–350	274–377	298–406	324–435	350–466	378–497
10	13–47	21–59	29–73	39–87	49–103	61–119	**74–136**	88–154	102–174	118–194	135–215	153–237	172–260	191–285	212–310	234–336	257–363	281–391	306–420	331–451	358–482	386–514
11	14–50	22–63	30–78	40–93	51–109	63–126	77–143	**91–162**	106–182	122–203	139–225	157–248	177–271	197–296	218–322	240–349	263–377	288–405	313–435	339–466	366–498	394–531
12	15–53	23–67	32–82	42–98	53–115	66–132	79–151	94–170	**109–191**	126–212	143–235	162–258	182–282	202–308	224–334	246–362	270–390	295–419	320–450	347–481	374–514	403–547
13	15–57	24–71	33–87	44–103	56–120	68–139	82–158	97–178	113–199	**130–221**	148–244	167–268	187–293	208–319	230–346	253–374	276–404	301–434	327–465	354–497	382–530	411–564
14	16–60	25–75	34–92	45–109	58–126	71–145	85–165	100–186	116–208	134–230	**152–254**	171–279	192–304	213–331	235–359	259–387	283–417	308–448	335–479	362–512	391–545	420–580
15	17–63	26–79	36–96	47–114	60–132	73–152	88–172	103–194	120–216	138–239	156–264	**176–289**	197–315	218–343	241–371	265–400	290–430	315–462	342–494	370–527	399–561	429–596
16	17–67	27–83	37–101	49–119	62–138	76–158	91–179	107–201	124–224	142–248	161–273	181–299	**202–326**	224–354	247–383	271–413	296–444	323–475	350–508	378–542	407–577	437–613
17	18–70	28–87	39–105	51–124	64–144	78–165	93–187	110–209	127–233	146–257	165–283	185–310	207–337	**229–366**	253–395	278–425	303–457	330–489	357–523	386–557	416–592	446–629
18	19–73	29–91	40–110	52–130	66–150	81–171	96–194	113–217	131–241	150–266	169–293	190–320	212–348	235–377	**259–407**	284–438	310–470	337–503	365–537	394–572	424–608	455–645
19	19–77	30–95	41–115	54–135	68–156	83–178	99–201	116–225	134–250	154–275	174–302	195–330	217–359	241–388	265–419	**290–451**	317–483	344–517	373–551	402–587	432–624	464–661
20	20–80	31–99	43–119	56–140	70–162	85–185	102–208	119–233	138–258	157–285	178–312	200–340	222–370	246–400	271–431	297–463	**323–497**	351–531	380–566	410–602	441–639	473–677
21	21–83	32–103	44–124	58–145	72–168	88–191	105–215	123–240	142–266	161–294	182–322	204–351	228–380	252–411	277–443	303–476	330–510	**359–544**	388–580	418–617	449–655	482–693
22	21–87	33–107	45–129	59–151	74–174	90–198	108–222	126–248	145–275	165–303	187–331	209–361	233–391	257–423	283–455	310–488	337–523	366–558	**395–595**	426–632	458–670	490–710
23	22–90	34–111	47–133	61–156	76–180	93–204	110–230	129–256	149–283	169–312	191–341	214–371	238–402	263–434	289–467	316–501	344–536	373–572	403–609	**434–647**	466–686	499–726
24	23–93	35–115	48–138	63–161	78–186	95–211	113–237	132–264	152–292	173–321	196–350	219–381	243–413	269–445	295–479	322–514	351–549	380–586	411–623	442–662	**475–701**	508–742
25	23–97	36–119	50–142	64–167	81–191	98–217	116–244	135–272	156–300	177–330	200–360	224–391	248–424	274–457	301–491	329–526	358–562	388–599	418–638	450–677	483–717	**517–758**
26	24–100	37–123	51–147	66–172	83–197	100–224	119–251	138–280	159–309	181–339	204–370	229–401	254–434	280–468	307–503	335–539	365–575	395–613	426–652	458–692	492–732	526–774
27	25–103	38–127	52–152	68–177	85–203	103–230	121–259	142–287	163–317	185–348	209–379	233–412	259–445	285–480	313–515	342–551	371–589	402–627	434–666	466–707	500–748	535–790
28	26–106	39–131	54–156	70–182	87–209	105–237	124–266	145–295	167–325	189–357	213–389	238–422	264–456	291–491	319–527	348–564	378–602	409–641	441–681	475–721	509–763	544–806
29	26–110	40–135	55–161	71–188	89–215	108–243	127–273	148–303	170–334	193–366	218–398	243–432	269–467	297–502	325–539	355–576	385–615	417–654	449–695	483–736	517–779	553–822
30	27–113	41–139	56–166	73–193	91–221	110–250	130–280	151–311	174–342	198–374	222–408	248–442	275–477	302–514	331–551	361–589	392–628	424–668	457–709	491–751	526–794	562–838
31	28–116	42–143	58–170	75–198	93–227	112–257	133–287	155–318	178–350	202–383	227–417	253–452	280–488	308–525	337–563	368–601	399–641	431–682	465–723	499–766	534–810	571–854
32	28–120	43–147	59–175	77–203	95–233	115–263	136–294	158–326	181–359	206–392	231–427	258–462	285–499	314–536	343–575	374–614	406–654	439–695	472–738	507–781	543–825	580–870
33	29–123	44–151	61–179	78–209	97–239	117–270	139–301	161–334	185–367	210–401	235–437	262–473	290–510	319–548	349–587	381–626	413–667	446–709	480–752	515–796	552–840	589–886
34	30–126	45–155	62–184	79–215	99–245	120–276	141–309	164–342	189–375	214–410	240–446	267–483	296–520	325–559	356–598	387–639	420–680	453–723	488–766	523–811	560–856	598–902
35	30–130	46–159	63–189	81–220	101–251	122–283	144–316	168–349	192–384	218–419	244–456	272–493	301–531	331–570	362–610	394–651	427–693	461–736	496–780	532–825	569–871	607–918
36	31–133	47–163	65–193	83–225	103–257	125–289	147–323	171–357	196–392	222–428	249–465	277–503	306–542	336–582	368–622	400–664	433–707	468–750	503–795	540–840	577–887	616–934
37	32–136	48–167	66–198	84–231	105–263	127–296	150–330	174–365	199–401	226–437	253–475	282–513	311–553	342–593	374–634	407–676	440–720	475–764	511–809	548–855	586–902	625–950
38	32–140	49–171	67–203	86–236	107–269	129–303	153–337	177–373	203–409	230–446	258–484	287–523	317–563	348–604	380–646	413–689	447–733	483–777	519–823	556–870	595–917	634–966
39	33–143	50–175	69–207	88–241	109–275	132–309	156–344	181–380	207–417	234–455	262–494	292–533	322–574	353–616	386–658	420–701	454–746	490–791	527–837	564–885	603–933	643–982
40	34–146	51–179	70–212	90–246	111–281	134–316	159–351	184–388	210–426	238–464	267–503	296–544	327–585	359–627	392–670	426–714	461–759	497–805	534–852	573–899	612–948	652–998
41	34–150	52–183	72–216	91–252	113–287	137–322	161–359	187–396	214–434	242–473	271–513	301–554	333–595	365–638	398–682	433–726	468–772	505–818	542–866	581–914	620–964	661–1014
42	35–153	53–187	73–221	93–257	116–292	139–329	164–366	190–404	218–442	246–482	276–522	306–564	338–606	371–649	404–694	439–739	475–785	512–832	550–880	589–929	629–979	670–1030
43	35–157	54–191	74–226	95–262	118–298	142–335	167–373	194–411	221–451	250–491	280–532	311–574	343–617	376–661	410–706	446–751	482–798	519–846	558–894	597–944	638–994	679–1046
44	36–160	55–195	76–230	97–267	120–304	144–342	170–380	197–419	225–459	254–500	284–542	316–584	348–628	382–672	416–718	452–764	489–811	527–859	565–909	605–959	646–1010	688–1062
45	37–163	56–199	77–235	98–273	122–310	147–348	173–387	200–427	229–467	258–509	289–551	321–594	354–638	388–683	423–729	459–776	496–824	534–873	573–923	614–973	655–1025	697–1078
46	37–167	57–203	78–240	100–278	124–316	149–355	176–394	203–435	232–476	262–518	293–561	326–604	359–649	393–695	429–741	465–789	503–837	541–887	581–937	622–988	663–1041	706–1094
47	38–170	58–207	80–244	102–283	126–322	152–361	179–401	207–442	236–484	266–527	298–570	330–615	364–660	399–706	435–753	472–801	510–850	549–900	589–951	630–1003	672–1056	715–1110
48	39–173	59–211	81–249	103–289	128–328	154–368	181–409	210–450	240–492	270–536	302–580	335–625	369–671	405–717	441–765	478–814	517–863	556–914	597–965	638–1018	681–1071	724–1126
49	39–177	60–215	82–254	105–294	130–334	157–374	184–416	213–458	243–501	274–545	307–589	340–635	375–681	410–729	447–777	485–826	524–876	563–928	604–980	646–1033	689–1087	733–1142
50	40–180	61–219	84–258	107–299	132–340	159–381	187–423	216–466	247–509	279–553	311–599	345–645	380–692	416–740	453–789	491–839	531–889	571–941	612–994	655–1047	698–1102	743–1157

[1] Auf Grund der exakten Schranken für $W = 2U$ in WABEKE und VAN EEDEN, *Handleiding voor de toets van Wilcoxon*, Rapport S 176 (M 65), Mathematisch Centrum, Statistische Afdeling (Prof. Dr. D. VAN DANTZIG), Amsterdam, 1955. Mit freundlicher Erlaubnis der Verfasser und des Verlages.

[2] Auf Grund der normalen Approximation mit empirischer Kontinuitätskorrektur. Nachdruck nur mit Erlaubnis des Herausgebers.

Prob $[T_l < \boldsymbol{T} < T_r] \geqq 1 - 2\alpha$. Erläuterungen siehe S.193. Die *kursiv* gesetzten Schranken sind exakt berechnet[1], die andern approximiert[2]. Die **fett** gedruckten Schranken gelten für $N_1 = N_2$

$2\alpha = 0{,}01$

N_2 \ N_1	4	5	6	7	8	9	10	11	12	13	14	15	16	17	18	19	20	21	22	23	24	25
	T_l – T_r	T_l – T_r	T_l – T_r	T_l – T_r	T_l – T_r	T_l – T_r	T_l – T_r	T_l – T_r	T_l – T_r	T_l – T_r	T_l – T_r	T_l – T_r	T_l – T_r	T_l – T_r	T_l – T_r	T_l – T_r	T_l – T_r	T_l – T_r	T_l – T_r	T_l – T_r	T_l – T_r	T_l – T_r
4	—	—	21–45	28–56	37–67	46–80	57–93	68–108	81–123	94–140	109–157	125–175	141–195	159–215	177–237	197–259	218–282	239–307	262–332	285–359	310–386	335–415
5	—	**15–40**	22–50	29–62	38–74	48–87	59–101	71–116	84–132	98–149	112–168	128–187	145–207	163–228	182–250	202–273	223–297	245–322	267–349	291–376	316–404	342–433
6	10–34	16–44	**23–55**	31–67	40–80	50–94	61–109	73–125	87–141	101–159	116–178	132–198	149–219	168–240	187–263	207–287	228–312	250–338	274–364	298–392	323–421	349–451
7	10–38	16–49	24–60	**32–73**	42–86	52–101	64–116	76–133	90–150	104–169	120–188	136–209	154–230	172–253	192–276	212–301	234–326	256–353	280–380	305–408	330–438	357–468
8	11–41	17–53	25–65	34–78	**43–93**	54–108	66–124	79–141	93–159	108–178	123–199	140–220	158–242	177–265	197–289	218–314	240–340	263–367	287–395	311–425	337–455	364–486
9	11–45	18–57	26–70	35–84	45–99	**56–115**	68–132	82–149	96–168	111–188	127–209	144–231	163–253	182–277	202–302	223–328	246–354	269–382	293–411	319–440	345–471	372–503
10	12–48	19–61	27–75	37–89	47–105	58–122	**71–139**	84–158	99–177	115–197	131–219	149–241	167–265	187–289	208–314	229–341	252–368	275–397	300–426	326–456	352–488	380–520
11	12–52	20–65	28–80	38–95	49–111	61–128	73–147	**87–166**	102–186	118–207	135–229	153–252	172–276	192–301	213–327	235–354	258–382	282–411	307–441	333–472	360–504	388–537
12	13–55	21–69	30–84	40–100	51–117	63–135	76–154	90–174	**105–195**	122–216	139–239	157–263	177–287	197–313	218–340	241–367	264–396	289–425	314–456	340–488	368–520	396–554
13	13–59	22–73	31–89	41–106	53–123	65–142	79–161	93–182	109–203	**125–226**	143–249	162–273	181–299	202–325	224–352	247–380	271–409	295–440	321–471	348–503	376–536	404–571
14	14–62	22–78	32–94	43–111	54–130	67–149	81–169	96–190	112–212	129–235	**147–259**	166–284	186–310	208–336	230–364	253–393	277–423	302–454	328–486	355–519	383–553	413–587
15	15–65	23–82	33–99	44–117	56–136	69–156	84–176	99–198	115–221	133–244	151–269	**171–294**	191–321	213–348	235–377	259–406	283–437	309–468	335–501	363–534	391–569	421–604
16	15–69	24–86	34–104	46–122	58–142	72–162	86–184	102–206	119–229	136–254	155–279	175–305	**196–332**	218–360	241–389	265–419	290–450	315–483	342–516	370–550	399–585	429–621
17	16–72	25–90	36–108	47–128	60–148	74–169	89–191	105–214	122–238	140–263	160–288	180–315	201–343	**223–372**	246–402	271–432	296–464	322–497	350–530	378–565	407–601	437–638
18	16–76	26–94	37–113	49–133	62–154	76–176	92–198	108–222	125–247	144–272	164–298	184–326	206–354	228–384	**252–414**	277–445	302–478	329–511	357–545	385–581	415–617	446–654
19	17–79	27–98	38–118	50–139	64–160	78–183	94–206	111–230	129–255	148–281	168–308	189–336	211–365	234–395	258–426	**283–458**	309–491	336–525	364–560	393–596	423–633	454–671
20	18–82	28–102	39–123	52–144	66–166	81–189	97–213	114–238	132–264	152–290	172–318	193–347	216–376	239–407	263–439	289–471	**315–505**	343–539	371–575	401–611	431–649	463–687
21	18–86	29–106	40–128	53–150	68–172	83–196	99–221	117–246	136–272	155–300	176–328	198–357	220–388	244–419	269–451	295–484	322–518	**350–553**	378–590	408–627	439–665	471–704
22	19–89	29–111	42–132	55–155	70–178	85–203	102–228	120–254	139–281	159–309	180–338	202–368	225–399	250–430	275–463	301–497	328–532	356–568	**386–604**	416–642	447–681	480–720
23	19–93	30–115	43–137	57–160	71–185	88–209	105–235	123–262	142–290	163–318	184–348	207–378	230–410	255–442	280–476	307–510	335–545	363–582	393–619	**424–657**	455–697	488–737
24	20–96	31–119	44–142	58–166	73–191	90–216	107–243	126–270	146–298	167–327	188–358	211–389	235–421	260–454	286–488	313–523	341–559	370–596	400–634	431–673	**464–712**	497–753
25	20–100	32–123	45–147	60–171	75–197	92–223	110–250	129–278	149–307	170–337	193–367	216–399	240–432	265–466	292–500	319–536	348–572	377–610	408–648	439–688	472–728	**505–770**
26	21–103	33–127	46–152	61–177	77–203	94–230	113–257	132–286	152–316	174–346	197–377	220–410	245–443	271–477	298–512	325–549	354–586	384–624	415–663	447–703	480–744	514–786
27	22–106	34–131	48–156	63–182	79–209	97–236	115–265	135–294	156–324	178–355	201–387	225–420	250–454	276–489	303–525	332–561	361–599	391–638	422–678	455–718	488–760	522–803
28	22–110	35–135	49–161	64–188	81–215	99–243	118–272	138–302	159–333	182–364	205–397	229–431	255–465	281–501	309–537	338–574	367–613	398–652	430–692	462–734	496–776	531–819
29	23–113	36–139	50–166	66–193	83–221	101–250	120–280	141–310	163–341	185–374	209–407	234–441	260–476	287–512	315–549	344–587	374–626	405–666	437–707	470–749	504–792	540–835
30	23–117	37–143	51–171	68–198	85–227	103–257	123–287	144–318	166–350	189–383	213–417	239–451	265–487	292–524	321–561	350–600	380–640	412–680	444–722	478–764	513–807	548–852
31	24–120	37–148	53–175	69–204	87–233	106–263	126–294	147–326	169–359	193–392	217–427	243–462	270–498	298–535	326–574	356–613	387–653	419–694	452–736	486–779	521–823	557–868
32	24–124	38–152	54–180	71–209	89–239	108–270	128–302	150–334	173–367	197–401	222–436	248–472	275–509	303–547	332–586	362–626	394–666	426–708	459–751	494–794	529–839	565–885
33	25–127	39–156	55–185	72–215	90–246	110–277	131–309	153–342	176–376	200–411	226–446	252–483	280–520	308–559	338–598	368–639	400–680	433–722	467–765	501–810	537–855	574–901
34	26–130	40–160	56–190	73–221	92–252	112–284	134–316	156–350	180–384	204–420	230–456	257–493	285–531	314–570	344–610	375–651	407–693	440–736	474–780	509–825	545–871	583–917
35	26–134	41–164	57–195	75–226	94–258	114–291	136–324	159–358	183–393	208–429	234–466	261–504	290–542	319–582	349–623	381–664	413–707	447–750	481–795	517–840	554–886	591–934
36	27–137	42–168	58–200	76–232	96–264	117–297	139–331	162–366	186–402	212–438	238–476	266–514	295–553	324–594	355–635	387–677	420–720	454–764	489–809	525–855	562–902	600–950
37	28–140	43–172	60–204	78–237	98–270	119–304	141–339	165–374	190–410	216–447	242–486	270–525	300–564	330–605	361–647	393–690	426–734	461–778	496–824	533–870	570–918	608–967
38	28–144	44–176	61–209	79–243	100–276	121–311	144–346	168–382	193–419	219–457	247–495	275–535	305–575	335–617	367–659	399–703	433–747	468–792	504–838	540–886	578–934	617–983
39	29–147	45–180	62–214	81–248	102–282	123–318	147–353	171–390	197–427	223–466	251–505	280–545	310–586	340–629	372–672	406–715	440–760	475–806	511–853	548–901	587–949	626–999
40	29–151	46–184	63–219	82–254	103–289	126–324	149–361	174–398	200–436	227–475	255–515	284–556	314–598	346–640	378–684	412–728	446–774	482–820	518–868	556–916	595–965	634–1016
41	30–154	46–189	65–223	84–259	105–295	128–331	152–368	177–406	203–445	231–484	259–525	289–566	319–609	351–652	384–696	418–741	453–787	489–834	526–882	564–931	603–981	643–1032
42	31–157	47–193	66–228	85–265	107–301	130–338	155–375	180–414	207–453	234–494	263–535	293–577	324–620	357–663	390–708	424–754	459–801	496–848	533–897	572–946	611–997	652–1048
43	31–161	48–197	67–233	87–270	109–307	133–344	157–383	183–422	210–462	238–503	268–544	298–587	329–631	362–675	396–720	430–767	466–814	503–862	541–911	580–961	620–1012	660–1065
44	32–164	49–201	68–238	88–276	111–313	135–351	160–390	186–430	214–470	242–512	272–554	303–597	334–642	367–687	401–733	437–779	473–827	510–876	548–926	587–977	628–1028	669–1081
45	32–168	50–205	69–243	90–281	113–319	137–358	162–398	189–438	217–479	246–521	276–564	307–608	339–653	373–698	407–745	443–792	479–841	517–890	556–940	595–992	636–1044	678–1097
46	33–171	51–209	71–247	91–287	115–325	139–365	165–405	192–446	220–488	250–530	280–574	312–618	344–664	378–710	413–757	449–805	486–854	524–904	563–955	603–1007	644–1060	687–1113
47	34–174	52–213	72–252	93–292	117–331	142–371	168–412	195–454	224–496	253–540	284–584	316–629	349–675	384–721	419–769	455–818	493–867	531–918	570–970	611–1022	653–1075	695–1130
48	34–178	53–217	73–257	95–297	118–338	144–378	170–420	198–462	227–505	257–549	289–593	321–639	354–686	389–733	425–781	461–831	499–881	538–932	578–984	619–1037	661–1091	704–1146
49	35–181	54–221	74–262	96–303	120–344	146–385	173–427	201–470	231–513	261–558	293–603	325–650	359–697	394–745	430–794	468–843	506–894	545–946	585–999	627–1052	669–1107	713–1162
50	36–184	55–225	76–266	98–308	122–350	148–392	176–434	204–478	234–522	265–567	297–613	330–660	364–708	400–756	436–806	474–856	512–908	552–960	593–1013	635–1067	677–1123	721–1179

[1] Nach den unteren exakten Schranken auf Grund eines uns zur Verfügung gestellten Manuskriptes von Prof. C. WHITE, Department of Public Health, Yale University, New Haven, Connecticut, teilweise veröffentlicht in *Biometrics*, **8**, 33 (1952).

[2] Auf Grund der normalen Approximation mit empirischer Kontinuitätskorrektur. Nachdruck nur mit Erlaubnis des Herausgebers.

Verteilungsfreie Toleranzgrenzen*

(die *kursiv* gesetzten Werte sind approximiert)

Die Tafel gibt den zu wählenden minimalen Stichprobenumfang N, bei dem mit einer Vertrauenswahrscheinlichkeit von β_t anzunehmen ist, daß 100 β_p% der Bevölkerung

($k = 0$) entweder über dem kleinsten oder unter dem größten Wert der Stichprobe liegen

($k = 1$) zwischen dem kleinsten und dem größten Wert der Stichprobe liegen

($k = 2$) zwischen dem zweitkleinsten und dem zweitgrößten Wert der Stichprobe liegen usw.

Beispiel: Wie groß muß eine Stichprobe gewählt werden, damit mit einer Vertrauenswahrscheinlichkeit von $\beta_t = 0{,}99$ 100 $\beta_p = 95$% der Bevölkerung

a) entweder über dem kleinsten oder unter dem größten Wert der Stichprobe liegen? Bei $k = 0$ findet man $N = 90$

b) zwischen dem fünftkleinsten und dem fünftgrößten Wert der Stichprobe liegen? Bei $k = 5$ findet man $N = 371$

k \ β_p	0,999	0,990	0,950	0,90	0,80	0,70	0,60	0,50	0,40	0,30
$\beta_t = 0{,}999$										
0	6905	688	135	66	31	20	14	10	8	6
1	9230	919	181	88	42	27	19	14	11	9
2	13058	1301	256	126	60	38	27	21	16	13
3	16450	1640	324	159	77	49	35	27	21	17
4	19620	1957	387	190	92	59	43	33	26	21
5	22651	2260	447	220	107	69	50	38	30	25
6	25583	2552	505	249	121	78	57	44	35	28
7		2838	562	277	135	87	63	49	39	32
8		*3116*	617	305	148	96	70	54	43	35
9		*3390*	672	332	162	105	76	59	47	39
10		*3661*	*725*	359	175	113	83	64	51	42
$\beta_t = 0{,}990$										
0	4603	459	90	44	21	13	10	7	6	4
1	6636	661	130	64	31	20	14	10	8	6
2	10042	1001	197	97	46	30	21	16	13	10
3	13105	1307	259	128	62	40	29	22	18	14
4	15996	1596	316	156	76	49	36	28	22	18
5	18779	1874	371	184	90	58	42	33	26	21
6	21486	2145	425	210	103	67	49	38	30	25
7		2409	478	237	116	75	55	43	34	28
8		*2668*	530	262	128	83	61	47	38	31
9		*2924*	581	288	141	92	67	52	42	35
10		*3178*	*630*	313	153	100	73	57	46	38
$\beta_t = 0{,}980$										
0	3911	390	77	38	18	11	8	6	5	4
1	5832	581	115	56	27	17	12	9	7	6
2	9081	906	179	88	43	27	19	15	12	9
3	12024	1200	238	117	57	37	27	21	16	13
4	14813	1478	293	145	71	46	34	26	21	17
5	17506	1747	347	172	84	55	40	31	25	20
6	20131	2010	399	198	97	63	46	36	29	24
7		2267	450	223	109	71	52	40	33	27
8			501	248	122	79	58	45	37	30
9			551	273	134	87	64	50	40	33
10				297	146	95	70	55	44	37
$\beta_t = 0{,}950$										
0	2995	299	59	29	14	9	6	5	4	3
1	4742	473	93	45	22	14	10	7	6	5
2	7751	773	153	75	36	23	17	13	10	8
3	10511	1049	208	103	50	33	24	18	15	12
4	13146	1313	261	129	63	41	30	24	19	16
5	15703	1568	312	154	76	50	36	28	23	19
6	18205	1818	362	179	88	58	42	33	27	22
7		2064	410	204	100	65	48	38	30	25
8		*2305*	459	228	112	73	54	42	34	28
9		*2545*	507	252	124	81	60	47	38	32
10		*2783*	*553*	275	135	89	65	51	42	35
$\beta_t = 0{,}900$										
0	2302	230	45	22	11	7	5	4	3	2
1	3889	388	77	38	18	12	8	6	5	4
2	6679	666	132	65	32	20	14	11	9	7
3	9273	926	184	91	45	29	21	17	13	11
4	11770	1176	234	116	57	38	28	21	17	14
5	14204	1419	283	140	69	45	33	26	21	18
6	16596	1658	330	164	81	53	39	31	25	21
7		1894	377	188	92	61	45	35	29	24
8		*2126*	424	211	104	68	50	40	32	27
9		*2347*	470	234	115	76	56	44	36	30
10		*2586*	*514*	256	127	83	61	48	40	33

* Nachdruck nur mit Erlaubnis des Herausgebers.

Wilcoxon-Test[1] für Paardifferenzen

n = Anzahl der Paare. Erläuterungen siehe S. 193

n	$2\alpha \leqq 0{,}10$	$2\alpha \leqq 0{,}05$	$2\alpha \leqq 0{,}02$	$2\alpha \leqq 0{,}01$
5	0- 15	–	–	–
6	2- 19	0- 21	–	–
7	3- 25	2- 26	0- 28	–
8	5- 31	3- 33	1- 35	0- 36
9	8- 37	5- 40	3- 42	1- 44
10	10- 45	8- 47	5- 50	3- 52
11	13- 53	10- 56	7- 59	5- 61
12	17- 61	13- 65	9- 69	7- 71
13	21- 70	17- 74	12- 79	9- 82
14	25- 80	21- 84	15- 90	12- 93
15	30- 90	25- 95	19-101	15-105
16	35-101	29-107	23-113	19-117
17	41-112	34-119	28-125	23-130
18	47-124	40-131	32-139	27-144
19	53-137	46-144	37-153	32-158
20	60-150	52-158	43-167	37-173
21	67-164	58-173	49-182	42-189
22	75-178	66-187	55-198	48-205
23	83-193	73-203	62-214	54-222
24	91-209	81-219	69-231	61-239
25	100-225	89-236	76-249	68-257

Poisson-Verteilung

Signifikanzschranken* für x bei gegebenem λ

(Erläuterungen siehe S. 190)

λ	$2\alpha \leqq 0{,}05$	$2\alpha \leqq 0{,}01$	λ	$2\alpha \leqq 0{,}05$	$2\alpha \leqq 0{,}01$
0	–	–	**50**	36- 65	32- 70
1	•- 4	•- 5	51	36- 66	33- 71
2	•- 6	•- 7	52	37- 68	33- 72
3	•- 8	•- 9	53	38- 69	34- 74
4	0- 9	•-11	54	39- 70	35- 75
5	0-11	•-13	**55**	40- 71	36- 76
6	1-12	0-14	56	41- 72	37- 77
7	1-14	0-16	57	42- 73	38- 78
8	2-15	1-17	58	43- 74	38- 80
9	3-16	1-19	59	43- 76	39- 81
10	3-18	2-20	**60**	44- 77	40- 82
11	4-19	3-21	61	45- 78	41- 83
12	5-20	3-23	62	46- 79	42- 84
13	5-21	4-24	63	47- 80	43- 85
14	6-23	4-25	64	48- 81	43- 86
15	7-24	5-27	**65**	49- 82	44- 88
16	8-25	6-28	66	50- 83	45- 89
17	8-27	6-29	67	50- 84	46- 90
18	9-28	7-31	68	51- 86	47- 91
19	10-29	8-32	69	52- 87	48- 92
20	11-30	9-33	**70**	53- 88	48- 93
21	12-31	9-35	71	54- 89	49- 95
22	12-33	10-36	72	55- 90	50- 96
23	13-34	11-37	73	56- 91	51- 97
24	14-35	11-39	74	57- 92	52- 98
25	15-36	12-40	**75**	58- 93	53- 99
26	16-37	13-41	76	58- 95	54-101
27	16-39	14-42	77	59- 96	54-102
28	17-40	14-44	78	60- 97	55-103
29	18-41	15-45	79	61- 98	56-104
30	19-42	16-46	**80**	62- 99	57-105
31	20-43	17-47	81	63-100	58-106
32	20-45	17-48	82	64-101	59-107
33	21-46	18-50	83	65-102	60-109
34	22-47	19-51	84	66-103	60-110
35	23-48	20-52	**85**	66-105	61-111
36	24-49	21-53	86	67-106	62-112
37	25-50	21-55	87	68-107	63-113
38	25-52	22-56	88	69-108	64-114
39	26-53	23-57	89	70-109	65-115
40	27-54	24-58	**90**	71-110	66-117
41	28-55	24-59	91	72-111	66-118
42	29-56	25-61	92	73-112	67-119
43	30-57	26-62	93	74-113	68-120
44	30-58	27-63	94	74-114	69-121
45	31-60	28-64	**95**	75-116	70-122
46	32-61	29-65	96	76-117	71-123
47	33-62	29-67	97	77-118	72-125
48	34-63	30-68	98	78-119	72-126
49	35-64	31-69	99	79-120	73-127
50	36-65	32-70	**100**	80-121	74-128

[1] Werte (nach außen gerundet) nach TUKEY, J.W., *Memorandum Report 17*, Statistical Research Group, Princeton University, 1949. Nachdruck mit freundlicher Erlaubnis des Autors.

Iterationen: Vertrauensgrenzen[1] für die Gesamtanzahl I

Erläuterungen siehe rechts unten

Das Fehlen einer signifikanten Schranke auf einer Seite ist durch einen Punkt (•), auf beiden Seiten durch einen isolierten Strich gekennzeichnet

$N_1 = N_2 = \frac{1}{2}N \leqq 100$

½N	2α = 0,10	2α = 0,05	2α = 0,02	2α = 0,01
4	2– 8	–	–	–
5	3– 9	2– 10	2– 10	–
6	3– 11	3– 11	2– 12	2– 12
7	4– 12	3– 13	3– 13	3– 13
8	5– 13	4– 14	4– 14	3– 15
9	6– 14	5– 15	4– 16	4– 16
10	6– 16	6– 16	5– 17	5– 17
11	7– 17	7– 17	6– 18	5– 19
12	8– 18	7– 19	7– 19	6– 20
13	9– 19	8– 20	7– 21	7– 21
14	10– 20	9– 21	8– 22	7– 23
15	11– 21	10– 22	9– 23	8– 24
16	11– 23	11– 23	10– 24	9– 25
17	12– 24	11– 25	10– 26	10– 26
18	13– 25	12– 26	11– 27	11– 27
19	14– 26	13– 27	12– 28	11– 29
20	15– 27	14– 28	13– 29	12– 30
21	16– 28	15– 29	14– 30	13– 31
22	17– 29	16– 30	14– 32	14– 32
23	17– 31	16– 32	15– 33	14– 34
24	18– 32	17– 33	16– 34	15– 35
25	19– 33	18– 34	17– 35	16– 36
26	20– 34	19– 35	18– 36	17– 37
27	21– 35	20– 36	19– 37	18– 38
28	22– 36	21– 37	19– 39	18– 40
29	23– 37	22– 38	20– 40	19– 41
30	24– 38	22– 40	21– 41	20– 42
31	25– 39	23– 41	22– 42	21– 43
32	25– 41	24– 42	23– 43	22– 44
33	26– 42	25– 43	24– 44	23– 45
34	27– 43	26– 44	24– 46	23– 47
35	28– 44	27– 45	25– 47	24– 48
36	29– 45	28– 46	26– 48	25– 49
37	30– 46	29– 47	27– 49	26– 50
38	31– 47	30– 48	28– 50	27– 51
39	32– 48	30– 50	29– 51	28– 52
40	33– 49	31– 51	30– 52	29– 53
41	34– 50	32– 52	31– 53	29– 55
42	35– 51	33– 53	31– 54	30– 56
43	35– 53	34– 54	32– 56	31– 57
44	36– 54	35– 55	33– 57	32– 58
45	37– 55	36– 56	34– 58	33– 59
46	38– 56	37– 57	35– 59	34– 60
47	39– 57	38– 58	36– 60	35– 61
48	40– 58	38– 60	37– 61	36– 63
49	41– 59	39– 61	38– 62	36– 64
50	42– 60	40– 62	38– 64	37– 65
51	43– 61	41– 63	39– 65	38– 66
52	44– 62	42– 64	40– 66	39– 67
53	45– 63	43– 65	41– 67	40– 68
54	45– 65	44– 66	42– 68	41– 69
55	46– 66	45– 67	43– 69	42– 70
56	47– 67	46– 68	44– 70	42– 72
57	48– 68	47– 69	45– 71	43– 73
58	49– 69	47– 71	46– 72	44– 74
59	50– 70	48– 72	46– 74	45– 75
60	51– 71	49– 73	47– 75	46– 76
61	52– 72	50– 74	48– 76	47– 77
62	53– 73	51– 75	49– 77	48– 78
63	54– 74	52– 76	50– 78	49– 79
64	55– 75	53– 77	51– 79	49– 81
65	56– 76	54– 78	52– 80	50– 82
66	57– 77	55– 79	53– 81	51– 83
67	58– 78	56– 80	54– 82	52– 84
68	58– 80	57– 81	54– 84	53– 85
69	59– 81	58– 82	55– 85	54– 86
70	60– 82	58– 84	56– 86	55– 87
71	61– 83	59– 85	57– 87	56– 88
72	62– 84	60– 86	58– 88	57– 89
73	63– 85	61– 87	59– 89	57– 91
74	64– 86	62– 88	60– 90	58– 92
75	65– 87	63– 89	61– 91	59– 93
76	66– 88	64– 90	62– 92	60– 94
77	67– 89	65– 91	63– 93	61– 95
78	68– 90	66– 92	64– 94	62– 96
79	69– 91	67– 93	64– 96	63– 97
80	70– 92	68– 94	65– 97	64– 98
81	71– 93	69– 95	66– 98	65– 99
82	71– 95	69– 97	67– 99	66–100
83	72– 96	70– 98	68–100	66–102
84	73– 97	71– 99	69–101	67–103
85	74– 98	72–100	70–102	68–104
86	75– 99	73–101	71–103	69–105
87	76–100	74–102	72–104	70–106
88	77–101	75–103	73–105	71–107
89	78–102	76–104	74–106	72–108
90	79–103	77–105	74–108	73–109
91	80–104	78–106	75–109	74–110
92	81–105	79–107	76–110	75–111
93	82–106	80–108	77–111	75–113
94	83–107	81–109	78–112	76–114
95	84–108	82–110	79–113	77–115
96	85–109	82–112	80–114	78–116
97	86–110	83–113	81–115	79–117
98	87–111	84–114	82–116	80–118
99	87–113	85–115	83–117	81–119
100	88–114	86–116	84–118	82–120

$N_1 < N_2,\ N_2 \leqq 20$

N_2	2α = 0,10	2α = 0,05	2α = 0,02	2α = 0,01
$N_1 = 2$				
2	–	–	–	–
3	–	–	–	–
4	–	–	–	–
5	–	–	–	–
6	–	–	–	–
7	–	–	–	–
8	2– •	–	–	–
9	2– •	–	–	–
10	2– •	–	–	–
11	2– •	–	–	–
12	2– •	2– •	–	–
13	2– •	2– •	–	–
14	2– •	2– •	–	–
15	2– •	2– •	–	–
16	2– •	2– •	–	–
17	2– •	2– •	–	–
18	2– •	2– •	–	–
19	2– •	2– •	2– •	–
20	2– •	2– •	2– •	–
$N_1 = 3$				
3	–	–	–	–
4	•– 7	–	–	–
5	2– •	–	–	–
6	2– •	2– •	–	–
7	2– •	2– •	–	–
8	2– •	2– •	–	–
9	2– •	2– •	2– •	–
10	3– •	2– •	2– •	–
11	3– •	2– •	2– •	–
12	3– •	2– •	2– •	2– •
13	3– •	2– •	2– •	2– •
14	3– •	2– •	2– •	2– •
15	3– •	3– •	2– •	2– •
16	3– •	3– •	2– •	2– •
17	3– •	3– •	2– •	2– •
18	3– •	3– •	2– •	2– •
19	3– •	3– •	2– •	2– •
20	3– •	3– •	2– •	2– •
$N_1 = 4$				
4	2– 8	–	–	–
5	2– 9	2– 9	•– 9	–
6	3– 9	2– 9	2– •	–
7	3– 9	2– •	2– •	–
8	3– •	3– •	2– •	2– •
9	3– •	3– •	2– •	2– •
10	3– •	3– •	2– •	2– •
11	3– •	3– •	2– •	2– •
12	4– •	3– •	3– •	2– •
13	4– •	3– •	3– •	2– •
14	4– •	3– •	3– •	2– •
15	4– •	3– •	3– •	3– •
16	4– •	4– •	3– •	3– •
17	4– •	4– •	3– •	3– •
18	4– •	4– •	3– •	3– •
19	4– •	4– •	3– •	3– •
20	4– •	4– •	3– •	3– •
$N_1 = 5$				
5	3– 9	2–10	2–10	–
6	3–10	3–10	2–11	2– •
7	3–10	3–11	2–11	2–11
8	3–11	3–11	2– •	2– •
9	4–11	3– •	3– •	2– •
10	4–11	3– •	3– •	3– •
11	4– •	4– •	3– •	3– •
12	4– •	4– •	3– •	3– •
13	4– •	4– •	3– •	3– •
14	5– •	4– •	3– •	3– •
15	5– •	4– •	4– •	3– •
16	5– •	4– •	4– •	3– •
17	5– •	4– •	4– •	3– •
18	5– •	5– •	4– •	4– •
19	5– •	5– •	4– •	4– •
20	5– •	5– •	4– •	4– •
$N_1 = 6$				
6	3–11	3–11	2–12	2–12
7	4–11	3–12	3–12	2–13
8	4–12	3–12	3–13	3–13
9	4–12	4–13	3–13	3– •
10	5–12	4–13	3– •	3– •
11	5–13	4–13	4– •	3– •
12	5–13	4–13	4– •	3– •
13	5–13	5– •	4– •	3– •
14	5–13	5– •	4– •	4– •
15	6– •	5– •	4– •	4– •
16	6– •	5– •	4– •	4– •
17	6– •	5– •	5– •	4– •
18	6– •	5– •	5– •	4– •
19	6– •	6– •	5– •	4– •
20	6– •	6– •	5– •	4– •
$N_1 = 7$				
7	4–12	3–13	3–13	3–13
8	4–13	4–13	3–14	3–14
9	5–13	4–14	4–14	3–15
10	5–13	5–14	4–15	3–15
11	5–14	5–14	4–15	4–15
12	6–14	5–14	4–15	4– •
13	6–14	5–15	5– •	4– •
14	6–14	5–15	5– •	4– •
15	6–15	6–15	5– •	4– •
16	6–15	6– •	5– •	5– •
17	7–15	6– •	5– •	5– •
18	7–15	6– •	5– •	5– •
19	7–15	6– •	6– •	5– •
20	7–15	6– •	6– •	5– •
$N_1 = 8$				
8	5–13	4–14	4–14	3–15
9	5–14	5–14	4–15	3–15
10	6–14	5–15	4–15	4–16
11	6–15	5–15	5–16	4–16
12	6–15	6–16	5–16	4–17
13	6–15	6–16	5–17	5–17
14	7–16	6–16	5–17	5–17
15	7–16	6–16	5–17	5– •
16	7–16	6–17	6–17	5– •
17	7–16	7–17	6– •	5– •
18	8–16	7–17	6– •	6– •
19	8–16	7–17	6– •	6– •
20	8–17	7–17	6– •	6– •
$N_1 = 9$				
9	6–14	5–15	4–16	4–16
10	6–15	5–16	5–16	4–17
11	6–15	6–16	5–17	5–17
12	7–16	6–16	5–17	5–18
13	7–16	6–17	6–18	5–18
14	7–17	7–17	6–18	5–18
15	8–17	7–18	6–18	6–19
16	8–17	7–18	6–18	6–19
17	8–17	7–18	7–19	6–19
18	8–18	8–18	7–19	6– •
19	8–18	8–18	7–19	6– •
20	9–18	8–18	7–19	7– •
$N_1 = 10$				
10	6–16	6–16	5–17	5–17
11	7–16	6–17	5–18	5–18
12	7–17	7–17	6–18	5–19
13	8–17	7–18	6–19	5–19
14	8–17	7–18	6–19	6–19
15	8–18	7–18	7–19	6–20
16	8–18	8–19	7–20	6–20
17	9–18	8–19	7–20	7–20
18	9–19	8–19	7–20	7–21
19	9–19	8–20	8–20	7–21
20	9–19	9–20	8–20	7–21
$N_1 = 11$				
11	7–17	7–17	6–18	5–19
12	8–17	7–18	6–19	6–19
13	8–18	7–19	6–19	6–20
14	8–18	8–19	7–20	6–20
15	9–19	8–19	7–20	7–21
16	9–19	8–20	7–21	7–21
17	9–19	9–20	8–21	7–22
18	10–20	9–20	8–21	7–22
19	10–20	9–21	8–22	8–22
20	10–20	9–21	8–22	8–22
$N_1 = 12$				
12	8–18	7–19	7–19	6–20
13	9–18	8–19	7–20	6–21
14	9–19	8–20	7–21	7–21
15	9–19	8–20	8–21	7–22
16	10–20	9–21	8–22	7–22
17	10–20	9–21	8–22	8–22
18	10–21	9–21	8–22	8–23
19	10–21	10–22	9–23	8–23
20	11–21	10–22	9–23	8–23
$N_1 = 13$				
13	9–19	8–20	7–21	7–21
14	9–20	9–20	8–21	7–22
15	10–20	9–21	8–22	7–22
16	10–21	9–21	8–22	8–23
17	10–21	10–22	9–23	8–23
18	11–21	10–22	9–23	8–24
19	11–22	10–23	9–24	9–24
20	11–22	10–23	10–24	9–24
$N_1 = 14$				
14	10–20	9–21	8–22	7–23
15	10–21	9–22	8–23	8–23
16	11–21	10–22	9–23	8–24
17	11–22	10–23	9–24	8–24
18	11–22	10–23	9–24	9–25
19	12–23	11–23	10–24	9–25
20	12–23	11–24	10–25	9–25
$N_1 = 15$				
15	11–21	10–22	9–23	8–24
16	11–22	10–23	9–24	9–24
17	11–22	11–23	10–24	9–25
18	12–23	11–24	10–25	9–25
19	12–23	11–24	10–25	10–26
20	12–24	12–25	11–26	10–26
$N_1 = 16$				
16	11–23	11–23	10–24	9–25
17	12–23	11–24	10–25	9–26
18	12–24	11–25	10–26	10–26
19	13–24	12–25	11–26	10–27
20	13–25	12–25	11–26	10–27
$N_1 = 17$				
17	12–24	11–25	10–26	10–26
18	13–24	12–25	11–26	10–27
19	13–25	12–26	11–27	10–27
20	13–25	13–26	11–27	11–28
$N_1 = 18$				
18	13–25	12–26	11–27	11–27
19	14–25	13–26	12–27	11–28
20	14–26	13–27	12–28	11–29
$N_1 = 19$				
19	14–26	13–27	12–28	11–29
20	14–27	13–27	12–29	12–29

Erläuterungen

(Zeit)	1	2	3	4	5	6	7	8	9	10
Folge (I)	*A*	*B*	*A*	*A*	*A*	*B*	*B*	*A*	*B*	*A*
Folge (II)	*A*	*B*	*A*	*B*	*A*	*A*	*B*	*A*	*B*	*A*
Folge (III)	*A*	*A*	*A*	*A*	*A*	*A*	*B*	*B*	*B*	*B*

Jede der Folgen (I), (II), (III) hat einen Umfang von $N = 10$ und eine Anzahl B von $N_1 = 4$ und eine Anzahl A von $N_2 = 6$. (Man nenne, sofern $N = N_1 + N_2 < 40$, die kleinere Anzahl N_1). In diesen Folgen bilden die unterstrichenen Buchstaben je eine Iteration (englisch *run*). Das Total der Iterationen I ist bei Folge (I) = 7, bei Folge (II) = 9, bei Folge (III) = 2.

Die Tafel gibt die Vertrauensgrenzen ($\geqq 1-2\alpha$) für den Erwartungswert $\boldsymbol{I}_{(total)}$ des Totals der Iterationen:

a) Wird die linke Schranke *erreicht* oder *unterschritten*, so ist: $I < \boldsymbol{I}$ mit Wahrscheinlichkeit α oder $I \neq \boldsymbol{I}$ mit Wahrscheinlichkeit 2α.
Für den Wald-Wolfowitz-Test ist die Signifikanz immer 2α.

b) Wird die rechte Schranke *erreicht* oder *überschritten*, so ist: $I > \boldsymbol{I}$ mit Wahrscheinlichkeit α oder $I \neq \boldsymbol{I}$ mit Wahrscheinlichkeit 2α.

c) Liegt I zwischen den Schranken und *erreicht sie nicht*, so kann die Nullhypothese nicht verworfen werden.

[1] Werte nach Swed und Eisenhart, *Ann. math. Statist.*, **14**, 66 (1943). Nachdruck mit freundlicher Erlaubnis der Autoren und des Verlages.

l	$\alpha \leqq 0{,}01$	$\alpha \leqq 0{,}10$	$\alpha \leqq 0{,}50$	$\alpha \leqq 0{,}90$	$\alpha \leqq 0{,}99$
1	2	2	2	2	2
2	4	4	6	8	12
3	6	6	12	22	38
4	8	10	22	54	100
5	10	16	46	116	230
6	14	26	92	260	490
7	18	44	182	530	1 044
8	26	78	360	1 104	2 140
9	38	142	714	2 240	4 370
10	56	256	1 424	4 530	8 980
11	86	480	2 850	9 190	18 240
12	140	930	5 680	18 540	37 200
13	234	1 838	11 330	37 600	75 500
14	410	3 630	22 700	75 700	151 700
15	748	7 160	45 300	151 700	303 000
16	1 446	14 190	90 600	303 000	607 000
17	2 830	28 100	181 200	607 000	1 214 000
18	5 530	56 100	362 000	1 214 000	2 430 000
19	10 860	117 300	725 000	2 430 000	4 850 000
20	21 500	235 000	1 450 000	4 850 000	9 710 000

Diese Tafel[1] gibt die Wahrscheinlichkeit α für den Fall, daß bei dem in der Tafel gegebenen Stichprobenumfang die längste Iteration oberhalb oder unterhalb des Medians die Länge l erreicht oder überschreitet. Der Entscheid, welche Seite des Medians geprüft werden soll, ist vor dem Test zu fassen!

Beispiel: Stichprobenumfang = 28. Längste Iteration oben = 4. Befund: $0{,}50 < \alpha < 0{,}90$.

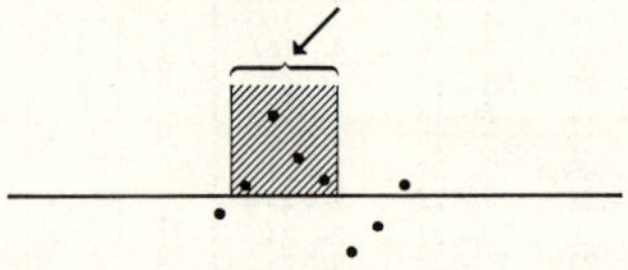

l	$\alpha \leqq 0{,}01$	$\alpha \leqq 0{,}10$	$\alpha \leqq 0{,}50$	$\alpha \leqq 0{,}90$	$\alpha \leqq 0{,}99$
1	2	2	2	2	2
2	4	4	6	10	14
3	6	8	14	26	44
4	8	14	30	68	116
5	12	26	68	152	252
6	20	50	140	322	552
7	34	98	290	676	1 164
8	62	194	596	1 390	2 390
9	116	390	1 208	2 830	4 930
10	216	782	2 440	5 650	10 140
11	446	1 182	4 910	11 750	20 700
12	884	2 360	9 840	23 800	42 500
13	1 762	4 720	19 890	48 600	86 700
14	3 510	9 450	39 900	98 600	174 200
15	6 990	18 900	80 500	197 300	348 000
16	13 930	37 800	161 300	395 000	697 000
17	27 900	75 600	323 000	789 000	1 394 000
18	55 500	151 200	645 000	1 578 000	2 790 000
19	111 000	302 000	1 290 000	3 160 000	5 570 000
20	222 000	605 000	2 580 000	6 310 000	11 150 000

Diese Tafel[1] gibt die Wahrscheinlichkeit α für den Fall, daß bei dem in der Tafel gegebenen Stichprobenumfang die *kürzere* der längsten Iteration oberhalb des Medians und der längsten Iteration unterhalb des Medians die Länge l erreicht oder überschreitet.

Beispiel: Stichprobenumfang = 28. Längste Iteration oben = 4, unten = 9. Befund: $0{,}10 < \alpha < 0{,}50$.

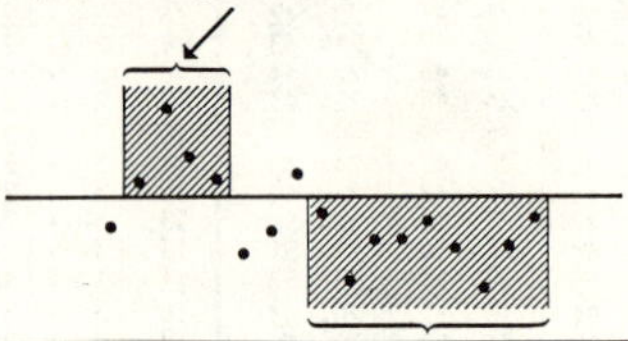

l	$\alpha \leqq 0{,}01$	$\alpha \leqq 0{,}10$	$\alpha \leqq 0{,}50$	$\alpha \leqq 0{,}90$	$\alpha \leqq 0{,}99$
1	2	2	2	2	2
2	4	4	4	8	10
3	6	6	8	16	28
4	8	8	16	36	64
5	10	14	30	76	136
6	12	20	58	152	282
7	16	32	106	296	568
8	22	52	200	580	1 150
9	32	86	388	1 174	2 310
10	42	150	758	2 350	4 640
11	62	262	1 488	4 720	9 330
12	94	500	2 920	9 460	18 730
13	156	962	5 860	10 660	37 700
14	256	1 876	11 250	21 300	75 700
15	418	3 670	22 600	42 600	151 600
16	766	7 330	45 200	85 300	303 000
17	1 472	14 090	90 100	170 500	606 000
18	2 860	27 900	180 300	341 000	1 213 000
19	5 570	55 500	361 000	682 000	2 430 000
20	10 860	111 100	721 000	1 364 000	4 850 000

Diese Tafel[1] gibt die Wahrscheinlichkeit α für den Fall, daß bei dem in der Tafel gegebenen Stichprobenumfang die *längere* der längsten Iteration oberhalb des Medians und der längsten Iteration unterhalb des Medians die Länge l erreicht oder überschreitet.

Beispiel: Stichprobenumfang = 28. Längste Iteration oben = 4, unten = 9. Befund: $\alpha < 0{,}01$.

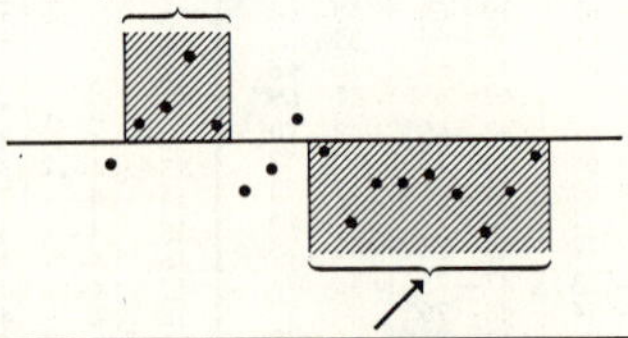

l	$\alpha \leqq 0{,}01$	$\alpha \leqq 0{,}10$	$\alpha \leqq 0{,}50$	$\alpha \leqq 0{,}90$	$\alpha \leqq 0{,}99$
1	2	2	2	2	2
2	4	4	6	8	12
3	6	8	12	22	34
4	8	12	22	48	76
5	12	18	46	96	162
6	16	34	86	192	380
7	24	58	166	382	668
8	38	108	324	760	1 342
9	66	204	638	1 518	2 690
10	118	400	1 266	3 030	5 410
11	228	790	2 530	6 070	10 870
12	444	1 568	5 050	12 130	21 500
13	878	3 130	10 070	24 300	43 100
14	1 750	6 220	20 100	48 500	86 200
15	3 480	12 490	40 300	97 000	172 300
16	6 790	25 000	80 600	194 100	345 000
17	13 860	49 900	161 100	388 000	689 000
18	27 700	99 900	322 000	776 000	1 379 000
19	55 400	199 800	644 000	1 553 000	2 760 000
20	110 800	400 000	1 289 000	3 110 000	5 510 000

Diese Tafel[1] gibt die Wahrscheinlichkeit α für den Fall, daß bei dem in der Tafel gegebenen Stichprobenumfang die *kürzere* der längsten Iteration oberhalb eines Maximalschnittes und der längsten Iteration unterhalb dieses Maximalschnittes die Länge l erreicht oder überschreitet. Der Maximalschnitt wird so geführt, daß die kürzere der längsten Iterationen ober- und unterhalb dieses Schnittes maximalisiert wird.

Beispiel: Stichprobenumfang = 28. Längste Iteration über dem Maximalschnitt = 8, unten = 9. Befund: $\alpha < 0{,}01$.

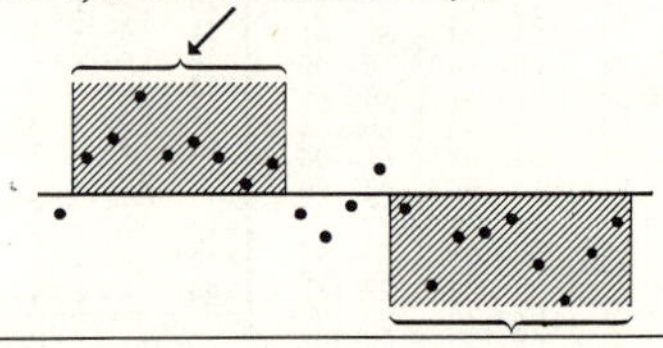

l	$\alpha \leqq 0{,}01$	$\alpha \leqq 0{,}05$	$\alpha \leqq 0{,}10$	$\alpha \leqq 0{,}90$	$\alpha \leqq 0{,}95$	$\alpha \leqq 0{,}99$
2	—	—	—	7	8	12
3	—	—	4	32	40	61
4	—	7	11	162	210	321
5	9	26	48	964	1 253	1 923
6	34	153	309	6 637	8 633	13 268
7	234	1 170	2 396	52 229	67 950	104 452
8	2 034	10 348	21 248	464 209	603 947	928 410
9	20 067	102 382	210 291	4 595 600	5 979 012	9 191 191
10	218 833	1 116 808	2 294 003	50 133 734	65 225 489	100 267 459

Diese Tafel[2] gibt die Wahrscheinlichkeit α für den Fall, daß bei dem in der Tafel gegebenen Stichprobenumfang mindestens eine Auf- oder Ab-Iteration der Länge l oder länger eintritt.

Beispiel: Stichprobenumfang = 28. Zu prüfende Auf-Iteration = 5. Befund: $0{,}05 < \alpha < 0{,}10$.

Definition von Auf- und Ab-Iterationen:

Zeitliche Reihenfolge:	1	2	3	4	5	6
Werte:	1,14	1,17	1,20	1,19	1,21	1,16
		auf		ab	auf	ab
Länge l:		3		1	1	1

[1] Werte nach Olmstead, P.S., *Runs Determined in a Sample by an Arbitrary Cut*, Bell Telephone System, Technical Publications, Monograph 2937, New York, 1958.

[2] Werte l 2–5 nach Olmstead, P. S., *Distribution of Sample Arrangements for Runs up and down*, Bell Telephone System, Technical Publications, Monograph 2289, New York, 1946, und *Ann. math. Statist.*, **17**, 24 (1946). Werte l 6–10 durch den Herausgeber mit Poisson-Approximation errechnet.

Nachdruck aus den obigen Publikationen mit Erlaubnis der American Telephone and Telegraph Company bzw. des Institute of Mathematical Statistics.

72137	73850	32733	35321	80647	39713	61060	57865	88049	20557	43375	50914	83628	73935	72502	48174	62551	96122	22375	96488
04254	60099	50584	10961	57642	19101	30613	01549	96531	83936	45842	78222	88481	44933	12839	20750	47116	58973	99018	22769
48083	50731	81250	57995	41467	29834	08059	22945	72193	36077	82577	16210	76092	87730	90049	02115	37096	20505	91937	69776
16602	26772	89693	92558	38394	84119	68486	17622	30953	78267	31568	58297	88922	50436	86135	42726	54307	29170	13045	65527
29910	55480	47184	79775	09779	08718	45822	17643	63252	00232	98059	07255	90786	95246	15280	61692	45137	17539	31799	64780
77708	83761	89238	86521	82711	79266	47763	26173	36183	65869	64355	91271	49295	98354	28005	69792	01480	51557	70726	35862
90715	65115	12870	89922	24926	44062	94896	97561	96490	35454	51623	98381	11055	32951	28363	16451	67912	66404	76254	75495
79666	48119	38525	82189	34921	49838	47558	92343	47408	99542	44247	12762	54488	74321	36224	95619	16238	25374	13653	25345
53294	49761	76235	55814	29900	03796	73326	94291	10739	36087	32326	52225	72447	77804	57045	27552	72387	34001	83792	66764
44422	78305	76369	20601	39701	80769	17322	78280	42376	64899	62390	68375	42921	28545	33167	85710	11035	40171	04840	69848
12601	54432	65017	91131	50515	97477	80691	31834	32401	11994	97820	06653	27477	61364	22681	02280	53815	47479	44017	37563
65664	73669	24910	25458	23699	86413	19985	49355	24358	02915	81553	92012	50435	73814	96290	86827	81430	45597	82296	28947
18363	66515	23098	22384	87756	66396	63646	50963	99099	62895	09202	48494	95974	33534	94657	71126	71770	16092	03942	90111
00491	53688	72033	68063	86104	90576	04119	65531	30304	39202	82110	82254	03669	03281	11613	36336	98297	48100	71594	52667
02878	83197	94318	47901	85252	91124	32939	75043	40325	53252	18175	09457	83810	46392	02705	85591	33192	65127	80852	42030
79920	22780	43100	83886	26378	66010	00020	80666	66861	17820	50756	80608	35695	72641	26306	76298	32532	22644	96853	18610
97556	54260	42361	12741	56996	48177	85725	36668	45531	85245	12710	60264	74650	92126	08152	32147	17457	56298	48964	64733
79435	52143	12322	12254	04314	98550	58315	78036	24355	85822	44424	88508	66190	74060	93206	92840	44833	81146	64060	62975
93903	78220	09178	33676	58996	78675	11648	96220	54127	24804	24720	66501	74157	42246	41688	72835	87258	89384	11251	34329
04758	50961	90230	72006	24268	77817	10524	60304	79352	31942	85419	93017	28087	78323	77109	56832	78400	24190	37978	85863
53841	28758	93442	42983	25254	96336	16570	89358	36619	72838	10933	99964	13468	17211	48046	51122	92668	96750	11139	06275
07626	78473	17708	59059	33584	52451	11575	55992	83228	38546	49559	71671	53603	24491	57570	90789	32932	67449	05115	45941
40645	27008	16341	05870	42604	79286	08720	13175	89573	38051	39391	92039	71664	40219	97707	93975	66981	19556	24605	52169
82666	14127	94390	07069	39152	10357	94612	56748	75428	28101	38543	54214	48928	32818	51963	87353	15094	29529	87305	01361
60147	99378	58310	34655	48242	58656	30544	01860	08322	70476	44242	54227	28598	64422	29361	20359	48577	05971	92373	22765
61557	43927	11643	65522	76713	95782	34956	67384	47654	64999	11468	74149	81386	94127	67342	38010	92522	57728	39432	27914
71522	16545	68464	62540	76143	06328	94718	58404	84099	73641	52165	54336	89196	40042	37889	06003	58033	59082	94988	62152
05366	66273	49518	25413	20346	22719	18255	47685	78475	67421	83093	77038	55399	67893	89597	85630	08059	35757	49479	63531
72668	62720	08971	97908	15905	86615	97559	68107	10649	30976	66455	90708	08450	50120	17795	55604	51222	17900	55553	02980
51497	78491	83680	08319	51223	19735	72708	82599	28127	29660	30790	65154	19582	20942	81439	83917	90452	64753	99645	19799
66170	68781	91423	86645	02925	51327	41022	76893	29200	82747	97297	74420	18783	93471	89055	56413	77817	10655	52915	68198
23361	60672	52451	03774	06365	94880	70978	57385	70532	46978	87390	53319	90155	03154	20301	47831	86786	11284	49160	79852
53608	59661	70966	24937	56559	98856	19207	41684	20288	19783	82215	35810	39852	43795	21530	96315	55657	76473	08217	46810
24079	01177	02666	35515	24819	73382	50172	23114	28745	12249	35844	63265	26451	06986	08707	99251	06260	74779	96285	31998
50495	87947	20592	91917	59595	55083	43112	94833	72864	58785	53473	06308	56778	30474	57277	23425	27092	47759	18422	56074
93550	48308	20282	92711	74402	51335	64031	41740	69680	69373	73674	97914	77989	47280	71804	74587	70563	77813	50242	60398
16269	03381	09798	89487	33632	47073	92357	38870	73784	95662	83923	90790	49474	11901	30322	80254	99608	17019	17892	76813
32868	72831	55156	90166	91599	09471	79945	42580	86605	97758	08206	54199	41327	01170	21745	71318	07978	35440	26128	10545
80722	21328	19977	82161	29385	62151	48030	05125	70866	72154	86385	39490	57482	32921	33795	43155	30432	48384	85430	51828
67362	87389	09559	98456	70498	40173	80016	81500	48061	25583	74101	87573	01556	89183	64830	16779	35724	82103	61658	20296
83452	92994	85019	57720	36951	03383	34265	65728	89776	04006	06089	84076	12445	47416	83620	59151	97420	23689	74515	55211
51168	41624	94768	53124	95920	04777	82534	76335	21108	42302	79496	21054	80132	67719	72662	58360	57384	65406	63918	17046
83805	28803	63272	65480	08764	16379	72055	61146	82780	89411	53131	57879	39099	42715	24830	60045	23250	39847	46616	17817
59782	50488	77081	10186	86577	28581	26999	96294	20431	30114	23035	30380	76272	60343	57573	42492	47962	21439	54664	97968
09627	26695	79373	09119	79765	99918	01628	47335	17893	53176	07436	14799	78197	48601	97557	83918	20530	61565	69344	71964
20160	50603	71684	34875	60617	77991	66322	27390	73834	73494	21527	93579	20949	85666	25102	64733	93872	72698	87520	43340
04375	15463	49139	17369	71179	77472	96239	18521	67354	41883	58939	36222	43935	36272	47817	90287	91434	86453	84477	03559
67163	48629	25607	27003	09721	70206	10497	83617	39176	45062	63903	33862	14903	38996	60027	41702	78189	28598	12707	91191
49380	42273	93835	32621	60848	67721	69712	33438	85908	58620	50646	47857	96024	58568	67614	44370	40276	85964	71604	05691
56013	02278	53110	33235	62949	53799	51375	42451	76889	68096	80657	91046	95340	70209	23825	46031	45306	64476	31460	61553
46596	51960	02957	56574	18672	02994	39960	02489	53079	72789	22562	39359	38220	13972	86115	17196	24569	26820	66299	50962
52928	66296	15570	31407	54988	78749	16135	82797	31296	93268	10104	95616	82618	85756	51156	74037	12501	94162	42006	99213
09403	50848	71088	31308	35677	49046	10870	72107	11550	61175	33345	56717	07896	74085	59886	03051	78702	13402	74318	20992
30328	72163	66728	81091	52307	78952	60261	11207	73065	48286	57057	49472	95241	84360	13960	95736	43637	60399	19080	72417
78707	57821	28410	64908	30432	78760	36880	02564	96978	62332	77321	92228	53849	26578	39954	86726	91039	13884	25376	60187
73597	94657	72927	46459	61325	50908	25601	30038	78786	65197	65283	18169	72967	53031	47906	99501	27753	69946	66875	31598
07446	66408	19958	65159	11338	39231	72802	70630	87336	16385	32784	38073	87910	89260	66444	15979	83469	76952	50065	89540
47870	55448	14158	83451	58729	42430	42234	04905	83274	22459	75032	93544	10482	34277	40177	01081	57788	08612	39886	33050
84269	35324	35508	49481	56478	30246	41771	61398	98154	61644	12405	45037	68034	98561	46747	30655	41878	93610	51745	97527
52704	71441	50581	65679	37597	17182	60733	11765	09293	70076	40751	95846	80277	92450	60888	18689	45966	25837	70906	62841
19020	09999	08316	32781	89731	52148	09111	64205	77930	32391	69076	13459	59896	78185	60268	03650	36814	88460	34049	19544
19442	94873	36976	30366	65815	66895	27222	17378	59359	00055	66780	54939	78369	04163	77673	73342	78915	20537	06126	92480
39523	74227	51895	39733	29426	76685	93548	87546	07687	47338	12240	32277	23015	54261	95020	77705	81682	96907	37411	90717
01201	85057	93409	81200	21176	78459	18960	85182	02245	11566	52527	62992	55171	85448	12545	75992	08790	88992	69756	46722
51725	60273	84903	84374	31438	36959	83719	40702	79038	68639	63329	93821	58095	62204	69319	00672	96037	78680	98734	92743
91045	72642	42684	32419	12825	58785	84563	62071	17799	96994	41635	52830	19700	98193	37600	70617	58959	45486	58338	12464
54896	95603	17290	91508	95605	82514	32257	15699	02654	83110	44278	95523	12666	87597	23190	26243	36690	75829	71060	91605
92324	88115	77848	38006	45600	02181	79261	49705	31491	25318	52586	72494	66685	05344	71633	68536	18786	28575	00455	93825
88397	78035	06366	37342	62070	74459	62026	13032	14048	16304	11959	78684	72590	47283	45445	35611	98354	53680	45747	87442
52118	65337	13461	18438	16099	57330	05018	92605	10316	07351	78020	86361	30286	06434	50229	09070	44848	09996	77753	49227
37202	05623	23595	79677	59772	37141	63390	48093	02366	05407	08325	52046	87494	95585	25547	53500	45047	08406	66984	71128
71637	80269	83299	89743	94628	26784	17792	09214	53781	90102	25774	92525	32301	25923	76556	13274	39776	97027	56919	88547
35790	19603	31212	34419	34728	47391	93272	09887	34196	98251	62453	37703	70711	37921	54989	17828	60976	57662	61757	71249
99087	72525	34402	50115	09825	54728	37514	24437	01316	04770	06534	17768	36086	05468	41631	95632	78154	38634	47463	99728
89768	36608	49108	92337	79809	81934	06370	18703	90858	55130	40869	88243	37403	42231	17073	49097	54147	03656	14735	78351
83816	00718	94663	39629	27812	28250	44983	33834	54280	67850	96025	96117	00768	14821	69029	25453	48798	15486	73835	51776
00806	20667	81224	24296	39967	60239	89494	34431	44890	59892	79682	20308	82510	53609	13258	89631	80497	49167	81559	47202
65733	03902	29140	05414	62087	65727	54430	52632	94126	95597	48338	67645	44676	14730	22642	21919	21050	87791	76192	56686
60671	23190	47433	86979	45281	69750	96999	42104	34377	63309	82181	00278	28209	95629	75818	09043	48564	87355	27209	09827
45326	86280	74876	51858	03263	10215	87947	09427	32380	43636	58578	07761	28456	46570	11623	50417	37763	30136	58254	71090
54419	65493	88741	89069	10789	00973	30238	46126	85306	37114	22718	50584	92291	56575	24075	43889	40909	18741	86154	20843
72845	68939	06483	40835	16564	75047	22938	13073	32066	43098	75738	94910	15403	89151	73322	18370	90586	46115	87375	79147
01828	48113	60005	87083	90000	22346	89182	27750	63314	87302	49472	24885	79506	60638	07132	00908	92035	75518	30878	14979
89871	81320	05251	25930	37320	11895	16187	03303	40287	52435	23926	92544	54099	31497	03863	22864	72620	74169	25311	80669
74883	93005	77888	64673	19302	54669	21526	07401	30925	46148	20138	33874	56715	38424	38273	11361	15203	64912	62494	31231
25493	56247	46907	25634	84761	76421	42907	95158	27146	37012	43361	03173	97911	71313	44256	66609	42504	76799	46790	28464
28278	93841	13134	25129	65536	19838	21479	48265	01674	47274	56350	37512	14883	99673	62298	33948	32456	28675	04242	20735
44834	89816	52509	85192	32114	83770	90076	70233	76730	25043	16686	54737	57431	01786	20803	69465	37970	05673	49516	98035
23329	74767	85661	54449	76606	02131	93202	25355	93941	84434	22384	13240	93617	51549	28532	57150	77261	62643	74966	08777
33176	16108	98145	27652	76918	41000	46059	72208	90475	10341	39703	83224	37858	61657	04184	15597	29448	01922	05709	77900
44597	28074	92908	22392	38034	83739	32876	98604	75652	95680	51386	48724	76069	94867	93570	20306	31712	96238	57864	86267
81456	81110	94771	13664	07478	80992	58485	18882	13238	59865	55644	05528	94935	58972	43340	94718	97397	92197	57257	73187
91503	59589	22803	18122	17790	00236	93750	20468	92189	66781	06210	18208	13973	57905	66878	55721	67437	61709	88182	92769
63651	64109	13207	68346	42140	00052	04099	48767	23355	42505	34539	51129	48580	59386	62209	29754	77409	48146	50411	50511
30709	25869	68851	65221	69392	35106	36393	27129	17326	86452	69952	68433	72332	62502	76323	38379	07293	76788	84281	58581
50664	89487	41973	98456	51147	51327	26590	94684	58103	96936	71276	30275	22753	46046	67196	65135	54879	71903	23541	92400
80089	83750	36605	85343	26090	28447	33179	69730	09683	08770	50381	43130	88108	64709	15191	68718	38375	46747	19860	76129
19293	91304	37043	82077	42231	31534	54358	52939	26655	72687	26616	09608	59223	74533	64986	49667	78039	61030	46122	54941
97754	28401	62553	98641	48553	35996	08033	91811	70471	81538	20017	19613	81103	37642	41866	96777	08667	74544	92903	58427
47923	38366	81939	61526	27691	13988	21630	00957	50599	91260	72832	89364	14158	71740	91289	61204	91185	23485	18424	65084

[1] Nach LINDER, A., *Planen und Auswerten von Versuchen*, 2. Aufl., Birkhäuser, Basel, 1959, S. 177. Mit freundlicher Erlaubnis des Autors und des Verlages.

I. Symbole

$a \to b$	*a* strebt nach *b*
∞	Unendlich
lim	Grenzwert (limes)
$a \sim b$	*a* annähernd gleich groß wie *b*
$a \approx b$	*a* in großer Annäherung gleich groß wie *b*
$a = b$	*a* gleich groß wie *b* [vgl. II, Gleichung (**1**)]
$a \equiv b$	*a* identisch *b* (nur für Formeln)
$a > b$	*a* größer als *b* } Vgl. II, Ungleichungen (**2**) und (**3**)
$a < b$	*a* kleiner als *b* } Vgl. II, Ungleichungen (**2**) und (**3**)
$a \gg b$	*a* viel größer als *b*
$a \ll b$	*a* viel kleiner als *b*
$a \neq b$, $a \lessgtr b$	*a* ungleich groß wie *b*, gelesen «*a* ungleich *b*»
$b < a < c$	*a* größer als *b* und kleiner als *c*
$a \geqq b$, $a \geq b$	*a* gleich groß oder größer als *b*, das heißt, *a* ist mindestens so groß wie *b*
$a \leqq b$, $a \leq b$	*a* gleich groß oder kleiner als *b*, das heißt, *a* ist höchstens so groß wie *b*
$b \leqq a \leqq c$	*a* liegt zwischen *b* und *c*
$\|a\|$	Absolutwert von *a*; er ist immer positiv, zum Beispiel $\|-5\| = 5$
$+$	Additionszeichen, plus, positiv
$-$	Subtraktionszeichen, minus, negativ
$\times$ oder $\cdot$	Multiplikationszeichen, mal (der Punkt wird von uns nicht verwendet)
: oder $\div$	Divisionszeichen, dividiert durch ($\div$ ist in den USA gebräuchlich; wird von uns nicht verwendet)
$a + b = c$	$a + b$, gelesen «*a* plus *b*», wird Addition genannt. *a* und *b* sind die Summanden, $a + b$ die Summe, *c* der Summenwert, in der Regel ebenfalls als Summe bezeichnet
$\sum_1^k x_i$	Summe aller Werte $x_1, x_2, x_3, \ldots$, kurz, aller Werte x_i zwischen $i = 1$ bis und mit $i = k$, das heißt $\sum_1^k x_i = x_1 + x_2 + x_3 + \cdots + x_k$. Wenn keine Unklarheit entsteht, werden die Summierungsgrenzen unter- und oberhalb des Σ meist weggelassen
$\int$	Unbestimmtes Integral
$\int_a^b$	Bestimmtes Integral, Integral zwischen $x = a$ und $x = b$
$a - b = c$	$a - b$, gelesen «*a* minus *b*», wird Subtraktion genannt. *a* ist der Minuend, *b* der Subtrahend, $a - b$ die Differenz, *c* der Differenzenwert, in der Regel ebenfalls als Differenz bezeichnet. Die Subtraktion ist die Umkehroperation der Addition
$a \times b = c$, $a\,b = c$, $a \cdot b = c$	$a \times b$, gelesen «*a* mal *b*», wird Multiplikation genannt. *a*, *b* sind die Faktoren, $a \times b$ das Produkt, *c* der Produktenwert, in der Regel ebenfalls als Produkt bezeichnet. Der Punkt wird von uns wegen Verwechslungsgefahr nicht verwendet
$a : b = c$	$a : b$, gelesen «*a* durch *b*», wird Division genannt. *a* ist der Dividend, *b* der Divisor, $a : b$ der Quotient, *c* der Quotientenwert, in der Regel ebenfalls als Quotient bezeichnet. Die Division ist die Umkehroperation der Multiplikation. Sie kann auch als Bruch dargestellt werden $\frac{a}{b}$ oder a/b. Beim Bruch wird *a* als Zähler (= Dividend), *b* als Nenner (= Divisor) bezeichnet
$a^b = c$	a^b, gelesen «*a* hoch *b*», wird Potenzierung genannt. *a* ist die Basis, *b* der Exponent, a^b die Potenz, *c* der Potenzwert, in der Regel ebenfalls als Potenz bezeichnet. Beim Spezialfall $a^2 = c$ wird a^2, in der Regel auch *c*, das Quadrat von *a* genannt
$\sqrt[b]{a} = c$	$\sqrt[b]{a}$, gelesen «*b*-te Wurzel aus *a*» (der Autor liest «*b* aus *a*»), wird Radizierung genannt. *a* ist der Radikand, *b* der Wurzelexponent, $\sqrt[b]{a}$ die Wurzel, *c* der Wurzelwert, in der Regel ebenfalls als Wurzel bezeichnet. Beim Spezialfall $\sqrt[2]{a} = c$ wird $\sqrt[2]{a}$, in der Regel auch *c*, die Quadratwurzel von *a* genannt. Der Wurzelexponent der Quadratwurzel wird meistens nicht angeschrieben, das heißt $\sqrt{a} = \sqrt[2]{a}$. Die Radizierung ist eine der beiden Umkehroperationen der Potenzierung, die andere ist das Logarithmieren
log, ln	Siehe Logarithmen, S. 134
e	Basis der natürlichen Logarithmen = 2,718 281 828 4 ...
π	Verhältnis von Kreisumfang zu Kreisdurchmesser = 3,141 592 653 5 ...
sin, cos, tan, tg	Siehe S. 139
arc sin	Siehe S. 140

II. Das Zahlensystem

Als *natürliche Zahlen* bezeichnet man die Gesamtheit aller positiven ganzen Zahlen. Null* und negative Zahlen werden nicht dazugerechnet.

Als *rationale Zahlen* bezeichnet man die Gesamtheit aller positiven und negativen ganzen Zahlen sowie die aus diesen Zahlen gebildeten Brüche und die Null.

Als *irrationale Zahlen* bezeichnet man jene Bruchzahlen, die sich nicht durch Division erzeugen lassen. So führt das Wurzelziehen oft zu irrationalen Zahlen, zum Beispiel $\sqrt{2}$, $\sqrt{5}$ usw. Zu den irrationalen Zahlen gehören auch π und *e*.

Als *reelle Zahlen* bezeichnet man die Gesamtheit aller rationalen und irrationalen Zahlen. Innerhalb der reellen Zahlen gelten folgende Grundgesetze:

1. Die vier Grundoperationen

Addition, Subtraktion, Multiplikation und Division sind im Bereich der reellen Zahlen immer und eindeutig durchführbar, ausgenommen die Division durch Null.

2. Das Ordnungsgesetz

Zwischen zwei reellen Zahlen *a* und *b* besteht *immer nur eine* der drei Beziehungen

$$a = b \quad \text{oder} \quad a > b \quad \text{oder} \quad a < b$$

wobei

$$a = b \quad \text{wenn} \quad a - b = 0 \tag{1}$$

$$a > b \quad \text{wenn} \quad a - b > 0 \tag{2}$$

$$a < b \quad \text{wenn} \quad a - b < 0 \tag{3}$$

Beispiele zu den Ungleichungen (**2**) und (**3**):

$$\cdots > \ 10 > \ 9 > \cdots > \ 1 > 0 > -1 > \cdots > -10 > \cdots$$

$$\cdots < -10 < -9 < \cdots < -1 < 0 < \ 1 < \cdots < \ 10 < \cdots$$

* Die Null wird von einzelnen Mathematikern auch zu den natürlichen Zahlen gerechnet.

3. Das kommutative Gesetz

$$a + b = b + a \qquad (4)$$

$$ab = ba \qquad (5)$$

4. Das assoziative Gesetz

$$(a + b) + c = a + (b + c) \qquad (6)$$

$$(ab)c = a(bc) \qquad (7)$$

5. Das distributive Gesetz

$$a(b + c) = ab + ac \qquad (8)$$

III. Rechnen mit Null und Unendlich

$$a - a = 0 \qquad (9)$$

$$|0| = 0 \qquad (10)$$

$$0 \times a = 0 \qquad (11)$$

$$\frac{a}{\infty} = 0 \quad (a \neq \infty) \qquad (12)$$

$$\frac{0}{a} = 0 \quad (a \neq 0) \qquad (13)$$

$$\frac{a}{0} \quad \text{ist nicht definiert} \qquad (14)$$

$$0^a = 0 \quad (a > 0) \qquad (15)$$

$$a^0 = 1 \quad (a \neq 0) \qquad (16)$$

$$\lim_{(n \to \infty)} a^n = \begin{cases} \infty & \text{für } a > 1 \\ 1 & \text{für } a = 1 \\ 0 & \text{für } -1 < a < 1 \text{ und } a \neq 0 \\ \text{nicht konvergent} & \text{für } a \leqq -1 \end{cases} \qquad (17)$$

$$\log_c 0 = -\infty \quad (c > 1) \qquad (18)$$

$$\log_c \infty = +\infty \quad (c > 1) \qquad (19)$$

$$\log_c 1 = 0 \qquad (20)$$

$$0! = 1 \qquad (21)$$

$$\binom{n}{0} = 1 \qquad (22)$$

IV. Addition, Subtraktion, Multiplikation, Division

1. Vorzeichen

a, b, c seien positive Zahlen. Dann gilt

$$a \pm b = a \mp (-b) \qquad (23)$$

$$a(-b) = (-a)b = -(ab) = -c \qquad (24)$$

$$(-a)(-b) = +ab = +c \qquad (25)$$

$$\frac{-b}{a} = \frac{b}{-a} = -\frac{b}{a} = -c \qquad (26)$$

$$\frac{-b}{-a} = +\frac{b}{a} = +c \qquad (27)$$

2. Ausklammern

$$a - b - c - d - \cdots = a - (b + c + d + \cdots) \qquad (28)$$

$$\pm ab \pm ac \pm ad \pm \cdots = a(\pm b \pm c \pm d \pm \cdots) = \pm a(b + c + d + \cdots) \qquad (29)$$

3. Umformen von Divisionen in Multiplikationen

$$\frac{b}{a} = \frac{1}{a} \times b \qquad (30)$$

Werte für $1/a$ im Bereich 1–999 siehe S. 18. Die Anwendung der Gleichung (**30**) ist besonders vorteilhaft beim Maschinenrechnen mit konstantem Divisor.

4. Umformen von Multiplikationen und Divisionen in Additionen

Ist b eine ganze Zahl (eventuell umformen), dann ist

$$\left.\begin{aligned} ab &= a + a + a + \cdots \\ \frac{b}{a} &= \frac{1}{a} + \frac{1}{a} + \frac{1}{a} + \cdots \end{aligned}\right\} b \text{ Summanden} \qquad (31)$$

Gleichung (**31**) ist besonders vorteilhaft bei maschineller Tabellierung linearer Funktionen.

5. Bruchrechnen

$$\frac{a}{a} = 1 \quad (a \neq 0) \qquad (32)$$

$$\frac{ma}{mb} = \frac{a}{b} \quad (m \neq 0) \qquad (33)$$

$$\frac{a}{b} + \frac{c}{b} = \frac{a + c}{b} \quad \text{(Anwendung auch von rechts nach links!)} \qquad (34)$$

$$\frac{a}{b} + \frac{c}{d} = \frac{ad + bc}{bd} \quad \text{(Anwendung auch von rechts nach links!)} \qquad (35)$$

$$\frac{a}{b} \times \frac{c}{d} = \frac{a}{d} \times \frac{c}{b} = \frac{ac}{bd} \qquad (36)$$

$$\frac{a}{b} : \frac{c}{d} = \frac{a}{b} \times \frac{d}{c} = \frac{a}{c} \times \frac{d}{b} = \frac{a}{c} : \frac{b}{d} \qquad (37)$$

6. Proportion

Die Gleichung

$$a : b = c : d \qquad (38)$$

gelesen «a verhält sich zu b wie c zu d», heißt Proportion. a und d sind die äußern, b und c die innern Glieder. Das Produkt der äußern ist gleich dem Produkt der innern Glieder

$$ad = bc \qquad (39)$$

Stetige Proportion heißt die Gleichung

$$a : b = b : c \qquad (40)$$

Nach Gleichung (**39**) ist $ac = b^2$, das heißt $b = \sqrt{ac}$ (**41**)

b wird das geometrische Mittel von a und c genannt.

Zwei Spezialfälle stetiger Proportionen sind der in Natur und Kunst weitverbreitete «Goldene Schnitt»

$$\left.\begin{aligned} &\frac{a}{b} = \frac{b}{a - b}, \text{ das heißt} \\ &b = \frac{a(\sqrt{5} - 1)}{2} = 0{,}618\,034\,a \quad \text{oder} \quad \frac{a}{b} = 1{,}618\,034 \end{aligned}\right\} \qquad (42)$$

und die Proportion der «Normal»formate

$$\left.\begin{aligned} &\frac{a}{b} = \frac{b}{a/2}, \text{ das heißt} \\ &b = a/\sqrt{2} = 0{,}707\,107\,a \quad \text{oder} \quad \frac{a}{b} = 1{,}414\,214 \end{aligned}\right\} \qquad (43)$$

Verhalten sich die Einzelwerte zweier einander zugeordneter Veränderlichen x, y wie

$$\frac{y_1}{x_1} = \frac{y_2}{x_2} = \frac{y_3}{x_3} = \cdots = k \qquad (44)$$

dann ist

$$y = kx \qquad (45)$$

gelesen «y ist proportional zu x im Verhältnis k». k heißt Proportionalitätskonstante. Bei positivem k vergrößert, bei negativem k verkleinert sich y proportional zum wachsenden x. [Für größer und kleiner vgl. Ungleichungen (**2**) und (**3**).] Die geometrische Darstellung einer proportionalen Beziehung ergibt in einem rechtwinkligen Koordinatensystem eine Gerade, ist also eine lineare Beziehung. Umgekehrt ist eine lineare Beziehung nicht zwangsläufig eine proportionale zwischen y und x, da es viele Gerade gibt, die nicht der Gleichung (**45**) entsprechen. Zum

Beispiel ist $y = a + k\,x$ *keine* proportionale Beziehung zwischen y und x. Hier verhält sich $(y - a)$ proportional zu x.

Verhalten sich die Einzelwerte zweier einander zugeordneter Veränderlichen x, y wie

$$\frac{y_1}{1/x_1} = \frac{y_2}{1/x_2} = \frac{y_3}{1/x_3} = \cdots = k$$

das heißt, ist

$$y_1 x_1 = y_2 x_2 = y_3 x_3 = \cdots = k \qquad (46)$$

dann ist

$$y = \frac{k}{x} \qquad (47)$$

gelesen «y ist umgekehrt proportional zu x im Verhältnis k». Die geometrische Darstellung einer umgekehrt proportionalen Beziehung ergibt in einem rechtwinkligen Koordinatensystem eine Hyperbel. Die umgekehrt proportionale Beziehung gehört deshalb zu den nichtlinearen Beziehungen.

V. Potenzieren und Radizieren

1. Potenzieren mit ganzzahligen Exponenten

a und b seien beliebige reelle, m und r ganze positive Zahlen.

Dann gilt:

$$0^m = 0 \quad (m > 0) \qquad (15)$$

$$a^0 = 1 \quad (a \neq 0) \qquad (16)$$

$$\lim_{(m \to \infty)} a^m = \begin{cases} \infty & \text{für } a > 1 \\ 1 & \text{für } a = 1 \\ 0 & \text{für } -1 < a < 1 \text{ und } a \neq 0 \\ \text{nicht konvergent} & \text{für } a \leqq -1 \end{cases} \qquad (17)$$

$$a \times a \times a \times \cdots (m \text{ Faktoren}) = a^m \qquad (48)$$

$$\frac{1}{a} \times \frac{1}{a} \times \frac{1}{a} \times \cdots (m \text{ Faktoren}) = \frac{1}{a^m} = a^{-m} \quad (a \neq 0) \qquad (49)$$

$$a^m \times b^m = (a\,b)^m \qquad (50)$$

$$\frac{a^m}{b^m} = \left(\frac{a}{b}\right)^m = a^m\,b^{-m} \quad (b \neq 0) \qquad (51)$$

$$a^m \times a^r = a^{m+r} \qquad (52)$$

$$\frac{a^m}{a^r} = a^m\,a^{-r} = a^{m-r} \quad (a \neq 0) \qquad (53)$$

$$(a^m)^r = (a^r)^m = a^{m\,r} \qquad (54)$$

Vorzeichen: In den Gleichungen (**48**) bis (**54**) sei der resultierende *Absolutwert* der Basis gleich R, c der absolute Wert der Potenz, $2\,m$ oder $2\,m - 1$ die resultierenden geraden oder ungeraden Exponenten, dann gilt

$$(\pm R)^{2m} = +c \qquad (55)$$

$$(\pm R)^{2m-1} = \pm c \qquad (56)$$

2. Radizieren mit ganzzahligen Wurzelexponenten

a und b seien beliebige reelle, n und s ganze positive Zahlen, aber nicht Null. Dann gilt

$$\sqrt[n]{a} = a^{\frac{1}{n}} \qquad (57)$$

$$\frac{1}{\sqrt[n]{a}} = a^{-\frac{1}{n}} \quad (a \neq 0) \qquad (58)$$

$$\sqrt[n]{a\,b} = \sqrt[n]{a}\,\sqrt[n]{b} = (a\,b)^{\frac{1}{n}} \qquad (59)$$

$$\sqrt[n]{\frac{a}{b}} = \frac{\sqrt[n]{a}}{\sqrt[n]{b}} = \left(\frac{a}{b}\right)^{\frac{1}{n}} \quad (b \neq 0) \qquad (60)$$

$$\sqrt[s]{\sqrt[n]{a}} = \sqrt[n]{\sqrt[s]{a}} = a^{\frac{1}{n\,s}} \qquad (61)$$

Vorzeichen: In den Gleichungen (**57**) bis (**61**) sei der resultierende *Absolutwert* der Basis gleich R, c der absolute Wert der Potenz, $2\,n$ oder $2\,n - 1$ die resultierenden geraden oder ungeraden Exponenten. Dann gilt

$$\sqrt[2n]{(+R)} = (+R)^{\frac{1}{2n}} = +c \qquad (62)$$

$$\sqrt[2n]{(-R)} = (-R)^{\frac{1}{2n}} \quad \text{besitzt keine reelle Lösung} \qquad (63)$$

$$\sqrt[2n-1]{(\pm R)} = (\pm R)^{\frac{1}{2n-1}} = \pm c \qquad (64)$$

3. Gemischtes Potenzieren und Radizieren

a und b seien beliebige reelle, m und r ganze positive Zahlen. Auch k, n und s seien ganze positive Zahlen, aber nicht Null. Dann gilt

$$\sqrt[n]{a^m} = a^{\frac{m}{n}} \qquad (65)$$

$$\frac{1}{\sqrt[n]{a^m}} = a^{-\frac{m}{n}} \quad (a \neq 0) \qquad (66)$$

$$\sqrt[kn]{a^{k\,m}} = \sqrt[n]{a^m} = a^{\frac{m}{n}} \qquad (67)$$

Zu (**67**): Achtung! Ist a negativ, so führe man zunächst alle anderen eventuell benötigten Umformungsoperationen am Exponenten durch, bevor eine Kürzung vorgenommen wird. Ist dann der resultierende Zähler im Exponenten gerade, so setze man negative a positiv und kürze danach.

$$\sqrt[n]{(a\,b)^m} = \sqrt[n]{a^m} \times \sqrt[n]{b^m} = (a\,b)^{\frac{m}{n}} \qquad (68)$$

$$\frac{\sqrt[n]{a^m}}{\sqrt[n]{b^m}} = \sqrt[n]{\left(\frac{a}{b}\right)^m} = \left(\frac{a}{b}\right)^{\frac{m}{n}} \quad (b \neq 0) \qquad (69)$$

$$\sqrt[n]{a} \times \sqrt[s]{a} = a^{\frac{1}{n} + \frac{1}{s}} = a^{\frac{n+s}{n\,s}} = \sqrt[n\,s]{a^{n+s}} \qquad (70)$$

$$\sqrt[n]{a^m} \times \sqrt[s]{a^r} = a^{\frac{m}{n} + \frac{r}{s}} = a^{\frac{m\,s + n\,r}{n\,s}} = \sqrt[n\,s]{a^{m\,s + n\,r}} \qquad (71)$$

$$\left(a^{\frac{m}{n}}\right)^{\frac{r}{s}} = \left(a^{\frac{r}{s}}\right)^{\frac{m}{n}} = a^{\frac{m\,r}{n\,s}} \qquad (72)$$

Vorzeichen: In den Gleichungen (**65**) bis (**72**) sei der resultierende *Absolutwert* der Basis gleich R, c der absolute Wert der Potenz, $2\,m$, $2\,n$ oder $2\,m - 1$, $2\,n - 1$ die resultierenden geraden oder ungeraden Zähler und Nenner des Exponenten, dann gilt

$$\sqrt[2n]{(\pm R)^{2m}} = (\pm R)^{\frac{2m}{2n}} = (+R)^{\frac{2m}{2n}} = +c \qquad (73)$$

(überall bei allfälligem Kürzen von Exponenten anwenden)

$$\sqrt[2n]{(+R)^{2m-1}} = (+R)^{\frac{2m-1}{2n}} = +c \qquad (74)$$

$$\sqrt[2n]{(-R)^{2m-1}} = (-R)^{\frac{2m-1}{2n}} \quad \text{besitzt keine reelle Lösung} \qquad (75)$$

$$\sqrt[2n-1]{(\pm R)^{2m}} = (\pm R)^{\frac{2m}{2n-1}} = +c \qquad (76)$$

$$\sqrt[2n-1]{(\pm R)^{2m-1}} = (\pm R)^{\frac{2m-1}{2n-1}} = \pm c \qquad (77)$$

VI. Logarithmen

Nach der Gleichung

$$a = c^{\log_c a} \qquad (78)$$

(a = Numerus oder Antilogarithmus, c = Basis, $\log_c a$ = Logarithmus von a zur Basis c)

ist der Logarithmus von a zur Basis c definiert als Exponent, mit dem die Basis c potenziert werden muß, um a zu erhalten. Die gebräuchlichste Basis ist 10 bei den Zehner- oder Briggsschen Logarithmen und $e = 2{,}718\,281\,828\,5$ bei den natürlichen Logarithmen. Im folgenden verwenden wir für die Zehnerlogarithmen die Abkürzung log, für die natürlichen Logarithmen die Abkürzung ln. Zwischen den beiden besteht die Beziehung

$$\ln a = \frac{\log a}{\log e} = 2{,}302\,585\,093\,0 \log a = \ln 10 \times \log a \qquad (79)$$

$$\log a = \frac{\ln a}{\ln 10} = 0{,}434\,294\,481\,9 \ln a = \log e \times \ln a \qquad (80)$$

Allgemein zur Umwandlung von Zehnerlogarithmen in andere

$$\log_c a = \frac{\log_{10} a}{\log_{10} c} \tag{81}$$

Beispiel: Gesucht Logarithmus zur Basis 2 von 20

$$\log_2 20 = \frac{\log_{10} 20}{\log_{10} 2} = \frac{1{,}301\,030\,0}{0{,}301\,030\,0} = 4{,}321\,928$$

Mit Logarithmen als Rechenhilfen werden Multiplikation, Division, Potenzieren und Radizieren zu Addition, Subtraktion, Multiplikation und Division vereinfacht.

Da nach Gleichung (**78**) für Zehnerlogarithmen

$$a = 10^{\log a} \quad \text{und} \quad b = 10^{\log b}$$

wird nach Gleichung (**52**)

$$a \times b = 10^{\log a} \times 10^{\log b} = 10^{\log a + \log b}$$

das heißt $\quad \log(a \times b) = \log a + \log b$

und daraus

$$(a \times b) = \operatorname{antilog}(\log a + \log b)$$

In analoger Weise lassen sich aus den Regeln des vorhergehenden Abschnittes V alle Grundregeln des Logarithmenrechnens ableiten. Die wichtigsten sind:

$$\log(a \times b) = \log a + \log b \tag{82}$$

$$\log\left(\frac{a}{b}\right) = \log a - \log b \tag{83}$$

$$\log a^b = b \log a \tag{84}$$

$$\log \sqrt[b]{a} = \frac{\log a}{b} \tag{85}$$

Da die Logarithmen nur für positive Zahlen definiert sind, führt man die Logarithmenrechnung ohne Berücksichtigung der Vorzeichen von $a, b, \ldots$ durch und versieht das Resultat nach den früher gegebenen Regeln mit dem entsprechenden Vorzeichen.

Eine logarithmische Rechnung zerfällt in drei Teile:

1. Aufsuchen der Logarithmen
2. Rechnen mit ihnen nach den angegebenen Regeln
3. Aufsuchen der Antilogarithmen

1. Aufsuchen der Logarithmen

Man formt die Zahl a, zu der der Logarithmus gesucht werden soll, in ein Produkt um

$$a = 10^x \times \frac{a}{10^x} = K' \times M' \tag{86}$$

x ist durch Abzählen der Stellenzahl b links vom Komma ($|a| \geqq 1$) oder durch Abzählen der Anzahl b der Nullen rechts vom Komma ($|a| < 1$) zu bestimmen. Es ist

$$x = b - 1 \qquad \text{wenn } |a| \geqq 1 \tag{87}$$

und

$$x = -b - 1 \qquad \text{wenn } |a| < 1 \tag{88}$$

Beispiele:

a	b	x	K'	$K' \times M'$
1566,3	4	3	10^3	$10^3 \times 1{,}566\,3$
1,2	1	0	10^0	$10^0 \times 1{,}2$
0,12	0	−1	10^{-1}	$10^{-1} \times 1{,}2$
0,000 34	−3	−4	10^{-4}	$10^{-4} \times 3{,}4$

Nach Gleichung (**82**) ist nun

$$\log a = \log(K' \times M') = \log K' + \log M' = K + M \tag{89}$$

K wird als Kennziffer, M als Mantisse des Logarithmus von a bezeichnet.

Während K dem positiven oder negativen Exponenten x von K' entspricht, muß die Mantisse in Logarithmentafeln gesucht werden. Zu diesem Zweck rundet man zunächst M' auf jene Stellenzahl, in der die Logarithmen der zur Verfügung stehenden Tafel gegeben sind. Wir rechnen im folgenden mit 4stelligen Logarithmen:

Bei $M' < 1{,}1$ runde M' auf 5 signifikante Stellen

Bei $M' \geqq 1{,}1$ runde M' auf 4 signifikante Stellen

Beispiele:

$\log 1{,}099\,3 = ?\quad \log 1{,}566\,3 \approx \log 1{,}566 = ?$

Tafel auf S. 10

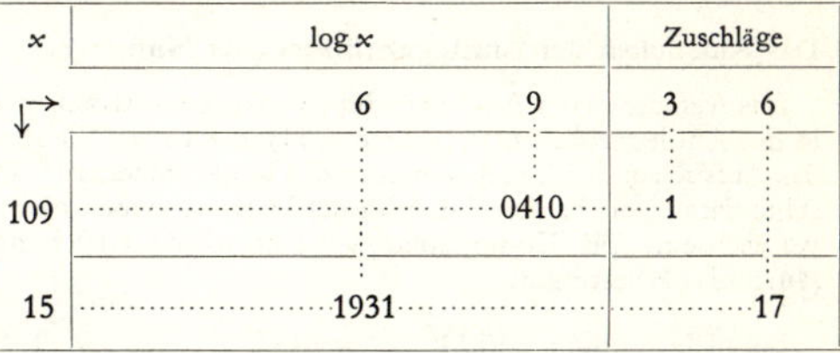

$$\log 1{,}099\,3 = 0{,}041\,0 + 0{,}000\,1 = 0{,}041\,1$$

$$\log 1{,}566 \quad = 0{,}193\,1 + 0{,}001\,7 = 0{,}194\,8$$

Weitere Beispiele:

a) $\log 3048 \quad = \log(10^3 \times 3{,}048)$
$\qquad = 3 + 0{,}482\,9 + 0{,}001\,1 = 3{,}484\,0$

b) $\log 0{,}213\,0 \quad = \log(10^{-1} \times 2{,}130)$
$\qquad = -1 + 0{,}328\,4 + 0 = 0{,}328\,4 - 1$

c) $\log 1/3048 \quad = \log(10^{-3} \times 3{,}048^{-1})$
$\qquad = -3 - (0{,}482\,9 + 0{,}001\,1) = -0{,}484\,0 - 3$

d) $\log 1/0{,}213\,0 = \log(10^1 \times 2{,}13^{-1})$
$\qquad = 1 - 0{,}328\,4 = 0{,}671\,6$

Bei c haben wir einen Logarithmus, bei dem außer der Kennziffer auch die Mantisse negativ ist. Man forme solche negative Mantissen sofort in positive um, indem man zur Mantisse 1 addiert und von der Kennziffer 1 subtrahiert. Zum Beispiel

$$-0{,}484\,0 - 3 = \underbrace{-0{,}484\,0 + 1}_{=\,0{,}516\,0}\ \underbrace{-\,3 - 1}_{-\,4}$$

2. Rechnen mit Logarithmen

Man rechnet nach den Regeln (**82**) bis (**85**) und bediene sich dabei folgender Anweisungen:

1. Man rechne immer so, daß keine negativen Mantissen entstehen.
2. Beim Wurzelziehen aus Brüchen subtrahiere man von der Kennziffer die Differenz zwischen Wurzelexponent und Kennziffer und addiere zur Mantisse denselben Betrag (Beispiele e und f).
3. Am Schlusse der Logarithmenrechnung addiere man allfällige positive und negative Kennziffern. Die resultierende Kennziffer x ergibt dann die Anzahl b der Stellen links vom Komma ($x \geqq 0$) oder die Nullenzahl rechts vom Komma ($x < 0$) nach

$$b = x + 1 \qquad \text{wenn } x \geqq 0 \tag{90}$$

$$b = -(x + 1) \quad \text{wenn } x < 0 \tag{91}$$

Beispiele:

a) $\log(3048 \times 0{,}213\,0) = \begin{array}{r} 3{,}484\,0 \\ +\,0{,}328\,4 - 1 \\ \hline 3{,}812\,4 - 1 \end{array} = 2{,}812\,4$

b) $\log(0{,}213\,0 : 3048) = \begin{array}{r} 0{,}328\,4 - 1 \\ +\,0{,}516\,0 - 4 \\ \hline 0{,}844\,4 - 5 \end{array} = 0{,}844\,4 - 5$

c) $\log(0{,}213\,0 : 0{,}000\,328\,1) = \begin{array}{r} 0{,}328\,4 - 1 \\ -\,(0{,}516\,0 - 4) \end{array}$
$\qquad = \begin{array}{r} 1{,}328\,4 - 2 \\ -\,0{,}516\,0 + 4 \\ \hline 0{,}812\,4 + 2 \end{array} = 2{,}812\,4$

d) $\log(0{,}213\,0^5) = 5 \log 0{,}213\,0 = 5 \times (0{,}328\,4 - 1)$
$\qquad = 1{,}642\,0 - 5 = 0{,}642\,0 - 4$

e) $\log\left(\sqrt[6]{0{,}2130}\right) = \dfrac{\log 0{,}2130}{6} = \dfrac{0{,}3284 - 1}{6} = \dfrac{5{,}3284 - 6}{6}$
$= 0{,}8881 - 1$

f) $\log\left(\sqrt[1{,}5]{0{,}2130}\right) = \dfrac{\log 0{,}2130}{1{,}5} = \dfrac{0{,}3284 - 1}{1{,}5} = \dfrac{0{,}8284 - 1{,}5}{1{,}5}$
$= 0{,}5523 - 1$

3. Das Aufsuchen der Antilogarithmen (der Numeri)

Das Aufsuchen der Antilogarithmen zu den Mantissen erfolgt in der Antilogarithmentafel (siehe S. 11) in gleicher Weise wie das Aufsuchen der Logarithmen in der Logarithmentafel. Man achte darauf, die beiden Tafeln in der Hast der Arbeit nicht zu verwechseln! Die Kommastelle wird nach den Gleichungen (**90**) und (**91**) bestimmt.

Beispiele: antilog $2{,}8124 = 649{,}2$

antilog $(0{,}8881 - 1) = 0{,}7729$

antilog $(0{,}6420 - 4) = 0{,}0004385$

VII. Fakultät und Binomialkoeffizient

1. $n^{(r)}$

Für ganze positive r und beliebige reelle n ist das Symbol $n^{(r)}$ definiert als das Produkt

$$n^{(r)} = n(n-1)(n-2)\cdots(n-r+1) \quad (\mathbf{92})$$

wobei

$$n^{(0)} = 1 \quad (\mathbf{93})$$

definiert ist.

Beispiele:

a) $10^{(4)} = ?$
Es ist $(n - r + 1) = 10 - 4 + 1 = 7$. Folglich ist
$10^{(4)} = 10 \times 9 \times 8 \times 7 = 5040$

b) $4^{(5)} = ?$
Es ist $(n - r + 1) = 4 - 5 + 1 = 0$. Folglich ist
$4^{(5)} = 4 \times 3 \times 2 \times 1 \times 0 = 0$

Aus Beispiel b ersehen wir, daß

$$n^{(r)} = 0 \quad (\mathbf{94})$$

wenn $r > n$ und n eine ganze positive Zahl ist.

2. Fakultät

Die Fakultät von ganzen, positiven n, symbolisiert mit $n!$, ist definiert

$$n! = n(n-1)(n-2)\cdots 3 \times 2 \times 1 \quad (\mathbf{95})$$

wobei

$$0! = 1 \quad (\mathbf{96})$$

definiert ist.

$n!$ entspricht demnach $n^{(n)}$ mit der Einschränkung ganzer positiver n. Da auf den von uns behandelten Gebieten nur ganze und positive n vorkommen, kann Gleichung (**92**) geschrieben werden

$$n^{(r)} = \frac{n!}{(n-r)!} \quad (\mathbf{97})$$

mit Gültigkeit von (**93**) und (**94**).

Logarithmen der Fakultäten von n zwischen 1 und 999 und ihrer Kehrwerte finden sich auf S. 26 und 27. Für Fakultäten von $n \geqq 1000$ verwende man die STIRLINGsche Approximation

$$\underset{(n \to \infty)}{n!} \to n^n e^{-n} \sqrt{2\pi n} \quad (\mathbf{98})$$

oder

$$\log n! \to 0{,}5 \times [2n(\log n - 0{,}4342944819) + \log n + 0{,}798178] \quad (\mathbf{99})$$

3. Binomialkoeffizient

In allgemeiner Form ist der Binomialkoeffizient $\binom{n}{r}$ oder $C(n, r)$ definiert

$$\binom{n}{r} = \frac{n^{(r)}}{r!} \quad (\mathbf{100})$$

Für $n^{(r)}$ und $r!$ vgl. Absatz 1 und 2 dieses Abschnittes.

Da auf den von uns behandelten Gebieten nur ganze und positive n vorkommen, können wir Gleichung (**97**) in (**100**) einsetzen und erhalten

$$\binom{n}{r} = \frac{n!}{r!\,(n-r)!} \quad (\mathbf{101})$$

Aus (**93**), (**94**) und (**96**) folgt

$$\binom{n}{0} = 1 \quad (\mathbf{102})$$

$$\binom{0}{0} = 1 \quad (\mathbf{103})$$

$$\binom{n}{r} = 0 \quad (\mathbf{104})$$

wenn $r > n$ und n eine ganze positive Zahl ist.

Ferner ist leicht ersichtlich

$$\binom{n}{n} = 1 \quad (\mathbf{105})$$

Beispiel: Für $n = 9$ und $n = 10$ lassen wir r alle Werte zwischen Null und n durchlaufen.

					↓ $n/2$						
r	0	1	2	3	4	5	6	7	8	9	
$n = 9$	1	9	36	84	126	126	84	36	9	1	
$n = 10$	1	10	45	120	210	252	210	120	45	10	1
r	0	1	2	3	4	5	6	7	8	9	10
						↑ $n/2$					

Man ersieht aus diesem Beispiel: Bei wachsendem r steigen die Werte von $\binom{n}{r}$ bis $n/2$ und fallen danach symmetrisch wieder ab:

$$\binom{n}{r} = \binom{n}{n-r} \quad (\mathbf{106})$$

Der Median fällt bei ungeraden n zwischen die zwei höchsten Werte der Folge, bei geraden n auf den höchsten Wert.

Binomialkoeffizienten für n zwischen Null und 39 und für r zwischen Null und 15 finden sich auf S. 25. Logarithmen der Binomialkoeffizienten für n zwischen 2 und 100 und r zwischen Null und $n/2$ finden sich auf S. 70–77. Für $101 \leqq n \leqq 999$ berechne man nach Gleichung (**101**) mit den Logarithmen der Fakultäten und ihrer Kehrwerte auf S. 26 und 27.

VIII. Reihen

Die Summe $a_1 + a_2 + a_3 + \cdots + a_n$ einer Zahlenfolge $a_1, a_2, a_3, \ldots, a_n$ mit bestimmter Gesetzmäßigkeit wird Reihe genannt.

1. Arithmetische Reihe 1. Ordnung

Bei ihr ist die Differenz d zweier aufeinanderfolgenden Glieder gleich:

$$a_2 - a_1 = a_3 - a_2$$

Die einzelnen Glieder sind somit

$$\begin{matrix} a_1 & a_2 & a_3 & \ldots & a_n \\ a_1 & (a_1 + d) & (a_1 + 2d) & \ldots & a_1 + (n-1)d \end{matrix} \quad (\mathbf{107})$$

Die Summe der n ersten Glieder ist

$$S = \frac{n(a_1 + a_n)}{2} \quad (\mathbf{108})$$

Als Spezialfall von (**108**) sei die Summe der natürlichen Zahlenfolge 1, 2, 3, ..., n angeführt

$$1 + 2 + 3 + \cdots + n = \frac{n(n+1)}{2} \qquad \textbf{(109)}$$

Beispiel: Die Summe aller Zahlen von 1 bis und mit 81 ist

$(81 \times 82) / 2 = 3321$

2. Geometrische Reihe

Bei einer geometrischen Reihe besteht zwischen zwei aufeinanderfolgenden Gliedern immer dasselbe Verhältnis q, die einzelnen Glieder sind somit

$$\begin{matrix} a_1 & a_2 & a_3 & \ldots & a_n \\ a_1 & a_1 q & a_1 q^2 & \ldots & a_1 q^{n-1} \end{matrix} \qquad \textbf{(110)}$$

Die Summe der n ersten Glieder ist

$$S = a_1 \frac{1 - q^n}{1 - q} = a_1 \frac{q^n - 1}{q - 1} \quad (q \neq 1) \qquad \textbf{(111)}$$

Wenn $-1 < q < 1$, wird nach (**17**) $q^\infty = 0$, und (**111**) wird

$$S_\infty = \frac{a_1}{1 - q} \quad (-1 < q < 1) \qquad \textbf{(112)}$$

Mit Gleichung (**112**) lassen sich zum Beispiel unendliche periodische Dezimalbrüche in echte Brüche verwandeln.

Beispiele:

a) $0{,}333\,3\dot{3} = \frac{3}{10} + \frac{3}{100} + \frac{3}{1000} \cdots$

$$q = \frac{1}{10} \qquad a_1 = \frac{3}{10}$$

$$0{,}333\,3\dot{3} = \frac{3}{10} \Big/ \frac{9}{10} = \frac{3}{9} = \frac{1}{3}$$

b) $0{,}033\,3\dot{3} = \frac{3}{100} + \frac{3}{1000} + \cdots$

$$q = \frac{1}{10} \qquad a_1 = \frac{3}{100}$$

$$0{,}033\,3\dot{3} = \frac{3}{100} \Big/ \frac{9}{10} = \frac{3}{90} = \frac{1}{30}$$

c) $0{,}233\,3\dot{3} = \frac{2}{10} + \frac{3}{100} + \frac{3}{1000} + \cdots$

Die unendliche Reihe beginnt bei 3/100, folglich $q = 1/10$, $a_1 = 3/100$ usw., wie im vorigen Beispiel. Es sind noch 2/10 dazu zu addieren.

$$0{,}233\,3\dot{3} = \frac{2}{10} + \frac{1}{30} = \frac{60 + 10}{300} = \frac{7}{30}$$

d) $0{,}123\,123\,\dot{1}2\dot{3} = \frac{123}{1000} + \frac{123}{1\,000\,000} + \cdots$

$$q = \frac{1}{1000} \qquad a_1 = \frac{123}{1000}$$

$$0{,}123\,\dot{1}2\dot{3} = \frac{123}{1000} \Big/ \frac{999}{1000} = \frac{123}{999} = \frac{41}{333}$$

3. Binomische Reihe für ganze positive n

$$\left.\begin{aligned} (a + b)^n = \binom{n}{0} a^n b^0 + \binom{n}{1} a^{n-1} b^1 + \binom{n}{2} a^{n-2} b^2 \\ + \binom{n}{3} a^{n-3} b^3 + \cdots + \binom{n}{n} a^0 b^n \end{aligned}\right\} \qquad \textbf{(113)}$$

Vorzeichen: Wenn b negativ ist, sind alle jene Glieder negativ, in denen der Exponent von b ungerade ist.

Beispiele: $(a + b)^2 = a^2 + 2ab + b^2$

$$(a + b)^3 = a^3 + 3a^2 b + 3ab^2 + b^3$$

$$(a - b)^2 = a^2 - 2ab + b^2$$

$$(a - b)^3 = a^3 - 3a^2 b + 3ab^2 - b^3 \quad \text{usw.}$$

IX. Mittelwerte

Von n positiven Größen $x_1, x_2, \ldots, x_n$ ist

a) arithmetisches Mittel $m_a = \frac{x_1 + x_2 + \cdots + x_n}{n} = \frac{\sum_1^n x_i}{n}$ **(114)**

b) geometrisches Mittel $m_g = \sqrt[n]{x_1 \times x_2 \times \cdots \times x_n}$ **(115)**

c) harmonisches Mittel $m_h = 1 : \frac{1}{n}\left(\frac{1}{x_1} + \frac{1}{x_2} + \cdots + \frac{1}{x_n}\right)$ **(116)**

Ist $n = 2$, so wird

$$m_a = \frac{x_1 + x_2}{2} \qquad \textbf{(117)}$$

$$m_g = \sqrt{x_1 x_2} \qquad \textbf{(118)}$$

$$m_h = \frac{2 x_1 x_2}{x_1 + x_2} \qquad \textbf{(119)}$$

Satz von CAUCHY: $m_a \geqq m_g \geqq m_h$ **(120)**

(wobei das Gleichheitszeichen nur gilt, wenn $x_1 = x_2 = \cdots = x_n$)

X. Lösung einiger Gleichungen

Die Lösungen der Gleichungen existieren nur, wenn alle Nenner von Null verschieden sind.

Gesucht ist x.

$$ax \pm b = 0; \quad x = \mp \frac{b}{a} \qquad \textbf{(121)}$$

$$\frac{a}{x} \pm b = 0; \quad x = \mp \frac{a}{b} \qquad \textbf{(122)}$$

1. Vereinfachungen von Gleichungen höheren Grades

$$(ax \pm b)^m \pm c = 0; \quad x = \frac{\sqrt[m]{\mp c} \mp b}{a} \qquad \textbf{(123)}$$

$$\sqrt[n]{ax \pm b} \pm c = 0; \quad x = \frac{(\mp c)^n \mp b}{a} \qquad \textbf{(124)}$$

2. Gleichungen 1. Grades mit zwei Unbekannten

Gesucht sind x und y.

$$a_1 x + b_1 y + c_1 = 0$$

$$a_2 x + b_2 y + c_2 = 0$$

$$\left.\begin{aligned} x &= \frac{b_1 c_2 - b_2 c_1}{a_1 b_2 - a_2 b_1} \\ y &= -\frac{a_1 x + c_1}{b_1} = -\frac{a_2 x + c_2}{b_2} \end{aligned}\right\} \qquad \textbf{(125)}$$

3. Gleichungen 1. Grades mit drei Unbekannten

Gesucht sind x, y, z.

$$a_1 x + b_1 y + c_1 z + d_1 = 0$$

$$a_2 x + b_2 y + c_2 z + d_2 = 0$$

$$a_3 x + b_3 y + c_3 z + d_3 = 0$$

Man bilde zunächst

$$\left.\begin{aligned} A &= c_2 a_1 - c_1 a_2 \\ B &= c_2 b_1 - c_1 b_2 \\ C &= c_2 d_1 - c_1 d_2 \\ D &= c_2 a_3 - c_3 a_2 \\ E &= c_2 b_3 - c_3 b_2 \\ F &= c_2 d_3 - c_3 d_2 \end{aligned}\right\} \quad \textbf{(126)}$$

dann ist

$$x = \frac{BF - CE}{AE - BD}$$

$$y = -\frac{C + Ax}{B} \qquad = -\frac{F + Dx}{E}$$

$$z = -\frac{a_1 x + b_1 y + d_1}{c_1} = -\frac{a_2 x + b_2 y + d_2}{c_2}$$

$$= -\frac{a_3 x + b_3 y + d_3}{c_3}$$

4. Quadratische Gleichungen mit einer Unbekannten

$$a x^2 + b x + c = 0$$

$$x_{(1,2)} = \frac{-b \pm \sqrt{b^2 - 4ac}}{2a} = \frac{-b}{2a} \pm \sqrt{\left(\frac{b}{2a}\right)^2 - \frac{c}{a}} \quad \textbf{(127)}$$

Die Größe $D = b^2 - 4ac$ heißt Diskriminante der Gleichung. Wenn

$D > 0$, ergeben sich zwei reelle Lösungen

$D = 0$, gibt es nur eine reelle Lösung

$D < 0$, gibt es keine reelle Lösung

5. Häufiger gebrauchte Exponentialgleichungen

$$x = 1 - e^{-\lambda}; \quad x = 1 - \text{antilog}(-0{,}434\,294\,481\,9\,\lambda) \quad \textbf{(128)}$$

$$a = 1 - e^{-z}; \quad z = -2{,}302\,585\,093\,0 \log(1 - a) \quad [0 \leq a \leq 1] \quad \textbf{(129)}$$

Wenn in Gleichung (**129**)

$$z = \frac{a x^b \pm c}{d}; \quad \log x = \frac{\log\left(\frac{dz \mp c}{a}\right)}{b} \quad \textbf{(130)}$$

(wenn $b = 1$, fällt auf beiden Seiten das log-Zeichen weg)

$$z = \frac{a b^x \pm c}{d}; \qquad x = \frac{\log\left(\frac{dz \mp c}{a}\right)}{\log b} \quad (b \neq 1) \quad \textbf{(131)}$$

$$z = \frac{d}{a x^b \pm c}; \quad \log x = \frac{\log\left(\frac{d/z \mp c}{a}\right)}{b} \quad \textbf{(132)}$$

(wenn $b = 1$, fällt auf beiden Seiten das log-Zeichen weg)

$$z = \frac{d}{a b^x \pm c}; \qquad x = \frac{\log\left(\frac{d/z \mp c}{a}\right)}{\log b} \quad (b \neq 1) \quad \textbf{(133)}$$

Die Gleichungen (**130**) bis (**133**) besitzen keine Lösung, wenn $(dz \mp c) < 0$ oder $(d/z \mp c) < 0$

Bei den Gleichungen (**130**) und (**132**) gilt dies aber nur, wenn $b \neq 1$.

Es folgen einige z-Werte [Lösungen von Gleichung (**129**)] für häufiger verwendete a.

a	$1-a$	$\log(1-a)$	$z = -\ln 10 \times \log(1-a) = -\ln(1-a)$
0,999	0,001	− 3	6,907 755 279
0,995	0,005	0,698 970 004 3 − 3	5,298 317 367
0,99	0,01	− 2	4,605 170 186
0,975	0,025	0,397 940 008 7 − 2	3,688 879 453
0,95	0,05	0,698 970 004 3 − 2	2,995 732 274
0,90	0,10	− 1	2,302 585 093
0,85	0,15	0,176 091 259 1 − 1	1,897 119 985
0,80	0,20	0,301 029 995 7 − 1	1,609 437 912
0,75	0,25	0,397 940 008 7 − 1	1,386 294 361
0,70	0,30	0,477 121 254 7 − 1	1,203 972 804
0,65	0,35	0,544 068 044 4 − 1	1,049 822 124
0,60	0,40	0,602 059 991 3 − 1	0,916 290 731 9
0,55	0,45	0,653 212 513 8 − 1	0,798 507 696 2
0,50	0,50	0,698 970 004 3 − 1	0,693 147 180 4
0,45	0,55	0,740 362 689 5 − 1	0,597 837 000 7
0,40	0,60	0,778 151 250 4 − 1	0,510 825 623 7
0,35	0,65	0,812 913 356 6 − 1	0,430 782 916 2
0,30	0,70	0,845 098 040 0 − 1	0,356 674 944 0
0,25	0,75	0,875 061 263 4 − 1	0,287 682 072 4
0,20	0,80	0,903 089 987 0 − 1	0,223 143 551 5
0,15	0,85	0,929 418 925 7 − 1	0,162 518 929 5
0,10	0,90	0,954 242 509 4 − 1	0,105 360 515 7
0,05	0,95	0,977 723 605 3 − 1	0,051 293 294 39
0,025	0,975	0,989 004 615 7 − 1	0,025 317 807 98
0,01	0,99	0,995 635 194 6 − 1	0,010 050 335 85
0,005	0,995	0,997 823 080 7 − 1	0,005 012 541 823
0,001	0,999	0,999 565 488 2 − 1	0,001 000 500 333

XI. Rechtwinkliges Koordinatensystem

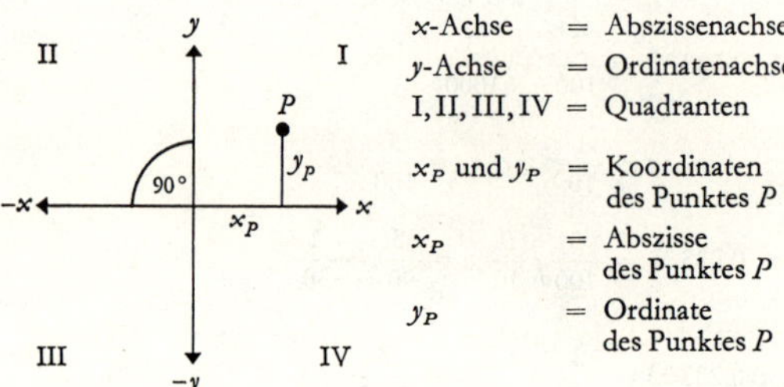

Vorzeichen der Koordinaten eines Punktes in den 4 Quadranten

Quadrant	x	y
I	+	+
II	−	+
III	−	−
IV	+	−

XII. Winkel, Winkelfunktionen, Arcusfunktionen

1. Positive und negative Winkel

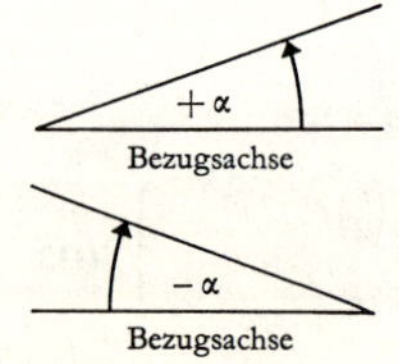

Eine Drehung im *Gegen*uhrzeigersinn wird als Drehung im positiven, eine Drehung im Uhrzeigersinn als solche im negativen Sinn definiert. Analog wird ein Winkel, dessen Messung von der Bezugsachse aus in positiver bzw. negativer Richtung erfolgt, positiv oder negativ genommen.

Als Steigungswinkel einer Geraden a wird in der Regel der *spitze* Winkel bezeichnet, den die Gerade mit der x-Achse bildet.

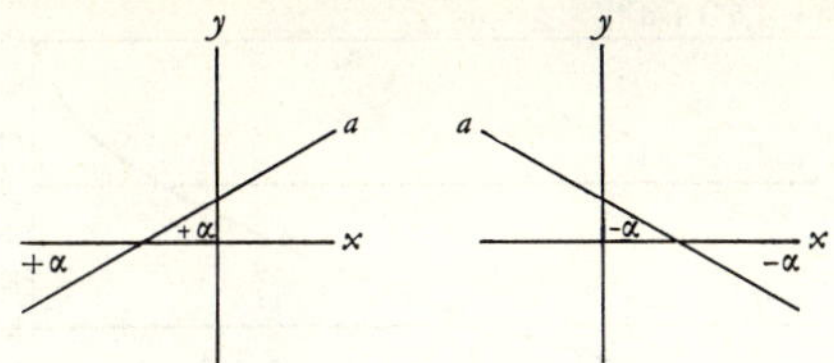

2. Winkelmaße

Die Grundlage für alle Winkelmaße bildet der Umfang eines um den Schnittpunkt der Winkelhalbgeraden gezogenen Kreises. Dieser wird in 360 gleiche Teile geteilt (altes Gradmaß, heute noch das üblichste) oder in 400 Teile (neues Gradmaß) oder mit seinem eigenen Kreisradius gemessen (Bogen- oder Radiantenmaß). Da der Umfang eines Kreises genau das (2π)-fache seines Radius beträgt, werden bei Angaben im Bogenmaß die Winkel oft als Bruchteile oder Mehrfache von π gekennzeichnet. Das Bogenmaß des Winkels α wird Arcus α ($\text{arc}\,\alpha$) genannt.

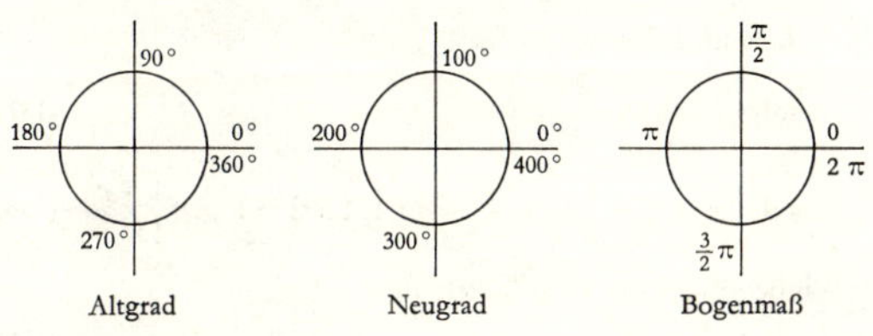

Altgrad Neugrad Bogenmaß

Gradmaß	0°	1°	30°	57° 17′45″	60°	90°	180°	270°	360°
Bogenmaß	0	0,017 45	$\frac{\pi}{6}$	1	$\frac{\pi}{3}$	$\frac{\pi}{2}$	π	$\frac{3}{2}\pi$	2π

Siehe auch den Abschnitt «Winkel», S. 208.

3. Winkelfunktionen (trigonometrische Funktionen)
(ohne Secans und Cosecans)

Definitionen im rechtwinkligen Dreieck
(gelten nur für spitze Winkel zwischen 0 und 90°)

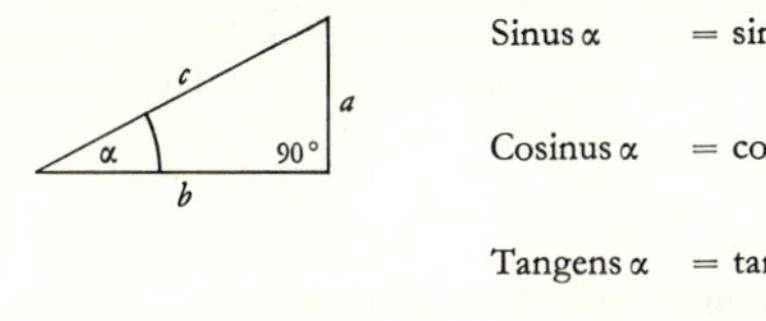

$$\left.\begin{aligned} \text{Sinus}\,\alpha &= \sin\alpha = \frac{a}{c} \\ \text{Cosinus}\,\alpha &= \cos\alpha = \frac{b}{c} \\ \text{Tangens}\,\alpha &= \tan\alpha = \frac{a}{b} \\ \text{Cotangens}\,\alpha &= \text{ctn}\,\alpha = \frac{b}{a} \end{aligned}\right\} \quad (134)$$

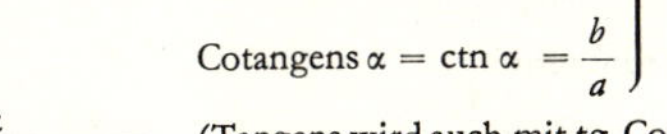

(Tangens wird auch mit tg, Cotangens mit ctg und cot abgekürzt)

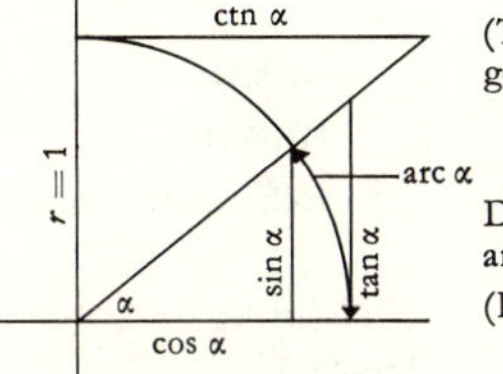

Darstellung der Winkelfunktionen am Einheitskreis
(Kreis mit Radius = 1)

Vorzeichen in den 4 Quadranten

Funktion	Quadrant I	II	III	IV
sin	+	+	−	−
cos	+	−	−	+
tan	+	−	+	−
ctn	+	−	+	−

(135)

Variationsbereich der Winkelfunktionen in den 4 Quadranten

Funktion	Quadrant I	II	III	IV
sin	0 bis 1	1 bis 0	0 bis −1	−1 bis 0
cos	1 bis 0	0 bis −1	−1 bis 0	0 bis 1
tan	0 bis ∞	−∞ bis 0	0 bis ∞	−∞ bis 0
ctn	∞ bis 0	0 bis −∞	∞ bis 0	0 bis −∞

(136)

Verlauf der Winkelfunktionen

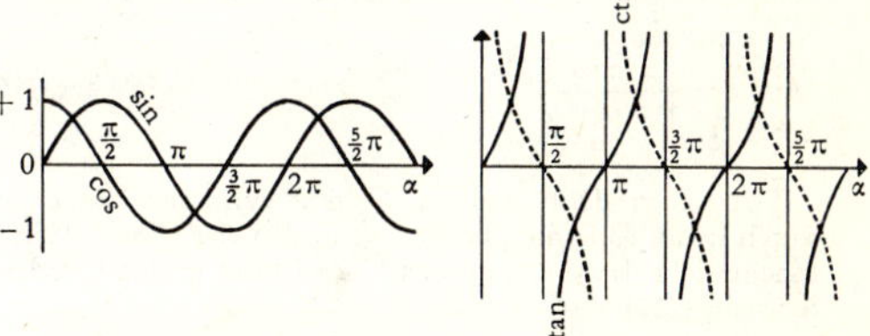

Funktionen negativer Winkel

$$\left.\begin{aligned} \sin(-\alpha) &= -\sin\alpha \\ \cos(-\alpha) &= +\cos\alpha \\ \tan(-\alpha) &= -\tan\alpha \\ \text{ctn}(-\alpha) &= -\text{ctn}\,\alpha \end{aligned}\right\} \quad (137)$$

Umformung von Funktionen stumpfer Winkel in solche spitzer Winkel

	90° ± α	180° ± α	270° ± α	n* (360°) ± α
sin	+ cos α	∓ sin α	− cos α	± sin α
cos	∓ sin α	− cos α	± sin α	+ cos α
tan	∓ ctn α	± tan α	∓ ctn α	± tan α
ctn	∓ tan α	± ctn α	∓ tan α	± ctn α

* n = ganze positive Zahl.

(138)

Beispiel: sin 125° = cos 35°

Beziehungen der Winkelfunktionen unter sich

Funktion	sin α	cos α	tan α	ctn α
sin α	$\sin\alpha$	$\pm\sqrt{1-\cos^2\alpha}$	$\frac{\tan\alpha}{\pm\sqrt{1+\tan^2\alpha}}$	$\frac{1}{\pm\sqrt{1+\text{ctn}^2\alpha}}$
cos α	$\pm\sqrt{1-\sin^2\alpha}$	$\cos\alpha$	$\frac{1}{\pm\sqrt{1+\tan^2\alpha}}$	$\frac{\text{ctn}\,\alpha}{\pm\sqrt{1+\text{ctn}^2\alpha}}$
tan α	$\frac{\sin\alpha}{\pm\sqrt{1-\sin^2\alpha}}$	$\frac{\pm\sqrt{1-\cos^2\alpha}}{\cos\alpha}$	$\tan\alpha$	$\frac{1}{\text{ctn}\,\alpha}$
ctn α	$\frac{\pm\sqrt{1-\sin^2\alpha}}{\sin\alpha}$	$\frac{\cos\alpha}{\pm\sqrt{1-\cos^2\alpha}}$	$\frac{1}{\tan\alpha}$	$\text{ctn}\,\alpha$

(139)

Vorzeichen der Quadratwurzel: Es wird durch den Quadranten bestimmt, in welchen der Winkel hineinreicht. Bestimmung des Vorzeichens in den Quadranten siehe (**135**).

Funktionen des halbierten und des doppelten Winkels:

$$\left.\begin{aligned} \sin\frac{\alpha}{2} &= \pm\tfrac{1}{2}\left(\underset{+}{\sqrt{1+\sin\alpha}} - \underset{+}{\sqrt{1-\sin\alpha}}\right) \\ &= \pm\sqrt{\frac{1-\cos\alpha}{2}} \end{aligned}\right\} \quad (140)$$

$$\cos\frac{\alpha}{2} = \pm\sqrt{\frac{1+\cos\alpha}{2}} \qquad \textbf{(141)}$$

$$\left.\begin{aligned}\tan\frac{\alpha}{2} &= \frac{-1\pm\sqrt{1+\tan^2\alpha}}{\tan\alpha} = \frac{1-\cos\alpha}{\sin\alpha}\\ &= \frac{\sin\alpha}{1+\cos\alpha} = \pm\sqrt{\frac{1-\cos\alpha}{1+\sin\alpha}}\end{aligned}\right\} \qquad \textbf{(142)}$$

$$\sin 2\alpha = 2\sin\alpha\cos\alpha \qquad \textbf{(143)}$$

$$\cos 2\alpha = 2\cos^2\alpha - 1 = 1 - 2\sin^2\alpha = \cos^2\alpha - \sin^2\alpha \qquad \textbf{(144)}$$

$$\tan 2\alpha = \frac{2\tan\alpha}{1-\tan^2\alpha} \qquad \textbf{(145)}$$

Vorzeichen: Dort, wo ein $\pm$ steht, wird das Vorzeichen durch den Quadranten bestimmt, in den der *gesuchte* Winkel hineinreicht. Bestimmung des Vorzeichens in den Quadranten siehe (**135**).

Beziehungen zwischen den Funktionen zweier Winkel

$$\sin(\alpha\pm\beta) = \sin\alpha\cos\beta \pm \cos\alpha\sin\beta \qquad \textbf{(146)}$$

$$\cos(\alpha\pm\beta) = \cos\alpha\cos\beta \mp \sin\alpha\sin\beta \qquad \textbf{(147)}$$

$$\mathrm{tg}(\alpha\pm\beta) = \frac{\mathrm{tg}\,\alpha \pm \mathrm{tg}\,\beta}{1\mp\mathrm{tg}\,\alpha\,\mathrm{tg}\,\beta} = \frac{\sin(\alpha\pm\beta)}{\cos(\alpha\pm\beta)} \qquad \textbf{(148)}$$

$$\sin\alpha + \sin\beta = 2\sin\left(\frac{\alpha+\beta}{2}\right)\cos\left(\frac{\alpha-\beta}{2}\right) \qquad \textbf{(149)}$$

$$\sin\alpha - \sin\beta = 2\cos\left(\frac{\alpha+\beta}{2}\right)\sin\left(\frac{\alpha-\beta}{2}\right) \qquad \textbf{(150)}$$

$$\cos\alpha + \cos\beta = 2\cos\left(\frac{\alpha+\beta}{2}\right)\cos\left(\frac{\alpha-\beta}{2}\right) \qquad \textbf{(151)}$$

$$\cos\alpha - \cos\beta = -2\sin\left(\frac{\alpha+\beta}{2}\right)\sin\left(\frac{\alpha-\beta}{2}\right) \qquad \textbf{(152)}$$

$$\tan\alpha \pm \tan\beta = \frac{\sin(\alpha\pm\beta)}{\cos\alpha\cos\beta} \qquad \textbf{(153)}$$

$$\sin\alpha\sin\beta = \tfrac{1}{2}\cos(\alpha-\beta) - \tfrac{1}{2}\cos(\alpha+\beta) \qquad \textbf{(154)}$$

$$\cos\alpha\cos\beta = \tfrac{1}{2}\cos(\alpha-\beta) + \tfrac{1}{2}\cos(\alpha+\beta) \qquad \textbf{(155)}$$

$$\sin\alpha\cos\beta = \tfrac{1}{2}\sin(\alpha+\beta) + \tfrac{1}{2}\sin(\alpha-\beta) \qquad \textbf{(156)}$$

4. Arcusfunktionen

Die Arcus- oder zyklometrischen (Kreisbogen messenden) Funktionen sind die Umkehrfunktionen der Winkelfunktionen. Wir benötigen nur die Arcus-sinus-Funktion, die zur Stabilisierung der Streuung der Binomialverteilungen gebraucht wird.

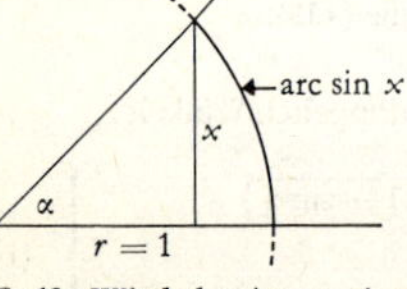

Arcus sinus x, abgekürzt $\sin^{-1} x$ oder $\arcsin x$, bedeutet das Bogen- oder Gradmaß jenes Winkels α, dessen Sinus $= x$ ist. Eine Arcus-sinus-Tafel im Bogenmaß, Bereich $0 \leqq x \leqq 1$, findet sich auf S. 69. Wird der Arcus sinus im Gradmaß gesucht, so sind die Werte der Tafel mit $180/\pi = 57{,}295\,779\,513$ zu multiplizieren.

Verlauf der Funktion $\arcsin x$ im Bereich $0 \leqq x \leqq 1$

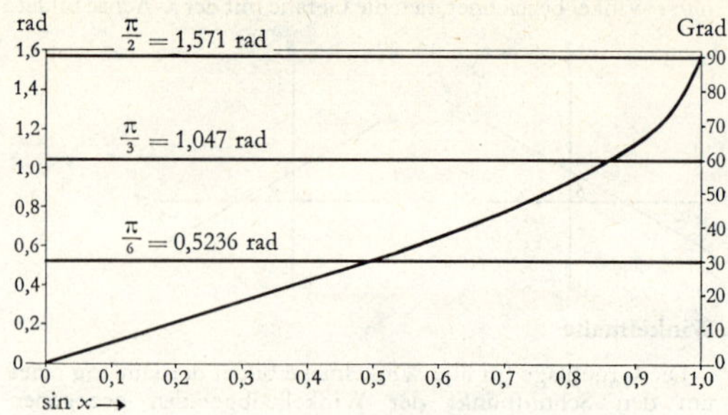

XIII. Hyperbolische Funktionen

Wir benötigen nur die Funktion Tangens hyperbolicus z ($\tanh z$) und ihre Umkehrfunktion, Area tangens hyperbolicus r ($\mathrm{Ar}\tanh r$ oder $\tanh^{-1} r$), zur Transformation des Korrelationskoeffizienten r.

Sie sind definiert

$$\tanh z = r = \frac{e^{2z}-1}{e^{2z}+1} \qquad \textbf{(157)}$$

$$\tanh^{-1} r = z = \frac{1}{2}\ln\frac{1+r}{1-r} = 1{,}151\,292\,55\log_{10}\frac{1+r}{1-r} \qquad \textbf{(158)}$$

Wir benötigen nur zwei Beziehungen

$$\tanh(-z) = -\tanh z \qquad \textbf{(159)}$$

$$\tanh^{-1}(-r) = -\tanh^{-1} r \qquad \textbf{(160)}$$

Der Variationsbereich von $\tanh z$ ist -1 bis $+1$ für z von $-\infty$ bis ∞.

Verlauf der Funktion $\tanh z$ im Bereich $-3{,}2 \leqq z \leqq +3{,}2$

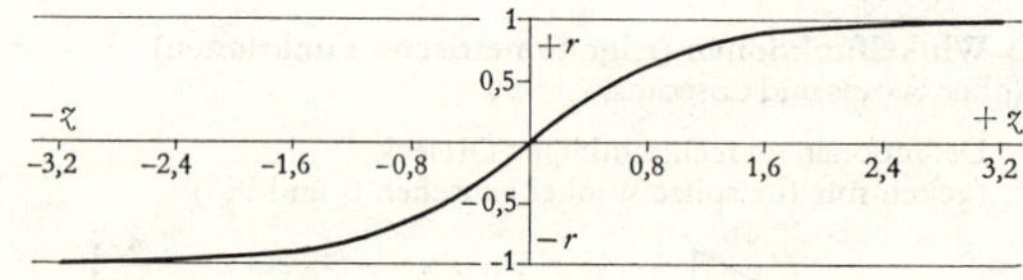

Tafeln für $\tanh z$ bzw. $\tanh^{-1} r$ finden sich auf S. 64 und 65 bzw. 62.

XIV. Einige geometrische Berechnungen

1. Rechtwinkliges Dreieck *ABC*

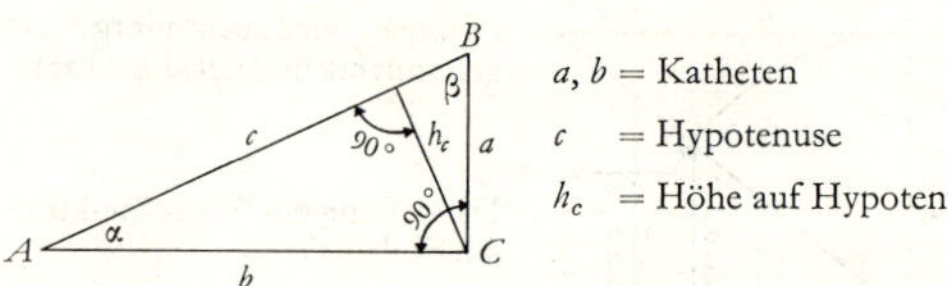

a, b = Katheten
c = Hypotenuse
h_c = Höhe auf Hypotenuse

Gegeben	Gesucht	Lösungen	
β	α	$= 90° - \beta$	**(161)**
a, b	α	$\tan\alpha = \dfrac{a}{b}$	**(162)**
	c	$= \dfrac{a}{\sin\alpha}$	**(163)**
		$= \dfrac{b}{\cos\alpha}$	**(164)**

Gegeben	Gesucht	Lösungen	
a, b	c	$= \sqrt[+]{a^2 + b^2}$	**(165)**
	h_c	$= a \cos\alpha$	**(166)**
		$= b \sin\alpha$	**(167)**
		$= \frac{a\,b}{c}$	**(168)**
	Fläche A	$= \frac{a\,b}{2}$	**(169)**
a, c	α	$\sin\alpha = \frac{a}{c}$	**(170)**
	b	$= c \cos\alpha$	**(171)**
		$= \sqrt[+]{c^2 - a^2}$	**(172)**
	h_c	$= a \cos\alpha$	**(173)**
	Fläche A	$= \frac{a\,c \cos\alpha}{2}$	**(174)**
b, c	α	$\cos\alpha = \frac{b}{c}$	**(175)**
	a	$= c \sin\alpha$	**(176)**
		$= \sqrt[+]{c^2 - b^2}$	**(177)**
	h_c	$= b \sin\alpha$	**(178)**
	Fläche A	$= \frac{b\,c \sin\alpha}{2}$	**(179)**
a, α	b	$= \frac{a}{\tan\alpha}$	**(180)**
	c	$= \frac{a}{\sin\alpha}$	**(181)**
	h_c	$= a \cos\alpha$	**(182)**
	Fläche A	$= \frac{a^2}{2 \tan\alpha}$	**(183)**
c, α	a	$= c \sin\alpha$	**(184)**
	b	$= c \cos\alpha$	**(185)**
	h_c	$= \frac{c \sin 2\alpha}{2}$	**(186)**
	Fläche A	$= \frac{c^2 \sin 2\alpha}{4}$	**(187)**
c, h_c	α	$\sin 2\alpha = \frac{2\,h_c}{c}$	**(188)**
	a	$= \frac{h_c}{\cos\alpha}$	**(189)**
	b	$= \frac{h_c}{\sin\alpha}$	**(190)**
	Fläche A	$= \frac{c\,h_c}{2}$	**(191)**

2. Schiefwinkliges Dreieck

Anmerkung. Da im schiefwinkligen Dreieck keine Seite bevorzugt ist, ergeben sich weitere richtige Formeln, wenn man a, b, c usw. zyklisch vertauscht. Wenn in einer der Gruppen in irgendeiner Formel ein Buchstabe vertauscht wurde, so sind in allen andern Formeln der Gruppe die Buchstaben zu vertauschen, entsprechend dem Schema:

Einstufige Vertauschung	Zweistufige Vertauschung	
$a \to b$	$a \to c$	
$b \to c$	$b \to a$	
$c \to a$	$c \to b$	
$\alpha \to \beta$	$\alpha \to \gamma$	**(192)**
$\beta \to \gamma$	$\beta \to \alpha$	
$\gamma \to \alpha$	$\gamma \to \beta$	
$h_a \to h_b$	$h_a \to h_c$	

Höhen und Flächen

h_a	$= b \sin\gamma$	**(193)**
	$= c \sin\beta$	**(194)**
	$= a \frac{\sin\beta \sin\gamma}{\sin\alpha}$	**(195)**
Fläche A	$= \frac{a\,h_a}{2}$	**(196)**

Gegeben	Gesucht	Lösungen	
$\beta + \gamma$	α	$180° - (\beta + \gamma)$	**(197)**
$\sin\alpha$	$\sin(\beta+\gamma)$	$= \sin\alpha$	**(198)**
$\cos\alpha$	$\cos(\beta+\gamma)$	$= -\cos\alpha$	
$\tan\alpha$	$\tan(\beta+\gamma)$	$= -\tan\alpha$	
a, b, c	α	$\cos\alpha = \frac{b^2 + c^2 - a^2}{2\,b\,c}$	**(199)**
	h_a	$= b \sin\gamma$	**(200)**
		$= \frac{2\,A}{a}$	**(201)**
	Fläche A	$= \frac{b\,c \sin\alpha}{2}$	**(202)**
		$= \sqrt[+]{s(s-a)(s-b)(s-c)}$ wobei $s = \frac{a+b+c}{2}$	**(203)**
a, b, γ	α	$\tan\alpha = \frac{a \sin\gamma}{b - a \cos\gamma}$	**(204)**
	c	$= \frac{a \sin\gamma}{\sin\alpha}$	**(205)**
		$= \sqrt[+]{a^2 + b^2 - 2\,a\,b \cos\gamma}$	**(206)**
	h_a	$= b \sin\gamma$	**(207)**
	h_b	$= a \sin\gamma$	**(208)**
	Fläche A	$= \frac{a\,b \sin\gamma}{2}$	**(209)**

Gegeben	Gesucht	Lösungen	
a, b, α	β	$\sin\beta = \frac{b\sin\alpha}{a}$	**(210)**
	c	$= \frac{a\sin\gamma}{\sin\alpha}$	**(211)**
		$= b\cos\alpha \pm \sqrt{a^2 - b^2\sin^2\alpha}$	**(212)**
	h_a	$= b\sin\gamma$	**(213)**
	h_b	$= a\sin\gamma$	**(214)**
	h_c	$= b\sin\alpha$	**(215)**
	Fläche A	$= \frac{b}{2}\sin\alpha \times (b\cos\alpha \pm \sqrt{a^2 - b^2\sin^2\alpha})$	**(216)**
a, b, β	α	$\sin\alpha = \frac{a\sin\beta}{b}$	**(217)**
	c	$= \frac{b\sin\gamma}{\sin\beta}$	**(218)**
	h_a	$= b\sin\gamma$	**(219)**
	h_b	$= a\sin\gamma$	**(220)**
	h_c	$= a\sin\beta$	**(221)**
	Fläche A	$= \frac{a}{2}\sin\beta \times (a\cos\beta \pm \sqrt{b^2 - a^2\sin^2\beta})$	**(222)**

Anmerkung: Bei dieser Gruppe [gegeben zwei Seiten und anliegender Winkel, Gleichungen (**210**) bis (**216**) und (**217**) bis (**222**)] gilt folgendes:

		(**210**) bis (**216**)	(**217**) bis (**222**)
Lösung nur möglich,	wenn	$b\sin\alpha \leqq a$	$a\sin\beta \leqq b$
Ist		$b\sin\alpha = a$	$a\sin\beta = b$
so ist		$\beta = 90°$	$\alpha = 90°$
Ist		$b\sin\alpha < a$ und $a < b$;	$a\sin\beta < b$ und $b < a$

so ergeben sich zwei Lösungen:

β_1 und $\beta_2 = 180° - \beta_1$; α_1 und $\alpha_2 = 180° - \alpha_1$

Ist $b\sin\alpha < a$ und $a \geqq b$; $a\sin\beta < a$ und $b \geqq a$

so gibt es keine Lösung.

Gegeben	Gesucht	Lösungen	
a, β, γ	b	$= \frac{a\sin\beta}{\sin(\beta+\gamma)}$	**(223)**
	c	$= \frac{a\sin\gamma}{\sin(\beta+\gamma)}$	**(224)**
(Wenn zwei Winkel gegeben sind, ist immer auch der dritte gegeben!)	h_a	$= \frac{a\sin\beta\sin\gamma}{\sin(\beta+\gamma)}$	**(225)**
	h_b	$= a\sin\gamma$	**(226)**
	h_c	$= a\sin\beta$	**(227)**
	Fläche A	$= \frac{a^2}{2} \times \frac{\sin\beta\sin\gamma}{\sin(\beta+\gamma)}$	**(228)**

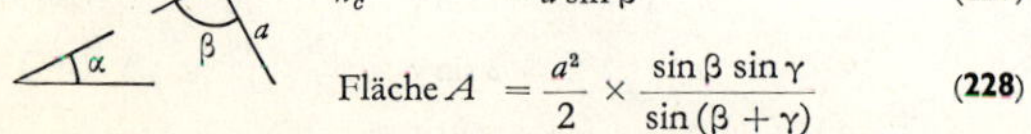

$\gamma = 180° - (\alpha + \beta)$

3. Vierecke

Allgemein: Die Fläche jedes beliebigen Viereckes läßt sich aus den Diagonalen und dem von ihnen eingeschlossenen Winkel θ oder $\theta' = 180° - \theta$ errechnen:

Beliebiges Viereck

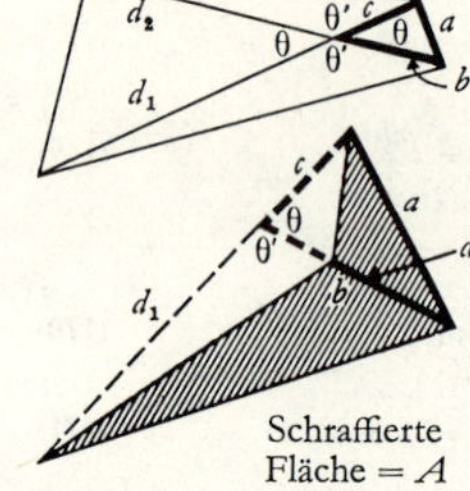

$$\sin\theta = \sin\theta' = \frac{2}{bc}\sqrt{s(s-a)(s-b)(s-c)} \qquad \textbf{(229)}$$

wobei $s = \frac{1}{2}(a+b+c)$ den halben Umfang des durch die beiden Diagonalen und die Seite a begrenzten Dreieckes bedeutet. Es kann ein beliebiges Dreieck gewählt werden. Die mit b, c benannten Seiten müssen aber den Winkel θ oder θ' immer *einschließen*.

$$\text{Fläche } A = \frac{d_1 d_2 \sin\theta}{2} \qquad \textbf{(230)}$$

Quadrat

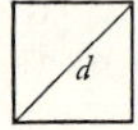

$$d = a\sqrt{2} = 1{,}414\,214\,a \qquad \textbf{(231)}$$

$$\text{Fläche } A = a^2 \qquad \textbf{(232)}$$

Rechteck

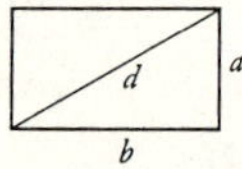

$$d = \sqrt{a^2 + b^2} \qquad \textbf{(233)}$$

$$\text{Fläche } A = ab \qquad \textbf{(234)}$$

Parallelogramm

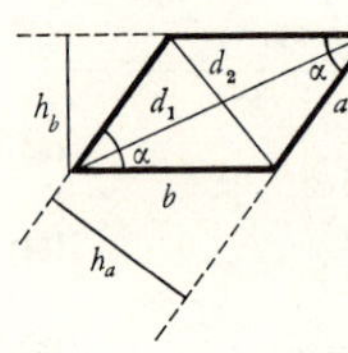

$$d_1, d_2 = \sqrt{a^2 + b^2 \pm 2ab\cos\alpha} \qquad \textbf{(235)}$$

$$= \sqrt{a^2 + b^2 \pm 2a\sqrt{b^2 - h_a^2}} \qquad \textbf{(236)}$$

$$h_a = b\sin\alpha \qquad \textbf{(237)}$$

$$h_b = a\sin\alpha \qquad \textbf{(238)}$$

$$\text{Fläche } A = a h_a = b h_b = ab\sin\alpha \qquad \textbf{(239)}$$

Trapez

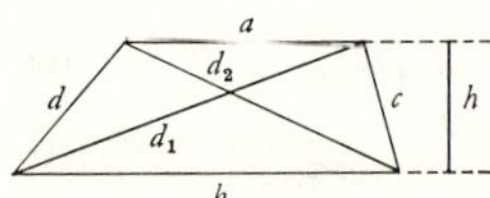

a, b parallele, c, d nicht parallele Seiten, d_1 = Diagonale zwischen den Schnittpunkten von d, b und von a, c.

$$d_1 = \sqrt{ab + \frac{ac^2 - bd^2}{a-b}} \qquad \textbf{(240)}$$

$$d_2 = \sqrt{ab + \frac{ad^2 - bc^2}{a-b}} \qquad \textbf{(241)}$$

$$h = \frac{2}{a-b} \times \sqrt{s(s-a+b)(s-c)(s-d)} \qquad \textbf{(242)}$$

wobei $s = \frac{1}{2}(a - b + c + d)$

$$\text{Fläche } A = \frac{(a+b)h}{2} \qquad \textbf{(243)}$$

4. Kreis

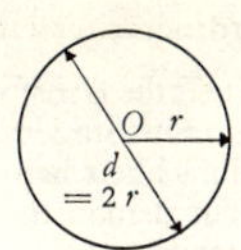

Umfang $c = 2\,r\,\pi = 6{,}283\,185\,3\,r$ **(244)**
$= 3{,}141\,592\,65\,d$

Fläche $A = r^2\pi = 3{,}141\,592\,65\,r^2$ **(245)**
$= 0{,}785\,398\,16\,d^2$

Kreissektor

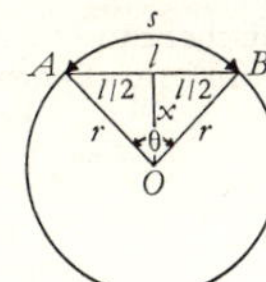

Winkel θ zwischen den Radien r

$$\cos\theta = 1 - \frac{l^2}{2\,r^2} \quad \textbf{(246)}$$

oder

$$\theta = 180° - 2\,\mathrm{arc\,sin}\,(x/r) \quad \textbf{(247)}$$

Länge der Sehne

$$l = 2\,r\sin\frac{\theta}{2} \quad \textbf{(248)}$$

Länge des Kreisbogens s

$$s = \frac{r\,\pi\,\theta}{180} = 0{,}017\,453\,293\,r\,\theta \quad \textbf{(249)}$$

Fläche A_{Se} des Sektors

$$A_{Se} = \frac{r^2\,\pi\,\theta}{360} = 0{,}008\,726\,646\,3\,r^2\,\theta \quad \textbf{(250)}$$

Fläche des Dreieckes OAB

$$A_\triangle = \frac{r^2\sin\theta}{2} \quad \textbf{(251)}$$

Fläche des Kreissegmentes AsB

$$\left.\begin{aligned} A_{Sg} &= \frac{r^2\,\pi\,\theta}{360} - \frac{r^2\sin\theta}{2} \\ &= 0{,}008\,726\,646\,3\,r^2 \times \\ &\quad (\theta - 57{,}295\,779\,5\sin\theta) \end{aligned}\right\} \quad \textbf{(252)}$$

Kreisring

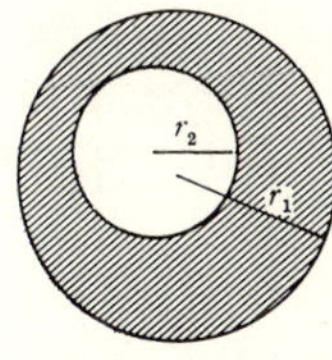

(Die zwei Begrenzungskreise müssen nicht konzentrisch sein.)

Schraffierte Fläche A

$$\begin{aligned} A &= \pi\,(r_1 + r_2)\,(r_1 - r_2) \quad [r_1 \geqq r_2] \\ &= 3{,}141\,592\,65\,(r_1 + r_2)\,(r_1 - r_2) \end{aligned} \quad \textbf{(253)}$$

Kreisringsegment (konzentrisches)

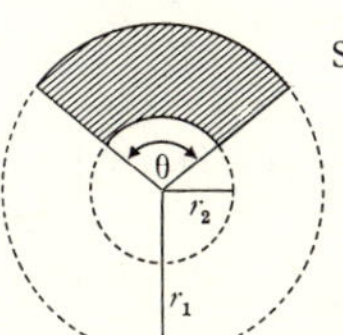

Schraffierte Fläche A

$$A = \frac{\pi\,\theta}{360}(r_1 + r_2)(r_1 - r_2)\,[r_1 \geqq r_2] \quad \textbf{(254)}$$

$$\frac{\pi}{360} = 0{,}008\,726\,646\,26$$

Für den Winkel θ siehe Gleichungen **(246)** und **(247)**

5. Ellipse

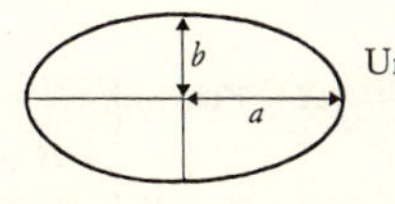

$$\left.\begin{aligned} \text{Umfang} &\sim 2\,\pi\sqrt{\frac{a^2 + b^2}{2}} \\ &\sim 4{,}443\sqrt{a^2 + b^2} \end{aligned}\right\} \quad \textbf{(255)}$$

Fläche $A = a\,b\,\pi = 3{,}141\,592\,65\,a\,b$ **(256)**

XV. Einige stereometrische Berechnungen

1. Quader (alle Kanten stehen senkrecht aufeinander)

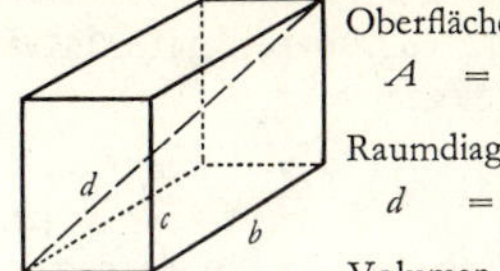

Oberfläche

$$A = 2\,(a\,b + b\,c + c\,a) \quad \textbf{(257)}$$

Raumdiagonale

$$d = +\sqrt{a^2 + b^2 + c^2} \quad \textbf{(258)}$$

Volumen

$$V = a\,b\,c \quad \textbf{(259)}$$

Beim Würfel werden die Gleichungen **(257)** bis **(259)**

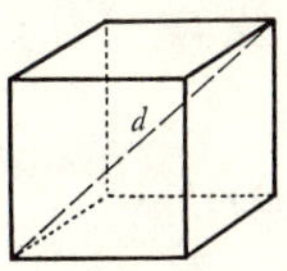

$$A = 6\,a^2 \quad \textbf{(260)}$$

$$d = a\sqrt{3} = 1{,}732\,051\,a \quad \textbf{(261)}$$

$$V = a^3 \quad \textbf{(262)}$$

2. Pyramide (beliebige Grundfläche)

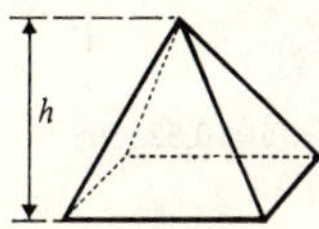

Volumen

$$V = \frac{h}{3}A_G \quad \textbf{(263)}$$

(A_G = Grundfläche)

3. Kreiszylinder (gerader)

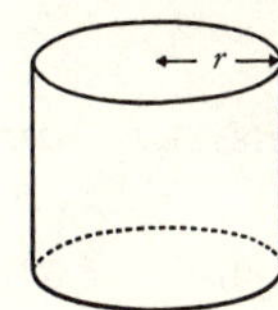

Fläche des Mantels

$$A_M = 2\,r\,\pi\,h = 6{,}283\,185\,3\,r\,h \quad \textbf{(264)}$$

Ganze Oberfläche

$$\begin{aligned} A &= 2\,r\,\pi\,(r + h) \\ &= 6{,}283\,185\,3\,r\,(r + h) \end{aligned} \quad \textbf{(265)}$$

Volumen

$$V = r^2\,\pi\,h = 3{,}141\,592\,65\,r^2\,h \quad \textbf{(266)}$$

Beim Hohlzylinder ist

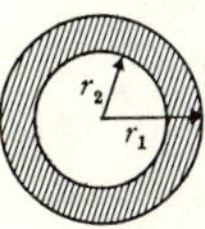

$$\begin{aligned} V_{Hz} &= (r_1^2 - r_2^2)\,\pi\,h \quad [r_1 \geqq r_2] \\ &= 3{,}141\,592\,65\,(r_1^2 - r_2^2)\,h \end{aligned} \quad \textbf{(267)}$$

4. Kreiskegel (gerader)

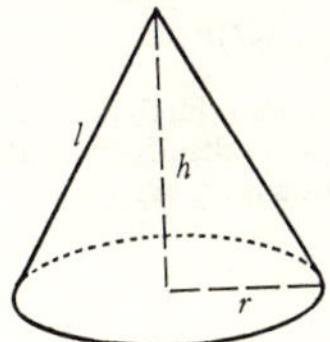

Fläche des Mantels

$$A_M = r\,\pi\,l = 3{,}141\,592\,65\,r\,l \quad \textbf{(268)}$$

(l = Mantellinie $= +\sqrt{r^2 + h^2}$)

Ganze Oberfläche

$$\begin{aligned} A &= r\,\pi\,(r + l) \\ &= 3{,}141\,592\,65\,r\,(r + l) \end{aligned} \quad \textbf{(269)}$$

Volumen

$$V = \frac{1}{3}r^2\,\pi\,h = 1{,}047\,197\,55\,r^2\,h \quad \textbf{(270)}$$

Kegelstumpf (gerader, Deckfläche parallel zur Grundfläche)

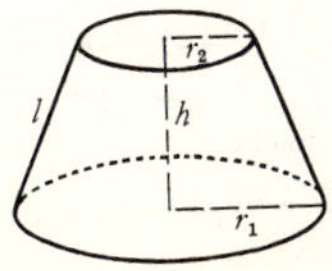

Fläche des Mantels

$$\begin{aligned} A_M &= \pi\,l\,(r_1 + r_2) \\ &= 3{,}141\,592\,65\,l\,(r_1 + r_2) \end{aligned} \quad \textbf{(271)}$$

Ganze Oberfläche

$$A = \pi\,[r_1\,(r_1 + l) + r_2\,(r_2 + l)] \quad \textbf{(272)}$$

Volumen

$$\begin{aligned} V &= \frac{\pi\,h}{3}(r_1^2 + r_1\,r_2 + r_2^2) \\ &= 1{,}047\,197\,55\,h\,(r_1^2 + r_1\,r_2 + r_2^2) \end{aligned} \quad \textbf{(273)}$$

5. Kugel

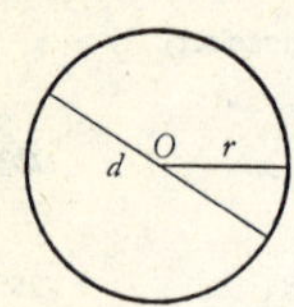

Oberfläche

$$A = 4r^2\pi = \pi d^2 \quad (274)$$
$$= 12{,}566\,370\,6\, r^2 = 3{,}141\,592\,65\, d^2$$

Volumen

$$V = \frac{4r^3\pi}{3} = \frac{\pi d^3}{6} \quad (275)$$
$$= 4{,}188\,790\,20\, r^3 = 0{,}523\,598\,78\, d^3$$

Kugelsegment

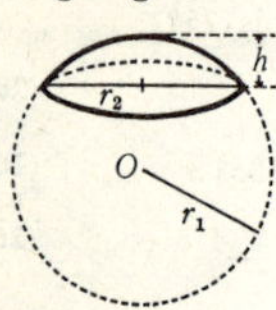

Oberfläche des Mantels

$$A_M = \pi(r_2^2 + h^2) = 2r_1\pi h \quad (276)$$

Ganze Oberfläche

$$A = \pi(2r_2^2 + h^2) \quad (277)$$

Volumen

$$\left.\begin{aligned} V &= \frac{\pi h}{6}(3r_2^2 + h^2) \\ &= \frac{\pi h^2}{3}(3r_1 - h) \end{aligned}\right\} \quad (278)$$

($\pi = 3{,}141\,592\,65$; $\pi/6 = 0{,}523\,598\,78$; $\pi/3 = 1{,}047\,197\,55$)

Kugelzone (mit zwei parallelen Ebenen im Abstand h voneinander)

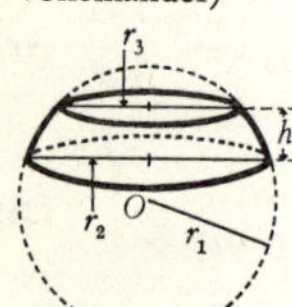

Oberfläche des Mantels

$$A_M = 2\pi r_1 h = 6{,}283\,185\,3\, r_1 h \quad (279)$$

Ganze Oberfläche

$$A = \pi(r_2^2 + 2r_1 h + r_3^2) \quad (280)$$

[π siehe (**278**)]

Volumen

$$V = \frac{\pi h}{6}(3r_2^2 + 3r_3^2 + h^2) \quad (281)$$
$$= 0{,}523\,598\,78\, h\,(3r_2^2 + 3r_3^2 + h^2)$$

Kugelkeil

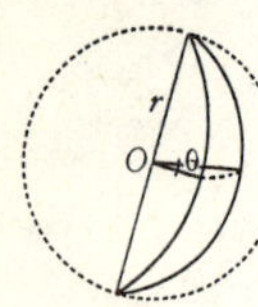

Volumen

$$V = \frac{\pi r^3 \theta}{270} = 0{,}011\,635\,528\, r^3\theta \quad (282)$$

[für θ vgl. (**246**) und (**247**)]

(θ = Winkel zwischen den durch den Mittelpunkt der Kugel gehenden Ebenen, die den Keil herausschneiden)

6. Ähnliche Körper

Sie verhalten sich der Oberfläche nach wie die Quadrate, dem Inhalt nach wie die Kuben entsprechender Längen. (**283**)

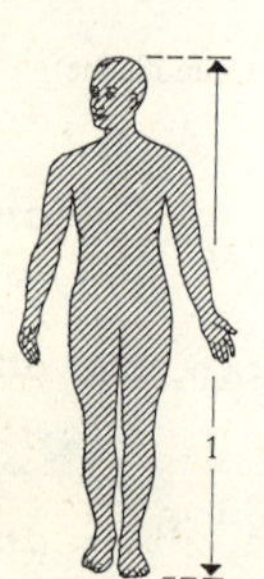

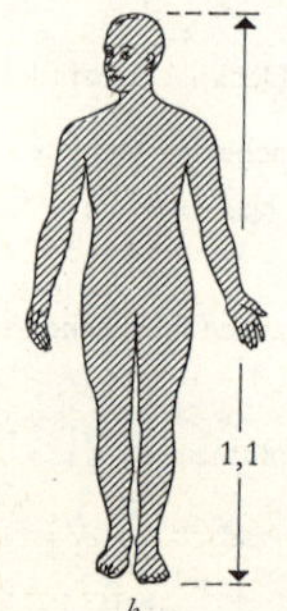

Das heißt:

b ist 10% größer,

hat 21% mehr Oberfläche und

33% mehr Gewicht.

XVI. Einige Formeln der analytischen Geometrie

1. Transformationen am rechtwinkligen Koordinatensystem

Die transformierten Koordinaten werden mit C, die transformierten Variablen mit X, Y bezeichnet, die nicht transformierten Koordinaten und Variablen mit c, x, y. Der Einfachheit halber werden die Transformationen im I. Quadranten demonstriert (vgl. Abschnitt XI), die Formeln sind aber allgemeingültig.

a) Parallelverschiebung

Der Koordinatenursprung O soll nach O' verschoben werden. Die Koordinaten von O' sind im nicht transformierten System a in x-Richtung und b in y-Richtung.

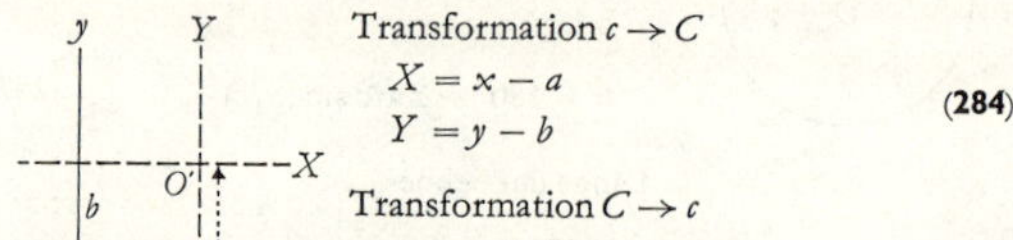

Transformation $c \to C$

$$\begin{aligned} X &= x - a \\ Y &= y - b \end{aligned} \quad (284)$$

Transformation $C \to c$

$$\begin{aligned} x &= a + X \\ y &= b + Y \end{aligned} \quad (285)$$

b) Lineare Maßstabsänderung

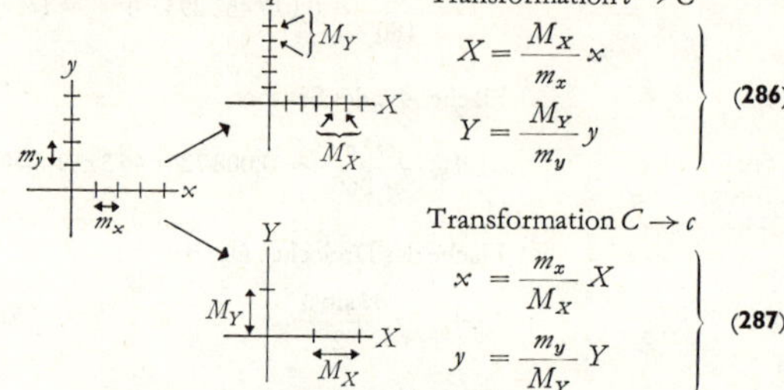

Transformation $c \to C$

$$\left.\begin{aligned} X &= \frac{M_X}{m_x}\,x \\ Y &= \frac{M_Y}{m_y}\,y \end{aligned}\right\} \quad (286)$$

Transformation $C \to c$

$$\left.\begin{aligned} x &= \frac{m_x}{M_X}\,X \\ y &= \frac{m_y}{M_Y}\,Y \end{aligned}\right\} \quad (287)$$

c) Parallelverschiebung und lineare Maßstabsänderung

Transformation $c \to C$

$$\left.\begin{aligned} X &= \frac{M_X}{m_x}(x - a) \\ Y &= \frac{M_Y}{m_y}(y - b) \end{aligned}\right\} \quad (288)$$

Transformation $C \to c$

$$\left.\begin{aligned} x &= a + \frac{m_x}{M_X}\,X \\ y &= b + \frac{m_y}{M_Y}\,Y \end{aligned}\right\} \quad (289)$$

d) Drehung des Koordinatensystems

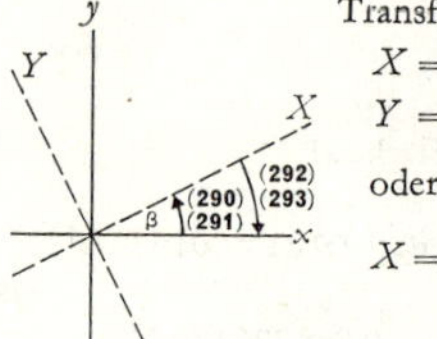

Transformation $c \to C$

$$\begin{aligned} X &= x\cos\beta + y\sin\beta \\ Y &= y\cos\beta - x\sin\beta \end{aligned} \quad (290)$$

oder

$$\left.\begin{aligned} X &= \frac{1}{\sqrt{1+\tan^2\beta}}(x + y\tan\beta) \\ Y &= \frac{1}{\sqrt{1+\tan^2\beta}}(y - x\tan\beta) \end{aligned}\right\} \quad (291)$$

Transformation $C \to c$

$$\begin{aligned} x &= X\cos\beta - Y\sin\beta \\ y &= X\sin\beta + Y\cos\beta \end{aligned} \quad (292)$$

oder

$$\left.\begin{aligned} x &= \frac{1}{\sqrt{1+\tan^2\beta}}(X - Y\tan\beta) \\ y &= \frac{1}{\sqrt{1+\tan^2\beta}}(Y + X\tan\beta) \end{aligned}\right\} \quad (293)$$

e) Drehung des Koordinatensystems und Parallelverschiebung

Transformation $c \to C$

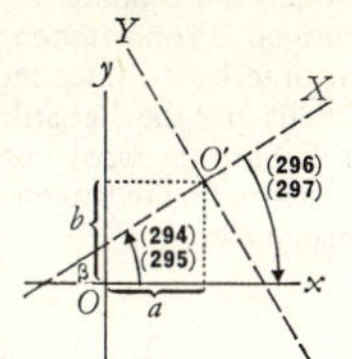

$$X = (x - a)\cos\beta + (y - b)\sin\beta$$
$$Y = (y - b)\cos\beta - (x - a)\sin\beta \qquad (294)$$

oder

$$X = \frac{1}{\sqrt{1 + \tan^2\beta}}[x - a + (y - b)\tan\beta]$$
$$Y = \frac{1}{\sqrt{1 + \tan^2\beta}}[y - b - (x - a)\tan\beta] \qquad (295)$$

Transformation $C \to c$

$$x = a + X\cos\beta - Y\sin\beta$$
$$y = b + Y\cos\beta + X\sin\beta \qquad (296)$$

oder

$$x = a + \frac{1}{\sqrt{1 + \tan^2\beta}}(X - Y\tan\beta)$$
$$y = b + \frac{1}{\sqrt{1 + \tan^2\beta}}(Y + X\tan\beta) \qquad (297)$$

2. Die Gerade

Allgemeine Gleichung:

$$Ax + By + C = 0 \qquad (298)$$

Steigungsgleichung

$$y = a + bx \quad \text{oder} \quad x = \frac{y - a}{b} \qquad (299)$$

a = Interzept auf der y-Achse, b = Tangens des Steigungswinkels β = Steigungsmaß der Geraden. Zu beachten: $b = \tan\beta$ ist nur unter der Voraussetzung richtig, daß auf beiden Koordinatenachsen die gleiche Einheit abgetragen ist.

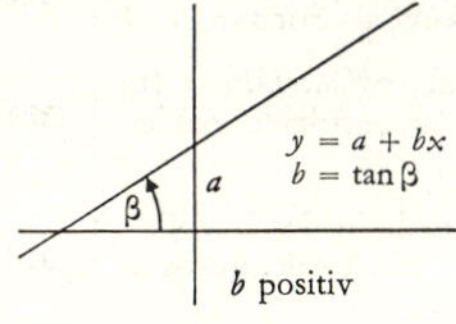

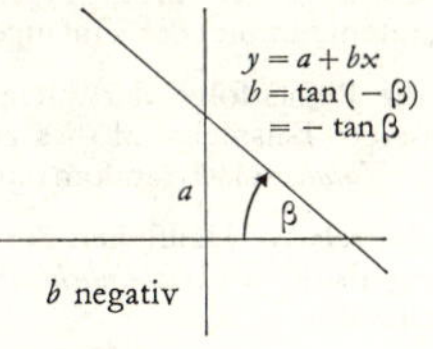

Spezialfälle

$x = a$ ist die Gleichung einer Parallelen zur y-Achse **(300)**

$y = c$ ist die Gleichung einer Parallelen zur x-Achse **(301)**

Eine Gerade steht senkrecht auf einer andern Geraden mit Steigungsmaß b, wenn ihr Steigungsmaß $-1/b$ beträgt. **(302)**

Gerade durch zwei Punkte mit den Koordinaten x_1, y_1; x_2, y_2

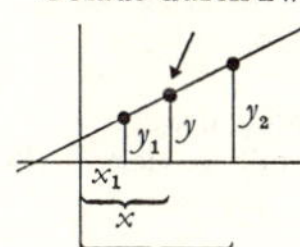

$$y = y_1 + \frac{y_2 - y_1}{x_2 - x_1}(x - x_1) \qquad (303)$$

Diese Formel braucht man zur linearen Interpolation.

		x	y
Beispiel:	Tafelwerte	110	83,83
		120	95,66

Gesucht der y-Wert für $x = 116$

Lösung: $y = 83{,}83 + \frac{95{,}66 - 83{,}83}{120 - 110}(116 - 110) = 90{,}93$

Gerade mit dem Steigungsmaß b durch einen Punkt x_1, y_1

$$y = y_1 + b(x - x_1) \qquad (304)$$

Gerade durch den Ursprung und einen Punkt x_1, y_1

$$y = \frac{y_1}{x_1}x \qquad (305)$$

Länge p der zur y-Achse parallel verlaufenden Strecke zwischen einem Punkt x_1, y_1 und der Geraden $y = a + bx$

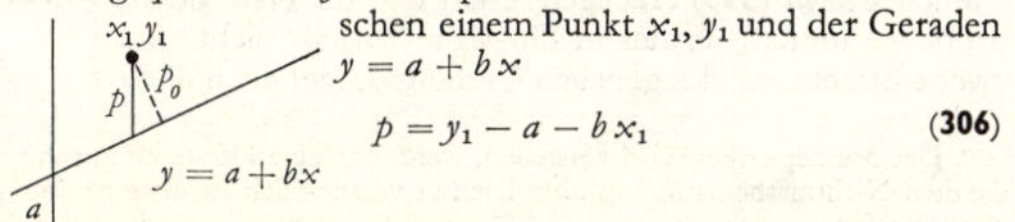

$$p = y_1 - a - bx_1 \qquad (306)$$

Kürzester (orthogonaler) Abstand p_0 zwischen einem Punkt und der Geraden $y = a + bx$

$$p_0 = \frac{y_1 - a - bx_1}{\sqrt{1 + b^2}} \qquad (307)$$

Zur x-Achse paralleler Abstand p_x in Schnitthöhe y_p zwischen zwei Geraden $y = a_1 + b_1x$ und $y = a_2 + b_2x$

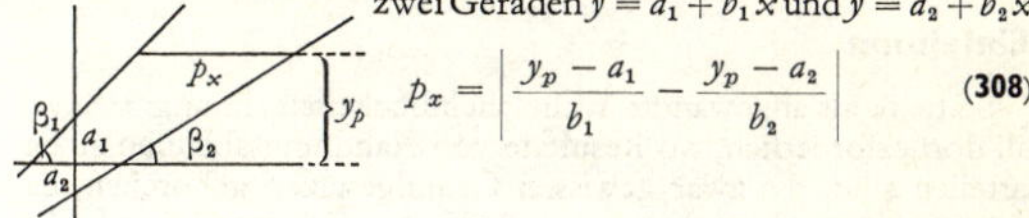

$$p_x = \left|\frac{y_p - a_1}{b_1} - \frac{y_p - a_2}{b_2}\right| \qquad (308)$$

Zur x-Achse paralleler Abstand p_x zwischen zwei Parallelen $y = a_1 + bx$ und $y = a_2 + bx$ [Spezialfall von **(308)**: $b_1 = b_2$]

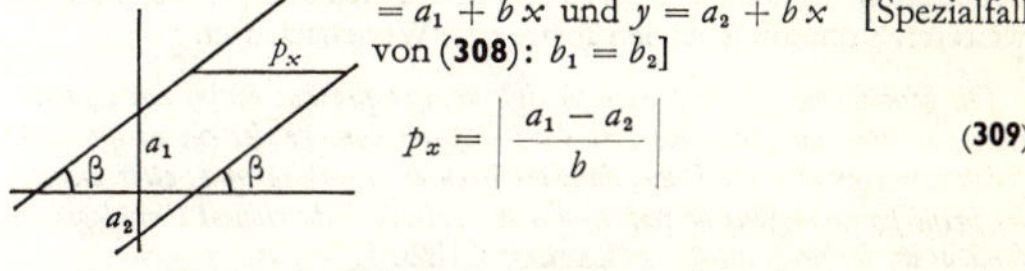

$$p_x = \left|\frac{a_1 - a_2}{b}\right| \qquad (309)$$

Koordinaten des Schnittpunktes zweier Geraden $y = a_1 + b_1x$ und $y = a_2 + b_2x$

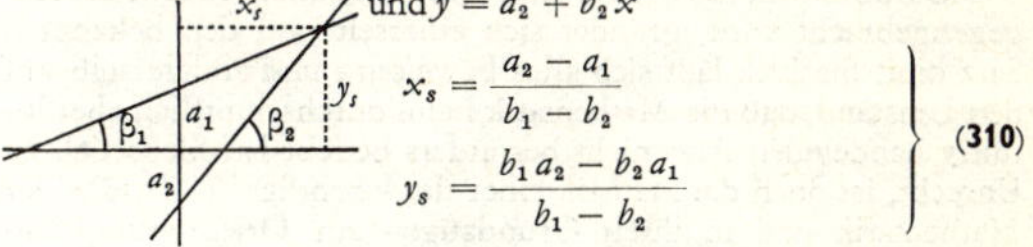

$$x_s = \frac{a_2 - a_1}{b_1 - b_2}, \qquad y_s = \frac{b_1a_2 - b_2a_1}{b_1 - b_2} \qquad (310)$$

Winkel θ zwischen zwei Geraden mit den Steigungen b_1 und b_2

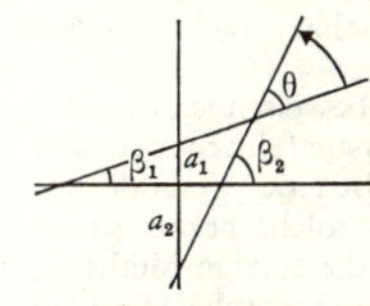

$$\tan\theta = \frac{b_1 - b_2}{b_1b_2 + 1} \qquad (311)$$

Unter dem Winkel θ wird derjenige positive Winkel verstanden, um den man die erste Gerade drehen muß, damit sie mit der zweiten einschließlich der Richtung zusammenfällt. Zu beachten: Gleichung **(311)** ist nur unter der Voraussetzung richtig, daß auf beiden Koordinatenachsen die gleiche Einheit abgetragen ist.

3. Die Ellipse

Hauptachsengleichung (angepaßt an späteren Gebrauch)

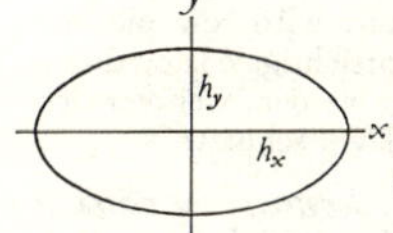

$$\frac{x^2}{a^2} + \frac{y^2}{b^2} = c^2 \qquad (312)$$

a und b bestimmen das Verhältnis der Halbachsen zueinander und damit die Gestalt der Ellipse.

Bezeichnet man mit h_x die große, mit h_y die kleine Halbachse, so wird **(312)**

$$\frac{x^2}{h_x^2} + \frac{y^2}{h_y^2} = 1 \quad \begin{cases} h_x^2 = c^2a^2 \\ h_y^2 = c^2b^2 \end{cases} \qquad (313)$$

Abstand der Brennpunkte F_1 und F_2

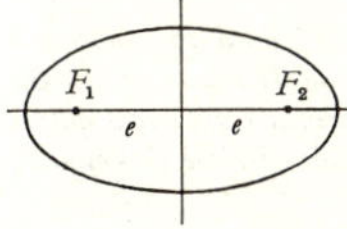

$$2e = 2\sqrt{h_x^2 - h_y^2} \qquad (314)$$

e wird lineare Exzentrizität genannt.

Länge s eines Fadens vom Brennpunkt F_1 zum Punkte P auf der Kurve und von dort zum Brennpunkt F_2 (= Summe s der Brennstrahlen nach einem Punkte der Kurve)

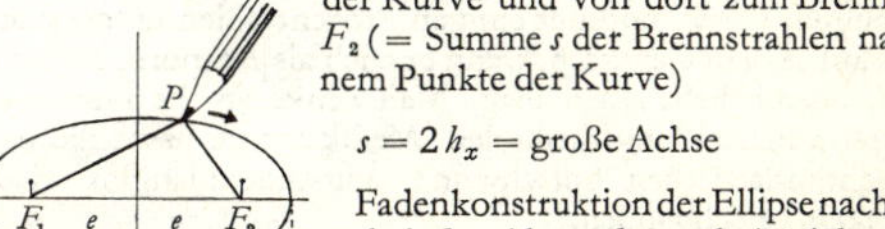

$$s = 2h_x = \text{große Achse} \qquad (315)$$

Fadenkonstruktion der Ellipse nach **(315)**, wobei der Abstand e nach **(314)** bestimmt wird.

Schrägstehende Ellipsen und entsprechende Koordinatentransformationen sowie weitere Kurven zweiten Grades werden später im Text, soweit benötigt, kurz besprochen. Flächeninhalt und Umfang der Ellipse: siehe Gleichungen **(255)** und **(256)**.

Es ist unmöglich, auf den uns zur Verfügung stehenden wenigen Seiten eine ausführliche Anleitung zu den zahlreichen statistischen Tafeln (S. 10–131) zu geben.

Wir beschränken uns im folgenden auf das Grundsätzliche, das ein Nichtmathematiker braucht, um einfache statistische Aufgaben zu lösen.

Einleitung

Statistik als angewandte Wahrscheinlichkeitsrechnung ist überall dort erforderlich, wo Resultate von Handlungsabläufen zu beurteilen sind, die zwar gewissen Grundgesetzen gehorchen, daneben aber auch noch durch unbekannte Faktoren, durch den «Zufall», modifiziert werden. In den empirischen Wissenschaften, den exakten wie den biologischen, dürfte dies überall zutreffen, im weiteren Sinne auch bei den abstrakten Wissenschaften:

On peut même dire, à parler en rigueur, que presque toutes nos connaissances ne sont que probables; et dans le petit nombre des choses que nous pouvons savoir avec certitude, dans les sciences mathématiques elles-mêmes, les principaux moyens de parvenir à la vérité, l'induction et l'analogie, se fondent sur les probabilités... (LAPLACE, 1820)'.

Das Mißtrauen, das der Statistik von medizinischer Seite oft entgegengebracht wird, gründet sich einerseits auf den bekannten Satz «mit Statistik läßt sich alles beweisen» und andererseits auf den Umstand, daß die Mathematik beim durchschnittlich eher intuitiv handelnden Arzt nicht besonders beliebt ist. Sicherlich zu Unrecht, ist doch die Statistik einer der lebendigsten Zweige der Mathematik und in ihren Grundzügen zur Orientierung und Selbstkontrolle leicht erlernbar. In diesem Zusammenhange sei nur daran erinnert, daß jede Diagnose das Resultat einer bewußt oder unbewußt durchgeführten Wahrscheinlichkeitsrechnung darstellt.

Das diskreditierende Schlagwort der alles beweisenden Statistik ist eine Folge ihrer falschen Anwendung sowie fehlerhafter oder zu weit gehender Interpretation. Statistik ist eine Methode wie jede andere wissenschaftliche Methode. Als solche besitzt sie eo ipso keine Beweiskraft. Andererseits ist sie die einzige Methode, welche die Beurteilung zufallsbeeinflußter (stochastischer) Größen nach soliden, reproduzierbaren, auf logisch-mathematischen Überlegungen beruhenden Regeln erlaubt. Weit eher gilt deshalb der zitierte Satz im umgekehrten Sinne, indem *ohne statistische Kenntnisse projektierte und verwertete Untersuchungen keine Beweiskraft besitzen.* Man vergegenwärtige sich, wie das menschliche Urteil stark von unterbewußten Wünschen und von der selbst beim ärgsten Pessimisten tief verankerten Tendenz beeinflußt wird, die eigenen Chancen höher einzuschätzen. Selbst der Vorsichtigste kann durch diese psychologischen Faktoren fehlgeleitet werden, wenn er sich nicht durch eine geeignete Selbstkontrolle davor schützt:

Le sentiment par lequel l'homme s'est placé longtemps au centre de l'univers, en se considérant comme l'objet spécial des soins de la nature, porte chaque individu à se faire le centre d'une sphère plus ou moins étendue, et à croire que le hasard a pour lui des préférences. Soutenus par cette opinion, les joueurs exposent souvent des sommes considérables à des jeux dont ils savent que les chances leur sont contraires. Dans la conduite de la vie, une semblable opinion peut quelquefois avoir des avantages; mais le plus souvent elle conduit à des entreprises funestes. Ici, comme en tout, les illusions sont dangereuses et la vérité seule est généralement utile.

Un des grands avantages du Calcul des Probabilités est d'apprendre à se défier des premiers aperçus. Comme on reconnaît qu'ils trompent souvent lorsqu'on peut les soumettre au calcul, on doit en conclure que sur d'autres objets il ne faut s'y livrer qu'avec une circonspection extrême (LAPLACE, 1820)'.

So hat denn auch «der Wunsch als Vater des Gedankens», getarnt als «nach unserer Erfahrung», «unserer Ansicht», «unserer Überzeugung» usw. und mit einigen Prozentzahlen untermauert, einiges auf seinem Gewissen, wenn er auch als Ansporn, Neues zu suchen, unentbehrlich sein mag. Man denke an die unzähligen «besseren» Behandlungsmethoden, Medikamente usw., die nach einem enthusiastischen Aufschwung sang- und klanglos wieder im Dunkeln verschwinden.

Es wäre manchem Forscher viel vergebliche Mühe und Zeit erspart geblieben, wenn er seine Hypothesen und Entdeckungen vor der Publikation einer statistischen Prüfung unterzogen hätte. Diese Erkenntnis ist in den letzten Jahren sichtlich Allgemeingut geworden, und die Zusammenarbeit zwischen klinischer Medizin und Statistik ist schon sehr eng.

Damit entsteht eine andere Gefahr, die nicht übersehen werden darf. Man neigt im allgemeinen dazu, die Bedeutung eines neuerworbenen Forschungsinstrumentes zu überschätzen, besonders dann, wenn seine Handhabung noch ungeläufig und mühsam ist. Man stellt allzusehr auf die mit ihm gewonnenen Resultate ab, wobei Selbstkritik, Abschätzung der richtigen Proportionen, Überprüfung der experimentellen Resultate unterlassen oder zu leicht genommen werden. Einen solchen Dispens gibt die Statistik selbstverständlich nicht. Mit zunehmender Erfahrung wird der Anfänger im Gegenteil bemerken, daß das statistische Gedankengut ihn vorsichtiger, aber auch intuitiver gemacht hat.

1. Einleitende Definitionen*

Zufallsbeeinflußte Experimente lassen sich gedanklich mit einer Urnenoperation vergleichen, wie sie zum Beispiel eine Lotterieziehung darstellt: Eine Urne sei mit Kugeln gefüllt, die durch die Zahlen 0, 1, 2, ..., 9 gekennzeichnet sind. Vor Beginn der Ziehungen wird der Urneninhalt gut durchgemischt. Der Spieler, der die Kugeln der Urne entnimmt, soll auf die Auswahl keinen Einfluß ausüben können.

Auf Grund dieses Schemas bezeichnen wir

– das Durchmischen des Urneninhaltes als *Verzufälligen* (randomisation) des experimentellen Ausgangsmaterials **(316)**

– die die Kugeln kennzeichnenden Zahlen 0, 1, 2, ..., 9 als *Merkmale* **(317)**

– die Gesamtheit aller Kugeln in der Urne als *Grundgesamtheit* (population) **(318)**

– einen Zug als *Versuch* **(319)**

– N Versuche als *zufälliges Stichprobensammeln* (random sampling) **(320)**

– das Ergebnis eines Versuches, wenn zum Beispiel die Zahl 5 gezogen wird, als *zufälliges Ereignis* 5 **(321)**

– das Ergebnis von N Versuchen als *zufällige Stichprobe* (random sample) des Umfanges N, kurz als Stichprobe N **(322)**

– die Reihenfolge der Ereignisse als *zufällige Folge* [in unserem Beispiel sind dies zufällig angeordnete Zahlen oder *Zufallszahlen* (random numbers)] **(323)**

– die relative Häufigkeit der Merkmale in der Bevölkerung als die *Wahrscheinlichkeit* dieser Merkmale, gezogen zu werden **(324)**

– die relative Häufigkeit der Merkmale in der Stichprobe als *Schätzung* der Wahrscheinlichkeit dieser Merkmale **(325)**

– die Verteilung der Wahrscheinlichkeiten auf die verschiedenen Merkmale als Wahrscheinlichkeitsverteilung, kurz als *Verteilung* **(326)**

Auf einzelne dieser Begriffe wird später noch näher eingegangen werden.

2. Grundgesamtheit und Stichprobe

Eine Grundgesamtheit ist endlich oder unendlich, wenn die Versuche (Ziehungen) endlich oder unendlich viele Male wiederholt werden können. **(327)**

Eine endliche Grundgesamtheit, das heißt eine Urne mit einer endlichen Anzahl Kugeln, läßt sich durch einen Kunstgriff in eine unendliche verwandeln: Man legt die Kugel nach jedem Zuge wieder in die Urne zurück. Eine solche Urnenoperation nennt man *Stichprobensammeln mit Zurücklegen* (sampling with replacement). **(328)**

Einer unendlichen Grundgesamtheit lassen sich unendlich viele Stichproben entnehmen, die zum Beispiel alle den gleichen Umfang N haben. Die Gesamtheit aller dieser Stichproben nennen wir Grundgesamtheit aller Stichproben des Umfanges N, und ihre Wahrscheinlichkeitsverteilung *Stichprobenverteilung N*. **(329)**

Eine unendliche Stichprobengrundgesamtheit läßt sich auch bei Stichproben aus einer endlichen Grundgesamtheit ähnlich wie in (**328**) erzeugen: Man legt die erste Stichprobe gesamthaft wieder in die Urne zurück, zieht eine zweite Stichprobe des gleichen Umfanges, legt auch diese **(330)**

* Der Mathematiker wird verstehen, wenn wir eine Darstellung wählen, die dem Nichtmathematiker intuitiv leichter verständlich ist als eine streng mathematische.

wieder zurück usw. *Alle Stichprobengrundgesamtheiten können deshalb als unendlich angesehen werden:* eines der grundlegenden Konzepte der mathematischen Statistik. **(330)**

Maßzahlen, wie Mittelwert und Streuung, die sich auf die Grundgesamtheit beziehen, bezeichnet man als *Parameter*, ihr Gegenstück in der Stichprobe als *Statistiken* (statistics). **(331)**

Symbole, die sich auf die Grundgesamtheit beziehen, zeichnen wir durch **fette** Schrift aus, wenn eine Unterscheidung zwischen Stichproben- und Grundgesamtheitssymbolen angebracht ist. Ausnahmen bilden die Symbole für Mittelwert und Streuung: μ und σ^2 beziehen sich auf die Grundgesamtheit, $\bar{x}$ und s^2 auf die Stichprobe. **(332)**

3. Merkmal und Ereignis

Merkmale sind gestapelte (mögliche) Ereignisse in der Urne, Ereignisse gezogene Merkmale außerhalb der Urne. Wo keine Verwechslungsgefahr besteht, verwenden wir deshalb das Wort «Ereignis» auch für «Merkmal». So sprechen wir zum Beispiel von der «Grundgesamtheit der Ereignisse rot und schwarz» usw. **(333)**

Ist A ein Ereignis, so nennt man das Nichteintreffen von A sein *komplementäres Ereignis*, von uns geschrieben «Nicht-A». Beispiele: Erfolg oder Mißerfolg, lebend oder tot, 6 oder Nicht-6 beim Würfeln usw. **(334)**

Das Komplementärereignis Nicht-A ist vielfach ein Ereignis B. Anstatt eines Knaben kann ein Mädchen geboren werden. Solche Ereignisse nennt man *einander ausschließende Ereignisse*, geschrieben «A oder B» oder auch «A, B». «A oder Nicht-A» in (**334**) sind somit per definitionem einander ausschließende Ereignisse. **(335)**

Gleichzeitig eintreffende Ereignisse lassen sich wie *aufeinanderfolgende* Ereignisse behandeln. Treffen die Ereignisse A, B, C, ... gleichzeitig oder nacheinander ein, so schreiben wir: «A und B und C ...» oder auch «ABC ...». **(336)**

Gleichzeitige oder aufeinanderfolgende Ereignisse können zusammen *ein* Ereignis bilden. Wirft man zum Beispiel mit zwei Würfeln gleichzeitig oder mit einem Würfel nacheinander zwei Sechser, so ist die Summe 12 ein *zusammengesetztes Ereignis*. **(337)**

Trifft ein Ereignis A unter der Bedingung ein, daß das Ereignis B eingetroffen ist [oder gleichzeitig mit eintrifft, vgl. (**336**)], so nennt man A ein *bedingtes Ereignis*, geschrieben «$A \mid B$», gelesen Ereignis «A unter der Bedingung B». B kann mehrere Bedingungen enthalten. **(338)**

Qualitative Merkmale können durch Zahlen gekennzeichnet werden, wie zum Beispiel 1 für Erfolg, 0 für Mißerfolg. **(339)**

Sind die Ereignisse an sich schon Zahlen, so bezeichnen wir sie mit x, wenn sich nicht, wie bei einigen Stichprobenverteilungen, schon andere Symbole eingebürgert haben. **(340)**

Durchläuft x (in einem endlichen Intervall) nur endlich viele Zahlen, so spricht man von einer *diskreten Zufallsveränderlichen* oder *-variablen*. x ändert sich in diesem Fall *sprunghaft*. Beispiele: 0, 1, 2, 3, ... Erfolge; 25, 26, 27, ... Atemzüge usw. **(341)**

Bedeuten die Zahlen 1, 2, 3, ... den kleinsten, den zweitkleinsten, den drittkleinsten Wert usw., so spricht man von einer (nach Größe) geordneten oder *rangierten Folge*. Bei einer solchen kann der *genaue* Zahlenwert, der den Rängen «der kleinste», der «zweitkleinste» usw. zugrunde liegt, unbekannt sein. *Beispiel 1*: Man kann eine Menschengruppe nach Körpergröße in einer Reihe ordnen, ohne die genauen Körperlängen zu kennen. **(342)**

Durchläuft x in einem Intervall alle unendlich vielen Zahlen dieses Intervalls, so spricht man von einer *stetigen* Zufallsveränderlichen oder -variablen. x ändert sich in diesem Falle *kontinuierlich*. Beispiele stetiger Zufallsvariablen sind Länge, Fläche, Volumen, Gewicht, Temperatur, Zeit, Konzentrationen usw., das heißt Variablen, die *gemessen* werden können. **(343)**

In Wirklichkeit bestehen stetige Zufallsveränderliche nur in der Vorstellung, weil alle Meßwerte gerundete Zahlen darstellen. Wenn zum Beispiel bei einer Waage das Milligramm das kleinste Meßintervall ist, so wird man die gewogenen Gewichte auf das nächstliegende Milligramm auf- oder abrunden. x kann sich somit nur noch sprunghaft von Milligramm zu Milligramm ändern. Wir nennen eine solche Variable eine *gekörnte Veränderliche:* Gekörnte Variablen sind an sich stetige Veränderliche, die durch Rundung in diskrete umgewandelt wurden. **(344)**

In einer Stichprobe aus zwei oder mehr Versuchen kann bei diskreten Veränderlichen der gleiche Wert zwei- oder mehrmals vorkommen, bei stetigen Variablen ist dies ein fast unmögliches Ereignis [vgl. (**352**)], das aber um so häufiger eintreffen kann, je gröber sie gekörnt sind. Vgl. (**344**). **(345)**

Kommen in einer Stichprobe einer gekörnten Variablen zwei oder mehr gleiche Werte vor, so nennt man diese Werte *Bindungen* (ties) oder spricht von gebundenen Werten. Vgl. (**344**) und (**345**). **(346)**

4. Häufigkeit, Wahrscheinlichkeit, zusammengesetzte Ereignisse

In einer Gruppe von N Individuen seien x weiblichen und $N-x$ männlichen Geschlechtes. x und $N-x$ sind die *absoluten*, x/N und $(N-x)/N$ die *relativen Häufigkeiten* der Frauen und Männer dieser Gruppe. Wenn wir im folgenden von Häufigkeiten sprechen, so sind damit immer die relativen Häufigkeiten gemeint. **(347)**

Die relative Häufigkeit, multipliziert mit 100, wird *prozentuale Häufigkeit* genannt. *Beispiel 2*: Bei 81 Operationen sind 3 Todesfälle eingetreten. Die prozentuale Häufigkeit beträgt $(3/81) \times 100 = 3{,}7\,\%$. **(348)**

Man findet die prozentuale Häufigkeit für N zwischen 2 und 100 und für beliebige $x \leqq N$ in der Kolonne 100 p_x (Kolonne 2) der Tafeln auf S. 85–98. Für obiges Beispiel siehe S. 93, $N = 81$, $x = 3$.

Wir symbolisieren Wahrscheinlichkeiten mit folgenden Symbolen:

«Wahrscheinlichkeit» allgemein .... Prob

Wahrscheinlichkeiten einander ausschließender Ereignisse .... $\dot{\boldsymbol{P}}$

Wahrscheinlichkeiten zweier komplementärer Ereignisse .... $\boldsymbol{p}$ und $\boldsymbol{q}$ **(349)**

Später verwenden wir noch die Symbole α und $\boldsymbol{P}$ [vgl. (**378**) und (**379**)].

In (**324**) definierten wir die *Wahrscheinlichkeit als relative Häufigkeit eines Merkmals* [oder Ereignisses, vgl. (**333**)] *in der Grundgesamtheit*. Aus dieser Definition lassen sich (**350**) bis (**355**) unmittelbar ableiten.

Jede Wahrscheinlichkeit ist eine Zahl zwischen Null und Eins.

$0 \leqq \text{Prob} \leqq 1$ **(350)**

Ein unmögliches Ereignis hat die Wahrscheinlichkeit Null, ein sicheres Ereignis die Wahrscheinlichkeit Eins. *Der umgekehrte Schluß ist aber nicht zulässig*, es gilt vielmehr: **(351)**

Ein Ereignis mit Wahrscheinlichkeit Null ist ein *fast* unmögliches Ereignis, ein Ereignis mit Wahrscheinlichkeit Eins ist ein *fast* sicheres Ereignis. *Beispiel 3*: Eine Urne enthalte alle natürlichen Zahlen 1, 2, 3, ..., ∞. Die Wahrscheinlichkeit, bei einem Zuge zum Beispiel die Zahl 1960 zu ziehen, ist $1/\infty = 0$. Trotzdem besteht die Möglichkeit, diese Zahl zu ziehen, da sie in der Grundgesamtheit enthalten ist. **(352)**

Die Summe der Wahrscheinlichkeiten *aller* einander ausschließenden, aus *einer* Grundgesamtheit stammenden Ereignisse $E_0, E_1, \ldots, E_N$ ist gleich Eins:

$$\text{Prob}\,(E_0 \text{ oder } E_1 \text{ oder } \ldots E_N) = \dot{\boldsymbol{P}}_0 + \dot{\boldsymbol{P}}_1 + \cdots + \dot{\boldsymbol{P}}_N = 1$$

wobei $N+1$ = Total aller einander ausschließenden Ereignisse und [vgl. (**335**)]

$$\text{Prob}\,(E \text{ oder Nicht-}E) = \boldsymbol{p} + \boldsymbol{q} = 1$$ **(353)**

Als Folgerung von (**353**) ergibt sich: Eine Grundgesamtheit mit vielen einander ausschließenden Ereignissen läßt sich in verschiedener Weise in eine Grundgesamtheit mit zwei komplementären Ereignissen umformen. **(354)**

Es ist zum Beispiel

$$\text{Prob}\,[\underbrace{(E_0 \text{ oder } E_1)}_{=E} \text{ oder } \underbrace{(E_2 \text{ oder} \ldots E_N)}_{=\text{Nicht-}E}] = \underbrace{(\dot{P}_0 + \dot{P}_1)}_{=p} + \underbrace{(\dot{P}_2 + \cdots + \dot{P}_N)}_{=q}$$

wobei $N+1$ = Total aller einander ausschließenden Ereignisse.

Beispiel 4 [zu (**354**)]. Bei einem «wahren» Würfel sei die Wahrscheinlichkeit einer Zahl, geworfen zu werden, gleich 1/6. Die Wahrscheinlichkeit, eine 6 zu werfen, ist 1/6, eine Nicht-6 (1 oder 2 oder ... 5) zu werfen, 5/6. Die Wahrscheinlichkeit, eine gerade Zahl (2 oder 4 oder 6) zu werfen, ist $1/6 + 1/6 + 1/6 = 1/2$, eine ungerade Zahl zu werfen, ebenfalls 1/2.

Als Folgerung von (**353**) ergibt sich:

Die Wahrscheinlichkeit, daß von den einander ausschließenden Ereignissen A, B, ... entweder das Ereignis A oder das Ereignis B oder ... eintrifft, ist gleich der Summe ihrer Wahrscheinlichkeiten, *sofern die Ereignisse aus ein und derselben Grundgesamtheit stammen.* **(355)**

$$\text{Prob}\,(A \text{ oder } B \text{ oder} \ldots) = \dot{P}_A + \dot{P}_B + \cdots$$

Beispiel 5 [zu (**355**)]. *Richtige Anwendung.* Die Wahrscheinlichkeit der 85jährigen, an Pneumonie zu sterben, sei 0,2, an Karzinom zu sterben, ebenfalls 0,2. Die Wahrscheinlichkeit der 85jährigen, entweder an Pneumonie oder an Karzinom zu sterben, ist dann $0{,}2+0{,}2=0{,}4$.

Beispiel 6 [zu (**355**)]. *Falsche Anwendung.* Die Sterbewahrscheinlichkeit der 85jährigen sei 0,5, der 86jährigen 0,6. Es ist falsch, zu sagen: «Die Wahrscheinlichkeit eines 85jährigen, entweder mit 85 oder mit 86 Jahren zu sterben, ist 1,1.» Hier würde uns schon die Wahrscheinlichkeit von 1,1, die es nach (**350**) nicht geben darf, auf einen Fehler hinweisen. Bei einer Wahrscheinlichkeit von 0,4, wie beim Beispiel 5, hätten wir den Fehler wohl übersehen. Er liegt darin, daß wir Wahrscheinlichkeiten einander ausschließender Ereignisse aus *verschiedenen* Grundgesamtheiten, jener der 85jährigen und jener der 86jährigen, addiert haben.

Die Wahrscheinlichkeit zweier gleichzeitiger oder aufeinanderfolgender Ereignisse A und B ist gleich der Wahrscheinlichkeit des Ereignisses A, multipliziert mit der Wahrscheinlichkeit des Ereignisses B unter der Bedingung A, oder gleich der Wahrscheinlichkeit des Ereignisses B, multipliziert mit der Wahrscheinlichkeit des Ereignisses A unter der Bedingung B. Über bedingte Ereignisse siehe (**338**). **(356)**

$$\text{Prob}\,(A \text{ und } B) = \text{Prob}(A) \times \text{Prob}(B|A) = \text{Prob}\,(B) \times \text{Prob}(A|B)$$

Beispiel 7 [zu (**356**)]. Eine Urne enthalte N Kugeln, wovon x rote und $N-x$ weiße. Man sammle eine Stichprobe von zwei Kugeln *ohne Zurücklegen.* Wie groß ist die Wahrscheinlichkeit, a) zwei rote, b) eine rote und eine weiße, c) eine rote und eine weiße Kugel in irgendeiner Reihenfolge zu ziehen?

a) Die Wahrscheinlichkeit einer roten Kugel beim 1. Zug ist x/N. Die bedingte Wahrscheinlichkeit einer roten Kugel beim 2. Zug, nachdem beim 1. Zug schon eine rote Kugel gezogen und damit aus der Urne entfernt worden ist, ist $(x-1)/(N-1)$. Die Wahrscheinlichkeit, zwei rote Kugeln zu ziehen, ist somit

$$\text{Prob (rot und rot)} = \frac{x}{N} \times \frac{x-1}{N-1}$$

b) $$\text{Prob (rot und weiß)} = \frac{x}{N} \times \frac{N-x}{N-1} = \frac{N-x}{N} \times \frac{x}{N-1} = \text{Prob (weiß und rot)}$$

c) Prob (rot und weiß) oder Prob (weiß und rot) = Prob (rot und weiß) + Prob (weiß und rot)

$$= \frac{2x\,(N-x)}{N\,(N-1)}$$

Beispiel 8 [zu (**356**)]. Wir sammeln aus der gleichen Urne wie in Beispiel 7 eine gleich große Stichprobe, aber *mit Zurücklegen.* Die Fragestellung bleibt die gleiche.

a) Die Wahrscheinlichkeit einer roten Kugel beim 1. Zug ist wiederum x/N. Weil wir die Kugel wieder zurücklegen, bleibt die Wahrscheinlichkeit, beim 2. Zug eine rote Kugel zu ziehen, gleich groß:

$$\text{Prob (rot und rot)} = \frac{x}{N} \times \frac{x}{N}$$

b) $$\text{Prob (rot und weiß)} = \frac{x}{N} \times \frac{N-x}{N} = \frac{N-x}{N} \times \frac{x}{N} = \text{Prob (weiß und rot)}$$

c) Prob (rot und weiß) oder Prob (weiß und rot) = Prob (rot und weiß) + Prob (weiß und rot)

$$= \frac{2x\,(N-x)}{N^2}$$

Wir sehen in Beispiel 7, daß die Wahrscheinlichkeiten sich mit jedem Zug ändern, das heißt, jeder folgende Zug ist vom vorhergegangenen *abhängig.* Wir sprechen in einem solchen Fall von *abhängigen Versuchen* und *abhängigen Ereignissen.* Anders in Beispiel 8, wo die Züge sich nicht gegenseitig beeinflussen. Die Versuche und Ereignisse sind *unabhängig.*

Wir merken uns: Beim Stichprobensammeln ohne Zurücklegen, das heißt aus *endlichen* Grundgesamtheiten, sind die Versuche und Ereignisse voneinander *abhängig,* beim Stichprobensammeln mit Zurücklegen, das heißt aus *unendlichen* Grundgesamtheiten, sind sie *unabhängig.* **(357)**

Man bezeichnet zwei gleichzeitige oder aufeinanderfolgende Ereignisse als stochastisch *abhängige* Ereignisse, wenn in (**356**) die bedingte und die absolute Wahrscheinlichkeit eines Ereignisses *ungleich* groß sind, das heißt, wenn **(358)**

$$\text{Prob}(A|B) \neq \text{Prob}(A) \quad \text{oder} \quad \text{Prob}(B|A) \neq \text{Prob}(B)$$

Man bezeichnet zwei gleichzeitige oder aufeinanderfolgende Ereignisse als stochastisch *unabhängige* Ereignisse, wenn in (**356**) die bedingte und die absolute Wahrscheinlichkeit eines Ereignisses *gleich* groß sind, das heißt, wenn **(359)**

$$\text{Prob}(A|B) = \text{Prob}(A) \quad \text{oder} \quad \text{Prob}(B|A) = \text{Prob}(B)$$

Aus (**356**) und (**359**) ist abzuleiten: Man bezeichnet die Ereignisse A und B als stochastisch voneinander unabhängig, wenn die Wahrscheinlichkeit für ihr gleichzeitiges oder aufeinanderfolgendes Eintreffen gleich dem Produkt ihrer Wahrscheinlichkeiten ist: **(360)**

Wenn $\text{Prob}(A \text{ und } B) = \text{Prob}(A) \times \text{Prob}(B)$ *dann* sind A und B voneinander stochastisch unabhängig.

In (**358**) bis (**360**) sind «abhängig» und «unabhängig» mit der Einschränkung «stochastisch» verknüpft. Dies ist eine Vorsichtsmaßnahme des Statistikers. *In* (**358**) *bis* (**360**) *schließt man nämlich auf Grund eines mathematischen Resultates auf einen Tatbestand.* Liegt letzterer ganz im Bereich der Wahrscheinlichkeitsrechnung, so sind die Schlüsse «abhängig» und «unabhängig» voll gültig, wie etwa in Beispiel 7 und 8 von (**356**). Extrapoliert man aber solche Schlüsse über den mathematischen Bereich hinaus auf physikalische, chemische, physiologische usw. Tatbestände, so wird die Einschränkung «stochastisch» notwendig, weil die Begriffe «abhängig» und «unabhängig» *kausal* nicht unbedingt zutreffen müssen. Stochastisch unabhängige Ereignisse können realiter sehr wohl abhängig sein. *Der Schluß «unabhängig» legt nur tatsächliche Unabhängigkeit der Ereignisse nahe.* Man wird ihn akzeptieren, wenn die physischen Umstände nicht dagegen sprechen. *Andererseits wird man ihn dann als Beweis ansehen,* wenn auf Grund des physischen Tatbestandes Unabhängigkeit *vorausgesetzt* wurde und die mathematische Behandlung zum *gleichen* Ergebnis kam. Aus diesem Grunde sollte man sich (**360**) auch in umgekehrter Richtung einprägen: **(361)**

Sind A und B voneinander unabhängige Ereignisse, so ist die Wahrscheinlichkeit für ihr gleichzeitiges oder aufeinanderfolgendes Eintreffen gleich dem Produkt ihrer Wahrscheinlichkeiten. **(362)**

$\text{Prob}(A \text{ und } B) = \text{Prob}(A) \times \text{Prob}(B)$
wenn A und B voneinander unabhängig sind.

Beispiel 9 [zu (**362**)]. Eine Urne enthalte die beiden Ereignisse + oder − mit den Wahrscheinlichkeiten 1/2. Wir sammeln Stichproben mit Zurücklegen, somit sind die Ereignisse nach (**357**) voneinander unabhängig. Wie groß ist die Wahrscheinlichkeit, 5-, 6-, 7mal das Pluszeichen hintereinander zu ziehen? Die Wahrscheinlichkeiten sind $(1/2)^5$, $(1/2)^6$, $(1/2)^7$, somit 0,031 25, 0,015 625, 0,007 812 5.

Beispiel 10 [zu (**362**)]. Eine Urne mit unendlicher Grundgesamtheit enthalte die Ereignisse A oder B mit den Wahrscheinlichkeiten p und q. Wie groß sind die Wahrscheinlichkeiten für die Ereignisse AA, AB, BA, BB in zwei Zügen?

Ereignis	Wahrscheinlichkeit		
AA	$p \times p$	$= p^2$	
AB	$p \times q$	$= 2pq$	$= p^2 + 2pq + q^2 = (p+q)^2$
BA	$q \times p$		$= 1^2 = 1$, wie es nach (**353**) sein soll
BB	$q \times q$	$= q^2$	

In $p^2 + 2pq + q^2$ stellen die einzelnen Glieder die *Wahrscheinlichkeitsverteilung* für die Ereignisse AA, AB und BB dar, sofern wir auf die Reihenfolge des Ereignisses AB keinen Wert legen. Damit haben wir eine *Stichprobenverteilung* [vgl. (**329**)] gefunden für Stichproben des Umfanges 2 aus Urnen mit unendlicher Grundgesamtheit, den komplementären Merkmalen A oder B und den Wahrscheinlichkeiten p und q. Intuitiv merkt man aus diesem Beispiel, wie es für Stichproben mit 3, 4, ... Zügen weitergehen wird: Die Stichprobenverteilungen werden sich als binomische Entwicklungen von $(p+q)^3$, $(p+q)^4$, ... nach (**113**) darstellen lassen. Vgl. Binomialverteilung, Abschnitt 20.

5. Diskrete Wahrscheinlichkeitsverteilung

In Beispiel 10 zu (**362**) fanden wir eine einfache, in der Praxis wichtige Stichprobenverteilung, die später noch besprochen wird. Hier wollen wir nur einige Begriffe an Hand einer solchen Verteilung einführen.

Gegeben sei die unendliche Grundgesamtheit mit den Ereignissen $x = 0, 1, 2, ..., 10$ und den Wahrscheinlichkeiten $\dot{P}_x$:

x	$\dot{P}_x = f(x)$	$\sum_{k=0}^{k=x} \dot{P}_k = F(x)$
0	0,0010	0,0010 $= \dot{P}_0$
1	0,0098	0,0108 $= \dot{P}_0 + \dot{P}_1$
2	0,0439	0,0547 $= \dot{P}_0 + \dot{P}_1 + \dot{P}_2$
3	0,1172	0,1719 $= \dot{P}_0 + \dot{P}_1 + \dot{P}_2 + \dot{P}_3$
4	0,2051	0,3770 usw.
5	0,2460	0,6230
6	0,2051	0,8281
7	0,1172	0,9453
8	0,0439	0,9892
9	0,0098	0,9990
10	0,0010	1,0000

In Kolonne $\dot{P}_x = f(x)$ sind die Wahrscheinlichkeiten für die Ereignisse $x = 0$, $x = 1$, $x = 2$ usw. notiert:

Dies ist nach (**326**) die *Wahrscheinlichkeitsverteilung* für die Ereignisse $x = 0$, $x = 1$, $x = 2$ usw., symbolisiert mit $f(x)$. (**363**)

In Kolonne $\sum_{k=0}^{k=x} \dot{P}_k = F(x)$ sind die Wahrscheinlichkeiten $\dot{P}_x$ fortlaufend summiert, das heißt, es sind die Wahrscheinlichkeiten für $x = 0$, $x = 0$ oder 1, $x = 0$ oder 1 oder 2 usw. Dies ist die *kumulierte Wahrscheinlichkeitsverteilung* von x, symbolisiert mit $F(x)$. (**364**)

Graphisch dargestellt, ergibt sich folgendes Bild:

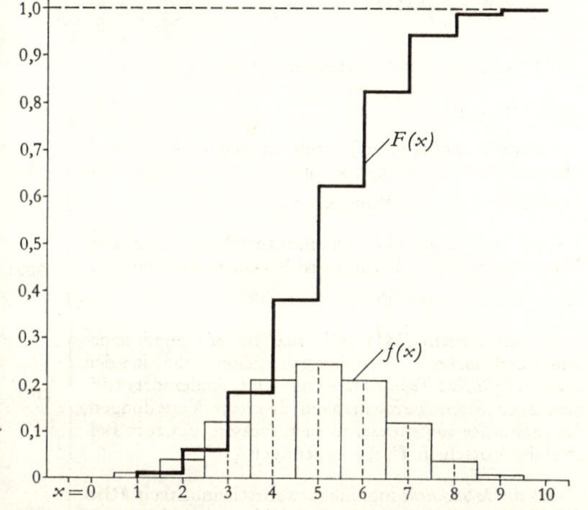

Abb. 1. Auf der Abszisse ist x, auf der Ordinate sind die Wahrscheinlichkeiten $f(x)$ und $F(x)$ abgetragen.

Da x eine diskrete Veränderliche ist [vgl. (**341**)], sind die Verteilungen $f(x)$ und $F(x)$ treppenförmige Linienzüge:

Eine diskrete Zufallsvariable hat auch eine diskrete Wahrscheinlichkeitsverteilung. (**365**)

Die Wahrscheinlichkeiten sind von x abhängig, das heißt, *jedem x-Wert ist eine bestimmte Wahrscheinlichkeit zugeordnet:* $f(x)$ und $F(x)$ sind *Funktionen* von x und werden aus diesem Grunde mit f und F symbolisiert (vielfach werden auch die griechischen Buchstaben φ und Φ als Symbole verwendet). Die Zuordnung der Wahrscheinlichkeiten kann durch eine mathematische Formel oder auf irgendeine andere Art erfolgen. (**366**)

In Abbildung 1 sind die Wahrscheinlichkeiten $f(x)$ und $F(x)$ als gebrochene Linienzüge dargestellt. Diese Darstellung wurde gewählt, um die Ähnlichkeit zwischen diskreten und stetigen Verteilungen (vgl. Abb. 8) besser hervortreten zu lassen. In der Tat könnte obige Darstellung jene einer *gekörnten* Verteilung sein [vgl. (**344**)], bei der x auf ganze Zahlen gerundet wurde. In diesem Fall würden zum Beispiel alle Ereignisse zwischen 4,5 und 5,5 als Ereignis 5 genommen. Wir werden deshalb im folgenden für diskrete Verteilungen eine andere Darstellung bevorzugen, die deutlich zeigt, daß die Ereignisse x *diskret* sind:

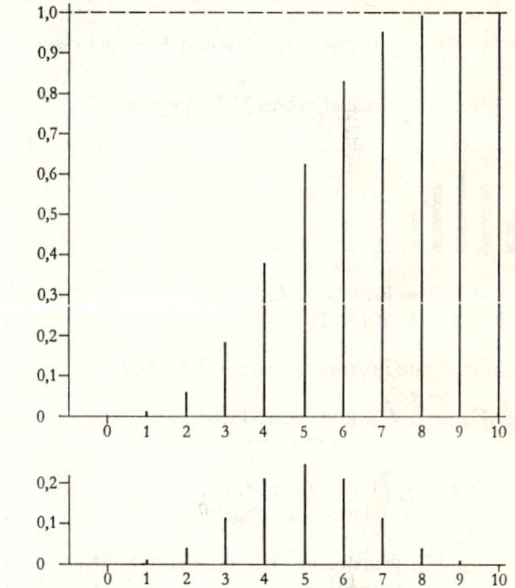

Abb. 2

Wir kommen noch einmal auf die kumulierte Verteilung $F(x)$ zurück, die die Wahrscheinlichkeiten für die Ereignisse $x = 0$, $x = 0$ oder 1, $x = 0$ oder 1 oder 2 usw. gibt. Für $x = 0$ oder 1 werden wir von nun an $x = 0, 1$ einsetzen. Prob $(x = 0, 1)$ kann auch gelesen werden Prob $(x \leqq 1)$. Eine weitere Lesart ist nach (**364**) Prob $(x < 2, 3, ..., N)$, gleichbedeutend mit Prob $(x < 2)$.

Allgemein gilt für diskrete Verteilungen

$$\begin{aligned} \text{Prob}(x < k+1) &= \text{Prob}(x \leqq k) \quad \text{oder} \\ \text{Prob}(x < k) &= \text{Prob}(x \leqq k-1) \\ \text{und Prob}(x > k-1) &= \text{Prob}(x \geqq k) \quad \text{oder} \\ \text{Prob}(x > k) &= \text{Prob}(x \geqq k+1) \end{aligned} \quad (\mathbf{367})$$

Die Verteilung $F(x)$ erzeugt somit mit wachsendem k fortlaufend die Wahrscheinlichkeiten für $x \leqq k$ bzw. $x < k+1$. (**368**)

Anderseits erzeugt die von N an in Richtung Null kumulierte Verteilung $\sum_{x=k}^{N} \dot{P}_x$ mit fallendem k fortlaufend die Wahrscheinlichkeiten $x \geqq k$ bzw. $x > k-1$. (**369**)

Allgemein merke man sich für diskrete Verteilungen

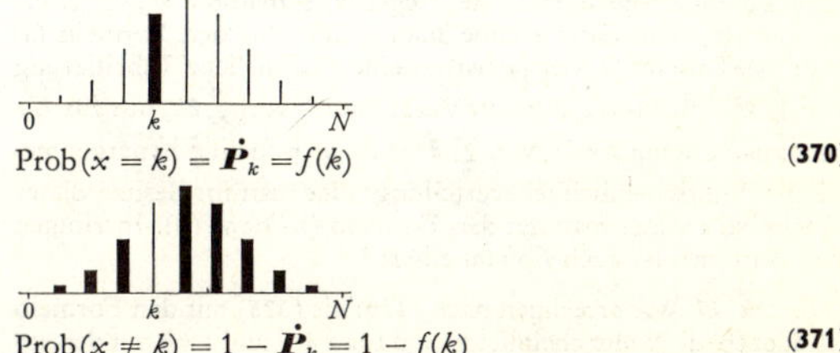

$$\text{Prob}(x = k) = \dot{P}_k = f(k) \quad (\mathbf{370})$$

$$\text{Prob}(x \neq k) = 1 - \dot{P}_k = 1 - f(k) \quad (\mathbf{371})$$

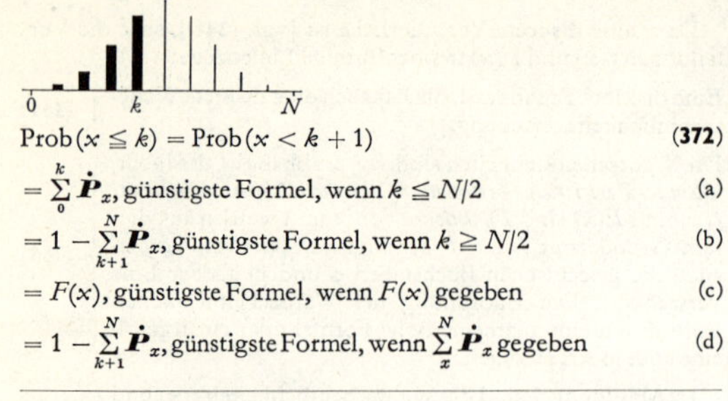

$\text{Prob}(x \leqq k) = \text{Prob}(x < k+1)$ **(372)**

$= \sum_0^k \dot{\boldsymbol{P}}_x$, günstigste Formel, wenn $k \leqq N/2$ (a)

$= 1 - \sum_{k+1}^N \dot{\boldsymbol{P}}_x$, günstigste Formel, wenn $k \geqq N/2$ (b)

$= F(x)$, günstigste Formel, wenn $F(x)$ gegeben (c)

$= 1 - \sum_{k+1}^N \dot{\boldsymbol{P}}_x$, günstigste Formel, wenn $\sum_x^N \dot{\boldsymbol{P}}_x$ gegeben (d)

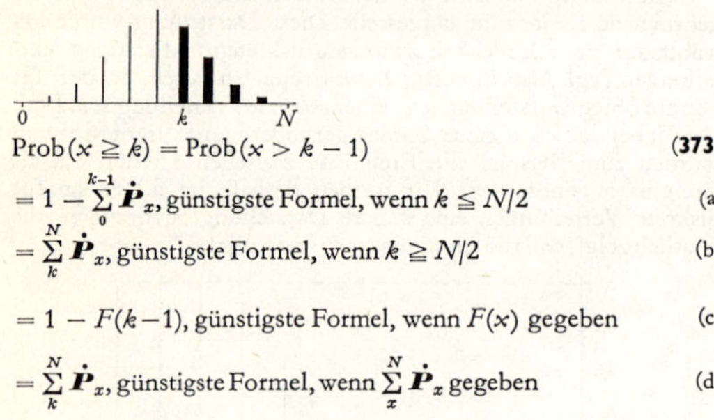

$\text{Prob}(x \geqq k) = \text{Prob}(x > k-1)$ **(373)**

$= 1 - \sum_0^{k-1} \dot{\boldsymbol{P}}_x$, günstigste Formel, wenn $k \leqq N/2$ (a)

$= \sum_k^N \dot{\boldsymbol{P}}_x$, günstigste Formel, wenn $k \geqq N/2$ (b)

$= 1 - F(k-1)$, günstigste Formel, wenn $F(x)$ gegeben (c)

$= \sum_k^N \dot{\boldsymbol{P}}_x$, günstigste Formel, wenn $\sum_x^N \dot{\boldsymbol{P}}_x$ gegeben (d)

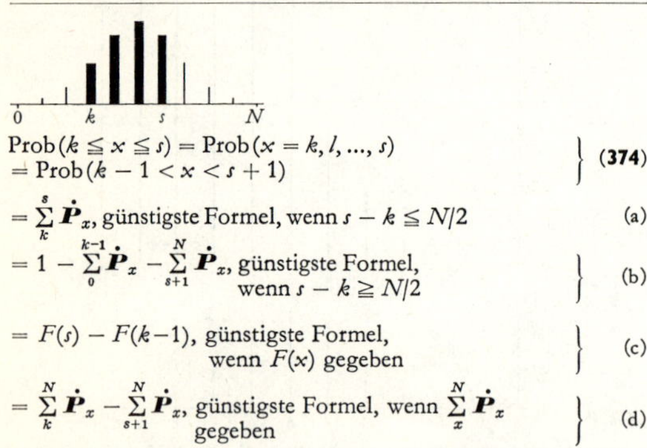

$\text{Prob}(k \leqq x \leqq s) = \text{Prob}(x = k, l, \ldots, s)$
$= \text{Prob}(k-1 < x < s+1)$ **(374)**

$= \sum_k^s \dot{\boldsymbol{P}}_x$, günstigste Formel, wenn $s - k \leqq N/2$ (a)

$= 1 - \sum_0^{k-1} \dot{\boldsymbol{P}}_x - \sum_{s+1}^N \dot{\boldsymbol{P}}_x$, günstigste Formel, wenn $s - k \geqq N/2$ (b)

$= F(s) - F(k-1)$, günstigste Formel, wenn $F(x)$ gegeben (c)

$= \sum_k^N \dot{\boldsymbol{P}}_x - \sum_{s+1}^N \dot{\boldsymbol{P}}_x$, günstigste Formel, wenn $\sum_x^N \dot{\boldsymbol{P}}_x$ gegeben (d)

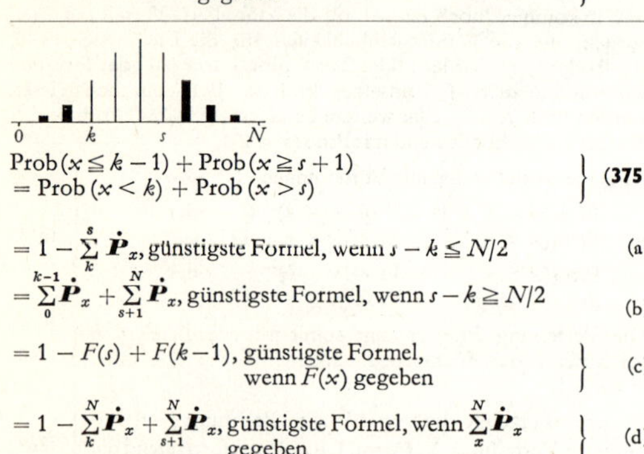

$\text{Prob}(x \leqq k-1) + \text{Prob}(x \geqq s+1)$
$= \text{Prob}(x < k) + \text{Prob}(x > s)$ **(375)**

$= 1 - \sum_k^s \dot{\boldsymbol{P}}_x$, günstigste Formel, wenn $s - k \leqq N/2$ (a)

$= \sum_0^{k-1} \dot{\boldsymbol{P}}_x + \sum_{s+1}^N \dot{\boldsymbol{P}}_x$, günstigste Formel, wenn $s - k \geqq N/2$ (b)

$= 1 - F(s) + F(k-1)$, günstigste Formel, wenn $F(x)$ gegeben (c)

$= 1 - \sum_k^N \dot{\boldsymbol{P}}_x + \sum_{s+1}^N \dot{\boldsymbol{P}}_x$, günstigste Formel, wenn $\sum_x^N \dot{\boldsymbol{P}}_x$ gegeben (d)

In (**370**) bis (**375**) ist angegeben, welche der Formeln (a) bis (d) jeweils die günstigste ist. In der Regel wird man die $\dot{\boldsymbol{P}}_x$ selbst errechnen müssen, dann rechne man weiter mit den Formeln (a) oder (b). Unseres Wissens existiert eine ausführliche Tabellierung von $\sum_x^\infty \dot{\boldsymbol{P}}_x$ nur für die POISSON-Verteilung [2], von $\sum_x^N \dot{\boldsymbol{P}}_x$ nur für die Binomialverteilung [3, 51], von $\sum_0^x \dot{\boldsymbol{P}}_x \mid N, n, k$ für die hypergeometrische Wahrscheinlichkeitsverteilung [4]. Ist man im Besitze dieser Tafeln, so rechnet man mit den Formeln (b) bzw. (d). In einigen Publikationen ist auch $f(x)$ tabelliert [2–4].

Beispiel 11. Wir errechnen nach (**370**) bis (**375**) mit den Formeln (a) oder (b) die Wahrscheinlichkeiten für $k = 2$ und $s = 8$ mit den am Anfang dieses Abschnittes gegebenen Werten der Verteilung $f(x)$.

(**370**) $\text{Prob}(x = 2) = \dot{\boldsymbol{P}}_2 = 0{,}0439$

(**371**) $\text{Prob}(x \neq 2) = 1 - \dot{\boldsymbol{P}}_2 = 0{,}9561$

(**372**) $\text{Prob}(x \leqq 2) = \dot{\boldsymbol{P}}_0 + \dot{\boldsymbol{P}}_1 + \dot{\boldsymbol{P}}_2 = 0{,}0547$
[nach Formel (a), weil $k < N/2$]

(**373**) $\text{Prob}(x \geqq 2) = 1 - (\dot{\boldsymbol{P}}_0 + \dot{\boldsymbol{P}}_1) = 0{,}9892$
[nach Formel (a), weil $k < N/2$]

(**374**) $\text{Prob}(2 \leqq x \leqq 8) = \text{Prob}(x = 2, 3, \ldots, 8)$
$= 1 - (\dot{\boldsymbol{P}}_0 + \dot{\boldsymbol{P}}_1) - (\dot{\boldsymbol{P}}_9 + \dot{\boldsymbol{P}}_{10}) = 0{,}9784$
[nach Formel (b), weil $s - k > N/2$]

(**375**) $\text{Prob}(x \neq 2, 3, \ldots, 8) = (\dot{\boldsymbol{P}}_0 + \dot{\boldsymbol{P}}_1) + (\dot{\boldsymbol{P}}_9 + \dot{\boldsymbol{P}}_{10}) = 0{,}0216$
[nach Formel (b), weil $s - k > N/2$]

Beispiel 12. Wie groß ist die Wahrscheinlichkeit für das Ereignis «x mindestens gleich 1»? Bei Formulierungen wie «mindestens», «höchstens» usw. konsultiere man S. 132. Wir finden dort, daß «x mindestens gleich 1» gleichbedeutend ist mit «x gleich 1 oder größer». Wir rechnen folglich nach (**373** a) und erhalten:

$\text{Prob}(x \geqq 1) = 1 - \dot{\boldsymbol{P}}_0 = 0{,}9990$

Beispiel 13

Vertrauensgrenzen und Signifikanzschranken
(vgl. Abschnitte 8 und 9, S. 155–160)

A. Einseitige Signifikanzschranken

Gegeben sei α, wobei $0 < \alpha \leqq 0{,}5$. Bestimme x_l und x_r derart, daß

$\text{Prob}(x \leqq x_l) = \boldsymbol{P}_l = \sum_0^{x_l} \dot{\boldsymbol{P}}_x \leqq \alpha$ und
$\text{Prob}(x \leqq x_l + 1) = \sum_0^{x_l+1} \dot{\boldsymbol{P}}_x > \alpha$ **(376)**

$\text{Prob}(x \geqq x_r) = \boldsymbol{P}_r = \sum_{x_r}^N \dot{\boldsymbol{P}}_x \leqq \alpha$ und
$\text{Prob}(x \geqq x_r - 1) = \sum_{x_r-1}^N \dot{\boldsymbol{P}}_x > \alpha$ **(377)**

Für $\alpha = 0{,}10$ erhalten wir $x_l = 2$ und $x_r = 8$, für $\alpha = 0{,}025$ erhalten wir $x_l = 1$ und $x_r = 9$.

An Hand dieses Beispieles bezeichnen wir

α als *postulierte* oder *nominelle, einseitige Irrtums-* oder *Signifikanzwahrscheinlichkeit* **(378)**

$\boldsymbol{P}$ als *tatsächliche, einseitige Irrtums-* oder *Signifikanzwahrscheinlichkeit*, und zwar $\boldsymbol{P}_l$ als *linke (untere)* und $\boldsymbol{P}_r$ als *rechte (obere)*, wobei $\boldsymbol{P}_l$ sowie $\boldsymbol{P}_r \leqq \alpha$ **(379)**

x_l als *linke (untere)*, x_r als *rechte (obere) Signifikanzschranke* **(380)**

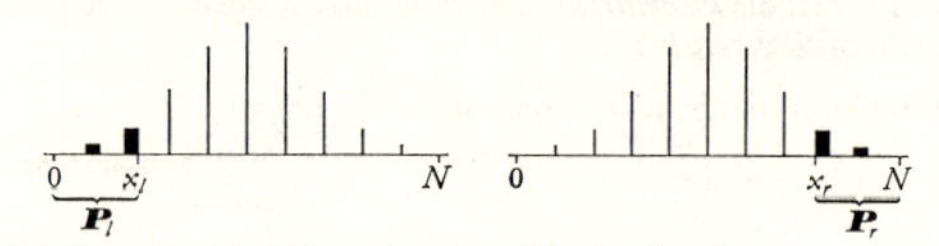

Abb. 3. Einseitige Signifikanzschranken diskreter Verteilungen.

und merken uns

– wenn x die *linke* (untere) Signifikanzschranke x_l *erreicht oder nach links überschreitet*, so ist bei einem *einseitigen Test*
$\text{Prob}(x \leqq x_l) \leqq \alpha = \text{Prob}(x < x_{l+1})$ **(381)**

– wenn x die *rechte* (obere) Signifikanzschranke x_r *erreicht oder nach rechts überschreitet*, so ist bei einem *einseitigen Test*
$\text{Prob}(x \geqq x_r) \geqq \alpha = \text{Prob}(x > x_{r-1})$ **(382)**

– daß die Regeln (**381**) und (**382**) für *alle* Signifikanzschranken *diskreter* Verteilungen gelten, die in den *Wissenschaftlichen Tabellen* tabelliert sind. Andernorts trifft man auch Signifikanzschranken diskreter Verteilungen, die *nach außen überschritten* werden müssen, um zum Beispiel der Vorschrift $\boldsymbol{P}_l \leqq \alpha$ zu genügen **(383)**

– daß die *tatsächliche* Signifikanzwahrscheinlichkeit $\boldsymbol{P}$ bei *diskreten* Verteilungen in der Regel *kleiner*, bei kleinem N oft erheblich kleiner ist als die *nominelle* α. Bei wachsendem **(384)**

N verkleinert sich dieser Unterschied rasch. (Im Beispiel 13 sind bei $\alpha = 0{,}10$ bzw. $0{,}025$ die entsprechenden $\boldsymbol{P} = 0{,}0547$ bzw. $0{,}0108$. Die tatsächliche Signifikanzwahrscheinlichkeit beträgt in diesem Falle nur etwa 50% der nominellen.) **(384)**

Wir bezeichnen ferner

– den Bereich zwischen $x_l + 1$ und N bzw. zwischen Null und $x_r - 1$ als *einseitigen Vertrauensbereich.* **(385)**

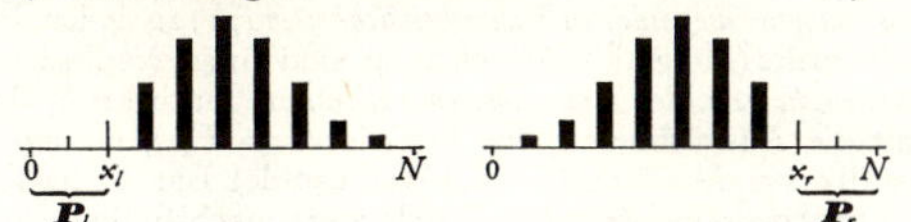

Abb. 4. Einseitige Vertrauensbereiche diskreter Verteilungen.

– x_l bzw. x_r als *einseitige Vertrauensgrenzen,* wenn die andere Grenze bei N bzw. Null liegt **(386)**

– die Wahrscheinlichkeit $1 - \boldsymbol{P}_l \geqq 1 - \alpha$ und $1 - \boldsymbol{P}_r \geqq 1 - \alpha$ als *einseitige Vertrauenswahrscheinlichkeit (einseitiger Vertrauenskoeffizient):*

$$\text{Prob}\,(x_l < x \leqq N) = 1 - \boldsymbol{P}_l = 1 - \sum_0^{x_l} \dot{\boldsymbol{P}}_x \geqq 1 - \alpha \tag{387}$$

$$\text{Prob}\,(0 \leqq x < x_r) = 1 - \boldsymbol{P}_r = 1 - \sum_{x_r}^{N} \dot{\boldsymbol{P}}_x \geqq 1 - \alpha \tag{388}$$

und ersehen aus **(380)** und **(386)**, daß Signifikanzschranken und Vertrauensgrenzen mathematisch nach dem gleichen Prinzip bestimmt werden. **(389)**

B. Zweiseitige Signifikanzschranken

Werden für eine diskrete Verteilung eine linke und eine rechte Signifikanzschranke gemeinsam nach den Vorschriften **(376)** und **(377)** bestimmt, so wird für beide zusammen $\boldsymbol{P}_l + \boldsymbol{P}_r \leqq 2\alpha$. **(390)**

Man bezeichnet in diesem Falle

2α als *postulierte* oder *nominelle zweiseitige Irrtums-* oder *Signifikanzwahrscheinlichkeit* **(391)**

$\boldsymbol{P}_l + \boldsymbol{P}_r$ als *tatsächliche zweiseitige Signifikanzwahrscheinlichkeit* [beachte dazu **(384)**], wobei bei symmetrischen Verteilungen $\boldsymbol{P}_l = \boldsymbol{P}_r$, bei unsymmetrischen Verteilungen $\boldsymbol{P}_l \neq \boldsymbol{P}_r$, obschon beide den Vorschriften **(376)** und **(377)** genügen (vgl. Abb. 5) **(392)**

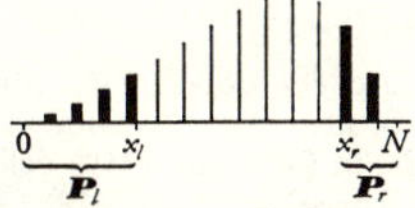

Abb. 5. Zweiseitige Signifikanzschranken diskreter (unsymmetrischer) Verteilungen.

x_l und x_r beide zusammen als *zweiseitige* (möglichst wahrscheinlichkeitssymmetrische) Signifikanzschranken, kurz *Signifikanzschranken* **(393)**

und merken uns

wenn x *eine der beiden* Signifikanzschranken x_l oder x_r *erreicht oder nach außen überschreitet,* so ist bei einem *zweiseitigen* Test
$\text{Prob}\,(x \leq x_l) + \text{Prob}\,(x \geq x_r) \leq 2\alpha =$
$\text{Prob}\,(x < x_{l+1}) + \text{Prob}\,(x > x_{r-1})$ **(394)**

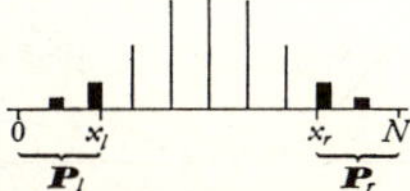

Abb. 6. Zweiseitige Signifikanzschranken diskreter (symmetrischer) Verteilungen.

Ferner bezeichnen wir

den Bereich zwischen $x_l + 1$ und $x_r - 1$ als zweiseitigen Vertrauensbereich, kurz *Vertrauensbereich* **(395)**

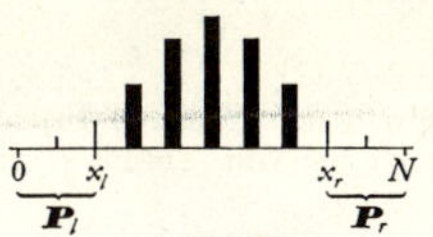

Abb. 7. Zweiseitiger Vertrauensbereich diskreter Verteilungen.

x_l und x_r als zweiseitige Vertrauensgrenzen, kurz *Vertrauensgrenzen,* und merken uns noch einmal, daß Signifikanzschranken und Vertrauensgrenzen mathematisch nach dem gleichen Prinzip bestimmt werden **(396)**

die Wahrscheinlichkeit $1 - \boldsymbol{P}_l - \boldsymbol{P}_r \geqq 1 - 2\alpha$ als tatsächliche zweiseitige Vertrauenswahrscheinlichkeit, kurz als *Vertrauenswahrscheinlichkeit (Vertrauenskoeffizient):*

$$\text{Prob}\,(x_l < x < x_r) = 1 - \boldsymbol{P}_l - \boldsymbol{P}_r = 1 - \sum_0^{x_l} \dot{\boldsymbol{P}}_x - \sum_{x_r}^{N} \dot{\boldsymbol{P}}_x \geqq 1 - 2\alpha \tag{397}$$

6. Stetige Wahrscheinlichkeitsverteilung

Ein Vergleich zwischen den Abbildungen 1 und 8 zeigt die Ähnlichkeit zwischen diskreten und stetigen Verteilungen. Wenn man die zu Beginn des letzten Abschnittes gegebene Verteilung für zunehmende N ausrechnet, werden die Treppenstufen von $f(x)$ und $F(x)$ immer feiner, und schließlich entsteht bei nach Unendlich strebendem N eine kontinuierliche Kurve wie in Abbildung 8. Wir werden später noch darauf zurückkommen.

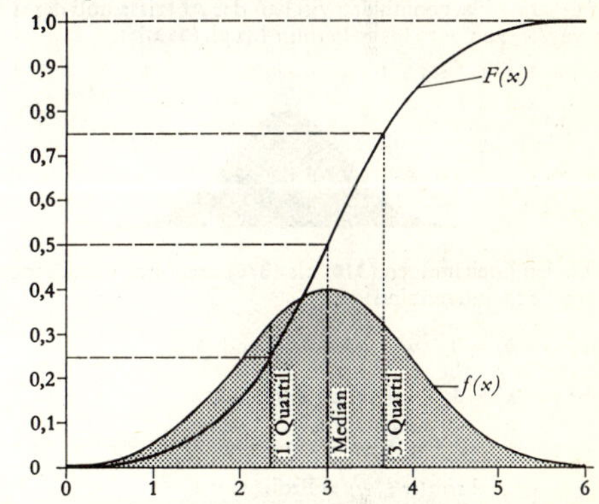

Abb. 8. Auf der Abszisse ist x, auf der Ordinate sind die Wahrscheinlichkeitsdichte $f(x)$ und die Wahrscheinlichkeit $F(x)$ abgetragen.

In den in Abbildung 8 gezeigten Wahrscheinlichkeitsverteilungen ist x eine *stetige* Zufallsveränderliche [vgl. **(343)**]; es gibt somit unendlich viele Ereignisse x, und es wird

$$\text{Prob}\,(x = k) = 1/\infty = 0 \tag{398}$$

Aus **(398)** kann abgeleitet werden:

$\text{Prob}\,(x \leqq k) = \text{Prob}\,(x < k) + \text{Prob}\,(x = k) = \text{Prob}\,(x < k) + 0$

und merken uns deshalb für die Praxis

Bei *stetigen* Verteilungen kann (mit einem Fehler in der Größe Null)
$\text{Prob}\,(x \leqq k)$ als $\text{Prob}\,(x < k)$ geschrieben oder
$\text{Prob}\,(x \geqq k)$ als $\text{Prob}\,(x > k)$ gelesen werden **(399)**

War bei der diskreten Verteilung die Einzelwahrscheinlichkeit $\text{Prob}\,(x = k)$ auf $f(x)$ abzulesen, so gilt dies bei stetigen Verteilungen nicht mehr:

$f(x)$ verkörpert bei einer stetigen Verteilung die an der Stelle x herrschende *Wahrscheinlichkeitsdichte.* **(400)**

Die kumulierte Verteilung $F(x)$ hat andererseits bei stetigen Verteilungen die gleiche Bedeutung wie bei diskreten: Sie gibt die Wahrscheinlichkeiten für die Ereignisse $x \leqq k$, die aber im Gegensatz zu diskreten Verteilungen gleichwertig sind mit den Ereignissen $x < k$ [vgl. **(399)**]. **(401)**

Bei der diskreten Verteilung war $F(x)$ eine *Summe* von Einzelwahrscheinlichkeiten [vgl. **(372)**]. Bei stetigen Verteilungen ist $F(x)$ ein *Integral:* **(402)**

$$F(x) = \int_{-\infty}^{x} f(x)\,dx \tag{402}$$

das heißt, $F(x)$ entspricht dem Inhalt der Fläche zwischen Abszisse und der Kurve $f(x)$ von $-\infty$ bis x:

Abb. 9

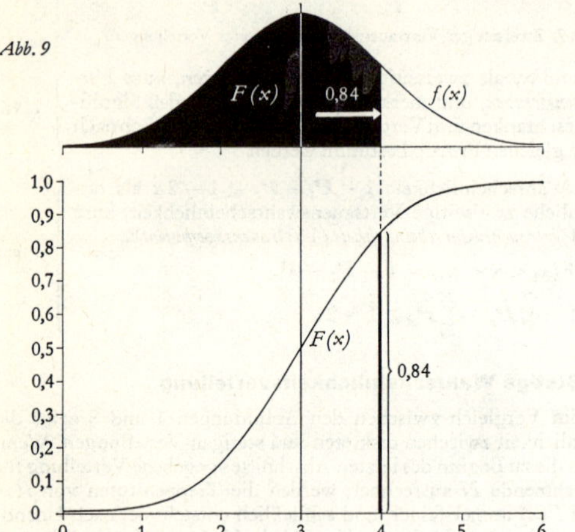

Der gesamte Flächeninhalt zwischen der Abszisse und der Kurve $f(x)$ von $-\infty$ bis ∞ beträgt 1 [vgl. (**353**)]:

$$F(\infty) = 1;\quad F(-\infty) = 0 \tag{403}$$

Abb. 10

Die den Gleichungen (**370**) bis (**375**) analogen Gleichungen für stetige Verteilungen sind:

$\mathrm{Prob}(x = k) = 0$, vgl. dazu (**352**) und (**398**)

$\mathrm{Prob}(x \neq k) = 1$, vgl. dazu (**352**) **(404)**

$\mathrm{Prob}(x \leqq k) = \mathrm{Prob}(x < k)$ **(405)**

$= \int_{-\infty}^{k} f(x)\,dx = F(k)$ (a)

$= 1 - \int_{k}^{\infty} f(x)\,dx$ (b)

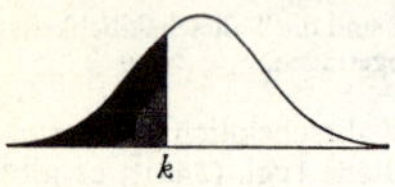

$\mathrm{Prob}(x \geqq k) = \mathrm{Prob}(x > k)$ **(406)**

$= 1 - \int_{-\infty}^{k} f(x)\,dx = 1 - F(k)$ (a)

$= \int_{k}^{\infty} f(x)\,dx$ (b)

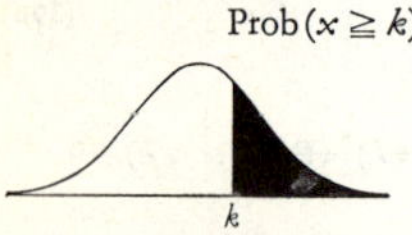

$\mathrm{Prob}(k \leqq x \leqq s) = \int_{-\infty}^{s} f(x)\,dx - \int_{-\infty}^{k} f(x)\,dx$

$= F(s) - F(k)$ **(407a)**

$= 1 - \int_{-\infty}^{k} f(x)\,dx - \int_{s}^{\infty} f(x)\,dx$ (b)

$= \int_{k}^{s} f(x)\,dx$ (c)

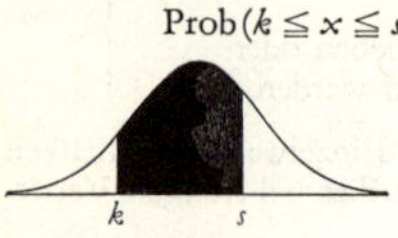

$\mathrm{Prob}(x < k) + \mathrm{Prob}(x > s) = 1 - \int_{-\infty}^{s} f(x)\,dx + \int_{-\infty}^{k} f(x)\,dx$

$= 1 - F(s) + F(k)$ **(408a)**

$= \int_{-\infty}^{k} f(x)\,dx + \int_{s}^{\infty} f(x)\,dx$ (b)

$= 1 - \int_{k}^{s} f(x)\,dx$ (c)

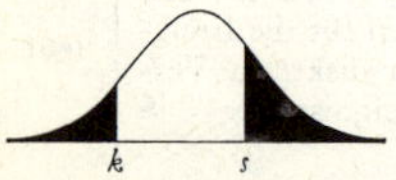

Zu (**405**) bis (**408**) vgl. (**399**): $\mathrm{Prob}(k \leqq x \leqq s)$ ist beispielsweise gleichbedeutend mit $\mathrm{Prob}(k < x \leqq s)$, $\mathrm{Prob}(k \leqq x < s)$ und $\mathrm{Prob}(k < x < s)$.

Die numerischen Werte für verschiedene Integrale in (**405**) bis (**408**) sind für die wichtigsten Verteilungen in unseren Tafeln zu finden. Wir werden bei den einzelnen Verteilungen darauf zurückkommen. In den Beispielen dieses Abschnittes berechnen wir Wahrscheinlichkeiten der Normalverteilung und nennen die Abszisse x Abweichung c. Auf S. 28 ist $F(c)$ in der rechten Spalte (Abweichung → Integral) tabelliert, das heißt, dort sind zu *gegebenen Abweichungen c die gesuchten Wahrscheinlichkeiten F(c)* zu finden. In der linken Spalte (Integral → Abweichung) sind für *gegebene Wahrscheinlichkeiten die gesuchten Abweichungen c* tabelliert. In dieser Spalte ist somit die Abweichung c eine Funktion von $F(c)$, genannt das Quantil c (vgl. Abschnitt 10 E, S. 161: Quantile). Eine solche Funktion nennt man *Umkehrfunktion*. Tafeln von Umkehrfunktionen sind bequem, aber nicht unbedingt notwendig, da man entsprechende Werte auch aus Tafeln der Grundfunktion interpolieren kann.

Beispiel 14. Man berechne für die Normalverteilung mit Form (a) von (**405**) bis (**408**) die entsprechenden Wahrscheinlichkeiten für $k = -1{,}65$ und $s = 1{,}96$.

In der rechten Spalte der Tafel auf S. 28 finden wir $F(-1{,}65) = 0{,}04947$ und $F(1{,}96) = 0{,}97500$ und erhalten

(**405**) $\mathrm{Prob}(c \leqq -1{,}65) = 0{,}04947$

(**406**) $\mathrm{Prob}(c \geqq -1{,}65) = 1 - 0{,}04947 = 0{,}95053$

(**407**) $\mathrm{Prob}(-1{,}65 \leqq c \leqq 1{,}96) = 0{,}97500 - 0{,}04947 = 0{,}92553$

(**408**) $\mathrm{Prob}(c \neq -1{,}65 \text{ bis } 1{,}96) = 1 - 0{,}97500 + 0{,}04947 = 0{,}07447$

Beispiel 15. Gegeben sind die Wahrscheinlichkeiten $F(c) = 0{,}001$ und $0{,}995$. Gesucht sind die Abweichungen c. In der linken Spalte der Tafel auf S. 28 finden wir $c = -3{,}0902$ und $2{,}5758$. Ohne zu interpolieren, hätten wir der rechten Spalte dafür die Werte 3,09 und 2,58 entnehmen können.

Beispiel 16

Vertrauensgrenzen und Signifikanzschranken
(vgl. die Abschnitte 8 und 9, S. 155–160)

A. Einseitige Signifikanzschranken

Gegeben sei α, wobei $0 < \alpha \leqq 0{,}5$. Bestimme x_l und x_r derart, daß

$$\mathrm{Prob}(x < x_l) = \boldsymbol{P}_l = \int_{-\infty}^{x_l} f(x)\,dx = F(x_l) = \alpha \tag{409}$$

$$\mathrm{Prob}(x > x_r) = \boldsymbol{P}_r = \int_{x_r}^{\infty} f(x)\,dx = 1 - \int_{-\infty}^{x_r} f(x)\,dx = 1 - F(x_r) = \alpha \tag{410}$$

Aus (**410**) ergibt sich $F(x_r) = 1 - \alpha$ **(411)**

Bei der Normalverteilung erhalten wir für $\alpha = 0{,}025$ aus der Tafel auf S. 28, linke Spalte, $x_l = -1{,}96$ und $x_r = 1{,}96$.

Die Namen für die in (**409**) und (**410**) definierten Symbole α, $\boldsymbol{P}_l$, $\boldsymbol{P}_r$, x_l und x_r sind dieselben wie in (**378**), (**379**) und (**380**).

Wir merken uns aber, daß im Gegensatz zu den diskreten [vgl. (**384**)] bei stetigen Verteilungen tatsächliche und nominelle Signifikanzwahrscheinlichkeit gleich groß sind. Wir machen deshalb bei stetigen Verteilungen keinen Unterschied mehr zwischen tatsächlicher und nomineller Signifikanzwahrscheinlichkeit und sprechen nur von *der* Signifikanzwahrscheinlichkeit, wobei wir die Symbole $\boldsymbol{P}$ und α synonym verwenden. **(412)**

Ähnlich wie für diskrete Verteilungen gilt:

– wenn x die *linke* (untere) Signifikanzschranke x_l *erreicht oder nach links überschreitet*, ist bei einem *einseitigen* Test

$\mathrm{Prob}(x \leq x_l) \leqq \alpha = \mathrm{Prob}(x < x_l)$ **(413)**

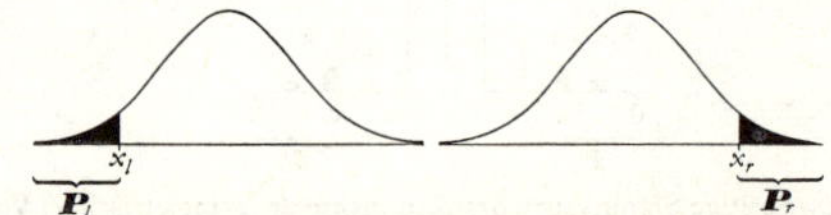

Abb. 11. Einseitige Signifikanzschranken stetiger Verteilungen.

– wenn x die *rechte* (obere) Signifikanzschranke x_r *erreicht oder nach rechts überschreitet*, ist bei einem *einseitigen* Test

$\mathrm{Prob}(x \geq x_r) \leqq \alpha = \mathrm{Prob}(x > x_r)$ **(414)**

Wir bezeichnen ferner

den Bereich zwischen x_l und ∞ bzw. zwischen $-\infty$ und x_r als *einseitigen Vertrauensbereich* **(415)**

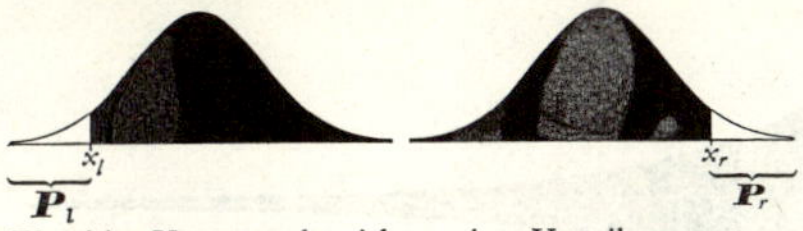

Abb. 12. Einseitige Vertrauensbereiche stetiger Verteilungen.

x_l bzw. x_r als *einseitige Vertrauensgrenzen*, wenn die andere Grenze bei ∞ bzw. bei $-\infty$ liegt, und merken uns, daß auch bei stetigen Verteilungen Signifikanzschranken und Vertrauensgrenzen mathematisch nach dem gleichen Prinzip bestimmt werden **(416)**

B. Zweiseitige Signifikanzschranken

Werden für eine stetige Verteilung eine linke und eine rechte Signifikanzschranke gemeinsam nach den Vorschriften (**409**) und (**410**) bestimmt, so wird für beide zusammen $\boldsymbol{P}_l + \boldsymbol{P}_r = 2\,\boldsymbol{P} = 2\,\alpha$. **(417)**

In diesem Falle bezeichnen wir

$2\,\boldsymbol{P} = 2\,\alpha$ als *zweiseitige Irrtums-* oder *Signifikanzwahrscheinlichkeit* **(418)**

x_l und x_r beide zusammen als *zweiseitige* Signifikanzschranken, kurz als *Signifikanzschranken* **(419)**

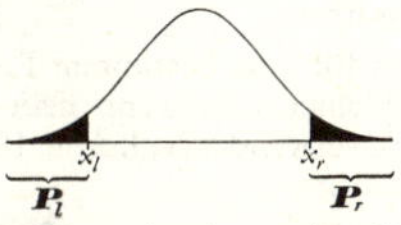

Abb. 13. Zweiseitige Signifikanzschranken stetiger Verteilungen.

und merken uns

wenn x *eine der beiden* Signifikanzschranken x_l oder x_r *erreicht oder nach außen überschreitet*, so ist bei einem *zweiseitigen* Test **(420)**

$$\text{Prob}(x \leq x_l) + \text{Prob}(x \geq x_r) \leq 2\,\alpha = \text{Prob}(x < x_l) + \text{Prob}(x > x_r)$$

Ferner bezeichnen wir

den Bereich zwischen x_l und x_r als *zweiseitigen* Vertrauensbereich, kurz als *Vertrauensbereich* **(421)**

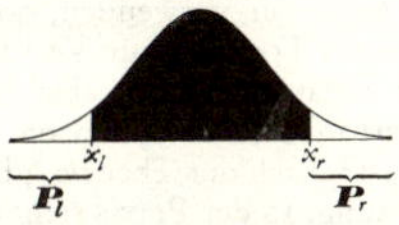

Abb. 14. Zweiseitiger Vertrauensbereich stetiger Verteilungen.

x_l und x_r als *zweiseitige* (wahrscheinlichkeitssymmetrische) *Vertrauensgrenzen*, kurz als *Vertrauensgrenzen* (confidence limits) **(422)**

die Wahrscheinlichkeit $1 - 2\,\boldsymbol{P} = 1 - 2\,\alpha$ als zweiseitige Vertrauenswahrscheinlichkeit, kurz als *Vertrauenswahrscheinlichkeit (Vertrauenskoeffizient)*: **(423)**

$$\text{Prob}(x_l \leqq x \leqq x_r) = 1 - 2\,\boldsymbol{P}$$
$$= 1 - \int_{-\infty}^{x_l} f(x)\,dx - \int_{x_r}^{\infty} f(x)\,dx = \int_{x_l}^{x_r} f(x)\,dx$$
$$= \int_{-\infty}^{x_r} f(x)\,dx - \int_{-\infty}^{x_l} f(x)\,dx = F(x_r) - F(x_l) = 1 - 2\,\alpha$$

7. Schätzungen

Die Merkmale einer Grundgesamtheit sind uns in der Regel bekannt, der Typus der Verteilung nicht immer, die Parameter der Verteilung sehr selten. Wir sind dann darauf angewiesen, die Verteilung bzw. deren Parameter an Hand von Stichproben zu schätzen. Es liegt nahe, Schätzungen nach den gleichen Vorschriften aus der Stichprobe zu berechnen, wie sie für die Berechnung des betreffenden Parameters bei der Grundgesamtheit gelten. Diese Schätzungsmethode wird häufig angewendet, ist aber nicht die einzige und führt nicht immer zu den besten Schätzungen. Wir müssen hier leider davon absehen, auf allgemeine Schätzmethoden, wie zum Beispiel die *maximum likelihood* nach R. A. Fisher, näher einzugehen, weil sie nur mit höheren* mathematischen Kenntnissen verstanden werden können. In der Praxis sind sie auch nicht unbedingt notwendig, weil für die meisten vorkommenden Fälle die Schätzformeln bekannt sind.

7A. Erwartungswert und Bias

Gegeben sei die Stichprobe des Umfanges N. Aus ihr wird irgendein Parameter P geschätzt.

Es ist nun eine Erfahrungstatsache, daß, wenn weitere gleichartige Schätzungen aus Stichproben des *gleichen* Umfanges gemacht werden, der Mittelwert dieser Schätzungen gegen einen festen Wert, den *Erwartungswert* der betreffenden Schätzung, konvergiert, wenn die Anzahl der Stichproben ins Unendliche vergrößert wird (vgl. Abb. 15). **(424)**

Die in (**424**) erwähnte Konvergenz ist aber nicht die übliche im mathematischen Sinne, es ist eine *Konvergenz nach Wahrscheinlichkeit* oder *stochastische Konvergenz*, das heißt, *«die Wahrscheinlichkeit, daß ...» konvergiert gegen Eins oder Null* [vgl. (**427**)].

Stimmt der Erwartungswert einer Schätzung mit dem Parameter überein, so spricht man von einer *biasfreien* (erwartungstreuen) Schätzung. Ist dies nicht der Fall, so hat die Schätzung einen *Bias*. **(425)**

Abb. 15. Schätzung mit Bias.

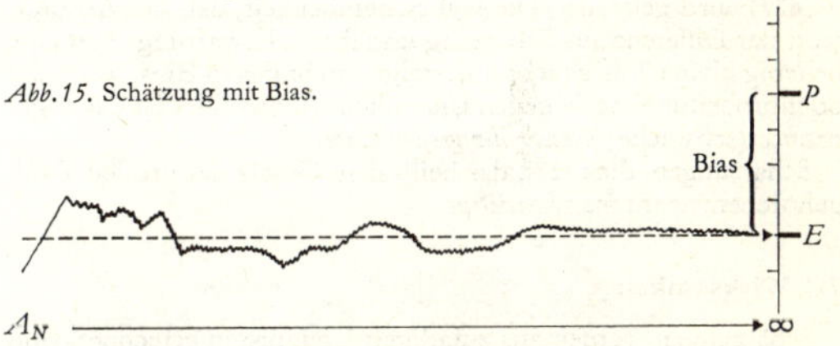

----- Größe der Erwartungswerte für eine Schätzung aus Stichproben des Umfanges N
∿∿∿ Schätzung
P Parameter
E Erwartungswert
A_N Anzahl der Stichproben des Umfanges N

Der Bias kann vom Stichprobenumfang abhängig sein. Er ist dann in der Regel bei kleinen Stichproben größer und strebt gegen Null, wenn der Stichprobenumfang N gegen Unendlich strebt. Solche Schätzungen nennt man *asymptotisch biasfrei* (vgl. Abb. 16). **(426)**

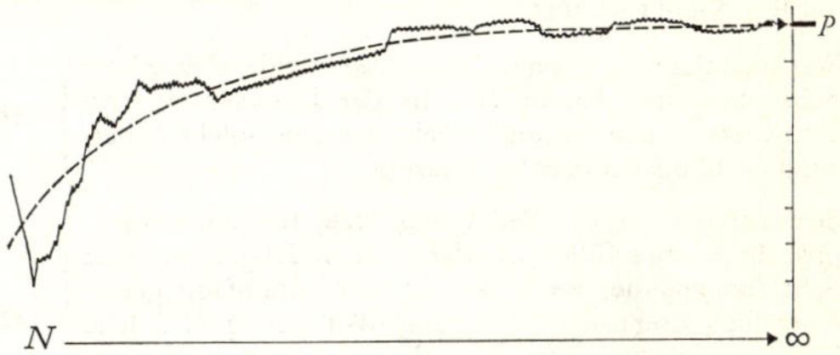

----- Größe der Erwartungswerte für eine Schätzung aus Stichproben des Umfanges N
∿∿∿ Schätzung
P Parameter

Abb. 16. Asymptotisch biasfreie Schätzung.

Der oben beschriebene Bias ist ein mathematischer, das heißt, er ist der Schätzung inhärent. Die Größe dieses «internen» Bias ist bekannt und kann durch entsprechende Korrekturen** beseitigt werden. Eine Schätzung kann aber auch mit einem nichtmathematischen, «externen» Bias behaftet sein, der durch experimentelle Meß- oder Beurteilungsfehler oder durch nichtzufälliges Stichprobensammeln oder durch beides zusammen verursacht wurde. Dieser Bias ist nicht so harmlos wie der mathematische, weil er sich in den seltensten Fällen in seinem Ausmaß und seiner Richtung erkennen und damit eliminieren läßt. Externer Bias läßt sich nur durch sorgfältige Planung der Experimente (experimental design) verhüten. Wir verweisen auf die diesbezügliche Literatur.

* Vom Nichtmathematiker aus gesehen.
** Bei endlichem N ist die Korrektur nicht immer möglich.

Werden Schätzungen vorgenommen, um damit in Signifikanztesten *Unterschiede zwischen Stichproben* festzustellen, dann beeinflußt ein eventueller Bias das Resultat in jenen Fällen *nicht*, wenn die verglichenen Stichproben mit *demselben* Bias behaftet sind, das heißt, wenn sie unter identischen Bedingungen gesammelt wurden. Dazu gehört selbstverständlich auch die mathematische Forderung, daß *alle zu vergleichenden Schätzungen nach ein und derselben Vorschrift errechnet wurden.*

7B. Konsistenz

Ähnlich wie in (**424**) zeigt die Erfahrung, daß Schätzungen bei wachsendem Stichprobenumfang in der Regel einem festen Wert, dem Erwartungswert *unendlich großer* Stichproben, zustreben.

Bleibt ein Parameter mit wachsendem Stichprobenumfang N *konstant*, so gilt
Prob (| Schätzung minus Erwartungswert | $< \varepsilon) \to 1$ ($\varepsilon > 0$), wenn der Stichprobenumfang $N \to \infty$ (a)

Für Parameter, die sich mit wachsendem Stichprobenumfang N proportional zu N, N^2 usw. vergrößern, gilt (a) auch, wenn der Absolutwert der Differenz Schätzung minus Erwartungswert durch N, N^2 usw. dividiert wird. (b) (**427**)

(**427**) wird gelesen: «Die Wahrscheinlichkeit, daß der Absolutwert der Differenz aus Schätzung und ihrem Erwartungswert eine beliebig kleine Zahl ε nicht übersteigt, strebt gegen Eins, wenn der Stichprobenumfang N gegen Unendlich strebt.» Dies ist das sogenannte (schwache) *Gesetz der großen Zahl.*

Schätzungen, die (**427**), das heißt dem Gesetz der großen Zahl, gehorchen, nennt man *konsistent.*

7C. Wirksamkeit

Schätzungen werden aus zufälligen Ereignissen errechnet, sind folglich selbst *zufällige Veränderliche* und schwanken deshalb von Stichprobe zu Stichprobe innerhalb eines gewissen, vom Stichprobenumfang abhängigen Bereiches um ihren Erwartungswert herum: sie *streuen.* Es ist klar, daß die Präzision der Schätzung mit der Breite dieses Schwankungsbereiches, das heißt mit der Größe der Standardabweichung (standard deviation) bzw. mit deren Quadrat, der Varianz (variance), zu- oder abnimmt.

Die Schätzung mit der *kleinsten* Varianz bezeichnet man als *wirksamste Schätzung.* Die Varianz der wirksamsten Schätzung, sofern eine solche für einen gegebenen Parameter überhaupt existiert, läßt sich nach der Ungleichung von RAO-CRAMÉR berechnen. (Wir verzichten hier auf die Wiedergabe dieser Ungleichung und verweisen auf RAO[5] und CRAMÉR[6].)

Wir definieren als *wirksamste Schätzung* jene biasfreie Schätzung eines Parameters, die der Ungleichung von RAO-CRAMÉR genügt, und bezeichnen eine solche Schätzung als hundertprozentig wirksam. (**428**)

Schätzungen, die die Bedingung (**428**) für jeden Stichprobenumfang erfüllen, existieren selten. Es gibt nun aber Schätzungen, die, wenn der Stichprobenumfang gegen Unendlich strebt, der Bedingung (**428**) genügen. Solche Schätzungen bezeichnet man als *asymptotisch wirksamste Schätzungen* (mit einer asymptotischen Wirksamkeit von 100%). (**429**)

Asymptotisch wirksamste Schätzungen nach (**429**) eignen sich für χ^2-Teste, andere nicht. (**430**)

(**430**) muß insofern modifiziert werden, als Schätzungen, die der Ungleichung von RAO-CRAMÉR asymptotisch genügen, gar nicht immer existieren. Man muß sich dann damit behelfen, von allen Schätzungen, deren Existenz uns bekannt ist, die asymptotisch wirksamste für χ^2-Teste zu benutzen, obschon ihre asymptotische Wirksamkeit nach (**429**) nicht 100% beträgt. (**431**)

In der Regel verkleinert sich die Standardabweichung einer Schätzung absolut oder relativ (zur Größe der Schätzung) mit wachsendem Stichprobenumfang (vgl. Abb. 17):

Bleibt ein Parameter mit wachsendem Stichprobenumfang *konstant*, so konvergiert die Standardabweichung seiner Schätzung mit wachsendem Stichprobenumfang N in der Größenordnung $1/\sqrt{N}$ stochastisch gegen Null. (a)

Für Parameter, die sich mit wachsendem Stichprobenumfang N proportional zu N, N^2 usw. *vergrößern*, gilt (a) auch, wenn man Parameter, Schätzung und ihre Varianz durch N, N^2 usw. dividiert. (b) (**432**)

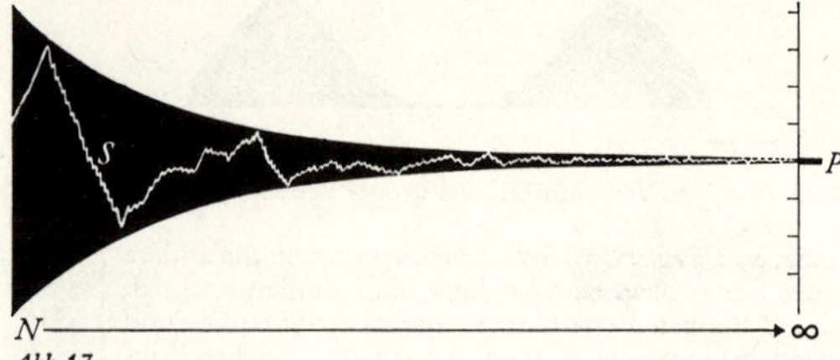

Abb. 17

Standardabweichung
S Schätzung
P Parameter

Beträgt die Wirksamkeit der Schätzung A 100%, die der Schätzung B des gleichen Parameters 75%, so bedeutet das, daß bei Anwendung der Methode B der Stichprobenumfang 100:75mal = 1⅓mal so groß sein muß, um eine Schätzung gleicher Präzision zu erhalten wie unter der Anwendung der Methode A [unter der Voraussetzung, daß (**432**) gilt]. (**433**)

Man kann somit durch Vergrößern der Stichprobe eine weniger wirksame Schätzung auf die gleiche Präzision bringen wie eine wirksamere,
oder umgekehrt kann für eine bestimmte Präzision der Stichprobenumfang kleiner sein, wenn man eine wirksamere Schätzmethode verwendet (vgl. Abb. 18). (**434**)

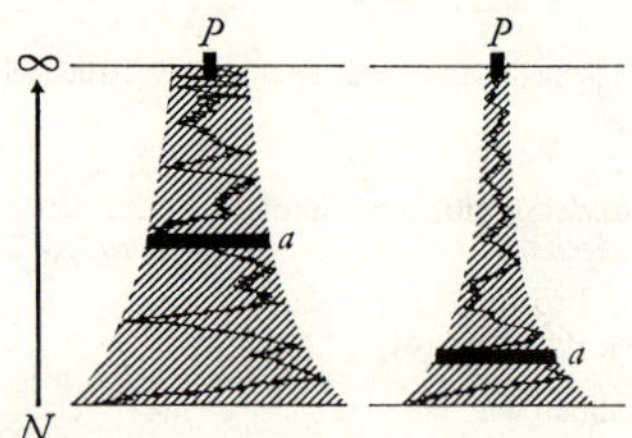

Abb. 18. a Präzision der Schätzung.

Welche Methode soll man verwenden, wenn zur Schätzung eines Parameters mehrere Formeln zur Verfügung stehen? Jene, die zur wirksamsten Schätzung führt, aber vielleicht bedeutend mehr Rechenarbeit erfordert, oder jene, die leichter und somit schneller zu rechnen ist? Nach der Theorie gibt es nur eine Wahl: die wirksamste Schätzung. In der Praxis sieht es allerdings anders aus, denn neben mathematischen beeinflussen mit Recht auch praktische Anforderungen unsere Überlegungen.

Man verwende die wirksamste aller bekannten Schätzungen eines Parameters

– wenn die Versuche im Vergleich zur numerischen Auswertung kostspielig sind [vgl. (**434**)]

– wenn die Versuche nicht mehr wiederholt werden können

– wenn χ^2-Teste geplant sind

– wenn das Resultat möglichst präzis und informativ sein soll

– wenn von anderer Seite üblicherweise wirksamste Schätzungen für gleiche Untersuchungen verwendet wurden (man verdirbt sich dann nicht die Möglichkeit gegenseitiger Vergleiche und Signifikanzteste) (**435**)

Wenn keine Überlegungen nach (**435**) dagegen sprechen, verwende man weniger wirksame Schnellschätzungen

– wenn die numerische Auswertung teurer ist als die Versuche [vgl. (**434**)]

– wenn die Präzision der Schätzung für den vorgesehenen Zweck genügt (**436**)

– wenn die Versuche zur Vororientierung schnell überprüft werden sollen
– für Routineuntersuchungen
– zur Nachkontrolle wirksamerer Schätzungen, deren Berechnung viele Fehlermöglichkeiten aufweist **(436)**

7 D. Erschöpfende Schätzungen

Eine Schätzung oder eine Kombination von Schätzungen, die in einem gegebenen Falle *alle Informationen* liefert, die überhaupt möglich sind, nennt man *erschöpfend*. **(437)**

Unter Information stelle man sich (ungefähr) den Kehrwert der Varianz vor. **(438)**

Zum Schluß sei darauf hingewiesen, daß, ähnlich wie beim Bias, die Streuung einer Schätzung von experimentellen Bedingungen abhängig ist und durch entsprechende Planung der Versuche verkleinert werden kann.

Nachtrag: Die Bezeichnungen konsistent (consistent), wirksam (efficient) und erschöpfend (sufficient) gehen sämtliche auf R. A. Fisher zurück. Nach ihm ist aber «efficient» für jene Schätzungen zu reservieren, die wir oben als für χ^2-Teste geeignete Schätzungen bezeichnet haben [vgl. (**430**) und (**431**)].

8. Vertrauens- und Toleranzgrenzen

8 A. Vertrauensgrenzen stetiger und diskreter Verteilungen

Dieser Unterabschnitt setzt die Kenntnis der Beispiele 13 und 16 (S. 150 und 152) voraus.

Mit der Schätzung eines Parameters haben wir noch nicht viel gewonnen, weil beispielsweise bei einer stetigen Verteilung, wie (**398**) zeigt, die Wahrscheinlichkeit, daß Schätzung [x in (**398**)] und Parameter [k in (**398**)] übereinstimmen, gleich Null ist. Mehr sagen uns zwei aus der Stichprobe zu errechnende Werte x_l und x_r, die mit *großer Wahrscheinlichkeit* den Parameter zwischen sich einschließen. Solche Grenzen nennt man *Vertrauensgrenzen*. Die damit im Zusammenhang stehenden Bezeichnungen und mathematischen Definitionen finden sich in den Beispielen 13 und 16 (S. 150 und 152).

Für die von uns verwendeten Vertrauensgrenzen gilt:

Unsere Vertrauensgrenzen sind identisch mit den *confidence limits* nach J. Neyman[7]. **(439)**

Vertrauensgrenzen beziehen sich auf einen *Parameter*, der als *Konstante* vorausgesetzt wird. **(440)**

Vertrauensgrenzen sind *Schätzungen* und als solche *zufällige Veränderliche*, und zwar sind sowohl die *Lage der Grenzen* als auch die *Breite des Vertrauensbereiches* zufällige Veränderliche (vgl. Abb. 19). **(441)**

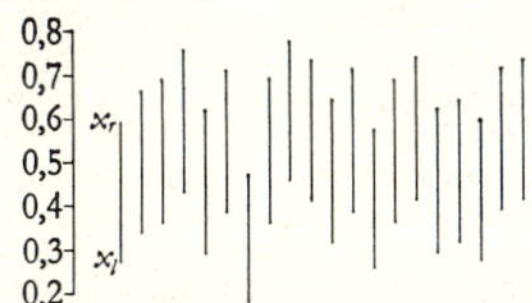

Abb. 19. 95%-Vertrauensbereiche für den Parameter $\boldsymbol{p}$ einer binomialverteilten Grundgesamtheit berechnet aus 20 Stichproben des Umfanges 40.

Wirksamere Schätzungen ergeben bei gegebenem Stichprobenumfang *engere* Vertrauensbereiche als weniger wirksame. **(442)**

Analog zu (**432**) verengert sich der Vertrauensbereich absolut oder relativ (zur Größe der Schätzung) mit wachsendem Stichprobenumfang:

Bleibt ein Parameter mit wachsendem Stichprobenumfang *konstant*, so konvergieren in der Größenordnung $1/\sqrt{N}$ die Vertrauensgrenzen stochastisch gegen den Parameter, die Breite des Vertrauensbereiches gegen Null (vgl. Abb. 20). (a)

Für Parameter, die sich mit wachsendem Stichprobenumfang N proportional zu N, N^2 usw. *vergrößern*, gilt (a) auch, wenn man den Parameter und seine Vertrauensgrenzen durch N, N^2 usw. dividiert. (b) **(443)**

Vertrauensgrenzen sind wie folgt zu interpretieren [beachte dazu (**456**)]: Wenn sehr viele (unendlich viele) Stichproben des *gleichen Umfanges* aus der *gleichen, stabilen Grundgesamtheit* erhoben und jedesmal die Vertrauensgrenzen berechnet werden, so werden diese Grenzen

(einseitige Vertrauensbereiche)

– in durchschnittlich $\geqq 100\,(1-\alpha)$ % aller Fälle* den wahren Wert des Parameters einschließen (a)

oder (gleichwertige Interpretation)

– in durchschnittlich $\leqq 100\,\alpha$ % aller Fälle* den wahren Wert des Parameters *nicht* einschließen (b)

(zweiseitige Vertrauensbereiche)

– in durchschnittlich $\geqq 100\,(1-2\,\alpha)$ % aller Fälle* den wahren Wert des Parameters einschließen (c)

oder (gleichwertige Interpretation)

– in durchschnittlich $\leqq 100\,(2\,\alpha)$ % aller Fälle* den wahren Wert des Parameters *nicht* einschließen, und zwar wird in durchschnittlich $\leqq 100\,\alpha$ % aller Fälle* x_l (die untere Grenze) *über* dem Parameter und in durchschnittlich $\leqq 100\,\alpha$ % aller Fälle* x_r (die obere Grenze) *unter* dem Parameter liegen (d) **(444)**

Üblicherweise wird auf medizinisch-biologischen Gebieten die Vertrauenswahrscheinlichkeit 0,95, seltener 0,99 verwendet, das heißt, α (einseitige Bereiche) oder $2\,\alpha$ (zweiseitige Bereiche) ist gleich 0,05, seltener 0,01. **(445)**

Formeln zur Berechnung der Vertrauensbereiche für verschiedene Parameter werden später von Fall zu Fall gegeben.

Besteht der Zweck einer statistischen Untersuchung in der Abschätzung eines Parameters, sollten immer auch die entsprechenden Vertrauensgrenzen bestimmt werden: Mit Vertrauensgrenzen besitzt eine Schätzung, das heißt das Resultat einer Untersuchungsreihe, eine informative Vertrauenswürdigkeit, ohne Vertrauensgrenzen ist letztere gleich Null. Gestützt auf unsere Tafeln, ist mit der Berechnung der Vertrauensgrenzen nur ein *kleiner* zusätzlicher oder gar *kein* Rechenaufwand verbunden.

Nachtrag: Auf R. A. Fisher geht der Begriff der *fiducial limits* zurück, die logisch etwas anderes darstellen als die *confidence limits* nach J. Neyman. Da die *fiducial limits* exakt nur bei stetigen Verteilungen und bei diskreten Verteilungen nur dann angenähert bestimmt werden können, wenn der Stichprobenumfang groß ist, verwenden wir die *confidence limits*, bei denen keine solchen Einschränkungen bestehen.

8 B. Toleranzgrenzen stetiger Verteilungen

Grenzen für einen Prozentsatz der Grundgesamtheit nennt man Toleranzgrenzen. **(446)**

Den Prozentsatz der Grundgesamtheit symbolisieren wir mit $100\,\beta_p$ %, Vertrauenswahrscheinlichkeiten (Vertrauenskoeffizienten) im Zusammenhang mit Toleranzgrenzen mit β_t. **(447)**

(**441**) und (**442**) gelten auch für Toleranzgrenzen. **(448)**

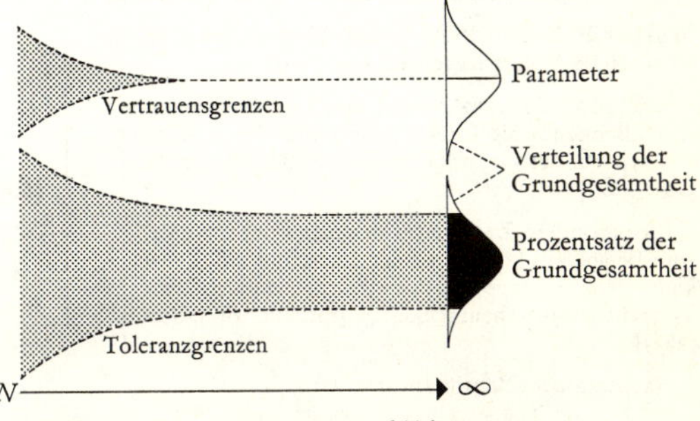

Abb. 20. Konvergenz von Vertrauens- und Toleranzgrenzen.

* Das «größer»- oder «kleiner»-Zeichen steht für diskrete, das Gleichheitszeichen für stetige Verteilungen.

Analog zu (**443**) konvergieren auch Toleranzgrenzen stochastisch mit wachsendem Stichprobenumfang, aber *nicht gegen einen, sondern gegen zwei* Grenzparameter, die jenen Quantilen der Grundgesamtheit entsprechen, zwischen denen sich der Prozentsatz der Grundgesamtheit befindet, auf den die Toleranzgrenzen bezogen sind. Der zwischen den Toleranzgrenzen liegende Toleranzbereich strebt somit *nicht gegen Null*, sondern gegen eine *positive ganze Zahl* (vgl. Abb. 20). (**449**)

Toleranzgrenzen können wie Vertrauensgrenzen ein- oder zweiseitig sein. Die folgenden Ausführungen beziehen sich auf zweiseitige Toleranzgrenzen, wobei

$$\beta_p = 1 - 2\alpha, \text{ und } \alpha \text{ (links)} = \alpha \text{ (rechts)} = \int_{-\infty}^{x_l} f(x)\,dx = \int_{x_r}^{\infty} f(x)\,dx.$$

Man unterscheidet Toleranzgrenzen mit und ohne Vertrauenswahrscheinlichkeit β_t. Sie sind wie folgt zu interpretieren [beachte dazu (**456**)]:

Toleranzgrenzen ohne Vertrauenswahrscheinlichkeit. Wenn sehr viele (unendlich viele) Stichproben des *gleichen Umfanges* aus der *gleichen, stabilen Grundgesamtheit* erhoben und jedesmal die Toleranzgrenzen berechnet werden, so werden diese Grenzen (**450**)

– *durchschnittlich* 100 β_p% der Grundgesamtheit einschließen (a)

oder (gleichwertige Interpretation)

– durchschnittlich 100 $(1-\beta_p)$% der Grundgesamtheit *nicht* einschließen, und zwar werden durchschnittlich 100 α% der Grundgesamtheit *unter* der linken (unteren) und 100 α% *über* der rechten (oberen) Grenze liegen. (b)

Toleranzgrenzen mit Vertrauenswahrscheinlichkeit β_t. Wenn sehr viele (unendlich viele) Stichproben des *gleichen Umfanges* aus der *gleichen, stabilen Grundgesamtheit* erhoben und jedesmal die Toleranzgrenzen berechnet werden, so werden diese Grenzen in durchschnittlich 100 β_t% aller Fälle *mindestens* 100 β_p% der Grundgesamtheit einschließen. (**451**)

Die in unseren Tafeln (S. 44, Spalte A) enthaltenen Toleranzfaktoren für Toleranzbereiche ohne Vertrauenswahrscheinlichkeit [Interpretation (**450**)] gelten für *normalverteilte* Grundgesamtheiten. Diese Toleranzbereiche sind identisch mit den Vertrauensgrenzen für die Differenz zwischen dem Mittelwert einer Stichprobe und einer späteren Einzelbeobachtung[8]. (**452**)

Toleranzbereiche *mit* Vertrauenswahrscheinlichkeit [Interpretation (**451**)] sind breiter als jene *ohne* Vertrauenswahrscheinlichkeit, wie es intuitiv zu erwarten ist. Beide Bereiche konvergieren aber mit wachsendem Stichprobenumfang zum Grenzbereich von (**449**). (**453**)

Formeln zur Bestimmung von Toleranzbereichen normalverteilter Grundgesamtheiten finden sich auf S. 170.

Von erheblicher Bedeutung sind in medizinisch-biologischen Gebieten die Toleranzgrenzen zur Bestimmung von *Normalbereichen.* Bis jetzt wurden diese allerdings nur selten exakt nach den Vorschriften für Toleranzgrenzen berechnet*. Gestützt auf unsere Tafeln, ist die exakte Berechnung aber nur in den wenigsten Fällen mit einem zusätzlichen Rechenaufwand verbunden:

Man bestimme deshalb *Normalbereiche* nach den Vorschriften für Toleranzgrenzen, und zwar (**454**)

– generell als Toleranzbereiche *ohne* Vertrauenswahrscheinlichkeit [mit Interpretation (**450**)] für einen Prozentsatz der Grundgesamtheit 100 β_p% = 95% [vgl. (**452**)] (a)

– für besondere Zwecke (in der Regel industrielle, zum Beispiel in Fällen, wo der Ausschuß möglichst klein gehalten werden soll) Toleranzbereiche *mit* Vertrauenswahrscheinlichkeit β_t [mit Interpretation (**451**)] (b)

Nachtrag zum Begriff «normal»:

Oben haben wir das Wort «normal» in «normalverteilt» und «Normalbereich» in zweierlei Sinn verwendet. (**455**)

In «normalverteilt» ist «normal» lediglich ein konventionelles Adverb: Die entsprechende Verteilung wird «Normalverteilung» genannt, ohne daß hier dem Wort «normal» irgendwelche tiefere Bedeutung zukäme, es sei denn, weil diese Verteilung sehr häufig und wichtig ist.

In der Bezeichnung «Normalbereich» hingegen hat das Wort «normal» seine sinngemäße Bedeutung: Der Normalbereich soll jenen Bereich darstellen, der die «Normalen» der Grundgesamtheit enthält. Konventionsgemäß ist dies auf medizinisch-biologischen Gebieten der 95%-Toleranzbereich ohne Vertrauenswahrscheinlichkeit [vgl. (**450**)]. (**455**)

8C. Verteilungsfreie Vertrauens- und Toleranzgrenzen

(vgl. Abschnitt 10F, S. 162)

Die Interpretationen (**444**), (**450**) und (**451**) sind nur dann korrekt, wenn die Stichprobe tatsächlich jener Grundgesamtheit entstammt, für deren Parameter bzw. Prozentsatz die Grenzen berechnet wurden: Die Formeln zur Berechnung dieser Grenzen sind spezifisch für die einzelnen Grundgesamtheitstypen. (**456**)

Ist die Gestalt der Verteilung einer Grundgesamtheit unbekannt, was oft der Fall ist, so hat es keinen Sinn – vor allem bei *kleinen* Stichproben –, Vertrauens- und Toleranzgrenzen auf Grund von *Annahmen* über die Verteilung der Grundgesamtheit auszurechnen, sofern diese Annahmen nicht aus der Erfahrung, den experimentellen Umständen usw. begründet werden können.

In solchen Fällen bediene man sich der sogenannten *verteilungsfreien* Vertrauens- und Toleranzgrenzen, wenn solche im gegebenen Fall zur Verfügung stehen. Die Interpretationen (**444**), (**450**) und (**451**) stimmen in diesem Fall *ohne jegliche Voraussetzung über die Verteilung der Grundgesamtheit**, das heißt, sie stimmen für *alle* Grundgesamtheiten mit der einzigen Beschränkung, daß diese *stetig* sein müssen. (**457**)

Verteilungsfreie Vertrauens- und Toleranzgrenzen sind *breiter* als solche, die auf Grund spezifizierter Grundgesamtheiten ausgerechnet werden. Dies ist intuitiv leicht verständlich, weil sie ja für die unterschiedlichsten Grundgesamtheiten der Interpretation (**444**), (**450**) und (**451**) genügen müssen.

Verteilungsfreie Vertrauensgrenzen für Quantile (Median, Quartile, Perzentile usw.) kleinerer Stichproben (Umfang bis zu $N = 100$) aus stetigen Grundgesamtheiten können aus unseren Tafeln *ohne* Rechnung abgelesen werden. Entsprechende Anleitungen sowie Formeln zur Berechnung verteilungsfreier Vertrauens- und Toleranzgrenzen findet der Leser in den Abschnitten 10F, S. 162, und 20F, S. 186.

Auf S. 128 findet sich eine Tafel «Verteilungsfreie Toleranzgrenzen», die ohne Rechnung folgendes Problem löst: Oft steht man vor der Aufgabe, zu Beginn einer Versuchsserie den Umfang einer Stichprobe festzulegen, *ohne irgendwelche Handhaben darüber zu besitzen, wie die Verteilung der Grundgesamtheit beschaffen sein könnte.* Einerseits sollte die Stichprobe groß genug sein, um einigermaßen repräsentativ für die Grundgesamtheit zu sein, andererseits sollte sie aber, um Kosten zu sparen, auch nicht zu groß sein. Dieses Problem läßt sich auf Grund der verteilungsfreien Toleranzgrenzen lösen, bzw. es *ist* in der obenerwähnten Tafel für die meisten Zwecke gelöst. Sollen die beiden Extremwerte der zukünftigen Stichprobe zum Beispiel 90% der Grundgesamtheit mit der großen Wahrscheinlichkeit von 0,999 zwischen sich einschließen, so ergibt die Tafel einen Stichprobenumfang von 88. Erhebt man danach eine Stichprobe des Umfanges 88, so liegen 90% der Grundgesamtheit mit einer Wahrscheinlichkeit von 0,999 zwischen dem 1. und dem 88. Wert der Stichprobe.

9. Statistische Signifikanzteste

9A. Einführung

Wir sind im Besitze eines «wahren» Würfels, bei dem definitionsgemäß die Wahrscheinlichkeit, die Zahl 1 oder 2 oder ... 6 zu werfen, exakt 1/6 beträgt. Die Wahrscheinlichkeit, eine gerade Zahl zu werfen, ist somit exakt 0,5. Maßzahlen der Grundgesamtheit werden nach (**331**) als Parameter bezeichnet. Die Wahrscheinlich-

* Bei großen Stichproben ist dies belanglos.

* Deshalb das Adjektiv «verteilungsfrei».

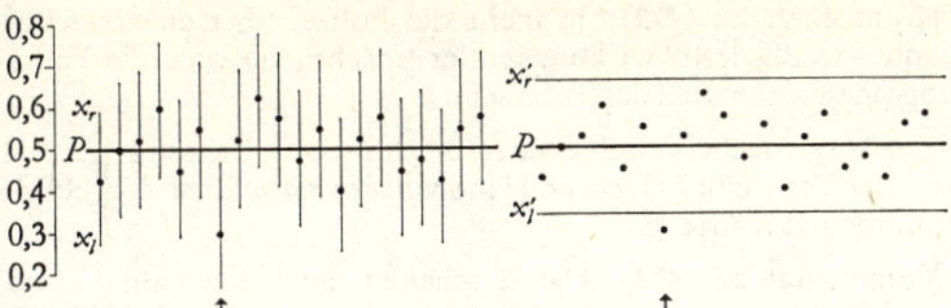

Abb. 21. 95%-Vertrauensgrenzen (links) und entsprechende 5%-Signifikanzschranken (rechts) bei gegebenem Stichprobenumfang (vgl. dazu Legende von Abb. 19). Die Punkte entsprechen der Schätzung p der Wahrscheinlichkeit $\boldsymbol{p} = \frac{1}{2}$ (in der Abbildung als Parameter mit P bezeichnet).

keit 0,5 ist somit ein Parameter der Grundgesamtheit mit den Ereignissen «gerade Zahl» und «ungerade Zahl», die durch unseren wahren Würfel erzeugt wird.

Mit diesem Würfel machen wir zur Kontrolle von (**444**d) 20 Stichproben zu 40 Würfen und bestimmen bei jeder Stichprobe an Hand der geworfenen ungeraden Zahlen die in Abbildung 21, links, dargestellten 95%-Vertrauensgrenzen für den Parameter 0,5. In Übereinstimmung mit (**444**d) schließt einer der 20 Vertrauensbereiche den Parameter nicht ein (vgl. Pfeil).

Nun stellen wir uns vor, wir hätten diese Vertrauensgrenzen erhalten, indem wir nicht mit *einem* uns *bekannten* Würfel *zwanzig* Stichproben, sondern mit *zwanzig* uns *unbekannten* Würfeln *je eine* Stichprobe gewürfelt hätten. Sofort würde sich der Verdacht regen, bei jenem Würfel, dessen Vertrauensbereich den Parameter 0,5 nicht einschließt, «stimme etwas nicht». Denn wir haben mit ihm ja nur eine Stichprobe gemacht, und daß gerade bei der *einen, ersten* Stichprobe jenes seltene Ereignis, das nach (**444**d) auf lange Sicht nur in 5% aller Fälle eintreten sollte, wirklich eintrifft, dagegen sträubt sich unsere auf Erfahrung basierende Intuition*. Wir erklären deshalb den verdächtigen Würfel als falsch, mit dem Vorbehalt, uns mit einer Signifikanzwahrscheinlichkeit von 0,05 zu irren.

Damit wäre das Prinzip dargelegt, das mutatis mutandis allen statistischen Testen zugrunde liegt.

9B. Signifikanzschranken

Obiges Beispiel zeigt, daß man Signifikanzteste an Hand von Vertrauensgrenzen durchführen kann:

Bei einem Signifikanztest auf Grund von *Vertrauens- oder Toleranzgrenzen* werden 1 oder 2 *zufällig veränderliche Grenzwerte* mit einer bekannten oder hypothetischen, *konstanten Prüfgröße* verglichen (vgl. Abb. 21, links). (**458**)

Viele Signifikanzteste werden an Hand von Signifikanzschranken durchgeführt:

Bei einem Signifikanztest auf Grund von *Signifikanzschranken* im üblichen Sinn werden 1 oder 2 *konstante Grenzwerte* mit einer *zufällig veränderlichen Prüfgröße* verglichen (vgl. Abb. 21, rechts). (**459**)

Es ist *unerheblich*, ob Signifikanzteste an Hand von Vertrauens- und Toleranzgrenzen oder von Signifikanzschranken im üblichen Sinn durchgeführt werden: Das Resultat ist dasselbe (vgl. Abb. 21, links und rechts). Bei beiden Methoden gilt die Interpretation eines signifikanten Unterschiedes [vgl. (**381**), (**382**), (**394**), (**413**), (**414**) und (**420**)], wenn die *Prüfgröße die Grenzen berührt oder außerhalb liegt.* (**460**)

Vertrauens- und Toleranzgrenzen sowie Signifikanzschranken sind eng miteinander verflochten: (**461**)

– entweder unterscheiden sie sich nur symbolisch und sind numerisch gleich (a)

– oder sie unterscheiden sich formelmäßig und numerisch, die entsprechenden Formeln lassen sich jedoch ineinander überführen (b)

Beispiel 17 [zu (**461** a)]. Bei der Binomialverteilung sind

↑ $\boldsymbol{p}_l < p < \boldsymbol{p}_r$ Signifikanzschranken für p
↓ $p_l < \boldsymbol{p} < p_r$ Vertrauensgrenzen für $\boldsymbol{p}$

wobei $\boldsymbol{p}$ Konstanten und p zufällige Veränderliche sind. Wenn $p = \boldsymbol{p}$, ist $\boldsymbol{p}_l = p_l$ und $\boldsymbol{p}_r = p_r$ (bei gleichem Stichprobenumfang).

Beispiel 18 [zu (**461** b)]. Es ist $\bar{x}$ der Mittelwert, $s_{\bar{x}}$ die Standardabweichung des Mittelwertes einer Stichprobe aus einer normalverteilten Bevölkerung mit dem Mittelwert μ_1, t die dem Umfang der Stichprobe und der geforderten Signifikanzwahrscheinlichkeit entsprechende Signifikanzschranke der STUDENT-Verteilung:

$\bar{x} - t s_{\bar{x}} < \mu_1 < \bar{x} + t s_{\bar{x}}$ Vertrauensgrenzen für μ_1

$-t s_{\bar{x}} < \bar{x} - \mu_1 < + t s_{\bar{x}}$ Weder Vertrauensgrenzen noch Signifikanzschranken im üblichen Sinn (Grenzen wie Prüfgröße sind zufällige Veränderliche)

$-t < \dfrac{\bar{x} - \mu_1}{s_{\bar{x}}} < + t$ Signifikanzschranken für $\dfrac{\bar{x} - \mu_1}{s_{\bar{x}}}$

Zur Prüfung der Nullhypothese $\mu_0 = \mu_1$ eignen sich alle 3 Formeln: Man setzt an die Stelle von μ_1 den hypothetischen Vergleichsparameter μ_0 und vergleicht dessen Lage zu jener der Grenzen. Am übersichtlichsten (besonders für Anfänger) ist die oberste, am schnellsten zu rechnen die mittlere, am gebräuchlichsten die unterste Formel.

Wenn wir im folgenden im Hinblick auf (**460**) und (**461**) und die dort gegebenen Beispiele im Zusammenhang mit Signifikanztesten manchmal einfach von «Schranken» sprechen, so sind damit solche gemeint, die hinsichtlich der ins Auge gefaßten Grundgesamtheit den Vorschriften (**376**) und (**377**) bzw. (**409**) und (**410**) entsprechen.

Alle für Signifikanzteste geeigneten Schranken konvergieren absolut oder relativ mit wachsendem Stichprobenumfang oder bei gegebenem Stichprobenumfang mit wachsender Anzahl der Stichproben [wenn (**432**) gilt]. Für alle gilt ähnliches, wie in (**443**) und (**449**) über Vertrauens- und Toleranzgrenzen ausgeführt wurde. (**462**)

Als Folgerungen aus (**462**) ergeben sich: (**463**)

Mit wachsendem Stichprobenumfang läßt sich ein bestehender Unterschied immer signifikanter nachweisen. (a)

Bei einer gegebenen Signifikanzwahrscheinlichkeit lassen sich mit wachsendem Stichprobenumfang immer kleinere Unterschiede nachweisen. (b)

Wenn tatsächlich zwischen einer aktuellen und einer hypothetischen Grundgesamtheit ein Unterschied besteht, der sich auf Grund kleiner Stichproben signifikant feststellen läßt, so wird die sich darauf stützende Behauptung, die aktuelle Grundgesamtheit *unterscheide* sich von der hypothetischen, durch größere Stichproben mit noch größerer Signifikanz (in der Regel) *bestätigt* werden (vgl. Abb. 22a). (c)

Wenn tatsächlich zwischen einer aktuellen und einer hypothetischen Grundgesamtheit ein Unterschied besteht, der sich auf Grund kleiner Stichproben *nicht* signifikant feststellen läßt, so wird die sich darauf stützende Behauptung, die aktuelle Grundgesamtheit sei *gleich* der hypothetischen, durch größere Stichproben (in der Regel) *widerlegt* werden (vgl. Abb. 22b). (d)

Wenn tatsächlich zwischen einer aktuellen und einer hypothetischen Grundgesamtheit *kein* Unterschied besteht, so *ließe* (Konjunktiv!) sich dies mit einiger Sicherheit erst mit sehr großen (sicher nur mit unendlich großen) Stichproben feststellen. (e)

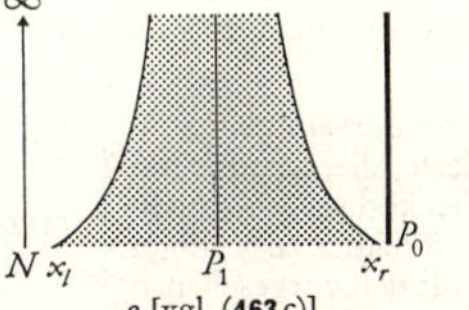

a [vgl. (**463** c)]

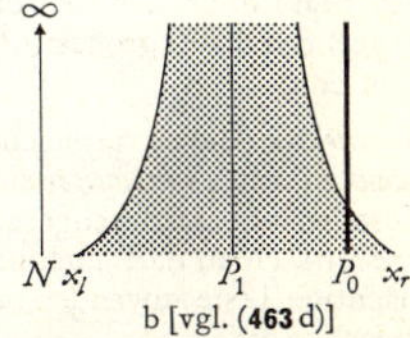

b [vgl. (**463** d)]

Abb. 22. P_0 ist der hypothetische, P_1 der zu prüfende Parameter, x_l und x_r sind die mit wachsendem Stichprobenumfang konvergierenden Vertrauensgrenzen von P_1.

---

* Nach einiger Überlegung werden wir aber zugeben müssen, daß ein solcher Fall – auch bei viel kleinerer Wahrscheinlichkeit – doch möglich wäre, denn (**444** d) macht keine Angaben darüber, *wann* ein seltenes Ereignis innerhalb einer Versuchsreihe einzutreten hat. *Solche zeitlichen Voraussagen kann man bei zufälligen Ereignissen nie machen, wenn die Versuche unabhängig sind.*

9C. Signifikanzteste

Allgemeines

Alle statistischen Teste beruhen auf dem grundlegenden Prinzip, eine *unbekannte Grundgesamtheit*, der die Stichprobe entstammt, mit einer *bekannten* oder *hypothetischen Grundgesamtheit* zu vergleichen. **(464)**

Mit *allen* statistischen Testen können mit exakter Wahrscheinlichkeit nur Unterschiede, *nicht* aber Übereinstimmung zwischen den verglichenen Grundgesamtheiten festgestellt werden [vgl. dazu (**463**)]. **(465)**

Die Hypothese H_0, daß 2 Grundgesamtheiten übereinstimmen, wird *Nullhypothese* genannt. Wegen (**465**) wird sie in der Regel aufgestellt, um *verworfen* zu werden. **(466)**

Die Bezeichnung «Nullhypothese» erklärt sich so: P_1 symbolisiere die Grundgesamtheit, der die Stichprobe entstammt, P_0 die hypothetische. Wenn nun P_1 mit P_0 übereinstimmt, das heißt, wenn $P_1 = P_0$, dann ist $P_1 - P_0 =$ Null.

Führt ein statistischer Test* mit der Signifikanzwahrscheinlichkeit α oder 2α zur Feststellung eines Unterschiedes zwischen den verglichenen Grundgesamtheiten [vgl. (**460**)], so wird die Nullhypothese verworfen und die Alternativhypothese, daß sich die Grundgesamtheiten unterscheiden, akzeptiert. Die Wahrscheinlichkeit, bei dieser *Entscheidung* einen *Fehler erster Art* zu machen, das heißt, die Nullhypothese abzulehnen, wenn sie richtig ist, in anderen Worten, einen Unterschied festzustellen, wenn tatsächlich keiner besteht, ist α oder 2α. **(467)**

Die Wahrscheinlichkeit, einen *Fehler zweiter Art* zu machen, das heißt, die Nullhypothese zu akzeptieren, wenn sie falsch ist, in anderen Worten, einen Unterschied nicht zu entdecken, wenn tatsächlich einer besteht, ist β. α und β stehen in enger Beziehung zueinander: je kleiner man α nimmt, um so größer wird β und umgekehrt. (β ist aber *nicht* $1-\alpha$ oder $1-2\alpha$: Wir können hier auf diese Beziehung nicht eintreten.) **(468)**

Mit wachsendem Stichprobenumfang verkleinern sich die Wahrscheinlichkeiten, einen Fehler erster oder zweiter Art zu machen. **(469)**

Kommentar zu (**467** und **468**): Wenn es darauf ankommt, einen Fehler erster Art zu vermeiden, das heißt, wenn man ganz sichergehen will, einen Unterschied nur dann zu akzeptieren, wenn er wirklich besteht, dann wähle man α oder 2α klein, zwischen 10^{-2} und 10^{-6} oder weniger, entsprechend dem Risiko, das man eingehen darf.

Andererseits wähle man bei Untersuchungsserien, die in der Richtung zielen, einen Unterschied zu *entdecken*, α oder 2α größer, zwischen 0,2 und 0,05. Bei späteren, möglicherweise größeren Untersuchungsserien kann man die Signifikanzwahrscheinlichkeit immer noch verkleinern, um einen früher gefundenen Unterschied besser zu sichern. Aber auch dann, wenn ein Unterschied sich in größeren Stichproben nur mit einer Signifikanzwahrscheinlichkeit von 0,1 sichern ließe, ist man unter besonderen Umständen berechtigt (zum Beispiel bei lebensrettenden Medikamenten), die Nullhypothese zu verwerfen. Ein Arzt wird beispielsweise gerne das Risiko auf sich nehmen, einmal in 10 Fällen sich zu irren, ein besseres Medikament verabreicht zu haben. Unserer Ansicht nach verwendet man in medizinisch-biologischen Forschungen *zu kleine* Signifikanzwahrscheinlichkeiten.

Macht eines Testes

Die Wahrscheinlichkeit $1-\beta$, das heißt die Wahrscheinlichkeit, einen Unterschied zu entdecken, wenn tatsächlich einer besteht, wird als *Macht* (power) eines Testes bezeichnet. **(470)**

Aus (**469**) folgt, daß sich die Macht eines Testes (in der Regel) durch Vergrößern des Stichprobenumfanges steigern läßt. **(471)**

Je mehr über die zu vergleichenden Grundgesamtheiten *bekannt* ist, um so *mächtiger* sind die Teste, die, gestützt auf diese Kenntnisse, durchgeführt werden können (aber nicht müssen). (Man darf auch in solchen Situationen weniger mächtige Teste anwenden, wenn sie für den vorgesehenen Zweck genügen.) **(472)**

* Von nun an sprechen wir anstatt von statistischen Testen nur noch von Testen.

Kommentar zu (**472**): Je mehr die Polizei über einen Delinquenten weiß, desto wirkungsvoller (mächtiger) wird die Fahndung (in unserem Fall der Test) sein.

Die *relative* Macht verschiedener in ähnlicher Richtung zielender Teste läßt sich *nur* an Hand von *bekannten* Grundgesamtheiten beurteilen. **(473)**

Kommentar zu (**473**): Damit scheidet die (früher auf Grund einer gegebenen Situation berechnete) relative Macht eines Testes als Auswahlkriterium in allen jenen Situationen aus, wo man die zu vergleichenden Grundgesamtheiten nicht kennt. Man hüte sich in solchen Fällen, Kenntnisse durch *Annahmen* ersetzen zu wollen, die als richtig vorausgesetzt werden. Ein darauf basierendes Testresultat ist nicht vertrauenswürdig (vgl. später).

Interpretationen [vgl. auch (**476**)]

Besteht der Zweck einer Versuchsserie darin, die *Übereinstimmung* zwischen Grundgesamtheiten nachzuweisen, und wird beim entsprechenden Test *kein* signifikanter Unterschied festgestellt, so akzeptiere man die Nullhypothese so lange, als sie nicht durch weitere Experimente widerlegt wird. **(474)**

Kommentar zu (**474**): Man macht gerne den Fehler, die Übereinstimmung zwischen Grundgesamtheiten als bewiesen anzusehen, wenn kein signifikanter Unterschied nachzuweisen ist [vgl. (**463** d und e) und Abb. 22b].

Besteht der Zweck einer Versuchsserie darin, einen *Unterschied* zwischen Grundgesamtheiten nachzuweisen, und wird beim entsprechenden Test *kein* signifikanter Unterschied festgestellt, so interpretiere man: «An Hand der vorliegenden Stichprobe läßt sich (mit der verwendeten Signifikanzwahrscheinlichkeit) ein Unterschied (statistisch) nicht sichern.» **(475)**

Kommentar zu (**475**): Unrichtig wäre die Interpretation «Es besteht *kein* Unterschied» [vgl. (**463** d und e) und Abb. 22b].

Einseitige und zweiseitige Teste

Wenn man von früheren Erfahrungen her oder aus hypothetischen Überlegungen die Richtung eines vermutlichen Größenunterschiedes zweier Parameter kennt oder zu kennen glaubt, dann entscheide man sich *vor* Erhebung der Stichprobe zu einem *einseitigen Test* unter Festsetzung der vermuteten Richtung des Größenunterschiedes ($A < B$ oder $A > B$) und der Signifikanzwahrscheinlichkeit α, die konventionell 0,05 oder 0,01 beträgt* [vgl. auch Kommentar zu (**468**)]. Beim einseitigen Test wird nur eine – entweder die linke oder die rechte – Schranke gemäß der vorbestimmten Richtung des Testes geprüft, daher der Name. Einseitige Teste sind sensibler (mächtiger, more powerful) hinsichtlich der Entdeckung eines Unterschiedes als zweiseitige. Sie sind aber nur dann berechtigt, wenn a priori über die Richtung eines eventuellen Größenunterschiedes einige, nicht aus der Stichprobe gezogene Klarheit besteht. Über die Interpretation einseitiger Teste siehe (**476**).

Interpretation einseitiger Teste**

Geforderte Signifikanz	Lage der Prüfgröße		Interpretation und (in Klammer) Signifikanz	
	Hypothetisch	Test	Einseitig	Zweiseitig
α	$x < x_l$	$x \leqq x_l$ $x > x_l$	$x < x_l$ $(\leqq \alpha)$ (**475**)	Keine
α	$x > x_r$	$x \geqq x_r$ $x < x_r$	$x > x_r$ $(\leqq \alpha)$ (**475**)	

Interpretation zweiseitiger Teste**

2α	Ungewiß	$x \leqq x_l$ $x \geqq x_r$ $x_l < x < x_r$	$x < x_l$ $(\leqq 2\alpha)$ $x > x_r$ $(\leqq 2\alpha)$ (**475**) oder (**474**)	Ungleich (2α)

(476)

* Dient α oder 2α als Kriterium zu *Entscheiden* (Ablehnung oder Annahme der Nullhypothese), so muß dessen Größenbestimmung *unabhängig* von der zu prüfenden Stichprobe erfolgen, also *vor* deren Erhebung, wenn man mit ihr in Kontakt steht, oder *vor* Beginn der statistischen Bearbeitung, wenn man mit der Stichprobe nicht in Kontakt steht.

** Bei diskreten Verteilungen setze man $x < x_l + 1$ und $x > x_r - 1$.

Im allgemeinen wird man aber, besonders am Anfang einer Untersuchung, im ungewissen schweben, welche der Grundgesamtheiten – wenn sie sich überhaupt unterscheiden – die größere oder kleinere sein wird. Dann macht man einen *zweiseitigen Test*. Hat man am Anfang der Stichprobenerhebung die Frage «Einseitiger oder zweiseitiger Test?» nicht entschieden, so bleibt nur noch der zweiseitige. Die Signifikanzwahrscheinlichkeit ist $2\,\alpha$, die konventionell 0,05 oder 0,01 beträgt*, das heißt, $\alpha = 0{,}025$ oder 0,005 [vgl. Kommentar zu (**467** und **468**)]. Wird der zweiseitige Test einseitig interpretiert, so ist die Signifikanzwahrscheinlichkeit dieser Interpretation trotzdem $2\,\alpha$!

Beachte, daß die Interpretation sich oben auf die *Prüfgröße* bezieht. Die auf diese sich stützende *reale* Interpretation kann anders lauten. (**476**) ist lediglich eine Zusammenstellung von (**381**), (**382**), (**392**), (**413**), (**414**), (**420**), (**474**) und (**475**).

Voraussetzungen, die erfüllt sein müssen

Auf Grund von (**472**) wird man in einer Situation, in der mehrere Teste zur Verfügung stehen, in der Regel jenen wählen, der die größte Macht hat. Um in dieser Richtung eine Wahl treffen zu können, muß aber nach (**473**) die Gestalt der verglichenen Grundgesamtheiten bekannt sein. Diesbezügliche Kenntnisse hat man möglicherweise aus *früherer Erfahrung* oder aus *hypothetischen Überlegungen* (Glücksspiele, zentraler Grenzwertsatz) gezogen, oder man kann sie bei *großen* Stichproben diesen selbst entnehmen. Bei kleineren Stichproben hingegen, besonders auf derart komplexen Gebieten wie Biologie, Medizin und Psychologie, ist die Gestalt der Grundgesamtheit oft unbekannt. In solchen Situationen behilft man sich dann gerne mit *Annahmen* über die Gestalt der Grundgesamtheit, nur um einen «mächtigeren» Test [vielleicht ist er es im konkreten Fall gar nicht, vgl. (**473**)] machen zu können. Wir wollen dies aber auf Grund der folgenden Ausführungen (möglichst) vermeiden.

Es ist mit Rücksicht auf die *Vertrauenswürdigkeit* eines statistischen Testresultates weniger gefährlich, durch Anwendung eines voraussetzungsloseren Testes, bei dem im konkreten Fall weniger oder keine Annahmen gemacht werden müssen, von den in der Stichprobe steckenden Informationen möglicherweise ein wenig zu verlieren, als einem vielleicht mächtigeren Test zuliebe Annahmen zu machen, um damit illusorische, in der Stichprobe nicht enthaltene Informationen gewinnen zu wollen. (**477**)

Wenn die Voraussetzungen nicht oder nur teilweise erfüllt sind, auf deren Boden ein Test steht, dann verändern sich die Wahrscheinlichkeiten, einen Fehler erster oder zweiter Art zu machen, in einer Weise, die schwer zu beurteilen ist. Sicher ist nur, daß diese für *erfüllte* Voraussetzungen *gültigen* Wahrscheinlichkeiten *nicht mehr exakt* oder sogar irreführend sind, wenn die Voraussetzungen nicht oder nur teilweise zutreffen. (**478**)

Man bemühe sich deshalb *gewissenhaft*, in Situationen, in denen mehrere Teste zur Verfügung stehen, zunächst jene Teste auszulesen, bei denen (möglichst) alle an sie gebundenen Voraussetzungen im konkreten Falle *wirklich* erfüllt sind. (**479**)

Es gibt oft Situationen, in denen eine Testwahl nach (**479**) unmöglich ist, weil bei keinem der zur Verfügung stehenden Teste (es ist manchmal nur einer) alle Voraussetzungen erfüllt werden können. Man interpretiere dann ein Testresultat *vorsichtig* bis sehr vorsichtig den Folgen gemäß, die nichterfüllte Voraussetzungen im konkreten Falle haben könnten. Unter solchen Umständen ist es zu empfehlen, die *Voraussetzungen, deren Erfüllung unsicher ist, namentlich zu nennen*, wie zum Beispiel: «Unter der Voraussetzung, daß die beiden Stichproben derselben normalverteilten Grundgesamtheit entstammen, besteht ...» (**480**)

Dem Leser wird nicht entgangen sein, wie wir von der Gestalt der Grundgesamtheit als einer wichtigen Voraussetzung vieler Teste ausgegangen sind, daß in (**477**) bis (**480**) aber ganz allgemein von Voraussetzungen die Rede ist. Je nach Test ist die Anzahl der Voraussetzungen und ihre «Strenge» verschieden: selbstverständlich sollten alle, nicht nur jene über die Gestalt der Grundgesamtheit, (möglichst) erfüllt sein. Eine dieser Bedingungen, die *allen* Testen zugrunde liegt, ist:

Alle statistischen Teste setzen *zufällige* Stichproben voraus, das heißt Stichproben, deren Erhebung in ihren Grundzügen einer Urnenoperation entspricht. Vgl. Abschnitt 1, S. 146. (**481**)

* Siehe S. 158, rechte Spalte, Fußnote *.

(**481**) ist wohl die wichtigste Voraussetzung in der ganzen Statistik, die aber in der Praxis, besonders auf medizinisch-biologischen Gebieten, sehr schwer ganz zu erfüllen ist. Ist eine Forschungsarbeit schon bis zur statistischen Prüfung gediehen, kann man wohl etwaige nichtzufällige Stichproben noch ausscheiden, sofern eine Prüfung auf Nichtzufall im gegebenen Fall überhaupt möglich ist. Damit bewahrt man sich zwar vor einer Fehlentscheidung, die mit der Versuchsserie verbundenen Kosten und Arbeiten sind aber verloren. Man ergreife deshalb *vor* Beginn einer Forschungsarbeit alle Maßnahmen, um eine (möglichst) zufällige Stichprobe zu erhalten.

Wie geht man nun weiter vor, wenn nach (**479**) eine Gruppe von erlaubten Testen ausgelesen werden konnte? Eine allgemeingültige Anweisung in dieser Hinsicht kann nicht gegeben werden. In der Regel wird man die Prüfung mit jenen Testen beginnen, die am wenigsten Rechenaufwand erfordern und, wenn die postulierte Signifikanz nicht erreicht wird, zu mächtigeren Testen derselben erlaubten Gruppe übergehen. Ein solches Vorgehen dürfte wohl gestattet sein*, sofern man nicht in den Fehler verfällt, eine Signifikanz als doppelt oder mehrfach gesichert anzusehen, wenn zwei oder mehr Teste signifikant verlaufen. Zwischen vielen Testen bestehen nämlich Korrelationen, die selbst dem Statistiker nicht immer bekannt sind: sie prüfen teilweise gleichartig mit verschieden scharfen Instrumenten. Man wird kaum in den Fehler verfallen, wenn bei einer mikroskopischen Prüfung dasselbe Objekt mit drei verschiedenen Vergrößerungen nachgewiesen werden kann, diesen Nachweis als «dreifach gesichert» anzusehen. Ähnlich, aber nicht so leicht erkenntlich, verhält es sich bei Testen, zwischen denen Korrelationen bestehen.

Beispiel 19. Gegeben sei die Stichprobe (in zeitlicher Reihenfolge)

1 Stunde
– 0,7 Stunde
0,5 Stunde — Mittelwert $\bar{x}$ = 1,07 Stunde
1,1 Stunde — Median M = 1,1 Stunde
3 Stunden
1,2 Stunde
1,4 Stunde

Abb. 23

bei der es sich um Differenzen von gepaarten Beobachtungen, zum Beispiel nach Verabreichung zweier Schlafmittel, handeln könnte, die am gleichen Probanden getestet wurden. Unterscheiden sich diese Differenzen von Null ($2\,\alpha = 0{,}05$)?

Für solche Fälle stehen uns, gestützt auf unsere Tafeln, 6 Teste zur Verfügung, wozu noch einer kommt, dessen Signifikanzschranken man im Gedächtnis behalten kann (Maximumtest):

Test	Vorbedingung bezüglich Gestalt der Grundgesamtheit	Rechenaufwand
1 STUDENT (t-Test) ...	Normalverteilt	Der größte aller 7 Teste
2 LORD	Normalverteilt	Etwa ¼ von 1
3 Midrange (WALSH) .	Normalverteilt	Kleiner als bei 2
4 WALSH	Symmetrisch	Etwa wie 2
5 Zeichen	Keine	Keiner
6 Maximum (WALTER)	Keine	Nur ordnen
7 WILCOXON	Keine	Etwa wie 2

Wenn wir nun wissen, daß die Stichprobe einer normalverteilten Grundgesamtheit entstammt, dann können wir *alle* 7 Teste versuchen. Der mächtigste ist in diesem Falle der STUDENT-Test, gefolgt vom LORD- und Midrange-Test, die bei so kleinen Stichproben nur wenig schwächer sind. Der WILCOXON-Test steht dem STUDENT-Test auch bei normalverteilten Grundgesamtheiten nicht viel nach.

Haben wir aber keine Kenntnis über die Gestalt der Grundgesamtheit, so werden wir nach (**479**) die Teste 5 bis 7 versuchen. Würden diese alle versagen, so bleibt uns nur noch die Interpretation (**475**).

Im obigen Beispiel ergeben diese Teste folgende Signifikanzen:

Test	Signifikanz
STUDENT	$0{,}025 \leqslant 2\,\alpha < 0{,}05$
LORD	$0{,}05 < 2\,\alpha < 0{,}1$
Midrange	$0{,}05 < 2\,\alpha < 0{,}1$
WALSH	–
Zeichen	$0{,}05 < 2\,\alpha$
Maximum	$0{,}05 < 2\,\alpha \leqslant 0{,}1$
WILCOXON	$2\,\alpha < 0{,}05$

* Exakte Anweisungen in dieser Hinsicht sind uns unbekannt.

STUDENT-, WILCOXON- und Midrange-Test ergeben die geforderte Signifikanz, während alle anderen mehr oder weniger versagen. Man merke sich deshalb: Wenn zwei Stichproben hinsichtlich eines zwischen ihren Grundgesamtheiten bestehenden größenmäßigen Unterschiedes geprüft werden sollen, ist in der Regel bei normalverteilten Grundgesamtheiten für beliebig große Stichproben der STUDENT-Test, bei unsicherer Gestalt der Grundgesamtheit der WILCOXON-Test der mächtigste (der uns, gestützt auf unsere Tafeln, zur Verfügung stehenden Teste).

Vorwegnahme: In (**481**) haben wir erwähnt, daß alle Teste zufällige Stichproben voraussetzen. Eine in diese Richtung gehende Prüfung auf Grund der Iterationen (runs) um den Median zeigt nun aber mit einem $\alpha \leqq 0{,}01$ eine ausgeprägte Nichtzufälligkeit bei dieser Stichprobe. Trotz eindeutiger Signifikanz akzeptieren wir deshalb die Resultate der STUDENT- und WILCOXON-Teste lediglich als Hinweis auf einen möglicherweise bestehenden Unterschied, den wir in weiteren Experimenten noch eingehender untersuchen wollen.

«Gesunder Menschenverstand»

Unter diesem Motto seien zwei Themen kurz gestreift:

Im obigen Beispiel könnte man die Stichprobenwerte durch 10 dividieren, ohne die Signifikanz der Teste zu ändern. Wir hätten dann einen statistisch gesicherten Unterschied in der Wirkung der zwei Schlafmittel von durchschnittlich 6 Minuten, was praktisch ganz bedeutungslos wäre. Man prüfe deshalb bei statistisch gesicherten Unterschieden zunächst deren *reale* Bedeutung, bevor man sich mit «Entdeckungen» exponiert.

Oft tritt der Fall ein, daß eine Signifikanzwahrscheinlichkeit *fast*, aber nicht ganz, erreicht wird. Es sei zum Beispiel eine Signifikanz von 0,05 gefordert worden, erreicht wurde aber tatsächlich nur eine von 0,054 oder 0,06 oder ähnlich. Nun müssen wir zwar für unsere Entscheidungen eine feste Schranke als Basis beibehalten, um nicht ins uferlose abzugleiten, werden aber doch in einem solchen Fall die Interpretation entsprechend gestalten und weitere Versuche empfehlen. Erbringen nun diese wiederum nicht die postulierte Signifikanz, bleiben aber nur *wenig* darüber, so ist eine Interpretation wie «trotz zwei Versuchsserien konnte kein signifikanter Unterschied nachgewiesen werden» *fehl* am Platze. Tatsächlich weisen beide Versuchsserien eindeutig in die Richtung eines bestehenden Unterschiedes. Hier gibt es nur eines: bei gleicher Signifikanzwahrscheinlichkeit *größere* Versuchsserien durchzuführen [vgl. (**463** b) und Abb. 22b], wenn durch Änderung der experimentellen Bedingungen die Varianz nicht verkleinert werden kann.

10. Parameter

Dieser Abschnitt beschränkt sich auf Mittelwert, Varianz und Quantile im allgemeinen. Spezielle Formeln zur Berechnung von Mittelwert und Varianz verschiedener Verteilungen werden später bei diesen gegeben.

10A. Mittelwert und Varianz der Grundgesamtheit

μ_x symbolisiert den *Mittelwert*, σ_x^2 die *Varianz* einer Verteilung. Im folgenden werden wir, wenn keine Verwechslungsgefahr besteht, den Index x weglassen. Die Varianz wird auch mittlere quadratische Abweichung, im deutschen Sprachgebiet auch Streuung genannt. (**482**)

Die Quadratwurzel der Varianz nennt man die *Standardabweichung* σ. (**483**)

Die Varianz und die Standardabweichung des *Mittelwertes* sind σ^2/N und $\sigma/\sqrt{N}$, symbolisiert mit $\sigma_{\bar{x}}^2$ und $\sigma_{\bar{x}}$. (**484**)

Den Quotienten σ/μ nennt man den Variationskoeffizienten V. Er entspricht der mit dem Mittelwert als Einheit gemessenen Standardabweichung. V hat nur einen Sinn für *positive* x-Werte. (**485**)

Die Standardabweichung ist ein Maß der Streuung. Je kleiner sie ist, um so steiler, je größer sie ist, um so flacher ist der Kurvenverlauf der Verteilung (vgl. Abb. 25). Darauf basiert die TSCHEBYSCHEFFsche Ungleichung:

Prob $(|x-\mu| \geqq k\sigma) \leqq 1/k^2 = 2\alpha \quad (k>1)$

für $1/k^2 = 2\alpha = 0{,}05$ bzw. $0{,}01$ ist $k \sim 4{,}5$ bzw. $= 10$. Diese Ungleichung gilt für *beliebige* Grundgesamtheiten. (**486**)

10B. Transformationen

Wird die Veränderliche x durch einen konstanten Summanden vergrößert oder verkleinert, so daß

$X = x \pm a$

dann ist

$$\left.\begin{aligned}\mu_X &= \mu_x \pm a\\ \sigma_X^2 &= \sigma_x^2\end{aligned}\right\}\ \text{(a)}$$

und die Rücktransformation

$$\left.\begin{aligned}\mu_x &= \mu_X \mp a\\ \sigma_x^2 &= \sigma_X^2\end{aligned}\right\}\ \text{(b)}$$

(**487**)

Die Varianz wird durch eine seitliche Verschiebung *nicht* beeinflußt, sie ist translationsinvariant.

Wird die Veränderliche x durch einen konstanten Faktor vergrößert oder verkleinert, so daß

$X = ax$

dann ist

$$\left.\begin{aligned}\mu_X &= a\mu_x\\ \sigma_X^2 &= a^2\sigma_x^2\end{aligned}\right\}\ \text{(a)}$$

und die Rücktransformation

$$\left.\begin{aligned}\mu_x &= \mu_X/a\\ \sigma_x^2 &= \sigma_X^2/a^2\end{aligned}\right\}\ \text{(b)}$$

(**488**)

(**487**) und (**488**) gelten auch für die Schätzungen $\bar{x}$, $\bar{X}$ und s_x, s_X von μ_x, μ_X und σ_x, σ_X, deren Berechnung man sich damit oft erleichtern kann.

Beispiel 20

a) Gegeben seien

$x = 145 \quad 145{,}5 \quad 147 \quad 147{,}3$	Wir bilden $X = x - 145$ und erhalten
$X = 0 \quad 0{,}5 \quad 2 \quad 2{,}3$	Mit diesen Werten berechnen wir $\bar{X}$ und s_X^2 und daraus

$\bar{x} = \bar{X} + 145 = 1{,}2 + 145 = 146{,}2$ [$\bar{X}$ nach (**491**)]

$s_x^2 = s_X^2 = 1{,}26$ [s_X^2 nach (**493**)]

b) Gegeben seien

$x = 0{,}003\,25 \quad 0{,}001\,60 \quad 0{,}003\,20$	Wir bilden $X = 10^5 x$ und erhalten
$X = 325 \quad 160 \quad 320$	Mit diesen Werten berechnen wir $\bar{X}$ und s_X^2 und daraus

$\bar{x} = \bar{X}/10^5 = 268{,}\dot{3} \times 10^{-5} = 0{,}002\,683$ [$\bar{X}$ nach (**491**)]

$s_x^2 = s_X^2/10^{10} = 8808{,}\dot{3} \times 10^{-10} = 8{,}808\,\dot{3} \times 10^{-7}$ [s_X^2 nach (**492**)]

Eine Veränderliche x, deren Verteilung
den Mittelwert $= 0$
und die Varianz $= 1$
hat, nennt man *normiert* oder *standardisiert*. (**489**)

Hat eine Veränderliche x den Mittelwert $\mu \neq 0$ und die Varianz $\sigma^2 \neq 1$, so ist die Veränderliche

$$X = \frac{x-\mu}{\sigma} \qquad \text{(a)}$$

normiert.

Aus der normierten Veränderlichen X erhält man die ursprüngliche

$$x = \sigma X + \mu \qquad \text{(b)}$$

(**490**)

(**489**) und (**490**) werden in der Statistik häufig gebraucht.

10C. Schätzungen von μ und σ auf Grund ungruppierter Stichproben

Die *wirksamste*, *biasfreie* Schätzung des Mittelwertes μ auf Grund einer Stichprobe mit den Werten $x_1, x_2, \ldots, x_N$ ist

$$\bar{x} = \frac{x_1 + x_2 + \cdots + x_N}{N} = \frac{\Sigma x}{N} \qquad (\mathbf{491})$$

$\bar{x}$ wird gelesen «x quer».

Die *wirksamste*, *biasfreie* Schätzung der Varianz σ^2 ist

a) wenn μ bekannt

$$s^2 = \frac{\Sigma(x-\mu)^2}{N} = \frac{S_x'}{N} \ ;\ \text{für } S_x' \text{ vgl. } (\mathbf{493}\text{a und b}) \qquad \text{(a)}$$

b) wenn μ unbekannt

$$s^2 = \frac{\Sigma(x-\bar{x})^2}{N-1} = \frac{S_x}{N-1} \ ;\ \text{für } S_x \text{ vgl. } (\mathbf{493}) \qquad \text{(b)}$$

(**492**)

Die Berechnung von S_x (man merke sich dieses Symbol!) wird durch folgende Identitäten erleichtert:

$$\left.\begin{aligned} S_x &= \Sigma(x-\bar{x})^2 && \text{(a)} \\ &= \Sigma x^2 - N\bar{x}^2 && \text{(b)} \\ &= \Sigma x^2 - \bar{x}\Sigma x && \text{(c)} \\ &= \Sigma x^2 - (\Sigma x)^2/N && \text{(d)} \\ [&= s^2(N-1)] && \text{(e)} \end{aligned}\right\} \text{(a), (b): für } S'_x \text{ setze } \mu \text{ an Stelle von } \bar{x} \qquad \textbf{(493)}$$

Die wirksamste, *asymptotisch* biasfreie Schätzung von σ ist s. Der Bias von s kann in der Praxis in der Regel vernachlässigt werden. Korrekturfaktoren zur Beseitigung dieses Bias bei Stichproben aus normalverteilten Grundgesamtheiten finden sich auf S. 47. **(494)**

Die wirksamste, biasfreie Schätzung von $\sigma^2_{\bar{x}}$ ist $s^2_{\bar{x}} = s^2/N$, die wirksamste, asymptotisch biasfreie Schätzung von $\sigma_{\bar{x}}$ ist $s_{\bar{x}} = s/\sqrt{N}$. Vgl. dazu (**494**). **(495)**

Andere Schätzungen von σ werden wir später noch kennenlernen.

Beispiel 21 [zu (**491**) bis (**495**)]. Gegeben sei die Stichprobe des Beispiels 19 auf S. 159.

Es ist nach Formel (**491**) $\bar{x} = 7{,}5/7 = 1{,}0714$

(**493**) $S_x = 15{,}35 - 8{,}0357 = 7{,}3143$

(**492**) $s^2 = 7{,}3143/6 = 1{,}2190$

(**494**) $s = \sqrt{1{,}2190} = 1{,}1041$

(**495**) $s_{\bar{x}} = 1{,}1041/\sqrt{7} = 0{,}4173$

Die Resultate sind nachträglich auf weniger Stellen zu runden, um zu verhüten, daß die Schätzwerte eine nicht vorhandene Präzision suggerieren.

10D. Schätzung von μ und σ^2 auf Grund gruppierter Stichproben

Gegeben die Klassen $x_1, x_2, \ldots, x_n$ mit der für alle Klassen gleichen Klassenbreite $d = x_{i+1} - x_i$. Diese sind besetzt mit den Frequenzen $f_1, f_2, \ldots, f_n$ $(N = \Sigma f_i)$. Dann wählt man einen vorläufigen Mittelwert $\bar{x}'$, der auf eine Klasse fällt. Nun werden die Klassen numeriert. $\bar{x}'$ erhält die Nummer $z = 0$, absteigend erhalten die Klassen die Nummer $z = -1, -2, \ldots$, aufsteigend die Nummern $z = 1, 2, \ldots$

Klassen ... $(\bar{x}'-2)$ $(\bar{x}'-1)$ $\bar{x}'$ $(\bar{x}'+1)$ $(\bar{x}'+2)$ ...
z ... -2 -1 0 1 2 ...

Es ist dann

$$\bar{x} = \bar{x}' + d\frac{\Sigma fz}{N} \qquad \textbf{(496)}$$

$$s^2 = \frac{d^2}{N-1}\left(\Sigma(fz^2) - \frac{(\Sigma fz)^2}{N}\right) \qquad \textbf{(497)}$$

Sheppardsche Korrektur

Die SHEPPARDsche Korrektur beruht auf folgendem Umstand: Bei der Unterteilung der Einzelwerte in Klassen wird ein kleiner Fehler bezüglich der zufälligen Auswahl der Einzelwerte gemacht. Dadurch wird in die Schätzung der Varianz ein kleiner Fehler eingeschleppt, der durch Subtraktion von $k = 0{,}08\dot{3}$ $(= 1/12)$ von der in *Klasseneinheiten* berechneten Varianzschätzung behoben wird (SHEPPARDsche Korrektur). Diese Korrektur ist bei der Signifikanzuntersuchung von Unterschieden entbehrlich, sonst aber zu empfehlen.

SHEPPARDsche Korrektur: $s^2_{\text{korr.}} = s^2 - \dfrac{d^2}{12}$ **(498)**

Beispiel 22. Erythrozytendurchmesser. Klassenbreite $d = 0{,}4\ \mu$m.

Klasse	Frequenz f	Abweichung z	Frequenz mal Abweichung fz	Frequenz mal Abweichung im Quadrat $fz^2 = fz \cdot z$
5,6	5	−4	−20	80
6,0	78	−3	−234	702
6,4	144	−2	−288	576
6,8	479	−1	−479	479
$7{,}2 = \bar{x}'$	542	0	0	0
7,6	358	+1	+358	358
8,0	279	+2	+558	1114
8,4	99	+3	+297	891
8,8	15	+4	+60	240
9,2	1	+5	+5	25
	$\Sigma(f) = N = 2000$		$\Sigma(fz) = 257$	$\Sigma(fz^2) = 4467$

$\bar{x} = 7{,}2 + 0{,}4\dfrac{257}{2000} = 7{,}251\ \mu$m

$s^2 = 0{,}4^2\dfrac{4467 - 33{,}0}{1999} = 0{,}4^2 \times 2{,}218$

$s = 0{,}4\sqrt{2{,}218} = 0{,}596\ \mu$m ohne SHEPPARDsche Korrektur

$s^2 = 0{,}4^2(2{,}218 - 0{,}0833) = 0{,}4^2(2{,}135)$

$s = 0{,}4\sqrt{2{,}135} = 0{,}584\ \mu$m mit SHEPPARDscher Korrektur

10E. Quantile stetiger Verteilungen

Definition: In $p = F(x)$ nennt man x das *Quantil* (p), von uns symbolisiert mit $Q(p)$ oder x_p. Die Quantile sind somit die *Umkehrfunktion* von $F(x)$. Für Quantil wird auch das Synonym Fraktil gebraucht. Quantile sind sogenannte Lage- oder Positionsparameter. Zu $F(x)$ vgl. (**401**) und (**402**).

Die am meisten verwendeten Quantile führen besondere Namen: **(499)**

Name	Wahrscheinlichkeit p
Quartile	$0{,}25 \times n$ $(n = 1, 2, 3, 4)$
Median oder Zentralwert	0,5 (= 2. Quartil)
Dezile	$0{,}1 \times n$ $(n = 1, 2, \ldots, 10)$
Prozentile	$0{,}01 \times n$ $(n = 1, 2, \ldots, 100)$

Interpretation eines Quantils (p) einer stetigen Grundgesamtheit: $100\,p\,\%$ der Grundgesamtheit liegen unter, $100\,(1-p)\,\%$ über dem Quantil (p). **(500)**

Beispiel 23. Vgl. Abb. 8, S. 151, Quartile und Median einer Normalverteilung.

Schätzung

a) Ungruppierte Stichproben. Das Quantil $\boldsymbol{Q}(p)$ einer Grundgesamtheit wird geschätzt, indem man das entsprechende Quantil $Q(p)$ einer daraus stammenden Stichprobe berechnet. Dies geschieht folgendermaßen: Man ordnet die Stichprobenwerte x nach ihrer Größe [vgl. (**342**)] und numeriert sie fortlaufend, wobei der kleinste Wert die Nummer 1 erhält. Diese Nummern nennt man *Ordnungszahlen* oder *Ränge* der Stichprobenwerte x. Man erhält so die Rangfolge

$x_1 < x_2 < x_3 < \cdots < x_N$

Das Quantil $Q(p)$ entspricht dann dem Stichprobenwert mit der Ordnungszahl $O(p)$:

$$O(p) = Np + 0{,}5 \quad \left(\text{für } \frac{1}{N} \leq p \leq \frac{N-1}{N}\right) \qquad \textbf{(501a)}$$

Ist $O(p)$ eine ganze Zahl, so fällt das Quantil $Q(p)$ *auf* einen der Stichprobenwerte, ist $O(p)$ ein Bruch, so liegt das Quantil $Q(p)$ *zwischen* den Stichprobenwerten mit den zu $O(p)$ benachbarten Rängen. Man interpretiere dann: das Quantil $Q(p)$ liegt zwischen x_i und x_{i+1}. Zwischen x_i und x_{i+1} interpolieren zu wollen, hätte keinen großen Sinn.

Hat die Folge der geordneten Stichprobenwerte Bindungen [vgl. (**346**)], und fällt $O(p)$ auf oder zwischen die Ordnungszahlen von gebundenen Werten, so gebe man $Q(p)$ die Größe dieser gebundenen Werte, sofern die Anzahl der betreffenden Bindungen klein ist im Vergleich zum Stichprobenumfang. Bei Stichproben mit sehr vielen Bindungen (wenige Klassen mit großen Frequenzen) hat es keinen Sinn, Quantile nach (**501** a) zu bestimmen.

Beispiel 24. Gegeben ist die rangierte Stichprobe

x:	1,75	1,76	1,76	1,77	1,78	1,79	1,80	1,81	1,82	1,84	1,86
O:	1	2	3	4	5	6	7	8	9	10	11

x:	1,86	1,93	1,95	2,00	2,07	2,18	2,35	2,68	3,56	4,41
O:	12	13	14	15	16	17	18	19	20	21

Gesucht werden 1. Quartil, Median und Prozentil (0,7). Es ist

$O\,(0{,}25) = 0{,}25 \times 21 + 0{,}5 = 5{,}75$
[$Q\,(0{,}25)$ liegt zwischen 1,78 und 1,79]

$O\,(0{,}5) = 0{,}5 \times 21 + 0{,}5 = 11$
[$Q\,(0{,}5) = 1{,}86$ (beachte die Bindung)]

$O\,(0{,}7) = 0{,}7 \times 21 + 0{,}5 = 15{,}2$
[$Q\,(0{,}7)$ liegt zwischen 2,00 und 2,07]

b) Gruppierte Stichproben. Gegeben die rangierten Klassen $x_1, x_2 \ldots x_i \ldots x_n$, der Klassenabstand $d = x_{i+1} - x_i$, die Klassenfrequenzen $f_1, f_2 \ldots f_i \ldots f_n$. Stichprobenumfang $N = f_1 + f_2 + \cdots + f_n$. **(501b)**

Man bilde die kumulierten Häufigkeiten $f_1 = F(1), f_1 + f_2 = F(2), f_1 + f_2 + f_3 = F(3) \ldots = F(i)$. Nun vergleicht man Np mit den $F(i)$:

Ist $Np = F(i)$, dann ist $Q(p) = x_i + \frac{1}{2} d$. **(501 b)**

Liegt Np zwischen $F(i)$ und $F(i+1)$, dann liegt $Q(p)$ zwischen $x_i + \frac{1}{2} d$ und $x_{i+1} + \frac{1}{2} d$.

10 F. Verteilungsfreie Vertrauensgrenzen für Quantile stetiger Verteilungen

(vgl. Abschnitt 8 C, S. 156)

Abgesehen von ihrer Bedeutung als Umkehrfunktion von $F(x)$, sind die Quantile in der Praxis deshalb beliebt, weil einerseits ihre Schätzung $Q(p)$ mit einem minimalen Rechenaufwand* verbunden ist, und weil andererseits für den Parameter $\boldsymbol{Q}(p)$ exakte Vertrauensgrenzen konstruiert werden können, ohne im Besitze irgendwelcher Kenntnisse über die Gestalt der der Stichprobe zugrunde liegenden Verteilung zu sein. Die mathematische Definition und die Berechnung verteilungsfreier Vertrauensgrenzen für Quantile wird im Abschnitt 20 F c, S. 188, gegeben.

Die Ordnungszahlen $O(p)$ für verteilungsfreie Vertrauensgrenzen für Quantile mit verschiedenen $p \leqq 0{,}5$ und Stichproben im Umfang bis $N = 100$ lassen sich direkt aus der Tafel auf S. 104 ablesen. Für den Median und Stichprobenumfänge bis $N = 1000$ findet man die Ordnungszahlen $O(p)$ in den Tafeln auf S. 105 und 106.

Man geht so vor: In den erwähnten Tafeln suche man die dem Stichprobenumfang N und der Wahrscheinlichkeit $p \leqq 0{,}5$ entsprechenden Grenzen x_l und x_r. Ist $p > 0{,}5$, so subtrahiere man es von 1 und erhält $p' = 1 - p < 0{,}5$. Dazu suche man wie oben die Grenzen x_l und x_r, die mit x_l' und x_r' symbolisiert seien. Die Ordnungszahlen $O(p)$, die die Vertrauensgrenzen in der Stichprobe lokalisieren, sind

wenn $p \leqq 0{,}5$, dann $O(p)_l = x_l + 1$ und $O(p)_r = x_r$

wenn $p > 0{,}5$, dann $O(p)_l = N - x_r' + 1$ und $O(p)_r = N - x_l'$ **(502)**

Beispiel 25. Für die Stichprobe des Beispiels 24 sind die 95%-Vertrauensgrenzen

Quantil	Ordnungszahlen	95%-Vertrauensgrenzen
1. Quartil	$1 + 1 = 2$ und 10	$1{,}76 < \boldsymbol{Q}(p) < 1{,}84$
Median	$5 + 1 = 6$ und 16	$1{,}79 < \boldsymbol{Q}(p) < 2{,}07$
Prozentil (0,7)	$21 - 12 + 1 = 10$ und $21 - 1 = 20$	$1{,}84 < \boldsymbol{Q}(p) < 3{,}56$

10 G. Beziehungen zwischen Modus, Median und Mittelwert stetiger Verteilungen

Die Abszisse x des Maximalwertes der Verteilung $f(x)$ wird *Modus* genannt. **(503)**

Der Modus hat für die Praxis keine große Bedeutung. Zu $f(x)$ vgl. (**400**).

Bei eingipfligen *symmetrischen* Verteilungen *fallen Modus, Median und Mittelwert zusammen*, bei unsymmetrischen nicht (vgl. Abb. 31). Die Lagebeziehungen der drei Parameter untereinander lassen sich umschreiben

Median $\sim {}^2/_3$ Mittelwert $+ {}^1/_3$ Modus **(504)**

Wichtig für die Praxis ist vor allem die *Identität* von *Median* und *Mittelwert* bei *symmetrischen* Verteilungen: Die verteilungsfreien Vertrauensgrenzen für den Median sind bei symmetrischen Verteilungen auch solche für den Mittelwert. Daraus folgt:

Berechnet man aus einer Stichprobe die verteilungsfreien Vertrauensgrenzen für den Median sowie den Mittelwert $\bar{x}$, und berührt letzterer diese Grenzen oder liegt außerhalb, so entstammt die Stichprobe mit einer Signifikanzwahrscheinlichkeit $\leqq 2\,\alpha$ *nicht* einer symmetrischen Verteilung. **(505)**

Darauf beruht der Zeichentest, der einfach durchzuführen und von der Gestalt der Grundgesamtheit unabhängig ist.

10 H. Der Zeichentest (Sign-Test)

a) Prüfung einer Stichprobe auf Symmetrie. Man berechne $\bar{x}$ und rangiere die Stichprobenwerte inklusive $\bar{x}$. Dann zähle man die Anzahl $N(-)$ jener Stichprobenwerte ab, die kleiner sind als $\bar{x}$. Dann suche man in der Tafel auf S. 105 und 106 die dem Stichprobenumfang N und der Signifikanzwahrscheinlichkeit $2\,\alpha$ entsprechenden Schranken x_l und x_r. Berührt die Zahl $N(-)$ eine dieser Schranken, oder liegt sie außerhalb, dann gilt Interpretation (**505**).

Beispiel 26. Im Beispiel 24 im Abschnitt 10 E ist $\bar{x} = 2{,}130$, $N(-) = 16$. In der Tafel auf S. 105 sind bei $N = 21$ und $2\,\alpha = 0{,}05$ die Schranken $5 - 16$ zu finden. Die Stichprobe entstammt mit einer Signifikanzwahrscheinlichkeit von 0,05 *nicht* einer symmetrischen Verteilung.

b) Prüfung von Paardifferenzen (Differenzen gepaarter Beobachtungen). In solchen Fällen besteht die Nullhypothese darin, daß sich die Differenzen durchschnittlich von Null nicht unterscheiden, das heißt, daß gleich viele Differenzen kleiner und gleich viele größer als Null sind. Null ist somit der Median. Man zählt in solchen Situationen wie in a) die Anzahl $N(-)$, die kleiner als Null, das heißt negativ sind, in anderen Worten, man zählt die Anzahl $N(-)$ der *Minuszeichen* (daher der Name des Testes) und verfährt wie unter a).

Beispiel 27. Von 500 Paardifferenzen sind 210 negativ. Unterscheiden sich diese 500 Differenzen durchschnittlich von Null ($2\,\alpha = 0{,}05$)? Auf S. 105 findet man für $2\alpha = 0{,}05$ und $N = 500$ die Schranken 227–273, der Unterschied ist somit mit der geforderten Signifikanz gesichert.

Nachtrag zu a) und b). Fällt in a) $\bar{x}$ *auf* einen der Stichprobenwerte (oder bei Bindungen auf 2, 3, ... Stichprobenwerte), oder sind in b) 1, 2, ... der Paardifferenzen gleich Null, so verringere man den Stichprobenumfang, mit dem man in die Tafel eingeht, um 1, 2, ... Mächtiger, aber mit etwas mehr Rechenarbeit verbunden, ist der WILCOXON-Test für Paardifferenzen, mit dem man bei *kleinen* Stichproben eher eine Signifikanz erreicht als mit dem Zeichentest. Vgl. dazu das Beispiel 19 auf S. 159. Bei Stichproben über 50 besteht kein großer Unterschied mehr zwischen den beiden Testen (hinsichtlich Macht; die Rechenarbeit steigt mit wachsendem Stichprobenumfang beim WILCOXON-Test rasch an). Paardifferenzen lassen sich auch sequentialanalytisch untersuchen.

11. Die Normalverteilung

[vgl. Abschnitt 6; über «normal» vgl. (**455**)]

11 A. Definition und Charakteristiken

Die Normalverteilung ist eine *stetige* Verteilung. Ihre Wahrscheinlichkeitsdichte ist definiert

$$f(x) = \frac{1}{\sigma\sqrt{2\pi}}\, e^{-\frac{1}{2}\left(\frac{x-\mu}{\sigma}\right)^2} \qquad \textbf{(506)}$$

(π und e vgl. S. 132, μ = Mittelwert, σ = Standardabweichung)

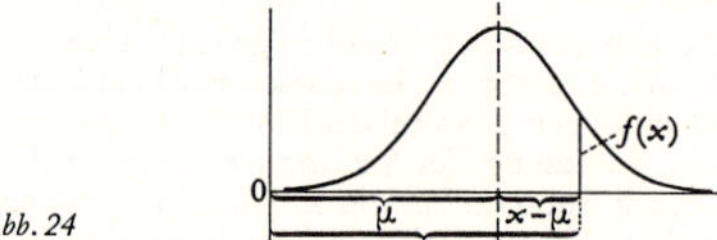

Abb. 24

Die Wahrscheinlichkeitsdichte $f(x)$ hat die Form einer *symmetrischen* Glockenkurve, die kumulierte Wahrscheinlichkeitsverteilung $F(x)$ die Form einer Sigmoidkurve (vgl. Abb. 8 und 9). Der Variationsbereich der Veränderlichen x erstreckt sich von $-\infty$ bis ∞, was der Normalverteilung manchmal zum «Vorwurf» gemacht wird, weil danach beispielsweise auch 3 m große und größere Menschen «möglich» sein sollten*. Das Wort «möglich» ist aber schlecht gewählt. Besser wäre der Ausdruck «fast unmöglich», weil die Wahrscheinlichkeit für extremere Abweichungen vom Mittelwert bei der Normalverteilung rasch abnimmt:

In Prob $(|x - \mu| \geqq k\sigma) \leqq 2\,\alpha$ ändert sich $2\,\alpha$ mit zunehmendem k folgendermaßen[9]: **(507)**

k	$2\,\alpha$	k	$2\,\alpha$
1	$3{,}173\,105 \times 10^{-1}$	6	$1{,}973\,175 \times 10^{-9}$
2	$4{,}550\,026 \times 10^{-2}$	7	$2{,}559\,625 \times 10^{-12}$
3	$2{,}699\,796 \times 10^{-3}$	8	$1{,}244\,192 \times 10^{-15}$
4	$6{,}334\,248 \times 10^{-5}$	9	$2{,}257\,177 \times 10^{-19}$
5	$5{,}733\,031 \times 10^{-7}$	10	$1{,}523\,971 \times 10^{-23}$

* Dieser Zeitgewinn wird bei großen Stichproben durch die Zeit aufgewogen, die man mit dem Rangieren der Stichprobe verliert.

* Grenzen nach Wahrscheinlichkeit, so absurd sie manchen erscheinen mögen, sind logischer als absolute. Wo sollte man zum Beispiel die absolute Grenze für Körperlängen ziehen? Bei 2 m 51, 2 m 78, 3 m 19 oder bei ...?

Zu (**507**) vgl. man (**486**): Nach der TSCHEBYSCHEFFschen Ungleichung ist die Wahrscheinlichkeit, daß bei einer *beliebigen* Verteilung die Veränderliche x zum Beispiel die Grenze $\mu \pm 3\,\sigma$ erreicht, gleich $^1/_9$, bei der normalverteilten Veränderlichen nach (**507**) aber nur $\sim {}^3/_{1000}$! Andererseits stimmen diese viel engeren Grenzen *nur* dann, wenn die Grundgesamtheit *wirklich* normal verteilt ist. Man merke sich deshalb auch die umgekehrte Folgerung: Sollte eine Verteilung, für die die 3-σ-Grenzen als genügend angesehen werden, *nicht* normal sein, so ist die Wahrscheinlichkeit, daß die Veränderliche x diese Grenzen erreicht, *nicht* $^3/_{1000}$, sondern vielleicht nur $^1/_9$: eine sprechende Illustration zu (**478**)!

Wie bei allen symmetrischen Verteilungen fallen bei der Normalverteilung Modus, Median und Mittelwert zusammen, ihre Ordinate ist die Symmetrieachse der Wahrscheinlichkeitsdichte [vgl. Abb. 24 und (**504**)]. Als wichtige Folgerung für die Praxis ergibt sich daraus:

Eine Stichprobe, die die Prüfung auf Symmetrie nicht besteht, entstammt mit einer Signifikanzwahrscheinlichkeit $\leqq 2\,\alpha$ *nicht* einer normalverteilten Grundgesamtheit. (**508**)

Besteht eine *nicht zu kleine* Stichprobe die Symmetrieprüfung [vgl. dazu (**474**)], so könnte die zugrundeliegende Grundgesamtheit trotzdem nicht normal sein*. Bei Signifikanztesten (vgl. S. 159, «Voraussetzungen, die erfüllt sein müssen») darf man aber in einem solchen Fall die Voraussetzung der Normalität als *fast* erfüllt betrachten. (**509**)

Der Zeichentest, mit dem wir auf Symmetrie prüfen, ist bei *kleinen* Stichproben ziemlich unempfindlich, das heißt, er wird bei kleinen Stichproben viel seltener eine bei der Grundgesamtheit tatsächlich bestehende Unsymmetrie entdecken als bei größeren Stichproben. Deshalb gilt (**509**) nur für *nicht zu kleine* Stichproben. Bei kleinen Stichproben verwende man deswegen Signifikanzteste – sofern solche zur Verfügung stehen –, bei denen hinsichtlich Symmetrie und Normalität keine Voraussetzungen zu erfüllen sind.

Wie (**506**) zeigt, ist die Normalverteilung durch die zwei Parameter μ und σ *vollständig* charakterisiert. Der Mittelwert bestimmt die *Lage* der Verteilung in bezug auf die x-Achse, die Standardabweichung die *Form* der Kurve: je größer σ ist, um so flacher ist der Kurvenverlauf (vgl. Abb. 25).

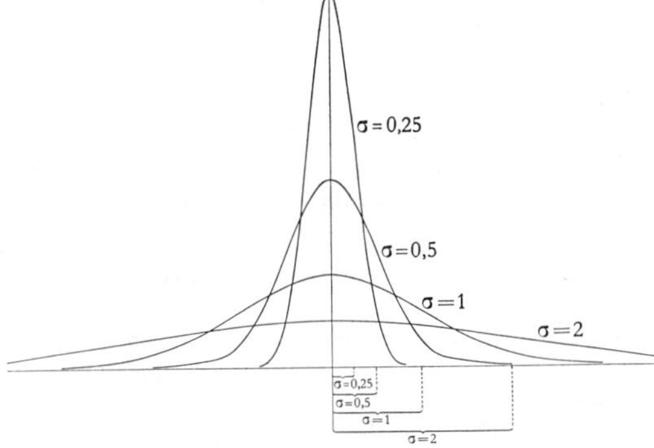

Abb. 25. Normalverteilungen mit verschiedenen Standardabweichungen.

Da μ und σ beliebige Werte annehmen können, sind unendlich viele normalverteilte Grundgesamtheiten möglich. Normiert man diese nach (**490**a), so werden sie *alle in eine*, die standardisierte Normalverteilung übergeführt.

11B. Die standardisierte Normalverteilung

Setzt man nach (**490**a) $c = (x - \mu)/\sigma$, so geht (**506**) über in die *standardisierte Normalverteilung* mit *Mittelwert Null* und *Standardabweichung Eins:*

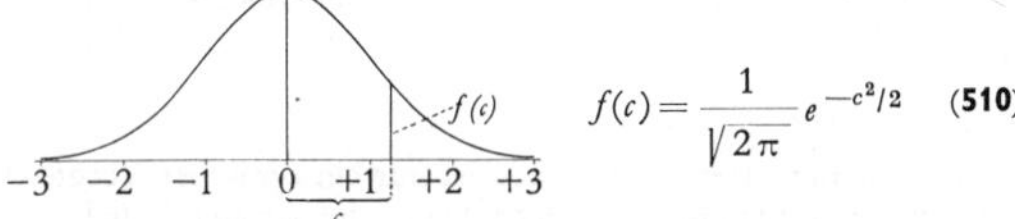

$$f(c) = \frac{1}{\sqrt{2\pi}}\, e^{-c^2/2} \qquad (\mathbf{510})$$

Abb. 26. Standardisierte Normalverteilung.

Aus der Symmetrie der Verteilung ergeben sich als Folgerungen bezüglich der

Wahrscheinlichkeitsdichte

$$f(0) = \max f(c) = 0{,}398\,942 \qquad (\mathbf{511})$$

$$f(-c) = f(c) \qquad (\mathbf{512})$$

Wahrscheinlichkeiten

$$F(0) = \operatorname{Prob}(c < 0) = \operatorname{Prob}(c > 0) = \tfrac{1}{2} \qquad (\mathbf{513})$$

$$\left.\begin{aligned} \operatorname{Prob}(c < -k) &= \operatorname{Prob}(c > k) && \text{(a)} \\ &= F(-k) = 1 - F(k) && \text{(b)} \end{aligned}\right\} \qquad (\mathbf{514})$$

$$\operatorname{Prob}(-k \leqq c \leqq 0) = \operatorname{Prob}(0 \leqq c \leqq k) \qquad (\mathbf{515})$$

Quantile $\mathcal{Q}(\tfrac{1}{2}) = 0$ (**516**)

$$\mathcal{Q}(p) = -\mathcal{Q}(1 - p) \qquad (\mathbf{517})$$

11C. Tafeln zur standardisierten Normalverteilung (S. 28–31)

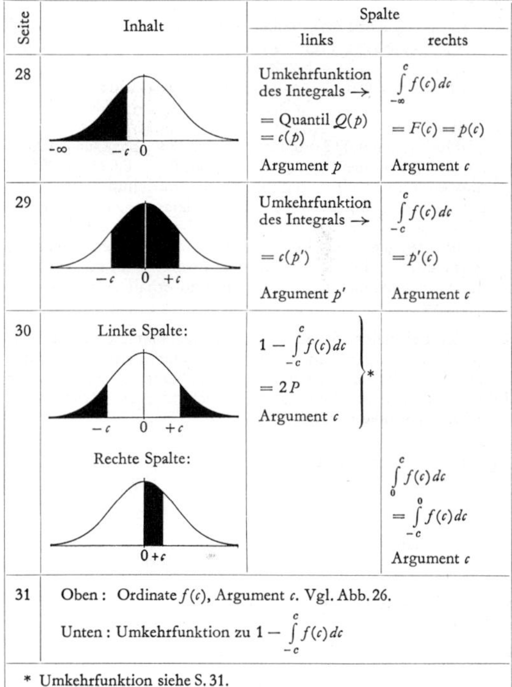

Seite	Inhalt	Spalte links	Spalte rechts
28	$-\infty$ $\;-c$ $\;0$	Umkehrfunktion des Integrals → = Quantil $\mathcal{Q}(p)$ = $c(p)$ Argument p	$\int_{-\infty}^{c} f(c)\,dc = F(c) = p(c)$ Argument c
29	$-c$ $\;0$ $\;+c$	Umkehrfunktion des Integrals → = $c(p')$ Argument p'	$\int_{-c}^{c} f(c)\,dc = p'(c)$ Argument c
30	Linke Spalte: $-c$ $\;0$ $\;+c$ Rechte Spalte: 0 $+c$	$1 - \int_{-c}^{c} f(c)\,dc = 2P$ Argument c *	$\int_{0}^{c} f(c)\,dc = \int_{-c}^{0} f(c)\,dc$ Argument c
31	Oben: Ordinate $f(c)$, Argument c. Vgl. Abb. 26. Unten: Umkehrfunktion zu $1 - \int_{-c}^{c} f(c)\,dc$		

* Umkehrfunktion siehe S. 31.

11D. Transformation einer Normalverteilung in die standardisierte Form und umgekehrt

(teilweise Wiederholung)

Den Satz «Normalverteilung mit Mittelwert μ und Standardabweichung σ» symbolisieren wir mit «Normalverteilung (μ; σ)». (**518**)

Die Normalverteilung (μ; σ) der Veränderlichen x wird in die standardisierte Normalverteilung (0; 1) der Veränderlichen c transformiert und umgekehrt, indem man in (**490**) c an Stelle von X einsetzt. (**519**)

Bei dieser Transformation werden die Wahrscheinlichkeiten der transformierten Werte *nicht* verändert. Es ist

$$\operatorname{Prob}(x < x_k) = \operatorname{Prob}(c < c_k) \qquad (\mathbf{520})$$

Beispiel 28. Gegeben die Normalverteilung (174; 7). Wie groß sind die Wahrscheinlichkeiten $x < 160$, $x > 181$ und $162 \leqq x \leqq 179$? Es ist

$$\frac{160 - 174}{7} = -2, \quad \frac{181 - 174}{7} = 1, \quad \frac{162 - 174}{7} \sim -1{,}71,$$

$$\frac{179 - 174}{7} \sim 0{,}71$$

und daraus

$\operatorname{Prob}(c < -2) = F(-2) = 0{,}022\,75$ (aus Tafel S. 28, rechte Spalte)

* Es gibt auch symmetrische Verteilungen, die nicht normal sind.

Prob ($c > 1$) = Prob ($c < -1$) [vgl. (**514**a)] = 0,158 66 (aus Tafel S. 28, rechte Spalte)

Prob ($-1{,}71 \leq c \leq 0{,}71$): Prob ($-1{,}71 \leq c \leq 0$) ist nach (**515**) = Prob ($0 \leq c \leq 1{,}71$), folglich die Gesamtwahrscheinlichkeit = Prob ($0 \leq c \leq 1{,}71$) + Prob ($0 \leq c \leq 0{,}71$) = 0,456 37 + 0,261 15 = 0,717 52 (aus Tafel S. 30, rechte Spalte)

Beispiel 29. Gegeben die Normalverteilung des Beispiels 28. Gesucht:

a) die einseitige Vertrauensgrenze x_l für $1 - \alpha_l = 0{,}95$
b) die einseitige Vertrauensgrenze x_r für $1 - \alpha_r = 0{,}99$
c) die zweiseitigen Vertrauensgrenzen x_l und x_r für $1 - 2\alpha = 0{,}95$

Lösung:

Alle Vertrauensgrenzen oder Signifikanzschranken sind Quantile (α):

a) c_l ist das Quantil (α_l), wobei $\alpha_l = 1 - 0{,}95 = 0{,}05$. Aus Tafel S. 28, linke Spalte, ergibt sich $c_l = -1{,}6449$ und daraus $x_l = -1{,}6449 \times 7 + 174 = 162{,}4857$.
b) c_r ist das Quantil ($1 - \alpha_r$) = $Q(0{,}99)$. Aus Tafel S. 28, linke Spalte, ergibt sich $c_r = 2{,}3263$ und daraus $x_r = 2{,}3263 \times 7 + 174 = 190{,}2841$.
c) α ist hier $(1 - 0{,}95)/2 = 0{,}025$. Da nach (**517**) das Quantil 0,025, absolut genommen, gleich dem Quantil $1 - 0{,}025 = 0{,}975$ ist, müssen wir in Tafel S. 28, linke Spalte, nur einmal das Quantil 0,025 suchen. Es ist $c = -1{,}960$ und daraus $x_l = -1{,}960 \times 7 + 174 = 160{,}28$ und $x_r = 1{,}960 \times 7 + 174 = 187{,}72$. Noch leichter findet man die zweiseitigen Grenzen bzw. die entsprechende Abweichung c in Tafel S. 29, linke Spalte. Dort geht man mit der Wahrscheinlichkeit $1 - 2\alpha$ ein und erhält unmittelbar das gesuchte c.

Zu den Beispielen 28 und 29: In der Praxis rechnet man nur mit so viel Stellen, als benötigt werden. Es ist aber besser, wenn mathematisch Ungeübte die Rechnung mit größerer Stellenzahl durchführen und erst am Schlusse der Rechnung das Resultat entsprechend auf- oder abrunden.

11 E. Die Probittransformation

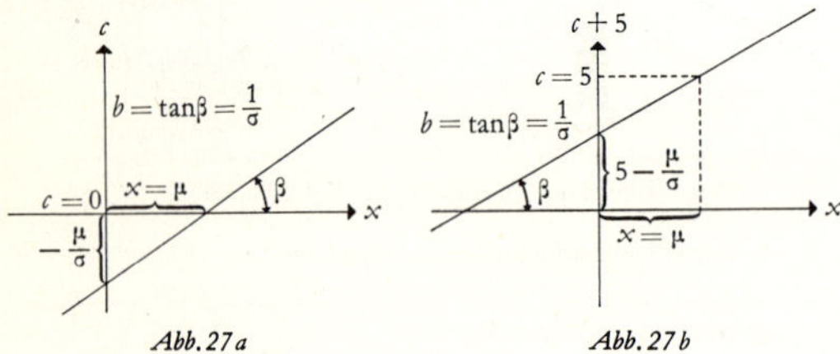

Abb. 27a *Abb. 27b*

Wenn man die standardisierte Veränderliche $(x - \mu)/\sigma$ nach (**34**) in 2 Brüche $-\mu/\sigma$ und x/σ zerlegt und $-\mu/\sigma = a$ und $1/\sigma = b$ setzt, so wird

$$c = a + bx, \text{ wobei } a = -b\mu \text{ und } b = 1/\sigma \qquad (\mathbf{521})$$

Nach (**299**) ist (**521**) eine *Gerade* (vgl. Abb. 27a).

Die Gerade (**521**) geht, wenn μ und σ gegeben sind, durch den Punkt (μ; 0). Zu ihrer Konstruktion braucht man in diesem Falle nur noch *einen* weiteren Punkt nach (**521**) zu berechnen. (**522**)

Verschiebt man diese Gerade in Ordinatenrichtung um 5 Einheiten (vgl. Abb. 27b), so ist

$$c + 5 = \text{Probit}^{52} = a + bx = 5 + b(x - \mu), \text{ wobei } a = 5 - b\mu \text{ und } b = 1/\sigma \qquad (\mathbf{523})$$

Die Gerade (**523**) geht, wenn μ und σ gegeben sind, durch den Punkt (μ; 5). Zu ihrer Konstruktion braucht man in diesem Falle nur noch *einen* weiteren Punkt nach (**523**) zu berechnen. (**524**)

Da Abweichungen von mehr als 5σ selten sind, verhilft die Verschiebung von (**521**) nach (**523**) dazu, daß in der Praxis der größte Teil aller Probitrechnungen im rechten oberen Quadranten durchgeführt werden kann (das heißt $c + 5 > 0$).

Wenn man nun auf der Ordinatenachse neben die lineare c- bzw. $(c+5)$-Skala die entsprechenden $F(c)$-Werte einzeichnet, die nach (**520**) gleich groß sind wie die $F(x)$-Werte, so sieht man sofort, daß auf diese Weise die Sigmoidkurve $F(x)$ in eine Gerade transformiert werden kann. Für Probitrechnungen an Stichproben gilt deshalb:

Sind die Ordinaten- und die Abszissenskala linear eingeteilt (vgl. äußerste Skala links in Abb. 28) und werden in Ordinatenrichtung an Stelle von $F(x_p)$ die Quantile c_p oder die Probits $c_p + 5$ in Abszissenrichtung x_p abgetragen, so werden die Punkte $[x_p; c_p]$ oder $[x_p; \text{Probit}]$ mit zunehmendem Stichprobenumfang stochastisch gegen eine Gerade (**521**) oder (**523**) konvergieren, sofern die zufällige Veränderliche x normal verteilt ist. (**525**)

Teilt man die Abszissenachse linear, die Ordinatenachse in Perzentile c ($0{,}01 \times n$) oder Probits ($0{,}01 \times n$) ein, wobei $n = 1, 2, \ldots, 100$, und schreibt die den letzteren entsprechenden Wahrscheinlichkeiten $F(c)$ oder Prozentsätze $100\ F(c)\%$ als Ordinatenskala an (vgl. Abb. 28, zweitäußerste Skala links), trägt in Ordinatenrichtung $F(x_p)$ oder $100\,F(x_p)\%$, in Abszissenrichtung x_p ab, so werden die Punkte $[x_p; F(x_p)]$ oder $[x_p; 100\,F(x_p)\%]$ mit zunehmendem Stichprobenumfang stochastisch gegen eine Gerade konvergieren, sofern die zufällige Veränderliche x normal verteilt ist. (**526**)

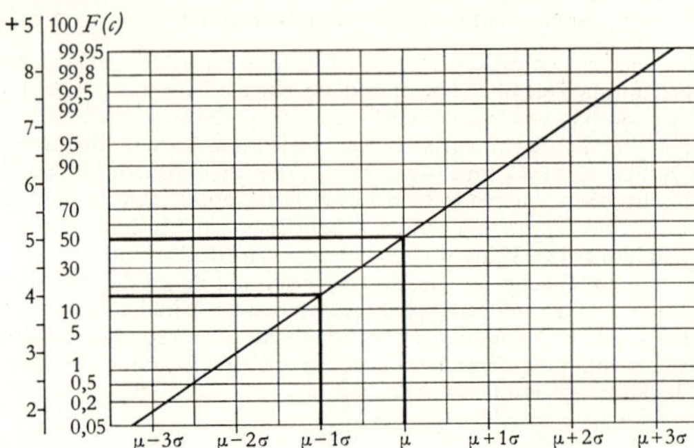

Abb. 28. Probitskala (= $c + 5$) und Skala der Wahrscheinlichkeitspapiere.

Nach (**526**) arbeitet man mit den Wahrscheinlichkeitspapieren, nach (**525**) bei der Probittransformation. Im folgenden beschränken wir uns auf letztere, von der in weiteren Abschnitten noch Beispiele gegeben werden. Tafeln zur Probittransformation finden sich auf S. 54 und 55. Anleitungen zur *maximum likelihood*-Schätzung der Probitgeraden in jenen Fällen, wo diese mit der Regressionsmethode geschätzt werden muß, das heißt, wenn μ und σ nicht nach (**491**) und (**492**) geschätzt werden können, siehe die Literatur[10].

11 F. Anpassung von Normalkurven an Stichproben

Um eine Prüfung auf Nichtnormalität, sei es auf optisch-graphischem Weg oder exakt, durchführen zu können oder auch zu Illustrationszwecken, braucht man Normalkurven, die an die Stichprobe *angepaßt* (fitted) sind. Die erwähnten exakten Teste auf Nichtnormalität sind mächtiger als zum Beispiel der ebenfalls exakte Symmetrietest, weil sie die *gesamten* der Stichprobe zu extrahierenden Informationen ausnutzen, indem der *ganze* empirische Kurvenverlauf der Stichprobe mit dem angepaßten verglichen wird. Man nennt deshalb solche Teste *Anpassungsteste*. Will man die Prüfung exakt durchführen, was in unserem Fall auf einen χ^2-Test hinausläuft, so bestehen zwei Bedingungen: Die Stichprobe muß gruppiert sein, und die Parameter μ und σ müssen durch $\bar{x}$ und s nach (**491**) und (**492**) geschätzt werden [vgl. dazu die Erläuterungen zu den eben erwähnten Gleichungen und (**430**)]. *In den bei der Anpassung benötigten Gleichungen werden $\bar{x}$ und s an Stelle von μ und σ eingesetzt.*

a) Ungruppierte Stichproben

Bei ungruppierten Stichproben ist nur ein optischer Vergleich zwischen empirischen und angepaßten Probitwerten möglich. Aus (**499**) und (**501**a) ergibt sich

$$p_i = F(x_i) = \frac{O_i - 0{,}5}{N} \qquad (\mathbf{527})$$

(O_i = Rang des Stichprobeneinzelwertes x_i, Abschnitt 10E, S. 161)

Mit (**527**) lassen sich unter weiterer Verwendung von (**523**) bis (**525**) die empirischen und angepaßten Probitwerte errechnen.

Beispiel 30. Gegeben die Stichprobe des Beispiels 24 des Abschnittes 10 E, S. 161. Der Mittelwert $\bar{x}$ ist 2,130, die Standardabweichung s ist 0,671 3. Zunächst errechnen wir die $F(x_i)$-Werte nach (**527**). Es ist $F(x_1) = 0{,}5/21$, $F(x_2) = 1{,}5/21$ usw. [Man rechne nach (**31**): $0{,}5/21 + 1/21 + \cdots$.] Diese Werte werden mit 100 multipliziert und für die so erhaltenen Prozente in der Tafel S. 54 und 55 die Probits gesucht. Man erhält für $x_1, x_2, \ldots$ die empirischen Probits 3,0; 3,5; 3,8; 4,0 usw. Diese Werte trägt man nach (**525**) in Millimeterpapier ein und erhält die in Abbildung 29 gezeigte Punkteschar.

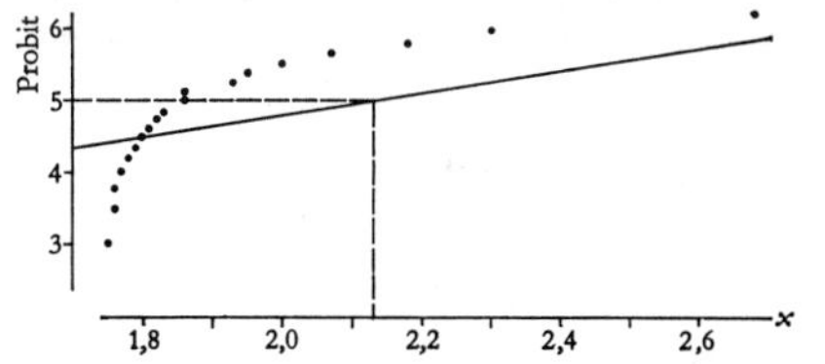

Abb. 29. Empirische Probitwerte und angepaßte Probitgerade der ungruppierten Stichprobe des Beispiels 24 im Abschnitt 10 E, S. 161.

Man sieht sofort, daß die Punkteschar systematisch von einer Geraden abweicht. Die Stichprobe stammt kaum aus einer normalverteilten Grundgesamtheit (was wir auf Grund des Symmetrietestes schon wußten, vgl. Abschnitt 10 H, S. 162). Wenn die Stichprobe aus einer normalen Grundgesamtheit käme, müßten die Punkte stochastisch um die angepaßte Probitgerade schwanken, die nach (**523**) und (**524**) aus $\bar{x}$ und s an Stelle von μ und σ errechnet wurde.

b) Gruppierte Stichproben

Es ist

$$f(x_i) = \frac{Nd}{\sigma} f(c_i), \quad c_i = \frac{x_i - \mu}{\sigma} \qquad (\mathbf{528})$$

$$F(x_i + \tfrac{1}{2} d) = \Big(\sum_1^i f_i\Big)/N \qquad (\mathbf{529})$$

(i = Ordnungszahl der rangierten Klassen x, $d = x_{i+1} - x_i$ = Klassenbreite, f_i = Besetzung der Klasse i)

Wenn man beide, angepaßte Wahrscheinlichkeitsdichte *und* kumulierte Verteilung, berechnen will, dann verwende man $x_i + \tfrac{1}{2} d$ auch in (**528**) und trage dann die berechnete Ordinate bei $x_i + \tfrac{1}{2} d$ ab, das heißt an der *oberen* Grenze der Klasse i. (**528**) gibt die Ordinaten für die *Mitte* der Klassen.

Beispiel 31. Gegeben die Stichprobe des Beispiels 22 des Abschnittes 10 D, S. 161, mit $\bar{x} = 7{,}251$, $s = 0{,}584$.

Berechnung der angepaßten Wahrscheinlichkeitsdichte

Der Gang der Rechnung ist folgender: Man bildet die Differenzen $x_i + \tfrac{1}{2} d - \bar{x}$, multipliziert diese mit $1/s$ und erhält die angepaßten c_i-Werte [auch diese Rechnung läßt sich nach (**31**) als einfache Addition durchführen]. Für diese Abweichungen c suchen wir in der Tafel S. 31, oben, die entsprechenden Ordinaten $f(c)$ [man vergleiche dazu (**512**)], multiplizieren diese mit Nd/s und erhalten damit die gesuchten Ordinaten $f(x_i + \tfrac{1}{2} d)$. (Vgl. Abb. 30, links.)

Tabelle 1

$x + \tfrac{1}{2}d$	$x + \tfrac{1}{2}d - \bar{x}$	$(x + \tfrac{1}{2}d - \bar{x})/s = c$	$f(c)$	$f(c) \times Nd/s = f(x + \tfrac{1}{2}d)$
5,4	− 1,851	− 3,17	0,002 62	3,6
5,8	− 1,451	− 2,48	0,018 42	25,2
6,2	− 1,051	− 1,80	0,078 95	108,2
6,6	− 0,651	− 1,11	0,215 46	295,2
7,0	− 0,251	− 0,429	0,363 87	498,5
7,4	0,149	0,255	0,386 18	529,0
7,8	0,549	0,939	0,256 71	351,7
8,2	0,949	1,62	0,107 41	147,1
8,6	1,349	2,31	0,027 68	37,9
9,0	1,749	2,99	0,004 57	6,3
9,4	2,149	3,68	0,000 46	0,6

Berechnung der empirischen Probits

Wir berechnen nach (**529**) $F(x_i + \tfrac{1}{2} d)$, multiplizieren mit 100 und suchen zu diesen Prozenten in der Tafel S. 54 und 55 die entsprechenden Probits. Diese tragen wir bei $x_i + \tfrac{1}{2} d$ als Ordinaten ab und erhalten die Punkte der Abbildung 30, rechts.

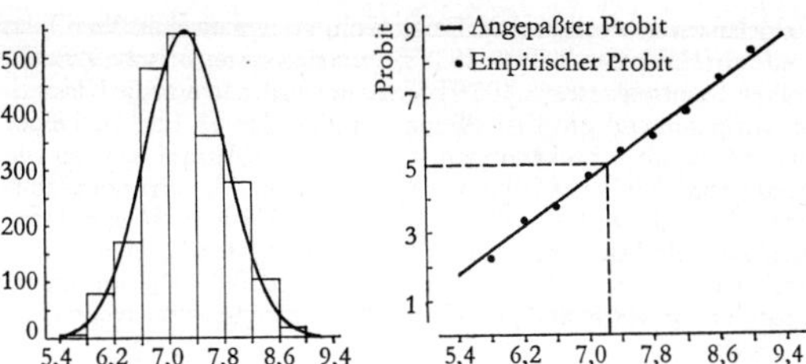

Abb. 30. Angepaßte Wahrscheinlichkeitsdichte, empirische Probits und angepaßte Probitgerade für die Stichprobe 22 in Abschnitt 10 D, S. 161.

Berechnung der angepaßten Probitgeraden

Die *Konstruktion* der Probitgeraden erfolgt nach (**524**). Sie geht einmal durch den Punkt (7,25; 5). Als Abszisse des zweiten benötigten Punktes wählen wir beispielsweise $x = 5{,}4$. Nach (**523**) ist der entsprechende Probit $= 5 + 1{,}712\,(5{,}4 - 7{,}25) = 1{,}8$. Wir ziehen die Gerade durch diese zwei Punkte und sehen, daß die empirischen Probits sich eng an sie anschmiegen. Der optische Eindruck von Abbildung 30, rechts, wird uns kaum veranlassen, die Grundgesamtheit, aus der die Stichprobe erhoben wurde, als nicht normal verteilt anzusehen.

Wie sehr man sich dabei täuschen kann, werden wir gleich sehen.

Nachtrag. Wenn die Wahrscheinlichkeitsdichte wie oben schon berechnet wurde, erhält man die zwei Konstruktionspunkte der angepaßten Probitgeraden, indem man aus Tabelle 1 auseinanderliegende Werte der Kolonne c nimmt und dazu 5 addiert.

Exakte Prüfung auf Nichtnormalität mit dem χ^2-Test

Diese Prüfung erfolgt in unserem Falle an Hand der c-Transformation, ohne Probits. Gang der Rechnung:

1. Berechnung der angepaßten c-Werte für $x_i + \tfrac{1}{2} d$ nach (**521**), siehe Kolonne c in Tabelle 1. Dies sind die angepaßten c-Werte.
2. Zu den angepaßten c-Werten suchen wir in Tafel S. 28, rechts, die entsprechenden $F(c)$-Werte. Dies sind die angepaßten $F(c)$-Werte.
3. Multiplikation der angepaßten $F(c)$-Werte mit dem Stichprobenumfang N. Damit erhält man die angepaßte Verteilung der kumulierten absoluten Häufigkeiten $H(x_i + \tfrac{1}{2} d)$.
4. Bildung der Differenzen $H(x_{i+1} + \tfrac{1}{2} d) - H(x_i + \tfrac{1}{2} d)$. Damit erhält man die angepaßten absoluten Klassenfrequenzen f_i'.
5. Errechnung von $(f_i - f_i')^2/f_i' = \chi_i^2$.
6. Die Summe aller χ_i^2 ist die von uns gesuchte Prüfgröße χ^2 mit Freiheitsgrad $\nu = n - 2 - 1$, n = Anzahl der Klassen.

Tabelle 2

$x + \tfrac{1}{2}d$	$F(c)$	$F(c) \times N = H(x + \tfrac{1}{2}d)$	$H(x_{i+1} + \tfrac{1}{2}d)$ minus $H(x_i + \tfrac{1}{2}d) = f_i'$	f_i (vgl. **501** b)	$(f_i - f_i')^2/f_i' = \chi_i^2$
5,4	0,000 76	1,5	1,5* } = 11,6 } 13,1	5	5,01
5,8	0,006 57	13,1	58,8	78	6,27
6,2	0,035 93	71,9	195,1	144	13,38
6,6	0,133 50	267,0	400,2	479	15,52
7,0	0,333 60	667,2	537,9	542	0,03
7,4	0,602 57	1205,1	447,7	358	17,97
7,8	0,826 39	1652,8	242,0	279	5,66
8,2	0,947 38	1894,8	84,3	99	2,56
8,6	0,989 56	1979,1	18,1	15	0,53
9,0	0,998 61	1997,2	2,8	1	1,16
9,4	—*	—*	2000,0	2000	$\chi^2 = 68{,}09$ $\nu = 10-2-1 = 7$

Die Signifikanzwahrscheinlichkeit 2α des erhaltenen χ^2 (vgl. Tafel S. 36) ist bedeutend kleiner als 0,000 5. Die Grundgesamtheit, aus der die Stichprobe stammt, ist somit bestimmt nicht normal verteilt, ganz entgegen unserem optischen Urteil auf Grund der empirischen Probits (vgl. oben).

Nachtrag. Bei obiger Berechnung sollte die Reihenfolge der Vorzeichen der Differenzen $f_i - f_i'$ inspiziert werden. + und − sollten

* Die große Abweichung 3,68 für den Wert $x = 9{,}4$ ist in unseren Tafeln nicht mehr enthalten. Dies macht nichts aus, weil wir, wie Kolonne 4 obiger Tabelle 2 zeigt, bei den äußersten Klassen die Differenzen folgendermaßen bilden: H (unterste Klasse) − 0 und $N - H$ (oberste Klasse).

stochastisch abwechseln: Zeigt sich ein systematischer Trend, so sollte ein HALDANE-Test (S.193), zeigen sich systematische Zyklen, sollten Iterationsteste (S.195 ff) gemacht werden, wenn die Klassenanzahl genügend groß ist. Wenn nämlich der χ^2-Test zu keiner Signifikanz führt, so kann man – bei größerer Anzahl Klassen wie oben – mit ziemlicher Bestimmtheit annehmen, die Grundgesamtheit sei normal verteilt, *sofern die Plus-* und *Minus-Iterationen stochastisch sind.* Sind sie es nicht, dann beruht der ganze χ^2-Test auf einer unsicheren Basis. (Er hat als Voraussetzung, daß die Klassen untereinander *unabhängig* sind. Systematische Vorzeichenzyklen sprechen dagegen.)

11 G. Standardabweichungen der Quantile von Stichproben aus normalverteilten Grundgesamtheiten

Nachstehende Formeln sind nur *asymptotisch* exakt und sollten darum nur bei *großen* Stichproben verwendet werden (je extremer die Lage des Quantils ist, um so größer sollte die Stichprobe sein). In der Praxis kann man deshalb diese Formeln nur selten verwenden. Sollen für kleine und mittlere Stichproben die Vertrauensgrenzen für Quantile bestimmt werden, so verfahre man nach den Anweisungen von Abschnitt 10 F, S. 162 (verteilungsfreie Vertrauensgrenzen), und berechne sie *nicht* an Hand der in untenstehenden Formeln definierten Standardabweichungen.

Es gilt asymptotisch

$$\text{Standardabweichung von } x_p = \sigma_{x_p} = \frac{1}{f(x_p)}\sqrt{\frac{p(1-p)}{N}} \tag{530}$$

Aus (**530**) und (**506**) ergibt sich

$$\text{Standardabweichung des Medians } x_{0,5} = \sigma_{x_{0,5}} = \sigma\sqrt{\frac{\pi}{2N}} = 1{,}2533\,\sigma\sqrt{\frac{1}{N}} \tag{531}$$

Der Median ist bei der Normalverteilung identisch mit dem Mittelwert μ. Der Median einer Stichprobe ist somit auch eine Schätzung von μ. Die relative asymptotische Effizienz dieser Schätzung ist nach (**433**), (**484**) und (**531**)

$$\frac{\sigma/\sqrt{N}}{\sigma\sqrt{\pi/2N}} = \sqrt{\frac{2}{\pi}} \sim 0{,}8$$

das heißt ungefähr 80% der Schätzung von μ mittels $\bar{x}$ nach (**491**).

11 H. Die logarithmische Normalverteilung

Ihre Wahrscheinlichkeitsdichte ist definiert

$$f(x) = \frac{0{,}4343}{x \times \sigma_{\log x}} \times f(c)$$

$$c = \frac{\log x - \mu_{\log x}}{\sigma_{\log x}}\;;\; (0 < x < \infty) \tag{532}$$

Als Schätzung von $\mu_{\log x}$ und $\sigma_{\log x}$ berechnet man nach (**491**) und (**492**) $\bar{x}_{\log x}$ und $s_{\log x}$, indem man $\log x$ an Stelle von x und $(\log x)^2$ an Stelle von x^2 einsetzt.

Die logarithmische Normalverteilung ist unsymmetrisch (linksschräg). (Vgl. Abb. 31a.)

Es sind

$$\text{Modus} = \text{antilog}\,(\mu_{\log x} - 2{,}3026\,\sigma^2_{\log x}) \tag{533}$$

$$\text{Median} = \text{antilog}\,\mu_{\log x} \tag{534}$$

$$\text{Mittelwert} = \text{antilog}\,(\mu_{\log x} + 1{,}1513\,\sigma^2_{\log x}) \tag{535}$$

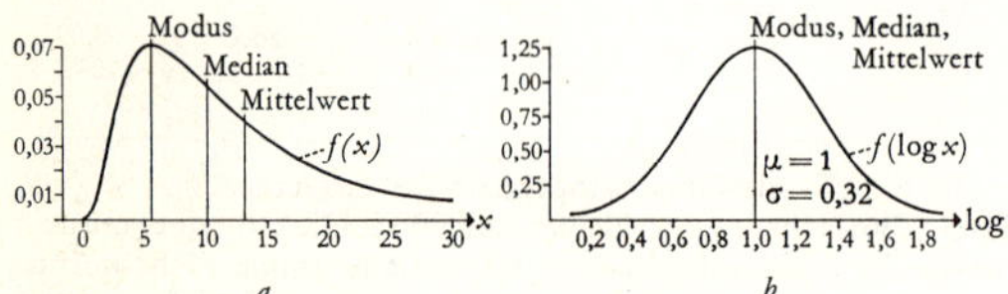

Abb. 31. a Logarithmische Normalverteilung. *b* Transformierte Form von *a*.

Trägt man x auf einem logarithmisch eingeteilten Abszissenmaßstab ab oder – was auf das gleiche herauskommt – $\log x$ an Stelle von x auf einem linearen Abszissenmaßstab, so wird die unsymmetrische Verteilung (**532**) in die symmetrische Normalverteilung transformiert

$$f(\log x) = \frac{1}{\sigma_{\log x}} \times f(c)$$

$$c = \frac{\log x - \mu_{\log x}}{\sigma_{\log x}}\;;\; (0 < x < \infty) \tag{536}$$

[für $\mu_{\log x}$ und $\sigma_{\log x}$ siehe (**532**)]

Aus (**532**) und (**536**) ergibt sich

$$f(x) = \frac{0{,}4343}{x} \times f(\log x) \tag{537}$$

Die der transformierten Veränderlichen entsprechende Wahrscheinlichkeitsdichte ist somit nicht gleich groß wie die Wahrscheinlichkeitsdichte der ursprünglichen Variablen. Man beachte in Abbildung 31 die ungleichen Ordinatenmaßstäbe. Anders verhält es sich mit der kumulierten Verteilung. Es ist*

$$F(x_p) = F^*(\log x_p) = p \tag{538}$$

und entsprechend gilt für die Quantile

$$x_p = \text{antilog}\,(\log x_p) \tag{539}$$

und bei ungruppierten Stichproben

$$O(x_p) = O(\log x_p) \tag{540}$$

(O = Ränge der Stichprobeneinzelwerte, vgl. Abschnitt 10 E, S. 161)

Aus (**536**) und (**538**) bis (**540**) ergeben sich als Folgerungen (**541**) bis (**543**):

Wird eine unsymmetrische stetige Verteilung durch eine Transformation der Einzelwerte nach (**536**) in eine Normalverteilung übergeführt, so ist die ursprüngliche Verteilung eine logarithmische Normalverteilung. (**541**)

Ergibt die Transformation nach (**536**) Stichproben aus normalverteilten Grundgesamtheiten [vgl. (**508**) und Abschnitt 11 F], so lassen sich mit ihnen alle für sie geltenden *Teste* ohne weiteres durchführen. *Das Resultat dieser Teste gilt auch für die nichttransformierten Stichproben.* (**542**)

Bei *ungruppierten* Stichproben aus lognormalen Grundgesamtheiten, deren Einzelwerte *nicht* transformiert wurden, gelten für die Schätzung der Quantile und deren Vertrauensgrenzen die Anweisungen der Abschnitte 10 E und 10 F, S. 161 und 162, *ohne jede Änderung.* (**543**)

Für *gruppierte* Stichproben merke man sich: Die Transformation $x \to \log x$ darf nur mit den *Einzelwerten* durchgeführt werden. Ist eine Stichprobe in Klassen gruppiert, so muß sie zunächst wieder in eine ungruppierte Stichprobe aufgelöst werden. Für diese Einzelwerte werden die Logarithmen gesucht, und mit diesen darf wieder eine gruppierte Stichprobe gebildet werden, aber mit *äquidistanzierten logarithmischen* Klassengrenzen! Läßt sich eine gruppierte Stichprobe nicht auflösen, weil die Einzelwerte nicht notiert wurden, so ist eine logarithmische Transformation *nicht* mehr möglich. Man notiere deshalb bei Stichprobenerhebungen die Einzelwerte und gruppiere erst danach! (**544**)

In der Natur sind viele zufällige Veränderliche lognormal verteilt. Überall dort, wo die Reaktion eines Elementes auf eine gegebene Ursache sich proportional verhält zur Intensität der Ursache und zur Größe des Elementes, wird die Form der Verteilung lognormal sein. In der Praxis ist dies vor allem bei toxikologischen und ähnlichen Bio-Versuchen von Bedeutung, bei denen die Veränderliche x (Dosierung) routinemäßig logarithmisch transformiert wird.

11 I. Das Additionstheorem der Normalverteilung

Gegeben seien die stochastisch unabhängigen normalverteilten Veränderlichen $x_1, x_2, \ldots, x_k$ mit den Mittelwerten $\mu_1, \mu_2, \ldots, \mu_k$ und den Varianzen $\sigma_1^2, \sigma_2^2, \ldots, \sigma_k^2$. Die Variable

$$x = x_1 \pm x_2 \pm \cdots \pm x_k$$

ist dann ebenfalls normalverteilt mit Mittelwert

$$\mu = \mu_1 \pm \mu_2 \pm \cdots \pm \mu_k$$

und Varianz

$$\sigma^2 = \sigma_1^2 + \sigma_2^2 + \cdots + \sigma_k^2 \tag{545}$$

* Die Quantile einer transformierten Veränderlichen sind durch die transformierten Quantile der ursprünglichen Variablen gegeben, sofern die Transformation mit einer *ansteigenden* Funktion vorgenommen wurde [$f(\log x)$ ist eine ansteigende Funktion].

Man beachte in (**545**), daß sich die Varianzen auch dann *summieren*, wenn der Mittelwert μ aus *Differenzen* gebildet wird.

11K. Der zentrale Grenzwertsatz

Die große Bedeutung der Normalverteilung liegt darin, daß die Summe von k stochastisch unabhängigen, *beliebigen* Variablen mit wachsendem k unter ziemlich generellen Bedingungen stochastisch gegen eine Normalverteilung konvergiert mit Mittelwert (**546**)

$\mu = \mu_1 + \mu_2 + \cdots + \mu_k$

und Varianz

$\sigma^2 = \sigma_1^2 + \sigma_2^2 + \cdots + \sigma_k^2$

Während in (**545**) die Summe normalverteilter Veränderlicher *immer*, auch bei kleinem k, normal verteilt ist, gilt für *beliebig* verteilte Veränderliche (**546**) erst, wenn k gegen Unendlich strebt. In der Praxis ist «Unendlich» ein dehnbarer Begriff. Haben zum Beispiel die Verteilungen in (**546**) alle *dieselbe*, nicht allzu unsymmetrische Gestalt, so ist ihre Summe praktisch schon bei relativ kleinem k (50, 100, 200, ...) normal verteilt, das heißt, der Fehler ist vernachlässigbar, wenn man diese Stichprobenverteilungen mit der Normalverteilung approximiert.

Unsere Zahlentafeln zu den Stichprobenverteilungen sind so gehalten, daß Stichproben, die den von den Tafeln berücksichtigten Umfang überschreiten, praktisch als normalverteilt angesehen werden können. (**547**)

In dem von uns behandelten Stoffgebiet konvergieren mit *einer* Ausnahme *alle* Stichprobenverteilungen nach (**546**) gegen die Normalverteilung. Die Ausnahme bilden die Verteilungen des Extrembereiches und der Extremabweichungen.

12. Mit der Normalverteilung eng verbundene Verteilungen (summarisch)

12A. Die Student-Verteilung

Muß in der standardisierten *Normal*abweichung $c = (x-\mu)/\sigma$ die Standardabweichung σ durch ihre Schätzung s ersetzt werden, weil σ unbekannt ist und deshalb aus der Stichprobe geschätzt werden muß, dann hat die standardisierte Veränderliche

$$t_\nu = \frac{x-\mu}{s_\nu} \quad (s_\nu \text{ unabhängig von } x) \qquad (\mathbf{548})$$

eine Wahrscheinlichkeitsdichte (**549**)

$$f(t\,|\,\nu) = \frac{\Gamma\left(\frac{\nu+1}{2}\right)}{\Gamma(\nu/2)\sqrt{\nu\pi}}\left(1+\frac{t^2}{\nu}\right)^{-(\nu+1)/2}$$

$$\text{wobei } \Gamma(x/2) = \begin{cases} (x/2-1)(x/2-2)\ldots 3\times 2\times 1, & \text{wenn } x \text{ eine gerade Zahl} \\ (x/2-1)(x/2-2)\ldots 3/2\times 1/2\times\sqrt{\pi}, & \text{wenn } x \text{ eine ungerade Zahl} \end{cases}$$

(ν wird der *Freiheitsgrad* von t genannt)

Die Student-Verteilung ist von μ und σ unabhängig; ihre Form wird nur vom Freiheitsgrad ν bestimmt. Anweisungen, wie der Freiheitsgrad ν zu bestimmen ist, werden später von Fall zu Fall gegeben.

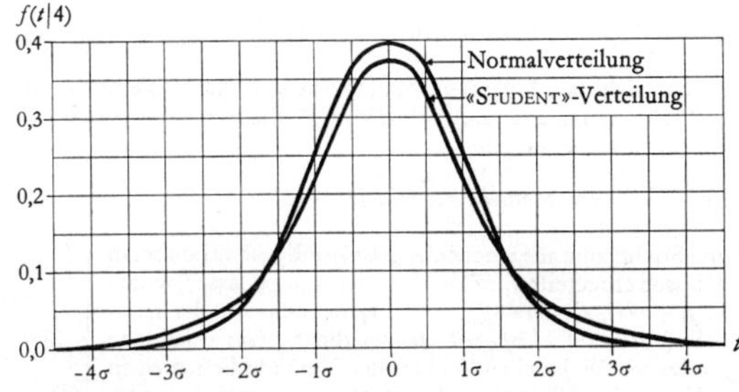

Abb. 32. Wahrscheinlichkeitsdichte der Normal- und der Student-Verteilung mit Freiheitsgrad $\nu = 4$.

Die Student- oder t-Verteilung ist der Normalverteilung sehr ähnlich und konvergiert mit wachsendem Freiheitsgrad auch schnell gegen diese. Ihr Variationsbereich erstreckt sich von $-\infty$ bis ∞. Sie ist stetig, *symmetrisch*, glockenförmig, hat aber im Gegensatz zur Normalverteilung mehr Wahrscheinlichkeit in den Ausläufen und weniger im zentralen Teil konzentriert.

Die aus der Symmetrie abgeleiteten Gleichungen (**512**) bis (**517**) der standardisierten Normalverteilung gelten auch für die t-Verteilung, wenn man in diesen Gleichungen t an Stelle von c einsetzt. (**550**)

Tafeln

In den Tafeln S. 32–35 sind die exakten Abweichungen t_0 für Freiheitsgrade ν zwischen 1 und 200 zu folgenden Integralen gegeben: (**551**)

$$P\,(\text{der Tafel}) = \int_{t_0}^{\infty} f(t)\,dt = \text{Prob}\,(t>t_0) \qquad \text{(a)}$$

$$2\,P\,(\text{der Tafel}) = \int_{-\infty}^{-t_0} f(t)\,dt + \int_{t_0}^{\infty} f(t)\,dt = \text{Prob}\,(t<-t_0) + \text{Prob}\,(t>t_0) \qquad \text{(b)}$$

Bei *einseitigen* Testen (Vertrauensgrenzen) ist $\alpha = P$, bei *zweiseitigen* Testen (Vertrauensgrenzen) ist $2\,\alpha = 2\,P$. (c)

Die kumulierte Verteilung $F(t) = \text{Prob}\,(t \leqq t_0)$ ist nach (**405** b) $F(t_0) = 1 - \text{Prob}\,(t>t_0) = 1 - P = 1 -$ (**551** a) (d)

In der Tafel S. 42 finden sich die exakten Abweichungen t_0^2 für Freiheitsgrade ν zwischen 1 und 200 zu folgendem Integral (**552**)

$$P_r = \int_{t_0^2}^{\infty} f(t^2)\,dt^2 = \text{Prob}\,(t^2>t_0^2) = 2\,\text{Prob}\,(t>t_0) \qquad \text{(a)}$$

$\tfrac{1}{2}\,P_r = \tfrac{1}{2}$ (**552** a) (b)

Bei *einseitigen* Testen ist $\alpha = \tfrac{1}{2}\,P$, bei *zweiseitigen* Testen ist $2\,\alpha = P$. (c)

Beziehung zur F-Verteilung vgl. (**575**).

12B. Die χ^2-Verteilung

Es seien $x_1, x_2, \ldots$ stochastisch voneinander unabhängige Beobachtungen aus *derselben normalverteilten* Grundgesamtheit mit Mittelwert μ und Standardabweichung σ. Dann hat die Summe

$$\chi_\nu^2 = c_1^2 + c_2^2 + \cdots + c_i^2 + \cdots + c_\nu^2 = \sum_1^\nu c_i^2 \qquad (\mathbf{553})$$

der standardisierten Abweichungen

$$c_i^2 = \left(\frac{x_i-\mu}{\sigma}\right)^2$$

die Wahrscheinlichkeitsdichte

$$f(\chi^2\,|\,\nu) = \frac{1}{2^{\nu/2}\,\Gamma(\nu/2)}\,e^{-\chi^2/2}\,(\chi^2)^{(\nu-2)/2}; \quad (0 \leqq \chi^2 < \infty) \qquad (\mathbf{554})$$

[ν wird Freiheitsgrad von χ^2 genannt; für Γ vgl. (**549**)]

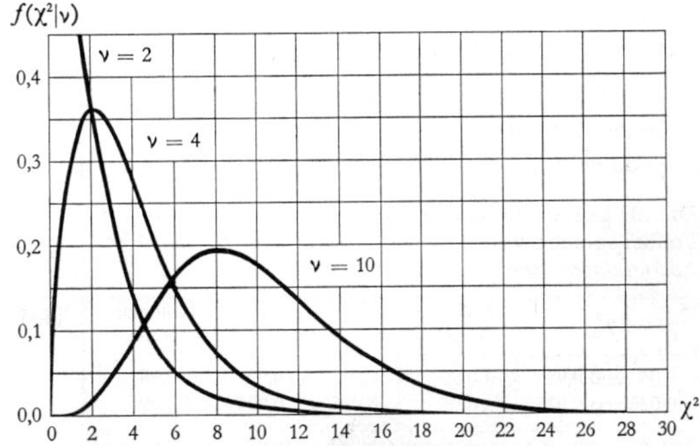

Abb. 33. Wahrscheinlichkeitsdichte der χ^2-Verteilung; $\nu = 2, 4$ und 10.

Die χ^2-Verteilung ist eine stetige, *unsymmetrische* Verteilung, die – wie die STUDENT-Verteilung, aber langsamer – mit wachsendem Freiheitsgrad ν gegen die Normalverteilung konvergiert (vgl. Abb. 33). Ihr Variationsbereich erstreckt sich von Null bis Unendlich. Ihre Form hängt nur vom Freiheitsgrad ν ab. Zur Bestimmung des Freiheitsgrades vergleiche spätere Anweisungen sowie (**566**) und (**569**) dieses Abschnittes.

Parameter

Modus $= \nu - 2$ (a)
Mittelwert $\mu = \nu$ (b)
Varianz $\sigma^2 = 2\nu$ (c) (**555**)

Stochastische Konvergenz, wenn $\nu \to \infty$

$\chi^2/\nu \to 1$ (a)
χ^2-Verteilung $\to$ Normalverteilung $(\nu; \sqrt{2\nu})$; relativ langsam (b)
$\sqrt{2\chi^2}$-Verteilung $\to$ Normalverteilung $(\sqrt{2\nu-1}; 1)$*; schneller als (b) (c) (**556**)

Approximationen für Quantile

Zentraler gelegene Quantile [nach (**556** c)]:
$\chi^2_p \sim \frac{1}{2}(c_p + \sqrt{2\nu - 1})^2;\ \nu > 30$ (a)
Extremer gelegene Quantile [11]
$$\chi^2_p \approx \nu\left(1 - \frac{2}{9\nu} + c_p\sqrt{\frac{2}{9\nu}}\right)^3;\ \nu > 30 \quad \text{(b)} \quad (\mathbf{557})$$

Berechnung der Quantile 0,005; 0,025; 0,975; 0,995 aus den Vertrauensgrenzen für λ der POISSON-Verteilung vgl. (**563**).

Beispiel 32 [zu (**557**)]. Vergleich zwischen (a) und (b). Gesucht das Quantil $\chi^2_{0,975;\ \nu=50}$.

a) $\chi^2_p \sim \frac{1}{2}(1{,}96 + \sqrt{100-1})^2 = 70{,}922$

b) $\chi^2_p \approx 50\left(1 - \frac{2}{450} + 1{,}96\sqrt{\frac{2}{450}}\right)^3 = 71{,}424$

Der exakte Wert beträgt 71,420.

Tafeln

In den Tafeln S. 36–39 sind die exakten Abweichungen χ^2_0 für Freiheitsgrade ν zwischen 1 und 200 zu folgenden Integralen gegeben

$1\int_r$ (der Tafel) $= \int_{\chi^2_0}^{\infty} f(\chi^2)\,d\chi^2 = \text{Prob}\,(\chi^2 > \chi^2_0)$ (a)

$\frac{1}{2}\int_r$ (der Tafel) $= \frac{1}{2}$ (**558** a) (b)

$1\int_l$ (der Tafel) $= \int_0^{\chi^2_0} f(\chi^2)\,d\chi^2 = \text{Prob}\,(\chi^2 < \chi^2_0) = F(\chi^2_0)$ (c)

$\frac{1}{2}\int_l$ (der Tafel) $= \frac{1}{2}$ (**558** c) (d)

Bei *einseitigen* χ^2-Testen ist $\alpha = \frac{1}{2}\int_r$
Bei *zweiseitigen* χ^2-Testen ist $2\alpha = 1\int_r$ (e)

Bei *einseitigen* Vertrauensgrenzen für σ
ist für *obere* Grenzen $\alpha = 1\int_r$
für *untere* Grenzen $\alpha = 1\int_l$

Bei *zweiseitigen* Vertrauensgrenzen für σ
ist für die *obere* Grenze $\alpha = \frac{1}{2}\int_r$
für die *untere* Grenze $\alpha = \frac{1}{2}\int_l$ } $\alpha < 0{,}5$ (f) (**558**)

Die oft gebrauchte Quadratwurzel $\sqrt{\nu/\chi^2_\nu}$ findet man für Freiheitsgrade zwischen 1 und 100 auf S. 47 bei den *Vertrauensfaktoren für* σ für folgende Quantile (**559**)

χ^2_p	Kolonne $1-2\alpha$	χ^2_p	Kolonne $1-2\alpha$
0,05 und 0,95	0,90	0,01 und 0,99	0,98
0,025 und 0,975	0,95	0,005 und 0,995	0,99

* Nach R. A. FISHER.

Beziehungen zu anderen Verteilungen

Normalverteilung

Wenn $\nu = 1$, ist $\chi^2_p = c^2_{(1+p)/2}$, das heißt,
$\text{Prob}\,(\chi^2 < \chi^2_0) = 2\,\text{Prob}\,(0 < c_0)$ (**560**)
F-Verteilung vgl. (**576**) und (**577**).

POISSON-Verteilung

$$\text{Prob}\,(\nu = 2x \mid \chi^2 = \chi^2_0) = \frac{e^{-\chi^2_0/2}(\chi^2_0/2)^x}{x!} \quad (\mathbf{561})$$
(ν = gerade Zahl)

Abb. 44 zeigt diese Beziehung sehr schön ($\lambda = \chi^2_0/2$, $x = \nu/2$).

Wegen (**561**) ist

$$\text{Prob}\,(\chi^2 > \chi^2_0 \mid \nu = 2k) = \sum_0^{k-1} \frac{e^{-\chi^2_0/2}(\chi^2_0/2)^x}{x!} \quad (\mathbf{562})$$
(ν = gerade Zahl)

Auf Grund von (**562**) lassen sich für geradzahlige Freiheitsgrade ν aus den Vertrauensgrenzen für λ der POISSON-Verteilung, S. 107 und 108, folgende Quantile berechnen: (**563**)

Prob $(\chi^2 \leq \chi^2_p) = p$	Argument Tafel S. 107 und 108	Seite	χ^2_p ist gleich	
0,005	$x = \nu/2$	108	$2\lambda_l$	ν = gerade Zahl
0,025	$x = \nu/2$	107	$2\lambda_l$	
0,975	$x = (\nu/2) - 1$	107	$2\lambda_r$	
0,995	$x = (\nu/2) - 1$	108	$2\lambda_r$	

Beispiel 33 [zu (**563**)]. Gesucht | Lösung

$\chi^2_{0,025,\ \nu=260}$ | $x = 130;\ \lambda_l = 108{,}61;\ \chi^2_p = 217{,}22$
$\chi^2_{0,975,\ \nu=260}$ | $x = 129;\ \lambda_r = 153{,}30;\ \chi^2_p = 306{,}60$

Der Wert $\lambda_r = 153{,}30$ wurde linear interpoliert:
$154{,}39 - \frac{1}{10}\,(154{,}39 - 143{,}52) = 153{,}303$
$\lambda_{130} - \frac{1}{10}\,(\lambda_{130} - \lambda_{120}) \sim \lambda_{129}$

Das Additionstheorem der χ^2-Verteilung

In (**553**) kann man die Summe rechts vom Gleichheitszeichen in beliebige Teilsummen aufspalten, zum Beispiel

$$\chi^2 = \underbrace{c_1^2 + c_2^2}_{=\chi_1^2(\nu=2)} + \underbrace{c_3^2 + c_4^2 + c_5^2 + c_6^2}_{=\chi_2^2(\nu=4)} + \underbrace{c_7^2 + \cdots}_{=\chi_3^2(\nu=\ldots)} \quad \text{usw.}$$

Daraus folgt:

Wenn $\chi^2_1, \chi^2_2, \ldots, \chi^2_n$ stochastisch voneinander unabhängig sind und χ^2-Verteilungen mit $\nu_1, \nu_2, \ldots, \nu_n$ Freiheitsgraden haben, dann hat die Summe $\chi^2 = \chi^2_1 + \chi^2_2 + \cdots + \chi^2_n$ ebenfalls eine χ^2-Verteilung mit $\nu = \nu_1 + \nu_2 + \cdots + \nu_n$ Freiheitsgraden. (**564**)

Es gibt auch ein Teilungstheorem für χ^2, auf dem die Varianz- und die Regressionsanalyse beruhen. Wir können hier nicht darauf eintreten.

χ^2 und Varianz von Stichproben

Nach (**553**) ist $\chi^2 = [\Sigma(x-\mu)^2]/\sigma^2$. Setzt man $\bar{x}$ an Stelle von μ, dann ist nach (**493** e) $\Sigma(x-\bar{x})^2 = (N-1)\,s^2$. Setzt man nun $N-1 = \nu$, so erhält man schließlich νs^2 an Stelle von $\Sigma(x-\mu)^2$. Intuitiv vermutet man

$$\chi^2_\nu = \frac{\nu s^2_\nu}{\sigma^2}, \text{ wobei } \nu = \text{Freiheitsgrad von } s^2 \quad (\mathbf{565})$$

und hat nicht falsch geraten. Man merke sich (**565**) als eine zweite, mit (**553**) äquivalente Definition von χ^2, die *nur* für *normalverteilte* Grundgesamtheiten gilt.

Eine wichtige asymptotische Eigenschaft von χ^2

Eine Stichprobe aus einer *beliebigen* Grundgesamtheit sei in n Klassen eingeteilt. f_i sei die Besetzung der Klasse i, wobei $f_1 + f_2 + \cdots + f_i + \cdots + f_n = N$. f_i nennen wir die *empirische* (absolute) *Häufigkeit*. $\boldsymbol{p}_i$ sei die *gegebene* oder eine *hypothetische* Wahrscheinlichkeit der Veränderlichen x, in die Klasse i zu fallen, wobei $\boldsymbol{p}_1 + \boldsymbol{p}_2 + \cdots + \boldsymbol{p}_i + \cdots + \boldsymbol{p}_n = 1$. $N\boldsymbol{p}_i$ nennen wir die *gegebene* oder die *hypothetische* (**566**) (absolute) *Häufigkeit.* Die empirischen Häufigkeiten in den einzelnen Klassen sind zufällige Veränderliche. Dann gilt

$$\sum_{1}^{n} \frac{(f_i - Np_i)^2}{Np_i} \to \chi^2_\nu; \quad \text{wobei } \nu = n-1$$
wenn $\nu \to \infty$. **(566)**

(**566**) wurde von K. Pearson gefunden. Daß (**566**) erst bei $\nu \to \infty$ exakt gilt, hat in der Praxis nicht so viel zu bedeuten, ist aber doch ein Grund zu gewissen Restriktionen:

Bei Anpassungstesten auf Grund von (**566**) sollten die *Stichproben* als Ganzes *nicht zu klein* sein, die *hypothetischen* (absoluten) *Häufigkeiten in den einzelnen Klassen nicht unter* $Np_i = 4$ *liegen.* Sind sie kleiner, so werden sie durch Zusammenlegen von 2, 3, ... benachbarten Klassen auf das geforderte Niveau erhöht. Letzteres ist aber nur dann nötig, wenn die Anzahl der Klassen klein ist. Ist ν größer als (ungefähr) 8 und der Stichprobenumfang (ungefähr) über 40, so dürfen die Np_i in vereinzelten Klassen bis auf 1 absinken. **(567)**

In der Regel sind die hypothetischen Häufigkeiten nicht gegeben:

Theoretische (absolute) Häufigkeiten Np_i, die auf Grund von *geschätzten* Parametern errechnet wurden, nennen wir *angepaßte Häufigkeiten*, die ihnen entsprechende theoretische Verteilung *angepaßte Verteilung* (fitted distribution). **(568)**

(569)

(a) Müssen zur Berechnung von angepaßten Häufigkeiten k Parameter geschätzt werden, dann ist die Anzahl der Freiheitsgrade für das in (**566**) definierte χ^2: $\nu = n - 1 - k$, wobei n = Anzahl der Klassen

(b) Werden m Stichproben (Mehrfeldertafel), jede in n Klassen gruppiert, einem χ^2-Test auf Grund von (**566**) unterzogen, dann ist die Anzahl der Freiheitsgrade für χ^2: $\nu = (n-1)\,(m-1)$, wobei n = Anzahl der Klassen

(c) Im häufigen Spezialfall der Vierfeldertafel ist der Freiheitsgrad $\nu = 1$.

Als Beispiel eines χ^2-Testes mit Schätzung der Parameter vgl. Abschnitt 11 F b, S. 165. Wir werden auf χ^2-Teste zurückkommen und noch andere Teste zur Prüfung von Häufigkeiten behandeln.

Abschließend sei noch darauf hingewiesen, daß sich die Definitionen (**553**) und (**565**) *grundsätzlich* von der Definition (**566**) unterscheiden, obschon die Formeln einander sehr ähnlich sehen: (**553**) und (**565**) gelten nur für *normalverteilte*, (**566**) gilt für *beliebige* Grundgesamtheiten; in (**553**) und (**565**) sind $\bar{x}$ und s *stetige* Veränderliche, f_i in (**566**) ist eine *diskrete* Veränderliche.

Wenn χ^2-Teste an Hand von angepaßten Verteilungen durchgeführt werden, so vergewissere man sich, daß die durchgeführten Schätzungen den Bedingungen (**430**) oder (**431**) genügen.

12C. Die F-Verteilung

F im Zusammenhang mit Verteilung symbolisiert *nicht* eine kumulierte Verteilung, sondern den Namen von R. A. Fisher, der die der F-Verteilung äquivalente z-Verteilung entdeckt hat[12].

Es seien s_1^2 und s_2^2 zwei stochastisch unabhängige Schätzungen von σ^2 aus *derselben, normalverteilten* Grundgesamtheit mit Varianz σ^2. Dann ist nach (**565**)

$$s_1^2 = \sigma^2 \frac{\chi_1^2}{\nu_1} \text{ und } s_2^2 = \sigma^2 \frac{\chi_2^2}{\nu_2}$$

Der Quotient

$$F = \frac{s_1^2}{s_2^2} = \frac{\chi_1^2/\nu_1}{\chi_2^2/\nu_2}; \quad 0 \leq F < \infty$$
(ν_1 und ν_2 = Freiheitsgrade von s_1 und s_2) **(570)**

hat dann die Wahrscheinlichkeitsdichte

$$f(F) = \frac{\Gamma\left(\frac{\nu_1+\nu_2}{2}\right)}{\Gamma\left(\frac{\nu_1}{2}\right)\Gamma\left(\frac{\nu_2}{2}\right)} \nu_1^{\nu_1/2}\, \nu_2^{\nu_2/2} \frac{F^{(\nu_1-2)/2}}{(\nu_2+\nu_1 F)^{(\nu_1+\nu_2)/2}}; \; 0 \leq F < \infty \quad \textbf{(571)}$$

[für Γ vgl. (**549**)]

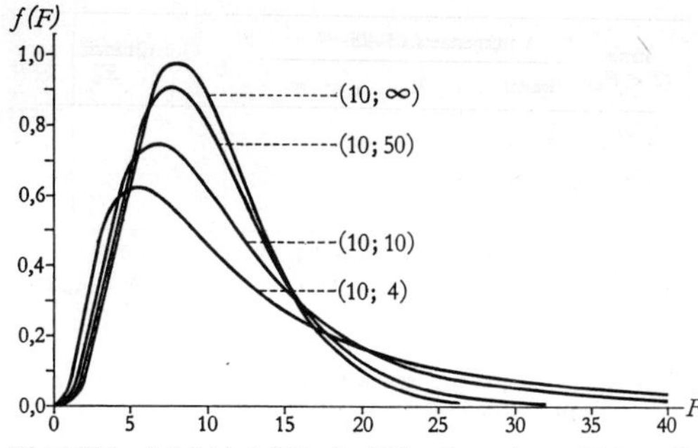

Abb. 34. Wahrscheinlichkeitsdichte der F-Verteilung mit verschiedenen Freiheitsgraden.

Die F-Verteilung ist eine stetige, *unsymmetrische* Verteilung mit einem Variationsbereich von Null bis Unendlich.

Parameter

Mittelwert $\mu = \nu_2/(\nu_2 - 2)$; $\nu_2 > 2$ (a)

Varianz $\sigma^2 = \left(\frac{\nu_2}{\nu_2-2}\right)^2 \times \frac{2(\nu_1+\nu_2-2)}{\nu_1(\nu_2-4)}$; $\nu_2 > 4$ (b) **(572)**

Vertauschung von ν_1 und ν_2

Es ist $F_0(p;\nu_1;\nu_2) = 1/[F_0(1-p;\nu_2;\nu_1)]$ **(573)**

In (**573**) kann p sowohl Prob $(F > F_0)$ als auch Prob $(F < F_0)$ sein.

Tafeln

Auf S. 40 und 41 findet man die Abweichungen F_0 zu folgendem Integral

P (der Tafel) $= P_r = \int_{F_0}^{\infty} f(F)\, dF = \text{Prob}\,(F > F_0)$ (a)

Bei einseitigen Testen ist $\alpha = P$, bei zweiseitigen Testen ist $2\alpha = 2P$. (b)

Über die t^2-Tafel S. 42 vgl. (**575**) und (**552**). (c) **(574)**

Beziehungen zu andern Verteilungen

Student-Verteilung

Es ist $\text{Prob}\,[(F > F_0) \mid 1; \nu_2] = \text{Prob}\,(t^2 > t_0^2 \mid \nu_2)$
$= 2\,\text{Prob}\,(t > t_0 \mid \nu_2)$ **(575)**

Für $F(1;\nu_2)$ benutze man deshalb für ν_2 zwischen 1 und 200 die ausführlichere t^2-Tafel auf S. 42. Erläuterungen siehe (**552**).

χ^2-Verteilung

Unter F_p und χ_p^2 sind Quantile zu verstehen.

$F_p(\nu_1;\infty) = \frac{\chi^2_{p,\nu_1}}{\nu_1}$ (a)

$F_p(\infty;\nu_2) = \frac{\nu_2}{\chi^2_{1-p,\nu_2}}$ (b) **(576)**

Aus (**576**) und (**556** a) geht hervor, daß

$F(\nu_1;\infty) \to 1$, wenn $\nu_1 \to \infty$
$F(\infty;\nu_2) \to 1$, wenn $\nu_2 \to \infty$ das heißt, $F(\infty;\infty) = 1$ **(577)**

Binomialverteilung

Es ist $\text{Prob}\left[F(\nu_1;\nu_2) < \frac{N-x}{x+1} \times \frac{p}{1-p}\right]$

$= \sum_{x+1}^{N} \binom{N}{k} p^k (1-p)^{N-k}$

wobei $N = \frac{\nu_1+\nu_2}{2} - 1$, $x = \frac{\nu_1}{2} - 1$ $\quad \nu_1$ und ν_2 = gerade Zahlen **(578)**

Auf Grund von (**578**) lassen sich aus den Vertrauensgrenzen für p der Binomialverteilung S. 85–98 folgende Quantile F_0 berechnen:

Prob $(F<F_0)$	Argumente S. 85–98			p	Quantil F_0
	Spalte	N	x		
0,005 0,025 0,975 0,995	99% 95% 95% 99%	$\frac{\nu_1+\nu_2}{2}-1$	$\frac{\nu_1}{2}-1$	p_l p_l p_r p_r	$\frac{\nu_2}{\nu_1}\times\frac{p}{1-p}$

(579)

Beispiel 34. Gesucht $F_{0,995}$ (152; 36). Es ist $N=93$; $x=75$; $p_r=0{,}8993$ (S. 96); $p/(1-p)=8{,}93049$; $\nu_2/\nu_1=0{,}236842$; $F_{0,995}$ (152; 36) = 2,12.

13. Die normalverteilte Grundgesamtheit: einige Vertrauens- und Toleranzbereiche

(vgl. Abschnitt 8, S. 155)

13A. Vertrauensbereiche für den Mittelwert μ

Vertrauensbereich *einseitig oben* begrenzt
$\text{Prob}(-\infty<\mu<\bar{x}+k\times Sd)=1-\alpha$ (a)
[vgl. dazu (**580** d)]

Vertrauensbereich *einseitig unten* begrenzt
$\text{Prob}(\bar{x}-k\times Sd<\mu<\infty)=1-\alpha$ (b)
[vgl. dazu (**580** d)]

Vertrauensbereich *zweiseitig* (symmetrisch) begrenzt
$\text{Prob}(\bar{x}-k\times Sd<\mu<\bar{x}+k\times Sd)=1-2\alpha$ (c)
[vgl. dazu (**580** d)]

Faktoren $k\times Sd$ für (**580** a, b, c) (d)

Gleichungen	Freiheitsgrad ν von s	k	Sd	Seite für c, t oder k
(a) und (b)	> 200	$\lvert c_\alpha\rvert/\sqrt{N}$	σ oder s	28
(a) und (b)	≦ 200	$t_{\nu,\alpha}/\sqrt{N}$	s_ν	32–35
(c)	> 200	k_2 oder $\lvert c_\alpha\rvert/\sqrt{N}$	σ oder s	k_2: 43; c: 28
(c)	≦ 200	k_2 oder $t_{\nu,2\alpha}/\sqrt{N}$	s_ν	k_2: 43; t: 32–35

(580)

In der Tafel S. 43 (für k_2) versteckt sich unter dem Argument N der Freiheitsgrad $\nu=N-1$. In dieser Tafel erfolgt der Übergang von t zu c bei $N=201$.

13B. Toleranzbereiche

Toleranzbereiche ohne Vertrauenswahrscheinlichkeit

Toleranzbereich *einseitig oben* begrenzt
$\text{Prob}(-\infty<x<m+k\times Sd)=1-\alpha=\beta_p$ (a)
[vgl. dazu (**581** d)]

Toleranzbereich *einseitig unten* begrenzt
$\text{Prob}(m-k\times Sd<x<\infty)=1-\alpha=\beta_p$ (b)
[vgl. dazu (**581** d)]

Toleranzbereich *zweiseitig* (symmetrisch) begrenzt
$\text{Prob}(m-k\times Sd<x<m+k\times Sd)=1-2\alpha=\beta_p$ (c)
[vgl. dazu (**581** d)]

m, k und Sd für (**581** a, b, c) (d)

Gleichungen	Freiheitsgrad ν von s	Bekannte Parameter oder Schätzungen	m	k	Sd	Seite für c, t, k
(a) und (b)	> 200	μ, σ oder $\bar{x}$, s	μ oder $\bar{x}$	$\lvert c_\alpha\rvert$	σ oder s	28
(a) und (b)	≦ 100	$\bar{x}$, σ	$\bar{x}$	k_3*	σ	44, Spalte 1
(a) und (b)	≦ 100	μ, s	μ	$t_{\nu,\alpha}$	s	32–35
(a) und (b)	≦ 100	$\bar{x}$, s	$\bar{x}$	k_4*	s	44, Spalte 2
(c)	> 200	μ, σ oder $\bar{x}$, s	μ oder $\bar{x}$	$\lvert c_\alpha\rvert$	σ oder s	28
(c)	≦ 100	$\bar{x}$, σ	$\bar{x}$	k_3	σ	44, Spalte 1
(c)	≦ 100	μ, s	μ	$t_{\nu,2\alpha}$	s	32–35
(c)	≦ 100	$\bar{x}$, s	$\bar{x}$	k_4	s	44, Spalte 2

* β_p der Tafel wähle man nach: β_p (gesucht) $=1-2\alpha$ (gegeben α).

(581)

Toleranzbereiche mit Vertrauenswahrscheinlichkeit β_t

Es gelten die Gleichungen (**581** a, b, c) unter folgender Ergänzung [Beispiel zu (**581** d)]:
$\text{Prob}[\text{Prob}(m-k\times Sd<x<m+k\times Sd)\geqq 1-2\alpha]=\beta_t$

m, k und Sd für (**581** a, b, c)

Gleichungen	Freiheitsgrad von s	Bekannte Parameter oder Schätzungen	m	k	Sd	Seite
(a) und (b)	≦ 100	$\bar{x}$, σ	$\bar{x}$	k_5*	σ	44, Spalte 3
(a) und (b)	≦ 100	μ, s	μ	k_6*	s	44, Spalte 4
(a) und (b)	≦ 1000	$\bar{x}$, s	$\bar{x}$	k_7	s	45–46
(c)	≦ 100	$\bar{x}$, σ	$\bar{x}$	k_5	σ	44, Spalte 3
(c)	≦ 100	μ, s	μ	k_6	s	44, Spalte 4
(c)	≦ 1000	$\bar{x}$, s	$\bar{x}$	k_7	s	45–46

* β_p der Tafel wähle man nach: $\beta_p=1-2\alpha$ (gegeben α).

(582)

Für die Vertrauens- und Toleranzfaktoren gelten folgende Gleichungen

$k_2=t_{2\alpha,N-1}\times 1/\sqrt{N}$ für $N\leqq 201$ (a)

$=\lvert c_\alpha\rvert\times 1/\sqrt{N}$ für $N>201$ (b)

$k_3=\lvert c_\alpha\rvert\times\sqrt{1+1/N}$ (c)

$k_4=t_{2\alpha,N-1}\times\sqrt{1+1/N}$ (d)

k_5 Lösung von $\int_{c'-k_5}^{c'+k_5} f(c)\,dc=\beta_p$; $(c'=c_{\beta_t})$ (e)

$k_6=\lvert c_{\alpha_p}\rvert\times\sqrt{(N-1)/\chi^2_{1-\beta_t,N-1}}$ (f)

k_7 vgl. EISENHART et al.[13]

(583)

13C. Vertrauensbereiche für σ

Aus (**565**) erhält man

$\text{Prob}(k_l s_\nu<\sigma<k_r s_\nu)=1-2\alpha$
wobei $k_l=\sqrt{\nu/\chi^2_{\nu,1-\alpha}}$ und $k_r=\sqrt{\nu/\chi^2_{\nu,\alpha}}$ **(584)**

Die Werte von k_l und k_r für Freiheitsgrade zwischen 1 und 100 findet man in Tafel S. 47, linke Spalte.

14. Die normalverteilte Grundgesamtheit: Extrembereich und Extremabweichungen

14A. Der Extrembereich

Definition

Es seien x_1 der kleinste, x_n der größte Wert einer Stichprobe des Umfanges n. Dann ist (x_n-x_1) der Extrembereich (range) w_n dieser Stichprobe. **(585)**

Der standardisierte Extrembereich einer Stichprobe des Umfanges n aus einer Grundgesamtheit mit Standardabweichung σ ist

$$W_n=\frac{w_n}{\sigma}=\frac{x_n-x_1}{\sigma} \tag{586}$$

Bei m Stichproben des Umfanges n aus ein und derselben Grundgesamtheit ist der mittlere Extrembereich

$$\bar{w}_{m,n}=\frac{\sum_1^m w_n}{m}=\frac{\sum_1^m (x_n-x_1)}{m} \tag{587}$$

und der standardisierte mittlere Extrembereich

$$\bar{W}_{m,n}=\frac{\bar{w}_{m,n}}{\sigma}=\frac{\sum_1^m w_n}{m\sigma}=\frac{\sum_1^m (x_n-x_1)}{m\sigma} \tag{588}$$

Da der Extrembereich w_n nur ein Sonderfall des mittleren Extrembereiches $\bar{w}_{m,n}$ mit $m=1$ darstellt, sprechen wir im folgenden nur vom mittleren Extrembereich.

Mittlerer Extrembereich als Vielfaches von σ

Der Erwartungswert $\boldsymbol{W}_n$ einer normalverteilten Grundgesamtheit mit Standardabweichung σ ist definiert

$$\bar{W}_{m,n}\underset{m\to\infty}{\longrightarrow}\boldsymbol{W}_n \tag{589}$$

Die Tafel auf S. 47, rechte Spalte, oben [14], gibt die Werte von $\boldsymbol{W}_n$ der standardisierten Normalverteilung ($\sigma = 1$) als Vielfaches von σ. ($\boldsymbol{W}_n$ wird vielerorts als d_n bezeichnet.)

σ als Bruchteil des mittleren Extrembereiches

Der Quotient

$$\frac{\overline{w}_{m,n}}{\boldsymbol{W}_n} = \overline{w}_{m,n} \times \boldsymbol{A}_n \qquad (\mathbf{590})$$

ist eine biasfreie Schätzung von σ.

Die Tafel auf S. 47, rechte Spalte, unten, gibt die entsprechenden Werte.

Die relative Wirksamkeit von (**590**), verglichen mit derjenigen der Schätzung s [s^2 nach (**492** a)], ist [15], wenn $m = 1$,

n	2	3	4	5	6	10	15	20	50	100	∞
Wirksamkeit	1,00	0,99	0,98	0,96	0,93	0,85	0,77	0,70	0,49	0,34	0

Bei Stichprobenumfängen zwischen 2 und 10 besteht somit zwischen den beiden Schätzungen kein großer Unterschied. Als *Schnellschätzung* [vgl. (**436**)] läßt sich (**590**) in diesem Bereich gut benutzen. *Mit dieser Schätzung dürfen aber keine t-Teste durchgeführt werden.*

Bei größeren Stichproben läßt sich die Extrembereichschätzung von σ ebenfalls mit gleicher Genauigkeit durchführen, sofern man die Stichprobe in m gleich große, voneinander *unabhängige* Untergruppen des Umfanges 2–10 zerlegt und die Extrembereiche dieser Untergruppen bestimmt. Der Mittelwert dieser Bereiche nach (**588**) ist dann der mittlere Extrembereich. Eine solche Unterteilung ist aber nur möglich, wenn die *zufällige zeitliche Reihenfolge* der Stichprobeneinzelwerte bekannt ist. Dies ist mit ein Grund – es gibt noch andere, auf die wir später zu sprechen kommen –, die Zufallsfolge der anfallenden Werte bei allen Versuchsserien zu notieren. Man könnte sich zwar, wenn die Reihenfolge verlorenging, durch künstliche Schaffung einer zufälligen Folge (mit Zufallszahlen) in diesem Falle behelfen, aber damit geht so viel Zeit verloren, daß der Wert dieser Schnellschätzungen illusorisch wird.

Beispiel 35. Gegeben eine Stichprobe des Umfanges 24, in der *zeitlichen* Reihenfolge $x_1, x_2, \ldots, x_{24}$. Wir können 12 Zweier- oder 8 Dreier- oder 6 Vierer- oder 3 Achtergruppen schaffen:

Zweiergruppen: $x_1 - x_2, x_3 - x_4, \ldots, x_{23} - x_{24}$

Dreiergruppen: $x_1 - x_3, x_4 - x_6, \ldots, x_{22} - x_{24}$

Man bilde aber *nicht* überlappende Gruppen, wie zum Beispiel $x_1 - x_2$, $x_2 - x_3$, …, denn diese sind offensichtlich voneinander nicht mehr unabhängig.

$\sigma_{\bar{x}}$ als Bruchteil des mittleren Extrembereiches

Der Quotient

$$\frac{\overline{w}_{m,n}}{\boldsymbol{W}_n \sqrt{mn}} = \overline{w}_{m,n} \times \boldsymbol{A}_{m,n} \qquad (\mathbf{591})$$

ergibt auf Grund des Stichprobenumfanges $m\,n = N$ eine biasfreie Schätzung der Standardabweichung $\sigma_{\bar{x}}$ der Schätzung $\bar{x}$. Die Tafel auf S. 48 gibt die Werte des Faktors $\boldsymbol{A}_{m,n} = 1/(\boldsymbol{W}_n \times \sqrt{m\,n})$.

Beispiel 36 (zum Abschnitt 14A). Gegeben die Stichprobe (in zeitlicher Reihenfolge) 3,00; 1,56; 1,34; 2,08; 2,10; 2,67. Schätzungen von σ und $\sigma_{\bar{x}}$ auf Grund des Extrembereiches:

a) 1 Extrembereich

$$1{,}34 - 3{,}00:\ \text{Bereich} = 1{,}66 \quad \begin{matrix} \sigma' = 1{,}66 \times 0{,}39457 = 0{,}655 \\ \sigma'_{\bar{x}} = 1{,}66 \times 0{,}16108 = 0{,}267 \end{matrix}$$

b) 2 Extrembereiche

$$\left.\begin{matrix} 1{,}34 - 3{,}00 \\ 2{,}08 - 2{,}67 \end{matrix}\right\} \begin{matrix}\text{Mittlerer} \\ \text{Bereich}\end{matrix} = 1{,}125 \quad \begin{matrix} \sigma' = 1{,}125 \times 0{,}59082 = 0{,}665 \\ \sigma'_{\bar{x}} = 1{,}125 \times 0{,}24120 = 0{,}271 \end{matrix}$$

c) 3 Extrembereiche

$$\left.\begin{matrix} 1{,}56 - 3{,}00 \\ 1{,}34 - 2{,}08 \\ 2{,}10 - 2{,}67 \end{matrix}\right\} \begin{matrix}\text{Mittlerer} \\ \text{Bereich}\end{matrix} = 0{,}91\dot{6} \quad \begin{matrix} \sigma' = 0{,}91\dot{6} \times 0{,}88623 = 0{,}812 \\ \sigma'_{\bar{x}} = 0{,}91\dot{6} \times 0{,}36180 = 0{,}332 \end{matrix}$$

Als Vergleich schätzen wir σ noch nach (**492** b) und erhalten $s = 0{,}63257$. Um den Bias dieser Schätzung zu korrigieren, multiplizieren wir sie mit dem Faktor $k_s = 1{,}0509$ (siehe Tafel S. 47, linke Spalte, Kolonne k_s) und erhalten schließlich $s = 0{,}665$ und $s_{\bar{x}} = 0{,}271$.

Obige Schätzungen können alle als gleichwertig angesehen werden. Die Übereinstimmung zwischen s und den Schätzungen a) und b) ist zwar auffallend, will aber nicht besagen, daß Schätzung c) schlechter ist. Eine weitere Stichprobe aus der gleichen Grundgesamtheit könnte zu Schätzungen führen, die näher bei c) liegen.

14B. Prüfung von Extrembereichen und Extremabweichungen

Der studentisierte Extrembereich

(Tafel S. 51, Stichprobenumfang 2–20)

Im Testquotienten

$$\frac{x_N - x_1}{s_\nu}\ ;\ \nu = \text{Freiheitsgrad von } s;\ x_1 < x_2 < \cdots < x_N \qquad (\mathbf{592})$$

ist s eine Schätzung, die aus einer *anderen*, von der zu prüfenden Stichprobe *unabhängigen*, aber aus der *gleichen* Grundgesamtheit stammenden Stichprobe berechnet wurde. Erreicht oder überschreitet der Testquotient die dem Freiheitsgrad ν_s und dem Stichprobenumfang N entsprechende Schranke in der Tafel, so ist der betreffende Extrembereich *zu groß* (Signifikanzwahrscheinlichkeit α).

Ist σ bekannt, so verwende man die Schranken bei $\nu = \infty$. Überschreitet der Stichprobenumfang den Bereich der Tafel, so prüfe man bei Stichprobenumfängen zwischen 21 und 25 nach (**596** d), bei noch größeren Stichproben nach (**595**), *falls man Extremwerte prüfen will.*

Die studentisierte Extremabweichung

(Tafel S. 52, unten, Stichprobenumfang 3–9)

Im Testquotienten

$$\frac{x_N - \bar{x}}{s_\nu} \text{ oder } \frac{\bar{x} - x_1}{s_\nu} \qquad (\mathbf{593})$$

(ν = Freiheitsgrad von s; $x_1 < x_2 < \cdots < x_N$)

bedeutet s das gleiche wie in (**592**). Wenn σ bekannt ist, verwende man die Schranken bei $\nu = \infty$.

Erreicht oder überschreitet der Testquotient die dem Freiheitsgrad und dem Stichprobenumfang N entsprechende Schranke der Tafel, so ist die betreffende Extremabweichung *zu groß* (Signifikanzwahrscheinlichkeit α).

Bei Stichprobenumfängen, die den Bereich der Tafel überschreiten, prüfe man bei Umfängen zwischen 10 und 25 nach (**596** c und d), bei noch größeren nach (**595**).

Die standardisierte Extremabweichung

(Tafel S. 52, oben)

Es ist

$$\left.\begin{aligned} &\text{Prob}\,(c \leqq c_e) = \left[\int_{-\infty}^{c_e} f(c)\,dc\right]^N;\quad c_e \text{ siehe } (\mathbf{595}) && \text{(a)} \\ &\text{Prob}\,(-c_e \leqq c \leqq c_e) = \left[\int_{-c_e}^{c_e} f(c)\,dc\right]^N && \text{(b)} \end{aligned}\right\} (\mathbf{594})^*$$

(c_e = standardisierte Extremabweichung, N = Stichprobenumfang)

(**594** a) gibt die Wahrscheinlichkeit *einer*, (**594** b) *zweier* gleich großer, vom Mittelwert μ aus mit der Standardabweichung σ als Einheit gemessener Extremabweichungen. Die entsprechenden Signifikanzwahrscheinlichkeiten sind, nach (**408** b), 1 – (**594**). Die Tafel S. 52 gibt die Wahrscheinlichkeiten 1 – (**594** a).

Im Testquotienten

$$\frac{x_N - \mu}{\sigma} \text{ oder } \frac{\mu - x_1}{\sigma} = c_e \qquad (\mathbf{595})$$

haben die Symbole die übliche, uns bekannte Bedeutung. Bei Stichprobenumfängen über 25 lassen sich μ und σ durch $\bar{x}$ und s ersetzen. Bei kleineren Stichproben verwende man (**593**).

Beurteilung von Extremwerten einer Stichprobe auf Grund ihrer eigenen Merkmale [16]

(Tafel S. 53, linke Spalte, oben, Stichprobenumfang 3–25)

Wenn *keine* unabhängigen Informationen über die Standardabweichungen der Grundgesamtheit vorliegen, prüfe man Extremabweichungen bei Stichproben bis zu einem Umfang von 25 mit den Quotienten:

* Leite diese Formel aus (**362**) und (**405** a) bzw. (**407** c) ab.

Stichprobenumfang N	Quotient	Stichprobenumfang N	Quotient
3– 7	$\left\lvert\dfrac{x_N - x_{N-1}}{x_N - x_1}\right\rvert$ (a)	11–13	$\left\lvert\dfrac{x_N - x_{N-2}}{x_N - x_2}\right\rvert$ (c)
8–10	$\left\lvert\dfrac{x_N - x_{N-1}}{x_N - x_2}\right\rvert$ (b)	14–25	$\left\lvert\dfrac{x_N - x_{N-2}}{x_N - x_3}\right\rvert$ (d)

(**596**)

wobei $x_1 < x_2 < \cdots < x_N$, wenn ein rechtsliegender Extremwert geprüft wird
$x_N < x_{N-1} < \cdots < x_1$, wenn ein linksliegender Extremwert geprüft wird

Bei Stichproben über 25 prüfe man nach (**595**) unter Verwendung von $\bar{x}$ und s an Stelle von μ und σ.

Allgemeines zur Prüfung von Extremwerten

Streichungen von Extremwerten sind sehr «beliebt», erfolgen oft stillschweigend und ohne statistische Prüfung. Manchmal sind Extremwerte auch schon zum Verschwinden gebracht worden, *bevor* das Zahlenmaterial in die Hände des Prüfers gekommen ist. Dies sollte man verhindern, denn oft sind Extremwerte in gewissen Situationen die *aufschlußreichsten* Werte einer Stichprobe.

Ist ein Extremwert bei korrekter statistischer Prüfung nach (**593**), (**595**) oder (**596**) signifikant zu groß, so ist eine Streichung eigentlich nur dann *realiter* gerechtfertigt, wenn eine Überprüfung der Versuche einen *kausalen* Grund zutage fördert, der den Extremwert verursachte, wie beispielsweise, daß bei einer Messung oder Umrechnung ein Fehler gemacht wurde, daß sich ein Kranker ins Untersuchungsmaterial von Gesunden verirrte usw. Solche Extremwerte stammen somit aus *anderen* Grundgesamtheiten und *müssen* gestrichen werden.

Stammt aber der Extremwert mit großer Wahrscheinlichkeit aus derselben Grundgesamtheit wie die Stichprobe, dann gelten folgende Überlegungen: Je kleiner Stichproben sind, um so unwahrscheinlicher ist es, daß extreme Werte der Grundgesamtheit hineingeraten. Bei kleinen Stichproben kann ein Extremwert tatsächlich das Bild gründlich verfälschen, das die Stichprobe von der Grundgesamtheit geben sollte. In solchen Fällen *darf* er gestrichen werden. Man wähle aber vorsichtigerweise eine kleine Signifikanzwahrscheinlichkeit, wenigstens bei größeren Stichproben.

Einen dritten Umstand soll man sich bei solchen Streichungen auch noch überlegen: Obige Prüfungen basieren auf der Voraussetzung einer *normalverteilten* Grundgesamtheit. Ist dies nicht der Fall, so sind obige Prüfungen allesamt sozusagen *wertlos*, weil sie in besonderem Maße von der Voraussetzung der Normalität abhängig sind.

Spezielles zur Prüfung von Extremwerten

Führt der Test nach (**592**) zur postulierten Signifikanz, so sind je nach Situation *beide* Extremwerte, der linke und der rechte, *oder* die *ganze* Stichprobe zu verwerfen, weil sie nicht aus jener Grundgesamtheit stammt, aus der die Stichprobe mit dem berechneten s erhoben wurde.

Extremwertprüfungen dürfen an der gleichen Stichprobe mehrmals durchgeführt werden. Der Stichprobenumfang ist nach jeder Streichung vor der erneuten Prüfung um 1 zu verkleinern. Die resultierende Irrtumswahrscheinlichkeit α_{res} für die Gesamtheit k der signifikanten Prüfungen ist dann in der Größenordnung ungefähr

$$\alpha_{res} \sim 1 - (1 - \alpha_1)(1 - \alpha_2) \ldots (1 - \alpha_k)$$

Beispiel 37. Wir prüfen nach (**596**d) die Stichprobe des Beispiels 24, S. 161, rechts.

1. Prüfung ($N = 21$) Rechtsliegende Extremabweichung $\dfrac{4{,}41 - 2{,}68}{4{,}41 - 1{,}76} = 0{,}653$; Abweichung ist zu groß ($\alpha \ll 0{,}005$)

2. Prüfung ($N = 20$) Rechtsliegende Extremabweichung $\dfrac{3{,}56 - 2{,}35}{3{,}56 - 1{,}76} = 0{,}672$; Abweichung ist zu groß ($\alpha \ll 0{,}005$)

Erst die *5. Prüfung* ergibt keine signifikante Abweichung mehr.

Nach 2 Streichungen ist $\alpha_{res} \sim 1 - (\gg 0{,}995)\,(\gg 0{,}995) < 0{,}01$, wenn die Stichprobe aus einer normalverteilten Grundgesamtheit stammen würde. Dies ist nicht der Fall (vgl. Abschnitt 10 H, S. 162), die Extremwerte dürfen gar nicht gestrichen werden.

15. Die normalverteilte Grundgesamtheit: Vergleich einer Stichprobe mit der hypothetischen Grundgesamtheit

15A. Vergleich der Standardabweichungen s mit σ bzw. der Varianzen s^2 mit σ^2

Man bilde die Vertrauensgrenzen für σ nach (**584**) oder analog dazu für σ^2, indem man s^2 an Stelle von s und k^2 an Stelle von k nimmt. Dann vergleicht man das hypothetische σ oder σ^2 mit diesen Grenzen und interpretiere nach (**476**).

15B. Vergleich der Mittelwerte $\bar{x}$ und μ

Der Vergleich der Schätzung $\bar{x}$ mit dem hypothetischen Mittelwert erfolgt nach den in (**598**) bis (**602**) angegebenen Prüfquotienten. Man vergleicht den numerischen Wert dieses Quotienten mit jenem der angegebenen Schranke:

Ist der Prüfquotient *kleiner* als die Schranke, so interpretiere man nach (**474**) oder (**475**). Erreicht oder überschreitet er die Schranke, so ist

	Signifikanz in Klammer	
	Einseitiger Test	Zweiseitiger Test
Wenn $\bar{x} - \mu < 0$	$\bar{x} < \mu$ (α)	$\bar{x} \neq \mu$ (2α)
Wenn $\bar{x} - \mu > 0$	$\bar{x} > \mu$ (α)	

(**597**)

Der c-Test (Normalverteilung)
Anwendbarkeit: wenn σ bekannt oder wenn der Freiheitsgrad von $s = N - 1 > 200$

Prüfquotient	Signifikanzschranke	
$\dfrac{\lvert\bar{x} - \mu\rvert\sqrt{N}}{\sigma}$; oder $\dfrac{\lvert\bar{x} - \mu\rvert\sqrt{N}}{s_{N-1}}$; $N > 201$	$\lvert c_\alpha\rvert$, S. 28	(a)
$\dfrac{(\bar{x} - \mu)^2 N}{\sigma^2}$; oder $\dfrac{(\bar{x} - \mu)^2 N}{s^2_{N-1}}$; $N > 201$	$\chi^2_{\nu=1}$, S. 36; $\alpha = \frac{1}{2}\int_r$, $2\alpha = 1\int_r$	(b)
$\dfrac{\lvert\bar{x} - \mu\rvert}{s_{N-1}}$; $N > 201$	$c/\sqrt{N}$ = Vertrauensfaktor k_2, S. 43	(c)

(**598**)

Der t-Test (STUDENT-Verteilung)
Anwendbarkeit: wenn σ unbekannt und der Freiheitsgrad von $s = N - 1 \leqq 200$

Prüfquotient	Signifikanzschranke	
$\dfrac{\lvert\bar{x} - \mu\rvert\sqrt{N}}{s_{N-1}}$; $N \leqq 201$	t_{N-1}, S. 32–35; $\alpha = P$, $2\alpha = 2P$	(a)
$\dfrac{(\bar{x} - \mu)^2 N}{s^2_{N-1}}$; $N \leqq 201$	t^2_{N-1}, S. 42; $\alpha = \frac{1}{2}P$, $2\alpha = P$; vgl. Nachsatz zu (**552**)	(b)
$\dfrac{\lvert\bar{x} - \mu\rvert}{s_{N-1}}$; $N \leqq 201$	$t_{N-1}/\sqrt{N}$ = Vertrauensfaktor k_2, S. 43	(c)

(**599**)

Der LORD-Test[17] auf Grund des Extrembereiches
Anwendbarkeit: bei Stichproben des Umfanges $N \leqq 20$ (a) und darüber (b)

Prüfquotient	Signifikanzschranke	
$\dfrac{\lvert\bar{x} - \mu\rvert}{x_N - x_1}$; $N \leqq 20$; $x_1 < x_2 < \cdots < x_N$	S. 53, linke Spalte, Mitte	(a)
$\dfrac{\lvert\bar{x} - \mu\rvert\, m}{[\Sigma(x_n - x_1)]\, \boldsymbol{A}_{m,n}}$; $m \times n = N$	S. 49; $\boldsymbol{A}_{m,n}$, S. 48	(b)

m = Anzahl der Untergruppen des Umfanges n (vgl. Abschnitt 14 A, S. 170), in denen $x_1 < x_2 < \cdots < x_n$

(**600**)

Der Midrange-Test[18] auf Grund des Extrembereiches
Anwendbarkeit: bei Stichproben des Umfanges $N \leqq 10$

Prüfquotient	Signifikanzschranke
$\dfrac{\lvert x_N + x_1 - 2\mu\rvert}{x_N - x_1}$; $N \leqq 10$	S. 53, rechte Spalte, oben

(**601**)

Der WALSH-Test[18,19]

Anwendbarkeit: bei Stichproben des Umfanges $4 \leqq N \leqq 14$ aus *beliebigen*, *symmetrischen* Grundgesamtheiten

Prüfquotient	Signifikanzschranke	
S. 53, rechte Spalte, unten	S. 53, rechte Spalte, unten	(**602**)

Kommentar: Bei Verwendung von (**598**b) und (**599**b) muß man zwar $\bar{x} - \mu$ ins Quadrat erheben, erspart sich aber dafür die Quadratwurzel aus s^2 (sofern man s nicht braucht). Bei Verwendung von (**598**c) und (**599**c) erspart man sich die Multiplikation mit $\sqrt{N}$, ferner vollzieht sich der Übergang von t zu c bei Verwendung der Tafel S. 43 ganz «automatisch».

Ausgesprochene *Schnellteste* sind (**600**) bis (**602**), vor allem (**601**), wo man nicht einmal $\bar{x}$ auszurechnen hat. Ihre Macht ist in den tabellierten Bereichen praktisch gleich der Macht von (**599**). Der WALSH-Test eignet sich nicht nur für Normal-, sondern für *alle* symmetrischen Verteilungen. Im letzteren Fall liegt die Signifikanzwahrscheinlichkeit für N bis 8 etwas über der tabellierten, ist aber exakt für $N > 8$.

Steht keine Rechenmaschine zur Verfügung, so sind Multiplikationen schneller durchzuführen als Divisionen. Man multipliziere in diesem Falle die Signifikanzschranke mit dem Divisor des Prüfquotienten und erhält damit die Schranke für den Dividenden.

Beispiel 38. Wenn t die Schranke für $\dfrac{|x-\mu|\sqrt{N}}{s}$ ist, ist $t\,s$ die Schranke für $|x-\mu|\sqrt{N}$.

16. Die normalverteilte Grundgesamtheit: Vergleich zweier Stichproben

Beim Vergleich zweier Stichproben sind folgende Hypothesen über die Parameter der zugrunde liegenden Grundgesamtheiten in Betracht zu ziehen.

$$\sigma_1^2 = \sigma_2^2 \begin{cases} \mu_1 = \mu_2 & \text{(a)} \\ \mu_1 \neq \mu_2 & \text{(b)} \end{cases} \qquad (\mathbf{603})$$

$$\sigma_1^2 \neq \sigma_2^2 \begin{cases} \mu_1 = \mu_2 & \text{(a)} \\ \mu_1 \neq \mu_2 & \text{(b)} \end{cases} \qquad (\mathbf{604})$$

16A. Vergleich der Varianzen

Der Prüfquotient der Hypothese $(\sigma_1^2 = \sigma_2^2)$ von (**603**) ist (**570**), wobei immer die *größere der beiden Stichprobenvarianzen in den Zähler gesetzt wird.* Damit ist im Hinblick auf die *Indices der Tafel* eine Umnumerierung der Varianzen dann erforderlich, wenn s_1^2 (aus Stichprobe 1) kleiner ist als s_2^2. *Der Freiheitsgrad* ν_1 *der Tafel S. 40 und 41 entspricht immer dem Freiheitsgrad des Zählers von* (**570**). (**605**)

s_1^2 und s_2^2 müssen nach (**492**) berechnet werden. Ihre Freiheitsgrade sind $\nu_1 = N_1 - 1$; $\nu_2 = N_2 - 1$.

Ist der Prüfquotient *kleiner* als die Signifikanzschranke F, S. 40 und 41, so darf nach (**474**) angenommen werden, daß $\sigma_1^2 = \sigma_2^2$. Die Prüfung der Mittelwerte erfolgt in diesem Falle nach Abschnitt 16B. *Erreicht* oder *übersteigt* der Prüfquotient die Signifikanzschranke F, dann gilt $\sigma_1^2 > \sigma_2^2$ (Signifikanzwahrscheinlichkeit $\alpha = P$) oder $\sigma_1^2 \neq \sigma_2^2$ (Signifikanzwahrscheinlichkeit $2\alpha = 2P$). Die Prüfung der Mittelwerte erfolgt nach Abschnitt 16C.

16B. Vergleich der Mittelwerte, wenn $\sigma_1^2 = \sigma_2^2$

Wir symbolisieren zunächst

$$|\bar{x}_1 - \bar{x}_2| = d \text{ und } |\mu_1 - \mu_2| = \boldsymbol{d} \qquad (\mathbf{606})$$

Die Schätzung der gemeinsamen Standardabweichung $\sigma = \sigma_1 = \sigma_2$ ist

$$s = \sqrt{\frac{S_1 + S_2}{N_1 + N_2 - 2}}\,; \; S_1 \text{ und } S_2 \text{ nach } (\mathbf{493}) \qquad \nu_s = \nu_1 + \nu_2 = N_1 + N_2 - 2 \qquad (\mathbf{607})$$

Die Schätzung der Standardabweichung der Differenz $\boldsymbol{d}$ ist

$$s_d = s\sqrt{\frac{1}{N_1} + \frac{1}{N_2}}\,; \; s \text{ nach } (\mathbf{607});\; \nu_{s_d} = N_1 + N_2 - 2 \qquad (\mathbf{608})$$

Ist σ bekannt, so wird in (**608**) σ an Stelle von s gesetzt. Ist $N_1 = 1$, so wird $s_d = s\sqrt{1 + 1/N_2}$, $\nu = N_2 - 1$; vgl. dazu (**452**) und (**583**c und e).

Die Prüfquotienten für die Hypothese $(\mu_1 = \mu_2 \mid \sigma_1^2 = \sigma_2^2)$ sind

wenn σ bekannt oder $\nu > 200$
d/σ_d oder d/s_d; Schranke $|c_\alpha|$, S. 28 (a)

wenn $\nu \leqq 200$
d/s_d; Schranke t_ν, S. 32–35; $\alpha = P$, $2\alpha = 2P$ (b)

oder

d^2/s_d^2; Schranke $t_\nu^2\,[= F(1;\nu)]$, S. 42; $\alpha = \tfrac{1}{2}P$, $2\alpha = P$ (c) (**609**)

Erreicht oder *überschreitet* der Prüfquotient die Signifikanzschranke, so ist $\mu_1 \neq \mu_2$. Man möchte dann manchmal die Hypothese $(\mu_1 - \mu_2 = \boldsymbol{d} \mid \sigma_1^2 = \sigma_2^2)$ prüfen:

Den Prüfquotienten erhält man, indem man in (**609**) $|d - \boldsymbol{d}|$ an Stelle von d setzt. Überschreitet der Prüfquotient die Signifikanzschranke, so ist $\mu_1 - \mu_2 \neq \boldsymbol{d}$. (**610**)

Die Vertrauensgrenzen für $\boldsymbol{d}$ sind

zweiseitig
$$\text{Prob}(d - t_{\nu,\alpha} \times s_d \leqq \boldsymbol{d} \leqq d + t_{\nu,\alpha} \times s_d) = 1 - 2\alpha \qquad \text{(a)}$$
einseitig nach oben begrenzt
$$\text{Prob}(\boldsymbol{d} \leqq d + t_{\nu,\alpha} \times s_d) = 1 - \alpha \qquad \text{(b)} \qquad (\mathbf{611})$$

Ist der Prüfquotient in (**609**) *kleiner* als die Signifikanzschranke, so darf nach (**474**) angenommen werden, $\mu_1 = \mu_2$. Da auch $\sigma_1^2 = \sigma_2^2$, darf als Schlußresultat angenommen werden, die beiden Stichproben 1 und 2 stammten aus derselben Grundgesamtheit mit Mittelwert μ und Varianz σ^2. Schätzungen dieser Parameter sind

$$\bar{x} = \frac{\sum\limits_1^{N_1} x_1 + \sum\limits_1^{N_2} x_2}{N_1 + N_2} = \frac{N_1\bar{x}_1 + N_2\bar{x}_2}{N_1 + N_2} \qquad (\mathbf{612})$$

$$s^2 = \frac{S_1 + S_2 + \dfrac{\left(\sum\limits_1^{N_1} x_1\right)^2}{N_1} + \dfrac{\left(\sum\limits_1^{N_2} x_2\right)^2}{N_2} - \dfrac{\left(\sum\limits_1^{N} x_1 + \sum\limits_1^{N_2} x_2\right)^2}{N_1 + N_2}}{N_1 + N_2 - 1}$$
$$= \frac{\nu_1 s_1^2 + \nu_2 s_2^2 + N_1\bar{x}_1^2 + N_2\bar{x}_2^2 - \dfrac{(N_1\bar{x}_1 + N_2\bar{x}_2)^2}{N_1 + N_2}}{N_1 + N_2 - 1} \qquad (\mathbf{613})$$

[wobei $\nu_s = N_1 + N_2 - 1$ und S_1 und S_2 nach (**493**)].

16C. Vergleich der Mittelwerte, wenn $\sigma_1^2 \neq \sigma_2^2$

Sind σ_1 und σ_2 bekannt, oder ist $N_1 + N_2 > 200$, so ist

$$\sigma_{\boldsymbol{d}} = \sqrt{\frac{\sigma_1^2}{N_1} + \frac{\sigma_2^2}{N_2}} \text{ bzw. } s_d = \sqrt{\frac{s_1^2}{N_1} + \frac{s_2^2}{N_2}} \qquad (\mathbf{614})$$

und die Prüfquotienten

$$\frac{d}{\sigma_{\boldsymbol{d}}} \text{ bzw. } \frac{d}{s_d} \text{ oder } \frac{|d - \boldsymbol{d}|}{\sigma_{\boldsymbol{d}}} \text{ bzw. } \frac{|d - \boldsymbol{d}|}{s_d} \qquad (\mathbf{615})$$

haben die gleichen Schranken wie (**609** a).

Sind σ_1 und σ_2 unbekannt, so haben die Prüfquotienten

$$\frac{d}{s_d} \text{ bzw. } \frac{|d - \boldsymbol{d}|}{s_d} \qquad (\mathbf{616})$$

Schranken[53] wie (**609** b), wobei

$$s_d = \sqrt{\frac{s_1^2}{N_1} + \frac{s_2^2}{N_2}} \qquad \text{(a)}$$

$$\nu = \frac{1}{k^2/\nu_1 + (1-k)^2/\nu_2} \qquad \text{(b)}$$

(wobei ν_1 und ν_2 Freiheitsgrade von s_1 und s_2)

$$k = \frac{N_2 s_1^2}{N_2 s_1^2 + N_1 s_2^2} \qquad \text{(c)} \qquad (\mathbf{617})$$

16D. Prüfung von Paardifferenzen

Können zwei Analysenmethoden am gleichen Substrat, zwei Behandlungsmethoden am gleichen Individuum untersucht werden, dann wird die *Macht einer Prüfung bedeutend vergrößert*, wenn an Stelle der Differenz *zweier* Mittelwerte *ein* aus der Summe der Paardifferenzen errechneter Mittelwert getestet wird.

A und B seien die zu vergleichenden Behandlungsmethoden, $A_i - B_i = d_i$ die Differenz der zwei Resultate dieser Methoden, die am Reagenden i erzielt wurden, N die Gesamtzahl der Reagenden. Man erhält damit eine Stichprobe des Umfanges N aller Paardifferenzen d_i, die nach (**598**) bis (**602**) geprüft wird, in der Regel mit einem hypothetischen Mittelwert $\mu = 0$. Weitere, noch einfachere Methoden zur Prüfung von Paardifferenzen sind der Zeichentest (vgl. Abschnitt 10 H), S. 162, der WILCOXON-Test und in gewissen Fällen die entsprechende Sequentialanalyse.

Die Verfahren 16 A, B, C, E und 17 A, B dürfen im Falle 16 D wegen Abhängigkeit der Stichproben nicht angewendet werden.

16E. Prüfung zweier Stichproben auf Grund des Extrembereiches [17]

a) Zwei Stichproben gleichen Umfanges, $N' = N'' = N \leqq 20$

$x'_N - x'_1$ und $x''_N - x''_1$ sind die Extrembereiche der beiden Stichproben; der Prüfquotient ist dann

$$\frac{|\bar{x}' - \bar{x}''|}{x'_N - x'_1 + x''_N - x''_1}\,;\quad \text{Schranke S. 53, linke Spalte, unten} \qquad (\mathbf{618})$$

b) Zwei Stichproben ungleichen Umfanges oder gleichen Umfanges, aber größer als in a)

Jede der Stichproben wird in m' bzw. m'' zufällige Untergruppen desselben Umfanges n eingeteilt (vgl. Abschnitt 14 A, S. 170). Die Summe aller Extrembereiche dieser Untergruppen aus beiden Stichproben sei S_E. Der Prüfquotient ist dann

$$\frac{|\bar{x}' - \bar{x}''|\sqrt{m'm''}}{S_E \times \boldsymbol{A}_{m,n}}\,;\quad m = m' + m''\text{; Schranke S. 49; } \boldsymbol{A}_{m,n} \text{ S. 48} \qquad (\mathbf{619})$$

17. Die normalverteilte Grundgesamtheit: Prüfung mehrerer Stichproben

Gegeben seien n Stichproben mit den Umfängen

$$N_1, N_2, \ldots, N_i, \ldots, N_n, \text{ wobei } \sum_1^n N_i = N \qquad \text{(a)}$$

den Summen der Einzelwerte x

$$\sum_1^{N_1} x_1, \sum_1^{N_2} x_2, \ldots, \sum_1^{N_i} x_i, \ldots, \sum_1^{N_n} x_n, \text{ wobei } \sum_1^n \sum_1^{N_i} x_i = \sum_1^N x \qquad \text{(b)}$$

den Summen der Einzelquadrate x^2

$$\sum_1^{N_1} x_1^2, \sum_1^{N_2} x_2^2, \ldots, \sum_1^{N_i} x_i^2, \ldots, \sum_1^{N_n} x_n^2, \text{ wobei } \sum_1^n \sum_1^{N_i} x_i^2 = \sum_1^N x^2 \qquad \text{(c)}$$

den Quadratsummen nach (**493**)

$$S_1, S_2, \ldots, S_i, \ldots, S_n, \text{ wobei } \sum_1^n S_i = S \qquad \text{(d)}$$

den Freiheitsgraden

$$N_1 - 1, N_2 - 1, \ldots, N_i - 1, \ldots, N_n - 1$$
(symbolisiert mit $\nu_1, \nu_2, \ldots, \nu_i, \ldots, \nu_n$),
$$\text{wobei } \sum_1^n N_i - 1 = N - n = \nu = \sum_1^n \nu_i \qquad \text{(e)}$$

den Mittelwerten $\bar{x}_1, \bar{x}_2, \ldots, \bar{x}_i, \ldots, \bar{x}_n$ nach (**491**) (f)

den Varianzen $s_1^2, s_2^2, \ldots, s_i^2, \ldots, s_n^2$ nach (**492**) (g)

(**620**)

17A. Prüfung der Varianzen

Die Hypothese $\sigma_1^2 = \sigma_2^2 = \cdots = \sigma_i^2 = \cdots = \sigma_n^2$ wird mit dem Test nach BARTLETT [20] geprüft.

Die Schätzung der gemeinsamen Varianz σ^2 ist

$$s^2 = S/\nu, \quad \text{wobei } \nu_s = N - n \qquad S, \nu \text{ und } N \text{ nach } (\mathbf{620}\text{ d, e und a}) \qquad (\mathbf{621})$$

Die Prüfgröße für s^2 ist

$$2{,}3026\left(\nu \log s^2 - \sum_1^n \nu_i \log s_i^2\right)/k;\ s^2 \text{ nach } (\mathbf{621}),\ \nu, \nu_i \text{ und } s_i^2 \text{ nach } (\mathbf{620}\text{ e und g}) \qquad \text{(a)}$$

wobei

$$k = 1 + \left(\sum_1^n \frac{1}{\nu_i} - \frac{1}{\nu}\right)/3(n-1);\ \nu \text{ und } \nu_i \text{ nach } (\mathbf{620}\text{ e}) \qquad \text{(b)}$$

wenn $\nu_1 = \nu_2 = \cdots = \nu_i = \cdots = \nu_n = \nu_0$, werden (**622** a und b):

$$2{,}3026\,\nu\left[\log s^2 - (1/n)\sum_1^n \log s_i^2\right]/k;\ \text{siehe (a)} \qquad \text{(c)}$$

und

$$k = 1 + (n+1)/3\nu;\ \text{siehe (b)} \qquad \text{(d)}$$

(**622**)

Signifikanzschranke für die Prüfgrößen (**622** a) und (**622** c) ist χ^2, $\nu = n - 1$, S. 36–39, $2\alpha = 1\int_r$. *Erreicht* oder *übersteigt* die Prüfgröße die Signifikanzschranke, so befinden sich unter den verglichenen Stichproben solche mit unterschiedlichen Varianzen. Ist die Prüfgröße *kleiner* als die Schranke, so kann nach (**474**) angenommen werden, daß alle Stichprobengrundgesamtheiten die gleiche Varianz haben. In diesem Fall kann man die Mittelwerte nach 17 B weiteranalysieren.

17B. Prüfung der Mittelwerte, einfache Varianzanalyse

Zur Prüfung der Hypothese $\mu_1 = \mu_2 = \cdots = \mu_i = \cdots = \mu_n$ machen wir folgende Aufstellung [vgl. dazu (**620**)]:

Bezeichnung	Quadratsumme	Freiheitsgrad	Varianz
Varianz zwischen den Stichproben	S_2	$n-1$	$s_2^2 = S_2/(n-1)$
Varianz innerhalb der Stichproben	S_1	$N-n$	$s_1^2 = S_1/(N-n)$
Total.............	S_T	$N-1$	$s_T^2 = S_T/(N-1)$

(**623**)

$$\text{wobei } S_2 = \sum_1^n N_i(\bar{x}_i - \bar{x})^2 = \sum_1^n\left(\sum_1^{N_i} x_i\right)^2\Big/N_i - \left(\sum_1^N x\right)^2\Big/N \qquad \text{(a)}$$

$$S_1 = S\,[\text{nach } (\mathbf{620}\text{ d})] = S_T - S_2 \qquad \text{(b)}$$

$$S_T = S_1 + S_2 \quad = \sum_1^N x^2 - \left(\sum_1^N x\right)^2\Big/N \qquad \text{(c)}$$

$$\text{und } \bar{x} = \left(\sum_1^N x\right)\Big/N \qquad \text{(d)}$$

(**624**)

Man benutze in (**624**) die 2 Identitäten in (a), (b) und (c) zur Kontrolle.

In (**623**) repräsentiert s_2^2 die Streuung der Stichprobenmittelwerte $\bar{x}_i$ um den gemeinsamen Mittelwert $\bar{x}$, s_1^2 die Streuung der Einzelwerte um die Stichprobenmittelwerte. Stammen alle Stichproben aus derselben Grundgesamtheit mit $\mu_1 = \mu_2 = \cdots = \mu_i = \cdots = \mu_n = \mu$ (die Varianzen haben wir in diesem Sinn geprüft), so sollten die Varianzen s_2^2 und s_1^2 ungefähr gleich groß sein. Sind sie dies nicht, so befinden sich unter den Stichproben solche mit unterschiedlichen Mittelwerten, und zwar muß in diesem Falle $s_2^2 > s_1^2$ sein. Die Durchführung des entsprechenden F-Testes kann man sich somit ersparen, wenn $s_2^2 \leqq s_1^2$.

Der Prüfquotient ist s_2^2/s_1^2, Schranke F, S. 40 und 41; $\alpha = P$ wobei $s_2^2 > s_1^2$ (**625**)

Ist der Prüfquotient kleiner als die Signifikanzschranke, so darf nach (**474**) angenommen werden, alle Stichproben stammten aus derselben Grundgesamtheit. Schätzungen ihres Mittelwertes μ und Varianz σ^2 sind

$$\bar{x} = (\mathbf{624}\text{ d});\ s^2 = (\mathbf{621}) \text{ mit } \nu = N - n \qquad (\mathbf{626})$$

[Vertrauens- und Toleranzbereiche nach (**580**) bis (**584**)]

Erreicht oder übersteigt der Prüfquotient die Signifikanzschranke F, so müssen sich unter den Mittelwerten solche unterschiedlicher Größe befinden. Es wurden verschiedene Methoden zur Untersuchung dieser Situation vorgeschlagen [21]. Im folgenden verwenden wir jene von DUNCAN [21].

Voraussetzung ist, daß *alle Stichproben denselben Umfang* N_0 haben. Man berechnet zunächst die Standardabweichung eines Mittelwertes $\bar{x}_i$

$$s_{\bar{x}_i} = \sqrt{s^2/N_0}\,;\ s^2 \text{ nach } (\mathbf{621}) \qquad (\mathbf{627})$$
$$\nu_{s_{\bar{x}_i}} = N - n$$

dann rangiert man die Mittelwerte $\bar{x}_i$

$$\bar{x}_1 < \bar{x}_2 < \cdots < \bar{x}_i < \cdots < \bar{x}_n;$$
$$1, 2, \ldots, i, \ldots, n = \text{Ordnungszahlen } O \qquad (\mathbf{628})$$

und sucht in Tafel S. 50 die dem Freiheitsgrad $\nu_{s_{\bar{x}_i}}$ und den Ordnungszahlen $O = 2, 3, \ldots, n$ entsprechenden Extrembereiche W_i. Diese werden mit der Standardabweichung eines Mittelwertes $s_{\bar{x}_i}$ [vgl. (**627**)] multipliziert, und man erhält die Extrembereiche der Mittelwerte $W_{\bar{x}_i}$. Diese subtrahiert man von den Mittelwerten $\bar{x}_i$ und erhält die lokalisierten Extrembereiche $\bar{x}_i - W_{\bar{x}_i}$. Nun gilt:

Alle in einem lokalisierten Extrembereich $\bar{x}_i - W_{\bar{x}_i}$ befindlichen Mittelwerte lassen sich nicht signifikant voneinander unterscheiden. **(629)**

Man unterstreicht in der Rangfolge (**628**) die nach (**629**) nicht unterscheidbaren Mittelwerte und erhält als Resultat:

Zwei Mittelwerte, die *nicht* durch eine gemeinsame Linie unterstrichen sind, unterscheiden sich signifikant voneinander (Signifikanzwahrscheinlichkeit α der Tafel). **(630)**

Beispiel 39. Gegeben 7 Stichproben mit den unten angegebenen Mittelwerten $\bar{x}_i$. $N_0 = 5$, $N = 35$, $s_v = 0{,}099$, $\nu_s = 28$. Signifikanzwahrscheinlichkeit $= 0{,}05$.

Die Standardabweichung eines Mittelwertes ist nach (**627**) $s_{\bar{x}_i} = \sqrt{0{,}099/5} \approx 0{,}1407$. Die Extrembereiche W_i und $W_{\bar{x}_i} = W_i \times s_{\bar{x}_i}$ sind ebenfalls unten angeschrieben. Mit der Subtraktion $\bar{x}_i - W_{\bar{x}_i}$ hört man dann auf, wenn die entsprechende Unterstreichung den untersten Mittelwert erreicht oder überschreitet.

O	1	2	3	4	5	6	7
$\bar{x}$	1,34	1,36	1,48	1,62	1,74	1,88	2,04
W_i		2,90	3,04	3,13	3,20	3,26	3,30
$W_{\bar{x}_i}$		0,408	0,428	0,440	0,450	0,459	0,464
$\bar{x}_i - W_{\bar{x}_i}$					1,290	1,421	1,576
(**629**)	1,34	1,36	1,48	1,62	1,74	1,88	2,04

Als Schlußresultat ergibt sich nach (**630**): $2{,}04 > 1{,}34$ bis $1{,}48$; $1{,}88 > 1{,}34$ bis $1{,}36$.

18. Die normalverteilte Grundgesamtheit: Regression erster Art

Im folgenden beschränken wir uns auf *lineare* Regressionsfunktionen.

Oft bestehen zwischen zwei oder mehr Veränderlichen funktionelle Beziehungen, die aber durch Zufallseinflüsse mehr oder weniger überdeckt werden. So verändert sich zum Beispiel mit wachsender Dosis die Dosiswirkung in bestimmter Richtung. Die Wirkung wird aber nie eine exakte Funktion der Dosierung sein. Sie wird vielmehr – selbst beim gleichen Probanden – um eine Kurve, die *Regressionsfunktion*, in zufälliger Art hin und her schwanken. Die statistischen Methoden bieten hier die Möglichkeit, die Parameter der Regressionsfunktion und die benötigten Varianzen zu schätzen.

Im obigen Beispiel ist die Dosierung *keine* zufällige Veränderliche, wohl aber die von ihr abhängige Dosiswirkung. Wir sprechen in einem solchen Falle von einer Regression *erster Art.* Als Regression *zweiter Art* bezeichnen wir jene Fälle, wo *beide* Veränderliche Zufallsvariable sind. Eine Regression zweiter Art läßt sich wie eine Regression erster Art behandeln, wenn die Variationsbreite und die Meßpunkte der als abhängig genommenen Veränderlichen zum voraus arbitrarisch festgelegt werden.

Bei der Regression erster Art gibt es nur *eine* Regressionsgerade, die Regression von y nach x, die für Berechnungen in beiden Richtungen, von y nach x und von x nach y, gebraucht wird. Vgl. dazu Abschnitt 19, S. 180.

18A. Schätzung der Parameter der Regressionsgeraden Y [vgl. (298) bis (311)]

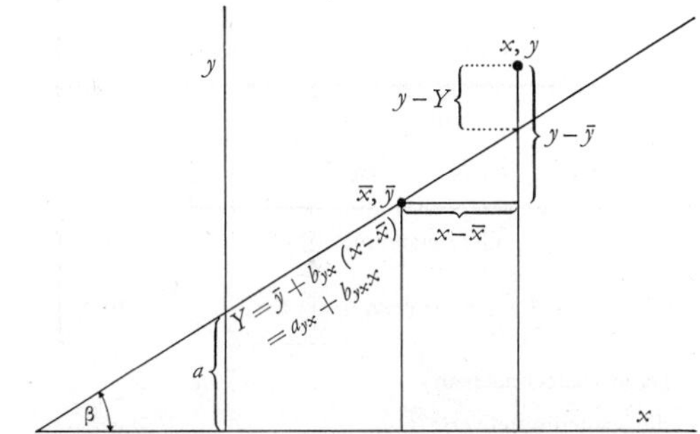

Abb. 35. Lineare Regression, ungruppierte Stichprobe.

Ungruppierte Stichproben, zwei Variablen

Gegeben n Beobachtungspaare x, y. x ist die *unabhängige, nichtzufällige* Veränderliche, y die *abhängige, zufällige* Variable.

Schätzung Y der Regressionsgeraden $\boldsymbol{Y}$

$$\begin{aligned} Y &= \bar{y} + b_{yx}(x - \bar{x}) && \text{(a)} \\ &= a_{yx} + b_{yx}x && \text{(b)} \end{aligned} \qquad \textbf{(631)}$$

[wobei $a_{yx} = \bar{y} - b_{yx}\bar{x}$ und $\bar{y}$ sowie $\bar{x}$ nach (**491**), b_{yx} nach (**632**)]

Schätzung b_{yx} des Regressionskoeffizienten $\boldsymbol{b}_{yx}$

$$b_{yx} = \frac{s_{xy}}{s_x^2} = \frac{S_{xy}}{S_x} \qquad \textbf{(632)}$$

[s_x^2 und S_x nach (**492**) und (**493**). Für s_{xy} siehe (**633**). b_{yx} ist der Tangens des Steigungswinkels β_{yx} der Regressionsgeraden Y. Vgl. (**299**).]

Schätzung s_{xy} der Kovarianz σ_{xy}

$$s_{xy} = \frac{\Sigma(x - \bar{x})(y - \bar{y})}{n - 1} = \frac{S_{xy}}{n - 1} \qquad \textbf{(633)}$$

[für S_{xy} siehe (**634**)]

Die Berechnung von S_{xy} wird durch folgende Identitäten erleichtert

$$\begin{aligned} S_{xy} &= \Sigma(x - \bar{x})(y - \bar{y}) && \text{(a)} \\ &= \Sigma xy - \bar{x}\Sigma y && \text{(b)} \\ &= \Sigma xy - \bar{y}\Sigma x && \text{(c)} \\ &= \Sigma xy - \Sigma x \Sigma y/n && \text{(d)} \\ [&= s_{xy}(n - 1)] && \text{(e)} \end{aligned} \qquad \textbf{(634)}$$

Schätzung $s_{y.x}^2$ der Restvarianz $\sigma_{y.x}^2$

$$\begin{aligned} s_{y.x}^2 &= \frac{\Sigma(Y - y)^2}{n - 2} = \frac{S_{y.x}}{n - 2} && \text{(a)} \\ &= s_y^2(1 - r^2)\frac{n - 1}{n - 2} && \text{(b)} \end{aligned} \qquad \textbf{(635)}$$

[für $S_{y.x}$ und r^2 vgl. (**636**) und (**704**)]

$\sigma_{y.x}^2$ ist die Varianz von y, nachdem der Einfluß der Streuung von x ausgeschaltet worden ist. Sie ist in der Regel *kleiner* als die Varianz σ_y^2. In ganz seltenen Fällen (bei sehr kleinen Korrelations- oder Regressionskoeffizienten) kann sie auch größer sein, wenn nämlich

$$(1 - r^2)\frac{n - 1}{n - 2} > 1, \text{ in diesem Falle } s_{y.x}^2 > s_y^2$$

Formel (**635** b) gehört eigentlich in den Abschnitt 19. Sie ist der Einfachheit halber hierher gesetzt worden.

Ist r bekannt, so können die Werte $1 - r^2$ der Tafel S. 59 entnommen werden, desgleichen ihre Quadratwurzel. Die Werte von $(n - 1)/(n - 2)$ und ihre Quadratwurzel für n zwischen 1 und 250 finden sich in der Tafel S. 60.

$$\begin{aligned} S_{y.x} &= S_y - b_{yx}S_{xy} && \text{(a)} \\ &= S_y - b_{yx}^2 S_x && \text{(b)} \\ &= S_y(1 - r^2) && \text{(c)} \end{aligned} \qquad \textbf{(636)}$$

[S_y und S_x nach (**493**); S_{xy} nach (**634**); b_{yx} nach (**632**); r^2 nach (**704**); für (**636** c) vgl. Bemerkung zu (**635** b)]

Schätzung $s_{b_{yx}}^2$ der Varianz $\sigma_{b_{yx}}^2$

$$\begin{aligned} s_{b_{yx}}^2 &= s_{y.x}^2/S_x && \text{(a)} \\ &= (s_y^2/s_x^2) \times \frac{1 - r^2}{n - 2} = (S_y/S_x) \times \frac{1 - r^2}{n - 2} && \text{(b)} \end{aligned} \qquad \textbf{(637)}$$

[s_y^2 und s_x^2 nach (**492**); S_y und S_x nach (**493**); $s_{y.x}^2$ nach (**635**); r^2 nach (**704**); für (**637** b) vgl. Bemerkung zu (**635** b)]

Schätzung $s^2_{Y|x}$ der Varianz $\sigma^2_{Y|x}$ der Regressionsgeraden $\boldsymbol{Y}$ im Abszissenpunkt x

$$\left.\begin{aligned} s^2_{Y|x} &= s^2_{y\cdot x}\,[1/n + (x-\bar{x})^2/S_x] \quad &\text{(a)}\\ &= s^2_{b_{yx}}\,[S_x/n + (x-\bar{x})^2] \quad &\text{(b)}\end{aligned}\right\}\ \nu = n-2 \qquad \textbf{(638)}$$

[S_x nach (**493**); $s^2_{y\cdot x}$ nach (**635**), $s^2_{b_{yx}}$ nach (**637**)]

Spezialfälle von (**638**) sind:

Schätzung $s^2_{\bar{y}}$ der Varianz $\sigma^2_{\bar{y}}$ des Mittelwertes $\bar{y}$

$$s^2_{\bar{y}} = s^2_{y\cdot x}/n;\quad \nu = n-2 \qquad \textbf{(639)}$$

Schätzung $s^2_{a_{yx}}$ der Varianz $\sigma^2_{a_{yx}}$ des Abschnittes a

$$\left.\begin{aligned} s^2_{a_{yx}} &= s^2_{y\cdot x}\,(1/n + \bar{x}^2/S_x) \quad &\text{(a)}\\ &= s^2_{b_{yx}}\,(\Sigma x^2)/n \quad &\text{(b)}\end{aligned}\right\}\ \nu = n-2 \qquad \textbf{(640)}$$

[$s^2_{b_{yx}}$ nach (**637**)]

Beispiel 40. Gegeben seien:

x	y	x	y
5,8	2,19	7,8	5,85
6,2	3,27	8,2	6,58
6,6	3,79	8,6	7,41
7,0	4,62	9,0	8,29
7,4	5,32		

Die y-Werte dieses Beispiels entsprechen den empirischen Probits des Beispiels 31 zum Abschnitt 11 F, S. 165.

Es ist $\bar{x}$ $= 7{,}4$ nach (**491**)

$S_x = 9{,}6$ nach (**493**)

$\bar{y} = 47{,}32/9 = 5{,}25\dot{7}$ nach (**491**)

$S_y = 280{,}651 - 248{,}798 = 31{,}853$ nach (**493**)

$s^2_y = S_y/8 = 3{,}981\,625$; $s_y = 1{,}995\,4$ nach (**492** b)

$S_{xy} = 367{,}620 - 350{,}168 = 17{,}452$ nach (**634**)

$b_{yx} = 17{,}452/9{,}6 = 1{,}817\,91\dot{6}$ nach (**632**)

$S_{y\cdot x} = 31{,}853\,0 - 31{,}726\,3 = 0{,}126\,7$ nach (**636** a oder b)

$s^2_{y\cdot x} = 0{,}126\,7/7 = 0{,}018\,1$; $s_{y\cdot x} = 0{,}134\,54$ nach (**635** a)

$s^2_{b_{yx}} = 0{,}018\,1/9{,}6 = 0{,}001\,885\,42$; $s_{b_{yx}} = 0{,}043\,421$ nach (**637** a)

$s^2_{\bar{y}} = 0{,}018\,1/9 = 0{,}002\,0\dot{1}$; $s_{\bar{y}} = 0{,}044\,843$ nach (**639**)

$s^2_{a_{yx}} = 0{,}018\,1\left(0{,}\dot{1} + \dfrac{(7{,}4)^2}{9{,}6}\right) = 0{,}105\,257$; $s_{a_{yx}} = 0{,}324\,43$ nach (**640** a)

$Y = 5{,}25\dot{7} + 1{,}817\,91\dot{6}\,(x - 7{,}4)$ nach (**631** a)

$\;\;= -8{,}194\,8 + 1{,}817\,9\,x$ nach (**631** b)

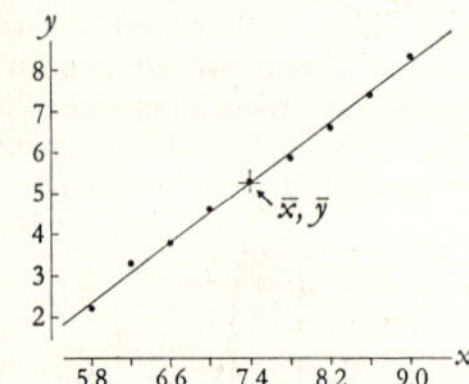

Abb. 36. Illustration zu obigem Beispiel.

Ein Vergleich zwischen Abbildung 30 (S. 165) und Abbildung 36 zeigt, daß die zwei auf grundsätzlich verschiedene Art gewonnenen Probitgeraden sich von bloßem Auge kaum unterscheiden lassen. Das Steigungsmaß der Geraden in Abbildung 30 beträgt $1/0{,}584 = 1{,}712\,3$ und unterscheidet sich signifikant von $1{,}817\,9$, wie wir später sehen werden.

Gruppierte Stichproben, zwei Variablen

Gegeben seien 1, 2, ..., i, ..., k Meßpunkte (Spalten) x_i mit m_1, m_2, ..., m_i, ..., m_k Beobachtungen y_{ij}. x ist die *unabhängige, nichtzufällige*, y die *abhängige, zufällige* Variable.

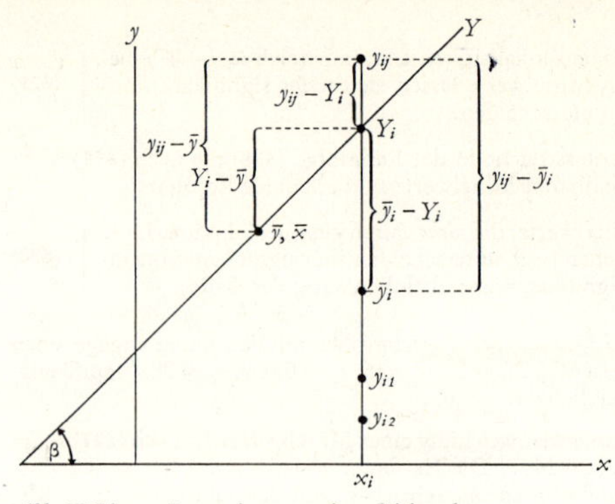

Abb. 37. Lineare Regression, gruppierte Stichprobe.

x	1	2	... i	... k		
y	11	21	... $i1$	... $k1$		
	12	22	... $i2$	... $k2$		
	⋮	⋮	⋮	⋮		
	$1j$	$2j$	ij	kj		
	⋮	⋮	⋮	⋮		
	$1m_1$	$2m_2$	im_i	km_k		
	$\sum_{j=1}^{m_1} y_{1j}$	$\sum_{j=1}^{m_2} y_{2j}$	... $\sum_{j=1}^{m_i} y_{ij}$	... $\sum_{j=1}^{m_k} y_{kj}$		
	Gesamtsumme Σy; Spaltensumme Σy_i				(a; b)	
	$\dfrac{(\sum_{j=1}^{m_1} y_{1j})^2}{m_1}$	$\dfrac{(\sum_{j=1}^{m_2} y_{2j})^2}{m_2}$	... $\dfrac{(\sum_{j=1}^{m_i} y_{ij})^2}{m_i}$	... $\dfrac{(\sum_{j=1}^{m_k} y_{kj})^2}{m_k}$		
	Gesamtsumme $\Sigma(\Sigma y_i)^2/m_i$				(c)	
xy	$x_1\sum_{j=1}^{m_1} y_{1j}$	$x_2\sum_{j=1}^{m_2} y_{2j}$	... $x_i\sum_{j=1}^{m_i} y_{ij}$	... $x_k\sum_{j=1}^{m_k} y_{kj}$		
	Gesamtsumme Σxy				(d)	**(641)**
y^2	$(11)^2$	$(21)^2$	... $(i1)^2$	... $(k1)^2$		
	$(12)^2$	$(22)^2$	... $(i2)^2$	... $(k2)^2$		
	⋮	⋮	⋮	⋮		
	$(1j)^2$	$(2j)^2$	... $(ij)^2$	... $(kj)^2$		
	⋮	⋮	⋮	⋮		
	$(1m_1)^2$	$(2m_2)^2$	... $(im_i)^2$	... $(km_k)^2$		
	$\sum_{j=1}^{m_1} y^2_{1j}$	$\sum_{j=1}^{m_2} y^2_{2j}$	... $\sum_{j=1}^{m_i} y^2_{ij}$	... $\sum_{j=1}^{m_k} y^2_{kj}$		
	Gesamtsumme Σy^2; Spaltensumme Σy^2_i				(e; f)	
x	m_1x_1	m_2x_2	... m_ix_i	... m_kx_k		
	Gesamtsumme Σx				(g)	
	$m_1x_1^2$	$m_2x_2^2$	... $m_ix_i^2$	... $m_kx_k^2$		
	Gesamtsumme Σx^2				(h)	
n	$= m_1$	$+ m_2 + \cdots$	$+ m_i + \cdots$	$+ m_k$	(i)	

Daraus berechnet man

– die Spaltenmittelwerte

$$\bar{y}_i = (\Sigma y_i)/m_i = (\textbf{641}\text{ b})/m_i \qquad \textbf{(642)}$$

– die Quadratsummen der Streuungen der Spalteneinzelwerte um die Spaltenmittelwerte

$$Sy_i = \sum y_i^2 - (\sum y_i)^2/m_i = (\mathbf{641}\,\text{f}) - (\mathbf{641}\,\text{b})^2/m_i \qquad (\mathbf{643})$$

– den Gesamtmittelwert

$$\bar{y} = (\sum y)/n = (\mathbf{641}\,\text{a})/(\mathbf{641}\,\text{i}) \qquad (\mathbf{644})$$

– den Mittelwert der unabhängigen Variablen

$$\bar{x} = (\sum x)/n = (\mathbf{641}\,\text{g})/(\mathbf{641}\,\text{i}) \qquad (\mathbf{645})$$

– die Quadratsumme der Streuung von x um $\bar{x}$

$$S_x = \sum x^2 - (\sum x)^2/n = (\mathbf{641}\,\text{h}) - (\mathbf{641}\,\text{g})^2/(\mathbf{641}\,\text{i}) \qquad (\mathbf{646})$$

– die Kovarianzsumme

$$S_{xy} = \sum xy - \sum x \sum y/n = (\mathbf{641}\,\text{d}) - (\mathbf{641}\,\text{g})(\mathbf{641}\,\text{a})/(\mathbf{641}\,\text{i}) \qquad (\mathbf{647})$$

– den Regressionskoeffizienten

$$b_{yx} = S_{xy}/S_x = (\mathbf{647})/(\mathbf{646}) \qquad (\mathbf{648})$$

– die Quadratsumme der Streuung innerhalb der Spalten

$$\left.\begin{aligned} S_1 &= \sum_1^k Sy_i = \sum_1^k (\mathbf{643}) \\ &\Big[= \sum_{i=1}^k \sum_{j=1}^{m_i} (y_{ij} - \bar{y}_i)^2\Big] \end{aligned}\right\} \qquad (\mathbf{649})$$

– die Quadratsumme der Streuung der Spaltenmittelwerte um die Regressionsgerade Y

$$\left.\begin{aligned} S_2 &= \sum (\sum y_i)^2/m_i - (\sum y)^2/n - S_3 \\ &= (\mathbf{641}\,\text{c}) - (\mathbf{641}\,\text{a})^2/(\mathbf{641}\,\text{i}) - (\mathbf{651}) \\ &\Big[= \sum_{i=1}^k m_i (\bar{y}_i - Y_i)^2\Big] \end{aligned}\right\} \qquad (\mathbf{650})$$

[S_3 nach (**651**)]

– die Quadratsumme der Streuung der Regressionsgeraden um den Gesamtmittelwert

$$\left.\begin{aligned} S_3 &= b_{yx} S_{xy} = b_{yx}^2 S_x = S_{xy}^2/S_x = (\mathbf{648})(\mathbf{647}) = (\mathbf{648})^2(\mathbf{646}) \\ &\Big[= \sum_{i=1}^k m_i (Y_i - \bar{y})^2\Big] \end{aligned}\right\} \qquad (\mathbf{651})$$

– die Quadratsumme der Streuung der Einzelwerte um den Gesamtmittelwert

$$\left.\begin{aligned} S_y &= \sum y^2 - (\sum y)^2/n = (\mathbf{641}\,\text{e}) - (\mathbf{641}\,\text{a})^2/(\mathbf{641}\,\text{i}) \\ &\big[= \sum (y_{ij} - \bar{y})^2\big] \end{aligned}\right\} \qquad (\mathbf{652})$$

Kontrolle:

$$S_1 + S_2 + S_3 = S_y \qquad (\mathbf{653})$$

– und schließlich die Quadratsumme der Reststreuung

$$S_{y \cdot x} = S_1 + S_2 = S_y - S_3 = (\mathbf{649}) + (\mathbf{650}) = (\mathbf{652}) - (\mathbf{651}) \qquad (\mathbf{654})$$

– und die Varianzen

$$s_1^2 = S_1/(n-k) = (\mathbf{649})/(n-k); \quad \nu = n-k \qquad (\mathbf{655})$$

$$s_2^2 = S_2/(k-2) = (\mathbf{650})/(k-2); \quad \nu = k-2 \qquad (\mathbf{656})$$

$$s_3^2 = S_3 = (\mathbf{651}); \quad \nu = 1 \qquad (\mathbf{657})$$

$$s_y^2 = S_y/(n-1) = (\mathbf{652})/(n-1); \quad \nu = n-1 \qquad (\mathbf{658})$$

$$s_{y \cdot x}^2 = S_{y \cdot x}/(n-2) = (\mathbf{654})/(n-2); \quad \nu = n-2 \qquad (\mathbf{659})$$

Die Gleichung der Regressionsgeraden Y, die Varianzen $s_{b_{yx}}^2$, $s_{\bar{Y}|x}^2$, $s_{\bar{y}}^2$, $s_{a_{yx}}^2$ erhält man nach (**631**), (**637**), (**638**), (**639**) und (**640**), indem man für b_{yx} (**648**), für $s_{y \cdot x}^2$ (**659**) und für S_x (**646**) einsetzt.

Beispiel 41. Gegeben ist die Stichprobe

x	7	8	9
y	1,0 1,4 2,0 2,2	2,0 2,5 2,8 3,1 3,7 4,0	2,9 3,2 3,4 3,9 4,4
$\bar{y}_i$	$6,6/4 = 1,65$	$18,1/6 = 3,01\dot{6}$	$17,8/5 = 3,56$ nach (**642**)
Sy_i	$11,8 - 10,89 = 0,91$	$57,39 - 54,601\dot{6} = 2,788\dot{3}$	$64,78 - 63,368 =$ 1,412 nach (**643**)

$n \quad = 15$ nach (**641** i)

$\bar{y} \quad = 42,5/15 = 2,8\dot{3}$ nach (**644**); $\bar{x} = (28 + 48 + 45)/15 = 8,0\dot{6}$ nach (**645**)

$S_x \quad = (196 + 384 + 405) - (28 + 48 + 45)^2/15 = 8,9\dot{3}$ nach (**646**)

$S_{xy} = 46,2 + 144,8 + 160,2 - 8,06 \times 42,5 = 8,3\dot{6}$ nach (**647**)

$b_{yx} = 8,3\dot{6}/8,9\dot{3} = 0,936\,567\,164$ nach (**648**)

$S_1 \quad = 0,91 + 2,788\dot{3} + 1,412 = 5,110\dot{3}$ nach (**649**)

$S_2 \quad = 6,6^2/4 + 18,1^2/6 + 17,8^2/5 - 42,5^2/15 - S_3 = 0,607\,054\,728$ nach (**650**)

$S_3 \quad = 0,936\,567\,164 \times 8,3\dot{6} = 7,835\,945\,272$ nach (**651**)

$S_y \quad = 133,97 - 42,5^2/15 = 13,55\dot{3}$ nach (**652**)

Kontrolle: $5,110\dot{3} + 0,607\,054\,728 + 7,835\,945\,272 = 13,55\dot{3}$ nach (**653**)

$S_{y \cdot x} = 5,110\dot{3} + 0,607\,055 = 5,717\,388$ nach (**654**)

$s_{y \cdot x}^2 = 5,717\,388/13 = 0,439\,799$; $s_{y \cdot x} = 0,663\,173$ nach (**659**)

$s_{b_{yx}}^2 = 0,439\,799/8,9\dot{3} = 0,049\,231\,2$; $s_{b_{yx}} = 0,221\,881$ nach (**637** a)

$Y \quad = 2,8\dot{3} + 0,936\,567\,(x - 8,0\dot{6}) = -4,721\,64 + 0,936\,567\,x$ nach (**631**)

$s_1^2 \quad = S_1/12 = 0,425\,861$ nach (**655**); $s_2^2 = S_2/1$ nach (**656**); $s_3^2 = S_3$ nach (**657**)

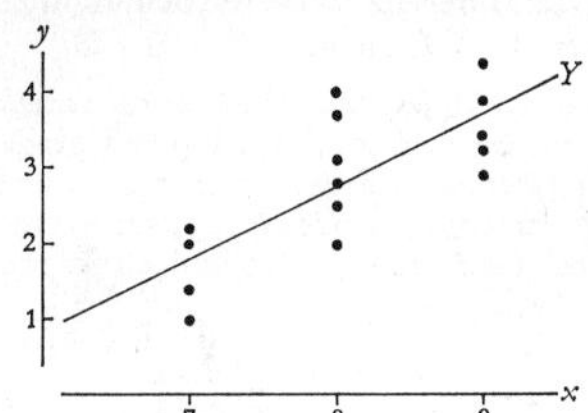

Abb. 38. Illustration zu obigem Beispiel.

18B. Prüfung der Linearität der Regressionsfunktion

Bei *ungruppierten* Stichproben ist eine Prüfung der Linearität der Regressionsfunktion nur von bloßem Auge möglich. Die Abweichungen $Y_i - y_i$ sollten einen zufälligen Eindruck machen und keinen systematischen «Trend» zeigen. (Vgl. zum Beispiel Abb. 29 [systematische Abweichungen] mit Abb. 30, rechts [zufällig erscheinende Abweichungen], S. 165.)

Bei *gruppierten* Stichproben ist ein exakter Test möglich: man vergleicht die Varianz der Spaltenmittelwerte um die Regressionsgerade mit der Varianz innerhalb der Spalten.

Prüfquotient

$$s_2^2/s_1^2 = (\mathbf{656})/(\mathbf{655}); \text{ Signifikanzschranke } F \begin{cases} \nu_2 = k-2 \\ \nu_1 = n-k \end{cases} \qquad (\mathbf{660})$$

$2P = 2\alpha$, S. 40–41

(ν_1 der Tafel $= \nu_2$ des Prüfquotienten)

Erreicht oder *übersteigt* der Prüfquotient die Signifikanzschranke, so ist die Regressionsfunktion nicht linear (Signifikanzwahrscheinlichkeit $2\alpha = 2P$). Ist der Prüfquotient *kleiner* als die Signifikanzschranke, so kann nach (**474**) angenommen werden, die Regression sei linear. Man extrapoliere diese Interpretation aber nie oder nur äußerst vorsichtig über den Stichprobenvariationsbereich von x hinaus!

Beispiel 42. Im Beispiel 41 ist $s_1^2 = 0,425\,861$ und $s_2^2 = 0,607\,055$. Der Prüfquotient nach (**660**) beträgt 1,43, die Signifikanzschranke $F(1; 12)$ für $P = 0,05$ ist 4,75. Die statistische Prüfung spricht somit nicht gegen die Linearität der Regressionsfunktion.

18C. Prüfung des Regressionskoeffizienten gegen Null

Spricht der Test nach (**660**) nicht gegen die Linearität der Regressionsfunktion, so erfolgt als nächster Test die Prüfung des Regressionskoeffizienten gegen Null, das heißt, man prüft die

Hypothese $\boldsymbol{b}_{yx} = 0$. In andern Worten, man prüft, ob sich die Schätzung des Regressionskoeffizienten statistisch von Null unterscheidet.

Prüfgrößen

$b_{yx}/s_{b_{yx}}$; Signifikanzschranke t; $2P = 2\alpha$, $\nu = n-2$, S. 32–35 **(661)**
b_{yx} nach **(632)** bzw. **(648)**, $s_{b_{yx}} = \sqrt{(637\,a)}$

oder

$b_{yx}^2/s_{b_{yx}}^2 = b\,S_{xy}/s_{y\cdot x}^2$; Signifikanzschranke t^2; $P = 2\alpha$, $\nu = n-2$, S. 42 (a)

oder **(662)**

$b\,S_{xy} - t_{2\alpha}^2 s_{y\cdot x}^2$; Signifikanzschranke Null; t^2 wie in **(662a)** (b)

[$b\,S_{xy}$ nach **(632)** und **(634)** bei ungruppierten Stichproben, nach **(651)** bei gruppierten Stichproben. $s_{y\cdot x}^2$ nach **(635)** bzw. nach **(659)**]

oder

wenn der Korrelationskoeffizient r berechnet wurde (vgl. Abschnitt 19A, S. 180), so ist, unter der Hypothese

$\boldsymbol{r} = 0$, auch $\boldsymbol{b}_{yx}$ (und $\boldsymbol{b}_{xy}$) $= 0$ **(663)**

und umgekehrt. Die Hypothese $\boldsymbol{b}_{yx} = 0$ kann mit r geprüft werden. Signifikanzschranke für $|r|$ siehe S. 61, $\nu = n-2$.

Erreicht oder übersteigt eine der Prüfgrößen in **(661)** bis **(663)** die entsprechende Signifikanzschranke, so unterscheidet sich b_{yx} signifikant von Null. Obige Teste sind Spezialfälle von **(664a)** für $\boldsymbol{b}_{yx} = 0$.

18D. Prüfung der Differenz zwischen Schätzung und hypothetischem Wert

Alle aufgeführten Differenzen sind *normal verteilt:* Als Signifikanzschranken nehme man somit für Freiheitsgrade über 200 die Abweichung $|c_\alpha|$ der Normalverteilung (S. 28), für Freiheitsgrade bis 200 die Abweichung $t_{p=\alpha}$ oder $t_{2P=2\alpha}$ der STUDENT-Verteilung [man kann selbstverständlich auch χ^2 oder t^2 verwenden, vgl. dazu **(598b)** und **(599b)**].

Prüfquotienten (Absolutwerte nehmen)

$(b_{yx} - \boldsymbol{b}_{yx})/s_{b_{yx}}$; $\nu = n-2$; $s_{b_{yx}} = \sqrt{(637)}$ (a)

$(Y|x - \boldsymbol{Y}|x)/s_{Y|x}$; $\nu = n-2$; $s_{Y|x} = \sqrt{(638)}$ (b)

$(\bar{y} - \mu_y)/s_{\bar{y}}$; $\nu = n-2$; $s_{\bar{y}} = \sqrt{(639)}$ (c) **(664)**

$(a_{yx} - \boldsymbol{a}_{yx})/s_{a_{yx}}$; $\nu = n-2$; $s_{a_{yx}} = \sqrt{(640)}$ (d)

Beispiel 43 [zu **(664a)**]. Vergleich zwischen den Regressionskoeffizienten der Beispiele 31 und 40. Sie betragen 1,7123 (Beispiel 31) und 1,8179 (Beispiel 40). Der Regressionskoeffizient 1,7123 des Beispiels 31 wurde nicht nach **(632)** berechnet. Wir betrachten ihn deshalb bei diesem Vergleich als hypothetischen Wert. Der Prüfquotient beträgt

$$\frac{1{,}8179 - 1{,}7123}{0{,}04342} = 2{,}432;\quad \nu = 7$$

Die entsprechende Signifikanzschranke $t_{2\alpha=0{,}05}$, S. 32, ist 2,3646. Die beiden Regressionskoeffizienten unterscheiden sich damit signifikant und damit auch die Regressionsgeraden.

18E. Vertrauens- und Toleranzgrenzen

Es werden nur die Formeln zu den zweiseitigen Grenzen gegeben, und zwar in der Form Schätzung $\pm\, G$, wobei Schätzung minus G die untere, Schätzung plus G die obere Grenze darstellt. Der entsprechende Parameter befindet sich zwischen diesen Grenzen.

Vertrauensgrenzen

Für $\boldsymbol{b}_{yx}$: $b_{yx} \pm t_{2\alpha} s_{b_{yx}}$; $\nu = n-2 \leq 200$; $b_{yx} \pm |c_\alpha|\, s_{b_{yx}}$; $\nu = n-2 > 200$; $s_{b_{yx}} = \sqrt{(637)}$ **(665)**

Für $\boldsymbol{Y}|x$: $\bar{y} + b_{yx}(x - \bar{x}) \pm t_{2\alpha} s_{Y|x}$; $\nu = n-2 \leq 200$; $\pm |c_\alpha|\, s_{Y|x}$; $\nu = n-2 > 200$; $s_{Y|x} = \sqrt{(638)}$ **(666)**

Für μ_y: $\bar{y} \pm t_{2\alpha} s_{\bar{y}}$; $\nu = n-2 \leq 200$; $\bar{y} \pm |c_\alpha|\, s_{\bar{y}}$; $\nu = n-2 > 200$; $s_{\bar{y}} = \sqrt{(639)}$ **(667)**

Für $\boldsymbol{a}_{yx}$: $a_{yx} \pm t_{2\alpha} s_{a_{yx}}$; $\nu = n-2 \leq 200$; $a_{yx} \pm |c_\alpha|\, s_{a_{yx}}$; $\nu = n-2 > 200$; $s_{a_{yx}} = \sqrt{(640)}$ **(668)**

(666) ist eine Hyperbel (vgl. Abb. 39).

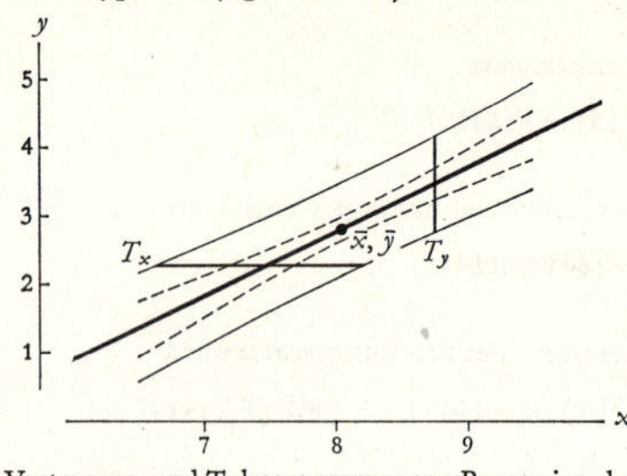

Abb. 39. Vertrauens- und Toleranzgrenzen zur Regression der Abbildung 38. – – – Vertrauensgrenzen. —— Toleranzgrenzen für $\boldsymbol{Y}$. T_y Toleranzbereich für $Y|x$. T_x Toleranzbereich für $X|y$.

Toleranzgrenzen für $\boldsymbol{Y}|x$

$= \bar{y} + b_{yx}(x - \bar{x}) \pm t_{2\alpha} s_T$; $\nu_t = n-2$ [b_{yx} nach **(632)** bzw. **(648)**] **(669)**

wobei

$s_T = s_{y\cdot x}\sqrt{1 + 1/n + (x-\bar{x})^2/S_x}$; $\nu = n-2$ (a)

$= s_{b_{yx}}\sqrt{(1 + 1/n)\,S_x + (x-\bar{x})^2}$; $\nu = n-2$ (b) **(670)**

[S_x nach **(493)** bzw. **(646)**; $s_{y\cdot x} = \sqrt{(635)}$ bzw. $\sqrt{(659)}$; $s_{b_{yx}} = \sqrt{(637\,a)}$; $\bar{x} =$ **(491)** bzw. **(645)**]

18F. Berechnung von x bei gegebenem y

$$x|y = \bar{x} + \frac{y - \bar{y}}{b_{yx}} \qquad \textbf{(671)}$$

Vertrauensgrenzen für $x|y$ [Lösung von **(666)** nach x]

$$\bar{x} + \frac{y-\bar{y}}{b_{yx}(1-k^2)} \pm \frac{k}{b_{yx}(1-k^2)}\sqrt{(1/n)\,b_{yx}^2(1-k^2)\,S_x + (y-\bar{y})^2} \qquad \textbf{(672)}$$

wobei b_{yx} und S_x nach **(632)** und **(493)** bei ungruppierten Stichproben, nach **(648)** und **(646)** bei gruppierten Stichproben und

$$k^2 = \frac{t_{2\alpha}^2 s_{byx}^2}{b_{yx}^2};\quad \nu_t = n-2 \qquad \textbf{(673)}$$

[wobei $s_{b_{yx}}^2 =$ **(637)**]

Ist $k^2 \leq 0{,}05$, so kann in **(672)** $1 - k^2 = 1$ gesetzt werden.

Toleranzgrenzen für $x|y$ [Lösung von **(669)** nach x]

Man verwende **(672)**, nehme aber an Stelle von $(1/n)$ im 1. Summanden unter der Wurzel $(1 + 1/n)$. **(674)**

Beispiel 44. Berechne zum Beispiel 40, S. 176, x für $y - 5$ und die entsprechenden Vertrauens- und Toleranzgrenzen $x|y = 5$.

$$x = 7{,}4 + \frac{5 - 5{,}25\dot{7}}{1{,}81791\dot{6}} = 7{,}2582 \text{ nach } \textbf{(671)}$$

Vertrauensgrenzen. Zunächst berechne man k^2.

$$k^2 = \frac{2{,}3646^2 \times 0{,}00188542}{1{,}81791\dot{6}} = 0{,}003190;\ k = 0{,}05648 \text{ nach } \textbf{(673)}$$

k^2 ist kleiner als 0,05. $1 - k^2$ könnte deshalb in **(672)** gleich 1 gesetzt werden. Vergleichsweise seien beide Varianten berechnet.

	Vertrauensgrenzen	Toleranzgrenzen
$1 - k^2 = 1$	7,2582 ± 0,0589 = 7,1993 bis 7,3171	7,2582 ± 0,5534 = 6,7048 bis 7,8116
$1 - k^2 = 0{,}996810$	7,2577 ± 0,0590 = 7,1987 bis 7,3167 nach **(672)**	7,2577 ± 0,5545 = 6,7032 bis 7,8122 nach **(674)**

18G. Vergleich zweier Regressionsgeraden erster Art

Gegeben seien die zwei ungruppierten bzw. gruppierten Stichproben

$(x, y)_1$ mit n_1	und $(x, y)_2$ und n_2	Beobachtungspaaren
$\bar{x}_1$	und $\bar{x}_2$	nach (**491**) bzw. (**645**)
$\bar{y}_1$	und $\bar{y}_2$	nach (**491**) bzw. (**644**)
S_{x_1}	und S_{x_2}	nach (**493**) bzw. (**646**)
S_{y_1}	und S_{y_2}	nach (**493**) bzw. (**652**)
$(S_{xy})_1$	und $(S_{xy})_2$	nach (**634**) bzw. (**647**)
$(S_{y\cdot x})_1$	und $(S_{y\cdot x})_2$	nach (**636**) bzw. (**654**)
$(s^2_{y\cdot x})_1$	und $(s^2_{y\cdot x})_2$	nach (**635**) bzw. (**659**)
$(b_{yx})_1 = b_1$	und $(b_{yx})_2 = b_2$	nach (**632**) bzw. (**648**)
Y_1	und Y_2	nach (**631**)

Analog zu Abschnitt 16, S.173, sind folgende Hypothesen beim Vergleich zweier linearer Regressionen in Betracht zu ziehen:

$$(\sigma^2_{y\cdot x})_1 = (\sigma^2_{y\cdot x})_2 \begin{cases} \boldsymbol{b}_1 = \boldsymbol{b}_2 \begin{cases} \boldsymbol{Y}_1 = \boldsymbol{Y}_2 & \text{(a c)} \\ \boldsymbol{Y}_1 \neq \boldsymbol{Y}_2 & \text{(a d)} \end{cases} & \text{(a)} \\ \boldsymbol{b}_1 \neq \boldsymbol{b}_2 & \text{(b)} \end{cases} \qquad (675)$$

$$(\sigma^2_{y\cdot x})_1 \neq (\sigma^2_{y\cdot x})_2 \begin{cases} \boldsymbol{b}_1 = \boldsymbol{b}_2 \begin{cases} \boldsymbol{Y}_1 = \boldsymbol{Y}_2 & \text{(a c)} \\ \boldsymbol{Y}_1 \neq \boldsymbol{Y}_2 & \text{(a d)} \end{cases} & \text{(a)} \\ \boldsymbol{b}_1 \neq \boldsymbol{b}_2 & \text{(b)} \end{cases} \qquad (676)$$

Die Hypothese $(\sigma^2_{y\cdot x})_1 = (\sigma^2_{y\cdot x})_2$ testet man mit dem Prüfquotienten

$$\frac{(s^2_{y\cdot x})_1}{(s^2_{y\cdot x})_2}\text{; Signifikanzschranke } F, 2P = 2\alpha, \begin{matrix} \nu_1 = n_1 - 2 \\ \nu_2 = n_2 - 2 \end{matrix}, \text{ S. 40–41} \qquad (677)$$

wobei die *größere* der Varianzen mit Index 1 zu bezeichnen ist.

Ist der Prüfquotient (**677**) *kleiner* als die Signifikanzschranke, so gelten (**678**) bis (**693**); erreicht oder übersteigt er die Signifikanzschranke, so gelten (**694**) bis (**701**).

Ist der Prüfquotient (**677**) *kleiner* als die Signifikanzschranke, so kann angenommen werden, daß $(\sigma^2_{y\cdot x})_1 = (\sigma^2_{y\cdot x})_2$. Man schätzt dann die gemeinsame Varianz $\bar{\sigma}^2_{y\cdot x}$ der beiden Regressionsgeraden unter der Bedingung (**675**) mit

$$\bar{s}^2_{y\cdot x} = \frac{(S_{y\cdot x})_1 + (S_{y\cdot x})_2}{n_1 + n_2 - 4}\ ; \quad \nu = n_1 + n_2 - 4 \qquad (678)$$

Danach prüft man die Hypothese (**675** a), das heißt $b_1 = b_2$. Der Prüfquotient für die Differenz der beiden Regressionskoeffizienten unter der Bedingung (**675**) ist

$$\frac{b_1 - b_2}{s_{D_b}}\text{; Signifikanzschranke } t, 2P = 2\alpha, \nu_t = n_1 + n_2 - 4 \qquad (679)$$

wobei

$$s^2_{D_b} = (678) \times \left(\frac{1}{S_{x_1}} + \frac{1}{S_{x_2}}\right) \qquad (680)$$

Ist der Prüfquotient (**679**) *kleiner* als die Signifikanzschranke, so gelten (**681**) bis (**693**). *Erreicht* oder *übersteigt* er die Signifikanzschranke, so sind die Geraden nicht parallel, das heißt $b_1 \neq b_2$.

Ist der Prüfquotient (**679**) *kleiner* als die Signifikanzschranke, so können die zwei Regressionsgeraden als *parallel* betrachtet werden. (**681**)

Die Schätzung der gemeinsamen Restvarianz $\bar{\sigma}^2_{y\cdot x}$ ist bei erfüllter Bedingung (**675** a)

$$\bar{s}^2_{y\cdot x} \approx (678);\ \nu = n_1 + n_2 - 4$$

$$= \frac{(S_{y\cdot x})_1 + (S_{y\cdot x})_2 + \dfrac{(b_1 - b_2)^2}{1/S_{x_1} + 1/S_{x_2}}}{n_1 + n_2 - 3}\ ; \ \nu = n_1 + n_2 - 3 \qquad (682)$$

und die Schätzung $\bar{b}_{yx}$ des gemeinsamen Regressionskoeffizienten $\boldsymbol{b}_{yx}$ bei erfüllter Bedingung (**675** a)

$$\bar{b}_{yx} = \frac{(S_{xy})_1 + (S_{xy})_2}{S_{x_1} + S_{x_2}} \qquad (683)$$

und die Schätzung $s^2_{\bar{b}_{yx}}$ der Varianz $\sigma^2_{\bar{b}_{yx}}$ des gemeinsamen Regressionskoeffizienten bei erfüllter Bedingung (**675** a)

$$s^2_{\bar{b}_{yx}} \begin{cases} \approx \dfrac{(678)}{S_{x_1} + S_{x_2}}\ ; \quad \nu = n_1 + n_2 - 4 & \text{(a)} \\ = \dfrac{(682)}{S_{x_1} + S_{x_2}}\ ; \quad \nu = n_1 + n_2 - 3 & \text{(b)} \end{cases} \qquad (684)$$

Die beiden Geraden können als *identisch* angesehen werden [Hypothese (**675** a c)], wenn der Prüfquotient

$$\frac{\hat{b} - \bar{b}}{s_{\hat{b}-\bar{b}}}; \begin{cases} \nu = n_1 + n_2 - 4, \text{ wenn } s_{\hat{b}-\bar{b}} = \sqrt{(687\,\text{a})} \\ \nu = n_1 + n_2 - 3, \text{ wenn } s_{\hat{b}-\bar{b}} = \sqrt{(687\,\text{b})} \end{cases} \begin{matrix} \hat{b} = (686) \\ \bar{b} = (683) \end{matrix} \qquad (685)$$

kleiner ist als die Signifikanzschranke t ($2P = 2\alpha$, S. 32–35).

$$\hat{b} = \frac{\bar{y}_1 - \bar{y}_2}{\bar{x}_1 - \bar{x}_2} \qquad (686)$$

$$s^2_{\hat{b}-\bar{b}} \begin{cases} \approx (678) \times K & \text{(a)} \\ = (682) \times K & \text{(b)} \end{cases} \text{ wobei } K = (688) \qquad (687)$$

$$K = \frac{1}{(\bar{x}_1 - \bar{x}_2)^2}\left(\frac{1}{n_1} + \frac{1}{n_2}\right) + \frac{1}{S_{x_1} + S_{x_2}} \qquad (688)$$

Die beiden parallelen Regressionsgeraden fallen nicht zusammen [Hypothese (**675** a d)], wenn der Prüfquotient (**685**) die Signifikanzschranke *erreicht* oder *übersteigt*. In diesem Falle sind oft der vertikale und der horizontale Abstand p_y und p_x von Interesse.

Der *vertikale Abstand* und seine Vertrauensgrenzen sind bei erfüllten Bedingungen (**675** a d)

$$p_y = |\bar{y}_1 - \bar{y}_2 - \bar{b}_{yx}(\bar{x}_1 - \bar{x}_2)|\ ;\ \bar{b}_{yx} = (683) \qquad (689)$$

Vertrauensgrenzen für $\boldsymbol{p}_{Y|x}$

$$\begin{cases} \approx (689) \pm t_{2\alpha}\sqrt{(684\,\text{a}) \times [(1/n_1 + 1/n_2)(S_{x_1} + S_{x_2}) + (\bar{x}_1 - \bar{x}_2)^2]} \\ \text{(wobei } \nu_t = n_1 + n_2 - 4) & \text{(a)} \\ = (689) \pm t_{2\alpha}\sqrt{(684\,\text{b}) \times [(1/n_1 + 1/n_2)(S_{x_1} + S_{x_2}) + (\bar{x}_1 - \bar{x}_2)^2]} \\ \text{(wobei } \nu_t = n_1 + n_2 - 3) & \text{(b)} \end{cases} \qquad (690)$$

Der *horizontale Abstand* p_x und seine Vertrauensgrenzen sind bei erfüllten Bedingungen (**675** a d)

$$p_x = \left|\bar{x}_1 - \bar{x}_2 - \frac{\bar{y}_1 - \bar{y}_2}{\bar{b}_{yx}}\right|;\ \bar{b}_{yx} \text{ nach } (683) \qquad (691)$$

Vertrauensgrenzen für $\boldsymbol{p}_x$

$$\approx \text{oder} = \left|\bar{x}_1 - \bar{x}_2 - \frac{\bar{y}_1 - \bar{y}_2}{\bar{b}_{yx}(1 - k^2)}\right| \pm \frac{k}{\bar{b}_{yx}(1 - k^2)} \times$$
$$\times \sqrt{\left(\frac{1}{n_1} + \frac{1}{n_2}\right)\left(\bar{b}_{yx}\right)^2\left(1 - k^2\right)\left(S_{x_1} + S_{x_2}\right) + \left(\bar{y}_1 - \bar{y}_2\right)^2} \qquad (692)$$

wobei $\bar{b}_{yx} = (683)$ und entweder $k = k_1 = (693\,\text{a})$ oder $k = k_2 = (693\,\text{b})$. Das Annäherndzeichen gilt für $k = k_1$, das Gleichheitszeichen für $k = k_2$.

$$\begin{matrix} k_1^2 \\ k_2^2 \end{matrix} = \frac{t^2_{2\alpha}\, s^2_{\bar{b}yx}}{(\bar{b}_{yx})^2}\ ;\ \begin{cases} s^2_{\bar{b}_{yx}} = 684\,\text{a};\ \nu_t = n_1 + n_2 - 4 & \text{(a)} \\ s^2_{\bar{b}_{yx}} = 684\,\text{b};\ \nu_t = n_1 + n_2 - 3 & \text{(b)} \end{cases} \qquad (693)$$

Wenn $k \leq 0{,}05$, kann in (**692**) der Ausdruck $1 - k^2 = 1$ gesetzt werden.

Erreicht oder *übersteigt* der Prüfquotient (**677**) die Signifikanzschranke, so gilt die Hypothese (**676**), das heißt $(\sigma^2_{y\cdot x})_1 \neq (\sigma^2_{y\cdot x})_2$. Die Hypothese (**676** a), das heißt $b_1 = b_2$, testet man dann mit dem Prüfquotienten (**679**), wobei

$$\begin{cases} s^2_{D_b} = \dfrac{(s^2_{y\cdot x})_1}{S_{x_1}} + \dfrac{(s^2_{y\cdot x})_2}{S_{x_2}} & \text{(a)} \\ \text{Freiheitsgrad} \\ \nu_t = (617\,\text{b}) \\ \text{mit } k = \dfrac{(s^2_{y\cdot x})_1 S_{x_2}}{(s^2_{y\cdot x})_1 S_{x_2} + (s^2_{y\cdot x})_2 S_{x_1}} & \text{(b)} \end{cases} \qquad (694)$$

[Signifikanzschranke $t_{2\alpha}$, mit ν_t nach (**617** b) und k nach (**694** b)]

Ist der (**694**) angepaßte Prüfquotient (**679**) *kleiner* als die Signifikanzschranke, so kann $b_1 = b_2$ angenommen werden. Der gemeinsame Regressionskoeffizient ist dann

$$\bar{b}_{yx} = \frac{\dfrac{(S_{xy})_1}{(s^2_{y\cdot x})_1} + \dfrac{(S_{xy})_2}{(s^2_{y\cdot x})_2}}{\dfrac{S_{x_1}}{(s^2_{y\cdot x})_1} + \dfrac{S_{x_2}}{(s^2_{y\cdot x})_2}} \qquad (695)$$

mit geschätzter Varianz

$$s^2_{\bar{b}_{yx}} = \frac{1}{\dfrac{S_{x_1}}{(s^2_{y\cdot x})_1} + \dfrac{S_{x_2}}{(s^2_{y\cdot x})_2}} \qquad \textbf{(696)}$$

Die Hypothese (**676** a c), das heißt die *Identität* der beiden parallelen Regressionsgeraden, kann – sofern die Stichprobenumfänge n_1 und n_2 *groß* sind – näherungsweise geprüft werden mit dem Prüfquotienten nach (**685**), wobei

$$\dot{b} = \textbf{(686)}$$

$$s^2_{\dot{b}-\bar{b}} = \frac{1}{(\bar{x}_1 - \bar{x}_2)^2}\left[\frac{(s^2_{y\cdot x})_1}{n_1} + \frac{(s^2_{y\cdot x})_2}{n_2} + \textbf{(696)}\right] \qquad \textbf{(697)}$$

(Signifikanzschranke $|c_\alpha|$, S. 28)

Erreicht oder *übersteigt* der (**697**) angepaßte Prüfquotient (**685**) die Signifikanzschranke, so fallen die beiden parallelen Regressionsgeraden *nicht* zusammen, und es sind bei erfüllten Bedingungen (**676** a d)

– der *vertikale* Abstand

$$p_y = \textbf{(689)}; \quad \text{wobei } \bar{b}_{yx} = \textbf{(695)} \qquad \textbf{(698)}$$

– seine Vertrauensgrenzen

$$\approx \textbf{(698)} \pm |c_\alpha| \times \sqrt{\frac{(s^2_{y\cdot x})_1}{n_1} + \frac{(s^2_{y\cdot x})_2}{n_2} + (\bar{x}_1 - \bar{x}_2)^2 \times \textbf{(696)}} \qquad \textbf{(699)}$$

– der *horizontale* Abstand

$$p_x = \textbf{(691)}; \quad \text{wobei } \bar{b}_{yx} = \textbf{(695)} \qquad \textbf{(700)}$$

– seine Vertrauensgrenzen

$$\left.\begin{aligned} &\approx \left|\bar{x}_1 - \bar{x}_2 - \frac{\bar{y}_1 - \bar{y}_2}{\bar{b}_{yx}(1-k^2)}\right| \pm \frac{k}{\bar{b}_{yx}(1-k^2)} \times \\ &\times \sqrt{\left[\frac{(s^2_{y\cdot x})_1}{n_1} + \frac{(s^2_{y\cdot x})_2}{n_2}\right] \frac{(\bar{b}_{yx})^2(1-k^2)}{\textbf{(696)}} + (\bar{y}_1 - \bar{y}_2)^2} \end{aligned}\right\} \quad \textbf{(701)}$$

[wobei $k^2 = \dfrac{c^2_\alpha \times \textbf{(696)}}{(\bar{b}_{yx})^2}$; c_α S. 28; $c^2_\alpha = \chi^2$, $\nu = 1$, $1\int_r = 2\alpha$, S. 36;
und $\bar{b}_{yx} = \textbf{(695)}$]

Wenn $k \leqq 0{,}05$, kann in (**701**) der Ausdruck $1 - k^2 = 1$ gesetzt werden.

Nachtrag zu Abschnitt 18: Probit- und Logitregression

Viele der in Abschnitt 18 gegebenen Formeln lassen sich mit entsprechenden Änderungen für die Probit- und Logitregression benutzen. Wir können hier nicht näher darauf eintreten und verweisen auf die entsprechende Literatur:

Probitregression [10, 22], Tafeln S. 54 und 55

Logitregression [23], Tafeln S. 56 und 57

19. Die zweidimensionale Normalverteilung: Regression zweiter Art

(vgl. Einführung zu Abschnitt 18, S. 175)

Gegeben seien n Beobachtungspaare x, y. Sowohl x als auch y sind *zufällige*, normalverteilte Veränderliche.

Bei der Regression zweiter Art unterscheidet man im Gegensatz zur Regression erster Art *zwei* Regressiongeraden

$$\left.\begin{aligned} Y &= \bar{y} + b_{yx}(x - \bar{x}) &&\text{(a)} \\ X &= \bar{x} + b_{xy}(y - \bar{y}) &&\text{(b)} \end{aligned}\right\} \quad \textbf{(702)}$$

Während bei der Regression erster Art sowohl von x auf y als auch von y auf x auf Grund von (**702** a) = (**631**) geschlossen wird, schließt man bei der Regression zweiter Art von x auf y nach (**702** a), von y auf x auf Grund von (**702** b).

Die Schätzung der Parameter von (**702**) und deren Varianzen erfolgt nach den entsprechenden Formeln des Abschnittes 18, in denen man, wenn Parameter von (**702** b) geschätzt werden sollen, x mit y und y mit x vertauscht.

19 A. Der Korrelationskoeffizient

Ein weiterer Parameter der Regression zweiter Art ist der Korrelationskoeffizient r. Er ist ein Maß für die stochastische Abhängigkeit der beiden Variabeln x und y. Sein Wert kann zwischen -1 und 1 variieren. Beträgt er -1 oder 1, so sind die beiden Veränderlichen total voneinander abhängig, und die beiden Regressionsgeraden Y und X fallen zusammen. Beträgt er Null, so sind die Veränderlichen voneinander unabhängig; die beiden Regressionsgeraden Y und X stehen senkrecht aufeinander und verlaufen parallel zu den Koordinatenachsen. Für «abhängig» und «unabhängig» gelten ähnliche Überlegungen wie in (**361**); eine reale Interpretation des Korrelationskoeffizienten ist deshalb oft schwierig oder unmöglich.

Wenn der Korrelationskoeffizient kleiner, gleich oder größer als Null ist, sind auch die beiden Regressionskoeffizienten b_{yx} und b_{xy} kleiner, gleich oder größer als Null. (**703**)

Für den Korrelationskoeffizienten gilt die Beziehung

$$\boldsymbol{r} = \frac{\sigma_{xy}}{\sigma_x \sigma_y} \qquad \text{(a)} \quad \textbf{(704)}$$

Für seine Schätzung

$$r = \frac{s_{xy}}{s_x s_y} = \frac{S_{xy}}{\sqrt{S_x S_y}}; \; S_x \text{ und } S_y \text{ nach } \textbf{(493)}, \; S_{xy} \text{ nach } \textbf{(634)} \qquad \text{(b)}$$

Das Quadrat des Korrelationskoeffizienten wird auch Bestimmtheitsmaß genannt.

Aus (**704**) läßt sich ableiten

$$r = \sqrt{\frac{s_{xy}}{s^2_x} \times \frac{s_{xy}}{s^2_y}} = \sqrt{b_{yx} \times b_{xy}} \qquad \textbf{(705)}$$

Nach (**115**) ist der Korrelationskoeffizient somit das *geometrische Mittel* der beiden Regressionskoeffizienten b_{yx} und b_{xy}.

Der Korrelationskoeffizient ist unter der Hypothese $\boldsymbol{r} = 0$, wenn $n \to \infty$, asymptotisch *normal verteilt*. Hingegen ist

$$r\sqrt{\frac{n-2}{1-r^2}}$$

exakt STUDENT-verteilt mit Freiheitsgrad $\nu = n - 2$. Zur Prüfung dieser Hypothese gelten somit die Prüfquotienten

$$\frac{|r|}{s_r}; \text{ Signifikanzschranke } \left\{\begin{aligned} &t_{2\alpha} \text{ für } n \text{ bis } 202 &&\text{(a)} \\ &|c_\alpha| \text{ für } n > 202 &&\text{(b)} \end{aligned}\right\} \quad \textbf{(706)}$$

wobei

$$\left.\begin{aligned} s^2_r &= \frac{1-r^2}{n-2}; \; \nu = n-2; \quad \text{für } n < 202 &&\text{(a)} \\ &= \frac{1-r^2}{n-1}; \quad \text{für } n > 202 &&\text{(b)} \end{aligned}\right\} \quad \textbf{(707)}$$

Für $\nu \leqq 200$ muß (**706**) nicht berechnet werden, da die Signifikanzschranken für r direkt aus der Tafel S. 61 abgelesen werden können. Sie entsprechen der mit (**706** a) identischen Formel

$$|r| = \frac{t_{2\alpha}}{\sqrt{\nu + t^2_{2\alpha}}}; \quad \nu_t = n - 2 \qquad \textbf{(708)}$$

Sind die Prüfgrößen nach (**706**) oder (**708**) *kleiner* als die entsprechenden Signifikanzschranken, so kann angenommen werden, daß sich der Korrelationskoeffizient und damit nach (**703**) auch die beiden Regressionskoeffizienten b_{yx} und b_{xy} von Null *nicht* unterscheiden.

Erreichen oder *überschreiten* die Prüfgrößen nach (**706**) oder (**708**) die entsprechenden Signifikanzschranken, so *unterscheiden* sich der Korrelationskoeffizient und die zwei Regressionskoeffizienten signifikant von Null. In diesem Fall ist der Korrelationskoeffizient *nicht* normal verteilt. Seine Verteilung kann aber durch die z-Transformation nach R. A. FISHER normalisiert werden.

Es ist

$$\left.\begin{aligned} z &= \tanh^{-1} r = \tfrac{1}{2} \ln \frac{1+r}{1-r} &&\text{(a)} \\ &\text{und} \\ r &= \tanh z = \frac{e^{2z}-1}{e^{2z}+1} &&\text{(b)} \end{aligned}\right\} \quad \textbf{(709)}$$

Vgl. dazu S. 140, Abschnitt XIII. Tafeln zu (**709** a) finden sich auf S. 62, zu (**709** b) auf S. 64 und 65.

Die Varianz von z ist (2 Variablen x, y)

$$\sigma^2_z = \frac{1}{n-3}; \text{ vgl. dazu S. 62} \qquad \textbf{(710)}$$

Der Erwartungswert $\boldsymbol{z}$ von z ist

$$\left.\begin{aligned}\boldsymbol{z} &\approx \tanh^{-1}\boldsymbol{r} && \text{(a)}\\ &= \frac{\boldsymbol{r}}{2(n-1)} + \tanh^{-1}\boldsymbol{r} && \text{(b)}\end{aligned}\right\} \quad \textbf{(711)}$$

(**711** b) kann in der Regel vernachlässigt werden (vgl. unten).

Aus (**709**) bis (**711**) ergeben sich:

Prüfung der Differenz zwischen Schätzung r und einem hypothetischen Korrelationskoeffizienten $\boldsymbol{r}$

Prüfquotient

$$\frac{|z-\boldsymbol{z}|}{\sigma_z} = |z-\boldsymbol{z}|\sqrt{n-3}; \; z \text{ und } \boldsymbol{z} \text{ nach } (\textbf{709}\,\text{a}) \text{ und } (\textbf{711}\,\text{a}) \quad \textbf{(712)}$$

(Signifikanzschranke $|c_\alpha|$, S. 28, oder $c_{2\alpha}$, S. 31, unten)

Ist der Prüfquotient (**712**) *kleiner* als die Signifikanzschranke, so kann angenommen werden, daß $r = \boldsymbol{r}$.

Vertrauensgrenzen für $\boldsymbol{r}$

$$\text{Prob}\left[\tanh\left(z - \frac{|c_\alpha|}{\sqrt{n-3}}\right) \leq \boldsymbol{r} \leq \tanh\left(z + \frac{|c_\alpha|}{\sqrt{n-3}}\right)\right] \approx 1 - 2\alpha \quad \textbf{(713)}$$

Werte für $\frac{|c_\alpha|}{\sqrt{n-3}}$ für $1 - 2\alpha = 0{,}95$ und $0{,}99$ finden sich auf S. 63.

Vergleich zweier Korrelationskoeffizienten $\boldsymbol{r}_1$ *und* $\boldsymbol{r}_2$

Die Prüfung der Hypothese $\boldsymbol{r}_1 = \boldsymbol{r}_2$ auf Grund der Schätzungen r_1 und r_2 erfolgt mit dem Prüfquotienten

$$\left.\frac{|z_1 - z_2|}{\sqrt{\dfrac{1}{n_1-3} + \dfrac{1}{n_2-3}}}; \; \begin{aligned}&\text{Signifikanzschranke } |c_\alpha|, \text{S. 28,}\\ &\text{oder } c_{2\alpha}, \text{S. 31}\end{aligned}\right\} \quad \textbf{(714)}$$

Ist der Prüfquotient (**714**) *kleiner* als die Signifikanzschranke, so kann angenommen werden, daß $\boldsymbol{r}_1 = \boldsymbol{r}_2$. Die Schätzung des gemeinsamen Korrelationskoeffizienten ist dann

$$\bar{r} = \tanh \bar{z} = \tanh \frac{(n_1-3)\,z_1 + (n_2-3)\,z_2}{n_1 + n_2 - 6} \quad \textbf{(715)}$$

$$\text{und } \sigma_{\bar{z}}^2 = \frac{1}{n_1 + n_2 - 6} \quad \textbf{(716)}$$

Die Vertrauensgrenzen für den gemeinsamen Korrelationskoeffizienten sind

$$\left.\begin{aligned}&\text{Prob}\,[\tanh(\bar{z} - |c_\alpha|\,\sigma_{\bar{z}}) \leq \bar{\boldsymbol{r}} \leq \tanh(\bar{z} + |c_\alpha|\,\sigma_{\bar{z}})]\\ &= 1 - 2\alpha; \text{ wobei } \sigma_{\bar{z}} = \sqrt{(\textbf{716})}\end{aligned}\right\} \quad \textbf{(717)}$$

Vergleich mehrerer Korrelationskoeffizienten

Gegeben seien k Schätzungen $r_1, r_2, \ldots, r_i, \ldots, r_k$ aus k zweidimensionalen Stichproben mit Stichprobenumfängen $n_1, n_2, \ldots, n_i, \ldots, n_k$.

Die Prüfung der Hypothese $\boldsymbol{r}_1 = \boldsymbol{r}_2 = \cdots = \boldsymbol{r}_k = \boldsymbol{r}$, wobei $\boldsymbol{r}$ ein hypothetischer Wert ist, erfolgt mit der Prüfgröße

$$\left.\begin{aligned}&\sum_1^k (n_i - 3)(z_i - \boldsymbol{z})^2; \text{ Signifikanzschranke } \chi^2; 1\textstyle\int_r = 2\alpha;\\ &\qquad\qquad \nu_{\chi^2} = k; \text{ S. 36–39}\end{aligned}\right\} \quad \textbf{(718)}$$

[z_i und $\boldsymbol{z}$ nach (**709** a) und (**711** a)]

Ist der hypothetische Wert nicht bekannt, so ist seine Schätzung

$$\bar{z} = \frac{\sum_1^k (n_i - 3)\, z_i}{\sum_1^k (n_i - 3)} \quad \textbf{(719)}$$

mit Varianz

$$\sigma_{\bar{z}}^2 = \frac{1}{\sum_1^k (n_i - 3)} \quad \textbf{(720)}$$

Die Prüfung der Hypothese $\boldsymbol{r}_1 = \boldsymbol{r}_2 = \cdots = \boldsymbol{r}_k = \bar{\boldsymbol{r}}$ erfolgt dann mit der Prüfgröße

$$\left.\begin{aligned}&\sum_1^k (n_i - 3)(z_i - \bar{z})^2; \text{ Signifikanzschranke } \chi^2; 1\textstyle\int_r = 2\alpha;\\ &\qquad\qquad \nu_{\chi^2} = k - 1; \text{ S. 36–39}\end{aligned}\right\} \quad \textbf{(721)}$$

Ist die Prüfgröße (**721**) *kleiner* als die Signifikanzschranke, so kann angenommen werden, daß $\boldsymbol{r}_1 = \boldsymbol{r}_2 = \cdots = \boldsymbol{r}_k = \bar{\boldsymbol{r}}$. Die Schätzung $\bar{r}$ des gemeinsamen Korrelationskoeffizienten $\bar{\boldsymbol{r}}$ ist dann annähernd

$$\bar{r} \approx \tanh(\bar{z} - a \tanh \bar{z}) \quad \textbf{(722)}$$

wobei $\bar{z}$ *nach* (**719**) und

$$a = \frac{\sum_1^k \left(\dfrac{n_i - 3}{n_i - 1}\right)}{2\sum_1^k (n_i - 3)} \quad \textbf{(723)}$$

Die *Vertrauensgrenzen* für den gemeinsamen Korrelationskoeffizienten $\bar{\boldsymbol{r}}$ sind dann annähernd

$$\left.\begin{aligned}&\text{Prob}\,[\tanh(\bar{z} - a \tanh \bar{z} - |c_\alpha|\,\sigma_{\bar{z}}) \leq \bar{\boldsymbol{r}} \leq\\ &\leq \tanh(\bar{z} - a \tanh \bar{z} + |c_\alpha|\,\sigma_{\bar{z}})] \approx 1 - 2\alpha\end{aligned}\right\} \quad \textbf{(724)}$$

[$\bar{z}$ nach (**719**), a nach (**723**), $\sigma_{\bar{z}} = \sqrt{(\textbf{720})}$ und $|c_\alpha|$ siehe S. 28]

Beispiele zu Abschnitt 19 A

Beispiel 45. Gegeben $r = 0{,}3223$, $n = 34$. Unterscheidet sich r von Null ($2\alpha = 0{,}05$)? Es ist $\nu = 32$, die entsprechende Schranke (S. 61) ist 0,3388. Die Hypothese $r = 0$ läßt sich somit nicht verwerfen.

Beispiel 46. Gegeben $r = 0{,}613$, $n = 42$. Gesucht 95%-Vertrauensgrenzen für $\boldsymbol{r}$. Es ist

$$z = 0{,}71371 \text{ (S. 62)}$$
$$c_\alpha \sigma_z = 0{,}31385 \text{ (S. 63)}$$
$$z \pm c_\alpha \sigma_z = 0{,}400 \text{ bis } 1{,}027$$

$$\text{daraus: Prob}\,(\underbrace{0{,}380}_{\text{S. 64}} \leq \boldsymbol{r} \leq \underbrace{0{,}773}_{\text{S. 64}}) = 0{,}95$$

Beispiel 47

Gegeben sind		Daraus erhält man		
r_i	n_i	z_i	$n_i - 3$	$n_i - 1$
0,555	12	0,62558	9	11
0,590	20	0,67767	17	19
0,670	15	0,81074	12	14
0,621	9	0,72663	6	8
0,733	26	0,93518	23	25
0,800	13	1,09861	10	12
		S. 62		

$\bar{z} = 63{,}73451/77 = 0{,}828$ [nach (**719**)]; $\tanh \bar{z} = \underbrace{0{,}6794}_{\text{S. 64}}$

$\chi^2 = 1{,}815$; $\nu = 6 - 1 = 5$ [nach (**721**)]

Die 0,05-Signifikanzschranke für χ^2, $\nu = 5$, ist 11,07 (S. 36). Die Hypothese $\boldsymbol{r}_1 = \boldsymbol{r}_2 = \cdots = \boldsymbol{r}_k = \bar{\boldsymbol{r}}$ läßt sich somit nicht verwerfen.

$a = 5{,}0734/154 = 0{,}0329$ [nach (**723**)]

$\bar{r} = \tanh(0{,}828 - 0{,}0329 \times 0{,}6794) = \tanh 0{,}806 = \underbrace{0{,}667}_{\text{S. 64}}$ [nach (**722**)]

$\sigma_{\bar{z}}^2 = 1/77 = 0{,}012987$; $\sigma_{\bar{z}} = 0{,}11396$ [nach (**720**)]

Für $2\alpha = 0{,}05$ ist $|c_\alpha| = 1{,}96$ (S. 28), folglich $|c_\alpha|\,\sigma_{\bar{z}} = 0{,}223$ und daraus 95%-Vertrauensgrenzen für $\bar{\boldsymbol{r}}$

$$\tanh \underbrace{(0{,}806 - 0{,}223)}_{= 0{,}525 \text{ (S. 64)}} \leq \bar{\boldsymbol{r}} \leq \tanh \underbrace{(0{,}806 + 0{,}223)}_{= 0{,}774 \text{ (S. 64)}} \text{ [nach } (\textbf{724})]$$

19 B. Der Spearmansche Rang-Korrelationskoeffizient

(Der Spearmansche Korrelationskoeffizient wird hier behandelt, weil er sich zur Schätzung des im Abschnitt 19 A besprochenen Korrelationskoeffizienten r eignet.)

Entstammt die zweidimensionale Stichprobe x, y einer *beliebigen, stetigen* Verteilung, sind ihre Werte aber nicht gemessen, sondern *rangiert* worden [vgl. (**342**)], so läßt sich die Abhängigkeit von y und x durch den Spearmanschen Korrelationskoeffizienten $\boldsymbol{R}$ beurteilen. Neben ihm besteht noch ein anderer Korrelationskoeffizient τ nach Kendall[24], mit Vor- und Nachteilen, vgl. dazu van der Waerden[25].

Der Spearmansche Korrelationskoeffizient läßt sich für rangierte Stichproben aus beliebigen Verteilungen berechnen. Falls eine zweidimensionale Normalverteilung zugrunde liegt, entspricht seine Interpretation jener des Korrelationskoeffizienten r, wie wir später sehen werden. Wie er bei anderen Verteilungen zu interpretieren ist, ist unklar.

Gegeben seien n Beobachtungspaare $(x, y)_i$. Die Paare werden zunächst getrennt und zwei Stichproben x_i und y_i gebildet. Dann werden die x- und y-Werte nach Größe geordnet (rangiert), so daß beispielsweise x_{i5} der fünftkleinste aller x-Werte darstellt, y_{i3} der drittkleinste aller y-Werte. Nun werden die ursprünglichen Beobachtungspaare wieder gebildet; man erhält zum Beispiel $(x_5, y_3)_i$. Die Rangnummern, wie vorhin 5 bzw. 3, symbolisieren wir wie früher mit O (Ordnungszahl). Nun bildet man aus den Rangnummern jedes Beobachtungspaares die Differenz und quadriert sie:

$$D_i^2 = (O_{x_i} - O_{y_i})^2 \tag{725}$$

Beim Beobachtungspaar $(x_5, y_3)_i$ ist zum Beispiel $D_i^2 = (5-3)^2 = 4$.

Die Schätzung des SPEARMANschen Korrelationskoeffizienten $\boldsymbol{R}$ ist dann

$$R = 1 - \frac{6 \sum\limits_{1}^{n} D_i^2}{n^3 - n} \tag{726}$$

Werte des Faktors $6/(n^3 - n)$ findet man auf S. 68.

(**726**) gilt nur dann exakt, wenn keine Bindungen [ties, vgl. (**346**)] vorkommen. Bei wenig Bindungen kann man (**726**) noch gut verwenden. Im Falle vieler Bindungen vgl. KENDALL[24].

Die Prüfung von R gegen Null erfolgt mit den Signifikanzschranken S. 66 und 67. Man braucht dazu R noch nicht auszurechnen, sondern nur $\sum D^2$:

(**727**)

(a) *Erreicht* oder *überschreitet* die Summe $\sum D^2$ die Signifikanzschranken nach außen, so unterscheidet sich R signifikant von Null.

(b) Befindet sich $\sum D^2$ *innerhalb* der Signifikanzschranken, so läßt sich R von Null nicht unterscheiden.

Man wird somit nur im Fall (**727** a) die Berechnung von R weiterführen.

Die exakten Schranken wurden dem Buche von KENDALL[24] entnommen. Für größere n wurden die Schranken auf Grund der Normalverteilung approximiert nach

(**728**)

Signifikanzgrenzen für $\sum D^2$

$$\sim \frac{n^3 - n}{6}\left(1 \pm \frac{|c_\alpha|}{\sqrt{n-1}}\right) \qquad \text{(a)}$$

Signifikanzgrenzen für $|R|$

$$\sim \pm \frac{|c_\alpha|}{\sqrt{n-1}} \qquad \text{(b)}$$

wobei man nach VAN DER WAERDEN[25] immer auf der sicheren Seite bleibt.

Stammen die rangierten Stichproben aus *normalverteilten* Grundgesamtheiten, so gilt nach K. PEARSON für die Parameter $\boldsymbol{r}$ und $\boldsymbol{R}$

$$\boldsymbol{r} \cong 2 \sin \frac{\pi}{6} \boldsymbol{R} \tag{729}$$

Für Schätzungen gilt (**729**) näherungsweise. Eine entsprechende Tafel zur Berechnung von r aus R findet sich auf S. 68.

Beispiel 48. Gegeben die Stichprobe des Beispieles 49. Diese Stichprobe hat 4 Bindungen bei x und 6 Bindungen bei y. Diese Bindungszahl dürfte bei einem Stichprobenumfang $n = 20$ noch angehen. Die Beobachtungspaare mit entsprechenden Ordnungszahlen O_x und O_y sind

x	O_x	y	O_y	D^2	x	O_x	y	O_y	D^2
2,6	1	2,3	1	0	6,0	11	5,2	8	9
3,0	2,5	3,5	3,5	1	6,5	12,5	6,0	12,5	0
3,0	2,5	4,0	5	6,25	6,5	12,5	8,0	19	42,25
3,5	4	3,5	3,5	0,25	7,0	14,5	6,0	12,5	4
3,8	5	4,5	6,5	2,25	7,0	14,5	7,0	15,5	1
4,2	6	2,7	2	16	7,5	16	7,7	17	1
4,5	7	5,5	9	4	8,0	18	6,5	14	16
4,7	8	5,7	10,5	6,25	8,0	18	7,0	15,5	6,25
5,5	9	4,5	6,5	6,25	8,0	18	8,0	19	1
5,7	10	5,7	10,5	0,25	10,0	20	8,0	19	1

$\sum D^2 = 124$. Diese Summe liegt noch weit außerhalb der 0,001-Schranken der Tafel S. 66. R unterscheidet sich somit von Null, und wir rechnen weiter nach (**726**). Der Faktor $6/(20^3 - 20)$ ist nach Tafel S. 68, oben, gleich $10^{-4} \times 7{,}51880$. Folglich ist $R = 1 - 10^{-4} \times 7{,}51880 \times 124 = 0{,}906767 \sim 0{,}907$. Unter der Annahme, die Stichprobe stamme aus einer normalverteilten Grundgesamtheit, ist nach (**729**) $r \sim 0{,}915$ (Tafel S. 68, unten). Die Schätzung r nach (**704**) beträgt 0,881.

19 C. Signifikanzteste

(Signifikanzteste für Korrelationskoeffizienten siehe Abschnitt 19 A)

(**730**)

Vergleiche zwischen		erfolgen nach
Schätzung	und hypothetischem Wert	
b_{yx}	0	(**706**) bis (**708**) auf
b_{xy}	0	Grund von (**703**)
b_{yx}	$\boldsymbol{b}_{yx}$	(**664** a)
b_{xy}	$\boldsymbol{b}_{xy}$	(**664** a)*
$Y\|x$	$\boldsymbol{Y}\|x$	(**664** b)
$X\|y$	$\boldsymbol{X}\|y$	(**664** b)*
$\bar{y}$	μ_y	(**664** c)
$\bar{x}$	μ_x	(**664** c)*
a_{yx}	$\boldsymbol{a}_{yx}$	(**664** d)
a_{xy}	$\boldsymbol{a}_{xy}$	(**664** d)*

* Unter entsprechender Vertauschung von y und x.

Wie man sieht, gelten bei der Regression zweiter Art die entsprechenden Formeln der Regression erster Art, sofern es sich um Vergleiche *einer* Schätzung mit einem *hypothetischen* Wert handelt. Wenn aber zwei Schätzungen aus zwei verschiedenen *Stichproben*, wie zum Beispiel bei $(b_{yx})_1 - (b_{yx})_2$, miteinander verglichen werden, gelten die entsprechenden Formeln der Regression erster Art nicht mehr, es sei denn bei *großen n* annäherungsweise.

Der Vergleich von μ_y mit μ_x, das heißt die Prüfung der Hypothese $\mu_y = \mu_x$, erfolgt mit dem Prüfquotienten

$$\frac{(\bar{y} - \bar{x})\sqrt{n}}{\sqrt{s_y^2 + s_x^2 - 2\, s_{xy}}}\ ; \ \text{Signifikanzschranke } t;\ 2P = 2\alpha;\ \nu = n - 1,\ \text{S. 32–35} \tag{731}$$

[s_y^2 und s_x^2 nach (**492**), s_{xy} nach (**633**)]

Der *gemeinsame* Vergleich von $\bar{y}$ mit μ_y *und* $\bar{x}$ mit μ_x, das heißt die Prüfung der Hypothese $\bar{y} = \mu_y \mid \bar{x} = \mu_x$, erfolgt mit der Prüfgröße

$$\frac{n\,(n-2)}{2\,(1 - r^2)} \times \left[\frac{(\bar{x} - \mu_x)^2}{S_x} + \frac{(\bar{y} - \mu_y)^2}{S_y} - \frac{2\, S_{xy}\,(\bar{x} - \mu_x)\,(\bar{y} - \mu_y)}{S_x S_y}\right] \tag{732}$$

[Signifikanzschranke F; $P = \alpha$; $\nu_1 = 2$, $\nu_2 = n - 2$, S. 40–41]

S_x und S_y nach (**493**), S_{xy} nach (**634**), r nach (**704**). Rechnungswink:

$$r^2 = \frac{S_{xy}}{S_x S_y} \times S_{xy}$$

Der Vergleich einer zweidimensionalen Stichprobe mit Mittelwerten $\bar{y}$ und $\bar{x}$ mit einem von ihr *unabhängigen* Beobachtungspaar x, y, das heißt die Prüfung der Hypothese $\bar{y} = y \mid \bar{x} = x$ (x, y = Beobachtungspaar, $\bar{x}, \bar{y}$ = Mittelwerte der Stichprobe), erfolgt mit der Prüfgröße

$$\frac{n\,(n-2)}{2\,(n+1)\,(1 - r^2)} \times \left[\frac{(x - \bar{x})^2}{S_x} + \frac{(y - \bar{y})^2}{S_y} - \frac{2\, S_{xy}\,(x - \bar{x})\,(y - \bar{y})}{S_x S_y}\right] \tag{733}$$

[Signifikanzschranke, Freiheitsgrade und alles andere wie in (**732**); (**733**) ist ein Spezialfall von (**734**) für $n_1 = 1$]

Der *gemeinsame* Vergleich der Mittelwerte *zweier* zweidimensionaler Stichproben $(x, y)_1$ und $(x, y)_2$, das heißt die Prüfung der Hypothese $\mu_{y_1} = \mu_{y_2} \mid \mu_{x_1} = \mu_{x_2}$, erfolgt, *wenn* $\sigma_{y_1}^2 = \sigma_{y_2}^2$, $\sigma_{x_1}^2 = \sigma_{x_2}^2$, $\boldsymbol{r}_1 = \boldsymbol{r}_2$, mit der Prüfgröße

$$\frac{n_1 n_2\,(n_1 + n_2 - 3)}{2\,(n_1 + n_2)\,(1 - r^2)} \times \left\{\frac{(\bar{x}_1 - \bar{x}_2)^2}{S_{x_1} + S_{x_2}} + \frac{(\bar{y}_1 - \bar{y}_2)^2}{S_{y_1} + S_{y_2}} - \frac{2\,[(S_{xy})_1 + (S_{xy})_2]\,(\bar{x}_1 - \bar{x}_2)(\bar{y}_1 - \bar{y}_2)}{(S_{x_1} + S_{x_2})\,(S_{y_1} + S_{y_2})}\right\} \tag{734}$$

wobei

$$r^2 = \frac{[(S_{xy})_1 + (S_{xy})_2]^2}{(S_{x_1} + S_{x_2})(S_{y_1} + S_{y_2})}\text{; vgl. dazu Rechnungswink von (732)} \qquad \textbf{(735)}$$

[Signifikanzschranke F; $P = \alpha$; $\nu_1 = 2$, $\nu_2 = n_1 + n_2 - 3$, S. 40 und 41; alles andere wie in (**732**)]

Als Vorprüfungen zu (**734**) eignen sich näherungsweise:

Prüfung der Hypothesen $\sigma^2_{x_1} = \sigma^2_{x_2}$ und $\sigma^2_{y_1} = \sigma^2_{y_2}$ nach (**605**)

Prüfung der Hypothese $\boldsymbol{r}_1 = \boldsymbol{r}_2$ nach (**714**)

Weiteres bei PEARSON und WILKS[26].

19D. Vertrauens- und Toleranzgrenzen

100 $(1-\alpha)$%-Vertrauens- und -Toleranzbereiche auf Grund der Schätzungen $\bar{x}, \bar{y}, S_x, S_y, S_{xy}$ einer zweidimensionalen Stichprobe. Berechnung von b_{yx} und $s_{b_{yx}}$ nach (**632**) und (**637**), für b_{xy} und $s_{b_{xy}}$ ebenfalls, aber unter Vertauschung von x mit y und umgekehrt. Freiheitsgrade für F: $\nu_1 = 2$, $\nu_2 = n - 2$; $1 - \alpha = 1 - P$; S. 40–41.

Vertrauensgrenzen

$$\mu_y | \mu_x = \bar{y} + b_{yx}(\mu_x - \bar{x}) \pm s_{b_{yx}} \sqrt{2FS_x/n - (n-2)(\mu_x - \bar{x})^2} \qquad \text{(a)}$$
$$\mu_x | \mu_y = \bar{x} + b_{xy}(\mu_y - \bar{y}) \pm s_{b_{xy}} \sqrt{2FS_y/n - (n-2)(\mu_y - \bar{y})^2} \qquad \text{(b)} \qquad \textbf{(736)}$$

(**736** a) und (**736** b) sind identische *Ellipsen.*

Toleranzgrenzen

$$\boldsymbol{Y} | x = \bar{y} + b_{yx}(x - \bar{x}) \pm s_{b_{yx}} \sqrt{2(n+1)FS_x/n - (n-2)(x - \bar{x})^2} \qquad \text{(a)}$$
$$\boldsymbol{X} | y = \bar{x} + b_{xy}(y - \bar{y}) \pm s_{b_{xy}} \sqrt{2(n+1)FS_y/n - (n-2)(y - \bar{y})^2} \qquad \text{(b)} \qquad \textbf{(737)}$$

(**737** a) und (**737** b) sind identische *Ellipsen.*

Die *Steigungsmaße* der Hauptachsen X_0, Y_0 der durch (**736**) bzw. (**737**) definierten Ellipse, die sogenannten *orthogonalen* Regressionskoeffizienten, sind

$$b_0, -\frac{1}{b_0} = \frac{S_y - S_x}{2S_{xy}} \pm \sqrt{1 + \left(\frac{S_y - S_x}{2S_{xy}}\right)^2} \qquad \textbf{(738)}$$

Die Längen der *Halbachsen* der Ellipsen (**736**) und (**737**) sind

$$l_1, l_2 = \sqrt{k}\sqrt{S_x + S_y \pm \sqrt{(S_x + S_y)^2 - 4(S_x S_y - S^2_{xy})}} \qquad \textbf{(739)}$$

wobei

$$k \begin{cases} = F/n(n-2) \text{ für Vertrauensellipse (736)} & \text{(a)} \\ = F(n+1)/n(n-2) \text{ für Toleranzellipse (737)} & \text{(b)} \end{cases} \qquad \textbf{(740)}$$

Konstruktion der Ellipsen

Schnellkonstruktion: Man berechne (**738**) und (**739**) und konstruiere nach (**315**).

Exakt: Nach (**736**) bzw. (**737**) (a) und/oder (b) sowie (**738**) und (**739**) je nach erforderlicher Genauigkeit.

Die Gleichungen der zu den Koordinaten parallelen Tangenten an die Vertrauens- bzw. Toleranzellipse sind

horizontale Tangenten: $y = \bar{y} \pm \sqrt{kS_y}$
Abszissen der Berührungspunkte: $x = \bar{x} \pm b_{xy}\sqrt{kS_y}$ (a)

vertikale Tangenten: $x = \bar{x} \pm \sqrt{kS_x}$
Ordinaten der Berührungspunkte: $y = \bar{y} \pm b_{yx}\sqrt{kS_x}$ (b) **(741)**

wobei

$$k \begin{cases} = 2F/n(n-2) \text{ für Vertrauensellipse (736)} & \text{(a)} \\ = 2F(n+1)/n(n-2) \text{ für Toleranzellipse (737)} & \text{(b)} \end{cases} \qquad \textbf{(742)}$$

Die Seitenlängen des durch diese Tangenten gebildeten, der Ellipse umschriebenen Rechtecks sind

Länge der horizontalen Seiten
$l_h = 2\sqrt{kS_x}$ (a)
Länge der vertikalen Seiten
$l_v = 2\sqrt{kS_y}$ (b) **(743)**
[wobei k = (**742**)]

Beispiel 49. Gegeben die zweidimensionale Stichprobe

x	y	x	y	x	y	x	y
2,6	2,3	4,2	2,7	6,0	5,2	7,5	7,7
3,0	3,5	4,5	5,5	6,5	6,0	8,0	6,5
3,0	4,0	4,7	5,7	6,5	8,0	8,0	7,0
3,5	3,5	5,5	4,5	7,0	6,0	8,0	8,0
3,8	4,5	5,7	5,7	7,0	7,0	10,0	8,0

a) Man schätze die Parameter.

b) Man gebe die Formeln der Regressionsgeraden Y und X, der orthogonalen Regressionsgeraden Y_0 und X_0, der Toleranzellipse für $\boldsymbol{Y} | x$ bzw. $\boldsymbol{X} | y$, der horizontalen und vertikalen Tangenten an letztere und berechne die Seitenlängen des durch diese Tangenten gebildeten Rechtecks sowie die Länge der Halbachsen der Ellipse.

c) Man gebe vergleichsweise die Formeln der Toleranzgrenzen, berechnet nach den Formeln der Regression erster Art.

d) Man vergleiche die Toleranzgrenzen für $\boldsymbol{Y} | x$ und $\boldsymbol{X} | y$ der Regression zweiter und erster Art mit $x = \bar{x}$ und $y = \bar{y}$.

e) Man vergleiche $\bar{x}$ und $\bar{y}$.

a) Parameter

$\bar{x} = 115{,}0/20 = 5{,}75$	$\bar{y} = 111{,}3/20 = 5{,}565$
$S_x = 740{,}92 - 5{,}75 \times 115 = 79{,}67$	$S_y = 679{,}39 - 5{,}565 \times 111{,}3 = 60{,}005\,5$
$s_x^2 = 79{,}67/19 = 4{,}193\,158$	$s_y^2 = 60{,}005\,5/19 = 3{,}158\,184$
$s_x = 2{,}047\,72$	$s_y = 1{,}777\,13$

$S_{xy} = 700{,}90 - 5{,}75 \times 111{,}3 = 60{,}925$ nach (**634**)

$s_{xy} = 60{,}925/19 = 3{,}206\,579$

$r^2 = 60{,}925^2/79{,}67 \times 60{,}005\,5 = 0{,}776\,435\,170 = (\textbf{704}\,\text{b})^2$

$1 - r^2 = 0{,}223\,564\,830$

$r = 0{,}881\,155$

$b_{yx} = 60{,}925/79{,}67 = 0{,}764\,717\,0$ nach (**632**)

$b_{xy} = 60{,}925/60{,}005\,5 = 1{,}015\,323\,6$ nach (**632**)*

$b_0, -\frac{1}{b_0} = (60{,}005\,5 - 79{,}67)/(2 \times 60{,}925) \pm \sqrt{1 + (-0{,}161\,382\,848)^2} = 0{,}851\,56$ und $-1{,}174\,32$ nach (**738**)

$S_{y \cdot x} = 60{,}005\,5 \times 0{,}223\,564\,83 = 13{,}415\,119\,4$ nach (**636** c)

$s^2_{y \cdot x} = 13{,}415\,119\,4/18 = 0{,}745\,284\,411$ nach (**635** a)

$s^2_{b_{yx}} = 0{,}745\,284\,411/79{,}67 = 0{,}009\,354\,643$ nach (**637** a)

$s_{b_{yx}} = 0{,}096\,722\,4$

$S_{x \cdot y} = 79{,}67 \times 0{,}223\,564\,83 = 17{,}811\,410\,0$ nach (**636** c)*

$s^2_{x \cdot y} = 17{,}811\,410\,0/18 = 0{,}989\,522\,777$ nach (**635** a)*

$s^2_{b_{xy}} = 0{,}989\,522\,777/60{,}005\,5 = 0{,}016\,490\,53$ nach (**637** a)*

$s_{b_{xy}} = 0{,}128\,416$

b) Formeln

Regressionsgerade

$Y = 5{,}565 + 0{,}764\,7\,(x - 5{,}75) = 1{,}167\,9 + 0{,}764\,7\,x$ nach (**702** a)

$X = 5{,}75 + 1{,}015\,3\,(y - 5{,}565) = 0{,}099\,7 + 1{,}015\,3\,y$ nach (**702** b)

$X_0;\ y = \bar{y} + b_0\,(x - \bar{x}) = 0{,}668\,5 + 0{,}851\,6\,x$

$Y_0;\ y = \bar{y} - \frac{1}{b_0}(x - \bar{x}) = 12{,}317 - 1{,}174\,3\,x$

* Nach Permutation von x und y.

Toleranzellipse $[F_{0,05}(2;18) = 3{,}55;$ S. 40]

Toleranzgrenzen für $\boldsymbol{Y} \mid x$

$= 5{,}565 + 0{,}7647\,(x - 5{,}75) \pm 0{,}09672 \times$
$\times \sqrt{593{,}94 - 18\,(x - 5{,}75)^2}$ nach (**737** a)

Toleranzgrenzen für $\boldsymbol{X} \mid y$

$= 5{,}75 + 1{,}0153\,(y - 5{,}565) \pm 0{,}12842 \times$
$\times \sqrt{447{,}34 - 18\,(y - 5{,}565)^2}$ nach (**737** b)

Horizontale Tangenten y und Abszissen der Berührungspunkte

$y = 5{,}565 \pm 4{,}99 = 0{,}58$ und $10{,}55$
$x = 5{,}75 \pm 5{,}06 = 0{,}69$ und $10{,}81$ } nach (**741** a) und (**742** b)

Vertikale Tangenten x und Ordinaten der Berührungspunkte

$x = 5{,}75 \pm 5{,}74 = 0{,}01$ und $11{,}49$
$y = 5{,}565 \pm 4{,}39 = 1{,}18$ und $9{,}96$ } nach (**741** b) und (**742** b)

Seitenlängen des umschriebenen Rechtecks

Horizontale Seiten $l_h = 11{,}48$
Vertikale Seiten $l_v = 9{,}98$ } nach (**743**) und (**742** b)

Länge der Halbachsen der Ellipse

$$= \sqrt{\frac{3{,}55 \times 21}{20 \times 18}} \times$$
$$\times \sqrt{79{,}67 + 60{,}0055 \pm \sqrt{139{,}6755^2 - 4\,(4780{,}6382 - 60{,}925^2)}}$$
$= 7{,}38$ und $1{,}83$ nach (**739**) und (**740** b)

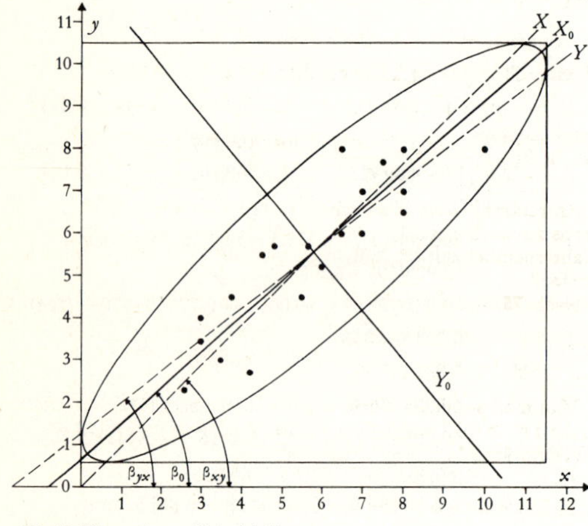

Abb. 40. Illustration zu Beispiel 49.

c) Toleranzgrenzen, berechnet nach den Formeln der Regression erster Art ($t_{2\alpha=0,05,\ \nu=18} = 2{,}1009$, S. 32)

$\boldsymbol{Y} \mid x = 5{,}565 + 0{,}7647\,(x - 5{,}75) \pm 0{,}2032 \times$
$\times \sqrt{83{,}6535 + (x - 5{,}75)^2}$ nach (**669**)

$\boldsymbol{X} \mid y = 5{,}75 + 1{,}4070\,(y - 5{,}565) \pm 0{,}3739 \times$
$\times \sqrt{45{,}4659 + (y - 5{,}565)^2}$ nach (**674**)

d) Toleranzgrenzen für $\boldsymbol{Y} \mid x$ und $\boldsymbol{X} \mid y$ mit $x = \bar{x}$ und $y = \bar{y}$, berechnet nach den Formeln der

	Regression zweiter Art	Regression erster Art
$Y \mid \bar{x}$	$5{,}565 \pm 2{,}3572$ nach (**737** a)	$5{,}565 \pm 1{,}8585$ nach (**669**)
$X \mid \bar{y}$	$5{,}75 \pm 2{,}7161$ nach (**737** b)	$5{,}75 \pm 2{,}5213$ nach (**674**)

e) Vergleich von $\bar{x}$ und $\bar{y}$ ($t_{2\alpha=0,05,\ \nu=19} \sim 2{,}09$)

$$\frac{5{,}75 - 5{,}565}{\sqrt{4{,}1932 + 3{,}1582 - 2 \times 3{,}2066}} = 0{,}191 \quad \text{nach (731)}$$

Die Prüfgröße ist kleiner als die Signifikanzschranke, die Hypothese $\bar{x} = \bar{y}$ läßt sich somit nicht verwerfen.

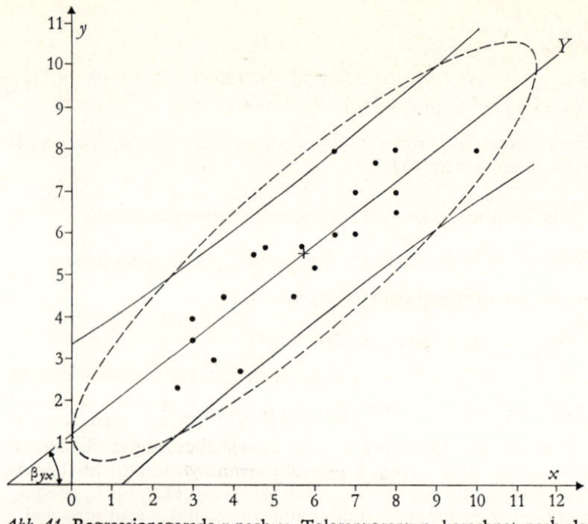

Abb. 41. Regressionsgerade y nach x. Toleranzgrenzen, berechnet nach den Formeln der Regression erster Art (Hyperbel) und zweiter Art (Ellipse).

20. Die Binomialverteilung

(vgl. Abschnitt 5, S. 149)

20 A. Allgemeines

E und Nicht-E seien zwei *komplementäre* Ereignisse [vgl. (**334**) und (**335**)] mit den Wahrscheinlichkeiten $\boldsymbol{p}$ und $\boldsymbol{q} = 1 - \boldsymbol{p}$ [vgl. (**339**)]. Die Wahrscheinlichkeit, daß bei N *unabhängigen* Versuchen [vgl. (**328**), (**357**) und Beispiel 10, S. 149] exakt $x = 0, 1, 2, \ldots, N$ mal das Ereignis E eintrifft, ist

$$\left.\begin{aligned} f(x) &= \dot{\boldsymbol{P}}_x = \binom{N}{x} \boldsymbol{p}^x \boldsymbol{q}^{N-x} \\ \dot{\boldsymbol{P}}_0 &= \binom{N}{0} \boldsymbol{p}^0 \boldsymbol{q}^N = \boldsymbol{q}^N \\ \dot{\boldsymbol{P}}_1 &= \binom{N}{1} \boldsymbol{p}^1 \boldsymbol{q}^{N-1}; \ \ldots \\ \dot{\boldsymbol{P}}_N &= \binom{N}{N} \boldsymbol{p}^N \boldsymbol{q}^0 = \boldsymbol{p}^N \end{aligned}\right\} \quad (744)$$

[wobei $0 \leq \boldsymbol{p} \leq 1$ und $\boldsymbol{q} = 1 - \boldsymbol{p}$]

Nach (**113**) entsprechen die Einzelwahrscheinlichkeiten $\dot{\boldsymbol{P}}_x$ von (**744**) den Gliedern der binomischen Reihenentwicklung von $(q + p)^N$. Über den Binomialkoeffizienten $\binom{N}{x}$ vgl. (**100**) bis (**106**).

Aus (**744**) ergeben sich die Rekursionsformeln

$$\left.\begin{aligned} \dot{\boldsymbol{P}}_{x+1} &= \dot{\boldsymbol{P}}_x \times \frac{\boldsymbol{p}}{\boldsymbol{q}} \times \frac{N - x}{x + 1} && \text{(a)} \\ \dot{\boldsymbol{P}}_{x-1} &= \dot{\boldsymbol{P}}_x \times \frac{\boldsymbol{q}}{\boldsymbol{p}} \times \frac{x}{N - x + 1} && \text{(b)} \end{aligned}\right\} \quad (745)$$

Beispiel 50. Man berechne alle Einzelwahrscheinlichkeiten $\dot{\boldsymbol{P}}_x$ für $\boldsymbol{p} = 0{,}3$ und $N = 7$.

Wir berechnen nach (**745** a) von $x = 0$ ausgehend. Es ist $\boldsymbol{p}/\boldsymbol{q} = 3/7$.

$$\dot{\boldsymbol{P}}_0 = \left(\frac{7}{10}\right)^7 = 0{,}0823543$$

$$\dot{\boldsymbol{P}}_1 = \dot{\boldsymbol{P}}_0 \times \frac{3}{7} \times \frac{7}{1} = \dot{\boldsymbol{P}}_0 \times \frac{21}{7} = 0{,}2470629$$

$$\dot{\boldsymbol{P}}_2 = \dot{\boldsymbol{P}}_1 \times \frac{3}{7} \times \frac{6}{2} = \dot{\boldsymbol{P}}_1 \times \frac{18}{14} = 0{,}3176523$$

$$\dot{\boldsymbol{P}}_3 = \dot{\boldsymbol{P}}_2 \times \frac{3}{7} \times \frac{5}{3} = \dot{\boldsymbol{P}}_2 \times \frac{15}{21} = 0{,}2268945$$

Betrachtet man die Folge 21/7, 18/14, 15/21, so entdeckt man sofort die Gesetzmäßigkeit, nach der sich Zähler und Nenner der Rekursionsfaktoren verkleinern bzw. vergrößern. Die Faktoren zur Errechnung von $\dot{\boldsymbol{P}}_4, \dot{\boldsymbol{P}}_5, \ldots$ schreiben wir deshalb ohne weitere Rechnung an mit 12/28, 9/35, 6/42 und 3/49 und erhalten

$\dot{\boldsymbol{P}}_4 = 0{,}0972405$
$\dot{\boldsymbol{P}}_5 = 0{,}0250047$
$\dot{\boldsymbol{P}}_6 = 0{,}0035721$
$\dot{\boldsymbol{P}}_7 = 0{,}0002187$

Kontrolle: $\sum_0^N \dot{\boldsymbol{P}}_x = 1$

Auf andere Weise erhält man die Einzelwahrscheinlichkeiten für $N = 1, 2, \ldots, 99, 100$ und $\boldsymbol{p} = 0{,}01, 0{,}02, \ldots, 0{,}49, 0{,}50$ aus den Tafeln S. 70–77 (Logarithmen der Binomialkoeffizienten) und S. 78–84 (Logarithmen der Potenzen von $\boldsymbol{p}$ und $\boldsymbol{q}$).

Beispiel 51. Man berechne $\dot{\boldsymbol{P}}_1$ für $\boldsymbol{p} = 0{,}3$ und $N = 7$.

$\log \binom{7}{1} = 0{,}845\,10$ (S. 70)

$\log \boldsymbol{p}^1 = 0{,}477\,12 - 1$ (S. 82)

$\log \boldsymbol{q}^6 = 0{,}070\,59 - 1$ (S. 82)

$\log \dot{\boldsymbol{P}}_1 = 1{,}392\,81 - 2 = 0{,}392\,8 - 1$

$\dot{\boldsymbol{P}}_1 = 0{,}247\,1$ (S. 11)

Für Binomialkoeffizienten für $N > 100$ vgl. entsprechenden Abschnitt, S. 136. Für die Berechnung entsprechender Potenzen von $\boldsymbol{p}$ und $\boldsymbol{q}$ verwende man Logarithmentafeln mit 7 oder mehr Stellen*.

Die Binomialverteilung ist eine *diskrete* Verteilung. Sie ist *symmetrisch*, wenn $\boldsymbol{p} = 0{,}5$, *linksschräg*, wenn $\boldsymbol{p} < 0{,}5$, *rechtsschräg*, wenn $\boldsymbol{p} > 0{,}5$.

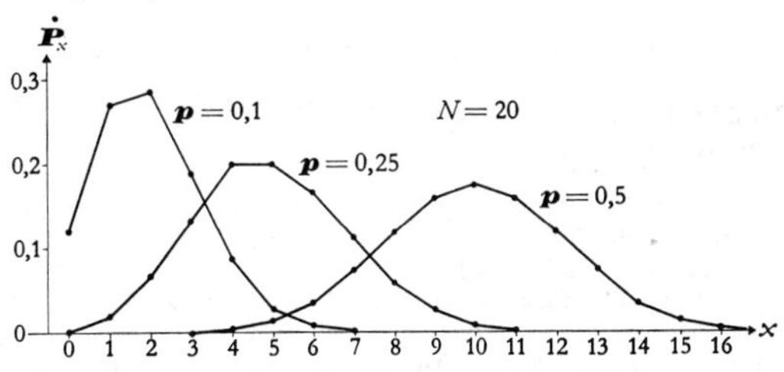

Abb. 42. Binomialverteilung, $N = 20$; $\boldsymbol{p} = 0{,}1$, $0{,}25$ und $0{,}5$.

20 B. Parameter der Binomialverteilung

Wie (**744**) zeigt, ist die Binomialverteilung vollständig durch die Wahrscheinlichkeit $\boldsymbol{p}$ und die Anzahl der Versuche N charakterisiert. Wir symbolisieren sie deshalb mit Binomialverteilung ($\boldsymbol{p}$; N).

Mittelwert μ_x und Varianz σ_x^2 der Binomialverteilung ($\boldsymbol{p}$; N) sind

$$\mu_x = N\boldsymbol{p} = \text{Erwartungswert von (749)} \qquad (746)$$

$$\sigma_x^2 = N\boldsymbol{p}\,\boldsymbol{q} = \boldsymbol{q}\,\mu_x = \text{Erwartungswert von (750)} \times \frac{N}{N-1} \qquad (747)$$

Die Varianz der Binomialverteilung ist bei gegebenem Stichprobenumfang N (N Versuche) am größten, wenn $\boldsymbol{p} = 0{,}5$, am kleinsten, wenn $\boldsymbol{p} = 0$ oder $\boldsymbol{q} = 0$.

Die beste Schätzung von $\boldsymbol{p}$ aus Stichproben des Umfanges N, in denen das E-Ereignis x-mal eingetreten ist, ist

$$p = x/N \qquad (748)$$

Damit erhält man aus (**746**) bis (**748**):

Schätzung von μ_x

$$\bar{x} = Np = x \qquad (749)$$

Schätzung von σ_x^2

$$s_x^2 = Npq = \frac{x(N-x)}{N} \qquad (750)$$

Mittelwert und Varianz der *relativen* Häufigkeit x/N sind

$$\mu_{x/N} = \boldsymbol{p} = \text{Erwartungswert von (748)} \qquad (751)$$

$$\sigma_{x/N}^2 = \frac{\boldsymbol{p}\,\boldsymbol{q}}{N} = \text{Erwartungswert von (753)} \times \frac{N}{N-1} \qquad (752)$$

Die entsprechenden Schätzungen

für den Mittelwert = (**748**)

$$\text{für die Varianz: } s_p^2 = \frac{pq}{N} = \frac{x(N-x)}{N^3} = \frac{1}{N^2} s_x^2 \qquad (753)$$

Beispiel 52. In 64 Versuchen ist das Ereignis x 6mal eingetroffen. Schätze $\boldsymbol{p}$, s_x^2 und s_p^2.

$p = 6/64 = 0{,}093\,75$ nach (**748**)

$s_x^2 = 0{,}093\,75 \times 58 = 5{,}437\,5$ nach (**750**)

$s_p^2 = 5{,}437\,5/64^2 = 0{,}001\,327\,515$ nach (**753**)

* Tafeln für $f(x)$ und die kumulierte Verteilung $\sum_x^N f(x)$ für $N = 2, 3, \ldots, 49$ und $\boldsymbol{p} = 0{,}01, 0{,}02, \ldots, 0{,}5$ siehe die Literatur [3].

20 C. Kumulierte Wahrscheinlichkeiten der Binomialverteilung

Die Errechnung kumulierter Wahrscheinlichkeiten diskreter Verteilungen wurde in Abschnitt 5, S. 149, eingehend behandelt. Hier seien noch einige Hinweise im Hinblick auf praktische Anwendungen gegeben.

Die Wahrscheinlichkeit des Ereignisses E sei $\boldsymbol{p}$, die des Ereignisses Nicht-E sei $\boldsymbol{q}$. Die Definition von $\dot{\boldsymbol{P}}_x$ ist (**744**).

Dann ist die Wahrscheinlichkeit, daß das Ereignis E

- exakt $x = k$-mal eintrifft, gleich (**370**) (a)
- exakt $x = k$-mal *nicht* eintrifft, gleich (**371**) (b)
- *höchstens oder weniger* als $x = k$-mal eintrifft, gleich (**372**) (c)
- *wenigstens oder mehr* als $x = k$-mal eintrifft, gleich (**373**) (d)
- wenigstens $x = k$-mal, *aber höchstens* $x = s$-mal ($k < s$) eintrifft, gleich (**374**) (e)
- *weniger* als $x = k$-mal *oder mehr* als $x = s$-mal eintrifft ($k < s$), gleich (**375**) (f)

(**754**)

Beispiele zur Errechnung solcher Wahrscheinlichkeiten sind in Abschnitt 5 gegeben. Zusätzlich sei folgendes Beispiel behandelt.

Beispiel 53. Die Wahrscheinlichkeit des Ereignisses E der Bevölkerung sei $\boldsymbol{p}$. Wie groß muß der Umfang N einer Stichprobe sein, damit das Ereignis E mit einer Wahrscheinlichkeit $\mathfrak{p}^*$ *wenigstens einmal* eintrifft?

Nach (**754** d) gilt hier (**373**), das heißt,

$$\text{Prob}\,(x \geqq 1) = \sum_1^N \dot{\boldsymbol{P}}_x \quad \text{(nach 373 b)}$$

$$= 1 - \dot{\boldsymbol{P}}_0 \quad \text{(nach 373 a)}$$

$\dot{\boldsymbol{P}}_0$ ist nach (**744**) $= \boldsymbol{q}^N$. Wir erhalten daraus

$$\mathfrak{p}^* = 1 - \boldsymbol{q}^N$$

$$\text{das heißt} \quad N \sim \frac{\log(1-\mathfrak{p}^*)}{\log \boldsymbol{q}} = \frac{\log(1-\mathfrak{p}^*)}{\log(1-\boldsymbol{p})} \qquad (755)$$

Anwendung. Die Wahrscheinlichkeit, mit einem Würfel eine Sechs zu werfen, sei 1/6. Wieviel Würfe sind nötig, um mit einer Wahrscheinlichkeit $\mathfrak{p}^* \geqq 0{,}99$ wenigstens einmal eine Sechs zu werfen?

Nach (**755**) ist

$$N = \frac{\log(1-0{,}99)}{\log(1-1/6)} = \frac{\log 0{,}01}{\log 5/6} \sim \frac{-2}{-0{,}079\,2} = 25{,}25$$

Man muß somit 26 Würfe machen, um mit einer Wahrscheinlichkeit $\mathfrak{p}^* \geqq 0{,}99$ mindestens einmal eine Sechs zu werfen (bei 25 Würfen wäre $\mathfrak{p}^*$ ein wenig kleiner als 0,99).

20 D. Binomial- und Normalverteilung

Abbildung 42 zeigt, daß die Binomialverteilung mit $\boldsymbol{p} = \frac{1}{2}$ schon bei *relativ kleinerem* Stichprobenumfang der Normalverteilung sehr ähnlich ist. Bei extremeren $\boldsymbol{p}$ (vgl. $\boldsymbol{p} = 0{,}1$) gilt dies noch nicht. Andererseits zeigt aber Abbildung 43, daß sich mit wachsendem Stichprobenumfang die Binomialverteilung auch bei extremeren $\boldsymbol{p}$ der Normalverteilung nähert:

Mit wachsendem Stichprobenumfang N strebt die Binomialverteilung ($\boldsymbol{p}$, N) gegen die Normalverteilung ($N\boldsymbol{p}$, $\sqrt{N\boldsymbol{p}\,\boldsymbol{q}}$), und zwar um so rascher, je näher $\boldsymbol{p}$ bei 0,5 liegt:

$$\binom{N}{x} \boldsymbol{p}^x \boldsymbol{q}^{N-x} \to \frac{1}{\sqrt{2\pi N\boldsymbol{p}\,\boldsymbol{q}}}\, e^{-(x-N\boldsymbol{p})^2/2N\boldsymbol{p}\boldsymbol{q}} \qquad (756)$$

wenn $N \to \infty$

Aus (**756**) ergibt sich für große Stichprobenumfänge N gemäß den Definitionen

$$\text{Prob}\,(x \leqq x_{\mathfrak{p}}) = \sum_0^{x_{\mathfrak{p}}} \dot{\boldsymbol{P}}_x = \mathfrak{p}$$

$$\text{Prob}\,(c \leqq c_{\mathfrak{p}}) = \int_{-\infty}^{c_{\mathfrak{p}}} \text{der Standard-Normalverteilung}$$

daß

$$\text{Prob}\,(x \leqq x_{\mathfrak{p}}) \sim \text{Prob}\,(c \leqq c_{\mathfrak{p}}) \qquad (757)$$

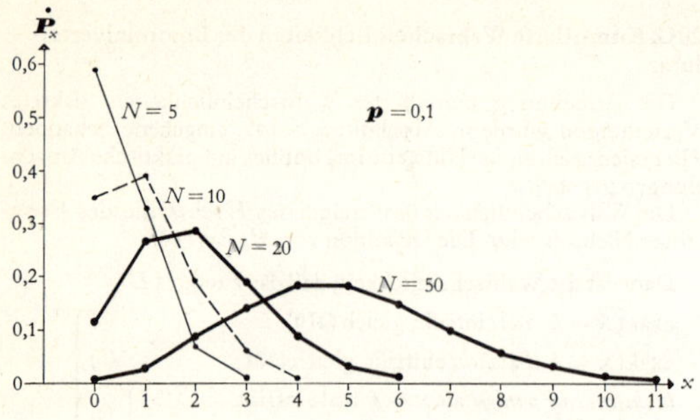

Abb. 43. Binomialverteilung, $\boldsymbol{p} = 0{,}1$. $N = 5$; 10; 20; 50.

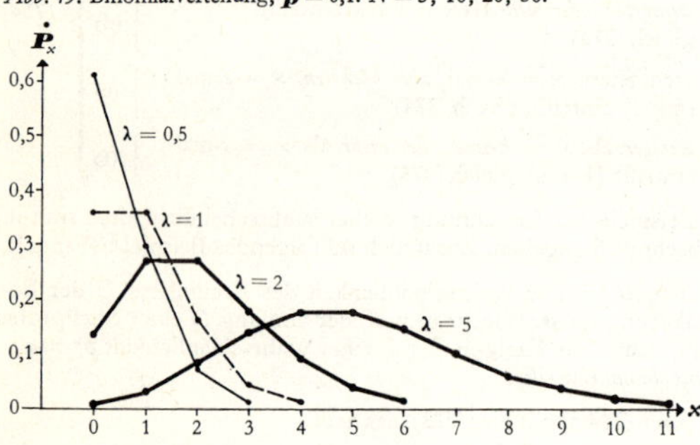

Abb. 44. POISSON-Verteilung. $\lambda = 0{,}5$; 1; 2; 5.

wenn

$$c_p = \frac{x_p - N\boldsymbol{p}}{\sqrt{N\boldsymbol{p}\boldsymbol{q}}}; \text{ (c siehe S. 28, rechts)} \quad (758)$$

oder

$$x_p = N\boldsymbol{p} + c_p\sqrt{N\boldsymbol{p}\boldsymbol{q}}; \text{ (c siehe S. 28, links)} \quad (759)$$

Für kleinere Stichprobenumfänge werden die Transformationen (**757**) und (**758**) verbessert durch die sogenannte Kontinuitätskorrektur, indem man $x + ½$ an Stelle von x einsetzt. Es sind dann

$$c_p = \frac{x_p + ½ - N\boldsymbol{p}}{\sqrt{N\boldsymbol{p}\boldsymbol{q}}}; \text{ (c siehe S. 28, rechts)} \quad (760)$$

$$x_p = N\boldsymbol{p} - ½ + c_p\sqrt{N\boldsymbol{p}\boldsymbol{q}}; \text{ (c siehe S. 28, links)} \quad (761)$$

Gemäß den Definitionen

$$\text{Prob}\,(x \geqq x_{p^*}) = 1 - \text{Prob}\,(x \leqq x_{p^*} - 1) = \mathfrak{p}^*$$

$$\text{Prob}\,(c \leqq c_{1-p^*}) = \int_{-\infty}^{c_{1-p^*}} = 1 - \mathfrak{p}^*$$

erhält man aus (**760**) und (**761**)

$$c_{1-p^*} = \frac{x_{p^*} - ½ - N\boldsymbol{p}}{\sqrt{N\boldsymbol{p}\boldsymbol{q}}}; \text{ (c siehe S. 28, rechts)} \quad (762)$$

$$x_{p^*} = N\boldsymbol{p} + ½ + c_{1-p^*}\sqrt{N\boldsymbol{p}\boldsymbol{q}}; \text{ (c siehe S. 28, links)} \quad (763)$$

Beispiel 54. Gegeben die Binomialverteilung ($\boldsymbol{p} = 0{,}1$; $N = 40$). Berechne die Wahrscheinlichkeiten Prob $(x \leqq 3) = \mathfrak{p}$ und Prob $(x \geqq 6) = \mathfrak{p}^*$. Es sind nach den Formeln (**760**) bis (**763**)

$$c_p = \frac{3{,}5 - 4}{\sqrt{3{,}6}} = -0{,}264 \text{ [nach (760)]}$$

$$\mathfrak{p} = 0{,}396 \text{ (aus Tafel S. 28, rechts, linear interpoliert)}$$

$$c_{1-p^*} = \frac{5{,}5 - 4}{\sqrt{3{,}6}} = 0{,}791 \text{ [nach (761)]}$$

$$1 - \mathfrak{p}^* = 0{,}786$$

$$\mathfrak{p}^* = 0{,}214$$

Die exakten Werte für $\mathfrak{p}$ und $\mathfrak{p}^*$, auf 3 Stellen gerundet, sind 0,423 und 0,206.

Beispiel 55. Berechne für die Binomialverteilung des Beispiels 54 x_p für $\mathfrak{p} = 0{,}1$ und x_{p^*} für $\mathfrak{p}^* = 0{,}05$. Es sind nach den Formeln (**760**) bis (**763**)

$$\left.\begin{aligned} c_p &= -1{,}2816 \\ c_{1-p^*} &= 1{,}6449 \end{aligned}\right\} \text{ S. 28, links}$$

folglich

$$x_p = 3{,}5 - 1{,}2816\sqrt{3{,}6} = 1{,}07 \text{ [nach (761)]}$$

$$x_{p^*} = 4{,}5 + 1{,}6449\sqrt{3{,}6} = 7{,}62 \text{ [nach (763)]}$$

Da x nur ganzzahlig sein kann, erhalten wir als Resultate $x_p = 1$ und $x_{p^*} = 8$, die den exakten Werten entsprechen.

Eine weitere, etwas bessere Approximation[27] ist, wenn $\boldsymbol{p} < \boldsymbol{q}$

$$c_p = 2\left[\sqrt{(x_p + 1)\boldsymbol{q}} - \sqrt{(N - x_p)\boldsymbol{p}}\right] \quad (764)$$

$$x_p = \boldsymbol{p}\left(N + 1 - \frac{c^2}{4}\right) + \frac{c^2}{4}\boldsymbol{q} - 1 + c\sqrt{\boldsymbol{p}\boldsymbol{q}\left(N + 1 - \frac{c^2}{4}\right)} \quad (765)$$

[wobei in (**765**) $c = c_p$]

$$c_{1-p^*} = 2\left[\sqrt{x_{p^*}\boldsymbol{q}} - \sqrt{(N - x_{p^*} + 1)\boldsymbol{p}}\right] \quad (766)$$

$$x_{p^*} = \boldsymbol{p}\left(N + 1 - \frac{c^2}{4}\right) + \frac{c^2}{4}\boldsymbol{q} + c\sqrt{\boldsymbol{p}\boldsymbol{q}\left(N + 1 - \frac{c^2}{4}\right)} \quad (767)$$

[wobei in (**767**) $c = c_{1-p^*}$]

Die Bedeutung der Symbole in (**764**) bis (**767**) ist dieselbe wie in (**760**) bis (**763**).

Beispiel 56. Berechne die Beispiele 54 und 55 nach (**764**) bis (**767**). Man erhält

$$c_p = 2\left(\sqrt{4 \times 0{,}9} - \sqrt{37 \times 0{,}1}\right) = -0{,}052$$

$$\mathfrak{p} = 0{,}479$$

$$c_{1-p^*} = 2\left(\sqrt{6 \times 0{,}9} - \sqrt{35 \times 0{,}1}\right) = 0{,}906$$

$$\mathfrak{p}^* = 1 - 0{,}817 = 0{,}183$$

$$x_p = 0{,}979$$

$$x_{p^*} = 8{,}00$$

20E. Binomialverteilung und Poisson-Verteilung

Abbildung 43 zeigt, daß die Binomialverteilung bei kleinem $\boldsymbol{p}$ der POISSON-Verteilung sehr ähnlich ist. Als Faustregel merke man sich

$$\left.\begin{aligned} &\binom{N}{x}\boldsymbol{p}^x\boldsymbol{q}^{N-x} \approx \frac{e^{-\lambda}\lambda^x}{x!}, \text{ wobei } \lambda = N\boldsymbol{p} \\ &\text{wenn} \\ &\frac{N\boldsymbol{p}\boldsymbol{q}}{N\boldsymbol{p}} \approx 1 \end{aligned}\right\} \quad (768)$$

20F. Vertrauensgrenzen und Signifikanzschranken

a) Vertrauensgrenzen für $\boldsymbol{p}$, Tafeln S. 85–103
(oder Signifikanzschranken für $p = x/N$, vgl. Beispiel 17, S. 157)

In N Versuchen ist das E-Ereignis $x = k$-mal eingetroffen. Die Vertrauensgrenzen p_l und p_r, die der Gleichung

$$\text{Prob}\,(p_l < \boldsymbol{p} < p_r \mid x = k, N) = 1 - 2\alpha;\ \alpha < 0{,}5$$

genügen, sind nach CLOPPER und PEARSON[28] die Lösungen von

$$\left.\begin{aligned} &\sum_{x=k}^{N}\binom{N}{x}p_l^x(1 - p_l)^{N-x} = \alpha \quad \text{nach } p_l && \text{(a)} \\ &\text{und} \\ &\sum_{x=0}^{k}\binom{N}{x}p_r^x(1 - p_r)^{N-x} = \alpha \quad \text{nach } p_r && \text{(b)} \end{aligned}\right\} \quad (769)$$

Für $x = 0$ und $x = N$ sind nur *einseitige* $1 - \alpha$-Grenzen möglich. Diese sind

$$\left.\begin{aligned} &\text{für } x = 0 \\ &0 \text{ und } p_r = 1 - \text{antilog}\left(\frac{\log\alpha}{N}\right) && \text{(a)} \\ &\text{für } x = N \\ &p_l = \text{antilog}\left(\frac{\log\alpha}{N}\right) \text{ und } N && \text{(b)} \end{aligned}\right\} \quad (770)$$

Die in unseren Tafeln S. 85–103 angegebenen Vertrauensgrenzen für $\boldsymbol{p}$ entsprechen deshalb für $x = 0$ und $x = N$ nicht $1 - 2\alpha$-, sondern $1 - \alpha$-Grenzen.

Eine Lösung von (**769**) für $0 < x < N$ ist exakt nur auf iterativem Wege möglich. Unsere Tafeln auf S. 85–98 wurden elektronisch in dieser Weise berechnet.

Approximative Lösungen sind

$$p_l, p_r = \frac{x \mp \tfrac{1}{2} + \dfrac{c^2}{2} \mp |c| \sqrt{(x \mp \tfrac{1}{2})\left(1 - \dfrac{x \mp \tfrac{1}{2}}{N}\right) + \dfrac{c^2}{4}}}{N + c^2} \qquad (\mathbf{771})$$

[wobei $c = c_\alpha$, S. 28, links]

oder, wenn $x \leqq N/2$

$$\left.\begin{aligned} p_l, p_r &= (A - B) \mp \sqrt{B[2 - (A - B) - A]} \\ &\text{wobei} \\ A_{p_l}, A_{p_r} &= \frac{x + \tfrac{1}{2} \mp \tfrac{1}{2} + \dfrac{c^2}{4}}{N + 1} \\ B_{p_l}, B_{p_r} &= \frac{c^2}{2}\left(\frac{x + \tfrac{1}{2} \mp \tfrac{1}{2}}{(N + 1)^2}\right) \end{aligned}\right\} \qquad (\mathbf{772})$$

[$c = c_\alpha$, S. 28, links]

Bei größeren Stichprobenumfängen kann in (**771**) und (**772**) $\mp \tfrac{1}{2}$ weggelassen werden. (**771**) ist die Lösung von (**760**) und (**762**) nach p, (**772**) die Lösung von (**764**) und (**766**). Nach (**772**) wurden die Tafeln S. 99–103 berechnet (für $x > 4$). In der Praxis wird man (**771**) und (**772**) nur selten benötigen, da der Umfang unserer Tafeln für die meisten Fälle genügt.

In Abbildung 45 sind die Vertrauensbereiche von $\boldsymbol{p}$ für alle möglichen x für Stichprobenumfänge $N = 30$ und $N = 10$ dargestellt.

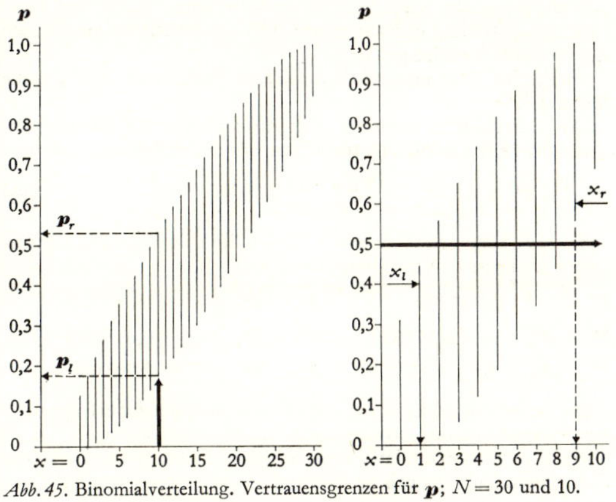

Abb. 45. Binomialverteilung. Vertrauensgrenzen für $\boldsymbol{p}$; $N = 30$ und 10.

Die Inter- und Extrapolation von Grenzen, die in den Tafeln auf S. 99–103 nicht enthalten sind, erfolgt folgendermaßen (die Beispiele beziehen sich alle auf 95%-Grenzen):

Es sind 4 Situationen zu unterscheiden, wobei 1) mit 2), 3), 4) kombiniert sein kann. Ist dies der Fall, so beginne man immer mit 1) und fahre mit 2) oder 3) oder 4) fort.

1) x bzw. $100\,p_x$ $(= 100\,x/N)$ liegt *über* den tabellierten Werten einer N-Kolonne.

$$\left.\begin{aligned} &\text{Man bilde } N - x = x' \text{ bzw. } 100 - 100\,p_x = 100\,p'_x. \\ &\text{Dann sucht man in der Tafel die entsprechenden Grenzen } 100\,p'_l \text{ und } 100\,p'_r. \text{ Die gesuchten Grenzen sind:} \\ &\text{Unten } p_l = 100 - 100\,p'_r \\ &\text{Oben } p_r = 100 - 100\,p'_l \end{aligned}\right\} \qquad (\mathbf{773})$$

Beispiel 57. $N = 150$, $x = 125$. $x' = 150 - 125 = 25$ bzw. $100\,p'_x = 100 - 83{,}33 = 16{,}67$. Dazu findet man in der Tafel: $100\,p'_l = 11{,}10$ und $100\,p'_r = 23{,}64$, woraus sich nach (**773**) die gesuchten Grenzen zu 76,36 – 88,90 ergeben.

2) x bzw. $100\,p_x$ $(= 100\,x/N)$ liegt zwischen zwei Werten einer N-Kolonne. $100\,p_x$ liege zwischen $100\,p'_x$ und $100\,p''_x$ $(p'_x < p''_x)$.

Man sucht in der Tafel zu $100\,p'_x$ die Grenzen $100\,p'_l$ und $100\,p'_r$, zu $100\,p''_x$ die Grenzen $100\,p''_l$ und $100\,p''_r$:

$$\left.\begin{aligned} &\begin{array}{ccc} 100\,p''_x & 100\,p''_l & 100\,p''_r \\ 100\,p'_x & 100\,p'_l & 100\,p'_r \\ \hline (100\,p''_x - 100\,p'_x) & (100\,p''_l - 100\,p'_l) & (100\,p''_r - 100\,p'_r) \\ & = B_l & = B_r \end{array} \\ &\text{Ferner bilde man } \frac{100\,p_x - 100\,p'_x}{100\,p''_x - 100\,p'_x} = A \\ &\text{Daraus resultieren die gesuchten Grenzen zu} \\ &100\,p_l = 100\,p'_l + (A \times B_l) \\ &100\,p_r = 100\,p'_r + (A \times B_r) \end{aligned}\right\} \qquad (\mathbf{774})$$

Beispiel 58. $N = 500$, $x = 427$, $100\,p_x = 85{,}40$

$100\,p''_x = 86{,}00$	$100\,p''_l = 82{,}64$	$100\,p''_r = 88{,}92$
$100\,p'_x = 84{,}00$	$100\,p'_l = 80{,}48$	$100\,p'_r = 87{,}10$
Differenz 2,00	2,16	1,82

$100\,p_x - 100\,p'_x = 85{,}40 - 84{,}00 = 1{,}40$
$A = 1{,}40 / 2{,}00 = 0{,}70$

$100\,p_l = 80{,}48 + (0{,}7 \times 2{,}16) = 81{,}99 = \underline{82{,}0}$
$100\,p_r = 87{,}10 + (0{,}7 \times 1{,}82) = 88{,}37 = \underline{88{,}4}$

3) N liegt zwischen N_1 und N_2 $(N_1 < N_2)$. Man bilde zunächst $100\,p_x$ $(= 100\,x/N)$ und interpoliere dazu in Kolonne N_1 die Grenzen $100\,p^*_l$ und $100\,p^*_r$, in Kolonne N_2 die Grenzen $100\,p^{**}_l$ und $100\,p^{**}_r$ nach (**774**). Die gesuchten Grenzen sind dann

$$\left.\begin{aligned} 100\,p_l &= 100\,p^*_l + \frac{N - N_1}{N_2 - N_1}(100\,p^{**}_l - 100\,p^*_l) \\ 100\,p_r &= 100\,p^*_r + \frac{N - N_1}{N_2 - N_1}(100\,p^{**}_r - 100\,p^*_r) \end{aligned}\right\} \qquad (\mathbf{775})$$

Beispiel 59. $N = 270$, $x = 22$, $100\,p_x = 8{,}15$. $N = 270$ liegt zwischen $N_1 = 250$ und $N_2 = 300$. Die nach Gleichung (**774**) interpolierten Grenzen zu $100\,p_x = 8{,}15$ sind in Kolonne

$N_2 = 300$	$100\,p^{**}_l = 5{,}32$	$100\,p^{**}_r = 11{,}86$
$N_1 = 250$	$100\,p^*_l = 5{,}08$	$100\,p^*_r = 12{,}28$
Differenz 50	0,24	− 0,42

$$\frac{N - N_1}{N_2 - N_1} = \frac{20}{50} = 0{,}4$$

$100\,p_l = 5{,}08 + (0{,}4 \times 0{,}24) = 5{,}18 = \underline{5{,}2}$
$100\,p_r = 12{,}28 - (0{,}4 \times 0{,}42) = 12{,}11 = \underline{12{,}1}$

4) N liegt über 1000. Man bilde zunächst $100\,p_x$ $(= 100\,x/N)$ und suche dazu in der Kolonne $N = 1000$ die Grenzen $100\,p'_l$ und $100\,p'_r$.

$$\left.\begin{aligned} \text{Dann ist } 100\,p_x - 100\,p'_l &= A \\ 100\,p'_r - 100\,p_x &= B \\ \text{und} \quad 100\,p_l &= 100\,p_x - A\sqrt{1000/N} \\ 100\,p_r &= 100\,p_x + B\sqrt{1000/N} \end{aligned}\right\} \qquad (\mathbf{776})$$

Beispiel 60. Gegeben: $N = 3000$ und $x = 69$, $100\,p_x = 2{,}30$. Zu $100\,p_x = 2{,}30$ findet man in der Kolonne $N = 1000$ die Grenzen $100\,p'_l = 1{,}46$ und $100\,p'_r = 3{,}44$.

$A = 2{,}30 - 1{,}46 = 0{,}84$
$B = 3{,}44 - 2{,}30 = 1{,}14$

$\sqrt{1000/3000} = \sqrt{1/3} \sim 0{,}577$

$100\,p_l = 2{,}3 - (0{,}84 \times 0{,}577) = 1{,}82 = \underline{1{,}8}$
$100\,p_r = 2{,}3 + (1{,}14 \times 0{,}577) = 2{,}96 = \underline{3{,}0}$

b) Signifikanzschranken für x, Tafeln S. 104–106
(oder Vertrauensgrenzen für $N\boldsymbol{p}$)

Die Wahrscheinlichkeit $\boldsymbol{p}$ sei gegeben (theoretisch oder auf Grund großer Stichproben). Bei einer Stichprobe, die dieser Grundgesamtheit entstammen *könnte*, ist das E-Ereignis x-mal eingetreten. Die Signifikanzschranken für x entsprechen den Bedingungen (**376**) und (**377**).

In der Tafel S. 104 finden sich solche Schranken für Stichprobenumfänge bis $N = 100$ und für $\boldsymbol{p} = 0{,}05$; 0,1; …; 0,45; 0,5. Eine weitere Tafel für Stichprobenumfänge bis $N = 1000$ und $\boldsymbol{p} = 0{,}5$ findet sich auf S. 105 und 106.

Ohne Rechnung können die Signifikanzschranken für x aus den Vertrauensgrenzen für $\boldsymbol{p}$ gewonnen werden, wie es Abbildung 45, rechts, zeigt.

Beispiel 61. Gesucht die 95%-Signifikanzschranken für x für einen Stichprobenumfang $N = 10$ und ein gegebenes $\mathfrak{p} = 0{,}5$.

Wie Abbildung 45, rechts, zeigt, wird die *untere* Schranke x_l durch jenen Vertrauensbereich für $\mathfrak{p}$ bestimmt, dessen *obere* Grenze p_r dem gegebenen $\mathfrak{p}$ am *nächsten* liegt, dieses aber *nicht überschreitet*. (a)

Die *obere* Schranke x_r wird durch jenen Vertrauensbereich für $\mathfrak{p}$ bestimmt, dessen *untere* Grenze p_l dem gegebenen $\mathfrak{p}$ am *nächsten* liegt, dieses aber *nicht unterschreitet*. (b) **(777)**

In der Tafel S. 85 entspricht $p_r = 44{,}50$ der Vorschrift (**777** a) und $p_l = 55{,}50$ der Vorschrift (**777** b). Die gesuchten Schranken für x sind demnach $x_l = 1$ und $x_r = 9$.

Nach WILKS [29] entsprechen obige Signifikanzschranken den *verteilungsfreien Vertrauensgrenzen für Quantile* $Q(p)$ (vgl. Abschnitt 10F, S. 162), wenn $x_l + 1$ an Stelle von x_l gesetzt wird und wenn das p der Tafel so gewählt wird, daß es gleich groß ist wie p in $Q(p)$.

Nachtrag [vgl. dazu (**383**)]. Es sei daran erinnert, daß die postulierte Signifikanzwahrscheinlichkeit erreicht oder unterschritten wird, wenn x die Schranken x_l oder x_r *erreicht* oder nach außen überschreitet.

Beispiel 62. Die hypothetische Wahrscheinlichkeit $\mathfrak{p}$ sei 0,05. In 48 Versuchen trat das Ereignis E 7mal ein. Entstammt diese Stichprobe der hypothetischen Grundgesamtheit? Für $2\alpha = 0{,}05$ finden wir in der Tafel S. 104 als obere Schranke $x = 7$. Schlüsse:

(Einseitig) Die Stichprobe entstammt einer Grundgesamtheit mit einem $\mathfrak{p} > 0{,}05$ ($\alpha = 0{,}025$).

(Zweiseitig) Die Stichprobe entstammt einer Grundgesamtheit mit einem $\mathfrak{p} \neq 0{,}05$ ($2\alpha = 0{,}05$).

Auf Grund von (**760**) und (**762**) bzw. (**764**) und (**766**) eignen sich folgende Approximationen zur Berechnung der Signifikanzschranken für x:

$$x_l, x_r = N\mathfrak{p} \mp (\tfrac{1}{2} + |c_\alpha| \sqrt{N\mathfrak{p}\mathfrak{q}}) \qquad \textbf{(778)}$$

(c_α S. 28, links)

oder, wenn $\mathfrak{p} < \mathfrak{q}$

$$x_l + 1, x_r = \mathfrak{p}\left(N + 1 - \frac{c^2}{4}\right) + \frac{c^2}{4}\mathfrak{q} \mp |c| \sqrt{\mathfrak{p}\mathfrak{q}\left(N + 1 - \frac{c^2}{4}\right)} \qquad \textbf{(779)}$$

($c = c_\alpha$, S. 28, links)

c) Verteilungsfreie Toleranzgrenzen für stetige Verteilungen, Tafel S. 128 (vgl. Abschnitt 8C, S. 156, und 10F, S. 162)

Die Stichprobenumfänge N dieser Tafel wurden auf Grund einer Formel von WILKS [29] iterativ so berechnet, daß

$$\sum_{N-2k+1}^{N} \binom{N}{x} \beta_p^x (1 - \beta_p)^{N-x} \leqq 1 - \beta_t \qquad \textbf{(780)}$$

Die genäherten Werte basieren auf den Approximationen [30]

$$N \sim 1{,}03\,x + 4{,}74\,\chi^2 - 1 \quad \text{für } \beta_p = 0{,}90$$
$$N \sim 1{,}01\,x + 9{,}75\,\chi^2 - 1 \quad \text{für } \beta_p = 0{,}95$$
$$N \sim 1{,}00\,x + 49{,}75\,\chi^2 - 1 \quad \text{für } \beta_p = 0{,}99 \qquad \textbf{(781)}$$

(wobei χ^2 so gewählt wird, daß $1\int_r$ der Tafel S. 36–39 gleich $1 - \beta_t$ und $\nu = 4x$)

Die Approximation von N nach (**781**) ist sehr gut.

20G. Diverses

a) Arcus-sinus-Transformation, Tafel S. 69 (dazu siehe auch S. 140)

Nach FREEMAN und TUKEY [27] ist die beste Transformation $x \to X$ zur Stabilisierung der Varianz der Binomialverteilung

$$X = \arc\sin\sqrt{\frac{x}{N+1}} + \arc\sin\sqrt{\frac{x+1}{N+1}}$$

mit einer Varianz innerhalb $\pm$ 6% von

$$s_X^2 = \frac{1}{N + \tfrac{1}{2}} \binom{\text{Winkel}}{\text{in rad}} \text{ oder } \frac{821}{N + \tfrac{1}{2}} \binom{\text{Winkel}}{\text{in Grad}} \qquad \textbf{(782)}$$

in den meisten Fällen, wenn $N\mathfrak{p} \geqq 1$. Der Mittelwert $\bar{X}$ der so transformierten Werte ist annähernd $2 \arc\sin\sqrt{\mathfrak{p}}$.

Auf die Anwendung dieser Transformation (Varianzanalyse usw.) können wir hier nicht eingehen.

b) Wie groß muß der Stichprobenumfang N sein, damit bei gegebenem $\mathfrak{p}$ das Ereignis E mit einer Wahrscheinlichkeit $\mathfrak{p}^*$ mindestens x-mal eintrifft? Die Lösung dieser Aufgabe für $x = 1$ ist in (**755**) angegeben.

Die einfachste approximative Lösung für $x > 1$ ist auf Grund von (**766**), wenn $\mathfrak{p} < \mathfrak{q}$

$$N \sim \frac{1}{\mathfrak{p}}\left(\frac{c^2}{4} + x + c\sqrt{x\mathfrak{q}}\right) - 1 \qquad \textbf{(783)}$$

(wobei $c = c_{\mathfrak{p}^*}$)

21. Die Poisson-Verteilung

21A. Allgemeines

Das Ereignis E sei ein zufälliges Ereignis, das über lange Beobachtungsperioden⁺ unendlich viele Male eintreffen kann, in einem relativ kurzen Zeitabschnitt⁺, allgemein *Beobachtungseinheit t*, aber nur selten eintrifft. Die Wahrscheinlichkeit, daß das Ereignis in einer Beobachtungseinheit t 0, 1, 2, ..., x-mal eintrifft, ist dann

$$f(x) = \dot{\boldsymbol{P}}_x = \frac{e^{-\lambda}\lambda^x}{x!} = \underbrace{\frac{e^{-\lambda}\lambda^0}{0!}}_{=e^{-\lambda}}, \frac{e^{-\lambda}\lambda^1}{1!}, \frac{e^{-\lambda}\lambda^2}{2!} \cdots \qquad \textbf{(784)}$$

e = Basis des natürlichen Logarithmus
λ = siehe (**787**), S. 189
t = Beobachtungseinheit

Die POISSON-Verteilung ist eine diskrete, unsymmetrische Verteilung, deren Einzelwahrscheinlichkeiten mit wachsendem x, wenn $\lambda < 1$, monoton abnehmen und wenn $\lambda > 1$, zunächst zu- und dann abnehmen. Vgl. Abb. 44, S. 186.

Wie (**784**) zeigt, wird die POISSON-Verteilung durch den Parameter λ vollständig charakterisiert. Wir symbolisieren sie deshalb mit POISSON-Verteilung (λ).

Tafeln für $f(x)$ und die kumulierte Verteilung $\sum_k^\infty \dot{\boldsymbol{P}}_x$ siehe MOLINA [2].

Die Berechnung mehrerer aufeinanderfolgender Einzelwahrscheinlichkeiten erfolgt am einfachsten nach der Rekursionsformel

$$\dot{\boldsymbol{P}}_{x+1} = \dot{\boldsymbol{P}}_x \times \frac{\lambda}{x+1} \qquad \textbf{(785)}$$

Beispiel 63. Berechne für x von 0 bis 5 die Einzelwahrscheinlichkeiten der POISSON-Verteilung ($\lambda = 1$).

$\dot{\boldsymbol{P}}_0 = 1/e = 0{,}367\,879$	$\dot{\boldsymbol{P}}_3 = \dot{\boldsymbol{P}}_2 \times 1/3 = 0{,}061\,313$
$\dot{\boldsymbol{P}}_1 = \dot{\boldsymbol{P}}_0 \times 1 = 0{,}367\,879$	$\dot{\boldsymbol{P}}_4 = \dot{\boldsymbol{P}}_3 \times 1/4 = 0{,}015\,328$
$\dot{\boldsymbol{P}}_2 = \dot{\boldsymbol{P}}_1 \times 1/2 = 0{,}183\,940$	$\dot{\boldsymbol{P}}_5 = \dot{\boldsymbol{P}}_4 \times 1/5 = 0{,}003\,066$

Die Berechnung der *kumulierten Wahrscheinlichkeiten* erfolgt nach den Vorschriften des Abschnittes 5, S. 149, wobei an Stelle von N Unendlich einzusetzen ist. Ferner sei darauf hingewiesen, daß die Wahrscheinlichkeit Prob ($x \geqq k$) bei der POISSON-Verteilung nur mittels Prob ($x \leqq k - 1$) errechnet werden kann, das heißt

Prob ($x \geqq k$) = 1 − Prob ($x \leqq k - 1$)

Beispiel 64. Wie groß muß λ sein, damit das Ereignis E mit einer Wahrscheinlichkeit $\mathfrak{p}^*$ wenigstens einmal in der Beobachtungseinheit t eintrifft? (Diese Fragestellung ist bei der POISSON-Verteilung ungewöhnlich, stellt sich aber manchmal, wenn die POISSON-Verteilung als Approximation anderer Verteilungen gebraucht wird.)

Die Lösung der Aufgabe ist (**129**). Man findet dort auch die numerischen Werte für verschiedene $\mathfrak{p}^*$. Für $\mathfrak{p}^* = 0{,}999$ beträgt λ zum Beispiel 6,9.

21B. Das Additionstheorem der Poisson-Verteilung

Wenn $x_{t_1}, x_{t_2}, \ldots, x_{t_k}$ stochastisch voneinander unabhängige⁺⁺, nach POISSON verteilte zufällige Veränderliche darstellen, so ist ihre Summe $x = x_{t_1} + x_{t_2} + \cdots + x_{t_k}$ ebenfalls eine POISSON-Verteilung (λ) mit $\lambda = \lambda_{t_1} + \lambda_{t_2} + \cdots + \lambda_{t_k}$. **(786)**

⁺ Als Beispiel wurde die Zeit gewählt. Es kann sich auch um Flächen oder Räume handeln.

⁺⁺ Die Beobachtungseinheiten $t_1, t_2, \ldots, t_k$ dürfen sich zum Beispiel nicht überlappen.

21C. Parameter und ihre Schätzungen

Der Mittelwert der POISSON-Verteilung ist

$\mu_{x_t} = \lambda_t =$ Erwartungswert von x_t, (a)

die Varianz

$\sigma^2_{x_t} = \lambda_t =$ Erwartungswert von x_t, (b) **(787)**

wobei t = Beobachtungseinheit, auf die x und λ_t bezogen sind.

Soll aus einer POISSON-Verteilung mit Beobachtungseinheit t eine andere POISSON-Verteilung mit Beobachtungseinheit kt berechnet werden, so sind Mittelwert und Varianz der letzteren

$$\mu_{x_{kt}}, \sigma^2_{x_{kt}} = k\lambda_t; \quad (k > 0) \qquad \textbf{(788)}$$

Der Umstand, daß bei der POISSON-Verteilung Mittelwert und Varianz gleich groß sind, ist der Grund zur Faustregel:

Wenn bei *diskreten* Verteilungen das Verhältnis Varianz zu Mittelwert fast Eins beträgt (etwa zwischen $^{10}/_{9}$ und $^{9}/_{10}$), können sie durch die POISSON-Verteilung approximiert werden, sofern die Veränderliche x große (theoretisch unendlich große) Werte annehmen *könnte*. **(789)**

Biasfreie Schätzungen von λ_t sind auf Grund von n *gleich großen* Beobachtungseinheiten t

$$\bar{x}_t = \frac{\Sigma x_t}{n} = \frac{\Sigma x_i f_i}{n} \qquad \text{(a)}$$

oder **(790)**

$$s_t^2 = \frac{\Sigma x_t^2 - (\Sigma x_t)^2/n}{n-1} = \frac{\Sigma x_i^2 f_i - (\Sigma x_i f_i)^2/n}{n-1} = \frac{S_t}{n-1} \qquad \text{(b)}$$

$\bar{x}_t$ ist die *bessere* (wirksamere) Schätzung. Da sie auch schneller zu errechnen ist, wird man sie stets verwenden. Bei größeren n (etwa $n > 5$) bietet aber die *zusätzliche* Berechnung von $(n-1)\,s^2$ [dem Zähler in (**790** b)] den Vorteil, untersuchen zu können, ob sich das Verhältnis $s^2/\bar{x}$ signifikant von 1 unterscheidet. Der Prüfquotient ist

$$\frac{(n-1)\,s_t^2}{\bar{x}_t} = \frac{S_t}{\bar{x}_t} \qquad \textbf{(791)}$$

(Signifikanzschranke χ^2 mit $\nu = n-1$, $2\alpha = 1\int_r$, S. 36–39)

Erreicht oder übersteigt der Prüfquotient (**791**) die Signifikanzschranke, so entstammt die Stichprobe nicht einer POISSON-Verteilung. Als Folgerung kann man sich dann der Faustregel bedienen:

Wenn (**791**) signifikant, könnte die Stichprobe, wenn $s^2 < \bar{x}$, einer Binomialverteilung, wenn $s^2 > \bar{x}$, einer Binomialverteilung mit negativem Index entstammen. Vgl. dazu zum Beispiel BLISS[31]. **(792)**

Beispiel 65. In 60 Minuten wurden 12 Ereignisse beobachtet. $\lambda_{60\,\text{min}} \sim 12/1 = 12$. Die Schätzung von $\lambda_{1\,\text{min}}$ ist dann nach (**788**) $12/60 = {}^1/_5$.

Beispiel 66. In 60 Minuten wurden 12, in 30 Minuten 8 Ereignisse beobachtet. Nach (**786**) ist $\lambda_{90\,\text{min}} \sim 12 + 8 = 20$, $\lambda_{1\,\text{min}} \sim 20/90$.

Beispiel 67. In 100 Beobachtungsperioden von 1 Minute Dauer wurde das Ereignis E in 5 Beobachtungsperioden 0mal, in 30 Beobachtungsperioden 30mal (siehe unten) usw., allgemein in f_i Beobachtungsperioden x_i-mal beobachtet:

x_i	f_i	$x_i f_i$	$x_i^2 f_i$	
0	5	0	0	
1	30	30	30	$\bar{x}_t = 2{,}36$ nach (**790** a)
2	24	48	96	
3	20	60	180	$S_t = 778 - 556{,}96 =$
4	12	48	192	$= 221{,}04$ nach (**790** b)
5	4	20	100	
6	5	30	180	$\chi^2 = 93{,}661$ und
7	0			$\nu = 99$ nach (**791**)
8	0			
	$n = 100$	$\Sigma x = 236 = \lambda_{100\,\text{min}}$	$\Sigma x^2 = 778$	

χ^2 liegt in diesem Fall weit innerhalb der Signifikanzschranke von 0,05 ($0{,}30 < \alpha < 0{,}35$); es *könnte* sich um eine POISSON-Verteilung handeln. Eine *wirksamere* Prüfung erhielte man in diesem Fall durch Berechnung der *angepaßten* POISSON-Verteilung nach (**784**) mit $\lambda = 2{,}36$, Multiplikation der so erhaltenen Werte mit n und dann Prüfung mit χ^2 nach (**566**) mit Freiheitsgrad $\nu = k - 2$ nach (**569** a), wobei k = Anzahl der Klassen i.

21D. Transformationen

Wie Abb. 44, S. 186, zeigt, wird die POISSON-Verteilung mit wachsendem λ der Normalverteilung immer ähnlicher (ziemlich schnell).

$$\frac{e^{-\lambda}\lambda^x}{x!} \to \frac{1}{\sqrt{2\pi\lambda}}\, e^{-\frac{(x-\lambda)^2}{2\lambda}} \qquad \textbf{(793)}$$

(wenn $\lambda \to \infty$)

Die entsprechenden Transformationen sind analog zu den Transformationen der Binomialverteilung durch die Normalverteilung mittels (**760**) bis (**763**), indem man λ an Stelle von $N\mathfrak{p}$ setzt.

Besser[27] sind folgende Approximationen

$$c_\mathfrak{p} = 2\left(\sqrt{x_\mathfrak{p}+1} - \sqrt{\lambda}\right) \qquad \textbf{(794)}$$

$$x_\mathfrak{p} = \lambda + c_\mathfrak{p}\sqrt{\lambda} + \frac{c^2}{4} - 1 \qquad \textbf{(795)}$$

$$c_{1-\mathfrak{p}^*} = 2\left(\sqrt{x_{\mathfrak{p}^*}} - \sqrt{\lambda}\right) \qquad \textbf{(796)}$$

$$x_{\mathfrak{p}^*} = \lambda + c_{1-\mathfrak{p}^*}\sqrt{\lambda} + \frac{c^2}{4} \qquad \textbf{(797)}$$

$\lambda \geqq 1$

Beispiel 68. Berechne $x_\mathfrak{p}$ und $x_{\mathfrak{p}^*}$ für $\mathfrak{p} = \mathfrak{p}^* = 0{,}025$ der POISSON-Verteilung ($\lambda = 99$).

$$x_\mathfrak{p} = 99 - 1{,}96\sqrt{99} + \frac{1{,}96^2}{4} - 1 = 79{,}46 \quad \text{nach } \textbf{(795)}$$

$$x_{\mathfrak{p}^*} = 99 + 1{,}96\sqrt{99} + \frac{1{,}96^2}{4} = 119{,}46 \quad \text{nach } \textbf{(797)}$$

Da x nur diskrete Werte annehmen kann, runden wir und erhalten 79 bzw. 119. Die exakten Werte betragen 79 und 120. In diesem Zusammenhang sei darauf hingewiesen, daß man, um sicherzugehen, in solchen Fällen besser nach außen rundet:

Um den Forderungen Prob $(x \leqq x_\mathfrak{p}) \leqq \mathfrak{p}$ und Prob $(x \geqq x_{\mathfrak{p}^*}) \leqq \mathfrak{p}^*$ sicherer zu entsprechen, runde man $x_\mathfrak{p}$ immer ab, $x_{\mathfrak{p}^*}$ immer auf. Dies gilt auch bei Approximationen anderer diskreter Verteilungen. **(798)**

Wäre (**798**) schon bekannt gewesen, hätten wir im Beispiel 68 das korrekte Resultat erhalten. Dies will aber nicht besagen, daß dem immer so ist, wenn man nach (**798**) verfährt.

Zur Stabilisierung der Varianz eignet sich die Transformation[27]

$$X = \sqrt{x} + \sqrt{x+1}$$

mit Varianz $\sigma_X^2 \sim 1$ **(799)**

und Mittelwert $\overline{X} \sim \sqrt{4\lambda + 1}$

Die Beziehung zwischen POISSON- und χ^2-Verteilung ist in (**561**) und (**562**) dargestellt. Daraus ergibt sich folgende Anleitung zur Bestimmung *exakter* $x_\mathfrak{p}$ und $x_{\mathfrak{p}^*}$:

a) Gesucht $x_\mathfrak{p}$. In der χ^2-Tafel, S. 36–39, suche man in der Kolonne $1\int_l = 1 - \mathfrak{p}$ den Wert $\chi^2 \leqq 2\lambda$. Aus dem Freiheitsgrad dieses χ^2 errechnet sich dann

$$x_\mathfrak{p} = \frac{\nu}{2} - 1, \text{ wenn } \nu \text{ gerade Zahl}$$

$$= \frac{\nu}{2} - 1{,}5, \text{ wenn } \nu \text{ ungerade Zahl} \qquad \textbf{(800)}$$

b) Gesucht $x_{\mathfrak{p}^*}$. In der χ^2-Tafel, S. 36–39, suche man in der Kolonne $1\int_l = \mathfrak{p}^*$ den Wert $\chi^2 \geqq 2\lambda$. Aus dem Freiheitsgrad dieses χ^2 errechnet sich dann

$$x_{\mathfrak{p}^*} = \frac{\nu}{2}, \text{ wenn } \nu \text{ gerade Zahl}$$

$$= \frac{\nu}{2} + 0{,}5, \text{ wenn } \nu \text{ ungerade Zahl} \qquad \textbf{(801)}$$

Beispiel 69. Gesucht die $(1-2\alpha)$-Schranken für x, wenn $\lambda = 32$ und $\alpha = 0{,}0005$. Die linke Schranke sucht man nach (**800**). Es ist $\chi^2_{0{,}9995} = 63{,}582 \leqq 64$ mit $\nu = 31$. $x_l = 31/2 - 1{,}5 = 14$. Die rechte Schranke sucht man nach (**801**). Es ist $\chi^2_{0{,}0005} = 64{,}526 \geqq 64$ mit $\nu = 106$. $x_r = 106/2 = 53$.

21E. Vertrauensgrenzen und Signifikanzschranken

a) Vertrauensgrenzen für λ (Tafeln S. 107 und 108)

Analog zur Binomialverteilung sind die Vertrauensgrenzen für λ die Lösungen der Gleichungen

$$\sum_{k=x}^{k=\infty} \frac{e^{-\lambda_l}\lambda_l^k}{k!} = \alpha \quad \text{und} \quad \sum_{k=0}^{k=x} \frac{e^{-\lambda_r}\lambda_r^k}{k!} = \alpha;\ \alpha < 0{,}5 \qquad \text{(a) (b)} \quad \textbf{(802)}$$

nach λ_l und λ_r.

Für $x = 0$ gibt es nur einen $(1-\alpha)$-Vertrauensbereich mit der Lösung $\lambda_r = z$ von (**129**). Die linke Grenze λ_l ist Null.

Für $x > 0$ sind nur iterative Lösungen möglich. Unsere Tafeln S. 107 und 108 wurden für λ bis 100 elektronisch auf diese Weise, für $x > 100$ nach (**804**) berechnet.

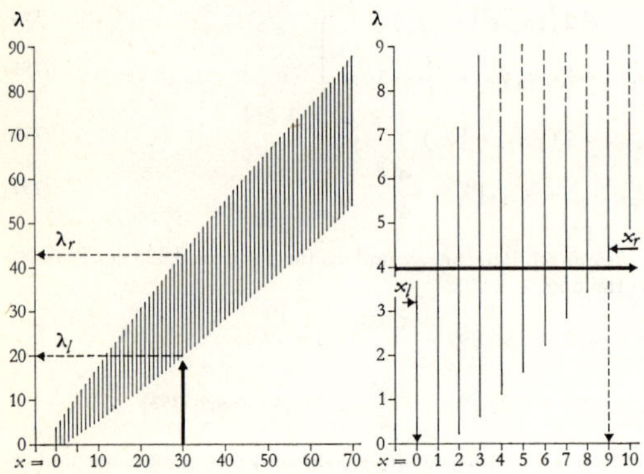

Abb. 46. POISSON-Verteilung, Vertrauensgrenzen für λ.

Für andere Signifikanzwahrscheinlichkeiten als jene der Tafeln S. 107 und 108 lassen sich für x bis 100 bzw. 99 *exakte* Grenzen aus der χ^2-Tafel, S. 36–39, bestimmen.

Anleitung. Gegeben x und α. Dann ist

$$\tfrac{1}{2}\left[\chi^2_{\alpha,\ \nu=2x}\right] = \lambda_l \qquad \text{(a)}$$
$$\tfrac{1}{2}\left[\chi^2_{1-\alpha,\ \nu=2(x+1)}\right] = \lambda_r \qquad \text{(b)} \qquad \textbf{(803)}$$

wobei χ^2_α und $\chi^2_{1-\alpha}$ die Quantile α und $1-\alpha$ bedeuten und α bzw. $1-\alpha$ bei $1\int_l$ zu suchen ist.

Beispiel 70. Gesucht $(1-2\alpha)$-Schranken für λ, wenn $x = 98$ und $\alpha = 0{,}05$. Für λ_l suchen wir bei $\nu = 2 \times 98 = 196$ und $1\int_l = 0{,}05$ und finden $\chi_l^2 = 164{,}10$. λ_l ist $164{,}10/2 = 82{,}05$. Für λ_r suchen wir bei $\nu = 2(98+1) = 198$ und $1\int_l = 0{,}95$ und finden $\chi_r^2 = 231{,}829$. $\lambda_r = 231{,}829/2 = 115{,}915$.

Für größere x ergibt sich aus (**794**) und (**796**) die *sehr gute* Approximation

$$\lambda_l, \lambda_r = \left(\frac{|c_\alpha|}{2} \mp \sqrt{x + \tfrac{1}{2} \mp \tfrac{1}{2}}\right)^2 \qquad \textbf{(804)}$$

Beispiel 71. Gesucht die $(1-2\alpha)$-Vertrauensgrenzen für λ, wenn $x = 99$ und $\alpha = 0{,}025$.

$$\lambda_l = \left(\frac{1{,}96}{2} - \sqrt{99 + \tfrac{1}{2} - \tfrac{1}{2}}\right)^2 = 80{,}459$$

$$\lambda_r = \left(\frac{1{,}96}{2} + \sqrt{99 + \tfrac{1}{2} + \tfrac{1}{2}}\right)^2 = 120{,}56$$

Die exakten Werte betragen 80,458 und 120,53.

Nachtrag. Beispiel 72. In 12 Minuten wurden 24 Ereignisse beobachtet. Bestimme die 95%-Grenzen für $\lambda_{12\,\text{min}}, \lambda_{1\,\text{min}}, \lambda_{1\,\text{h}}$. Auf S. 107 finden wir für $x = 24$ die Grenzen 15,378 und 35,711. Daraus errechnen wir nach (**788**) Grenzen

für $\lambda_{1\,\text{min}} = 15{,}378/12$ und $35{,}711/12 = 1{,}2815$ und $2{,}9759$

für $\lambda_{1\,\text{h}} \ = 15{,}378 \times 5$ und $35{,}711 \times 5 = 76{,}890$ und $178{,}56$

Die Schätzung der Grenzen von λ_{kt} muß immer von der in der Beobachtungseinheit t beobachteten Anzahl der Ereignisse x ausgehen, *nicht* aber von der mit k multiplizierten Anzahl kx! *Falsch* wäre in Beispiel 72 folgende Berechnung:

$x_{1\,\text{min}} = 24/12 = 2$; Grenzen $0{,}2422 - 7{,}2247$

oder $x_{1\,\text{h}} = 24 \times 5 = 120$; Grenzen $99{,}49 - 143{,}52$

b) Signifikanzschranken für x bei gegebenem λ (Tafel S. 128)

Diese Schranken entsprechen der Bedingung (**390**), indem ∞ an Stelle von N eingesetzt wird.

Man kann diese Schranken ohne Rechnung den Vertrauensgrenzen für λ entnehmen, wie es Abbildung 46, rechts, zeigt. Das Vorgehen entspricht genau jenem bei der Bestimmung der entsprechenden Schranken der Binomialverteilung. Für $\alpha \neq 0{,}025$ oder $0{,}005$ findet man die linke Schranke nach (**800**) und die rechte Schranke nach (**801**). Vgl. Beispiel 69. Für $n > 100$ bzw. 99 approximiere man nach (**795**) und (**797**).

22. Die hypergeometrische Verteilung

22A. Allgemeines

Gegeben seien N Kugeln, wovon X weiße und $N - X$ rote. Die Wahrscheinlichkeit, in N_1 Zügen exakt x_1 weiße Kugeln zu ziehen, ist dann

$$f(x_1 \mid X, N, N_1) = \frac{\binom{X}{x_1}\binom{N-X}{N_1-x_1}}{\binom{N}{N_1}} \qquad \text{(a)}$$

$$= \frac{N_1!\,(N-N_1)!\,X!\,(N-X)!}{N!\,x_1!\,(N_1-x_1)!\,(X-x_1)!\,(N-X-N_1+x_1)!} \qquad \text{(b)} \qquad \textbf{(805)}$$

$f(x_1 \mid X, N, N_1)$ wird hypergeometrische Verteilung von x_1 genannt ($X, N, N_1 =$ konstant).

Die entsprechende Vierfeldertafel (für später) ist:

$$\begin{array}{lcc|c} \text{Weiß} & x_1 & N_1-x_1 & N_1 \\ \text{Rot} & X-x_1 & N-X-N_1+x_1 & N-N_1 \\ \hline & X & N-X & N \end{array} \equiv \begin{array}{cc|c} x_1 & N_1-x_1 & N_1 \\ x_2 & N_2-x_2 & N_2 \\ \hline X & N-X & N \end{array} \qquad \textbf{(806)}$$

Die Berechnung von (**805**) erfolgt für $N \leqq 100$ am besten nach (a) mit den Tafeln S. 70–77 (vgl. Anleitung S. 77) und für $N > 100$ nach (b) mit den Tafeln S. 26 und 27. Die Berechnung kann auch nach den Rekursionsformeln erfolgen:

$$f(x_1+1 \mid X) = [f(x_1 \mid X)] \times \frac{(N_1-x_1)\,(X-x_1)}{(x_1+1)\,(N-X-N_1+x_1+1)} \qquad \textbf{(807)}$$

oder

$$f(x_1 \mid X+1) = [f(x_1 \mid X)] \times \frac{(N-X-N_1+x_1)\,(X+1)}{(N-X)\,(X+1-x_1)} \qquad \textbf{(808)}$$

In den Tabellen auf S. 191 sind alle Wahrscheinlichkeiten $f(x_1 \mid X, N = 20, N_1 = 5)$ und die kumulierten Wahrscheinlichkeiten $F(x_1 \mid X)$ berechnet, in den Abbildungen 47 und 48 dargestellt.

Zur Kontrolle von Berechnungen solcher Art dienen

$$\sum_{x_1=0}^{x_1=N_1} \text{Prob}\,(x_1 \mid X = K) = 1 \qquad \text{(a)}$$

$$\sum_{X=0}^{X=N-N_1+k_1} \text{Prob}\,(x_1 = k_1 \mid X) = \frac{N+1}{N_1+1} \qquad \text{(b)} \qquad \textbf{(809)}$$

Die Abbildung 47 vermittelt ein eindrückliches Bild über gewisse Symmetrien:

$$\text{Prob}\,(x_1 = k_1 \mid X = K) = \text{Prob}\,(x_1 = N_1 - k_1 \mid X = N-K)$$
und daraus
$$\text{Prob}\,(x_1 \leqq k_1 \mid X = K) = \text{Prob}\,(x_1 \geqq N_1 - k_1 \mid X = N - k) \qquad \textbf{(810)}$$

22B. Parameter

Der Mittelwert von x bei gegebenem X, N und N_1 ist, wenn man $X/N = \boldsymbol{p}$ setzt,

$$\mu_x = N_1 \boldsymbol{p} \qquad \textbf{(811)}$$

die Varianz

$$\sigma_x^2 = N_1 \boldsymbol{p}\boldsymbol{q}\left(\frac{N-N_1}{N-1}\right) \qquad \textbf{(812)}$$

$X/N = \boldsymbol{p}$, $\boldsymbol{q} = 1 - \boldsymbol{p}$

Die Varianz der hypergeometrischen Verteilung $(N, N_1, \boldsymbol{p})$ ist somit um den Faktor $(N-N_1)/(N-1)$ *kleiner* als die Varianz der Binomialverteilung $(\boldsymbol{p}; N_1)$.

Hypergeometrische Verteilung, $N = 20, N_1 = 5$, Einzelwahrscheinlichkeiten Prob $(x_1 = k_1 \mid X = K)$

x_1	$X=K$																				
	0	1	2	3	4	5	6	7	8	9	10	11	12	13	14	15	16	17	18	19	20
0	1	0,75	0,5526	0,3991	0,2817	0,1937	0,1291	0,0830	0,0511	0,0298	0,0163	0,0081	0,0036	0,0014	0,0004	0,0001					
1		0,25	0,3947	0,4605	0,4696	0,4402	0,3874	0,3228	0,2554	0,1916	0,1354	0,0894	0,0542	0,0293	0,0135	0,0048	0,0010				
2			0,0526	0,1316	0,2167	0,2935	0,3522	0,3874	0,3973	0,3831	0,3483	0,2980	0,2384	0,1761	0,1174	0,0677	0,0310	0,0088			
3				0,0088	0,0310	0,0677	0,1174	0,1761	0,2384	0,2980	0,3483	0,3831	0,3973	0,3874	0,3522	0,2935	0,2167	0,1316	0,0526		
4					0,0010	0,0048	0,0135	0,0293	0,0542	0,0894	0,1354	0,1916	0,2554	0,3228	0,3874	0,4402	0,4696	0,4605	0,3947	0,25	
5						0,0001	0,0004	0,0014	0,0036	0,0081	0,0163	0,0298	0,0511	0,0830	0,1291	0,1937	0,2817	0,3991	0,5526	0,75	1

Hypergeometrische Verteilung, $N = 20, N_1 = 5$, kumulierte Wahrscheinlichkeiten Prob $(x_1 \leqq k_1 \mid X = K)$

x_1	$X=K$																				
	0	1	2	3	4	5	6	7	8	9	10	11	12	13	14	15	16	17	18	19	20
0	1	0,75	0,5526	0,3991	0,2817	0,1937	0,1291	0,0830	0,0511	0,0298	0,0163	0,0081	0,0036	0,0011	0,0004	0,0001					
1		1	0,9474	0,8596	0,7513	0,6339	0,5165	0,4058	0,3065	0,2214	0,1517	0,0975	0,0578	0,0307	0,0139	0,0049	0,0010				
2			1	0,9912	0,9680	0,9274	0,8687	0,7932	0,7038	0,6045	0,5000	0,3955	0,2962	0,2068	0,1313	0,0726	0,0320	0,0088			
3				1	0,9990	0,9951	0,9861	0,9693	0,9422	0,9025	0,8483	0,7786	0,6935	0,5942	0,4835	0,3661	0,2487	0,1404	0,0526		
4					1	0,9999	0,9996	0,9986	0,9964	0,9919	0,9837	0,9702	0,9489	0,9170	0,8709	0,8063	0,7183	0,6009	0,4474	0,25	
5						1	1	1	1	1	1	1	1	1	1	1	1	1	1	1	1

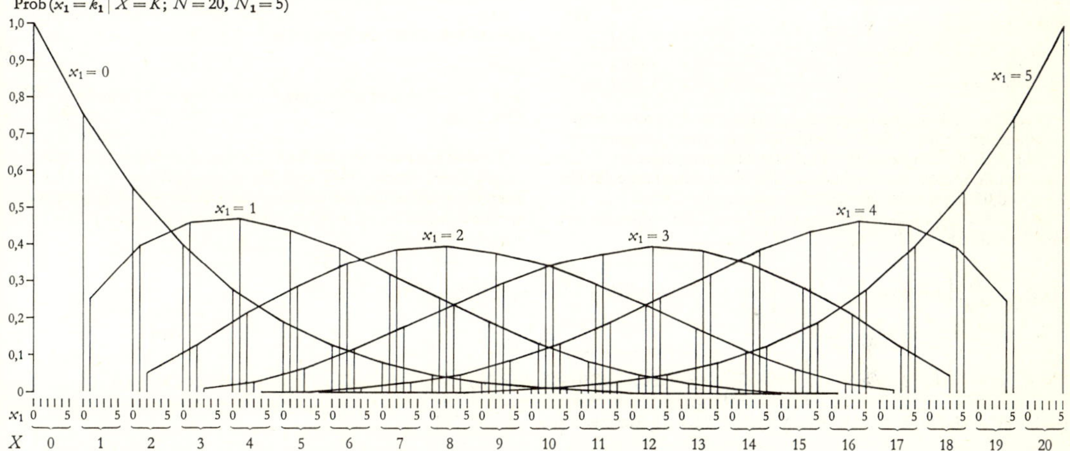

Abb. 47. Hypergeometrische Verteilung. Darstellung aller möglichen Einzelwahrscheinlichkeiten bei gegebenem N und N_1. Die senkrechten Striche 0–5 stellen die Wahrscheinlichkeiten Prob $(x_1 = 0, 1 \ldots, 5 \mid X = K)$ dar. Die gebrochenen Linienzüge verbinden die Wahrscheinlichkeiten Prob $(x_1 = k_1 \mid X = 0, 1 \ldots, 20)$.

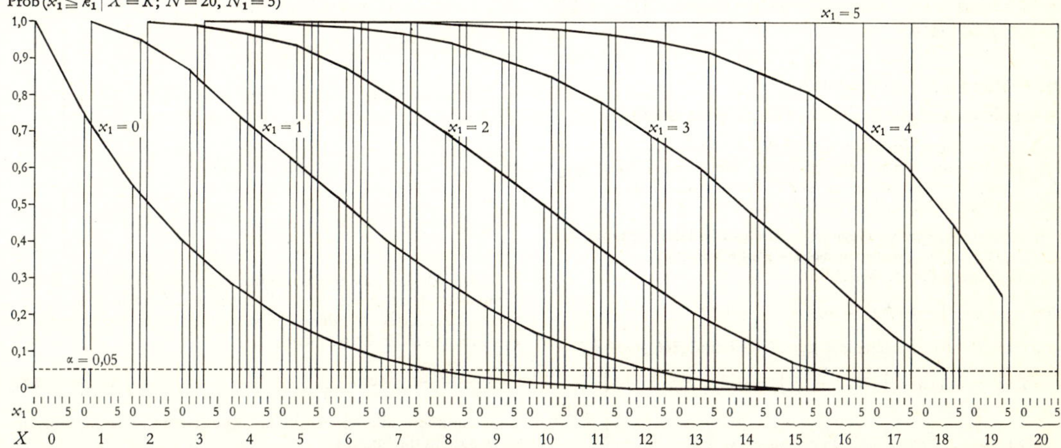

Abb. 48. Hypergeometrische Verteilung. Darstellung aller möglichen kumulierten Wahrscheinlichkeiten Prob $(x \leqq k_1 \mid X)$ bei gegebenem N und N_1. Die senkrechten Striche 0–5 stellen die Wahrscheinlichkeiten Prob $(x_1 \leqq 0, 1 \ldots, 5 \mid X = K)$ dar. Die gebrochenen Linienzüge verbinden die Wahrscheinlichkeiten Prob $(x \leqq k_1 \mid X = 0, 1 \ldots, 20)$.

22C. Hypergeometrische und andere Verteilungen

Wenn $\boldsymbol{p} < 0{,}1$ und N ziemlich groß (etwa über 60), läßt sich die hypergeometrische Verteilung $(N, N_1, \boldsymbol{p})$ durch die Binomialverteilung $(\boldsymbol{p}; N_1)$ approximieren. Bei Signifikanztesten bleibt man dabei auf der *sicheren* Seite. **(813)**

Wenn $N_1/N < 0{,}1$ und N ziemlich groß, ist die POISSON-Verteilung $(\lambda = N_1\boldsymbol{p})$ eine gute Approximation. **(814)**

Wenn $N_1\boldsymbol{p} \geqq 4$ (etwa), ist schließlich die Normalverteilung [(**811**), $\sqrt{(\mathbf{812})}$] eine gute Approximation. Es ist folglich **(815)**

$$c_p = \frac{x_1 + \tfrac{1}{2} - (\mathbf{811})}{\sqrt{(\mathbf{812})}} \quad \text{(a)}$$

$$c_{1-p^*} = \frac{x_1 - \tfrac{1}{2} - (\mathbf{811})}{\sqrt{(\mathbf{812})}} \quad \text{(b)} \qquad \mathbf{(816)}$$

wobei das $\pm\tfrac{1}{2}$ bei großen N weggelassen werden kann.

22D. Signifikanzschranken

Die Signifikanzschranken der Tafel S. 109–123 entsprechen den Bedingungen (bei gegebenen N und N_1)

$$\left.\begin{aligned}&\text{Prob}\,(x_1 \geqq k_1 \mid X_l) \leqq \alpha\\&\text{Prob}\,(x_1 \geqq k_1 \mid X_l + 1) > \alpha\end{aligned}\right\}\ \text{(a)}$$

und

$$\left.\begin{aligned}&\text{Prob}\,(x_1 \leqq k_1 \mid X_r) \leqq \alpha\\&\text{Prob}\,(x_1 \leqq k_1 \mid X_r - 1) > \alpha\end{aligned}\right\}\ \text{(b)} \qquad \mathbf{(817)}$$

Diese Darstellung wurde gewählt, weil sie auch in jenen Situationen praktisch ist, in denen X unbekannt ist (diese Situation entspricht *nicht* der eingangs in Abschnitt 22A geschilderten).

In Abbildung 48 ist das Suchen der oberen Schranke (**817** b) für $\alpha = 0{,}05$ dargestellt (gestrichelte waagrechte Linie).

(**817**) kann bei größeren N auf Grund von (**816**) approximiert werden[32] durch

$$X_l, X_r = \frac{N}{2k}\left(k + 2x_1 - N_1 - 1 \mp \sqrt{k^2 - \frac{2k}{N_1}[(x_1 \mp \tfrac{1}{2})^2 + (N_1 - x_1 \pm \tfrac{1}{2})^2] + (2x_1 - N_1 \mp 1)^2}\right) \quad \text{(a)}$$

oder ohne Kontinuitätskorrektur

$$X_l, X_r = \frac{N}{2k}\left(k + 2x_1 - N_1 \mp \sqrt{k^2 - \frac{2k}{N_1}[x_1^2 + (N_1 - x_1)^2] + (2x_1 - N_1)^2}\right) \quad \text{(b)} \qquad \mathbf{(818)}$$

[wobei in (a) und (b) $k = N_1 + (1 - N_1/N)\,c_\alpha^2$. $c_\alpha^2 = \chi^2_{2\alpha}$ für $\nu = 1, 2\alpha = 1\int_r$, S. 36]

Die $(1-2\alpha)$-Signifikanzschranken für x_1 bei gegebenem X lassen sich approximieren, wenn $N > 60$, $N_1\boldsymbol{p} \geqq 4$, $N_2\boldsymbol{p} \geqq 4$ (etwa), nach

$$x_l, x_r = N_1\boldsymbol{p} \mp \left[\tfrac{1}{2} + |c_\alpha|\sqrt{N_1\boldsymbol{p}\boldsymbol{q}(N - N_1)/(N-1)}\right] \qquad \mathbf{(819)}$$

[$\boldsymbol{p}$ und $\boldsymbol{q}$ siehe (**811**)]

23. Prüfung von Häufigkeiten

23A. Stichproben aus binomialen Grundgesamtheiten

a) *2 Stichproben* der Umfänge N_1 und N_2, in denen das E-Ereignis x_1- und x_2-mal eingetroffen ist. Wenn $N_1 + N_2 \leqq 60$, verfahre man, wie es in der Fußnote S. 123 angegeben ist. Wenn $N_1 + N_2 > 60$, siehe b). **(820)**

b) *Mehrere Stichproben.* Gegeben m Stichproben der Umfänge $N_1, N_2, \ldots, N_i, \ldots, N_m$, in denen das E-Ereignis x_1-, x_2-, …, x_i-, …, x_m-mal eingetroffen ist. Man bilde

$$p_i = \frac{x_i}{N_i},\ q_i = 1 - p_i,\ \bar{p} = (\Sigma x_i)/(\Sigma N_i) \text{ und } \bar{q} = 1 - \bar{p}$$

und transformiere danach die x_i gemäß (**764**) und (**766**) wie folgt:

$$c_i = 2\left(\sqrt{(x_i + 1)\,\bar{q}} - \sqrt{(N_i - x_i)\,\bar{p}}\right), \text{ wenn } p_i < \bar{p}$$

oder

$$c_i = 2\left(\sqrt{x_i\bar{q}} - \sqrt{(N_i - x_i + 1)\,\bar{p}}\right), \text{ wenn } p_i > \bar{p} \qquad \mathbf{(821)}$$

Zum Vergleich dieser transformierten Daten eignen sich zwei Methoden:

I. Vergleich auf Grund des Extrembereiches (Schnelltest)

Man bilde die Differenz

größtes c_i minus kleinstes c_i = Extrembereich m, wobei c_i nach (**821**) **(822)**

Die Signifikanzschranken für den Extrembereich m findet man in der Tafel S. 51 bei $N_1 = m$ und $\nu = \infty$. Für $m = 2$, das heißt zum Vergleich zweier Stichproben, sind diese Schranken gleich 2,772 $(2\alpha = 0{,}05)$ und 3,643 $(2\alpha = 0{,}01)$. *Erreicht* oder *überschreitet* der Extrembereich m die Signifikanzschranke, so ist die Interpretation

bei $m = 2$ (2 Stichproben)

einseitig: $\boldsymbol{p}_1 < \boldsymbol{p}_2$, wenn $p_1 - p_2 < 0$ (α); $\boldsymbol{p}_1 > \boldsymbol{p}_2$, wenn $p_1 - p_2 > 0$ (α)

zweiseitig: $\boldsymbol{p}_1 \neq \boldsymbol{p}_2$ (2α) **(823)**

bei $m > 2$ (mehr als 2 Stichproben)

zweiseitig: Die Stichproben entstammen nicht alle derselben Grundgesamtheit. **(824)**

Wenn $m = 2$ (2 Stichproben), ist dieser Test gleich mächtig wie der folgende χ^2-Test. Für $m > 10$ ist dieser Test *nicht* mehr zu empfehlen.

II. Vergleich auf Grund von χ^2

Man quadriere die c_i und summiere deren Quadrate. Die Signifikanzschranke für die Prüfgröße

Σc_i^2

ist χ^2, S. 36–39, mit Freiheitsgrad $\nu = m - 1$ (vgl. Abschnitt 12B, S. 167). **(825)**

Erreicht oder *überschreitet* die Prüfgröße die Signifikanzschranke, so gilt Interpretation (**823**) mit $2\alpha = 1\int_r$ und $\alpha = \tfrac{1}{2}\int_r$. Der χ^2-Test kann bei beliebiger Stichprobenanzahl m durchgeführt werden und ist, wenn $m > 2$, *mächtiger* als der Test auf Grund des Extrembereiches.

23B. Stichproben aus multinomialen Grundgesamtheiten

Gegeben m Stichproben der Umfänge $N_1, N_2, \ldots, N_i, \ldots, N_m$, in denen die n Ereignisse $E_1, E_2, \ldots, E_j, \ldots, E_n$ x_{1j}-, x_{2j}-, …, x_{ij}-, …, x_{mn}-mal eingetroffen sind, wobei

$$\sum_{j=1}^{n} x_{ij} = N_i,\ \sum_{i=1}^{m} x_{ij} = X_j \text{ und } \sum_{j=1}^{n} X_j = \sum_{i=1}^{m} N_i = N:$$

x_{11}	x_{12}	…	x_{1j}	…	x_{1n}		N_1
x_{21}	x_{22}	…	x_{2j}	…	x_{2n}		N_2
⋮	⋮		⋮		⋮		⋮
x_{i1}	x_{i2}	…	x_{ij}	…	x_{in}		N_i
⋮	⋮		⋮		⋮		⋮
x_{m1}	x_{m2}	…	x_{mj}	…	x_{mn}		N_m
X_1	X_2		X_j		X_n		N

(826)

Man bilde die Erwartungswerte $E_{ij} = N_iX_j/N$. Der Erwartungswert für das Ereignis x_{11} (Ereignis 1 in Stichprobe 1) ist zum Beispiel N_1X_1/N. Mit diesen Erwartungswerten bilde man für jedes Ereignis ij den Quotienten

$$\frac{(x_{ij} - E_{ij})^2}{E_{ij}} \quad \text{oder} \quad \frac{x_{ij}^2}{X_jN_i} - 1 \qquad \text{(a)}\ \ \text{(b)} \qquad \mathbf{(827)}$$

und summiere alle so erhaltenen Quotienten. Die Signifikanzschranke für die Summe

$$\sum_1^n\sum_1^m\ (\mathbf{827}\,\text{a}) \quad \text{oder} \quad N\sum_1^n\sum_1^m\ (\mathbf{827}\,\text{b}) \qquad \mathbf{(828)}$$

ist χ^2, S. 36–39, mit Freiheitsgrad $\nu = (n-1)(m-1)$ und $2\alpha = 1\int_r$. *Erreicht* oder *überschreitet* die Prüfgröße (**828**) die Signifikanzschranke, so gilt die Interpretation zu (**825**).

23C. Stichproben aus Poisson-Grundgesamtheiten

a) 2 Stichproben aus zwei gleich großen Beobachtungseinheiten $t_1 = t_2 = t$

Gegeben 2 Stichproben mit *gleich großen* Beobachtungseinheiten $t_1 = t_2 = t$, in denen das E-Ereignis x_1- und x_2-mal eingetroffen ist. Man bilde die Summe $x_1 + x_2 = N$. Signifikanzschranken für x_1 und x_2 sind dann x_l und x_r der Tafel S. 105 und 106 bei $N = x_1 + x_2$. *Erreichen* oder *überschreiten* x_1 und x_2 diese Schranken nach außen, so gelten folgende Interpretationen:

einseitig: $\lambda_1 < \lambda_2$, wenn $x_1 \leqq x_l$ (Signifikanz α)
$\lambda_1 > \lambda_2$, wenn $x_1 \geqq x_r$ (Signifikanz α)

zweiseitig: $\lambda_1 \neq \lambda_2$, wenn x_1 und x_2 die Schranken x_l und x_r erreichen oder ... usw. (Signifikanz 2α) **(829)**

Für Stichproben mit $x_1 + x_2 > 1000$ oder $t_1 \neq t_2$ siehe b).

b) Mehrere Stichproben aus beliebigen Beobachtungseinheiten t_i

Gegeben m Stichproben aus beliebigen Beobachtungseinheiten $t_1, t_2, \ldots, t_i, \ldots, t_m$, in denen das E-Ereignis x_1-, x_2-, ..., x_i-, ..., x_m-mal eingetroffen ist. Man bilde

$$\lambda_i^* = \frac{x_i}{t_i} \quad \text{und} \quad \bar{\lambda} = (\Sigma x_i)/(\Sigma t_i)$$

und transformiere die x_i nach (**794**) und (**796**) wie folgt

$$c_i = 2\left(\sqrt{x_i + 1} - \sqrt{t_i \bar{\lambda}}\right), \text{ wenn } \lambda_i^* < \bar{\lambda}$$
$$c_i = 2\left(\sqrt{x_i} - \sqrt{t_i \bar{\lambda}}\right), \text{ wenn } \lambda_i^* > \bar{\lambda} \qquad \textbf{(830)}$$

Vergleich dieser transformierten Daten und Interpretationen wie in Abschnitt 23 A b, I und II, wobei $\bar{\lambda}$ und λ_i^* an Stelle von $\bar{p}$ und p_i zu setzen sind.

c) Vertrauensgrenzen für die Häufigkeitszunahme eines seltenen Ereignisses[33]

Gegeben seien zwei Stichproben der Umfänge N_1 und N_2, in denen das relativ *seltene* Ereignis E mit der relativen Häufigkeit $p_1 = x_1/N_1$ und $p_2 = x_2/N_2$ eingetroffen ist. *Die Stichproben sind so zu numerieren, daß $p_1 < p_2$.* Die Schätzung der *Zunahme* der relativen Häufigkeit von Stichprobe 1 zu Stichprobe 2 ist dann

$$Proc_{1\to 2} = \frac{p_2 - p_1}{p_1} \qquad \textbf{(831)}$$

mit den $(1-2\alpha)$-Vertrauensgrenzen für $\boldsymbol{Proc}_{1\to 2}$

$$k\left(\frac{1}{p_r} - 1\right) - 1 < \boldsymbol{Proc}_{1\to 2} < k\left(\frac{1}{p_l} - 1\right) - 1 \qquad \textbf{(832)}$$

wobei $k = N_1/N_2$ und p_r und p_l den Tafeln Vertrauensgrenzen für $\boldsymbol{p}$ der Binomialverteilung, S. 85–103, zu entnehmen sind bei $N = x_1 + x_2$ und $x = x_1$. Für Angaben in Prozenten sind (**831**) und (**832**) mit 100 zu multiplizieren. (**832**) läßt sich somit auch errechnen, wenn nur das *Verhältnis* N_1/N_2 und die absoluten Zahlen x_1 und x_2 bekannt sind. *Interpretation:* Wenn die linke Grenze von (**832**) $\leqq$ Null ist, läßt sich keine Häufigkeitszunahme feststellen.

24. Rangteste

24A. Rangierung

a) Nach Größe (stetige Verteilungen). Gegeben seien 2 Stichproben 1 und 2 mit den x_1-Werten 1,06; 1,53; 1,68; 1,68; 1,69; 1,69 und den x_2-Werten 1,30; 1,55; 1,69; 1,80. Diese x_1- und x_2-Werte werden folgendermaßen rangiert:

x_1	1,06		1,53		1,68	1,68		1,69	1,69	
x_2		1,30		1,55			1,69			1,80
$O_{1,2}$	1	2	3	4	5	6	8	8	8	10
							$= (7+8+9)/3$			

(833)

Bei Bindungen [vgl. (**346**)] verfahre man, wie in (**833**) angegeben: Gebundene Werte *innerhalb* einer Stichprobe erhalten *fortlaufende* Ordnungszahlen, gebundene Werte *zwischen* den Stichproben den *Mittelwert* der an dieser Stelle befindlichen Ordnungszahlen. **(834)**

Die Ordnungszahlen O_1 der x_1-Werte sind im obigen Falle $O_1 = 1; 3; 5; 6; 8; 8$, ihre Summe $T_1 = \Sigma O_1 = 31$. **(835)**

Bei *gepaarten Beobachtungen* bilde man wie in Abschnitt 16D, S. 173, die n Paardifferenzen d_i, läßt alle d_i = Null weg unter entsprechender Verkleinerung von N und rangiert die *Absolutbeträge* dieser Differenzen. Darauf summiert man die Ordnungszahlen entweder aller negativen Differenzen und erhält T_-, oder aller positiven Differenzen und erhält T_+. **(836)**

b) Nach Reihenfolge (diskrete Verteilungen). Wenn in einer Reihe von N Versuchen das Ereignis E beim 2., 3., 8. und 13. Versuch je einmal, total N_1-mal, zum Beispiel 4mal, eingetreten ist, so ist $O_E = 2, 3, 8$ und 13 und die Summe aller $O_E = T_E$, wie in unserem Falle $T_E = 26$. **(837)**

24B. Der Wilcoxon-Test für 2 Stichproben[34, 35]

Gegeben zwei Stichproben aus *stetigen* Verteilungen *beliebiger* Gestalt mit den Mittelwerten μ_1 und μ_2. Man numeriere sie so, daß $N_1 \leqq 25$ und $N_2 \leqq 50$. Dann rangiere man die x_i-Werte nach (**833**) und (**834**) und bilde die Summe T_1 nach (**835**).

Die Signifikanzschranken für T_1 finden sich in den Tafeln S. 124–127. *Erreicht* T_1 die Signifikanzschranken oder *überschreitet sie nach außen*, so gilt

einseitig: $\mu_1 < \mu_2$, wenn $T_1 \leqq T_l\ (\leqq \alpha)$
$\mu_1 > \mu_2$, wenn $T_1 \geqq T_r\ (\leqq \alpha)$

zweiseitig: $\mu_1 \neq \mu_2$, wenn $T_1 \leqq T_l$ oder $T_1 \geqq T_r\ (\leqq 2\alpha)$ **(838)**

Vgl. dazu Abschnitt 9C, S. 158.

Der Erwartungswert $\boldsymbol{T}_1$ für die Schätzung T_1 ist unter der Nullhypothese

$$\boldsymbol{T}_1 = N_1(N_1 + N_2 + 1)/2 \quad \text{oder} \qquad \text{(a)}$$
$$6\,\boldsymbol{T}_1 = 3\,N_1(N_1 + N_2 + 1) \qquad \text{(b)} \qquad \textbf{(839)}$$

$$\text{die Varianz } \sigma^2_{T_1} = N_2\,\boldsymbol{T}_1/6 \quad \text{oder} \qquad \text{(a)}$$
$$\sigma^2_{6T_1} = 6\,N_2\,\boldsymbol{T}_1 \qquad \text{(b)} \qquad \textbf{(840)}$$

Für Stichproben außerhalb des Tafelumfanges verwende man den Prüfquotienten

$$(T_1 - \boldsymbol{T}_1)/\sqrt{\sigma^2_{T_1}} \quad \text{oder} \quad (6\,T_1 - 6\,\boldsymbol{T}_1)/\sqrt{\sigma^2_{6T_1}} \qquad \text{(a)}\ \text{(b)} \qquad \textbf{(841)}$$

(Signifikanzschranke c_α, S. 28)

24C. Der Wilcoxon-Test für Paardifferenzen[35]

Man bilde nach (**836**) die Summe T_-. Die Anzahl der rangierten Paardifferenzen sei n (die Nullen sind ausgeschieden worden).

Signifikanzschranken für die Summe T_- finden sich auf S. 128. Sind die Differenzen gebildet worden nach $d_i = x_{1i} - x_{2i}$ und *erreicht* oder *überschreitet* die Summe T_- die Signifikanzschranken nach außen, so gilt

einseitig: $\mu_1 > \mu_2$, wenn $T_- \leqq T_l\ (\leqq \alpha)$
$\mu_1 < \mu_2$, wenn $T_- \geqq T_r\ (\leqq \alpha)$

zweiseitig: $\mu_1 \neq \mu_2$, wenn $T_- \leqq T_l$ oder $T_- \geqq T_r$ $(\leqq 2\alpha)$ **(842)**

Der Erwartungswert $\boldsymbol{T}_-$ für die Schätzung T_- ist unter der Nullhypothese

$$\boldsymbol{T}_- = n(n+1)/4 \qquad \textbf{(843)}$$

die Varianz

$$\sigma^2_{T_-} = (2n+1)\,\boldsymbol{T}/6 \qquad \textbf{(844)}$$

Für Stichproben außerhalb des Tafelumfanges verwende man den Prüfquotienten

$$(T_- - \boldsymbol{T}_-)/\sqrt{\sigma^2_{T_-}} \qquad \textbf{(845)}$$

(Signifikanzschranke c_α, S. 28)

24D. Der Haldane-Test über die Zufälligkeit einer Reihenfolge[36]

Ist die Reihenfolge vermutlich von Einfluß auf das Ereignis E, wie zum Beispiel bei der Annahme, Kinder, die in der Geburtenfolge *einer* Mutter später eintreffen, seien durch eine gewisse Krankheit mehr gefährdet, oder wenn man untersuchen will, ob die Operationssterblichkeit oder der Erfolg einer gewissen Operation im *selben* Spital mit der Zeit ab- oder zugenommen hat usw., so bietet der WILCOXON-Test die Möglichkeit einer exakten Prüfung. Er wurde von HALDANE für diese Fragestellung unabhängig von WILCOXON gefunden.

a) Untersuchung einer Reihenfolge. Man bildet nach (**837**) T_E. N_1 ist die Anzahl der Versuche (Geburten, Operationen usw.), in denen das Ereignis E eingetreten ist. N_2 ist $N - N_1$, wobei N = Gesamtanzahl der Versuche in der zu prüfenden Folge.

Die Signifikanzschranken für T_E sind dieselben wie in Abschnitt 24 B; die Interpretation ist aber vollständig anders. *Einseitige Interpretation:* Erreicht oder überschreitet T_E die *linke* Schranke, so *verkleinert* sich die Häufigkeit mit zunehmender Ordnungszahl in der Reihenfolge; bei Erreichen oder Überschreiten der *rechten* Schranke *vergrößert* sich die Häufigkeit. *Zweiseitige Interpretation:* Die Reihenfolge beeinflußt die Häufigkeit. (**846**)

Konnten nicht alle Ereignisse der Folge spezifiziert werden, stellt sich zum Beispiel in der Folge die Sequenz ein

Versuch	2	3	4	5	6	7	8	9	10	11	12
	+	+	?	−	+	?	+	−	+	?	+
O_E				5				9			
$O_?$			4			7				11	

(**847**)

dann lassen sich die Tafeln S. 124–127 nicht mehr verwenden. Man prüfe in solchen Fällen mit dem Prüfquotienten (**841** b), wobei

$$\left.\begin{aligned} 6\,T_E &= 6\,\Sigma\,O_E && \text{(a)}\\ 6\,\boldsymbol{T}_E &= 6\,N_1\,A/N && \text{(b)}\\ \sigma^2_{6T_E} &= 36\,N_1\,N_2\,(NB - A^2)/N^2(N-1) && \text{(c)}\\ A &= N(N+1)/2 - \Sigma\,O_? && \text{(d)}\\ B &= N[1 + N(2N+3)]/6 - \Sigma\,O^2_? && \text{(e)} \end{aligned}\right\} \quad (848)$$

Sind alle Ereignisse spezifiziert, überschreitet die Stichprobe aber den Tafelumfang, so gelten für (**841** b) die Gleichungen (**839** b) und (**840** b).

b) Untersuchung mehrerer Reihenfolgen als Stichproben aus der gleichen Grundgesamtheit. Man untersucht zum Beispiel die Geburtenfolgen von 1, 2, 3, ..., *i*, ..., *m* Müttern hinsichtlich einer Krankheit der Kinder, die bei späteren Geburten häufiger zu sein scheint.

Die Prüfung erfolgt nach dem Prüfquotienten (**841** b), wobei

$$\left.\begin{aligned} 6\,T &= \Sigma\,6\,T_i\\ 6\,\boldsymbol{T} &= \Sigma\,6\,\boldsymbol{T}_i\\ \sigma^2_{6T} &= \Sigma\,\sigma^2_{6T_i} \end{aligned}\right\} \quad (849)$$

wobei $6\,\boldsymbol{T}_i$ bzw. $\sigma^2_{6T_i}$ nach (**839** b) bzw. (**840** b) oder nach (**848** b) bzw. (**848** c) auszurechnen sind, je nachdem, ob in der Folge *i* alle Ereignisse spezifiziert sind oder nicht.

24 E. Der Maximum-Test für Paardifferenzen [19, 37]

(Name auf Vorschlag von E. WALTER. Dieser Test wurde hier eingeordnet, weil es sich auch um die Beurteilung einer Rangfolge handelt, aber auf eine andere Weise als beim WILCOXON-Test.)

Bei gepaarten Beobachtungen aus *stetigen* Grundgesamtheiten *beliebiger* Gestalt bilde man wie in Abschnitt 16 D, S. 173, die Paardifferenzen d_i, schließe alle d_i = Null aus und ordne die verbliebenen d_i nach ihrem *Absolutbetrage*. Treten zwei dem Absolutbetrage nach gleich große Differenzen mit verschiedenen Vorzeichen auf, so ordne man sie, um sicherzugehen, so ein, daß eine eventuell bestehende Folge gleichen Vorzeichens verkleinert wird. Dann zählt man die *k* absolut größten Differenzen mit *gleichem* Vorzeichen ab.

Die Signifikanzwahrscheinlichkeit für einen Unterschied zwischen den beiden Meßreihen (zweiseitiger Test) ist dann $2\alpha = (1/2)^{k-1}$, das heißt

k	2α	α
5	= 0,0625 ∼ 0,1	= 0,03125 ∼ 0,05
6	0,03125 ∼ 0,05	0,015625 ∼ 0,02
8	0,0078125 ∼ 0,01	0,00390625 ∼ 0,005
11	0,0009725 ∼ 0,001	0,00048625 ∼ 0,0005

(**850**)

Beispiel 73. Die Folge + 3,2; + 2,0; + 1,0; + 1,0; + 0,7; + 0,5; − 0,3; + 0,3
(beachte die ungünstigere Anordnung von − 0,3)

führt zu einer Signifikanzwahrscheinlichkeit von $2\alpha \sim 0{,}05$.

25. Prüfung auf Nichtzufall

Alle statistischen Prüfungen auf Nichtzufall hängen von der *zeitlichen* Reihenfolge ab, mit der in der Folge der Versuche 1, 2, ..., N die Werte $x_1, x_2, \ldots, x_N$ eintreffen. Die Indices 1, 2, ..., *i*, ..., N bedeuten in diesem Abschnitt *nicht eine Rang-, sondern eine zeitliche Reihenfolge.*

25 A. Die sukzessive Differenzenstreuung [38]

(mean square successive difference)

Die sukzessive Differenzenstreuung δ^2 ist definiert

$$\delta^2 = \frac{1}{N-1}\sum_1^{N-1}(x_{i+1} - x_i)^2;\ N = \text{Umfang der Stichprobe} \quad (851)$$

Wenn die Stichprobe aus einer normalverteilten Grundgesamtheit stammt, ist der

$$\text{Erwartungswert von } \delta^2 = 2\,\sigma^2 \quad (852)$$

$\delta^2/2$ ist somit eine biasfreie Schätzung von σ^2 mit einer

$$\text{Effizienz} = 2/3\,[1 + 1/(3N - 4)] \quad (853)$$

Die Effizienz für $N = 2$ ist somit 1, asymptotisch, wenn $N \to \infty$, gleich $^2/_3$.

Da die sukzessive Differenzenstreuung auf Grund der sukzessiven Differenzen $x_{i+1} - x_i$ berechnet wird, ist sie *weniger* empfindlich auf *langfristige* Verschiebungen des Mittelwertes und *empfindlicher* auf schnelle *zyklische* Beeinflussung desselben als die Schätzung s^2, die auf Grund der Differenzen $x - \bar{x}$ berechnet wird.

$$\text{Das Verhältnis } \eta = \frac{\delta^2}{s^2} = \frac{\sum_1^{N-1}(x_{i+1} - x_i)^2}{\sum_1^{N}(x_i - \bar{x})^2} \quad (854)$$

ist deshalb ein Indikator für eventuelle nichtzufällige Beeinflussung des Mittelwertes einer *normalverteilten* Grundgesamtheit.

Signifikanzschranken für η finden sich auf S. 58, links. *Interpretation:* Erreicht oder unterschreitet η die *linke* Schranke, so wird der Mittelwert der Grundgesamtheit durch *nichtzufällige* langfristige Einwirkung beeinflußt*, bei Erreichen oder Überschreiten der *rechten* Schranke durch *kurzfristige zyklische* Einwirkungen (Signifikanz α). (**855**)

Die approximierten Schranken ($N > 60$) der Tafel S. 58 wurden berechnet mit

$$\eta_l,\ \eta_r = 2 \mp 2\,|\,c_\alpha\,|\sqrt{\frac{N-2}{(N-1)\,(N+1)}} \quad (856)$$

mit empirischer Korrektur beim Übergang zwischen exakten und approximierten Werten.

25 B. Die Serienkorrelation [39]

(Paarkorrelation, serial correlation)

Gegeben sei die Stichprobe $x_1, x_2, \ldots, x_N$. Die Serienkorrelation ist definiert als die Korrelation zwischen den Beobachtungspaaren x_i und x_{i+h}. h wird Verzugsspanne (lag) genannt. Für $i + h > N$ ist in der zyklischen Definition $x_{i+h} = x_{i+h-N}$. Wir können hier nicht näher auf die Serienkorrelation eintreten und verweisen auf [39, 40] und andere Publikationen.

Die Serienkorrelation in zyklischer Definition ist ein empfindliches Instrument zur Entdeckung periodischer Beeinflussung einer Grundgesamtheit (oder Stichprobe, wenn Grundgesamtheit stabil).

Ein Maß für die Serienkorrelation mit der Verzugsspanne h ist der Serienkorrelationskoeffizient $\boldsymbol{R}_h$. Seine Schätzung ist

$$R_h = \frac{\Sigma\,x_i\,x_{i+h} - \bar{x}\,\Sigma\,x_i}{\Sigma\,(x_i - \bar{x})^2} \quad (857)$$

Sein Wert liegt wie bei den anderen Korrelationskoeffizienten zwischen − 1 und 1.

* Es können lineare oder nichtlineare Einflüsse sein.

Signifikanzschranken für $R_h = 0$, wenn $h = 1$ unter der Annahme, daß es sich um zufällige Stichproben aus einer normalverteilten Grundgesamtheit handelt, findet man auf S. 58, rechts. Die approximierten Grenzen ($N > 75$) wurden berechnet mit

$$R_l, R_r = \frac{-1 \mp |c_\alpha| \sqrt{N-2}}{N-1} \qquad \textbf{(858)}$$

[N = Anzahl der x_i, die in die Berechnung einbezogen wurden (vgl. Schluß dieses Abschnittes)]

mit empirischer Korrektur beim Übergang zwischen exakten und approximierten Werten. Mit der Approximation bleibt man auf der sicheren Seite.

Für andere Verzugsspannen als 1 können die gleichen Schranken verwendet werden, sofern h und N teilerfremd sind. Dies ist immer der Fall, wenn N eine Primzahl ist. In der Praxis behilft man sich deshalb damit, diesen Bedingungen zu genügen, indem man einen oder mehrere Stichprobeneinzelwerte streicht.

25C. Auf- und Ab-Iterationen [41, 42]

(runs up and down)

$x_1, x_2, \ldots, x_i, \ldots, x_N$ seien Stichprobeneinzelwerte aus einer *stetigen* Grundgesamtheit *beliebiger* Gestalt. Als Auf-Iteration der Länge 1 wird die Sequenz $x_i \rightarrow x_{i+1}$ definiert, wenn $x_{i+1} - x_i > 0$. Bei der Ab-Iteration ist $x_{i+1} - x_i < 0$. Folgen sich $1 + 1 + 1$ Auf-Iterationen, so spricht man von einer Auf-Iteration der Länge $l = 3$ usw.

Ist die Stichprobe zufälliger Art, sind keine zyklischen oder konstanten nichtzufälligen Einflüsse am Werke, so sollten die Auf- und Ab-Iterationen ein zufälliges Bild bieten. Regelmäßige Iterationen oder zu viele lange oder zu wenig kurze passen nicht in dieses Bild.

Die unterste Tafel auf S.130 bietet eine Handhabe zur Prüfung von Auf- und Ab-Iterationen. So ist zum Beispiel eine Iteration der Länge 5 in einer Stichprobe $N = 9$ nicht mehr als zufällig anzusehen ($\alpha = 0{,}01$). Desgleichen ist eine Stichprobe $N = 12$ nicht mehr als zufällig anzusehen, wenn keine Iteration der Länge 2 vorhanden ist (Signifikanzwahrscheinlichkeit $1 - 0{,}99 = 0{,}01$).

Die Anzahl $I\,(l \mid N)$ der Auf- und Ab-Iterationen der Länge l und die Anzahl $I\,(l+ \mid N)$ der Iterationen der Länge l und *länger* kann von $N = 20$ an als normalverteilt angesehen werden und läßt sich prüfen mit dem Prüfquotienten

$$(I - \boldsymbol{I})/\sqrt{\sigma_I^2}; \text{ Signifikanzschranke } |c_\alpha|, \text{ S. 28} \qquad \textbf{(859)}$$

Der Erwartungswert $\boldsymbol{I}$ und die Varianz σ_I^2 sind Funktionen von N. Die entsprechenden Formeln finden sich bei [41]. Numerisch sind sie zum Teil mühsam auszurechnen. Ihre Werte werden in den folgenden 2 Tabellen bis zu jenen Längen gegeben, die praktisch nicht mehr vorkommen. Diese Tafeln zeigen sehr schön, wie σ^2 mit größeren Längen schnell gegen den Erwartungswert $\boldsymbol{I}$ konvergiert. Nach (**789**) kann die Verteilung der Auf- und Ab-Iterationen deshalb *sehr* gut durch die POISSON-Verteilung (oder Approximationen der POISSON-Verteilung) approximiert werden, wobei $\lambda = \boldsymbol{I}$.

Erwartungswert $\boldsymbol{I}\,(l \mid N)$ und Varianz der Auf- und Ab-Iterationen der Länge l **(860)**

Länge	Erwartungswert $\boldsymbol{I}(l\|N)$ — Exakt $\boldsymbol{I}(l\|N) = aN - b$		Asymptotisch $\boldsymbol{I}(l\|N) \rightarrow \boldsymbol{I}(1+\|N) \times c$ $(N \rightarrow \infty)$	Varianz $\sigma_I^2 = d \times \boldsymbol{I}(l\|N) + e$		Bemerkungen
l	a	b	c	d	e	Beachte
1	4,1$\dot{6}$ × 10⁻¹	− 8,$\dot{3}$ × 10⁻²	6,25 × 10⁻¹	1,01$\dot{6}$	− 0,397 $\dot{2}$	− bei b und e
2	1,8$\dot{3}$ × 10⁻¹	2,$\dot{3}$ × 10⁻¹	2,75 × 10⁻¹	0,614 550	− 0,019 433 42	− bei e
3	5,2$\dot{7}$ × 10⁻²	1,30$\dot{5}$ × 10⁻¹	7,91$\dot{6}$ × 10⁻²	0,794 215	0,006 782 18	
4	1,150 793 65 × 10⁻²	4,126 984 13 × 10⁻²	1,726 190 48 × 10⁻²	0,935 800	0,000 839 24	
5	2,033 730 16 × 10⁻³	9,474 206 34 × 10⁻³	3,050 595 24 × 10⁻³	0,985 361	0,000 046 29	
6	3,031 305 11 × 10⁻⁴	1,730 599 65 × 10⁻³	4,546 957 67 × 10⁻⁴	0,997 338	0,000 001 56	
7	3,913 139 33 × 10⁻⁵	2,639 991 18 × 10⁻⁴	5,869 708 99 × 10⁻⁵	0,999 595	0,000 000 04	
8	4,459 275 29 × 10⁻⁶	3,467 211 80 × 10⁻⁵	6,688 912 94 × 10⁻⁶	0,999 947	0,000 000 00	
9	4,551 133 02 × 10⁻⁷	4,004 161 99 × 10⁻⁶	6,826 699 53 × 10⁻⁷	0,999 994	0,000 000 00	
10	4,207 469 48 × 10⁻⁸	4,130 386 07 × 10⁻⁷	6,311 204 22 × 10⁻⁸	0,999 999	0,000 000 00	

Erwartungswert $\boldsymbol{I}\,(l+ \mid N)$ und Varianz der Auf- und Ab-Iterationen der Länge l und länger **(861)**

Länge	Erwartungswert $\boldsymbol{I}(l+\|N)$ — Exakt $\boldsymbol{I}(l+\|N) = aN - b$		Asymptotisch $\boldsymbol{I}(l+\|N) \rightarrow \boldsymbol{I}(1+\|N) \times c$ $(N \rightarrow \infty)$	Varianz $\sigma_I^2 = d \times \boldsymbol{I}(l+\|N) + e$		Bemerkungen
$l+$	a	b	c	d	e	Beachte
1	6,$\dot{6}$ × 10⁻¹	3,$\dot{3}$ × 10⁻¹	1	0,2$\dot{6}$	− 0,2$\dot{3}$	− bei e
2	2,$\dot{5}$ × 10⁻¹	4,1$\dot{6}$ × 10⁻¹	3,75 × 10⁻¹	0,31$\dot{6}$	0,07$\dot{2}$	
3	6,$\dot{6}$ × 10⁻²	1,8$\dot{3}$ × 10⁻¹	1 × 10⁻¹	0,710 847	0,017 294 97	
4	1,3$\dot{8}$ × 10⁻²	5,2$\dot{7}$ × 10⁻²	2,08$\dot{3}$ × 10⁻²	0,917 857	0,001 478 17	
5	2,$\dot{3}$8095$\dot{}$ × 10⁻³	1,150 793 65 × 10⁻²	3,571 428 57 × 10⁻³	0,982 145	0,000 070 53	
6	3,47$\dot{2}$ × 10⁻⁴	2,033 730 16 × 10⁻³	5,208 $\dot{3}$ × 10⁻⁴	0,996 871	0,000 002 20	
7	4,409 171 08 × 10⁻⁵	3,031 305 11 × 10⁻⁴	6,613 756 61 × 10⁻⁵	0,999 535	0,000 000 05	
8	4,960 317 46 × 10⁻⁶	3,913 139 33 × 10⁻⁵	7,440 476 19 × 10⁻⁶	0,999 940	0,000 000 00	
9	5,010 421 67 × 10⁻⁷	4,459 275 29 × 10⁻⁶	7,515 632 51 × 10⁻⁷	0,999 993	0,000 000 00	
10	4,592 886 53 × 10⁻⁸	4,551 133 02 × 10⁻⁷	6,889 329 80 × 10⁻⁸	0,999 999	0,000 000 00	
11	3,854 170 52 × 10⁻⁹	4,207 469 48 × 10⁻⁸	5,781 255 78 × 10⁻⁹	0,999 999	0,000 000 00	

25D. Iterationen um den Median [43]

Die Tafel auf S.130 bietet eine Handhabe zur Beurteilung von Iterationen über und/oder unter dem Median. Die dort angegebenen Anweisungen genügen für die Praxis.

25E. Iterationen in Stichproben aus einer binomialen Grundgesamtheit, deren Wahrscheinlichkeiten p und q unbekannt sind (Tafel S.129)

Definition:

(Zeit)	1	2	3	4	5	6	7	8	9	10
Folge (I)	A	B	A	A	A	B	B	A	B	A
Folge (II)	A	B	A	B	A	A	B	A	B	A
Folge (III)	A	A	A	A	A	A	B	B	B	B

Jede der Folgen (I), (II), (III) hat einen Umfang von $N = 10$ und eine Anzahl B von $N_1 = 4$ und eine Anzahl A von $N_2 = 6$. (Man nenne, sofern $N = N_1 + N_2 < 40$, die kleinere Anzahl N_1.) In diesen Folgen bilden die unterstrichenen Buchstaben je eine Iteration (englisch *run*). Das Total der Iterationen I ist bei Folge (I) = 7, bei Folge (II) = 9, bei Folge (III) = 2.

Die Tafel auf S.129 gibt die Signifikanzschranken für die Schätzung I (total $\mid N_1, N_2$) des Erwartungswertes $\boldsymbol{I}$ (total) der Gesamtzahl aller Iterationen beider Ereignisse.

a) Wird die linke Schranke *erreicht* oder *unterschritten*, so ist:
$I < \boldsymbol{I}$ (Signifikanzwahrscheinlichkeit α) oder
$I \neq \boldsymbol{I}$ (Signifikanzwahrscheinlichkeit 2α).

b) Wird die rechte Schranke *erreicht* oder *überschritten*, so ist:
$I > \boldsymbol{I}$ (Signifikanzwahrscheinlichkeit α) oder
$I \neq \boldsymbol{I}$ (Signifikanzwahrscheinlichkeit 2α).

c) Liegt I zwischen den Schranken und *erreicht sie nicht*, so kann die Nullhypothese nicht verworfen werden.

Für N_1, N_2 außerhalb des Tafelumfanges kann der Prüfquotient (**859**) verwendet werden, wobei man (**868**a) und (**868**b) einsetzt.

Erwartungswerte und Varianzen

– für die Anzahl der Iterationen der Länge l des Ereignisses 1, das total N_1-mal eingetroffen ist (N_2 = Anzahl der Ereignisse 2, $N = N_1 + N_2$)

$$\left.\begin{aligned} \boldsymbol{I}_1(l \mid N_1, N_2) &= N_2(N_2+1)\frac{N_1!\,(N-l-1)!}{N!\,(N_1-l)!} && \text{(a)} \\ \sigma^2 &= \boldsymbol{I}\left[1-\boldsymbol{I}+N_2(N_2-1)\frac{(N-2l-2)!\,(N_1-l)!}{(N-l-1)!\,(N_1-2l)!}\right] && \text{(b)} \end{aligned}\right\}$$

(862)[44]

asymptotisch für größere N

$$\left.\begin{aligned} \boldsymbol{I}_1(l \mid N_1, N_2) &= Np^l q^2 && \text{(a)} \\ \sigma^2 &= \boldsymbol{I}\left\{1-\frac{\boldsymbol{I}}{N}\left[\frac{l^2}{p}+\frac{2}{q}-(l+1)^2\right]\right\} && \text{(b)} \end{aligned}\right\} \quad p = N_1/N, \quad q = 1-p$$

(863)[44]

– für die Anzahl der Iterationen der Länge l und *länger* des Ereignisses 1

$$\left.\begin{aligned} \boldsymbol{I}_1(l+ \mid N_1, N_2) &= (N_2+1)\frac{N_1!\,(N-l)!}{N!\,(N_1-l)!} && \text{(a)} \\ \sigma^2 &= \boldsymbol{I}\left[1-\boldsymbol{I}+N_2\frac{(N-2l)!\,(N_1-l)!}{(N-l)!\,(N_1-2l)!}\right] && \text{(b)} \end{aligned}\right\}$$

(864)[44]

asymptotisch

$$\left.\begin{aligned} \boldsymbol{I}_1(l+ \mid N_1, N_2) &= Np^l q && \text{(a)} \\ \sigma^2 &= \boldsymbol{I}\left\{1-\frac{\boldsymbol{I}}{N}\left[\frac{l^2 q}{p}+\frac{1}{q}\right]\right\} && \text{(b)} \end{aligned}\right\} \quad p \text{ und } q \text{ wie in (863)}$$

(865)[44]

– für die Anzahl aller Iterationen des Ereignisses 1

$$\left.\begin{aligned} \boldsymbol{I}_1(\text{total} \mid N_1, N_2) &= \boldsymbol{I}_1(1+ \mid N_1, N_2) = \frac{N_1(N_2+1)}{N} && \text{(a)} \\ \sigma^2 &= \frac{\boldsymbol{I}(\boldsymbol{I}-1)}{N-1} && \text{(b)} \end{aligned}\right\}$$

(866)[45]

asymptotisch

$$\left.\begin{aligned} \boldsymbol{I}_1(\text{total} \mid N_1, N_2) &= \boldsymbol{I}(1+ \mid N_1, N_2) = Npq && \text{(a)} \\ \sigma^2 &= \boldsymbol{I}^2/N && \text{(b)} \end{aligned}\right\} \quad p \text{ und } q \text{ wie in (863)}$$

(867)[44]

– für die Anzahl aller Iterationen der Ereignisse 1 und 2

$$\left.\begin{aligned} \boldsymbol{I}_{1+2}(\text{total} \mid N_1, N_2) &= \frac{2N_1N_2}{N}+1 && \text{(a)} \\ \sigma^2 &= \frac{(\boldsymbol{I}-1)(\boldsymbol{I}-2)}{N-1} && \text{(b)} \end{aligned}\right\}$$

(868)[46]

asymptotisch

$$\left.\begin{aligned} \boldsymbol{I}_{1+2}(\text{total} \mid N_1, N_2) &= 2Npq && \text{(a)} \\ \sigma^2 &= \boldsymbol{I}^2/N && \text{(b)} \end{aligned}\right\} \quad p \text{ und } q \text{ wie in (863)}$$

(869)[46]

Die Anzahl aller Iterationen des Ereignisses 1 läßt sich exakt (innerhalb des Umfanges der Tafeln S. 109–123) mit dem Vierfelder-Test prüfen[45]. Man bilde

I_1	$N_1 - I_1$	N_1
$N_2 + 1 - I_1$	$I_1 - 1$	N_2
$N_2 + 1$	$N_1 - 1$	N

(870)

25F. Der Wald- und Wolfowitz-Test[46]

Gegeben 2 Stichproben aus *stetigen* Grundgesamtheiten *beliebiger* Gestalt. Man rangiert sie wie in (**833**). *Aufeinanderfolgende* Ordnungszahlen *einer* Stichprobe definieren nun eine Iteration. Man zählt die Gesamtanzahl aller Iterationen und prüft sie mit Tafel S. 129 (vgl. Abschnitt 25E) oder außerhalb des Tafelumfanges mit (**859**), indem man (**868**a und b) oder (**869**a und b) einsetzt.

Beispiel 74. Rangierung und Bestimmung der Iteration (hier ist 1, 2, ... eine Rangfolge).

Stichprobe 1	1,55	1,58	1,70		1,92			2,20	2,21		
Stichprobe 2				1,91		1,93	2,00			2,30	2,40
$O_{1,2}$	1	2	3	4	5	6	7	8	9	10	11
Iteration 1 u. 2		1		1	1	1		1		1	

Total der Iterationen: 6, $N = 11$, $N_1 = 6$, $N_2 = 5$

Erreicht oder *unterschreitet* die Gesamtzahl der Iterationen die *linke* Schranke (nur diese ist in diesem Test zu gebrauchen!), so gilt die Interpretation: Die Stichproben entstammen nicht derselben Grundgesamtheit (2α).

25G. Iterationen in Stichproben aus binomialen Grundgesamtheiten, deren Wahrscheinlichkeiten $\boldsymbol{p}$ und $\boldsymbol{q}$ bekannt sind

Erwartungswerte und Varianzen

– für die Anzahl der Iterationen der Länge l des Ereignisses 1, dessen Wahrscheinlichkeit, gezogen zu werden, gleich $\boldsymbol{p}$ ist ($\boldsymbol{q} = 1 - \boldsymbol{p}$)

$$\left.\begin{aligned} \boldsymbol{I}_1(l = N \mid N, \boldsymbol{p}) &= \boldsymbol{p}^N && \text{(a)}^{47} \\ \sigma^2 &= \boldsymbol{I}(1-\boldsymbol{I}) && \text{(b)}^{48} \\ \boldsymbol{I}_1(l \le N-1 \mid N, \boldsymbol{p}) &= \boldsymbol{p}^l\boldsymbol{q}\,[(N-l-1)\boldsymbol{q}+2] && \text{(c)}^{47} \\ \sigma^2 &= \boldsymbol{I}(1-\boldsymbol{I}) + \varphi(N,l) && \text{(d)}^{48} \\ &\text{wobei} \\ \varphi(N,l) &= 0;\ 2l \ge N && \text{(e)}^{48} \\ \varphi(N,l) &= \boldsymbol{p}^{2l}\boldsymbol{q}^2\,[6+6(N-2l-2)\boldsymbol{q} + (N-2l-2)(N-2l-3)\boldsymbol{q}^2];\ 2 \le 2l \le N-2 && \text{(f)}^{48} \\ \varphi\left(N, \frac{N-1}{2}\right) &= 2\boldsymbol{p}^{N-1}\boldsymbol{q};\ N \text{ ungerade} && \text{(g)}^{48} \end{aligned}\right\}$$

(871)

asymptotisch, wenn $N - l \to \infty$

$$\left.\begin{aligned} \boldsymbol{I}_1(l \mid N, \boldsymbol{p}) &= N\boldsymbol{p}^l\boldsymbol{q}^2 && \text{(a)}^{47} \\ \sigma^2 &= \boldsymbol{I}\left\{1-\boldsymbol{p}^l\boldsymbol{q}^2\left[2\left(l-\frac{\boldsymbol{p}}{\boldsymbol{q}}\right)+1\right]\right\} && \text{(b)}^{44} \end{aligned}\right\}$$

(872)

– für die Anzahl der Iterationen der Länge l und *länger*

$$\left.\begin{aligned} \boldsymbol{I}_1(l+ \mid N, \boldsymbol{p}) &= \boldsymbol{p}^l\,[(N-l)\boldsymbol{q}+1] && \text{(a)}^{47} \\ \sigma^2 &= \boldsymbol{I}(1-\boldsymbol{I}) + \psi(N,l) && \text{(b)}^{48} \\ &\text{wobei} \\ \psi(N,l) &= 0;\ 2l \ge N && \text{(c)}^{48} \\ \psi(N,l) &= \boldsymbol{p}^{2l}\boldsymbol{q}\,(N-2l)\,[2+(N-2l-1)\boldsymbol{q}];\ 2 \le 2l \le N && \text{(d)}^{48} \end{aligned}\right\}$$

(873)

asymptotisch, wenn $N - l \to \infty$

$$\left.\begin{aligned} \boldsymbol{I}_1(l+ \mid N, \boldsymbol{p}) &= N\boldsymbol{p}^l\boldsymbol{q} && \text{(a)}^{47} \\ \sigma^2 &= \boldsymbol{I}\,[1-\boldsymbol{p}^l\boldsymbol{q}\,(2l+1)] && \text{(b)}^{44} \end{aligned}\right\}$$

(874)

– für die Anzahl aller Iterationen des Ereignisses 1

$$\left.\begin{aligned} \boldsymbol{I}_1(\text{total} \mid N, \boldsymbol{p}) &= \boldsymbol{p}\,[(N-1)\boldsymbol{q}+1] && \text{(a)}^{47} \\ \sigma^2 &= \boldsymbol{I}(1-\boldsymbol{I}) + (N-2)\boldsymbol{p}^2\boldsymbol{q}\,[(N-3)\boldsymbol{q}+2] && \text{(b)}^{44} \end{aligned}\right\}$$

(875)

asymptotisch

$$\left.\begin{aligned} \boldsymbol{I}_1(\text{total} \mid N, \boldsymbol{p}) &= N\boldsymbol{p}\boldsymbol{q} && \text{(a)} \\ \sigma^2 &= \boldsymbol{I}(1-3\boldsymbol{p}\boldsymbol{q}) && \text{(b)} \end{aligned}\right\}$$

(876)[47]

– für die Anzahl aller Iterationen der Ereignisse 1 und 2

$$\left.\begin{aligned} \boldsymbol{I}_{1+2}(\text{total} \mid N, \boldsymbol{p}) &= 2(N-1)\boldsymbol{p}\boldsymbol{q}+1 && \text{(a)} \\ \sigma^2 &= 2\boldsymbol{p}\boldsymbol{q}\,\{2[N-(3N-5)\boldsymbol{p}\boldsymbol{q}]-3\} && \text{(b)} \end{aligned}\right\}$$

(877)[47]

asymptotisch

$$\left.\begin{aligned} \boldsymbol{I}_{1+2}(\text{total} \mid N, \boldsymbol{p}) &= 2N\boldsymbol{p}\boldsymbol{q} && \text{(a)} \\ \sigma^2 &= \boldsymbol{I}\,(2-3\boldsymbol{p}\boldsymbol{q}) && \text{(b)} \end{aligned}\right\}$$

(878)[47]

25H. Iterationen in Stichproben aus multinomialen Grundgesamtheiten

a) Die Wahrscheinlichkeiten $\boldsymbol{p}_1, \boldsymbol{p}_2, \ldots, \boldsymbol{p}_i, \ldots, \boldsymbol{p}_k$ sind unbekannt

Erwartungswerte und Varianzen

– für die Anzahl aller Iterationen des Ereignisses i, das N_i-mal eingetroffen ist

$$\left.\begin{aligned} \boldsymbol{I}_i(\text{total} \mid N_i, N) &= \frac{N_i(N-N_i+1)}{N} && \text{(a)} \\ \sigma^2 &= \frac{\boldsymbol{I}(\boldsymbol{I}-1)}{N-1} && \text{(b)} \end{aligned}\right\}$$

(879)[44]

asymptotisch

$$\left.\begin{aligned} \boldsymbol{I}_i(\text{total} \mid N_i, N) &= Np_i(1-p_i) && \text{(a)} \\ \sigma^2 &= \boldsymbol{I}^2/N && \text{(b)} \end{aligned}\right\} \quad p_i = \frac{N_i}{N}$$

(880)[44]

– für die Anzahl aller Iterationen aller Ereignisse

asymptotisch

$$\left.\begin{aligned}\boldsymbol{I}(\text{total}, N) &= N(1 - \sum_1^k p_i^2) \\ \sigma^2 &= N[\sum p_i^2 - 2\sum p_i^3 + (\sum p_i^2)^2]\end{aligned}\right\} p_i \text{ wie in } (\mathbf{880}) \quad \begin{matrix}(a)\\(b)\end{matrix} \Bigg\} (\mathbf{881})^{44}$$

wenn $N_1 = N_2 = \cdots = N_k = N_0$, wird (**881**)

$$\left.\begin{aligned}\boldsymbol{I}(\text{total}) &= N(1 - p) \\ \sigma^2 &= p\boldsymbol{I}\end{aligned}\right\} p = 1/k;\, N = kN_o \quad \begin{matrix}(a)\\(b)\end{matrix} \Bigg\} \quad (\mathbf{882})$$

b) Die Wahrscheinlichkeiten $\boldsymbol{p}_i$ sind bekannt

$\boldsymbol{p}_i$ ist die Wahrscheinlichkeit des Ereignisses i, gezogen zu werden.

Erwartungswerte und Varianzen

– für die Anzahl aller Iterationen des Ereignisses i

$$\begin{aligned}\boldsymbol{I}_i(\text{total} \mid N, \boldsymbol{p}_i) &= \boldsymbol{p}_i[(N-1)(1-\boldsymbol{p}_i) + 1] && (a) \\ \sigma^2 &= N\boldsymbol{p}_i(1 - 4\boldsymbol{p}_i + 6\boldsymbol{p}_i^2 - 3\boldsymbol{p}_i^3) + \\ &\quad + \boldsymbol{p}_i^2(3 - 8\boldsymbol{p}_i + 5\boldsymbol{p}_i^2) && (b)\end{aligned} \Bigg\} (\mathbf{883})^{44}$$

[Formel (**883**) ist identisch mit (**875**), wenn in (**875**) $\boldsymbol{p}_i$ an Stelle von $\boldsymbol{p}$ eingesetzt wird]

asymptotisch

$$\begin{aligned}\boldsymbol{I}_i(\text{total} \mid N, \boldsymbol{p}_i) &= N\boldsymbol{p}_i(1-\boldsymbol{p}_i) && (a) \\ \sigma^2 &= \boldsymbol{I}[1 - 3\boldsymbol{p}_i(1-\boldsymbol{p}_i)] && (b)\end{aligned} \Bigg\} (\mathbf{884})^{44}$$

– für die Anzahl aller Iterationen aller Ereignisse

asymptotisch

$$\begin{aligned}\boldsymbol{I}(\text{total}) &= N(1 - \sum \boldsymbol{p}_i^2) && (a) \\ \sigma^2 &= N[\sum \boldsymbol{p}_i^2 + 2\sum \boldsymbol{p}_i^3 - 3(\sum \boldsymbol{p}_i^2)^2] && (b)\end{aligned} \Bigg\} (\mathbf{885})^{44}$$

wenn $\boldsymbol{p}_1 = \boldsymbol{p}_2 = \cdots = \boldsymbol{p}_k = \boldsymbol{p} = 1/k$ wird (**885**)

$$\begin{aligned}\boldsymbol{I}(\text{total}) &= N(1-\boldsymbol{p}) && (a) \\ \sigma^2 &= \boldsymbol{p}\boldsymbol{I} && (b)\end{aligned} \Bigg\} (\mathbf{886})^{44}$$

26. Sequentialanalyse

Die Sequentialanalyse ist einer der modernsten Zweige der Statistik. Leider können wir darauf nicht eintreten und verweisen deshalb auf die entsprechende Literatur[49].

Im folgenden sind zwei Pläne[50] gegeben, die es gestatten, ohne Rechnung zum Beispiel einen Vergleich zwischen zwei Medikamenten durchzuführen.

Anwendungsbeispiel 75. Es soll geprüft werden, ob Medikament A besser sei als Medikament B. Aus dem Patientenmaterial werden zwei Patienten herausgegriffen. Beide sind *gleichzeitig* oder *kurz* nacheinander zu behandeln, wobei ein Münzenwurf entscheide, welcher Patient das Medikament A erhalten soll. Die Beurteilung der Wirkung erfolgt nach der Skala

Mittel A besser   Mittel B besser   Kein Unterschied

Ist Mittel A besser, kreuze man in den Abbildungen 49 und 50 das Feld *senkrecht über* dem schwarzen Quadrat an. Ist Mittel B besser, markiere man das Feld *waagrecht daneben.* Besteht kein Unterschied, wird kein Eintrag gemacht. Danach schreitet man zum zweiten Versuch, der gleich angelegt wird, wie oben beschrieben.

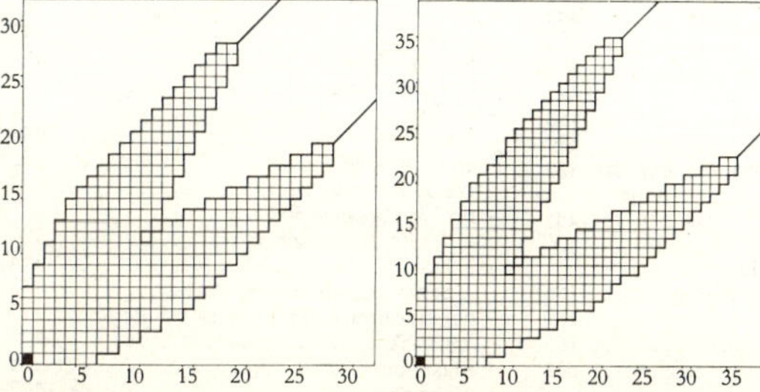

Abb. 49. Plan zur Sequentialanalyse ($2\alpha \sim 0{,}2$).

Abb. 50. Plan zur Sequentialanalyse ($2\alpha \sim 0{,}1$).

Das Resultat wird in derselben Weise eingetragen wie beim ersten Versuch, als Bezugsquadrat dient hingegen das beim ersten Versuch markierte Feld, beim dritten Versuch das im zweiten Versuch markierte Feld usw. Sobald im Laufe der Versuchsserie eine Grenze überschritten wird, gilt:

a) Obere Grenze: Medikament A ist besser
b) Untere Grenze: Medikament B ist besser
c) Mittlere Grenze: kein Unterschied festzustellen

Signifikanzwahrscheinlichkeit von a) und b): 2α.

Literatur

1 Laplace, P.-S., *Théorie analytique des probabilités*, 3. Aufl., Gauthier-Villars, Paris, 1820.
2 Molina, E.C., *Poisson's Exponential Binomial Limit*, Van Nostrand, Princeton, 1942.
3 Pearson, K., *Tables of the Incomplete Beta-Function*, Cambridge University Press, Cambridge, 1934; *Tables of the Binomial Probability Distribution*, National Bureau of Standards, Applied Mathematics Series 6, Washington, 1949.
4 Lieberman und Owen, *Tables of the Hypergeometric Probability Distribution*, Stanford University Press, Stanford, Cal., 1961.
5 Rao, C.R., *Bull. Calcutta math. Soc.*, **37**, 81 (1945).
6 Cramér, H., *Mathematical Methods of Statistics*, Princeton University Press, Princeton, 1946.
7 Neyman, J., *Ann. math. Statist.*, **6**, 111 (1935); Neyman, J., *Phil. Trans. A*, **236**, 333 (1937); Neyman, J., *Biometrika*, **32**, 128 (1941/42).
8 Proschan, F., *J. Amer. statist. Ass.*, **48**, 550 (1953).
9 *Tables of Normal Probability Functions*, National Bureau of Standards, Applied Mathematics Series 23, Washington, 1953.
10 Finney, D. J., *Probit Analysis*, 2. Aufl., Cambridge University Press, Cambridge, 1952; Fisher und Yates, *Statistical Tables for Biological, Agricultural and Medical Research*, 4. Aufl., Oliver & Boyd, Edinburg, 1953; Pearson und Hartley (Hrsg.), *Biometrika Tables for Statisticians*, Band 1, Cambridge University Press, Cambridge, 1954.
11 Wilson und Hilferty, *Proc. nat. Acad. Sci. (Wash.)*, **17**, 684 (1931).
12 Fisher, R. A., On a distribution yielding the error functions of several well-known statistics, *Proceedings of the International Mathematical Congress*, Band 2, Toronto, 1924, S. 805.
13 Eisenhart et al. (Hrsg.), *Selected Techniques of Statistical Analysis for Scientific and Industrial Research and Production and Management Engineering*, McGraw-Hill, New York, 1947, S. 108.
14 Vgl. Tippett, L.H.C., *Biometrika*, **17**, 364 (1925).
15 Davies und Pearson, Suppl. zu *J. roy. statist. Soc.*, **1**, 76 (1934).
16 Dixon, W. J., *Ann. math. Statist.*, **21**, 488 (1950); Dixon, W. J., *Ann. math. Statist.*, **22**, 68 (1951); Dixon, W. J., *Biometrics*, **9**, 74 (1953).
17 Lord, E., *Biometrika*, **34**, 41 (1947).
18 Walsh, J. E., *Ann. math. Statist.*, **20**, 257 (1949).
19 Walsh, J. E., *J. Amer. statist. Ass.*, **44**, 342 (1949).
20 Bartlett, M. S., *Proc. roy. Soc. A*, **160**, 268 (1937).
21 Duncan, D. B., *Biometrics*, **11**, 1 (1955).
22 Bliss, C. I., *Ann. appl. Biol.*, **22**, 134 (1935); Bliss, C. I., *Biometrics*, **1**, 57 (1945).
23 Berkson, J., *Biometrics*, **7**, 327 (1951); Berkson, J., *J. Amer. statist. Ass.*, **48**, 565 (1953).
24 Kendall, M. G., *Rank Correlation Methods*, 2. Aufl., Griffin, London, 1955.
25 Van der Waerden, B. L., *Mathematische Statistik*, Springer, Berlin, 1957.
26 Pearson und Wilks, *Biometrika*, **25**, 353 (1933).
27 Freeman und Tukey, *Ann. math. Statist.*, **21**, 607 (1950).
28 Clopper und Pearson, *Biometrika*, **26**, 404 (1934).
29 Wilks, S. S., *Bull. Amer. math. Soc.*, **54**, 6 (1948).
30 Scheffé und Tukey, *Memorandum Report 28*, Statistical Research Group, Princeton University, 1949.
31 Bliss, C. I., *Biometrics*, **9**, 176 (1953).
32 Katz, L., *J. Amer. statist. Ass.*, **48**, 256 (1953).
33 Bross, I., *Biometrics*, **10**, 245 (1954).
34 Wilcoxon, F., *Biometrics*, **1**, 80 (1945).
35 Wilcoxon, F., *Biometrics*, **3**, 119 (1947).
36 Haldane und Smith, *Ann. Eugen. (Lond.)*, **14**, 117 (1947–1949).
37 Walter, E., *Mittbl. math. Statist.*, **6**, 92 und 170 (1954); Walter, E., *Metrika*, **1**, 81 (1958).
38 Neumann et al., *Ann. math. Statist.*, **12**, 153 (1941).
39 Anderson, R. L., *Ann. math. Statist.*, **13**, 1 (1942); Wald und Wolfowitz, *Ann. math. Statist.*, **14**, 378 (1943).
40 Bennett und Franklin, *Statistical Analysis in Chemistry and the Chemical Industry*, Wiley, New York, 1954.
41 Levene und Wolfowitz, *Ann. math. Statist.*, **15**, 58 (1944).
42 Wolfowitz, J., *Ann. math. Statist.*, **15**, 163 (1944); Olmstead, P. S., *Ann. math. Statist.*, **17**, 24 (1946).
43 Olmstead, P. S., *Runs Determined in a Sample by an Arbitrary Cut*, Bell Telephone System, Technical Publications, Monograph 2937, New York, 1958.
44 Mood, A. M., *Ann. math. Statist.*, **11**, 367 (1940).
45 Stevens, W. L., *Ann. Eugen. (Lond.)*, **9**, 10 (1939).
46 Wald und Wolfowitz, *Ann. math. Statist.*, **11**, 147 (1940).
47 von Bortkiewicz, L., *Die Iterationen*, Springer, Berlin, 1917.
48 Geppert, M.P., Tübingen, persönliche Mitteilung, 1965.
49 Armitage, P., *Sequential Medical Trials*, Blackwell, Oxford, 1960.
50 Bross, I., *Biometrics*, **8**, 188 (1952).
51 Harvard University Computation Laboratory, *Tables of the Cumulative Binomial Probability Distribution*, Cambridge, Mass., 1955.
52 Bliss, C.I., *Ann. appl. Biol.*, **22**, 134 (1935).
53 Welch, B.L., *Biometrika*, **36**, 293 (1949).

Stichwortregister und Inhaltsverzeichnis zum Kapitel Statistik

Fette Ziffern bedeuten Formelnummern. Für S. 9–145 konsultiere man das Stichwortregister am Schluß des Bandes (S. 757–798)

Fette Ziffern bedeuten Formelnummern. Für S. 9–145 konsultiere man das Stichwortregister am Schluß des Bandes (S. 757–798)

Länge (l)

Dimension = L

Kohärente Einheiten

Internationales Einheitensystem: Meter (m)
CGS-System: Zentimeter (cm)
ft-lb-s-System: Foot (ft)

Internationales Einheitensystem

Die Basiseinheit der Länge ist das Meter (m). Es ist 1960[1] neu definiert worden als Vielfaches der Vakuumwellenlänge λ (^{86}Kr) der orangeroten Spektrallinie des Kryptonnuklids ^{86}Kr beim Übergang zwischen den Niveaus $2p_{10}$ und $5d_5$. Als Energiedifferenz zweier Elektronenterme eines ungestörten Atoms stellt das neudefinierte Meter ein Naturmaß dar. Zur Geschichte des Metermaßes siehe die Literatur[2]. Die definierende Relation lautet:

1 Meter = 1,650 763 7**3** × 10^6 λ (^{86}Kr)
λ (^{86}Kr) = 6,057 802 21 × 10^{-7} Meter

Sekundäre Standards[3]

a) Vakuumwellenlängen des Kryptonnuklids ^{86}Kr

$2p_9 - 5d_4'$: 6,458 072 0 × 10^{-7} m
$2p_8 - 5d_4$: 6,422 800 6 × 10^{-7} m
$1s_3 - 3p_{10}$: 5,651 128 6 × 10^{-7} m
$1s_4 - 3p_8$: 4,503 616 2 × 10^{-7} m

b) Vakuumwellenlängen des Quecksilbernuklids ^{198}Hg

$6^1P_1 - 6^1D_2$: 5,792 268 3 × 10^{-7} m
$6^1P_1 - 6^3D_2$: 5,771 198 3 × 10^{-7} m
$6^3P_2 - 7^3S_1$: 5,462 270 5 × 10^{-7} m
$6^3P_1 - 7^3S_1$: 4,359 562 4 × 10^{-7} m

c) Vakuumwellenlängen des Cadmiumnuklids ^{114}Cd

$5^1P_1 - 5^1D_2$: 6,440 248 0 × 10^{-7} m
$5^3P_2 - 6^3S_1$: 5,087 237 9 × 10^{-7} m
$5^3P_1 - 6^3S_1$: 4,801 252 1 × 10^{-7} m
$5^3P_0 - 6^3S_1$: 4,679 458 1 × 10^{-7} m

Umrechnung metrischer Längeneinheiten

		1 Einheit **A** = b Einheiten **B** (b in der Tafel)						
A		**B**						
Name	Symbol	nm	µm	mm	cm	dm	m	km
Ångström	Å	10^{-1}	10^{-4}	10^{-7}	10^{-8}	10^{-9}	10^{-10}	10^{-13}
Nanometer (Millimikron†)	nm (mµ†)	1	10^{-3}	10^{-6}	10^{-7}	10^{-8}	10^{-9}	10^{-12}
Mikrometer (Mikron†)	µm (µ†)	10^3	1	10^{-3}	10^{-4}	10^{-5}	10^{-6}	10^{-9}
Millimeter	mm	10^6	10^3	1	10^{-1}	10^{-2}	10^{-3}	10^{-6}
Zentimeter	cm	10^7	10^4	10	1	10^{-1}	10^{-2}	10^{-5}
Dezimeter	dm	10^8	10^5	10^2	10	1	10^{-1}	10^{-4}
Meter	m	10^9	10^6	10^3	10^2	10	1	10^{-3}
Dekameter	dam	10^{10}	10^7	10^4	10^3	10^2	10	10^{-2}
Hektometer	hm	10^{11}	10^8	10^5	10^4	10^3	10^2	10^{-1}
Kilometer	km	10^{12}	10^9	10^6	10^5	10^4	10^3	1

† Diese Bezeichnungen sind nicht mehr zu verwenden (Resolution 7 der 13. Generalkonferenz für Maß und Gewicht, 1967).

Angelsächsische Maßsysteme

Der primäre Längenstandard der angelsächsischen Maßsysteme ist das Yard (yd), obschon als kohärente Längeneinheit des ft-lb-s-Systems das Foot = ⅓ Yard verwendet wird. Das Yard ist seit kurzem mittels des Meters definiert[4] durch die Relation

1 Yard = 0,914**4** m = 1,509 458 3$_5$ × 10^6 λ (^{86}Kr)

Das neudefinierte «vereinheitlichte» Yard** liegt zwischen dem früheren Imperial yard des Vereinigten Königreiches[5] und dem früheren US yard[6]:

1 Imperial yard = 0,914 398 41 m < 1 vereinheitlichtes Yard < 1 US yard = (**36**/39,3**7**) m = 0,914 401 83 m*

Umrechnung angelsächsischer Längeneinheiten

		1 Einheit **A** = b Einheiten **B** (b in der Tafel)		
A		**B**		
Name	Symbol	yd	ft	m
Mil	–	1/36 000	1/12 000	2,5**4** × 10^{-5}
Point (printers)(US)†	–	–	–	3,515 × 10^{-4}
Line (button) (US)	–	1/1440	1/480	6,3**5** × 10^{-4}
Inch	in	1/36	1/12	2,5**4** × 10^{-2}
Hand (US)	–	1/9	1/3	1,01**6** × 10^{-1}
Link	li††	22/100	66/100	2,011 6**8** × 10^{-1}
Span (US)	–	1/4	3/4	2,28**6** × 10^{-1}
Foot	ft	1/3	1	3,04**8** × 10^{-1}
Yard	yd	1	3	9,14**4** × 10^{-1}
Fathom	fath††	2	6	1,828 **8**
Rod (pole, perch)	rd††	11/2	33/2	5,029 **2**
Chain	ch††	22	66	2,011 6**8** × 10
Furlong	fur.††	220	660	2,011 6**8** × 10^2
(Statute) mile	mile†††	1760	5280	1,609 34**4** × 10^3

† Definition: 1 Point (printers) (US) = 0,013 837 in.
†† Symbole nur in den USA benutzt.
††† Symbol in den USA: mi.

Nautische und geodätische Längenmaße

Der Definition der *Seemeile* liegt die «mittlere Meridianminute» (mittlere Breitenminute) zugrunde, wobei die vom internationalen Referenzellipsoid abgeleiteten Werte des Pol- und des Äquatorradius verwendet werden[7]:

$$1 \text{ Seemeile} = \frac{\text{Meridianquadrant } Q_{\male}^{\text{Me}}}{90 \times 60} = 1852{,}276 \text{ m}$$

Als international einheitliche Definition[8] wurde 1928 von der Internationalen Hydrographischen Konferenz in Monaco die Relation

1 internationale Seemeile = 185**2** m

festgesetzt. Dieser Wert wurde von allen seefahrenden Nationen (USA erst 1954[9]) mit Ausnahme des Vereinigten Königreiches angenommen. Die britische Definition der Seemeile beruht auf dem Knoten:

$$1 \text{ Admiralty knot} = \frac{1 \text{ Nautical mile}}{\text{Hour}} = 608\mathbf{0} \text{ Imperial feet per hour}$$

Demnach ist

1 Imperial nautical mile (n mile) = 1853,181 m

Die *geographische Meile* wird heute über den Äquatorquadranten $Q_{\male}^{\text{Ä}}$ definiert (≙ 4 Bogenminuten auf dem Äquator), wobei der Wert des Äquatorradius vom internationalen Referenzellipsoid abgeleitet ist[7]:

$$1 \text{ geographische Meile} = 4 \times \frac{\text{Äquatorquadrant } Q_{\male}^{\text{Ä}}}{90 \times 60} = 7421{,}591 \text{ m}$$

Astronomische Längenmaße

Im astronomischen Maßsystem ist die Einheit der Länge die astronomische Einheit (AE; astronomical unit: A.U.; unité astronomique: U.A.); ihr liegt eine Definition zugrunde, deren Formulierung einiger vorbereitender Bemerkungen bedarf. Mit dem Ephemeridentag (d) zu 86 400 Ephemeridensekunden (s) als Zeiteinheit und der Sonnenmasse ($\mathfrak{M}_\odot$) als Einheit der Masse sei für die ungestörte elliptische («Keplersche») Bahn eines Planeten

- n die siderische mittlere tägliche Bewegung (Winkelgeschwindigkeit) in rad/d
- $\overline{m}$ die Masse in $\mathfrak{M}_\odot$
- a die große Halbachse in AE
- k die Gausssche Gravitationskonstante in $(\text{AE})^{3/2}$ rad d^{-1} $\mathfrak{M}_\odot^{-1/2}$

* Die Seiten 200–224.8 entstanden in Zusammenarbeit mit G. Becker, W. Fritz, J. Hoppe-Blank, W. Hübner, U. Stille, H.-M. Weiss, Braunschweig, und S. Böhme, Heidelberg.
** Im englischen Sprachraum auch International yard genannt.

* In den USA behält im Bereich des U. S. Coast and Geodetic Survey das 1866 und 1893 gesetzlich festgelegte[6] Foot unter der Bezeichnung U. S. Survey Foot mit der Definition 1 U. S. Survey Foot = (**12**/39,3**7**) m ≈ 0,304 800 609 m – beispielsweise für das geodätische Netz 1. Ordnung der USA – nach wie vor Gültigkeit (siehe NBS[4]).

Die AE ist dann definiert als diejenige Einheit, in der mit $k = 0{,}017\,202\,098\,95$ (genau) im 3. KEPLERschen Gesetz als Zahlenwertgleichung $n^2 a^3 = k^2 (1 + \overline{m})$ die Größe a gemessen wird. Sie ist hiernach eine abgeleitete Einheit, festgelegt durch die gewählten Einheiten für Zeit und Masse sowie den festen Wert für die GAUSSsche Konstante k, und kann beschrieben (nicht definiert) werden als Radius desjenigen Kreises um die Sonne, der von einem Körper verschwindender Masse in der Zeit $P_0 = (2\pi/k)\,\mathrm{d} = 365{,}256\,898\,3\,\mathrm{d}$, das heißt mit der gleichförmigen Winkelgeschwindigkeit $360°/P_0 = k\ 180°/(\pi \mathrm{d}) = 0{,}985\,607\,668\,6°/\mathrm{d}$, durchlaufen wird. Die AE ist recht genau gleich der großen Halbachse der Erdbahn (diese Übereinstimmung herzustellen, lag der Berechnung von k durch GAUSS zugrunde): Der (durch die anderen Planeten) gestörte Wert beträgt 1,000 000 2 AE.

Es ist noch nötig, die AE als Vielfaches A von 1 m oder einer anderen Bezugslänge auszudrücken; jenes wird gewonnen direkt aus Radarmessungen (bis jetzt vorwiegend an der Venus, deren Distanz in AE aus den Ephemeriden bekannt ist), dieses durch Bestimmung der Sonnenparallaxe $\pi_\odot$, womit das Verhältnis des Äquatorradius a_e der Erde zur AE gemessen wird. Auf der 12. Generalversammlung der Internationalen Astronomischen Union (1964) wurde das «IAU-System astronomischer Konstanten» *festgelegt*[10] («definierende» und «primäre» Konstanten als *genaue* Werte angegeben). Danach ist

$$1\ \mathrm{AE} = A\,\mathrm{m} = 149\,600 \times 10^6\ \mathrm{m}$$

$$\pi_\odot = \arcsin (a_e/A\,\mathrm{m}) = 8{,}794\,05'', \text{ mit } a_e = 6\,378\,160\ \mathrm{m}$$

Weil die Radarmessungen solche von Zeitdifferenzen sind, sei noch die Lichtzeit τ_A für 1 AE angegeben; es ist im selben System

$$\tau_A = (A\,\mathrm{m})/c = 499{,}012\,\mathrm{s}, \text{ mit } c = 299\,792{,}5 \times 10^3\ \mathrm{m\,s^{-1}}$$ [10,11]

In der Stellarastronomie sind wegen der im Vergleich zum Sonnensystem weit größeren Entfernungen ($> 2 \times 10^5$ AE) geeignetere Längenmaße eingeführt: Parsec, Lichtjahr, Enfernungsmodul.

Das Parsec (pc) ist definiert als diejenige Entfernung, von der aus die AE unter einem Winkel p von 1″ erscheint. Den (in Bogensekunden gemessenen) Winkel p nennt man die jährliche Parallaxe des Objekts; das Parsec ist hiernach durch die Entfernung eines Gestirns mit der Parallaxe $p = 1''$ definiert (Parsec: Schachtelwort aus Parallaxe und Sekunde). Wegen $p < 0{,}8''$ (p hier: Zahlenwert der jährlichen Parallaxe in ″) gilt zwischen Parallaxe und Entfernung r die Beziehung

$$\pi r p/648\,000'' = 1\ \mathrm{AE}$$

demnach $r = 648\,000''/(\pi p)$ AE

und $r = 1/p$ pc nach Definition

Es ist also $1\ \mathrm{pc} = 648\,000/\pi\ \mathrm{AE} = 206\,264{,}8\ \mathrm{AE}$

und $1\ \mathrm{pc} = 648\,000/\pi\ A\,\mathrm{m} = 3{,}085\,72 \times 10^{13}\ \mathrm{km}$

Als größere Einheiten sind gebräuchlich:

$$1\ \mathrm{kpc} = 10^3\ \mathrm{pc};\ 1\ \mathrm{Mpc} = 10^6\ \mathrm{pc}$$

Das Lichtjahr (Lj; light year: l. y.; année de lumière: a. l.), als anschaulich empfundenes Entfernungsmaß besonders in der populärwissenschaftlichen Literatur verwendet, ist diejenige Strecke, die das Licht in einem tropischen Jahr zurücklegt. Mit den Werten des «IAU-Systems astronomischer Konstanten»[10] für die Lichtgeschwindigkeit und der Anzahl von Ephemeridensekunden in 1 tropischen Jahr (1900) ergibt sich

$$1\ \mathrm{Lj} = 299\,792\,500\ \mathrm{m\,s^{-1}} \times 31\,556\,925{,}974\,7\ \mathrm{s} = 9{,}460\,529\,73 \times 10^{12}\ \mathrm{km}$$

Für Objekte, deren Parallaxen nicht (mehr oder weniger) direkt bestimmt werden können, wird als indirektes Maß für Distanzen der Entfernungsmodul (distance modulus; module de distance) benutzt. Bezeichnet man die scheinbare (das heißt gemessene) Helligkeit in Größenklassen (^{m} oder mag.) eines Objektes der Entfernung r mit m, seine auf die Standardentfernung von 10 pc bezogene absolute Helligkeit mit M, dann ist der Entfernungsmodul definiert als die Größe $m - M$. Nach dem $1/r^2$-Gesetz der Lichtausbreitung im absorptionsfreien Raum gilt

$$m - M = 5 \log_{10} (r/\mathrm{pc}) - 5 = -5 - 5 \log_{10} (p/'')$$

Dieser Größe $m - M = -5^{\mathrm{m}}, 0^{\mathrm{m}}, +5^{\mathrm{m}}, +10^{\mathrm{m}}, \ldots +25^{\mathrm{m}}$ entspricht die Distanz $r = 1, 10, 100, 1000, \ldots 10^6$ pc.

Läßt sich M aus der physikalischen Struktur des Objekts ermitteln, erhält man r oder p aus

$$\log_{10} (r/\mathrm{pc}) = 0{,}2\,(m - M + 5) = -\log_{10} (p/'')$$

Umrechnung astronomischer Längeneinheiten †

		1 Einheit **A** = b Einheiten **B** (b in der Tafel)		
A		**B**		
Name	Symbol	AE	pc	Lj
Astronomische Einheit	AE	1	$4{,}848\,14 \times 10^{-6}$	$1{,}581\,31 \times 10^{-5}$
Parsec	pc	$2{,}062\,648 \times 10^5$	1	3,261 68
Lichtjahr	Lj	$6{,}323\,88 \times 10^4$	$3{,}065\,91 \times 10^{-1}$	1

† Bezogen auf die 1964 von der Internationalen Astronomischen Union festgesetzten Werte der Sonnenparallaxe und des äquatorialen Erdradius[10].

Spektroskopische Längenmaße

X-Einheit

Als *Wellenlängeneinheit der Röntgenspektroskopie* wird im allgemeinen die X-Einheit (X. E.) benutzt. Sie ist in der SIEGBAHNschen Einführung[12] über die Gitterkonstante des Kalkspats oder den Abstand $d_{211}^{18°}$ ($CaCO_3$) der (211)-Ebenen im Kalkspatkristall bei 18 °C durch die Relation

$$1\ \mathrm{X.E.} = [1/3029{,}45\ d_{211}^{18°}\ (\mathrm{CaCO_3})]$$

definiert. Bei der heute für den Vergleich von Röntgenwellenlängen erzielten Genauigkeit (relative Unsicherheit $\approx 10^{-6}$) ist die SIEGBAHNsche Definition der X. E. unbefriedigend und praktisch nicht mehr anwendbar: Wegen der naturgegebenen Unvollkommenheiten (Verunreinigungen, Fehlordnung, Mosaik- oder Überstruktur, Oberflächeneffekte usw.) eines Kristalls ist «Kalkspat» als primärer Standard der X. E. eine vage Abstraktion. Eine «theoretisch» zwar exakte Definition über «reinen Kalkspat mit vollkommenem Kristallgitterbau» bliebe für die praktische Anwendung auch wieder fragwürdig, da diese Substanz nicht existiert und selbst im statistischen Mittel nur sehr schwer eindeutig zu realisieren wäre.

Für den Umrechnungsfaktor zwischen der SIEGBAHNschen X-Einheit und dem Meter – $\Lambda = 1\ \mathrm{X.E.}/10^{-13}\ \mathrm{m} = 1\ \mathrm{X.E.}/1\ \mathrm{mÅ}$ (zu Å siehe unten) – läßt sich heute kein Wert mit der für die Röntgenspektroskopie und Gitterkonstantenbestimmung erforderlichen Sicherheit (zum Beispiel relative dreifache Standardabweichung $3s < 10^{-5}$) angeben*.

Messungen «in X. E.» werden heute meist auf die in X. E. tabellierten Wellenlängen von Röntgenlinien[15,16] bezogen, und zwar im «langwelligen» Röntgengebiet auf $\lambda(\mathrm{CuK}\alpha_1) = 1537{,}396$ X. E. (oder 1537,40 X. E.) und im «kurzwelligen» Röntgengebiet auf $\lambda(\mathrm{MoK}\alpha_1) = 707{,}831$ X. E. Schon vor Jahren[17] wurde vorgeschlagen, die X. E. über eine oder mehrere Röntgenwellenlängen neu zu definieren und dabei eine wohldefinierte Stelle des Linienprofils als Bezugspunkt für Wellenlängenangaben festzulegen – das heißt vom *Kalkspatetalon* zum *Wellenlängenetalon* überzugehen.

1962, 1963 und 1965 haben COHEN und DUMOND[18,19] aus *experimentellen Bestimmungen* nach verschiedenen direkten und indirekten Methoden anderer Autoren für Λ eine Reihe von Werten ermittelt. In einer neueren Diskussion dieser inzwischen teilweise noch korrigierten und auf die Röntgenwellenlängenwerte der neuen BEARDENschen Tafeln[25] bezogenen Einzelergebnisse (Λ zwischen 1,002 00 und 1,002 09) gelangt DUMOND[20] unter Benutzung der Werte für Konstanten aus der 1963er Ausgleichsrechnung[19] (siehe S. 224.6) 1966 zu einem «experimentellen» Mittelwert $\Lambda = 1{,}002\,064$ ($3s = 28 \times 10^{-6}$). Aus einer *speziellen Ausgleichsrechnung mit Atomkonstanten* erhielten COHEN und DUMOND[19] 1965, bezogen auf $\lambda(\mathrm{WK}\alpha_1) = 208{,}577\,0$ X. E., für den Umrechnungsfaktor $\Lambda = 1{,}002\,080$ ($3s = 18 \times 10^{-6}$).

1964 und 1965 veröffentlichten BEARDEN et al. neue Ergebnisse: (a) über Präzisionsbestimmungen (relativ zueinander) von 5 «Normal»-Röntgenwellenlängen ($\mathrm{CrK}\alpha_2$, $\mathrm{CuK}\alpha_1$, $\mathrm{MoK}\alpha_1$, $\mathrm{AgK}\alpha_1$, $\mathrm{WK}\alpha_1$)[21] und (b) zur experimentellen Ermittlung von Λ aus der Bestimmung von $N_A \Lambda^3$ an besonders ausgesuchten Kristallen[22]. Aus (a) ergab sich einmal das Verhältnis $\lambda(\mathrm{CuK}\alpha_1)/\lambda(\mathrm{MoK}\alpha_1)$ zu 2,171 945 (relativer wahrscheinlicher Fehler $\pm 1 \times 10^{-6}$), das heißt um etwa 0,02 ‰ kleiner, als es den bisherigen Tabellenwerten[15,16] entsprach, so daß bei Festhalten an $\lambda(\mathrm{MoK}\alpha_1) = 707{,}831$ X. E. als «Arbeitsnormal» eine Verminderung des $\lambda(\mathrm{CuK}\alpha_1)$-Wertes auf 1537,370 X. E. erforderlich wird; zum anderen folgte für die

* Teilweise wird immer noch die von der X-Ray Analysis Group des Institute of Physics (England) in Übereinstimmung mit SIEGBAHN und der American Society for X-Ray and Electron Diffraction 1942 vereinbarte Umrechnungsbeziehung[13] 1 X. E. = (1,002 02 ± 0,000 03) mÅ verwendet[14].

$\mathrm{WK}\alpha_1$-«Normal»wellenlänge, bezogen auf das «Arbeitsnormal» $\lambda(\mathrm{MoK}\alpha_1)$, der Wert $\lambda(\mathrm{WK}\alpha_1) = 208{,}5770$ X.E. Aus (b) und experimentellen Λ-Bestimmungen anderer Autoren leitete BEARDEN[23] unter Benutzung des Wertes für die AVOGADRO-Konstante N_A aus dem Satz der Konstanten der 1963er Ausgleichsrechnung[19] (siehe hierzu S.224.6) als Mittel für den Umrechnungsfaktor Λ, bezogen auf $\lambda(\mathrm{MoK}\alpha_1) = 707{,}831$ X.E. [oder auch $\lambda(\mathrm{CuK}\alpha_1) = 1537{,}370$ X.E.], $\Lambda = 1{,}002076$ ab und, bezogen auf $\lambda(\mathrm{CuK}\alpha_1) = 1537{,}400$ X.E. [oder auch $\lambda(\mathrm{MoK}\alpha_1) = 707{,}845$ X.E.], $\Lambda = 1{,}002056$ (relativer wahrscheinlicher Fehler $\pm 5 \times 10^{-6}$).

Gleichzeitig schlug BEARDEN[24] vor, die SIEGBAHNsche Definition der X.E. durch die Definition einer neuen Röntgenwellenlängenskala zu ersetzen, deren Einheit er provisorisch mit «Å» bezeichnete und die er durch eine zahlenmäßige Festsetzung für die Wellenlänge des Profilmaximums der $\mathrm{WK}\alpha_1$-Linie definierte: $\lambda(\mathrm{WK}\alpha_1) = 0{,}2090100$ Å. Den definierenden Zahlenfaktor 0,2090100 entnahm BEARDEN 1964 noch der auf das «Arbeitsnormal» $\lambda(\mathrm{MoK}\alpha_1)$ bezogenen Relation $\lambda(\mathrm{WK}\alpha_1) = 208{,}5770$ X.E. $= 208{,}5770 \times \Lambda$ mÅ mit seinem «experimentell» ermittelten Wert $\Lambda = 1{,}002076$; das heißt, die neue Röntgenwellenlängeneinheit genügt auch der Beziehung 1 mÅ $= (1{,}002076 \pm 5 \times 10^{-6})^{-1}$ X.E. Nach BEARDEN stimmt (innerhalb eines relativen wahrscheinlichen Fehlers von $\pm 5 \times 10^{-6}$) 1 Å mit 1 Å überein.

Gemeinsam mit sechs Mitarbeitern hat BEARDEN inzwischen ein neues Tafelwerk mit etwa 2700 Wellenlängen von Röntgenfluoreszenzlinien der K-, L-, M-, N- und O-Serien (angegeben als Maximum des Linienprofils) und Röntgenabsorptionskanten in der von ihm vorgeschlagenen Einheit Å bearbeitet, das 1964 von der U.S. Atomic Energy Commission veröffentlicht wurde[25]; im Anhang (Evaluation of Wavelength Data) sind die Wellenlängen in X.E., bezogen auf $\lambda(\mathrm{WK}\alpha_1) = 208{,}5770$ X.E., zusammengestellt.

1967 veröffentlichte BEARDEN[26] seine Wellenlängentafeln in *Reviews of Modern Physics* mit folgenden Unterschieden gegenüber der zuvor genannten USAEC-Veröffentlichung[25]: 1. Hier wird die neue, durch die Gleichung $\lambda(\mathrm{WK}\alpha_1) = 0{,}2090100$ Å* definierte Röntgenwellenlängeneinheit nunmehr mit Å* bezeichnet [1 Å* $= (1 \pm 5 \times 10^{-6})$ Å]. 2. Hier wird $\lambda(\mathrm{CuK}\alpha_1) = 1537{,}400$ X.E. als «Arbeitsnormal» zugrunde gelegt, auf das bezogen sich als «experimentell» ermittelter Λ-Wert 1,002056 ergab. 3. Hier werden die Wellenlängen nur noch in Å* angegeben – der Anhang der USAEC-Veröffentlichung mit Wellenlängen in X.E. ist fortgelassen. 4. Hier werden auch die Wellenlängen der 4 sekundären Normale nur noch in Å* angegeben: $\lambda(\mathrm{AgK}\alpha_1) = 0{,}5594075$ Å*, $\lambda(\mathrm{MoK}\alpha_1) = 0{,}709300$ Å*, $\lambda(\mathrm{CuK}\alpha_1) = 1{,}540562$ Å*, $\lambda(\mathrm{CrK}\alpha_2) = 2{,}293606$ Å* [relativer wahrscheinlicher Fehler gegenüber dem primären Normal $\lambda(\mathrm{WK}\alpha_1) = 0{,}2090100$ Å*: $\pm 1{,}1$ bis $1{,}3 \times 10^{-6}$].

Bei Benutzung der verschiedenen BEARDENschen Tafeln ist folgendes zu beachten: In der USAEC-Veröffentlichung[25] bezieht sich der Λ-Wert 1,002076 auf eine *$\mathrm{MoK}\alpha_1$-X-Einheit*, das heißt eine durch die Gleichung $\lambda(\mathrm{MoK}\alpha_1) = 707{,}831$ X.E. [oder $\lambda(\mathrm{CuK}\alpha_1) = 1537{,}3700$ X.E. oder $\lambda(\mathrm{WK}\alpha_1) = 208{,}5770$ X.E.] bestimmte X-Einheit; dagegen bezieht sich in der *Rev. mod. Phys.*-Veröffentlichung[26] der Λ-Wert 1,002056 auf eine um 0,02‰ kleinere *$\mathrm{CuK}\alpha_1$-X-Einheit*, das heißt eine durch die Gleichung $\lambda(\mathrm{CuK}\alpha_1) = 1537{,}400$ X.E.′ [oder $\lambda(\mathrm{MoK}\alpha_1) = 707{,}845$ X.E.′ oder $\lambda(\mathrm{WK}\alpha_1) = 208{,}5810$ X.E.′] bestimmte X-Einheit.

Die von BEARDEN für seine neue Röntgenwellenlängeneinheit angegebene Relation 1 Å* $= (1 \pm 5 \times 10^{-6})$ Å kann nur so lange gelten, wie 1. an dem jeweiligen «Arbeitsnormal» [$\lambda(\mathrm{MoK}\alpha_1)$ für die USAEC-Tafeln[25] oder $\lambda(\mathrm{CuK}\alpha_1)$ für die *Rev. mod. Phys.*-Tafeln[26]] und an den Wellenlängenverhältnissen $\lambda(\mathrm{CuK}\alpha_1)/\lambda(\mathrm{MoK}\alpha_1) = 2{,}171945$ und $\lambda(\mathrm{CuK}\alpha_1)/\lambda(\mathrm{WK}\alpha_1) = 7{,}370757$ (relativer wahrscheinlicher Fehler $\pm 1{,}0 \times 10^{-6}$ und $\pm 1{,}1 \times 10^{-6}$) festgehalten wird und 2. neue experimentelle Ergebnisse – sei es für direkte oder indirekte Λ-Bestimmungen, sei es für die in die Auswertung eingehenden Atomkonstanten, insbesondere für die AVOGADRO-Konstante N_A – den auch auf das jeweilige «Arbeitsnormal» bezogenen Λ-Wert (1,002076 oder 1,002056) nicht in Frage stellen. Von der zweiten Einschränkung könnte man unabhängig werden, wenn, anstelle der Einführung einer neuen Wellenlängeneinheit Å oder Å*, die heute praktisch nicht mehr brauchbare SIEGBAHNsche Definition der X-Einheit durch eine Neudefinition über beispielsweise die $\mathrm{WK}\alpha_1$-Linie ersetzt würde: 1 X $= \lambda(\mathrm{WK}\alpha_1)/208{,}5770$ oder $= \lambda(\mathrm{WK}\alpha_1)/208{,}5810$. Über eine für die Zukunft zweckmäßige Definition der X-Einheit haben hierfür zuständige internationale Gremien bisher noch nicht entschieden.

Ein von BEARDEN und BURR bearbeitetes Tafelwerk mit den Röntgenatomenergieniveaus, das 1965 von der U.S. Atomic Energy Commission veröffentlicht wurde[27], enthält unter anderem Tafeln der Energiedifferenzen zweier Niveaus in eV und Ry (siehe S.214) sowie der den Energiedifferenzen entsprechenden Wellenlängen in mÅ*. In die 1967 von BEARDEN und BURR[28] in *Reviews of Modern Physics* veröffentlichten Energieniveautafeln sind nur einige Beispiele für Energiedifferenzen übernommen worden.

Ångström

Als *Wellenlängeneinheit der Atom- und Molekülspektroskopie*, insbesondere im sichtbaren und ultravioletten Spektralbereich, wird weitgehend das Ångström (Å) benutzt. Nach der Neudefinition des Meter durch die 11. Generalkonferenz für Maß und Gewicht (1960)[1] hat die Internationale Astronomische Union 1961 ihre auf einer Wellenlänge des Cadmiums als primären Standards beruhende Definition des Ångström vom Jahre 1907[29] aufgehoben und durch die Relation

$$1\ \text{Ångström} = 10^{-10}\ \text{Meter}$$

ersetzt[30]; das heißt, Ångström ist nur noch ein besonderer Name für 10^{-10} m.

Literatur

1 Conférence Générale des Poids et Mesures, *Comptes rendus des séances de la 11e Conférence générale des Poids et Mesures*, Paris 1960, Gauthier-Villars, Paris, 1961, S. 51 und 85.

2 Zum Beispiel STILLE, U., *Z. angew. Phys.*, **11**, 316 (1959); STILLE, U., *Messen und Rechnen in der Physik*, 2. Aufl., Vieweg, Braunschweig, 1961; ENGELHARD und VIEWEG, *Z. angew. Phys.*, **13**, 580 (1961); CLUSIUS, K., *Experientia (Basel)*, **19**, 169 (1963).

3 Comité International des Poids et Mesures, *Proc.-Verb. Com. int. Poids Mes.*, **31**, 26 (1963).

4 National Bureau of Standards, *Nat. Bur. Stand., Techn. News Bull.*, **43**, 1 (1959); National Physical Laboratory, *Nature*, **183**, 80 (1959); HOWLETT, L. E., für National Research Council, *Canad. J. Phys.*, **37**, 84 (1959); United States of America, *U.S. Federal Register*, Document 59-5442, filed June 30, 1959; Great Britain, *Weights and Measures Act, 1963:* 11 Eliz. 2, Ch. 31, H.M.S.O., London, 1963.

5 Great Britain, *Weights and Measures Act, 1878:* 41 & 42 Vict., Ch. 49, H.M.S.O., London; National Physical Laboratory, *Units and Standards of Measurement employed at the National Physical Laboratory*, Part I: Length, Mass, Time etc., 1. Aufl., H.M.S.O., London, 1951, S. 4, und 3. Aufl., H.M.S.O., London, 1962, S. 3; British Standards Institution, *Conversion Factors and Tables*, B.S. 350: Part 1: 1959, S. 9.

6 United States of America, *U.S. Code of Federal Regulations*, 1946, Title 15, Ch. 6: Metric System, Sec. 204 – Metric System authorized (1866), Sec. 205 – Authorized Tables (1866), Revised Statutes, Sec. 3570; U.S. Coast and Geodetic Survey, Treasury Department, Bulletin No. 26: *Fundamental Standards of Length and Mass*, approved for publication April 5, 1893 (Mendenhall Order); U.S. Coast and Geodetic Survey, Treasury Department, *Report for 1893*, Appendix No. 6 (1894); JUDSON, L. V., *Weights and Measures Standards of the United States, A brief History*, National Bureau of Standards, Miscellaneous Publication 247, U.S. Government Printing Office, Washington, 1963.

7 International Union of Geodesy and Geophysics, *Bull. géod. int.*, **1925**, 157, 540 und 552.

8 International Hydrographic Bureau, *Abridged Manual of the Symbols and Abbreviations used on Charts*, Special Publication 22, Monaco, 1928; auch in *Hydrogr. Rev.*, **5**, 227 (1928).

9 National Bureau of Standards, Adoption of International Nautical Mile, *Nat. Bur. Stand., Techn. News Bull.*, **38**, 122 (1954).

10 International Astronomical Union, *Trans. int. astron. Un.*, **XII B**, 593 (1964).

11 *c*-Wert der International Scientific Radio Union und der International Union of Geodesy and Geophysics, *Bull. géod.* (NS), Nr. 47, 66, 91 (1958); auch in: *Z. Vermessungswes.*, Sonderheft Nr. 7, 11, 43 (1958).

12 SIEGBAHN, M., *Ann. Phys.*, 4. Folge, **59**, 56 (1919); *Ark. Mat. Astron. Fys.*, **14**, Nr. 9 (1920); *Spektroskopie der Röntgenstrahlen*, 2. Aufl., Springer, Berlin, 1931, S. 42ff.

13 Zum Beispiel BRAGG, W. L., *J. sci. Instrum.*, **24**, 27 (1947); *Acta Cryst.*, **1**, 46 (1948); WOOD, E. A., *Phys. Rev.*, 2. Serie, **72**, 436 (1947).

14 Zum Beispiel in LONSDALE, K., in: International Union of Crystallography, *International Tables for X-Ray Crystallography*, Band III, Physical and Chemical Tables, Kynoch Press, Birmingham, 1962, S. 41 und 59.

15 CAUCHOIS und HULUBEI, *Longueurs d'onde des émissions X et des discontinuités d'absorption X*, Hermann, Paris, 1947.

16 SANDSTRÖM, A. E., in: FLÜGGE, S. (Hrsg.), *Handbuch der Physik*, Band 30, Springer, Berlin, 1957, S. 78ff.

17 Zum Beispiel MERRILL und DUMOND, *Phys. Rev.*, 2. Serie, **110**, 79 (1958); DUMOND, J. W. M., *Proc. Nat. Acad. Sci.*, **45**, 1052 (1959).

18 COHEN, E. R., *Bull. Amer. Phys. Soc.*, 2. Serie, **7**, 305 (1962); COHEN und DUMOND, in: JOHNSON, W., jr. (Hrsg.), *Nuclidic Masses*, Proceedings of the 2nd International Conference on Nuclidic Masses, Wien 1963, Springer, Wien, 1965, S. 152.

19 COHEN und DUMOND, *Rev. mod. Phys.*, **37**, 537 (1965).

20 DUMOND, J. W. M., *Z. Naturforsch.*, **21a**, 70 (1966).

21 BEARDEN et al., *Phys. Rev.*, 2. Serie, **135A**, 899 (1964).

22 HENINS und BEARDEN, *Phys. Rev.*, 2. Serie, **135A**, 890 (1964); HENINS, I., *J. Res. Nat. Bur. Stand.*, **68A**, 529 (1964).

23 BEARDEN, J. A., *Phys. Rev.*, 2. Serie, **137B**, 181 (1965).

24 BEARDEN, J. A., *Phys. Rev.*, 2. Serie, **137B**, 455 (1965); DESLATTES et al., *Metrologia*, **2**, 104 (1966).

25 BEARDEN, J. A., *X-Ray Wavelengths*, U.S. Atomic Energy Commission, Division of Technical Information Extension, NYO-10586, Oak Ridge, Tenn.,

1964 (Clearinghouse for Federal Scientific and Technical Information of the U.S. Department of Commerce, Springfield, Va., 22151).

26 BEARDEN, J. A., *Rev. mod. Phys.*, **39**, 78 (1967).

27 BEARDEN und BURR, *Atomic Energy Levels*, U.S. Atomic Energy Commission, Division of Technical Information Extension, NYO-2543-1, Oak Ridge, Tenn., 1965 (Clearinghouse for Federal Scientific and Technical Information of the U.S. Department of Commerce, Springfield, Va., 22151).

28 BEARDEN und BURR, *Rev. mod. Phys.*, **39**, 125 (1967).

29 International Union for Co-operation in Solar Research, *Trans. int. Un. Coop. Sol. Res.*, **2**, 20 (1908).

30 International Astronomical Union, *Trans. int. astron. Un.*, **XIB**, 88 (1962).

Fläche (*A* oder *S*)

Dimension = L²

Kohärente Einheiten

Internationales Einheitensystem: Quadratmeter (m²)
CGS-System: Quadratzentimeter (cm²)
ft-lb-s-System: Square foot (ft²)

Über die den Flächeneinheiten zugrunde liegenden Längeneinheiten vergleiche den Abschnitt «Länge», S. 200.

Die Internationale Union für reine und angewandte Physik (IUPAP) hat anläßlich ihrer 10. Generalversammlung 1960 für 10^{-24} cm² den Namen Barn (b) empfohlen. Das Barn hat sich in der Atom- und Kernphysik als Einheit für Wirkungsquerschnitte eingebürgert[1].

Umrechnung metrischer Flächeneinheiten

		1 Einheit **A** = *b* Einheiten **B** (*b* in der Tafel)					
A		**B**					
Name	Symbol	µm²	mm²	cm²	dm²	m²	km²
Barn	b	10^{-16}	10^{-22}	10^{-24}	10^{-26}	10^{-28}	10^{-34}
Quadratmikrometer	µm²	1	10^{-6}	10^{-8}	10^{-10}	10^{-12}	10^{-18}
Quadratmillimeter	mm²	10^{6}	1	10^{-2}	10^{-4}	10^{-6}	10^{-12}
Quadratzentimeter	cm²	10^{8}	10^{2}	1	10^{-2}	10^{-4}	10^{-10}
Quadratdezimeter	dm²	10^{10}	10^{4}	10^{2}	1	10^{-2}	10^{-8}
Quadratmeter	m²	10^{12}	10^{6}	10^{4}	10^{2}	1	10^{-6}
Quadratdekameter (Ar)	dam² (a)	10^{14}	10^{8}	10^{6}	10^{4}	10^{2}	10^{-4}
Quadrathektometer (Hektar)	hm² (ha)	10^{16}	10^{10}	10^{8}	10^{6}	10^{4}	10^{-2}
Quadratkilometer	km²	10^{18}	10^{12}	10^{10}	10^{8}	10^{6}	1

Umrechnung angelsächsischer Flächeneinheiten

		1 Einheit **A** = *b* Einheiten **B** (*b* in der Tafel)		
A		**B**		
Name	Symbol	yd²	ft²	m²
Circular mil*	–	$\pi/5184 \times 10^{6}$	$\pi/576 \times 10^{6}$	1,612 **9** $\pi \times 10^{-10}$
Square inch	in²	1/1296	1/144	6,451 **6** $\times 10^{-4}$
Circular inch	–	$\pi/5184$	$\pi/576$	1,612 **9** $\pi \times 10^{-4}$
Square link	li² **	484/10⁴	4356/10⁴	4,046 86 $\times 10^{-2}$
Square foot	ft²	1/9	1	9,290 30**4** $\times 10^{-2}$
Square yard	yd²	1	9	8,361 273 **6** $\times 10^{-1}$
Square rod***	rd² **	121/4	1089/4	2,529 29 $\times 10$
Square chain	ch² **	484	4356	4,046 86 $\times 10^{2}$
Rood (UK)	–	1210	10 890	1,011 71 $\times 10^{3}$
Acre	–	4840	43 560	4,046 86 $\times 10^{3}$
Square mile	mile² †	3 097 600	27 878 400	2,589 99 $\times 10^{6}$

* Das Circular mil ist als die Fläche eines Kreises vom Durchmesser 0,001 Inch definiert:
1 Circular mil = 10^{-6} Circular inch = $(\pi/4) \times 10^{-6}$ in².
** Symbole nur in den Vereinigten Staaten benutzt.
*** Auch Square perch oder Square pole genannt.
† In den Vereinigten Staaten: mi².

Literatur

1 International Union of Pure and Applied Physics, *Report of the 10th General Assembly*, Ottawa, 1960, S. 7 und 24; International Union of Pure and Applied Physics, *Symbols, Units and Nomenclature in Physics*, Document U. I. P. 11 (S. U. N. 65-3), 1965, S. 25; deutsche Ausgabe: *Symbole, Einheiten und Nomenklatur in der Physik*, Vieweg, Braunschweig, 1966, S. 41.

Volumen (*V*)

Dimension = L³

Kohärente Einheiten

Internationales Einheitensystem: Kubikmeter (m³)
CGS-System: Kubikzentimeter (cm³)
ft-lb-s-System: Cubic foot (ft³)

Über die den Volumeneinheiten zugrunde liegenden Längeneinheiten vergleiche den Abschnitt «Länge», S. 200.

Umrechnung metrischer Volumeneinheiten

		1 Einheit **A** = *b* Einheiten **B** (*b* in der Tafel)					
A		**B**					
Name	Symbol	nm³	µm³	mm³	cm³	dm³	m³
Kubiknanometer	nm³	1	10^{-9}	10^{-18}	10^{-21}	10^{-24}	10^{-27}
Kubikmikrometer	µm³	10^{9}	1	10^{-9}	10^{-12}	10^{-15}	10^{-18}
Kubikmillimeter	mm³	10^{18}	10^{9}	1	10^{-3}	10^{-6}	10^{-9}
Kubikzentimeter	cm³	10^{21}	10^{12}	10^{3}	1	10^{-3}	10^{-6}
Kubikdezimeter	dm³	10^{24}	10^{15}	10^{6}	10^{3}	1	10^{-3}
Kubikmeter (Ster)	m³ (st)	10^{27}	10^{18}	10^{9}	10^{6}	10^{3}	1
Kubikkilometer	km³	10^{36}	10^{27}	10^{18}	10^{15}	10^{12}	10^{9}

Nichtkohärente Einheit

Das Liter (l) war vor 1964 definiert als das Volumen, das von reinem, luftfreiem Wasser der Masse 1 kg bei seiner größten Dichte (≈ 3,98 °C) unter normalem atmosphärischem Druck (1 atm = 76**0** Torr) eingenommen wird[1]. 1950 gab das Internationale Komitee für Maß und Gewicht[2] als beste Umrechnungsbeziehung zwischen dem Liter dieser Definition und dem Kubikdezimeter 1 Liter = 1,000 028 Kubikdezimeter bekannt (relative Unsicherheit ≈ $\pm 3 \times 10^{-6}$).

1964 hob die 12. Generalkonferenz für Maß und Gewicht[3] die alte Literdefinition der 3. Generalkonferenz vom Jahre 1901 auf und ließ den Namen «Liter» als Synonym für Kubikdezimeter mit der ausdrücklichen Empfehlung zu, Ergebnisse von Volumenbestimmungen hoher Präzision nicht in Liter, sondern in der SI-Einheit Kubikmeter oder deren dezimalen Vielfachen oder Teilen anzugeben: 1 l = 1 dm³.

Umrechnung von dezimalen Teilen und Vielfachen des Liter

		1 Einheit **A** = *b* Einheiten **B** (*b* in der Tafel)			
A		**B**			
Name	Symbol	µl	ml	l	m³
Mikroliter (= 1 mm³)	µl	1	10^{-3}	10^{-6}	10^{-9}
Milliliter (= 1 cm³)	ml	10^{3}	1	10^{-3}	10^{-6}
Deziliter (= 0,1 dm³)	dl	10^{5}	10^{2}	10^{-1}	10^{-4}
Liter (= 1 dm³)	l	10^{6}	10^{3}	1	10^{-3}
Hektoliter (= 0,1 m³)	hl	10^{8}	10^{5}	10^{2}	10^{-1}

Angelsächsische Volumeneinheiten[4]

Im Vereinigten Königreich sind das Gallon (gal) und die vom Gallon abgeleiteten Einheiten die Volumeneinheiten im *Handel*, und zwar sowohl für Flüssigkeiten als auch für Trockensubstanzen. Das Gallon ist als das Volumen einer Wassermenge, deren Masse indirekt durch Wägevorschriften festgelegt wird, definiert[5]; aus dieser Definition folgen die Umrechnungsbeziehungen

$$1 \text{ gal(UK)} = 277{,}42 \text{ in}^3 = 4{,}546\,09 \text{ dm}^3$$

In den Vereinigten Staaten gelten das Gallon (gal) und die vom Gallon abgeleiteten Volumeneinheiten nur für Flüssigkeiten. Das Gallon ist dort definiert[6,7] als

$$1 \text{ gal(US)} = 23\mathbf{1} \text{ in}^3 = 3{,}785\,411\,78\mathbf{4} \text{ dm}^3$$

Daraus ergeben sich die Umrechnungsbeziehungen

1 gal(US) = 0,832674 gal(UK)
1 gal(UK) = 1,200950 gal(US)

Für Trockensubstanzen werden in den Vereinigten Staaten das Bushel und die vom Bushel abgeleiteten Volumeneinheiten benutzt.

Umrechnung angelsächsischer Volumeneinheiten

		1 Einheit **A** = *b* Einheiten **B** (*b* in der Tafel)		
A		**B**		
Name	Symbol	yd^3	ft^3	m^3
Cubic inch	in^3	1/46 656	1/1728	1,638 706 **4** × 10^{-5}
Board foot (timber)	fbm	1/324	1/12	2,359 74 × 10^{-3}
Cubic foot	ft^3	1/27	1	2,831 68 × 10^{-2}
Cubic yard	yd^3	1	27	7,645 55 × 10^{-1}
Cord (timber).....	cd	128/27	128	3,624 56

Umrechnung von Volumeneinheiten des Vereinigten Königreiches (UK-Einheiten)

		1 Einheit **A** = *b* Einheiten **B** (*b* in der Tafel)		
A		**B**		
Name	Symbol	gal	in^3	l = dm^3
Minim......	min	1/76 800	3,612 23 × 10^{-3}	5,919 39 × 10^{-5}
Fluid drachm (= 60 min)	fl dr	1/1280	2,167 34 × 10^{-1}	3,551 63 × 10^{-3}
Fluid ounce . (= 480 min)	fl oz	1/160	1,733 87	2,841 31 × 10^{-2}
Gill........	–	1/32	8,669 36	1,420 65 × 10^{-1}
Pint........	–	1/8	3,467 74 × 10	5,682 61 × 10^{-1}
Quart	–	1/4	6,935 49 × 10	1,136 52
Gallon	gal	1	2,774 20 × 10^2	4,546 09
Peck	–	2	5,548 39 × 10^2	9,092 18
Bushel......	–	8	2,219 35 × 10^3	3,636 87 × 10
Quarter..... (volume)	–	64	1,775 49 × 10^4	2,909 50 × 10^2
Chaldron ...	–	288	7,989 68 × 10^4	1,309 27 × 10^3

Umrechnung von Volumeneinheiten der Vereinigten Staaten (US-Einheiten)

Für Flüssigkeiten

		1 Einheit **A** = *b* Einheiten **B** (*b* in der Tafel)		
A		**B**		
Name	Symbol	gal	in^3	l = dm^3
Minim......	min	1/61 440	3,759 77 × 10^{-3}	6,161 15 × 10^{-5}
Fluid dram ..	fl dr	1/1024	2,255 86 × 10^{-1}	3,696 69 × 10^{-3}
Fluid ounce .	fl oz	1/128	1,804 69	2,957 35 × 10^{-2}
Gill	gi	1/32	7,218 **75**	1,182 94 × 10^{-1}
Liquid pint..	liq pt	1/8	2,887 **5** × 10	4,731 76 × 10^{-1}
Liquid quart	liq qt	1/4	5,77**5** × 10	9,463 53 × 10^{-1}
Gallon	gal	1	2,3**1** × 10^2	3,785 41
Barrel for petroleum[7, 8]		42	9,70**2** × 10^3	1,589 87 × 10^2

Für Trockensubstanzen

		1 Einheit **A** = *b* Einheiten **B** (*b* in der Tafel)		
A		**B**		
Name	Symbol	bu	in^3	l = dm^3
Dry pint	dry pt	1/64	3,360 03 × 10	5,506 10 × 10^{-1}
Dry quart ...	dry qt	1/32	6,720 06 × 10	1,101 22
Peck	pk	1/4	5,376 0**5** × 10^2	8,809 77
Bushel*.....	bu	1	2,150 **42** × 10^3	3,523 91 × 10
Barrel**	bbl	105/32†	7,05**6** × 10^3	1,156 27 × 10^2

* Sogenanntes Stricken oder Struck bushel. Daneben bestehen noch ein Heaped bushel von 2747,71**5** in^3 ≈ 45,027 l für Äpfel und ein Heaped bushel = 1¼ Stricken bushel ≈ 44,049 l[6, 7].
** Für Früchte und andere Artikel außer Preiselbeeren ist dieses Barrel auf 705**6** in^3 festgesetzt. Das Barrel for cranberries beträgt 582**6** in^3 ≈ 95,471 l[6, 7].
† Dieser Bruch ist angenähert. Die exakte Umrechnung aufgrund der Cubic inch-Definitionen von Bushel und Barrel ergibt den Umrechnungsfaktor 1 bbl = (705**6**/2150,**42**) bu.

Das Bushel (bu) ist definiert [6, 7] als

1 bu(US) = 2150,**42** in^3
= 35,239 070 166 8**8** dm^3

Gegenüber dem im Vereinigten Königreich verwendeten Bushel, definiert als 1 Bushel (UK) = 8 gal(UK), bestehen die Umrechnungsbeziehungen

1 bu(US) = 0,968939 Bushel(UK)
1 Bushel(UK) = 1,032057 bu(US)

Literatur

1 Conférence Générale des Poids et Mesures, *Comptes rendus des séances de la 3e Conférence générale des Poids et Mesures*, Paris 1901, Gauthier-Villars, Paris, 1901, S. 37.
2 Comité International des Poids et Mesures, *Proc.-Verb. Com. int. Poids Mes.*, **22**, 77 und 94 (1950).
3 Conférence Générale des Poids et Mesures, *Comptes rendus des séances de la 12e Conférence générale des Poids et Mesures*, Paris 1964, Gauthier-Villars, Paris, 1964, S. 93.
4 Stille, U., *Messen und Rechnen in der Physik*, 2. Aufl., Vieweg, Braunschweig, 1961.
5 Great Britain, *Weights and Measures Act, 1963:* 11 Eliz. 2, Ch. 31, H.M.S.O., London, 1963; *Weights and Measures Act, 1878:* 41 & 42 Vict., Ch. 49, H.M.S.O., London; National Physical Laboratory, *Units and Standards of Measurement employed at the National Physical Laboratory*, Part I: Length, Mass, Time etc., 1. Aufl., H.M.S.O., London, 1951, S. 4, und 3. Aufl., H.M.S.O., London, 1962, S. 3; British Standards Institution, *Conversion Factors and Tables*, B.S. 350: Part 1: 1959, S. 14.
6 United States of America, *U.S. Code of Federal Regulations*, 1946, Title 15, Ch. 6: Metric System, Sec. 204 – Metric System authorized (1866), Sec. 205 – Authorized Tables (1866), Revised Statutes, Sec. 3570; U.S. Coast and Geodetic Survey, Treasury Department, Bulletin No. 26: *Fundamental Standards of Length and Mass*, approved for publication April 5, 1893 (Mendenhall Order); U.S. Coast and Geodetic Survey, Treasury Department, *Report for 1893*, Appendix No. 6 (1894); Judson, L. V., *Weights and Measures Standards of the United States, A brief History*, National Bureau of Standards, Miscellaneous Publication 247, U.S. Government Printing Office, Washington, 1963.
7 Judson, L. V., *Units of Weight and Measure (United States Customary and Metric), Definitions and Tables of Equivalents*, National Bureau of Standards, Miscellaneous Publication 233, U.S. Government Printing Office, Washington, 1960.
8 International Organization for Standardization, *Basic Quantities and Units of the SI*, ISO Recommendation R 31, Part I, 2. Aufl., Dezember 1965.

Masse (*m*)

Dimension = M

Kohärente Einheiten

Internationales Einheitensystem: Kilogramm (kg)
CGS-System: Gramm (g)
ft-lb-s-System: Pound (lb)

Internationales Einheitensystem

Die Basiseinheit der Masse ist das *Kilogramm* (kg) [1]. Es wird durch das internationale Kilogrammprototyp verkörpert, einen Platin-Iridium-Zylinder, der im Internationalen Bureau für Maß und Gewicht in Sèvres (Frankreich) aufbewahrt wird.

Umrechnung metrischer Masseneinheiten

		1 Einheit **A** = *b* Einheiten **B** (*b* in der Tafel)						
A		**B**						
Name	Symbol	fg	pg	ng	μg	mg	g	kg
Femtogramm .	fg	1	10^{-3}	10^{-6}	10^{-9}	10^{-12}	10^{-15}	10^{-18}
Pikogramm ..	pg	10^3	1	10^{-3}	10^{-6}	10^{-9}	10^{-12}	10^{-15}
Nanogramm ..	ng	10^6	10^3	1	10^{-3}	10^{-6}	10^{-9}	10^{-12}
Mikrogramm*	μg	10^9	10^6	10^3	1	10^{-3}	10^{-6}	10^{-9}
Milligramm ..	mg	10^{12}	10^9	10^6	10^3	1	10^{-3}	10^{-6}
Gramm......	g	10^{15}	10^{12}	10^9	10^6	10^3	1	10^{-3}
Kilogramm ..	kg	10^{18}	10^{15}	10^{12}	10^9	10^6	10^3	1
Tonne.......	t	10^{21}	10^{18}	10^{15}	10^{12}	10^9	10^6	10^3

* Früher auch Gamma (γ) genannt, das nicht mehr verwendet werden soll.

Technische Masseneinheit

Im sogenannten «technischen Maßsystem», das heißt in dem heute in der Technik noch viel verwendeten Meter-Kilopond-Sekunde-System (m-kp-s-System; Kilopond siehe im Abschnitt

«Kraft», S. 211), ist die kohärent abgeleitete Einheit der Masse, die sogenannte «technische Masseneinheit», $1\,\mathrm{m}^{-1}\,\mathrm{kp}\,\mathrm{s}^2 = 9{,}806\,6\mathbf{5}\,\mathrm{kg}$. Sie wird mit der rasch fortschreitenden Verbreitung des SI jegliche Bedeutung verlieren, da sie schon bisher selten benutzt wurde. Man ersetzt in der Technik in der Regel die Größe Masse (m) durch den Quotienten Gewichtskraft/Fallbeschleunigung (G/g) (siehe Abschnitt «Kraft», S. 212) mit der Einheit «$1\,\mathrm{kp}/9{,}806\,6\mathbf{5}\,\mathrm{m\,s}^{-2}$», die gleich dem Kilogramm des MKS-Systems ist.

Internationale Einheit des Edelsteinhandels

1 metrisches Karat = 0,0002 kg = 0,2 g = 200 mg[2]

Angelsächsische Masseneinheiten

In den angelsächsischen Ländern bestehen drei Gruppen von Masseneinheiten nebeneinander: die *Avoirdupois*-Einheiten für Handel und Industrie, die *Troy*-Einheiten für den Edelmetall- und Edelsteinhandel sowie für die staatliche Münze und die *Apothecaries'*-Einheiten. Allen drei Gruppen gemeinsam ist das Grain (gr), das seinerseits als der 7000. Teil des Avoirdupois pound (lb avdp oder lb av) definiert ist.

Das Avoirdupois pound ist als heutiges Pound (lb) seit einigen Jahren über einen exakt festgelegten Zahlenfaktor zum Kilogramm definiert[3] durch die Gleichung

$$1\ \text{Pound (lb)} = 0{,}453\,592\,2\mathbf{37}\ \mathrm{kg}$$

Das neudefinierte «vereinheitlichte» Pound * ist durch 7 teilbar und etwas größer als das frühere Imperial pound des Vereinigten Königreichs[4], jedoch etwas kleiner als das frühere Pound avoirdupois der Vereinigten Staaten[5]:

$$1\ \text{Imperial pound} = 0{,}453\,592\,338\ \mathrm{kg} < 1\ \text{vereinheitlichtes Pound} < 1\ \text{U.S. pound avoirdupois} = 0{,}453\,592\,427\,\mathbf{7}\ \mathrm{kg}$$

Im Vereinigten Königreich ist das Troy pound (lb t) nicht mehr legal; eine Reihe darauf bezogener Untereinheiten ist aber noch im Edelmetall- und Edelsteinhandel zugelassen. In den Vereinigten Staaten hingegen ist das Troy pound (lb t) gesetzliche Einheit für Münzen:

$$1\ \text{U.S. pound troy [lb t(US)]} = 576\mathbf{0}/700\mathbf{0}\ \text{U.S. pound avoirdupois [lb avdp(US)]}$$

* Im englischen Sprachraum auch International pound genannt.

Umrechnung angelsächsischer Masseneinheiten

Avoirdupois-Einheiten

		1 Einheit **A** = *b* Einheiten **B** (*b* in der Tafel)		
A		**B**		
Name	Symbol	gr	lb	kg
Grain (UK, US)	gr	1	1/7000	$6{,}479\,89\mathbf{1} \times 10^{-5}$
Dram (UK, US)	dr	875/32	1/256	$1{,}771\,85 \times 10^{-3}$
Ounce (UK, US)	oz	875/2	1/16	$2{,}834\,95 \times 10^{-2}$
Pound (UK, US)	lb	7×10^3	1	$4{,}535\,923\,\mathbf{7} \times 10^{-1}$
Stone (UK)	–	$9{,}\mathbf{8} \times 10^4$	14	6,350 29
Quarter (mass; UK)	qr	$1{,}9\mathbf{6} \times 10^5$	28	$1{,}270\,06 \times 10$
Cental (UK) / Short hundredweight (US)	– / sh cwt	7×10^5	100	$4{,}535\,92 \times 10$
Hundredweight (UK) / Long hundredweight (US)	cwt / –	$7{,}8\mathbf{4} \times 10^5$	112	$5{,}080\,23 \times 10$
(Short) ton (US)	sh tn	$1{,}\mathbf{4} \times 10^7$	2000	$9{,}071\,85 \times 10^2$
Ton (UK) / Long ton (US)	ton / –	$1{,}56\mathbf{8} \times 10^7$	2240	$1{,}016\,05 \times 10^3$

Troy-Einheiten

		1 Einheit **A** = *b* Einheiten **B** (*b* in der Tafel)		
A		**B**		
Name	Symbol	gr	lb	g
Pennyweight	dwt	24	3/875	1,555 17
Troy ounce	oz t*	480	12/175	$3{,}110\,35 \times 10$
Troy pound (US)	lb t	5760	144/175	$3{,}732\,42 \times 10^2$

* Im Vereinigten Königreich: oz tr.

Apothecaries'-Einheiten

		1 Einheit **A** = *b* Einheiten **B** (*b* in der Tafel)		
A		**B**		
Name	Symbol*	gr	lb	g
Scruple (UK) / Apothecaries' scruple (US)	s ap	20	1/350	1,295 98
Drachm (UK) / Apothecaries' dram (US)	dr ap	60	3/350	3,887 93
Apothecaries' ounce (UK, US)	oz ap	480	12/175	$3{,}110\,35 \times 10$
Apothecaries' pound (US)	lb ap	5760	144/175	$3{,}732\,42 \times 10^2$

* Im Vereinigten Königreich: apoth anstelle von ap.

Literatur

1 Conférence Générale des Poids et Mesures, *Comptes rendus des séances de la 3e Conférence générale des Poids et Mesures*, Paris 1901, Gauthier-Villars, Paris, 1901, S. 62 und 68.

2 Conférence Générale des Poids et Mesures, *Comptes rendus des séances de la 4e Conférence générale des Poids et Mesures*, Paris 1907, Gauthier-Villars, Paris, 1907, S. 89.

3 National Bureau of Standards, *Nat. Bur. Stand., Techn. News Bull.*, **43**, 1 (1959); National Physical Laboratory, *Nature*, **183**, 80 (1959); Howlett, L. E., für National Research Council, *Canad. J. Phys.*, **37**, 84 (1959); United States of America, *U.S. Federal Register*, Document 59-5442, filed June 30, 1959; Great Britain, *Weights and Measures Act, 1963:* 11 Eliz. 2, Ch. 31, H. M. S. O., London, 1963.

4 Great Britain, *Weights and Measures Act, 1878:* 41 & 42 Vict., Ch. 49, H.M. S.O., London; National Physical Laboratory, *Units and Standards of Measurement employed at the National Physical Laboratory*, Part I: Length, Mass, Time etc., 1. Aufl., H.M.S.O., London, 1951, S. 4, und 3. Aufl., H.M.S.O., London, 1962, S. 3; British Standards Institution, *Conversion Factors and Tables*, B.S. 350: Part 1: 1959, S. 9.

5 United States of America, *U.S. Code of Federal Regulations*, 1946, Title 15, Ch. 6: Metric System, Sec. 204 – Metric System authorized (1866), Sec. 205 – Authorized Tables (1866), Revised Statutes, Sec. 3570; U.S. Coast and Geodetic Survey, Treasury Department, Bulletin No. 26: *Fundamental Standards of Length and Mass*, approved for publication April 5, 1893 (Mendenhall Order); U.S. Coast and Geodetic Survey, Treasury Department, *Report for 1893*, Appendix No. 6 (1894); Judson, L. V., *Weights and Measures Standards of the United States, A brief History*, National Bureau of Standards, Miscellaneous Publication 247, U.S. Government Printing Office, Washington, 1963; Judson, L.V., *Units of Weight and Measure (United States Customary and Metric), Definitions and Tables of Equivalents*, National Bureau of Standards, Miscellaneous Publication 233, U.S. Government Printing Office, Washington, 1960; International Organization for Standardization, *Basic Quantities and Units of the SI*, ISO Recommendation R 31, Part I, 2. Aufl., Dezember 1965.

Zeit *(t)*

Dimension = T

Basiseinheit (des Zeitintervalls) in allen Maßsystemen: Sekunde (s)

Zeitskalen lassen sich aus allen periodischen Naturerscheinungen (Planeten- und Mondumläufe, Rotation der Erde um ihre Achse, Übergänge in Atomen und Molekülen) ableiten. Die Basiseinheit Sekunde des Internationalen Einheitensystems (SI; Système International d'Unités) war bis vor kurzem[7] die Ephemeridensekunde, die aus der Länge des tropischen Jahres zu einem bestimmten Zeitpunkt, also aus dem Umlauf der Erde um die Sonne, abgeleitet wird. Die Zeiteinteilung des täglichen Lebens richtet sich nach einer aus der Umdrehung der Erde um ihre Achse gewonnenen Zeitskala. Sehr genaue Zeit- und Frequenzmessungen sind mit einer aus einem atomaren Übergang gewonnenen *Atomsekunde* möglich (siehe S. 207). Näheres über die historische Entwicklung der Definition der Sekunde und über die Grundlagen von Atomuhren in der Literatur[1].

Aus der Erdrotation abgeleitete Zeiteinheiten · Weltzeit

Unter dem *wahren Sonnentag* versteht man die Zeitdauer zwischen zwei aufeinanderfolgenden Durchgängen der Sonne durch den Meridian des Beobachters. Wegen der Schiefe der Ekliptik und aufgrund des Umstandes, daß sich die Erde nicht auf einem Kreis, sondern auf einer Ellipsenbahn um die Sonne bewegt, weicht der wahre Sonnentag von dem *mittleren Sonnentag* d mehr oder weniger ab (bis zu etwa 30 Sekunden). Man denkt sich statt der wahren Sonne eine *«mittlere Sonne»*, die ihre scheinbare Bahn am Himmelsäquator mit gleichförmiger Geschwindigkeit durchläuft und deren

Position im Frühlingspunkt (Widderpunkt; das ist einer der Schnittpunkte von Himmelsäquator und Ekliptik) mit der der wahren Sonne übereinstimmt. Die Differenz zwischen wahrer und mittlerer Zeit, die Zeitgleichung genannt wird, schwankt im Laufe eines Jahres zwischen etwa + 15 und − 16 Minuten. Der mittlere Sonnentag ist die Zeitdauer zwischen zwei aufeinanderfolgenden Durchgängen der mittleren Sonne durch den Meridian des Beobachters. Diese Durchgänge definieren die Zeitpunkte 12 Uhr der mittleren Sonnenzeit (mittlere Ortszeit).

Man teilt den mittleren Sonnentag (d) ein in 24 Stunden (h) zu je 60 Minuten (min) und je 60 Sekunden (s). Diese Sekunde der mittleren Sonnenzeit ist zugleich die Zeiteinheit einer speziellen mittleren Sonnenzeit, der *Weltzeit.* Zur Unterscheidung von anderen Zeiteinheiten soll sie nachfolgend *Weltzeitsekunde* genannt werden.

In der Praxis wird die Länge des mittleren Sonnentages und damit die Länge der Weltzeitsekunde aus dem Sterntag d* erhalten, das ist das Zeitintervall zwischen zwei aufeinanderfolgenden Durchgängen des Frühlingspunktes durch den Meridian des Beobachters. Wegen der Eigenbewegung des Frühlingspunktes als Folge der *allgemeinen Präzession* der Erde ist der Sterntag etwa 9 ms kürzer als die Dauer einer vollständigen 360°-Drehung der Erde gegenüber dem Fixsternsystem. Es ist

$$d = d^* (1 + 1/n),$$

wobei *n* die Anzahl der mittleren Sonnentage im tropischen Jahr ist.

Der Sterntag (d*) wird in 24 Sternstunden (h*) zu je 60 Sternminuten (min*) und je 60 Sternsekunden (s*) eingeteilt.

In der Skala der *Weltzeit* (TU: temps universel; UT: universal time) definieren die Durchgänge der mittleren Sonne durch den Nullmeridian (Greenwich) die Zeitpunkte 12 Uhr Weltzeit. Die in einem Lande gesetzlich verwendete Zeitskala ist eine *Zonenzeit* (15° Längendifferenz $\triangleq$ 1 h), zum Beispiel Mitteleuropäische Zeit (MEZ) = Weltzeit + 1 h. Zu den Abweichungen zwischen den verschiedenen Ortszeiten siehe die vom Bureau des Longitudes herausgegebenen Jahrbücher[2].

Zeitpunkte in einer Zeitskala werden häufig durch hochgesetztes h, m (statt min) und s gekennzeichnet, zum Beispiel $2^h25^m3^s$ MEZ. Ein astronomischer Fachausdruck für Zeitpunkt ist «Epoche».

Als Folge der sogenannten Polhöhenschwankungen der Erde und der sich annähernd von Jahr zu Jahr wiederholenden jahreszeitlichen Rotationsschwankungen entstehen Schwankungen der Dauer des mittleren Sonnentages, die man näherungsweise erfassen und berücksichtigen kann, so daß man eine gleichmäßigere Weltzeitskala (TU2) erhält. Bis zum Jahre 1956 war die TU2-Sekunde das für genaue Zeitmessungen verwendete Zeitmaß. Durch die Abbremsung der Erde vergrößert sich die Dauer der Weltzeitsekunde um etwa 2×10^{-10} s/Jahr, und als Folge der unregelmäßigen Rotationsschwankungen können sich in verhältnismäßig kurzer Zeit Änderungen der Weltzeitsekunde von zum Beispiel 10^{-8} s innerhalb eines Jahres ergeben.

Über einen festgelegten Zahlenfaktor definierte Vielfache des mittleren Sonnentages und der Weltzeitsekunde:

Das Kalenderjahr, entweder ein Gemeinjahr oder ein Schaltjahr (mit dem 29. Februar als zusätzlichem Schalttag)

Das Gemeinjahr = 36**5** mittlere Sonnentage = 31 536 0**0**0 Weltzeitsekunden

Das Schaltjahr = 36**6** mittlere Sonnentage = 31 622 4**0**0 Weltzeitsekunden

Das mittlere Julianische Jahr (a_{jul}) = (3 Gemeinjahre + 1 Schaltjahr)/4 = 365,2**5** mittlere Sonnentage = 31 557 6**0**0 Weltzeitsekunden

Das mittlere Gregorianische Jahr (a_{greg}) = (400 a_{jul} − 3 d)/400 = 365,242**5** mittlere Sonnentage = 31 556 95**2** Weltzeitsekunden

Die Vielfachen für das mittlere Julianische Jahr und das mittlere Gregorianische Jahr sind so gewählt, daß mit ihnen das tropische Jahr angenähert wird, das ungefähr die Dauer von 365,242 2 mittleren Sonnentagen hat. Die Zahl der mittleren Sonnentage im tropischen Jahr ist keine Konstante, sondern ändert sich vor allem infolge der Rotationsänderungen der Erde, aber auch, weil sich die Dauer des tropischen Jahres selbst ändert.

Der Nullpunkt der Weltzeitskala ist der 1. Januar des Kalenderjahres 1 v. Chr. 0^h TU. Die Kalenderjahre werden fortlaufend gezählt. Die Jahreszahl gibt die Anzahl der seit dem Nullpunkt verflossenen ganzen Kalenderjahre an. Dabei ist zu berücksichtigen, daß zwischen dem Zeitpunkt 1 v. Chr. 0^h TU bis zum Zeitpunkt 1 n. Chr. 0^h TU nur 1 Kalenderjahr liegt.

Bis zum Jahre 1581 ist jedes Jahr mit einer durch 4 ohne Rest teilbaren Jahreszahl ein Schaltjahr, ebenso die Jahre 1, 5, 9, ... v. Chr. Diese Zeitrechnung entspricht der des Julianischen Kalenders, eingeführt von Julius Caesar 45 v. Chr. Das Jahr 1582 enthält nur 355 Kalendertage; die Tage vom 5. bis einschließlich 14. Oktober fehlen. Ab 1583 sind alle Jahre mit einer durch 4 ohne Rest teilbaren Jahreszahl Schaltjahre mit der Einschränkung, daß von den Kalenderjahren, deren Jahreszahl ganze Vielfache von 100 sind, nur jedes 4. ein Schaltjahr ist; das sind die Jahre 1600, 2000, 2400 usw. Die Zeitrechnung ab 1583 entspricht der des Gregorianischen Kalenders, der mit der Bulle vom 24. Februar 1582 von Papst Gregor XIII. eingeführt wurde.

Die Kalenderreform war notwendig geworden, weil die Differenz von etwa 11 Minuten zwischen dem mittleren Julianischen Jahr und dem für den Rhythmus der Jahreszeiten maßgebenden tropischen Jahr zu einer Verschiebung des Kalenderjahres gegenüber den Jahreszeiten geführt hatte. In Frankreich ließ man im Jahre 1582 die Tage vom 10. bis einschließlich 19. Dezember ausfallen. Erst 1752 erfolgte die Kalenderreform in England; man ließ die Tage vom 3. bis einschließlich 13. September 1752 ausfallen.

Das mittlere Gregorianische Jahr ist 0,4 min länger als das tropische Jahr.

Aus der Erdrevolution abgeleitete Zeiteinheiten · Ephemeridenzeit

Aus dem Umlauf der Erde um die Sonne (Erdrevolution) werden folgende Zeitintervalle abgeleitet:

Das *siderische Jahr* (a_{sid}) ist die Zeit für einen vollständigen 360°-Umlauf der Erde um die Sonne, bezogen auf das Fixsternsystem. Da das siderische Jahr nicht unmittelbar gemessen werden kann, wird es für die Zeitrechnung nicht benutzt.

Das *anomalistische Jahr* (a_{anom}) ist die Zeitdauer zwischen zwei aufeinanderfolgenden Durchgängen der Erde durch das Perihel.

Das *astronomische Jahr* (a_{astr}), auch annus fictus oder Besselsches Jahr genannt, in dem die Rektaszension der fiktiven mittleren Sonne um 360° zunimmt, unterscheidet sich nur sehr wenig vom tropischen Jahr.

Das für die Zeitrechnung sehr wichtige ***tropische Jahr*** (a_{trop}) ist das Intervall zwischen zwei aufeinanderfolgenden Durchgängen der wahren Sonne durch den mittleren Frühlingspunkt. Infolge der allgemeinen Präzession der Erde wandert der Frühlingspunkt in etwa 26 000 Jahren einmal um die Ekliptik. Der Wanderung des Frühlingspunktes als Folge der Präzession sind noch eine geringe «säkulare» Beschleunigung sowie periodische Schwankungen überlagert. Der fiktive *mittlere* Frühlingspunkt ist von den periodischen Schwankungen des wahren Frühlingspunktes befreit. Wegen der allgemeinen Präzession der Erde ist das tropische Jahr 20,4 min kürzer als das siderische Jahr, und infolge der säkularen Beschleunigung des Frühlingspunktes ist jedes tropische Jahr um etwa 5,3 ms kürzer als das vorhergehende. Das tropische Jahr ist in Phase mit den Jahreszeiten auf der Erde.

Um Kalender aufstellen zu können, wurde das tropische Jahr bis 1581 durch das aus dem mittleren Sonnentag gewonnene mittlere Julianische Jahr angenähert (a_{trop} ist 11,2 min kürzer) und seit 1583 durch das ebenfalls aus dem mittleren Sonnentag gewonnene mittlere Gregorianische Jahr (a_{trop} ist 0,4 min kürzer). Das tropische Jahr ist ferner 20,4 min kürzer als das siderische Jahr und 25,1 min kürzer als das anomalistische Jahr.

Das *momentane* tropische Jahr ist gleich $360°/(dL/dt)$, wobei L die mittlere Länge der Sonne, das heißt der Winkel ist, unter dem von der Erde aus der Ort der mittleren Sonne und der momentane mittlere Frühlingspunkt erscheinen. Die momentane Winkelgeschwindigkeit dL/dt ist wegen der säkularen Beschleunigung des Frühlingspunktes eine Funktion der Zeit. Besonders wichtig ist die Länge des momentanen tropischen Jahres zum Zeitpunkt 1900, Januar 0, 12 Uhr Ephemeridenzeit, das ist der 31. Dezember 1899, 12 Uhr und etwa $4{,}5^s$ Weltzeit. Die mittlere Länge L der Sonne betrug zu diesem Zeitpunkt 279°41′48,04″. Aus der Dauer des momentanen tropischen Jahres zu diesem speziellen Zeitpunkt wird die Ephemeridensekunde hergeleitet.

Wegen der Schwankungen der Länge der Weltzeitsekunde als Folge der Rotationsschwankungen der Erde hatte das Internationale Komitee für Maß und Gewicht[3] 1956 (ratifiziert 1960 von der 11. Generalkonferenz für Maß und Gewicht[4]) die Sekunde als Basiseinheit des Internationalen Einheitensystems (SI) für die Verwendung bei Zeit- und Frequenzmessungen in Wissenschaft und Technik wie folgt definiert: «Die Sekunde ist der 31 556 925,974**7**te Teil des tropischen Jahres für 1900, Januar 0, 12 Uhr Ephemeridenzeit.» Gemeint ist das momentane tropische Jahr zu dem schon näher erläuterten Zeitpunkt. Der genannte Bruchteil war so gewählt worden, daß die Länge der auf diese Weise definierten Sekunde (*Ephemeridensekunde*) mit der mittleren Weltzeitsekunde zwischen 1680 und 1895 übereinstimmt. In dieser Zeit ausgeführte Messungen der mittleren Länge L der Sonne, bezogen auf die Welt-

Umrechnung von Zeiteinheiten

	A (Weltzeit)		1 Einheit **A** = *b* Einheiten **B** (*b* in der Tafel) — **B** (Weltzeit)				
	Name	Symbol	s	min	h	d	Symbol
	Sekunde	s	1	$1{,}\dot{6} \times 10^{-2}$	$2{,}\dot{7} \times 10^{-4}$	$1{,}15\dot{7}\,4\dot{0} \times 10^{-5}$	s
Mittlere Sonnenzeit	Minute	min	**6** × 10	1	$1{,}\dot{6} \times 10^{-2}$	$6{,}9\dot{4} \times 10^{-4}$	min
	Stunde	h	3,**6** × 10^{3}	**6** × 10	1	$4{,}1\dot{6} \times 10^{-2}$	h
	Tag	d	8,6**4** × 10^{4}	1,4**4** × 10^{3}	2,**4** × 10	1	d
	Monat 28 Tage		2,419 **2** × 10^{6}	4,03**2** × 10^{4}	6,7**2** × 10^{2}	2,**8** × 10	Monat 28 d
	Monat 29 Tage		2,505 **6** × 10^{6}	4,17**6** × 10^{4}	6,9**6** × 10^{2}	2,**9** × 10	Monat 29 d
	Monat 30 Tage		2,59**2** × 10^{6}	4,3**2** × 10^{4}	7,**2** × 10^{2}	**3** × 10	Monat 30 d
	Monat 31 Tage		2,678 **4** × 10^{6}	4,46**4** × 10^{4}	7,4**4** × 10^{2}	3,**1** × 10	Monat 31 d
	Jahr 365 Tage	a_{365}	3,153 **6** × 10^{7}	5,25**6** × 10^{5}	8,7**6** × 10^{3}	3,6**5** × 10^{2}	a_{365}
	Jahr 366 Tage	a_{366}	3,162 2**4** × 10^{7}	5,270 **4** × 10^{5}	8,78**4** × 10^{3}	3,6**6** × 10^{2}	a_{366}
Sternzeit	Sternsekunde[8]	s*	9,972 696 × 10^{-1}	1,662 116 × 10^{-2}	2,770 193 × 10^{-4}	1,154 247 × 10^{-5}	s*
	Sternminute[8]	min*	5,983 617 × 10	9,972 696 × 10^{-1}	1,662 116 × 10^{-2}	6,925 483 × 10^{-4}	min*
	Sternstunde[8]	h*	3,590 170 × 10^{3}	5,983 617 × 10	9,972 696 × 10^{-1}	4,155 290 × 10^{-2}	h*
	Sterntag[8]	d*	8,616 409 × 10^{4}	1,436 068 × 10^{3}	2,393 447 × 10	9,972 696 × 10^{-1}	d*
Kalenderjahre	Julianisches Jahr	a_{jul}	3,155 7**6** × 10^{7}	5,259 **6** × 10^{5}	8,76**6** × 10^{3}	3,652 **5** × 10^{2}	a_{jul}
	Gregorianisches Jahr	a_{greg}	3,155 695 **2** × 10^{7}	5,259 49**2** × 10^{5}	8,765 8**2** × 10^{3}	3,652 42**5** × 10^{2}	a_{greg}
	A (Ephemeridenzeit)		**B** (Ephemeridenzeit)				
Zur Zeit 1900,**0**	Siderisches Jahr[8]	a_{sid}	3,155 814 97 × 10^{7}	5,259 691 62 × 10^{5}	8,766 152 71 × 10^{3}	3,652 563 63 × 10^{2}	a_{sid}
	Tropisches Jahr[8]	a_{trop}	3,155 692 60 × 10^{7}	5,259 487 66 × 10^{5}	8,765 812 77 × 10^{3}	3,652 421 99 × 10^{2}	a_{trop}
	Anomalistisches Jahr[8]	a_{anom}	3,155 843 30 × 10^{7}	5,259 738 83 × 10^{5}	8,766 231 38 × 10^{3}	3,652 596 41 × 10^{2}	a_{anom}

zeit (Vergleich von Erdrevolution mit Erdrotation), hat Newcomb ausgewertet. Astronomischerseits wird unter Verwendung des Zeitmaßes Ephemeridensekunde eine als sehr gleichmäßig anzusehende *Ephemeridenzeitskala* aufgestellt. Während zu Beginn des Jahrhunderts Zeitpunkte der Ephemeridenzeitskala und der Weltzeitskala noch nahe übereinstimmten, besteht gegenwärtig (1967) ein Unterschied von etwa 37 s, weil die Erdrotation sich gegenüber der der Ephemeridensekunde zugrunde liegenden Zeit vor rund 200 Jahren verlangsamt hat. Zur Zeit ist die Weltzeitsekunde rund 3×10^{-8} s länger als die Ephemeridensekunde.

Da die mittlere Länge L der Sonne nicht genügend genau gemessen werden kann, bestimmt man die Ephemeridenzeit tatsächlich aus der Mondbahn. Dies ist möglich, weil das (sich ändernde) Verhältnis zwischen der Mondumlauffrequenz und der Erdrotationsfrequenz aufgrund einer umfangreichen und sehr ausgebauten Mondtheorie gut bekannt ist. Seit 1955 wird Ephemeridenzeit mit Atomzeit verglichen.

Nach heutiger Auffassung haben 9192631750 bis 9192631775 Perioden der Hyperfeinstrukturübergangsfrequenz eines Atoms des Caesiumnuklids ^{133}Cs die Dauer einer Ephemeridensekunde[5].

Vielfache der Ephemeridensekunde werden entsprechend den Vielfachen der Weltzeitsekunde bezeichnet, zum Beispiel: Ephemeridentag = 8640**0** Ephemeridensekunden. Gelegentlich findet man anstelle des Ausdrucks Ephemeridentag auch die ältere Bezeichnung *mittlerer Tag* (nicht zu verwechseln mit dem mittleren Sonnentag). Es wird auch behauptet, der mittlere Tag habe die Dauer von 8640**0** Sekunden des mittleren Sonnentages (das heißt Weltzeitsekunden) zum Zeitpunkt 1900,0. Dies ist jedoch unzutreffend. Der mittlere Tag ist der von Newcomb berechnete Mittelwert der mittleren Sonnentage in der Zeit von 1680 bis 1895.

Aus atomaren Übergängen abgeleitete Zeiteinheiten · Atomzeit

Besondere Bedeutung haben die Hyperfeinstrukturübergangsfrequenzen der Atome der Caesium-, Wasserstoff- und Thalliumnuklide ^{133}Cs, ^{1}H und ^{205}Tl erlangt. In klassischer Interpretation handelt es sich um die Präzession des Elektrons der äußeren Hülle (Leuchtelektron) im Magnetfeld des Atomkerns. Die Wasserstofffrequenz wird im *Wasserstoffmaser* und die Caesium- und Thalliumfrequenz in *Atomstrahlresonanzapparaturen* erhalten. Zur Gewinnung von Zeitintervallen und Zeitskalen müssen die Perioden der atomaren Frequenzen laufend gezählt werden. Die Bezeichnungen für derartige Geräte lauten zum Beispiel: Caesiumstrahlapparatur, Caesiumatomuhr, Caesiumstrahl-Zeit- und -Frequenzetalon.

In den derzeit besten Apparaturen weicht die erzeugte Frequenz – nach Korrektur hinsichtlich aller bekannten störenden Einflüsse – von der Frequenz des ungestörten atomaren Übergangs relativ nur um größenordnungsmäßig 10^{-12} ab. Dem entspricht ein Zeitunterschied zwischen zwei Atomuhren von 1 s nach 30000 Jahren.

Da die Ephemeridensekunde mit einer Unsicherheit von größenordnungsmäßig 10^{-9} s behaftet ist, was für genaue Zeit- und Frequenzmessungen nicht genügt, hat das Internationale Komitee für Maß und Gewicht[6], ermächtigt durch die 12. Generalkonferenz für Maß und Gewicht[6], 1964 erklärt, daß genaue Zeit- und Frequenzmessungen vorläufig unter Zugrundelegung eines Frequenzwertes von 9192631770 Hz für den Hyperfeinstrukturübergang des Atoms ^{133}Cs ausgeführt werden können. Die Ephemeridensekunde blieb jedoch die Basiseinheit des Internationalen Einheitensystems. Erst die 13. Generalkonferenz für Maß und Gewicht[7] hat im Oktober 1967 die *Neudefinition* der SI-Basiseinheit Sekunde auf atomarer Grundlage (*Atomsekunde*) angenommen: *Die Sekunde ist das 9192631770fache der Periodendauer der dem Übergang zwischen den beiden Hyperfeinstrukturniveaus des Grundzustandes von Atomen des Nuklids* ^{133}Cs *entsprechenden Strahlung.* Die Ephemeridensekunde dient nur noch internem astronomischem Gebrauch – beispielsweise ist das Ephemeridenjahr = 31556925,9747 Ephemeridensekunden eine der definierenden Konstanten des Systems der Fundamentalkonstanten der IAU (siehe «Astronomische Längenmaße», S. 200).

Normalfrequenz- und Zeitmarkensender verbreiten Zeitmarken nach verschiedenen Systemen. Zum Teil werden TUC-Zeitmarken (temps universel coordonné) einer mit Hilfe von Atomuhren hergestellten Zeitskala ausgesandt, deren Zeitmaß näherungsweise mit dem der Weltzeit TU2 übereinstimmt und für jeweils ein Kalenderjahr ungeändert bleibt. Bei Abweichungen gegenüber der Weltzeit von mehr als 0,1 s wird der Stand der TUC-Zeitmarken verschoben. Andere Sender emittieren TAS-Zeitmarken (temps atomique à sauts), deren Zeitmaß die Atomsekunde ist. Auch in diesem Fall wird der Stand der Zeitmarken sprungweise geändert, wenn der Unterschied zur Weltzeit 0,1 s übersteigt.

Literatur

1 Stille, U., *Messen und Rechnen in der Physik*, 2. Aufl., Vieweg, Braunschweig, 1961; Becker, G., *Physikalisch-Technische Bundesanstalt Braunschweig, Mitteilungen*, **76**, 315 und 415 (1966); Becker, G., *Naturwiss.*, **54**, 330 (1967).

2 Bureau des Longitudes, *Annuaire pour l'an 1967*, Gauthier-Villars, Paris, 1967, S. 270.

3 Comité International des Poids et Mesures, *Proc.-Verb. Com. int. Poids Mes.*, **25**, 77 (1957).

4 Conférence Générale des Poids et Mesures, *Comptes rendus des séances de la 11e Conférence générale des Poids et Mesures*, Paris 1960, Gauthier-Villars, Paris, 1961, S. 86.

5 Nicholson und Sadler, *Nature*, **210**, 187 (1966).

6 Conférence Générale des Poids et Mesures, *Comptes rendus des séances de la 12e Conférence générale des Poids et Mesures*, Paris 1964, Gauthier-Villars, Paris, 1964, S. 93.

7 Conférence Générale des Poids et Mesures, *Comptes rendus des séances de la 13e Conférence générale des Poids et Mesures*, Paris 1967/1968, Gauthier-Villars, Paris, 1968.

8 Werte nach oder errechnet nach Werten aus: Bureau des Longitudes, *Annuaire pour l'an 1966*, Gauthier-Villars, Paris, 1965.

Winkel ($\alpha, \beta, \gamma, \vartheta, \varphi$)

Dimension = L°

Ebener Winkel

SI-Einheit: Radiant (rad) = 1 m/m

Der ebene Winkel φ zwischen den Halbgeraden *a* und *b* wird definiert als Quotient aus Kreisbogenlänge *s* und dem Radius *r* eines Kreises, dessen Zentrum im Schnittpunkt dieser Halbgeraden liegt.

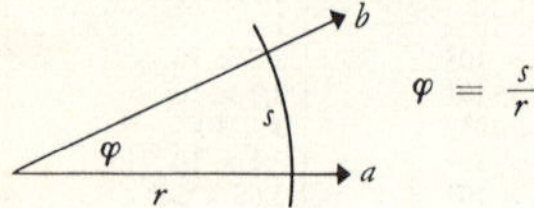

In dieser Definition ist der Winkel φ als Quotient zweier Längen dimensionslos.

Der Radiant (rad) ist definiert als der ebene Winkel, der als Zentriwinkel eines Kreises vom Radius $r = 1$ m aus dem Kreisumfang den Bogen $s = 1$ m ausschneidet. Der rechte Winkel, genannt Rechter, Symbol ∟, ist gleich ($\pi/2$) rad; der Altgrad, Symbol °, ist gleich ($\pi/180$) rad; der Neugrad, Symbol ᵍ, ist gleich ($\pi/200$) rad. Der Neugrad wird im deutschen Sprachgebiet auch als *Gon* bezeichnet, der englische Ausdruck ist *grade*. Für den ganzen Kreiswinkel 2π rad = 4∟ = 360° = 400ᵍ besteht keine offizielle Bezeichnung. Wir nennen ihn in der Umrechnungstabelle «Ganzer» mit dem Symbol 2π rad.

Die Unterteilung der Winkeleinheiten ist beim Altgrad sexagesimal:

1 Altgrad (°) = 60 Altminuten (′) = 60 × 60 Altsekunden (″)

Der Neugrad wird zentesimal unterteilt:

1 Neugrad (ᵍ) = 100 Neuminuten (ᶜ) = 100 × 100 Neusekunden (ᶜᶜ)

Der Radiant, der Rechte und der Ganze werden ohne weitere Benennung dezimal unterteilt.

Räumlicher Winkel (Ω)

SI-Einheit: Steradiant (sr) = 1 m²/m²

Der räumliche Winkel Ω ist definiert als Quotient F/r^2. F ist die Fläche, die der Grundkreis eines mit der Spitze im Zentrum der Kugel liegenden Kegels vom Öffnungswinkel 2φ aus der Kugelfläche ausschneidet; r ist der Radius der Kugel.

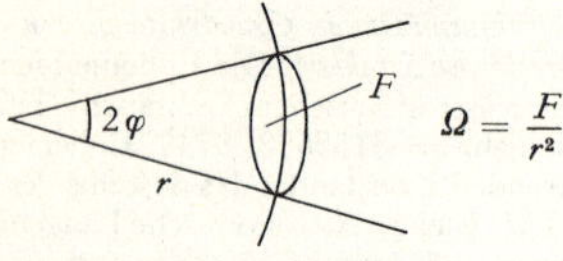

Der räumliche Winkel ist als Verhältnis zweier Flächen ebenfalls dimensionslos. Zum halben Öffnungswinkel φ besteht die Beziehung

$$\Omega = 2\pi\,(1 - \cos\varphi)$$

Der Steradiant (sr) ist definiert als der räumliche Winkel, der als gerader Kreiskegel mit der Spitze im Mittelpunkt einer Kugel vom Radius $r = 1$ m liegt und mit seinem Grundkreis aus der Kugeloberfläche die Fläche $F = 1$ m² ausschneidet. Der *Quadrataltgrad*, Symbol □° oder (°)², ist als der räumliche Winkel $(\pi/180)^2$ sr, der *Quadratneugrad*, Symbol (ᵍ)², als der räumliche Winkel $(\pi/200)^2$ sr definiert.

Umrechnung ebener Winkel

		1 Einheit **A** = *b* Einheiten **B** (*b* in der Tafel)		
A		**B**		
Name	Symbol	°	ᵍ	rad
Altgrad.....	°	1	$1{,}\dot{1}$	$1{,}745\,32\dot{8}\times10^{-2}$
Altminute...	′	$1{,}\dot{6}\times10^{-2}$	$1{,}85\dot{1}8\dot{5}\times10^{-2}$	$2{,}908\,882\times10^{-4}$
Altsekunde..	″	$2{,}\dot{7}\times10^{-4}$	$3{,}086\,420\times10^{-4}$	$4{,}848\,137\times10^{-6}$
Neugrad....	ᵍ	**9**$\times10^{-1}$	1	$1{,}570\,796\times10^{-2}$
Neuminute..	ᶜ	**9**$\times10^{-3}$	10^{-2}	$1{,}570\,796\times10^{-4}$
Neusekunde.	ᶜᶜ	**9**$\times10^{-5}$	10^{-4}	$1{,}570\,796\times10^{-6}$
Radiant.....	rad	$5{,}729\,579\times10$	$6{,}366\,198\times10$	1
Rechter.....	∟	**9**$\times10$	10^2	1,570 796
Ganzer.....	2π rad	3,**6**$\times10^2$	**4**$\times10^2$	6,283 185

Umrechnung räumlicher Winkel

		1 Einheit **A** = *b* Einheiten **B** (*b* in der Tafel)		
A		**B**		
Name	Symbol	□°	(ᵍ)²	sr
Quadrataltgrad.	□° (°)²	1	1,234 568	$3{,}046\,174\times10^{-4}$
Quadratneugrad	(ᵍ)²	8,**1**$\times10^{-1}$	1	$2{,}467\,401\times10^{-4}$
Steradiant.....	sr	$3{,}282\,806\times10^{3}$	$4{,}052\,847\times10^{3}$	1

Frequenz (ν oder $f = 1/T$; T = Periodendauer)

Dimension = T⁻¹

SI-Einheit = Hertz (Hz) = 1 s⁻¹

In den angelsächsischen Ländern wird die reziproke Sekunde als Frequenzeinheit meist Cycle per second (c/s) genannt, das häufig unzulässigerweise in Cycle (c) gekürzt wird. 1 Kilohertz (kHz; Kilocycle per second, kc/s) = 1000 Hz.

Kreisfrequenzen $\omega = 2\pi f$ sollen nicht in Hertz (Hz), sondern in reziproken Sekunden (s⁻¹) angegeben werden. 1 reziproke Millisekunde (ms⁻¹) = 1000 s⁻¹.

Drehzahl (n)

Dimension = T⁻¹

SI-Einheit = reziproke Sekunde (s⁻¹)

Weitere Einheiten

Umdrehung/Sekunde (U s⁻¹) = 1 s⁻¹; Umdrehung/Minute (U min⁻¹) = $1{,}\dot{6}\times10^{-2}$ s⁻¹; Umdrehung/Stunde (U h⁻¹) = $2{,}\dot{7}\times10^{-4}$ s⁻¹; Umdrehung/Tag (U d⁻¹) = $1{,}5\dot{7}4\dot{0}\times10^{-5}$ s⁻¹

Temperatur

Dimension = Θ

Im physikalischen Sprachgebrauch ist der Begriff *Temperatur* streng vom Begriff *Wärme* (= Wärmemenge) zu unterscheiden. Die gleiche Wärmemenge kann sich auf eine größere oder kleinere Menge des gleichen Stoffes verteilen; dieser hat dann im ersteren Falle eine geringere Temperatur als im zweiten. In diesem Sinne spricht man auch davon, daß die Wärme selbst eine höhere oder tiefere Temperatur hat.

Die Wärme ist eine Energieform (siehe «Energie», S. 213), die Temperatur ein Maß für die durchschnittliche kinetische Energie je Freiheitsgrad der ungeordneten Molekularbewegung. Da sie sich auf das räumliche und zeitliche Mittel der letzteren bezieht, hat die Anwendung des Temperaturbegriffes nur einen Sinn bei Körpern, die aus einer großen Zahl von Molekülen bestehen. Bei hinreichend tiefen Temperaturen gilt dieser einfache Zusammenhang nicht mehr.

Thermodynamische Temperatur (T) und Temperaturskalen

Die einzige Temperaturgröße, mit der alle Zustände, Vorgänge und Gesetzmäßigkeiten der Thermodynamik einheitlich und eindeutig darzustellen sind, ist die thermodynamische Temperatur T, unabhängig davon, ob T über Zusammenhänge zwischen Größen der klassischen Thermodynamik (zum Beispiel Wärmemenge und Arbeit in einem Carnot-Kreisprozeß, Zustandsverhalten idealer Gase) eingeführt oder statistisch (kinetisch über die Energieverteilung von Molekülen eines Systems oder über den charakteristischen Parameter $\Theta = kT$ der Gibbsschen kanonischen Verteilung in der statistischen Mechanik) definiert wird[1]. Bei einem zwischen zwei Temperaturen T_1 und $T_2 < T_1$ verlaufenden Carnot-Prozeß verhalten sich die abgegebenen oder zugeführten Wärmemengen Q_1 und Q_2 wie die zugehörigen Temperaturen: $Q_1/Q_2 = T_1/T_2$. Nach dem zweiten Hauptsatz der Thermodynamik besitzt die thermodynamische Temperatur T einen kleinsten Wert, unter den sie nicht sinken und der gleich null gesetzt werden kann: «absoluter Nullpunkt der Thermodynamik» – bei einer CARNOT-Maschine, die zwischen einer endlichen Temperatur T_1 und dem absoluten Nullpunkt (einer physikalisch ausgezeichneten Situation) arbeitet, erreicht der Wirkungsgrad (η = geleistete Arbeit ΔA durch entzogene Wärmemenge ΔQ) den Wert 1.

Internationales Einheitensystem

Die Basiseinheit der thermodynamischen Temperatur ist der Grad Kelvin (°K), definiert[2] als der 273,16te Teil der thermodynamischen Temperatur T_{tr} des Wassertripelpunktes, das heißt des Gleichgewichtszustandes zwischen der festen, der flüssigen und der gasförmigen Phase reinen Wassers.

Mit dieser Definition ist gleichzeitig die auf Lord KELVIN (1848) zurückgehende, am absoluten Nullpunkt $T = 0$ °K beginnende thermodynamische Kelvin-Skala festgelegt, die als lineare Skala über jede linear mit der thermodynamischen Temperatur T veränderliche Größe zu realisieren ist. Als einfache lineare Gesetzmäßigkeit bietet sich die Temperaturabhängigkeit der Energie idealer Gase an, die durch die Zustandsgleichung $T = p V_{mo}/R$ (p = Gasdruck, V_{mo} = molares Volumen des idealen Gases, R = universelle molare Gaskonstante – siehe «Stoffmengenbezogene Größen», S. 224.5) beschrieben wird und experimentell mit einem Gasthermometer zu bestimmen ist.

Für die Angabe von Temperaturdifferenzen $\Delta T = T_1 - T_2$ wird der Grad Kelvin meist einfach als Grad (grd) bezeichnet.

Angelsächsische Einheit der thermodynamischen Temperatur

Diese ist der Degree Rankine (°R), definiert als 5/9 des Grad Kelvin[3]. Mit dieser Definition ist gleichzeitig die am absoluten Nullpunkt $T = 0$ °R beginnende thermodynamische Rankine-Skala festgelegt, die ebenfalls gasthermometrisch zu realisieren ist.

Bei der Angabe von Temperaturdifferenzen $\Delta T = T_1 - T_2$ wird der Degree Rankine meist mit dem Symbol degR bezeichnet.

Celsius-Temperatur (t) und -Temperaturskala

Die Celsius-Temperatur t ist eine thermodynamische Temperaturgröße, die die Differenz der thermodynamischen Temperatur T gegenüber einer willkürlich durch Konvention festgelegten, physikalisch nicht ausgezeichneten Temperatur $T_{0,\mathrm{C}}$ angibt[3,4]: $t = T - T_{0,\mathrm{C}}$. Als die Celsius-Temperatur definierender Nullpunkt ist die um 0,01 grd unter dem Wassertripelpunkt liegende Temperatur $T_{0,\mathrm{C}} = 273{,}15$ °K festgelegt.

Für die Angabe von Celsius-Temperaturen wird die SI-Basiseinheit Grad Kelvin als Grad Celsius (°C) bezeichnet. Die thermodynamische Celsius-Skala hat dasselbe Skalenmaß oder dieselbe Intervalleinheit wie die thermodynamische Kelvin-Skala, jedoch gegenüber dieser einen um 273,15 grd verschobenen Nullpunkt: Die Celsius-Temperatur $t_0 = 0$ °C beschreibt denselben Temperaturpunkt wie die thermodynamische Temperatur $T_{0,\mathrm{C}} = 273{,}15$ °K.

Für die Angabe von Celsius-Temperatur-Differenzen $\Delta t = t_1 - t_2$ wird auch der Grad Celsius meist einfach als Grad (grd) bezeichnet.

Die Einheit grd ist also gleich der Einheit °K und gleich der Einheit °C. Die 13. Generalkonferenz für Maß und Gewicht hat als gemeinsamen Namen für die SI-Basiseinheit der thermodynamischen Temperatur und des Temperaturintervalls «Kelvin» mit dem Symbol «K» angenommen[2]. In dieser Auflage werden jedoch die für eine Übergangszeit zugelassenen bisherigen Bezeichnungen °K für T und grd für $\Delta T = \Delta t$ weiter benutzt.

Fahrenheit-Temperatur (ϑ) und -Temperaturskala

Auch die Fahrenheit-Temperatur ϑ ist eine in den englischsprachigen Ländern übliche thermodynamische Temperaturgröße, welche die Differenz der thermodynamischen Temperatur T gegenüber einer willkürlich durch Übereinkunft festgelegten, physikalisch nicht ausgezeichneten Temperatur $T_{0,\mathrm{F}}$ ausdrückt[3]: $\vartheta = T - T_{0,\mathrm{F}}$. Als die Fahrenheit-Temperatur definierender Nullpunkt ist die um 32,018 degR unter dem Wassertripelpunkt liegende Temperatur $T_{0,\mathrm{F}} = 459{,}67$ °R festgelegt.

Für die Angabe von Fahrenheit-Temperaturen wird der Degree Rankine als Degree Fahrenheit (°F) bezeichnet. Die thermodynamische Fahrenheit-Skala hat dasselbe Skalenmaß oder dieselbe Intervalleinheit wie die thermodynamische Rankine-Skala, jedoch gegenüber dieser einen um 459,67 degR verschobenen Nullpunkt. Die Fahrenheit-Temperatur $\vartheta_0 = 0$ °F beschreibt den gleichen Temperaturpunkt wie die thermodynamische Temperatur $T_{0,\mathrm{F}} = 459{,}67$ °R.

Für die Angabe von Fahrenheit-Temperatur-Differenzen $\Delta\vartheta = \vartheta_1 - \vartheta_2$ wird der Degree Fahrenheit meist mit dem Symbol degF = degR bezeichnet.

Umrechnungsbeziehungen

a) Zwischen den Temperaturintervalleinheiten:

$$1\ \mathrm{degR} = 1\ \mathrm{degF} = \frac{5}{9}\ \mathrm{grd}$$

$$1\ \mathrm{grd} = \frac{9}{5}\ \mathrm{degR} = \frac{9}{5}\ \mathrm{degF}$$

b) Für Temperaturzahlenwerte in den vier thermodynamischen Skalen ($T = T_\mathrm{K}$ °K $= T_\mathrm{R}$ °R; $t = t_\mathrm{C}$ °C; $\vartheta = \vartheta_\mathrm{F}$ °F):

$$T_\mathrm{K} = \frac{5}{9} T_\mathrm{R} = t_\mathrm{C} + 273{,}15 = \frac{5}{9}(\vartheta_\mathrm{F} + 459{,}67)$$

$$T_\mathrm{R} = \frac{9}{5} T_\mathrm{K} = \vartheta_\mathrm{F} + 459{,}67 = \frac{9}{5} t_\mathrm{C} + 491{,}67$$

$$t_\mathrm{C} = T_\mathrm{K} - 273{,}15 = \frac{5}{9}(T_\mathrm{R} - 491{,}67) = \frac{5}{9}(\vartheta_\mathrm{F} - 32)$$

$$\vartheta_\mathrm{F} = T_\mathrm{R} - 459{,}67 = \frac{9}{5} T_\mathrm{K} - 459{,}67 = \frac{9}{5} t_\mathrm{C} + 32$$

Fundamentalpunkte der thermodynamischen Temperaturskalen

Name	Symbol	Temperaturwert am absoluten Nullpunkt	Temperaturwert am Tripelpunkt des Wassers*
Grad Kelvin, Kelvin	°K, K	0	273,16
Grad Celsius......	°C	−273,15	0,01
Degree Rankine...	°R	0	491,688
Degree Fahrenheit.	°F	−459,67	32,018

* Gleichgewichtstemperatur zwischen Eis, flüssigem Wasser und Wasserdampf.

Bis 1954 beruhte die Skalierung der thermodynamischen Skalen auf dem Eis- und auf dem Dampfpunkt des Wassers, denen die Temperaturen 273,15 °K und 373,15 °K zugeordnet wurden. Mit der Neudefinition der Skalierung durch den Tripelpunkt des Wassers und den absoluten Nullpunkt (die annähernd der alten entspricht) ist nun die Temperatur des Dampfpunktes des Wassers eine experimentell zu bestimmende Größe geworden.

Internationale Praktische Temperaturskala

Die Definition der Internationalen Praktischen Temperaturskala beruht auf temperaturabhängigen Eigenschaften realer Stoffe, zum Beispiel auf Tripel- und Dampfpunkt des Wassers, Widerstandsänderungen von Metallen usw. Zwischen der thermodynamischen und der Praktischen Temperaturskala besteht nur insofern eine Verknüpfung, als beide seit der 1960 ergänzten Fassung[5] der Internationalen Praktischen Temperaturskala von 1948[4] den Tripelpunkt des Wassers definitionsgemäß als gemeinsamen Fixpunkt besitzen. Sonst besteht weder analytisch noch algebraisch eine Verknüpfung, was aber nicht von Belang ist, weil die Praktische Temperaturskala im Bereich der erreichbaren Meßgenauigkeit sich der thermodynamischen Temperaturskala beliebig annähern läßt. So ist die heutige Internationale Praktische Temperaturskala als Annäherung der thermodynamischen Skala aufzufassen, die für die meisten Zwecke der Praxis genügt. Temperaturwerte in dieser Näherungsskala werden, wenn eine Unterscheidung von den entsprechenden Werten in der thermodynamischen Skala erforderlich ist, durch Anfügen von «(Int. 1948)» an das Einheitenzeichen des Temperaturgrades der thermodynamischen Kelvin- bzw. Celsius-Skala gekennzeichnet: °K(Int. 1948) bzw. °C(Int. 1948). Zur Kennzeichnung von Werten der Fahrenheit-Temperatur in einer entsprechenden Fahren-

*Definierende Fixpunkte der Internationalen Praktischen Temperaturskala**

	°C (Int. 1948)	°K (Int. 1948)	$°\mathrm{F}_{(\mathrm{Int})}$
Siedepunkt des Sauerstoffs ..	−182,97	90,18	−297,346
Tripelpunkt des Wassers** ..	+ 0,01	273,16	+ 32,018
Siedepunkt des Wassers.....	100	373,15	212
Siedepunkt des Schwefels***	444,6	717,75	832,28
Erstarrungspunkt des Silbers	960,8	1233,95	1761,44
Erstarrungspunkt des Goldes	1063	1336,15	1945,4

* Fixpunkte beim Normdruck 101325 N m^{-2} (= 1 atm = 760 Torr), ausgenommen der Tripelpunkt des Wassers.

** Seit 1960 gilt der Eispunkt des Wassers als sekundärer Fixpunkt mit dem zugeordneten Wert 0,000 °C(Int. 1948).

*** Es wird empfohlen, anstelle des Schwefelpunktes die Temperatur des Zinkerstarrungspunktes mit dem Wert 419,505 °C(Int. 1948) zu verwenden.

heit-Näherungsskala wird hier als Einheitenzeichen $°F_{(Int)}$ verwendet. Es muß darauf hingewiesen werden, daß die den Fixpunkten der Internationalen Praktischen Temperaturskala zugeordneten Werte als *exakt* definiert sind. Daraus ergibt sich, daß beispielsweise die Celsius-Temperatur des Wassersiedepunktes bezogen auf die Internationale Praktische Skala exakt 10**0** °C(Int. 1948) beträgt, bezogen auf die thermodynamische Skala aber um etwa 0,002 grd tiefer liegt[6], das heißt etwa 99,998 °C beträgt.

Literatur

1 Zum Beispiel De Boer, J., *Metrologia*, **1**, 158 (1965).
2 Conférence Générale des Poids et Mesures, *Comptes rendus des séances de la 10e Conférence générale des Poids et Mesures*, Paris 1954, Gauthier-Villars, Paris, 1955, S. 79; *Comptes rendus des séances de la 13e Conférence générale des Poids et Mesures*, Paris 1967/1968, Gauthier-Villars, Paris, 1968.
3 International Organization for Standardization, *Quantities and Units of Heat*, ISO Recommendation R31, Part IV, Dezember 1960; British Standards Institution, *Conversion Factors and Tables*, B. S. 350: Part 1: 1959, S. 26.
4 Conférence Générale des Poids et Mesures, *Comptes rendus des séances de la 9e Conférence générale des Poids et Mesures*, Paris 1948, Gauthier-Villars, Paris, 1949, S. 55, 57, 64 und 89.
5 Conférence Générale des Poids et Mesures, *Comptes rendus des séances de la 11e Conférence générale des Poids et Mesures*, Paris 1960, Gauthier-Villars, Paris, 1961, S. 65 und 124.
6 Comité Consultatif de Thermométrie, 7e session, Paris 1964, S. T 12.

Dichte ($\varrho = m/V$)

Dimension = $\mathrm{L}^{-3}\,\mathrm{M}$

Kohärente Einheiten

Internationales Einheitensystem: Kilogramm/Kubikmeter (kg m^{-3})
CGS-System: Gramm/Kubikzentimeter (g cm^{-3})
ft-lb-s-System: Pound per cubic foot (lb ft^{-3})

Die *Dichte* (ϱ) einer Substanz ist der Quotient aus ihrer Masse und ihrem Volumen. Die Dichte ist temperatur- und druckabhängig. Dichteangaben sind daher näher zu spezifizieren.

Als *Normdichte* wird die Dichte eines Stoffes bezeichnet, die er im physikalischen Normzustand (**0** °C, 76**0** Torr) besitzt. Wichtige Dichtekonstanten sind die maximale Dichte luftfreien Wassers[1] bei 76**0** Torr (das heißt bei ≈ 4 °C): $\varrho_{max}(H_2O) = 0{,}999\,972$ kg dm^{-3} und die Normdichte des Quecksilbers[2]: $\varrho_n(Hg) = 13{,}595\,08$ kg dm^{-3}.

Das Produkt aus Dichte ϱ und (lokaler) Fallbeschleunigung g heißt Wichte ($\gamma = \varrho g$). Die Wichte ist außer von thermodynamischen Zustandsvariablen noch von der Fallbeschleunigung am Beobachtungsort g abhängig und daher – im Gegensatz zur Dichte – keine allein eine Substanz kennzeichnende Größe, wird aber trotzdem fälschlicherweise auch heute noch gelegentlich «spezifisches Gewicht» genannt.

Die *relative Dichte* (d) ist das Verhältnis der Dichte einer Substanz zu jener einer Bezugssubstanz. Als Verhältnis zweier Größen gleicher Dimension ist die relative Dichte eine dimensionslose Größe und wird daher auch Dichtezahl genannt. Die häufig noch anzutreffende Bezeichnung «spezifisches Gewicht» ist für die Dichtezahl ebenso falsch wie für die Wichte. In der Regel wird als Bezugsdichte für flüssige und feste Substanzen die maximale Wasserdichte, für Gase die Normdichte der Luft[3] (trocken, kohlensäurefrei, $\varrho_n = 1{,}2928 \times 10^{-3}$ kg dm^{-3}; siehe auch S. 224.8) verwendet.

Da die maximale Wasserdichte praktisch gleich 1 kg dm^{-3} ist, kann die Dichtezahl in den meisten Fällen der Praxis dem Zahlenwert der Dichte, ausgedrückt in kg dm^{-3}, gleichgesetzt werden. Bei der Dichtezahl als Verhältnis zweier Dichten sind zwei Temperaturangaben erforderlich. Eine Dichtezahl der Substanz A bei 20 °C/4 °C ist zum Beispiel gleich dem Verhältnis

$$\frac{\text{Dichte der Substanz A bei 20 °C}}{\text{Dichte von Wasser bei 4 °C}}$$

Dies wird notiert als d_4^{20}.

Literatur

1 Stille, U., *Messen und Rechnen in der Physik*, 2. Aufl., Vieweg, Braunschweig, 1961, S. 286.
2 Cook und Stone, *Phil. Trans. Roy. Soc.*, **250A**, 279 (1957); Cook, A. H., *Phil. Trans. Roy. Soc.*, **254A**, 125 (1961); Beattie et al., *Proc. Amer. Acad. Arts Sci.*, **74**, 371 (1941).
3 Otto und Thomas, in: Hausen, H. (Hrsg.), *Landolt-Börnstein, Physikalisch-chemische Tabellen*, 6. Aufl., Band IV, 4. Teil, Bandteil a, Springer, Berlin, 1967, S. 174.

Umrechnung metrischer Dichteeinheiten

		1 Einheit **A** = b Einheiten **B** (b in der Tafel)	
A		**B**	
Name	Symbol	mg mm^{-3} g cm^{-3} kg dm^{-3}	mg cm^{-3} g dm^{-3} kg m^{-3}
Mikrogramm durch Kubikzentimeter .... oder Milliliter	µg cm^{-3} µg ml^{-1}		
Milligramm durch Kubikdezimeter .... oder Liter	mg dm^{-3} mg l^{-1}	10^{-6}	10^{-3}
Milligramm durch Kubikzentimeter .... oder Milliliter	mg cm^{-3} mg ml^{-1}		
Gramm durch Kubikdezimeter .... oder Liter	g dm^{-3} g l^{-1}	10^{-3}	1
Kilogramm durch Kubikmeter	kg m^{-3}		
Picogramm durch Kubikmikrometer	pg µm^{-3}		
Milligramm durch Kubikmillimeter .... oder Mikroliter	mg mm^{-3} mg µl^{-1}		
Gramm durch Kubikzentimeter .... oder Milliliter	g cm^{-3} g ml^{-1}	1	10^3
Kilogramm durch Kubikdezimeter .... oder Liter	kg dm^{-3} kg l^{-1}		

Umrechnung angelsächsischer Dichteeinheiten

		1 Einheit **A** = b Einheiten **B** (b in der Tafel)	
A		**B**	
Name	Symbol	lb ft^{-3}	kg m^{-3}
Pound per cubic foot ...	lb ft^{-3}	1	$1{,}601\,85 \times 10$
Pound per gallon (UK) .	lb gal(UK)$^{-1}$	6,228 83	$9{,}977\,64 \times 10$
Pound per gallon (US) .	lb gal(US)$^{-1}$	172**8**/231	$1{,}198\,26 \times 10^2$

Geschwindigkeit (u oder $v = \mathrm{d}s/\mathrm{d}t$; s = Weglänge)

Dimension = $\mathrm{L}\,\mathrm{T}^{-1}$

Kohärente Einheiten

Internationales Einheitensystem: Meter/Sekunde (m s^{-1})
CGS-System: Zentimeter/Sekunde (cm s^{-1})
ft-lb-s-System: Foot per second (ft s^{-1})

Umrechnung metrischer Geschwindigkeitseinheiten

		1 Einheit **A** = b Einheiten **B** (b in der Tafel)		
A		**B**		
Name	Symbol	m min^{-1}	km h^{-1}	m s^{-1}
Zentimeter/Sekunde	cm s^{-1}	**6** × 10^{-1}	3,**6** × 10^{-2}	10^{-2}
Meter/Minute	m min^{-1}	1	**6** × 10^{-2}	$1{,}\dot{6} \times 10^{-2}$
Kilometer/Stunde	km h^{-1}	$1{,}\dot{6} \times 10$	1	$2{,}\dot{7} \times 10^{-1}$
Meter/Sekunde	m s^{-1}	**6** × 10	3,**6**	1
Kilometer/Sekunde	km s^{-1}	**6** × 10^4	3,**6** × 10^3	10^3

Umrechnung angelsächsischer Geschwindigkeitseinheiten

		1 Einheit **A** = b Einheiten **B** (b in der Tafel)		
A		**B**		
Name	Symbol	ft s^{-1}	mile h^{-1}	m s^{-1}
Foot per minute...	ft min^{-1}	$1,\dot{6}\times10^{-2}$	$1,1\dot{3}\dot{6}\times10^{-2}$	$5,0\mathbf{8}\times10^{-3}$
Foot per second...	ft s^{-1}	1	$6,\dot{8}\dot{1}\times10^{-1}$	$3,04\mathbf{8}\times10^{-1}$
Mile per hour.....	mile h^{-1}	$1,4\dot{6}$	1	$4,470\,\mathbf{4}\times10^{-1}$
Knot / Nautical mile per hour....	kn = n mile/h	1,687 81	1,150 78	$5,1\dot{4}\times10^{-1}$
Knot (UK) / Nautical mile (UK) per hour....	kn (UK) = n mile (UK)/h	1,688 89	$1,\dot{1}\dot{5}$	$5,147\,72\times10^{-1}$
Mile per second...	mile s^{-1}	$5,2\mathbf{8}\times10^{3}$	$3,\mathbf{6}\times10^{3}$	$1,609\,34\mathbf{4}\times10^{3}$

Der international angenommene Wert[1] der Normfallbeschleunigung ist

$$g_n = 9,806\,\mathbf{65}\ \mathrm{m\,s^{-2}} = 980,66\mathbf{5}\ \mathrm{Gal\ (cm\,s^{-2})}$$
$$\approx 32,174\,05\ \mathrm{ft\,s^{-2}}$$

Umrechnung metrischer Beschleunigungseinheiten

		1 Einheit **A** = b Einheiten **B** (b in der Tafel)		
A		**B**		
Name	Symbol	Gal = cm s^{-2}	km h^{-1} s^{-1}	m s^{-2}
Gal.................. / Zentimeter/Sekunde zum Quadrat........	Gal / cm s^{-2}	1	$3,\mathbf{6}\times10^{-2}$	10^{-2}
Kilometer/(Stunde × Sekunde)...........	km h^{-1} s^{-1}	$2,\dot{7}\times10$	1	$2,\dot{7}\times10^{-1}$
Meter/Sekunde zum Quadrat........	m s^{-2}	10^2	$3,\mathbf{6}$	1

Umrechnung angelsächsischer Beschleunigungseinheiten

		1 Einheit **A** = b Einheiten **B** (b in der Tafel)		
A		**B**		
Name	Symbol	ft s^{-2}	mile h^{-1} s^{-1}	m s^{-2}
Foot per second squared........	ft s^{-2}	1	$6,\dot{8}\dot{1}\times10^{-1}$	$3,04\mathbf{8}\times10^{-1}$
Mile per hour second.........	mile h^{-1} s^{-1}	$1,4\dot{6}$	1	$4,470\,\mathbf{4}\times10^{-1}$

Literatur

[1] Conférence Générale des Poids et Mesures, *Comptes rendus des séances de la 3e Conférence générale des Poids et Mesures*, Paris 1901, Gauthier-Villars, Paris, 1901, S. 70.

Winkelgeschwindigkeit ($\omega = \mathrm{d}\varphi/\mathrm{d}t$)

Dimension = $L^0\ T^{-1}$

SI-Einheit = Radiant/Sekunde (rad s^{-1})

Umrechnung von Winkelgeschwindigkeitseinheiten

		1 Einheit **A** = b Einheiten **B** (b in der Tafel)		
A		**B**		
Name	Symbol	^{g} s^{-1}	° s^{-1}	rad s^{-1}
Neugrad durch Minute......	^{g} min^{-1}	$1,\dot{6}\times10^{-2}$	$1,\mathbf{5}\times10^{-2}$	$2,617\,99\times10^{-4}$
Altgrad durch Minute......	° min^{-1}	$1,\dot{8}\dot{5}\dot{1}\times10^{-2}$	$1,\dot{6}\times10^{-2}$	$2,908\,88\times10^{-4}$
Neugrad durch Sekunde.....	^{g} s^{-1}	1	$\mathbf{9}\times10^{-1}$	$1,570\,80\times10^{-2}$
Radiant durch Minute......	rad min^{-1}	1,061 03	$9,549\,30\times10^{-1}$	$1,\dot{6}\times10^{-2}$
Altgrad durch Sekunde	° s^{-1}	$1,\dot{1}$	1	$1,745\,33\times10^{-2}$
Radiant durch Sekunde.....	rad s^{-1}	$6,366\,20\times10$	$5,729\,58\times10$	1

Beschleunigung ($a = \mathrm{d}v/\mathrm{d}t$)

Dimension = $L\,T^{-2}$

Kohärente Einheiten

Internationales Einheitensystem: Meter/Sekunde zum Quadrat (m s^{-2})
CGS-System: Zentimeter/Sekunde zum Quadrat (cm s^{-2}) = Gal (Gal) (bei Angabe von Fallbeschleunigungswerten)
ft-lb-s-System: Foot per second squared (ft s^{-2})

Kraft ($\boldsymbol{F}$) (= Masse × Beschleunigung)

Dimension = $L\,M\,T^{-2}$

Kohärente Einheiten

Internationales Einheitensystem: Newton (N) = m kg s^{-2} = 10^5 dyn
CGS-System: Dyn (dyn) = cm g s^{-2} = 10^{-5} N
ft-lb-s-System: Poundal (pdl) = ft lb s^{-2} = $0,138\,254\,954\,37\mathbf{6}$ N

Nichtkohärente «technische» Krafteinheiten

In der Technik werden noch vielfach Krafteinheiten verwendet, bei denen die Masseneinheit (Kilogramm, Pound usw.) nicht mit der kohärenten Einheit der Beschleunigung 1 m s^{-2} bzw. 1 ft s^{-2}, sondern mit der Normfallbeschleunigung $g_n = 9,806\,\mathbf{65}$ m s^{-2} multipliziert wird. Diese «technischen» Krafteinheiten werden nicht einheitlich benannt. In den englisch- und französischsprachigen Ländern wird an den Namen der Masseneinheit die Kennzeichnung «-force» und an das Symbol der Masseneinheit der Buchstabe «f»

Winkelbeschleunigung ($\alpha = \mathrm{d}\omega/\mathrm{d}t = \mathrm{d}^2\varphi/\mathrm{d}t^2$)

Dimension = $L^0\ T^{-2}$

SI-Einheit = Radiant/Sekunde zum Quadrat (rad s^{-2})

Umrechnung von Winkelbeschleunigungseinheiten

		1 Einheit **A** = b Einheiten **B** (b in der Tafel)		
A		**B**		
Name	Symbol	^{g} s^{-2}	° s^{-2}	rad s^{-2}
Neugrad/Sekunde zum Quadrat........................	^{g} s^{-2}	1	$\mathbf{9}\times10^{-1}$	$1,570\,80\times10^{-2}$
Altgrad/Sekunde zum Quadrat........................	° s^{-2}	$1,\dot{1}$	1	$1,745\,33\times10^{-2}$
Radiant/Sekunde zum Quadrat........................	rad s^{-2}	$6,366\,20\times10$	$5,729\,58\times10$	1

Umrechnung nichtkohärenter Krafteinheiten (g_n = Normfallbeschleunigung = 9,806 65 m s^{-2} = 32,174 048 ... ft s^{-2})

			1 Einheit **A** = *b* Einheiten **B** (*b* in der Tafel)	
A			**B**	
Name	Symbol	Definition	pdl	N
Grain-force	grf	$g_n \times$ (1 gr)	$4{,}596\,29 \times 10^{-3}$	$6{,}354\,60 \times 10^{-4}$
Pond / Gramme-force*	p / gf	$g_n \times$ (1 g)	$7{,}093\,16 \times 10^{-2}$	$9{,}806\,65 \times 10^{-3}$
Pound-force	lbf	$g_n \times$ (1 lb)	$3{,}217\,40 \times 10$	4,448 22
Kilopond / Kilogramme-force*	kp / kgf	$g_n \times$ (1 kg)	$7{,}093\,16 \times 10$	9,806 65
Short ton-force	sh tnf	$g_n \times$ (1 sh tn)	$6{,}434\,81 \times 10^4$	$8{,}896\,44 \times 10^3$
Ton-force (UK) / Long ton-force (US)	tonf	$g_n \times$ (1 ton)	$7{,}206\,99 \times 10^4$	$9{,}964\,02 \times 10^3$

* In der Schweiz Gramm-Kraft und Kilogramm-Kraft genannt.

angehängt – beispielsweise pound-force (lbf), kilogramme-force (kgf). In einer Reihe anderer Länder heißen die mit dem Gramm und seinen dezimalen Vielfachen oder Teilen gebildeten «technischen» Krafteinheiten Pond (p), Kilopond (kp), Millipond (mp) usw. – in der Schweiz sind statt dessen die Bezeichnungen Gramm-Kraft (gf), Kilogramm-Kraft (kgf), Milligramm-Kraft (mgf) usw. üblich. Um die bisher vorhandene Doppeldeutigkeit der Größenbenennung «Gewicht» – einmal als Masse m und zum anderen als Kraft $G = mg$ (g = lokale Fallbeschleunigung) verstanden – zukünftig zu vermeiden, wird in Deutschland empfohlen[1], das Wort Gewicht nicht mehr zu verwenden und statt dessen die Größenbenennungen «Masse» und «Gewichtskraft» zu benutzen: Beispielsweise übt ein Körper, dessen Masse auf einer Waage als m = 65 kg festgestellt ist, auf die Waage die Gewichtskraft $G = m\,g = (g/g_n) \times 65$ kp $\approx$ 65 kp aus.

Die technischen Krafteinheiten sind an sich überflüssig; sie werden allmählich verschwinden und sind für wissenschaftliche Zwecke zu vermeiden. In einer Reihe von Ländern sind sie nicht, in Frankreich nicht mehr legal.

Literatur

[1] Deutscher Normenausschuß, *Masse, Gewicht (Begriffe)*, DIN 1305, Januar 1964, Beuth-Vertrieb, Berlin, 1964.

Druck *(p)* (= Kraft/Fläche)

Dimension = L^{-1} M T^{-2}

Kohärente Einheiten

Internationales Einheitensystem: Newton/Quadratmeter (N m^{-2}) = m^{-1} kg s^{-2} = 10 dyn cm^{-2}

CGS-System: Dyn/Quadratzentimeter (dyn cm^{-2}) = cm^{-1} g s^{-2} = 0,1 N m^{-2}

ft-lb-s-System: Poundal per square foot (pdl ft^{-2}) = ft^{-1} lb s^{-2} = 1,488 163 943 N m^{-2}

Nichtkohärente metrische Druckeinheiten

Das 10^6fache des dyn cm^{-2} heißt *Bar* (bar).

1 Bar = 10^3 Millibar (mbar) = 10^5 N m^{-2} = 10^6 dyn cm^{-2} = 10^6 Mikrobar (µbar)

Umrechnung metrischer Druckeinheiten

		1 Einheit **A** = *b* Einheiten **B** (*b* in der Tafel)			
A		**B**			
Name	Symbol	dyn cm^{-2} = µbar	N m^{-2}	mbar	bar
Dyn/Quadratzentimeter / Mikrobar	dyn cm^{-2} / µbar	1	10^{-1}	10^{-3}	10^{-6}
Newton/Quadratmeter	N m^{-2}	10	1	10^{-2}	10^{-5}
Millibar	mbar	10^3	10^2	1	10^{-3}
Bar	bar	10^6	10^5	10^3	1

Das Millibar ist heute die international gebräuchliche Druckeinheit der Meteorologie*; das Mikrobar wird in der Akustik für Schalldruckangaben benutzt.

Nichtkohärente «technische» Druckeinheiten

Sie sind definiert als technische Krafteinheiten (siehe Abschnitt «Kraft», S. 211) durch Flächeneinheit. Viel verwendet wird die *technische Atmosphäre* (at):

$$1 \text{ at} = 10^4 \text{ Kilopond/Quadratmeter (kp m}^{-2}) = 1 \text{ Kilopond/Quadratzentimeter (kp cm}^{-2}) = 9{,}806\,65 \times 10^4 \text{ N m}^{-2} = \frac{9{,}806\,65 \times 10^4}{1{,}013\,25 \times 10^5} \text{ atm} = 0{,}967\,841\,105 \text{ atm}$$

Nichtkohärente spezielle Druckeinheiten

Physikalische Normalatmosphäre (atm). Sie wurde im Zusammenhang mit der internationalen Temperaturskala von 1948 definiert[1]:

$$1 \text{ atm} = 101\,325 \text{ N m}^{-2} = 1\,013\,250 \text{ dyn cm}^{-2}$$

Torr (Torr). Es ist definiert

$$1 \text{ Torr} = 1 \text{ atm}/760 = 133{,}322\,368 \text{ N m}^{-2} = 1333{,}223\,68 \text{ dyn cm}^{-2}$$

*Millimeter Wassersäule*** (mmWS). Diese Einheit ist definiert als der Druck einer Wassersäule von 1 mm Höhe bei maximaler Dichte unter physikalischem Normdruck (das heißt bei der Wasserdichte 0,999 972 g cm^{-3}) am Ort der Normfallbeschleunigung g_n:

$$1 \text{ mmWS} = 0{,}1 \text{ cm} \times 0{,}999\,972 \text{ g cm}^{-3} \times 980{,}665 \text{ cm s}^{-2} = 9{,}806\,375\,41 \text{ N m}^{-2} = 98{,}063\,754\,1 \text{ dyn cm}^{-2}$$

*Konventionelles Millimeter Wassersäule*** (mmH_2O). Es ist definiert als der Druck einer Flüssigkeitssäule von 1 mm Höhe und der Dichte 1 g cm^{-3} am Ort der Normfallbeschleunigung g_n:

$$1 \text{ mmH}_2\text{O} = 0{,}1 \text{ cm} \times 1 \text{ g cm}^{-3} \times 980{,}665 \text{ cm s}^{-2} = 9{,}806\,65 \text{ N m}^{-2} = 98{,}066\,5 \text{ dyn cm}^{-2} = 1 \text{ kp m}^{-2}$$

Praktisch wird diese Einheit durch eine Wassersäule von 1 mm Höhe bei 4 °C unter physikalischem Normdruck realisiert.

*Konventionelles Millimeter Quecksilbersäule*** (mmHg). Es ist nach den Internationalen Barometerkonventionen der Meteorologischen Weltorganisation[2] definiert als der Druck einer Flüssigkeitssäule von 1 mm Höhe und der Dichte 13,595 1 g cm^{-3} am Ort der Normfallbeschleunigung g_n:

$$1 \text{ mmHg} = 0{,}1 \text{ cm} \times 13{,}595\,1 \text{ g cm}^{-3} \times 980{,}665 \text{ cm s}^{-2} = 133{,}322\,387 \text{ N m}^{-2} = 1\,333{,}223\,87 \text{ dyn cm}^{-2} = 1{,}000\,000\,14 \text{ Torr}$$

Praktisch wird diese Druckeinheit durch eine Quecksilbersäule von 1 mm Höhe bei 0 °C unter physikalischem Normdruck (1 atm = 101 325 N m^{-2}) mit ausreichender Genauigkeit realisiert.

Die nichtkohärenten angelsächsischen Druckeinheiten Conventional inch of water (inH_2O), Conventional foot of water (ftH_2O) und Conventional inch of mercury (inHg) berechnen sich nach den Formeln für Konventionelles Millimeter Wassersäule und Konventionelles Millimeter Quecksilbersäule, indem anstelle der metrischen Längeneinheit (0,1 cm) 1 Inch oder 1 Foot eingesetzt wird.

* In der Meteorologie wird als Einheitenzeichen für Millibar leider weitgehend mb (das Symbol für Millibarn = 10^{-27} cm^2, siehe S. 203) benutzt.

** Die Namen dieser «Druck»einheiten bezeichnen eigentlich Druckhöhen h, aus denen sich mit der Dichte ϱ der Barometerflüssigkeit bei einer Fallbeschleunigung g der Druck $p = g\,h\,\varrho$ ergibt.

Umrechnung nichtkohärenter Druckeinheiten

		1 Einheit **A** = *b* Einheiten **B** (*b* in der Tafel)		
A		**B**		
Name	Symbol	atm	pdl ft^{-2}	N m^{-2}
Millimeter Wassersäule	mmWS	9,678 14 × 10^{-5}	6,589 58	9,806 38
Kilopond/Quadratmeter	kp m^{-2}	} 9,678 41 × 10^{-5}	6,589 77	9,806 6**5**
Kilogramme-force per square metre	kgf m^{-2}			
Pound-force per square foot	lbf ft^{-2}	4,725 41 × 10^{-4}	3,217 41 × 10	4,788 03 × 10
Torr	Torr	1,315 79 × 10^{-3}	8,958 85 × 10	1,333 22 × 10^{2}
Conventional inch of water	inH_2O	2,458 32 × 10^{-3}	1,673 80 × 10^{2}	2,490 89 × 10^{2}
Conventional foot of water	ftH_2O	2,949 98 × 10^{-2}	2,008 56 × 10^{3}	2,989 07 × 10^{3}
Conventional inch of mercury	inHg	3,342 11 × 10^{-2}	2,275 55 × 10^{3}	3,386 39 × 10^{3}
Pound-force per square inch	lbf in^{-2}	6,804 60 × 10^{-2}	4,633 06 × 10^{3}	6,894 76 × 10^{3}
Technische Atmosphäre	at	9,678 41 × 10^{-1}	6,589 77 × 10^{4}	9,806 6**5** × 10^{4}
Physikalische Atmosphäre	atm	1	6,808 73 × 10^{4}	1,013 2**5** × 10^{5}
Ton-force per square foot	tonf ft^{-2}	1,058 49	7,206 99 × 10^{4}	1,072 52 × 10^{5}

Anstelle des mmHg ist heute das Torr zu verwenden, das im Gegensatz zum mmHg eine von Materialkonstanten unabhängige Maßeinheit ist.

Als *Normdruck* wird heute sowohl in der Physik als auch in der Meteorologie 101 32**5** N m^{-2} = 1 atm = 76**0** Torr verwendet. Er ist ungefähr gleich dem mittleren Luftdruck in Meereshöhe am Ort der Normfallbeschleunigung.

Literatur

1 Conférence Générale des Poids et Mesures, *Comptes rendus des séances de la 9e Conférence générale des Poids et Mesures*, Paris 1948, Gauthier-Villars, Paris, 1949, S. 57 und 89; *Comptes rendus des séances de la 10e Conférence générale des Poids et Mesures*, Paris 1954, Gauthier-Villars, Paris, 1955, S. 79.

2 World Meteorological Organization, *International Barometric Conventions*, in: British Standards Institution, *Barometer Conventions and Tables*, B. S. 2520: 1954, und in: Stille, U., *Messen und Rechnen in der Physik*, 2. Aufl., Vieweg, Braunschweig, 1961.

Energie, Arbeit, Wärmemenge

Dimension = $L^2 M T^{-2}$

Kohärente Einheiten

Internationales Einheitensystem: Joule (J) = Newton × Meter = m^2 kg s^{-2} = 10^7 erg = Wattsekunde (Ws) (W siehe Abschnitt «Leistung», S. 214)

CGS-System: Erg (erg) = Dyn × Zentimeter = cm^2 g s^{-2} = 10^{-7} J

ft-lb-s-System: Foot poundal (ft pdl) = ft^2 lb s^{-2} = 0,042 140 110 1 J

Symbole

Energie = E, W
Potentielle Energie = E_p, V, Φ
Kinetische Energie = E_k, T, K
Arbeit = W, A
Wärmemenge = Q
Strahlungsenergie = W, Q_e, Q (siehe auch S. 223)

Energie, *Arbeit* und *Wärmemenge* sind Größen gleicher Dimension, die auch in der gleichen Einheit gemessen werden sollten. Mit dem SI wurde diese Vereinheitlichung verwirklicht, und viele der inkohärenten «mechanischen», «elektrischen» und «kalorischen» Einheiten werden mit der Zeit nur noch von historischem Interesse sein. Dieser Prozeß dürfte aber nur allmählich vor sich gehen, weil derart traditionelle Einheiten wie beispielsweise die Kalorien im technischen und allgemeinen Sprachgebrauch tief verwurzelt sind. In der Wissenschaft sollten Wärmemengen nur noch in Joule ausgedrückt werden. Wenn doch noch «kalorische» Einheiten verwendet werden, sollte man sich wenigstens auf solche beschränken, für die eine genaue Umrechnung in Joule möglich ist[7].

Nichtkohärente Energieeinheiten

Foot pound-force = ft × lbf (lbf siehe Abschnitt «Kraft», S. 211).

Thermochemische Kalorie ($cal_{thermochem}$). Sie wurde 1948 neu definiert[2,3,4] als 1 $cal_{thermochem}$ = 4,18**4** J.

15°-Kalorie (cal_{15}), auch *Grammkalorie* genannt. Sie ist definiert als jene Wärmemenge, die erforderlich ist, um 1 g Wasser beim Druck einer normalen Atmosphäre von 14,5 °C auf 15,5 °C zu erwärmen. Sie wird somit wesentlich durch die spezifische Wärmekapazität des Wassers bei 15 °C und unter physikalischem Normdruck (p_n = 1 atm) bestimmt. Die 1950 vom Internationalen Komitee für Maß und Gewicht[5] angenommenen Werte der spezifischen Wärmekapazität des Wassers zwischen 0 und 100 °C sind auf S. 224.8 in Joule und 15°-Kalorien angegeben (bei einer relativen Unsicherheit von ≈ 0,1‰). – 15°-Kilokalorie ($kcal_{15}$) = 1000 cal_{15}.

Internationale Tafelkalorie (cal_{IT}). 1956 hat die 5. Internationale Dampftafelkonferenz[2,3,6] die Tafelkalorie neu definiert als 1 cal_{IT} = 4,186 **8** J.

Kilopondmeter = kp m oder *kilogramme-force mètre* = kgf m (kp = kgf; siehe Abschnitt «Kraft», S. 212).

Literatmosphäre (neu) = l × atm = 1 dm^3 × atm = 101,32**5** J; nach der früheren, 1964 aufgehobenen Literdefinition (siehe S. 203) war 1 latm = 1,000 02**8** dm^3 atm = 101,327 8 ... J.

British thermal unit ($B.t.u._{IT}$ = Btu). Diese Einheit wurde wie die Tafelkalorie 1956 neu definiert[2,3,6] (lb siehe Abschnitt «Masse», S. 205):

$$1 \text{ Btu} = 4{,}186\mathbf{8}\,\frac{\text{degF}}{\text{grd}} \times \frac{\text{lb}}{\text{g}}\,\text{J} = 2{,}32\mathbf{6}\,\frac{\text{lb}}{\text{g}}\,\text{J}$$

Umrechnung nichtkohärenter Energieeinheiten

		1 Einheit **A** = *b* Einheiten **B** (*b* in der Tafel)		
A		**B**		
Name	Symbol	kWh	ft pdl	J
Foot pound-force	ft lbf	3,766 16 × 10^{-7}	3,217 40 × 10	1,355 82
Thermochemische Kalorie	$cal_{thermochem}$	1,16$\dot{2}$ × 10^{-6}	9,928 78 × 10	4,18**4**
15°-Kalorie	cal_{15}	1,162 6 × 10^{-6}	9,932 34 × 10	4,185 5
Internationale Tafelkalorie	cal_{IT}	1,16**3** × 10^{-6}	9,935 43 × 10	4,186 **8**
Kilopondmeter, kilogramme-force mètre	kp m = kgf m	2,724 07 × 10^{-6}	2,327 15 × 10^{2}	9,806 6**5**
Literatmosphäre	l atm	2,814 58 × 10^{-5}	2,404 48 × 10^{3}	1,013 2**5** × 10^{2}
British thermal unit	Btu	2,930 71 × 10^{-4}	2,503 69 × 10^{4}	1,055 06 × 10^{3}
Pferdestärkestunde	PSh	7,354 987 **5** × 10^{-1}	6,283 31 × 10^{7}	2,647 80 × 10^{6}
Horsepower-hour	hph	7,457 00 × 10^{-1}	6,370 46 × 10^{7}	2,684 52 × 10^{6}
Kilowattstunde	kWh	1	8,542 93 × 10^{7}	3,**6** × 10^{6}

Umrechnung von Energieeinheiten der Atomphysik[2,7]

A			1 Einheit **A** ist gleich oder entspricht *b* Einheiten **B** (*b* in der Tafel) **B**		
Name		Symbol	g	J	erg
Gramm	$\triangleq E(\mathrm{g})$	g	1	8,987 6 $\times 10^{13}$	8,987 6 $\times 10^{20}$
Joule	–	J	1,112 6 $\times 10^{-14}$	1	1 $\times 10^{7}$
Erg	–	erg	1,112 6 $\times 10^{-21}$	1 $\times 10^{-7}$	1
Atomare Masseneinheit	$\triangleq E(\mathrm{u})$	u	1,660 4 $\times 10^{-24}$	1,492 3 $\times 10^{-10}$	1,492 3 $\times 10^{-3}$
Rydberg	–	Ry	2,425 3 $\times 10^{-32}$	2,179 7 $\times 10^{-18}$	2,179 7 $\times 10^{-11}$
Elektronenvolt	–	eV	1,782 6 $\times 10^{-33}$	1,602 1 $\times 10^{-19}$	1,602 1 $\times 10^{-12}$
Zentimeter^{-1}	$\triangleq E(\mathrm{cm}^{-1})$	cm^{-1}	2,210 1 $\times 10^{-37}$	1,986 3 $\times 10^{-23}$	1,986 3 $\times 10^{-16}$
Grad Kelvin	$\triangleq E(°\mathrm{K})$	°K	1,536 1 $\times 10^{-37}$	1,380 5 $\times 10^{-23}$	1,380 5 $\times 10^{-16}$
Sekunde^{-1}	$\triangleq E(\mathrm{s}^{-1})$	s^{-1}	7,372 0 $\times 10^{-48}$	6,625 6 $\times 10^{-34}$	6,625 6 $\times 10^{-27}$
Name		Symbol	u	Ry	eV
Gramm	$\triangleq E(\mathrm{g})$	g	6,022 5 $\times 10^{23}$	4,123 3 $\times 10^{31}$	5,609 9 $\times 10^{32}$
Joule	–	J	6,701 0 $\times 10^{9}$	4,587 8 $\times 10^{17}$	6,241 8 $\times 10^{18}$
Erg	–	erg	6,701 0 $\times 10^{2}$	4,587 8 $\times 10^{10}$	6,241 8 $\times 10^{11}$
Atomare Masseneinheit	$\triangleq E(\mathrm{u})$	u	1	6,846 4 $\times 10^{7}$	9,314 8 $\times 10^{8}$
Rydberg	–	Ry	1,460 6 $\times 10^{-8}$	1	1,360 5 $\times 10$
Elektronenvolt	–	eV	1,073 6 $\times 10^{-9}$	7,350 0 $\times 10^{-2}$	1
Zentimeter^{-1}	$\triangleq E(\mathrm{cm}^{-1})$	cm^{-1}	1,331 0 $\times 10^{-13}$	9,112 7 $\times 10^{-6}$	1,239 8 $\times 10^{-4}$
Grad Kelvin	$\triangleq E(°\mathrm{K})$	°K	9,250 9 $\times 10^{-14}$	6,333 6 $\times 10^{-6}$	8,617 0 $\times 10^{-5}$
Sekunde^{-1}	$\triangleq E(\mathrm{s}^{-1})$	s^{-1}	4,439 8 $\times 10^{-24}$	3,039 7 $\times 10^{-16}$	4,135 6 $\times 10^{-15}$
Name		Symbol	cm^{-1}	°K	s^{-1}
Gramm	$\triangleq E(\mathrm{g})$	g	4,524 8 $\times 10^{36}$	6,510 2 $\times 10^{36}$	1,356 5 $\times 10^{47}$
Joule	–	J	5,034 5 $\times 10^{22}$	7,243 5 $\times 10^{22}$	1,509 3 $\times 10^{33}$
Erg	–	erg	5,034 5 $\times 10^{15}$	7,243 5 $\times 10^{15}$	1,509 3 $\times 10^{26}$
Atomare Masseneinheit	$\triangleq E(\mathrm{u})$	u	7,513 1 $\times 10^{12}$	1,081 0 $\times 10^{13}$	2,252 4 $\times 10^{23}$
Rydberg	–	Ry	1,097 4 $\times 10^{5}$	1,578 9 $\times 10^{5}$	3,289 8 $\times 10^{15}$
Elektronenvolt	–	eV	8,065 7 $\times 10^{3}$	1,160 5 $\times 10^{4}$	2,418 0 $\times 10^{14}$
Zentimeter^{-1}	$\triangleq E(\mathrm{cm}^{-1})$	cm^{-1}	1	1,438 8	2,997 9 $\times 10^{10}$
Grad Kelvin	$\triangleq E(°\mathrm{K})$	°K	6,950 3 $\times 10^{-1}$	1	2,083 6 $\times 10^{10}$
Sekunde^{-1}	$\triangleq E(\mathrm{s}^{-1})$	s^{-1}	3,335 6 $\times 10^{-11}$	4,799 3 $\times 10^{-11}$	1

Pferdestärkestunde (PSh) = PS × h; 1 PS = **75** m kp s^{-1} (kp siehe Abschnitt «Kraft», S. 211).

Horsepower-hour (hph) = hp × h; 1 hp = 55**0** ft lbf s^{-1} (lbf siehe Abschnitt «Kraft», S. 211).

Kilowattstunde (kWh) = kW × h; 1 W = 1 J s^{-1}.

Energieeinheiten und energetische Maße der Atom- und Kernphysik

Die in der Atom- und Kernphysik verwendeten energetischen Einheiten enthalten als Faktoren eine oder mehrere physikalische Konstanten: die Vakuumlichtgeschwindigkeit c, die Elementarladung e, das Wirkungsquantum h, die AVOGADRO-Konstante N_A, die BOLTZMANN-Entropiekonstante k, die RYDBERG-Konstante R_∞. Über diese Konstanten sind die Energieeinheiten Rydberg (Ry) und Elektronenvolt (eV) sowie die energieproportionalen und daher wie Energieeinheiten behandelten Maße Gramm [g $\sim E(\mathrm{g})$], atomare Masseneinheit [u $\sim E(\mathrm{u})$], Zentimeter^{-1} [$\mathrm{cm}^{-1} \sim E(\mathrm{cm}^{-1})$], Grad Kelvin [°K $\sim E(°\mathrm{K})$] und Sekunde^{-1} [$\mathrm{s}^{-1} \sim E(\mathrm{s}^{-1})$] definiert. Ihre Umrechnungsbeziehungen zu den in der Makrophysik üblichen Energieeinheiten Joule und Erg hängen zahlenmäßig von den Ergebnissen der Atomkonstantenbestimmungen ab (die Werte dieser Konstanten und deren formelmäßige Relationen zu den genannten Einheiten und energetischen Maßen der Atom- und Kernphysik sind auf S. 224.6 und 224.7 zusammengestellt).

Literatur

[1] Conférence Générale des Poids et Mesures, *Comptes rendus des séances de la 9e Conférence générale des Poids et Mesures*, Paris 1948, Gauthier-Villars, Paris, 1949, S. 55 und 63.

[2] STILLE, U., *Messen und Rechnen in der Physik*, 2. Aufl., Vieweg, Braunschweig, 1961.

[3] International Organization for Standardization, *Quantities and Units of Mechanics*, ISO Recommendation R31, Part III, Dezember 1960.

[4] ROSSINI, F. D., *Nat. Bur. Stand. J. Res.*, **6**, 1 (1931); WAGMAN et al., *Nat. Bur. Stand. J. Res.*, **34**, 143 (1945).

[5] Comité International des Poids et Mesures, *Proc.-Verb. Com. int. Poids Mes.*, **22**, 79 (1950).

[6] SCHMIDT, E., *Brennstoff, Wärme, Kraft*, **9**, 432 (1957).

[7] COHEN und DUMOND, *Rev. mod. Phys.*, **37**, 537 (1965); International Union of Pure and Applied Physics, *Symbols, Units and Nomenclature in Physics*, Document U.I.P. 11 (S.U.N. 65-3), 1965, S. 30; deutsche Ausgabe: *Symbole, Einheiten und Nomenklatur in der Physik*, Vieweg, Braunschweig, 1966, S. 47.

Leistung (*P*) (= Energie/Zeit = Kraft × Geschwindigkeit)

Dimension = $\mathrm{L^2\,M\,T^{-3}}$

Kohärente Einheiten

Internationales Einheitensystem: Watt (W) = Joule/Sekunde = Newton × Meter/Sekunde = $\mathrm{m^2\,kg\,s^{-3}} = 10^7$ erg $\mathrm{s^{-1}}$

CGS-System: Erg/Sekunde (erg $\mathrm{s^{-1}}$) = Dyn × Zentimeter/Sekunde = $\mathrm{cm^2\,g\,s^{-3}} = 10^{-7}$ W

ft-lb-s-System: Foot poundal per second (ft pdl $\mathrm{s^{-1}}$) = $\mathrm{ft^2\,lb\,s^{-3}}$ = 0,042 140 110 1 W

Umrechnung nichtkohärenter Leistungseinheiten

Zur Umrechnung von auf die Sekunde bezogenen Leistungseinheiten (zum Beispiel $\mathrm{cal_{IT}\,s^{-1}}$) in ft pdl $\mathrm{s^{-1}}$ oder Watt (= J $\mathrm{s^{-1}}$) verwende man die bei den Energieeinheiten (S. 213) angegebenen Faktoren.

A		1 Einheit **A** = *b* Einheiten **B** (*b* in der Tafel) **B**	
Name	Symbol	ft pdl $\mathrm{s^{-1}}$	W = J $\mathrm{s^{-1}}$
Internat. Tafelkalorie/Stunde	$\mathrm{cal_{IT}\,h^{-1}}$	2,759 84 $\times 10^{-2}$	1,16**3** $\times 10^{-3}$
British thermal unit per hour	Btu $\mathrm{h^{-1}}$	6,954 68	2,930 71 $\times 10^{-1}$
Pferdestärke*	PS	1,745 37 $\times 10^{4}$	7,354 987 **5** $\times 10^{2}$
Horsepower*	hp	1,769 57 $\times 10^{4}$	7,457 00 $\times 10^{2}$

* 1 PS = **75** m kp $\mathrm{s^{-1}}$; 1 hp = 55**0** ft lbf $\mathrm{s^{-1}}$.

Wirkung (= Energie × Zeit)

Dimension = $\mathrm{L^2\,M\,T^{-1}}$

Kohärente Einheiten

SI: Joule × Sekunde (J s) = Newton × Meter × Sekunde = $\mathrm{m^2\,kg\,s^{-1}} = 10^7$ erg s

CGS-System: Erg × Sekunde (erg s) = Dyn × Zentimeter × Sekunde = $\mathrm{cm^2\,g\,s^{-1}} = 10^{-7}$ J s

ft-lb-s-System: Foot poundal second (ft pdl s) = $\mathrm{ft^2\,lb\,s^{-1}}$ = 0,042 140 110 1 J s

Entropie (S)

Dimension = $L^2\,M\,T^{-2}\,\Theta^{-1}$

Kohärente Einheiten

SI: Joule/Grad (J grd^{-1}) = 10^7 erg grd^{-1}

Nichtkohärente Einheiten

Erg/Grad (erg grd^{-1}) = 10^{-7} J grd^{-1}
Foot poundal per degree Fahrenheit (ft pdl degF^{-1})
= ft^2 lb s^{-2} degF^{-1} = 0,0758521982 J grd^{-1}

Viskosität

Dynamische Viskosität (η)

Dimension = $L^{-1}\,M\,T^{-1}$

Die dynamische Viskosität kennzeichnet die Eigenschaft einer Flüssigkeit (oder eines Gases), der gegenseitigen nicht beschleunigten laminaren Verschiebung zweier benachbarter Schichten einen Widerstand («innere Reibung») entgegenzusetzen.

Kohärente Einheiten

SI: Newton × Sekunde/Quadratmeter (N s m^{-2}) = 1 m^{-1} kg s^{-1}
= 0,671969 pdl s ft^{-2}
CGS-System: Poise (P) = Dyn × Sekunde/Quadratzentimeter (dyn s cm^{-2}) = 1 cm^{-1} g s^{-1} = 10^{-1} N s m^{-2}
ft-lb-s-System: Poundal second per square foot (pdl s ft^{-2})
= ft^{-1} lb s^{-1} = 1,48816 N s m^{-2}

Umrechnung metrischer Einheiten der dynamischen Viskosität

		1 Einheit **A** = b Einheiten **B** (b in der Tafel)				
A		**B**				
Name	Symbol	µP	mP	cP	P	N s m^{-2}
Mikropoise ..	µP	1	10^{-3}	10^{-4}	10^{-6}	10^{-7}
Millipoise	mP	10^3	1	10^{-1}	10^{-3}	10^{-4}
Zentipoise ...	cP	10^4	10	1	10^{-2}	10^{-3}
Poise	P	10^6	10^3	10^2	1	10^{-1}
N s m^{-2}	N s m^{-2}	10^7	10^4	10^3	10	1

Kinematische Viskosität (Viskosität–Dichte-Verhältnis) (ν)

Dimension = $L^2\,T^{-1}$

Die (von Maxwell so benannte) kinematische Viskosität ist gleich dem Quotienten aus der dynamischen Viskosität η und der Dichte ϱ, $\nu = \eta/\varrho$, im strengen Sinne jedoch keine Viskosität. ν tritt bei vielen Strömungsvorgängen, insbesondere in der Ähnlichkeitsmechanik, als maßgebende Stoffgröße auf (zum Beispiel in der Reynolds-Zahl $Re = lu/\nu$).

Kohärente Einheiten

SI: Quadratmeter/Sekunde (m^2 s^{-1}) = 10,7639 ft^2 s^{-1}
= 3600 m^2 h^{-1}
CGS-System: Stokes (St)
= Quadratzentimeter/Sekunde (cm^2 s^{-1}) = 10^{-4} m^2 s^{-1}
ft-lb-s-System: Square foot per second (ft^2 s^{-1})
= 9,29030 × 10^{-2} m^2 s^{-1} = 334,451 m^2 h^{-1}

Weitere Einheit

Quadratmeter/Stunde (m^2 h^{-1}) = 2,7 × 10^{-4} m^2 s^{-1} = $2,\dot{7}$ St

Viskositätsgrößen für Lösungen

Der Quotient aus der Viskosität einer Lösung η und der Viskosität des Lösungsmittels η_0 heißt *Viskositätsverhältnis* (relative Viskosität) (η/η_0). Die Größe $(\eta - \eta_0)/\eta_0$ wird *relative Viskositätsänderung* genannt. Eine wichtige Rolle bei verdünnten Lösungen spielt ferner die Größe *Viskositätszahl* (I_s), *Dimension* = $L^3\,M^{-1}$, englisch «viscosity number» genannt und neuerdings auch als «viscosity index» bezeichnet, definiert als $I_s = (1/c) \times (\eta - \eta_0)/\eta_0$ (c = Massenkonzentration). Der Grenzwert

$$I_0 = \lim_{\substack{c \to 0 \\ \tau \to 0}} \frac{1}{c} \times \frac{\eta - \eta_0}{\eta_0}$$

wird *Grenzviskositätszahl* (I_0), englisch «intrinsic viscosity», genannt (τ = Schubspannung).

Kohärente Einheiten für I_s und I_0

SI: Kubikmeter/Kilogramm (m^3 kg^{-1}) = 16,0185 ft^3 lb^{-1}
CGS-System: Kubikzentimeter/Gramm (cm^3 g^{-1})
= 10^{-3} m^3 kg^{-1}
ft-lb-s-System: cubic foot per pound (ft^3 lb^{-1})
= 0,0624280 m^3 kg^{-1}

Oberflächenspannung (σ)

Dimension = $M\,T^{-2}$

Kohärente Einheiten

SI: Newton/Meter (N m^{-1}) = Joule/Quadratmeter (J m^{-2})
= 1 kg s^{-2}
CGS-System: Dyn/Zentimeter (dyn cm^{-1})
= Erg/Quadratzentimeter (erg cm^{-2}) = 1 g s^{-2} = 10^{-3} N m^{-1}

Wärmeleitfähigkeit (λ)

Dimension = $L\,M\,T^{-3}\,\Theta^{-1}$

Kohärente Einheit

SI: Watt/(Meter × Grad) (W m^{-1} grd^{-1}) = 1 m kg s^{-3} grd^{-1}
= 2,38846 × 10^{-3} cal$_{IT}$ cm^{-1} s^{-1} grd^{-1}
= 0,859845 kcal$_{IT}$ m^{-1} h^{-1} grd^{-1}
= 1,60497 × 10^{-4} Btu ft^{-1} s^{-1} degF^{-1}

Weitere Einheit

Erg/(Sekunde × Zentimeter × Grad) (erg s^{-1} cm^{-1} grd^{-1})
= 1 cm g s^{-3} grd^{-1} = 10^{-5} W m^{-1} grd^{-1}
= 2,38846 × 10^{-8} cal$_{IT}$ cm^{-1} s^{-1} grd^{-1}
= 8,59845 × 10^{-6} kcal$_{IT}$ m^{-1} h^{-1} grd^{-1}
= 1,60497 × 10^{-9} Btu ft^{-1} s^{-1} degF^{-1}

Weitere Einheiten mit 1 cal$_{IT}$ = 4,1868 J

Kalorie/(Zentimeter × Sekunde × Grad) (cal$_{IT}$ cm^{-1} s^{-1} grd^{-1})
= 418,68 W m^{-1} grd^{-1} = 360 kcal$_{IT}$ m^{-1} h^{-1} grd^{-1}
= 0,0671969 Btu ft^{-1} s^{-1} degF^{-1}
Kilokalorie/(Meter × Stunde × Grad) (kcal$_{IT}$ m^{-1} h^{-1} grd^{-1})
= 1,163 W m^{-1} grd^{-1} = $2,\dot{7}$ × 10^{-3} cal$_{IT}$ cm^{-1} s^{-1} grd^{-1}

Angelsächsische Einheiten mit 1 Btu = 2326 $\frac{\text{lb}}{\text{kg}}$ J = 1055,056 J

British thermal unit per foot second degree Fahrenheit
(Btu ft^{-1} s^{-1} degF^{-1}) = 6230,64 W m^{-1} grd^{-1}
= 3600 Btu ft^{-1} h^{-1} degF^{-1} = 43200 Btu in ft^{-2} h^{-1} degF^{-1}
= 14,8816 cal$_{IT}$ cm^{-1} s^{-1} grd^{-1}
British thermal unit per foot hour degree Fahrenheit
(Btu ft^{-1} h^{-1} degF^{-1}) = 1,73073 W m^{-1} grd^{-1}
= $2,\dot{7}$ × 10^{-4} Btu ft^{-1} s^{-1} degF^{-1} = 12 Btu in ft^{-2} h^{-1} degF^{-1}
= 1,48816 kcal$_{IT}$ m^{-1} h^{-1} grd^{-1}
British thermal unit inch per square foot hour degree Fahrenheit
(Btu in ft^{-2} h^{-1} degF^{-1}) = 0,144228 W m^{-1} grd^{-1}
= 2,31481 × 10^{-5} Btu ft^{-1} s^{-1} degF^{-1}
= $0,08\dot{3}$ Btu ft^{-1} h^{-1} degF^{-1} = 0,124014 kcal$_{IT}$ m^{-1} h^{-1} grd^{-1}

Wärmeübergangskoeffizient (α)
Wärmedurchgangskoeffizient (K)

Dimension = $M\,T^{-3}\,\Theta^{-1}$

Kohärente Einheit

SI: Watt/(Quadratmeter × Grad) (W m^{-2} grd^{-1})
= 1 kg s^{-3} grd^{-1} = 2,38846 × 10^{-5} cal$_{IT}$ cm^{-2} s^{-1} grd^{-1}
= 0,859845 kcal$_{IT}$ m^{-2} h^{-1} grd^{-1}
= 4,89195 × 10^{-5} Btu ft^{-2} s^{-1} degF^{-1}

Weitere Einheit

Erg/(Quadratzentimeter × Sekunde × Grad)
(erg cm^{-2} s^{-1} grd^{-1}) = 1 g s^{-3} grd^{-1} = 10^{-3} W m^{-2} grd^{-1}
= 2,388 46 × 10^{-8} cal_{IT} cm^{-2} s^{-1} grd^{-1}
= 8,598 45 × 10^{-4} $kcal_{IT}$ m^{-2} h^{-1} grd^{-1}
= 4,891 95 × 10^{-8} Btu ft^{-2} s^{-1} $degF^{-1}$

Weitere Einheiten mit 1 cal_{IT} = 4,186**8** J

Kalorie/(Quadratzentimeter × Sekunde × Grad)
(cal_{IT} cm^{-2} s^{-1} grd^{-1}) = 41 86**8** W m^{-2} grd^{-1}
= 360**00** $kcal_{IT}$ m^{-2} h^{-1} grd^{-1} = 2,048 16 Btu ft^{-2} s^{-1} $degF^{-1}$
Kilokalorie/(Quadratmeter × Stunde × Grad)
($kcal_{IT}$ m^{-2} h^{-1} grd^{-1}) = 1,16**3** W m^{-2} grd^{-1}
= 2,7 × 10^{-5} cal_{IT} cm^{-2} s^{-1} grd^{-1}

Angelsächsische Einheiten mit 1 Btu = 232**6** $\frac{\text{lb}}{\text{kg}}$ J = 1055,056 J

British thermal unit per square foot second degree Fahrenheit
(Btu ft^{-2} s^{-1} $degF^{-1}$) = 20 441,7 W m^{-2} grd^{-1}
= 360**0** Btu ft^{-2} h^{-1} $degF^{-1}$ = 0,488 243 cal_{IT} cm^{-2} s^{-1} grd^{-1}
= 17 576,7 $kcal_{IT}$ m^{-2} h^{-1} grd^{-1}
British thermal unit per square foot hour degree Fahrenheit
(Btu ft^{-2} h^{-1} $degF^{-1}$) = 5,678 26 W m^{-2} grd^{-1}
= 2,7 × 10^{-4} Btu ft^{-2} s^{-1} $degF^{-1}$ = 4,882 43 $kcal_{IT}$ m^{-2} h^{-1} grd^{-1}

Elektrische und magnetische Einheiten

Internationale Einheitensysteme

Die elektrische SI-Basiseinheit ist die Stromstärkeeinheit Ampere (A), definiert[1] als die Stärke eines zeitlich unveränderlichen elektrischen Stromes, der, durch zwei im Vakuum parallel im Abstand von 1 m voneinander angeordnete geradlinige, unendlich lange Leiter von vernachlässigbar kleinem kreisförmigem Querschnitt fließend, zwischen diesen Leitern elektrodynamisch eine längenbezogene Kraft von 2×10^{-7} N je 1 m Leiterlänge hervorrufen würde.

Diese theoretische Definition wird experimentell über Kraftwirkungen zwischen stromdurchflossenen Leiteranordnungen in sogenannten «absoluten Amperebestimmungen» realisiert. Das Ampere wird derzeit als Quotient Volt/Ohm in Gestalt von Normalelementsätzen und Normalwiderstandssätzen in den Staatsinstituten «aufbewahrt». Das für die Länge l eines im gegenseitigen Abstand d angeordneten und von elektrischen Strömen der Stärken I_1 und I_2 durchflossenen Leiterpaares gültige Kraftgesetz lautet in skalarer Schreibweise: $F/l = \mu_0 I_1 I_2/(2\pi d)$; unter Einsetzen der in der Amperedefinition enthaltenen Daten folgt für die magnetische Feldkonstante $\mu_0 = 4\pi \times 10^{-7}$ N/A². Mit anderen Worten: die Relation 1 A = $(4\pi \times 10^{-7}\ \text{N}/\mu_0)^{1/2}$ ist mit der obigen Definition des Ampere gleichwertig[2].

In der heute allgemein empfohlenen (siehe zum Beispiel IUPAP[3], IEC[4], ISO[5]) und auch meist üblichen feldtheoretischen Darstellung der Elektrodynamik bedient man sich der sogenannten Vierergrößen (allgemeines Symbol: X), die aus 4 Basisgrößen (zum Beispiel Länge, Masse, Zeit, elektrische Stromstärke; zugehöriges Dimensionssystem: LMTI) abgeleitet werden. In den zugehörigen Größengleichungen der Viererdarstellung treten explizit zwei Feldkonstanten, die elektrische Feldkonstante ε_0 und die magnetische Feldkonstante μ_0, auf, die über die Vakuumlichtgeschwindigkeit c (c = 2,997 925 × 10^8 m s^{-1} = ζ cm s^{-1}) miteinander verknüpft sind: $\mu_0 = 4\pi \times 10^{-7}$ H m^{-1} = 1,256 637 ... × 10^{-6} H m^{-1} und $\varepsilon_0 = 1/(\mu_0 c^2)$ = 8,854 19 × 10^{-12} F m^{-1}.

Dagegen sind die im vorigen Jahrhundert fast ausschließlich benutzten sogenannten Dreiergrößen, die aus 3 Basisgrößen (zum Beispiel Länge, Masse, Zeit; zugehöriges Dimensionssystem: LMT) abgeleitet werden, bereits weitgehend in den Hintergrund getreten. Man unterscheidet zwei Varianten «elektrischer» und «magnetischer» Dreiergrößen: Dreiergrößen der «elektromagnetischen» Größendefinition (allgemeines Symbol: X_m) und Dreiergrößen der «elektrostatischen» Größendefinition (allgemeines Symbol: X_e) – beide Varianten (X_m und X_e) sind voneinander und gegenüber den Vierergrößen (X) dimensionsverschieden. Die Feldkonstanten ε_0 und μ_0 sind in den Darstellungen mit Dreiergrößen nicht existent – hier tritt nur c auf.

Ein zu den Vierergrößen X passendes kohärentes Einheitensystem ist das heute allgemein empfohlene Internationale Einheitensystem (SI-Einheiten) – genauer gesagt, das aus m, kg, s und A abgeleitete Teilsystem (MKSA-Einheiten) des SI. Zu den Dreiergrößen paßt als kohärentes Einheitensystem das CGS-System, insbesondere zu den elektromagnetisch definierten Dreiergrößen X_m das elektromagnetische Teilsystem («elektromagnetische» CGS-Einheiten oder emE) und zu den elektrostatisch definierten Dreiergrößen X_e das elektrostatische Teilsystem («elektrostatische» CGS-Einheiten oder esE) des CGS-Systems.

Außer den physikalisch begründeten dimensionsmäßigen Unterschieden zwischen Vierer- und Dreiergrößen ist noch die geometrisch bedingte Alternative zwischen rationaler und nichtrationaler Größeneinführung und Gleichungenschreibweise zu beachten. Den Umrechnungsfaktoren in der folgenden Tafel (S. 217) liegen entsprechend dem jeweiligen Brauch *rationale* Einführung der *Vierergrößen* X und *nichtrationale* Einführung der *Dreiergrößen* X_m und X_e zugrunde.

Wegen der Dimensionsverschiedenheit von SI-Einheiten, emE und esE sind diese nicht einfach mit *Zahlen*faktoren b oder b' ineinander umzurechnen; für eine bestimmte elektrische oder magnetische Größe gilt die Relation: 1 SI-Einheit = b^{-1} (X/X_m) emE = b'^{-1} (X/X_e) esE (zu den formelmäßigen Definitionen der Vierer- und Dreiergrößen sowie den größenmäßigen Beziehungen X/X_m und X/X_e siehe zum Beispiel Stille[2]). Daher sind in der Tafel die für alle praktischen Zwecke allein interessierenden Umrechnungsfaktoren b und b' von dem *Zahlenwert* der nichtrational eingeführten Dreiergröße X_m, gemessen in ihrer emE, und der nichtrational eingeführten Dreiergröße X_e, gemessen in ihrer esE, zu dem entsprechenden *Zahlenwert* der rational eingeführten Vierergröße X, gemessen in ihrer SI-Einheit, angegeben:

$$\frac{X}{\text{SI-Einheit}} = b\,\frac{X_m}{\text{emE}} = b'\,\frac{X_e}{\text{esE}}$$

Literatur

1 Conférence Générale des Poids et Mesures, *Comptes rendus des séances de la 9e Conférence générale des Poids et Mesures*, Paris 1948, Gauthier-Villars, Paris, 1949, S. 49.

2 Stille, U., *Messen und Rechnen in der Physik*, 2. Aufl., Vieweg, Braunschweig, 1961; auch in: Ebert, H. (Hrsg.), *Physikalisches Taschenbuch*, 4. Aufl., Vieweg, Braunschweig, 1967, Abschnitt 111.2.

3 International Union of Pure and Applied Physics, *Symbols, Units and Nomenclature in Physics*, Document U.I.P.11 (S.U.N.65-3), 1965; deutsche Ausgabe: *Symbole, Einheiten und Nomenklatur in der Physik*, Vieweg, Braunschweig, 1966.

4 International Electrotechnical Commission, *Letter Symbols to be Used in Electrical Technology*, Publication 27, 4. Aufl., Genf, 1966.

5 International Organization for Standardization, *Quantities and Units of Electricity and Magnetism*, ISO Recommendation R31, Part V, November 1965.

Größe (Symbol)	Dimension in LMTI	Internationales Einheitensystem		Zahlenwert von X in SI-Einheit $= b \times$ Zahlenwert von X_m in emE $= b' \times$ Zahlenwert von X_e in esE			
				CGS-System			
				Elektromagnetisch (X_m/emE)		Elektrostatisch (X_e/esE)	
		Einheit	Symbol	emE	b *	esE	b' *
Elektrische Spannung (U)	$L^2MT^{-3}I^{-1}$	Volt	V	$cm^{3/2}\,g^{1/2}\,s^{-2}$	10^{-8}	$cm^{1/2}\,g^{1/2}\,s^{-1}$	$\zeta \times 10^{-8}$
Elektrische Stromstärke (I)	I	Ampere	A	$cm^{1/2}\,g^{1/2}\,s^{-1}$	10	$cm^{3/2}\,g^{1/2}\,s^{-2}$	$10/\zeta$
Elektrische Stromdichte ($\boldsymbol{j}$ oder $\boldsymbol{S}$)	$L^{-2}I$	Ampere/ Quadratmeter	$A\,m^{-2}$	$cm^{-3/2}\,g^{1/2}\,s^{-1}$	10^5	$cm^{-1/2}\,g^{1/2}\,s^{-2}$	$10^5/\zeta$
Elektrischer Strombelag (A oder α)	$L^{-1}I$	Ampere/Meter	$A\,m^{-1}$	$cm^{-1/2}\,g^{1/2}\,s^{-1}$	10^3	$cm^{1/2}\,g^{1/2}\,s^{-2}$	$10^3/\zeta$
Elektrische Feldstärke ($\boldsymbol{E}$)	$LMT^{-3}I^{-1}$	Volt/Meter	$V\,m^{-1}$	$cm^{1/2}\,g^{1/2}\,s^{-2}$	10^{-6}	$cm^{-1/2}\,g^{1/2}\,s^{-1}$	$\zeta \times 10^{-6}$
Elektrische Verschiebung ($\boldsymbol{D}$)	$L^{-2}TI$	Coulomb/ Quadratmeter	$C\,m^{-2}$	$cm^{-3/2}\,g^{1/2}$	$10^5/4\pi$	$cm^{-1/2}\,g^{1/2}\,s^{-1}$	$10^5/(4\pi\zeta)$
Elektrischer (Verschiebungs)fluß (Ψ)	TI	Coulomb	C (= As)	$cm^{1/2}\,g^{1/2}$	$10/4\pi$	$cm^{3/2}\,g^{1/2}\,s^{-1}$	$10/(4\pi\zeta)$
Elektrische Polarisation ($\boldsymbol{P}$)	$L^{-2}TI$	Coulomb/ Quadratmeter	$C\,m^{-2}$	$cm^{-3/2}\,g^{1/2}$	10^5	$cm^{-1/2}\,g^{1/2}\,s^{-1}$	$10^5/\zeta$
Elektrisches Moment ($\boldsymbol{p}$)	LTI	Coulomb × Meter	C m	$cm^{3/2}\,g^{1/2}$	10^{-1}	$cm^{5/2}\,g^{1/2}\,s^{-1}$	$10^{-1}/\zeta$
Elektrische Polarisierbarkeit (α_e)	$M^{-1}T^4I^2$	Farad × Quadratmeter	$F\,m^2$	$cm\,s^2$	10^5	cm^3	$10^5/\zeta^2$
Elektrische Suszeptibilität (χ_e oder χ)	$L^0M^0T^0I^0$	1	1	1	4π	1	4π
Elektrische Ladung (Q)	TI	Coulomb	C (= As)	$cm^{1/2}\,g^{1/2}$	10	$cm^{3/2}\,g^{1/2}\,s^{-1}$	$10/\zeta$
Elektrische Raumladungsdichte (ϱ oder η)	$L^{-3}TI$	Coulomb/ Kubikmeter	$C\,m^{-3}$	$cm^{-5/2}\,g^{1/2}$	10^7	$cm^{-3/2}\,g^{1/2}\,s^{-1}$	$10^7/\zeta$
Elektrische Flächenladungsdichte (σ)	$L^{-2}TI$	Coulomb/ Quadratmeter	$C\,m^{-2}$	$cm^{-3/2}\,g^{1/2}$	10^5	$cm^{-1/2}\,g^{1/2}\,s^{-1}$	$10^5/\zeta$
Elektrische Kapazität (C)	$L^{-2}M^{-1}T^4I^2$	Farad	F (= As V^{-1})	$cm^{-1}\,s^2$	10^9	cm	$10^9/\zeta^2$
Elektrischer Widerstand, Wirkwiderstand (R)	$L^2MT^{-3}I^{-2}$	Ohm	Ω (= V A^{-1})	$cm\,s^{-1}$	10^{-9}	$cm^{-1}\,s$	$\zeta^2 \times 10^{-9}$
Elektrischer Leitwert, Wirkleitwert (G)	$L^{-2}M^{-1}T^3I^2$	Siemens **	S (= A V^{-1})	$cm^{-1}\,s$	10^9	$cm\,s^{-1}$	$10^9/\zeta^2$
Spezifischer elektrischer Widerstand (ϱ)	$L^3MT^{-3}I^{-2}$	Ohm × Meter	Ω m	$cm^2\,s^{-1}$	10^{-11}	s	$\zeta^2 \times 10^{-11}$
Elektrische Leitfähigkeit (γ oder σ)	$L^{-3}M^{-1}T^3I^2$	Siemens/ Meter **	$S\,m^{-1}$	$cm^{-2}\,s$	10^{11}	s^{-1}	$10^{11}/\zeta^2$
Magnetische Spannung (V)	I	Ampere	A	$cm^{1/2}\,g^{1/2}\,s^{-1}$ (Gilbert, Gb)	$10/4\pi$	$cm^{3/2}\,g^{1/2}\,s^{-2}$	$10/(4\pi\zeta)$
Magnetische Feldstärke ($\boldsymbol{H}$)	$L^{-1}I$	Ampere/Meter	$A\,m^{-1}$	$cm^{-1/2}\,g^{1/2}\,s^{-1}$ (Oersted, Oe) †	$10^3/4\pi$	$cm^{1/2}\,g^{1/2}\,s^{-2}$	$10^3/(4\pi\zeta)$
Magnetisches Vektorpotential ($\boldsymbol{A}$)	$LMT^{-2}I^{-1}$	Weber/Meter	$Wb\,m^{-1}$	$cm^{1/2}\,g^{1/2}\,s^{-1}$	10^{-6}	$cm^{-1/2}\,g^{1/2}$	$\zeta \times 10^{-6}$
Magnetische Induktion ($\boldsymbol{B}$)	$MT^{-2}I^{-1}$	Tesla	T (= Wb m^{-2})	$cm^{-1/2}\,g^{1/2}\,s^{-1}$ (Gauß, Gs) †	10^{-4}	$cm^{-3/2}\,g^{1/2}$	$\zeta \times 10^{-4}$
Magnetischer (Induktions-) Fluß (Φ)	$L^2MT^{-2}I^{-1}$	Weber	Wb (= Vs)	$cm^{3/2}\,g^{1/2}\,s^{-1}$ (Maxwell, Mx)	10^{-8}	$cm^{1/2}\,g^{1/2}$	$\zeta \times 10^{-8}$
Magnetisierung ($\boldsymbol{M}$ oder $\boldsymbol{H}_i$)	$L^{-1}I$	Ampere/Meter	$A\,m^{-1}$	$cm^{-1/2}\,g^{1/2}\,s^{-1}$	10^3	$cm^{1/2}\,g^{1/2}\,s^{-2}$	$10^3/\zeta$
(Elektro)magnetisches Moment ($\boldsymbol{m}$ oder $\boldsymbol{\mu}$)	L^2I	Ampere × Quadratmeter	$A\,m^2$	$cm^{5/2}\,g^{1/2}\,s^{-1}$	10^{-3}	$cm^{7/2}\,g^{1/2}\,s^{-2}$	$10^{-3}/\zeta$
Magnetische Suszeptibilität (χ_m oder κ)	$L^0M^0T^0I^0$	1	1	1	4π	1	4π
Magnetische Polarisation ($\boldsymbol{J}$ oder $\boldsymbol{B}_i$)	$MT^{-2}I^{-2}$	Tesla	T (= Wb m^{-2})	$cm^{-1/2}\,g^{1/2}\,s^{-1}$	$4\pi \times 10^{-4}$	$cm^{-3/2}\,g^{1/2}$	$4\pi\zeta \times 10^{-4}$
Magnetisches Dipolmoment ($\boldsymbol{p}_m$)	$L^3MT^{-2}I^{-1}$	Weber × Meter	Wb m	$cm^{5/2}\,g^{1/2}\,s^{-1}$	$4\pi \times 10^{-10}$	$cm^{3/2}\,g^{1/2}$	$4\pi\zeta \times 10^{-10}$
(Coulombsche) magnetische Polstärke (m)	$L^2MT^{-2}I^{-1}$	Weber	Wb (= Vs)	$cm^{3/2}\,g^{1/2}\,s^{-1}$	$4\pi \times 10^{-8}$	$cm^{1/2}\,g^{1/2}$	$4\pi\zeta \times 10^{-8}$
Induktivität (L)	$L^2MT^{-2}I^{-2}$	Henry	H (= Vs A^{-1})	cm	10^{-9}	$cm^{-1}\,s^2$	$\zeta^2 \times 10^{-9}$
Magnetischer Leitwert (Λ)	$L^2MT^{-2}I^{-2}$	Henry	H (= Vs A^{-1})	cm	$4\pi \times 10^{-9}$	$cm^{-1}\,s^2$	$4\pi\zeta^2 \times 10^{-9}$
Entelektrisierungs- oder Entmagnetisierungsfaktor (N)	$L^0M^0T^0I^0$	1	1	1	$1/4\pi$	1	$1/4\pi$
Elektrische oder magnetische Kraft ($\boldsymbol{F}$) ††	LMT^{-2}	Newton	N (= J m^{-1})	$cm\,g\,s^{-2}$ = dyn	10^{-5}	$cm\,g\,s^{-2}$ = dyn	10^{-5}
Elektrische oder magnetische Energie (W) ††	L^2MT^{-2}	Joule	J (= VAs)	$cm^2\,g\,s^{-2}$ = erg	10^{-7}	$cm^2\,g\,s^{-2}$ = erg	10^{-7}
Elektrische oder magnetische Energiedichte (w) ††	$L^{-1}MT^{-2}$	Joule/ Kubikmeter	$J\,m^{-3}$	$cm^{-1}\,g\,s^{-2}$	10^{-1}	$cm^{-1}\,g\,s^{-2}$	10^{-1}
Elektrische oder magnetische Leistung, Wirkleistung (P) ††	L^2MT^{-3}	Watt	W (= VA)	$cm^2\,g\,s^{-3}$	10^{-7}	$cm^2\,g\,s^{-3}$	10^{-7}
Elektromagnetische Strahlungsdichte, Poynting-Vektor ($\boldsymbol{S}$)	MT^{-3}	Watt/ Quadratmeter	$W\,m^{-2}$	$g\,s^{-3}$	10^{-3}	$g\,s^{-3}$	10^{-3}

* $\zeta = 2{,}997\,925 \times 10^{10}$ $1/4\pi = 7{,}957\,75 \times 10^{-2}$
$1/\zeta = 3{,}335\,640 \times 10^{-11}$ $4\pi\zeta = 3{,}767\,304 \times 10^{11}$
$\zeta^2 = 8{,}987\,55 \times 10^{20}$ $1/4\pi\zeta = 2{,}654\,418 \times 10^{-12}$
$1/\zeta^2 = 1{,}112\,650 \times 10^{-21}$ $4\pi\zeta^2 = 1{,}129\,409 \times 10^{22}$
$4\pi = 1{,}256\,637 \times 10$ $1/4\pi\zeta^2 = 8{,}854\,19 \times 10^{-23}$

** In der angelsächsischen Literatur wird das Siemens weitgehend als mho (reziprokes Ohm) bezeichnet.
† Anstatt Oersted wird vielfach der Name Gauß verwendet und umgekehrt.
†† Siehe auch die Abschnitte «Kraft», «Energie» und «Leistung» auf S. 211–214.

Radioaktivität

1. Grundlegende Begriffe

Unter einem *Nuklid* versteht man eine Atomart, die durch die Anzahl der im Atomkern enthaltenen Protonen und Neutronen charakterisiert ist. Nuklide ein und desselben chemischen Elements, das heißt Nuklide mit gleicher Protonenanzahl, die sich nur durch die Anzahl ihrer Neutronen unterscheiden, werden *Isotope* des betreffenden Elements genannt. Bei einigen Nukliden sind verschiedene Energiezustände der Atomkerne mit endlicher Lebensdauer möglich. Diese Zustände bezeichnet man als *Isomere* des betreffenden Nuklids. Isomere Kerne haben die gleiche Anzahl Protonen und Neutronen; sie unterscheiden sich durch ihren Energieinhalt und damit durch ihre Lebensdauer.

Ein Nuklid ist durch das chemische Elementsymbol und die Nukleonenanzahl (Summe der Protonen- und Neutronenanzahl = Massenzahl) eindeutig gekennzeichnet. Zur symbolischen Darstellung wird die Nukleonenanzahl links oben neben das Elementsymbol gesetzt (zum Beispiel ^{12}C, ^{32}P). Die Protonenanzahl (Ordnungszahl) kann zusätzlich links unten angegeben werden. Isomere in einem angeregten, metastabilen Zustand werden durch den rechten oberen Index «m» gekennzeichnet (zum Beispiel $^{99}Tc^{m}$).

2. Radioaktivität und Zerfallsgesetz

Unter Radioaktivität versteht man die Eigenschaft gewisser Nuklide, spontan und ohne äußeres Zutun Teilchen oder Gammastrahlung aus dem Atomkern (Kernstrahlung) zu emittieren oder nach Einfang eines Hüllenelektrons durch den Kern Röntgenstrahlung aus der Hülle auszusenden. Außer bei isomeren Übergängen ist mit diesem Vorgang immer eine Änderung des Nuklids verbunden (das heißt eine radioaktive Umwandlung oder ein radioaktiver Zerfall). Nuklide, welche diese Eigenschaft besitzen, werden Radionuklide genannt.

Für ein einzelnes Atom läßt sich der Zeitpunkt seines Zerfalls nicht vorhersagen; die Zerfallsereignisse sind statistisch verteilt (stochastischer Prozeß). Bei großer Anzahl von Atomen des gleichen Radionuklids gilt allgemein das Erfahrungsgesetz, daß die Anzahl $\mathrm{d}N$ der im Zeitintervall $\mathrm{d}t$ zerfallenden Atome zu jedem Zeitpunkt der Anzahl N der noch nicht zerfallenen Atome proportional ist. Der Proportionalitätsfaktor λ wird *Zerfallskonstante* genannt; sie ist für das betreffende Radionuklid eine charakteristische Konstante

$$-\mathrm{d}N = \lambda N \,\mathrm{d}t$$

Sind zur Zeit $t = 0$ von einer isolierten radioaktiven Substanz N_0 Atome vorhanden, so ist für eine beliebige Zeit t die Anzahl der noch nicht zerfallenen Atome gegeben durch

$$N(t) = N_0\, \mathrm{e}^{-\lambda t}$$

In gleichen Zeitintervallen nimmt die Anzahl der radioaktiven Atome immer um den gleichen Prozentsatz ab; das Zeitintervall, in welchem eine Abnahme auf die Hälfte erfolgt, heißt *Halbwertzeit* ($T_{1/2}$):

$$T_{1/2} = \frac{\ln 2}{\lambda} = \frac{0{,}693}{\lambda}$$

Der reziproke Wert der Zerfallskonstante λ hat die Dimension einer Zeit; er wird *mittlere Lebensdauer* τ genannt. τ ist diejenige Zeit, in der die Anzahl der Atome eines Radionuklids auf den Bruchteil $1/\mathrm{e}$ ($\approx 37\%$) des ursprünglichen Wertes abnimmt.

3. Aktivität

Die Größe $-\frac{\mathrm{d}N}{\mathrm{d}t} = \lambda N$, das heißt die Anzahl der in einem Präparat im Zeitintervall $\mathrm{d}t$ erfolgenden radioaktiven Umwandlungen dividiert durch dieses Zeitintervall heißt *Aktivität* A. Sie ist ein Maß für die «Stärke» des radioaktiven Präparats.

Einheit der Aktivität im Internationalen Einheitensystem ist die reziproke Sekunde (s^{-1})*; gebräuchliche Einheit ist das Curie mit dem Kurzzeichen Ci:

$$1\ \mathrm{Ci} = 3{,}7 \times 10^{10}\ \mathrm{s}^{-1}\ {}^{**}$$

* In der angelsächsischen Literatur findet man häufig die Einheitenbezeichnung dps (disintegration per second) oder dpm (disintegration per minute); 1 dpm = 0,0167 dps = 0,45 pCi oder 1 pCi = 0,037 dps = 2,22 dpm.

** Beschluß der 12. Generalkonferenz für Maß und Gewicht (1964)[1], das Curie als Sondereinheit für die Aktivität beizubehalten.

Dezimale Vielfache und Teile des Curie sind:

1 Megacurie (MCi) $= 10^{6}$ Ci $= 3{,}7 \times 10^{16}\ \mathrm{s}^{-1}$
1 Kilocurie (kCi) $= 10^{3}$ Ci $= 3{,}7 \times 10^{13}\ \mathrm{s}^{-1}$
1 Millicurie (mCi) $= 10^{-3}$ Ci $= 3{,}7 \times 10^{7}\ \mathrm{s}^{-1}$
1 Mikrocurie (µCi) $= 10^{-6}$ Ci $= 3{,}7 \times 10^{4}\ \mathrm{s}^{-1}$
1 Nanocurie (nCi) $= 10^{-9}$ Ci $= 3{,}7 \times 10^{1}\ \mathrm{s}^{-1}$
1 Pikocurie (pCi) $= 10^{-12}$ Ci $= 3{,}7 \times 10^{-2}\ \mathrm{s}^{-1}$

4. Spezifische Aktivität

Die *spezifische Aktivität a einer radioaktiven Substanz* (zum Beispiel Lösung eines radioaktiven Stoffs) ist die Aktivität A des in der Substanz enthaltenen Radionuklids dividiert durch die Masse m der Substanz:

$$a = \frac{A}{m}$$

Das Curie/Gramm ($\mathrm{Ci\,g^{-1}}$) oder ein dezimales Vielfaches davon ist die gebräuchliche Einheit der spezifischen Aktivität.

Die *spezifische Aktivität eines Radionuklids* erhält man, indem man die Aktivität $A = \lambda N$ durch die Masse der N Atome des betrachteten Radionuklids dividiert. Diese Größe ist eine charakteristische Konstante des Nuklids, die die maximale, im trägerfreien Zustand erreichbare spezifische Aktivität angibt. Sie ist gegeben durch

$$a = \frac{\lambda N_A}{M}$$
$$= 1{,}63 \times 10^{13} \frac{\lambda}{A_r}\ \mathrm{Ci\,g^{-1}}$$

wobei N_A die Avogadro-Konstante, M die molare Masse des Radionuklids, A_r seine relative Atommasse und λ der Zahlenwert der Zerfallskonstante in s^{-1} ist.

Tabelle 1 Kehrwerte der spezifischen Aktivität einiger Radionuklide[2]

Nuklid	$T_{1/2}$	$1/a$ in g Ci^{-1}
^{24}Na	14,8 h	0,000 000 113
^{131}I	8,06 d	0,000 008 1
^{32}P	14 d	0,000 003 52
^{45}Ca	164 d	0,000 056 6
^{14}C	5570 a	0,187

Als *Aktivitätskonzentration* bezeichnet man den Quotienten aus der Aktivität eines in einer Flüssigkeit oder einem Gas von bestimmtem Druck und bestimmter Temperatur enthaltenen Radionuklids und dem Volumen der Flüssigkeit oder des Gases.

Gebräuchliche Einheit ist das Curie/Liter ($\mathrm{Ci\,l^{-1}}$) oder ein dezimales Vielfaches davon. Eine in der Balneologie benutzte spezielle Einheit für die Aktivitätskonzentration (Radonaktivität/Volumen) ^{222}Rn-haltiger Quell- oder Badewässer ist das Eman:

$$1\ \mathrm{Eman} = 10^{-10}\ \mathrm{Ci\,l^{-1}}$$

Die früher übliche Mache-Einheit (ME) ist gleich 3,64 Eman.

Dosimetrie

Die Diskussion über Größen und Einheiten der radiologischen Strahlungsmessung ist zu einem vorläufigen Abschluß gekommen. 1962 sind allgemein anerkannte Definitionen als Empfehlungen der Internationalen Kommission für radiologische Einheiten und Messungen (ICRU)[3] aufgestellt worden. Ihre Formulierungen entsprechen den üblichen physikalischen Grundsätzen, und die Einheiten sind an das Internationale Einheitensystem der Meterkonvention angeschlossen. Die vom Fachnormenausschuß Radiologie in Arbeitsgemeinschaft mit der Deutschen Röntgengesellschaft aufgestellten DIN-Normen[4] befolgen die gleichen Prinzipien, wobei der im *ICRU Report 10a*[3] nicht enthaltene Begriff «Ionendosis» eingeführt wird. Eine zusammenfassende Darstellung der physikalischen Begriffe und Größen in der Dosimetrie ionisierender Strahlen einschließlich der die Strahlungsquellen und Strahlungsfelder charakterisierenden Größen ist erschienen[5]. Wir halten uns im folgenden eng an diese Veröffentlichungen.

1. Einleitende Bemerkungen

Wird Materie von energiereicher Strahlung durchdrungen, so kann nach dem Grundgesetz für jede Strahlenwirkung (Grotthus-Drapersches Gesetz) nur die auf das Material des bestrahlten Objekts übertragene (in dem Material absorbierte) Energie eine Wirkung ausüben. Diese Energieübertragung oder -umwandlung erfolgt bei ionisierender Strahlung in mehreren Stufen[6], ehe sie biologisch in Erscheinung tritt. Man ist international übereingekommen, den Begriff der «auf das Material übertragenen Energie» auf diejenige Energie zu beziehen, die sich durch Anregung, Ionisierung oder Änderung der chemischen Bindungsenergie der Atome oder Moleküle manifestiert, und definiert diese für die Dosimetrie wesentliche Größe folgendermaßen[3]:

«Die durch ionisierende Strahlung *auf das Material* in einem Volumen während einer Zeitspanne *übertragene Energie* W_D ist die Summe W_{ein} der Energien (ohne Ruheenergien) aller direkt oder indirekt ionisierenden Teilchen und Photonen, die in das Volumen eintreten, vermindert um die Summe W_{aus} der Energien (ohne Ruheenergien) aller ionisierenden Teilchen und Photonen, die aus dem Volumen austreten, vermehrt um die Summe W_Q der Reaktions- und Umwandlungsenergien aller Kern- und Elementarteilchenprozesse, die während dieser Zeitspanne in diesem Volumen stattfinden:

$W_D = W_{ein} - W_{aus} + W_Q$.»

Während die Bedeutung der Summanden W_{ein} und W_{aus} ohne weiteres einleuchtet, muß man sich bei W_Q im Einzelfall darüber klar werden, ob der Kern- oder Elementarteilchenprozeß exotherm oder endotherm ist, W_Q also positiv oder negativ einzusetzen ist. Wird zum Beispiel bei der Absorption eines Photons im betrachteten Volumen ein Elektronenzwilling (Elektron und Positron) erzeugt, so handelt es sich um einen endothermen Prozeß, und für den Einzelprozeß gilt $W_Q = Q = -2\,m_e c^2$ (wobei m_e Ruhemasse des Elektrons, c Lichtgeschwindigkeit).

Mit Hilfe der Größe W_D und der Masse m des Materials wird die *Energiedosis* definiert. Die grundlegende Aufgabe der Dosimetrie besteht darin, die Energiedosis zu bestimmen, auf die man nach der derzeitigen Auffassung die beobachtbaren chemischen, biologischen oder medizinischen Effekte am sinnvollsten bezieht. Die Energiedosis kommt durch bestimmte physikalische Wechselwirkungen zwischen Strahlung und Materie zustande, Wirkungen, die ihrerseits von der Art, Flußdichte und spektralen Energieverteilung der Strahlung sowie von der atomaren Zusammensetzung der Materie abhängen. Der Schweizer Arzt und Physiker CHRISTEN[7] hat als erster die «physikalische Dosis», und zwar als Quotient dE/dV definiert, wobei dE die von der Materie im Volumen dV absorbierte Strahlungsenergie ist. Die Bezeichnung «Dosis» ohne Beiwort ist mehrdeutig, weil es verschiedene für die Dosimetrie ionisierender Strahlen benutzte Dosisgrößen, wie *Energiedosis*, *Ionendosis* und *Äquivalentdosis*, gibt.

Strahlungsfelder und Dosisleistungsfelder in Körpern sind oft räumlich und zeitlich stark inhomogen, zum Beispiel die örtliche Dosisleistungsverteilung an Grenzflächen von Weichteilgewebe und Knochen oder die gepulsten Elektronenstrahlen von Beschleunigern; die entsprechenden Definitionen müssen deshalb auf so kleine Massenelemente oder Zeitintervalle bezogen werden, daß eine weitere Reduktion keine Änderung der betreffenden Quotienten bewirkt. Dieses Verfahren führt zum Grenzübergang[6], der in den DIN-Normen als Differentialquotient ausgedrückt wird. Im *ICRU Report 10a*[3] wird darauf hingewiesen, daß für das Massenelement eine untere Schranke besteht: Bei der diskreten Wechselwirkung zwischen Strahlung und Materie müssen innerhalb des Massenelementes so viele Einzelereignisse stattfinden, daß die statistischen Schwankungen um einen Mittelwert klein werden; es muß also ein definierter Mittelwert existieren. Wir bevorzugen deshalb die Differenzenschreibweise mit dem Symbol Δ.

2. Strahlungsfeldgrößen

Ein Strahlungsfeld ist ein Bereich im Vakuum oder in Materie, der von Strahlung durchsetzt wird.

2.1 Teilchenflußdichte $\quad \varphi = \dfrac{\Delta^2 N}{\Delta A \times \Delta t}$

Dabei ist $\Delta^2 N$ die Anzahl der Teilchen*, die in dem Zeitintervall Δt in ein Elementarkügelchen mit der Großkreisfläche ΔA eintreten. Für Neutronen ist diese Größe gleich $n(v) \times v$, wobei $n(v)$ die Neutronenanzahldichte mit der Geschwindigkeit v ist.

2.2 Teilchenfluenz $\quad \Phi = \dfrac{\Delta N}{\Delta A}$

Dabei ist ΔN die Anzahl der Teilchen, die in der Zeitspanne Δt in ein Elementarkügelchen mit der Großkreisfläche ΔA eintreten. Es gilt

$$\varphi = \frac{\Delta \Phi}{\Delta t}$$

2.3 Energieflußdichte $\quad \psi = \dfrac{\Delta^2 W}{\Delta A \times \Delta t}$

Dabei ist $\Delta^2 W$ die Summe der Energien (ohne Ruheenergien) aller Teilchen, die in der Zeitspanne Δt in ein Elementarkügelchen mit der Großkreisfläche ΔA eintreten.

2.4 Energiefluenz $\quad \Psi = \dfrac{\Delta W}{\Delta A}$

Dabei ist ΔW die Summe der Energien (ohne Ruheenergien) aller Teilchen, die in der Zeitspanne Δt in ein Elementarkügelchen mit der Großkreisfläche ΔA eintreten. Es gilt

$$\psi = \frac{\Delta \Psi}{\Delta t}$$

3. Wechselwirkungen

Wir beschränken uns hier auf die Wechselwirkungen von Photonen oder Elektronen mit Materie, da in der Medizin weitaus überwiegend Röntgen-, Gamma- und Elektronenstrahlen angewendet werden. Die Wechselwirkungen mit Neutronen und Materie sowie die Neutronendosimetrie würden über den Rahmen dieser Darlegungen weit hinausgehende Erläuterungen erfordern.

3.1 Treffen Photonen auf Atome oder Moleküle, so wird ein Teil ihrer Energie auf die durch Photo-, COMPTON- und Paarbildungseffekt freigesetzten Elektronen übertragen.

*Massen-Energieumwandlungskoeffizient** $\quad \mu_K/\varrho = \dfrac{\Delta W_{kin}}{\varrho \times W \times \Delta l}$

Dabei ist ΔW_{kin} die Summe der kinetischen Energien der Sekundärelektronen, die in einer Schicht der Dicke Δl und der Dichte ϱ erzeugt werden, und W die Summe der Energien der Photonen, die senkrecht auf die Schicht auffallen.

3.2 Treffen geladene Teilchen auf Atome, so übertragen sie einen Teil ihrer Bewegungsenergie in einzelnen Stößen durch Anregung und Ionisation der Atome oder Moleküle und durch Erzeugung von Röntgenbremsstrahlung.

Massenbremsvermögen $\quad S/\varrho = \dfrac{\Delta E}{\varrho \times \Delta l}$

Dabei ist ΔE der mittlere Energieverlust, den das geladene Teilchen mit der Energie E beim Durchqueren einer Schicht der Dicke Δl und der Dichte ϱ erleidet.

S_e/ϱ = Elektronen-Massenbremsvermögen

4. Dosisgrößen und Dosiseinheiten

4.1 Energiedosis und Energiedosisleistung

4.1.1 Die von einer ionisierenden Strahlung in einem Material erzeugte *Energiedosis*** D ist der Quotient aus ΔW_D und Δm, wobei ΔW_D die Energie ist, die auf das Material in einem Volumenelement ΔV durch die Strahlung übertragen wird, und $\Delta m = \varrho \times \Delta V$ die Masse des Materials mit der Dichte ϱ in diesem Volumenelement:

$$D = \frac{\Delta W_D}{\Delta m} = \frac{1}{\varrho} \times \frac{\Delta W_D}{\Delta V}$$

Der häufig gebrauchte Begriff «integrale Energiedosis» ist identisch mit dem Begriff «auf das Material übertragene Energie»:

$$W_D = \sum_i (D_i \times \Delta m_i)$$

(siehe Abschnitt 1). Im Einzelfall heißt es also zum Beispiel «auf den Krankheitsherd ...» oder «auf den gesamten Körper übertragene Energie». Durch diese Ausdrucksweise wird der Sachverhalt deutlicher gemacht als durch den Ausdruck «integrale Energiedosis».

Die gebräuchliche *Einheit der Energiedosis* ist das Rad (Kurzzeichen rd):

$$1\ \text{rd} = 0{,}01\ \text{J kg}^{-1}$$

---

* Hier und im folgenden sollen unter «Teilchen» sowohl Korpuskeln wie Elektronen, Protonen, Neutronen usw. als auch Photonen verstanden werden.

* Im deutschen Normblatt DIN 6814, Blatt 2, Oktober 1963, wird η als Symbol für den Energieumwandlungskoeffizienten benutzt.

** Die im Englischen benutzte Bezeichnung «absorbed dose» ist ein Pleonasmus, da eine Dosis nur durch Absorption der Strahlung in Materie entstehen kann – im Vakuum kann zwar ein Strahlungsfeld vorhanden sein, aber keine Dosis erzeugt werden. Daher wurde für den deutschen Sprachgebrauch die Bezeichnung «Energiedosis» vorgeschlagen.

Aus der Definition des Rad und den Beziehungen zwischen den verschiedenen Energieeinheiten ergibt sich ferner:

$$1\ \text{rd} = 100\ \text{erg g}^{-1} = 2{,}388 \times 10^{-6}\ \text{cal}_{IT}\ \text{g}^{-1} = 6{,}242 \times 10^{13}\ \text{eV g}^{-1}$$

4.1.2 Die *Energiedosisleistung* $\dot{D}$ ist der Quotient aus ΔD und Δt, dem Zuwachs ΔD der Energiedosis in der Zeitspanne Δt:

$$\dot{D} = \frac{\Delta D}{\Delta t}$$

Bei zeitlich konstanten Verhältnissen ist $\dot{D} = D/t$.

Gebräuchliche *Einheiten der Energiedosisleistung* sind Rad/Sekunde (rd s^{-1}), Rad/Minute (rd min^{-1}), Rad/Stunde (rd h^{-1}):

$$1\ \text{rd s}^{-1} = 0{,}01\ \text{W kg}^{-1}$$

Eine direkte Messung der Energiedosis (-leistung) ist nur mit kalorimetrischen Methoden in Phantomen möglich und erfordert einen großen experimentellen Aufwand. Für die praktische Dosimetrie wählt man indirekte Verfahren, vor allem solche, die auf der Ionisation der Luft beruhen und die es gestatten, die Energiedosis in einfacher Weise zu berechnen.

4.2 Ionendosis und Ionendosisleistung

Die Größe «Ionendosis» ist in den ICRU-Empfehlungen nicht enthalten, wohl aber in den DIN-Normen[4] definiert. Sie gilt für alle Strahlenarten mit Ausnahme der Neutronen.

4.2.1 Die von einer ionisierenden Strahlung erzeugte *Ionendosis* J ist der Quotient aus ΔQ und Δm_L, wobei ΔQ die elektrische Ladung der Ionen eines Vorzeichens ist, die in Luft in einem Volumenelement ΔV durch die Strahlung mittelbar oder unmittelbar gebildet werden, und $\Delta m_L = \varrho_L \times \Delta V$ die Masse der Luft mit der Dichte ϱ_L in diesem Volumenelement:

$$J = \frac{\Delta Q}{\Delta m_L} = \frac{1}{\varrho_L} \times \frac{\Delta Q}{\Delta V}$$

Die gebräuchliche *Einheit der Ionendosis* ist das Röntgen (Kurzzeichen R):

$$1\ \text{R} = 2{,}58 \times 10^{-4}\ \text{C kg}^{-1}\,*$$

Aus der Definition des Röntgen und der Elementarladung $e = 1{,}602 \times 10^{-19}$ C folgt, daß eine Ionendosis von 1 R $1{,}610 \times 10^{12}$ Ionenpaare je Gramm Luft oder $2{,}082 \times 10^{9}$ Ionenpaare je Kubikzentimeter Luft mit einer Dichte von 1,293 mg/cm^3 erzeugt.

4.2.2 Die *Ionendosisleistung* $\dot{J}$ ist der Quotient aus ΔJ und Δt, dem Zuwachs ΔJ der Ionendosis in der Zeitspanne Δt:

$$\dot{J} = \frac{\Delta J}{\Delta t}$$

Bei zeitlich konstanten Verhältnissen ist $\dot{J} = J/t$.

Einheiten der Ionendosisleistung sind Röntgen/Sekunde (R s^{-1}), Röntgen/Minute (R min^{-1}), Röntgen/Stunde (R h^{-1}):

$$1\ \text{R s}^{-1} = 2{,}58 \times 10^{-4}\ \text{A kg}^{-1}$$

Die folgende Tabelle dient zur Umrechnung zwischen diesen gebräuchlichen Einheiten der Ionendosisleistung.

Tabelle 2

	mR h^{-1}	µR s^{-1}	R h^{-1}	R min^{-1}	R s^{-1}
1 mR h^{-1} =	1	$2{,}8 \times 10^{-1}$	10^{-3}	$1{,}7 \times 10^{-5}$	$2{,}8 \times 10^{-7}$
1 µR s^{-1} =	3,6	1	$3{,}6 \times 10^{-3}$	6×10^{-5}	10^{-6}
1 R h^{-1} =	10^{3}	$2{,}8 \times 10^{2}$	1	$1{,}7 \times 10^{-2}$	$2{,}8 \times 10^{-4}$
1 R min^{-1} =	6×10^{4}	$1{,}7 \times 10^{4}$	60	1	$1{,}7 \times 10^{-2}$
1 R s^{-1} =	$3{,}6 \times 10^{6}$	10^{6}	$3{,}6 \times 10^{3}$	60	1

4.2.3 Für eine einfache Berechnung der Energiedosis in einem Material (siehe Abschnitt 4.1.1) haben zwei Sonderfälle der Ionendosis, nämlich die «Gleichgewicht-Ionendosis» und die «Hohlraum-Ionendosis», besondere Bedeutung in der Dosimetrie.

4.2.3.1 Die *Gleichgewicht-Ionendosis* J_s (bisher Standard-Ionendosis genannt) ist die Ionendosis, die von einer Photonenstrahlung an der interessierenden Stelle erzeugt wird, wenn dort Sekundärelektronengleichgewicht in Luft herrscht.

Sekundärelektronengleichgewicht an einem Punkt innerhalb eines Materials besteht, wenn die Summe der kinetischen Energien der von einer Photonenstrahlung erzeugten Sekundärelektronen, die in ein Volumen eintreten, das diesen Punkt enthält, gleich der Summe der kinetischen Energien der Sekundärelektronen ist, die aus diesem Volumen austreten.

Sekundärelektronengleichgewicht läßt sich in einer Ionisationskammer dadurch erzielen, daß man das Luftvolumen mit einer luftäquivalenten Wand (zum Beispiel Graphit) von einer Dicke umgibt, die mindestens gleich der Reichweite der Sekundärelektronen in der Wand ist. Allerdings muß dabei die zusätzliche Bedingung erfüllt sein, daß die mittlere Reichweite der von den Photonen erzeugten Sekundärelektronen klein gegen $1/\mu$ ist (μ linearer Schwächungskoeffizient für die Photonenstrahlung). Da diese zweite Bedingung annähernd nur für Photonenenergien bis etwa 3 MeV erfüllt ist, läßt sich die Gleichgewicht-Ionendosis nur bei Photonenenergien unterhalb 3 MeV messen. Durch das Einbringen der Ionisationskammer darf das Strahlungsfeld der Photonen nicht merklich gestört werden.

Die ICRU hat eine der Gleichgewicht-Ionendosis gleichwertige Größe, die «exposure»*, folgendermaßen definiert:

«Die 'exposure' X ist der Quotient aus ΔQ und Δm, wobei ΔQ die Summe der elektrischen Ladungen aller in Luft erzeugten Ionen eines der beiden Vorzeichen ist, wenn alle durch Photonen in einem Volumenelement Luft mit der Masse Δm freigesetzten Elektronen (Negatronen und Positronen) vollständig in Luft abgebremst werden:

$$X = \frac{\Delta Q}{\Delta m}.\text{»}$$

Die Einheit der «exposure» ist das Röntgen in der Definition des Abschnittes 4.2.1.

Gleichgewicht-Ionendosis und «exposure» werden nach den gleichen Meßmethoden ermittelt und haben in der Einheit Röntgen den gleichen Zahlenwert.

4.2.3.2 Die *Hohlraum-Ionendosis* J_c ist die Ionendosis, die von einer Photonen- oder Elektronenstrahlung in einem luftgefüllten, von beliebigem Material umgebenen Hohlraum erzeugt wird, wenn die Bragg-Gray-Bedingungen erfüllt sind.

Ist ein Hohlraum innerhalb eines Materials A mit einem Material B (zum Beispiel Luft) gefüllt, so sind die *Bragg-Gray-Bedingungen* erfüllt, wenn

a) die Flußdichte der Elektronen der ersten Generation und ihre Energieverteilung durch diesen mit dem Material B gefüllten Hohlraum nicht verändert wird,
b) der Beitrag zu der auf das Material B übertragenen Energie verschwindet, der von den Sekundärelektronen herrührt, die durch Photonen im eingebrachten Material B ausgelöst werden,
c) die Flußdichte der Elektronen aller Generationen innerhalb des Materials B nicht ortsabhängig ist.

Diese Bedingungen lassen sich näherungsweise realisieren, wenn die linearen Abmessungen des mit Luft gefüllten Hohlraumes klein gegen $1/\mu$ (μ = linearer Schwächungskoeffizient der Luft für die Photonen) und klein gegen die mittlere Reichweite der Sekundärelektronen sind. Die Wände einer Hohlraum-Ionisationskammer müssen sehr dünn sein, oder das Wandmaterial darf bezüglich des Massen-Energieumwandlungskoeffizienten μ_K/ϱ und des Elektronen-Massenbremsvermögens S_e/ϱ nur wenig von den entsprechenden Werten für das Umgebungsmaterial A abweichen; das heißt, die Ionisation der Luftmoleküle in der Kammer muß bei Photonenstrahlung ganz überwiegend von Sekundärelektronen bewirkt werden, die im Umgebungsmaterial A ausgelöst werden. Um Grenzschichteffekte zwischen dem Wandmaterial und der Kammerluft infolge der energiearmen Deltaelektronen herabzusetzen, muß die Innenseite der Wände mit einer Graphitschicht von etwa 1 µm Dicke versehen werden – andernfalls wird die mittlere Hohlraum-Ionendosis abhängig von der Größe des Meßvolumens.

5. Umrechnung zwischen Dosisgrößen

5.1 Aus der Ionendosis J (J_s, J_c) erhält man zunächst die Energiedosis D_L für Luft:

$$D_L = U_{iL} \times J$$

Dabei ist $U_{iL} = 0{,}869$ rd/R die Ionisierungskonstante für Luft, die sich aus dem mittleren Energieaufwand E_i (= 33,7 eV) zur Bildung eines Ionenpaares in Luft, aus der Elementarladung e und der Be-

* Nach einer früheren Definition war 1 Röntgen (r) = 1 elektrostatische Ladungseinheit je 1,293 mg Luft; das entspricht dem Zahlenwert nach der hier angegebenen jetzt gültigen Definition.

* Im deutschen Sprachgebrauch gibt es kein adäquates Wort für «exposure».

ziehung 1 V = 1 J/1 C = 2,58 × 10^{-4} rd R^{-1} ergibt. U_{iL} ist oberhalb etwa 10 keV in einem weiten Energiebereich praktisch konstant.

5.2. Für Photonenstrahlungen ergibt sich die Energiedosis D_Z an der interessierenden Stelle im Material Z aus der an der gleichen Stelle innerhalb des Materials ermittelten Energiedosis D_L bei *Sekundärelektronengleichgewicht* in Luft (siehe Abschnitt 4.2.3.1) nach der Beziehung

$$D_Z = (\mu_K/\varrho)_Z \,/\, (\mu_K/\varrho)_L \times D_L$$

Dabei sind $(\mu_K/\varrho)_Z$ und $(\mu_K/\varrho)_L$ die Massen-Energieumwandlungskoeffizienten (siehe Abschnitt 3.1) des Materials Z (zum Beispiel Körpergewebe) bzw. der Luft (L) für die Photonenenergie E. Für ein Photonenspektrum hat man statt dessen die über das Spektrum gemittelten Werte $(\bar{\mu}_K/\varrho)_Z$ und $(\bar{\mu}_K/\varrho)_L$ einzusetzen. Mit der *Gleichgewicht-Ionendosis* J_s lauten die Umrechnungsgleichungen

a) für Photonen einheitlicher Energie E:
$D_Z = f \times J_s$ mit $f = U_{iL} \times (\mu_K/\varrho)_Z / (\mu_K/\varrho)_L$

b) für ein Photonenspektrum:
$D_Z = \bar{f} \times J_s$ mit $\bar{f} = U_{iL} \times (\bar{\mu}_K/\varrho)_Z / (\bar{\mu}_K/\varrho)_L$

Werte der Umrechnungsfaktoren f und $\bar{f}$ für Luft, Wasser, Weichteilgewebe und Knochen siehe in Tabellen 3 und 4.

5.3 Für Photonen- und Elektronenstrahlen ergibt sich die Energiedosis D_Z an der interessierenden Stelle im Material Z aus der an der gleichen Stelle innerhalb des Materials Z unter *Bragg-Gray-Bedingungen* (siehe Abschnitt 4.2.3.2) ermittelten Energiedosis D_L für Luft nach der Beziehung:

$$D_Z = (\bar{S}_e/\varrho)_Z / (\bar{S}_e/\varrho)_L \times D_L$$

Dabei sind $(\bar{S}_e/\varrho)_Z$ und $(\bar{S}_e/\varrho)_L$ die über das Elektronenspektrum gemittelten Elektronen-Massenbremsvermögen (siehe Abschnitt

Tabelle 3 Umrechnungsfaktor $f = D/J_s$

E in MeV	f in rd R^{-1} für Luft	Wasser*	Weichteilgewebe**	Knochen (kompakt)**
0,010	0,869	0,912	0,925	3,54
0,015	0,869	0,890	0,916	3,97
0,020	0,869	0,877	0,916	4,23
0,030	0,869	0,870	0,910	4,39
0,04	0,869	0,873	0,919	4,14
0,05	0,869	0,893	0,926	3,58
0,06	0,869	0,915	0,929	2,91
0,08	0,869	0,937	0,939	1,91
0,10	0,869	0,942	0,948	1,45
0,15	0,869	0,964	0,956	1,05
0,20	0,869	0,971	0,963	0,979
0,30	0,869	0,964	0,957	0,938
0,4	0,869	0,967	0,954	0,928
0,5	0,869	0,964	0,957	0,925
0,6	0,869	0,964	0,957	0,925
0,8	0,869	0,967	0,956	0,920
1,0	0,869	0,967	0,956	0,922
1,5	0,869	0,966	0,958	0,920
2,0	0,869	0,966	0,954	0,921
3,0	0,869	0,964	0,954	0,928

* Nach National Bureau of Standards, Report 8681, U.S. Government Printing Office, Washington, 1965.
** Nach National Bureau of Standards, *Physical Aspects of Irradiation, ICRU Report 10b, 1962,* Handbook 85, U.S. Government Printing Office, Washington, 1964.

Tabelle 5 Umrechnungsfaktor $\bar{g} = D/J_c$

Strahlenqualität: Quantenenergie oder Elektronenenergie	Halbwertdicke oder Radionuklid	$\bar{g}$ in rd R^{-1} für Luft	Wasser	Weichteilgewebe
(a) Bremsstrahlung bei 400 kV Röhrenspannung	4,2 mm Cu	0,87	1,01	1,00
0,66 MeV	^{137}Cs	0,87	1,00	1,00
1,25 MeV	^{60}Co	0,87	0,99	0,99
Bremsstrahlung 15 MeV	–	0,87	0,98	0,97
Bremsstrahlung 30 MeV	–	0,87	0,95	0,94
Bremsstrahlung 45 MeV	–	0,87	0,94	0,93
(b) Elektronenstrahlen				
5 MeV	–	0,87	0,92	0,91
10 MeV	–	0,87	0,88	0,87
20 MeV	–	0,87	0,84	0,83
30 MeV	–	0,87	0,82	0,81
40 MeV	–	0,87	0,81	0,80
50 MeV	–	0,87	0,80	0,79

Bei der Ermittlung der Energiedosis in Weichteilgewebe, das in Knochensubstanz eingebettet ist, ist der Faktor $\bar{g}$ für Weichteilgewebe einzusetzen, da der Einfluß des Knochens schon bei der Messung der Hohlraum-Ionendosis mit erfaßt wird.
(a) Für Photonenstrahlen nach National Bureau of Standards, *Physical Aspects of Irradiation, ICRU Report 10b, 1962,* Handbook 85, U.S. Government Printing Office, Washington, 1964, (b) für Elektronenstrahlen nach Berger und Seltzer, *Tables of Energy Losses and Ranges of Electrons and Positrons,* NASA SP-3012, National Aeronautics and Space Administration, Washington, 1964, sowie *Additional Stopping Power and Range Tables for Protons, Mesons, and Electrons,* NASA SP-3036, National Aeronautics and Space Administration, Washington, 1966, berechnet.

Tabelle 4 Umrechnungsfaktor $\bar{f} = D/J_s$

Strahlenqualität: Röhrenspannung in kV	Gesamtfilterung mm Al	Gesamtfilterung mm Cu	Halbwertschichtdicke mm Al	Halbwertschichtdicke mm Cu	$\bar{f}$ in rd R^{-1} für Luft	Wasser	Weichteilgewebe	Knochen (kompakt)
50	1,4	–	1,2	0,03	0,87	0,88	0,93	4,2
100	–	0,2	4,2	0,18	0,87	0,89	0,92	3,6
150	–	0,5	–	0,75	0,87	0,92	0,94	2,3
200	–	1,0	–	1,45	0,87	0,94	0,95	1,6
250	–	1,5	–	2,35	0,87	0,95	0,95	1,4
300	–	3,0	–	3,5	0,87	0,96	0,95	1,2
400	–	3,0	–	4,2	0,87	0,96	0,96	1,1

Bei der Ermittlung der Energiedosis von in Knochen eingebettetem Weichteilgewebe aus der gemessenen Gleichgewicht-Ionendosis ist der Faktor $\bar{f}$ zwischen den Werten für Weichteilgewebe und Knochen zu interpolieren; er hängt vom Abstand der Knochensubstanz zum Meßort ab. [Nach National Bureau of Standards, *Physical Aspects of Irradiation, ICRU Report 10b, 1962,* Handbook 85, U.S. Government Printing Office, Washington, 1964.]

3.2) des Materials Z und der Luft (L). Mit der *Hohlraum-Ionendosis* J_c lautet die Umrechnungsgleichung

$$D_Z = \bar{g} \times J_c, \text{ mit } \bar{g} = U_{IL}\,(\bar{S}_e/\varrho)_Z/(\bar{S}_e/\varrho)_L$$

Werte der Umrechnungsfaktoren $\bar{g}$ können für Luft, Wasser und Weichteilgewebe der Tabelle 5 entnommen werden.

6. Strahlungsfeldgrößen und Dosisgrößen

6.1 Für energiehomogene Photonen besteht zwischen der Energieflußdichte ψ_{ph} der Photonen und der Energiedosisleistung $\dot{D}$ bei Sekundärelektronengleichgewicht an der interessierenden Stelle im Material die Größengleichung

$$\dot{D} = (\mu_K/\varrho) \times \psi_{ph}$$

Entsprechend gilt zwischen der Energiedosis D und der Energiefluenz Ψ_{ph}

$$D = (\mu_K/\varrho) \times \Psi_{ph}$$

wobei μ_K/ϱ der Massen-Energieumwandlungskoeffizient des Materials für die betreffende Photonenenergie ist.

6.2 Für energiehomogene Elektronen besteht zwischen der Teilchenflußdichte φ_e der Elektronen und der Energiedosisleistung $\dot{D}$ unter Bragg-Gray-Bedingungen an der interessierenden Stelle im Material die Größengleichung

$$\dot{D} = (S_e/\varrho) \times \varphi_e$$

Entsprechend gilt zwischen der Energiedosis D und der Teilchenfluenz Φ_e

$$D = (S_e/\varrho) \times \Phi_e$$

wobei S_e/ϱ das Elektronen-Massenbremsvermögen des Materials für die betreffende Elektronenenergie ist.

Da die Wechselwirkungskoeffizienten μ_K/ϱ und S_e/ϱ selbst Funktionen der Photonen- oder der Elektronenenergie sind, sind im allgemeinen die Energiedosisleistungen bei zwei verschiedenen Teilchenenergien verschieden, selbst wenn die Energie- oder Teilchenflußdichten gleich sind. Meist liegen aber auch keine Strahlungen einheitlicher Energie, sondern Spektren vor. In diesen Fällen hat man Mittelwerte der Wechselwirkungskoeffizienten über die spektralen Verteilungen zu bilden.

7. Der relative biologische Wirksamkeitsfaktor (RBW-Faktor)

Bei strahlenbiologischen Untersuchungen hat sich gezeigt, daß die verschiedenen Arten ionisierender Strahlung bei gleicher Energiedosis in dem bestrahlten biologischen Material und unter sonst gleichen Bedingungen verschieden starke biologische Wirkungen hervorrufen können. Die Energiedosis reicht also als physikalische Größe noch nicht aus, um auf sie alle biologischen Effekte beziehen zu können. Man hat daher den Begriff der relativen biologischen Wirksamkeit (RBW) eingeführt und den dimensionslosen RBW-Faktor ξ definiert:

$$\xi = D_0/D$$

Dabei ist D die Energiedosis der interessierenden Strahlenart, die eine bestimmte biologische Wirkung hervorruft, und D_0 die Energiedosis einer Vergleichsstrahlung (zur Zeit eine hart gefilterte 200-kV-Röntgenstrahlung), die unter sonst gleichen Bedingungen dieselbe Wirkung hervorruft. ξ ist für eine bestimmte Strahlenart keine Konstante: Man erhält verschiedene Zahlenwerte, je nachdem, welche Strahlenreaktion zur Beobachtung herangezogen wird, welches biologische System untersucht wird, in welchem Entwicklungszustand sich das biologische Objekt befindet und wie dort die Energiedosis räumlich und zeitlich verteilt ist[8]. Der RBW-Faktor ist nicht ohne weiteres auf die Verhältnisse im Strahlenschutz übertragbar, sondern soll der Strahlenbiologie vorbehalten bleiben.

8. Die Äquivalentdosis und der Bewertungsfaktor[9]

Im Strahlenschutz tritt an die Stelle des RBW-Faktors ξ der Bewertungsfaktor q und an die Stelle der Energiedosis der Vergleichsstrahlung, die in der Praxis des Strahlenschutzes nicht vorhanden ist, die Äquivalentdosis D_q, die wie folgt definiert werden kann:

Die Äquivalentdosis D_q ist das Produkt aus der Energiedosis D und einem dimensionslosen Bewertungsfaktor q:

$$D_q = q \times D^*$$

* Das in den ICRU-Empfehlungen benutzte Symbol DE für «dose equivalent» ist ebenso wie das Symbol QF für «quality factor» für die Anwendung in Formeln schlecht geeignet.

Die Äquivalentdosis ist nur für Strahlenschutzzwecke bestimmt. Der Bewertungsfaktor q ist eine dimensionslose Zahl und hängt im wesentlichen ab von der Strahlenart, von der Teilchenenergie und von den speziellen Bestrahlungsbedingungen. Zur Berücksichtigung des Strahlenrisikos und unter Zugrundelegung der Erkenntnisse über die relative biologische Wirksamkeit ξ werden für q Werte aufgrund von Vereinbarungen festgesetzt. Die Äquivalentdosis ist gleich der von einer Bezugsstrahlung mit dem Bewertungsfaktor $q = 1$ (zur Zeit 200-kV-Röntgenstrahlung) erzeugten Energiedosis, die in bezug auf das Risiko im Strahlenschutz ebenso bewertet wird wie die von der interessierenden Strahlung mit dem Bewertungsfaktor $q \neq 1$ erzeugte Energiedosis.

Wirken mehrere Strahlenarten zusammen, so ist die gesamte Äquivalentdosis die Summe der Äquivalentdosen, die von den einzelnen Strahlenarten herrühren:

$$D_q = \sum_i D_{qi} = \sum_i (D_i \times q_i)$$

Bei der Angabe von Äquivalentdosen wird für die Einheit Rad die Sonderbezeichnung Rem (Kurzzeichen rem) verwendet:

$$1 \text{ rem} = 1 \text{ rd}$$

Der Gebrauch der Bezeichnung Rem ist ausschließlich auf die Angabe von Äquivalentdosen beschränkt. Auf diese Weise kann man zum Beispiel aus der Angabe 5 rem ohne weiteres erkennen, daß es sich um eine Äquivalentdosis handelt.

9. Die spezifische Gammastrahlenkonstante (Dosisleistungskonstante)

Die spezifische Gammastrahlenkonstante Γ (Dosisleistungskonstante) eines gammastrahlenden radioaktiven Nuklids ist der Quotient aus dem Produkt $\dot{J}_s \times r^2$ und der Aktivität A des Radionuklids, wobei $\dot{J}_s$ die Gleichgewicht-Ionendosisleistung* ist, die im Abstand r von einer punktförmigen Strahlenquelle des betreffenden Radionuklids erzeugt würde, wenn die Gammastrahlung weder im Präparat noch auf der Wegstrecke r eine Absorption erführe:

$$\Gamma = \frac{\dot{J}_s \times r^2}{A}$$

$\dot{J}_s$ ist normalerweise nur die Gleichgewicht-Ionendosisleistung, die von der Gammastrahlung und von der bei Positronenstrahlern emittierten Vernichtungsstrahlung erzeugt wird. Wird die bei innerer Konversion oder Elektroneneinfang emittierte charakteristische Röntgenstrahlung mit einbezogen, so ist dies bei Angabe der spezifischen Gammastrahlenkonstante jeweils ausdrücklich zu vermerken.

Bei Radionukliden mit kurzlebigen Folgeprodukten wird Γ für den Zustand des radioaktiven Gleichgewichtes angegeben. $\dot{J}_s$ ist dabei die Gleichgewicht-Ionendosisleistung, die von der Gammastrahlung aller Glieder der Reihe erzeugt wird, und A die Aktivität des Mutternuklids. Bei Radium wird die spezifische Gammastrahlenkonstante auf die Masse m_{Ra} des Radiumnuklids ^{226}Ra bezogen, das sich im Gleichgewicht mit seinen Folgeprodukten befindet und in eine Platinhülle von 0,5 mm Dicke eingeschlossen ist:

$$\Gamma_{Ra} = \frac{\dot{J}_s \times r^2}{m}; \text{ zahlenmäßig gilt } \Gamma_{Ra} = 0{,}825 \;\; \text{R h}^{-1}\,\text{m}^2\,\text{g}^{-1}$$

Die gebräuchliche Einheit der spezifischen Gammastrahlenkonstante ist

$$\frac{\text{Röntgen} \times \text{Quadratmeter}}{\text{Stunde} \times \text{Curie}} \quad (\text{R h}^{-1}\,\text{m}^2\,\text{Ci}^{-1})$$

Für ^{226}Ra ist die gebräuchliche Einheit der spezifischen Gammastrahlenkonstante

$$\frac{\text{Röntgen} \times \text{Quadratmeter}}{\text{Stunde} \times \text{Gramm}} \quad (\text{R h}^{-1}\,\text{m}^2\,\text{g}^{-1})$$

Bei bekannter Aktivität A oder bei bekannter Masse m_{Ra} des Radiums läßt sich also die Gleichgewicht-Ionendosisleistung im Abstand r berechnen, wenn man die Absorption der Gammastrahlung in der Quelle und auf der Luftstrecke vernachlässigt:

$$\dot{J}_s = \Gamma \frac{A}{r^2} \quad \text{oder} \quad \dot{J}_s = \Gamma_{Ra} \frac{m_{Ra}}{r^2}$$

* Bei Benutzung der «exposure» X (siehe Abschnitt 4.2.3.1) tritt an die Stelle von $\dot{J}_s$ die «exposure rate» $\dot{X}$.

Tabelle 6 Spezifische Gammastrahlenkonstante Γ für einige Radionuklide

Γ in R h^{-1} m^2 Ci^{-1}											
^{22}Na	^{24}Na	^{42}K	^{54}Fe	^{58}Co	^{60}Co	^{64}Cu	^{130}I	^{131}I	^{137}Cs $+^{137}$Ba^{m}	^{192}Ir	^{198}Au
1,19	1,84	0,14	0,63	0,55	1,31	0,12	1,22	0,22	0,31	0,50	0,23

Literatur

1 Conférence Générale des Poids et Mesures, *Comptes rendus des séances de la 12e Conférence générale des Poids et Mesures*, Paris 1964, Gauthier-Villars, Paris, 1964, S. 94.

2 QUIMBY et al., *Radioactive Isotopes in Clinical Practice*, Lea & Febiger, Philadelphia, 1958.

3 National Bureau of Standards, *Radiation Quantities and Units, ICRU Report 10a, 1962*, Handbook 84, U.S. Government Printing Office, Washington, 1962.

4 Deutscher Normenausschuß, DIN 6809, Oktober 1963; Entwurf DIN 6814, Blatt 3, November 1964. (Neue Ausgaben für diese Normenblätter stehen in Vorbereitung; die dabei vorgesehenen Änderungen sind hier bereits berücksichtigt.)

5 FRÄNZ, H., *Strahlentherapie*, **131**, 270 (1966).

6 HARDER, D., *Strahlentherapie*, Sonderband **62**, 254 (1966).

7 CHRISTEN, T., *Messung und Dosierung der Röntgenstrahlen*, Fortschritte auf dem Gebiet der Röntgenstrahlen, Ergänzungsband 28, Gräfe & Sillem, Hamburg, 1913.

8 Relative Biological Effectiveness Committee, *Health Phys.*, **9**, 357 (1963).

9 BERGER et al., *Strahlentherapie*, **131**, 143 (1966).

Größen und Einheiten der elektromagnetischen Strahlung und der Photometrie

Größe* und Definition	SI-Einheit Name	SI-Einheit Symbol
Elektromagnetische Strahlung		
Die **Strahlungsenergie** W (oder Q_e) ist die als Strahlung abgegebene, übertragene oder empfangene Energie.	Joule	J
Die **Strahlungsenergiedichte** w ist der Quotient aus der Strahlungsenergie in einem Volumenelement und dem Volumenelement: $w = \mathrm{d}W/\mathrm{d}V$.	Joule/Kubikmeter	J m^{-3}
Der **Strahlungsfluß** Φ_e oder die **Strahlungsleistung** P ist die zeitliche Änderung der Strahlungsenergie: $\Phi_e = P = \mathrm{d}W/\mathrm{d}t$.	Watt	W
Die **spektrale Dichte des Strahlungsflusses**** $\Phi_{e\lambda}$ ist die spektrale Verteilungsfunktion des Strahlungsflusses im Sinne seines Differentialquotienten nach der Wellenlänge, das heißt der Beitrag $\mathrm{d}\Phi_e$ zum Strahlungsfluß aus einem Wellenlängenintervall $\mathrm{d}\lambda$, dividiert durch das Wellenlängenintervall: $\Phi_e = \int \Phi_{e\lambda}\,\mathrm{d}\lambda$. $\Phi_{e\lambda}$ wird vielfach in Watt/Nanometer (1 W nm^{-1} = 10^9 W m^{-1}) angegeben.	Watt/Meter	W m^{-1}
Die **Strahlstärke** I_e eines Strahlers in einer bestimmten Ausstrahlungsrichtung ist der Quotient aus dem Strahlungsfluß, der in ein diese Richtung enthaltendes Raumwinkelelement geht, und dem Raumwinkelelement: $\Phi_e = \int I_e\,\mathrm{d}\Omega$.	Watt/Steradiant	W sr^{-1}
Die **Strahldichte** L_e in einem Punkt eines Oberflächenelementes $\mathrm{d}A$ eines Strahlers und in einer bestimmten Richtung (ε) gegenüber der Normalen ist der Quotient aus der Strahlstärke I_e in dieser Richtung und der Größe der Projektion des Oberflächenelementes auf eine Ebene senkrecht zu der betrachteten Ausstrahlungsrichtung: $\Phi_e = \int I_e\,\mathrm{d}\Omega = \iint L_e \cos\varepsilon\,\mathrm{d}A\,\mathrm{d}\Omega$.	Watt/(Steradiant × Quadratmeter)	W sr^{-1} m^{-2}
Die **spezifische Ausstrahlung** M_e in einem Punkt eines Oberflächenelementes eines Strahlers ist der Quotient aus dem von diesem Oberflächenelement ausgehenden Strahlungsfluß und dem Oberflächenelement: $\Phi_e = \int M_e\,\mathrm{d}A$.	Watt/Quadratmeter	W m^{-2}
Die **Bestrahlungsstärke** E_e in einem Punkt eines Oberflächenelementes ist der Quotient aus dem auf dieses Oberflächenelement auffallenden Strahlungsfluß und dem Oberflächenelement: $\Phi_e = \int E_e\,\mathrm{d}A$.	Watt/Quadratmeter	W m^{-2}

* Sofern Verwechslungen zwischen *Strahlungsgrößen* und den entsprechenden *photometrischen Größen* (das heißt den photometrisch bewerteten Strahlungsgrößen) nicht zu befürchten sind oder im Gesamtzusammenhang nur eine der beiden Größensorten vorkommt, werden an den gemeinsamen Formelzeichen die unterscheidenden Indizes – e (energetisch) für Strahlungsgrößen und v (visuell) für photometrische Größen – fortgelassen.

** Sofern Verwechslungen mit den sogenannten «spektralen» Größen – zum Beispiel $\varepsilon(\lambda)$, $K(\lambda)$, $V(\lambda)$, $\varrho(\lambda)$, $\alpha(\lambda)$, $\tau(\lambda)$ –, die zwar Funktionen der Wellenlänge sind, jedoch nicht spektrale Verteilungsfunktionen im Sinne von Differentialquotienten nach der Wellenlänge darstellen, nicht zu befürchten sind, kann die «spektrale Dichte einer Größe X» (das heißt $X_\lambda = \mathrm{d}X/\mathrm{d}\lambda$) in abgekürzter Form auch einfach als «spektrale Größe X» bezeichnet werden, beispielsweise «spektraler Strahlungsfluß» als Abkürzung für «spektrale Dichte des Strahlungsflusses», $\Phi_{e\lambda}$.

Größe (siehe Fußnote* auf S. 223) und Definition	SI-Einheit	
	Name	Symbol
Die **Bestrahlung** H_e ist das zeitliche Integral über die Bestrahlungsstärke: $H_e = \int E_e \, dt$.	Joule/Quadratmeter	$J \, m^{-2}$
Der (halbräumliche) **Emissionsgrad** ε ist das Verhältnis der spezifischen Ausstrahlung eines Temperaturstrahlers zu der des Schwarzen Strahlers bei derselben Temperatur: $\varepsilon = M_e / M_{e,s}$*.	1	1
Der **spektrale** (halbräumliche) **Emissionsgrad** $\varepsilon(\lambda)$ ist das Verhältnis der spektralen Dichte der spezifischen Ausstrahlung eines Temperaturstrahlers zu der des Schwarzen Strahlers bei derselben Temperatur: $\varepsilon(\lambda) = M_{e\lambda} / M_{e\lambda,s}$**.	1	1
Der **gerichtete Emissionsgrad** $\varepsilon(\vartheta, \varphi)$ ist das Verhältnis der Strahldichte eines Temperaturstrahlers in einer bestimmten Richtung (ϑ, φ) zu der des Schwarzen Strahlers bei derselben Temperatur: $\varepsilon(\vartheta, \varphi) = L_e / L_{e,s} = \int L_{e\lambda} \, d\lambda / \int L_{e\lambda,s} \, d\lambda$.	1	1
Der **spektrale gerichtete Emissionsgrad** $\varepsilon(\lambda; \vartheta, \varphi)$ ist das Verhältnis der spektralen Dichte der Strahldichte eines Temperaturstrahlers in einer bestimmten Richtung (ϑ, φ) zu der des Schwarzen Strahlers bei derselben Temperatur: $\varepsilon(\lambda; \vartheta, \varphi) = L_{e\lambda} / L_{e\lambda,s} < 1$.	1	1
Photometrie		
Der **Lichtstrom** Φ_v ist der photometrisch bewertete Strahlungsfluß. Spektrale Bewertungsfunktion für die spektrale Dichte des Strahlungsflusses $\Phi_{e\lambda}$ ist das spektrale photometrische Strahlungsäquivalent $K(\lambda)$ oder der spektrale Hellempfindlichkeitsgrad $V(\lambda)$: $\Phi_v = \int K(\lambda) \, \Phi_{e\lambda} \, d\lambda = K_{max} \int V(\lambda) \, \Phi_{e\lambda} \, d\lambda$.	Lumen	$lm = cd \, sr$
Die **spektrale Dichte des Lichtstroms***** $\Phi_{v\lambda}$ ist die spektrale Verteilungsfunktion des Lichtstroms im Sinne seines Differentialquotienten nach der Wellenlänge, das heißt der Beitrag $d\Phi_v$ zum Lichtstrom aus einem Wellenlängenintervall $d\lambda$, dividiert durch das Wellenlängenintervall: $\Phi_v = \int \Phi_{v\lambda} \, d\lambda$. $\Phi_{v\lambda}$ wird oft in der Einheit Lumen/Nanometer ($1 \, lm \, nm^{-1} = 10^9 \, lm \, m^{-1}$) angegeben.	Lumen/Meter	$lm \, m^{-1}$
Das **spektrale photometrische Strahlungsäquivalent** $K(\lambda)$, das heißt die Lichtausbeute einer Strahlung bei der Wellenlänge λ, ist das Verhältnis der spektralen Dichten von Lichtstrom und Strahlungsfluß: $K(\lambda) = \Phi_{v\lambda} / \Phi_{e\lambda}$. Sein Maximalwert $K_{max} = K(555 \, nm)$ beträgt 670 bis 680 $lm \, W^{-1}$ für den photometrischen Normalbeobachter.	Lumen/Watt	$lm \, W^{-1}$
Der **spektrale Hellempfindlichkeitsgrad** $V(\lambda)$ ist das Verhältnis des spektralen photometrischen Strahlungsäquivalents (bei der Wellenlänge λ) $K(\lambda)$ zu seinem Maximalwert K_{max}: $V(\lambda) = K(\lambda) / K_{max}$†.	1	1
Die **Lichtmenge** Q_v ist das Zeitintegral über den Lichtstrom: $Q_v = \int \Phi_v \, dt$. Q_v wird vielfach in der Einheit Lumenstunde ($1 \, lm \, h = 3600 \, lm \, s$) angegeben.	Lumensekunde	$lm \, s = cd \, sr \, s$
Die **Lichtstärke** I_v in einer bestimmten Ausstrahlungsrichtung ist der Quotient aus dem Lichtstrom, der in ein diese Richtung enthaltendes Raumwinkelelement gestrahlt wird, und dem Raumwinkelelement: $\Phi_v = \int I_v \, d\Omega$.	Candela	cd

* Unpolarisierte Gesamtstrahlung eines Schwarzen Strahlers bei der Temperatur T: $M_{e,s} = \sigma T^4$.
Zu Stefan-Boltzmann-Konstante $\sigma = 2\pi^5 k^4 / 15 h^3 c^2$ siehe S. 224.6.

** Plancksche Strahlungsformel (unpolarisierte Strahlung eines Schwarzen Strahlers bei Temperatur T): $M_{e\lambda,s} = c_1 \lambda^{-5} [\exp(c_2/\lambda T) - 1]^{-1}$.
Zu erste Strahlungskonstante $c_1 = 2\pi h c^2$ und zweite Strahlungskonstante $c_2 = h c/k$ siehe S. 224.6.

*** Siehe Fußnote** auf S. 223.

† Der spektrale Hellempfindlichkeitsgrad $V(\lambda)$ wird derzeit durch folgende international angenommene Werte[7] definiert [λ = Zahlenwert der Wellenlänge des Lichts in Nanometer (nm)]:

λ	$V(\lambda)$	λ	$V(\lambda)$	λ	$V(\lambda)$	λ	$V(\lambda)$	λ	$V(\lambda)$	λ	$V(\lambda)$	λ	$V(\lambda)$	λ	$V(\lambda)$	λ	$V(\lambda)$	λ	$V(\lambda)$
400	0,000 4	440	0,023	480	0,139	520	0,710	555	1,000	590	0,757	630	0,265	670	0,032	710	0,002 1	750	0,000 12
410	0,001 2	450	0,038	490	0,208	530	0,862	560	0,995	600	0,631	640	0,175	680	0,017	720	0,001 05	760	0,000 06
420	0,004 0	460	0,060	500	0,323	540	0,954	570	0,952	610	0,503	650	0,107	690	0,008 2	730	0,000 52		
430	0,011 6	470	0,091	510	0,503	550	0,995	580	0,870	620	0,381	660	0,061	700	0,004 1	740	0,000 25		

Über eine Revision der (dimensionslosen) Bewertungsfunktion $V(\lambda)$ bei gleichzeitiger Festsetzung ihrer Werte von Nanometer zu Nanometer sind die internationalen Verhandlungen noch nicht abgeschlossen.
Zum Unterschied von den auf den spektralen Hellempfindlichkeitsgrad für Tagessehen $V(\lambda)$ (Internationale Beleuchtungskommission, 1924), das heißt auf photopisches Sehen (*reines* Zapfensehen), bezogenen photometrischen Größen werden die auf den spektralen Hellempfindlichkeitsgrad für Nachtsehen $V'(\lambda)$ (Internationale Beleuchtungskommission, 1951), das heißt auf skotopisches Sehen (*reines* Stäbchensehen), bezogenen photometrischen Größen als «skotopische Größen» bezeichnet.

Größe (siehe Fußnote * auf S. 223) und Definition	SI-Einheit	
	Name	Symbol
Die *Candela*, die SI-Basiseinheit der Lichtstärke, ist definiert[2] als die Lichtstärke, mit der $(1/6) \times 10^{-5}\ \mathrm{m}^2$ der Oberfläche eines Schwarzen Strahlers bei der Temperatur des beim Druck 101 325 N m^{-2} erstarrenden Platins senkrecht zu seiner Oberfläche leuchtet.		
Die **Leuchtdichte** L_v in einem Punkt eines Oberflächenelementes $\mathrm{d}A$ einer Lichtquelle und in einer bestimmten Richtung (ε) gegenüber der Normalen ist der Quotient aus der Lichtstärke I_v in dieser Richtung und der Größe der Projektion des Oberflächenelementes auf eine Ebene senkrecht zur betrachteten Ausstrahlungsrichtung: $\Phi_v = \int I_v\,\mathrm{d}\Omega = \iint L_v \cos\varepsilon\,\mathrm{d}A\,\mathrm{d}\Omega$*.	Candela/Quadratmeter	cd m^{-2}
Die **spezifische Lichtausstrahlung** M_v** in einem Punkt eines Oberflächenelementes einer Lichtquelle ist der Quotient aus dem von diesem Oberflächenelement ausgehenden Lichtstrom und dem Oberflächenelement: $\Phi_v = \int M_v\,\mathrm{d}A$.	Lux	lx = lm m^{-2} = cd sr m^{-2}
Die **Beleuchtungsstärke** E_v in einem Punkt eines Oberflächenelementes ist der Quotient aus dem auf dieses Oberflächenelement auffallenden Lichtstrom und dem Oberflächenelement: $\Phi_v = \int E_v\,\mathrm{d}A$***.	Lux	lx = lm m^{-2} = cd sr m^{-2}
Die **Belichtung** H_v ist das Zeitintegral über die Beleuchtungsstärke: $H_v = \int E_v\,\mathrm{d}t$.	Luxsekunde	lx s = cd sr m^{-2} s
Die **Lichtausbeute** einer Lichtquelle ist der Quotient aus dem abgegebenen Gesamtlichtstrom Φ_v und der aufgenommenen Leistung P_{aufg}.	Lumen/Watt	lm W^{-1}
Der **spektrale Reflexionsgrad** $\varrho(\lambda)$ ist das Verhältnis der spektralen Dichte des reflektierten Strahlungsflusses (oder Lichtstroms) zu der des einfallenden Strahlungsflusses (oder Lichtstroms): $\varrho(\lambda) = \Phi_{\lambda r}/\Phi_\lambda$.	1	1
Der **spektrale Absorptionsgrad** $\alpha(\lambda)$ ist das Verhältnis der spektralen Dichte des absorbierten Strahlungsflusses (oder Lichtstroms) zu der des einfallenden Strahlungsflusses (oder Lichtstroms): $\alpha(\lambda) = \Phi_{\lambda a}/\Phi_\lambda$†.	1	1
Der **spektrale Transmissionsgrad** $\tau(\lambda)$ ist das Verhältnis der spektralen Dichte des durchgelassenen Strahlungsflusses (oder Lichtstroms) zu der des einfallenden Strahlungsflusses (oder Lichtstroms): $\tau(\lambda) = \Phi_{\lambda tr}/\Phi_\lambda$.	1	1
Reflexionsgrad ϱ, **Absorptionsgrad** α und **Transmissionsgrad** τ sind die Verhältnisse des reflektierten, des absorbierten und des durchgelassenen Strahlungsflusses (oder Lichtstroms) Φ_r, Φ_a und Φ_{tr} zum einfallenden Strahlungsfluß (oder Lichtstrom) Φ. Zwischen den Größen ϱ, α, τ und $\varrho(\lambda)$, $\alpha(\lambda)$, $\tau(\lambda)$ bestehen folgende Zusammenhänge: $\varrho = \int \Phi_\lambda\,\varrho(\lambda)\,\mathrm{d}\lambda / \int \Phi_\lambda\,\mathrm{d}\lambda = \Phi_r/\Phi$ $\alpha = \int \Phi_\lambda\,\alpha(\lambda)\,\mathrm{d}\lambda / \int \Phi_\lambda\,\mathrm{d}\lambda = \Phi_a/\Phi$ $\tau = \int \Phi_\lambda\,\tau(\lambda)\,\mathrm{d}\lambda / \int \Phi_\lambda\,\mathrm{d}\lambda = \Phi_{tr}/\Phi$ $\Phi = \Phi_r + \Phi_a + \Phi_{tr}$ $\varrho + \alpha + \tau = \varrho(\lambda) + \alpha(\lambda) + \tau(\lambda) = 1$	1	1

* Die Einheit Candela/Quadratzentimeter ($1\ \mathrm{cd\ cm^{-2}} = 10^4\ \mathrm{cd\ m^{-2}}$) wurde früher auch als Stilb (sb) bezeichnet. Weitere teilweise benutzte Leuchtdichteeinheiten sind das Apostilb [$1\ \mathrm{asb} = (1/10^4\,\pi)\ \mathrm{sb}$], das Lambert [$1\ \mathrm{L} = (10^4/\pi)\ \mathrm{cd\ m^{-2}}$] und das Foot lambert [$1\ \mathrm{ftL} = \pi^{-1}\ \mathrm{cd\ ft^{-2}}$; ft^2 siehe Abschnitt «Fläche», S. 203].

** Die (nicht polarisierte) spezifische Lichtausstrahlung des Schwarzen Strahlers bei der Temperatur T_{Pt} erstarrenden Platins

$$M_{v,s}(T_{Pt}) = \int_0^\infty M_{e\lambda,s}(T_{Pt})\,K(\lambda)\,\mathrm{d}\lambda \quad (\text{zu } M_{e\lambda,s} \text{ siehe Note ** auf S. 224})$$

ergibt sich über die Beziehung $\Phi_v = \int I_v\,\mathrm{d}\Omega = \int M_v\,\mathrm{d}A$ mit den die Candela definierenden Daten zu

$$M_{v,s}(T_{Pt}) = K_{max}\,c_1 \int_0^\infty V(\lambda)\,\lambda^{-5}\,[\exp(c_2/\lambda T_{Pt}) - 1]^{-1}\,\mathrm{d}\lambda = 6\pi \times 10^{-5}\ \mathrm{lx}.$$

*** Die Einheit Lumen/Quadratzentimeter ($1\ \mathrm{lm\ cm^{-2}} = 10^4\ \mathrm{lm\ m^{-2}}$) wurde bei Beleuchtungsstärkeangaben früher auch als Phot (phot) bezeichnet. Eine weitere teilweise benutzte Beleuchtungsstärkeeinheit ist das Foot candle oder Lumen per square foot ($1\ \mathrm{fc} = 1\ \mathrm{lm\ ft^{-2}}$; ft^2 siehe Abschnitt «Fläche», S. 203).

† Bei einem Temperaturstrahler gilt in einer bestimmten Ein- oder Ausstrahlungsrichtung (ϑ, φ): $\alpha(\lambda; \vartheta, \varphi) = \varepsilon(\lambda; \vartheta, \varphi) = L_{e\lambda}/L_{e\lambda,s} < 1$.

Literatur

[1] Comité International des Poids et Mesures, *Proc.-Verb. Com. int. Poids Mes.*, **15**, 65 (1933).

[2] Comité International des Poids et Mesures, *Proc.-Verb. Com. int. Poids Mes.*, **20**, 119 (1946), und **21**, 67 (1948); Conférence Générale des Poids et Mesures, *Comptes rendus des séances de la 9e Conférence générale des Poids et Mesures*, Paris 1948, Gauthier-Villars, Paris, 1949, S. 54; *Comptes rendus des séances de la 13e Conférence générale des Poids et Mesures*, Paris 1967/1968, Gauthier-Villars, Paris, 1968.

Physikalische und subjektive Maßeinheiten der Akustik*

Größe und Definition	Dimension	Einheiten	
		SI-Einheit	CGS-Einheit
Der **Schalldruck** (p) ist der dem stationären atmosphärischen Druck überlagerte Wechseldruck, der durch einen Schallvorgang erzeugt wird; wenn nicht anders bezeichnet, ist der Effektivwert angegeben.	$L^{-1}\,M\,T^{-2}$	$N\,m^{-2}$	$dyn\,cm^{-2}$ (= μbar)
Die **Schallschnelle** (v) ist die Momentangeschwindigkeit der durch einen Schallvorgang bewegten Mediumteilchen; wenn nicht anders bezeichnet, ist der Effektivwert angegeben.	$L\,T^{-1}$	$m\,s^{-1}$	$cm\,s^{-1}$
Der **Schalldruckpegel** (Schallpegel) (L_p) – meist kurz Schallpegel genannt – ist definiert[1] als $20 \log_{10} p/p_0$ in Dezibel (dB), wobei p den Effektivwert des beobachteten Schalldrucks und p_0 den Effektivwert eines Bezugsschalldrucks bedeuten; in Luft wird als (effektiver) Bezugsschalldruck allgemein $p_0 = 2 \times 10^{-5}$ N m^{-2} = 2×10^{-4} μbar benutzt[1].	$L^0\,M^0\,T^0$	(dB)	(dB)
Schallenergie (W) ist mechanische Energie, die in Form von Schall abgestrahlt wird.	$L^2\,M\,T^{-2}$	W s	erg
Die **Schalleistung** (P) ist die abgestrahlte Schallenergie/Zeit.	$L^2\,M\,T^{-3}$	W	$erg\,s^{-1}$
Die **Schallstärke** (Schallintensität) (I) ist die Schalleistung, die durch eine senkrecht zur Ausbreitungsrichtung liegende Flächeneinheit fließt.	$M\,T^{-3}$	$W\,m^{-2}$	$erg\,s^{-1}\,cm^{-2}$
Die **Schallgeschwindigkeit** (c) ist die Ausbreitungsgeschwindigkeit einer Schallwelle; sie ist eine Mediumkonstante und als solche unabhängig von der Frequenz und der Intensität der Schallwelle. In Luft hängt sie vor allem von der Temperatur ab und beträgt: $(331{,}4 + 0{,}607\,t)$ m s^{-1}, wobei t den Zahlenwert der Temperatur in Grad Celsius bedeutet. Anmerkung: Bei sehr hohen Intensitäten (Knall und Explosionen) kann die Schallgeschwindigkeit höhere Werte annehmen.	$L\,T^{-1}$	$m\,s^{-1}$	$cm\,s^{-1}$

Größe und Definition	Dimension	SI-Einheit
Die **Periodendauer** (T) ist die Zeitdauer, nach der ein periodischer Vorgang von einem willkürlich angenommenen Ausgangszustand zum erstenmal wieder in diesen zurückgekehrt ist.	T	s
Die **Frequenz** (Tonfrequenz) (ν oder f) eines periodischen Vorganges ist der Kehrwert der Periodendauer. Die Frequenz eines Schallvorganges ist maßgebend für die Empfindung der Tonhöhe. *Musikalischer Normalstimmton.* Das a′ der musikalischen Tonskala entspricht einer Tonfrequenz von 440 Hz[2].	T^{-1}	Hz
Die Einheit der **Lautstärke** (Lautstärkepegel) (L_N) ist das dimensionslose «phon»[1]. Die Lautstärke eines Schalles beträgt n phon, wenn dieser, beurteilt durch «normal» hörende Beobachter, als gleich laut erscheint wie ein reiner Ton der Frequenz 1000 Hz, der als ebene fortschreitende Welle von vorn auf die Beobachter trifft und dessen Schallpegel (siehe oben) $L_p = n$ dB beträgt – das heißt $L_N = 20 \log_{10} (p/p_0)_{1\,kHz}$. Lautstärken in phon können also grundsätzlich nur durch einen subjektiven Hörvergleich bestimmt werden; objektive Meßmethoden liefern immer nur mehr oder weniger genaue Annäherungen.	$L^0\,M^0\,T^0$	(phon)

* Dieser Abschnitt, S. 224.2 und 224.3, entstand in Zusammenarbeit mit W. Furrer, Eidgenössische Technische Hochschule, Zürich.

Größe und Definition	Dimension	SI-Einheit
Lautheit (N oder S). Da das durch die dB-Skala des Schallpegels gekennzeichnete phon für viele Zwecke den physiologischen Gegebenheiten zu wenig Rechnung trägt, kann die subjektive Empfindung auch als Lautheit in «sone» ausgedrückt werden, wobei die sone-Skala folgendermaßen definiert ist[7]: Die Beziehung zwischen der Lautheit N in sone irgendeines Schalles und seiner Lautstärke L_N in phon ist durch die Formel bestimmt:	$L^0 M^0 T^0$	(sone)

$$N = 2(L_N - 40)/10 \quad \text{oder} \quad \log_{10} N = 0{,}03\,(L_N - 40)$$

Diese «Lautheitsfunktion» führt auf folgende Werte:

L_N in phon	N in sone	L_N in phon	N in sone	L_N in phon	N in sone
20	0,25	55	2,83	90	32,0
25	0,35	60	4,00	95	45,3
30	0,50	65	5,66	100	64,0
35	0,70	70	8,00	105	90,5
40	1,00	75	11,3	110	128
45	1,41	80	16,0	115	181
50	2,00	85	22,6	120	256

Dabei ist folgendes zu beachten:

1. Die Lautheit in sone ist nicht direkt meßbar, sondern sie kann nur aus der Lautstärke in phon berechnet werden.
2. Eine Lautheit von 1 sone entspricht einer Lautstärke von 40 phon.
3. Eine Verdoppelung der Lautheit entspricht einem Lautstärkeunterschied von 10 phon.
4. Die Formel gilt nur zwischen 20 und 120 phon; darüber hinausgehende Anwendungen sind als Extrapolationen zu bewerten.

Berechnung von Lautstärken

Lautstärken können auch aus Schallanalysen berechnet werden. Die zwei bekanntesten Methoden stammen von STEVENS[3] und ZWICKER[4]. Die Genauigkeit dieser analytischen Methoden, das heißt die Übereinstimmung mit der nach der ISO Recommendation[1] subjektiv gemessenen Lautstärke, ist für viele Zwecke ausreichend. So berechnete Lautstärkewerte dürfen aber nicht einfach durch Anfügen von «phon» bezeichnet werden, sondern es ist in geeigneter Form darauf hinzuweisen, daß es sich um Werte handelt, die nach einer bestimmten Methode berechnet wurden.

Eine Variante des Verfahrens nach STEVENS wurde besonders für die Bewertung von Fluglärm entwickelt[5]. Die so gewonnenen Ergebnisse werden als «perceived noise level» bezeichnet (Abkürzung: PN in dB). Damit wird eine Korrelation der objektiven Messungen mit der subjektiven Empfindung angestrebt, die besser ist, als dies mit einer einfachen Schallpegelmessung erreicht werden kann.

Schallpegelmesser

Im Hinblick auf die Schwierigkeiten bei der Durchführung von subjektiven Hörvergleichen, wie sie für eine Lautstärkemessung in phon erforderlich sind, hat man Schallpegelmesser genormt, wobei deren Eigenschaften bis zu einem gewissen Grade denjenigen des menschlichen Ohres angepaßt sind[6]. Zu diesem Zweck sind die Schallpegelmesser mit drei verschiedenen Frequenzkurven versehen (A, B, C), mit denen ein «gewogener» oder «bewerteter» Schallpegel gemessen wird. Der Frequenzabhängigkeit der Ohrempfindlichkeit entsprechend werden kleine Schallpegel mit der Kurve A, mittlere mit der Kurve B und hohe mit der Kurve C gemessen. Es ist notwendig, für jede Messung die verwendete Kurve jeweils anzugeben, zum Beispiel: Der Schallpegel beträgt 45 dB(A), 95 dB(C) usw. Auf dem gleichen Prinzip beruht das früher in Deutschland gebräuchliche «DIN-phon»[7]; eine Neuregelung im Sinne der internationalen Empfehlungen steht bevor.

Neuere Messungen der Frequenzabhängigkeit des Ohres[8] sowie die Untersuchung der Korrelation zwischen Schallpegel- und Lautstärkemessungen haben gezeigt, daß die Verwendung der Kurve A die beste Übereinstimmung mit der subjektiven Empfindung ergibt, und zwar nicht nur bei tiefen, sondern auch bei hohen Schallpegeln. Diese Tendenz wird bei den Normungsarbeiten der ISO berücksichtigt, so daß in Zukunft Schallpegel mehr und mehr nur noch in dB(A) gemessen und angegeben werden. Der Schallpegel in dB(A) soll auch dann angeführt werden, wenn Lautstärken in irgendeiner Form gemessen oder berechnet werden (zum Beispiel phon, phon nach ZWICKER berechnet, PN in dB usw).

Schallpegelkatalog

Die folgenden Beispiele geben eine allgemeine Übersicht und illustrieren die Beziehung zwischen den Erfahrungen des täglichen Lebens und der Schallpegelskala dB(A):

Schallquelle	Schallpegel in dB(A)
Propellerflugzeug, 5 m	130
Preßlufthammer, 1 m	120
Kesselschmiede	110
Autohupe, 5 m	100
Lastwagen, 5 m	90
Laute Radiomusik	80
Unterhaltungssprache, 1 m	70
Personenauto, 10 m	60
Ruhiger Bach oder Fluß	50
Wohnquartier, ohne Verkehr	40
Ruhiger Garten	30
Ticken einer Taschenuhr	20
Nicht mehr erkennbar	10
Absolute Stille	0

Literatur

1 International Organization for Standardization, *Expression of the Physical and Subjective Magnitudes of Sound or Noise*, ISO Recommendation R 131, September 1959; *Quantities and Units of Acoustics*, ISO Recommendation R 31, Part VII, November 1965.

2 International Organization for Standardization, *Standard Tuning Frequency*, ISO Recommendation R 16, November 1955.

3 STEVENS, S. S., *J. acoust. Soc. Amer.*, **28**, 807 (1956).

4 ZWICKER, E., *Acustica*, **10**, 304 (1960).

5 KRYTER und PEARSONS, *J. acoust. Soc. Amer.*, **35**, 866 (1963).

6 International Electrotechnical Commission, *Recommendations for Sound Level Meters*, Publication 123, und *Precision Sound Level Meters*, Publication 179, Bureau central de la Commission électrotechnique internationale, Genf, 1961 und 1965.

7 Deutscher Normenausschuß, *Meßgerät für DIN-Lautstärken*, DIN 5045, Mai 1963, Beuth-Vertrieb, Berlin, 1963; ersetzt durch: *Präzision, Schall, Pegelmesseranforderungen*, DIN 45633, Blatt 1, Juli 1967, Beuth-Vertrieb, Berlin, 1967.

8 International Organization for Standardization, *Preferred Frequencies for Acoustical Measurements*, ISO Recommendation R 266, August 1962.

Stoffmenge (n) und Äquivalentenmenge (n_{eq})

Dimension = N
Zusätzliche Basiseinheit = Mol (mol)

Da die bei einem chemischen oder physikalischen Prozeß beteiligten Teilchen, von Sonderfällen abgesehen, praktisch nicht «gezählt» werden können, hatte 1957 die IUPAP[1] für die Darstellung von Molekülphysik und chemischer Physik eine neue Größe als *Basisgröße* der Atomistik und des Diskontinuums eingeführt: die *Stoffmenge n*, die der «Abzählbarkeit» gleicher Individuen Rechnung trägt[2]. n ist der Teilchenanzahl N proportional; der Proportionalitätsfaktor ist eine Naturkonstante, die AVOGADRO-Konstante (hierzu siehe auch S. 224.6): $N_A = N/n$ (Dimension = N^{-1}). Die Teilchenanzahl eines Individuenkollektivs der Stoffmenge $n = 1$ mol ist also $N = N_A \times 1$ mol $= 6{,}02252 \times 10^{23}$ ($3\,s = \pm 28 \times 10^{18}$).

Basiseinheit der Stoffmenge ist das *Mol* (mol). Primärer Standard für das Mol – ebenso wie für die Skala der relativen Atommassen A_r und für die (vereinheitlichte) atomare Masseneinheit (u) – ist das Kohlenstoffnuklid ^{12}C, auf das sich IUPAP und IUPAC in den Jahren 1960/61 einigten[3,4]. Die in den Formulierungen zwar inhaltlich, jedoch nicht wörtlich genau übereinstimmenden Moldefinitionen von IUPAP[5], IUPAC[6] und ISO[7] beinhalten: 1 mol ist die Stoffmenge eines Systems, das aus ebenso vielen unter sich gleichen (oder für den einzelnen Fall als gleich betrachteten) Individuen besteht, wie Atome in 0,012 kg des Kohlenstoffnuklids ^{12}C enthalten sind. Als «gleiche Individuen» können im Sinne der Einführung der Basisgröße Stoffmenge zum Beispiel auftreten: Atome, Moleküle, Radikale, Ionen, Elektronen, Nukleonen, Photonen sowie auch Moleküle und Atomgruppen von «Substanzen», die lediglich durch eine chemische Konstitutionsformel repräsentiert werden. Im Einzelfall ist infolgedessen stets anzugeben, auf welche bestimmte Art «gleicher» Individuen sich eine Stoffmengenangabe beziehen soll.

Auf Anregung von IUPAC, IUPAP und ISO empfahl 1967 das Comité Consultatif des Unités[8] in seiner Recommandation U 4 eine Erweiterung des Internationalen Einheitensystems durch das Mol als siebente Basiseinheit für die Basisgröße Stoffmenge; die 13. Generalkonferenz für Maß und Gewicht hat 1967 eine Entscheidung über diese Frage zurückgestellt.

Bei geeigneter Erweiterung lassen sich in den Stoffmengenbegriff auch die *Faradayschen Äquivalentgesetze* und die *chemischen Bindungen* einbeziehen. Hierzu dient die mit der Stoffmenge n dimensionsgleiche *Äquivalentenmenge* $n_{eq} = z\,n$ (wobei z die *Wertigkeit* einer Ionensorte oder der *Wirkungswert* heteropolarer und homöopolarer Bindungen). n_{eq} ist der elektrischen Ladung $Q = N\,z\,e$ (wobei e Elementarladung, siehe S. 224.6) von N Ionen der Wertigkeit z proportional; der Proportionalitätsfaktor ist wieder eine Naturkonstante, die FARADAY-Konstante (siehe S. 224.6): $F = Q/n_{eq} = e\,N/n = e\,N_A$ (Dimension = $T\,I\,N^{-1}$). *Einheit der Äquivalentenmenge* ist ebenfalls die Basiseinheit Mol*. Die von Ionen der Äquivalentenmenge $n_{eq} = z\,n = 1$ mol transportierte elektrische Ladung beträgt demzufolge $Q = F\,n_{eq} = F \times 1$ mol $= 9{,}64870 \times 10^4$ C ($3\,s = \pm 1{,}6$ C).

Skala der relativen Atommassen (A_r) und (vereinheitlichte) atomare Masseneinheit (u)

Die vereinheitlichte Skala der relativen Atommassen mit ^{12}C als Bezugsnuklid oder primärem Standard wird durch die Festsetzung[3,4]

$$A_r(^{12}\mathrm{C}) = 12$$

definiert, die (vereinheitlichte) atomare Masseneinheit (u) über die Masse $m(^{12}\mathrm{C})$ eines Atoms des Nuklids ^{12}C als primären Standards durch die Festsetzung[3]

$$1\,\mathrm{u} = m(^{12}\mathrm{C})/12$$

Die Atommasse eines beliebigen Nuklids X ist also zu schreiben als $m(\mathrm{X}) = A_r(\mathrm{X})$ u mit

$$1\,\mathrm{u} = 10^{-3}\,(N_A\,\mathrm{mol})^{-1}\,\mathrm{kg} = 1{,}66043 \times 10^{-27}\,\mathrm{kg}$$
$$(3\,s = \pm 8 \times 10^{-32}\,\mathrm{kg})$$

Für die Werte der Atommassen $m(\mathrm{X})$ der Nuklide werden auf Anregung der Kommission für Atommassen und verwandte ato-

---

* Früher wurde das Mol als individuelle (chemische) Massen«einheit» durch Gleichungen der Art 1 mol = M_r g (wobei M_r relative Molekülmasse [früher «Molekulargewicht», «Molgewicht»] der jeweils betrachteten Substanz) definiert und benutzt[2]. In dieser Auffassung war außer dem Mol noch eine weitere individuelle (elektrochemische) Massen«einheit» für Ionen einer chemisch homogenen Substanz üblich: das Grammäquivalent oder Val (val), definiert durch Gleichungen der Art 1 val = $(1/z)$ mol = (M_r/z) g (wobei M_r/z «Äquivalentgewicht» der jeweils betrachteten Ionensorte); anstatt val wurde auch Eq (von gram-equivalent) als Symbol für das Val empfohlen[9]. Bei Einführung der Basisgröße Stoffmenge mit der Basiseinheit Mol verzichtete man bewußt auf eine analoge Definition des Val, das nicht mehr verwendet werden soll – statt dessen wurde zusätzlich die mit der Stoffmenge n dimensionsgleiche Größe Äquivalentenmenge $n_{eq} = z\,n$ eingeführt. Das heißt, der früher üblichen Angabe der Masse y val von Ionen der relativen Molekülmasse M_r und der Wertigkeit z entspricht in der heutigen Darstellung die Äquivalentenmenge $n_{eq} = y$ mol und die Stoffmenge $n = (y/z)$ mol derselben Ionensorte.

Aus zeitlichen Gründen mußte in allen folgenden Abschnitten der *Wissenschaftlichen Tabellen* (ab S. 224.8) darauf verzichtet werden, die früher übliche Masseneinheit Val durch die Mengeneinheit Mol zu ersetzen.

Wichtige Konzentrationsgrößen

Größe*	Symbol und Definition	mol-SI-Einheit**
Molekülkonzentration der Komponente i (L^{-3}) . . .	$C_i = N_i/V$ (in einer Mischphase)	m^{-3}
Massenkonzentration der Komponente i (L^{-3} M) . .	$\varrho_i = \bar{m}_i/V$ (in einer Mischphase) ($\bar{m}_i$: Masse der Komponente i)	kg m^{-3}
Molarität der Komponente i (L^{-3} N)	$c_i = n_i/V$ (Stoffmengenkonzentration, bezogen auf das Volumen V einer Mischphase oder Lösung)***	mol m^{-3}
Molalität der Komponente i (M^{-1} N)	$m_i = n_i/\bar{m}_0$ (Stoffmengenkonzentration, bezogen auf die Masse $\bar{m}_0$ des Lösungsmittels)***	mol kg^{-1}
Äquivalentkonzentration der Ionensorte i (L^{-3} N) .	$c_{eq,i} = z_i c_i = z_i n_i/V$ (in einer Lösung vom Volumen V)***	mol m^{-3}
Ionenstärke einer Lösung (M^{-1} N)	$I = \frac{1}{2}\sum_i z_i^2 m_i = \frac{1}{2}\sum_i z_i^2 n_i/\bar{m}_0$ ($\bar{m}_0$: Masse des Lösungsmittels)	mol kg^{-1}

* Dimension in Klammern.
** Hier wird als «mol-SI-Einheit» die kohärente Einheit des mit der Basiseinheit mol erweiterten Internationalen Einheitensystems bezeichnet[8] (siehe auch oben Text).

*** Es werden auch genannt: eine Lösung der Molarität $c_i = y$ mol/l «y-molar» (bezüglich der Komponente i), eine Lösung der Molalität $m_i = y$ mol/kg «y-molal» (bezüglich der Komponente i) und eine Lösung der Äquivalentkonzentration $c_{eq,i} = y$ mol/l «y-normal» (bezüglich der Ionensorte i).

mare Konstanten der IUPAP seit 1960 Tafeln herausgegeben[10,11]. Auf dieser Grundlage, das heißt auf den Atommassen der Nuklide und der «natürlichen» oder «mittleren» relativen Häufigkeit der stabilen Isotope eines Elementes, beruhen seit 1961 die Tafeln[12] für die relativen Atommassen der Elemente der Atomgewichtskommission der IUPAC.

Stoffmengenbezogene Größen

Außer der Stoffmenge n spielen, insbesondere bei der Darstellung von Thermodynamik und Statistik, die stoffmengenbezogenen oder (leider wenig glücklich benannten) «molaren» Größen eine wichtige Rolle, beispielsweise (Dimensionen in Klammern) molares Volumen $V_{mo} = V/n$ ($L^3\,N^{-1}$); molare Masse $M = m/n$ ($M\,N^{-1}$); molare Enthalpie $H_{mo} = H/n$ und molare innere Energie $U_{mo} = U/n$ (für H_{mo} und U_{mo}: $L^2\,M\,T^{-2}\,N^{-1}$); molare Entropie $S_{mo} = S/n$, molare Wärmekapazität $C_{mo} = C/n$ und molare Gaskonstante $R = R'/n$ (für S_{mo}, C_{mo} und R: $L^2\,M\,T^{-2}\,\Theta^{-1}\,N^{-1}$).

Den stoffmengenbezogenen Größen analog wird beispielsweise die Äquivalentleitfähigkeit Λ ($L^{-3}\,M^{-1}\,T^3\,I^2\,N^{-1}$) als die auf die Äquivalentkonzentration $c_{eq} = n_{eq}/V$ (wobei V Volumen der Lösung) bezogene Leitfähigkeit γ eingeführt: $\Lambda = \gamma/c_{eq}$.

Frühere «physikalische» (A_{ph}) und «chemische» Atomgewichtsskala (A_{ch})

Vor der Einigung auf die vereinheitlichte ^{12}C-Skala benutzten Physik und Chemie verschiedene relative Massenskalen[2]: die «physikalische Atomgewichtsskala» mit dem Sauerstoff*nuklid* ^{16}O als primärem Standard, definiert durch die Festsetzung $A_{ph}(^{16}O) = \mathbf{16}$, und die «chemische Atomgewichtsskala» mit dem *Element* Sauerstoff, das heißt mit dem die in der Natur im Mittel vorkommende Mischung der stabilen Sauerstoffisotope ^{16}O, ^{17}O und ^{18}O repräsentierenden «mittleren» Sauerstoffatom $\bar{O}$ als primärem Standard, definiert durch die Festsetzung $A_{ch}(\bar{O}) = \mathbf{16}$.

Die Häufigkeitsverteilung der drei stabilen Sauerstoffisotope schwankt je nach Provenienz des Sauerstoffs; diese Variation des Häufigkeitsverhältnisses hatte bei den experimentell ermittelten Werten für den Umrechnungsfaktor k_A (Smythe-Faktor) zwischen physikalischer und chemischer Atomgewichtsskala eine Streubreite von mindestens 0,015‰ zur Folge. Daher empfahl die Atomgewichtskommission der IUPAC[13] für k_A einen mittleren *konventionellen* Wert: $k_A = A_{ph}/A_{ch} = \mathrm{mol_{ph}}/\mathrm{mol_{ch}} = 1{,}000\,275$.

Zwischen den beiden früheren Atomgewichtsskalen [$A_{ph} = A_r(^{16}O = 16)$ und $A_{ch} = A_r(\bar{O} = 16)$] und der neuen vereinheitlichten relativen Atommassenskala [$A_r(^{12}C = 12)$] sowie zwischen den zugehörigen Stoffmengeneinheiten $\mathrm{mol}(^{16}O = 16)$, $\mathrm{mol}(\bar{O} = 16)$ und $\mathrm{mol}(^{12}C = 12)$ bestehen die Umrechnungsbeziehungen

$$\frac{A_r(^{16}O = 16)}{A_r(^{12}C = 12)} = \frac{\mathrm{mol}(^{16}O = 16)}{\mathrm{mol}(^{12}C = 12)} = 1{,}000\,317\,91^{11} \quad (3\,s = \pm 5 \times 10^{-8})$$

$$\frac{A_r(\bar{O} = 16)}{A_r(^{12}C = 12)} = \frac{\mathrm{mol}(\bar{O} = 16)}{\mathrm{mol}(^{12}C = 12)} = \frac{1{,}000\,318}{k_A} = 1{,}000\,043 \quad (3\,s = \pm 15 \times 10^{-6})$$

Frühere atomare Masseneinheit (amu)

Die auf das Sauerstoffnuklid ^{16}O als primären Standard bezogene und in Zusammenhang mit der physikalischen Atomgewichtsskala benutzte atomare Masseneinheit (amu) war über die Masse $m(^{16}O)$ eines Atoms des Nuklids ^{16}O definiert als

$$1\ \mathrm{amu} = m(^{16}O)/\mathbf{16}$$

Die Atommasse eines beliebigen Nuklids X wurde also geschrieben als $m(X) = A_{ph}(X)$ amu. Die Umrechnung von der früheren auf die vereinheitlichte atomare Masseneinheit folgt aus der Einheitengleichung

$$1\ \mathrm{u} = \frac{A_r(^{16}O = 16)}{A_r(^{12}C = 12)}\ \mathrm{amu}$$

Literatur

1 International Union of Pure and Applied Physics, *Report of the 9th General Assembly*, Rom, 1957, S. 7; auch in: *Ned. T. Natuurkde*, **23**, 327 (1957), ferner *Nuclear Phys.*, **7**, 299 (1958), und *Phys. Bl.*, **14**, 259 (1958).
2 Zum Beispiel Stille, U., *Rechnen und Messen in der Physik*, 2. Aufl., Vieweg, Braunschweig, 1961.
3 International Union of Pure and Applied Physics, *Report of the 10th General Assembly*, Ottawa, 1960, S. 24.
4 International Union of Pure and Applied Chemistry: *Comptes rendus de la 20e conférence*, München 1959, Butterworth, London, S. 202; *Information Bulletin*, No. 10, London, 1959, S. 17; *Comptes rendus de la 21e conférence*, Montreal 1961, Butterworth, London, S. 221, 252 und 281 ff.
5 International Union of Pure and Applied Physics, *Symbols, Units and Nomenclature in Physics*, Document U.I.P. 11 (S.U.N. 65-3), 1965, S. 25; deutsche Ausgabe: *Symbole, Einheiten und Nomenklatur in der Physik*, Vieweg, Braunschweig, 1966, S. 41.
6 International Union of Pure and Applied Chemistry, *Comptes rendus de la 22e conférence*, London 1963, Butterworth, London, S. 156 und 178; *Comptes rendus de la 23e conférence*, Paris 1965, Butterworth, London, S. 131 und 149.
7 International Organization for Standardization, *Quantities and Units of Physical Chemistry and Molecular Physics*, Draft ISO Recommendation No. 837, Document 12 N 586, August 1966.
8 Comité Consultatif des Unités, 1re session, Paris 1967.
9 Zum Beispiel World Health Organization, *Terminology Circular*, No. 4, Oct. 1st, 1964.
10 Everling et al., *Nuclear Phys.*, **18**, 529 (1960); König et al., *Nuclear Phys.*, **31**, 18 (1962).
11 Mattauch et al., *Nuclear Phys.*, **67**, 1 (1965).
12 International Union of Pure and Applied Chemistry: *Comptes rendus de la 21e conférence*, Montreal 1961, Butterworth, London, S. 281 ff.; *Comptes rendus de la 22e conférence*, London 1963, Butterworth, London, S. 196 ff.; *Comptes rendus de la 23e conférence*, Paris 1965, Butterworth, London, S. 169, 170 und 173 ff.
13 International Union of Pure and Applied Chemistry: *Comptes rendus de la 17e conférence*, Stockholm 1953, Butterworth, London, S. 93; *Comptes rendus de la 18e conférence*, Zürich 1955, Butterworth, London, S. 115.

Physikalische Konstanten

Name	Symbol und Formel	Zahlenwert	CGS-System	Internationales Einheitensystem	Nichtkohärente Einheiten
Gravitationskonstante					
Gravitationskonstante[1]	G	6,670 ± 0,015	10^{-8} dyn cm² g⁻² → $10^{-8}\ \mathrm{dyn\,cm^2\,g^{-2}}$	$10^{-11}\ \mathrm{N\,m^2\,kg^{-2}}$	
Konstanten des elektromagnetischen Feldes (siehe auch S. 216)					
Vakuumlichtgeschwindigkeit[1]	c	2,997 925	$10^{10}\ \mathrm{cm\,s^{-1}}$	$10^{8}\ \mathrm{m\,s^{-1}}$	
	$1/c$	3,335 640 5	$10^{-11}\ \mathrm{cm^{-1}\,s}$	$10^{-9}\ \mathrm{m^{-1}\,s}$	
	c^2	8,987 554 3	$10^{20}\ \mathrm{cm^2\,s^{-2}}$	$10^{16}\ \mathrm{m^2\,s^{-2}}$	
	$1/c^2$	1,112 649 7	$10^{-21}\ \mathrm{cm^{-2}\,s^2}$	$10^{-17}\ \mathrm{m^{-2}\,s^2}$	
Magnetische Feldkonstante	$\mu_0 = 1/\varepsilon_0\,c^2$	1,256 637 062		$10^{-6}\ \mathrm{H\,m^{-1}}$	
Elektrische Feldkonstante	$\varepsilon_0 = 1/\mu_0\,c^2$	8,854 185 3		$10^{-12}\ \mathrm{F\,m^{-1}}$	
Wellenwiderstand des Vakuums	$\Gamma_0 = \mu_0\,c$	3,767 303 7		$10^{2}\ \Omega$	

Literatur 1 National Academy of Sciences – National Research Council Committee, *Nat. Bur. Stand., Techn. News Bull.*, **47**, 175 (1963).

Name	Symbol und Formel	Zahlenwert	CGS-System	Internationales Einheitensystem	Nichtkohärente Einheiten
Konstanten der Thermodynamik † [1–4]					
Molares Volumen des idealen Gases	V_{mo}	2,241 36	10^4 cm^3 mol^{-1}	10^{-2} m^3 mol^{-1}	
Universelle molare Gaskonstante	$R = p_0 V_{mo}/T_0$	8,314 3	10^7 erg °K^{-1} mol^{-1}	J °K^{-1} mol^{-1}	
		8,205 5			10 cm^3 atm °K^{-1} mol^{-1}
		1,987 2			cal_{th} °K^{-1} mol^{-1} §§
		1,986 5			cal_{15} °K^{-1} mol^{-1}
		1,985 8			cal_{IT} °K^{-1} mol^{-1}
Atomare Konstanten † § [1–4]					
AVOGADRO-Konstante ††	N_A	6,022 52	10^{23} mol^{-1}	10^{23} mol^{-1}	
LOSCHMIDT-Konstante †††	$n_L = N_A/V_{mo}$	2,686 99	10^{19} cm^{-3}	10^{25} m^{-3}	
BOLTZMANN-Entropiekonstante	$k = R/N_A$	1,380 54	10^{-16} erg °K^{-1}	10^{-23} J °K^{-1}	
		1,362 49			10^{-22} cm^3 atm °K^{-1}
		8,617 1			10^{-5} eV °K^{-1}
		3,299 6			10^{-24} cal_{th} °K^{-1} §§
		3,298 4			10^{-24} cal_{15} °K^{-1}
		3,297 4			10^{-24} cal_{IT} °K^{-1}
Ladung des Positrons (Elementarladung)	e	1,602 10		10^{-19} C	
	e^*	4,802 98	10^{-10} esE		
	e^*/c	1,602 10	10^{-20} emE		
FARADAY-Konstante	$F = N_A e$	9,648 70		10^4 C mol^{-1}	
	$F^* = N_A e^*$	2,892 61	10^{14} esE mol^{-1}		
	$F^*/c = N_A e^*/c$	9,648 70	10^3 emE mol^{-1}		
SOMMERFELD-Feinstrukturkonstante	α	7,297 20	10^{-3}	10^{-3}	
	$1/\alpha$	1,370 388	10^2	10^2	
	α^2	5,324 92	10^{-5}	10^{-5}	
PLANCK-Konstante (Wirkungsquantum)	$h = 2\pi (e^*)^2/\alpha c$	6,625 6	10^{-27} erg s	10^{-34} J s	
	h/e^*	1,379 47	10^{-17} erg s esE^{-1}		
	hc/e^*	} 4,135 56	10^{-7} erg s emE^{-1}		
	h/e			10^{-15} J s C^{-1}	
Quantenmechanische Einheit des Drehimpulses	$\hbar = h/2\pi$	1,054 50	10^{-27} erg s	10^{-34} J s	
Erste PLANCK-Strahlungskonstante	$c_1 = 2\pi h c^2$	3,741 5	10^{-5} erg cm^2 s^{-1}	10^{-16} W m^2	
	hc^2	5,954 78	10^{-6} erg cm^2 s^{-1}	10^{-17} W m^2	
Zweite PLANCK-Strahlungskonstante	$c_2 = hc/k$	1,438 79	cm °K	10^{-2} m °K	
	$c_2/c = h/k$	4,799 3	10^{-11} s °K	10^{-11} s °K	
Konstante des WIEN-Verschiebungsgesetzes	$b = \lambda_{max} T = c_2/x$; $x = 4{,}965\,114\,23$	2,897 8	10^{-1} cm °K	10^{-3} m °K	
STEFAN-BOLTZMANN-Strahlungskonstante	$\sigma = \pi^2 k^4/60 \hbar^3 c^2$	5,669 7	10^{-5} erg cm^{-2} s^{-1} °K^{-4}	10^{-8} W m^{-2} °K^{-4}	
BOHR-Radius (der einquantigen Elektronenkreisbahn des Wasserstoffatoms)	$a_0 = \alpha/4\pi R_\infty$	5,291 67	10^{-9} cm	10^{-11} m	
Elektronenradius	$r_e = \alpha^3/4\pi R_\infty$	2,817 77	10^{-13} cm	10^{-15} m	
THOMSON-Wirkungsquerschnitt	$(8\pi/3)\, r_e^2$	6,651 6	10^{-25} cm^2	10^{-29} m^2	10^{-1} barn
COMPTON-Wellenlänge					
des Elektrons	$\lambda_{C,e} = h/m_e c$	2,426 21	10^{-10} cm	10^{-12} m	
	$\lambda_{C,e}/2\pi$	3,861 44	10^{-11} cm	10^{-13} m	
des Protons	$\lambda_{C,p} = h/m_p c$	1,321 40	10^{-13} cm	10^{-15} m	
	$\lambda_{C,p}/2\pi$	2,103 07	10^{-14} cm	10^{-16} m	
des Neutrons	$\lambda_{C,n} = h/m_n c$	1,319 58	10^{-13} cm	10^{-15} m	
	$\lambda_{C,n}/2\pi$	2,100 18	10^{-14} cm	10^{-16} m	
RYDBERG-Konstante					
eines Atoms unendlicher Kernmasse	R_∞	1,097 373 1	10^5 cm^{-1}	10^7 m^{-1}	
des leichten Wasserstoffatoms	$R_H = R_\infty/(1 + m_e/m_p)$	1,096 775 8	10^5 cm^{-1}	10^7 m^{-1}	
RYDBERG-Frequenz					
eines Atoms unendlicher Kernmasse	$R'_\infty = R_\infty c$	3,289 842	10^{15} s^{-1}	10^{15} s^{-1}	
des leichten Wasserstoffatoms	$R'_H = R_H c$	3,288 052	10^{15} s^{-1}	10^{15} s^{-1}	

† Die hier aufgeführten Werte gehören zu einem konsistenten Satz von Konstantenwerten, der von einem amerikanischen Komitee erarbeitet[1,2], 1963 von der 12. Generalversammlung der Internationalen Union für reine und angewandte Physik (IUPAP) empfohlen[3] und von der S.U.N.-Kommission der IUPAP veröffentlicht wurde[4]. Die zugehörigen Unsicherheiten sind als einfache oder dreifache Standardabweichungen den genannten Veröffentlichungen [1,2,4] zu entnehmen.

Die im dreidimensionalen symmetrischen Größensystem nichtrational definierten Größen Elementarladung, FARADAY-Konstante, gyromagnetisches Verhältnis und magnetisches Moment werden durch e^*, F^*, γ^* und μ^* gekennzeichnet, während die im vierdimensionalen Größensystem rational definierten entsprechenden Größen mit e, F, γ und μ bezeichnet werden: $e^*/e = F^*/F = (4\pi\varepsilon_0)^{-1/2}$, $\gamma^*/\gamma = \mu^*/\mu = (\mu_0/4\pi)^{1/2}$ (siehe Abschnitt «Elektrische und magnetische Einheiten», S. 216).

†† Anzahl Moleküle in 1 mol eines idealen Gases. Im deutschen Sprachbereich bisher als LOSCHMIDT-Konstante bekannt.

††† Anzahl Moleküle in 1 cm^3 eines idealen Gases bei 0°C und 760 Torr. Im deutschen Sprachbereich bisher AVOGADRO-Konstante genannt.

§ Der Abschnitt «Atomare Konstanten» entstand in Zusammenarbeit mit E. R. COHEN, North American Aviation Science Center, Thousand Oaks, Calif.

§§ $cal_{th} = cal_{thermochem}$, siehe S. 213.

Name	Symbol und Formel	Zahlenwert	CGS-System	Internationales Einheitensystem	Nichtkohärente Einheiten
Spezifische Positronenladung	e/m_e	1,758 796		10^{11} C kg^{-1}	
	e^*/m_e	5,272 74	10^{17} esE g^{-1}		
	$e^*/c\,m_e$	1,758 796	10^{7} emE g^{-1}		
Spezifische Protonenladung	e/m_p	9,579 00		10^{7} C kg^{-1}	
	e^*/m_p	2,871 72	10^{14} esE g^{-1}		
	$e^*/m_p\,c$	9,579 00	10^{3} emE g^{-1}		
Gyromagnetisches Verhältnis des Protons in einer kugelförmigen Probe destillierten Wassers	γ_p	2,675 19		10^{8} s^{-1} T^{-1}	
	$\gamma_p^{*\prime}$	2,675 12	10^{4} s^{-1} emE^{-1}		
Bohr-Magneton	$\mu_B^* = \hbar e^*/2\,m_e\,c$	9,273 2	10^{-21} erg emE^{-1}		
	$\mu_B = \hbar e/2\,m_e$			10^{-24} J T^{-1}	
Kernmagneton	$\mu_N^* = (m_e/m_p)\,\mu_B^*$	5,050 5	10^{-24} erg emE^{-1}		
	$\mu_N = (m_e/m_p)\,\mu_B$			10^{-27} J T^{-1}	
Magnetisches Moment des Elektrons	$\mu_e^* = \mu_B^*\,(\mu_e^*/\mu_B^*)$	9,284 0	10^{-21} erg emE^{-1}		
	$\mu_e = \mu_B\,(\mu_e/\mu_B)$			10^{-24} J T^{-1}	
	$\mu_e^*/\mu_B^* = \mu_e/\mu_B = 1+\alpha/2\,\pi-0{,}328\,\alpha^2/\pi^2$	1,001 159 615			
Magnetisches Moment des Protons	$\mu_p^* = \gamma_p^*\,\hbar/2$	1,410 49	10^{-23} erg emE^{-1}		
	$\mu_p = \gamma_p\,\hbar/2$			10^{-26} J T^{-1}	
	$\mu_p^*/\mu_B^* = \mu_p/\mu_B$	1,521 032 5	10^{-3}	10^{-3}	
Effektives magnetisches Moment des Protons in einer kugelförmigen Probe destillierten Wassers	$\mu_p^*/\mu_N^* = \mu_p/\mu_N$	2,792 76			
Zeeman-Aufspaltungskonstante	$e^*/4\,\pi\,m\,c^2$	4,668 58	10^{-5} cm^{-1} emE^{-1}		
	$e/4\,\pi\,m\,c$			10 m^{-1} T^{-1}	
Atommassenkonstante	$m_u = (1/N_A)$ g mol^{-1}	1,660 43	10^{-24} g	10^{-27} kg	
	$= m(^{12}C)/12$	1			u
Ruhemasse des Elektrons †	$m_e = 4\,\pi\,(e^*)^2\,R_\infty/\alpha^3\,c^2$	9,109 1	10^{-28} g	10^{-31} kg	
		5,485 97			10^{-4} u
Ruhemasse des Protons †	$m_p = m(^1H) - m_e$	1,672 52	10^{-24} g	10^{-27} kg	
		1,007 28^5			u
Verhältnis der Ruhemassen Proton/Elektron	m_p/m_e	1,836 10	10^{3}	10^{3}	
Ruhemasse des Neutrons †	$m_n = A_{rn}\,m_u$	1,674 82	10^{-24} g	10^{-27} kg	
		1,008 66^5			u
Ruhemasse eines leichten Wasserstoffatoms †	$m(^1H) = A_r(^1H)\,m_u$	1,673 43	10^{-24} g	10^{-27} kg	
		1,007 83^5			u
Reduzierte Masse des Elektrons im leichten Wasserstoffatom	$\mu = m_e\,m_p/m(^1H)$	9,104 12	10^{-28} g	10^{-31} kg	
		5,482 98			10^{-4} u
Energetische Umrechnungsfaktoren ††					
Elektronenvolt	eV = $e \times (1$ V$)$	1,602 10	10^{-12} erg	10^{-19} J	
	erg/eV; J/eV	6,241 80	10^{11}	10^{18}	
Rydberg	Ry = $h\,c\,R_\infty$	2,179 71	10^{-11} erg	10^{-18} J	
		1,360 54			10 eV
	$h\,c\,R_H$	2,178 53	10^{-11} erg	10^{-18} J	
		1,359 80			10 eV
Energieäquivalent von					
Sekunde^{-1}	$E(s^{-1}) = h \times (1\,s^{-1})$	6,625 59	10^{-27} erg	10^{-34} J	
		4,135 56			10^{-15} eV
Zentimeter^{-1}	$E(cm^{-1}) = h\,c \times (1\,cm^{-1})$	1,986 30	10^{-16} erg	10^{-23} J	
		1,239 81			10^{-4} eV
Grad Kelvin	$E(°K) = k \times (1\,°K)$	1,380 54	10^{-16} erg	10^{-23} J	
		8,617 06			10^{-5} eV
Gramm	$E(g) = c^2 \times (1\,g)$	8,987 554	10^{20} erg	10^{13} J	
		5,609 85			10^{32} eV
Atomare Masseneinheit	$E(u) = c^2 \times (1\,u)$	1,492 32	10^{-3} erg	10^{-10} J	
		9,314 78			10^{8} eV
Elektronenmasse	$E(m_e) = c^2\,m_e$	8,186 85	10^{-7} erg	10^{-14} J	
		5,110 06			10^{5} eV
Protonenmasse	$E(m_p) = c^2\,m_p$	1,503 19	10^{-3} erg	10^{-10} J	
		9,382 56			10^{8} eV
Neutronenmasse	$E(m_n) = c^2\,m_n$	1,505 25	10^{-3} erg	10^{-10} J	
		9,395 50			10^{8} eV

† Relative Atommassen (A_r) – früher Atomgewichte genannt – von Elektron, Proton, Neutron und von ^1H = Zahlenwert × Zehnerpotenz der entsprechenden in der atomaren Masseneinheit u gemessenen Ruhemassen (dimensionslos).

†† Siehe auch S. 214.

Literatur

[1] National Academy of Sciences – National Research Council Committee, *Nat. Bur. Stand., Techn. News Bull.*, **47**, 175 (1963).

[2] Cohen und DuMond, in: Johnson, W., jr. (Hrsg.), *Nuclidic Masses*, Proceedings of the 2nd International Conference on Nuclidic Masses, Wien 1963, Springer, Wien, 1964, S. 152; Cohen und DuMond, *Rev. mod. Phys.*, **37**, 537 (1965).

[3] International Union of Pure and Applied Physics, *Report of the 11th General Assembly*, Warschau, 1963, S. 19 und 22.

[4] International Union of Pure and Applied Physics, *Symbols, Units and Nomenclature in Physics*, Document U.I.P. 11 (S.U.N. 65-3), 1965, S. 30; deutsche Ausgabe: *Symbole, Einheiten und Nomenklatur in der Physik*, Vieweg, Braunschweig, 1966, S. 47.

[5] Mattauch et al., *Nucl. Phys.*, **67**, 1 (1965).

Standardsubstanzen

Quecksilber

Normdichte[1] (0 °C, 760 Torr):
$\varrho_n(Hg) = 13{,}595\,08$ kg dm^{-3}

Für die Internationale Temperaturskala 1948 festgelegter Dichtewert[2] (0 °C, 760 Torr):
$\varrho_{(IT\,1948)}(Hg) = 13{,}595\,\mathbf{1}$ kg dm^{-3}

Relative Dichte («spezifisches Gewicht») zu Wasser:
$d(Hg) = \varrho_n(Hg)/\varrho_{max}(H_2O) = 13{,}595\,46$

Wasser

Maximale Dichte[3] (≈ 4 °C, 760 Torr, luftfrei):
$\varrho_{max}(H_2O) = (0{,}999\,972 \pm 0{,}000\,003)$ kg dm^{-3}

Dichte[4] zwischen 0 und 40 °C in kg dm^{-3} (760 Torr, luftfrei)

°C	kg dm^{-3}	°C	kg dm^{-3}	°C	kg dm^{-3}	°C	kg dm^{-3}	°C	kg dm^{-3}
0	0,999 839 6	3	0,999 964 2	6	0,999 940 3	9	0,999 781 2	12	0,999 498 1
1	0,999 898 5	4	0,999 972 0	7	0,999 901 7	10	0,999 700 1	13	0,999 377 9
2	0,999 939 8	5	0,999 963 9	8	0,999 848 5	11	0,999 605 6	14	0,999 245 2

°C	0,0	0,1	0,2	0,3	0,4	0,5	0,6	0,7	0,8	0,9
15	0,999 1006	0854	0702	0548	0394	0238	0080	9922*	9763*	9602*
16	0,998 9441	9278	9114	8949	8782	8616	8446	8277	8106	7934
17	0,998 7761	7587	7411	7235	7057	6878	6699	6518	6336	6153
18	0,998 5968	5783	5597	5409	5221	5031	4840	4648	4455	4261
19	0,998 4066	3870	3673	3474	3275	3075	2873	2670	2467	2262
20	0,998 2056	1851	1643	1434	1224	1013	0801	0588	0374	0159
21	0,997 9942	9725	9507	9288	9067	8846	8624	8400	8176	7951
22	0,997 7724	7497	7268	7039	6809	6577	6345	6111	5877	5641
23	0,997 5405	5168	4929	4690	4450	4208	3966	3723	3479	3233
24	0,997 2987	2740	2492	2243	1993	1742	1490	1237	0983	0728
25	0,997 0472	0215	9958*	9699*	9439*	9179*	8917*	8655*	8392*	8127*

°C	kg dm^{-3}	°C	kg dm^{-3}	°C	kg dm^{-3}	°C	kg dm^{-3}	°C	kg dm^{-3}
26	0,996 786 2	29	0,995 947 8	32	0,995 029 6	35	0,994 037 5	38	0,992 969 2
27	0,996 515 8	30	0,995 650 4	33	0,994 706 5	36	0,993 688 1	39	0,992 598 2
28	0,996 236 3	31	0,995 344 3	34	0,994 375 2	37	0,993 332 6	40	0,992 219 5

Dichte des schweren Wassers (100% D_2O, 760 Torr, luftfrei)

°C	kg dm^{-3}	Literatur	°C	kg dm^{-3}	Literatur
3,8	1,105 30	4	20	1,105 24	4
5	1,105 46	4	25	1,104 34	6
10	1,105 85	4	30	1,103 12	6
11,23	1,105 93*	5	35	1,101 64	6
15	1,105 74	4	40	1,099 86	6

* Maximale Dichte.

Spezifische Wasserwärme[7] zwischen 0 und 100 °C (bei 760 Torr)

J g^{-1} grd^{-1}

°C	0	1	2	3	4	5	6	7	8	9
0	4,2174	4,2138	4,2104	4,2074	4,2048	4,2019	4,1996	4,1974	4,1954	4,1936
10	4,1919	4,1904	4,1890	4,1877	4,1866	4,1855	4,1846	4,1837	4,1829	4,1822
20	4,1816	4,1810	4,1805	4,1801	4,1797	4,1793	4,1790	4,1787	4,1785	4,1783
30	4,1782	4,1781	4,1780	4,1780	4,1779	4,1779	4,1780	4,1780	4,1781	4,1782
40	4,1783	4,1784	4,1786	4,1788	4,1789	4,1792	4,1794	4,1796	4,1799	4,1801
50	4,1804	4,1807	4,1811	4,1814	4,1817	4,1821	4,1825	4,1829	4,1833	4,1837
60	4,1841	4,1846	4,1850	4,1855	4,1860	4,1865	4,1871	4,1876	4,1882	4,1887
70	4,1893	4,1899	4,1905	4,1912	4,1918	4,1925	4,1932	4,1939	4,1946	4,1954
80	4,1961	4,1969	4,1977	4,1985	4,1994	4,2002	4,2011	4,2020	4,2029	4,2039
90	4,2048	4,2058	4,2068	4,2078	4,2089	4,2100	4,2111	4,2122	4,2133	4,2145
100	4,2156									

cal_{15} g^{-1} grd^{-1} (berechnet nach [7] durch den Herausgeber)

°C	0	1	2	3	4	5	6	7	8	9
	1, *0,*	1, *0,*	1, *0,*	1, *0,*	1, *0,*	1, *0,*	1, *0,*	1, *0,*	1, *0,*	1, *0,*
0	007 62	006 76	005 95	005 23	004 54	003 92	003 37	002 84	002 37	001 94
10	001 53	001 17	000 84	000 53	000 26	000 00	*999 78*	*999 57*	*999 38*	*999 21*
20	*999 07*	*998 92*	*998 81*	*998 71*	*998 61*	*998 52*	*998 45*	*998 38*	*998 33*	*998 28*
30	*998 26*	*998 23*	*998 21*	*998 21*	*998 18*	*998 18*	*998 21*	*998 21*	*998 23*	*998 26*
40	*998 28*	*998 30*	*998 35*	*998 40*	*998 42*	*998 49*	*998 54*	*998 59*	*998 66*	*998 71*
50	*998 78*	*998 85*	*998 95*	*999 02*	*999 09*	*999 19*	*999 28*	*999 38*	*999 47*	*999 57*
60	*999 67*	*999 78*	*999 88*	000 00	000 12	000 24	000 38	000 50	000 65	000 76
70	000 91	001 05	001 19	001 36	001 51	001 67	001 84	002 01	002 17	002 37
80	002 53	002 72	002 91	003 11	003 32	003 51	003 73	003 94	004 16	004 40
90	004 61	004 85	005 09	005 33	005 59	005 85	006 12	006 38	006 64	006 93
100	007 19									

Eis-, Tripel- und Dampfpunkt siehe S. 209; Dampfdruck siehe S. 250–252.

Viskosität des Wassers zwischen 0 und 40 °C[8]

Temperatur (°C)	Viskositätsverhältnis ($\eta_t/\eta_{20\,°C}$)	Dynamische Viskosität (η) (cP)	Kinematische Viskosität (ν) (cSt)
0	1,788 5	1,792	1,792
5	1,517 0	1,520	1,520
10	1,304 3	1,306 9	1,307 3
15	1,136 0	1,138 3	1,139 3
20	1,000 0	1,002 0	1,003 8
25	0,888 5	0,890 3	0,892 9
30	0,795 9	0,797 5	0,801 0
35	0,717 9	0,719 3	0,723 6
40	0,651 8	0,653 1	0,658 2

Luft

Normdichte kohlensäurefreier, trockener Luft[9] (0 °C, 760 Torr):
$\varrho_n(\text{Luft}) = 1{,}292\,8 \times 10^{-3}$ kg dm^{-3}

Normbedingungen der spektroskopischen «Normal» luft:
760 Torr, 15 °C, 0,03% CO_2, trocken

Fallbeschleunigung

Normfallbeschleunigung[10]:
$g_n = 980{,}66\mathbf{5}$ Gal (cm s^{-2})

Internationale Schwereformel[11] (in Übereinstimmung mit dem internationalen Erdellipsoid):

$$\gamma_0 = (980{,}632\,272 - 2{,}586\,145 \cos 2B + 0{,}002\,878 \cos 4B - 0{,}000\,004 \cos 6B) \text{ Gal}$$

wobei γ_0 Fallbeschleunigung in Meereshöhe, B Breitengrad. Daraus ergeben sich für die verschiedenen Breitengrade folgende Werte (berechnet durch den Herausgeber):

Breite (°)	γ_0 (Gal)	γ_0/g_n	g_n/γ_0	Breite (°)	γ_0 (Gal)	γ_0/g_n	g_n/γ_0
0	978,0490	0,997 332	1,002 675	45	980,6294	0,999 964	1,000 036
5	0881	372	635	46	7197	1,000 056	0,999 944
10	2043	491	516	47	8098	148	852
15	3940	684	321	48	8998	239	761
20	6517	947	057	49	9894	331	669
25	9694	0,998 271	1,001 732	50	981,0787	422	578
30	979,3378	647	355	51	1673	512	488
31	4165	727	275	52	2554	602	398
32	4968	809	193	53	3427	691	309
33	5785	892	109	54	4291	779	221
34	6614	977	025	55	5146	866	134
35	7456	0,999 062	1,000 938	56	5990	952	048
36	8308	149	851	57	6822	1,001 037	0,998 964
37	9170	237	763	58	7642	121	880
38	980,0041	326	674	59	8448	203	798
39	0920	416	585	60	9239	284	718
40	1805	506	494	65	982,2941	661	342
41	2696	597	403	70	6139	987	017
42	3591	688	312	75	8734	1,002 252	0,997 753
43	4490	780	220	80	983,0647	447	559
44	5391	872	128	85	1818	566	440
				90	2213	607	400

Die tatsächliche Fallbeschleunigung dürfte jeweils etwa 14 mGal unter den nach der internationalen Schwereformel berechneten Werten liegen[12].

Literatur

1 Cook und Stone, *Phil. Trans. Roy. Soc.*, **250 A**, 279 (1957); Cook, A. H., *Phil. Trans. Roy. Soc.*, **254 A**, 125 (1961); Beattie et al., *Proc. Amer. Acad. Arts Sci.*, **74**, 371 (1941).

2 Conférence Générale des Poids et Mesures, *Comptes rendus des séances de la 9e Conférence générale des Poids et Mesures*, Paris 1948, Gauthier-Villars, Paris, 1949, S. 93.

3 Stille, U., *Messen und Rechnen in der Physik*, 2. Aufl., Vieweg, Braunschweig, 1961, S. 286.

4 Chang und Chien, *J. Amer. chem. Soc.*, **63**, 1709 (1941).

5 Stokland et al., *Trans. Faraday Soc.*, **35**, 312 (1939).

6 Schrader und Wirtz, *Z. Naturforsch.*, **6a**, 220 (1951).

7 Comité International des Poids et Mesures, *Proc.-Verb. Com. int. Poids Mes.*, **22**, 79 (1950).

8 Weber, W., *Z. angew. Phys.*, **7**, 96 (1955).

9 Otto und Thomas, in: Hausen, H. (Hrsg.), *Landolt-Börnstein, Physikalisch-chemische Tabellen*, 6. Aufl., Band IV, 4. Teil, Bandteil a, Springer, Berlin, 1967, S. 174.

10 Conférence Générale des Poids et Mesures, *Comptes rendus des séances de la 3e Conférence générale des Poids et Mesures*, Paris 1901, Gauthier-Villars, Paris, 1901, S. 70.

11 Heiskanen, W., *Gerlands Beitr. Geophys.*, **19**, 356 (1928); International Union of Geodesy and Geophysics, *Bull. géod. int.*, Nr. 27, 238 (1930); Cassinis, G., *Bull. géod. int.*, Nr. 26, 40 (1930); Cassinis, G., *Bull. géod. int.*, Nr. 32, 313 (1931); Cassinis et al., *R. Comm. geod. ital.* (NS), Nr. 13 (1937).

12 International Union of Geodesy and Geophysics, *Resolution of the International Association of Geodesy concerning the Potsdam System*, 14th General Assembly, Luzern 1967.

Periodensystem der Elemente[1]

Angegeben sind Ordnungszahl (*kursiv*), Symbol und Atomgewicht (relative Atommasse)[2]

Periode	Gruppe I a b	Gruppe II a b	Gruppe III a b	Gruppe IV a b	Gruppe V a b	Gruppe VI a b	Gruppe VII a b	Gruppe VIII a b[3]
1	*1.* H 1,00797[4]							*2.* He 4,0026
2	*3.* Li 6,939	*4.* Be 9,0122	*5.* B 10,811[4]	*6.* C 12,01115[4]	*7.* N 14,0067	*8.* O 15,9994[4]	*9.* F 18,9984	*10.* Ne 20,179[5]
3	*11.* Na 22,9898	*12.* Mg 24,305	*13.* Al 26,9815	*14.* Si 28,086[4]	*15.* P 30,9738	*16.* S 32,064[4]	*17.* Cl 35,453[5]	*18.* Ar 39,948
4 (3 d)	*19.* K 39,102	*20.* Ca 40,08	*21.* Sc 44,956	*22.* Ti 47,90	*23.* V 50,942	*24.* Cr 51,996	*25.* Mn 54,9380	*26.* Fe; *27.* Co; *28.* Ni 55,847[5] 58,9332 58,71
	29. Cu 63,546[5]	*30.* Zn 65,37	*31.* Ga 69,72	*32.* Ge 72,59	*33.* As 74,9216	*34.* Se 78,96	*35.* Br 79,904[5]	*36.* Kr 83,80
5 (4 d)	*37.* Rb 85,47	*38.* Sr 87,62	*39.* Y 88,905	*40.* Zr 91,22	*41.* Nb 92,906	*42.* Mo 95,94	*43.* Tc (99)*	*44.* Ru; *45.* Rh; *46.* Pd 101,07 102,905 106,4
	47. Ag 107,868[5]	*48.* Cd 112,40	*49.* In 114,82	*50.* Sn 118,69	*51.* Sb 121,75	*52.* Te 127,60	*53.* I 126,9044	*54.* Xe 131,30
6 (5 d) (4 f)	*55.* Cs 132,905	*56.* Ba 137,34	*57.* La 4f 138,91	*72.* Hf 178,49	*73.* Ta 180,948	*74.* W 183,85	*75.* Re 186,2	*76.* Os; *77.* Ir; *78.* Pt 190,2 192,2 195,09
	79. Au 196,967	*80.* Hg 200,59	*81.* Tl 204,37	*82.* Pb 207,19	*83.* Bi 208,980	*84.* Po (210)*	*85.* At (210)	*86.* Rn (222)
7 (6 d) (5 f)	*87.* Fr (223)	*88.* Ra (226)	*89.* Ac 5f (227)					

Lanthaniden (seltene Erden)

4f	*58.* Ce 140,12	*59.* Pr 140,907	*60.* Nd 144,24	*61.* Pm (147)*	*62.* Sm 150,35	*63.* Eu 151,96	*64.* Gd 157,25	*65.* Tb 158,924	*66.* Dy 162,50	*67.* Ho 164,930	*68.* Er 167,26	*69.* Tm 168,934	*70.* Yb 173,04	*71.* Lu 174,97

Actiniden

5f	*90.* Th 232,038	*91.* Pa (231)	*92.* U 238,03	*93.* Np (237)	*94.* Pu (244)	*95.* Am (243)	*96.* Cm (247)	*97.* Bk (247)	*98.* Cf (252)*	*99.* Es (254)	*100.* Fm (257)	*101.* Md (257)	*102.* No (255)	*103.* Lr (256)

[1] Modifiziert nach EUCKEN, A. (Hrsg.), *Landolt-Börnstein, Zahlenwerte und Funktionen aus Physik, Chemie, Astronomie, Geophysik und Technik*, Band 1: *Atom- und Molekularphysik*, 1. Teil: *Atome und Ionen*, 6. Aufl., Springer, Berlin, 1950, S. 11.

[2] Internationale Atomgewichte 1967; sie sind auf den exakten Wert **12** für die relative Masse des Kohlenstoffisotops ^{12}C bezogen (Union internationale de Chimie pure et appliquée, International Union of Pure and Applied Chemistry [IUPAC], *Comptes rendus de la 24e conférence, 1967*, Butterworth, London, 1968, S. 130). Die Atomgewichte sind mit so vielen Dezimalen angegeben, daß die letzte Ziffer auf 0,5 gesichert erscheint; bezüglich Ausnahmen siehe Fußnoten [4] und [5]. Werte in Klammern geben die Massenzahl des stabilsten bekannten Isotops an, Werte mit einem zusätzlichen Stern die Massenzahl des bekanntesten Isotops. Diese internationalen Atomgewichte ersetzen die früheren chemischen Atomgewichte, die auf den Wert **16** für das Atomgewicht des natürlichen Sauerstoffs bezogen waren, und die früheren physikalischen Atomgewichte, die auf den Wert **16** für das Atomgewicht des Sauerstoffisotops ^{16}O bezogen waren. Siehe auch S. 224.5.

[3] Auch Zero-Gruppe genannt.

[4] Diese Atomgewichte haben etwas schwankende Werte infolge der natürlichen Schwankungen ihrer Isotopenzusammensetzung. Die beobachteten Schwankungsbereiche sind: Bor $\pm 0{,}003$, Kohlenstoff $\pm 0{,}00005$, Sauerstoff $\pm 0{,}0001$, Silicium $\pm 0{,}001$, Schwefel $\pm 0{,}003$, Wasserstoff $\pm 0{,}00001$.

[5] Für diese Atomgewichte werden die folgenden experimentellen Fehlergrenzen angenommen: Brom $\pm$ 0,001, Chlor $\pm$ 0,001, Eisen $\pm$ 0,003, Kupfer $\pm$ 0,001, Neon $\pm$ 0,003, Silber $\pm$ 0,001.

Name	Symbol	Ordnungszahl	Atomgewicht[1] 1967
Actinium	Ac	89	(227)
Aluminium	Al	13	26,9815
Americium	Am	95	(243)
Antimon	Sb	51	121,75
Argon	Ar	18	39,948
Arsen	As	33	74,9216
Astatin	At	85	(210)
Barium	Ba	56	137,34
Berkelium	Bk	97	(247)
Beryllium	Be	4	9,0122
Blei	Pb	82	207,19
Bor	B	5	10,811[2]
Brom	Br	35	79,904[3]
Cadmium	Cd	48	112,40
Caesium	Cs	55	132,905
Calcium	Ca	20	40,08
Californium	Cf	98	(252)*
Cassiopeium	Cp	Siehe Lutetium	
Cer	Ce	58	140,12
Chlor	Cl	17	35,453[3]
Chrom	Cr	24	51,996
Cobalt	Co	27	58,9332
Columbium	Cb	Siehe Niob	
Curium	Cm	96	(247)
Dysprosium	Dy	66	162,50
Einsteinium	Es	99	(254)
Eisen	Fe	26	55,847[3]
Emanation	Em	Siehe Radon	
Erbium	Er	68	167,26
Europium	Eu	63	151,96
Fermium	Fm	100	(257)
Fluor	F	9	18,9984
Francium	Fr	87	(223)
Gadolinium	Gd	64	157,25
Gallium	Ga	31	69,72
Germanium	Ge	32	72,59
Glucinium	Gl	Siehe Beryllium	
Gold	Au	79	196,967
Hafnium	Hf	72	178,49
Helium	He	2	4,0026
Holmium	Ho	67	164,930
Illinium	Il	Siehe Promethium	
Indium	In	49	114,82
Iridium	Ir	77	192,2
Jod	I	53	126,9044
Kalium	K	19	39,102
Kohlenstoff	C	6	12,01115[2]
Krypton	Kr	36	83,80
Kupfer	Cu	29	63,546[3]
Lanthan	La	57	138,91
Lawrencium	Lr	103	(256)
Lithium	Li	3	6,939
Lutetium	Lu	71	174,97
Magnesium	Mg	12	24,305
Mangan	Mn	25	54,9380
Mendelevium	Md	101	(257)
Molybdän	Mo	42	95,94

Name	Symbol	Ordnungszahl	Atomgewicht[1] 1967
Natrium	Na	11	22,9898
Neodym	Nd	60	144,24
Neon	Ne	10	20,179[3]
Neptunium	Np	93	(237)
Nickel	Ni	28	58,71
Niob	Nb	41	92,906
Niton	Nt	Siehe Radon	
Nobelium	No	102	(255)
Osmium	Os	76	190,2
Palladium	Pd	46	106,4
Phosphor	P	15	30,9738
Platin	Pt	78	195,09
Plutonium	Pu	94	(244)
Polonium	Po	84	(210)*
Praseodym	Pr	59	140,907
Promethium	Pm	61	(147)*
Protactinium	Pa	91	(231)
Quecksilber	Hg	80	200,59
Radium	Ra	88	(226)
Radon (Radiumemanation)	Rn	86	(222)
Rhenium	Re	75	186,2
Rhodium	Rh	45	102,905
Rubidium	Rb	37	85,47
Ruthenium	Ru	44	101,07
Samarium	Sm	62	150,35
Sauerstoff	O	8	15,9994[2]
Scandium	Sc	21	44,956
Schwefel	S	16	32,064[2]
Selen	Se	34	78,96
Silber	Ag	47	107,868[3]
Silicium	Si	14	28,086[2]
Stickstoff	N	7	14,0067
Strontium	Sr	38	87,62
Tantal	Ta	73	180,948
Technetium	Tc	43	(99)*
Tellur	Te	52	127,60
Terbium	Tb	65	158,924
Thallium	Tl	81	204,37
Thorium	Th	90	232,038
Thulium	Tm	69	168,934
Titan	Ti	22	47,90
Uran	U	92	238,03
Vanadium, Vanadin	V	23	50,942
Wasserstoff	H	1	1,00797[2]
Wismut	Bi	83	208,980
Wolfram	W	74	183,85
Xenon	Xe	54	131,30
Ytterbium	Yb	70	173,04
Yttrium	Y	39	88,905
Zink	Zn	30	65,37
Zinn	Sn	50	118,69
Zirkonium	Zr	40	91,22

[1] Atomgewichte 1967 bezogen auf das Kohlenstoffisotop ^{12}C; siehe dazu Fußnote [2], S. 225. Werte in Klammern geben die Massenzahl des stabilsten bekannten Isotops an, Werte mit einem zusätzlichen Stern die Massenzahl des bekanntesten Isotops.

[2] Siehe Fußnote [4], S. 225.

[3] Siehe Fußnote [5], S. 225.

Symbol	Name	Ordnungszahl	Atomgewicht[1] 1967
Ac	Actinium	89	(227)
Ag	Silber	47	107,868[3]
Al	Aluminium	13	26,9815
Am	Americium	95	(243)
Ar	Argon	18	39,948
As	Arsen	33	74,9216
At	Astatin	85	(210)
Au	Gold	79	196,967
B	Bor	5	10,811[2]
Ba	Barium	56	137,34
Be	Beryllium	4	9,0122
Bi	Wismut	83	208,980
Bk	Berkelium	97	(247)
Br	Brom	35	79,904[3]
C	Kohlenstoff	6	12,01115[2]
Ca	Calcium	20	40,08
Cb	Columbium	Siehe Nb	
Cd	Cadmium	48	112,40
Ce	Cer	58	140,12
Cf	Californium	98	(252)*
Cl	Chlor	17	35,453[3]
Cm	Curium	96	(247)
Co	Cobalt	27	58,9332
Cp	Cassiopeium	Siehe Lu	
Cr	Chrom	24	51,996
Cs	Caesium	55	132,905
Cu	Kupfer	29	63,546[3]
Dy	Dysprosium	66	162,50
Em	Emanation	Siehe Rn	
Er	Erbium	68	167,26
Es	Einsteinium	99	(254)
Eu	Europium	63	151,96
F	Fluor	9	18,9984
Fe	Eisen	26	55,847[3]
Fm	Fermium	100	(257)
Fr	Francium	87	(223)
Ga	Gallium	31	69,72
Gd	Gadolinium	64	157,25
Ge	Germanium	32	72,59
Gl	Glucinium	Siehe Be	
H	Wasserstoff	1	1,00797[2]
He	Helium	2	4,0026
Hf	Hafnium	72	178,49
Hg	Quecksilber	80	200,59
Ho	Holmium	67	164,930
I	Jod	53	126,9044
Il	Illinium	Siehe Pm	
In	Indium	49	114,82
Ir	Iridium	77	192,2
K	Kalium	19	39,102
Kr	Krypton	36	83,80
La	Lanthan	57	138,91
Li	Lithium	3	6,939
Lr	Lawrencium	103	(256)
Lu	Lutetium	71	174,97
Md	Mendelevium	101	(257)
Mg	Magnesium	12	24,305
Mn	Mangan	25	54,9380
Mo	Molybdän	42	95,94
N	Stickstoff	7	14,0067
Na	Natrium	11	22,9898
Nb	Niob	41	92,906
Nd	Neodym	60	144,24
Ne	Neon	10	20,179[3]
Ni	Nickel	28	58,71
No	Nobelium	102	(255)
Np	Neptunium	93	(237)
Nt	Niton	Siehe Rn	
O	Sauerstoff	8	15,9994[2]
Os	Osmium	76	190,2
P	Phosphor	15	30,9738
Pa	Protactinium	91	(231)
Pb	Blei	82	207,19
Pd	Palladium	46	106,4
Pm	Promethium	61	(147)*
Po	Polonium	84	(210)*
Pr	Praseodym	59	140,907
Pt	Platin	78	195,09
Pu	Plutonium	94	(244)
Ra	Radium	88	(226)
Rb	Rubidium	37	85,47
Re	Rhenium	75	186,2
Rh	Rhodium	45	102,905
Rn	Radon	86	(222)
Ru	Ruthenium	44	101,07
S	Schwefel	16	32,064[2]
Sb	Antimon	51	121,75
Sc	Scandium	21	44,956
Se	Selen	34	78,96
Si	Silicium	14	28,086[2]
Sm	Samarium	62	150,35
Sn	Zinn	50	118,69
Sr	Strontium	38	87,62
Ta	Tantal	73	180,948
Tb	Terbium	65	158,924
Tc	Technetium	43	(99)*
Te	Tellur	52	127,60
Th	Thorium	90	232,038
Ti	Titan	22	47,90
Tl	Thallium	81	204,37
Tm	Thulium	69	168,934
U	Uran	92	238,03
V	Vanadium, Vanadin	23	50,942
W	Wolfram	74	183,85
Xe	Xenon	54	131,30
Y	Yttrium	39	88,905
Yb	Ytterbium	70	173,04
Zn	Zink	30	65,37
Zr	Zirkonium	40	91,22

[1] Atomgewichte 1967 bezogen auf das Kohlenstoffisotop ^{12}C; siehe dazu Fußnote [2], S. 225. Werte in Klammern geben die Massenzahl des stabilsten bekannten Isotops an, Werte mit einem zusätzlichen Stern die Massenzahl des bekanntesten Isotops.

[2] Siehe Fußnote [4], S. 225.

[3] Siehe Fußnote [5], S. 225.

Z Ordnungszahl	Symbol	Element **Deutsch** Französisch Englisch (Lateinisch)	Atomgewicht 1967[1] [in eckigen Klammern Molgewicht]	Valenz	Schmelzpunkt[2] bei 760 Torr (wenn nichts anderes vermerkt) °C	Siedepunkt[2] bei 760 Torr (wenn nichts anderes vermerkt) °C	Dichte[2] Gase: g/l bei 760 Torr und 0 °C Feste Stoffe: g/cm³ oder spezifisches Gewicht 20 °C/4 °C (wenn nichts anderes vermerkt)		Relative Verbreitung Erdkruste, Hydrosphäre und Atmosphäre[3] %	Atmosphäre[4] Vol %	Weltall (Atome pro 10^6 Si-Atome)[5]	Menschlicher Körper[6] %	Natürliche Isotope[7] Isotop (Massenzahl A)	Relative Häufigkeit Atome %	Masse[8]	Zerfallsart[9] (Strahlung)	Energie in MeV und prozentueller Anteil	Halbwertzeit[10]
1	H $[H_2]$	**Wasserstoff**[11] Hydrogène Hydrogen	1,00797[12] [2,01594]	1	−259,14	−252,5	Gas Flüssig	0,08988 0,070/−252°	0,88	0,00005	$4,00 \times 10^{10}$	10,0	$^1H(H)$ $^2H(D)$ $^3H(T)$	99,985 0,015 Siehe[13]	1,00783 2,01410 3,016049	 β− Kein γ	 0,0181 (100%)	 12,26 a
2	He	**Helium** Hélium Helium	4,0026	0	−272,2 bei 26 atm	−268,6	Gas	0,177	$4,2 \times 10^{-7}$	0,000524	$3,08 \times 10^9$		^3He ^4He	$1,3 \times 10^{-4}$ (in der Atmosphäre) ∼100	3,01603 4,00260			
3	Li	**Lithium** Lithium Lithium	6,939	1	179	1317	Fest Flüssig	0,534 0,507/200°	0,006		100		^6Li ^7Li	7,42 92,58	6,01513 7,01601			
4	Be	**Beryllium** Béryllium Beryllium	9,0122	2	1278 ± 5	2970	Fest	1,848	$5,3 \times 10^{-4}$		20		^9Be	100	9,01219			
5	B	**Bor** Bore Boron	10,811[12]	3	2300	(Sublimationspunkt 2550)	Kristallin Amorph	2,34 2,37	0,0016		24	$<1,4 \times 10^{-5}$	^{10}B ^{11}B	19,6 80,4	10,01294 11,00931			
6	C	**Kohlenstoff** Carbone Carbon	12,01115[12]	2, 4	3550 (Sublimationspunkt > 3500)	4827	Amorph Graphit Diamant	1,8–2,1 1,9–2,3 3,15–3,53	0,087	CO: 0–Spur CO_2: 0,0314	$3,5 \times 10^6$	18,0	^{12}C ^{13}C ^{14}C	98,89 1,11 Siehe[14]	12,00000 13,00335 14,00324	 β− Kein γ	 0,1567 (100%)	 $5,77 \times 10^3$ a
7	N $[N_2]$	**Stickstoff** Azote Nitrogen	14,0067 [28,0134]	3, 5	−209,86	−195,8	Gas Flüssig Fest	1,25060 0,808/−195,8° 1,026/−252°	0,030	78,084	$6,6 \times 10^6$	3,0	^{14}N ^{15}N	99,63 0,37	14,00307 15,00011			
8	O $[O_2]$	**Sauerstoff** Oxygène Oxygen	15,9994[12] [31,9988]	2	−218,4	−182,970	Gas Flüssig	1,4290 1,14/−182,96°	49,5	O_2: 20,9476 O_3: $2–7 \times 10^{-6}$	$2,15 \times 10^7$	65,0	^{16}O ^{17}O ^{18}O	99,759 0,037 0,204	15,99491 16,99913 17,99916			
9	F $[F_2]$	**Fluor** Fluor Fluorine	18,9984 [37,9968]	1	−219,62 (Gefrierpunkt)	−188,14	Gas Flüssig	1,696 1,108/−188,14°	0,028		1600	2×10^{-2}	^{19}F	100	18,9984			
10	Ne	**Neon** Néon Neon	20,179[15]	0	−248,67	−245,92	Gas Flüssig	0,89990 1,207/−245,92°	5×10^{-7}	0,001818	$8,6 \times 10^6$		^{20}Ne ^{21}Ne ^{22}Ne	90,92 0,257 8,82	19,99244 20,99385 21,99138			
11	Na	**Natrium** Sodium Sodium	22,9898	1	97,81 ± 0,03	892	Fest	0,971	2,63		$4,38 \times 10^4$	$1,5 \times 10^{-1}$	^{23}Na	100	22,98977			
12	Mg	**Magnesium** Magnésium Magnesium	24,305	2	651	1107	Fest	1,738	1,95		$9,12 \times 10^5$	5×10^{-2}	^{24}Mg ^{25}Mg ^{26}Mg	78,70 10,13 11,17	23,98504 24,98584 25,98259			

13	Al	**Aluminium** Aluminium Aluminum, Aluminium	26,9815	3	660,1	2467	Fest	2,6989	7,57		$9{,}48 \times 10^4$	$1{,}4 \times 10^{-4}$	^{27}Al	100	26,98153			
14	Si	**Silicium** Silicium Silicon	28,086[12]	4	1410	2355	Fest	2,33/25°	25,80		1×10^6	2×10^{-3}	^{28}Si ^{29}Si ^{30}Si	92,21 4,70 3,09	27,97693 28,97649 29,97376			
15	P	**Phosphor** Phosphore Phosphorus	30,9738	3, 5	Gelb 44,1	280	Gelb: Rot: Schwarz:	fest 1,82 fest 2,20 fest 2,25–2,69	0,09		1×10^4	1,0	^{31}P	100	30,97376			
16	S	**Schwefel** Soufre Sulfur, Sulphur	32,064[12]	2, 4, 6	Rhombisch 112,8 Monoklin 119,0	444,600	Rhombisch: Monoklin:	fest 2,07 fest 1,957	0,048	SO_2: 0–0,0001	$3{,}75 \times 10^5$	$2{,}5 \times 10^{-1}$	^{32}S ^{33}S ^{34}S ^{36}S	95,0 0,76 4,22 0,014	31,97207 32,97146 33,96786 35,96709			
17	Cl $[Cl_2]$	**Chlor** Chlore Chlorine	35,453[15] [70,906]	1, 3, 5, 7	−100,98 (Gefrierpunkt)	−34,6	Gas Flüssig	3,214 1,56/−33,6°	0,19		8850	$1{,}5 \times 10^{-1}$	^{35}Cl ^{37}Cl	75,53 24,47	34,96885 36,96590			
18	Ar	**Argon** Argon Argon	39,948	0	−189,2 (Gefrierpunkt)	−185,7	Gas Flüssig Fest	1,7837 1,402/−185,7° 1,65/−223°	$3{,}6 \times 10^{-4}$	0,934	$1{,}5 \times 10^5$		^{36}Ar ^{38}Ar ^{40}Ar	0,337 0,063 99,60	35,96755 37,96272 39,96238			
19	K	**Kalium** Potassium Potassium	39,102	1	63,65	754	Fest	0,862	2,41		3160	2×10^{-1}	^{39}K ^{40}K	93,10 0,0118	38,96371 39,96401	β^- γ K	1,32 (9%) 1,46 (11%) 1,51 (11%)	$1{,}3 \times 10^9$ a
													^{41}K	6,88	40,96184			
20	Ca	**Calcium** Calcium Calcium	40,08	2	842–848	1487	Fest	1,55	3,38		$4{,}90 \times 10^4$	1,5	^{40}Ca ^{42}Ca ^{43}Ca ^{44}Ca ^{46}Ca	96,97 0,64 0,145 2,06 0,0033	39,96259 41,95863 42,95878 43,95549 45,95369			
													^{48}Ca	0,18	47,95236	β^-	0,12	$>2 \times 10^{16}$ a
21	Sc	**Scandium** Scandium Scandium	44,956	3	1539	2727	Fest	2,992	$5{,}1 \times 10^{-4}$		28		^{45}Sc	100	44,95592			
22	Ti	**Titan** Titane Titanium	47,90	2, 3, 4	1675	3260	Fest	4,54	0,41		2440	$<2 \times 10^{-5}$	^{46}Ti ^{47}Ti ^{48}Ti ^{49}Ti ^{50}Ti	7,93 7,28 73,94 5,51 5,34	45,95263 46,95176 47,94795 48,94787 49,94479			
23	V	**Vanadium, Vanadin** Vanadium Vanadium	50,942	2, 3, 4, 5	1890 ± 10	~3000	Fest	6,11/18,7°	0,014		220	3×10^{-5}	^{50}V	0,24	49,94716	β^-, K γ	0,71 1,59	$\approx 6 \times 10^{14}$ a
													^{51}V	99,76	50,94398			

Fußnoten siehe S. 241.

Ordnungszahl *Z*	Symbol	Element **Deutsch** Französisch Englisch (Lateinisch)	Atomgewicht 1967[1]	Valenz	Schmelzpunkt[2] bei 760 Torr (wenn nichts anderes vermerkt) °C	Siedepunkt[2] bei 760 Torr (wenn nichts anderes vermerkt) °C	Dichte[2] Gase: g/l bei 760 Torr und 0 °C Feste Stoffe: g/cm³ oder spezifisches Gewicht 20 °C/4 °C (wenn nichts anderes vermerkt)	Relative Verbreitung: Erdkruste, Hydrosphäre und Atmosphäre[3] %	Relative Verbreitung: Atmosphäre[4] Vol %	Relative Verbreitung: Weltall (Atome pro 10^6 Si-Atome)[5]	Relative Verbreitung: Menschlicher Körper[6] %	Natürliche Isotope[7]: Isotop (Massenzahl *A*)	Natürliche Isotope[7]: Relative Häufigkeit Atome %	Natürliche Isotope[7]: Masse[8]	Natürliche Isotope[7]: Zerfallsart[9] (Strahlung)	Natürliche Isotope[7]: Energie in MeV	Natürliche Isotope[7]: Halbwertzeit[10]
24	Cr	**Chrom** Chrome Chromium	51,996	2, 3, 6	1890	2482	Fest 7,18–7,20	0,019		7800	$<9\times10^{-6}$	^{50}Cr ^{52}Cr ^{53}Cr ^{54}Cr	4,31 83,76 9,55 2,38	49,94605 51,94051 52,94065 53,93888			
25	Mn	**Mangan** Manganèse Manganese	54,9380	1, 2, 3, 4, 6, 7	1244 ± 3	2097	Fest 7,21–7,44	0,085		6850	3×10^{-5}	^{55}Mn	100	54,93805			
26	Fe	**Eisen** Fer Iron (Ferrum)	55,847[15]	2, 3, 4, 6	1535	3000	Fest 7,874	4,7		$6{,}00\times10^{5}$	6×10^{-3}	^{54}Fe ^{56}Fe ^{57}Fe ^{58}Fe	5,82 91,66 2,19 0,33	53,93962 55,93493 56,93539 57,93327			
27	Co	**Cobalt** Cobalt Cobalt	58,9332	2, 3	1492	2900	Fest 8,9	0,0037		1800	$<4\times10^{-6}$	^{59}Co	100	58,93319			
28	Ni	**Nickel** Nickel Nickel	58,71	0, 1, 2, 3	1453	2732	Fest 8,902/25°	0,015		$2{,}74\times10^{4}$	$<1{,}4\times10^{-5}$	^{58}Ni ^{60}Ni ^{61}Ni ^{62}Ni ^{64}Ni	67,88 26,23 1,19 3,66 1,08	57,93534 59,93078 60,93105 61,92835 63,92796			
29	Cu	**Kupfer** Cuivre Copper (Cuprum)	63,546[15]	1, 2	1083	2595	Fest 8,96	0,010		212	$1{,}4\times10^{-4}$	^{63}Cu ^{65}Cu	69,09 30,91	62,92959 64,92779			
30	Zn	**Zink** Zinc Zinc	65,37	2	419,505	907	Fest 7,133/25°	0,012		486	$3{,}3\times10^{-3}$	^{64}Zn ^{66}Zn ^{67}Zn ^{68}Zn ^{70}Zn	48,89 27,81 4,11 18,57 0,62	63,92915 65,92605 66,92715 67,92487 69,92535			
31	Ga	**Gallium** Gallium Gallium	69,72	2, 3	29,78	2403	Fest 5,907	0,0014		11,4		^{69}Ga ^{71}Ga	60,4 39,6	68,92568 70,92484			
32	Ge	**Germanium** Germanium Germanium	72,59	2, 4	937,4	2830	Fest 5,323/25°	$5{,}6\times10^{-4}$		50,5		^{70}Ge ^{72}Ge ^{73}Ge ^{74}Ge ^{76}Ge	20,52 27,43 7,76 36,54 7,76	69,92428 71,92174 72,92336 73,92115 75,92136			
33	As	**Arsen** Arsenic Arsenic	74,9216	3, 5	Kristallin 817 bei 28 atm (Sublimationspunkt 613)		Kristallin 5,73 Amorph 4,73 Gelb fest 1,97	$5{,}5\times10^{-4}$		4,0	2×10^{-5}	^{75}As	100	74,92158			

34	Se	**Selen** Sélénium Selenium	78,96	2, 4, 6	Grau 217 Rot 70–180	684,9 ± 1,0	Grau Rot	4,79/25° 4,46	8×10^{-5}		67,6		^{74}Se ^{76}Se ^{77}Se ^{78}Se ^{80}Se ^{82}Se	0,87 9,02 7,58 23,52 49,82 9,19	73,92245 75,91923 76,91993 77,91735 79,91651 81,91666			
35	Br	**Brom** Brome Bromine	79,904[15]	1, 3, 5, 7	−7,2	58,78	Gas Flüssig	7,59 3,12	6×10^{-4}		13,4		^{79}Br ^{81}Br	50,54 49,46	78,91835 80,91634			
36	Kr	**Krypton** Krypton Krypton	83,80	0 (2, 4)	−156,6	−152,30 ± 0,10	Gas	3,733	$1{,}9 \times 10^{-8}$	0,000114	51,3		^{78}Kr ^{80}Kr ^{82}Kr ^{83}Kr ^{84}Kr ^{86}Kr	0,35 2,27 11,56 11,55 57,90 17,37	77,92037 79,91639 81,91348 82,91413 83,9115 85,91062			
37	Rb	**Rubidium** Rubidium Rubidium	85,47	1, 2, 3, 4	38,89	688	Flüssig Fest	1,475/39,0° 1,532	0,029		6,5	$1{,}7 \times 10^{-3}$	^{85}Rb ^{87}Rb	72,15 27,85	84,91171 86,90918	 β− Kein γ	 0,27	 $4{,}7 \times 10^{10}$ a
38	Sr	**Strontium** Strontium Strontium	87,62	2	769	1384	Fest	2,54	0,014		18,9	2×10^{-4}	^{84}Sr ^{86}Sr ^{87}Sr ^{88}Sr	0,56 9,86 7,02 82,56	83,91338 85,90926 86,90889 87,90561			
39	Y	**Yttrium** Yttrium Yttrium	88,905	3	1495 ± 5	2927	Fest	4,45	0,0026		8,9		^{89}Y	100	88,90543			
40	Zr	**Zirkonium** Zirconium Zirconium	91,22	2, 4	1852 ± 2	3578	Fest	6,53 ± 0,01 (berechnet)	0,021		54,5	$3{,}5 \times 10^{-4}$	^{90}Zr ^{91}Zr ^{92}Zr ^{94}Zr ^{96}Zr	51,46 11,23 17,11 17,40 2,80	89,90432 90,90525 91,90459 93,90614 95,9082			
41	Nb Cb	**Niob** Niobium Niobium Columbium	92,906	2, 3, 4?, 5	2468 ± 10	4927	Fest	8,57	0,0019		1,00	$1{,}4 \times 10^{-4}$	^{93}Nb	100	92,90602			
42	Mo	**Molybdän** Molybdène Molybdenum	95,94	2, 3, 4, 6	2610	5560	Fest	10,22	0,0014		2,42	$<7 \times 10^{-6}$	^{92}Mo ^{94}Mo ^{95}Mo ^{96}Mo ^{97}Mo ^{98}Mo ^{100}Mo	15,84 9,04 15,72 16,53 9,46 23,78 9,13	91,90629 93,90474 94,90572 95,90455 96,90575 97,90551 99,90757			
43	Tc	**Technetium** Technétium Technetium	(99)*	3, 4, 6, 7	2200 ± 50		Fest	11,50 (berechnet)					$^{92-102}Tc$ $^{104,105}Tc$	Künstliches Element: alle Isotope kurzlebig, ausgenommen ^{97}Tc, ^{98}Tc, ^{99}Tc (Halbwertzeiten $2{,}6 \times 10^{6}$ a, $1{,}5 \times 10^{6}$ a, $2{,}12 \times 10^{5}$ a)				

Fußnoten siehe S. 241.

								Relative Verbreitung				Natürliche Isotope[7]					
Ordnungszahl Z	Symbol	Element **Deutsch** Französisch Englisch (Lateinisch)	Atomgewicht 1967[1]	Valenz	Schmelzpunkt[2] bei 760 Torr (wenn nichts anderes vermerkt) °C	Siedepunkt[2] bei 760 Torr (wenn nichts anderes vermerkt) °C	Dichte[2] Gase: g/l bei 760 Torr und 0 °C; Feste Stoffe: g/cm³ oder spezifisches Gewicht 20 °C/4 °C (wenn nichts anderes vermerkt)	Erdkruste, Hydrosphäre und Atmosphäre[3] %	Atmosphäre[4] Vol %	Weltall (Atome pro 10^6 Si-Atome)[5]	Menschlicher Körper[6] %	Isotop (Massenzahl A)	Relative Häufigkeit Atome %	Masse[8]	Zerfallsart[9] (Strahlung)	Energie in MeV und prozentueller Anteil	Halbwertzeit[10]
44	Ru	**Ruthenium** Ruthénium Ruthenium	101,07	0, 1, 2, 3, 4, 5, 6, 7, 8	2250	(3900)	Fest 12,41	2×10^{-6}		1,49		^{96}Ru	5,51	95,9076			
												^{98}Ru	1,87	97,9055			
												^{99}Ru	12,72	98,90608			
												^{100}Ru	12,62	99,90302			
												^{101}Ru	17,07	100,90412			
												^{102}Ru	31,61	101,90372			
												^{104}Ru	18,58	103,90553			
45	Rh	**Rhodium** Rhodium Rhodium	102,905	2, 3, 4, 5	1960	(3727 ± 100)	Fest 12,41	1×10^{-7}		0,214		^{103}Rh	100	102,9048			
46	Pd	**Palladium** Palladium Palladium	106,4	2, 3, 4	1552	(2927)	Fest 12,02	1×10^{-6}		0,675		^{102}Pd	0,96	101,90494			
												^{104}Pd	10,97	103,90356			
												^{105}Pd	22,23	104,90464			
												^{106}Pd	27,33	105,9032			
												^{108}Pd	26,71	107,90392			
												^{110}Pd	11,81	109,9045			
47	Ag	**Silber** Argent Silver (Argentum)	107,868[15]	1, 2	960,8	2112	Fest 10,50	1×10^{-5}		0,26	$<1 \times 10^{-6}$	^{107}Ag	51,82	106,90497			
												^{109}Ag	48,18	108,9047			
48	Cd	**Cadmium** Cadmium Cadmium	112,40	2	321,03	765	Fest 8,65	3×10^{-5}		0,89	$4,3 \times 10^{-5}$	^{106}Cd	1,22	105,90595			
												^{108}Cd	0,88	107,904			
												^{110}Cd	12,39	109,90297			
												^{111}Cd	12,75	110,90415			
												^{112}Cd	24,07	111,90284			
												^{113}Cd	12,26	112,90461			
												^{114}Cd	28,86	113,90357			
												^{116}Cd	7,58	115,90501			
49	In	**Indium** Indium Indium	114,82	1, 2, 3	156,61	2000 ± 10	Fest 7,31	1×10^{-5}		0,11		^{113}In	4,28	112,90428			
												^{115}In	95,72	114,90407	β^-	0,6 (100 %)	6×10^{14} a
50	Sn	**Zinn** Etain Tin (Stannum)	118,69	2, 4	231,91	2270	Kubisch (α) fest 5,750 Tetragonal (β) fest 7,31	0,0035		1,33	$4,3 \times 10^{-5}$	^{112}Sn	0,96	111,90494			
												^{114}Sn	0,66	113,90296			
												^{115}Sn	0,35	114,90353			
												^{116}Sn	14,30	115,90211			
												^{117}Sn	7,61	116,90306			
												^{118}Sn	24,03	117,90179			
												^{119}Sn	8,58	118,90339			
												^{120}Sn	32,85	119,90213			
												^{122}Sn	4,92	121,90341			
												^{124}Sn	5,94	123,90524			

51	Sb	**Antimon** Antimoine Antimony (Stibium)	121,75	3, 5	630,5	1380	Fest	6,691	$6{,}5 \times 10^{-5}$		0,246	$<1{,}3 \times 10^{-4}$	^{121}Sb ^{123}Sb	57,25 42,75	120,90375 122,90415			
52	Te	**Tellur** Tellure Tellurium	127,60	2, 4, 6	449,5 ± 0,3	989,8 ± 3,8	Rhombisch	6,24	1×10^{-6}		4,67		^{120}Te ^{122}Te ^{123}Te ^{124}Te ^{125}Te ^{126}Te ^{128}Te ^{130}Te	0,089 2,46 0,87 4,61 6,99 18,71 31,79 32,48	119,90451 121,9030 122,90418 123,90276 124,90442 125,90324 127,90471 129,9067			
53	I	**Jod** Iode Iodine	126,9044	1, 3, 5, 7	113,5	184,35	Gas Fest	11,27 4,93	6×10^{-6}	I_2: $0–1 \times 10^{-6}$	0,80	4×10^{-5}	^{127}I	100	126,90435			
54	Xe	**Xenon** Xénon Xenon	131,30	0 (2, 4, 6)	−111,9	−107,1 ± 3	Gas Flüssig	5,887 ± 0,009 3,52/−109°	$2{,}4 \times 10^{-9}$	$8{,}7 \times 10^{-6}$	4,0		^{124}Xe ^{126}Xe ^{128}Xe ^{129}Xe ^{130}Xe ^{131}Xe ^{132}Xe ^{134}Xe ^{136}Xe	0,096 0,090 1,92 26,44 4,08 21,18 26,89 10,44 8,87	123,90612 125,90417 127,90354 128,90478 129,90351 130,90509 131,90416 133,9054 135,90722			
55	Cs	**Caesium** Césium Cesium, Cae-sium	132,905	1	28,5	690	Fest	1,873	$6{,}5 \times 10^{-4}$		0,456	$<1{,}4 \times 10^{-8}$	^{133}Cs	100	132,90509			
56	Ba	**Barium** Baryum Barium	137,34	2	725	1140	Fest	3,5	0,026		3,66	$2{,}3 \times 10^{-5}$	^{130}Ba ^{132}Ba ^{134}Ba ^{135}Ba ^{136}Ba ^{137}Ba ^{138}Ba	0,101 0,097 2,42 6,59 7,81 11,32 71,66	129,90625 131,90512 133,90431 134,9057 135,90436 136,90556 137,90501			
57	La	**Lanthan** Lanthane Lanthanum	138,91	3	920	3469	Fest	5,98–6,186	0,0017		2,00		^{138}La ^{139}La	0,089 99,911	137,90681 138,90606	β^- γ K	0,205 (30%) 0,54 (15%) 0,81 (30%) 1,43 (70%) (70%)	$1{,}1 \times 10^{11}$ a
58	Ce	**Cer** Cérium Cerium	140,12	3, 4	795	3468	Kubisch Hexagonal	α 8,23 β 6,66	0,0043		2,26		^{136}Ce ^{138}Ce ^{140}Ce ^{142}Ce	0,193 0,250 88,48 11,07	135,9071 137,90572 139,90528 141,90904	 α	 1,5	 5×10^{15} a

Fußnoten siehe S. 241.

Z Ordnungszahl	Symbol	Element **Deutsch** Französisch Englisch (Lateinisch)	Atomgewicht 1967[1]	Valenz	Schmelzpunkt[2] bei 760 Torr (wenn nichts anderes vermerkt) °C	Siedepunkt[2] bei 760 Torr (wenn nichts anderes vermerkt) °C	Dichte[2] Gases: g/l bei 760 Torr und 0 °C Feste Stoffe: g/cm³ oder spezifisches Gewicht 20 °C/4 °C (wenn nichts anderes vermerkt)		Relative Verbreitung: Erdkruste, Hydrosphäre und Atmosphäre[3] %	Relative Verbreitung: Atmosphäre[4] Vol %	Relative Verbreitung: Weltall (Atome pro 10^6 Si-Atome)[5]	Relative Verbreitung: Menschlicher Körper[6] %	Natürliche Isotope[7]: Isotop (Massenzahl A)	Relative Häufigkeit Atome %	Masse[8]	Zerfallsart[9] (Strahlung)	Energie in MeV und prozentueller Anteil	Halbwertzeit[10]
59	Pr	**Praseodym** Praséodyme Praseodymium	140,907	3, 4	935	3127	Hexagonal Kubisch	α 6,782 β 6,64	$5{,}2\times10^{-4}$		0,40		^{141}Pr	100	140,90739			
60	Nd	**Neodym** Néodyme Neodymium	144,24	3	1024	3027	Hexagonal Kubisch	α 7,004 β 6,80	0,0022		1,44		^{142}Nd	27,11	141,90748			
													^{143}Nd	12,17	142,90962			
													^{144}Nd	23,85	143,9099	α	1,8	$\approx5\times10^{15}$ a
													^{145}Nd	8,30	144,91216			
													^{146}Nd	17,22	145,91269			
													^{148}Nd	5,73	147,91648			
													^{150}Nd	5,62	149,92071			
61	Pm	**Promethium** Prométhium Promethium	(147)*	3	1035	2730							^{147}Pm	Siehe[16]	146,91486	β^-	0,225 (100%) 0,10 (10^{-2}%)	2,5 a
62	Sm	**Samarium** Samarium Samarium	150,35	2, 3	1072	1900	Rhomboedrisch	α 7,536 β 7,40	6×10^{-4}		0,664		^{144}Sm	3,09	143,91165			
													^{147}Sm	14,97	146,91462	α	2,24	$1{,}06\times10^{11}$ a
													^{148}Sm	11,24	147,91456	α	2,14	$1{,}2\times10^{13}$ a
													^{149}Sm	13,83	148,91693	α	1,84	$\sim4\times10^{14}$ a
													^{150}Sm	7,44	149,91701			
													^{152}Sm	26,72	151,91949			
													^{154}Sm	22,71	153,92201			
63	Eu	**Europium** Europium Europium	151,96	2, 3	826	1439	Fest	5,259	$9{,}9\times10^{-5}$		0,187		^{151}Eu	47,82	150,91963			
													^{153}Eu	52,18	152,92086			
64	Gd	**Gadolinium** Gadolinium Gadolinium	157,25	3	1312	~3000	Hexagonal Kubisch	α 7,895 β 7,80	$5{,}9\times10^{-4}$		0,684		^{152}Gd	0,20	151,91953	α	2,15	$1{,}1\times10^{14}$ a
													^{154}Gd	2,15	153,92072			
													^{155}Gd	14,73	154,92259			
													^{156}Gd	20,47	155,9221			
													^{157}Gd	15,68	156,92394			
													^{158}Gd	24,87	157,9241			
													^{160}Gd	21,90	159,92712			
65	Tb	**Terbium** Terbium Terbium	158,924	3, 4	1356	2800	Fest	8,272	$8{,}5\times10^{-5}$		0,0956		^{159}Tb	100	158,92495			
66	Dy	**Dysprosium** Dysprosium Dysprosium	162,50	3	1407	2600	Fest	8,536	$4{,}2\times10^{-4}$		0,556		^{156}Dy	0,052	155,92376			
													^{158}Dy	0,090	157,92396			
													^{160}Dy	2,29	159,92483			
													^{161}Dy	18,88	160,9266			
													^{162}Dy	25,53	161,92647			
													^{163}Dy	24,97	162,92837			
													^{164}Dy	28,18	163,92883			

67	Ho	**Holmium** Holmium Holmium	164,930	3	1461	2600	Fest	8,803	$1,1 \times 10^{-4}$	0,118	^{165}Ho	100	164,9303			
68	Er	**Erbium** Erbium Erbium	167,26	3	1497	2900	Fest	9,051	$2,3 \times 10^{-4}$	0,316	^{162}Er	0,136	161,92878			
											^{164}Er	1,56	163,92929			
											^{166}Er	33,41	165,9304			
											^{167}Er	22,94	166,93205			
											^{168}Er	27,07	167,93238			
											^{170}Er	14,88	169,93551			
69	Tm	**Thulium** Thulium Thulium	168,934	2, 3	1545	1727	Fest	9,332	$1,9 \times 10^{-5}$	0,0318	^{169}Tm	100	168,93435			
70	Yb	**Ytterbium** Ytterbium Ytterbium	173,04	2, 3	824 ± 5	1427	Kubisch	α 6,977 β 6,54	$2,5 \times 10^{-4}$	0,220	^{168}Yb	0,135	167,9339			
											^{170}Yb	3,03	169,93488			
											^{171}Yb	14,31	170,93646			
											^{172}Yb	21,82	171,93656			
											^{173}Yb	16,13	172,9383			
											^{174}Yb	31,84	173,93902			
											^{176}Yb	12,73	175,94274			
71	Lu	**Lutetium** Lutétium Lutetium, Lu- tecium	174,97	3	1652	3327	Fest	9,842	7×10^{-5}	0,050	^{175}Lu	97,41	174,94089			
											^{176}Lu	2,59	175,94274	β⁻	0,42 (100%)	$2,1 \times 10^{10}$ a
														γ	0,0883 (100%) 0,202 (100%) 0,309 (100%)	
	Cp	Cassiopeium														
72	Hf	**Hafnium** Hafnium Hafnium	178,49	4	2150	5400	Fest	13,29	$4,2 \times 10^{-4}$	0,438	^{174}Hf	0,18	173,94026	α	≈2,5	$4,3 \times 10^{15}$ a
											^{176}Hf	5,20	175,94165			
											^{177}Hf	18,50	176,94348			
											^{178}Hf	27,14	177,94387			
											^{179}Hf	13,75	178,94602			
											^{180}Hf	35,24	179,94681			
73	Ta	**Tantal** Tantale Tantalum	180,948	2, 3, 4, 5	2996	5425 ± 100	Fest	16,6	8×10^{-4}	0,065	^{180}Ta	0,0123	179,94752			
											^{181}Ta	99,988	180,94798			
74	W	**Wolfram** Tungstène Tungsten	183,85	2, 3, 4, 5, 6	3380	5927	Fest	19,3	0,0064	0,49	^{180}W	0,14	179,94698			
											^{182}W	26,41	181,94827			
											^{183}W	14,40	182,95029			
											^{184}W	30,64	183,95099			
											^{186}W	28,41	185,95434			
75	Re	**Rhenium** Rhénium Rhenium	186,2	1, 2, 3, 4, 5, 6, 7	3180	5627 (Schätzung)	Fest	21,02	1×10^{-7}	0,135	^{185}Re	37,07	184,95302			
											^{187}Re	62,93	186,95737	β⁻	≦0,008	7×10^{10} a

Fußnoten siehe S. 241.

Z Ordnungszahl	Symbol	Element **Deutsch** Französisch Englisch (Lateinisch)	Atomgewicht 1967[1]	Valenz	Schmelzpunkt[2] bei 760 Torr (wenn nichts anderes vermerkt) °C	Siedepunkt[2] bei 760 Torr (wenn nichts anderes vermerkt) °C	Dichte[2] Gase: g/l bei 760 Torr und 0 °C Feste Stoffe: g/cm³ oder spezifisches Gewicht 20 °C/4 °C (wenn nichts anderes vermerkt)	Relative Verbreitung: Erdkruste, Hydrosphäre und Atmosphäre[3] %	Relative Verbreitung: Atmosphäre[4] Vol %	Relative Verbreitung: Weltall (Atome pro 10^6 Si-Atome)[5]	Relative Verbreitung: Menschlicher Körper[6] %	Natürliche Isotope[7]: Isotop (Massenzahl *A*)	Relative Häufigkeit Atome %	Masse[8]	Zerfallsart[9] (Strahlung)	Energie in MeV (in Klammern prozentueller Anteil)	Halbwertzeit[10]
76	Os	**Osmium**	190,2	2, 3,	3000 ± 10	(5000)	Fest 22,57	1×10^{-6}		1,00		^{184}Os	0,018	183,95256			
		Osmium		4, 8			(dichtestes aller					^{186}Os	1,59	185,95394			
		Osmium					Elemente)					^{187}Os	1,64	186,95596			
												^{188}Os	13,3	187,95597			
												^{189}Os	16,1	188,95825			
												^{190}Os	26,4	189,9586			
												^{192}Os	41,0	191,96141			
77	Ir	**Iridium**	192,2	3, 4	2443	(4527	Fest 22,42/17°	1×10^{-7}		0,821		^{191}Ir	37,3	190,96085			
		Iridium				± 100)						^{193}Ir	62,7	192,96328			
		Iridium															
78	Pt	**Platin**	195,09	1, 2,	1769	(3827	Fest 21,45	5×10^{-7}		1,625		^{190}Pt	0,0127	189,95995	α	3,11	7×10^{11} a
		Platine		3, 4		± 100)						^{192}Pt	0,78	191,96143	α	~2,6	~10^{15} a
		Platinum										^{194}Pt	32,9	193,96281			
												^{195}Pt	33,8	194,96482			
												^{196}Pt	25,3	195,96498			
												^{198}Pt	7,21	197,96753			
79	Au	**Gold**	196,967	1, 3	1063,0	2966	Fest 19,32	5×10^{-7}		0,145	$<1 \times 10^{-6}$	^{197}Au	100	196,96655			
		Or															
		Gold															
		(Aurum)															
80	Hg	**Quecksilber**	200,59	1, 2	−38,87	356,58	14,43/−38,87°	4×10^{-5}		0,284		^{196}Hg	0,146	195,96582			
		Mercure					13,595/0°					^{198}Hg	10,02	197,96677			
		Mercury					13,546/20°[17]					^{199}Hg	16,84	198,96826			
		(Hydrargyrum)										^{200}Hg	23,13	199,96834			
												^{201}Hg	13,22	200,97032			
												^{202}Hg	29,80	201,97063			
												^{204}Hg	6,85	203,97348			
81	Tl	**Thallium**	204,37	1, 3	303,5	1457 ± 10	Fest 11,85	3×10^{-5}		0,108		^{203}Tl	29,50	202,97233			
		Thallium										^{205}Tl	70,50	204,97446			
		Thallium										^{206}Tl (Radium E″)		205,97608	β^- Kein γ	1,51	4,20 min
												^{207}Tl (Actinium C″)		206,97745	β^-	1,44	4,78 min
															γ	0,89 (≈0,2%)	
												^{208}Tl (Thorium C″)		207,98201	β^-	1,80 (50%)	3,1 min
																1,52 (21%)	
																1,28 (25%)	
															γ	2,615 (100%)	
																0,511 (25%)	
																0,860 (12%)	
																0,583 (87%)	
																0,277 (10%)	

													^{210}Tl		209,990	β⁻	1,96	(100%)	1,3 min
													(Radium C″)			γ	0,297	(100%)	
																	0,783	(100%)	
																	1,1		
82	Pb	**Blei**	207,19	2, 4	327,5	1744	Fest	11,35	0,0018		0,47	$1{,}1 \times 10^{-4}$	^{204}Pb	1,48	203,97307	α	2,6		$1{,}4 \times 10^{19}$ a
		Plomb											^{206}Pb	23,6	205,97446				
		Lead											(Radium G)						
		(Plumbum)											^{207}Pb	22,6	206,9759				
													^{208}Pb	52,3	207,97664				
													^{210}Pb		209,98418	β⁻	0,015	(85%)	21 a
													(Radium D)				0,061	(15%)	
																γ	0,047	(85%)	
													^{211}Pb		210,9888	β⁻	1,39	(80%)	36,1 min
													(Actinium B)				0,56		
																γ	0,065		
																	0,083	(5%)	
																	0,404	(6%)	
																	0,829	(13%)	
													^{212}Pb		211,99190	β⁻	0,34	(84%)	10,64 h
													(Thorium B)				0,58	(12%)	
																γ	0,1151		
																	0,1764		
																	0,2383	(80%)	
																	0,3	(4%)	
																	0,4152		
													^{214}Pb		213,99976	β⁻	0,7	(6%)	26,8 min
													(Radium B)				1,03		
																γ	0,352		
																(>10)	0,053–0,259		
83	Bi	**Wismut**	208,980	3, 5	271,3	1560 ± 5	Fest	9,747	2×10^{-5}		0,144		^{209}Bi	100	208,98042				
		Bismuth											^{210}Bi		209,98411	α	4,7	(≈10^{-5}%)	5,00 d
		Bismuth											(Radium E)			β⁻	1,16		
																Kein γ			
													^{211}Bi		210,98729	α	6,617	(83%)	2,15 min
													(Actinium C)				6,273	(17%)	
																β⁻	0,06	(0,3%)	
																γ	0,351	(17%)	
													^{212}Bi		211,99127	α	6,049	(25%)	60,6 min
													(Thorium C)				6,088	(10%)	
																β⁻	0,085–2,25	(65%)	
																γ	0,040	(25%)	
																(>10)	0,727		
																	0,124–2,2		
													^{214}Bi		213,99863	α	5,5	(0,04%)	19,7 min
													(Radium C)			β⁻	0,4–3,2	(≧99%)	
																γ	0,609		
																(>10)	1,12		
																	1,76		
																	0,45–2,43		
													^{215}Bi		215,0019	β⁻			8 min

Fußnoten siehe S. 241.

Z Ordnungszahl	Symbol	Element Deutsch Französisch Englisch (Lateinisch)	Atomgewicht 1967[1]	Valenz	Schmelzpunkt[2] bei 760 Torr (wenn nichts anderes vermerkt) °C	Siedepunkt[2] bei 760 Torr (wenn nichts anderes vermerkt) °C	Dichte[2] Gase: g/l bei 760 Torr und 0 °C Feste Stoffe: g/cm³ oder spezifisches Gewicht 20 °C/4 °C (wenn nichts anderes vermerkt)	Relative Verbreitung: Erdkruste, Hydrosphäre und Atmosphäre[3] %	Relative Verbreitung: Atmosphäre[4] Vol %	Relative Verbreitung: Weltall (Atome pro 10^6 Si-Atome)[5]	Relative Verbreitung: Menschlicher Körper[6] %	Natürliche Isotope[7]: Isotop (Massenzahl A)	Relative Häufigkeit Atome %	Masse[8]	Zerfallsart[9] (Strahlung)	Energie in MeV (in Klammern prozentueller Anteil)	Halbwertzeit[10]
84	Po	**Polonium** Polonium Polonium	(210)*	(2, 4, 6)	254	962	Fest α 9,32	$2{,}1 \times 10^{-14}$				^{210}Po (Radium F)		209,98287	α γ	5,30 0,79 ($1{,}2 \times 10^{-3}$ %)	138,40 d
												^{211}Po (Actinium C′)		210,98665	α γ	7,44 (99 %) 6,90 (0,5 %) 6,57 (0,5 %) 0,88 (0,5 %) 0,562 (0,5 %)	0,52 s
												^{212}Po (Thorium C′)		211,98886	α	8,78	0,30 µs
												^{214}Po (Radium C′)		213,99519	α	7,68	164 µs
												^{215}Po (Actinium A)		214,99947	α β⁻	7,36 (≧99 %) (0,005 %)	0,0018 s
												^{216}Po (Thorium A)		216,00192	α β⁻	6,78 (99,986 %) (0,014 %)	0,16 s
												^{218}Po (Radium A)		218,00893	α β⁻	6,00 (≧99 %) (0,02 %)	3,05 min
85	At	**Astatin** Astatine, Astate Astatine	(210)	(1, 3, 5, 7)				3×10^{-24}				^{215}At		214,99866	α	8,00	≈100 µs
												^{216}At		216,00241	α	7,79	≈300 µs
												^{218}At		218,00855	α	6,70 6,65	1,35 s
												^{219}At		219,01136	α β⁻	6,27	54 s
86	Rn Em Nt	**Radon** Radon Radon Emanation Niton	(222)	0	−71	−61,8	Gas 9,73 Flüssig 4,4/−62° Fest 4	$6{,}2 \times 10^{-16}$				^{219}Rn (Actinon)		219,00952	α γ	6,81 (82 %) 6,54 (13 %) 6,41 (5 %) 0,270 (13 %) 0,399 (4,8 %)	4,0 s
												^{220}Rn (Thoron)		220,0114	α γ	6,282 (≧99 %) 5,747 (0,3 %) 0,542 (≈0,3 %)	51,5 s
												^{222}Rn (Radon)		222,01753	α γ	4,586 (≧99 %) 4,98 (0,08 %) 4,83 0,51 (≈0,08 %)	3,823 d
87	Fr	**Francium** Francium Francium	(223)	1				$1{,}3 \times 10^{-21}$				^{223}Fr (Actinium K)		223,0198	α β⁻ γ	5,34 (0,005 %) 1,15 (≧99 %) 0,049 (40 %) 0,080 (24 %) 0,215 (3 %) 0,31 (0,8 %)	22 min

88	Ra	**Radium** Radium Radium	(226)	2	700	<1737	Fest	5 ?	$9,5 \times 10^{-11}$			$1,4 \times 10^{-13}$	^{223}Ra (Actinium X)		223,0187	α γ (>10)	5,71 (50%) 5,60 (24%) 5,23 (10%) 5,33–5,87 0,155 0,122 0,270 0,338 0,031–0,45	11,7 d
													^{224}Ra (Thorium X)		224,02022	α γ	5,68 (95%) 5,44 (5%) 0,24098 (3,7%) 0,290 (8×10^{-3}%) 0,410 (4×10^{-3}%) 0,650 (9×10^{-3}%)	3,64 d
													^{226}Ra		226,02536	α γ	4,78 (95%) 4,59 (4%) 0,187 (4%) 0,260 (0,001%) 0,420 0,64	1622 a
													^{228}Ra (Meso-thorium I)		228,03123	β⁻ γ	0,055 ≈0,03	6,7 a
89	Ac	**Actinium** Actinium Actinium	(227)	3	1050	3200 ± 300 (Schätzung)	Fest	10,07 (berechnet)	$6,1 \times 10^{-14}$				^{227}Ac		227,02781	α β⁻ γ (9)	4,949 (1%) 4,936 4,517–4,866 0,043 (99%) 0,009–0,190	21,6 a
													^{228}Ac (Meso-thorium II)		228,03117	β⁻ γ (>10)	1,11 (53%) 0,45–2,18 0,057 0,10 0,91 0,08–0,966	6,13 h
90	Th	**Thorium** Thorium Thorium	232,038	4	~1700	4000	Fest	~11,66	0,0011				^{227}Th (Radio-actinium)		227,02777	α γ (>10)	5,976 (24%) 6,036 (23%) 5,755 (2,1%) 5,667–6,007 0,050 (14%) 0,061 (9%) 0,236 (11%) 0,029–0,334	18,17 d
													^{228}Th (Radio-thorium)		228,02875	α γ	5,421 (71%) 5,338 (28%) 5,137–5,208 0,085 (1,6%) 0,134 (0,16%) 0,169 (0,13%) 0,205 (0,03%) 0,214 (0,27%)	1,91 a

Fußnoten siehe S. 241.

Ordnungszahl Z	Symbol	Element **Deutsch** Französisch Englisch (Lateinisch)	Atomgewicht 1967[1]	Valenz	Schmelzpunkt[2] bei 760 Torr (wenn nichts anderes vermerkt) °C	Siedepunkt[2] bei 760 Torr (wenn nichts anderes vermerkt) °C	Dichte[2] Gase: g/l bei 760 Torr und 0 °C Feste Stoffe: g/cm³ oder spezifisches Gewicht 20 °C/4 °C (wenn nichts anderes vermerkt)	Relative Verbreitung: Erdkruste, Hydrosphäre und Atmosphäre[3] %	Relative Verbreitung: Atmosphäre[4] Vol %	Relative Verbreitung: Weltall (Atome pro 10^6 Si-Atome)[5]	Relative Verbreitung: Menschlicher Körper[6] %	Natürliche Isotope[7]: Isotop (Massenzahl A)	Natürliche Isotope[7]: Relative Häufigkeit Atome %	Natürliche Isotope[7]: Masse[8]	Natürliche Isotope[7]: Zerfallsart[9] (Strahlung)	Natürliche Isotope[7]: Energie in MeV (in Klammern prozentueller Anteil)	Natürliche Isotope[7]: Halbwertzeit[10]
90	Th	**Thorium** (Fortsetzung)										^{230}Th (Ionium)		230,033 08	α γ	4,682 (76 %) 4,615 (24 %) 4,240–4,474 0,0677 (0,59 %) 0,110 (1×10^{-4} %) 0,144 (0,77 %) 0,19 ($1,4\times10^{-2}$ %) 0,203 ($\approx5\times10^{-6}$ %) 0,235 ($\approx5\times10^{-6}$ %) 0,255 ($1,7\times10^{-2}$ %)	8×10^4 a
												^{231}Th (Uran Y)		231,036 35	β⁻ γ (>10)	0,30 (78 %) 0,084 (11 %) 0,256 (13 %) 0,017–0,31	25,6 h
												^{232}Th		232,038 21	α γ	4,007 (76 %) 3,99 (24 %) 0,059 (24 %)	$1,39\times10^{10}$ a
												^{234}Th (Uran X_1)		234,043 57	β⁻ γ	0,192 (65 %) 0,10 (35 %) 0,092 0,063 0,029	24,10 d
91	Pa	**Protactinium** Protactinium Protactinium	(231)	4, 5	~1230 ?		Fest 15,37	9×10^{-11}				^{231}Pa		231,035 94	α γ (>10)	5,001 (24 %) 5,017 (23 %) 5,046 (10 %) 4,938 (22 %) 4,666–4,971 0,29 0,027–0,356	$3,43\times10^4$ a
												^{234}Pa (Uran X_2)			β⁻ γ (>10) IT	0,58 (99 %) 2,31 (1 %) 0,043 0,23–1,83	1,18 min
												^{234}Pa (Uran Z)		234,043 37	β⁻ γ (>10)	0,23–1,35 0,044 (92 %) 0,100 (71 %) 0,228 (33 %) 0,126–1,85	6,66 h

92	U	**Uran**	238,03	3, 4,	1132,3	3818	Fest	~18,95	$2,9 \times 10^{-4}$			3×10^{-8}	^{234}U	0,0057	234,0409	α	4,768	(72%)	$2,48 \times 10^{5}$ a
		Uranium		5, 6	±0,8								(Uran II)				4,717	(28%)	
		Uranium														γ	0,053		
																	0,118		
													^{235}U	0,720	235,04393	α	4,559	(6,7%)	$7,13 \times 10^{8}$ a
													(Actinouran)				4,370	(25%)	
																	4,354	(35%)	
																	4,333	(14%)	
																	4,318	(8%)	
																	4,117	(5,8%)	
																γ	0,074		
																	0,094	(9%)	
																	0,1096	(5%)	
																	0,144	(12%)	
																	0,165	(>4%)	
																	0,185	(55%)	
																	0,203	(>4%)	
																	0,2890		
																	0,367		
																	0,385		
													^{238}U	99,27	238,05076	α	4,195	(77%)	$4,51 \times 10^{9}$ a
													(Uran I)				4,14	(23%)	
																γ	0,048	(23%)	

1 Atomgewichte 1967 bezogen auf das Kohlenstoffisotop ^{12}C; siehe dazu Fußnote 2, S. 225. Werte in Klammern geben die Massenzahl des stabilsten bekannten Isotops an, Werte mit einem zusätzlichen Stern die Massenzahl des bekanntesten Isotops.

2 Nach HAMMOND, C. R., in: WEAST et al. (Hrsg.), *Handbook of Chemistry and Physics*, 47. Aufl., The Chemical Rubber Co., Cleveland, 1966, S. B-97; HAMPEL, C. A. (Hrsg.), *Rare Metals Handbook*, 2. Aufl., Reinhold, London, 1961.

3 Die angegebenen Werte sind Prozentzahlen aus dem Gesamtgebiet der Lithosphäre (äußere 16 km), Hydrosphäre und Atmosphäre (nach REMY, H., *Lehrbuch der anorganischen Chemie*, 11. Aufl., Band 2, Akademische Verlagsgesellschaft, Leipzig, 1961, S. 769).

4 Trockene Atmosphäre nahe der Meereshöhe. Nach *Manual of the ICAO Standard Atmosphere*, 2. Aufl., International Civil Aviation Organization, Montreal, 1964, S. XVII.

5 Nach SUESS und UREY, *Rev. mod. Phys.*, **28**, 53 (1956).

6 Nach SCHROEDER, H. A., *J. chron. Dis.*, **18**, 217 (1965); für As nach SCHROEDER und BALASSA, *J. chron. Dis.*, **19**, 85 (1966); für Zr nach SCHROEDER und BALASSA, *J. chron. Dis.*, **19**, 573 (1966); für Nb nach SCHROEDER und BALASSA, *J. chron. Dis.*, **18**, 229 (1965). Siehe auch den Abschnitt «Chemische Zusammensetzung des Körpers», S. 513–518.

7 Nach HEATH, R. L., in: WEAST et al. (Hrsg.), *Handbook of Chemistry and Physics*, 47. Aufl., The Chemical Rubber Co., Cleveland, 1966, S. B-4.

8 Bezogen auf das Kohlenstoffisotop ^{12}C; siehe Fußnote 2, S. 225. Werte nach KÖNIG et al., *Nucl. Phys.*, **31**, 18 (1962).

9 α = Alphateilchen (Heliumkern = 2 Protonen + 2 Neutronen), β^- = Betateilchen (Elektron), γ = Gammastrahlung, K = Elektroneneinfang aus der K-Schale, IT = isomerer Übergang.

10 a = Jahre, d = Tage, h = Stunden, min = Minuten, s = Sekunden.

11 Normaler Wasserstoff besteht aus einer Mischung von Ortho- und Parawasserstoff (Moleküle, deren zwei Kerne parallelen bzw. nichtparallelen Spin besitzen) im Verhältnis 3:1.

12 Siehe Fußnote 4, S. 225.

13 Ein Zerfallsprodukt von ^{14}N in der Atmosphäre durch Einwirkung kosmischer Strahlen. Verhältnis von ^{1}H:^{3}H-Atomen in der Atmosphäre in der Größenordnung 10^{14} (nach GROSSE et al., *Phys. Rev.*, **93**, 250 [1954]).

14 Ein Zerfallsprodukt von ^{14}N in der Atmosphäre durch Einwirkung natürlich vorkommender Neutronen.

15 Siehe Fußnote 5, S. 225.

16 Ein Zerfallsprodukt von ^{146}Nd durch Einwirkung natürlich vorkommender Neutronen.

17 Über international anerkannte Dichtewerte für Quecksilber bei anderen Temperaturen siehe LINDSAY, R. B., in: GRAY, D. E. (Hrsg.), *American Institute of Physics Handbook*, McGraw-Hill, New York, 1957, S. 2–140.

Ordnungszahl Z	Symbol	Transuranelement[1]	Atomgewicht 1967[2]	Valenz[3]	Schmelzpunkt[3] °C	Siedepunkt[3] °C	Dichte[3]	g/cm³	Isotope: Isotop (Massenzahl A)	Masse[5]	Zerfallsart[6] (Strahlung)	Energie in MeV[4] (in Klammern prozentueller Anteil)	Halbwertzeit[7]
93	Np	**Neptunium**	(237)	3, 4, 5, 6	640 ± 1		Fest	18,0–20,45	^{237}Np	237,04803	α	4,787 (53 %)	$2{,}14 \times 10^6$ a
												4,767 (29 %)	
												4,52–4,87	
											γ	0,020	
												0,087 (14 %)	
												0,0296 (14 %)	
												0,0568 (0,8 %)	
												0,143 (0,1 %)	
												0,175 (0,3 %)	
												0,200	
94	Pu	**Plutonium**	(244)	3, 4, 5, 6	639,5 ± 2	3235 ± 19	Fest	α 19,84/25°	^{244}Pu		α		$8{,}2 \times 10^7$ a
95	Am	**Americium**	(243)	3, 4, 5, 6	> 850		Fest	11,7	^{243}Am	243,06138	α, γ		7950 a
96	Cm	**Curium**	(247)	3			Fest	~7	^{247}Cm		α		$1{,}6 \times 10^7$ a
97	Bk	**Berkelium**	(247)	3, 4					^{247}Bk	247,07018	α, γ		$1{,}4 \times 10^3$ a
98	Cf	**Californium**	(252)*	3					^{252}Cf		α		2,65 a
99	Es	**Einsteinium**	(254)	3					^{254}Es	254,08811	α, γ		270 d
100	Fm	**Fermium**	(257)	3					^{257}Fm		α		80 d
101	Md	**Mendelevium**	(257)	3					^{257}Md		α, K		3,0 h
102	No	**Nobelium**	(255)						^{255}No		α		3,0 min
103	Lr	**Lawrencium**	(256)						^{256}Lr		α		45 s

[1] Die Transurane sind als künstlich hergestellte Elemente bekannt geworden. Sie sind insofern ebenfalls als natürliche Elemente anzusehen, als manche von ihnen auch in der Natur vorgekommen bzw. in geringsten Mengen heute noch (zum Beispiel ^{239}Pu) nachzuweisen sind. Sie sind gewissermaßen «ausgestorben», da ihre Halbwertzeit relativ kurz ist.

[2] Atomgewichte 1967 bezogen auf das Kohlenstoffisotop ^{12}C; siehe Fußnote [2], S. 225. Werte in Klammern: Massenzahl des stabilsten bekannten Isotops; mit zusätzlichem Stern: Massenzahl des bekanntesten Isotops.

[3] Nach Hammond, C. R., in: Weast et al. (Hrsg.), *Handbook of Chemistry and Physics*, 47. Aufl., The Chemical Rubber Co., Cleveland, 1966, S. B-97; Hampel, C. A. (Hrsg.), *Rare Metals Handbook*, 2. Aufl., Reinhold, London, 1961.

[4] Werte nach Heath, R. L., in: Weast et al. (Hrsg.), *Handbook of Chemistry and Physics*, 47. Aufl., The Chemical Rubber Co., Cleveland, 1966, S. B-4.

[5] Bezogen auf das Kohlenstoffisotop ^{12}C; siehe Fußnote [2], S. 225. Werte nach König et al., *Nucl. Phys.*, **31**, 18 (1962).

[6] α = Alphateilchen (Heliumkern = 2 Protonen + 2 Neutronen), γ = Gammastrahlung, K = Elektroneneinfang aus der K-Schale.

[7] a = Jahre, d = Tage, h = Stunden, min = Minuten, s = Sekunden. Werte nach Union internationale de Chimie pure et appliquée, International Union of Pure and Applied Chemistry (IUPAC), *Comptes rendus de la 24e conférence, 1967*, Butterworth, London, 1968, S. 140.

Elektronenstruktur der Elemente[1]

Z = Ordnungszahl; E_r = Resonanzenergie (eV); E_i = Ionisierungsenergie (eV); E_{r1} = Resonanzenergie des einfach ionisierten Atoms (eV)

Z	Element	E_r	E_i	E_{r1}	K	L		M			N				O				P			Q
					1s	2s	2p	3s	3p	3d	4s	4p	4d	4f	5s	5p	5d	5f	6s	6p	6d	7s
1	H	10,19	13,60		1																	
2	He	21,20	24,58	40,8	2																	
3	Li	1,85	5,39	62,2	2	1																
4	Be	5,28	9,32	3,96	2	2																
5	B	4,96	8,30	9,10	2	2	1															
6	C	7,48	11,26	9,29	2	2	2															
7	N	10,3	14,54	11,4	2	2	3															
8	O	9,52	13,61	14,8	2	2	4															
9	F	12,98	17,42	20,42	2	2	5															
10	Ne	16,84	21,56	26,89	2	2	6															
11	Na	2,10	5,14	33,3	2	2	6	1														
12	Mg	4,34	7,64	4,42	2	2	6	2														
13	Al	3,14	5,98	7,42	2	2	6	2	1													
14	Si	4,92	8,15	6,86	2	2	6	2	2													
15	P	6,94	10,95	8,09	2	2	6	2	3													
16	S	6,86	10,36	9,84	2	2	6	2	4													
17	Cl	9,21	13,01	11,56	2	2	6	2	5													
18	Ar	11,53	15,75	13,47	2	2	6	2	6													
19	K	1,61	4,34	20,6	2	2	6	2	6		1											
20	Ca	2,93	6,11	3,12	2	2	6	2	6		2											
21	Sc	2,32	6,56	3,40	2	2	6	2	6	1	2											
22	Ti	1,97	6,83	3,66	2	2	6	2	6	2	2											
23	V	2,24	6,74	4,40	2	2	6	2	6	3	2											
24	Cr	2,89	6,76	6,00	2	2	6	2	6	5	1											
25	Mn	3,07	7,43	4,76	2	2	6	2	6	5	2											
26	Fe	3,21	7,90	5,20	2	2	6	2	6	6	2											
27	Co	3,57	7,86	5,83	2	2	6	2	6	7	2											
28	Ni	3,54	7,63	6,39	2	2	6	2	6	8	2											
29	Cu	3,79	7,72	8,26	2	2	6	2	6	10	1											
30	Zn	4,03	9,39	5,91	2	2	6	2	6	10	2											
31	Ga	3,07	6,00	8,78	2	2	6	2	6	10	2	1										
32	Ge	4,64	8,13	8,06	2	2	6	2	6	10	2	2										
33	As	6,28	9,81	9,14	2	2	6	2	6	10	2	3										
34	Se	6,32	9,75	10,39	2	2	6	2	6	10	2	4										
35	Br	8,32	11,84	12,21	2	2	6	2	6	10	2	5										
36	Kr	10,03	13,99	15,82	2	2	6	2	6	10	2	6										
37	Rb	1,59	4,17	17,8	2	2	6	2	6	10	2	6			1							
38	Sr	2,69	5,69	2,94	2	2	6	2	6	10	2	6			2							
39	Y	1,99	6,57	2,91	2	2	6	2	6	10	2	6	1		2							
40	Zr	2,02	6,95	3,47	2	2	6	2	6	10	2	6	2		2							
41	Nb	2,97	6,77	4,13	2	2	6	2	6	10	2	6	4		1							
42	Mo	3,18	7,18	6,08	2	2	6	2	6	10	2	6	5		1							
43	Tc	2,88	7,45	4,68	2	2	6	2	6	10	2	6	(5)		(2)							
44	Ru	3,26	7,5	6,29	2	2	6	2	6	10	2	6	7		1							
45	Rh	3,35	7,7	4,97	2	2	6	2	6	10	2	6	8		1							
46	Pd	4,22	8,33	8,12	2	2	6	2	6	10	2	6	10									
47	Ag	3,66	7,58	11,1	2	2	6	2	6	10	2	6	10		1							
48	Cd	3,80	8,99	5,47	2	2	6	2	6	10	2	6	10		2							
49	In	3,02	5,78	7,82	2	2	6	2	6	10	2	6	10		2	1						
50	Sn	4,30	7,33	7,30	2	2	6	2	6	10	2	6	10		2	2						
51	Sb	5,36	8,64	9,56	2	2	6	2	6	10	2	6	10		2	3						
52	Te	5,78	9,01	8,82	2	2	6	2	6	10	2	6	10		2	4						
53	I	7,67	10,44	10,04	2	2	6	2	6	10	2	6	10		2	5						
54	Xe	8,44	12,13	11,27	2	2	6	2	6	10	2	6	10		2	6						
55	Cs	1,38	3,89	15,2	2	2	6	2	6	10	2	6	10		2	6			1			
56	Ba	2,24	5,21	2,51	2	2	6	2	6	10	2	6	10		2	6			2			
57	La	1,64	5,61	1,75	2	2	6	2	6	10	2	6	10		2	6	1		2			
58	Ce		6,91	2,72	2	2	6	2	6	10	2	6	10	2	2	6			2			
59	Pr		5,76	2,81	2	2	6	2	6	10	2	6	10	3	2	6			2			
60	Nd		6,31	2,63	2	2	6	2	6	10	2	6	10	4	2	6			2			
61	Pm				2	2	6	2	6	10	2	6	10	5	2	6			2			
62	Sm	1,71	5,6	2,63	2	2	6	2	6	10	2	6	10	6	2	6			2			
63	Eu	1,74	5,67	2,95	2	2	6	2	6	10	2	6	10	7	2	6			2			
64	Gd	1,665	6,16	3,18	2	2	6	2	6	10	2	6	10	7	2	6	1		2			
65	Tb		6,74		2	2	6	2	6	10	2	6	10	8	2	6	1		2			
66	Dy		6,82		2	2	6	2	6	10	2	6	10	9	2	6	1		2			
67	Ho				2	2	6	2	6	10	2	6	10	10	2	6	1		2			
68	Er				2	2	6	2	6	10	2	6	10	11	2	6	1		2			
69	Tm	2,62 ?		2,68	2	2	6	2	6	10	2	6	10	13	2	6			2			
70	Yb	2,23	6,2	3,35	2	2	6	2	6	10	2	6	10	14	2	6			2			
71	Lu	2,16 ?	5,0	3,38	2	2	6	2	6	10	2	6	10	14	2	6	1		2			
72	Hf	2,19	5,5	3,43	2	2	6	2	6	10	2	6	10	14	2	6	2		2			
73	Ta	2,44	6	3,63	2	2	6	2	6	10	2	6	10	14	2	6	3		2			
74	W	2,49	7,98	4,48	2	2	6	2	6	10	2	6	10	14	2	6	4		2			
75	Re	3,57	7,88		2	2	6	2	6	10	2	6	10	14	2	6	5		2			
76	Os	2,80	8,7		2	2	6	2	6	10	2	6	10	14	2	6	6		2			
77	Ir	4,65	9,2		2	2	6	2	6	10	2	6	10	14	2	6	7		2			
78	Pt	4,04	8,97	6,38	2	2	6	2	6	10	2	6	10	14	2	6	9		1			
79	Au	4,63	9,22	7,81	2	2	6	2	6	10	2	6	10	14	2	6	10		1			
80	Hg	4,89	10,43	6,38	2	2	6	2	6	10	2	6	10	14	2	6	10		2			
81	Tl	3,28	6,11	9,38	2	2	6	2	6	10	2	6	10	14	2	6	10		2	1		
82	Pb	4,33	7,42	7,35	2	2	6	2	6	10	2	6	10	14	2	6	10		2	2		
83	Bi	4,04	8,0	8,63	2	2	6	2	6	10	2	6	10	14	2	6	10		2	3		
84	Po		7,25		2	2	6	2	6	10	2	6	10	14	2	6	10		2	4		
85	At				2	2	6	2	6	10	2	6	10	14	2	6	10		2	5		
86	Rn	6,78	10,75		2	2	6	2	6	10	2	6	10	14	2	6	10		2	6		
87	Fr				2	2	6	2	6	10	2	6	10	14	2	6	10		2	6		1
88	Ra	2,57	5,28	2,65	2	2	6	2	6	10	2	6	10	14	2	6	10		2	6		2
89	Ac				2	2	6	2	6	10	2	6	10	14	2	6	10		2	6	1	2
90	Th			2,12	2	2	6	2	6	10	2	6	10	14	2	6	10		2	6	2	2
91	Pa				2	2	6	2	6	10	2	6	10	14	2	6	10	2	2	6	1	2
92	U	1,44	$\sim$4	3,21	2	2	6	2	6	10	2	6	10	14	2	6	10	3	2	6	1	2
93	Np				2	2	6	2	6	10	2	6	10	14	2	6	10	4	2	6	1	2
94	Pu				2	2	6	2	6	10	2	6	10	14	2	6	10	6	2	6		2
95	Am				2	2	6	2	6	10	2	6	10	14	2	6	10	7	2	6		2
96	Cm				2	2	6	2	6	10	2	6	10	14	2	6	10	7	2	6	1	2
97	Bk				2	2	6	2	6	10	2	6	10	14	2	6	10	8	2	6	1	2
98	Cf				2	2	6	2	6	10	2	6	10	14	2	6	10	10	2	6		2
99	Es				2	2	6	2	6	10	2	6	10	14	2	6	10	11	2	6		2
100	Fm				2	2	6	2	6	10	2	6	10	14	2	6	10	12	2	6		2
101	Md				2	2	6	2	6	10	2	6	10	14	2	6	10	13	2	6		2

[1] Nach MAVRODINEANU und BOITEUX, *L'Analyse spectrale quantitative par la flamme*, Masson, Paris, 1954. Wiedergabe mit freundlicher Erlaubnis des Verlages. Elemente 94–101 nach FOSTER, L.S., in: WEAST et al. (Hrsg.), *Handbook of Chemistry and Physics*, 47. Aufl., The Chemical Rubber Co., Cleveland, 1966, S. B-2.

Vielfache von Atomgewichten einiger wichtiger Elemente

Die Tabelle basiert auf den 1967 international festgelegten Atomgewichten (siehe dazu S. 225, Fußnote [2])

Z	Symbol		Einer	0	1	2	3	4	5	6	7	8	9
			Zehner										
1	H	Wasserstoff	0	0,000 00	1,007 97	2,015 94	3,023 91	4,031 88	5,039 85	6,047 82	7,055 79	8,063 76	9,071 73
			10	10,079 70	11,087 67	12,095 64	13,103 61	14,111 58	15,119 55	16,127 52	17,135 49	18,143 46	19,151 43
			20	20,159 40	21,167 37	22,175 34	23,183 31	24,191 28	25,199 25	26,207 22	27,215 19	28,223 16	29,231 13
			30	30,239 10	31,247 07	32,255 04	33,263 01	34,270 98	35,278 95	36,286 92	37,294 89	38,302 86	39,310 83
			40	40,318 80	41,326 77	42,334 74	43,342 71	44,350 68	45,358 65	46,366 62	47,374 59	48,382 56	49,390 53
			50	50,398 50	51,406 47	52,414 44	53,422 41	54,430 38	55,438 35	56,446 32	57,454 29	58,462 26	59,470 23
			60	60,478 20	61,486 17	62,494 14	63,502 11	64,510 08	65,518 05	66,526 02	67,533 99	68,541 96	69,549 93
			70	70,557 90	71,565 87	72,573 84	73,581 81	74,589 78	75,597 75	76,605 72	77,613 69	78,621 66	79,629 63
			80	80,637 60	81,645 57	82,653 54	83,661 51	84,669 48	85,677 45	86,685 42	87,693 39	88,701 36	89,709 33
			90	90,717 30	91,725 27	92,733 24	93,741 21	94,749 18	95,757 15	96,765 12	97,773 09	98,781 06	99,789 03
			100	100,797 00	101,804 97	102,812 94	103,820 91	104,828 88	105,836 85	106,844 82	107,852 79	108,860 76	109,868 73
			110	110,876 70	111,884 67	112,892 64	113,900 61	114,908 58	115,916 55	116,924 52	117,932 49	118,940 46	119,948 43
			120	120,956 40	121,964 37	122,972 34	123,980 31	124,988 28	125,996 25	127,004 22	128,012 19	129,020 16	130,028 13
			130	131,036 10	132,044 07	133,052 04	134,060 01	135,067 98	136,075 95	137,083 92	138,091 89	139,099 86	140,107 83
			140	141,115 80	142,123 77	143,131 74	144,139 71	145,147 68	146,155 65	147,163 62	148,171 59	149,179 56	150,187 53
			150	151,195 50	152,203 47	153,211 44	154,219 41	155,227 38	156,235 35	157,243 32	158,251 29	159,259 26	160,267 23
			160	161,275 20	162,283 17	163,291 14	164,299 11	165,307 08	166,315 05	167,323 02	168,330 99	169,338 96	170,346 93
			170	171,354 90	172,362 87	173,370 84	174,378 81	175,386 78	176,394 75	177,402 72	178,410 69	179,418 66	180,426 63
			180	181,434 60	182,442 57	183,450 54	184,458 51	185,466 48	186,474 45	187,482 42	188,490 39	189,498 36	190,506 33
			190	191,514 30	192,522 27	193,530 24	194,538 21	195,546 18	196,554 15	197,562 12	198,570 09	199,578 06	200,586 03
6	C	Kohlenstoff	0	00,000 00	12,011 15	24,022 30	36,033 45	48,044 60	60,055 75	72,066 90	84,078 05	96,089 20	108,100 35
			10	120,111 50	132,122 65	144,133 80	156,144 95	168,156 10	180,167 25	192,178 40	204,189 55	216,200 70	228,211 85
			20	240,223 00	252,234 15	264,245 30	276,256 45	288,267 60	300,278 75	312,289 90	324,301 05	336,312 20	348,323 35
			30	360,334 50	372,345 65	384,356 80	396,367 95	408,379 10	420,390 25	432,401 40	444,412 55	456,423 70	468,434 85
			40	480,446 00	492,457 15	504,468 30	516,479 45	528,490 60	540,501 75	552,512 90	564,524 05	576,535 20	588,546 35
			50	600,557 50	612,568 65	624,579 80	636,590 95	648,602 10	660,613 25	672,624 40	684,635 55	696,646 70	708,657 85
			60	720,669 00	732,680 15	744,691 30	756,702 45	768,713 60	780,724 75	792,735 90	804,747 05	816,758 20	828,769 35
			70	840,780 50	852,791 65	864,802 80	876,813 95	888,825 10	900,836 25	912,847 40	924,858 55	936,869 70	948,880 85
			80	960,892 00	972,903 15	984,914 30	996,925 45	1008,936 60	1020,947 75	1032,958 90	1044,970 05	1056,981 20	1068,992 35
			90	1081,003 50	1093,014 65	1105,025 80	1117,036 95	1129,048 10	1141,059 25	1153,070 40	1165,081 55	1177,092 70	1189,103 85
7	N	Stickstoff	0	00,000 0	14,006 7	28,013 4	42,020 1	56,026 8	70,033 5	84,040 2	98,046 9	112,053 6	126,060 3
			10	140,067 0	154,073 7	168,080 4	182,087 1	196,093 8	210,100 5	224,107 2	238,113 9	252,120 6	266,127 3
			20	280,134 0	294,140 7	308,147 4	322,154 1	336,160 8	350,167 5	364,174 2	378,180 9	392,187 6	406,194 3
			30	420,201 0	434,207 7	448,214 4	462,221 1	476,227 8	490,234 5	504,241 2	518,247 9	532,254 6	546,261 3
			40	560,268 0	574,274 7	588,281 4	602,288 1	616,294 8	630,301 5	644,308 2	658,314 9	672,321 6	686,328 3
8	O	Sauerstoff	0	00,000 0	15,999 4	31,998 8	47,998 2	63,997 6	79,997 0	95,996 4	111,995 8	127,995 2	143,994 6
			10	159,994 0	175,993 4	191,992 8	207,992 2	223,991 6	239,991 0	255,990 4	271,989 8	287,989 2	303,988 6
			20	319,988 0	335,987 4	351,986 8	367,986 2	383,985 6	399,985 0	415,984 4	431,983 8	447,983 2	463,982 6
			30	479,982 0	495,981 4	511,980 8	527,980 2	543,979 6	559,979 0	575,978 4	591,977 8	607,977 2	623,976 6
			40	639,976 0	655,975 4	671,974 8	687,974 2	703,973 6	719,973 0	735,972 4	751,971 8	767,971 2	783,970 6
9	F	Fluor	0	00,000 0	18,998 4	37,996 8	56,995 2	75,993 6	94,992 0	113,990 4	132,988 8	151,987 2	170,985 6
11	Na	Natrium	0	00,000 0	22,989 8	45,979 6	68,969 4	91,959 2	114,949 0	137,938 8	160,928 6	183,918 4	206,908 2
12	Mg	Magnesium	0	00,000	24,305	48,610	72,915	97,220	121,525	145,830	170,135	194,440	218,745
13	Al	Aluminium	0	00,000 0	26,981 5	53,963 0	80,944 5	107,926 0	134,907 5	161,889 0	188,870 5	215,852 0	242,833 5
14	Si	Silicium	0	00,000	28,086	56,172	84,258	112,344	140,430	168,516	196,602	224,688	252,774
15	P	Phosphor	0	00,000 0	30,973 8	61,947 6	92,921 4	123,895 2	154,869 0	185,842 8	216,816 6	247,790 4	278,764 2
			10	309,738 0	340,711 8	371,685 6	402,659 4	433,633 2	464,607 0	495,580 8	526,554 6	557,528 4	588,502 2
16	S	Schwefel	0	00,000	32,064	64,128	96,192	128,256	160,320	192,384	224,448	256,512	288,576
			10	320,640	352,704	384,768	416,832	448,896	480,960	513,024	545,088	577,152	609,216
17	Cl	Chlor	0	00,000	35,453	70,906	106,359	141,812	177,265	212,718	248,171	283,624	319,077
19	K	Kalium	0	00,000	39,102	78,204	117,306	156,408	195,510	234,612	273,714	312,816	351,918
20	Ca	Calcium	0	00,00	40,08	80,16	120,24	160,32	200,40	240,48	280,56	320,64	360,72
25	Mn	Mangan	0	00,000 0	54,938 0	109,876 0	164,814 0	219,752 0	274,690 0	329,628 0	384,566 0	439,504 0	494,442 0
26	Fe	Eisen	0	00,000	55,847	111,694	167,541	223,388	279,235	335,082	390,929	446,776	502,623
27	Co	Cobalt	0	00,000 0	58,933 2	117,866 4	176,799 6	235,732 8	294,666 0	353,599 2	412,532 4	471,465 6	530,398 8
29	Cu	Kupfer	0	00,00	63,546	127,092	190,638	254,184	317,730	381,276	444,822	508,368	571,914
30	Zn	Zink	0	00,00	65,37	130,74	196,11	261,48	326,85	392,22	457,59	522,96	588,33
33	As	Arsen	0	00,000 0	74,921 6	149,843 2	224,764 8	299,686 4	374,608 0	449,529 6	524,451 2	599,372 8	674,294 4
35	Br	Brom	0	00,000	79,904	159,808	239,712	319,616	399,520	479,424	559,328	639,232	719,136
53	I	Jod	0	000,000 0	126,904 4	253,808 8	380,713 2	507,617 6	634,522 0	761,426 4	888,330 8	1015,235 2	1142,139 6
	H_2O	Wasser (½ H_2O = 9,007 67)	0	00,000 00	18,015 34	36,030 68	54,046 02	72,061 36	90,076 70	108,092 04	126,107 38	144,122 72	162,138 06
			10	180,153 40	198,168 74	216,184 08	234,199 42	252,214 76	270,230 10	288,245 44	306,260 78	324,276 12	342,291 46
	CH_2	Methylen	0	00,000 00	14,027 09	28,054 18	42,081 27	56,108 36	70,135 45	84,162 54	98,189 63	112,216 72	126,243 81
			10	140,270 90	154,297 99	168,325 08	182,352 17	196,379 26	210,406 35	224,433 44	238,460 53	252,487 62	266,514 71
			20	280,541 80	294,568 89	308,595 98	322,623 07	336,650 16	350,677 25	364,704 34	378,731 43	392,758 52	406,785 61
			30	420,812 70	434,839 79	448,866 88	462,893 97	476,921 06	490,948 15	504,975 24	519,002 33	533,029 42	547,056 51
			40	561,083 60	575,110 69	589,137 78	603,164 87	617,191 96	631,219 05	645,246 14	659,273 23	673,300 32	687,327 41
	CH_3	Methyl	0	00,000 00	15,035 06	30,070 12	45,105 18	60,140 24	75,175 30	90,210 36	105,245 42	120,280 48	135,315 54
			10	150,350 60	165,385 66	180,420 72	195,455 78	210,490 84	225,525 90	240,560 96	255,596 02	270,631 08	285,666 14
			20	300,701 20	315,736 26	330,771 32	345,806 38	360,841 44	375,876 50	390,911 56	405,946 62	420,981 68	436,016 74
	NH_4	Ammonium	0	00,000 00	18,038 58	36,077 16	54,115 74	72,154 32	90,192 90	108,231 48	126,270 06	144,308 64	162,347 22
			10	180,385 80	198,424 38	216,462 96	234,501 54	252,540 12	270,578 70	288,617 28	306,655 86	324,694 44	342,733 02

Umrechnungsfaktoren für Verbindungen

Umzurechnen	Faktor	$\log_{10}$	Umzurechnen	Faktor	$\log_{10}$
Aceton .... in Acetessigsäure	1,758	0,2450	Acetessigsäure .... in Aceton	0,5689	0,7550–1
Aceton .... in β-Hydroxybuttersäure.	1,792	0,2533	β-Hydroxybuttersäure in Aceton	0,5579	0,7466–1
Ca .... in CaO	1,399	0,1458	CaO .... in Ca	0,7147	0,8541–1
Cl............. in NaCl	1,648	0,2170	NaCl .... in Cl............	0,6066	0,7829–1
K .... in K_2O	1,205	0,0810	K_2O .... in K	0,8302	0,9192–1
Mg .... in MgO	1,658	0,2195	MgO .... in Mg	0,6032	0,7805–1
Na .... in NaCl	2,542	0,4052	NaCl .... in Na	0,3934	0,5948–1
Na .... in Na_2O	1,348	0,1297	Na_2O .... in Na	0,7419	0,8704–1
P .... in P_2O_5	2,291	0,3600	P_2O_5 .... in P	0,4364	0,6399–1
P .... in H_3PO_4	3,164	0,5002	H_3PO_4 .... in P	0,3161	0,4998–1
S .... in SO_3	2,497	0,3974	SO_3 .... in S	0,4005	0,6026–1
S .... in H_2SO_4	3,059	0,4857	H_2SO_4 .... in S	0,3269	0,5144–1
Protein-N ...... in Protein	6,25	0,7959	Protein .... in Protein-N	0,16	0,2041–1
Ammoniak-N... in Ammoniak	1,216	0,0849	Ammoniak .... in Ammoniak-N...	0,8224	0,9151–1
Creatin-N ...... in Creatin	3,121	0,4943	Creatin .... in Creatin-N	0,3204	0,5057–1
Creatinin-N .... in Creatinin	2,692	0,4301	Creatinin .... in Creatinin-N	0,3715	0,5700–1
Harnstoff-N .... in Harnstoff...........	2,144	0,3312	Harnstoff........... in Harnstoff-N	0,4665	0,6689–1
Harnsäure-N ... in Harnsäure	3,001	0,4772	Harnsäure .... in Harnsäure-N ...	0,3333	0,5228–1
Lipoidphosphor in Phosphatide	23,5	1,3711			
Lipoidphosphor in Lecithin............	25	1,3979	Lecithin............ in Lipoidphosphor	0,040	0,6021–2

Umrechnungen von Konzentrationseinheiten

Bei Einführung der Basisgröße Stoffmenge mit der Basiseinheit Mol verzichtete man bewußt auf eine analoge Umdefinition des Val, das fortan nicht mehr verwendet werden soll (siehe S. 224.4). Da aus zeitlichen Gründen eine entsprechende Überarbeitung der weiteren Abschnitte der *Wissenschaftlichen Tabellen* nicht möglich war, wird im folgenden noch die früher übliche Masseneinheit für Ionen verwendet: das Grammäquivalent oder Val, definiert durch die Gleichung 1 val = $(1/z)$ mol, wobei z die Wertigkeit der betrachteten Ionen ist. Als Symbol für das Val war auch äq, Äq oder Eq empfohlen.

Bei Konzentrationsangaben in der klinischen Chemie soll für Flüssigkeiten die Einheit Liter, für feste Stoffe Kilogramm bzw. deren Multiple als Bezugsmaß verwendet werden [1]; abzulehnen sind Bezeichnungen wie g%, mg% und p.p.m. (parts per million), weil nicht erkenntlich ist, ob das Bezugsmaß eine Masse oder ein Volumen ist.

Umrechnung von mg/100 ml in mmol/l und umgekehrt

$$\text{mmol/l} = \frac{10 \times \text{mg/100 ml}}{\text{Molgewicht}} = \frac{10\,000 \times \text{g/100 ml}}{\text{Molgewicht}}$$

$$\text{mg/100 ml} = \frac{\text{mmol/l} \times \text{Molgewicht}}{10}$$

Umrechnung von ml Gas/100 ml in mmol/l und umgekehrt, bezogen auf 0 °C (2,24 = millimolares Normvolumen eines idealen Gases)

$$\text{mmol/l} = \frac{\text{ml/100 ml}}{2{,}24}$$

$$\text{ml/100 ml} = 2{,}24 \times \text{mmol/l}$$

Umrechnung von mg/100 ml in mval/l und umgekehrt

$$\text{mval/l} = \frac{10 \times \text{mg/100 ml} \times \text{Wertigkeit}}{\text{Molgewicht}}$$

$$\text{mg/100 ml} = \frac{\text{mval/l} \times \text{Molgewicht}}{10 \times \text{Wertigkeit}}$$

Temperaturabhängigkeit der Molarität bzw. Normalität wässeriger Lösungen

Die Tabelle gilt für 0,1n-Lösungen, bei einem Ausdehnungskoeffizienten des Glases von 0,000027 [2]. Normaltemperatur ist 20 °C. Für alle anderen Temperaturen erhält man die Molarität (Normalität) durch Multiplikation mit dem angegebenen Faktor.

Temperatur	Faktor
14 °C	1,0010
15 °C	1,0009
16 °C	1,0007
17 °C	1,0006
18 °C	1,0004
19 °C	1,0002
20 °C	1,0000
21 °C	0,9998
22 °C	0,9996
23 °C	0,9994
24 °C	0,9991
25 °C	0,9989
26 °C	0,9986
27 °C	0,9983

Literatur

1 Empfehlung der Gesellschaften für klinische Chemie.
2 Kolthoff, I. M., *Die Maßanalyse*, 2. Teil, Springer, Berlin, 1928, S. 30 (enthält eine ausführliche Tabelle, nach der die vorliegende zusammengestellt ist).

Normalatmosphäre OACI[1]

Die Normalatmosphäre wird als trockene, saubere, sich als ideales Gas verhaltende Luft vorausgesetzt. Die Berechnungen fußen auf festgelegten Standardwerten für die Erdatmosphäre in Meereshöhe.

Standardwerte der Erdatmosphäre in Meereshöhe

Luftdruck $p_0 = 1{,}0132\mathbf{5} \times 10^5\ \mathrm{N\,m^{-2}}$ (= 76**0** Torr)
Temperatur $T_0 = 288{,}1\mathbf{5}$ °K (= 1**5** °C)
Dichte $\varrho_0 = 1{,}225\mathbf{0}\ \mathrm{kg\,m^{-3}}$
Fallbeschleunigung bei 45° geographischer Breite $g_0 = 9{,}8066\mathbf{5}\ \mathrm{m\,s^{-2}}$

Das Molgewicht* der Luft in Meereshöhe wird errechnet aufgrund des idealen Gasgesetzes

$$\varrho = \frac{M\,p}{R\,T}$$

unter Verwendung der Standardwerte in Meereshöhe für ϱ_0, p_0, T_0 und des Wertes der universellen molaren Gaskonstante R, der auf das Atomgewicht* des Nuklids ^{12}C = 1**2** bezogen ist.

Universelle molare Gaskonstante $R = 8{,}31432\ \mathrm{J\,mol^{-1}\,grd^{-1}}$
Molgewicht der Luft in Meereshöhe $M_0 = 28{,}9644$

Für die Höhen der Tabelle entspricht M, das mittlere Molgewicht* der Luft, dem Wert von M_0.

* Zu diesen Einheiten siehe S. 224.4 und 224.5.

Zusammensetzung der Erdatmosphäre

Gas	Mol-gewicht	Vol%	Gas	Mol-gewicht	Vol%
N_2	28,0134	78,084	CH_4	16,04303	*0,0002
O_2	31,9988	20,9476	N_2O	44,0128	0,00005
Ar	39,948	0,934	O_3	47,9982	*Sommer 0–0,000007
CO_2	44,00995	*0,0314			*Winter 0–0,000002
Ne	20,183	0,001818	SO_2	64,0628	*0–0,0001
He	4,0026	0,000524	NO_2	46,0055	*0–0,000002
Kr	83,80	0,000114	NH_3	17,03061	*0 bis Spuren
Xe	131,30	0,0000087	CO	28,01055	*0 bis Spuren
H_2	2,01594	0,00005	I_2	253,8088	*0–0,000001

* Der Volumenanteil derjenigen Gase, die mit einem Stern versehen sind, kann je nach Zeit und Ort erheblichen Schwankungen gegenüber der angegebenen Norm unterliegen.

Literatur

[1] Nach dem *Manual of the ICAO Standard Atmosphere*, 2. Aufl., Montreal, 1964. Wiedergabe mit freundlicher Erlaubnis der International Civil Aviation Organization.

Geometrische Höhe (m)	Temperatur (°C)	Luftdruck mbar	Luftdruck Torr	p/p_0	Siedepunkt H_2O* (°C)	Dichte (kg m^{-3})	ϱ/ϱ_0	Schallgeschwindigkeit (m s^{-1})	Dynamische Viskosität (N s m^{-2})	Wärmeleitfähigkeit (kcal m^{-1} s^{-1} grd^{-1})
-1000	21,501	1,13931+3	8,54554+2	1,12441+0	103,31	1,3470+0	1,0996+0	344,111	1,8206-5	6,1748-6
- 950	21,176	1,13272	8,49610	1,11791	103,15	1,3407	1,0945	343,921	1,8190	6,1687
- 900	20,851	1,12616	8,44689	1,11143	102,98	1,3344	1,0893	343,731	1,8175	6,1626
- 850	20,526	1,11963	8,39792	1,10499	102,81	1,3281	1,0842	343,541	1,8159	6,1566
- 800	20,201	1,11313	8,34917	1,09858	102,65	1,3219	1,0791	343,351	1,8144	6,1505
- 750	19,876	1,10666	8,30066	1,09219	102,48	1,3157	1,0740	343,161	1,8128	6,1444
- 700	19,550	1,10023	8,25237	1,08584	102,32	1,3095	1,0690	342,970	1,8113	6,1383
- 650	19,225	1,09382	8,20432	1,07952	102,15	1,3033	1,0639	342,780	1,8097	6,1323
- 600	18,900	1,08744	8,15649	1,07322	101,99	1,2971	1,0589	342,589	1,8081	6,1262
- 550	18,575	1,08110	8,10889	1,06696	101,83	1,2910	1,0539	342,399	1,8066	6,1201
- 500	18,250	1,07478+3	8,06151+2	1,06073+0	101,66	1,2849+0	1,0489+0	342,208	1,8050-5	6,1140-6
- 450	17,925	1,06849	8,01436	1,05452	101,49	1,2788	1,0439	342,017	1,8035	6,1079
- 400	17,600	1,06224	7,96743	1,04835	101,32	1,2727	1,0390	341,826	1,8019	6,1018
- 350	17,275	1,05601	7,92073	1,04220	101,16	1,2667	1,0340	341,635	1,8003	6,0957
- 300	16,950	1,04981	7,87425	1,03609	100,99	1,2607	1,0291	341,443	1,7988	6,0896
- 250	16,625	1,04365	7,82799	1,03000	100,82	1,2547	1,0242	341,252	1,7972	6,0835
- 200	16,300	1,03751	7,78195	1,02394	100,66	1,2487	1,0193	341,061	1,7956	6,0774
- 150	15,975	1,03140	7,73614	1,01791	100,49	1,2427	1,0145	340,869	1,7941	6,0713
- 100	15,650	1,02532	7,69054	1,01191	100,33	1,2368	1,0096	340,678	1,7925	6,0652
- 50	15,325	1,01927	7,64516	1,00594	100,16	1,2309	1,0048	340,486	1,7909	6,0591
0	15,000	1,01325+3	7,60000+2	1,00000+0	100,00	1,2250+0	1,0000+0	340,294	1,7894-5	6,0530-6
50	14,675	1,00726	7,55505	9,94086-1	99,83	1,2191	9,9521-1	340,102	1,7878	6,0469
100	14,350	1,00129	7,51032	9,88201	99,66	1,2133	9,9044	339,910	1,7862	6,0408
150	14,025	9,95360+2	7,46581	9,82344	99,50	1,2075	9,8568	339,718	1,7847	6,0347
200	13,700	9,89454	7,42151	9,76515	99,33	1,2017	9,8094	339,525	1,7831	6,0286
250	13,375	9,83576	7,37743	9,70714	99,17	1,1959	9,7622	339,333	1,7815	6,0225
300	13,050	9,77727	7,33356	9,64942	99,00	1,1901	9,7152	339,141	1,7800	6,0164
350	12,725	9,71906	7,28990	9,59197	98,83	1,1844	9,6683	338,948	1,7784	6,0102
400	12,400	9,66114	7,24645	9,53480	98,67	1,1786	9,6216	338,755	1,7768	6,0041
450	12,075	9,60349	7,20321	9,47791	98,50	1,1729	9,5751	338,562	1,7752	5,9980
500	11,750	9,54612+2	7,16018+2	9,42129-1	98,33	1,1673+0	9,5288-1	338,370	1,7737-5	5,9919-6
550	11,425	9,48904	7,11736	9,36495	98,17	1,1616	9,4826	338,177	1,7721	5,9858
600	11,100	9,43223	7,07475	9,30889	98,00	1,1560	9,4366	337,983	1,7705	5,9796
650	10,775	9,37570	7,03235	9,25309	97,84	1,1504	9,3908	337,790	1,7689	5,9735
700	10,450	9,31944	6,99015	9,19757	97,67	1,1448	9,3451	337,597	1,7673	5,9674
750	10,126	9,26346	6,94816	9,14232	97,50	1,1392	9,2996	337,403	1,7658	5,9612
800	9,801	9,20775	6,90638	9,08734	97,34	1,1337	9,2543	337,210	1,7642	5,9551
850	9,476	9,15231	6,86480	9,03263	97,17	1,1281	9,2092	337,016	1,7626	5,9490
900	9,151	9,09714	6,82342	8,97818	97,00	1,1226	9,1642	336,822	1,7610	5,9428
950	8,826	9,04225	6,78225	8,92401	96,84	1,1171	9,1194	336,629	1,7594	5,9367
1000	8,501	8,98762+2	6,74127+2	8,87009-1	96,68	1,1117+0	9,0748-1	336,435	1,7579-5	5,9305-6
1050	8,176	8,93327	6,70050	8,81645	96,50	1,1062	9,0303	336,240	1,7563	5,9244
1100	7,851	8,87918	6,65993	8,76307	96,34	1,1008	8,9860	336,046	1,7547	5,9182
1150	7,526	8,82535	6,61956	8,70995	96,18	1,0954	8,9419	335,852	1,7531	5,9121
1200	7,201	8,77180	6,57939	8,65709	96,00	1,0900	8,8979	335,657	1,7515	5,9059
1250	6,877	8,71850	6,53941	8,60449	95,84	1,0846	8,8541	335,463	1,7499	5,8998
1300	6,552	8,66547	6,49964	8,55215	95,68	1,0793	8,8105	335,268	1,7483	5,8936
1350	6,227	8,61270	6,46006	8,50008	95,51	1,0740	8,7670	335,074	1,7467	5,8875
1400	5,902	8,56020	6,42068	8,44826	95,34	1,0687	8,7237	334,879	1,7451	5,8813
1450	5,577	8,50795	6,38149	8,39669	95,18	1,0634	8,6806	334,684	1,7436	5,8752
1500	5,252	8,45596+2	6,34249+2	8,34539-1	95,01	1,0581+0	8,6376-1	334,489	1,7420-5	5,8690-6
1550	4,927	8,40423	6,30369	8,29433	94,84	1,0529	8,5948	334,293	1,7404	5,8628
1600	4,603	8,35276	6,26509	8,24354	94,68	1,0476	8,5521	334,098	1,7388	5,8567
1650	4,278	8,30155	6,22667	8,19299	94,51	1,0424	8,5096	333,903	1,7372	5,8505
1700	3,953	8,25059	6,18845	8,14270	94,34	1,0372	8,4673	333,707	1,7356	5,8443
1750	3,628	8,19988	6,15042	8,09265	94,17	1,0321	8,4252	333,511	1,7340	5,8382
1800	3,303	8,14943	6,11258	8,04286	94,01	1,0269	8,3832	333,316	1,7324	5,8320
1850	2,978	8,09923	6,07492	7,99332	93,84	1,0218	8,3413	333,120	1,7308	5,8258
1900	2,654	8,04928	6,03746	7,94402	93,68	1,0167	8,2996	332,924	1,7292	5,8197
1950	2,329	7,99958	6,00018	7,89498	93,51	1,0116	8,2581	332,728	1,7276	5,8135
2000	2,004	7,95014+2	5,96309+2	7,84618-1	93,34	1,0066+0	8,2168-1	332,532	1,7260-5	5,8073-6
2050	1,679	7,90094	5,92619	7,79762	93,17	1,0015	8,1756	332,335	1,7244	5,8011
2100	1,355	7,85199	5,88947	7,74931	93,01	9,9648-1	8,1345	332,139	1,7228	5,7949
2150	1,030	7,80328	5,85294	7,70124	92,84	9,9147	8,0936	331,942	1,7212	5,7887
2200	0,705	7,75482	5,81659	7,65341	92,67	9,8648	8,0529	331,746	1,7196	5,7826
2250	0,380	7,70661	5,78043	7,60583	92,51	9,8151	8,0124	331,549	1,7180	5,7764
2300	0,055	7,65863	5,74445	7,55849	92,34	9,7656	7,9719	331,352	1,7164	5,7702
2350	-0,269	7,61091	5,70865	7,51138	92,17	9,7163	7,9317	331,155	1,7147	5,7640
2400	-0,594	7,56342	5,67303	7,46452	92,01	9,6672	7,8916	330,958	1,7131	5,7578
2450	-0,919	7,51618	5,63760	7,41789	91,84	9,6183	7,8517	330,761	1,7115	5,7516

* Durch den Herausgeber aus der Tafel auf S. 251 interpoliert.

Geometrische Höhe (m)	Temperatur (°C)	Luftdruck mbar	Luftdruck Torr	p/p_0	Siedepunkt H_2O* (°C)	Dichte ($kg\ m^{-3}$)	ϱ/ϱ_0	Schallgeschwindigkeit ($m\ s^{-1}$)	Dynamische Viskosität ($N\ s\ m^{-2}$)	Wärmeleitfähigkeit ($kcal\ m^{-1}\ s^{-1}\ grd^{-1}$)
2500	- 1,244	7,46917+2	5,60234+2	7,37150-1	91,67	9,5695-1	7,8119-1	330,563	1,7099-5	5,7454-6
2550	- 1,568	7,42240	5,56726	7,32534	91,51	9,5210	7,7722	330,366	1,7083	5,7392
2600	- 1,893	7,37588	5,53236	7,27942	91,34	9,4726	7,7328	330,168	1,7067	5,7330
2650	- 2,218	7,32958	5,49764	7,23374	91,17	9,4245	7,6934	329,971	1,7051	5,7268
2700	- 2,543	7,28353	5,46310	7,18829	91,01	9,3765	7,6543	329,773	1,7035	5,7206
2750	- 2,867	7,23771	5,42873	7,14307	90,84	9,3287	7,6153	329,575	1,7019	5,7144
2800	- 3,192	7,19213	5,39454	7,09808	90,67	9,2811	7,5764	329,377	1,7002	5,7082
2850	- 3,517	7,14677	5,36052	7,05332	90,50	9,2337	7,5377	329,179	1,6986	5,7019
2900	- 3,841	7,10166	5,32668	7,00879	90,33	9,1864	7,4991	328,980	1,6970	5,6957
2950	- 4,166	7,05677	5,29301	6,96449	90,17	9,1394	7,4607	328,782	1,6954	5,6895
3000	- 4,491	7,01211+2	5,25952+2	6,92042-1	90,01	9,0925-1	7,4225-1	328,583	1,6938-5	5,6833-6
3050	- 4,815	6,96768	5,22619	6,87657	89,84	9,0459	7,3844	328,385	1,6921	5,6771
3100	- 5,140	6,92349	5,19304	6,83295	89,67	8,9994	7,3464	328,186	1,6905	5,6709
3150	- 5,465	6,87952	5,16006	6,78956	89,50	8,9531	7,3086	327,987	1,6889	5,6646
3200	- 5,790	6,83577	5,12725	6,74638	89,34	8,9069	7,2710	327,788	1,6873	5,6584
3250	- 6,114	6,79226	5,09461	6,70344	89,16	8,8610	7,2335	327,589	1,6857	5,6522
3300	- 6,439	6,74897	5,06214	6,66071	89,00	8,8152	7,1961	327,390	1,6840	5,6460
3350	- 6,764	6,70590	5,02984	6,61821	88,83	8,7697	7,1589	327,191	1,6824	5,6397
3400	- 7,088	6,66305	4,99770	6,57592	88,67	8,7243	7,1219	326,991	1,6808	5,6335
3450	- 7,413	6,62043	4,96573	6,53386	88,50	8,6791	7,0849	326,792	1,6792	5,6273
3500	- 7,737	6,57803+2	4,93393+2	6,49201-1	88,33	8,6340-1	7,0482-1	326,592	1,6775-5	5,6210-6
3550	- 8,062	6,53586	4,90229	6,45039	88,16	8,5892	7,0116	326,392	1,6759	5,6148
3600	- 8,387	6,49390	4,87082	6,40898	87,99	8,5445	6,9751	326,192	1,6743	5,6085
3650	- 8,711	6,45216	4,83952	6,36778	87,83	8,5000	6,9388	325,992	1,6726	5,6023
3700	- 9,036	6,41064	4,80837	6,32681	87,66	8,4557	6,9026	325,792	1,6710	5,5961
3750	- 9,361	6,36933	4,77739	6,28604	87,49	8,4115	6,8666	325,592	1,6694	5,5898
3800	- 9,685	6,32824	4,74657	6,24549	87,32	8,3676	6,8307	325,391	1,6677	5,5836
3850	-10,010	6,28737	4,71592	6,20515	87,16	8,3238	6,7949	325,191	1,6661	5,5773
3900	-10,334	6,24671	4,68542	6,16503	86,99	8,2802	6,7593	324,990	1,6645	5,5711
3950	-10,659	6,20627	4,65509	6,12511	86,82	8,2367	6,7239	324,790	1,6628	5,5648
4000	-10,984	6,16604+2	4,62491+2	6,08541-1	86,65	8,1935-1	6,6885-1	324,589	1,6612-5	5,5586-6
4050	-11,308	6,12602	4,59489	6,04591	86,49	8,1504	6,6534	324,388	1,6596	5,5523
4100	-11,633	6,08621	4,56504	6,00663	86,32	8,1075	6,6183	324,187	1,6579	5,5460
4150	-11,957	6,04662	4,53533	5,96755	86,15	8,0647	6,5835	323,985	1,6563	5,5398
4200	-12,282	6,00723	4,50579	5,92867	85,98	8,0222	6,5487	323,784	1,6546	5,5335
4250	-12,607	5,96805	4,47640	5,89001	85,82	7,9798	6,5141	323,582	1,6530	5,5273
4300	-12,931	5,92908	4,44717	5,85154	85,65	7,9376	6,4796	323,381	1,6513	5,5210
4350	-13,256	5,89031	4,41810	5,81329	85,48	7,8955	6,4453	323,179	1,6497	5,5147
4400	-13,580	5,85175	4,38918	5,77523	85,32	7,8536	6,4111	322,977	1,6481	5,5084
4450	-13,905	5,81340	4,36041	5,73738	85,14	7,8119	6,3771	322,775	1,6464	5,5022
4500	-14,229	5,77525+2	4,33180+2	5,69973-1	84,98	7,7704-1	6,3432-1	322,573	1,6448-5	5,4959-6
4550	-14,554	5,73731	4,30333	5,66228	84,81	7,7290	6,3094	322,371	1,6431	5,4896
4600	-14,878	5,69957	4,27503	5,62503	84,64	7,6878	6,2758	322,169	1,6415	5,4833
4650	-15,203	5,66202	4,24687	5,58798	84,47	7,6468	6,2423	321,966	1,6398	5,4771
4700	-15,527	5,62468	4,21886	5,55113	84,30	7,6059	6,2089	321,764	1,6382	5,4708
4750	-15,852	5,58755	4,19100	5,51448	84,14	7,5652	6,1757	321,561	1,6365	5,4645
4800	-16,176	5,55061	4,16330	5,47802	83,97	7,5247	6,1426	321,358	1,6349	5,4582
4850	-16,501	5,51386	4,13574	5,44176	83,80	7,4844	6,1097	321,155	1,6332	5,4519
4900	-16,825	5,47732	4,10833	5,40570	83,63	7,4442	6,0769	320,952	1,6316	5,4456
4950	-17,150	5,44097	4,08107	5,36982	83,47	7,4041	6,0442	320,749	1,6299	5,4393
5000	-17,474	5,40482+2	4,05395+2	5,33415-1	83,29	7,3643-1	6,0117-1	320,545	1,6282-5	5,4331-6
5050	-17,799	5,36887	4,02698	5,29866	83,13	7,3246	5,9793	320,342	1,6266	5,4268
5100	-18,123	5,33311	4,00016	5,26337	82,96	7,2851	5,9470	320,138	1,6249	5,4205
5150	-18,448	5,29754	3,97348	5,22827	82,79	7,2457	5,9149	319,935	1,6233	5,4142
5200	-18,772	5,26217	3,94695	5,19335	82,62	7,2065	5,8829	319,731	1,6216	5,4079
5250	-19,097	5,22698	3,92056	5,15863	82,45	7,1675	5,8510	319,527	1,6200	5,4016
5300	-19,421	5,19199	3,89432	5,12410	82,29	7,1286	5,8192	319,323	1,6183	5,3953
5350	-19,746	5,15719	3,86821	5,08975	82,12	7,0899	5,7876	319,118	1,6166	5,3890
5400	-20,070	5,12258	3,84225	5,05560	81,95	7,0513	5,7562	318,914	1,6150	5,3826
5450	-20,395	5,08816	3,81643	5,02162	81,78	7,0129	5,7248	318,710	1,6133	5,3763
5500	-20,719	5,05393+2	3,79076+2	4,98784-1	81,61	6,9747-1	5,6936-1	318,505	1,6116-5	5,3700-6
5550	-21,044	5,01988	3,76522	4,95424	81,45	6,9366	5,6625	318,300	1,6100	5,3637
5600	-21,368	4,98602	3,73982	4,92082	81,28	6,8987	5,6316	318,095	1,6083	5,3574
5650	-21,692	4,95235	3,71456	4,88759	81,11	6,8610	5,6008	317,890	1,6066	5,3511
5700	-22,017	4,91886	3,68945	4,85453	80,94	6,8234	5,5701	317,685	1,6050	5,3448
5750	-22,341	4,88555	3,66446	4,82166	80,77	6,7859	5,5395	317,480	1,6033	5,3384
5800	-22,666	4,85243	3,63962	4,78898	80,60	6,7486	5,5091	317,275	1,6016	5,3321
5850	-22,990	4,81949	3,61491	4,75647	80,43	6,7115	5,4788	317,069	1,6000	5,3258
5900	-23,314	4,78673	3,59034	4,72414	80,26	6,6746	5,4486	316,863	1,5983	5,3195
5950	-23,639	4,75416	3,56591	4,69199	80,09	6,6378	5,4186	316,658	1,5966	5,3131
6000	-23,963	4,72176+2	3,54161+2	4,66001-1	79,92	6,6011-1	5,3887-1	316,452	1,5949-5	5,3068-6
6050	-24,288	4,68954	3,51745	4,62822	79,76	6,5646	5,3589	316,246	1,5933	5,3005
6100	-24,612	4,65750	3,49342	4,59660	79,59	6,5283	5,3292	316,039	1,5916	5,2941
6150	-24,936	4,62564	3,46952	4,56516	79,42	6,4921	5,2997	315,833	1,5899	5,2878
6200	-25,261	4,59396	3,44576	4,53389	79,25	6,4561	5,2703	315,627	1,5882	5,2815
6250	-25,585	4,56246	3,42212	4,50279	79,08	6,4202	5,2410	315,420	1,5865	5,2751
6300	-25,909	4,53112	3,39862	4,47187	78,91	6,3845	5,2118	315,213	1,5849	5,2688
6350	-26,234	4,49997	3,37525	4,44112	78,75	6,3489	5,1828	315,007	1,5832	5,2624
6400	-26,558	4,46899	3,35202	4,41055	78,57	6,3135	5,1539	314,800	1,5815	5,2561
6450	-26,882	4,43818	3,32891	4,38014	78,40	6,2782	5,1251	314,593	1,5798	5,2497
6500	-27,207	4,40754+2	3,30593+2	4,34991-1	78,24	6,2431-1	5,0964-1	314,385	1,5781-5	5,2434-6
6550	-27,531	4,37708	3,28308	4,31984	78,07	6,2081	5,0679	314,178	1,5764	5,2370
6600	-27,855	4,34679	3,26036	4,28995	77,90	6,1733	5,0394	313,970	1,5748	5,2307
6650	-28,180	4,31667	3,23777	4,26022	77,73	6,1387	5,0111	313,763	1,5731	5,2243
6700	-28,504	4,28671	3,21530	4,23066	77,56	6,1041	4,9830	313,555	1,5714	5,2180
6750	-28,828	4,25693	3,19296	4,20126	77,39	6,0698	4,9549	313,347	1,5697	5,2116
6800	-29,153	4,22732	3,17075	4,17204	77,23	6,0356	4,9270	313,139	1,5680	5,2052
6850	-29,477	4,19787	3,14866	4,14297	77,05	6,0015	4,8992	312,931	1,5663	5,1989
6900	-29,801	4,16859	3,12670	4,11408	76,88	5,9676	4,8715	312,723	1,5646	5,1925
6950	-30,126	4,13947	3,10486	4,08534	76,71	5,9338	4,8439	312,514	1,5629	5,1862
7000	-30,450	4,11052+2	3,08315+2	4,05677-1	76,55	5,9002-1	4,8165-1	312,306	1,5612-5	5,1798-6
7050	-30,774	4,08174	3,06156	4,02836	76,37	5,8667	4,7891	312,097	1,5595	5,1734
7100	-31,099	4,05312	3,04009	4,00012	76,20	5,8334	4,7619	311,888	1,5578	5,1670
7150	-31,423	4,02466	3,01874	3,97203	76,03	5,8002	4,7348	311,679	1,5561	5,1607
7200	-31,747	3,99636	2,99752	3,94411	75,86	5,7671	4,7079	311,470	1,5544	5,1543
7250	-32,071	3,96823	2,97642	3,91634	75,69	5,7342	4,6810	311,261	1,5527	5,1479
7300	-32,396	3,94026	2,95544	3,88873	75,52	5,7015	4,6543	311,051	1,5510	5,1415
7350	-32,720	3,91245	2,93458	3,86128	75,36	5,6689	4,6277	310,842	1,5493	5,1352
7400	-33,044	3,88479	2,91384	3,83399	75,18	5,6364	4,6012	310,632	1,5476	5,1288
7450	-33,368	3,85730	2,89321	3,80686	75,02	5,6041	4,5748	310,422	1,5459	5,1224

* Durch den Herausgeber aus der Tafel auf S. 251 interpoliert.

Geometrische Höhe (m)	Temperatur (°C)	Luftdruck		p/p_0	Siedepunkt H_2O* (°C)	Dichte (kg m^{-3})	ϱ/ϱ_0	Schallgeschwindigkeit (m s^{-1})	Dynamische Viskosität (N s m^{-2})	Wärmeleitfähigkeit (kcal m^{-1} s^{-1} grd^{-1})
		mbar	Torr							
7500	-33,693	3,82996+2	2,87271+2	3,77988-1	74,84	5,5719-1	4,5485-1	310,212	1,5442-5	5,1160-6
7550	-34,017	3,80279	2,85232	3,75306	74,68	5,5399	4,5224	310,002	1,5425	5,1096
7600	-34,341	3,77577	2,83206	3,72639	74,51	5,5080	4,4963	309,792	1,5408	5,1032
7650	-34,665	3,74890	2,81191	3,69988	74,34	5,4762	4,4704	309,582	1,5391	5,0968
7700	-34,989	3,72219	2,79187	3,67352	74,17	5,4446	4,4446	309,371	1,5374	5,0904
7750	-35,314	3,69564	2,77196	3,64731	74,00	5,4131	4,4189	309,160	1,5357	5,0840
7800	-35,638	3,66924	2,75215	3,62125	73,83	5,3818	4,3933	308,950	1,5340	5,0776
7850	-35,962	3,64299	2,73247	3,59535	73,66	5,3506	4,3678	308,739	1,5323	5,0712
7900	-36,286	3,61689	2,71289	3,56960	73,49	5,3196	4,3425	308,528	1,5305	5,0648
7950	-36,610	3,59095	2,69343	3,54399	73,32	5,2886	4,3173	308,317	1,5288	5,0584
8000	-36,935	3,56516+2	2,67409+2	3,51854-1	73,15	5,2579-1	4,2921-1	308,105	1,5271-5	5,0520-6
8050	-37,259	3,53952	2,65486	3,49323	72,97	5,2272	4,2671	307,894	1,5254	5,0456
8100	-37,583	3,51403	2,63574	3,46807	72,80	5,1967	4,2422	307,682	1,5237	5,0392
8150	-37,907	3,48868	2,61673	3,44306	72,63	5,1663	4,2174	307,470	1,5220	5,0328
8200	-38,231	3,46349	2,59783	3,41820	72,47	5,1361	4,1927	307,258	1,5202	5,0264
8250	-38,555	3,43845	2,57905	3,39348	72,29	5,1060	4,1682	307,046	1,5185	5,0200
8300	-38,880	3,41355	2,56037	3,36891	72,12	5,0761	4,1437	306,834	1,5168	5,0135
8350	-39,204	3,38880	2,54181	3,34448	71,96	5,0462	4,1194	306,622	1,5151	5,0071
8400	-39,528	3,36419	2,52335	3,32020	71,78	5,0165	4,0951	306,409	1,5134	5,0007
8450	-39,852	3,33973	2,50500	3,29606	71,62	4,9870	4,0710	306,197	1,5116	4,9943
8500	-40,176	3,31541+2	2,48677+2	3,27206-1	71,44	4,9576-1	4,0470-1	305,984	1,5099-5	4,9878-6
8600	-40,824	3,26721	2,45061	3,22449	71,11	4,8991	3,9993	305,558	1,5065	4,9750
8700	-41,473	3,21958	2,41489	3,17748	70,76	4,8412	3,9520	305,131	1,5030	4,9621
8800	-42,121	3,17252	2,37959	3,13103	70,42	4,7838	3,9052	304,704	1,4995	4,9493
8900	-42,769	3,12602	2,34470	3,08514	70,08	4,7270	3,8588	304,276	1,4961	4,9364
9000	-43,417	3,08007+2	2,31024+2	3,03979-1	69,73	4,6706-1	3,8128-1	303,848	1,4926-5	4,9235-6
9100	-44,065	3,03467	2,27619	2,99498	69,39	4,6148	3,7672	303,419	1,4891	4,9106
9200	-44,714	2,98981	2,24254	2,95071	69,05	4,5595	3,7220	302,989	1,4856	4,8977
9300	-45,362	2,94550	2,20930	2,90698	68,70	4,5047	3,6773	302,559	1,4822	4,8848
9400	-46,010	2,90172	2,17647	2,86377	68,37	4,4504	3,6330	302,129	1,4787	4,8719
9500	-46,658	2,85846+2	2,14402+2	2,82109-1	68,02	4,3966-1	3,5891-1	301,697	1,4752-5	4,8590-6
9600	-47,306	2,81574	2,11198	2,77892	67,68	4,3433	3,5456	301,265	1,4717	4,8460
9700	-47,954	2,77353	2,08032	2,73726	67,33	4,2905	3,5025	300,833	1,4682	4,8331
9800	-48,602	2,73184	2,04905	2,69612	66,99	4,2382	3,4598	300,400	1,4647	4,8201
9900	-49,250	2,69066	2,01816	2,65548	66,65	4,1864	3,4175	299,966	1,4612	4,8072
10000	-49,898	2,64999+2	1,98765+2	2,61533-1	66,30	4,1351-1	3,3756-1	299,532	1,4577-5	4,7942-6
10100	-50,546	2,60981	1,95752	2,57568	65,96	4,0843	3,3341	299,097	1,4541	4,7813
10200	-51,194	2,57013	1,92776	2,53652	65,61	4,0339	3,2930	298,661	1,4506	4,7683
10300	-51,842	2,53094	1,89836	2,49785	65,27	3,9840	3,2523	298,225	1,4471	4,7553
10400	-52,490	2,49224	1,86934	2,45965	64,92	3,9346	3,2119	297,788	1,4436	4,7423
10500	-53,137	2,45402	1,84067	2,42193	64,58	3,8857	3,1720	297,350	1,4400	4,7293
10600	-53,785	2,41628	1,81236	2,38468	64,24	3,8372	3,1324	296,912	1,4365	4,7163
10700	-54,433	2,37901	1,78441	2,34790	63,89	3,7892	3,0933	296,474	1,4329	4,7033
10800	-55,081	2,34221	1,75680	2,31158	63,55	3,7417	3,0545	296,034	1,4294	4,6903
10900	-55,729	2,30587	1,72955	2,27572	63,20	3,6946	3,0160	295,594	1,4258	4,6772
11000	-56,376	2,26999+2	1,70263+2	2,24031-1	62,85	3,6480-1	2,9780-1	295,154	1,4223-5	4,6642-6
11100	-56,500	2,23460	1,67609	2,20538	62,51	3,5932	2,9332	295,069	1,4216	4,6617
11200	-56,500	2,19976	1,64996	2,17100	62,16	3,5372	2,8875	295,069	1,4216	4,6617
11300	-56,500	2,16547	1,62423	2,13715	61,82	3,4820	2,8425	295,069	1,4216	4,6617
11400	-56,500	2,13171	1,59891	2,10383	61,47	3,4277	2,7982	295,069	1,4216	4,6617
11500	-56,500	2,09848	1,57399	2,07103	61,14	3,3743	2,7545	295,069	1,4216	4,6617
11600	-56,500	2,06576	1,54945	2,03875	60,79	3,3217	2,7116	295,069	1,4216	4,6617
11700	-56,500	2,03356	1,52530	2,00697	60,45	3,2699	2,6693	295,069	1,4216	4,6617
11800	-56,500	2,00186	1,50152	1,97568	60,11	3,2189	2,6277	295,069	1,4216	4,6617
11900	-56,500	1,97066	1,47812	1,94489	59,77	3,1688	2,5868	295,069	1,4216	4,6617
12000	-56,500	1,93994+2	1,45508+2	1,91457-1	59,44	3,1194-1	2,5464-1	295,069	1,4216-5	4,6617-6
12100	-56,500	1,90970	1,43240	1,88473	59,10	3,0708	2,5067	295,069	1,4216	4,6617
12200	-56,500	1,87994	1,41007	1,85536	58,76	3,0229	2,4677	295,069	1,4216	4,6617
12300	-56,500	1,85064	1,38809	1,82644	58,42	2,9758	2,4292	295,069	1,4216	4,6617
12400	-56,500	1,82180	1,36646	1,79797	58,09	2,9294	2,3914	295,069	1,4216	4,6617
12500	-56,500	1,79341	1,34517	1,76995	57,75	2,8838	2,3541	295,069	1,4216	4,6617
12600	-56,500	1,76546	1,32420	1,74237	57,42	2,8388	2,3174	295,069	1,4216	4,6617
12700	-56,500	1,73795	1,30357	1,71522	57,09	2,7946	2,2813	295,069	1,4216	4,6617
12800	-56,500	1,71086	1,28325	1,68849	56,75	2,7510	2,2457	295,069	1,4216	4,6617
12900	-56,500	1,68420	1,26326	1,66218	56,42	2,7082	2,2107	295,069	1,4216	4,6617
13000	-56,500	1,65796+2	1,24357+2	1,63628-1	56,09	2,6660-1	2,1763-1	295,069	1,4216-5	4,6617-6
13100	-56,500	1,63213	1,22420	1,61078	55,76	2,6244	2,1424	295,069	1,4216	4,6617
13200	-56,500	1,60670	1,20512	1,58569	55,43	2,5835	2,1090	295,069	1,4216	4,6617
13300	-56,500	1,58166	1,18634	1,56098	55,10	2,5433	2,0761	295,069	1,4216	4,6617
13400	-56,500	1,55702	1,16786	1,53666	54,77	2,5037	2,0438	295,069	1,4216	4,6617
13500	-56,500	1,53276	1,14967	1,51272	54,45	2,4646	2,0120	295,069	1,4216	4,6617
13600	-56,500	1,50888	1,13176	1,48915	54,12	2,4262	1,9806	295,069	1,4216	4,6617
13700	-56,500	1,48538	1,11412	1,46595	53,80	2,3884	1,9498	295,069	1,4216	4,6617
13800	-56,500	1,46224	1,09677	1,44312	53,48	2,3512	1,9194	295,069	1,4216	4,6617
13900	-56,500	1,43946	1,07968	1,42063	53,15	2,3146	1,8895	295,069	1,4216	4,6617
14000	-56,500	1,41704+2	1,06286+2	1,39851-1	52,83	2,2786-1	1,8600-1	295,069	1,4216-5	4,6617-6
14500	-56,500	1,31006	9,82628+1	1,29293	51,22	2,1065	1,7196	295,069	1,4216	4,6617
15000	-56,500	1,21118	9,08460	1,19534	49,63	1,9475	1,5898	295,069	1,4216	4,6617
15500	-56,500	1,11978	8,39901	1,10513	48,07	1,8006	1,4699	295,069	1,4216	4,6617
16000	-56,500	1,03528	7,76525	1,02174	46,51	1,6647	1,3589	295,069	1,4216	4,6617
16500	-56,500	9,57175+1	7,17940	9,44658-2	44,98	1,5391	1,2564	295,069	1,4216	4,6617
17000	-56,500	8,84971	6,63783	8,73399	43,47	1,4230	1,1616	295,069	1,4216	4,6617
17500	-56,500	8,18225	6,13719	8,07525	41,96	1,3157	1,0740	295,069	1,4216	4,6617
18000	-56,500	7,56522	5,67438	7,46629	40,41	1,2165	9,9304-2	295,069	1,4216	4,6617
18500	-56,500	6,99481	5,24654	6,90334	39,01	1,1247	9,1816	295,069	1,4216	4,6617
19000	-56,500	6,46748+1	4,85101+1	6,38291-2	37,56	1,0400-1	8,4894-2	295,069	1,4216-5	4,6617-6
19500	-56,500	5,97998	4,48536	5,90179	36,13	9,6157-2	7,8495	295,069	1,4216	4,6617
20000	-56,500	5,52930	4,14732	5,45700	34,70	8,8910	7,2579	295,069	1,4216	4,6617
21000	-55,569	4,72893	3,54699	4,66709	31,92	7,5715	6,1808	295,703	1,4267	4,6804
22000	-54,576	4,04749	3,03587	3,99456	29,19	6,4510	5,2661	296,377	1,4322	4,7004
23000	-53,583	3,46686	2,60036	3,42153	26,53	5,5006	4,4903	297,049	1,4376	4,7204
24000	-52,590	2,97174	2,22899	2,93288	23,94	4,6938	3,8317	297,720	1,4430	4,7403
25000	-51,598	2,54922	1,91207	2,51588	21,42	4,0084	3,2722	298,389	1,4484	4,7602
26000	-50,606	2,18837	1,64141	2,15976	18,94	3,4257	2,7965	299,056	1,4538	4,7800
27000	-49,614	1,87997	1,41009	1,85539	16,54	2,9298	2,3917	299,722	1,4592	4,7999
28000	-48,623	1,61619+1	1,21225+1	1,59506-2	14,18	2,5076-2	2,0470-2	300,386	1,4646-5	4,8197-6
29000	-47,632	1,39042	1,04290	1,37224	11,87	2,1478	1,7533	301,048	1,4699	4,8395
30000	-46,641	1,19703	8,97846+0	1,18138	9,63	1,8410	1,5029	301,709	1,4753	4,8593
31000	-45,650	1,03126	7,73508	1,01777	7,43	1,5792	1,2891	302,368	1,4806	4,8790
32000	-44,660	8,89063+0	6,66852	8,77437-3	5,26	1,3555	1,1065	303,025	1,4859	4,8988

* Durch den Herausgeber aus der Tafel auf S. 251 interpoliert.

Man subtrahiert vom abgelesenen Barometerstand den der aktuellen Temperatur t entsprechenden Betrag Δ_t *oder* multipliziert den abgelesenen Barometerstand mit dem Korrekturfaktor f_t. Die Wasserdampfdruck-Korrektur für 100% Luftfeuchtigkeit ist in den Gasumrechnungstafeln S. 254–263 schon berücksichtigt und muß nicht mehr vorgenommen werden.

Der Korrekturfaktor f_t wurde errechnet nach der Formel $f_t = 1 - \frac{(\beta - \alpha)\,t}{1 + \beta t}$
wobei
$\beta = 1{,}818 \times 10^{-4}\,°C^{-1} \approx$ kubischer Ausdehnungskoeffizient von Quecksilber
$\alpha = 1{,}84 \times 10^{-5}\,°C^{-1} \approx$ linearer Ausdehnungskoeffizient von Messing bzw.
$\alpha = 8{,}5 \times 10^{-6}\,°C^{-1} \approx$ linearer Ausdehnungskoeffizient von Glas, etwa der Sorten Standard-Flint, Jena 16III, Corning 8810

Messingskala

Barometer-temperatur t = °C	Abgelesener Barometerstand in Torricelli (Torr)																				Korrektur-faktor f_t
	600	610	620	630	640	650	660	670	680	690	700	710	720	730	740	750	760	770	780	790	
	Abzuziehender Betrag Δ_t in Torricelli (Torr)																				
1	0,10	0,10	0,10	0,10	0,10	0,11	0,11	0,11	0,11	0,11	0,11	0,12	0,12	0,12	0,12	0,12	0,12	0,13	0,13	0,13	0,999 837
2	0,20	0,20	0,20	0,21	0,21	0,21	0,22	0,22	0,22	0,23	0,23	0,23	0,24	0,24	0,24	0,25	0,25	0,25	0,26	0,26	999 673
3	0,29	0,29	0,30	0,30	0,31	0,31	0,32	0,32	0,33	0,33	0,34	0,34	0,35	0,35	0,36	0,36	0,36	0,37	0,37	0,38	999 520
4	0,39	0,40	0,41	0,41	0,42	0,43	0,43	0,44	0,44	0,45	0,46	0,46	0,47	0,48	0,48	0,49	0,50	0,50	0,51	0,52	999 346
5	0,49	0,50	0,51	0,51	0,52	0,53	0,54	0,55	0,55	0,56	0,57	0,58	0,59	0,60	0,60	0,61	0,62	0,63	0,64	0,64	0,999 184
6	0,59	0,60	0,61	0,62	0,63	0,64	0,65	0,66	0,67	0,68	0,69	0,70	0,70	0,71	0,72	0,73	0,74	0,75	0,76	0,77	999 021
7	0,69	0,70	0,71	0,72	0,73	0,74	0,75	0,77	0,78	0,79	0,80	0,81	0,82	0,83	0,85	0,86	0,87	0,88	0,89	0,90	998 858
8	0,78	0,80	0,81	0,82	0,84	0,85	0,86	0,87	0,89	0,90	0,91	0,93	0,94	0,95	0,97	0,98	0,99	1,00	1,02	1,03	998 695
9	0,88	0,90	0,91	0,92	0,94	0,95	0,97	0,98	1,00	1,01	1,03	1,04	1,06	1,07	1,09	1,10	1,12	1,13	1,15	1,16	998 532
10	0,98	0,99	1,01	1,03	1,04	1,06	1,08	1,09	1,11	1,13	1,14	1,16	1,17	1,19	1,21	1,22	1,24	1,26	1,27	1,29	0,998 369
11	1,08	1,09	1,11	1,13	1,15	1,17	1,18	1,20	1,22	1,24	1,26	1,27	1,29	1,31	1,33	1,35	1,36	1,38	1,40	1,42	998 206
12	1,17	1,19	1,21	1,23	1,25	1,27	1,29	1,31	1,33	1,35	1,37	1,39	1,41	1,43	1,45	1,47	1,49	1,51	1,53	1,55	998 044
13	1,27	1,29	1,31	1,33	1,36	1,38	1,40	1,42	1,44	1,46	1,48	1,50	1,53	1,55	1,57	1,59	1,61	1,63	1,65	1,67	997 881
14	1,37	1,39	1,41	1,44	1,46	1,48	1,51	1,53	1,55	1,57	1,60	1,62	1,64	1,67	1,69	1,71	1,73	1,76	1,78	1,80	997 718
15	1,47	1,49	1,52	1,54	1,56	1,59	1,61	1,64	1,66	1,69	1,71	1,74	1,76	1,78	1,81	1,83	1,86	1,88	1,91	1,93	0,997 556
16	1,56	1,59	1,62	1,64	1,67	1,69	1,72	1,75	1,77	1,80	1,82	1,85	1,88	1,90	1,93	1,96	1,98	2,01	2,03	2,06	997 393
17	1,66	1,69	1,72	1,74	1,77	1,80	1,83	1,86	1,88	1,91	1,94	1,97	1,99	2,02	2,05	2,08	2,10	2,13	2,16	2,19	997 231
18	1,76	1,79	1,82	1,85	1,88	1,91	1,94	1,96	1,99	2,02	2,05	2,08	2,11	2,14	2,17	2,20	2,23	2,26	2,29	2,32	997 068
19	1,86	1,89	1,92	1,95	1,98	2,01	2,04	2,07	2,10	2,13	2,17	2,20	2,23	2,26	2,29	2,32	2,35	2,38	2,41	2,44	996 906
20	1,95	1,99	2,02	2,05	2,08	2,12	2,15	2,18	2,21	2,25	2,28	2,31	2,34	2,38	2,41	2,44	2,47	2,51	2,54	2,57	0,996 744
21	2,05	2,08	2,12	2,15	2,19	2,22	2,26	2,29	2,32	2,36	2,39	2,43	2,46	2,50	2,53	2,56	2,60	2,63	2,67	2,70	996 582
22	2,15	2,18	2,22	2,26	2,29	2,33	2,36	2,40	2,43	2,47	2,51	2,54	2,58	2,61	2,65	2,69	2,72	2,76	2,79	2,83	996 420
23	2,25	2,28	2,32	2,36	2,39	2,43	2,47	2,51	2,54	2,58	2,62	2,66	2,69	2,73	2,77	2,81	2,84	2,88	2,92	2,96	996 258
24	2,34	2,38	2,42	2,46	2,50	2,54	2,58	2,62	2,66	2,69	2,73	2,77	2,81	2,85	2,89	2,93	2,97	3,01	3,05	3,08	996 095
25	2,44	2,48	2,52	2,56	2,60	2,64	2,68	2,72	2,76	2,81	2,85	2,89	2,93	2,97	3,01	3,05	3,09	3,13	3,17	3,21	0,995 934
26	2,54	2,58	2,62	2,66	2,71	2,75	2,79	2,83	2,88	2,92	2,96	3,00	3,04	3,09	3,13	3,17	3,21	3,26	3,30	3,34	995 772
27	2,63	2,68	2,72	2,77	2,81	2,85	2,90	2,94	2,99	3,03	3,07	3,12	3,16	3,20	3,25	3,29	3,34	3,38	3,42	3,47	995 610
28	2,73	2,78	2,82	2,87	2,91	2,96	3,00	3,05	3,10	3,14	3,19	3,23	3,28	3,32	3,37	3,41	3,46	3,51	3,55	3,60	995 448
29	2,83	2,88	2,92	2,97	3,02	3,06	3,11	3,16	3,21	3,25	3,30	3,35	3,39	3,44	3,49	3,54	3,58	3,63	3,68	3,72	995 286
30	2,93	2,97	3,02	3,07	3,12	3,17	3,22	3,27	3,32	3,36	3,41	3,46	3,51	3,56	3,61	3,66	3,71	3,75	3,80	3,85	0,995 125
31	3,02	3,07	3,12	3,17	3,22	3,27	3,32	3,37	3,43	3,48	3,53	3,58	3,63	3,68	3,73	3,78	3,83	3,88	3,93	3,98	994 963
32	3,12	3,17	3,22	3,28	3,33	3,38	3,43	3,48	3,54	3,59	3,64	3,69	3,74	3,80	3,85	3,90	3,95	4,00	4,06	4,11	994 801
33	3,22	3,27	3,32	3,38	3,43	3,48	3,54	3,59	3,64	3,70	3,75	3,81	3,86	3,91	3,97	4,02	4,07	4,13	4,18	4,23	994 640
34	3,31	3,37	3,42	3,48	3,53	3,59	3,64	3,70	3,75	3,81	3,86	3,92	3,98	4,03	4,09	4,14	4,20	4,25	4,31	4,36	994 479
35	3,41	3,47	3,52	3,58	3,64	3,69	3,75	3,81	3,86	3,92	3,98	4,03	4,09	4,15	4,21	4,26	4,32	4,38	4,43	4,49	0,994 317
36	3,51	3,56	3,62	3,68	3,74	3,80	3,86	3,92	3,97	4,03	4,09	4,15	4,21	4,27	4,32	4,38	4,44	4,50	4,56	4,62	994 156
37	3,60	3,66	3,72	3,78	3,84	3,90	3,96	4,02	4,08	4,14	4,20	4,26	4,32	4,38	4,44	4,50	4,56	4,62	4,68	4,74	993 995
38	3,70	3,76	3,82	3,89	3,95	4,01	4,07	4,13	4,19	4,26	4,32	4,38	4,44	4,50	4,56	4,63	4,69	4,75	4,81	4,87	993 833
39	3,80	3,86	3,92	3,99	4,05	4,11	4,18	4,24	4,30	4,37	4,43	4,49	4,56	4,62	4,68	4,75	4,81	4,87	4,94	5,00	993 672
40	3,89	3,96	4,02	4,09	4,15	4,22	4,28	4,35	4,41	4,48	4,54	4,61	4,67	4,74	4,80	4,87	4,93	5,00	5,06	5,13	0,993 511

Glasskala

Barometer-temperatur t = °C	600	610	620	630	640	650	660	670	680	690	700	710	720	730	740	750	760	770	780	790	Korrektur-faktor f_t
1	0,10	0,11	0,11	0,11	0,11	0,11	0,11	0,12	0,12	0,12	0,12	0,12	0,12	0,13	0,13	0,13	0,13	0,13	0,13	0,14	0,999 827
2	0,21	0,21	0,21	0,22	0,22	0,22	0,23	0,23	0,24	0,24	0,24	0,25	0,25	0,25	0,26	0,26	0,26	0,27	0,27	0,27	999 654
3	0,31	0,32	0,32	0,33	0,33	0,34	0,34	0,35	0,35	0,36	0,36	0,37	0,37	0,38	0,38	0,39	0,40	0,40	0,41	0,41	999 480
4	0,42	0,42	0,43	0,44	0,44	0,45	0,46	0,46	0,47	0,48	0,49	0,49	0,50	0,51	0,51	0,52	0,53	0,53	0,54	0,55	999 307
5	0,52	0,53	0,54	0,55	0,55	0,56	0,57	0,58	0,59	0,60	0,61	0,61	0,62	0,63	0,64	0,65	0,66	0,67	0,68	0,68	0,999 134
6	0,62	0,63	0,64	0,65	0,66	0,68	0,69	0,70	0,71	0,72	0,73	0,74	0,75	0,76	0,77	0,78	0,79	0,80	0,81	0,82	998 961
7	0,73	0,74	0,75	0,76	0,78	0,79	0,80	0,81	0,82	0,84	0,85	0,86	0,87	0,88	0,90	0,91	0,92	0,93	0,95	0,96	998 788
8	0,83	0,84	0,86	0,87	0,89	0,90	0,91	0,93	0,94	0,95	0,97	0,98	1,00	1,01	1,02	1,04	1,05	1,07	1,08	1,09	998 616
9	0,93	0,95	0,97	0,98	1,00	1,01	1,03	1,04	1,06	1,07	1,09	1,11	1,12	1,14	1,15	1,17	1,18	1,20	1,21	1,23	998 443
10	1,04	1,06	1,07	1,09	1,11	1,12	1,14	1,16	1,18	1,19	1,21	1,23	1,25	1,26	1,28	1,30	1,31	1,33	1,35	1,37	0,998 270
11	1,14	1,16	1,18	1,20	1,22	1,24	1,26	1,27	1,29	1,31	1,33	1,35	1,37	1,39	1,41	1,43	1,45	1,46	1,48	1,50	998 098
12	1,25	1,27	1,29	1,31	1,33	1,35	1,37	1,39	1,41	1,43	1,45	1,47	1,49	1,51	1,54	1,56	1,58	1,60	1,62	1,64	997 925
13	1,35	1,37	1,39	1,42	1,44	1,46	1,48	1,51	1,53	1,55	1,57	1,60	1,62	1,64	1,66	1,69	1,71	1,73	1,75	1,78	997 752
14	1,45	1,48	1,50	1,52	1,55	1,57	1,60	1,62	1,65	1,67	1,69	1,72	1,74	1,77	1,79	1,82	1,84	1,86	1,89	1,91	997 580
15	1,56	1,58	1,61	1,63	1,66	1,68	1,71	1,74	1,76	1,79	1,81	1,84	1,87	1,89	1,92	1,94	1,97	2,00	2,02	2,05	0,997 408
16	1,66	1,69	1,71	1,74	1,77	1,80	1,82	1,85	1,88	1,91	1,94	1,96	1,99	2,02	2,05	2,07	2,10	2,13	2,16	2,18	997 235
17	1,76	1,79	1,82	1,85	1,88	1,91	1,94	1,97	2,00	2,03	2,06	2,09	2,11	2,14	2,17	2,20	2,23	2,26	2,29	2,32	997 063
18	1,87	1,90	1,93	1,96	1,99	2,02	2,05	2,08	2,11	2,15	2,18	2,21	2,24	2,27	2,30	2,33	2,36	2,39	2,43	2,46	996 891
19	1,97	2,00	2,03	2,07	2,10	2,13	2,17	2,20	2,23	2,26	2,30	2,33	2,36	2,40	2,43	2,46	2,49	2,53	2,56	2,59	996 719
20	2,07	2,11	2,14	2,18	2,21	2,24	2,28	2,31	2,35	2,38	2,42	2,45	2,49	2,52	2,56	2,59	2,62	2,66	2,69	2,73	0,996 547
21	2,18	2,21	2,25	2,28	2,32	2,36	2,39	2,43	2,47	2,50	2,54	2,57	2,61	2,65	2,68	2,72	2,76	2,79	2,83	2,86	996 375
22	2,28	2,32	2,35	2,39	2,43	2,47	2,51	2,54	2,58	2,62	2,66	2,70	2,73	2,77	2,81	2,85	2,89	2,92	2,96	3,00	996 203
23	2,38	2,42	2,46	2,50	2,54	2,58	2,62	2,66	2,70	2,74	2,78	2,82	2,86	2,90	2,94	2,98	3,02	3,06	3,10	3,14	996 031
24	2,48	2,53	2,57	2,61	2,65	2,69	2,73	2,77	2,82	2,86	2,90	2,94	2,98	3,02	3,06	3,11	3,15	3,19	3,23	3,27	995 859
25	2,59	2,63	2,67	2,72	2,76	2,80	2,85	2,89	2,93	2,98	3,02	3,06	3,11	3,15	3,19	3,23	3,28	3,32	3,36	3,41	0,995 687
26	2,69	2,74	2,78	2,83	2,87	2,92	2,96	3,00	3,05	3,09	3,14	3,18	3,23	3,27	3,32	3,36	3,41	3,45	3,50	3,54	995 515
27	2,79	2,84	2,89	2,93	2,98	3,03	3,07	3,12	3,17	3,21	3,26	3,31	3,35	3,40	3,45	3,49	3,54	3,59	3,63	3,68	995 344
28	2,90	2,95	2,99	3,04	3,09	3,14	3,19	3,24	3,28	3,33	3,38	3,43	3,48	3,53	3,57	3,62	3,67	3,72	3,77	3,82	995 170
29	3,00	3,05	3,10	3,15	3,20	3,25	3,30	3,35	3,40	3,45	3,50	3,55	3,60	3,65	3,70	3,75	3,80	3,85	3,90	3,95	995 001
30	3,10	3,15	3,21	3,26	3,31	3,36	3,41	3,46	3,52	3,57	3,62	3,67	3,72	3,77	3,83	3,88	3,93	3,98	4,03	4,09	0,994 829
31	3,21	3,26	3,31	3,37	3,42	3,47	3,53	3,58	3,63	3,69	3,74	3,79	3,85	3,90	3,95	4,01	4,06	4,11	4,17	4,22	994 658
32	3,31	3,36	3,42	3,47	3,53	3,58	3,64	3,69	3,75	3,80	3,86	3,91	3,97	4,02	4,08	4,13	4,19	4,25	4,30	4,36	994 487
33	3,41	3,47	3,52	3,58	3,64	3,70	3,75	3,81	3,87	3,92	3,98	4,04	4,09	4,15	4,21	4,26	4,32	4,38	4,43	4,49	994 315
34	3,51	3,57	3,63	3,69	3,75	3,81	3,86	3,92	3,98	4,04	4,10	4,16	4,22	4,27	4,33	4,39	4,45	4,51	4,57	4,63	994 144
35	3,62	3,68	3,74	3,80	3,86	3,92	3,98	4,04	4,10	4,16	4,22	4,28	4,34	4,40	4,46	4,52	4,58	4,64	4,70	4,76	0,993 974
36	3,72	3,78	3,84	3,90	3,97	4,03	4,09	4,15	4,21	4,28	4,34	4,40	4,46	4,52	4,59	4,65	4,71	4,77	4,83	4,90	993 802
37	3,82	3,89	3,95	4,01	4,08	4,14	4,20	4,27	4,33	4,39	4,46	4,52	4,59	4,65	4,71	4,78	4,84	4,90	4,97	5,03	993 631
38	3,92	3,99	4,05	4,12	4,19	4,25	4,32	4,38	4,45	4,51	4,58	4,64	4,71	4,77	4,84	4,91	4,97	5,04	5,10	5,17	993 460
39	4,03	4,09	4,16	4,23	4,30	4,36	4,43	4,50	4,56	4,63	4,70	4,76	4,83	4,90	4,97	5,03	5,10	5,17	5,23	5,30	993 289
40	4,13	4,20	4,27	4,34	4,40	4,47	4,54	4,61	4,68	4,75	4,82	4,89	4,96	5,02	5,09	5,16	5,23	5,30	5,37	5,44	0,993 118

Sättigungsdruck des Wasserdampfes unter 0 °C über Eis

Mikrobar (μbar) [1]

°C	9	8	7	6	5	4	3	2	1	0
−90	0,017	0,021	0,026	0,031	0,038	0,046	0,055	0,067	0,080	0,097
−80	0,116	0,139	0,166	0,198	0,235	0,280	0,332	0,393	0,464	0,547
−70	0,644	0,758	0,889	1,042	1,220	1,425	1,662	1,936	2,252	2,615
−60	3,032	3,511	4,060	4,688	5,406	6,225	7,159	8,223	9,432	10,80
−50	12,36	14,13	16,12	18,38	20,92	23,80	27,03	30,67	34,76	39,35
−40	44,49	50,26	56,71	63,93	71,98	80,97	90,98	102,1	114,5	128,3
−30	143,6	160,6	179,4	200,2	223,3	248,8	276,9	307,9	342,1	379,8

0,001 Torr (Torr)*

°C	9	8	7	6	5	4	3	2	1	0
−90	0,013	0,016	0,019	0,023	0,028	0,034	0,042	0,050	0,060	0,073
−80	0,087	0,104	0,124	0,148	0,176	0,210	0,249	0,294	0,348	0,410
−70	0,483	0,568	0,667	0,782	0,915	1,07	1,25	1,45	1,69	1,96
−60	2,27	2,63	3,05	3,52	4,05	4,67	5,37	6,17	7,07	8,10
−50	9,27	10,60	12,09	13,79	15,69	17,85	20,27	23,00	26,07	29,51
−40	33,37	37,70	42,54	47,95	53,99	60,73	68,24	76,58	85,88	96,23
−30	107,7	120,5	134,6	150,2	167,5	186,6	207,7	230,9	256,6	284,9

Millibar (mbar) [1]

°C	,9	,8	,7	,6	,5	,4	,3	,2	,1	,0
−29	0,384	0,388	0,392	0,396	0,400	0,404	0,408	0,413	0,417	0,421
−28	0,426	0,430	0,435	0,439	0,444	0,448	0,453	0,457	0,462	0,467
−27	0,472	0,477	0,481	0,486	0,491	0,496	0,501	0,507	0,512	0,517
−26	0,522	0,528	0,533	0,538	0,544	0,549	0,555	0,561	0,566	0,572
−25	0,578	0,584	0,590	0,596	0,602	0,608	0,614	0,620	0,626	0,632
−24	0,639	0,645	0,652	0,658	0,665	0,671	0,678	0,685	0,692	0,699
−23	0,706	0,713	0,720	0,727	0,734	0,741	0,749	0,756	0,763	0,771
−22	0,779	0,786	0,794	0,802	0,810	0,818	0,826	0,834	0,842	0,850
−21	0,859	0,867	0,875	0,884	0,893	0,901	0,910	0,919	0,928	0,937
−20	0,946	0,955	0,965	0,974	0,983	0,993	1,002	1,012	1,022	1,032
−19	1,042	1,052	1,062	1,072	1,082	1,092	1,103	1,114	1,124	1,135
−18	1,146	1,157	1,168	1,179	1,190	1,201	1,213	1,225	1,236	1,248
−17	1,260	1,272	1,284	1,296	1,308	1,320	1,333	1,345	1,358	1,371
−16	1,384	1,397	1,410	1,424	1,437	1,451	1,464	1,478	1,492	1,506
−15	1,520	1,534	1,548	1,562	1,577	1,592	1,607	1,622	1,637	1,652
−14	1,667	1,683	1,698	1,714	1,730	1,746	1,762	1,778	1,795	1,811
−13	1,827	1,844	1,861	1,878	1,895	1,913	1,930	1,948	1,966	1,984
−12	2,002	2,020	2,039	2,057	2,076	2,095	2,114	2,133	2,153	2,172
−11	2,191	2,211	2,231	2,251	2,271	2,292	2,313	2,334	2,355	2,376
−10	2,397	2,419	2,440	2,462	2,484	2,506	2,529	2,551	2,574	2,597
− 9	2,620	2,644	2,667	2,691	2,715	2,739	2,763	2,787	2,812	2,837
− 8	2,862	2,888	2,913	2,939	2,965	2,991	3,017	3,043	3,070	3,097
− 7	3,124	3,152	3,180	3,208	3,236	3,264	3,292	3,321	3,350	3,379
− 6	3,409	3,438	3,468	3,499	3,529	3,560	3,591	3,622	3,653	3,685
− 5	3,717	3,748	3,781	3,813	3,846	3,879	3,913	3,947	3,981	4,015
− 4	4,049	4,084	4,119	4,154	4,190	4,226	4,262	4,298	4,335	4,372
− 3	4,409	4,447	4,485	4,523	4,561	4,600	4,638	4,678	4,717	4,757
− 2	4,797	4,838	4,878	4,920	4,961	5,003	5,045	5,087	5,130	5,173
− 1	5,217	5,260	5,305	5,349	5,394	5,439	5,485	5,530	5,577	5,623
0	5,670	5,717	5,764	5,812	5,860	5,909	5,958	6,007	6,057	6,107

Torr (Torr)*

°C	,9	,8	,7	,6	,5	,4	,3	,2	,1	,0
−29	0,288	0,291	0,294	0,297	0,300	0,303	0,306	0,310	0,313	0,316
−28	0,319	0,323	0,326	0,329	0,333	0,336	0,340	0,343	0,347	0,350
−27	0,354	0,357	0,361	0,365	0,369	0,372	0,376	0,380	0,384	0,388
−26	0,392	0,396	0,400	0,404	0,408	0,412	0,416	0,421	0,425	0,430
−25	0,433	0,438	0,442	0,447	0,451	0,456	0,460	0,465	0,470	0,474
−24	0,479	0,484	0,489	0,494	0,499	0,504	0,509	0,514	0,519	0,524
−23	0,529	0,534	0,540	0,545	0,551	0,556	0,561	0,567	0,573	0,578
−22	0,584	0,590	0,596	0,601	0,607	0,613	0,619	0,625	0,632	0,638
−21	0,644	0,650	0,657	0,663	0,670	0,676	0,683	0,689	0,696	0,703
−20	0,710	0,717	0,723	0,731	0,738	0,745	0,752	0,759	0,767	0,774
−19	0,782	0,789	0,797	0,804	0,812	0,819	0,827	0,836	0,843	0,851
−18	0,860	0,868	0,876	0,884	0,893	0,901	0,910	0,919	0,927	0,936
−17	0,945	0,954	0,963	0,972	0,981	0,990	1,000	1,009	1,019	1,028
−16	1,038	1,048	1,058	1,068	1,078	1,088	1,098	1,109	1,119	1,130
−15	1,140	1,151	1,161	1,172	1,183	1,194	1,205	1,217	1,228	1,239
−14	1,250	1,262	1,274	1,286	1,298	1,310	1,322	1,334	1,346	1,358
−13	1,370	1,383	1,396	1,409	1,421	1,435	1,448	1,461	1,475	1,488
−12	1,502	1,515	1,529	1,543	1,557	1,571	1,586	1,600	1,615	1,629
−11	1,643	1,658	1,673	1,688	1,703	1,719	1,735	1,751	1,766	1,782
−10	1,798	1,814	1,830	1,847	1,863	1,880	1,897	1,913	1,931	1,948
− 9	1,965	1,983	2,000	2,018	2,036	2,054	2,072	2,090	2,109	2,128
− 8	2,147	2,166	2,185	2,204	2,224	2,243	2,263	2,282	2,303	2,323
− 7	2,343	2,364	2,385	2,406	2,427	2,448	2,469	2,491	2,513	2,534
− 6	2,557	2,579	2,601	2,624	2,647	2,670	2,693	2,717	2,740	2,764
− 5	2,788	2,811	2,836	2,860	2,885	2,909	2,935	2,960	2,986	3,011
− 4	3,037	3,063	3,090	3,116	3,143	3,170	3,197	3,224	3,252	3,279
− 3	3,307	3,336	3,364	3,393	3,421	3,450	3,479	3,509	3,538	3,568
− 2	3,598	3,629	3,659	3,690	3,721	3,753	3,784	3,816	3,848	3,880
− 1	3,913	3,945	3,979	4,012	4,046	4,080	4,114	4,148	4,183	4,218
0	4,253	4,288	4,323	4,359	4,395	4,432	4,469	4,506	4,543	4,581

Sättigungsdruck des Wasserdampfes unter 0 °C über Wasser

Millibar (mbar) [1]

°C	,9	,8	,7	,6	,5	,4	,3	,2	,1	,0
−14	1,928	1,944	1,960	1,976	1,992	2,009	2,025	2,042	2,059	2,076
−13	2,093	2,110	2,127	2,144	2,162	2,180	2,197	2,215	2,233	2,252
−12	2,270	2,288	2,307	2,326	2,345	2,364	2,383	2,402	2,421	2,441
−11	2,461	2,480	2,500	2,521	2,541	2,561	2,582	2,602	2,623	2,644
−10	2,666	2,687	2,708	2,730	2,752	2,774	2,796	2,818	2,840	2,863
− 9	2,885	2,908	2,931	2,954	2,978	3,001	3,025	3,049	3,073	3,097
− 8	3,121	3,146	3,171	3,196	3,221	3,246	3,271	3,297	3,323	3,348
− 7	3,375	3,401	3,427	3,454	3,481	3,508	3,535	3,562	3,590	3,618
− 6	3,646	3,674	3,702	3,731	3,759	3,788	3,818	3,847	3,876	3,906
− 5	3,936	3,966	3,997	4,027	4,058	4,089	4,120	4,151	4,183	4,215
− 4	4,247	4,279	4,312	4,344	4,377	4,410	4,444	4,477	4,511	4,545
− 3	4,579	4,614	4,649	4,684	4,719	4,754	4,790	4,826	4,862	4,898
− 2	4,935	4,972	5,009	5,046	5,084	5,121	5,160	5,198	5,236	5,275
− 1	5,314	5,354	5,393	5,433	5,473	5,514	5,554	5,595	5,637	5,678
0	5,720	5,762	5,804	5,847	5,889	5,933	5,976	6,020	6,064	6,108

Torr (Torr)*

°C	,9	,8	,7	,6	,5	,4	,3	,2	,1	,0
−14	1,446	1,458	1,470	1,482	1,494	1,507	1,519	1,532	1,544	1,557
−13	1,570	1,582	1,595	1,608	1,622	1,635	1,648	1,662	1,675	1,689
−12	1,703	1,716	1,730	1,744	1,759	1,773	1,787	1,802	1,816	1,831
−11	1,846	1,861	1,876	1,891	1,906	1,921	1,936	1,952	1,968	1,983
−10	1,999	2,015	2,031	2,048	2,064	2,080	2,097	2,114	2,130	2,147
− 9	2,164	2,181	2,199	2,216	2,234	2,251	2,269	2,287	2,305	2,323
− 8	2,341	2,360	2,378	2,397	2,416	2,435	2,454	2,473	2,492	2,512
− 7	2,531	2,551	2,571	2,591	2,611	2,631	2,651	2,672	2,693	2,714
− 6	2,734	2,756	2,777	2,798	2,820	2,842	2,863	2,885	2,908	2,930
− 5	2,952	2,975	2,998	3,021	3,044	3,067	3,090	3,114	3,138	3,161
− 4	3,185	3,210	3,234	3,259	3,283	3,308	3,333	3,358	3,384	3,409
− 3	3,435	3,461	3,487	3,513	3,539	3,566	3,593	3,620	3,647	3,674
− 2	3,701	3,729	3,757	3,785	3,813	3,841	3,870	3,899	3,928	3,957
− 1	3,986	4,016	4,045	4,075	4,105	4,136	4,166	4,197	4,228	4,259
0	4,290	4,322	4,353	4,385	4,417	4,450	4,482	4,515	4,548	4,581

Sättigungsdruck des Wasserdampfes über 100 °C

Bar (bar)*

°C	0	1	2	3	4	5	6	7	8	9
100	1,0133	1,0499	1,0877	1,1267	1,1667	1,2080	1,2505	1,2940	1,3391	1,3851
110	1,4326	1,4815	1,5315	1,5831	1,6362	1,6905	1,7464	1,8038	1,8628	1,9234
120	1,9854	2,0489	2,1146	2,1816	2,2502	2,3211	2,3933	2,4676	2,5436	2,6216
130	2,7013	2,7830	2,8670	2,9526	3,0408	3,1294	3,2215	3,3173	3,4139	3,5128
140	3,614	3,718	3,823	3,931	4,042	4,155	4,271	4,389	4,510	4,635
150	4,760	4,889	5,022	5,155	5,293	5,434	5,578	5,724	5,873	6,026
160	6,181	6,340	6,502	6,666	6,835	7,008	7,182	7,361	7,544	7,730
170	7,921	8,113	8,311	8,510	8,717	8,925	9,136	9,353	9,573	9,798
180	10,026	10,258	10,495	10,736	10,982	11,231	11,487	11,746	12,009	12,277
190	12,550	12,826	13,107	13,395	13,686	13,984	14,286	14,592	14,905	15,222
200	15,544	15,873	16,206	16,543	16,887	17,237	17,595	17,956	18,322	18,695
210	19,072	19,458	19,850	20,245	20,649	21,055	21,471	21,892	22,321	22,755
220	23,192	23,640	24,095	24,555	25,020	25,495	25,975	26,463	26,958	27,460
230	27,969	28,484	29,007	29,536	30,075	30,621	31,175	31,734	32,303	32,879
240	33,465	34,055	34,656	35,263	35,880	36,505	37,138	37,778	38,429	39,086
250	39,754	40,429	41,114	41,806	42,510	43,220	43,940	44,670	45,409	46,155
260	46,913	47,678	48,454	49,239	50,035	50,840	51,652	52,478	53,311	54,155
270	55,010	55,876	56,750	57,635	58,531	59,436	60,354	61,280	62,221	63,171
280	64,134	65,106	66,088	67,083	68,091	69,112	70,143	71,188	72,244	73,313
290	74,39	75,48	76,59	77,71	78,84	79,99	81,14	82,32	83,49	84,70
300	85,90	87,13	88,37	89,61	90,87	92,14	93,42	94,73	96,06	97,36
310	98,69	100,05	101,43	102,81	104,21	105,63	107,05	108,49	109,95	111,42
320	112,91	114,42	115,94	117,48	119,03	120,59	122,17	123,76	125,38	127,02
330	128,67	130,33	132,02	133,72	135,43	137,16	138,92	140,69	142,48	144,29
340	146,11	147,94	149,80	151,65	153,56	155,47	157,42	159,36	161,34	163,33
350	165,32	167,35	169,39	171,45	173,53	175,63	177,75	179,91	182,09	184,29
360	186,51	188,75	191,02	193,31	195,63	198,01	200,41	202,82	205,26	207,74
370	210,24	212,76	215,33	217,94	220,60	(← kritische Temperatur)				

Atmosphären (atm) [2]

°C	0	1	2	3	4	5	6	7	8	9
100	1,0000	1,0362	1,0735	1,1120	1,1514	1,1922	1,2341	1,2771	1,3216	1,3670
110	1,4139	1,4621	1,5115	1,5624	1,6148	1,6684	1,7236	1,7802	1,8384	1,8982
120	1,9594	2,0221	2,0869	2,1531	2,2208	2,2907	2,3620	2,4353	2,5103	2,5873
130	2,6660	2,7466	2,8295	2,9140	3,0010	3,0885	3,1794	3,2739	3,3693	3,4669
140	3,567	3,669	3,773	3,880	3,989	4,101	4,215	4,332	4,451	4,574
150	4,698	4,825	4,956	5,088	5,224	5,363	5,505	5,649	5,796	5,947
160	6,100	6,257	6,417	6,579	6,746	6,916	7,088	7,265	7,445	7,629
170	7,817	8,007	8,202	8,399	8,603	8,808	9,017	9,231	9,448	9,670
180	9,895	10,124	10,358	10,596	10,838	11,084	11,337	11,592	11,852	12,116
190	12,386	12,658	12,936	13,220	13,507	13,801	14,099	14,401	14,710	15,023
200	15,341	15,665	15,994	16,327	16,666	17,012	17,365	17,721	18,082	18,451
210	18,823	19,204	19,590	19,980	20,379	20,780	21,190	21,606	22,029	22,457
220	22,889	23,331	23,780	24,234	24,693	25,162	25,635	26,117	26,605	27,101
230	27,603	28,112	28,628	29,150	29,682	30,221	30,767	31,319	31,881	32,449
240	33,027	33,610	34,203	34,802	35,411	36,028	36,652	37,284	37,926	38,575
250	39,234	39,900	40,576	41,259	41,954	42,655	43,365	44,086	44,815	45,551
260	46,300	47,055	47,820	48,595	49,381	50,175	50,977	51,792	52,614	53,447
270	54,291	55,145	56,008	56,881	57,766	58,659	59,565	60,479	61,407	62,345
280	63,295	64,255	65,224	66,206	67,201	68,208	69,226	70,257	71,299	72,354
290	73,42	74,49	75,59	76,69	77,81	78,94	80,08	81,24	82,40	83,59
300	84,78	85,99	87,21	88,44	89,68	90,92	92,20	93,49	94,80	96,09
310	97,40	98,74	100,10	101,47	102,85	104,25	105,65	107,07	108,51	109,96
320	111,43	112,92	114,42	115,94	117,47	119,01	120,57	122,14	123,74	125,36
330	126,99	128,63	130,29	131,97	133,66	135,37	137,10	138,85	140,62	142,40
340	144,20	146,01	147,84	149,67	151,55	153,44	155,36	157,28	159,23	161,19
350	163,16	165,16	167,17	169,21	171,26	173,33	175,43	177,56	179,71	181,88
360	184,07	186,28	188,52	190,78	193,07	195,42	197,79	200,17	202,58	205,02
370	207,49	209,98	212,51	215,09	217,72	(← kritische Temperatur)				

[1] Werte nach *Smithsonian Meteorological Tables*, Smithsonian Institution, Washington (D.C.), 1966.

[2] Werte in Atmosphären nach KEYES, F. G., *Int. crit. Tab.*, 3, 233 (1928).

* Umrechnung durch den Herausgeber.

Sättigungsdruck in Torr[1]

°C	,0	,1	,2	,3	,4	,5	,6	,7	,8	,9
0	4,58	4,61	4,65	4,68	4,72	4,75	4,78	4,82	4,85	4,89
1	4,93	4,96	5,00	5,03	5,07	5,11	5,14	5,18	5,22	5,25
2	5,29	5,33	5,37	5,41	5,44	5,48	5,52	5,56	5,60	5,64
3	5,68	5,72	5,76	5,80	5,85	5,89	5,93	5,97	6,01	6,05
4	6,10	6,14	6,18	6,23	6,27	6,32	6,36	6,40	6,45	6,49
5	6,54	6,59	6,63	6,68	6,72	6,77	6,82	6,87	6,91	6,96
6	7,01	7,06	7,11	7,16	7,21	7,26	7,31	7,36	7,41	7,46
7	7,51	7,56	7,61	7,67	7,72	7,77	7,83	7,88	7,93	7,99
8	8,04	8,10	8,15	8,21	8,26	8,32	8,38	8,43	8,49	8,55
9	8,61	8,66	8,72	8,78	8,84	8,90	8,96	9,02	9,08	9,14
10	9,20	9,27	9,33	9,39	9,46	9,52	9,58	9,65	9,71	9,77
11	9,84	9,91	9,97	10,04	10,10	10,17	10,24	10,31	10,38	10,44
12	10,51	10,58	10,65	10,72	10,79	10,87	10,94	11,01	11,08	11,15
13	11,23	11,30	11,38	11,45	11,52	11,60	11,68	11,75	11,83	11,91
14	11,98	12,06	12,14	12,22	12,30	12,38	12,46	12,54	12,62	12,70
15	12,78	12,87	12,95	13,03	13,12	13,20	13,29	13,37	13,46	13,54
16	13,63	13,72	13,81	13,89	13,98	14,07	14,16	14,25	14,34	14,43
17	14,53	14,62	14,71	14,81	14,90	14,99	15,09	15,18	15,28	15,38
18	15,47	15,57	15,67	15,77	15,87	15,97	16,07	16,17	16,27	16,37
19	16,47	16,58	16,68	16,79	16,89	17,00	17,10	17,21	17,32	17,42
20	17,53	17,64	17,75	17,86	17,97	18,08	18,19	18,31	18,42	18,53
21	18,65	18,76	18,88	18,99	19,11	19,23	19,35	19,46	19,58	19,70
22	19,82	19,95	20,07	20,19	20,31	20,44	20,56	20,69	20,81	20,94
23	21,07	21,19	21,32	21,45	21,58	21,71	21,84	21,98	22,11	22,24
24	22,38	22,51	22,65	22,78	22,92	23,06	23,19	23,33	23,47	23,61
25	23,76	23,90	24,04	24,18	24,33	24,47	24,62	24,76	24,91	25,06
26	25,21	25,36	25,51	25,66	25,81	25,96	26,12	26,27	26,43	26,58
27	26,74	26,90	27,05	27,21	27,37	27,53	27,70	27,86	28,02	28,18
28	28,35	28,52	28,68	28,85	29,02	29,19	29,36	29,53	29,70	29,87
29	30,04	30,22	30,39	30,57	30,75	30,92	31,10	31,28	31,46	31,64
30	31,83	32,01	32,19	32,38	32,56	32,75	32,94	33,13	33,32	33,51
31	33,70	33,89	34,08	34,28	34,47	34,67	34,87	35,07	35,26	35,47
32	35,67	35,87	36,07	36,28	36,48	36,69	36,89	37,10	37,31	37,52
33	37,73	37,95	38,16	38,37	38,59	38,81	39,02	39,24	39,46	39,68
34	39,90	40,13	40,35	40,58	40,80	41,03	41,26	41,49	41,72	41,95
35	42,18	42,41	42,65	42,89	43,12	43,36	43,60	43,84	44,08	44,33
36	44,57	44,82	45,06	45,31	45,56	45,81	46,06	46,31	46,56	46,82
37	47,08	47,33	47,59	47,85	48,11	48,37	48,64	48,90	49,17	49,43
38	49,70	49,97	50,24	50,51	50,79	51,06	51,34	51,62	51,89	52,17
39	52,45	52,74	53,02	53,31	53,59	53,88	54,17	54,46	54,75	55,04
40	55,34	55,63	55,93	56,23	56,53	56,83	57,13	57,44	57,74	58,05
41	58,36	58,67	58,98	59,29	59,60	59,92	60,24	60,55	60,87	61,19
42	61,52	61,84	62,17	62,49	62,82	63,15	63,48	63,81	64,15	64,49
43	64,82	65,16	65,50	65,84	66,19	66,53	66,88	67,23	67,58	67,93
44	68,28	68,64	68,99	69,35	69,71	70,07	70,43	70,80	71,16	71,53
45	71,90	72,27	72,64	73,01	73,39	73,77	74,15	74,53	74,91	75,29
46	75,67	76,06	76,45	76,84	77,23	77,63	78,03	78,43	78,82	79,22
47	79,63	80,03	80,44	80,84	81,25	81,67	82,08	82,49	82,91	83,33
48	83,75	84,17	84,60	85,03	85,45	85,88	86,31	86,74	87,18	87,61
49	88,06	88,50	88,94	89,38	89,83	90,28	90,73	91,19	91,64	92,10
50	92,56	93,02	93,48	93,95	94,41	94,88	95,35	95,82	96,29	96,77
51	97,25	97,73	98,21	98,69	99,18	99,67	100,16	100,65	101,14	101,64
52	102,14	102,64	103,14	103,64	104,15	104,66	105,17	105,69	106,21	106,73
53	107,24	107,77	108,29	108,82	109,34	109,88	110,41	110,94	111,48	112,02
54	112,56	113,11	113,66	114,20	114,75	115,31	115,86	116,42	116,98	117,54
55	118,10	118,67	119,24	119,81	120,38	120,96	121,54	122,13	122,70	123,30
56	123,88	124,47	125,07	125,66	126,26	126,86	127,46	128,07	128,67	129,28
57	129,90	130,51	131,13	131,75	132,37	132,99	133,62	134,25	134,88	135,52
58	136,16	136,80	137,44	138,09	138,73	139,38	140,04	140,70	141,35	142,02
59	142,68	143,34	144,01	144,68	145,35	146,03	146,71	147,39	148,08	148,77
60	149,46	150,15	150,84	151,55	152,25	152,95	153,66	154,37	155,08	155,80
61	156,52	157,24	157,96	158,68	159,41	160,15	160,88	161,62	162,36	163,10
62	163,85	164,60	165,35	166,11	166,87	167,62	168,39	169,15	169,92	170,70
63	171,47	172,25	173,04	173,82	174,61	175,40	176,20	176,99	177,79	178,60
64	179,40	180,21	181,02	181,84	182,66	183,48	184,31	185,13	185,96	186,80
65	187,64	188,48	189,32	190,17	191,02	191,87	192,73	193,59	194,45	195,32
66	196,19	197,06	197,94	198,82	199,70	200,59	201,47	202,37	203,27	204,17
67	205,07	205,97	206,88	207,80	208,71	209,63	210,56	211,49	212,42	213,36
68	214,29	215,24	216,18	217,13	218,08	219,03	219,99	220,95	221,91	222,88
69	223,86	224,83	225,81	226,80	227,79	228,78	229,77	230,77	231,77	232,77
70	233,79	234,80	235,81	236,83	237,86	238,89	239,92	240,96	241,99	243,03
71	244,09	245,14	246,19	247,24	248,31	249,37	250,44	251,52	252,59	253,67
72	254,76	255,85	256,94	258,04	259,15	260,25	261,36	262,47	263,59	264,70
73	265,83	266,95	268,09	269,23	270,37	271,51	272,66	273,82	274,98	276,14
74	277,31	278,48	279,65	280,83	282,02	283,20	284,39	285,59	286,79	287,99
75	289,19	290,41	291,62	292,85	294,07	295,30	296,53	297,77	299,01	300,26
76	301,51	302,76	304,03	305,29	306,56	307,83	309,11	310,39	311,67	312,96
77	314,26	315,56	316,86	318,18	319,49	320,81	322,13	323,46	324,79	326,13
78	327,47	328,81	330,16	331,52	332,88	334,24	335,62	336,99	338,36	339,75
79	341,14	342,53	343,93	345,33	346,74	348,15	349,57	350,98	352,42	353,85
80	355,28	356,72	358,17	359,62	361,07	362,53	364,00	365,47	366,95	368,42
81	369,91	371,40	372,89	374,40	375,91	377,42	378,93	380,45	381,98	383,51
82	385,04	386,59	388,13	389,69	391,25	392,81	394,37	395,95	397,53	399,11
83	400,70	402,30	403,89	405,50	407,11	408,72	410,34	411,97	413,61	415,24
84	416,88	418,53	420,18	421,84	423,50	425,17	426,85	428,53	430,21	431,91
85	433,60	435,31	437,02	438,73	440,45	442,18	443,91	445,64	447,38	449,13
86	450,88	452,65	454,41	456,18	457,96	459,74	461,53	463,33	465,13	466,93
87	468,74	470,56	472,38	474,21	476,05	477,89	479,73	481,59	483,45	485,31
88	487,19	489,06	490,95	492,84	494,73	496,63	498,54	500,46	502,38	504,30
89	506,23	508,17	510,11	512,06	514,02	515,98	517,96	519,93	521,91	523,90
90	525,89	527,89	529,90	531,91	533,93	535,96	537,99	540,03	542,08	544,13
91	546,19	548,25	550,32	552,40	554,48	556,58	558,68	560,78	562,89	565,01
92	567,13	569,26	571,40	573,54	575,69	577,85	580,02	582,18	584,37	586,55
93	588,74	590,94	593,14	595,35	597,57	599,79	602,02	604,26	606,51	608,77
94	611,02	613,29	615,57	617,85	620,14	622,43	624,73	627,04	629,36	631,68
95	634,01	636,35	638,69	641,05	643,40	645,77	648,14	650,53	652,91	655,31
96	657,71	660,12	662,54	664,97	667,40	669,84	672,28	674,73	677,20	679,67
97	682,14	684,63	687,12	689,62	692,13	694,64	697,16	699,69	702,23	704,77
98	707,32	709,88	712,45	715,02	717,61	720,19	722,80	725,40	728,02	730,64
99	733,27	735,91	738,55	741,20	743,87	746,54	749,21	751,90	754,59	757,29
100	760,00									

Siedepunkt in Grad Celsius*

Torr	0	1	2	3	4	5	6	7	8	9
0		−17,28	−9,69	−5,03	−1,63	+1,22	3,78	5,99	7,93	9,67
10	11,25	12,70	14,03	15,27	16,43	17,52	18,54	19,51	20,44	21,32
20	22,15	22,96	23,73	24,47	25,18	25,87	26,53	27,18	27,80	28,40
30	28,99	29,55	30,11	30,64	31,17	31,68	32,18	32,66	33,14	33,60
40	34,05	34,50	34,93	35,36	35,78	36,19	36,59	36,98	37,37	37,75
50	38,12	38,49	38,85	39,20	39,55	39,90	40,23	40,57	40,90	41,22
60	41,54	41,85	42,16	42,47	42,77	43,06	43,36	43,65	43,93	44,21
70	44,49	44,77	45,04	45,31	45,57	45,84	46,10	46,35	46,60	46,86
80	47,10	47,35	47,59	47,83	48,07	48,31	48,54	48,77	49,00	49,23
90	49,45	49,67	49,89	50,11	50,32	50,54	50,75	50,96	51,17	51,37
100	51,58	51,78	51,98	52,18	52,38	52,58	52,77	52,96	53,16	53,35
110	53,54	53,72	53,91	54,09	54,28	54,46	54,64	54,81	54,99	55,17
120	55,34	55,52	55,69	55,86	56,03	56,20	56,37	56,53	56,70	56,86
130	57,03	57,19	57,35	57,51	57,67	57,83	57,99	58,14	58,30	58,45
140	58,61	58,76	58,91	59,06	59,21	59,36	59,51	59,65	59,80	59,94
150	60,09	60,23	60,38	60,52	60,66	60,80	60,94	61,08	61,22	61,35
160	61,49	61,63	61,76	61,90	62,03	62,16	62,30	62,43	62,56	62,69
170	62,82	62,95	63,08	63,21	63,33	63,46	63,59	63,71	63,84	63,96
180	64,08	64,21	64,33	64,45	64,57	64,69	64,81	64,93	65,05	65,17
190	65,29	65,41	65,52	65,64	65,76	65,87	65,99	66,10	66,22	66,33
200	66,44	66,56	66,67	66,78	66,89	67,00	67,11	67,22	67,33	67,44
210	67,55	67,66	67,76	67,87	67,98	68,08	68,19	68,30	68,40	68,51
220	68,61	68,71	68,82	68,92	69,02	69,12	69,23	69,33	69,43	69,53
230	69,63	69,73	69,83	69,93	70,03	70,13	70,23	70,32	70,42	70,52
240	70,62	70,71	70,81	70,90	71,00	71,10	71,19	71,28	71,38	71,47
250	71,57	71,66	71,75	71,85	71,94	72,03	72,12	72,21	72,30	72,39
260	72,49	72,58	72,66	72,75	72,84	72,93	73,02	73,11	73,20	73,29
270	73,37	73,46	73,55	73,64	73,72	73,81	73,89	73,98	74,07	74,15
280	74,24	74,32	74,41	74,49	74,57	74,66	74,74	74,82	74,91	74,99
290	75,07	75,15	75,24	75,32	75,40	75,48	75,56	75,64	75,72	75,81
300	75,88	75,97	76,04	76,12	76,20	76,28	76,36	76,44	76,52	76,60
310	76,68	76,75	76,83	76,91	76,99	77,06	77,14	77,22	77,29	77,37
320	77,44	77,52	77,59	77,67	77,75	77,82	77,90	77,97	78,05	78,12
330	78,19	78,27	78,34	78,41	78,49	78,56	78,63	78,71	78,78	78,85
340	78,92	78,99	79,07	79,14	79,21	79,28	79,35	79,42	79,49	79,57
350	79,64	79,71	79,78	79,84	79,91	79,98	80,05	80,12	80,19	80,26
360	80,33	80,40	80,47	80,54	80,60	80,67	80,74	80,81	80,88	80,94
370	81,01	81,08	81,14	81,21	81,28	81,34	81,41	81,48	81,54	81,61
380	81,67	81,74	81,80	81,87	81,94	82,00	82,07	82,13	82,19	82,26
390	82,32	82,39	82,45	82,52	82,58	82,64	82,71	82,77	82,83	82,90
400	82,96	83,02	83,08	83,15	83,21	83,27	83,33	83,40	83,46	83,52
410	83,58	83,64	83,70	83,77	83,83	83,89	83,95	84,01	84,07	84,13
420	84,19	84,25	84,31	84,37	84,43	84,49	84,55	84,61	84,67	84,73
430	84,79	84,85	84,91	84,97	85,02	85,08	85,14	85,20	85,26	85,32
440	85,38	85,43	85,49	85,55	85,61	85,67	85,72	85,78	85,84	85,89
450	85,95	86,01	86,06	86,12	86,18	86,23	86,29	86,35	86,40	86,46
460	86,52	86,57	86,63	86,68	86,74	86,79	86,85	86,90	86,96	87,02
470	87,07	87,13	87,18	87,23	87,29	87,34	87,40	87,45	87,51	87,56
480	87,61	87,67	87,72	87,78	87,83	87,88	87,94	87,99	88,04	88,10
490	88,15	88,20	88,26	88,31	88,36	88,41	88,47	88,52	88,57	88,62
500	88,68	88,73	88,78	88,83	88,89	88,94	88,99	89,04	89,09	89,14
510	89,19	89,25	89,30	89,35	89,40	89,45	89,50	89,55	89,60	89,65
520	89,70	89,75	89,80	89,86	89,91	89,96	90,01	90,06	90,10	90,15
530	90,20	90,25	90,30	90,35	90,40	90,45	90,50	90,55	90,60	90,65
540	90,70	90,75	90,80	90,85	90,89	90,94	90,99	91,04	91,09	91,14
550	91,18	91,23	91,28	91,33	91,38	91,42	91,47	91,52	91,57	91,62
560	91,66	91,71	91,76	91,81	91,85	91,90	91,95	91,99	92,04	92,09
570	92,13	92,18	92,23	92,27	92,32	92,37	92,41	92,46	92,51	92,55
580	92,60	92,64	92,69	92,74	92,78	92,83	92,87	92,92	92,97	93,01
590	93,06	93,10	93,15	93,19	93,24	93,28	93,33	93,37	93,42	93,46
600	93,51	93,55	93,60	93,64	93,69	93,73	93,78	93,82	93,87	93,91
610	93,95	94,00	94,04	94,09	94,13	94,17	94,22	94,26	94,30	94,35
620	94,39	94,44	94,48	94,52	94,57	94,61	94,65	94,70	94,74	94,78
630	94,83	94,87	94,91	94,95	95,00	95,04	95,08	95,13	95,17	95,21
640	95,25	95,30	95,34	95,38	95,42	95,47	95,51	95,55	95,59	95,63
650	95,68	95,72	95,76	95,80	95,84	95,89	95,93	95,97	96,01	96,05
660	96,09	96,13	96,18	96,22	96,26	96,30	96,34	96,38	96,42	96,46
670	96,50	96,55	96,59	96,63	96,67	96,71	96,75	96,79	96,83	96,87
680	96,91	96,95	96,99	97,03	97,07	97,11	97,15	97,19	97,23	97,27
690	97,31	97,35	97,39	97,43	97,47	97,51	97,55	97,59	97,63	97,67
700	97,71	97,75	97,79	97,83	97,87	97,91	97,95	97,99	98,02	98,06
710	98,10	98,14	98,18	98,22	98,26	98,30	98,33	98,37	98,41	98,45
720	98,49	98,53	98,57	98,60	98,64	98,68	98,72	98,76	98,80	98,83
730	98,87	98,91	98,95	98,99	99,02	99,06	99,10	99,14	99,18	99,21
740	99,25	99,29	99,33	99,36	99,40	99,44	99,48	99,51	99,55	99,59
750	99,63	99,66	99,70	99,74	99,77	99,81	99,85	99,89	99,92	99,96
760	100,00	100,03	100,07	100,11	100,14	100,18	100,22	100,25	100,29	100,33
770	100,36	100,40	100,44	100,47	100,51	100,54	100,58	100,62	100,65	100,69
780	100,73	100,76	100,80	100,83	100,87	100,91	100,94	100,98	101,01	101,05
790	101,08	101,12	101,16	101,19	101,23	101,26	101,30	101,33	101,37	101,40
800	101,44	101,47	101,51	101,55	101,58	101,62	101,65	101,69	101,72	101,76
810	101,79	101,83	101,86	101,90	101,93	101,96	102,00	102,03	102,07	102,10
820	102,14	102,17	102,21	102,24	102,28	102,31	102,35	102,38	102,41	102,45
830	102,48	102,52	102,55	102,58	102,62	102,65	102,69	102,72	102,76	102,79
840	102,82	102,86	102,89	102,92	102,96	102,99	103,02	103,06	103,09	103,13
850	103,16	103,19	103,23	103,26	103,29	103,33	103,36	103,40	103,43	103,46
860	103,50	103,53	103,56	103,60	103,63	103,66	103,70	103,73	103,76	103,80
870	103,83	103,86	103,89	103,93	103,96	103,99	104,03	104,06	104,09	104,12
880	104,16	104,19	104,22	104,25	104,29	104,32	104,35	104,38	104,42	104,45
890	104,48	104,51	104,54	104,58	104,61	104,64	104,67	104,70	104,74	104,77
900	104,80	104,83	104,86	104,90	104,93	104,96	104,99	105,02	105,06	105,09
910	105,12	105,15	105,18	105,21	105,25	105,28	105,31	105,34	105,37	105,40
920	105,44	105,47	105,50	105,53	105,56	105,59	105,62	105,66	105,69	105,72
930	105,75	105,78	105,81	105,84	105,87	105,90	105,93	105,97	106,00	106,03
940	106,06	106,09	106,12	106,15	106,18	106,21	106,24	106,28	106,31	106,34
950	106,37	106,40	106,43	106,46	106,49	106,52	106,55	106,58	106,61	106,64
960	106,67	106,70	106,73	106,77	106,80	106,83	106,86	106,89	106,92	106,95
970	106,98	107,01	107,04	107,07	107,10	107,13	107,16	107,19	107,22	107,25
980	107,28	107,31	107,34	107,37	107,40	107,43	107,46	107,49	107,52	107,55
990	107,58	107,61	107,63	107,66	107,69	107,72	107,75	107,78	107,81	107,84
1000	107,87									

[1] Werte umgerechnet nach *Smithsonian Meteorological Tables*, Smithsonian Institution, Washington (D.C.), 1966. * Nachdruck nur mit Erlaubnis des Herausgebers.

Sättigungsdruck in Millibar[1]

°C	,0	,1	,2	,3	,4	,5	,6	,7	,8	,9
0	6,11	6,15	6,20	6,24	6,29	6,33	6,38	6,43	6,47	6,52
1	6,57	6,61	6,66	6,71	6,76	6,81	6,86	6,90	6,95	7,00
2	7,05	7,11	7,16	7,21	7,26	7,31	7,36	7,42	7,47	7,52
3	7,58	7,63	7,68	7,74	7,79	7,85	7,90	7,96	8,02	8,07
4	8,13	8,19	8,24	8,30	8,36	8,42	8,48	8,54	8,60	8,66
5	8,72	8,78	8,84	8,90	8,97	9,03	9,09	9,15	9,22	9,28
6	9,35	9,41	9,48	9,54	9,61	9,67	9,74	9,81	9,88	9,94
7	10,01	10,08	10,15	10,22	10,29	10,36	10,43	10,51	10,58	10,65
8	10,72	10,80	10,87	10,94	11,02	11,09	11,17	11,24	11,32	11,40
9	11,47	11,55	11,63	11,71	11,79	11,87	11,95	12,03	12,11	12,19
10	12,27	12,36	12,44	12,52	12,61	12,69	12,78	12,86	12,95	13,03
11	13,12	13,21	13,30	13,38	13,47	13,56	13,65	13,74	13,83	13,93
12	14,02	14,11	14,20	14,30	14,39	14,49	14,58	14,68	14,77	14,87
13	14,97	15,07	15,17	15,27	15,37	15,47	15,57	15,67	15,77	15,87
14	15,98	16,08	16,19	16,29	16,40	16,50	16,61	16,72	16,83	16,94
15	17,04	17,15	17,26	17,38	17,49	17,60	17,71	17,83	17,94	18,06
16	18,17	18,29	18,41	18,52	18,64	18,76	18,88	19,00	19,12	19,25
17	19,37	19,49	19,61	19,74	19,86	19,99	20,12	20,24	20,37	20,50
18	20,63	20,76	20,89	21,02	21,16	21,29	21,42	21,56	21,69	21,83
19	21,96	22,10	22,24	22,38	22,52	22,66	22,80	22,94	23,09	23,23
20	23,37	23,52	23,66	23,81	23,96	24,11	24,26	24,41	24,56	24,71
21	24,86	25,01	25,17	25,32	25,48	25,64	25,79	25,95	26,11	26,27
22	26,43	26,59	26,75	26,92	27,08	27,25	27,41	27,58	27,75	27,92
23	28,09	28,26	28,43	28,60	28,77	28,95	29,12	29,30	29,48	29,65
24	29,83	30,01	30,19	30,37	30,56	30,74	30,92	31,11	31,30	31,48
25	31,67	31,86	32,05	32,24	32,43	32,63	32,82	33,02	33,21	33,41
26	33,61	33,81	34,01	34,21	34,41	34,62	34,82	35,03	35,23	35,44
27	35,65	35,86	36,07	36,28	36,50	36,71	36,93	37,14	37,36	37,58
28	37,80	38,02	38,24	38,46	38,69	38,91	39,14	39,37	39,59	39,82
29	40,06	40,29	40,52	40,76	40,99	41,23	41,47	41,71	41,95	42,19
30	42,43	42,67	42,92	43,17	43,41	43,66	43,91	44,17	44,42	44,67
31	44,93	45,18	45,44	45,70	45,96	46,22	46,49	46,75	47,02	47,28
32	47,55	47,82	48,09	48,36	48,64	48,91	49,19	49,47	49,75	50,03
33	50,31	50,59	50,87	51,16	51,45	51,74	52,03	52,32	52,61	52,90
34	53,20	53,50	53,80	54,10	54 40	54,70	55,00	55,31	55,62	55,93
35	56,24	56,55	56,86	57,18	57,49	57,81	58,13	58,45	58,77	59,10
36	59,42	59,75	60,08	60,41	60,74	61,07	61,41	61,74	62,08	62,42
37	62,76	63,11	63,45	63,80	64,14	64,49	64,84	65,20	65,55	65,91
38	66,26	66,62	66,99	67,35	67,71	68,08	68,45	68,82	69,19	69,56
39	69,93	70,31	70,69	71,07	71,45	71,83	72,22	72,61	72,99	73,39
40	73,78	74,17	74,57	74,97	75,37	75,77	76,17	76,58	76,98	77,39
41	77,80	78,22	78,63	79,05	79,47	79,89	80,31	80,73	81,16	81,59
42	82,02	82,45	82,88	83,32	83,75	84,19	84,64	85,08	85,53	85,97
43	86,42	86,88	87,33	87,79	88,24	88,70	89,17	89,63	90,10	90,56
44	91,03	91,51	91,98	92,46	92,94	93,42	93,90	94,39	94,87	95,36
45	95,86	96,35	96,85	97,34	97,84	98,35	98,85	99,36	99,87	100,38
46	100,89	101,41	101,93	102,45	102,97	103,50	104,03	104,56	105,09	105,62
47	106,16	106,70	107,24	107,78	108,33	108,88	109,43	109,98	110,54	111,10
48	111,66	112,22	112,79	113,36	113,93	114,50	115,07	115,65	116,23	116,81
49	117,40	117,99	118,58	119,17	119,77	120,37	120,97	121,57	122,18	122,79
50	123,40	124,01	124,63	125,25	125,87	126,49	127,12	127,75	128,38	129,01
51	129,65	130,29	130,93	131,58	132,23	132,88	133,53	134,19	134,84	135,51
52	136,17	136,84	137,51	138,18	138,86	139,54	140,22	140,91	141,60	142,29
53	142,98	143,68	144,38	145,08	145,78	146,49	147,20	147,91	148,63	149,35
54	150,07	150,80	151,53	152,26	152,99	153,73	154,47	155,21	155,96	156,71
55	157,46	158,22	158,97	159,74	160,50	161,27	162,04	162,82	163,59	164,38
56	165,16	165,95	166,74	167,53	168,33	169,13	169,93	170,74	171,55	172,36
57	173,18	174,00	174,82	175,65	176,48	177,31	178,15	178,99	179,83	180,68
58	181,53	182,38	183,24	184,10	184,96	185,83	186,70	187,58	188,45	189,34
59	190,22	191,11	192,00	192,89	193,79	194,69	195,60	196,51	197,42	198,34
60	199,26	200,18	201,11	202,05	202,98	203,92	204,86	205,81	206,76	207,71
61	208,67	209,63	210,59	211,56	212,53	213,51	214,49	215,48	216,46	217,45
62	218,45	219,45	220,45	221,46	222,47	223,48	224,50	225,52	226,54	227,58
63	228,61	229,65	230,70	231,74	232,79	233,85	234,91	235,97	237,03	238,11
64	239,18	240,26	241,34	242,43	243,52	244,62	245,72	246,82	247,93	249,04
65	250,16	251,28	252,41	253,54	254,67	255,81	256,95	258,10	259,25	260,40
66	261,56	262,73	263,90	265,07	266,25	267,43	268,61	269,80	271,00	272,20
67	273,40	274,61	275,82	277,04	278,26	279,49	280,72	281,96	283,20	284,45
68	285,70	286,96	288,21	289,48	290,75	292,02	293,30	294,58	295,86	297,15
69	298,45	299,75	301,06	302,37	303,69	305,01	306,34	307,67	309,00	310,34
70	311,69	313,04	314,39	315,75	317,12	318,49	319,87	321,25	322,63	324,02
71	325,42	326,82	328,22	329,63	331,05	332,47	333,89	335,33	336,76	338,20
72	339,65	341,10	342,56	344,03	345,50	346,97	348,45	349,93	351,42	352,91
73	354,41	355,91	357,43	358,94	360,46	361,99	363,52	365,06	366,61	368,15
74	369,71	371,27	372,84	374,41	375,99	377,57	379,16	380,75	382,35	383,95
75	385,56	387,18	388,80	390,43	392,06	393,70	395,34	396,99	398,65	400,31
76	401,98	403,65	405,34	407,02	408,71	410,41	412,11	413,82	415,53	417,25
77	418,98	420,71	422,45	424,20	425,95	427,71	429,47	431,24	433,02	434,80
78	436,59	438,38	440,18	441,99	443,80	445,62	447,45	449,28	451,11	452,96
79	454,81	456,67	458,53	460,40	462,28	464,16	466,05	467,94	469,85	471,76
80	473,67	475,59	477,52	479,45	481,39	483,34	485,29	487,25	489,22	491,19
81	493,17	495,16	497,15	499,16	501,17	503,18	505,20	507,23	509,26	511,30
82	513,35	515,41	517,47	519,54	521,62	523,70	525,79	527,89	529,99	532,10
83	534,22	536,35	538,48	540,62	542,77	544,92	547,08	549,25	551,43	553,61
84	555,80	557,99	560,20	562,41	564,62	566,85	569,08	571,32	573,57	575,83
85	578,09	580,36	582,64	584,93	587,22	589,52	591,83	594,14	596,46	598,79
86	601,13	603,48	605,83	608,19	610,56	612,94	615,32	617,72	620,12	622,52
87	624,94	627,36	629,79	632,23	634,68	637,13	639,59	642,07	644,55	647,03
88	649,53	652,03	654,54	657,06	659,59	662,12	664,66	667,22	669,78	672,34
89	674,92	677,50	680,09	682,69	685,30	687,92	690,55	693,18	695,82	698,47
90	701,13	703,80	706,47	709,16	711,85	714,55	717,26	719,98	722,71	725,45
91	728,19	730,94	733,70	736,47	739,25	742,04	744,84	747,64	750,46	753,28
92	756,11	758,95	761,80	764,66	767,52	770,40	773,29	776,18	779,09	782,00
93	784,92	787,85	790,79	793,74	796,69	799,66	802,63	805,62	808,61	811,62
94	814,63	817,65	820,69	823,73	826,78	829,84	832,91	835,99	839,08	842,17
95	845,28	848,40	851,52	854,66	857,80	860,96	864,12	867,30	870,48	873,68
96	876,88	880,09	883,31	886,55	889,79	893,04	896,30	899,57	902,86	906,15
97	909,45	912,76	916,08	919,42	922,76	926,11	929,47	932,84	936,23	939,62
98	943,02	946,43	949,85	953,28	956,73	960,18	963,65	967,12	970,61	974,10
99	977,61	981,13	984,65	988,19	991,74	995,30	998,87	1002,45	1006,04	1009,64
100	1013,25									

Siedepunkt in Grad Celsius *

mbar	0	1	2	3	4	5	6	7	8	9
0		−16,52	−12,90	−8,35	−5,02	−2,40	−0,21	+1,90	3,78	5,46
10	6,99	8,38	9,67	10,87	11,99	13,04	14,03	14,97	15,86	16,71
20	17,52	18,29	19,04	19,75	20,44	21,10	21,74	22,36	22,96	23,54
30	24,10	24,65	25,18	25,70	26,21	26,70	27,18	27,65	28,10	28,55
40	28,99	29,41	29,83	30,24	30,65	31,04	31,43	31,80	32,18	32,54
50	32,90	33,26	33,60	33,94	34,28	34,61	34,93	35,25	35,57	35,88
60	36,19	36,49	36,79	37,08	37,37	37,66	37,94	38,22	38,49	38,76
70	39,03	39,29	39,55	39,81	40,07	40,32	40,57	40,82	41,06	41,30
80	41,54	41,77	42,01	42,24	42,47	42,69	42,92	43,14	43,36	43,58
90	43,79	44,00	44,22	44,43	44,63	44,84	45,04	45,24	45,44	45,64
100	45,84	46,03	46,23	46,42	46,61	46,79	46,98	47,17	47,35	47,53
110	47,72	47,89	48,07	48,25	48,42	48,60	48,77	48,94	49,11	49,28
120	49,45	49,62	49,78	49,95	50,11	50,27	50,43	50,59	50,75	50,91
130	51,07	51,22	51,38	51,53	51,68	51,83	51,99	52,14	52,28	52,43
140	52,58	52,72	52,87	53,01	53,16	53,30	53,44	53,58	53,72	53,86
150	54,00	54,14	54,28	54,41	54,55	54,68	54,82	54,95	55,08	55,21
160	55,35	55,48	55,61	55,73	55,86	55,99	56,12	56,24	56,37	56,49
170	56,62	56,74	56,87	56,99	57,11	57,23	57,35	57,47	57,59	57,71
180	57,93	57,98	58,07	58,18	58,30	58,42	58,53	58,64	58,76	58,87
190	58,99	59,10	59,21	59,32	59,43	59,54	59,65	59,76	59,87	59,98
200	60,09	60,20	60,31	60,41	60,52	60,63	60,73	60,84	60,94	61,04
210	61,15	61,25	61,36	61,46	61,56	61,66	61,76	61,86	61,97	62,07
220	62,17	62,26	62,36	62,46	62,56	62,66	62,76	62,85	62,95	63,05
230	63,14	63,24	63,33	63,43	63,52	63,62	63,71	63,81	63,90	63,99
240	64,09	64,18	64,27	64,36	64,45	64,54	64,64	64,72	64,82	64,91
250	64,99	65,08	65,17	65,26	65,35	65,44	65,53	65,61	65,70	65,79
260	65,87	65,96	66,05	66,13	66,22	66,30	66,39	66,47	66,56	66,64
270	66,72	66,81	66,89	66,97	67,06	67,14	67,22	67,31	67,39	67,47
280	67,55	67,63	67,71	67,79	67,87	67,95	68,03	68,11	68,19	68,27
290	68,35	68,43	68,51	68,59	68,66	68,74	68,82	68,90	68,97	69,05
300	69,13	69,20	69,28	69,36	69,43	69,51	69,58	69,66	69,73	69,81
310	69,88	69,96	70,03	70,10	70,18	70,25	70,33	70,40	70,47	70,54
320	70,62	70,69	70,76	70,83	70,91	70,98	71,05	71,12	71,19	71,26
330	71,33	71,40	71,47	71,54	71,61	71,68	71,75	71,82	71,89	71,96
340	72,03	72,10	72,17	72,24	72,30	72,37	72,44	72,51	72,58	72,64
350	72,71	72,78	72,84	72,91	72,98	73,05	73,11	73,18	73,24	73,31
360	73,38	73,44	73,51	73,57	73,64	73,70	73,77	73,83	73,90	73,96
370	74,02	74,09	74,15	74,22	74,28	74,34	74,41	74,47	74,53	74,60
380	74,66	74,72	74,78	74,85	74,91	74,97	75,03	75,10	75,16	75,22
390	75,28	75,34	75,40	75,46	75,52	75,58	75,65	75,71	75,77	75,83
400	75,89	75,95	76,01	76,07	76,13	76,19	76,25	76,31	76,36	76,42
410	76,48	76,54	76,60	76,66	76,72	76,77	76,83	76,89	76,95	77,01
420	77,06	77,12	77,18	77,24	77,29	77,35	77,41	77,46	77,52	77,58
430	77,63	77,69	77,75	77,80	77,86	77,92	77,97	78,03	78,08	78,14
440	78,19	78,25	78,30	78,36	78,42	78,47	78,53	78,58	78,64	78,69
450	78,74	78,80	78,85	78,91	78,96	79,01	79,07	79,12	79,18	79,23
460	79,28	79,34	79,39	79,44	79,50	79,55	79,60	79,66	79,71	79,76
470	79,81	79,86	79,92	79,97	80,02	80,07	80,12	80,18	80,23	80,28
480	80,33	80,38	80,44	80,49	80,54	80,59	80,64	80,69	80,74	80,79
490	80,84	80,89	80,94	81,00	81,05	81,09	81,15	81,20	81,25	81,30
500	81,35	81,40	81,45	81,49	81,54	81,59	81,64	81,69	81,74	81,79
510	81,84	81,89	81,94	81,99	82,03	82,08	82,13	82,18	82,23	82,28
520	82,33	82,37	82,42	82,47	82,52	82,57	82,61	82,66	82,71	82,76
530	82,80	82,85	82,90	82,94	82,99	83,04	83,09	83,13	83,18	83,23
540	83,27	83,32	83,37	83,41	83,46	83,51	83,55	83,60	83,65	83,69
550	83,74	83,78	83,83	83,87	83,92	83,97	84,01	84,06	84,10	84,15
560	84,19	84,24	84,28	84,33	84,37	84,42	84,46	84,51	84,55	84,60
570	84,64	84,69	84,73	84,78	84,82	84,86	84,91	84,95	85,00	85,04
580	85,09	85,13	85,17	85,22	85,26	85,31	85,35	85,39	85,44	85,48
590	85,52	85,57	85,61	85,65	85,70	85,74	85,78	85,83	85,87	85,91
600	85,95	86,00	86,04	86,08	86,12	86,17	86,21	86,25	86,29	86,33
610	86,38	86,42	86,46	86,50	86,55	86,59	86,63	86,67	86,71	86,75
620	86,80	86,84	86,88	86,92	86,96	87,00	87,05	87,09	87,13	87,17
630	87,21	87,25	87,29	87,33	87,37	87,41	87,46	87,50	87,54	87,58
640	87,62	87,66	87,70	87,74	87,78	87,82	87,86	87,90	87,94	87,98
650	88,02	88,06	88,10	88,14	88,18	88,22	88,26	88,30	88,34	88,38
660	88,42	88,46	88,50	88,54	88,57	88,61	88,65	88,69	88,73	88,77
670	88,81	88,85	88,89	88,93	88,96	89,00	89,04	89,08	89,12	89,16
680	89,19	89,23	89,27	89,31	89,35	89,39	89,43	89,46	89,50	89,54
690	89,58	89,62	89,66	89,69	89,73	89,77	89,81	89,84	89,88	89,92
700	89,96	90,00	90,03	90,07	90,11	90,14	90,18	90,22	90,26	90,29
710	90,33	90,37	90,41	90,44	90,48	90,52	90,55	90,59	90,63	90,66
720	90,70	90,74	90,77	90,81	90,85	90,88	90,92	90,96	90,99	91,03
730	91,06	91,10	91,14	91,17	91,21	91,25	91,28	91,32	91,35	91,39
740	91,43	91,46	91,50	91,53	91,57	91,61	91,64	91,68	91,71	91,75
750	91,78	91,82	91,85	91,89	91,93	91,96	92,00	92,03	92,07	92,10
760	92,14	92,17	92,21	92,24	92,28	92,31	92,35	92,38	92,42	92,45
770	92,48	92,52	92,55	92,59	92,62	92,66	92,69	92,73	92,76	92,80
780	92,83	92,86	92,90	92,93	92,97	93,00	93,04	93,07	93,10	93,14
790	93,17	93,20	93,24	93,27	93,31	93,34	93,37	93,41	93,44	93,48
800	93,51	93,54	93,58	93,61	93,64	93,68	93,71	93,74	93,78	93,81
810	93,84	93,88	93,91	93,94	93,98	94,01	94,04	94,08	94,11	94,14
820	94,18	94,21	94,24	94,27	94,31	94,34	94,37	94,41	94,44	94,47
830	94,50	94,54	94,57	94,60	94,63	94,67	94,70	94,73	94,76	94,79
840	94,83	94,86	94,89	94,92	94,96	94,99	95,02	95,05	95,09	95,12
850	95,15	95,18	95,21	95,24	95,28	95,31	95,34	95,37	95,40	95,44
860	95,47	95,50	95,53	95,56	95,59	95,62	95,66	95,69	95,72	95,75
870	95,78	95,81	95,85	95,88	95,91	95,94	95,97	96,00	96,03	96,06
880	96,09	96,13	96,16	96,19	96,22	96,25	96,28	96,31	96,34	96,37
890	96,40	96,43	96,47	96,50	96,53	96,56	96,59	96,62	96,65	96,68
900	96,71	96,74	96,77	96,80	96,83	96,86	96,89	96,92	96,95	96,98
910	97,01	97,04	97,07	97,10	97,13	97,16	97,19	97,22	97,25	97,29
920	97,32	97,34	97,37	97,40	97,43	97,46	97,49	97,52	97,55	97,58
930	97,61	97,64	97,67	97,70	97,73	97,76	97,79	97,82	97,85	97,88
940	97,91	97,94	97,97	98,00	98,03	98,06	98,08	98,11	98,14	98,17
950	98,20	98,23	98,26	98,29	98,32	98,35	98,38	98,40	98,43	98,46
960	98,49	98,52	98,55	98,58	98,61	98,64	98,66	98,69	98,72	98,75
970	98,78	98,81	98,84	98,87	98,89	98,92	98,95	98,98	99,01	99,04
980	99,06	99,09	99,12	99,15	99,18	99,21	99,24	99,26	99,29	99,32
990	99,35	99,37	99,40	99,43	99,46	99,49	99,52	99,54	99,57	99,60
1000	99,63									

[1] Werte nach *Smithsonian Meteorological Tables*, Smithsonian Institution, Washington (D.C.), 1966. * Nachdruck nur mit Erlaubnis des Herausgebers.

Umrechnung* von wasserdampfgesättigten Gasvolumen auf Größe bei Körpertemperatur (37 °C) 490–780 Torr

Diese Tafel gibt die Faktoren zur Umrechnung von Spirometer- auf Lungenwerte. Die Umrechnungsfaktoren wurden errechnet nach der Formel

$$f = \frac{(p - p_{t\,H_2O})\,(1 + 37\,\alpha)}{(p - p_{37°\,H_2O})\,(1 + \alpha\,t)}$$

wobei p = aktueller Druck im Spirometervolumen

$p_{t\,H_2O}$ und $p_{37°\,H_2O}$ = Wasserdampfdruck bei der aktuellen Temperatur im Spirometervolumen und bei 37 °C in der Lunge

α = kubischer Ausdehnungskoeffizient der Luft pro °C (siehe auch S. 254)

°C \ Torr	490	500	510	520	530	540	550	560	570	580	590	600	610	620	630
0	1,2447	1,2423	1,2400	1,2378	1,2357	1,2337	1,2317	1,2299	1,2281	1,2263	1,2247	1,2231	1,2215	1,2200	1,2186
1	2393	2369	2347	2325	2304	2284	2265	2246	2228	2211	2195	2179	2164	2149	2134
2	2339	2315	2293	2271	2250	2231	2212	2193	2176	2159	2143	2127	2112	2097	2083
3	2284	2261	2239	2217	2197	2177	2159	2141	2123	2107	2091	2075	2060	2046	2032
4	2229	2206	2184	2163	2143	2124	2105	2088	2071	2054	2038	2023	2008	1994	1980
5	1,2174	1,2151	1,2130	1,2109	1,2089	1,2070	1,2052	1,2034	1,2018	1,2001	1,1986	1,1971	1,1956	1,1942	1,1929
6	2118	2096	2075	2054	2035	2016	1998	1981	1964	1948	1933	1918	1904	1890	1877
7	2062	2041	2020	2000	1980	1962	1944	1927	1911	1895	1880	1866	1852	1838	1825
8	2006	1985	1964	1944	1926	1907	1890	1873	1857	1842	1827	1813	1799	1786	1773
9	1949	1928	1908	1889	1870	1853	1836	1819	1803	1788	1774	1760	1746	1733	1720
10	1,1892	1,1872	1,1852	1,1833	1,1815	1,1797	1,1781	1,1764	1,1749	1,1734	1,1720	1,1706	1,1693	1,1680	1,1667
11	1835	1814	1795	1776	1759	1742	1725	1709	1694	1680	1666	1652	1639	1627	1614
12	1777	1757	1738	1720	1702	1685	1669	1654	1639	1625	1611	1598	1585	1573	1561
13	1718	1698	1680	1662	1645	1629	1613	1598	1584	1570	1556	1543	1531	1519	1507
14	1658	1640	1622	1604	1588	1572	1556	1542	1528	1514	1501	1488	1476	1464	1453
15	1,1598	1,1580	1,1562	1,1546	1,1529	1,1514	1,1499	1,1485	1,1471	1,1458	1,1445	1,1433	1,1421	1,1409	1,1398
16	1538	1520	1503	1486	1471	1456	1441	1427	1414	1401	1389	1377	1365	1354	1343
17	1476	1459	1442	1426	1411	1397	1383	1369	1356	1344	1332	1320	1309	1298	1288
18	1414	1397	1381	1366	1351	1337	1323	1310	1298	1286	1274	1263	1252	1242	1232
19	1351	1335	1319	1304	1290	1276	1263	1251	1239	1227	1216	1205	1195	1184	1175
20	1,1287	1,1271	1,1256	1,1242	1,1228	1,1215	1,1203	1,1191	1,1179	1,1168	1,1157	1,1146	1,1136	1,1127	1,1117
21	1221	1207	1193	1179	1166	1153	1141	1129	1118	1108	1097	1087	1078	1068	1059
22	1156	1141	1128	1115	1102	1090	1079	1068	1057	1047	1037	1027	1018	1009	1001
23	1089	1075	1062	1050	1038	1026	1015	1005	0995	0985	0975	0966	0958	0949	0941
24	1020	1008	0995	0983	0972	0961	0951	0941	0931	0922	0913	0905	0896	0888	0881
25	1,0951	1,0939	1,0927	1,0916	1,0906	1,0895	1,0886	1,0876	1,0867	1,0859	1,0850	1,0842	1,0834	1,0827	1,0819
26	0880	0869	0858	0848	0838	0828	0819	0810	0802	0794	0786	0778	0771	0764	0757
27	0808	0798	0788	0778	0769	0760	0752	0744	0736	0728	0721	0714	0707	0701	0694
28	0735	0725	0716	0707	0699	0691	0683	0675	0668	0661	0655	0648	0642	0636	0630
29	0660	0651	0643	0635	0627	0620	0613	0606	0600	0593	0587	0581	0576	0570	0565
30	1,0584	1,0576	1,0568	1,0561	1,0554	1,0548	1,0542	1,0536	1,0530	1,0524	1,0519	1,0514	1,0509	1,0504	1,0499
31	0506	0499	0492	0486	0480	0474	0469	0464	0459	0454	0449	0444	0440	0436	0432
32	0426	0420	0415	0409	0404	0399	0395	0390	0386	0382	0378	0374	0370	0367	0363
33	0345	0340	0335	0331	0327	0323	0319	0315	0312	0309	0305	0302	0299	0296	0293
34	0261	0258	0254	0251	0248	0245	0242	0239	0236	0234	0231	0229	0227	0224	0222
35	1,0176	1,0174	1,0171	1,0169	1,0167	1,0165	1,0163	1,0161	1,0159	1,0157	1,0156	1,0154	1,0153	1,0151	1,0150
36	0089	0088	0087	0086	0084	0083	0082	0081	0081	0080	0079	0078	0077	0076	0076

°C \ Torr	640	650	660	670	680	690	700	710	720	730	740	750	760	770	780
0	1,2172	1,2158	1,2145	1,2133	1,2120	1,2109	1,2097	1,2086	1,2075	1,2065	1,2054	1,2045	1,2035	1,2025	1,2016
1	2121	2107	2094	2082	2070	2058	2047	2036	2025	2015	2005	1995	1985	1976	1967
2	2070	2056	2044	2031	2019	2008	1997	1986	1975	1965	1955	1945	1936	1927	1918
3	2018	2005	1993	1981	1969	1957	1946	1936	1925	1915	1905	1896	1886	1877	1869
4	1967	1954	1942	1930	1918	1907	1896	1885	1875	1865	1855	1846	1837	1828	1819
5	1,1916	1,1903	1,1891	1,1879	1,1867	1,1856	1,1846	1,1835	1,1825	1,1815	1,1806	1,1796	1,1787	1,1778	1,1770
6	1864	1852	1840	1828	1817	1806	1795	1785	1775	1765	1756	1746	1738	1729	1721
7	1812	1800	1788	1777	1765	1755	1744	1734	1724	1715	1706	1697	1688	1679	1671
8	1760	1748	1736	1725	1714	1704	1693	1683	1674	1664	1655	1647	1638	1630	1621
9	1708	1696	1685	1674	1663	1652	1642	1633	1623	1614	1605	1596	1588	1580	1572
10	1,1655	1,1644	1,1633	1,1622	1,1611	1,1601	1,1591	1,1582	1,1572	1,1563	1,1554	1,1546	1,1538	1,1530	1,1522
11	1603	1591	1580	1570	1559	1549	1540	1530	1521	1512	1504	1495	1487	1479	1472
12	1549	1538	1528	1517	1507	1497	1488	1479	1470	1461	1453	1444	1437	1429	1421
13	1496	1485	1475	1464	1455	1445	1436	1427	1418	1410	1401	1393	1386	1378	1371
14	1442	1431	1421	1411	1402	1392	1383	1375	1366	1358	1350	1342	1334	1327	1320
15	1,1388	1,1377	1,1367	1,1358	1,1348	1,1339	1,1331	1,1322	1,1314	1,1306	1,1298	1,1290	1,1283	1,1276	1,1269
16	1333	1323	1313	1304	1295	1286	1277	1269	1261	1253	1246	1238	1231	1224	1217
17	1278	1268	1258	1249	1241	1232	1224	1216	1208	1200	1193	1186	1179	1172	1166
18	1222	1212	1203	1194	1186	1178	1170	1162	1154	1147	1140	1133	1126	1120	1113
19	1165	1156	1147	1139	1131	1123	1115	1108	1100	1093	1086	1080	1073	1067	1061
20	1,1108	1,1100	1,1091	1,1083	1,1075	1,1067	1,1060	1,1053	1,1046	1,1039	1,1032	1,1026	1,1020	1,1014	1,1008
21	1051	1042	1034	1026	1019	1011	1004	0997	0991	0984	0978	0972	0966	0960	0954
22	0992	0984	0976	0969	0962	0955	0948	0941	0935	0929	0923	0917	0911	0905	0900
23	0933	0926	0918	0911	0904	0897	0891	0885	0879	0873	0867	0861	0856	0851	0845
24	0873	0866	0859	0852	0846	0839	0833	0827	0822	0816	0810	0805	0800	0795	0790
25	1,0812	1,0806	1,0799	1,0793	1,0787	1,0781	1,0775	1,0769	1,0764	1,0759	1,0753	1,0748	1,0744	1,0739	1,0734
26	0751	0744	0738	0732	0727	0721	0716	0710	0705	0700	0696	0691	0686	0682	0678
27	0688	0682	0677	0671	0666	0661	0656	0651	0646	0642	0637	0633	0629	0625	0621
28	0625	0619	0614	0609	0604	0599	0595	0590	0586	0582	0578	0574	0570	0566	0563
29	0560	0555	0551	0546	0542	0537	0533	0529	0525	0521	0518	0514	0511	0507	0504
30	1,0495	1,0490	1,0486	1,0482	1,0478	1,0474	1,0470	1,0467	1,0463	1,0460	1,0457	1,0453	1,0450	1,0447	1,0444
31	0428	0424	0420	0417	0413	0410	0407	0403	0400	0397	0395	0392	0389	0386	0384
32	0360	0357	0353	0350	0347	0345	0342	0339	0337	0334	0332	0329	0327	0325	0322
33	0291	0288	0285	0283	0280	0278	0276	0274	0272	0270	0268	0266	0264	0262	0260
34	0220	0218	0216	0214	0212	0211	0209	0207	0206	0204	0202	0201	0199	0198	0197
35	1,0148	1,0147	1,0145	1,0144	1,0143	1,0142	1,0141	1,0139	1,0138	1,0137	1,0136	1,0135	1,0134	1,0133	1,0132
36	0075	0074	0073	0073	0072	0072	0071	0070	0070	0069	0069	0068	0068	0067	0067

°C = Temperatur; Torr = Druck des umzurechnenden Gases

Umrechnung von Gasvolumen*

Im folgenden kann an Stelle von «Luft» ohne großen Fehler irgendein Gas angenommen werden. Siehe auch «Bemerkungen», Spalte rechts.

Torr — Werte in der obersten waagrechten Zeile = aktueller Druck in Torr (mm Hg) innerhalb eines Luftvolumens unter entsprechenden Bedingungen (Temperatur, trocken oder wasserdampfgesättigt). Unter vielen Meßbedingungen entspricht dieser Druck dem atmosphärischen Druck, der am Barometer abzulesen ist, unter Zufügung einer Korrektur für Temperatur. Die Korrektur für den Wasserdampfdruck bei Wasserdampfsättigung der gemessenen Luft ist in dieser Tabelle schon eingerechnet (siehe auch «*feucht*», weiter unten in dieser Spalte).

°C — Werte in der ersten senkrechten Kolonne = aktuelle Temperatur in Grad Celsius innerhalb eines Luftvolumens unter entsprechenden Bedingungen (Druck, trocken oder wasserdampfgesättigt).

trocken — Faktor zur Umrechnung einer unter entsprechenden Bedingungen (Temperatur, Druck) gemessenen *trockenen* Luftmenge auf *Normvolumen* (0 °C, 760 Torr, trocken). Gasnormwerte sind mit der Abkürzung NTP (normal temperature and pressure) zu kennzeichnen. Von amerikanischen Lungenspezialisten ist dafür der Ausdruck STPD (standard temperature and pressure, dry) vorgeschlagen worden, der in der medizinischen Literatur verbreitet ist.

feucht — Faktor zur Umrechnung einer unter entsprechenden Bedingungen (Temperatur, Druck) gemessenen *wasserdampfgesättigten* Luftmenge auf *Normvolumen* (0 °C, 760 Torr, trocken). Wasserdampfsättigung kann angenommen werden, wenn sich die gemessene Luft mit Wasser in Kontakt befindet. Auch die Luft in der Lunge, die Ausatmungsluft und die Spirometerluft (falls nicht getrocknet) können als wasserdampfgesättigt angesehen werden. Über den Druck des gesättigten Wasserdampfes bei verschiedenen Temperaturen siehe S. 250–252.

Anwendung

A. Umrechnung eines gemessenen Volumens auf Normvolumen

Gesuchtes Normvolumen = gemessenes Volumen multipliziert mit dem der Meßsituation (Temperatur, Druck, trocken oder wasserdampfgesättigt) entsprechenden Umrechnungsfaktor. Beispiele:

1. Wie groß ist das Normvolumen einer bei 712 Torr und 25 °C gemessenen trockenen Luftmenge von 1,6 l? Gesuchtes Normvolumen = 1,6 × 0,8581 = 1,3730 l (NTP).

2. Wie groß ist das Normvolumen einer bei 712 Torr und 25 °C gemessenen wasserdampfgesättigten Luftmenge von 1,6 l? Gesuchtes Normvolumen = 1,6 × 0,8295 = 1,3272 l (NTP). Diesem Rechnungsvorgang entspricht die Umrechnung von Spirometerwerten auf Normbedingungen.

B. Umrechnung eines gemessenen Volumens auf eine andere Situation

Gesuchtes Volumen = gemessenes Volumen multipliziert mit dem Umrechnungsfaktor für Normvolumen, der der Situation des gemessenen Volumens entspricht (Temperatur, Druck, trocken oder wasserdampfgesättigt), dividiert durch den Umrechnungsfaktor für Normvolumen, der der Situation des gesuchten Volumens entspricht (Temperatur, Druck, Wasserdampfsättigung). Beispiele:

1. Welches Volumen nimmt eine bei 25 °C, 730 Torr, mit Wasser in Kontakt stehende Luftmenge von 1,6 l ein, wenn sie bei gleichem Druck (isobar) auf 37 °C erwärmt wird? Gesuchtes Volumen = 1,6 × 0,8512/0,7912 = 1,7213 l. Dieser Rechnungsvorgang entspricht der Umrechnung von Spirometerwerten auf Lungenwerte. Gasvolumen, die der Lungensituation (37 °C, Umgebungsdruck, wasserdampfgesättigt) entsprechen, werden in der medizinischen Literatur nach amerikanischen Vorschlägen mit BTPS gekennzeichnet (body temperature and pressure, saturated). Umrechnungsfaktoren von Spirometerwerten auf Lungenwerte finden sich auf S. 253.

2. Welches Volumen nimmt eine bei 0 °C und 600 Torr gemessene trockene Luftmenge von 1,6 l ein, wenn sie auf 25 °C erwärmt, bei dieser Temperatur mit Wasserdampf gesättigt und auf 760 Torr komprimiert wird? Gesuchtes Volumen = 1,6 × 0,7895/0,8873 = 1,4236 l.

Bemerkungen

Der Tabelle sind folgende Formeln zugrunde gelegt:

$$\text{Umrechnungsfaktor auf Normvolumen (trock.)} = \frac{p}{760\,(1+\alpha t)}, \quad \text{Umrechnungsfaktor auf Normvolumen } (\textit{feucht}) = \frac{p - p_{H_2O}}{760\,(1+\alpha t)}$$

p, t — Druck und Temperatur in Torr und °C im gemessenen Luftvolumen.

p_{H_2O} — Druck des gesättigten Wasserdampfes bei der Temperatur t (siehe S. 250–252).

α — Kubischer Wärmeausdehnungskoeffizient für Luft zwischen 0 und 100 °C und bei einem gleichbleibenden Druck von 760 Torr (isobarer Ausdehnungskoeffizient). Er beträgt nach REGNAULT (1842) 0,003 670 pro °C. Unter gleichen Bedingungen beträgt er für ein ideales Gas 0,003 661 (= 1/273,15), für Stickstoff 0,003 671, für Kohlenmonoxyd 0,003 669, für Kohlendioxyd 0,003 723, für Acetylen 0,003 739 usw. Wie man sieht, bleibt der Fehler klein, wenn man die für Luft korrekten Umrechnungsfaktoren für irgendwelche Gase verwendet.

Die Berechnung der Tabelle wurde so durchgeführt, daß die 4. Stelle nach dem Komma nach obigen Formeln korrekt ist, wobei die 5. Stelle nach dem Komma die Auf- oder Abrundung entschied. Differenzen zu anderen Tabellen, zum Beispiel im *Handbook of Chemistry and Physics*, erklären sich dadurch, daß dort andere Ausdehnungskoeffizienten oder aufgerundete Werte der Berechnung zugrunde gelegt wurden.

Torr	600		601		602		603		604		605		606		607		608		609	
°C	trock.	*feucht*	trock.	*feucht*	trock.	*feucht*	trock.	*feucht*	trock.	*feucht*	trock.	*feucht*	trock.	*feucht*	trock.	*feucht*	trock.	*feucht*	trock.	*feucht*
0	0,7895	0,7834	0,7908	0,7848	0,7921	0,7861	0,7934	0,7874	0,7947	0,7887	0,7961	0,7900	0,7974	0,7913	0,7987	0,7927	0,8000	0,7940	0,8013	0,7953
1	7866	7801	7879	7814	7892	7828	7905	7841	7918	7854	7931	7867	7945	7880	7958	7893	7971	7906	7984	7919
2	7837	7768	7850	7781	7863	7794	7876	7807	7889	7820	7903	7833	7916	7846	7929	7859	7942	7873	7955	7886
3	7809	7735	7822	7748	7835	7761	7848	7774	7861	7787	7874	7800	7887	7813	7900	7826	7913	7839	7926	7852
4	7781	7701	7793	7714	7806	7727	7819	7740	7832	7753	7845	7766	7858	7779	7871	7792	7884	7805	7897	7818
5	0,7752	0,7668	0,7765	0,7681	0,7778	0,7694	0,7791	0,7707	0,7804	0,7720	0,7817	0,7733	0,7830	0,7745	0,7843	0,7758	0,7856	0,7771	0,7869	0,7784
6	7725	7634	7738	7647	7750	7660	7763	7673	7776	7686	7789	7699	7802	7712	7815	7724	7828	7737	7841	7750
7	7697	7601	7710	7613	7723	7626	7735	7639	7748	7652	7761	7665	7774	7678	7787	7690	7800	7703	7812	7716
8	7670	7567	7682	7580	7695	7592	7708	7605	7721	7618	7733	7631	7746	7643	7759	7656	7772	7669	7785	7682
9	7642	7533	7655	7545	7668	7558	7681	7571	7693	7584	7706	7596	7719	7609	7731	7622	7744	7635	7757	7647
10	0,7615	0,7498	0,7628	0,7511	0,7641	0,7524	0,7653	0,7536	0,7666	0,7549	0,7679	0,7562	0,7691	0,7575	0,7704	0,7587	0,7717	0,7600	0,7729	0,7613
11	7588	7464	7601	7477	7614	7489	7626	7502	7639	7514	7652	7527	7664	7540	7677	7552	7690	7565	7702	7578
12	7562	7429	7574	7442	7587	7454	7600	7467	7612	7480	7625	7492	7637	7505	7650	7517	7663	7530	7675	7543
13	7535	7394	7548	7407	7560	7419	7573	7432	7585	7444	7598	7457	7611	7470	7623	7482	7636	7495	7648	7507
14	7509	7359	7521	7371	7534	7384	7546	7396	7559	7409	7572	7421	7584	7434	7597	7447	7609	7459	7622	7472
15	0,7483	0,7323	0,7495	0,7336	0,7508	0,7348	0,7520	0,7361	0,7533	0,7373	0,7545	0,7386	0,7558	0,7398	0,7570	0,7411	0,7583	0,7423	0,7595	0,7436
16	7457	7287	7469	7300	7482	7312	7494	7325	7507	7337	7519	7350	7531	7362	7544	7374	7556	7387	7569	7399
17	7431	7251	7443	7264	7456	7276	7468	7288	7481	7301	7493	7313	7505	7325	7518	7338	7530	7350	7543	7363
18	7406	7215	7418	7227	7430	7239	7443	7252	7455	7264	7467	7276	7480	7289	7492	7301	7504	7313	7517	7326
19	7380	7177	7392	7190	7405	7202	7417	7214	7429	7227	7442	7239	7454	7251	7466	7264	7479	7276	7491	7288
20	0,7355	0,7140	0,7367	0,7152	0,7379	0,7164	0,7392	0,7177	0,7404	0,7189	0,7416	0,7201	0,7428	0,7213	0,7441	0,7226	0,7453	0,7238	0,7465	0,7250
21	7330	7102	7342	7114	7354	7126	7366	7139	7379	7151	7391	7163	7403	7175	7415	7188	7428	7200	7440	7212
22	7305	7064	7317	7076	7329	7088	7341	7100	7354	7112	7366	7124	7378	7137	7390	7149	7402	7161	7415	7173
23	7280	7025	7292	7037	7304	7049	7317	7061	7329	7073	7341	7085	7353	7097	7365	7110	7377	7122	7389	7134
24	7256	6985	7268	6997	7280	7009	7292	7021	7304	7033	7316	7046	7328	7058	7340	7070	7352	7082	7364	7094
25	0,7231	0,6945	0,7243	0,6957	0,7255	0,6969	0,7267	0,6981	0,7279	0,6993	0,7292	0,7005	0,7304	0,7017	0,7316	0,7029	0,7328	0,7041	0,7340	0,7053
26	7207	6904	7219	6916	7231	6928	7243	6940	7255	6952	7267	6964	7279	6976	7291	6988	7303	7000	7315	7012
27	7183	6863	7195	6875	7207	6887	7219	6899	7231	6911	7243	6923	7255	6935	7267	6947	7279	6959	7291	6971
28	7159	6821	7171	6833	7183	6845	7195	6857	7207	6869	7219	6880	7231	6892	7243	6904	7255	6916	7266	6928
29	7135	6778	7147	6790	7159	6802	7171	6814	7183	6826	7195	6838	7207	6849	7219	6861	7230	6873	7242	6885
30	0,7112	0,6735	0,7124	0,6746	0,7135	0,6758	0,7147	0,6770	0,7159	0,6782	0,7171	0,6794	0,7183	0,6806	0,7195	0,6817	0,7207	0,6829	0,7218	0,6841
31	7088	6690	7100	6702	7112	6714	7124	6726	7136	6737	7147	6749	7159	6761	7171	6773	7183	6785	7195	6797
32	7065	6645	7077	6657	7089	6669	7100	6680	7112	6692	7124	6704	7136	6716	7147	6728	7159	6739	7171	6751
33	7042	6599	7054	6611	7065	6623	7077	6634	7089	6646	7101	6658	7112	6670	7124	6681	7136	6693	7148	6705
34	7019	6552	7031	6564	7042	6576	7054	6587	7066	6599	7077	6611	7089	6622	7101	6634	7113	6646	7124	6657
35	0,6996	0,6504	0,7008	0,6516	0,7019	0,6528	0,7031	0,6539	0,7043	0,6551	0,7054	0,6563	0,7066	0,6574	0,7078	0,6586	0,7089	0,6598	0,7101	0,6609
36	6973	6455	6985	6467	6997	6479	7008	6490	7020	6502	7032	6514	7043	6525	7055	6537	7066	6548	7078	6560
37	6951	6406	6962	6417	6974	6429	6986	6440	6997	6452	7009	6464	7020	6475	7032	6487	7044	6498	7055	6510
38	6928	6355	6940	6366	6952	6378	6963	6389	6975	6401	6986	6412	6998	6424	7009	6436	7021	6447	7032	6459
39	6906	6303	6918	6314	6929	6326	6941	6337	6952	6349	6964	6360	6975	6372	6987	6383	6998	6395	7010	6406
40	0,6884	0,6249	0,6896	0,6261	0,6907	0,6272	0,6919	0,6284	0,6930	0,6295	0,6942	0,6307	0,6953	0,6318	0,6964	0,6330	0,6976	0,6341	0,6987	0,6353
41	6862	6195	6874	6206	6885	6218	6896	6229	6908	6241	6919	6252	6931	6264	6942	6275	6954	6286	6965	6298
42	6840	6139	6852	6151	6863	6162	6875	6173	6886	6185	6897	6196	6909	6208	6920	6219	6932	6230	6943	6242

Torr	610		611		612		613		614		615		616		617		618		619	
°C	trock.	*feucht*	trock.	*feucht*	trock.	*feucht*	trock.	*feucht*	trock.	*feucht*	trock.	*feucht*	trock.	*feucht*	trock.	*feucht*	trock.	*feucht*	trock.	*feucht*
0	0,8026	0,7966	0,8039	0,7979	0,8053	0,7992	0,8066	0,8006	0,8079	0,8019	0,8092	0,8032	0,8105	0,8045	0,8118	0,8058	0,8132	0,8071	0,8145	0,8084
1	7997	7932	8010	7945	8023	7959	8036	7972	8049	7985	8063	7998	8076	8011	8089	8024	8102	8037	8115	8050
2	7968	7899	7981	7912	7994	7925	8007	7938	8020	7951	8033	7964	8046	7977	8059	7990	8072	8003	8085	8016
3	7939	7865	7952	7878	7965	7891	7978	7904	7991	7917	8004	7930	8017	7943	8030	7956	8043	7969	8056	7982
4	7910	7831	7923	7844	7936	7857	7949	7870	7962	7883	7975	7896	7988	7909	8001	7922	8014	7935	8027	7948
5	0,7882	0,7797	0,7895	0,7810	0,7908	0,7823	0,7920	0,7836	0,7933	0,7849	0,7946	0,7862	0,7959	0,7875	0,7972	0,7888	0,7985	0,7901	0,7998	0,7913
6	7853	7763	7866	7776	7879	7789	7892	7802	7905	7815	7918	7827	7931	7840	7944	7853	7956	7866	7969	7879
7	7825	7729	7838	7742	7851	7755	7864	7767	7877	7780	7889	7793	7902	7806	7915	7819	7928	7832	7941	7844
8	7797	7695	7810	7707	7823	7720	7836	7733	7849	7746	7861	7758	7874	7771	7887	7784	7900	7797	7912	7810
9	7770	7660	7782	7673	7795	7686	7808	7698	7821	7711	7833	7724	7846	7736	7859	7749	7872	7762	7884	7775
10	0,7742	0,7625	0,7755	0,7638	0,7768	0,7651	0,7780	0,7663	0,7793	0,7676	0,7806	0,7689	0,7818	0,7701	0,7831	0,7714	0,7844	0,7727	0,7856	0,7740
11	7715	7590	7728	7603	7740	7616	7753	7628	7765	7641	7778	7654	7791	7666	7803	7679	7816	7692	7829	7704
12	7688	7555	7700	7568	7713	7580	7726	7593	7738	7606	7751	7618	7763	7631	7776	7643	7789	7656	7801	7669
13	7661	7520	7673	7532	7686	7545	7698	7557	7711	7570	7724	7583	7736	7595	7749	7608	7761	7620	7774	7633
14	7634	7484	7647	7497	7659	7509	7672	7522	7684	7534	7697	7547	7709	7559	7722	7572	7734	7584	7747	7597
15	0,7608	0,7448	0,7620	0,7461	0,7632	0,7473	0,7645	0,7485	0,7657	0,7498	0,7670	0,7510	0,7682	0,7523	0,7695	0,7535	0,7707	0,7548	0,7720	0,7560
16	7581	7412	7594	7424	7606	7437	7618	7449	7631	7461	7643	7474	7656	7486	7668	7499	7681	7511	7693	7524
17	7555	7375	7567	7387	7580	7400	7592	7412	7605	7425	7617	7437	7629	7449	7642	7462	7654	7474	7666	7486
18	7529	7338	7541	7350	7554	7363	7566	7375	7578	7387	7591	7400	7603	7412	7615	7424	7628	7437	7640	7449
19	7503	7300	7515	7313	7528	7325	7540	7337	7552	7350	7565	7362	7577	7374	7589	7387	7602	7399	7614	7411
20	0,7477	0,7263	0,7490	0,7275	0,7502	0,7287	0,7514	0,7299	0,7527	0,7312	0,7539	0,7324	0,7551	0,7336	0,7563	0,7348	0,7576	0,7361	0,7588	0,7373
21	7452	7224	7464	7236	7476	7249	7489	7261	7501	7273	7513	7285	7525	7297	7538	7310	7550	7322	7562	7334
22	7427	7185	7439	7197	7451	7210	7463	7222	7475	7234	7488	7246	7500	7258	7512	7271	7524	7283	7536	7295
23	7402	7146	7414	7158	7426	7170	7438	7182	7450	7194	7462	7207	7474	7219	7486	7231	7499	7243	7511	7255
24	7377	7106	7389	7118	7401	7130	7413	7142	7425	7154	7437	7166	7449	7179	7461	7191	7473	7203	7485	7215
25	0,7352	0,7065	0,7364	0,7078	0,7376	0,7090	0,7388	0,7102	0,7400	0,7114	0,7412	0,7126	0,7424	0,7138	0,7436	0,7150	0,7448	0,7162	0,7460	0,7174
26	7327	7024	7339	7036	7351	7048	7363	7060	7375	7072	7387	7084	7399	7096	7411	7108	7423	7120	7435	7132
27	7303	6983	7315	6995	7327	7007	7339	7018	7351	7030	7363	7042	7375	7054	7386	7066	7398	7078	7410	7090
28	7278	6940	7290	6952	7302	6964	7314	6976	7326	6988	7338	7000	7350	7012	7362	7024	7374	7036	7386	7048
29	7254	6897	7266	6909	7278	6921	7290	6933	7302	6945	7314	6956	7326	6968	7337	6980	7349	6992	7361	7004
30	0,7230	0,6853	0,7242	0,6865	0,7254	0,6877	0,7266	0,6889	0,7278	0,6900	0,7290	0,6912	0,7301	0,6924	0,7313	0,6936	0,7325	0,6948	0,7337	0,6960
31	7206	6808	7218	6820	7230	6832	7242	6844	7254	6856	7266	6867	7277	6879	7289	6891	7301	6903	7313	6915
32	7183	6763	7195	6775	7206	6786	7218	6798	7230	6810	7242	6822	7253	6833	7265	6845	7277	6857	7289	6869
33	7159	6716	7171	6728	7183	6740	7194	6752	7206	6763	7218	6775	7230	6787	7241	6799	7253	6810	7265	6822
34	7136	6669	7148	6681	7159	6693	7171	6704	7183	6716	7194	6728	7206	6739	7218	6751	7229	6763	7241	6774
35	0,7113	0,6621	0,7124	0,6633	0,7136	0,6644	0,7148	0,6656	0,7159	0,6668	0,7171	0,6679	0,7183	0,6691	0,7194	0,6703	0,7206	0,6714	0,7218	0,6726
36	7090	6572	7101	6583	7113	6595	7125	6607	7136	6618	7148	6630	7159	6641	7171	6653	7183	6665	7194	6676
37	7067	6521	7078	6533	7090	6545	7101	6556	7113	6568	7125	6579	7136	6591	7148	6603	7159	6614	7171	6626
38	7044	6470	7056	6482	7067	6493	7079	6505	7090	6516	7102	6528	7113	6539	7125	6551	7136	6563	7148	6574
39	7021	6418	7033	6429	7044	6441	7056	6452	7067	6464	7079	6475	7090	6487	7102	6498	7113	6510	7125	6521
40	0,6999	0,6364	0,7010	0,6376	0,7022	0,6387	0,7033	0,6399	0,7045	0,6410	0,7056	0,6421	0,7068	0,6433	0,7079	0,6444	0,7091	0,6456	0,7102	0,6467
41	6977	6309	6988	6321	6999	6332	7011	6344	7022	6355	7034	6367	7045	6378	7057	6389	7068	6401	7079	6412
42	6954	6253	6966	6265	6977	6276	6989	6287	7000	6299	7011	6310	7023	6322	7034	6333	7046	6344	7057	6356

Torr	620		621		622		623		624		625		626		627		628		629	
°C	trock.	*feucht*	trock.	*feucht*	trock.	*feucht*	trock.	*feucht*	trock.	*feucht*	trock.	*feucht*	trock.	*feucht*	trock.	*feucht*	trock.	*feucht*	trock.	*feucht*
0	0,8158	0,8098	0,8171	0,8111	0,8184	0,8124	0,8197	0,8137	0,8211	0,8150	0,8224	0,8163	0,8237	0,8177	0,8250	0,8190	0,8263	0,8203	0,8276	0,8216
1	8128	8063	8141	8077	8154	8090	8167	8103	8181	8116	8194	8129	8207	8142	8220	8155	8233	8168	8246	8181
2	8098	8029	8112	8042	8125	8055	8138	8068	8151	8082	8164	8095	8177	8108	8190	8121	8203	8134	8216	8147
3	8069	7995	8082	8008	8095	8021	8108	8034	8121	8047	8134	8060	8147	8073	8160	8086	8173	8099	8186	8112
4	8040	7961	8053	7974	8066	7987	8079	8000	8092	8013	8105	8026	8118	8039	8131	8052	8144	8064	8157	8077
5	0,8011	0,7926	0,8024	0,7939	0,8037	0,7952	0,8050	0,7965	0,8063	0,7978	0,8075	0,7991	0,8088	0,8004	0,8101	0,8017	0,8114	0,8030	0,8127	0,8043
6	7982	7892	7995	7905	8008	7918	8021	7930	8034	7943	8047	7956	8059	7969	8072	7982	8085	7995	8098	8008
7	7954	7857	7966	7870	7979	7883	7992	7896	8005	7909	8018	7921	8031	7934	8043	7947	8056	7960	8069	7973
8	7925	7822	7938	7835	7951	7848	7964	7861	7976	7874	7989	7886	8002	7899	8015	7912	8027	7925	8040	7937
9	7897	7787	7910	7800	7923	7813	7935	7826	7948	7838	7961	7851	7973	7864	7986	7877	7999	7889	8012	7902
10	0,7869	0,7752	0,7882	0,7765	0,7894	0,7778	0,7907	0,7790	0,7920	0,7803	0,7933	0,7816	0,7945	0,7828	0,7958	0,7841	0,7971	0,7854	0,7983	0,7866
11	7841	7717	7854	7729	7867	7742	7879	7755	7892	7767	7905	7780	7917	7793	7930	7805	7943	7818	7955	7831
12	7814	7681	7826	7694	7839	7706	7852	7719	7864	7732	7877	7744	7889	7757	7902	7769	7915	7782	7927	7795
13	7786	7645	7799	7658	7812	7670	7824	7683	7837	7696	7849	7708	7862	7721	7874	7733	7887	7746	7899	7758
14	7759	7609	7772	7622	7784	7634	7797	7647	7809	7659	7822	7672	7834	7684	7847	7697	7859	7709	7872	7722
15	0,7732	0,7573	0,7745	0,7585	0,7757	0,7598	0,7770	0,7610	0,7782	0,7623	0,7795	0,7635	0,7807	0,7648	0,7820	0,7660	0,7832	0,7673	0,7844	0,7685
16	7705	7536	7718	7548	7730	7561	7743	7573	7755	7586	7768	7598	7780	7611	7792	7623	7805	7635	7817	7648
17	7679	7499	7691	7511	7704	7524	7716	7536	7728	7548	7741	7561	7753	7573	7766	7586	7778	7598	7790	7610
18	7652	7461	7665	7474	7677	7486	7689	7498	7702	7511	7714	7523	7726	7535	7739	7548	7751	7560	7763	7572
19	7626	7423	7638	7436	7651	7448	7663	7460	7675	7473	7688	7485	7700	7497	7712	7510	7725	7522	7737	7534
20	0,7600	0,7385	0,7612	0,7397	0,7625	0,7410	0,7637	0,7422	0,7649	0,7434	0,7661	0,7446	0,7674	0,7459	0,7686	0,7471	0,7698	0,7483	0,7710	0,7495
21	7574	7346	7586	7359	7599	7371	7611	7383	7623	7395	7635	7407	7647	7420	7660	7432	7672	7444	7684	7456
22	7548	7307	7561	7319	7573	7331	7585	7344	7597	7356	7609	7368	7621	7380	7634	7392	7646	7404	7658	7417
23	7523	7267	7535	7279	7547	7292	7559	7304	7571	7316	7584	7328	7596	7340	7608	7352	7620	7364	7632	7376
24	7498	7227	7510	7239	7522	7251	7534	7263	7546	7275	7558	7287	7570	7299	7582	7312	7594	7324	7606	7336
25	0,7472	0,7186	0,7484	0,7198	0,7496	0,7210	0,7508	0,7222	0,7521	0,7234	0,7533	0,7246	0,7545	0,7258	0,7557	0,7270	0,7569	0,7282	0,7581	0,7294
26	7447	7144	7459	7156	7471	7168	7483	7181	7495	7193	7507	7205	7519	7217	7531	7229	7543	7241	7555	7253
27	7422	7102	7434	7114	7446	7126	7458	7138	7470	7150	7482	7162	7494	7174	7506	7186	7518	7198	7530	7210
28	7398	7059	7410	7071	7422	7083	7434	7095	7445	7107	7457	7119	7469	7131	7481	7143	7493	7155	7505	7167
29	7373	7016	7385	7028	7397	7040	7409	7052	7421	7063	7433	7075	7445	7087	7456	7099	7468	7111	7480	7123
30	0,7349	0,6972	0,7361	0,6983	0,7372	0,6995	0,7384	0,7007	0,7396	0,7019	0,7408	0,7031	0,7420	0,7043	0,7432	0,7055	0,7444	0,7066	0,7455	0,7078
31	7325	6927	7336	6938	7348	6950	7360	6962	7372	6974	7384	6986	7395	6997	7407	7009	7419	7021	7431	7033
32	7301	6881	7312	6892	7324	6904	7336	6916	7348	6928	7359	6939	7371	6951	7383	6963	7395	6975	7406	6987
33	7277	6834	7288	6846	7300	6857	7312	6869	7324	6881	7335	6892	7347	6904	7359	6916	7371	6928	7382	6939
34	7253	6786	7265	6798	7276	6810	7288	6821	7300	6833	7311	6845	7323	6856	7335	6868	7346	6880	7358	6891
35	0,7229	0,6738	0,7241	0,6749	0,7253	0,6761	0,7264	0,6773	0,7276	0,6784	0,7288	0,6796	0,7299	0,6807	0,7311	0,6819	0,7323	0,6831	0,7334	0,6842
36	7206	6688	7217	6700	7229	6711	7241	6723	7252	6734	7264	6746	7276	6758	7287	6769	7299	6781	7310	6793
37	7183	6637	7194	6649	7206	6660	7217	6672	7229	6684	7240	6695	7252	6707	7264	6718	7275	6730	7287	6742
38	7159	6586	7171	6597	7183	6609	7194	6620	7206	6632	7217	6643	7229	6655	7240	6666	7252	6678	7263	6690
39	7136	6533	7148	6544	7159	6556	7171	6567	7182	6579	7194	6590	7206	6602	7217	6613	7229	6625	7240	6636
40	0,7114	0,6479	0,7125	0,6490	0,7137	0,6502	0,7148	0,6513	0,7160	0,6525	0,7171	0,6536	0,7182	0,6548	0,7194	0,6559	0,7205	0,6571	0,7217	0,6582
41	7091	6424	7102	6435	7114	6447	7125	6458	7137	6469	7148	6481	7160	6492	7171	6504	7182	6515	7194	6527
42	7068	6367	7080	6379	7091	6390	7103	6401	7114	6413	7125	6424	7137	6436	7148	6447	7160	6458	7171	6470

Torr	630		631		632		633		634		635		636		637		638		639	
°C	trock.	feucht	trock.	feucht	trock.	feucht	trock.	feucht	trock.	feucht	trock.	feucht	trock.	feucht	trock.	feucht	trock.	feucht	trock.	feucht
0	0,8289	0,8229	0,8303	0,8242	0,8316	0,8256	0,8329	0,8269	0,8342	0,8282	0,8355	0,8295	0,8368	0,8308	0,8382	0,8321	0,8395	0,8334	0,8408	0,8348
1	8259	8195	8272	8208	8285	8221	8298	8234	8312	8247	8325	8260	8338	8273	8351	8286	8364	8299	8377	8313
2	8229	8160	8242	8173	8255	8186	8268	8199	8281	8212	8294	8225	8307	8238	8321	8251	8334	8264	8347	8277
3	8199	8125	8212	8138	8225	8151	8238	8164	8251	8177	8264	8190	8277	8203	8290	8216	8303	8229	8316	8242
4	8170	8090	8183	8103	8195	8116	8208	8129	8221	8142	8234	8155	8247	8168	8260	8181	8273	8194	8286	8207
5	0,8140	0,8056	0,8153	0,8068	0,8166	0,8081	0,8179	0,8094	0,8192	0,8107	0,8205	0,8120	0,8218	0,8133	0,8231	0,8146	0,8243	0,8159	0,8256	0,8172
6	8111	8021	8124	8033	8137	8046	8149	8059	8162	8072	8175	8085	8188	8098	8201	8111	8214	8124	8227	8136
7	8082	7985	8095	7998	8108	8011	8120	8024	8133	8037	8146	8050	8159	8062	8172	8075	8184	8088	8197	8101
8	8053	7950	8066	7963	8079	7976	8091	7989	8104	8001	8117	8014	8130	8027	8143	8040	8155	8052	8168	8065
9	8024	7915	8037	7928	8050	7940	8063	7953	8075	7966	8088	7978	8101	7991	8114	8004	8126	8017	8139	8029
10	0,7996	0,7879	0,8009	0,7892	0,8021	0,7905	0,8034	0,7917	0,8047	0,7930	0,8059	0,7943	0,8072	0,7955	0,8085	0,7968	0,8098	0,7981	0,8110	0,7993
11	7968	7843	7980	7856	7993	7869	8006	7881	8018	7894	8031	7907	8044	7919	8056	7932	8069	7944	8082	7957
12	7940	7807	7952	7820	7965	7832	7978	7845	7990	7858	8003	7870	8015	7883	8028	7895	8041	7908	8053	7921
13	7912	7771	7925	7784	7937	7796	7950	7809	7962	7821	7975	7834	7987	7846	8000	7859	8012	7871	8025	7884
14	7884	7734	7897	7747	7909	7759	7922	7772	7934	7784	7947	7797	7959	7809	7972	7822	7984	7834	7997	7847
15	0,7857	0,7697	0,7869	0,7710	0,7882	0,7722	0,7894	0,7735	0,7907	0,7747	0,7919	0,7760	0,7932	0,7772	0,7944	0,7785	0,7957	0,7797	0,7969	0,7810
16	7830	7660	7842	7673	7855	7685	7867	7698	7879	7710	7892	7722	7904	7735	7917	7747	7929	7760	7942	7772
17	7803	7623	7815	7635	7827	7647	7840	7660	7852	7672	7865	7685	7877	7697	7889	7709	7902	7722	7914	7734
18	7776	7585	7788	7597	7800	7609	7813	7622	7825	7634	7838	7646	7850	7659	7862	7671	7875	7684	7887	7696
19	7749	7546	7761	7559	7774	7571	7786	7583	7798	7596	7811	7608	7823	7620	7835	7633	7848	7645	7860	7657
20	0,7723	0,7508	0,7735	0,7520	0,7747	0,7532	0,7759	0,7544	0,7772	0,7557	0,7784	0,7569	0,7796	0,7581	0,7808	0,7593	0,7821	0,7606	0,7833	0,7618
21	7696	7468	7709	7481	7721	7493	7733	7505	7745	7517	7757	7530	7770	7542	7782	7554	7794	7566	7806	7578
22	7670	7429	7682	7441	7695	7453	7707	7465	7719	7477	7731	7490	7743	7502	7755	7514	7768	7526	7780	7538
23	7644	7389	7656	7401	7668	7413	7681	7425	7693	7437	7705	7449	7717	7461	7729	7474	7741	7486	7753	7498
24	7618	7348	7631	7360	7643	7372	7655	7384	7667	7396	7679	7408	7691	7420	7703	7432	7715	7445	7727	7457
25	0,7593	0,7307	0,7605	0,7319	0,7617	0,7331	0,7629	0,7343	0,7641	0,7355	0,7653	0,7367	0,7665	0,7379	0,7677	0,7391	0,7689	0,7403	0,7701	0,7415
26	7567	7265	7579	7277	7591	7289	7603	7301	7615	7313	7627	7325	7639	7337	7651	7349	7663	7361	7675	7373
27	7542	7222	7554	7234	7566	7246	7578	7258	7590	7270	7602	7282	7614	7294	7626	7306	7638	7318	7650	7330
28	7517	7179	7529	7191	7541	7203	7553	7215	7565	7226	7577	7238	7589	7250	7601	7262	7612	7274	7624	7286
29	7492	7135	7504	7147	7516	7159	7528	7170	7540	7182	7552	7194	7563	7206	7575	7218	7587	7230	7599	7242
30	0,7467	0,7090	0,7479	0,7102	0,7491	0,7114	0,7503	0,7126	0,7515	0,7138	0,7527	0,7149	0,7538	0,7161	0,7550	0,7173	0,7562	0,7185	0,7574	0,7197
31	7443	7045	7455	7056	7466	7068	7478	7080	7490	7092	7502	7104	7514	7116	7525	7127	7537	7139	7549	7151
32	7418	6998	7430	7010	7442	7022	7454	7034	7465	7045	7477	7057	7489	7069	7501	7081	7512	7093	7524	7104
33	7394	6951	7406	6963	7417	6975	7429	6986	7441	6998	7453	7010	7464	7022	7476	7033	7488	7045	7500	7057
34	7370	6903	7382	6915	7393	6927	7405	6938	7417	6950	7428	6962	7440	6973	7452	6985	7463	6997	7475	7008
35	0,7346	0,6854	0,7358	0,6866	0,7369	0,6877	0,7381	0,6889	0,7393	0,6901	0,7404	0,6912	0,7416	0,6924	0,7428	0,6936	0,7439	0,6947	0,7451	0,6959
36	7322	6804	7334	6816	7345	6827	7357	6839	7369	6851	7380	6862	7392	6874	7403	6886	7415	6897	7427	6909
37	7298	6753	7310	6765	7322	6776	7333	6788	7345	6799	7356	6811	7368	6823	7380	6834	7391	6846	7403	6857
38	7275	6701	7286	6713	7298	6724	7310	6736	7321	6747	7333	6759	7344	6770	7356	6782	7367	6793	7379	6805
39	7252	6648	7263	6659	7275	6671	7286	6682	7298	6694	7309	6705	7321	6717	7332	6729	7344	6740	7355	6752
40	0,7228	0,6594	0,7240	0,6605	0,7251	0,6617	0,7263	0,6628	0,7274	0,6639	0,7286	0,6651	0,7297	0,6662	0,7309	0,6674	0,7320	0,6685	0,7332	0,6697
41	7205	6538	7217	6549	7228	6561	7240	6572	7251	6584	7262	6595	7274	6607	7285	6618	7297	6630	7308	6641
42	7182	6481	7194	6493	7205	6504	7217	6515	7228	6527	7239	6538	7251	6550	7262	6561	7274	6572	7285	6584

Torr	640		641		642		643		644		645		646		647		648		649	
0	0,8421	0,8361	0,8434	0,8374	0,8447	0,8387	0,8461	0,8400	0,8474	0,8413	0,8487	0,8427	0,8500	0,8440	0,8513	0,8453	0,8526	0,8466	0,8539	0,8479
1	8390	8326	8403	8339	8416	8352	8430	8365	8443	8378	8456	8391	8469	8404	8482	8417	8495	8431	8508	8444
2	8360	8291	8373	8304	8386	8317	8399	8330	8412	8343	8425	8356	8438	8369	8451	8382	8464	8395	8477	8408
3	8329	8255	8342	8268	8355	8281	8368	8294	8381	8307	8394	8320	8407	8333	8420	8346	8433	8359	8446	8372
4	8299	8220	8312	8233	8325	8246	8338	8259	8351	8272	8364	8285	8377	8298	8390	8311	8403	8324	8416	8337
5	0,8269	0,8185	0,8282	0,8198	0,8295	0,8211	0,8308	0,8224	0,8321	0,8236	0,8334	0,8249	0,8347	0,8262	0,8360	0,8275	0,8373	0,8288	0,8386	0,8301
6	8240	8149	8252	8162	8265	8175	8278	8188	8291	8201	8304	8214	8317	8227	8330	8239	8343	8252	8355	8265
7	8210	8114	8223	8127	8236	8139	8249	8152	8261	8165	8274	8178	8287	8191	8300	8204	8313	8216	8326	8229
8	8181	8078	8194	8091	8206	8104	8219	8116	8232	8129	8245	8142	8258	8155	8270	8168	8283	8180	8296	8193
9	8152	8042	8165	8055	8177	8068	8190	8080	8203	8093	8215	8106	8228	8119	8241	8131	8254	8144	8266	8157
10	0,8123	0,8006	0,8136	0,8019	0,8148	0,8031	0,8161	0,8044	0,8174	0,8057	0,8186	0,8070	0,8199	0,8082	0,8212	0,8095	0,8224	0,8108	0,8237	0,8120
11	8094	7970	8107	7982	8120	7995	8132	8008	8145	8020	8158	8033	8170	8046	8183	8058	8195	8071	8208	8084
12	8066	7933	8078	7946	8091	7958	8104	7971	8116	7984	8129	7996	8141	8009	8154	8021	8167	8034	8179	8047
13	8038	7897	8050	7909	8063	7922	8075	7934	8088	7947	8100	7959	8113	7972	8125	7984	8138	7997	8151	8010
14	8010	7860	8022	7872	8035	7885	8047	7897	8060	7910	8072	7922	8085	7935	8097	7947	8110	7960	8122	7972
15	0,7982	0,7822	0,7994	0,7835	0,8007	0,7847	0,8019	0,7860	0,8032	0,7872	0,8044	0,7885	0,8056	0,7897	0,8069	0,7909	0,8081	0,7922	0,8094	0,7934
16	7954	7785	7966	7797	7979	7809	7991	7822	8004	7834	8016	7847	8029	7859	8041	7872	8053	7884	8066	7896
17	7927	7747	7939	7759	7951	7771	7964	7784	7976	7796	7988	7808	8001	7821	8013	7833	8026	7846	8038	7858
18	7899	7708	7912	7721	7924	7733	7936	7745	7949	7758	7961	7770	7973	7782	7986	7795	7998	7807	8010	7819
19	7872	7669	7884	7682	7897	7694	7909	7706	7921	7719	7934	7731	7946	7743	7958	7756	7971	7768	7983	7780
20	0,7845	0,7630	0,7857	0,7643	0,7870	0,7655	0,7882	0,7667	0,7894	0,7679	0,7907	0,7692	0,7919	0,7704	0,7931	0,7716	0,7943	0,7728	0,7956	0,7741
21	7818	7591	7831	7603	7843	7615	7855	7627	7867	7640	7880	7652	7892	7664	7904	7676	7916	7688	7928	7701
22	7792	7551	7804	7563	7816	7575	7828	7587	7841	7599	7853	7611	7865	7624	7877	7636	7889	7648	7902	7660
23	7766	7510	7778	7522	7790	7534	7802	7546	7814	7558	7826	7571	7838	7583	7850	7595	7863	7607	7875	7619
24	7739	7469	7751	7481	7764	7493	7776	7505	7788	7517	7800	7529	7812	7541	7824	7553	7836	7566	7848	7578
25	0,7713	0,7427	0,7725	0,7439	0,7737	0,7451	0,7750	0,7463	0,7762	0,7475	0,7774	0,7487	0,7786	0,7499	0,7798	0,7511	0,7810	0,7523	0,7822	0,7536
26	7688	7385	7700	7397	7712	7409	7724	7421	7736	7433	7748	7445	7760	7457	7772	7469	7784	7481	7796	7493
27	7662	7342	7674	7354	7686	7366	7698	7378	7710	7390	7722	7402	7734	7414	7746	7426	7758	7438	7770	7449
28	7636	7298	7648	7310	7660	7322	7672	7334	7684	7346	7696	7358	7708	7370	7720	7382	7732	7394	7744	7405
29	7611	7254	7623	7266	7635	7278	7647	7289	7659	7301	7670	7313	7682	7325	7694	7337	7706	7349	7718	7361
30	0,7586	0,7209	0,7598	0,7220	0,7610	0,7232	0,7621	0,7244	0,7633	0,7256	0,7645	0,7268	0,7657	0,7280	0,7669	0,7292	0,7681	0,7303	0,7693	0,7315
31	7561	7163	7573	7175	7584	7186	7596	7198	7608	7210	7620	7222	7632	7234	7644	7245	7655	7257	7667	7269
32	7536	7116	7548	7128	7560	7140	7571	7151	7583	7163	7595	7175	7607	7187	7618	7199	7630	7210	7642	7222
33	7511	7069	7523	7080	7535	7092	7547	7104	7558	7115	7570	7127	7582	7139	7594	7151	7605	7162	7617	7174
34	7487	7020	7499	7032	7510	7044	7522	7055	7534	7067	7545	7079	7557	7090	7569	7102	7580	7114	7592	7125
35	0,7462	0,6971	0,7474	0,6982	0,7486	0,6994	0,7497	0,7006	0,7509	0,7017	0,7521	0,7029	0,7532	0,7041	0,7544	0,7052	0,7556	0,7064	0,7567	0,7076
36	7438	6920	7450	6932	7462	6944	7473	6955	7485	6967	7496	6978	7508	6990	7520	7002	7531	7013	7543	7025
37	7414	6869	7426	6881	7437	6892	7449	6904	7461	6915	7472	6927	7484	6939	7495	6950	7507	6962	7519	6973
38	7390	6817	7402	6828	7413	6840	7425	6851	7437	6863	7448	6874	7460	6886	7471	6897	7483	6909	7494	6920
39	7367	6763	7378	6775	7390	6786	7401	6798	7412	6809	7424	6821	7436	6832	7447	6844	7459	6855	7470	6867
40	0,7343	0,6708	0,7355	0,6720	0,7366	0,6731	0,7378	0,6743	0,7389	0,6754	0,7400	0,6766	0,7412	0,6777	0,7423	0,6789	0,7435	0,6800	0,7446	0,6812
41	7320	6652	7331	6664	7343	6675	7354	6687	7365	6698	7377	6710	7388	6721	7400	6732	7411	6744	7423	6755
42	7296	6595	7308	6607	7319	6618	7331	6629	7342	6641	7353	6652	7365	6664	7376	6675	7388	6686	7399	6698

Torr	650		651		652		653		654		655		656		657		658		659	
°C	trock.	*feucht*	trock.	*feucht*	trock.	*feucht*	trock.	*feucht*	trock.	*feucht*	trock.	*feucht*	trock.	*feucht*	trock.	*feucht*	trock.	*feucht*	trock.	*feucht*
0	0,8553	0,8492	0,8566	0,8506	0,8579	0,8519	0,8592	0,8532	0,8605	0,8545	0,8618	0,8558	0,8632	0,8571	0,8645	0,8584	0,8658	0,8598	0,8671	0,8611
1	8521	8457	8534	8470	8548	8483	8561	8496	8574	8509	8587	8522	8600	8535	8613	8549	8626	8562	8639	8575
2	8490	8421	8503	8434	8516	8447	8529	8460	8543	8473	8556	8486	8569	8500	8582	8513	8595	8526	8608	8539
3	8459	8386	8473	8399	8486	8412	8499	8425	8512	8438	8525	8451	8538	8464	8551	8477	8564	8490	8577	8503
4	8429	8350	8442	8363	8455	8376	8468	8389	8481	8402	8494	8415	8507	8428	8520	8441	8533	8454	8546	8466
5	0,8399	0,8314	0,8411	0,8327	0,8424	0,8340	0,8437	0,8353	0,8450	0,8366	0,8463	0,8379	0,8476	0,8392	0,8489	0,8404	0,8502	0,8417	0,8515	0,8430
6	8368	8278	8381	8291	8394	8304	8407	8317	8420	8330	8433	8342	8446	8355	8458	8368	8471	8381	8484	8394
7	8338	8242	8351	8255	8364	8268	8377	8281	8390	8293	8403	8306	8415	8319	8428	8332	8441	8345	8454	8357
8	8309	8206	8321	8219	8334	8231	8347	8244	8360	8257	8373	8270	8385	8283	8398	8295	8411	8308	8424	8321
9	8279	8170	8292	8182	8305	8195	8317	8208	8330	8220	8343	8233	8356	8246	8368	8259	8381	8271	8394	8284
10	0,8250	0,8133	0,8263	0,8146	0,8275	0,8158	0,8288	0,8171	0,8301	0,8184	0,8313	0,8196	0,8326	0,8209	0,8339	0,8222	0,8351	0,8235	0,8364	0,8247
11	8221	8096	8233	8109	8246	8122	8259	8134	8271	8147	8284	8159	8297	8172	8309	8185	8322	8197	8335	8210
12	8192	8059	8204	8072	8217	8085	8230	8097	8242	8110	8255	8122	8267	8135	8280	8148	8293	8160	8305	8173
13	8163	8022	8176	8035	8188	8047	8201	8060	8213	8072	8226	8085	8239	8097	8251	8110	8264	8123	8276	8135
14	8135	7985	8147	7997	8160	8010	8172	8022	8185	8035	8197	8047	8210	8060	8222	8072	8235	8085	8247	8097
15	0,8106	0,7947	0,8119	0,7959	0,8131	0,7972	0,8144	0,7984	0,8156	0,7997	0,8169	0,8009	0,8181	0,8022	0,8194	0,8034	0,8206	0,8047	0,8219	0,8059
16	8078	7909	8091	7921	8103	7934	8116	7946	8128	7959	8140	7971	8153	7983	8165	7996	8178	8008	8190	8021
17	8050	7870	8063	7883	8075	7895	8088	7908	8100	7920	8112	7932	8125	7945	8137	7957	8149	7969	8162	7982
18	8023	7832	8035	7844	8047	7856	8060	7869	8072	7881	8084	7893	8097	7906	8109	7918	8121	7930	8134	7943
19	7995	7792	8007	7805	8020	7817	8032	7829	8044	7842	8057	7854	8069	7866	8081	7879	8094	7891	8106	7903
20	0,7968	0,7753	0,7980	0,7765	0,7992	0,7777	0,8005	0,7790	0,8017	0,7802	0,8029	0,7814	0,8041	0,7826	0,8054	0,7839	0,8066	0,7851	0,8078	0,7863
21	7941	7713	7953	7725	7965	7737	7977	7749	7990	7762	8002	7774	8014	7786	8026	7798	8038	7811	8051	7823
22	7914	7672	7926	7684	7938	7697	7950	7709	7962	7721	7975	7733	7987	7745	7999	7758	8011	7770	8023	7782
23	7887	7631	7899	7643	7911	7656	7923	7668	7935	7680	7948	7692	7960	7704	7972	7716	7984	7728	7996	7740
24	7860	7590	7872	7602	7884	7614	7897	7626	7909	7638	7921	7650	7933	7662	7945	7674	7957	7686	7969	7699
25	0,7834	0,7548	0,7846	0,7560	0,7858	0,7572	0,7870	0,7584	0,7882	0,7596	0,7894	0,7608	0,7906	0,7620	0,7918	0,7632	0,7930	0,7644	0,7942	0,7656
26	7808	7505	7820	7517	7832	7529	7844	7541	7856	7553	7868	7565	7880	7577	7892	7589	7904	7601	7916	7613
27	7782	7461	7794	7473	7806	7485	7817	7497	7829	7509	7841	7521	7853	7533	7865	7545	7877	7557	7889	7569
28	7756	7417	7768	7429	7780	7441	7791	7453	7803	7465	7815	7477	7827	7489	7839	7501	7851	7513	7863	7525
29	7730	7373	7742	7385	7754	7396	7766	7408	7778	7420	7789	7432	7801	7444	7813	7456	7825	7468	7837	7480
30	0,7704	0,7327	0,7716	0,7339	0,7728	0,7351	0,7740	0,7363	0,7752	0,7375	0,7764	0,7386	0,7775	0,7398	0,7787	0,7410	0,7799	0,7422	0,7811	0,7434
31	7679	7281	7691	7293	7703	7305	7714	7316	7726	7328	7738	7340	7750	7352	7762	7364	7774	7375	7785	7387
32	7654	7234	7666	7246	7677	7257	7689	7269	7701	7281	7713	7293	7724	7304	7736	7316	7748	7328	7760	7340
33	7629	7186	7640	7198	7652	7209	7664	7221	7676	7233	7687	7245	7699	7256	7711	7268	7723	7280	7734	7292
34	7604	7137	7616	7149	7627	7160	7639	7172	7651	7184	7662	7196	7674	7207	7686	7219	7697	7231	7709	7242
35	0,7579	0,7087	0,7591	0,7099	0,7602	0,7111	0,7614	0,7122	0,7626	0,7134	0,7637	0,7146	0,7649	0,7157	0,7661	0,7169	0,7672	0,7181	0,7684	0,7192
36	7555	7037	7566	7048	7578	7060	7589	7071	7601	7083	7613	7095	7624	7106	7636	7118	7648	7130	7659	7141
37	7530	6985	7542	6996	7553	7008	7565	7020	7576	7031	7588	7043	7600	7054	7611	7066	7623	7078	7634	7089
38	7506	6932	7517	6944	7529	6955	7541	6967	7552	6978	7564	6990	7575	7001	7587	7013	7598	7024	7610	7036
39	7482	6878	7493	6890	7505	6901	7516	6913	7528	6924	7539	6936	7551	6947	7562	6959	7574	6970	7585	6982
40	0,7458	0,6823	0,7469	0,6835	0,7481	0,6846	0,7492	0,6857	0,7504	0,6869	0,7515	0,6880	0,7527	0,6892	0,7538	0,6903	0,7550	0,6915	0,7561	0,6926
41	7434	6767	7445	6778	7457	6790	7468	6801	7480	6813	7491	6824	7503	6835	7514	6847	7526	6858	7537	6870
42	7410	6709	7422	6721	7433	6732	7445	6743	7456	6755	7467	6766	7479	6778	7490	6789	7502	6800	7513	6812

Torr	660		661		662		663		664		665		666		667		668		669	
0	0,8684	0,8624	0,8697	0,8637	0,8711	0,8650	0,8724	0,8663	0,8737	0,8677	0,8750	0,8690	0,8763	0,8703	0,8776	0,8716	0,8789	0,8729	0,8803	0,8742
1	8652	8588	8666	8601	8679	8614	8692	8627	8705	8640	8718	8653	8731	8667	8744	8680	8757	8693	8770	8706
2	8621	8552	8634	8565	8647	8578	8660	8591	8673	8604	8686	8617	8699	8630	8712	8643	8725	8656	8738	8669
3	8590	8516	8603	8529	8616	8542	8629	8555	8642	8568	8655	8581	8668	8594	8681	8607	8694	8620	8707	8633
4	8559	8479	8572	8492	8585	8505	8597	8518	8610	8531	8623	8544	8636	8557	8649	8570	8662	8583	8675	8596
5	0,8528	0,8443	0,8541	0,8456	0,8554	0,8469	0,8566	0,8482	0,8579	0,8495	0,8592	0,8508	0,8605	0,8521	0,8618	0,8534	0,8631	0,8547	0,8644	0,8559
6	8497	8407	8510	8420	8523	8433	8536	8445	8549	8458	8561	8471	8574	8484	8587	8497	8600	8510	8613	8523
7	8467	8370	8480	8383	8492	8396	8505	8409	8518	8422	8531	8434	8544	8447	8556	8460	8569	8473	8582	8486
8	8437	8334	8449	8346	8462	8359	8475	8372	8488	8385	8500	8398	8513	8410	8526	8423	8539	8436	8552	8449
9	8407	8297	8419	8310	8432	8322	8445	8335	8457	8348	8470	8361	8483	8373	8496	8386	8508	8399	8521	8412
10	0,8377	0,8260	0,8389	0,8273	0,8402	0,8285	0,8415	0,8298	0,8428	0,8311	0,8440	0,8323	0,8453	0,8336	0,8466	0,8349	0,8478	0,8361	0,8491	0,8374
11	8347	8223	8360	8235	8373	8248	8385	8261	8398	8273	8410	8286	8423	8299	8436	8311	8448	8324	8461	8337
12	8318	8185	8330	8198	8343	8211	8356	8223	8368	8236	8381	8248	8394	8261	8406	8274	8419	8286	8431	8299
13	8289	8148	8301	8160	8314	8173	8326	8185	8339	8198	8352	8211	8364	8223	8377	8236	8389	8248	8402	8261
14	8260	8110	8272	8122	8285	8135	8297	8147	8310	8160	8322	8172	8335	8185	8347	8197	8360	8210	8372	8222
15	0,8231	0,8072	0,8244	0,8084	0,8256	0,8097	0,8269	0,8109	0,8281	0,8121	0,8293	0,8134	0,8306	0,8146	0,8318	0,8159	0,8331	0,8171	0,8343	0,8184
16	8203	8033	8215	8046	8227	8058	8240	8070	8252	8083	8265	8095	8277	8108	8290	8120	8302	8133	8314	8145
17	8174	7994	8187	8007	8199	8019	8211	8031	8224	8044	8236	8056	8249	8069	8261	8081	8273	8093	8286	8106
18	8146	7955	8158	7967	8171	7980	8183	7992	8195	8004	8208	8017	8220	8029	8232	8041	8245	8054	8257	8066
19	8118	7915	8130	7928	8143	7940	8155	7952	8167	7965	8180	7977	8192	7989	8204	8002	8217	8014	8229	8026
20	0,8090	0,7875	0,8103	0,7888	0,8115	0,7900	0,8127	0,7912	0,8139	0,7924	0,8152	0,7937	0,8164	0,7949	0,8176	0,7961	0,8188	0,7973	0,8201	0,7986
21	8063	7835	8075	7847	8087	7859	8099	7872	8112	7884	8124	7896	8136	7908	8148	7920	8161	7933	8173	7945
22	8035	7794	8048	7806	8060	7818	8072	7831	8084	7843	8096	7855	8108	7867	8121	7879	8133	7891	8145	7904
23	8008	7753	8020	7765	8033	7777	8045	7789	8057	7801	8069	7813	8081	7825	8093	7838	8105	7850	8117	7862
24	7981	7711	7993	7723	8005	7735	8018	7747	8030	7759	8042	7771	8054	7783	8066	7795	8078	7807	8090	7819
25	0,7954	0,7668	0,7966	0,7680	0,7978	0,7692	0,7991	0,7704	0,8003	0,7716	0,8015	0,7728	0,8027	0,7740	0,8039	0,7752	0,8051	0,7765	0,8063	0,7777
26	7928	7625	7940	7637	7952	7649	7964	7661	7976	7673	7988	7685	8000	7697	8012	7709	8024	7721	8036	7733
27	7901	7581	7913	7593	7925	7605	7937	7617	7949	7629	7961	7641	7973	7653	7985	7665	7997	7677	8009	7689
28	7875	7537	7887	7549	7899	7561	7911	7573	7923	7584	7935	7596	7947	7608	7958	7620	7970	7632	7982	7644
29	7849	7492	7861	7503	7873	7515	7885	7527	7896	7539	7908	7551	7920	7563	7932	7575	7944	7587	7956	7599
30	0,7823	0,7446	0,7835	0,7458	0,7847	0,7469	0,7858	0,7481	0,7870	0,7493	0,7882	0,7505	0,7894	0,7517	0,7906	0,7529	0,7918	0,7541	0,7930	0,7552
31	7797	7399	7809	7411	7821	7423	7833	7435	7844	7446	7856	7458	7868	7470	7880	7482	7892	7494	7903	7505
32	7772	7352	7783	7363	7795	7375	7807	7387	7819	7399	7830	7410	7842	7422	7854	7434	7866	7446	7877	7458
33	7746	7303	7758	7315	7770	7327	7781	7338	7793	7350	7805	7362	7817	7374	7828	7385	7840	7397	7852	7409
34	7721	7254	7733	7266	7744	7277	7756	7289	7768	7301	7779	7313	7791	7324	7803	7336	7814	7348	7826	7359
35	0,7696	0,7204	0,7707	0,7216	0,7719	0,7227	0,7731	0,7239	0,7742	0,7251	0,7754	0,7262	0,7766	0,7274	0,7777	0,7286	0,7789	0,7297	0,7801	0,7309
36	7671	7153	7682	7164	7694	7176	7706	7188	7717	7199	7729	7211	7740	7223	7752	7234	7764	7246	7775	7257
37	7646	7101	7658	7112	7669	7124	7681	7135	7692	7147	7704	7159	7715	7170	7727	7182	7739	7193	7750	7205
38	7621	7048	7633	7059	7644	7071	7656	7082	7668	7094	7679	7105	7691	7117	7702	7128	7714	7140	7725	7151
39	7597	6993	7608	7005	7620	7016	7631	7028	7643	7039	7654	7051	7666	7062	7677	7074	7689	7085	7700	7097
40	0,7573	0,6938	0,7584	0,6949	0,7596	0,6961	0,7607	0,6972	0,7618	0,6984	0,7630	0,6995	0,7641	0,7007	0,7653	0,7018	0,7664	0,7030	0,7676	0,7041
41	7548	6881	7560	6893	7571	6904	7583	6915	7594	6927	7606	6938	7617	6950	7628	6961	7640	6973	7651	6984
42	7524	6823	7536	6835	7547	6846	7559	6857	7570	6869	7581	6880	7593	6892	7604	6903	7616	6914	7627	6926

Torr	670		671		672		673		674		675		676		677		678		679	
°C	trock.	feucht	trock.	feucht	trock.	feucht	trock.	feucht	trock.	feucht	trock.	feucht	trock.	feucht	trock.	feucht	trock.	feucht	trock.	feucht
0	0,8816	0,8756	0,8829	0,8769	0,8842	0,8782	0,8855	0,8795	0,8868	0,8808	0,8882	0,8821	0,8895	0,8834	0,8908	0,8848	0,8921	0,8861	0,8934	0,8874
1	8784	8719	8797	8732	8810	8745	8823	8758	8836	8771	8849	8785	8862	8798	8875	8811	8888	8824	8902	8837
2	8752	8682	8765	8695	8778	8709	8791	8722	8804	8735	8817	8748	8830	8761	8843	8774	8856	8787	8869	8800
3	8720	8646	8733	8659	8746	8672	8759	8685	8772	8698	8785	8711	8798	8724	8811	8737	8824	8750	8837	8763
4	8688	8609	8701	8622	8714	8635	8727	8648	8740	8661	8753	8674	8766	8687	8779	8700	8792	8713	8805	8726
5	0,8657	0,8572	0,8670	0,8585	0,8683	0,8598	0,8696	0,8611	0,8709	0,8624	0,8722	0,8637	0,8734	0,8650	0,8747	0,8663	0,8760	0,8676	0,8773	0,8689
6	8626	8536	8639	8548	8652	8561	8664	8574	8677	8587	8690	8600	8703	8613	8716	8626	8729	8639	8742	8651
7	8595	8499	8608	8511	8621	8524	8633	8537	8646	8550	8659	8563	8672	8576	8685	8588	8698	8601	8710	8614
8	8564	8462	8577	8474	8590	8487	8603	8500	8615	8513	8628	8525	8641	8538	8654	8551	8667	8564	8679	8577
9	8534	8424	8547	8437	8559	8450	8572	8462	8585	8475	8598	8488	8610	8501	8623	8513	8636	8526	8649	8539
10	0,8504	0,8387	0,8516	0,8400	0,8529	0,8412	0,8542	0,8425	0,8554	0,8438	0,8567	0,8450	0,8580	0,8463	0,8593	0,8476	0,8605	0,8488	0,8618	0,8501
11	8474	8349	8486	8362	8499	8375	8512	8387	8524	8400	8537	8412	8550	8425	8562	8438	8575	8450	8588	8463
12	8444	8311	8457	8324	8469	8337	8482	8349	8494	8362	8507	8374	8520	8387	8532	8400	8545	8412	8557	8425
13	8414	8273	8427	8286	8439	8298	8452	8311	8465	8324	8477	8336	8490	8349	8502	8361	8515	8374	8527	8386
14	8385	8235	8397	8247	8410	8260	8423	8272	8435	8285	8448	8298	8460	8310	8473	8323	8485	8335	8498	8348
15	0,8356	0,8196	0,8368	0,8209	0,8381	0,8221	0,8393	0,8234	0,8406	0,8246	0,8418	0,8259	0,8431	0,8271	0,8443	0,8284	0,8456	0,8296	0,8468	0,8309
16	8327	8157	8339	8170	8352	8182	8364	8195	8377	8207	8389	8220	8401	8232	8414	8244	8426	8257	8439	8269
17	8298	8118	8310	8131	8323	8143	8335	8155	8348	8168	8360	8180	8372	8192	8385	8205	8397	8217	8410	8230
18	8270	8078	8282	8091	8294	8103	8307	8116	8319	8128	8331	8140	8344	8153	8356	8165	8368	8177	8381	8190
19	8241	8038	8253	8051	8266	8063	8278	8075	8290	8088	8303	8100	8315	8112	8327	8125	8340	8137	8352	8149
20	0,8213	0,7998	0,8225	0,8010	0,8237	0,8023	0,8250	0,8035	0,8262	0,8047	0,8274	0,8059	0,8287	0,8072	0,8299	0,8084	0,8311	0,8096	0,8323	0,8108
21	8185	7957	8197	7969	8209	7982	8222	7994	8234	8006	8246	8018	8258	8030	8270	8043	8283	8055	8295	8067
22	8157	7916	8169	7928	8182	7940	8194	7952	8206	7964	8218	7977	8230	7989	8242	8001	8255	8013	8267	8025
23	8130	7874	8142	7886	8154	7898	8166	7910	8178	7922	8190	7935	8202	7947	8215	7959	8227	7971	8239	7983
24	8102	7832	8114	7844	8126	7856	8138	7868	8151	7880	8163	7892	8175	7904	8187	7916	8199	7928	8211	7940
25	0,8075	0,7789	0,8087	0,7801	0,8099	0,7813	0,8111	0,7825	0,8123	0,7837	0,8135	0,7849	0,8147	0,7861	0,8159	0,7873	0,8171	0,7885	0,8183	0,7897
26	8048	7745	8060	7757	8072	7769	8084	7781	8096	7793	8108	7805	8120	7817	8132	7829	8144	7841	8156	7853
27	8021	7701	8033	7713	8045	7725	8057	7737	8069	7749	8081	7761	8093	7773	8105	7785	8117	7797	8129	7809
28	7994	7656	8006	7668	8018	7680	8030	7692	8042	7704	8054	7716	8066	7728	8078	7740	8090	7751	8102	7763
29	7968	7611	7980	7622	7992	7634	8003	7646	8015	7658	8027	7670	8039	7682	8051	7694	8063	7706	8075	7718
30	0,7941	0,7564	0,7953	0,7576	0,7965	0,7588	0,7977	0,7600	0,7989	0,7612	0,8001	0,7623	0,8013	0,7635	0,8024	0,7647	0,8036	0,7659	0,8048	0,7671
31	7915	7517	7927	7529	7939	7541	7951	7553	7963	7564	7974	7576	7986	7588	7998	7600	8010	7612	8022	7624
32	7889	7469	7901	7481	7913	7493	7925	7505	7936	7516	7948	7528	7960	7540	7972	7552	7983	7564	7995	7575
33	7863	7421	7875	7432	7887	7444	7899	7456	7910	7468	7922	7479	7934	7491	7946	7503	7957	7515	7969	7526
34	7838	7371	7849	7383	7861	7394	7873	7406	7885	7418	7896	7430	7908	7441	7920	7453	7931	7465	7943	7476
35	0,7812	0,7321	0,7824	0,7332	0,7836	0,7344	0,7847	0,7356	0,7859	0,7367	0,7871	0,7379	0,7882	0,7390	0,7894	0,7402	0,7906	0,7414	0,7917	0,7425
36	7787	7269	7799	7281	7810	7292	7822	7304	7833	7316	7845	7327	7857	7339	7868	7350	7880	7362	7892	7374
37	7762	7217	7773	7228	7785	7240	7797	7251	7808	7263	7820	7274	7831	7286	7843	7298	7854	7309	7866	7321
38	7737	7163	7748	7175	7760	7186	7771	7198	7783	7209	7795	7221	7806	7232	7818	7244	7829	7255	7841	7267
39	7712	7108	7723	7120	7735	7131	7747	7143	7758	7154	7770	7166	7781	7177	7793	7189	7804	7200	7816	7212
40	0,7687	0,7053	0,7699	0,7064	0,7710	0,7075	0,7722	0,7087	0,7733	0,7098	0,7745	0,7110	0,7756	0,7121	0,7768	0,7133	0,7779	0,7144	0,7791	0,7156
41	7663	6996	7674	7007	7686	7018	7697	7030	7709	7041	7720	7053	7731	7064	7743	7076	7754	7087	7766	7098
42	7638	6937	7650	6949	7661	6960	7673	6971	7684	6983	7695	6994	7707	7006	7718	7017	7730	7028	7741	7040

°C	680		681		682		683		684		685		686		687		688		689	
0	0,8947	0,8887	0,8961	0,8900	0,8974	0,8913	0,8987	0,8927	0,9000	0,8940	0,9013	0,8953	0,9026	0,8966	0,9039	0,8979	0,9053	0,8992	0,9066	0,9006
1	8915	8850	8928	8863	8941	8876	8954	8889	8967	8903	8980	8916	8993	8929	9006	8942	9020	8955	9033	8968
2	8882	8813	8895	8826	8908	8839	8921	8852	8934	8865	8947	8878	8961	8891	8974	8904	8987	8918	9000	8931
3	8850	8776	8863	8789	8876	8802	8889	8815	8902	8828	8915	8841	8928	8854	8941	8867	8954	8880	8967	8893
4	8818	8739	8831	8752	8844	8765	8857	8778	8870	8791	8883	8804	8896	8817	8909	8830	8922	8843	8935	8856
5	0,8786	0,8702	0,8799	0,8715	0,8812	0,8727	0,8825	0,8740	0,8838	0,8753	0,8851	0,8766	0,8864	0,8779	0,8877	0,8792	0,8890	0,8805	0,8902	0,8818
6	8755	8664	8767	8677	8780	8690	8793	8703	8806	8716	8819	8729	8832	8742	8845	8754	8858	8767	8870	8780
7	8723	8627	8736	8640	8749	8653	8762	8665	8775	8678	8787	8691	8800	8704	8813	8717	8826	8730	8839	8742
8	8692	8589	8705	8602	8718	8615	8731	8628	8743	8640	8756	8653	8769	8666	8782	8679	8794	8692	8807	8704
9	8661	8552	8674	8564	8687	8577	8699	8590	8712	8603	8725	8615	8738	8628	8750	8641	8763	8654	8776	8666
10	0,8631	0,8514	0,8643	0,8526	0,8656	0,8539	0,8669	0,8552	0,8681	0,8565	0,8694	0,8577	0,8707	0,8590	0,8719	0,8603	0,8732	0,8615	0,8745	0,8628
11	8600	8476	8613	8488	8625	8501	8638	8514	8651	8526	8663	8539	8676	8552	8689	8564	8701	8577	8714	8590
12	8570	8437	8583	8450	8595	8463	8608	8475	8620	8488	8633	8500	8646	8513	8658	8526	8671	8538	8683	8551
13	8540	8399	8552	8411	8565	8424	8578	8437	8590	8449	8603	8462	8615	8474	8628	8487	8640	8499	8653	8512
14	8510	8360	8523	8373	8535	8385	8548	8398	8560	8410	8573	8423	8585	8435	8598	8448	8610	8460	8623	8473
15	0,8481	0,8321	0,8493	0,8334	0,8505	0,8346	0,8518	0,8358	0,8530	0,8371	0,8543	0,8383	0,8555	0,8396	0,8568	0,8408	0,8580	0,8421	0,8593	0,8433
16	8451	8282	8464	8294	8476	8307	8488	8319	8501	8331	8513	8344	8526	8356	8538	8369	8551	8381	8563	8394
17	8422	8242	8434	8254	8447	8267	8459	8279	8471	8292	8484	8304	8496	8316	8509	8329	8521	8341	8533	8353
18	8393	8202	8405	8214	8418	8227	8430	8239	8442	8251	8455	8264	8467	8276	8479	8288	8492	8301	8504	8313
19	8364	8161	8376	8174	8389	8186	8401	8198	8413	8211	8426	8223	8438	8235	8450	8248	8463	8260	8475	8272
20	0,8336	0,8121	0,8348	0,8133	0,8360	0,8145	0,8372	0,8157	0,8385	0,8170	0,8397	0,8182	0,8409	0,8194	0,8421	0,8206	0,8434	0,8219	0,8446	0,8231
21	8307	8079	8319	8092	8332	8104	8344	8116	8356	8128	8368	8140	8380	8153	8393	8165	8405	8177	8417	8189
22	8279	8038	8291	8050	8303	8062	8315	8074	8328	8086	8340	8098	8352	8111	8364	8123	8376	8135	8389	8147
23	8251	7995	8263	8007	8275	8020	8287	8032	8299	8044	8312	8056	8324	8068	8336	8080	8348	8092	8360	8104
24	8223	7952	8235	7965	8247	7977	8259	7989	8271	8001	8284	8013	8296	8025	8308	8037	8320	8049	8332	8061
25	0,8195	0,7909	0,8207	0,7921	0,8220	0,7933	0,8232	0,7945	0,8244	0,7957	0,8256	0,7969	0,8268	0,7981	0,8280	0,7993	0,8292	0,8006	0,8304	0,8018
26	8168	7865	8180	7877	8192	7889	8204	7901	8216	7913	8228	7925	8240	7937	8252	7949	8264	7961	8276	7973
27	8141	7821	8153	7833	8165	7845	8177	7857	8189	7868	8201	7880	8213	7892	8225	7904	8236	7916	8248	7928
28	8114	7775	8126	7787	8137	7799	8149	7811	8161	7823	8173	7835	8185	7847	8197	7859	8209	7871	8221	7883
29	8087	7729	8099	7741	8110	7753	8122	7765	8134	7777	8146	7789	8158	7801	8170	7813	8182	7825	8194	7836
30	0,8060	0,7683	0,8072	0,7695	0,8084	0,7706	0,8096	0,7718	0,8107	0,7730	0,8119	0,7742	0,8131	0,7754	0,8143	0,7766	0,8155	0,7778	0,8167	0,7789
31	8033	7635	8045	7647	8057	7659	8069	7671	8081	7683	8092	7694	8104	7706	8116	7718	8128	7730	8140	7742
32	8007	7587	8019	7599	8031	7611	8042	7622	8054	7634	8066	7646	8078	7658	8089	7670	8101	7681	8113	7693
33	7981	7538	7993	7550	8004	7561	8016	7573	8028	7585	8039	7597	8051	7608	8063	7620	8075	7632	8086	7644
34	7955	7488	7966	7500	7978	7511	7990	7523	8002	7535	8013	7547	8025	7558	8037	7570	8048	7582	8060	7593
35	0,7929	0,7437	0,7941	0,7449	0,7952	0,7460	0,7964	0,7472	0,7976	0,7484	0,7987	0,7495	0,7999	0,7507	0,8011	0,7519	0,8022	0,7530	0,8034	0,7542
36	7903	7385	7915	7397	7926	7409	7938	7420	7950	7432	7961	7443	7973	7455	7985	7467	7996	7478	8008	7490
37	7878	7332	7889	7344	7901	7356	7912	7367	7924	7379	7936	7390	7947	7402	7959	7413	7970	7425	7982	7437
38	7852	7278	7864	7290	7875	7302	7887	7313	7898	7325	7910	7336	7922	7348	7933	7359	7945	7371	7956	7382
39	7827	7223	7839	7235	7850	7246	7862	7258	7873	7269	7885	7281	7896	7293	7908	7304	7919	7316	7931	7327
40	0,7802	0,7167	0,7814	0,7179	0,7825	0,7190	0,7836	0,7202	0,7848	0,7213	0,7859	0,7225	0,7871	0,7236	0,7882	0,7248	0,7894	0,7259	0,7905	0,7271
41	7777	7110	7789	7121	7800	7133	7811	7144	7823	7156	7834	7167	7846	7179	7857	7190	7869	7201	7880	7213
42	7752	7051	7764	7063	7775	7074	7787	7085	7798	7097	7809	7108	7821	7120	7832	7131	7844	7142	7855	7154

Torr	690		691		692		693		694		695		696		697		698		699	
°C	trock.	feucht	trock.	feucht	trock.	feucht	trock.	feucht	trock.	feucht	trock.	feucht	trock.	feucht	trock.	feucht	trock.	feucht	trock.	feucht
0	0,9079	0,9019	0,9092	0,9032	0,9105	0,9045	0,9118	0,9058	0,9132	0,9071	0,9145	0,9084	0,9158	0,9098	0,9171	0,9111	0,9184	0,9124	0,9197	0,9137
1	9046	8981	9059	8994	9072	9007	9085	9020	9098	9034	9111	9047	9124	9060	9138	9073	9151	9086	9164	9099
2	9013	8944	9026	8957	9039	8970	9052	8983	9065	8996	9078	9009	9091	9022	9104	9035	9117	9048	9130	9061
3	8980	8906	8993	8919	9006	8932	9019	8945	9032	8958	9045	8971	9058	8984	9071	8997	9084	9010	9097	9023
4	8948	8868	8961	8881	8974	8894	8986	8907	8999	8920	9012	8933	9025	8946	9038	8959	9051	8972	9064	8985
5	0,8915	0,8831	0,8928	0,8844	0,8941	0,8857	0,8954	0,8870	0,8967	0,8882	0,8980	0,8895	0,8993	0,8908	0,9006	0,8921	0,9019	0,8934	0,9032	0,8947
6	8883	8793	8896	8806	8909	8819	8922	8832	8935	8845	8948	8857	8961	8870	8973	8883	8986	8896	8999	8909
7	8852	8755	8864	8768	8877	8781	8890	8794	8903	8806	8916	8819	8929	8832	8941	8845	8954	8858	8967	8871
8	8820	8717	8833	8730	8846	8743	8858	8756	8871	8768	8884	8781	8897	8794	8909	8807	8922	8819	8935	8832
9	8789	8679	8801	8692	8814	8704	8827	8717	8840	8730	8852	8743	8865	8755	8878	8768	8891	8781	8903	8794
10	0,8758	0,8641	0,8770	0,8653	0,8783	0,8666	0,8796	0,8679	0,8808	0,8691	0,8821	0,8704	0,8834	0,8717	0,8846	0,8730	0,8859	0,8742	0,8872	0,8755
11	8727	8602	8739	8615	8752	8627	8765	8640	8777	8653	8790	8665	8803	8678	8815	8691	8828	8703	8840	8716
12	8696	8563	8709	8576	8721	8589	8734	8601	8746	8614	8759	8626	8772	8639	8784	8652	8797	8664	8809	8677
13	8666	8524	8678	8537	8691	8550	8703	8562	8716	8575	8728	8587	8741	8600	8753	8612	8766	8625	8779	8637
14	8635	8485	8648	8498	8660	8510	8673	8523	8685	8535	8698	8548	8710	8560	8723	8573	8735	8585	8748	8598
15	0,8605	0,8446	0,8618	0,8458	0,8630	0,8471	0,8643	0,8483	0,8655	0,8496	0,8668	0,8508	0,8680	0,8521	0,8693	0,8533	0,8705	0,8546	0,8717	0,8558
16	8575	8406	8588	8418	8600	8431	8613	8443	8625	8456	8638	8468	8650	8481	8662	8493	8675	8505	8687	8518
17	8546	8366	8558	8378	8571	8391	8583	8403	8595	8415	8608	8428	8620	8440	8632	8453	8645	8465	8657	8477
18	8516	8325	8529	8338	8541	8350	8553	8362	8566	8375	8578	8387	8590	8399	8603	8412	8615	8424	8627	8436
19	8487	8284	8499	8297	8512	8309	8524	8321	8536	8334	8549	8346	8561	8358	8573	8371	8586	8383	8598	8395
20	0,8458	0,8243	0,8470	0,8255	0,8483	0,8268	0,8495	0,8280	0,8507	0,8292	0,8519	0,8304	0,8532	0,8317	0,8544	0,8329	0,8556	0,8341	0,8568	0,8353
21	8429	8201	8442	8214	8454	8226	8466	8238	8478	8250	8490	8263	8503	8275	8515	8287	8527	8299	8539	8311
22	8401	8159	8413	8171	8425	8184	8437	8196	8449	8208	8462	8220	8474	8232	8486	8245	8498	8257	8510	8269
23	8372	8117	8384	8129	8397	8141	8409	8153	8421	8165	8433	8177	8445	8189	8457	8202	8469	8214	8481	8226
24	8344	8073	8356	8085	8368	8098	8380	8110	8392	8122	8404	8134	8417	8146	8429	8158	8441	8170	8453	8182
25	0,8316	0,8030	0,8328	0,8042	0,8340	0,8054	0,8352	0,8066	0,8364	0,8078	0,8376	0,8090	0,8388	0,8102	0,8400	0,8114	0,8412	0,8126	0,8424	0,8138
26	8288	7985	8300	7997	8312	8009	8324	8021	8336	8033	8348	8045	8360	8057	8372	8069	8384	8081	8396	8093
27	8260	7940	8272	7952	8284	7964	8296	7976	8308	7988	8320	8000	8332	8012	8344	8024	8356	8036	8368	8048
28	8233	7895	8245	7907	8257	7919	8269	7930	8281	7942	8293	7954	8305	7966	8316	7978	8328	7990	8340	8002
29	8206	7848	8218	7860	8229	7872	8241	7884	8253	7896	8265	7908	8277	7920	8289	7932	8301	7943	8313	7955
30	0,8178	0,7801	0,8190	0,7813	0,8202	0,7825	0,8214	0,7837	0,8226	0,7849	0,8238	0,7861	0,8250	0,7872	0,8261	0,7884	0,8273	0,7896	0,8285	0,7908
31	8152	7753	8163	7765	8175	7777	8187	7789	8199	7801	8211	7813	8222	7824	8234	7836	8246	7848	8258	7860
32	8125	7705	8137	7717	8148	7728	8160	7740	8172	7752	8184	7764	8195	7775	8207	7787	8219	7799	8231	7811
33	8098	7655	8110	7667	8122	7679	8133	7691	8145	7702	8157	7714	8169	7726	8180	7738	8192	7749	8204	7761
34	8072	7605	8083	7617	8095	7628	8107	7640	8119	7652	8130	7664	8142	7675	8154	7687	8165	7699	8177	7710
35	0,8046	0,7554	0,8057	0,7565	0,8069	0,7577	0,8080	0,7589	0,8092	0,7600	0,8104	0,7612	0,8115	0,7624	0,8127	0,7635	0,8139	0,7647	0,8150	0,7659
36	8019	7501	8031	7513	8043	7525	8054	7536	8066	7548	8078	7560	8089	7571	8101	7583	8112	7594	8124	7606
37	7994	7448	8005	7460	8017	7471	8028	7483	8040	7495	8051	7506	8063	7518	8075	7529	8086	7541	8098	7553
38	7968	7394	7979	7405	7991	7417	8002	7429	8014	7440	8026	7452	8037	7463	8049	7475	8060	7486	8072	7498
39	7942	7339	7954	7350	7965	7362	7977	7373	7988	7385	8000	7396	8011	7408	8023	7419	8034	7431	8046	7442
40	0,7917	0,7282	0,7928	0,7293	0,7940	0,7305	0,7951	0,7316	0,7963	0,7328	0,7974	0,7339	0,7986	0,7351	0,7997	0,7362	0,8009	0,7374	0,8020	0,7385
41	7892	7224	7903	7236	7914	7247	7926	7259	7937	7270	7949	7281	7960	7293	7972	7304	7983	7316	7994	7327
42	7866	7165	7878	7177	7889	7188	7901	7199	7912	7211	7923	7222	7935	7234	7946	7245	7958	7256	7969	7268

Torr	700		701		702		703		704		705		706		707		708		709	
0	0,9211	0,9150	0,9224	0,9163	0,9237	0,9177	0,9250	0,9190	0,9263	0,9203	0,9276	0,9216	0,9289	0,9229	0,9303	0,9242	0,9316	0,9256	0,9329	0,9269
1	9177	9112	9190	9125	9203	9138	9216	9152	9229	9165	9242	9178	9256	9191	9269	9204	9282	9217	9295	9230
2	9143	9074	9156	9087	9170	9100	9183	9113	9196	9127	9209	9140	9222	9153	9235	9166	9248	9179	9261	9192
3	9110	9036	9123	9049	9136	9062	9149	9075	9162	9088	9175	9101	9188	9114	9201	9127	9214	9140	9227	9153
4	9077	8998	9090	9011	9103	9024	9116	9037	9129	9050	9142	9063	9155	9076	9168	9089	9181	9102	9194	9115
5	0,9045	0,8960	0,9057	0,8973	0,9070	0,8986	0,9083	0,8999	0,9096	0,9012	0,9109	0,9025	0,9122	0,9038	0,9135	0,9050	0,9148	0,9063	0,9161	0,9076
6	9012	8922	9025	8935	9038	8948	9051	8960	9064	8973	9076	8986	9089	8999	9102	9012	9115	9025	9128	9038
7	8980	8883	8993	8896	9005	8909	9018	8922	9031	8935	9044	8948	9057	8960	9070	8973	9082	8986	9095	8999
8	8948	8845	8961	8858	8973	8871	8986	8883	8999	8896	9012	8909	9025	8922	9037	8934	9050	8947	9063	8960
9	8916	8806	8929	8819	8942	8832	8954	8845	8967	8857	8980	8870	8992	8883	9005	8896	9018	8908	9031	8921
10	0,8884	0,8768	0,8897	0,8780	0,8910	0,8793	0,8923	0,8806	0,8935	0,8818	0,8948	0,8831	0,8961	0,8844	0,8973	0,8856	0,8986	0,8869	0,8999	0,8882
11	8853	8729	8866	8741	8878	8754	8891	8767	8904	8779	8916	8792	8929	8805	8942	8817	8954	8830	8967	8842
12	8822	8689	8835	8702	8847	8715	8860	8727	8872	8740	8885	8752	8898	8765	8910	8778	8923	8790	8935	8803
13	8791	8650	8804	8663	8816	8675	8829	8688	8841	8700	8854	8713	8866	8725	8879	8738	8892	8751	8904	8763
14	8760	8610	8773	8623	8785	8635	8798	8648	8810	8660	8823	8673	8836	8685	8848	8698	8861	8711	8873	8723
15	0,8730	0,8570	0,8742	0,8583	0,8755	0,8595	0,8767	0,8608	0,8780	0,8620	0,8792	0,8633	0,8805	0,8645	0,8817	0,8658	0,8830	0,8670	0,8842	0,8683
16	8700	8530	8712	8543	8725	8555	8737	8568	8749	8580	8762	8592	8774	8605	8787	8617	8799	8630	8812	8642
17	8670	8490	8682	8502	8694	8514	8707	8527	8719	8539	8732	8552	8744	8564	8756	8576	8769	8589	8781	8601
18	8640	8449	8652	8461	8664	8473	8677	8486	8689	8498	8701	8510	8714	8523	8726	8535	8739	8547	8751	8560
19	8610	8407	8622	8420	8635	8432	8647	8444	8659	8457	8672	8469	8684	8481	8696	8494	8709	8506	8721	8518
20	0,8581	0,8366	0,8593	0,8378	0,8605	0,8390	0,8617	0,8403	0,8630	0,8415	0,8642	0,8427	0,8654	0,8439	0,8667	0,8452	0,8679	0,8464	0,8691	0,8476
21	8551	8324	8564	8336	8576	8348	8588	8360	8600	8372	8613	8385	8625	8397	8637	8409	8649	8421	8661	8434
22	8522	8281	8535	8293	8547	8305	8559	8318	8571	8330	8583	8342	8595	8354	8608	8366	8620	8378	8632	8391
23	8494	8238	8506	8250	8518	8262	8530	8274	8542	8286	8554	8299	8566	8311	8579	8323	8591	8335	8603	8347
24	8465	8194	8477	8206	8489	8219	8501	8231	8513	8243	8525	8255	8537	8267	8550	8279	8562	8291	8574	8303
25	0,8436	0,8150	0,8449	0,8162	0,8461	0,8174	0,8473	0,8186	0,8485	0,8198	0,8497	0,8210	0,8509	0,8222	0,8521	0,8235	0,8533	0,8247	0,8545	0,8259
26	8408	8105	8420	8117	8432	8129	8444	8141	8456	8153	8468	8165	8480	8177	8492	8189	8504	8202	8516	8214
27	8380	8060	8392	8072	8404	8084	8416	8096	8428	8108	8440	8120	8452	8132	8464	8144	8476	8156	8488	8168
28	8352	8014	8364	8026	8376	8038	8388	8050	8400	8062	8412	8074	8424	8086	8436	8098	8448	8109	8460	8121
29	8325	7967	8336	7979	8348	7991	8360	8003	8372	8015	8384	8027	8396	8039	8408	8051	8420	8062	8432	8074
30	0,8297	0,7920	0,8309	0,7932	0,8321	0,7944	0,8333	0,7955	0,8344	0,7967	0,8356	0,7979	0,8368	0,7991	0,8380	0,8003	0,8392	0,8015	0,8404	0,8026
31	8270	7872	8281	7883	8293	7895	8305	7907	8317	7919	8329	7931	8341	7942	8352	7954	8364	7966	8376	7978
32	8243	7823	8254	7834	8266	7846	8278	7858	8290	7870	8301	7881	8313	7893	8325	7905	8337	7917	8348	7929
33	8216	7773	8227	7784	8239	7796	8251	7808	8262	7820	8274	7831	8286	7843	8298	7855	8309	7867	8321	7878
34	8189	7722	8200	7734	8212	7745	8224	7757	8236	7769	8247	7780	8259	7792	8271	7804	8282	7816	8294	7827
35	0,8162	0,7670	0,8174	0,7682	0,8185	0,7694	0,8197	0,7705	0,8209	0,7717	0,8220	0,7729	0,8232	0,7740	0,8244	0,7752	0,8255	0,7764	0,8267	0,7775
36	8136	7618	8147	7629	8159	7641	8171	7653	8182	7664	8194	7676	8205	7687	8217	7699	8229	7711	8240	7722
37	8109	7564	8121	7576	8133	7587	8144	7599	8156	7610	8167	7622	8179	7634	8190	7645	8202	7657	8214	7668
38	8083	7509	8095	7521	8106	7533	8118	7544	8129	7556	8141	7567	8153	7579	8164	7590	8176	7602	8187	7613
39	8057	7454	8069	7465	8080	7477	8092	7488	8103	7500	8115	7511	8126	7523	8138	7534	8149	7546	8161	7557
40	0,8032	0,7397	0,8043	0,7408	0,8054	0,7420	0,8066	0,7431	0,8077	0,7443	0,8089	0,7454	0,8100	0,7466	0,8112	0,7477	0,8123	0,7489	0,8135	0,7500
41	8006	7339	8017	7350	8029	7362	8040	7373	8052	7384	8063	7396	8075	7407	8086	7419	8097	7430	8109	7442
42	7980	7279	7992	7291	8003	7302	8015	7313	8026	7325	8037	7336	8049	7348	8060	7359	8072	7370	8083	7382

Torr	710		711		712		713		714		715		716		717		718		719	
°C	trock.	feucht	trock.	feucht	trock.	feucht	trock.	feucht	trock.	feucht	trock.	feucht	trock.	feucht	trock.	feucht	trock.	feucht	trock.	feucht
0	0,9342	0,9282	0,9355	0,9295	0,9368	0,9308	0,9382	0,9321	0,9395	0,9334	0,9408	0,9348	0,9421	0,9361	0,9434	0,9374	0,9447	0,9387	0,9461	0,9400
1	9308	9243	9321	9256	9334	9270	9347	9283	9360	9296	9373	9309	9387	9322	9400	9335	9413	9348	9426	9361
2	9274	9205	9287	9218	9300	9231	9313	9244	9326	9257	9339	9270	9352	9283	9365	9296	9379	9309	9392	9322
3	9240	9166	9253	9179	9266	9192	9279	9205	9292	9218	9305	9231	9318	9244	9331	9257	9344	9270	9357	9284
4	9207	9128	9220	9141	9233	9154	9246	9167	9259	9180	9272	9193	9285	9206	9298	9219	9311	9232	9324	9245
5	0,9174	0,9089	0,9187	0,9102	0,9200	0,9115	0,9213	0,9128	0,9225	0,9141	0,9238	0,9154	0,9251	0,9167	0,9264	0,9180	0,9277	0,9193	0,9290	0,9206
6	9141	9051	9154	9063	9167	9076	9179	9089	9192	9102	9205	9115	9218	9128	9231	9141	9244	9154	9257	9166
7	9108	9012	9121	9025	9134	9037	9147	9050	9159	9063	9172	9076	9185	9089	9198	9102	9211	9114	9224	9127
8	9076	8973	9088	8986	9101	8998	9114	9011	9127	9024	9140	9037	9152	9050	9165	9062	9178	9075	9191	9088
9	9043	8934	9056	8946	9069	8959	9082	8972	9094	8985	9107	8997	9120	9010	9133	9023	9145	9036	9158	9048
10	0,9011	0,8895	0,9024	0,8907	0,9037	0,8920	0,9049	0,8933	0,9062	0,8945	0,9075	0,8958	0,9088	0,8971	0,9100	0,8983	0,9113	0,8996	0,9126	0,9009
11	8980	8855	8992	8868	9005	8880	9018	8893	9030	8906	9043	8918	9055	8931	9068	8944	9081	8956	9093	8969
12	8948	8815	8961	8828	8973	8841	8986	8853	8998	8866	9011	8878	9024	8891	9036	8904	9049	8916	9061	8929
13	8917	8776	8929	8788	8942	8801	8954	8813	8967	8826	8979	8838	8992	8851	9005	8864	9017	8876	9030	8889
14	8886	8736	8898	8748	8911	8761	8923	8773	8936	8786	8948	8798	8961	8811	8973	8823	8986	8836	8998	8848
15	0,8855	0,8695	0,8867	0,8708	0,8880	0,8720	0,8892	0,8733	0,8905	0,8745	0,8917	0,8758	0,8929	0,8770	0,8942	0,8782	0,8954	0,8795	0,8967	0,8807
16	8824	8655	8836	8667	8849	8679	8861	8692	8874	8704	8886	8717	8899	8729	8911	8742	8923	8754	8936	8766
17	8793	8614	8806	8626	8818	8638	8831	8651	8843	8663	8855	8675	8868	8688	8880	8700	8893	8713	8905	8725
18	8763	8572	8776	8585	8788	8597	8800	8609	8813	8622	8825	8634	8837	8646	8850	8659	8862	8671	8874	8683
19	8733	8530	8745	8543	8758	8555	8770	8567	8782	8580	8795	8592	8807	8604	8819	8617	8832	8629	8844	8641
20	0,8703	0,8488	0,8716	0,8501	0,8728	0,8513	0,8740	0,8525	0,8752	0,8537	0,8765	0,8550	0,8777	0,8562	0,8789	0,8574	0,8801	0,8586	0,8814	0,8599
21	8674	8446	8686	8458	8698	8470	8710	8482	8722	8495	8735	8507	8747	8519	8759	8531	8771	8544	8784	8556
22	8644	8403	8656	8415	8669	8427	8681	8439	8693	8451	8705	8464	8717	8476	8729	8488	8742	8500	8754	8512
23	8615	8359	8627	8371	8639	8384	8651	8396	8663	8408	8676	8420	8688	8432	8700	8444	8712	8456	8724	8468
24	8586	8315	8598	8327	8610	8339	8622	8352	8634	8364	8646	8376	8658	8388	8671	8400	8683	8412	8695	8424
25	0,8557	0,8271	0,8569	0,8283	0,8581	0,8295	0,8593	0,8307	0,8605	0,8319	0,8617	0,8331	0,8629	0,8343	0,8641	0,8355	0,8653	0,8367	0,8665	0,8379
26	8528	8226	8540	8238	8552	8250	8564	8262	8576	8274	8588	8286	8600	8298	8612	8310	8624	8322	8636	8334
27	8500	8180	8512	8192	8524	8204	8536	8216	8548	8228	8560	8240	8572	8252	8584	8264	8596	8276	8608	8287
28	8472	8133	8483	8145	8495	8157	8507	8169	8519	8181	8531	8193	8543	8205	8555	8217	8567	8229	8579	8241
29	8443	8086	8455	8098	8467	8110	8479	8122	8491	8134	8503	8146	8515	8158	8527	8169	8539	8181	8550	8193
30	0,8416	0,8038	0,8427	0,8050	0,8439	0,8062	0,8451	0,8074	0,8463	0,8086	0,8475	0,8098	0,8487	0,8109	0,8499	0,8121	0,8510	0,8133	0,8522	0,8145
31	8388	7990	8400	8002	8411	8013	8423	8025	8435	8037	8447	8049	8459	8061	8471	8072	8482	8084	8494	8096
32	8360	7940	8372	7952	8384	7964	8396	7976	8407	7987	8419	7999	8431	8011	8443	8023	8454	8035	8466	8046
33	8333	7890	8345	7902	8356	7914	8368	7925	8380	7937	8392	7949	8403	7961	8415	7972	8427	7984	8439	7996
34	8306	7839	8317	7851	8329	7862	8341	7874	8353	7886	8364	7897	8376	7909	8388	7921	8399	7933	8411	7944
35	0,8279	0,7787	0,8290	0,7799	0,8302	0,7810	0,8314	0,7822	0,8325	0,7834	0,8337	0,7845	0,8349	0,7857	0,8360	0,7869	0,8372	0,7880	0,8384	0,7892
36	8252	7734	8263	7746	8275	7757	8287	7769	8298	7780	8310	7792	8322	7804	8333	7815	8345	7827	8356	7839
37	8225	7680	8237	7692	8248	7703	8260	7715	8272	7726	8283	7738	8295	7749	8306	7761	8318	7773	8329	7784
38	8199	7625	8210	7636	8222	7648	8233	7660	8245	7671	8256	7683	8268	7694	8280	7706	8291	7717	8303	7729
39	8172	7569	8184	7580	8195	7592	8207	7603	8218	7615	8230	7626	8241	7638	8253	7649	8264	7661	8276	7672
40	0,8146	0,7511	0,8158	0,7523	0,8169	0,7534	0,8181	0,7546	0,8192	0,7557	0,8204	0,7569	0,8215	0,7580	0,8227	0,7592	0,8238	0,7603	0,8249	0,7615
41	8120	7453	8132	7464	8143	7476	8155	7487	8166	7499	8177	7510	8189	7522	8200	7533	8212	7545	8223	7556
42	8094	7393	8106	7405	8117	7416	8129	7427	8140	7439	8151	7450	8163	7462	8174	7473	8186	7484	8197	7496

Torr	720		721		722		723		724		725		726		727		728		729	
0	0,9474	0,9413	0,9487	0,9427	0,9500	0,9440	0,9513	0,9453	0,9526	0,9466	0,9539	0,9479	0,9553	0,9492	0,9566	0,9506	0,9579	0,9519	0,9592	0,9532
1	9439	9374	9452	9388	9465	9401	9478	9414	9491	9427	9505	9440	9518	9453	9531	9466	9544	9479	9557	9492
2	9405	9336	9418	9349	9431	9362	9444	9375	9457	9388	9470	9401	9483	9414	9496	9427	9509	9440	9522	9453
3	9371	9297	9384	9310	9397	9323	9410	9336	9423	9349	9436	9362	9449	9375	9462	9388	9475	9401	9488	9414
4	9337	9258	9350	9270	9363	9283	9376	9296	9388	9309	9401	9322	9414	9335	9427	9348	9440	9361	9453	9374
5	0,9303	0,9218	0,9316	0,9231	0,9329	0,9244	0,9342	0,9257	0,9355	0,9270	0,9368	0,9283	0,9380	0,9296	0,9393	0,9309	0,9406	0,9322	0,9419	0,9335
6	9270	9179	9282	9192	9295	9205	9308	9218	9321	9231	9334	9244	9347	9257	9360	9269	9373	9282	9385	9295
7	9236	9140	9249	9153	9262	9166	9275	9179	9288	9191	9301	9204	9313	9217	9326	9230	9339	9243	9352	9255
8	9203	9101	9216	9113	9229	9126	9242	9139	9255	9152	9267	9165	9280	9177	9293	9190	9306	9203	9319	9216
9	9171	9061	9184	9074	9196	9087	9209	9099	9222	9112	9234	9125	9247	9138	9260	9150	9273	9163	9285	9176
10	0,9138	0,9021	0,9151	0,9034	0,9164	0,9047	0,9176	0,9060	0,9189	0,9072	0,9202	0,9085	0,9214	0,9098	0,9227	0,9110	0,9240	0,9123	0,9253	0,9136
11	9106	8982	9119	8994	9131	9007	9144	9020	9157	9032	9169	9045	9182	9057	9195	9070	9207	9083	9220	9095
12	9074	8942	9087	8954	9099	8967	9112	8979	9124	8992	9137	9005	9150	9017	9162	9030	9175	9042	9187	9055
13	9042	8901	9055	8914	9067	8926	9080	8939	9093	8951	9105	8964	9118	8977	9130	8989	9143	9002	9155	9014
14	9011	8861	9023	8873	9036	8886	9048	8898	9061	8911	9073	8923	9086	8936	9098	8948	9111	8961	9123	8973
15	0,8979	0,8820	0,8992	0,8832	0,9004	0,8845	0,9017	0,8857	0,9029	0,8870	0,9042	0,8882	0,9054	0,8895	0,9067	0,8907	0,9079	0,8920	0,9092	0,8932
16	8948	8779	8961	8791	8973	8804	8986	8816	8998	8829	9010	8841	9023	8853	9035	8866	9048	8878	9060	8891
17	8917	8737	8930	8750	8942	8762	8954	8775	8967	8787	8979	8799	8992	8812	9004	8824	9016	8836	9029	8849
18	8887	8696	8899	8708	8911	8720	8924	8733	8936	8745	8948	8757	8961	8770	8973	8782	8985	8794	8998	8807
19	8856	8653	8868	8666	8881	8678	8893	8690	8905	8703	8918	8715	8930	8727	8942	8740	8955	8752	8967	8764
20	0,8826	0,8611	0,8838	0,8623	0,8850	0,8635	0,8863	0,8648	0,8875	0,8660	0,8887	0,8672	0,8899	0,8684	0,8912	0,8697	0,8924	0,8709	0,8936	0,8721
21	8796	8568	8808	8580	8820	8592	8832	8605	8845	8617	8857	8629	8869	8641	8881	8653	8894	8666	8906	8678
22	8766	8525	8778	8537	8790	8549	8802	8561	8815	8573	8827	8585	8839	8598	8851	8610	8863	8622	8875	8634
23	8736	8481	8748	8493	8761	8505	8773	8517	8785	8529	8797	8541	8809	8553	8821	8566	8833	8578	8845	8590
24	8707	8436	8719	8448	8731	8460	8743	8472	8755	8485	8767	8497	8779	8509	8791	8521	8804	8533	8816	8545
25	0,8678	0,8391	0,8690	0,8403	0,8702	0,8415	0,8714	0,8427	0,8726	0,8439	0,8738	0,8451	0,8750	0,8464	0,8762	0,8476	0,8774	0,8488	0,8786	0,8500
26	8648	8346	8660	8358	8672	8370	8684	8382	8696	8394	8709	8406	8721	8418	8733	8430	8745	8442	8757	8454
27	8620	8299	8632	8311	8644	8323	8655	8335	8667	8347	8679	8359	8691	8371	8703	8383	8715	8395	8727	8407
28	8591	8253	8603	8265	8615	8276	8627	8288	8639	8300	8651	8312	8662	8324	8674	8336	8686	8348	8698	8360
29	8562	8205	8574	8217	8586	8229	8598	8241	8610	8253	8622	8265	8634	8276	8646	8288	8658	8300	8669	8312
30	0,8534	0,8157	0,8546	0,8169	0,8558	0,8181	0,8570	0,8192	0,8581	0,8204	0,8593	0,8216	0,8605	0,8228	0,8617	0,8240	0,8629	0,8252	0,8641	0,8264
31	8506	8108	8518	8120	8530	8132	8541	8143	8553	8155	8565	8167	8577	8179	8589	8191	8600	8202	8612	8214
32	8478	8058	8490	8070	8502	8082	8513	8093	8525	8105	8537	8117	8549	8129	8560	8141	8572	8152	8584	8164
33	8450	8007	8462	8019	8474	8031	8485	8043	8497	8054	8509	8066	8521	8078	8532	8090	8544	8101	8556	8113
34	8423	7956	8434	7968	8446	7979	8458	7991	8469	8003	8481	8014	8493	8026	8505	8038	8516	8050	8528	8061
35	0,8395	0,7904	0,8407	0,7915	0,8419	0,7927	0,8430	0,7939	0,8442	0,7950	0,8454	0,7962	0,8465	0,7974	0,8477	0,7985	0,8489	0,7997	0,8500	0,8008
36	8368	7850	8380	7862	8391	7873	8403	7885	8415	7897	8426	7908	8438	7920	8449	7932	8461	7943	8473	7955
37	8341	7796	8353	7807	8364	7819	8376	7831	8387	7842	8399	7854	8411	7865	8422	7877	8434	7888	8445	7900
38	8314	7740	8326	7752	8337	7763	8349	7775	8360	7787	8372	7798	8383	7810	8395	7821	8407	7833	8418	7844
39	8287	7684	8299	7695	8311	7707	8322	7718	8334	7730	8345	7741	8357	7753	8368	7764	8380	7776	8391	7787
40	0,8261	0,7626	0,8272	0,7638	0,8284	0,7649	0,8295	0,7661	0,8307	0,7672	0,8318	0,7684	0,8330	0,7695	0,8341	0,7707	0,8353	0,7718	0,8364	0,7729
41	8235	7567	8246	7579	8257	7590	8269	7602	8280	7613	8292	7625	8303	7636	8315	7647	8326	7659	8338	7670
42	8208	7507	8220	7519	8231	7530	8243	7541	8254	7553	8265	7564	8277	7576	8288	7587	8300	7599	8311	7610

Torr	730		731		732		733		734		735		736		737		738		739	
°C	trock.	*feucht*	trock.	*feucht*	trock.	*feucht*	trock.	*feucht*	trock.	*feucht*	trock.	*feucht*	trock.	*feucht*	trock.	*feucht*	trock.	*feucht*	trock.	*feucht*
0	0,9605	0,9545	0,9618	0,9558	0,9632	0,9571	0,9645	0,9584	0,9658	0,9598	0,9671	0,9611	0,9684	0,9624	0,9697	0,9637	0,9711	0,9650	0,9724	0,9663
1	9570	9506	9583	9519	9596	9532	9609	9545	9623	9558	9636	9571	9649	9584	9662	9597	9675	9610	9688	9624
2	9535	9466	9548	9479	9561	9492	9574	9505	9588	9518	9601	9531	9614	9544	9627	9558	9640	9571	9653	9584
3	9501	9427	9514	9440	9527	9453	9540	9466	9553	9479	9566	9492	9579	9505	9592	9518	9605	9531	9618	9544
4	9466	9387	9479	9400	9492	9413	9505	9426	9518	9439	9531	9452	9544	9465	9557	9478	9570	9491	9583	9504
5	0,9432	0,9348	0,9445	0,9361	0,9458	0,9373	0,9471	0,9386	0,9484	0,9399	0,9497	0,9412	0,9510	0,9425	0,9523	0,9438	0,9536	0,9451	0,9548	0,9464
6	9398	9308	9411	9321	9424	9334	9437	9347	9450	9360	9463	9372	9476	9385	9488	9398	9501	9411	9514	9424
7	9365	9268	9378	9281	9390	9294	9403	9307	9416	9320	9429	9332	9442	9345	9454	9358	9467	9371	9480	9384
8	9331	9228	9344	9241	9357	9254	9370	9267	9382	9280	9395	9292	9408	9305	9421	9318	9434	9331	9446	9344
9	9298	9188	9311	9201	9324	9214	9336	9227	9349	9239	9362	9252	9375	9265	9387	9278	9400	9290	9413	9303
10	0,9265	0,9148	0,9278	0,9161	0,9291	0,9174	0,9303	0,9186	0,9316	0,9199	0,9329	0,9212	0,9341	0,9224	0,9354	0,9237	0,9367	0,9250	0,9379	0,9263
11	9233	9108	9245	9121	9258	9133	9270	9146	9283	9159	9296	9171	9308	9184	9321	9197	9334	9209	9346	9222
12	9200	9068	9213	9080	9225	9093	9238	9105	9251	9118	9263	9131	9276	9143	9288	9156	9301	9168	9314	9181
13	9168	9027	9180	9039	9193	9052	9206	9064	9218	9077	9231	9090	9243	9102	9256	9115	9268	9127	9281	9140
14	9136	8986	9148	8998	9161	9011	9173	9023	9186	9036	9198	9048	9211	9061	9223	9073	9236	9086	9248	9098
15	0,9104	0,8945	0,9117	0,8957	0,9129	0,8970	0,9141	0,8982	0,9154	0,8994	0,9166	0,9007	0,9179	0,9019	0,9191	0,9032	0,9204	0,9044	0,9216	0,9057
16	9073	8903	9085	8916	9097	8928	9110	8940	9122	8953	9135	8965	9147	8978	9160	8990	9172	9003	9184	9015
17	9041	8861	9054	8874	9066	8886	9078	8898	9091	8911	9103	8923	9115	8936	9128	8948	9140	8960	9153	8973
18	9010	8819	9022	8831	9035	8844	9047	8856	9059	8868	9072	8881	9084	8893	9096	8905	9109	8918	9121	8930
19	8979	8776	8991	8789	9004	8801	9016	8813	9028	8826	9041	8838	9053	8850	9065	8863	9078	8875	9090	8887
20	0,8948	0,8733	0,8961	0,8746	0,8973	0,8758	0,8985	0,8770	0,8997	0,8783	0,9010	0,8795	0,9022	0,8807	0,9034	0,8819	0,9047	0,8832	0,9059	0,8844
21	8918	8690	8930	8702	8942	8715	8955	8727	8967	8739	8979	8751	8991	8763	9003	8776	9016	8788	9028	8800
22	8888	8646	8900	8658	8912	8671	8924	8683	8936	8695	8949	8707	8961	8719	8973	8732	8985	8744	8997	8756
23	8858	8602	8870	8614	8882	8626	8894	8638	8906	8650	8918	8663	8930	8675	8943	8687	8955	8699	8967	8711
24	8828	8557	8840	8569	8852	8581	8864	8593	8876	8605	8888	8618	8900	8630	8912	8642	8924	8654	8937	8666
25	0,8798	0,8512	0,8810	0,8524	0,8822	0,8536	0,8834	0,8548	0,8846	0,8560	0,8858	0,8572	0,8870	0,8584	0,8882	0,8596	0,8894	0,8608	0,8907	0,8620
26	8769	8466	8781	8478	8793	8490	8805	8502	8817	8514	8829	8526	8841	8538	8853	8550	8865	8562	8877	8574
27	8739	8419	8751	8431	8763	8443	8775	8455	8787	8467	8799	8479	8811	8491	8823	8503	8835	8515	8847	8527
28	8710	8372	8722	8384	8734	8396	8746	8408	8758	8420	8770	8432	8782	8444	8794	8455	8806	8467	8818	8479
29	8681	8324	8693	8336	8705	8348	8717	8360	8729	8372	8741	8383	8753	8395	8765	8407	8776	8419	8788	8431
30	0,8653	0,8275	0,8664	0,8287	0,8676	0,8299	0,8688	0,8311	0,8700	0,8323	0,8712	0,8335	0,8724	0,8347	0,8736	0,8358	0,8747	0,8370	0,8759	0,8382
31	8624	8226	8636	8238	8648	8250	8660	8261	8671	8273	8683	8285	8695	8297	8707	8309	8719	8321	8730	8332
32	8596	8176	8608	8188	8619	8199	8631	8211	8643	8223	8655	8235	8666	8246	8678	8258	8690	8270	8702	8282
33	8568	8125	8579	8137	8591	8148	8603	8160	8615	8172	8626	8184	8638	8195	8650	8207	8662	8219	8673	8230
34	8540	8073	8551	8085	8563	8096	8575	8108	8586	8120	8598	8131	8610	8143	8622	8155	8633	8167	8645	8178
35	0,8512	0,8020	0,8524	0,8032	0,8535	0,8043	0,8547	0,8055	0,8559	0,8067	0,8570	0,8078	0,8582	0,8090	0,8594	0,8102	0,8605	0,8113	0,8617	0,8125
36	8484	7966	8496	7978	8508	7990	8519	8001	8531	8013	8542	8024	8554	8036	8566	8048	8577	8059	8589	8071
37	8457	7912	8468	7923	8480	7935	8492	7946	8503	7958	8515	7970	8526	7981	8538	7993	8550	8004	8561	8016
38	8430	7856	8441	7867	8453	7879	8464	7890	8476	7902	8487	7914	8499	7925	8510	7937	8522	7948	8534	7960
39	8403	7799	8414	7810	8426	7822	8437	7834	8449	7845	8460	7857	8472	7868	8483	7880	8495	7891	8506	7903
40	0,8376	0,7741	0,8387	0,7752	0,8399	0,7764	0,8410	0,7775	0,8422	0,7787	0,8433	0,7798	0,8445	0,7810	0,8456	0,7821	0,8467	0,7833	0,8479	0,7844
41	8349	7682	8360	7693	8372	7705	8383	7716	8395	7728	8406	7739	8418	7750	8429	7762	8440	7773	8452	7785
42	8322	7621	8334	7633	8345	7644	8357	7656	8368	7667	8379	7678	8391	7690	8402	7701	8414	7713	8425	7724

Torr	740		741		742		743		744		745		746		747		748		749	
0	0,9737	0,9677	0,9750	0,9690	0,9763	0,9703	0,9776	0,9716	0,9789	0,9729	0,9803	0,9742	0,9816	0,9756	0,9829	0,9769	0,9842	0,9782	0,9855	0,9795
1	9701	9637	9714	9650	9727	9663	9741	9676	9754	9689	9767	9702	9780	9715	9793	9728	9806	9742	9819	9755
2	9666	9597	9679	9610	9692	9623	9705	9636	9718	9649	9731	9662	9744	9675	9757	9688	9770	9701	9783	9714
3	9631	9557	9644	9570	9657	9583	9670	9596	9683	9609	9696	9622	9709	9635	9722	9648	9735	9661	9748	9674
4	9596	9517	9609	9530	9622	9543	9635	9556	9648	9569	9661	9582	9674	9595	9687	9608	9700	9621	9713	9634
5	0,9561	0,9477	0,9574	0,9490	0,9587	0,9503	0,9600	0,9516	0,9613	0,9529	0,9626	0,9541	0,9639	0,9554	0,9652	0,9567	0,9665	0,9580	0,9678	0,9593
6	9527	9437	9540	9450	9553	9463	9566	9475	9579	9488	9591	9501	9604	9514	9617	9527	9630	9540	9643	9553
7	9493	9397	9506	9409	9519	9422	9531	9435	9544	9448	9557	9461	9570	9474	9583	9486	9596	9499	9608	9512
8	9459	9356	9472	9369	9485	9382	9497	9395	9510	9407	9523	9420	9536	9433	9549	9446	9561	9459	9574	9471
9	9426	9316	9438	9329	9451	9341	9464	9354	9476	9367	9489	9380	9502	9392	9515	9405	9527	9418	9540	9430
10	0,9392	0,9275	0,9405	0,9288	0,9418	0,9301	0,9430	0,9313	0,9443	0,9326	0,9456	0,9339	0,9468	0,9351	0,9481	0,9364	0,9494	0,9377	0,9506	0,9389
11	9359	9235	9372	9247	9384	9260	9397	9272	9410	9285	9422	9298	9435	9310	9448	9323	9460	9336	9473	9348
12	9326	9194	9339	9206	9351	9219	9364	9231	9377	9244	9389	9257	9402	9269	9414	9282	9427	9294	9440	9307
13	9293	9152	9306	9165	9319	9178	9331	9190	9344	9203	9356	9215	9369	9228	9381	9240	9394	9253	9406	9265
14	9261	9111	9274	9124	9286	9136	9299	9149	9311	9161	9324	9174	9336	9186	9349	9199	9361	9211	9374	9224
15	0,9229	0,9069	0,9241	0,9082	0,9254	0,9094	0,9266	0,9107	0,9279	0,9119	0,9291	0,9132	0,9304	0,9144	0,9316	0,9157	0,9329	0,9169	0,9341	0,9182
16	9197	9027	9209	9040	9222	9052	9234	9065	9247	9077	9259	9090	9271	9102	9284	9114	9296	9127	9309	9139
17	9165	8985	9177	8997	9190	9010	9202	9022	9215	9035	9227	9047	9239	9059	9252	9072	9264	9084	9277	9097
18	9133	8942	9146	8955	9158	8967	9171	8979	9183	8992	9195	9004	9208	9017	9220	9029	9232	9041	9245	9054
19	9102	8899	9114	8912	9127	8924	9139	8936	9151	8949	9164	8961	9176	8973	9188	8986	9201	8998	9213	9010
20	0,9071	0,8856	0,9083	0,8868	0,9096	0,8881	0,9108	0,8893	0,9120	0,8905	0,9132	0,8917	0,9145	0,8930	0,9157	0,8942	0,9169	0,8954	0,9181	0,8966
21	9040	8812	9052	8824	9065	8837	9077	8849	9089	8861	9101	8873	9113	8886	9126	8898	9138	8910	9150	8922
22	9009	8768	9022	8780	9034	8792	9046	8805	9058	8817	9070	8829	9082	8841	9095	8853	9107	8865	9119	8878
23	8979	8723	8991	8735	9003	8748	9015	8760	9027	8772	9040	8784	9052	8796	9064	8808	9076	8820	9088	8832
24	8949	8678	8961	8690	8973	8702	8985	8714	8997	8726	9009	8739	9021	8751	9033	8763	9045	8775	9057	8787
25	0,8919	0,8632	0,8931	0,8644	0,8943	0,8656	0,8955	0,8668	0,8967	0,8680	0,8979	0,8693	0,8991	0,8705	0,9003	0,8717	0,9015	0,8729	0,9027	0,8741
26	8889	8586	8901	8598	8913	8610	8925	8622	8937	8634	8949	8646	8961	8658	8973	8670	8985	8682	8997	8694
27	8859	8539	8871	8551	8883	8563	8895	8575	8907	8587	8919	8599	8931	8611	8943	8623	8955	8635	8967	8647
28	8830	8491	8841	8503	8853	8515	8865	8527	8877	8539	8889	8551	8901	8563	8913	8575	8925	8587	8937	8599
29	8800	8443	8812	8455	8824	8467	8836	8479	8848	8491	8860	8502	8872	8514	8883	8526	8895	8538	8907	8550
30	0,8771	0,8394	0,8783	0,8406	0,8795	0,8418	0,8807	0,8429	0,8819	0,8441	0,8830	0,8453	0,8842	0,8465	0,8854	0,8477	0,8866	0,8489	0,8878	0,8501
31	8742	8344	8754	8356	8766	8368	8778	8380	8789	8391	8801	8403	8813	8415	8825	8427	8837	8439	8849	8450
32	8714	8294	8725	8305	8737	8317	8749	8329	8761	8341	8772	8352	8784	8364	8796	8376	8808	8388	8820	8400
33	8685	8242	8697	8254	8708	8266	8720	8277	8732	8289	8744	8301	8755	8313	8767	8324	8779	8336	8791	8348
34	8657	8190	8668	8202	8680	8213	8692	8225	8703	8237	8715	8248	8727	8260	8739	8272	8750	8284	8762	8295
35	0,8629	0,8137	0,8640	0,8148	0,8652	0,8160	0,8663	0,8172	0,8675	0,8183	0,8687	0,8195	0,8698	0,8207	0,8710	0,8218	0,8722	0,8230	0,8733	0,8242
36	8601	8083	8612	8094	8624	8106	8635	8117	8647	8129	8659	8141	8670	8152	8682	8164	8694	8176	8705	8187
37	8573	8027	8584	8039	8596	8051	8608	8062	8619	8074	8631	8085	8642	8097	8654	8109	8665	8120	8677	8132
38	8545	7971	8557	7983	8568	7994	8580	8006	8591	8018	8603	8029	8614	8041	8626	8052	8638	8064	8649	8075
39	8518	7914	8529	7926	8541	7937	8552	7949	8564	7960	8575	7972	8587	7983	8598	7995	8610	8006	8621	8018
40	0,8490	0,7856	0,8502	0,7867	0,8513	0,7879	0,8525	0,7890	0,8536	0,7902	0,8548	0,7913	0,8559	0,7925	0,8571	0,7936	0,8582	0,7947	0,8594	0,7959
41	8463	7796	8475	7808	8486	7819	8498	7830	8509	7842	8521	7853	8532	7865	8543	7876	8555	7888	8566	7899
42	8436	7735	8448	7747	8459	7758	8471	7770	8482	7781	8493	7792	8505	7804	8516	7815	8528	7827	8539	7838

Torr	750		751		752		753		754		755		756		757		758		759	
°C	trock.	feucht	trock.	feucht	trock.	feucht	trock.	feucht	trock.	feucht	trock.	feucht	trock.	feucht	trock.	feucht	trock.	feucht	trock.	feucht
0	0,9868	0,9808	0,9882	0,9821	0,9895	0,9834	0,9908	0,9848	0,9921	0,9861	0,9934	0,9874	0,9947	0,9887	0,9961	0,9900	0,9974	0,9913	0,9987	0,9927
1	9832	9768	9845	9781	9859	9794	9872	9807	9885	9820	9898	9833	9911	9846	9924	9860	9937	9873	9950	9886
2	9797	9727	9810	9740	9823	9753	9836	9767	9849	9780	9862	9793	9875	9806	9888	9819	9901	9832	9914	9845
3	9761	9687	9774	9700	9787	9713	9800	9726	9813	9739	9826	9752	9839	9765	9852	9778	9865	9791	9878	9804
4	9726	9647	9739	9660	9752	9672	9765	9685	9778	9698	9790	9711	9803	9724	9816	9737	9829	9750	9842	9763
5	0,9691	0,9606	0,9704	0,9619	0,9716	0,9632	0,9729	0,9645	0,9742	0,9658	0,9755	0,9671	0,9768	0,9684	0,9781	0,9697	0,9794	0,9709	0,9807	0,9722
6	9656	9566	9669	9578	9682	9591	9694	9604	9707	9617	9720	9630	9733	9643	9746	9656	9759	9669	9772	9681
7	9621	9525	9634	9538	9647	9551	9660	9563	9673	9576	9685	9589	9698	9602	9711	9615	9724	9627	9737	9640
8	9587	9484	9600	9497	9613	9510	9625	9522	9638	9535	9651	9548	9664	9561	9676	9574	9689	9586	9702	9599
9	9553	9443	9566	9456	9578	9469	9591	9481	9604	9494	9617	9507	9629	9520	9642	9532	9655	9545	9668	9558
10	0,9519	0,9402	0,9532	0,9415	0,9544	0,9428	0,9557	0,9440	0,9570	0,9453	0,9583	0,9466	0,9595	0,9478	0,9608	0,9491	0,9621	0,9504	0,9633	0,9516
11	9485	9361	9498	9374	9511	9386	9523	9399	9536	9412	9549	9424	9561	9437	9574	9450	9587	9462	9599	9475
12	9452	9320	9465	9332	9477	9345	9490	9357	9503	9370	9515	9383	9528	9395	9540	9408	9553	9420	9566	9433
13	9419	9278	9432	9291	9444	9303	9457	9316	9469	9328	9482	9341	9494	9353	9507	9366	9520	9378	9532	9391
14	9386	9236	9399	9249	9411	9261	9424	9274	9436	9286	9449	9299	9461	9311	9474	9324	9486	9336	9499	9349
15	0,9354	0,9194	0,9366	0,9206	0,9378	0,9219	0,9391	0,9231	0,9403	0,9244	0,9416	0,9256	0,9428	0,9269	0,9441	0,9281	0,9453	0,9294	0,9466	0,9306
16	9321	9152	9334	9164	9346	9176	9358	9189	9371	9201	9383	9214	9396	9226	9408	9239	9421	9251	9433	9263
17	9289	9109	9301	9121	9314	9134	9326	9146	9338	9158	9351	9171	9363	9183	9376	9196	9388	9208	9400	9220
18	9257	9066	9269	9078	9282	9091	9294	9103	9306	9115	9319	9128	9331	9140	9343	9152	9356	9165	9368	9177
19	9225	9022	9237	9035	9250	9047	9262	9059	9274	9072	9287	9084	9299	9096	9311	9109	9324	9121	9336	9133
20	0,9194	0,8979	0,9206	0,8991	0,9218	0,9003	0,9230	0,9015	0,9243	0,9028	0,9255	0,9040	0,9267	0,9052	0,9279	0,9064	0,9292	0,9077	0,9304	0,9089
21	9162	8934	9174	8947	9187	8959	9199	8971	9211	8983	9223	8996	9236	9008	9248	9020	9260	9032	9272	9044
22	9131	8890	9143	8902	9156	8914	9168	8926	9180	8938	9192	8951	9204	8963	9216	8975	9229	8987	9241	8999
23	9100	8845	9112	8857	9125	8869	9137	8881	9149	8893	9161	8905	9173	8917	9185	8930	9197	8942	9209	8954
24	9070	8799	9082	8811	9094	8823	9106	8835	9118	8847	9130	8859	9142	8872	9154	8884	9166	8896	9178	8908
25	0,9039	0,8753	0,9051	0,8765	0,9063	0,8777	0,9075	0,8789	0,9087	0,8801	0,9099	0,8813	0,9111	0,8825	0,9123	0,8837	0,9136	0,8849	0,9148	0,8861
26	9009	8706	9021	8718	9033	8730	9045	8742	9057	8754	9069	8766	9081	8778	9093	8790	9105	8802	9117	8814
27	8979	8659	8991	8671	9003	8683	9015	8695	9027	8706	9039	8718	9051	8730	9063	8742	9074	8754	9086	8766
28	8949	8611	8961	8623	8973	8634	8985	8646	8997	8658	9008	8670	9020	8682	9032	8694	9044	8706	9056	8718
29	8919	8562	8931	8574	8943	8586	8955	8598	8967	8609	8979	8621	8991	8633	9002	8645	9014	8657	9026	8669
30	0,8890	0,8512	0,8902	0,8524	0,8913	0,8536	0,8925	0,8548	0,8937	0,8560	0,8949	0,8572	0,8961	0,8584	0,8973	0,8595	0,8984	0,8607	0,8996	0,8619
31	8860	8462	8872	8474	8884	8486	8896	8498	8908	8510	8919	8521	8931	8533	8943	8545	8955	8557	8967	8569
32	8831	8411	8843	8423	8855	8435	8867	8447	8878	8458	8890	8470	8902	8482	8914	8494	8925	8506	8937	8517
33	8802	8360	8814	8371	8826	8383	8838	8395	8849	8407	8861	8418	8873	8430	8885	8442	8896	8453	8908	8465
34	8774	8307	8785	8319	8797	8330	8809	8342	8820	8354	8832	8365	8844	8377	8856	8389	8867	8400	8879	8412
35	0,8745	0,8253	0,8757	0,8265	0,8768	0,8277	0,8780	0,8288	0,8792	0,8300	0,8803	0,8312	0,8815	0,8323	0,8827	0,8335	0,8838	0,8347	0,8850	0,8358
36	8717	8199	8728	8210	8740	8222	8752	8234	8763	8245	8775	8257	8786	8269	8798	8280	8810	8292	8821	8303
37	8689	8143	8700	8155	8712	8167	8723	8178	8735	8190	8747	8201	8758	8213	8770	8224	8781	8236	8793	8248
38	8661	8087	8672	8098	8684	8110	8695	8121	8707	8133	8718	8145	8730	8156	8741	8168	8753	8179	8765	8191
39	8633	8029	8644	8041	8656	8052	8667	8064	8679	8075	8690	8087	8702	8098	8713	8110	8725	8121	8736	8133
40	0,8605	0,7970	0,8617	0,7982	0,8628	0,7993	0,8640	0,8005	0,8651	0,8016	0,8663	0,8028	0,8674	0,8039	0,8685	0,8051	0,8697	0,8062	0,8708	0,8074
41	8578	7910	8589	7922	8601	7933	8612	7945	8623	7956	8635	7968	8646	7979	8658	7991	8669	8002	8681	8013
42	8550	7849	8562	7861	8573	7872	8585	7884	8596	7895	8607	7906	8619	7918	8630	7929	8642	7941	8653	7952

Torr	760		761		762		763		764		765		766		767		768		769	
°C	trock.	feucht	trock.	feucht	trock.	feucht	trock.	feucht	trock.	feucht	trock.	feucht	trock.	feucht	trock.	feucht	trock.	feucht	trock.	feucht
0	1,0000	0,9940	1,0013	0,9953	1,0026	0,9966	1,0039	0,9979	1,0053	0,9992	1,0066	1,0006	1,0079	1,0019	1,0092	1,0032	1,0105	1,0045	1,0118	1,0058
1	0,9963	9899	0,9977	9912	0,9990	9925	0003	9938	0016	9951	0029	0,9964	0042	0,9978	0055	0,9991	0068	0004	0081	0017
2	9927	9858	9940	9871	9953	9884	0,9966	9897	0,9979	9910	0,9992	9923	0006	9936	0019	9949	0032	0,9962	0045	0,9976
3	9891	9817	9904	9830	9917	9843	9930	9856	9943	9869	9956	9882	0,9969	9895	0,9982	9908	0,9995	9921	0008	9934
4	9855	9776	9868	9789	9881	9802	9894	9815	9907	9828	9920	9841	9933	9854	9946	9867	9959	9880	0,9972	9893
5	0,9820	0,9735	0,9833	0,9748	0,9846	0,9761	0,9859	0,9774	0,9871	0,9787	0,9884	0,9800	0,9897	0,9813	0,9910	0,9826	0,9923	0,9839	0,9936	0,9852
6	9785	9694	9797	9707	9810	9720	9823	9733	9836	9746	9849	9759	9862	9772	9875	9784	9888	9797	9900	9810
7	9750	9653	9762	9666	9775	9679	9788	9692	9801	9704	9814	9717	9827	9730	9839	9743	9852	9756	9865	9769
8	9715	9612	9728	9625	9740	9638	9753	9650	9766	9663	9779	9676	9791	9689	9804	9701	9817	9714	9830	9727
9	9680	9571	9693	9583	9706	9596	9718	9609	9731	9622	9744	9634	9757	9647	9769	9660	9782	9673	9795	9685
10	0,9646	0,9529	0,9659	0,9542	0,9671	0,9554	0,9684	0,9567	0,9697	0,9580	0,9709	0,9593	0,9722	0,9605	0,9735	0,9618	0,9748	0,9631	0,9760	0,9643
11	9612	9487	9625	9500	9637	9513	9650	9525	9663	9538	9675	9551	9688	9563	9700	9576	9713	9589	9726	9601
12	9578	9446	9591	9458	9603	9471	9616	9483	9629	9496	9641	9509	9654	9521	9666	9534	9679	9546	9692	9559
13	9545	9404	9557	9416	9570	9429	9582	9441	9595	9454	9607	9466	9620	9479	9633	9491	9645	9504	9658	9517
14	9511	9361	9524	9374	9536	9386	9549	9399	9561	9411	9574	9424	9586	9436	9599	9449	9611	9461	9624	9474
15	0,9478	0,9319	0,9491	0,9331	0,9503	0,9344	0,9516	0,9356	0,9528	0,9369	0,9541	0,9381	0,9553	0,9394	0,9566	0,9406	0,9578	0,9419	0,9590	0,9431
16	9445	9276	9458	9288	9470	9301	9483	9313	9495	9326	9508	9338	9520	9350	9532	9363	9545	9375	9557	9388
17	9413	9233	9425	9245	9438	9258	9450	9270	9462	9282	9475	9295	9487	9307	9499	9319	9512	9332	9524	9344
18	9380	9189	9393	9202	9405	9214	9417	9226	9430	9239	9442	9251	9454	9263	9467	9276	9479	9288	9491	9300
19	9348	9145	9360	9158	9373	9170	9385	9182	9397	9195	9410	9207	9422	9219	9434	9232	9447	9244	9459	9256
20	0,9316	0,9101	0,9328	0,9114	0,9341	0,9126	0,9353	0,9138	0,9365	0,9150	0,9377	0,9163	0,9390	0,9175	0,9402	0,9187	0,9414	0,9199	0,9427	0,9212
21	9284	9057	9297	9069	9309	9081	9321	9093	9333	9105	9346	9118	9358	9130	9370	9142	9382	9154	9394	9167
22	9253	9012	9265	9024	9277	9036	9289	9048	9302	9060	9314	9072	9326	9085	9338	9097	9350	9109	9362	9121
23	9222	8966	9234	8978	9246	8990	9258	9002	9270	9015	9282	9027	9294	9039	9307	9051	9319	9063	9331	9075
24	9191	8920	9203	8932	9215	8944	9227	8956	9239	8968	9251	8980	9263	8992	9275	9005	9287	9017	9299	9029
25	0,9160	0,8873	0,9172	0,8885	0,9184	0,8897	0,9196	0,8909	0,9208	0,8922	0,9220	0,8934	0,9232	0,8946	0,9244	0,8958	0,9256	0,8970	0,9268	0,8982
26	9129	8826	9141	8838	9153	8850	9165	8862	9177	8874	9189	8886	9201	8898	9213	8910	9225	8922	9237	8934
27	9098	8778	9110	8790	9122	8802	9134	8814	9146	8826	9158	8838	9170	8850	9182	8862	9194	8874	9206	8886
28	9068	8730	9080	8742	9092	8754	9104	8766	9116	8778	9128	8790	9140	8801	9152	8813	9164	8825	9176	8837
29	9038	8681	9050	8693	9062	8705	9074	8716	9086	8728	9098	8740	9109	8752	9121	8764	9133	8776	9145	8788
30	0,9008	0,8631	0,9020	0,8643	0,9032	0,8655	0,9044	0,8667	0,9056	0,8678	0,9067	0,8690	0,9079	0,8702	0,9091	0,8714	0,9103	0,8726	0,9115	0,8738
31	8979	8580	8990	8592	9002	8604	9014	8616	9026	8628	9038	8640	9049	8651	9061	8663	9073	8675	9085	8687
32	8949	8529	8961	8541	8973	8553	8984	8564	8996	8576	9008	8588	9020	8600	9031	8612	9043	8623	9055	8635
33	8920	8477	8931	8489	8943	8500	8955	8512	8967	8524	8978	8536	8990	8547	9002	8559	9014	8571	9025	8583
34	8891	8424	8902	8436	8914	8447	8926	8459	8937	8471	8949	8482	8961	8494	8973	8506	8984	8517	8996	8529
35	0,8862	0,8370	0,8873	0,8382	0,8885	0,8393	0,8897	0,8405	0,8908	0,8417	0,8920	0,8428	0,8932	0,8440	0,8943	0,8452	0,8955	0,8463	0,8967	0,8475
36	8833	8315	8845	8327	8856	8338	8868	8350	8879	8362	8891	8373	8903	8385	8914	8396	8926	8408	8938	8420
37	8804	8259	8816	8271	8828	8282	8839	8294	8851	8306	8862	8317	8874	8329	8886	8340	8897	8352	8909	8363
38	8776	8202	8788	8214	8799	8225	8811	8237	8822	8248	8834	8260	8845	8272	8857	8283	8868	8295	8880	8306
39	8748	8144	8759	8156	8771	8167	8782	8179	8794	8190	8805	8202	8817	8213	8828	8225	8840	8236	8852	8248
40	0,8720	0,8085	0,8731	0,8097	0,8743	0,8108	0,8754	0,8120	0,8766	0,8131	0,8777	0,8143	0,8789	0,8154	0,8800	0,8165	0,8812	0,8177	0,8823	0,8188
41	8692	8025	8704	8036	8715	8048	8726	8059	8738	8071	8749	8082	8761	8093	8772	8105	8784	8116	8795	8128
42	8664	7963	8676	7975	8687	7986	8699	7998	8710	8009	8721	8020	8733	8032	8744	8043	8756	8055	8767	8066

Torr	770		771		772		773		774		775		776		777		778		779	
°C	trock.	feucht	trock.	feucht	trock.	feucht	trock.	feucht	trock.	feucht	trock.	feucht	trock.	feucht	trock.	feucht	trock.	feucht	trock.	feucht
0	1,0132	1,0071	1,0145	1,0084	1,0158	1,0098	1,0171	1,0111	1,0184	1,0124	1,0197	1,0137	1,0211	1,0150	1,0224	1,0163	1,0237	1,0177	1,0250	1,0190
1	0095	0030	0108	0043	0121	0056	0134	0069	0147	0082	0160	0096	0173	0109	0186	0122	0199	0135	0213	0148
2	0058	0,9989	0071	0002	0084	0015	0097	0028	0110	0041	0123	0054	0136	0067	0149	0080	0162	0093	0175	0106
3	0021	9947	0034	0,9960	0047	0,9973	0060	0,9986	0073	0,9999	0086	0012	0099	0025	0112	0038	0125	0051	0138	0064
4	0,9985	9906	0,9998	9919	0011	9932	0024	9945	0037	9958	0050	0,9971	0063	0,9984	0076	0,9997	0089	0010	0102	0023
5	0,9949	0,9864	0,9962	0,9877	0,9975	0,9890	0,9988	0,9903	1,0001	0,9916	1,0014	0,9929	1,0027	0,9942	1,0039	0,9955	1,0052	0,9968	1,0065	0,9981
6	9913	9823	9926	9836	9939	9849	9952	9862	0,9965	9874	0,9978	9887	0,9991	9900	0003	9913	0016	9926	0029	9939
7	9878	9781	9891	9794	9903	9807	9916	9820	9929	9833	9942	9846	9955	9858	0,9968	9871	0,9980	9884	0,9993	9897
8	9843	9740	9855	9753	9868	9765	9881	9778	9894	9791	9907	9804	9919	9816	9932	9829	9945	9842	9958	9855
9	9808	9698	9820	9711	9833	9723	9846	9736	9859	9749	9871	9762	9884	9774	9897	9787	9910	9800	9922	9813
10	0,9773	0,9656	0,9786	0,9669	0,9798	0,9681	0,9811	0,9694	0,9824	0,9707	0,9836	0,9719	0,9849	0,9732	0,9862	0,9745	0,9874	0,9758	0,9887	0,9770
11	9738	9614	9751	9627	9764	9639	9776	9652	9789	9665	9802	9677	9814	9690	9827	9702	9840	9715	9852	9728
12	9704	9572	9717	9584	9729	9597	9742	9609	9755	9622	9767	9635	9780	9647	9792	9660	9805	9672	9818	9685
13	9670	9529	9683	9542	9695	9554	9708	9567	9720	9579	9733	9592	9746	9605	9758	9617	9771	9630	9783	9642
14	9636	9486	9649	9499	9661	9511	9674	9524	9687	9537	9699	9549	9712	9562	9724	9574	9737	9587	9749	9599
15	0,9603	0,9443	0,9615	0,9456	0,9628	0,9468	0,9640	0,9481	0,9653	0,9493	0,9665	0,9506	0,9678	0,9518	0,9690	0,9531	0,9703	0,9543	0,9715	0,9556
16	9570	9400	9582	9413	9595	9425	9607	9437	9619	9450	9632	9462	9644	9475	9657	9487	9669	9500	9682	9512
17	9537	9357	9549	9369	9561	9381	9574	9394	9586	9406	9599	9419	9611	9431	9623	9443	9636	9456	9648	9468
18	9504	9313	9516	9325	9528	9337	9541	9350	9553	9362	9565	9374	9578	9387	9590	9399	9602	9411	9615	9424
19	9471	9268	9483	9281	9496	9293	9508	9305	9520	9318	9533	9330	9545	9342	9557	9355	9570	9367	9582	9379
20	0,9439	0,9224	0,9451	0,9236	0,9463	0,9248	0,9476	0,9261	0,9488	0,9273	0,9500	0,9285	0,9512	0,9297	0,9525	0,9310	0,9537	0,9322	0,9549	0,9334
21	9407	9179	9419	9191	9431	9203	9443	9215	9455	9228	9468	9240	9480	9252	9492	9264	9504	9277	9517	9289
22	9375	9133	9387	9145	9399	9158	9411	9170	9423	9182	9436	9194	9448	9206	9460	9219	9472	9231	9484	9243
23	9343	9087	9355	9099	9367	9112	9379	9124	9391	9136	9404	9148	9416	9160	9428	9172	9440	9184	9452	9197
24	9311	9041	9324	9053	9336	9065	9348	9077	9360	9089	9372	9101	9384	9113	9396	9125	9408	9138	9420	9150
25	0,9280	0,8994	0,9292	0,9006	0,9304	0,9018	0,9316	0,9030	0,9328	0,9042	0,9340	0,9054	0,9352	0,9066	0,9364	0,9078	0,9377	0,9090	0,9389	0,9102
26	9249	8946	9261	8958	9273	8970	9285	8982	9297	8994	9309	9006	9321	9018	9333	9030	9345	9042	9357	9054
27	9218	8898	9230	8910	9242	8922	9254	8934	9266	8946	9278	8958	9290	8970	9302	8982	9314	8994	9326	9006
28	9187	8849	9199	8861	9211	8873	9223	8885	9235	8897	9247	8909	9259	8921	9271	8933	9283	8945	9295	8957
29	9157	8800	9169	8812	9181	8824	9193	8835	9205	8847	9216	8859	9228	8871	9240	8883	9252	8895	9264	8907
30	0,9127	0,8750	0,9139	0,8761	0,9150	0,8773	0,9162	0,8785	0,9174	0,8797	0,9186	0,8809	0,9198	0,8821	0,9210	0,8832	0,9222	0,8844	0,9233	0,8856
31	9097	8699	9108	8710	9120	8722	9132	8734	9144	8746	9156	8758	9168	8769	9179	8781	9191	8793	9203	8805
32	9067	8647	9079	8659	9090	8670	9102	8682	9114	8694	9126	8706	9137	8717	9149	8729	9161	8741	9173	8753
33	9037	8594	9049	8606	9061	8618	9072	8629	9084	8641	9096	8653	9108	8665	9119	8676	9131	8688	9143	8700
34	9008	8541	9019	8553	9031	8564	9043	8576	9054	8588	9066	8599	9078	8611	9089	8623	9101	8634	9113	8646
35	0,8978	0,8487	0,8990	0,8498	0,9002	0,8510	0,9013	0,8522	0,9025	0,8533	0,9037	0,8545	0,9048	0,8557	0,9060	0,8568	0,9072	0,8580	0,9083	0,8591
36	8949	8431	8961	8443	8972	8455	8984	8466	8996	8478	9007	8489	9019	8501	9031	8513	9042	8524	9054	8536
37	8920	8375	8932	8387	8943	8398	8955	8410	8967	8421	8978	8433	8990	8445	9001	8456	9013	8468	9025	8479
38	8892	8318	8903	8329	8915	8341	8926	8352	8938	8364	8949	8375	8961	8387	8972	8399	8984	8410	8995	8422
39	8863	8259	8875	8271	8886	8282	8898	8294	8909	8305	8921	8317	8932	8328	8944	8340	8955	8351	8967	8363
40	0,8835	0,8200	0,8846	0,8211	0,8858	0,8223	0,8869	0,8234	0,8881	0,8246	0,8892	0,8257	0,8903	0,8269	0,8915	0,8280	0,8926	0,8292	0,8938	0,8303
41	8806	8139	8818	8151	8829	8162	8841	8174	8852	8185	8864	8196	8875	8208	8887	8219	8898	8231	8909	8242
42	8778	8077	8790	8089	8801	8100	8813	8112	8824	8123	8835	8134	8847	8146	8858	8157	8870	8169	8881	8180

Torr	780		781		782		783		784		785		786		787		788		789	
°C	trock.	feucht	trock.	feucht	trock.	feucht	trock.	feucht	trock.	feucht	trock.	feucht	trock.	feucht	trock.	feucht	trock.	feucht	trock.	feucht
0	1,0263	1,0203	1,0276	1,0216	1,0289	1,0229	1,0303	1,0242	1,0316	1,0256	1,0329	1,0269	1,0342	1,0282	1,0355	1,0295	1,0368	1,0308	1,0382	1,0321
1	0226	0161	0239	0174	0252	0187	0265	0200	0278	0213	0291	0227	0304	0240	0317	0253	0331	0266	0344	0279
2	0188	0119	0201	0132	0214	0145	0228	0158	0241	0171	0254	0185	0267	0198	0280	0211	0293	0224	0306	0237
3	0151	0077	0164	0090	0177	0103	0190	0116	0203	0129	0216	0142	0229	0155	0242	0169	0256	0182	0269	0195
4	0115	0036	0128	0049	0141	0061	0154	0074	0167	0087	0180	0100	0192	0113	0205	0126	0218	0139	0231	0152
5	1,0078	0,9994	1,0091	1,0007	1,0104	1,0020	1,0117	1,0032	1,0130	1,0045	1,0143	1,0058	1,0156	1,0071	1,0169	1,0084	1,0182	1,0097	1,0195	1,0110
6	0042	9952	0055	0,9965	0068	0,9977	0081	0,9990	0094	0003	0106	0016	0119	0029	0132	0042	0145	0055	0158	0068
7	0006	9910	0019	9923	0032	9935	0045	9948	0057	0,9961	0070	0,9974	0083	0,9987	0096	0000	0109	0012	0122	0025
8	0,9970	9868	0,9983	9880	0,9996	9893	0009	9906	0022	9919	0034	9932	0047	9944	0060	0,9957	0073	0,9970	0085	0,9983
9	9935	9825	9948	9838	9960	9851	0,9973	9864	0,9986	9876	0,9999	9889	0011	9902	0024	9915	0037	9927	0050	9940
10	0,9900	0,9783	0,9913	0,9796	0,9925	0,9808	0,9938	0,9821	0,9951	0,9834	0,9963	0,9846	0,9976	0,9859	0,9989	0,9872	1,0001	0,9884	1,0014	0,9897
11	9865	9740	9878	9753	9890	9766	9903	9778	9916	9791	9928	9804	9941	9816	9953	9829	0,9966	9842	0,9979	9854
12	9830	9698	9843	9710	9855	9723	9868	9735	9881	9748	9893	9761	9906	9773	9918	9786	9931	9798	9944	9811
13	9796	9655	9808	9667	9821	9680	9833	9692	9846	9705	9859	9718	9871	9730	9884	9743	9896	9755	9909	9768
14	9762	9612	9774	9624	9787	9637	9799	9649	9812	9662	9824	9674	9837	9687	9849	9699	9862	9712	9874	9724
15	0,9728	0,9568	0,9740	0,9581	0,9753	0,9593	0,9765	0,9606	0,9778	0,9618	0,9790	0,9631	0,9802	0,9643	0,9815	0,9655	0,9827	0,9668	0,9840	0,9680
16	9694	9524	9706	9537	9719	9549	9731	9562	9744	9574	9756	9587	9768	9599	9781	9611	9793	9624	9806	9636
17	9660	9480	9673	9493	9685	9505	9698	9518	9710	9530	9722	9542	9735	9555	9747	9567	9760	9580	9772	9592
18	9627	9436	9640	9449	9652	9461	9664	9473	9677	9486	9689	9498	9701	9510	9714	9523	9726	9535	9738	9547
19	9594	9391	9606	9404	9619	9416	9631	9428	9643	9441	9656	9453	9668	9465	9680	9478	9693	9490	9705	9502
20	0,9561	0,9346	0,9574	0,9359	0,9586	0,9371	0,9598	0,9383	0,9610	0,9395	0,9623	0,9408	0,9635	0,9420	0,9647	0,9432	0,9659	0,9444	0,9672	0,9457
21	9529	9301	9541	9313	9553	9325	9565	9338	9578	9350	9590	9362	9602	9374	9614	9386	9627	9399	9639	9411
22	9496	9255	9509	9267	9521	9279	9533	9292	9545	9304	9557	9316	9569	9328	9582	9340	9594	9352	9606	9365
23	9464	9209	9476	9221	9489	9233	9501	9245	9513	9257	9525	9269	9537	9281	9549	9294	9561	9306	9573	9318
24	9432	9162	9444	9174	9457	9186	9469	9198	9481	9210	9493	9222	9505	9234	9517	9246	9529	9258	9541	9271
25	0,9401	0,9114	0,9413	0,9126	0,9425	0,9138	0,9437	0,9150	0,9449	0,9163	0,9461	0,9175	0,9473	0,9187	0,9485	0,9199	0,9497	0,9211	0,9509	0,9223
26	9369	9066	9381	9078	9393	9090	9405	9102	9417	9114	9429	9126	9441	9138	9453	9150	9465	9162	9477	9174
27	9338	9018	9350	9030	9362	9042	9374	9054	9386	9066	9398	9078	9410	9090	9422	9102	9434	9114	9446	9126
28	9307	8969	9319	8980	9331	8992	9343	9004	9355	9016	9366	9028	9378	9040	9390	9052	9402	9064	9414	9076
29	9276	8919	9288	8931	9300	8942	9312	8954	9323	8966	9335	8978	9347	8990	9359	9002	9371	9014	9383	9026
30	0,9245	0,8868	0,9257	0,8880	0,9269	0,8892	0,9281	0,8904	0,9293	0,8915	0,9305	0,8927	0,9316	0,8939	0,9328	0,8951	0,9340	0,8963	0,9352	0,8975
31	9215	8817	9227	8829	9238	8840	9250	8852	9262	8864	9274	8876	9286	8888	9297	8899	9309	8911	9321	8923
32	9185	8765	9196	8776	9208	8788	9220	8800	9232	8812	9243	8823	9255	8835	9267	8847	9279	8859	9291	8871
33	9154	8712	9166	8723	9178	8735	9190	8747	9201	8759	9213	8770	9225	8782	9237	8794	9248	8806	9260	8817
34	9125	8658	9136	8670	9148	8681	9160	8693	9171	8705	9183	8716	9195	8728	9206	8740	9218	8751	9230	8763
35	0,9095	0,8603	0,9107	0,8615	0,9118	0,8626	0,9130	0,8638	0,9142	0,8650	0,9153	0,8661	0,9165	0,8673	0,9177	0,8685	0,9188	0,8696	0,9200	0,8708
36	9065	8548	9077	8559	9089	8571	9100	8582	9112	8594	9124	8606	9135	8617	9147	8629	9158	8640	9170	8652
37	9036	8491	9048	8502	9059	8514	9071	8526	9082	8537	9094	8549	9106	8560	9117	8572	9129	8584	9140	8595
38	9007	8433	9019	8445	9030	8456	9042	8468	9053	8479	9065	8491	9076	8503	9088	8514	9099	8526	9111	8537
39	8978	8374	8990	8386	9001	8398	9013	8409	9024	8421	9036	8432	9047	8444	9059	8455	9070	8467	9082	8478
40	0,8949	0,8315	0,8961	0,8326	0,8972	0,8338	0,8984	0,8349	0,8995	0,8361	0,9007	0,8372	0,9018	0,8383	0,9030	0,8395	0,9041	0,8406	0,9053	0,8418
41	8921	8254	8932	8265	8944	8276	8955	8288	8967	8299	8978	8311	8989	8322	9001	8334	9012	8345	9024	8357
42	8892	8191	8904	8203	8915	8214	8927	8226	8938	8237	8949	8248	8961	8260	8972	8271	8984	8283	8995	8294

Bei den höher entwickelten Organismen sind alle Lebensabläufe an das interne wässerige Milieu gebunden, dessen chemische und physikalische Eigenschaften mit höchster Präzision konstant gehalten werden. Die Kenntnis einiger Eigenschaften wässeriger Lösungen ist deshalb für den Mediziner zum Verständnis des Wasser- und Elektrolythaushaltes und zu dessen klinischer Beeinflussung unter pathologischen Umständen unentbehrlich.

Die physikalische Chemie hat heute einen hohen Stand erreicht, aber gerade auf dem Gebiete der wässerigen Lösungen bestehen noch erhebliche Lücken. Lösungen mit einer molaren Konzentration bis zu etwa 0,01 mol/kg Wasser lassen sich heute mit großer Genauigkeit berechnen. Bei höheren Konzentrationen ist die Zuziehung empirischer Korrekturfaktoren notwendig, um die aufgrund der Theorie durchgeführten Berechnungen auf die Realität abzustimmen. Für die Praxis in Biologie und Medizin ist das aber unerheblich, da die von der Theorie zur Verfügung gestellten Näherungsformeln für die meisten praktischen Belange durchaus genügen.

Die folgenden Ausführungen sind vor allem als Ergänzung zu den Tabellen auf S. 266–270 sowie zum Abschnitt «Wasser- und Elektrolythaushalt» (S. 519–526) gedacht.

Definition von Atom, Molekül, Ion

Ein Molekül ist jene Gruppe von Elementarteilchen, die im verdünnten Gas des betreffenden Stoffes als kinetische Einheit existent ist. Die Zahl der Moleküle pro Volumeneinheit sowie ihre Bewegungsenergie bestimmen die mechanischen und thermischen Eigenschaften idealer Gase. Moleküle können entweder von nur einem Element gebildet sein oder Verbindungen verschiedener Elemente darstellen. Der kleinste Beitrag eines Elementes zu allen untersuchten Verbindungen, an denen dieses Element beteiligt ist, wird Atom genannt.

Die «chemischen Bindungen», welche Atome zum Molekül verbinden, sind meist um über eine Größenordnung stärker als die Wechselwirkungen, die zwischen Molekülen auftreten können. Daher sind die Moleküle auch im kondensierten Zustand oft als Einheiten erkennbar. Für viele Stoffgruppen, vor allem für Metalle und Salze, trifft dies jedoch nicht zu. Man versteht dann unter Molekül rein formal die Summe der Atome, wie sie in der Bruttoformel angegeben sind.

Salze sind nicht aus orientiert gebundenen Atomen aufgebaut, sondern aus elektrisch geladenen Atomen, sogenannten Ionen, die Ausgangspunkt eines kugelsymmetrischen elektrischen Feldes sind. Atome wandeln sich durch Verlust von Elektronen in positive Ionen oder Kationen, durch Aufnahme von Elektronen in negative Ionen oder Anionen. Da die chemischen Eigenschaften eines Teilchens durch die Zahl seiner Elektronen bestimmt werden, sind die chemischen Eigenschaften von Ionen völlig verschieden von denen der zugehörigen Atome.

Elektrolyte

Schickt man durch ein Salz oder durch die (wässerige) Lösung eines Salzes elektrischen Strom, so finden an den Ein- und Austrittsstellen des Stromes (den Elektroden) stoffliche Veränderungen statt. Diesen Prozeß nennt man Elektrolyse, den die Veränderungen erleidenden Stoff Elektrolyt. Der Vorgang der Elektrolyse zeigt, daß der Strom im Elektrolyten durch materielle Teilchen, die Ionen, transportiert wird. Die positiv geladenen Ionen, die Kationen, welche im elektrischen Feld zur Kathode wandern, werden gekennzeichnet, indem man gemäß ihrer Wertigkeit hinter ihrem Symbol Pluszeichen setzt; entsprechend erhalten die negativ geladenen Ionen, die Anionen, welche im elektrischen Feld zur Anode wandern, hinter ihrem Symbol Minuszeichen. Beispiele: Magnesiumion $= Mg^{++}$, Nitration $= NO_3^-$.

Daß sich die Ionen nicht erst bei Anlegen des elektrischen Feldes bilden, sondern an sich in der Lösung vorhanden sind, beweisen Messungen von Eigenschaften, die nur von der Zahl der gelösten Teilchen abhängen, wie osmotischer Druck, Gefrierpunktserniedrigung usw. (siehe unten). Die Auflösung eines Salzes ist demnach so zu verstehen, daß sich die positiven und negativen Ionen des festen Gitters im Lösungsmittel statistisch verteilen. Dieses Auseinandergehen entgegengesetzter Ladungen wird um so leichter erfolgen, 1. je höher die Dielektrizitätskonstante des Lösungsmittels ist, und 2. je stärker die Ion–Dipol-Wechselwirkung zwischen den zu lösenden Ionen und den polaren Molekülen des Lösungsmittels ist (anders gesagt, je stärker die Solvatation bzw. Hydratation ist). Im Hinblick auf beide Punkte nimmt Wasser unter allen Lösungsmitteln eine fast einzigartige Stellung ein.

Eine Lösung, in welcher der gelöste Stoff aus (solvatisierten bzw. hydratisierten) Ionen besteht, nennt man einen «starken» Elektrolyten. Sind in der Bruttoformel des Stoffes ν Ionen (bzw. Ionenkomplexe) enthalten, so bilden sich aus n Molen des Stoffes bei der Lösung $n\nu$ mol Teilchen (teils positive, teils negative Ionen). Zum Beispiel ist bei NaCl $\nu = 2$, bei $CaCl_2$ $\nu = 3$; bei $K_3Fe(CN)_6$ ist $\nu = 4$, weil es sich bei $[Fe(CN)_6]^{---}$ um einen eigenen Ionenkomplex handelt.

Andererseits gibt es Stoffe, die in Lösung teils in molekularer Form, teils dissoziiert in Form von Ionen vorliegen. Diese nennt man «schwache» Elektrolyte. Beispiele sind vor allem die schwachen Säuren und Basen (praktisch alle organischen Säuren und Basen, Kohlensäure, Schwefelwasserstoff u. a.). Den Bruchteil der Gesamtzahl der Moleküle, der in Ionen aufgespalten vorliegt, nennt man Dissoziationsgrad α. Bei der Lösung von n Molen eines schwachen Elektrolyten entstehen daher $n(\nu\alpha + 1 - \alpha)$ mol Teilchen. Der Dissoziationsgrad α hängt stark von der Konzentration des Elektrolyten ab. Je verdünnter die Lösung, desto vollständiger wird die Dissoziation und desto mehr nähert sich der Dissoziationsgrad dem Werte Eins.

Ideal verdünnte Lösungen

Die thermodynamische Behandlung verdünnter Lösungen bedient sich des Begriffs «ideal verdünnte Lösungen». Das sind Lösungen, in denen der gelöste Stoff praktisch nur mehr von Lösungsmittelmolekülen umgeben ist, so daß eine weitere Zugabe von Lösungsmittel zu keinen neuen Wechselwirkungen zwischen Lösungsmittel und gelöstem Stoff führt. Unter dieser Voraussetzung hängen die Eigenschaften der Lösungsmittelmoleküle in der Lösung nur von der Zahl der gelösten Teilchen, nicht jedoch von ihren individuellen Eigenschaften ab. Die Dampfdruckerniedrigung, die das Lösungsmittel durch Zugabe des gelösten Stoffes erfährt, ist dann proportional dem Molenbruch der gelösten Teilchen, und dasselbe gilt für den osmotischen Druck, die Gefrierpunktserniedrigung und die Siedepunkterhöhung.

Osmotischer Druck und Gefrierpunktserniedrigung ideal verdünnter wässeriger Lösungen werden folgendermaßen berechnet:

$$\text{\textit{Osmotischer Druck} (ideal) in atm} = P_{id} = 0{,}082055 \times T \times \frac{M_1}{V_1} \times m_2 \times \nu \qquad (1)$$

$$\text{\textit{Gefrierpunktserniedrigung} (ideal) in °C} = \Delta T_{id} = 1{,}86 \times m_2 \times \nu \qquad (2)$$

[0,082055 $= R =$ Gaskonstante in Literatmosphären; $T =$ absolute Temperatur in Grad Kelvin (°K) $= 273{,}15 + °C$; 1,86 = kryoskopische Konstante (molale Gefrierpunktserniedrigung des Wassers); $m_2 =$ Molalität der gelösten Substanz (Anzahl der Mole der undissoziierten Substanz je 1000 g Wasser); $\nu =$ Anzahl der Teilchen, in die ein gelöstes Molekül bei vollständiger Dissoziation zerfällt (bei unvollständiger Dissoziation wäre dieser Faktor durch $\nu\alpha + 1 - \alpha$ zu ersetzen, siehe oben). M_1/V_1 ist das Verhältnis von Molgewicht zu Molvolumen des Wassers und kann mit guter Näherung gleich Eins gesetzt werden. Zur Berechnung des osmotischen Drucks und der Gefrierpunktserniedrigung für osmotische Konzentrationen von 10–740 mmol/1000 g Wasser siehe die Tabelle S. 266.]

Aus (**1**) und (**2**) erhält man

$$P_{(atm)} = 0{,}0441 \times T \times \Delta T \qquad (3)$$

$$\text{oder } P_{(atm,\ bei\ 0°C)} = 12{,}05 \times \Delta T \qquad (4)$$

Im Gegensatz zu (**1**) und (**2**) gelten (**3**) und (**4**) für einen weiteren Konzentrationsbereich, als es den ideal verdünnten Lösungen entspricht; P und ΔT sind hier deshalb nicht mit dem Index $_{id}$ (ideal) bezeichnet.

Reale Lösungen

Je höher die Konzentration des gelösten Stoffes, desto mehr weichen die Lösungen von den Gesetzen der ideal verdünnten Lösungen ab. Diese Abweichungen kann man durch einen Korrekturfaktor, den sogenannten osmotischen Koeffizienten g, berücksichtigen. Für ideal verdünnte Lösungen wird $g = 1$. Die realen Lösungen werden für dieselbe Konzentration des gelösten Stoffes desto mehr von den Gesetzen ideal verdünnter Lösungen abweichen, je stärker die Wechselwirkungen zwischen den gelösten Teilchen sind. Die Korrektur durch einen von Eins verschiedenen osmotischen Koeffizienten g ist daher bei Ionenlösungen bedeutender als bei Lösungen von Neutralmolekülen und fällt bei Ionen höherer Wertigkeit besonders stark ins Gewicht.

Der Koeffizient g kann für sehr verdünnte Ionenlösungen nach dem DEBYE-HÜCKELschen Grenzgesetz berechnet werden. Die experimentelle Bestimmung von g kann erfolgen nach

$$g = \frac{\Delta T}{\Delta T_{1d}} = \frac{\Delta T}{1{,}86\, m_2 \nu} \qquad (5)$$

Hierbei ist ΔT die tatsächliche Gefrierpunktserniedrigung. In Nachschlagewerken *(International Critical Tables, Handbook of Chemistry and Physics, Landolt-Börnstein)* ist meist anstelle des osmotischen Koeffizienten g die Größe $\Delta T/m_2$ als Funktion von m_2 angegeben. Um g zu erhalten, ist diese nur durch 1,86 ν zu dividieren.

Bei Lösungen schwacher Elektrolyte werden die osmotischen Eigenschaften (Gefrierpunktserniedrigung, osmotischer Druck usw.) hauptsächlich durch die mit der Konzentration variable Teilchenzahl, das heißt durch den Dissoziationsgrad α, bestimmt. Dort hat die Korrektur von ideal verdünnten auf reale Lösungen nur für feinere physikalisch-chemische Messungen Sinn, dies um so mehr, als dort die Konzentration der Ionen recht gering bleibt.

Konzentrationsmaße

Für verdünnte Lösungen wird meist die Molalität (bezogen auf 1000 g Lösungsmittel) oder die Molarität (bzw. Normalität, bezogen auf 1000 ml Lösung) angegeben.

Die Wahl von 1000 ml Lösung als Bezugseinheit hat große Vorteile bei allen volumetrischen Methoden. Doch ist die so definierte Konzentration temperaturabhängig (siehe S. 245). Die Angabe der Zahl der Äquivalente anstatt der Zahl der Mole (Normalität statt Molarität) ist immer erforderlich, wenn es auf die Wertigkeit oder auf Wertigkeitsänderungen ankommt, das heißt vor allem bei Säure–Basen-Verhältnissen und bei Oxydations- oder Reduktionsvorgängen. Je nach der Art der Reaktion kann die Normalität einer Lösung verschieden sein (für Normallösungen zu titrimetrischen Zwecken siehe S. 271).

Bei der Bestimmung von Gefrierpunktserniedrigungen gibt man die Konzentration der Lösung immer als Molalität an.

Für stark verdünnte wässerige Lösungen können Molarität und Molalität einander gleichgesetzt werden, bei höheren Konzentrationen differieren sie um so mehr, je größer das spezifische Volumen der gelösten Substanz(en) ist. Molarität und Molalität des Serums können deshalb nicht miteinander verglichen werden (großes spezifisches Volumen der Proteine), bzw. die üblichen Konzentrationsangaben, wie mg/l Serum usw., müssen zur Errechnung der Molalität irgendeines Serumbestandteiles auf die Konzentration dieses Stoffes in Serumwasser umgerechnet werden.

Diese Umrechnung kann aufgrund des spezifischen Gewichtes oder des Proteingehaltes des Serums vorgenommen werden. Genauer ist die Umrechnung aufgrund des spezifischen Gewichtes. Die entsprechenden Faktoren findet man auf S. 553. Aufgrund des Proteingehaltes erfolgt die Umrechnung nach folgender Formel[1]:

$$\frac{\text{Wassergehalt des}}{\text{Serums in g/l Serum}} = 984{,}0 - \left(\frac{0{,}718 \times \text{Proteingehalt}}{\text{in g/l Serum}}\right) \qquad (6)$$

(Der Raumbedarf der Mineralien und anderer Serumbestandteile ist in dieser Formel bereits berücksichtigt: 984 anstatt 1000.)

Beispiel. Die Gefrierpunktserniedrigung des Serums beträgt 0,56 °C, was einer Molalität von 300 mmol entspricht (300 mmol/1000 g Wasser). Die Molarität eines normalen Serums (spezifisches Gewicht 1,026) ist demnach 300 × 0,940 = 282 mmol/l Serum (siehe Tabelle S. 553: 0,940 = Faktor der Kolonne 3 dividiert durch 1000).

Im folgenden wird nur die Molalität verwendet. Es sei noch darauf hingewiesen, daß selbst von bedeutenden Autoren die wörtliche Unterscheidung zwischen Molarität und Molalität nicht immer getroffen wird; man vergewissere sich deshalb, was der betreffende Autor unter «Molarität» versteht.

Um Konfusionen zu vermeiden, beziehe man Molarität und Molalität immer auf die *undissoziierte* Substanz oder füge im anderen Falle stets eine Spezifikation bei, wie zum Beispiel «die Molalität aller osmotisch wirksamen Teilchen» usw.

Osmolarität, Osmolalität

Unter Osmolarität (in Osmol [osm] pro Liter Lösung) bzw. Osmolalität (in Osmol [osm] pro Kilogramm Wasser) versteht man diejenige Molarität bzw. Molalität, welche eine ideale Lösung eines nicht dissoziierenden Stoffes besitzen müßte, um denselben osmotischen Druck auszuüben wie die betrachtete Lösung. Der Begriff ist der physikalisch-chemischen Literatur fremd, wird aber in der biologisch-medizinischen Literatur vielfach benützt[2]. Wie aus der obigen Definition hervorgeht, ist die (reale) Osmolalität eine experimentell zu bestimmende Größe. Sie kann aus der Molalität der Lösung berechnet werden, wenn 1. die Zahl der Spaltstücke (bei schwachen Elektrolyten der Dissoziationsgrad α) und 2. die Korrektur von idealem auf reales Lösungsverhalten bekannt ist.

Schließen wir schwache Elektrolyte von der Betrachtung aus, so können wir Molalität × Zahl der Spaltstücke unter dem Begriff der idealen Osmolalität zusammenfassen. Multiplizieren wir dann die ideale Osmolalität mit dem osmotischen Koeffizienten g, so erhalten wir die oben definierte (reale) Osmolalität:

$$\text{Ideale Osmolalität} = m_2 \nu \qquad (7)$$

$$\text{(Reale) Osmolalität} = \text{ideale Osmolalität} \times g = m_2 \nu g = \Delta T/1{,}86 \qquad (8)$$

Bei Mischlösungen ist anstelle von $m_2 \nu$ die Summe $\sum_{i=2}^{n} m_i \nu_i = m_2 \nu_2 + m_3 \nu_3 + \ldots$ für alle gelösten Komponenten einzusetzen. Hinsichtlich des osmotischen Koeffizienten machen wir die vereinfachte Annahme, daß er sich bei dem Übergang zu einer Mischlösung derselben Molalität nicht verändere.

Anwendungen

Zur Berechnung von Gefrierpunktserniedrigung und osmotischem Druck aus der Tonizität und umgekehrt dient die Tabelle auf der nächsten Seite.

Berechnung der Osmolalität des Blutserums aus der Gefrierpunktserniedrigung (0,56 °C)

Wie aus den Kolonnen 5 und 6 der nächsten Seite zu ersehen, ist die (reale) Osmolalität des Serums 302,1 mmol pro 1000 g Wasser.

Berechnung von NaCl- und Glucoselösungen (Tabelle S. 267)

a) Die *für eine bestimmte ideale Osmolalität nötige Menge NaCl bzw. Glucose oder Fructose* erhält man aus den Kolonnen 1 und 2 sowie 1 und 6. Kolonne 7 gibt gleichzeitig den entsprechenden Kalorienwert für Glucose oder Fructose.

b) Die *ideale Osmolalität aus einer bestimmten Menge NaCl bzw. Glucose oder Fructose* erhält man aus den Kolonnen 11 und 12 bzw. 11 und 13. Kolonne 14 gibt wiederum den entsprechenden Kalorienwert für Glucose oder Fructose.

c) Die *osmotischen Koeffizienten* g bzw. $1/g$ von NaCl oder Glucose erhält man aus den Kolonnen 1 und 4 bzw. 1 und 5 (NaCl) oder 1 und 9 bzw. 1 und 10 (Glucose), wobei die Werte der Kolonne 1 realen Osmolalitäten entsprechen.

Beispiel 1. Gesucht die Menge NaCl, um eine Lösung der (realen) Osmolalität von 500 mmol zu erhalten.

Nach (7) ist die ideale Osmolalität = reale Osmolalität/g = 500/0,9180 = 500 × 1,0893 = 544,65 mmol. Das entsprechende Gewicht liegt nach a) in der Mitte zwischen 15,780 und 16,072, bei etwa 15,9 g NaCl. Es sind deshalb 15,9 g NaCl in 1000 g H_2O aufzulösen, um eine Lösung der Osmolalität von 500 mmol zu erhalten.

Man kann sich den Umweg über die Errechnung der idealen Osmolalität ersparen und die nötige Menge NaCl bzw. Glucose direkt aus Kolonne 2 bzw. 6 errechnen. Zu diesem Zweck geht man in Kolonne 1 auf der gesuchten (realen) Osmolalität ein, liest in Kolonne 2 bzw. 6 das entsprechende Gewicht ab und multipliziert mit dem Wert $1/g$ in Kolonne 5 bzw. 10. Für obiges Beispiel erhalten wir auf diese Weise 14,611 × 1,0893 = 15,916 g NaCl.

Beispiel 2. Die Osmolalität einer Lösung von 400 mmol ist durch Zusatz von NaCl auf 500 mmol zu erhöhen. Hier geht man von der vereinfachenden Annahme aus, der Faktor g verändere sich in Mischlösungen nicht. $1/g$ NaCl für 500 mmol/1000 g H_2O ist 1,0893. Durch NaCl zu ergänzen sind 100 mmol, das benötigte Gewicht ist deshalb (siehe oben) 2,922 × 1,0893 = 3,183 g NaCl.

d) Die *exakte Berechnung isotonischer Lösungen.* Man kann diese so berechnen, wie unten in Beispiel 1 und 2 angegeben. Einfacher gestaltet sich der Vorgang mit Hilfe der Kolonnen 1 und 3 (NaCl) bzw. 1 und 8 (Glucose).

Beispiel 1. Um eine isotonische NaCl- bzw. Glucoselösung zu erhalten (= Osmolalität von 300 mmol), müssen 9,463 g NaCl bzw. 53,312 g Glucose in 1000 g Wasser gelöst werden.

Beispiel 2. Eine Lösung einer Osmolalität von 200 mmol soll durch Zusatz von NaCl auf Isotonie zum Serum (auf 300 mmol) gebracht werden. Die zu ergänzende Osmolalität beträgt 100 mmol (Kolonne 1), das entsprechende Gewicht NaCl beträgt 3,154 g (Kolonne 3). Entsprechend wird bei Glucose verfahren.

Literatur

[1] Welt, L.G., in: Duncan, G.G. (Hrsg.), *Diseases of Metabolism*, 5. Aufl., Saunders, Philadelphia, 1964, S. 449.

[2] Netter, H., *Theoretische Biochemie*, Springer, Berlin, 1959, S. 108.

Wässerige Lösungen – Berechnung der Gefrierpunktserniedrigung und des osmotischen Druckes

(Siehe S. 264–265)

Reale Osmolalität (Millimol auf 1000 g Wasser)	Gefrier-punkts-erniedrigung (ΔT°C)	Osmotischer Druck		Gefrier-punkts-erniedrigung (ΔT°C)	Reale Osmolalität (Millimol auf 1000 g Wasser)	Osmotischer Druck	
		bei 0 °C (atm)	bei 38 °C* (atm)			bei 0 °C (atm)	bei 38 °C* (atm)
1	2	3	4	5	6	7	8
10	0,019	0,22	0,26	0,01	5,4	0,12	0,14
20	0,037	0,45	0,51	02	10,7	0,24	0,28
30	0,056	0,67	0,77	03	16,1	0,36	0,41
40	0,074	0,90	1,01	04	21,5	0,48	0,55
50	0,093	1,12	1,27	0,05	26,9	0,60	0,69
60	0,112	1,35	1,52	06	32,3	0,72	0,82
70	0,130	1,57	1,78	07	37,6	0,84	0,95
80	0,149	1,79	2,03	08	43,0	0,97	1,09
90	0,167	2,02	2,28	09	48,4	1,09	1,23
100	0,186	2,24	2,54	**0,10**	53,8	1,21	1,37
10	0,205	2,47	2,79	11	59,2	1,33	1,50
20	0,223	2,69	3,05	12	64,6	1,45	1,64
30	0,242	2,91	3,30	13	70,0	1,57	1,78
40	0,260	3,14	3,55	14	75,3	1,69	1,92
50	0,279	3,36	3,80	0,15	80,7	1,81	2,05
60	0,297	3,59	4,06	16	86,1	1,93	2,18
70	0,316	3,81	4,31	17	91,5	2,05	2,32
80	0,334	4,03	4,57	18	96,9	2,17	2,46
90	0,353	4,26	4,83	19	102,3	2,29	2,59
200	0,371	4,48	5,07	**0,20**	107,7	2,41	2,73
10	0,390	4,71	5,33	21	113,0	2,53	2,87
20	0,408	4,93	5,58	22	118,4	2,65	3,01
30	0,427	5,16	5,84	23	123,8	2,77	3,14
40	0,445	5,38	6,09	24	129,2	2,89	3,28
50	0,464	5,60	6,34	0,25	134,6	3,02	3,42
60	0,482	5,83	6,59	26	140,0	3,14	3,56
70	0,501	6,05	6,85	27	145,4	3,26	3,68
80	0,519	6,28	7,10	28	150,8	3,38	3,82
90	0,537	6,50	7,36	29	156,2	3,50	3,96
300	0,556	6,72	7,62	**0,30**	161,6	3,62	4,10
10	0,574	6,95	7,87	31	167,0	3,74	4,23
20	0,593	7,17	8,12	32	172,4	3,86	4,37
30	0,611	7,40	8,37	33	177,8	3,98	4,51
40	0,630	7,62	8,63	34	183,2	4,10	4,65
50	0,648	7,84	8,88	0,35	188,6	4,23	4,78
60	0,667	8,07	9,14	36	194,0	4,35	4,92
70	0,685	8,29	9,39	37	199,4	4,47	5,06
80	0,704	8,52	9,64	38	204,8	4,59	5,20
90	0,722	8,74	9,90	39	210,2	4,71	5,33
400	0,741	8,97	10,15	**0,40**	215,5	4,84	5,47
10	0,759	9,19	10,40	41	220,9	4,96	5,61
20	0,778	9,41	10,66	42	226,3	5,08	5,75
30	0,796	9,64	10,92	43	231,8	5,20	5,88
40	0,815	9,86	11,16	44	237,2	5,32	6,02
50	0,833	10,09	11,42	0,45	242,6	5,44	6,16
60	0,851	10,31	11,67	46	248,0	5,56	6,30
70	0,870	10,53	11,93	47	253,4	5,68	6,43
80	0,887	10,76	12,17	48	258,8	5,80	6,57
90	0,906	10,98	12,43	49	264,2	5,92	6,71
500	0,925	11,21	12,69	**0,50**	269,6	6,04	6,85
10	0,943	11,43	12,94	51	275,0	6,16	6,98
20	0,962	11,66	13,20	52	280,4	6,28	7,11
30	0,980	11,88	13,45	53	285,8	6,40	7,25
40	0,998	12,10	13,70	54	291,2	6,52	7,39
50	1,017	12,33	13,95	0,55	296,7	6,64	7,53
60	1,035	12,55	14,21	56	302,1	6,77	7,66
70	1,054	12,78	14,47	57	307,5	6,89	7,80
80	1,072	13,00	14,72	58	312,9	7,02	7,94
90	1,090	13,22	14,97	59	318,3	7,14	8,07
600	1,109	13,45	15,22	**0,60**	323,7	7,26	8,21
10	1,127	13,67	15,48	61	329,2	7,38	8,35
20	1,146	13,90	15,73	62	334,6	7,49	8,49
30	1,164	14,12	15,99	63	340,0	7,62	8,62
40	1,182	14,34	16,24	64	345,4	7,74	8,76
50	1,201	14,57	16,49	0,65	350,8	7,86	8,90
60	1,219	14,79	16,75	66	356,2	7,98	9,04
70	1,238	15,02	17,00	67	361,6	8,10	9,17
80	1,256	15,24	17,26	68	367,0	8,22	9,31
90	1,274	15,47	17,51	69	372,5	8,34	9,45
700	1,292	15,69	17,77	**0,70**	377,9	8,47	9,59
10	1,311	15,91	18,01	71	383,3	8,59	9,72
20	1,329	16,14	18,27	72	388,7	8,71	9,86
30	1,347	16,36	18,52	73	394,2	8,84	10,00
40	1,365	16,59	18,78	74	399,6	8,96	10,14

* Temperatur des Blutes etwa 38 °C = 311,15 °K.

(Siehe S. 265.) Kolonnen 3–5 und 8–10 sind für die betreffenden (realen) osmotischen Konzentrationen (Millimol oder Gramm) je 1000 g Wasser berechnet. Osmotische Koeffizienten *g* interpoliert für NaCl nach Werten von SCATCHARD und PRENTISS, *J. Amer. chem. Soc.*, **55**, 4355 (1933), für Glucose nach Werten von ROTH, W. A., *Z. phys. Chem.*, **43**, 539 (1903)

Ideale Osmolalität	Kochsalz (NaCl, Molgewicht 58,443)				D-Glucose* ($C_6H_{12}O_6$, Molgewicht 180,16)				
	Entspricht einem Gewicht von	Benötigtes Gewicht, um durch Zufügen der realen Osmolalität vom Betrag der Kolonne 1 die gesamte Osmolalität auf 300 mmol zu ergänzen	Osmotischer Koeffizient		Entspricht einem Gewicht von	Dieses Gewicht entspricht	Benötigtes Gewicht, um durch Zufügen der realen Osmolalität vom Betrag der Kolonne 1 die gesamte Osmolalität auf 300 mmol zu ergänzen	Osmotischer Koeffizient	
Millimol	Gramm	Gramm	*g*	1/*g*	Gramm	Kalorien**	Gramm	*g*	1/*g*
1	2	3	4	5	6	7	8	9	10
10	0,292	0,315	0,9778	1,0227	1,802	7,53	1,777	1,0005	0,9995
20	0,584	0,630	0,9703	1,0306	3,603	15,07	3,554	1,0009	0,9991
30	0,877	0,947	0,9653	1,0359	5,405	22,60	5,331	1,0014	0,9986
40	1,169	1,262	0,9612	1,0404	7,206	30,14	7,108	1,0018	0,9982
50	1,461	1,577	0,9579	1,0440	9,008	37,67	8,885	1,0023	0,9977
60	1,753	1,892	0,9550	1,0471	10,810	45,21	10,662	1,0028	0,9972
70	2,046	2,208	0,9525	1,0499	12,611	52,74	12,439	1,0032	0,9968
80	2,338	2,524	0,9503	1,0523	14,413	60,27	14,217	1,0037	0,9963
90	2,630	2,839	0,9482	1,0546	16,214	67,81	15,994	1,0041	0,9959
100	2,922	3,154	0,9463	1,0567	18,016	75,34	17,771	1,0046	0,9954
10	3,214	3,469	0,9448	1,0584	19,818	82,88	19,548	1,0051	0,9949
20	3,507	3,785	0,9432	1,0602	21,619	90,41	21,325	1,0055	0,9945
30	3,799	4,101	0,9418	1,0618	23,421	97,95	23,102	1,0060	0,9940
40	4,091	4,416	0,9405	1,0633	25,222	105,48	24,879	1,0064	0,9936
50	4,383	4,731	0,9392	1,0647	27,024	113,01	26,656	1,0069	0,9931
60	4,675	5,047	0,9380	1,0661	28,826	120,55	28,433	1,0074	0,9927
70	4,968	5,362	0,9368	1,0675	30,627	128,08	30,210	1,0078	0,9923
80	5,260	5,678	0,9357	1,0687	32,429	135,62	31,987	1,0083	0,9918
90	5,552	5,993	0,9347	1,0699	34,230	143,15	33,764	1,0087	0,9914
200	5,844	6,308	0,9337	1,0710	36,032	150,68	35,541	1,0092	0,9909
10	6,137	6,624	0,9328	1,0720	37,834	158,22	37,318	1,0097	0,9904
20	6,429	6,939	0,9319	1,0731	39,635	165,75	39,096	1,0101	0,9900
30	6,721	7,255	0,9311	1,0740	41,437	173,29	40,873	1,0106	0,9895
40	7,013	7,570	0,9304	1,0748	43,238	180,82	42,650	1,0110	0,9891
50	7,305	7,885	0,9297	1,0756	45,040	188,36	44,427	1,0115	0,9886
60	7,598	8,201	0,9290	1,0764	46,842	195,89	46,204	1,0120	0,9881
70	7,890	8,516	0,9283	1,0772	48,643	203,43	47,981	1,0124	0,9878
80	8,182	8,832	0,9276	1,0780	50,445	210,96	49,758	1,0129	0,9873
90	8,474	9,147	0,9270	1,0787	52,246	218,49	51,535	1,0133	0,9869
300	8,766	9,463	0,9264	1,0794	54,048	226,03	53,312	1,0138	0,9864
10	9,059	Diese Werte entsprechen jenen der Kolonne 2, dividiert durch 0,9264 bzw. multipliziert mit 1,0794 (= *g* bzw. 1/*g* NaCl bei einer Osmolalität von 300 mmol oder mosm).	0,9258	1,0801	55,850	233,56	Diese Werte entsprechen jenen der Kolonne 6, dividiert durch 1,0138 bzw. multipliziert mit 0,9864 (= *g* bzw. 1/*g* Glucose bei einer Osmolalität von 300 mmol oder mosm).	1,0143	0,9859
20	9,351		0,9252	1,0808	57,651	241,10		1,0147	0,9855
30	9,643		0,9246	1,0815	59,453	248,63		1,0152	0,9850
40	9,935		0,9241	1,0821	61,254	256,17		1,0156	0,9846
50	10,228		0,9236	1,0827	63,056	263,70		1,0161	0,9842
60	10,520		0,9232	1,0832	64,858	271,23		1,0166	0,9837
70	10,812		0,9227	1,0838	66,659	278,77		1,0170	0,9833
80	11,104		0,9223	1,0842	68,461	286,30		1,0175	0,9828
90	11,396		0,9219	1,0847	70,262	293,84		1,0179	0,9824
400	11,689		0,9215	1,0852	72,064	301,37		1,0183	0,9820
10	11,981		0,9211	1,0857	73,866	308,91		1,0187	0,9816
20	12,273		0,9207	1,0861	75,667	316,44		1,0192	0,9812
30	12,565		0,9204	1,0864	77,469	323,98		1,0196	0,9808
40	12,857		0,9200	1,0868	79,270	331,51		1,0201	0,9803
50	13,150		0,9196	1,0874	81,072	339,04		1,0205	0,9799
60	13,442		0,9192	1,0878	82,874	346,58		1,0209	0,9795
70	13,734		0,9189	1,0882	84,675	354,11		1,0214	0,9790
80	14,026		0,9185	1,0887	86,477	361,64		1,0218	0,9787
90	14,319		0,9182	1,0891	88,278	369,18		1,0222	0,9783
500	14,611		0,9180	1,0893	90,080	376,72		1,0226	0,9779
10	14,903		0,9177	1,0897	91,882	384,25		1,0230	0,9775
20	15,195		0,9174	1,0900	93,683	391,78		1,0234	0,9771
30	15,487		0,9172	1,0903	95,485	399,32		1,0238	0,9767
40	15,780		0,9170	1,0905	97,286	406,85		1,0242	0,9764
50	16,072		0,9167	1,0908	99,088	414,39		1,0245	0,9761
60	16,364		0,9165	1,0911	100,890	421,92		1,0249	0,9757
70	16,656		0,9163	1,0913	102,691	429,45		1,0253	0,9753
80	16,948		0,9161	1,0916	104,493	436,98		1,0256	0,9750
90	17,241		0,9159	1,0918	106,294	444,52		1,0260	0,9747
600	17,533		0,9157	1,0921	108,096	452,06		1,0263	0,9744
10	17,825		0,9155	1,0923	109,898	459,59		1,0267	0,9740
20	18,117		0,9153	1,0925	111,699	467,13		1,0270	0,9737
30	18,410		0,9152	1,0927	113,501	474,66		1,0273	0,9734
40	18,702		0,9150	1,0929	115,302	482,19		1,0276	0,9731
50	18,994		0,9148	1,0931	117,104	489,73		1,0279	0,9729
60	19,286		0,9146	1,0934	118,906	497,26		1,0282	0,9726
70	19,578		0,9145	1,0935	120,707	504,80		1,0285	0,9723
80	19,871		0,9144	1,0936	122,509	512,33		1,0288	0,9720
90	20,163		0,9142	1,0938	124,310	519,87		1,0291	0,9717
700	20,455		0,9140	1,0941	126,112	527,40		1,0293	0,9715
10	20,747		0,9139	1,0942	127,914	534,93		1,0296	0,9713
20	21,039		0,9137	1,0945	129,715	542,47		1,0298	0,9711
30	21,332		0,9135	1,0947	131,517	550,00		1,0300	0,9709
40	21,624		0,9134	1,0948	133,318	557,54		1,0302	0,9707

	Kochsalz (NaCl)	D-Glucose* ($C_6H_{12}O_6$)	
	Entspricht einer idealen Osmolalität von	Entspricht einer idealen Osmolalität von	Dieses Gewicht entspricht
Gramm	Millimol	Millimol	Kalorien**
11	12	13	14
1	34,22	5,55	4,18
2	68,44	11,10	8,36
3	102,66	16,65	12,55
4	136,89	22,20	16,73
5	171,11	27,75	20,91
6	205,33	33,30	25,09
7	239,55	38,85	29,27
8	273,77	44,41	33,46
9	307,99	49,96	37,64
10	342,22	55,51	41,82
11	376,44	61,06	46,00
12	410,66	66,61	50,18
13	444,88	72,16	54,37
14	479,10	77,71	58,55
15	513,32	83,26	62,73
16	547,54	88,81	66,91
17	581,77	94,36	71,09
18	615,99	99,91	75,28
19	650,21	105,46	79,46
20	684,43	111,01	83,64
21	718,65	116,56	87,82
22	752,87	122,11	92,00
23	787,09	127,66	96,19
24	821,32	133,22	100,37
25	855,54	138,77	104,55
26	889,76	144,32	108,73
27	923,98	149,87	112,91
28	958,20	155,42	117,10
29	992,42	160,97	121,28
30	1026,65	166,52	125,46
31	1060,87	172,06	129,64
32	1095,09	177,62	133,82
33	1129,31	183,17	138,01
34	1163,53	188,72	142,19
35	1197,75	194,27	146,37
36	1231,97	199,82	150,55
37	1266,20	205,37	154,73
38	1300,42	210,92	158,92
39	1334,64	216,47	163,10
40	1368,86	222,03	167,28
41	1403,08	227,58	171,46
42	1437,30	233,13	175,64
43	1471,52	238,68	179,82
44	1505,75	244,23	184,00
45	1539,97	249,78	188,19
46	1574,19	255,33	192,37
47	1608,41	260,88	196,55
48	1642,63	266,43	200,74
49	1676,85	271,98	204,92
50	1711,08	277,53	209,10
51	1745,30	283,08	213,28
52	1779,52	288,63	217,46
53	1813,74	294,18	221,65
54	1847,96	299,73	225,82
55	1882,18	305,28	230,01
56	1916,40	310,84	234,19
57	1950,63	316,39	238,37
58	1984,85	321,94	242,56
59	2019,07	327,49	246,73
60	2053,29	333,04	250,92
61	2087,51	338,59	255,10
62	2121,73	344,14	259,28
63	2155,95	349,69	263,47
64	2190,18	355,24	267,65
65	2224,40	360,79	271,83
66	2258,62	366,34	276,01
67	2292,84	371,89	280,19
68	2327,06	377,44	284,38
69	2361,28	382,99	288,56
70	2395,51	388,55	292,74
71	2429,73	394,09	296,92
72	2463,95	399,65	301,10
73	2498,17	405,20	305,29
74	2532,39	410,75	309,47

* Da die elementare Zusammensetzung von Glucose und Fructose dieselbe ist, können die Kolonnen 6, 7, 13 und 14 auch für Fructose angewendet werden. Der osmotische Koeffizient *g* von Fructose ist aber nicht gleich dem Koeffizienten *g* von Glucose.

** Als Kalorienäquivalent für 1 g Kohlenhydrat wurde jenes von LOEWY verwendet (4,182 Kalorien pro Gramm).

	Elektrolyt (1 g, falls nichts anderes vermerkt)		Molgewicht	Undissoziierte Substanz	Löslichkeit† (Gramm in 1000 ml Wasser)		Kation			Anion			Milliosmol††
				mmol	Kalt	Warm	mval	mg		mval	mg		
	Calcium (Ca)												
1	aceticum hydratum *(acetat)*	$Ca(C_2H_3O_2)_2 + H_2O$	176,19	5,68	436^{20}	331^{100}	11,35	227	Ca^{++}	11,35	670	$C_2H_3O_2^-$	17,03
2		$Ca(C_2H_3O_2)_2 + 2\,H_2O$	194,20	5,15	459^{0}	411^{80}	10,30	206	Ca^{++}	10,30	608	$C_2H_3O_2^-$	15,45
3	chloratum hydratum *(chlorid)*	$CaCl_2 + 2\,H_2O$	147,02	6,80	1812^{60}	2106^{100}	13,60	273	Ca^{++}	13,60	482	Cl^-	20,40
4	chloratum crystallisatum	$CaCl_2 + 6\,H_2O$	219,08	4,56	1175^{0}	2013^{30}	9,13	183	Ca^{++}	9,13	324	Cl^-	13,69
5	citricum *(citrat)*	$Ca_3(C_6H_5O_7)_2 + 4\,H_2O$	570,51	1,75	$8{,}5^{18}$	$9{,}6^{23}$	10,52	211	Ca^{++}	10,52	663	$C_6H_5O_7^{---}$	8,76
6	glyconicum *(D-gluconat)*	$Ca(C_6H_{11}O_7)_2 + H_2O$	448,40	2,23	33^{15}		4,46	89	Ca^{++}	4,46	870	$C_6H_{11}O_7^-$	6,69
7	hyposulfurosum *(thiosulfat)*	$CaS_2O_3 + 6\,H_2O$	260,30	3,84	1000^{3}	d	7,68	154	Ca^{++}	7,68	431/246	$S_2O_3^{--}$ / S	7,68
8	lacticum *(lactat)*	$Ca(C_3H_5O_3)_2 + 5\,H_2O$	308,30	3,24	31^{0}	79^{30}	6,49	130	Ca^{++}	6,49	578	$C_3H_5O_3^-$	9,73
9	laevulicum *(laevulinat)*	$Ca(C_5H_7O_3)_2 + 2\,H_2O$	306,33	3,26	400		6,53	131	Ca^{++}	6,53	752	$C_5H_7O_3^-$	9,79
10	oxydatum* *(oxyd)*	CaO	56,08	17,83	$1{,}31^{10}$d	$0{,}7^{80}$d	35,66	715	Ca^{++}				
11	phosphoricum bibasicum *(diorthophosphat)*	$CaHPO_4 + 2\,H_2O$	172,09	5,81	$0{,}2^{25}$	$0{,}75^{100}$	11,62	233	Ca^{++}	11,62	558/180	HPO_4^{--} / P	11,62
	Chlor (Cl)												
12	Acidum hydrochloricum dilutum 10 % *(10 %ige Salzsäure)*												
	1 g	(0,1 g HCl)	36,46	2,74	∞	∞	2,74	2,8	H^+	2,74	97,2	Cl^-	5,48
	1 ml	(0,1047 g HCl)	36,46	2,87	∞	∞	2,87	2,9	H^+	2,87	101,8	Cl^-	5,74
13	Ammonium chloratum *(chlorid)*	NH_4Cl	53,49	18,69	294^{0}	773^{100}	18,69	337	NH_4^+	18,69	663	Cl^-	37,39
	Vgl. auch Calcium (**3**, **4**), Kalium (**17**), Magnesium (**23**, **24**) und Natrium (**31**)												
	Kalium (K)												
14	aceticum *(acetat)*	$K(C_2H_3O_2)$	98,15	10,19	2530^{20}	4920^{62}	10,19	398	K^+	10,19	602	$C_2H_3O_2^-$	20,38
15	bicarbonicum *(bicarbonat)*	$KHCO_3$	100,12	9,99	183^{0}	375^{60}	9,99	391	K^+	9,99	609	HCO_3^-	19,98
16	bromatum *(bromid)*	KBr	119,01	8,40	535^{0}	1040^{100}	8,40	329	K^+	8,40	671	Br^-	16,81
17	chloratum *(chlorid)*	KCl	74,56	13,41	276^{0}	567^{100}	13,41	524	K^+	13,41	476	Cl^-	26,83
18	citricum tribasicum *(citrat)*	$K_3(C_6H_5O_7) + H_2O$	324,42	3,08	1670^{15}	1997^{31}	9,25	362	K^+	9,25	583	$C_6H_5O_7^{---}$	12,33
19	glyconicum *(D-gluconat)*	$K(C_6H_{11}O_7)$	234,25	4,27			4,27	167	K^+	4,27	833	$C_6H_{11}O_7^-$	8,54
20	oxydatum *(monoxyd)**	K_2O	94,20	10,62	d	d	21,23	830					
21	phosphoricum monobasicum *(monorthophosphat)*	KH_2PO_4	136,09	7,35	330^{25}	s.g.	7,35 7,35	287 7,4	K^+ H^+	14,70	705/228	HPO_4^{--} / P	22,04
22	phosphoricum bibasicum siccum *(diorthophosphat)*	K_2HPO_4	174,18	5,74	1670^{20}	s.g.	11,48	449	K^+	11,48	551/178	HPO_4^{--} / P	17,22
	Magnesium (Mg)												
23	chloratum *(chlorid)*	$MgCl_2$	95,21	10,50	$542{,}5^{20}$	727^{100}	21,00	255	Mg^{++}	21,0	745	Cl^-	31,50
24		$MgCl_2 + 6\,H_2O$	203,30	4,92	1127^{0}	1559^{100}	9,84	120	Mg^{++}	9,84	349	Cl^-	14,76
25	hydricum *(hydroxyd)*	$Mg(OH)_2$	58,32	17,14	$0{,}009^{18}$	$0{,}04^{100}$	34,29	417	Mg^{++}				
26	oxydatum *(Magnesia)**	MgO	40,30	24,80	0,0062	$0{,}086^{30}$	49,60	603	Mg^{++}				
27	sulfuricum *(sulfat)*	$MgSO_4 + 7\,H_2O$	246,47	4,06	483^{10}	641^{40}	8,11	98,6	Mg^{++}	8,11	390/130	SO_4^{--} / S	8,11
	Natrium (Na)												
28	aceticum *(acetat)*	$Na(C_2H_3O_2) + 3\,H_2O$	136,08	7,35	602^{0}	2306^{60}	7,35	169	Na^+	7,35	434	$C_2H_3O_2^-$	14,70
29	bicarbonicum *(bicarbonat)***	$NaHCO_3$	84,01	11,90	69^{0}	164^{60}	11,90	274	Na^+	11,90	726	HCO_3^-	23,81
30	bromatum *(bromid)*	$NaBr$	102,89	9,72	542^{80}	548^{100}	9,72	223	Na^+	9,72	777	Br^-	19,44
31	chloratum *(chlorid, Kochsalz)*	$NaCl$	58,44	17,11	357^{0}	398^{100}	17,11	393	Na^+	17,11	607	Cl^-	34,22
32	citricum bibasicum *(bicitrat)*	$Na_2H(C_6H_5O_7) + 1\tfrac{1}{2}\,H_2O$	263,11	3,80	s.g.	s.g.	7,60	175	Na^+	7,60	723	$H(C_6H_5O_7)^{--}$	11,40
							7,60 3,80	175 3,83	Na^+ H^+	11,4	719	$C_6H_5O_7^{---}$	15,20
33	citricum tribasicum *(citrat)*	$Na_3(C_6H_5O_7) + 2\,H_2O$	294,10	3,40	720^{25}	1670^{100}	10,19	235	Na^+	10,19	643	$C_6H_5O_7^{---}$	13,60
34		$Na_3(C_6H_5O_7) + 5\tfrac{1}{2}\,H_2O$	357,16	2,80	926^{25}	2500^{100}	8,40	193	Na^+	8,40	529	$C_6H_5O_7^{---}$	11,20
35	hyposulfurosum *(thiosulfat)*	$Na_2S_2O_3$	158,11	6,32	525^{0}	2660^{100}	12,65	291	Na^+	12,65	709/406	$S_2O_3^{--}$ / S	18,97
36	lacticum *(lactat)***	$Na(C_3H_5O_3)$	112,06	8,92	s.g.		8,92	205	Na^+	8,92	795	$C_3H_5O_3^-$	17,84
37	oxydatum *(oxyd)**	Na_2O	61,98	16,13	d	d	32,26	742	Na^+				
38	paraaminosalicylicum *(paraaminosalicylat)*	$Na(C_7H_6O_3N) + 2\,H_2O$	211,15	4,74			4,74	109	Na^+	4,74	720	$C_7H_6O_3N^-$	9,47
39	phosphoricum monobasicum *(monorthophosphat)*	$NaH_2PO_4 + H_2O$	137,99	7,25	599^{0}	1824^{50}	7,25 7,25	167 7,3	Na^+ H^+	14,49	696/224	HPO_4^{--} / P	21,74
40		$NaH_2PO_4 + 2\,H_2O$	156,01	6,41	753^{0}	1797^{40}	6,41 6,41	147 6,5	Na^+ H^+	12,82	615/199	HPO_4^{--} / P	19,23
41	phosphoricum bibasicum siccum *(diorthophosphat)*	Na_2HPO_4	141,96	7,04		1022^{100}	14,09	324	Na^+	14,09	676/218	HPO_4^{--} / P	21,13
42	phosphoricum bibasicum	$Na_2HPO_4 + 2\,H_2O$	177,99	5,62	1006^{50}	1290^{90}	11,24	258	Na^+	11,24	539/174	HPO_4^{--} / P	16,85
43	hydratum	$Na_2HPO_4 + 12\,H_2O$	358,14	2,79	$42{,}1^{0}$	525^{30}	5,58	128	Na^+	5,58	268/86,5	HPO_4^{--} / P	8,38
44	salicylicum *(salicylat)*	$Na(C_7H_5O_3)$	160,11	6,25	1110^{15}	1250^{25}	6,25	144	Na^+	6,25	856	$C_7H_5O_3^-$	12,49
45	sulfuricum siccum *(sulfat)*	Na_2SO_4	142,04	7,04	488^{40}	425^{100}	14,08	324	Na^+	14,08	676/226	SO_4^{--} / S	21,12
46	sulfuricum hydratum *(Glaubersalz)*	$Na_2SO_4 + 10\,H_2O$	322,19	3,10	113^{0}	925^{30}	6,21	143	Na^+	6,21	298/100	SO_4^{--} / S	9,31
	Phosphor (P)												
	Vgl. Calcium (**11**), Kalium (**21**, **22**), Natrium (**39**–**43**)												
	Schwefel (S)												
	Vgl. Calcium (**7**), Magnesium (**27**) und Natrium (**35**, **45**, **46**)												

† Die hochgestellten Zahlen geben die Temperatur in Grad Celsius; s.g. = sehr gut löslich, d = Zerfall.
†† Unter Annahme einer vollständigen Dissoziation.
* Die Aufnahme von Oxyden erfolgte im Hinblick auf die vielfach noch verwendeten älteren Nahrungsmitteltabellen.

** 1 g Natriumbicarbonat entspricht dem Natriumgehalt von 1,33 g Natriumlactat. 1 g Natriumlactat entspricht dem Natriumgehalt von 0,75 g Natriumbicarbonat.

	Elektrolyt* (10 mosm, falls nichts anderes vermerkt)		– Undissoziierte Substanz		Kation			Anion		
			g	mmol	mval	mg		mval	mg	
	Calcium (Ca)									
1	aceticum hydratum	$Ca(C_2H_3O_2)_2+H_2O$	0,587	3⅓	6⅔	134	Ca^{++}	6⅔	394	$C_2H_3O_2^-$
2		$Ca(C_2H_3O_2)_2+2\,H_2O$	0,647	3⅓	6⅔	134	Ca^{++}	6⅔	394	$C_2H_3O_2^-$
3	chloratum hydratum	$CaCl_2+2\,H_2O$	0,490	3⅓	6⅔	134	Ca^{++}	6⅔	236	Cl^-
4	chloratum crystallisatum	$CaCl_2+6\,H_2O$	0,730	3⅓	6⅔	134	Ca^{++}	6⅔	236	Cl^-
5	citricum	$Ca_3(C_6H_5O_7)_2+4\,H_2O$	1,141	2	12	240	Ca^{++}	12	756	$C_6H_5O_7^{---}$
6	glyconicum	$Ca(C_6H_{11}O_7)_2+H_2O$	1,495	3⅓	6⅔	134	Ca^{++}	6⅔	1301	$C_6H_{11}O_7^-$
7	hyposulfurosum	$CaS_2O_3+6\,H_2O$	1,302	5	10	200	Ca^{++}	10	561	$S_2O_3^{--}$
									321	S
8	lacticum	$Ca(C_3H_5O_3)_2+5\,H_2O$	1,028	3⅓	6⅔	134	Ca^{++}	6⅔	594	$C_3H_5O_3^-$
9	laevulicum	$Ca(C_5H_7O_3)_2+2\,H_2O$	1,021	3⅓	6⅔	134	Ca^{++}	6⅔	767	$C_5H_7O_3^-$
11	phosphoricum bibasicum	$CaHPO_4+2\,H_2O$	0,860	5	10	200	Ca^{++}	10	480	HPO_4^{--}
									155	P
	Chlor (Cl)									
12	Acidum hydrochloricum dilutum 10 %									
	1 g	(0,1 g HCl/g)	1,823	5	5	5	H^+	5	177	Cl^-
	1 ml	(0,1047 g HCl/ml)	1,741	5	5	5	H^+	5	177	Cl^-
13	Ammonium chloratum	NH_4Cl	0,267	5	5	90	NH_4^+	5	177	Cl^-
	Vgl. auch Calcium (**3**, **4**), Kalium (**17**), Magnesium (**23**, **24**) und Natrium (**31**)									
	Kalium (K)									
14	aceticum	$K(C_2H_3O_2)$	0,491	5	5	196	K^+	5	295	$C_2H_3O_2^-$
15	bicarbonicum	$KHCO_3$	0,501	5	5	196	K^+	5	305	HCO_3^-
16	bromatum	KBr	0,595	5	5	196	K^+	5	400	Br^-
17	chloratum	KCl	0,373	5	5	196	K^+	5	177	Cl^-
18	citricum tribasicum	$K_3(C_6H_5O_7)+H_2O$	0,811	2½	7½	293	K^+	7½	473	$C_6H_5O_7^{---}$
19	glyconicum	$K(C_6H_{11}O_7)$	1,171	5	5	196	K^+	5	976	$C_6H_{11}O_7^-$
21	phosphoricum monobasicum	KH_2PO_4	0,454	3⅓	3⅓	130	K^+	6⅔	320	HPO_4^{--}
									103	P
22	phosphoricum bibasicum siccum	K_2HPO_4	0,581	3⅓	6⅔	261	K^+	6⅔	320	HPO_4^{--}
									103	P
	Magnesium (Mg)									
23	chloratum	$MgCl_2$	0,317	3⅓	6⅔	81	Mg^{++}	6⅔	236	Cl^-
24		$MgCl_2+6\,H_2O$	0,678	3⅓	6⅔	81	Mg^{++}	6⅔	236	Cl^-
27	sulfuricum	$MgSO_4+7\,H_2O$	1,232	5	10	122	Mg^{++}	10	480	SO_4^{--}
									160	S
	Natrium (Na)									
28	aceticum	$Na(C_2H_3O_2)+3\,H_2O$	0,680	5	5	115	Na^+	5	295	$C_2H_3O_2^-$
29	bicarbonicum	$NaHCO_3$	0,420	5	5	115	Na^+	5	305	HCO_3^-
30	bromatum	NaBr	0,514	5	5	115	Na^+	5	400	Br^-
31	chloratum	NaCl	0,292	5	5	115	Na^+	5	177	Cl^-
32	citricum bibasicum	$Na_2H(C_6H_5O_7)+1½\,H_2O$	0,658	2½	5	115	Na^+	7½	473	$C_6H_5O_7^{---}$
33	citricum tribasicum	$Na_3(C_6H_5O_7)+2\,H_2O$	0,735	2½	7½	172	Na^+	7½	473	$C_6H_5O_7^{---}$
34		$Na_3(C_6H_5O_7)+5½\,H_2O$	0,893	2½	7½	172	Na^+	7½	473	$C_6H_5O_7^{---}$
35	hyposulfurosum	$Na_2S_2O_3$	0,527	3⅓	6⅔	153	Na^+	6⅔	374	$S_2O_3^{--}$
									214	S
36	lacticum	$Na(C_3H_5O_3)$	0,560	5	5	115	Na^+	5	445	$C_3H_5O_3^-$
38	paraaminosalicylicum	$Na(C_7H_6O_3N)+2\,H_2O$	1,056	5	5	115	Na^+	5	761	$C_7H_6O_3N^-$
39	phosphoricum monobasicum	$NaH_2PO_4+H_2O$	0,460	3⅓	3⅓	77	Na^+	6⅔	320	HPO_4^{--}
40		$NaH_2PO_4+2\,H_2O$	0,520	3⅓	3⅓	77	Na^+	6⅔	320	HPO_4^{--}
									103	P
41	phosphoricum bibasicum siccum	Na_2HPO_4	0,473	3⅓	6⅔	153	Na^+	6⅔	320	HPO_4^{--}
									103	P
42	phosphoricum bibasicum hydratum	$Na_2HPO_4+2\,H_2O$	0,593	3⅓	6⅔	153	Na^+	6⅔	320	HPO_4^{--}
									103	P
43		$Na_2HPO_4+12\,H_2O$	1,194	3⅓	6⅔	153	Na^+	6⅔	320	HPO_4^{--}
									103	P
44	salicylicum	$Na(C_7H_5O_3)$	0,801	5	5	115	Na^+	5	686	$C_7H_5O_3^-$
45	sulfuricum siccum	Na_2SO_4	0,473	3⅓	6⅔	153	Na^+	6⅔	320	SO_4^{--}
									107	S
46	sulfuricum hydratum	$Na_2SO_4+10\,H_2O$	1,074	3⅓	6⅔	153	Na^+	6⅔	320	SO_4^{--}
									107	S
	Phosphor (P)									
	Vgl. Calcium (**11**), Kalium (**21**, **22**), Natrium (**39–43**)									
	Schwefel (S)									
	Vgl. Calcium (**7**), Magnesium (**27**) und Natrium (**35**, **45**, **46**)									

* Unter Annahme einer vollständigen Dissoziation.

Linke Spalte. Gegeben: Gewicht der anorganischen Ionen. Gesucht: entsprechendes Gewicht des Salzes.
Rechte Spalte. Gegeben: Milliäquivalente der Ionen. Gesucht: entsprechendes Gewicht des Salzes.

Anorganische Ionen

Nr.	**1 g = 49,90 mval Calcium⁺⁺ (Ca^{++}) entspricht:**		**1 mval = 20,04 mg Calcium⁺⁺ (Ca^{++}) entspricht:**	
1	4,396 g Calcium aceticum	$Ca(C_2H_3O_2)_2+H_2O$	88,09 mg Calcium aceticum	$Ca(C_2H_3O_2)_2+H_2O$
2	4,845 g	$Ca(C_2H_3O_2)_2+2\,H_2O$	97,10 mg	$Ca(C_2H_3O_2)_2+2\,H_2O$
3	3,668 g Calcium chloratum	$CaCl_2+2\,H_2O$	73,51 mg Calcium chloratum	$CaCl_2+2\,H_2O$
4	5,466 g	$CaCl_2+6\,H_2O$	109,54 mg	$CaCl_2+6\,H_2O$
5	4,745 g Calcium citricum	$Ca_3(C_6H_5O_7)_2+4\,H_2O$	95,08 mg Calcium citricum	$Ca_3(C_6H_5O_7)_2+4\,H_2O$
6	11,188 g Calcium glyconicum	$Ca(C_6H_{11}O_7)_2+H_2O$	224,20 mg Calcium glyconicum	$Ca(C_6H_{11}O_7)_2+H_2O$
7	6,495 g Calcium hyposulfurosum	$CaS_2O_3+6\,H_2O$	130,15 mg Calcium hyposulfurosum	$CaS_2O_3+6\,H_2O$
8	7,692 g Calcium lacticum	$Ca(C_3H_5O_3)_2+5\,H_2O$	154,15 mg Calcium lacticum	$Ca(C_3H_5O_3)_2+5\,H_2O$
9	7,643 g Calcium laevulicum	$Ca(C_5H_7O_3)_2+2\,H_2O$	153,17 mg Calcium laevulicum	$Ca(C_5H_7O_3)_2+2\,H_2O$
11	4,294 g Calcium phosphoricum bibasicum	$CaHPO_4+2\,H_2O$	86,05 mg Calcium phosphoricum bibasicum	$CaHPO_4+2\,H_2O$

Nr.	**1 g = 28,21 mval Chlor⁻ (Cl^-) entspricht:**		**1 mval = 35,453 mg Chlor⁻ (Cl^-) entspricht:**	
12	10,28 g bzw. 9,823 ml Acidum hydrochloricum dilutum 10 %		364,6 mg bzw. 348,24 µl Acidum hydrochloricum dilutum 10 %	
13	1,509 g Ammonium chloratum	NH_4Cl	53,49 mg Ammonium chloratum	NH_4Cl
3	2,073 g Calcium chloratum	$CaCl_2+2\,H_2O$	73,51 mg Calcium chloratum	$CaCl_2+2\,H_2O$
4	3,090 g	$CaCl_2+6\,H_2O$	109,55 mg	$CaCl_2+6\,H_2O$
17	2,103 g Kalium chloratum	KCl	74,56 mg Kalium chloratum	KCl
23	1,343 g Magnesium chloratum	$MgCl_2$	47,61 mg Magnesium chloratum	$MgCl_2$
24	2,867 g	$MgCl_2+6\,H_2O$	101,66 mg	$MgCl_2+6\,H_2O$
31	1,648 g Natrium chloratum	$NaCl$	58,44 mg Natrium chloratum	$NaCl$

Nr.	**1 g = 25,57 mval Kalium⁺ (K^+) entspricht:**		**1 mval = 39,10 mg Kalium⁺ (K^+) entspricht:**	
14	2,510 g Kalium aceticum	$K(C_2H_3O_2)$	98,15 mg Kalium aceticum	$K(C_2H_3O_2)$
15	2,560 g Kalium bicarbonicum	$KHCO_3$	100,12 mg Kalium bicarbonicum	$KHCO_3$
16	3,044 g Kalium bromatum	KBr	119,01 mg Kalium bromatum	KBr
17	1,907 g Kalium chloratum	KCl	74,56 mg Kalium chloratum	KCl
18	2,766 g Kalium citricum tribasicum	$K_3(C_6H_5O_7)+H_2O$	108,14 mg Kalium citricum tribasicum	$K_3(C_6H_5O_7)+H_2O$
19	5,991 g Kalium glyconicum	$K(C_6H_{11}O_7)$	234,25 mg Kalium glyconicum	$K(C_6H_{11}O_7)$
21	3,480 g Kalium phosphoricum monobasicum	KH_2PO_4	136,09 mg Kalium phosphoricum monobasicum	KH_2PO_4
22	2,227 g Kalium phosphoricum bibasicum	K_2HPO_4	87,09 mg Kalium phosphoricum bibasicum	K_2HPO_4

1 g Kohlendioxyd (CO_2) entspricht 1,387 g = 22,72 mval Bicarbonationen (HCO_3^-)

1 Vol% Kohlendioxyd (CO_2) entspricht bei 0 °C und 760 Torr (mm Hg) 27,41 mg = 0,449 mval Bicarbonationen (HCO_3^-)*/l gelöstes Gas

1 mval = 61,02 mg Bicarbonationen (HCO_3^-) entspricht 44,01 mg Kohlendioxyd (CO_2)

1 mval = 61,02 mg Bicarbonationen (HCO_3^-)/l gelöstes Gas entspricht bei 0 °C und 760 Torr (mm Hg) 2,23 Vol% Kohlendioxyd (CO_2)*

Nr.	**1 g = 82,3 mval Magnesium⁺⁺ (Mg^{++}) entspricht:**		**1 mval = 12,15 mg Magnesium⁺⁺ (Mg^{++}) entspricht:**	
23	3,917 g Magnesium chloratum	$MgCl_2$	47,61 mg Magnesium chloratum	$MgCl_2$
24	8,364 g	$MgCl_2+6\,H_2O$	101,65 mg	$MgCl_2+6\,H_2O$
27	10,138 g Magnesium sulfuricum	$MgSO_4+7\,H_2O$	123,24 mg Magnesium sulfuricum	$MgSO_4+7\,H_2O$

Nr.	**1 g = 43,50 mval Natrium⁺ (Na^+) entspricht:**		**1 mval = 22,99 mg Natrium⁺ (Na^+) entspricht:**	
28	5,919 g Natrium aceticum	$Na(C_2H_3O_2)+3\,H_2O$	136,08 mg Natrium aceticum	$Na(C_2H_3O_2)+3\,H_2O$
29	3,654 g Natrium bicarbonicum	$NaHCO_3$	84,01 mg Natrium bicarbonicum	$NaHCO_3$
31	2,542 g Natrium chloratum	$NaCl$	58,44 mg Natrium chloratum	$NaCl$
32	5,722 g Natrium citricum bibasicum	$Na_2H(C_6H_5O_7)+1\frac{1}{2}H_2O$	131,56 mg Natrium citricum bibasicum	$Na_2H(C_6H_5O_7)+1\frac{1}{2}H_2O$
33	4,264 g Natrium citricum tribasicum	$Na_3(C_6H_5O_7)+2\,H_2O$	98,03 mg Natrium citricum tribasicum	$Na_3(C_6H_5O_7)+2\,H_2O$
34	5,178 g	$Na_3(C_6H_5O_7)+5\frac{1}{2}H_2O$	119,05 mg	$Na_3(C_6H_5O_7)+5\frac{1}{2}H_2O$
35	3,439 g Natrium hyposulfurosum	$Na_2S_2O_3$	79,05 mg Natrium hyposulfurosum	$Na_2S_2O_3$
36	4,874 g Natrium lacticum	$Na(C_3H_5O_3)$	112,06 mg Natrium lacticum	$Na(C_3H_5O_3)$
38	9,185 g Natrium paraaminosalicylicum	$Na(C_7H_6O_3N)+2\,H_2O$	211,15 mg Natrium paraaminosalicylicum	$Na(C_7H_6O_3N)+2\,H_2O$
39	6,002 g Natrium phosphoricum monobasicum	$NaH_2PO_4+H_2O$	137,99 mg Natrium phosphoricum monobasicum	$NaH_2PO_4+H_2O$
40	6,786 g	$NaH_2PO_4+2\,H_2O$	156,01 mg	$NaH_2PO_4+2\,H_2O$
41	3,087 g Natrium phosphoricum bibasicum	Na_2HPO_4	70,98 mg Natrium phosphoricum bibasicum	Na_2HPO_4
42	3,781 g	$Na_2HPO_4+2\,H_2O$	88,99 mg	$Na_2HPO_4+2\,H_2O$
43	7,789 g	$Na_2HPO_4+12\,H_2O$	179,07 mg	$Na_2HPO_4+12\,H_2O$
44	6,964 g Natrium salicylicum	$Na(C_7H_5O_3)$	160,11 mg Natrium salicylicum	$Na(C_7H_5O_3)$
45	3,089 g Natrium sulfuricum	Na_2SO_4	71,02 mg Natrium sulfuricum	Na_2SO_4
46	7,007 g	$Na_2SO_4+10\,H_2O$	161,10 mg	$Na_2SO_4+10\,H_2O$

Nr.	**1 g Phosphor (P) entspricht:**	
11	5,556 g Calcium phosphoricum bibasicum	$CaHPO_4+2\,H_2O$
21	4,394 g Kalium phosphoricum monobasicum	KH_2PO_4
22	5,624 g Kalium phosphoricum bibasicum	K_2HPO_4
39	4,455 g Natrium phosphoricum monobasicum	$NaH_2PO_4+H_2O$
40	5,037 g	$NaH_2PO_4+2\,H_2O$
41	4,583 g Natrium phosphoricum bibasicum	Na_2HPO_4
42	5,746 g	$Na_2HPO_4+2\,H_2O$
43	11,563 g	$Na_2HPO_4+12\,H_2O$

Bei pH 4,3 entspricht **1 g Phosphor (P)** 32,28 mval $H_2PO_4^-$-Ionen, und **1 mval $H_2PO_4^-$**-Ionen entspricht 30,97 mg Phosphor. Diese Werte können näherungsweise auch für Harn verwendet werden.

Bei pH 9,6 entspricht **1 g Phosphor (P)** 64,57 mval HPO_4^{--}-Ionen, und **1 mval HPO_4^{--}-Ionen** entspricht 15,49 mg Phosphor.

Bei pH 7,4 und 38 °C entspricht **1 g Phosphor (P)** 58,1 mval Phosphationen, und **1 mval Phosphationen** entspricht 17,2 mg Phosphor (das sind etwa 20 % $H_2PO_4^-$-Ionen und 80 % HPO_4^{--}-Ionen).

Nr.	**1 g Schwefel (S) entspricht:**	
7	4,059 g Calcium hyposulfurosum	$CaS_2O_3+6\,H_2O$
27	7,687 g Magnesium sulfuricum	$MgSO_4+7\,H_2O$
35	2,465 g Natrium hyposulfurosum	$Na_2S_2O_3$
45	4,430 g Natrium sulfuricum	Na_2SO_4
46	10,048 g	$Na_2SO_4+10\,H_2O$

1 g Schwefel (S) entspricht 62,37 mval SO_4^{--}, und **1 mval SO_4^{--}** entspricht 16,03 mg Schwefel.

Bei pH 7,4 und 38 °C und einem Albumin-Globulin-Quotienten von 1,6 entspricht **1 g Serumproteine** 0,241 mval ionisierten Serumproteinen, und **1 mval** ionisierte Serumproteine entspricht 4,15 g Serumproteinen [1].

* Die hier angeführten Umrechnungsfaktoren (0,449 bzw. 2,23) von Vol% CO_2 in mmol CO_2/l oder mval CO_2/l (Bicarbonat-CO_2) und umgekehrt sind vom Molvolumen dieses Gases abgeleitet (22,257 l bei 0 °C und 760 Torr [mm Hg]). Der in der medizinischen Literatur oft verwendete Umrechnungsfaktor von 2,24 basiert irrtümlicherweise auf dem Molvolumen idealer Gase (22,414 l). Der Unterschied zwischen den beiden Faktoren ist für praktische Zwecke unwesentlich.

[1] Nach VAN SLYKE et al., *J. biol. Chem.*, **79**, 768 (1928).

Name	Molgewicht	Wasserstoff-äquivalent	Gramm in 1 l 0,1n-Lösung	Mantisse des Äquivalentgewichtes* $\log_{10}$
Ammoniak	17,03	NH_3	1,703	2312
Ammoniumchlorid	53,49	NH_4Cl	5,349	7283
Ammoniumhydroxyd	35,05	NH_4OH	3,505	5447
Ammoniumnitrat	80,04	NH_4NO_3	8,004	9033
Ammoniumsulfat	132,14	$^1/_2\,(NH_4)_2SO_4$	6,607	8200
Ammoniumthiocyanat	76,12	NH_4CNS	7,612	8815
Äpfelsäure	134,09	$^1/_2\,C_4H_6O_5$	6,705	8264
Bariumcarbonat	197,35	$^1/_2\,BaCO_3$	9,868	9942
Bariumchlorid	244,28	$^1/_2\,[BaCl_2+2\,H_2O]$	12,214	0869
Bariumhydroxyd	315,48	$^1/_2\,[Ba(OH)_2+8\,H_2O]$	15,774	1979
Bariumoxyd	153,34	$^1/_2\,BaO$	7,667	8846
Bernsteinsäure	118,09	$^1/_2\,C_4H_6O_4$	5,905	7712
Bleicarbonat	267,20	$^1/_2\,PbCO_3$	13,360	1258
Bleioxyd	223,19	$^1/_2\,PbO$	11,160	0477
Borax, siehe Natriumtetraboratdecahydrat				
Borsäure (Ortho-)	61,83	$^1/_3\,H_3BO_3$	2,061	3141
Brom	159,81	$^1/_2\,Br_2$	7,991	9026
Bromwasserstoff	80,91	HBr	8,091	9080
Calciumcarbonat	100,09	$^1/_2\,CaCO_3$	5,005	6994
Calciumchlorid	110,99	$^1/_2\,CaCl_2$	5,550	7443
Calciumchloridhexahydrat	219,08	$^1/_2\,[CaCl_2+6\,H_2O]$	10,954	0396
Calciumhydroxyd	74,09	$^1/_2\,Ca(OH)_2$	3,705	5688
Calciumoxyd	56,08	$^1/_2\,CaO$	2,804	4478
Chlor	70,91	$^1/_2\,Cl_2$	3,546	5497
Citronensäure	210,14	$^1/_3\,[C_6H_8O_7+H_2O]$	7,005	8454
Cyanwasserstoff	27,03	HCN	2,703	4318
Essigsäure	60,05	CH_3COOH	6,005	7785
Jod	253,81	$^1/_2\,I_2$	12,691	1035
Jodwasserstoff	127,91	HI	12,791	1069
Kaliumbicarbonat	100,12	$KHCO_3$	10,012	0005_2
Kaliumbichromat	294,19	$^1/_6\,K_2Cr_2O_7$	4,903	6905
Kaliumbitartrat	188,18	$C_4H_5O_6K$	18,818	2746
Kaliumcarbonat	138,21	$^1/_2\,K_2CO_3$	6,911	8395
Kaliumchlorid	74,56	KCl	7,456	8725
Kaliumcyanid	65,12	KCN	6,512	8137
Kaliumhydroxyd	56,11	KOH	5,611	7490
Kaliumoxyd	94,20	$^1/_2\,K_2O$	4,710	6730
Kaliumpermanganat (saures Medium)	158,04	$^1/_5\,KMnO_4$	3,161	4998
Kaliumpermanganat für Mn-Bestimmung	158,04	$^1/_3\,KMnO_4$	5,268	7216
Kaliumtartrat	226,28	$^1/_2\,C_4H_4O_6K_2$	11,314	0536
Kaliumtetroxalat	254,20	$^1/_3\,[KH_3(C_2O_4)_2+2\,H_2O]$	8,473	9280
Kohlenstoffdioxyd	44,01	$^1/_2\,CO_2$	2,201	3426
Kupferoxyd	79,55	$^1/_2\,CuO$	3,978	5997
Kupfersulfat	249,68	$^1/_2\,[CuSO_4+5\,H_2O]$	12,484	0964
Magnesiumcarbonat	84,31	$^1/_2\,MgCO_3$	4,216	6249
Magnesiumchlorid	95,21	$^1/_2\,MgCl_2$	4,761	6777
Magnesiumchloridhexahydrat	203,30	$^1/_2\,[MgCl_2+6\,H_2O]$	10,165	0071_5
Magnesiumoxyd	40,31	$^1/_2\,MgO$	2,016	3045
Mangansulfat	151,00	$^1/_2\,MnSO_4$	7,550	8779
Milchsäure	90,08	$CH_3{\cdot}CHOH{\cdot}COOH$	9,008	9546
Natriumbicarbonat	84,01	$NaHCO_3$	8,401	9243
Natriumcarbonat	105,99	$^1/_2\,Na_2CO_3$	5,300	7243
Natriumchlorid	58,44	$NaCl$	5,844	7667
Natriumhydroxyd	40,00	$NaOH$	4,000	6021
Natriumoxyd	61,98	$^1/_2\,Na_2O$	3,099	4912
Natriumphosphat, sekundär (Dinatriumhydrogenphosphat)	177,99	$^1/_2\,[Na_2HPO_4+2\,H_2O]$	8,900	9494
Natriumphosphat, tertiär (Trinatriumphosphat)	380,12	$^1/_3\,[Na_3PO_4+12\,H_2O]$	12,671	1028
Natriumsulfid	78,04	$^1/_2\,Na_2S$	3,902	5913
Natriumtetraborat	201,22	$^1/_2\,Na_2B_4O_7$	10,061	0026_4
Natriumtetraboratdecahydrat (Borax)	381,37	$^1/_2\,[Na_2B_4O_7+10\,H_2O]$	19,069	2803
Oxalsäure	90,04	$^1/_2\,HOOC{\cdot}COOH$	4,502	6534
Oxalsäuredihydrat	126,07	$^1/_2\,[HOOC{\cdot}COOH+2\,H_2O]$	6,304	7996
Phosphorsäure	98,00	$^1/_3\,H_3PO_4$	3,267	5141
Quecksilber(II)chlorid (Sublimat)	271,50	$^1/_2\,HgCl_2$	13,575	1327
Salpetersäure	63,01	HNO_3	6,301	7994
Salpetrige Säure	47,01	HNO_2	4,701	6722
Salzsäure	36,46	HCl	3,646	5618
Silbernitrat	169,87	$AgNO_3$	16,987	2301
Schwefelsäure	98,08	$^1/_2\,H_2SO_4$	4,904	6906
Schwefeltrioxyd	80,06	$^1/_2\,SO_3$	4,003	6024
Weinsäure	150,09	$^1/_2\,C_4H_6O_6$	7,505	8754
Zinksulfat	287,54	$^1/_2\,[ZnSO_4+7\,H_2O]$	14,377	1577

* Logarithmen siehe S.10.

Definition des pH-Werts[1,2]

A. Ionenprodukt des Wassers

Die Beziehung zwischen Konzentration der Wasserstoffionen* und Konzentration der Hydroxylionen in einer neutralen wässerigen Lösung ist gegeben durch das Dissoziationsgleichgewicht des Wassers

$$H_2O = H^+ + OH^-$$

Sind gelöste Stoffe in so geringer Konzentration vorhanden, daß der Aktivitätskoeffizient des Wassers gleich 1 gesetzt werden kann, ergibt sich für das Ionenprodukt** des Wassers

$$K_W = a_H\, a_{OH} = m_H\, f_H\, m_{OH}\, f_{OH} \qquad (1)$$

(a = Aktivitäten; f = Aktivitätskoeffizienten; m = Molalitäten)

Da reines Wasser nur wenig dissoziiert ist, gilt annähernd

$$f_H = 1, \quad f_{OH} = 1 \qquad (2)$$

Mit $K_W = 1{,}008 \times 10^{-14}$ bei 25 °C ergibt sich für diese Temperatur aus (1) und (2) für eine neutrale wässerige Lösung

$$m_H = m_{OH} = \sqrt{K_W} \cong 1 \times 10^{-7} \qquad (3)$$

Da für wässerige Lösungen bei genügender Verdünnung und bei Zimmertemperatur Molaritäten und Molalitäten fast identisch sind, ist auch

$$c_H \cong 1 \times 10^{-7} \quad \text{(wobei } c = \text{Molarität)} \qquad (3a)$$

Entstehen H^+-Ionen zusätzlich aus Reaktionen der gelösten Stoffe (Dissoziationsgleichgewichte von Säuren, Hydrolysengleichgewichte usw.), so wird nach (1) die Konzentration der OH^--Ionen zurückgedrängt. Andererseits bedingen zusätzlich gebildete OH^--Ionen eine Konzentration an H^+-Ionen $c_H \ll 1 \times 10^{-7}$. Im ersten Fall nennt man die wässerige Lösung sauer, im zweiten Fall alkalisch. Da das Ionenprodukt K_W stark von der Temperatur abhängig ist, gilt dasselbe vom Neutralpunkt. Zum Beispiel liegt dieser für 0 °C bei $c_H = 1 \times 10^{-7{,}5}$, für 60 °C bei $c_H = 1 \times 10^{-6{,}5}$.

Ionenprodukt von K_W in Abhängigkeit von der Temperatur[3]

°C	$K_W \times 10^{14}$	$-\log K_W$	°C	$K_W \times 10^{14}$	$-\log K_W$
0	0,1139	14,943	35	2,089	13,680
5	0,1846	14,734	40	2,919	13,535
10	0,2920	14,535	45	4,018	13,396
15	0,4505	14,346	50	5,474	13,262
20	0,6809	14,167	55	7,297	13,137
25	1,008	13,996	60	9,614	13,017
30	1,469	13,833			

B. Sørensensche pH-Skala

SØRENSEN erkannte als erster die Bedeutung der Konzentration der Wasserstoffionen für biochemische Prozesse. Er entwickelte kolorimetrische und potentiometrische Meßmethoden für die Größen, die auf Grund der damaligen Entwicklung der Thermodynamik (1909) in Strenge gleich den Molaritäten der Wasserstoffionen gesetzt wurden. Dabei führte SØRENSEN die Abkürzung

$$pH = -\log_{10} c_H \qquad (4)$$

ein. Tatsächlich diente zur Ermittlung des pH-Werts folgende Vorschrift: Die elektromotorische Kraft E der Zelle

$$\text{Pt; } H_2\text{, Lösung } X \;\Big|\; \text{Gesättigte KCl-Lösung}^\dagger \;\Big|\; \text{0,1n-Kalomel-Elektrode} \qquad (5)$$

wird mit der elektromotorischen Kraft E' verglichen, welche Zelle (5) liefert, wenn anstelle der Lösung X eine Lösung mit $c_H = 1$ eingefüllt wird†. Bei dem Vergleich können die Wasserstoffelektroden durch andere auf H^+-Ionen ansprechende Elektroden (zum Beispiel Chinhydron- oder Glaselektroden) ersetzt werden, und auch für die Kalomelelektroden können andere Bezugselektroden verwendet werden. Es müssen nur dieselben Bedingungen beim Vergleich gewahrt werden, wie auch auf Einhaltung der gleichen Temperatur zu achten ist. Dann ist der pH-Wert nach SØRENSEN gegeben durch

$$pH_{SØRENSEN} = \frac{(E - E')\,F}{R\,T\,\ln 10} \qquad (6)$$

(F = FARADAY-Konstante, R = Gaskonstante, T = absolute Temperatur, $\ln 10 = 2{,}30259$)

C. Konventionelle pH-Skala

Da man heute weiß, daß die elektromotorische Kraft der Zelle (5) nicht nur von der Konzentration der H^+-Ionen, sondern von der Aktivität der H^+-Ionen und derjenigen der Cl^--Ionen sowie von den Überführungszahlen der Ionen (verschiedenes Diffusionspotential bei verschiedener ionaler Konzentration) abhängt, ist es nicht mehr zweckmäßig, auf eine Lösung zu beziehen, deren Konzentration man mit $c_H = 1$ annimmt. Man führt daher den Vergleich für die Zelle (5) zwischen der Lösung X (elektromotorische Kraft E) und einer Standardlösung S (elektromotorische Kraft E_S) aus, deren pH-Wert (pH_S) man durch Konvention festlegt:

$$pH = \frac{(E - E_S)\,F}{R\,T\,\ln 10} + pH_S \qquad (7)$$

In Großbritannien[4] und in Japan[5] wurde eine Standardlösung, in den USA wurden fünf Standardlösungen[6] festgelegt. Die Konventionen sind untereinander konsistent. Da die fünf amerikanischen Standards pH_S-Werte zwischen 3,5 und 9,5 besitzen, läßt sich anstelle von (7) eine weitere Vorschrift zur pH-Messung geben, bei der die unbekannte Lösung X mit zwei Standards S und S' verglichen wird:

$$\frac{pH - pH_S}{pH_{S'} - pH_S} = \frac{E - E_S}{E_{S'} - E_S} \qquad (8)$$

Vorschrift (8) wird vor allem für Glaselektroden empfohlen. Zwischen der konventionellen Skala und der SØRENSENschen Skala besteht die Beziehung (9)[2]:

$$pH = pH_{SØRENSEN} + 0{,}04 \qquad (9)$$

D. Thermodynamische Interpretation der konventionellen pH-Werte

Wie im vorigen Abschnitt angedeutet, besteht keine exakte Beziehung zwischen dem konventionellen pH-Wert und einem thermodynamisch eindeutigen Maß für den Säurecharakter einer Lösung, wie es zum Beispiel m_H wäre. Doch genügt die konventionelle Aciditätsskala allen Bedürfnissen der Praxis, so daß es nicht lohnt, thermodynamischer Prinzipien wegen kompliziertere Meßmethoden einzuführen. Die Schwierigkeit liegt darin, daß nur die Produkte $f_K f_A$ der Aktivitätskoeffizienten von Kation und Anion eine thermodynamisch klare Bedeutung haben, diese aber nicht mit Anordnungen wie der Zelle (5) gemessen werden können. Aktivitätskoeffizienten von einzelnen Ionen sind nur definiert, wenn über den Wert der Aktivitätskoeffizienten einer Ionensorte eine Konvention getroffen wird. Eine gebräuchliche Konvention ist

$$\log f_{Cl} = -\frac{A\sqrt{I}}{1 + B'\sqrt{I}} \qquad (10)$$

($A = \dfrac{1{,}82 \times 10^6}{[\varepsilon T]^{3/2}}$ = Konstante der DEBYE-HÜCKEL-Theorie[7]

[wobei ε = Dielektrizitätskonstante]; $B' = 1{,}5$; I = Ionenstärke)

bei welcher der Aktivitätskoeffizient des Chloridions durch die Ionenstärke $I = \frac{1}{2} \sum_i m_i z_i^2$ (Mittel über die Molalitäten der einzelnen Ionensorten, wobei die Wertigkeit quadratisch eingeht) der Lösung ausgedrückt wird. Benützt man die Konvention (10), so kann man im pH-Bereich zwischen 2 und 12 und für Ionenstärken unter 0,1 setzen:

$$pH = -\log(m_H f_H) = -\log a_H \qquad (11)$$

* Es wird im folgenden der Einfachheit wegen von Wasserstoff- und Hydroxylionen gesprochen, obwohl diese nie frei, sondern nur gebunden an Wasserassoziate (vornehmlich als $H_9O_4^+$ bzw. $H_7O_4^-$) vorkommen.

** Die selten angeschriebene Dissoziationskonstante des Wassers wäre durch K_W/m_{H_2O} gegeben, wobei $m_{H_2O} = 55{,}51$ ist.

† Die KCl-Lösung befindet sich zumeist in einem die beiden Halbzellen verbindenden Röhrchen. Vermischung mit den Lösungen der Halbzellen wird oft durch Agar-Agar-Pfropfen verhindert. An beiden Grenzen zu den Lösungen der Halbzellen entstehen Diffusionspotentiale, doch sind diese wegen der ähnlichen Überführungszahlen von K^+- und Cl^--Ion fast entgegengesetzt gleich. SØRENSEN versuchte ursprünglich, E für verschiedene Konzentrationen der KCl-Brücke zu messen und auf ein Diffusionspotential Null zu extrapolieren. Doch kam man bald davon ab. Nach der jetzigen Konvention muß die KCl-Lösung mindestens 3,5n sein (eine gesättigte KCl-Lösung ist 4,2n) und bei der Vergleichsmessung in identischer Konzentration vorliegen.

† SØRENSEN benützte HCl, korrigierte aber aufgrund von Leitfähigkeitsmessungen für die vermeintliche unvollständige Dissoziation der Salzsäure.

Werte von $R\,T\,\ln 10/F$ in Abhängigkeit von der Temperatur*[2]

°C	$R\,T\ln10/F$	°C	$R\,T\ln10/F$
0	0,054 197	50	0,064 118
5	0,055 189	55	0,065 110
10	0,056 181	60	0,066 102
15	0,057 173	65	0,067 094
20	0,058 165	70	0,068 086
25	0,059 157	75	0,069 078
30	0,060 149	80	0,070 070
35	0,061 141	85	0,071 062
38	0,061 737	90	0,072 054
40	0,062 133	95	0,073 046
45	0,063 126	100	0,074 038

* $\ln 10 = 2{,}30259$; $R = 8{,}3143$ J grd^{-1} mol^{-1}; $F = 96487{,}0$ C mol^{-1}; $T = °C + 273{,}15$.

pH-Werte von Referenzlösungen bei 25 °C in bezug auf verschiedene pH-Skalen[2]

Lösung	Skala: HITCHCOCK und TAYLOR	MACINNES et al.	National Bureau of Standards
Kaliumbitartrat 0,03molar . .	3,567	–	3,569
Kaliumbiphthalat 0,05molar .	4,010	4,000	4,008
Essigsäure 0,1molar, Natriumacetat 0,1molar . . .	4,645	4,640	4,652
KH_2PO_4 0,025molar, Na_2HPO_4 0,025molar	6,855	–	6,865
Natriumtetraboratdecahydrat 0,05molar	9,180	–	9,196

pH$_S$-Werte der primären NBS-Standards in Abhängigkeit von der Temperatur[2]

Temperatur (°C)	Kaliumbitartrat (gesättigt bei 25 °C)	Kaliumbiphthalat 0,05molal	KH_2PO_4 0,025molal Na_2HPO_4 0,025molal	KH_2PO_4 0,008695molal Na_2HPO_4 0,03043molal	Natriumtetraboratdecahydrat 0,01molal
0	–	4,003	6,984	7,534	9,464
5	–	3,999	6,951	7,500	9,395
10	–	3,998	6,923	7,472	9,332
15	–	3,999	6,900	7,448	9,276
20	–	4,002	6,881	7,429	9,225
25	3,557	4,008	6,865	7,413	9,180
30	3,552	4,015	6,853	7,400	9,139
35	3,549	4,024	6,844	7,389	9,102
38	3,548	4,030	6,840	7,384	9,081
40	3,547	4,035	6,838	7,380	9,068
45	3,547	4,047	6,834	7,373	9,038
50	3,549	4,060	6,833	7,367	9,011
55	3,554	4,075	6,834	–	8,985
60	3,560	4,091	6,836	–	8,962
70	3,580	4,126	6,845	–	8,921
80	3,609	4,164	6,859	–	8,885
90	3,650	4,205	6,877	–	8,850
95	3,674	4,227	6,886	–	8,833

pH-Werte sekundärer britischer Standards[2]

Lösung	12 °C	25 °C	38 °C.
Kaliumtetroxalat 0,1molar	–	1,48	1,50
HCl 0,01molar, KCl 0,09molar . .	–	2,07	2,08
Essigsäure 0,1molar, Natriumacetat 0,1molar	4,65	4,64	4,65
Essigsäure 0,01molar, Natriumacetat 0,01molar	4,71	4,70	4,72
KH_2PO_4 0,025molar, Na_2HPO_4 0,025molar	–	6,85	6,84
Natriumtetraboratdecahydrat 0,05molar	–	9,18	9,07
$NaHCO_3$ 0,025molar, Na_2CO_3 0,025molar	–	10,00	–

Annähernde pH-Werte verschiedener Lösungen etwa bei Zimmertemperatur[2]

Lösung	Molarität	pH
Ammoniakwasser	0,1	11,3
Ammoniumchlorid	0,1	4,6
Ammoniumdihydrogenphosphat	0,1	4,0
Ammoniumoxalat	0,1	6,4
Ammoniumsulfat	0,1	5,5
Barbitalnatrium	0,1	9,4
Benzoesäure	Gesättigt	2,8
Bernsteinsäure	0,1	2,7
Borsäure	0,1	5,3
Calciumhydroxyd	Gesättigt	12,4
Citronensäure	0,1	2,1
Diammoniumhydrogenphosphat	0,1	7,9
Dinatriumhydrogenphosphat	0,1	9,2
Kaliumacetat	0,1	9,7
Kaliumaluminiumsulfat	0,1	4,2
Kaliumbicarbonat	0,1	8,2
Kaliumcarbonat	0,1	11,5
Kaliumdihydrogenphosphat	0,1	4,5
Natriumacetat	0,1	8,9
Natriumbenzoat	0,1	8,0
Natriumbicarbonat	0,1	8,3
Natriumbisulfat	0,1	1,4
Natriumcarbonat	0,1	11,5
Natriumdihydrogenphosphat	0,1	4,5
Natriumhydroxyd	0,1	12,9
Natriumtetraboratdecahydrat	0,1	9,4
Oxalsäure	0,1	1,3
Salicylsäure	Gesättigt	2,4
Salzsäure	0,1	1,1
Trichloressigsäure	0,1	1,2
Weinsäure	0,1	2,0

Literatur

1 BATES und GUGGENHEIM, *Pure appl. Chem.*, **1**, 163 (1960).
2 Nach BATES, R.G., *Determination of pH*, Wiley, New York, 1964.
3 Nach HARNED und OWEN, *The Physical Chemistry of Electrolytic Solutions*, 3. Aufl., Reinhold, New York, 1958.
4 *British Standard 1647: 1950*, British Standards Institution, London, 1950.
5 *Japanese Industrial Standard Z 8802-1958*.
6 *A.S.T.M. Method E70-52T*, American Society for Testing Materials, Philadelphia, 1952.
7 Vgl. zum Beispiel KORTÜM, G., *Lehrbuch der Elektrochemie*, 2. Aufl., Verlag für Chemie, Weinheim/Bergstraße, 1957, Anhang, Tabelle V.

Im folgenden ist der pH-Wert definierter Lösungen angeführt, welche relativ unempfindlich gegen Zusätze sind. Es ist jedoch zu beachten, daß sich der pH-Wert nicht nur bei Zusatz von Säuren oder Basen und bei Verdünnung, sondern auch bei Variation der Temperatur und bei Zusatz von Neutralsalzen ändert. Bei genauem Arbeiten sollte daher der pH-Wert nach Zusatz aller Bestandteile elektrometrisch kontrolliert werden. Die Größenordnung der pH-Änderung bei Zusatz von Säuren oder Basen und bei Variation der Temperatur geht aus den nachfolgenden Tabellen hervor. Verdünnung auf die halbe Konzentration bewirkt im allgemeinen nur eine Veränderung von einigen Hundertstel pH-Einheiten, nur bei Puffer Nr. 1 etwa 0,15. Zusatz von Neutralsalz 0,1molar kann den pH-Wert um 0,1 ändern.

Die Pufferlösungen sind geordnet nach allgemeinen Pufferlösungen, welche größtenteils schon seit fünfzig Jahren verwendet werden, Universallösungen, welche bei geringerer Pufferkapazität einen großen pH-Bereich überstreichen, und Pufferlösungen für biologische Medien, welche mittlere pH-Bereiche umfassen und chemisch verträgliche Stoffe enthalten (zum Beispiel gehen Phosphat und Borat mit biologischen Medien oft Seitenreaktionen ein). Ein wichtiger Gesichtspunkt ist oft die Durchlässigkeit für UV-Licht. Zuweilen wünscht man auch flüchtige Puffersysteme, die wieder entfernt werden können[1] (vgl. Puffer Nr. 20 und 21), doch ist bei den stark flüchtigen Systemen eine Kontrolle der pH-Einstellung unerläßlich. – Während sich die meisten Literaturangaben auf $\mathrm{pH}_{\text{SØRENSEN}}$ beziehen, ist im folgenden der beschriebenen Konvention über pH zahlenmäßig Rechnung getragen.

Stamm- bzw. Pufferlösungen sind mit destilliertem und CO_2-freiem Wasser anzusetzen bzw. auf das angegebene Volumen aufzufüllen. Es sollen nur Standardreagenzien gebraucht werden. Bestehen Zweifel hinsichtlich Reinheit und Wassergehalt der verwendeten Reagenzien, sollte die Molarität unbedingt titrimetrisch geprüft werden. Die Mengen x der Stammlösungen, welche zur Einstellung eines bestimmten pH-Werts benötigt werden, sind in der Tabelle auf S. 276 angegeben.

* Der Abschnitt «Pufferlösungen», S. 274–276, wurde zusammengestellt von F. Kohler, Institut für physikalische Chemie der Universität Wien.

Literatur

[1] Eine Zusammenstellung flüchtiger Puffer siehe bei Michl, H., in: Heftmann, E. (Hrsg.), *Chromatography*, Teil 1, Reinhold, New York, 1961, S. 250.

Nr.	Name	pH-Bereich	Temperatur	pH-Änderung je °C
	Allgemeine Pufferlösungen			
1	KCl/HCl (Clark und Lubs)[1]	1,0– 2,2	Zimmertemperatur	0
2	Glycin/HCl (Sørensen)[2]	1,2– 3,4	Zimmertemperatur	0
3	Na-Citrat/HCl (Sørensen)[2]	1,2– 5,0	Zimmertemperatur	0
4	K-Biphthalat/HCl (Clark und Lubs)[1]	2,4– 4,0	20 °C	+0,001
5	K-Biphthalat/NaOH (Clark und Lubs)[1]	4,2– 6,2	20 °C	
6	Na-Citrat/NaOH (Sørensen)[2]	5,2– 6,6	20 °C	+0,004
7	Phosphat (Sørensen)[2]	5,0– 8,0	20 °C	−0,003
8	Barbital-Na/HCl (Michaelis)[3]	7,0– 9,0	18 °C	
9	Na-Borat/HCl (Sørensen)[2]	7,8– 9,2	20 °C	−0,005
10	Glycin/NaOH (Sørensen)[2]	8,6–12,8	20 °C	−0,025
11	Na-Borat/NaOH (Sørensen)[2]	9,4–10,6	20 °C	−0,01
	Universallösungen			
12	Citronensäure/Phosphat (McIlvaine)[4]	2,2– 7,8	21 °C	
13	Citrat-Phosphat-Borat/HCl (Teorell und Stenhagen)[5]	2,0–12,0	20 °C	
14	Britton-Robinson[6]	2,6–11,8	25 °C	Für kleine pH 0 Für große pH −0,02
	Pufferlösungen für biologische Medien			
15	Acetat (Walpole)[7–9]	3,8– 5,6	25 °C	
16	Dimethylglutarsäure/NaOH[10]	3,2– 7,6	21 °C	
17	Piperazin/HCl[11,12]	4,6– 6,4 8,8–10,6	20 °C	
18	Tetraäthyläthylendiamin*[12]	5,0– 6,8 8,2–10,0	20 °C	
19	Trismaleat[7,13]	5,2– 8,6	23 °C	
20	Dimethylaminoäthylamin*[12]	5,6– 7,4 8,6–10,4	20 °C	
21	Imidazol/HCl[14]	6,2– 7,8	25 °C	
22	Triäthanolamin/HCl[15]	7,0– 8,8	25 °C	
23	N-Dimethylaminoleucylglycin/NaOH[16]	7,0– 8,8	23 °C	−0,015
24	Tris/HCl[7]	7,2– 9,0	23 °C	−0,02
25	2-Amino-2-methyl-1,3-propandiol/HCl[7,13]	7,8–10,0	23 °C	
26	Carbonat (Delory und King)[7,17]	9,2–10,8	20 °C	

* Mit Tris zu einem kationischen Universalpuffer zu kombinieren, vgl. Semenza et al.[12].

Literatur

[1] Clark und Lubs, *J. Bact.*, **2**, 1 (1917).
[2] Sørensen, S. P. L., *Biochem. Z.*, **21**, 131 (1909), und **22**, 352 (1909); *Ergebn. Physiol.*, **12**, 393 (1912); Walbum, L. E., *Biochem. Z.*, **107**, 219 (1920).
[3] Michaelis, L., *J. biol. Chem.*, **87**, 33 (1930).
[4] McIlvaine, T. C., *J. biol. Chem.*, **49**, 183 (1921).
[5] Teorell und Stenhagen, *Biochem. Z.*, **299**, 416 (1938).
[6] Britton und Welford, *J. chem. Soc.*, **1937**, 1848.
[7] Gomori, G., in: Colowick und Kaplan (Hrsg.), *Methods in Enzymology*, Band 1, Academic Press, New York, 1955, S. 138.
[8] Walpole, G. S., *J. chem. Soc.*, **105**, 2501 (1914).
[9] Green, A. A., *J. Amer. chem. Soc.*, **55**, 2331 (1933).
[10] Stafford et al., *Biochim. biophys. Acta*, **18**, 319 (1955); Krebs, H. A., unveröffentlicht, 1957.
[11] Smith und Smith, *Biol. Bull.*, **96**, 233 (1949).
[12] Semenza et al., *Helv. chim. Acta*, **45**, 2306 (1962).
[13] Gomori, G., *Proc. Soc. exp. Biol. (N. Y.)*, **68**, 354 (1948).
[14] Mertz und Owen, *Proc. Soc. exp. Biol. (N. Y.)*, **43**, 204 (1940), zitiert nach Rauen, H. M. (Hrsg.), *Biochemisches Taschenbuch*, 2. Aufl., 2. Teil, Springer, Berlin, 1964, S. 90.
[15] Beisenherz et al., *Z. Naturforsch.*, **8b**, 555 (1953).
[16] Leonis, J., *C. R. Lab. Carlsberg, Sér. Chim.*, **26**, 357 (1948).
[17] Delory und King, *Biochem. J.*, **39**, 245 (1945).

Wenn nicht anders vermerkt, sind Stamm- und Pufferlösungen mit destilliertem und CO_2-freiem Wasser anzusetzen. Es sollten nur Standardreagenzien gebraucht werden. Die Molarität einer Lösung, die mit Reagenzien von zweifelhafter Reinheit oder zweifelhaftem Hydrationsgrad bereitet wurde, muß durch Titrieren geprüft werden. Die Mengen x der Stammlösungen, die erforderlich sind, um verschiedene pH-Werte zu erhalten, finden sich auf S. 276.

Nr.	Stammlösungen		Zusammensetzung der Pufferlösung
	A	*B*	
1	KCl 0,2n (14,91 g/l)	HCl 0,2n	25 ml $A + x$ ml B auf 100 ml
2	0,1 Mol Glycin in NaCl 0,1n (7,507 g Glycin + 5,844 g NaCl/l)	HCl 0,1n	x Teile $A + (100-x)$ Teile B
3	Dinatriumcitrat 0,1molar (21,01 g Citronensäuremonohydrat + 200 ml NaOH 1n/l)	HCl 0,1n	x Teile $A + (100-x)$ Teile B
4	Kaliumbiphthalat 0,1molar (20,42 g/l)	HCl 0,1n	50 ml $A + x$ ml B auf 100 ml
5	Wie Nr. 4	NaOH 0,1n	50 ml $A + x$ ml B auf 100 ml
6	Wie Nr. 3	NaOH 0,1n	x Teile $A + (100-x)$ Teile B
7	Monokaliumphosphat $^1/_{15}$molar (9,073 g/l)	Dinatriumphosphat $^1/_{15}$molar (11,87 g $Na_2HPO_4 \cdot 2\,H_2O$/l)	x Teile $A + (100-x)$ Teile B
8	Barbital-Na 0,1molar (20,62 g/l)	HCl 0,1n	x Teile $A + (100-x)$ Teile B
9	Halbneutralisierte Borsäure 0,2molar (entspricht Boraxlösung 0,05molar, 12,37 g Borsäure + 100 ml NaOH 1n/l)	HCl 0,1n	x Teile $A + (100-x)$ Teile B
10	Wie Nr. 2	NaOH 0,1n	x Teile $A + (100-x)$ Teile B
11	Wie Nr. 9	NaOH 0,1n	x Teile $A + (100-x)$ Teile B
12	Citronensäure 0,1molar (21,01 g Citronensäuremonohydrat/l)	Dinatriumphosphat 0,2molar (35,60 g $Na_2HPO_4 \cdot 2\,H_2O$/l)	x Teile $A + (100-x)$ Teile B
13	100 ml Citronensäure- und 100 ml Phosphorsäurelösung, die je 100 ml NaOH 1n äquivalent sein müssen, werden mit 3,54 g Borsäure und 343 ml NaOH 1n versetzt und auf 1 l aufgefüllt	HCl 0,1n	20 ml $A + x$ ml B auf 100 ml
14	Citronensäure, Monokaliumphosphat, Barbital und Borsäure, je 0,02857molar (6,004 g Citronensäuremonohydrat, 3,888 g Monokaliumphosphat, 5,263 g Barbital, 1,767 g Borsäure/l)	NaOH 0,2n	100 Teile $A + x$ Teile B
15	Natriumacetat 0,1n (8,204 g $C_2H_3O_2Na$ oder 13,61 g $C_2H_3O_2Na \cdot 3\,H_2O$/l)	Essigsäure 0,1n (6,005 g/l)	x Teile $A + (100-x)$ Teile B
16	Dimethylglutarsäure 0,1molar (16,02 g/l)	NaOH 0,2n	a) 100 ml $A + x$ ml B auf 1000 ml b) 100 ml $A + x$ ml B + 0,1 Mol NaCl (5,844 g) auf 1000 ml
17	Piperazin 1molar (86,14 g/l)	HCl 0,1n	5 ml $A + x$ ml B auf 100 ml
18	Tetraäthyläthylendiamin 1molar (172,32 g/l)	HCl 0,1n	5 ml $A + x$ ml B auf 100 ml
19	Trismaleat 0,2molar [24,23 g Tris(hydroxymethyl)aminomethan + 23,21 g Maleinsäure oder 19,61 g Maleinsäureanhydrid/l]	NaOH 0,2n	25 ml $A + x$ ml B auf 100 ml
20	Dimethylaminoäthylamin 1molar (88 g/l)	HCl 0,1n	5 ml $A + x$ ml B auf 100 ml
21	Imidazol 0,2molar (13,62 g/l)	HCl 0,1n	25 ml $A + x$ ml B auf 100 ml
22	Triäthanolamin 0,5molar (76,11 g/l) + 20 g/l $C_{10}H_{14}O_8N_2 \cdot Na_2 \cdot 2\,H_2O$ (Äthylendiamintetraacetatdinatriumsalz)	HCl 0,05n	10 ml $A + x$ ml B auf 100 ml
23	N-Dimethylleucylglycin 0,1molar (24,33 g $C_{10}H_{20}O_3N_2 \cdot {}^3/_2\,H_2O$/l) + NaCl 0,2n (11,69 g/l)	100 ml NaOH 1n/l *A*	x Teile $A + (100-x)$ Teile B
24	Tris 0,2molar [24,23 g Tris(hydroxymethyl)aminomethan/l]	HCl 0,1n	25 ml $A + x$ ml B auf 100 ml
25	2-Amino-2-methyl-1,3-propandiol 0,1molar (10,51 g/l)	HCl 0,1n	50 ml $A + x$ ml B auf 100 ml
26	Wasserfreies Natriumcarbonat 0,1molar (10,60 g/l)	Natriumbicarbonat 0,1molar (8,401 g/l)	x Teile $A + (100-x)$ Teile B

Angegeben sind die x Milliliter der Stammlösungen, die gemäß Angaben auf S. 275 nötig sind, um eine Lösung mit dem gewünschten pH-Wert zu erhalten

pH	1	2	3	4	5	6	7	8	9	10	11	12	13	14	15	16a	16b	17	18	19	20	21	22	23	24	25	26	pH
1,0	54,2	...	...	...	...	...	...	...	...	...	...	...	...	...	...	...	...	...	...	...	...	...	...	...	...	...	...	1,0
1,2	36,0	11,1	9,0	...	...	...	...	...	...	...	...	...	...	...	...	...	...	...	...	...	...	...	...	...	...	...	...	1,2
1,4	23,2	26,4	17,9	...	...	...	...	...	...	...	...	...	...	...	...	...	...	...	...	...	...	...	...	...	...	...	...	1,4
1,6	14,7	36,2	23,6	...	...	...	...	...	...	...	...	...	...	...	...	...	...	...	...	...	...	...	...	...	...	...	...	1,6
1,8	9,3	43,9	27,6	...	...	...	...	...	...	...	...	...	...	...	...	...	...	...	...	...	...	...	...	...	...	...	...	1,8
2,0	5,9	50,7	30,2	...	...	...	...	...	...	...	...	...	74,4	...	...	...	...	...	...	...	...	...	...	...	...	...	...	2,0
2,2	3,8	56,5	32,2	...	...	...	...	...	...	...	...	98,8	68,8	...	...	...	...	...	...	...	...	...	...	...	...	...	...	2,2
2,4	...	62,3	34,1	41,0	...	...	...	...	...	...	...	94,5	64,6	...	...	...	...	...	...	...	...	...	...	...	...	...	...	2,4
2,6	...	68,4	36,0	34,3	...	...	...	...	...	...	...	90,0	61,3	1,6	...	...	...	...	...	...	...	...	...	...	...	...	...	2,6
2,8	...	74,7	37,9	27,8	...	...	...	...	...	...	...	85,1	58,9	3,6	...	...	...	...	...	...	...	...	...	...	...	...	...	2,8
3,0	...	81,0	39,9	21,6	...	...	...	...	...	...	...	80,3	56,9	5,7	...	...	...	...	...	...	...	...	...	...	...	...	...	3,0
3,2	...	86,2	42,1	15,9	...	...	...	...	...	...	...	76,0	55,2	7,8	...	7,0	14,4	...	...	...	...	...	...	...	...	...	...	3,2
3,4	...	90,3	44,8	10,9	...	...	...	...	...	...	...	72,0	53,9	9,9	...	13,3	20,9	...	...	...	...	...	...	...	...	...	...	3,4
3,6	...	...	47,8	6,7	...	...	...	...	...	...	...	68,4	52,9	11,7	...	20,7	26,8	...	...	...	...	...	...	...	...	...	...	3,6
3,8	...	...	51,2	3,3	...	...	...	...	...	...	...	65,1	51,8	13,5	10,9	26,3	32,4	...	...	...	...	...	...	...	...	...	...	3,8
4,0	...	...	55,1	0,0	...	...	...	...	...	...	...	62,0	50,7	15,3	16,6	32,4	36,6	...	...	...	...	...	...	...	...	...	...	4,0
4,2	...	...	60,0	...	3,0	...	...	...	...	...	...	59,1	49,7	17,5	23,9	36,2	40,3	...	...	...	...	...	...	...	...	...	...	4,2
4,4	...	...	66,4	...	6,7	...	...	...	...	...	...	56,4	48,6	19,7	33,5	39,3	43,1	...	...	...	...	...	...	...	...	...	...	4,4
4,6	...	...	74,9	...	11,1	...	...	...	...	...	...	53,7	47,5	21,9	44,9	41,3	45,7	94,3	...	...	...	...	...	...	...	...	...	4,6
4,8	...	...	85,6	...	16,5	...	...	...	...	...	...	51,2	46,4	24,1	56,6	43,5	48,3	91,5	...	...	...	...	...	...	...	...	...	4,8
5,0	...	...	100,0	...	22,6	...	99,2	...	...	...	...	49,0	45,4	26,3	67,8	45,7	51,5	87,8	94,3	...	...	...	...	...	...	...	...	5,0
5,2	...	...	...	...	28,8	87,1	98,4	...	...	...	...	46,9	44,3	28,6	76,8	48,4	53,6	83,6	91,5	3,2	...	...	...	...	...	...	...	5,2
5,4	...	...	...	...	34,4	78,0	97,3	...	...	...	...	44,7	43,2	31,0	84,0	51,3	58,2	77,6	87,8	5,0	...	...	...	...	...	...	...	5,4
5,6	...	...	...	...	39,1	70,3	95,5	...	...	...	...	42,4	42,0	33,4	89,3	55,0	63,6	71,8	83,1	7,3	94,3	...	...	...	...	...	...	5,6
5,8	...	...	...	...	42,4	64,5	92,8	...	...	...	...	40,0	40,8	35,8	...	58,8	68,7	66,5	77,6	9,7	91,7	...	...	...	...	...	...	5,8
6,0	...	...	...	...	45,0	60,3	88,9	...	...	...	...	37,4	39,7	38,3	...	63,9	73,6	61,8	71,7	12,4	88,0	...	...	...	...	...	...	6,0
6,2	...	...	...	...	46,7	57,2	83,0	...	...	...	...	34,5	38,4	40,8	...	69,5	78,5	58,2	66,4	15,2	83,3	43,4	...	...	...	...	...	6,2
6,4	...	...	...	...	...	54,8	75,4	...	...	...	...	31,4	37,0	43,3	...	74,1	83,3	55,5	61,7	17,9	77,9	40,4	...	...	...	...	...	6,4
6,6	...	...	...	...	...	53,2	65,3	...	...	...	...	27,9	35,6	45,8	...	83,5	87,4	...	58,0	20,8	72,0	36,5	...	...	...	...	...	6,6
6,8	...	...	...	...	...	...	53,4	...	...	...	...	23,5	34,2	48,3	...	87,4	91,0	...	55,3	22,2	66,6	31,4	...	...	...	...	...	6,8
7,0	...	...	...	...	...	...	41,3	53,3	...	...	...	19,0	32,9	50,9	...	90,0	93,2	...	...	23,7	61,9	25,4	86,2	86,4	...	...	...	7,0
7,2	...	...	...	...	...	...	29,6	55,0	...	...	...	13,8	31,7	53,4	...	91,8	94,9	...	...	25,2	58,1	19,6	79,6	80,6	44,7	...	...	7,2
7,4	...	...	...	...	...	...	19,7	57,6	...	...	...	9,8	30,6	55,8	...	93,0	95,8	...	...	26,7	55,3	14,6	71,3	72,8	42,0	...	...	7,4
7,6	...	...	...	...	...	...	12,8	60,8	...	...	...	6,8	29,6	58,2	...	93,8	96,8	...	...	28,6	...	10,2	62,0	63,2	39,3	...	...	7,6
7,8	...	...	...	...	...	...	7,4	65,2	53,0	...	...	4,6	28,8	60,5	...	...	...	...	...	31,2	...	6,6	52,0	52,1	33,7	43,9	...	7,8
8,0	...	...	...	...	...	...	3,7	70,6	55,4	...	...	...	28,1	62,8	...	...	...	...	...	33,9	...	...	42,0	41,1	27,9	41,6	...	8,0
8,2	...	...	...	...	...	...	...	75,9	58,0	...	...	...	27,6	65,0	...	...	...	...	46,4	36,9	...	...	31,9	31,4	22,9	38,4	...	8,2
8,4	...	...	...	...	...	...	...	81,2	62,1	...	...	...	27,0	67,2	...	...	...	...	43,9	39,9	...	...	22,5	23,0	17,3	34,8	...	8,4
8,6	...	...	...	...	...	...	...	86,2	66,9	94,7	...	...	26,3	69,3	...	...	...	...	40,9	42,7	45,4	...	16,0	15,9	13,0	30,7	...	8,6
8,8	...	...	...	...	...	...	...	90,1	73,6	92,0	...	...	25,2	71,3	...	...	...	45,5	36,8	...	42,8	...	11,7	10,3	8,8	23,3	...	8,8
9,0	...	...	...	...	...	...	...	93,2	83,5	88,4	...	...	24,0	73,2	...	...	...	43,2	31,8	...	39,2	...	...	...	5,3	17,7	...	9,0
9,2	...	...	...	...	...	...	...	...	95,6	84,0	...	...	22,6	75,1	...	...	...	40,0	26,2	...	34,7	...	...	...	...	13,3	10,0	9,2
9,4	...	...	...	...	...	...	...	...	...	78,9	87,0	...	21,4	77,0	...	...	...	35,8	20,4	...	29,3	...	...	...	...	9,2	18,4	9,4
9,6	...	...	...	...	...	...	...	...	...	73,2	75,5	...	20,2	78,8	...	...	...	30,8	15,2	...	23,6	...	...	...	...	5,2	29,3	9,6
9,8	...	...	...	...	...	...	...	...	...	67,2	65,1	...	19,0	80,4	...	...	...	25,0	10,8	...	19,0	...	...	...	...	4,1	42,0	9,8
10,0	...	...	...	...	...	...	...	...	...	62,5	59,6	...	18,1	81,8	...	...	...	19,4	7,4	...	13,1	...	...	...	...	2,3	53,4	10,0
10,2	...	...	...	...	...	...	...	...	...	58,8	56,4	...	17,1	83,1	...	...	...	14,3	...	...	9,2	...	...	...	...	...	63,7	10,2
10,4	...	...	...	...	...	...	...	...	...	55,7	54,1	...	16,5	84,3	...	...	...	10,0	...	...	6,2	...	...	...	...	...	73,1	10,4
10,6	...	...	...	...	...	...	...	...	...	53,6	52,3	...	16,0	85,4	...	...	...	6,9	...	...	...	...	...	...	...	...	81,2	10,6
10,8	...	...	...	...	...	...	...	...	...	52,2	...	...	15,5	86,5	...	...	...	...	...	...	...	...	...	...	...	...	87,9	10,8
11,0	...	...	...	...	...	...	...	...	...	51,2	...	...	14,7	87,8	...	...	...	...	...	...	...	...	...	...	...	...	...	11,0
11,2	...	...	...	...	...	...	...	...	...	50,4	...	...	13,5	89,3	...	...	...	...	...	...	...	...	...	...	...	...	...	11,2
11,4	...	...	...	...	...	...	...	...	...	49,5	...	...	11,7	91,3	...	...	...	...	...	...	...	...	...	...	...	...	...	11,4
11,6	...	...	...	...	...	...	...	...	...	48,7	...	...	9,1	94,5	...	...	...	...	...	...	...	...	...	...	...	...	...	11,6
11,8	...	...	...	...	...	...	...	...	...	47,6	...	...	5,5	99,0	...	...	...	...	...	...	...	...	...	...	...	...	...	11,8
12,0	...	...	...	...	...	...	...	...	...	46,0	...	...	1,3	...	...	...	...	...	...	...	...	...	...	...	...	...	...	12,0
12,2	...	...	...	...	...	...	...	...	...	43,2	...	...	...	...	...	...	...	...	...	...	...	...	...	...	...	...	...	12,2
12,4	...	...	...	...	...	...	...	...	...	39,1	...	...	...	...	...	...	...	...	...	...	...	...	...	...	...	...	...	12,4
12,6	...	...	...	...	...	...	...	...	...	31,8	...	...	...	...	...	...	...	...	...	...	...	...	...	...	...	...	...	12,6
12,8	...	...	...	...	...	...	...	...	...	21,4	...	...	...	...	...	...	...	...	...	...	...	...	...	...	...	...	...	12,8

Indikatorlösungen zumeist 0,1prozentig in Wasser mit Alkoholzusatz bis zur vollständigen Lösung. – Für Titrationen, bei denen ein scharfer Umschlagspunkt erwünscht ist, empfiehlt sich die Verwendung von Mischindikatoren, wie sie in der Literatur beschrieben sind[1].

Literatur

[1] Kolthoff und Menzel, *Die Maßanalyse*, Teil 2: *Die Praxis der Maßanalyse*, 2. Aufl., Springer, Berlin, 1931, S. 64; Datta und Grzybowski, in: Long, C. (Hrsg.), *Biochemists' Handbook*, Spon, London, 1961, S. 19.

Indikator	Saure Seite Farbe	Umschlagbereich pH	Alkalische Seite Farbe
Cresolrot, 1. Stufe	Rot	0,2– 1,8	Gelb
m-Cresolpurpur, 1. Stufe	Rot	1,2– 2,8	Gelb
Thymolblau, 1. Stufe	Rot	1,2– 2,8	Gelb
Metanilgelb	Rot	1,2– 2,3	Gelb
Tropäolin 00	Rot	1,4– 3,2	Gelb
2,6-Dinitrophenol	Farblos	1,7– 4,4	Gelb
Benzylorange	Rot	1,9– 3,3	Gelb
2,4-Dinitrophenol	Farblos	2,0– 4,7	Gelb
p-Dimethylaminoazobenzol	Rot	2,9– 4,0	Gelb
Bromphenolblau	Gelb	3,0– 4,6	Violett
Kongorot	Blau	3,0– 5,0	Rot
Bromchlorphenolblau	Gelb	3,0– 4,6	Purpur
Methylorange	Rot	3,1– 4,4	Gelb
Bromcresolgrün	Gelb	3,8– 5,4	Blau
2,5-Dinitrophenol	Farblos	4,0– 5,8	Gelb
Methylrot	Rot	4,2– 6,3	Gelb
Azolitmin (Lackmus)	Rot	4,4– 6,6	Blau
Propylrot	Rot	4,6– 6,6	Gelb
p-Nitrophenol	Farblos	4,7– 7,9	Gelb
Bromcresolpurpur	Gelb	4,8– 6,8	Purpur
Bromphenolrot	Gelb	4,8– 6,8	Purpur
Chlorphenolrot	Gelb	5,0– 6,9	Purpur
Bromthymolblau	Gelb	6,0– 7,6	Blau
m-Nitrophenol	Farblos	6,6– 8,6	Gelb
Neutralrot	Rot	6,8– 8,0	Gelb
Phenolrot	Gelb	6,8– 8,4	Rot
Rosolsäure	Braun	6,9– 8,0	Rot
Cresolrot, 2. Stufe	Gelb	7,2– 8,8	Purpur
α-Naphtholphthalein	Braun	7,3– 8,7	Grün
Orange I (Tropäolin 000 Nr. 1)	Gelb	7,6– 8,9	Rosa
m-Cresolpurpur, 2. Stufe	Gelb	7,6– 9,2	Purpur
Thymolblau, 2. Stufe	Gelb	8,0– 9,6	Blau
o-Cresolphthalein	Farblos	8,2– 9,8	Rot
Phenolphthalein	Farblos	8,3–10,0	Rot
Thymolphthalein	Farblos	9,3–10,5	Blau
β-Naphtholviolett	Gelb	10,0–12,0	Violett
Alizaringelb R	Gelb	10,0–12,1	Braun
Alizaringelb GG	Gelb	10,0–12,0	Orange
Nitramin	Farblos	10,8–13,0	Braun
Poirrier-Blau	Blau	11,0–13,0	Rot
Tropäolin 0	Gelb	11,1–12,7	Orange

Viele der in den nachstehenden Tabellen[1] angeführten Spektrallinien werden nur in einer Sauerstoff–Wasserstoff- bzw. Sauerstoff–Acetylen-Flamme erkannt, manche davon nur im innern Flammenkegel.

Ausführlich besprochen ist die Flammenphotometrie in der einschlägigen Literatur[2].

Literatur

[1] Nach MacIntyre, I., in: Long, C. (Hrsg.), *Biochemists' Handbook*, Spon, London, 1961, S. 10. Wiedergabe mit freundlicher Erlaubnis des Verlages.

[2] Mavrodineanu und Boiteux, *L'analyse spectrale quantitative par la flamme*, Masson, Paris, 1954; Dean, J. A., *Flame Photometry*, McGraw-Hill, New York, 1960; MacIntyre, I., *Advanc. clin. Chem.*, 4, 1 (1961).

Emissionsspektren mit analytischer Bedeutung

Die Emissionsspektren sind nach steigender Wellenlänge gereiht. Eine Aufnahme in die Tabelle bedeutet nicht, daß die Emission auch zur quantitativen Bestimmung des Elements herangezogen werden kann. Bandemissionen werden mit der empfindlichsten Wellenlänge angeführt und durch ein nachgestelltes *b* gekennzeichnet.

Wellenlänge (nm)	Element	Wellenlänge (nm)	Element	Wellenlänge (nm)	Element
228,8	Cd	375,8	Fe	495 *b*	B
253,7	Hg	377,6	Tl	497 *b*	Ti
285,2	Mg	378,6	Ru	500 *b*	Zn
303,4	Sn	383 *b*	Mg	510 *b*	Be
307,6	Zn	385,6	Fe	518 *b*	Ti
317,5	Sn	386,0	Fe	520,5	Cr
324,8	Cu	387,3	Co	520,6	Cr
326,1	Cd	387,4	Co	520,8	Cr
327,4	Cu	396,2	Al	521 *b*	B
328,1	Ag	403,3	Ga	535,0	Tl
330,2	Na	403,5	Mn	540 *b*	Mo
330,3	Na	404,4	K	548 *b*	B
338,3	Ag	404,7	K	550 *b*	U
340,5	Pd	405,8	Pb	552 *b*	Dy
341,2	Co	407,8	Sr	553,6	Ba
341,5	Ni	410,2	In	554 *b*	Ca
343,5	Rh	417,2	Ga	560 *b*	La
344,6	K	420,2	Rb	562 *b*	Pr
344,7	K	421,6	Sr	565 *b*	Tb
349 *b*	Sn	422,7	Ca	570 *b*	Gd
350,2	Co	425,4	Cr	570 *b*	Dy
350,3	Rh	427,5	Cr	571 *b*	Pr
351,5	Ni	429,0	Cr	576 *b*	V
352,4	Ni	430,4	Nd	589,0	Na
352,5	Ni	438 *b*	La	589,5	Na
353,0	Co	442 *b*	La	600 *b*	Mo
360,5	Cr	444 *b*	Y	600 *b*	Tb
361,0	Pd	450 *b*	Nb	622 *b*	Ca
363,5	Pd	450 *b*	Gd	653 *b*	Sm
364 *b*	Te	451,1	In	660 *b*	Nd
368,4	Pb	455,4	Ba	670,8	Li
369,2	Rh	455,5	Cs	681 *b*	Sr
371 *b*	Mg	460,7	Sr	715 *b*	Ti
372 *b*	Te	460,9	Sc	766,5	K
372,0	Fe	462 *b*	Gd	769,9	K
372,3	Fe	462 *b*	Nb	780,0	Rb
372,8	Ru	466,2	Eu	794,8	Rb
373,3	Fe	467 *b*	Al	818,3	Na
373,5	Fe	471 *b*	Be	819,5	Na
373,7	Fe	472,3	Bi	852,1	Cs
374,3	Fe	481 *b*	Ce	873 *b*	Ba
374,6	Fe	483 *b*	Y	894,3	Cs
374,8	Fe	484 *b*	Al		
374,9	Fe	493,4	Ba		

Emissionsspektren für Natrium, Kalium, Calcium und Magnesium

In Klammern angeführt sind die Ionisierungsspannung des neutralen Atoms und anschließend die Anregungsspannung des einfach ionisierten Atoms (in eV). Ein Übergang in den Grundzustand ist durch ein nachgestelltes *r* gekennzeichnet. Die für analytische Zwecke geeignetste Wellenlänge ist *kursiv* gesetzt. I gibt ein neutrales Atom an, II ein einfach ionisiertes Atom.

Element	Wellenlänge (nm)	Emissionszentrum	Anregungsspannung (eV)
Na (5,14; 33,3)	285,3 *r*	I	4,06
	330,2 *r*	I	3,75
	330,3 *r*	I	3,75
	568,3	I	4,03
	568,8	I	4,03
	589,0 r	I	2,10
	589,5 r	I	2,10
	818,3	I	3,61
	819,5	I	3,61
K (4,34; 20,6)	344,6 *r*	I	3,59
	344,7 *r*	I	3,59
	404,4 *r*	I	3,06
	404,7 *r*	I	3,06
	693,9	I	3,40
	696,4	I	3,40
	766,5 r	I	1,61
	769,9 r	I	1,61
Ca (6,11; 3,12)	*422,7 r*	I	2,93
	393,4 *r*	II	3,15
	396,8 *r*	II	3,12
	622	CaO	1,97
	554	CaO	
Mg (7,64; 4,42)	277,7	I	7,17
	277,8	I	7,17
	278,0	I	7,17
	278,1	I	7,17
	278,3	I	7,17
	285,2 r	I	4,34
	333,0	I	6,43
	333,2	I	6,43
	333,7	I	6,43
	382,9	I	5,85
	383,2	I	5,85
	383,8	I	5,85
	279,6 *r*	II	4,43
	280,3 *r*	II	4,42
	371	MgO	3,49
	383	MgO	3,38

Grundlagen* **

Chemische Eigenschaften radioaktiver Nuklide

Künstliche und natürliche Isotope eines chemischen Elements besitzen die gleichen chemischen Eigenschaften und verhalten sich im Stoffwechsel gleichartig. Doch können quantitative Unterschiede auftreten, da verschiedene Massenzahlen zu veränderten Diffusions- und Dissoziationskonstanten mit Änderungen der Reaktionsgeschwindigkeit in vitro und in vivo führen. Dieser «Isotopeneffekt» fällt um so mehr ins Gewicht, je stärker die relative Atommasse des Isotops von dem des natürlichen Elements abweicht. Aus gleichen Gründen verändert sich der Umsatz eines isotopensignierten Moleküls um so deutlicher gegenüber der Norm, je höher der Markierungsgrad ist.

Viele Nuklide schlagen im Stoffwechsel – wenn auch mit gewissen quantitativen Unterschieden – den gleichen Weg ein wie die chemisch unterscheidbaren Elemente der gleichen oder einer benachbarten Gruppe des Periodensystems. Diese Verwandtschaften sind vor allem deshalb deutlich geworden, weil künstliche radioaktive Isotope meist in sehr kleinen und daher nichttoxischen Gewichtsmengen verabreicht, aber dennoch am Speicherort wegen ihrer Radioaktivität leicht nachgewiesen werden können.

Der Ersatz eines stabilen Atoms durch ein radioaktives innerhalb einer chemischen Verbindung wird als Markierung, Etikettierung oder Signierung bezeichnet; dem Isotop kommt die Rolle einer Spürsubstanz (tracer) zu. Die Biosynthese durch lebende Organismen und die enzymatischen Synthesen in vitro sind die schonendsten Markierungsmethoden für organische Substanzen. Jedoch lassen sich, von wenigen Ausnahmen abgesehen, in vivo markierte Verbindungen nur mit wesentlich niedrigerer spezifischer Aktivität gewinnen, als es durch eine rein chemische Markierung mit trägerfreien Nukliden in vitro möglich ist.

Verbindungen mit sehr hoher spezifischer Radioaktivität, die mit trägerfreien, kurzlebigen Indikatoren signiert sind, dürfen höchstens *ein* radioaktives Atom pro Molekül enthalten. Aus statistischen Gründen ist es vorteilhaft, sogar nur jedes fünfte bis zehnte Molekül mit einem radioaktiven Atom zu versehen. Bei Mehrfachsubstitution kann sich der radiochemische Isotopeneffekt, der beim Zerfall jedes instabilen Nuklids auftritt, bemerkbar machen: Beim radioaktiven Zerfall wandeln sich alle Nuklide – ausgenommen beim Isomerenübergang – durch Emission von β^-- oder β^+-Teilchen in neue Elemente um, wobei reaktionsfähige organische Molekülradikale zurückbleiben. Die verbliebenen radioaktiven Indikatoren zeigen dann ein verändertes Molekül an. Als Beispiel möge ein Dijodtyrosinmolekül dienen, das zwei Radiojodatome enthält. Nach dem Zerfall eines dieser beiden Atome indiziert das übriggebliebene bei seinem Zerfall nicht mehr Dijodtyrosin, sondern Monojodtyrosin oder ein aus dem Molekülradikal entstandenes Reaktionsprodukt.

$$HO\text{-}C_6H_2(^{131}I)_2\text{-}CH_2\cdot CH(NH_2)\cdot COOH \longrightarrow HO\text{-}C_6H_3(^{131}I)\text{-}CH_2\cdot CH(NH_2)\cdot COOH + {}^{131}Xe + e^-$$

Bei hohen spezifischen Radioaktivitäten ist außerdem die Zersetzung organischer Stoffe durch Selbstbestrahlung zu berücksichtigen.

Radioaktive Nuklide werden als «trägerfrei» bezeichnet, wenn sie durch kein gleichnamiges Isotop verunreinigt sind. Allerdings kommen die meisten Nuklide nicht absolut trägerfrei in den Handel, da bei extrem niedrigen Substanzkonzentrationen unüberwindliche Adsorptionserscheinungen an den Oberflächen von Pipetten, Glasschalen usw. auftreten können. Außerdem enthalten Gerätschaften und Lösungsmittel häufig Spuren stabiler Isotope. Daher nimmt auch bei vielen trägerfreien Nukliden die spezifische Aktivität im Laufe der Lagerung ab.

Halbwertzeit

Die Zeit, innerhalb deren die Hälfte eines radioaktiven Stoffes zerfällt oder aus einem System schwindet, heißt Halbwertzeit (HWZ). Der Begriff wird sowohl auf den physikalischen Zerfall wie auch auf den biologischen Abbau von Substanzen angewendet. Der nach Ablauf von x Halbwertzeiten übrigbleibende Teil der Ausgangsmenge entspricht dem reziproken Wert von 2^x; nach 10 Halbwertzeiten ist also noch etwa ein Tausendstel der ursprünglichen Menge vorhanden (Zerfallsgesetze siehe S. 218, Zerfallstabellen S. 288). Als biologische Halbwertzeit bezeichnet man die Zeit, die verstreicht, bis ein Stoff aus einem Lebewesen, einem Organ oder auch einem Organpräparat oder Enzymansatz in vitro zur Hälfte geschwunden ist. Dieser Vorgang verläuft – zumindest anfänglich – häufig nicht einheitlich exponentiell, sondern läßt sich bei graphischer Darstellung vielfach in zwei oder mehr Komponenten mit unterschiedlichen Halbwertzeiten auflösen.

Die effektive Halbwertzeit, die stets kürzer ist als die biologische (T_b) und die physikalische ($T_{1/2}$), wird nach folgender Formel aus ihnen berechnet:

$$\frac{T_{1/2} \times T_b}{T_{1/2} + T_b} = T_{eff}$$

Die Formel ist nur bei einheitlichen Systemen anwendbar. Häufig genügt die Schätzung von T_{eff} auf graphischem Weg.

Radioaktiver Zerfall

α-Strahler senden He-Kerne mit der Massenzahl 4 und der Ordnungszahl 2 aus. Daher liegen ihre Tochternuklide, deren Masse um 4 Einheiten vermindert ist, im Periodensystem zwei Stufen niedriger. Beispiel: ${}^{226}_{88}Ra \rightarrow {}^{222}_{86}Rn + {}^{4}_{2}He\ (= \alpha)$. Der α-Zerfall ist nicht immer von einer meßbaren γ-Emission begleitet. Da α-Teilchen eine etwa 7400mal größere Masse als die Elektronen besitzen, verfügen sie nur über eine kurze Reichweite; dafür ist ihre Ionisationsdichte ganz erheblich höher als die Ionisation durch β-Teilchen oder γ-Quanten vergleichbarer Energie. Im Gegensatz zur β-Emission ist die α-Strahlung streng monochromatisch mit scharf begrenzter Reichweite.

β-Strahler emittieren entweder Elektronen (e^-; β^-; Negatronen) oder Positronen (e^+; β^+). Bei beiden Zerfallsarten vermindert sich die Massenzahl zwar meßbar, aber in vernachlässigbarem Umfang. Beim β^--Zerfall gewinnt der Kern eine positive Ladung; somit springt das Tochternuklid im Periodensystem eine Stufe höher. Beispiel: ${}^{1}_{0}n \rightarrow {}^{1}_{1}H + e^-$. Beim β^+-Zerfall verliert der Kern eine positive Ladung, und das Tochternuklid fällt im Periodensystem um eine Stufe. Das emittierte Positron wird von anderen Atomen und Molekülen abgebremst; anschließend vereinigt es sich mit einem beliebigen freien Elektron oder Schalenelektron, wodurch die charakteristische Vernichtungsstrahlung mit 2 γ-Quanten zu je 0,511 MeV entsteht. Beispiel: ${}^{11}C \rightarrow {}^{11}B + e^+$.

Im Gegensatz zur α- und γ-Strahlung erfolgt die β-Emission unter Verlust von Neutrinos und mit kontinuierlichen, asymmetrisch verteilten Energiespektren (Ausnahme: Konversionselektronen bei innerer Konversion). Die mittlere β-Energie $\bar{E}$ beträgt im allgemeinen 25–45% der maximalen β-Energie (E_{max}). Je nach β-Energie und Bremsmaterie treten unterschiedliche Röntgenbremsspektren auf. Außerdem ist der β-Zerfall häufig von γ-Emissionen begleitet.

Beim *K-Einfang* verliert das Nuklid ebenso wie bei der Positronenemission eine positive Ladung, weil der Kern ein Schalenelektron e^- – zunächst strahlungslos, aber unter Abgabe eines Neutrinos – einfängt. Erst *nach* dem β^--Einfang werden γ-Strahlung und die spezifische Röntgen-K-, -L- oder -M-Eigenstrahlung des *Tochternuklids* emittiert. Beispiel: ${}^{125}I \xrightarrow{K} {}^{125}Te$ (+ Te-Röntgenstrahlung 0,027 MeV + γ-Strahlung 0,035 MeV). Häufig finden mehrere Zerfallsarten gleichzeitig statt, zum Beispiel:

$${}^{74}As \nearrow {}^{74}Se + \beta^-$$
$${}^{74}As \xrightarrow{K} {}^{74}Ge - e^-$$
$${}^{74}As \searrow {}^{74}Ge + \beta^+$$

Isomerenübergang. Hier gehen metastabile Nuklide unter γ-Emission in ihr gleichnamiges Isomeres über, zum Beispiel

$${}^{99}Tc^m \xrightarrow[6{,}0\,h]{\gamma} {}^{99}Tc \xrightarrow[2{,}2 \times 10^5\,a]{e^-} {}^{99}Ru$$

Beim isomeren Übergang tritt häufig gleichzeitig eine innere Konversion auf, wobei die Anregungsenergie des Kerns die K-, L- oder M-Schale ionisiert. Dadurch treten monoenergetische Konversionselektronen auf; beim anschließenden Einfang eines Elektrons auf den frei gewordenen Schalenplatz entsteht eine zusätzliche Röntgeneigenstrahlung.

Bei jedem radioaktiven Zerfall werden durch Rückstoßeffekte, Ionisation und Wärmebildung bestimmte Energiebeträge frei, so daß die *chemische* Reaktionsfähigkeit der Nuklide oder Tochternuklide gesteigert sein kann. Zusätzlich ruft die Strahlung eine Ionisation im umgebenden Medium (Luft, Lösungsmittel) hervor.

---

* Die Abschnitte «Grundlagen» und «Diagnostik» wurden verfaßt von E. KALLEE, Isotopenabteilung der Medizinischen Universitätsklinik Tübingen, der Abschnitt «Therapie» von H. LÜTHY, Universitäts-Röntgeninstitut, Bürgerspital Basel.

** Siehe auch den Beitrag «Radioaktivität und Dosimetrie», S. 218.

Radioaktivitätsnachweis

Ionisation

Energiereiche Strahlen führen zur Ionenbildung in Gasen (Ionisationskammern; GEIGER-MÜLLER-Zählrohre), in Flüssigkeiten (chemische Titration) und Festkörpern (Halbleiterdetektoren, Photoemulsionen). Elektronen können bei der Stoßbremsung in einem Stoff so viel Energie an die Atomhüllen abgeben, daß ein Schalenelektron das gestoßene Atom oder Molekül verläßt. Das Bremsatom zerfällt also in ein positiv geladenes, träges Ion$^+$ und ein hochbewegliches Sekundärelektron e^-. Werden die Ionen und Elektronen nicht sofort in einem elektrischen Feld voneinander getrennt, so rekombinieren sie und bleiben dem Nachweis entzogen. Durch Mehrfachbremsung verlangsamte Elektronen können sich an reaktionsfähige Gasmoleküle anlagern und negative Ionen bilden. Ferner kann ein im elektrischen Feld stark beschleunigtes Ion ein neutrales Gasmolekül stoßen und dadurch ein neues Ion$^+$ und ein e^- erzeugen (Gaszählrohre). Da Röntgen- und γ-Quanten ebenfalls zunächst Elektronen auslösen müssen, sind sie um so schwerer nachweisbar, je härter sie sind; denn die Ionisationswahrscheinlichkeit nimmt mit wachsender Quantenenergie rasch ab.

Ionisationskammern. Ionisationskammermessungen bei Atmosphärendruck bilden zwar das absolute Bezugssystem der Dosimetrie, für einen kurzfristigen Radioaktivitätsnachweis im μCi-Bereich und darunter sind sie aber zu träge und unempfindlich.

Geiger-Müller-Gaszählrohre. Gaszählrohre arbeiten bei vermindertem Druck. In ihnen werden keine Dauerströme wie in den eigentlichen Ionisationskammern gemessen, sondern Stoßionisationen registriert. Die primären Ionen werden im Zählgas durch Spannungen von ungefähr 800–2000 V vervielfacht (Ionisationslawinen). Zwischen ungefähr 200 und 600 V ist die Ionenzahl streng proportional zur Anzahl der primären Ionen (Proportionalbereich). Daher eignen sich Proportionalzählrohre zur Unterscheidung hochionisierender Teilchen gegenüber β-Strahlen. Dagegen bildet sich bei höheren Spannungen (> 800 V) ein Plateaubereich aus, in welchem die Ionisationslawinen ohne Rücksicht auf den Grad der primären Ionisation entladen werden (Auslösebereich). Die Lebensdauer von Gaszählrohren ist durch die Kapazität des Löschgases auf insgesamt 10^9 bis 10^{10} Stoßentladungen begrenzt, bei Halogenzählrohren auf etwa 10^{12}. Während der Stoßionisation, die etwa 0,1 ms dauert, bleibt das Zählrohr gegen zusätzliche Ionisationen refraktär (Totzeit). Das Auflösungsvermögen für die Registrierung zweier Entladungen ist im Plateau- oder Auslösebereich auf etwa 0,2 ms beschränkt, im Proportionalbereich auf ungefähr 1 μs.

Halbleiterdetektoren. Bei der Bestrahlung von Si- oder Ge-Kristallen treten durch Ionisation Sekundärelektronen auf. Diese können mittels Elektronendonatoren (zum Beispiel Li) zu den Elektroden abgeleitet und als Stromimpulse gemessen werden. Die Si(Li)-Drift-Detektoren eignen sich zum Nachweis von Korpuskular- und niederenergetischen Röntgen- und γ-Strahlen bei Zimmertemperatur. Sie lassen sich wegen ihres winzigen Volumens sogar implantieren.

Szintillation

Als Szintillationen werden die Lichtblitze bezeichnet, die energiereiche Strahlen durch Anregung lumineszierender Substanzen hervorrufen. Die Lichtblitze wiederum können aus lichtempfindlichen Stoffen (zum Beispiel Cs/Sb) Photoelektronen freisetzen; diese werden in Photomultipliern 10^7- bis 10^8fach verstärkt und nahezu trägheitslos in Stromimpulse umgesetzt. Die Impulshöhe ist von der Energie der γ-Quanten oder Korpuskularstrahlen abhängig. Die Impulse können nach ihrer Höhe durch Diskriminatoren sortiert werden (Impulshöhenanalyse). Dadurch ist es möglich, verschiedene Nuklide in einem Isotopengemisch sukzessive oder simultan in verschiedenen Diskriminatorkanälen zu bestimmen.

Festkörperszintillatoren. Am häufigsten werden in der Nuklearmedizin Einkristalle aus Tl-aktiviertem NaI verwendet. Die Abklingzeit der Fluoreszenz beträgt 0,25 μs. Die Szintillationskristalle besitzen also ein etwa tausendmal höheres Auflösungsvermögen als Gaszählrohre. Außerdem ist ihre Impulsausbeute für Röntgen- und γ-Strahlen infolge der höheren Materialdichte wesentlich besser. Die Ausbeute ist je nach Kristallvolumen und Kristallfläche etwa zehn- bis tausendmal größer als bei Zählrohren. Da sich die anorganischen Kristalle nicht verbrauchen, ist die Lebensdauer solcher Szintillationsdetektoren nur durch die auswechselbaren Multiplier und deren langlebige photosensible Schicht bestimmt. Die Wellenlänge des Lumineszenzlichts beträgt 410 nm. Organische Kristalle und Plastikszintillatoren haben Abklingzeiten von 5–24 ns, und die Wellenlänge ihres Sekundärlichts liegt zwischen 410 und 440 nm.

Flüssige Szintillatoren. Präparate, die β-Strahlen, weiche Röntgen- oder γ-Strahlen emittieren, lassen sich mit besonders hoher Impulsausbeute messen, wenn sie direkt mit Szintillatorlösungen vermischt werden.

Als *Lösungsmittel* für die Szintillatoren eignen sich nur wenige, hochgereinigte Alkylbenzole (hauptsächlich Toluol und Xylol) und Äther (Anisol, Veratrol, Dioxan). Sie übertragen die Strahlenenergie durch Ionisation und über metastabile (10^{-12} bis 10^{-9} s) Anregungszustände auf die Szintillatoren. Diese Energieübertragung ist nach Art von Fluoreszenzlöscheffekten (quenching) störanfällig.

Der *«1.» Szintillator* besteht zumeist aus 2,5-Diphenyloxazol (PPO). Davon werden gewöhnlich 4 g in 1 l Toluol gelöst. Das Maximum seines sehr löschanfälligen Fluoreszenzlichts liegt bei 380 nm. Da die Photokathoden vieler Multiplier ihr Optimum erst oberhalb 400 nm entfalten, muß das Spektrum des primären Fluoreszenzlichts durch eine weitere Fluoreszenzsubstanz zu längeren Wellenlängen hin verschoben werden. – Andere geeignete 1. Szintillatoren sind: 2-Phenyl-5-(4-biphenyl)-1,3,4-oxadiazol (PBD oder PBO) (12 g pro Liter Toluol; 360 nm) und *p*-Terphenyl (8 g/l; 350 nm). 2,5-Bis-[2-(5-tertiärbutylbenzoxazolyl)]thiophen (BBOT) sendet ein Licht von $\lambda \approx 435$ nm aus und benötigt daher keinen 2. Szintillator.

Der *«2.» Szintillator* wandelt das UV-Licht des 1. Szintillators durch Fluoreszenz in eine Wellenlänge von ungefähr 420 nm um. 1,4-Di-[2-(5-phenyloxazolyl)]benzol (POPOP) wird in Konzentrationen von 0,1–2,0 g pro Liter Toluol eingesetzt; es liefert zusätzlich geringe Mengen primäres Radioaktivitätsfluoreszenzlicht und verringert die Fluoreszenzlöschung am 1. Szintillator.

Sofern die radioaktiven Präparate im Lösungsmittel nicht löslich sind, muß man Lösungsvermittler einsetzen. Diese setzen aber ebenso wie Wasser durch Fluoreszenzlöschung die Impulsausbeute beträchtlich herab. Die Löschung führt gleichzeitig zu einer Spektralverschiebung und läßt sich daher durch diskriminatorische Messung in zwei Kanälen oder durch Vergleich mit inneren oder äußeren Standardstrahlern erkennen und korrigieren.

Autoradiographie

Der älteste Radioaktivitätsnachweis ist der photographische. Durch Photonen und Korpuskularstrahlen werden aus den Halogenatomen der Silberhalogenidkörner in einer Gelatineemulsion Elektronen abgelöst. Je ein e^- reduziert ein Ag^+-Ion zu metallischem Silber. Dadurch entstehen an den Ag-Halogenid-Partikelchen Schadstellen, an denen der Entwickler einen Angriffspunkt für die Reduktion des ganzen getroffenen Korns zu metallischem, schwarzem Ag findet. Der Verstärkungsfaktor bei der Entwicklung beträgt etwa 10^{12}.

Die *makroskopische* Autoradiographie wird in der Nuklearmedizin hauptsächlich in der Schätzungsdosimetrie (Strahlenschutzplaketten) eingesetzt, ferner für die Lokalisation der Radioaktivität auf Chromatogrammen und großflächigen Organschnitten. Dazu dienen höchstempfindliche Röntgenfilme; bei reinen γ-Strahlern sind meist Verstärkerfolien erforderlich, welche zwar die Schwärzungsausbeute steigern, aber die Bildschärfe vermindern. Die Filmschwärzung ist zahlreichen Variablen unterworfen, so daß die Zeiten der Selbstexposition von Fall zu Fall empirisch ermittelt werden müssen. Als Anhaltspunkt für die Größenordnungen mag gelten, daß bei einer Radioaktivität zum Beispiel des ^{131}I von 10 nCi pro Quadratzentimeter Fläche eine Expositionszeit von etwa 2–4 Tagen erforderlich ist.

Bei der *mikroskopischen* Autoradiographie von 5–10 μm dicken Schnitten ist – gleichmäßige Verteilung vorausgesetzt – eine Aktivitätskonzentration von ungefähr 10 μCi/ml im Gewebe erforderlich, um in 2–16 Tagen eine befriedigende Schwärzung von Strippingfilmen zu erzielen. Die Selbstexposition schwach radioaktiver Präparate länger als 3 Halbwertzeiten fortzusetzen, ist zwecklos. Bei weichen β-Strahlern (^3H, ^{14}C, ^{35}S) ist eine semiquantitative Bestimmung durch Auszählen der geschwärzten Körner möglich.

Dosimetrie inkorporierter Nuklide

Ist ein β-Strahler in einem Organ oder im ganzen Körper gleichmäßig verteilt und ist die Reichweite der β-Strahlen klein gegenüber dem betrachteten Volumen, so beträgt die Grenzenergiedosis D_∞ bei völligem Zerfall

$$D_\infty = K_\beta \times \alpha_0 \times \frac{T_{\mathrm{eff}}}{T_{½}} \,[\mathrm{rd}]$$

α_0 ist die anfängliche Radioaktivitätskonzentration A_0/m, ausgedrückt in μCi g^{-1}, T_{eff} die effektive Halbwertzeit, $T_{½}$ die physikalische Halbwertzeit (beides in Tagen). K_β ist eine für jeden β-Strahler charakteristische Konstante (siehe auch die Tabelle auf S. 286–287).

$K_\beta = 73{,}9 \times \bar{E}_\beta \times T_{1/2}$ [rd g μCi^{-1}]

$T_{1/2}$ ist in Tagen einzusetzen, $\bar{E}_\beta$ (in MeV) entspricht der mittleren β-Energie.

$\bar{E}_\beta \approx 0{,}3\ E_{max}$

Für die stündliche Energiedosisleistung nach einem beliebigen Zeitintervall t nach der Inkorporation gilt

$$\dot{D}_\beta = 0{,}0288 \times K_\beta \times \alpha_0 \times \frac{1}{T_{1/2}} \times e^{-0{,}693 \frac{t}{T_{eff}}} \text{ [rd h}^{-1}\text{]}$$

$T_{1/2}$ ist in Tagen anzugeben, t und T_{eff} in beliebigen, aber gleichen Zeiteinheiten. Für $t \ll T_{eff}$ vereinfacht sich der Exponentialfaktor auf 1.

Für die Grenzenergiedosis D_∞, die bei völligem Zerfall eines gleichmäßig verteilten γ-Strahlers erzeugt wird, gilt

$$D_\infty = K_\gamma \times \alpha_0 \times \frac{T_{eff}}{T_{1/2}} \times \varrho_0 \times g \text{ [rd]}$$

wobei die Konstante $K_\gamma = 0{,}0338 \times \Gamma \times T_{1/2}$ [rd cm^2 μCi^{-1}]; ϱ_0 = Dichte des Mediums in g ml^{-1}; Γ= spezifische Gammastrahlenkonstante in R cm^2 h^{-1} mCi^{-1}. Für Reaktionsansätze in vitro ist $T_{eff} \equiv T_{1/2}$.

Verschiedene Volumina werden durch einen Geometriefaktor g berücksichtigt. Bei Kugeln wächst dieser proportional mit dem Kugelradius r. Der Wert g_0 gilt für den *Mittelpunkt* einer gleichmäßig erfüllten Kugel, während auf der *Schale* $g = g_0/2$ ist; daraus folgt für den Mittelwert über die *ganze Kugel* $\bar{g} = 3\,g_0/4$. Bei einer Kugel mit $r = 2$ cm beträgt $g_0 = 25$ cm, bei $r = 4$ cm entsprechend $g_0 = 50$ cm. Bei homogener Verteilung im menschlichen (zylinderähnlichen) Körper liegt $\bar{g}$ je nach Gewicht zwischen 110 und 140 cm.

Die stündliche Energiedosisleistung ergibt sich aus

$$\dot{D}_\gamma = 0{,}877 \times 10^{-3} \times \alpha_0 \times \Gamma \times \varrho_0 \times g \text{ [rd h}^{-1}\text{]}$$

Da die Reichweite R_D von β-Strahlen in leichtatomigen Stoffen ($Z \lessapprox 20$) praktisch nur von der Massenbelegung (g cm^{-2}) abhängig ist, wird R_D gewöhnlich in mg cm^{-2} angegeben. Für die Umrechnung der Reichweiten R_L in Längeneinheiten in zwei Stoffen der Dichten ϱ_1 und ϱ_2 gilt:

$$R_{L1} = R_{L2} \times \frac{\varrho_2}{\varrho_1}$$

Die Reichweiten in Wasser sind in der Tabelle auf S. 286–287 angegeben.

Die Intensität von Korpuskular- und Photonenstrahlen einer Punktquelle nimmt *im Vakuum* proportional dem Quadrat der Entfernung ab. Beispielsweise läßt sich bei bekannter Gammastrahlenkonstante Γ die Energiedosisleistung nach der Formel

$$\dot{D}_\gamma = \frac{\Gamma \times A_0}{r^2} \text{ [R h}^{-1}\text{]}$$

für verschiedene Entfernungen r berechnen (wobei A_0 = Anfangsaktivität).

Für γ- und Röntgenstrahler gilt diese Abhängigkeit näherungsweise auch in Luft. Für genauere Werte in Luft und für andere Medien sind die Halbwertschichten H oder die Zehntelwertdicken Z zu berücksichtigen.

Diagnostik[1]

Schilddrüse[2]

Radiojodtest

Der erwachsene Mensch nimmt mit der Nahrung etwa 50–200 μg Jod pro Tag zu sich, in manchen Ländern 600–800 μg. Auch mit der Atemluft und durch die Haut kann Jod in den Körper gelangen. Die Darmwand resorbiert Jodid sehr rasch, in die Schilddrüse gelangen durchschnittlich 75 μg I^- pro Tag (200 ng bis 10 μg I^- pro Stunde). Oberhalb einer kritischen Konzentration von 200–350 μg Jodid pro Liter Serum speichert die Schilddrüse kein zusätzliches Jod mehr. 2 Tage nach Verabreichung von trägerfreiem Radiojod enthält sie pro Milliliter etwa 10000mal mehr Radioaktivität als das Blutserum.

Für den klinischen Radiojodtest erhalten Erwachsene 20–50 μCi (Kinder 2–10 μCi) ^{131}I in Form von «trägerfreiem» Jodid entweder per os auf nüchternen Magen oder intravenös verabreicht (^{132}I wegen der kurzen Halbwertzeit nur intravenös). Das Gewicht der ^{131}I-Testdosis beträgt je nach Provenienz ungefähr 1–100 ng, da sich ^{131}I nicht völlig frei von ^{127}I und ^{129}I gewinnen läßt. Immerhin ist diese Jodmenge so gering, daß sie im Vergleich zum Jodidspiegel der Körperflüssigkeiten (≈ 10–40 μg/l) zu vernachlässigen ist.

Die Schleimhäute resorbieren das Radiojodid binnen 1–2 Stunden vollständig; enterale Resorptionsstörungen können die Aufnahme etwas verzögern. Aus dem Gastrointestinaltrakt wird das Radiojodid wie natürliches Jodid ins Blut übergeführt. Sodann scheiden gesunde Nieren innerhalb von 24 Stunden etwa 20–40% der Testdosis mit dem Harn aus, während die normale Schilddrüse in der gleichen Zeit etwa 40–70% speichert. Der Rest verteilt sich auf den extravaskulären Raum und wird nach und nach ebenfalls vorwiegend durch Niere und Schilddrüse aus dem Blut eliminiert. Daneben spielt sich noch ein Zyklus über die Speichel- und Magendrüsen ab. – Bei Hyperthyreosen ist die Jodausscheidung im Harn auf unter 20% vermindert, bei Hypothyreosen – ausgenommen manche Fälle mit Hormonfehlsynthese – auf mehr als 40% pro Tag erhöht.

Nach oraler Aufnahme von Radiojod steigt die Aktivitätskonzentration des Blutserums binnen etwa 2 Stunden kurzfristig bis auf etwa 3–5% – je nach Körpergewicht und Plasmavolumen – der verabreichten Aktivität pro Liter Serum oder Plasma an; während der folgenden 48 Stunden fällt die Aktivitätskonzentration auf 0,1–0,3% der verabreichten Aktivität pro Liter ab. Zu diesem Zeitpunkt besteht die Radioaktivität zu über zwei Dritteln aus Schilddrüsenhormonen. Dieses gebundene Hormonjod läßt sich durch Trichloressigsäure oder andere Fällungsmittel zusammen mit den Proteinen fällen (PB^{131}I), während das anorganische $^{131}I^-$ nicht an Plasmaproteine gebunden ist. Ein anderes, aufwendigeres Verfahren besteht in der Extraktion der Hormone mit Butanol (BE^{131}I). Die Butanolextraktion gestattet zusätzlich eine Abtrennung jodhaltiger Peptide und Proteine, welche bei Thyreoiditis, Karzinomen und autochthonen Störungen der Hormonsynthese ins Blut geraten können.

Etwa 48 Stunden nach dem Testtrunk beträgt das PB^{131}I, das neugebildetem Jodhormon entspricht, normalerweise 0,05–0,20% der verabreichten Testdosis ^{131}I pro Liter Serum. Dabei beträgt der Anteil des PB^{131}I an der Gesamtradioaktivität (Konversionsrate oder Umwandlungsrate) 65–90%. Bei gewöhnlichen Hypothyreosen oder nach Verabfolgung jodhaltiger Substanzen ist die Konversionsrate erniedrigt.

Die ersten 2–12 Stunden nach der Verabreichung von Radiojod werden als «Jodidphase» bezeichnet, da anfänglich der Jodidanteil im Serum überwiegt. Sobald meßbare Mengen PB^{131}I im Serum auftauchen, spricht man von «Hormonphase». Beide Phasen gehen kontinuierlich ineinander über. Die willkürliche Trennung in zwei Stadien ist aber empirisch berechtigt. Denn bei den Hyperthyreosen ist die Jodidphase verkürzt, bei den unkomplizierten Unterfunktionen verlängert. Daher wird für den Routine-Radiojodtest die ^{131}I-Speicherung der Schilddrüse zunächst während der Initialphase zu einem geeigneten Zeitpunkt (2., 4. oder 6. Stunde nach der ^{131}I-Applikation) gemessen, dann erneut nach 24 Stunden. Ist eine Radiojodtherapie vorgesehen, so sind weitere Messungen nach 48 und 72 Stunden erforderlich, um aus dem Schwundverlauf die erforderliche Radiojoddosis abschätzen zu können.

Die *Normalwerte der Radiojodspeicherung* in der Schilddrüse liegen zwischen 10% und 50% für die 6-Stunden-Speicherung und zwischen 25% und 65% für die 24-Stunden-Speicherung (siehe auch die Abbildung auf der nächsten Seite). Diese Differenzen beruhen teilweise auf unterschiedlichen Charakteristiken der Meßgeräte. Daher hat die International Atomic Energy Agency 1964 Richtlinien für die optimale Beschaffenheit von Kollimatoren herausgegeben[3]. Eine weitere Ursache für die Schwankungen liegt in jodreicher Nahrung (zum Beispiel Seefische, Süßkirschen, Jodsalz). Anderseits ist in Jodmangelgebieten die Avidität der Schilddrüse höher, sofern das Speisesalz keinen Jodzusatz enthält. Gewisse Lebensmittel (Kohl, Milch, sogar das Trinkwasser) können thyreostatische Substanzen enthalten (Thiouracile, Vinylthiooxazolidon, Pteridine). Der Radiojodtest ist häufig durch Arzneimittel verfälscht, die anorganische oder organische Jodverbindungen enthalten. Ferner verändern – abgesehen von Schilddrüsenhormonen und Thyreostatika – folgende Medikamente den Test akzidentell: ACTH, Adrenalin, Androgene, Arsen, *p*-Aminobenzoesäure, *p*-Aminosalicylsäure, bromhaltige Stoffe (Jodgehalt > 0,02%), Bromsulfalein, Carbutamid, Chloramphenicol, Chloroquin, Chlortetracyclin, Cobalt, Corticoide, Diphenylhydantoin, Evans-Blau, Fluphenazin, Glutethimid, Mangan, Meprobamat, Methylphenobarbital, Morphin, Phenobarbital, Phenylbutazon, Quecksilber, Resorcin, Salicylate, Sulfonamide, Thiocyanat (Rhodanid), Thionin (Methylenblau), Tolbutamid, Tranquillizer, Vitamin A, Wismut.

Schematische Darstellung typischer Radiojodtestbefunde

I Normalwerte
Ia Normbereich in Jodmangelgebieten
Ib Normbereich in Jodüberflußgebieten
II Rapider Jodumsatz bei Reboundeffekt, schweren Hyperthyreosen oder hereditären Myxödemen (gelegentlich zu beobachtende Kurven sind gestrichelt)
III Hyperthyreosen (gelegentlich zu beobachtende Kurven sind gestrichelt)
IV Jodhaltige Arzneimittel, Schilddrüsenblockade, Hypothyreosen
V Jodmangel verschiedener Genese

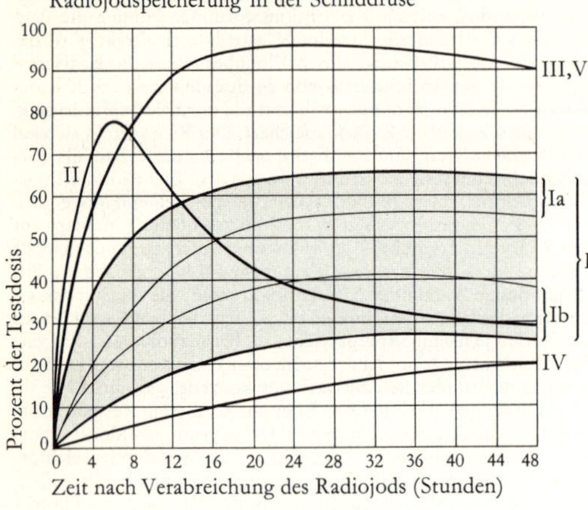

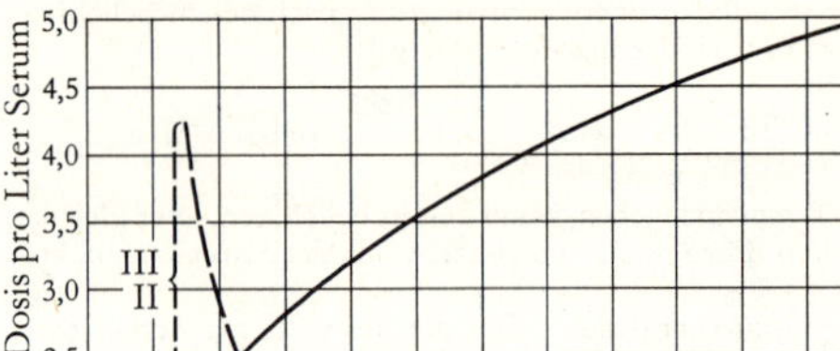

Trijodthyronintest (T_3-Test)

Der ^{131}I-T_3-Test in vitro beruht auf Adsorptionsverteilungsgleichgewichten. Im Plasma verfügen Inter-α-Globulin (TBG), Präalbumin und Albumin über teilweise identische Bindungsplätze für Thyroxin (T_4) und Trijodthyronin (T_3). Da T_4 stärker an diese Proteine gebunden wird als T_3, kann es das letztere aus den gemeinsamen Bindungsplätzen verdrängen. An die Erythrozyten werden die Schilddrüsenhormone nicht so stark adsorbiert wie an die Serumproteine. Außerdem besitzen die Bindungsproteine im Inneren der Erythrozyten getrennte Haftstellen für T_4 und T_3, und die potentielle Bindungskapazität der Erythrozyten für T_3 ist bei 37 °C ziemlich groß. In Abwesenheit von Plasmaproteinen können sie etwa 60–70% des $^{131}IT_3$ aufnehmen, wenn dieses in Konzentrationen von etwa 1–10 ng pro Milliliter Erythrozyten zugefügt wird. In Gegenwart von Plasmaproteinen stellt sich aber ein Verteilungsgleichgewicht zwischen T_3-Adsorption an die Plasmaproteine und T_3-Adsorption an Erythrozyten ein: In heparinisiertem Vollblut sind normalerweise nur 5,5–6,5% des zugefügten $^{131}IT_3$ an die Erythrozyten gebunden. Nach Umrechnung auf einen Hämatokrit von 100% resultiert daraus eine relative T_3-Aufnahme (T_H) von 12–16%. In diesem Bereich bewegen sich die ursprünglichen Normalwerte von HAMOLSKY et al.[4]. Bei pathologisch verändertem Hämatokrit bedürfen die Testwerte einer Zusatzkorrektur nach ADAMS et al.[5]:

$$K = \frac{F\ (1\text{–Hkt})}{\text{Hkt}\ (1\text{–F})}\ *$$

K-Werte	
Normal	0,10–0,18
Hypothyreosen	< 0,10
Hyperthyreosen	> 0,18

Nach dieser Korrektur liegen die T_3-Testwerte auf einem neuen Niveau. Dagegen gestattet eine Korrektur nach WECHSELBERGER et al.[6] einen direkten Vergleich mit älteren Literaturdaten: $T_{40} = T_H + K'$. Je nach Abweichung des pathologischen Hämatokrits vom durchschnittlichen Normalhämatokrit (40%) nach oben oder nach unten ergibt sich dabei:

Für Hkt 20–40% ist $K' = +0{,}15\ (40 - \text{Hkt})$
Für Hkt 40–80% ist $K' = -6{,}5 \times 10^{-3}\ (\text{Hkt}^2 - 50\ \text{Hkt} + 400)$

* In dieser Formel bedeuten:
K ADAMSsche Verteilungskonstante
F «Freie», von den Erythrozyten aufgenommene T_3-Menge
Hkt Hämatokritwert
T_H Unkorrigierter, nach der HAMOLSKYschen Methode berechneter T_3-Testwert
T_{40} Auf einen Normalhämatokritwert von 40% umgerechneter T_3-Testwert
K' Korrekturbeträge für erniedrigte oder erhöhte Hämatokritwerte

Die Korrekturbeträge *K'* müssen mit dem entsprechenden Vorzeichen zu T_H addiert werden. Daraus resultieren dann die T_3-Testwerte T_{40}.

Hkt	*K'*	Hkt	*K'*	Hkt	*K'*
20%	+ 3,00	45%	– 1,13	70%	– 11,70
25%	+ 2,25	50%	– 2,60	75%	– 14,78
30%	+ 1,50	55%	– 4,38	80%	– 18,20
35%	+ 0,75	60%	– 6,50		
40%	+ 0,00	65%	– 8,93		

Anstelle von Erythrozyten werden vielfach Kunstharze, Dextrangele und andere Adsorbentien als T_3-Akzeptoren verwendet.

Bei allen Modifikationen des T_3-Tests ist die Adsorption des freien T_3 hauptsächlich von zwei Variablen abhängig: einerseits von den Konzentrationen an T_4 oder anderen T_3-verdrängenden Substanzen, zum andern von den TBG-, Präalbumin- und Albuminkonzentrationen. Demgegenüber spielt die T_3-Konzentration des Plasmas gewöhnlich so gut wie keine Rolle. Entsprechend den beiden Hauptvariablen ist der T_3-Test verschiedenen extrathyreoidalen Einflüssen ausgesetzt. Wenn aber die Störfaktoren eliminiert sind, sprechen über 16–17% liegende relative T_H-Werte mit einiger Wahrscheinlichkeit für eine Hyperthyreose, T_H-Werte unter 10–12% für eine Unterfunktion der Schilddrüse. Je nach Anzahl der Erythrozytenwaschungen und anderen Modifikationen können die Normalwerte geringfügig verschoben sein.

Während der Schwangerschaft sind die T_3-Werte stark erniedrigt, häufig auch während der Menses. Bei manchen extrathyreoidalen Krankheiten können pathologische Werte auftreten, besonders bei Dysproteinämien, manchen Leukämien, urämischem, hepatischem und diabetischem Koma. Ferner beeinflussen folgende Medikamente den Test: Anabolika, Androgene, Antikoagulantientherapie, Bromsulfalein, Corticoide, Diphenylhydantoin, EVANS-Blau, Furosemid, Gestagene (Ovulationshemmer), Östrogene, Phenothiazin, Phenylbutazonderivate, Salicylate, Sulfonamide, Thyroxin, Trijodthyronin und Thyreotropin, schließlich zahlreiche diagnostisch oder therapeutisch verabreichte Radionuklide.

«Freies» Thyroxin im Blut[7]

Das Serum von Schilddrüsengesunden enthält pro Milliliter etwa 50 ng PB^{127}I, das vorwiegend aus Thyroxin (T_4) besteht. Nach Zusatz von radioaktivem T_4 lassen sich nur 0,05% des Serum-T_4 gegen wässerige Pufferlösung dialysieren, während 99,95% relativ fest an Proteine gebunden sind. Demnach enthält das Serum normalerweise etwa 25 pg dialysierbares, in vitro «freies» T_4 pro Milliliter. Bei Hyperthyreosen ist das «freie» T_4 durchschnittlich auf

130 pg/ml erhöht, bei Hypothyreosen auf etwa 4 pg/ml erniedrigt. Die T_4-Werte von Schwangeren weichen zwar – im Gegensatz zum T_3-Test – nicht erheblich von der Norm ab, doch ist das T_4-Verfahren allen sonstigen Fehlerquellen der chemischen $PB^{127}I$-Bestimmung ausgesetzt.

Thyroxinstoffwechsel[8]

Beim Gesunden beträgt die biologische Halbwertzeit von intravenös injiziertem ^{131}I-Thyroxin (T_4) nach Einstellung des Diffusionsgleichgewichts ungefähr 7 (4–9) Tage. Der extrathyreoidale T_4-Vorrat wird auf etwa 800 µg geschätzt, wovon täglich etwa 100 µg abgebaut werden. Bei Hyperthyreosen ist der *extra*thyreoidale T_4-Vorrat im allgemeinen auf einen Mittelwert von ungefähr 1800 µg erhöht, obwohl die Halbwertzeit von T_4 auf etwa 4 Tage verkürzt ist und ein vermehrter T_4-Abbau stattfindet (durchschnittlich 330 µg pro Tag). Bei Hypothyreosen liegen die Verhältnisse umgekehrt: Die T_4-Vorräte sind im Mittel auf 360 µg reduziert, der Abbau ist vermindert (30 µg pro Tag) und die Halbwertzeit von T_4 auf 8½ Tage verlängert. Auch die Bestimmung des raschen Initialschwundes von ^{131}I-T_4 innerhalb der ersten Stunde nach der Injektion ist differentialdiagnostisch brauchbar. Allerdings sind Untersuchungen mit T_4 in vivo stets von Störungen der Leberfunktion und von der T_4-Bindung an Serumproteine beeinflußbar.

Schilddrüsenszintigraphie

Szintigramme der Schilddrüse lassen sich gegenwärtig auf zweierlei Art gewinnen.

Beim ältesten und gebräuchlichsten Verfahren bewegt sich ein kollimierter Szintillationskristall in einer horizontalen Ebene mäanderförmig über die Schilddrüse. Parallel dazu druckt ein Schreiber fortlaufend die einfallenden Impulse zeilenweise auf Papier, bei manchen Typen je nach Impulsrate mehrfarbig.

Das zweite Verfahren (Szintillationskamera) verwendet entweder einen sehr großen, feststehenden Szintillationskristall (Durchmesser ungefähr 25 cm), der mit etwa 20 Photomultipliern bestückt ist, oder es werden beispielsweise 10 Szintillationsdetektoren gleichzeitig über dem Objekt bewegt. Bei den Szintillationskameras werden die Rasterpunkte nicht sofort gedruckt, vielmehr werden die Impulse gespeichert und nach einer Sammelzeit von einigen Sekunden bis Minuten in Photogramme umgewandelt.

Für die Schilddrüsenszintigraphie kommen hauptsächlich $^{131}I^-$ und $^{99}Tc^mO_4$ in Frage. Die ^{131}I-Szintigraphie wird meist mit dem Radiojodtest gekoppelt und 12–48 Stunden nach Verabreichung der Testdosis von ungefähr 30 µCi $Na^{131}I$ durchgeführt; bei Kindern sollte stets eine Dosis von 2–10 µCi genügen.

Obwohl $^{99}Tc^m$ eine mehr als zehnfache Dosis erfordert, liegt die Größenordnung der Strahlenbelastung der Schilddrüse ungefähr hundertmal niedriger als bei ^{131}I, da $^{99}Tc^m$ ohne β-Strahlung zerfällt und eine kurze effektive Halbwertzeit aufweist. Wegen seiner monochromatischen und relativ streuarmen γ-Strahlung liefert $^{99}Tc^m$ sehr scharfe Bilder. Allerdings gestattet $^{99}Tc^m$ keine quantitative Aussage über den Jodstoffwechsel.

In der Schilddrüsenszintigraphie werden pathologische Herde je nach ihrer Radioaktivität grob in «kalte» und «heiße» Knoten unterteilt. Es ist also nur eine Aussage über die Aktivität im Verhältnis zu der im umgebenden Gewebe möglich. Bei einem «kalten» Knoten kann es sich daher sowohl um ein Malignom als auch zum Beispiel um eine Zyste, ein Fibrom, einen Abszeß, ein Hämatom, epithelarmes Bindegewebe oder um ein «leergelaufenes» Adenom handeln. Ein «heißer» Bezirk ist meist identisch mit einem Adenom, ebensogut kann aber auch ein speicherfähiger Epithelrest vorliegen, der von funktionsarmem Gewebe umgeben ist. Da Schilddrüsenadenome, insbesondere die «toxischen», einen weitgehend autonomen, vom Hypophysenvorderlappen unabhängigen Stoffwechsel aufweisen, hilft vielfach eine dreitägige Suppression mit 50–100 µg Trijodthyronin pro Tag weiter: Bei einer Wiederholung des Szintigramms treten dann Adenome unter Umständen deutlicher hervor. Multiple Adenome können rein szintigraphisch schwer von Knotenstrumen, differenzierten oder entdifferenzierten Karzinomen, Langhans-Strumen sowie floriden oder unregelmäßig abgeheilten Strumitiden zu unterscheiden sein, wenn andere diagnostische Anhaltspunkte fehlen.

Für die Ganzkörperszintigraphie zum Nachweis aberrierender Strumen genügt die übliche Testdosis von 30 µCi ^{131}I. Diffuse Metastasen von «benignen» Langhans-Strumen oder (seltenen) funktionstüchtigen Schilddrüsenkarzinomen erfordern Dosen von 50–100 µCi. Die meisten Schilddrüsenkarzinome speichern kein Radiojod; eine Stimulierung mit Thyreotropin ist nur indiziert, wenn keine Kompressionsgefahr besteht.

Niere[9]

Die Isotopennephrographie wird gegenwärtig hauptsächlich mit *o*-Jodhippursäure (IHS) durchgeführt. Die applizierte Dosis beträgt bei ^{131}IHS etwa 0,2 µCi/kg, bei ^{125}IHS meist 0,4 µCi pro Kilogramm Körpergewicht. Das Nephrogramm läuft in zwei Hauptphasen ab, die immer sicher zu verwerten sind:

a) Die ansteigende Phase beginnt etwa 10–15 Sekunden nach der Injektion und erreicht ihr Maximum binnen 4–6 Minuten. Während der Anstiegszeit überwiegen Anflutung, Speicherung und Sekretion der IHS; häufig läßt sich die Anstiegsphase in einen sehr steilen Teil («Initialphase») und einen etwas langsamer ansteigenden Teil («Funktionsphase») mit deutlichem oder mit unscharfem Knick aufteilen.

b) Nach dem Maximum folgt die annähernd exponentiell verlaufende Abflußphase, deren Halbwertzeit normalerweise etwa 15 Minuten beträgt.

Die IHS-Nephrographie stellt das schonendste und schnellste Verfahren zur Diagnose grober Nierenstörungen dar. Sie ermöglicht auch einen Vergleich der Leistungsfähigkeit beider Nieren. Anatomische Details sind mit ^{203}Hg- oder ^{197}Hg-Chlormerodrin szintigraphisch besser darstellbar als mit IHS.

Leber[10]

Nach intravenöser Injektion von 10–30 µCi ^{131}I-Bengalrosa wird der Radioaktivitätsschwund bestimmt und die Farbstoffspeicherung in der Leber verfolgt. Innerhalb der ersten halben Stunde beträgt die Halbwertzeit im Plasma normalerweise nur wenige Minuten. Etwa 20–30 Minuten nach der Tracergabe ist das Speicherungsmaximum im Szintigramm erreicht; nach 40–90 Minuten konzentriert sich die Aktivität im Gallenblasenbereich. Leberdurchblutung und Leberzellentätigkeit bestimmen den Anstiegs- und Abklinggradienten. Zur Szintigraphie der Leber läßt sich auch kolloidales Radiogold ^{198}Au (40–100 µCi intravenös) verwenden, das von den Zellen des retikuloendothelialen Systems phagozytiert wird. Allerdings stellt sich mit ^{198}Au die Gallenblase nicht dar.

Gehirn[11]

Zur Diagnose von Hirntumoren und Hirnabszessen eignen sich die Positronenstrahler ^{74}As (1,5 mCi Na_3AsO_4) und ^{68}Ga (250 µCi Ga-EDTA) sowie die Röntgenstrahler ^{197}Hg (0,5–1,0 mCi Chlormerodrin) und $^{99}Tc^m$ (5–10 mCi TcO_4^-). Während zur Tumorsuche mit ^{197}Hg ein konventioneller Szintigraph genügt, ist für $^{99}Tc^m$ ein Szintigraph mit besonders hoher Laufgeschwindigkeit oder eine Szintillationskamera erforderlich. Die Verwendung von ^{74}As ist nur sinnvoll, wenn ein Positronenszintigraph mit zwei Detektoren in Koinzidenzschaltung zum Asymmetrienachweis vorhanden ist; ^{68}Ga erfordert eine Anger-Positronenkamera.

Gastroenterologie

Enterale Exkretion von Plasmaproteinen oder Polyvinylpyrrolidon (PVP)[12]

Normalpersonen scheiden innerhalb von 4 Tagen etwa 0,3–1,0% einer Spürdosis von 5–10 µCi ^{131}I-PVP oder 20–30 µCi ^{51}Cr-Albumin mit den Fäzes aus. Wird die Stuhlsammelperiode auf 6 Tage verlängert, so beträgt der obere Grenzwert insgesamt etwa 1,5% der verabreichten Dosis. Bei Krankheiten, die mit enteralen Proteinverlusten einhergehen, kann die Radioaktivitätsausscheidung in diesem Zeitraum mehr als 10% der intravenös injizierten Dosis betragen. Obwohl ^{51}Cr-Humanalbumin ein unphysiologisches Polymerisat ist, gilt es wegen seiner niedrigen Dosiskonstante und mittellangen Halbwertzeit als Indikator der Wahl.

Vitamin B_{12}-Exkretionstest nach Schilling[13]

Vitamin B_{12} aus der Nahrung und aus Darmbakterien gelangt in Gegenwart von Calcium und dem gastrogenen «intrinsic factor» im Ileum zur Resorption. Von dort wird es in die Leber übergeführt, die etwa 750–3000 µg Vitamin B_{12} enthält und zusätzliches Cyanocobalamin speichern kann.

Für den Schilling-Test erhält der nüchterne Patient 0,1–0,5 µg (≙ 0,1–0,5 µCi) ^{57}Co-Cyanocobalamin oral verabreicht. Zwei Stunden später werden 1000 µg Cyanocobalamin intramuskulär injiziert, um die Leber und die Serumproteine mit Vitamin B_{12} zu sättigen. Daraufhin scheidet die Niere normalerweise über 5% der verabreichten Radioaktivität aus (6–30%). Liegt die Ausscheidung unterhalb 6%, so muß der Test eine Woche später unter gleichzeitiger Verabreichung von «intrinsic factor» wiederholt werden. Liegt die Ausscheidung danach im Normalbereich, so handelt es sich um einen Mangel an «intrinsic factor» (Perniziosa; Atrophie der Magenschleimhaut; Magenkarzinom). Bleibt der Ausscheidungswert dagegen nach wie vor erniedrigt, dann liegt eine intestinale Resorptionsstörung vor.

Hämatologie

Ferrokinetik[14]

Gesunde Frauen verfügen über einen Eisenvorrat von etwa 40 mg pro Kilogramm Körpergewicht, bei Männern sind es etwa 50 mg/kg; die Gesamtvorräte von Erwachsenen liegen also ungefähr zwischen 2 und 4 g Fe. Demgegenüber fällt die üblicherweise injizierte ^{59}Fe-Dosis von 5–10 µCi ≙ 1 µg für Stoffwechselstudien nicht ins Gewicht. Die tägliche Eisenzufuhr mit der Nahrung beträgt durchschnittlich 17 mg, von denen der Körper 2–12% (≙ 0,5–2,0 mg pro Tag) resorbiert. Im Blutplasma, das insgesamt etwa 7–15 g Transferrin und 2–5 mg Fe enthält, werden täglich 25–40 mg Fe umgesetzt, also 20- bis 50mal mehr, als der Resorption entspricht. Die Eisenumsatzgeschwindigkeit kann aus der Serumeisenkonzentration (SE) und der biologischen Halbwertzeit (T_b) von ^{59}Fe in Milligramm pro Tag und pro 100 ml Vollblut nach folgender Formel berechnet werden:

$$\frac{\text{SE (in } \mu\text{g/100 ml)}}{T_b \text{ (in min)}} \times \frac{100 - \text{Hämatokrit}}{100}$$

Intravenös injiziertes ^{59}Fe geht trotz der schwer reversiblen Transferrinbindung mit einer Halbwertzeit von 60–120 Minuten in die Gewebe über, innerhalb von 8–24 Stunden hauptsächlich ins Knochenmark. Von dort kehren 70–90% des applizierten ^{59}Fe mit neugebildeten Erythrozyten binnen 6–14 Tagen ins Blut zurück. Durch Radioaktivitätsmessungen über Kreuzbein, Leber und Milz können extramedulläre Blutbildungsherde oder Fe-Ablagerungen aufgedeckt werden. Die Messung der ferrokinetischen Parameter erfordert eine Beobachtungszeit von 2–4 Wochen.

Erythrozytenabbau und Erythrozytenvolumen[15,16]

Für die Bestimmung des *Schwundes* von radiomarkierten Erythrozyten wird in der Routine $Na_2{}^{51}CrO_4$ verwendet; das Chrom haftet je nach Methode zu 50–95% an der β-Helix des Globins. Zur Erythrozytenschwundbestimmung, die sich über 10–25 Tage erstreckt, ist eine Markierungsdosis von 30–60 µCi ^{51}Cr erforderlich. Die Halbwertzeit des Erythrozytenschwundes beträgt normalerweise 29 (24–35) Tage. Gleichzeitig mit dem Schwund muß die ^{51}Cr-Speicherung durch Oberflächenmessungen über Milz, Leber und Kreuzbein verfolgt werden. Eine pathologische Milzspeicherung liegt erst vor, wenn das Radioaktivitätsverhältnis Milz/Leber wesentlich mehr als 1,2 beträgt.

Das *Erythrozytenvolumen* kann zugleich mit dem ^{51}Cr-Erythrozytenschwund oder unabhängig davon bestimmt werden. Dazu sind lediglich 1–3 Radioaktivitätsmessungen und Hämatokritbestimmungen 10–20 Minuten nach der intravenösen Injektion von mindestens 15–30 µCi ^{51}Cr-Erythrozyten erforderlich. Normalwerte des Erythrozytenvolumens sind auf S. 551 zusammengestellt.

Plasmavolumen[16]

Das Plasmavolumen läßt sich rasch und einfach durch intravenöse Injektion von 2,5–5,0 µCi radiojodiertem (^{131}I, ^{125}I) Humanalbumin oder Human-γ-globulin oder 10–30 µCi ^{51}Cr-Albumin bestimmen. Innerhalb der ersten 10–30 Minuten nach der Injektion ist der Radioaktivitätsschwund aus dem Plasma vorwiegend von der Vermischung des radioaktiven Proteins mit den nichtradioaktiven Proteinen innerhalb der Blutgefäße abhängig. Gleichzeitig findet ein allmählicher Abstrom in den extravaskulären Raum statt. Durch Extrapolation der Radioaktivitätsschwundkurve zur logarithmisch geteilten Ordinate kann die Radioaktivitätskonzentration im Augenblick der Injektion näherungsweise berechnet werden. Normalwerte des Plasmavolumens finden sich auf S. 551.

Radioimmunologische Methoden[17]

Insulinantikörper

Nur bei insulinbehandelten Patienten treten gewöhnlich im Laufe von 3–6 Wochen nach der ersten Insulininjektion humorale Antikörper im Bereich der γ-Globuline auf, welche Insuline nicht präzipitieren, sondern reversibel adsorbieren. Die Bindungskapazität dieser Insulinantikörper läßt sich mit Hilfe radiojodierter Insuline elektrophoretisch, chromatographisch oder in Adsorptionsverteilungsgleichgewichten ermitteln. Bindungskapazitäten von mehr als 0,8–1,0 mg ^{131}I-Insulin pro Liter Serum (≙ 20–25 IE/l Serum) sind häufig, aber nicht immer, mit schwer einstellbarem Diabetes verbunden; besonders hohe Werte treten bei der Insulinresistenz auf. Diese Antikörper sind nicht nur gegen das homologe (also sensibilisierende) Insulin gerichtet, sondern auch gegen Insuline von anderen Spezies. Zum Beispiel bindet Antirinderinsulin-Human-γ-globulin, das beim Menschen durch Injektionen von Rinderinsulin entstanden ist, nicht nur Rinderinsulin, sondern gleichzeitig auch Human- und Schweineinsulin. Auf dieser Unspezifität und auf der Reversibilität der Antigenbindung beruhen alle quantitativen immunologischen Methoden zur Bestimmung des Proteohormonspiegels.

Quantitative Proteohormonbestimmung

Gegen Insulin oder gegen andere Proteohormonantigene lassen sich nichtpräzipitierende Antikörper meist vom Meerschweinchen gewinnen. Solche Hormonantikörper binden das entsprechende radiojodierte Proteohormon reversibel. Durch Zusatz von nichtradioaktivem Hormonantigen läßt sich das radioaktive Hormon aus der speziesunspezifischen Antikörperbindung verdrängen. Die Antikörper-γ-globuline sind also mit um so weniger Antigenradioaktivität beladen, je höher die Hormonkonzentration ist. Die γ-Globulin-Hormon-Komplexe lassen sich vom nichtgebundenen («freien») Hormon durch Elektrophorese, Chromatographie, Adsorptionsverteilungsgleichgewichte, Immunpräzipitation oder andere selektive Fällungsmethoden trennen. Hinreichend einheitliche, für die radioimmunologische Bestimmung geeignete Hormone sind speziell Insulin, Glucagon, ACTH und Wachstumshormon. Die untere Nachweisgrenze liegt im Nanogramm- bis Picogrammbereich; sie ist von der spezifischen Radioaktivität der Hormonantigene (5–50 mCi Radiojod pro Milligramm Proteohormon) und von der Hormonbindungskapazität der Antikörper-γ-globuline abhängig.

Therapie[7]

Im Gegensatz zu den natürlichen radioaktiven Strahlern, die nur im Zerfallsgleichgewicht mit ihren Folgeprodukten unter gasdichtem Einschluß (Nadeln, Röhrchen oder Platten aus Platin, Gold oder Monelmetall) verwendet werden können, erlauben künstliche radioaktive Isotope eine Anwendung in fester oder flüssiger Form, meist ohne Umhüllung. Die Lokalisierung eines strahlenden Nuklids auf einen umschriebenen Krankheitsherd unter möglichster Schonung des gesunden Gewebes kann mit verschiedenen Methoden erreicht werden.

Teletherapie (γ-Strahler)

Isotop ^{60}Co. Spezifische Aktivitäten: 20–100 Ci/g. Übliche Quellengröße: Zylinder, 10 × 10 bis 25 × 25 mm. Die Quelle befindet sich in einem Wolfram- oder Bleibehälter. Der Strahlenaustritt wird durch variable oder austauschbare Blenden aus Wolfram begrenzt. Die gewünschte Expositionszeit ist durch einen ferngesteuerten Wolframverschluß regelbar. Bestrahlungsdistanzen: 20–100 cm, je nach Aktivität; Feldgrößen: etwas kleinere als in der Röntgentiefentherapie üblich. Kreuzfeuertechnik oder Rotations- und Pendelbestrahlung. Vorteile gegenüber Röntgentherapie bei 200 kV: höhere relative Tiefendosen; schärfere seitliche Feldbegrenzung; die Knochenabsorption ist praktisch gleich der Weichteilabsorption (Schonung des Knochens!); das Dosismaximum liegt 4–5 mm *unter* der Hautoberfläche (Dosis auf Hautoberfläche 25–30% des Maximums, wesentlich geringere Hautreaktion). Die relative biologische Wirksamkeit, verglichen mit 200-kV-Röntgenstrahlung, beträgt etwa 0,8; man dosiert allgemein etwas höher als bei Röntgentherapie.

Isotop ^{137}Cs. Verunreinigung mit ^{134}Cs (kürzere Halbwertzeit) ist möglich, was rascheres Absinken der anfänglichen Aktivität bedingt. Vorteil von ^{137}Cs: größere Halbwertzeit als ^{60}Co. Nachteile: wesentlich geringere spezifische Aktivität, deshalb größere Quellen und damit großer Halbschatten; kleinere γ-Energie; Haut- und Knochenschonung geringer als bei ^{60}Co.

Oberflächenbestrahlung

Zur Bestrahlung oberflächlicher Krankheitsherde (Haut, Auge) eignen sich reine β-*Strahler*, die als Flächenapplikatoren auf die Läsion gelegt werden. Isotope: ^{32}P und ^{90}Sr–^{90}Y. Maximale Eindringtiefe 5–8 mm, praktische Reichweite ungefähr 3 mm. Handelsformen: flexible Kunststoffolie mit 20% rotem Phosphor, im Atomreaktor aktiviert. Metallkapseln mit ^{90}Sr gefüllt, Austrittsfläche mit dünner Silberfolie gefiltert; zur Wirkung kommt die β-Strahlung der Tochtersubstanz ^{90}Y; für ophthalmologische Zwecke sind der Korneakrümmung angepaßte Applikatoren erhältlich.

Größere Tiefenwirkung wird mit oberflächlich aufgelegten γ-*Strahlern* erreicht. – Handelsformen: Granulat aus ^{60}Co in plastisch verformbarer Masse (Plastobalt) oder ^{60}Co-Kugeln (6 mm Durchmesser, goldplattiert) in verformbarer Moulage; optimale Anpassung an komplizierte Oberflächenkrümmung; steiler Dosisabfall in die Tiefe (quadratisches Abfallgesetz). Tantaldraht ^{182}Ta in biegbarem Plastikschlauch, als Ringquelle besonders für epibulbäre Bestrahlung.

Interstitielle Bestrahlung

Spickmethode mit festen γ-Strahlern. Drähte aus ^{60}Co (duktile Legierung «Cobanic», 55% Ni + 45% Co) in Stahlnadeln oder Nylonschläuchen, die als «Faden» in die Läsion eingenäht werden können und gegenüber starren Trägern wesentliche Vorteile besitzen. Speziell für die Bestrahlung der Blasenwand wurde eine Technik entwickelt, mit der haarnadelförmige Schleifen aus Tantaldraht (^{182}Ta, 0,4 mm Durchmesser, 0,1 mm Platinüberzug) in das Tumorgewebe eingezogen werden. ^{192}Ir besitzt ebenfalls sehr günstige Eigenschaften für die interstitielle Applikation. Nach der Bestrahlung müssen die Drähte aus dem Gewebe entfernt werden.

Für nur kurzfristig zugängliche Tumoren eignet sich die Spikkung mit Radiogoldstäbchen ^{198}Au (etwa 2,5 mm lang, 0,8 mm Durchmesser); die β-Strahlung wird von einem inaktiven Gold- oder Platinmantel abgefiltert (Radiogoldseeds). Die Seeds lassen sich mit einem pistolenartigen Instrument rasch und präzis im Gewebe plazieren. Es werden handelsüblich mit Goldseeds gefüllte Magazine geliefert, die man vor Gebrauch sterilisiert und dann auf den Pistolenhandgriff aufsetzt. Andere Apparate gestatten, unter Strahlenschutz von einem längeren Golddraht (umgeben mit inaktivem Goldmantel) beliebige Stücke abzuschneiden und mit einem Führungsröhrchen an die gewünschte Stelle im Gewebe zu schieben. ^{198}Au-Seeds weisen gegenüber Radonseeds große Vorteile auf.

Spickmethoden mit festen β-Strahlern. ^{90}Y als reiner β-Strahler in der Form keramischer Körper (Kügelchen von 1 mm Durchmesser aus Y_2O_3) eignen sich vor allem zur Hypophysenspickung (transnasal oder in stereotaktischer Operation). Eine gleichmäßige Dosisverteilung über die Hypophyse wird bei Implantation von etwa 40 Kügelchen erreicht. Totale Aktivität für Radiohypophysektomie ungefähr 10 mCi.

Infiltrationsmethoden (β-Strahler). Die radioaktive Substanz wird als kolloidale Lösung direkt in das Tumorgewebe injiziert. Angenähert homogene Strahlenbelastung ist gewährleistet, wenn die einzelnen Depots nicht mehr als 3 mm auseinanderliegen. Isotope: kolloidales ^{198}Au, kolloidales ^{32}P als $Cr^{32}PO_4$, kolloidales ^{90}Y. Es kommt zu einem teilweisen Abtransport der Aktivität auf dem Lymphweg und zur Anreicherung in benachbarten Lymphknoten.

Formeln zur Dosisberechnung siehe S. 280 und 281.

Intrakavitäre Bestrahlung

a) Intraperitoneale und intrapleurale Infusion von kolloidaler Radiogoldsuspension ^{198}Au bei oberflächlichen und ausgedehnten Karzinosen. Einzeldosen von 100–150 mCi, eventuell wiederholt bis zu einer Gesamtdosis von 500 mCi in einigen Monaten. Wirksam ist vor allem die β-Strahlung; geringe Tiefenwirkung bis ungefähr 3 mm. Neuerdings wird diese Technik auch zur Bestrahlung der Blaseninnenwand benützt. 300 mCi ^{198}Au während etwa 4 Stunden. Dosierung nach Nomogramm[18].

b) Eine plastisch verformbare Masse enthält ^{60}Co-Kügelchen von rund 1 mm Durchmesser. Hauptanwendungsgebiete für intrakavitäre Bestrahlung mit solchen Trägern: Tumoren des Mund-, Nasen- und Rachenraumes. ^{60}Co-Kügelchen von 6 mm Durchmesser und zentraler Bohrung können zu strahlenden Ketten zusammengefügt (Einlage in Ösophagus) oder als Kugelhaufen in natürliche oder operativ eröffnete Körperhöhlen gelegt werden.

c) Gynäkologie: geschlossene Radiumträger (Pt-Filterhülsen, total 50–130 mg ^{226}Ra); vaginal, zervikal oder/und intrauterin.

Enterale und intravenöse Applikation

Ein therapeutischer Effekt ist nur zu erwarten, wenn sich das Isotop im Gewebe genügend hoch konzentriert. Bisher gelang es nur mit Radiojod – das in der gesunden Schilddrüse zu 30–50% gespeichert wird – und nur ganz ausnahmsweise (bei höchstens 10% aller Schilddrüsentumoren), in Primärtumoren oder Metastasen bei hinreichender Speicherung eine adäquate Strahlungsdosis abzugeben. Übliche verabfolgte Menge: 100–150 mCi ^{131}I per os. Bei *Hyperthyreose* werden perorale Gaben von 4–10 mCi ^{131}I, eventuell wiederholt unter klinischer Kontrolle, gegeben. Die Dosierung stützt sich auf Speicherungshöhe (Tracerversuch), effektive Halbwertzeit und Schilddrüsengröße. Da in der Schilddrüse Konzentrationsunterschiede des Isotops von 1:100 auftreten können und eine generelle Berechnung damit unmöglich wird, beruht die Dosierung weitgehend auf klinischer Empirie.

Für die Therapie der Blutkrankheiten (Polycythaemia vera, Leukosen) kommt vor allem ^{32}P zur Anwendung. Unter Einrechnung einer 20- bis 40%igen Ausscheidung im Urin nach intravenöser Injektion entspricht die gesamte Strahlenexposition eines 70 kg schweren Mannes für 1 mCi ^{32}P etwa der Wirkung von 10 R. Die Dosierung erfolgt je nach der Reaktion des Blutbildes.

Literatur

1 DÖRNER, E., *Grundlagen der Nuklearmedizin*, Thieme, Stuttgart, 1966; FASSBENDER, H., *Einführung in die Meßtechnik der Kernstrahlung und die Anwendung der Radioisotope*, 2. Aufl., Thieme, Stuttgart, 1962; FIELDS und SEED (Hrsg.), *Clinical Use of Radioisotopes*, 2. Aufl., Year Book Medical Publishers, Chicago, 1961; GLOCKER und MACHERAUCH, *Röntgen- und Kernphysik für Mediziner und Biophysiker*, 2. Aufl., Thieme, Stuttgart, 1965; HAHN, P. F. (Hrsg.), *Therapeutic Use of Artificial Radioisotopes*, Wiley, New York, 1956; HAYTER, C. J., *Abstr. Wld Med.*, **42**, 1 (1968); HUNTER, jr., und FOECKLER, jr., *Progr. clin. Path.*, **1**, 154 (1966); KAZEM et al., *Brit. J. Radiol.*, **40**, 292 (1967); MARINELLI et al., *Nucleonics*, **2**, Nr. 4, 56, und Nr. 5, 44 (1948); MINDER, W., *Dosimetrie der Strahlung radioaktiver Stoffe*, Springer, Berlin, 1961; HINE und BROWNELL (Hrsg.), *Radiation Dosimetry*, Academic Press, New York, 1956; RAKOW, A., *Tabelle zur Identifizierung unbekannter Gammaspektren*, Thiemig, München, 1962; SCHMEISER, K., *Radionuclide*, 2. Aufl., Springer, Berlin, 1963; SCHWIEGK und TURBA (Hrsg.), *Künstliche radioaktive Isotope in Physiologie, Diagnostik und Therapie*, 2. Aufl., Springer, Berlin, 1961; VETTER und VEALL, *Radioisotopen-Technik in der klinischen Forschung und Diagnostik*, Urban & Schwarzenberg, München, 1960.

2 ALY, F. W., *Das tryptophanreiche Präalbumin*, Habilitationsschrift, Tübingen, 1966; FOLDENAUER et al., *Dtsch. med. Wschr.*, **92**, 745 (1967); GOOLDEN et al., *Lancet*, **1**, 12 (1967); GRAB und OBERDISSE, *Die medikamentöse Behandlung der Schilddrüsenerkrankungen*, Thieme, Stuttgart, 1959; GRAYSON, R. R., *Amer. J. Med.*, **28**, 397 (1960); HILLMANN, G., *Biosynthese und Stoffwechselwirkungen der Schilddrüsenhormone*, Thieme, Stuttgart, 1961; HORST und ULLERICH, *Hypophysen-Schilddrüsen-Erkrankungen und endokrine Ophthalmopathie; Radiojoddiagnostik und Strahlentherapie*, Enke, Stuttgart, 1958; KALLEE, E., *Acta isotop. (Padova)*, **6**, Suppl. 1 (1966); KNAPP, U., *Beeinflussung des ^{131}J-Trijodthyronintests der Erythrozyten durch einige methodische, medikamentöse und andere extrathyreoidale Faktoren*, Inauguraldiss., Tübingen, 1967; MEANS et al., *The Thyroid and its Diseases*, 3. Aufl., McGraw-Hill, New York, 1963; SCAZZIGA und LEMARCHAND-BÉRAUD, Die Pathophysiologie der Schilddrüse, *Documenta Geigy, Acta clinica*, Nr. 5, Basel, 1966; WERNER, S. C., *The Thyroid*, 2. Aufl., Hoeber-Harper, New York, 1962.

3 BELCHER et al., *Nucl.-Med. (Stuttg.)*, **4**, 78 (1964).

4 HAMOLSKY et al., *J. clin. Invest.*, **36**, 1486 (1957).

5 ADAMS et al., *J. clin. Endocr.*, **20**, 1366 (1960).

6 WECHSELBERGER et al., *Acta isotop. (Padova)*, **6**, 159 (1966).

7 STERLING und BRENNER, *J. clin. Invest.*, **45**, 153 (1966).

8 STERLING et al., *J. clin. Invest.*, **33**, 1031 (1954); STERLING und CHODOS, *J. clin. Invest.*, **35**, 806 (1956); KLEIN, E., *Der endogene Jodhaushalt des Menschen und seine Störungen*, Thieme, Stuttgart, 1960; LENNON et al., *J. clin. Invest.*, **40**, 996 (1961); INADA et al., *J. clin. Endocr.*, **24**, 775 (1964).

9 FEINE et al., *Ärztl. Forsch.*, **21**, 15 (1967).

10 VON OLDERSHAUSEN, H. F., *Gastroenterologia (Basel)*, **95**, Supplementum, 361 (1961).

11 SWEET und BROWNELL, *J. Amer. med. Ass.*, **157**, 1183 (1955); KELLERSHOHN, C., in: HOFFMANN, G. (Hrsg.), *Radionuklide in der klinischen und experimentellen Onkologie*, Schattauer, Stuttgart, 1965, S. 157.

12 GLAUBITT, D., *Dtsch. med. Wschr.*, **92**, 1373 (1967).

13 CASTRILLÓN-OBERNDORFER et al., in: HOFFMANN, G. (Hrsg.), *Radioisotope in der Gastroenterologie*, Schattauer, Stuttgart, 1967, S. 85.

14 MOORE und BROWN, Der Eisenstoffwechsel, *Documenta Geigy, Acta clinica*, Nr. 7, Basel, 1967.

15 GEHRMANN, G., *Lebensdauer und Abbauort der Erythrozyten bei hämolytischen Anämien*, Hüthig, Heidelberg, 1964; PRIBILLA, W., *Erythrokinetik*, Westdeutscher Verlag, Köln, 1964.

16 ALBERT, S. N., *Blood Volume*, Thomas, Springfield, 1963.

17 BERSON und YALOW, in: PINCUS et al. (Hrsg.), *The Hormones*, Band 4, Academic Press, New York, 1964, S. 557; FELBER et al., *Schweiz. med. Wschr.*, **95**, 757 (1965); GREENWOOD, F. C., in: GARDINER-HILL, H. (Hrsg.), *Modern Trends in Endocrinology*, Band 3, Butterworth, London, 1967, S. 288; POTTS, jr., et al., *Advanc. intern. Med.*, **13**, 183 (1967).

18 ELLIS und OLIVER, *Brit. med. J.*, **1**, 136 (1955).

Nuklid	Halbwert-zeit	Zerfalls-art	β-Strahlen		E_β^{tot}	γ-Strahlung (Energie in MeV)	Dosiskonstanten			β-Reich-weite in Wasser[2] (mm)	Kehrwert der spezifischen Aktivität[3] $\left[\frac{pg}{\mu Ci}\right]$
			E_{max}	$\bar{E}_\beta$			K_β $\left[\frac{rd\ g}{\mu Ci}\right]$	Γ $\left[\frac{R\ cm^2}{h\ mCi}\right]$	K_γ[2] $\left[\frac{rd\ cm^2}{\mu Ci}\right]$		
1	2	3	4	5	6	7	8	9	10	11	12
^{3}H	12,36 a	β⁻	0,018 (100)	$0,005_5$	$0,005_5$	–	1835	–	–	0,007	103
^{14}C	5568 a	β⁻	0,156 (100)	$0,049_6$	$0,049_6$	–	7450 × 10³	–	–	0,24	218 × 10³
^{22}Na	2,58 a	β⁺, Ef, γ	⁺0,54 (89)	0,188	0,188	1,28 (100); 0,51 (178)	13100	11,7	3,72 × 10²	2,1	160
^{24}Na	15 h	β⁻, γ	1,39 (100)	0,550	0,550	2,75 (100); 1,37 (100)	25,6	18,1	0,39	6,4	0,113
^{32}P	14,4 d	β⁻	1,71 (100)	0,695	0,695	–	739	–	–	8,0	3,52
^{35}S	87,5 d	β⁻	0,167 (100)	0,049	0,049	–	316	–	–	0,3	23,4
^{36}Cl	2,85 × 10⁵ a	β⁻, Ef	0,71 (98)	0,247	0,247	–	1900 × 10⁶	–	–	2,7	30,5 × 10⁶
^{42}K	12,47 h	β⁻, γ	3,55 (82); 1,98 (18)	1,469	1,469	1,53 (18)	56,3	1,35	0,024	19	0,167
^{45}Ca	159 d	β⁻	0,258 (100)	0,078	0,078	–	915	–	–	0,6	56,6
^{47}Ca	4,7 d	β⁻, γ	2,00 (18); 0,69 (82)			1,30 (76); 0,81 (6); 0,50 (6)		5,1	0,81	9,6	1,69
^{51}Cr	27,8 d	Ef, γ	–	–	0,0049	0,32 (9)	10	0,18	0,17	–	10,9
^{52}Mn	5,67 d	β⁺, Ef, γ	⁺0,58 (34)	$0,084_5$	0,088	1,46 (100); 0,94 (100); 0,73 (100); 0,51 (68)	36,9	18,5	3,6	2,2	2,27
^{54}Mn	297 d	Ef, γ	–	–	0,0054	0,84 (100)	118,7	4,7	47	–	122,6
^{55}Fe	2,77 a	Ef	–	–	0,0059	–	441	–	–	–	414
^{57}Co	267 d	Ef, γ	–	–		0,136 (9); 0,122 (89); 0,0144 (6)		0,61	5,5	–	118
^{58}Co	71 d	β⁺, Ef, γ	⁺0,49 (15)			1,6 (5); 0,81 (99,5); 0,51		5,585	13,4	1,5	31,6
^{59}Fe	45 d	β⁻, γ	1,56 (0,3); 0,462 (54); 0,271 (46)	0,128	0,128	1,29 (43); 1,10 (57); 0,19 (3)	432	6,2	9,4	1,5	20,6
^{60}Co	5,23 a	β⁻, γ	1,48 (0,2); 0,312 (99,8)	0,095	0,095	1,33 (100); 1,17 (100)	1340	12,9	8,32 × 10²	0,8	884
^{64}Cu	12,8 h	β⁻, β⁺, Ef, γ	0,57 (39); ⁺0,65 (19)	0,126	0,130	1,35 (0,5); 0,51 (38)	5,1	1,15	0,021	2,6	0,226
^{65}Zn	245 d	β⁺, Ef, γ	⁺0,324 (1,5)	0,002	0,010	1,12 (46); 0,51 (3)	181	2,8	23	1,2	122
^{74}As	18 d	β⁻, β⁺, Ef, γ	1,36 (17,7); 0,72 (14,5); ⁺1,5 (3,6); ⁺0,91 (26,1)			0,635 (14,5); 0,596 (61); 0,51		4,4	2,6	7,0	9,93
^{75}Se	120 d	Ef, γ	–	–		0,405 (15); 0,308 (1); 0,281 (28); 0,269 (54); 0,20 (2); 0,136 (40); 0,122 (12); 0,097 (2); 0,066 (7) und weitere schwache Linien		1,5	6,1	–	69
^{76}As	26,45 h	β⁻, γ	2,97 (50); 2,41 (31); 1,76 (16); 0,36 (3)	1,078	1,078	2,06 (2); 1,41 (1); 1,21 (12); 0,65 (5); 0,56 (38)	87,8	2,4	0,089	15,7	0,642
^{82}Br	35,7 h	β⁻, γ	0,45 (100)	0,134	0,134	1,48 (17); 1,32 (28); 1,04 (27); 0,83 (27); 0,78 (83); 0,70 (27); 0,62 (44); 0,55 (73)	14,7	14,5	0,73	1,6	0,942
^{85}Kr	10,6 a	β⁻, γ	0,672 (<99,3); 0,15 (>0,7)			0,514 (~0,7)		0,02	2,6	2,5	2520
^{86}Rb	18,66 d	β⁻, γ	1,78 (84); 0,71 (15); 0,23 (1)	0,627	0,627	1,08 (9)	864	0,51	0,32	8,7	12,3
^{89}Sr	51,5 d	β⁻	1,46 (100)	0,555	0,555	–	2260	–	–	6,8	34,7
^{90}Sr	28,0 a	β⁻	0,54 (100)	0,174	0,174 (0,20)	–	(1510 × 10²)	–	–	2,2	7050
^{90}Y	64,5 h	β⁻	2,26 (100)	0,917	0,917	–	182	–	–	11	1,86
^{99}Mo	67 h	β⁻, γ	1,23 (85); 0,87 (~1); 0,45 (14)			0,780 (4); 0,741 (10); 0,181 (2); 0,041 (1)		0,73	0,17	5,4	2,16
^{99}Tc^{m}	6 h	γ	–	–		0,142 (1); 0,140 (88)		0,67	0,0057	–	0,19

^{111}Ag	7,5 d	β⁻, γ	1,04 (91); 0,80 (1); 0,70 (8)	0,356	0,356	0,34 (8); 0,24 (1)	197	0,17	0,043	4,0	6,35
^{113}Sn	119 d	Ef, γ	–	–	0,120	0,39 (69)	1058	3,34	13	11,7	103
^{121}Te	17 d	Ef, γ	–	–	0,009	0,57 (87); 0,51 (13); 0,07 (2)	6,3	4,4	2,5	–	15,7
^{124}Sb	60,5 d	β⁻, γ	0,97 (9); 0,61 (49); 0,24 (14)	0,371	0,371	2,09 (9); 1,69 (45); 1,33 (3); 0,97 (4); 0,72 (22); 0,65 (9); 0,60 (92)	1666	9,3	19	4,1	57
^{125}I	60 d	Ef, γ	–	–		0,035 (7) [0,027 (93) Te-Röntgenstrahlen]		0,67	1,35	–	57
^{130}I	12,5 h	β⁻, γ	1,02 (46); 0,60 (54)	0,267	0,276	1,15 (31); 0,74 (69); 0,66 (100); 0,53 (100); 0,41 (23)	10,5	12,1	0,21	4,5	0,52
^{131}I	8,09 d	β⁻, γ	0,815 (0,7); 0,608 (87,2); 0,335 (9,3); 0,250 (2,8)	0,181	0,188	0,722 (3); 0,637 (9); 0,364 (80); 0,284 (5); 0,08 (2)	112,2	2,2	0,60	2,2	8,1
^{132}I	2,3 h	β⁻, γ	2,22; 2,14 (81); 1,61 (21); 1,49 (12); 1,22 (12); 1,04 (15); 0,80 (21)			1,40 (8); 1,14 (4); 0,95 (19); 0,78 (82); 0,72 (7); 0,67 (99); 0,65 (26); 0,62 (5); 0,52 (19) und weitere schwache Linien		11,12	0,036	10,7	0,095
^{132}Te	78 h	β⁻, γ	0,22 (100)			0,23 (92); 0,052 (~16)		12,74	1,4	0,5	3,28
^{137}Cs	30 a	β⁻, γ	1,17 (8); 0,51 (92)	0,179	0,235	0,662 (84)	1900 × 10²	3,30	1,2 × 10³	5,0	10900
^{170}Tm	120 d	β⁻, Ef, γ	0,97 (77); 0,885 (23)	0,323	0,328	0,084 (9)	2860	0,08	0,3	4,0	156
^{182}Ta	113 d	β⁻, γ	0,514 (52,1); 0,44 (34,3); 0,36 (14,6)	0,142	–	1,23; 1,22; 1,19; 1,12; 0,22; 0,15; 0,10; 0,07 und weitere schwache Linien	1183*	6,0**	23	1,8	159
^{192}Ir	74,5 d	β⁻, Ef	0,67 (50); 0,54 (35); 0,26 (8); 0,097 (1)	0,169	–	0,61; 0,60; 0,48; 0,47; 0,32; 0,31; 0,30 und weitere schwache Linien	930*	5,0**	13	2,5	109
^{197}Hg	65,5 h	Ef, γ	–	–	0,012	1,92 (1); 0,077 (28)	2,4	0,66	0,06	–	4,08
^{198}Au	2,7 d	β⁻, γ	0,96 (98,6); 0,29 (1,4)	0,312	0,321	1,09 (0,3); 0,67 (1,2); 0,41 (97)	64,0	2,35	0,21	3,8	4,1
^{199}Au	3,15 d	β⁻, γ	0,46 (6,4); 0,302 (69,3); 0,25 (24,3)	0,085	0,110	0,208 (16); 0,158 (77); 0,05 (0,6)	26,4	0,86	0,09	1,5	4,8
^{203}Hg	46,5 d	β⁻, γ	0,208 (100)	0,057	0,086	0,279 (86)	296	1,37	2,15	0,45	73,3
^{204}Tl	4,1 a	β⁻, Ef	0,764 (98)	0,238	0,238	–	263 × 10²	0,007	0,35	2,9	2330

* Nur β-Anteile. ** Harwell-Werte.

Literatur

[1] Nach Glocker und Macherauch, *Röntgen- und Kernphysik für Mediziner und Biophysiker*, 2. Aufl., Thieme, Stuttgart, 1965, S. 39, 40, 42 und 238.
[2] Wechselberger, E., Tübingen, persönliche Mitteilung, 1967.
[3] Theoretische Werte für trägerfreie Radionuklide nach E. Kallee, Tübingen, 1967.

Erläuterungen

Kolonne 3: β⁺ bedeutet Positronenemission, Ef den Einfang von Hüllenelektronen.

Kolonne 4: E_{max} bedeutet die maximale β-Energie in MeV. Das hochgestellte Zeichen ⁺ weist auf Emission von Positronen hin. Die Zahlen in Klammern geben die Häufigkeit der Elektronen- bzw. Positronenemission in Prozenten der Zerfälle an.

Kolonne 5: Die Energie $\bar{E}_\beta$ bedeutet den Mittelwert der Energie aller pro Zerfallsakt emittierten β-Strahlen. Ihr Verhältnis zur Maximalenergie E_{max} ist theoretischen Berechnungen von I. H. Marshall (*Nucleonics*, **13**, 34 [1955]) entnommen.

Kolonne 6: Die Werte von E_β^{tot} sind die Summe aus $\bar{E}_\beta$, der Energie der K-Strahlung (infolge innerer Konversion sowie Elektroneneinfangs Ef), der Konversionselektronen, der Auger-Elektronen sowie der L- und M-Strahlung. Die K-Strahlung wird üblicherweise für Nuklide mit Z (Ordnungszahl) >35 bei Dosierungsberechnungen zur γ-Dosis gezählt. Für ^{90}Sr wurde nach Hine ein Korrekturfaktor 1,17 zur Berechnung des «verbotenen» Spektrums nach Fermi benutzt.

Kolonne 7: Die Quantenenergien sind in MeV angegeben. Die Zahlen in Klammern nennen die prozentuale Häufigkeit des betreffenden Übergangs, bezogen auf die Anzahl der Zerfälle. Strahlungsanteile $<0{,}1\%$ sind nicht aufgeführt. Alle γ-Quanten einer Energie von 0,51 MeV sind Vernichtungsstrahlung. Die Häufigkeitsangaben umfassen nicht-umgewandelte γ-Strahlen. Der Einfluß der inneren Konversion ist also berücksichtigt. Die Zahlenwerte sind zur Hauptsache dem Isotopenbericht von Strominger et al., *Rev. mod. Phys.*, **30**, 585 (1958), entnommen. Bei denjenigen Nukliden, bei denen der Raum in Kolonne 6 freigeblieben ist, entstammen sie dem *International Directory of Isotopes*, 3. Aufl., International Atomic Energy Agency, Wien, 1964.

Kolonne 8: Die Werte für K_β wurden berechnet nach der Gleichung $K_\beta = 73{,}9 \times \bar{E}_\beta \times T_{1/2}$ [rd g μCi⁻¹] (wobei $T_{1/2}$ = physikalische Halbwertzeit). Siehe dazu S. 281.

Kolonne 9: Die Werte der spezifischen Gammastrahlenkonstante Γ (siehe S. 222) sind berechnet nach der Gleichung $\Gamma = 194 \times E_\gamma \times (\mu_K/\varrho)_L$ [R cm² h⁻¹ mCi⁻¹] (mit E_γ = γ-Energie und $[\mu_K/\varrho]_L$ = Massentransferkoeffizient für Luft), unter Berücksichtigung der K-Strahlung (infolge von Konversion und Elektroneneinfang) für Nuklide mit $Z>35$ (ausgenommen diejenigen Nuklide, bei denen der Raum in Kolonne 6 freigeblieben ist).

Kolonne 10: Die Werte für K_γ sind berechnet nach der Gleichung $K_\gamma = 0{,}0338 \times \Gamma \times T_{1/2}$ [rd cm² μCi⁻¹] (wobei $T_{1/2}$ = physikalische Halbwertzeit in Tagen). Siehe S. 281.

Erläuterungen zu den Seiten 288–300 *

Kolonne 1 t = Zeitspanne zwischen t_0 und t in Tagen (d), Stunden (h) und Minuten (min)

Kolonne 2 N_t = zur Zeit t noch nicht zerfallener prozentualer Anteil von N_0 (an Stelle von N_t und N_0 können selbstverständlich auch die Aktivitäten A_t und A_0 eingesetzt werden)

Kolonnen 3 und 4 Faktor und dessen Zehnerlogarithmus zur Berechnung von N_0 (oder A_0), oder ihnen proportionalen Anteilen, aus N_t (oder A_t):

$$N_0 = \frac{N_0}{N_t} N_t \text{ oder } A_0 = \frac{A_0}{A_t} A_t$$

Die Halbwertzeiten T für $^{99}Tc^{m}$, ^{132}Te und ^{197}Hg wurden dem *Handbook of Chemistry and Physics*[1] entnommen, alle anderen dem *Catalogue of Radioactive Products*[2]. Die Zerfallstabellen für ^{3}H und ^{226}Ra sowie für ^{47}Ca mit der revidierten Halbwertzeit 4,53 d wurden ebenfalls berechnet und sind auf Wunsch bei der Redaktion der *Documenta Geigy* erhältlich.

Berechnungen (elektronisch)

Kolonne 2 nach $\ln \frac{N_t}{N_0} = \frac{-\ln 2}{T_t} t$

Kolonnen 3 und 4 nach $\ln \frac{N_0}{N_t} = \frac{\ln 2}{T_t} t$

$\left(\text{Zerfallskonstante } \lambda_t = \frac{\ln 2}{T_t}\right)$

Literatur

[1] HEATH, R. L., in: WEAST et al. (Hrsg.), *Handbook of Chemistry and Physics*, 47. Aufl., The Chemical Rubber Co., Cleveland, 1966, S. B-4.

[2] Radiochemical Centre, *Catalogue of Radioactive Products*, RC. 10, Amersham, Bucks., 1965/66.

Natrium 22
Halbwertzeit 2,6 a

t (d)	N_t	N_0/N_t	$\log_{10} N_0/N_t$
0	100,00	1,000	0,00000
50	96,42	1,037	0,01585
100	92,96	1,076	0,03170
150	89,63	1,116	0,04755
200	86,42	1,157	0,06340
250	83,32	1,200	0,07925
300	80,33	1,245	0,09510
400	74,68	1,339	0,12680
500	69,42	1,440	0,15850
600	64,54	1,550	0,19020
700	59,99	1,667	0,22190
800	55,77	1,793	0,25360
900	51,84	1,929	0,28530
1000	48,19	2,075	0,31700
1100	44,80	2,232	0,34870
1200	41,65	2,401	0,38040
1300	38,72	2,583	0,41210
1400	35,99	2,778	0,44380
1500	33,46	2,989	0,47550
1600	31,10	3,215	0,50720
1800	26,88	3,720	0,57060
2000	23,23	4,305	0,63400
2250	19,35	5,167	0,71325
2500	16,13	6,201	0,79250
2750	13,44	7,443	0,87175
3000	11,19	8,933	0,95100
3250	9,33	10,721	1,03025
3500	7,77	12,868	1,10949
3750	6,48	15,443	1,18874
4000	5,40	18,535	1,26799
4250	4,50	22,246	1,34724
4500	3,75	26,699	1,42649
4750	3,12	32,044	1,50574
5000	2,60	38,459	1,58499
5250	2,17	46,158	1,66424
5500	1,81	55,398	1,74349
5750	1,50	66,488	1,82274
6000	1,25	79,798	1,90199
6250	1,04	95,773	1,98124
6500	0,87	114,945	2,06049
6750	0,72	137,956	2,13974
7000	0,60	165,573	2,21899
7250	0,50	198,719	2,29824

Natrium 24
Halbwertzeit 15,0 h

t d	h	min	N_t	N_0/N_t	$\log_{10} N_0/N_t$
		00	100,00	1,000	0,00000
		10	99,23	1,007	0,00335
		20	98,47	1,015	0,00669
		30	97,72	1,023	0,01003
		40	96,97	1,031	0,01338
		50	96,22	1,039	0,01672
	1	00	95,48	1,047	0,02007
		10	94,75	1,055	0,02341
		20	94,02	1,063	0,02676
		30	93,30	1,071	0,03010
		40	92,59	1,080	0,03345
		50	91,88	1,088	0,03679
	2	00	91,17	1,096	0,04014
		10	90,47	1,105	0,04348
		20	89,78	1,113	0,04683
		30	89,09	1,122	0,05017
		40	88,41	1,131	0,05352
		50	87,73	1,139	0,05686
	3	00	87,06	1,148	0,06021
		10	86,39	1,157	0,06355
		20	85,72	1,166	0,06690
		30	85,07	1,175	0,07024
		40	84,41	1,184	0,07359
		50	83,77	1,193	0,07693
	4	00	83,12	1,203	0,08028
		10	82,49	1,212	0,08362
		20	81,85	1,221	0,08696
		30	81,23	1,231	0,09031
		40	80,60	1,240	0,09365
		50	79,98	1,250	0,09700
	5	00	79,37	1,259	0,10034
		10	78,76	1,269	0,10369
		20	78,16	1,279	0,10703
		30	77,56	1,289	0,11038
		40	76,96	1,299	0,11372
		50	76,37	1,309	0,11707
	6	00	75,79	1,319	0,12041
		10	75,20	1,329	0,12376
		20	74,63	1,339	0,12710
		30	74,05	1,350	0,13045
		40	73,49	1,360	0,13379
		50	72,92	1,371	0,13714
	7	00	72,36	1,381	0,14048
		10	71,81	1,392	0,14383
		20	71,26	1,403	0,14717
		30	70,71	1,414	0,15052
		40	70,17	1,425	0,15386
		50	69,63	1,436	0,15720
	8	00	69,10	1,447	0,16055
		10	68,57	1,458	0,16389
		20	68,04	1,469	0,16724
		30	67,52	1,481	0,17058
		40	67,00	1,492	0,17393
		50	66,49	1,504	0,17727
	9	00	65,98	1,515	0,18062
		10	65,47	1,527	0,18396
		20	64,97	1,539	0,18731
		30	64,47	1,551	0,19065
		40	63,97	1,563	0,19400
		50	63,48	1,575	0,19734
	10	00	63,00	1,587	0,20069
		10	62,51	1,599	0,20403
		20	62,03	1,612	0,20738
		30	61,56	1,624	0,21072
		40	61,08	1,637	0,21407
		50	60,62	1,649	0,21741
	11	00	60,15	1,662	0,22076
		10	59,69	1,675	0,22410
		20	59,23	1,688	0,22745
		30	58,78	1,701	0,23079
		40	58,33	1,714	0,23413
		50	57,88	1,727	0,23748
	12	00	57,43	1,741	0,24082
		10	56,99	1,754	0,24417
		20	56,56	1,768	0,24751
		30	56,12	1,781	0,25086
		40	55,69	1,795	0,25420
		50	55,27	1,809	0,25755
	13	00	54,84	1,823	0,26089
		10	54,42	1,837	0,26424
		20	54,00	1,851	0,26758
		30	53,59	1,866	0,27093
		40	53,18	1,880	0,27427
		50	52,77	1,895	0,27762
	14	00	52,36	1,909	0,28096
		10	51,96	1,924	0,28431
		20	51,56	1,939	0,28765
		30	51,17	1,954	0,29100
		40	50,78	1,969	0,29434
		50	50,39	1,984	0,29769
	15	00	50,00	2,000	0,30103
		10	49,62	2,015	0,30438
		20	49,24	2,031	0,30772
		30	48,86	2,046	0,31106
		40	48,48	2,062	0,31441
		50	48,11	2,078	0,31775
	16	00	47,74	2,094	0,32110
		10	47,38	2,110	0,32444
		20	47,01	2,127	0,32779
		30	46,65	2,143	0,33113
		40	46,29	2,160	0,33448
		50	45,94	2,176	0,33782
	17	00	45,59	2,193	0,34117
		10	45,24	2,210	0,34451
		20	44,89	2,227	0,34786
		30	44,54	2,244	0,35120
		40	44,20	2,262	0,35455
		50	43,86	2,279	0,35789
	18	00	43,53	2,297	0,36124
		10	43,19	2,315	0,36458
		20	42,86	2,333	0,36793
		30	42,53	2,351	0,37127
		40	42,21	2,369	0,37462
		50	41,88	2,387	0,37796
	19	00	41,56	2,406	0,38131
		10	41,24	2,424	0,38465
		20	40,93	2,443	0,38799
		30	40,61	2,462	0,39134
		40	40,30	2,481	0,39468
		50	39,99	2,500	0,39803
	20	00	39,69	2,519	0,40137
		10	39,38	2,539	0,40472
		20	39,08	2,558	0,40806
		30	38,78	2,578	0,41141
		40	38,48	2,598	0,41475
		50	38,19	2,618	0,41810
	21	00	37,89	2,639	0,42144
		10	37,60	2,659	0,42479
		20	37,31	2,679	0,42813
		30	37,03	2,700	0,43148
		40	36,74	2,721	0,43482
		50	36,46	2,742	0,43817
	22	00	36,18	2,763	0,44151
		10	35,90	2,785	0,44486
		20	35,63	2,806	0,44820
		30	35,36	2,828	0,45155
		40	35,08	2,850	0,45489
		50	34,81	2,872	0,45823
	23	00	34,55	2,894	0,46158
		10	34,28	2,916	0,46492
		20	34,02	2,939	0,46827
		30	33,76	2,962	0,47161
		40	33,50	2,985	0,47496
		50	33,24	3,008	0,47830
1	00		32,99	3,031	0,48165
	01		31,50	3,174	0,50172
	02		30,08	3,324	0,52179
	03		28,72	3,482	0,54185
	04		27,42	3,646	0,56192
	05		26,18	3,819	0,58199
	06		25,00	3,999	0,60206
	07		23,87	4,189	0,62213
	08		22,79	4,387	0,64220
	09		21,76	4,594	0,66227
	10		20,78	4,812	0,68233
	11		19,84	5,039	0,70240
	12		18,95	5,278	0,72247
	13		18,09	5,527	0,74254
	14		17,27	5,789	0,76261
	15		16,49	6,062	0,78268
	16		15,75	6,349	0,80274
	17		15,04	6,649	0,82281
	18		14,36	6,964	0,84288
	19		13,71	7,293	0,86295
	20		13,09	7,638	0,88302
	21		12,50	7,999	0,90308
	22		11,94	8,378	0,92315
	23		11,40	8,774	0,94322
2	00		10,88	9,189	0,96329
	01		10,39	9,623	0,98335
	02		9,92	10,079	1,00343
	03		9,47	10,556	1,02350
	04		9,05	11,055	1,04357
	05		8,64	11,578	1,06364
	06		8,25	12,125	1,08371
	07		7,87	12,699	1,10378
	08		7,52	13,299	1,12385
	09		7,18	13,928	1,14391
	10		6,86	14,587	1,16398
	11		6,55	15,277	1,18405
	12		6,25	16,000	1,20412
	13		5,97	16,756	1,22419
	14		5,70	17,549	1,24426
	15		5,44	18,379	1,26433
	16		5,20	19,248	1,28439
	17		4,96	20,158	1,30446
	18		4,74	21,112	1,32453
	19		4,52	22,110	1,34460
	20		4,32	23,156	1,36467
	21		4,12	24,251	1,38474
	22		3,94	25,398	1,40481
	23		3,76	26,599	1,42488
3	00		3,59	27,857	1,44494
	01		3,43	29,175	1,46501
	02		3,27	30,554	1,48508
	03		3,13	32,000	1,50515
	04		2,98	33,513	1,52522
	05		2,85	35,098	1,54529
	06		2,72	36,758	1,56536
	07		2,60	38,496	1,58542
	08		2,48	40,317	1,60549
	09		2,37	42,224	1,62556
	10		2,26	44,221	1,64563
	11		2,16	46,312	1,66570
	12		2,06	48,502	1,68577
	13		1,97	50,796	1,70584
	14		1,88	53,199	1,72590
	15		1,79	55,714	1,74597
	16		1,71	58,349	1,76604
	17		1,64	61,109	1,78611
	18		1,56	63,999	1,80618
	19		1,49	67,026	1,82625
	20		1,42	70,196	1,84631
	21		1,36	73,515	1,86638
	22		1,30	76,992	1,88645
	23		1,24	80,634	1,90652
4	00		1,18	84,447	1,92659
	01		1,13	88,440	1,94665
	02		1,08	92,623	1,96672
	03		1,03	97,003	1,98679
	04		0,98	101,594	2,00687
	05		0,94	106,398	2,02694
	06		0,90	111,430	2,04700
	07		0,86	116,701	2,06708
	08		0,82	122,219	2,08714
	09		0,78	128,000	2,10721
	10		0,75	134,053	2,12728
	11		0,71	140,394	2,14735
	12		0,68	147,032	2,16741
	13		0,65	153,988	2,18749
	14		0,62	161,269	2,20755
	15		0,59	168,896	2,22762
	16		0,57	176,884	2,24769
	17		0,54	185,250	2,26776
	18		0,52	194,012	2,28783
	19		0,49	203,185	2,30789
	20		0,47	212,797	2,32797
	21		0,45	222,861	2,34803
	22		0,43	233,399	2,36810
	23		0,41	244,439	2,38817

Phosphor 32

Halbwertzeit 14,3 d

t: d	h	min	N_t	N_0/N_t	$\log_{10} N_0/N_t$
	0		100,00	1,000	0,00000
	3		99,40	1,006	0,00263
	6		98,80	1,012	0,00526
	9		98,20	1,018	0,00789
	12		97,61	1,025	0,01053
	15		97,02	1,031	0,01316
	18		96,43	1,037	0,01579
	21		95,85	1,043	0,01842
1	0		95,27	1,050	0,02105
	12		92,99	1,075	0,03158
2	0		90,76	1,102	0,04210
	12		88,59	1,129	0,05263
3	0		86,47	1,157	0,06315
	12		84,40	1,185	0,07368
4	0		82,38	1,214	0,08420
	12		80,40	1,244	0,09473
5	0		78,48	1,274	0,10526
	12		76,60	1,306	0,11578
6	0		74,76	1,338	0,12631
	12		72,97	1,370	0,13683
7	0		71,23	1,404	0,14736
	12		69,52	1,438	0,15788
8	0		67,86	1,474	0,16841
	12		66,23	1,510	0,17893
9	0		64,65	1,547	0,18946
	12		63,10	1,585	0,19999
10	0		61,59	1,624	0,21051
	12		60,11	1,664	0,22104
11	0		58,67	1,704	0,23156
	12		57,27	1,746	0,24209
12	0		55,90	1,789	0,25261
	12		54,56	1,833	0,26314
13	0		53,25	1,878	0,27366
	12		51,98	1,924	0,28419
14	0		50,73	1,971	0,29472
	12		49,52	2,019	0,30524
15	0		48,33	2,069	0,31577
	12		47,17	2,120	0,32629
16			46,04	2,172	0,33682
17			43,87	2,280	0,35787
18			41,79	2,393	0,37892
19			39,81	2,512	0,39997
20			37,93	2,636	0,42102
21			36,13	2,767	0,44207
22			34,43	2,905	0,46312
23			32,80	3,049	0,48418
24			31,24	3,201	0,50523
25			29,77	3,360	0,52628
26			28,36	3,526	0,54733
27			27,02	3,702	0,56838
28			25,74	3,885	0,58943
29			24,52	4,078	0,61048
30			23,36	4,281	0,63153
32			21,20	4,717	0,67364
34			19,24	5,197	0,71574
36			17,46	5,726	0,75784
38			15,85	6,309	0,79994
40			14,39	6,951	0,84205
42			13,06	7,659	0,88415
44			11,85	8,438	0,92625
46			10,76	9,297	0,96835
48			9,76	10,244	1,01045
50			8,86	11,286	1,05256
52			8,04	12,435	1,09466
54			7,30	13,701	1,13676
56			6,62	15,096	1,17886
58			6,01	16,633	1,22097
60			5,46	18,326	1,26307
65			4,28	23,352	1,36832
70			3,36	29,756	1,47358
75			2,64	37,917	1,57884
80			2,07	48,316	1,68409
85			1,62	61,567	1,78935
90			1,27	78,452	1,89460
100			0,79	127,384	2,10511
110			0,48	206,835	2,31562

Schwefel 35

Halbwertzeit 87,2 d

t: d	N_t	N_0/N_t	$\log_{10} N_0/N_t$
0	100,00	1,000	0,00000
5	96,10	1,041	0,01726
10	92,36	1,083	0,03452
15	88,76	1,127	0,05178
20	85,30	1,172	0,06904
25	81,98	1,220	0,08630
30	78,78	1,269	0,10357
35	75,71	1,321	0,12083
40	72,76	1,374	0,13809
50	67,20	1,488	0,17261
60	62,07	1,611	0,20713
70	57,33	1,744	0,24165
80	52,94	1,889	0,27618
90	48,90	2,045	0,31070
100	45,16	2,214	0,34522
110	41,71	2,397	0,37974
120	38,52	2,596	0,41426
130	35,58	2,811	0,44879
140	32,86	3,043	0,48331
150	30,35	3,295	0,51783
160	28,03	3,567	0,55235
180	23,91	4,182	0,62139
200	20,40	4,903	0,69044
225	16,72	5,981	0,77674
250	13,71	7,295	0,86305
275	11,24	8,899	0,94935
300	9,21	10,856	1,03566
325	7,55	13,242	1,12196
350	6,19	16,154	1,20827
375	5,07	19,705	1,29457
400	4,16	24,037	1,38088
425	3,41	29,321	1,46718
450	2,80	35,767	1,55349
475	2,29	43,631	1,63979
500	1,88	53,223	1,72610
525	1,54	64,923	1,81240
550	1,26	79,197	1,89871
575	1,04	96,608	1,98501
600	0,85	117,846	2,07132
625	0,70	143,754	2,15762
650	0,57	175,358	2,24393

Kalium 42

Halbwertzeit 12,4 h

t: d	h	min	N_t	N_0/N_t	$\log_{10} N_0/N_t$
		0	100,00	1,000	0,00000
		10	99,07	1,009	0,00405
		20	98,15	1,019	0,00809
		30	97,24	1,028	0,01214
		40	96,34	1,038	0,01618
		50	95,45	1,048	0,02023
	1	0	94,56	1,057	0,02428
		10	93,69	1,067	0,02832
		20	92,82	1,077	0,03237
		30	91,96	1,087	0,03642
		40	91,10	1,098	0,04046
		50	90,26	1,108	0,04451
	2	0	89,42	1,118	0,04855
		10	88,59	1,129	0,05260
		20	87,77	1,139	0,05665
		30	86,96	1,150	0,06069
		40	86,15	1,161	0,06474
		50	85,35	1,172	0,06878
	3	0	84,56	1,183	0,07283
		10	83,78	1,194	0,07688
		20	83,00	1,205	0,08092
		30	82,23	1,216	0,08497
		40	81,47	1,227	0,08901
		50	80,71	1,239	0,09306
	4	0	79,96	1,251	0,09711
		10	79,22	1,262	0,10115
		20	78,49	1,274	0,10520
		30	77,76	1,286	0,10925
		40	77,04	1,298	0,11329
		50	76,32	1,310	0,11734
	5	0	75,62	1,322	0,12138
		10	74,92	1,335	0,12543
		20	74,22	1,347	0,12948
		30	73,53	1,360	0,13352
		40	72,85	1,373	0,13757
		50	72,17	1,386	0,14161
	6	0	71,51	1,398	0,14566
		10	70,84	1,412	0,14971
		20	70,19	1,425	0,15375
		30	69,53	1,438	0,15780
		40	68,89	1,452	0,16184
		50	68,25	1,465	0,16589
	7	0	67,62	1,479	0,16994
		10	66,99	1,493	0,17398
		20	66,37	1,507	0,17803
		30	65,75	1,521	0,18208
		40	65,14	1,535	0,18612
		50	64,54	1,549	0,19017
	8	0	63,94	1,564	0,19421
		10	63,35	1,579	0,19826
		20	62,76	1,593	0,20231
		30	62,18	1,608	0,20635
		40	61,60	1,623	0,21040
		50	61,03	1,638	0,21444
	9	0	60,47	1,654	0,21849
		10	59,91	1,669	0,22254
		20	59,35	1,685	0,22658
		30	58,80	1,701	0,23063
		40	58,25	1,717	0,23467
		50	57,71	1,733	0,23872
	10	0	57,18	1,749	0,24277
		10	56,65	1,765	0,24681
		20	56,12	1,782	0,25086
		30	55,60	1,798	0,25491
		40	55,09	1,815	0,25895
		50	54,58	1,832	0,26300
	11	0	54,07	1,849	0,26704
		10	53,57	1,867	0,27109
		20	53,07	1,884	0,27514
		30	52,58	1,902	0,27918
		40	52,09	1,920	0,28323
		50	51,61	1,938	0,28727
	12	0	51,13	1,956	0,29132
		20	50,19	1,993	0,29941
		40	49,26	2,030	0,30750
	13	0	48,35	2,068	0,31560
		20	47,46	2,107	0,32369
		40	46,58	2,147	0,33178
	14	0	45,72	2,187	0,33987
		20	44,88	2,228	0,34797
		40	44,05	2,270	0,35606
	15	0	43,24	2,313	0,36415
		20	42,44	2,356	0,37224
		40	41,65	2,401	0,38034
	16	0	40,89	2,446	0,38843
		20	40,13	2,492	0,39652
		40	39,39	2,539	0,40461
	17	0	38,66	2,586	0,41270
		20	37,95	2,635	0,42080
		40	37,25	2,685	0,42889
	18	0	36,56	2,735	0,43698
		20	35,89	2,787	0,44507
		40	35,22	2,839	0,45317
	19	0	34,57	2,892	0,46126
		20	33,94	2,947	0,46935
		40	33,31	3,002	0,47744
	20	0	32,69	3,059	0,48553
		20	32,09	3,116	0,49363
		40	31,50	3,175	0,50172
	21	0	30,92	3,235	0,50981
		20	30,35	3,295	0,51790
		40	29,79	3,357	0,52600
	22	0	29,24	3,420	0,53409
		20	28,70	3,485	0,54218
		40	28,17	3,550	0,55027
	23	0	27,65	3,617	0,55836
		20	27,14	3,685	0,56646
		40	26,63	3,754	0,57455
1	0	0	26,14	3,825	0,58264
		20	25,66	3,897	0,59073
		40	25,19	3,970	0,59883
	1	0	24,72	4,045	0,60692
		20	24,27	4,121	0,61501
		40	23,82	4,199	0,62310
	2	0	23,38	4,278	0,63119
		20	22,95	4,358	0,63929
		40	22,52	4,440	0,64738
	3	0	22,11	4,523	0,65547
		20	21,70	4,609	0,66356
		40	21,30	4,695	0,67166
	4	0	20,91	4,784	0,67975
		20	20,52	4,873	0,68784
		40	20,14	4,965	0,69593
	5	0	19,77	5,059	0,70402
		20	19,40	5,154	0,71212
		40	19,05	5,251	0,72021
	6	0	18,69	5,349	0,72830
		20	18,35	5,450	0,73639
		40	18,01	5,552	0,74449
	7	0	17,68	5,657	0,75258
		20	17,35	5,763	0,76067
		40	17,03	5,872	0,76876
	8	0	16,72	5,982	0,77685
		20	16,41	6,095	0,78495
		40	16,11	6,209	0,79304
	9	0	15,81	6,326	0,80113
		20	15,52	6,445	0,80922
		40	15,23	6,566	0,81732
	10	0	14,95	6,690	0,82541
		20	14,67	6,816	0,83350
		40	14,40	6,944	0,84159
	11	0	14,14	7,074	0,84968
		20	13,87	7,207	0,85778
		40	13,62	7,343	0,86587
	12		13,37	7,481	0,87396
	13		12,64	7,911	0,89824
	14		11,95	8,366	0,92252
	15		11,30	8,847	0,94679
	16		10,69	9,356	0,97107
	17		10,11	9,893	0,99535
	18		9,56	10,462	1,01962
	19		9,04	11,064	1,04390
	20		8,55	11,700	1,06818
	21		8,08	12,372	1,09245
	22		7,64	13,084	1,11673
	23		7,23	13,836	1,14101
2	0		6,83	14,631	1,16528
	1		6,46	15,472	1,18956
	2		6,11	16,362	1,21384
	3		5,78	17,303	1,23811
	4		5,47	18,297	1,26239
	5		5,17	19,349	1,28667
	6		4,89	20,462	1,31094
	7		4,62	21,638	1,33522
	8		4,37	22,882	1,35950
	9		4,13	24,198	1,38377
	10		3,91	25,589	1,40805
	11		3,70	27,060	1,43233
	12		3,49	28,616	1,45660
	13		3,30	30,261	1,48088
	14		3,12	32,000	1,50516
	15		2,96	33,840	1,52943
	16		2,79	35,786	1,55371
	17		2,64	37,843	1,57799
	18		2,50	40,019	1,60226
	19		2,36	42,319	1,62654
	20		2,23	44,752	1,65082
	21		2,11	47,325	1,67509
	22		2,00	50,046	1,69937
	23		1,89	52,923	1,72365
3	0		1,79	55,966	1,74792
	1		1,69	59,183	1,77220
	2		1,60	62,586	1,79648
	3		1,51	66,184	1,82075
	4		1,43	69,989	1,84503
	5		1,35	74,013	1,86931
	6		1,28	78,268	1,89358
	7		1,21	82,768	1,91786
	8		1,14	87,526	1,94214
	9		1,08	92,558	1,96641
	10		1,02	97,879	1,99069
	11		0,97	103,506	2,01497
	12		0,91	109,457	2,03924
	13		0,86	115,750	2,06352
	14		0,82	122,404	2,08780
	15		0,77	129,442	2,11207
	16		0,73	136,883	2,13635
	17		0,69	144,755	2,16063
	18		0,65	153,075	2,18490
	19		0,62	161,875	2,20918
	20		0,58	171,182	2,23346
	21		0,55	181,023	2,25773
	22		0,52	191,430	2,28201
	23		0,49	202,436	2,30629

Calcium 45

Halbwertzeit 165 d

t: d	N_t	N_0/N_t	$\log_{10} N_0/N_t$
0	100,00	1,000	0,00000
10	95,89	1,043	0,01824
20	91,94	1,088	0,03649
30	88,16	1,134	0,05473
40	84,53	1,183	0,07298
50	81,05	1,234	0,09122
60	77,72	1,287	0,10947
70	74,52	1,342	0,12771
80	71,46	1,399	0,14595
90	68,52	1,459	0,16420
100	65,70	1,522	0,18244
110	63,00	1,587	0,20069
120	60,40	1,656	0,21893
130	57,92	1,727	0,23718
140	55,54	1,801	0,25542
150	53,25	1,878	0,27366
160	51,06	1,958	0,29191
180	46,95	2,130	0,32840
200	43,16	2,317	0,36489
220	39,68	2,520	0,40137
240	36,49	2,741	0,43786
260	33,55	2,981	0,47435
280	30,84	3,242	0,51084
300	28,36	3,526	0,54733
320	26,07	3,835	0,58382
340	23,97	4,172	0,62031
360	22,04	4,537	0,65680
380	20,26	4,935	0,69328
400	18,63	5,368	0,72977
425	16,77	5,962	0,77538
450	15,10	6,622	0,82099
475	13,60	7,355	0,86660
500	12,24	8,170	0,91222
525	11,02	9,075	0,95783
550	9,92	10,079	1,00344
575	8,93	11,196	1,04905
600	8,04	12,435	1,09466
625	7,24	13,812	1,14027
650	6,52	15,342	1,18588
675	5,87	17,041	1,23149
700	5,28	18,928	1,27710

t (d)	N_t	N_0/N_t	$\log_{10} N_0/N_t$
725	4,76	21,024	1,32271
750	4,28	23,352	1,36832
775	3,86	25,938	1,41393
800	3,47	28,810	1,45955
850	2,81	35,544	1,55077
900	2,28	43,852	1,64199
950	1,85	54,102	1,73321
1000	1,50	66,747	1,82443
1050	1,21	82,348	1,91565
1100	0,98	101,596	2,00687
1150	0,80	125,342	2,09810
1200	0,65	154,639	2,18932
1250	0,52	190,783	2,28054

Calcium 47

Halbwertzeit 4,7 d

d	h	min	N_t	N_0/N_t	$\log_{10} N_0/N_t$
	0		100,00	1,000	0,00000
	3		98,17	1,019	0,00801
	6		96,38	1,038	0,01601
	9		94,62	1,057	0,02402
	12		92,89	1,077	0,03202
	15		91,19	1,097	0,04003
	18		89,53	1,117	0,04804
	21		87,89	1,138	0,05604
1	0		86,29	1,159	0,06405
	3		84,71	1,180	0,07206
	6		83,16	1,202	0,08006
	9		81,65	1,225	0,08807
	12		80,15	1,248	0,09607
	15		78,69	1,271	0,10408
	18		77,25	1,294	0,11209
	21		75,84	1,319	0,12009
2	0		74,46	1,343	0,12810
	3		73,10	1,368	0,13610
	6		71,76	1,394	0,14411
	9		70,45	1,419	0,15212
	12		69,16	1,446	0,16012
	15		67,90	1,473	0,16813
	18		66,66	1,500	0,17614
	21		65,44	1,528	0,18414
3	0		64,25	1,556	0,19215
	3		63,07	1,585	0,20015
	6		61,92	1,615	0,20816
	9		60,79	1,645	0,21617
	12		59,68	1,676	0,22417
	15		58,59	1,707	0,23218
	18		57,52	1,739	0,24018
	21		56,47	1,771	0,24819
4	0		55,44	1,804	0,25620
	3		54,42	1,837	0,26420
	6		53,43	1,872	0,27221
	9		52,45	1,906	0,28022
	12		51,50	1,942	0,28822
	15		50,56	1,978	0,29623
	18		49,63	2,015	0,30423
	21		48,73	2,052	0,31224
5	0		47,84	2,090	0,32025
	3		46,96	2,129	0,32825
	6		46,10	2,169	0,33626
	9		45,26	2,209	0,34426
	12		44,44	2,250	0,35227
	15		43,62	2,292	0,36028
	18		42,83	2,335	0,36828
	21		42,04	2,378	0,37629
6	0		41,28	2,423	0,38430
	3		40,52	2,468	0,39230
	6		39,78	2,514	0,40031
	9		39,06	2,560	0,40831
	12		38,34	2,608	0,41632
	15		37,64	2,657	0,42433
	18		36,95	2,706	0,43233
	21		36,28	2,756	0,44034
7	0		35,62	2,808	0,44834
	3		34,97	2,860	0,45635
	6		34,33	2,913	0,46436
	9		33,70	2,967	0,47236
	12		33,08	3,023	0,48037
	15		32,48	3,079	0,48838
	18		31,89	3,136	0,49638
	21		31,30	3,194	0,50439
8	0		30,73	3,254	0,51239
	12		28,55	3,503	0,54442
9	0		26,52	3,771	0,57644
	12		24,63	4,059	0,60847
10	0		22,88	4,370	0,64049
	12		21,26	4,705	0,67252
11	0		19,75	5,065	0,70454
	12		18,34	5,452	0,73657
12	0		17,04	5,869	0,76859
	12		15,83	6,319	0,80061
13	0		14,70	6,802	0,83264
	12		13,66	7,323	0,86466
14			12,69	7,883	0,89669
15			10,95	9,136	0,96074
16			9,45	10,587	1,02479
17			8,15	12,270	1,08884
18			7,03	14,220	1,15289
19			6,07	16,479	1,21693
20			5,24	19,098	1,28098
22			3,90	25,650	1,40908
24			2,90	34,449	1,53718
26			2,16	46,268	1,66528
28			1,61	62,141	1,79338
30			1,20	83,460	1,92148
32			0,89	112,092	2,04957
34			0,66	150,547	2,17767
36			0,49	202,195	2,30577

Chrom 51

Halbwertzeit 27,8 d

d	h	min	N_t	N_0/N_t	$\log_{10} N_0/N_t$
	0		100,00	1,000	0,00000
	6		99,38	1,006	0,00271
	12		98,76	1,013	0,00541
	18		98,15	1,019	0,00812
1	0		97,54	1,025	0,01083
	6		96,93	1,032	0,01354
	12		96,33	1,038	0,01624
	18		95,73	1,045	0,01895
2	0		95,14	1,051	0,02166
	12		93,96	1,064	0,02707
3	0		92,79	1,078	0,03249
	12		91,64	1,091	0,03790
4	0		90,51	1,105	0,04331
	12		89,39	1,119	0,04873
5	0		88,28	1,133	0,05414
	12		87,19	1,147	0,05956
6	0		86,11	1,161	0,06497
	12		85,04	1,176	0,07038
7	0		83,98	1,191	0,07580
	12		82,94	1,206	0,08121
8	0		81,92	1,221	0,08663
	12		80,90	1,236	0,09204
9	0		79,90	1,252	0,09746
	12		78,91	1,267	0,10287
10	0		77,93	1,283	0,10828
	12		76,97	1,299	0,11370
11	0		76,01	1,316	0,11911
	12		75,07	1,332	0,12453
12	0		74,14	1,349	0,12994
	12		73,22	1,366	0,13536
13	0		72,32	1,383	0,14077
	12		71,42	1,400	0,14618
14	0		70,53	1,418	0,15160
	12		69,66	1,436	0,15701
15	0		68,80	1,454	0,16243
	12		67,95	1,472	0,16784
16	0		67,10	1,490	0,17326
	12		66,27	1,509	0,17867
17	0		65,45	1,528	0,18408
	12		64,64	1,547	0,18950
18	0		63,84	1,566	0,19491
	12		63,05	1,586	0,20033
19	0		62,27	1,606	0,20574
	12		61,50	1,626	0,21115
20	0		60,73	1,647	0,21657
	12		59,98	1,667	0,22198
21	0		59,24	1,688	0,22740
	12		58,50	1,709	0,23281
22	0		57,78	1,731	0,23823
	12		57,06	1,752	0,24364
23	0		56,36	1,774	0,24905
	12		55,66	1,797	0,25447
24	0		54,97	1,819	0,25988
	12		54,29	1,842	0,26530
25	0		53,62	1,865	0,27071
	12		52,95	1,889	0,27613
26	0		52,29	1,912	0,28154
	12		51,65	1,936	0,28695
27	0		51,01	1,961	0,29237
	12		50,38	1,985	0,29778
28	0		49,75	2,010	0,30320
	12		49,13	2,035	0,30861
29	0		48,53	2,061	0,31403
	12		47,92	2,087	0,31944
30			47,33	2,113	0,32485
31			46,17	2,166	0,33568
32			45,03	2,221	0,34651
33			43,92	2,277	0,35734
34			42,84	2,334	0,36817
35			41,78	2,393	0,37900
36			40,75	2,454	0,38982
37			39,75	2,516	0,40065
38			38,77	2,579	0,41148
39			37,82	2,644	0,42231
40			36,89	2,711	0,43314
41			35,98	2,780	0,44397
42			35,09	2,850	0,45480
43			34,23	2,922	0,46562
44			33,38	2,995	0,47645
45			32,56	3,071	0,48728
46			31,76	3,149	0,49811
47			30,98	3,228	0,50894
48			30,22	3,310	0,51977
49			29,47	3,393	0,53059
50			28,75	3,479	0,54142
51			28,04	3,567	0,55225
52			27,35	3,657	0,56308
53			26,67	3,749	0,57391
54			26,02	3,844	0,58474
55			25,38	3,941	0,59557
56			24,75	4,040	0,60639
57			24,14	4,142	0,61722
58			23,55	4,247	0,62805
59			22,97	4,354	0,63888
60			22,40	4,464	0,64971
62			21,31	4,692	0,67136
64			20,28	4,932	0,69302
66			19,29	5,184	0,71468
68			18,35	5,449	0,73634
70			17,46	5,728	0,75799
72			16,61	6,021	0,77965
74			15,80	6,329	0,80131
76			15,03	6,652	0,82296
78			14,30	6,992	0,84462
80			13,61	7,350	0,86628
82			12,94	7,726	0,88793
84			12,31	8,121	0,90959
86			11,72	8,536	0,93125
88			11,15	8,972	0,95290
90			10,60	9,431	0,97456
92			10,09	9,913	0,99622
94			9,60	10,420	1,01788
96			9,13	10,953	1,03953
98			8,69	11,513	1,06119
100			8,26	12,102	1,08285
105			7,29	13,708	1,13699
110			6,44	15,529	1,19113
115			5,68	17,590	1,24527
120			5,02	19,926	1,29942
125			4,43	22,571	1,35356
130			3,91	25,568	1,40770
135			3,45	28,963	1,46184
140			3,05	32,808	1,51598
145			2,69	37,164	1,57013
150			2,38	42,099	1,62427
155			2,10	47,688	1,67841
160			1,85	54,020	1,73255
165			1,63	61,192	1,78670
170			1,44	69,317	1,84084
175			1,27	78,520	1,89498
180			1,12	88,945	1,94912
185			0,99	100,755	2,00327
190			0,88	114,132	2,05741
195			0,77	129,286	2,11155
200			0,68	146,451	2,16569
205			0,60	165,895	2,21983
210			0,53	187,922	2,27398
215			0,47	212,872	2,32812

Mangan 52

Halbwertzeit 5,7 d

d	h	min	N_t	N_0/N_t	$\log_{10} N_0/N_t$
	0		100,00	1,000	0,00000
	6		97,01	1,030	0,01320
	12		94,10	1,062	0,02641
	18		91,28	1,095	0,03961
1	0		88,55	1,129	0,05281
	06		85,90	1,164	0,06602
	12		83,33	1,200	0,07922
	18		80,83	1,237	0,09242
2	0		78,41	1,275	0,10563
	06		76,06	1,314	0,11883
	12		73,79	1,355	0,13203
	18		71,58	1,397	0,14523
3	0		69,43	1,440	0,15844
	06		67,35	1,484	0,17164
	12		65,34	1,530	0,18484
	18		63,38	1,577	0,19805
4	0		61,48	1,626	0,21125
	06		59,64	1,676	0,22445
	12		57,86	1,728	0,23766
	18		56,12	1,781	0,25086
5			54,44	1,836	0,26406
6			48,21	2,074	0,31687
7			42,69	2,342	0,36969
8			37,80	2,645	0,42250
9			33,47	2,987	0,47531
10			29,64	3,373	0,52812
11			26,25	3,810	0,58094
12			23,24	4,302	0,63375
13			20,58	4,859	0,68656
14			18,22	5,487	0,73937
15			16,14	6,197	0,79218
16			14,29	6,998	0,84499
17			12,65	7,903	0,89780
18			11,20	8,925	0,95061
19			9,92	10,079	1,00343
20			8,79	11,382	1,05625
25			4,78	20,907	1,32031
30			2,60	38,403	1,58437
35			1,42	70,538	1,84843
40			0,77	129,565	2,11249
45			0,42	237,987	2,37655
50			0,23	437,139	2,64062

Mangan 54

Halbwertzeit 314 d

d	N_t	N_0/N_t	$\log_{10} N_0/N_t$
0	100,00	1,000	0,00000
10	97,82	1,022	0,00959
20	95,68	1,045	0,01917
30	93,59	1,068	0,02876
40	91,55	1,092	0,03835
50	89,55	1,117	0,04793
60	87,59	1,142	0,05752
70	85,68	1,167	0,06711
80	83,81	1,193	0,07670
90	81,98	1,220	0,08628
100	80,19	1,247	0,09587
110	78,44	1,275	0,10546
120	76,73	1,303	0,11504
130	75,05	1,332	0,12463
140	73,41	1,362	0,13422
150	71,81	1,393	0,14380
160	70,24	1,424	0,15339
170	68,71	1,455	0,16298
180	67,21	1,488	0,17257
190	65,74	1,521	0,18215
200	64,31	1,555	0,19174
210	62,90	1,590	0,20133
220	61,53	1,625	0,21091
230	60,19	1,662	0,22050
240	58,87	1,699	0,23009
250	57,59	1,736	0,23967
260	56,33	1,775	0,24926
270	55,10	1,815	0,25885
280	53,90	1,855	0,26844
290	52,72	1,897	0,27802
300	51,57	1,939	0,28761
320	49,34	2,027	0,30678
340	47,21	2,118	0,32596
360	45,17	2,214	0,34513
380	43,22	2,314	0,36431
400	41,35	2,418	0,38348
420	39,57	2,527	0,40265
440	37,86	2,641	0,42183
460	36,22	2,761	0,44100
480	34,66	2,885	0,46018
500	33,16	3,015	0,47935
520	31,73	3,152	0,49852
540	30,36	3,294	0,51770
560	29,05	3,442	0,53687
580	27,79	3,598	0,55604
600	26,59	3,760	0,57522
640	24,35	4,107	0,61357
680	22,29	4,487	0,65191
720	20,41	4,901	0,69026
760	18,68	5,353	0,72861
800	17,10	5,847	0,76696
840	15,66	6,387	0,80531
880	14,33	6,977	0,84365
920	13,12	7,621	0,88200
960	12,01	8,324	0,92035
1000	11,00	9,093	0,95870
1100	8,82	11,339	1,05457
1200	7,07	14,140	1,15044
1300	5,67	17,632	1,24631
1400	4,55	21,988	1,34218
1500	3,65	27,419	1,43805
1700	2,35	42,637	1,62979
1900	1,51	66,302	1,82153
2000	1,21	82,679	1,91740
2500	0,40	249,313	2,39675

Eisen 59

Halbwertzeit 45 d

d	h	min	N_t	N_0/N_t	$\log_{10} N_0/N_t$
	0		100,00	1,000	0,00000
	12		99,23	1,007	0,00335
1	00		98,47	1,015	0,00669
	12		97,72	1,023	0,01003
2	00		96,97	1,031	0,01338
	12		96,22	1,039	0,01672

t: d	h	min	N_t	N_0/N_t	$\log_{10} N_0/N_t$
3	00		95,48	1,047	0,02007
	12		94,75	1,055	0,02341
4	00		94,02	1,063	0,02676
	12		93,30	1,071	0,03010
5	00		92,59	1,080	0,03345
	12		91,88	1,088	0,03679
6	00		91,17	1,096	0,04014
	12		90,47	1,105	0,04348
7	00		89,78	1,113	0,04683
	12		89,09	1,122	0,05017
8	00		88,41	1,131	0,05352
	12		87,73	1,139	0,05686
9	00		87,06	1,148	0,06021
	12		86,39	1,157	0,06355
10	00		85,72	1,166	0,06690
	12		85,07	1,175	0,07024
11	00		84,41	1,184	0,07359
	12		83,77	1,193	0,07693
12	00		83,12	1,203	0,08028
	12		82,49	1,212	0,08362
13	00		81,85	1,221	0,08696
	12		81,23	1,231	0,09031
14	00		80,60	1,240	0,09365
	12		79,98	1,250	0,09700
15	00		79,37	1,259	0,10034
	12		78,76	1,269	0,10369
16	00		78,16	1,279	0,10703
	12		77,56	1,289	0,11038
17	00		76,96	1,299	0,11372
	12		76,37	1,309	0,11707
18	00		75,79	1,319	0,12041
	12		75,20	1,329	0,12376
19	00		74,63	1,339	0,12710
	12		74,05	1,350	0,13045
20			73,49	1,360	0,13379
22			71,26	1,403	0,14717
24			69,10	1,447	0,16055
26			67,00	1,492	0,17393
28			64,97	1,539	0,18731
30			63,00	1,587	0,20069
32			61,08	1,637	0,21407
34			59,23	1,688	0,22745
36			57,43	1,741	0,24082
38			55,69	1,795	0,25420
40			54,00	1,851	0,26758
42			52,36	1,909	0,28096
44			50,78	1,969	0,29434
46			49,24	2,031	0,30772
48			47,74	2,094	0,32110
50			46,29	2,160	0,33448
52			44,89	2,227	0,34786
54			43,53	2,297	0,36124
56			42,21	2,369	0,37462
58			40,93	2,443	0,38799
60			39,69	2,519	0,40137
62			38,48	2,598	0,41475
64			37,31	2,679	0,42813
66			36,18	2,763	0,44151
68			35,08	2,850	0,45489
70			34,02	2,939	0,46827
72			32,99	3,031	0,48165
74			31,99	3,126	0,49503
76			31,02	3,224	0,50841
78			30,08	3,324	0,52179
80			29,16	3,428	0,53516
82			28,28	3,536	0,54854
84			27,42	3,646	0,56192
86			26,59	3,760	0,57530
88			25,78	3,878	0,58868
90			25,00	3,999	0,60206
92			24,24	4,125	0,61544
94			23,51	4,254	0,62882
96			22,79	4,387	0,64220
98			22,10	4,524	0,65558
100			21,43	4,666	0,66896
102			20,78	4,812	0,68233
104			20,15	4,962	0,69571
106			19,54	5,117	0,70909
108			18,95	5,278	0,72247
110			18,37	5,443	0,73585
112			17,81	5,613	0,74923
114			17,27	5,789	0,76261
116			16,75	5,970	0,77599
118			16,24	6,156	0,78937
120			15,75	6,349	0,80274
122			15,27	6,548	0,81612
124			14,81	6,753	0,82950
126			14,36	6,964	0,84288
128			13,92	7,182	0,85626
130			13,50	7,406	0,86964
132			13,09	7,638	0,88302
134			12,69	7,877	0,89640
136			12,31	8,124	0,90977
138			11,94	8,378	0,92315
140			11,57	8,640	0,93653
144			10,88	9,189	0,96329
148			10,23	9,773	0,99004
152			9,62	10,394	1,01681
156			9,05	11,055	1,04357
160			8,50	11,757	1,07033
164			8,00	12,505	1,09709
168			7,52	13,299	1,12385
172			7,07	14,145	1,15060
176			6,65	15,043	1,17736
180			6,25	16,000	1,20412
184			5,88	17,016	1,23088
188			5,53	18,098	1,25764
192			5,20	19,248	1,28439
196			4,88	20,471	1,31115
200			4,59	21,772	1,33791
210			3,94	25,398	1,40481
220			3,38	29,627	1,47170
230			2,89	34,561	1,53860
240			2,48	40,317	1,60549
250			2,13	47,031	1,67239
260			1,82	54,863	1,73928
270			1,56	63,999	1,80618
280			1,34	74,656	1,87307
290			1,15	87,089	1,93996
300			0,98	101,594	2,00687
320			0,72	138,247	2,14066
340			0,53	188,125	2,27445
360			0,39	255,996	2,40823
380			0,29	348,359	2,54203
400			0,21	474,045	2,67582

Cobalt 57

Halbwertzeit 270 d

t: d	N_t	N_0/N_t	$\log_{10} N_0/N_t$
0	100,00	1,000	0,00000
10	97,47	1,026	0,01115
20	95,00	1,053	0,02230
30	92,59	1,080	0,03345
40	90,24	1,108	0,04460
50	87,95	1,137	0,05575
60	85,72	1,167	0,06690
70	83,55	1,197	0,07805
80	81,43	1,228	0,08919
90	79,37	1,260	0,10034
100	77,36	1,293	0,11149
110	75,40	1,326	0,12264
120	73,49	1,361	0,13379
130	71,62	1,396	0,14494
140	69,81	1,432	0,15609
150	68,04	1,470	0,16724
160	66,31	1,508	0,17839
170	64,63	1,547	0,18954
180	63,00	1,587	0,20069
190	61,40	1,629	0,21184
200	59,84	1,671	0,22299
210	58,33	1,714	0,23414
220	56,85	1,759	0,24528
230	55,41	1,805	0,25643
240	54,00	1,852	0,26758
250	52,63	1,900	0,27873
260	51,30	1,949	0,28988
270	50,00	2,000	0,30103
280	48,73	2,052	0,31218
290	47,50	2,105	0,32333
300	46,29	2,160	0,33448
320	43,98	2,274	0,35678
340	41,78	2,394	0,37908
360	39,68	2,520	0,40137
380	37,70	2,653	0,42367
400	35,81	2,792	0,44597
420	34,02	2,939	0,46827
440	32,32	3,094	0,49057
460	30,70	3,257	0,51287
480	29,16	3,429	0,53517
500	27,70	3,610	0,55747
540	25,00	4,000	0,60206
580	22,56	4,433	0,64666
620	20,36	4,912	0,69126
660	18,37	5,443	0,73585
700	16,58	6,032	0,78045
740	14,96	6,684	0,82505
780	13,50	7,407	0,86965
820	12,18	8,208	0,91424
860	10,99	9,096	0,95884
900	9,92	10,079	1,00344
950	8,73	11,460	1,05918
1000	7,67	13,030	1,11493
1050	6,75	14,814	1,17068
1100	5,94	16,843	1,22642
1150	5,22	19,150	1,28217
1200	4,59	21,773	1,33792
1250	4,04	24,755	1,39366
1300	3,55	28,146	1,44941
1350	3,12	32,000	1,50516
1400	2,75	36,383	1,56090
1450	2,42	41,367	1,61665
1500	2,13	47,032	1,67240
1600	1,64	60,798	1,78389
1700	1,27	78,593	1,89538
1800	0,98	101,596	2,00687
1900	0,76	131,331	2,11837
2000	0,59	169,770	2,22986

Cobalt 58

Halbwertzeit 71 d

t: d	N_t	N_0/N_t	$\log_{10} N_0/N_t$
0	100,00	1,000	0,00000
1	99,03	1,010	0,00424
2	98,07	1,020	0,00848
3	97,11	1,030	0,01272
4	96,17	1,040	0,01696
5	95,24	1,050	0,02120
6	94,31	1,060	0,02544
7	93,39	1,071	0,02968
8	92,49	1,081	0,03392
9	91,59	1,092	0,03816
10	90,70	1,103	0,04240
11	89,82	1,113	0,04664
12	88,94	1,124	0,05088
13	88,08	1,135	0,05512
14	87,23	1,146	0,05936
15	86,38	1,158	0,06360
16	85,54	1,169	0,06784
17	84,71	1,181	0,07208
18	83,88	1,192	0,07632
19	83,07	1,204	0,08056
20	82,26	1,216	0,08480
21	81,46	1,228	0,08904
22	80,67	1,240	0,09328
23	79,89	1,252	0,09752
24	79,11	1,264	0,10176
25	78,34	1,276	0,10600
26	77,58	1,289	0,11024
27	76,83	1,302	0,11448
28	76,08	1,314	0,11872
29	75,34	1,327	0,12296
30	74,61	1,340	0,12720
31	73,89	1,353	0,13144
32	73,17	1,367	0,13568
33	72,46	1,380	0,13992
34	71,75	1,394	0,14416
35	71,06	1,407	0,14840
36	70,37	1,421	0,15264
37	69,68	1,435	0,15688
38	69,01	1,449	0,16112
39	68,34	1,463	0,16536
40	67,67	1,478	0,16960
41	67,01	1,492	0,17383
42	66,36	1,507	0,17807
43	65,72	1,522	0,18231
44	65,08	1,537	0,18655
45	64,45	1,552	0,19079
46	63,82	1,567	0,19503
47	63,20	1,582	0,19927
48	62,59	1,598	0,20351
49	61,98	1,613	0,20775
50	61,38	1,629	0,21199
52	60,19	1,661	0,22047
54	59,03	1,694	0,22895
56	57,89	1,728	0,23743
58	56,77	1,762	0,24591
60	55,67	1,796	0,25439
62	54,59	1,832	0,26287
64	53,54	1,868	0,27135
66	52,50	1,905	0,27983
68	51,49	1,942	0,28831
70	50,49	1,981	0,29679
72	49,51	2,020	0,30527
74	48,56	2,059	0,31375
76	47,62	2,100	0,32223
78	46,70	2,141	0,33071
80	45,79	2,184	0,33919
82	44,91	2,227	0,34767
84	44,04	2,271	0,35615
86	43,19	2,315	0,36463
88	42,35	2,361	0,37311
90	41,53	2,408	0,38159
92	40,73	2,455	0,39007
94	39,94	2,504	0,39855
96	39,17	2,553	0,40703
98	38,41	2,603	0,41551
100	37,67	2,655	0,42399
102	36,94	2,707	0,43247
104	36,23	2,760	0,44095
106	35,53	2,815	0,44943
108	34,84	2,870	0,45791
110	34,17	2,927	0,46639
112	33,51	2,984	0,47487
114	32,86	3,043	0,48335
116	32,22	3,103	0,49183
118	31,60	3,165	0,50031
120	30,99	3,227	0,50879
122	30,39	3,291	0,51726
124	29,80	3,355	0,52574
126	29,23	3,422	0,53422
128	28,66	3,489	0,54270
130	28,11	3,558	0,55118
132	27,56	3,628	0,55966
134	27,03	3,700	0,56814
136	26,51	3,772	0,57662
138	26,00	3,847	0,58510
140	25,49	3,923	0,59358
142	25,00	4,000	0,60206
144	24,52	4,079	0,61054
146	24,04	4,159	0,61902
148	23,58	4,241	0,62750
150	23,12	4,325	0,63598
152	22,67	4,410	0,64446
154	22,24	4,497	0,65294
156	21,81	4,586	0,66142
158	21,38	4,676	0,66990
160	20,97	4,768	0,67838
165	19,97	5,007	0,69958
170	19,02	5,257	0,72078
175	18,11	5,520	0,74198
180	17,25	5,797	0,76318
185	16,43	6,087	0,78438
190	15,65	6,391	0,80558
195	14,90	6,711	0,82678
200	14,19	7,047	0,84798
205	13,52	7,399	0,86917
210	12,87	7,769	0,89037
215	12,26	8,158	0,91157
220	11,67	8,566	0,93277
225	11,12	8,994	0,95397
230	10,59	9,444	0,97517
235	10,08	9,917	0,99637
240	9,60	10,413	1,01757
245	9,15	10,934	1,03877
250	8,71	11,481	1,05997
255	8,30	12,055	1,08117
260	7,90	12,658	1,10237
265	7,52	13,291	1,12357
270	7,17	13,956	1,14477
275	6,82	14,654	1,16597
280	6,50	15,387	1,18717
285	6,19	16,157	1,20836
290	5,89	16,965	1,22956
295	5,61	17,814	1,25076
300	5,35	18,705	1,27196
305	5,09	19,641	1,29316
310	4,85	20,623	1,31436
315	4,62	21,655	1,33556
320	4,40	22,738	1,35676
325	4,19	23,876	1,37796
330	3,99	25,070	1,39916
335	3,80	26,324	1,42036
340	3,62	27,641	1,44156
345	3,45	29,024	1,46276
350	3,28	30,476	1,48396
355	3,12	32,000	1,50516
360	2,98	33,601	1,52636
365	2,83	35,282	1,54755
370	2,70	37,047	1,56875
375	2,57	38,900	1,58995
380	2,45	40,846	1,61115
385	2,33	42,890	1,63235
390	2,22	45,035	1,65355
395	2,11	47,288	1,67475
400	2,01	49,654	1,69595
405	1,92	52,137	1,71715
410	1,83	54,746	1,73835
415	1,74	57,484	1,75955
420	1,66	60,360	1,78075
425	1,58	63,379	1,80195
430	1,50	66,550	1,82315
435	1,43	69,879	1,84435
440	1,36	73,375	1,86555
445	1,30	77,045	1,88674
450	1,24	80,899	1,90794
455	1,18	84,946	1,92914
460	1,12	89,196	1,95034
465	1,07	93,657	1,97154
470	1,02	98,343	1,99274
475	0,97	103,262	2,01394
480	0,92	108,428	2,03514
485	0,88	113,852	2,05634
490	0,84	119,547	2,07754
495	0,80	125,527	2,09874
500	0,76	131,807	2,11994
505	0,72	138,400	2,14114
510	0,69	145,324	2,16234
515	0,66	152,594	2,18354
520	0,62	160,227	2,20474
525	0,59	168,242	2,22594
530	0,57	176,658	2,24713
535	0,54	185,496	2,26833
540	0,51	194,775	2,28953
545	0,49	204,518	2,31073

Cobalt 60

Halbwertzeit 5,26 a

t (d)	N_t	N_0/N_t	$\log_{10} N_0/N_t$
0	100,00	1,000	0,00000
20	99,28	1,007	0,00313
40	98,57	1,015	0,00627
60	97,86	1,022	0,00940
80	97,15	1,029	0,01254
100	96,46	1,037	0,01567
120	95,76	1,044	0,01880
140	95,07	1,052	0,02194
160	94,39	1,059	0,02507
180	93,71	1,067	0,02820
200	93,04	1,075	0,03134
220	92,37	1,083	0,03447
240	91,71	1,090	0,03761
260	91,05	1,098	0,04074
280	90,39	1,106	0,04387
300	89,74	1,114	0,04701
320	89,10	1,122	0,05014
340	88,46	1,131	0,05328
360	87,82	1,139	0,05641
380	87,19	1,147	0,05954
400	86,56	1,155	0,06268
420	85,94	1,164	0,06581
440	85,32	1,172	0,06894
460	84,71	1,181	0,07208
480	84,10	1,189	0,07521
500	83,49	1,198	0,07835
520	82,89	1,206	0,08148
540	82,30	1,215	0,08461
560	81,71	1,224	0,08775
580	81,12	1,233	0,09088
600	80,54	1,242	0,09401
620	79,96	1,251	0,09715
640	79,38	1,260	0,10028
660	78,81	1,269	0,10342
680	78,24	1,278	0,10655
700	77,68	1,287	0,10968
720	77,12	1,297	0,11282
740	76,57	1,306	0,11595
760	76,02	1,315	0,11909
780	75,47	1,325	0,12222
800	74,93	1,335	0,12535
820	74,39	1,344	0,12849
840	73,85	1,354	0,13162
860	73,32	1,364	0,13475
880	72,80	1,374	0,13789
900	72,27	1,384	0,14102
920	71,75	1,394	0,14416
940	71,24	1,404	0,14729
960	70,73	1,414	0,15042
980	70,22	1,424	0,15356
1000	69,71	1,434	0,15669
1020	69,21	1,445	0,15983
1040	68,71	1,455	0,16296
1060	68,22	1,466	0,16609
1080	67,73	1,476	0,16923
1100	67,24	1,487	0,17236
1120	66,76	1,498	0,17549
1140	66,28	1,509	0,17863
1160	65,80	1,520	0,18176
1180	65,33	1,531	0,18490
1200	64,86	1,542	0,18803
1250	63,70	1,570	0,19586
1300	62,56	1,598	0,20370
1350	61,44	1,628	0,21153
1400	60,34	1,657	0,21937
1450	59,26	1,687	0,22720
1500	58,21	1,718	0,23504
1550	57,16	1,749	0,24287
1600	56,14	1,781	0,25071
1650	55,14	1,814	0,25854
1700	54,15	1,847	0,26638
1750	53,19	1,880	0,27421
1800	52,23	1,914	0,28204
1850	51,30	1,949	0,28988
1900	50,38	1,985	0,29771
1950	49,48	2,021	0,30555
2000	48,60	2,058	0,31338
2050	47,73	2,095	0,32122
2100	46,88	2,133	0,32905
2150	46,04	2,172	0,33689
2200	45,21	2,212	0,34472
2250	44,41	2,252	0,35256
2300	43,61	2,293	0,36039
2350	42,83	2,335	0,36822
2400	42,07	2,377	0,37606
2450	41,31	2,420	0,38389
2500	40,58	2,464	0,39173
2550	39,85	2,509	0,39956
2600	39,14	2,555	0,40740
2650	38,44	2,602	0,41523
2700	37,75	2,649	0,42307
2750	37,08	2,697	0,43090
2800	36,41	2,746	0,43874
2850	35,76	2,796	0,44657
2900	35,12	2,847	0,45440
2950	34,50	2,899	0,46224
3000	33,88	2,952	0,47007
3050	33,27	3,005	0,47791
3100	32,68	3,060	0,48574
3150	32,09	3,116	0,49358
3200	31,52	3,173	0,50141
3250	30,96	3,230	0,50925
3300	30,40	3,289	0,51708
3350	29,86	3,349	0,52492
3400	29,33	3,410	0,53275
3450	28,80	3,472	0,54058
3500	28,29	3,535	0,54842
3550	27,78	3,600	0,55625
3600	27,28	3,665	0,56409
3650	26,80	3,732	0,57192
3700	26,32	3,800	0,57976
3750	25,85	3,869	0,58759
3800	25,38	3,939	0,59543
3850	24,93	4,011	0,60326
3900	24,49	4,084	0,61110
3950	24,05	4,158	0,61893
4000	23,62	4,234	0,62677
4050	23,20	4,311	0,63460
4100	22,78	4,390	0,64243
4150	22,37	4,470	0,65027
4200	21,97	4,551	0,65810
4250	21,58	4,634	0,66594
4300	21,19	4,718	0,67377
4350	20,82	4,804	0,68161
4400	20,44	4,891	0,68944
4450	20,08	4,981	0,69728
4500	19,72	5,071	0,70511
4550	19,37	5,164	0,71295
4600	19,02	5,258	0,72078
4650	18,68	5,353	0,72861
4700	18,35	5,451	0,73645
4750	18,02	5,550	0,74428
4800	17,70	5,651	0,75212
4850	17,38	5,754	0,75995
4900	17,07	5,859	0,76779
4950	16,76	5,965	0,77562
5000	16,46	6,074	0,78346
5050	16,17	6,184	0,79129
5100	15,88	6,297	0,79913
5150	15,60	6,412	0,80696
5200	15,32	6,528	0,81479
5250	15,04	6,647	0,82263
5300	14,78	6,768	0,83046
5350	14,51	6,891	0,83830
5400	14,25	7,017	0,84613
5450	14,00	7,144	0,85397
5500	13,75	7,274	0,86180
5550	13,50	7,407	0,86964
5600	13,26	7,542	0,87747
5650	13,02	7,679	0,88531
5700	12,79	7,819	0,89314
5750	12,56	7,961	0,90097
5800	12,34	8,106	0,90881
5850	12,12	8,254	0,91664
5900	11,90	8,404	0,92448
5950	11,69	8,557	0,93231
6000	11,48	8,713	0,94015
6050	11,27	8,871	0,94798
6100	11,07	9,033	0,95582
6150	10,87	9,197	0,96365
6200	10,68	9,365	0,97149
6250	10,49	9,535	0,97932
6300	10,30	9,709	0,98716
6350	10,12	9,885	0,99499
6400	9,94	10,065	1,00282
6450	9,76	10,248	1,01066
6500	9,58	10,435	1,01849
6550	9,41	10,625	1,02633
6600	9,24	10,818	1,03416
6650	9,08	11,015	1,04200
6700	8,92	11,216	1,04983
6750	8,76	11,420	1,05767
6800	8,60	11,628	1,06550
6850	8,45	11,840	1,07334
6900	8,30	12,055	1,08117
6950	8,15	12,275	1,08900
7000	8,00	12,498	1,09684
7050	7,86	12,725	1,10467
7100	7,72	12,957	1,11251
7150	7,58	13,193	1,12034
7200	7,44	13,433	1,12818
7250	7,31	13,678	1,13601
7300	7,18	13,927	1,14385
7350	7,05	14,180	1,15168
7400	6,93	14,438	1,15952
7450	6,80	14,701	1,16735
7500	6,68	14,969	1,17518
7550	6,56	15,241	1,18302
7600	6,44	15,519	1,19085
7650	6,33	15,801	1,19869
7700	6,22	16,089	1,20652
7750	6,10	16,382	1,21436
7800	6,00	16,680	1,22219
7850	5,89	16,983	1,23003
7900	5,78	17,293	1,23786
7950	5,68	17,607	1,24570
8000	5,58	17,928	1,25353
8050	5,48	18,254	1,26136
8100	5,38	18,587	1,26920
8150	5,28	18,925	1,27703
8200	5,19	19,269	1,28487
8250	5,10	19,620	1,29270
8300	5,01	19,977	1,30054
8350	4,92	20,341	1,30837
8400	4,83	20,711	1,31621
8450	4,74	21,088	1,32404
8500	4,66	21,472	1,33188
8550	4,57	21,863	1,33971
8600	4,49	22,261	1,34755
8650	4,41	22,666	1,35538
8700	4,33	23,079	1,36321
8750	4,26	23,499	1,37105
8800	4,18	23,927	1,37888
8850	4,10	24,362	1,38672
8900	4,03	24,806	1,39455
8950	3,96	25,257	1,40239
9000	3,89	25,717	1,41022
9050	3,82	26,185	1,41806
9100	3,75	26,662	1,42589
9150	3,68	27,147	1,43373
9200	3,62	27,641	1,44156
9250	3,55	28,145	1,44939
9300	3,49	28,657	1,45723
9350	3,43	29,179	1,46506
9400	3,37	29,710	1,47290
9450	3,31	30,251	1,48073
9500	3,25	30,801	1,48857
9550	3,19	31,362	1,49640
9600	3,13	31,933	1,50424
9650	3,08	32,514	1,51207
9700	3,02	33,106	1,51991
9750	2,97	33,709	1,52774
9800	2,91	34,322	1,53557
9850	2,86	34,947	1,54341
9900	2,81	35,583	1,55124
9950	2,76	36,231	1,55908
10000	2,71	36,890	1,56691
10050	2,66	37,562	1,57475
10100	2,61	38,246	1,58258
10150	2,57	38,942	1,59042
10200	2,52	39,651	1,59825
10250	2,48	40,373	1,60609
10300	2,43	41,107	1,61392
10350	2,39	41,856	1,62175
10400	2,35	42,618	1,62959
10450	2,30	43,393	1,63742
10500	2,26	44,183	1,64526
10550	2,22	44,988	1,65309
10600	2,18	45,807	1,66093
10650	2,14	46,640	1,66876
10700	2,11	47,489	1,67660
10750	2,07	48,354	1,68443
10800	2,03	49,234	1,69227
10850	1,99	50,130	1,70010
10900	1,96	51,043	1,70794
10950	1,92	51,972	1,71577
11000	1,89	52,918	1,72360
11050	1,86	53,881	1,73144
11100	1,82	54,862	1,73927
11150	1,79	55,861	1,74711
11200	1,76	56,878	1,75494
11250	1,73	57,913	1,76278
11300	1,70	58,967	1,77061
11350	1,67	60,041	1,77845
11400	1,64	61,134	1,78628
11450	1,61	62,247	1,79412
11500	1,58	63,380	1,80195
11550	1,55	64,533	1,80978
11600	1,52	65,708	1,81762
11650	1,49	66,904	1,82545
11700	1,47	68,122	1,83329
11750	1,44	69,362	1,84112
11800	1,42	70,625	1,84896
11850	1,39	71,910	1,85679
11900	1,37	73,219	1,86463
11950	1,34	74,552	1,87246
12000	1,32	75,909	1,88030
12050	1,29	77,291	1,88813
12100	1,27	78,698	1,89596
12150	1,25	80,131	1,90380
12200	1,23	81,589	1,91163
12250	1,20	83,075	1,91947
12300	1,18	84,587	1,92730
12350	1,16	86,127	1,93514
12400	1,14	87,694	1,94297
12450	1,12	89,291	1,95081
12500	1,10	90,916	1,95864
12550	1,08	92,571	1,96648
12600	1,06	94,256	1,97431
12650	1,04	95,972	1,98214
12700	1,02	97,719	1,98998
12750	1,01	99,498	1,99781
12800	0,99	101,309	2,00565
12850	0,97	103,153	2,01348
12900	0,95	105,031	2,02132
12950	0,94	106,943	2,02915
13000	0,92	108,890	2,03699
13050	0,90	110,872	2,04482
13100	0,89	112,890	2,05266
13150	0,87	114,945	2,06049
13200	0,85	117,037	2,06832
13250	0,84	119,168	2,07616
13300	0,82	121,337	2,08399
13350	0,81	123,546	2,09183
13400	0,79	125,795	2,09966
13450	0,78	128,085	2,10750
13500	0,77	130,416	2,11533
13550	0,75	132,790	2,12317
13600	0,74	135,208	2,13100
13650	0,73	137,669	2,13884
13700	0,71	140,175	2,14667
13750	0,70	142,727	2,15451
13800	0,69	145,325	2,16234
13850	0,68	147,970	2,17017
13900	0,66	150,664	2,17801
13950	0,65	153,406	2,18584
14000	0,64	156,199	2,19368
14050	0,63	159,042	2,20151
14100	0,62	161,937	2,20935
14150	0,61	164,885	2,21718
14200	0,60	167,887	2,22502
14250	0,58	170,943	2,23285
14300	0,57	174,055	2,24069
14350	0,56	177,223	2,24852
14400	0,55	180,449	2,25635
14450	0,54	183,734	2,26419
14500	0,53	187,078	2,27202
14550	0,52	190,484	2,27986
14600	0,52	193,951	2,28769
14650	0,51	197,482	2,29553
14700	0,50	201,077	2,30336

Kupfer 64

Halbwertzeit 12,84 h

d	h	min	N_t	N_0/N_t	$\log_{10} N_0/N_t$
		0	100,00	1,000	0,00000
		20	98,22	1,018	0,00781
		40	96,47	1,037	0,01563
	1	0	94,74	1,055	0,02344
		20	93,06	1,075	0,03126
		40	91,40	1,094	0,03907
	2	0	89,77	1,114	0,04689
		20	88,16	1,134	0,05470
		40	86,59	1,155	0,06252
	3	0	85,05	1,176	0,07033
		20	83,53	1,197	0,07815
		40	82,04	1,219	0,08596
	4	0	80,58	1,241	0,09378
		20	79,14	1,264	0,10159
		40	77,73	1,286	0,10941
	5	0	76,34	1,310	0,11722
		20	74,98	1,334	0,12504
		40	73,65	1,358	0,13285
	6	0	72,33	1,383	0,14067
		20	71,04	1,408	0,14848
		40	69,78	1,433	0,15630
	7	0	68,53	1,459	0,16411
		20	67,31	1,486	0,17193
		40	66,11	1,513	0,17974
	8	0	64,93	1,540	0,18756
		20	63,77	1,568	0,19537
		40	62,63	1,597	0,20319
	9	0	61,52	1,626	0,21100
		20	60,42	1,655	0,21882
		40	59,34	1,685	0,22663
	10	0	58,28	1,716	0,23445
		20	57,24	1,747	0,24226
		40	56,22	1,779	0,25008
	11	0	55,22	1,811	0,25789
		20	54,24	1,844	0,26571
		40	53,27	1,877	0,27352
	12		52,32	1,911	0,28134
	13		49,57	2,017	0,30478
	14		46,96	2,129	0,32823
	15		44,50	2,247	0,35167
	16		42,16	2,372	0,37512
	17		39,94	2,504	0,39856
	18		37,84	2,642	0,42201
	19		35,85	2,789	0,44545
	20		33,97	2,944	0,46890
	21		32,19	3,107	0,49234
	22		30,49	3,279	0,51579
	23		28,89	3,461	0,53923
1	0		27,37	3,653	0,56268
	1		25,93	3,856	0,58612

d	h	min	N_t	N_0/N_t	$\log_{10} N_0/N_t$
	2		24,57	4,070	0,60956
	3		23,28	4,295	0,63301
	4		22,06	4,534	0,65645
	5		20,90	4,785	0,67990
	6		19,80	5,051	0,70334
	7		18,76	5,331	0,72679
	8		17,77	5,626	0,75023
	9		16,84	5,939	0,77368
	10		15,95	6,268	0,79712
	11		15,12	6,616	0,82057
	12		14,32	6,983	0,84401
	15		12,18	8,210	0,91435
	18		10,36	9,653	0,98468
	21		8,81	11,351	1,05502
2	0		7,49	13,346	1,12535
	3		6,37	15,692	1,19568
	6		5,42	18,451	1,26602
	9		4,61	21,695	1,33635
	12		3,92	25,509	1,40669
	15		3,33	29,993	1,47702
	18		2,84	35,266	1,54736
	21		2,41	41,466	1,61769
3	0		2,05	48,756	1,68803
	3		1,74	57,327	1,75836
	6		1,48	67,405	1,82869
	9		1,26	79,255	1,89903
	12		1,07	93,189	1,96936
	15		0,91	109,571	2,03970
	18		0,78	128,834	2,11003
	21		0,66	151,484	2,18037
4	0		0,56	178,115	2,25070

Zink 65

Halbwertzeit 245 d

d	N_t	N_0/N_t	$\log_{10} N_0/N_t$
0	100,00	1,000	0,00000
10	97,21	1,028	0,01229
20	94,50	1,058	0,02457
30	91,86	1,088	0,03686
40	89,30	1,119	0,04915
50	86,81	1,151	0,06144
60	84,39	1,185	0,07372
70	82,03	1,219	0,08601
80	79,75	1,253	0,09830
90	77,52	1,289	0,11058
100	75,36	1,326	0,12287
110	73,26	1,365	0,13516
120	71,21	1,404	0,14744
130	69,23	1,444	0,15973
140	67,30	1,485	0,17202
150	65,42	1,528	0,18430
160	63,59	1,572	0,19659
170	61,82	1,617	0,20888
180	60,09	1,664	0,22117
190	58,42	1,711	0,23345
200	56,79	1,760	0,24574
210	55,20	1,811	0,25803
220	53,66	1,863	0,27031
230	52,17	1,916	0,28260
240	50,71	1,971	0,29489
250	49,30	2,028	0,30717
260	47,92	2 086	0,31946
270	46,59	2,146	0,33175
280	45,29	2,208	0,34403
290	44,02	2,271	0,35632
300	42,79	2,336	0,36861
310	41,60	2,403	0,38090
320	40,44	2,472	0,39318
330	39,31	2,543	0,40547
340	38,22	2,616	0,41776
350	37,15	2,691	0,43004
360	36,11	2,769	0,44233
370	35,11	2,848	0,45462
380	34,13	2,930	0,46690
390	33,17	3,014	0,47919
400	32,25	3,100	0,49148
410	31,35	3,189	0,50376
420	30,48	3,281	0,51605
430	29,63	3,375	0,52834
440	28,80	3,472	0,54063
450	28,00	3,572	0,55291
460	27,21	3,674	0,56520
470	26,46	3,779	0,57749
480	25,72	3,888	0,58977
490	25,00	3,999	0,60206
500	24,30	4,114	0,61435
510	23,62	4,232	0,62663
520	22,97	4,354	0,63892
530	22,33	4,479	0,65121
540	21,70	4,607	0,66349
550	21,10	4,740	0,67578
560	20,51	4,876	0,68807
570	19,94	5,015	0,70035
580	19,38	5,159	0,71264
590	18,84	5,307	0,72493
600	18,31	5,460	0,73722
610	17,80	5,616	0,74950
620	17,31	5,778	0,76179
630	16,82	5,943	0,77408
640	16,35	6,114	0,78636
650	15,90	6,289	0,79865
660	15,45	6,470	0,81094
670	15,02	6,656	0,82322
680	14,60	6,847	0,83551
690	14,20	7,043	0,84780
700	13,80	7,245	0,86008
720	13,04	7,667	0,88466
740	12,32	8,113	0,90923
760	11,65	8,586	0,93380
780	11,01	9,085	0,95837
800	10,40	9,614	0,98295
820	9,83	10,174	1,00753
840	9,29	10,767	1,03210
860	8,78	11,394	1,05668
880	8,29	12,057	1,08125
900	7,84	12,759	1,10583
920	7,41	13,502	1,13040
940	7,00	14,288	1,15497
960	6,61	15,119	1,17955
980	6,25	16,000	1,20412
1000	5,91	16,931	1,22869
1040	5,27	18,960	1,27784
1080	4,71	21,231	1,32699
1120	4,21	23,775	1,37614
1160	3,76	26,624	1,42529
1200	3,35	29,814	1,47443
1240	3,00	33,387	1,52358
1280	2,67	37,387	1,57273
1320	2,39	41,867	1,62188
1360	2,13	46,883	1,67102
1400	1,90	52,501	1,72017
1500	1,44	69,668	1,84304
1600	1,08	92,448	1,96590
1700	0,82	122,681	2,08878
1800	0,61	162,797	2,21165
1900	0,46	216,034	2,33452

Selen 75

Halbwertzeit 121 d

d	N_t	N_0/N_t	$\log_{10} N_0/N_t$
0	100,00	1,000	0,00000
4	97,73	1,023	0,00995
8	95,52	1,047	0,01990
12	93,36	1,071	0,02985
16	91,24	1,096	0,03981
20	89,17	1,121	0,04976
24	87,15	1,147	0,05971
28	85,18	1,174	0,06966
32	83,25	1,201	0,07961
36	81,36	1,229	0,08956
40	79,52	1,258	0,09951
44	77,72	1,287	0,10947
48	75,96	1,316	0,11942
52	74,24	1,347	0,12937
56	72,56	1,378	0,13932
60	70,91	1,410	0,14927
64	69,31	1,443	0,15922
68	67,74	1,476	0,16917
72	66,20	1,511	0,17913
76	64,70	1,546	0,18908
80	63,24	1,581	0,19903
84	61,80	1,618	0,20898
88	60,40	1,656	0,21893
92	59,04	1,694	0,22888
96	57,70	1,733	0,23883
100	56,39	1,773	0,24879
104	55,11	1,814	0,25874
108	53,87	1,856	0,26869
112	52,65	1,900	0,27864
116	51,45	1,944	0,28859
120	50,29	1,989	0,29854
124	49,15	2,035	0,30849
128	48,03	2,082	0,31845
132	46,95	2,130	0,32840
136	45,88	2,179	0,33835
140	44,84	2,230	0,34830
144	43,83	2,282	0,35825
148	42,83	2,335	0,36820
152	41,86	2,389	0,37815
156	40,92	2,444	0,38811
160	39,99	2,501	0,39806
170	37,76	2,648	0,42294
180	35,66	2,804	0,44782
190	33,67	2,970	0,47269
200	31,80	3,145	0,49757
210	30,03	3,330	0,52245
220	28,36	3,526	0,54733
230	26,78	3,734	0,57221
240	25,29	3,954	0,59709
250	23,88	4,188	0,62197
260	22,55	4,434	0,64684
270	21,29	4,696	0,67172
280	20,11	4,973	0,69660
290	18,99	5,266	0,72148
300	17,93	5,576	0,74636
310	16,93	5,905	0,77124
320	15,99	6,253	0,79612
330	15,10	6,622	0,82099
340	14,26	7,012	0,84587
350	13,47	7,426	0,87075
360	12,72	7,864	0,89563
370	12,01	8,327	0,92051
380	11,34	8,818	0,94539
390	10,71	9,338	0,97027
400	10,11	9,889	0,99514
410	9,55	10,472	1,02002
420	9,02	11,089	1,04490
430	8,52	11,743	1,06978
440	8,04	12,435	1,09466
450	7,59	13,169	1,11954
460	7,17	13,945	1,14442
470	6,77	14,767	1,16929
480	6,39	15,638	1,19417
490	6,04	16,560	1,21905
500	5,70	17,536	1,24393
510	5,39	18,570	1,26881
520	5,09	19,665	1,29369
530	4,80	20,824	1,31857
540	4,53	22,052	1,34345
550	4,28	23,352	1,36832
560	4,04	24,729	1,39320
570	3,82	26,187	1,41808
580	3,61	27,731	1,44296
590	3,41	29,366	1,46784
600	3,22	31,097	1,49272
610	3,04	32,930	1,51760
620	2,87	34,872	1,54247
630	2,71	36,928	1,56735
640	2,56	39,105	1,59223
650	2,41	41,410	1,61711
660	2,28	43,852	1,64199
670	2,15	46,437	1,66687
680	2,03	49,175	1,69175
690	1,92	52,074	1,71662
700	1,81	55,145	1,74150
710	1,71	58,396	1,76638
720	1,62	61,839	1,79126
730	1,53	65,485	1,81614
740	1,44	69,345	1,84102
750	1,36	73,434	1,86590
760	1,29	77,763	1,89077
770	1,21	82,348	1,91565
780	1,15	87,203	1,94053
790	1,08	92,344	1,96541
800	1,02	97,789	1,99029
810	0,97	103,554	2,01517
820	0,91	109,659	2,04005
830	0,86	116,125	2,06492
840	0,81	122,971	2,08980
850	0,77	130,221	2,11468
860	0,73	137,899	2,13956
870	0,68	146,029	2,16444
880	0,65	154,639	2,18932
890	0,61	163,756	2,21420
900	0,58	173,410	2,23908
910	0,54	183,634	2,26395
920	0,51	194,461	2,28883

Brom 82

Halbwertzeit 35,4 h

d	h	min	N_t	N_0/N_t	$\log_{10} N_0/N_t$
		0	100,00	1,000	0,00000
		20	99,35	1,007	0,00283
		40	98,70	1,013	0,00567
	1	0	98,06	1,020	0,00850
		20	97,42	1,026	0,01134
		40	96,79	1,033	0,01417
	2	0	96,16	1,040	0,01701
		20	95,53	1,047	0,01984
		40	94,91	1,054	0,02268
	3	0	94,30	1,061	0,02551
		20	93,68	1,067	0,02835
		40	93,07	1,074	0,03118
	4	0	92,47	1,081	0,03401
		20	91,87	1,089	0,03685
		40	91,27	1,096	0,03968
	5	0	90,67	1,103	0,04252
		20	90,08	1,110	0,04535
		40	89,50	1,117	0,04819
	6	0	88,92	1,125	0,05102
		20	88,34	1,132	0,05386
		40	87,76	1,139	0,05669
	7	0	87,19	1,147	0,05953
		20	86,62	1,154	0,06236
		40	86,06	1,162	0,06520
	8	0	85,50	1,170	0,06803
		20	84,94	1,177	0,07086
		40	84,39	1,185	0,07370
	9	0	83,84	1,193	0,07653
		20	83,30	1,201	0,07937
		40	82,76	1,208	0,08220
	10	0	82,22	1,216	0,08504
		20	81,68	1,224	0,08787
		40	81,15	1,232	0,09071
	11	0	80,62	1,240	0,09354
		20	80,10	1,248	0,09638
		40	79,58	1,257	0,09921
	12	0	79,06	1,265	0,10204
		20	78,55	1,273	0,10488
		40	78,03	1,281	0,10771
	13	0	77,53	1,290	0,11055
		20	77,02	1,298	0,11338
		40	76,52	1,307	0,11622
	14	0	76,02	1,315	0,11905
		20	75,53	1,324	0,12189
		40	75,04	1,333	0,12472
	15	0	74,55	1,341	0,12756
		20	74,06	1,350	0,13039
		40	73,58	1,359	0,13322
	16	0	73,10	1,368	0,13606
		20	72,63	1,377	0,13889
		40	72,16	1,386	0,14173
	17	0	71,69	1,395	0,14456
		20	71,22	1,404	0,14740
		40	70,76	1,413	0,15023
	18	0	70,30	1,423	0,15307
		20	69,84	1,432	0,15590
		40	69,38	1,441	0,15874
	19	0	68,93	1,451	0,16157
		20	68,48	1,460	0,16440
		40	68,04	1,470	0,16724
	20	0	67,60	1,479	0,17007
		20	67,16	1,489	0,17291
		40	66,72	1,499	0,17574
	21	0	66,29	1,509	0,17858
		20	65,85	1,518	0,18141
		40	65,43	1,528	0,18425
	22	0	65,00	1,538	0,18708
		20	64,58	1,549	0,18992
		40	64,16	1,559	0,19275
	23	0	63,74	1,569	0,19559
		20	63,33	1,579	0,19842
		40	62,91	1,589	0,20125
1	0	0	62,50	1,600	0,20409
		20	62,10	1,610	0,20692
		40	61,69	1,621	0,20976
	1	0	61,29	1,632	0,21259
		20	60,89	1,642	0,21543
		40	60,50	1,653	0,21826
	2	0	60,10	1,664	0,22110
		20	59,71	1,675	0,22393
		40	59,32	1,686	0,22677
	3	0	58,94	1,697	0,22960
		20	58,56	1,708	0,23243
		40	58,17	1,719	0,23527
	4	0	57,80	1,730	0,23810
		20	57,42	1,742	0,24094
		40	57,05	1,753	0,24377
	5	0	56,68	1,764	0,24661
		20	56,31	1,776	0,24944
		40	55,94	1,788	0,25228
	6	0	55,58	1,799	0,25511
		20	55,21	1,811	0,25795
		40	54,86	1,823	0,26078
	7	0	54,50	1,835	0,26361
		20	54,14	1,847	0,26645
		40	53,79	1,859	0,26928
	8	0	53,44	1,871	0,27212
		20	53,09	1,883	0,27495
		40	52,75	1,896	0,27779
	9	0	52,41	1,908	0,28062
		20	52,06	1,921	0,28346
		40	51,73	1,933	0,28629
	10	0	51,39	1,946	0,28913
		20	51,06	1,959	0,29196
		40	50,72	1,971	0,29480
	11	0	50,39	1,984	0,29763
		20	50,07	1,997	0,30046
		40	49,74	2,010	0,30330
	12		49,42	2,024	0,30613
	13		48,46	2,064	0,31464
	14		47,52	2,104	0,32314
	15		46,60	2,146	0,33164
	16		45,69	2,189	0,34015
	17		44,81	2,232	0,34865
	18		43,94	2,276	0,35716
	19		43,09	2,321	0,36566
	20		42,25	2,367	0,37416
	21		41,43	2,414	0,38267
	22		40,63	2,461	0,39117
	23		39,84	2,510	0,39967

t d	t h	t min	N_t	N_0/N_t	$\log_{10} N_0/N_t$
2	0		39,07	2,560	0,40818
	1		38,31	2,610	0,41668
	2		37,57	2,662	0,42519
	3		36,84	2,714	0,43369
	4		36,12	2,768	0,44219
	5		35,42	2,823	0,45070
	6		34,74	2,879	0,45920
	7		34,06	2,936	0,46770
	8		33,40	2,994	0,47621
	9		32,76	3,053	0,48471
	10		32,12	3,113	0,49321
	11		31,50	3,175	0,50172
	12		30,89	3,238	0,51022
	13		30,29	3,302	0,51873
	14		29,70	3,367	0,52723
	15		29,13	3,433	0,53573
	16		28,56	3,501	0,54424
	17		28,01	3,571	0,55274
	18		27,46	3,641	0,56124
	19		26,93	3,713	0,56975
	20		26,41	3,787	0,57825
	21		25,90	3,861	0,58676
	22		25,39	3,938	0,59526
	23		24,90	4,016	0,60376
3	0		24,42	4,095	0,61227
	1		23,95	4,176	0,62077
	2		23,48	4,259	0,62927
	3		23,03	4,343	0,63778
	4		22,58	4,429	0,64628
	5		22,14	4,516	0,65479
	6		21,71	4,606	0,66329
	7		21,29	4,697	0,67179
	8		20,88	4,790	0,68030
	9		20,47	4,884	0,68880
	10		20,08	4,981	0,69730
	11		19,69	5,079	0,70581
	12		19,31	5,180	0,71431
	13		18,93	5,282	0,72282
	14		18,56	5,387	0,73132
	15		18,20	5,493	0,73982
	16		17,85	5,602	0,74833
	17		17,51	5,713	0,75683
	18		17,17	5,826	0,76533
	19		16,83	5,941	0,77384
	20		16,51	6,058	0,78234
	21		16,19	6,178	0,79084
	22		15,87	6,300	0,79935
	23		15,56	6,425	0,80785
4	0		15,26	6,552	0,81636
	1		14,97	6,681	0,82486
	2		14,68	6,813	0,83336
	3		14,39	6,948	0,84187
	4		14,11	7,086	0,85037
	5		13,84	7,226	0,85887
	6		13,57	7,368	0,86738
	7		13,31	7,514	0,87588
	8		13,05	7,663	0,88439
	9		12,80	7,814	0,89289
	10		12,55	7,969	0,90139
	11		12,31	8,126	0,90990
	12		12,07	8,287	0,91840
	13		11,83	8,451	0,92690
	14		11,60	8,618	0,93541
	15		11,38	8,788	0,94391
	16		11,16	8,962	0,95242
	17		10,94	9,139	0,96092
	18		10,73	9,320	0,96942
	19		10,52	9,504	0,97793
	20		10,32	9,692	0,98643
	21		10,12	9,884	0,99493
	22		9,92	10,079	1,00344
	23		9,73	10,279	1,01194
5	0		9,54	10,482	1,02044
	6		8,48	11,789	1,07147
	12		7,54	13,258	1,12249
	18		6,71	14,911	1,17351
6	0		5,96	16,770	1,22453
	6		5,30	18,861	1,27556
	12		4,71	21,212	1,32658
	18		4,19	23,856	1,37760
7	0		3,73	26,830	1,42862
	6		3,31	30,175	1,47964
	12		2,95	33,937	1,53067
	18		2,62	38,167	1,58169
8	0		2,33	42,925	1,63271
	6		2,07	48,276	1,68373
	12		1,84	54,295	1,73476
	18		1,64	61,063	1,78578
9	0		1,46	68,675	1,83680
	6		1,29	77,237	1,88782
	12		1,15	86,865	1,93885
	18		1,02	97,694	1,98987
10	0		0,91	109,873	2,04089
	6		0,81	123,570	2,09191
	12		0,72	138,974	2,14293
	18		0,64	156,299	2,19396
11	0		0,57	175,784	2,24498
	6		0,51	197,697	2,29600
	12		0,45	222,343	2,34702

Krypton 85

Halbwertzeit 10,6 a

t d	N_t	N_0/N_t	$\log_{10} N_0/N_t$
0	100,00	1,000	0,00000
100	98,23	1,018	0,00778
200	96,48	1,036	0,01555
300	94,77	1,055	0,02333
400	93,09	1,074	0,03110
500	91,44	1,094	0,03888
600	89,81	1,113	0,04665
700	88,22	1,134	0,05443
800	86,66	1,154	0,06220
900	85,12	1,175	0,06998
1000	83,61	1,196	0,07775
1100	82,12	1,218	0,08553
1200	80,67	1,240	0,09331
1300	79,24	1,262	0,10108
1400	77,83	1,285	0,10886
1500	76,45	1,308	0,11663
1600	75,09	1,332	0,12441
1700	73,76	1,356	0,13218
1800	72,45	1,380	0,13996
1900	71,17	1,405	0,14773
2000	69,90	1,431	0,15551
2100	68,66	1,456	0,16328
2200	67,44	1,483	0,17106
2300	66,25	1,510	0,17884
2400	65,07	1,537	0,18661
2600	62,78	1,593	0,20216
2800	60,57	1,651	0,21771
3000	58,44	1,711	0,23326
3200	56,39	1,773	0,24881
3400	54,40	1,838	0,26436
3600	52,49	1,905	0,27992
3800	50,64	1,975	0,29547
4000	48,86	2,047	0,31102
4200	47,14	2,121	0,32657
4400	45,49	2,198	0,34212
4600	43,89	2,279	0,35767
4800	42,34	2,362	0,37322
5000	40,85	2,448	0,38877
5200	39,42	2,537	0,40432
5400	38,03	2,630	0,41987
5600	36,69	2,725	0,43542
5800	35,40	2,825	0,45098
6000	34,16	2,928	0,46653
6400	31,80	3,145	0,49763
6800	29,60	3,379	0,52873
7200	27,55	3,629	0,55983
7600	25,65	3,899	0,59093
8000	23,88	4,188	0,62203
8400	22,23	4,499	0,65314
8800	20,69	4,833	0,68424
9200	19,26	5,192	0,71534
9600	17,93	5,578	0,74644
10000	16,69	5,992	0,77754
10400	15,54	6,436	0,80865
10800	14,46	6,914	0,83975
11200	13,46	7,428	0,87085
11600	12,53	7,979	0,90195
12000	11,67	8,571	0,93305
13000	9,75	10,252	1,01081
14000	8,16	12,262	1,08856
15000	6,82	14,666	1,16632
16000	5,70	17,542	1,24407
17000	4,77	20,981	1,32182
18000	3,98	25,094	1,39958
19000	3,33	30,015	1,47733
20000	2,79	35,899	1,55509
21000	2,33	42,938	1,63284
22000	1,95	51,357	1,71060
23000	1,63	61,426	1,78835
24000	1,36	73,469	1,86610
25000	1,14	87,874	1,94386
26000	0,95	105,103	2,02161
27000	0,80	125,709	2,09937
28000	0,67	150,356	2,17712
29000	0,56	179,836	2,25488
30000	0,46	215,095	2,33263

Strontium 89

Halbwertzeit 51 d

t d	N_t	N_0/N_t	$\log_{10} N_0/N_t$
0	100,00	1,000	0,00000
1	98,65	1,014	0,00590
2	97,32	1,028	0,01181
3	96,00	1,042	0,01771
4	94,71	1,056	0,02361
5	93,43	1,070	0,02951
6	92,17	1,085	0,03542
7	90,92	1,100	0,04132
8	89,70	1,115	0,04722
9	88,49	1,130	0,05312
10	87,29	1,146	0,05903
12	84,95	1,177	0,07083
14	82,67	1,210	0,08264
16	80,46	1,243	0,09444
18	78,30	1,277	0,10625
20	76,20	1,312	0,11805
22	74,16	1,349	0,12986
24	72,17	1,386	0,14166
26	70,23	1,424	0,15347
28	68,35	1,463	0,16527
30	66,52	1,503	0,17708
32	64,73	1,545	0,18888
34	63,00	1,587	0,20069
36	61,31	1,631	0,21249
38	59,66	1,676	0,22430
40	58,06	1,722	0,23610
42	56,51	1,770	0,24791
44	54,99	1,818	0,25971
46	53,52	1,869	0,27152
48	52,08	1,920	0,28332
50	50,68	1,973	0,29513
52	49,32	2,027	0,30693
54	48,00	2,083	0,31874
56	46,71	2,141	0,33054
58	45,46	2,200	0,34235
60	44,24	2,260	0,35415
64	41,90	2,387	0,37776
68	39,68	2,520	0,40137
72	37,59	2,661	0,42499
76	35,60	2,809	0,44860
80	33,71	2,966	0,47221
84	31,93	3,132	0,49582
88	30,24	3,307	0,51943
92	28,64	3,492	0,54304
96	27,12	3,687	0,56665
100	25,69	3,893	0,59026
104	24,33	4,110	0,61387
108	23,04	4,340	0,63748
112	21,82	4,582	0,66109
116	20,67	4,838	0,68470
120	19,57	5,109	0,70831
124	18,54	5,394	0,73192
128	17,56	5,695	0,75553
132	16,63	6,014	0,77914
136	15,75	6,350	0,80275
140	14,92	6,704	0,82636
150	13,02	7,680	0,88539
160	11,37	8,799	0,94441
170	9,92	10,079	1,00344
180	8,66	11,547	1,06246
190	7,56	13,228	1,12149
200	6,60	15,154	1,18051
210	5,76	17,360	1,23954
220	5,03	19,887	1,29857
230	4,39	22,782	1,35759
240	3,83	26,099	1,41662
250	3,34	29,898	1,47564
260	2,92	34,251	1,53467
270	2,55	39,237	1,59369
280	2,22	44,949	1,65272
290	1,94	51,493	1,71175
300	1,70	58,989	1,77077
310	1,48	67,577	1,82980
320	1,29	77,415	1,88882
330	1,13	88,685	1,94785
340	0,98	101,596	2,00687
350	0,86	116,386	2,06590
360	0,75	133,329	2,12493
370	0,65	152,740	2,18395
380	0,57	174,976	2,24298
390	0,50	200,449	2,30200

Strontium 90

Halbwertzeit 28 a

t d	N_t	N_0/N_t	$\log_{10} N_0/N_t$
0	100,00	1,000	0,00000
100	99,32	1,007	0,00294
200	98,65	1,014	0,00589
300	97,99	1,021	0,00883
400	97,33	1,027	0,01177
500	96,67	1,034	0,01472
600	96,01	1,042	0,01766
700	95,37	1,049	0,02060
800	94,72	1,056	0,02355
900	94,08	1,063	0,02649
1000	93,45	1,070	0,02944
1100	92,82	1,077	0,03238
1200	92,19	1,085	0,03532
1300	91,57	1,092	0,03827
1400	90,95	1,100	0,04121
1500	90,33	1,107	0,04415
1600	89,72	1,115	0,04710
1700	89,12	1,122	0,05004
1800	88,51	1,130	0,05298
1900	87,92	1,137	0,05593
2000	87,32	1,145	0,05887
2200	86,15	1,161	0,06476
2400	84,99	1,177	0,07065
2600	83,84	1,193	0,07653
2800	82,71	1,209	0,08242
3000	81,60	1,225	0,08831
3200	80,50	1,242	0,09419
3400	79,42	1,259	0,10008
3600	78,35	1,276	0,10597
3800	77,29	1,294	0,11186
4000	76,25	1,311	0,11774
4200	75,23	1,329	0,12363
4400	74,21	1,347	0,12952
4600	73,21	1,366	0,13540
4800	72,23	1,384	0,14129
5000	71,26	1,403	0,14718
5200	70,30	1,423	0,15307
5400	69,35	1,442	0,15895
5600	68,42	1,462	0,16484
5800	67,50	1,482	0,17073
6000	66,59	1,502	0,17661
6200	65,69	1,522	0,18250
6400	64,81	1,543	0,18839
6600	63,93	1,564	0,19427
6800	63,07	1,585	0,20016
7000	62,22	1,607	0,20605
7200	61,39	1,629	0,21194
7400	60,56	1,651	0,21782
7600	59,74	1,674	0,22371
7800	58,94	1,697	0,22960
8000	58,15	1,720	0,23548
8200	57,36	1,743	0,24137
8400	56,59	1,767	0,24726
8600	55,83	1,791	0,25315
8800	55,08	1,816	0,25903
9000	54,34	1,840	0,26492
9200	53,60	1,866	0,27081
9400	52,88	1,891	0,27669
9600	52,17	1,917	0,28258
9800	51,47	1,943	0,28847
10000	50,77	1,969	0,29436
10200	50,09	1,996	0,30024
10400	49,42	2,024	0,30613
10600	48,75	2,051	0,31202
10800	48,09	2,079	0,31790
11000	47,45	2,108	0,32379
11200	46,81	2,136	0,32968
11400	46,18	2,166	0,33557
11600	45,56	2,195	0,34145
11800	44,94	2,225	0,34734
12000	44,34	2,255	0,35323
12200	43,74	2,286	0,35911
12400	43,15	2,317	0,36500
12600	42,57	2,349	0,37089
12800	42,00	2,381	0,37678
13000	41,43	2,414	0,38266
13200	40,87	2,447	0,38855
13400	40,32	2,480	0,39444
13600	39,78	2,514	0,40032
13800	39,25	2,548	0,40621
14000	38,72	2,583	0,41210
14200	38,20	2,618	0,41799
14400	37,68	2,654	0,42387
14600	37,17	2,690	0,42976
14800	36,67	2,727	0,43565
15000	36,18	2,764	0,44153
15200	35,69	2,802	0,44742
15400	35,21	2,840	0,45331
15600	34,74	2,879	0,45919
15800	34,27	2,918	0,46508
16000	33,81	2,958	0,47097
16500	32,68	3,060	0,48569
17000	31,59	3,165	0,50040
17500	30,54	3,274	0,51512
18000	29,52	3,387	0,52984
18500	28,54	3,504	0,54456
19000	27,59	3,625	0,55928
19500	26,67	3,750	0,57399
20000	25,78	3,879	0,58871
20500	24,92	4,013	0,60343
21000	24,09	4,151	0,61815
21500	23,29	4,294	0,63286
22000	22,51	4,442	0,64758
22500	21,76	4,595	0,66230
23000	21,04	4,754	0,67702
23500	20,34	4,917	0,69174
24000	19,66	5,087	0,70645
24500	19,00	5,262	0,72117
25000	18,37	5,444	0,73589
25500	17,76	5,631	0,75061
26000	17,17	5,825	0,76532
26500	16,59	6,026	0,78004
27000	16,04	6,234	0,79476
27500	15,51	6,449	0,80948
28000	14,99	6,671	0,82420
28500	14,49	6,901	0,83891
29000	14,01	7,139	0,85363
29500	13,54	7,385	0,86835

t d	N_t	N_0/N_t	$\log_{10} N_0/N_t$
30000	13,09	7,640	0,88307
30500	12,65	7,903	0,89779
31000	12,23	8,175	0,91250
31500	11,82	8,457	0,92722
32000	11,43	8,749	0,94194
32500	11,05	9,050	0,95666
33000	10,68	9,362	0,97137
33500	10,33	9,685	0,98609
34000	9,98	10,019	1,00081
34500	9,65	10,364	1,01553
35000	9,33	10,721	1,03025
35500	9,02	11,091	1,04496
36000	8,72	11,473	1,05968
36500	8,43	11,869	1,07440
37000	8,14	12,278	1,08912
37500	7,87	12,701	1,10383
38000	7,61	13,139	1,11855
38500	7,36	13,592	1,13327
39000	7,11	14,060	1,14799
39500	6,88	14,545	1,16271
40000	6,65	15,046	1,17742
40500	6,42	15,565	1,19214
41000	6,21	16,101	1,20686
41500	6,00	16,656	1,22158
42000	5,80	17,230	1,23629
42500	5,61	17,824	1,25101
43000	5,42	18,439	1,26573
43500	5,24	19,074	1,28045
44000	5,07	19,732	1,29517
44500	4,90	20,412	1,30988
45000	4,74	21,115	1,32460
45500	4,58	21,843	1,33932
46000	4,43	22,596	1,35404
46500	4,28	23,375	1,36875
47000	4,14	24,181	1,38347
47500	4,00	25,014	1,39819
48000	3,86	25,877	1,41291
48500	3,74	26,769	1,42763
49000	3,61	27,691	1,44234
49500	3,49	28,646	1,45706
50000	3,37	29,633	1,47178
50500	3,26	30,655	1,48650
51000	3,15	31,711	1,50121
51500	3,05	32,804	1,51593
52000	2,95	33,935	1,53065
52500	2,85	35,105	1,54537
53000	2,75	36,315	1,56009
53500	2,66	37,567	1,57480
54000	2,57	38,862	1,58952
54500	2,49	40,201	1,60424
55000	2,40	41,587	1,61896
55500	2,32	43,020	1,63367
56000	2,25	44,503	1,64839
56500	2,17	46,037	1,66311
57000	2,10	47,624	1,67783
57500	2,03	49,266	1,69255
58000	1,96	50,964	1,70726
58500	1,90	52,721	1,72198
59000	1,83	54,538	1,73670
59500	1,77	56,418	1,75142
60000	1,71	58,363	1,76613
60500	1,66	60,374	1,78085
61000	1,60	62,455	1,79557
61500	1,55	64,608	1,81029
62000	1,50	66,835	1,82501
62500	1,45	69,139	1,83972
63000	1,40	71,522	1,85444
63500	1,35	73,988	1,86916
64000	1,31	76,538	1,88388
64500	1,26	79,176	1,89859
65000	1,22	81,905	1,91331
65500	1,18	84,729	1,92803
66000	1,14	87,649	1,94275
66500	1,10	90,670	1,95747
67000	1,07	93,796	1,97218
67500	1,03	97,029	1,98690
68000	1,00	100,374	2,00162
68500	0,96	103,833	2,01634
69000	0,93	107,413	2,03105
69500	0,90	111,115	2,04577
70000	0,87	114,945	2,06049
70500	0,84	118,907	2,07521
71000	0,81	123,006	2,08993
71500	0,79	127,246	2,10464
72000	0,76	131,632	2,11936
72500	0,73	136,169	2,13408
73000	0,71	140,863	2,14880
73500	0,69	145,719	2,16351
74000	0,66	150,741	2,17823
74500	0,64	155,938	2,19295
75000	0,62	161,313	2,20767
75500	0,60	166,873	2,22239
76000	0,58	172,625	2,23710
76500	0,56	178,575	2,25182
77000	0,54	184,731	2,26654
77500	0,52	191,098	2,28126
78000	0,51	197,686	2,29598
78500	0,49	204,500	2,31069

Yttrium 90

Halbwertzeit 64,2 h

t d	t h	t min	N_t	N_0/N_t	$\log_{10} N_0/N_t$
	0		100,00	1,000	0,00000
	1		98,93	1,011	0,00469
	2		97,86	1,022	0,00938
	3		96,81	1,033	0,01407
	4		95,77	1,044	0,01876
	5		94,74	1,055	0,02344
	6		93,73	1,067	0,02813
	7		92,72	1,079	0,03282
	8		91,73	1,090	0,03751
	9		90,74	1,102	0,04220
	10		89,77	1,114	0,04689
	11		88,80	1,126	0,05158
	12		87,85	1,138	0,05627
	13		86,90	1,151	0,06096
	14		85,97	1,163	0,06565
	15		85,05	1,176	0,07033
	16		84,13	1,189	0,07502
	17		83,23	1,201	0,07971
	18		82,34	1,215	0,08440
	19		81,45	1,228	0,08909
	20		80,58	1,241	0,09378
	21		79,71	1,254	0,09847
	22		78,86	1,268	0,10316
	23		78,01	1,282	0,10785
1	0		77,17	1,296	0,11254
	1		76,34	1,310	0,11722
	2		75,52	1,324	0,12191
	3		74,71	1,338	0,12660
	4		73,91	1,353	0,13129
	5		73,12	1,368	0,13598
	6		72,33	1,383	0,14067
	7		71,56	1,398	0,14536
	8		70,79	1,413	0,15005
	9		70,03	1,428	0,15474
	10		69,27	1,444	0,15942
	11		68,53	1,459	0,16411
	12		67,79	1,475	0,16880
	13		67,07	1,491	0,17349
	14		66,35	1,507	0,17818
	15		65,63	1,524	0,18287
	16		64,93	1,540	0,18756
	17		64,23	1,557	0,19225
	18		63,54	1,574	0,19694
	19		62,86	1,591	0,20163
	20		62,19	1,608	0,20631
	21		61,52	1,626	0,21100
	22		60,86	1,643	0,21569
	23		60,20	1,661	0,22038
2	0		59,56	1,679	0,22507
	1		58,92	1,697	0,22976
	2		58,28	1,716	0,23445
	3		57,66	1,734	0,23914
	4		57,04	1,753	0,24383
	5		56,43	1,772	0,24851
	6		55,82	1,791	0,25320
	7		55,22	1,811	0,25789
	8		54,63	1,831	0,26258
	9		54,04	1,850	0,26727
	10		53,46	1,871	0,27196
	11		52,89	1,891	0,27665
	12		52,32	1,911	0,28134
	13		51,76	1,932	0,28603
	14		51,20	1,953	0,29072
	15		50,65	1,974	0,29540
	16		50,11	1,996	0,30009
	17		49,57	2,017	0,30478
	18		49,04	2,039	0,30947
	19		48,51	2,061	0,31416
	20		47,99	2,084	0,31885
	21		47,47	2,106	0,32354
	22		46,96	2,129	0,32823
	23		46,46	2,152	0,33292
3	0		45,96	2,176	0,33761
	1		45,47	2,199	0,34229
	2		44,98	2,223	0,34698
	3		44,50	2,247	0,35167
	4		44,02	2,272	0,35636
	5		43,55	2,296	0,36105
	6		43,08	2,321	0,36574
	7		42,62	2,347	0,37043
	8		42,16	2,372	0,37512
	9		41,71	2,398	0,37981
	10		41,26	2,424	0,38449
	11		40,81	2,450	0,38918
	12		40,38	2,477	0,39387
	13		39,94	2,504	0,39856
	14		39,51	2,531	0,40325
	15		39,09	2,558	0,40794
	16		38,67	2,586	0,41263
	17		38,25	2,614	0,41732
	18		37,84	2,642	0,42201
	19		37,44	2,671	0,42670
	20		37,04	2,700	0,43138
	21		36,64	2,729	0,43607
	22		36,24	2,759	0,44076
	23		35,85	2,789	0,44545
4	0		35,47	2,819	0,45014
	1		35,09	2,850	0,45483
	2		34,71	2,881	0,45952
	3		34,34	2,912	0,46421
	4		33,97	2,944	0,46890
	5		33,61	2,976	0,47358
	6		33,24	3,008	0,47827
	7		32,89	3,041	0,48296
	8		32,53	3,074	0,48765
	9		32,19	3,107	0,49234
	10		31,84	3,141	0,49703
	11		31,50	3,175	0,50172
	12		31,16	3,209	0,50641
	13		30,83	3,244	0,51110
	14		30,49	3,279	0,51579
	15		30,17	3,315	0,52047
	16		29,84	3,351	0,52516
	17		29,52	3,387	0,52985
	18		29,21	3,424	0,53454
	19		28,89	3,461	0,53923
	20		28,58	3,499	0,54392
	21		28,27	3,537	0,54861
	22		27,97	3,575	0,55330
	23		27,67	3,614	0,55799
5	0		27,37	3,653	0,56268
	1		27,08	3,693	0,56736
	2		26,79	3,733	0,57205
	3		26,50	3,773	0,57674
	4		26,22	3,814	0,58143
	5		25,93	3,856	0,58612
	6		25,66	3,898	0,59081
	7		25,38	3,940	0,59550
	8		25,11	3,983	0,60019
	9		24,84	4,026	0,60488
	10		24,57	4,070	0,60956
	11		24,31	4,114	0,61425
	12		24,05	4,159	0,61894
	13		23,79	4,204	0,62363
	14		23,53	4,249	0,62832
	15		23,28	4,295	0,63301
	16		23,03	4,342	0,63770
	17		22,78	4,389	0,64239
	18		22,54	4,437	0,64708
	19		22,30	4,485	0,65177
	20		22,06	4,534	0,65645
	21		21,82	4,583	0,66114
	22		21,59	4,633	0,66583
	23		21,35	4,683	0,67052
6	0		21,12	4,734	0,67521
	1		20,90	4,785	0,67990
	2		20,67	4,837	0,68459
	3		20,45	4,890	0,68928
	4		20,23	4,943	0,69397
	5		20,01	4,996	0,69865
	6		19,80	5,051	0,70334
	7		19,59	5,105	0,70803
	8		19,38	5,161	0,71272
	9		19,17	5,217	0,71741
	10		18,96	5,274	0,72210
	11		18,76	5,331	0,72679
	12		18,56	5,389	0,73148
	13		18,36	5,447	0,73617
	14		18,16	5,506	0,74086
	15		17,97	5,566	0,74554
	16		17,77	5,626	0,75023
	17		17,58	5,688	0,75492
	18		17,39	5,749	0,75961
	19		17,21	5,812	0,76430
	20		17,02	5,875	0,76899
	21		16,84	5,939	0,77368
	22		16,66	6,003	0,77837
	23		16,48	6,068	0,78306
7	0		16,30	6,134	0,78775
	6		15,28	6,545	0,81588
	12		14,32	6,983	0,84401
	18		13,42	7,450	0,87215
8	0		12,58	7,948	0,90028
	6		11,79	8,480	0,92841
	12		11,05	9,048	0,95655
	18		10,36	9,653	0,98468
9	0		9,71	10,299	1,01282
	6		9,10	10,989	1,04095
	12		8,53	11,724	1,06908
	18		7,99	12,509	1,09722
10	0		7,49	13,346	1,12535
	12		6,58	15,192	1,18162
11	0		5,78	17,294	1,23789
	12		5,08	19,686	1,29415
12	0		4,46	22,409	1,35042
	12		3,92	25,509	1,40669
13	0		3,44	29,037	1,46296
	12		3,03	33,054	1,51922
14	0		2,66	37,626	1,57549
	12		2,33	42,831	1,63176
15	0		2,05	48,756	1,68803
	12		1,80	55,500	1,74429
16	0		1,58	63,177	1,80056
	12		1,39	71,916	1,85683
17	0		1,22	81,864	1,91310
	12		1,07	93,189	1,96936
18	0		0,94	106,079	2,02563
	12		0,83	120,753	2,08190
19	0		0,73	137,457	2,13817
	12		0,64	156,471	2,19443
20	0		0,56	178,115	2,25070
	12		0,49	202,753	2,30697

Molybdän 99

Halbwertzeit 67 h

t d	t h	t min	N_t	N_0/N_t	$\log_{10} N_0/N_t$
	0		100,00	1,000	0,00000
	1		98,97	1,010	0,00449
	2		97,95	1,021	0,00899
	3		96,94	1,032	0,01348
	4		95,95	1,042	0,01797
	5		94,96	1,053	0,02246
	6		93,98	1,064	0,02696
	7		93,01	1,075	0,03145
	8		92,06	1,086	0,03594
	9		91,11	1,098	0,04044
	10		90,17	1,109	0,04493
	11		89,24	1,121	0,04942
	12		88,33	1,132	0,05392
	13		87,42	1,144	0,05841
	14		86,52	1,156	0,06290
	15		85,63	1,168	0,06740
	16		84,74	1,180	0,07189
	17		83,87	1,192	0,07638
	18		83,01	1,205	0,08087
	19		82,15	1,217	0,08537
	20		81,31	1,230	0,08986
	21		80,47	1,243	0,09435
	22		79,64	1,256	0,09885
	23		78,82	1,269	0,10334
1	0		78,01	1,282	0,10783
	1		77,21	1,295	0,11233
	2		76,42	1,309	0,11682
	3		75,63	1,322	0,12131
	4		74,85	1,336	0,12580
	5		74,08	1,350	0,13030
	6		73,32	1,364	0,13479
	7		72,56	1,378	0,13928
	8		71,82	1,392	0,14378
	9		71,08	1,407	0,14827
	10		70,35	1,422	0,15276
	11		69,62	1,436	0,15726
	12		68,91	1,451	0,16175
	13		68,20	1,466	0,16624
	14		67,49	1,482	0,17073
	15		66,80	1,497	0,17523
	16		66,11	1,513	0,17972
	17		65,43	1,528	0,18421
	18		64,76	1,544	0,18871
	19		64,09	1,560	0,19320
	20		63,43	1,576	0,19769
	21		62,78	1,593	0,20219
	22		62,13	1,609	0,20668
	23		61,49	1,626	0,21117
2	0		60,86	1,643	0,21566
	1		60,23	1,660	0,22016
	2		59,61	1,677	0,22465
	3		59,00	1,695	0,22914
	4		58,39	1,713	0,23364
	5		57,79	1,730	0,23813
	6		57,20	1,748	0,24262
	7		56,61	1,767	0,24712
	8		56,03	1,785	0,25161
	9		55,45	1,803	0,25610
	10		54,88	1,822	0,26059
	11		54,31	1,841	0,26509
	12		53,76	1,860	0,26958
	13		53,20	1,880	0,27407
	14		52,65	1,899	0,27857
	15		52,11	1,919	0,28306
	16		51,58	1,939	0,28755
	17		51,05	1,959	0,29205
	18		50,52	1,979	0,29654
	19		50,00	2,000	0,30103
	20		49,49	2,021	0,30552
	21		48,98	2,042	0,31002
	22		48,47	2,063	0,31451
	23		47,97	2,085	0,31900
3	0		47,48	2,106	0,32350
	1		46,99	2,128	0,32799
	2		46,51	2,150	0,33248
	3		46,03	2,173	0,33698
	4		45,55	2,195	0,34147
	5		45,09	2,218	0,34596
	6		44,62	2,241	0,35045
	7		44,16	2,264	0,35495
	8		43,71	2,288	0,35944
	9		43,26	2,312	0,36393
	10		42,81	2,336	0,36843
	11		42,37	2,360	0,37292
	12		41,94	2,385	0,37741
	13		41,50	2,409	0,38191

d	h	min	N_t	N_0/N_t	$\log_{10} N_0/N_t$
	14		41,08	2,434	0,38640
	15		40,65	2,460	0,39089
	16		40,24	2,485	0,39538
	17		39,82	2,511	0,39988
	18		39,41	2,537	0,40437
	19		39,01	2,564	0,40886
	20		38,61	2,590	0,41336
	21		38,21	2,617	0,41785
	22		37,81	2,644	0,42234
	23		37,43	2,672	0,42684
4	0		37,04	2,700	0,43133
	1		36,66	2,728	0,43582
	2		36,28	2,756	0,44031
	3		35,91	2,785	0,44481
	4		35,54	2,814	0,44930
	5		35,17	2,843	0,45379
	6		34,81	2,873	0,45829
	7		34,45	2,903	0,46278
	8		34,10	2,933	0,46727
	9		33,75	2,963	0,47177
	10		33,40	2,994	0,47626
	11		33,06	3,025	0,48075
	12		32,72	3,057	0,48524
	13		32,38	3,088	0,48974
	14		32,05	3,121	0,49423
	15		31,72	3,153	0,49872
	16		31,39	3,186	0,50322
	17		31,07	3,219	0,50771
	18		30,75	3,252	0,51220
	19		30,43	3,286	0,51670
	20		30,12	3,320	0,52119
	21		29,81	3,355	0,52568
	22		29,50	3,390	0,53017
	23		29,20	3,425	0,53467
5	0		28,90	3,461	0,53916
	1		28,60	3,497	0,54365
	2		28,30	3,533	0,54815
	3		28,01	3,570	0,55264
	4		27,72	3,607	0,55713
	5		27,44	3,644	0,56163
	6		27,16	3,682	0,56612
	7		26,88	3,721	0,57061
	8		26,60	3,759	0,57510
	9		26,33	3,798	0,57960
	10		26,06	3,838	0,58409
	11		25,79	3,878	0,58858
	12		25,52	3,918	0,59308
	13		25,26	3,959	0,59757
	14		25,00	4,000	0,60206
	15		24,74	4,042	0,60656
	16		24,49	4,084	0,61105
	17		24,24	4,126	0,61554
	18		23,99	4,169	0,62003
	19		23,74	4,212	0,62453
	20		23,50	4,256	0,62902
	21		23,25	4,300	0,63351
	22		23,01	4,345	0,63801
	23		22,78	4,390	0,64250
6	0		22,54	4,436	0,64699
	1		22,31	4,482	0,65149
	2		22,08	4,529	0,65598
	3		21,85	4,576	0,66047
	4		21,63	4,623	0,66496
	5		21,41	4,672	0,66946
	6		21,19	4,720	0,67395
	7		20,97	4,769	0,67844
	8		20,75	4,819	0,68294
	9		20,54	4,869	0,68743
	10		20,33	4,920	0,69192
	11		20,12	4,971	0,69642
	12		19,91	5,022	0,70091
	13		19,71	5,075	0,70540
	14		19,50	5,127	0,70989
	15		19,30	5,181	0,71439
	16		19,10	5,235	0,71888
	17		18,91	5,289	0,72337
	18		18,71	5,344	0,72787
	19		18,52	5,400	0,73236
	20		18,33	5,456	0,73685
	21		18,14	5,512	0,74135
	22		17,95	5,570	0,74584
	23		17,77	5,628	0,75033
7	0		17,59	5,686	0,75482
	6		16,53	6,050	0,78178
	12		15,53	6,438	0,80874
	18		14,60	6,850	0,83570
8	0		13,72	7,289	0,86266
	6		12,89	7,756	0,88961
	12		12,12	8,252	0,91657
	18		11,39	8,781	0,94353
9	0		10,70	9,343	0,97049
	6		10,06	9,941	0,99745
	12		9,45	10,578	1,02440
	18		8,88	11,255	1,05136
10	0		8,35	11,976	1,07832
	12		7,38	13,559	1,13224
11	0		6,51	15,352	1,18615
	12		5,75	17,381	1,24007
12	0		5,08	19,678	1,29398
	12		4,49	22,279	1,34790
13	0		3,96	25,224	1,40182
	12		3,50	28,558	1,45573
14	0		3,09	32,333	1,50965
	12		2,73	36,607	1,56357
15	0		2,41	41,446	1,61748
	12		2,13	46,924	1,67140
16	0		1,88	53,127	1,72531
	12		1,66	60,149	1,77923
17	0		1,47	68,100	1,83315
	12		1,30	77,101	1,88706
18	0		1,15	87,293	1,94098
	12		1,01	98,831	1,99489
19	0		0,89	111,895	2,04881
	12		0,79	126,685	2,10273
20	0		0,70	143,431	2,15664
	12		0,62	162,389	2,21056
21	0		0,54	183,854	2,26447
	12		0,48	208,156	2,31839

Technetium 99m

Halbwertzeit 6,0 h

d	h	min	N_t	N_0/N_t	$\log_{10} N_0/N_t$
		0	100,00	1,000	0,00000
		5	99,04	1,010	0,00418
		10	98,09	1,019	0,00836
		15	97,15	1,029	0,01254
		20	96,22	1,039	0,01672
		25	95,30	1,049	0,02090
		30	94,39	1,059	0,02509
		35	93,48	1,070	0,02927
		40	92,59	1,080	0,03345
		45	91,70	1,091	0,03763
		50	90,82	1,101	0,04181
		55	89,95	1,112	0,04599
	1	0	89,09	1,122	0,05017
		5	88,24	1,133	0,05435
		10	87,39	1,144	0,05853
		15	86,55	1,155	0,06271
		20	85,72	1,167	0,06690
		25	84,90	1,178	0,07108
		30	84,09	1,189	0,07526
		35	83,28	1,201	0,07944
		40	82,49	1,212	0,08362
		45	81,70	1,224	0,08780
		50	80,91	1,236	0,09198
		55	80,14	1,248	0,09616
	2	0	79,37	1,260	0,10034
		5	78,61	1,272	0,10452
		10	77,86	1,284	0,10871
		15	77,11	1,297	0,11289
		20	76,37	1,309	0,11707
		25	75,64	1,322	0,12125
		30	74,92	1,335	0,12543
		35	74,20	1,348	0,12961
		40	73,49	1,361	0,13379
		45	72,78	1,374	0,13797
		50	72,09	1,387	0,14215
		55	71,39	1,401	0,14633
	3	0	70,71	1,414	0,15052
		5	70,03	1,428	0,15470
		10	69,36	1,442	0,15888
		15	68,70	1,456	0,16306
		20	68,04	1,470	0,16724
		25	67,39	1,484	0,17142
		30	66,74	1,498	0,17560
		35	66,10	1,513	0,17978
		40	65,47	1,527	0,18396
		45	64,84	1,542	0,18814
		50	64,22	1,557	0,19233
		55	63,61	1,572	0,19651
	4	0	63,00	1,587	0,20069
		5	62,39	1,603	0,20487
		10	61,79	1,618	0,20905
		15	61,20	1,634	0,21323
		20	60,62	1,650	0,21741
		25	60,04	1,666	0,22159
		30	59,46	1,682	0,22577
		35	58,89	1,698	0,22995
		40	58,33	1,714	0,23414
		45	57,77	1,731	0,23832
		50	57,21	1,748	0,24250
		55	56,67	1,765	0,24668
	5	0	56,12	1,782	0,25086
		10	55,05	1,816	0,25922
		20	54,00	1,852	0,26758
		30	52,97	1,888	0,27595
		40	51,96	1,924	0,28431
		50	50,97	1,962	0,29267
	6	0	50,00	2,000	0,30103
		10	49,05	2,039	0,30939
		20	48,11	2,079	0,31776
		30	47,19	2,119	0,32612
		40	46,29	2,160	0,33448
		50	45,41	2,202	0,34284
	7	0	44,54	2,245	0,35120
		10	43,70	2,289	0,35957
		20	42,86	2,333	0,36793
		30	42,04	2,378	0,37629
		40	41,24	2,425	0,38465
		50	40,46	2,472	0,39301
	8	0	39,68	2,520	0,40137
		10	38,93	2,569	0,40974
		20	38,19	2,619	0,41810
		30	37,46	2,670	0,42646
		40	36,74	2,722	0,43482
		50	36,04	2,775	0,44318
	9	0	35,36	2,828	0,45155
		10	34,68	2,883	0,45991
		20	34,02	2,939	0,46827
		30	33,37	2,997	0,47663
		40	32,73	3,055	0,48499
		50	32,11	3,114	0,49336
	10	0	31,50	3,175	0,50172
		10	30,90	3,237	0,51008
		20	30,31	3,299	0,51844
		30	29,73	3,364	0,52680
		40	29,16	3,429	0,53517
		50	28,61	3,496	0,54353
	11	0	28,06	3,564	0,55189
		10	27,53	3,633	0,56025
		20	27,00	3,704	0,56861
		30	26,49	3,776	0,57698
		40	25,98	3,849	0,58534
		50	25,49	3,924	0,59370
	12	0	25,00	4,000	0,60206
		20	24,06	4,157	0,61879
		40	23,15	4,320	0,63551
	13	0	22,27	4,490	0,65223
		20	21,43	4,666	0,66896
		40	20,62	4,849	0,68568
	14	0	19,84	5,040	0,70241
		20	19,09	5,238	0,71913
		40	18,37	5,443	0,73585
	15	0	17,68	5,657	0,75258
		20	17,01	5,879	0,76930
		40	16,37	6,110	0,78603
	16	0	15,75	6,350	0,80275
		20	15,15	6,599	0,81947
		40	14,58	6,858	0,83620
	17	0	14,03	7,127	0,85292
		20	13,50	7,407	0,86965
		40	12,99	7,698	0,88637
	18	0	12,50	8,000	0,90309
		20	12,03	8,314	0,91982
		40	11,57	8,641	0,93654
	19	0	11,14	8,980	0,95327
		20	10,72	9,332	0,96999
		40	10,31	9,699	0,98671
	20	0	9,92	10,079	1,00344
		20	9,55	10,475	1,02016
		40	9,19	10,886	1,03689
	21	0	8,84	11,314	1,05361
		20	8,50	11,758	1,07033
		40	8,18	12,220	1,08706
	22	0	7,87	12,699	1,10378
		20	7,58	13,198	1,12051
		40	7,29	13,716	1,13723
	23	0	7,02	14,255	1,15395
		20	6,75	14,814	1,17068
		40	6,50	15,396	1,18740
1	0		6,25	16,000	1,20412
	1		5,57	17,960	1,25430
	2		4,96	20,159	1,30447
	3		4,42	22,628	1,35464
	4		3,94	25,399	1,40481
	5		3,51	28,509	1,45498
	6		3,12	32,000	1,50516
	7		2,78	35,919	1,55533
	8		2,48	40,318	1,60550
	9		2,21	45,256	1,65567
	10		1,97	50,798	1,70584
	11		1,75	57,018	1,75602
	12		1,56	64,001	1,80619
	13		1,39	71,839	1,85636
	14		1,24	80,636	1,90653
	15		1,10	90,511	1,95670
	16		0,98	101,596	2,00687
	17		0,88	114,037	2,05705
	18		0,78	128,003	2,10722
	19		0,70	143,678	2,15739
	20		0,62	161,273	2,20756
	21		0,55	181,023	2,25773
	22		0,49	203,192	2,30791

Tellur 132

Halbwertzeit 78 h

d	h	min	N_t	N_0/N_t	$\log_{10} N_0/N_t$
	0		100,00	1,000	0,00000
	1		99,12	1,009	0,00386
	2		98,24	1,018	0,00772
	3		97,37	1,027	0,01158
	4		96,51	1,036	0,01544
	5		95,65	1,045	0,01930
	6		94,81	1,055	0,02316
	7		93,97	1,064	0,02702
	8		93,14	1,074	0,03087
	9		92,31	1,083	0,03473
	10		91,50	1,093	0,03859
	11		90,69	1,103	0,04245
	12		89,89	1,113	0,04631
	13		89,09	1,122	0,05017
	14		88,30	1,132	0,05403
	15		87,52	1,143	0,05789
	16		86,75	1,153	0,06175
	17		85,98	1,163	0,06561
	18		85,22	1,173	0,06947
	19		84,46	1,184	0,07333
	20		83,72	1,195	0,07719
	21		82,98	1,205	0,08105
	22		82,24	1,216	0,08491
	23		81,51	1,227	0,08877
1	0		80,79	1,238	0,09262
	1		80,08	1,249	0,09648
	2		79,37	1,260	0,10034
	3		78,67	1,271	0,10420
	4		77,97	1,283	0,10806
	5		77,28	1,294	0,11192
	6		76,60	1,306	0,11578
	7		75,92	1,317	0,11964
	8		75,25	1,329	0,12350
	9		74,58	1,341	0,12736
	10		73,92	1,353	0,13122
	11		73,27	1,365	0,13508
	12		72,62	1,377	0,13894
	13		71,98	1,389	0,14280
	14		71,34	1,402	0,14666
	15		70,71	1,414	0,15052
	16		70,08	1,427	0,15437
	17		69,46	1,440	0,15823
	18		68,85	1,452	0,16209
	19		68,24	1,465	0,16595
	20		67,64	1,478	0,16981
	21		67,04	1,492	0,17367
	22		66,45	1,505	0,17753
	23		65,86	1,518	0,18139
2	0		65,28	1,532	0,18525
	1		64,70	1,546	0,18911
	2		64,13	1,559	0,19297
	3		63,56	1,573	0,19683
	4		63,00	1,587	0,20069
	5		62,44	1,602	0,20455
	6		61,89	1,616	0,20841
	7		61,34	1,630	0,21227
	8		60,80	1,645	0,21612
	9		60,26	1,660	0,21998
	10		59,73	1,674	0,22384
	11		59,20	1,689	0,22770
	12		58,67	1,704	0,23156
	13		58,15	1,720	0,23542
	14		57,64	1,735	0,23928
	15		57,13	1,750	0,24314
	16		56,62	1,766	0,24700
	17		56,12	1,782	0,25086
	18		55,63	1,798	0,25472
	19		55,13	1,814	0,25858
	20		54,65	1,830	0,26244
	21		54,16	1,846	0,26630
	22		53,68	1,863	0,27016
	23		53,21	1,879	0,27402
3	0		52,74	1,896	0,27787
	1		52,27	1,913	0,28173
	2		51,81	1,930	0,28559
	3		51,35	1,947	0,28945
	4		50,90	1,965	0,29331
	5		50,45	1,982	0,29717
	6		50,00	2,000	0,30103
	7		49,56	2,018	0,30489
	8		49,12	2,036	0,30875
	9		48,68	2,054	0,31261
	10		48,25	2,072	0,31647
	11		47,83	2,091	0,32033
	12		47,40	2,110	0,32419
	13		46,98	2,128	0,32805
	14		46,57	2,147	0,33191
	15		46,16	2,167	0,33577
	16		45,75	2,186	0,33962
	17		45,34	2,205	0,34348
	18		44,94	2,225	0,34734
	19		44,54	2,245	0,35120
	20		44,15	2,265	0,35506
	21		43,76	2,285	0,35892
	22		43,37	2,306	0,36278
	23		42,99	2,326	0,36664
4	0		42,61	2,347	0,37050
	1		42,23	2,368	0,37436
	2		41,86	2,389	0,37822
	3		41,49	2,410	0,38208
	4		41,12	2,432	0,38594
	5		40,76	2,454	0,38980
	6		40,40	2,475	0,39366

t: d	t: h	t: min	N_t	N_0/N_t	$\log_{10} N_0/N_t$
	7		40,04	2,498	0,39752
	8		39,68	2,520	0,40137
	9		39,33	2,542	0,40523
	10		38,99	2,565	0,40909
	11		38,64	2,588	0,41295
	12		38,30	2,611	0,41681
	13		37,96	2,634	0,42067
	14		37,62	2,658	0,42453
	15		37,29	2,682	0,42839
	16		36,96	2,706	0,43225
	17		36,63	2,730	0,43611
	18		36,31	2,754	0,43997
	19		35,99	2,779	0,44383
	20		35,67	2,803	0,44769
	21		35,36	2,828	0,45155
	22		35,04	2,854	0,45541
	23		34,73	2,879	0,45927
5	0		34,43	2,905	0,46312
	1		34,12	2,931	0,46698
	2		33,82	2,957	0,47084
	3		33,52	2,983	0,47470
	4		33,22	3,010	0,47856
	5		32,93	3,037	0,48242
	6		32,64	3,064	0,48628
	7		32,35	3,091	0,49014
	8		32,06	3,119	0,49400
	9		31,78	3,147	0,49786
	10		31,50	3,175	0,50172
	11		31,22	3,203	0,50558
	12		30,94	3,232	0,50944
	13		30,67	3,261	0,51330
	14		30,40	3,290	0,51716
	15		30,13	3,319	0,52102
	16		29,86	3,349	0,52487
	17		29,60	3,379	0,52873
	18		29,34	3,409	0,53259
	19		29,08	3,439	0,53645
	20		28,82	3,470	0,54031
	21		28,56	3,501	0,54417
	22		28,31	3,532	0,54803
	23		28,06	3,564	0,55189
6	0		27,81	3,595	0,55575
	1		27,57	3,628	0,55961
	2		27,32	3,660	0,56347
	3		27,08	3,693	0,56733
	4		26,84	3,726	0,57119
	5		26,60	3,759	0,57505
	6		26,37	3,792	0,57891
	7		26,14	3,826	0,58277
	8		25,90	3,860	0,58662
	9		25,68	3,895	0,59048
	10		25,45	3,930	0,59434
	11		25,22	3,965	0,59820
	12		25,00	4,000	0,60206
	13		24,78	4,036	0,60592
	14		24,56	4,072	0,60978
	15		24,34	4,108	0,61364
	16		24,13	4,145	0,61750
	17		23,91	4,182	0,62136
	18		23,70	4,219	0,62522
	19		23,49	4,257	0,62908
	20		23,28	4,295	0,63294
	21		23,08	4,333	0,63680
	22		22,87	4,372	0,64066
	23		22,67	4,411	0,64452
7	0		22,47	4,450	0,64837
	6		21,30	4,694	0,67153
	12		20,20	4,951	0,69469
	18		19,15	5,222	0,71784
8	0		18,16	5,508	0,74100
	6		17,21	5,810	0,76416
	12		16,32	6,128	0,78731
	18		15,47	6,464	0,81047
9	0		14,67	6,817	0,83362
	6		13,91	7,191	0,85678
	12		13,18	7,585	0,87994
	18		12,50	8,000	0,90309
10	0		11,85	8,438	0,92625
	12		10,65	9,388	0,97256
11	0		9,57	10,444	1,01887
	12		8,61	11,619	1,06519
12	0		7,74	12,927	1,11150
	12		6,95	14,382	1,15781
13	0		6,25	16,000	1,20412
	12		5,62	17,801	1,25044
14	0		5,05	19,804	1,29675
	12		4,54	22,032	1,34306
15			4,08	24,512	1,38937
16			3,30	30,339	1,48200
17			2,66	37,551	1,57462
18			2,15	46,478	1,66725
19			1,74	57,527	1,75987
20			1,40	71,203	1,85250
25			0,48	206,835	2,31562

Jod 125

Halbwertzeit 60 d

t: d	N_t	N_0/N_t	$\log_{10} N_0/N_t$
0	100,00	1,000	0,00000
1	98,85	1,012	0,00502
2	97,72	1,023	0,01003
3	96,59	1,035	0,01505
4	95,48	1,047	0,02007
5	94,39	1,059	0,02509
6	93,30	1,072	0,03010
7	92,23	1,084	0,03512
8	91,17	1,097	0,04014
9	90,13	1,110	0,04515
10	89,09	1,122	0,05017
11	88,07	1,136	0,05519
12	87,06	1,149	0,06021
13	86,06	1,162	0,06522
14	85,07	1,176	0,07024
15	84,09	1,189	0,07526
16	83,12	1,203	0,08027
17	82,17	1,217	0,08529
18	81,23	1,231	0,09031
19	80,29	1,245	0,09533
20	79,37	1,260	0,10034
21	78,46	1,275	0,10536
22	77,56	1,289	0,11038
23	76,67	1,304	0,11540
24	75,79	1,320	0,12041
25	74,92	1,335	0,12543
26	74,05	1,350	0,13045
27	73,20	1,366	0,13546
28	72,36	1,382	0,14048
29	71,53	1,398	0,14550
30	70,71	1,414	0,15052
31	69,90	1,431	0,15553
32	69,10	1,447	0,16055
33	68,30	1,464	0,16557
34	67,52	1,481	0,17058
35	66,74	1,498	0,17560
36	65,98	1,516	0,18062
37	65,22	1,533	0,18564
38	64,47	1,551	0,19065
39	63,73	1,569	0,19567
40	63,00	1,587	0,20069
41	62,27	1,606	0,20570
42	61,56	1,625	0,21072
43	60,85	1,643	0,21574
44	60,15	1,662	0,22076
45	59,46	1,682	0,22577
46	58,78	1,701	0,23079
47	58,10	1,721	0,23581
48	57,43	1,741	0,24082
49	56,78	1,761	0,24584
50	56,12	1,782	0,25086
51	55,48	1,803	0,25588
52	54,84	1,823	0,26089
53	54,21	1,845	0,26591
54	53,59	1,866	0,27093
55	52,97	1,888	0,27595
56	52,36	1,910	0,28096
57	51,76	1,932	0,28598
58	51,17	1,954	0,29100
59	50,58	1,977	0,29601
60	50,00	2,000	0,30103
62	48,86	2,047	0,31107
64	47,74	2,095	0,32110
66	46,65	2,144	0,33113
68	45,59	2,194	0,34117
70	44,54	2,245	0,35120
72	43,53	2,297	0,36124
74	42,53	2,351	0,37127
76	41,56	2,406	0,38131
78	40,61	2,462	0,39134
80	39,68	2,520	0,40137
82	38,78	2,579	0,41141
84	37,89	2,639	0,42144
86	37,03	2,701	0,43148
88	36,18	2,764	0,44151
90	35,36	2,828	0,45155
92	34,55	2,895	0,46158
94	33,76	2,962	0,47162
96	32,99	3,031	0,48165
98	32,23	3,102	0,49168
100	31,50	3,175	0,50172
102	30,78	3,249	0,51175
104	30,08	3,325	0,52179
106	29,39	3,403	0,53182
108	28,72	3,482	0,54186
110	28,06	3,564	0,55189
112	27,42	3,647	0,56192
114	26,79	3,732	0,57196
116	26,18	3,819	0,58199
118	25,58	3,909	0,59203
120	25,00	4,000	0,60206
122	24,43	4,094	0,61210
124	23,87	4,189	0,62213
126	23,33	4,287	0,63217
128	22,79	4,387	0,64220
130	22,27	4,490	0,65223
132	21,76	4,595	0,66227
134	21,27	4,702	0,67230
136	20,78	4,812	0,68234
138	20,31	4,925	0,69237
140	19,84	5,040	0,70241
145	18,73	5,339	0,72749
150	17,68	5,657	0,75258
155	16,69	5,993	0,77766
160	15,75	6,350	0,80275
165	14,86	6,727	0,82784
170	14,03	7,127	0,85292
175	13,24	7,551	0,87801
180	12,50	8,000	0,90309
185	11,80	8,476	0,92818
190	11,14	8,980	0,95327
195	10,51	9,514	0,97835
200	9,92	10,079	1,00344
205	9,36	10,679	1,02852
210	8,84	11,314	1,05361
215	8,34	11,987	1,07870
220	7,87	12,699	1,10378
225	7,43	13,454	1,12887
230	7,02	14,255	1,15395
235	6,62	15,102	1,17904
240	6,25	16,000	1,20412
245	5,90	16,952	1,22921
250	5,57	17,960	1,25430
255	5,26	19,028	1,27938
260	4,96	20,159	1,30447
265	4,68	21,358	1,32955
270	4,42	22,628	1,35464
275	4,17	23,973	1,37973
280	3,94	25,399	1,40481
285	3,72	26,909	1,42990
290	3,51	28,509	1,45498
295	3,31	30,204	1,48007
300	3,12	32,000	1,50516
310	2,78	35,919	1,55533
320	2,48	40,318	1,60550
330	2,21	45,256	1,65567
340	1,97	50,798	1,70584
350	1,75	57,018	1,75602
360	1,56	64,001	1,80619
370	1,39	71,839	1,85636
380	1,24	80,636	1,90653
390	1,10	90,511	1,95670
400	0,98	101,596	2,00687
410	0,88	114,037	2,05705
420	0,78	128,003	2,10722
430	0,70	143,678	2,15739
440	0,62	161,273	2,20756
450	0,55	181,023	2,25773
460	0,49	203,192	2,30791

Jod 131

Halbwertzeit 8,04 d

t: d	t: h	t: min	N_t	N_0/N_t	$\log_{10} N_0/N_t$
	0		100,00	1,000	0,00000
	3		98,93	1,011	0,00468
	6		97,87	1,022	0,00936
	9		96,82	1,033	0,01404
	12		95,78	1,044	0,01872
	15		94,75	1,055	0,02340
	18		93,74	1,067	0,02808
	21		92,73	1,078	0,03276
1	0		91,74	1,090	0,03744
	3		90,76	1,102	0,04212
	6		89,78	1,114	0,04680
	9		88,82	1,126	0,05148
	12		87,87	1,138	0,05616
	15		86,93	1,150	0,06084
	18		86,00	1,163	0,06552
	21		85,07	1,175	0,07020
2	0		84,16	1,188	0,07488
	3		83,26	1,201	0,07956
	6		82,37	1,214	0,08424
	9		81,48	1,227	0,08892
	12		80,61	1,241	0,09360
	15		79,75	1,254	0,09828
	18		78,89	1,268	0,10296
	21		78,05	1,281	0,10764
3	0		77,21	1,295	0,11233
	3		76,38	1,309	0,11701
	6		75,56	1,323	0,12169
	9		74,75	1,338	0,12637
	12		73,95	1,352	0,13105
	15		73,16	1,367	0,13573
	18		72,38	1,382	0,14041
	21		71,60	1,397	0,14509
4	0		70,83	1,412	0,14977
	3		70,07	1,427	0,15445
	6		69,32	1,443	0,15913
	9		68,58	1,458	0,16381
	12		67,84	1,474	0,16849
	15		67,12	1,490	0,17317
	18		66,40	1,506	0,17785
	21		65,69	1,522	0,18253
5	0		64,98	1,539	0,18721
	3		64,29	1,556	0,19189
	6		63,60	1,572	0,19657
	9		62,91	1,589	0,20125
	12		62,24	1,607	0,20593
	15		61,57	1,624	0,21061
	18		60,91	1,642	0,21529
	21		60,26	1,659	0,21997
6	0		59,61	1,677	0,22465
	3		58,98	1,696	0,22933
	6		58,34	1,714	0,23401
	9		57,72	1,733	0,23869
	12		57,10	1,751	0,24337
	15		56,49	1,770	0,24805
	18		55,88	1,789	0,25273
	21		55,28	1,809	0,25741
7	0		54,69	1,828	0,26209
	6		53,52	1,868	0,27145
	12		52,38	1,909	0,28081
	18		51,27	1,951	0,29017
8	0		50,17	1,993	0,29953
	6		49,10	2,037	0,30889
	12		48,06	2,081	0,31825
	18		47,03	2,126	0,32761
9	0		46,03	2,173	0,33698
	6		45,05	2,220	0,34634
	12		44,09	2,268	0,35570
	18		43,15	2,318	0,36506
10	0		42,23	2,368	0,37442
	6		41,33	2,420	0,38378
	12		40,44	2,473	0,39314
	18		39,58	2,526	0,40250
11	0		38,74	2,581	0,41186
	6		37,91	2,638	0,42122
	12		37,10	2,695	0,43058
	18		36,31	2,754	0,43994
12	0		35,54	2,814	0,44930
	6		34,78	2,875	0,45866
	12		34,04	2,938	0,46802
	18		33,31	3,002	0,47738
13	0		32,60	3,067	0,48674
	6		31,91	3,134	0,49610
	12		31,23	3,202	0,50546
	18		30,56	3,272	0,51482
14	0		29,91	3,343	0,52418
	6		29,27	3,416	0,53354
	12		28,65	3,491	0,54290
	18		28,04	3,567	0,55226
15	0		27,44	3,644	0,56163
	6		26,85	3,724	0,57099
	12		26,28	3,805	0,58035
	18		25,72	3,888	0,58971
16	0		25,17	3,973	0,59907
	12		24,11	4,148	0,61779
17	0		23,09	4,330	0,63651
	12		22,12	4,521	0,65523
18	0		21,19	4,720	0,67395
	12		20,29	4,928	0,69267
19	0		19,44	5,145	0,71139
	12		18,62	5,372	0,73011
20	0		17,83	5,608	0,74883
	12		17,08	5,855	0,76755
21	0		16,36	6,113	0,78628
	12		15,67	6,383	0,80500
22	0		15,01	6,664	0,82372
	12		14,37	6,957	0,84244
23	0		13,77	7,264	0,86116
	12		13,19	7,584	0,87988
24	0		12,63	7,918	0,89860
	12		12,10	8,266	0,91732
25			11,59	8,631	0,93604
26			10,63	9,408	0,97348
27			9,75	10,255	1,01093
28			8,95	11,178	1,04837
29			8,21	12,185	1,08581
30			7,53	13,282	1,12325
32			6,34	15,781	1,19813
34			5,33	18,751	1,27302
36			4,49	22,279	1,34790
38			3,78	26,472	1,42278
40			3,18	31,453	1,49767
45			2,07	48,403	1,68488
50			1,34	74,488	1,87208
55			0,87	114,629	2,05929
60			0,57	176,401	2,24650
65			0,37	271,463	2,43371

Jod 132

Halbwertzeit 2,3 h

t: d	t: h	t: min	N_t	N_0/N_t	$\log_{10} N_0/N_t$
		0	100,00	1,000	0,00000
		2	99,00	1,010	0,00436
		4	98,01	1,020	0,00873
		6	97,03	1,031	0,01309
		8	96,06	1,041	0,01745
		10	95,10	1,052	0,02181
		12	94,15	1,062	0,02618
		14	93,21	1,073	0,03054
		16	92,28	1,084	0,03490
		18	91,36	1,095	0,03926
		20	90,44	1,106	0,04363
		22	89,54	1,117	0,04799
		24	88,64	1,128	0,05235
		26	87,76	1,140	0,05672
		28	86,88	1,151	0,06108
		30	86,01	1,163	0,06544
		32	85,15	1,174	0,06980
		34	84,30	1,186	0,07417
		36	83,46	1,198	0,07853
		38	82,62	1,210	0,08289
		40	81,80	1,223	0,08726
		42	80,98	1,235	0,09162
		44	80,17	1,247	0,09598
		46	79,37	1,260	0,10034
		48	78,58	1,273	0,10471
		50	77,79	1,285	0,10907
		52	77,01	1,298	0,11343
		54	76,24	1,312	0,11779
		56	75,48	1,325	0,12216
		58	74,73	1,338	0,12652
	1	0	73,98	1,352	0,13088
		2	73,24	1,365	0,13525
		4	72,51	1,379	0,13961
		6	71,78	1,393	0,14397
		8	71,07	1,407	0,14833
		10	70,36	1,421	0,15270
		12	69,65	1,436	0,15706
		14	68,96	1,450	0,16142
		16	68,27	1,465	0,16579
		18	67,59	1,480	0,17015
		20	66,91	1,495	0,17451
		22	66,24	1,510	0,17887
		24	65,58	1,525	0,18324
		26	64,92	1,540	0,18760
		28	64,27	1,556	0,19196
		30	63,63	1,572	0,19632
		32	63,00	1,587	0,20069
		34	62,37	1,603	0,20505
		36	61,74	1,620	0,20941
		38	61,13	1,636	0,21378
		40	60,51	1,652	0,21814
		42	59,91	1,669	0,22250
		44	59,31	1,686	0,22686
		46	58,72	1,703	0,23123
		48	58,13	1,720	0,23559
		50	57,55	1,738	0,23995
		52	56,98	1,755	0,24432
		54	56,41	1,773	0,24868
		56	55,84	1,791	0,25304
		58	55,28	1,809	0,25740
	2	0	54,73	1,827	0,26177
		2	54,18	1,846	0,26613
		4	53,64	1,864	0,27049
		6	53,11	1,883	0,27485
		8	52,58	1,902	0,27922
		10	52,05	1,921	0,28358
		12	51,53	1,941	0,28794
		14	51,01	1,960	0,29231
		16	50,50	1,980	0,29667
		18	50,00	2,000	0,30103
		20	49,50	2,020	0,30539
		22	49,01	2,041	0,30976
		24	48,52	2,061	0,31412
		26	48,03	2,082	0,31848
		28	47,55	2,103	0,32285
		30	47,08	2,124	0,32721
		32	46,60	2,146	0,33157
		34	46,14	2,167	0,33593
		36	45,68	2,189	0,34030
		38	45,22	2,211	0,34466
		40	44,77	2,234	0,34902
		45	43,66	2,290	0,35993
		50	42,58	2,349	0,37084
		55	41,52	2,408	0,38174
	3	0	40,49	2,470	0,39265
		5	39,49	2,533	0,40356
		10	38,51	2,597	0,41446
		15	37,55	2,663	0,42537
		20	36,62	2,731	0,43628
		25	35,71	2,800	0,44718
		30	34,83	2,871	0,45809
		35	33,96	2,944	0,46900
		40	33,12	3,019	0,47990
		45	32,30	3,096	0,49081
		50	31,50	3,175	0,50172
		55	30,72	3,256	0,51263
	4	0	29,95	3,338	0,52353
		5	29,21	3,423	0,53444
		10	28,49	3,510	0,54535
		15	27,78	3,600	0,55625
		20	27,09	3,691	0,56716
		25	26,42	3,785	0,57807
		30	25,76	3,881	0,58897
		35	25,13	3,980	0,59988
		40	24,50	4,081	0,61079
		45	23,89	4,185	0,62169
		50	23,30	4,291	0,63260
		55	22,72	4,401	0,64351
	5	0	22,16	4,512	0,65442
		5	21,61	4,627	0,66532
		10	21,08	4,745	0,67623
		15	20,55	4,866	0,68714
		20	20,04	4,989	0,69804
		25	19,55	5,116	0,70895
		30	19,06	5,246	0,71986
		35	18,59	5,380	0,73076
		40	18,13	5,517	0,74167
		45	17,68	5,657	0,75258
		50	17,24	5,801	0,76348
		55	16,81	5,948	0,77439
	6	0	16,39	6,100	0,78530
		5	15,99	6,255	0,79621
		10	15,59	6,414	0,80711
		15	15,20	6,577	0,81802
		20	14,83	6,744	0,82893
		25	14,46	6,916	0,83983
		30	14,10	7,092	0,85074
		35	13,75	7,272	0,86165
		40	13,41	7,457	0,87255
		45	13,08	7,646	0,88346
		50	12,75	7,841	0,89437
		55	12,44	8,040	0,90527
	7	0	12,13	8,245	0,91618
		5	11,83	8,455	0,92709
		10	11,53	8,670	0,93800
		15	11,25	8,890	0,94890
		20	10,97	9,116	0,95981
		25	10,70	9,348	0,97072
		30	10,43	9,586	0,98162
		35	10,17	9,829	0,99253
		40	9,92	10,079	1,00344
		45	9,68	10,336	1,01434
		50	9,44	10,599	1,02525
		55	9,20	10,868	1,03616
	8	0	8,97	11,145	1,04707
		5	8,75	11,428	1,05797
		10	8,53	11,719	1,06888
		15	8,32	12,017	1,07979
		20	8,12	12,322	1,09069
		25	7,91	12,636	1,10160
		30	7,72	12,957	1,11251
		35	7,53	13,287	1,12341
		40	7,34	13,624	1,13432
		45	7,16	13,971	1,14523
		50	6,98	14,326	1,15613
		55	6,81	14,691	1,16704
	9	0	6,64	15,064	1,17795
		5	6,47	15,447	1,18886
		10	6,31	15,840	1,19976
		15	6,16	16,243	1,21067
		20	6,00	16,656	1,22158
		25	5,85	17,080	1,23248
		30	5,71	17,514	1,24339
		35	5,57	17,960	1,25430
		40	5,43	18,416	1,26520
		45	5,30	18,885	1,27611
		50	5,16	19,365	1,28702
		55	5,04	19,857	1,29792
	10	0	4,91	20,363	1,30883
		10	4,67	21,411	1,33065
		20	4,44	22,514	1,35246
		30	4,22	23,674	1,37427
		40	4,02	24,894	1,39609
		50	3,82	26,176	1,41790
	11	0	3,63	27,524	1,43971
		10	3,46	28,942	1,46153
		20	3,29	30,433	1,48334
		30	3,12	32,000	1,50516
		40	2,97	33,649	1,52697
		50	2,83	35,382	1,54878
	12	0	2,69	37,205	1,57060
		10	2,56	39,121	1,59241
		20	2,43	41,136	1,61423
		30	2,31	43,255	1,63604
		40	2,20	45,483	1,65785
		50	2,09	47,826	1,67967
	13	0	1,99	50,290	1,70148
		10	1,89	52,880	1,72329
		20	1,80	55,604	1,74511
		30	1,71	58,469	1,76692
		40	1,63	61,480	1,78874
		50	1,55	64,647	1,81055
	14	0	1,47	67,977	1,83236
		10	1,40	71,479	1,85418
		20	1,33	75,161	1,87599
		30	1,27	79,032	1,89781
		40	1,20	83,103	1,91962
		50	1,14	87,384	1,94143
	15	0	1,09	91,886	1,96325
		10	1,03	96,619	1,98506
		20	0,98	101,596	2,00687
		30	0,94	106,829	2,02869
		40	0,89	112,332	2,05050
		50	0,85	118,118	2,07232
	16	0	0,81	124,202	2,09413
		10	0,77	130,600	2,11594
		20	0,73	137,328	2,13776
		30	0,69	144,402	2,15957
		40	0,66	151,840	2,18139
		50	0,63	159,661	2,20320
	17	0	0,60	167,886	2,22501
		10	0,57	176,534	2,24683
		20	0,54	185,627	2,26864
		30	0,51	195,189	2,29045

Caesium 137

Halbwertzeit 30 a

t: d	N_t	N_0/N_t	$\log_{10} N_0/N_t$
0	100,00	1,000	0,00000
100	99,37	1,006	0,00275
200	98,74	1,012	0,00550
300	98,12	1,019	0,00824
400	97,50	1,025	0,01099
500	96,89	1,032	0,01374
600	96,28	1,038	0,01648
700	95,67	1,045	0,01923
800	95,07	1,051	0,02198
900	94,47	1,058	0,02473
1000	93,87	1,065	0,02747
1100	93,28	1,072	0,03022
1200	92,69	1,078	0,03297
1300	92,11	1,085	0,03572
1400	91,52	1,092	0,03846
1500	90,95	1,099	0,04121
1600	90,37	1,106	0,04396
1700	89,80	1,113	0,04670
1800	89,24	1,120	0,04945
1900	88,67	1,127	0,05220
2000	88,12	1,134	0,05495
2200	87,01	1,149	0,06044
2400	85,91	1,163	0,06594
2600	84,83	1,178	0,07143
2800	83,77	1,193	0,07693
3000	82,71	1,208	0,08242
3200	81,67	1,224	0,08792
3400	80,65	1,239	0,09341
3600	79,63	1,255	0,09890
3800	78,63	1,271	0,10440
4000	77,64	1,287	0,10989
4200	76,67	1,304	0,11539
4400	75,70	1,320	0,12088
4600	74,75	1,337	0,12638
4800	73,81	1,354	0,13187
5000	72,88	1,372	0,13737
5200	71,97	1,389	0,14286
5400	71,06	1,407	0,14836
5600	70,17	1,425	0,15385
5800	69,29	1,443	0,15935
6000	68,42	1,461	0,16484
6200	67,56	1,480	0,17033
6400	66,71	1,499	0,17583
6600	65,87	1,518	0,18132
6800	65,04	1,537	0,18682
7000	64,22	1,557	0,19231
7200	63,42	1,576	0,19781
7400	62,62	1,596	0,20330
7600	61,83	1,617	0,20880
7800	61,05	1,637	0,21429
8000	60,29	1,658	0,21979
8200	59,53	1,679	0,22528
8400	58,78	1,701	0,23078
8600	58,04	1,722	0,23627
8800	57,31	1,744	0,24177
9000	56,59	1,767	0,24726
9200	55,88	1,789	0,25275
9400	55,18	1,812	0,25825
9600	54,48	1,835	0,26374
9800	53,80	1,858	0,26924
10000	53,12	1,882	0,27473
10200	52,45	1,906	0,28023
10400	51,79	1,930	0,28572
10600	51,14	1,955	0,29122
10800	50,50	1,980	0,29671
11000	49,86	2,005	0,30221
11200	49,24	2,030	0,30770
11400	48,62	2,056	0,31320
11600	48,01	2,083	0,31869
11800	47,40	2,109	0,32419
12000	46,81	2,136	0,32968
12200	46,22	2,163	0,33517
12400	45,64	2,191	0,34067
12600	45,06	2,219	0,34616
12800	44,50	2,247	0,35166
13000	43,94	2,275	0,35715
13200	43,39	2,304	0,36265
13400	42,84	2,334	0,36814
13600	42,30	2,363	0,37364
13800	41,77	2,394	0,37913
14000	41,25	2,424	0,38463
14200	40,73	2,455	0,39012
14400	40,21	2,486	0,39562
14600	39,71	2,518	0,40111
14800	39,21	2,550	0,40660
15000	38,72	2,582	0,41210
15200	38,23	2,615	0,41759
15400	37,75	2,649	0,42309
15600	37,27	2,682	0,42858
15800	36,81	2,716	0,43408
16000	36,34	2,751	0,43957
16500	35,21	2,839	0,45331
17000	34,12	2,931	0,46705
17500	33,05	3,025	0,48078
18000	32,02	3,122	0,49452
18500	31,03	3,222	0,50826
19000	30,06	3,326	0,52199
19500	29,13	3,433	0,53573
20000	28,22	3,543	0,54947
20500	27,34	3,657	0,56320
21000	26,49	3,775	0,57694
21500	25,66	3,896	0,59068
22000	24,87	4,021	0,60441
22500	24,09	4,150	0,61815
23000	23,34	4,284	0,63189
23500	22,61	4,422	0,64562
24000	21,91	4,564	0,65936
24500	21,23	4,710	0,67309
25000	20,57	4,862	0,68683
25500	19,93	5,018	0,70057
26000	19,31	5,179	0,71430
26500	18,71	5,346	0,72804
27000	18,12	5,517	0,74178
27500	17,56	5,695	0,75551
28000	17,01	5,878	0,76925
28500	16,48	6,067	0,78299
29000	15,97	6,262	0,79672
29500	15,47	6,463	0,81046
30000	14,99	6,671	0,82420
30500	14,52	6,885	0,83793
31000	14,07	7,106	0,85167
31500	13,63	7,335	0,86540
32000	13,21	7,570	0,87914
32500	12,80	7,814	0,89288
33000	12,40	8,065	0,90661
33500	12,01	8,324	0,92035
34000	11,64	8,591	0,93408
34500	11,28	8,867	0,94782
35000	10,93	9,152	0,96156
35500	10,59	9,446	0,97529
36000	10,26	9,750	0,98903
36500	9,94	10,064	1,00277
37000	9,63	10,387	1,01651
37500	9,33	10,721	1,03025
38000	9,04	11,065	1,04398
38500	8,76	11,421	1,05772
39000	8,48	11,788	1,07146
39500	8,22	12,167	1,08519
40000	7,96	12,558	1,09893
40500	7,71	12,961	1,11267
41000	7,47	13,378	1,12640
41500	7,24	13,808	1,14014
42000	7,02	14,252	1,15388
42500	6,80	14,710	1,16761
43000	6,59	15,182	1,18135
43500	6,38	15,670	1,19509
44000	6,18	16,174	1,20882
44500	5,99	16,693	1,22256
45000	5,80	17,230	1,23630
45500	5,62	17,784	1,25003
46000	5,45	18,355	1,26377
46500	5,28	18,945	1,27751
47000	5,11	19,554	1,29124
47500	4,95	20,182	1,30498
48000	4,80	20,831	1,31872
48500	4,65	21,500	1,33245
49000	4,51	22,191	1,34619
49500	4,37	22,904	1,35993
50000	4,23	23,640	1,37366
50500	4,10	24,400	1,38740
51000	3,97	25,184	1,40114
51500	3,85	25,994	1,41487
52000	3,73	26,829	1,42861
52500	3,61	27,691	1,44235
53000	3,50	28,581	1,45608
53500	3,39	29,499	1,46982
54000	3,28	30,447	1,48356
54500	3,18	31,426	1,49729
55000	3,08	32,436	1,51103
55500	2,99	33,478	1,52477

t (d)	N_t	N_0/N_t	$\log_{10} N_0/N_t$
56000	2,89	34,554	1,53850
56500	2,80	35,664	1,55224
57000	2,72	36,810	1,56598
57500	2,63	37,993	1,57971
58000	2,55	39,214	1,59345
58500	2,47	40,474	1,60719
59000	2,39	41,775	1,62092
59500	2,32	43,117	1,63466
60000	2,25	44,503	1,64840
60500	2,18	45,933	1,66213
61000	2,11	47,409	1,67587
61500	2,04	48,933	1,68960
62000	1,98	50,505	1,70334
62500	1,92	52,128	1,71708
63000	1,86	53,803	1,73081
63500	1,80	55,533	1,74455
64000	1,74	57,317	1,75829
64500	1,69	59,159	1,77202
65000	1,64	61,060	1,78576
65500	1,59	63,022	1,79950
66000	1,54	65,047	1,81323
66500	1,49	67,137	1,82697
67000	1,44	69,295	1,84071
67500	1,40	71,522	1,85444
68000	1,35	73,820	1,86818
68500	1,31	76,192	1,88191
69000	1,27	78,641	1,89565
69500	1,23	81,168	1,90939
70000	1,19	83,776	1,92312
70500	1,16	86,468	1,93686
71000	1,12	89,246	1,95059
71500	1,09	92,114	1,96433
72000	1,05	95,074	1,97806
72500	1,02	98,129	1,99180
73000	0,99	101,285	2,00555
73500	0,96	104,540	2,01928
74000	0,93	107,900	2,03302
74500	0,90	111,367	2,04676
75000	0,87	114,946	2,06050
76000	0,82	122,452	2,08797
77000	0,77	130,449	2,11544
78000	0,72	138,968	2,14292
79000	0,68	148,042	2,17039
80000	0,63	157,711	2,19786
81000	0,60	168,010	2,22534
82000	0,56	178,980	2,25281
83000	0,52	190,668	2,28028
84000	0,49	203,119	2,30775
85000	0,46	216,384	2,33523
86000	0,43	230,515	2,36270
87000	0,41	245,567	2,39017
88000	0,38	261,602	2,41764
89000	0,36	278,691	2,44512
90000	0,34	296,885	2,47259
91000	0,32	316,275	2,50007
92000	0,30	336,927	2,52754
93000	0,28	358,937	2,55502
94000	0,26	382,365	2,58248
95000	0,25	407,348	2,60997
96000	0,23	433,933	2,63742
97000	0,22	462,278	2,66490
98000	0,20	492,465	2,69238
99000	0,19	524,631	2,71985
100000	0,18	558,877	2,74732

Iridium 192

Halbwertzeit 74 d

t (d)	N_t	N_0/N_t	$\log_{10} N_0/N_t$
0	100,00	1,000	0,00000
2	98,14	1,019	0,00814
4	96,32	1,038	0,01627
6	94,53	1,058	0,02441
8	92,78	1,078	0,03254
10	91,06	1,098	0,04068
12	89,37	1,119	0,04882
14	87,71	1,140	0,05695
16	86,08	1,162	0,06509
18	84,48	1,184	0,07322
20	82,92	1,206	0,08136
22	81,38	1,229	0,08950
24	79,87	1,252	0,09763
26	78,38	1,276	0,10577
28	76,93	1,300	0,11390
30	75,50	1,324	0,12204
32	74,10	1,350	0,13018
34	72,73	1,375	0,13831
36	71,38	1,401	0,14645
38	70,05	1,428	0,15458
40	68,75	1,455	0,16272
42	67,48	1,482	0,17086
44	66,22	1,510	0,17899
46	64,99	1,539	0,18713
48	63,79	1,568	0,19526
50	62,60	1,597	0,20340
52	61,44	1,628	0,21154
54	60,30	1,658	0,21967
56	59,18	1,690	0,22781
58	58,08	1,722	0,23594
60	57,01	1,754	0,24408
64	54,91	1,821	0,26035
68	52,89	1,891	0,27662
72	50,95	1,963	0,29290
76	49,07	2,038	0,30917
80	47,27	2,116	0,32544
84	45,53	2,196	0,34171
88	43,85	2,280	0,35798
92	42,24	2,367	0,37426
96	40,69	2,458	0,39053
100	39,19	2,552	0,40680
104	37,75	2,649	0,42307
108	36,36	2,750	0,43934
112	35,03	2,855	0,45561
116	33,74	2,964	0,47189
120	32,50	3,077	0,48816
124	31,30	3,195	0,50443
128	30,15	3,317	0,52070
132	29,04	3,443	0,53697
136	27,97	3,575	0,55325
140	26,95	3,711	0,56952
144	25,95	3,853	0,58579
148	25,00	4,000	0,60206
152	24,08	4,153	0,61833
156	23,19	4,311	0,63461
160	22,34	4,476	0,65088
170	20,34	4,915	0,69156
180	18,53	5,398	0,73224
190	16,87	5,928	0,77292
200	15,36	6,510	0,81360
210	13,99	7,150	0,85428
220	12,74	7,852	0,89496
230	11,60	8,623	0,93564
240	10,56	9,469	0,97632
250	9,62	10,399	1,01700
260	8,76	11,420	1,05768
270	7,97	12,542	1,09836
280	7,26	13,773	1,13904
290	6,61	15,126	1,17972
300	6,02	16,611	1,22040
310	5,48	18,242	1,26108
320	4,99	20,033	1,30176
330	4,55	22,001	1,34244
340	4,14	24,161	1,38312
350	3,77	26,534	1,42380
360	3,43	29,139	1,46448
370	3,12	32,000	1,50516
380	2,85	35,143	1,54584
390	2,59	38,594	1,58652
400	2,36	42,383	1,62720
410	2,15	46,545	1,66788
420	1,96	51,116	1,70856
430	1,78	56,135	1,74924
440	1,62	61,647	1,78992
450	1,48	67,701	1,83060
460	1,35	74,349	1,87128
470	1,22	81,650	1,91195
480	1,12	89,667	1,95263
490	1,02	98,472	1,99331
500	0,92	108,142	2,03399
510	0,84	118,761	2,07467
520	0,77	130,423	2,11535
530	0,70	143,230	2,15603
540	0,64	157,295	2,19671
550	0,58	172,741	2,23739
560	0,53	189,703	2,27807
570	0,48	208,331	2,31875

Gold 198

Halbwertzeit 2,70 d

t: d	h	min	N_t	N_0/N_t	$\log_{10} N_0/N_t$
	0		100,00	1,000	0,00000
	1		98,94	1,010	0,00465
	2		97,88	1,021	0,00929
	3		96,84	1,032	0,01394
	4		95,81	1,043	0,01858
	5		94,79	1,054	0,02323
	6		93,78	1,066	0,02787
	7		92,79	1,077	0,03252
	8		91,80	1,089	0,03716
	9		90,82	1,101	0,04181
	10		89,86	1,112	0,04646
	11		88,90	1,124	0,05110
	12		87,95	1,136	0,05575
	13		87,02	1,149	0,06039
	14		86,09	1,161	0,06504
	15		85,18	1,174	0,06968
	16		84,27	1,186	0,07433
	17		83,37	1,199	0,07897
	18		82,49	1,212	0,08362
	19		81,61	1,225	0,08827
	20		80,74	1,238	0,09291
	21		79,88	1,251	0,09756
	22		79,03	1,265	0,10220
	23		78,19	1,278	0,10685
1	0		77,36	1,292	0,11149
	1		76,54	1,306	0,11614
	2		75,72	1,320	0,12078
	3		74,92	1,334	0,12543
	4		74,12	1,349	0,13008
	5		73,33	1,363	0,13472
	6		72,55	1,378	0,13937
	7		71,78	1,393	0,14401
	8		71,01	1,408	0,14866
	9		70,26	1,423	0,15330
	10		69,51	1,438	0,15795
	11		68,77	1,454	0,16259
	12		68,04	1,469	0,16724
	13		67,32	1,485	0,17188
	14		66,60	1,501	0,17653
	15		65,89	1,517	0,18118
	16		65,19	1,533	0,18582
	17		64,50	1,550	0,19047
	18		63,81	1,567	0,19511
	19		63,13	1,584	0,19976
	20		62,46	1,601	0,20440
	21		61,79	1,618	0,20905
	22		61,14	1,635	0,21369
	23		60,49	1,653	0,21834
2	0		59,84	1,671	0,22299
	1		59,21	1,689	0,22763
	2		58,58	1,707	0,23228
	3		57,95	1,725	0,23692
	4		57,34	1,744	0,24157
	5		56,73	1,762	0,24621
	6		56,12	1,781	0,25086
	7		55,53	1,800	0,25550
	8		54,94	1,820	0,26015
	9		54,35	1,839	0,26480
	10		53,77	1,859	0,26944
	11		53,20	1,879	0,27409
	12		52,63	1,899	0,27873
	13		52,07	1,920	0,28338
	14		51,52	1,940	0,28802
	15		50,97	1,961	0,29267
	16		50,43	1,982	0,29731
	17		49,89	2,004	0,30196
	18		49,36	2,025	0,30661
	19		48,84	2,047	0,31125
	20		48,32	2,069	0,31590
	21		47,80	2,091	0,32054
	22		47,29	2,114	0,32519
	23		46,79	2,137	0,32983
3	0		46,29	2,160	0,33448
	1		45,80	2,183	0,33912
	2		45,31	2,206	0,34377
	3		44,83	2,230	0,34841
	4		44,35	2,254	0,35306
	5		43,88	2,278	0,35771
	6		43,42	2,303	0,36235
	7		42,95	2,328	0,36700
	8		42,50	2,353	0,37164
	9		42,04	2,378	0,37629
	10		41,60	2,403	0,38093
	11		41,15	2,429	0,38558
	12		40,72	2,455	0,39022
	13		40,28	2,482	0,39487
	14		39,86	2,509	0,39952
	15		39,43	2,536	0,40416
	16		39,01	2,563	0,40881
	17		38,60	2,590	0,41345
	18		38,19	2,618	0,41810
	19		37,78	2,646	0,42274
	20		37,38	2,675	0,42739
	21		36,98	2,704	0,43203
	22		36,59	2,733	0,43668
	23		36,20	2,762	0,44133
4	0		35,81	2,792	0,44597
	1		35,43	2,822	0,45062
	2		35,05	2,852	0,45526
	3		34,68	2,883	0,45991
	4		34,31	2,914	0,46455
	5		33,95	2,945	0,46920
	6		33,59	2,977	0,47384
	7		33,23	3,009	0,47849
	8		32,87	3,041	0,48313
	9		32,53	3,074	0,48778
	10		32,18	3,107	0,49243
	11		31,84	3,141	0,49707
	12		31,50	3,174	0,50172
	13		31,16	3,208	0,50636
	14		30,83	3,243	0,51101
	15		30,50	3,278	0,51565
	16		30,18	3,313	0,52030
	17		29,86	3,349	0,52494
	18		29,54	3,385	0,52959
	19		29,23	3,421	0,53424
	20		28,91	3,458	0,53888
	21		28,61	3,495	0,54353
	22		28,30	3,533	0,54817
	23		28,00	3,571	0,55282
5	0		27,70	3,609	0,55746
	6		25,98	3,848	0,58534
	12		24,37	4,104	0,61321
	18		22,85	4,376	0,64108
6	0		21,43	4,666	0,66896
	6		20,10	4,975	0,69683
	12		18,85	5,305	0,72470
	18		17,68	5,656	0,75257
7	0		16,58	6,031	0,78045
	6		15,55	6,431	0,80832
	12		14,58	6,857	0,83619
	18		13,68	7,312	0,86406
8	0		12,83	7,797	0,89194
	6		12,03	8,313	0,91981
	12		11,28	8,865	0,94768
	18		10,58	9,452	0,97555
9	0		9,92	10,079	1,00343
	6		9,30	10,747	1,03131
	12		8,73	11,459	1,05918
	18		8,18	12,219	1,08705
10	0		7,67	13,029	1,11493
	6		7,20	13,893	1,14280
	12		6,75	14,814	1,17067
	18		6,33	15,795	1,19855
11	0		5,94	16,842	1,22642
	6		5,57	17,959	1,25429
	12		5,22	19,149	1,28217
	18		4,90	20,419	1,31004
12	0		4,59	21,772	1,33791
	6		4,31	23,215	1,36578
	12		4,04	24,754	1,39366
	18		3,79	26,395	1,42153
13	0		3,55	28,145	1,44940
	6		3,33	30,010	1,47728
	12		3,13	32,000	1,50515
	18		2,93	34,121	1,53302
14	0		2,75	36,382	1,56090
	6		2,58	38,794	1,58877
	12		2,42	41,365	1,61664
	18		2,27	44,107	1,64452
15	0		2,13	47,031	1,67239
	6		1,99	50,148	1,70026
	12		1,87	53,473	1,72814
	18		1,75	57,017	1,75601
16	0		1,64	60,796	1,78388
	6		1,54	64,826	1,81175
	12		1,45	69,123	1,83963
	18		1,36	73,705	1,86750
17	0		1,27	78,590	1,89537
	6		1,19	83,799	1,92324
	12		1,12	89,353	1,95111
	18		1,05	95,276	1,97899
18	0		0,98	101,594	2,00687
	6		0,92	108,328	2,03474
	12		0,87	115,508	2,06261
	18		0,81	123,164	2,09049
19	0		0,76	131,328	2,11836
	6		0,71	140,034	2,14624
	12		0,67	149,316	2,17411
	18		0,63	159,212	2,20198
20			0,59	169,767	2,22986
25			0,16	612,782	2,78731
30			0,05	2211,900	3,34477
35			0,01	7987,220	3,90240

Quecksilber 197

Halbwertzeit 65 h

t: d	h	min	N_t	N_0/N_t	$\log_{10} N_0/N_t$
	0		100,00	1,000	0,00000
	1		98,94	1,011	0,00463
	2		97,89	1,022	0,00926
	3		96,85	1,033	0,01389
	4		95,82	1,044	0,01852
	5		94,81	1,055	0,02316
	6		93,80	1,066	0,02779
	7		92,81	1,078	0,03242
	8		91,82	1,089	0,03705
	9		90,85	1,101	0,04168
	10		89,89	1,113	0,04631
	11		88,93	1,124	0,05094
	12		87,99	1,137	0,05557
	13		87,06	1,149	0,06021
	14		86,13	1,161	0,06484
	15		85,22	1,173	0,06947
	16		84,31	1,186	0,07410
	17		83,42	1,199	0,07873
	18		82,53	1,212	0,08336
	19		81,66	1,225	0,08799
	20		80,79	1,238	0,09262
	21		79,94	1,251	0,09726
	22		79,09	1,264	0,10189
	23		78,25	1,278	0,10652
1	0		77,42	1,292	0,11115
	1		76,60	1,306	0,11578
	2		75,79	1,320	0,12041
	3		74,98	1,334	0,12504

t			N_t	N_0/N_t	$\log_{10} N_0/N_t$
d	h	min			
	4		74,19	1,348	0,12967
	5		73,40	1,362	0,13431
	6		72,62	1,377	0,13894
	7		71,85	1,392	0,14357
	8		71,09	1,407	0,14820
	9		70,33	1,422	0,15283
	10		69,59	1,437	0,15746
	11		68,85	1,452	0,16209
	12		68,12	1,468	0,16672
	13		67,40	1,484	0,17136
	14		66,68	1,500	0,17599
	15		65,98	1,516	0,18062
	16		65,28	1,532	0,18525
	17		64,58	1,548	0,18988
	18		63,90	1,565	0,19451
	19		63,22	1,582	0,19914
	20		62,55	1,599	0,20377
	21		61,89	1,616	0,20841
	22		61,23	1,633	0,21304
	23		60,58	1,651	0,21767
2	0		59,94	1,668	0,22230
	1		59,30	1,686	0,22693
	2		58,67	1,704	0,23156
	3		58,05	1,723	0,23619
	4		57,43	1,741	0,24082
	5		56,83	1,760	0,24546
	6		56,22	1,779	0,25009
	7		55,63	1,798	0,25472
	8		55,04	1,817	0,25935
	9		54,45	1,836	0,26398
	10		53,88	1,856	0,26861
	11		53,30	1,876	0,27324
	12		52,74	1,896	0,27787
	13		52,18	1,916	0,28251
	14		51,63	1,937	0,28714
	15		51,08	1,958	0,29177
	16		50,54	1,979	0,29640
	17		50,00	2,000	0,30103
	18		49,47	2,021	0,30566
	19		48,94	2,043	0,31029
	20		48,43	2,065	0,31492
	21		47,91	2,087	0,31956
	22		47,40	2,110	0,32419
	23		46,90	2,132	0,32882
3	0		46,40	2,155	0,33345
	1		45,91	2,178	0,33808
	2		45,42	2,201	0,34271
	3		44,94	2,225	0,34734
	4		44,47	2,249	0,35197
	5		43,99	2,273	0,35661
	6		43,53	2,297	0,36124
	7		43,07	2,322	0,36587
	8		42,61	2,347	0,37050
	9		42,16	2,372	0,37513
	10		41,71	2,398	0,37976
	11		41,27	2,423	0,38439
	12		40,83	2,449	0,38902
	13		40,40	2,475	0,39366
	14		39,97	2,502	0,39829
	15		39,54	2,529	0,40292
	16		39,12	2,556	0,40755
	17		38,71	2,583	0,41218
	18		38,30	2,611	0,41681
	19		37,89	2,639	0,42144
	20		37,49	2,667	0,42607
	21		37,09	2,696	0,43071
	22		36,70	2,725	0,43534
	23		36,31	2,754	0,43997
4	0		35,93	2,784	0,44460
	1		35,54	2,813	0,44923
	2		35,17	2,844	0,45386
	3		34,79	2,874	0,45849
	4		34,43	2,905	0,46312
	5		34,06	2,936	0,46776
	6		33,70	2,967	0,47239
	7		33,34	2,999	0,47702
	8		32,99	3,031	0,48165
	9		32,64	3,064	0,48628
	10		32,29	3,097	0,49091
	11		31,95	3,130	0,49554
	12		31,61	3,164	0,50017
	13		31,27	3,197	0,50481
	14		30,94	3,232	0,50944
	15		30,61	3,266	0,51407
	16		30,29	3,301	0,51870
	17		29,97	3,337	0,52333
	18		29,65	3,373	0,52796
	19		29,34	3,409	0,53259
	20		29,03	3,445	0,53722
	21		28,72	3,482	0,54186
	22		28,41	3,520	0,54649
	23		28,11	3,557	0,55112
5	0		27,81	3,595	0,55575
	1		27,52	3,634	0,56038
	2		27,23	3,673	0,56501
	3		26,94	3,712	0,56964
	4		26,65	3,752	0,57427
	5		26,37	3,792	0,57891
	6		26,09	3,833	0,58354
	7		25,81	3,874	0,58817
	8		25,54	3,916	0,59280
	9		25,27	3,958	0,59743
	10		25,00	4,000	0,60206
	11		24,73	4,043	0,60669
	12		24,47	4,086	0,61132
	13		24,21	4,130	0,61596
	14		23,96	4,174	0,62059
	15		23,70	4,219	0,62522
	16		23,45	4,264	0,62985
	17		23,20	4,310	0,63448
	18		22,96	4,356	0,63911
	19		22,71	4,403	0,64374
	20		22,47	4,450	0,64837
	21		22,23	4,498	0,65301
	22		22,00	4,546	0,65764
	23		21,76	4,595	0,66227
6	0		21,53	4,644	0,66690
	1		21,30	4,694	0,67153
	2		21,08	4,744	0,67616
	3		20,85	4,795	0,68079
	4		20,63	4,846	0,68542
	5		20,41	4,898	0,69006
	6		20,20	4,951	0,69469
	7		19,98	5,004	0,69932
	8		19,77	5,058	0,70395
	9		19,56	5,112	0,70858
	10		19,35	5,167	0,71321
	11		19,15	5,222	0,71784
	12		18,95	5,278	0,72247
	13		18,75	5,335	0,72711
	14		18,55	5,392	0,73174
	15		18,35	5,450	0,73637
	16		18,16	5,508	0,74100
	17		17,96	5,567	0,74563
	18		17,77	5,627	0,75026
	19		17,58	5,687	0,75489
	20		17,40	5,748	0,75952
	21		17,21	5,810	0,76416
	22		17,03	5,872	0,76879
	23		16,85	5,935	0,77342
7	0		16,67	5,999	0,77805
	6		15,64	6,395	0,80584
	12		14,67	6,817	0,83362
	18		13,76	7,268	0,86141
8	0		12,91	7,748	0,88920
	6		12,11	8,260	0,91699
	12		11,36	8,817	0,94477
	18		10,65	9,388	0,97256
9	0		9,99	10,008	1,00035
	6		9,37	10,669	1,02814
	12		8,79	11,374	1,05592
	18		8,25	12,126	1,08371
10	0		7,74	12,927	1,11150
	12		6,81	14,692	1,16707
11	0		5,99	16,697	1,22265
	12		5,27	18,977	1,27822
12	0		4,64	21,568	1,33380
	12		4,08	24,512	1,38937
13	0		3,59	27,858	1,44495
	12		3,16	31,661	1,50052
14	0		2,78	35,983	1,55610
	12		2,45	40,895	1,61167
15	0		2,15	46,478	1,66725
	12		1,89	52,823	1,72282
16	0		1,67	60,034	1,77840
	12		1,47	68,230	1,83397
17	0		1,29	77,544	1,88955
	12		1,13	88,130	1,94512
18	0		1,00	100,161	2,00070
	12		0,88	113,835	2,05627
19	0		0,77	129,375	2,11185
	12		0,68	147,036	2,16742
20	0		0,60	167,109	2,22300
	12		0,53	189,922	2,27857
21	0		0,46	215,849	2,33415

Quecksilber 203

Halbwertzeit 47 d

t			N_t	N_0/N_t	$\log_{10} N_0/N_t$
d	h	min			
0	0		100,00	1,000	0,00000
	12		99,27	1,007	0,00320
1	0		98,54	1,015	0,00640
	12		97,81	1,022	0,00961
2	0		97,09	1,030	0,01281
	12		96,38	1,038	0,01601
3	0		95,67	1,045	0,01921
	12		94,97	1,053	0,02242
4	0		94,27	1,061	0,02562
	12		93,58	1,069	0,02882
5	0		92,89	1,077	0,03202
	12		92,21	1,084	0,03523
6	0		91,53	1,093	0,03843
	12		90,86	1,101	0,04163
7	0		90,19	1,109	0,04483
	12		89,53	1,117	0,04804
8	0		88,87	1,125	0,05124
	12		88,22	1,134	0,05444
9	0		87,57	1,142	0,05764
	12		86,93	1,150	0,06085
10	0		86,29	1,159	0,06405
	12		85,65	1,167	0,06725
11	0		85,02	1,176	0,07045
	12		84,40	1,185	0,07366
12	0		83,78	1,194	0,07686
	12		83,16	1,202	0,08006
13	0		82,55	1,211	0,08326
	12		81,95	1,220	0,08647
14	0		81,35	1,229	0,08967
	12		80,75	1,238	0,09287
15			80,15	1,248	0,09607
16			78,98	1,266	0,10248
17			77,82	1,285	0,10888
18			76,69	1,304	0,11529
19			75,56	1,323	0,12169
20			74,46	1,343	0,12810
21			73,37	1,363	0,13450
22			72,29	1,383	0,14091
23			71,23	1,404	0,14731
24			70,19	1,425	0,15372
25			69,16	1,446	0,16012
26			68,15	1,467	0,16653
27			67,15	1,489	0,17293
28			66,17	1,511	0,17934
29			65,20	1,534	0,18574
30			64,25	1,556	0,19215
31			63,31	1,580	0,19855
32			62,38	1,603	0,20496
33			61,47	1,627	0,21136
34			60,57	1,651	0,21777
35			59,68	1,676	0,22417
36			58,81	1,701	0,23058
37			57,95	1,726	0,23698
38			57,10	1,751	0,24339
39			56,26	1,777	0,24979
40			55,44	1,804	0,25620
41			54,63	1,831	0,26260
42			53,83	1,858	0,26901
43			53,04	1,885	0,27541
44			52,26	1,913	0,28182
45			51,50	1,942	0,28822
46			50,74	1,971	0,29463
47			50,00	2,000	0,30103
48			49,27	2,030	0,30744
49			48,55	2,060	0,31384
50			47,84	2,090	0,32025
51			47,14	2,122	0,32665
52			46,45	2,153	0,33306
53			45,77	2,185	0,33946
54			45,10	2,218	0,34587
55			44,44	2,250	0,35227
56			43,78	2,284	0,35868
57			43,14	2,318	0,36508
58			42,51	2,352	0,37149
59			41,89	2,387	0,37789
60			41,28	2,423	0,38430
62			40,08	2,495	0,39710
64			38,91	2,570	0,40991
66			37,78	2,647	0,42272
68			36,68	2,726	0,43553
70			35,62	2,808	0,44834
72			34,58	2,892	0,46115
74			33,58	2,978	0,47396
76			32,60	3,067	0,48677
78			31,65	3,159	0,49958
80			30,73	3,254	0,51239
82			29,84	3,351	0,52520
84			28,97	3,452	0,53801
86			28,13	3,555	0,55082
88			27,31	3,661	0,56363
90			26,52	3,771	0,57644
92			25,75	3,884	0,58925
94			25,00	4,000	0,60206
96			24,27	4,120	0,61487
98			23,57	4,243	0,62768
100			22,88	4,370	0,64049
102			22,22	4,501	0,65330
104			21,57	4,636	0,66611
106			20,94	4,774	0,67892
108			20,34	4,917	0,69173
110			19,75	5,065	0,70454
112			19,17	5,216	0,71735
114			18,61	5,372	0,73016
116			18,07	5,533	0,74297
118			17,55	5,699	0,75578
120			17,04	5,869	0,76859
122			16,54	6,045	0,78140
124			16,06	6,226	0,79421
126			15,59	6,412	0,80702
128			15,14	6,604	0,81983
130			14,70	6,802	0,83264
132			14,27	7,006	0,84545
134			13,86	7,215	0,85826
136			13,46	7,431	0,87107
138			13,07	7,654	0,88388
140			12,69	7,883	0,89669
145			11,78	8,486	0,92871
150			10,95	9,136	0,96074
155			10,17	9,835	0,99276
160			9,45	10,587	1,02479
165			8,77	11,398	1,05681
170			8,15	12,270	1,08884
175			7,57	13,209	1,12086
180			7,03	14,220	1,15289
185			6,53	15,308	1,18491
190			6,07	16,479	1,21693
195			5,64	17,740	1,24896
200			5,24	19,098	1,28098
205			4,86	20,559	1,31301
210			4,52	22,133	1,34503
215			4,20	23,826	1,37706
220			3,90	25,650	1,40908
225			3,62	27,613	1,44111
230			3,36	29,726	1,47313
235			3,12	32,000	1,50516
240			2,90	34,449	1,53718
245			2,70	37,086	1,56921
250			2,50	39,924	1,60123
255			2,33	42,979	1,63325
260			2,16	46,268	1,66528
265			2,01	49,809	1,69730
270			1,86	53,620	1,72933
275			1,73	57,724	1,76135
280			1,61	62,141	1,79338
285			1,49	66,896	1,82540
290			1,39	72,016	1,85743
295			1,29	77,527	1,88945
300			1,20	83,460	1,92148
305			1,11	89,846	1,95350
310			1,03	96,722	1,98552
315			0,96	104,124	2,01755
320			0,89	112,092	2,04957
325			0,83	120,670	2,08160
330			0,77	129,904	2,11362
335			0,72	139,845	2,14565
340			0,66	150,547	2,17767
345			0,62	162,068	2,20970
350			0,57	174,470	2,24172
355			0,53	187,822	2,27375
360			0,49	202,195	2,30577

Bestandteile der lebenden Materie

Kohlenhydrate[1]

Die Kohlenhydrate sind organische Verbindungen von der allgemeinen Formel $C_x(H_2O)_y$**, enthalten also Wasserstoff und Sauerstoff im Verhältnis 2:1. Die Bezeichnung wird aber auch auf Reduktions- und Oxydationsprodukte der eigentlichen Kohlenhydrate sowie auf deren einfache Derivate, wie Amino- und phosphorylierte Zucker, angewandt.

Kohlenhydrate werden oft auch «Zucker» (Saccharide) genannt, da viele derselben einen süßen Geschmack aufweisen***. Dieser Ausdruck, der jedoch nur ungenau definiert ist und eine Vielfalt von Kohlenhydratverbindungen umfaßt, wird vom Zuckerchemiker nur zur Bezeichnung von Mono- und Oligosacchariden, nicht aber von Polysacchariden angewandt (siehe unten). Mono- und Oligosaccharide erhalten Eigennamen mit der Endung «-ose», zum Beispiel Glucose, Fructose, Lactose.

Monosaccharide (siehe auch S. 307–310)

Kohlenhydrate, die sich durch Hydrolyse nicht weiter spalten lassen, werden einfache Zucker oder Monosaccharide genannt und in Aldehydalkohole (Aldosen) und Ketonalkohole (Ketosen) eingeteilt. Sie haben die empirische Formel $[C(H_2O)]_n$.

Aldose	Ketose
	CH_2OH
CHO	CO
$[CHOH]_n$	$[CHOH]_n$
CH_2OH	CH_2OH

Zucker mit einer Kettenlänge von 3, 4, 5, 6 usw. Kohlenstoffatomen nennt man Triosen, Tetrosen, Pentosen, Hexosen usw.†. Die Numerierung wird am Beispiel der Strukturen von Glucose und Fructose veranschaulicht.

Glucose	Fructose
1 CHO	1 CH_2OH
2 HCOH	2 CO
3 HOCH	3 HOCH
4 HCOH	4 HCOH
5 HCOH	5 HCOH
6 CH_2OH	6 CH_2OH

Die offene Kettenstruktur der Zucker (Aldehyd- oder Ketonform) kommt normalerweise nur in wässeriger Lösung vor, wo sie eine Übergangsform im Gleichgewicht mit der Ringstruktur darstellt. Kohlenhydrate mit längeren Ketten haben in der Regel Ringstruktur, wobei der Ring mit wenigen Ausnahmen 5- oder 6gliedrig ist. In Analogie zu den ähnlichen heterozyklischen Verbindungen†† Furan und Pyran werden diese Ringstrukturen als *Furanosen* und *Pyranosen* bezeichnet:

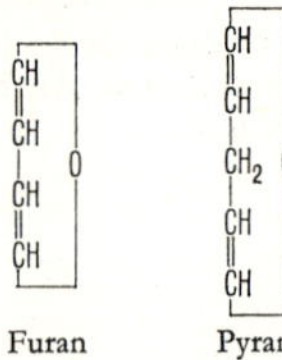

Furan Pyran

Der Ringschluß geschieht durch Reaktion der Hydroxylgruppe in 4- oder 5-Stellung mit der Carbonylgruppe, wobei Furanosen oder Pyranosen entstehen. Dabei bildet sich eine Sauerstoffbrücke zwischen den entsprechenden Kohlenstoffatomen und eine Hydroxylgruppe am Kohlenstoffatom der ursprünglichen Carbonylgruppe:

Kettenform (Aldose) → Ringform Kettenform (Ketose) → Ringform

Dabei entsteht ein intramolekulares Semiacetal (bei Aldosen) oder Semiketal (bei Ketosen).

Acetal	Semiacetal	Ketal	Semiketal
R–CH(OR')(OR')	R–CH(OR')(OH)	R–C(R'')(OR')(OR')	R–C(R'')(OR')(OH)

Die Hydroxylgruppe am Semiacetal- oder Semiketal-Kohlenstoffatom (C-1 bzw. C-2) ist besonders aktiv und wird als glycosidisches Hydroxyl bezeichnet. Dieses reagiert leicht mit alkoholischen oder phenolischen Gruppen anderer Moleküle, wobei mit Reaktionspartnern, die keine Zucker sind (Aglycone), die sogenannten *Glycoside* entstehen:

Zucker + CH_3OH → Glycosid + H_2O

Zucker Aglycon (hier Methanol) Glycosid (Methylglycosid) — Aglyconrest (CH_3)

Findet die Reaktion mit einem anderen Zuckermolekül statt, so entsteht anstelle des Glycosids ein Disaccharid (siehe «Oligo- und Polysaccharide», S. 306).

Die Stereochemie der Zucker

Die Stereoisomerie der Zucker und verwandter Verbindungen ist von besonderer Bedeutung für die Biochemie† und soll deshalb an dieser Stelle etwas genauer behandelt werden. Für genaue Einzelheiten siehe Honeyman[2].

Ein Kohlenstoffatom mit vier verschiedenen Substituenten, wie zum Beispiel C-2 des Glycerinaldehyds, nennt man *asymmetrisch*. Da diese Anordnung mit ihrem Spiegelbild nicht gedeckt werden kann, entsteht durch diese Asymmetrie eine mit optischer Aktivität einhergehende Isomerie. Die zwei räumlich möglichen Konfigurationen der Substituenten werden leicht anschaulich, wenn man sich das Kohlenstoffatom im Zentrum eines regelmäßigen Tetraeders und die Valenzen auf die Ecken desselben gerichtet vorstellt. Die beiden möglichen Konfigurationen des Glycerinaldehyds in Abbildung 1 können auf keine Art und Weise miteinander gedeckt werden. Sie stehen zueinander in der gleichen Beziehung wie ein Objekt zu seinem Spiegelbild und werden als enantiomorphe Formen bezeichnet. An einem Kohlenstoffatom mit mindestens zwei gleichen Substituenten tritt keine solche Asymmetrie auf.

Enantiomorphe Isomere sind optisch aktiv, das heißt, in einer Lösung dreht das eine Isomere die Ebene des polarisierten Lichtes um den gleichen Betrag nach rechts, wie das andere Isomere die Ebene nach links dreht. Das Ausmaß der Drehung ist von der Schichtdicke (Länge des Polarimeterrohrs), der Wellenlänge des

---

* Dieser Abschnitt «Bestandteile der lebenden Materie», S. 302–382, entstand in Zusammenarbeit mit Sir Hans Krebs, F. R. S., I. O. Walker und P. R. Raggatt (Department of Biochemistry, University of Oxford, England), L. I. Woolf (Department of the Regius Professor of Medicine, Radcliffe Infirmary, Oxford, England), J. R. Quayle (Department of Microbiology, The University, Sheffield, England) und J. M. Lowenstein (Graduate Department of Biochemistry, Brandeis University, Waltham, Mass., USA).

** Es gibt auch Verbindungen mit dieser Summenformel, die nicht in die Klasse der Kohlenhydrate gehören, wie zum Beispiel Essigsäure, Milchsäure, Phloroglucin.

*** Fructose ist der süßeste Zucker. Polysaccharide haben keinen Geschmack.

† Nach Beilstein (1938) werden diese Bezeichnungen von der Anzahl Sauerstoffatome abgeleitet. Für die «gewöhnlichen» Monosaccharide $[C(H_2O)]_n$ sind beide Nomenklaturen identisch, während sie bei substituierten und Desoxyzuckern verschieden sind. Im allgemeinen wird die auf die Anzahl Kohlenstoffatome Bezug nehmende Nomenklatur bevorzugt, da diese ein besseres Verständnis des Kohlenhydratstoffwechsels gestattet.

†† Heterozyklen sind zyklische Verbindungen, deren Ringe neben Kohlenstoffatomen mindestens ein Atom eines anderen Elementes enthalten.

† Die Stereoisomerie ist in der Natur nicht nur im Fall der Kohlenhydrate, sondern für alle Verbindungen, die als Stereoisomere auftreten können, von Bedeutung. Diese besteht darin, daß die in der Natur vorkommenden Reaktionen meist nur spezifische Stereoisomere synthetisieren oder abbauen und sich so in charakteristischer Weise von den Laboratoriumssynthesen unterscheiden. Eine Ursache für diese Besonderheit ist die Stereospezifität mancher Enzyme, wobei aber der grundlegende Mechanismus unbekannt ist.

Abb. 1 Die Stereoisomerie des Glycerinaldehyds

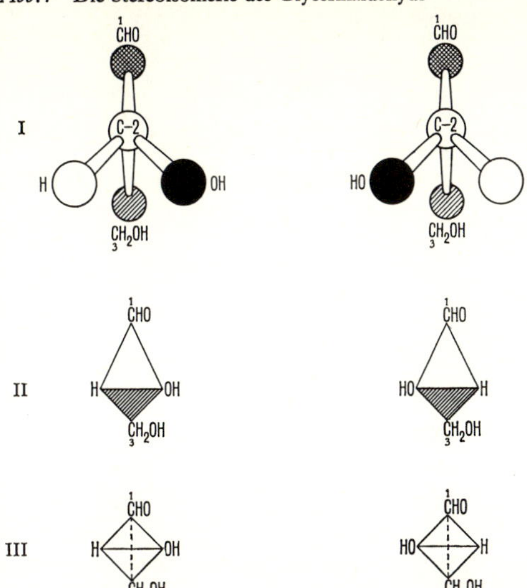

I Atommodelle.

II Tetraederdarstellung von I. Die C-1 und C-3 verbindende Kante des Tetraeders ist unsichtbar (in oder unter der Papierebene verlaufend), ebenso wie das im Tetraeder liegende, asymmetrische Kohlenstoffatom C-2.

III Übliche Darstellung der Tetraeder. Die zwischen C-1 und C-3 in der Papierebene liegende Kante wird durch eine durchbrochene Linie, alle anderen über der Papierebene verlaufenden Kanten werden durch ausgezogene Linien dargestellt.

verwendeten polarisierten Lichtes, der Art des Lösungsmittels und dessen Temperatur abhängig*. Die Drehrichtung wurde ursprünglich durch die Vorsilben *dextro-* (*d-*) und *laevo-* (*l-*) bezeichnet. Die gleichbedeutenden Zeichen (+) und (−) werden heute bevorzugt**.

Bei Mischung zweier enantiomorpher Isomere in gleicher Konzentration heben sich die Drehungen gegenseitig auf. Diese Art optisch *inaktiver* Verbindung wird *Racemat* genannt und mit der Bezeichnung *dl-* oder DL- versehen**.

Das Racemat darf nicht mit der ebenfalls optisch inaktiven *Mesoform* verwechselt werden, die dort vorkommt, wo in einem Molekül mit mehr als einem Asymmetriezentrum dieses als Ganzes ein Symmetriezentrum oder eine Symmetrieebene aufweist. Die verschiedenen Drehrichtungen heben sich in diesem Fall innerhalb des Moleküls auf (intramolekulare Kompensation). Diese racemischen und Mesoformen sind für die Beispiele der Weinsäure und des Cyclohexanhexols dargestellt:

Isomere der Weinsäure

Racemat

COOH | HCOH | HOCH | COOH — *dextro*

COOH | HOCH | HCOH | COOH — *laevo*

(Spiegelbilder)

COOH | HCOH | HCOH | COOH oder COOH | HOCH | HOCH | COOH — *meso*

Symmetrieebene

(Identische Formen, die durch Drehung um 180° in der Papierebene ineinander übergehen)

* Die spezifische Drehung [α] ist als die Drehung in Graden definiert, welche 1 g Substanz in 1 ml Lösung in einem Polarimeterrohr von 10 cm Länge bewirkt. Als Lichtquelle wird gewöhnlich die D-Linie des Natriums verwendet. Temperatur, Wellenlänge der Lichtquelle, Lösungsmittel und Konzentration müssen angegeben werden, wenn diese von der Definition abweichen, zum Beispiel $[\alpha]_D^{25°}$, 20% (H_2O) = +12°.

** Von den Bezeichnungen *d-* und *l-* für optische Drehungen kommt man mehr und mehr ab unter Bevorzugung von *dextro-* und *laevo-* oder besser noch (+) und (−). So wird auch DL- für Racemate bevorzugt.

Isomere des Cyclohexanhexols (Inosit)

Mesoformen*:

Racemat

Optisch aktive, enantiomorphe Formen:

(Die senkrechten Linien zeigen die Stellungen der OH-Gruppen, die durchbrochenen die Symmetrieebenen.)

Mesoformen kommen bei Zuckern nicht vor, da die Carbonylgruppe auf der einen Seite des Ringes eine Mesosymmetrie verunmöglicht.

Die Einteilung der Kohlenhydratmoleküle geschieht nach deren Beziehungen zum einfachsten optisch aktiven Zucker Glycerinaldehyd, dem ROSANOFF[3] willkürlich folgende Konfiguration zugeteilt hat:

Projektionsformeln (FISCHER)

CHO | H–C–OH | CH_2OH ≡ CHO | HCOH | CH_2OH — Rechtsdrehender Glycerinaldehyd

CHO | HO–C–H | CH_2OH ≡ CHO | HOCH | CH_2OH — Linksdrehender Glycerinaldehyd

(Steht die Carbonylgruppe oben, so wird für die rechtsdrehende Verbindung die Hydroxylgruppe am asymmetrischen Kohlenstoffatom rechts, für die linksdrehende Verbindung links geschrieben.)

Zucker mit längeren Kohlenstoffketten werden vom rechts- oder linksdrehenden Glycerinaldehyd durch wiederholtes Einschieben sekundärer Alkoholgruppen (–CHOH) an der Carbonylgruppe abgeleitet. Mit jedem weiteren Asymmetriezentrum wächst die Zahl der möglichen Isomeren, wobei die optische Drehung in bezug auf die vorangehende Verbindung zu- oder abnehmen, ja sogar die Richtung wechseln kann. Die Bezeichnungen *d-* oder *l-* für die Drehrichtung eines Zuckers zeigen also in keiner Weise an, ob sich dieser vom rechts- oder linksdrehenden Glycerinaldehyd ableitet. Die letztere Verwandtschaftsbeziehung wird durch die von ROSANOFF eingeführten Bezeichnungen D- und L- angegeben. Es werden alle diejenigen Zucker (und verwandte Verbindungen, wie die Weinsäure) der D-Reihe zugeteilt, bei denen die von der Hauptfunktion (das heißt Aldehyd-, Keto-, Carbonylgruppe usw.) am weitesten entfernte sekundäre Alkoholgruppe die gleiche räumliche Konfiguration hat wie der rechtsdrehende Glycerinaldehyd. Hat diese Alkoholgruppe eine dem linksdrehenden Glycerinaldehyd entsprechende Konfiguration, so wird die Verbindung der L-Reihe zugeteilt. Für den Fall der Weinsäure konnte gezeigt werden, daß diese willkürlich angenommene Konfiguration mit der absoluten übereinstimmt, die von BIJVOET[4] mittels physikalischer Methoden bestimmt wurde.

Die natürlich vorkommenden Zucker gehören mit wenigen Ausnahmen zur D-Reihe. Die Aldosen und Ketosen der D-Reihe bis zu einer Kettenlänge von 6 sind in den Abbildungen 2 und 3 zusammengestellt.

Da also die D- bzw. L-Bezeichnung keinen Anhaltspunkt für die Drehrichtung gibt, wird nötigenfalls das entsprechende Vorzeichen hinzugefügt, zum Beispiel D-(+)-Glycerinaldehyd, D-(−)-Erythrose. Bei der Weinsäure gehört die rechtsdrehende Form zur L-Reihe, die linksdrehende zur D-Reihe, so daß also die entsprechenden Bezeichnungen L-(+)-Weinsäure und D-(−)-Weinsäure sind. D-Isomere sind zu den L-Isomeren enantiomorph und zeigen entgegengesetzte Drehung; DL-Verbindungen sind deshalb Racemate.

Durch Ringschluß eines kettenförmigen Kohlenhydratmoleküls entsteht aus der ursprünglichen Carbonylgruppe eine sekundäre Alkoholgruppe, wobei ein weiteres Asymmetriezentrum auftritt. Die auf diese Weise entstehenden zyklischen, stereoisomeren Zuckermoleküle werden durch die Zeichen α und β unterschieden (nach HUDSON[5]), wobei dasjenige Isomere, das in der D-Reihe stärker nach *rechts* und in der L-Reihe stärker nach *links* dreht, mit α bezeichnet wird. In der Projektionsformel nach FISCHER wird die OH-Gruppe rechts vom asymmetrischen Kohlenstoffatom

* Obwohl alle diese sieben Strukturen optisch inaktive Mesoformen sind, wird der Name Mesoinosit nur auf die fünfte Verbindung von links angewandt.

Abb. 2 Konfigurationsbeziehungen der D-Aldosen

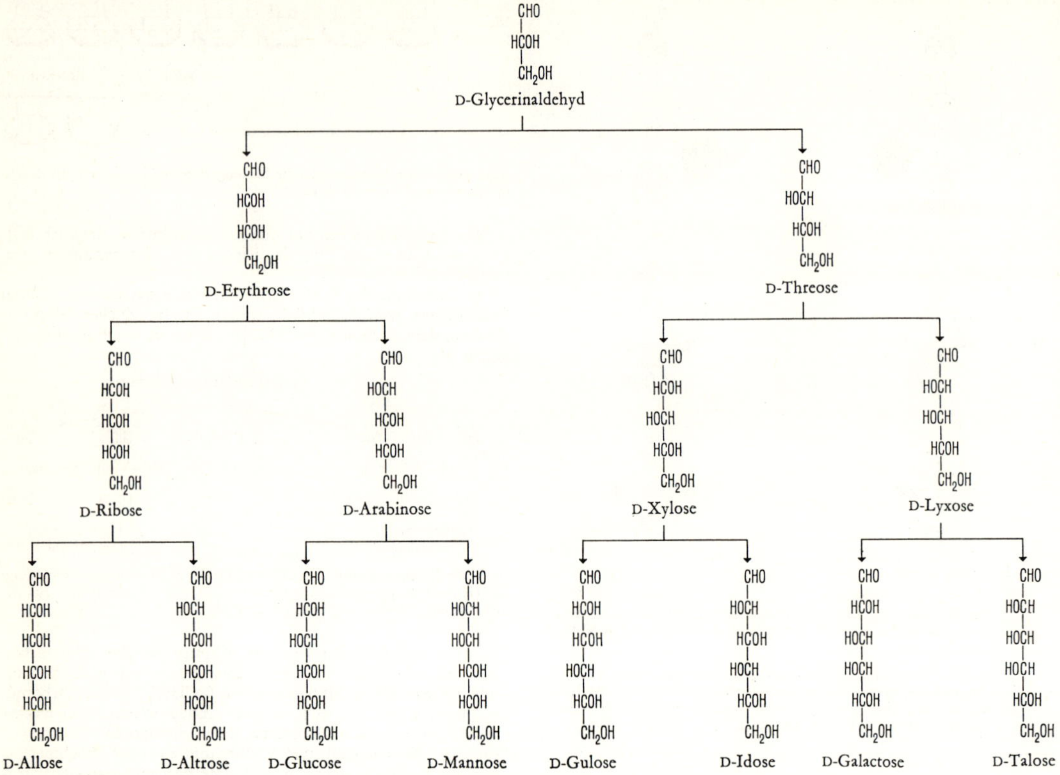

Verbindung	Formel (von oben nach unten)
D-Glycerinaldehyd	CHO – HCOH – CH_2OH
D-Erythrose	CHO – HCOH – HCOH – CH_2OH
D-Threose	CHO – HOCH – HCOH – CH_2OH
D-Ribose	CHO – HCOH – HCOH – HCOH – CH_2OH
D-Arabinose	CHO – HOCH – HCOH – HCOH – CH_2OH
D-Xylose	CHO – HCOH – HOCH – HCOH – CH_2OH
D-Lyxose	CHO – HOCH – HOCH – HCOH – CH_2OH
D-Allose	CHO – HCOH – HCOH – HCOH – HCOH – CH_2OH
D-Altrose	CHO – HOCH – HCOH – HCOH – HCOH – CH_2OH
D-Glucose	CHO – HCOH – HOCH – HCOH – HCOH – CH_2OH
D-Mannose	CHO – HOCH – HOCH – HCOH – HCOH – CH_2OH
D-Gulose	CHO – HCOH – HCOH – HOCH – HCOH – CH_2OH
D-Idose	CHO – HOCH – HCOH – HOCH – HCOH – CH_2OH
D-Galactose	CHO – HCOH – HOCH – HOCH – HCOH – CH_2OH
D-Talose	CHO – HOCH – HOCH – HOCH – HCOH – CH_2OH

(D-Glycerinaldehyd → D-Erythrose, D-Threose; D-Erythrose → D-Ribose, D-Arabinose; D-Threose → D-Xylose, D-Lyxose; D-Ribose → D-Allose, D-Altrose; D-Arabinose → D-Glucose, D-Mannose; D-Xylose → D-Gulose, D-Idose; D-Lyxose → D-Galactose, D-Talose)

geschrieben, wenn das Isomere stärker nach rechts (α-D- oder β-L-Konfiguration), und links davon, wenn das Isomere stärker nach links dreht (β-D- oder α-L-Konfiguration):

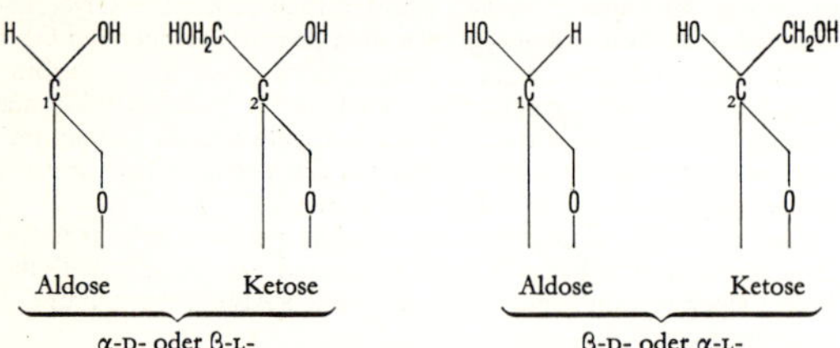

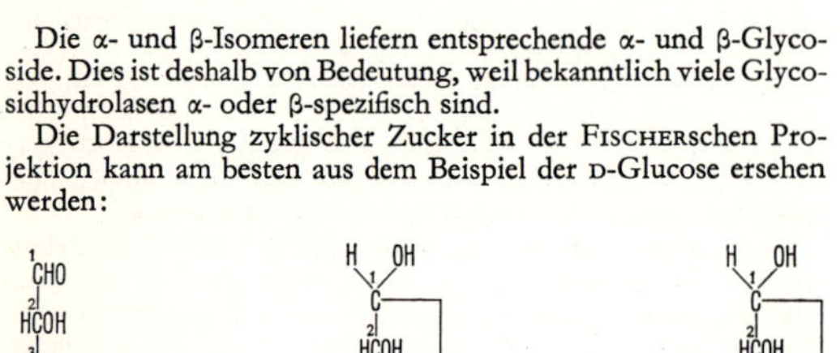

α-D- oder β-L-   β-D- oder α-L-

Die α- und β-Isomeren liefern entsprechende α- und β-Glycoside. Dies ist deshalb von Bedeutung, weil bekanntlich viele Glycosidhydrolasen α- oder β-spezifisch sind.

Die Darstellung zyklischer Zucker in der FISCHERschen Projektion kann am besten aus dem Beispiel der D-Glucose ersehen werden:

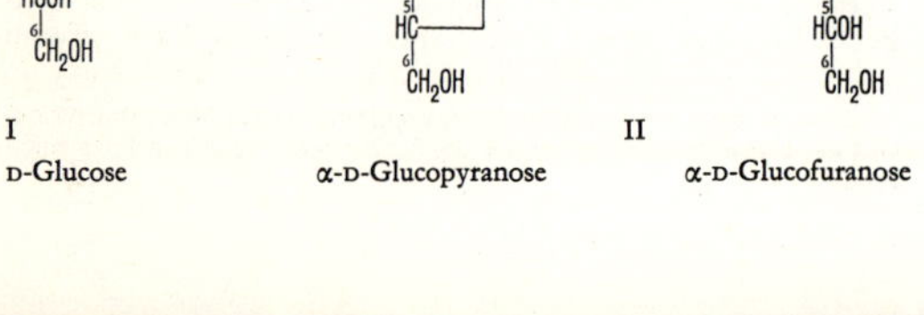

I: [1]CHO – [2]HCOH – [3]HOCH – [4]HCOH – [5]HCOH – [6]CH_2OH ⟶ α-D-Glucopyranose: H, OH an [1]C – [2]HCOH – [3]HOCH – [4]HCOH – [5]HC – [6]CH_2OH (O-Brücke C-1–C-5) oder II: α-D-Glucofuranose: H, OH an [1]C – [2]HCOH – [3]HOCH – [4]HC – [5]HCOH – [6]CH_2OH (O-Brücke C-1–C-4)

I D-Glucose   α-D-Glucopyranose   II α-D-Glucofuranose

Am meisten werden die Ringformeln vom Typus II verwendet, da deren Beziehung zur offenen Formel I leicht zu ersehen ist. Obwohl dabei die sterischen Beziehungen der den Ring aufbauenden Alkoholgruppen (–CHOH) richtig dargestellt sind, geben diese Formeln kein wahres Bild der sterischen Konfiguration der Gruppen um dasjenige C-Atom, das die Sauerstoffbrücke trägt (C-5 für Glucopyranose und C-4 für Glucofuranose). Dies kommt daher, daß nach der oben beschriebenen Vereinbarung diese Gruppe in Kettenformeln der D-Reihe mit der Hydroxylgruppe nach rechts geschrieben wird.

Im Fall der Pyranosen gibt es eine richtigere Projektion, die für Glucose durch die Formeln III und IV dargestellt ist (durch Rotierung der Bindung zwischen C-4 und C-5 um 180° vor dem Ringschluß):

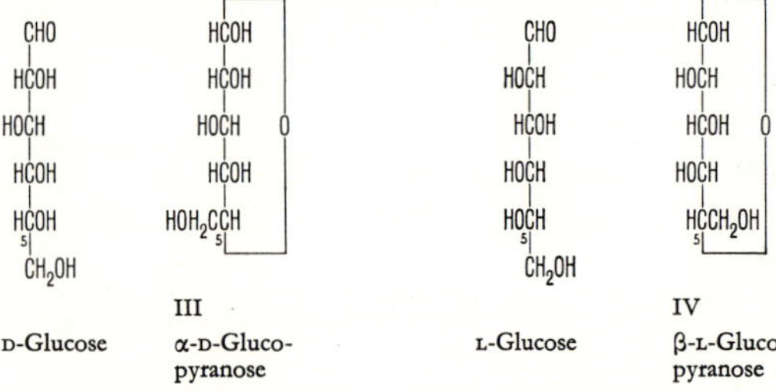

D-Glucose   III α-D-Glucopyranose   L-Glucose   IV β-L-Glucopyranose

In den Formeln III und IV ist nun aber die D- oder L-Konfiguration am C-5 nicht mehr leicht zu erkennen. Diese Unzulänglichkeiten der FISCHERschen Projektion veranlaßten HAWORTH, eine neue Art Ringformel einzuführen, in welcher die sterischen Beziehungen der Gruppen eindeutig dargestellt werden. Der Betrachter sieht den Ring von schräg oben, wobei die drei verdickten Kanten ihm zunächst liegen;

Abb. 3 Konfigurationsbeziehungen der D-Ketosen

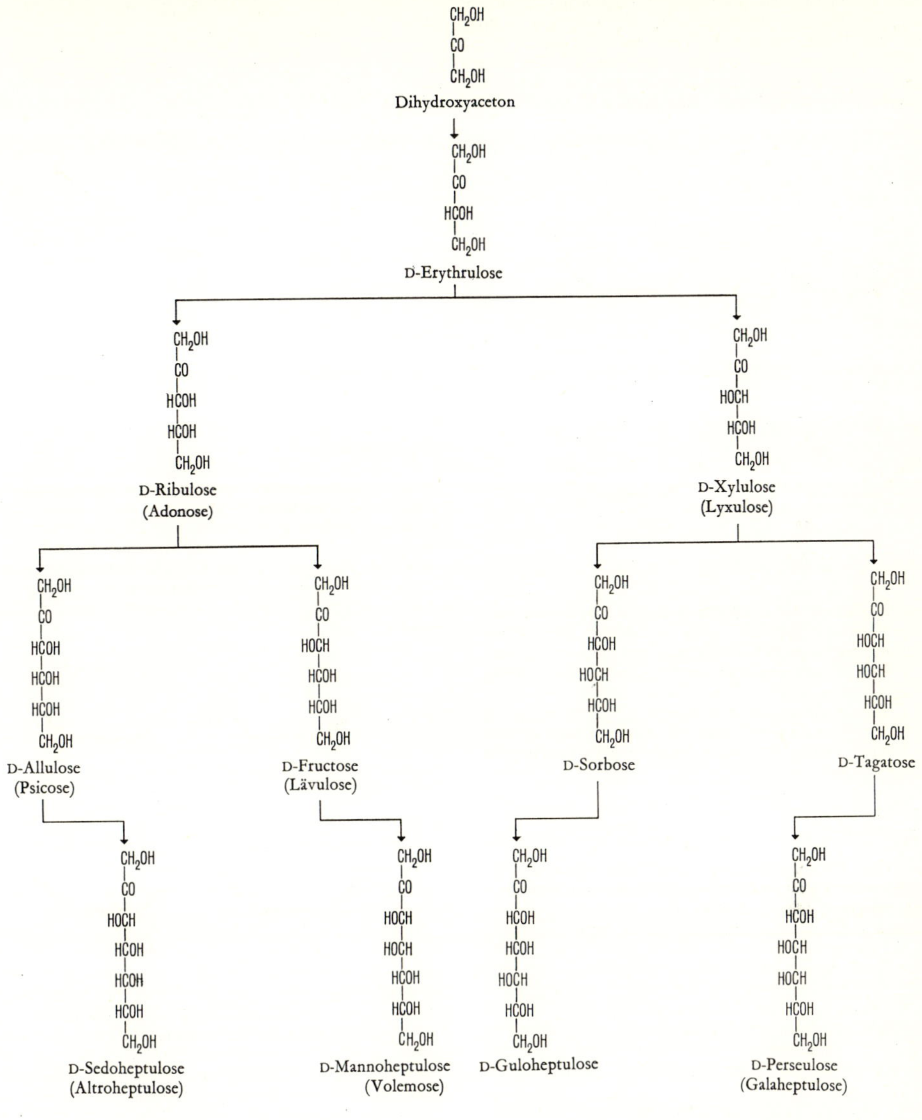

CH_2OH – CO – CH_2OH
Dihydroxyaceton

↓

CH_2OH – CO – HCOH – CH_2OH
D-Erythrulose

CH_2OH – CO – HCOH – HCOH – CH_2OH
D-Ribulose (Adonose)

CH_2OH – CO – HOCH – HCOH – CH_2OH
D-Xylulose (Lyxulose)

CH_2OH – CO – HCOH – HCOH – HCOH – CH_2OH
D-Allulose (Psicose)

CH_2OH – CO – HOCH – HCOH – HCOH – CH_2OH
D-Fructose (Lävulose)

CH_2OH – CO – HCOH – HOCH – HCOH – CH_2OH
D-Sorbose

CH_2OH – CO – HOCH – HOCH – HCOH – CH_2OH
D-Tagatose

CH_2OH – CO – HOCH – HCOH – HCOH – HCOH – CH_2OH
D-Sedoheptulose (Altroheptulose)

CH_2OH – CO – HOCH – HOCH – HCOH – HCOH – CH_2OH
D-Mannoheptulose (Volemose)

CH_2OH – CO – HCOH – HCOH – HOCH – HCOH – CH_2OH
D-Guloheptulose

CH_2OH – CO – HCOH – HOCH – HOCH – HCOH – CH_2OH
D-Perseulose (Galaheptulose)

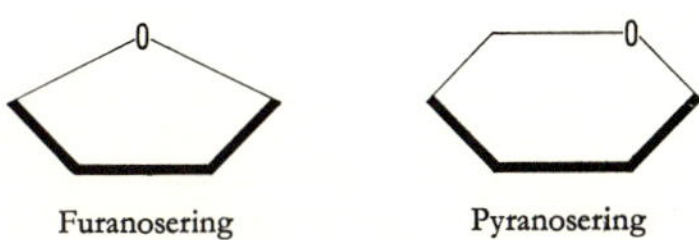

Furanosering　　Pyranosering

Die Stellung der Substituenten entspricht derjenigen der Formeln III und IV:

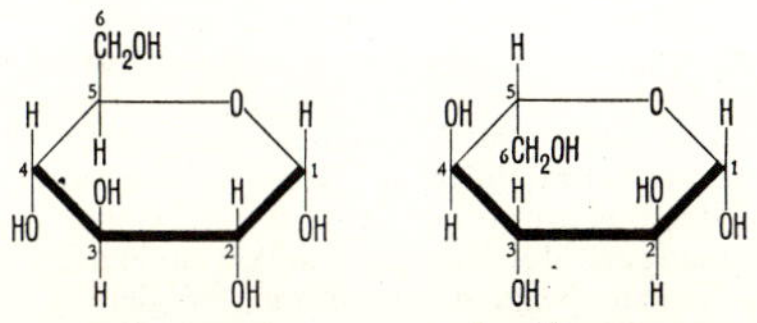

α-D-Glucopyranose　　β-L-Glucopyranose

Im Fall der Hexofuranosen entsteht beim Ringschluß eine Seitenkette. Wenn diese, wie zum Beispiel bei der Glucofuranose, ein asymmetrisches Kohlenstoffatom enthält, so muß die Konfiguration an diesem C-Atom in der HAWORTHschen Formel aufgrund einer geeigneten Konvention dargestellt werden. Die Ableitung aus der Projektionsformel wird am besten am Beispiel der α-D-Glucofuranose veranschaulicht:

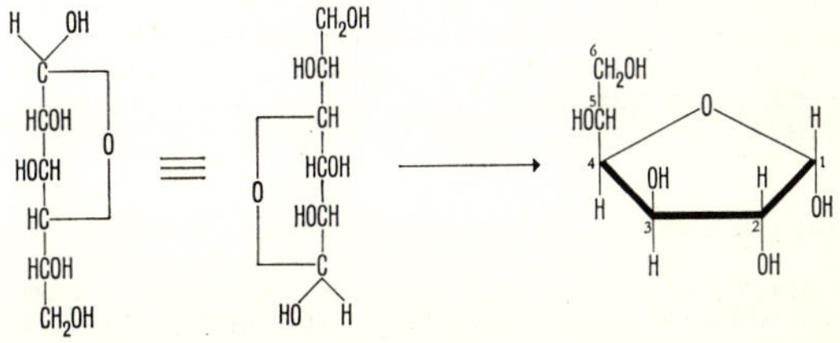

Manchmal werden bei den HAWORTHschen Ringen zur Darstellung von Polysacchariden und anderen komplexen Zuckerverbindungen aus Gründen der Bequemlichkeit Oben und Unten oder Vorne und Hinten vertauscht. Dies geschieht durch eine Drehung des Ringes von 180° um zwei in der Ringebene liegende Achsen oder um eine vertikal durch das Ringzentrum gehende Achse. Diese weiteren Darstellungen sind für α-D-Glucopyranose die folgenden:

Es ist heute bekannt, daß der Pyranosering im Gegensatz zum meist planen Furanosering nicht in einer Ebene liegt. Die meisten seiner Eigenschaften lassen sich durch Annahme der «Sessel»form erklären. Weitere Einzelheiten der Strukturanalyse siehe in der Literatur[6].

Wichtige Monosaccharide sind in Tabelle 1 zusammengestellt (S. 307–310). Zur Analyse der Zucker hat besonders die Chromatographie Eingang gefunden[7]; viele spezifische Farbreaktionen wurden ausgearbeitet[8].

Zuckerphosphate[9]

Phosphorylierte Zucker sind Zwischenprodukte bei der Glycolyse sowie Bestandteile von Nucleinsäuren, Nucleotiden und Polysacchariden[10] (siehe Tabelle 2, S. 311–315).

Die Trennung der Zuckerphosphate durch Papierchromatographie[11], Elektrophorese[12] und Chromatographie an Ionenaustauschern[13] wurde weitgehend ausgearbeitet. Die quantitative Bestimmung des Phosphats wird gewöhnlich durch spektrophotometrische Messung von Molybdänblau durchgeführt, das als intensiv gefärbtes Reduktionsprodukt der Phosphomolybdänsäure entsteht. Es sind Methoden zur spezifischen Darstellung dieses Komplexes aus verschiedenartigen organischen Phosphaten bekannt[14].

Die Beständigkeit der Phosphatgruppen gegen saure oder alkalische Hydrolyse ist sehr unterschiedlich[15], und es konnte bisher noch keine genaue Beziehung zwischen Hydrolysengeschwindigkeit und Stellung der Gruppen aufgefunden werden. Unter den Reaktionsbedingungen der sauren oder alkalischen Hydrolyse kann es, wie zum Beispiel im Fall der Phosphoglycerinsäure, zu einer Wanderung der Phosphatgruppe kommen[16].

Mehrwertige Alkohole[17]

Diese Verbindungen können als Reduktionsprodukte der Monosaccharide betrachtet werden und kommen weit verbreitet im Pflanzenreich sowie auch, in beschränkterem Maße, in Säugetiergeweben vor. Es sind meist kristalline Verbindungen von oft süßem Geschmack und ohne reduzierende Eigenschaften. Die für die Säugetiere wichtigen sind in Tabelle 3 (S. 316) zusammengestellt.

Die primären Oxydationsprodukte von Kohlenhydraten

Die Nomenklatur der durch Oxydation der terminalen Gruppen von Aldosen erhaltenen Verbindungen wird wie folgt abgeleitet:

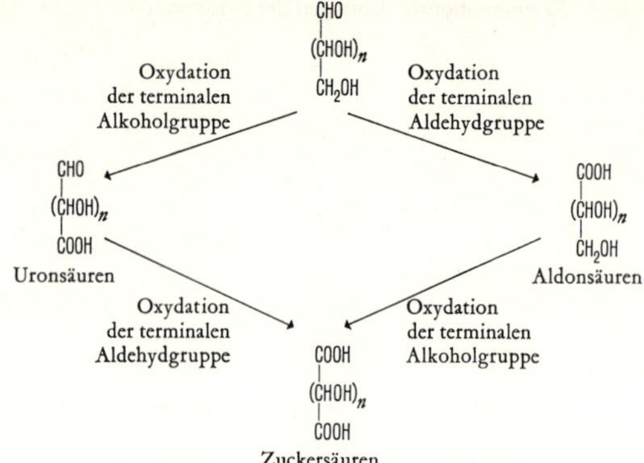

Die für die Säugetiere wichtigen Oxydationsprodukte von Kohlenhydraten sind in Tabelle 4 (S. 317) zusammengestellt.

Oligosaccharide

Oligosaccharide setzen sich aus glycosidisch miteinander verbundenen Monosacchariden oder deren Derivaten zusammen. Die Bindungen können ein- oder beidseitig glycosidisch sein. In der Nomenklatur der Oligosaccharide werden Zuckereinheiten in Verbindungen des ersten Typus mit den Endungen «-osido» und «-ose», die Einheiten von Verbindungen des zweiten Typus mit «-osido» und «-osid» versehen. Dies ist im folgenden Schema dargestellt:

-osido -ose

-osido -osid

Die Bezeichnung «Oligosaccharid» wird im allgemeinen für Verbindungen mit zwei bis zehn Monosaccharideinheiten verwendet. Die Oligosaccharide können reduzierend oder nichtreduzierend sein, je nachdem sie freie Semiacetalhydroxylgruppen enthalten oder nicht. Die ein Oligosaccharid aufbauenden Monosaccharide werden durch saure oder enzymatische Hydrolyse freigesetzt.

Wichtige Oligosaccharide sind in Tabelle 5 (S. 318) zusammengestellt. Eine Vielfalt von Oligosacchariden wird im Pflanzenreich angetroffen.

Polysaccharide[18]

Polysaccharide sind wie die Oligosaccharide aus Monosaccharideinheiten und deren Derivaten aufgebaut. Sie unterscheiden sich von den Oligosacchariden dadurch, daß ihre Moleküle zehn bis einige tausend Einheiten enthalten. Der am häufigsten vorkommende Baustein ist D-Glucose; es kommen aber auch D-Mannose, D- und L-Galactose, D-Xylose, L-Arabinose, Uronsäuren (D-Glucuronsäure, D-Galacturonsäure und D-Mannuronsäure) und Aminozucker (D-Glucosamin, D-Galactosamin, deren N-Acetylderivate und Schwefelsäureester) vor. Im Gegensatz zu den Oligosacchariden sind viele Polysaccharide unlöslich und nichtreduzierend.

Ihre Struktur konnte durch chemische Methoden[18], das heißt Methylierung und darauffolgende Hydrolyse, Oxydation mit Perjodat, und durch enzymatische Methoden[19] untersucht werden. Die Bestimmung der Molekülgröße von Polysacchariden geschieht auf physikalischem Wege, durch Ultrazentrifugierung, Messung des osmotischen Druckes, der Viskosität und der Lichtstreuung[20].

(Fortsetzung S. 316)

Tabelle 1 Monosaccharide von Bedeutung für die Säugetiere

Die Tabelle enthält auch einige wichtigere Zucker, die Bestandteile von medizinisch interessierenden Verbindungen sind.

Name	Formel und Molgewicht	Struktur	Spezifische Drehung	Vorkommen
		Triosen		
D-Glycerinaldehyd (2,3-Dihydroxy-propanal)	$C_3H_6O_3$ 90,08	CHO / HCOH / CH_2OH	$[\alpha]_D^{20}$ + 13,5°	Als Phosphat (siehe Tabelle 2, S. 311)
s-Dihydroxyaceton (1,3-Dihydroxy-propan-2-on)	$C_3H_6O_3$ 90,08	CH_2OH / CO / CH_2OH oder CH_2OH / C(OH) / CHOH	Inaktiv	Als Phosphat (siehe Tabelle 2, S. 311)
		Tetrosen		
D-Erythrose	$C_4H_8O_4$ 120,11	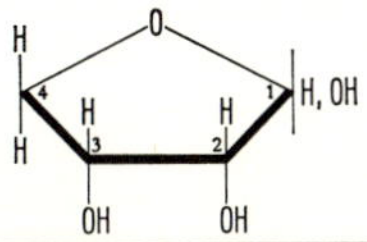	$[\alpha]_D^{20}$ − 14,8°	Als Phosphat (siehe Tabelle 2, S. 311)
L-Erythrulose	$C_4H_8O_4$ 120,11	CH_2OH / CO / HOCH / CH_2OH	$[\alpha]_D^{20}$ + 12°	Als stoffwechselaktives Phosphat (siehe Tabelle 2, S. 311)
2-Desoxy-D-ribose (2-Desoxy-D-erythropentose, Thyminose, Desoxyarabinose)	$C_5H_{10}O_4$ 134,13	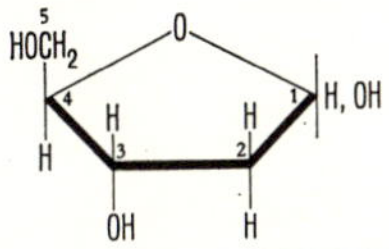	$[\alpha]_D^{25}$ − 50°	Weit verbreitet als Bestandteil von Nucleosiden, Nucleotiden und Nucleinsäuren. Über Phosphate siehe Tabelle 2, S. 312
D-Digitoxose (2-Desoxy-D-altromethylose)	$C_6H_{12}O_4$ 148,16	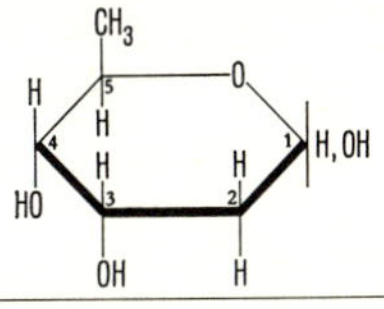	$[\alpha]_D^{20}$ + 46,5°	Bestandteil der Digitalisglycoside
		Pentosen		
β-D-Arabinose	$C_5H_{10}O_5$ 150,13	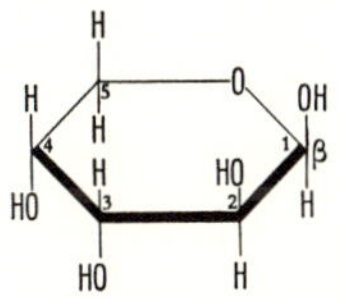	$[\alpha]_D^{20}$ − 105°	In den Glycosiden von Aloe und Tuberkelbazillen
DL-Arabinose	$C_5H_{10}O_5$ 150,13	(Äquimolekulare Mischung von D- und L-Arabinose)	Inaktiv	Aus dem Harn bei Pentosurie isoliert (seltener Fall des Auftretens eines Racemats als Metabolit)
L-Fucose (6-Desoxy-L-galactose)	$C_6H_{12}O_5$ 164,16	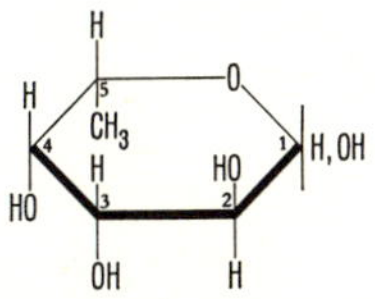	$[\alpha]_D^{20}$ − 153° → + 76°	Bestandteil von Polysacchariden der Frauenmilch (siehe Tabelle 5, S. 318), der Blutgruppensubstanzen (siehe Tabelle 6, S. 322), der Meeralgen und des Tragants
L-Rhamnose (6-Desoxy-L-mannose, Isodulcit)	$C_6H_{12}O_5$ 164,16	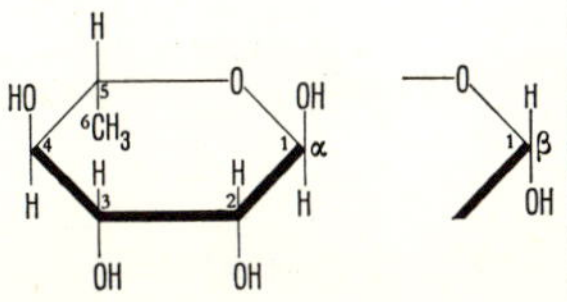	α-Form, 1 H_2O: $[\alpha]_D^{20}$ − 9° β-Form: $[\alpha]_D^{20}$ + 38°	Als Glycosid in Pflanzenpigmenten, -gummi und -schleimen. Bestandteil der Herzglycoside

Tabelle 1 Monosaccharide von Bedeutung für die Säugetiere *(Fortsetzung)*

Name*	Formel und Molgewicht	Struktur	Spezifische Drehung	Vorkommen
D-Ribose (Rib) (D-Ribofuranose)	$C_5H_{10}O_5$ 150,13	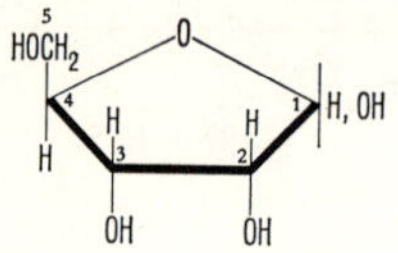	$[\alpha]_D^{20}$ − 23,7° (4%ige Lösung)	Weit verbreitet als Bestandteil von Nucleosiden, Nucleotiden und Nucleinsäuren. Über Phosphate siehe Tabelle 2, S. 311–312
D-Ribulose (D-erythro-Pentulose, D-Adonose, D-Arabulose)	$C_5H_{10}O_5$ 150,13	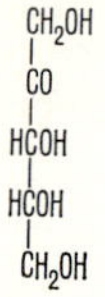	–	In Form von Phosphaten (siehe Tabelle 2, S. 312). Stoffwechselzwischenprodukt bei der Glucoseoxydation
D-Xylulose (D-threo-Pentulose, D-Xyloketose, D-Lyxulose, D-Lyxoketose)	$C_5H_{10}O_5$ 150,13	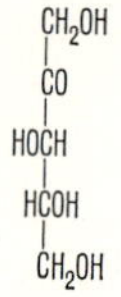	$[\alpha]_D^{20}$ − 33°	Als Phosphat (siehe Tabelle 2, S. 312)
L-Xylulose (L-threo-Pentulose, L-Xyloketose, L-Lyxulose, L-Lyxoketose)	$C_5H_{10}O_5$ 150,13	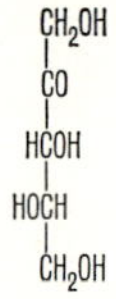	$[\alpha]_D^{20}$ + 33°	Im Harn bei Pentosurie
		Hexosen		
D-Fructose (Fru) (2-Keto-D-arabohexose, Lävulose, Fruchtzucker)	$C_6H_{12}O_6$ 180,16	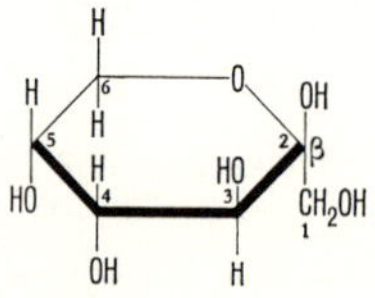 β-D-Fructopyranose 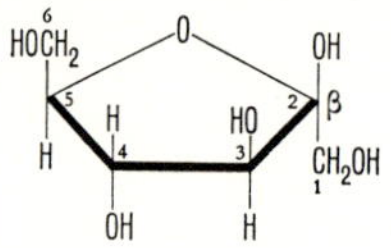 β-D-Fructofuranose	β-Form: $[\alpha]_D^{20}$ − 133,5° → − 92°	In Form von Phosphaten (siehe Tabelle 2, S. 312–313). Bestandteil vieler Polysaccharide (an Glucose gebunden in der Saccharose). In kristalliner Form Pyranose, in allen natürlichen Produkten hingegen Furanose. Ist der süßeste aller Zucker
D-Galactose (Gal) (Cerebrose)	$C_6H_{12}O_6$ 180,16	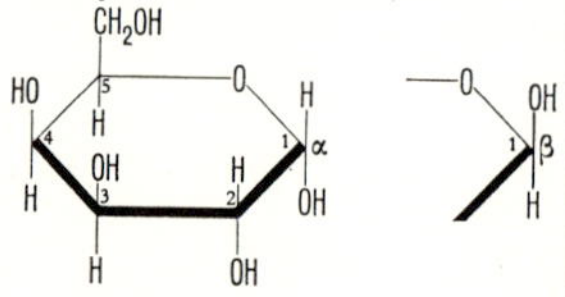	α-Form: $[\alpha]_D^{20}$ + 144° → + 80,5° β-Form: $[\alpha]_D^{20}$ + 54° → + 80,5°	In Säugetiergeweben als Phosphat (siehe Tabelle 2, S. 313). Bestandteil von Cerebrosiden, Gangliosiden und Polysacchariden sowohl als Zucker wie auch als Aminozucker (zum Beispiel Lactose, Raffinose, Stachyose)
D-Galactosamin (GalN) (D-Chondrosamin, 2-Amino-2-desoxy-D-galactose)	$C_6H_{13}NO_5$ 179,17	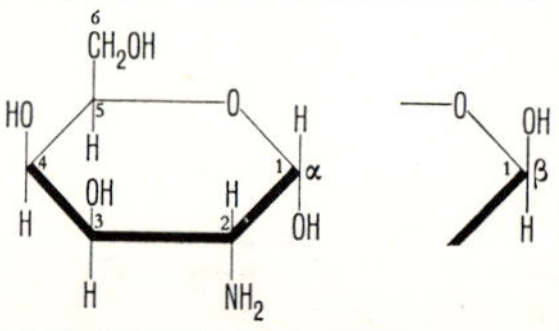	α-Form, 1 HCl: $[\alpha]_D^{20}$ + 135° → + 93° β-Form, 1 HCl: $[\alpha]_D^{20}$ + 39° → + 93°	In der Natur weit verbreitet als Bestandteil von Hyaluronsäure, Mucopolysacchariden, Knorpel, Sehnen (Chondroitin), β-Heparin, Lipoiden, Gehirngangliosiden, Blutgruppensubstanzen (siehe Tabelle 6, S. 320–322)

* Die Dreibuchstabensymbole entsprechen den Empfehlungen der IUPAC–IUB Combined Commission on Biochemical Nomenclature, *J. biol. Chem.*, **241**, 527 (1966).

Tabelle 1 Monosaccharide von Bedeutung für die Säugetiere *(Fortsetzung)*

Name*	Formel und Molgewicht	Struktur	Spezifische Drehung	Vorkommen
N-Acetyl-D-galactosamin	$C_8H_{15}NO_6$ 221,21	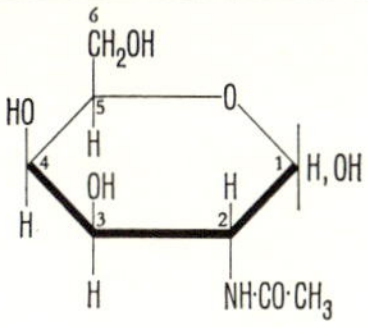	$[\alpha]_D^{20}$ + 115 ° → + 80 °	In dieser Form kommt D-Galactosamin als Bestandteil von Chondroitin, Hyaluronsäure usw. vor (siehe Tabelle 6, S. 320–321)
D-Glucose (Glc, G) (Dextrose, Blutzucker, Traubenzucker)	$C_6H_{12}O_6$ 180,16	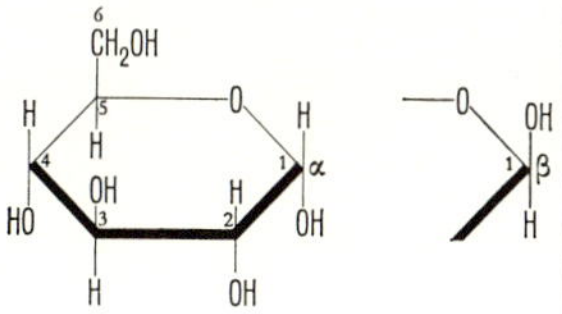	α-Form: $[\alpha]_D^{20}$ + 113,4° → + 52,5° β-Form: $[\alpha]_D^{20}$ + 19,3 ° → + 52,5 °	In Form von Phosphaten (siehe Tabelle 2, S. 313). Ist der am weitesten verbreitete Zucker. Frei in vielen Körperflüssigkeiten, wie zum Beispiel Blut, Lymphe, Liquor cerebrospinalis. Als Zucker und Aminozucker Bestandteil von Polysacchariden (siehe Glucosamin, unten)
D-Glucosamin (GlcN) (Chitosamin, 2-Amino-2-desoxy-D-glucose)	$C_6H_{13}NO_5$ 179,17	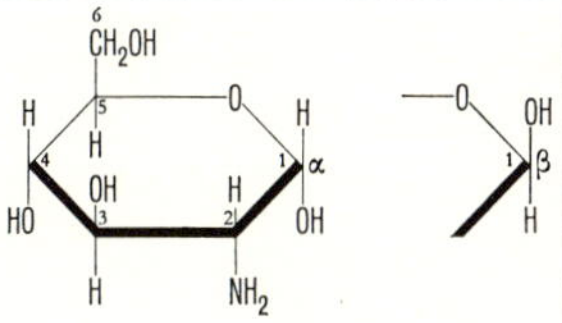	α-Form: $[\alpha]_D^{20}$ + 100 ° → + 47,5 ° β-Form: $[\alpha]_D^{20}$ + 14 ° → + 47,5 °	Als N-Acetylglucosamin (siehe unten) Bestandteil von Chitin, Heparin, Blutgruppenpolysacchariden, Oligosacchariden der Frauenmilch (siehe Tabelle 6, S. 319, 321–322)
N-Acetyl-D-glucosamin	$C_8H_{15}NO_6$ 221,21	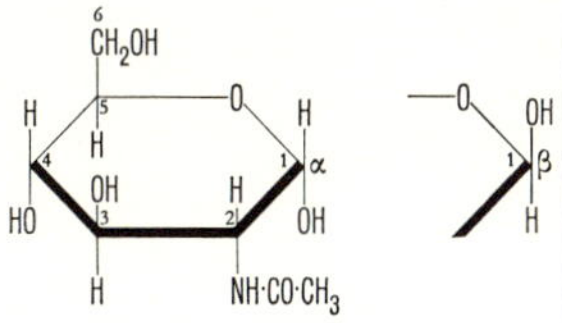	–	Alleiniger Baustein des Chitins; Bestandteil von Heparin, Blutgruppenpolysacchariden, Oligosacchariden der Frauenmilch (siehe Tabelle 6, S. 319, 321–322)
3-O-Carboxyäthyl-glucosamin (Muraminsäure)	$C_9H_{17}NO_7$ 251,24	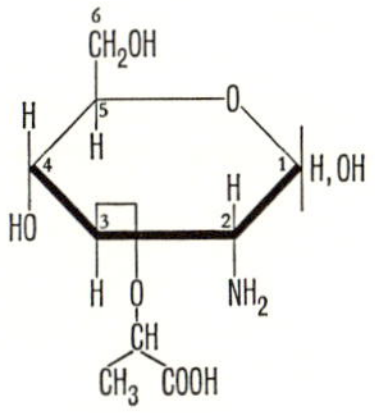	$[\alpha]_D^{20}$ + 109 ° (Wasser)	Komponente der Zellwände von Bakterien[1]
N-Methyl-L-glucosamin	$C_7H_{15}NO_5$ 193,20	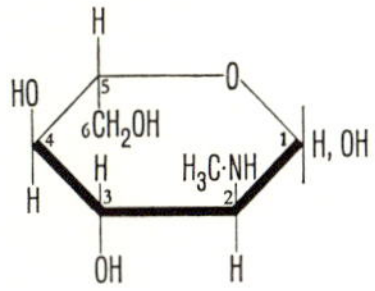	–	Bestandteil des Streptomycins
D-Mannose (Man) (Seminose)	$C_6H_{12}O_6$ 180,16	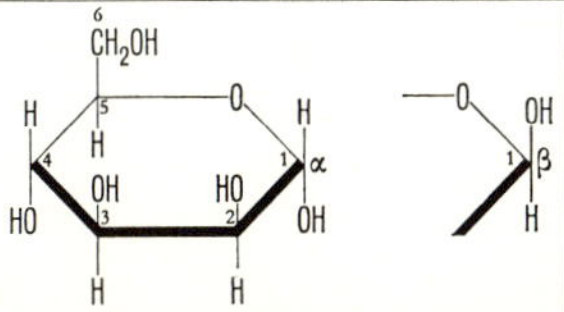	α-Form: $[\alpha]_D^{20}$ + 29,9 ° → + 14,5 ° β-Form: $[\alpha]_D^{20}$ – 16,3 ° → + 14,5 °	Als Phosphat (siehe Tabelle 2, S. 314). Weit verbreitet als Bestandteil von Mannanen und Hemizellulosen. Beschränktes Vorkommen als Bestandteil von Glycoproteinen

* Die Dreibuchstabensymbole entsprechen den Empfehlungen der IUPAC–IUB Combined Commission on Biochemical Nomenclature, *J. biol. Chem.*, **241**, 527 (1966); falls keine Verwechslung möglich ist, kann Glucose mit G abgekürzt werden.

[1] ROGERS, H. J., *Biochem. Soc. Symp.*, Nr. 22, 55 (1963).

Tabelle 1 Monosaccharide von Bedeutung für die Säugetiere *(Schluß)*

Name	Formel und Molgewicht	Struktur	Spezifische Drehung	Vorkommen
N-Acetyl-D-mannosamin	$C_8H_{15}NO_6$ 221,21	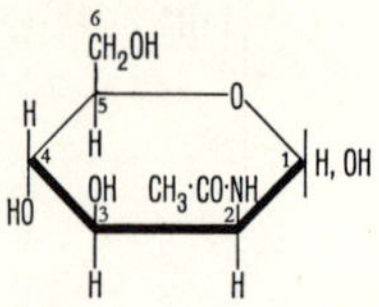	$[\alpha]_D^{20}$ − 9,4° → + 9,7°	Zwischenglied in der Biosynthese von N-Acetylneuraminsäure
		Heptose		
D-Sedoheptulose (D-altro-Ketoheptose, D-altro-Heptulose)	$C_7H_{14}O_7$ 210,19	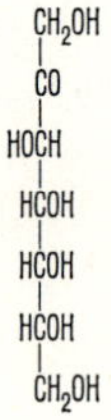 CH_2OH–CO–HOCH–HCOH–HCOH–HCOH–CH_2OH	$[\alpha]_D^{20}$ + 2–3° Ba-Salz: $[\alpha]_{5461}^{20}$ + 8°	Als Phosphat (siehe Tabelle 2, S. 315)
		Nonosen		
N-Acetylneuraminsäure	$C_{11}H_{19}NO_9$ 309,28	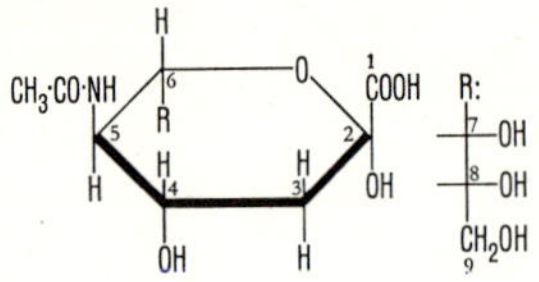	$[\alpha]_D^{22}$ − 32° Keine Mutarotation	Bestandteil von Mucinen der Epithelsekrete (zum Beispiel des Verdauungstrakts und der Harnwege), von Serumglycoproteinen, Milcholigosacchariden, Gehirngangliosiden, Erythrozytenstroma, Zellwänden von Bakterien
N-Glycolylneuraminsäure	$C_{11}H_{19}NO_{10}$ 325,27	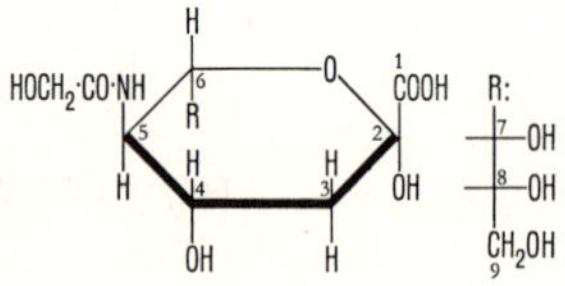	$[\alpha]_D^{22}$ − 32°	Bestandteil von Mucinen der Epithelsekrete, von Serumglycoproteinen, Erythrozytenstroma. Häufig im selben Molekül wie die N-Acetylneuraminsäure
5-N,4-O-Diacetylneuraminsäure	$C_{13}H_{21}NO_{10}$ 351,31	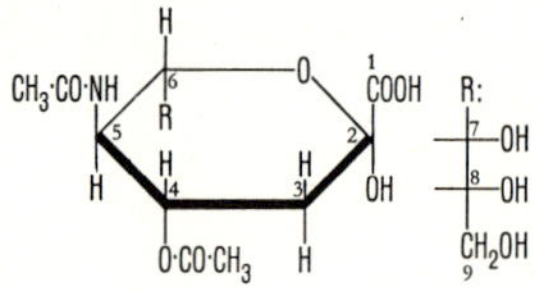	$[\alpha]_D^{22}$ − 61° Keine Mutarotation	Submandibularmucin von Pferden
5-N,7-O-Diacetylneuraminsäure	$C_{13}H_{21}NO_{10}$ 351,31	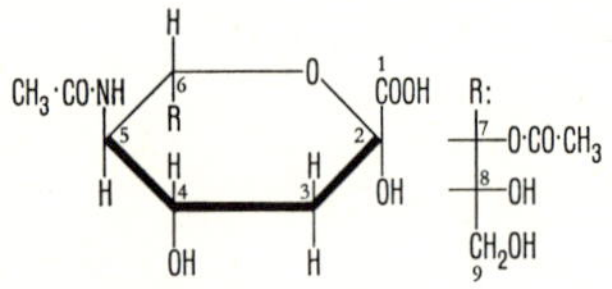	$[\alpha]_D^{22}$ + 8° Nach 400 h − 17°	Submandibularmucin von Rindern
5-N-Acetyl,O-diacetylneuraminsäure	$C_{15}H_{23}NO_{11}$ 393,35	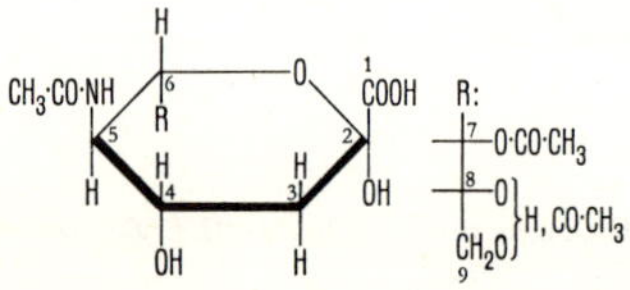	$[\alpha]_D^{22}$ + 9°	Submandibularmucin von Rindern

Tabelle 2 Kohlenhydratphosphate von Bedeutung für die Säugetiere
(Ohne Nucleotide, die in den Tabellen 10c, 11 und 12, S. 338–346, zusammengestellt sind.)

Name	Formel und Molgewicht	Struktur	Zusammensetzung C	H	P	Spezifische Drehung	Biologische Funktion	Literatur (siehe S. 315)
Dihydroxyaceton-phosphat	$C_3H_7O_6P$ 170,06	CH_2OH–CO–$CH_2OPO_3H_2$	21,19	4,15	18,21	–	Zwischenprodukt bei der Glycolyse	1
D-Glycerinaldehyd-3-phosphat («FISCHER-BAER-Ester»)	$C_3H_7O_6P$ 170,06	CHO–HCOH–$CH_2OPO_3H_2$	21,19	4,15	18,21	$[\alpha]_D^{20}$ + 14°	Zwischenprodukt bei der Glycolyse	2
L-Glycerin-1-phosphat	$C_3H_9O_6P$ 172,08	$CH_2OPO_3H_2$–HOCH–CH_2OH	20,94	5,27	18,00	$[\alpha]_D^{20}$ − 1,45° (Ba-Salz)	Zwischenprodukt des Fettstoffwechsels. Bestandteil der Phospholipide	3
D-Glycerinsäure-2-phosphat («KIESSLING-Ester»)	$C_3H_7O_7P$ 186,06	COOH–$HCOPO_3H_2$–CH_2OH	19,37	3,79	16,65	$[\alpha]_D^{20}$ + 13° (1n HCl) $[\alpha]_D^{22}$ + 3,6° (Wasser)	Zwischenprodukt bei der Glycolyse	4
D-Glycerinsäure-3-phosphat	$C_3H_7O_7P$ 186,06	COOH–HCOH–$CH_2OPO_3H_2$	19,37	3,79	16,65	$[\alpha]_D^{20}$ − 14,5° (1n HCl)	Zwischenprodukt bei der Glycolyse	5
D-Glycerinsäure-1,3-diphosphat	$C_3H_8O_{10}P_2$ 266,04	$COOPO_3H_2$–HCOH–$CH_2OPO_3H_2$	13,54	3,03	23,29	$[\alpha]_D^{20}$ − 2,3°	Zwischenprodukt bei der Glycolyse	6
D-Glycerinsäure-2,3-diphosphat	$C_3H_8O_{10}P_2$ 266,04	COOH–$HCOPO_3H_2$–$CH_2OPO_3H_2$	13,54	3,03	23,29	$[\alpha]_D^{20}$ − 2,3°	Zwischenprodukt bei der Glycolyse	7
Phosphoenol-brenztraubensäure	$C_3H_5O_6P$ 168,04	COOH–$COPO_3H_2$=CH_2	21,44	3,00	18,43	–	Zwischenprodukt bei der Glycolyse	8
D-Erythrose-4-phosphat	$C_4H_9O_7P$ 200,09	CHO–HCOH–HCOH–$CH_2OPO_3H_2$	24,01	4,53	15,48	–	Zwischenprodukt im Pentose-phosphatzyklus	9
L-Erythrulose-1-phosphat	$C_4H_9O_7P$ 200,09	$CH_2OPO_3H_2$–CO–HOCH–CH_2OH	24,01	4,53	15,48	–	Funktion unbekannt	10
α-D-Ribose-1-phosphat (Furanoseform)	$C_5H_{11}O_8P$ 230,11	Furanosering: $HOCH_2$ (C5) an C4, O im Ring, C1: H, α-OPO_3H_2; C2: H, OH; C3: H, OH; C4: H	26,10	4,82	13,46	–	Zwischenprodukt des Nucleotid-stoffwechsels	11

Tabelle 2 Kohlenhydratphosphate von Bedeutung für die Säugetiere *(Fortsetzung)*

Name	Formel und Molgewicht	Struktur	Zusammensetzung			Spezifische Drehung	Biologische Funktion	Literatur (siehe S. 315)
			C	H	P			
D-Ribose-5-phosphat (Furanoseform)	$C_5H_{11}O_8P$ 230,11	$H_2O_3POCH_2$ (5), O, H, H, H, OH (3), OH (2); C-1: H, OH	26,10	4,82	13,46	$[\alpha]_D^{20}$ + 16,5°	Zwischenprodukt im Pentosephosphatzyklus und bei der Nucleotidsynthese	12
D-Ribose-1,5-diphosphat (Furanoseform)	$C_5H_{12}O_{11}P_2$ 310,09	$H_2O_3POCH_2$ (5), O, H, H, H, OH (3), OH (2); C-1: H, OPO_3H_2	19,37	3,90	19,98	–	Zwischenprodukt bei der Umwandlung zwischen Ribose-1-phosphat und Ribose-5-phosphat	13
D-Ribose-5-phosphat-1-pyrophosphat (5-Phosphoribosyl-1-pyrophosphat)	$C_5H_{13}O_{14}P_3$ 390,07	$H_2O_3POCH_2$ (5), O, H, H, H, OH (3), OH (2); C-1: H, $OP_2O_6H_3$	15,40	3,36	23,82	–	Zwischenprodukt bei der Nucleotidsynthese	14
Desoxyribose-1-phosphat (Furanoseform)	$C_5H_{11}O_7P$ 214,11	$HOCH_2$ (5), O, H, H, H, OH (3), H (2); C-1: H, OPO_3H_2	28,05	5,18	14,47	–	Abbauprodukt der Nucleoside	15
Desoxyribose-5-phosphat (Furanoseform)	$C_5H_{11}O_7P$ 214,11	$H_2O_3POCH_2$ (5), O, H, H, H, OH (3), H (2); C-1: H, OH	28,05	5,18	14,47	–	Bestandteil der Desoxynucleinsäuren und Desoxynucleotide	16
D-Ribulose-5-phosphat	$C_5H_{11}O_8P$ 230,11	CH_2OH CO HCOH HCOH $CH_2OPO_3H_2$	26,10	4,82	13,46	$[\alpha]_D^{20}$ – 40°	Zwischenprodukt im Pentosephosphatzyklus	17
D-Xylulose-5-phosphat	$C_5H_{11}O_8P$ 230,11	CH_2OH CO HOCH HCOH $CH_2OPO_3H_2$	26,10	4,82	13,46	–	Zwischenprodukt im Pentosephosphatzyklus	18
D-Fructose-1-phosphat (Pyranoseform) («ROBISON-TANKO-Ester»)	$C_6H_{13}O_9P$ 260,14	H, H (6), O, H (5), HO, H, H (4), OH, HO (3), H; C-2: OH, β, $CH_2OPO_3H_2$ (1)	27,70	5,04	11,91	$[\alpha]_D^{26}$ – 30,4°	Zwischenprodukt bei der Glycolyse	19

Tabelle 2 Kohlenhydratphosphate von Bedeutung für die Säugetiere *(Fortsetzung)*

Name	Formel und Molgewicht	Struktur	Zusammensetzung			Spezifische Drehung	Biologische Funktion	Literatur (siehe S. 315)
			C	H	P			
D-Fructose-6-phosphat (Furanoseform) («NEUBERG-Ester»)	$C_6H_{13}O_9P$ 260,14	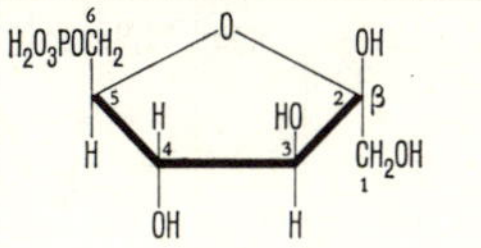	27,70	5,04	11,91	$[\alpha]_D^{19}$ + 3,58° (Ba-Salz)	Zwischenprodukt bei der Glycolyse	20
D-Fructose-1,6-diphosphat (Furanoseform) («HARDEN-YOUNG-Ester»)	$C_6H_{14}O_{12}P_2$ 340,12	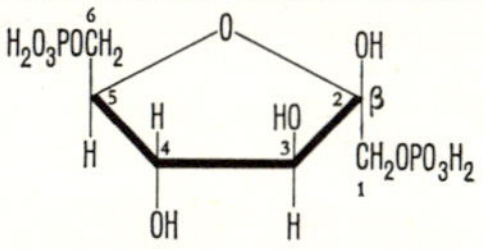	21,19	4,15	18,21	$[\alpha]_D^{17}$ + 4,1°	Zwischenprodukt bei der Glycolyse	21
α-D-Galactose-1-phosphat (Pyranoseform)	$C_6H_{13}O_9P$ 260,14	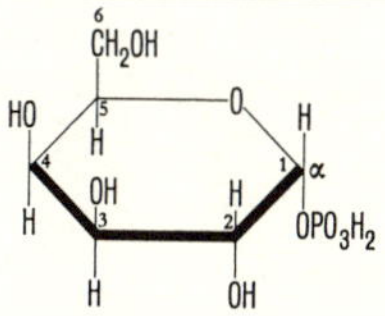	27,70	5,04	11,91	$[\alpha]_D^{18}$ + 148,5°	Zwischenprodukt des Galactosestoffwechsels	22
D-Galactosamin-1-phosphat	$C_6H_{14}NO_8P$ 259,15	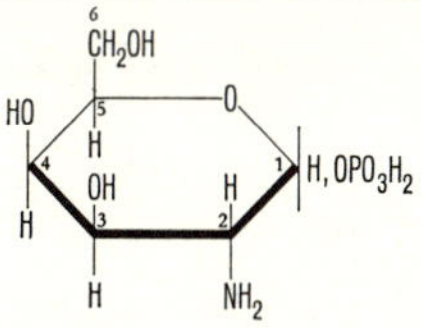	27,81	5,45	11,95	–	Entsteht aus Galactosamin in Gehirngewebeextrakten und in *Saccharomyces fragilis*	23
α-D-Glucose-1-phosphat (Pyranoseform) («CORI-Ester»)	$C_6H_{13}O_9P$ 260,14	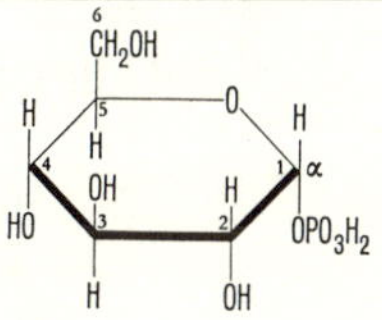	27,70	5,04	11,91	$[\alpha]_D^{25}$ + 120°	Zwischenprodukt bei der Umwandlung zwischen Glucose und Glycogen	24
D-Glucose-6-phosphat (Pyranoseform) («ROBISON-Ester»)	$C_6H_{13}O_9P$ 260,14	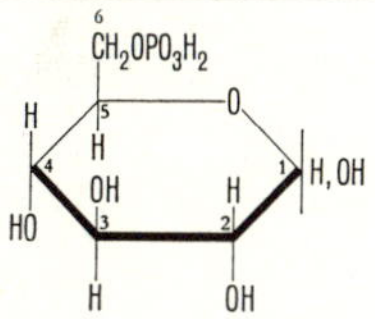	27,70	5,04	11,91	$[\alpha]_D^{25}$ + 34,2°	Zwischenprodukt bei der Glycolyse	25
β-D-Glucose-1,6-diphosphat (Pyranoseform)	$C_6H_{14}O_{12}P_2$ 340,12	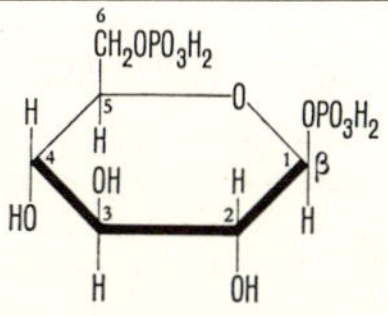	21,19	4,15	18,21	$[\alpha]_D^{20}$ – 19° (pH 8)	Zwischenprodukt bei der Umwandlung zwischen Glucose und Glycogen	26

Tabelle 2 Kohlenhydratphosphate von Bedeutung für die Säugetiere *(Fortsetzung)*

Name	Formel und Molgewicht	Struktur	Zusammensetzung			Spezifische Drehung	Biologische Funktion	Literatur (siehe S. 315)
			C	H	P			
D-Glucosamin-6-phosphat	$C_6H_{14}NO_8P$ 259,15	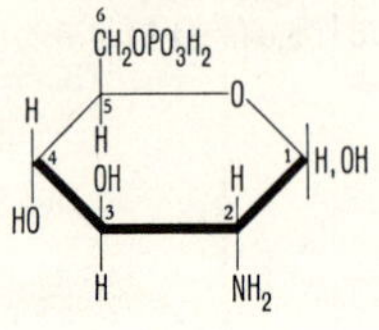	27,81	5,45	11,95	$[\alpha]^{25}_{D}$ + 56°	Entsteht aus D-Glucosamin durch Hefeenzympräparate und Hexokinase	27
D-Gluconsäure-6-phosphat	$C_6H_{13}O_{10}P$ 276,14	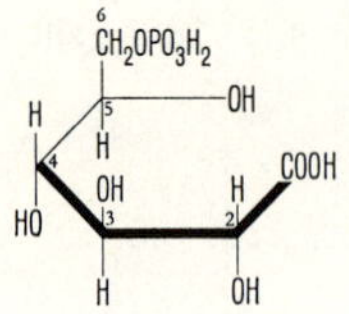	26,10	4,75	11,22	$[\alpha]^{20}_{5461}$ + 0,2°	Zwischenprodukt im Pentosephosphatzyklus	28
N-Acetylglucosamin-1-phosphat	$C_8H_{16}NO_9P$ 301,19	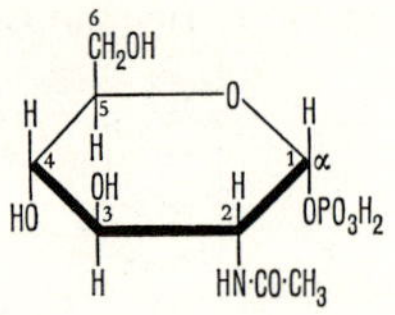	31,90	5,35	10,28	$[\alpha]^{25}_{D}$ + 79°	Zwischenglied bei der Bildung von UDP-N-Acetylglucosamin und N-Acetylneuraminsäure	29
N-Acetylglucosamin-6-phosphat	$C_8H_{16}NO_9P$ 301,19	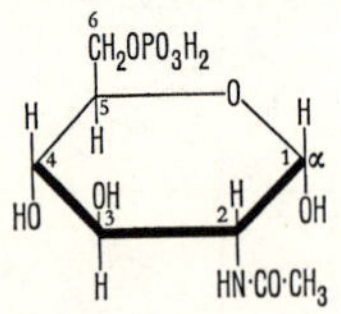	31,90	5,35	10,28	$[\alpha]^{25}_{D}$ + 29,5°	Zwischenglied bei der Bildung von N-Acetylglucosamin und N-Acetylneuraminsäure	30
D-Mannose-6-phosphat (Pyranoseform)	$C_6H_{13}O_9P$ 260,14	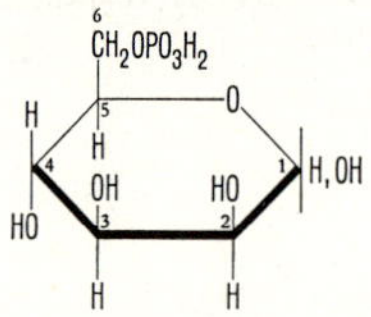	27,70	5,04	11,91	$[\alpha]^{20}_{5461}$ + 15,1°	Zwischenprodukt des Mannosestoffwechsels	31
N-Acetylmannosamin-6-phosphat	$C_8H_{16}NO_9P$ 301,19	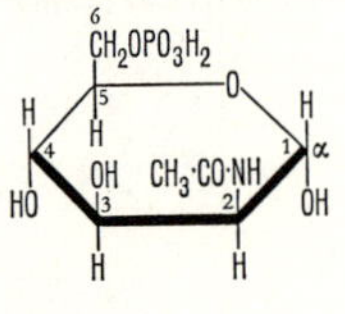	31,90	5,35	10,28	$[\alpha]^{23}_{D}$ + 11,2°	Zwischenglied in der Biosynthese von N-Acetylneuraminsäure	32
N-Acetylneuraminsäure-9-phosphat	$C_{11}H_{20}NO_{12}P$ 389,26	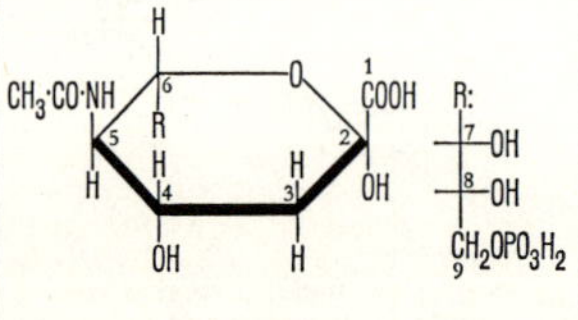	33,94	5,18	7,96	–	Zwischenglied bei der Bildung von N-Acetylneuraminsäure aus N-Acetylmannosamin	33

Tabelle 2 Kohlenhydratphosphate von Bedeutung für die Säugetiere *(Schluß)*

Name	Formel und Molgewicht	Struktur	Zusammensetzung			Spezifische Drehung	Biologische Funktion	Literatur (siehe unten)
			C	H	P			
D-Sedoheptulose-7-phosphat	$C_7H_{15}O_{10}P$ 290,17	CH_2OH–CO–HOCH–HCOH–HCOH–HCOH–$CH_2OPO_3H_2$	28,98	5,21	10,67	–	Zwischenprodukt im Pentose-phosphatzyklus	34
D-Sedoheptulose-1,7-diphosphat	$C_7H_{16}O_{13}P_2$ 370,15	$CH_2OPO_3H_2$–CO–HOCH–HCOH–HCOH–HCOH–$CH_2OPO_3H_2$	22,71	4,36	16,74	–	Zwischenprodukt im Pentose-phosphatzyklus	35
Lactose-1-phosphat	$C_{12}H_{23}O_{14}P$ 422,28	(wahrscheinliche Struktur)	34,13	5,49	7,33	$[\alpha]_D^{23}$ + 99,5°	Zwischenprodukt bei der Lactose-synthese; Bildung aus UDP-Galactose und Glucose-1-phosphat	36

Literatur

1 Ballou, C.E., in: Lardy et al. (Hrsg.), *Biochemical Preparations*, Band 7, Wiley, New York, 1960, S.45.
2 Meyerhof, O., *Bull. Soc. Chim. biol. (Paris)*, **20**, 1033 und 1345 (1938); Ballou und Fischer, *J. Amer. chem. Soc.*, **77**, 3329 (1955).
3 Baer und Fischer, *J. biol. Chem.*, **128**, 491 (1939); Baer und Fischer, in: Ball et al. (Hrsg.), *Biochemical Preparations*, Band 2, Wiley, New York, 1952, S.31.
4 Kiessling, W., *Ber. dtsch. chem. Ges.*, **68**, 243 (1935); Ballou, C.E., in: Shemin et al. (Hrsg.), *Biochemical Preparations*, Band 5, Wiley, New York, 1957, S.66.
5 Neuberg und Lustig, *Arch. Biochem.*, **1**, 311 (1942); Ballou und Fischer, *Abstr. chem. Soc. 126th Meeting*, 1954, S.7D.
6 Negelein und Brömel, *Biochem. Z.*, **301**, 135 (1939).
7 Baer, E., *J. biol. Chem.*, **185**, 763 (1950).
8 Lohmann und Meyerhof, *Biochem. Z.*, **273**, 60 (1934); Baer und Fischer, *J. biol. Chem.*, **180**, 145 (1949); Baer und Fischer, in: Ball et al. (Hrsg.), *Biochemical Preparations*, Band 2, Wiley, New York, 1952, S.25.
9 Ballou et al., *J. Amer. chem. Soc.*, **77**, 2658 (1955).
10 Gillett und Ballou, *Biochemistry*, **2**, 547 (1963).
11 Kalckar, H.M., *J. biol. Chem.*, **167**, 477 (1947); Wright und Khorana, *J. Amer. chem. Soc.*, **78**, 811 (1956).
12 Leloir, L.F., in: Zechmeister, L. (Hrsg.), *Fortschritte der Chemie organischer Naturstoffe*, Band 8, Springer, Wien, 1951, S.70.
13 Klenow, H., *Arch. Biochem.*, **46**, 186 (1953).
14 Kornberg und Khorana, in: Meister et al. (Hrsg.), *Biochemical Preparations*, Band 8, Wiley, New York, 1961, S.110.
15 Friedkin, M., *J. biol. Chem.*, **184**, 449 (1950).
16 Pricer, jr., und Horecker, in: Coon et al. (Hrsg.), *Biochemical Preparations*, Band 9, Wiley, New York, 1962, S.35.
17 Pontremoli und Mangiarotti, *J. biol. Chem.*, **237**, 643 (1962).
18 Dickens und Williamson, *Nature*, **176**, 400 (1955).
19 Pogell, B.M., in: Lardy et al. (Hrsg.), *Biochemical Preparations*, Band 7, Wiley, New York, 1960, S.58.
20 Neuberg et al., *Arch. Biochem.*, **3**, 33 (1944); Tanko, B., *Abstracts of the Communications of the 1st International Congress of Biochemistry*, Cambridge, 1949, S.222.
21 Sable, H.Z., in: Ball et al. (Hrsg.), *Biochemical Preparations*, Band 2, Wiley, New York, 1952, S.52.
22 Kosterlitz, H.W., *Biochem. J.*, **37**, 318 (1943); Hansen et al., in: Westerfeld et al. (Hrsg.), *Biochemical Preparations*, Band 4, Wiley, New York, 1955, S.1.
23 Cardini und Leloir, *Arch. Biochem.*, **45**, 55 (1953).
24 Cori et al., *J. biol. Chem.*, **121**, 465 (1937); Wolfrom und Pletcher, *J. Amer. chem. Soc.*, **63**, 1050 (1941); Krahl und Cori, in: Carter et al. (Hrsg.), *Biochemical Preparations*, Band 1, Wiley, New York, 1949, S.33; McCready und Hassid, in: Westerfeld et al. (Hrsg.), *Biochemical Preparations*, Band 4, Wiley, New York, 1955, S.63.
25 Leloir, L.F., in: Zechmeister, L. (Hrsg.), *Fortschritte der Chemie organischer Naturstoffe*, Band 8, Springer, Wien, 1951, S.76; Lardy und Fischer, in: Ball et al. (Hrsg.), *Biochemical Preparations*, Band 2, Wiley, New York, 1952, S.39; Wood und Horecker, in: Snell et al. (Hrsg.), *Biochemical Preparations*, Band 3, Wiley, New York, 1953, S.71.
26 Cardini et al., *Arch. Biochem.*, **22**, 87 (1949); Posternak, T., *J. biol. Chem.*, **180**, 1269 (1949).
27 Jourdian und Roseman, in: Coon et al. (Hrsg.), *Biochemical Preparations*, Band 9, Wiley, New York, 1962, S.44.
28 Robison und King, *Biochem. J.*, **25**, 323 (1931).
29 O'Brien, P.J., *Biochim. biophys. Acta*, **86**, 628 (1964).
30 Distler et al., *J. biol. Chem.*, **230**, 497 (1958).
31 Robison, R., *Biochem. J.*, **26**, 2191 (1932); Slein, M.W., *J. biol. Chem.*, **186**, 753 (1950).
32 Ghosh und Roseman, *Proc. nat. Acad. Sci. (Wash.)*, **47**, 955 (1961).
33 Roseman et al., *Proc. nat. Acad. Sci. (Wash.)*, **47**, 958 (1961).
34 Horecker und Smyrniotis, *J. biol. Chem.*, **212**, 811 (1955).
35 Horecker et al., *J. biol. Chem.*, **212**, 827 (1955).
36 McGeown und Malpress, *Biochem. J.*, **52**, 606 (1952); Gander et al., *Arch. Biochem.*, **60**, 259 (1956), und **69**, 85 (1957).

(Fortsetzung von S. 306)

Die Funktionen der Polysaccharide sind:

a) Aufbaumaterial, zum Beispiel Cellulose (Pflanzen), Chitin (Insekten und Crustaceen), Chondroitinsulfat (Knorpel)[21]
b) Nahrungsdepots, zum Beispiel Glycogen (Tiere), Stärke (Pflanzen)
c) Gleitmittel in Synovialflüssigkeiten, Bestandteile besonderer Gewebe (Glaskörper des Auges, Bindegewebe), Bestandteil des Schleimes, des Heparins und der Blutgruppensubstanzen[21]

Die Sialsäuren sind mono- und diacylierte Neuraminsäuren, die sich als Bestandteil von Mucopolysacchariden in Drüsensekreten, im Blutserum und an Zelloberflächen finden. Sie bilden die Gruppierungen, welche die Influenzaviruspartikel vor der eigentlichen Infektion an die Oberfläche der Wirtszelle binden[22].

Wichtige Polysaccharide sind in Tabelle 6 (S. 319–322) zusammengestellt.

Literatur

1 Für eine Übersicht siehe GILMAN et al. (Hrsg.), *Organic Chemistry: An Advanced Treatise*, Band 2, 2. Aufl., Wiley, New York, 1943, S. 1532; PERCIVAL, E. G. V., *Structural Carbohydrate Chemistry*, Prentice-Hall, New York, 1950; PIGMAN, W. (Hrsg.), *The Carbohydrates*, Academic Press, New York, 1957.
2 HONEYMAN, J., *An Introduction to the Chemistry of Carbohydrates*, Oxford University Press, Oxford, 1948.
3 ROSANOFF, M. A., *J. Amer. chem. Soc.*, **28**, 114 (1906).
4 BIJVOET, J. M., *Endeavour*, **14**, 71 (1955).
5 HUDSON, C. S., *Advanc. Carbohyd. Chem.*, **3**, 1 (1948).
6 MILLS, J. A., *Advanc. Carbohyd. Chem.*, **10**, 1 (1955); CAPON und OVEREND, *Advanc. Carbohyd. Chem.*, **15**, 11 (1960).
7 Für eine Übersicht siehe BLOCK et al., *A Manual of Paper Chromatography and Paper Electrophoresis*, 2. Aufl., Academic Press, New York, 1958; LEDERER und LEDERER, *Chromatography*, 2. Aufl., Elsevier, Amsterdam, 1957; KOWKABANY, G. N., *Advanc. Carbohyd. Chem.*, **9**, 303 (1954); HOUGH, L., in: GLICK, D. (Hrsg.), *Methods of Biochemical Analysis*, Band 1, Wiley, New York, 1954, S. 205; ISHERWOOD, F. A., *Brit. med. Bull.*, **10**, 202 (1954).
8 Siehe DISCHE, Z., in: GLICK, D. (Hrsg.), *Methods of Biochemical Analysis*, Band 2, Wiley, New York, 1955, S. 313.
9 Umfassende Übersicht über die Chemie der Zuckerphosphate in LELOIR, L. F., in: ZECHMEISTER, L. (Hrsg.), *Fortschritte der Chemie organischer Naturstoffe*, Band 8, Springer, Wien, 1951, S. 47; FOSTER und OVEREND, *Quart. Rev. chem. Soc. Lond.*, **11**, 61 (1957).
10 Für eine allgemeine Übersicht siehe AVISON und HAWKINS, *Quart. Rev. chem. Soc. Lond.*, **5**, 171 (1951).
11 BALSTON und TALBOT, *A Guide to Filter Paper and Cellulose Powder Chromatography*, Angel, London, 1952, S. 60; BLOCK et al., *A Manual of Paper Chromatography and Paper Electrophoresis*, 2. Aufl., Academic Press, New York, 1958, S. 196; ISHERWOOD, F. A., *Brit. med. Bull.*, **10**, 202 (1954).
12 LEDERER, M., *An Introduction to Paper Electrophoresis and Related Methods*, Elsevier, Amsterdam, 1955; BLOCK et al., *A Manual of Paper Chromatography and Paper Electrophoresis*, 2. Aufl., Academic Press, New York, 1958, S. 489; FOSTER, A. B., *Advanc. Carbohyd. Chem.*, **12**, 81 (1957).
13 COHN, W. E., in: CHARGAFF und DAVIDSON (Hrsg.), *The Nucleic Acids*, Band 1, Academic Press, New York, 1955, S. 211.
14 LINDBERG und ERNSTER, in: GLICK, D. (Hrsg.), *Methods of Biochemical Analysis*, Band 3, Wiley, New York, 1956, S. 1.
15 Siehe LELOIR, L. F., in: ZECHMEISTER, L. (Hrsg.), *Fortschritte der Chemie organischer Naturstoffe*, Band 8, Springer, Wien, 1951, S. 47.
16 Siehe BALLOU und FISCHER, *J. Amer. chem. Soc.*, **76**, 3188 (1954).
17 Für eine Übersicht siehe LOHMAR, R. L., in: PIGMAN, W. (Hrsg.), *The Carbohydrates*, Academic Press, New York, 1957, S. 241.
18 Für eine Übersicht siehe STACEY und BARKER, *Polysaccharides of Micro-Organisms*, Oxford University Press, Oxford, 1960; STACEY und BARKER, *Carbohydrates of Living Tissues*, Van Nostrand, London, 1962; MANNERS, D. J., *Advanc. Carbohyd. Chem.*, **12**, 261 (1957); BOUVENG und LINDBERG, *Advanc. Carbohyd. Chem.*, **15**, 53 (1960); ASPINALL, G. O., *Ann. Rev. Biochem.*, **31**, 79 (1962).
19 MANNERS, D. J., *Quart. Rev. chem. Soc. Lond.*, **9**, 73 (1955); MANNERS, D. J., *Advanc. Carbohyd. Chem.*, **17**, 371 (1962).
20 GREENWOOD, C. T., *Advanc. Carbohyd. Chem.*, **7**, 289 (1952).
21 Siehe KENT und WHITEHOUSE, *Biochemistry of the Aminosugars*, Butterworths, London, 1955; *Biochem. Soc. Symp.*, Nr. 20 (1961); BASCHANG, G., in: ZECHMEISTER, L. (Hrsg.), *Fortschritte der Chemie organischer Naturstoffe*, Band 20, Springer, Wien, 1962, S. 200.
22 GOTTSCHALK, A., *The Chemistry and Biology of Sialic Acids and Related Substances*, Cambridge University Press, Cambridge, 1960.

Tabelle 3 Mehrwertige Alkohole von Bedeutung für die Säugetiere

Name	Formel und Molgewicht	Struktur	Spezifische Drehung	Vorkommen
Glycerin	$C_3H_8O_3$ 92,10	CH_2OH–HCOH–CH_2OH	–	Weit verbreitet in den Lipiden von Säugetiergeweben. Schmeckt süß. Bestandteil der Zellwand vieler GRAM-positiver Bakterien[1]
Adonit (Ribit, englisch Ribitol)	$C_5H_{12}O_5$ 152,15	CH_2OH–HCOH–HCOH–HCOH–CH_2OH	–	Bestandteil des Riboflavins (Vitamin B_2, siehe S. 468). Kommt auch in *Adonis vernalis* vor. Bestandteil der Zellwand vieler GRAM-positiver Bakterien[1]
Mesoinosit[2] (Myoinosit)	$C_6H_{12}O_6$ 180,16	OH, OH, H, OH, H, H, OH, H, OH, H, H, OH (Cyclohexan-Ringformel)	Inaktiv	Weit verbreitet im Pflanzen- und Tierreich. Frei und gebunden in Muskel, Herz, Leber und anderen Geweben. Bestandteil des Gehirncephalins. Das Hexaphosphat (Phytin) ist die organische Depotsubstanz der grünen Pflanzen. (Siehe auch S. 488)
Streptidin	$C_8H_{18}N_6O_4$ 262,27	H, HN·C(=NH)–NH_2, HN=C(–H_2N)·NH, H, OH, H, H, HO, H, OH, OH, H (Cyclohexan-Ringformel)	–	Bestandteil des Streptomycins

Literatur 1 ROGERS, H. J., *Biochem. Soc. Symp.*, Nr. 22, 55 (1963). 2 ANGYAL und ANDERSON, *Advanc. Carbohyd. Chem.*, **14**, 135 (1959).

Tabelle 4 Oxydationsprodukte der Kohlenhydrate

Name	Formel und Molgewicht	Struktur	Spezifische Drehung	Vorkommen
		Aldonsäuren		
D-Glycerinsäure (D-α,β-Dihydroxy-propionsäure)	$C_3H_6O_4$ 106,08	COOH HCOH CH_2OH	–	Die Phosphate (siehe Tabelle 2, S. 311) treten als Zwischenprodukte bei der Glycolyse auf
L-Ascorbinsäure (Vitamin C)	$C_6H_8O_6$ 176,13		$[\alpha]_D^{20}$ + 49°	Siehe Vitamine, S. 485
D-Gluconsäure (Dextronsäure)	$C_6H_{12}O_7$ 196,16		$[\alpha]_D^{20}$ − 6,7° → + 17,5°	Als Phosphat (siehe Tabelle 2, S. 314) Zwischenprodukt im Pentosephosphatzyklus
		Uronsäuren		
α-D-Galacturonsäure	$C_6H_{10}O_7$ 194,14		$[\alpha]_D^{21}$ + 100° → + 68°	Hauptbestandteil der Pectine (siehe Tabelle 6, S. 322). Kommt auch in Pflanzengummi und -schleimen sowie in Bakterienpolysacchariden vor
β-D-Glucuronsäure	$C_6H_{10}O_7$ 194,14		$[\alpha]_D^{20}$ + 12° → + 36°	Bestandteil der Mucopolysaccharide (siehe Tabelle 6, S. 320–322). Viele aliphatische und aromatische Hydroxyverbindungen und -säuren werden als Glucuronide ausgeschieden[1] (siehe auch S. 438). Hat in den natürlichen Produkten Pyranoseform
L-Iduronsäure	$C_6H_{10}O_7$ 194,14		–	Bestandteil des Chondroitinsulfats B (siehe Tabelle 6, S. 320)

Literatur [1] WILLIAMS, R. T., *Detoxication Mechanisms*, 2. Aufl., Chapman & Hall, London, 1959; TEAGUE, R. S., *Advanc. Carbohyd. Chem.*, **9**, 185 (1954).

Tabelle 5 Oligosaccharide von Bedeutung für Säugetiere[1]

Name	Formel, Molgewicht	Struktur	Spezifische Drehung	Bemerkungen
Cellobiose (4'-[β-D-Glucopyranosido]-β-D-glucopyranose)	$C_{12}H_{22}O_{11}$ 342,30	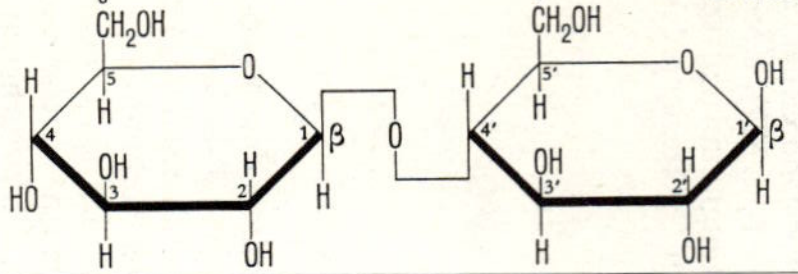 *Disaccharide*	$[\alpha]_D^{20}$ + 14,2° → + 34,6°	Entsteht als Abbauprodukt der Cellulose während der Verdauung bei Herbivoren. Auch Bestandteil des Lichenins
Lactose (4'-[β-D-Galactopyranosido]-D-glucopyranose)	$C_{12}H_{22}O_{11}$ 342,30	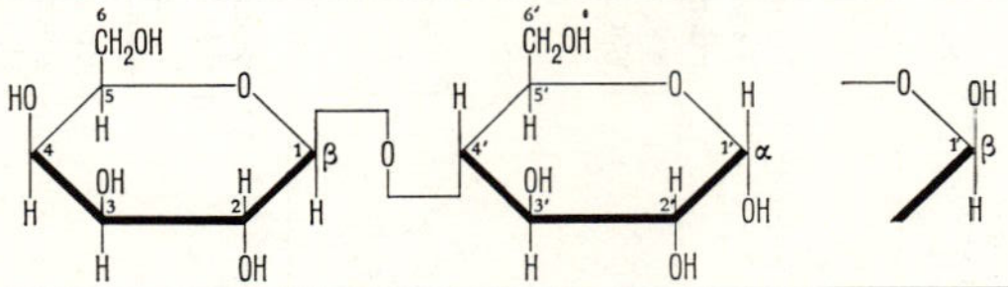	α-Form, 1 H_2O: $[\alpha]_D^{20}$ + 85° → + 52,6° β-Form: $[\alpha]_D^{20}$ + 34,9° → + 55,4°	Bestandteil der Säugetiermilch (4 bis 8%). Nur schwach süß
Maltose (4'-[α-D-Glucopyranosido]-β-D-glucopyranose)	$C_{12}H_{22}O_{11}$ 342,30	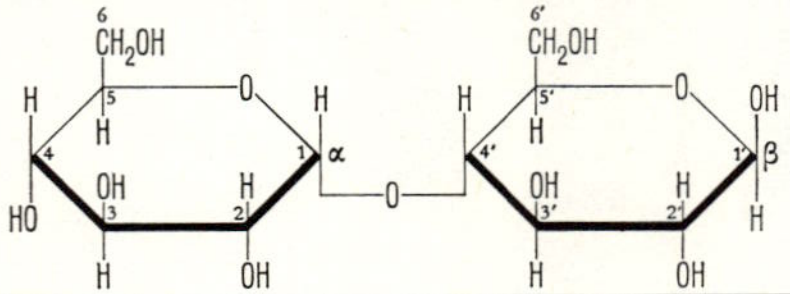	β-Form, 1 H_2O: $[\alpha]_D^{20}$ + 111,7° → + 130,4°	Abbauprodukt von Stärke und Glycogen bei der Verdauung. Frei in einigen Pflanzen (Gerste) und im Honig
Saccharose (Sucrose, Rohrzucker, Rübenzucker, α-D-Glucopyranosido-β-D-fructofuranosid)	$C_{12}H_{22}O_{11}$ 342,30	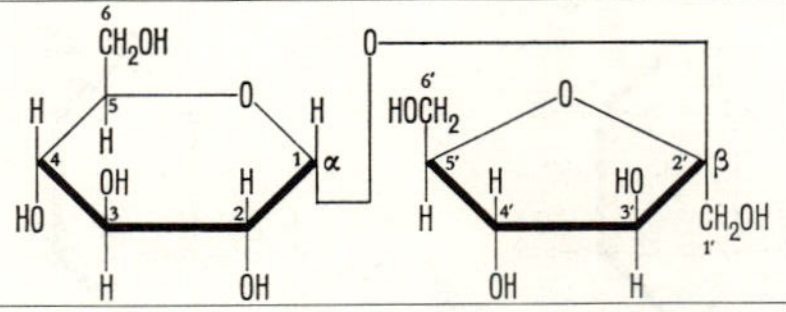	$[\alpha]_D^{20}$ + 66,53°	Beinahe überall im Pflanzenreich
Fucosidolactose (2-[α-L-Fucopyranosido]lactose)	$C_{18}H_{32}O_{15}$ 488,44	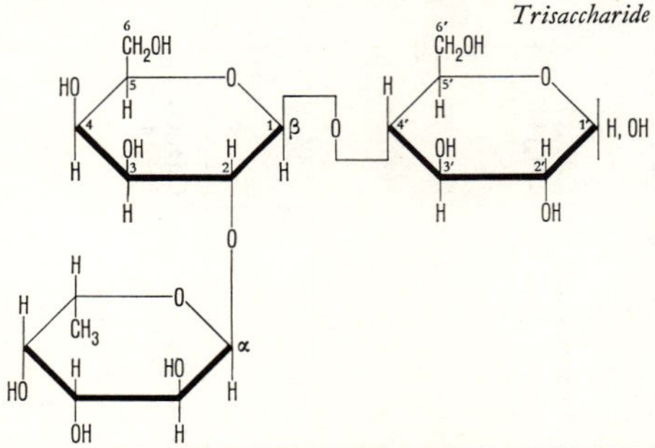 *Trisaccharide*	–	Spurenweise in der Frauenmilch, zusammen mit anderen Di-, Tri-, Penta- und Hexasacchariden[2]

Literatur [1] Für eine umfassende Übersicht über Struktur und Vorkommen der Oligosaccharide siehe Bailey und Pridham, *Advanc. Carbohyd. Chem.*, **17**, 121 (1962). [2] Stacey und Barker, *Carbohydrates of Living Tissues*, Van Nostrand, London, 1962, S. 122.

Tabelle 6 Polysaccharide von Bedeutung für die Säugetiere

Name	Molgewicht	Struktur	Spezifische Drehung	Bemerkungen	Literatur (siehe S. 322)
Amylopectin (α-Amylose, B-Fraktion der Stärke)	Bis zu 52×10^6 für Amylopectin aus Kartoffeln	Hochverzweigtes Molekül aus mehreren Hundert Ketteneinheiten, deren jede aus 20 bis 26 α-1:4-verbundenen Glucoseresten besteht. Die Ketteneinheiten sind unter sich durch Glycosidbindungen verbunden, die von der reduzierenden Gruppe der einen Kette zum C-6 des Glucoserests einer angrenzenden Kette gehen: 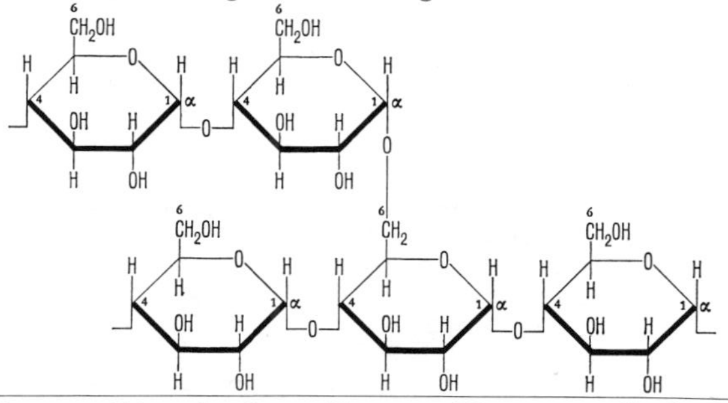	$[\alpha]_D^{20}$ + 150°	Hauptbestandteil der Stärke (gewöhnlich etwa 80%)	1–3
Amylose (β-Amylose, A-Fraktion der Stärke)	$(323)_n$, bis 1×10^6	Im wesentlichen eine lineare Kette von Glucoseresten, die durch α-1:4-Bindungen miteinander verbunden sind: 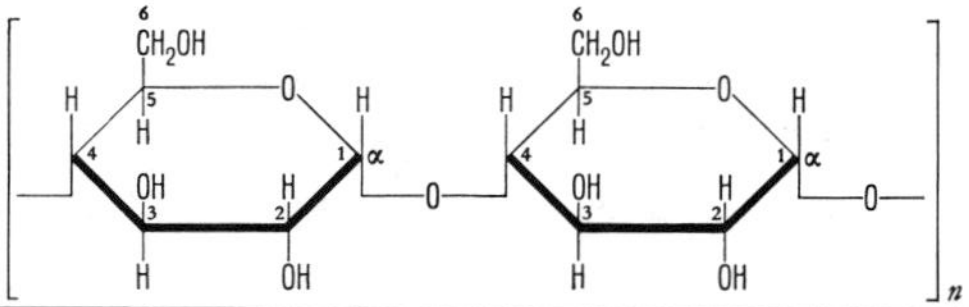	$[\alpha]_D^{20}$ + 220°	Bestandteil der Stärke (etwa 20%). Einige Stärkearten, wie zum Beispiel Wachsmais, enthalten keine Amylose	1–3
Cellulose	$(323)_n$, bis $1{,}7 \times 10^6$	Lineare Kette von Glucoseresten, die durch β-1:4-Bindungen miteinander verbunden sind: 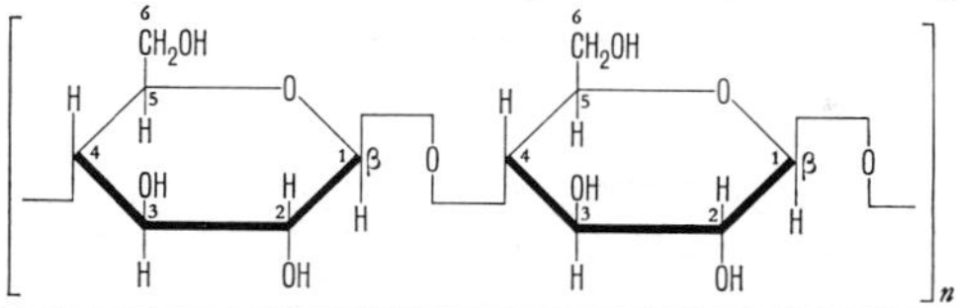	–	Hauptsächlichstes pflanzliches Gerüstpolysaccharid. Kommt auch in Algen, Bakterienmembranen und als Tunicin in einigen niederen Tieren vor. Für den Menschen unverdaulich	3
Chitin	$(203{,}19)_n$, etwa 4×10^5	Lineare Kette von N-Acetyl-D-glucosaminresten, die durch β-1:4-Bindungen miteinander verbunden sind: 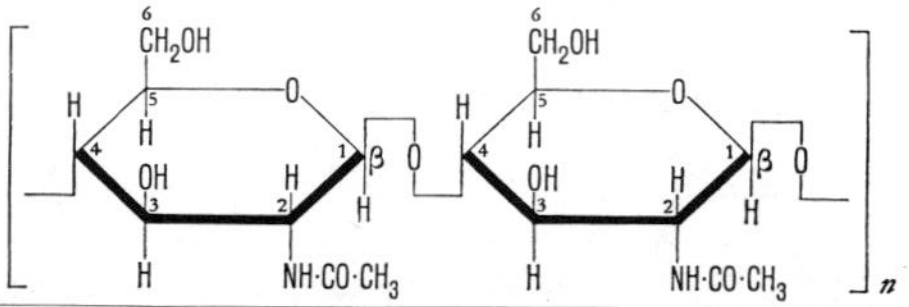	$[\alpha]_D^{20}$ – 14,7° (in HCl)	Skelettsubstanz der Mollusken und Insekten. Kommt auch in niederen Pflanzen und Pilzen vor	4

Tabelle 6 Polysaccharide von Bedeutung für die Säugetiere *(Fortsetzung)*

Name	Molgewicht	Struktur	Spezifische Drehung	Bemerkungen	Literatur (siehe S. 322)
Chondroitin-sulfat A	Polydispers	Polymere Verbindung aus D-Glucuronsäure, N-Acetyl-D-galactosamin und Sulfatgruppen. Wahrscheinliche Struktur: 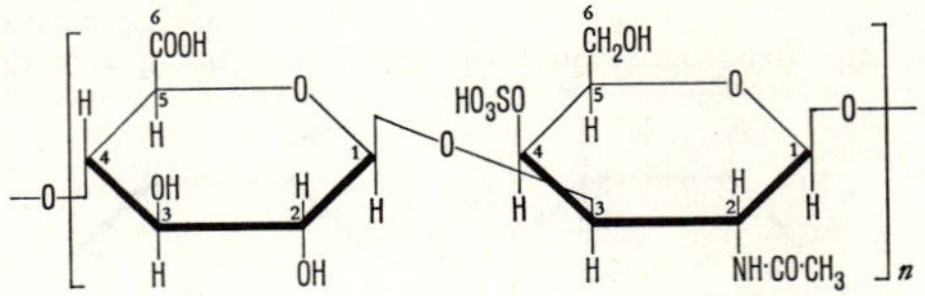	$[\alpha]_D$ – 28° → – 32°	Findet sich in Knorpelgeweben der Säugetiere	5, 6
Chondroitin-sulfat B (β-Heparin, Dermatan-sulfat)	Polydispers	Polymere Verbindung aus L-Iduronsäure, N-Acetyl-D-galactosamin und Sulfatgruppen. Wahrscheinliche Struktur: 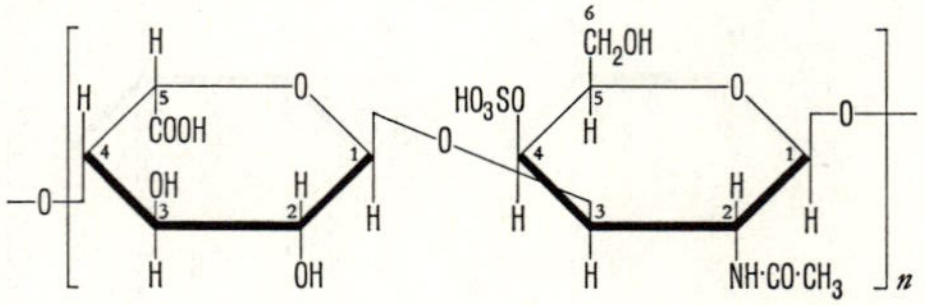	$[\alpha]_D$ – 60° → – 32°	Findet sich in Knorpelgeweben der Säugetiere	5, 6
Chondroitin-sulfat C	Polydispers	Polymere Verbindung aus D-Glucuronsäure, N-Acetyl-D-galactosamin und Sulfatgruppen. Wahrscheinliche Struktur: 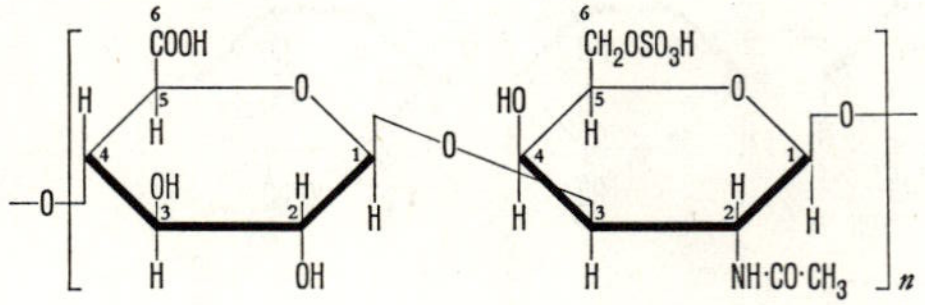	$[\alpha]_D$ – 16° → – 22°	Findet sich in Knorpelgeweben der Säugetiere	5, 6
Dextrane	$(323)_n$, etwa 4×10^6	Verzweigte oder lineare Ketten von Glucoseresten, die wahrscheinlich durch α-1:6-Bindungen miteinander verbunden sind, zum Beispiel: 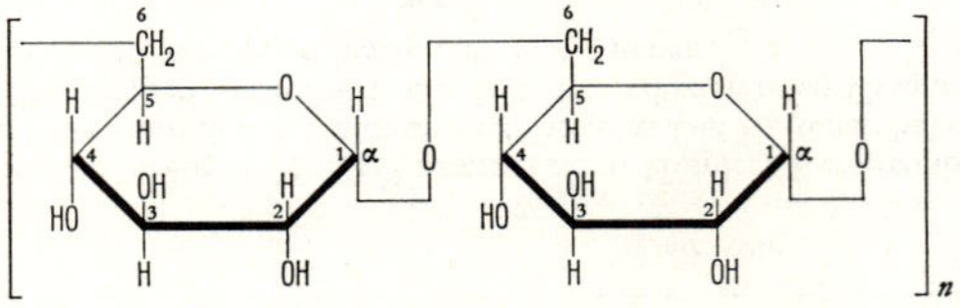	–	Können durch Bakterien, wie zum Beispiel *Leuconostoc mesenteroides*, extrazellulär gebildet werden. Partiell abgebaute Dextrane werden als Blutplasmaersatz verwendet	7

Glycogen (Leberstärke)	Polydispers; für die meisten Glycogene mindestens 2×10^6	Hochverzweigtes Molekül von amylopectinähnlicher Struktur. Ketteneinheiten aus Glucoseresten, die durch α-1:4-Bindungen miteinander verbunden sind. Die Ketten werden durch α-1:6-Glycosidbindungen zusammengehalten: 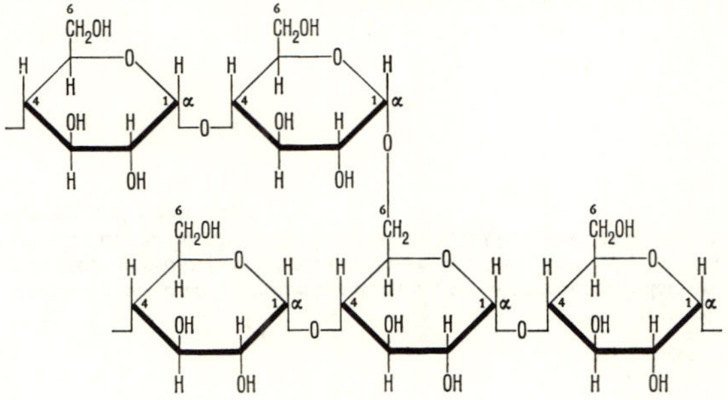	$[\alpha]_D^{20}$ etwa +200° (Wasser)	Reservekohlenhydrat der tierischen Gewebe. Geht bei der Glycolyse im Muskel in Milchsäure über (siehe S. 386). Findet sich auch in der Hefe. Wurde durch Einwirkung von Herz- oder Leberphosphorylase auf Glucose-1-phosphat synthetisiert	2, 3, 5
Heparin	Etwa 17000	Polymere Verbindung aus D-Glucosamin, D-Glucuronsäure und Sulfatgruppen. Wahrscheinliche Struktur: 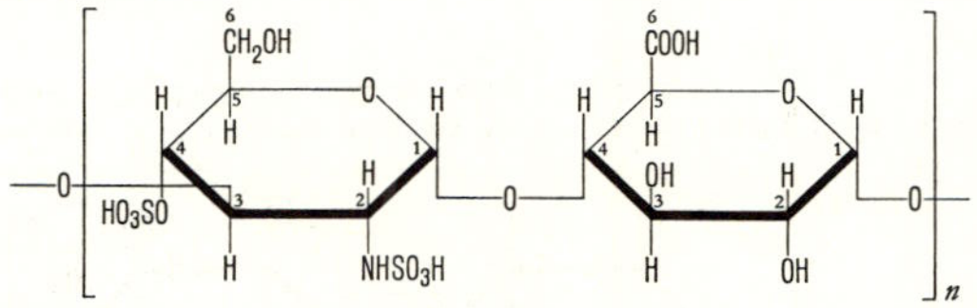	–	Findet sich in tierischen Geweben. Gerinnungshemmende Substanz des Blutes	5, 6
Hyaluronsäure	Etwa 1×10^6	Polymere Verbindung aus N-Acetyl-D-galactosamin und D-Glucuronsäuregruppen. Wahrscheinliche Struktur: 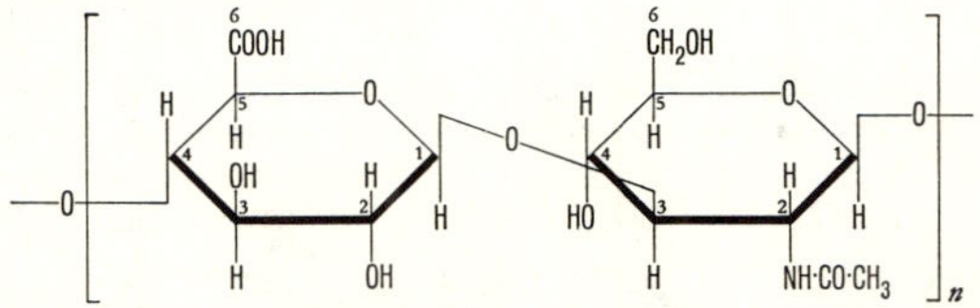	–	Sehr verbreitet in Geweben und Interzellularflüssigkeiten	5, 6
Inulin	$(162,14)_n$, etwa 5000	Lineare Kette von ungefähr 30 Fructofuranoseeinheiten, die durch β-1:2-Bindungen miteinander verbunden sind: 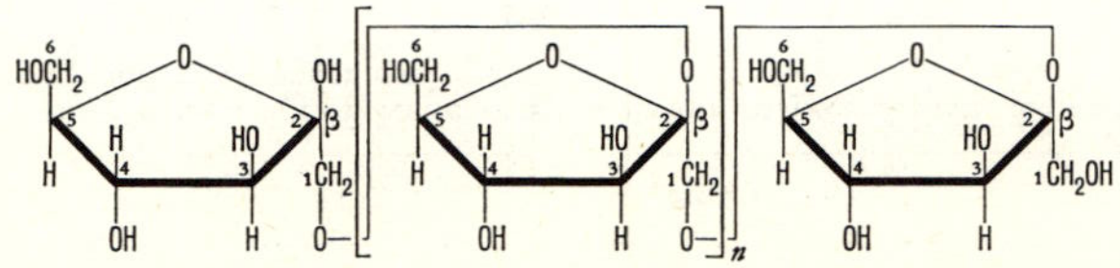	$[\alpha]_D^{20}$ – 40°	Reservekohlenhydrat mancher Pflanzen, allein oder mit Stärke zusammen	3

Tabelle 6 Polysaccharide von Bedeutung für die Säugetiere *(Schluß)*

Name	Molgewicht	Struktur	Spezifische Drehung	Bemerkungen	Literatur
Pectine	$(346)_n$, bis 5×10^4	Wahrscheinlich lineare Kette von D-Galacturonsäureeinheiten, die durch α-1:4-Bindungen miteinander verbunden sind: 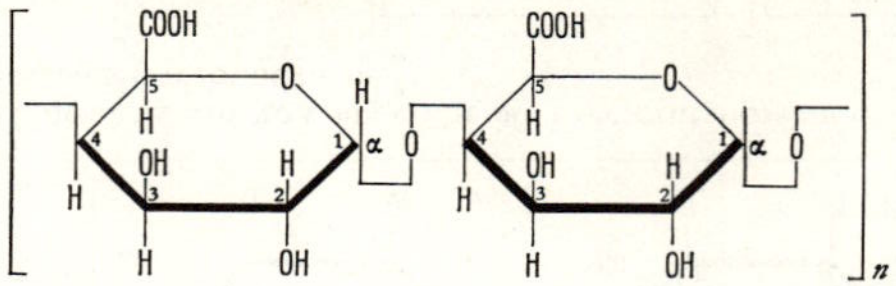	$[\alpha]_D^{20}$ etwa +240°	Wichtiger Bestandteil der pflanzlichen Zellwände. Findet sich als Ca-Salz oder Methylester	8
Pneumokokken-polysaccharide Typus 3	$1{,}4 \times 10^5$	Kette mit alternierenden Glucose- und Glucuronsäureeinheiten, die möglicherweise durch β-1:3- bzw. β-1:4-Bindungen miteinander verbunden sind: 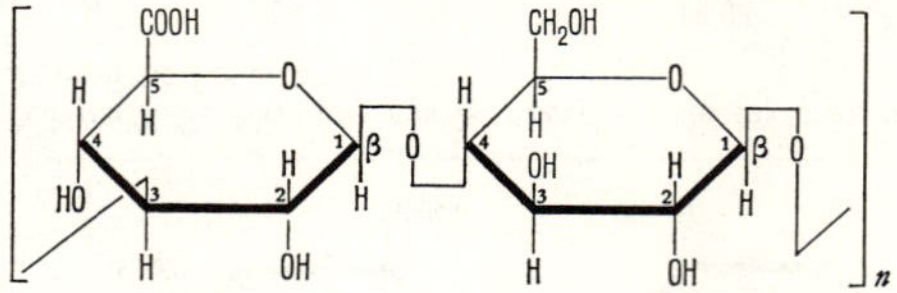	–	Ein Beispiel der etwa 40 bekannten Pneumokokkenpolysaccharide, deren Struktur vielfach noch nicht bekannt ist. Verantwortlich für die Typenspezifität der Pneumokokken. Wirkt als Antigen	9
Stärke	Sehr polydispers	Besteht in der Hauptsache aus Amylose und Amylopectin (siehe S. 319) im Verhältnis 20:80. Einige Stärkearten enthalten keine Amylose	–	Reservekohlenhydrate vieler Pflanzen	1
Glycoproteine	–	Es ist noch keine vollständige Struktur eines Glycoproteins bekannt. Sie bestehen aus kovalent an Protein gebundenen Kohlenhydratketten. Der Kohlenhydratanteil beträgt zwischen 60% und 7%; die Kohlenhydrate sind Sialsäure, D-Galactose, D-Mannose, D-Glucosamin, D-Galactosamin und L-Fucose	–	Weit verbreitet im Körper. Enthalten in Epithelmucinen (zum Beispiel des Intestinaltrakts und der Harnwege), Blutgruppensubstanzen, Serumglycoproteinen, Knochen, Glycoproteinhormonen (zum Beispiel Gonadotropin) usw.	

Literatur

1 Für eine Übersicht über die Stärkechemie siehe WHELAN, W. J., in: RUHLAND, W. (Hrsg.), *Handbuch der Pflanzenphysiologie*, Band 6, Springer, Berlin, 1958, S. 154.

2 MANNERS, D. J., *Advanc. Carbohyd. Chem.*, **17**, 371 (1962).

3 HIRST, E. L., *Biochem. Soc. Symp.*, Nr. 21, 45 (1962).

4 FOSTER und WEBBER, *Advanc. Carbohyd. Chem.*, **15**, 371 (1960).

5 STACEY und BARKER, *Carbohydrates of Living Tissues*, Van Nostrand, London, 1962.

6 *Biochem. Soc. Symp.*, Nr. 20 (1961).

7 NEELY, W. B., *Advanc. Carbohyd. Chem.*, **15**, 341 (1960).

8 HIRST und JONES, *Advanc. Carbohyd. Chem.*, **2**, 235 (1946).

9 HEIDELBERGER, M., *Ann. Rev. Biochem.*, **25**, 641 (1956).

Aminosäuren[1]

Eine Verbindung, die mindestens eine Amino- und eine Carboxylgruppe enthält, wird als Aminosäure bezeichnet. Die biologisch wichtigen Aminosäuren enthalten im allgemeinen eine Aminogruppe in α-Stellung zu einer Carboxylgruppe und haben also folgende allgemeine Formel:

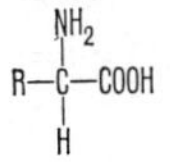

$$R-\underset{H}{\overset{NH_2}{C}}-COOH$$

Durch Asymmetrie am α-Kohlenstoffatom sind die Aminosäuren optisch aktiv, außer wenn R = H, wie im Glycin. Ihre Nomenklatur ist derjenigen ähnlich, welche für die Kohlenhydrate angegeben wurde, wobei auch die Buchstaben D und L für die Konfiguration am α-Kohlenstoffatom verwendet und manchmal die Vorzeichen für die optische Drehung in Klammern beigefügt werden, so zum Beispiel L-(+)-Alanin. Bei Aminosäuren mit zwei Asymmetriezentren sind vier Stereoisomere möglich; das in Proteinen vorkommende Isomere wird einfachheitshalber der L-Reihe zugeteilt, was natürlich keine vollständige Beschreibung der Konfiguration dieser bestimmten Säure darstellt (über stereochemische Konfigurationen siehe NEUBERGER[2]). Der Wert der spezifischen Drehung für eine bestimmte Aminosäure hängt von Konzentration, Temperatur und Wasserstoffionenkonzentration ab. Um die Identität und Reinheit einer Aminosäure mit Hilfe der spezifischen Drehung anzugeben, müssen daher die Versuchsbedingungen genau eingehalten werden[3].

Die meisten Aminosäuren sind stabile Verbindungen, die oberhalb 200 °C unter Zersetzung schmelzen; sie sind in den gewöhnlichen neutralen Lösungsmitteln mit Ausnahme von Wasser unlöslich und können im allgemeinen aus wässerigem Alkohol umkristallisiert werden. Ihr salzartiges Verhalten kann auf die Struktur eines inneren Salzes oder eines Zwitterions zurückgeführt werden:

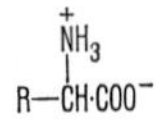

$$R-\overset{\overset{+}{N}H_3}{C}H\cdot COO^-$$

Die Aminosäuren verhalten sich amphoter und haben einen charakteristischen isoelektrischen Punkt, bei dem viele ihrer physikalischen Eigenschaften Maxima oder Minima aufweisen.

Aminosäuren lassen sich durch verschiedene Methoden trennen, so durch Adsorptionschromatographie an Stärke, Verteilungschromatographie an Silikagel und auf Papier, Chromatographie an Ionenaustauschern, Dünnschichtchromatographie, Gaschromatographie und Elektrophorese[1,4]. Eine einzige Ionenaustauschersäule genügt zur Trennung aller gewöhnlich vorkommenden Aminosäuren, und ein auf dieser Methode beruhender automatischer Analysator ist nun auch im Handel erhältlich. Zur quantitativen Bestimmung der Aminosäuren stehen verschiedene Methoden zur Verfügung: Isotopenverdünnung, enzymatische, mikrobiologische und chemische Reaktionen[1,4].

Für die quantitative Bestimmung der meisten Aminosäuren sind vor allem drei Methoden anwendbar:

a) Aminosäuren mit primärer Aminogruppe reagieren mit salpetriger Säure unter Bildung von Stickstoff:

$$R-CH(NH_2)\cdot COOH + HNO_2 \longrightarrow R-CH(OH)\cdot COOH + N_2 + H_2O$$

Auf dieser Reaktion beruht die Methode von VAN SLYKE, bei der der Stickstoff entweder volumetrisch[5] oder manometrisch[6] gemessen wird.

b) Aminosäuren mit freier Carboxyl- und primärer α-Aminogruppe werden durch Ninhydrin nach der folgenden Gleichung oxydiert:

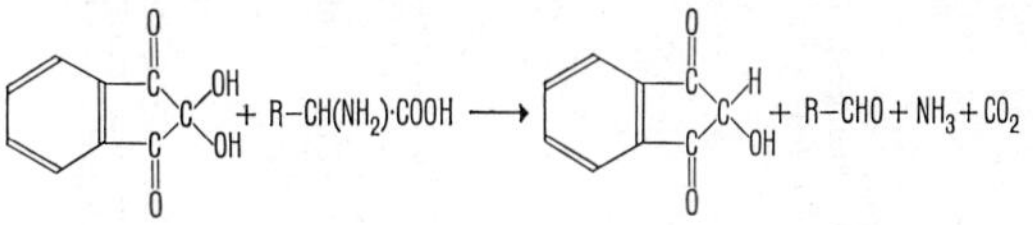

$$\text{Ninhydrin} + R-CH(NH_2)\cdot COOH \longrightarrow \text{Hydrindantin} + R-CHO + NH_3 + CO_2$$

Ninhydrin (Triketohydrindenhydrat) | Hydrindantin | Aldehyd

NH_3 oder CO_2 können quantitativ bestimmt werden[7]. Es kann aber auch die oberhalb pH 2 beim Erhitzen der Reaktionsmischung nach der folgenden Reaktion auftretende blaue Farbe zur quantitativen Bestimmung verwendet werden[8]:

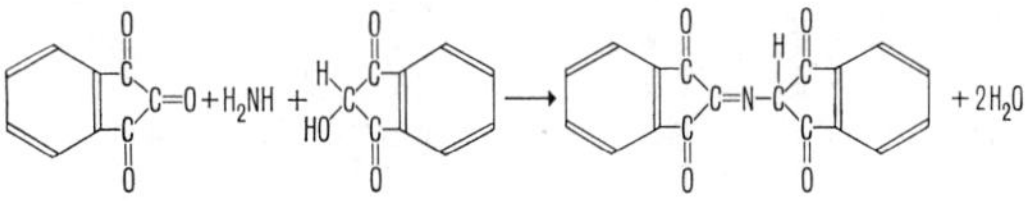

$$\text{Triketohydrinden} + H_2NH + \text{Hydrindantin} \longrightarrow \text{Diketohydrindyliden-diketohydrindamin} + 2H_2O$$

Triketohydrinden | Hydrindantin | Diketohydrindyliden-diketohydrindamin

c) Formaldehyd reagiert mit den Aminogruppen einer Aminosäure unter Verminderung der Basizität, was eine direkte Titration der Säure mit Alkali und Phenolphthalein als Indikator gestattet[9].

Über zwanzig Aminosäuren konnten als Bausteine der Proteinmoleküle identifiziert werden (Tabelle 7, S. 324–328). Es sind dies durchweg α-Aminosäuren der L-Reihe, und es besteht kein Grund zur Annahme, daß irgendeine andere Klasse von Aminosäuren am Aufbau der Proteine beteiligt ist[2]. D-Aminosäuren wurden jedoch aus Pflanzen und Mikroorganismen isoliert[10]. Die letzteren bilden oft D-Aminosäuren enthaltende Polypeptide (häufig mit antibiotischen Eigenschaften); so bestehen die Kapseln gewisser Bakterien, zum Beispiel diejenigen von *Bacillus anthracis*, beinahe ausschließlich aus Polypeptiden der D-Glutaminsäure. Die in Tabelle 8, S. 329–331, aufgeführten Aminosäuren kommen in Proteinen nicht vor, treten aber als Zwischenprodukte des Stoffwechsels oder als Bestandteile physiologisch aktiver Verbindungen auf.

Literatur

1 Für eine detaillierte und umfassende Übersicht über die Chemie der Aminosäuren siehe GREENSTEIN und WINITZ, *Chemistry of the Amino Acids*, 3 Bände, Academic Press, New York, 1961.
2 NEUBERGER, A., *Advanc. Protein Chem.*, **4**, 297 (1948).
3 Über das Verhalten von α-Aminosäuren in Lösung siehe GREENSTEIN, J.P., *Advanc. Protein Chem.*, **9**, 121 (1954).
4 BLOCK und BOLLING, *The Amino Acid Composition of Proteins and Foods*, 2. Aufl., Thomas, Springfield, 1951; LEDERER und LEDERER, *Chromatography*, 2. Aufl., Elsevier, Amsterdam, 1957; BLOCK et al., *A Manual of Paper Chromatography and Paper Electrophoresis*, 2. Aufl., Academic Press, New York, 1958; ALEXANDER und BLOCK, *A Laboratory Manual of Analytical Methods of Protein Chemistry*, 3 Bände, Pergamon, Oxford, 1960/61; BURCHFIELD und STORRS, *Biochemical Applications of Gas Chromatography*, Academic Press, New York, 1962; TRUTER, E.V., *Thin Film Chromatography*, Cleaver-Hume, London, 1963.
5 VAN SLYKE, D.D., *J. biol. Chem.*, **9**, 185 (1911); **12**, 275 (1912).
6 VAN SLYKE, D.D., *J. biol. Chem.*, **83**, 425 (1929).
7 VAN SLYKE et al., *J. biol. Chem.*, **141**, 627, 671 (1941); **150**, 251 (1943).
8 MOORE und STEIN, *J. biol. Chem.*, **176**, 367 (1948).
9 OLCOTT, H.S., in: GREENBERG, D.M. (Hrsg.), *Amino Acids and Proteins*, Thomas, Springfield, 1951, S. 80.
10 THORNE, C.B., *Ann. Rev. Microbiol.*, **10**, 331 (1956).

Tabelle 7 Physikalische und chemische Eigenschaften von Aminosäuren, die als Proteinbausteine vorkommen

Name	Abkürzung*	Formel und Molgewicht	Struktur	Zusammensetzung (%)			Löslichkeit (Gramm in 100 g Wasser bei 25 °C)	Spezifische Drehung				Besondere Eigenschaften *Organismus für die mikrobiologische Bestimmung*	Spezifisches Vorkommen und biologische Funktion (Literatur siehe S. 328)
				C	H	N		Temperatur (°C)	Konzentration**	Lösungsmittel	$[\alpha]_D$		
α-Alanin (α-Amino-propionsäure)	Ala	$C_3H_7NO_2$ 89,09	$CH_3 \cdot CH(NH_2) \cdot COOH$	40,44	7,92	15,72	16,72	25 25 20	2,06 10,00 1,78	6n HCl Wasser 3n NaOH	+ 13,70 + 2,41 + 3,0	*Leuconostoc (Lactobacillus) citrovorum* 8081	–
Arginin (α-Amino-δ-guanidyl-*n*-valeriansäure)	Arg	$C_6H_{14}N_4O_2$ 174,20	$HN{=}C(NH_2){-}NH \cdot [CH_2]_3 \cdot CH(NH_2) \cdot COOH$	41,37	8,10	32,16	15	23,3 20 20	1,65 3,48 0,87	6n HCl Wasser 0,5n NaOH	+ 27,58 + 12,5 + 11,8	Basisch. Gibt die SAKAGUCHI-Farbreaktion mit α-Naphthol und Natriumhypohalogenit *Streptococcus faecalis* 9790; *Leuconostoc citrovorum*	Zwischenprodukt im Ornithinzyklus bei der Harnstoffsynthese (siehe S. 438) und bei der Creatinsynthese (siehe S. 433)
Asparagin (Asparaginsäure-β-monoamid; α-Amino-β-carbamyl-propionsäure)	Asn Asp(NH_2) Asp | NH_2	$C_4H_8N_2O_3$ 132,12	$NH_2 \cdot CO \cdot CH_2 \cdot CH(NH_2) \cdot COOH$	36,36	6,10	21,20	2,46	20 20 20	2,24 1,41 11,23	3,4n HCl Wasser 2,5n NaOH	+ 34,26 – 5,30 – 6,35	Wird durch heiße Säure oder spezifische Enzyme zu NH_3 und Asparaginsäure verseift	Kommt frei in vielen Pflanzengeweben vor, besonders in ätiolierten Keimlingen
Asparaginsäure (Amino-bernsteinsäure)	Asp	$C_4H_7NO_4$ 133,10	$HOOC \cdot CH_2 \cdot CH(NH_2) \cdot COOH$	36,10	5,30	10,52	0,50	24 18 18	2,02 1,33 1,33	6n HCl Wasser 3n NaOH	+ 24,6 + 4,7 – 1,7	Sauer. Gibt bei der Ninhydrinreaktion 2 Mol CO_2 und 1 Mol NH_3 *Leuconostoc mesenteroides* P-60, 8042	Ist bei der Umwandlung von Citrullin in Arginin (siehe S. 438) und bei der Biosynthese der Purine und Pyrimidine (siehe S. 429 und 434) beteiligt
Cystein (α-Amino-β-thiol-propionsäure)	Cys	$C_3H_7NO_2S$ 121,16	$HS \cdot CH_2 \cdot CH(NH_2) \cdot COOH$	29,74 Schwefel 26,46	5,82	11,56	Sehr leicht löslich	26	12,1	1n HCl	+ 7,6	Geht in neutraler oder alkalischer Lösung durch Autoxydation leicht in Cystin über	Geht durch Oxydation reversibel in Cystin über. Bestandteil des Glutathions (siehe S. 434). Einige aromatische Verbindungen werden im Harn als Derivate des N-Acetylcysteins (Mercaptursäuren; siehe S. 441) ausgeschieden
Cystin (Bis-[β-amino-β-carboxy-äthyl]-disulfid)	Cys | Cys	$C_6H_{12}N_2O_4S_2$ 240,30	$S \cdot CH_2 \cdot CH(NH_2) \cdot COOH$ | $S \cdot CH_2 \cdot CH(NH_2) \cdot COOH$	29,99 Schwefel 26,69	5,03	11,66	0,011	24 18,5	1,0 0,4	1n HCl 0,2n NaOH	–214,4 – 70,0	Wird leicht zu Cystein reduziert *Leuconostoc mesenteroides* P-60, 8042; *Lactobacillus arabinosus*	Reichlich im Haar, Keratin und Insulin vorhanden. Die Disulfidbrücke verbindet verschiedene Polypeptidketten oder verschiedene Teile einer Polypeptidkette innerhalb eines Proteinmoleküls

3,5-Dijod-tyrosin***	–	$C_9H_9NO_3I_2$ 432,99	HO–C₆H₂I₂–CH$_2$·CH(NH$_2$)·COOH	24,97	2,10 (Jod 58,62)	3,23	0,062	20 20	5,08 4,41	1,1n HCl 3,4n NH_4OH	+ 2,89 + 2,27	–	In den Proteinen der Schilddrüse[3] (siehe S. 436)
Glutaminsäure (α-Amino-glutarsäure)	Glu	$C_5H_9NO_4$ 147,13	HOOC·(CH$_2$)$_2$·CH(NH$_2$)·COOH	40,82	6,17	9,52	0,843	22,4 18 18	1,00 1,47 1,47	6n HCl Wasser 1n NaOH	+ 31,2 + 11,5 + 10,96	Sauer. Geht beim Kochen in Lösung innerhalb eines weiten pH-Bereichs (4–10) durch Ringschluß in Pyrrolidoncarbonsäure über *Leuconostoc mesenteroides* P-60, 8042; *Lactobacillus arabinosus*	Bestandteil des Glutathions (siehe S. 434) und der Vitamine der Folsäuregruppe (siehe S. 478). Findet sich in hoher Konzentration in Geweben. Wird im tierischen Gewebe leichter dehydriert und ist reaktionsfähiger bei der enzymatischen Transaminierung als alle anderen Aminosäuren
Glutamin (Glutaminsäure-β-monoamid; α-Amino-γ-carbamyl-buttersäure)	Gln Glu (NH$_2$) Glu | NH$_2$	$C_5H_{10}N_2O_3$ 146,15	NH$_2$·CO·(CH$_2$)$_2$·CH(NH$_2$)·COOH	41,09	6,90	19,17	3,6 (bei 18 °C)	22	3,6	Wasser	+ 5,0	Gibt beim Erhitzen auf ungefähr 100 °C in beinahe neutraler Lösung durch Ringschluß das Ammoniumsalz der Pyrrolidoncarbonsäure. Die Amidogruppe reagiert in Gegenwart von Essigsäure mit salpetriger Säure unter Abspaltung von Stickstoff. Wird von spezifischen Enzymen zu Ammoniumglutamat hydrolysiert	Kommt in tierischen Geweben und vielen Pflanzen frei vor, so zum Beispiel in der Zuckerrübe. Phenylessigsäure wird vom Menschen als Phenacetylglutamin ausgeschieden (siehe S. 441)
Glycin (Amino-essigsäure)	Gly	$C_2H_5NO_2$ 75,07	NH$_2$·CH$_2$·COOH	32,00	6,71	18,66	24,99	–	–	–	–	Optisch inaktiv. Gibt mit *o*-Phthalaldehyd eine grüne Färbung *Leuconostoc mesenteroides* P-60, 8042	Viele Tiere scheiden Benzoesäure als Benzoylglycin (Hippursäure) aus (siehe S. 441). Bestandteil des Glutathions (siehe S. 434). Stoffwechselzwischenprodukt bei der Synthese von Creatin, Porphyrinen, Purinen (siehe S. 430). Im Organismus aus Serin gebildet (siehe S. 428)
Histidin (α-Amino-β-[4-imidazolyl]-propionsäure)	His	$C_6H_9N_3O_2$ 155,16	HC═C–CH$_2$·CH(NH$_2$)·COOH; HN–CH═N (Imidazolring)	46,45	5,85	27,08	4,29	25 25 20	1,00–4,05 0,75–3,77 0,77	6,1n HCl Wasser 0,5n NaOH	+ 13,34 – 38,95 – 10,9	Basisch. Gibt Biuretreaktion. Kuppelt mit diazotierter Sulfanilsäure unter Bildung einer intensiv roten Färbung (PAULY-Reaktion) *Leuconostoc mesenteroides* P-60, 8042	Decarboxylierung gibt Histamin. Bestandteil des Carnosins (β-Alanylhistidin), das im Muskel vorkommt

* Zur Beschreibung der Aminosäurenreihenfolge in Polypeptiden und Proteinmolekülen gebräuchlich[1].

** Gramm in 100 ml Lösung, wenn nicht anders angegeben.

*** Über die chromatographische Abtrennung von anderen jodierten Aminosäuren und deren Bestimmung siehe BLOCK und WEISS[2].

Tabelle 7 Physikalische und chemische Eigenschaften von Aminosäuren, die als Proteinbausteine vorkommen *(Fortsetzung)*

Name	Abkürzung*	Formel und Molgewicht	Struktur	Zusammensetzung (%) C	Zusammensetzung (%) H	Zusammensetzung (%) N	Löslichkeit (Gramm in 100 g Wasser bei 25 °C)	Spezifische Drehung: Temperatur (°C)	Spezifische Drehung: Konzentration**	Spezifische Drehung: Lösungsmittel	Spezifische Drehung: $[\alpha]_D$	Besondere Eigenschaften / *Organismus für die mikrobiologische Bestimmung*	Spezifisches Vorkommen und biologische Funktion (Literatur siehe S. 328)
δ-Hydroxylysin (α, ε-Diamino-δ-hydroxy-*n*-capronsäure)	Hyl	$C_6H_{14}N_2O_3$ 162,19	$NH_2{\cdot}CH_2{\cdot}CH(OH){\cdot}(CH_2)_2{\cdot}CH(NH_2){\cdot}COOH$	44,43	8,70	17,27	–	25	2,0	6n HCl	+ 14,5	Reagiert mit Perjodat unter Bildung von Formaldehyd und Ammoniak	Wurde nur in Kollagen und Gelatine als Proteinbaustein gefunden. Das Phosphat kommt in der Natur vor[4]
Hydroxyprolin (γ-Hydroxy-pyrrolidin-α-carbonsäure)	Hyp	$C_5H_9NO_3$ 131,13	HO—CH—CH₂ / H₂C—N(H)—CH—COOH (Ring)	45,80	6,92	10,68	36,11	20 22,5 20	1,31 1,00 0,65	1n HCl Wasser 0,5n NaOH	– 47,3 – 75,2 – 70,6	Hat keine primäre α-Aminogruppe und unterscheidet sich deshalb in mancher Hinsicht von den primären Aminosäuren; so bildet sich zum Beispiel mit salpetriger Säure kein Stickstoff. Durch Hypochlorit zu Hydroxypyrrolin oxydiert. Ninhydrin bewirkt Decarboxylierung, wobei unterhalb von pH 4,4 eine rötliche, bei höherem pH-Wert eine gelbliche Farbe auftritt. Gibt mit Isatin ein intensiv blaues Kondensationsprodukt	Kommt nur im Kollagen und in der Gelatine vor
Leucin (α-Amino-isocapronsäure)	Leu	$C_6H_{13}NO_2$ 131,18	$(CH_3)_2CH{\cdot}CH_2{\cdot}CH(NH_2){\cdot}COOH$	54,94	9,99	10,68	2,19	25 25 20	2,00 2,00 1,31	6n HCl Wasser 3n NaOH	+ 15,20 – 10,57 + 7,6	*Lactobacillus arabinosus* 17–5, 8014; *Lactobacillus helveticus; Streptococcus faecalis; Leuconostoc mesenteroides* P-60, 8042	–
Isoleucin (α-Amino-β-methyl-*n*-valeriansäure)	Ile	$C_6H_{13}NO_2$ 131,18	$CH_3{\cdot}CH_2{\cdot}CH(CH_3){\cdot}CH(NH_2){\cdot}COOH$	54,94	9,99	10,68	2,93 (bei 20 °C)	20 20 20	5,09 3,10 3,34	6;1n HCl Wasser 0,33n NaOH	+ 40,61 + 11,29 + 11,09	*Lactobacillus arabinosus* 17–5, 8014; *Lactobacillus helveticus; Streptococcus faecalis; Leuconostoc mesenteroides* P-60, 8042	–
Lysin (α, ε-Diamino-*n*-capronsäure)	Lys	$C_6H_{14}N_2O_2$ 146,19	$NH_2{\cdot}(CH_2)_4{\cdot}CH(NH_2){\cdot}COOH$	49,30	9,65	19,16	Sehr leicht löslich	23 20	2,00 6,50	6n HCl Wasser	+ 25,9 + 14,6	Basisch. Kann durch Phosphowolframsäure gefällt werden. Beim trockenen Erhitzen von lysinhaltigen Proteinen tritt deutlicher Verlust an Lysin ein *Streptococcus faecalis* 9790; *Leuconostoc mesenteroides* P-60, 8042	–

Methionin (α-Amino-γ-methyl-mercapto-*n*-buttersäure)	Met	$C_5H_{11}NO_2S$ 149,21	$CH_3{\cdot}S{\cdot}CH_2{\cdot}CH_2{\cdot}CH(NH_2){\cdot}COOH$	40,25	7,43	9,39	3,35 (für die DL-Säure)	20 25	5,00 0,80	3n HCl Wasser	+ 23,40 − 8,11	*Leuconostoc mesenteroides* P-60, 8042; *Lactobacillus fermenti* 36 (für die DL-Säure)	Liefert das Schwefelatom bei der Biosynthese von Cystein (siehe Cystathionin, Tabelle 8, S. 330). Ist Träger «aktiver» Methylgruppen
				Schwefel 21,49									
3-Monojodtyrosin	–	$C_9H_{10}NO_3I$ 307,09	HO–C_6H_3(I)–$CH_2{\cdot}CH(NH_2){\cdot}COOH$	35,20	3,28	4,56	–	20	5,00	1n HCl	− 4,4	–	In den Proteinen der Schilddrüse[3] (siehe S. 436)
				Jod 41,32									
Norleucin (α-Amino-capronsäure)	–	$C_6H_{13}NO_2$ 131,18	$CH_3{\cdot}(CH_2)_3{\cdot}CH(NH_2){\cdot}COOH$	54,94	9,99	10,68	1,15 (bei 18 °C)	20	4,3	6n HCl	+ 21,3	–	Als Proteinbaustein nicht erwiesen[5]
Phenylalanin (α-Amino-β-phenyl-propionsäure)	Phe	$C_9H_{11}NO_2$ 165,19	C_6H_5–$CH_2{\cdot}CH(NH_2){\cdot}COOH$	65,44	6,71	8,48	2,965	20	1,93	Wasser	− 35,14	*Leuconostoc mesenteroides* P-60, 8042	Kann im menschlichen Organismus zu Tyrosin umgebaut werden (siehe S. 394)
Prolin (Pyrrolidin-α-carbonsäure)	Pro	$C_5H_9NO_2$ 115,13	H_2C—CH_2 / H_2C–N(H)–$CH{\cdot}COOH$ (Ring)	52,16	7,88	12,17	162,3	20 23,4 20	0,57 1,00 2,42	0,5n HCl Wasser 0,6n KOH	− 52,6 − 85,0 − 93,0	Neutral. Löslich in Alkohol. Dem Hydroxyprolin chemisch sehr ähnlich *Leuconostac mesenteroides* P-60, 8042; *Lactobacillus brevis*	–
Serin (α-Amino-β-hydroxy-propionsäure)	Ser	$C_3H_7NO_3$ 105,09	$HO{\cdot}CH_2{\cdot}CH(NH_2){\cdot}COOH$	34,29	6,71	13,33	5,023 (für die DL-Säure)	25 20	9,34 10,41	1n HCl Wasser	+ 14,95 − 6,83	Wird durch Perjodat oder Bleitetraacetat zu Formaldehyd und Glyoxylsäure gespalten. Gibt die Biuretreaktion. Wird bei der sauren Hydrolyse von Proteinen zum Teil zerstört *Leuconostoc mesenteroides* P-60, 8042; *Lactobacillus delbrueckii* LD 5; *Lactobacillus helveticus*	Das meiste Serin der Phosphoproteine (Vitellin, Casein) kommt als Phosphoserin vor[6]. Phosphatidylserin ist Bestandteil einiger Phospholipide
Threonin (β-Methylserin; α-Amino-β-hydroxy-buttersäure)	Thr	$C_4H_9NO_3$ 119,12	$CH_3{\cdot}CH(OH){\cdot}CH(NH_2){\cdot}COOH$	40,33	7,62	11,76	–	26	1,63 (Gramm in 100 g Lösung)	Wasser	− 9,1	In gewissen Eigenschaften dem Serin ähnlich. Wird durch Perjodat zu Acetaldehyd und Glyoxylsäure oxydiert *Streptococcus faecalis* 9790; *Leuconostoc mesenteroides* P-60, 8042	Phosphothreonin wurde in Caseinhydrolysaten gefunden[7]

* Zur Beschreibung der Aminosäurenreihenfolge in Polypeptiden und Proteinmolekülen gebräuchlich[1]. ** Gramm in 100 ml Lösung, wenn nicht anders angegeben.

Tabelle 7 Physikalische und chemische Eigenschaften von Aminosäuren, die als Proteinbausteine vorkommen *(Schluß)*

Name	Abkürzung*	Formel und Molgewicht	Struktur	Zusammensetzung (%)			Löslichkeit (Gramm in 100 g Wasser bei 25 °C)	Spezifische Drehung				Besondere Eigenschaften *Organismus für die mikrobiologische Bestimmung*	Spezifisches Vorkommen und biologische Funktion
				C	H	N		Temperatur (°C)	Konzentration**	Lösungsmittel	$[\alpha]_D$		
Thyroxin (3,5,3′,5′-Tetrajod-thyronin)	–	$C_{15}H_{11}NO_4I_4$ 776,88	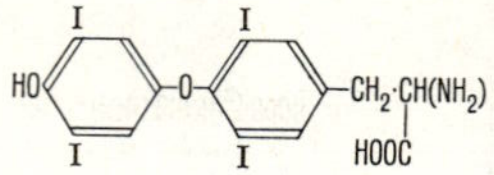	23,19	1,43	1,80	0,001	–	3 (Gramm in 100 g Lösung)	0,13n NaOH in 70% Äthanol	− 4,4	–	In den Proteinen der Schilddrüse[3] (siehe S. 436)
				Jod 65,34									
3,5,3′-Trijod-thyronin	–	$C_{15}H_{12}NO_4I_3$ 650,98	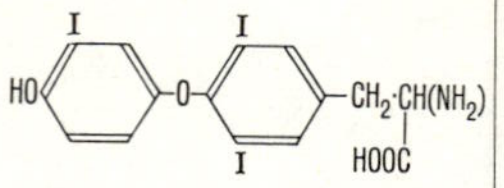	27,68	1,86	2,15	–	29,5	4,75 (als Hydrochlorid)	1n HCl-Äthanol (1:2)	+ 21,5	–	In den Proteinen der Schilddrüse[3] (siehe S. 436)
				Jod 58,48									
Tryptophan (α-Amino-β-[3-indolyl]-propionsäure)	Trp	$C_{11}H_{12}N_2O_2$ 204,23	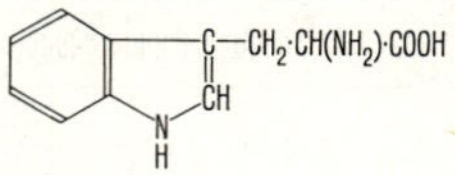	64,69	5,92	13,72	1,14	20 22,7 20	1,02 1,00 2,42	0,5n HCl Wasser 0,5n NaOH	+ 2,4 − 31,5 + 6,17	Zersetzt sich bei längerem Erhitzen in heißer Säure. Gibt die MILLONsche Reaktion (siehe Tyrosin, unten) und die Reaktion nach FOLIN. Gibt Farbreaktion mit *p*-Dimethylaminobenzaldehyd und salpetriger Säure (EHRLICHsche Reaktion) *Lactobacillus arabinosus* 17–5, 8014; *Streptococcus faecalis*	–
Tyrosin (α-Amino-β-[*p*-hydroxy-phenyl]-propionsäure)	Tyr	$C_9H_{11}NO_3$ 181,19	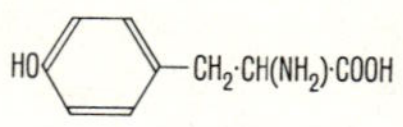	59,66	6,12	7,73	0,045	20 18	4,40 0,90	6,3n HCl 3,0n NaOH	− 8,64 − 13,2	Reagiert mit Quecksilbersalzen und salpetriger Säure unter Bildung einer roten Färbung (MILLONsche Reaktion). Andere, weniger spezifische Farbreaktionen sind die Reaktionen mit α-Nitroso-β-naphthol und mit dem Phenolreagens nach FOLIN *Leuconostoc mesenteroides* P-60, 8042	Vorstufe des Thyroxins[3], des Adrenalins und des Melanins. (Siehe S. 436)
Valin (α-Amino-isovaleriansäure)	Val	$C_5H_{11}NO_2$ 117,15	$(CH_3)_2CH{\cdot}CH(NH_2){\cdot}COOH$	51,26	9,46	11,96	8,85	20 20	3,4 3,58	6n HCl Wasser	+ 28,8 + 6,42	*Lactobacillus arabinosus* 17–5, 8014; *Lactobacillus helveticus*; *Streptococcus faecalis*	–

* Zur Beschreibung der Aminosäurenreihenfolge in Polypeptiden und Proteinmolekülen gebräuchlich[1].
** Gramm in 100 ml Lösung, wenn nicht anders angegeben.

Literatur

1 BRAND und EDSALL, *Ann. Rev. Biochem.*, **16**, 223 (1947); IUPAC–IUB Combined Commission on Biochemical Nomenclature, *J. biol. Chem.*, **241**, 527 (1966).
2 ROCHE et al., in: GLICK, D. (Hrsg.), *Methods of Biochemical Analysis*, Band 1, Wiley, New York, 1954, S. 243; BLOCK und WEISS, *Amino Acid Handbook*, Thomas, Springfield, Ill., 1956, S. 37.
3 ROCHE und MICHEL, *Ann. Rev. Biochem.*, **23**, 481 (1954).
4 ASTRUP et al., *Acta physiol. scand.*, **24**, 202 (1952).
5 CONSDEN et al., *Biochem. J.*, **39**, 251 (1945).
6 ÅGREN et al., *Acta chem. scand.*, **5**, 324 (1951).
7 DE VERDIER, C.-H., *Nature*, **170**, 804 (1952).

Tabelle 8 Physikalische und chemische Eigenschaften einiger Aminosäuren, die nicht in Proteinen, sondern in freier Form vorkommen

Name	Formel und Molgewicht	Struktur	Zusammensetzung (%)			Löslichkeit (Gramm in 100 g Wasser bei 25 °C)	Spezifische Drehung				Besondere Eigenschaften	Vorkommen und biologische Funktion (Literatur siehe S. 331)
			C	H	N		Temperatur (°C)	Konzentration (g in 100 ml Lösung)	Lösungsmittel	$[\alpha]_D$		
β-Alanin (β-Aminopropionsäure)	$C_3H_7NO_2$ 89,09	$NH_2 \cdot CH_2 \cdot CH_2 \cdot COOH$	40,44	7,92	15,72	Sehr leicht löslich	–	–	–	–	–	Abbauprodukt von Pyrimidinen (siehe S. 397). Kommt als Baustein von Pantothensäure, Coenzym A, Carnosin und Anserin vor
α-Aminoadipinsäure	$C_6H_{11}NO_4$ 161,16	$HOOC \cdot (CH_2)_3 \cdot CH(NH_2) \cdot COOH$	44,72	6,88	8,69	0,22 (bei 20 °C)	–	–	–	–	Zersetzt sich beim Erhitzen unter Bildung von α-Piperidon-α'-carbonsäure	Zwischenprodukt beim Abbau von Lysin (siehe S. 394)
α-Amino-*n*-buttersäure	$C_4H_9NO_2$ 103,12	$CH_3 \cdot CH_2 \cdot CH(NH_2) \cdot COOH$	46,59	8,80	13,58	28 (für die DL-Säure)	20	5,46	Wasser	+ 7,86	–	Findet sich im Gehirn[1]. Bestandteil des Tripeptids «ophthalmic acid» im Linsengewebe[2]
γ-Amino-*n*-buttersäure	$C_4H_9NO_2$ 103,12	$NH_2 \cdot (CH_2)_3 \cdot COOH$	46,59	8,80	13,58	–	–	–	–	–	–	In Gehirn[3], Lunge und Herz[1]
β-Aminoisobuttersäure	$C_4H_9NO_2$ 103,12	$NH_2 \cdot CH_2 \cdot CH(CH_3) \cdot COOH$	46,59	8,80	13,58	–	–	–	–	–	–	Abbauprodukt des Thymins (siehe S. 397)
δ-Aminolävulinsäure (γ-Keto-δ-amino-*n*-valeriansäure)	$C_5H_9NO_3$ 131,13	$NH_2 \cdot CH_2 \cdot CO \cdot CH_2 \cdot CH_2 \cdot COOH$	45,80	6,92	10,68	–	–	–	–	–	Reduziert BENEDICTS Reagens in der Kälte. Wird durch Perjodat zu Formaldehyd und Bernsteinsäure gespalten	Zwischenprodukt bei der Biosynthese der Porphyrine (siehe S. 433)
Argininobernsteinsäure	$C_{10}H_{18}N_4O_6$ 290,28	$HOOC \cdot CH(NH_2) \cdot (CH_2)_3 \cdot NH \cdot \underset{\underset{NH}{\parallel}}{C} \cdot NH \cdot CH(COOH) \cdot CH_2 \cdot COOH$	41,38	6,25	19,30	–	24 24 24	2,9 2,9 2,9	Wasser 0,5n NaOH 0,5n HCl	+ 16,4 + 26,6 + 5,2	Reagiert in wässeriger Lösung sofort unter Ringschluß und Wasserabspaltung	Zwischenprodukt im Ornithinzyklus bei der Harnstoffsynthese[4] (siehe S. 439). Bei einigen Schwachsinnigen im Harn gefunden[5] (siehe S. 446)

Tabelle 8 Physikalische und chemische Eigenschaften einiger Aminosäuren, die nicht in Proteinen, sondern in freier Form vorkommen *(Schluß)*

Name	Formel und Molgewicht	Struktur	Zusammensetzung (%)			Löslichkeit (Gramm in 100 g Wasser bei 25 °C)	Spezifische Drehung				Besondere Eigenschaften	Vorkommen und biologische Funktion
			C	H	N		Temperatur (°C)	Konzentration (g in 100 ml Lösung)	Lösungsmittel	$[\alpha]_D$		
Carbamyl-asparaginsäure (Ureido-bernsteinsäure)	$C_5H_8N_2O_5$ 176,13	$HOOC \cdot CH_2 \cdot CH(COOH) \cdot NH \cdot CO \cdot NH_2$	34,10	4,58	15,90	0,4 (bei 20 °C)	25	–	Wasser (Ba-Salz)	+ 24,1	–	Zwischenprodukt bei der Biosynthese der Pyrimidine aus Asparaginsäure bei Säugetieren und Bakterien (siehe S. 434)
Citrullin (α-Amino-δ-ureido-*n*-valeriansäure)	$C_6H_{13}N_3O_3$ 175,19	$NH_2 \cdot CO \cdot NH \cdot (CH_2)_3 \cdot CH(NH_2) \cdot COOH$	41,14	7,48	23,99	–	21,23 21,23	5,00 5,00	0,3n HCl Wasser	+ 17,9 + 3,5	Gibt bei der alkalischen Hydrolyse Ornithin	Zwischenprodukt im Ornithinzyklus bei der Harnstoffsynthese (siehe S. 438)
Creatin (Methylglycocyamin)	$C_4H_9N_3O_2$ 131,14	$(HN=)(H_2N)C \cdot N(CH_3) \cdot CH_2 \cdot COOH$	36,64	6,92	32,04	1,35 (bei 18 °C)	–	–	–	–	Schwach basisch. Gibt beim Erhitzen in verdünnten Säuren Creatinin	Zellbestandteil. Creatinphosphat dient als Speicher hoher «Phosphatbindungsenergie» im Muskel der Wirbeltiere (siehe S. 433)
Creatinin (1-Methyl-glycocyamidin)	$C_4H_7N_3O$ 113,12	$HN{=}C \cdot N(CH_3) \cdot CH_2 \cdot CO$ (Ring über NH)	42,47	6,24	37,15	8,7 (bei 16 °C)	–	–	–	–	Stark basisch	Findet sich im Harn
Cystathionin	$C_7H_{14}N_2O_4S$ 222,26	$HOOC \cdot CH(NH_2) \cdot CH_2 \cdot S \cdot CH_2 \cdot CH_2 \cdot CH(NH_2) \cdot COOH$	37,83 Schwefel 14,43	6,35	12,60	–	22	1,0	1n HCl	+ 23,7	–	Zwischenprodukt bei der Übertragung von Schwefel auf Methionin mittels Serins (siehe S. 394)
Cysteinsäure	$C_3H_7NO_5S$ 169,16	$HO_3S \cdot CH_2 \cdot CH(NH_2) \cdot COOH$	21,30 Schwefel 18,96	4,17	8,28	–	28	6,0	Wasser	+ 7,8	–	Zwischenprodukt bei der Bildung des Gallenbestandteils Taurin (siehe unten) aus Cystein
Ergothionein (Betain des Thiolhistidins)	$C_9H_{15}N_3O_2S$ 229,30	$HC{=}C \cdot CH_2 \cdot CH(\overset{+}{N}(CH_3)_3) \cdot COO^-$; Ring: HC–N=C(SH)–NH–C	47,14 Schwefel 13,98	6,59	18,33	–	21	5,0	Wasser	+116,0	Basisch. Alkalibeständig. In saurem Milieu wird die Thiolgruppe leicht zu Sulfat oxydiert. Gibt mit Diazosulfanilsäure und Alkali eine rötliche Purpurfärbung	Kommt in den Erythrozyten, in der Leber, der Niere und anderen Geweben sowie auch im Harn und im Sperma[6] vor. Bestandteil des Mutterkorns

Glycocyamin (Guanidino-essigsäure)	$C_3H_7N_3O_2$ 117,11	HN=C(NH$_2$)·NH·CH$_2$·COOH	30,77	6,03	35,88	Etwas löslich	–	–	–	–	–	Im Harn. Bildet sich in der Niere aus Arginin und Glycin. Vorstufe des Creatins und Creatinins (siehe S. 433)
Homoserin (α-Amino-γ-hydroxy-*n*-buttersäure)	$C_4H_9NO_3$ 119,12	HO·CH$_2$·CH$_2$·CH(NH$_2$)·COOH	40,33	7,62	11,76	–	24–26	0,25	5n HCl	+ 18,3	–	Zwischenprodukt im Methioninstoffwechsel (siehe S. 394)
1-Methylhistidin	$C_7H_{11}N_3O_2$ 169,18	HC=C·CH$_2$·CH(NH$_2$)·COOH; N=CH–N·CH$_3$ (Imidazolring)	49,70	6,55	24,84	20	18	3,72	Wasser	– 26	–	Freie Säure aus normalem Harn isoliert[7]. Bildet zusammen mit β-Alanin das Dipeptid Anserin, das sich im tierischen Muskel findet[8]
3-Methylhistidin	$C_7H_{11}N_3O_2$ 169,18	HC=C·CH$_2$·CH(NH$_2$)·COOH; H$_3$C·N–CH=N (Imidazolring)	49,70	6,55	24,84	–	26	–	Wasser	–25,4 → –26,5	–	Isoliert aus normalem Harn[9]
Ornithin (2,5-Diamino-*n*-valeriansäure)	$C_5H_{12}N_2O_2$ 132,16	NH$_2$·(CH$_2$)$_3$·CH(NH$_2$)·COOH	45,44	9,15	21,20	Sehr leicht löslich	20	0,84	0,45n HCl	+ 14,1	Aus Arginin durch alkalische Hydrolyse	Zwischenprodukt im Ornithinzyklus bei der Harnstoffsynthese (siehe S. 438). Benzoesäure wird vom Geflügel als N,N'-Dibenzoylornithin ausgeschieden
Taurin (2-Aminoäthan-sulfonsäure)	$C_2H_7NO_3S$ 125,15	NH$_2$·CH$_2$·CH$_2$·SO$_3$H	19,20 Schwefel 25,62	5,64	11,19	8,78 (bei 20 °C)	–	–	–	–	–	Im Muskelgewebe von Wirbellosen. Bildet sich in der Leber von Säugetieren aus Cystein (siehe S. 434). Bestandteil der Taurocholsäure (Gallensäure)

Literatur

1 Walker, D. M., *Biochem. J.*, **52**, 679 (1952).
2 Waley, S. G., *Biochem. J.*, **64**, 715 (1956).
3 Udenfriend, S., *J. biol. Chem.*, **187**, 65 (1950).
4 Ratner et al., *J. biol. Chem.*, **204**, 95 (1953).
5 Westall, R. G., *Biochem. J.*, **77**, 135 (1960).
6 Für eine Übersicht siehe Bell, D. J., *Ann. Rep. Progr. Chem.*, **52**, 285 (1955).
7 Searle und Westall, *Biochem. J.*, **48**, 1 (1951).
8 Long, C. (Hrsg.), *Biochemists' Handbook*, Spon, London, 1961, S. 668.
9 Westall, R. G., *Biochem. J.*, **52**, 638 (1952); Tallan et al., *J. biol. Chem.*, **206**, 825 (1954).

Nucleoside und Nucleotide

Ein *Nucleosid* ist eine Verbindung aus einer heterozyklischen Base und einem Zucker; bei einem *Nucleotid* ist der Zucker des Nucleosids noch mit Phosphorsäure verestert.

Base — Zucker

Nucleosid

Base — Zucker — Phosphat

Nucleotid

Die Basen der Nucleoside und Nucleotide sind meistens Purine und Pyrimidine, seltener Pyridine und Isoalloxazine. Die Stammverbindungen dieser Basen haben folgende Strukturen:

Purin | Pyrimidin (1,3-Diazin) | Pyridin | Isoalloxazin

Die in Nucleosiden und Nucleotiden vorkommenden Zucker sind meist entweder Ribose oder 2-Desoxyribose:

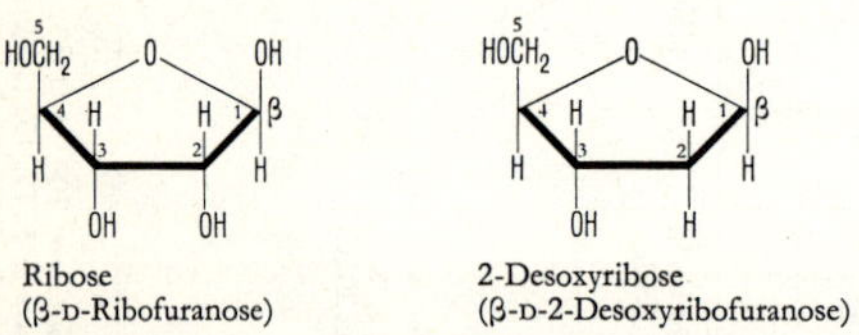

Ribose (β-D-Ribofuranose) | 2-Desoxyribose (β-D-2-Desoxyribofuranose)

Die Glycosidbindung zwischen Zucker und Base liegt bei Nucleosiden und Nucleotiden in 9-Stellung für die Purine und in 3-Stellung für die Pyrimidine. An der Veresterung der Nucleoside beteiligt sich nicht nur die Orthophosphorsäure, sondern auch Pyro- (Di-) und Triphosphorsäure.

Orthophosphorsäure (Monophosphorsäure) | Pyrophosphorsäure (Diphosphorsäure) | Triphosphorsäure

Die Nomenklatur der Nucleoside und Nucleotide geht aus den in Tabelle 9, S. 333, zusammengestellten Beispielen hervor.

Die natürlich vorkommenden Mono-, Di- und Triphosphate der Nucleoside sind in 5′-Stellung des Zuckers phosphoryliert. Ausnahmen bilden die Nucleosid-3′-monophosphate und die Nucleosid-3′,5′-diphosphate, die beim enzymatischen Abbau von Ribonucleinsäuren gebildet werden. Gewisse Coenzyme enthalten Nucleosid-2′,5′-diphosphat oder Nucleosid-3′,5′-diphosphat (siehe Tabelle 12, S. 340–346).

Nucleotide und Polynucleotide (siehe Nucleinsäuren, S. 347 und 348) kommen in allen lebenden Zellen vor. Gewisse natürlich vorkommende Basen, Nucleoside und Nucleotide treten nur als Zwischenprodukte bei der Synthese oder beim Abbau anderer Nucleotide auf und haben keine bekannte Eigenfunktion (siehe Tabellen 10a, b und c, S. 334–338).

Nucleosiddi- und -triphosphate sind Vorstufen der Nucleinsäuren. Sie sind auch die Träger der freien Energie von Pyrophosphatbindungen, so daß die Nucleotide als Coenzyme der bei manchen Auf- und Abbaureaktionen auftretenden Übertragung freier Energie betrachtet werden können. Nucleosiddiphosphate werden aus den entsprechenden Monophosphaten mit Hilfe der Nucleosidmonophosphatkinase gebildet. Dieses Enzym wirkt analog der Adenylatkinase und katalysiert die allgemeine Reaktion[1]:

Nucleosidmonophosphat + Adenosintriphosphat
⇌
Nucleosiddiphosphat + Adenosindiphosphat

Nucleosidtriphosphate werden darauf aus den entsprechenden Diphosphaten mit Hilfe der Nucleosiddiphosphatkinase gebildet[1]:

Nucleosiddiphosphat + Adenosintriphosphat
⇌
Nucleosidtriphosphat + Adenosindiphosphat

In Tabelle 11, S. 339, sind Nucleosidmono-, -di- und -triphosphate sowie deren Funktionen zusammengestellt.

Die Nucleotidcoenzyme dienen als Wasserstoffträger und Träger der aktiven Formen von Zuckern, Aminosäuren, Fettsäuren, Dicarbonsäuren, Kohlendioxyd und Sulfat. Bedeutung und Bildung von Nucleotidcoenzymen finden sich in Tabelle 12, S. 340–346.

Literatur

[1] Lieberman et al., *J. biol. Chem.*, **215**, 429 (1955); Gibson et al., *Biochim. biophys. Acta*, **21**, 86 (1956).

Tabelle 9 Nomenklatur der Nucleoside und Nucleotide

Die Gruppenbezeichnungen können für beliebige Verbindungen der jeweiligen Strukturformel gebraucht werden (die Bezeichnungen «Ribosid» und «Ribotid» sind zu vermeiden). Weitere Spezifizierung erlauben die Gruppenbezeichnungen *Ribonucleotid* und *Desoxyribonucleotid* bzw. *Mononucleotid* und *Polynucleotid* (siehe auch Nucleinsäuren, S. 347 und 348). Nötigenfalls kann auch die Stellung der Phosphatbindung angegeben werden; so ist zum Beispiel die angeführte Verbindung ein 5′-Nucleotid oder genauer ein 5′-Ribonucleotid.
Wenn das in Betracht fallende Nucleosid oder Nucleotid statt Ribose Desoxyribose enthält, wird die betreffende Verbindung zur näheren Bezeichnung mit der Vorsilbe Desoxy- (auch Deoxy-) versehen, so zum Beispiel *Desoxyadenosin, Desoxyadenylsäure.*

Strukturformel	Gruppen-bezeichnung	Alternative Gruppen-bezeichnung	Eigenname	Alternative Eigennamen
NH2 N 7 5 6 1 N 8 9 4 3 2 N N 5′ HOCH2 O 4′ H 3′ H 2′ 1′ β H H OH OH	Nucleosid	Ribonucleosid	Adenosin	Ribosyladenin
NH2 N 7 5 6 1 N 8 9 4 3 2 N N OH 5′ HO—P—OCH2 ‖ O O 4′ H 3′ H 2′ 1′ β H H OH OH	Nucleotid (Nucleosid-mono-phosphat)	Ribonucleotid (Ribonucleo-sidmono-phosphat)	5′-Adenylsäure (AMP)	Adenosin-5′-phosphat (Adenosin-mono-phosphat) Adenin-nucleotid Ribosyl-adenin-5′-phosphat
NH2 N 7 5 6 1 N 8 9 4 3 2 N N OH OH 5′ HO—P—O—P—OCH2 ‖ ‖ O O O 4′ H 3′ H 2′ 1′ β H H OH OH	Nucleosid-diphosphat	Ribonucleosid-diphosphat	Adenosin-diphosphat (ADP)	Adenosin-5′-pyrophosphat
NH2 N 7 5 6 1 N 8 9 4 3 2 N N OH OH OH 5′ HO—P—O—P—O—P—OCH2 ‖ ‖ ‖ O O O O 4′ H 3′ H 2′ 1′ β H H OH OH	Nucleosid-triphosphat	Ribonucleosid-triphosphat	Adenosin-triphosphat (ATP)	–

Tabelle 10a Verbindungen, die bei der Biosynthese und beim Abbau von Purin- und Pyrimidinnucleotiden beteiligt sind: Purine und Pyrimidine

Name	Formel und Molgewicht	Struktur	Eigenschaften	Vorkommen	Funktion
Adenin (6-Amino-purin)	$C_5H_5N_5$ 135,13	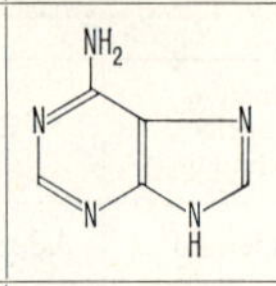	Smp. 365 °C (Zersetzung); Picrat 298 °C	Tee, Zuckerrübe, Hefe, verschiedene tierische Organe	Diese Basen sind Abbauprodukte der entsprechenden Nucleotide. Sie ihrerseits werden analog den auf S. 395–397 angegebenen Reaktionsmechanismen weiter abgebaut. Bei den Säugetieren kann normalerweise nur Adenin zum entsprechenden Nucleotid zurückverwandelt werden, wobei aber das Ausmaß dieser Reaktion ungewiß ist
Guanin (2-Amino-6-hydroxy-purin)	$C_5H_5N_5O$ 151,13	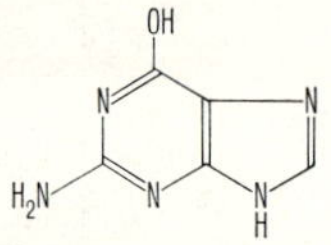	Smp. 365 °C (Zersetzung); Picrat 258–260 °C	Fleisch und Schuppen von Fischen	
Uracil (2,4-Di-hydroxy-pyrimidin)	$C_4H_4N_2O_2$ 112,09	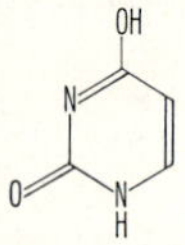	Smp. 338 °C (Zersetzung)	–	
Cytosin (4-Amino-2-hydroxy-pyrimidin)	$C_4H_5N_3O$ 111,10	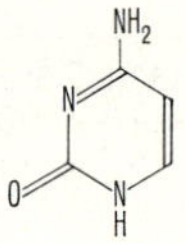	Smp. 320–325 °C (Zersetzung); Picrat 333 °C	–	
Thymin (2,4-Di-hydroxy-5-methyl-pyrimidin)	$C_5H_6N_2O_2$ 126,12	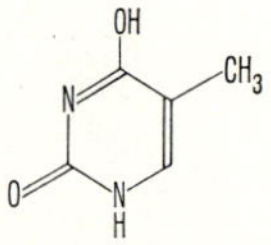	Smp. 321–325 °C	–	
5-Methylcytosin (5-Methyl-4-amino-2-hydroxy-pyrimidin)	$C_5H_7N_3O$ 125,13	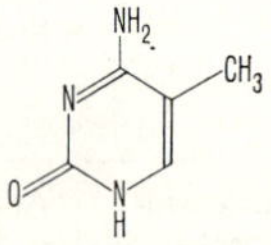	Smp. 270 °C (Zersetzung); Picrat 290–291 °C	Nucleinsäuren des Kalbsthymus und Desoxyribonucleinsäure der Weizenkeimlinge	–
Hypoxanthin (6-Hydroxy-purin)	$C_5H_4N_4O$ 136,11	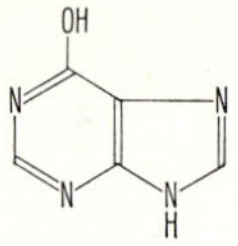	Smp. 150 °C (Zersetzung); Picrat 246 °C	Muskel, Fleischextrakte, Blut, Harn (im letzteren besonders bei Leukämie)	Desaminierungsprodukt des Adenins; Vorstufe des Xanthins
Xanthin (2,6-Di-hydroxy-purin)	$C_5H_4N_4O_2$ 152,11	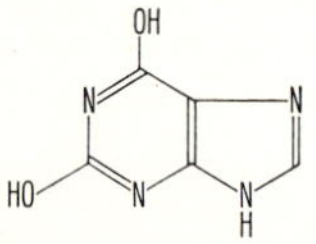	Smp. 262–264 °C (Perchlorat)	Pflanzen, Blut, Leber, Harn, Hefe in kleinen Mengen. Bestandteil von Schmetterlingspigmenten und seltener Harnsteine	Bildet sich bei der Oxydation von Hypoxanthin oder bei der Desaminierung von Guanin; Vorstufe der Harnsäure
Harnsäure (2,6,8-Tri-hydroxy-purin)	$C_5H_4N_4O_3$ 168,11	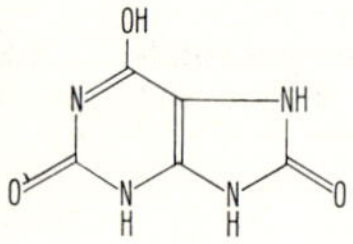	Smp. > 400 °C (Zersetzung); d^{25} 1,836	Harn, Nieren- und Harnsteine (in Harn und Blut erhöht bei Gicht, Leukämie, Nephritis, Pneumonie). Auch in den Fäzes von Vögeln und Reptilien	Bildet sich bei der Oxydation von Xanthin. Wichtigste stickstoffhaltige Substanz in den Exkreten von Reptilien und Vögeln. Bei Säugetieren mit Ausnahme der Primaten weiter zu Allantoin abgebaut (siehe S. 396)
Orotsäure (2,4-Di-hydroxy-pyrimidin-6-carbonsäure)	$C_5H_4N_2O_4$ 156,10	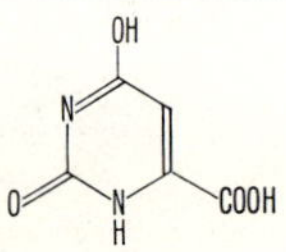	Smp. 345–347 °C (Zersetzung); Äthylester 200 °C	Milch	Vorstufe der Orotidylsäure (siehe S. 434 und 435)

Tabelle 10b Verbindungen, die bei der Biosynthese und beim Abbau von Purin- und Pyrimidinnucleotiden beteiligt sind: Nucleoside

Die in dieser Tabelle zusammengestellten Purinnucleoside enthalten alle eine 9-N-β-Ribosid- oder -Desoxyribosidbindung, die Pyrimidinnucleoside eine 3-N-β-Ribosid- oder -Desoxyribosidbindung. Zur Nomenklatur siehe Tabelle 9, S. 333.

Name*	Formel und Molgewicht	Struktur	Spezifische Drehung	Funktion im Säugetiergewebe
Adenosin (Ado, A) (Ribosyladenin)	$C_{10}H_{13}N_5O_4$ 267,25	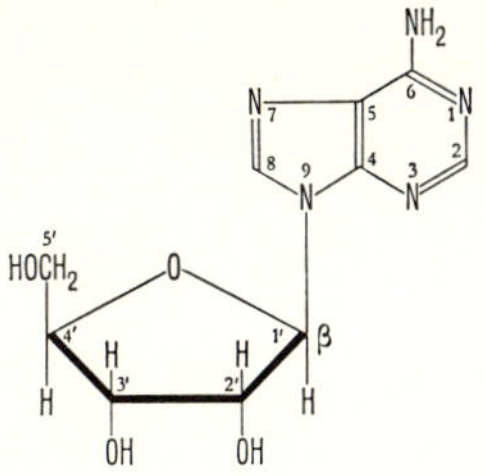	$[\alpha]_D^{20}$ – 67,3° (0,1n NaOH)	Diese Nucleoside entstehen bei der enzymatischen Hydrolyse der entsprechenden 3′- und 5′-Nucleotide. Die Nucleoside werden ihrerseits durch Phosphorolyse weiter abgebaut, wobei Ribose-1-phosphat bzw. Desoxyribose-1-phosphat und die entsprechende Base entstehen. Nucleosidkinasen, die 5′-Nucleotide aus Nucleosiden und ATP bilden, kommen in der Hefe und in einigen tierischen Geweben vor. Ihre Bedeutung für die Säugetiere ist noch nicht geklärt
Desoxyadenosin (Desoxyribosyladenin)	$C_{10}H_{13}N_5O_3$ 251,25	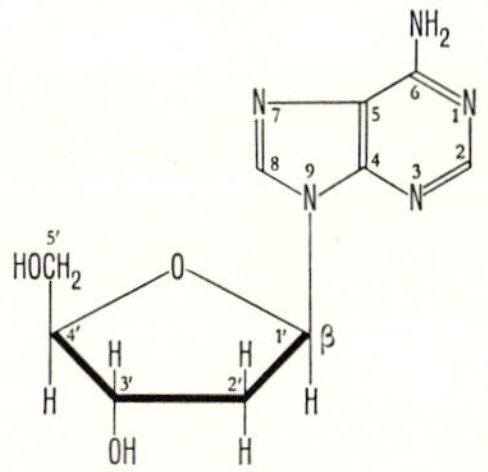	$[\alpha]_D^{21}$ – 26°	
Guanosin (Guo, G) (Ribosylguanin)	$C_{10}H_{13}N_5O_5$ 283,25	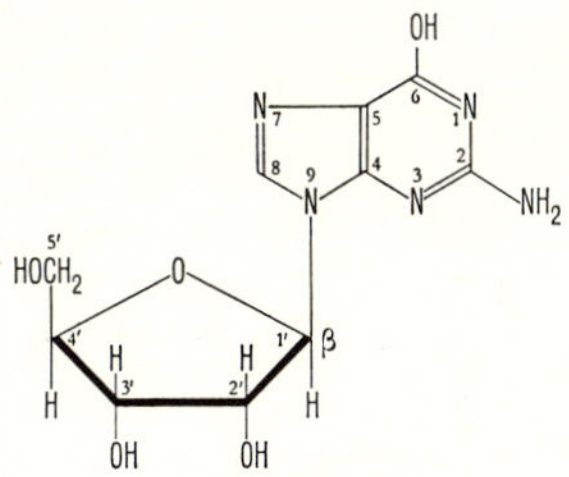	$[\alpha]_D^{20}$ – 60° (2%ige Lösung)	
Desoxyguanosin (Desoxyribosylguanin)	$C_{10}H_{13}N_5O_4$ 267,25	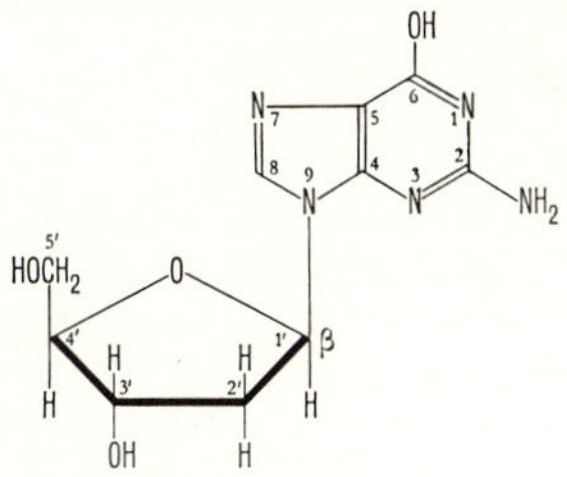	$[\alpha]_D^{19}$ – 47,7° (1n NaOH)	
Cytidin (Cyd, C) (Ribosylcytosin)	$C_9H_{13}N_3O_5$ 243,22	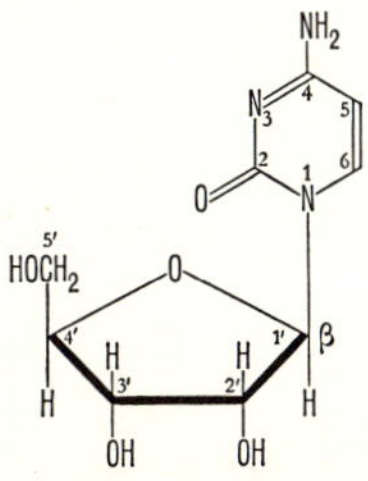	$[\alpha]_D^{20}$ + 29,6°	

* Die Drei- bzw. Einbuchstabensymbole entsprechen den Empfehlungen der IUPAC–IUB Combined Commission on Biochemical Nomenclature, *J. biol. Chem.*, **241**, 527 (1966); weitere Abkürzungen sind Thd bzw. T für Ribosylthymin und Ψrd bzw. Ψ für 5-Ribosyluridin (Pseudouridin). Die Desoxyverbindungen können durch ein vorgestelltes d gekennzeichnet werden (zum Beispiel dAdo bzw. dA für Desoxyadenosin).

Tabelle 10b Verbindungen, die bei der Biosynthese und beim Abbau von Purin- und Pyrimidinnucleotiden beteiligt sind: Nucleoside *(Fortsetzung)*

Name*	Formel und Molgewicht	Struktur	Spezifische Drehung	Funktion im Säugetiergewebe
Desoxycytidin (Desoxyribosylcytosin)	$C_9H_{13}N_3O_4$ 227,22	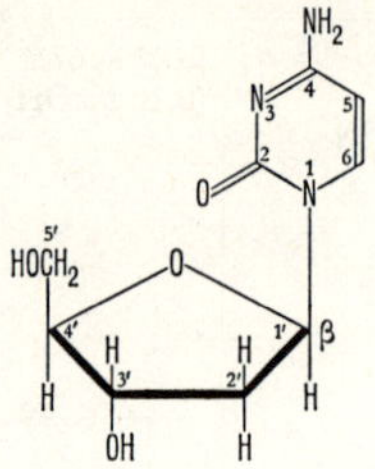	$[\alpha]_D^{25}$ + 40°	Diese Nucleoside entstehen bei der enzymatischen Hydrolyse der entsprechenden 3'- und 5'-Nucleotide. Die Nucleoside werden ihrerseits durch Phosphorolyse weiter abgebaut, wobei Ribose-1-phosphat bzw. Desoxyribose-1-phosphat und die entsprechende Base entstehen. Nucleosidkinasen, die 5'-Nucleotide aus Nucleosiden und ATP bilden, kommen in der Hefe und in einigen tierischen Geweben vor. Ihre Bedeutung für die Säugetiere ist noch nicht abgeklärt
Uridin (Urd, U) (Ribosyluracil)	$C_9H_{12}N_2O_6$ 244,21	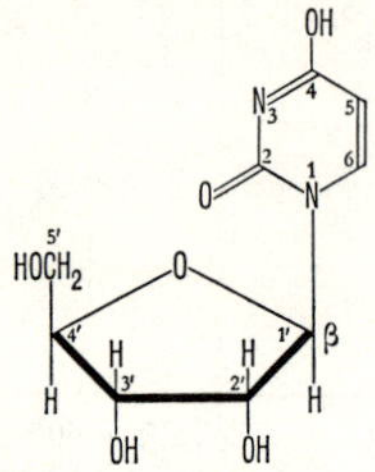	$[\alpha]_D^{16}$ + 9,6°	
Desoxythymidin (Desoxyribosylthymin)	$C_{10}H_{14}N_2O_5$ 242,23	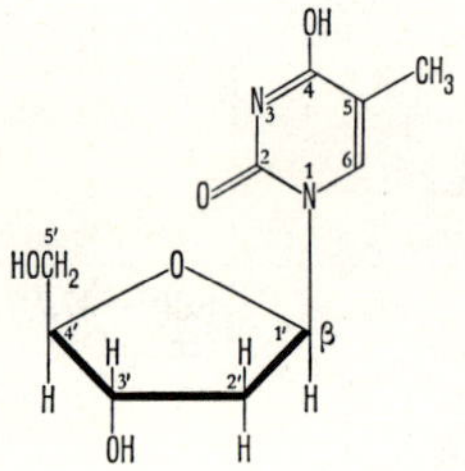	$[\alpha]_D^{16}$ + 32,50° (1n NaOH)	
Inosin (Ino, I) (Ribosylhypoxanthin)	$C_{10}H_{12}N_4O_5$ 268,23	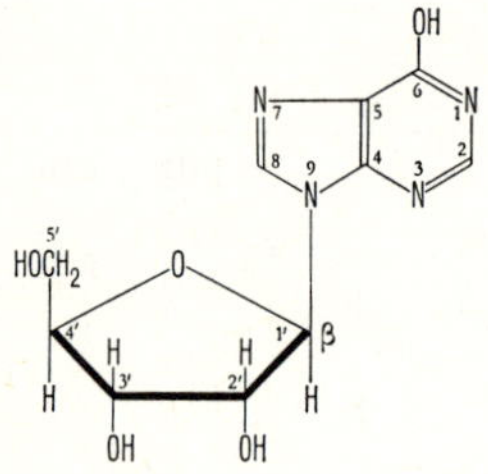	$[\alpha]_D^{18}$ – 72,45° (0,1n NaOH)	Dieses Nucleosid ist ein Zwischenprodukt bei der Synthese oder beim Abbau von Nucleotiden und hat sonst keine bekannten Funktionen (siehe S. 396)

* Siehe Fußnote S. 335.

Tabelle 10b Verbindungen, die bei der Biosynthese und beim Abbau von Purin- und Pyrimidinnucleotiden beteiligt sind: Nucleoside *(Schluß)*

Name*	Formel und Molgewicht	Struktur	Spezifische Drehung	Funktion im Säugetiergewebe
Desoxyinosin (Desoxyribosyl-hypoxanthin)	$C_{10}H_{12}N_4O_4$ 252,23	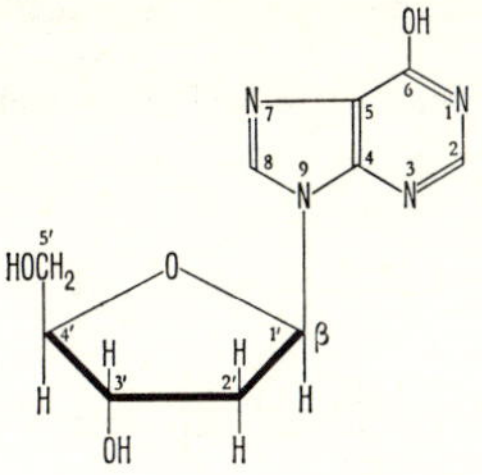	$[\alpha]_D^{19}$ – 22,9° (1n NaOH)	Diese Nucleoside sind Zwischenprodukte bei der Synthese und beim Abbau von Nucleotiden und haben sonst keine bekannten Funktionen (siehe S. 396)
Xanthosin (Xao, X) (Ribosylxanthin)	$C_{10}H_{12}N_4O_6$ 284,23	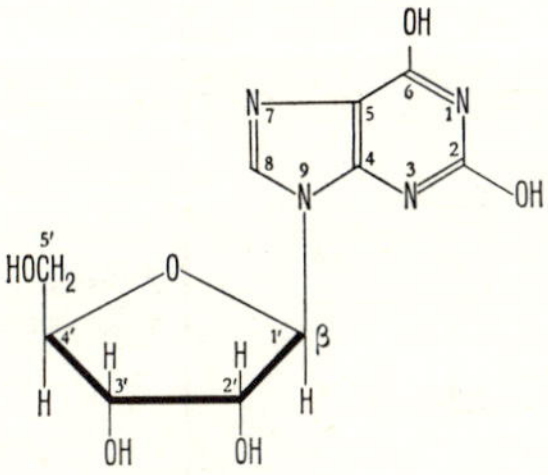	$[\alpha]_D^{30}$ – 51,21°	
Desoxyxanthosin (Desoxyribosyl-xanthin)	$C_{10}H_{12}N_4O_5$ 268,23	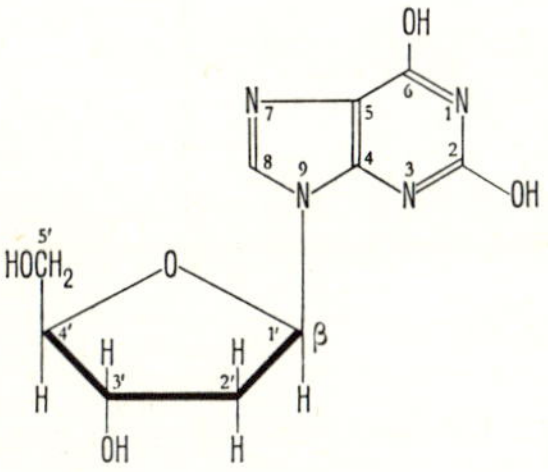	–	
Ribosylharnsäure	$C_{10}H_{12}N_4O_7$ 300,23	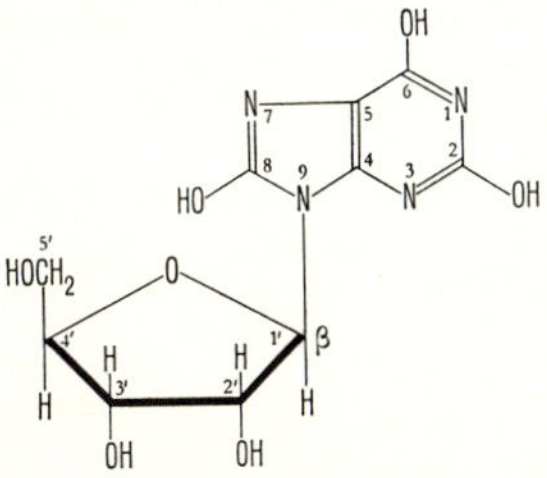	$[\alpha]_D^{20}$ – 40,8° (0,1n NaOH)	

* Siehe Fußnote S. 335.

Tabelle 10c Verbindungen, die bei der Biosynthese und beim Abbau von Purin- und Pyrimidinnucleotiden beteiligt sind: Nucleotide

Mit Ausnahme der Inosinsäure haben die hier zusammengestellten Verbindungen keine bekannte Coenzymaktivität.

Name	Formel und Molgewicht	Struktur*	Funktion
Orotidylsäure (OMP) (Orotidin-5′-phosphat, Ribosylorotsäure-5′-phosphat)	$C_{10}H_{13}N_2O_{11}P$ 368,20	OH N 3 4 5 2 1 6 O N COOH Ribose-P	Zwischenprodukt bei der Biosynthese von Pyrimidinnucleotiden. Entsteht aus Orotsäure (siehe S. 434 und 435)
5-Phosphoribosylamin (D-Ribosylamin-5′-phosphat)	$C_5H_{12}NO_7P$ 229,13	OH HO—P—OCH₂ 5′ O NH₂ O 4′ H 3′ H 2′ 1′ β H H OH OH	Zwischenprodukte bei der Biosynthese der Inosinsäure (siehe S. 429 und 431)
Ribosylglycinamid-5′-phosphat	$C_7H_{15}N_2O_8P$ 286,18	H H H₂N—C—C—N—Ribose-P H O	
Ribosylformylglycinamid-5′-phosphat	$C_8H_{15}N_2O_9P$ 314,19	H H OHC—N—C—C—N—Ribose-P H H O	
Ribosylformylglycinamidin-5′-phosphat	$C_8H_{16}N_3O_8P$ 313,21	H H OHC—N—C—C—N—Ribose-P H H NH	
1-Ribosyl-5-amino-imidazol-5′-phosphat	$C_8H_{14}N_3O_7P$ 295,19	4 3 N 5 1 2 H₂N N Ribose-P	
1-Ribosyl-5-amino-imidazol-4-carboxamid-5′-phosphat	$C_9H_{15}N_4O_8P$ 338,22	H₂N·CO— 4 3 N 5 1 2 H₂N N Ribose-P	
Inosinsäure (IMP) (Inosin-5′-phosphat)	$C_{10}H_{13}N_4O_8P$ 348,21	OH N 7 5 6 1 N 8 9 4 3 2 N N Ribose-P	Vorstufe des Adenosin-5′-phosphats (AMP) und des Guanosin-5′-phosphats (GMP) (siehe Tabelle 11, S. 339). Kann gewisse Coenzymfunktionen anderer Nucleotide teilweise ersetzen
Succinyladenylsäure (Succinyladenosin-5′-phosphat)	$C_{14}H_{18}N_5O_{11}P$ 463,30	HOOC·CH₂·CH·COOH NH N 7 5 6 1 N 8 9 4 3 2 N N Ribose-P	Zwischenprodukt bei der Synthese von Adenosin-5′-phosphat (AMP) aus Inosinsäure (siehe S. 431)
Xanthylsäure (XMP) (Xanthosin-5′-phosphat)	$C_{10}H_{13}N_4O_9P$ 364,21	OH N 7 5 6 1 N 8 9 4 3 2 N N OH Ribose-P	Zwischenprodukt bei der Synthese von Guanosin-5′-phosphat (GMP) aus Inosinsäure (siehe S. 432)

* Über die Struktur des Ribosephosphatanteils (Ribose-P) im Molekül siehe Tabelle 9, S. 333.

Tabelle 11 Nucleosid-5'-mono-, -di- und -triphosphate (5'-Nucleotide)

Name	Abkürzung	Formel	Molgewicht	Funktion
Adenosinmonophosphat (Adenylsäure)	AMP	$C_{10}H_{14}N_5O_7P$	347,23	Vorstufe von ADP. Aktiviert Phosphorylase b
Adenosindiphosphat	ADP	$C_{10}H_{15}N_5O_{10}P_2$	427,21	Direkte Vorstufe der Polynucleotide. Über andere Funktionen siehe S. 400
Adenosintriphosphat	ATP	$C_{10}H_{16}N_5O_{13}P_3$	507,19	Vorstufe der Adenosincoenzyme (siehe Tabelle 12, S. 340). Über andere Funktionen siehe S. 400
Desoxyadenosinmonophosphat	dAMP	$C_{10}H_{14}N_5O_6P$	331,23	Vorstufe des Desoxyadenosindiphosphats
Desoxyadenosindiphosphat	dADP	$C_{10}H_{15}N_5O_9P_2$	411,21	Vorstufe des Desoxyadenosintriphosphats
Desoxyadenosintriphosphat	dATP	$C_{10}H_{16}N_5O_{12}P_3$	491,19	Direkte Vorstufe der Desoxyribosepolynucleotide
Guanosinmonophosphat (Guanylsäure)	GMP	$C_{10}H_{14}N_5O_8P$	363,23	Vorstufe des Guanosindiphosphats
Guanosindiphosphat	GDP	$C_{10}H_{15}N_5O_{11}P_2$	443,21	Direkte Vorstufe der Polynucleotide. Gibt bei der Spaltung von Succinylcoenzym A Guanosintriphosphat
Guanosintriphosphat	GTP	$C_{10}H_{16}N_5O_{14}P_3$	523,19	Vorstufe der Guanosincoenzyme (siehe S. 342 und 343). Bildet sich aus Orthophosphat und Guanosindiphosphat bei der Spaltung von Succinylcoenzym A
Desoxyguanosinmonophosphat (Desoxyguanylsäure)	dGMP	$C_{10}H_{14}N_5O_7P$	347,23	Vorstufe des Desoxyguanosindiphosphats
Desoxyguanosindiphosphat	dGDP	$C_{10}H_{15}N_5O_{10}P_2$	427,21	Vorstufe des Desoxyguanosintriphosphats
Desoxyguanosintriphosphat	dGTP	$C_{10}H_{16}N_5O_{13}P_3$	507,19	Direkte Vorstufe der Desoxyribosepolynucleotide
Cytidinmonophosphat (Cytidylsäure)	CMP	$C_9H_{14}N_3O_8P$	323,20	Vorstufe des Cytidindiphosphats
Cytidindiphosphat	CDP	$C_9H_{15}N_3O_{11}P_2$	403,18	Direkte Vorstufe der Polynucleotide. Vorstufe des Cytidintriphosphats
Cytidintriphosphat	CTP	$C_9H_{16}N_3O_{14}P_3$	483,16	Vorstufe der Cytidincoenzyme (siehe Tabelle 12, S. 345 und 346)
Desoxycytidinmonophosphat (Desoxycytidylsäure)	dCMP	$C_9H_{14}N_3O_7P$	307,20	Vorstufe des Desoxycytidindiphosphats
Desoxycytidindiphosphat	dCDP	$C_9H_{15}N_3O_{10}P_2$	387,18	Vorstufe des Desoxycytidintriphosphats
Desoxycytidintriphosphat	dCTP	$C_9H_{16}N_3O_{13}P_3$	467,16	Direkte Vorstufe der Desoxyribosepolynucleotide
Uridinmonophosphat (Uridylsäure)	UMP	$C_9H_{13}N_2O_9P$	324,19	Vorstufe des Uridindiphosphats
Uridindiphosphat	UDP	$C_9H_{14}N_2O_{12}P_2$	404,17	Direkte Vorstufe der Polynucleotide. Vorstufe des Uridintriphosphats
Uridintriphosphat	UTP	$C_9H_{15}N_2O_{15}P_3$	484,15	Vorstufe der Uridincoenzyme (siehe Tabelle 12, S. 343–345)
Desoxythymidinmonophosphat (Thymidylsäure)	dTMP	$C_{10}H_{15}N_2O_8P$	322,21	Vorstufe des Desoxythymidindiphosphats
Desoxythymidindiphosphat	dTDP	$C_{10}H_{16}N_2O_{11}P_2$	402,19	Vorstufe des Desoxythymidintriphosphats
Desoxythymidintriphosphat	dTTP	$C_{10}H_{17}N_2O_{14}P_3$	482,17	Direkte Vorstufe der Desoxyribosepolynucleotide
Desoxy-5-hydroxymethylcytidinmonophosphat	dHMCMP	$C_{10}H_{16}N_3O_8P$	337,23	Nucleotidbaustein von Desoxyribonucleinsäure aus T_2-, T_4- und T_6-Bakteriophagen von *Escherichia coli*, worin es Desoxycytidinmonophosphat ersetzt
Desoxy-5-methylcytidinmonophosphat	dMCMP	$C_{10}H_{16}N_3O_7P$	321,23	Baustein der Desoxyribonucleinsäure aus Weizenkeimlingen, worin es teilweise Desoxycytidinmonophosphat ersetzt

Tabelle 12 Nucleotide mit Coenzymfunktion

Name	Formel und Molgewicht	Struktur	Funktion	Literatur (siehe S. 346)
Nicotinamidmononucleotid (NMN)	$C_{11}H_{15}N_2O_8P$ 334,22		Bestandteil von Nicotinamidadenindinucleotid (NAD) und Nicotinamidadenindinucleotidphosphat (NADP) (siehe unten)	1
Nicotinamidadenindinucleotid (NAD) (Diphosphopyridinnucleotid, DPN; Codehydrogenase I; Coenzym I, Co I; Cozymase)	$C_{21}H_{27}N_7O_{14}P_2$ 663,44		Bildet sich durch folgende Reaktion: Nicotinamidmononucleotid + ATP → NAD + Pyrophosphat. Coenzym vieler Dehydrogenasen, wobei der Pyridinring des Moleküls reversibel reduziert wird:	1
Nicotinamidadenindinucleotidphosphat (NADP) (Triphosphopyridinnucleotid, TPN; Codehydrogenase II; Coenzym II, Co II; Phosphocozymase)	$C_{21}H_{28}N_7O_{17}P_3$ 743,42		Bildet sich nach folgender Reaktion: NAD + ATP → NADP + ADP. Coenzym vieler Dehydrogenasen, wobei der Pyridinring des Moleküls nach der oben angegebenen Gleichung reversibel reduziert wird	1
Flavinmononucleotid (FMN) (Flavinribitylphosphat, Riboflavin-5′-phosphat)	$C_{17}H_{21}N_4O_9P$ 456,35		Bestandteil des Flavinadenindinucleotids (siehe unten)	2

Flavinadenin-dinucleotid (FAD)	$C_{27}H_{33}N_9O_{15}P_2$ 785,56	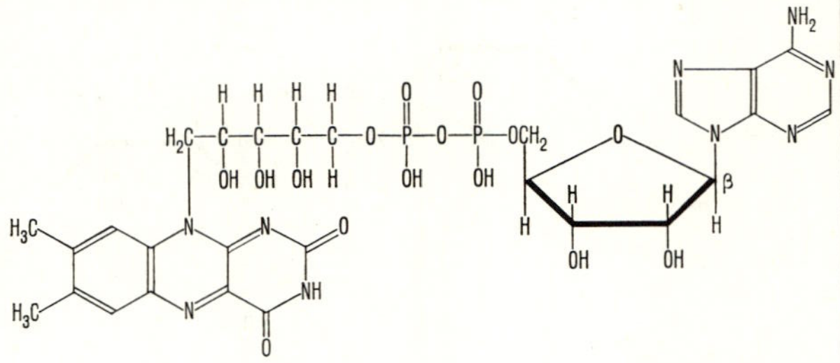	Bildet sich nach folgender Reaktion: Flavinmononucleotid + ATP → Flavinadenindinucleotid + Pyrophosphat. Prosthetische Gruppe der Flavinenzyme (zum Beispiel NAD- und NADP-Cytochrom-reductasen, D-Aminosäurenoxydase, Succinatdehydrogenase, Xanthinoxydase)	2
Coenzym A (CoA, CoASH)	$C_{21}H_{36}N_7O_{16}P_3S$ 767,54	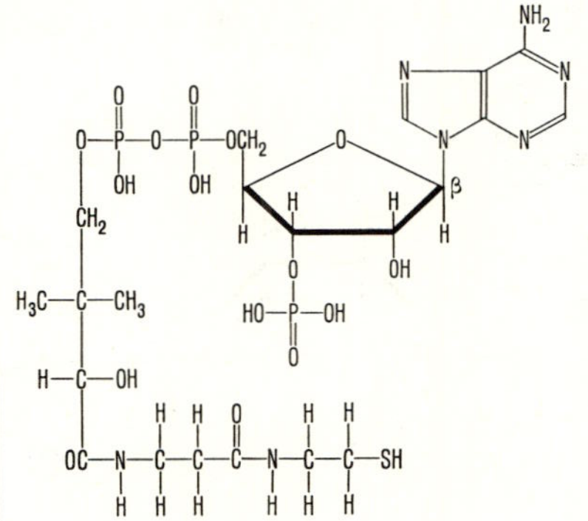	Coenzym der Acylübertragung. Bildet sich aus Pantothensäure, Cystein und ATP. Acylgruppen verbinden sich mit der Sulfhydrylgruppe des CoA unter Bildung von Thioestern: $AMP - CO \cdot CH_3 + R \cdot SH \rightarrow AMP + R \cdot S \cdot CO \cdot CH_3$ CoA ist bei folgenden Reaktionen beteiligt: Bildung von Citrat aus Oxalacetat und Acetat (S. 386 und 420), Oxydation von Pyruvat (S. 387) und α-Ketoglutarat (S. 386), Oxydation und Synthese von Fettsäuren (S. 387 und 420), Synthese der Triglyceride (S. 422), Phospholipide (S. 421) und des Cholesterins (S. 422), Acetylierung von Aminen (S. 440), Cholin (S. 430) und Glucosamin (S. 420)	3
Acyladenosin-monophosphate	–	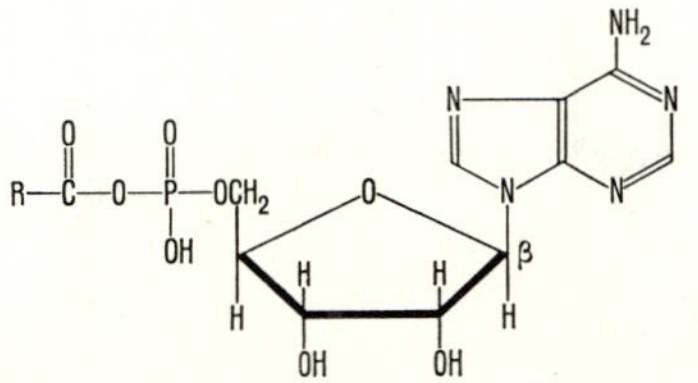 $R = CH_3 \cdot (CH_2)_n -$	Bildet sich nach folgender Reaktion: Fettsäure + ATP → Acyladenosinmonophosphat + Pyrophosphat. Zwischenprodukte bei der Aktivierung von Essigsäure und andern Fettsäuren (S. 387)	4

Tabelle 12 Nucleotide mit Coenzymfunktion *(Fortsetzung)*

Name	Formel und Molgewicht	Struktur	Funktion	Literatur (siehe S. 346)
Aminoacyladenosin-monophosphate	–	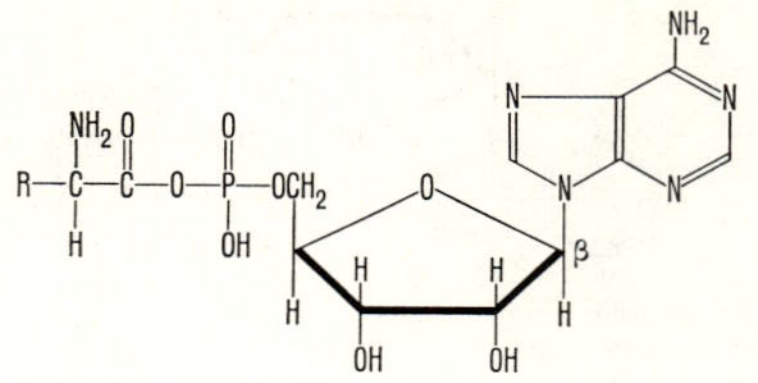 R = Aminosäurerest	Zwischenprodukte bei der Aktivierung von Aminosäuren für die Proteinsynthese	5
Adenosin-5′-phosphosulfat	$C_{10}H_{14}N_5O_{10}PS$ 427,29	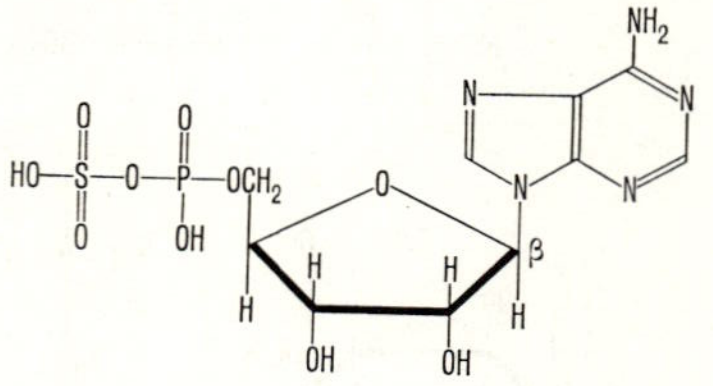	Bildet sich aus ATP und anorganischem Sulfat. Zwischenprodukt bei der Synthese von Schwefelsäureestern (siehe S. 441)	6
Adenosin-3′-phosphat-5′-phosphosulfat	$C_{10}H_{15}N_5O_{13}P_2S$ 507,27	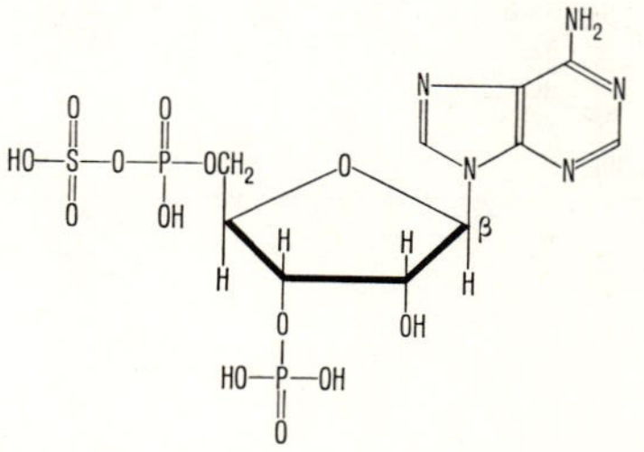	Bildet sich aus Adenosin-5′-phosphosulfat und ATP. Sulfatgruppendonator bei der Bildung von Schwefelsäureestern (siehe S. 441)	6
Guanosindiphosphomannose	$C_{16}H_{25}N_5O_{16}P_2$ 605,35	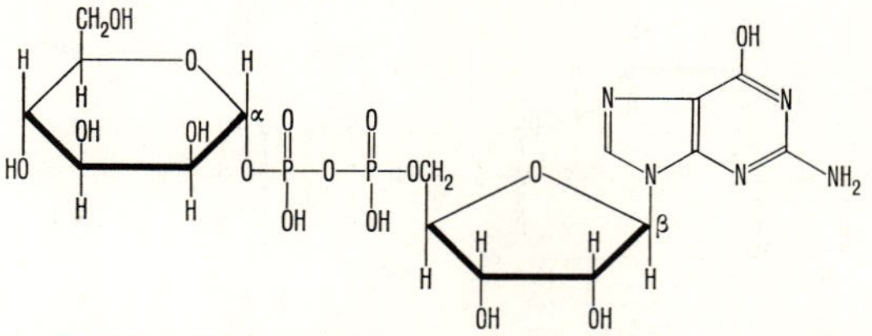	Möglicherweise Zwischenprodukt bei Umwandlungen, an denen Mannose beteiligt ist. Bildet sich aus Mannose-1-phosphat und Guanosintriphosphat	7

Guanosindiphospho-L-fucose	$C_{16}H_{25}N_5O_{15}P_2$ 589,35	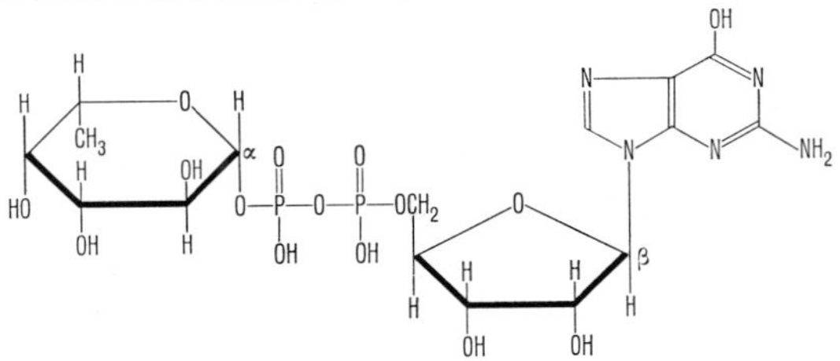	Natürlich vorkommende Vorstufe der L-Fucose; in dieser Form wird die L-Fucose in die Milcholigosaccharide und wahrscheinlich andere Glycoproteine eingebaut	8
Uridindiphospho-glucose (UDPG)	$C_{15}H_{24}N_2O_{17}P_2$ 566,31	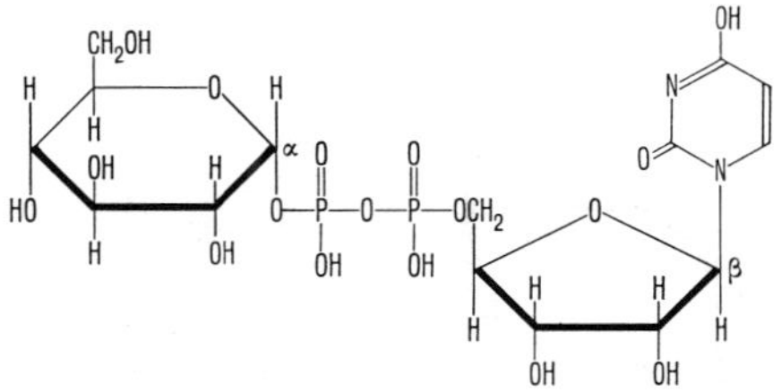	Bildet sich nach folgender Reaktion: Glucose-1-phosphat + UTP → Uridindiphosphoglucose + Pyrophosphat. Vorstufe der Uridindiphosphoglucuronsäure (siehe S. 344). Zwischenprodukt bei der reversiblen Umwandlung von Glucose zu Galactose: Uridindiphosphoglucose $\underset{}{\overset{NAD}{\rightleftharpoons}}$ Uridindiphosphogalactose. Bei dieser Reaktion wird NAD zur aufeinanderfolgenden Oxydation und Reduktion in 4-Stellung des Hexoserings benötigt: 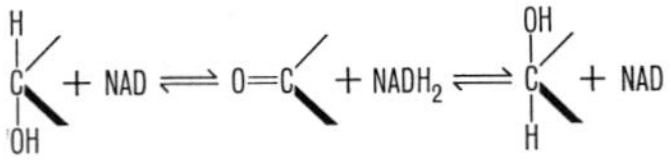 $H{-}C{-}OH + NAD \rightleftharpoons O{=}C + NADH_2 \rightleftharpoons HO{-}C{-}H + NAD$	9
Uridindiphospho-galactose	$C_{15}H_{24}N_2O_{17}P_2$ 566,31	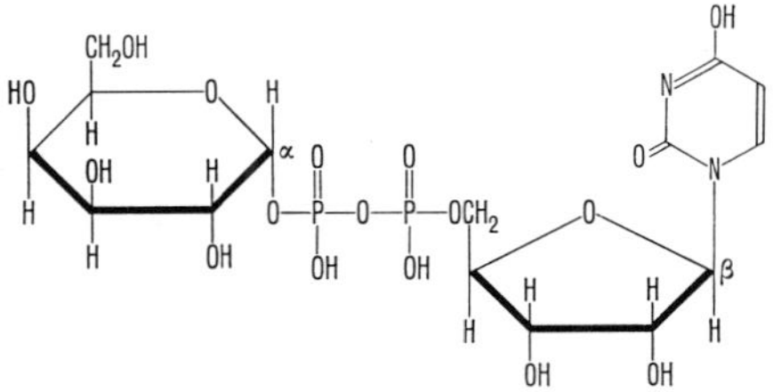	Zwischenprodukt bei der reversiblen Umwandlung von Galactose zu Glucose (siehe oben). Möglicherweise Zwischenprodukt bei der Bildung von Lactose	9
Uridindiphospho-glucosamin	$C_{15}H_{25}N_3O_{16}P_2$ 565,32	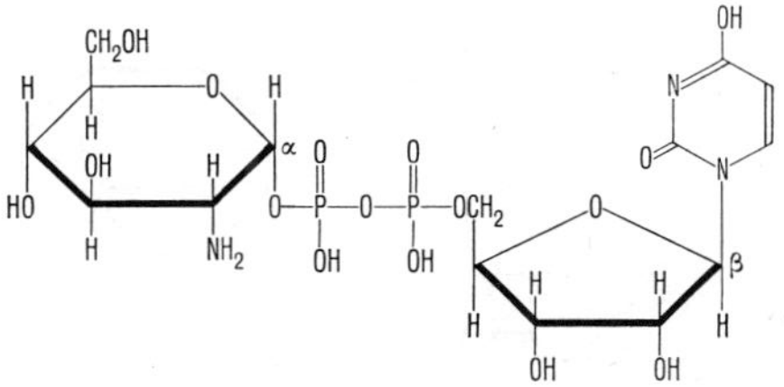	Zwischenprodukt bei der Synthese von Mucopolysacchariden. Bildet sich aus UTP und Glucosamin-1-phosphat	10

Tabelle 12 Nucleotide mit Coenzymfunktion *(Fortsetzung)*

Name	Formel und Molgewicht	Struktur	Funktion	Literatur (siehe S. 346)
Uridindiphospho-N-acetyl-glucosamin	$C_{17}H_{27}N_3O_{17}P_2$ 607,36	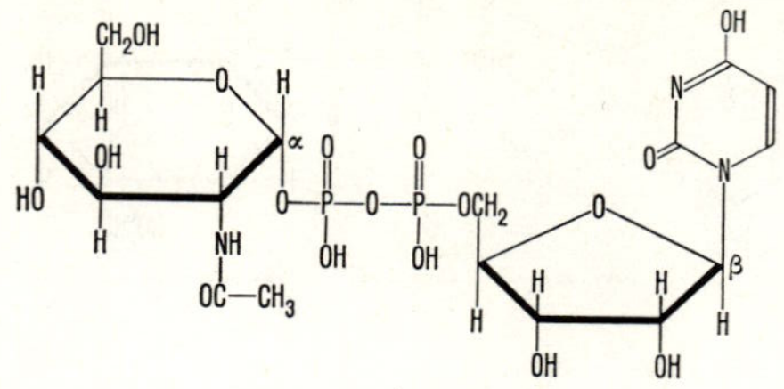	Zwischenprodukt bei der Synthese von Mucopolysacchariden und Glycoproteinen	11
Uridindiphospho-acetylglucosamin-phosphat	$C_{17}H_{28}N_3O_{20}P_3$ 687,34	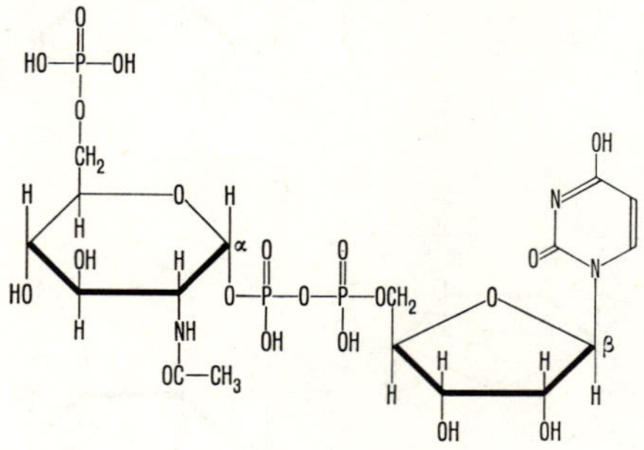	Zwischenprodukt bei der Synthese von Mucopolysacchariden und Glycoproteinen	12
Uridindiphospho-glucuronsäure	$C_{15}H_{22}N_2O_{18}P_2$ 580,29	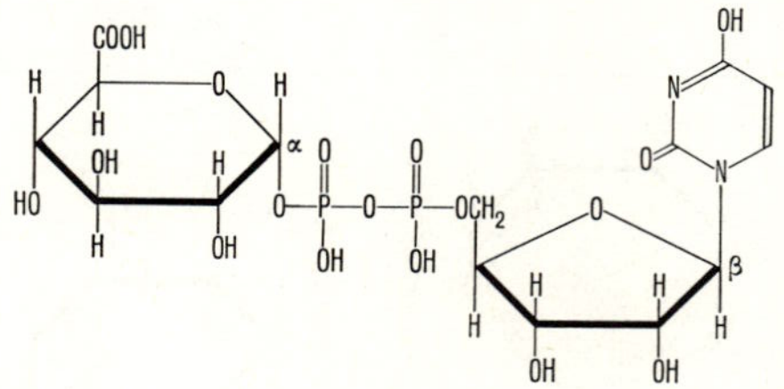	Bildet sich durch eine NAD-abhängige Oxydation aus Uridindiphosphoglucose. Glucuronsäuredonator bei der Bildung von Glucuronidentgiftungsprodukten und möglicherweise auch bei der Bildung glucuronsäurehaltiger Polysaccharide (siehe S. 419)	13

Uridindiphospho-N-acetyl-galactosamin	$C_{17}H_{27}N_3O_{17}P_2$ 607,36	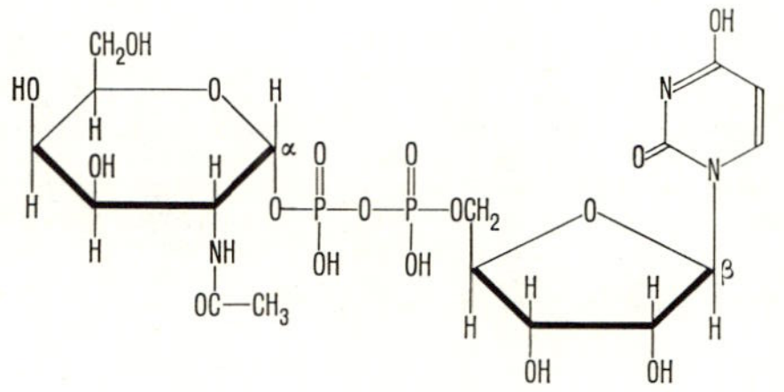	Möglicherweise Zwischenprodukt bei der Synthese von Mucopolysacchariden	14
Uridindiphospho-N-acetyl-galactosamin-sulfat	$C_{17}H_{27}N_3O_{20}P_2S$ 687,42	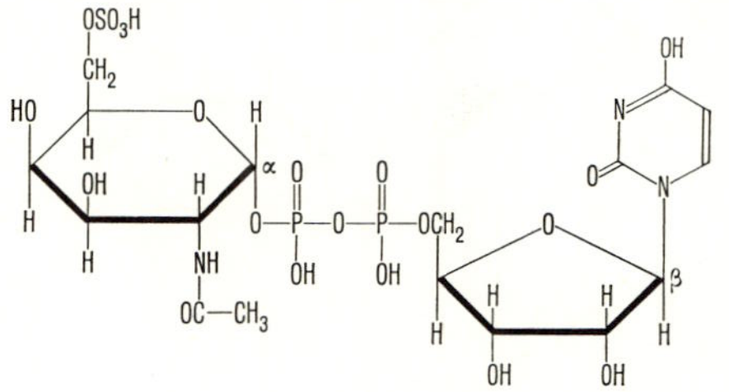	Zwischenprodukt bei der Synthese von Mucopolysacchariden	15
Cytidindiphospho-glycerin	$C_{12}H_{21}N_3O_{13}P_2$ 477,26	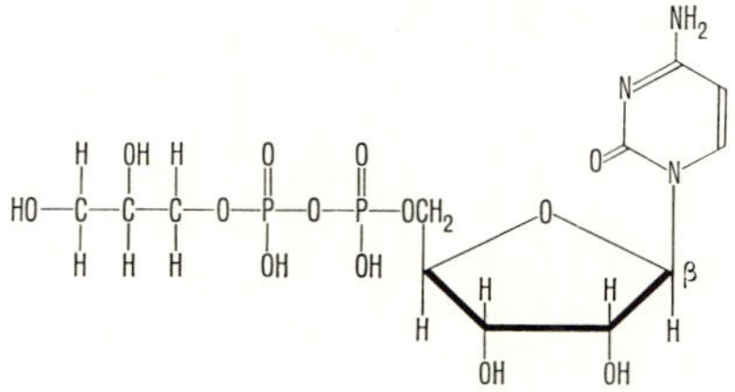	Funktion unbekannt	16
Cytidindiphospho-adonit	$C_{14}H_{25}N_3O_{15}P_2$ 537,31	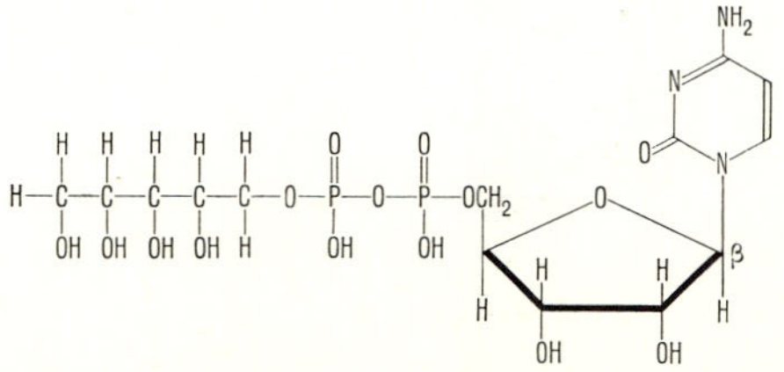	Funktion unbekannt	16

Tabelle 12 Nucleotide mit Coenzymfunktion *(Schluß)*

Name	Formel und Molgewicht	Struktur	Funktion	Literatur
Cytidindiphospho-cholin	$C_{14}H_{26}N_4O_{11}P_2$ 488,33		Bildet sich aus Cytidintriphosphat und Cholinphosphat. Ist bei der Bildung von Lecithin beteiligt: Cytidindiphosphocholin + α,β-Diglycerid → Lecithin + Cytidinmonophosphat (siehe S. 421)	17
Cytidindiphospho-äthanolamin	$C_{11}H_{20}N_4O_{11}P_2$ 446,25		Bildet sich aus Cytidintriphosphat und Äthanolaminphosphat. Ist bei der Bildung von Cephalin (Phosphatidyläthanolamin) beteiligt (siehe S. 421)	17
Cytidinmono-phosphat-N-acetyl-neuraminsäure	$C_{20}H_{31}N_4O_{16}P$ 614,46		Zwischenglied beim Einbau von N-Acetylneuraminsäure in die Milcholigosaccharide und andere Glycoproteine	18

Literatur

1 Racker, E., *Physiol. Rev.*, **35**, 1 (1955).
2 White et al., *Principles of Biochemistry*, McGraw-Hill, London, 1954.
3 Lipmann, F., *Bact. Rev.*, **17**, 1 (1953); Ward et al., *J. biol. Chem.*, **213**, 869 (1955); Hoagland und Novelli, *J. biol. Chem.*, **207**, 767 (1954).
4 Berg, P., *J. biol. Chem.*, **222**, 991, 1015 (1956).
5 Hoagland et al., *J. biol. Chem.*, **218**, 345 (1956); Keller und Zamecnik, *J. biol. Chem.*, **221**, 45 (1956); Berg, P., *J. biol. Chem.*, **222**, 1025 (1956).
6 Robbins und Lipmann, *J. Amer. chem. Soc.*, **78**, 2652, 6409 (1956); Bandurski et al., *J. Amer. chem. Soc.*, **78**, 6408 (1956).
7 Cabib und Leloir, *J. biol. Chem.*, **206**, 779 (1953); Strominger, J. L., *Fed. Proc.*, **13**, 307 (1954); Munch-Petersen, A., *Arch. Biochem. Biophys.*, **55**, 592 (1955).
8 Grollman et al., *J. biol. Chem.*, **240**, 975 (1965).
9 Caputto et al., *J. biol. Chem.*, **184**, 333 (1950); Maxwell, E. S., *J. Amer. chem. Soc.*, **78**, 1074 (1956); Park, J. T., *J. biol. Chem.*, **194**, 885 (1952); Gander et al., *Arch. Biochem. Biophys.*, **60**, 259 (1956).
10 Maley et al., *J. Amer. chem. Soc.*, **78**, 5303 (1956).
11 Cabib et al., *J. biol. Chem.*, **203**, 1055 (1953).
12 Strominger, J. L., *Biochim. biophys. Acta*, **17**, 283 (1955).
13 Storey und Dutton, *Biochem. J.*, **59**, 279 (1955); Smith und Mills, *Biochim. biophys. Acta*, **13**, 386 (1954); Strominger et al., *J. biol. Chem.*, **224**, 79 (1957).
14 Pontis, H. G., *J. biol. Chem.*, **216**, 195 (1955).
15 Strominger, J. L., *Biochim. biophys. Acta*, **17**, 283 (1955).
16 Baddiley et al., *J. chem. Soc. Lond.*, **1956**, 4186, 4583; *Biochem. J.*, **63**, 15P (1956).
17 Kennedy, E. P., *J. biol. Chem.*, **222**, 185 (1956); Kennedy und Weiss, *J. biol. Chem.*, **222**, 193 (1956).
18 Comb et al., *J. Amer. chem. Soc.*, **81**, 5513 (1959).

Nucleinsäuren

Die Bezeichnung Nucleinsäure wird für eine Gruppe von Verbindungen verwendet, die, chemisch betrachtet, *Polynucleotide* sind. Man unterscheidet zwei Arten von Nucleinsäuren: *Ribonucleinsäuren* (RNS)*, die im Zytoplasma und in kleinen Mengen im Zellkern vorkommen, und *Desoxyribonucleinsäuren* (DNS)*, die Bestandteil des Zellkerns sind. Die Polynucleotidstruktur von RNS und DNS bildet sich durch Veresterung der Phosphatgruppe eines 5'-Nucleotids mit dem Substituenten in 3'-Stellung eines benachbarten Nucleotids. RNS enthält 4 Hauptnucleotide: Adenylsäure, Guanylsäure, Cytidylsäure und Uridylsäure. Am Aufbau der DNS sind als vier wichtigste Elemente meist Desoxyadenylsäure, Desoxyguanylsäure, Desoxycytidylsäure und Desoxythymidylsäure beteiligt. Noch immer wird die letztere wie früher einfach als «Thymidylsäure» bezeichnet, da man in der Natur kein Thymin enthaltendes Ribonucleotid gefunden hatte; diese Vereinfachung läßt sich nicht länger rechtfertigen, da dieses Ribonucleotid unterdessen in gewissen RNS entdeckt worden ist. In manchen RNS und DNS ist eine dieser gewöhnlichen Basen partiell oder ganz durch eine andere ersetzt. Einige dieser Ausnahmen sind in Tabelle 11, S. 339, und Tabelle 13, S. 350, zusammengestellt. Teile der RNS- und DNS-Polynucleotide sind in Abbildung 4 wiedergegeben.

Desoxyribonucleinsäure (DNS)

DNS enthält gleiche Mengen Desoxyguanylsäure und Desoxycytidylsäure, ferner gleich viel Desoxyadenylsäure und Desoxythymidylsäure, wobei die beiden letztern Verbindungen bei Tieren in größerer Menge vorkommen als bei andern Organismen.

Das DNS-Molekül besteht aus zwei Polynucleotidketten, die in Form einer Doppelschraube (Doppelhelix) angeordnet sind. Die Basen der einen Kette gehen mit denjenigen der andern Wasserstoffbindungen ein, wobei Adenin mit Thymin und Guanin mit Cytosin verbunden sind. Das Aufbaumaterial der Chromosomen und Gene besteht ganz oder teilweise aus proteingebundener DNS (Desoxyribonucleoprotein)[1]. Gemäß der heute gültigen Theorie ist dieser Komplex der Träger der genetischen Information und des Schablonenvorbildes für die Zellreproduktion[2]. Es wurde berechnet, daß für ein aus 300 Mononucleotideinheiten bestehendes Polynucleotid ungefähr 4×10^{87} verschiedene Nucleinsäuren möglich sind, vollkommene Kombinationsfreiheit der vier verschiedenen Mononucleotide vorausgesetzt[3]. Auf diese Weise zeigen die Nucleinsäuren große Spezifität, die auf die Proteine während ihrer Synthese übertragen werden kann. Es wird angenommen, daß die chemische Grundlage der Vererbung in der Nucleotidreihenfolge der Polynucleotidkette liegt, wobei verschiedene Nucleotidanordnungen spezifischen Informationen entsprechen; das heißt, die Nucleotidsequenz bestimmt die Aminosäurensequenz in den Proteinen.

Ribonucleinsäure (RNS)

RNS kommt in allen wichtigen Zellkomponenten vor. Die verschiedenen Typen haben alle eine bestimmte Funktion:

Ribosomen-RNS. Die Zelle enthält kleine submikroskopische Partikel, sogenannte Ribosomen, die zwischen 40 und 65% RNS enthalten. Der Rest des Ribosoms besteht beinahe vollständig aus Protein. In tierischen Zellen sind die Ribosomen entweder frei oder an das endoplasmatische Retikulum gebunden. Die RNS der Leber besteht zu 80–90% aus Ribosomen-RNS.

Zwei Haupttypen von Ribosomen kommen vor, die sich durch ihre Größe und damit durch ihre Sedimentationskonstante (*S*) unterscheiden: 80 S-Ribosomen in den Zellen höherer Pflanzen, von Tieren und manchen Mikroorganismen und 70 S-Ribosomen in den meisten Bakterien. Jede Ribosomenart dissoziiert leicht in zwei Untereinheiten, die 80 S-Ribosomen in 40 S- und 60 S-Untereinheiten, die 70 S-Ribosomen in 30 S- und 50 S-Untereinheiten. Die 40 S- bzw. die 60 S-Untereinheiten bestehen aus 18 S- bzw. 28 S-RNS, die 30 S- bzw. 50 S-Untereinheiten aus 16 S- bzw. 23 S-RNS. Neuerdings wurde noch eine niedermolekulare 5 S-RNS entdeckt[4], die aus ungefähr 120 Basen aufgebaut ist.

Beim Vergleich der Basenzusammensetzungen von Ribosomen-RNS und gesamter DNS aus der gleichen Zelle zeigt sich kein Zusammenhang[5]. Hybridisierungsexperimente hingegen ergeben, daß etwa 0,3% der gesamten DNS zu den beiden Typen der Ribosomen-RNS komplementär sind[6].

Aminosäurenakzeptor-RNS. Dieser Typus der RNS, auch *lösliche RNS* (s-RNS, s von «soluble») oder *Transfer-RNS* genannt, baut 10–20% der totalen RNS der Zelle auf und hat eine Kettenlänge von ungefähr 70–90 Nucleotideinheiten. Es besteht kein Zusammenhang zwischen den Basenzusammensetzungen von s-RNS und der gesamten in der gleichen Zelle gefundenen DNS. Hybridisierungsexperimente hingegen ergeben, daß etwa 0,025% der gesamten DNS zu einem bestimmten Typus s-RNS komplementär ist[7].

s-RNS ist Träger von Aminosäuren während der Proteinsynthese. Es gibt für jede der 20 gewöhnlichen Aminosäuren mindestens eine spezifische s-RNS; einige Aminosäuren haben aber mehrere voneinander verschiedene, spezifische s-RNS. Die Veresterung der Aminosäure geschieht an der 2'- oder 3'-Hydroxylgruppe der endständigen Adenylsäure[8].

Die Transfer-RNS enthalten gegen 80 Basen. Sie sind reich an sogenannten seltenen Basen, wie Pseudouridin und methylierten Basen (siehe S. 350). Seit der Aufklärung der vollständigen Basensequenz der Alanyltransfer-RNS aus Hefe[9] wurde noch von einigen anderen Transfer-RNS die Primärstruktur ermittelt[10]. Allen gemeinsam ist die Nukleotidsequenz –CMP–CMP–AMP am Aminosäure akzeptierenden Ende des Moleküls und die kleeblattartige Form der Basenkette.

«Boten»-RNS (messenger-RNS, m-RNS). Dieser RNS-Typus zeigt raschen Auf- und Abbau (raschen Umsatz) während der Proteinsynthese; er macht nur 5% oder weniger der gesamten in der Zelle gefundenen RNS aus. Es besteht ein enger Zusammenhang zwischen der Basenzusammensetzung der m-RNS und jener der im gleichen Zelltypus gefundenen DNS[11]. Die Funktion der m-RNS besteht im Transport der in der DNS gespeicherten genetischen Information nach dem Ort der Proteinsynthese, also in die Ribosomen (siehe S. 349). Während der Proteinsynthese befindet sich viel m-RNS der Zellen in den Ribosomen[12].

* Die International Union of Biochemistry (IUB) empfiehlt auch für andere Sprachen als das Englische die Abkürzungen RNA (ribonucleic acid) bzw. DNA (deoxyribonucleic acid).

Abb. 4 Ausschnitte aus RNS- und DNS-Polynucleotiden

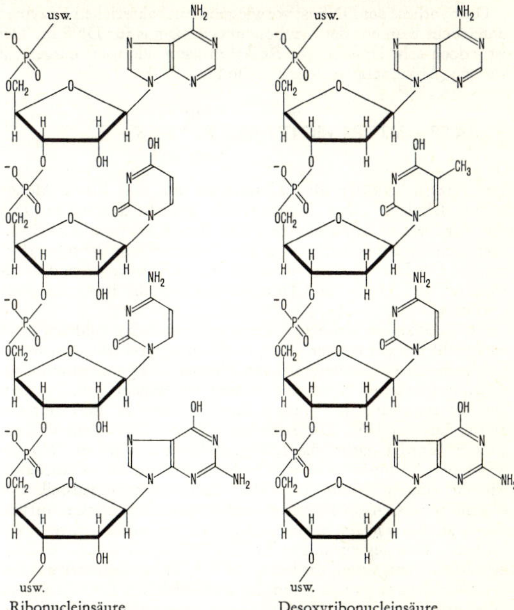

Literatur

1 Übersicht siehe SINSHEIMER, R. L., *Science*, **125**, 1123 (1957).
2 CRICK et al., *Nature*, **192**, 1227 (1961).
3 DOUNCE, A. L., *Enzymologia*, **15**, 251 (1952).
4 BROWNLEE et al., *Nature*, **215**, 735 (1967).
5 GRUNBERG-MANAGO, M., *Progr. Biophys. molec. Biol.*, **13**, 175 (1963).
6 YANKOFSKY und SPIEGELMAN, *Proc. nat. Acad. Sci. (Wash.)*, **49**, 538 (1963).
7 GIACOMONI und SPIEGELMAN, *Science*, **138**, 1328 (1962).
8 ZACHAN et al., *Proc. nat. Acad. Sci. (Wash.)*, **44**, 885 (1958); PREISS et al., *Proc. nat. Acad. Sci. (Wash.)*., **45**, 319 (1959); HECHT et al., *Proc. nat. Acad. Sci. (Wash.)*, **45**, 505 (1959).
9 HOLLEY et al., *Science*, **147**, 1462 (1965).
10 MADISON, J. T., *Ann. Rev. Biochem.*, **37**, 131 (1968).
11 BRENNER et al., *Nature*, **190**, 576 (1961); GROS et al., *Nature*, **190**, 581 (1961); HAYASHI und SPIEGELMAN, *Proc. nat. Acad. Sci. (Wash.)*, **47**, 1564 (1961); VOLKIN, E., *Fed. Proc.*, **21**, 112 (1962); SPIEGELMAN, S., *Sci. Amer.*, **210**, Nr. 5, 48 (1964).
12 RISEBROUGH et al., *Proc. nat. Acad. Sci. (Wash.)*, **48**, 430 (1962).

Die Synthese der Desoxyribonucleinsäure (DNS)

Die Synthese der DNS ist vorwiegend mit bakteriellen Enzymen untersucht worden; der Synthesenmechanismus für DNS im Tier ist jedoch sehr ähnlich. Die Reaktion kann wie folgt dargestellt werden (Abkürzungen siehe Tabelle 11, S. 339):

$$x\text{dATP} + x\text{dTTP} + y\text{dGTP} + y\text{dCTP} \underset{\text{Starter-DNS}}{\overset{Mg^{++}}{\rightleftharpoons}} \text{DNS} + \begin{array}{c}(2x+2y)\text{Pyro-}\\ \text{phosphat}\end{array}$$

Das Enzym benötigt Magnesiumionen und eine kleine Menge hochmolekularer DNS (Starter-DNS). Enthält die Starter-DNS alle vier Desoxyribonucleotide, so ist für die enzymatische Reaktion auch die Anwesenheit aller vier Desoxyribonucleotide erforderlich. Das Enzym ist spezifisch für die vier *Desoxyribo*nucleosid*tri*phosphate; Mono- und Diphosphate und alle Ribonucleotide sind inaktiv[1,2].

Die Basenzusammensetzung der so enzymatisch gebildeten DNS entspricht der der Starter-DNS, unabhängig von den dem Reaktionsgemisch zugesetzten relativen Mengen an Desoxyribonucleosidtriphosphaten[3]. Diese und andere Untersuchungen[4] zeigen, daß die enzymatische Synthese durch «Basenpaarung» mit der Starter-DNS verläuft. Die Rolle der Starter-DNS besteht also mit andern Worten darin, die DNS-Schablone zu liefern. Wo die Schablone Adenin enthält, wird in das neue Molekül als Nucleotid Thymin eingebaut und umgekehrt; an der Schablonenstelle mit Guanin wird Cytosin eingebaut und umgekehrt[2]. Dieser Aufbau kann auf zweierlei Art erfolgen. So kann das synthetisierte DNS-Molekül einen gegensinnigen Aufbau im Vergleich zum Schablonenmolekül aufweisen, das heißt, die 3′,5′-Phosphodiesterbrücken der Schablone zeigen zu jenen des synthetisierten DNS-Moleküls in entgegengesetzte Richtung; oder es kann einen gleichsinnigen Aufbau besitzen, das heißt, die 3′,5′-Phosphodiesterbrücken von DNS-Schablone und neuem DNS-Molekül zeigen in die gleiche Richtung (Abb. 5). Es hat sich gezeigt, daß die synthetisierte DNS einen zur Starter-DNS gegensinnigen Aufbau hat[4]. Das Produkt ist zweikettige DNS. Wird als Startermolekül eine zweikettige DNS verwendet, so muß diese wahrscheinlich zum Einzelstrang entspiralisiert werden, um als Schablone für die DNS-Synthese Verwendung zu finden. Dieser Mechanismus ist noch ungeklärt; möglicherweise erfolgt die Aufspaltung zum Einzelstrang erst im Verlauf des Wachstums der neuen DNS-Kette[5].

Abb. 5 Doppelkettige DNS gegensinnigen Aufbaus (oberes Schema) und gleichsinnigen Aufbaus (unteres Schema)

[A] Adenin; [T] Thymin; [G] Guanin; [C] Cytosin; [P] Phosphat

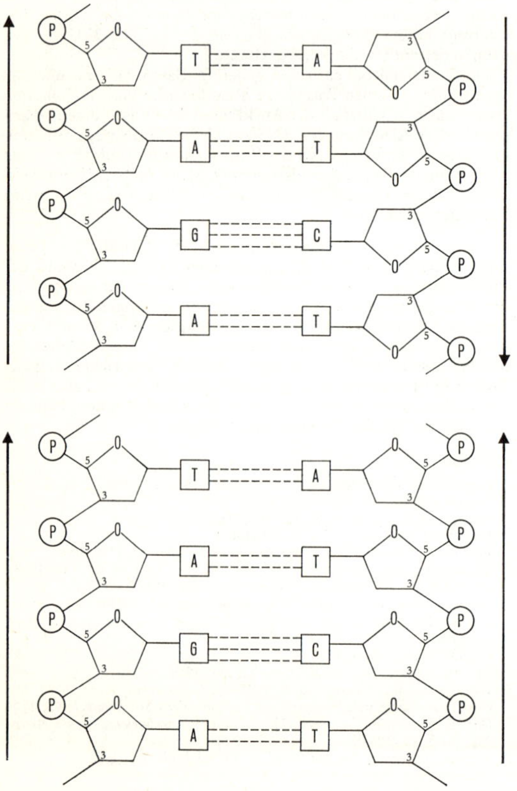

Literatur

1 Lehman et al., *J. biol. Chem.*, **233**, 163 (1958); Bessman et al., *J. biol. Chem.*, **233**, 171 (1958); Adler et al., *Proc. nat. Acad. Sci. (Wash.)*, **44**, 641 (1958); Bollum, F. J., *Fed. Proc.*, **17**, 193 (1958); Bollum und Potter, *J. biol. Chem.*, **233**, 478 (1958); Kornberg, A., *Harvey Lect. 1957–1958*, **53**, 83 (1959); Smellie et al., *Biochim. biophys. Acta (Amst.)*, **35**, 389 (1959); Smellie et al., *Biochim. biophys. Acta (Amst.)*, **37**, 243 (1960); Grunberg-Manago, M., *Progr. Biophys. molec. Biol.*, **13**, 175 (1963).

2 Kornberg, A., *Science*, **131**, 1503 (1960).

3 Lehman et al., *Proc. nat. Acad. Sci. (Wash.)*, **44**, 1191 (1958); Lehman, I. R., *Ann. N. Y. Acad. Sci.*, **81**, 745 (1959).

4 Josse et al., *J. biol. Chem.*, **236**, 864 (1961).

5 Spiegelman, S., *Sci. Amer.*, **210**, Nr. 5, 48 (1964).

Die Synthese der Ribonucleinsäure (RNS)

Polyribonucleotidnucleotidyltransferase (Polynucleotidphosphorylase). Dieses Enzym katalysiert die Synthese von Polyribonucleotiden aus Nucleosid-5′-diphosphaten. Die umgekehrte Reaktion wird als Phosphorolyse bezeichnet:

$$x\ \text{Nucleosiddiphosphat} \overset{Mg^{++}}{\rightleftharpoons} \text{RNS} + x\ \text{Orthophosphat}$$

Die so entstehende RNS enthält x Mononucleotideinheiten. Das Enzym ist spezifisch für *Ribo*nucleosid*di*phosphate. Nucleosidmono- und -triphosphate sowie Desoxyribonucleosiddiphosphate werden nicht angegriffen[1]. Mit Bezug auf die Base des Nucleosiddiphosphats ist das Enzym relativ wenig spezifisch[2]; es kann auch Polymere bilden, die nur eine der Basen enthalten. Bei Verwendung der vier Ribonucleosiddiphosphate, die Adenin, Guanin, Cytidin und Uracil entsprechen, entsteht ein RNS-ähnliches Polymer, in dem die Basensequenz rein zufällig ist[3]. Bei der RNS-Synthese beobachtet man eine Latenzzeit, die bei Zusatz einer Starter-RNS verschwindet[4,5]; hierbei baut das Enzym weitere Nucleotide an den Enden des Startermoleküls an[5].

Die Bedeutung dieser Enzymreaktion ist noch nicht abgeklärt. Ihre Hauptrolle dürfte im Abbau und nicht in der Synthese der RNS liegen. Die «lösliche» RNS ist gegen die Phosphorolyse mittels Polynucleotidphosphorylase sehr beständig, während die Boten-RNS wahrscheinlich durch dieses Enzym rasch abgebaut wird[2].

RNS-Nucleotidyltransferase (RNS-Polymerase). Dieses Enzym katalysiert die Bildung der RNS aus Nucleosid-5′-triphosphaten[6]:

$$x(\text{ATP} + \text{GTP} + \text{UTP} + \text{CTP}) \underset{\text{Starter-DNS}}{\overset{Mn^{++}}{\rightleftharpoons}} \text{RNS} + 4x\ \text{Pyrophosphat}$$

Die Reaktion erfordert alle vier Ribonucleosidtriphosphate und eine Starter-DNS. Die entstehende RNS zeigt eine der Starter-DNS komplementäre Basenzusammensetzung[7]. Das Enzym benötigt ein zweiwertiges Metallion, wobei Mangan aktiver ist als Magnesium. Die physiologische Hauptfunktion dieses Enzyms besteht möglicherweise im Aufbau von Boten-RNS für die Proteinsynthese[8]. Anders ausgedrückt, überträgt dieses Enzym die im DNS-Code enthaltenen Informationen auf die RNS. Der RNS-Code wird dann an den Ort der Proteinsynthese übergeführt; die RNS übernimmt also die Rolle eines Boten (messenger). Dieses oder engverwandte Enzyme sind möglicherweise auch bei der Synthese der Ribosomen-RNS und der «löslichen» RNS beteiligt[9].

Man kennt auch noch andere RNS-Polymerasen. So können sich zum Beispiel Viren, die nur RNS, aber keine DNS enthalten, in Wirtszellen verdoppeln. In diesem Fall dient die Virus-RNS als Schablone, und es braucht keine DNS für die Neusynthese der RNS[10].

Literatur

1 Grunberg-Manago und Ochoa, *J. Amer. chem. Soc.*, **77**, 3165 (1955); Grunberg-Manago et al., *Biochim. biophys. Acta (Amst.)*, **20**, 269 (1956); Littauer und Kornberg, *J. biol. Chem.*, **226**, 1077 (1957); Ochoa, S., *Angew. Chem.*, **72**, 225 (1960); Ochoa et al., in: Colowick und Kaplan (Hrsg.), *Methods in Enzymology*, Band 6, Academic Press, New York, 1963, S. 3.

[2] Grunberg-Manago, M., *Progr.Biophys.molec.Biol.*, **13**, 175 (1963).
[3] Cox, A.R., Acides ribonucléiques et polyphosphates; structure, synthèse et fonctions, *Colloques internationaux du CNRS*, Paris, 1961, S.92.
[4] Mii und Ochoa, *Biochim.biophys.Acta (Amst.)*, **26**, 445 (1957); Singer et al., *Biochim.biophys.Acta (Amst.)*, **26**, 447 (1957); Singer et al., *J.biol. Chem.*, **235**, 738 und 751 (1960); Singer und Guss, *J.biol.Chem.*, **237**, 182 (1962).
[5] Beers, R.F., jr., *Nature*, **183**, 1335 (1959).
[6] Hurwitz et al., *Biochem.biophys.Res.Commun.*, **3**, 15 (1960); Stevens, A., *Biochem.biophys.Res.Commun.*, **3**, 92 (1960); Weiss, S.B., *Proc.nat.Acad.Sci. (Wash.)*, **46**, 1020 (1960); Weiss und Nakamoto, *J.biol.Chem.*, **236**, PC18 (1961); Weiss, S.B., *Fed.Proc.*, **21**, 120 (1962).
[7] Weiss und Nakamoto, *Proc.nat.Acad.Sci. (Wash.)*, **47**, 1400 (1961); Chamberlin und Berg, *Proc.nat.Acad.Sci. (Wash.)*, **48**, 81 (1962); Geiduschek et al., *Proc.nat.Acad.Sci. (Wash.)*, **48**, 1078 (1962); Furth et al., *Fed.Proc.*, **21**, 371 (1962).
[8] Eisenstadt et al., *Proc.nat.Acad.Sci. (Wash.)*, **48**, 652 (1962); Kameyama und Novelli, *Proc.nat.Acad.Sci. (Wash.)*, **48**, 659 (1962); Nisman et al., *Biochim.biophys.Acta (Amst.)*, **55**, 704 (1962); Oishi et al., *Biochem.biophys. Res.Commun.*, **8**, 342 (1962); Rueckert et al., *J.molec.Biol.*, **5**, 10 (1962).
[9] Yankofsky und Spiegelman, *Proc.nat.Acad.Sci. (Wash.)*, **48**, 1069 und 1466 (1962); **49**, 538 (1963).
[10] Nakamoto und Weiss, *Proc.nat.Acad.Sci. (Wash.)*, **48**, 880 (1962).

Abb. 6 Schematische Darstellung der Proteinsynthese

Polypeptidtransfer-RNS wird auf eine neue Aminoacyltransfer-RNS übertragen. Darauf verschiebt sich die wachsende Polypeptidtransfer-RNS zusammen mit der Boten-RNS entlang dem Ribosom um einen Abschnitt von rechts nach links. Ein Transfer-RNS-Molekül spaltet sich ab.

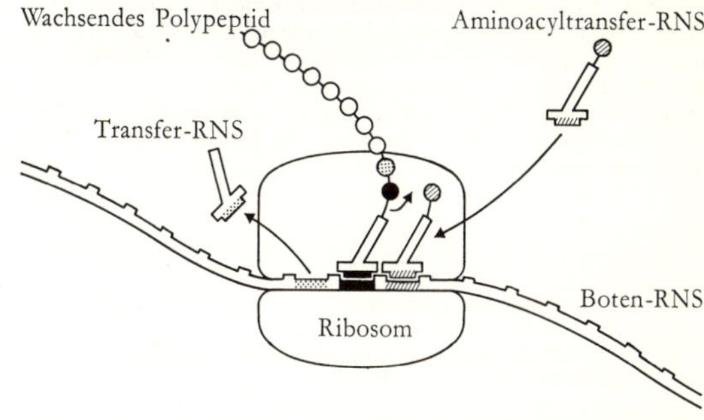

Proteinsynthese [1,2]

Die Proteinsynthese besteht in einem Aneinanderreihen der 20 verschiedenen Aminosäuren zu spezifischen, Hunderte oder Tausende einzelne Aminosäuren enthaltenden Ketten. Die Aminosäurenfolge eines bestimmten Proteins wird bei der Synthese jedes einzelnen Proteinmoleküls genau eingehalten. Veränderungen in der Aminosäurenfolge sind äußerst selten. Die genaue Stellung jeder Aminosäure in einem Proteinmolekül ist durch die in der DNS gespeicherte Information genetisch determiniert. Mit andern Worten, die DNS enthält die verschlüsselten Informationen für die Proteinsynthese. Der Code besteht aus vier Elementen, entsprechend den in der DNS enthaltenen Basen Adenin (A), Thymin (T), Guanin (G) und Cytosin (C) [3].

Die in der DNS vorhandene Information wird nicht direkt und in Form von DNS an die Stelle der Proteinsynthese geleitet, sondern zuerst auf die Boten-RNS (m-RNS) durch RNS-Nucleotidyltransferase übertragen, ein Enzym, das zum Start DNS benötigt. Dieses Enzym überträgt die Basenfolge der DNS auf die RNS. So wird jedes einzelne DNS-Molekül auf viele m-RNS-Moleküle kopiert. Die Basenfolge der m-RNS ist zur DNS-Schablone komplementär. Es wird also A der DNS als Uracil (U), T als A, G als C und C als G auf die m-RNS kopiert. Die Kette der Boten-RNS verläßt dann die DNS-Schablone im Zellkern und lagert sich an die Struktureinheit der Proteinsynthese, das Ribosom, an [1,4].

Die Aminosäuren werden durch Verbindung mit einer andern Art von RNS, der «löslichen» RNS (s-RNS), aktiviert [5]:

$$\begin{matrix}\text{Amino-}\\ \text{säure}\end{matrix} + \text{ATP} + \text{s-RNS} \rightleftharpoons \begin{matrix}\text{Aminoacyl-}\\ \text{s-RNS}\end{matrix} + \text{AMP} + \begin{matrix}\text{Pyro-}\\ \text{phosphat}\end{matrix}$$

Die Reaktion verläuft über Aminoacyl-AMP als Zwischenprodukt. Es gibt für jede Aminosäure mindestens ein spezifisches aktivierendes Enzym und eine spezifische s-RNS (Transfer-RNS). Jedes aminosäureaktivierende Enzym reagiert mit einer spezifischen Aminosäure und einer Transfer-RNS [2,6,7]. Für einige Aminosäuren ist aber auch mehr als ein spezifisches Enzym und mehr als eine Transfer-RNS möglich [7,8].

Die so aktivierten Aminosäuren kondensieren nach untenstehendem Schema zu Polypeptiden. Wie daraus hervorgeht, wächst die Proteinkette durch schrittweise Anlagerung von Aminosäuren [9]. Das wachsende Polypeptid enthält immer ein Transfer-RNS-Molekül, das der zuletzt angebauten Aminosäure entspricht. Die Basenfolge der Boten-RNS ist bestimmend für die an das wachsende Polypeptid anzubauende Aminosäure. Jede Transfer-RNS enthält eine Erkennungsregion für einen Teil des Aminosäurencodes im Boten-RNS-Molekül. Diese «Erkennung» beruht auf richtiger Basenpaarung einer Sequenz von 3 Nucleotiden der Boten-RNS (Codon) mit einer Sequenz von 3 Nucleotiden der Aminoacyltransfer-RNS (Anticodon oder Nodoc) [3,10].

Der Anbau des Polypeptids geschieht auf dem Ribosom, das dabei die Funktion einer Matrix hat, auf der Boten-RNS und Aminoacyltransfer-RNS zusammengebracht werden. Dieser Mechanismus ist in Abbildung 6 veranschaulicht.

Die in dieser Abbildung entlang der Boten-RNS gezeichneten Abschnitte sollen das jeweils einer Aminosäure entsprechende Codegebiet darstellen. Nun paßt nur eine neue Aminoacyltransfer-RNS in die Ribosomenmatrix. Der Abschnitt des Aminosäurencodes der Boten-RNS auf dem Ribosom ist nur bestimmend für die anzubauende *spezifische* Aminoacyltransfer-RNS. Die neue Aminoacyltransfer-RNS wird so in richtiger Position an die Boten-RNS auf dem Ribosom angelagert. Hierauf wird die Polypeptidkette von der Polypeptidtransfer-RNS auf die neue Aminoacyltransfer-RNS übertragen. Ein Molekül Transfer-RNS wird freigesetzt und verläßt das Ribosom. Dabei wird ein Transferenzym [11–13] benötigt. Boten-RNS und Polypeptidtransfer-RNS müssen nun einen Abschnitt entlang der Ribosomenmatrix verschoben werden, worauf der Prozeß von neuem beginnt. Ist das neue Proteinmolekül zu Ende synthetisiert, muß die letzte Transfer-RNS durch Hydrolyse abgespalten werden.

$$H_2N \cdot AS_l \cdot CO \cdot \text{s-RNS}_l$$

$$\downarrow \; + H_2N \cdot AS_m \cdot CO \cdot \text{s-RNS}_m$$

$$H_2N \cdot AS_l \cdot CO \cdot NH \cdot AS_m \cdot CO \cdot \text{s-RNS}_m + \text{s-RNS}_l$$

$$\downarrow \; + H_2N \cdot AS_n \cdot \text{s-RNS}_n$$

$$H_2N \cdot AS_l \cdot CO \cdot NH \cdot AS_m \cdot CO \cdot NH \cdot AS_n \cdot CO \cdot \text{s-RNS}_n + \text{s-RNS}_m$$

$$\downarrow \; + H_2N \cdot AS_o \cdot \text{s-RNS}_o$$

$$H_2N \cdot AS_l \cdot CO \cdot NH \cdot AS_m \cdot CO \cdot NH \cdot AS_n \cdot CO \cdot NH \cdot AS_o \cdot \text{s-RNS}_o + \text{s-RNS}_n$$

$$\downarrow \; + H_2N \cdot AS_p \cdot \text{s-RNS}_p$$

usw.

Bei der Übertragung der Aminosäure von Aminoacyltransfer-RNS auf das Ribosomenpolypeptid wird GTP benötigt[11,12]. Die Bedeutung des GTP in dieser Reaktion ist unklar.

Elektronenmikroskopisch bieten die an der Proteinsynthese beteiligten Ribosomen das Bild an einem Faden aufgereihter Perlen[14]. Es konnte auch gezeigt werden, daß die Protein synthetisierenden Ribosomen ein wesentlich höheres Molgewicht haben als die inaktiven[15]. Dieser Unterschied wird darauf zurückgeführt, daß mehrere Ribosomen an ein Boten-RNS-Molekül gebunden sein können (Polysomen, Ergosomen). Der Aufbau eines Proteinmoleküls nimmt schon seinen Anfang, wenn an einem andern Abschnitt der Boten-RNS der Aufbau eines Proteinmoleküls noch nicht abgeschlossen ist.

Literatur

1 Watson, J.D., *Science*, **140**, 17 (1963).
2 Arnstein, H.R.V., *Brit. med. Bull.*, **21**, 217 (1965).
3 Crick et al., *Nature*, **192**, 1227 (1961).
4 Stevens, A., *Ann. Rev. Biochem.*, **32**, 15 (1963).
5 Hoagland et al., *Biochim. biophys. Acta (Amst.)*, **24**, 215 (1957); Hoagland et al., *J. biol. Chem.*, **231**, 241 (1958).
6 Zamecnik et al., *Proc. nat. Acad. Sci. (Wash.)*, **44**, 73 (1958); Berg und Ofengand, *Proc. nat. Acad. Sci. (Wash.)*, **44**, 78 (1958); Allen et al., *J. biol. Chem.*, **235**, 1061 und 1068 (1960); Bergmann et al., *J. biol. Chem.*, **236**, 1735 (1961).
7 Berg et al., *J. biol. Chem.*, **236**, 1726 (1961).
8 Doctor et al., *J. biol. Chem.*, **236**, 1117 (1961).
9 Bishop et al., *Proc. nat. Acad. Sci. (Wash.)*, **46**, 1030 (1960); Dintzis, H.M., *Proc. nat. Acad. Sci. (Wash.)*, **47**, 247 (1961).
10 Brenner et al., *Nature*, **190**, 576 (1961); Gros et al., *Nature*, **190**, 581 (1961); Hayashi und Spiegelman, *Proc. nat. Acad. Sci. (Wash.)*, **47**, 1564 (1961); Spiegelman, S., *Sci. Amer.*, **210**, Nr. 5, 48 (1964); Nirenberg und Leder, *Science*, **145**, 1399 (1964).
11 Zamecnik, P.C., *Harvey Lect. 1958–1959*, **54**, 256 (1960).
12 Nathans et al., *Fed. Proc.*, **21**, 127 (1962).
13 Grossi und Moldave, *Biochim. biophys. Acta (Amst.)*, **35**, 275 (1959); Takanami und Okamoto, *Biochim. biophys. Acta (Amst.)*, **44**, 379 (1960); Nathans und Lipmann, *Proc. nat. Acad. Sci. (Wash.)*, **47**, 497 (1961); Bishop und Schweet, *Biochim. biophys. Acta (Amst.)*, **49**, 235 (1961); Wagle et al., *Biochim. biophys. Acta (Amst.)*, **51**, 421 (1961).
14 Warner et al., *Science*, **138**, 1399 (1962).
15 Barondes und Nirenberg, *Science*, **138**, 813 (1962); Spyrides und Lipmann, *Proc. nat. Acad. Sci. (Wash.)*, **48**, 1977 (1962).

Seltenere Bestandteile der Nucleinsäuren

In RNS-Hydrolysaten verschiedener Organismen wurden mehr als 20 seltenere Purin- und Pyrimidinnucleoside gefunden. Am wichtigsten sind die methylierten Verbindungen, wobei die Mehrzahl der theoretisch möglichen Methylderivate der gewöhnlichen Basen isoliert werden konnte. Es kann auch der Zucker in ungewöhnlicher Stellung mit der Base verbunden oder eine Hydroxylgruppe des Zuckers methyliert sein. Von diesen selteneren Bestandteilen konnten 18 aus einer einzigen Quelle, nämlich aus der «löslichen» RNS der Hefe, isoliert werden[1].

Diese Verbindungen entstehen durch direkte Methylierung des RNS-Moleküls mittels sogenannter RNS-Methyltransferasen, von denen mindestens 8 nachgewiesen werden konnten. Diese Enzyme sind im lebenden Organismus sehr verbreitet[2]. Die methylierten Basen sind nicht beliebig, sondern spezifisch im RNS-Molekül eingefügt. Die biologische Bedeutung der methylierten Basen ist unbekannt; man hat jedoch angenommen, daß sie bei der genetischen Übertragung von Informationen im Schlüsselmechanismus eine Rolle spielen[2].

Außer den 4 üblicherweise vorkommenden Basen der DNS wurden noch einige andere Komponenten entdeckt. Tierische und pflanzliche DNS enthält 5-Methylcytosin[3], DNS gewisser Bakterien 6-Methyladenosin[4]. Diese Derivate entstehen durch direkte Methylierung der DNS. Von den mindestens 2 DNS-Methyltransferasen methyliert die eine das Adenin und die andere das Cytosin der DNS[2].

Eine Zusammenstellung der selteneren Bestandteile von Nucleinsäuren ist in Tabelle 13 gegeben[5].

Literatur

1 Hall, R.M., *Biochemistry*, **4**, 661 (1965).
2 Gold et al., *Proc. nat. Acad. Sci. (Wash.)*, **52**, 292 (1964).
3 Wyatt, R., *Biochem. J.*, **48**, 584 (1951).
4 Dunn und Smith, *Biochem. J.*, **68**, 627 (1958).
5 Littlefield und Dunn, *Biochem. J.*, **70**, 642 (1958); Dunn, D.B., *Biochem. J.*, **86**, 14P (1963); Srinivasan und Borek, *Science*, **145**, 548 (1964); Hemmens, W.F., *Biochim. biophys. Acta (Amst.)*, **91**, 332 (1964).

Tabelle 13 Seltenere Nucleoside in Nucleinsäuren

Diese Nucleoside sind unter der Formel der Stammverbindung aufgeführt. Inosin ist auch als Stammverbindung eines der selteneren Nucleoside.

Adenosin	Guanosin	Inosin	Cytidin	Uridin
N^6-Methyladenosin N^6,N^6-Dimethyladenosin 2-Methyladenosin 2'-O-Methyladenosin	1-Methylguanosin 7-Methylguanosin N^2-Methylguanosin N^2,N^2-Dimethylguanosin 2'-O-Methylguanosin N^2-Ribosylguanin	1-Methylinosin	3-Methylcytidin 5-Methylcytidin 2'-O-Methylcytidin	3-Methyluridin 5-Methyluridin* 2'-O-Methyluridin Pseudouridin** 2'-O-Methylpseudouridin**

* Dies ist das Ribose enthaltende Analoge des Thymidins. ** Pseudouridin ist 5-Ribosyluracil.

Porphyrine[1]

Die *Porphyrine* sind Pigmente, die vier Pyrrolringe enthalten und in der Natur manchmal frei, meist aber in Komplexbindung mit zweiwertigen Metallionen und an Proteine gebunden vorkommen. Diese Proteine zeigen oft Enzymcharakter.

Die Grundsubstanz der Porphyrine ist das *Porphin*, in dessen Molekül vier Pyrrolringe in α-Stellung durch Methinbrücken (=CH–) miteinander verbunden sind:

Pyrrol Porphin

Das Porphin hat also eine in einer Ebene liegende zyklische Struktur aus Kohlenstoff- und Stickstoffatomen mit einem zentralen 16gliedrigen Ring aus 12 Kohlenstoff- und 4 Stickstoffatomen.

Das Ätioporphyrin ist das einfachste Porphyrin und trägt je 4 Methyl- und Äthylgruppen in den Stellungen 1 bis 8 des Porphinrings. Je nach Stellung der Substituenten sind demnach 4 isomere Ätioporphyrine möglich[2]:

I II

III IV

Diese isomeren Porphyrine I–IV bilden die Grundlage für die Einteilung der natürlich vorkommenden Porphyrine.

Uroporphyrin I Uroporphyrin III

Alle im tierischen Organismus vorhandenen Porphyrine sind Derivate des Porphobilinogens (siehe Tabelle 14, S. 352) und leiten sich strukturell vom *Uroporphyrin I* oder *III* ab, in denen die 8 β-Wasserstoffatome der 4 Pyrrolringe durch je 4 Essig- und Propionsäuregruppen ersetzt sind.

Bei der Decarboxylierung der 4 Essigsäuregruppen entstehen die *Coproporphyrine*, die demnach je 4 Methyl- und Propionsäuregruppen enthalten:

Coproporphyrin I Coproporphyrin III

Durch Decarboxylierung und Dehydrierung zweier Propionsäuregruppen des Coproporphyrins III erhält man das *Protoporphyrin IX*, das 4 Methyl-, 2 Vinyl- und 2 Propionsäuregruppen enthält:

Protoporphyrin IX

Die Bildung des Protoporphyrins IX aus dem Porphobilinogen verläuft in folgenden Stufen[3]:

Porphobilinogen → Uroporphyrinogen I → Uroporphyrin I
↓
Uroporphyrinogen III → Uroporphyrin III
↓
Coproporphyrinogen III → Coproporphyrin III
↓
Protoporphyrin IX
↓ + Fe^{++}
Häm

Das Protoporphyrin IX, eines der 15 möglichen Isomeren, die sich nur in der Anordnung der 8 mit dem Porphinring verbundenen Gruppen unterscheiden, ist das einzige Protoporphyrin, das bis heute in der Natur gefunden werden konnte. In der Form des Eisenkomplexes (Häm) bildet es die prosthetische Gruppe des Hämoglobins und anderer Proteine (siehe S. 355 und 356).

Die natürlich vorkommenden Porphyrine sind in Tabelle 14 auf S. 352–354 zusammengestellt. Über die Biosynthese der Porphyrine siehe S. 433.

Porphyrien

Die Porphyrien stellen eine kleine Gruppe von Krankheiten dar, die ihre Ursache in einer primären Störung der Porphyrinsynthese haben. Sie werden im Abschnitt «Erbliche Stoffwechselkrankheiten» (S. 450) beschrieben.

Tabelle 14 Porphyrine von biologischer Bedeutung

Porphyrin	Struktur	Vorkommen
Porphobilinogen* $C_{10}H_{14}N_2O_4$		Vorstufe bei der Biosynthese der Porphyrine und des Häms. Im Harn bei hepatischer Porphyrie, Vergiftungen mit Blei und Monoureidsedativa
Protoporphyrin IX $C_{34}H_{34}N_4O_4$		Im Knochenmark, in Erythrozyten und Fäzes. Die Eisenkomplexe bilden die prosthetischen Gruppen von Hämoglobin, Myoglobin, Catalase, Peroxydasen, Cytochrom b und c und anderen wichtigen Proteinen. Entsteht auch bei der Fleischfäulnis
Uroporphyrin I $C_{40}H_{38}N_4O_{16}$		In sehr kleinen Mengen im menschlichen Harn, in größeren Mengen bei gewissen Formen von Porphyrie und bei Bleivergiftung
Uroporphyrin III $C_{40}H_{38}N_4O_{16}$		In sehr kleinen Mengen im menschlichen Harn, in größeren Mengen bei gewissen Formen von Porphyrie und bei Bleivergiftung

* Ist kein Porphyrin, wurde aber wegen seiner Beziehung zu den Porphyrinen in die Tabelle aufgenommen.

Tabelle 14 Porphyrine von biologischer Bedeutung *(Fortsetzung)*

Porphyrin	Struktur	Vorkommen
Coproporphyrin I $C_{36}H_{38}N_4O_8$	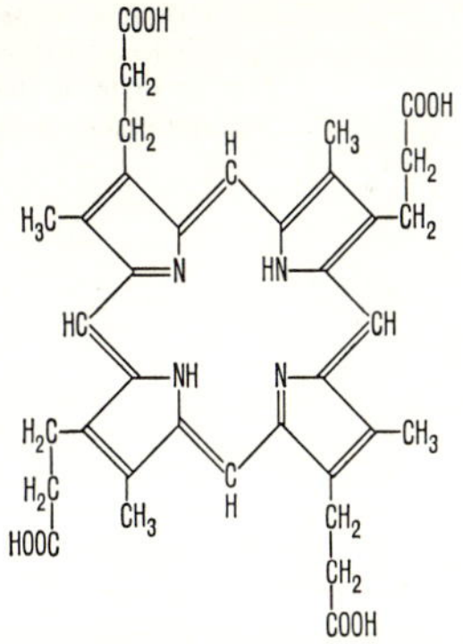	Frei in Fäzes, Harn, Erythrozyten, Galle, Hefe und Bakterien. Pathologisch vermehrt bei Porphyrinurie und Porphyrie. Bildet sich auch bei der Fleischfäulnis
Coproporphyrin III $C_{36}H_{38}N_4O_8$	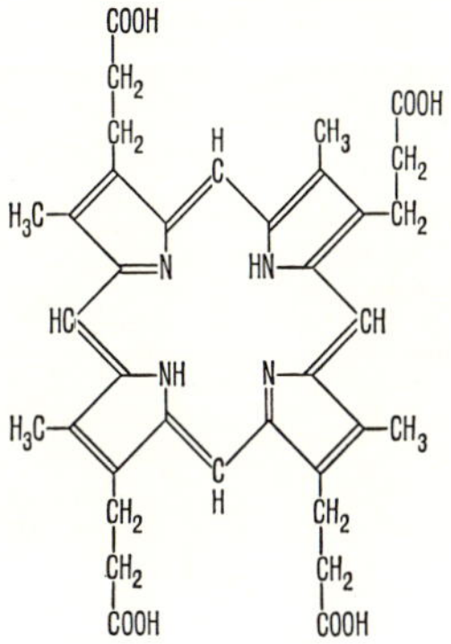	Frei in Fäzes, Harn, Erythrozyten, Galle, Hefe und Bakterien. Pathologisch vermehrt bei Porphyrinurie und Porphyrie. Bildet sich auch bei der Fleischfäulnis
Mesoporphyrin $C_{34}H_{38}N_4O_4$	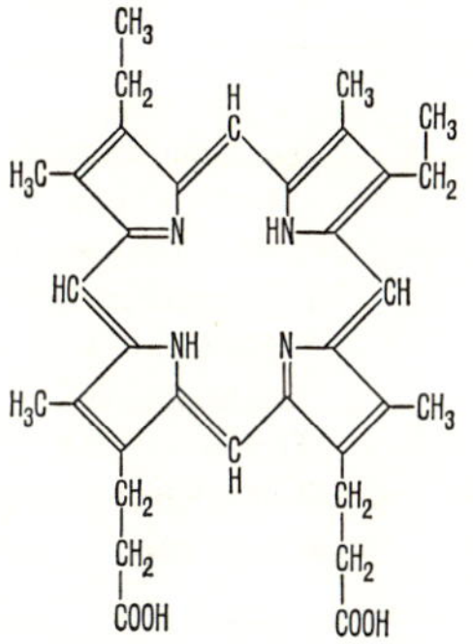	Normalerweise in den menschlichen Fäzes, möglicherweise auch in Fistelgalle
Deuteroporphyrin $C_{30}H_{30}N_4O_4$	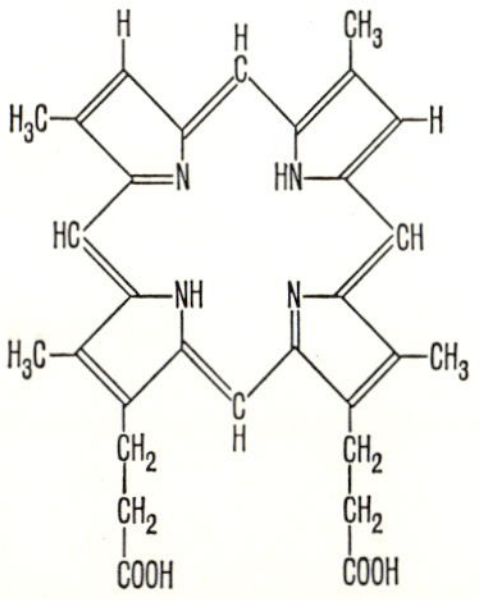	In den menschlichen Fäzes nach Aufnahme von Blut mit der Nahrung oder nach gastrointestinalen Blutungen. Entsteht zusammen mit Protoporphyrin und Coproporphyrin bei der Fleischfäulnis

Tabelle 14 Porphyrine von biologischer Bedeutung *(Schluß)*

Porphyrin	Struktur	Vorkommen
Hämatoporphyrin $C_{34}H_{38}N_4O_6$	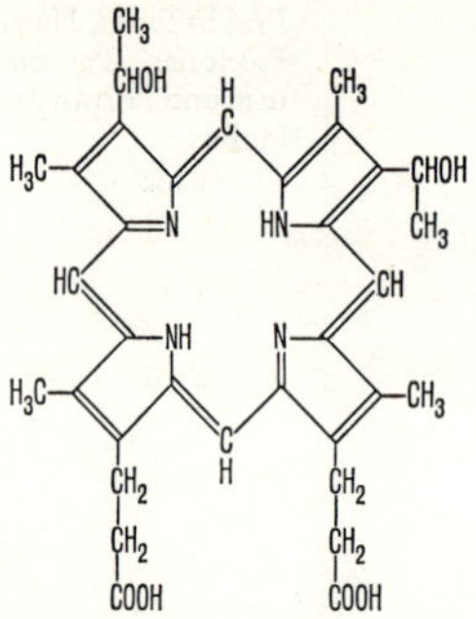	Hat möglicherweise keine biologische Bedeutung. Natürliches Vorkommen ist nicht sichergestellt; kommt vielleicht in Coproporphyrin- und Deuteroporphyrinfraktionen vor
Phylloerythrin $C_{33}H_{34}N_4O_3$	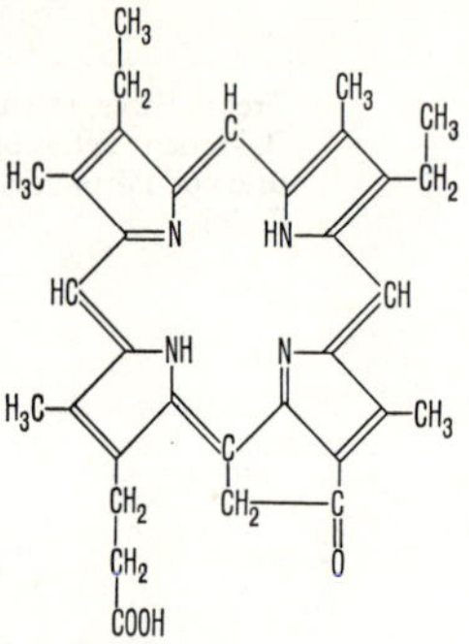	In großen Mengen in Galle und Fäzes von Wiederkäuern. Verursacht bei Gallenstauung Photosensibilisierung

Tabelle 15 Nomenklatur der Eisenporphyrine

Valenz des Eisenatoms	Komplexbindungen		Autoren		
	(a)	(b)	LEMBERG und LEGGE [1]	PAULING [4], BARRON [5]	ANSON [6], KEILIN [7]
2	H_2O	H_2O	Häm*	Ferrohäm	Häm
3	OH	H_2O	Hämatin**	Ferrihämhydroxyd	Hämatin
3	Cl	–	Hämin	Ferrihämchlorid	Hämin
2	N-Verbindung	N-Verbindung	Hämochrom	Ferrohämochromogen	Hämochromogen
3	N-Verbindung	N-Verbindung	Hämichrom	Ferrihämochromogen	Parahämatin
2	Globin	H_2O	Hämoglobin	Hämoglobin	Hämoglobin
2	Globin	O_2	Oxyhämoglobin	Oxyhämoglobin	Oxyhämoglobin
3	Globin	H_2O	Hämiglobin	Ferrihämoglobin	Saures Methämoglobin
3	Globin	OH	Hämiglobinhydroxyd	Ferrihämoglobinhydroxyd	Alkalisches Methämoglobin
2	Globin	CO	Carboxyhämoglobin	Kohlenmonoxydhämoglobin	–

* Von einigen Autoren auch als Ferroprotoporphyrin bezeichnet. ** Von einigen Autoren auch als Ferriprotoporphyrinhydroxyd bezeichnet.

Eisenporphyrine (Hämderivate)

Eine der charakteristischsten Eigenschaften der Porphyrine ist ihre Tendenz, Komplexe mit zweiwertigen Metallionen zu bilden. In den Eisenporphyrinkomplexen, die auch als *Hämderivate* oder *Hämatinverbindungen* bezeichnet werden (siehe Tabellen 15 und 16), sind die zwei zentralen Wasserstoffatome des Porphyrinrings durch ein Eisenatom ersetzt, mit dem verschiedene Moleküle oder Gruppen in Komplexbindung stehen. Der Name *Häm* selbst wird zur Bezeichnung des Komplexes von Protoporphyrin IX mit einem zweiwertigen Eisenatom (Fe^{++}) und zwei Wassermolekülen in Komplexbindung verwendet (letztere fehlen in der Formel).

Das Häm (auch Protohäm oder Ferrohäm genannt) und andere Ferrokomplexe der Porphyrine reagieren leicht mit Basen, wie primären Aminen, Pyridin, Ammoniak, Imidazolderivaten (zum Beispiel Histidin) und Hydrazin, unter Bildung der sogenannten *Hämochrome.*

(Fortsetzung S. 357)

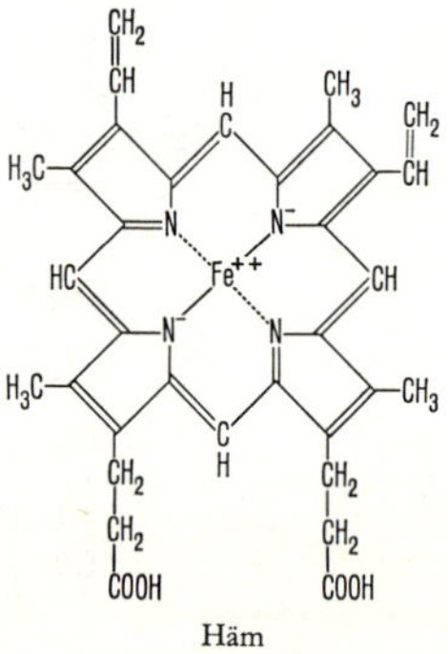

Häm

Tabelle 16 Eisenporphyrine und Hämoproteine von biologischer Bedeutung

Verbindung	Allgemeine Charakteristika	Spektraldaten		Bemerkungen
		Lösungsmittel	Absorptionsmaxima in Nanometer	
Häm $C_{34}H_{32}N_4O_4Fe$	Eisen-II-Komplex des Protoporphyrins IX. Sehr instabil. Wird leicht zu Hämatin oxydiert	Phosphatpuffer pH 7	575 550 415	Prosthetische Gruppe des Hämoglobins. Verbindet sich mit vielen Stickstoffbasen unter Bildung von Hämochromen
Hämatin $C_{34}H_{32}N_4O_4Fe(OH)$	Eisen-III-Komplex des Protoporphyrins IX. Ziemlich stabil	Essigsäure 10% NaOH Äther	630–635 540 510 400 580 650	Bildet sich im Blut aus Hämoglobin unter den verschiedensten Bedingungen. Das Pigment des Malariaplasmodiums besteht aus Hämatin[8]
Hämoglobin	4 an Globin gebundene Hämmoleküle. Das Eisen ist zweiwertig und läßt sich leicht oxydieren. Der Globinanteil besteht aus 2×2 Polypeptidketten. Unterschiede in der Aminosäurensequenz oder auch unterschiedliche Kombination der Ketten sind die Ursache der Vielzahl abnormer Hämoglobine[9] (siehe auch S. 442)	Wasser	560 430	Sauerstoffträger der Erythrozyten aller Vertebraten. Verbindet sich reversibel mit Sauerstoff unter Bildung von Oxyhämoglobin, mit Kohlenmonoxyd unter Bildung von Carboxyhämoglobin (Affinität zu Kohlenmonoxyd über 100mal größer als zu Sauerstoff)
Myohämoglobin (Myoglobin)	Im Gegensatz zu Hämoglobin besteht das Molekül aus 1 Hämmolekül, gebunden an 1 Polypeptidkette von 153 Aminosäuren[9]. Das Eisen ist zweiwertig	Wasser	555 435	Findet sich in den Muskeln der höheren Vertebraten, von Nematoden und Mollusken, wo es der Sauerstoffspeicherung dient. Bei niedrigem Druck vollständig mit Sauerstoff gesättigt
Oxyhämoglobin	Verbindung aus Hämoglobin und 4 Äquivalenten Sauerstoff, der dem Stoffwechsel zur Verfügung steht. Das Eisen ist zweiwertig	Wasser	577 540 412	Findet sich im Frischblut aller Vertebraten (siehe auch Hämoglobin, oben)
Carboxyhämoglobin	Verbindung, in der 4 Moleküle Kohlenmonoxyd an die 4 Eisenatome des Hämoglobins gebunden sind	Wasser	568–572 538 418	Bildet sich rasch im Organismus durch Einatmen von Kohlenmonoxyd; dabei wird der Sauerstofftransport mittels Hämoglobins blockiert (siehe auch Hämoglobin, oben)
Hämiglobin (Methämoglobin)	Wie Hämoglobin, nur ist das Eisen dreiwertig	Saure Lösung Alkalische Lösung	630 500 405 577 540 411	Reversible Bildung aus Hämoglobin durch Oxydation (Ferricyanid, Nitrite, Chlorate usw.). Findet sich bei einigen pathologischen Zuständen in größerer Menge in den Erythrozyten[10]

Tabelle 16 Eisenporphyrine und Hämoproteine von biologischer Bedeutung *(Schluß)*

Verbindung	Allgemeine Charakteristika	Spektraldaten		Bemerkungen
		Lösungsmittel	Absorptionsmaxima in Nanometer	
Choleglobin (Verdoglobin A, Verdohämoglobin)	Natives Globin mit einer prosthetischen Gruppe. Die Zusammensetzung dieser Gruppe ist nicht bekannt; sie bildet sich bei der gekoppelten Oxydation von Hämoglobin	Wasser	670 630	Normales Abbauprodukt des Hämoglobins und Zwischenprodukt bei der Bildung von Gallenfarbstoffen
Sulfhämoglobin (Verdoglobin S)	Chemische Struktur unbekannt	Wasser	620	Bildung durch irreversible Reaktion des Hämoglobins mit Schwefelwasserstoff. Findet sich in den Erythrozyten nach Aufnahme von Schwefel, Sulfonamiden, aromatischen Aminen, gelegentlich auch von Trinitrotoluol; auch bei Septikämie (besonders bei *Clostridium perfringens*-Bakteriämie) und bei schwerer Konstipation
Catalase	Prosthetische Gruppe gleich wie im Hämoglobin	Wasser	629 544 506 409 280	Zersetzt Wasserstoffsuperoxyd. Findet sich in atmenden Zellen; hoch aktiv in der Leber, in den Erythrozyten usw. Katalytische Aktivität gehemmt durch Cyanid, Schwefelwasserstoff, Hydroxylamin, Azide, Aminophenole und 2,4-Dichlorphenol
Cytochrome a, a_3, a_1, a_2	Struktur der prosthetischen Gruppe ungewiß	Wasser	Reduziertes a_3 + a 605 445 Reduziertes a_1 590 434 Reduziertes a_2 635	Cytochrom a_3 – wahrscheinlich auch a_1 und a_2 – reagiert mit Sauerstoff (Oxydasen), während Cytochrom a wahrscheinlich nur Elektronenüberträger ist; a_3 und a kommen zusammen bei vielen Tieren, Pflanzen und einigen Bakterien vor, a_1 und a_2 in anderen Bakterien
Cytochrome c, c_1	Prosthetische Gruppe mit Protoporphyrin verwandt; diese ist über stabile Schwefelbindungen mit Cysteingruppen des Proteins verbunden	Wasser	Ferrocytochrom c 550 522 415 345 316 Ferricytochrom c 565 530 407 346	Finden sich in allen tierischen und pflanzlichen Zellen und in den meisten Mikroorganismen. Sind spezifische Elektronenüberträger, die mit Cytochrom a reagieren
Cytochrome b	Prosthetische Gruppe ist Häm (diejenige des Cytochroms b_2 ist Häm plus Flavin)	Wasser	Reduzierte Bande bei 565–555 SORET-Bande bei 430	Wichtige Elektronenüberträger zwischen Flavoproteinen und Cytochrom c bei der Atmung. Finden sich in den lebenden Zellen aller Tiere, Pflanzen und Mikroorganismen, mit Ausnahme der ausschließlichen Anaerobier
Peroxydasen	Prosthetische Gruppen: 1. Meerrettich- und Cytochrom-c-Peroxydasen: Hämin 2. Lactoperoxydase: Häminanalogon 3. Myeloperoxydase: dem Choleglobin ähnliche Gruppe	Schwache Säuren	Meerrettich-peroxydase 645 583 548 498	Finden sich in Pflanzen und Tieren. Biologische Funktionen sind nicht genau bekannt

(Fortsetzung von S. 354)

Der Komplex des Protoporphyrins mit dreiwertigem Eisen (Fe^{+++}) wird *Ferrihäm* genannt; er bildet ein Hydroxyd, das *Hämatin*, und ein Chlorid, das *Hämin:*

Hämatin Hämin

Porphyrinkomplexe als prosthetische Gruppen

Die Metallionenkomplexe der Porphyrine bilden die prosthetischen Gruppen vieler Proteine und Enzyme. So bestehen zum Beispiel die sich mit molekularem Sauerstoff reversibel verbindenden Substanzen Hämoglobin und Myohämoglobin (Myoglobin) aus Häm und Globin als Proteinanteil. Eine Reihe von Pigmenten mit Enzymfunktionen im Zellstoffwechsel (Oxydase, Catalase, Peroxydasen und Cytochrome) gehören auch zu dieser Gruppe von Verbindungen. Die prosthetische Gruppe der Catalase ist die gleiche wie beim Hämoglobin, während das spezifische Protein und dessen Bindungsart an das Häm verschieden sind.

Das zweiwertige Eisen der Ferrohämverbindungen kann zu dreiwertigem oxydiert werden (bei der Reaktion von Hämoglobin usw. mit molekularem Sauerstoff bleibt es zweiwertig), wobei aus dem Hämoglobin Methämoglobin (Hämiglobin) entsteht. Diese Oxydation ist reversibel. Bei der weiteren biologischen Oxydation der Hämoproteine entstehen durch Ringspaltung an einer der Methinbrücken die wegen ihres Vorkommens in der Galle so genannten Gallenfarbstoffe (siehe unten). Die Oxydation von Hämoglobin kann zum Intermediärprodukt Choleglobin führen, in welchem ein Gallenfarbstoff und Eisen mit Globin verbunden sind (siehe unten und Tabelle 16, S. 356).

Die physiologisch aktiven Hämoproteine können nach der Wertigkeit des Eisens in drei Gruppen eingeteilt werden:

1. Fe bleibt zweiwertig: Hämoglobin, Myohämoglobin
2. Fe als Redoxsystem: Cytochrome
3. Fe bleibt dreiwertig: Catalase und Peroxydasen

Alle diese drei Gruppen enthalten einen ähnlichen Eisenporphyrinkern als prosthetische Gruppe; die biochemischen Reaktionen dieser Hämoproteine vollziehen sich am Eisenatom.

Dennoch ist die biologische Funktion jeder dieser Gruppen verschieden, so daß man die Selektivität jeder Reaktion der spezifischen Struktur des Proteins und der Bindungsart desselben an die prosthetische Gruppe zuschreiben muß. Die physikalischen und chemischen Eigenschaften biologisch wichtiger Hämoproteine sind in Tabelle 16 auf S. 355 und 356 zusammengestellt.

Gallenfarbstoffe [1, 11]

Der Abbau des beim Zerfall der Erythrozyten entstehenden Hämoglobins führt zur Bildung von Gallenfarbstoffen. Dieser Abbau besteht in einer oxydativen Spaltung des Porphyrinrings unter Verlust eines Kohlenstoffatoms und Bildung linearer Tetrapyrrole mit endständigen Hydroxylgruppen:

a) Lineare Tetrapyrrolstruktur der Gallenfarbstoffe

Diese Struktur wird besser als «Ring» mit einer Wasserstoffbindung zwischen den Sauerstoffatomen dargestellt:

b) «Ring»struktur der Gallenfarbstoffe

Alle in der Natur vorkommenden Gallenfarbstoffe leiten sich durch Spaltung der α-Methinbindung im Protoporphyrin IX ab. Es besteht die Möglichkeit, daß die oxydative Spaltung des Porphyrinrings vor dessen Abtrennung vom Globin erfolgt, wobei das Choleglobin entsteht [12]. Das beim Abbau des Hämoglobins frei werdende Eisen wird größtenteils in Form des Proteins Ferritin im Organismus zurückgehalten, während die Gallenfarbstoffe ausgeschieden werden. Die heute gültige Anschauung über die Bildung der verschiedenen Gallenfarbstoffe (siehe auch Tabelle 17, S. 358 und 359) im Organismus läßt sich zusammenfassend wie folgt darstellen [13]:

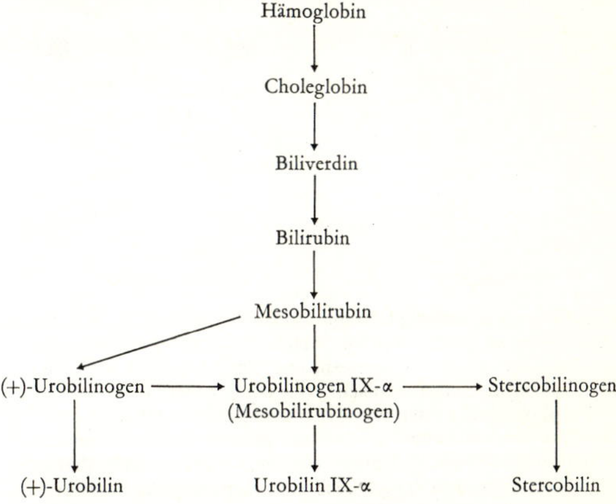

Es wird angenommen, daß der Abbau des Häms im Hämoglobin zu Bilirubin vor allem im Retikuloendothel der Leber, der Milz und des Knochenmarks abläuft. Bilirubin wird im Blut an Serumalbumin gebunden transportiert (siehe auch S. 572) und rasch von der Leber aufgenommen, von wo es mit der Galle in den Darm gelangt. Der weitere Abbau findet dann hauptsächlich im Darm statt.

VAN DEN BERGH und MÜLLER [14] haben als erste beobachtet, daß sich Bilirubin und die bilirubinähnlichen, mit der Galle ausgeschiedenen Gallenfarbstoffe bei der Kupplung mit diazotierter Sulfanilsäure verschieden verhalten, wobei die letzteren direkt reagieren, während das Serumbilirubin die Anwesenheit von Äthanol erfordert (direkte und indirekte VAN-DEN-BERGHsche Reaktion). Später konnte gezeigt werden [15], daß Bilirubin in den Leberzellen mit Glucuronsäure (und möglicherweise auch mit anderen Verbindungen) gepaart und in die Galle hauptsächlich als Diglucuronid, in geringerem Maße auch als Monoglucuronid ausgeschieden wird. Dieses gepaarte Bilirubin ist im Gegensatz zum wasserunlöslichen und lipoidlöslichen Bilirubin wasserlöslich. Dieser Löslichkeitsunterschied erklärt nicht nur die verschiedenen VAN-DEN-BERGHschen Reaktionen, sondern auch das verschiedene physiologische Verhalten der beiden Pigmenttypen. Es ist demnach verständlich, daß beim Stauungsikterus und bei der Leberentzündung, nicht aber beim hämolytischen Ikterus, Gallenfarbstoffe im Harn ausgeschieden werden (siehe unten) und daß ein großer Überschuß an Bilirubin im Blut wegen der Affinität der Lipide zu den Gehirngeweben einen Kernikterus zur Folge hat.

Gelbsucht (siehe auch S. 572 und 573). Dieses Krankheitsbild umfaßt drei verschiedene Typen, den hämolytischen, den hepatogenen und den Stauungsikterus. Beim ersteren bewirkt ein erhöhter Abbau des Erythrozytenhämoglobins einen Anstieg des Blutbilirubins, da die Kapazität der Leber zur Glucuronsäurepaarung überschritten wird. Beim hepatogenen Ikterus verursacht eine Zerstörung des normalen Lebergewebes den Übertritt von Gallenfarbstoffen in den Kreislauf. Der Stauungsikterus entsteht durch Obstruktion der Gallengänge und Rückstauung der Galle. Bei den letztgenannten Formen werden die wasserlöslichen Gallenfarbstoffe mit dem Harn ausgeschieden.

Abbauprodukte des Bilirubins. Die verschiedenen Zwischenprodukte des Bilirubinabbaus zu Stercobilin durch die reduzierenden Enzyme der Darmbakterien können teilweise im Intestinaltrakt wieder resorbiert und zur Leber zurückgeführt oder aber mit dem Harn ausgeschieden werden (siehe dazu die Zusammenstellung auf S. 358 und 359).

Chlorophyll

Das in grünen Pflanzen vorkommende Chlorophyll gehört als Magnesiumporphyrin auch zu den natürlichen Metallporphyrinen. Es besteht in der Hauptsache aus einer Mischung von Chlorophyll a und b, die beide einen mit dem langkettigen, optisch aktiven, aliphatischen Alkohol Phytol veresterten und Magnesium enthaltenden Porphinring enthalten, in dem zusätzlich noch ein isozyklischer Ring vorkommt:

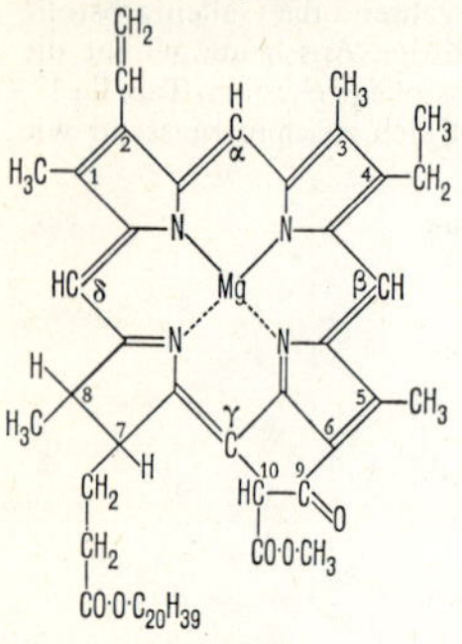

Chlorophyll a 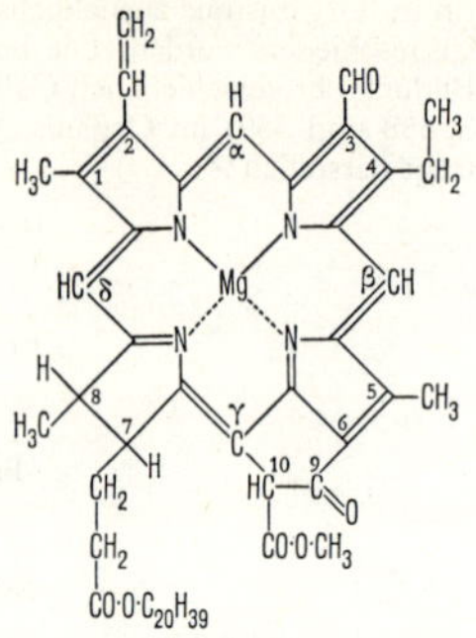   Chlorophyll b

Das Phytol ist auch ein Bestandteil des Vitamins K_1 (S. 463). Spektralanalysen zeigen das Vorhandensein von zwei weiteren Chlorophyllen, c und d. Das Blattgewebe enthält Chlorophyll in Form des Proteinkomplexes Chloroplastin, der isoliert werden konnte[16].

Die photosynthetisierenden Purpurbakterien enthalten das Pigment Bacteriochlorophyll, von dem gezeigt werden konnte, daß es sich vom Chlorophyll a nur dadurch unterscheidet, daß es in Stellung 2 statt einer Vinyl- eine Acetylgruppe trägt und in Stellung 3,4 hydriert ist.

Cyanocobalamin (Vitamin B_{12})

Der Cobalt enthaltende Wirkstoff von Leberextrakten, das in der Therapie der perniziösen Anämie verwendete Cyanocobalamin (siehe S. 475), ist ein vielfach substituiertes, teilweise hydriertes, an das Nucleotid 5,6-Dimethyl-1-(α-ribofuranosyl)benzimidazol-3'-phosphat gebundenes, zyklisches Tetrapyrrol. Die sechs Komplexbindungen des Cobaltatoms werden von den vier Stickstoffatomen der Pyrrolringe, einem Stickstoffatom des Nucleotids und einem Cyanidion eingenommen[17].

Literatur

1 Für eine Übersicht siehe LEMBERG und LEGGE, *Hematin Compounds and Bile Pigments*, Interscience, New York, 1949; THEORELL, H., *Advanc. Enzymol.*, **7**, 265 (1947); GRANICK und GILDER, *Advanc. Enzymol.*, **7**, 305 (1947); WYMAN, J., jr., *Advanc. Protein Chem.*, **4**, 407 (1948); MARGOLIASH, E., *Ann. Rev. Biochem.*, **30**, 549 (1961).

2 FISCHER und ORTH, *Die Chemie des Pyrrols*, Band 2, 1. Teil, Akademische Verlagsgesellschaft, Leipzig, 1937, S. 176.

3 RIMINGTON, C., *Brit. med. Bull.*, **15**, 19 (1959).

4 PAULING und CORYELL, *Proc. nat. Acad. Sci. (Wash.)*, **22**, 159 (1936).

5 BARRON, E. S. G., *J. biol. Chem.*, **121**, 285 (1937).

6 ANSON, M. L., *J. gen. Physiol.*, **23**, 239 (1939).

7 KEILIN, D., *Proc. roy. Soc. B*, **100**, 129 (1926).

8 RIMINGTON et al., *Biochem. J.*, **41**, 619 (1947).

9 LEHMANN und HUNTSMAN, *Man's Haemoglobins*, North-Holland Publishing Company, Amsterdam, 1966.

10 GIBSON und HARRISON, *Lancet*, **2**, 941 (1947); GIBSON, Q. H., *Biochem. J.*, **42**, 13 (1948).

11 GRAY, C. H., *The Bile Pigments*, Methuen, London, 1953; GRAY, C. H., *Bile Pigments in Health and Disease*, Thomas, Springfield, 1961.

12 LEMBERG et al., *Biochem. J.*, **33**, 754 (1939).

13 CARTWRIGHT, G. E., in: WINTROBE, M. M. (Hrsg.), *Clinical Hematology*, 6. Aufl., Lea & Febiger, Philadelphia, 1967, S. 168.

14 VAN DEN BERGH und MÜLLER, *Biochem. Z.*, **77**, 90 (1916).

15 TALAFANT, E., *Nature*, **178**, 312 (1956); BILLING et al., *Biochem. J.*, **65**, 774 (1957); SCHMIDT, R., *Helv. med. Acta*, **24**, 273 (1957); SCHMIDT et al., *Arch. Biochem.*, **70**, 285 (1957).

16 STOLL und WIEDEMANN, in: ZECHMEISTER, L. (Hrsg.), *Fortschritte der Chemie organischer Naturstoffe*, Band 1, Springer, Wien, 1938, S. 159; STOLL und WIEDEMANN, *Schweiz. med. Wschr.*, **77**, 664 (1947).

17 ARMITAGE et al., *J. chem. Soc.*, **4**, 3849 (1953); HODGKIN et al., *Nature*, **176**, 325 (1955); **178**, 64 (1956); BONNETT et al., *J. chem. Soc.*, **1**, 1158 und 1168 (1957).

Tabelle 17 Abbauprodukte des Bilirubins und verwandte Verbindungen

Verbindung	Struktur	Bemerkungen
Bilirubin $C_{33}H_{36}N_4O_6$	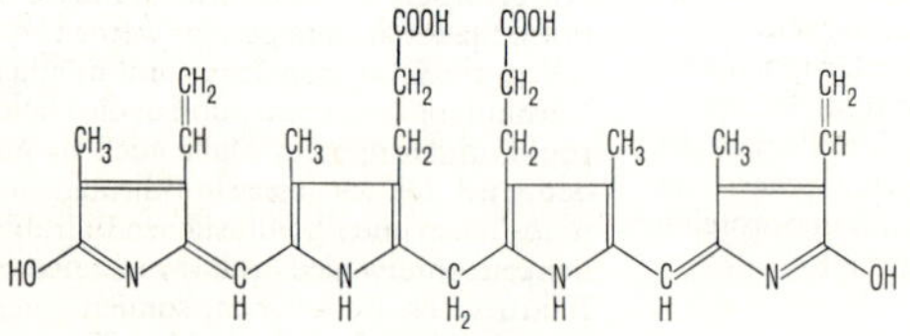	Abbauprodukt des Hämoglobins und anderer Hämderivate im RES. In großer Menge im Serum und in den Geweben bei hämolytischem Ikterus. Auch im Harn und in den Fäzes des Säuglings. Bildet in den Leberzellen durch Paarung mit Glucuronsäure die Gallenfarbstoffe
Biliverdin $C_{33}H_{34}N_4O_6$	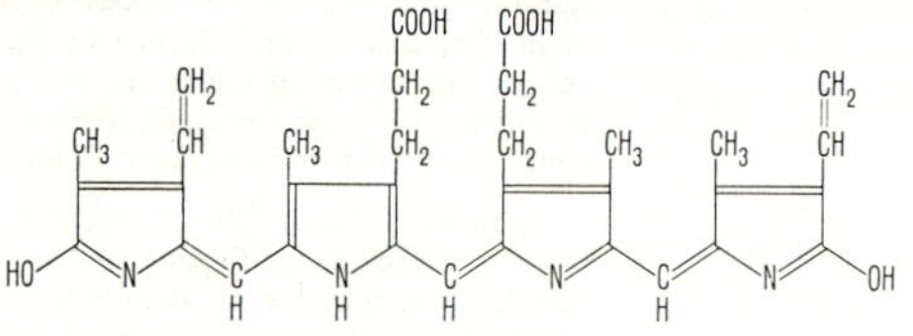	Abbauprodukt des Hämoglobins. In der Leber enzymatisch zu Bilirubin reduziert. Findet sich nicht im Blut, aber in der Galle einiger Tiere, in der Plazenta einiger Säugetiere (Uteroverdin) und in den Eierschalen vieler Vögel (Oocyan). Auch im Mekonium des Fötus und des Neugeborenen sowie in der Galle nach dem Tode. Ein Eisenkomplex ist möglicherweise die prosthetische Gruppe der inaktiven Lebercatalase
Mesobilirubin $C_{33}H_{40}N_4O_6$	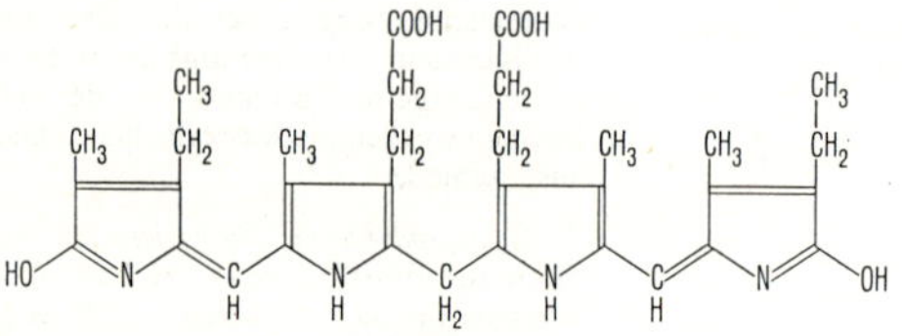	Findet sich möglicherweise im Dünndarm als Reduktionsprodukt des Bilirubins
Urobilinogen IX-α (Mesobilirubinogen) $C_{33}H_{44}N_4O_6$	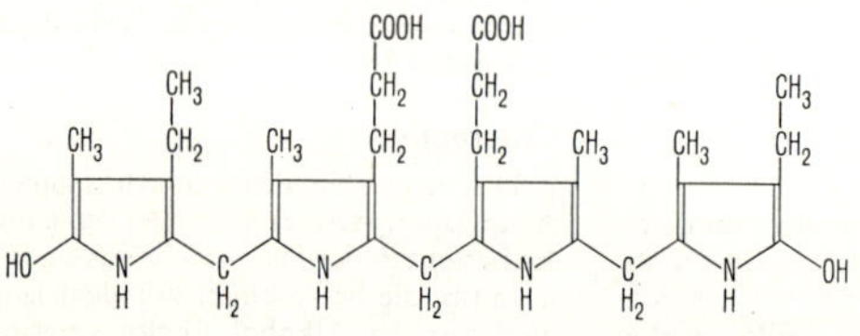	Abbauprodukt des Bilirubins in der Leber. Findet sich in der normalen Galle, im Harn und in den Fäzes. Unter pathologischen Bedingungen erhöht

Tabelle 17 Abbauprodukte des Bilirubins und verwandte Verbindungen *(Schluß)*

Verbindung	Struktur	Bemerkungen
Urobilin (Urobilin IX-α) $C_{33}H_{42}N_4O_6$	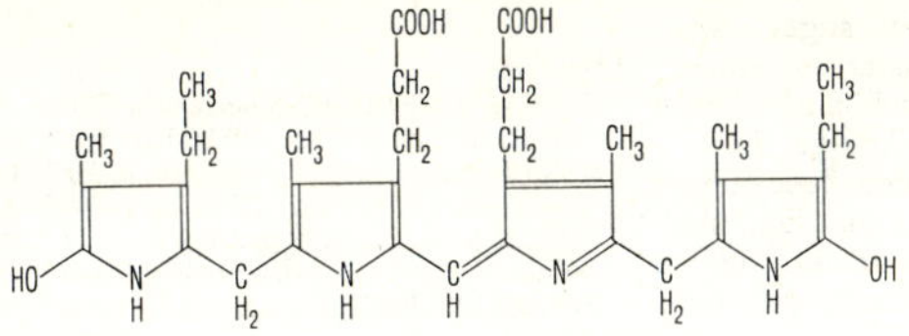	Oxydationsprodukt des Urobilinogens IX-α. Findet sich normalerweise im Harn und in den Fäzes
Stercobilinogen $C_{33}H_{48}N_4O_6$	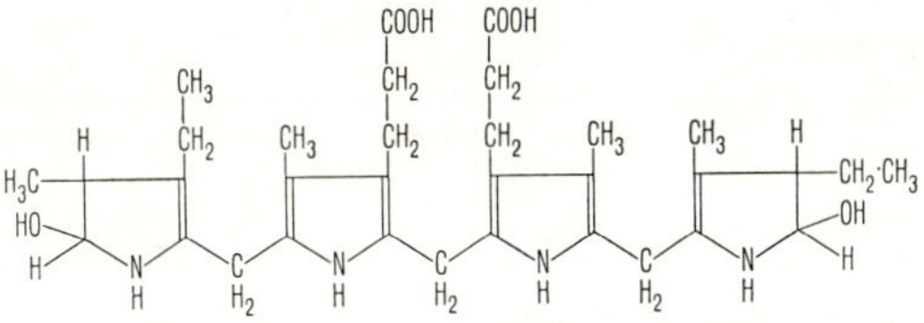	Reduktionsprodukt des Urobilinogens IX-α. Hauptprodukt der Hämoglobinausscheidung bei den meisten Wirbeltieren
Stercobilin $C_{33}H_{46}N_4O_6$	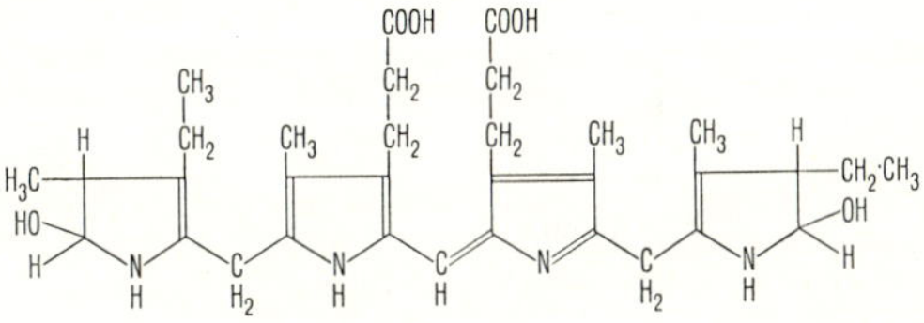	Oxydationsprodukt des Stercobilinogens. Normaler Bestandteil des Harns und der Fäzes
Mesobiliviolin $C_{33}H_{40}N_4O_6$	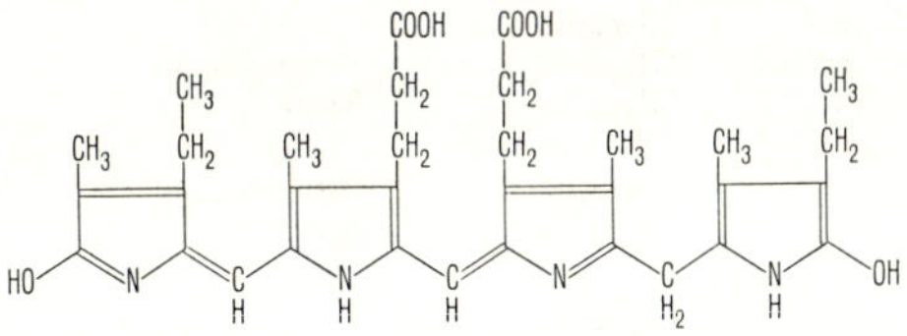	Findet sich in menschlichen Fäzes als mögliches Umwandlungsprodukt des Urobilinogens. Bildet die prosthetische Gruppe der Phycocyanine (Chromoproteine der roten und blauen Algen), die als Photosensibilisatoren bei der Photosynthese der Algen wirken
Mesobilierythrin (Mesobilirhodin) $C_{33}H_{40}N_4O_6$	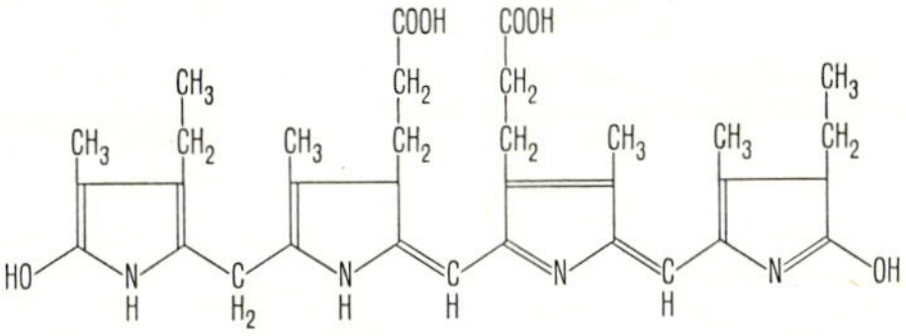	Prosthetische Gruppe des Phycoerythrins der roten und einiger blauer Algen. Sensibilisator bei der Photosynthese der Algen
Mesobilifuscine Bilifuscine Propentdyopent $C_{16}H_{18-20}N_2O_{4-5}$	Nicht ganz aufgeklärt, enthalten Dipyrrole mit folgendem Gerüst: 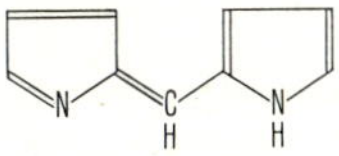	Sekundäre Oxydationsprodukte der Gallenfarbstoffe und Hämderivate. Bei Gelbsucht und Lebererkrankungen im Harn und in den Fäzes ausgeschieden; findet sich in Gallensteinen
(+)-Urobilin $C_{33}H_{40}N_4O_6$	Nicht sicher aufgeklärt; stark rechtsdrehend	Aus infizierter Galle isoliert, wahrscheinlich aus Bilirubin entstanden[1]
(+)-Urobilinogen $C_{33}H_{42}N_4O_6$	Nicht sicher aufgeklärt; stark rechtsdrehend	Aus infizierter Galle isoliert, wahrscheinlich aus Bilirubin entstanden[1]

Literatur [1] WATSON, C. J., *J. Lab. clin. Med.*, **54**, 1 (1959).

Lipide[1]

Die Lipide sind ein Sammelbegriff für eine Gruppe natürlicher Produkte, die in Wasser unlöslich, in relativ unpolaren Lösungsmitteln, wie Mischungen aus Methanol und Chloroform, aber löslich sind. Auch diese Definition kann nicht strikte angewandt werden, da zum Beispiel die Ganglioside mit Wasser aus einer Methanol-Chloroform-Mischung extrahiert werden können. Die Mehrzahl der Lipide sind Ester oder Amide langkettiger Fettsäuren und geben bei der alkalischen Hydrolyse Seifen. Jede Einteilung der Lipide ist bis zu einem gewissen Grade willkürlich, ob man ihr nun physikalische Eigenschaften, chemische Struktur und Reaktionen oder biologische Funktion und Vorkommen zugrunde lege. So kann zum Beispiel Sphingomyelin aufgrund seines Phosphorylcholinanteils den Phosphatiden, andererseits aber auch den Sphingolipiden zugeteilt werden, da es ja auch Sphingosin enthält. Eine Übersicht über die verseifbaren Lipide gibt die Tabelle 18.

Literatur

[1] Für eingehende Ausführungen siehe Deuel, H. J., jr., *The Lipids*, Band 1, Interscience, New York, 1951; Hilditch, T. P., *The Chemical Constitution of Natural Fats*, 4. Aufl., Chapman & Hall, London, 1964; Lovern, J. A., *The Chemistry of Lipids of Biochemical Significance*, 2. Aufl., Methuen, London, 1957; Popják, G. (Hrsg.), *Biochemistry of Lipids*, Pergamon, Oxford, 1960; Shorland, F. B., *Ann. Rev. Biochem.*, **25**, 101 (1956); Dawson, R. M. C., *Biol. Rev.*, **32**, 188 (1957); Klenk und Debuch, *Ann. Rev. Biochem.*, **28**, 39 (1959).

Tabelle 18 Einteilung und Bestandteile der verseifbaren Lipide

Einteilung der Lipide*	Strukturkomponenten (mit Ausnahme der Fettsäuren**)		
	Ester oder Amid von	Stickstoffbase	Andere Komponenten
Triglyceride (Fette und Öle)	Glycerin	–	–
Alkoxydiglyceride	Glycerin	–	Höherer aliphatischer Alkohol
Glycoglyceride	Glycerin	–	Galactose
Glycerophosphatide: I. Phosphatidsäuren	Glycerin	–	Phosphorsäure
Glycerophosphatide: II. Phosphatidsäureester: Phosphatidylcholine	Glycerin	Cholin	Phosphorsäure
Glycerophosphatide: II. Phosphatidsäureester: Phosphatidyläthanolamine	Glycerin	Äthanolamin	Phosphorsäure
Glycerophosphatide: II. Phosphatidsäureester: Phosphatidylserine	Glycerin	Serin	Phosphorsäure
Glycerophosphatide: III. Lysophosphatide	Glycerin	Cholin, Äthanolamin, Serin	Phosphorsäure
Glycerophosphatide: IV. Inositphosphatide (Mono-, Di-, Tri-)	Glycerin	–	Phosphorsäure, Inosit
Glycerophosphatide: V. Acetalphosphatide	Glycerin	(Wie Lysophosphatide)	Phosphorsäure, α,β-ungesättigter höherer aliphatischer Alkohol
Glycerophosphatide: VI. Alkyllysophosphatidäther	Glycerin	(Wie Lysophosphatide)	Phosphorsäure, gesättigter höherer aliphatischer Alkohol
Sphingolipide: I. Sphingomyeline	Sphingosin und Dihydrosphingosin	Cholin	Phosphorsäure
Sphingolipide: II. Cerebroside		–	Hexose oder Di- oder Trisaccharide
Sphingolipide: III. Sulfatide		–	Galactose, Schwefelsäure
Sphingolipide: IV. Aminoglycolipide		N-Acetylgalactosamin	Glucose, Galactose
Sphingolipide: V. Ganglioside		N-Acetylgalactosamin	Glucose, Galactose, Neuraminsäure
Wachse: I. Echte Wachse	Langkettige aliphatische Alkohole	–	–
Wachse: II. Sterolester, Vitamin-A- und -D_3-Ester	Komplizierte zyklische Alkohole	–	–

* In der Einteilung von Bloor (*Chem. Rev.*, **2**, 243 [1925/26]) bilden die Triglyceride (Neutralfette) zusammen mit den Wachsen die Gruppe der «simple lipids», während die übrigen Klassen (Phospholipide, Cerebroside, Ganglioside) in der Gruppe der «compound lipids» zusammengefaßt werden. Die Gruppe der Phospholipide oder Phosphatide umfaßt die Glycerophosphatide und die Sphingomyeline, die wegen ihrer Phosphatgruppe als einzigem gemeinsamem Bestandteil hier eingeteilt wurden. Es ist jedoch sinnvoller, die Sphingomyeline der Gruppe der Sphingolipide (Derivate des Sphingosins) zuzuteilen.

** Mit möglicher Ausnahme einiger Acetalphosphatide geben alle Verbindungen bei der Hydrolyse Fettsäuren.

Tabelle 19 Fettsäuren

Name	Formel und Molgewicht	Struktur	Physikalische Eigenschaften	Bemerkungen
		Gesättigte, unverzweigte Monocarbonsäuren		
Ameisensäure (Methansäure)	CH_2O_2 46,03	H·COOH	Smp. 8,6 °C Sdp. 100,8 °C d^{20} 1,220 n_D^{20} 1,371 4	Im menschlichen Harn und in vielen pflanzlichen Stoffen
Essigsäure (Äthansäure)	$C_2H_4O_2$ 60,05	CH_3·COOH	Smp. 16,5 °C Sdp. 118,1 °C d^{20} 1,049 2 n_D^{25} 1,369 76	In den meisten biologischen Stoffen. Entsteht bei vielen aeroben Bakterien aus Äthanol und bei manchen anaeroben aus Pentosen
Propionsäure (Propansäure)	$C_3H_6O_2$ 74,08	CH_3·CH_2·COOH	Smp. −22 °C Sdp. 140,9 °C d^{20} 0,992 $n_D^{19,9}$ 1,387 36	Entsteht bei bakterieller Kohlenhydratzerlegung
n-Buttersäure (Butansäure)	$C_4H_8O_2$ 88,11	CH_3·$(CH_2)_2$·COOH	Smp. −7,9 °C Sdp. 163 °C d^{20} 0,958 7 n_D^{20} 1,399 06	Spurenweise in vielen Fetten
n-Valeriansäure (Pentansäure)	$C_5H_{10}O_2$ 102,13	CH_3·$(CH_2)_3$·COOH	Smp. −34,5 °C Sdp. 186,4 °C d^{20} 0,938 7 n_D^{20} 1,408 6	
Capronsäure (Hexansäure)	$C_6H_{12}O_2$ 116,16	CH_3·$(CH_2)_4$·COOH	Smp. −4 °C Sdp. 205 °C d^{20} 0,929 n_D^{20} 1,416 35	Spurenweise in vielen Fetten
Önanthsäure (Heptansäure)	$C_7H_{14}O_2$ 130,19	CH_3·$(CH_2)_5$·COOH	Smp. −7,46 °C Sdp. 223 °C d^{14} 0,921 6 $n_D^{19,8}$ 1,421 62	
Caprylsäure (Octansäure)	$C_8H_{16}O_2$ 144,22	CH_3·$(CH_2)_6$·COOH	Smp. 16 °C Sdp. 239 °C d^{20} 0,908 8 n_D^{20} 1,428 5	Bestandteil vieler Fette
Pelargonsäure (Nonansäure)	$C_9H_{18}O_2$ 158,24	CH_3·$(CH_2)_7$·COOH	Smp. 12,3 °C Sdp. 254 °C d^{20} 0,905 5 n_D^{20} 1,433 0	In Rautenöl, Japanwachs, Fuselölen und in den Blättern von *Pelargonium roseum*
Caprinsäure (Decansäure)	$C_{10}H_{20}O_2$ 172,27	CH_3·$(CH_2)_8$·COOH	Smp. 31,3 °C Sdp. 269 °C d^{40} 0,885 8 n_D^{40} 1,428 55	Bestandteil vieler Tier- und Pflanzenfette
Undecylsäure (Undecansäure)	$C_{11}H_{22}O_2$ 186,30	CH_3·$(CH_2)_9$·COOH	Smp. 28,5 °C Sdp. 284 °C d^{20} 0,890 5 $n_D^{45,2}$ 1,429 4	In *Pseudomonas*
Laurinsäure (Dodecansäure)	$C_{12}H_{24}O_2$ 200,32	CH_3·$(CH_2)_{10}$·COOH	Smp. 43,5 °C Sdp. 225 °C/100 d^{20} 0,883 $n_D^{82,1}$ 1,418 3	Hauptbestandteil der Pflanzenfette (besonders Lorbeer). In kleineren Mengen im Depotfett der Tiere, in Milchfetten und Fischtranen
Tridecylsäure (Tridecansäure)	$C_{13}H_{26}O_2$ 214,35	CH_3·$(CH_2)_{11}$·COOH	Smp. 51 °C Sdp. 312,4 °C n_D^{70} 1,424 9	Spurenweise in Tierfetten
Myristinsäure (Tetradecansäure)	$C_{14}H_{28}O_2$ 228,38	CH_3·$(CH_2)_{12}$·COOH	Smp. 54,4 °C Sdp. 250,5 °C/100 d^{54} 0,862 2 n_D^{60} 1,430 8	Bestandteil fast aller Tierfette (1–5%) und Pflanzenfette, besonders Milchfett, Fischöle, Palmöl, Muskatnuß

Tabelle 19 Fettsäuren *(Fortsetzung)*

Name	Formel und Molgewicht	Struktur	Physikalische Eigenschaften	Bemerkungen
Pentadecylsäure (Pentadecansäure)	$C_{15}H_{30}O_2$ 242,41	$CH_3 \cdot (CH_2)_{13} \cdot COOH$	Smp. 52,1 °C Sdp. 257 °C/100 d^{80} 0,8423 n_D^{70} 1,4270	Spurenweise in Tierfetten, besonders Leberfetten
Palmitinsäure (Hexadecansäure)	$C_{16}H_{32}O_2$ 256,43	$CH_3 \cdot (CH_2)_{14} \cdot COOH$	Smp. 62,85 °C Sdp. 268,5 °C/100 d^{70} 0,8487 $n_D^{79,8}$ 1,4273	Weit verbreitet in der Natur. Bestandteil fast aller Fette
Margarinsäure (Heptadecansäure)	$C_{17}H_{34}O_2$ 270,46	$CH_3 \cdot (CH_2)_{15} \cdot COOH$	Smp. 62 °C Sdp. 227 °C/100 d^{60} 0,8579 n_D^{70} 1,4319	Spurenweise im Hammelfett
Stearinsäure (Octadecansäure)	$C_{18}H_{36}O_2$ 284,49	$CH_3 \cdot (CH_2)_{16} \cdot COOH$	Smp. 69,6 °C Sdp. 298 °C/100 d^{20} 0,9408 $n_D^{80,2}$ 1,4299	Reichlich in den wichtigen eßbaren Fetten. Vorhanden auch in Pflanzenfetten
Nondecylsäure (Nonadecansäure)	$C_{19}H_{38}O_2$ 298,51	$CH_3 \cdot (CH_2)_{17} \cdot COOH$	Smp. 68–69 °C Sdp. 298 °C/100	
Arachinsäure (Eicosansäure)	$C_{20}H_{40}O_2$ 312,54	$CH_3 \cdot (CH_2)_{18} \cdot COOH$	Smp. 75,4 °C Sdp. 328 °C d^{100} 0,824 n_D^{100} 1,4250	Spurenweise in vielen Samen- und Tierfetten
Heneicosansäure	$C_{21}H_{42}O_2$ 326,57	$CH_3 \cdot (CH_2)_{19} \cdot COOH$	Smp. 75,1 °C	
Behensäure (Docosansäure)	$C_{22}H_{44}O_2$ 340,59	$CH_3 \cdot (CH_2)_{20} \cdot COOH$	Smp. 80 °C Sdp. 306 °C/60 d^{100} 0,8221 n_D^{100} 1,4270	Spurenweise in Samen- und Tierfetten. Beteiligt sich mit 50% an den Fettsäuren, die bei Morbus GAUCHER die Milzcerebroside aufbauen (siehe S. 451)
Tricosansäure	$C_{23}H_{46}O_2$ 354,62	$CH_3 \cdot (CH_2)_{21} \cdot COOH$	Smp. 79,1 °C	
Lignocerinsäure (Tetracosansäure)	$C_{24}H_{48}O_2$ 368,65	$CH_3 \cdot (CH_2)_{22} \cdot COOH$	Smp. 84,2 °C d^{20} 0,8207 n_D^{100} 1,4287	Bestandteil der Sphingomyeline und des Kerasins (Milzcerebrosid bei Morbus GAUCHER; siehe S. 451). Auch in einigen Pflanzenfetten, Bakterien- und Insektenwachsen
Pentacosansäure	$C_{25}H_{50}O_2$ 382,68	$CH_3 \cdot (CH_2)_{23} \cdot COOH$	Smp. 83 °C	
Cerotinsäure (Hexacosansäure)	$C_{26}H_{52}O_2$ 396,70	$CH_3 \cdot (CH_2)_{24} \cdot COOH$	Smp. 87,7 °C d^{100} 0,8198 n_D^{100} 1,4301	Kommt frei und gebunden vor. Im chinesischen Wachs (als Cetylester), Bienenwachs, Wollfett
Heptacosansäure	$C_{27}H_{54}O_2$ 410,73	$CH_3 \cdot (CH_2)_{25} \cdot COOH$	Smp. 87,6 °C	
Montansäure (Octacosansäure)	$C_{28}H_{56}O_2$ 424,76	$CH_3 \cdot (CH_2)_{26} \cdot COOH$	Smp. 90,9 °C d^{100} 0,8191 n_D^{100} 1,4313	Bestandteil des Montanwachses, Bienenwachses und chinesischen Wachses
Nonacosansäure	$C_{29}H_{58}O_2$ 438,78	$CH_3 \cdot (CH_2)_{27} \cdot COOH$	Smp. 90,3 °C	
Melissinsäure (Triacontansäure)	$C_{30}H_{60}O_2$ 452,81	$CH_3 \cdot (CH_2)_{28} \cdot COOH$	Smp. 93,6 °C n_D^{100} 1,4323	Im Bienenwachs

Tabelle 19 Fettsäuren *(Fortsetzung)*

Name	Formel und Molgewicht	Struktur	Physikalische Eigenschaften	Bemerkungen
«Lacceroic acid» (Dotriacontansäure)	$C_{32}H_{64}O_2$ 480,87	$CH_3{\cdot}(CH_2)_{30}{\cdot}COOH$	Smp. 96,2 °C	Im «stick-lac»-Wachs (aus *Tachardia lacca*) und anderen Naturwachsen
		Einfach ungesättigte, unverzweigte Monocarbonsäuren		
Acrylsäure (Propensäure)	$C_3H_4O_2$ 72,06	$CH_2{=}CH{\cdot}COOH$	Smp. 13 °C Sdp. 141 °C d^{16} 1,062 n_D^{20} 1,4224	
Crotonsäure (α-Crotonsäure, trans-Butensäure)	$C_4H_6O_2$ 86,09	$CH_3{\cdot}CH{=}HC{\cdot}COOH$	Smp. 72 °C Sdp. 189 °C d^{72} 0,973 $n_D^{79,7}$ 1,4228	Bestandteil des Crotonöls (aus den Samen von *Croton tiglium*)
Isocrotonsäure (β-Crotonsäure, cis-Butensäure)	$C_4H_6O_2$ 86,09	$HC{\cdot}CH_3{=}HC{\cdot}COOH$	Smp. 15,5 °C Sdp. 169 °C d^{15} 1,0312 n_D^{20} 1,4457	Isomerisiert rasch zu trans-Crotonsäure
Δ²-Hexensäure	$C_6H_{10}O_2$ 114,15	$CH_3{\cdot}(CH_2)_2{\cdot}CH{=}CH{\cdot}COOH$	Smp. 32 °C Sdp. 217 °C d^{40} 0,9627 n_D^{40} 1,4601	Im japanischen Pfefferminzöl
Obtusilsäure (Δ⁴-Decensäure)	$C_{10}H_{18}O_2$ 170,25	$CH_3{\cdot}(CH_2)_4{\cdot}CH{=}CH{\cdot}(CH_2)_2{\cdot}COOH$	Sdp. 148–150 °C/13 d^{20} 0,9197 n_D^{20} 1,4497	Im Samenfett von *Lindera obtusiloba*
Δ⁹-Decensäure	$C_{10}H_{18}O_2$ 170,25	$CH_2{=}CH{\cdot}(CH_2)_7{\cdot}COOH$	Sdp. 143–148 °C/15 d^{15} 0,9238 n_D^{20} 1,4488	In Butter und Milchfetten und im Walratöl des Pottwals
Lindersäure (Δ⁴-Dodecensäure)	$C_{12}H_{22}O_2$ 198,31	$CH_3{\cdot}(CH_2)_6{\cdot}CH{=}CH{\cdot}(CH_2)_2{\cdot}COOH$	Smp. 1–1,3 °C Sdp. 170–172 °C/13 d^{20} 0,9081 n_D^{20} 1,4529	In verschiedenen Samenölen, zum Beispiel in *Lindera obtusiloba*
Lauroleinsäure (Δ⁵-Dodecensäure)	$C_{12}H_{22}O_2$ 198,31	$CH_3{\cdot}(CH_2)_5{\cdot}CH{=}CH{\cdot}(CH_2)_3{\cdot}COOH$	d^{15} 0,9130 n_D^{15} 1,4535	Im Fett und Walratöl des Pottwals
Δ⁹-Dodecensäure	$C_{12}H_{22}O_2$ 198,31	$CH_3{\cdot}CH_2{\cdot}CH{=}CH{\cdot}(CH_2)_7{\cdot}COOH$	–	Im Milchfett des Rindes
Tsuzusäure (Δ⁴-Tetradecensäure)	$C_{14}H_{26}O_2$ 226,36	$CH_3{\cdot}(CH_2)_8{\cdot}CH{=}CH{\cdot}(CH_2)_2{\cdot}COOH$	Smp. 18–18,5 °C Sdp. 185–188 °C/13 d^{20} 0,9024 n_D^{20} 1,4557	In verschiedenen tropischen Pflanzenölen, besonders im Tsuzuöl
Physetersäure (Δ⁵-Tetradecensäure)	$C_{14}H_{26}O_2$ 226,36	$CH_3{\cdot}(CH_2)_7{\cdot}CH{=}CH{\cdot}(CH_2)_3{\cdot}COOH$	d^{20} 0,9046 n_D^{20} 1,4552	Im Walfett und Sardinenöl
Myristoleinsäure (Δ⁹-Tetradecensäure)	$C_{14}H_{26}O_2$ 226,36	$CH_3{\cdot}(CH_2)_3{\cdot}CH{=}CH{\cdot}(CH_2)_7{\cdot}COOH$	d^{20} 0,9018 n_D^{20} 1,4549	Im Milch-, Depot- und Leberfett vieler Tiere
Palmitoleinsäure (Δ⁹-Hexadecensäure)	$C_{16}H_{30}O_2$ 254,42	$CH_3{\cdot}(CH_2)_5{\cdot}CH{=}CH{\cdot}(CH_2)_7{\cdot}COOH$	Smp. 1 °C Sdp. 218–220 °C d^{15} 0,9003	Weit verbreitet. In Fischtranen (15–20% der Gesamtfettsäuren), im Depot- und Milchfett der Tiere, in Pflanzenölen und -fetten

Tabelle 19 Fettsäuren *(Fortsetzung)*

Name	Formel und Molgewicht	Struktur	Physikalische Eigenschaften	Bemerkungen (Literatur siehe S. 367)
Petroselinsäure (cis-Δ^6-Octadecensäure)	$C_{18}H_{34}O_2$ 282,47	$CH_3{\cdot}(CH_2)_{10}{\cdot}CH{=}CH{\cdot}(CH_2)_4{\cdot}COOH$	Smp. 32–33 °C Sdp. 208–210 °C/10 d^{35} 0,882 4 n_D^{47} 1,453 5	In den Samen vieler Gewürzpflanzen (Petersilie, Sellerie usw.) und in den Fetten einiger Umbelliferen
Ölsäure (cis-Δ^9-Octadecensäure)	$C_{18}H_{34}O_2$ 282,47	$CH{\cdot}(CH_2)_7{\cdot}COOH$ ‖ $CH{\cdot}(CH_2)_7{\cdot}CH_3$	Smp. 13 °C Sdp. 286 °C/100 d^{20} 0,895 n_D^{20} 1,458 23	Am weitesten verbreitete ungesättigte Fettsäure. In fast allen natürlichen Fetten (ein Drittel der Fettsäuren von Kuhmilch; Phosphatide). Spurenweise im menschlichen Harn
Elaidinsäure (trans-Δ^9-Octadecensäure)	$C_{18}H_{34}O_2$ 282,47	$CH_3{\cdot}(CH_2)_7{\cdot}CH$ ‖ $CH{\cdot}(CH_2)_7{\cdot}COOH$	Smp. 44–45 °C Sdp. 288 °C/100 d^{79} 0,851 n_D^{70} 1,440 5	Durch Isomerisierung von Ölsäure
trans-Vaccensäure (trans-Δ^{11}-Octadecensäure)	$C_{18}H_{34}O_2$ 282,47	$CH_3{\cdot}(CH_2)_5{\cdot}CH$ ‖ $CH{\cdot}(CH_2)_9{\cdot}COOH$	Smp. 42,5 °C d^{70} 0,856 0 n_D^{60} 1,443 9	In vielen Tierfetten und Pflanzenölen
cis-Vaccensäure (cis-Δ^{11}-Octadecensäure)	$C_{18}H_{34}O_2$ 282,47	$CH{\cdot}(CH_2)_9{\cdot}COOH$ ‖ $CH{\cdot}(CH_2)_5{\cdot}CH_3$	Smp. 12,4–13 °C	Ist mit der in Plasma und verschiedenen tierischen Geweben gefundenen hämolytischen Säure identisch[1]. Vorhanden auch in *Lactobacillus*-Gattungen[2]
Δ^{12}-Octadecensäure	$C_{18}H_{34}O_2$ 282,47	$CH_3{\cdot}(CH_2)_4{\cdot}CH{=}CH{\cdot}(CH_2)_{10}{\cdot}COOH$	–	Im teilweise hydrierten Erdnußöl
Gadoleinsäure (Δ^9-Eicosensäure)	$C_{20}H_{38}O_2$ 310,52	$CH_3{\cdot}(CH_2)_9{\cdot}CH{=}CH{\cdot}(CH_2)_7{\cdot}COOH$	Smp. 24,5 °C	In der cis- und trans-Form. In vielen Fisch- und Meertierölen, in Pflanzenölen und Gehirnphosphatiden
Δ^{11}-Eicosensäure	$C_{20}H_{38}O_2$ 310,52	$CH_3{\cdot}(CH_2)_7{\cdot}CH{=}CH{\cdot}(CH_2)_9{\cdot}COOH$	Smp. cis 22 °C trans 52–53 °C	Grundsäure der «Jojoba-Nüsse», im Samenöl der *Conringia orientalis*, in Senfsamen-, Rüb- und Fischölen
Cetoleinsäure (Δ^{11}-Docosensäure)	$C_{22}H_{42}O_2$ 338,58	$CH_3{\cdot}(CH_2)_9{\cdot}CH{=}CH{\cdot}(CH_2)_9{\cdot}COOH$	Smp. 32–33 °C	In verschiedenen Fischtranen
Erucasäure (cis-Δ^{13}-Docosensäure)	$C_{22}H_{42}O_2$ 338,58	$CH{\cdot}(CH_2)_{11}{\cdot}COOH$ ‖ $CH{\cdot}(CH_2)_7{\cdot}CH_3$	Smp. 33,5 °C Sdp. 281 °C/30 d^{55} 0,860 n_D^{64} 1,448 0	In Samenölen, besonders im Rüböl
Brassidinsäure (trans-Δ^{13}-Docosensäure)	$C_{22}H_{42}O_2$ 338,58	$CH_3{\cdot}(CH_2)_7{\cdot}CH$ ‖ $CH{\cdot}(CH_2)_{11}{\cdot}COOH$	Smp. 61,5 °C Sdp. 282 °C/30 d^{57} 0,858 5 n_D^{100} 1,434 7	Durch Isomerisierung von Erucasäure
Selacholeinsäure (Nervonsäure, cis-Δ^{15}-Tetracosensäure)	$C_{24}H_{46}O_2$ 366,63	$CH{\cdot}(CH_2)_{13}{\cdot}COOH$ ‖ $CH{\cdot}(CH_2)_7{\cdot}CH_3$	Smp. 40,5–41 °C n_D^{46} 1,453 5	In den Leberölen der Selachier, in Gehirncerebrosiden (Nervon) und Sphingomyelinen[3]
«Ximenic acid» (Δ^{17}-Hexacosensäure)	$C_{26}H_{50}O_2$ 394,69	$CH_3{\cdot}(CH_2)_7{\cdot}CH{=}CH{\cdot}(CH_2)_{15}{\cdot}COOH$	Smp. 45 °C	In *Ximenia americana* (tallow-wood). Eine Hexacosensäure wurde mit Nervonsäure in den Gehirncerebrosiden gefunden

Tabelle 19 Fettsäuren *(Fortsetzung)*

Name	Formel und Molgewicht	Struktur	Physikalische Eigenschaften	Bemerkungen
		Mehrfach ungesättigte, unverzweigte Monocarbonsäuren		
Sorbinsäure ($\Delta^{2,4}$-Hexadiensäure)	$C_6H_8O_2$ 112,13	$CH_3 \cdot CH=CH \cdot CH=CH \cdot COOH$	Smp. 134,5 °C Sdp. 228 °C (Zersetzung)	Als Lacton im Öl unreifer Vogelbeeren
Linolsäure (cis-cis-$\Delta^{9,12}$-Octadecadiensäure)	$C_{18}H_{32}O_2$ 280,45	$CH_3 \cdot (CH_2)_4 \cdot CH$ ‖ $CH \cdot CH_2 \cdot CH$ ‖ $CH \cdot (CH_2)_7 \cdot COOH$	Smp. -11 (-5) °C Sdp. 230 °C/16 d^{20} 0,902 5 n_D^{20} 1,469 9	Weit verbreitet in Pflanzen, besonders im Lein-, Hanf- und Baumwollsamenöl. Auch in Lipiden der Tiere (Bestandteil der Phosphatide usw.). Essentielle Fettsäure
Hiragonsäure ($\Delta^{6,10,14}$-Hexadecatriensäure)	$C_{16}H_{26}O_2$ 250,38	$CH \cdot (CH_2)_2 \cdot CH=CH \cdot CH_3$ ‖ $CH \cdot (CH_2)_2 \cdot CH=CH \cdot (CH_2)_4 \cdot COOH$	d^{20} 0,928 8 n_D^{20} 1,485 5	Im Sardinenöl
α-Eläostearinsäure (cis-$\Delta^{9,11,13}$-Octadecatriensäure)	$C_{18}H_{30}O_2$ 278,44	$CH_3 \cdot (CH_2)_3 \cdot (CH=CH)_3 \cdot (CH_2)_7 \cdot COOH$ (für α- und β-Form)	Smp. 48 °C Sdp. 235 °C/12 d^{56} 0,898 0 n_D^{56} 1,508 0	In Pflanzenölen, besonders im Chinaholzöl (Tungöl)
β-Eläostearinsäure (trans-$\Delta^{9,11,13}$-Octadecatriensäure)	$C_{18}H_{30}O_2$ 278,44		Smp. 71 °C d^{80} 0,883 9 n_D^{74} 1,500 0	Aus α-Eläostearinsäure durch Belichten, Erhitzen und mit Hilfe von chemischen Reagenzien
Linolensäure ($\Delta^{9,12,15}$-Octadecatriensäure)	$C_{18}H_{30}O_2$ 278,44	$CH \cdot CH_2 \cdot CH=CH \cdot CH_2 \cdot CH_3$ ‖ $CH \cdot CH_2 \cdot CH=CH \cdot (CH_2)_7 \cdot COOH$	Smp. $-11{,}2 \rightarrow -11$ °C Sdp. 230–232 °C/17 d^{20} 0,904 6 n_D^{20} 1,478 0	In vielen Pflanzenölen, besonders in trocknenden Ölen, wie zum Beispiel Leinöl. Spurenweise auch in Tierfetten (Phosphatide)
Stearidonsäure (Moroctsäure, $\Delta^{4,8,12,15}$-Octadecatetraensäure)	$C_{18}H_{28}O_2$ 276,42	$CH_3 \cdot CH_2 \cdot CH=CH \cdot CH_2 \cdot CH$ ‖ $CH \cdot (CH_2)_2 \cdot CH=CH \cdot (CH_2)_2 \cdot CH$ ‖ $CH \cdot (CH_2)_2 \cdot COOH$	d^{20} 0,929 7 n_D^{20} 1,491 1	In Fischölen. Die Stellung der Doppelbindung ist nicht bestätigt
«Timnodonic acid» ($\Delta^{4,8,12,15,18}$-Eicosapentaensäure)	$C_{20}H_{30}O_2$ 302,46	$CH_3 \cdot CH=CH \cdot CH_2 \cdot CH=CH$ | $CH \cdot (CH_2)_2 \cdot CH=CH \cdot CH_2$ ‖ $CH \cdot (CH_2)_2 \cdot CH=CH \cdot (CH_2)_2 \cdot COOH$	–	Im Sardinenöl, Lebertran, Tran und Öl von *Squalus sucklei*
Arachidonsäure ($\Delta^{5,8,11,14}$-Eicosatetraensäure)	$C_{20}H_{32}O_2$ 304,48	$CH_3 \cdot (CH_2)_4 \cdot CH=CH \cdot CH_2 \cdot CH$ ‖ $CH \cdot CH_2 \cdot CH=CH \cdot CH_2 \cdot CH$ ‖ $CH \cdot (CH_2)_3 \cdot COOH$	Smp. $-49{,}5$ °C n_D^{20} 1,848 2	In Tierlipiden (Leber, Phosphatide). Essentielle Fettsäure, die im tierischen Organismus aus der mit der Nahrung aufgenommenen Linolsäure aufgebaut wird
Clupanodonsäure ($\Delta^{4,8,12,15,19}$-Docosapentaensäure)	$C_{22}H_{34}O_2$ 330,52	$CH_3 \cdot CH_2 \cdot CH=CH \cdot (CH_2)_2 \cdot CH$ ‖ $CH \cdot (CH_2)_2 \cdot CH=CH \cdot CH_2 \cdot CH$ ‖ $CH \cdot (CH_2)_2 \cdot CH=CH \cdot (CH_2)_2 \cdot COOH$	Smp. < -78 °C Sdp. 236 °C/5 d^{20} 0,929 0 n_D^{20} 1,486 8	In Fischölen
«Nisinic acid» ($\Delta^{4,8,12,15,18,21}$-Tetracosahexaensäure)	$C_{24}H_{36}O_2$ 356,55	$CH_3 \cdot CH_2 \cdot CH=CH \cdot CH_2 \cdot CH=CH \cdot CH_2$ | $CH \cdot (CH_2)_2 \cdot CH=CH \cdot CH_2 \cdot CH=CH$ ‖ $CH \cdot (CH_2)_2 \cdot CH=CH \cdot (CH_2)_2 \cdot COOH$	–	Im Thunfischöl
«Thynnic acid» ($\Delta^{?}$-Hexacosahexaensäure)	$C_{26}H_{40}O_2$ 384,61	–	d^{20} 0,943 3 n_D^{20} 1,502 2	Im Thunfischöl

Tabelle 19 Fettsäuren *(Fortsetzung)*

Name	Formel und Molgewicht	Struktur	Physikalische Eigenschaften	Bemerkungen (Literatur siehe S. 367)
		Unverzweigte Monocarbonsäuren mit einer Dreifachbindung		
Taririnsäure (6-Stearolsäure, Octadecin-[6]-säure)	$C_{18}H_{32}O_2$ 280,45	$CH_3\cdot(CH_2)_{10}\cdot C{\equiv}C\cdot(CH_2)_4\cdot COOH$	Smp. 50,5 °C	Im Fett von *Picramnia*-Arten (Tariri) («bitter-bush oil»)
Stearolsäure (Octadecin-[9]-säure)	$C_{18}H_{32}O_2$ 280,45	$CH_3\cdot(CH_2)_7\cdot C{\equiv}C\cdot(CH_2)_7\cdot COOH$	Smp. 48,5 °C Sdp. 260 °C	Durch Oxydation von Öl- oder Elaidinsäure
Behenolsäure (Docosin-[13]-säure)	$C_{22}H_{40}O_2$ 336,56	$CH_3\cdot(CH_2)_7\cdot C{\equiv}C\cdot(CH_2)_{11}\cdot COOH$	Smp. 57,5 °C	Durch Oxydation von Eruca- oder Brassidinsäure
		Verzweigte Monocarbonsäuren		
Isobuttersäure (2-Methylpropansäure)	$C_4H_8O_2$ 88,11	$(CH_3)_2CH\cdot COOH$	Smp. – 47 °C Sdp. 154,4 °C d^{20} 0,949 n_D^{20} 1,393	Frei im Johannisbrot (*Ceratonia siliqua*), als Äthylester im Crotonöl. Auch in Fäzes und als Endprodukt des enzymatischen Abbaus von Proteinen. Zwischenprodukt im Stoffwechsel des Valins (siehe S. 392)
Isovaleriansäure (3-Methylbutansäure)	$C_5H_{10}O_2$ 102,13	$(CH_3)_2CH\cdot CH_2\cdot COOH$	Smp. – 51 °C Sdp. 176,7 °C d^{15} 0,937 $n_D^{22,4}$ 1,501 78	In Baldrianwurzel, Tabakblättern, ätherischen Ölen, im Depotfett der Delphine und Tümmler, als Glycerid in den Fäzes des Menschen. Entsteht aus Leucin beim bakteriellen Abbau von Proteinen. Zwischenprodukt im Stoffwechsel des Leucins (siehe S. 392)
Tiglinsäure (cis-2-Methyl-Δ^2-butensäure)	$C_5H_8O_2$ 100,12	$CH_3\cdot CH{=}C(CH_3)\cdot COOH$	Smp. 64,5 °C Sdp. 198,5 °C d^{76} 0,964 n_D^{81} 1,434 2	Im Crotonöl (Glycerid), im Römisch-Kamillen-Öl (Ester) und in Geraniumölen. Zwischenprodukt im Stoffwechsel des Isoleucins (siehe S. 392)
Isomyristinsäure (13-Methyltridecansäure)	$C_{14}H_{28}O_2$ 228,38	$CH_3\cdot CH(CH_3)\cdot(CH_2)_{10}\cdot COOH$	Smp. 51 °C	Kommt mit andern geradzahligen Isosäuren von $C_{10:br}$ bis $C_{28:br}$ als Ester in Wollwachsen vor[4]
Anteisomargarinsäure (14-Methylhexadecansäure)	$C_{17}H_{34}O_2$ 270,46	$CH_3\cdot CH_2\cdot CH(CH_3)\cdot(CH_2)_{12}\cdot COOH$	Smp. 36,8 °C $[\alpha]_D$ + 5,2 °	Kommt mit andern ungeradzahligen Anteisosäuren von $C_{9:br}$ bis $C_{31:br}$ als Ester in Wollwachsen vor[4]
Tuberculostearinsäure (D-[–]-10-Methyloctadecansäure)	$C_{19}H_{38}O_2$ 298,51	$CH_3\cdot(CH_2)_7\cdot CH(CH_3)\cdot(CH_2)_8\cdot COOH$	Smp. 12,5–12,9 (23,5–25,8) °C Sdp. 180 °C/0,1 d^{24} 0,877 1 n_D^{25} 1,451 2 $[\alpha]_D^{19}$ – 0,08 °	Frei in den Lipiden der Tuberkelbazillen und im *Mycobacterium leprae*[5]
Phytansäure (3,7,11,15-Tetramethylhexadecansäure)	$C_{20}H_{40}O_2$ 312,54	$CH_3\cdot CH(CH_3)\cdot(CH_2)_3\cdot CH(CH_3)\cdot(CH_2)_3\cdot CH(CH_3)\cdot(CH_2)_3\cdot CH(CH_3)\cdot CH_2\cdot COOH$	Smp. – 6 → – 7 °C	Spurenweise in tierischen Fetten, Butter, auch im Blutserum (Gehalt erhöht beim Refsum-Syndrom)[6]

Tabelle 19 Fettsäuren *(Schluß)*

Name	Formel und Molgewicht	Struktur	Physikalische Eigenschaften	Bemerkungen
Mycolipensäure ([+]-2,4,6-Trimethyltetracosen-2-säure)	$C_{27}H_{52}O_2$ 408,71	$CH_3\cdot(CH_2)_{17}\cdot CH\cdot CH_2\cdot CH\cdot CH{=}C\cdot COOH$ $CH_3 \quad CH_3 \quad CH_3$	–	Eine der 3 Phthiensäuren der Tuberkelbazillen[7]
Mycoceransäure	$C_{32}H_{64}O_2$ 480,87	$CH_3\cdot(CH_2)_{22}\cdot CH\cdot CH_2\cdot CH\cdot CH_2\cdot CH\cdot COOH$ $CH_3 \quad CH_3 \quad CH_3$	–	In den Lipiden der Tuberkelbazillen[7]
		Hydroxysäuren		
α-Hydroxymyristinsäure (2-Hydroxytetradecansäure)	$C_{14}H_{28}O_3$ 244,38	$CH_3\cdot(CH_2)_{11}\cdot CH(OH)\cdot COOH$	Smp. 81–82 °C	Kommt als Ester in Wollwachsen vor[4]
α-Hydroxypalmitinsäure (2-Hydroxyhexadecansäure)	$C_{16}H_{32}O_3$ 272,43	$CH_3\cdot(CH_2)_{13}\cdot CH(OH)\cdot COOH$	Smp. 86 °C $[\alpha]_D$ – 1,0 °	Kommt als Ester in Wollwachsen vor[4]
α-Hydroxystearinsäure (2-Hydroxyoctadecansäure)	$C_{18}H_{36}O_3$ 300,49	$CH_3\cdot(CH_2)_{15}\cdot CH(OH)\cdot COOH$	Smp. 93 °C	In geringer Menge in Cerebrosiden des normalen menschlichen Gehirns
Ricinolsäure (cis-12-Hydroxy-Δ^9-octadecensäure)	$C_{18}H_{34}O_3$ 298,47	$CH\cdot CH_2\cdot CH(OH)\cdot(CH_2)_5\cdot CH_3$ ‖ $CH\cdot(CH_2)_7\cdot COOH$	Smp. 5; 7,7; 16 °C (3 Formen) Sdp. 250 °C/15 n_D^{20} 1,471 1 $[\alpha]_D^{20}$ + 7,8 °	Als Glycerid Hauptbestandteil des Ricinusöls
2-Hydroxytricosansäure	$C_{23}H_{46}O_3$ 370,62	$CH_3\cdot(CH_2)_{20}\cdot CH(OH)\cdot COOH$	–	Bestandteil der normalen Gehirncerebroside. Ungefähr 7 % der Gesamtfettsäuren der Gehirncerebroside
Cerebronsäure (Phrenosinsäure, 2-Hydroxytetracosansäure)	$C_{24}H_{48}O_3$ 384,65	$CH_3\cdot(CH_2)_{21}\cdot CH(OH)\cdot COOH$	Smp. 90–93 (102) °C $[\alpha]_D^{22}$ + 3,33 °	Bestandteil des Cerebrosids Phrenosin (Cerebron). Ungefähr 15 % der Gesamtfettsäuren der Gehirncerebroside[8]
2-Hydroxynervonsäure (2-Hydroxy-Δ^{15}-tetracosensäure)	$C_{24}H_{46}O_3$ 382,63	$CH_3\cdot(CH_2)_7\cdot CH{=}CH\cdot(CH_2)_{12}\cdot CH(OH)\cdot COOH$	Smp. 65 °C $[\alpha]_D^{20}$ + 2,87 °	Bestandteil des Cerebrosids Hydroxynervon (an dessen Aufbau auch die isomere Δ_{17}-Säure beteiligt ist). Ungefähr 12 % der Gesamtfettsäuren der Gehirncerebroside

Literatur

[1] Laser, H., *J. Physiol. (Lond.)*, **110**, 338 (1949); Morton und Todd, *Biochem. J.*, **47**, 327 (1950).
[2] Bounds et al., *J. chem. Soc.*, **1954**, 448.
[3] Hofmann und Sax, *J. biol. Chem.*, **205**, 55 (1953).
[4] Truter, E. V., *Quart. Rev. chem. Soc. Lond.*, **5**, 390 (1951).
[5] Schmidt und Shirley, *J. Amer. chem. Soc.*, **71**, 3804 (1949); Linstead et al., *J. chem. Soc.*, **1951**, 1130.
[6] Klenk und Kahlke, *Hoppe-Seylers Z. physiol. Chem.*, **333**, 133 (1963); Avigan, J., *Biochim. biophys. Acta (Amst.)*, **116**, 391 (1966).
[7] Polgár, N., *J. chem. Soc.*, **1954**, 1008, 1011; Asselineau et al., *Acta chem. scand.*, **11**, 196 (1957); Lederer, E., *Angew. Chem.*, **72**, 372 (1960); Asselineau, J., in: Rauen, H. M. (Hrsg.), *Biochemisches Taschenbuch*, 2. Aufl., 1. Teil, Springer, Berlin, 1964, S. 258.
[8] Chibnall et al., *Biochem. J.*, **55**, 707 (1953); Mislow und Bleicher, *J. Amer. chem. Soc.*, **76**, 2825 (1954).

Fettsäuren

Fettsäuren sind aliphatische Monocarbonsäuren, R·COOH, wobei der Rest R gesättigt oder ungesättigt, verzweigt oder unverzweigt sein kann, manchmal Hydroxylgruppen und in seltenen Fällen auch Keto- oder Fluorgruppen, zyklische oder Acetylenbindungen enthält[1]. Unverzweigte Fettsäuren kommen viel häufiger vor als verzweigte, die sich nur spurenweise in vielen Fetten, in größeren Mengen jedoch im Wollwachs und in den Lipiden von Mykobakterien finden. Die Tatsache, daß Fettsäuren mit gerader Zahl von Kohlenstoffatomen viel häufiger sind als jene mit ungerader Zahl, stimmt mit der Annahme überein, daß die Biosynthese der Fettsäuren durch Kondensation von Zweikohlenstoffeinheiten (Acetat) mit anderen Zweikohlenstoffeinheiten oder mit größeren Einheiten erfolgt, die ihrerseits aus Zweikohlenstoffeinheiten aufgebaut sind[2]. Die Eigenschaften der wichtigsten in Lipiden auftretenden Fettsäuren sind in Tabelle 19 auf den Seiten 361–367 zusammengestellt.

Die Formel für Fettsäuren wird oft in Form von $C_{x:y}$ gegeben, wobei x die Gesamtzahl der Kohlenstoffatome und y die Anzahl Doppelbindungen angibt. C_{16} ist also Palmitinsäure, $C_{18:1}$ Ölsäure oder eine ihrer Isomeren. Ist die Kette verzweigt, so wird im englischen Sprachgebrauch die Formel zum Beispiel für Isobuttersäure $C_{4:br}$ geschrieben (br = «branched»).

Die natürlich vorkommenden, ungesättigten Fettsäuren haben die Konfiguration des cis-Isomeren, obwohl in Spuren auch trans-Isomere nachgewiesen werden konnten, so zum Beispiel Elaidinsäure (trans-Isomeres der Ölsäure) und Vaccensäure (trans-11-Octadecensäure). Die cis-trans-Isomerie ist für das Beispiel von Öl- und Elaidinsäure dargestellt:

$$\begin{array}{l} CH\cdot(CH_2)_7\cdot COOH \\ \| \\ CH\cdot(CH_2)_7\cdot CH_3 \end{array} \qquad \begin{array}{r} CH\cdot(CH_2)_7\cdot COOH \\ \| \\ CH_3\cdot(CH_2)_7\cdot CH \end{array}$$

Ölsäure (cis) — Elaidinsäure (trans)

Ungesättigte Fettsäuren mit mehr als einer Doppelbindung (Polyensäuren) spielen bei der tierischen Ernährung eine wichtige Rolle, da einige derselben offenbar nicht mit der den Wachstumsanforderungen entsprechenden Geschwindigkeit synthetisiert werden können und deshalb mit der Nahrung aufgenommen werden müssen. Die wichtigsten dieser sogenannten «essentiellen Fettsäuren» sind cis-cis-Linol- und Arachidonsäure, die beide imstande sind, das durch fettsäurefreie Diät verursachte Fettmangelsyndrom entweder zu heilen oder am Entstehen zu verhindern (siehe auch S. 489).

Prostaglandine[3]

Die Prostaglandine (siehe Tabelle 19a, S. 369) sind ungesättigte Fettsäuren besonderer Art mit hoher physiologischer Aktivität (blutdrucksenkend; glatte Muskulatur anregend, wie beispielsweise Uterus und Darm; hemmende Wirkung auf die Abgabe von Fettsäuren aus Fettgewebe, das durch Adrenalin oder Glucagon stimuliert worden ist). Die Prostaglandine wurden zuerst durch von Euler[4] in Sperma gefunden, sind jedoch im tierischen Organismus stark verbreitet. Sie werden enzymatisch aus langkettigen ungesättigten Fettsäuren gebildet, beispielsweise aus Arachidonsäure, und haben alle einen 5gliedrigen Ring, 2 oder 3 Hydroxylgruppen und 1 trans-Doppelbindung in Δ^{13}-Stellung.

Fette (Triglyceride)[1]

Als *Fette* werden die aus den Triestern des Glycerins mit Fettsäuren bestehenden Lipide bezeichnet (Triglyceride). Diese sind bei Zimmertemperatur feste oder flüssige Verbindungen, wobei die letzteren oft auch (tierische oder pflanzliche) *Öle* genannt werden. Die meisten natürlich vorkommenden Fette enthalten wenigstens 5 und bis zu 12 und mehr verschiedene Fettsäuren. Chemisch gesehen, bestehen sie aus komplexen Mischungen gemischter Triglyceride von untenstehender Struktur, die sich durch alkalische Hydrolyse (Verseifung) in die Alkalisalze der Fettsäuren (Seifen) und Glycerin spalten lassen:

$$\begin{array}{l} CH_2\cdot O\cdot CO\cdot R \\ | \\ CH\cdot O\cdot CO\cdot R' \\ | \\ CH_2\cdot O\cdot CO\cdot R'' \end{array} + 3\,KOH \longrightarrow \begin{array}{l} CH_2\cdot OH \\ | \\ CH\cdot OH \\ | \\ CH_2\cdot OH \end{array} + \begin{array}{c} R\cdot COOK \\ + \\ R'\cdot COOK \\ + \\ R''\cdot COOK \end{array}$$

Gemischtes Triglycerid — Glycerin — Salz der Fettsäuren

Die natürlichen Fette zeigen die Tendenz, in der Zusammensetzung der sie aufbauenden Triglyceride eine größtmögliche Heterogenität auszubilden.

Die Fettsäuren der meisten natürlich vorkommenden Fette bestehen aus Mischungen von gesättigten und ungesättigten Säuren. Im allgemeinen steigt der Schmelzpunkt eines Fettes mit dem Anteil an gesättigten Säuren.

Die Fettsäurenzusammensetzung des Depotfetts von Landsäugetieren ist gekennzeichnet durch ein Vorherrschen von Ölsäure und Palmitinsäure, bei manchen Spezies (zum Beispiel bei Ochse und Schaf) auch von Stearinsäure. Zusammensetzung des menschlichen Depotfetts (in Gewichtsprozenten): Ölsäure 45, Palmitinsäure 25, Linolsäure 8, Palmitoleinsäure 7, Stearinsäure 6. Im Milchfett der Landsäugetiere verschiebt sich dieses Verhältnis zugunsten kürzerkettig gesättigter Fettsäuren (C_{12} bis C_4, Buttersäure). Die Fette von Wassertieren enthalten in der Hauptsache höher ungesättigte Fettsäuren (C_{16} bis C_{22}), gewöhnlich zusammen mit 10–18% Palmitinsäure.

Pflanzenöle sind oft reich an den ungesättigten C_{18}-Säuren Ölsäure ($C_{18:1}$), Linolsäure ($C_{18:2}$) und Linolensäure ($C_{18:3}$). Palmsamenöle enthalten viel gesättigte Fettsäuren niedrigeren Molgewichts (Kokosnußöl: 37–51% C_{12}, etwas C_{10} und C_8). Aus den *Myristicaceae* gewinnt man Myristinsäure (Muskatnußöl: 60–77% C_{14}).

In ein und demselben Gewebe der gleichen Tierart zeigen sich in der Fettzusammensetzung Unterschiede, wobei bekannt ist, daß diese mindestens teilweise von der Ernährung abhängig sind. Ein Beispiel dafür ist das weiche Schweineschmalz der mit Sojabohnenöl gemästeten Schweine.

Resorption und Speicherung der Fette

Die in den tierischen Organismus aufgenommenen Fette werden im Darm durch die Darm- und Pankreaslipasen hydrolysiert, nachdem sie zuvor durch die Gallensäuren emulgiert worden sind. Die entstehenden Fettsäuren und das Glycerin werden von der Darmschleimhaut resorbiert und dort wieder zu Triglyceriden verbunden[5]. Ungefähr 60% dieses neugebildeten Fettes gelangen durch die Lymphe in den venösen Kreislauf und werden in verschiedenen Geweben gespeichert (Depotfette). Der Rest wird zur Hauptsache dem Leberstoffwechsel zugeführt (siehe «Oxydativer Fettabbau», S. 387). Da das Fett eines bestimmten Gewebes gewöhnlich eine typische Triglyceridzusammensetzung aufweist, müssen die Fettsäuren der aufgenommenen Fette vor der Resynthese der Triglyceride umgewandelt werden. Wie oben erwähnt, können jedoch drastische Umstellungen im Nahrungsfett die Umwandlungskapazität des Organismus übersteigen und zu Veränderungen in der Depotfettzusammensetzung führen.

Die Hauptdepots für Fett im Körper liegen subkutan, intramuskulär, im Omentum und in der unmittelbaren Umgebung von Hohlorganen, wie Herz, Nieren, Mesenterium, Ovarien usw. Die Hauptfunktion der Depotfette ist die eines Energiespeichers, wozu sie besser geeignet sind als die Kohlenhydrate oder Proteine. Bei Warmblütern dient das subkutane Fett oft auch als lebenswichtige Isolation gegen Wärmeverluste. Fettgewebe schützt als Polster wichtige Organe gegen mechanische Insulte. Bei gewissen Arten, besonders bei einigen Meertieren, sind in den Energiespeichern die Triglyceride beinahe vollständig durch andere Lipide, zum Beispiel durch Wachse, ersetzt. Beim einzelnen Tier hängt die Menge des angelagerten Depotfetts vom Ernährungszustand und von anderen Faktoren ab. Es wird ununterbrochen verwendet und wieder ersetzt.

Neben dem Nahrungsfett werden auch im Organismus selbst gebildete Triglyceride gespeichert, deren Fettsäuren aus Kohlenhydraten, indirekt also aus Proteinen entstehen. Das Glycerin stammt in der Hauptsache aus der Glucose des Blutes.

Fette des Blutes. Die Fette werden im Kreislauf in Form kleinster Tröpfchen (*Chylomikronen*) von 1 μm oder weniger Durchmesser transportiert. Diese sind durch einen Proteinfilm (α- und β-Globuline) stabilisiert und können durch Zentrifugieren abgetrennt werden. Der Gehalt an Fett (und anderen Lipiden) im Blut (siehe S. 596) steigt nach einer fettreichen Mahlzeit an. Eine Hyperlipämie entsteht auch nach mehrtägigem Fasten, da die Erschöpfung der Glycogenreserven eine erhöhte Mobilisierung der Depotfette nach sich zieht. Alkoholgenuß wie auch die Aufnahme verschiedener Narkotika haben ein deutliches Ansteigen der Fette im Blut zur Folge. Im allgemeinen wird der Fett- und Lipidspiegel des Blutes von der Schilddrüse aus gesteuert. In seltenen Fällen tritt ein kongenital bedingter hoher Fettgehalt des Blutes auf (essentielle hereditäre Hyperlipämie; siehe den Abschnitt «Erbliche Stoffwechselkrankheiten», S. 452).

Tabelle 19a Prostaglandine[1]

Trivialname	Formel und Molgewicht	Chemische Bezeichnung	Struktur
Prostaglandin E_1	$C_{20}H_{34}O_5$ 354,49	11α,15-Dihydroxy-9-ketoprosten-(13)-säure	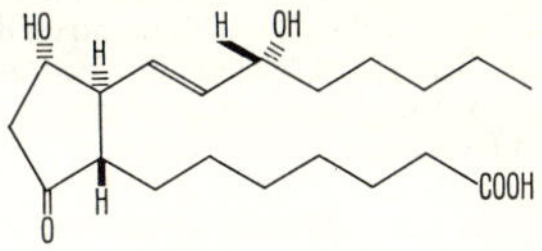
Prostaglandin E_2	$C_{20}H_{32}O_5$ 352,48	11α,15-Dihydroxy-9-ketoprostadien-(5,13)-säure	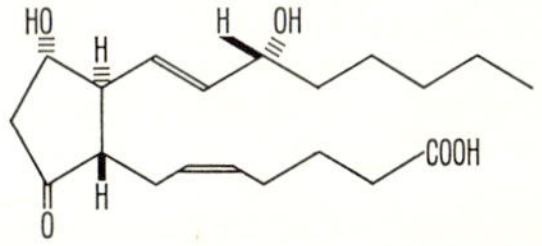
Prostaglandin E_3	$C_{20}H_{30}O_5$ 350,46	11α,15-Dihydroxy-9-ketoprostatrien-(5,13,17)-säure	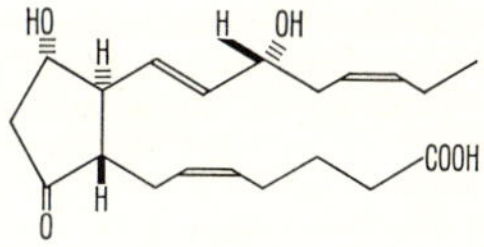
Prostaglandin $F_{1\alpha}$	$C_{20}H_{35}O_5$ 355,50	9α,11α,15-Trihydroxyprosten-(13)-säure	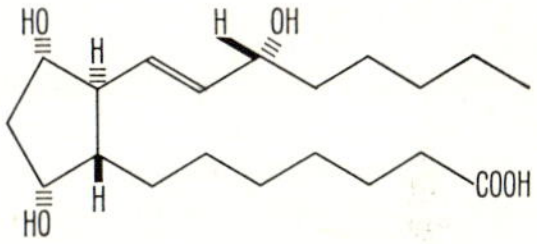
Prostaglandin $F_{2\alpha}$	$C_{20}H_{33}O_5$ 353,48	9α,11α,15-Trihydroxyprostadien-(5,13)-säure	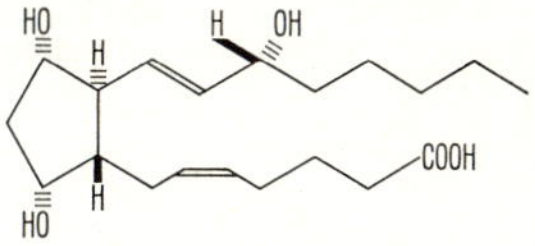
Prostaglandin $F_{3\alpha}$	$C_{20}H_{31}O_5$ 351,47	9α,11α,15-Trihydroxyprostatrien-(5,13,17)-säure	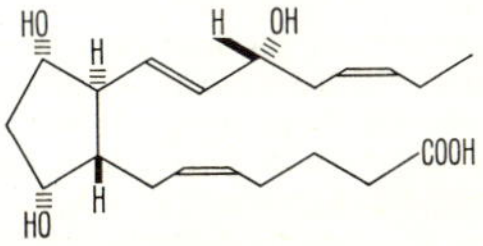

Literatur [1] Bergström und Samuelsson, *Ann. Rev. Biochem.*, **34**, 101 (1965).

Unverseifbare Anteile der Fette

Natürliche Fette enthalten *unverseifbare Bestandteile* in Konzentrationen von 0,1 bis 5%. Zum größten Teil bestehen diese aus Cholesterin und anderen Sterolen, Carotinoiden (mit Carotin verwandte Kohlenwasserstoffe; siehe S. 453) und den fettlöslichen Vitaminen (siehe S. 453–464). Wahrscheinlich kommen diese Verbindungen in den natürlichen Fetten wegen ihrer Fettlöslichkeit und Wasserunlöslichkeit vor. Viele Fette enthalten neben freien Sterolen auch Sterolester von Fettsäuren (siehe «Wachse», S. 372).

Squalen. Ein wichtiger unverseifbarer Bestandteil der tierischen Fette ist der Kohlenwasserstoff Squalen, $C_{30}H_{50}$:

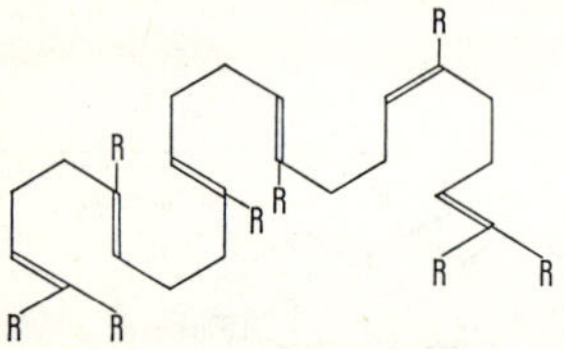

$(R = CH_3)$

Es kommt in den Lebertranen vieler Elasmobranchier, besonders der Haie (bis zu 57%), wie auch im Olivenöl, im Hefefett und in der menschlichen Haut vor. Seine Rolle als Vorstufe des Cholesterins in der Leber ist sichergestellt (siehe S. 422).

Alkoxydiglyceride

In den Lebertranen von Elasmobranchiern finden sich erhebliche Mengen verschiedener Verbindungen, die sich durch eine Ätherbindung von den Triglyceriden unterscheiden. Es sind dies Diglyceride, bei denen die dritte Hydroxylgruppe mit einem höheren aliphatischen Alkohol (R·OH) einen Äther bildet, so daß diese Verbindungen als Alkoxydiglyceride oder als Fettsäureester von Glyceryläthern bezeichnet werden können:

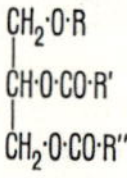

$$\begin{array}{l} CH_2{\cdot}O{\cdot}R \\ CH{\cdot}O{\cdot}CO{\cdot}R' \\ CH_2{\cdot}O{\cdot}CO{\cdot}R'' \end{array}$$

Alkoxydiglycerid

Der Lebertran von Rochen besteht beinahe ausschließlich aus solchen Verbindungen und enthält praktisch keine Triglyceride. Diglyceridäther von α,β-ungesättigten höheren aliphatischen Alkoholen finden sich in der Plasmalogenfraktion (siehe S. 371).

Glycoglyceride

Diese Verbindungen sind im ganzen Pflanzenreich verbreitet. Sie bestehen aus Glycerin, das mit zwei Fettsäuren verestert ist und das mit der dritten, primären Alkoholgruppe ein Glycosid, oft ein D-Galactopyranosid, bildet. Mono- und Digalactosyldiglyceride und ein Sulfonsäurederivat der Monogalactosylverbindung sind die Hauptlipide der Chloroplasten aller grünen Pflanzen.

Phospholipide

Allgemein ausgedrückt, sind die Phospholipide (Phosphatide) Fettsäureester, deren Alkoholkomponente eine Phosphatgruppe als wichtigen Bestandteil enthält. In diese Gruppe gehören vor allem die Glycerin enthaltenden Glycerophosphatide und die Sphingosin enthaltenden Sphingomyeline. Sie kommen in allen Organen, besonders aber in Gehirn und Nerven vor, fehlen jedoch bemerkenswerterweise in den Depotfetten. Sie beteiligen sich an sehr vielen Stoffwechselprozessen und können als eine Form der Fette angesehen werden, in welcher diese im Metabolismus umgesetzt oder durch den Organismus transportiert werden. Es steht fest, daß sie bei der Fettresorption im Darm, beim Transport und bei der Oxydation der Fettsäuren und bei der Verfettung der Leber beteiligt sind. Auch spielen sie als strukturelle Organbestandteile und bei der Blutkoagulation eine Rolle. Die Phospholipide werden im Organismus, besonders in der Leber und im Dünndarm, mit Leichtigkeit synthetisiert.

Glycerophosphatide

Die Glycerophosphatide kommen überall vor und bestehen aus α-Glycerophosphorsäure, die mit Fettsäuren oder anderen Komponenten oder mit beiden verestert ist.

Sowohl α- wie β-Glycerophosphorsäuren sind bekannt; es ist aber im Gegensatz zu den in den meisten Handbüchern vorhandenen Ausführungen heute zweifelhaft, daß β-Glycerophosphorsäure, β-Glycerophosphatide oder andere β-Derivate in der Natur vorkommen. Es konnte nämlich gezeigt werden[6], daß bei der Hydrolyse von Lecithinen (siehe S. 371) eine reversible Wanderung der Phosphatgruppe stattfindet, wobei Mischungen von α- und β-Glycerophosphorsäuren entstehen. Eine ähnliche Umwandlung geschieht wahrscheinlich auch während der Isolierung als Folge der chemischen Eingriffe. Man stellt sich die Wanderung der Phosphatgruppe wie folgt vor[7]:

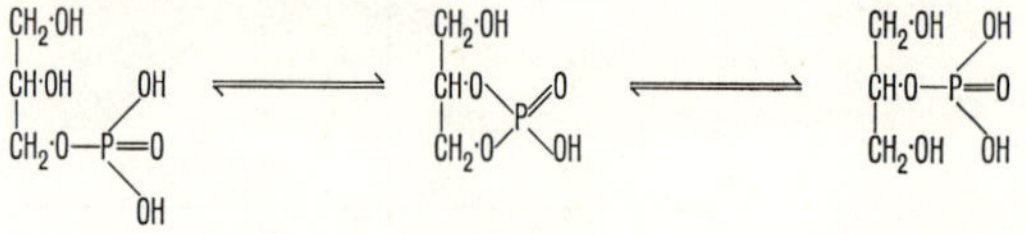

$$\begin{array}{l} CH_2{\cdot}OH \\ CH{\cdot}OH \\ CH_2{\cdot}O{-}P(=O)(OH)_2 \end{array} \rightleftharpoons \begin{array}{l} CH_2{\cdot}OH \\ CH{\cdot}O \\ CH_2{\cdot}O \end{array}\!\!\!>P(=O)OH \rightleftharpoons \begin{array}{l} CH_2{\cdot}OH \\ CH{\cdot}O{-}P(=O)(OH)_2 \\ CH_2{\cdot}OH \end{array}$$

α-Glycerophosphorsäure — 1,2-Glycerophosphorsäure — β-Glycerophosphorsäure

a) Phosphatidsäuren. Die Phosphatidsäuren sind die einfachsten, chemisch den Triglyceriden am nächsten stehenden Glycerophosphatide; sie leiten sich von der α-Glycerophosphorsäure durch Veresterung der zwei Hydroxylgruppen mit Fettsäuren ab. Anderseits können sie auch als Triglyceride betrachtet werden, in denen ein Fettsäurerest durch Phosphorsäure ersetzt ist:

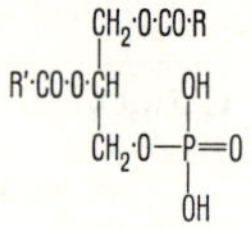

$$\begin{array}{l} CH_2{\cdot}O{\cdot}CO{\cdot}R \\ R'{\cdot}CO{\cdot}O{\cdot}CH \\ CH_2{\cdot}O{-}P(=O)(OH)_2 \end{array}$$

α-Phosphatidsäuren
(worin R·CO und R'·CO Fettsäurereste darstellen)

Phosphatidsäuren sind aus einer großen Anzahl von Pflanzengeweben isoliert worden, und auch ihr Vorkommen in tierischen Geweben ist nachgewiesen[8]. Es konnte gezeigt werden, daß sie im Organismus aus Fettsäuren, Glycerin und Adenosintriphosphat (ATP) entstehen[9].

Die in der Natur weit verbreitete Verbindung α-Phosphatidylglycerin besteht aus Glycerin, das mit Phosphatidsäure verestert ist[10].

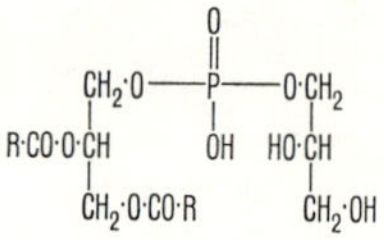

$$\begin{array}{l} CH_2{\cdot}O{-}P(=O)(OH){-}O{\cdot}CH_2 \\ R{\cdot}CO{\cdot}O{\cdot}CH \qquad\qquad HO{\cdot}CH \\ CH_2{\cdot}O{\cdot}CO{\cdot}R \qquad\qquad CH_2{\cdot}OH \end{array}$$

α-Phosphatidylglycerin

Das wichtige Phosphatidsäurederivat Cardiolipin spielt bei der WASSERMANNschen Reaktion eine Rolle. Diese zuerst aus Herzmuskel isolierte Verbindung besteht aus Glycerin, das in α- und α'-Stellung mit Phosphatidsäuren verestert ist[11].

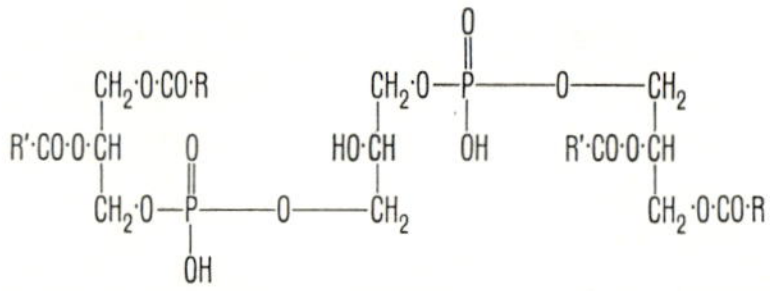

$$\begin{array}{lll} CH_2{\cdot}O{\cdot}CO{\cdot}R & CH_2{\cdot}O{-}P(=O)(OH){-}O{-}CH_2 & \\ R'{\cdot}CO{\cdot}O{\cdot}CH & HO{\cdot}CH & R'{\cdot}CO{\cdot}O{\cdot}CH \\ CH_2{\cdot}O{-}P(=O)(OH){-}O{-}CH_2 & & CH_2{\cdot}O{\cdot}CO{\cdot}R \end{array}$$

Cardiolipin

Die Fettsäuren des Cardiolipins sind beinahe ausschließlich Ölsäure und Linolsäure im Verhältnis 1:5. In *E. coli* kann diese Verbindung aus α-Phosphatidylglycerin gebildet werden[12].

b) Phosphatidsäureester. Diese Verbindungen sind Ester der Phosphatidsäuren mit den Alkoholen Äthanolamin, Cholin oder Serin:

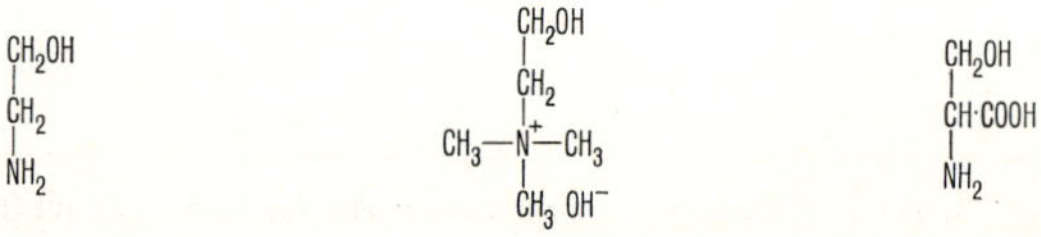

$$\begin{array}{l} CH_2OH \\ CH_2 \\ NH_2 \end{array} \qquad \begin{array}{c} CH_2OH \\ CH_2 \\ CH_3{-}\overset{+}{N}{-}CH_3 \\ CH_3 \;\; OH^- \end{array} \qquad \begin{array}{l} CH_2OH \\ CH{\cdot}COOH \\ NH_2 \end{array}$$

Äthanolamin — Cholin — Serin

Auf diese Weise entstehen drei Typen von Phosphatidylestern:

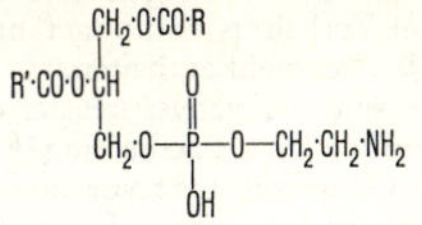

```
        CH2·O·CO·R
        |
R'·CO·O·CH      O
        |       ||
        CH2·O—P—O—CH2·CH2·NH2
                |
                OH
```

α-Phosphatidyläthanolamine (Cephaline)

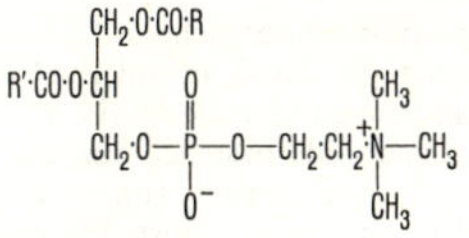

```
        CH2·O·CO·R
        |
R'·CO·O·CH     O           CH3
        |      ||          +|
        CH2·O—P—O—CH2·CH2·N—CH3
               |           |
               O⁻          CH3
```

α-Phosphatidylcholine (Lecithine)

```
        CH2·O·CO·R
        |
R'·CO·O·CH     O
        |      ||
        CH2·O—P—O—CH2·CH·NH2
               |      |
               OH     COOH
```

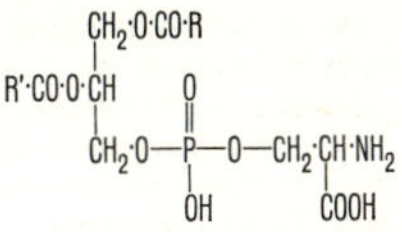

α-Phosphatidylserine

Die Bezeichnung «Cephalin» wurde ursprünglich für eine äthanolunlösliche, sowohl α-Phosphatidyläthanolamine als auch α-Phosphatidyl-L-serine enthaltende, aus Gehirn isolierte Lipidfraktion geprägt. Die Fettsäurereste der Cephaline sind vorwiegend solche der Öl- und Stearinsäure[13].

Von Lecithinen verschiedenster Herkunft konnte gezeigt werden, daß sie alle ein L-α-Glycerophosphorylcholingerüst haben, worin die Fettsäurereste die alleinigen Variablen darstellen[6]. Die langkettigen Fettsäuren (R·COOH und R′·COOH) sind die gleichen, die bei den Triglyceriden vorherrschen (Öl-, Palmitin-, Stearin- und Linolsäure). Auch die Arachidonsäure (eine Tetraensäure) konnte in einigen Lecithinen nachgewiesen werden.

Die Lecithine des Gehirns unterscheiden sich von denjenigen der anderen Organe durch ihren höheren Gehalt an hoch ungesättigten Fettsäuren mit einer Kettenlänge von über C_{20}. Die meisten Lecithine enthalten einen gesättigten und einen ungesättigten, manche aber auch entweder zwei gesättigte oder zwei ungesättigte Fettsäurereste[14].

Die Fettsäurenkomponente hat einen bemerkenswerten Einfluß auf die Löslichkeit der verschiedenen Lecithine in unpolaren Lösungsmitteln.

c) Lysophosphatide. Die Lysophosphatide bestehen aus partiell hydrolysierten Glycerophosphatiden (siehe S. 413). Schlangengifte enthalten ein Enzym, das selektiv nur eine der zwei Fettsäuren aus Lecithinen abspaltet, wobei Lysolecithine entstehen:

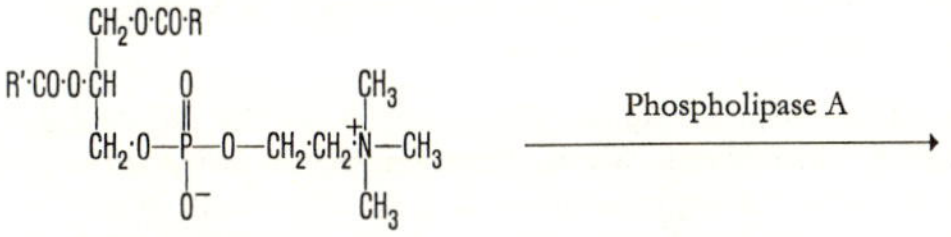

```
        CH2·O·CO·R
        |
R'·CO·O·CH     O           CH3
        |      ||          +|                Phospholipase A
        CH2·O—P—O—CH2·CH2·N—CH3          ————————————————————→
               |           |
               O⁻          CH3
```

α-Phosphatidylcholine (Lecithine)

```
     CH2·O·CO·R
     |
HO·CH     O           CH3                +  R'·COOH
     |    ||          +|
     CH2O—P—O—CH2·CH2·N—CH3
          |           |
          O⁻          CH3
```

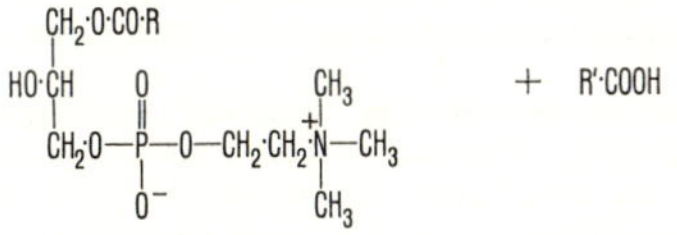

Lysolecithine — Fettsäure

d) α-Glycerophosphorylverbindungen ohne die beiden in den Phosphatidylestern vorhandenen Fettsäuren kommen in Geweben und Körperflüssigkeiten von Säugetieren vor[15]. Es sind dies α-Glycerophosphoryläthanolamin und α-Glycerophosphorylcholin:

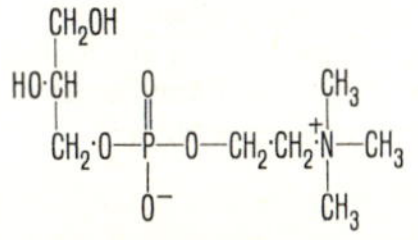

```
     CH2OH
     |
HO·CH     O           CH3
     |    ||          +|
     CH2·O—P—O—CH2·CH2·N—CH3
          |           |
          O⁻          CH3
```

α-Glycerophosphorylcholin

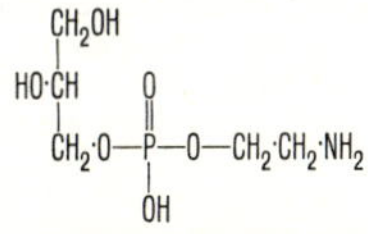

```
     CH2OH
     |
HO·CH     O
     |    ||
     CH2·O—P—O—CH2·CH2·NH2
          |
          OH
```

α-Glycerophosphoryläthanolamin

e) Inositphosphatide (Phosphatidylinositide)[16]. Es konnten mindestens drei verschiedene Inositide identifiziert werden. Die Unterscheidung war aufgrund der bei der Hydrolyse erhaltenen Inositderivate möglich. Der eine Typus, die den Glycerophosphatiden entsprechenden Phosphatidylinosite[17], kommt in Leber, Herz, Weizenkeimlingen, Sojabohnen vor und hat folgende Struktur:

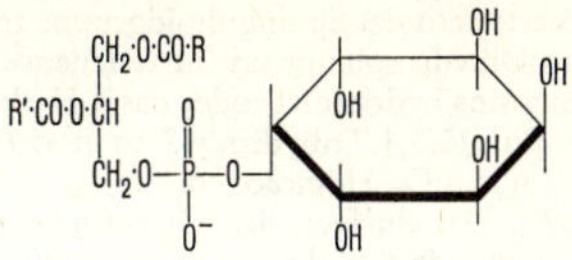

```
        CH2·O·CO·R                    (Inositring mit OH-Gruppen)
        |
R'·CO·O·CH     O
        |      ||
        CH2·O—P—O—
               |
               O⁻
```

α-Phosphatidylinosite

Di- und Triphosphoinositide haben eine analoge Struktur, wobei zusätzlich eine oder zwei Hydroxylgruppen des Inosits mit Phosphorsäure verestert sind[18].

Inositphosphatide sind wichtige aktive Stoffwechselkomponenten der Myelinscheide mit hoher Umsatzgeschwindigkeit. Sie sind an Neurokeratin und Peptide (Phosphatidopeptide) gebunden, die β-Alanin enthalten[18].

f) Acetalphosphatide (Plasmalogene). Diese Verbindungen sind den Phosphatidylestern nahe verwandt. Äthanolamin enthaltende Plasmalogene (Phosphatidaläthanolamin) sind in der Natur vorherrschend; in vielen Geweben kommen aber auch Verbindungen vor, in denen das Äthanolamin entweder durch Serin (Phosphatidalserin) oder Cholin (Phosphatidalcholin) ersetzt ist. Phosphatidaläthanolamin ist das wichtigste Äthanolamin enthaltende Lipid des Myelins.

Plasmalogene geben eine positive Aldehydreaktion, und die der Stearin- und Palmitinsäure entsprechenden Aldehyde konnten aus kristallisierten Acetalphosphatiden des Gehirns isoliert werden. Etwa 20 verschiedene Aldehyd bildende Ketten, von denen 25 bis 35% verzweigt sind, kommen in den Plasmalogenen vor[18]. Jedes Plasmalogenmolekül enthält zwei langkettige Alkylgruppen, wovon die eine in Esterbindung und die andere als Vinyläther vorliegt[19].

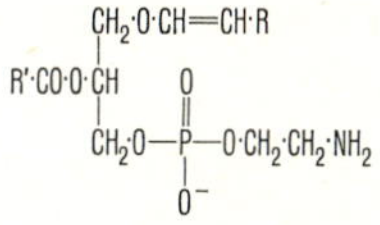

```
        CH2·O·CH═CH·R
        |
R'·CO·O·CH     O
        |      ||
        CH2O—P—O·CH2·CH2·NH2
               |
               O⁻
```

Acetalphosphatide (Plasmalogene)

Es wurde ein in malignen Tumoren vorkommendes Phospholipid beschrieben, das eine ausgesprochene Affinität zu Protoporphyrin III zeigt und aus Cholin, Spermin, Phosphorsäure und Fettsäure aufgebaut ist. Für dieses Phospholipid ist folgende Struktur angenommen worden[20]:

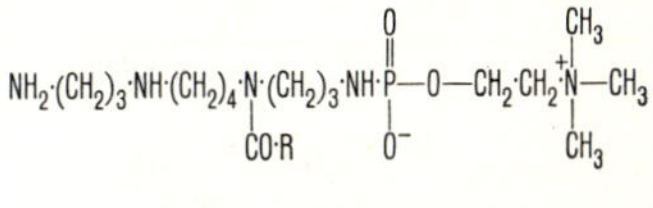

```
                                  O                CH3
                                  ||               +|
NH2·(CH2)3·NH·(CH2)4·N·(CH2)3·NH·P—O—CH2·CH2·N—CH3
                     |            |                |
                     CO·R         O⁻               CH3
```

g) Alkyllysophosphatidäther (Alkyloxylysophosphatide)[21]. Ist die α,β-Doppelbindung der Vinyläthergruppe der Acetalphosphatide gesättigt, so erhält man die Alkyllysophosphatidäther, das sind Alkyläther der Lysophosphatide (zum Beispiel 1-Hexadecyloxy-2-acyl-3-phosphoryläthanolaminglycerin). Sie bilden keine Aldehyde, sind gegen gewisse Hydrolyseformen beständig und sind wichtige Komponenten des Cephalin-B-Komplexes der Glycerophosphatide, der von Sphingomyelin schwer abtrennbar ist. Die Alkyllysophosphatidäther kommen im Myelin und in anderen Geweben vor.

Sphingolipide

In der Gruppe der Sphingolipide ersetzt die Base Sphingosin (erythro-trans-1,3-Dihydroxy-2-aminooctadecen-[4]) das Glycerin. Die Aminogruppe bildet mit einer Fettsäure ein Amid. Acylsphingosine nennt man Ceramide. Einige Sphingolipide sind Phosphatide, andere wiederum enthalten keinen Phosphor.

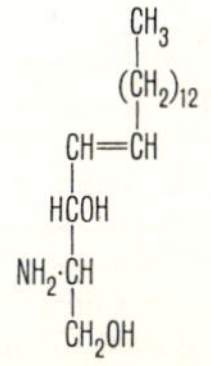

```
       CH3
       |
       (CH2)12
       |
       CH═CH
       |
       HCOH
       |
  NH2·CH
       |
       CH2OH
```

Sphingosin

Bei einigen Vertretern der Sphingolipidgruppe tritt an die Stelle von Sphingosin Dihydrosphingosin (in welchem die Doppelbindung des Sphingosins hydriert ist) oder das 4-Hydroxyderivat des Dihydrosphingosins (1,3,4-Trihydroxy-2-aminooctadecan) Phytosphingosin oder seines C_{20}-Homologen.

a) Sphingomyelin. Die einzigen den Glycerophosphatiden nahestehenden Sphingolipide sind die Sphingomyeline:

$$\begin{array}{l} CH_3 \\ (CH_2)_{12} \\ CH{=}CH \\ HCOH \\ R{\cdot}CO{\cdot}NH{\cdot}CH \\ CH_2{\cdot}O{-}P(=O)(O^-){-}O{-}CH_2{\cdot}CH_2{\cdot}\overset{+}{N}(CH_3)_3 \end{array}$$

Sphingomyelin

Sphingomyelin ist ein wichtiger Bestandteil der Myelinscheide. Das Sphingomyelin der grauen Substanz enthält vorwiegend Stearinsäure[22], dasjenige der weißen vorwiegend $C_{24:1}$-Säure, mit kleineren Mengen $C_{25:1}$-, $C_{26:1}$-, C_{24}-, C_{25}- und C_{16}-Säure.

b) Cerebroside. Diese sind in der Natur weit verbreitet und bestehen aus Ceramid, das β-glycosidisch an einen Zucker, meist Galactose oder Glucose, manchmal aber auch Di- oder Trisaccharide gebunden ist. Myelin enthält große Mengen von Galactocerebrosiden (Ceramidgalactosid), die je nach dem an Sphingosin gebundenen Fettsäurebestandteil in vier Klassen eingeteilt werden. Ein Teil jedes Galactocerebrosids enthält anstelle von Sphingosin Dihydrosphingosin.

$$\begin{array}{l} CH_3 \\ (CH_2)_{12} \\ CH{=}CH \\ HCOH \\ R{\cdot}CO{\cdot}NH{\cdot}CH \\ CH_2{\cdot}O{-}\text{Galactose (OH, OH, OH, } CH_2OH) \end{array}$$

Wahrscheinliche Struktur der Cerebroside

Cerebrosid	Fettsäurebestandteil
Kerasin	Lignocerinsäure $CH_3{\cdot}(CH_2)_{22}{\cdot}COOH$
Phrenosin	Cerebronsäure $CH_3{\cdot}(CH_2)_{21}{\cdot}CH(OH){\cdot}COOH$
Nervon	Nervonsäure $CH_3{\cdot}(CH_2)_7{\cdot}CH{=}CH{\cdot}(CH_2)_{13}{\cdot}COOH$
Hydroxynervon	Hydroxynervonsäure $CH_3{\cdot}(CH_2)_7{\cdot}CH{=}CH{\cdot}(CH_2)_{12}{\cdot}CH(OH){\cdot}COOH$

Es kommen auch andere Fettsäuren, wie C_{18}, C_{22}, C_{23}, C_{25} und die entsprechenden α-Hydroxysäuren vor[22]. Die α-Hydroxysäuren stellen einen Anteil von 53% der Gesamtfettsäuren.

Bei GAUCHERscher Krankheit (siehe Tabelle 8, S. 451) wird in verschiedenen Geweben ein Glucocerebrosid (Ceramidglucosid) abgelagert. Das Sphingosin hat die normale erythro-trans-Konfiguration, die Fettsäuren sind gewöhnlich gesättigt und ohne Hydroxylgruppen, zum Beispiel C_{22}. Manchmal ist das Glucocerebrosid von kleineren Mengen Ceramidlactosid begleitet, und bei einigen wenigen Fällen bildet das Dihexosid einen Hauptbestandteil.

Ceramidlactosid konnte aus Tumoren isoliert werden und zeigt Antigeneigenschaften[18]. Kleine Mengen von Ceramidlactosid kommen normalerweise sowohl beim Rind als auch beim Menschen in Milz, Blutserum, Leber und im Stroma der Erythrozyten vor und sind jeweils von Spuren Ceramidglucosid und Ceramidtrihexosid begleitet. Das Trihexosid enthält einen Glucose- und zwei Galactosereste. Die Fettsäuren dieser Glycolipide aus der normalen Milz usw. sind Mischungen von unsubstituierten und α-Hydroxysäuren im Verhältnis von ungefähr 5:1. Ein Ceramidtrimannosid ist im Weizenmehl enthalten.

c) Sulfatide. Diese sind Schwefelsäureester der Galactocerebroside mit der Sulfatgruppe am Galactosering[18]. Sie kommen in der grauen und weißen Gehirnsubstanz vor und sind starke Säuren. Die Sulfatide werden im Laufe der Myelinisierung gebildet und machen nachher normalerweise keine weiteren Umwandlungen durch.

Bei metachromatischer Leukodystrophie erhöht sich der Gehalt an Sulfatiden um das 2- bis 5fache, wobei der Anteil an anderen Lipiden erheblich abnimmt. Die Sulfatide zeigen normale Struktur[22].

d) Aminoglycolipide[22]. Diese neutralen Lipide bestehen aus Ceramid, das mit einem Glucose-, einem N-Acetylgalactosamin- und zwei Galactosemolekülen verbunden ist. Stearinsäure ist die Hauptfettsäure der Gehirnaminoglycolipide; daneben kommen kleinere Mengen C_{20}-, $C_{18:1}$- und C_{16}-Säure vor, während α-Hydroxysäuren fehlen.

Aminoglycolipide finden sich in Gehirn, Milz, Leber, Blutserum und im Stroma der Erythrozyten. Bei TAY-SACHSscher Krankheit (siehe Tabelle 8, S. 451) erhöht sich die Menge der Aminoglycolipide im Gehirn um das 120fache, wobei deren Eigenschaften sich von den gewöhnlichen Gehirnaminoglycolipiden unterscheiden[22].

e) Ganglioside (Mucolipide). Ganglioside sind saure Lipide, die sich in der grauen Gehirnsubstanz und anderen Nervengeweben sowie mit abweichender Struktur auch im Stroma der Erythrozyten finden. Gehirnganglioside enthalten mindestens 4 Komponenten, wobei jede aus Ceramid besteht, das mit 1 Glucose-, 1 N-Acetylgalactosamin-, 2 Galactose- und 1 oder 2 N-Acetylneuraminsäuremolekülen verbunden ist. Es gibt auch ein Gangliosid mit 3 N-Acetylneuraminsäuremolekülen (Sialsäuremolekülen) oder eines ohne Hexosamin. Neuraminsäure hat folgende Struktur[23]:

$$HOOC{\cdot}C(OH){\cdot}CH_2{\cdot}CH(OH){\cdot}CH(NH_2){\cdot}CH{\cdot}CH(OH){\cdot}CH(OH){\cdot}CH_2OH \quad (\text{Ring: } C{-}O{-}CH)$$

Neuraminsäure

Die Zusammensetzung der Monosialoganglioside des Gehirns ist die folgende:

Fettsäure–Sphingosin–Glucose–(Galactose)$_2$–N-Acetylgalactosamin–N-Acetylneuraminsäure

Das Molgewicht der Ganglioside beträgt etwa 1500; sie sind also monomer, bilden aber in Wasser Mizellen. Der an das Ceramid gebundene Teil des Gangliosidmoleküls gleicht gewissen Mucoiden, weshalb für die Gangliosidgruppe und die Aminoglycolipide die Bezeichnung «Mucolipide» vorgeschlagen wurde. Fettsäurenzusammensetzung und allgemeine Struktur der Ganglioside ähneln den Gehirnaminoglycolipiden mit zusätzlicher N-Acetylneuraminsäure[22].

Das Stroma der Erythrozyten von Pferd, Katze und Hund enthält aus Fettsäure, Sphingosin, Glucose, Galactose und N-Acetylneuraminsäure bestehende Ganglioside (Globoside); Hexosamin fehlt, und die Fettsäuren gehören meist zur $C_{24:1}$-, C_{24}- und C_{22}-Reihe. Erythrozyten des Menschen, von Schaf, Kaninchen und Meerschweinchen enthalten Aminoglycolipide und keine Ganglioside.

Bei der TAY-SACHSschen Krankheit (siehe Tabelle 8, S. 451) ist die Menge an Mononeuraminogangliosiden sowohl in der weißen als auch in der grauen Gehirnsubstanz um das 20fache erhöht[24]; gleichzeitig sind auch die Aminoglycolipide vermehrt. Diese Ganglioside reagieren abnorm auf Gangliosidase, haben eine abweichende Löslichkeit und höhere R_F-Werte als die normalen Gehirnganglioside, ergeben aber bei der Hydrolyse dieselben Produkte und zeigen die gleiche Fettsäurenzusammensetzung[22].

Wachse

Die verseifbaren Wachse (im Unterschied zu den Kohlenwasserstoffen) werden in die *echten Wachse*, Ester langkettiger Fettsäuren mit langkettigen aliphatischen Alkoholen, und die *Sterolester*, Ester langkettiger Fettsäuren mit Sterolen (komplizierte zyklische Alkohole), eingeteilt. In die letzte Gruppe gehören auch die natürlich vorkommenden langkettigen Fettsäureester der Vitamine A (siehe S. 453) und D_3 (siehe S. 457).

Die echten Wachse sind meist tierische oder pflanzliche Exkrete der Epidermis, die dazu dienen, eine Schutzschicht gegen Wasserverlust und Benetzung zu liefern. Dem ersten Zweck dienen beispielsweise die Oberflächenwachse von Pflanzen in ariden Klimaten, dem zweiten das auf der Haut und im Haar beinahe aller Pelztiere vorkommende Lanolin und das Oberflächenwachs der Früchte in feuchtem Klima (zum Beispiel Äpfel). Bei gewissen Tieren, besonders beim Pottwal, sind die Triglyceride des Depotmaterials beinahe vollständig durch Wachse ersetzt.

Echte Wachse. Diese bestehen aus Estermischungen von Fettsäuren mit aliphatischen, unverzweigten, einwertigen Alkoholen, gewöhnlich Cetylalkohol (Hexadecanol, $CH_3 \cdot [CH_2]_{14} \cdot CH_2OH$) und Octadecylalkohol (Octadecanol, $CH_3 \cdot [CH_2]_{16} \cdot CH_2OH$), oft aber auch höheren Alkoholen bis zu C_{36}. Unter den meist gesättigten Fettsäuren kommt am häufigsten Cerotinsäure (Hexacosansäure, $CH_3 \cdot [CH_2]_{24} \cdot COOH$) vor; gelegentlich werden auch Hydroxysäuren gefunden. In vielen natürlichen Wachsen haben die Fettsäure und der Alkohol die gleiche Kettenlänge.

Sterole (Sterine). Diese unter anderem in den unverseifbaren Anteilen der Fette frei vorkommenden Verbindungen sind Alkohole, die einen 17gliedrigen Cyclopentanoperhydrophenanthrenring enthalten (siehe nächsten Abschnitt).

Steroide

Nomenklatur und Stereochemie

Zu den natürlich vorkommenden Steroiden gehören die Geschlechtshormone, die Nebennierenrindenhormone, Cholesterin und die Gallensäure. Allen Steroiden gemeinsam ist das Cyclopentanoperhydrophenanthren-Ringsystem, das aufgrund seiner relativ flachen Struktur in Annäherung plan dargestellt werden kann.

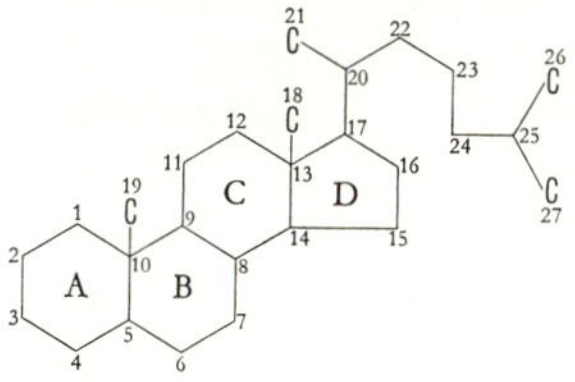

Cyclopentanoperhydrophenanthren-Ringsystem

Das Gerüst (bzw. der Nukleus) des Steroidmoleküls besteht aus den 3 sechsgliedrigen Ringen A, B und C und einem fünfgliedrigen Ring D; jeder der Cyclohexanringe besitzt die «Sessel»konformation. Am C-10 und C-13 kann eine Methyl- oder andere Gruppe

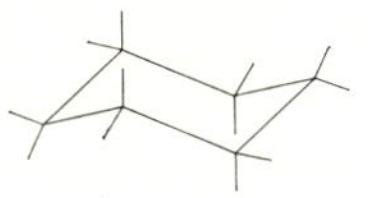

«Sessel»konformation

vorhanden sein, am C-17 eine Seitenkette mit bis zu 8 Kohlenstoffatomen. In den Östrogenen ist der Ring A aromatisch. Die Numerierung der C-Atome im Ringsystem ist aus der Abbildung ersichtlich.

In diesem Ringsystem sind alle Kohlenstoffatome, die gleichzeitig 2 Ringen angehören, asymmetrisch; eine weitere Asymmetrie wird eingeführt, wenn die Wasserstoffatome an den anderen Kohlenstoffatomen durch eine andere monovalente Gruppe substituiert werden. Da die biologische Aktivität der Steroidhormone von der stereochemischen Konfiguration bestimmt wird, muß diese in den Formeln bezeichnet werden. In dem als Fläche dargestellten Ringgerüst (siehe oben die Abbildung) wird die dem Betrachter zugewandte Seite als β-Stellung bezeichnet, die ihm abgewandte Seite als α-Stellung; so steht zum Beispiel im Cholesterin die Hydroxylgruppe in dieser Projektion «über» der Ringebene, befindet sich also in β-Stellung – die korrekte Bezeichnung für Cholesterin ist deshalb Cholest-5-en-3β-ol. In den Formeln wird die β-Stellung von Substituenten durch eine ausgezogene (——), die α-Stellung von Substituenten durch eine gestrichelte Linie (- - -) wiedergegeben. Ist die Konfiguration des Substituenten nicht bekannt, so wird dies in der Formel durch eine Wellenlinie (~~~) bzw. im Verbindungsnamen durch den griechischen Buchstaben ξ angegeben. Das Präfix «Epi-» im Trivialnamen bedeutet, daß in dem betreffenden Steroid ein Substituent in umgekehrter räumlicher Anordnung vorliegt als in dem stereoisomeren bekannteren Steroid; so ist zum Beispiel die häufigere natürliche Form des Östradiols das 17β-Östradiol, die weniger häufige 17α-Form wird oft als 17-Epiöstradiol oder als Epiöstradiol bezeichnet.

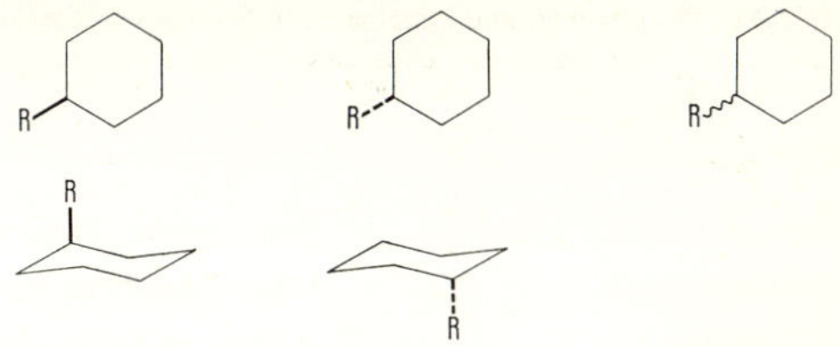

β-Konfiguration (R über der Ringebene) | α-Konfiguration (R unter der Ringebene) | ξ-Konfiguration (Konfiguration nicht bekannt)

Die am C-5 gesättigten, natürlichen Steroide kommen in 2 stereochemisch verschiedenen Reihen vor, die in der Verknüpfung der Ringe A und B voneinander abweichen. Die Reihe mit der Verknüpfung der Ringe A und B in trans-Stellung wird als 5α bezeichnet, da das Wasserstoffatom am C-5 sich in α-Stellung befindet und in bezug auf die Methylgruppe am C-10 in trans-Stellung steht. Die Reihe mit der Verknüpfung der Ringe A und B in cis-Stellung wird als 5β bezeichnet, da das Wasserstoffatom am C-5 sich in β-Stellung befindet und in bezug auf die Methylgruppe am C-5 in cis-Stellung steht. Ist zwischen dem C-4 und C-5 oder dem C-5 oder C-6 eines Steroids eine Doppelbindung vorhanden, so können die Ringe A und B nicht mehr auf zweierlei Weise verknüpft sein; eine Stereoisomerie an der C-5-Stellung ist daher nicht möglich (siehe Abbildung). Für die α-Konfiguration wurde früher auch das Präfix «Allo-» verwendet. Das C_{27}-Steroidskelett mit 5α-Konfiguration wurde früher Coprostan genannt, das mit 5β-Konfiguration Cholestan; heute ist die Benennung 5α-Cholestan und 5β-Cholestan gebräuchlich. Das C_{19}-Steroidgerüst mit 5α-Konfiguration wurde früher Androstan genannt, das mit 5β-Konfiguration Ätiocholan oder Ätian; heute ist die Benennung 5α-Androstan und 5β-Androstan gebräuchlich.

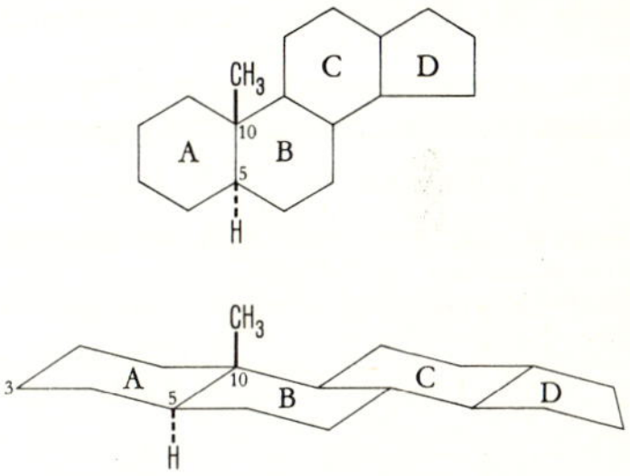

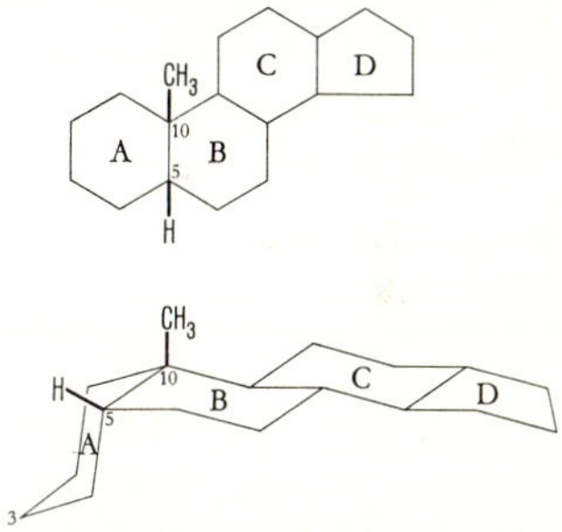

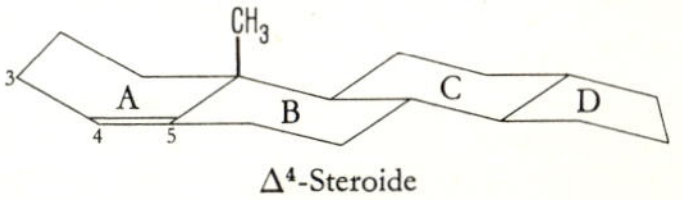

5α-Reihe der am C-5 gesättigten Steroide

5β-Reihe der am C-5 gesättigten Steroide

Δ^4-Steroide

(Fortsetzung S. 376)

Tabelle 20 Trivialnamen und systematische Namen von Steroiden sowie ihre Hormonaktivität

Trivialnamen	Systematischer Name	Summenformel (in Klammern Molgewicht)	Hormon-aktivität*
Adrenosteron	Androst-4-en-3,11,17-trion	$C_{19}H_{24}O_3$ (300,40)	♂
Aldosteron	11β,21-Dihydroxypregn-4-en-18-al-3,20-dion	$C_{21}H_{28}O_5$ (360,45)	*G, M*
Allocortol	5α-Pregnan-3α,11β,17α,20α,21-pentol	$C_{21}H_{36}O_5$ (368,52)	–
β-*Allocortol*	5α-Pregnan-3α,11β,17α,20β,21-pentol	$C_{21}H_{36}O_5$ (368,52)	–
Allocortolon	3α,17α,20α,21-Tetrahydroxy-5α-pregnan-11-on	$C_{21}H_{34}O_5$ (366,50)	–
β-*Allocortolon*	3α,17α,20β,21-Tetrahydroxy-5α-pregnan-11-on	$C_{21}H_{34}O_5$ (366,50)	–
α-*Allopregnandiol*	3α,20α-Dihydroxy-5α-pregnan	$C_{21}H_{36}O_2$ (320,52)	–
β-*Allopregnandiol*	3β,20α-Dihydroxy-5α-pregnan	$C_{21}H_{36}O_2$ (320,52)	–
α-*Allopregnanolon*	3α-Hydroxy-5α-pregnan-20-on	$C_{21}H_{34}O_2$ (318,50)	–
Allotetrahydrocortisol	3α,11β,17α,21-Tetrahydroxy-5α-pregnan-20-on	$C_{21}H_{34}O_5$ (366,50)	–
Androstandion	5α-Androstan-3,17-dion	$C_{19}H_{28}O_2$ (288,43)	♂
Androstendion	Androst-4-en-3,17-dion	$C_{19}H_{26}O_2$ (286,42)	♂
Androsteron	3α-Hydroxy-5α-androstan-17-on	$C_{19}H_{30}O_2$ (290,45)	♂
*Äthynylöstradiol***	17α-Äthynylöstra-1,3,5(10)-trien-3,17β-diol	–	♀
Ätiandion (Ätiocholandion)	5β-Androstan-3,17-dion	$C_{19}H_{28}O_2$ (288,43)	–
Ätiocholanolon	3α-Hydroxy-5β-androstan-17-on	$C_{19}H_{30}O_2$ (290,45)	–
3β-Ätiocholanolon	3β-Hydroxy-5β-androstan-17-on	$C_{19}H_{30}O_2$ (290,45)	–
*Betamethason***	9α-Fluoro-11β,17,21-trihydroxy-16β-methylpregna-1,4-dien-3,20-dion	–	*G, E*
Cholecalciferol	Siehe Vitamin D_3		
Cholesterin (Cholesterol)	Cholest-5-en-3β-ol	$C_{27}H_{46}O$ (386,67)	–
Cortexolon	Siehe 11-Desoxycortisol		
Cortexon	Siehe Desoxycorticosteron		
Corticosteron (Compound B)	11β,21-Dihydroxypregn-4-en-3,20-dion	$C_{21}H_{30}O_4$ (346,47)	*G, M*
Cortisol (Hydrocortison, 17α-Hydroxy-corticosteron, Compound F)	11β,17α,21-Trihydroxypregn-4-en-3,20-dion	$C_{21}H_{30}O_5$ (362,47)	*G, E, M*
Cortison (Compound E)	17α,21-Dihydroxypregn-4-en-3,11,20-trion	$C_{21}H_{28}O_5$ (360,45)	*G, E, M*
α-*Cortol*	5β-Pregnan-3α,11β,17α,20α,21-pentol	$C_{21}H_{36}O_5$ (368,52)	–
β-*Cortol*	5β-Pregnan-3α,11β,17α,20β,21-pentol	$C_{21}H_{36}O_5$ (368,52)	–
α-*Cortolon*	3α,17α,20α,21-Tetrahydroxy-5β-pregnan-11-on	$C_{21}H_{34}O_5$ (366,50)	–
β-*Cortolon*	3α,17α,20β,21-Tetrahydroxy-5β-pregnan-11-on	$C_{21}H_{34}O_5$ (366,50)	–
11-Dehydrocorticosteron (Compound A)	21-Hydroxypregn-4-en-3;11,20-trion	$C_{21}H_{28}O_4$ (344,45)	*G*
Dehydroepiandrosteron (Dehydroisoandrosteron, Androstenolon)	3β-Hydroxyandrost-5-en-17-on	$C_{19}H_{29}O_2$ (289,44)	♂
Desoxycorticosteron (11-Desoxycorticosteron, DOC, Cortexon, 21-Hydroxypregnenolon)	21-Hydroxypregn-4-en-3,20-dion	$C_{21}H_{30}O_3$ (330,47)	*G*
11-Desoxycortisol (Cortexolon, Substanz S)	17α,21-Dihydroxypregn-4-en-3,20-dion	$C_{21}H_{30}O_4$ (346,47)	*G*
21-Desoxycortisol	11β,17α-Dihydroxypregn-4-en-3,20-dion	$C_{21}H_{30}O_4$ (346,47)	–
*Dexamethason***	9α-Fluoro-16α-methyl-11β,17α,21-trihydroxypregna-1,4-dien-3,20-dion	$C_{22}H_{29}FO_5$ (392,47)	*E, G*
Epiandrosteron (Isoandrosteron)	3β-Hydroxy-5α-androstan-17-on	$C_{19}H_{30}O_2$ (290,45)	♂

* *E* Entzündungshemmende Wirkung; *G* Glucocorticoide Wirkung; *M* Mineralocorticoide Wirkung; *P* Progestogene Wirkung; ♂ Androgene Wirkung; ♀ Östrogene Wirkung
** Synthetisch.

Tabelle 20 Trivialnamen und systematische Namen von Steroiden sowie ihre Hormonaktivität *(Schluß)*

Trivialnamen	Systematischer Name	Summenformel (in Klammern Molgewicht)	Hormon-aktivität*
Epiöstradiol .... (17-Epiöstradiol, Östradiol-17α)	Östra-1,3,5(10)-trien-3,17α-diol	$C_{18}H_{24}O_2$ (272,39)	♀
Epitestosteron	17α-Hydroxyandrost-4-en-3-on	$C_{19}H_{28}O_2$ (288,43)	–
Equilenin	3-Hydroxyöstra-1,3,5(10),6,8-penten-17-on	$C_{18}H_{18}O_2$ (266,34)	♀
Equilin	3-Hydroxyöstra-1,3,5(10),7-tetraen-17-on	$C_{18}H_{20}O_2$ (268,36)	♀
Ergocalciferol	Siehe Vitamin D_2		
Ergosterin (Ergosterol)	24-Methylcholesta-5,7,22-trien-3β-ol	$C_{28}H_{44}O$ (396,66)	–
*Fluorocortisol*** .... (9α-Fluorocortisol, 9α-Fluorohydrocortison)	9α-Fluoro-11β,17α,21-trihydroxypregn-4-en-3,20-dion	–	*E, M*
*Fluorometholon***	9α-Fluoro-6α-methyl-11β,17α-dihydroxypregna-1,4-dien-3,20-dion	–	*E*
*Fluoxymestron***	9α-Fluoro-11β,17β-dihydroxy-17α-methylandrost-4-en-3-on	–	♂
17α-Hydroxyprogesteron	17α-Hydroxypregn-4-en-3,20-dion	$C_{21}H_{30}O_3$ (330,47)	♂, *P*
20α-Hydroxyprogesteron	20α-Hydroxypregn-4-en-3-on	$C_{21}H_{32}O_2$ (316,49)	*P*
20β-Hydroxyprogesteron	20β-Hydroxypregn-4-en-3-on	$C_{21}H_{32}O_2$ (316,49)	*P*
Lanosterin (Lanosterol)	4,4,14α-Trimethylcholesta-8,24-dien-3β-ol	$C_{30}H_{50}O$ (426,73)	–
*Methylprednisolon***	6α-Methyl-11β,17α,21-trihydroxypregna-1,4-dien-3,20-dion	$C_{22}H_{30}O_5$ (374,48)	*E, M*
*Noräthandrolon***	17α-Äthyl-17β-hydroxy-19-norandrost-4-en-3-on	–	♂***
Noräthindron (Noräthisteron)** ..	17α-Äthynyl-17β-hydroxy-19-norandrost-4-en-3-on	–	*P*
*Noräthynodrel***	17α-Äthynyl-17β-hydroxyöstr-5(10)-en-3-on	–	*P*
Östradiol (Östradiol-17β)	Östra-1,3,5(10)-trien-3,17β-diol	$C_{18}H_{24}O_2$ (272,39)	♀
Östriol	Östra-1,3,5(10)-trien-3,16α,17β-triol	$C_{18}H_{24}O_3$ (288,39)	♀
Östron	3-Hydroxyöstra-1,3,5(10)-trien-17-on	$C_{18}H_{22}O_2$ (270,37)	♀
*Prednisolon***	11β,17α,21-Trihydroxypregna-1,4-dien-3,20-dion	$C_{21}H_{28}O_5$ (360,45)	*E, M*
*Prednison***	17α,21-Dihydroxypregna-1,4-dien-3,11,20-trion	$C_{21}H_{26}O_5$ (358,44)	*E, M*
Pregnandiol	5β-Pregnan-3α,20α-diol	$C_{21}H_{36}O_2$ (320,52)	–
Pregnantriol	5β-Pregnan-3α,17α,20α-triol	$C_{21}H_{36}O_3$ (336,52)	–
Pregnanolon	3α-Hydroxy-5β-pregnan-20-on	$C_{21}H_{34}O_2$ (318,50)	–
Pregnenolon (Δ^5-Pregnenolon)	3β-Hydroxypregn-5-en-20-on	$C_{21}H_{32}O_2$ (316,49)	–
Progesteron	Pregn-4-en-3,20-dion	$C_{21}H_{30}O_2$ (314,47)	*P*
Testosteron	17β-Hydroxyandrost-4-en-3-on	$C_{19}H_{28}O_2$ (288,43)	♂
Tetrahydro-A	3α,21-Dihydroxy-5β-pregnan-11,20-dion	$C_{21}H_{32}O_4$ (348,49)	–
Tetrahydro-B	3α,11β,21-Trihydroxy-5β-pregnan-20-on	$C_{21}H_{34}O_4$ (350,50)	–
Tetrahydro-E	Siehe Urocortison		
Tetrahydro-F	Siehe Urocortisol		
Tetrahydro-S	3α,17α,21-Trihydroxy-5β-pregnan-20-on	$C_{21}H_{34}O_4$ (350,50)	–
*Triamcinolon***	9α-Fluoro-11β,16α,17α,21-tetrahydroxypregna-1,4-dien-3,20-dion	$C_{21}H_{27}FO_6$ (394,44)	*E*
Uroaldosteron	3α,11β,21-Trihydroxy-20-oxo-5β-pregnan-18-al	$C_{21}H_{32}O_5$ (364,49)	–
Urocortisol (Tetrahydro-F)	3α,11β,17α,21-Tetrahydroxy-5β-pregnan-20-on	$C_{21}H_{34}O_5$ (366,50)	–
Urocortison (Tetrahydro-E)	3α,17α,21-Trihydroxy-5β-pregnan-11,20-dion	$C_{21}H_{32}O_5$ (364,49)	–
Vitamin D_2 (Ergocalciferol)	24-Methyl-9,10-secocholesta-5,7,10(19),22-tetraen-3β-ol	$C_{28}H_{44}O$ (396,66)	–
Vitamin D_3 (Cholecalciferol)	9,10-Secocholesta-5,7,10(19)-trien-3β-ol	$C_{27}H_{44}O$ (384,65)	–

* *E* Entzündungshemmende Wirkung
G Glucocorticoide Wirkung
M Mineralocorticoide Wirkung
P Progestogene Wirkung
♂ Androgene Wirkung
♀ Östrogene Wirkung
** Synthetisch.
*** Stark anabolisch, gering androgen wirksam.

(Fortsetzung von S. 373)

Das C-20-Atom in Pregnanderivaten wird durch Substitution eines seiner H-Atome asymmetrisch. Um die Konfiguration an diesem C-Atom zu kennzeichnen, denkt man sich die C-Atome 20 und 21 in einer Ebene parallel zu und über dem Steroidgerüst liegend; monovalente Substituenten am C-20 können dann über (β) oder unter (α) dieser Ebene liegen.

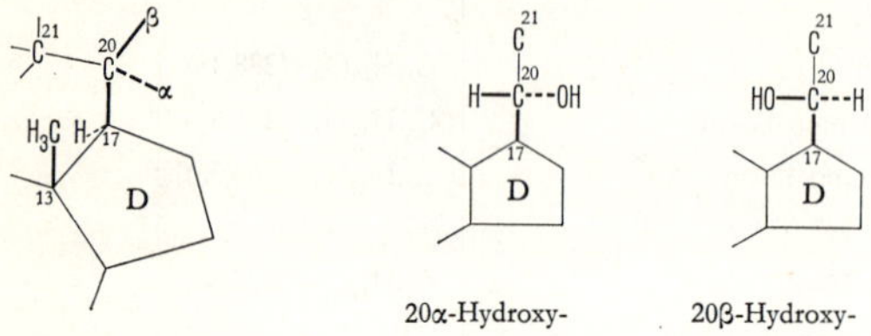

20α-Hydroxy- 20β-Hydroxy-

Klassifikation

Die Steroide lassen sich nach der Gesamtzahl der C-Atome im Molekül oder auch nach ihrer Funktion (siehe S. 377) einteilen.

C_{17}-Steroide: Stammverbindung *Gonan*; kein Substituent am C-10, C-13 oder C-17.

C_{18}-Steroide: Stammverbindung *Östran*; Methylgruppe am C-13, keine Seitenkette am C-17; hierzu gehören alle natürlich vorkommenden Östrogene.

C_{19}-Steroide: Stammverbindung *Androstan*; Methylgruppen am C-10 und C-13, keine Seitenkette am C-17; dazu gehören alle natürlich vorkommenden Androgene.

C_{21}-Steroide: Stammverbindung *Pregnan*; Methylgruppen am C-10 und C-13, eine Seitenkette mit 2 Kohlenstoffatomen am C-17; dazu gehören die natürlich vorkommenden Corticosteroide.

C_{24}-Steroide: Stammverbindung *Cholan*; Methylgruppen am C-10 und C-13, eine verzweigte Seitenkette mit 5 Kohlenstoffatomen am C-17; dazu gehören viele natürlich vorkommende Gallensäuren.

C_{27}-Steroide: Stammverbindung *Cholestan*; Methylgruppen am C-10 und C-13, eine verzweigte Seitenkette mit 8 Kohlenstoffatomen am C-17; dazu gehört zum Beispiel das Cholesterin.

Die Stammverbindungen in anderen natürlich vorkommenden Steroiden sind Ergostan (24-Methyl-5α-cholestan), Stigmastan (24-Äthyl-5α-cholestan), Lanostan (4,4,14α-Trimethyl-5α-cholestan).

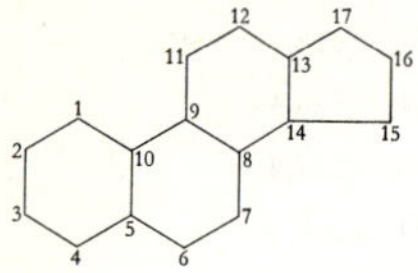

Gonan

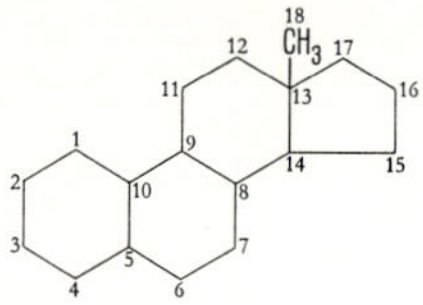

Östran

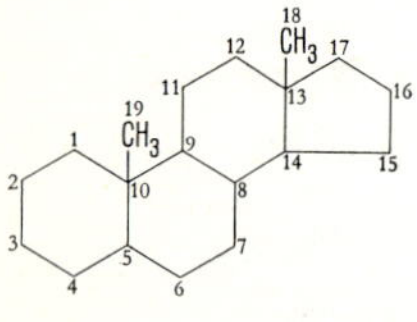

Androstan

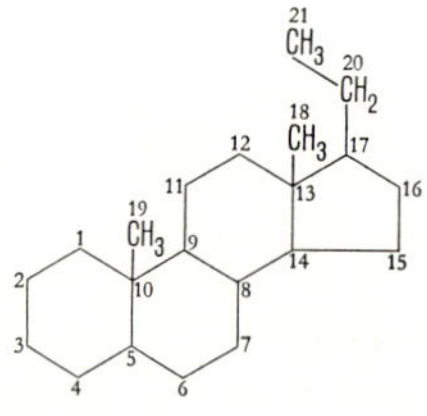

Pregnan

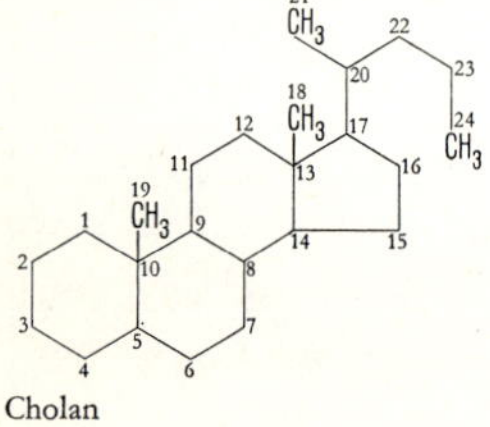

Cholan

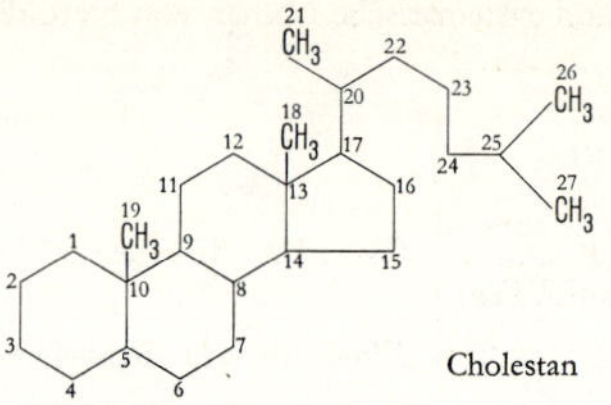

Cholestan

Systematische Nomenklatur

Die systematische Nomenklatur der Steroide soll entsprechend der Vorschrift der IUPAC[25] durch Hinzufügen von Präfixen und Suffixen an den Namen der Stammverbindung erfolgen (siehe unten). Die Doppelbindung zwischen zwei C-Atomen wurde früher durch ein Δ gekennzeichnet. Diese Nomenklatur wird auch heute noch verwendet. So ist zum Beispiel Pregnenolon Pregn-5-en-3β-ol-20-on; in der alten Bezeichnung war es Δ^5-Pregnen-3β-ol-20-on. Befindet sich die Doppelbindung zwischen C-Atomen mit aufeinanderfolgender Nummer, so wird nur die niedrigere Nummer herangezogen: zum Beispiel Pregn-5-en-3β-ol-20-on oder Δ^5-Pregnenolon. Befindet sich die Doppelbindung zwischen C-Atomen mit nicht aufeinanderfolgender Nummer, so wird die höhere Nummer noch in Klammern hinzugefügt: zum Beispiel Cholest-5(10)-en oder $\Delta^{5(10)}$-Cholesten. In Tabelle 20 (S. 374 und 375) sind bekannte Steroide mit ihrem systematischen Namen, Trivialnamen und ihrer biologischen Aktivität zusammengestellt.

In der Steroidnomenklatur gebräuchliche Präfixe und Suffixe sind:

Chemische Gruppe	Präfix	Suffix
Doppelbindung	Δ (nur in Trivialnamen)	Aus -an wird -en
Dreifachbindung	–	Aus -an wird -yn
Hydroxyl	Hydroxy-	-ol
Acetatester	Acetoxy-	-ylacetat
Benzoatester	Benzoyloxy-	-ylbenzoat
Sulfatester	–	-ylsulfat
Glucuronosid (Glucuronid)	–	-glucuronid
Carbonyl	Oxo- (früher Keto-)	-on
Aldehyd	–	-al
Carboxylsäure	Carboxy-	-carboxylsäure
Amin	Amino-	-amin
Halogen (zum Beispiel Chlor)	Halogeno- (zum Beispiel Chloro-)	Zum Beispiel -chlorid (nur in Trivialnamen)
Epoxyd	Epoxy-	–
Äthyn (–C≡CH)	Äthynyl-	–

Weitere *Präfixe* sind:

Allo- (in Trivialnamen): Früher verwendet für die 5α-Reihe der gesättigten Steroide.

Anhydro- (in Trivialnamen): Abspaltung von H und OH von benachbarten Kohlenstoffatomen, resultierend in einer Doppelbindung.

Dehydro- (in Trivialnamen): Abspaltung von 2 H von benachbarten Kohlenstoffatomen, resultierend in einer Doppelbindung.

Deoxy- oder *Desoxy-* (in Trivialnamen): Ersatz von OH durch H.

De-: Fehlen eines ganzen Ringes, zum Beispiel De-D.

Dihydro- (in Trivialnamen): Anfügen von 2 H an eine Doppelbindung.

Epi- (in Trivialnamen): Inversion eines Substituenten von der sterischen Konfiguration α- zu β- oder umgekehrt.

Homo-: Ringvergrößerung; zum Beispiel D-Homo- bedeutet einen sechsgliedrigen D-Ring.

Nor- (mit Kohlenstoffnummer oder Ringbuchstaben vorstehend): Verlust eines Kohlenstoffatoms.

Seco- (mit den Nummern der Kohlenstoffatome der gespaltenen Doppelbindung vorstehend): Ringspaltung mit Anfügung je eines Wasserstoffatoms an die zwei terminalen Gruppen.

Steroidhormone

Steroidhormone kommen bei allen Vertebraten[26] und bei Insekten[27] vor. Bei den Vertebraten sind die Steroidhormon produzierenden Organe die Nebennierenrinde, das Ovar, die Testes und die Plazenta. Jedes dieser Organe bringt eine große Anzahl von Steroiden hervor (mehr als 40 wurden aus der Nebennierenrinde isoliert), von denen aber nicht alle Hormonaktivität besitzen. Da in diesen Organen die Stoffwechselvorgänge, die zur Synthese der einzelnen Steroidhormone führen, qualitativ gleicher Art sind, finden sich in ihnen auch die gleichen Metaboliten, nur in unterschiedlicher Menge. In jedem dieser Organe werden zwar die für es charakteristischen Steroidhormone gebildet, aber auch andere, physiologisch mehr oder weniger bedeutsame. Die charakteristischen Hormone der Nebennierenrinde sind Cortisol und Aldosteron; aber auch das androgene Hormon Dehydroepiandrosteronsulfat entsteht in diesem Organ. 17β-Östradiol ist das charakteristische östrogene Hormon des Ovars; dieses bildet aber auch physiologisch bedeutsame Mengen Progesteron. Progesteron ist das charakteristische Hormon der Plazenta, die aber auch Östrogene produziert. Das charakteristische Hormon der Testes ist Testosteron.

Aufgrund der Funktion lassen sich die Steroidhormone einteilen in die *Östrogene* (weibliche Geschlechtshormone; C_{18}-Steroide mit einem aromatischen A-Ring), die *Androgene* (männliche Geschlechtshormone; C_{19}-Steroide) und die Corticosteroide (Hormone der Nebennierenrinde; C_{21}-Steroide). Letztere werden oft noch in *Mineralocorticoide* (zum Beispiel Aldosteron) und *Glucocorticoide* (zum Beispiel Cortisol) unterteilt. Die Wirkung der verschiedenen Steroidhormone überschneidet sich aber beträchtlich und variiert von Spezies zu Spezies und von Individuum zu Individuum, je nach Ernährung und Hormonhaushalt.

Literatur

1 Asselineau und Lederer, *Ann. Rev. Biochem.*, **30**, 71 (1961).
2 Green und Gibson, in: Greenberg, D. M. (Hrsg.), *Metabolic Pathways*, Band 1, Academic Press, New York, 1960, S. 301.
3 Für eine Übersicht siehe Bergström und Samuelsson, *Ann. Rev. Biochem.*, **34**, 101 (1965); Horton, E. W., *Experientia (Basel)*, **21**, 113 (1965).
4 von Euler, U. S., *Naunyn-Schmiedeberg's Arch. exp. Path. Pharmak.*, **175**, 78 (1934); von Euler, U. S., *Klin. Wschr.*, **14**, 1182 (1935).
5 Langdon und Phillips, *Ann. Rev. Biochem.*, **30**, 189 (1961).
6 Baer und Kates, *J. biol. Chem.*, **185**, 615 (1950); Baer et al., *J. Amer. chem. Soc.*, **78**, 232 (1956).
7 Bailly, M.-C., *C. R. Acad. Sci. (Paris)*, **206**, 1902 (1938); **208**, 443, 1820 (1939); Verkade et al., *Rec. Trav. chim. Pays-Bas*, **59**, 886 (1940); Chargaff, E., *J. biol. Chem.*, **144**, 455 (1942).
8 Hokin und Hokin, *J. biol. Chem.*, **233**, 800 (1958).
9 Kornberg und Pricer, jr., *J. biol. Chem.*, **204**, 345 (1953); Bublitz und Kennedy, *J. biol. Chem.*, **211**, 951 (1954).
10 Benson, A. A., *Ann. Rev. Plant Physiol.*, **15**, 1 (1964).
11 van Deenen und de Haas, *Ann. Rev. Biochem.*, **35**, 157 (1966).
12 Stanacev et al., *J. biol. Chem.*, **242**, 3018 (1967).
13 Folch, J., *J. biol. Chem.*, **174**, 439 (1948).
14 Hanahan und Jayko, *J. Amer. chem. Soc.*, **74**, 5070 (1952); Hanahan, D. J., *J. biol. Chem.*, **211**, 313 (1954).
15 Dawson, R. M. C., *Biochem. J.*, **65**, 627 (1957).
16 Folch und LeBaron, *Canad. J. Biochem.*, **34**, 305 (1956).
17 Hawthorne, J. N., *Biochem. J.*, **59**, ii (1955).
18 Rapport und Norton, *Ann. Rev. Biochem.*, **31**, 103 (1962).
19 Gray, G. M., *Biochem. J.*, **70**, 425 (1958).
20 Kosaki et al., *Science*, **127**, 1176 (1958).
21 Ansell und Spanner, *Biochem. J.*, **88**, 56 (1963).
22 Folch-Pi und Bauer (Hrsg.), *Brain Lipids and Lipoproteins, and the Leucodystrophies*, Proceedings of the 7th International Congress of Neurology, Rom 1961, Elsevier, Amsterdam, 1963.
23 Klenk und Debuch, *Ann. Rev. Biochem.*, **28**, 57 (1959).
24 Aronson und Volk (Hrsg.), *Cerebral Sphingolipidoses*, Academic Press, New York, 1962.
25 International Union of Pure and Applied Chemistry, *Definitive Rules for Nomenclature of Steroids*, Butterworth, London, 1958, S. 71; International Union of Pure and Applied Chemistry, Nomenclature of Organic Chemistry, *J. Amer. chem. Soc.*, **82**, 5575 (1960).
26 Dorfman und Ungar, *Metabolism of Steroid Hormones*, Academic Press, New York, 1965.
27 Karlson und Sekeris, *Recent Progr. Hormone Res.*, **22**, 473 (1966).

Enzyme

Enzyme sind Katalysatoren von Proteincharakter, deren Molgewicht im Bereich von ungefähr 13000 (Ribonuclease) bis 10^6 (Pyruvatdecarboxylase) liegt. Sie werden mittels der bei der Fraktionierung von Proteinen verwendeten Methoden gereinigt und isoliert[1]. Ihre allgemeinen Eigenschaften werden im folgenden Abschnitt beschrieben. Die einzelnen Verdauungsenzyme sind auf S. 401–415 zusammengestellt.

Nomenklatur der Enzyme

Der Name eines Enzyms gibt gewöhnlich sowohl das Hauptsubstrat als auch die katalysierte Reaktion an (zum Beispiel Malatdehydrogenase). Viele Enzyme haben jedoch Trivialnamen erhalten, die oft zu Verwechslungen führen.

Eine Nomenklaturkommission der International Union of Biochemistry hat aufgrund der katalysierten Reaktion für die Enzyme eine systematische Nomenklatur ausgearbeitet und die Enzyme numeriert und klassifiziert[2] (siehe Tabelle 22, S. 381). Im folgenden werden die von dieser Kommission empfohlenen Trivialnamen verwendet.

Der Begriff «Enzym» bezeichnet im allgemeinen die Verbindung eines katalytischen Proteins mit irgendeiner Komponente, die nicht ohne weiteres daraus entfernt werden kann, ohne das Protein zu denaturieren. Diese Definition wird jedoch nicht sehr streng eingehalten, da in einigen Abhandlungen der Begriff «Enzym» auch dissoziierbare Cofaktoren mit einschließen, in anderen wieder nur das katalytische Protein allein bezeichnen soll. Bei der Gefahr einer Verwechslung wird das katalytische Protein als *«Apoenzym»* und das mit den Cofaktoren verbundene als *«Holoenzym»* bezeichnet.

Coenzyme oder *prosthetische Gruppen* sind nicht zu den Proteinen gehörende organische Verbindungen, die zusammen mit den Apoenzymen bei der enzymatischen Katalyse eine ausschlaggebende Rolle spielen. Coenzyme und prosthetische Gruppen werden begrifflich nicht streng getrennt, doch wird die letztere Bezeichnung gewöhnlich nur auf Gruppen angewandt, die relativ fest an das Protein gebunden sind. Von den Coenzymen unterscheidet man meistens die *«Aktivatoren»*, die kleine Ionen darstellen und von einigen Enzymen zur Entfaltung ihrer vollen katalytischen Aktivität benötigt werden. Gewisse Enzyme scheinen weder eine prosthetische Gruppe noch ein Coenzym zu enthalten, noch einen Aktivator zu benötigen.

Enzymspezifität[3]

Obwohl beinahe alle Einzelreaktionen des Intermediärstoffwechsels durch eigene Enzyme katalysiert werden (siehe S. 385–441), sind nur wenige dieser Enzyme absolut für die Struktur ihrer Substrate spezifisch. Die meisten Enzyme können, allerdings unter beträchtlicher Verringerung der Reaktionsgeschwindigkeit, auch auf strukturell nah verwandte Analoga ihrer physiologischen Substrate einwirken. Daneben gibt es auch einige wenige Enzyme, die eine relativ große Gruppe von Substraten angreifen können. Ähnlich wie jeder andere Katalysator katalysiert auch das Enzym eine Reaktion in beiden Richtungen, hat aber keinen Einfluß auf die Endlage des Gleichgewichts.

Es gibt keine allgemein gültigen Gesetze für die Enzymspezifität, weil für verschiedene Enzymsysteme verschiedene Teile des Substratmoleküls von Wichtigkeit zu sein scheinen. So erfordern die Lipasen das Vorhandensein einer Esterbindung in den Substraten, wobei aber in der Struktur der dieser Bindung benachbarten Gruppen beträchtliche Unterschiede vorkommen können. Im Gegensatz hierzu verlangen Chymotrypsin und Trypsin bestimmte Konfigurationen in der Nachbarschaft der anzugreifenden Bindung, die in ihrer Art selbst aber verschieden sein darf. Diese Enzyme hydrolysieren zum Beispiel Peptidbindungen in Proteinsubstraten, anderseits aber auch Esterbindungen gewisser synthetischer Substrate (zum Beispiel Zimtsäuremethylester).

Eine weitere Komplikation besteht darin, daß hydrolytische Enzyme, die imstande sind, auf mehrere Substrate einzuwirken, gewöhnlich auch eine Übertragungsreaktion katalysieren können, bei der ein Alkohol oder ein Amin die Stelle von Wasser einnimmt. Vielen dieser Übertragungsreaktionen kommt wahrscheinlich keine physiologische Bedeutung zu, da unter physiologischen Bedingungen Wassermoleküle im Überschuß vorhanden sind.

Viele Enzyme zeigen stereochemische Spezifität und sind unfähig, geometrische oder optische Isomere ihrer Substrate anzugreifen. Unspezifischere Enzyme, wie zum Beispiel die Esterasen, können jedoch stereochemische Isomere angreifen, wobei sich aber die Reaktionsgeschwindigkeit verringert.

Struktur und Wirkung der Enzyme

Seit der Aufklärung der vollständigen Aminosäurensequenz einschließlich der Schwefelbrücken der Ribonuclease[4] ist noch von einer Reihe anderer Enzyme die Primärstruktur bekannt geworden[22]. Von einigen wenigen Enzymen wie Lysozym, Ribonuclease und α-Chymotrypsin wurde auch die räumliche Struktur der kristallinen Form ermittelt[23].

Die volle katalytische Aktivität des Enzyms ist von der Vollständigkeit der sekundären und tertiären Struktur der gefalteten Polypeptidkette abhängig. Denaturierung des Enzyms mit gleichzeitiger Zerstörung der räumlichen Kettenstruktur führt meist zu einem Abfall der Enzymaktivität. Die durch Faltung der nativen Kettenstruktur gebildete Oberfläche ermöglicht eine Verbindung mit dem Substrat an drei oder mehr Punkten. Diejenigen Aminosäurereste, die an der Bildung des Enzym–Substrat-Komplexes und am katalytischen Prozeß teilnehmen, stellen die «aktiven Punkte» des Enzyms dar[5]. Die Faltung der Peptidkette bringt sonst in der Reihenfolge entfernt liegende Aminosäurereste in nahe Gegenüberstellung zum aktiven Zentrum. Obwohl meist die Gesamtstruktur eines Enzyms unbekannt ist, kennt man doch in vielen Fällen die Reihenfolge der Aminosäuren in der Nähe des aktiven Zentrums (zum Beispiel Cytochrom c, Trypsin, Pancreatopeptidase E, Phosphoglucomutase). Solche Untersuchungen zeigen im gleichen, aber von verschiedenen Arten stammenden Enzym (beispielsweise Ribonuclease) Abweichungen des Aminosäurekettenaufbaus[6]. Einige Enzyme, wie unter anderem jene, die an biosynthetischen Mechanismen beteiligt sind, scheinen zwei verschiedene aktive Zentren zu haben, eines zur Verbindung mit dem Substrat und ein anderes zur Verbindung mit einem Inhibitor[7], der die biologische Aktivität des Enzyms reguliert. Es wird angenommen, daß die Bildung eines Enzym–Inhibitor-Komplexes eine Strukturveränderung bewirkt, wodurch die katalytische Aktivität des andern Zentrums so verändert wird, daß eine Inaktivierung des Enzyms erfolgt. Man hat diese Art von Enzymen «alloster» genannt[8].

Obwohl in keinem einzigen Fall der Reaktionsmechanismus eines Enzyms vollständig bekannt ist, sind eine große Anzahl möglicher Mechanismen zur Diskussion gestellt worden[9]. Die einleuchtendsten gehen von einer kovalenten Enzym–Substrat-Verbindung aus, in welcher ein nukleophiler oder elektrophiler Angriff auf das Substrat durch die Anwesenheit des Enzyms erleichtert wird.

Enzymkinetik[10, 15]

Fügt man einer geeigneten Reaktionsmischung ein Enzym hinzu, so wird nach sehr kurzer Anlaufzeit eine konstante Reaktionsgeschwindigkeit erreicht[11]. Diese Anlaufzeit ist so kurz, daß sie nicht bestimmt werden kann, wenn die Messungen in Intervallen von einer Minute oder mehr durchgeführt werden. Nachdem die Reaktionsgeschwindigkeit erreicht ist, bleibt diese manchmal über mehrere Stunden hin, in anderen Fällen aber auch nur während einiger Minuten, konstant. Nach dieser Periode tritt Verlangsamung ein, da die Substratkonzentration abnimmt oder sich Endprodukte ansammeln. Da dieser Rückgang der Reaktionsgeschwindigkeit mathematisch schwierig zu analysieren ist, wird gewöhnlich (so auch im folgenden Text) nur die konstante Reaktionsgeschwindigkeit untersucht.

Wird ein Enzym durch Substratüberschuß gehemmt (siehe unten), so kann zu Beginn ein Anstieg der Reaktionsgeschwindigkeit dadurch eintreten, daß der Substratverbrauch die Hemmung aufhebt.

Enzymkonzentration. Die Reaktionsgeschwindigkeit ist gewöhnlich proportional der Enzymkonzentration. Es ist experimentell nicht immer möglich, strenge Linearität zu erreichen, da zum Beispiel das Enzympräparat einen bei niedriger Konzentration instabilen, dissoziierbaren Aktivator oder Inhibitor enthalten kann. Andererseits kann die Reaktion bereits so weit fortgeschritten sein, daß deren Geschwindigkeit bei den höchsten Enzymkonzentrationen bereits wieder zu fallen beginnt.

Wasserstoffionenkonzentration. Die meisten Enzyme besitzen gut definierte pH-Optima und einen 2–3 pH-Einheiten nicht überschreitenden Aktivitätsbereich. Einige Enzyme werden von gewissen gebräuchlichen Puffersubstanzen gehemmt. Es ist deshalb meist angezeigt, die mit einem Puffer gewonnenen Resultate mit denjenigen in einem anderen von gleichem pH-Bereich zu vergleichen.

Die Untersuchung der kinetischen Daten einer bestimmten Substanz bei verschiedenen pH-Werten in verschiedenen Substraten

Abb. 7 Graphische Darstellung der nach Tabelle 21 ermittelten Hemmwerte

Jede Gerade enthält die Werte für eine Reihe von Substratkonzentrationen. Eine Gerade jeder Darstellung bezieht sich auf die ungehemmte Reaktion, die beiden anderen auf zwei verschiedene Inhibitorkonzentrationen.

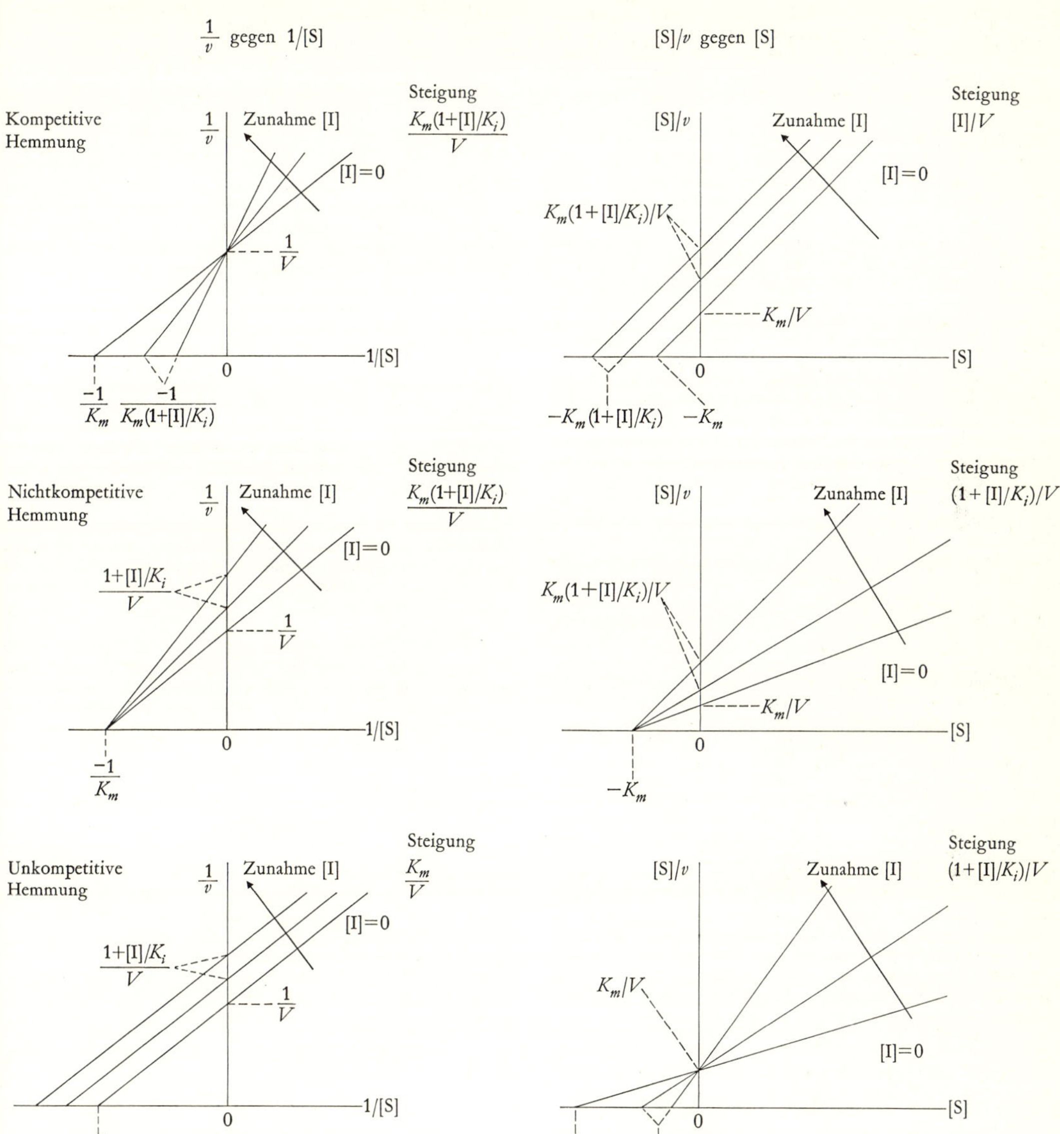

und Konzentrationen gibt Aufschluß über Einzelheiten der Enzymmechanismen [12]. Für andere Zwecke ist die Abhängigkeit der pH-Kurve von Substrat und Substratkonzentration gewöhnlich nicht von Wichtigkeit.

Temperatur. Die Geschwindigkeit einer enzymkatalysierten Reaktion steigt mit einem Faktor von gewöhnlich 1,5–3 pro 10 °C Temperaturanstieg. Es wird jedoch eine optimale Temperatur erreicht, bei deren Überschreitung durch Enzyminaktivierung eine Verminderung des reagierenden Substrats eintritt. Die optimale Temperatur für kurzdauernde Experimente (zum Beispiel eine Stunde) liegt in vielen Fällen bei 50 °C. Da die meisten Enzyme von Säugetieren in Gegenwart ihrer Cofaktoren und Substrate bei 37 °C wenig Inaktivierung zeigen, ist diese Temperatur zur Untersuchung der Reaktionen besonders günstig. Es ist nicht angezeigt, die Temperatur auf das Optimum zu erhöhen, da hierbei in vielen Fällen die Inaktivierungsgeschwindigkeit des Enzyms und damit auch das Temperaturoptimum durch kleine Veränderungen der Versuchsbedingungen in starkem Maße beeinflußt werden.

Substratkonzentration. Bei Erhöhung der ursprünglichen Substratkonzentration ist die Reaktionsgeschwindigkeit zunächst dieser Konzentration proportional, wird aber gewöhnlich bei höheren Werten davon praktisch unabhängig. Dieses Verhalten kann durch Annahme des folgenden Mechanismus theoretisch begründet werden:

$$\mathrm{E} + \mathrm{S} \underset{k_{-1}}{\overset{k_1}{\rightleftharpoons}} \mathrm{ES} \overset{k_2}{\rightarrow} \mathrm{E} + \mathrm{P} \tag{1}$$

Dabei ist E das Enzym, S das Substrat, ES die Enzym–Substrat-Verbindung, P sind die Reaktionsprodukte, k_1, k_{-1} und k_2 die Geschwindigkeitskonstanten der drei Reaktionen. Die bei gleichbleibenden Bedingungen konstante Geschwindigkeit v ist durch

$$v = \frac{V[\mathrm{S}]}{K_m + [\mathrm{S}]} \tag{2}$$

gegeben, worin V die maximale Geschwindigkeit bei hohen Substratkonzentrationen, [S] die Substratkonzentration und K_m eine Größe darstellt, die als «MICHAELIS-Konstante» bezeichnet wird; diese Konstante entspricht der Substratkonzentration bei halber maximaler Geschwindigkeit. Strenggenommen ist [S] nur die Konzentration des nicht an Enzym gebundenen Substrats; die Enzymmenge ist gewöhnlich aber so gering, daß zwischen den Konzentrationen für freies und Gesamtsubstrat praktisch kein Unterschied besteht. Mathematisch gesehen, ist V durch $k_2 e$ gegeben, wobei e die gesamte vorhandene Enzymkonzentration angibt. K_m entspricht $(k_{-1} + k_2)/k_1$ und hat die Dimension einer Konzentration. K_m ist von [S] wie auch von e unabhängig, ändert sich aber gewöhnlich mit dem pH-Wert, der Temperatur, der Cofaktorkonzentration und in verschiedenen Substraten. K_m kann sich manchmal auch mit der Ionenstärke, bei Verwendung verschiedener Puffer oder – wie auch andere Enzymcharakteristika – bei gleichen Enzymen aus verschiedenen Quellen verändern.

Gleichung (**2**) wurde zuerst von MICHAELIS und MENTEN[13] auf theoretischem Wege erhalten, wobei angenommen wurde, daß die zweite Reaktion des Mechanismus (**1**) die geschwindigkeitsbestimmende Stufe darstelle. Unter diesen Bedingungen ist k_{-1} viel größer als k_2, und K_m wird zu k_{-1}/k_1, der Dissoziationskonstante der Enzym–Substrat-Verbindung. Man weiß, daß diese Annahme für gewisse Enzyme Gültigkeit hat, für andere hingegen wieder nicht[14].

Bestimmung der Michaelis-Konstante K_m und der maximalen Geschwindigkeit V. K_m kann bestimmt werden, indem in einem Koordinatensystem v gegen [S] aufgetragen wird. Die Versuchsresultate können jedoch befriedigender ausgewertet werden, wenn man gewisse Funktionen von v und [S], die in Tabelle 21 zusammengestellt sind[3,15], gegeneinander aufträgt. In diesen Darstellungen erhält man bei Gültigkeit der Gleichung (**2**) Geraden. Die graphische Auswertung von $1/v$ gegen 1/[S] hat den Vorteil, daß die Berechnungen für die Darstellung wegen der separaten Aufzeichnung der Variablen rascher durchzuführen sind. Leider sind die Punkte nicht gleichmäßig verteilt, wodurch sich Fehler bei niedrigen Werten von v sehr stark auswirken. Diese Methode gibt genaue Werte für V, weniger genaue jedoch für K_m. Eine statistische Auswertung[16] der verschiedenen graphischen Methoden zur Bestimmung von K_m und V zeigt, daß die dritte Methode in Tabelle 21 die geeignetste ist und in normalen Konzentrationsbereichen und Versuchsgeschwindigkeiten die genauesten Werte für diese Größen gibt.

Tabelle 21 Lineare Beziehungen zur Auswertung der MICHAELIS-Konstante K_m und der maximalen Geschwindigkeit V

Zuordnung		Steigung	Achsenabschnitt	
Ordinate	Abszisse		Ordinate	Abszisse
$1/v$	$1/[\mathrm{S}]$	K_m/V	$1/V$	$-1/K_m$
v	$v/[\mathrm{S}]$	$-K_m$	V	V/K_m
$[\mathrm{S}]/v$	$[\mathrm{S}]$	$1/V$	K_m/V	$-K_m$

Zum Vergleich verschiedener Substrate beispielsweise ist es manchmal von Vorteil, v gegen log[S] aufzutragen, wobei man anstelle einer Geraden eine S-förmige Kurve erhält, deren Wendepunkt bei $\log[\mathrm{S}] = \log K_m$ liegt.

Hemmung durch Substratüberschuß. Diese Erscheinung tritt bei einigen Enzymen auf und wird gewöhnlich dadurch erklärt, daß sich die Enzym–Substrat-Verbindung (ES) mit einem zweiten Substratmolekül verbinden soll, wobei ein inaktiver Komplex entsteht, der sich ohne Rückbildung der ursprünglichen ES-Form nur langsam oder gar nicht zu den Endprodukten spalten läßt. Kann die Reaktionsgeschwindigkeit durch hohe Substratkonzentrationen auf Null gebracht werden, so müßte nach diesem Mechanismus beim Auftragen von v gegen log[S] eine Glockenkurve entstehen[17]. Dies stimmt mit den experimentellen Resultaten überein[18].

Ein anderer Mechanismus der Substrathemmung kann dadurch entstehen, daß sich ein dissoziierbarer Cofaktor, wie zum Beispiel Mg^{++}, mit dem Substrat verbinden kann. In diesem Fall tritt bei Erhöhung der Substratkonzentration Hemmung durch die Entfernung des Cofaktors ein.

Inhibitoren[15]. Es kommen im allgemeinen zwei Arten von Hemmungen vor, die kompetitive und die nichtkompetitive. Die kompetitive Hemmung wird durch steigende Substratkonzentration verringert. Da viele kompetitive Hemmstoffe Strukturanaloga des Substrats sind, kann angenommen werden, daß der Hemmstoff und das Substrat an der gleichen Stelle des Enzymmoleküls angreifen. Unter der Annahme einer reversiblen Reaktion zwischen Inhibitor und Enzym, die letzteres an einer Verbindung mit dem Substrat verhindert, kann aufgrund von Mechanismus (**1**) die folgende Gleichung abgeleitet werden:

$$v = \frac{V[\mathrm{S}]}{K_m\,(1 + [\mathrm{I}]/K_i) + [\mathrm{S}]} \tag{3}$$

wobei [I] die Inhibitorkonzentration und K_i die Dissoziationskonstante der Enzym–Inhibitor-Verbindung darstellt. V und K_m sind die in Abwesenheit des Inhibitors erhaltenen Werte.

Bei der nichtkompetitiven Hemmung ist der Hemmungsgrad von der Substratkonzentration unabhängig und ändert sich nur mit der Inhibitorkonzentration. Unter der Annahme, daß der Inhibitor

Abb. 8 Hemmwerte bei Auftragung von $1/v$ gegen [I][3,15]

Jede Gerade enthält die Werte für eine Reihe von Inhibitorkonzentrationen [I] bei einer bestimmten Substratkonzentration [S].

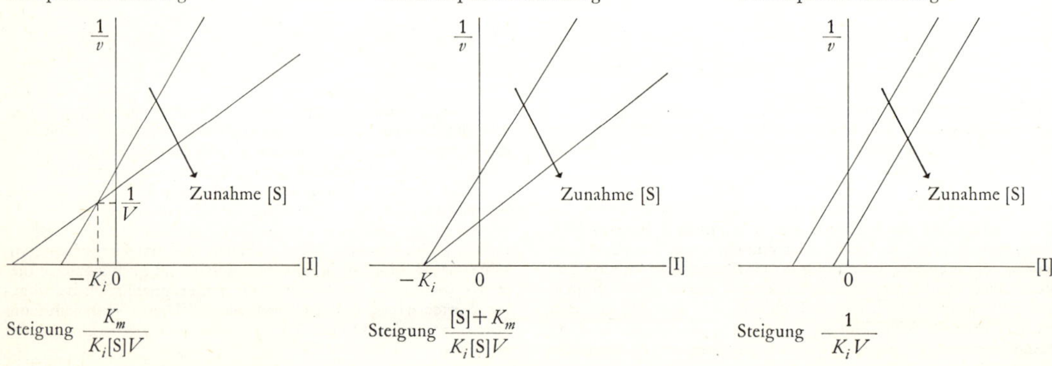

reversibel und in gleichem Maße sowohl mit dem Enzym als auch mit der Enzym–Substrat-Verbindung reagiere, kann dementsprechend folgende Gleichung aufgestellt werden:

$$v = \frac{V[S]}{(K_m + [S])\,(1 + [I]/K_i)} \qquad (4)$$

Dieser Mechanismus läßt darauf schließen, daß ein nichtkompetitiver Inhibitor nicht das aktive Zentrum desjenigen Enzyms angreift, das bei der Reaktion mit dem Substrat von Wichtigkeit ist.

Es ist erwähnenswert, daß ein kompetitiver Inhibitor die MICHAELIS-Konstante vergrößert, ohne die maximale Geschwindigkeit zu verändern, während ein nichtkompetitiver Inhibitor bei gleichbleibender MICHAELIS-Konstante eine Verminderung der maximalen Geschwindigkeit bewirkt.

Bei einem dritten, seltener vorkommenden Hemmtypus werden sowohl die maximale Geschwindigkeit als auch die MICHAELIS-Konstante in gleichem Maße herabgesetzt, so daß das nach Tabelle 21 ermittelte Verhältnis K_m/V konstant bleibt. Dieses Verhalten wird als unkompetitive Hemmung bezeichnet und am Beispiel der Einwirkung von Azid auf die oxydierte Form der Cytochromoxydase praktisch erläutert[19]. Unter der Annahme, daß der Inhibitor sich nur mit der Enzym–Substrat-Verbindung vereinige, erhält man folgende Gleichung:

$$v = \frac{V[S]}{K_m + [S]\,(1 + [I]/K_i)} \qquad (5)$$

Graphische Darstellung von Hemmwerten. Durch Auswertung des Inhibitoreinflusses auf K_m oder V in irgendeiner graphischen Darstellung aus Tabelle 21 lassen sich die verschiedenen Hemmtypen klar voneinander unterscheiden. Beispiele hierfür sind in Abbildung 7 (S. 379) zusammengestellt. K_i kann aus der Größe dieses Einflusses berechnet werden. Zum Gültigkeitsbeweis der entsprechenden Gleichungen ist es nötig, entweder für mehr als eine Hemmstoffkonzentration den gleichen K_i-Wert zu erhalten oder die Werte für eine Reihe von Hemmstoffkonzentrationen in eine der Abbildung 8 entsprechende graphische Darstellung zu bringen. Erhält man hierbei eine Gerade und stimmt der K_i-Wert mit dem aus Abbildung 7 zu erwartenden überein, so kann angenommen werden, daß die entsprechende Gleichung befriedigend erfüllt ist. In Fällen kompetitiver Hemmung ist es angezeigt, nachzusehen, ob bei Rückwärtsverlängerung der Geraden der Ordinate $1/v = 1/V$ die Abszisse $[I] = -K_i$ entspricht.

Die Schnittpunkte der Geraden für verschiedene [S]-Werte können zur Bestimmung von K_i verwendet werden. Auch bei Anwendung dieser Methode ist es nötig, durch ein Verfahren aus der Tabelle 21 zu überprüfen, ob Gleichung (2) Gültigkeit hat. Hierzu genügen die Werte für die ungehemmte Reaktion oder diejenigen für eine einzige Inhibitorkonzentration.

Übergänge zwischen den einzelnen Hemmtypen sind theoretisch zu erwarten und auch tatsächlich in sorgfältigen Arbeiten beschrieben worden. Zwischentypen sind da zu gewärtigen, wo sich der Inhibitor sowohl mit dem freien Enzym als auch mit der Enzym–Substrat-Verbindung vereinigt, wobei er aber im Gegensatz zur streng nichtkompetitiven Hemmung den zwei Enzymformen gegenüber verschiedene Affinitäten aufweist. Die beiden Dissoziationskonstanten für den Hemmstoff (K_i für die EI-Verbindung und K_i' für die EIS-Verbindung) können aus der graphischen Darstellung von $1/v$ gegen [I] ermittelt werden. Die für verschiedene [S]-Werte erhaltenen Geraden schneiden sich bei Rückwärtsverlängerung in einem Punkt mit den Koordinaten $[I] = -K_i$ und $1/v = 1/V(1 - K_i/K_i')$. Die Hemmung nähert sich dem kompetitiven Typus, wenn beim Schnittpunkt $1/v > 0$, dem unkompetitiven Typus, wenn $1/v < 0$ ist. Entsprechend umgekehrte Beziehungen erhält man beim Auftragen von $[S]/v$ gegen [I], wobei der Schnittpunkt bei den Koordinaten $[I] = -K_i'$ und $[S]/v = K_m/V(1 - K_i'/K_i)$ liegt.

Aktivatoren und Coenzyme. Bei Veränderung der Konzentration eines dissoziierbaren Cofaktors verhält sich die Reaktionsgeschwindigkeit gemäß Gleichung (2), wobei [S] dann aber die Cofaktorkonzentration und nicht die Substratkonzentration angibt. Ist jedoch der Cofaktor etwas fester an das Enzym gebunden, so kann eine zwei Geraden entsprechende Beziehung zwischen Aktivität und Konzentration entstehen[20]. Es sind mehrere Fälle bekannt, bei denen Coenzymanaloga als Hemmstoffe wirken, indem sie mit dem Coenzym konkurrieren[21].

Werden zwei- oder dreiwertige Metallionen als Aktivatoren benötigt, so vereinigen sich gewöhnlich ein Substrat oder Cofaktor, manchmal auch mehrere, spontan mit dem Aktivator, was zu komplizierten Verhältnissen der kinetischen Beziehungen führen kann.

Literatur

1 COLOWICK und KAPLAN (Hrsg.), *Methods in Enzymology*, 7 Bände, Academic Press, New York, 1955–1964.
2 International Union of Biochemistry, *Report of the Commission on Enzymes*, Pergamon Press, Oxford, 1961; International Union of Biochemistry, *Enzyme Nomenclature*, Recommendations 1964, Elsevier, Amsterdam, 1965.
3 DIXON und WEBB, *Enzymes*, 2. Aufl., Longmans, Green, London, 1964.
4 SMYTH et al., *J. biol. Chem.*, **238**, 227 (1963).
5 KOSHLAND, D. E., jr., *Advanc. Enzymol.*, **22**, 45 (1960).
6 ANFINSEN, C. B., *The Molecular Basis of Evolution*, Wiley, New York, 1959.
7 CHANGEUX, J.-P., *Cold Spr. Harb. Symp. quant. Biol.*, **26**, 313 (1961).
8 MONOD et al., *J. molec. Biol.*, **6**, 306 (1963).
9 WALEY, S. G., *Mechanisms of Organic and Enzymic Reactions*, Oxford University Press, Oxford, 1961; BOYER et al. (Hrsg.), *The Enzymes*, 8 Bände, 2. Aufl., Academic Press, New York, 1959–1963; MASSEY und VEEGER, *Ann. Rev. Biochem.*, **32**, 579 (1963); JENCKS, W. P., *Ann. Rev. Biochem.*, **32**, 639 (1963).
10 DIXON und WEBB, *Enzymes*, 2. Aufl., Longmans, Green, London, 1964; ALBERTY, R. A., *Advanc. Enzymol.*, **17**, 1 (1956).
11 GUTFREUND, H., *Disc. Faraday Soc.*, **20**, 167 (1955).
12 LAIDLER, K. J., *Trans. Faraday Soc.*, **51**, 528, 540, 550 (1955); ALBERTY, R. A., *Advanc. Enzymol.*, **17**, 1 (1956).
13 MICHAELIS und MENTEN, *Biochem. Z.*, **49**, 333 (1913).
14 LAIDLER, K. J., *Disc. Faraday Soc.*, **20**, 83 (1955).
15 WEBB, J. L., *Enzyme and Metabolic Inhibitors*, Band 1, Academic Press, New York, 1963.
16 WILKINSON, G. N., *Biochem. J.*, **80**, 324 (1961).
17 FRIEDENWALD und MAENGWYN-DAVIES, in: MCELROY und GLASS (Hrsg.), *The Mechanism of Enzyme Action*, Johns Hopkins Press, Baltimore, 1954, S. 180.
18 Als Beispiel siehe MARCUS und TALALAY, *Proc. roy. Soc. B*, **144**, 116 (1955).
19 WINZLER, R. J., *J. cell. comp. Physiol.*, **21**, 229 (1943).
20 THEORELL, H., *Biochem. Z.*, **278**, 263 (1935).
21 Beispiele siehe bei WALAAS und WALAAS, *Acta chem. scand.*, **10**, 122 (1956).
22 DAYHOFF und ECK, *Atlas of Protein Sequence and Structure, 1967–68*, National Biomedical Research Foundation, Silver Spring, Md., 1968.
23 STRYER, L., *Ann. Rev. Biochem.*, **37**, 25 (1968).

Tabelle 22 Klassifikation und Numerierung der Enzyme

Nach einem Bericht der Enzymkommission (EC)[1] erfolgt die Klassifikation nach einem System, das gleichzeitig die Grundlage für eine Numerierung bildet. Jedes Enzym erhält eine Codenummer, die aus vier durch Punkte voneinander getrennten Teilen besteht. Die erste Zahl kennzeichnet die Hauptgruppe der Enzyme, die zweite Zahl die Gruppe, die dritte Zahl die Untergruppe, und die vierte Zahl in der Enzymnummer ist schließlich die Seriennummer des Enzyms in seiner Untergruppe. Zur deutschen Fassung der Terminologie und Klassifizierung der Enzyme siehe HOFFMANN-OSTENHOF[2].

1. Oxydoreductasen

1.1 Auf die CH–OH-Gruppen von Donatoren wirkend
- 1.1.1 Mit NAD oder NADP als Akzeptoren
- 1.1.2 Mit einem Cytochrom als Akzeptor
- 1.1.3 Mit O_2 als Akzeptor
- 1.1.99 Mit anderen Akzeptoren

1.2 Auf Aldehyd- oder Ketogruppen von Donatoren wirkend
- 1.2.1 Mit NAD oder NADP als Akzeptoren
- 1.2.2 Mit einem Cytochrom als Akzeptor
- 1.2.3 Mit O_2 als Akzeptor
- 1.2.4 Mit Lipoat als Akzeptor
- 1.2.99 Mit anderen Akzeptoren

1.3 Auf CH–CH-Gruppen von Donatoren wirkend
- 1.3.1 Mit NAD oder NADP als Akzeptoren
- 1.3.2 Mit einem Cytochrom als Akzeptor
- 1.3.3 Mit O_2 als Akzeptor
- 1.3.99 Mit anderen Akzeptoren

1.4 Auf CH–NH_2-Gruppen von Donatoren wirkend
- 1.4.1 Mit NAD oder NADP als Akzeptoren
- 1.4.3 Mit O_2 als Akzeptor

1.5 Auf C–NH-Gruppen von Donatoren wirkend
- 1.5.1 Mit NAD oder NADP als Akzeptoren
- 1.5.3 Mit O_2 als Akzeptor

Tabelle 22 Klassifikation und Numerierung der Enzyme *(Schluß)*

1. Oxydoreductasen *(Fortsetzung)*

1.6 Auf reduziertes NAD oder NADP als Donatoren wirkend
- 1.6.1 Mit NAD oder NADP als Akzeptoren
- 1.6.2 Mit einem Cytochrom als Akzeptor
- 1.6.4 Mit einer Disulfidverbindung als Akzeptor
- 1.6.5 Mit einem Chinon oder einer verwandten Verbindung als Akzeptor
- 1.6.6 Mit einer stickstoffhaltigen Gruppe als Akzeptor
- 1.6.99 Mit anderen Akzeptoren

1.7 Auf andere stickstoffhaltige Verbindungen als Donatoren wirkend
- 1.7.3 Mit O_2 als Akzeptor
- 1.7.99 Mit anderen Akzeptoren

1.8 Auf Schwefelgruppen von Donatoren wirkend
- 1.8.1 Mit NAD oder NADP als Akzeptoren
- 1.8.3 Mit O_2 als Akzeptor
- 1.8.4 Mit einer Disulfidverbindung als Akzeptor
- 1.8.5 Mit einem Chinon oder einer verwandten Verbindung als Akzeptor
- 1.8.6 Mit einer stickstoffhaltigen Gruppe als Akzeptor

1.9 Auf Hämgruppen von Donatoren wirkend
- 1.9.3 Mit O_2 als Akzeptor
- 1.9.6 Mit einer stickstoffhaltigen Gruppe als Akzeptor

1.10 Auf Diphenole und verwandte Stoffe als Donatoren wirkend
- 1.10.3 Mit O_2 als Akzeptor

1.11 Auf H_2O_2 als Akzeptor wirkend

1.12 Auf Wasserstoff als Donator wirkend

1.13 Auf einen einzelnen Donator unter Einbau von Sauerstoff wirkend (Oxygenasen)

1.14 Auf zwei Donatoren unter Einbau von Sauerstoff wirkend (Hydroxylasen)
- 1.14.1 Enzyme, die reduziertes NAD oder NADP als einen Donator verwenden
- 1.14.2 Enzyme, die Ascorbat als einen Donator verwenden
- 1.14.3 Enzyme, die reduziertes Pteridin als einen Donator verwenden

2. Transferasen

2.1 C_1-Transferasen
- 2.1.1 Methyltransferasen
- 2.1.2 Hydroxymethyl-, Formyl- und verwandte Transferasen
- 2.1.3 Carboxyl- und Carbamoyltransferasen
- 2.1.4 Amidinotransferasen

2.2 Transferasen für Aldehyd- oder Ketonreste

2.3 Acyltransferasen
- 2.3.1 Acyltransferasen
- 2.3.2 Aminoacyltransferasen

2.4 Glycosyltransferasen
- 2.4.1 Hexosyltransferasen
- 2.4.2 Pentosyltransferasen

2.5 Transferasen für Alkylgruppen und verwandte Gruppen

2.6 Transferasen für stickstoffhaltige Gruppen
- 2.6.1 Aminotransferasen
- 2.6.3 Oximinotransferasen

2.7 Transferasen für phosphorhaltige Gruppen
- 2.7.1 Phosphotransferasen mit einer Alkoholgruppe als Akzeptor
- 2.7.2 Phosphotransferasen mit einer Carboxylgruppe als Akzeptor
- 2.7.3 Phosphotransferasen mit einer stickstoffhaltigen Gruppe als Akzeptor
- 2.7.4 Phosphotransferasen mit einer Phosphogruppe als Akzeptor
- 2.7.5 Scheinbar intramolekular wirkende Phosphotransferasen
- 2.7.6 Pyrophosphotransferasen
- 2.7.7 Nucleotidyltransferasen
- 2.7.8 Transferasen für anders substituierte Phosphogruppen

2.8 Transferasen für Schwefel enthaltende Gruppen
- 2.8.1 Schwefeltransferasen
- 2.8.2 Sulfotransferasen
- 2.8.3 CoA-Transferasen

3. Hydrolasen

3.1 Auf Esterbindungen wirkend
- 3.1.1 Carboxylesterhydrolasen
- 3.1.2 Thiolesterhydrolasen
- 3.1.3 Phosphorsäuremonoesterhydrolasen
- 3.1.4 Phosphorsäurediesterhydrolasen
- 3.1.5 Triphosphorsäuremonoesterhydrolasen
- 3.1.6 Schwefelsäureesterhydrolasen

3.2 Auf glycosidische Bindungen wirkend
- 3.2.1 Glycosidhydrolasen
- 3.2.2 Hydrolasen für N-Glycosylverbindungen
- 3.2.3 Hydrolasen für S-Glycosylverbindungen

3.3 Auf Ätherbindungen wirkend
- 3.3.1 Thioätherhydrolasen

3.4 Peptidhydrolasen
- 3.4.1 α-Aminoacylpeptidhydrolasen
- 3.4.2 Peptidylaminoacidhydrolasen
- 3.4.3 Dipeptidhydrolasen
- 3.4.4 Peptidylpeptidhydrolasen

3.5 Auf Nichtpeptid-C – N-Bindungen wirkend
- 3.5.1 In geradkettigen Amiden
- 3.5.2 In zyklischen Amiden
- 3.5.3 In geradkettigen Amidinen
- 3.5.4 In zyklischen Amidinen
- 3.5.5 In Cyaniden
- 3.5.99 In anderen Verbindungen

3.6 Auf Säureanhydridbindungen wirkend
- 3.6.1 In Phosphoryl enthaltenden Anhydriden

3.7 Auf C – C-Bindungen wirkend
- 3.7.1 In Ketonkörpern

3.8 Auf Halogenbindungen wirkend
- 3.8.1 In C–Halogen-Verbindungen
- 3.8.2 In P–Halogen-Verbindungen

3.9 Auf P – N-Bindungen wirkend

4. Lyasen

4.1 C – C-Lyasen
- 4.1.1 Carboxylyasen
- 4.1.2 Aldehydlyasen
- 4.1.3 Ketosäurelyasen

4.2 C – O-Lyasen
- 4.2.1 Hydrolyasen
- 4.2.99 Andere C – O-Lyasen

4.3 C – N-Lyasen
- 4.3.1 Ammoniaklyasen
- 4.3.2 Amidinlyasen

4.4 C – S-Lyasen

4.5 C–Halogen-Lyasen

4.99 Andere Lyasen

5. Isomerasen

5.1 Racemasen und Epimerasen
- 5.1.1 Auf Aminosäuren und ihre Derivate wirkend
- 5.1.2 Auf Hydroxysäuren und ihre Derivate wirkend
- 5.1.3 Auf Kohlenhydrate und ihre Derivate wirkend
- 5.1.99 Auf andere Verbindungen wirkend

5.2 cis-trans-Isomerasen

5.3 Intramolekulare Oxydoreductasen
- 5.3.1 Aldose–Ketose-Isomerasen
- 5.3.2 Keto–Enol-Isomerasen
- 5.3.3 C = C-Bindungen verschiebend

5.4 Intramolekulare Transferasen
- 5.4.1 Acylgruppen übertragend
- 5.4.2 Phosphorylgruppen übertragend
- 5.4.99 Andere Gruppen übertragend

5.5 Intramolekulare Lyasen

5.99 Andere Isomerasen

6. Ligasen

6.1 C – O-Ligasen
- 6.1.1 Aminosäure–RNS-Ligasen

6.2 C – S-Ligasen
- 6.2.1 Säure–Thiol-Ligasen

6.3 C – N-Ligasen
- 6.3.1 Säure–Ammoniak-Ligasen (Amidsynthetasen)
- 6.3.2 Säure–Aminosäure-Ligasen (Peptidsynthetasen)
- 6.3.3 Cycloligasen
- 6.3.4 Andere C – N-Ligasen
- 6.3.5 C – N-Ligasen mit Glutamin als N-Donator

6.4 C – C-Ligasen

Literatur

[1] International Union of Biochemistry, *Report of the Commission on Enzymes*, Pergamon Press, Oxford, 1961; International Union of Biochemistry, *Enzyme Nomenclature*, Recommendations 1964, Elsevier, Amsterdam, 1965.

[2] Hoffmann-Ostenhof, O., in: Rauen, H. M. (Hrsg.), *Biochemisches Taschenbuch*, 1. Teil, 2. Aufl., Springer, Berlin, 1964, S. 1.

Allgemeine Betrachtungen über den Stoffwechsel

Als *Stoffwechsel* werden allgemein die sich in lebenden Organismen abspielenden chemischen Reaktionen bezeichnet. Weitaus der größte Teil der Stoffwechselvorgänge wird durch den Energiebedarf der lebenden Zellen hervorgerufen. Ein kleinerer Anteil ist durch den Aufbau neuer Gewebe im wachsenden Organismus, durch die Synthese spezieller Verbindungen, wie Hormone, Antikörper, Verdauungsfermente und Harnstoff, durch die Entgiftung von Arzneimitteln und anderen Fremdkörpern sowie durch den Ersatz von abgenutzten und verlorengegangenen Geweben (zum Beispiel Oberflächenepithelien oder rote und weiße Blutkörperchen) bedingt.

Da alle Lebensäußerungen von Stoffwechselvorgängen begleitet sind, ist die Untersuchung des Metabolismus von grundlegender Wichtigkeit für alle Zweige der Biologie. Es muß zweifellos angenommen werden, daß auch alle pathologischen Erscheinungen mit qualitativen oder quantitativen Stoffwechselveränderungen in Beziehung stehen, so daß die Untersuchung der pathologischen Biochemie für die Medizin von größter Wichtigkeit ist. Es gilt schon seit langem als gesichert, daß die Mehrzahl der Erkrankungen, die sogenannten organischen, eine anatomische Basis haben. Anderseits beruht jede anatomische Veränderung auf materieller, also chemischer Grundlage, und so gibt es über das von der pathologischen Anatomie bearbeitete Gebiet hinaus eine «molekulare Pathologie», die pathologische Veränderungen auf der Grundlage chemischer Verbindungen und Reaktionen betrachtet. Ein pathologisches Gewebe kann ebensowohl abnorme chemische Zusammensetzung wie abnorme chemische Reaktionen zeigen. Die Untersuchung dieser Alterationen gewährt folglich einen tieferen Einblick in die Natur der Störung. Sie liefert auch Kenntnisse über «funktionelle» Erkrankungen, bei denen keine morphologischen Veränderungen zu erkennen sind, denn nicht alle chemischen Störungen müssen unbedingt von solchen begleitet sein. Bei molekularer Betrachtung beruht die Einteilung in organische und funktionelle Erkrankungen in Wirklichkeit nur auf quantitativen Unterschieden, wobei die organischen Krankheiten jene Störungen sind, deren molekulare Veränderungen in den Bereich der optischen Untersuchungsmittel fallen.

Die biochemische Analyse von Krankheiten hat bis heute kaum das Anfangsstadium überschritten. Die auf den folgenden Seiten zusammengestellten Erkenntnisse bilden die Grundlage, auf der sich die molekulare Pathologie entwickeln wird.

Energiestoffwechsel

Der Bedarf an Energie hat seine Ursache darin, daß die lebende Substanz thermodynamisch ein labiles System ist, das nicht ohne ununterbrochene Energiezufuhr aufrechterhalten werden kann. Darüber hinaus leistet die lebende Materie andauernd Arbeit verschiedener Art, wie Bewegung, chemische Synthesen und Substanztransport gegen Konzentrationsgefälle. Alle diese Tätigkeiten sind ohne Versorgung mit Energie nicht möglich. Der Organismus von Warmblütern benötigt weitere Energie zur Aufrechterhaltung der Körpertemperatur.

Die Energie wird durch den Abbau der Nahrungsmittel geliefert. Bei höheren Organismen ist das Endergebnis dieses Abbaus im wesentlichen eine Oxydation der organischen Substanz zu Kohlendioxyd und Wasser. Dieses Resultat ist die Summe vieler Hundert einzelner chemischer Reaktionen, von denen manche bis weit in die Einzelheiten bekannt sind.

Energie kann auch anaerob durch besondere Abbaureaktionen aus Glucose und anderen Hexosen erhalten werden. Solche Reaktionen werden gewöhnlich als «Gärungen» oder «Glycolysen» bezeichnet. Die einzige in tierischen Geweben vorkommende Gärungsart ist die Milchsäuregärung, bei der 1 Molekül Glucose in 2 Moleküle Milchsäure gespalten wird:

$$C_6H_{12}O_6 \longrightarrow 2\ CH_3{\cdot}CH(OH){\cdot}COOH$$

Mikroorganismen zeigen viele Arten der Gärung, unter welchen die alkoholische die wichtigste Rolle spielt:

$$C_6H_{12}O_6 \longrightarrow 2\ CH_3{\cdot}CH_2OH + 2\ CO_2$$

* Die folgende Übersicht über den Stoffwechsel entstand in Zusammenarbeit mit Sir Hans Krebs, F.R.S., E.A. Newsholme und Patricia Lund (Department of Biochemistry, University of Oxford, England), H.L. Kornberg, F.R.S., und R.A. Cooper (Department of Biochemistry, University of Leicester, England), J.M. Lowenstein (Graduate Department of Biochemistry, Brandeis University, Waltham, Mass., USA) und R.B. Clayton (Department of Psychiatry, Stanford University, Palo Alto, Calif., USA). Sie wurde aus dem Englischen übersetzt und ist in die folgenden Hauptabschnitte eingeteilt:

Diese Übersicht sollte im Zusammenhang mit dem Abschnitt «Bestandteile der lebenden Materie», S. 302–382, gelesen werden.

Tabelle 1 Atmungsgeschwindigkeiten (Q_{O_2}) tierischer Gewebe*

Charakteristische Werte, gemessen an isolierten Geweben, gewöhnlich Schnitte in Glucose-Salz-Lösung bei 38–40 °C. Wenn nicht anders angegeben, beziehen sich die Angaben auf Rattengewebe [1].

Gewebe	Q_{O_2}	*Gewebe*	Q_{O_2}
Nierenrinde	– 25	Rous-Sarkom (Huhn)	– 5
Nierenmark (Meerschweinchen)	– 8	Flexner-Karzinom	– 8
Leber	– 13	Erythrozyten	– 0,6
Gehirnrinde	– 12	Leukozyten	– 9
Gehirn, Substantia alba	– 6	Thrombozyten	– 7
Retina	– 30	Knochenmark, rot	– 10
Milz	– 12	Fettgewebe**	– 0,5
Lunge	– 8	Bindegewebe (Nierenkapsel, Ziege)	– 1
Glandula submaxillaris	– 12	Knorpel (Rippe)	– 0,5
Pankreas	– 4	Haut (neugeborene Ratte)	– 1
Mukosa, Darm	– 12	Quergestreifte Muskulatur:	
Mukosa, Kolon	– 10	Diaphragma	– 7
Nebenniere	– 10	M. gastrocnemius	– 3
Hypophyse	– 12	M. pectoralis (Taube, zerkleinert)	– 40
Thymus	– 5	Glatte Muskulatur (Muskelmagen, Taube)	– 4
Schilddrüse (Meerschweinchen)	– 8	Herzmuskel (Schaf, zerkleinert)	– 18
Testes	– 10		
Mäusekrebs (Jensen)	– 11		

* Die Größen für Atmung und Gärung werden gewöhnlich durch die «metabolischen Quotienten» ausgedrückt, die wie folgt definiert sind:

$$Q_{O_2} = \frac{\text{Mikroliter } O_2 \text{ verbraucht}}{\text{Milligramm Trockengewicht} \times \text{Stunden}}$$

$$Q_{CO_2} = \frac{\text{Mikroliter } CO_2 \text{ verbraucht oder entstanden}}{\text{Milligramm Trockengewicht} \times \text{Stunden}}$$

$$Q_{\text{Milchsäure}} \text{ oder } Q_L = \frac{\text{Mikroliter Milchsäure entstanden}}{\text{Milligramm Trockengewicht} \times \text{Stunden}}$$

Der Verbrauch einer Substanz wird gewöhnlich durch ein Minuszeichen, die Bildung durch ein Pluszeichen ausgedrückt. Anaerobe und aerobe Bedingungen werden durch die Indizes N_2 und O_2 angegeben, zum Beispiel $Q_L^{N_2}$, $Q_L^{O_2}$.

Eine nichtgasförmige Substanz, wie Milchsäure, wird als Gas behandelt, unter der Annahme, daß 1 mmol zu 22400 µl äquivalent ist. Der Grund zu dieser etwas ungewöhnlichen Bezeichnung liegt darin, daß viele Messungen, auch die der nichtgasförmigen Milchsäure, nach gasometrischen Methoden durchgeführt wurden. So wird die Milchsäurebildung gewöhnlich in Anwesenheit von Natriumbicarbonat gemessen, wobei die entstehende Säure eine äquivalente Menge Kohlendioxyd austreibt. Einige Autoren ziehen es vor, die umgesetzten Mengen in Mikromol anzugeben. Um Mikromol in Mikroliter umzurechnen, multipliziere man Mikromol mit 22,4.

In den folgenden Berechnungen werden die Q-Werte in leichtverständliche Maßeinheiten umgerechnet, wodurch die große Intensität mancher Zellen veranschaulicht wird. Da 1 mg Milchsäure zu 250 µl CO_2 äquivalent ist, bedeutet ein Q_L-Wert von 25, daß das Substrat in der Stunde 10% seines eigenen Trockengewichtes an Milchsäure produziert. Da 1 µl ungefähr dem Volumen von 1 mg Gewebe entspricht und das Verhältnis von Trocken- zu Naßgewicht in der Größenordnung von 5 ist, bedeutet ein Q_{O_2}-Wert von 5, daß das Gewebe pro Stunde ungefähr sein eigenes Volumen an Sauerstoff verbraucht.

** Als Trockengewicht minus ätherlösliche Substanz berechnet.

[1] Für weitere Daten siehe Krebs und Johnson, *Tab. biol. (Amst.)*, **19**, 100 (1948), ferner Albritton, E.C. (Hrsg.), *Standard Values in Nutrition and Metabolism*, Saunders, Philadelphia, 1954.

Tabelle 2 Geschwindigkeiten der anaeroben Milchsäuregärung ($Q^{N_2}_{Milchsäure}$) tierischer Gewebe*

Charakteristische Werte, gemessen an isolierten Geweben, gewöhnliche Schnitte in Glucose-Salz-Lösung bei 38–40 °C. Wenn nicht anders angegeben, beziehen sich die Angaben auf Rattengewebe [1].

Gewebe	$Q^{N_2}_L$	*Gewebe*	$Q^{N_2}_L$
Nierenrinde	3	Mäusekrebs (Jensen)	32
Nierenmark (Meerschweinchen)	28	Rous-Sarkom (Huhn)	30
Leber	3	Flexner-Karzinom	30
Gehirnrinde	18	Erythrozyten	0,35
Retina	88	Leukozyten (polymorphkernig, Kaninchen)	22
Retina (Taube)	180	Leukozyten (stabkernig, Kaninchen)	22
Milz	8	Thrombozyten	26
Lunge (Rattenembryo)	10	Knochenmark, rot	21
Glandula submaxillaris	5	Fettgewebe**	0,7
Pankreas (Kaninchen)	3,5	Knorpel (Rippe)	1,5
Mukosa, Darm	14	Haut (neugeborene Ratte)	7
Nebenniere	4	Embryo	12
Hypophyse	13		
Thymus	8		
Testes	8		

* Siehe die Fußnote * in Tabelle 1.

** Als Trockengewicht minus ätherlösliche Substanz berechnet.

[1] Für weitere Daten siehe Krebs und Johnson, *Tab. biol. (Amst.)*, **19**, 100 (1948), ferner Albritton, E. C. (Hrsg.), *Standard Values in Nutrition and Metabolism*, Saunders, Philadelphia, 1954.

Die durch Gärungen gelieferte Energie stellt nur einen kleinen Teil derjenigen dar, die durch die Oxydation von Zucker freigesetzt wird. Die totale Oxydation eines Mols Glucose liefert rund 686 kcal freie Energie, während durch Gärung der gleichen Menge Glucose zu Milchsäure nur ungefähr 45 kcal gewonnen werden. Um die gleiche Energie durch Gärung zu erhalten, muß also die 15fache Menge Zucker abgebaut werden.

Die Milchsäuregärung ist in den meisten Geweben höherer Organismen bei Anwesenheit von Sauerstoff gering, kann aber beim Fehlen von Sauerstoff sehr stark werden. Die Unterdrückung der Gärung durch Sauerstoff wurde zuerst von Pasteur in Hefezellen beobachtet und ist als Pasteur-Effekt bekannt.

Zellstoffwechsel

Der Stoffwechsel des Gesamtorganismus ist das Ergebnis der metabolischen Tätigkeiten in den verschiedenen Geweben. In den letzten vierzig Jahren sind Methoden zur Untersuchung des Stoffwechsels isolierter Gewebe erarbeitet worden, mit denen im besonderen die Geschwindigkeiten der Atmung und der Milchsäuregärung vieler Zellarten gemessen wurden. Einige charakteristische Daten für tierische Gewebe sind in den Tabellen 1 und 2 zusammengestellt.

Die metabolische Aktivität verschiedener Materialien ist sehr unterschiedlich, wobei die größten Atmungs- und Gärungsgeschwindigkeiten bei Mikroorganismen gefunden werden. So kann zum Beispiel *Azotobacter* bei 38 °C Q_{O_2}-Werte von über 8000 aufweisen, während die Normalgeschwindigkeiten für Bakterien bei 100–200 liegen. Bei anaerober Gärung werden von Mikroorganismen Werte bis zu 400 erreicht. Im Muskel können wahrscheinlich über kurze Perioden $Q^{N_2}_L$-Maximalwerte von weit über 100 auftreten. Die Retina von Vögeln besitzt unter den tierischen Geweben die größte kontinuierliche Milchsäureproduktion ($Q^{N_2}_L$ = 180 für Taubenretina).

Gewebe mit verhältnismäßig kleiner physiologischer Aktivität zeigen im allgemeinen niedrige metabolische Werte. Dies gilt für inaktive Drüsen oder Muskeln und besonders für Gewebe, die wie das Bindegewebe und der Knochen zur Hauptsache Stützfunktionen ausüben, oder auch für solche, die wie das Fettgewebe als Speicher für metabolisch inertes Material dienen.

Wie bei der Mehrzahl der chemischen Reaktionen werden die Atmungs- und Gärungsgeschwindigkeiten bei wachsender Temperatur größer. Bei einer kritischen Temperatur, die für Warmblüter bei ungefähr 40 °C und für Kaltblüter etwas darunter liegt, bewirkt ein weiterer Temperaturanstieg die Verlangsamung des Stoffwechsels. In außergewöhnlichen Fällen, wie bei den thermophilen Bakterien, kann die kritische Temperatur sogar bei 80 °C liegen.

Unter den die Energieproduktion im Warmblüter beeinflussenden Faktoren wurde der Körpergröße schon seit langem größte Wichtigkeit beigemessen. Der Unterschied im Sauerstoffverbrauch lebender Tiere verschiedener Größe wird aber durch die Atmungswerte der einzelnen Gewebe nicht genau entsprechend wiedergegeben. Im allgemeinen haben die Gewebe größerer Arten einen etwas niedrigeren Stoffwechsel, wobei aber die Unterschiede zwischen den Q_{O_2}-Werten von beispielsweise Gehirn, Niere, Leber, Milz und Lunge relativ klein sind. Der charakteristische Unterschied im Grundumsatz von Tieren verschiedener Größe scheint seine Ursache vorwiegend im unterschiedlichen Ruhestoffwechsel der Muskulatur zu haben.

Energieliefernde Reaktionen

Die erste Stufe zur Nutzbarmachung von Nahrungsmitteln, sowohl für die Energieproduktion als auch für andere Zwecke, besteht in einer hydrolytischen Spaltung der Makromoleküle des Nahrungsmittels zu kleinen Bausteinen. Proteine werden zu Aminosäuren, Kohlenhydrate zu Hexosen, Fette zu Glycerin und Fettsäure, Nucleinsäuren zu den entsprechenden Basen, Pentosen und Phosphat abgebaut. Diese hydrolytische Spaltung wird gewöhnlich als *Verdauung* bezeichnet. Biologisch ausgedrückt, werden die Nahrungsmittel durch die Verdauung löslich gemacht, eine Vorbedingung für die Resorption durch den Darm. Prozesse, die der Verdauung im Darm sehr ähnlich sind, kommen auch in den meisten Geweben vor, wenn Reservestoffe zur Energieproduktion mobilisiert werden oder wenn beschädigte Gewebe der «Autolyse» unterliegen.

Die Verdauung wird durch die kombinierte Tätigkeit vieler spezifischer Enzyme bewirkt, von denen jedes einzelne die Hydrolyse einer Verbindung oder einer Anzahl engverwandter Verbindungen besorgt. Die grundlegenden Eigenschaften dieser Enzyme sind auf S. 401–415 beschrieben.

Zwischenstufen des Kohlenhydratabbaus

Die durch Verdauung im Intestinaltrakt entstandenen Hexosen erreichen die verschiedenen Gewebe über den Blutkreislauf. Die hauptsächliche Abbaureaktion für Hexosen besteht in ihrer anaeroben Vergärung zu Milchsäure und in einer darauffolgenden Oxydation der Gärungsprodukte. Es gibt noch einen anderen oxydativen Abbau, durch den Glucose oxydiert wird, ohne vorher eine Spaltung in C_3-Bruchstücke zu erleiden. Dieser «Pentosephosphatzyklus» (siehe dazu S. 416) bildet für die höheren Tiere keine wichtige Energiequelle. Seine Hauptfunktionen bestehen wahrscheinlich in der Lieferung eines Reduktionsmittels ($NADPH_2$) sowie des für die Nucleinsäuresynthese benötigten Ribosephosphats.

Tabelle 3 Zwischenstufen der Milchsäuregärung (Glycolyse) in tierischen Geweben (Formeln der Zwischenprodukte siehe Abb. 1)
Diese Reaktionen kommen in allen tierischen Geweben und in vielen Mikroorganismen vor.

Nr.	Zwischenstufe			Enzym, das die Reaktion katalysiert*
1	Glucose + Adenosintriphosphat (ATP)	→	Glucose-6-phosphat + Adenosindiphosphat (ADP)	Hexokinase
2	Glucose-6-phosphat	→	Fructose-6-phosphat	Glucosephosphatisomerase
3	Fructose-6-phosphat + ATP	→	Fructose-1,6-diphosphat + ADP	Phosphofructokinase
4	Fructose-1,6-diphosphat	→	Dihydroxyacetonphosphat + Glycerinaldehyd-3-phosphat	Fructosediphosphataldolase
5	Dihydroxyacetonphosphat	→	Glycerinaldehyd-3-phosphat	Triosephosphatisomerase
6	2 [Glycerinaldehyd-3-phosphat + Diphosphopyridinnucleotid (NAD) + Phosphat	→	1,3-Diphosphoglycerinsäure + $NADH_2$]	Glyceraldehydphosphatdehydrogenase
7	2 [1,3-Diphosphoglycerinsäure + ADP	→	3-Phosphoglycerinsäure + ATP]	Phosphoglyceratkinase
8	2 [3-Phosphoglycerinsäure	→	2-Phosphoglycerinsäure]	Phosphoglyceratphosphomutase
9	2 [2-Phosphoglycerinsäure	→	Phosphoenolbrenztraubensäure + H_2O]	Phosphopyruvathydratase
10	2 [Phosphoenolbrenztraubensäure + ADP	→	Brenztraubensäure + ATP]	Pyruvatkinase
11	2 [Brenztraubensäure + $NADH_2$	→	Milchsäure + NAD]	Lactatdehydrogenase
	Bilanz: Glucose + 2 ADP + 2 Phosphat	→	2 Milchsäure + 2 ATP + 2 H_2O	

* Trivialnamen der Enzyme nach der Enzymkommission der IUB (International Union of Biochemistry, *Enzyme Nomenclature*, Recommendations 1964, Elsevier, Amsterdam, 1965).

Abb. 1 Die bei der Glycolyse von Glucose gebildeten Zwischenprodukte

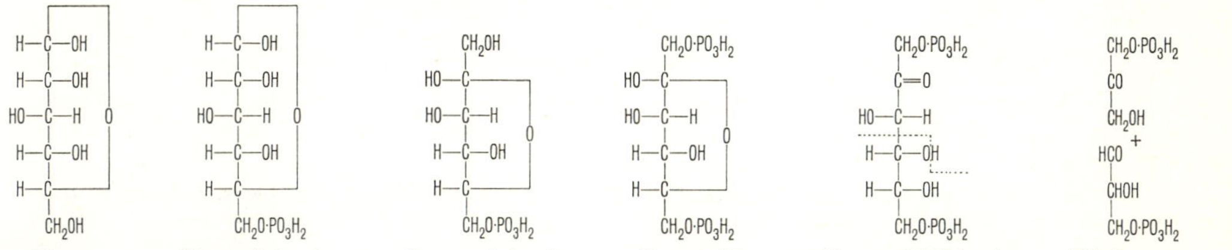

D-Glucose (Pyranosestruktur)

D-Glucose-6-phosphat (α-Glucopyranose-6-phosphat)

D-Fructose-6-phosphat (Fructofuranose-6-phosphat)

D-Fructose-1,6-diphosphat (Furanosestruktur)

D-Fructose-1,6-diphosphat (offene Formel mit Bezeichnung der Spaltung zu Triosephosphat)

Dihydroxyacetonphosphat + Glycerinaldehyd-3-phosphat

$COO{\cdot}PO_3H_2$ – CHOH – $CH_2O{\cdot}PO_3H_2$: 1,3-Diphosphoglycerinsäure

COOH – CHOH – $CH_2O{\cdot}PO_3H_2$: 3-Phosphoglycerinsäure

COOH – $CHO{\cdot}PO_3H_2$ – CH_2OH: 2-Phosphoglycerinsäure

COOH – $C{\cdot}O{\cdot}PO_3H_2$ = CH_2: Phosphoenolbrenztraubensäure

COOH – CO – CH_3: Brenztraubensäure

COOH – CHOH – CH_3: Milchsäure

Tabelle 4 Hilfsreaktionen zur Milchsäuregärung in tierischen Geweben

Nr.	Zwischenstufe			Enzym, das die Reaktion katalysiert
1	Glycogen$_n$ + Phosphat	⇌	Glucose-1-phosphat + Glycogen$_{n-1}$	α-Glucanphosphorylase
2	Glucose-1-phosphat	⇌	Glucose-6-phosphat	Phosphoglucomutase
3	Fructose + ATP	→	Fructose-6-phosphat + ADP	Hexokinase*
4	Galactose + ATP	→	Galactose-1-phosphat + ADP	Galactokinase [2]
5	Galactose-1-phosphat + Uridindiphosphoglucose	⇌	Glucose-1-phosphat + Uridindiphosphogalactose	Hexose-1-phosphaturidylyl-transferase [3]
6	Uridindiphosphogalactose	⇌	Uridindiphosphoglucose	UDP-Glucoseepimerase [4]
7	Uridindiphosphoglucose + Pyrophosphat	⇌	Uridintriphosphat (UTP) + Glucose-1-phosphat	UDPG-Pyrophosphorylase [5]
8	Fructose + ATP	→	Fructose-1-phosphat + ADP	Ketohexokinase [6]
9	Fructose-1-phosphat	⇌	Dihydroxyacetonphosphat + Glycerinaldehyd	Ketose-1-phosphataldolase [7]
10	D-Glycerinaldehyd + ATP	→	Glycerinaldehyd-3-phosphat + ADP	Triokinase [8]

* Hexokinase reagiert in ähnlicher Weise mit vielen anderen Hexosen, wie Mannose oder 2-Desoxyglucose [1].

Literatur

[1] Siehe Sols und Crane, *J. biol. Chem.*, **210**, 581 (1954).
[2] Trucco et al., *Arch. Biochem.*, **18**, 137 (1948).
[3] Kalckar et al., *Nature*, **172**, 1038 (1953); Smith und Mills, *Biochim. biophys. Acta (Amst.)*, **13**, 386 (1954).
[4] Leloir, L. F., *Arch. Biochem.*, **33**, 186 (1951); Kalckar, H. M., *Advanc. Enzymol.*, **20**, 111 (1958).
[5] Munch-Petersen et al., *Nature*, **172**, 1036 (1953); Isselbacher, K. J., *J. biol. Chem.*, **232**, 429 (1958).
[6] Hers und Kusaka, *Biochim. biophys. Acta (Amst.)*, **11**, 427 (1953); Parks, jr., et al., *J. biol. Chem.*, **227**, 231 (1957).
[7] Peanasky und Lardy, *J. biol. Chem.*, **233**, 365 und 371 (1958).
[8] Bergmeyer et al., *Biochem. Z.*, **333**, 471 (1961).

Abb. 2 Die einzelnen Stufen des Tricarbonsäurezyklus
Die Namen der Enzyme sind über den Pfeilen, diejenigen der benötigten Coenzyme darunter angegeben.

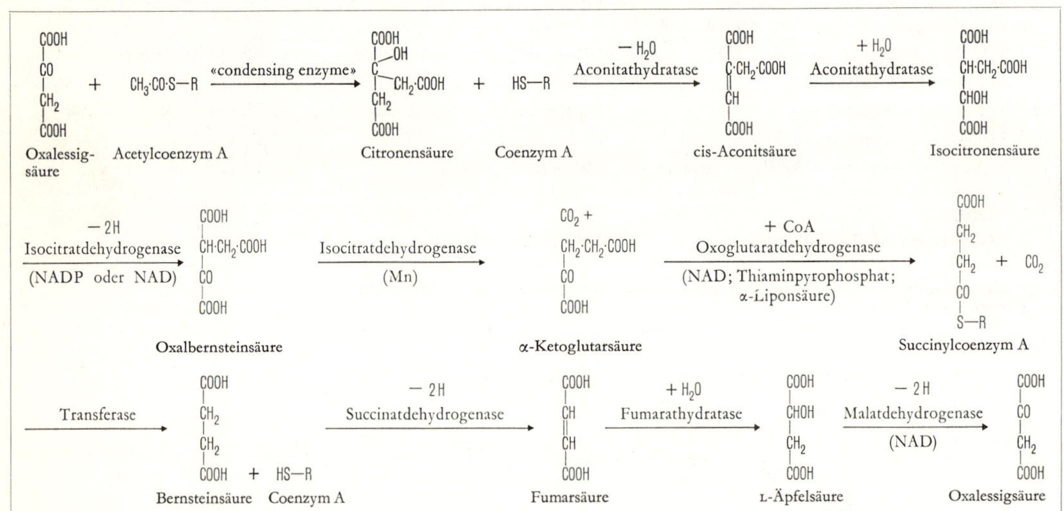

Anaerobe Milchsäuregärung (Glycolyse). Die Zwischenstufen der Milchsäuregärung sind in Tabelle 3, die Veränderungen im Kohlenstoffgerüst in Abbildung 1 zusammengestellt. Die alkoholische Gärung von Hefen, Schimmelpilzen, anderen Mikroorganismen und Pflanzen folgt im wesentlichen dem gleichen Schema, mit Ausnahme von Reaktion 11 in Tabelle 3, die durch die folgenden ersetzt wird:

Brenztraubensäure → Acetaldehyd + CO_2
Acetaldehyd + $NADH_2$ → Äthylalkohol + NAD

Die Bilanz der alkoholischen Gärung (Reaktionen 1–10 der Tabelle 3; dazu die obigen zwei, jede doppelt) ergibt:

Glucose + 2 ADP + 2 Phosphat
→ 2 Äthylalkohol + 2 CO_2 + 2 ATP + 2 H_2O

Tabelle 4 zeigt die mit der Milchsäuregärung in Beziehung stehenden Reaktionen. Einige derselben treten auch bei der Gärung anderer Ausgangsprodukte, wie Glycogen, Fructose oder Galactose, auf. Die Bilanz für Glycogen (oder Stärke) als Ausgangsmaterial stellt sich wie folgt:

Glycogen (1 Glucoseäquivalent) + 3 ADP + 3 Phosphat
→ 2 Milchsäure + 3 ATP + 3 H_2O

Oxydation der Kohlenhydrate. In der Regel werden Kohlenhydrate nicht als solche, sondern erst nach Vergärung zu Milchsäure oder Triosephosphat oxydiert. Wie auf S. 385 erwähnt, scheint der andere Weg der Glucoseoxydation, der Pentosephosphatzyklus (siehe hierzu S. 416), als Energiequelle nur beschränkte Bedeutung zu haben.

Die Milchsäure wird zuerst über Brenztraubensäure in Acetylcoenzym A übergeführt, wobei folgende Zwischenstufen angenommen werden:

$$\underset{\text{Milchsäure}}{CH_3{-}CH(OH){-}COOH} + NAD \longrightarrow \underset{\text{Brenztraubensäure}}{CH_3{-}CO{-}COOH} + NADH_2$$

Als zweiter Schritt wird eine Umsetzung der Brenztraubensäure mit Thiaminpyrophosphat (TPP) angenommen, bei der ein Acetaldehyd-TPP-Komplex und CO_2 entstehen:

$$\underset{\text{Brenztraubensäure}}{CH_3{-}CO{-}COOH} + \underset{\text{Thiaminpyrophosphat}}{TPP} \longrightarrow \underset{\text{Acetaldehyd-TPP-Komplex}}{[CH_3{-}HCO] \cdot [TPP]} + CO_2$$

In der folgenden Reaktion reduziert der Acetaldehyd-TPP-Komplex die Disulfidform der α-Liponsäure zum Dithiol, wobei die Aldehydgruppe des Komplexes zu Carboxyl oxydiert wird. Dabei kondensieren Carboxyl und ein Thiol in statu nascendi zu S-Acetyl-α-liponsäure:

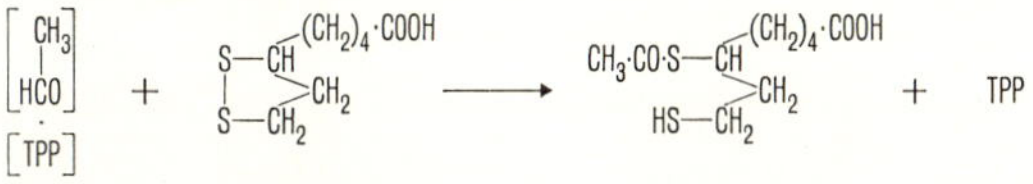

$$\underset{\text{Acetaldehyd-TPP-Komplex}}{[CH_3{-}HCO]\cdot[TPP]} + \underset{\text{Disulfidform der α-Liponsäure}}{\overset{(CH_2)_4\cdot COOH}{S{-}CH{-}CH_2{-}CH_2{-}S}} \longrightarrow \underset{\text{S-Acetyl-α-liponsäure}}{CH_3\cdot CO\cdot S{-}\overset{(CH_2)_4\cdot COOH}{CH}{-}CH_2{-}CH_2{-}SH} + TPP$$

In der nächsten Stufe wird nun die Acetylgruppe von der α-Liponsäure auf das Coenzym A übertragen, so daß Dihydro-α-liponsäure und Acetylcoenzym A entstehen. Lipoamiddehydrogenase katalysiert die Reoxydation von Dihydroliponsäure mittels NAD.

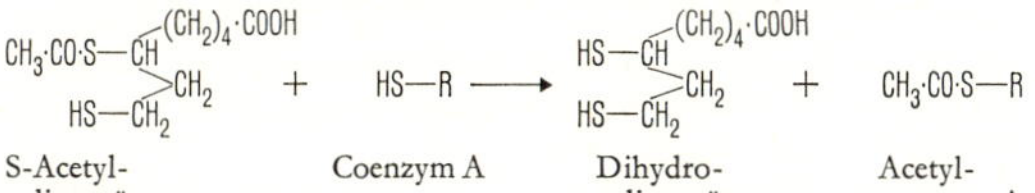

$$\underset{\text{S-Acetyl-α-liponsäure}}{CH_3\cdot CO\cdot S{-}\overset{(CH_2)_4\cdot COOH}{CH}{-}CH_2{-}CH_2{-}SH} + \underset{\text{Coenzym A}}{HS{-}R} \longrightarrow \underset{\text{Dihydro-α-liponsäure}}{HS{-}\overset{(CH_2)_4\cdot COOH}{CH}{-}CH_2{-}CH_2{-}SH} + \underset{\text{Acetylcoenzym A}}{CH_3\cdot CO\cdot S{-}R}$$

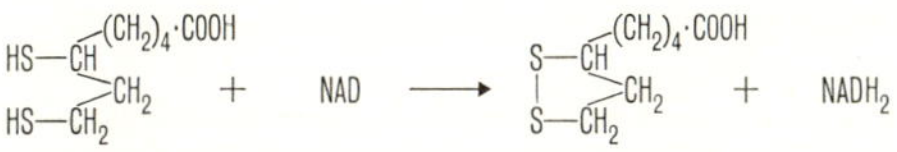

$$\underset{\text{Dihydro-α-liponsäure}}{HS{-}\overset{(CH_2)_4\cdot COOH}{CH}{-}CH_2{-}CH_2{-}SH} + NAD \longrightarrow \underset{\text{α-Liponsäure}}{S{-}\overset{(CH_2)_4\cdot COOH}{CH}{-}CH_2{-}CH_2{-}S} + NADH_2$$

Die Summe der letzten vier Reaktionen ist:

$$\text{Brenztraubensäure} + NAD + CoA \rightarrow \text{Acetyl-CoA} + NADH_2 + CO_2$$

Wahrscheinlich reagieren alle α-Ketosäuren analog bei der Oxydation. Sie entstehen im besonderen aus α-Aminosäuren; α-Ketoglutarsäure erscheint im Tricarbonsäurezyklus.

Acetylcoenzym A wird im Tricarbonsäurezyklus (in der Literatur auch als «Citronensäure-» oder «KREBS-Zyklus» bezeichnet) vollständig oxydiert. Dieser Zyklus wird durch eine Kondensation von Acetylcoenzym A mit Oxalacetat zu Citrat eingeleitet. Dieses unterliegt dann einer Reihe von Reaktionen, die teils oxydativ sind, teils andere Tri- und Dicarbonsäuren bilden. Die Umsetzungen führen schließlich zur Regeneration von Oxalacetat, das somit für den nächsten Umlauf des Zyklus wieder zur Verfügung steht; es reagiert also in der Art eines Katalysators. Die im Zyklus entstehenden Wasserstoffatome verbinden sich sofort mit molekularem Sauerstoff unter Bildung von Wasser. Die Bilanz eines Umlaufs des Zyklus ergibt:

$$CH_3\cdot COOH + 2\,O_2 \longrightarrow 2\,CO_2 + 2\,H_2O$$

Die einzelnen Stufen des Zyklus sind in Abbildung 2 wiedergegeben. Der Zyklus selbst ist in Abbildung 3 graphisch dargestellt.

Abb. 3 Der Tricarbonsäurezyklus

Verbindungen, die nach der ersten Kondensation von je einem Molekül Acetylcoenzym A und Oxalacetat in den Zyklus eintreten (Coenzym A, H_2O), stehen im Kreis, gebildete Verbindungen außerhalb. Während eines Umlaufs des Zyklus wird ein Äquivalent Essigsäure vollständig oxydiert. Die vier gebildeten Paare von Wasserstoffatomen verbinden sich sofort mit O_2, um Wasser zu bilden. Für weitere Einzelheiten siehe KREBS und LOWENSTEIN, in: GREENBERG, D. M. (Hrsg.), *Metabolic Pathways*, Band 1, Academic Press, New York, 1960, S. 129; ferner KREBS und KORNBERG, *Ergebn. Physiol.*, **49**, 212 (1957).

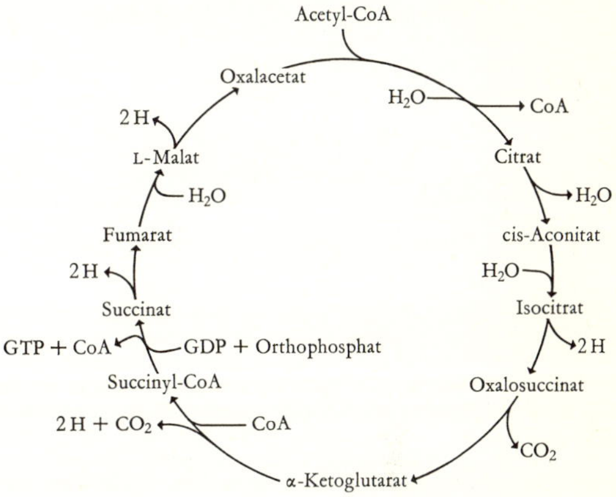

Acetyl-CoA
Oxalacetat
H_2O → CoA
Citrat
→ H_2O
cis-Aconitat
H_2O
Isocitrat
→ 2 H
Oxalosuccinat
→ CO_2
α-Ketoglutarat
$2\,H + CO_2$ ← CoA
Succinyl-CoA
GTP + CoA ← GDP + Orthophosphat
Succinat
2 H ←
Fumarat
H_2O
L-Malat
2 H ←

Der oxydative Fettabbau [1]

Die Fette werden nicht in Form der Ester oxydiert, als welche sie in den Geweben und in den Nahrungsmitteln vorkommen. Vor der Oxydation werden die Fette zu freien Fettsäuren und Glycerin gespalten, wobei diese Hydrolyse durch Lipase und Carboxylesterase katalysiert wird.

Die Oxydation der freien Fettsäuren wird durch Bindung eines Fettsäurerests an das Schwefelatom von Coenzym A eingeleitet. Diese Reaktion erfordert die Mitbeteiligung von ATP und spezifischer Enzymsysteme (Acyl-CoA-Synthetase). Es konnten zwei Zwischenstufen ermittelt werden, von denen die erste zur Bildung einer Adenylfettsäure (Acyladenosinmonophosphat) führt [2]:

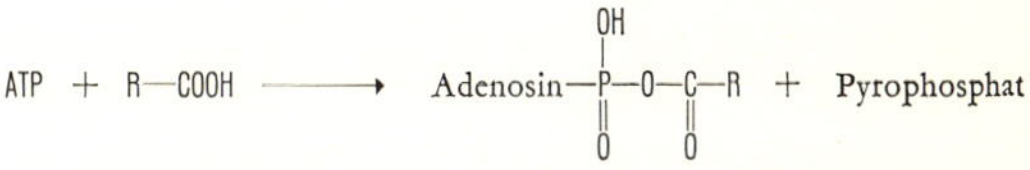

$$ATP + \underset{\text{Fettsäure}}{R{-}COOH} \longrightarrow \underset{\text{Acyladenylat}}{\text{Adenosin}{-}\overset{OH}{\underset{O}{P}}{-}O{-}\underset{O}{C}{-}R} + \text{Pyrophosphat}$$

Der zweite Schritt besteht in einer Übertragung der Acylgruppe von der Adenylsäure auf das Coenzym A:

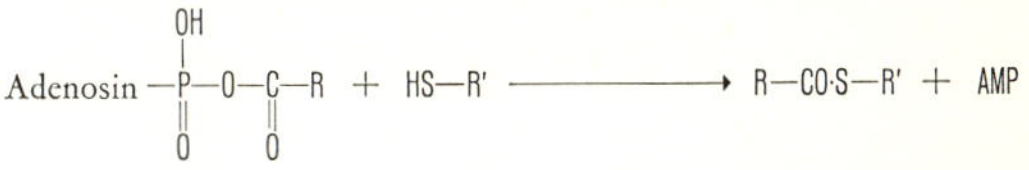

$$\underset{\text{Acyladenylat}}{\text{Adenosin}{-}\overset{OH}{\underset{O}{P}}{-}O{-}\underset{O}{C}{-}R} + \underset{\text{Coenzym A}}{HS{-}R'} \longrightarrow \underset{\text{Acylcoenzym A}}{R{-}CO\cdot S{-}R'} + AMP$$

Von mehreren Fettsäuren, unter anderem Essigsäure, Propionsäure und höheren Fettsäuren, konnte gezeigt werden, daß sie auf diese Art reagieren [3]. Die so gebildeten Acylcoenzyme stellen die «aktive» Form der Fettsäuren dar, die dann in Gegenwart weiterer spezifischer Enzyme eine Reihe von Reaktionen durchläuft, die zusammenfassend als β-Oxydation bezeichnet werden, da die Oxydation am β-Atom der Kohlenstoffkette angreift und so schrittweise zur Abspaltung von Essigsäureäquivalenten führt. Die enzymatischen Zwischenstufen dieses Mechanismus sind in Abbildung 4 dargestellt. Wie daraus hervorgeht, besteht die β-Oxydation aus vier Schritten. Der erste ist eine Dehydrierung in α-β-Stellung, der zweite eine Wasseranlagerung an die Doppelbindung unter Bildung einer β-Hydroxysäure, die dann in einem dritten Schritt zur β-Ketosäure dehydriert wird. Der letzte Schritt besteht in einer «Thiolyse», das heißt einer durch die Thiolgruppe des Coenzyms A bewirkten Spaltung der Kohlenstoffkette. Hierbei bildet sich je 1 Molekül Acetylcoenzym A und 1 Molekül Acyl-

Abb. 4 β-Oxydation der Fettsäuren

Trivialnamen der Enzyme nach der Enzymkommission der IUB[4]. Acyl-CoA-Dehydrogenase ist ein Flavoprotein, 3-Hydroxyacyl-CoA-Dehydrogenase benötigt NAD. Alle vier Reaktionen sind reversibel. Die β-Hydroxyacylcoenzym-A-Derivate sind optisch aktiv und gehören in die L-Reihe; im Gegensatz hierzu hat freie β-Hydroxybuttersäure aus Blut und Harn D-Konfiguration. Die β-Hydroxybuttersäure entsteht bei der Reduktion von freiem Acetoacetat[5].

$$CH_3\text{–}(CH_2)_n\text{–}CH_2\text{–}CH_2\text{–}CO\text{–}S\text{–}R \xrightarrow[\text{Acyl-CoA-Dehydrogenase}]{-2H} CH_3\text{–}(CH_2)_n\text{–}CH{=}CH\text{–}CO\text{–}S\text{–}R \xrightarrow[\text{Enoyl-CoA-Hydratase}]{+H_2O} CH_3\text{–}(CH_2)_n\text{–}CHOH\text{–}CH_2\text{–}CO\text{–}S\text{–}R$$

$$\xrightarrow[\text{3-Hydroxyacyl-CoA-Dehydrogenase}]{-2H} CH_3\text{–}(CH_2)_n\text{–}CO\text{–}CH_2\text{–}CO\text{–}S\text{–}R \xrightarrow[\text{Acetyl-CoA-Acyltransferase (3-Ketoacyl-CoA-Thiolase)}]{+\text{CoA}} CH_3\text{–}(CH_2)_n\text{–}CO\text{–}S\text{–}R + CH_3\text{–}CO\text{–}S\text{–}R$$

Acylcoenzym A → α,β-ungesättigtes Acylcoenzym A → β-Hydroxyacylcoenzym A → β-Ketoacylcoenzym A → Acylcoenzym A + Acetylcoenzym A

coenzym A, dessen Fettsäurerest um 2 Kohlenstoffatome kürzer ist als die Kette des Ausgangsmaterials. Die verkürzte Kette geht nun wiederholt durch die gleiche Reihe von Reaktionen, bis die Fettsäurekette zu einem aus weniger als 4 Kohlenstoffatomen bestehenden Fragment abgebaut ist. Im Falle geradzahliger Ketten ist das Endprodukt Acetylcoenzym A, bei ungeraden Ketten Propionylcoenzym A.

Da die Mehrzahl der natürlich vorkommenden Fettsäuren eine gerade Anzahl Kohlenstoffatome aufweist, ist ihr alleiniges Abbauprodukt Acetylcoenzym A. Das aus ungeraden Ketten entstehende Propionylcoenzym A kann durch CO_2-Aufnahme Bernsteinsäure bilden (siehe weiter unten).

Die Reaktionsfolge, in der die Fettsäuren der Oxydation unterliegen, wurde als «Fettsäurezyklus» bezeichnet. Im eigentlichen Sinne kann der Mechanismus nicht als Zyklus angesehen werden, da das Ausgangsmaterial nach einem Umlauf nicht als solches regeneriert wird. Es wiederholt sich nur der gleiche Reaktionstypus, nicht die gleiche Reaktion. Dies ist in Abbildung 5 graphisch dargestellt; dabei wird ersichtlich, daß der Mechanismus eher einer «Spirale» als einem «Zyklus» gleicht.

Abb. 5 «Spiraldiagramm» der Fettsäureoxydation

C_{16}, C_{14} usw.	=	Acylcoenzym A
ΔC_{16}, ΔC_{14} usw.	=	ungesättigtes Acylcoenzym A
β-OH-C_{16}, β-OH-C_{14} usw.	=	β-Hydroxyacylcoenzym A
β-O-C_{16}, β-O-C_{14} usw.	=	β-Ketoacylcoenzym A
C_2	=	Acetylcoenzym A

Die Indizes bezeichnen die Länge der Kohlenstoffkette.

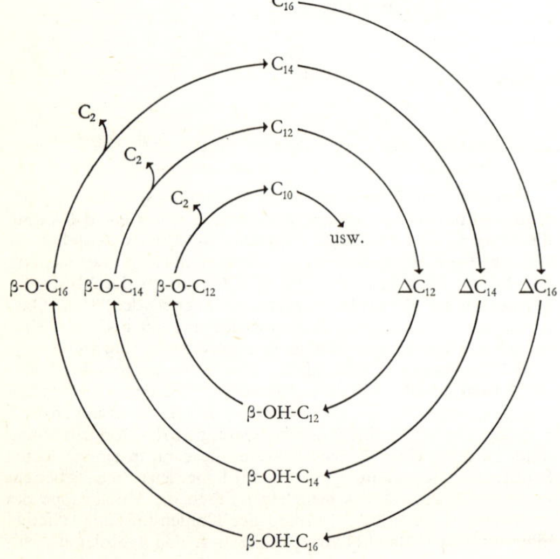

Ungesättigte Fettsäuren entstehen durch Oxydation der Coenzym-A-Ester gesättigter Fettsäuren in einer gekoppelten Reaktion unter Beteiligung von molekularem Sauerstoff und $NADPH_2$[6].

$$CH_3\text{–}(CH_2)_x\text{–}{}^{10}CH_2\text{–}{}^{9}CH_2\text{–}(CH_2)_7\text{–}CO\text{–}S\text{–}R + O_2 + NADPH_2 \longrightarrow CH_3\text{–}(CH_2)_x\text{–}{}^{10}CH{=}{}^{9}CH\text{–}(CH_2)_7\text{–}CO\text{–}S\text{–}R + NADP + 2\,H_2O$$

Der Abbaumechanismus für ungesättigte Fettsäuren ist in den Einzelheiten noch unbekannt.

Der zweite Bestandteil der Neutralfette, das Glycerin, wird in der Leber vor allem in α-Glycerophosphat übergeführt:

Glycerin + ATP → α-Glycerophosphat + ADP

Anderseits kann Glycerin auch zu D-Glycerinaldehyd dehydriert werden, der Glycerinaldehyd-3-phosphat oder über D-Glycerat 2-Phosphoglycerinsäure liefert[7].

Das aus Glycerin entstehende Triosephosphat geht dann die gleichen Reaktionen ein wie das aus den Kohlenhydraten entstandene.

Die Bildung von Bernsteinsäure aus Propionylcoenzym A. Wie schon erwähnt, wird das aus Fettsäuren mit ungerader Kohlenstoffzahl entstehende Propionylcoenzym A in Bernsteinsäure umgewandelt. Dies geschieht durch eine von Ochoa und Mitarbeitern[8] entdeckte Anlagerung von CO_2, die von Racemisierung und Umlagerung des gebildeten Methylmalonylcoenzyms A gefolgt ist[9]:

$$CH_3\text{–}CH_2\text{–}CO\text{–}S\text{–}R \xrightarrow[\text{(ATP)}]{+CO_2} CH_3\text{–}HC(COOH)\text{–}CO\text{–}S\text{–}R \xrightarrow{\text{Methylmalonyl-CoA-Racemase}} COOH\text{–}CHCH_3\text{–}CO\text{–}S\text{–}R \xrightarrow{\text{Methylmalonyl-CoA-Mutase}} COOH\text{–}CH_2\text{–}CH_2\text{–}CO\text{–}S\text{–}R$$

Propionylcoenzym A → Methylmalonylcoenzym A (a) → Methylmalonylcoenzym A (b) → Succinylcoenzym A

Die Hydrolyse des Succinylcoenzyms A liefert dann Bernsteinsäure.

Schlußoxydation der Fette. Der bis jetzt betrachtete Fettabbau ist eine unvollständige Oxydation der Fettsäuren und des Glycerins, wobei als Hauptprodukt Essigsäure in Form von Acetylcoenzym A entsteht. Als einzige weitere Verbindung tritt Bernsteinsäure auf, die aus dem beim Abbau von ungeradzahligen Fettsäuren übrigbleibenden C_3-Baustein gebildet wird. Da Fettsäuren mit ungerader Kohlenstoffzahl selten sind, ist die Menge produzierter Bernsteinsäure gering. Solche Fettsäuren kommen deshalb selten vor, weil Fettsäuren in der Regel aus Bausteinen mit 2 Kohlenstoffatomen aufgebaut werden.

Acetylcoenzym A wie auch Bernsteinsäure werden durch die auf S. 386 und 387 beschriebenen Reaktionen des Tricarbonsäurezyklus vollständig oxydiert.

Ketose. Bei der durch Hunger, Diabetes und andere Störungen verursachten Ketose sammeln sich Ketonkörper, nämlich Acetessigsäure ($CH_3 \cdot CO \cdot CH_2 \cdot COOH$), β-Hydroxybuttersäure ($CH_3 \cdot CHOH \cdot CH_2 \cdot COOH$) und Aceton ($CH_3 \cdot CO \cdot CH_3$) in den Geweben und Körperflüssigkeiten an. Bei Ketose wird aus noch nicht vollständig erkannten Ursachen hauptsächlich aus Fettsäuren mehr Acetylcoenzym A gebildet, als durch den Tricarbonsäurezyklus oxydiert werden kann. Die überschüssigen Moleküle Acetylcoenzym A kondensieren dann paarweise unter Bildung von Acetoacetylcoenzym A, das der Hydrolyse zu Acetessigsäure und Coenzym A unterliegt (in der Leber wird freie Acetessigsäure nicht rasch verwendet):

$$2\ CH_3{-}CO{-}S{-}R \longrightarrow CH_3{-}CO{-}CH_2{-}CO{-}S{-}R + HS{-}R \xrightarrow{+\ H_2O} CH_3{-}CO{-}CH_2{-}COOH + HS{-}R$$

Acetylcoenzym A — Acetoacetylcoenzym A — Acetessigsäure

Acetessigsäure ist der zuerst entstehende Ketonkörper. β-Hydroxybuttersäure wird daraus durch Reduktion, Aceton durch Decarboxylierung gebildet. Die letztere Reaktion ist in der Hauptsache nichtenzymatisch und durch die Instabilität der Acetessigsäure bedingt:

$$CH_3 \cdot CO \cdot CH_2 \cdot COOH$$

$$\swarrow \qquad \searrow$$

$$CH_3 \cdot CH(OH) \cdot CH_2 \cdot COOH \qquad CH_3 \cdot CO \cdot CH_3 + CO_2$$

β-Hydroxybuttersäure (3-Hydroxybuttersäure) — Aceton

Die ältere Ansicht, nach der Acetessigsäure direkt aus den 4 endständigen Kohlenstoffatomen der Fettsäureketten entstehen soll, kann nicht länger aufrechterhalten werden, da Untersuchungen mit Isotopen eindeutig erwiesen haben, daß die meiste Acetessigsäure durch Kondensation von 2 Molekülen Acetylcoenzym A entsteht.

Folglich kommen alle zur Bildung von Acetylcoenzym A befähigten Verbindungen, einschließlich Kohlenhydrate und viele Aminosäuren, als Ausgangsmaterial für Ketonkörper in Frage. Es ist noch nicht geklärt, weshalb nur die Bildung von Acetylcoenzym A aus Fettsäuren und aus den drei ketogenen Aminosäuren, nicht aber diejenige aus Kohlenhydraten und anderen Aminosäuren zur Ansammlung von Ketonkörpern führt. Da die Oxydation von Acetylcoenzym A im Tricarbonsäurezyklus Oxalacetat benötigt, ist letzteres wahrscheinlich eine Schlüsselsubstanz zur Regulierung der Ketose[10]. Es wurde angenommen, daß eine für die optimale Funktion des Tricarbonsäurezyklus ausreichende Konzentration an Oxalacetat im Blut nicht aufrechterhalten werden kann, wenn keine Kohlenhydrate oxydiert werden, doch beruhen die Gründe zu dieser Annahme noch auf Vermutungen.

Hilfsreaktionen des Fettsäureabbaus. Im folgenden sind einige im Zusammenhang mit dem Fettsäureabbau stehende Reaktionen dargestellt.

a) Acetoacetyl-CoA-Hydrolase setzt aus dem Acetoacetylcoenzym A Acetessigsäure frei:

Acetoacetyl-CoA + H_2O → Acetessigsäure + CoA

Von dieser Reaktion wird angenommen, daß sie bei der Ketose, das heißt beim Auftreten von Ketonkörpern im Blut und in den Geweben, eine Rolle spielt[11].

b) β-Hydroxybutyratdehydrogenase katalysiert die reversible Umwandlung von Acetoacetat in β-Hydroxybutyrat:

D-β-Hydroxybutyrat + NAD ⇌ Acetoacetat + $NADH_2$

und ist so für die Bildung und Eliminierung von β-Hydroxybutyrat verantwortlich.

c) Ein das Coenzym A zwischen Acetoacetat und Succinat reversibel übertragendes Enzym (3-Ketoacid-CoA-Transferase) dürfte den Abbau freien Acetoacetats einleiten:

Acetoacetat + Succinyl-CoA ⇌ Acetoacetyl-CoA + Succinat[12]

d) Der Abbau von Acetoacetat kann auch durch folgende Reaktion eingeleitet werden:

Acetoacetat + CoA + ATP → Acetoacetyl-CoA + AMP + Pyrophosphat[13]

Dies ist eine analoge Reaktion zu derjenigen, die den Fettsäureabbau einleitet, und dürfte über die gleichen Zwischenstufen, das heißt über Acetoacetyladenylat, gehen (siehe S. 387).

Literatur

1 Siehe LYNEN, F., *Harvey Lect. 1952–1953*, **48**, 210 (1954); GREEN, D. E., *Biol. Rev.*, **29**, 330 (1954); POPJÁK und LE BRETON (Hrsg.), *Biochemical Problems of Lipids*, Proceedings of the Second International Conference, Gent 1955, Butterworth, London, 1956; BEINERT et al., *Biochem. J.*, **64**, 782 (1956).
2 BERG, P., *J. biol. Chem.*, **222**, 991, 1015, 1025 (1956).
3 PENG, C. H. L., *Biochim. biophys. Acta (Amst.)*, **22**, 42 (1956); JENCKS und LIPMANN, *J. biol. Chem.*, **225**, 207 (1957); WHITEHOUSE et al., *J. biol. Chem.*, **226**, 813 (1957).
4 International Union of Biochemistry, *Enzyme Nomenclature*, Recommendations 1964, Elsevier, Amsterdam, 1965.
5 LEHNINGER und GREVILLE, *Biochim. biophys. Acta (Amst.)*, **12**, 188 (1953).
6 STOFFEL, W., *Biochem. biophys. Res. Commun.*, **6**, 270 (1961); NUGTEREN, D. H., *Biochim. biophys. Acta (Amst.)*, **60**, 656 (1962).
7 HERS, H. G., in: BOYER et al. (Hrsg.), *The Enzymes*, 2. Aufl., Band 6, Academic Press, New York, 1962, S. 75.
8 FLAVIN et al., *Nature*, **176**, 823 (1955).
9 EGGERER et al., *J. Amer. chem. Soc.*, **82**, 2643 (1960); MAZUMDER et al., *J. biol. Chem.*, **237**, 3065 (1962).
10 KREBS, H. A., *Arch. intern. Med.*, **107**, 51 (1961); WIELAND und LÖFFLER, *Biochem. Z.*, **339**, 204 (1963).
11 GREEN, D. E., *Biol. Rev.*, **29**, 330 (1954).
12 STERN et al., *J. Amer. chem. Soc.*, **75**, 1517 (1953).
13 STERN und OCHOA, *J. biol. Chem.*, **191**, 161 (1951).

Die Zwischenstufen des Aminosäurenabbaus

Die Aminosäuren werden, wie die Kohlenhydrate und die Fette, in zwei Stufen abgebaut, wobei in der ersten aus den Aminosäuren Produkte entstehen, die im Tricarbonsäurezyklus oxydiert werden können. Dieser stellt dann die zweite und letzte Abbaustufe dar. Die folgende Übersicht betrifft nur die erste Stufe:

Allgemeine Abbaureaktionen. Einige Abbaureaktionen, wie a) die oxydative Desaminierung, b) die Transaminierung und c) die anoxydative Decarboxylierung, sind allen oder mehreren Aminosäuren gemein.

Oxydative Desaminierung. Das allgemeine Reaktionsschema für die oxydative Desaminierung ist:

$$R{-}CHNH_2{-}COOH + \tfrac{1}{2}\,O_2 \longrightarrow R{-}CO{-}COOH + NH_3$$

α-Aminosäure — α-Ketosäure

In der Leber und in der Niere sind Enzyme vorhanden, welche die meisten α-Aminosäuren, sowohl die mit D- als auch die mit L-Konfiguration, in dieser Weise angreifen. Im allgemeinen ist die Aktivität der D-Aminosäureoxydasen größer als die der L-Aminosäureoxydasen, obwohl D-Aminosäuren in der Natur nur selten vorkommen. Eine L-Aminosäure hingegen, nämlich die Glutaminsäure, reagiert mit bedeutend größerer Geschwindigkeit als alle anderen L-Aminosäuren und wird von einer spezifischen Glutamatdehydrogenase angegriffen.

$$COOH{-}CH_2{-}CH_2{-}CHNH_2{-}COOH + NAD + H_2O \longrightarrow COOH{-}CH_2{-}CH_2{-}CO{-}COOH + NH_3 + NADH_2$$

L-Glutaminsäure — α-Ketoglutarsäure

Dieses Enzym unterscheidet sich von allen anderen dadurch, daß es bei der oxydativen Desaminierung in tierischen Geweben den Wasserstoff auf Nicotinamidadenindinucleotid (NAD) überträgt. Bei den durch andere Enzyme katalysierten oxydativen Desaminierungen ist der Wasserstoffakzeptor ein Flavoprotein. Die L-Aminosäureoxydasen tierischer Gewebe sind verhältnismäßig schwach, und es ist wahrscheinlich, daß die Desaminierung über

Tabelle 5 Einige Transaminierungen in tierischen Geweben[1]

Reaktionen		Bemerkungen
α-Ketoglutarat + L-α-Aminosäure	⇌ L-Glutamat + α-Ketosäure	Die meisten α-Aminosäuren zeigen diese Reaktion in der Leber und vielen anderen Geweben
α-Ketoglutarat + L-Ornithin	⇌ L-Glutamat + L-Glutaminsäure-γ-semialdehyd	Unter Übertragung von ω-Aminogruppen; kommt in der Leber vor[2,3]
Glyoxylat + L-Ornithin	⇌ Glycin + L-Glutaminsäure-γ-semialdehyd	
Pyruvat + L-Ornithin	⇌ L-Alanin + L-Glutaminsäure-γ-semialdehyd	
L-Glutamin + α-Keto-γ-guanidinovaleriansäure	⇌ α-Ketoglutarat + L-Arginin + NH_3	Kommt in der Leber vor[2]
L-Alanin + Hydroxypyruvat	⇌ Pyruvat + L-Serin	Kommt in Leber und Niere vor[4]
α-Ketoglutarat + γ-Aminobutyrat	⇌ L-Glutamat + Bernsteinsäuresemialdehyd	Kommt in Gehirn und Leber vor[5]
α-Ketoglutarat + β-Alanin	⇌ L-Glutamat + Malonsäuresemialdehyd	Kommt in Gehirn und Leber vor[6]

Literatur

[1] Für eine Übersicht siehe COHEN und SALLACH, in: GREENBERG, D. M. (Hrsg.), *Metabolic Pathways*, Band 2, Academic Press, New York, 1961, S. 1; KREBS, H. A., in: MUNRO und ALLISON (Hrsg.), *Mammalian Protein Metabolism*, Band 1, Academic Press, New York, 1964, S. 125; GUIRARD und SNELL, in: FLORKIN und STOTZ (Hrsg.), *Comprehensive Biochemistry*, Band 15, Elsevier, Amsterdam, 1964, S. 138.
[2] MEISTER, A., *J. biol. Chem.*, **206**, 587 (1954).
[3] QUASTEL und WITTY, *Nature*, **167**, 556 (1951).
[4] SALLACH, H. J., *J. biol. Chem.*, **223**, 1101 (1956).
[5] ROBERTS et al., *J. biol. Chem.*, **203**, 195 (1953).
[6] ROBERTS und BREGOFF, *J. biol. Chem.*, **201**, 393 (1953).

eine Transaminierung von α-Aminosäuren mit α-Ketoglutarat (siehe unten) verläuft, worauf dann das gebildete Glutamat der obigen Reaktion entsprechend dehydriert wird.

Transaminierung. Die Transaminierung ist eine reversible Reaktion zwischen Amino- und α-Ketosäuren, bei der die Amino- und Ketogruppen ausgetauscht werden:

$$\begin{matrix} COOH \\ | \\ CH_2 \\ | \\ CH_2 \\ | \\ CO \\ | \\ COOH \end{matrix} + \begin{matrix} COOH \\ | \\ CH_2 \\ | \\ CHNH_2 \\ | \\ COOH \end{matrix} \rightleftharpoons \begin{matrix} COOH \\ | \\ CH_2 \\ | \\ CH_2 \\ | \\ CHNH_2 \\ | \\ COOH \end{matrix} + \begin{matrix} COOH \\ | \\ CH_2 \\ | \\ CO \\ | \\ COOH \end{matrix}$$

α-Ketoglutarsäure L-Asparaginsäure L-Glutaminsäure Oxalessigsäure

In dieser Reaktion kann die Asparaginsäure nach folgendem Schema durch die meisten α-Aminosäuren ersetzt werden:

$$\begin{matrix} \alpha\text{-Ketoglutarat} \\ + \alpha\text{-Aminosäure} \end{matrix} \rightleftharpoons \begin{matrix} \text{L-Glutamat} \\ + \alpha\text{-Ketosäure} \end{matrix}$$

Die Reaktionsgeschwindigkeit ist jedoch mit Asparaginsäure als Aminogruppendonator weitaus am größten. Transaminasen (Aminotransferasen) kommen in den meisten tierischen Geweben sowie auch in Mikroorganismen und Pflanzen vor. Manche Gewebe enthalten spezielle Transaminasen; einige dieser Gewebe sind in Tabelle 5 aufgeführt.

Aus beschädigten Geweben diffundieren die Transaminasen rasch ins Blut; so ist zum Beispiel bei Herzinfarkt der Transaminasespiegel im Plasma erhöht (siehe S. 583). Transaminasen enthalten Pyridoxalphosphat als prosthetische Gruppe.

Decarboxylierung. Die Decarboxylierung vieler Aminosäuren geschieht nach folgendem Schema:

$$\begin{matrix} R \\ | \\ CHNH_2 \\ | \\ COOH \end{matrix} \longrightarrow \begin{matrix} R \\ | \\ CH_2NH_2 \end{matrix} + CO_2$$

α-Aminosäure Primäres Amin

Decarboxylasen kommen in tierischen Geweben und in vielen Mikroorganismen vor; anderseits kann nicht jede Aminosäure decarboxylieren. Die bekannten Decarboxylierungen sind in Tabelle 6 zusammengestellt. Die Bedeutung einiger in tierischen Geweben vorkommender Decarboxylierungen liegt in der Bildung wichtiger Stoffwechselprodukte, wie zum Beispiel Taurin (für die Synthese der Gallensäuren notwendig), Histamin und Serotonin (für die Funktionen des Nervengewebes notwendig) oder Äthanolamin

Tabelle 6 Decarboxylierung von L-Aminosäuren[1]
Die meisten dieser bakteriellen Reaktionen kommen auch in den Mikroorganismen des Verdauungstraktes vor, wie zum Beispiel in *Escherichia coli*, *Streptococcus faecalis* oder *Clostridium*-Arten.

Aminosäure	Entstehendes Amin	Vorkommen des Enzyms
Histidin	Histamin	Tierische Gewebe, Bakterien
Cysteinsäure	Taurin	Leber
Glutaminsäure	γ-Aminobuttersäure	Gehirn, Bakterien
5-Hydroxytryptophan	5-Hydroxytryptamin (Serotonin)	Tierische Gewebe
3,4-Dihydroxyphenylalanin	3,4-Dihydroxyphenyläthylamin	Tierische Gewebe
Serin	Äthanolamin	Tierische Gewebe[2]
Lysin	Cadaverin	Bakterien
Ornithin	Putrescin	Bakterien
Tyrosin	Tyramin	Bakterien
Phenylalanin	Phenyläthylamin	Bakterien
Asparaginsäure	β-Alanin	Bakterien
α-ε-Diaminopimelinsäure	Lysin	Bakterien[3]

Literatur

[1] Für eine Übersicht siehe GUIRARD und SNELL, in: FLORKIN und STOTZ (Hrsg.), *Comprehensive Biochemistry*, Band 15, Elsevier, Amsterdam, 1964, S. 138; KREBS, H. A., in: MUNRO und ALLISON (Hrsg.), *Mammalian Protein Metabolism*, Band 1, Academic Press, New York, 1964, S. 125.
[2] ARNSTEIN, H. R. V., *Biochem. J.*, **48**, 27 (1951).
[3] DEWEY und WORK, *Nature*, **169**, 533 (1952).

(für die Synthese von Cholin, Acetylcholin und der Cephaline notwendig). Bei den meisten Decarboxylierungen wirkt Pyridoxalphosphat als Coenzym, wobei die Decarboxylierung von Histidin eine bemerkenswerte Ausnahme darstellt.

Der Abbau einzelner Aminosäuren [1]

L-*Glutaminsäure*, L-*Asparaginsäure*, L-*Alanin.* Diese drei Aminosäuren geben bei der oxydativen Desaminierung oder Transaminierung α-Ketosäuren, die auch im Kohlenhydratstoffwechsel als Zwischenprodukte auftreten, nämlich α-Ketoglutarat, Oxalacetat und Pyruvat.

Aus den sechs Aminosäuren L-*Histidin*, L-*Arginin*, L-*Citrullin*, L-*Ornithin*, L-*Prolin* und L-*Hydroxyprolin* entsteht beim Abbau in allen Fällen Glutaminsäure und schließlich α-Ketoglutarat.

L-*Histidin* wird von einem Enzymkomplex der Leber, der Tetrahydrofolsäure (THF) als Cofaktor enthält, in Glutaminsäure verwandelt, wobei die Bilanz eine Hydrolyse darstellt:

HC—N=CH—NH—C(CH$_2$—CHNH$_2$—COOH) + THF + 4 H$_2$O ⟶ COOH—CHNH$_2$—CH$_2$—CH$_2$—COOH + HCO·THF + 2 NH$_3$

L-Histidin, Tetrahydrofolsäure, L-Glutaminsäure, Formyltetrahydrofolsäure

Es konnten dabei sechs Zwischenstufen nachgewiesen werden [2]. Die erste ist eine Abspaltung von Ammoniak unter Bildung eines ungesättigten Histidinderivates:

L-Histidin —(Histidinammoniaklyase)⟶ Urocaninsäure (+ NH$_3$) —(+ H$_2$O)⟶

Imidazolonpropionsäure —(+ H$_2$O)⟶ Formiminoglutaminsäure (COOH—CH(NH—CH=NH)—CH$_2$—CH$_2$—COOH) —(+ THF + H$_2$O)⟶

COOH—CHNH$_2$—CH$_2$—CH$_2$—COOH + HC=NH·THF

L-Glutaminsäure, Formimino-THF

Folgendes sind die weiteren Stufen:

Formimino-THF $\xrightarrow{-NH_3}$ 5,10-Methylidyn-THF $\xrightarrow{+H_2O}$ 10-Formyl-THF

10-Formyl-THF und 5,10-Methylidyn-THF sind bei der Purinbiosynthese beteiligt. Folsäuremangel führt zu erhöhter Ausscheidung der Formiminoglutaminsäure im Harn (siehe auch S. 479) [3]. Ein ähnlicher Histidinabbau zu Glutaminsäure konnte in Bakterien nachgewiesen werden, wobei aber die Tetrahydrofolsäure nicht beteiligt zu sein scheint.

L-*Citrullin* und L-*Arginin* werden in Lebergewebe durch die Reaktionen des Ornithinzyklus (siehe S. 438 und 439) zu Ornithin umgebaut. Es ist bekannt, daß L-*Ornithin* durch Transaminierung Glutaminsäure-γ-semialdehyd liefert (siehe S. 390), der durch Dehydrierung in Glutaminsäure übergeht:

CH$_2$NH$_2$—CH$_2$—CH$_2$—CHNH$_2$—COOH —(Transaminierung mit α-Ketoglutarat)⟶ HCO—CH$_2$—CH$_2$—CHNH$_2$—COOH —(+ H$_2$O − 2H)⟶ COOH—CH$_2$—CH$_2$—CHNH$_2$—COOH

L-Ornithin, L-Glutaminsäure-γ-semialdehyd, L-Glutaminsäure

D-*Ornithin* geht unter der Einwirkung von D-Aminosäureoxydase einen anderen Weg, wobei als erstes die α-Aminogruppe eliminiert wird:

CH$_2$NH$_2$—CH$_2$—CH$_2$—CHNH$_2$—COOH + ½ O$_2$ —(D-Aminosäureoxydase)⟶ CH$_2$NH$_2$—CH$_2$—CH$_2$—CO—COOH + NH$_3$

D-Ornithin, α-Keto-δ-aminovaleriansäure

L-*Prolin* bildet Glutaminsäure über die folgenden drei Zwischenstufen [4], darunter zwei Dehydrierungen:

L-Prolin —(− 2H)⟶ L-Δ^1-Pyrrolin-5-carbonsäure —(+ H$_2$O)⟶

L-Glutaminsäure-γ-semialdehyd —(+ H$_2$O, − 2H)⟶ L-Glutaminsäure

Diese Reaktionen konnten sowohl in der Leber als auch in Bakterien nachgewiesen werden.

D-*Prolin* reagiert in der Leber oder Niere von Säugetieren anders als die L-Form und gibt die gleichen α-Ketosäuren wie D-Ornithin. Dies kann erwartet werden, da der Angriffspunkt der D-Aminosäureoxydase immer das α-Kohlenstoffatom ist.

L-*Hydroxyprolin.* γ-Hydroxyglutaminsäure kann aus Hydroxyprolin ähnlich wie Glutaminsäure aus Prolin entstehen [5]. Transaminierung der γ-Hydroxyglutaminsäure mit α-Ketoglutarsäure gibt γ-Hydroxyglutarsäure, die sich zu Brenztraubensäure und Glyoxylsäure spalten oder zu Äpfelsäure decarboxylieren läßt.

Der Abbau der *Leucine* und *Valine* folgt am Anfang dem gewohnten Schema. In jedem Fall führt eine Transaminierung oder oxydative Desaminierung zu der entsprechenden α-Ketosäure. Diese unterliegt nachher den gleichen für Brenztraubensäure beschriebenen Reaktionen (S. 387), wobei ein Acylcoenzym-A-Derivat und CO$_2$ entstehen. Das Acylcoenzym-A-Derivat reagiert dann analog den aus langkettigen Fettsäuren entstehenden Acylcoenzym-A-Derivaten. Im Falle von Leucin folgen nun als besondere Reaktionen eine CO$_2$-Aufnahme und eine Aldolspaltung, und als Endprodukte erscheinen Acetyl- und Propionylcoenzym A. Wie schon erwähnt (S. 388), geht Propionylcoenzym A schließlich in Bernsteinsäure über.

Leucin liefert über folgende Zwischenstufen 3 Moleküle Acetylcoenzym A [6]:

(CH$_3$)$_2$CH—CH$_2$—CHNH$_2$—COOH —(Transaminierung)⟶ (CH$_3$)$_2$CH—CH$_2$—CO—COOH —(+ CoA + NAD)⟶

Leucin, α-Ketoisocapronsäure

Isovalerylcoenzym A $+ CO_2$ $+ NADH_2$ —($-2H$)→ β-Methylcrotonylcoenzym A —($+ CO_2$, ATP)→

β-Methylglutaconylcoenzym A —($+ H_2O$)→ β-Hydroxy-β-methylglutarylcoenzym A →

Acetessigsäure + Acetylcoenzym A —(+ 2 CoA, ATP)→ Acetylcoenzym A (2 Moleküle)

Isoleucin liefert 1 Molekül Acetylcoenzym A und 1 Molekül Propionylcoenzym A[7]:

Isoleucin → α-Keto-β-methylvaleriansäure —(+ CoA + NAD)→ α-Methylbutyrylcoenzym A $+ CO_2 + NADH_2$

—(+ NAD)→ Tiglylcoenzym A $+ NADH_2$ → α-Methyl-β-hydroxybutyrylcoenzym A —(+ NAD)→ α-Methylacetoacetylcoenzym A $+ NADH_2$

—(+ CoA)→ Acetyl-CoA + Propionylcoenzym A —($+ CO_2$ + ATP)→ Bernsteinsäure + HS—R + ADP + P

Der Mechanismus dieser letzten Reaktionsstufe wird auf S. 388 besprochen.

Valin wird durch analoge Reaktionen bis zum β-Hydroxyisobutyrylcoenzym A abgebaut. Diese Verbindung wird dann durch eine Thiolesterhydrolase zu β-Hydroxyisobuttersäure hydrolysiert und wie folgt weiter abgebaut[8]:

Valin → α-Ketoisovaleriansäure —(+ CoA, + NAD)→ Isobutyrylcoenzym A $+ CO_2 + NADH_2$

—($-2H$)→ Methylacrylylcoenzym A —($+ H_2O$)→ β-Hydroxyisobutyrylcoenzym A →

β-Hydroxyisobuttersäure + HS—R —(+ NAD)→ Methylmalonylsemialdehyd $+ NADH_2$ → Propionaldehyd $+ CO_2$

—($+ H_2O$ $-2H$)→ Propionsäure —(+ CoA)→ Propionylcoenzym A

Norleucin (kein Proteinbestandteil) wurde noch nicht in den Einzelheiten untersucht. In Analogie kann aber angenommen werden, daß es die folgende Reaktionsreihe durchlaufen wird, wobei Acetyl- und Propionylcoenzym A entstehen:

Norleucin → α-Ketocapronsäure —(+ CoA, + NAD)→ Valerylcoenzym A $+ CO_2 + NADH_2$ →

β-Äthylacrylylcoenzym A → β-Hydroxyvalerylcoenzym A → β-Ketovalerylcoenzym A

—(+ CoA)→ Propionylcoenzym A + Acetylcoenzym A

Norvalin bildet auf gleichem Wege 2 Moleküle Acetylcoenzym A:

Norvalin → 2 Acetylcoenzym A $+ CO_2 + NH_3$

α-Aminobuttersäure liefert auf dieselbe Art Propionylcoenzym A und daraus Succinat.

Die *Hydroxyaminosäuren* (Serin, Homoserin, Threonin) und *Glycin* reagieren insofern atypisch, als ihre erste Abbaustufe nicht durch oxydative Desaminierung erfolgt.

Aus *Serin* entsteht anaerob Ammoniak und Brenztraubensäure, sowohl in tierischen Geweben als auch in Mikroorganismen. Die Zwischenstufen werden wie folgt angenommen[9]:

$$\underset{\text{Serin}}{CH_2OH{-}CHNH_2{-}COOH} \xrightarrow[\text{Serindehydratase}]{-H_2O} \underset{\alpha\text{-Aminoacrylsäure}}{CH_2{=}C(NH_2){-}COOH} \xrightarrow{\text{Umlagerung}} \underset{\alpha\text{-Iminopropionsäure}}{CH_3{-}C({=}NH){-}COOH}$$

$$\xrightarrow[\text{nichtenzymatisch}]{+H_2O} \underset{\text{Brenztraubensäure}}{CH_3{-}CO{-}COOH} + NH_3 \xrightarrow[+NAD]{+CoA} \underset{\text{Acetylcoenzym A}}{CH_3{-}CO{-}S{-}R} + CO_2 + NADH_2$$

L-*Threonin* (ein Zwischenprodukt des Methioninstoffwechsels) unterliegt bei Inkubation mit Leberextrakt einer analogen, anoxydativen Desaminierung zu α-Ketobuttersäure und Ammoniak[10]:

$$\underset{\text{L-Threonin}}{CH_3{-}CHOH{-}CHNH_2{-}COOH} \xrightarrow{-H_2O} \underset{\alpha\text{-Aminocrotonsäure}}{CH_3{-}CH{=}C(NH_2){-}COOH} \longrightarrow \underset{\alpha\text{-Iminobuttersäure}}{CH_3{-}CH_2{-}C({=}NH){-}COOH} \xrightarrow{+H_2O} \underset{\alpha\text{-Ketobuttersäure}}{CH_3{-}CH_2{-}CO{-}COOH} + NH_3$$

$$\xrightarrow[+NAD]{+CoA} \underset{\text{Propionylcoenzym A}}{CH_3{-}CH_2{-}CO{-}S{-}R} + CO_2 + NADH_2$$

L-Threonin kann auch mittels Threoninaldolase zu Acetaldehyd und Glycin gespalten werden[11].

$$\underset{\text{L-Threonin}}{CH_3{-}CHOH{-}CHNH_2{-}COOH} \longrightarrow \underset{\text{Acetaldehyd + Glycin}}{CH_3{-}OCH + CH_2NH_2{-}COOH} \xrightarrow[+NAD]{+CoA} \underset{\text{Acetylcoenzym A}}{CH_3{-}CO{-}S{-}R} + NADH_2$$

Der gebildete Acetaldehyd kann in Acetylcoenzym A verwandelt werden, während das Glycin nach dem weiter unten beschriebenen Schema abgebaut wird.

Homoserin (ein Zwischenprodukt des Methioninstoffwechsels) wird durch nichtoxydative Desaminierung wie beim Serin zu α-Ketobuttersäure und Ammoniak abgebaut[12].

$$\underset{\text{Homoserin}}{CH_2OH{-}CH_2{-}CHNH_2{-}COOH} \xrightarrow{-H_2O} \underset{\alpha\text{-Aminovinylessigsäure}}{CH_2{=}CH{-}CHNH_2{-}COOH} \longrightarrow \underset{\alpha\text{-Aminocrotonsäure}}{CH_3{-}CH{=}C(NH_2){-}COOH} \longrightarrow \underset{\alpha\text{-Iminobuttersäure}}{CH_3{-}CH_2{-}C({=}NH){-}COOH} \xrightarrow{+H_2O} \underset{\alpha\text{-Ketobuttersäure}}{CH_3{-}CH_2{-}CO{-}COOH} + NH_3$$

Glycin. Der Abbaumechanismus für Glycin ist noch nicht ganz klar. Ein möglicher Abbauweg besteht in der Aldolkondensation mit Hydroxymethyltetrahydrofolsäure zu Serin[13]:

$$\underset{\text{Glycin}}{CH_2NH_2{-}COOH} + \underset{\text{Hydroxymethyltetrahydrofolsäure}}{HOCH_2{\cdot}THF} \rightleftharpoons \underset{\text{L-Serin}}{CH_2OH{-}CHNH_2{-}COOH} + \underset{\text{Tetrahydrofolsäure}}{THF}$$

Bei Tieren und Bakterien ist die Umwandlung von Serin zu Glycin für die Produktion «aktiver» Einkohlenstoffeinheiten wichtig. Transaminierung mit α-Ketoglutarat gibt Glyoxylsäure, die durch Oxydation Oxalsäure und durch oxydative Decarboxylierung Ameisensäure liefert[14]. Die letztere Reaktion dürfte die in tierischen Geweben am häufigsten vorkommende sein:

$$\underset{\text{Glycin}}{CHNH_2{-}COOH} \xrightarrow{\text{Transaminierung}} \underset{\text{Glyoxylsäure}}{HCO{-}COOH} \begin{cases} \nearrow \underset{\text{Oxalsäure}}{COOH{-}COOH} \\ \searrow \underset{\text{Ameisensäure}}{HCOOH} + CO_2 \end{cases}$$

$$HCOOH \xrightarrow[+\text{Catalase}]{+H_2O_2} CO_2 + 2H_2O$$

Eine weitere mögliche Abbaureaktion für Glycin wird durch die Kondensation desselben mit Succinylcoenzym A eingeleitet[15]:

$$\underset{\text{Glycin + Succinylcoenzym A}}{COOH{-}CH_2NH_2 + S(R){-}CO{-}CH_2{-}CH_2{-}COOH} \longrightarrow \underset{\alpha\text{-Amino-}\beta\text{-ketoadipinsäure + Coenzym A}}{COOH{-}CHNH_2{-}CO{-}CH_2{-}CH_2{-}COOH + HS{-}R} \longrightarrow \underset{\delta\text{-Aminolävulinsäure}}{CO_2 + CH_2NH_2{-}CO{-}CH_2{-}CH_2{-}COOH}$$

$$\xrightarrow{\text{Desaminierung oder Transaminierung}} \underset{\alpha\text{-Ketoglutarsäuresemialdehyd}}{HCO{-}CO{-}CH_2{-}CH_2{-}COOH} \xrightarrow[\text{Glyoxalasesystem}]{+H_2O} \underset{\alpha\text{-Hydroxyglutarsäure}}{COOH{-}CHOH{-}CH_2{-}CH_2{-}COOH}$$

$$\xrightarrow{-2H} \underset{\alpha\text{-Ketoglutarsäure}}{COOH{-}CO{-}CH_2{-}CH_2{-}COOH} \xrightarrow{+CoA\ \ -2H} \underset{\text{Succinylcoenzym A}}{COOH{-}CH_2{-}CH_2{-}CO{-}S{-}R} + CO_2$$

Die obigen Reaktionen bis zur Stufe der δ-Aminolävulinsäure sind erwiesen, während der weitere, schließlich bis zum Succinylcoenzym A führende Verlauf hypothetisch ist und auf Analogieschlüssen beruht.

L-*Cystein* kann unter Einwirkung des Enzyms Cysteindesulfhydrase entschwefelt werden, wobei Pyruvat, NH_3 und H_2S entstehen[16]. Die Zwischenstufen sind folgendermaßen formuliert worden:

$$\underset{\text{L-Cystein}}{CH_2SH{-}CHNH_2{-}COOH} \xrightarrow{-H_2S} \underset{\alpha\text{-Aminoacrylsäure}}{CH_2{=}C(NH_2){-}COOH} \xrightarrow{\text{Umlagerung}} \underset{\alpha\text{-Iminopropionsäure}}{CH_3{-}C({=}NH){-}COOH} \xrightarrow{+H_2O} \underset{\text{Brenztraubensäure}}{CH_3{-}CO{-}COOH} + NH_3$$

Diese Reaktionsfolge ist der für Serin beschriebenen analog.

Ein wichtiger Abbauweg läuft über eine Oxydation am Schwefelatom:

$$\underset{\text{L-Cystein}}{CH_2SH{-}CHNH_2{-}COOH} \longrightarrow \underset{\text{Cysteinsulfensäure (hypothetisch)}}{H_2C{-}S{-}OH{-}CHNH_2{-}COOH} \longrightarrow \underset{\text{Cysteinsulfinsäure}}{H_2C{-}S({=}O){-}OH{-}CHNH_2{-}COOH} \xrightarrow{+NAD}$$

$$H_2C(-SO-OH)-CO-COOH + NH_3 + NADH_2 \longrightarrow CH_3-CO-COOH + SO_2$$

β-Sulfinylbrenztraubensäure — Brenztraubensäure

Cystin wird von Lebergewebe zu den gleichen Produkten abgebaut wie das Cystein. Es wird angenommen, daß es vor dem Abbau zu Cystein reduziert wird.

L-*Homocystein*, ein Zwischenprodukt der Methioninoxydation, geht eine Transsulfurierung ein, wobei als Zwischenstufe Cystathionin entsteht[17]. So wird der Schwefel des Methionins zu demjenigen des Cysteins.

$$CH_2SH-CH_2-CHNH_2-COOH + CH_2OH-CHNH_2-COOH \xrightarrow{-H_2O} H_2C(-CH_2-CHNH_2-COOH)-S-CH_2-CHNH_2-COOH$$

L-Homocystein — L-Serin — L-Cystathionin

$$\xrightarrow{+H_2O} CH_2OH-CH_2-CHNH_2-COOH + CH_2SH-CHNH_2-COOH$$

L-Homoserin — L-Cystein

L-*Methionin* wird unter Mithilfe von Adenosintriphosphat (ATP) in eine aktive Form umgewandelt[18]. Diese Verbindung, S-Adenosylmethionin, ist ein Methylgruppendonator, zum Beispiel bei der Cholinsynthese:

$$S(-CH_3)-CH_2-CH_2-CHNH_2-COOH \xrightarrow{ATP \rightarrow P + PP} \text{Adenosyl}-{}^{+}S(-CH_3)-CH_2-CH_2-CHNH_2-COOH$$

L-Methionin — S-Adenosylmethionin

$$\xrightarrow{\text{Demethylierung}} \text{Adenosyl}-S-CH_2-CH_2-CHNH_2-COOH \longrightarrow CH_2SH-CH_2-CHNH_2-COOH$$

S-Adenosylhomocystein — Homocystein

Der weitere Abbau des Homocysteins ist schon beschrieben worden.

L-*Lysin*. Der folgende Abbaumechanismus wurde im wesentlichen aufgrund von Isotopenuntersuchungen und der Isolierung der meisten Zwischenprodukte aufgestellt[19]:

$$CH_2NH_2-CH_2-CH_2-CH_2-CHNH_2-COOH \longrightarrow CH_2NH_2-CH_2-CH_2-CH_2-CO-COOH \longrightarrow \text{(Tetrahydropyridin-2-carbonsäure)} \xrightarrow{+2H} \text{(Pipecolinsäure)}$$

L-Lysin — α-Keto-ε-aminocapronsäure — 3,4,5,6-Tetrahydropyridin-2-carbonsäure — Pipecolinsäure

$$\xrightarrow{-2H} \text{(2,3,4,5-Tetrahydropyridin-2-carbonsäure)} \longrightarrow HCO-CH_2-CH_2-CH_2-CHNH_2-COOH \longrightarrow COOH-CH_2-CH_2-CH_2-CHNH_2-COOH \longrightarrow COOH-CH_2-CH_2-CH_2-CO-COOH$$

2,3,4,5-Tetrahydropyridin-2-carbonsäure — α-Aminoadipinsäure-semialdehyd — α-Aminoadipinsäure — α-Ketoadipinsäure

$$\xrightarrow{+H_2O\ -2H} COOH-CH_2-CH_2-CH_2-COOH + CO_2 \xrightarrow{+CoA} COOH-CH_2-CH_2-CH_2-CO-S-R \xrightarrow{-2H} COOH-CH_2-CH{=}CH-CO-S-R$$

Glutarsäure — Glutarylcoenzym A — Glutaconylcoenzym A

$$\longrightarrow CH_3-CH{=}CH-CO-S-R + CO_2 \xrightarrow{+H_2O\ -2H} CH_3-CO-CH_2-CO-S-R \xrightarrow{+CoA} 2\ \text{Acetyl-CoA}$$

Crotonylcoenzym A — Acetoacetylcoenzym A

Phenylalanin und *Tyrosin* werden in tierischen Geweben durch folgende Reaktionen abgebaut, wobei mehrere ungewöhnliche Enzyme beteiligt sind. Als Endprodukte treten Oxalessigsäure und Acetylcoenzym A auf:

$$C_6H_5-CH_2-CHNH_2-COOH \xrightarrow[\text{Phenylalanin-4-hydroxylase}^{20}]{+\frac{1}{2}O_2} HO-C_6H_4-CH_2-CHNH_2-COOH \xrightarrow{\text{Transaminierung}} HO-C_6H_4-CH_2-CO-COOH$$

Phenylalanin — Tyrosin — *p*-Hydroxyphenylbrenztraubensäure

$$\xrightarrow{+O_2} (HO)_2C_6H_3-CH_2-COOH + CO_2 \xrightarrow[\text{Homogentisatoxygenase}^{21}]{+O_2}$$

Homogentisinsäure

$$HOOC-CH{=}CH-CO-CH_2-CO-CH_2-COOH \xrightarrow{\text{cis-trans-Isomerase}^{22}} HOOC-CH{=}CH-CO-CH_2-CO-CH_2-COOH \xrightarrow[\text{Fumarylacetoacetase}]{+H_2O}$$

Maleylacetessigsäure — Fumarylacetessigsäure

$$HOOC-CH{=}CH-COOH \xrightarrow{+H_2O} \text{Äpfelsäure} \xrightarrow{-2H} \text{Oxalessigsäure}$$

$$+\ CH_3-CO-CH_2-COOH \xrightarrow{+2\ CoA} 2\ \text{Acetyl-CoA}$$

Fumarsäure + Acetessigsäure

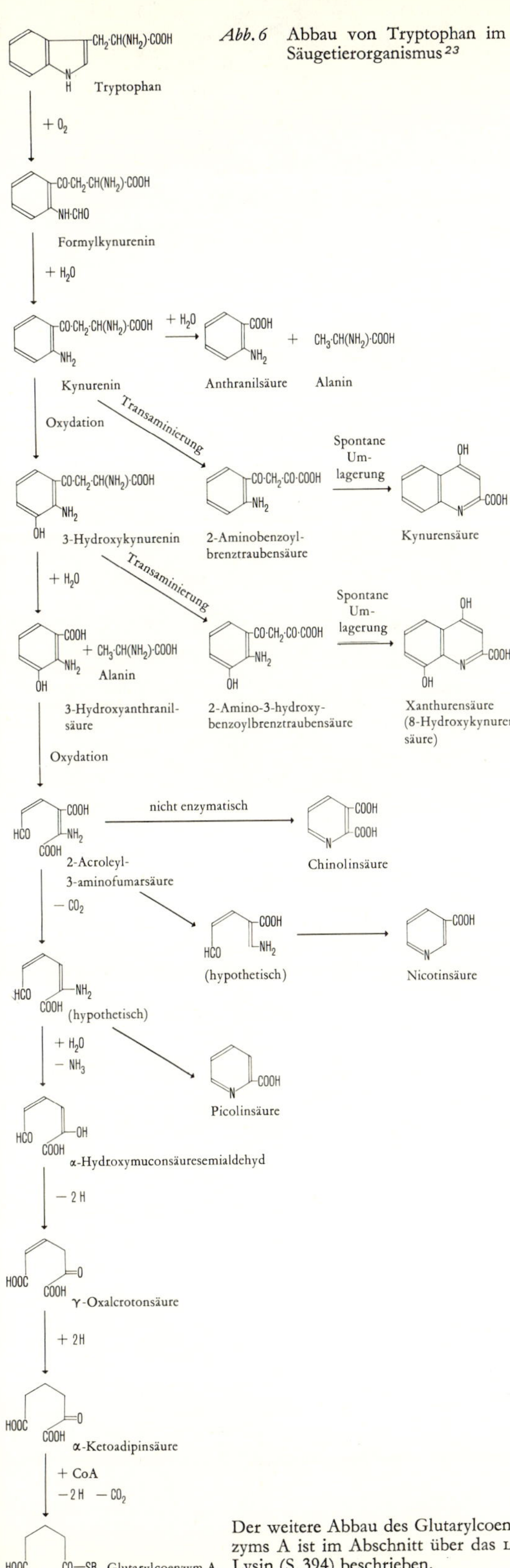

Abb. 6 Abbau von Tryptophan im Säugetierorganismus[23]

Der weitere Abbau des Glutarylcoenzyms A ist im Abschnitt über das L-Lysin (S. 394) beschrieben.

Über angeborene metabolische Störungen im Phenylalanin- und Tyrosinstoffwechsel siehe S. 444 und 445.

Tryptophan wird im Menschen und in den meisten Tieren nur unvollständig oxydiert. Die im Harn ausgeschiedenen Produkte dieser Oxydation sind Anthranilsäure, Kynurenin, Hydroxykynurenin, Kynurensäure und 8-Hydroxykynurensäure (Xanthurensäure). In einigen Tieren können Tryptophan und 3-Hydroxyanthranilsäure (nicht aber Anthranilsäure) in beschränkter Menge zu Nicotinsäure umgebaut werden. Dies geschieht über eine Spaltung des Benzolrings der 3-Hydroxyanthranilsäure und Bildung eines Pyridinrings, dessen Stickstoffatom von der Aminogruppe der Anthranilsäure stammt. Die Seitenkette des Tryptophans kann in Form von Alanin auftreten. Eine Darstellung der möglichen Reaktionswege zu den verschiedenen Produkten ist in Abbildung 6 gegeben. Viele Einzelheiten sind bis dahin noch unbekannt.

Literatur

1 Für Zusammenfassungen siehe Greenberg, D. M. (Hrsg.), *Metabolic Pathways*, Band 2, Academic Press, New York, 1961; Krebs, H. A., in: Munro und Allison (Hrsg.), *Mammalian Protein Metabolism*, Band 1, Academic Press, New York, 1964, S. 125.

2 Tabor und Wyngarden, *J. biol. Chem.*, **234**, 1830 (1959).

3 Tabor et al., *J. Amer. chem. Soc.*, **75**, 756 (1953).

4 Johnson und Strecker, *J. biol. Chem.*, **237**, 1876 (1962).

5 Adams und Goldstone, *J. biol. Chem.*, **235**, 3492 (1960); Dekker, E. E., *Biochim. biophys. Acta (Amst.)*, **40**, 174 (1960); Goldstone und Adams, *J. biol. Chem.*, **237**, 3476 (1962).

6 Bachhawat et al., *J. biol. Chem.*, **216**, 727 (1955); **219**, 539 (1956); del Campillo-Campbell et al., *Biochim. biophys. Acta (Amst.)*, **31**, 290 (1959).

7 Coon et al., *J. biol. Chem.*, **199**, 75 (1954); Robinson et al., *J. biol. Chem.*, **218**, 391 (1956).

8 Kinnory et al., *J. biol. Chem.*, **212**, 385 (1955); Robinson et al., *J. biol. Chem.*, **224**, 1 (1957), Rendina und Coon, *J. biol. Chem.*, **225**, 523 (1957).

9 Chargaff und Sprinson, *J. biol. Chem.*, **151**, 273 (1943); Selim und Greenberg, *J. biol. Chem.*, **234**, 1474 (1959).

10 Goldstein et al., *J. biol. Chem.*, **237**, 2855 (1962).

11 Braunshtein und Wilenkina, *Dokl. Akad. Nauk SSSR, Otd. Biokh.*, **66**, 243 (1949); Meltzer und Sprinson, *J. biol. Chem.*, **197**, 461 (1952).

12 Matsuo et al., *J. biol. Chem.*, **221**, 679 (1956); Matsuo und Greenberg, *J. biol. Chem.*, **230**, 545 (1958).

13 Greenberg, D. M., in: Greenberg, D. M. (Hrsg.), *Metabolic Pathways*, Band 2, Academic Press, New York, 1961, S. 173.

14 Nakada et al., *J. biol. Chem.*, **216**, 583 (1955); Nakada und Sund, *J. biol. Chem.*, **233**, 8 (1958); Crawhall und Watts, *Biochem. J.*, **85**, 163 (1962).

15 Shemin und Russell, *J. Amer. chem. Soc.*, **75**, 4873 (1953); Shemin, D., *Harvey Lect. 1954–1955*, **50**, 258 (1956); Rimington, C., *Brit. med. J.*, **2**, 189 (1956).

16 Kun, E., in: Greenberg, D. M. (Hrsg.), *Metabolic Pathways*, Band 2, Academic Press, New York, 1961, S. 237.

17 Selim und Greenberg, *J. biol. Chem.*, **234**, 1474 (1959).

18 de la Haba und Cantoni, *J. biol. Chem.*, **234**, 603 (1959); Kun, E., in: Greenberg, D. M. (Hrsg.), *Metabolic Pathways*, Band 2, Academic Press, New York, 1961, S. 237.

19 Tustanoff und Stern, *Fed. Proc.*, **20**, 272 (1961); Bagchi et al., *J. biol. Chem.*, **236**, 370 (1961); Rothstein et al., *J. biol. Chem.*, **237**, 2828 (1962).

20 Mitoma, C., *Arch. Biochem.*, **60**, 476 (1956).

21 Hager et al., *J. biol. Chem.*, **225**, 935 (1957).

22 Edwards und Knox, *J. biol. Chem.*, **220**, 79 (1956).

23 Gholson et al., *J. biol. Chem.*, **237**, PC2043 (1962); Krebs, H. A., in: Munro und Allison (Hrsg.), *Mammalian Protein Metabolism*, Band 1, Academic Press, New York, 1964, S. 125.

Der Abbau anderer Nahrungsmittelbestandteile als Kohlenhydrate, Fettsäuren und Proteine

Die Nahrungsmittel enthalten eine Reihe von Substanzen, die weder aus Hexosen noch aus Fettsäuren oder Aminosäuren aufgebaut sind. Einige dieser Verbindungen werden im Körper abgebaut, andere nicht. Die Bestandteile der Nucleinsäuren und Nucleotide (Pentosen, Desoxypentosen, Purin- und Pyrimidinbasen) und ein Teil des Cholesterinmoleküls werden abgebaut. Diese Verbindungen kommen in der Nahrung in so kleiner Menge vor, daß ihr Beitrag zur Energieproduktion praktisch nicht ins Gewicht fällt.

Pentosen, die als Ribose-5-phosphat vorkommen, können im Pentosephosphatzyklus [Reaktionen (**3**) bis (**8**) der Tabelle 19 auf S. 418] in Glucose-6-phosphat und Triosephosphat umgewandelt werden. Aus 3 Molekülen Ribose-5-phosphat entstehen dabei 2 Moleküle Glucose-6-phosphat und 1 Molekül Glycerinaldehydphosphat.

(Fortsetzung S. 397)

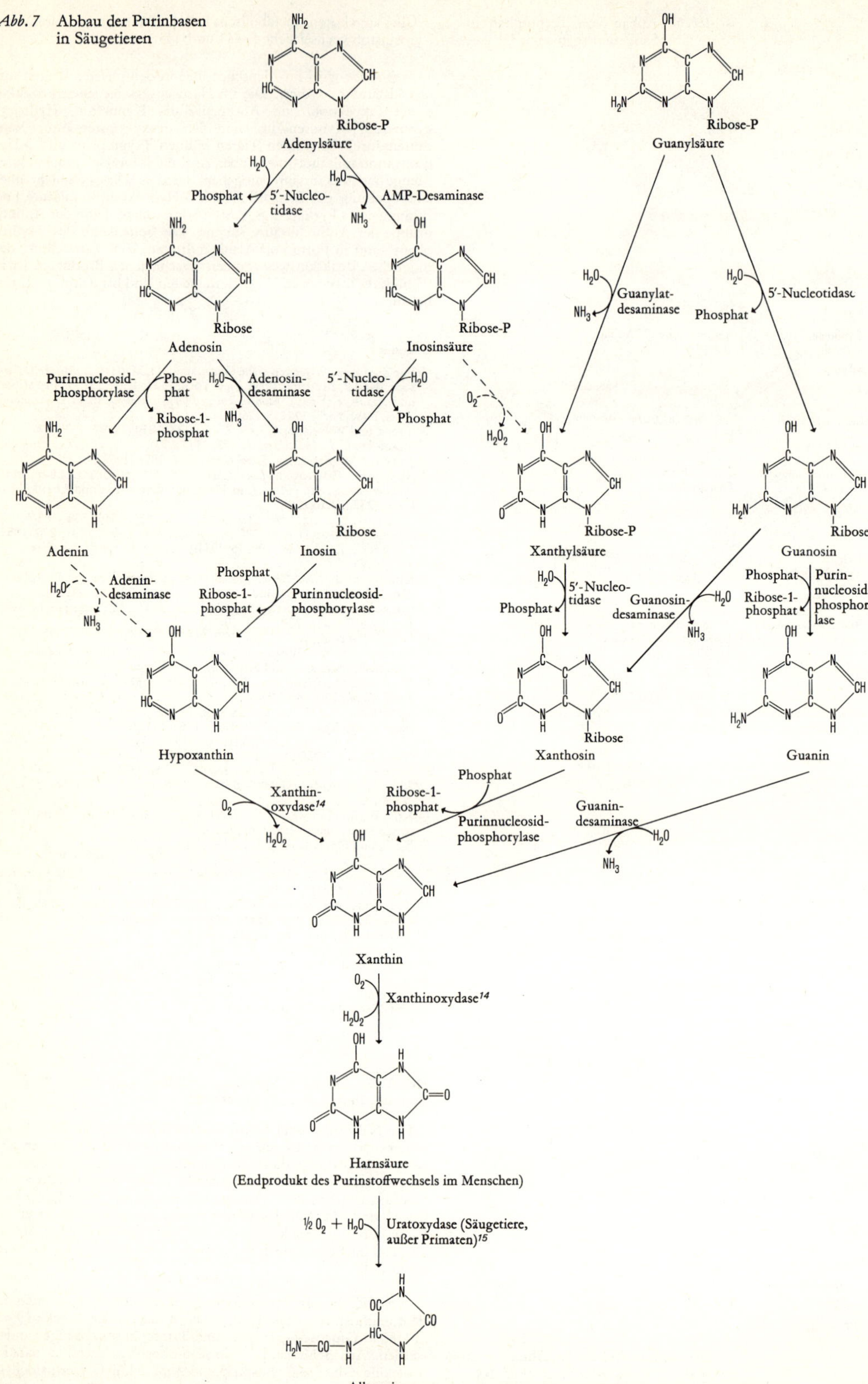

Abb. 7 Abbau der Purinbasen in Säugetieren

(Fortsetzung von S. 395)

2-Desoxyribose-5-phosphat kann durch Desoxyriboaldolase in Acetaldehyd und Glycerinaldehydphosphat gespalten werden[1]:

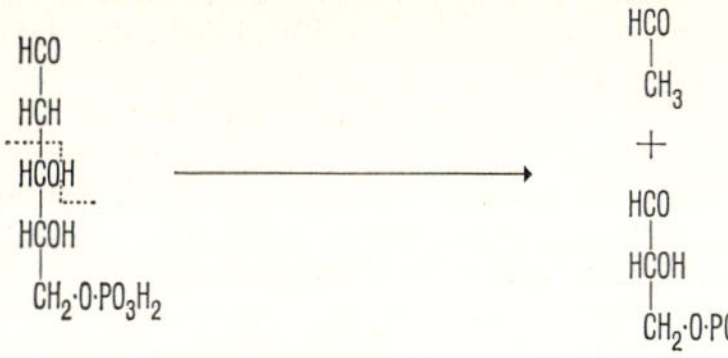

$$\begin{matrix}HCO\\|\\HCH\\|\\HCOH\\|\\HCOH\\|\\CH_2{\cdot}O{\cdot}PO_3H_2\end{matrix}\longrightarrow\begin{matrix}HCO\\|\\CH_3\end{matrix}\ \text{Acetaldehyd}\ +\ \begin{matrix}HCO\\|\\HCOH\\|\\CH_2{\cdot}O{\cdot}PO_3H_2\end{matrix}$$

2-Desoxyribose-5-phosphat — Glycerinaldehyd-3-phosphat

Aus Acetaldehyd kann Acetylcoenzym A entstehen.

Purinbasen werden im Menschen zu Harnsäure und in den meisten Säugetieren zu Allantoin abgebaut (siehe S. 396). Die *Pyrimidine* zerfallen in Ammoniak, CO_2 und β-Alanin oder α-Methyl-β-alanin (β-Aminoisobuttersäure) in der weiter unten dargestellten Reihe von Reaktionen. Sowohl β-Alanin als auch α-Methyl-β-alanin können weiter oxydiert werden[2]. β-Alanin kann mit α-Ketoglutarat eine Transaminierung eingehen, wobei Malonsäuresemialdehyd entsteht, der wahrscheinlich zu Acetaldehyd decarboxyliert und auf diesem Wege in Acetylcoenzym A übergeführt wird[3]:

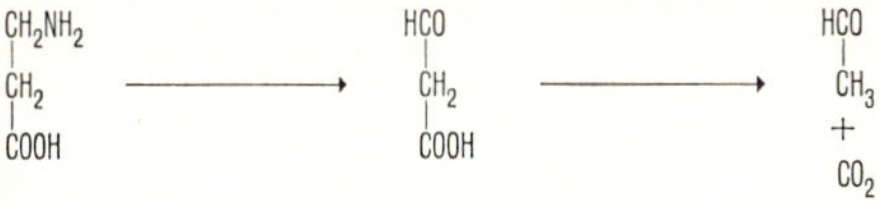

$$\begin{matrix}CH_2NH_2\\|\\CH_2\\|\\COOH\end{matrix}\longrightarrow\begin{matrix}HCO\\|\\CH_2\\|\\COOH\end{matrix}\longrightarrow\begin{matrix}HCO\\|\\CH_3\\+\\CO_2\end{matrix}\ \text{Acetaldehyd}$$

β-Alanin — Malonsäuresemialdehyd

α-Methyl-β-alanin liefert in analoger Weise Methylmalonsäuresemialdehyd[4], aus dem Propionaldehyd und anschließend über Propionylcoenzym A Bernsteinsäure entsteht.

Ungefähr 5–10% der Menschen scheiden im Harn täglich Mengen bis zu 300 mg α-Methyl-β-alanin aus[5]. Es wird angenommen, daß dies auf einem angeborenen Fehler im Metabolismus beruht. Es ist möglich, daß die Störung durch ein Versagen des enzymatischen Abbaus von α-Methyl-β-alanin verursacht wird[6].

Vom *Cholesterin* wird nur die Seitenkette vollständig oxydiert, wobei ein spezifisches Enzym die Seitenkette in Form von Isocapronsäure abspaltet und Pregnenolon zurückläßt[7]. Die Isocapronsäure wird zu Propionsäure und Acetylcoenzym A abgebaut[8]. Das Ringgerüst des Cholesterins und der Steroide wird nicht zu CO_2 oxydiert[7].

Zu weiteren Zellbestandteilen, die im Körper nicht zu CO_2 oxydiert werden, gehören die aus Hämoglobin und Cytochromen stammenden *Eisenporphyrine*, die in Form der Gallenfarbstoffe und ihrer Derivate ausgeschieden werden, und die *Uronsäuren*, welche in Mucinen, in der Hyaluronsäure und in der Chondroitinschwefelsäure der Knorpel und Sehnen enthalten sind.

Der Abbau der Pyrimidine. Cytosin und Uracil werden in der Leber über die folgenden Stufen zu β-Alanin abgebaut[9]:

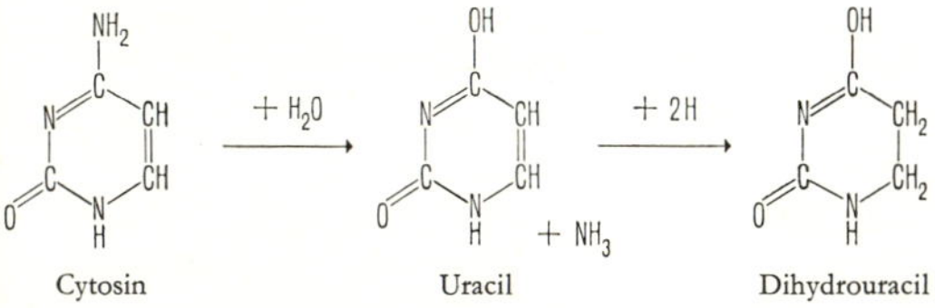

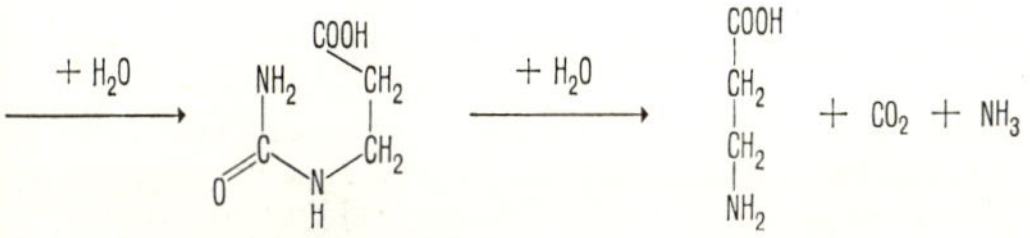

Cytosin $\xrightarrow{+\,H_2O}$ Uracil $+\ NH_3$ $\xrightarrow{+\,2H}$ Dihydrouracil $\xrightarrow{+\,H_2O}$ Carbamyl-β-alanin $\xrightarrow{+\,H_2O}$ β-Alanin $+\ CO_2 + NH_3$

Aus Thymin entsteht in Lebergewebe auf analogem Wege α-Methyl-β-alanin[10] (in Bakterien auch andere Reaktionen[11]):

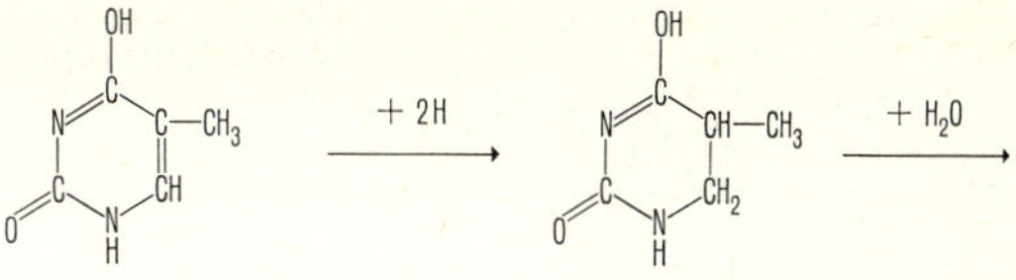

Thymin $\xrightarrow{+\,2H}$ Dihydrothymin $\xrightarrow{+\,H_2O}$ Carbamyl-β-aminoisobuttersäure (α-Methylcarbamyl-β-alanin) $\xrightarrow{+\,H_2O}$ β-Aminoisobuttersäure (α-Methyl-β-alanin) $+\ CO_2 + NH_3$

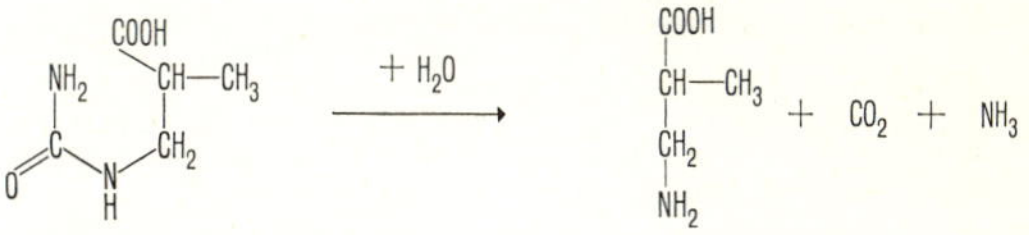

Abbau der Purinbasen im Menschen und in Säugetieren[12]. Der Abbau der Purinbasen Adenin und Guanin geschieht durch hydrolytische Desaminierung und Oxydation. Durch diese beiden Reaktionstypen können sowohl die entsprechenden Nucleotide und Nucleoside wie auch die freien Purinbasen angegriffen werden. Die Desaminierung geht der Oxydation voran, doch resultieren verschiedene Abbauwege, je nachdem ob Desaminierung und Oxydation vor oder nach der Spaltung der Nucleotide oder Nucleoside erfolgen. Unabhängig vom Weg sind die Endprodukte des Purinabbaus immer Harnsäure im Menschen und den Primaten bzw. Allantoin in anderen Säugetieren. Amphibien und Fische bauen das Allantoin noch weiter zu Allantoinsäure, Harnstoff und Glyoxylsäure ab. Einige niedrigere Arten, wie die Krustazeen, können Harnstoff noch weiter in Ammoniak und Kohlensäure spalten.

Die verschiedenen Reaktionswege sind in Abbildung 7 (S. 396) zusammengestellt. Die Bedeutung der alternativen Reaktionen ist noch nicht bekannt. Rasch ablaufende und im Säugetierorganismus häufig vorkommende Reaktionen wurden durch ausgezogene, relativ langsame und seltenere durch gestrichelte Pfeile wiedergegeben.

Purindesaminasen. Adenin, Adenosin und Adenylsäure werden durch die drei Enzyme Adenindesaminase, Adenosindesaminase und AMP-Desaminase zu den entsprechenden Hypoxanthinderivaten und Ammoniak hydrolytisch gespalten. Das Vorhandensein von Adenindesaminase in Säugetieren ist nicht gesichert. Adenosindesaminase hingegen kommt in den meisten Geweben höherer Tiere vor. Die quergestreifte Muskulatur enthält sehr viel AMP-Desaminase, andere Gewebe dagegen, einschließlich Herzmuskulatur, nur relativ wenig[13].

Drei weitere Enzyme – Guanindesaminase, Guanosindesaminase und Guanylatdesaminase – hydrolysieren Guanin, Guanosin und Guanylsäure zu den entsprechenden Xanthinderivaten und Ammoniak. Alle diese Enzyme kommen in vielen Geweben höherer Tiere vor. Die jeweilige Bedeutung dieser verschiedenen Desaminierungen für den Purinabbau ist nicht bekannt.

Purinoxydasen. Purine können als Ribotide oder in Form der freien Basen oxydiert werden. Die Oxydation von Inosinsäure zu Xanthylsäure ist eine Zwischenstufe bei der Guanylsäuresynthese (siehe S. 432), spielt aber beim Purinabbau wahrscheinlich nur eine kleine Rolle, da die Hauptmenge über eine Oxydation der freien Purinbasen abgebaut wird.

Xanthinoxydase katalysiert die Oxydation von Hypoxanthin zu Xanthin und von letzterem zu Harnsäure. Das Enzym ist in der Milch und in vielen Geweben vorhanden[14].

Uratoxydase oxydiert Harnsäure zu Allantoin[15] und kommt in der Leber und der Niere von Säugetieren vor, jedoch nicht beim Menschen und bei den Primaten.

Nucleotidasen und Purinnucleosidphosphorylasen. Die Spaltung der Nucleotide geschieht hydrolytisch, wobei Nucleoside und anorganisches Phosphat entstehen. In Tieren werden die Nucleoside phosphorolytisch unter Bildung von freier Purinbase und Ribose-1-phosphat gespalten. Mikroorganismen enthalten auch Nucleosidasen, die aber in höheren Tieren bis anhin noch nicht nachgewiesen werden konnten.

Literatur

1 RACKER, E., *J. biol. Chem.*, **196**, 347 (1952).
2 ROBERTS und BREGOFF, *J. biol. Chem.*, **201**, 393 (1953).
3 PIHL und FRITZSON, *J. biol. Chem.*, **215**, 345 (1955).
4 KUPIECKI und COON, *J. biol. Chem.*, **229**, 743 (1957).
5 CRUMPLER et al., *Nature*, **167**, 307 (1951).

[6] Gartler, S. M., *Amer. J. hum. Genet.*, **11**, 257 (1959).
[7] Siperstein und Chaikoff, *J. biol. Chem.*, **198**, 93 (1952); Staple et al., *J. biol. Chem.*, **219**, 845 (1956).
[8] Atchley, W. A., *J. biol. Chem.*, **176**, 123 (1948).
[9] Fink et al., *J. biol. Chem.*, **221**, 425 (1956); Canellakis, E. S., *J. biol. Chem.*, **221**, 315 (1956); Fritzson und Pihl, *J. biol. Chem.*, **226**, 229 (1957).
[10] Fink et al., *Fed. Proc.*, **15**, 251 (1956).
[11] Hayaishi und Kornberg, *J. biol. Chem.*, **197**, 717 (1952).
[12] Für eine Übersicht siehe Schulman, M. P., in: Greenberg, D. M. (Hrsg.), *Metabolic Pathways*, Band 2, Academic Press, New York, 1961, S. 389.
[13] Conway und Cooke, *Biochem. J.*, **33**, 479 (1939).
[14] Für eine Übersicht siehe Bray, R. C., in: Boyer et al. (Hrsg.), *The Enzymes*, 2. Aufl., Band 7, Academic Press, New York, 1963, S. 533.
[15] Für eine Übersicht siehe Keilin, J., *Biol. Rev.*, **34**, 265 (1959); Mahler, H. R., in: Boyer et al. (Hrsg.), *The Enzymes*, 2. Aufl., Band 8, Academic Press, New York, 1963, S. 285.

Übersicht über den Abbau der wichtigsten Nahrungsstoffe

Betrachtet man die Reaktionen, durch welche die Grundbestandteile der Nahrung abgebaut werden, so kann man ersehen, daß dieser Abbau in zwei Hauptstufen erfolgt. In der ersten Stufe wird das Ausgangsmaterial – die durch den Verdauungsprozeß entstandenen niedrigmolekularen Verbindungen, bestehend aus einigen Hexosen, Glycerin, etwa 20 Aminosäuren und einer Anzahl Fettsäuren – nur unvollständig oxydiert. Die Endprodukte dieser Oxydation sind in der Tabelle 7 zusammengestellt und bestehen, unter Weglassung von Kohlendioxyd und Wasser, aus Essigsäure in Form von Acetylcoenzym A oder Zwischenprodukten des Tricarbonsäurezyklus, wie α-Ketoglutarat, Succinat, Fumarat oder Oxalacetat. Essigsäure ist das Hauptprodukt: Zwei Drittel des Kohlenstoffs der Kohlenhydrate und des Glycerins, der ganze Kohlenstoff der üblichen Fettsäuren und etwa die Hälfte des Kohlenstoffs der Aminosäuren liefern Acetylcoenzym A. Das α-Ketoglutarat entsteht aus Glutaminsäure, Histidin, Arginin, Citrullin, Ornithin, Prolin und Hydroxyprolin; das Oxalacetat aus Asparaginsäure; das Fumarat aus einem Teil des Benzolrings von Tyrosin und Phenylalanin und das Succinat aus Threonin, Isoleucin, Valin, Methionin, α-Aminobuttersäure, Propionsäure und den 3 endständigen Kohlenstoffatomen der Fettsäuren mit ungeradzahliger Kohlenstoffkette.

Die Endprodukte der ersten oxydativen Abbaustufe werden hierauf in einer zweiten Stufe, dem Tricarbonsäurezyklus, vollständig oxydiert; dieser stellt also den allen Nahrungsstoffen gemeinsamen letzten Oxydationsweg dar. Beinahe zwei Drittel der gesamten Verbrennungsenergie der Nahrungsstoffe werden in diesem Zyklus freigesetzt.

Jeder Überschuß an Oxalacetat, der nicht als Katalysator für den Zyklus verwendet wird, kann zu Pyruvat decarboxyliert und darauf in Acetylcoenzym A übergeführt werden, welches dann der vollständigen Oxydation unterliegt.

Andere Substanzen als Kohlenhydrate, Fette oder Aminosäuren werden, sofern sie Energie liefern können, auf dem gleichen Wege wie diese abgebaut und geben Acetylcoenzym A und Zwischenprodukte des Tricarbonsäurezyklus oder nur die letzteren.

Tabelle 7 Übersicht über die Produkte, die beim ersten oxydativen Abbau der Grundbestandteile der Nahrung entstehen
Diese Reaktionen führen alle zu Acetylcoenzym A und Zwischenprodukten des Tricarbonsäurezyklus oder nur zu letzteren.

Ausgangsmaterial	Produkte der ersten Oxydationsstufe (CO_2 weggelassen)
Glucose, andere Hexosen	2 Acetylcoenzym A
Fettsäuren (geradzahlige C-Kette mit *n* Kohlenstoffatomen)	½ *n* Acetylcoenzym A
Fettsäuren (ungeradzahlige C-Kette mit *n* Kohlenstoffatomen)	½ (*n* – 3) Acetylcoenzym A 1 Succinat (über Propionylcoenzym A)
Glycerin, Alanin, Cystein, Cystin, Serin	1 Acetylcoenzym A
Glutaminsäure, Histidin, Arginin, Ornithin, Citrullin, Prolin, Hydroxyprolin	1 α-Ketoglutarat
Asparaginsäure	1 Oxalacetat
Leucin	3 Acetylcoenzym A
Isoleucin	1 Acetylcoenzym A 1 Succinat (über Propionylcoenzym A)
Valin	1 Succinat (über Methylmalonsäuresemialdehyd)
Norleucin	1 Acetylcoenzym A
Norvalin	2 Acetylcoenzym A 1 Succinat (über Propionylcoenzym A)
α-Aminobuttersäure, Homoserin, Homocystein, Methionin	1 Succinat (über Propionylcoenzym A)
Glycin*	1 Acetylcoenzym A (über Serin)
Threonin	1 Succinat
Lysin	2 Acetylcoenzym A
Phenylalanin, Tyrosin	1 Fumarat 2 Acetylcoenzym A
Tryptophan	Maximal 3 Acetylcoenzym A**

* Glycin kann auch über einen besonderen Zyklus oxydiert werden (siehe S. 393).
** Es werden noch andere Produkte gebildet, die nicht oxydierbar sind (siehe S. 395).

Der Mechanismus biologischer Oxydationen

Allgemeines. Bei den bisher behandelten Abbaureaktionen werden die Nahrungsmittelmoleküle durch molekularen Sauerstoff «verbrannt». Diese «Verbrennung» ist jedoch nicht eine direkte Reaktion zwischen Substrat und molekularem Sauerstoff, sondern eine Elektronenverschiebung, die durch mehrere komplexe Enzymsysteme vermittelt wird und wobei Sauerstoff den letzten Elektronenakzeptor darstellt. Um die Wirkungsweise dieser Katalysatoren zu verstehen, muß daran gedacht werden, daß biologische Oxydationen in drei Typen auftreten, die im Grunde genommen ein und dieselbe Reaktion darstellen, obwohl sie auf den ersten Blick verschieden aussehen. Die drei Typen sollen durch folgende Fälle veranschaulicht werden:

Fall 1. Anlagerung von Sauerstoffatomen, zum Beispiel:

$$\underset{\text{Acetaldehyd}}{CH_3\cdot CHO} \xrightarrow{+O} \underset{\text{Essigsäure}}{CH_3\cdot COOH}$$

Fall 2. Abspaltung von Wasserstoffatomen, zum Beispiel:

$$\underset{\text{Milchsäure}}{CH_3\cdot CHOH\cdot COOH} \xrightarrow{-2H} \underset{\text{Brenztraubensäure}}{CH_3\cdot CO\cdot COOH}$$

Fall 3. Überführung eines Metallions von einer niedrigeren auf eine höhere Valenzstufe unter Abspaltung von Elektronen, wie:

$$Fe^{++} \longrightarrow Fe^{+++} + e^-$$

Unter Berücksichtigung der Beteiligung von Wasser sind alle diese Fälle im Grunde identisch und bestehen in einer Abspaltung von H-Atomen:

Fall 1 wird dann

$$\underset{\text{Acetaldehyd}}{CH_3\cdot CHO} + H_2O \longrightarrow \underset{\text{Acetaldehydhydrat}}{CH_3\cdot CH(OH)_2} \xrightarrow{-2H} \underset{\text{Essigsäure}}{CH_3\cdot COOH}$$

und Fall 3 wird

$$2\,Fe^{++} + 2\,H_2O \xrightarrow{-2H} 2\,Fe^{+++} + 2\,OH^-$$

Das Gemeinsame bei allen Typen biologischer Oxydationen ist die Abspaltung von Elektronen, obwohl diese oft entweder als Abspaltung von H- (das heißt Elektron und Proton) oder als Anlagerung von O-Atomen formuliert wird. In Fällen wie bei der Oxydation eines Schwermetallkatalysators durch einen andern sind weder H- noch O-Atome beteiligt:

$$R\cdot Fe^{++} + R'\cdot Fe^{+++} \longrightarrow R\cdot Fe^{+++} + R'\cdot Fe^{++}$$

Solche Reaktionen kommen in lebenden Zellen zwischen Eisenporphyrinen (Cytochromen) vor, bei welchen die Elektronen mehr oder weniger frei von einem Fe-Atom auf das andere übertragen werden. Da es Fälle gibt, bei denen die Elektronenübertragung der einzige Vorgang ist, gilt die Formulierung der Oxydation als Übertragungsreaktion von Elektronen als allgemeinste und grundlegendste Beschreibung dieses Prozesses.

Die biologischen Oxydationen können demnach in Form der Elektronenübertragung formuliert werden; die Reaktionen, bei denen Elektronen von Substraten auf Molekularsauerstoff übergehen, werden gewöhnlich als Elektronentransportreaktionen bezeichnet.

Die Katalysatoren der biologischen Oxydationen[1,2]. Drei Hauptarten von Katalysatoren beteiligen sich an biologischen Oxydationen. Es sind Enzyme, die als prosthetische Gruppen Nicotinamid-adenindinucleotide, Flavinnucleotide oder Eisenporphyrine tragen. Diese prosthetischen Gruppen gehen reversible Oxydationen und Reduktionen ein, so daß die Katalysatoren also in mindestens zwei Formen, einer oxydierten und einer reduzierten, auftreten. Der Reduktionsmechanismus wird durch Reaktion (**1**) für ein Nicotinamidadenindinucleotid, durch Reaktion (**2**) für ein Flavinnucleotid wiedergegeben:

Nicotinamid-adenindinucleotid $+ 2H \rightleftharpoons$ Reduziertes Nicotinamid-adenindinucleotid $+ H^+$ (**1**)

Flavinnucleotid $+ 2H \rightleftharpoons$ Reduziertes Flavinnucleotid (**2**)

Diese Reaktionen sind in Form des oben beschriebenen Falles 2 formuliert. Die Eisenatome der Eisenporphyrinenzyme werden wie im Fall 3 reversibel oxydiert und reduziert.

Während der Vermittlungsreaktionen zwischen Substrat und molekularem Sauerstoff, das heißt, wenn Elektronen (oder H-Atome) übertragen werden, reagieren diese Katalysatoren in charakteristischer Reihenfolge. Diese ist durch ihre thermodynamischen Eigenschaften bestimmt, wobei die letzteren durch die Redoxpotentiale der Katalysatoren ausgedrückt werden:

Katalysator	E'_0 (Volt)
Sauerstoffelektrode ($H_2O \rightleftharpoons \frac{1}{2} O_2 + 2H + 2e^-$)	+ 0,81
Cytochrom c	+ 0,25[3]
Flavinnucleotide (frei)	– 0,20[3]
Nicotinamidadenindinucleotide (frei)	– 0,32[3]
Wasserstoffelektrode ($H_2 \rightleftharpoons 2H^+ + 2e^-$)	– 0,42

Wie aus den Potentialen dieser Aufstellung hervorgeht, kann reduziertes Nicotinamidadenindinucleotid Reduktionsmittel für Flavinnucleotid und dessen reduzierte Form wiederum Reduktionsmittel für oxydierte Cytochrome sein. Die Reihenfolge, in welcher Elektronen vom Substrat auf molekularen Sauerstoff übertragen werden, kann durch folgende Reihe von Reaktionen ausgedrückt werden:

Substrat + Nicotinamidadenindinucleotid → oxydiertes Substrat + reduziertes Nicotinamidadenindinucleotid (**a**)

Reduziertes Nicotinamidadenindinucleotid + Flavinnucleotid → Nicotinamidadenindinucleotid + reduziertes Flavinnucleotid (**b**)

Reduziertes Flavinnucleotid + 2 Fe^{+++}-Porphyrin → Flavinnucleotid + 2 Fe^{++}-Porphyrin + 2 H^+ (**c**)

2 Fe^{++}-Porphyrin + 2 H^+ + ½ O_2 → 2 Fe^{+++}-Porphyrin + H_2O (**d**)

Bilanz: Substrat + ½ O_2 → oxydiertes Substrat + H_2O

Abb. 8 Schema des Elektronentransportes bei der Überführung von ADP in ATP mit Angabe der spezifischen Inhibitoren

Elektronenüberträger, deren Rolle unsicher ist (Ubichinon, Vitamin K, Vitamin E), sind nicht aufgeführt. Bei unsicherer Reihenfolge wurden die Katalysatoren in einer Klammer zusammengefaßt.

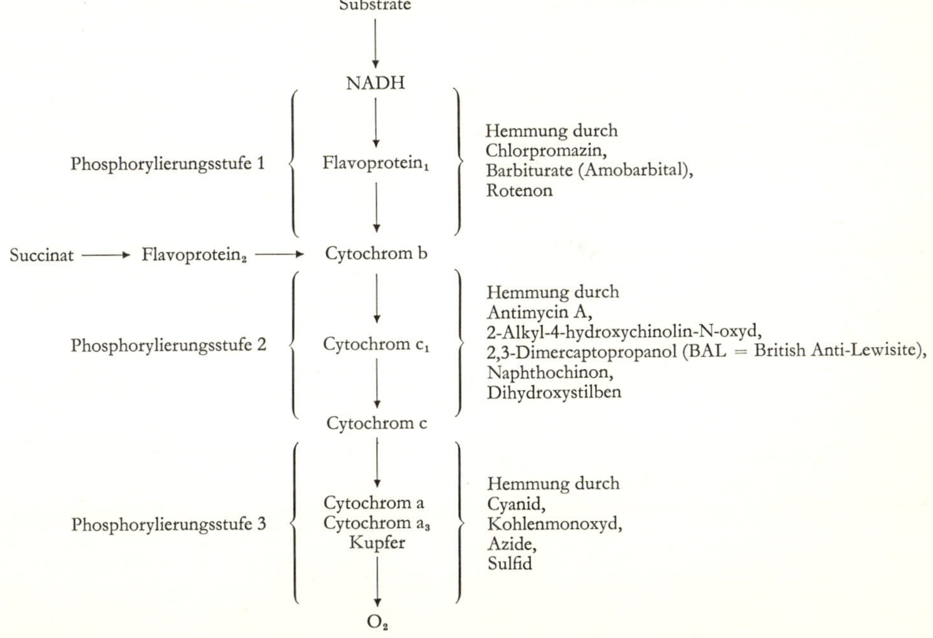

Die Reaktionen (**b**), (**c**) und (**d**) werden als «Elektronentransportsystem» oder als «Atmungskette» bezeichnet.

Von diesem Grundschema gibt es viele Varianten, erstens weil es zwei Pyridinnucleotide, viele Flavoproteine (einige davon Eisen oder Molybdän enthaltend) und viele Eisenporphyrine gibt, zweitens weil andere Reaktionstypen, wie

Flavoprotein 1 + reduziertes Flavoprotein 2
→ reduziertes Flavoprotein 1 + Flavoprotein 2

oder

Ferroporphyrin 1 + Ferriporphyrin 2
→ Ferriporphyrin 1 + Ferroporphyrin 2

in die obige Folge eingeschaltet sein können, und schließlich drittens weil noch weitere Katalysatoren beteiligt sein können. Von den letzteren sind die Ubichinone, auch als Coenzym Q bezeichnet, die wichtigsten[4]. Q_{10} ist ein Vertreter dieser Klasse (siehe auch S. 462):

O
H_3CO — — CH_3
H_3CO — — $[CH_2{\cdot}CH{=}C(CH_3){\cdot}CH_2\cdot]_{10}H$
O

Ubichinon

Die anderen Ubichinone unterscheiden sich in der Struktur durch die Anzahl Isopreneinheiten in der Seitenkette und werden entsprechend Q_4, Q_6, Q_8 usw. genannt. Die Wasserstoffübertragung durch diese Coenzyme geschieht durch reversible Umwandlung des Chinons in das Hydrochinon. Dieser Reaktionsmechanismus ist sichergestellt, der genaue Ort des Eingreifens dieser Katalysatoren im Elektronentransport jedoch noch nicht vollständig abgeklärt. Einerseits scheinen sie bei der Succinatoxydation, anderseits in der Gegend des Cytochroms b eine Rolle zu spielen[2]. Man hat Anhaltspunkte, daß auch Vitamin E und Vitamin K beim Wasserstofftransport beteiligt sind[5].

Der Elektronentransport bei der Überführung von ADP in ATP, mit Angabe der spezifischen Inhibitoren, und der Reaktionsweg sind in Abbildung 8 (S. 399) dargestellt.

Literatur

[1] Zusammenfassungen früherer Arbeiten siehe BALL, E. G., *Ann. N. Y. Acad. Sci.*, **45**, 363 (1944); HERBERT, D., *Ann. Rep. Progr. Chem.*, **47**, 335 (1951); SLATER, E. C., *Proceedings of the Third International Congress of Biochemistry, Brussels 1955*, New York, 1956, S. 264; MAHLER und GREEN, *Science*, **120**, 7 (1954); MAHLER, H. R., *Proceedings of the Third International Congress of Biochemistry, Brussels 1955*, New York, 1956, S. 252; LEHNINGER, A. L., *The Mitochondrion*, Benjamin, New York, 1964; ERNSTER und LEE, *Ann. Rev. Biochem.*, **33**, 729 (1964); RACKER, E., *Mechanisms in Bioenergetics*, Academic Press, New York, 1965.

[2] GRIFFITHS, D. E., in: CAMPBELL und GREVILLE (Hrsg.), *Essays in Biochemistry*, Band 1, Academic Press, London, 1965, S. 91.

[3] Werte von BURTON, K., in: KREBS und KORNBERG, *Ergebn. Physiol.*, **49**, 212 (1957).

[4] WOLSTENHOLME und O'CONNOR (Hrsg.), *Ciba Foundation Symposium on Quinones in Electron Transport*, Churchill, London, 1961.

[5] DONALDSON et al., *J. biol. Chem.*, **233**, 572 (1958); CRANE, F. L., *Biochemistry*, **1**, 510 (1962).

Die Schlüsselstellung des Adenosintriphosphats (ATP) bei biologischen Energieumwandlungen[1]

Einer der hervorragenden Fortschritte zum Verständnis des Energiestoffwechsels besteht in der Erkenntnis der Tatsache, daß die aus dem Nahrungsmittelabbau entstehende Energie für die meisten Zwecke nur dann verwendet werden kann, wenn sie zuerst in eine besondere Form von chemischer Energie umgewandelt worden ist. Es ist dies die in den Pyrophosphatbindungen des Adenosintriphosphats (ATP) vorhandene Energie, die dann freigesetzt wird, wenn diese Bindungen zu anorganischem Orthophosphat (P) und Pyrophosphat (PP), Adenosindiphosphat (ADP) und Adenosinmonophosphat (Adenylsäure, AMP) hydrolysiert werden:

ATP
↓ ↓
ADP + P AMP + PP
↓ ↓
AMP + P P + P

Pyrophosphatbindungen liefern bei der Hydrolyse mehr freie Energie (11–13 kcal je nach den Bedingungen) als Phosphatesterbindungen (2–4 kcal), weshalb die ersteren auch als «energiereich» bezeichnet werden. Die Hydrolyse der Pyrophosphatbindungen von ATP liefert die notwendige Energie für die verschiedenen Aktivitäten der lebenden Zellen, wie Muskelkontraktion, Sekretion, Nerventätigkeit und Synthese von Zellbestandteilen.

Die während der Zelltätigkeit aufgelösten Pyrophosphatbindungen werden mittels der aus den Nahrungsstoffen erhaltenen Energie wiederhergestellt. Die Synthese des Pyrophosphats kann eigentlich als das erste wichtige Ziel der biologischen Energieumwandlungen betrachtet werden. Als Vermittler zwischen dem Aufbau der Pyrophosphatbindungen und dem Abbau der Nahrungsstoffe werden besondere chemische Reaktionsmechanismen benötigt. Während offensichtlich der Nahrungsmittelabbau über viele hundert Stufen verläuft, sind bei der Vermittlung zwischen diesem Abbau und dem Aufbau der Pyrophosphatbindungen dank einer besonderen Kombination der Stoffwechselprozesse nur einige wenige Zwischenstufen beteiligt. Im gesamten kennt man sechs Typen von Reaktionen, durch welche Energie für die ATP-Synthese geliefert wird. Zwei derselben kommen bei der anaeroben Glycolyse vor: Durch die Umwandlung von 1 Molekül Glucose in Milchsäure werden 2 Moleküle ATP aus ADP und anorganischem Phosphat aufgebaut (siehe hierzu Tabelle 3, S. 385). Unter allen Oxydationen gibt es nur vier Stufen, bei denen ATP synthetisiert wird. Der oxydative Abbau des Substrates selbst, das heißt die Abspaltung von 2 H-Atomen und ihre Übertragung auf Nicotinamidadenindinucleotid, liefert gewöhnlich keine Energie. Freie Energie tritt erst auf, wenn Wasserstoffatome oder Elektronen von Nicotinamidadenindinucleotiden durch die auf S. 399 beschriebenen Reaktionen (**b**), (**c**) und (**d**) auf molekularen Sauerstoff übertragen werden. Jede dieser drei Stufen liefert eine Pyrophosphatbindung («oxydative Phosphorylierung»). Die vierte, von einer Phosphorylierung begleitete Zwischenstufe des oxydativen Stoffwechsels besteht aus Reaktionen vom Typus (**a**) mit einer α-Ketosäure als Substrat. Ist bei Reaktionen dieses Typus (**a**) das Substrat keine α-Ketosäure, so liefern sie keine nennenswerten Energiemengen und kommen also für die Synthese von Pyrophosphatbindungen nicht in Frage.

Trotz eingehender Untersuchungen ist der chemische Kupplungsmechanismus zwischen der Pyrophosphatsynthese und den Reaktionen (**b**), (**c**) und (**d**) noch unbekannt. Zusammenfassungen über den gegenwärtigen Stand der Forschung geben GRIFFITHS[3] und RACKER[4].

Man hat einige Anhaltspunkte über den Mechanismus zwischen der ATP-Synthese und den Reaktionen vom Typus (**a**) mit α-Ketosäuren als Substrat. Es wird in diesem Fall aus der α-Ketosäure über die für Pyruvat auf S. 387 beschriebene Reaktionsreihe ein Acylcoenzym-A-Derivat gebildet. Aus α-Ketoglutarat entsteht also Succinylcoenzym A, das dann wie folgt weiterreagiert:

Succinyl-CoA + Guanosindiphosphat + P
→ Succinat + CoA + Guanosintriphosphat

Bei dieser Reaktion kann vielleicht Phosphorylsuccinat oder Phosphorylcoenzym A als Zwischenprodukt auftreten. Keines von beiden konnte jedoch bis jetzt identifiziert werden[2]. Guanosintriphosphat kann Phosphat auf ADP übertragen:

Guanosintriphosphat + ADP → Guanosindiphosphat + ATP

Adenosintriphosphat enthält zwei «energiereiche» Pyrophosphatbindungen. Es ist möglich, daß nur die endständige Bindung als unmittelbare Energiequelle dient oder direkt resynthetisiert werden kann. Die zweite Pyrophosphatbindung wird zur Rephosphorylierung von Adenosindiphosphat benützt:

2 ADP ⇌ AMP + ATP

Diese Reaktion wird durch das in allen Geweben vorhandene Enzym Adenylatkinase katalysiert. Die Bilanz dieser Reaktion plus eine Hydrolyse von ATP zu ADP + P kommt einer Hydrolyse von ADP zu AMP + P gleich. Umgekehrt stellt diese Reaktion einen Mechanismus für die Rephosphorylierung von AMP dar.

Literatur

[1] Für Zitate siehe KREBS und KORNBERG, *Ergebn. Physiol.*, **49**, 212 (1957).

[2] SANADI et al., *Biochim. biophys. Acta (Amst.)*, **13**, 146 (1954), und **14**, 434 (1954); KAUFMAN, S., *J. biol. Chem.*, **216**, 153 (1955); COHN, M., *Biochim. biophys. Acta (Amst.)*, **20**, 92 (1956).

[3] GRIFFITHS, D. E., in: CAMPBELL und GREVILLE (Hrsg.), *Essays in Biochemistry*, Band 1, Academic Press, London, 1965, S. 91.

[4] RACKER, E., *Mechanisms in Bioenergetics*, Academic Press, New York, 1965.

Verdauungsenzyme

In diesem Kapitel sind diejenigen spezifischen Enzyme beschrieben, deren gemeinsame Aktivität den Verdauungsprozeß bewirkt. Jedes dieser Enzyme katalysiert die Hydrolyse einer Verbindung oder einer Reihe nahe verwandter Substanzen. (Für eine allgemeine Übersicht über Enzyme und Enzymaktivität siehe S. 378–382.)

Proteolytische Enzyme (Peptidhydrolasen, Peptidasen)

Diese Enzyme katalysieren die hydrolytische Spaltung von Peptidbindungen:

$$\cdots\text{—HN·CH(R)·CO} \,\vdots\, \text{NH·CH(R')·CO—}\cdots \;\;(+\;\text{HO}\,\vdots\,\text{H}) \longrightarrow \cdots\text{—HN·CH(R)·CO·OH} + \text{H}_2\text{N·CH(R')·CO—}\cdots$$

Man kann sie in zwei Klassen einteilen:

1. *Peptidylpeptidhydrolasen (Endopeptidasen).* Diese reagieren mit Proteinen oder Peptiden unter hydrolytischer Spaltung «innerer» Peptidbindungen, das heißt solchen, die sich von den Enden der Peptidketten entfernt befinden.

2. *α-Aminoacylpeptidhydrolasen, Peptidylaminosäurehydrolasen (Exopeptidasen).* Diese katalysieren die Hydrolyse endständiger Peptidbindungen, wobei sie auf Peptide spezifisch sind, die eine oder mehrere freie endständige α-Amino- oder α-Carboxylgruppen tragen.

Vertreter beider Klassen von Peptidasen sind in den Geweben von Säugetieren weit verbreitet. Diejenigen des Verdauungstrakts sind in den Tabellen 10 und 11, S. 402–405, jene der anderen Gewebe in Tabelle 12, S. 406 und 407, zusammengestellt.

Glycosidhydrolasen (Glucosidasen)

Diese Enzyme katalysieren die Hydrolyse der Glycosidbindungen; damit bewerkstelligen sie die Verdauung der Kohlenhydrate:

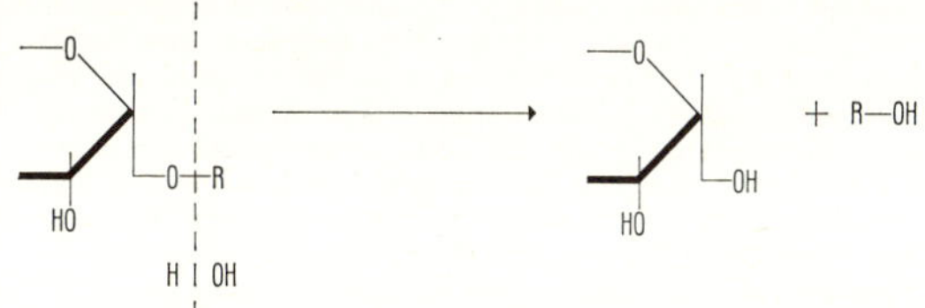

Einige Glycosidhydrolasen greifen nur die Bindungen von Polysacchariden an, andere nur diejenigen von Kohlenhydraten mit niedrigerem Molgewicht. Es hängt von einer Reihe von Faktoren ab, ob eine Glycosidhydrolase mit einer bestimmten Bindung reagiert. Hier die wichtigsten dieser Faktoren:

a) Die Art des Monosaccharids, das die reduzierende Gruppe für die Glycosidbindung liefert. So reagieren zum Beispiel verschiedene Enzyme mit Glucosiden oder Galactosiden.

b) Die Konfiguration (α- oder β-) des die reduzierende Gruppe tragenden Kohlenstoffatoms:

α- (Ring mit CH_2OH, O, OH, O—R)　　β- (Ring mit CH_2OH, O, O—R, OH)

c) Die Konfiguration (D- oder L-) des die reduzierende Gruppe tragenden Monosaccharids. Im allgemeinen spalten Glycosidhydrolasen von Säugetieren nur Bindungen der D-Gruppe.

d) Die Größe des heterozyklischen Zuckerrings. Gewöhnlich reagieren die Glycosidhydrolasen auf Aldohexoside, wenn die Aldohexosen in Pyranoseform vorliegen, auf Ketohexoside, wenn sie in Furanoseform vorliegen:

Pyranosering (zum Beispiel Glucose)　　Furanosering (zum Beispiel Fructose)

Eigenschaften der Glycosidhydrolasen von Säugetieren sind in Tabelle 13 (S. 407–409) beschrieben; über deren Menge in der menschlichen Dünndarmmukosa siehe S. 415.

Lipasen und andere Esterhydrolasen (Esterasen)

Fettsäureesterhydrolasen

Fette und andere Ester werden durch Enzyme hydrolysiert, die sich folgendermaßen unterteilen lassen:

1. *Lipasen*, von denen angenommen wird, daß sie vorzugsweise ungelöste Substrate (Fette oder einfache Ester) angreifen.

2. *Fettsäureesterhydrolasen*, die Substrate in echter Lösung, also eher einfache Ester als Fette, hydrolysieren[1]. Die Hydrolyse von Esterbindungen verläuft nach folgendem Reaktionsschema:

$$\underset{\text{Ester}}{\text{R—C(=O)—O—R'}} + H_2O \longrightarrow \underset{\text{Fettsäure}}{\text{R—C(=O)—OH}} + \underset{\text{Alkohol}}{\text{HO—R'}}$$

Die Fettsäureesterhydrolasen sind in Tabelle 14 (S. 410) zusammengestellt. Serum, Leukozyten, Erythrozyten, Liquor cerebrospinalis, Milch, Pleuraexsudate, Lymphe, Leber, Lunge, Gehirn, Muskeln, Haut, Testes usw. enthalten andere Lipasen, die ähnlich wie diejenigen des Verdauungstrakts Fette und Ester kurzkettiger Fettsäuren spalten.

Phosphorsäureesterhydrolasen (Phosphatasen)

Die Gewebe von Säugetieren enthalten eine Anzahl unspezifischer Esterasen, die noch nicht in reiner Form isoliert werden konnten. Einige dieser Enzyme katalysieren die Hydrolyse von Esterbindungen zwischen kurzkettigen Fettsäuren und Alkohol, andere die Ester vom Typus R·OR', wobei R kein Carbonsäurerest ist. Die größte Anzahl dieser letzteren gehört in die Gruppe der *Phosphatasen*, die wie folgt eingeteilt werden können:

1. *Phosphorsäuremonoesterhydrolasen* (Phosphomonoesterasen) hydrolysieren Monoester der Phosphorsäure:

$$\text{O=P(OH)}_2\text{—O—R'} + H_2O \longrightarrow \text{O=P(OH)}_2\text{—OH} + \text{R'—OH}$$

Auf diese Art wird zum Beispiel Glucose-6-phosphat zu Glucose und Phosphat hydrolysiert.

2. *Phosphorsäurediesterhydrolasen* (Phosphodiesterasen) hydrolysieren Substrate wie Nucleinsäuren oder synthetisches Diphenylphosphat unter Spaltung von nur einer Esterbindung:

$$\text{O=P(OH)(O—R'')—O—R'} + H_2O \longrightarrow \text{O=P(OH)(O—R'')—OH} + \text{R'—OH}$$

3. *Pyrophosphatasen* spalten die Pyrophosphatbindungen von Salzen und Estern der Pyrophosphorsäure:

$$\text{O=P(OH)(OR)—O—P(OH)(OR')=O} + H_2O \longrightarrow \text{O=P(OH)(OR)—OH} + \text{O=P(OH)(OR')—OH}$$

4. *Metaphosphatasen* hydratisieren Metaphosphat zu Orthophosphat:

$$(HPO_3)_n + n\,H_2O \rightarrow n\,H_3PO_4$$

Ihr Vorkommen im Organismus von Säugetieren ist nicht erwiesen.

Schwefelsäureesterhydrolasen (Sulfatasen)

Diese Enzyme katalysieren die Hydrolyse der Schwefelsäureester:

$$\text{R—O—S(=O)(O}^-\text{)=O} + H_2O \longrightarrow \text{R—OH} + \text{HO—S(=O)(O}^-\text{)=O}$$

Sie können nach der Art der von ihnen gespaltenen Schwefelsäureester weiter unterteilt werden.

Phosphatasen sind in der Tabelle 15 (S. 411 und 412), Enzyme, die auf Phospholipide und deren Stoffwechselprodukte wirken, in der Tabelle 16 (S. 413) zusammengestellt.

Nucleasen

Ribonucleasen und Desoxyribonucleasen katalysieren die Spaltung von Ribonucleinsäure (RNS) und Desoxyribonucleinsäure (DNS) (Tabelle 17, S.414 und 415). Sie kommen in fast allen, wenn nicht sogar sämtlichen Geweben vor.

Von den Ribonucleasen ist nur die Pankreasribonuclease eingehend untersucht worden. Das Enzym ist eine spezifische Phosphodiesterase und hydrolysiert bestimmte Phosphorsäureesterbindungen der RNS, nicht aber diejenigen der DNS. Die Endprodukte nach längerer Einwirkung von Pankreasribonuclease sind 3′-Uridylsäure, 3′-Cytidylsäure und eine große Anzahl dialysierbarer Polynucleotide von verschiedenem Polymerisationsgrad. Die endständigen Glieder dieser Polynucleotide sind durchweg entweder 3′-Uridylsäure oder 3′-Cytidylsäure.

Im Initialstadium der Ribonucleasereaktion auf RNS wirkt das Enzym wahrscheinlich als Phosphotransferase. Der erste Schritt besteht in einer Spaltung der Phosphodiesterbindung zwischen der 3′- und 5′-Stellung des Riboseanteils im RNS-Molekül, wobei Oligonucleotide mit terminalen, zyklischen 2′,3′-Phosphaten resultieren. Diese Endgruppen werden – wenn die vorangehende RNS-Einheit Pyrimidin enthält – als freie, zyklische Mononucleotidphosphate abgespalten und bilden bei der Hydrolyse Nucleosid-3′-phosphat[2]. Der Angriffsmodus des Enzyms auf einen hypothetischen Teil eines RNS-Moleküls ist in Abbildung 9 dargestellt. Verschiedene Enzyme bauen RNS zu Nucleosid-5′-phosphaten ab.

Abb. 9 Durch Pankreasribonuclease katalysierte Reaktionen

5′-Esterbindungen, die gespalten werden, sind mit ‒ ‒ →, nicht-gespaltene mit —//→ bezeichnet. Das Enzym greift 3′-Esterbindungen nicht an.

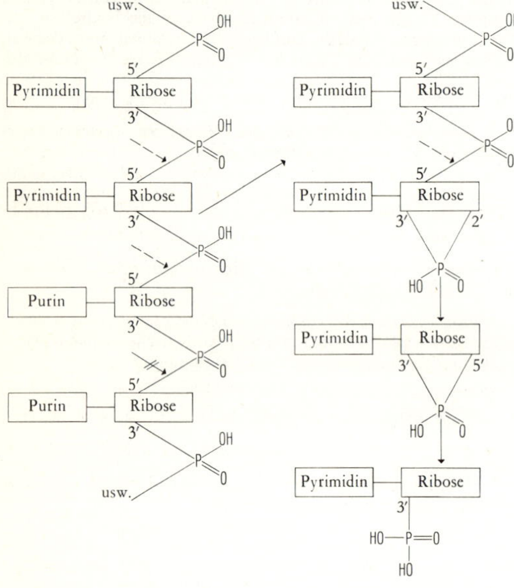

Abb. 10 Die Spezifität von Pankreasdesoxyribonuclease

Die vom Enzym gespaltenen Esterbindungen sind mit ‒ ‒ → bezeichnet.

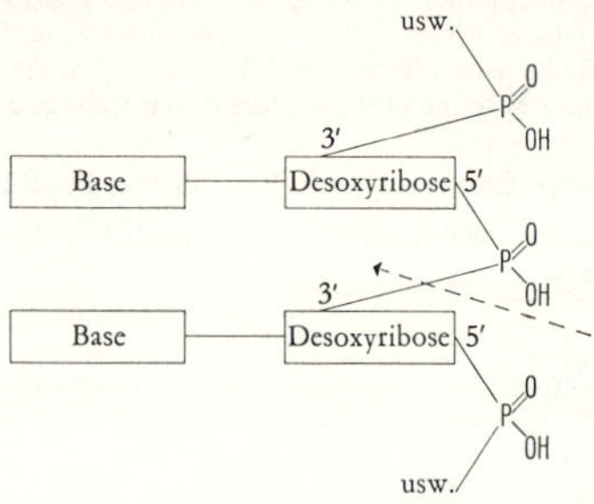

In verschiedenen Geweben kommen mehrere Arten von Desoxyribonucleasen vor[3], von denen die Pankreasdesoxyribonuclease am gründlichsten untersucht worden ist. Das Enzym ist eine spezifische Phosphodiesterase, die gewisse Phosphorsäureesterbindungen der DNS hydrolysiert. Einige Präparate scheinen auch mit RNS zu reagieren. Die Endprodukte nach längerer Einwirkung von Desoxyribonuclease auf DNS sind in der Hauptsache Tri- und Dinucleotide, neben kleineren Mengen von Mononucleotiden und anderen Polynucleotiden. Alle entstehenden Fragmente sind 5′-Nucleotide, ein Hinweis, daß die Pankreasdesoxyribonuclease spezifisch Nucleosid-5′-phosphodiester unter Bildung der entsprechenden Nucleosid-5′-phosphate hydrolysiert (Abb. 10). Das Enzym scheint bevorzugt Bindungen zwischen Purin- und Pyrimidinnucleotiden anzugreifen. Eine Desoxyribonuclease aus Milz und Thymus (Desoxyribonuclease II) unterscheidet sich in manchen Eigenschaften von der Desoxyribonuclease; erstere liefert zum Beispiel mit DNS mehr Mononucleotide, beträchtlich weniger Dinucleotide und viel mehr höhere Oligonucleotide. Die Endgruppen aller dieser Reaktionsprodukte sind 3′-Phosphate.

Die Reaktionsprodukte der Ribonuclease- und Desoxyribonucleaseeinwirkung werden im folgenden durch Phosphodiesterasen und Phosphatasen (siehe Tabelle 17, S.414) weiter zu Nucleotiden und Nucleosiden abgebaut. Diese wiederum liefern durch Phosphorolyse Purine, Pyrimidine und Pentose-1-phosphat, durch Hydrolyse Purine, Pyrimidine, Pentose und anorganisches Phosphat.

Literatur

1 Hofstee, B.H.J., in: Boyer et al. (Hrsg.), *The Enzymes*, 2. Aufl., Band 4, Academic Press, New York, 1960, S.485.
2 Anfinsen und White, jr., in: Boyer et al. (Hrsg.), *The Enzymes*, 2. Aufl., Band 5, Academic Press, New York, 1961, S.95.
3 Laskowski, M., in: Boyer et al. (Hrsg.), *The Enzymes*, 2. Aufl., Band 5, Academic Press, New York, 1961, S.123.

Tabelle 10 Peptidylpeptidhydrolasen und Peptidylpeptidhydrolasevorstufen des Gastrointestinaltrakts *(Literatur siehe S.404)*

Enzym*	Vorkommen	Ungefähres Molgewicht	Optimaler pH-Bereich	Katalysierte Reaktion**	Bemerkungen
– (Enzymvorstufe) *Pepsinogen*	Hauptzellen der Magenschleimhaut	43000	–	–	Aus Pepsinogen entsteht autokatalytisch Pepsin bei pH-Werten <5 (am besten bei pH2)[1] unter Verlust a) eines 29 Aminosäuren enthaltenden «Pepsininhibitors» vom Molgewicht 3242[2] und b) 5 kleinerer Peptide mit einem Molgewicht des Aggregats von etwa 4000[2,3]

* EC-Nummer (siehe S.381) und Trivialnamen nach der Enzymkommission der IUB (International Union of Biochemistry, *Enzyme Nomenclature*, Recommendations 1964, Elsevier, Amsterdam, 1965).

** Die Spezifität dieser Enzyme wurde teils an synthetischen Peptiden untersucht; sie muß deshalb für die Reaktionen mit Proteinen in vivo nicht unbedingt dieselbe sein.

Tabelle 10 Peptidylpeptidhydrolasen und Peptidylpeptidhydrolasevorstufen des Gastrointestinaltrakts *(Fortsetzung)*

Enzym*	Vorkommen	Ungefähres Molgewicht	Optimaler pH-Bereich	Katalysierte Reaktion**	Bemerkungen
3.4.4.1 *Pepsin*	Magensaft	36000	1,8–4,4 Hängt von der Art des Substrats ab[4]	—CO·NH·CH(R)·CO ⁞ NH·CH(R′)·CO— wobei R′ = *p*-Hydroxybenzyl oder Benzyl (aus L-Tyrosin oder L-Phenylalanin: D-Isomere werden nicht angegriffen)	Greift die meisten Proteine an, ausgenommen einige Protamine und Keratine. Denaturierte Proteine werden rascher angegriffen als native, auch ist der pH-Bereich für die ersteren weiter. Es wird angenommen, daß der erste Schritt zur Peptidhydrolyse in einer Streckung der Peptidkette besteht
3.4.4.2 *Pepsin B*[5]	Magensaft	36000	Etwa 3	Ähnlich wie Pepsin	Früher Parapepsin genannt. Verschieden von Pepsin in N-endständiger Aminosäurengruppe, Phosphorgehalt und Stabilität bei pH 6,9[6]
3.4.4.22 *Gastricsin*[7]	Magensaft	–	Etwa 3	Ähnlich wie Pepsin	Thermostabiler als Pepsin; zeigt kleinere elektrophoretische Geschwindigkeit auf Stärkegel; könnte Autolysenprodukt des Pepsins sein[7]
3.4.4.3 *Rennin*	Im Magen junger Tiere	40000	Milchgerinnung: etwa 5; Proteolyse (Hämoglobin): 3,7[8]	Ähnlich wie Pepsin[9]. Das kristallisierte Enzym (im Gegensatz zum handelsüblichen Rennet) zeigt keine Phosphoamidaseaktivität	Bewirkt Milchgerinnung und setzt Peptone aus dem in der Milch enthaltenen α-Casein frei
– (Enzymvorstufe) *Trypsinogen*	Pankreas	24500[10]	–	–	Nichtenzymatische Vorstufe des Trypsins, in welches es durch Enteropeptidase und autokatalytisch durch Trypsin umgewandelt wird; dabei wird durch Spaltung einer Lys–Ile-Bindung ein Hexapeptid der Struktur Val–(Asp)$_4$–Lys vom N-Ende freigesetzt
3.4.4.4 *Trypsin*	Darmsekret	23800	7–8	—CO·NH·CH(R)·CO ⁞ X wobei R = δ-Guanidino-*n*-propyl oder ε-Amino-*n*-butyl (aus L-Arginin oder L-Lysin)	Das Enzym wird vollständig und reversibel durch Polypeptide vom Molgewicht 6000–30000 gehemmt. Diese kommen in Pankreas, Kolostrum, Eiweiß (Ovomucoid), Lima- und Sojabohnen vor[11]
– (Enzymvorstufe) *Chymotrypsinogen A*	Azinäre Zellen des Pankreas	25000[12]	–	–	Als Kation bei pH 8 (isoelektrischer Punkt bei etwa 9,1), geht auf folgendem Weg in δ-Chymotrypsin über: a) Bildung des hochaktiven π-Chymotrypsins durch Spaltung einer Arg–Ile-Bindung im Chymotrypsinogen A; b) Autolyse einer (zweiten) Bindung in der C-terminalen Kette des π-Chymotrypsins unter Abspaltung des Dipeptids Serylarginin und Bildung von δ-Chymotrypsin[13]. Kann anschließend durch Autolyse und/oder Trypsin in Chymotrypsin(e) A übergehen[14]
– (Enzymvorstufe) *Chymotrypsinogen B*[15]	Azinäre Zellen des Pankreas	21600[16]	–	–	Als Anion bei pH 8 (isoelektrischer Punkt bei etwa 5,2). Nichtenzymatische Vorstufe des Chymotrypsins B

* EC-Nummer (siehe S. 381) und Trivialnamen nach der Enzymkommission der IUB (International Union of Biochemistry, *Enzyme Nomenclature*, Recommendations 1964, Elsevier, Amsterdam, 1965).

** Die Spezifität dieser Enzyme wurde teils an synthetischen Peptiden untersucht; sie muß deshalb für die Reaktionen mit Proteinen in vivo nicht unbedingt dieselbe sein.

Tabelle 10 Peptidylpeptidhydrolasen und Peptidylpeptidhydrolasevorstufen des Gastrointestinaltrakts *(Schluß)*

Enzym*	Vorkommen	Ungefähres Molgewicht	Optimaler pH-Bereich	Katalysierte Reaktion**	Bemerkungen
3.4.4.5 *Chymotrypsin A*	Pankreas	25000	7,8	—CO·CH(R)·NH—¦—CO·CH(R')·NH— wobei, bei maximaler Aktivität, R' Phenyl oder substituiertes Phenyl ist. Andere Bindungen (wie L-Leucyl oder L-Asparaginyl)[14] werden jedoch auch mit großer Geschwindigkeit gespalten	Entsteht aus Chymotrypsinogen A; enthält drei durch Disulfidbrücken verbundene, offene Peptidketten. Bewirkt im Unterschied zu Trypsin Milch-, aber nicht Blutgerinnung. Durch *p*-Nitrophenylphosphat irreversible Hemmung[17]
3.4.4.6 *Chymotrypsin B*	Pankreas	23600[16]	Etwa 8	Ähnlich wie Chymotrypsin A	Spaltet im Gegensatz zu Chymotrypsin A Acyltryptophanester sehr langsam in Gegenwart von 30% Methanol[18]
3.4.4.7 *Pancreatopeptidase E*[19]	Pankreas	–	Etwa 8	Hydrolysiert vorzugsweise solche Peptidbindungen, die sich neben neutralen L-Aminosäureresten befinden	Früher als «Elastase» bezeichnet
3.4.4.8 *Enteropeptidase*	Darmsekret	–	Etwa 6	Verwandelt Trypsinogen in Trypsin	Der genaue Reaktionsmechanismus ist unbekannt, da die maximale Aktivierung von Trypsinogen unter Bedingungen abläuft, bei denen auch die autokatalytische Aktivierung maximal ist. Enteropeptidase ist möglicherweise ein Glycoprotein[20]

* EC-Nummer (siehe S. 381) und Trivialnamen nach der Enzymkommission der IUB (International Union of Biochemistry, *Enzyme Nomenclature*, Recommendations 1964, Elsevier, Amsterdam, 1965).
** Die Spezifität dieser Enzyme wurde teils an synthetischen Peptiden untersucht; sie muß deshalb für die Reaktionen mit Proteinen in vivo nicht unbedingt dieselbe sein.

Literatur

[1] HERRIOTT, R. M., *J. gen. Physiol.*, **22**, 65 (1938/39).
[2] VAN VUNAKIS und HERRIOTT, *Biochim. biophys. Acta (Amst.)*, **22**, 537 (1956).
[3] VAN VUNAKIS und HERRIOTT, *Biochim. biophys. Acta (Amst.)*, **23**, 600 (1957).
[4] NORTHROP, J. H., *J. gen. Physiol.*, **5**, 263 (1922/23); FRUTON und BERGMANN, *J. biol. Chem.*, **127**, 627 (1939).
[5] SABLE und GUARINO, *J. biol. Chem.*, **196**, 395 (1952).
[6] RYLE und PORTER, *Biochem. J.*, **73**, 75 (1959).
[7] TANG et al., *J. biol. Chem.*, **234**, 1174 (1959).
[8] BERRIDGE, N. J., in: COLOWICK und KAPLAN (Hrsg.), *Methods in Enzymology*, Band 2, Academic Press, New York, 1955, S. 69.
[9] FISH, J. C., *Nature*, **180**, 345 (1957).
[10] KAY et al., *J. biol. Chem.*, **236**, 118 (1961).
[11] Für eine Übersicht siehe LASKOWSKI und LASKOWSKI, jr., *Advanc. Protein Chem.*, **9**, 203 (1954).
[12] BLUHM und KENDREW, *Biochim. biophys. Acta (Amst.)*, **20**, 562 (1956).
[13] BETTELHEIM und NEURATH, *J. biol. Chem.*, **212**, 241 (1955).
[14] ROVERY et al., *Biochim. biophys. Acta (Amst.)*, **23**, 608 (1957).
[15] KEITH et al., *J. biol. Chem.*, **170**, 227 (1947).
[16] SMITH et al., *J. biol. Chem.*, **191**, 639 (1951).
[17] HARTLEY und KILBY, *Biochem. J.*, **50**, 672 (1952).
[18] KELLER et al., *J. biol. Chem.*, **233**, 344 (1958).
[19] LEWIS et al., *J. biol. Chem.*, **222**, 705 (1956); **234**, 2304 (1959).
[20] YAMASHINA, I., *Ark. Kemi*, **9**, 225 (1956); YAMASHINA, I., *Biochim. biophys. Acta (Amst.)*, **20**, 433 (1956).

Tabelle 11 α-Aminoacylpeptidhydrolasen und Peptidylaminosäurehydrolasen des Gastrointestinaltrakts[1]

Im Gastrointestinaltrakt konnte das Vorkommen einer großen Zahl verschiedener Exopeptidasen nachgewiesen werden. Sie unterscheiden sich voneinander vor allem durch ihre spezifische Wirkung auf synthetische Peptide. Relativ wenige sind hoch gereinigt dargestellt worden; die hier wiedergegebene Zusammenstellung enthält nur die am besten charakterisierten.

Enzym*	Vorkommen	Ungefähres Molgewicht	Optimaler pH-Bereich	Katalysierte Reaktion**	Bemerkungen
Dipeptidasen: 3.4.3.1 *Glycylglycindipeptidase* 3.4.3.6 *Iminodipeptidase* (Prolinase) 3.4.3.7 *Imidodipeptidase* (Prolidase)	Dünndarm	–	Etwa 8	Hydrolysieren mit verschiedenem Spezifitätsgrad Dipeptide	Die Dipeptidasen dieser Gruppe sind noch nicht so weit charakterisiert, um individuell beschrieben zu werden. Glycylglycindipeptidase[2] scheint für diese Peptidbindung hoch spezifisch zu sein. Iminodipeptidase scheint nur mit Dipeptiden zu reagieren, die die freie Iminogruppe des L-Prolins oder Hydroxy-L-prolins enthalten[3], während Imidodipeptidase Bindungen von Peptiden mit der Iminogruppe spaltet[2]

* EC-Nummer (siehe S. 381) und Trivialnamen nach der Enzymkommission der IUB (International Union of Biochemistry, *Enzyme Nomenclature*, Recommendations 1964, Elsevier, Amsterdam, 1965).

** Die Spezifität dieser Enzyme wurde an synthetischen Peptiden untersucht; sie muß deshalb für die Reaktionen mit Proteinen in vivo nicht unbedingt dieselbe sein.

Tabelle 11 α-Aminoacylpeptidhydrolasen und Peptidylaminosäurehydrolasen des Gastrointestinaltrakts *(Schluß)*

Enzym*	Vorkommen	Ungefähres Molgewicht	Optimaler pH-Bereich	Katalysierte Reaktion**	Bemerkungen
– (nichtenzymatische Vorstufe) *Procarboxypeptidase A*	Azinäre Zellen des Pankreas	96000	–	–	Nichtenzymatische Vorstufe der Carboxypeptidase A. Ist saurer und größer als das Enzym, in das sie durch Trypsin übergeführt wird. Hierbei entstehen ungefähr 40 kleinere Peptide mit durchschnittlichem Molgewicht von etwa 1500. Die gesamte Enzymaktivität ist aber in der Carboxypeptidase A enthalten
3.4.2.1 *Carboxypeptidase A*	Pankreassekret	34000	7,5–8,5	R·CO–¦–NH·CH(R')·COOH Hydrolysiert endständige, freien Carboxylgruppen benachbarte Peptidbindungen. Nicht sehr spezifisch, aber am aktivsten, wenn R' eine aromatische Gruppe ist	Enthält Zn (etwa 1,9 mg/g) als wichtigen Bestandteil
3.4.2.2 *Carboxypeptidase B*	Pankreassekret	–	Etwa 8	R·CO–¦–NH·CH(R')·COOH Nur aktiv bei Peptiden, bei denen R' = Arginin, Lysin oder Ornithin ist. Die Carboxylgruppe muß frei sein[4]	Bildet sich aus Procarboxypeptidase B durch tryptische Aktivierung[4]. Ist wahrscheinlich mit «Protaminase» identisch[5]
3.4.1.1 *Leucinaminopeptidase*	Dünndarm	Ungefähr 300000[6]	Etwa 8	H_2N·CH(R)·CO–¦–NH·CH(R')·COOH Nicht sehr spezifisch[7], am aktivsten, wenn R = L-Leucinrest. Greift auch Polypeptide an, diese aber langsamer	Findet sich auch in andern Geweben, Pflanzen und Mikroorganismen. Aktiviert durch Mg^{++} oder Mn^{++}, gehemmt durch Anionen, die Mg^{++} oder Mn^{++} binden, wie Citrat, Äthylendiamintetraacetat oder Pyrophosphat. Von Reagenzien, die mit Sulfhydrylgruppen reagieren, nicht beeinflußt
3.4.1.3 *Aminopeptidase*[2]	Dünndarm	–	7,5–8,5	H_2N·CH(R)·CO–¦–NH·CH(R')·CO·NH·CH(R'')·COOH Hydrolysiert verschiedenste Tripeptide. Freie Aminogruppe ist Voraussetzung	Hydrolysiert Tripeptide an der der freien essentiellen Aminogruppe benachbarten Bindung unter Bildung einer freien Aminosäure und eines Dipeptids. Reagiert kaum oder gar nicht mit Tetra- oder Dipeptiden. Gehemmt durch Cd^{++}

* EC-Nummer (siehe S. 381) und Trivialnamen nach der Enzymkommission der IUB (International Union of Biochemistry, *Enzyme Nomenclature*, Recommendations 1964, Elsevier, Amsterdam, 1965).

** Die Spezifität dieser Enzyme wurde an synthetischen Peptiden untersucht; sie muß deshalb für die Reaktionen mit Proteinen in vivo nicht unbedingt dieselbe sein.

Literatur

1 Für eine Übersicht siehe die verschiedenen Arbeiten in: Boyer et al. (Hrsg.), *The Enzymes*, 2. Aufl., Band 4, Academic Press, New York, 1960.
2 Für eine Übersicht siehe Smith, E. L., *Advanc. Enzymol.*, **12**, 191 (1951).
3 Davis und Smith, *J. biol. Chem.*, **200**, 373 (1953); Davis und Adams, *Arch. Biochem.*, **57**, 301 (1955).
4 Folk und Gladner, *J. biol. Chem.*, **231**, 379 und 393 (1958).
5 Weil und Telka, *Arch. Biochem.*, **71**, 204 (1957).
6 Spackman et al., *J. biol. Chem.*, **212**, 255 (1955).
7 Smith und Spackman, *J. biol. Chem.*, **212**, 271 (1955).

Tabelle 12 Peptidylpeptidhydrolasen und Exopeptidasen verschiedener Gewebe mit Ausnahme des Gastrointestinaltrakts

Enzym*	Vorkommen	Optimaler pH-Bereich	Katalysierte Reaktion**	Bemerkungen
		Peptidylpeptidhydrolasen		
– *Cathepsine*** A und B*[1]	Weit verbreitet in tierischen Geweben; besonders reichlich in Milz, Leber, Niere und Lunge	Etwa 4 (A); 5–6 (B)	In seiner Wirkung wie Pepsin (A) und Trypsin (B); kann die Aktivierung von Trypsinogen herbeiführen[2]	A benötigt keinen Aktivator, während B die Anwesenheit von SH-Verbindungen voraussetzt
3.4.4.9 *Cathepsin C*	Weit verbreitet, besonders reichlich in der Milz	Etwa 5 (katalysiert bei höheren pH-Werten Transamidierungen[3])	In seiner Wirkung wie Chymotrypsin, aber mit eingeschränkter Spezifität: spaltet nur Peptidbindungen in bestimmtem Abstand von einer freien α-Aminogruppe[3]	Aktiviert durch SH-Verbindungen und Cyanid
3.4.4.23 *Cathepsin D*[4]	Milz	3,0 (sauer denaturiertes Hämoglobin); 4,2 (sauer denaturiertes Albumin)	In seiner Wirkung wie Pepsin, aber mit eingeschränkter Spezifität	Keine Hydrolyse der durch Cathepsin A, B und C hydrolysierbaren synthetischen Substrate[3]. Das Enzym ist nicht hitzebeständig und zersetzt sich unterhalb pH 2,5 rasch
3.4.4.13 *Thrombin*	Blutserum	Etwa 7	Hydrolysiert Peptide, Amide und L-Argininester; führt Fibrinogen in Fibrin über	Bildet sich durch verschiedene Faktoren aus der nichtenzymatischen Vorstufe Prothrombin[5]
3.4.4.14 *Plasmin*	Blutserum	Etwa 7	Hydrolysiert Peptide und L-Arginin- sowie L-Lysinester; führt Fibrin in lösliche Produkte über	Bildet sich aus Plasminogen[6]
		Exopeptidasen		
3.4.3.1 *Glycylglycindipeptidase*	In vielen Geweben; partiell gereinigt aus Rattenmuskel, dem Uterus des Menschen und Schweineniere[7]	7,6	In ihrer Wirkung wie das intestinale Enzym	Aktiviert durch Co^{++} oder, schwächer, durch Mn^{++}. Enzympräparate aus Rattenmuskel sind äußerst instabil, solche aus dem menschlichen Uterus weniger[7]
3.4.3.2 *Glycylleucindipeptidase*	Verschiedene Gewebe; partiell gereinigt aus Uterus[7]	Etwa 8	In ihrer Wirkung wie das intestinale Enzym	Aktiviert durch Zn^{++} und Phosphat
3.4.3.3 *Carnosinase*	Manche Gewebe; partiell gereinigt aus Milz, Leber und Schweineniere[7, 8]	8,0–8,4 bei Anwesenheit von Mn^{++}; 7,8 bis 7,9 bei Anwesenheit von Zn^{++}; 7,4 bis 7,5 bei Abwesenheit von Metall	Dipeptidase; hydrolysiert L-Alanyl-L-histidin > Glycyl-L-histidin > β-Alanyl-L-histidin > D-Alanyl-L-histidin	Aktiviert durch Zn^{++} und Mn^{++}
3.4.3.6 *Iminodipeptidase* (Prolinase)	Viele Gewebe; partiell gereinigt aus Schweineniere[7]	Etwa 8	In ihrer Wirkung wie das intestinale Enzym	Aktiviert durch Mn^{++} und Cd^{++}
3.4.3.7 *Imidodipeptidase* (Prolidase)	Viele Gewebe; gestreifte und glatte Muskulatur, Erythrozyten, Serum, Hypophyse, Lunge, Niere; partiell gereinigt aus Pferdeerythrozyten und Schweineniere[7]	7,8–8,0	In ihrer Wirkung wie das intestinale Enzym	Aktiviert durch Mn^{++}
3.4.2.1 *Carboxypeptidase A*	In den meisten tierischen Geweben	Etwa 7	Spezifität wie Pankreascarboxypeptidase A	Alter Name: Cathepsin IV

* EC-Nummer (siehe S. 381) und Trivialnamen nach der Enzymkommission der IUB (International Union of Biochemistry, *Enzyme Nomenclature*, Recommendations 1964, Elsevier, Amsterdam, 1965).

** Die Spezifität dieser Enzyme wurde an synthetischen Peptiden untersucht; sie muß deshalb für die Reaktionen mit Proteinen in vivo nicht unbedingt dieselbe sein.

*** Die Bezeichnung «Cathepsin» wird für die außerhalb des Gastrointestinaltrakts gefundenen Gewebepeptidhydrolasen verwendet. Keines dieser Enzyme konnte bis jetzt kristallisiert dargestellt werden, und ihre physiologische Rolle ist noch nicht geklärt.

Tabelle 12 Peptidylpeptidhydrolasen und Exopeptidasen verschiedener Gewebe mit Ausnahme des Gastrointestinaltrakts *(Schluß)*

Enzym*	Vorkommen	Optimaler pH-Bereich	Katalysierte Reaktion**	Bemerkungen
3.4.1.1 *Leucinaminopeptidase*	In vielen Geweben; besonders reichlich in der Niere	8–9	In ihrer Wirkung wie das intestinale Enzym	Alter Name: Cathepsin III. Das aus Schweineniere isolierte Enzymprotein[9] ist besonders reich an Leucin (8,8%). Erfordert Aktivierung durch Mg^{++} oder Mn^{++}
3.4.1.3 *Aminopeptidase*	In den meisten tierischen Geweben	8,0	In ihrer Wirkung wie intestinale Aminopeptidase	Hemmung durch Cystein, Cd^{++}, Hg^{++}. In saurem Milieu rasch inaktiviert

* EC-Nummer (siehe S. 381) und Trivialnamen nach der Enzymkommission der IUB (International Union of Biochemistry, *Enzyme Nomenclature*, Recommendations 1964, Elsevier, Amsterdam, 1965).

** Die Spezifität dieser Enzyme wurde an synthetischen Peptiden untersucht; sie muß deshalb für die Reaktionen mit Proteinen in vivo nicht unbedingt dieselbe sein.

Literatur

1 Für eine Übersicht siehe Fruton, J. S., in: Boyer et al. (Hrsg.), *The Enzymes*, 2. Aufl., Band 4, Academic Press, New York, 1960, S. 233.
2 Greenbaum et al., *J. biol. Chem.*, **234**, 2885 (1959).
3 Fruton, J. S., *Harvey Lect. 1955–1956*, **51**, 64 (1957).
4 Press et al., *Biochem. J.*, **74**, 501 (1960).
5 Für eine Übersicht siehe Waugh et al., in: Boyer et al. (Hrsg.), *The Enzymes*, 2. Aufl., Band 4, Academic Press, New York, 1960, S. 215.
6 Für eine Übersicht siehe Ablondi und Hagan, in: Boyer et al. (Hrsg.), *The Enzymes*, 2. Aufl., Band 4, Academic Press, New York, 1960, S. 175; Astrup, T., *Blood*, **11**, 781 (1956).
7 Smith, E. L., in: Colowick und Kaplan (Hrsg.), *Methods in Enzymology*, Band 2, Academic Press, New York, 1955, S. 93.
8 Rosenberg, A., *Biochim. biophys. Acta (Amst.)*, **45**, 297 (1960).
9 Spackman et al., *J. biol. Chem.*, **212**, 255 (1955).

Tabelle 13 Glycosyltransferasen und Glycosidhydrolasen *(Literatur siehe S. 409)*

Enzym*	Vorkommen	Optimaler pH-Bereich	Katalysierte Reaktion	Bemerkungen
2.4.1.1 *α-Glucanphosphorylase*[1] (Glycogenphosphorylase)	Muskel, Leber	6,9	Überträgt D-Glucosereste vom nichtreduzierenden Kettenende der Stärke oder des Glycogens auf anorganisches Phosphat, D-Glucose oder Oligosaccharide α-D-Glucose-1-phosphat + $[G]_n$ $\rightleftharpoons$ $[G]_{n+1}$ + H_3PO_4	Wirkt auf Glycogen und Amylopectin. Phosphorolyse äußerer Ketten gibt 20–44% α-D-Glucose-1-phosphat aus verschiedenen Glycogenen und 35 bis 55% aus verschiedenen Amylopectinen, wobei ein Phosphorylasegrenzdextrin (Φ-Dextrin) zurückbleibt. Die meisten Phosphorylasen kommen in mehreren Formen vor, wobei die *a*-Form bei Abwesenheit von Adenosin-5′-phosphat, eine *b*-Form hingegen nur in Anwesenheit des Adenosin-5′-phosphats aktiv ist. Die prosthetische Gruppe für beide Formen ist das Pyridoxal-5′-phosphat. Die Umwandlung der beiden Formen ineinander ist ein enzymatischer Prozeß, bei dem eine spezifische Phosphatase ($a \rightarrow b$) oder eine Phosphokinase ($b \rightarrow a$) beteiligt ist. Diese Umwandlung ist von einem bedeutenden Wechsel im Molgewicht begleitet
3.2.1.1 *α-Amylase*[1]	Speichel, Pankreassekret, Blut	6,9	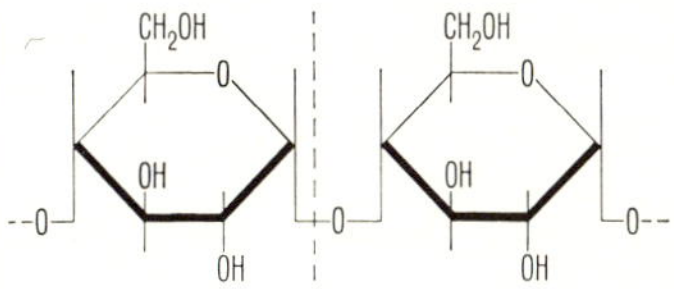	Hydrolysiert wahllos nichtterminale α-1,4-Glucosidbindungen in Amylose, Amylopectin, Glycogen und Dextrinen. Das Anfangsstadium der Enzymwirkung ist durch raschen Abfall der Trübung, Viskosität und Farbintensität auf Jod gekennzeichnet. Die Endprodukte der Hydrolyse sind Maltose (70–90%), kleine Mengen D-Glucose und α-Grenzdextrine, bestehend aus 4–8 Glucoseeinheiten mit einer oder mehreren α-1,6-Glucosidbindungen[2]. Die α-Amylasen sind Calciummetalloproteine, deren Aktivität durch $Cl^- > Br^- > I^- > NO_3^-$ gesteigert wird

* EC-Nummer (siehe S. 381) und Trivialnamen nach der Enzymkommission der IUB (International Union of Biochemistry, *Enzyme Nomenclature*, Recommendations 1964, Elsevier, Amsterdam, 1965).

Tabelle 13 Glycosyltransferasen und Glycosidhydrolasen *(Fortsetzung)*

Enzym*	Vorkommen	Optimaler pH-Bereich	Katalysierte Reaktion	Bemerkungen
3.2.1.10 *Oligo-1,6-glucosidase*[3] («Isomaltase»)	Dünndarm	6,3	Hydrolysiert 1,6-Glucosidbindungen der Isomaltose, Panose und α-Amylasedextrine	Ist bei der Stärkeverdauung beteiligt durch Hydrolyse der α-Amylasegrenzdextrine zu kleineren unverzweigten Molekülen, die dann durch α-Amylase und α-Glucosidase des Pankreassekrets weiter abgebaut werden können. Hat keine Wirkung auf Glycogen und Phosphorylasegrenzdextrin
3.2.1.33 *Dextrin-1,6-glucosidase*[4] (ein ähnliches Enzym aus Pflanzen ist als 3.2.1.9 eingeteilt)	Muskel	Etwa 7	Hydrolysiert die äußersten Bindungen zwischen den Ketten eines Phosphorylasegrenzdextrins unter Bildung von Glucose und Polysaccharid	Ursprünglich als Amylo-1,6-glucosidase bekannt. Hydrolysiert die α-1,6-Glucosidbindungen des durch Phosphorylase entstandenen Grenzdextrins. Das Enzym liefert Glucose und ein Polysaccharid, das seinerseits wieder durch Phosphorylase abgebaut werden kann. Gleichzeitige Einwirkung von Dextrin-1,6-glucosidase und Phosphorylase führt zu einem vollständigen Abbau des Polysaccharids unter Bildung von >90% α-D-Glucose-1-phosphat und D-Glucose (4 bis 8%) aus den α-1,6-glucosidisch gebundenen Resten. Dieses Enzym unterscheidet sich von der Oligo-1,6-glucosidase durch seine Inaktivität gegenüber Isomaltose, Panose und α-Amylasegrenzdextrin. Ein Mangel an diesem Enzym, wie bei Glycogenose Typus III, hat einen unvollständigen, auf die äußeren Ketten beschränkten Abbau des Glycogens zur Folge
3.2.1.20 *α-Glucosidase* («Maltase», «Saccharase», «Isomaltase»)	Dünndarm, Pankreassekret, Blut, Leber	6,6–7,0	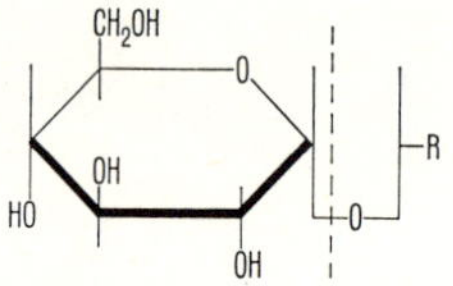 wobei R = Glucose (in diesem Fall ist die Verbindung Maltose), substituierte Hexosen, Phenole, Terpene usw.	Die bei der Stärkeverdauung durch α-Amylase entstehende Maltose wird durch dieses Enzym zu Glucose hydrolysiert. Hemmung durch die entstehende Glucose. Gewisse α-Glucosidasen hydrolysieren Saccharose, andere nicht. Mindestens drei intestinale «Maltasen» sind von «Isomaltase» abgetrennt worden[3,6]
3.2.1.21 *β-Glucosidase* («Cellobiase») 3.2.1.23 *β-Galactosidase*[5] («Lactase»)	Niere, Leber, Blut, Dünndarm	Etwa 6	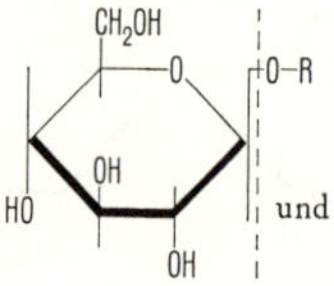 und 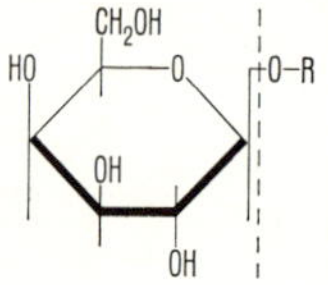	β-Glucosidase kommt weit verbreitet in Pflanzen und Mikroorganismen vor; einige Präparate scheinen mit β-Galactosidase identisch zu sein[7]. β-Galactosidasen können Galactosereste an eine Vielfalt von Akzeptoren, wie Lactose, Galactose, Glucose, oder auch an Wasser übertragen

* EC-Nummer (siehe S. 381) und Trivialnamen nach der Enzymkommission der IUB (International Union of Biochemistry, *Enzyme Nomenclature*, Recommendations 1964, Elsevier, Amsterdam, 1965).

Tabelle 13 Glycosyltransferasen und Glycosidhydrolasen *(Schluß)*

Enzym*	Vorkommen	Optimaler pH-Bereich	Katalysierte Reaktion	Bemerkungen
3.2.1.31 β-*Glucuronidase*[8]	Alle Gewebe und Körpersäfte von Säugetieren; angereichert in Leber, Niere, Milz, Epididymis und Karzinomgeweben	Etwa 5	COOH O O–R OH HO OH Hydrolysiert Steroidglucuronide und verschiedene andere, in Harn und Galle ausgeschiedene β-Glucuronide	Spielt möglicherweise eine Rolle im Mucopolysaccharidmetabolismus. Hydrolysiert Alkyl-, Aryl-, Acyl- und alizyklische β-Glucuronide sowie einige β-Galacturonide. Aldonolactone sind starke kompetitive Inhibitoren des Enzyms. Verdünnte Lösungen des Enzyms werden durch eine Vielfalt von hochmolekularen Verbindungen unspezifisch aktiviert, wobei man die verläßlichsten Resultate mit Albumin erhält. Reagiert nicht mit α-Glucuroniden oder β-Glucosiden. Zeigt in vitro etwas Transferaseaktivität, die aber in vivo bei der Glucuronidsynthese kaum eine Rolle spielen dürfte. Die bei der Einwirkung von testikulärer Hyaluronidase auf Hyaluronsäure oder Chondroitin entstehenden Oligosaccharide werden schrittweise vom nichtreduzierenden Ende an abwechselnd durch β-Glucuronidase und β-Acetylglucosaminase abgebaut
3.2.1.35 *Hyaluronatlyase* (Hyaluronidase)[9]	Testikel	Etwa 7	Baut Hyaluronsäure ab, wobei die Endoglucosaminylgruppe freigesetzt wird. Katalysiert auch Transglycosylierung. Das aus Testikeln gewonnene Enzym reagiert sowohl mit Hyaluronsäure als auch mit Chondroitinsulfaten	Die Endprodukte nach erschöpfendem Abbau von Hyaluronsäure sind 10–15% Disaccharid und 80–85% eines Tetrasaccharids. Die Oligosaccharide sind aus einer in β-1,3-Bindung vorhandenen Glucuronsäure–N-Acetylglucosamin-Einheit aufgebaut. Die Endprodukte der Reaktion auf Chondroitinsulfate sind Tetrasaccharide, anscheinend noch 4- und 6-Sulfatester. Die im Kopf der meisten Säugetierspermatozoen vorhandene Hyaluronidase spielt möglicherweise bei der Durchdringung der Granulosazellschicht des Eis eine Rolle
3.2.1.17 *Mucopeptidglucohydrolase* (Lysozym)[10]	Tränen, Nasenschleimhaut, Speichel, Blutserum und -plasma	6,2	Hydrolysiert Glycosidbindungen in Mucopolysacchariden von Bakterien, besonders von grampositiven	Früher auch Muramidase genannt. Das Enzym ist bei sauren pH-Werten sehr stabil und widersteht bei pH 4,5 dem Erhitzen auf 100 °C während 3 min. Bei alkalischen pH-Werten sehr instabil. Es spielt möglicherweise bei der Abwehr einer bakteriellen Invasion auf den Schleimhautoberflächen eine Rolle
3.2.1.19 *Heparinase*[11]	Leber und Niere	5,3–6,8	Hydrolysiert α-1,4-Bindungen zwischen D-Glucosaminsulfat- und D-Glucuronsäureresten im Heparin	Ein ähnliches, aus Bakterien isoliertes Enzym fand zur Aufklärung der Heparinstruktur Verwendung[12]
3.2.1.30 β-*Acetylglucosaminase*[13]	Milz, Leber, Niere, Lunge, Blut, Herz, Gehirn, Testikel	4,0–6,0	Hydrolysiert β-Phenylacetylaminodesoxyglucoside zu Phenol + Acetylaminodesoxyglucose	Mag beim Abbau der Mucopolysaccharide von Wichtigkeit sein. Reagiert mit den Blutgruppe-A- und -0(H)-Substanzen des Magenschleims von Schweinen unter Freisetzung von Methylpentosebestandteilen. Acetylaminodesoxyglucosereste werden durch das Enzym nur aus A, nicht aber aus 0(H) gebildet[14]. Dasselbe Enzym kann auch mit β-Acetylaminodesoxygalactosiden reagieren

* EC-Nummer (siehe S.381) und Trivialnamen nach der Enzymkommission der IUB (International Union of Biochemistry, *Enzyme Nomenclature*, Recommendations 1964, Elsevier, Amsterdam, 1965).

Literatur

1 Manners, D. J., *Advanc. Carbohyd. Chem.*, **17**, 371 (1962).
2 Walker und Whelan, *Biochem. J.*, **76**, 257 (1960).
3 Larner und Gillespie, *J. biol. Chem.*, **223**, 709 (1956).
4 Larner und Schliselfeld, *Biochim. biophys. Acta (Amst.)*, **20**, 53 (1956).
5 Wallenfels und Malhotra, *Advanc. Carbohyd. Chem.*, **16**, 239 (1961).
6 Dahlqvist, A., *Acta chem. scand.*, **14**, 1 und 72 (1960); Dahlqvist, A., *J. clin. Invest.*, **41**, 463 (1962); Semenza und Auricchio, *Biochim. biophys. Acta (Amst.)*, **65**, 173 (1962); Auricchio et al., *Biochim. biophys. Acta (Amst.)*, **96**, 498 (1965).
7 Dahlqvist, A., *Biochim. biophys. Acta (Amst.)*, **50**, 55 (1961).
8 Levvy und Marsh, in: Boyer et al. (Hrsg.), *The Enzymes*, 2. Aufl., Band 4, Academic Press, New York, 1960, S. 397.
9 Meyer et al., in: Boyer et al. (Hrsg.), *The Enzymes*, 2. Aufl., Band 4, Academic Press, New York, 1960, S. 447.
10 Jolles, A., in: Colowick und Kaplan (Hrsg.), *Methods in Enzymology*, Band 5, Academic Press, New York, 1962, S. 137.
11 Cho und Jaques, *Canad. J. Biochem.*, **34**, 799 (1956).
12 Korn und Payza, *J. biol. Chem.*, **223**, 859 (1956).
13 Walker et al., *Biochem. J.*, **79**, 288 (1961).
14 Howe und Kabat, *J. Amer. chem. Soc.*, **75**, 5542 (1953).

Tabelle 14 Fettsäureesterhydrolasen (Fettsäureesterasen)

Enzym*	Vorkommen	Optimaler pH-Bereich	Katalysierte Reaktion	Bemerkungen
3.1.1.1 *Carboxylesterase*[1]	In den meisten Geweben, hohe Aktivität in der Leber	Etwa 8	Hydrolysiert Carboxylester zu Carboxylsäure und Alkohol	Früher als Aliesterase bezeichnet. Das Enzym hydrolysiert Triglyceride. Reagiert viel aktiver mit einfachen Estern, so zum Beispiel Methylbutyrat, als mit Acetylcholin. Alle Esterasen können die Übertragung der Acylgruppe des Substrats katalysieren. In Gegenwart von Hydroxylamin katalysiert das Enzym der Leber die Bildung von Hydroxamsäuren aus Fettsäuren[2]
3.1.1.3 *Lipase*[3]	Pankreas, Magensaft, Speichel	7–9	CH_2—O—CO—R CH—O—CO—R′ CH_2—O—CO—R″ wobei R, R′ und R″ langkettige Fettsäuren sind. Reagiert mit Tri- > Di- > Monoglyceriden	Spaltet vor allem die endständigen Ester des Triglycerids, so daß die Reaktion wie folgt verläuft: Triglycerid → 1,2-Diglycerid → 2-Monoglycerid → Glycerin. Die Pankreaslipase reagiert nur an der Ester-Wasser-Zwischenschicht. Suspensionen von Methylbutyrat und Triacetin werden leicht, echte Lösungen von Methylbutyrat hingegen nicht hydrolysiert. Gallensaure Salze aktivieren das Enzym, teilweise durch Emulgierung des wasserunlöslichen Substrats. Das pH-Optimum für die Hydrolyse kurzkettiger Triglyceride liegt bei 7, das für langkettige bei 8,8
3.1.1.6 *Acetylesterase*[1]	Weit verbreitet	Etwa 7	Hydrolysiert Essigsäureester zu Essigsäure und Alkohol	Reagiert auch mit aromatischen Acetaten. Weniger empfindlich auf Eserinhemmung als Cholinesterasen
3.1.1.7 *Acetylcholinesterase*[4]	In den meisten Geweben, besonders Gehirn, Nerven, Erythrozyten	Etwa 7	Hydrolysiert Acetylcholin zu Cholin und Essigsäure. Propionylcholin wird gleich rasch, Butyrylcholin nur langsam hydrolysiert	Zeigt eine gut definierte, optimale Substratkonzentration für Acetylcholin von 4–7 µmol/ml und wird bei höheren Konzentrationen gehemmt. Acetyl-β-methylcholin wird auch hydrolysiert, aber wesentlich langsamer. Reagiert mit einer Vielzahl von Essigsäureestern und katalysiert Transacetylierungen
3.1.1.8 *Cholinesterase*[5]	In den meisten Geweben, besonders in Blutserum, Pankreas, Leber, Ovarium, Plazenta, Darmschleimhaut, Gehirn	Etwa 7	Hydrolysiert Acylcholin zu Cholin und Säure	Hydrolysiert Butyryl- oder Propionylcholin rascher als Acetylcholin. Spaltet auch einfache Buttersäure- und Propionsäureester, nicht hingegen Acetyl-β-methylcholin. Zeigt kein gut definiertes Substratoptimum, das heißt keine Hemmung durch Substratüberschuß. Die Cholinesterase unterscheidet sich von den einfachen Esterasen durch eine größere Empfindlichkeit gegenüber Eserin (Physostigmin). Alle Cholinesterasen werden bei einer Konzentration von 10^{-5}molarem Eserin gänzlich gehemmt
3.1.1.13 *Cholesterinesterase*[6]	Pankreas, Blutserum	Etwa 8	Hydrolysiert Cholesterinester zu Cholesterin und Säure	Das Enzym aus Pankreas benötigt unbedingt freie Cholsäure und ist viel weniger stabil als Lipase. Das gereinigte Enzym zeigt sowohl synthetische als auch hydrolytische Aktivität. Cholesterin, Dihydrocholesterin und Cholestanol werden rasch verestert und alle Sterolbutyrate leicht hydrolysiert. Cholesterinesterase ist vielleicht mit einer der Carboxylesterasen aus dem Pankreas identisch

* EC-Nummer (siehe S. 381) und Trivialnamen nach der Enzymkommission der IUB (International Union of Biochemistry, *Enzyme Nomenclature*, Recommendations 1964, Elsevier, Amsterdam, 1965).

Literatur

1 Hofstee, B. H. J., in: Boyer et al. (Hrsg.), *The Enzymes*, 2. Aufl., Band 4, Academic Press, New York, 1960, S. 485.
2 Lipmann und Tuttle, *Biochim. biophys. Acta (Amst.)*, **4**, 301 (1950).
3 Desnuelle, P., *Advanc. Enzymol.*, **23**, 129 (1961).
4 Wilson, I. B., in: Boyer et al. (Hrsg.), *The Enzymes*, 2. Aufl., Band 4, Academic Press, New York, 1960, S. 501.
5 Augustinsson, K.-B., in: Boyer et al. (Hrsg.), *The Enzymes*, 2. Aufl., Band 4, Academic Press, New York, 1960, S. 521.
6 Hernandez und Chaikoff, *J. biol. Chem.*, **228**, 447 (1957).

Tabelle 15 Phosphatasen (*Literatur siehe S. 412*)

Enzym*	Vorkommen	Optimaler pH-Bereich	Katalysierte Reaktion	Bemerkungen
		3.1.3 Phosphorsäuremonoesterhydrolasen (Phosphomonoesterasen)		
3.1.3.1 *Alkalische Phosphatase*[1]	In den meisten Zellen, besonders in den Wachstumszonen der Knochen, ferner in Darmschleimhaut, Niere, laktierender Mamma, Milch	9–10, von Substrat und Konzentration abhängig	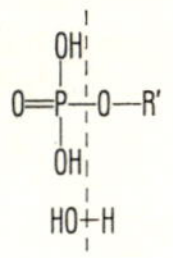 OH / O=P–O–R' / OH ; HO+H	Das Enzym ist unspezifisch, und seine Aktivität wird durch zweiwertige Kationen gesteigert, zum Beispiel durch Mg^{++}. Im Gegensatz zu gewissen anderen Gruppen von Hydrolasen werden Phosphomono- und -diesterasen durch Diisopropylfluorphosphat nicht gehemmt. Das Enzym zeigt Transferaseaktivität. Bei Hypophosphatasie wird in allen Geweben und im Blutserum erniedrigte Enzymkonzentration festgestellt. Bei Knochenzerstörungen finden sich im Blutserum beträchtlich erhöhte Mengen des Enzyms. Die Reaktion dient möglicherweise als Quelle anorganischen Phosphats für metabolische, exkretorische und gewisse sekretorische Zwecke
3.1.3.2 *Saure Phosphatase*[2]	Laktierende Mamma, Niere, Prostata, Leber, Milz, Erythrozyten	5,3–5,6	Wie alkalische Phosphatase	Das Enzym ist unspezifisch. Beinahe alle sauren Phosphatasen katalysieren die Übertragung des Phosphats auf organische Hydroxylverbindungen. Von den tierischen sauren Phosphatasen wird nur das Enzym aus der Prostata durch (+)-Tartrat gehemmt
3.1.3.9 *Glucose-6-phosphatase*[3]	Leber, Niere, Dünndarm	6,5	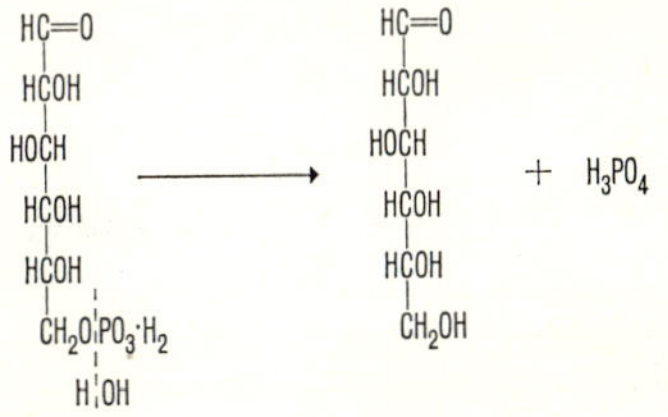 HC=O / HCOH / HOCH / HCOH / HCOH / CH_2O⁞$PO_3 \cdot H_2$ (H⁞OH) Glucose-6-phosphat ⟶ HC=O / HCOH / HOCH / HCOH / HCOH / CH_2OH Glucose + H_3PO_4	Das Enzym katalysiert mit Leichtigkeit die Übertragung des Phosphats von Glucose-6-phosphat auf Glucose oder Fructose. Die hydrolytische Aktivität wird durch Glucose gehemmt. Das Enzym scheint nur in den Mikrosomen enthalten zu sein; es spielt bei der Bildung von Glucose aus Glycogen und Nichtkohlenhydraten eine Rolle (siehe Abb. 17, S. 437). Bei Glycogenose in der Leber nur in geringen Mengen oder nicht vorhanden[4]
3.1.3.11 *Hexosediphosphatase*	Niere, Leber	9,3–9,5	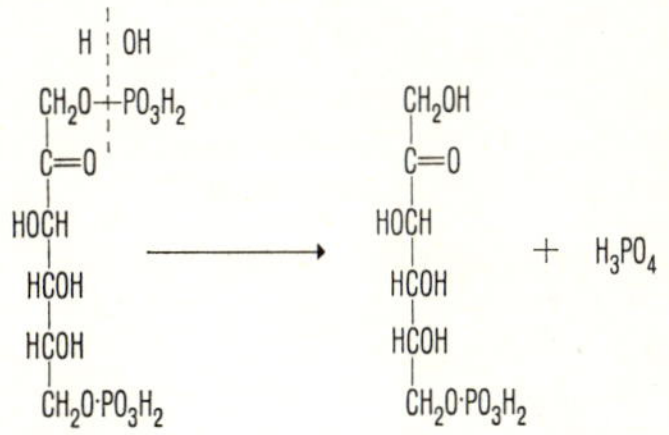 (H⁞OH) CH_2O–PO_3H_2 / C=O / HOCH / HCOH / HCOH / $CH_2O \cdot PO_3H_2$ Fructose-1,6-diphosphat ⟶ CH_2OH / C=O / HOCH / HCOH / HCOH / $CH_2O \cdot PO_3H_2$ Fructose-6-phosphat + H_3PO_4	Das Enzym zeigt deutliche Spezifität auf Fructose-1,6-diphosphat[5]. Keine Hydrolyse von Glucose-1-phosphat, Glucose-6-phosphat, Fructose-6-phosphat, L-Sorbose-1-phosphat und Phosphoglycerat. Fructose-1-phosphat und L-Sorbose-1,6-diphosphat werden im Vergleich mit Fructose-1,6-diphosphat mit Geschwindigkeiten von 0,009 und 0,03 hydrolysiert. Das Enzym wird durch Mg^{++} und Mn^{++} aktiviert, durch Fructose-6-phosphat, Fructose-1,6-diphosphat und Adenosinmonophosphat hingegen gehemmt. Es spielt eine Rolle bei der Glycogensynthese aus anderen Verbindungen als Kohlenhydraten (siehe Abb. 17, S. 437)

* EC-Nummer (siehe S. 381) und Trivialnamen nach der Enzymkommission der IUB (International Union of Biochemistry, *Enzyme Nomenclature*, Recommendations 1964, Elsevier, Amsterdam, 1965).

Tabelle 15 Phosphatasen *(Schluß)*

Enzym*	Vorkommen	Optimaler pH-Bereich	Katalysierte Reaktion	Bemerkungen
			3.1.4 Phosphorsäurediesterhydrolasen (Phosphodiesterasen)	
3.1.4 *Phosphodiesterasen*	Weit verbreitet	–	Hydrolysiert Phosphodiester zu Phosphomonoester und Alkohol	Die als Phosphodiesterasen eingeteilten Enzyme sind in andern Tabellen aufgeführt, so Glycerophosphorylcholindiesterase, Phospholipase C und Phospholipase D in Tabelle 16, S. 413, Ribonuclease, Desoxyribonuclease und Phosphodiesterase in Tabelle 17, S. 414
			3.6.1 Hydrolasen, die Anhydride der Phosphorsäure spalten	
3.6.1.1 *Anorganische Pyrophosphatase*[6]	Leber, Gehirn, Erythrozyten und andere Gewebe	7,6–7,8	$(HO)_2P(=O){-}O{-}P(=O)(OH)_2 + H{\cdot}OH \longrightarrow 2\,H_3PO_4$	Das Enzym benötigt zu seiner Aktivität unbedingt Mg^{++}. Einige Gewebe enthalten eine durch Mg^{++} nicht aktivierbare Pyrophosphatase mit einem sauren pH-Optimum
3.6.1.7 *Acylphosphatase*[7]	Skelettmuskulatur, Gehirn, Niere, Leber, Leukozyten	5,3	$(HO)_2P(=O){-}O{-}CO{-}R + HO{\cdot}H$ wobei R · CO = Acetyl, Butyryl, Palmityl	Katalysiert auch die Hydrolyse von 1,3-Diphosphoglycerinsäure und Carbamylphosphat. Keine Reaktion mit Glycerinphosphat, 3-Phosphoglycerat oder Phosphoenolpyruvat. Bei saurem pH ist das Enzym thermostabil und zeigt nach 15 min bei 80 °C keine Aktivitätsverminderung. Es hat ein Molgewicht von ungefähr 13000 und gleicht in seiner Größe sowie in seiner Stabilität gegenüber verschiedenen Denaturierungsmitteln der Ribonuclease
3.6.1.9 *Nucleotidpyrophosphatase*[8]	Niere, Leber	Etwa 8	Hydrolysiert Dinucleotide zu zwei Mononucleotiden	Reagiert rasch mit $NADH_2$, $NADPH_2$, FAD, Adenosindiphosphoribose und mehreren $NADH_2$-Analogen. Das tierische Enzym spaltet $NADH_2$ rascher als NAD. Das Enzym aus Kartoffeln spaltet auch ADP, ATP und Thiaminpyrophosphat

* EC-Nummer (siehe S. 381) und Trivialnamen nach der Enzymkommission der IUB (International Union of Biochemistry, *Enzyme Nomenclature*, Recommendations 1964, Elsevier, Amsterdam, 1965).

Literatur

1 Stadtman, T.C., in: Boyer et al. (Hrsg.), *The Enzymes*, 2. Aufl., Band 5, Academic Press, New York, 1961, S. 55.

2 Schmidt, G., in: Boyer et al. (Hrsg.), *The Enzymes*, 2. Aufl., Band 5, Academic Press, New York, 1961, S. 37.

3 Ashmore und Weber, *Vitam. and Horm.*, **17**, 91 (1959).

4 Cori und Cori, *J. biol. Chem.*, **199**, 661 (1952).

5 Mokrasch und McGilvery, *J. biol. Chem.*, **221**, 909 (1956).

6 Seal und Binkley, *J. biol. Chem.*, **228**, 193 (1957).

7 Raijman et al., *J. biol. Chem.*, **235**, 2340 (1960).

8 Jacobson und Kaplan, *J. biophys. biochem. Cytol.*, **3**, 31 (1957).

Tabelle 16 Phospholipasen

Typische Phospholipide, wie Lecithin und Cephalin, können durch die folgende allgemeine Formel dargestellt werden:

$$
\begin{array}{l}
CH_2 \overset{}{-\!-\!-} O \overset{(A)}{-\!-\!-} \overset{\overset{O}{\|}}{C} - R \\
| \\
CH \overset{(A)}{-\!-\!-} O \overset{(B)}{-\!-\!-} \overset{\overset{O}{\|}}{C} - R' \\
| \\
CH_2 \overset{}{-\!-\!-} O \overset{(C)}{-\!-\!-} \underset{\underset{O^-}{|}}{\overset{\overset{O}{\|}}{P}} \overset{(D)}{-\!-\!-} O{\cdot}CH_2CH_2N^+ \equiv X_3
\end{array}
$$

wobei $R{-}\overset{\overset{O}{\|}}{C}{-}O{-}$ eine gesättigte, $R'{-}\overset{\overset{O}{\|}}{C}{-}O{-}$ eine ungesättigte langkettige Fettsäure ist; X = CH_3 für Lecithin, H für Cephalin. Die Enzyme werden entsprechend den in der Formel bezeichneten gespaltenen Bindungen Phospholipase A, B, C und D genannt. Da die Bezeichnung «Lipase» gewöhnlich nur für ein die Carboxylesterbindung spaltendes Enzym gebraucht wird, sind die Phospholipasen C und D genau bezeichnet Phosphodiesterasen.

Enzym*	Vorkommen	Optimaler pH-Bereich	Katalysierte Reaktion	Bemerkungen
3.1.1.4 *Phospholipase A*[1]	Muskel, Herz, Leber, Niere, Nebenniere, Pankreas	Etwa 7	Spaltung des Phospholipids an der mit (A) bezeichneten Stelle der allgemeinen Formel	Spaltet aus Phospholipiden nur eine Fettsäure unter Bildung von Lysolipiden ab, die eine rapide Hämolyse verursachen können. Eine Komponente der meistverbreiteten tierischen Gifte; kommt in giftigen Sekreten von Schlangen, Echinodermen, Skorpionen, Bienen und Wespen vor. Lange Zeit ist angenommen worden, Phospholipase spalte nur die ungesättigte Fettsäure, in α-Stellung, ab. Jetzt weiß man, daß das Enzym eine gesättigte Fettsäure entweder in α- oder β-Stellung abspaltet. Aktivierung durch Ca^{++} und Albumin. Sehr thermostabil, kann bei pH 5,9 während 5 min ohne Verlust an Aktivität gekocht werden. Spaltet den Phospholipid–Cytochrom-Komplex in den Mitochondrien, wobei eine äußerst starke Hemmung gewisser Atmungsfermente eintritt
3.1.1.5 *Phospholipase B*[1] (Lysophospholipase)	Leber, Pankreas	4,0–6,0	Spaltung des Phospholipids an der mit (B) bezeichneten Stelle der allgemeinen Formel	Absolut inaktiv gegenüber Lecithinen und Cephalinen. Reagiert nur mit Lysolipiden. Aus Lysolecithin entsteht Glycerophosphorylcholin, das keine hämolytischen Eigenschaften hat. Weniger thermostabil als Phospholipase A: zersetzt sich rasch bei Temperaturen über 41 °C
3.1.4.3 *Phospholipase C*	In Toxinen von *Clostridium*, Gehirn[2]	6,0–7,6	Spaltung des Phospholipids an der mit (C) bezeichneten Stelle der allgemeinen Formel	Früher auch als Lipophosphodiesterase I bezeichnet. Streng spezifisch für die Hydrolyse der Bindung zwischen Glycerin und Phosphat in Phospholipiden. Katalysiert die Hydrolyse von Phospholipidderivaten, die noch doppelt verestert sind. Reagiert mit Lecithinen unter Bildung von Diglycerid und Cholinphosphat. Katalysiert die Hydrolyse von Sphingomyelin zu Acylsphingosin und Cholinphosphat. Aktiviert durch Ca^{++}. Relativ thermostabil: behält nach Erhitzung auf 100 °C während 10 min noch 50% seiner Aktivität
3.1.4.4 *Phospholipase D*	In tierischen Geweben nicht vorhanden; kommt in Pflanzen vor[3]	5,1–5,9	Spaltung des Phospholipids an der mit (D) bezeichneten Stelle der allgemeinen Formel	Früher auch als Lipophosphodiesterase II bezeichnet. Katalysiert die Hydrolyse der Bindung zwischen Base und Phosphorsäure unter Bildung von Phosphatidsäure und, im Falle des Lecithins, von Cholin. Reagiert sowohl mit Lecithin als auch mit Cephalin. Thermostabil: behält nach Erhitzung auf 100 °C während 15 min noch 30–40% seiner Aktivität
3.1.4.2 *Glycerophosphorylcholindiesterase*	Nervengewebe[4], Leber und andere Gewebe[5]	7,5–9,0	–	Katalysiert die Hydrolyse des nach gemeinsamer Einwirkung von Phospholipase A und B entstandenen Glycerophosphorylcholins zu Glycerophosphat und Cholin. In seiner Spezifität ähnlich wie Phospholipase D. Reagiert auch mit Glycerophosphoryläthanolamin. Benötigt Mg^{++}. Das Enzym ist aus Bakterienextrakten gereinigt dargestellt worden

* EC-Nummer (siehe S. 381) und Trivialnamen nach der Enzymkommission der IUB (International Union of Biochemistry, *Enzyme Nomenclature*, Recommendations 1964, Elsevier, Amsterdam, 1965).

Literatur

1 Slotta, K. H., in: Boyer et al. (Hrsg.), *The Enzymes*, 2. Aufl., Band 4, Academic Press, New York, 1960, S. 551.
2 Druzhinina und Kritsman, *Biokhimiya*, **17**, 77 (1952).
3 Hanahan und Chaikoff, *J. biol. Chem.*, **172**, 191 (1948).
4 Webster et al., *Biochem. J.*, **65**, 374 (1957).
5 Dawson, R. M., *Biochem. J.*, **62**, 689 (1956).

Tabelle 17 Nucleasen und andere auf Nucleotide und Nucleoside wirkende Enzyme

Enzym*	Vorkommen	Optimaler pH-Bereich	Katalysierte Reaktion	Bemerkungen
2.7.7.16 *Ribonuclease*[1] (RNase)	In den meisten Geweben; maximale Aktivität im Pankreas	7,0–8,0	Katalysiert die Depolymerisation der Ribonucleinsäuren unter Bildung von Nucleosid-3′-phosphaten. Die tierischen Enzyme können Purinnucleotide nicht spalten und produzieren auf diese Weise einen an Purinbasen angereicherten Kern	Die erste Stufe der Enzymreaktion auf die Internucleotidbindungen besteht in einer Umesterung unter Bildung eines zyklischen Pyrimidinnucleosid-2′,3′-phosphats. Diese terminalen Gruppen werden dann als freie zyklische Mononucleotidphosphate abgespalten und darauf hydrolysiert, wobei die entsprechenden Nucleosid-3′-phosphate entstehen. Einige Enzyme liefern aus RNS Nucleosid-5′-phosphate. Die Ribonuclease aus Rinderpankreas ist eingehend untersucht worden. Die primäre Struktur (Art und Reihenfolge) der Aminosäuren wurde aufgeklärt, und vieles ist auch über die Art der internen Faltung und Knäuelung bekannt
3.1.4.5 *Desoxyribonuclease*[2] (DNase) 3.1.4.6 *Desoxyribonuclease II*[2]	In vielen Geweben; größtes Vorkommen im Pankreas	Etwa 7 (3.1.4.5); 4,5–5,5 (3.1.4.6)	Katalysiert die Depolymerisation der Desoxyribonucleinsäuren unter Bildung von Mono- bis Oligonucleotiden. Alle vier Mononucleotide konnten aus dem Reaktionsprodukt isoliert werden. Die Nucleotide sind im Falle der Desoxyribonuclease 5′-Phosphate, der Desoxyribonuclease II hingegen 3′-Phosphate	Desoxyribonuclease benötigt Mg^{++} als Aktivator, wird durch EDTA gehemmt und hat ein pH-Optimum bei etwa 7. Desoxyribonuclease II wird durch Mg^{++} gehemmt, in vielen Fällen durch EDTA aktiviert und hat ein pH-Optimum bei 4,5–5,5. Beide Enzyme können im gleichen Gewebe vorkommen
3.1.4.1 *Phosphodiesterase*[3]	Darm, Milz und andere Gewebe	Etwa 7	Hydrolysiert Phosphorsäurediester unter Bildung eines Phosphorsäuremonoesters und eines Alkohols	Greift sowohl Ribo- als auch Desoxyribointernucleotidbindungen an. Das Enzym ist nicht sehr spezifisch. Die Phosphodiesterase aus der Milz bildet 3′-Nucleotide
3.1.3.5 *5′-Nucleotidase*[4]	Retina, Nervengewebe, Prostata, Testes, Sperma. Die höchste Aktivität in menschlichen Geweben zeigt der Hypophysenhinterlappen	Etwa 8	Hydrolysiert alle Ribonucleosid- und Desoxyribonucleosid-5′-phosphate sowie Nicotinamidmononucleotid zu den entsprechenden Nucleosiden und Orthophosphat	Enzympräparate, besonders aus Schlangengift und Samenplasma des Stieres, haben zur Identifizierung der Nucleosid-5′-phosphate Verwendung gefunden
2.4.2.1 *Purinnucleosid-phosphorylase*[5]	Leber, Gehirn, Thymus, Erythrozyten und andere Gewebe	Etwa 7	Pentose-1-phosphat + Purin $\rightleftharpoons$ Nucleosid + Orthophosphat	Da die Reaktion reversibel ist, wird das Enzym oft in Form des bei der Nucleosidbildung freigesetzten Orthophosphats bestimmt. Neben den Purinnucleosidphosphorylasen gibt es auch Enzyme, die auf Pyrimidinnucleoside wirken. Die Spezifität der verschiedenen Enzyme ist noch nicht endgültig geklärt. Wahrscheinlich spielen diese Enzyme eher eine Rolle beim Nucleinsäureabbau als bei der Nucleosidsynthese

* EC-Nummer (siehe S. 381) und Trivialnamen nach der Enzymkommission der IUB (International Union of Biochemistry, *Enzyme Nomenclature*, Recommendations 1964, Elsevier, Amsterdam, 1965).

Tabelle 17 Nucleasen und andere auf Nucleotide und Nucleoside wirkende Enzyme *(Schluß)*

Enzym*	Vorkommen	Optimaler pH-Bereich	Katalysierte Reaktion	Bemerkungen
3.5.4.6 *AMP-Desaminase*[6]	Muskel und andere Gewebe	6,1–6,4	Desaminiert Adenylsäure zu Inosinsäure und Ammoniak	Reagiert nur mit 5′-Adenylsäure und 5′-Desoxyadenylsäure. Die Reaktionsgeschwindigkeit mit der letzteren beträgt etwa 1% derjenigen mit 5′-Adenylsäure
3.5.4.4 *Adenosindesaminase*[7]	Muskel, Leber, Darmmukosa	Etwa 7,5	Desaminiert Adenosin zu Inosin und Ammoniak	Desoxyadenosin wird auch desaminiert
3.5.4.3 *Guanindesaminase*[7,8]	Leber, Muskel	6–10	Desaminiert Guanin zu Xanthin und Ammoniak	Früher Guanase genannt. Reagiert mit Guanin und 8-Azaguanin, nicht aber mit Guanosin oder Guanylsäure. Guanindesaminase kann zusammen mit Xanthinoxydase zur Bestimmung kleinster Mengen von Guanin verwendet werden
1.2.3.2 *Xanthinoxydase*[9]	Milch, Leber, Milz, Niere, Lunge	7,4	Das gereinigte Enzym oxydiert Hypoxanthin zu Xanthin, Xanthin zu Harnsäure und Aldehyde zu Säuren	Enthält Flavinadenindinucleotid, Eisen sowie Molybdän
1.7.3.3 *Uratoxydase*[10]	In Leber und Niere von Säugetieren. Fehlt dem Menschen und den Primaten	9,2	Oxydiert Harnsäure zu Allantoin nach folgender Bilanz: Harnsäure + O_2 + 2 H_2O → Allantoin + H_2O_2 + CO_2	Die produzierte Allantoinmenge ist von der Reaktion der entstehenden Zwischenprodukte mit Pufferionen abhängig. In Phosphat- und Trispufferlösungen entsteht nur Allantoin, während das Reaktionsprodukt in Boratpuffer nur 30% Allantoin enthält. Das Enzym enthält Kupfer

* EC-Nummer (siehe S. 381) und Trivialnamen nach der Enzymkommission der IUB (International Union of Biochemistry, *Enzyme Nomenclature*, Recommendations 1964, Elsevier, Amsterdam, 1965).

Literatur

1 Anfinsen und White, jr., in: Boyer et al. (Hrsg.), *The Enzymes*, 2. Aufl., Band 5, Academic Press, New York, 1961, S. 95.
2 Laskowski, M., in: Boyer et al. (Hrsg.), *The Enzymes*, 2. Aufl., Band 5, Academic Press, New York, 1961, S. 123.
3 Razzell, W. E., in: Colowick und Kaplan (Hrsg.), *Methods in Enzymology*, Band 6, Academic Press, New York, 1963, S. 236.
4 Heppel, L. A., in: Boyer et al. (Hrsg.), *The Enzymes*, 2. Aufl., Band 5, Academic Press, New York, 1961, S. 49.
5 Friedkin und Kalckar, in: Boyer et al. (Hrsg.), *The Enzymes*, 2. Aufl., Band 5, Academic Press, New York, 1961, S. 237.
6 Lee, Y.-P., *J. biol. Chem.*, **227**, 999 (1957).
7 Kalckar, H. M., *J. biol. Chem.*, **167**, 429, 445, 461, 477 (1947).
8 Schmidt, G., *Hoppe-Seylers Z. physiol. Chem.*, **208**, 185 (1932).
9 de Renzo, E. C., *Advanc. Enzymol.*, **17**, 293 (1956).
10 Hübscher et al., *Biochim. biophys. Acta (Amst.)*, **23**, 43 (1957).

Glycosidhydrolasen der menschlichen Dünndarmmukosa[1]

Alter	Anzahl	Protein (mg/g Mukosa)	Enzymaktivitäten (U/g Protein)*					
			«Maltase»	«Saccharase»	«Isomaltase»	«Lactase»	«Cellobiase»	«Amylase»
Fötales Alter								
2–3 Monate . .	2	42,5	12,5 (2,1–23)	4 (0,6–7,5)	4 (0,6–7,4)	1	–	–
3–4 Monate . .	3	51 (47–55)	104 (80–124)	40 (34–48)	36 (36–37)	7 (5–9)	–	5
6 Monate	1	90	132	52	44	15	4,1	6,6
7–8 Monate . .	6	96 (58–150)	235 (100–481)	91 (31–201)	74 (35–145)	26 (15–37)	5,8 (4,4–8,5)	11,4 (8–18)
8–9 Monate . .	10	90 (77–129)	281 (138–422)	101 (51–150)	85 (37–113)	31 (16–77)	6,6 (3,2–16,2)	16,5 (8,8–32)
Erwachsene	15	90 (84–121)	246 (70–456)	76 (24–152)	74 (27–136)	30 (5,9–54,5)	6,8 (1–11,6)	295 (78–1179)

* 1 U = 1 μmol Disaccharid, hydrolysiert pro Minute bei 37 °C und pH 5,8.

1 Auricchio et al., *Pediatrics*, **35**, 944 (1965).

Die Verdauungsprodukte dienen außer zur Energieproduktion auch als Vorstufen vieler Zellbestandteile. Der Säugetierorganismus kann alle seine Zellbestandteile aufbauen aus

1. den essentiellen Aminosäuren,
2. den Vitaminen,
3. den essentiellen (stark ungesättigten) Fettsäuren,
4. Mineralsalzen,
5. einer Hauptbezugsquelle für Kohlenstoff (gewöhnlich Kohlenhydrate),
6. einer Stickstoffquelle in Form von Ammoniak, das hauptsächlich aus überschüssigen Aminosäuren entsteht; kleine Mengen werden auch von Purinbasen, Pyrimidinen und Aminozuckern geliefert.

Die Kohlenhydrate als Hauptquelle für Kohlenstoff können, hauptsächlich bei Fleischfressern, weitgehend durch Proteine und Fette ersetzt werden.

Die Kenntnis der Reaktionswege, auf denen die Komponenten der Nahrungsstoffe in Zellbestandteile umgewandelt werden, hat weitere Fortschritte gemacht, wobei aber immer noch viele Einzelheiten zu untersuchen sein werden. Das folgende Kapitel enthält eine Übersicht über die bis jetzt vorhandenen Untersuchungen.

Bildung von Zellbestandteilen und Stoffwechselprodukten aus Glucose

Die Hauptprodukte, deren Bildungswege und physiologische Funktionen sind in Tabelle 18 (siehe unten) zusammengestellt.

Der oxydative Pentosephosphatzyklus

Glucose-6-phosphat (aus Glucose durch Hexokinase gebildet) kann in der Leber und einigen anderen tierischen Geweben am Kohlenstoffatom 1 oxydiert werden, wobei 6-Phosphogluconat entsteht. Dies leitet eine Reaktionsreihe ein, in der verschiedene Pentosephosphate und andere Zuckerphosphate gebildet werden. Im Verlaufe dieser Reaktionsfolge wird ein Teil des Glucose-6-

Tabelle 18 Bildung von Zellbestandteilen und Stoffwechselprodukten aus Glucose

Gebildetes Produkt	Bildungsweg	Physiologische Funktion
Glycogen	Aus Glucose-1-phosphat über UDP-Glucose, katalysiert durch UDPG-Pyrophosphorylase (Glucose-1-phosphaturidylyltransferase) und UDP-Glucose–Glycogenglucosyltransferase [1]	Speicherung von Kohlenhydraten
Galactose	Umkehrung der Reaktionen 5 und 4, Tabelle 4, S. 386	Bestandteil der Lactose und Cerebroside
Lactose	Möglicherweise aus UDP-Galactose und Glucose-1-phosphat über Lactose-1-phosphat	Bestandteil der Milch
Ribose-5-phosphat	Reaktionen des Pentosephosphatzyklus (S. 417)	Bestandteil der Nucleinsäuren und der Nucleotide
Desoxyribose-5-phosphat	Möglicherweise durch Aldolkondensation von Glycerinaldehydphosphat mit Acetaldehyd (Umkehrung der Reaktion auf S. 397)	Bestandteil der Nucleinsäuren
Glucuronsäure und Iduronsäure	Über UDP-Glucose gebildet (siehe S. 419)	Bestandteil der Mucine (Hyaluronsäure und Chondroitinsulfat) und des Heparins; Detoxicans
Glucosamin	Aus Fructose-6-phosphat durch Übertragung der Amidgruppe des Glutamins (siehe S. 419)	Bestandteil von Lipiden, Polysacchariden und Glycoproteinen
L-Fucose	Aus Fructose-6-phosphat über GDP-Mannose (siehe S. 419)	Bestandteil von Milcholigosacchariden und Glycoproteinen
Fructose	Reaktionen bei der Glycolyse und Hydrolyse von Fructose-6-phosphat durch Phosphatase	Bestandteil des Spermas
Citronensäure	Carboxylierung von Pyruvat (siehe S. 420) und Reaktionen des Tricarbonsäurezyklus (siehe S. 387)	Bestandteil von Knochen, Milch und Sperma
Fettsäuren	Aus Acetylcoenzym A (über Pyruvat gebildet) unter Mitbeteiligung von Malonylcoenzym A (siehe S. 420)	Bestandteile der Fette und Phospholipide
Glycerophosphate	Durch Glycerophosphatdehydrogenase katalysierte Reduktion von Dihydroxyacetonphosphat	Bestandteil der Phospholipide
Phospholipide	Siehe S. 421	Zellbestandteile
Triglyceride	Siehe S. 422	Zellbestandteile
Sterole und Steroide	Siehe S. 422–428	Zellbestandteile; Hormone
Nichtessentielle Aminosäuren:		
Glutaminsäure	Glutamatdehydrogenasereaktion (siehe S. 428)	Bestandteil von Proteinen und besonderen Peptiden (Glutathion, Folsäure)
Asparaginsäure	Carboxylierung von Pyruvat (siehe S. 420) und Transaminierung zwischen Glutamat und Oxalacetat	Bestandteil von Proteinen
Alanin	Transaminierung zwischen Pyruvat und Glutamat	Bestandteil von Proteinen
Glycin	Durch die auf S. 428 dargestellten Reaktionen aus 3-Phosphoglycerat	Bestandteil von Proteinen
Serin	Durch die auf S. 428 dargestellten Reaktionen aus 3-Phosphoglycerat	Bestandteil von Proteinen
Cystein	Aus Serin durch Transsulfurierung mit aus Methionin gebildetem Homocystein (siehe S. 394)	Bestandteil von Proteinen
Prolin	Aus Glutamat oder Ornithin (siehe S. 428)	Bestandteil von Proteinen
Hydroxyprolin	Möglicherweise durch Oxydation von Prolin (siehe S. 428)	Bestandteil von Proteinen

Literatur [1] LELOIR und CARDINI, *J. Amer. chem. Soc.*, **79**, 6340 (1957).

phosphats regeneriert, was auf einen zyklischen Ablauf hindeutet. Die Reaktionen dieses Zyklus stellen eine partielle Oxydation von Glucose-6-phosphat dar.

Die Hauptstufen dieses Zyklus bestehen aus acht verschiedenen Reaktionen. In der ersten Stufe (**1**) wird Glucose-6-phosphat zu 6-Phosphogluconsäurelacton oxydiert, welches darauf durch eine Gluconolactonase zu 6-Phosphogluconsäure hydrolysiert wird[1]. Während dieser Reaktion wird NADP reduziert:

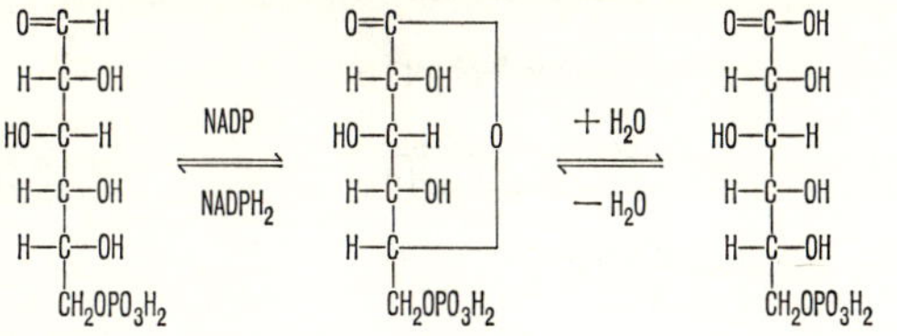

(**1**) Glucose-6-phosphat ⇌ (NADP / $NADPH_2$) 6-Phosphogluconsäurelacton ⇌ ($+ H_2O$ / $- H_2O$) 6-Phosphogluconsäure

Das gebildete 6-Phosphogluconat wird unter Reduktion eines weiteren Moleküls NADP oxydativ decarboxyliert (**2**), wobei Ribulose-5-phosphat entsteht[2]:

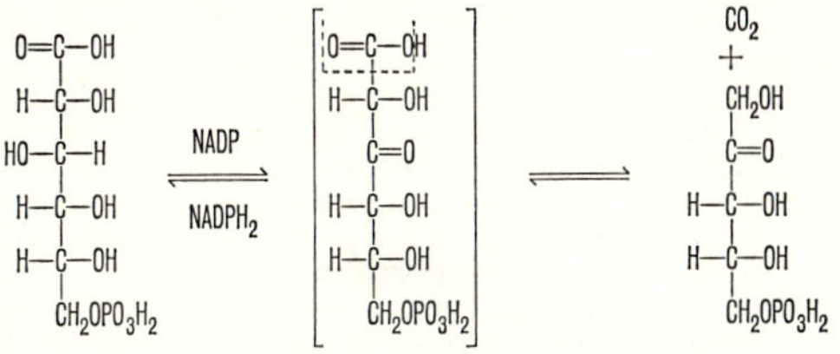

(**2**) 6-Phosphogluconsäure ⇌ (NADP / $NADPH_2$) Hypothetisches Zwischenprodukt (3-Keto-6-phosphogluconsäure) ⇌ Ribulose-5-phosphat + CO_2

Ribulose-5-phosphat isomerisiert nun auf zwei Arten, einerseits unter dem Einfluß von Pentosephosphatisomerase[3] zu Ribose-5-phosphat (**3**):

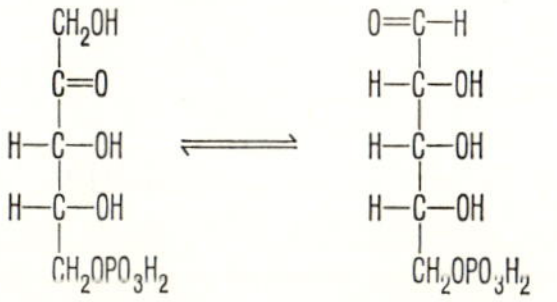

(**3**) Ribulose-5-phosphat ⇌ Ribose-5-phosphat

und anderseits (**4**) zu Xylulose-5-phosphat[4,5]:

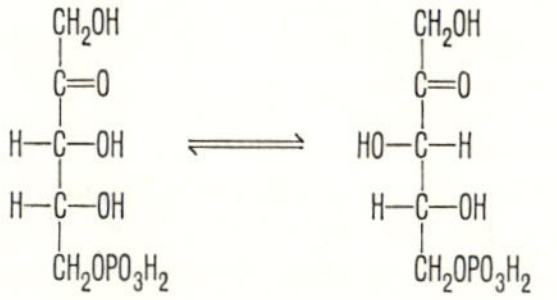

(**4**) Ribulose-5-phosphat ⇌ Xylulose-5-phosphat

Je ein Molekül Xylulose-5-phosphat und Ribose-5-phosphat, die durch die Reaktionen (**3**) und (**4**) entstanden sind, reagiert nun unter Bildung von Sedoheptulose-7-phosphat und Glycerinaldehyd-3-phosphat miteinander (**5**)[4,6]. Diese Reaktion wird durch Transketolase[7] katalysiert, die Thiaminpyrophosphat (TPP) als Cofaktor benötigt. Es wird angenommen, daß bei dieser Reaktion «aktiver Glycolaldehyd» auftritt, was wie folgt dargestellt werden kann[8]:

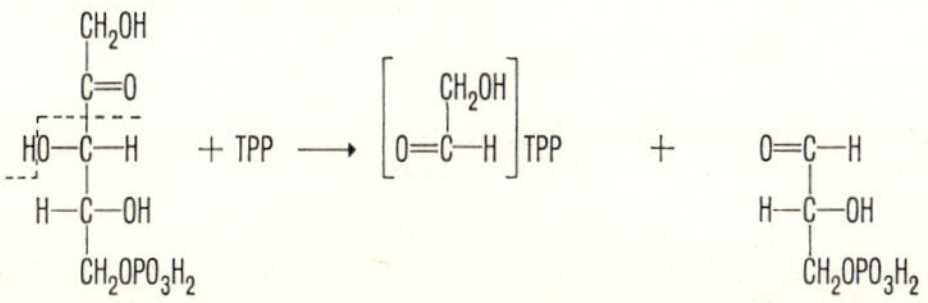

(**5**) Xylulose-5-phosphat + TPP → «Aktiver Glycolaldehyd» + Glycerinaldehyd-3-phosphat

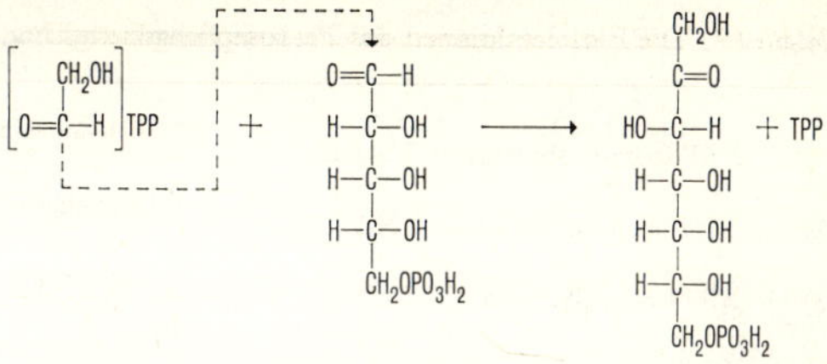

(**5**) «Aktiver Glycolaldehyd» + Ribose-5-phosphat → Sedoheptulose-7-phosphat + TPP

Glycerinaldehyd-3-phosphat und Sedoheptulose-7-phosphat gehen nun unter dem Einfluß von Transaldolase eine Übertragungsreaktion ein. Die Wirkung dieses Enzyms ist analog derjenigen von Transketolase, nur wird statt «aktivem Glycolaldehyd» «aktives Dihydroxyaceton» übertragen, wobei Fructose-6-phosphat und Erythrose-4-phosphat gebildet werden (**6**)[9]:

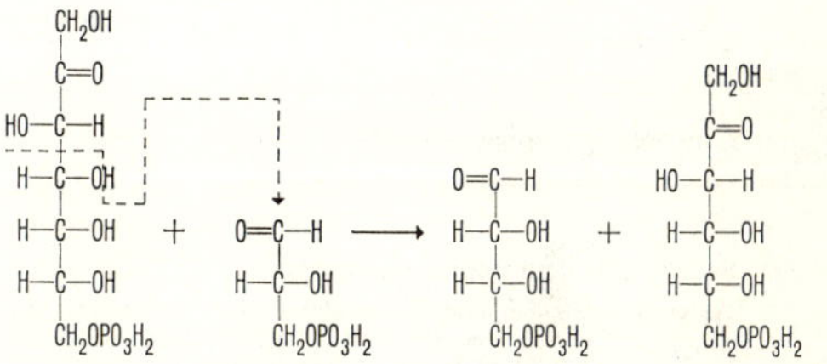

(**6**) Sedoheptulose-7-phosphat + Glycerinaldehyd-3-phosphat → Erythrose-4-phosphat + Fructose-6-phosphat

Das in (**6**) gebildete Erythrose-4-phosphat geht mit einem Molekül Xylulose-5-phosphat eine Transketolasereaktion (**7**) ein, die analog zu Reaktion (**5**) ist und zur Bildung von Fructose-6-phosphat und Glycerinaldehyd-3-phosphat führt[10]:

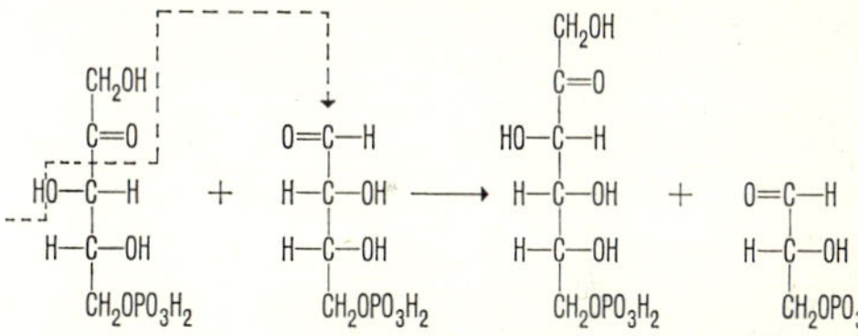

(**7**) Xylulose-5-phosphat + Erythrose-4-phosphat → Fructose-6-phosphat + Glycerinaldehyd-3-phosphat

Das in den Reaktionen (**6**) und (**7**) gebildete Fructose-6-phosphat wird in der durch Glucosephosphatisomerase katalysierten Reaktion (**8**) in Glucose-6-phosphat umgewandelt:

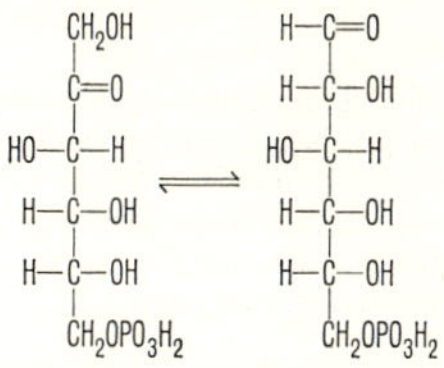

(**8**) Fructose-6-phosphat ⇌ Glucose-6-phosphat

Diese Reaktion beendet den Zyklus unter teilweiser Regenerierung des Ausgangsmaterials, Glucose-6-phosphat. Das komplexe Wechselspiel der Komponenten dieses Zyklus ist in Abbildung 11 und Tabelle 19 (S. 418) graphisch dargestellt.

In diesem Schema sind die durch Transketolase und Transaldolase katalysierten Reaktionen (**5**), (**6**) und (**7**) durch sich überkreuzende Pfeile angegeben. Von den für jeden Umlauf des Zyklus benötigten 3 Glucose-6-phosphatmolekülen werden 2 regeneriert. An den Reaktionen (**1**) und (**2**) beteiligen sich je 3, an den Reaktionen (**4**) und (**8**) je 2 Moleküle und an den restlichen je 1 Molekül.

Wie Tabelle 19 zeigt, ist die Bilanz eines Umlaufs des Zyklus folgende:

Glucose-6-phosphat → Glycerinaldehyd-3-phosphat + 3 CO_2

Tabelle 19 Die Einzelreaktionen des Pentosephosphatzyklus und ihre quantitativen Beziehungen

		Enzym	
(1)	3 Glucose-6-phosphat + 3 NADP	(Glucose-6-phosphatdehydrogenase) →	3 6-Phosphogluconat + 3 $NADPH_2$
(2)	3 6-Phosphogluconat + 3 NADP	(Phosphogluconatdehydrogenase) →	3 Ribulose-5-phosphat + 3 CO_2 + 3 $NADPH_2$
(3)	Ribulose-5-phosphat	(Ribosephosphatisomerase) →	Ribose-5-phosphat
(4)	2 Ribulose-5-phosphat	(Ribulosephosphat-3-epimerase) →	2 Xylulose-5-phosphat
(5)	Ribose-5-phosphat + Xylulose-5-phosphat	(Transketolase) →	Sedoheptulose-7-phosphat + Glycerinaldehyd-3-phosphat
(6)	Sedoheptulose-7-phosphat + Glycerinaldehyd-3-phosphat	(Transaldolase) →	Fructose-6-phosphat + Erythrose-4-phosphat
(7)	Xylulose-5-phosphat + Erythrose-4-phosphat	(Transketolase) →	Fructose-6-phosphat + Glycerinaldehyd-3-phosphat
(8)	2 Fructose-6-phosphat	(Glucosephosphatisomerase) →	2 Glucose-6-phosphat
Bilanz	Glucose-6-phosphat + 6 NADP	→	3 CO_2 + Glycerinaldehyd-3-phosphat + 6 $NADPH_2$

Abb.11 Schema des Pentosephosphatzyklus

Ausgangsmaterialien und Endprodukte sind eingerahmt. P = Phosphat. Die sich kreuzenden Pfeile stellen Übertragungsreaktionen dar. Für Einzelheiten siehe Tabelle 19 und Text.

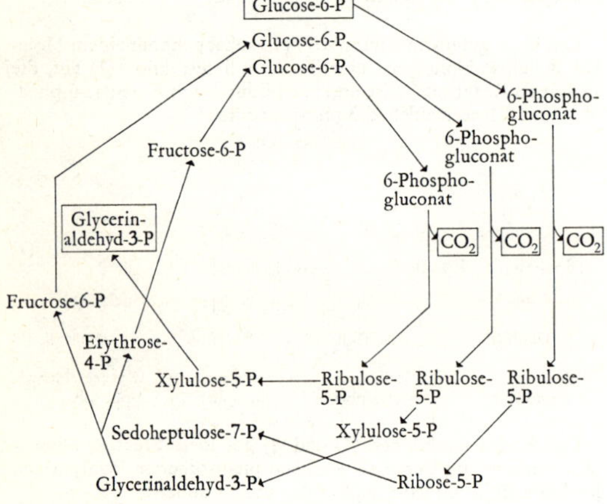

Abb.12 Vollständige Oxydation von Glucose-6-phosphat über den Pentosephosphatzyklus und zusätzliche Reaktionen, die durch Triosephosphatisomerase, Fructosediphosphataldolase, Hexosediphosphatase und Glucosephosphatisomerase katalysiert werden

Der erste Schritt in diesem Schema (Umwandlung von Glucose-6-phosphat in Glycerinaldehyd-3-phosphat + 3 CO_2) ist die Summe der in Tabelle 19 und Abbildung 11 dargestellten Reaktionen. P = Phosphat.

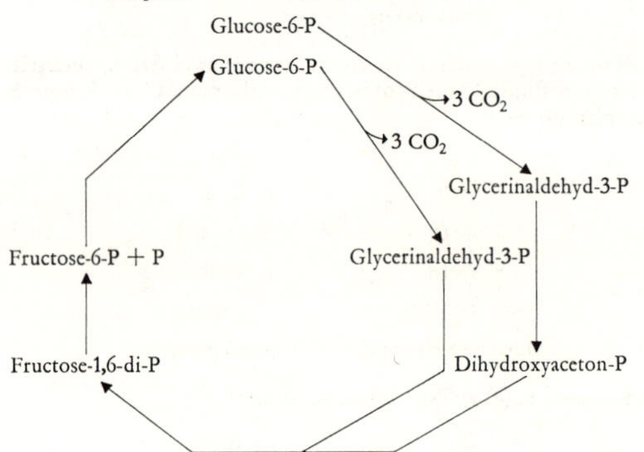

Das so gebildete Glycerinaldehyd-3-phosphat reichert sich aber im Organismus nicht an. Es kann in Pyruvat und Acetylcoenzym A verwandelt und vollständig oxydiert werden. Anderseits kann bei Anwesenheit von Triosephosphatisomerase, Fructosediphosphataldolase, Hexosediphosphatase und Glucosephosphatisomerase der folgende Reaktionsverlauf stattfinden:

Glycerinaldehyd-3-phosphat	→	Dihydroxyacetonphosphat	**(9)**
Glycerinaldehyd-3-phosphat + Dihydroxyacetonphosphat	→	Fructose-1,6-diphosphat	**(10)**
Fructose-1,6-diphosphat + H_2O	→	Fructose-6-phosphat + H_3PO_4	**(11)**
Fructose-6-phosphat	→	Glucose-6-phosphat	**(8)**

Auf diese Weise würde aus 2 Molekülen Glycerinaldehyd-3-phosphat 1 Molekül Glucose-6-phosphat entstehen, das wieder in den Pentosephosphatzyklus eingeführt und darin oxydiert werden könnte. Mehrmalige Wiederholungen der Reaktionen (**1**) bis (**11**) kämen also dann einer vollständigen Verbrennung von Glucose-6-phosphat gleich. Diese Auffassung, die auf dem Nachweis sämtlicher benötigten Enzyme in der Leber beruht[11], wird in Abbildung 12 illustriert.

Physiologische Bedeutung des oxydativen Pentosephosphatzyklus. Dieser Zyklus ist keine Hauptenergiequelle. Seine Funktion ist wahrscheinlich eine doppelte: erstens die in der Nucleinsäuresynthese benötigten Pentosephosphate und zweitens das als Wasserstofflieferant bei vielen Synthesen mit Hydrierungen gebrauchte reduzierte NADP zu liefern. Die mengenmäßig bedeutendste reduktive Synthese im tierischen Gewebe ist die Bildung von Fettsäuren aus Kohlenhydraten, was mit der Tatsache übereinstimmt, daß die Aktivität der Enzyme des Pentosephosphatzyklus an Orten mit ausgeprägter Lipogenese, wie zum Beispiel in der laktierenden Mamma oder im Fettgewebe, besonders hoch ist[12].

Literatur

1 Warburg und Christian, *Biochem.Z.*, **287**, 440 (1936); Cori und Lipmann, *J.biol.Chem.*, **194**, 417 (1952).
2 Warburg und Christian, *Biochem.Z.*, **292**, 287 (1937); Horecker et al., *J.biol.Chem.*, **193**, 383 (1951).
3 Axelrod et al., *J.biol.Chem.*, **202**, 619 (1953).
4 Srere et al., *Arch.Biochem.*, **59**, 535 (1955).
5 Dickens und Williamson, *Nature*, **176**, 400 (1955).
6 Horecker et al., *J.Amer.chem.Soc.*, **78**, 692 (1956).
7 Racker et al., *J.Amer.chem.Soc.*, **75**, 1010 (1953); de la Haba et al., *J.biol. Chem.*, **214**, 409 (1955).
8 Siehe Holzer, H., *Angew.Chem.*, **73**, 721 (1961); Holzer et al., *Ann.N.Y. Acad.Sci.*, **98**, 453 (1962).

[9] HORECKER und SMYRNIOTIS, *J. Amer. chem. Soc.*, **75**, 2021 (1953); HORECKER et al., *J. biol. Chem.*, **212**, 827 (1955); SRERE et al., *Fed. Proc.*, **14**, 285 (1955).
[10] KORNBERG und RACKER, *Biochem. J.*, **61**, III (1955).
[11] HORECKER et al., *J. biol. Chem.*, **207**, 393 (1954); GIBBS und HORECKER, *J. biol. Chem.*, **208**, 813 (1954).
[12] GIBSON et al., *Biochim. biophys. Acta (Amst.)*, **30**, 376 (1958); CAHILL, jr., et al., *J. biol. Chem.*, **230**, 125 (1958); CAHILL, jr., et al., *Ann. N. Y. Acad. Sci.*, **82**, 403 (1959); ABRAHAM und CHAIKOFF, *J. biol. Chem.*, **234**, 2246 (1959); MCLEAN, P., *Biochim. biophys. Acta (Amst.)*, **57**, 620 (1962).

Glucuronsäure und Iduronsäure

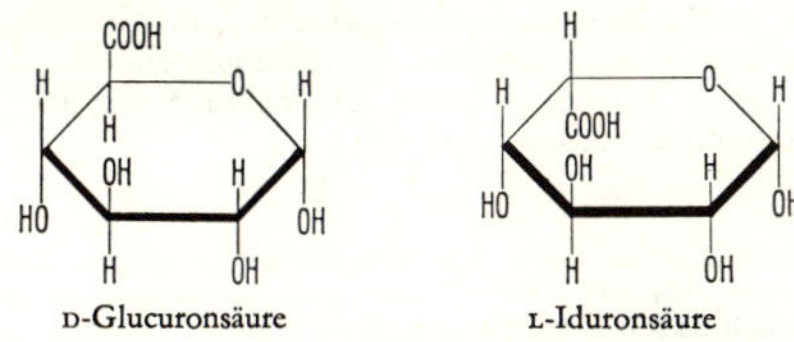

D-Glucuronsäure L-Iduronsäure

D-Glucuron- und L-Iduronsäure sind Bestandteile von Mucopolysacchariden, wie zum Beispiel der Chondroitinsulfate. Glucuronsäure ist auch ein Paarungspartner bei Entgiftungsreaktionen. Sie verbindet sich mit vielen Hydroxylverbindungen, wie Alkoholen und Substanzen, die im Organismus in Alkohole (Salicylsäure, Campher, Menthol, Chloralhydrat, Pregnandiol) oder auch in Phenole (Phenol, Indoxyl) umgewandelt werden. Sie paart sich auch mit dem Carboxyl aromatischer Carbonsäuren (Benzoesäure, Phenylessigsäure) [1] sowie mit Gallenfarbstoffen [2].

Die aktive Form der Glucuronsäure bei Paarungsreaktionen, bei der Synthese von Mucopolysacchariden und bei der reversiblen Umwandlung von Glucuron- in Iduronsäure ist UDP-Glucuronsäure:

Diese entsteht aus Glucose über die folgenden Reaktionen [3,4]:

Glucose + ATP → Glucose-6-phosphat + ADP
Glucose-6-phosphat → Glucose-1-phosphat
Glucose-1-phosphat + UTP → UDP-Glucose + Pyrophosphat
UDP-Glucose + 2 NAD → UDP-Glucuronsäure + 2 $NADH_2$

Die Synthese gepaarter Glucuronide kann wie folgt formuliert werden [5]:

$$\text{UDP-Glucuronat} + \text{ROH} \xrightarrow[\text{Umkehrung}]{\text{Waldensche}} \text{Glucuronosyl-OR} + \text{UDP}$$

wobei ROH ein Alkohol, ein Phenol oder eine aromatische Carbonsäure ist.

UDP-Glucuronsäure wird durch eine die 5-Stellung im Kohlenhydratring angreifende Epimerase in UDP-Iduronsäure übergeführt. Dabei wird NAD als Katalysator benötigt [4].

Literatur

[1] WILLIAMS, R. T., *Detoxication Mechanisms*, 2. Aufl., Chapman & Hall, London, 1959.
[2] BILLING et al., *Biochem. J.*, **65**, 774 (1957).
[3] STROMINGER et al., *J. Amer. chem. Soc.*, **76**, 6411 (1954).
[4] JACOBSON und DAVIDSON, *J. biol. Chem.*, **237**, 635 (1962).
[5] SMITH und MILLS, *Biochim. biophys. Acta (Amst.)*, **13**, 386 (1954); STOREY und DUTTON, *Biochem. J.*, **59**, 279 (1955).

Bildung von Glucosamin und verwandten Aminozuckern

Glucosamin, Mannosamin und deren N-Acetylderivate wie auch Sialsäure kommen in Lipiden, Polysacchariden und Glycoproteinen vor. Glucosamin entsteht aus Fructose-6-phosphat durch Übertragung der Amidgruppe des Glutamins. Der Aminozucker wird hierauf mit Beteiligung von Acetylcoenzym A acetyliert:

Fructose-6-phosphat + Glutamin → Glucosamin-6-phosphat + Glutaminsäure
Glucosamin-6-phosphat + Acetylcoenzym A → N-Acetylglucosamin-6-phosphat + Coenzym A

Aus N-Acetylglucosamin entsteht N-Acetylmannosamin, dessen 6-Phosphat durch Phosphorylierung mit ATP gebildet wird. Dieses Phosphat reagiert mit Phosphoenolpyruvat unter Bildung einer Sialsäure:

R = —CH(OH)·CH(OH)·$CH_2OPO_3H_2$

N-Acetylmannosamin-6-phosphat Phosphoenolpyruvat N-Acetylneuraminsäure-9-phosphat (eine Sialsäure)

Bildung von L-Fucose im Gewebe der Säugetiere [1]

L-Fucose wird aus Fructose-6-phosphat gebildet, und zwar durch folgende Reaktionen (wobei R = Guanosindiphosphat, GDP).

D-Fructose-6-phosphat D-Mannose-6-phosphat D-Mannose-1-phosphat

GDP-D-Mannose GDP-4-Keto-6-desoxy-D-mannose GDP-4-Keto-6-desoxy-L-galactose

GDP-L-Fucose

Der Einbau von L-Fucose in die Oligosaccharide der Milch und vermutlich in die Glycoproteine verläuft via GDP-L-Fucose:

GDP-L-Fucose + Lactose →

2′-Fucosyllactose
(O-α-L-Fucopyranosyl-[1,2]-O-β-D-galactopyranosyl-[1,4]-D-glucose)

Literatur

[1] MUNCH-PETERSEN, A., *Acta chem. scand.*, **10**, 928 (1956); GLASER et al., *Biochim. biophys. Acta (Amst.)*, **33**, 522 (1959); GINSBURG, V., *J. biol. Chem.*, **236**, 2389 (1961); FOSTER und GINSBURG, *Biochim. biophys. Acta (Amst.)*, **54**, 376 (1961); GROLLMAN et al., *J. biol. Chem.*, **240**, 975 (1965).

Synthese der Hexosamine und der N-Acetylneuraminsäure

Das folgende Schema zeigt, auf welche Weise Aminozucker[1] im Säugetierorganismus gebildet und verwertet werden:

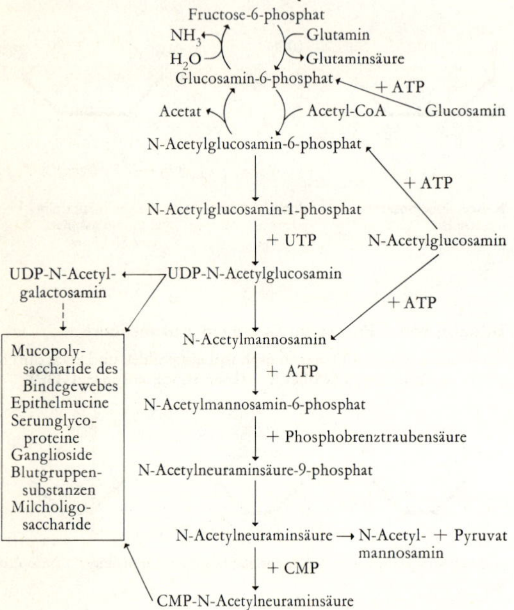

Literatur

[1] Über den Stoffwechsel von Aminozuckern siehe WOLSTENHOLME und O'CONNOR (Hrsg.), *Ciba Foundation Symposium on the Chemistry and Biology of Mucopolysaccharides*, Churchill, London, 1958; ROSEMAN, S., *Ann. Rev. Biochem.*, **28**, 545 (1959); GOTTSCHALK, A., *The Chemistry and Biology of Sialic Acids and Related Substances*, Cambridge University Press, London, 1960; WHITEHOUSE und ZILLIKEN, *Meth. biochem. Anal.*, **8**, 199 (1960); CLARK und GRANT (Hrsg.), *The Biochemistry of Mucopolysaccharides of Connective Tissue*, Biochem. Soc. Symp., Nr. 20 (1961); STACY und BARKER, *Carbohydrates of Living Tissues*, Van Nostrand, London, 1962; MCGARRAHAN und MALEY, *J. biol. Chem.*, **237**, 2458 (1962); SPIRO, R. G., *New Engl. J. Med.*, **269**, 566 (1963); Symposium on Mucous Secretions, *Ann. N. Y. Acad. Sci.*, **106**, 157 (1963); BRIMACOMBE und WEBBER, *Mucopolysaccharides*, Elsevier, Amsterdam, 1964; DORFMAN, A., *Biophys. J.*, **4**, Suppl., 155 (1964); GINSBURG, V., *Advanc. Enzymol.*, **26**, 35 (1964); GRANT und SIMKIN, *Ann. Rep. chem. Soc.*, **61**, 491 (1964); KORNFELD et al., *Proc. nat. Acad. Sci. (Wash.)*, **52**, 371 (1964); SARCIONE, E. J., *J. biol. Chem.*, **239**, 1686 (1964); CARTER et al., *Ann. Rev. Biochem.*, **34**, 109 (1965); MOLNAR et al., *J. biol. Chem.*, **240**, 1882 (1965); JEANLOZ und BALAZS (Hrsg.), *The Amino Sugars*, 2 Bände, Academic Press, New York, 1965/66; GOTTSCHALK, A., *Glycoproteins*, Elsevier, Amsterdam, 1966.

Verlängerung von Kohlenstoffketten durch Anlagerung von Kohlendioxyd

Eine wichtige Zwischenstufe beim Aufbau der Kohlenstoffgerüste von Zellbestandteilen ist die Anlagerung von CO_2 an Pyruvat. Es gibt in tierischen Geweben mindestens zwei Carboxylierungsreaktionen, über welche aus Pyruvat Kohlenstoffketten mit 4 C-Atomen entstehen. Die erste[1] wird durch Malatdehydrogenase katalysiert; sie erfordert reduziertes NADP und führt zu L-Äpfelsäure:

$$CO_2 + \underset{\text{Brenztraubensäure}}{CH_3\text{–}CO\text{–}COOH} + NADPH_2 \rightleftharpoons \underset{\text{L-Äpfelsäure}}{COOH\text{–}CH_2\text{–}CHOH\text{–}COOH} + NADP$$

Die zweite Reaktion benötigt ATP und besteht in einer Carboxylierung von Pyruvat zu Oxalacetat, katalysiert durch das Enzym Pyruvatcarboxylase[2]:

$$\underset{\text{Brenztraubensäure}}{CH_3\text{–}CO\text{–}COOH} + ATP + CO_2 \rightleftharpoons \underset{\text{Oxalacetat}}{COOH\text{–}CH_2\text{–}CO\text{–}COOH} + ADP + P$$

Beide Reaktionen sind reversibel und laufen in Lebergewebe und anderswo mit Leichtigkeit ab. Äpfelsäure und Oxalessigsäure können in den Tricarbonsäurezyklus eingeführt werden, wodurch sie Citrat und α-Ketoglutarat liefern.

Literatur

[1] OCHOA et al., *J. biol. Chem.*, **174**, 979 (1948); VEIGA SALLES und OCHOA, *J. biol. Chem.*, **187**, 849 (1950); HARARY et al., *J. biol. Chem.*, **203**, 595 (1953).
[2] UTTER und KEECH, *J. biol. Chem.*, **238**, 2603 (1963).

Synthese der Fettsäuren

Wird das aus Kohlenhydraten oder Aminosäuren gebildete Acetylcoenzym A nicht zur Energieproduktion oder für besondere Biosynthesen verwendet, so kann es zur Bildung von Fettsäuren herangezogen werden. Die Hauptmenge des Acetylcoenzyms A bildet sich in den Mitochondrien, wogegen die Fettsäuresynthese extramitochondrial[1] verläuft; deshalb müssen Acetylgruppen aus den Mitochondrien in den Extramitochondrialraum abgegeben werden. Dazu ist ein besonderer Mechanismus nötig, da Acetylcoenzym A weder aus den noch in die Mitochondrien diffundieren kann[2]. Die Acetylgruppe wird möglicherweise wie folgt übertragen[3]:

Bildung von Citrat (intramitochondrial)

$$\underset{\text{Acetylcoenzym A}}{CH_3\text{–}CO\text{–}S\text{–}R} + \underset{\text{Oxalacetat}}{COOH\text{–}CH_2\text{–}CO\text{–}COOH} \longrightarrow \underset{\text{Citrat}}{HO\text{–}C(COOH)(CH_2\text{–}COOH)_2} + \underset{\text{Coenzym A}}{HS\text{–}R} \quad (1)$$

Diffusion

Intramitochondriales Citrat → extramitochondriales Citrat **(2)**

Spaltung des Citrats (extramitochondrial)

$$\underset{\text{Citrat}}{HO\text{–}C(COOH)(CH_2\text{–}COOH)_2} + \underset{\text{Coenzym A}}{HS\text{–}R} + ATP \longrightarrow \underset{\text{Acetylcoenzym A}}{CH_3\text{–}CO\text{–}S\text{–}R} + \underset{\text{Oxalacetat}}{COOH\text{–}CH_2\text{–}CO\text{–}COOH} + ADP + \text{Orthophosphat} \quad (3)$$

Die Reaktionen (**1**) und (**3**) werden durch verschiedene Enzyme katalysiert[4]. Auf die Reaktion (**3**) folgt die Carboxylierung des Acetylcoenzyms A unter Bildung von Malonylcoenzym A[5].

Acetyl-CoA-Carboxylase-Reaktion

$$\underset{\text{Acetylcoenzym A}}{CH_3\text{–}CO\text{–}S\text{–}R} + HCO_3^- + ATP \longrightarrow \underset{\text{Malonylcoenzym A}}{COOH\text{–}CH_2\text{–}CO\text{–}S\text{–}R} + ADP + \text{Orthophosphat} \quad (4)$$

Das diese Reaktion katalysierende Enzym enthält Biotin und benötigt Citrat als Aktivator. Acetylcoenzym A und Malonylcoenzym A kondensieren darauf und erfahren eine Reduktion nach der folgenden stöchiometrischen Gleichung[6], katalysiert durch einen Enzymkomplex:

Acetyl-CoA + 7 Malonyl-CoA + 14 $NADPH_2$ → Palmitat + 7 CO_2 + 14 NADP + 8 CoA (**5**)

Die einzelnen Stufen dieser komplexen Reaktion[7] sind bis jetzt erst bei Enzymsystemen von Bakterien mit Sicherheit bekannt; es ist jedoch wahrscheinlich, daß diese Systeme auch bei Tieren vorkommen. Die auffallende Besonderheit bei den Kondensationen ist deren Ablauf unter Beteiligung von Thioestern eines besondern Trägerproteins, genannt Acylträgerprotein (acyl carrier protein, ACP). Die Reaktionsfolge von Acetylcoenzym A über Malonylcoenzym A zu Butyryl-ACP stellt sich wie folgt dar:

Acetyl·S·CoA + HS·ACP → Acetyl·S·ACP + HS·CoA (**5**a)

Malonyl·S·CoA + HS·ACP → Malonyl·S·ACP + HS·CoA (**5**b)

Acetyl·S·ACP + Malonyl·S·ACP → Acetoacetyl·S·ACP + HS·ACP + CO_2 (**5**c)

Acetoacetyl·S·ACP + $NADPH_2$ → D-β-Hydroxybutyryl·S·ACP + NADP (**5**d)

D-β-Hydroxybutyryl·S·ACP → Crotonyl·S·ACP + H_2O (**5**e)

Crotonyl·S·ACP + $NADPH_2$ → Butyryl·S·ACP + NADP (**5**f)

Butyryl·S·ACP kondensiert dann mit einem weiteren Molekül Malonyl·S·ACP unter Bildung von β-Ketohexanoyl·S·CoA. Darauf folgen wiederum Reduktion, Wasserabspaltung und die weiteren Reduktionen zu Hexanoyl·S·CoA. Hierauf beginnt wiederum ein Zyklus der Kettenverlängerung, deren Ende enzymatisch, wahrscheinlich durch das die Reaktion (**5**c) katalysierende Enzym, bedingt ist. Bei höheren Tieren ist Palmitinsäure das Hauptprodukt. Die letzte Stufe ist wahrscheinlich

Palmityl·S·ACP + HS·CoA → Palmityl·S·CoA + ACP (**5**g)

Die Palmitylgruppe von Palmitylcoenzym A kann zu Palmitat hydrolysiert oder auf α-Glycerophosphat und verwandte Verbindungen übertragen werden.

Die Stufen (**3**) bis (**5**) dieses Reaktionsprozesses sind in Abbildung 13 dargestellt.

Abb.13 Fettsäuresynthese aus Citrat

(*a*) ATP-Citratlyase. (*b*) Acetyl-CoA-Carboxylase (durch Citrat aktiviert). (*c*) Enzymkomplex.

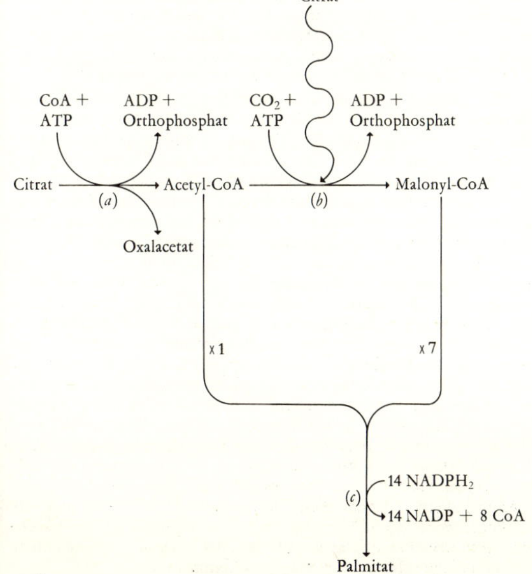

Literatur

1 Wakil, S. J., *Ann. Rev. Biochem.*, **31**, 369 (1962); Spencer et al., *Biochem. J.*, **93**, 378 (1964).

2 Lowenstein, J. M., in: Grant, J. K. (Hrsg.), *The Control of Lipid Metabolism*, Academic Press, New York, 1963, S. 57; Fritz und Yue, *Amer. J. Physiol.*, **206**, 531 (1964).

3 Spencer und Lowenstein, *J. biol. Chem.*, **237**, 3640 (1962); Bhaduri und Srere, *Biochim. biophys. Acta (Amst.)*, **70**, 221 (1963).

4 Ochoa, S., in: Colowick und Kaplan (Hrsg.), *Methods in Enzymology*, Band 1, Academic Press, New York, 1955, S. 685; Srere, P. A., *J. biol. Chem.*, **236**, 50 (1961).

5 Waite und Wakil, *J. biol. Chem.*, **238**, 77 (1963); Vagelos et al., *J. biol. Chem.*, **238**, 533 (1963).

6 Brady, R. O., *J. biol. Chem.*, **235**, 3099 (1960); Martin et al., *J. biol. Chem.*, **236**, 663 (1961); Bressler und Wakil, *J. biol. Chem.*, **236**, 1643 (1961).

7 Majerus et al., *Proc. nat. Acad. Sci. (Wash.)*, **51**, 1231 (1964); Alberts et al., *Biochemistry*, **3**, 1563 (1964); Norris et al., *J. biol. Chem.*, **239**, 3653 (1964); Goldman, P., *J. biol. Chem.*, **239**, 3663 (1964).

Bildung von Lecithin und Cephalin

Die Synthese von Lecithin aus Fettsäuren, Glycerophosphat und Cholin in tierischen Geweben erfordert die Beteiligung von ATP, Coenzym A und Cytidintriphosphat als Cofaktoren.

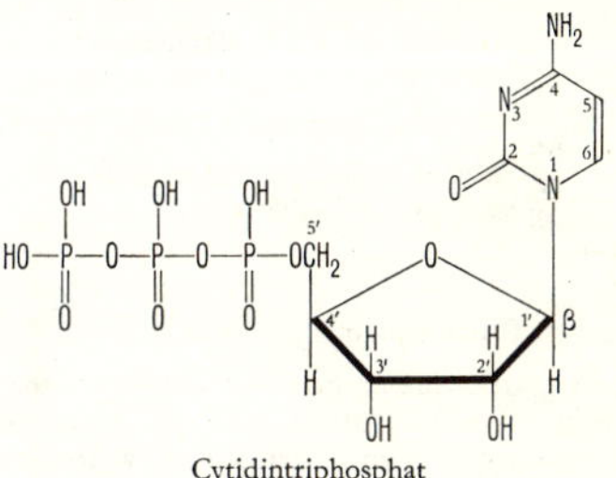

Cytidintriphosphat

Die Zwischenstufen der Synthese sind die folgenden:

a) «Aktivierung» der Fettsäuren[1]:

R·COOH + HS·R' + ATP → R·CO·S·R' + AMP + Pyrophosphat

Fettsäure, Coenzym A, Acylcoenzym A

b) «Aktivierung» von Cholin durch Cholinkinase[2]:

$CH_2N(CH_3)_3$ / CH_2OH (Cholin) + ATP → $CH_2N(CH_3)_3$ / $CH_2O·PO_3H_2$ (Phosphocholin) + ADP

c) «Aktivierung» von Phosphocholin[3]:

Cytidintriphosphat + Phosphocholin ⇌ Cytidindiphosphocholin + Pyrophosphat

d) Synthese von Phosphatidsäure[3]:

CH_2OH / CHOH / $CH_2O·PO_3H_2$ (α-Glycerophosphat) + R'·CO·SR / R''·CO·SR (2 Acylcoenzym A) → $CH_2·O·CO·R'$ / CH·O·CO·R'' / $CH_2O·PO_3H_2$ (Phosphatidsäure) + 2 HS·R (2 Coenzym A)

e) Dephosphorylierung der Phosphatidsäure[3]:

Phosphatidsäure → D-α,β-Diglycerid + Phosphat

f) Synthese von Lecithin[3]:

Cytidindiphosphocholin + D-α,β-Diglycerid → Lecithin + Cytidinmonophosphat

g) Rephosphorylierung von Cytidinmonophosphat[4]:

Cytidinmonophosphat + 2 ATP → Cytidintriphosphat + 2 ADP

Cephalin wird durch analoge Reaktionen mit Äthanolamin (HO·CH_2·CH_2·NH_2) anstelle von Cholin aufgebaut.

Literatur

1 KORNBERG und PRICER, jr., *J.biol.Chem.*, **204**, 329 (1953).
2 WITTENBERG und KORNBERG, *J.biol.Chem.*, **202**, 431 (1953).
3 KENNEDY und WEISS, *J.Amer.chem.Soc.*, **77**, 250 (1955); KENNEDY und WEISS, *J.biol.Chem.*, **222**, 193 (1956); KENNEDY, E.P., *J.biol.Chem.*, **222**, 185 (1956); WEISS et al., *Nature*, **178**, 594 (1956).
4 BERG und JOKLIK, *J.biol.Chem.*, **210**, 657 (1954); KREBS und HEMS, *Biochim. biophys.Acta (Amst.)*, **12**, 172 (1953); KREBS und HEMS, *Biochem.J.*, **61**, 435 (1955); LIEBERMAN et al., *J.biol.Chem.*, **215**, 429 (1955); BRUMM et al., *J.biol. Chem.*, **220**, 713 (1956).

Bildung der Triglyceride[1]

Zur Triglyceridsynthese wird α-Glycerophosphat benötigt. Zwei Moleküle Acylcoenzym A reagieren mit α-Glycerophosphat unter Bildung einer Phosphatidsäure, die, wie im vorhergehenden Abschnitt beschrieben, ein Diglycerid liefert. Schließlich bildet letzteres mit einem weiteren Molekül Acylcoenzym A das Triglycerid:

$$\begin{matrix} CH_2{\cdot}O{\cdot}CO{\cdot}R' \\ | \\ CH{\cdot}O{\cdot}CO{\cdot}R'' \\ | \\ CH_2OH \end{matrix} \; + \; R{\cdot}CO{\cdot}S{\cdot}R \longrightarrow \begin{matrix} CH_2{\cdot}O{\cdot}CO{\cdot}R' \\ | \\ CH{\cdot}O{\cdot}CO{\cdot}R'' \\ | \\ CH_2{\cdot}O{\cdot}CO{\cdot}R \end{matrix} \; + \; HS{\cdot}R$$

Diglycerid Triglycerid

Literatur

1 STEIN und SHAPIRO, *Biochim.biophys.Acta (Amst.)*, **24**, 197 (1957); STEINBERG et al., *J.biol.Chem.*, **236**, 1631 (1961).

Biosynthese von Cholesterin[1]

Abgesehen von den verwandten Verbindungen, wie Δ^7-Sterine, die in gewissen primitiven Mollusken und Seesternen vorherrschen, ist Cholesterin[2] das im Tierreich am weitesten verbreitete Steroid. Beinahe alle Gewebe der Wirbeltiere sind befähigt, Cholesterin zu synthetisieren, wobei Leber, Darm, Nebenniere und Gonaden am aktivsten sind. Erythrozyten bilden kein Cholesterin, während die Synthese in Nerven und Gehirn nach Abschluß der Myelinisation äußerst gering ist. Cholesterin hat eine wichtige Funktion als Komponente der Zellmembranen und subzellulären Membranstrukturen, in welchen es mit Phospholipiden, Glycolipiden und Proteinen zusammen vorkommt. Die möglichen Beziehungen dieser verschiedenen Komponenten in den Membranen sind aus Untersuchungen über die Struktur und Zusammensetzung der Myelinscheide und der Erythrozytenmembran ermittelt worden. Die Hauptmenge des im Organismus von Vertebraten synthetisierten Cholesterins wird in Form von Gallensäuren und nicht abgebauten Sterinen mit den Fäzes ausgeschieden. Einige Prozente der gesamten synthetisierten Cholesterinmenge dienen als Ausgangsmaterial für die Adrenocorticosteroide sowie für die männlichen und weiblichen Steroidhormone. Diese Hormone werden hauptsächlich in Form von inaktiven Stoffwechselprodukten vor allem mit dem Harn ausgeschieden.

Der Syntheseweg für Cholesterin[3,4] ist vor allem an der Ratte untersucht worden. Gewisse wichtige Zwischenstufen[5] sind in vitro mit Enzymen aus Hefe studiert worden, die das verwandte Ergosterin synthetisieren. Sämtliche bis jetzt gewonnenen Resultate weisen auf einen allen Sterinen gemeinsamen Synthesemechanismus hin. Die Sterine der Pflanzen (zum Beispiel β-Sitosterin) und ebenso diejenigen der Pilze (zum Beispiel Ergosterin) besitzen längere Kohlenstoffseitenketten als Cholesterin. Diese zusätzlichen Kohlenstoffatome werden erst gegen das Ende des Syntheseweges in einem noch nicht geklärten Reaktionsmechanismus angebaut[6].

Die bisher bekannten Reaktionsstufen der Biosynthese des Cholesterins sind die folgenden (siehe Abb. 14):

Das Molekül wird aus Acetateinheiten aufgebaut, die sich in Form von Acetylcoenzym A zu Acetoacetylcoenzym A (I) kondensieren, das sich in einem weiteren Schritt mit einem dritten Acetylcoenzym-A-Molekül zu Hydroxymethylglutarylcoenzym A (II) verbindet. Obwohl schon seit einigen Jahren angenommen worden ist, daß diese Verbindung auf irgendeinem Wege einen C_5-(Isopren-)Baustein als Basis für die Sterinstruktur liefern muß, konnten die Einzelheiten des Reaktionsmechanismus erst mit der Entdeckung der Mevalonsäure (III) und ihrer Umwandlung in Sterine[7] geklärt werden. Hydroxymethylglutarylcoenzym A (II) wird von einem NADP-abhängigen Enzymsystem zu Mevalonsäure reduziert (III). Das Auftreten eines Aldehyds in der Zwischenstufe ist nicht sichergestellt. Als nächstes erfährt die Mevalonsäure mindestens zwei aufeinanderfolgende Phosphorylierungen. Es bilden sich Mevalonylphosphat (IV) und Mevalonylpyrophosphat (V), wobei das Phosphat beider Stufen aus je einem Molekül ATP stammt. Ein drittes Molekül ATP wird benötigt, um Mevalonylpyrophosphat (V) unter Wasserabspaltung und Decarboxylierung in Isopentenylpyrophosphat (VII)[8] überzuführen. Bei dieser Reaktion tritt möglicherweise das nicht identifizierte Triphosphat (VI) auf.

Eine Isomerase führt nun das Isopentenylpyrophosphat (VII) in sein Dimethylallylisomeres über (VIII)[9], woraus mit einem weiteren Molekül Isopentenylpyrophosphat Geranylpyrophosphat (IX) entsteht. Letzteres kondensiert nochmals mit einem Molekül Dimethylallylpyrophosphat unter Bildung von Farnesylpyrophosphat (X)[10]. In jeder dieser Kondensationsreaktionen wird anorganisches Pyrophosphat abgespalten, wobei eine neue, in Allylposition zur verbleibenden Pyrophosphatgruppe liegende Doppelbindung entsteht. Der mögliche Mechanismus ist für die erste dieser Reaktionen dargestellt (VII + VIII); die zweite Reaktion (IX + VIII) folgt analog.

Auf noch nicht geklärtem Wege bildet sich aus zwei Molekülen Farnesylpyrophosphat das C_{30}-Triterpen Squalen (XI). Dabei wird Wasserstoff in einer stereospezifischen Reaktion durch reduziertes NADP übertragen[11]. Ringschluß und Umlagerung, bei der offenbar keine stabilen Zwischenprodukte auftreten, ergeben als erstes Produkt mit tetrazyklischer Steroidstruktur Lanosterin (XII)[12].

Ein Vergleich der Strukturen von Lanosterin (XII) und Cholesterin (XIX) zeigt, daß in der weiteren Biosynthese die drei Methylgruppen in 4α-, 4β- und 14α-Stellung eliminiert werden müssen. Weitere Schritte sind die Hydrierung der Doppelbindung in der Seitenkette und die Überführung der Δ^8- in die Δ^5-Kernstruktur. Die Abspaltung der drei Methylgruppen scheint hierbei vor den anderen Strukturveränderungen abzulaufen. In der Ratte wird die 14α-Methylgruppe vor den beiden anderen, 4-Stellung aufweisenden, eliminiert[13], wobei aus den abgetrennten Kohlenstoffatomen CO_2 entsteht[14]. In der Zwischenstufe werden die Methylgruppen jeweils zu Carboxylsäuren oxydiert. Die Decarboxylierung derselben scheint im Falle der 14α-Stellung durch die Δ^8-Bindung und im Falle der 4-Stellung durch eine vorübergehende Oxydation der 3β-OH-Gruppe zum Keton erleichtert zu werden. Ein Beweis für die letztere Reaktion ist der Wasserstoffaustausch zwischen 3α-H- und 3α-Tritium-signiertem Substrat bei der Eliminierung einer 4α-Methylgruppe[15].

Die Demethylierungen allein würden zur Bildung von $\Delta^{8,24}$-Cholestadienol-(3β) (XV) führen. Diese als Zymosterin bezeichnete Verbindung kommt in kleineren Mengen in der Hefe vor, und ihre Beteiligung an der Biosynthese des Cholesterins in der Ratte ist nachgewiesen[16]. Die Zwischenstufen bei der Umwandlung der Δ^8-Struktur des Zymosterins zur Δ^5-Struktur des Cholesterins sind noch in manchen Punkten ungeklärt. Wahrscheinlich wird die Δ^8-Doppelbindung durch eine Art direkter Wasserstoffübertragung auf Δ^7 umgelagert. Die Umwandlung von Δ^7-Cholestenol-(3β) zu Cholesterin führt möglicherweise über das $\Delta^{5,7}$-Derivat. Die Reaktion benötigt Sauerstoff; die Beteiligung eines 6-OH-Derivats konnte aber nicht nachgewiesen werden.

Man hat angenommen, daß die Bildung von Cholesterin aus Zymosterin in der Rattenleber über die $\Delta^{7,24}$-, $\Delta^{5,7,24}$- und $\Delta^{5,24}$-Zwischenprodukte (XVI–XVIII) und die Reduktion der Δ^{24}-Bindung, die letzte Stufe in der Biosynthese des Cholesterins, verläuft[4]. Das $\Delta^{5,24}$-Sterin Desmosterin (XVIII) findet sich in Spuren im Gewebe erwachsener Säugetiere[17], in größeren Mengen im Gewebe des Kükenembryos[18] und speichert sich in der Leber von Ratten, die mit dem anticholesterinogenen Präparat Triparanol[19] behandelt worden sind. Es ist jedoch noch als unsicher zu betrachten, ob die Δ^{24}-Bindung bis zur letzten Stufe der Biosynthese des Cholesterins erhalten bleibt oder nicht. Untersuchungen verschiedener Laboratorien zeigen, daß die Synthese vom Lanosterin an von Enzymen der Rattenleber in Substraten mit oder ohne Δ^{24}-Bindung katalysiert wird. Im weiteren enthält die normale Haut der Ratte eine komplexe Mischung von Sterinen mit gesättigten Seitenketten und beinahe allen bei der Umwandlung von Lanosterin in Cholesterin möglichen Kernstrukturen. Behandlung mit Triparanol führt zur Anreicherung der Δ^{24}-Analoga aller dieser Verbindungen in der Haut[20]. Es ist möglich, daß in gewissen Geweben die Biosynthese des Cholesterins über Δ^{24}-Verbindungen einschließlich Desmosterin (XVIII), in anderen hingegen vorwiegend über die Analoga mit gesättigter Seitenkette verläuft, wobei es unklar ist, ob der Mechanismus ausschließlich auf den einen oder andern Weg beschränkt ist.

Abb. 14 Die Biosynthese des Cholesterins

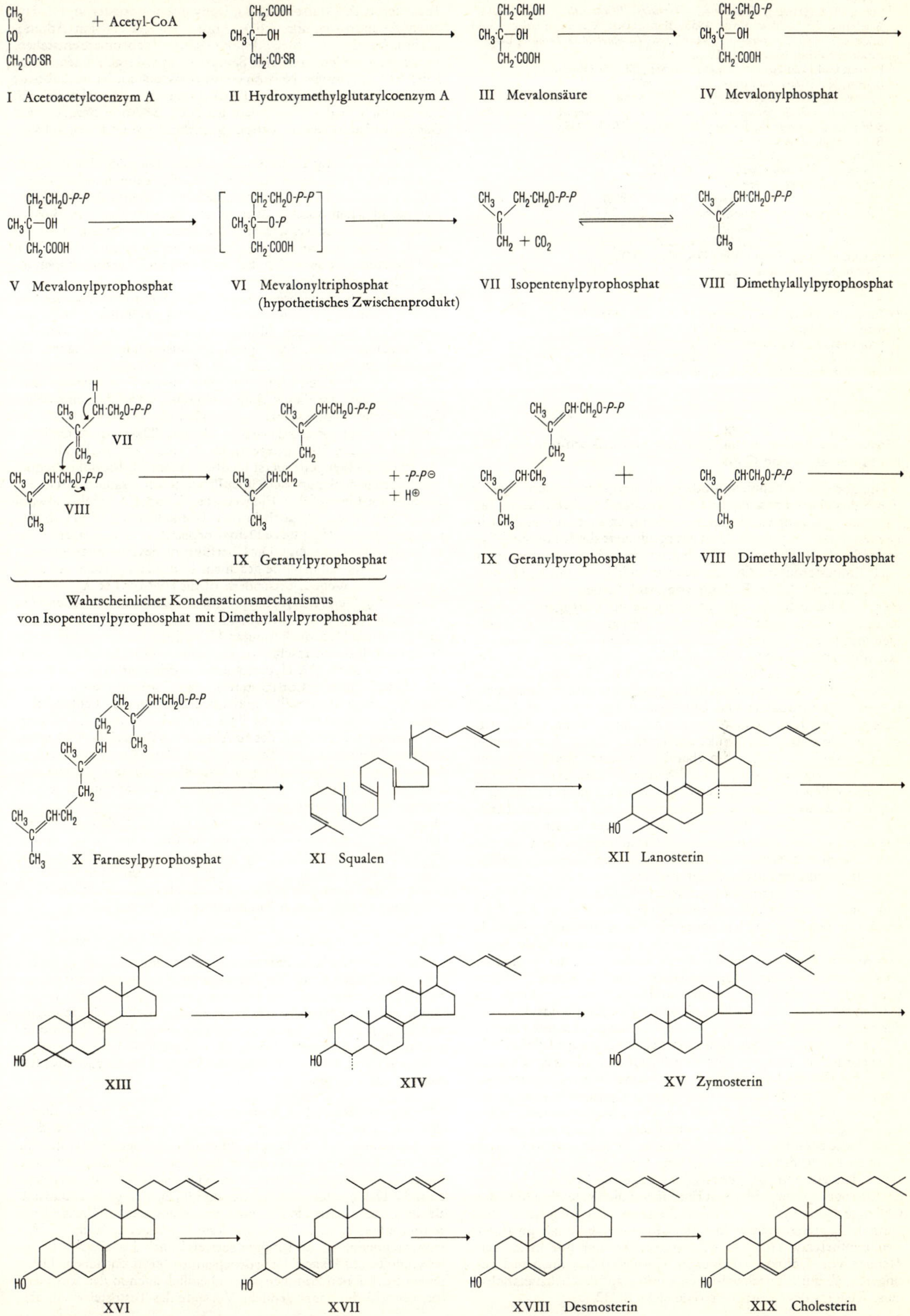

+ Acetyl-CoA

I Acetoacetylcoenzym A

II Hydroxymethylglutarylcoenzym A

III Mevalonsäure

IV Mevalonylphosphat

V Mevalonylpyrophosphat

VI Mevalonyltriphosphat (hypothetisches Zwischenprodukt)

VII Isopentenylpyrophosphat

VIII Dimethylallylpyrophosphat

IX Geranylpyrophosphat

Wahrscheinlicher Kondensationsmechanismus von Isopentenylpyrophosphat mit Dimethylallylpyrophosphat

IX Geranylpyrophosphat

VIII Dimethylallylpyrophosphat

X Farnesylpyrophosphat

XI Squalen

XII Lanosterin

XIII

XIV

XV Zymosterin

XVI

XVII

XVIII Desmosterin

XIX Cholesterin

Literatur

1 Für eine Übersicht siehe CLAYTON, R.B., *Quart. Rev. chem. Soc.*, **19**, 168 (1965).
2 COOK, R.P. (Hrsg.), *Cholesterol; Chemistry, Biochemistry, and Pathology*, Academic Press, New York, 1958; BERGMANN, W., in: FLORKIN und MASON (Hrsg.), *Comparative Biochemistry, a Comprehensive Treatise*, Band 3, Academic Press, New York, 1962, S.103.
3 POPJÁK und CORNFORTH, *Advanc. Enzymol.*, **22**, 281 (1960).
4 BLOCH, K., *Vitam. and Horm.*, **15**, 119 (1957).
5 LYNEN, F., in: WOLSTENHOLME und O'CONNOR (Hrsg.), *Ciba Foundation Symposium on the Biosynthesis of Terpenes and Sterols*, Churchill, London, 1959, S.95; DE WAARD et al., *J. Amer. chem. Soc.*, **81**, 2913 (1959).
6 BADER et al., *Proc. chem. Soc.*, **1964**, 16.
7 TAVORMINA et al., *J. Amer. chem. Soc.*, **78**, 4498 (1956).
8 LYNEN et al., *Angew. Chem.*, **70**, 738 (1958).
9 LYNEN et al., *Angew. Chem.*, **71**, 657 (1959).
10 GOODMAN und POPJÁK, *Biochem. J.*, **74**, 35P (1960).
11 SAMUELSSON und GOODMAN, *J. biol. Chem.*, **239**, 98 (1964).
12 TCHEN und BLOCH, *J. biol. Chem.*, **226**, 921 (1957).
13 GAUTSCHI und BLOCH, *J. biol. Chem.*, **233**, 1343 (1958).
14 OLSON, jr., et al., *J. biol. Chem.*, **226**, 941 (1957).
15 BLOCH, K., in: WOLSTENHOLME und O'CONNOR (Hrsg.), *Ciba Foundation Symposium on the Biosynthesis of Terpenes and Sterols*, Churchill, London, 1959, S.4.
16 JOHNSTON und BLOCH, *J. Amer. chem. Soc.*, **79**, 1145 (1957).
17 STOKES und FISH, *J. biol. Chem.*, **235**, 2604 (1960).
18 STOKES et al., *J. biol. Chem.*, **220**, 415 (1956).
19 AVIGAN et al., *J. biol. Chem.*, **235**, 3123 (1960).
20 CLAYTON et al., *J. Lipid Res.*, **4**, 166 (1963).

Biosynthese und Metabolismus der Steroidhormone von Nebennierenrinde und Gonaden

Die normale Nebennierenrinde produziert eine größere Vielfalt von Steroidhormonen als die Ovarien oder Testikel[1]. Außer der Synthese von acht C_{21}-Steroiden bekannter Struktur und nachgewiesener «corticoider» Aktivität produziert die Rinde viele C_{21}-Steroide, deren physiologische Bedeutung nicht bekannt ist, dazu noch Progesteron, die Östrogene und Androgene der $C_{19}O_2$- und $C_{19}O_3$-Reihen[2-4]. Die Bildung von Androgenen in der Nebenniere[5] ist besser untersucht als diejenige der Östrogene, und die testikuläre Androgenbildung scheint derjenigen in der Nebennierenrinde zu entsprechen. Es ist aus diesen Gründen sinnvoll, den Mechanismus der Androgenbildung zusammen mit der Synthese der C_{21}-Steroide in einem Schema (Abb. 15) darzustellen, da diese beiden Steroidmetabolismen eng miteinander zusammenhängen. Die Östrogene sind Umwandlungsprodukte der Androgene und werden in einem separaten Kapitel (siehe S. 426) dargestellt. Die Nebennierenrinde, der Testikel, das Ovarium und die Plazenta sind alle fähig, ihre charakteristischen Steroidhormone aus Acetat via Cholesterin und Pregnenolon zu synthetisieren; wahrscheinlich sind die meisten der biosynthetischen Reaktionen, die an der Synthese sämtlicher Klassen der Steroidhormone beteiligt sind, in all diesen Organen möglich. Ungeklärt ist jedoch, in welchem Ausmaß die sezernierten Steroidhormone in vivo von Acetat, vom Plasmacholesterin oder von in der Nebennierenrinde synthetisierten Steroiden gebildet werden.

Die C_{21}-Corticosteroide beeinflussen in hohem Maße den Protein- und Kohlenhydratstoffwechsel (glucocorticoide Aktivität) sowie den Natrium- und Kaliummetabolismus (mineralocorticoide Aktivität). Die meisten dieser Verbindungen zeigen beide Arten von Aktivitäten, wobei je nach ihrer chemischen Struktur die eine oder andere vorherrscht. Die aktiveren Glucocorticoide sind jene mit einem Sauerstoffsubstituenten in 11- und in 17-Stellung. Es wird angenommen, daß beinahe die ganze glucocorticoide Aktivität der menschlichen Nebenniere auf das von ihr produzierte Cortisol (Hydrocortison) zurückzuführen ist, da dieses sowohl die größte glucocorticoide Aktivität aller natürlichen Steroide zeigt als auch mengenmäßig das Hauptprodukt der menschlichen Nebennierenrinde ist. Das in der Ratte vorherrschende Corticosteron zeigt geringere glucocorticoide Wirkung. Neuere Untersuchungen haben ergeben, daß ein Teil des in der Nebenniere produzierten Cortisols oder Corticosterons an Protein gebunden im Blut auftritt[6]. Es ist wahrscheinlich, daß die ungebundene Fraktion die physiologisch aktive darstellt und daß verschiedene Faktoren (wie zum Beispiel der Östrogenspiegel), die einen Einfluß auf die Proteinbindung der Glucocorticoide haben, auf diese Weise die physiologische Wirkung der letzteren steuern. Das den Mineralsalzhaushalt am aktivsten regulierende Hormon, Aldosteron, kommt nur in kleinen Mengen vor. Desoxycorticosteron (Cortexon) hat einen viel geringeren, aber noch nachweisbaren Einfluß auf den Salzmetabolismus. Weiteres über Corticosteroide siehe S.732.

Das Schema (Abb. 15) zeigt den wahrscheinlichsten Mechanismus für die Biosynthese der physiologisch aktiven C_{21}-Steroide der Nebenniere und die Reaktionswege zur Bildung der Androgene Testosteron, Δ^4-Androstendion, Dehydroepiandrosteron, 11β-Hydroxy-Δ^4-androstendion und Δ^4-Androsten-3,11,17-trion (Adrenosteron). Alle diese C_{19}-Steroide können in der Nebenniere entstehen, wobei die zwei letzteren, mit Sauerstoff an C-11 gebunden, wahrscheinlich spezifische Nebennierenprodukte sind. Testosteron ist das wichtigste Androgen der Testikel und wird möglicherweise in Spuren auch in der Nebenniere gebildet. Δ^4-Androstendion und Dehydroepiandrosteron werden in Nebenniere und Testikel synthetisiert (siehe S.741).

Die in Abbildung 15 dargestellten Reaktionswege sind größtenteils in vitro an Nebennieren- und Testikelgewebe untersucht worden; in vivo am Menschen durchgeführte Untersuchungen kommen zur gleichen Aussage. Wesentliche Erkenntnisse über Biosynthese und Stoffwechsel der Steroide wurden gesammelt aufgrund von Untersuchungen an pathologisch veränderten Nebennieren und Gonaden, so besonders bei Tumoren und Veränderungen infolge eines genetischen Defekts (zu den erblichen Störungen des Corticosteroidstoffwechsels siehe S. 452). Der Stoffwechsel der Steroidhormone ist im Tumorgewebe häufig verändert, was zu den spezifischen Symptomen führt. So produzieren maskulisierende Nebennierentumoren Androgene, feminisierende Östrogene. Da dies sehr wahrscheinlich eher einer Überfunktion der normalen Biosynthese als einem Auftreten ganz neuer Synthesewege entspricht, können aus diesen Untersuchungen wertvolle Schlüsse für den normalen Syntheseablauf gewonnen werden.

Alle C_{21}-Corticosteroide lassen sich über 20α-Hydroxycholesterin und 20α,22ξ-Dihydroxycholesterin aus Cholesterin ableiten. Das in der Nebenniere zuerst identifizierbare C_{21}-Produkt Pregnenolon wird in der Hauptsache über Progesteron in sauerstoffreichere C_{21}-Steroide übergeführt. Ein weniger wichtiger Weg führt sowohl in der Nebenniere als auch in den Testikeln über 17α-Hydroxypregnenolon als Vorstufe zu Dehydroepiandrosteron, das schwache androgene Wirkung zeigt. Die Überführung des Progesterons in die C_{21}-Corticosteroidhormone geschieht in der Hauptsache auf zwei verschiedenen Wegen, je nachdem, ob die Hydroxylierung zuerst in 17α-Stellung (zu 17α-Hydroxyprogesteron) oder in 21-Stellung (zu Desoxycorticosteron) stattfindet. Nach den meisten Anhaltspunkten scheint die Hydroxylierung in 17-Stellung bei Abwesenheit der 21-Hydroxylgruppe rascher zu verlaufen[7]. Sowohl Desoxycorticosteron als auch 17α-Hydroxydesoxycorticosteron geben durch 11β-Hydroxylierung Corticosteron bzw. Cortisol, die durch weitere Oxydation in 11-Stellung kleinere Mengen der ebenfalls physiologisch aktiven Substanzen 11-Dehydrocorticosteron und Cortison liefern. Die Klärung des zu Aldosteron führenden Reaktionsweges steht noch aus, die Bildung dieser Verbindung aus Corticosteron durch Hydroxylierung in 18-Stellung zu 18-Hydroxycorticosteron mit anschließender Oxydation in 18-Stellung ist jedoch sichergestellt. Daneben sind aber auch noch andere Synthesewege möglich[8]. Die Steuerungsmechanismen (siehe S. 426) für Aldosteron- und Cortisolproduktion sind deutlich verschieden, und es ist in diesem Zusammenhang interessant, daß die Bildung des Aldosterons beinahe ausschließlich in der äußeren Zone der Rinde (Zona glomerulosa), diejenige des Cortisols hingegen beinahe ausschließlich in den inneren Rindenzonen abzulaufen scheint.

Weiterer Metabolismus der C_{21}-Steroide und Bildung der Androgene

Die in Abbildung 15 dargestellten physiologisch aktiven Corticoide unterliegen einer Vielfalt weiterer Reaktionen, teils in der Nebenniere selbst, teils in anderen Geweben, vor allem in der Leber und den Sexualdrüsen. Es ist noch unsicher, ob diese Umwandlungen mit den hormonalen Funktionen dieser Verbindungen im Zusammenhang stehen. Es kommen hierbei vier Hauptreaktionen vor, nämlich oxydativer Abbau, Hydroxylierung, Reduktion und Paarung.

Oxydativer Abbau. Die Spaltung der Seitenkette von C_{21}-Steroiden mit einer 17α-Hydroxy-20-ketogruppierung entspricht dem Mechanismus, über den hauptsächlich die Androgene in Testikeln, Ovarium und Nebenniere oder in der Leber bei der Inaktivierung der Blutcorticoide entstehen. Aufgrund dieser Spaltungsreaktion kann die 17-Ketosteroidausscheidung im Harn als grober Maßstab für die adrenocorticoide Aktivität betrachtet werden (siehe «Corticosteroide», S.737). Durch Spaltung der Seitenkette im 17-Hydroxypregnenolon[9] und möglicherweise auch im 17α,20α-Dihydroxycholesterin[5] kann Dehydroepiandrosteron entstehen. Diese beiden Reaktionen kommen wahrscheinlich auch in den Testikeln vor, obwohl die hauptsächliche Vorstufe des Testosterons in die-

Abb. 15 Biosynthese der Nebennierensteroide und Androgene

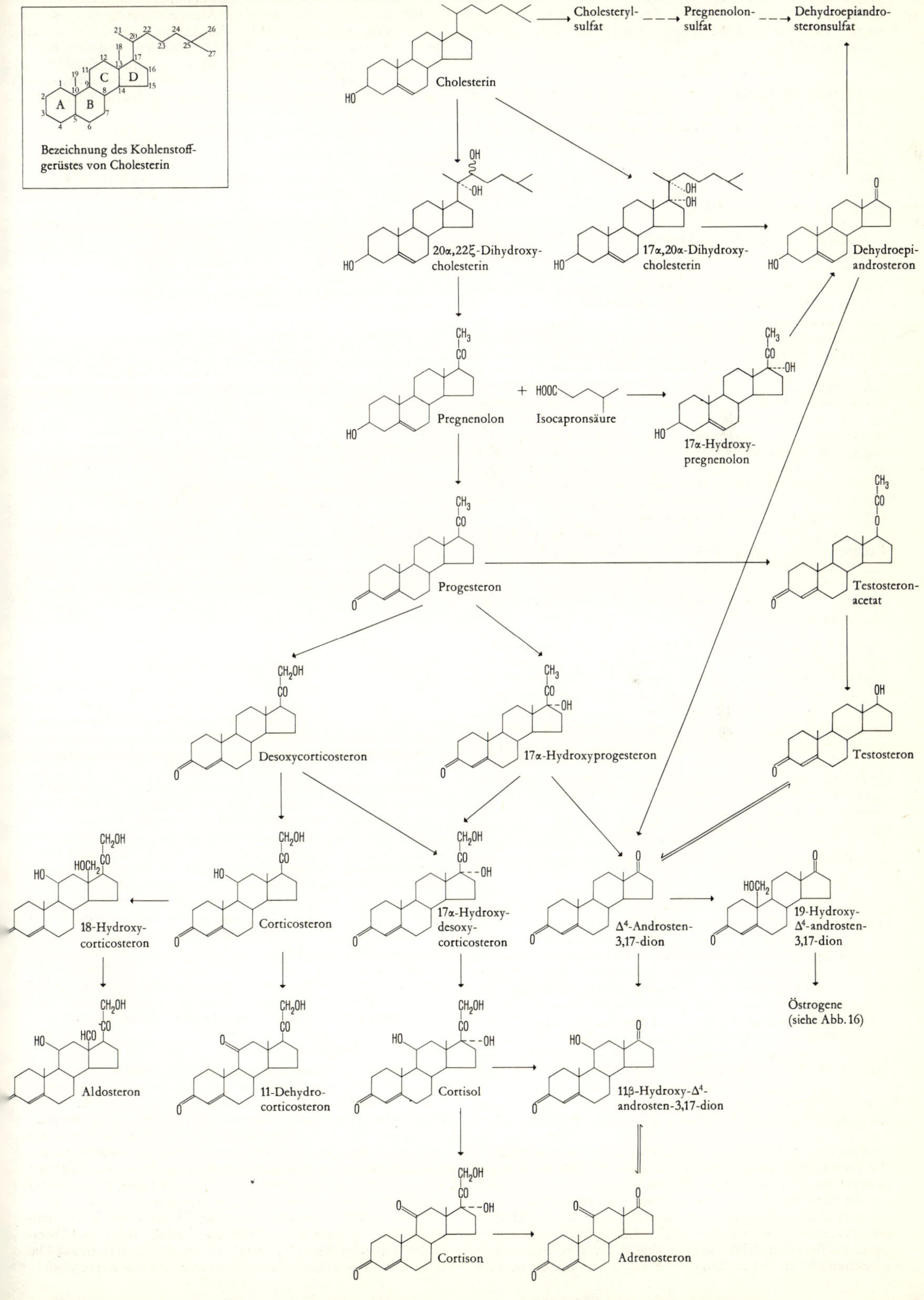

Bezeichnung des Kohlenstoffgerüstes von Cholesterin

Cholesterin

Cholesterylsulfat → Pregnenolonsulfat → Dehydroepiandrosteronsulfat

20α,22ξ-Dihydroxycholesterin

17α,20α-Dihydroxycholesterin

Dehydroepiandrosteron

Pregnenolon

+ Isocapronsäure

17α-Hydroxypregnenolon

Progesteron

Testosteronacetat

Desoxycorticosteron

17α-Hydroxyprogesteron

Testosteron

18-Hydroxycorticosteron

Corticosteron

17α-Hydroxydesoxycorticosteron

Δ^4-Androsten-3,17-dion

19-Hydroxy-Δ^4-androsten-3,17-dion

Östrogene (siehe Abb. 16)

Aldosteron

11-Dehydrocorticosteron

Cortisol

11β-Hydroxy-Δ^4-androsten-3,17-dion

Cortison

Adrenosteron

sem Organ Progesteron ist, das über sein 17α-Hydroxyderivat abgebaut wird. Ein weiterer Reaktionsweg von Progesteron zu Testosteron geht möglicherweise über eine direkte Oxydation des ersteren zu Testosteronacetat, eine Reaktion, die mikrobiologisch nachgewiesen ist[10] und mit einiger Wahrscheinlichkeit auch beim Menschen vorkommt.

Hydroxylierung[3,4]. Außer den zu aktiven C_{21}-Corticoiden führenden Hydroxylierungen in 11-, 17-, 18- und 21-Stellung kommen in der Nebennierenrinde auch solche in 6α-, in 6β- und in 19-Stellung sowohl der C_{19}- als auch der C_{21}-Reihe vor. Rattenleber zeigt auch Hydroxylierung in 6-Stellung, und Meerschweinchennebenniere bildet 2α-Hydroxycortisol aus Cortisol. Im Harn konnten Steroide der C_{19}- und C_{21}-Reihe mit 16α-Hydroxygruppen isoliert werden; Nebennierengewebe des Schweins ist zu Hydroxylierungen in dieser Stellung befähigt.

Reduktion. Im allgemeinen versucht der Organismus Steroidhormone in Form von Metaboliten mit vollständig hydrierter Δ^4-3-Ketogruppe im Ring A zu eliminieren (siehe Abb. 15). Theoretisch kann diese Reduktion zu Produkten führen, die 3α- oder 3β-Hydroxylgruppen und das 5-Wasserstoffatom entweder der 5α- oder 5β-Konfiguration tragen. Praktisch haben beinahe alle vom Menschen ausgeschiedenen reduzierten Metaboliten 3α-Hydroxy-5β-Konfiguration (C_{21}: Pregnan; C_{19}: Ätiocholan). Kleine Mengen von 3α-Hydroxy-5α-steroiden (C_{21}: Allopregnan; C_{19}: Androstan) werden auch ausgeschieden. Der Stoffwechsel von Steroidhormonen in Geweben anderer Arten, im besonderen Rattenleber (in vitro), liefert hauptsächlich, aber nicht ausschließlich, 5α-Reduktionsprodukte, die sowohl 3α- als auch 3β-Hydroxylgruppen tragen. Die Reduktion der Δ^4-3-Ketogruppierung verläuft offenbar schrittweise, wobei die Δ^4-Doppelbindung zuerst hydriert wird[11]. Interessante Geschlechtsunterschiede konnten in der intrazellulären Verteilung und Gesamtkonzentration von Δ^5-Steroidreductasen bei der Ratte festgestellt werden[12].

Die Reduktion der 20-Keto- zur 20-Hydroxylgruppe ist eine weitere wichtige Abbaureaktion der C_{21}-Steroide und verläuft in den meisten Gewebepräparaten in vitro sterisch anders als im Menschen. Während in vitro gewöhnlich ein 20β-Hydroxyderivat entsteht, wird vom Menschen beinahe ausschließlich 20α-Hydroxyderivat ausgeschieden.

Paarung und Ausscheidung. Die Ausscheidung der Steroide im Harn geschieht vorwiegend durch Paarung mit Glucuronsäure oder Sulfat. Die Mehrzahl der C_{21}-Steroide wird als β-Glucuronide ausgeschieden. Dehydroepiandrosteron und Androsteron finden sich im Harn hauptsächlich als Sulfatkonjugate. Es konnte nachgewiesen werden, daß etwas Dehydroepiandrosteron als Sulfat produziert wird[13]. Ein Teil dieses Sulfats könnte über eine Anzahl von Zwischenprodukten direkt aus Cholesterylsulfat entstehen[14], wobei die quantitative Bedeutung dieses Reaktionsmechanismus noch nicht geklärt ist. Die Hauptmengen Cortison und Cortisol werden im Harn frei ausgeschieden, die meisten C_{21}-Metaboliten aber als β-Glucuronide, die in erster Linie in der Leber über einen Mechanismus entstehen, bei dem Glucuronsäure aus UDP-Glucuronsäure übertragen wird[15]. Das Cortisol im Blut besteht zu 50% aus dem Glucuronid[16].

Hypophysäre Steuerung. Die Nebennierenrinde wird mit Hilfe von ACTH aus der Hypophyse in normaler Funktion gehalten. Außer dieser allgemeinen Steuerung des Nebennierenrindenmetabolismus hat ACTH auch einen spezifischen und direkten Einfluß auf die Biosynthese der Corticosteroide. Der Punkt (oder die Punkte), auf den ACTH einwirkt, ist noch nicht sichergestellt. Ein möglicher wichtiger Punkt dürfte ganz im Anfangsstadium liegen, wahrscheinlich bei der Bildung von Pregnenolon aus Cholesterin[17]. Es konnte auch beobachtet werden, daß ACTH das Verhältnis der Cortisol- zur Corticosteronausscheidung verändern kann, was jedoch nicht unbedingt einen Eingriff von ACTH in den späteren Stadien der Biosynthese beweist[18]. Der Reaktionsmechanismus der ACTH-Wirkung bleibt trotz intensiven Untersuchungen weitgehend unbekannt[19]. Weiteres siehe unter ACTH, S.706.

Aldosteron. Aldosteron, das Steroidhormon, das hauptsächlich den Elektrolythaushalt kontrolliert, besitzt am C-18 eine Aldehydgruppe und wird in der Zona glomerulosa der Nebennierenrinde synthetisiert. Es wird aus verschiedenen Vorstufen gebildet – der wichtigste Syntheseweg ist wahrscheinlich Progesteron→Desoxycorticosteron→Corticosteron→Aldosteron (Abb. 15). Das wichtigste Stoffwechselprodukt ist anscheinend Tetrahydroaldosteronglucuronid[20]; im Harn finden sich aber auch kleine Mengen Aldosteron in freier und konjugierter Form. Das im menschlichen Harn vorkommende 18-Hydroxytetrahydrocorticosteron ist ein Metabolit des 18-Hydroxycorticosterons und nicht des Aldosterons[21].

Da nach Hypophysektomie die Aldosteronproduktion nur um 30% abfällt, scheint ACTH auf die Aldosteronproduktion einen eher geringen Einfluß auszuüben[22]. Wichtiger und direkter ist wohl die Steuerung durch die Natrium- und Kaliumkonzentration und das extrazelluläre Flüssigkeitsvolumen des Körpers. Wesentlich an der Steuerung der Aldosteronsekretion ist das Angiotensin beteiligt[23] (siehe S.731).

Literatur

1 Witschi, E., *Development of Vertebrates*, Saunders, Philadelphia, 1956.
2 Pincus und Thimann (Hrsg.), *The Hormones*, Band 3, Academic Press, New York, 1955.
3 Deane, H. W. (Hrsg.), *The Adrenocortical Hormones, Handbuch der experimentellen Pharmakologie*, Band 14, Teil 1, Springer, Berlin, 1962.
4 Soffer et al., *The Human Adrenal Gland*, Lea & Febiger, Philadelphia, 1961.
5 Dorfman et al., *Recent Progr. Hormone Res.*, **19**, 251 (1963).
6 Daughaday, W.H., *Physiol. Rev.*, **39**, 885 (1959).
7 Lombardo und Hudson, *Endocrinology*, **65**, 417 (1959).
8 Jayle et al., *Expos. ann. Biochim. méd.*, **28**, 163 (1967).
9 Solomon et al., *J. biol. Chem.*, **235**, 351 (1960).
10 Fonken et al., *J. Amer. chem. Soc.*, **82**, 5507 (1960).
11 Tomkins, G. M., *J. biol. Chem.*, **225**, 13 (1957).
12 Forchielli et al., *Proc. Soc. exp. Biol. (N.Y.)*, **99**, 594 (1958).
13 Wieland et al., *Biochim. biophys. Acta (Amst.)*, **78**, 566 (1963).
14 Calvin et al., *Biochemistry*, **2**, 648 (1963); Roberts et al., *J. Amer. chem. Soc.*, **86**, 958 (1964).
15 Isselbacher, K. J., *Recent Progr. Hormone Res.*, **12**, 134 (1956).
16 Bongiovanni et al., *Proc. Soc. exp. Biol. (N.Y.)*, **87**, 282 (1954).
17 Hayano et al., *Recent Progr. Hormone Res.*, **12**, 79 (1956).
18 Kass et al., *Proc. Soc. exp. Biol. (N.Y.)*, **85**, 583 (1954); Grant et al., *J. clin. Endocr.*, **17**, 933 (1957).
19 Pastan, I., *Ann. Rev. Biochem.*, **35**, 369 (1966).
20 Sandor und Lanthier, *Acta endocr. (Kbh.)*, **39**, 87 (1962).
21 Ulick und Kusch, *J. Amer. chem. Soc.*, **82**, 6421 (1960).
22 Blair-West et al., *Recent Progr. Hormone Res.*, **19**, 311 (1963); Ganong et al., *Recent Progr. Hormone Res.*, **22**, 381 (1966).
23 Davis, J. O., *Recent Progr. Hormone Res.*, **17**, 293 (1961); Davis, J. O., *Circulation*, **25**, 1002 (1962); Peart, W. S., *Recent Progr. Hormone Res.*, **21**, 73 (1965); Gross et al., *Recent Progr. Hormone Res.*, **21**, 119 (1965).

Biosynthese und Metabolismus der Östrogene

Es ist sichergestellt, daß alle Steroidhormon produzierenden Gewebe bis zu einem gewissen Grade auch zur Östrogensynthese befähigt sind. Unter gewöhnlichen physiologischen Bedingungen sind gewiß die Ovarien der aktivste Ort der Synthese, während der Schwangerschaft wird ihre Aktivität hingegen von der reifen Plazenta um einige hundert Male übertroffen.

Die Östrogene sind C_{18}-Verbindungen mit einem aromatischen Ring A. Es scheint erwiesen, daß ihre Biosynthese[1,2] aus Acetat über Cholesterin, Pregnenolon, Progesteron und die C_{19}-Steroide verläuft (Reaktionsschema siehe Abb. 16). Die Aromatisierung des Ringes A geschieht offenbar über ein C_{19}-Steroidzwischenprodukt, in welchem die C_{19}-Methylgruppe oxydiert ist, wobei aber unsicher ist, ob dieses Produkt in C-19-Stellung eine Hydroxyl- oder Aldehydgruppe trägt. Das C-19-Kohlenstoffatom wird als Formaldehyd abgespalten[3], so daß angenommen werden kann, daß die Oxydation am C-19 zur Aldehydstufe führt, bevor die C-10–C-19-Bindung gespalten wird. Einige andere Reaktionsmechanismen könnten jedoch zum gleichen Resultat führen. Die Spezifität des aromatisierenden Enzyms ist bezüglich der Molekülstruktur nicht groß, so daß sowohl 6α- wie 6β-Hydroxy-Δ^4-androsten-3,17-dion in die entsprechenden 6-Hydroxyöstrogene übergeführt werden[4].

Intermediärstoffwechsel der Östrogene

Nach Verabreichung von radioaktivem Östron oder Östradiol-17β an normale Tiere oder nach Inkubation mit tierischem Gewebe verschwindet die Radioaktivität rasch, und aus der Ätherfraktion kann auch nach Hydrolyse der Exkrete oder des Inkubats mit Säure oder enzymatischer Spaltung der Östrogenkonjugate nur weit unter der Hälfte der verabreichten Radioaktivität zurückgewonnen werden[1,5]. Die Östrogenderivate der ätherunlöslichen Fraktion sind unbekannt, was bei der Beurteilung der Arbeiten über den Östrogenmetabolismus nicht vergessen werden darf.

Nach Injektion von Östradiol oder Östron treten beim Menschen die Konjugate der drei Steroide Östriol, Östron und Östradiol-17β im ungefähren Verhältnis von 45:45:10 im Harn auf. Die relative Konstanz dieser Verhältnisse weist auf eine rasche Gleich-

Abb. 16 Biosynthese und Metabolismus der Östrogene

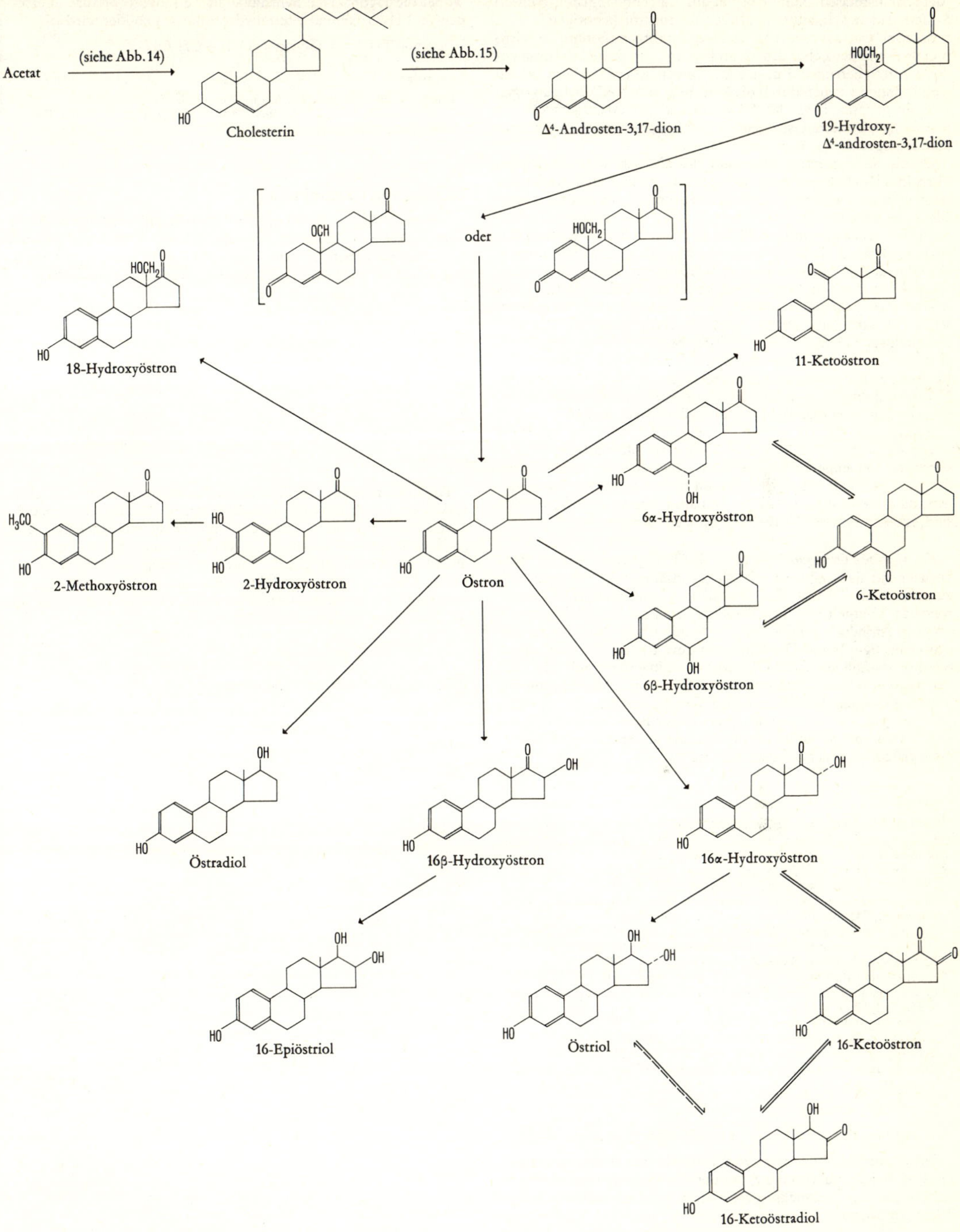

gewichtseinstellung von Östron und Östradiol in den Körpergeweben hin. Das für die Umwandlung in der Plazenta verantwortliche Enzym ist gründlich untersucht worden. Es kann als Cofaktor sowohl NAD als auch NADP benötigen, was zu Spekulationen über den physiologischen Wirkungsmechanismus der östrogenen Hormone Anlaß gegeben hat[6].

Während der vergangenen Jahre konnten neben den klassischen Östrogenen Östradiol, Östron und Östriol mehrere andere phenolische Steroide aus verschiedenen Quellen isoliert und chemisch identifiziert werden. Dabei wurde festgestellt, daß Östron sowohl in 2-, 6-, 11-, 16- und 18-Stellung hydroxyliert werden kann. Die Beziehungen zwischen diesen Verbindungen sind in Abbildung 16 dargestellt. Nach der Hydroxylierung in 2-Stellung folgt eine Methylierung. Beide Reaktionen laufen in der Leber ab, und die beiden Reaktionsprodukte 2-Hydroxy- und 2-Methoxyöstron können im Harn ausgeschieden werden. Diese Methylierung wird durch eine O-Methyltransferase katalysiert, die wie andere O-Methyltransferasen (zum Beispiel im Catecholaminstoffwechsel) S-Methyladenosylmethionin als Methyldonator benötigen[7].

Sowohl das 6α- wie das 6β-Hydroxyöstron konnte in vitro mittels der in der Leber des Menschen und der Ratte vorkommenden hydroxylierenden Enzyme gewonnen werden. Diese beiden Verbindungen stehen durch die Wirkung von NADP-abhängigen Dehydrogenasen über das 6-Ketosteroid im Gleichgewicht. In 6-Stellung oxydierte Östrogene sind möglicherweise unbedeutendere Ausscheidungsprodukte im Harn.

Durch Nebennierenhomogenate des Ochsen wird Östron in vitro in 11β-Hydroxyöstron übergeführt, wobei aber weder das Ausmaß noch die physiologische Bedeutung dieser Reaktion beim Menschen bekannt sind[8].

Die verschiedenen in 16-Stellung oxydierten Steroide, die in den letzten Jahren isoliert und bestimmt worden sind, können untereinander und mit Östron in dem wiedergegebenen Stoffwechselschema (Abb. 16) in Verbindung gebracht werden. Östriol, das schon lange bekannte hauptsächliche Östrogen des Harns, entsteht vorwiegend aus Östron, über 16α-Hydroxyöstron[9]. Es werden auch sehr geringe Mengen 17-Epiöstriol gebildet. Das ebenfalls entstehende 16β-Hydroxyöstron liefert durch enzymatische Reduktion 16-Epiöstriol und geringe Mengen 16,17-Epiöstriol als Nebenprodukt. Das im Schwangerenharn vorkommende 18-Hydroxyöstron[10] ist offensichtlich adrenalen Ursprungs[11].

Equilin und Equilenin sind gutbekannte Östrogene im Harn trächtiger Stuten, und Equilenin konnte als Metabolit in feminisierenden Nebennierentumoren beim Menschen identifiziert werden[12]. Diese Verbindungen scheinen nicht aus Östron zu entstehen; da diese Resultate aber in vivo am Pferd gewonnen worden sind, müssen gewisse Vorbehalte gemacht werden.

Konjugate von Östrogenmetaboliten. Die Östrogene werden im Harn vorwiegend als Konjugate mit Glucuronsäure oder Schwefelsäure ausgeschieden. Östriol wird sowohl in 16- als auch in 17-Glucuronoside übergeführt; die Beteiligung phenolischer Hydroxylgruppen ist jedoch bei der Glucuronosidbildung des Östrons eindeutig nachgewiesen. Die Glucuronsäure für die Paarung dieses Steroids stammt aus UDP-Glucuronsäure in einer durch Glucuronyltransferase katalysierten typischen Reaktion[1]. Die Bildung der Sulfate geschieht bei Östriol und Östron an der phenolischen Hydroxylgruppe. Der Mechanismus dieser Reaktion ist nicht bekannt, während derjenige für die Bildung anderer Schwefelsäureester gründlich untersucht worden ist[13].

Literatur

1 Breuer, H., *Vitam. and Horm.*, **20**, 285 (1962).
2 O'Donnell und Preedy, in: Gray und Bacharach (Hrsg.), *Hormones in Blood*, Academic Press, New York, 1961, S. 303.
3 Breuer und Grill, *Hoppe-Seylers Z. physiol. Chem.*, **324**, 254 (1961).
4 Breuer et al., *Biochim. biophys. Acta (Amst.)*, **40**, 560 (1960).
5 Beer und Gallagher, *J. biol. Chem.*, **214**, 335 (1955); Jellinck, P. H., *Biochem. J.*, **71**, 665 (1959).
6 Tallalay und Williams-Ashman, *Proc. nat. Acad. Sci. (Wash.)*, **44**, 15 (1958); Tomkins und Maxwell, *Ann. Rev. Biochem.*, **32**, 677 (1963).
7 Knuppen et al., *Hoppe-Seylers Z. physiol. Chem.*, **324**, 108 (1961).
8 Knuppen und Breuer, *Biochim. biophys. Acta (Amst.)*, **58**, 147 (1962).
9 Fishman et al., *J. biol. Chem.*, **235**, 3104 (1960); Fishman et al., *Acta endocr. (Kbh.)*, **37**, 57 (1961).
10 Loke et al., *Biochim. biophys. Acta (Amst.)*, **28**, 214 (1958).
11 Loke et al., *Biochim. biophys. Acta (Amst.)*, **26**, 230 (1957).
12 Salhanick und Berliner, *J. biol. Chem.*, **227**, 583 (1957).
13 Robbins und Lipmann, *J. biol. Chem.*, **229**, 837 (1957).

Bildung von Serin und Glycin aus Kohlenhydraten

Serin kann aus Glucose über Phosphoglycerinsäure entstehen. Es ist unsicher, auf welcher Stufe der Phosphorsäureester gespalten wird, und die Versuchsergebnisse stimmen mit mehreren Möglichkeiten überein[1]:

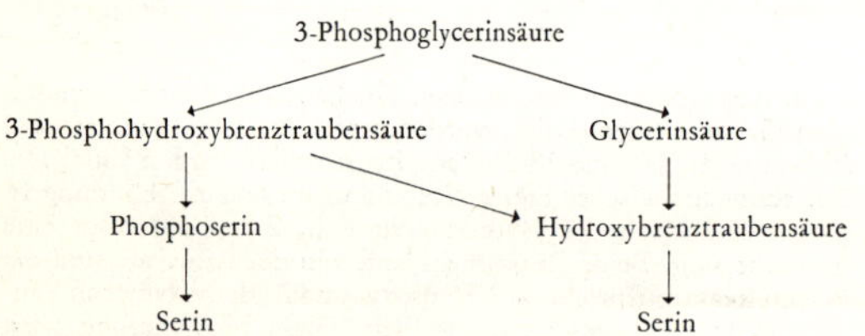

Glycin bildet sich aus Serin mittels Serinhydroxymethyltransferase, wobei die Hydroxymethylgruppe an Tetrahydrofolsäure übertragen und Hydroxymethyltetrahydrofolsäure gebildet wird[2]:

$$\text{Serin} + \text{THF} \rightleftharpoons \text{Glycin} + \text{THF} - CH_2OH$$

Literatur

1 Ichihara und Greenberg, *J. biol. Chem.*, **224**, 331 (1957).
2 Kisliuk und Sakami, *J. biol. Chem.*, **214**, 47 (1955); Alexander und Greenberg, *J. biol. Chem.*, **220**, 775 (1956).

Bildung von Glutaminsäure

Stehen α-Ketoglutarsäure, Ammoniak und reduziertes NAD oder NADP zur Verfügung, so wird in Lebergewebe und anderen tierischen Geweben Glutaminsäure mit Leichtigkeit synthetisiert. Die Reaktion wird durch Glutamatdehydrogenase katalysiert:

$$\underset{\alpha\text{-Ketoglutarsäure}}{COOH{-}CH_2{-}CH_2{-}CO{-}COOH} + NH_3 + \begin{matrix} NADPH_2 \\ \text{oder} \\ NADH_2 \end{matrix} \rightleftharpoons \underset{\text{L-Glutaminsäure}}{COOH{-}CH_2{-}CH_2{-}CHNH_2{-}COOH} + \begin{matrix} NADP \\ \text{oder} \\ NAD \end{matrix} + H_2O$$

Die Glutaminsäure ist die einzige Aminosäure, die in tierischen Geweben aus Ammoniak und dem entsprechenden Kohlenstoffgerüst (in Form der α-Ketosäure) aufgebaut werden kann. Alle anderen nichtessentiellen Aminosäuren werden aus der entsprechenden α-Ketosäure durch Transaminierung mit Glutamat gebildet. Deshalb stellt die reduktive Aminierung von α-Ketoglutarsäure für den tierischen Organismus die wichtigste Reaktion für die Aufnahme von Ammoniak dar.

Bildung von Prolin und Hydroxyprolin

Es wird angenommen, daß diese Aminosäuren entweder aus Glutaminsäure oder aus Ornithin über Glutaminsäuresemialdehyd entstehen:

$$\underset{\text{Glutaminsäure}}{COOH{-}CH_2{-}CH_2{-}CHNH_2{-}COOH} \xrightarrow{1,2} \underset{\text{Glutaminsäuresemialdehyd}}{HCO{-}CH_2{-}CH_2{-}CHNH_2{-}COOH} \longrightarrow \Delta^1\text{-Pyrrolin-5-carbonsäure} \xrightarrow{NADH_2\ 3}$$

$$\underset{\text{Ornithin}}{NH_2{-}CH_2{-}CH_2{-}CH_2{-}CHNH_2{-}COOH} \xrightarrow{1,2} \text{Glutaminsäuresemialdehyd}$$

$$\text{Prolin} + NAD \xrightarrow{\frac{1}{2} O_2\ 1} \text{Hydroxyprolin}$$

Literatur

1 Stetten, M. R., in: McElroy und Glass (Hrsg.), *A Symposium on Amino Acid Metabolism*, Johns Hopkins Press, Baltimore, 1955, S. 277; Vogel, H. J., in: McElroy und Glass (Hrsg.), *A Symposium on Amino Acid Metabolism*, Johns Hopkins Press, Baltimore, 1955, S. 335.
2 Strecker und Mela, *Biochim. biophys. Acta (Amst.)*, **17**, 580 (1955).
3 Yura und Vogel, *Biochim. biophys. Acta (Amst.)*, **17**, 582 (1955); Smith und Greenberg, *J. biol. Chem.*, **226**, 317 (1957).

Bildung von Zellbestandteilen und Stoffwechselprodukten aus Aminosäuren

Die hauptsächlichen Produkte, ihre Bildungswege und physiologischen Funktionen sind in Tabelle 20 auf S. 430 zusammengestellt.

Bildung von Purinen

Die Versuche zur Abklärung der unten dargestellten Reaktionswege (S. 429–432) wurden in der Hauptsache mit Taubenleber durchgeführt. Es ist jedoch kein Grund vorhanden, für Säugetiere einen anderen Mechanismus anzunehmen. Das Puringerüst baut sich auf dem Stickstoff von Ribosylamin-5-phosphat auf. Als Substrate werden Glutamin, Glycin, Asparaginsäure, Kohlendioxyd und ein zu Formaldehyd äquivalentes C_1-Fragment benötigt, das in Form einer formylierten Tetrahydrofolsäure geliefert wird [1]. Als erstes Purinderivat wird Inosinsäure (Reaktionen **1**–**11**) gebildet. Aus dieser entsteht dann Adenylsäure (Reaktionen **12** und **13**) oder Xanthylsäure (Reaktion **14**) und Guanylsäure (Reaktion **15**). Bei der Resorption freier, natürlicher Purinbasen findet nur das Adenin direkte Verwertung. Es wird wahrscheinlich in einer zur Umwandlung von Orotsäure in Orotidylsäure analogen Reaktion (siehe S. 435) zu AMP umgebaut [2]. Andere Purinbasen, wie Guanin, Hypoxanthin und Xanthin, werden nur ganz beschränkt oder gar nicht verwendet [3].

Bildung von Inosinsäure (Inosinmonophosphat, IMP)

Ribose-5-phosphat + ATP —(Mg^{++}; 4, 5)→ Ribose-5-phosphat-1-pyrophosphat + AMP **(1)**

Ribose-5-phosphat-1-pyrophosphat + Glutamin —(Mg^{++}; 5, 6)→ Ribosylamin-5′-phosphat + Glutaminsäure + Pyrophosphat **(2)**

Ribosylamin-5′-phosphat + Glycin + ATP —(Mg^{++}; 7, 8)→ Ribosylglycinamid-5′-phosphat + ADP + Orthophosphat **(3)**

Ribosylglycinamid-5′-phosphat + 5,10-Methylidyn-THF (5,10-Methylidyntetrahydrofolsäure) —(7, 8)→ Ribosylformylglycinamid-5′-phosphat + THF (Tetrahydrofolsäure) **(4)**

Ribosylformylglycinamid-5′-phosphat + Glutamin + ATP —(Mg^{++}; 9)→ Ribosylformylglycinamidin-5′-phosphat + Glutaminsäure + ADP + Orthophosphat **(5)**

Ribosylformylglycinamidin-5′-phosphat + ATP —(K^+ Mg^{++}; 9–11)→ Ribosyl-5-aminoimidazol-5′-phosphat + ADP + Orthophosphat **(6)**

Tabelle 20 Bildung von Zellbestandteilen und Metaboliten aus Aminosäuren

Diese Aufstellung ist nicht umfassend; über Kohlenhydratsynthese aus Aminosäuren siehe S. 437.

Aminosäure als Ausgangsmaterial	Gebildetes Produkt	Bildungsweg	Physiologische Funktion
Glycin	Purinbasen	Siehe S. 429	Bestandteil der Nucleinsäuren und Nucleotide
	Porphyrine	Siehe S. 433	Bestandteil des Hämoglobins und der Cytochrome
	Creatin	Siehe S. 433	Vorstufe des Creatinphosphats. Energiespeicherung im Muskel und in anderen Geweben
	Glutathion	Siehe S. 434	Coenzymfunktion im Glyoxalasesystem, für cis-trans-Isomerasen und wahrscheinlich auch für andere Enzyme
	Hippursäure und verwandte Verbindungen	Siehe S. 441	Endprodukt der Entgiftung von Benzoesäure
	Gallensäurenkonjugate	Siehe S. 434	Für die Fettresorption benötigt
Serin	Äthanolamin	Decarboxylierung (siehe Tabelle 6, S. 390)	Bestandteil der Phospholipide
	Cholin	Methylierung von Äthanolamin mit Methionin als Methyldonator	Bestandteil der Phospholipide
	Acetylcholin	Acetylierung von Cholin durch Acetylcoenzym A [1]	Überträgersubstanz an den Nervenendigungen
Cystein	Taurin	Siehe S. 434	Bestandteil der Gallensäuren
	Glutathion	Siehe S. 434	Siehe oben unter Glycin
Glutaminsäure	Glutamin	Aus Glutaminsäure und Ammoniak in Gegenwart von ATP [2]	Zellbestandteil. Überträger von Aminogruppen bei Aminierungen und Amidierungen
	γ-Aminobuttersäure	Decarboxylierung (siehe Tabelle 6, S. 390)	Zellbestandteil, besonders des Gehirns
	Glutathion	Siehe S. 434	Siehe oben unter Glycin
	Prolin	Siehe S. 428	Proteinbestandteil
	Hydroxyprolin	Siehe S. 428	Proteinbestandteil
Arginin	Creatin	Siehe S. 433	Siehe oben unter Glycin
Methionin	Creatin	Siehe S. 433	Siehe oben unter Glycin
	Cholin	Siehe oben unter Serin	Siehe oben unter Serin
Histidin	Histamin	Decarboxylierung (siehe Tabelle 6, S. 390)	Überträgersubstanz an den Nervenendigungen
Asparaginsäure	Pyrimidinbasen	Siehe S. 435	Bestandteil der Nucleinsäuren und Nucleotide
	β-Alanin	Wahrscheinlich durch α-Decarboxylierung	Bestandteil besonderer Peptide (Anserin, Carnosin, Pantothensäure)
Tyrosin	Adrenalin	Siehe S. 436	Hormon
	Noradrenalin	Siehe S. 436	Hormon und Überträgersubstanz an den Nervenendigungen
	Thyroxin	Siehe S. 436	Hormon
	Melanine	Siehe S. 436	Haar- und Hautpigmente
Tryptophan	5-Hydroxytryptamin (Serotonin)	Siehe S. 437	Überträgersubstanz an den Nervenendigungen
	Nicotinsäure	Siehe S. 395 und 473	Bestandteil der Nicotinamidadenindinucleotide
Glucogene Aminosäuren	Kohlenhydrate	Siehe S. 437	

Literatur [1] Korkes et al., *J. biol. Chem.*, **198**, 215 (1952). [2] Elliott, W. H., *J. biol. Chem.*, **201**, 661 (1953).

Ribosyl-5-aminoimidazol-5′-phosphat + CO_2 —(12)→ Ribosyl-5-amino-4-carboxyimidazol-5′-phosphat **(7)**

Ribosyl-5-amino-4-carboxyimidazol-5′-phosphat + Asparaginsäure + ATP —(Mg^{++}; 12)→ Ribosyl-5-amino-4-succinocarboxamidoimidazol-5′-phosphat + ADP + Orthophosphat **(8)**

Ribosyl-5-amino-4-succinocarboxamidoimidazol-5′-phosphat —(12, 13)→ Ribosyl-5-amino-4-carboxamidoimidazol-5′-phosphat + Fumarsäure **(9)**

Ribosyl-5-amino-4-carboxamidoimidazol-5′-phosphat + 10-Formyl-THF (Formyltetrahydrofolsäure) —(K^+; 14)→ Ribosyl-5-formamido-4-carboxamidoimidazol-5′-phosphat + THF (Tetrahydrofolsäure) **(10)**

Ribosyl-5-formamido-4-carboxamidoimidazol-5′-phosphat —(14)→ Inosinsäure + H_2O **(11)**

Bildung von Adenylsäure (Adenosinmonophosphat, AMP)

Inosinsäure + Asparaginsäure + GTP —(8–11)→ N-Succinyladenylsäure + GDP + Orthophosphat **(12)**

N-Succinyladenylsäure ⟷ (Adenylosuccinatlyase, 15) Adenylsäure + Fumarsäure **(13)**

(Ribose-P; Ribose-P)

Bildung von Xanthylsäure (Xanthinmonophosphat, XMP)

Inosinsäure + H_2O (NAD → $NADH_2$; K^+; 16) → Xanthylsäure **(14)**

Bildung von Guanylsäure (Guanosinmonophosphat, GMP)

Xanthylsäure + Glutamin + ATP (Mg^{++}; 17) → Guanylsäure + AMP + Pyrophosphat + Glutaminsäure **(15)**

Literatur

[1] Carter, C. E., *Ann. Rev. Biochem.*, **25**, 123 (1956); Buchanan und Hartman, *Advanc. Enzymol.*, **21**, 199 (1959); Hartman und Buchanan, *Ann. Rev. Biochem.*, **28**, 365 (1959).
[2] Kornberg et al., *J. biol. Chem.*, **215**, 417 (1955).
[3] Christman, A. A., *Physiol. Rev.*, **32**, 303 (1952).
[4] Kornberg et al., *J. biol. Chem.*, **215**, 389 (1955).
[5] Goldthwait et al., *Biochim. biophys. Acta (Amst.)*, **18**, 148 (1955).
[6] Goldthwait, D. A., *J. biol. Chem.*, **222**, 1051 (1956).
[7] Goldthwait et al., *J. biol. Chem.*, **221**, 569 (1956); Warren und Buchanan, *J. biol. Chem.*, **229**, 613 (1957).
[8] Hartman et al., *J. biol. Chem.*, **221**, 1057 (1956).
[9] Levenberg und Buchanan, *J. biol. Chem.*, **224**, 1005 und 1019 (1957).
[10] Melnick und Buchanan, *J. biol. Chem.*, **225**, 157 (1957).
[11] Goldthwait et al., in: McElroy und Glass (Hrsg.), *A Symposium on Amino Acid Metabolism*, Johns Hopkins Press, Baltimore, 1955, S. 765; Buchanan et al., in: McElroy und Glass (Hrsg.), *A Symposium on Amino Acid Metabolism*, Johns Hopkins Press, Baltimore, 1955, S. 743.
[12] Miller und Buchanan, *J. biol. Chem.*, **237**, 485 (1962).
[13] Miller et al., *J. Amer. chem. Soc.*, **79**, 1513 (1957).
[14] Flaks et al., *J. biol. Chem.*, **229**, 603 (1957).
[15] Lieberman, I., *J. biol. Chem.*, **223**, 327 (1956).
[16] Carter und Cohen, *J. biol. Chem.*, **222**, 17 (1956).
[17] Abrams und Bentley, *Arch. Biochem.*, **58**, 109 (1955); Lagerkvist, U., *Acta chem. scand.*, **9**, 1028 (1955); Gehring und Magasanik, *J. Amer. chem. Soc.*, **77**, 4685 (1955).

Die Übertragung von Einkohlenstoffeinheiten [1]

Die Tetrahydrofolsäure (THF) ist das Coenzym, das bei der Übertragung von Einheiten mit einem Kohlenstoffatom beteiligt ist. In den meisten Fällen ist diese Einheit an die Stickstoffatome 5 oder 10 oder an beide gebunden.

2-Amino-4-hydroxy-6-methyl-tetrahydropterin | *p*-Aminobenzoesäure | Glutaminsäure

Tetrahydrofolsäure

Zur Vereinfachung ist es üblich, nur den diese Atome enthaltenden Teil des THF-Moleküls darzustellen:

Die am häufigsten übertragenen Gruppen und deren Bindung an THF sind in nebenstehender Tabelle aufgeführt.

An 1 N-Atom gebundene Gruppe	An 2 N-Atome gebundene Gruppe	Oxydationsprodukt entspricht
5-Methyl-THF		Methanol
10-Hydroxymethyl-THF	5,10-Methylen-THF	Formaldehyd
5-Formyl-THF (auch 10-Formyl-THF kommt vor)	5,10-Methylidyn-THF	Ameisensäure
5-Formimino-THF	5,10-Methylidyn-THF	Ameisensäure

Formyl-THF, Hydroxymethyl-THF und Methyl-THF sind enzymatisch ineinander überführbar. Die Reaktionen werden durch spezifische Oxydoreductasen katalysiert:

$$\text{5,10-Methylidyn-THF} + \text{NADPH} \rightleftharpoons \text{5,10-Methylen-THF} + \text{NADP} \quad (1)$$

$$\text{5,10-Methylen-THF} + \frac{\text{NADPH}}{(\text{NADH})} \rightleftharpoons \text{5-Methyl-THF} + \frac{\text{NADP}}{(\text{NAD})} \quad (2)$$

5-Formyl-THF wird durch Reaktion (**3**), 10-Formyl-THF durch Reaktion (**4**) in 5,10-Methylidyn-THF übergeführt. Weiterhin kann durch Reaktion (**5**) 10-Formyl-THF entstehen. Diese Reaktion spielt wahrscheinlich in Säugetieren eine untergeordnete Rolle.

$$\text{5-Formyl-THF} + \text{ATP} \rightarrow \text{5,10-Methylidyn-THF} + \text{ADP} + \text{Orthophosphat} \quad (3)$$

$$\text{10-Formyl-THF} \rightarrow \text{5,10-Methylidyn-THF} + H_2O \quad (4)$$

$$\text{Formiat} + \text{ATP} + \text{THF} \rightarrow \text{10-Formyl-THF} + \text{ADP} + \text{Orthophosphat} \quad (5)$$

Die reversible Überführung von Serin in Glycin (S. 393) sowie die Methylierung von Desoxyuridylsäure zu Thymidylsäure (S. 435) gehören zu den wichtigsten Übertragungsreaktionen von Einkohlenstoffeinheiten. In der letzteren Reaktion wird ein Paar Wasserstoffatome von THF übertragen, wobei eines der Produkte Dihydrofolsäure (DHF) ist. DHF wird darauf durch Tetrahydrofolatdehydrogenase zu THF reduziert (**6**):

$$\text{DHF} + \text{NADPH}_2 \rightarrow \text{THF} + \text{NADP} \quad (6)$$

Eine weitere wichtige Methylierung ist die Bildung von Methionin aus Homocystein (**7**), an der sich Vitamin B_{12} beteiligt:

$$\underset{\text{Homocystein}}{CH_2SH{-}CH_2{-}CHNH_2{-}COOH} + \text{5-Methyl-THF} \longrightarrow \underset{\text{Methionin}}{CH_2S{\cdot}CH_3{-}CH_2{-}CHNH_2{-}COOH} + \text{THF} \quad (7)$$

Literatur

[1] Greenberg, D. M., *Advanc. Enzymol.*, **25**, 395 (1963); Huennekens, F. M., *Biochemistry*, **2**, 151 (1963).

Bildung der Porphyrine

8 der Kohlenstoffatome des Porphyrins stammen von α-Kohlenstoffatomen des Glycins, die übrigen 26 aus Bernsteinsäure. Die Aminogruppe des Glycins liefert die 4 Stickstoffatome des Moleküls[1]. Die Synthese dieses Moleküls verläuft über δ-Aminolävulinsäure und Porphobilinogen[2]:

$$\underset{\text{Succinyl-coenzym A (siehe S. 386)}}{COOH{-}CH_2{-}CH_2{-}OC{-}SR} + \underset{\text{Glycin}}{CH_2NH_2{-}COOH} \longrightarrow \underset{\text{α-Amino-β-ketoadipinsäure (hypothetisches Zwischenprodukt)}}{COOH{-}CH_2{-}CH_2{-}CO{-}CHNH_2{-}COOH} + HS{-}R \longrightarrow \underset{\text{δ-Aminolävulinsäure}}{COOH{-}CH_2{-}CH_2{-}CO{-}CH_2{-}NH_2} + CO_2 \quad (1)$$

$$\text{2 δ-Aminolävulinsäure} \longrightarrow \text{Porphobilinogen} \quad (2)$$

$$\text{4 Porphobilinogen} \longrightarrow \text{Protoporphyrin IX} + 6\,CO_2 + 4\,NH_3 + 10\,H \quad (3)$$

Literatur

[1] Shemin, D., in: McElroy und Glass (Hrsg.), *A Symposium on Amino Acid Metabolism*, Johns Hopkins Press, Baltimore, 1955, S. 727; Shemin, D., *Ergebn. Physiol.*, **49**, 299 (1957).

[2] Berlin et al., *Biochem. J.*, **64**, 80 (1956); Wriston et al., *J. biol. Chem.*, **215**, 603 (1955); Falk et al., *Nature*, **172**, 292 (1953); Nemeth et al., *J. biol. Chem.*, **229**, 415 (1957); Gibson et al., *Biochem. J.*, **70**, 71 (1958).

Bildung von Creatin aus Glycin, Arginin und Methionin[1]

Creatin, das in Form von Creatinphosphat als Speicher hoher «Phosphatbindungsenergie» dient, wird durch zwei Übertragungsreaktionen gebildet, wobei das Grundgerüst von Glycin stammt. In der ersten Reaktion wird die $HN{=}\underset{|}{C}{-}NH_2$-Gruppe von Arginin auf Glycin übertragen:

$$\underset{\text{Glycin}}{CH_2NH_2{-}COOH} + \underset{\text{Arginin}}{HN{=}C(NH_2){-}NH{-}CH_2{-}CH_2{-}CH_2{-}CHNH_2{-}COOH} \longrightarrow \underset{\text{Guanidinoessigsäure (Glycocyamin)}}{HN{=}C(NH_2){-}NH{-}CH_2{-}COOH} + \underset{\text{Ornithin}}{CH_2NH_2{-}CH_2{-}CH_2{-}CHNH_2{-}COOH}$$

Im zweiten Schritt überträgt Methionin seine Methylgruppe auf Guanidinoessigsäure:

$$\underset{\text{Guanidinoessigsäure}}{HN{=}C(NH_2){-}NH{-}CH_2{-}COOH} + \underset{\text{Methionin}}{CH_2S{\cdot}CH_3{-}CH_2{-}CHNH_2{-}COOH} \longrightarrow \underset{\text{Creatin}}{HN{=}C(NH_2){-}N(CH_3){-}CH_2{-}COOH} + \underset{\text{Homocystein}}{CH_2SH{-}CH_2{-}CHNH_2{-}COOH}$$

Das Methionin reagiert nicht als freie Aminosäure, sondern als S-Adenosylderivat, das aus ATP und Methionin entsteht[2]:

$$^{-}OOC{-}CH(NH_2){-}CH_2{-}CH_2{-}\overset{+}{S}(CH_3){-}CH_2{-}\text{Ribose}(\beta){-}\text{Adenin}$$

S-Adenosylmethionin

Auch das Homocystein tritt bei der oben dargestellten Transmethylierung als Adenosylderivat auf[3].

Creatin bildet mit ATP in reversibler Reaktion – besonders im Muskel – Creatinphosphat:

$$HN{=}C(NH_2)-CH_2N(CH_3)-COOH + ATP \rightleftharpoons HN{=}C(N(H)PO_3H_2)-CH_2N(CH_3)-COOH + ADP$$

Creatin Creatinphosphat

Im ruhenden Muskel verläuft die Reaktion von links nach rechts, während längerer Kontraktion aber von rechts nach links unter Regenerierung des durch die Kontraktionsarbeit verbrauchten ATP.

Literatur

[1] Übersicht siehe ARNSTEIN, H. R. V., *Advanc. Protein Chem.*, 9, 1 (1954).
[2] CANTONI, G. L., *J. biol. Chem.*, **204**, 403 (1953); CANTONI und SCARANO, *J. Amer. chem. Soc.*, **76**, 4744 (1954); CANTONI und VIGNOS, *J. biol. Chem.*, **209**, 647 (1954); MUDD und CANTONI, *J. biol. Chem.*, **231**, 481 (1958).
[3] CANTONI und SCARANO, *J. Amer. chem. Soc.*, **76**, 4744 (1954).

Bildung von Glutathion

Die Glutathionsynthese geht in zwei Stufen vor sich, und zwar, wie gezeigt werden konnte, in der Leber. Zuerst wird das Dipeptid γ-L-Glutamyl-L-cystein aus Glutaminsäure, Cystein und ATP gebildet[1], worauf in einem zweiten Schritt aus γ-L-Glutamyl-L-cystein, Glycin und ATP Glutathion entsteht[2]:

$$HOOC-CH_2-CH_2-CHNH_2-COOH + HS-CH_2-CHNH_2-COOH + ATP \longrightarrow HS-CH_2-CH(COOH)-N(H)-OC-CH_2-CH_2-CHNH_2-COOH + ADP + H_3PO_4$$

L-Glutaminsäure, L-Cystein, γ-L-Glutamyl-L-cystein

$$\gamma\text{-L-Glutamyl-L-cystein} + H_2N-CH_2-COOH + ATP \longrightarrow HS-CH_2-CH(OC-N(H)-CH_2-COOH)-N(H)-OC-CH_2-CH_2-CHNH_2-COOH + ADP + H_3PO_4$$

γ-L-Glutamyl-L-cystein, Glycin, Glutathion

Literatur

[1] MANDELES und BLOCH, *J. biol. Chem.*, **214**, 639 (1955).
[2] SNOKE, J. E., *J. biol. Chem.*, **213**, 813 (1955).

Bildung von Gallensäurekonjugaten[1]

Gallensäuren, wie Cholsäure und Desoxycholsäure, werden mit Glycin oder Taurin gepaart in das Darmlumen ausgeschieden. Das Verhältnis von Glycin- zu Taurinkonjugat scheint vom Vorhandensein des Taurins abzuhängen. Die Spezifität und Aktivität der Enzymsysteme begünstigen die Bildung von Taurinkonjugaten[2]. Die Reaktionen erfordern die Beteiligung von Coenzym A und ATP und verlaufen wahrscheinlich über einen der Aktivierung von Acetat (S. 387) und aromatischen Säuren (S. 441) analogen Mechanismus[3]:

$$R'-COOH + ATP + HS-R \longrightarrow R'-C(=O)-S-R + AMP + H_4P_2O_7 \quad (1)$$

Gallensäure, Coenzym A, Acylcoenzym A, Pyrophosphorsäure

$$R'-C(=O)-S-R + H_2N-CH_2-CH_2-SO_3H \longrightarrow R'-C(=O)-N(H)-CH_2-CH_2-SO_3H + HS-R \quad (2a)$$

Acylcoenzym A, Taurin, Taurin-Gallensäure-Konjugat (zum Beispiel Taurocholsäure), Coenzym A

$$R'-C(=O)-S-R + H_2N-CH_2-COOH \longrightarrow R'-C(=O)-N(H)-CH_2-COOH + HS-R \quad (2b)$$

Acylcoenzym A, Glycin, Glycin-Gallensäure-Konjugat (zum Beispiel Glycocholsäure), Coenzym A

Literatur

[1] BERGSTRÖM und BORGSTRÖM, *Ann. Rev. Biochem.*, **25**, 187 (1956).
[2] BREMER, J., *Acta chem. scand.*, **9**, 268 (1955).
[3] BREMER, J., *Acta chem. scand.*, **9**, 1036 (1955); PIHL et al., *J. biol. Chem.*, **227**, 339 (1957); ELLIOTT, W. H., *Biochem. J.*, **62**, 427, 433 (1955); **65**, 315 (1957).

Bildung von Taurin

Taurin wird in der Leber und möglicherweise auch in anderen Geweben aus Cystein gebildet. In Geweben von Säugetieren verläuft die Synthese über Cysteinsulfinsäure und Hypotaurin[1]:

$$HS-CH_2-CHNH_2-COOH \xrightarrow{O_2} HO_2S-CH_2-CHNH_2-COOH \longrightarrow HO_2S-CH_2-CH_2NH_2 + CO_2 \xrightarrow{1/2\,O_2} HO_3S-CH_2-CH_2NH_2$$

Cystein, Cysteinsulfinsäure, Hypotaurin, Taurin

Cysteinsulfinsäure kann auch aus Brenztraubensäure, Schwefeldioxyd und Glutaminsäure über folgende Reaktionen entstehen[2]:

$$CH_3-CO-COOH + SO_2 \rightleftharpoons HO_2S-CH_2-CO-COOH$$

Brenztraubensäure, β-Sulfinylbrenztraubensäure

$$HO_2S-CH_2-CO-COOH + HOOC-CH_2-CH_2-CHNH_2-COOH \rightleftharpoons HO_2S-CH_2-CHNH_2-COOH + HOOC-CH_2-CH_2-CO-COOH$$

β-Sulfinylbrenztraubensäure, Glutaminsäure, Cysteinsulfinsäure, α-Ketoglutarsäure

Literatur

[1] AWAPARA und WINGO, *J. biol. Chem.*, **203**, 189 (1953); CAVALLINI et al., *J. biol. Chem.*, **216**, 577 (1955); HOPE, B. D., *Biochem. J.*, **59**, 497 (1955); BERGERET et al., *Biochim. biophys. Acta (Amst.)*, **17**, 128 (1955); CHAPEVILLE und FROMAGEOT, *Biochim. biophys. Acta (Amst.)*, **17**, 275 (1955).
[2] CHAPEVILLE und FROMAGEOT, *Biochim. biophys. Acta (Amst.)*, **14**, 415 (1954).

Bildung von Pyrimidinen

Die Ausgangsmaterialien für die Pyrimidinsynthese sind Asparaginsäure und Carbamylphosphat. Der nachfolgend dargestellte Reaktionsmechanismus kommt in Säugetieren[1] und in Bakterien[2] vor. Das zuerst entstehende Pyrimidinderivat ist Orotsäure, die im weiteren dann in Orotidylsäure (OMP)[3], Uridylsäure (UMP), Cytidylsäure[4] und Thymidylsäure* (TMP) übergeht[5].

* Da diese Verbindung Desoxyribose enthält, sollte sie eigentlich als Desoxythymidylsäure (dTMP) bezeichnet werden.

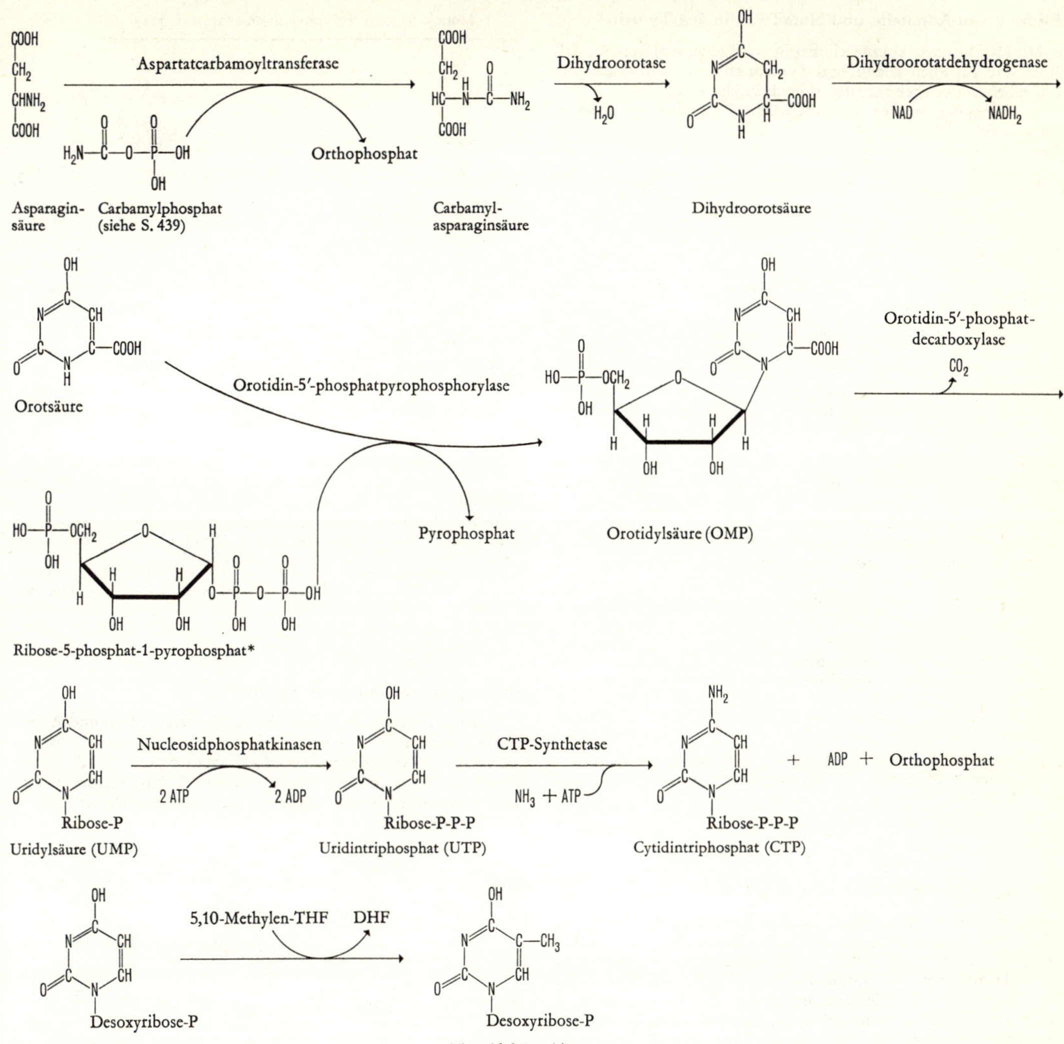

* Diese Verbindung wird durch Reaktion (**1**), S. 429, gebildet.

** Da diese Verbindung Desoxyribose enthält, sollte sie eigentlich als Desoxythymidylsäure (dTMP) bezeichnet werden.

Literatur

[1] Carter, C. E., *Ann. Rev. Biochem.*, **25**, 123 (1956); Lowenstein und Cohen, *J. biol. Chem.*, **220**, 57 (1956); Cooper et al., *J. biol. Chem.*, **216**, 37 (1955).

[2] Lieberman und Kornberg, *J. biol. Chem.*, **207**, 911 (1954).

[3] Lieberman et al., *J. biol. Chem.*, **215**, 403 (1955).

[4] Lieberman, I., *J. biol. Chem.*, **222**, 765 (1956).

[5] Friedkin et al., *J. biol. Chem.*, **220**, 627 (1956); Humphreys und Greenberg, *Arch. Biochem.*, **78**, 275 (1958); für eine Übersicht siehe Reichard, P., *Advanc. Enzymol.*, **21**, 263 (1959); Greenberg, D. M., *Advanc. Enzymol.*, **25**, 395 (1963).

Umwandlung von Phenylalanin in Tyrosin

Bei dieser enzymatischen Reaktion ist ein Pteridincofaktor beteiligt. Man nimmt dabei zwei Stufen an: 1. Hydroxylierung unter Beteiligung von molekularem Sauerstoff und dem reduzierten Cofaktor 4-Hydroxytetrahydropteridin[1] führt zu Tyrosin, oxydiertem Cofaktor 4-Hydroxydihydropteridin und Wasser; 2. durch Tetrahydrofolatdehydrogenase katalysierte Regeneration des reduzierten Cofaktors.

4-Hydroxytetrahydropteridin + Phenylalanin + O_2 → 4-Hydroxydihydropteridin + Tyrosin + H_2O (**1**)

4-Hydroxydihydropteridin + $NADPH_2$ → 4-Hydroxytetrahydropteridin + NADP (**2**)

Bilanz: Phenylalanin + O_2 + $NADPH_2$ → Tyrosin + H_2O + NADP (**3**)

Eines der möglichen Isomere des 4-Hydroxydihydropteridins ist unten dargestellt. Auch von 4-Hydroxytetrahydropteridin sind isomere Formen bekannt. Das physiologisch aktive Isomere konnte noch nicht identifiziert werden.

4-Hydroxydihydropteridin (parachinonoide Struktur)

Literatur

[1] Kaufman, S., *J. biol. Chem.*, **239**, 332 (1964).

Bildung von Adrenalin und Noradrenalin aus Tyrosin[1]

Mittels Isotopen konnte eindeutig nachgewiesen werden, daß Adrenalin aus Phenylalanin und Tyrosin entsteht, wobei aber die Einzelheiten der Zwischenstufen noch unklar sind.

Im folgenden ist der wahrscheinliche Reaktionsmechanismus dargestellt[2]:

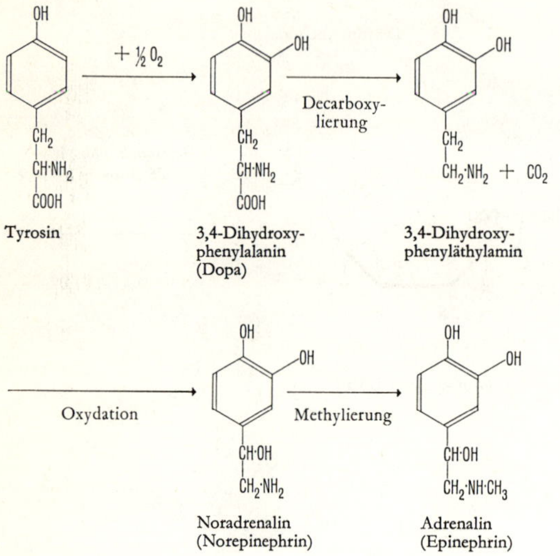

Tyrosin $\xrightarrow{+\frac{1}{2}O_2}$ 3,4-Dihydroxyphenylalanin (Dopa) $\xrightarrow{\text{Decarboxylierung}}$ 3,4-Dihydroxyphenyläthylamin + CO_2

$\xrightarrow{\text{Oxydation}}$ Noradrenalin (Norepinephrin) $\xrightarrow{\text{Methylierung}}$ Adrenalin (Epinephrin)

Literatur

[1] Übersicht siehe BLASCHKO, H., *Pharmacol. Rev.*, **11**, 307 (1959).
[2] Über andere Bildungswege siehe DALGLIESH, C. E., *Advanc. Protein Chem.*, **10**, 31 (1955).

Bildung von Schilddrüsenhormonen[1]

Die Schilddrüse ist befähigt, Jodid (I^-) von 1 µg pro 100 ml im Blut auf 10 µg pro 100 g Gewebe in der Drüse zu konzentrieren. Dieses Konzentrationsverhältnis kann variieren, da es durch mehrere Faktoren, wie zum Beispiel durch die Plasmajodidkonzentration, beeinflußt wird. Die Einzelheiten über den Einbau des Jods in das Schilddrüsenprotein sind unbekannt. Die Reaktion verläuft möglicherweise über freies Jod (I_2) oder Jodinium (I^+) und eine Jodierung von freiem und auch an Proteine gebundenem Tyrosin[2]:

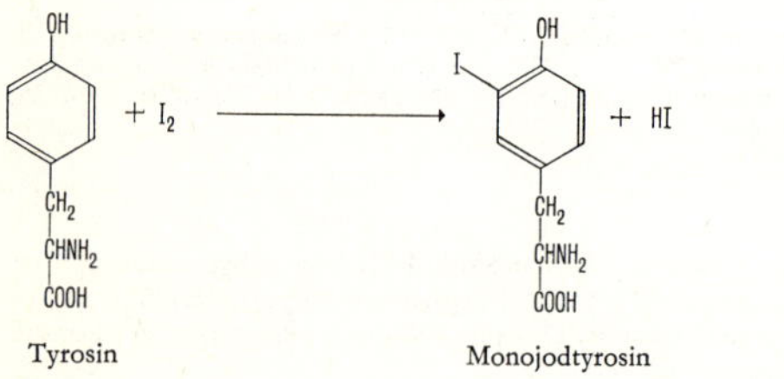

Tyrosin + I_2 ⟶ Monojodtyrosin + HI (1)

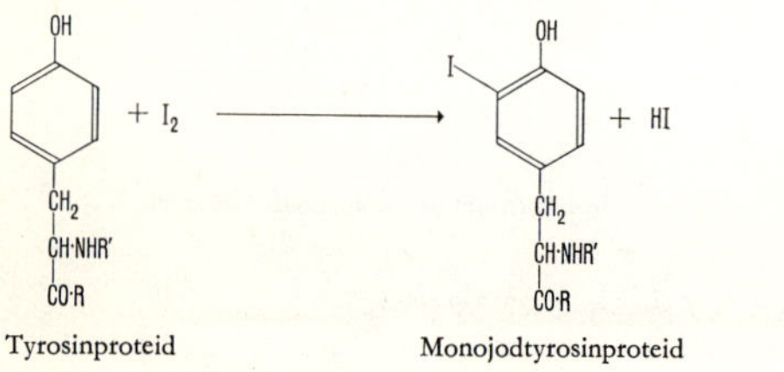

Tyrosinproteid + I_2 ⟶ Monojodtyrosinproteid + HI (2)

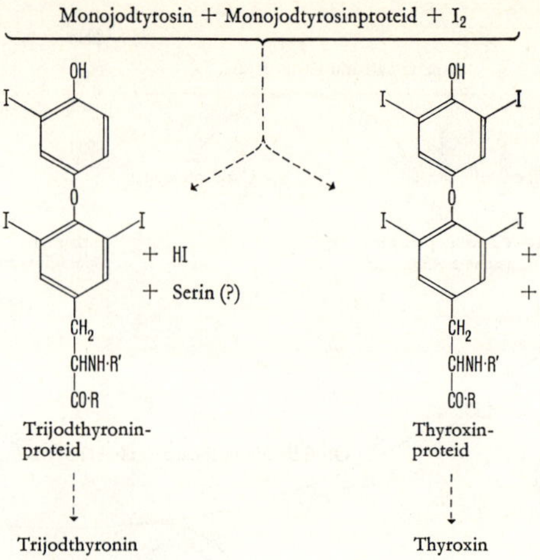

Monojodtyrosin + Monojodtyrosinproteid + I_2 ⟶ Trijodthyroninproteid + HI + Serin (?) ⇢ Trijodthyronin; Thyroxinproteid + HI + Serin (?) ⇢ Thyroxin (3)

Literatur

[1] Zur Übersicht siehe ROCHE und MICHEL, *Physiol. Rev.*, **35**, 583 (1955); ROCHE et al., in: FLORKIN und MASON (Hrsg.), *Comparative Biochemistry*, Band 5, Academic Press, New York, 1963, S. 514.
[2] FAWCETT und KIRKWOOD, *J. biol. Chem.*, **209**, 249 (1954); TAUROG et al., *J. biol. Chem.*, **213**, 119 (1955); ALEXANDER, N. M., *J. biol. Chem.*, **234**, 1530 (1959).

Bildung von Melanin aus Tyrosin[1]

Melanin ist das Pigment von Haut, Haaren, Federn und Augen der Wirbeltiere. Es ist eine komplexe und inhomogene Substanz, die durch Polymerisation von 5,6-Dihydroxyindol und darauffolgende Kupplung mit Protein entsteht[2]. 5,6-Dihydroxyindol wird wahrscheinlich auf folgendem Weg gebildet (der bei Albinismus blockiert ist):

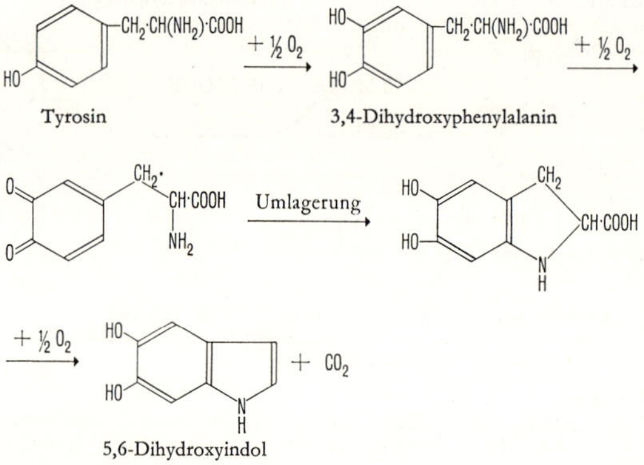

Tyrosin $\xrightarrow{+\frac{1}{2}O_2}$ 3,4-Dihydroxyphenylalanin $\xrightarrow{+\frac{1}{2}O_2}$ Chinon $\xrightarrow{\text{Umlagerung}}$ Indolin-2-carbonsäure $\xrightarrow{+\frac{1}{2}O_2}$ 5,6-Dihydroxyindol + CO_2

Literatur

[1] Zur Übersicht siehe MASON, H. S., *Advanc. Enzymol.*, **16**, 163 (1955); DALGLIESH, C. E., *Advanc. Protein Chem.*, **10**, 65 (1955).
[2] CROMARTIE und HARLEY-MASON, *Biochem. J.*, **66**, 713 (1957).

Bildung und Abbau von 5-Hydroxytryptamin (Serotonin)

5-Hydroxytryptamin (Serotonin) wird als Überträgersubstanz an den Nervenendigungen betrachtet; es dürfte auch eine Rolle bei der Hämostase und der Steuerung der Nierenaktivität spielen und hat wahrscheinlich noch andere Funktionen[1]. Es wird in relativ hoher Konzentration in Thrombozyten und den argyrophilen Zellen der Darmwand gefunden. Bei Tumoren der argyrophilen Zellen (Argentaffinom, malignes Karzinoid) findet sich sein Abbauprodukt 5-Hydroxyindolylessigsäure in abnormer Menge im Harn[2]. Es wird angenommen, daß 5-Hydroxytryptamin durch folgende Reaktionen aus Tryptophan entsteht[3]:

Tryptophan ($-CH_2 \cdot CH(NH_2) \cdot COOH$) —Oxydation→ 5-Hydroxytryptophan (HO–; $-CH_2 \cdot CH(NH_2) \cdot COOH$)

—Decarboxylierung→ 5-Hydroxytryptamin (Serotonin) (HO–; $-CH_2 \cdot CH_2 \cdot NH_2$) $+ CO_2$ —$+ \frac{1}{2} O_2$, Monoaminoxydase→

5-Hydroxyindolylacetaldehyd (HO–; $-CH_2 \cdot CHO$) $+ NH_3$ —$+ \frac{1}{2} O_2$→ 5-Hydroxyindolylessigsäure (HO–; $-CH_2 \cdot COOH$)

Literatur

[1] Erspamer, V., *Pharmacol. Rev.*, **6**, 425 (1954); Spector und Willoughby, *Nature*, **179**, 318 (1957); Page, I. H., *Physiol. Rev.*, **38**, 277 (1958).
[2] Page et al., *Lancet*, **1**, 198 (1955); Pernow und Waldenström, *Lancet*, **2**, 951 (1954).
[3] Udenfriend et al., *J. Amer. chem. Soc.*, **75**, 501 (1953); Dalgliesh, C. E., *Advanc. Protein Chem.*, **10**, 103 (1955), und *Biochem. J.*, **64**, 481 (1956); Dalgliesh und Dutton, *Biochem. J.*, **65**, 21 P (1957); Henderson et al., in: Florkin und Mason (Hrsg.), *Comparative Biochemistry*, Band 4, Academic Press, New York, 1962, S. 324.

Synthese der Kohlenhydrate aus Aminosäuren und anderen, nicht aus Kohlenhydraten bestehenden Vorstufen (Gluconeogenese)

Glucose kann aus Lactat, Pyruvat, Glycerin und einer Anzahl Aminosäuren, wie Glutaminsäure, Asparaginsäure, Alanin, Arginin, Prolin, Hydroxyprolin, Histidin, Serin, Glycin und Valin, entstehen. Allen Glucosebildnern ist die metabolische Fähigkeit eigen, Pyruvat oder Phosphopyruvat zu bilden. Der Reaktionsweg von Pyruvat zu Glucose geht über die meisten Stufen der anaeroben Glycolyse (Tabelle 3, S. 385) in umgekehrter Reihenfolge, wobei aber drei besondere Reaktionen vorkommen[1]. Diese umgehen die Energieschranke, die eine einfache Umkehrung der Glycolyse verunmöglicht.

Die Reaktionen sind folgende:

a) Die Bildung von Phosphopyruvat aus Pyruvat, wobei folgende besondere Reaktionen beteiligt sind[2]:

Pyruvat + ATP + CO_2 —Pyruvatcarboxylase→ Oxalacetat + ADP + Phosphat

Oxalacetat + ATP oder ITP —Phosphopyruvatcarboxylase→ Phosphoenolpyruvat + CO_2 + ADP oder IDP

b) Umwandlung von Fructose-1,6-diphosphat in Fructose-6-phosphat durch eine spezifische Phosphatase[3] und nicht durch Übertragung von Phosphat auf ADP:

Fructose-1,6-diphosphat —Hexosediphosphatase→ Fructose-6-phosphat + Phosphat

Abb. 17 Reaktionswege des Kohlenhydratauf- und -abbaues[1]
An vier Stellen gehen Auf- und Abbau verschiedene Wege. Die Reaktionen des Abbaus sind durch abwärtsgerichtete, diejenigen des Aufbaus durch aufwärtsgerichtete Pfeile bezeichnet.

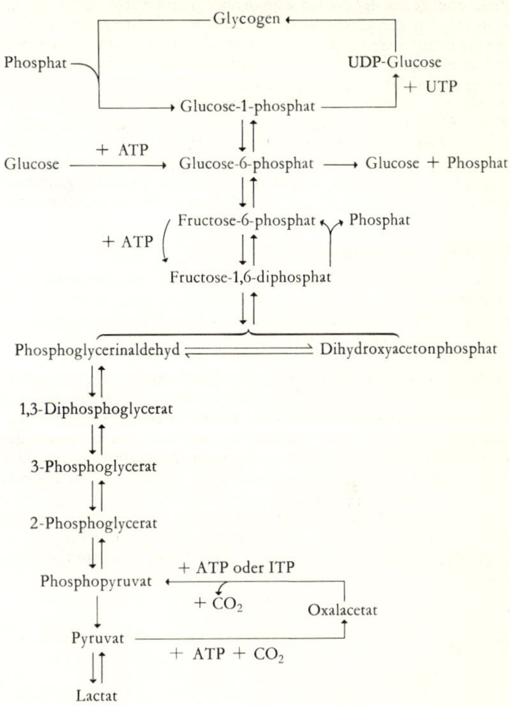

c) Dephosphorylierung von Glucose-6-phosphat durch eine spezifische Phosphatase[4] und nicht durch Übertragung von Phosphat auf ADP:

Glucose-6-phosphat —Glucose-6-phosphatase→ Glucose + Phosphat

d) Glucose-1-phosphat wird via UDP-Glucose[5] in Glycogen übergeführt und nicht durch Umkehrung der Phosphorylasereaktion:

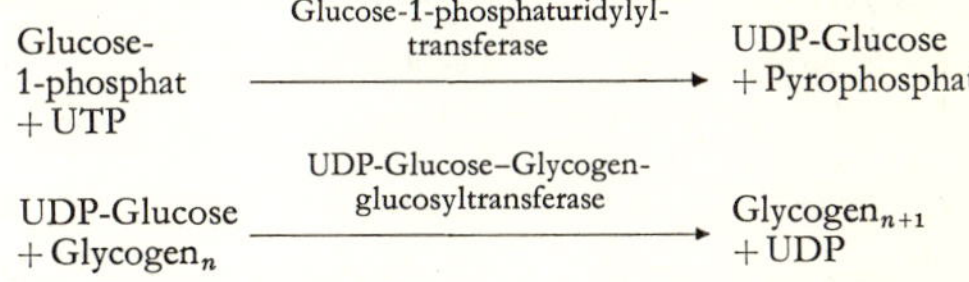

Die Zwischenstufen der Kohlenhydratsynthese aus Pyruvat sind in Abbildung 17 dargestellt.

Literatur

[1] Krebs und Kornberg, *Ergebn. Physiol.*, **49**, 212 (1957); zur Übersicht über die Gluconeogenese siehe Krebs, H. A., *Proc. roy. Soc. B*, **159**, 545 (1964); Lardy, H. A., *Harvey Lect.*, *1964–1965*, **60**, 261 (1966).
[2] Utter und Kurahashi, *J. biol. Chem.*, **207**, 821 (1954); Utter und Keech, *J. biol. Chem.*, **238**, 2603 (1963).
[3] Gomori, G., *J. biol. Chem.*, **148**, 139 (1943).
[4] Swanson, M. A., *J. biol. Chem.*, **184**, 647 (1950); Cori und Cori, *J. biol. Chem.*, **199**, 661 (1952).
[5] Leloir und Cardini, *J. Amer. chem. Soc.*, **79**, 6340 (1957); Villar-Palasi und Larner, *Biochim. biophys. Acta (Amst.)*, **30**, 449 (1958).

Entgiftungsmechanismen

Eine Anzahl von Stoffwechselprozessen gehört weder in die Gruppe der energieliefernden Reaktionen, noch sind sie der Synthese von Zellbestandteilen zugeordnet. Diese Prozesse haben die Aufgabe, für den Organismus schädliche Substanzen zu eliminieren oder, mit anderen Worten, das physiologische Milieu zu erhalten, und werden deshalb als «Entgiftungsreaktionen» bezeichnet.

Der quantitativ wichtigste Entgiftungsmechanismus ist die Umwandlung von überschüssigem Stickstoff, im besonderen von Ammoniumionen, in Harnstoff (siehe unten). Mit Hilfe von anderen Entgiftungsreaktionen werden gewisse resorbierte Verbindungen (zum Beispiel Benzoesäure) oder Arzneimittel eliminiert. Einzelheiten über den intermediären Stoffwechsel der Entgiftungsmechanismen sind in Tabelle 21 und im folgenden Abschnitt dargestellt.

Synthese von Harnstoff[1]

Der größte Teil des im Säugetierorganismus auftretenden Stickstoffüberschusses wird in Form von Harnstoff ausgeschieden. Die Synthese von Harnstoff aus Ammoniak und Kohlendioxyd geschieht über einen zyklischen Mechanismus. Die Annahme eines Harnstoffzyklus beruhte ursprünglich auf der Beobachtung, daß Ornithin, Citrullin und Arginin in Anwesenheit von Ammoniak die Harnstoffbildung beschleunigen, ohne dabei verbraucht zu werden[2]. Diese Annahme hat sich seither durch viele weitere Versuche bestätigen lassen[1]. Die Reaktionen des Zyklus bauen die Harnstoffstruktur an der δ-Aminogruppe des Ornithins auf. Der Aufbau schließt mit der Bildung von Arginin ab, das dann durch Arginase in Harnstoff und Ornithin gespalten wird.

Vor der Einführung von Ammoniak und Kohlendioxyd in den Zyklus bildet sich aus je 1 Molekül der beiden Carbamylphosphat, wobei ATP benötigt wird. Diese Reaktion verläuft folgendermaßen[3,4]:

$$CO_2 + NH_3 + 2\,ATP \longrightarrow H_2N{-}\overset{O}{\overset{\|}{C}}{-}O{-}\overset{O}{\overset{\|}{\underset{OH}{\underset{|}{P}}}}{-}OH + 2\,ADP + \text{Orthophosphat} \qquad (1)$$

Carbamylphosphat

Reaktion (**1**) wird durch Acetylglutamat und andere Acylglutamate stimuliert[5]. Wahrscheinlich ist Acetylglutamat die normalerweise beteiligte Verbindung, da es in der Leber von Säugetieren vorkommt[6]. In Bakterien bewirkt Acetylglutamat keine Stimulierung. 1 Molekül ATP genügt zur Bildung von 1 Molekül Carbamylphosphat. Der Reaktionsmodus von Acetylglutamat ist unklar. Carbamylphosphat reagiert mit Ornithin unter Bildung von Citrullin[3,7]:

$$H_2N{-}\overset{O}{\overset{\|}{C}}{-}O{-}\overset{O}{\overset{\|}{\underset{OH}{\underset{|}{P}}}}{-}OH + NH_2{-}CH_2{-}CH_2{-}CH_2{-}CHNH_2{-}COOH \longrightarrow H_2N{-}\overset{\|}{\underset{O}{C}}{-}NH{-}CH_2{-}CH_2{-}CH_2{-}CHNH_2{-}COOH + \text{Orthophosphat} \qquad (2)$$

Carbamylphosphat Ornithin Citrullin

Hierauf kondensiert Citrullin mit Asparaginsäure, wobei Argininobernsteinsäure entsteht und ATP benötigt wird[8]:

$$\underset{\text{Citrullin}}{NH_2{-}CO{-}NH{-}CH_2{-}CH_2{-}CH_2{-}CHNH_2{-}COOH} + \underset{\text{Asparaginsäure}}{COOH{-}CH_2{-}CHNH_2{-}COOH} + ATP \rightleftharpoons \underset{\text{Argininosuccinat}}{HN{=}C(NH{-}CH(COOH){-}CH_2{-}COOH){-}NH{-}CH_2{-}CH_2{-}CH_2{-}CHNH_2{-}COOH} + AMP + \text{Pyrophosphat} \qquad (3)$$

Citrullin Asparaginsäure Argininosuccinat

Reaktion (**3**) ist vollständig reversibel, verläuft aber unter physiologischen Bedingungen wegen der Anwesenheit hochaktiver Pyrophosphatase nur von links nach rechts[9]:

Tabelle 21 Entgiftungsmechanismen

Reaktion	Beispiele entgifteter Verbindungen	Gebildetes Produkt	Mechanismus
Acetylierung	Sulfanilamid	Acetylsulfanilamid	Siehe S. 440
Methylierung	Nicotinamid	N-Methylnicotinamid	Die Methylgruppe stammt aus Methionin, wahrscheinlich über S-Adenosylmethionin (siehe S. 433)
Glycinpaarung	Benzoesäure	Hippursäure	Siehe S. 441
Bildung von Aryl- und Alkylglucuroniden	Alkohole und Phenole (Menthol und Phenol)	Menthyl- und Phenylglucuronide	R · OH + UDP-Glucuronsäure → β-Glucuronid (Pyranosering mit COOH, O–R in β-Stellung, OH, H) + UDP
Bildung von Acylglucuroniden	Aromatische Säuren (Benzoesäure) und verzweigte aliphatische Säuren	Benzoylglucuronid	Unbekannt
Bildung von Schwefelsäureestern	Phenole	Phenylsulfat	Siehe S. 441
Glutaminpaarung	Phenylessigsäure	Phenacetylglutamin	Siehe S. 441
Bildung von Mercaptursäuren	Naphthalin, Alkylhalogenide	Naphthylmercaptursäure	Siehe S. 441

$$HO{-}\overset{\overset{O}{\|}}{\underset{\underset{OH}{|}}{P}}{-}O{-}\overset{\overset{O}{\|}}{\underset{\underset{OH}{|}}{P}}{-}OH \xrightarrow{H_2O} 2\ HO{-}\overset{\overset{O}{\|}}{\underset{\underset{OH}{|}}{P}}{-}OH \qquad \textbf{(4)}$$

Pyrophosphorsäure — Orthophosphorsäure

In Reaktion (**5**) zerfällt nun Argininobernsteinsäure in Arginin und Fumarsäure[10]:

$$HN{=}C(NH{-}CH(COOH){-}CH_2{-}COOH){-}NH{-}CH_2{-}CH_2{-}CH_2{-}CHNH_2{-}COOH \rightleftharpoons HN{=}C(NH_2){-}NH{-}CH_2{-}CH_2{-}CH_2{-}CHNH_2{-}COOH + HOOC{-}CH{=}CH{-}COOH \qquad \textbf{(5)}$$

Argininosuccinat — Arginin — Fumarsäure

Hierauf folgt die Hydrolyse von Arginin zu Ornithin und Harnstoff. Auch Ornithin folgt, bei Reaktion (**2**) beginnend, dem gleichen Schema:

$$HN{=}C(NH_2){-}NH{-}CH_2{-}CH_2{-}CH_2{-}CHNH_2{-}COOH + H_2O \longrightarrow NH_2{-}CO{-}NH_2 + NH_2{-}CH_2{-}CH_2{-}CH_2{-}CHNH_2{-}COOH \qquad \textbf{(6)}$$

Arginin — Harnstoff — Ornithin

Die zyklische Reaktionsfolge ist in Abbildung 18 dargestellt, aus welcher hervorgeht, daß für jedes entstehende Molekül Harnstoff je 1 Molekül Kohlendioxyd und Ammoniak verbraucht werden. Das zweite Stickstoffatom des Harnstoffmoleküls stammt aus der Asparaginsäure, wobei die letztere durch Transaminierung von Oxalessigsäure mit Glutaminsäure regeneriert wird. Die Glutaminsäure ihrerseits kann auf zwei Wegen regeneriert werden, entweder durch Transaminierung von α-Ketoglutarsäure mit verschiedenen

Abb.18 Der Harnstoffzyklus

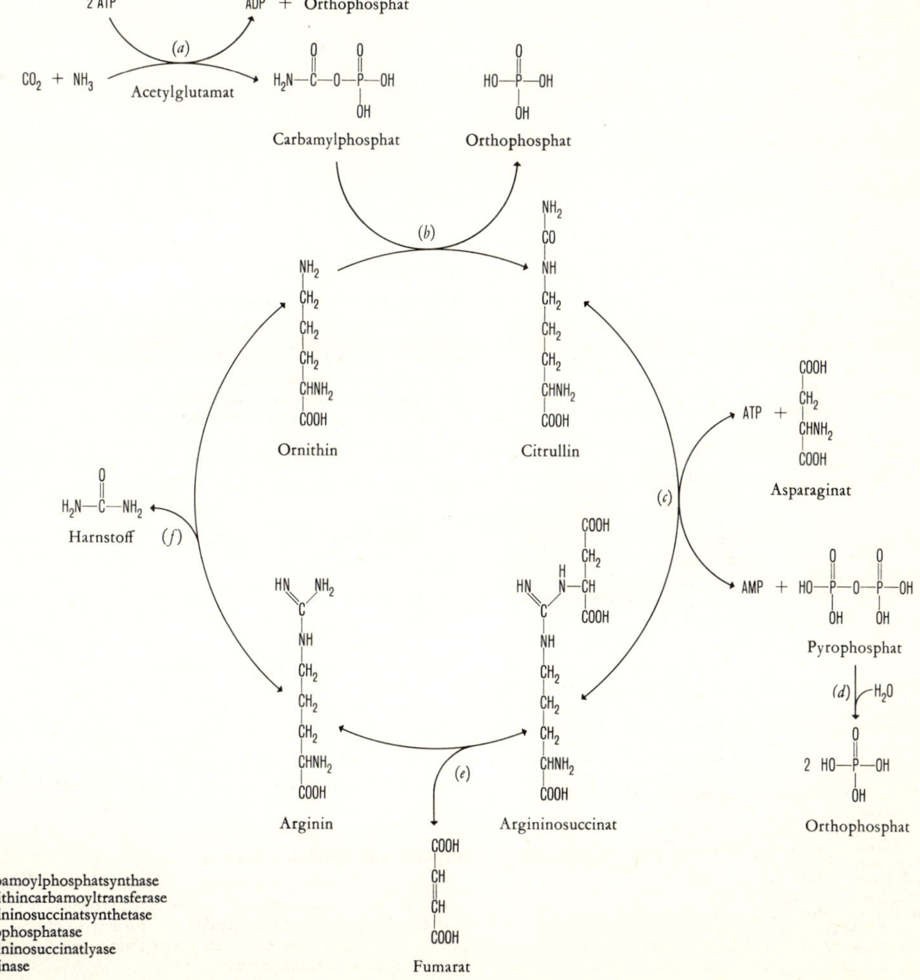

Abb.19 Verbrauch und Regenerierung von Asparaginat bei der Harnstoffsynthese

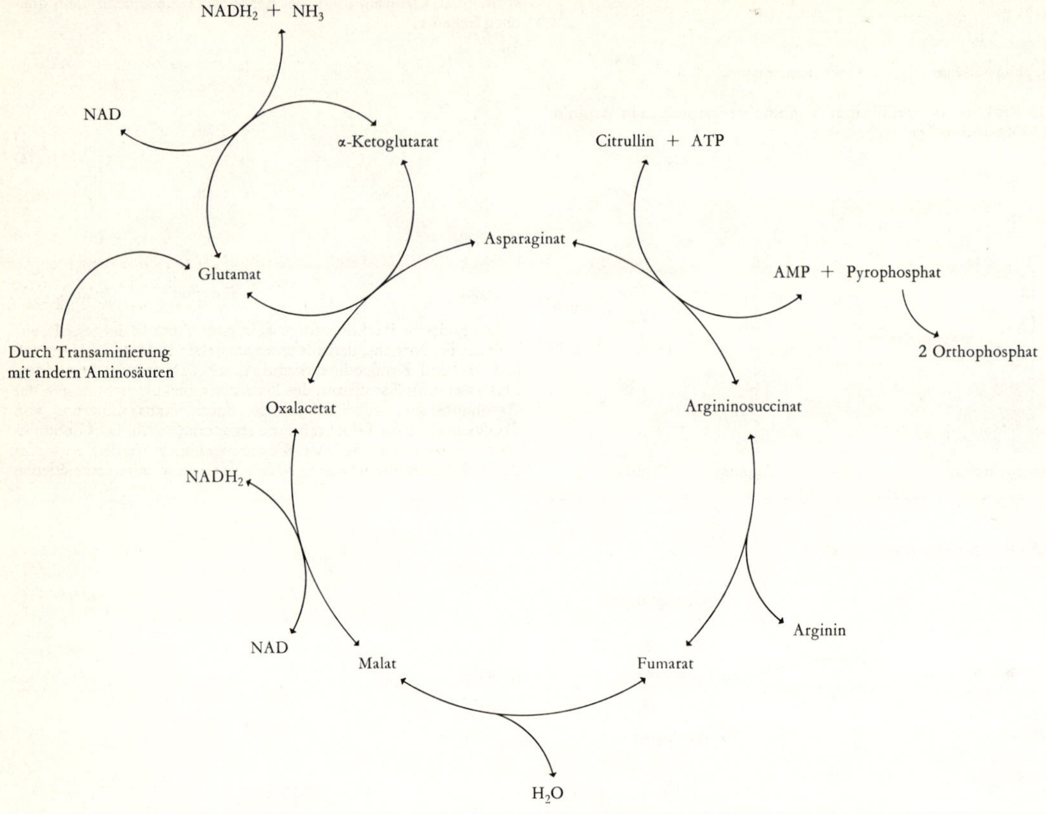

Aminosäuren (siehe S. 390) oder durch reduktive Aminierung von α-Ketoglutarsäure mit Ammoniak[11]:

$$\underset{\text{Ammoniak}}{NH_3} + \underset{\alpha\text{-Ketoglutarsäure}}{HOOC{-}CH_2{-}CH_2{-}CO{-}COOH} + \underset{\text{(oder NADPH)}}{NADH} \rightleftharpoons \underset{\text{Glutaminsäure}}{HOOC{-}CH_2{-}CH_2{-}CHNH_2{-}COOH} + \underset{\text{(oder NADP)}}{NAD} + H_2O \quad \mathbf{(7)}$$

Das zweite Stickstoffatom des Harnstoffmoleküls muß also Glutamat und Asparaginat, nicht aber unbedingt Ammoniak passieren. Der Nachschub der Asparaginsäure für Reaktion (**3**) läuft in zwei den in Abbildung 18 dargestellten Hauptzyklus ergänzenden Zyklen ab. Diese sind in Abbildung 19 veranschaulicht.

Literatur

1 Übersicht siehe Krebs, H.A., in: Sumner und Myrbäck (Hrsg.), *The Enzymes*, Band 2, 2. Teil, Academic Press, New York, 1952, S. 866; Ratner, S., *Advanc. Enzymol.*, **15**, 319 (1954); Cohen und Brown, jr., in: Florkin und Mason (Hrsg.), *Comparative Biochemistry*, Band 2, Academic Press, New York, 1960, S. 161; Cohen und Sallach, in: Greenberg, D. M. (Hrsg.), *Metabolic Pathways*, Academic Press, New York, 1961, S. 1.
2 Krebs und Henseleit, *Hoppe-Seyl. Z. physiol. Chem.*, **210**, 33 (1932).
3 Jones et al., *J. Amer. chem. Soc.*, **77**, 819 (1955).
4 Metzenberg et al., *J. biol. Chem.*, **229**, 1019 (1957).
5 Grisolia und Cohen, *J. biol. Chem.*, **204**, 753 (1953).
6 Hall et al., *Nature*, **178**, 1468 (1956), und *J. biol. Chem.*, **230**, 1013 (1958).
7 Burnett und Cohen, *J. biol. Chem.*, **229**, 337 (1957).
8 Ratner et al., *J. biol. Chem.*, **204**, 95 (1953).
9 Ratner und Petrack, *Arch. Biochem.*, **65**, 582 (1956).
10 Ratner et al., *J. biol. Chem.*, **204**, 115 (1953).
11 Olson und Anfinsen, *J. biol. Chem.*, **202**, 841 (1953).

Acetylierung von Aminen[1]

Viele aromatische und aliphatische Amine, darunter Sulfanilamid, *p*-Aminobenzoesäure, *p*-Nitranilin und andere[2], werden im Organismus acetyliert. Im allgemeinen sind die acetylierten Amine weniger toxisch als die freien Basen. In einigen Fällen hingegen können sich die acetylierten Amine wegen ihrer geringen Löslichkeit schädlich auswirken, wenn sie im Harntrakt auskristallisieren.

Die Acetylierung erfolgt über Acetylcoenzym A (siehe S. 387):

$$\underset{\text{Sulfanilamid}}{H_2N{-}SO_2{-}C_6H_4{-}NH_2} + \underset{\text{Acetylcoenzym A}}{R{-}S{-}CO{-}CH_3} \longrightarrow \underset{\text{Acetylsulfanilamid}}{H_2N{-}SO_2{-}C_6H_4{-}NH{-}CO{-}CH_3} + \underset{\text{Coenzym A}}{R{-}SH}$$

Literatur

1 Tabor et al., *J. biol. Chem.*, **204**, 127 (1953); Lipmann, F., *Bact. Rev.*, **17**, 1 (1953).
2 Williams, R.T., *Detoxication Mechanisms*, 2. Aufl., Chapman & Hall, London, 1959; Williams, R.T., *Clin. Pharmacol. Ther.*, **4**, 234 (1963).

Bildung von Glycinkonjugaten

Aromatische Säuren, wie Benzoesäure, Nicotinsäure, Zimtsäure und ähnliche Verbindungen, werden in verschiedenen Organen mit Glycin gepaart[1]. Diese Reaktion erfordert Coenzym A und ATP und verläuft über einen der Aktivierung von Acetat (siehe S. 387) analogen Mechanismus:

C_6H_5–COOH + ATP + HS–R ⟶ C_6H_5–C(=O)–S–R + AMP + HO–P(=O)(OH)–O–P(=O)(OH)–OH

Benzoesäure — Coenzym A — Benzoylcoenzym A — Pyrophosphorsäure

C_6H_5–C(=O)–S–R + H_2N–CH_2–COOH ⟶ C_6H_5–C(=O)–NH–CH_2–COOH + HS–R

Benzoylcoenzym A — Glycin — Hippursäure — Coenzym A

Literatur

[1] Chantrenne, H., *J. biol. Chem.*, **189**, 227 (1951); Schachter und Taggart, *J. biol. Chem.*, **208**, 263 (1954); Moldave und Meister, *J. biol. Chem.*, **229**, 463 (1957).

Bildung von Schwefelsäureestern

Die Polysaccharide Chondroitinsulfat und Heparin, die Steroidsulfate und die Phenylsulfate (Arylsulfate) sind natürlich vorkommende Schwefelsäureester. Zusätzlich zu diesen Verbindungen werden körperfremde, resorbierte Phenole mehr oder weniger vollständig mit Schwefelsäure verestert, und die Eliminierung der Phenole in Form der Phenylsulfate ist einer von mehreren Entgiftungsmechanismen für Phenole[1]. Die Veresterung mit Sulfat erfordert anorganisches Sulfat und ATP und verläuft über zwei Zwischenprodukte mit «aktivem Sulfat»[2]:

ATP + HO–S(=O)₂–OH ⟶ HO–S(=O)₂–O–P(=O)(OH)–OCH_2–(Ribose-Adenin) + $H_4P_2O_7$

Adenosin-5′-phosphosulfat — Pyrophosphat

Adenosin-5′-phosphosulfat + ATP ⟶ HO–S(=O)₂–O–P(=O)(OH)–OCH_2–(Ribose-3′-O–P(=O)(OH)–OH, Adenin) + ADP

Adenosin-3′-phosphat-5′-phosphosulfat

Adenosin-3′-phosphat-5′-phosphosulfat + HO–R ⟶ HO–S(=O)₂–O–R + HO–P(=O)(OH)–OCH_2–(Ribose-3′-O–P(=O)(OH)–OH, Adenin)

Schwefelsäureester — Adenosin-3′,5′-diphosphat

Literatur

[1] Williams, R. T., *Detoxication Mechanisms*, 2. Aufl., Chapman & Hall, London, 1959.

[2] Bandurski et al., *J. Amer. chem. Soc.*, **78**, 6408 (1956); Robbins und Lipmann, *J. Amer. chem. Soc.*, **78**, 2652, 6409 (1956); Robbins und Lipmann, *J. biol. Chem.*, **229**, 837 (1957); Gregory und Lipmann, *J. biol. Chem.*, **229**, 1081 (1957).

Bildung von Phenacetylglutamin

Dieser Entgiftungsmechanismus für Phenylessigsäure ist eine Besonderheit beim Menschen und bei anthropoiden Affen. Die Reaktion benötigt Coenzym A und ATP und verläuft über einen der Aktivierung von Acetat analogen Mechanismus (siehe S. 387):

C_6H_5–CH_2–COOH + ATP + HS–R ⟶ C_6H_5–CH_2–C(=O)–S–R + AMP + HO–P(=O)(OH)–O–P(=O)(OH)–OH

Phenylessigsäure — Coenzym A — Phenacetylcoenzym A — Pyrophosphorsäure

C_6H_5–CH_2–C(=O)–S–R + $CONH_2$–CH_2–CH_2–$CHNH_2$–COOH ⟶ C_6H_5–CH_2–C(=O)–NH–CH(COOH)–CH_2–CH_2–$CONH_2$ + HS–R

Phenacetylcoenzym A — Glutamin — Phenacetylglutamin — Coenzym A

Die erste dieser Reaktionen kommt sowohl in Geweben des Rindes als auch des Menschen vor, wohingegen die zweite auf die menschliche Niere und Leber beschränkt zu sein scheint und mit Sicherheit im Lebergewebe der Ratte und des Rindes nicht vorkommt. Wie bei der Aktivierung von Acetat können die Phenylessigsäure und das ATP durch Phenacetyl-AMP ersetzt werden, doch konnte eine Anreicherung des letzteren durch Inkubation von Phenylessigsäure mit ATP nicht nachgewiesen werden.

Bildung von Mercaptursäuren

Einige aromatische Verbindungen (zum Beispiel Halogenbenzole, Naphthalin) bilden nach der Resorption Mercaptursäuren (N-Acetyl-S-arylcysteine)[1]. Der Mechanismus verläuft wie folgt[2]:

Cl–C_6H_4–Cl + Glutathion (HS–CH_2–CH(NH–CO–CH_2–CH_2–$CHNH_2$–COOH)–CO–NH–CH_2–COOH) ⟶ S-(p-Chlorphenyl)-glutathion (Cl–C_6H_4–S–CH_2–CH(NH–CO–CH_2–CH_2–$CHNH_2$–COOH)–CO–NH–CH_2–COOH) + HCl

p-Dichlorbenzol — Glutathion — S-(*p*-Chlorphenyl)-glutathion

S-(*p*-Chlorphenyl)-glutathion ⟶ Cl–C_6H_4–S–CH_2–$CHNH_2$–COOH + COOH–CH_2–CH_2–$CHNH_2$–COOH + H_2N–CH_2–COOH

S-(*p*-Chlorphenyl)-glutathion — S-(*p*-Chlorphenyl)cystein — Glutaminsäure — Glycin

Cl–C_6H_4–S–CH_2–$CHNH_2$–COOH + R–S–C(=O)–CH_3 ⟶ Cl–C_6H_4–S–CH_2–CH(COOH)–NH–C(=O)–CH_3 + R–SH

S-(*p*-Chlorphenyl)-cystein — Acetylcoenzym A — *p*-Chlorphenylmercaptursäure [N-Acetyl-S-(*p*-chlorphenyl)cystein] — Coenzym A

Literatur

[1] Williams, R. T., *Detoxication Mechanisms*, 2. Aufl., Chapman & Hall, London, 1959.

[2] Bray et al., *Biochem. J.*, **71**, 690 (1959); Booth et al., *Biochem. J.*, **79**, 516 (1961).

Einleitung

Die Ursache einer Reihe von Krankheiten liegt darin, daß der Körper nicht in der Lage ist, eines der spezifischen Proteine, zum Beispiel ein Enzym, in genügender Menge zu synthetisieren, oder daß anstelle eines normalen Proteins ein abnormes synthetisiert wird. Eine Störung der Enzymsynthese kann eine vollständige oder partielle Blockierung eines Stoffwechselvorganges verursachen; dies führt zumeist zu einer Anhäufung eines intermediären Stoffwechselprodukts – normalerweise das Substrat des fehlenden Enzyms. Durch die Anhäufung dieses Stoffwechselprodukts kommt es gelegentlich zu einer abnormen Nebenreaktion. Bei der Phenylketonurie zum Beispiel führt das Fehlen von Phenylalanin-4-hydroxylase zur Akkumulation von Phenylalanin, das zum Teil zu Phenylbrenztraubensäure und weiter zu Orthohydroxyphenylessigsäure, Phenylmilchsäure und Phenylacetylglutamin abgebaut wird.

Manchmal ist das defekte Protein kein Enzym im engeren Sinn, sondern es ist mit dem aktiven Transport eines Metaboliten von einem Körperraum in einen andern verknüpft. Transportdefekte können beispielsweise bei der intestinalen Resorption und der renalen tubulären Rückresorption auftreten. Solche Krankheiten haben ihre Ursache daher nicht in einer Stoffwechselblockierung, sondern in der Transportstörung und ihren sekundären Folgen. Bei der Hartnup-Krankheit zum Beispiel wird Tryptophan vom Darm schlecht resorbiert; das nicht resorbierte Tryptophan wird im Kolon durch Bakterien zu abnormen Indolverbindungen abgebaut, die dann resorbiert werden. Außerdem liegt bei der Hartnup-Krankheit ein renaler tubulärer Defekt vor, der eine Aminoacidurie zur Folge hat.

Solche Störungen der Enzymsynthese oder des Transportmechanismus sind genetisch bestimmt und werden daher als erbliche Stoffwechselstörungen (inborn errors of metabolism) bezeichnet. Ähnliche, ein einzelnes Enzym betreffende Defekte können gelegentlich auch erworben werden; Beispiele sind die toxische Wirkung eines Schwermetalls auf den Transport von Aminosäuren im proximalen Nierentubulus, die Wirkung von Hexachlorbenzol auf den Porphyrinstoffwechsel und das Entstehen von Alcaptonurie bei Versuchstieren nach Gaben von α,α-Dipyridyl. Solche erworbene Defekte sind häufig vorübergehende Erscheinungen.

Genmutationen können also Ursache eines Enzymdefekts sein; einige führen jedoch zur Bildung eines Proteins mit abnormer Struktur. Solche Proteine sind zum Beispiel Ursache der Hämoglobinopathien, bei denen heute in den meisten Fällen die Struktur des abnormen Proteins vollständig bekannt ist. Bei der Thalassämie wird nicht ein abnormes Hämoglobin gebildet, sondern es besteht ein relatives Versagen der Hämoglobinsynthese. Die Thalassämie dürfte durch Mutation eines Kontrollgens («controller» oder «tap gene») entstehen, abnorme Hämoglobine durch Mutation von Strukturgenen («structural genes»). Die angeborenen Stoffwechselkrankheiten können sowohl die eine wie die andere Form der Hämoglobinopathien haben: Als Folge der Mutation des betreffenden Strukturgens würde anstelle des normalen Enzyms ein Protein synthetisiert werden, dem die katalytischen Eigenschaften fehlen, als Folge der Mutation zu einem stummen Gen würde dagegen weder ein Enzym noch ein abnormes Protein gebildet werden.

Hämoglobinopathien [1]

Zumindest vier verschiedene Hämoglobine kommen in den normalen Erythrozyten vor: Hb-A_1 (oder A), Hb-A_2, Hb-F und Hb-A_3. Beim Erwachsenen macht Hb-A_1 mehr als 85%, Hb-A_2 ungefähr 2½% des normalen Hämoglobins aus. Hb-F ist das mengenmäßig wichtigste Hämoglobin beim Fötus, ist aber nach dem ersten Lebensjahr kaum noch nachweisbar. Hb-A_3 ist eine Verbindung von Hb-A_1 und Glutathion und findet sich vor allem in den älteren Erythrozyten.

Jedes Hämoglobinmolekül besteht aus vier Polypeptidketten zweier verschiedener Typen und aus vier Hämgruppen. Hb-A_1 besteht aus zwei α^A- und zwei β^A-Polypeptidketten; es kann dargestellt werden als $\alpha_2^A\beta_2^A$. Ebenso ist Hb-A_2 = $\alpha_2^A\delta_2^{A_2}$ und Hb-F = $\alpha_2^A\gamma_2^F$. Die Synthese jeder dieser Polypeptidketten α, β, γ oder δ wird durch ein anderes Genpaar kontrolliert. Jedes Polypeptid enthält zwischen 140 und 150 Aminosäuren. Die jeweilige Aminosäure an einer bestimmten Stelle in der Polypeptidkette ist durch die Struktur des Desoxyribonucleotidtripletts an der korrespondierenden Stelle der genbildenden DNS-Kette bestimmt. Eine Änderung in diesem Triplett – das heißt eine Mutation – kann zur Synthese eines anderen Polypeptids führen, indem an dieser Stelle der Kette eine andere Aminosäure eingebaut wird. Die Kombination dieses abnormen Polypeptids mit anderen Polypeptidketten und Hämgruppen führt zur Bildung eines abnormen Hämoglobins.

Über vierzig verschiedene abnorme Hämoglobine sind bisher bekannt; jedes ist durch eine Mutation entstanden, die einen Typ der Polypeptidkette verändert. Bei der Sichelzellenanämie beispielsweise liegt eine Mutation des β-Gens vor; die Folge davon ist die Synthese eines abnormen β-Polypeptids (β^S) mit Valin anstelle von Glutaminsäure in Position 6 der Kette; das α-Gen ist aber normal. Bei Homozygoten findet sich daher hauptsächlich das Hämoglobin $\alpha_2^A\beta_2^S$ neben normalem $\alpha_2^A\gamma_2^F$ und $\alpha_2^A\delta_2^{A_2}$; der Heterozygote hat noch $\alpha_2^A\beta_2^A$.

Die Hydrolyse des Hämoglobins oder der einzelnen Polypeptide mit Trypsin spaltet die Kette an der Stelle eines Lysin- oder Argininrests; es entstehen dabei verschiedene Oligopeptide. Diese können papierelektrophoretisch und papierchromatographisch zu einem zweidimensionalen Peptidmuster («fingerprint») getrennt werden, das für das ursprüngliche Protein charakteristisch ist. Bei der Hydrolyse eines abnormen Hämoglobins findet man im Peptidmuster üblicherweise ein Peptid, das sich vom entsprechenden Peptid des normalen Hämoglobins durch die Position im Chromatogramm, durch die Aminosäurenzusammensetzung und eventuell auch durch die chemische Reaktion unterscheidet.

Ein abnormes Hämoglobin wird zuerst durch einen Buchstaben, durch seine geographische Herkunft oder durch beides gekennzeichnet, wie beispielsweise Hb-S, Hb-Norfolk, Hb-D_{Punjab}. Weiß man, welche Polypeptidkette verändert ist, läßt sich die Nomenklatur verfeinern, zum Beispiel Hb-S = $\alpha_2^A\beta_2^S$; Hb-Norfolk = $\alpha_2^{Norfolk}\beta_2^A$. Die tryptischen Peptide der α-Kette werden numeriert von αTp I bis αTp XIV, die der β-Kette von βTp I bis βTp XV; sofern bekannt, wird das die substituierte Aminosäure enthaltende tryptische Peptid angeführt, zum Beispiel Hb-S = $\alpha_2^A\beta_2^S$ = $\alpha_2^A\beta_2^{Tp\,I}$; Hb-Norfolk = $\alpha_2^{Norfolk}\beta_2^A$ = $\alpha_2^{Tp\,VII}\beta_2^A$. Auch kann man die Art der Aminosäurensubstitution im Peptid anzeigen, zum Beispiel Hb-S = $\alpha_2^A\beta_2^{Tp\,I(Glu \to Val)}$; Hb-Norfolk = $\alpha_2^{Tp\,VII(Gly \to Asp)}\beta_2^A$. Ist die Struktur vollständig aufgeklärt, so zeigt man die im Hb-A substituierte Aminosäure und ihre Position in der Polypeptidkette an, zum Beispiel Hb-S = $\alpha_2^A\beta_2^{6\,Val}$, Hb-Norfolk = $\alpha_2^{57\,Asp}\beta_2^A$. Eine analoge Nomenklatur läßt sich auch für die γ- und δ-Kette anwenden, obwohl bisher in diesen Ketten nur wenige Veränderungen beschrieben wurden.

Die Thalassämien sind eine Gruppe genetisch bedingter Anämien, bei denen die Bildung von α-Ketten, β-Ketten oder β+δ-Ketten stark verringert ist oder ausbleibt. Jede Form der Thalassämie wird durch ein einzelnes autosomales Gen mit Ausprägung im heterozygoten Zustand und stärkerer Ausprägung im homozygoten Zustand übertragen.

Falls α-, β- oder δ-Ketten gebildet werden, so sind sie von normaler Struktur. Die verschiedenen Thalassämien werden wahrscheinlich durch Mutationen von Kontrollgenen verursacht, welche die Aktivität der α-, β- oder β+δ-Strukturgene regeln. Falls keine α-Ketten synthetisiert werden, kann auch nicht Hb-A_1, Hb-A_2 und Hb-F gebildet werden. Homozygote für α-Thalassämie sterben wahrscheinlich alle schon in utero. Heterozygote leiden an einer mehr oder weniger schweren Anämie und besitzen gelegentlich abnormes Hämoglobin mit vier β-Ketten (Hb-H), vier γ-Ketten (Hb-Bart's) und wahrscheinlich vier δ-Ketten, da ein Überschuß an β-, γ- und δ-Ketten vorhanden ist. Bei der β-Thalassämie finden sich keine abnormen Hämoglobine, aber der Gehalt an Hb-A_1 ist verringert oder es fehlt völlig. Bei der reinen β-Thalassämie ist der Gehalt an Hb-A_2 und Hb-F erhöht; bei den Thalassämien mit reduzierter Aktivität der β- und δ-Gene ist der Gehalt an Hb-A_2 und Hb-A_1 herabgesetzt. Mit Ausnahme der Thalassämie mit persistierendem Hb-F finden sich bei allen Homozygoten für β-Thalassämie und 95% der Heterozygoten für α- oder β-Thalassämie morphologische Veränderungen der Erythrozyten, wie Hypochromie, Poikilozytose, häufig Targetzellen und Mikrozythämie. Die osmotische Resistenz der Erythrozyten ist erhöht. Zur Anämie kommt es infolge der ungenügenden Bildung des Globinanteils des Hämoglobins und infolge von Hämolyse.

Die Thalassämien werden nach klinischen Gesichtspunkten eingeteilt: wahrscheinlich alle Homozygoten für β-Thalassämie haben «Thalassaemia major», der Großteil der Heterozygoten «Thalass-

* Dieser Abschnitt «Erbliche Stoffwechselkrankheiten», S. 442–452, entstand in Zusammenarbeit mit L. I. WOOLF (Department of the Regius Professor of Medicine, Radcliffe Infirmary, Oxford).

aemia minor», «minima» oder «trait»; immerhin überschneiden sich diese Formen wie bei Heterozygoten für α-Thalassämie, bei denen sich Anämien jeden Grades finden können.

Das «High-Hb-F»-Gen wird zu den Thalassämien gerechnet, da es die Bildung der β- und δ-Ketten unterdrückt. Klinisch ist es aber unschädlich, selbst wenn es zusammen mit dem Sichelzellentrait auftritt. Diese Thalassämie mit persistierendem Hb-F wurde auch «nichtmikrozytäre Thalassämie» genannt[2].

Hb-Lepore und verwandte Erkrankungen in homozygoter Form ähneln klinisch sehr den β-Thalassämien, sowohl in der Morphologie der Erythrozyten als auch im hohen Gehalt an Hb-F. Bei der Hb-Lepore-Gruppe findet sich jedoch ein abnormes Hämoglobin anstelle von $Hb\text{-}A_1$ und $Hb\text{-}A_2$. Dieses Hämoglobin hat zwar normale α-Ketten, aber anstelle der β- oder δ-Ketten ein Hybrid dieser beiden. Diese abnormen β/δ-Polypeptide entstehen wahrscheinlich als Folge eines nichthomologen Crossing-over der β- und δ-Gene[3].

Die meisten abnormen Hämoglobine treten zwar nur selten auf, die Gene für Thalassämie, Hb-S, Hb-C und Hb-E kommen aber in einigen Teilen der Erde recht häufig vor; einige dieser Gene sind jedoch letal rezessiv: Homozygote für Thalassämie oder Hb-S überleben nur selten die Kindheit, es kommt daher zu einem ständigen Verlust dieser Gene. Bei fast allen andern Hämoglobinopathien ist die Lebensfähigkeit mehr oder minder herabgesetzt. Das Hb-S-Gen findet sich nur in Gebieten, in denen auch Malaria tropica epidemisch vorkommt, und bei Nachkommen von früheren Bewohnern dieser Gegenden. Der Heterozygote ist als Kind resistenter gegen Malaria als ein normaler Homozygoter; die dadurch erhöhte Lebensfähigkeit des Heterozygoten kompensiert die durch Sichelzellenanämie bedingten Verluste an Homozygoten, was zu einer stabilen polymorphen Bevölkerung führt, mit einer Häufigkeit des Sichelzellengens bis zu 20%[4]. Das gleiche gilt wahrscheinlich auch für die Thalassämie. Ein ähnlicher Zusammenhang mit einer Krankheit mag vielleicht auch die ungleiche geographische Verbreitung der Gene für Hb-C und Hb-E erklären.

Literatur

[1] Ingram, V. M., *Hemoglobin and its Abnormalities*, Thomas, Springfield, 1961; Gerald und Ingram, *J. biol. Chem.*, **236**, 2155 (1961); Lehmann und Betke (Hrsg.), *Hämoglobin-Colloquium*, Wien 1961, Thieme, Stuttgart, 1962; Ingram, V. M., *The Hemoglobins in Genetics and Evolution*, Columbia University Press, New York, 1963; Marti, H. R., *Normale und anomale menschliche Hämoglobine*, Springer, Berlin, 1963; Huisman, T. H. J., *Advanc. clin. Chem.*, **6**, 231 (1963); Lehmann et al., in: Stanbury et al. (Hrsg.), *The Metabolic Basis of Inherited Disease*, 2. Aufl., McGraw-Hill, New York, 1966, S. 1100.

[2] Motulsky, A. G., *Nature*, **194**, 607 (1962).

[3] Baglioni, C., *Proc. nat. Acad. Sci. (Wash.)*, **48**, 1880 (1962).

[4] Lambotte-Legrand und Lambotte-Legrand, *Sang*, **23**, 560 (1952); Allison, A. C., *Brit. med. J.*, **1**, 290 (1954); Allison, A. C., *Ann. N. Y. Acad. Sci.*, **91**, 710 (1961).

Tabelle 1 Hämoglobinopathien und Thalassämien

Krankheit oder abnormes Hämoglobin	Vorhandene Hämoglobine		Klinische Symptome	Ursprüngliche geographische Verbreitung
Sichelzellenanämie	$\alpha_2^A\beta_2^{6\,Val}$ (Hb-S) $\alpha_2^A\delta_2^{A_2}$ ($Hb\text{-}A_2$) $\alpha_2^A\gamma_2^F$ (Hb-F)	77–87% 2,5% 10–20%	Infarkte und hämolytische Anämie	Zentral- und Westafrika, Indien, Südarabien, Mittelmeerländer
Sichelzellentrait (Heterozygote für Sichelzellenanämie)	$\alpha_2^A\beta_2^A$ ($Hb\text{-}A_1$) $\alpha_2^A\beta_2^{6\,Val}$ (Hb-S)	56–76% 20–40%	Meistens symptomlos; Sichelzellenkrisen, wenn anoxisch	Siehe oben
Hb-C-Krankheit	$\alpha_2^A\beta_2^{6\,Lys}$ $\alpha_2^A\delta_2^{A_2}$ $\alpha_2^A\gamma_2^F$	88% 9% 2%	Leichte hämolytische Anämie, Splenomegalie	Nordghana
Hb-SC-Krankheit (Heterozygote für Hb-S und Hb-C)	$\alpha_2^A\beta_2^{6\,Val}$ $\alpha_2^A\beta_2^{6\,Lys}$ $\alpha_2^A\gamma_2^F$	52,5% 43,5% 3,5%	Schwere hämolytische Anämie	Teile von Ghana und angrenzende Länder
Hb-E	$\alpha_2^A\beta_2^{26\,Lys}$		Relativ leichte Anämie	Thailand und Südostasien
$Hb\text{-}G_{San\ José}$	$\alpha_2^A\beta_2^{7\,Gly}$		Symptomlos	–
Hb-M-Gruppe (mindestens fünf verschiedene Typen)	$Hb\text{-}M_{Boston}$ $= \alpha_2^{Tp\,VII\,(His\rightarrow Tyr)}\beta_2^A$		Methämoglobinämie; mäßig schwere Anämie	Europa (?)
Hb-Zürich	$\alpha_2^A\beta_2^{63\,Arg}$		Sulfonamide führen zu hämolytischen Krisen	Europa (?)
Hb-Lepore (mindestens drei Formen: $Hb\text{-}Lepore_{Boston}$ $Hb\text{-}Lepore_{Hollandia}$ Hb-Pylos)	Hb-Lepore $\alpha_2^A\gamma_2^F$	25% 75%	Siehe β-Thalassämie	–
β-Ketten-Thalassämie (Cooley-Anämie, Mittelmeeranämie, Thalassaemia major, A_2-Thalassämie usw.)	$\alpha_2^A\beta_2^A$ $\alpha_2^A\gamma_2^F$ $\alpha_2^A\delta_2^{A_2}$	0 oder gering 5–95% 2–14%	Schwere mikrozytäre Anämie	Mittelmeerländer, Asien südlich des 40. nördlichen Breitengrades, Zentralafrika

Tabelle 1 Hämoglobinopathien und Thalassämien *(Schluß)*

Krankheit oder abnormes Hämoglobin	Vorhandene Hämoglobine		Klinische Symptome	Ursprüngliche geographische Verbreitung
δ-Ketten-Thalassämie	$\alpha_2^A\delta_2^{A_2}$	reduziert (0 bei Homozygoten)	Keine, außer falls zusammen mit β- oder (δβ)-Thalassämie	Griechenland
(δβ)-Ketten-Thalassämie (F-Thalassämie)	$\alpha_2^A\beta_2^A$ $\alpha_2^A\delta_2^{A_2}$ $\alpha_2^A\gamma_2^F$	0 oder reduziert 0 oder reduziert bis zu 100% bei Homozygoten, 5–15% bei Heterozygoten	Wie bei der β-Thalassämie	Griechenland, Zentralafrika
High Hb-F (persistierendes fötales Hämoglobin, F-Gen, nichtmikrozytäre Thalassämie)	$\alpha_2^A\gamma_2^F$	100% bei Homozygoten 30% bei Heterozygoten	Symptomlos; Gesamt-Hb-Konzentration normal, selbst in Homozygoten	Zentralafrika (?)
Heterozygote für β-Ketten-Thalassämie (COOLEY-Trait, Thalassaemia minor)	$\alpha_2^A\beta_2^A$ $\alpha_2^A\delta_2^{A_2}$ $\alpha_2^A\gamma_2^F$	erniedrigt erhöht in 96% erhöht in 50%	Mikrozytäre Anämie; sehr leicht bis schwer	Mittelmeerländer usw.
Heterozygote für β-Ketten-Thalassämie und Hb-S, Hb-C oder Hb-E (Sichelzellenthalassämie usw.)	$\alpha_2^A\beta_2^{6\,Val}$ oder $\alpha_2^A\beta_2^{6\,Lys}$ oder $\alpha_2^A\beta_2^{26\,Lys}$		Symptome beider heterozygoter Krankheiten; meistens schwerer als die einer heterozygoten Krankheit allein	Wie Hb-S, Hb-C oder Hb-E
α-Ketten-Thalassämien, Hb-H, Hb-Bart's (COOLEY-Anämie usw.)	$\alpha_2^A\beta_2^A$ β_4^A = Hb-H γ_4^F = Hb-Bart's $\delta_4^{A_2}$	erniedrigt	Wie β-Thalassämie; wahrscheinlich überleben nur Heterozygote	Thailand, China, Griechenland

Erbliche Störungen des Aminosäurenstoffwechsels

Da bei der Alkaptonurie das Enzym Homogentisatoxygenase fehlt, kann Homogentisinsäure nicht zu Maleylacetessigsäure abgebaut werden. Daher reichert sich Homogentisinsäure an, die im Harn ausgeschieden wird. Die renale Clearance von Homogentisinsäure ist beträchtlich.

Ursache der Phenylketonurie, Histidinämie und Ahornsirupkrankheit ist ebenfalls ein genetisch bedingter Enzymdefekt, der eine Anreicherung der Substrate für das fehlende Enzym zur Folge hat. Bei diesen Krankheiten treten aber infolge der hohen Metabolitkonzentration abnorme Reaktionen auf, wie zum Beispiel Transaminierung von Phenylalanin zu Phenylbrenztraubensäure oder β-Imidazolylbrenztraubensäure und Reduktion zu den entsprechenden α-Hydroxysäuren. Die Substrate der fehlenden Enzyme in hoher Konzentration und die abnormen Metaboliten sind oft toxisch und führen zu Hirnschädigung bei der Phenylketonurie und der Ahornsirupkrankheit, zu Ochronose und Arthritis bei der Alkaptonurie.

Bei Albinismus wird Tyrosin nicht in 3,4-Dihydroxyphenylalanin (DOPA) und DOPA nicht in Melanin umgewandelt; Tyrosin wird aber auf andere Art ausreichend abgebaut. Die Art des Enzymdefekts bei Cystinose, Homocystinurie, Hyperglycinämie und Oxalose ist noch nicht sicher bekannt.

Alle in Tabelle 2 angeführten Stoffwechselstörungen sind mit einer gewissen Verminderung der Lebensfähigkeit verbunden, viele von ihnen sind sogar letal. Alle werden rezessiv nach MENDEL vererbt; dies ist auch zu erwarten, da ein mutiertes Gen mit Dominanz nicht fortleben würde, falls es schwere Körperbehinderung verursacht. Selbst rezessiv vererbte letale Gene verschwinden eher aus einer Population, außer es würde sich für den Heterozygoten in seiner Umgebung ein kompensierender Vorteil finden.

Tabelle 2 Erbliche Störungen des Aminosäurenstoffwechsels

Stoffwechselstörung	Defektes Enzym	Biochemische Kennzeichen	Klinische Kennzeichen	Behandlung	Literatur
Alkaptonurie*	Homogentisat-oxygenase	Ausscheidung von Homogentisinsäure im Harn	Dunkelwerden des Harns an der Luft, Ochronose, Arthritis im hohen Alter	Nicht bekannt	1, 2
Phenylketonurie**	Phenylalanin-4-hydroxylase	Phenylalaninkonzentration im Blut, Liquor cerebrospinalis usw. erhöht; Ausscheidung von Phenylbrenztraubensäure und verwandten Substanzen im Harn	Schwerer Schwachsinn, Epilepsie, abnormes EEG, Ekzem, Verhaltensanomalien	Phenylalaninarme Diät so früh als möglich	2, 3

* Häufigkeit 1:100000. ** Häufigkeit variiert je nach Ort von 1:3200 bis zu $1:10^7$.

Tabelle 2 Erbliche Störungen des Aminosäurenstoffwechsels *(Fortsetzung)*

Stoffwechselstörung	Defektes Enzym	Biochemische Kennzeichen	Klinische Kennzeichen	Behandlung	Literatur
Albinismus*	*o*-Diphenoloxydase (Tyrosinase)	Melaninmangel in Haut, Haar und Augen	Photophobie, Nystagmus, Hautkarzinome	Nicht bekannt	2, 4
Kretinismus mit Kropfbildung (mehrere Formen)	1. Tyrosinjodinase 2. Koppelndes Enzym 3. Dejodinase	Mangel an Schilddrüsenhormon	Kretinismus, Kropf	Schilddrüse, Thyroxin oder Trijodthyronin	5
Ahornsirupkrankheit (Maple syrup urine disease, Leucinose)	Störung der oxydativen Decarboxylierung von α-Oxoisocapronsäure, α-Oxo-β-methyl-*n*-valeriansäure und α-Oxoisovaleriansäure	Gehalt an Leucin, Isoleucin und Valin im Blut, Liquor cerebrospinalis usw. erhöht; Ausscheidung der drei nebenstehenden Ketosäuren und verwandter Verbindungen im Harn	Zerebrale Degeneration, meist frühzeitiger Tod; leichtere Form bei partiellem Enzymmangel, symptomlos außer bei Infektionen usw.	Leucin-, isoleucin- und valinarme Diät	6
Cystinose	Cystinreductase (?)	Cystin wird im retikuloendothelialen System abgelagert; Aminoacidurie, Glucosurie, Proteinurie, Phosphaturie, wässeriger Urin	Zwergwuchs, Photophobie, renale Acidose, Hypokaliämie, Vitamin-D-resistente Rachitis; Tod vor der Pubertät; gutartige adulte (nichtrenale?) Variante vorkommend	Palliativ: Kaliumsalze, Alkalien, Vitamin D; cystin- und methioninarme Diät (Wirksamkeit unsicher)	7
Homocystinurie	L-Serindehydratase	Ausscheidung von Homocystin im Harn	Schwachsinn, Netzhaut- und Linsendefekte, Gesichtswallungen, Thrombose	Methioninarme Diät (Wirksamkeit unsicher)	8
Hyperglycinämie	(?)	Glycinkonzentration im Blut usw. erhöht; Ausscheidung von Glycin im Harn	Lethargie und Ketose beim Neugeborenen, Neutropenie, Hypogammaglobulinämie, Schwachsinn	Proteinarme Diät	9
Oxalose	Umwandlung von Glycin in Oxalsäure stark gesteigert	Calciumoxalat in Nieren, Herz, Knochenmark und Knorpelgewebe	Nephrocalcinose, zu progressivem Nierenversagen führend	Nicht bekannt	10
Histidinämie	Histidinammoniaklyase	β-Imidazolylbrenztraubensäure und verwandte Verbindungen im Harn	Sprachstörungen, manchmal Schwachsinn	Histidinarme Diät	11
Tyrosinose	(?)	Erhöhter Tyrosinspiegel in Blut und Harn; Ausscheidung phenolischer Säuren, die von Tyrosin stammen, im Harn erhöht; generalisierte Aminoacidurie; Glucosurie; Fructosurie	Rasche Vergrößerung der Leber, Gelbsucht, Hypoprothrombinämie; meist Tod im Säuglingsalter; bei Überlebenden eventuell Vitamin-D-resistente Rachitis und Acidose; manchmal symptomlos	Tyrosin- und phenylalaninarme Diät (Wirksamkeit unsicher)	12
Hyperprolinämie Typ I Typ II	Pyrrolin-5-carboxylatreductase Pyrrolin-5-carboxylatdehydrogenase	Hyperprolinämie; Ausscheidung von Prolin, Glycin und Hydroxyprolin im Harn	Schwachsinn, Konvulsionen, Nierenerkrankung, Taubheit	Unbekannt	13
Hydroxyprolinämie	Pyrrolin-5-carboxylatreductase	Erhöhter Hydroxyprolinspiegel in Blut und Harn	Schwachsinn (?)	Unbekannt	13
Citrullinämie	Argininosuccinatsynthetase	Erhöhter Citrullinspiegel in Blut und Harn; Ammoniakspiegel im Blut erhöht; Harnstoffausscheidung normal	Schwachsinn, Epilepsie, Erbrechen, Ammoniakvergiftung	Proteinarme Diät	14, 15

* Häufigkeit 1:13000.

Tabelle 2 Erbliche Störungen des Aminosäurenstoffwechsels *(Schluß)*

Stoffwechselstörung	Defektes Enzym	Biochemische Kennzeichen	Klinische Kennzeichen	Behandlung	Literatur
Argininosuccinaturie	Argininosuccinat-lyase	Ausscheidung von Argininobernsteinsäure im Harn erhöht; Ammoniakgehalt in Blut und Zerebrospinalflüssigkeit erhöht; Harnstoffausscheidung normal	Schwachsinn, Konvulsionen, Haardefekte (Trichorrhexis), Ammoniakvergiftung	Proteinarme Diät	15, 16
Hyperammonämie Typ I	Ornithincarbamoyltransferase	Blutammoniakspiegel gegen 10 mg/l; Harnstoffausscheidung normal	Schwachsinn, Ammoniakvergiftung	Proteinarme Diät (?)	17
Typ II	Carbamoylphosphatsynthase				18

Literatur

1 O'Brien et al., *Amer. J. Med.*, **34**, 813 (1963); La Du, B.N., in: Stanbury et al. (Hrsg.), *The Metabolic Basis of Inherited Disease*, 2. Aufl., McGraw-Hill, New York, 1966, S.303.
2 Woolf, L.I., *Advanc. clin. Chem.*, **6**, 97 (1963).
3 Lyman, F.L. (Hrsg.), *Phenylketonuria*, Thomas, Springfield, 1963; Knox, W.E., in: Stanbury et al. (Hrsg.), *The Metabolic Basis of Inherited Disease*, 2. Aufl., McGraw-Hill, New York, 1966, S.258.
4 Fitzpatrick und Quevedo, jr., in: Stanbury et al. (Hrsg.), *The Metabolic Basis of Inherited Disease*, 2. Aufl., McGraw-Hill, New York, 1966, S.324.
5 Stanbury, J.B., in: Stanbury et al. (Hrsg.), *The Metabolic Basis of Inherited Disease*, 2. Aufl., McGraw-Hill, New York, 1966, S.215.
6 Woolf, L. I., in: Linneweh, F. (Hrsg.), *Erbliche Stoffwechselkrankheiten*, Urban & Schwarzenberg, München, 1962, S.159; Dancis und Levitz, in: Stanbury et al. (Hrsg.), *The Metabolic Basis of Inherited Disease*, 2. Aufl., McGraw-Hill, New York, 1966, S.353; Morris et al., *Pediatrics*, **28**, 918 (1961); Kiil und Rokkones, *Acta paediat. (Uppsala)*, **53**, 356 (1964).
7 Linneweh, F., in: Linneweh, F. (Hrsg.), *Erbliche Stoffwechselkrankheiten*, Urban & Schwarzenberg, München, 1962, S.141; Bauer und Antener, *Helv. paediat. Acta*, **21**, 19 (1966); Lietman et al., *Amer. J. Med.*, **40**, 511 (1966).
8 Carson et al., *Arch. Dis. Childh.*, **38**, 425 (1963); Gerritsen und Waisman, in: Stanbury et al. (Hrsg.), *The Metabolic Basis of Inherited Disease*, 2. Aufl., McGraw-Hill, New York, 1966, S.420.
9 Nyhan, W.L., in: Linneweh, F. (Hrsg.), *Erbliche Stoffwechselkrankheiten*, Urban & Schwarzenberg, München, 1962, S.170; Schreier und Müller, *Germ. med. Mth.*, **9**, 437 (1964).
10 Wyngaarden und Elder, in: Stanbury et al. (Hrsg.), *The Metabolic Basis of Inherited Disease*, 2. Aufl., McGraw-Hill, New York, 1966, S.189.
11 Ghadimi et al., *Pediatrics*, **29**, 714 (1962); La Du, B.N., in: Stanbury et al. (Hrsg.), *The Metabolic Basis of Inherited Disease*, 2. Aufl., McGraw-Hill, New York, 1966, S.366.
12 Gentz et al., *J. Pediat.*, **66**, 670 (1965); La Du, B.N., in: Stanbury et al. (Hrsg.), *The Metabolic Basis of Inherited Disease*, 2. Aufl., McGraw-Hill, New York, 1966, S.295; Gjessing, L.R. (Hrsg.), *Symposium on Tyrosinosis*, Oslo University Press, Oslo, 1966.
13 Efron, M.L., in: Stanbury et al. (Hrsg.), *The Metabolic Basis of Inherited Disease*, 2. Aufl., McGraw-Hill, New York, 1966, S.376.
14 McMurray et al., *Pediatrics*, **32**, 347 (1963).
15 Efron, M.L., in: Stanbury et al. (Hrsg.), *The Metabolic Basis of Inherited Disease*, 2. Aufl., McGraw-Hill, New York, 1966, S.393.
16 Tomlinson und Westall, *Clin. Sci.*, **26**, 261 (1964); Schreier und Leuchte, *Dtsch. med. Wschr.*, **90**, 864 (1965).
17 Russell et al., *Lancet*, **2**, 699 (1962).
18 Freeman et al., *J. Pediat.*, **65**, 1039 (1964).

Erbliche Störungen des Kohlenhydratstoffwechsels

Der genetisch bedingte Mangel der Darmmukosa an bestimmten Kohlenhydrat spaltenden Enzymen hat zur Folge, daß Kohlenhydrate wie Lactose, Saccharose oder Grenzdextrin nicht oder nur unvollständig hydrolysiert werden. Gaben dieser Kohlenhydrate können Diarrhoe und gelegentlich auch eine Schädigung der Darmmukosa verursachen.

Bei der Galactosämie wird Galactose nicht in Glycogen umgewandelt, da das Enzym Galactose-1-phosphaturidylyltransferase fehlt. Das sich anreichernde Galactose-1-phosphat wirkt toxisch, da es die Phosphoglucomutase und andere Enzyme hemmt. Bei der Fructoseintoleranz reichert sich infolge des Mangels an Fructose-1-phosphataldolase Fructose-1-phosphat an, das wahrscheinlich durch Hemmung der Glucose-6-phosphatase schwere Hypoglykämie verursacht. Defekte des Kohlenhydratstoffwechsels, mit Ausnahme solcher des Glycogenstoffwechsels, sind in Tabelle 3 zusammengestellt. Außer der hereditären leucinsensitiven Hypoglykämie werden alle diese Defekte wahrscheinlich rezessiv nach Mendel vererbt.

Zumindest sieben Krankheiten haben ihre Ursache in einer Störung des Glycogenstoffwechsels (Tabelle 4): Glycogen wird nicht oder mit abnormer Struktur gebildet, oder das in den Geweben eingelagerte Glycogen kann nicht normal abgebaut werden. Bei sechs dieser Krankheiten wurde zwar ein spezifischer enzymatischer Defekt nachgewiesen, aber nicht alle diese Krankheiten sind typische erbliche Stoffwechselstörungen in dem Sinne, daß ein mutiertes Gen für das Fehlen eines normalen Enzyms verantwortlich ist. So liegt bei der idiopathischen generalisierten Glycogenose ein Mangel an α-Glucosidase vor, aber es ist nicht klar, wie dies zur Glycogenablagerung in Beziehung steht. In einigen schwereren Fällen der Gierkeschen Krankheit fehlt die Glucose-6-phosphatase in der Leber, häufiger aber ist lediglich der Gehalt vermindert. Ein zweites Enzym, die Glucose-6-phosphatdehydrogenase, fehlt bei einigen, aber nicht bei allen Fällen der Gierkeschen Krankheit. Ein Mangel an Glucose-6-phosphatase und Dextrin-1,6-glucosidase kommt bei den gleichen Familien vor; zumindest bei ihnen dürfte das mutierte Gen nicht direkt für die enzymatischen Defekte verantwortlich sein. Der Status der Amylopectinose und des Leberglycogenphosphorylasemangels ist auch noch nicht völlig klar.

Tabelle 3 Erbliche Störungen des Kohlenhydratstoffwechsels (ohne Glycogenosen)

Stoffwechselstörung	Defektes Enzym	Biochemische Kennzeichen	Klinische Kennzeichen	Behandlung	Literatur
Galactosediabetes	Galactokinase	Galactose im Harn	Katarakt	Galactosearme Kost von frühester Kindheit an	1
Galactosämie*	Galactose-1-phosphat-uridylyltransferase	Gehalt an Galactose und Galactose-1-phosphat in Geweben und Körperflüssigkeiten erhöht	Leberschädigung, Katarakt, Schwachsinn, renale tubuläre Dysfunktion, oft früher Tod	Galactosefreie Diät	2

* Häufigkeit 1:70000.

Tabelle 3 Erbliche Störungen des Kohlenhydratstoffwechsels (ohne Glycogenosen) *(Schluß)*

Stoffwechselstörung	Defektes Enzym	Biochemische Kennzeichen	Klinische Kennzeichen	Behandlung	Literatur
Fructoseintoleranz	Ketose-1-phosphat-aldolase	Fructose und Fructose-1-phosphat angereichert	Schwere Hypoglykämie nach Einnahme von Fructose, Saccharose usw.	Fructose und fructosehaltige Kohlenhydrate wie Saccharose vermeiden	3, 4
Fructosurie	Ketohexokinase	Ausscheidung der eingenommenen Fructose im Harn	Gutartig	Nicht nötig	3
Pentosurie*	L-Xylulosereductase	Ausscheidung von L-Xylulose im Harn	Gutartig	Nicht nötig	5
Alactasie	β-Galactosidase («Lactase») in der Darmmukosa (lebenslang)	Lactose wird im Dünndarm nicht hydrolysiert	Diarrhoe, unzureichende Gewichtszunahme	Vermeiden von Lactose	6, 7
Lactoseintoleranz	Vermutlich β-Galactosidase in der Darmmukosa (temporär)	Lactose wird nicht verwertet; Lactosurie; Aminoacidurie	Diarrhoe	Vermeiden von Lactose und Saccharose	6, 7
Saccharoseintoleranz	«Saccharase» und Oligo-1,6-glucosidase («Isomaltase») in der Darmmukosa	Saccharose und 1,6-α-Oligosaccharide werden im Darm nicht hydrolysiert	Diarrhoe nach Saccharoseeinnahme, weniger schwer nach Stärke	Vermeiden von Saccharose; stärkearme Diät	7
Hereditäre leucinsensitive Hypoglykämie**	–	Hypoglykämie, akzentuiert durch Leucin- oder Proteingaben infolge Insulinfreisetzung	Hypoglykämische Konvulsionen; Schwachsinn verschiedenen Grades; manchmal symptomlos	Kohlenhydratgaben bei jeder proteinhaltigen Mahlzeit	8

* Häufigkeit 1:50000.
** Vererbt als dominante Eigenschaft, die für 40–60% der Fälle von idiopathischer Hypoglykämie des Säuglings verantwortlich ist.

Literatur

1 Gitzelmann, R., *Lancet*, **2**, 670 (1965).
2 Woolf, L.I., *Advanc.clin.Chem.*, **5**, 1 (1962); Isselbacher, K.J., in: Stanbury et al. (Hrsg.), *The Metabolic Basis of Inherited Disease*, 2. Aufl., McGraw-Hill, New York, 1966, S.178.
3 Froesch, E.R., in: Linneweh, F. (Hrsg.), *Erbliche Stoffwechselkrankheiten*, Urban & Schwarzenberg, München, 1962, S.242; Froesch, E.R., in: Stanbury et al. (Hrsg.), *The Metabolic Basis of Inherited Disease*, 2. Aufl., McGraw-Hill, New York, 1966, S.124.
4 Hers, H.G., in: Linneweh, F. (Hrsg.), *Erbliche Stoffwechselkrankheiten*, Urban & Schwarzenberg, München, 1962, S.252.
5 Hollmann, S., in: Linneweh, F. (Hrsg.), *Erbliche Stoffwechselkrankheiten*, Urban & Schwarzenberg, München, 1962, S.254; Hiatt, H.H., in: Stanbury et al. (Hrsg.), *The Metabolic Basis of Inherited Disease*, 2. Aufl., McGraw-Hill, New York, 1966, S.109.
6 Holzel, A., in: Linneweh, F. (Hrsg.), *Erbliche Stoffwechselkrankheiten*, Urban & Schwarzenberg, München, 1962, S.219.
7 Auricchio et al., *J. Pediat.*, **62**, 165 (1963); Prader und Auricchio, *Ann. Rev. Med.*, **16**, 345 (1965); Townley, R.R.W., *Pediatrics*, **38**, 127 (1966).
8 Payne und Woolf, *Mod. Probl. Pädiat.*, **4**, 369 (1959).

Tabelle 4 Erbliche Störungen des Glycogenstoffwechsels[1]

Stoffwechselstörung	Cori-Typ	Biochemische Kennzeichen	Klinische Kennzeichen
Glucose-6-phosphatasemangel (Gierkesche Krankheit)	1	Normales Glycogen in Leber und Nieren angereichert	Hepatomegalie, Hypoglykämie, Wachstumsstörung mit zurückgebliebener Knochenentwicklung usw.
Idiopathische generalisierte Glycogenose (Pompesche Krankheit)	2	Normales Glycogen in allen Organen angereichert	Herzinsuffizienz, Muskelhypotonie, neurologische Störungen, Tod im Säuglingsalter
Dextrin-1,6-glucosidasemangel (Grenzdextrinose; Forbessche Krankheit)	3	Abnormes Glycogen mit verkürzten Verzweigungen, abgelagert in der Leber und manchmal in Skelett- und Herzmuskeln	Hepatomegalie, Hypoglykämie; weniger schwer als die Gierkesche Krankheit
α-Glucan-branching-Glycosyltransferasemangel (Amylopectinose; Andersensche Krankheit)	4	Abnormes Glycogen mit langen inneren und äußeren Verzweigungen, abgelagert in Leber, Milz und Lymphknoten	Leberzirrhose, Tod in den ersten zwei Lebensjahren
Glycogenphosphorylasemangel (Muskelglycogenphosphorylasemangel; McArdle-Syndrom)	5	Mäßige Überladung der Skelettmuskeln mit normalem Glycogen; Lactat- und Pyruvatkonzentration im Blut während körperlicher Tätigkeit erniedrigt	Generalisierte Myasthenie und Myalgie
Glycogenphosphorylasemangel (Leberglycogenphosphorylasemangel; Herssche Krankheit)	6	Überladung der Leber mit normalem Glycogen; Phosphorylasegehalt der Leber und der Leukozyten erniedrigt	Hepatomegalie; relativ gutartig
UDP-Glucose–Glycogen-glucosyltransferasemangel (Glycogensynthetasemangel)	–	Glycogen in der Leber fast vollständig fehlend	Schwere Hypoglykämie beim Fasten

Literatur

1 Field, R.A., in: Stanbury et al. (Hrsg.), *The Metabolic Basis of Inherited Disease*, 2. Aufl., McGraw-Hill, New York, 1966, S.141; Hers, H.G., *Advanc. metab. Disord.*, **1**, 1 (1964); *Control of Glycogen Metabolism*, Ciba Foundation Symposium, Churchill, London, 1964.

Erbliche Störungen der renalen Transportmechanismen[1]

Viele Substanzen des glomerulären Filtrats werden normalerweise weitgehend im proximalen Tubulus rückresorbiert. Für diesen aktiven Prozeß sind spezifische Rezeptorstellen an den Zellen des entsprechenden Tubulusabschnittes erforderlich; so ist ein Typ von Rezeptorstellen für die Rückresorption von Cystin, Lysin, Arginin und Ornithin verantwortlich. Bei der Cystinurie[2] fehlen diese Rezeptorstellen, oder sie sind größtenteils inaktiv; Cystin, Lysin, Arginin und Ornithin werden nur höchst unvollständig rückresorbiert und erscheinen im Harn. Die Cystinurie wird durch ein einzelnes Genpaar determiniert; abnorme Homozygote scheiden alle vier Aminosäuren aus und neigen zur Bildung von Cystinsteinen. Manche Heterozygote scheiden mäßig erhöhte Mengen Cystin und Lysin aus, andere sind völlig normal.

Bei der Hartnup-Krankheit[3] ist die tubuläre Rückresorption für eine andere, größere Gruppe von Aminosäuren gestört; da auch die Resorption von Tryptophan im Darm gestört ist, kommt es zu einer erhöhten Ausscheidung von bakteriellen Tryptophanstoffwechselprodukten.

Bei verschiedenen Krankheitszuständen sind ein oder mehrere der folgenden biochemischen Befunde feststellbar: renale Glucosurie[4], Phosphaturie[5], renale Acidose[6], generalisierte Aminoacidurie[7]. Jeder dieser Befunde beruht auf einer spezifischen, oft dominant vererbten Funktionsstörung im proximalen Tubulus. Der renale Defekt (renale Glucosurie ausgenommen) hat bei manchen Personen Krankheit zur Folge. Phosphoglucoaminoacidurie[8] (Debré-de Toni-Fanconi-Syndrom), «benigne Aminoacidurie»[9] und Osteomalazie mit Aminoacidurie[10] (Erwachsenen-Fanconi-Syndrom) wurden früher als verschiedene Syndrome angesehen; da aber in zwei Fällen von «benigner Aminoacidurie»[9] ein renaler Verlust von Phosphat und Bicarbonat beobachtet werden konnte, scheint es wahrscheinlich, daß diese drei Syndrome Manifestationen desselben primären Tubulusdefekts sind[11]; die klinischen Auswirkungen können jedoch von Person zu Person stark variieren, sowohl was die Schwere der Krankheit als auch das Lebensalter betrifft, in dem die Krankheit ausbricht. Von diesen Krankheitszuständen zu unterscheiden ist die Cystinose, und zwar weil die progressive Störung der Tubulusfunktion bei der Cystinose, so wie bei der Galactosämie und der Wilsonschen Krankheit, Sekundärfolge eines fundamentaleren Stoffwechseldefekts ist. Diese drei Krankheiten werden rezessiv vererbt.

Glycin wird wahrscheinlich mittels eines für Glycin spezifischen Mechanismus aus dem glomerulären Filtrat rückresorbiert. Bei der Glycinurie[12] ist dieser Mechanismus gestört; diese Krankheit wird dominant vererbt.

Beim nephrogenen Diabetes insipidus[13] sprechen der distale Tubulus und das Sammelrohr nicht auf Vasopressin an.

Die Glucoserückresorption aus den Nierentubuli ist bei der renalen Glucosurie[14] und der Glucose-Galactose-Malabsorption[15] gestört.

Literatur

1 Woolf, L. I., *Renal Tubular Dysfunction*, Thomas, Springfield, 1966.
2 Knox, W.E., in: Stanbury et al. (Hrsg.), *The Metabolic Basis of Inherited Disease*, 2. Aufl., McGraw-Hill, New York, 1966, S. 1262.
3 Jepson, J.B., in: Stanbury et al. (Hrsg.), *The Metabolic Basis of Inherited Disease*, 2. Aufl., McGraw-Hill, New York, 1966, S. 1283.
4 Reubi, F., in: Linneweh, F. (Hrsg.), *Erbliche Stoffwechselkrankheiten*, Urban & Schwarzenberg, München, 1962, S. 234; Krane, S. M., in: Stanbury et al. (Hrsg.), *The Metabolic Basis of Inherited Disease*, 2. Aufl., McGraw-Hill, New York, 1966, S. 1221.
5 Linneroth et al., *Acta paediat. (Uppsala)*, **47**, 568 (1958); Williams et al., in: Stanbury et al. (Hrsg.), *The Metabolic Basis of Inherited Disease*, 2. Aufl., McGraw-Hill, New York, 1966, S. 1179.
6 Seldin und Wilson, in: Stanbury et al. (Hrsg.), *The Metabolic Basis of Inherited Disease*, 2. Aufl., McGraw-Hill, New York, 1966, S. 1230.
7 Payne, W.W., *Pediatrics*, **17**, 84 (1956); Jagenburg, O.R., *Scand. J. clin. Lab. Invest.*, **11**, Suppl. 43 (1959); Woolf, L.I., *Brit. med. Bull.*, **17**, 224 (1961); Tatum, E.L., in: *Papers and Discussions of the 1st Inter-American Conference on Congenital Defects*, 1962, Lippincott, Philadelphia, 1963, S. 53.
8 de Toni, G., *Ann. paediat. (Basel)*, **187**, 42 (1956).
9 Luder und Sheldon, *Arch. Dis. Childh.*, **30**, 160 (1955); Sheldon et al., *Arch. Dis. Childh.*, **36**, 90 (1961).
10 Dent und Harris, *J. Bone Jt Surg.*, **38 B**, 204 (1956).
11 Leaf, A., in: Stanbury et al. (Hrsg.), *The Metabolic Basis of Inherited Disease*, 2. Aufl., McGraw-Hill, New York, 1966, S. 1205.
12 de Vries et al., *Amer. J. Med.*, **23**, 408 (1957); Wyngaarden und Segal, in: Stanbury et al. (Hrsg.), *The Metabolic Basis of Inherited Disease*, 2. Aufl., McGraw-Hill, New York, 1966, S. 341.
13 Orloff und Burg, in: Stanbury et al. (Hrsg.), *The Metabolic Basis of Inherited Disease*, 2. Aufl., McGraw-Hill, New York, 1966, S. 1247.
14 Krane, S. M., in: Stanbury et al. (Hrsg.), *The Metabolic Basis of Inherited Disease*, 2. Aufl., McGraw-Hill, New York, 1966, S. 1221.
15 Marks et al., *J. Pediat.*, **69**, 225 (1966).

Tabelle 5 Erbliche Störungen von Transportmechanismen

Stoffwechselstörung	Lokalisation	Biochemische Kennzeichen	Klinische Kennzeichen	Behandlung	Genetik
Cystinurie	Nierentubuli und Darmwand	Ausscheidung von Cystin, Lysin, Arginin und Ornithin im Harn stark erhöht	Cystinsteine in den Harnwegen; oft symptomlos	Reichliche Wassereinnahme, Alkalisierung; Penicillamin	Zwei Formen, beide rezessiv
Hartnup-Krankheit	Nierentubuli und Darmwand	Verzögerte intestinale Resorption von Tryptophan usw., Ausscheidung von Indolen und vielen Aminosäuren im Harn stark erhöht	Zerebellare Ataxie, lichtempfindliche Dermatitis	Nicotinamid	Rezessiv
Glucose-Galactose-Malabsorption	Darmwand, Nierentubuli	Glucose, Galactose und Produkte der bakteriellen Fermentation in den Fäzes; Glucosurie	Diarrhoe, Dehydratation; manchmal tödlich	Fructose als einziges Kohlenhydrat	Autosomal rezessiv (?)
Glycinurie	Nierentubuli	Erhöhte Ausscheidung von Glycin	Wahrscheinlich gutartig	Unbekannt	Dominant
Renale Glucosurie	Nierentubuli	Glucosurie; erniedrigtes *Tm* (Glucose) bei Typ A; Verlauf der Glucoserückresorption verändert bei Typ B	Gutartig	Unbekannt	Dominant
Hypophosphatämie (Phosphaturie)	Nierentubuli	Phosphatverlust mit dem Harn	Vitamin-D-resistente Rachitis; gelegentlich symptomlos	Phosphatinfusionen; große Dosen Vitamin D oder Dihydro-tachysterin	Geschlechtsgebunden, ausgeprägt in den meisten Hemizygoten und in einigen Heterozygoten

Tabelle 5 Erbliche Störungen von Transportmechanismen *(Schluß)*

Stoffwechselstörung	Lokalisation	Biochemische Kennzeichen	Klinische Kennzeichen	Behandlung	Genetik
Renale Acidose	Nierentubuli	Gestörter Wasserstoffionenaustausch im Glomerulumfiltrat; Hypercalcinurie	Hyperchlorämie, Acidose, Nephrocalcinose, Nephrolithiasis, Rachitis oder Osteomalazie; manchmal symptomlos	Alkalien	Manchmal dominant
Phosphoglucoaminoacidurie (DEBRÉ-DE TONI-FANCONI-Syndrom) Benigne familiäre Aminoacidurie Osteomalazie mit Aminoacidurie (Erwachsenen-FANCONI-Syndrom)	Nierentubuli	Verlust von Glucose, Phosphat, Aminosäuren, Protein und Bicarbonat mit dem Harn	Manchmal gutartig; führt bei starkem Phosphatverlust zu Vitamin-D-resistenter Rachitis und Zwergwuchs bei Kindern, zu Osteomalazie bei Erwachsenen; häufig Acidose	Alkalien, Phosphatinfusionen, Vitamin D oder Dihydrotachysterin	Dominant
Nephrogener Diabetes insipidus	Distale Nierentubuli und Sammelröhren	Große Mengen wässerigen Harns	Dehydratation, Schwachsinn	Wasser, salz- und stickstoffarme Diät, Chlorothiazid	Geschlechtsgebunden (rezessiv)

Erbliche Störungen des Purin- und Pyrimidinstoffwechsels

Hyperurikämie (Gicht) ist eine der häufigsten erblichen Stoffwechselkrankheiten. Wie Versuche mit markierten Vorstufen zeigen, ist bei der Hyperurikämie die Bildungsgeschwindigkeit von Harnsäure gesteigert, wahrscheinlich infolge eines gestörten Mechanismus der Purinsynthese. Der Defekt könnte in einer Hemmung der Ribosylamin-5′-phosphatsynthese (siehe S. 429) liegen, einer Reaktion, die wahrscheinlich durch ATP, ADP und ähnliche Verbindungen kontrolliert wird.

Bei der sehr seltenen Xanthinurie wird infolge eines Mangels an Xanthinoxydase Xanthin und nicht Harnsäure als Endprodukt des Purinstoffwechsels ausgeschieden.

Die Orotacidurie beruht auf einer Störung der Synthese von Uridylsäure aus Orotsäure (siehe S. 434). Die Folge davon sind megaloblastische Anämie und gehemmtes Wachstum.

β-Aminoisobuttersäure ist ein Abbauprodukt von Thymin (siehe S. 397) und wird vermehrt ausgeschieden, wenn in starkem Maße Gewebe abgebaut werden und ein entsprechend hoher DNS-Umsatz stattfindet, wie bei Leukämie. Eine β-Aminoisobuttersäureacidurie findet sich auch bei manchen Gesunden. Die Ursache liegt vielleicht im Fehlen eines für den Abbau nötigen Enzyms.

Tabelle 6 Erbliche Störungen des Stoffwechsels von Purinen und Pyrimidinen

Stoffwechselstörung	Defektes Enzym oder Art der Störung	Biochemische Kennzeichen	Klinische Kennzeichen	Häufigkeit und Genetik	Literatur
Gicht (Hyperurikämie)	Übermäßige Synthese von Harnsäure aus Vorstufen	Harnsäuregehalt des Serums und oft des Harns erhöht	Arthritis mit akuten Anfällen, chronische Arthritis mit Uratablagerungen in Geweben; Uratharnsteine verursachen Nierenschäden; asymptomatisch in 80% der Fälle	Hyperurikämie 1–2%, klinische Gicht 0,2–0,4%; wahrscheinlich autosomal dominant mit variabler und geschlechtmodifizierter Expression	1
Xanthinurie	Mangel an Xanthinoxydase und gestörte renale tubuläre Rückresorption von Xanthin	Xanthin wird in großen Mengen ausgeschieden	Bildung von Xanthinsteinen in den Harnwegen	Selten	2
Orotacidurie	Fehlen von Orotidin-5′-phosphatpyrophosphorylase und/oder -decarboxylase	Anreicherung von Orotsäure und Ausscheidung im Harn	Schwere megaloblastische Anämie, Orotsäurekristallurie	Sehr selten; rezessiv	3
β-Aminoisobuttersäureacidurie	Mangel an einem katabolischen Enzym	Ausscheidung von β-Aminoisobuttersäure im Harn gesteigert	Harmlos	0–46%, je nach ethnischer Gruppe; rezessiv	4

Literatur

1 WYNGAARDEN, J. B., in: STANBURY et al. (Hrsg.), *The Metabolic Basis of Inherited Disease*, 2. Aufl., McGraw-Hill, New York, 1966, S. 667.

2 WYNGAARDEN, J. B., in: STANBURY et al. (Hrsg.), *The Metabolic Basis of Inherited Disease*, 2. Aufl., McGraw-Hill, New York, 1966, S. 729.

3 SMITH, jr., et al., in: STANBURY et al. (Hrsg.), *The Metabolic Basis of Inherited Disease*, 2. Aufl., McGraw-Hill, New York, 1966, S. 739.

4 SUTTON, H. E., in: STANBURY et al. (Hrsg.), *The Metabolic Basis of Inherited Disease*, 1. Aufl., McGraw-Hill, New York, 1960, S. 792.

Hyperbilirubinämien[1] und Porphyrien[2]

Mehrere erbliche Krankheiten beruhen auf Störungen des Stoffwechsels von Pyrrolen. Die wichtigsten Schritte der Hämsynthese sind (siehe auch S. 351):

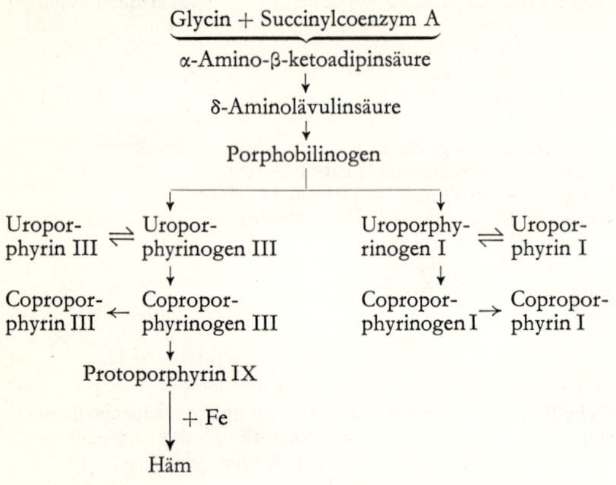

Das Fehlen eines an der Hämbildung beteiligten Enzyms ist mit dem Leben unvereinbar, da Häm nicht nur ein wesentlicher Bestandteil von Hämoglobin und Myoglobin ist, sondern auch von mehreren Enzymen, besonders den Cytochromen. Ein Mangel an hämsynthetisierenden Enzymen kann genetisch bedingt oder der Wirkung von toxischen Substanzen zuzuschreiben sein. So ist bei der Bleivergiftung die Aktivität von Enzymen, die am Stoffwechsel der δ-Aminolävulinsäure beteiligt sind, herabgesetzt; als Folge davon wird diese Aminosäure im Harn ausgeschieden.

Bei den häufigsten Formen – der intermittierenden akuten Porphyrie und der Porphyria cutanea tarda hereditaria – findet sich die primäre biochemische Läsion in der Leber. Diese Krankheiten wurden als schwedische bzw. südafrikanische Form der hepatischen Porphyrie bezeichnet, obwohl beide in allen Ländern vorkommen. Die südafrikanische Form ist auch als Porphyria variegata bekannt.

Die Porphyria cutanea tarda wird durch die Oxydation von Porphyrinogen zu Porphyrin in der Leber verursacht. Die so gebildeten Porphyrine sind nicht für die Hämsynthese brauchbar und werden mit der Galle ausgeschieden. Diese Stoffwechselstörung kann durch Alkoholabusus, Hexachlorbenzoleinnahme oder Lebererkrankungen ausgelöst werden.

Häm wird normalerweise zu Bilirubin abgebaut, das in der Leber mit Glucuronsäure konjugiert und dann mit der Galle ausgeschieden wird. Im Gegensatz zum Konjugat ist freies Bilirubin in hoher Konzentration toxisch. Von den vier bekannten erblichen Stoffwechselstörungen, die zu Hyperbilirubinämie führen, kann nur eine, das CRIGLER-NAJJAR-Syndrom, dem Fehlen eines Enzyms zugeschrieben werden; die anderen drei Stoffwechselstörungen dürften ihre Ursache in einem Transportdefekt haben.

Literatur

[1] SCHMID, R., in: STANBURY et al. (Hrsg.), *The Metabolic Basis of Inherited Disease*, 2. Aufl., McGraw-Hill, New York, 1966, S. 871; VEST, M., in: LINNEWEH, F. (Hrsg.), *Erbliche Stoffwechselkrankheiten*, Urban & Schwarzenberg, München, 1962, S. 333.

[2] SCHMID, R., in: STANBURY et al. (Hrsg.), *The Metabolic Basis of Inherited Disease*, 2. Aufl., McGraw-Hill, New York, 1966, S. 813; GOLDBERG und RIMINGTON, *Diseases of Porphyrin Metabolism*, Thomas, Springfield, 1962; HAEGER-ARONSEN, B., *Amer. J. Med.*, **35**, 450 (1963); PERLROTH et al., *Amer. J. Med.*, **41**, 149 (1966).

Tabelle 7 Erbliche Störungen des Stoffwechsels von Pyrrolen (Hyperbilirubinämien und Porphyrien)

Stoffwechselstörung	Defektes Enzym oder Art der Störung	Biochemische Kennzeichen	Klinische Kennzeichen	Behandlung	Häufigkeit und Genetik
Kongenitaler nichthämolytischer Ikterus (CRIGLER-NAJJAR-Syndrom)	Bilirubin–Glucuronsäure konjugierendes System	Serumbilirubin 150–400 mg/l (freies Bilirubin)	Schwerer Kernikterus; oft früher Tod; manchmal symptomlos	Nicht bekannt	Rezessiv
Konstitutionelle Leberdysfunktion (GILBERTsche Krankheit)	Bilirubin–Glucuronsäure konjugierendes System (?)	Serumbilirubin 10–30 mg/l (freies Bilirubin)	Wahrscheinlich harmlos	Nicht notwendig	Wahrscheinlich dominant
Chronischer idiopathischer Ikterus (DUBIN-JOHNSON-Syndrom)	Wahrscheinlich Störung der Pigmentexkretion von der Leber in die Galle	Leichte Hyperbilirubinämie (konjugiertes Bilirubin); in den Leberparenchymzellen nicht identifiziertes braunes Pigment	Gutartig; manchmal ist die Leber palpabel und empfindlich	Keine	Wahrscheinlich dominant
Chronischer familiärer nichthämolytischer Ikterus (ROTOR-Syndrom)	Möglicherweise Störung der hepatischen Pigmentexkretion	Serumbilirubin 40–76 mg/l, zur Hälfte frei, zur Hälfte konjugiert; kein Pigment in der Leber	Einige Leberfunktionsteste abnorm	Keine	Wahrscheinlich dominant
Kongenitale erythropoetische Porphyrie (Morbus GÜNTHER)	Wahrscheinlich Uroporphyrinogenisomerase	Uroporphyrin I und Coproporphyrin I in Geweben, Plasma, Harn und Fäzes	Oft früher Tod; Photosensibilität mit schwerer Hautschädigung, Erythrodontie, hämolytische Anämie	Splenektomie, Schutz vor Sonnenlicht	50 Fälle bekannt; rezessiv
Akute (intermittierende) Porphyrie	Erhöhter Gehalt von δ-Aminolävulinsäuresynthetase in der Leber	Ausscheidung von Porphobilinogen und δ-Aminolävulinsäure im Harn	Oft schubweise; abdominelle Koliken, Neurosen, Psychosen, periphere Neuritis, Paralyse, generalisierte Demyelinisation; hohe Mortalität	Vermeiden von Barbituraten	0,015–0,1%; dominant

Tabelle 7 Erbliche Störungen des Stoffwechsels von Pyrrolen (Hyperbilirubinämien und Porphyrien) *(Schluß)*

Stoffwechselstörung	Defektes Enzym oder Art der Störung	Biochemische Kennzeichen	Klinische Kennzeichen	Behandlung	Häufigkeit und Genetik
Porphyria cutanea tarda hereditaria	Porphyrinbildung in der Leber stark erhöht	Hoher Porphyringehalt der Fäzes während der Remission; bei akuten Anfällen hoher Porphyringehalt des Harns (einschließlich Porphobilinogen und δ-Aminolävulinsäure); Leberporphyringehalt hoch	Symptomlos außer bei Leberdysfunktion; in diesem Falle Photosensibilität mit schwerer Hautschädigung, Pigmentierung der Haut, Hirsutismus, Ödem; Ikterus, Leberzirrhose, manchmal psychische Symptome	Schutz vor Sonne und Hauttrauma; Vermeiden von Alkohol und Barbituraten	Bis zu 1% in einigen Gegenden; dominant
Idiopathische Coproporphyrie	(?)	Große Mengen Coproporphyrin III in Harn und Fäzes; Aminoacidurie	Harmlos	Keine	Selten; rezessiv
Erythropoetische Protoporphyrie	(?)	Große Mengen Protoporphyrin in Erythrozyten, Normoblasten und (manchmal) Fäzes	Photosensibilität mit relativ leichter Dermatitis; Erythem, Jucken, leichte Ödeme	Schutz vor starkem Sonnenlicht	Selten; dominant

Lipidosen [1]

Eine Reihe pathologischer Zustände, die im allgemeinen unter dem Begriff «Lipidosen» zusammengefaßt werden, sind entweder durch eine Störung des Fettstoffwechsels bedingt oder haben eine solche zur Folge. Bei den Lipidosen sammeln sich charakteristischerweise große Mengen eines bestimmten Lipids in einem oder mehreren Geweben, oft vorzugsweise in der Milz.

Die Lipidosen sind in der Tabelle 8 zusammengestellt. Diese Krankheiten sind zwar gegeneinander klar abgrenzbar, wenn am Patienten auch oft die Differentialdiagnose, manchmal aber auch die chemische Gewebsanalyse post mortem auf Schwierigkeiten stößt.

Alle Lipidosen sind genetisch determiniert und gehören zu den angeborenen Stoffwechselanomalien; über die zugehörigen Enzymstörungen ist jedoch nichts bekannt. Die drei Formen der GAUCHERschen Krankheit sind genetisch und auch in anderer Beziehung voneinander verschieden. Dies gilt auch für die zwei Formen der amaurotischen kongenitalen Idiotie. Anderseits ist es unsicher, ob die einzelnen Formen der NIEMANN-PICKschen Krankheit genetisch verschieden sind; es könnte auch eine den Ort und die Geschwindigkeit betreffende unterschiedliche Ablagerung der Lipide dafür verantwortlich sein. Dasselbe könnte auch für die metachromatische Leukodystrophie gelten.

Literatur

[1] VAN BOGAERT et al. (Hrsg.), *Cerebral Lipidoses*, Blackwell, Oxford, 1957; THANNHAUSER, S. J., *Lipidoses; Diseases of the Cellular Lipid Metabolism*, 3. Aufl., Grune & Stratton, New York, 1958; ARONSON und VOLK (Hrsg.), *Cerebral Sphingolipidoses*, Academic Press, New York, 1962; ZÖLLNER und CUMINGS, in: LINNEWEH, F. (Hrsg.), *Erbliche Stoffwechselkrankheiten*, Urban & Schwarzenberg, München, 1962, S. 261; FOLCH-PI und BAUER (Hrsg.), *Brain Lipids and Lipoproteins, and the Leucodystrophies*, Proceedings of the 7th International Congress of Neurology, Rom 1961, Elsevier, Amsterdam, 1963; STANBURY et al. (Hrsg.), *The Metabolic Basis of Inherited Disease*, 2. Aufl., McGraw-Hill, New York, 1966.

Tabelle 8 Lipidosen

Erkrankung	Akkumulierendes Lipid	Ort	Klinische Symptome	Alter beim Auftreten der Symptome	Heredität	Literatur
GAUCHERsche Krankheit a) «Adult» b) Akut infantil c) Juvenil und adult neurologisch	Glucocerebroside, manchmal Lactocerebroside	Milz, Leber, Knochenmark, Leukozyten; Gehirn bei b) und c), Lunge bei b)	Splenomegalie, oft enorm; Hepatomegalie; Anämie; Knochenstörungen; Purpura; Degenerationserscheinungen im Gehirn bei b) und c)	a) 1–60 Jahre b) 1. Lebensjahr c) 6–20 Jahre	a), b) und c) in verschiedenen Familien; alle rezessiv	1
TAY-SACHSsche Krankheit (infantile amaurotische hereditäre Idiotie)	Ganglioside, Aminoglycolipide	Weiße und graue Gehirnsubstanz	Kirschrote Flecken; progressive Gehirndegeneration; Tod im Alter von 1–5 Jahren	Gewöhnlich 4 bis 6 Monate, gelegentlich früher	Rezessiv	2
Juvenile und adulte amaurotische hereditäre Idiotie	Ganglioside	Gehirn (mäßige Zunahme)	Progressiver Verlust des Augenlichts und Gehirndegeneration	Von 5 Jahren an	Dominant	2

Tabelle 8 Lipidosen *(Schluß)*

Erkrankung	Akkumulierendes Lipid	Ort	Klinische Symptome	Alter beim Auftreten der Symptome	Heredität	Literatur
NIEMANN-PICKsche Krankheit a) Akut infantil b) Zerebral juvenil c) Nicht zerebral	Vor allem Sphingomyelin	Milz, Knochenmark, Leber und gewöhnlich auch Gehirn und Retina	Oft kirschrote Flecken; Hepatosplenomegalie; Leberzirrhose; meist Gehirndegeneration und Tod innerhalb der ersten 2½ Lebensjahre; gelegentlich beim Erwachsenen ohne neurologische Symptome	a) Von der Geburt an b) Kindheit c) Bis 30 Jahre und später	a) Rezessiv b) Rezessiv c) Ungewiß	3
Metachromatische Leukodystrophie a) Infantil b) Adult	Sulfatide	Gehirn, Niere, Harn, Gallenblase	a) Zerebrale und zerebellare Degeneration; Spasmen; Dementia; Tod nach 1–6 Jahren b) Psychische Veränderungen; Erblindung; Aphasie, Tetraplegie; Tod nach 3–12 Jahren	a) 1–2 Jahre b) Späte Kindheit oder Erwachsenenalter	a) Rezessiv b) Ungewiß	4
Essentielle hereditäre Hyperlipämie	Triglyceride, Lipoproteine	Blutplasma (Chylomikrone)	Hepatosplenomegalie; gelegentlich Xanthome. Relativ gutartig	Gewöhnlich frühe Kindheit	Komplex	5
Hypercholesterinämie	Cholesterin (frei und verestert), Phosphatide, gelegentlich Triglyceride	Blutplasma (Lipoproteine), Sehnen, Haut, Blutgefäße	Xanthome der Haut und Sehnen; Atherome in Endokard, Koronararterien und großen Gefäßen	Kindheit und später	Gewöhnlich dominant	5, 6

Literatur

[1] FREDRICKSON, D. S., in: STANBURY et al. (Hrsg.), *The Metabolic Basis of Inherited Disease*, 2. Aufl., McGraw-Hill, New York, 1966, S. 565.
[2] FREDRICKSON und TRAMS, in: STANBURY et al. (Hrsg.), *The Metabolic Basis of Inherited Disease*, 2. Aufl., McGraw-Hill, New York, 1966, S. 523.
[3] FREDRICKSON, D. S., in: STANBURY et al. (Hrsg.), *The Metabolic Basis of Inherited Disease*, 2. Aufl., McGraw-Hill, New York, 1966, S. 586.
[4] MOSER und LEES, in: STANBURY et al. (Hrsg.), *The Metabolic Basis of Inherited Disease*, 2. Aufl., McGraw-Hill, New York, 1966, S. 539.
[5] FREDRICKSON und LEES, in: STANBURY et al. (Hrsg.), *The Metabolic Basis of Inherited Disease*, 2. Aufl., McGraw-Hill, New York, 1966, S. 429.
[6] HARLAN, jr., et al., *Medicine (Baltimore)*, **45**, 77 (1966).

Erbliche Störungen des Corticosteroidstoffwechsels[1]

Gewisse Formen der Nebennierenhyperplasie haben ihre Ursache in einem angeborenen Defekt der Steroidbiosynthese. Am häufigsten ist ein Defekt der Hydroxylierung am C-21 des Steroidgerüsts infolge eines Mangels an Steroid-21-hydroxylase, resultierend in einer verringerten Bildung von 21-Hydroxysteroiden. Da diese Steroide ohne Einfluß auf die Hypophyse sind, werden von dieser erhöhte Mengen ACTH ausgeschüttet, was eine weitere Stimulierung der Synthese von 21-Desoxysteroiden zur Folge hat. Einige dieser 21-Desoxysteroide sind Vorstufen von Androgenen, und diese erhöhte Bildung von Androgenen ist der Grund für die progressive Virilisierung bei diesen Patienten. Ist der Mangel an Steroid-21-hydroxylase ausgeprägt, so werden praktisch keine 21-Hydroxysteroide gebildet. Dann ist auch die Bildung von Aldosteron beschränkt und es kommt zu einer Anhäufung von Progestogenen, die als Aldosteronantagonisten wirken dürften. Es wird daher die Ausscheidung von Natrium durch die Niere begünstigt; bei Säuglingen mit diesem Defekt stellt sich ein extremer Salzverlust ein, eventuell mit Krisen ähnlich wie bei der ADDISONschen Krankheit.

Eine seltenere Form der angeborenen Nebennierenhyperplasie beruht auf einem Mangel an Steroid-11β-hydroxylase, was eine erhöhte Bildung von 11-Desoxycorticosteron zur Folge hat, mit einer erhöhten Ausscheidung von Metaboliten dieser Verbindung im Harn. Im Gegensatz zum Defekt der 21-Hydroxylierung ist die Ausscheidung von 17-Ketosteroiden im Harn nur wenig und die an Pregnantriol gar nicht erhöht. 11-Desoxycorticosteron hat eine natriumretinierende Wirkung, was die Ursache der arteriellen Hypertension bei diesen Patienten sein dürfte.

Selten ist der Mangel an 3β-Hydroxysteroiddehydrogenase, wodurch die Bildung von Progesteron aus Pregnenolon blockiert wird. Wie bei dem Defekt der 21-Hydroxylierung kommt es auch hier zu einem Salzverlust; klinisch unterscheidet sich aber diese Form von angeborener Nebennierenhyperplasie durch die Art, in der die Differenzierung der externen Genitalien des Fötus beeinflußt wird.

Neuerdings wurde ein Patient mit einem Mangel an Steroid-17α-hydroxylase untersucht, bei dem die Nebennierenrinde erhöhte Mengen an Corticosteron und Desoxycorticosteron produzierte, resultierend in arterieller Hypertension[2].

Die einzelnen Formen der kongenitalen Nebennierenhyperplasie werden wahrscheinlich durch je ein autosomales rezessives Gen vererbt.

Literatur

[1] SOFFER et al., *The Human Adrenal Gland*, Lea & Febiger, Philadelphia, 1961; STEMPFEL, jr., und TOMKINS, in: STANBURY et al. (Hrsg.), *The Metabolic Basis of Inherited Disease*, 2. Aufl., McGraw-Hill, New York, 1966, S. 635.
[2] BIGLIERI et al., *J. clin. Invest.*, **45**, 1946 (1966).

Vitamin A[1,2]

Chemie[3]

Vitamin A und die Carotine sind fettlöslich, wasserunlöslich, leicht oxydierbar, bei Abwesenheit von Sauerstoff aber stabil gegen Säure, Alkali und Erhitzen. Zur cis-trans-Isomerie der Carotine und A-Vitamine siehe ZECHMEISTER[4]. Formeln und weitere Eigenschaften siehe S. 454 und 455.

Bestimmung

Biologisch[5]. Vor allem kurativ im standardisierten Wachstumstest an Vitamin-A-Mangel-Ratten.

Chemisch[6]. In reiner Lösung spektrophotometrisch (Vitamin A bei 328 nm, Carotine bei ungefähr 450 nm) oder kolorimetrisch, zum Beispiel mit $SbCl_3$ (CARR-PRICE-Reaktion); in biologischem Material nach geeigneter Extraktion oder chromatographisch.

Einheit

Vitamin A. 1 internationale Einheit (IE) = 0,344 µg all-trans-Vitamin-A_1-Acetat = 0,300 µg all-trans-Vitamin-A_1. 1 US-Pharmacopoe-Einheit (USP) = 1 internationale Einheit.

Carotine. 1 internationale Einheit (IE) = 0,6 µg β-Carotin, wirkungsäquivalent mit 1 IE Vitamin A.

Biogenese[7,8]

Die Carotine werden von höheren Pflanzen, Algen und photosynthetischen Bakterien synthetisiert und sind in den Chloroplasten konzentriert. Acetat wird durch Kondensations- und Decarboxylierungsreaktionen in Isopentenylpyrophosphat übergeführt, aus dem durch Kondensation ein C_{20}-Terpenolpyrophosphat entsteht. Aus dieser Verbindung entsteht durch weitere Kondensation eine Carotinoidvorstufe mit 40 C-Atomen – wahrscheinlich Phytoen. Durch Dehydrogenierung, Zyklisierung, Isomerisierung, Hydratisierung und Hydroxylierung können daraus die verschiedenen Carotine entstehen. Carotine mit einem β-Iononring werden im tierischen Organismus zu Vitamin A abgebaut, wahrscheinlich eher durch Spaltung in der Mitte der Kette als durch sukzessive β-Oxydation vom Ende der isoprenoiden Kette her[9]. In den Leberölen ist Vitamin A verestert vorhanden.

Aufnahme und Ausscheidung

Die tägliche Kost in den USA enthält ungefähr 10000 IE (3 mg) Vitamin A[10]. Die Vitamin-A-Aktivität der durchschnittlichen Kost liegt zu etwa $^2/_3$ in Form von Carotinen, zu etwa $^1/_3$ als Vitamin A vor, letzteres vorwiegend in Esterform[11].

Die Vitamin-A-Ester werden im Lumen des Duodenums hydrolysiert, wahrscheinlich durch Esterasen des Pankreassafts. Für die Resorption der Carotine, aber weniger für die von Vitamin A, ist Galle nötig; durch Fett wird sie gefördert. In der Darmwand des Duodenums und oberen Jejunums werden die Carotine zu Vitamin A abgebaut, mit Vitamin-A-Aldehyd als Zwischenprodukt[9,12]. Vitamin A wird in der Darmwand wahrscheinlich vorwiegend mit Palmitinsäure verestert, die Ester werden von der Lymphe abtransportiert[13,14]. Carotine werden weniger gut resorbiert als Vitamin A und erscheinen zum Teil in den Fäzes. Unter günstigen Resorptionsbedingungen beträgt die biologische Aktivität von β-Carotin ungefähr die Hälfte derjenigen von Vitamin A.

Normalerweise finden sich im Serum 800–1200 µg Carotin pro Liter und 200–500 µg Vitamin A pro Liter[2] (siehe S. 605). Der Gehalt im Blut ist etwa 4 Stunden nach Einnahme des Vitamins am höchsten. Vitamin A liegt im Serum normalerweise zu etwa 90% als Alkohol vor, der Rest als Ester; kurz nach einer Vitamin-A-Einnahme ist aber der Esteranteil erhöht[15]. Die frisch resorbierten Vitamin-A-Ester werden durch Lipoproteine S_f 10–400 transportiert, Vitamin-A-Alkohol ist im Serum an ein spezifisches Protein gebunden. In der Muttermilch ist Vitamin-A zu 90% verestert.

Vitamin A wird in der Leber gespeichert, die Carotine vorwiegend im Fettgewebe. In der Leber finden sich ungefähr 90% des gesamten Vitamins A des Körpers; der Lebervorrat (bis 300 µg Vitamin A pro Gramm Leber und mehr[16]) reicht aus, um den Vitaminbedarf bis zur Dauer eines Jahres und länger zu decken[2]. Der Lebervorrat wird aber schneller abgebaut bei Infektionen, Hyperthermie und Vergiftungen[2]. 90–95% des Vitamins A in der Leber liegen als Palmitat vor, der Rest als Aldehyd und Alkohol[14,15]. Benötigt ein Organ Vitamin A, so wird Vitamin-A-Ester in der Leber hydrolysiert und der freie Alkohol durch das Blut an den Ort des Bedarfs übergeführt. Lebergewebe, aber auch anderes Gewebe, oxydiert Vitamin-A-Alkohol und -Aldehyd rasch zu Vitamin-A-Säure; diese Verbindung wird aber nicht gespeichert, sondern rasch umgewandelt[8,17]. Ein noch nicht näher identifizierter aktiver Metabolit der Vitamin-A-Säure konnte isoliert werden[16]. Nach Gaben markierten Vitamins A an Ratten wurde eine Aktivität in Galle, Harn und Fäzes gefunden[8]; der Nachweis von Vitamin A beziehungsweise seinen Stoffwechselprodukten in der Galle spricht für einen enterohepatischen Kreislauf des Vitamins[18].

Stoffwechsel von Vitamin A im Organismus

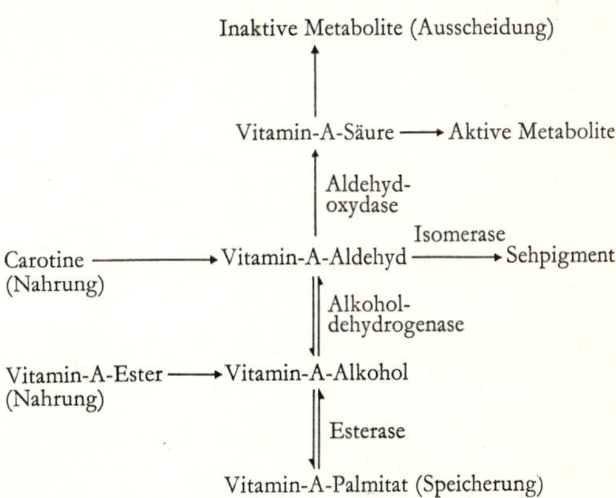

Funktion

Vitamin A ist von großer Bedeutung für die Erhaltung der Gesundheit und des Lebens, für ein normales Wachstum, den Sehvorgang und die Reproduktionsfähigkeit. Es scheint für die Stabilität der Lipoproteinmembran der Zelle und der subzellulären Partikel nötig zu sein[19].

Vitamin A als Alkohol kann im Körper in den Aldehyd und die Säure umgewandelt werden und wirkt spezifisch bei der Erhaltung der Reproduktionsfähigkeit. Vitamin A als Aldehyd bildet die prosthetische Gruppe der Sehpigmente. Vitamin A als Säure ist zwar sehr aktiv in der Förderung des Wachstums, kann aber die Reproduktionsfähigkeit nicht erhalten.

Stoffwechselfunktion von Vitamin A[20]

Aktive Verbindung	Biochemische Reaktion	Klinische Auswirkung
Vitamin-A-Alkohol bzw. eine aktive Form	Unbekannt	Reproduktion beim Männchen und Weibchen
Vitamin-A-Aldehyd	Reaktion mit Opsin	Sehvorgang
Vitamin-A-Säure bzw. eine aktive Form	Freisetzen proteolytischer Enzyme	Auflösung von Knorpelmatrix
	Synthese von Mucopolysacchariden	Stimulierung der Mukussekretion im Epithel
	Corticosteronsynthese	Läsionen der Nebennierenrinde, beeinträchtigte Glyconeogenese im Mangelzustand

Die Vitamin-A-Aldehyde Retinal und Dehydroretinal bilden mit dem Protein Opsin die lichtempfindlichen Pigmente in den Stäbchen (Nachtsehen) und den Zapfen (Tages- und Farbsehen) der Retina. Die vier Haupttypen der Pigmente sind[21,22]: Rhodopsin (Retinal + Stäbchenopsin) bei Land- und Wassertieren, Iodopsin (Retinal + Zapfenopsin) bei Landtieren, Porphyropsin (Dehydroretinal + Stäbchenopsin) bei Frischwassertieren und Cyanopsin (Dehydroretinal + Zapfenopsin). Durch die Absorption von Licht durch die Sehpigmente werden die 11-cis-Isomere von Retinal oder Dehydroretinal in die all-trans-Form übergeführt, und diese Isomerisierung induziert über eine Potentialdifferenz die Übertragung

(Fortsetzung S. 456)

Struktur und Eigenschaften von Vitamin A und verwandten Verbindungen

Verbindung	Formel und Molgewicht	Struktur	Physikalische Eigenschaften	Vorkommen	Relative Aktivität
α-Carotin	$C_{40}H_{56}$ 536,89		Violette bis rote Kristalle, Smp. 187 °C (Benzol/Methanol)	Palmöl, Vogelbeeren	50
β-Carotin	$C_{40}H_{56}$ 536,89		Violette bis rote Kristalle, Smp. 180 °C	Pflanzen, Früchte	100
Kryptoxanthin (3-Hydroxy-β-carotin)	$C_{40}H_{56}O$ 552,89		Rote Blättchen, Smp. 158 °C	Mais	50
Vitamin A_1 (all-trans) (Retinol*, Axerophthol)	$C_{20}H_{30}O$ 286,46		Gelbe Prismen, Smp. 62–64 °C	Leber von Meerfischen	100
9-cis-Vitamin-A_1 (iso-a)	$C_{20}H_{30}O$ 286,46	Wie all-trans-Vitamin-A_1, aber Doppelbindung an C-9 in cis-Konfiguration	Gelbe Prismen, Smp. 82 °C		21
11-cis-Vitamin-A_1 (neo-b)	$C_{20}H_{30}O$ 286,46	Wie all-trans-Vitamin A_1, aber Doppelbindung an C-11 in cis-Konfiguration	Orangegelbes Öl	Retina	23

13-cis-Vitamin-A₁ (neo-a)	$C_{20}H_{30}O$ 286,46	Wie all-trans-Vitamin-A₁, aber Doppelbindung an C-13 in cis-Konfiguration	Gelbe Prismen, Smp. 58 °C	Fischleber	75
Vitamin-A₁-Aldehyd (all-trans) (Retinal*, Retinaldehyd*, β-Retinen, Retinen₁)	$C_{20}H_{28}O$ 284,45	H_3C C CH_3 CH_3 CH_3 H_2C C—CH C CH C CHO H_2C C CH CH CH CH C CH_3 H_2	Orange Prismen, Smp. 58 °C	Zitrusfrüchte, grünes Gemüse, Leber	91
11-cis-Vitamin-A₁-Aldehyd (neo-b)	$C_{20}H_{28}O$ 284,45	Wie all-trans-Vitamin-A₁-Aldehyd, aber Doppelbindung an C-11 in cis-Konfiguration	Orange Prismen, Smp. 64 °C	Augen von Krustazeen	48
Vitamin-A₁-Carbonsäure (all-trans) (Retinsäure)*	$C_{20}H_{28}O_2$ 300,44	H_3C C CH_3 CH_3 CH_3 H_2C C—CH C CH C COOH H_2C C CH CH CH CH C CH_3 H_2	Gelbe Nadeln, Smp. 179 °C	Gewebe?	~65
Vitamin A₂ (3-Dehydroretinol)*	$C_{20}H_{28}O$ 284,45	H_3C C CH_3 CH_3 CH_3 H_2C C—CH C CH C CH_2OH HC C CH CH CH CH C CH_3 H	Gelbe Nadeln, Smp. 63–65 °C	Leber von Süßwasserfischen	40
Vitamin-A₂-Aldehyd (3-Dehydroretinal*, 3-Dehydroretinaldehyd*, α-Retinen, Retinen₂)	$C_{20}H_{26}O$ 282,43	H_3C C CH_3 CH_3 CH_3 H_2C C—CH C CH C CHO HC C CH CH CH CH C CH_3 H	Orangerote Prismen, Smp. 78 °C	Retina von Fischen	

* Trivialnamen entsprechend den Empfehlungen der Kommission für biochemische Nomenklatur der IUPAC [IUPAC-IUB Commission on Biochemical Nomenclature, *Biochim. biophys. Acta (Amst.)*, **107**, 1 (1965)].

(*Fortsetzung von S. 453*)

visueller Eindrücke von den Stäbchen und Zapfen zum Gehirn. 11-cis-Retinal ist nicht nur die prosthetische Gruppe des Sehpigments in den Stäbchen, sondern auch die der rot- und grünempfindlichen Pigmente in den Zapfen des menschlichen Auges[23]. Die cis-trans-Isomerisierung von Retinal verläuft folgendermaßen[21]:

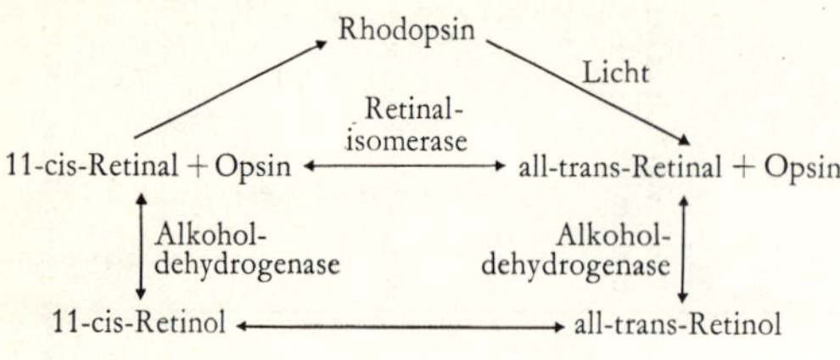

Ähnlich wie für den Sehvorgang sollen Vitamin A und Carotin in proteingebundener Form auch am Riechen beteiligt sein[24].

Bedarf und Mangelerscheinungen

Der Vitamin-A-Bedarf ist dem Körpergewicht proportional, der Mindestbedarf dürfte bei 20 IE (6 µg) Vitamin A pro Kilogramm Körpergewicht liegen[25]. Tagesbedarf des Gesunden, einschließlich einer gewissen Reserve: 2500 IE Vitamin A; 4000 IE Carotine in Fetten, 7500 IE in grünen Gemüsen oder 12000 IE in gekochten Karotten[26]. Bei 10- bis 15jährigen Knaben reichten 1700 IE Vitamin A aus, um einen Plasmaspiegel von 300 µg/l aufrechtzuerhalten[27]. Siehe auch S. 490 (*Recommended Dietary Allowances*).

Vitamin-A-reich sind Fischtrane (Dorsch 1000, Hering 5000, Heilbutt, Thun 50000–100000 IE/g); gute Quellen für Vitamin A sind Leber, Milchfett und Eidotter, für Carotine grüne Gemüse und Karotten (siehe S. 495–511).

Vitamin-A-Mangel-Ursachen[2]: alimentärer Mangel, Beeinträchtigung der Resorption (Fettmangel) oder der Speicherung, Beeinträchtigung der Umwandlung von Carotin in Vitamin A oder rascher Verlust infolge Abbaus des Körpervorrats. Störung der Resorption oder Speicherung wurde beobachtet bei Zöliakie, Sprue, zystischer Pankreasfibrose, Colitis ulcerosa, Pankreatektomie, Obstruktion der Gallenwege und Leberzirrhose. Bei Diabetes mellitus und Hyperthyreoidismus kann die Umwandlung der Carotine gestört sein. Bei manchen Infektionen verschwindet Vitamin A aus dem Blut. Die typischen Läsionen bei Vitamin-A-Mangel sind[28]: Nachtblindheit, Xerosis oder Keratinisierung verschiedener Membranen (vor allem Xerophthalmie) und Bildung minderwertigen Knochengewebes und Dentins während des Wachstums. Der empfindlichste Test auf Vitamin-A-Mangel ist die Bestimmung der Adaptation an Dunkelheit[26]; die Bestimmung des Vitamin-A-Gehalts im Serum ist dazu weniger geeignet, da der Körpervorrat abgebaut wird, bevor die Serumkonzentration abnimmt[2]. Xerophthalmie ist in vielen Ländern Südamerikas, Asiens und Afrikas noch immer eine der häufigsten Ursachen von Blindheit bei Kindern[29, 30]. Häufig finden sich auch Bitôt-Flecken an der Konjunktiva. Eine weitere Mangelerscheinung besteht in einer rauhen Haut infolge Hyperkeratose der Haarfollikel. Bei Tieren hat Vitamin-A-Mangel schwerwiegende Rückwirkungen auf die Schwangerschaft und ist eine Ursache für die Unfruchtbarkeit sowie für Mißbildungen der Jungtiere[31].

Das Altersspektrum der Vitamin-A-Mangelerscheinungen[30]

Alter	Mangelursache	Pathogene Erscheinungen
Schwangerschaft....	Alimentärer Carotinmangel, erhöhter Bedarf, Beanspruchung durch wiederholte Schwangerschaft	Niedriger Vitamin-A-Plasmaspiegel, geringer Lebervorrat, Xerophthalmie (selten), Bitôt-Flecken (gelegentlich)
Fötus......		Geringer Lebervorrat, Xerophthalmie (selten), Abort (?), angeborene Mißbildungen (?)
1. Lebensjahr	Geringe Menge und geringer Vitamin-A-Gehalt der Muttermilch, künstliche Ernährung, Infektionen	Abfall des Vitamin-A-Plasmaspiegels, Abbau des Lebervorrats, Xerophthalmie (relativ häufig), Bitôt-Flecken (selten)
2–5 Jahre ..	Zu langes Stillen, alimentärer Mangel, Infektionen	Häufigstes Vorkommen von Xerosis conjunctivae, Xerophthalmie, Bitôt-Flecken (manchmal)
Schulalter ..	Alimentärer Mangel an Carotin, Vitamin A, Fett und Protein	Xerosis conjunctivae und Bitôt-Flecken vorherrschend, Nachtblindheit, follikuläre Hyperkeratose (gelegentlich)
Erwachsene	Alimentärer Mangel, Infektionen, Leberzirrhose, Pankreaserkrankungen	Nachtblindheit vorherrschend, Bitôt-Flecken (gelegentlich), Xerophthalmie (selten), follikuläre Hyperkeratose (gelegentlich)

Therapie und Toxizität

Mangelerscheinungen lassen sich mit Dosen bis zu 25000 IE Vitamin A (das sind etwa 30 ml Lebertran) behandeln. Zur Behandlung von Xerophthalmie sind anfänglich höhere Dosen nötig (5000 IE/kg Körpergewicht täglich während 5 Tagen)[29, 30]. Bei hohen Gaben von Lebertran ist zu bedenken, daß damit eventuell toxische Mengen Vitamin D zugeführt werden, wenn auch nachgewiesen wurde, daß große Mengen Vitamin A die toxische Wirkung von Vitamin D reduzieren[32].

Bei protrahierter Behandlung mit hohen Dosen Vitamin A (zum Beispiel bei Kindern 100000 IE und mehr täglich) können sich toxische Erscheinungen zeigen, wie Anorexie, Alopezie, Haut- und Schleimhautaffektionen, Schwellungen der Extremitätenknochen und Diaphysen, außerdem Anämie, Hepatosplenomegalie, Kopfschmerzen. Alle diese Symptome sind reversibel und verschwinden nach Absetzen der Therapie rasch[2]. Bei Kindern kann eine Vitamin-A-Überdosierung auch das Knochenwachstum hemmen und zu einem frühzeitigen Epiphysenschluß führen[33].

In manchen Ländern wird Vitamin A prophylaktisch in Tagesdosen von 7500–10000 IE an Neugeborene und Säuglinge verabreicht. Wegen des Risikos einer möglichen Intoxikation sollte die prophylaktische Dosis eher auf 2500 IE täglich reduziert werden[34].

Akute Intoxikation wurde nach Verzehr von Eisbärleber beobachtet, die pro Gramm 20000 IE Vitamin A enthält[35, 36]; Walleber enthält pro Gramm 4400 IE Vitamin A, dagegen Schweineleber 100–150 IE pro Gramm[36].

Literatur

1 Sebrell, jr., und Harris (Hrsg.), *The Vitamins*, Band 1, Academic Press, New York, 1954, S. 1; Moore, T., *Vitamin A*, Elsevier, Amsterdam, 1957; Symposium on Vitamin A and Metabolism, *Vitam. and Horm.*, **18**, 289 (1960); Dam und Søndergaard, in: Beaton und McHenry (Hrsg.), *Nutrition*, Band 2, Academic Press, New York, 1964, S. 1.

2 Kagan und Goodhart, in: Wohl und Goodhart (Hrsg.), *Modern Nutrition in Health and Disease*, 3. Aufl., Lea & Febiger, Philadelphia, 1964, S. 341.

3 Karrer und Jucker, *Carotenoids*, Elsevier, Amsterdam, 1950; Freyschlag, H., in: Rauen, H. M. (Hrsg.), *Biochemisches Taschenbuch*, 2. Aufl., 1. Teil, Springer, Berlin, 1964, S. 358.

4 Zechmeister, L., *Cis-trans Isomeric Carotenoids, Vitamins A, and Arylpolyenes*, Springer, Wien, 1962.

5 Harris, P. L., *Vitam. and Horm.*, **18**, 341 (1960).

6 Isler et al., *Vitam. and Horm.*, **18**, 295 (1960); Gstirner, F., *Chemisch-physikalische Vitaminbestimmungsmethoden*, 5. Aufl., Enke, Stuttgart, 1965, S. 5.

7 Goodwin, T. W., *The Biosynthesis of Vitamins and Related Compounds*, Academic Press, New York, 1963, S. 270.

8 Olson, J. A., *J. Lipid Res.*, **5**, 281 (1964).

9 Goodman und Huang, *Science*, **149**, 879 (1965); Goodman et al., *J. biol. Chem.*, **241**, 1929 (1966).

10 Stitt, K. R., *Nutr. Rev.*, **21**, 257 (1963).

11 Food and Nutrition Board, *Recommended Dietary Allowances*, 6. Aufl., National Academy of Sciences – National Research Council, Publication 1146, Washington, 1964.

12 Glover, J., *Vitam. and Horm.*, **18**, 371 (1960).

13 Mahadevan et al., *Biochem. J.*, **88**, 534 (1963).

14 Mahadevan et al., *Wld Rev. Nutr. Diet.*, **5**, 209 (1965).

15 Ganguly, J., *Vitam. and Horm.*, **18**, 387 (1960).

16 Yagishita et al., *Nature*, **203**, 411 (1964).

17 Deshmukh et al., *Biochim. biophys. Acta (Amst.)*, **107**, 120 (1965).

18 Zachman und Olson, *Nature*, **201**, 1222 (1964).

19 Lucy und Dingle, *Nature*, **204**, 156 (1964).

[20] Wolf, G., *Nutr. Rev.*, **20**, 161 (1962); Colloquium on "Aspects of Vitamin A Function", *Biochem. J.*, **90**, 35P (1964).
[21] Wald, G., *Vitam. and Horm.*, **18**, 417 (1960).
[22] Dartnall und Tansley, *Ann. Rev. Physiol.*, **25**, 433 (1963).
[23] Brown und Wald, *Nature*, **200**, 37 (1963).
[24] Briggs und Duncan, *Nature*, **191**, 1310 (1961); Duncan und Briggs, *Arch. Otolaryng.*, **75**, 116 (1962).
[25] Food and Nutrition Board, *Recommended Dietary Allowances*, 1958, National Academy of Sciences – National Research Council, Publication 589, Washington, 1958, S. 10.
[26] Hume und Krebs, *Spec. Rep. Ser. med. Res. Coun. (Lond.)*, Nr. 264 (1949).
[27] Anisova, A. A., *Vop. Pitan.*, **23**, Nr. 3, 29 (1964), zitiert nach *Nutr. Rev.*, **22**, 349 (1964).
[28] Moore, T., *Vitam. and Horm.*, **18**, 499 (1960).
[29] McLaren, D. S., *Nutr. Rev.*, **22**, 289 (1964).
[30] Nach McLaren und Halasa, *Postgrad. med. J.*, **40**, 711 (1964), mit Ergänzungen.
[31] Watt und Barlow, *Vet. Rec.*, **68**, 780 (1956).
[32] Clark und Basset, *J. exp. Med.*, **115**, 147 (1962).
[33] Pease, C. N., *J. Amer. med. Ass.*, **182**, 980 (1962).
[34] Tunell et al., *Acta paediat. scand.*, **54**, 61 (1965).
[35] Rodahl und Moore, *Biochem. J.*, **37**, 166 (1943).
[36] Note, *Nutr. Rev.*, **19**, 318 (1961).

Vitamin D[1,2]

Chemie[1,3]

Die D-Vitamine sind geruchlose Kristalle, löslich in Fetten und Fettlösungsmitteln, unlöslich in Wasser und wenig lichtempfindlich. Sie besitzen alle ein breites Absorptionsband bei 260–290 nm. Formeln und weitere Eigenschaften siehe S. 458 und 459.

Bestimmung

Biologisch[1]. Präventiv oder kurativ an jungen Ratten mit experimenteller Rachitis.

Chemisch[4]. In reiner Lösung spektrophotometrisch bei 265 nm; die einzelnen D-Vitamine lassen sich damit nicht voneinander unterscheiden. Kolorimetrisch mit $SbCl_3$, bei Anwesenheit von Vitamin A nach chromatographischer Trennung. Trennung der einzelnen D-Vitamine durch Säulen-, Papier- oder Dünnschichtchromatographie.

Einheit

1 internationale Einheit (IE) = 0,025 µg kristallisiertes Vitamin D_3. 1 US-Pharmakopoe-Einheit = 1 internationale Einheit. Früher galt: 1 IE = 1 mg eines nach internationalem Standard bestrahlten Ergosterins, gelöst in einem pflanzlichen Öl.

Biogenese

Das nur in höher organisierten Tieren vorkommende Vitamin D_3 entsteht photochemisch aus 7-Dehydrocholesterin (tierisches Provitamin). 7-Dehydrocholesterin wird aus Cholesterin gebildet; es gibt diese Reaktion auch im Intestinalgewebe[5]. Weitere D-Vitamine mit bekannter Konstitution, die durch Bestrahlung mit ultraviolettem Licht der Wellenlänge 275–300 nm entstehen, sind: D_2 aus Ergosterin, D_4 aus 22-Dihydroergosterin, D_5 aus 7-Dehydrositosterin, D_6 aus 2-Dehydrostigmasterin und D_7 aus 7-Dehydrocampesterin.

Die Umwandlung von Provitamin D in Vitamin D durch Bestrahlung geht nach folgendem Schema vor sich[6]:

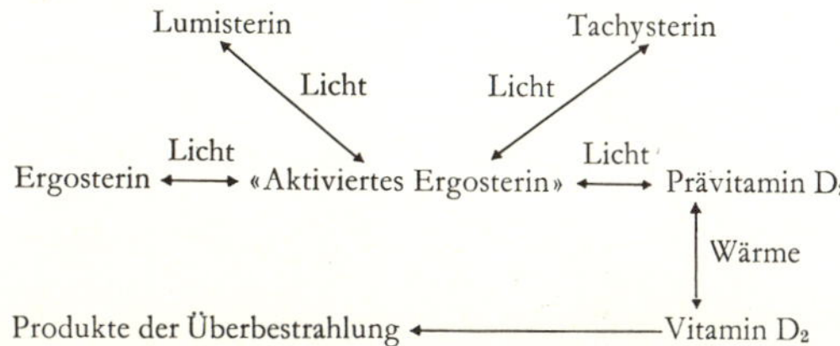

In den Fischleberölen ist Vitamin D zum Teil verestert. Woher das Vitamin D der Fische stammt, ist unbekannt. In Pflanzen kommen Substanzen mit stark antirachitischer Wirkung vor (Keton 250).

Aufnahme und Ausscheidung

Der Mensch erhält Vitamin D durch Zufuhr mit der Nahrung und durch Bildung aus 7-Dehydrocholesterin in der Haut bei Sonnenbestrahlung. Das in der Haut gebildete Vitamin wird mit Leichtigkeit resorbiert[7] und nahezu quantitativ an die Orte des Bedarfs transportiert[8]. Für die Resorption des in der Nahrung enthaltenen Vitamins D im Darm scheint Galle erforderlich zu sein. Bei der Ratte wird es während der Resorption zum Teil verestert und mit der Lymphe abtransportiert[9]; ähnliche Verhältnisse wurden auch beim Menschen gefunden[10]. Der Blutspiegel beträgt bei Kindern und Erwachsenen 660–1650 IE/l[11]. Bei einer täglichen oralen Zufuhr von 50000–500000 IE steigt der Blutspiegel beim Erwachsenen auf 90000–130000 IE/l[12]. Im Blut wird das Vitamin an α_2-Globuline und Albumin gebunden transportiert[13]. Gespeichert wird es in kleinen Mengen in der Leber; es findet sich auch in anderen Geweben, wie Nieren, Darm, Nebennieren, Knochen[13,14]. 24 Stunden nach Gaben ^{14}C-markierten Vitamins D wurden 10% der Aktivität in den Geweben und 20% in den Fäzes nachgewiesen. 70% der Aktivität wurden als Abbauprodukte bestimmt; im Harn war keine Aktivität festzustellen[13,14]. Bei der Ratte wird das Vitamin an Taurin und Glycin gebunden mit der Galle ausgeschieden und zum Teil wieder resorbiert (enterohepatischer Kreislauf)[9].

Der Vitamin-D-Gehalt der Haut beträgt unter Sonnenexposition etwa 1 IE/cm², die maximale Aktivierbarkeit der menschlichen Rückenhaut gegen 15 IE/cm². 50–75% der Aktivität finden sich in den tieferen Schichten der Epidermis und 25–50% in den epidermisnahen Teilen des Coriums[8].

Funktion

Die Wirkung von Vitamin D ist eng mit der von Parathormon verknüpft; beide sind für die Calciumhomöostase nötig und sorgen für die Einhaltung eines normalen Serumcalciumspiegels. Auf biomolekularem Niveau wird unter dem Einfluß von Vitamin D das in den Mitochondrien gebundene Calcium freigesetzt, wahrscheinlich aufgrund einer Einwirkung auf die oxydative Phosphorylierung[15]. Parathormon fördert den Übergang von Phosphor in die Mitochondrien, und Vitamin D kuppelt diesen Vorgang wahrscheinlich mit dem calciumlösenden Effekt[16].

Vitamin D ist für die Resorption von Calcium im Darm nötig. Bei der Ratte wird durch das Vitamin vor allem die Calciumresorption im Duodenum gefördert[17]. Der Mechanismus dieser Wirkung ist zwar nicht bekannt, mag aber in einer Steigerung der Calciumfreisetzung in den Darmzellen zu suchen sein[16]. Möglicherweise fördert Vitamin D auch die Resorption von Magnesium[18].

Vitamin D ist für die Bildung normaler Knochen und die Calcifizierung rachitischer Knochen nötig. Der Mechanismus dieses Vorganges ist zwar nicht geklärt; wahrscheinlich wird die mangelhafte Verkalkung neugebildeten Knochens bei Rachitis und Osteomalazie durch ein Absinken des Calciumphosphatprodukts in der das Osteoid umgebenden Gewebsflüssigkeit verursacht[19]. Die Erhöhung des Serumcitratspiegels unter Vitamin D ist wahrscheinlich eine Folge der Beeinflussung des Calciumstoffwechsels[16].

Ob Vitamin D den renalen Calciumtransport beeinflußt, ist nicht sicher festgestellt; auf alle Fälle ist aber der Einfluß des Vitamins nur gering, verglichen mit dem von Parathormon[16]. Vitamin D soll die tubuläre Phosphatrückresorption begünstigen[20].

Bedarf und Mangelerscheinungen

Beim Erwachsenen ist die Eigenproduktion meist genügend, wenn nicht ein Mangel an Tageslicht die Synthese beeinträchtigt (Nachtarbeiter, Mineure, nördliche Bevölkerung). Bei starkem Wachstum des Skeletts und während der Schwangerschaft und der Laktation ist neben dem Calciumbedarf auch der Vitamin-D-Bedarf erhöht, so daß erhöhte Tagesdosen von Vitamin D indiziert sind. Eine orale Zufuhr von 400 IE täglich ist in diesen Fällen ausreichend[21]. Siehe auch S. 490 (*Recommended Dietary Allowances*).

Vitamin-D-reich sind die Lebertrane: Thunfisch 7000–50000 IE/g, Dorsch 60–300 IE/g; Säugetierleber enthält nur geringe Mengen Vitamin D, Eigelb 1,5–5 IE/g (Werte nach Dam und Søndergaard[1]).

Ein Vitamin-D-Mangel führt zu Rachitis; Osteomalazie ist die adulte Form von Rachitis[19,22]. Beide Formen sind gekennzeichnet durch das Ausbleiben der Mineralisierung im neugebildeten Knochen, damit durch eine progressive Entmineralisierung und Schwächung des Skeletts. Beim Kind ist das Knochenwachstum besonders rasch in den Epiphysen, wo sich auch der Mangel zuerst manifestiert. Beim Erwachsenen hingegen findet ein langsamer Knochenumbau im ganzen Skelett statt, wodurch sich die Krankheit

(Fortsetzung S. 460)

Struktur und Eigenschaften von Vitamin D und verwandten Verbindungen

Verbindung	Formel und Molgewicht	Struktur	Physikalische Eigenschaften	Vorkommen	Antirachitische Aktivität
Ergosterin	$C_{28}H_{44}O$ 396,66	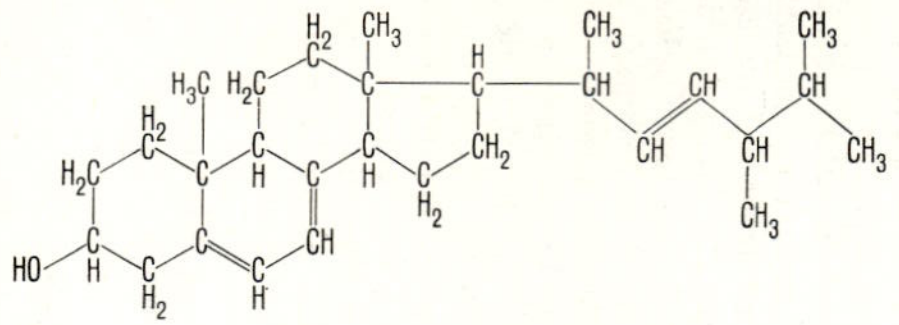 [Strukturformel]	Smp. 168 °C (mit 1½ H_2O)	Hefe, Mutterkorn, Hühnerei	Provitamin D_2
7-Dehydrocholesterin	$C_{27}H_{44}O$ 384,65	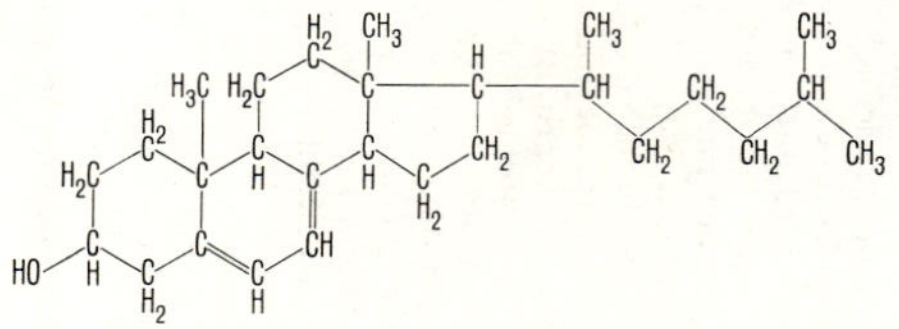 [Strukturformel]	Smp. 150 °C (wasserfrei)	Höhere Tiere, Mensch	Provitamin D_3
22-Dihydroergosterin	$C_{28}H_{46}O$ 398,68	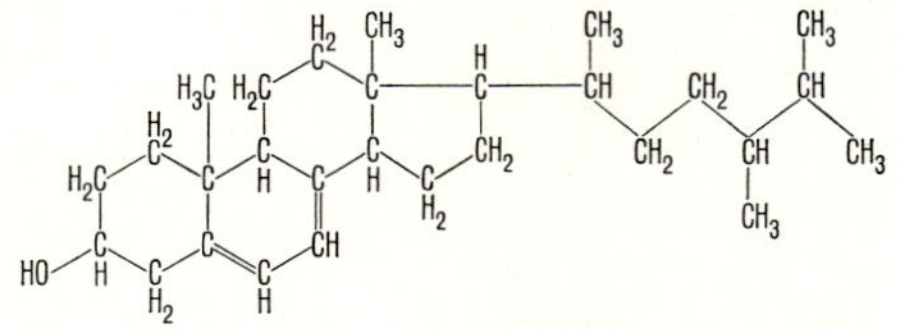 [Strukturformel]	Smp. 152 °C	Synthetisch	Provitamin D_4
Vitamin D_2 (Ergocalciferol)*	$C_{28}H_{44}O$ 396,66	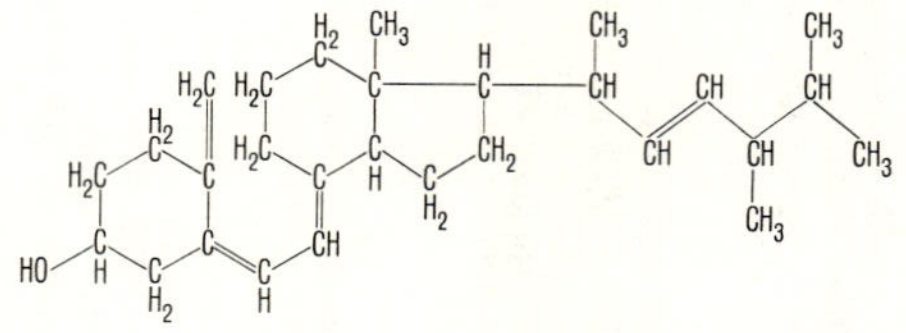 [Strukturformel]	Smp. 115–118 °C	Durch Bestrahlung aus Ergosterin entstehend	Bei Ratten gleiche, bei Küken und Affen geringere Aktivität als Vitamin D_3
Vitamin D_3 (Cholecalciferol)*	$C_{27}H_{44}O$ 384,65	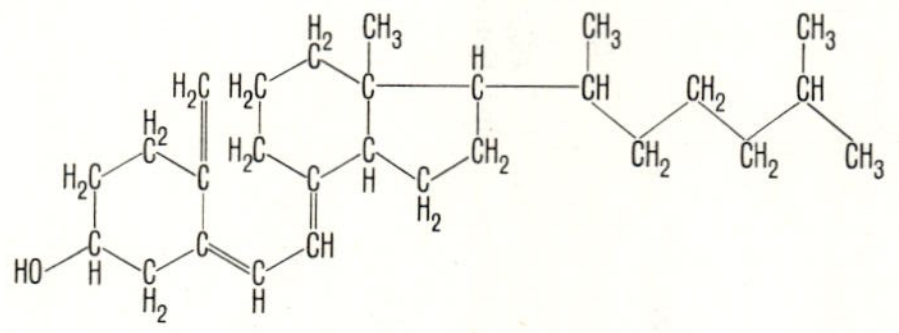 [Strukturformel]	Smp. 84–85 °C	Durch Bestrahlung aus 7-Dehydrocholesterin entstehend. In Fischleberölen, Eigelb, Milch	Antirachitische Wirkung

Vitamin D_4	$C_{28}H_{46}O$ 398,68	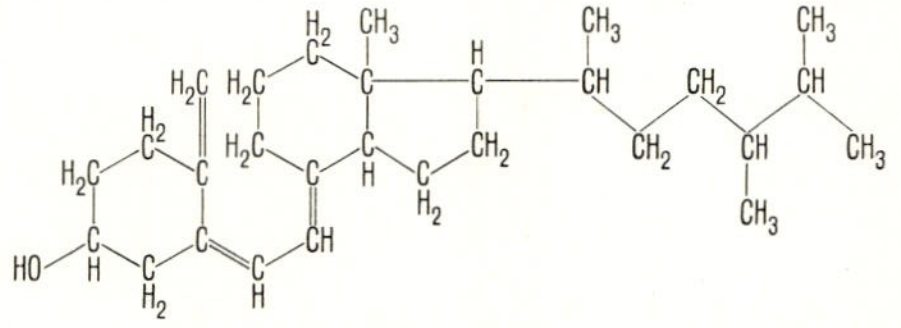	Smp. 96–98 °C	Durch Bestrahlung aus 22-Dihydroergosterin entstehend	Eher geringere Aktivität als Vitamin D_3
Keton 250	$C_{27}H_{46}O_3$ 418,67	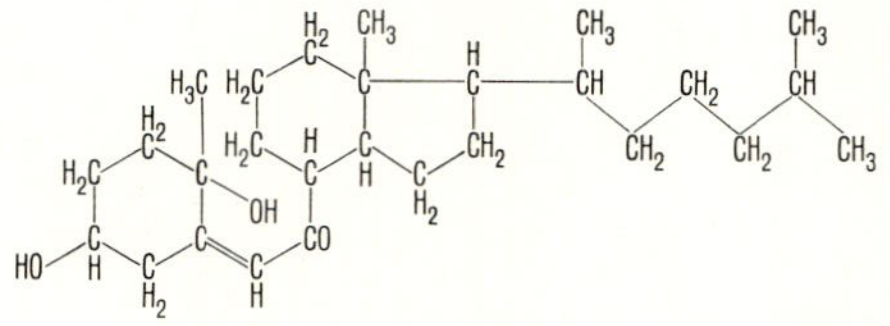	Smp. 73 °C	Pflanzen, Fischleberöle	$^1/_{10}$ der Aktivität von Vitamin D_3
Lumisterin	$C_{28}H_{44}O$ 396,66	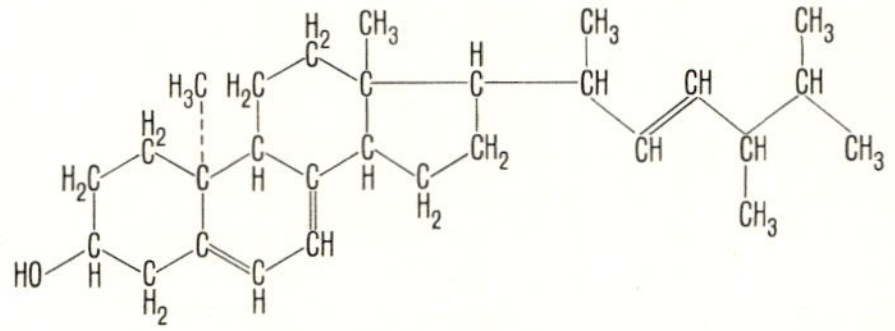	Smp. 118 °C	Durch Bestrahlung aus Ergosterin entstehend	Keine antirachitische Wirkung
Tachysterin	$C_{28}H_{44}O$ 396,66	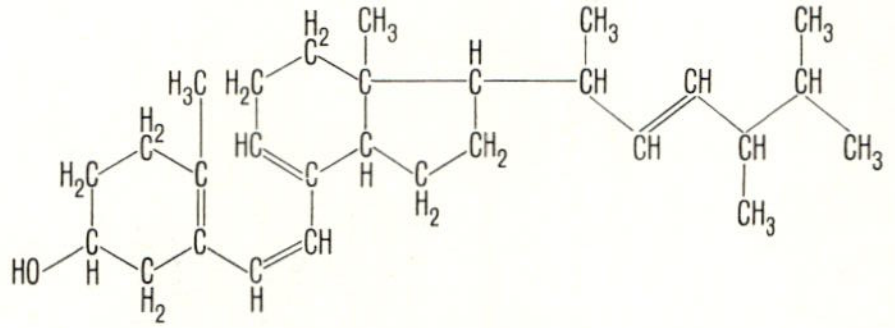	Öl, an der Luft leicht oxydierbar	Durch Bestrahlung aus Ergosterin entstehend	Keine antirachitische (aber hypercalcämische) Wirkung
Dihydrotachysterin	$C_{28}H_{46}O$ 398,68	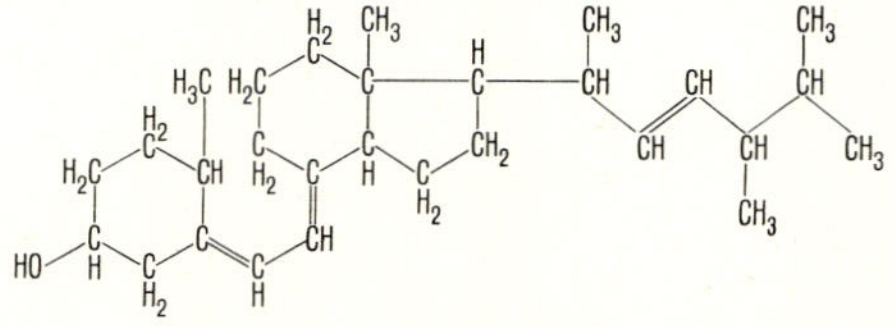	Smp. 125–127 °C	Synthetisch	$^1/_{400}$ der Aktivität von Vitamin D_3 (gleiche hypercalcämische Wirkung wie Vitamin D_3)

* Trivialnamen entsprechend den Empfehlungen der Kommission für biochemische Nomenklatur der IUPAC [IUPAC-IUB Commission on Biochemical Nomenclature, *Biochim. biophys. Acta (Amst.)*, **107**, 1 (1965)].

(Fortsetzung von S. 457)

langsamer und diffuser entwickelt. Rachitis und Osteomalazie können wie folgt klassifiziert werden[19]:

1. Rachitis durch D-Hypovitaminose
   a) Vitamin-D-Mangel der Nahrung und fehlendes Sonnenlicht
   b) Vitamin-D-Mangel der Nahrung bei pigmentierter Haut
   c) Mangelnde Resorption (idiopathische Steatorrhoe, Zöliakie)
2. Vitamin-D-resistente Rachitis
   a) Renotubuläre Acidose
   b) FANCONI-Syndrom
   c) Primäre Vitamin-D-Resistenz
   d) Niereninsuffizienz

Klinische Symptome der Rachitis sind Gliederschmerzen, vor allem in den Beinen, häufig auch Genu valgum, Verbiegungen von Röhrenknochen, Verdickung der Rippensynchondrosen und der Gelenkepiphysen sowie Vorwölbung der frontalen Schädelknochen; gelegentlich kommt es auch zu einer Tetanie. Die radiologisch erkennbaren Veränderungen sind die verbreiterte Epiphyse, zusammen mit Desorganisation der Epiphysenplatte, und das Auftreten einer Schalenstruktur anstelle der normalen, klaren, geraden Grenzlinie zwischen Meta- und Epiphyse. Biochemische Befunde sind: leichte Erniedrigung des Plasmacalciumspiegels, starke Erniedrigung des Plasmaphosphatspiegels, verminderte Ausscheidung von Calcium im Harn, vergrößerte Phosphatclearance, erhöhter Phosphatausscheidungsindex und Zunahme des Gehalts an alkalischer Phosphatase im Plasma; das Calciumphosphatprodukt im Plasma ist kleiner als normal. Eines der ersten Zeichen eines Vitamin-D-Mangels soll der erhöhte Aminosäurengehalt des Harns sein[23].

Die primäre vitamin-D-resistente Rachitis ist kongenital und meist hereditär. Charakteristisch sind niedrige Phosphatwerte im Plasma und ein hoher Phosphatausscheidungsindex. Die Vitamin-D-Aktivität im Serum muß das 10- bis 20fache des Normalwerts betragen, um eine Normalisierung des Calciumstoffwechsels herbeizuführen[24]. Ursache ist vielleicht ein abnormer Vitamin-D-Stoffwechsel[25].

Der Zusammenhang zwischen den rachitischen Symptomen und Vitamin D bei der renotubulären Acidose, dem FANCONI-Syndrom und bei Niereninsuffizienz (renale Osteodystrophie) ist nur wenig geklärt.

Therapie

Rachitisprophylaxe: Sonnen- oder Quarzlampenbestrahlung; Gabe von 400 IE Vitamin D täglich in reiner Form oder als Lebertran.

Rachitistherapie: Rachitis und Osteomalazie infolge einfachen Vitamin-D-Mangels sprechen auf tägliche perorale Dosen von 3000 IE Vitamin D an[19]; bei Frühgeborenen und Resorptionsstörungen sind intramuskuläre Gaben angebracht. Bei protrahierter Therapie soll eine Tagesdosis von 5000 IE pro Kilogramm Körpergewicht beim Kind und 10000 IE pro Kilogramm Körpergewicht beim Erwachsenen nicht überschritten werden[26]. Die Stoßtherapie hat den Nachteil, daß das Ausmaß der Resorption hoher einmaliger Dosen ungewiß ist. Hohe Vitamin-D-Dosen sind bei der primären vitamin-D-resistenten Rachitis erforderlich: Die Behandlung soll mit 50000 IE pro Tag beginnen[27]. Ein vollständiges Verschwinden der radiologischen und biochemischen Symptome wurde – abhängig vom individuellen Bedarf – mit insgesamt 5–400 Millionen IE erreicht[24]. Die Erhaltungsdosis liegt je nach Bedarf zwischen 1000 und 500000 IE pro Tag[24]. Damit das Längenwachstum normal verläuft, muß die Behandlung schon in der Neugeborenenperiode einsetzen[28].

Die Behandlung von Lupus vulgaris mit sehr großen Mengen Vitamin D wird heute nur noch vorgenommen, wenn andere Tuberkulostatika nicht anwendbar sind.

Toxikologie

Alle D-Vitamine sind in größeren Mengen toxisch. Hohe Vitamin-D-Dosen bewirken eine Mobilisierung des im Skelett gebundenen Calciums, eine beträchtliche Erhöhung des Plasmacalciumspiegels und der Phosphat- und Calciumausscheidung im Harn. Das aus den Knochen mobilisierte Calcium wird in weichen Geweben, besonders in der Niere und in der Media der Gefäße, abgelagert. Klinische Symptome sind Appetitlosigkeit, Störungen im Magen-Darm-Trakt, Kopf- und Gelenkschmerzen, Muskelschwäche, bei Kindern trockene schlaffe Haut, Tremor an den Extremitäten, Muskelhypotonie mit fibrillären Zuckungen, arterielle Hypertonie. Der Tod tritt meistens durch Hemmung der Nierenfunktion ein. Bei rechtzeitigem Absetzen der Vitamin-D-Zufuhr sind die Erscheinungen reversibel.

Die toxische Wirkung von Vitamin D kann sich ab einer über mehrere Monate verabreichten Tagesdosis von 1000–3000 IE pro Kilogramm Körpergewicht einstellen; gelegentlich findet sich bei Säuglingen eine Hypercalcämie auch schon bei einer täglichen Einnahme von 3000–4000 IE[21]. Die klinischen Symptome dieser idiopathischen Hypercalcämie des Kindes sind denen der Vitamin-D-Vergiftung weitgehend ähnlich[29]. Säuglinge und auch Schwangere – die idiopathische Hypercalcämie entsteht vielleicht schon in utero – sollen daher nicht mehr als 400 IE Vitamin D täglich zu sich nehmen[21, 30]. Infolge der Anreicherung von Milch, Margarine und Kindernährpräparaten mit Vitamin D in manchen Ländern ist die Vitamin-D-Einnahme bei Säuglingen und Kindern heute oft recht hoch: in den USA und in Kanada bis zu 2000 IE und mehr täglich[21], in England bis 1200 IE täglich[31].

Vitamin D_2 eignet sich weniger zur Rachitistherapie, da der hypercalcämische Effekt nach großen Dosen stärker ist als nach Vitamin D_3. Dihydrotachysterin hat zwar nur sehr geringe antirachitische Wirkung, vermag aber wie Vitamin D den Serumcalciumspiegel zu heben. Die Vergiftungsgefahr ist aber bei beiden Präparaten etwa gleich groß. Jede Behandlung der Hypocalcämie setzt voraus, daß der Serumcalciumspiegel kontrolliert wird.

Literatur

1 DAM und SØNDERGAARD, in: BEATON und MCHENRY (Hrsg.), *Nutrition*, Band 2, Academic Press, New York, 1964, S. 1.
2 SEBRELL, jr., und HARRIS (Hrsg.), *The Vitamins*, Band 2, Academic Press, New York, 1954, S. 131; KAGAN und GOODHART, in: WOHL und GOODHART (Hrsg.), *Modern Nutrition in Health and Disease*, 3. Aufl., Lea & Febiger, Philadelphia, 1964, S. 360.
3 REUBER, R., in: RAUEN, H. M. (Hrsg.), *Biochemisches Taschenbuch*, 2. Aufl., 1. Teil, Springer, Berlin, 1964, S. 473.
4 GSTIRNER, F., *Chemisch-physikalische Vitaminbestimmungsmethoden*, 5. Aufl., Enke, Stuttgart, 1965, S. 338.
5 GLOVER et al., *Biochem. J.*, **51**, 1 (1952).
6 VELLUZ et al., *C. R. Acad. Sci. (Paris)*, **240**, 2076 und 2156 (1955); BUTENANDT, A., *Angew. Chem.*, **72**, 645 (1960).
7 CRUICKSHANK et al., *Proc. Nutr. Soc.*, **14**, VIII (1955).
8 BEKEMEIER, H., *Vitamin D der Haut*, Huber, Bern, 1966 (= Beiheft 10 zur *Int. Z. Vitaminforsch.*).
9 BELL und BRYAN, *J. Lab. clin. Med.*, **66**, 852 (1965).
10 THOMPSON et al., *J. clin. Invest.*, **45**, 94 (1966).
11 WARKANY und MABON, *Amer. J. Dis. Child.*, **60**, 606 (1940).
12 WARKANY et al., *J. Lab. clin. Med.*, **27**, 557 (1942).
13 KODICEK, E., in: WASSERMAN, R. H. (Hrsg.), *Proceedings of a Conference on the Transfer of Calcium and Strontium across Biological Membranes*, Ithaca, New York, 1962, Academic Press, New York, 1963.
14 KODICEK, E., in: GARATTINI und PAOLETTI (Hrsg.), *Proceedings of the Symposium on Drugs Affecting Lipid Metabolism*, Mailand 1960, Elsevier, Amsterdam, 1961, S. 515.
15 RASMUSSEN et al., *J. clin. Invest.*, **42**, 1940 (1963).
16 HARRISON, M. T., *Postgrad. med. J.*, **40**, 497 (1964).
17 SCHACHTER et al., *Amer. J. Physiol.*, **200**, 1263 (1961).
18 GEORGE et al., *Lancet*, **1**, 1300 (1962).
19 NORDIN, B. E. C., Osteomalazie und Osteoporose, *Documenta Geigy*, *Acta clinica*, Nr. 2, Basel, 1963, S. 45.
20 HARRISON, H. E., *Helv. paediat. Acta*, **14**, 434 (1959).
21 American Academy of Pediatrics – Committee on Nutrition, *Pediatrics*, **31**, 512 (1963).
22 ENGFELDT und HJERTQUIST, *Wld Rev. Nutr. Diet.*, **2**, 185 (1960).
23 CHISOLM und HARRISON, *J. Pediat.*, **60**, 206 (1962).
24 GENTIL et al., *Sem. Hôp. Paris, Ann. Pédiat.*, **39**, 214 (1963).
25 AVIOLI et al., *J. clin. Invest.*, **45**, 982 (1966).
26 MACH, R. S., *La vitamine D et les facteurs hypercalcémiants*, Skira, Genf, 1948.
27 PIERCE et al., *J. Bone Jt Surg.*, **46 A**, 978 (1964).
28 SCHOEN, E. J., *J. Amer. med. Ass.*, **195**, 524 (1966).
29 BLACK, J. A., *Germ. med. Mth.*, **9**, 290 (1964).
30 American Academy of Pediatrics – Committee on Nutrition, *Pediatrics*, **35**, 1022 (1965).
31 BRANSBY et al., *Brit. med. J.*, **1**, 1661 (1964).

Vitamin E[1–3]

Chemie[4]

Die Tocopherole sind visköse, gelbliche Öle, leicht löslich in organischen Lösungsmitteln, unlöslich in Wasser; stabil gegen Säuren, Alkalien und Erhitzen, instabil gegen Oxydationsmittel, besonders unter Lichteinwirkung. Die Ubichinone und Ubichromenole bilden gelbe Kristalle. Formeln und weitere Eigenschaften siehe S. 461 und 462.

Struktur und Eigenschaften von Vitamin E und verwandten Verbindungen

Verbindung*	Formel und Molgewicht	Struktur	Wichtigstes Vorkommen	Aktivität**
		Tocole		
Tocol	$C_{26}H_{44}O_2$ 388,64	$R_1 = H$, $R_2 = H$, $R_3 = H$	Synthetisch	Inaktiv
8-Methyltocol (δ-Tocopherol)	$C_{27}H_{46}O_2$ 402,67	$R_1 = H$, $R_2 = H$, $R_3 = CH_3$	Sojaöl	1
5,8-Dimethyltocol (β-Tocopherol)	$C_{28}H_{48}O_2$ 416,69	$R_1 = CH_3$, $R_2 = H$, $R_3 = CH_3$	Weizenkeimöl	33
7,8-Dimethyltocol (γ-Tocopherol)	$C_{28}H_{48}O_2$ 416,69	$R_1 = H$, $R_2 = CH_3$, $R_3 = CH_3$	Maiskeimöl	10
5,7,8-Trimethyltocol (α-Tocopherol)	$C_{29}H_{50}O_2$ 430,72	$R_1 = CH_3$, $R_2 = CH_3$, $R_3 = CH_3$	Maiskeimöl, Weizenkeimöl usw., tierische Gewebe	100
		Tocotrienole		
8-Methyltocotrienol (δ-Tocotrienol)	$C_{27}H_{40}O_2$ 396,62	$R_1 = H$, $R_2 = H$, $R_3 = CH_3$	Palmöl	
5,8-Dimethyltocotrienol (ε-Tocopherol, β-Tocotrienol)	$C_{28}H_{42}O_2$ 410,65	$R_1 = CH_3$, $R_2 = H$, $R_3 = CH_3$	Weizen	5
7,8-Dimethyltocotrienol (γ-Tocotrienol)	$C_{28}H_{42}O_2$ 410,65	$R_1 = H$, $R_2 = CH_3$, $R_3 = CH_3$	Reis	
5,7,8-Trimethyltocotrienol (ζ₁-Tocopherol, α-Tocotrienol, Tocochromanol-3)	$C_{29}H_{44}O_2$ 424,67	$R_1 = CH_3$, $R_2 = CH_3$, $R_3 = CH_3$	Weizen	30

* Trivialnamen entsprechend den Empfehlungen der Kommission für biochemische Nomenklatur der IUPAC [IUPAC-IUB Commission on Biochemical Nomenclature, *Biochim. biophys. Acta (Amst.)*, **107**, 1 und 5 (1965)].
** Relative Aktivität im Antisterilitätstest bei der Ratte.

Struktur und Eigenschaften von Vitamin E und verwandten Verbindungen (Schluß)

Verbindung*	Formel und Molgewicht	Struktur	Wichtigstes Vorkommen	Aktivität**
		Tocopherolähnliche Verbindungen		
α-Tocopherylchinon (α-Tocopherolchinon)	$C_{29}H_{50}O_3$ 446,72		Oxydationsprodukt von α-Tocopherol, grüne Pflanzen	Aktiv[5]
Ubichinone (Coenzyme Q)		$n = 4–8$	Ubichinon-9 (Ubichinon-45, Coenzym Q_9)*: Blätter; Ubichinon-10 (Ubichinon-50, Coenzym Q_{10})*: Leber, Hefe	
Ubichromenole		$n = 5–8$	Wie entsprechende Ubichinone	Aktiv[6]

* Trivialnamen entsprechend den Empfehlungen der Kommission für biochemische Nomenklatur der IUPAC [IUPAC-IUB Commission on Biochemical Nomenclature, *Biochim. biophys. Acta (Amst.)*, **107**, 1 und 5 (1965)].
** Relative Aktivität im Antisterilitätstest bei der Ratte.

Bestimmung

Biologisch. Antisterilitätstest an der weiblichen Ratte[7]; Dialursäurehämolysetest an Ratten[8].

Chemisch[9]. Aufgrund der reduzierenden Eigenschaften der Tocopherole, wie zum Beispiel Reduktion von $FeCl_3$ (EMMERIE-ENGEL-Reaktion). In biologischem Material ist Abtrennung von anderen reduzierenden Substanzen nötig, wie zum Beispiel durch Molekulardestillation oder Säulenchromatographie. Die einzelnen Tocopherole können mittels Säulenchromatographie, Dünnschichtchromatographie, Papierchromatographie und Gaschromatographie getrennt werden.

Einheit

Es gilt das Substanzgewicht.

Früher galt: 1 internationale Einheit (IE) = 1 mg *dl*-α-Tocopherylacetat = 1 internationale Ratteneinheit = Menge, die bei Zufuhr per os bei 50% der Tocopherolmangelratten die Fötenresorption verhütet[10].

1 IE = 1,00 mg *dl*-α-Tocopherolacetat = 1,10 mg *dl*-α-Tocopherol = 0,73 mg *d*-α-Tocopherolacetat = 0,81 mg *d*-α-Tocopherol.

Biogenese

In der jungen Pflanze wird eher α-Tocopherol synthetisiert, im Samen sind es eher die anderen Tocopherole[11]. Die einzelnen Schritte der Biogenese sind nicht bekannt; möglicherweise verläuft sie ähnlich wie die Synthese der Ubichinone (Bildung der Terpenoidkette aus Mevalonsäure und des aromatischen Rings aus Phenylalanin)[12].

Aufnahme und Ausscheidung

Die tägliche Einnahme beim Erwachsenen in den USA wurde auf 24 mg Gesamttocopherol und 14 mg α-Tocopherol[13] bzw. auf 7,4 mg α-Tocopherol[14] geschätzt. Tocopherolester werden im Dünndarm hydrolysiert. Zur Resorption ist Galle erforderlich. Wahrscheinlich werden nur gegen 35% des Tocopherols der Nahrung resorbiert; der Rest wird mit den Fäzes ausgeschieden[15]. Serumspiegel normalerweise beim Erwachsenen etwa 10 mg/l, beim Neugeborenen etwa 5 mg/l (siehe S. 605); maximaler Blutspiegel 4–9 Stunden nach der Tocopherolgabe[16,17].

α-Tocopherol wird in der Leber und im Fettgewebe gespeichert; hohe Konzentrationen finden sich in Hypophyse, Nebennieren, Uterus und Testikeln[18]; in der Leber wurde Tocopherol in den Mitochondrien und Mikrosomen nachgewiesen[16]. Der Vorrat des Körpers an Tocopherol beträgt mehrere Gramm[2]. Im Fettgewebe soll auch α-Tocopherylchinon, ein Oxydationsprodukt des α-Tocopherols, vorkommen[19].

Aus dem Harn von Personen, die größere Mengen Tocopherol erhielten, wurden die Stoffwechselprodukte Tocopheronsäure und Tocopheronlacton in Form der Glucuronide isoliert (SIMON-Metabolit)[20].

Funktion

Die Tocopherole wirken sowohl in vitro wie in vivo als Antioxydans[21, 22]:

a) Schutz ungesättigter Fettsäuren (Linolsäure) vor der Oxydation zu Peroxyden; Lipoperoxyde sind assoziiert mit der Bildung eines gelbbraunen Pigments in der glatten Muskulatur (Ceroidpigment).
b) Schutz von Vitamin A und Carotinen vor Oxydation.
c) Schutz von Thiolgruppen vor Oxydation, vor allem in Enzymen, vermutlich unter Beteiligung von Selen (Faktor 3)[23].

Nicht klar ist der Zusammenhang zwischen Vitamin E und Cholesterinstoffwechsel[22]. Möglicherweise ist Tocopherol von Bedeutung für den Nucleinsäurestoffwechsel[24] und für die Erythropoese[25]. Zwischen der Funktion der Tocopherole und der Ubichinone besteht vielleicht ein Zusammenhang; die Ubichinone sind am Elektronentransport[26] und an der Bildung von ATP[27] beteiligt. Das Vitamin E beeinflußt anscheinend den Transport oder Stoffwechsel von Vitamin B_{12}[28].

Bedarf und Mangelerscheinungen

Ein gesunder Erwachsener dürfte täglich 10–30 mg α-Tocopherol benötigen[29]; der Bedarf ist aber von der Polyenfettsäurezufuhr abhängig[30]: pro Gramm Polyenfettsäure sollen zumindest

0,6 mg α-Tocopherol zugeführt werden[31]. Der Minimalbedarf des Säuglings beträgt vermutlich 0,5 mg pro Kilogramm Körpergewicht[32], eine Menge, die der Säugling normalerweise mit der Muttermilch erhält.

Einen hohen Tocopherolgehalt besitzen die pflanzlichen Öle, vor allem Weizenkeimlinge (200–300 mg/100 g). Gute Tocopherolquellen sind Getreide und Eier. Tierische Gewebe enthalten zwar wenig Tocopherol; dieses liegt jedoch hauptsächlich als α-Tocopherol vor. Siehe auch S. 495–511.

Ein Vitamin-E-Mangel führt zu verschiedenen pathologischen Veränderungen, die von Spezies, Alter und Ernährung abhängig sind. Mangelerscheinungen sind: Reproduktionsstörung und Resorption der Föten (Ratte, Maus, Meerschweinchen), Muskeldystrophie mit zum Teil starker Creatinurie (Affe, Maus usw.), Ceroidpigmentbildung (Affe, Maus, Schwein), erhöhte Hämolyse in vitro (Ratte, Huhn), Enzephalomalazie (Huhn), exsudative Diathese (Huhn), Lebernekrose («respiratory decline») (Ratte), Nierenautolyse (Ratte).

Beim Menschen sind die Tocopherolmangelerscheinungen nur wenig ausgeprägt. Als Index für den Tocopherolernährungszustand läßt sich der Peroxydhämolysetest heranziehen[33]; bei einem erniedrigten Serumgehalt an Tocopherol wird oft auch eine erhöhte Hämolyse in vitro konstatiert[30]. Ein niederer Serumspiegel findet sich häufig bei Neugeborenen und besonders bei Frühgeborenen, und ein Tocopherolmangel ist möglicherweise die Ursache von makrozytärer Anämie[34] bzw. hämolytischer Anämie[35] bei Säuglingen. Zu einem Tocopherolmangel kann es bei Fettresorptionsstörungen kommen[3, 36]: Niedere Tocopherolserumspiegel, oft in Verbindung mit Creatinurie und Einlagerung von Ceroidpigment in der glatten Muskulatur (Gastrointestinaltrakt), wurden bei Sprue, Zöliakie, biliärer Zirrhose, Pankreatitis und vor allem bei zystischer Pankreasfibrose gefunden. Ob beim Menschen Muskeldystrophie mit einem Tocopherolmangel zusammenhängt, ist nicht erwiesen[37]. Ein sehr niedriger Vitamin-E-Gehalt des Fettgewebes wurde bei Frühgeborenen mit Ödemen im subkutanen Bindegewebe gefunden[38].

Therapie[39]

Eine Therapie mit Tocopherolen ist begründet bei Claudicatio intermittens, bei Fettresorptionsstörungen (speziell zystischer Pankreasfibrose) bei mit Kuhmilch ernährten Frühgeborenen und bei Einnahme großer Mengen ungesättigter Fettsäuren. Bei zystischer Pankreasfibrose sollen zumindest 100 mg α-Tocopherol täglich zugeführt werden[17]. Eine Tocopherolgabe an die Mutter vor der Geburt soll einen günstigen Einfluß auf die Kapillarresistenz des Neugeborenen haben[40]. Auch in hohen Dosen scheint Tocopherol nicht toxisch zu sein.

Literatur

1 Sebrell, jr., und Harris (Hrsg.), *The Vitamins*, Band 3, Academic Press, New York, 1954, S. 481; Vasington et al., *Vitam. and Horm.*, **18**, 43 (1960); Symposium on Vitamin E and Metabolism, *Vitam. and Horm.*, **20**, 373 (1962).
2 Dam und Søndergaard, in: Beaton und McHenry (Hrsg.), *Nutrition*, Band 2, Academic Press, New York, 1964, S. 1.
3 Gordon und Nitowsky, in: Wohl und Goodhart (Hrsg.), *Modern Nutrition in Health and Disease*, 3. Aufl., Lea & Febiger, Philadelphia, 1964, S. 372.
4 Isler et al., *Vitam. and Horm.*, **20**, 389 (1962); Pennock et al., *Biochem. biophys. Res. Commun.*, **17**, 542 (1964); Martius und Bosshardt, in: Rauen, H. M. (Hrsg.), *Biochemisches Taschenbuch*, 2. Aufl., 1. Teil, Springer, Berlin, 1964, S. 540.
5 Green et al., *Biochim. biophys. Acta (Amst.)*, **49**, 417 (1961).
6 Johnson et al., *Biochem. biophys. Res. Commun.*, **5**, 309 (1961).
7 Evans et al., *J. biol. Chem.*, **108**, 515 (1934).
8 Rose und György, *Fed. Proc.*, **8**, 244 (1949); Friedman et al., *J. Nutr.*, **65**, 143 (1958).
9 Kofler et al., *Vitam. and Horm.*, **20**, 407 (1962); Gstirner, F., *Chemisch-physikalische Vitaminbestimmungsmethoden*, 5. Aufl., Enke, Stuttgart, 1965, S. 367.
10 Siebert et al., in: Rauen, H. M. (Hrsg.), *Biochemisches Taschenbuch*, 2. Aufl., 2. Teil, Springer, Berlin, 1964, S. 664.
11 Green, J., *J. Sci. Food Agric.*, **9**, 801 (1958).
12 Olson et al., *J. biol. Chem.*, **238**, 3146 (1963).
13 Harris et al., *J. Nutr.*, **40**, 367 (1950).
14 Bunnell et al., *Amer. J. clin. Nutr.*, **17**, 1 (1965).
15 Klatskin und Molander, *J. Lab. clin. Med.*, **39**, 802 (1952).
16 Wiss et al., *Vitam. and Horm.*, **20**, 441 (1962).
17 Goldbloom, R. B., *Pediatrics*, **32**, 36 (1963).
18 Quaife und Dju, *J. biol. Chem.*, **180**, 263 (1949); Dju et al., *Amer. J. clin. Nutr.*, **6**, 50 (1958).
19 Weber und Wiss, *Helv. physiol. Acta pharmacol.*, **21**, 131 (1963).
20 Simon et al., *J. biol. Chem.*, **221**, 807 (1956).
21 Tappel, A. L., *Vitam. and Horm.*, **20**, 493 (1962).
22 Alfin-Slater und Morris, *Advanc. Lipid Res.*, **1**, 183 (1963).
23 Schwarz, K., *Vitam. and Horm.*, **20**, 463 (1962).
24 Dinning, J. S., *Vitam. and Horm.*, **20**, 511 (1962).
25 Dinning, J. S., *Nutr. Rev.*, **21**, 289 (1963).
26 Morton, R. A., *Vitam. and Horm.*, **19**, 1 (1961); Wolstenholme und O'Connor (Hrsg.), *Ciba Foundation Symposium on Quinones in Electron Transport*, Churchill, London, 1961.
27 Moore und Folkers, *J. Amer. chem. Soc.*, **86**, 3393 (1964).
28 Oski et al., *Amer. J. clin. Nutr.*, **18**, 307 (1966).
29 Food and Nutrition Board, *Recommended Dietary Allowances*, 6. Aufl., National Academy of Sciences – National Research Council, Publication 1146, Washington, 1964, S. 43.
30 Horwitt, M. K., *Vitam. and Horm.*, **20**, 541 (1962).
31 Harris und Embree, *Amer. J. clin. Nutr.*, **13**, 385 (1963).
32 Nitowsky et al., *Vitam. and Horm.*, **20**, 559 (1962).
33 György et al., *Proc. Soc. exp. Biol. (N. Y.)*, **81**, 536 (1952).
34 Majaj et al., *Amer. J. clin. Nutr.*, **12**, 374 (1963); Majaj, A. S., *Amer. J. clin. Nutr.*, **18**, 362 (1966).
35 Oski und Barness, in: *Proceedings of the American Pediatric Society*, 1965, S. 15.
36 Koch, E., in: Lang, K. (Hrsg.), *Tocopherole*, 12. Symposion der Deutschen Gesellschaft für Ernährung, Mainz 1965, Steinkopff, Darmstadt, 1967, S. 108.
37 Horwitt, M. K., *Fed. Proc.*, **24**, 68 (1965).
38 Gerlóczy et al., in: *VII. Internationaler Ernährungskongreß*, Hamburg 1966, Kurzfassung der Vorträge, Pergamos-Druck, Hamburg, 1966, S. 232.
39 Marks, J., *Vitam. and Horm.*, **20**, 573 (1962).
40 Beckmann et al., *Klin. Wschr.*, **41**, 1043 (1963).

Vitamin K[1, 2]

Chemie

Die Substanzen sind fettlöslich, ziemlich thermostabil, aber lichtempfindlich; wasserlöslich sind das Menadion-Natriumbisulfit und das Tetranatriumsalz des Hydrovitamin-K_1-Diphosphorsäureesters. Formeln und weitere Eigenschaften siehe S. 464.

Bestimmung

Biologisch. Kurativ an Vitamin-K-Mangel-Küken[2].

Chemisch[3]. In reiner Lösung spektrophotometrisch, fluorometrisch, kolorimetrisch, polarographisch, ferner oxydometrisch nach Reduktion zum Hydrochinon; zur Bestimmung in tierischem oder pflanzlichem Material ist eine geeignete Extraktion oder eine Chromatographie nötig.

Einheit

Einheit ist das Substanzgewicht. Gelegentlich verwendete Einheiten: 20 Dam-Einheiten = 1 Ansbacher-Einheit = 0,0008 mg Menadion (entspricht der Minimalmenge, die bei 70–100 g schweren Vitamin-K-Mangel-Küken die Prothrombinzeit binnen 6 Stunden normalisiert).

Biogenese

Vitamin K_1 wird in der grünen Pflanze unter Lichteinwirkung synthetisiert und findet sich hauptsächlich in den Chloroplasten; die Vitamine der K_2-Reihe werden von gewissen Darmbakterien synthetisiert (Intestinalflora). Wie der Naphthochinonring gebildet wird, ist nicht bekannt.

Aufnahme und Ausscheidung

Für die optimale Resorption des in der Nahrung enthaltenen sowie des von der Darmflora synthetisierten Vitamins sind Galle oder Gallensäuren nötig; Menadion und die synthetischen wasserlöslichen Präparate werden auch ohne Galle resorbiert. Der Abtransport des Vitamins erfolgt durch die Lymphe. Nach Martius[4] erfahren die K-Vitamine pflanzlichen und bakteriellen Ursprungs bei der Aufnahme im tierischen Organismus eine Umwandlung, wobei die verschiedenen Seitenketten einheitlich durch eine isoprenoide Kette von 20 C-Atomen ersetzt werden. Die Abspaltung der ursprünglich vorhandenen Seitenkette erfolgt unter Mitwirkung von Darmbakterien unter Bildung von Methylnaphthochinon. Dieses wird resorbiert und im tierischen Gewebe durch Einführung der Geranylgeranylkette in das spezifische $K_{2\,(20)}$ des Tierkörpers übergeführt.

Bei Einnahme von Vitamin K in Mengen, wie sie in der Nahrung enthalten sind, wird es im Gewebe nicht gespeichert; bei Verabreichung großer Dosen findet sich das Vitamin in Leber und Milz angereichert[5]. Nach Gaben radioaktiven Vitamins K an Ratten wurde ein Teil der Aktivität in Harn und Galle gefunden[6]; Metaboliten des Vitamins wurden aus Hundegalle isoliert[7].

Struktur und Eigenschaften von Vitamin K und verwandten Verbindungen

Verbindung	Formel und Molgewicht	Struktur	Physikalische Eigenschaften	Vorkommen	Aktivität**
Vitamin $K_{1(20)}$ (Phyllochinon)*	$C_{31}H_{46}O_2$ 450,71	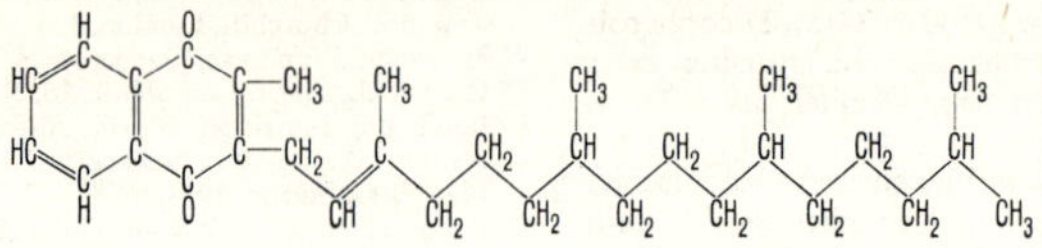	Gelbes Öl, Smp. −20 °C	In grünen Pflanzen, Tomaten, gewissen Bakterien; isoliert aus Alfalfa	100
Vitamin $K_{2(30)}$ (Menachinon-6)*	$C_{41}H_{56}O_2$ 580,90	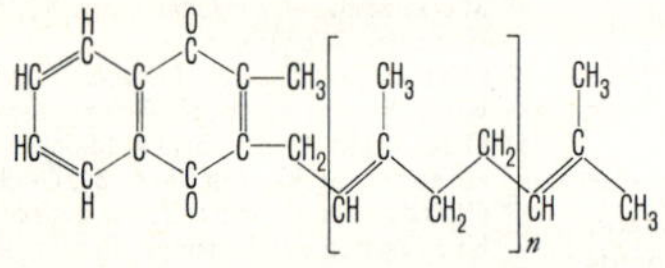 $n = 5$	Gelbe Kristalle, Smp. 50 °C	Isoliert aus faulendem Fischmehl	100
Vitamin $K_{2(35)}$ (Menachinon-7)*	$C_{46}H_{64}O_2$ 649,02	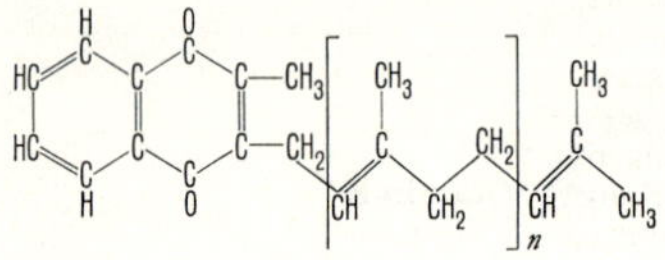 $n = 6$	Gelbe Kristalle, Smp. 54 °C	In gewissen Bakterien; isoliert aus faulendem Fischmehl	70
Menadion (Vitamin K_3, Methylnaphthochinon)	$C_{11}H_8O_2$ 172,19	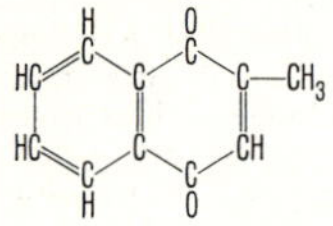	Gelbe Nadeln, Smp. 106 °C	Synthetisch; Stoffwechselzwischenprodukt?	Etwa 100

* Trivialnamen entsprechend den Empfehlungen der Kommission für biochemische Nomenklatur der IUPAC [IUPAC-IUB Commission on Biochemical Nomenclature, *Biochim. biophys. Acta (Amst.)*, **107**, 5 (1965)].
** Relative Aktivität bestimmt an Vitamin-K-Mangel-Küken.

Funktion

Vitamin K ist am Blutgerinnungsmechanismus beteiligt, indem es eine normale Prothrombinzeit gewährleistet. Es beeinflußt die Bildung von Prothrombin (Faktor II), von Faktor VII, Faktor IX, Faktor X und vielleicht auch von Faktor V[8]. Hierbei greift Vitamin K möglicherweise bei der Ausbildung der quaternären Proteinstruktur (S-S-Brücken) ein[9], über die Boten-RNS-Synthese vielleicht auch direkt in die Proteinsynthese[10]. Die mögliche Rolle des Vitamins bei der oxydativen Phosphorylierung ist diskutiert[11], aber bisher nur an Bakterien nachgewiesen worden[12]. Aufgrund der Chinon-Hydrochinon-Struktur von Vitamin K und der leichten Bildung eines Chromanols dürfte die Funktion des Vitamins am ehesten in der Elektronenübertragung bestehen[9].

Dicumarol und verwandte Verbindungen wirken als Vitamin-K-Antagonisten bei der Blutgerinnung und werden daher als Antikoagulantien verwendet; ihre Wirkung kann durch Vitamin K aufgehoben werden.

Bedarf und Mangelerscheinungen

Der Vitamin-K-Bedarf ist nicht bekannt. Durch eine normale Ernährung in Verbindung mit der Synthese durch die Darmbakterien scheint, Neugeborene ausgenommen, eine ausreichende Versorgung gesichert zu sein, wenn auch die intestinale De-novo-Synthese beim Menschen keine größere Bedeutung haben dürfte[13]. Zur Erzielung einer maximalen Prothrombinaktivität beim Neugeborenen reichten 5 µg Dinatrium-2-methyl-1,4-naphthohydrochinondisuccinat pro Tag aus[14].

Vitamin K ist vor allem in grünen Gemüsen wie zum Beispiel Spinat und Kohl enthalten. Der Gehalt in Tomaten und Leber ist geringer, in Früchten, Milch und Fleisch minimal. Kuhmilch enthält mehr Vitamin K als Muttermilch.

Vitamin-K-Mangel äußert sich in einer Hypoprothrombinämie mit verlängerter Prothrombinzeit und verstärkter Blutungsneigung. Eine erniedrigte Prothrombinaktivität infolge Vitamin-K-Mangels besteht bei manchen Darmerkrankungen, wie zum Beispiel schwerer Diarrhoe[15] und Steatorrhoe[16] und bei beeinträchtigter Resorption des Vitamins infolge Fehlens von Galle (Gallenfistel, Obstruktion der Gallenwege). Die Hypoprothrombinämie bei schwerer Schädigung des Leberparenchyms beruht aber nicht auf einem Vitamin-K-Mangel und ist auch nicht durch Vitamin K normalisierbar, was die Grundlagen zu einem Leberfunktionstest liefert. Auch während einer längeren Therapie mit Antibiotika und Sulfonamiden kann infolge Unterdrückung der Darmflora Vitamin-K-Mangel auftreten.

In den ersten Lebenstagen beträgt die Prothrombinaktivität des Plasmas 10–50% derjenigen des Erwachsenen[17], vielleicht weil die Intestinalflora noch nicht genügend ausgebildet und die Vitamin-K-Einnahme mit der Milch nur gering ist. Ohne Vitamin-K-Therapie finden sich bei 0,1–1% der Neugeborenen Hämorrhagien, und verschiedene Untersuchungen haben gezeigt, daß sich durch Vitamin-K-Therapie die Häufigkeit von Hämorrhagien bei Neugeborenen verringern läßt[18,19].

Therapie

Prophylaktisch bei Neugeborenen, vor allem bei Frühgeborenen und bei Anoxie: Vitamin K_1 in einer Dosis von 0,5–1 mg subkutan oder intramuskulär, oder 1–2 mg oral bei der Geburt[18]. Die doppelte Dosis kann erforderlich sein bei Kindern, deren Mütter mit Antikoagulantien behandelt wurden.

Weniger empfehlenswert ist die Gabe des Vitamins an die Mutter vor der Geburt[20]. Von der Verwendung der wasserlöslichen Menadionderivate zur Neugeborenen- und Schwangerenprophylaxe sollte man wegen der Gefahr von Hyperbilirubinämie und der erhöhten Neigung zu Kernikterus besser absehen; diese Erscheinungen sind möglicherweise der Wirkung von unvollständig umgewandelten Verbindungen oder Stoffwechselprodukten der Derivate des Menadions zuzuschreiben.

Kurativ bei erniedrigter Prothrombinaktivität infolge Vitamin-K-Mangels und Überdosierung von Antikoagulantien.

Wenn möglich soll Vitamin K oral, intramuskulär oder subkutan, nicht jedoch intravenös gegeben werden[21].

Literatur

1 Sebrell, jr., und Harris (Hrsg.), *The Vitamins*, Band 2, Academic Press, New York, 1954, S. 387; Isler und Wiss, *Vitam. and Horm.*, **17**, 53 (1959); Kagan und Goodhart, in: Wohl und Goodhart (Hrsg.), *Modern Nutrition in Health and Disease*, 3. Aufl., Lea & Febiger, Philadelphia, 1964, S. 367.
2 Dam und Søndergaard, in: Beaton und McHenry (Hrsg.), *Nutrition*, Band 2, Academic Press, New York, 1964, S. 1.
3 Gstirner, F., *Chemisch-physikalische Vitaminbestimmungsmethoden*, 5. Aufl., Enke, Stuttgart, 1965, S. 400.
4 Martius, C., *Schweiz. med. Wschr.*, **93**, 1264 (1963).
5 Dam et al., *Acta pharmacol. (Kbh.)*, **10**, 58 (1954), und **11**, 90 (1955).
6 Jaques et al., *Schweiz. med. Wschr.*, **84**, 792 (1954); Taylor et al., *Canad. J. Biochem.*, **34**, 1143 (1956).
7 Losito et al., *Biochim. biophys. Acta (Amst.)*, **107**, 123 (1965).
8 Aballi et al., *Amer. J. Dis. Child.*, **97**, 524 (1959).
9 Johnson, B. C., *Nutr. Rev.*, **22**, 225 (1964).
10 Olson, R. E., *Science*, **145**, 926 (1964).
11 Martius, C., *Dtsch. med. Wschr.*, **83**, 1701 (1958).
12 Brodie, A. F., *Fed. Proc.*, **20**, 995 (1961).
13 Udall, J. A., *J. Amer. med. Ass.*, **194**, 127 (1965).
14 Larsen, E. H., *Svingningerne i prothrombinaktiviteten hos nyfødte med en analyse af prothrombinbestemmelsers teknik og vurdering*, Diss., Munksgaard, Kopenhagen, 1952.
15 Matoth, Y., *Amer. J. Dis. Child.*, **80**, 944 (1950).
16 Shaw, S., *Brit. med. J.*, **2**, 647 (1960).
17 Dam und Plum, *Postgrad. Med.*, **15**, 279 (1954); McElfresh, A. E., *Amer. J. med. Sci.*, **242**, 771 (1961).
18 American Academy of Pediatrics – Committee on Nutrition, *Pediatrics*, **28**, 501 (1961).
19 Vietti et al., *J. Pediat.*, **56**, 343 (1955); Wefring, K. W., *J. Pediat.*, **61**, 686 (1962).
20 *Med. Letter*, **5**, 47 (1963).
21 *Med. Letter*, **5**, 97 (1963).

Thiamin[1–3]

Chemie

Verbindung	Formel und Molgewicht	Struktur	Physikalische Eigenschaften	Vorkommen und Aktivität
Thiamin (Vitamin B_1, Aneurin)	$C_{12}H_{17}N_4OS$ (Kation) 265,36 $C_{12}H_{18}N_4OSCl_2$ (Hydrochlorid) 337,27	Pyrimidinrest Thiazolrest	Smp. 245–248 °C (Hydrochlorid); farblose Nadeln, leicht löslich in Wasser, in reiner Form geruchlos, thermolabil in neutraler und alkalischer Lösung, gegen Luftsauerstoff beständig, empfindlich gegen Oxydationsmittel und ultraviolettes Licht	In Pflanzen; in Form von Thiaminpyrophosphat in tierischem Gewebe
Thiamindiphosphat (TDP) Thiaminpyrophosphat (TPP) (Cocarboxylase)	$C_{12}H_{18}N_4O_7P_2S$ 424,31		Smp. 242–244 °C; hellgelbe Nadeln, leicht löslich in Wasser	In tierischem Gewebe; Cofaktor von Decarboxylasen und anderen Enzymen
α-Hydroxyäthyl-2-thiamindiphosphat α-Hydroxyäthyl-2-thiaminpyrophosphat	$C_{14}H_{22}N_4O_8P_2S$ 468,37			In Mikroorganismen; 60% des Thiamins in *Escherichia coli*[4]. Aktiver Acetaldehyd
Thiochrom	$C_{12}H_{14}N_4OS$ 262,34		Smp. 277–278 °C; gelbe Prismen, in Lösung blau fluoreszierend	Oxydationsprodukt von Thiamin
Oxythiamin	$C_{12}H_{16}N_3O_2S$ 266,34		Smp. 195–200 °C	Antagonist von Thiamin

Bestimmung

Biologisch. Rattenschutztest, Rattenwachstumstest; heute kaum gebräuchlich.

Mikrobiologisch. Thiamin mit *Ochromonas malhamensis*[5] oder *Ochromonas danica*[6]; der Pyrimidinrest und der Thiazolrest mit *Saccharomyces cerevisiae*[7].

Enzymatisch. Mit Apodecarboxylase aus Hefe[8].

Chemisch[9]. In reiner Lösung maßanalytisch durch Titration des Chlorids, gravimetrisch als Reineckat, kolorimetrisch über Azokörper aus Thiamin und Diazoniumsalzen, fluorometrisch mit Bromcyan; in biologischem Material speziell durch Oxydation des Thiamins zu Thiochrom, das im ultravioletten Licht eine intensiv blaue Fluoreszenz zeigt; nach entsprechenden Modifikationen lassen sich mit der Thiochrommethode die Mono-, Di- und Triphosphate des Thiamins und an Protein gebundenes Thiamin bestimmen.

Einheit

Es gilt das Substanzgewicht.

Früher galt: 1 internationale Einheit (IE) = 0,003 mg Thiaminhydrochlorid. 1 US-Pharmacopoe-Einheit (USP) = 1 internationale Einheit.

Biogenese[10]

Thiamin wird von Pflanzen, vielen Bakterien, vielen Algen und manchen Pilzen synthetisiert. Manche Mikroorganismen können nur den Pyrimidinrest und/oder den Thiazolrest aufbauen. Der Pyrimidinrest und Thiazolrest werden unabhängig voneinander synthetisiert – auf welche Weise, ist weitgehend unbekannt – und dann in einem letzten Schritt zum Thiamin zusammengefügt, wobei zuerst Thiaminmonophosphat entsteht, das dann zu Thiamin hydrolysiert wird:

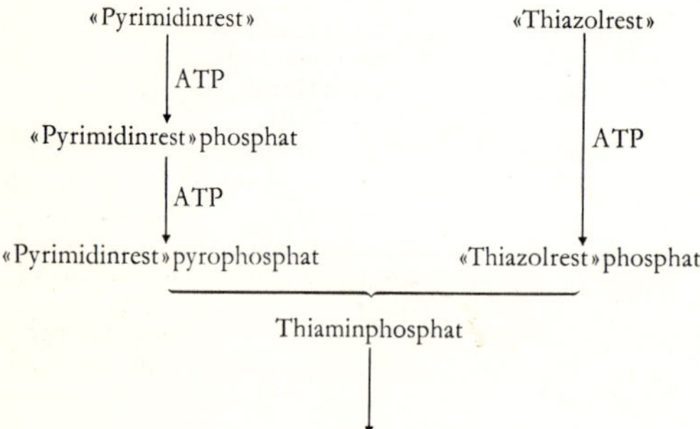

Thiamin, aber nicht Thiaminphosphat, kann durch ATP in Thiaminpyrophosphat übergeführt werden (zum Beispiel Hefe, Darmgewebe). Aus Thiaminpyrophosphat kann mit ATP auch Thiamintriphosphat entstehen (Hefe). Über thiaminpyrophosphataktivierte Aldehyde siehe im Abschnitt «Funktion».

Aufnahme und Ausscheidung

Die Kost in den USA enthält gegen 2,15 mg Thiamin täglich[11], in Deutschland gegen 1,8 mg[12]. Thiamin wird im Dünndarm leicht resorbiert und enzymatisch in der Darmmukosa in Thiaminpyrophosphat übergeführt. Bei der Ratte wird Thiamin von der Darmflora synthetisiert[13]; daß eine solche Synthese für den Menschen Bedeutung hat, ist nicht sehr wahrscheinlich.

Im Vollblut beträgt der Thiamingehalt 20–75 µg/l, im Serum 18–62 µg/l und in der Zerebrospinalflüssigkeit 3–12 µg/l[6]. Erythrozyten enthalten 80 µg Thiamin/l, Leukozyten 675 µg/l[14]. Bei Neugeborenen ist der Thiamingehalt des Serums stark erhöht (siehe S. 605). Im Serum ist in kleinen Mengen freies Thiamin enthalten, in den Blutkörperchen und Geweben dagegen vorwiegend Thiaminpyrophosphat. Öfters wurde auch über das Vorkommen von Thiaminmonophosphat, Thiamintriphosphat und Thiochrom in Geweben berichtet[15]. Relativ thiaminreich sind Herzmuskel (2–3 µg/g), Gehirn, Leber und Nieren (1 µg/g); weniger Thiamin enthält die Skelettmuskulatur (0,5 µg/g)[16]. Eine menschliche Leber enthält etwa 4 mg Thiamin[17].

Ab einer Einnahme von 0,5–0,6 mg täglich steigt die Thiaminausscheidung im Harn linear mit der Einnahme und beträgt bei guter Kost 100 µg und mehr pro 24 h[2,18]; außerdem finden sich im Harn noch Abbauprodukte (Pyrimidine und Thiazole), deren ausgeschiedene Menge vom Thiamingehalt der Kost weitgehend unabhängig ist und einen Gradmesser für den Thiaminstoffwechsel darstellt[19]. Auch der Thiamingehalt der Muttermilch (siehe S. 685) ist von der Thiaminzufuhr abhängig; es bestehen aber große individuelle Unterschiede.

Funktion

Thiaminpyrophosphat hat Coenzymfunktion beim Abbau der Kohlenhydrate (oxydative Decarboxylierung von Pyruvat, siehe S. 387), im Citronensäurezyklus (oxydative Decarboxylierung von α-Ketoglutarat, siehe S. 386 und 387), im Pentosephosphatzyklus (Transketolasereaktion, siehe S. 417) und anderen biochemischen Reaktionen[20]; zumindest 24 Enzyme sind bekannt, die Thiaminpyrophosphat als Coenzym enthalten[2]. Bei diesen Reaktionen entsteht eine aktive Aldehydgruppe, die von Thiaminpyrophosphatenzymen gebildet oder übertragen wird und die am C-2 des Thiazolrings gebunden ist:

Reaktion	Aktiver Aldehyd
Oxydative Decarboxylierung von Pyruvat	Aktives Pyruvat (α-Lactyl-2-thiaminpyrophosphat)[21] Aktiver Acetaldehyd (α-Hydroxyäthyl-2-thiaminpyrophosphat)[21]
Oxydative Decarboxylierung von α-Ketoglutarat	Aktives α-Ketoglutarat (?) Aktiver Succinatsemialdehyd (?)
Transketolasereaktion	Aktives Xylulose-5-phosphat (?) Aktiver Glycolaldehyd[21] Aktives Sedoheptulose-7-phosphat (?)
Glyoxylatcarboligasereaktion	Aktives Glyoxylat[22] Aktiver Formaldehyd[22] Aktiver Tartronsemialdehyd[22]

Thiaminpyrophosphat ist für die Erregungsbildung im peripheren Nerven und für die Erholungsprozesse nach der Erregung von großer Bedeutung[23]; bei der Stimulierung peripherer Nerven wird aus Thiaminpyrophosphat Thiamin freigesetzt[24].

Die thiaminsparende Wirkung von Fett in der Nahrung beruht vielleicht darauf, daß die Aktivität der Pyruvatdehydrogenase bei Thiaminmangel schneller gehemmt wird als die der Oxoglutaratdehydrogenase (α-Ketoglutaratdehydrogenase)[2]; vielleicht entstehen bei Thiaminmangel aber auch toxische Produkte aus Kohlenhydrat[20].

Verschiedene synthetische Verbindungen von thiaminähnlicher Struktur, wie Oxythiamin, Pyrithiamin, Neopyrithiamin, wirken als Thiaminantagonisten[25]; Antithiaminfaktoren unbekannter Struktur kommen in Bakterien, Pflanzen und Tieren vor (speziell in Kaltblütlern, der entsprechende Antimetabolit wird auch als «Thiaminase» bezeichnet)[26].

Bedarf und Mangelerscheinungen

Der Thiaminbedarf hängt in erster Linie von der Kohlenhydratzufuhr ab; aus praktischen Überlegungen wird er aber meist auf die Kalorieneinnahme bezogen. Der Mindestbedarf von Erwachsenen liegt bei 0,2 mg pro 1000 kcal[27], nach neueren Untersuchungen an Männern bei 0,27–0,33 mg pro 1000 kcal[28]. Die Erhaltungsdosis für Säuglinge bei künstlicher Ernährung wurde mit 0,14–0,20 mg täglich ermittelt[29]. Die National Academy of Sciences, USA, empfiehlt für Säuglinge, Kinder und Erwachsene eine Thiamineinnahme von 0,4 mg pro 1000 kcal – aber für Erwachsene zumindest 0,8 mg täglich; eine erhöhte Einnahme wird für Schwangere und Stillende empfohlen[27]. Bei gesteigertem Stoffwechsel ist der Bedarf erhöht. Zu berücksichtigen ist auch ein eventueller Gehalt der Kost an Antithiaminfaktoren.

Gute Thiaminquellen sind Hefe, Schweinefleisch, Leber, Nieren und Vollkornprodukte (siehe S. 495–511). Das Vitamin wird zum Teil beim Kochen zerstört, vor allem in alkalischem Medium; beim Tiefgefrieren bleibt der Thiamingehalt unverändert[1].

Die klassischen Vitamin-B_1-Mangelsymptome sind: anfänglich Anorexie, Nausea und Erbrechen; dann Müdigkeit, Schwäche, Hypotonie des Gastrointestinaltraktes, periphere Nervenstörungen

(Schwäche der unteren Extremitäten, Hyper- und Parästhesien, Koordinationsstörungen). Es treten auch geistige Störungen auf: Depression, Reizbarkeit, Gedächtnis- und Konzentrationsschwäche.

Die Beriberi manifestiert sich je nach Vorherrschen der Symptome in verschiedenen Formen:

a) Exsudative Form, bei der zuerst Ödeme auftreten. Hinzukommende Herzvergrößerung und rechtsseitige Herzinsuffizienz können zu plötzlichem Exitus führen.

b) «Trockene» Form mit Vorwiegen peripherer degenerativer Polyneuritiden und Atrophie der Extremitätenmuskulatur. In unseren Breitengraden ist die Polyneuritis das Hauptsymptom des Thiaminmangels, so zum Beispiel bei chronischem Alkoholismus, obwohl bei diesem wahrscheinlich zumeist ein Mangel an mehreren Vitaminen der B-Gruppe vorliegt[30].

c) Die selten vorkommende zerebrale Form der Beriberi zeigt das Krankheitsbild der WERNICKEschen Enzephalopathie: Nystagmus, Augenlähmungen sowie auch geistige Störungen (Übererregbarkeit, Schlaflosigkeit, Gedächtnisverlust, Desorientierung, Konfabulationen, Halluzinationen), schließlich Verlust des Bewußtseins und Tod. Diese Erkrankung wird beispielsweise in Europa bei chronischen Alkoholikern und manchmal auch bei Krebskranken beobachtet.

d) Die infantile Form tritt bei Säuglingen im ersten Lebensjahr auf und ist maßgebende Ursache der hohen Säuglingssterblichkeit in Süd- und Südostasien; auf den Philippinen starben zwischen 1954 und 1958 jährlich gegen 15000 Kinder an Beriberi[31]. Bei chronischem Verlauf manifestiert sie sich durch mangelnde Gewichtszunahme, Verstopfung, Erbrechen und Ödeme, bei akutem Verlauf durch Herzinsuffizienz mit tödlichem Ausgang. Gelegentlich ähneln die Symptome auch einer Meningitis bzw. Enzephalitis. Die Ursache dieser Vitaminmangelkrankheit ist nicht ganz geklärt. Zumeist besteht ein Thiaminmangel bei der Mutter mit geringem Thiamingehalt der Milch; toxische Substanzen in der Milch sind aber auch in Betracht zu ziehen[32].

Biochemisch äußert sich ein Thiaminmangel durch erniedrigten Thiamingehalt im Harn (bei Beriberi 0–14 µg/24 h), in einem gestörten Kohlenhydratstoffwechsel (erhöhter Blutgehalt an Pyruvat und α-Ketoglutarat[33]) und einem erniedrigten Thiaminpyrophosphatgehalt der Gewebe (Erythrozyten[34], Gehirn[35]). Der Thiaminpyrophosphatgehalt der Erythrozyten läßt sich anhand der Transketolaseaktivität bestimmen; bei Thiaminmangel läßt sich die Aktivität durch Thiaminpyrophosphatzusatz normalisieren[34]. Die biochemischen Schädigungen gehen den pathologischen voraus; wie es aber zu den Läsionen im kardiovaskulären und im Nervensystem kommt, ist nicht bekannt. Vielleicht erhalten die Gewebe zuwenig Energie, vielleicht häufen sich toxische Stoffwechselprodukte an.

Reihenfolge des Auftretens der Mangelsymptome bei 0,2 mg Thiamin pro Tag[34]

Tage	Biochemische Symptome	Klinische Symptome
5	Harnthiamin 50 µg/24 h	
10	Harnthiamin 25 µg/24 h, Transketolaseaktivität der Erythrozyten leicht erniedrigt	
21–28	Harnthiamin 0–25 µg/24 h, Transketolaseaktivität der Erythrozyten um 15 bis 25% erniedrigt	Gewichtsverlust, Schlaflosigkeit, gesteigerte Reizbarkeit
30–200	Harnthiamin unbedeutend, Transketolaseaktivität der Erythrozyten um 35% erniedrigt	Zunehmende Schwäche, Gewichtsverlust, Polyneuritis, Bradykardie, periphere Ödeme, Herzvergrößerung, Ophthalmoplegie
>200	Harnthiamin unbedeutend, Transketolaseaktivität der Erythrozyten um über 45% erniedrigt	Als Folge der biochemischen Defekte histopathologische Veränderung nachweisbar

Therapie

Beriberi bei Erwachsenen wird meist mit 20–30 mg Thiamin täglich behandelt[36]. Meist genügt eine orale Gabe, bei schwerer Herzbeteiligung soll Thiamin aber anfänglich parenteral verabreicht werden. Bei parenteraler Gabe kann es in seltenen Fällen zu anaphylaktischem Schock kommen. Die biochemischen Läsionen klingen meist schnell ab, die kardiovaskulären Störungen sind in den meisten Fällen normalisierbar, polyneuritische Störungen heilen nur langsam mit gelegentlich irreversiblen Nervenschädigungen. Thiamin wurde bei vielen Krankheiten therapeutisch verwendet[37]; Voraussetzung für einen Erfolg ist aber ein Thiaminmangel.

Da Thiaminhydrochlorid nur unvollständig resorbiert und in alkalischem Medium leicht zerstört wird, wurden biologisch aktive Verbindungen, wie beispielsweise das Thiaminpropyldisulfid, synthetisiert, die mit diesen Nachteilen weniger behaftet sind[38].

Literatur

1 HORWITT, M.K., in: WOHL und GOODHART (Hrsg.), *Modern Nutrition in Health and Disease*, 3. Aufl., Lea & Febiger, Philadelphia, 1964, S. 380.
2 GOLDSMITH, G.A., in: BEATON und MCHENRY (Hrsg.), *Nutrition*, Band 2, Academic Press, New York, 1964, S. 109.
3 SEBRELL, jr., und HARRIS (Hrsg.), *The Vitamins*, Band 3, Academic Press, New York, 1954, S. 403.
4 CARLSON und BROWN, *J. biol. Chem.*, **236**, 2099 (1961).
5 BAKER und SOBOTKA, *Advanc. clin. Chem.*, **5**, 173 (1962).
6 BAKER et al., *Amer. J. clin. Nutr.*, **14**, 197 (1964).
7 ZIPORIN et al., *Analyt. Biochem.*, **3**, 1 (1962).
8 OCHOA und PETERS, *Biochem. J.*, **32**, 1501 (1938).
9 GSTIRNER, F., *Chemisch-physikalische Vitaminbestimmungsmethoden*, 5. Aufl., Enke, Stuttgart, 1965, S. 68.
10 BROWN und REYNOLDS, *Ann. Rev. Biochem.*, **32**, 419 (1963); GOODWIN, T.W., *The Biosynthesis of Vitamins and Related Compounds*, Academic Press, New York, 1963, S. 1.
11 STITT, K.R., *Nutr. Rev.*, **21**, 257 (1963).
12 WIRTHS, W., *Ber. Landwirtsch.*, **40**, 845 (1962).
13 WOSTMANN et al., *Ann. N.Y. Acad. Sci.*, **98**, 516 (1962).
14 BURCH et al., *J. biol. Chem.*, **198**, 477 (1952).
15 WISS und BRUBACHER, *Ann. N.Y. Acad. Sci.*, **98**, 508 (1962).
16 FERREBEE et al., zitiert nach GOLDSMITH, G.A. [2].
17 BAKER et al., *Amer. J. clin. Nutr.*, **14**, 1 (1964).
18 PEARSON, W.N., *Amer. J. clin. Nutr.*, **20**, 514 (1967).
19 ZIPORIN et al., *J. Nutr.*, **85**, 287 (1965).
20 HANDLER, P., *Fed. Proc.*, **17**, Suppl. 2, 31 (1958).
21 HOLZER et al., *Ann. N.Y. Acad. Sci.*, **98**, 453 (1962); KRAMPITZ et al., *Ann. N.Y. Acad. Sci.*, **98**, 466 (1962).
22 KOHLHAW et al., *J. biol. Chem.*, **240**, 2135 (1965).
23 VON MURALT, A., *Bibl. «Nutr. et Dieta» (Basel)*, Heft 1, 75 (1960).
24 VON MURALT, A., *Ann. N.Y. Acad. Sci.*, **98**, 499 (1962).
25 ROGERS, E.F., *Ann. N.Y. Acad. Sci.*, **98**, 412 (1962).
26 SOMOGYI, J.C., *Bibl. «Nutr. et Dieta» (Basel)*, Heft 1, 77 (1960).
27 Food and Nutrition Board, *Recommended Dietary Allowances*, 6. Aufl., National Academy of Sciences – National Research Council, Publication 1146, Washington, 1964, S. 20.
28 ZIPORIN et al., *J. Nutr.*, **85**, 297 (1965).
29 HOLT, jr., et al., *J. Nutr.*, **37**, 53 (1949).
30 FENNELLY et al., *Brit. med. J.*, **2**, 1290 (1964).
31 SALCEDO, J., jr., *Ann. N.Y. Acad. Sci.*, **98**, 568 (1962).
32 SEBRELL, W.H., jr., *Ann. N.Y. Acad. Sci.*, **98**, 563 (1962); BHUVANESWARAN und SREENIVASAN, *Ann. N.Y. Acad. Sci.*, **98**, 576 (1962).
33 BUCKLE, R.M., *Metabolism*, **14**, 141 (1965).
34 BRIN, M., *J. Amer. med. Ass.*, **187**, 762 (1964).
35 DREYFUS und VICTOR, *Schweiz. med. Wschr.*, **93**, 1655 (1963).
36 To-day's Drugs, *Brit. med. J.*, **1**, 227 (1964).
37 ZBINDEN, G., *Ann. N.Y. Acad. Sci.*, **98**, 550 (1962).
38 KAWASAKI, C., *Advanc. clin. Chem.*, **21**, 69 (1963).

Riboflavin[1–3]

Chemie

Struktur und Eigenschaften siehe folgende Seite.

Bestimmung

Biologisch[5]. Wachstumstest an Ratten oder Küken.

Mikrobiologisch[6]. Mit *Lactobacillus helveticus* (*L. casei*), *Leuconostoc mesenteroides* oder auch mit *Tetrahymena pyriformis*[7].

Chemisch[4]. Maßanalytisch durch Perjodatoxydation; polarographisch; spektrophotometrisch im UV-Bereich; photometrische Bestimmung der Eigenfarbe; fluorometrische Bestimmung der Eigenfarbe oder nach Überführung in Lumiflavin mittels Bestrahlung in alkalischer Lösung. In biologischem Material nach geeigneter Aufarbeitung speziell mit der Lumiflavinmethode. Trennung der einzelnen Flavine papierchromatographisch, elektrophoretisch oder mit Ionenaustauschern.

Struktur und Eigenschaften von Riboflavin und verwandten Verbindungen

Verbindung	Formel und Molgewicht	Struktur	Physikalische Eigenschaften	Vorkommen und Aktivität
Riboflavin (Vitamin B_2, Lactoflavin, 7,8-Dimethyl-10-[D-ribityl]-isoalloxazin)	$C_{17}H_{20}N_4O_6$ 376,37	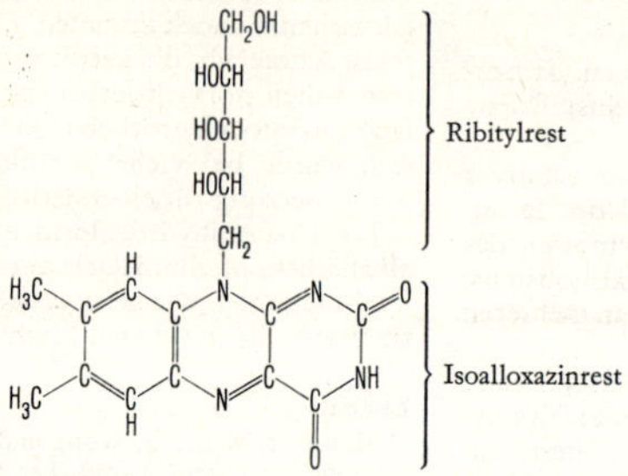 CH_2OH–HOCH–HOCH–HOCH–CH_2 (Ribitylrest); Isoalloxazinrest	Smp. 275–282 °C (Zersetzung); orangegelbe Nadeln, bitter schmeckend, wenig löslich in Wasser und Alkohol, leicht löslich in Säure, thermostabil in trockenem Zustand und in saurer Lösung, alkali- und sehr lichtempfindlich, in Lösung gelbgrüne Fluoreszenz	Bestandteil des Flavinmononucleotids und Flavinadenindinucleotids, in freier Form bei einigen Mikroorganismen; 0,5–2% des Gesamtriboflavins in tierischen Organen[4]; im Harn
Flavinmononucleotid (FMN) (Riboflavin-5′-phosphorsäure)	Siehe S. 341	Siehe S. 341	Gelbes Pulver, löslich in Wasser	Als Wirkgruppe von Flavoproteinen in Mikroorganismen, Pflanzen und Tieren; 5–30% des Gesamtriboflavins in tierischen Organen[4]
Flavinadenindinucleotid (FAD)	Siehe S. 341	Siehe S. 341	Gelbes Pulver, leicht löslich in Wasser, unlöslich in Alkohol	Als Wirkgruppe von Flavoproteinen in Mikroorganismen, Pflanzen und Tieren; 70–90% des Gesamtriboflavins in tierischen Organen[4]
Lumiflavin (7,8,10-Trimethylisoalloxazin)	$C_{13}H_{12}N_4O_2$ 256,27	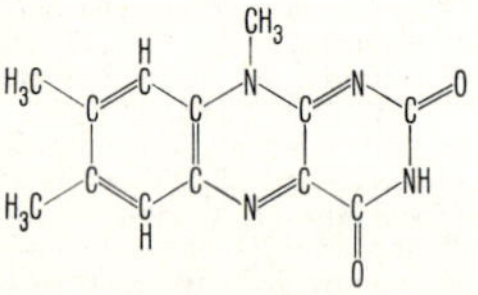	Smp. 333 °C (Zersetzung); gelbe Kristalle, wenig wasserlöslich, in Lösung blau fluoreszierend	Entsteht aus Riboflavin bei Bestrahlung in alkalischer Lösung; Antagonist des Riboflavins
Galactoflavin (7,8-Dimethyl-10-[D-dulcityl]-isoalloxazin)	$C_{18}H_{22}N_4O_7$ 406,40	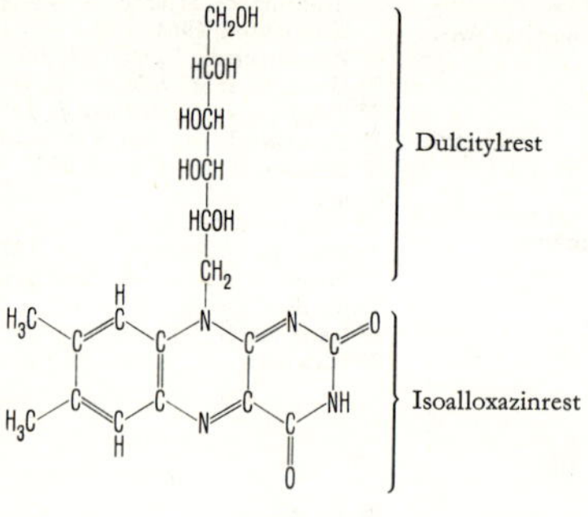 CH_2OH–HCOH–HOCH–HOCH–HCOH–CH_2 (Dulcitylrest); Isoalloxazinrest	Gelbe Kristalle, leicht löslich in Wasser	Antagonist des Riboflavins

Einheit

1 Ratteneinheit = 4 µg Riboflavin. Keine internationale Einheit; es gilt das Substanzgewicht.

Biogenese[8]

Riboflavin wird von Bakterien, wie *Clostridium* spp., *Azotobacter* spp., von Pilzen, wie Askomyzeten und Hefen, sowie von Pflanzen synthetisiert. Purine, Pyrimidine, Riboflavin und Pteridine werden auf ähnliche Weise aus Glycin, Formiat und CO_2 synthetisiert. Zwischenprodukte der Biosynthese sind vielleicht 4,5-Diaminouracil und 6,7-Dimethyl-8-ribityllumazin – der Pyrimidinring wird somit zuerst gebildet. Der Benzolring wird wahrscheinlich durch Einbau von Acetat vollendet. Möglicherweise wird Riboflavin auf der FAD-Stufe synthetisiert, mit 4,5-Diaminouraciladenindinucleotid als Zwischenstufe. Die Überführung von Riboflavin in Flavinmononucleotid und Flavinadenindinucleotid erfolgt mit Hilfe von ATP; sie findet auch im tierischen Gewebe statt (Intestinalgewebe, Leber).

Aufnahme und Ausscheidung

Die tägliche Kost in den USA enthält im Durchschnitt 2,65 mg Riboflavin[9]. Riboflavin wird im Dünndarm resorbiert, die Resorption ist der eingenommenen Riboflavinmenge proportional[10]. Riboflavin wird auch von der Darmflora synthetisiert, vor allem bei hohem Gehalt der Kost an schwerverdaulichen Kohlenhydraten. Vielleicht wird ein Teil des so gebildeten Riboflavins auch beim

Menschen resorbiert[11]. Bei der Ratte wird FAD weniger leicht resorbiert als freies Riboflavin und FMN[12]; freies Riboflavin wird in der Darmmukosa in FMN übergeführt, und in der Leber wird FMN in FAD umgewandelt[13].

Der Riboflavingehalt beträgt im Vollblut[14] 49–104 µg/l, im Serum[15] 26–37 µg/l, in den Erythrozyten[15] 180–262 µg/l, in den Leukozyten[15] 2,27–2,93 mg/l, in der Leber[16] 25 µg/g, im Myokard[16] 13 µg/g, im Skelettmuskel[16] 2,7 µg/g und in der Linse[16] 3,1 µg/g. Im Blut (siehe S. 605) und in tierischen Organen sind 70–90% des Riboflavins als FAD, 5–30% als FMN und 0,5–2% als freies Riboflavin enthalten[4]. Bei positiver Stickstoffbilanz[17] werden Flavoproteine in den Geweben gebildet (abnehmender Riboflavingehalt des Harns), bei negativer Stickstoffbilanz[17] und Fasten[18] werden Flavoproteine in den Geweben abgebaut (zunehmender Riboflavingehalt des Harns). Die Ausscheidung im Harn variiert mit der Einnahme: Bei einer Einnahme von weniger als 1 mg Riboflavin täglich werden gegen 10% der Einnahme ausgeschieden, bei einer Einnahme von 1,5 mg gegen 20%, bei einer Einnahme von 5–11 mg gegen 60%[17,19]. Der Gehalt der Muttermilch hängt von der Riboflavineinnahme ab[20].

Funktion

Riboflavin bildet in Form von Flavinmononucleotid (FMN) und Flavinadenindinucleotid (FAD) die Wirkungsgruppe der Flavoproteine – Enzyme, die im Rahmen biologischer Oxydation eine wichtige Funktion ausüben (siehe S. 398–400). Das Isoalloxazinsystem wirkt hierbei als reversibles Redoxsystem. In der oxydierten Form (fluoreszierend) nehmen die Flavoproteine zwei Wasserstoffatome auf und gehen in die Leukoform über (nicht fluoreszierend); bei manchen Reaktionen nehmen sie nur ein Wasserstoffatom auf und gehen in ein Semichinon über. Es sind mindestens 40 Flavoproteine bekannt[21], so Oxydasen wie Aldehydoxydase (FAD), Xanthinoxydase (FAD), L-Aminosäureoxydase (FMN), D-Aminosäureoxydase (FAD), Dehydrogenasen wie Acyl-CoA-Dehydrogenase (FAD), Succinatdehydrogenase (FAD) und NAD(P)H_2-Dehydrogenasen (FAD), Glutathionreductase (FAD) (in Klammern die jeweilige Wirkungsgruppe).

Riboflavin ist zusammen mit Protein für die Heilung der immer wieder auftretenden Hautschäden, zum Beispiel in den Mundwinkeln, nötig[1]. Es ist insofern von Bedeutung für die Erythropoese, als es vielleicht für die Produktion oder Wirksamkeit des Erythropoietins benötigt wird[22].

Bedarf und Mangelerscheinungen

Der Riboflavinbedarf wird meist auf den Energieumsatz bezogen[23], kann aber auch zum Proteinbedarf in Relation gesetzt werden[24]. Der Mindestbedarf an Riboflavin beträgt gegen 0,3 mg pro 1000 kcal für Erwachsene; Einnahmen von weniger als 0,25 mg pro 1000 kcal haben bei Erwachsenen zu Mangelerscheinungen geführt[25]. Einnahmen von 0,3–0,5 mg pro 1000 kcal bzw. von mehr als 1,1 mg pro Tag resultieren in einem ausreichenden Riboflavingehalt der Gewebe[25]. Der Mindestbedarf für Säuglinge liegt bei 0,4–0,5 mg pro Tag[26]. Die National Academy of Sciences, USA, empfiehlt für Säuglinge, Kinder und Erwachsene eine Riboflavineinnahme von 0,6 mg pro 1000 kcal, für Schwangere im 2. und 3. Trimester zusätzlich 0,3 mg pro Tag, für Stillende zusätzlich 0,6 mg pro Tag[25].

Gute Riboflavinquellen sind Milch, Leber, Nieren, Herz, Eiweiß und grünes Blattgemüse (siehe S. 495–511). Riboflavin ist beim Kochen relativ stabil; bis zu 85% werden in der Milch bei Sonnenbestrahlung zerstört[2].

Symptome eines experimentellen Riboflavinmangels beim Menschen zeigen sich an den Schleimhäuten des Verdauungstrakts (Glossitis, Entzündung der buccopharyngealen Schleimhäute, Cheilitis, Mundwinkelrhagaden), an der Haut (starker Pruritus, Desquamation, Rhagaden, Entzündungen der Gelenkbeugefalten, seborrhoeische Dermatitis) und speziell an der anogenitalen Region (Entzündung, Desquamation und starker Pruritus an Anus, Vulva und Skrotum), nach neueren Untersuchungen[27,28] auch am Knochenmark (Fehlen der reifen Erythrozytenformen) mit normochromer und normozytärer Anämie und Retikulozytopenie. Ob die bei endemischem Riboflavinmangel (Ariboflavinose) beobachtete Vaskularisation der Kornea und die Kapillardilatation der Haut auf einem tatsächlichen Riboflavinmangel beruhen, ist nicht sicher bewiesen[1,27]; möglicherweise handelt es sich um eine multiple Ernährungsstörung. Biochemisch läßt sich ein Riboflavinmangel am erniedrigten Riboflavingehalt der Erythrozyten (202–276 µg/l bei einer täglichen Einnahme von 2,55–3,55 mg, 100–131 µg/l bei einer täglichen Einnahme von 0,55 mg[29]) und an einer verringerten Riboflavinausscheidung im Harn ($<$ 40 µg/24 h[30]) erkennen.

Therapie

Die Mangelsymptome verschwinden gewöhnlich nach mehrtägiger Therapie mit einer oralen Gabe von 2- oder 3mal täglich 5 mg Riboflavin[2]. Fälle mit unklarer Diagnose können durch die Therapie sichergestellt werden.

Literatur

1 Horwitt, M. K., in: Wohl und Goodhart (Hrsg.), *Modern Nutrition in Health and Disease*, 3. Aufl., Lea & Febiger, Philadelphia, 1964, S. 380.
2 Goldsmith, G. A., in: Beaton und McHenry (Hrsg.), *Nutrition*, Band 2, Academic Press, New York, 1964, S. 109.
3 Sebrell, jr., und Harris (Hrsg.), *The Vitamins*, Band 3, Academic Press, New York, 1954, S. 299.
4 Gstirner, F., *Chemisch-physikalische Vitaminbestimmungsmethoden*, 5. Aufl., Enke, Stuttgart, 1965, S. 112.
5 Bliss und György, in: György, P. (Hrsg.), *Vitamin Methods*, Band 2, Academic Press, New York, 1951, S. 201.
6 Snell, E. E., in: György, P. (Hrsg.), *Vitamin Methods*, Band 1, Academic Press, New York, 1950, S. 327.
7 Baker et al., *Amer. J. clin. Nutr.*, **19**, 17 (1966).
8 Brown und Reynolds, *Ann. Rev. Biochem.*, **32**, 419 (1963); Goodwin, T. W., *The Biosynthesis of Vitamins and Related Compounds*, Academic Press, New York, 1963, S. 24.
9 Stitt, K. R., *Nutr. Rev.*, **21**, 257 (1963).
10 Campbell und Morrison, zitiert nach Stokstad, E. L. R., *Ann. Rev. Biochem.*, **31**, 451 (1962).
11 Najjar et al., *J. Amer. med. Ass.*, **126**, 357 (1944).
12 Chen und Yamauchi, *J. Vitaminol.*, **6**, 247 (1960).
13 Chen und Yamauchi, *J. Vitaminol.*, **7**, 163 (1961).
14 Kerppola, W., *Acta med. scand.*, **153**, 33 (1955).
15 Burch et al., *J. biol. Chem.*, **175**, 457 (1948).
16 Kirk, J. E., *Vitam. and Horm.*, **20**, 67 (1962).
17 Kraut et al., *Int. Z. Vitaminforsch.*, **32**, 25 (1961).
18 Windmueller et al., *Amer. J. clin. Nutr.*, **15**, 73 (1964).
19 Horwitt et al., *J. Nutr.*, **41**, 247 (1950); Morley et al., *J. Nutr.*, **69**, 191 (1959).
20 Belavady, B., *Indian J. med. Res.*, **50**, 104 (1962).
21 Dixon und Webb, *Enzymes*, 2. Aufl., Longmans, London, 1964.
22 Review, *Nutr. Rev.*, **23**, 197 (1965).
23 Bro-Rasmussen, F., *Nutr. Abstr. Rev.*, **28**, 1 und 369 (1958).
24 Horwitt, M. K., *Amer. J. clin. Nutr.*, **18**, 458 (1966).
25 Food and Nutrition Board, *Recommended Dietary Allowances*, 6. Aufl., National Academy of Sciences – National Research Council, Publication 1146, Washington, 1964, S. 21.
26 Snyderman et al., *J. Nutr.*, **39**, 219 (1949).
27 Lane et al., *J. clin. Invest.*, **43**, 357 (1964).
28 Lane und Alfrey, jr., *Blood*, **25**, 432 (1965).
29 Bessey et al., *J. Nutr.*, **58**, 367 (1956).
30 Interdepartmental Committee on Nutrition, *Publ. Hlth Rep. (Wash.)*, **75**, 687 (1960).

Vitamin B_6 [1,2]

Chemie

Struktur und Eigenschaften von Vitamin B_6 und verwandten Verbindungen siehe folgende Seite.

Bestimmung[3,4]

Biologisch. Wachstumstest an Küken und Ratten, kurativ an Ratten mit Mangeldermatitis.

Mikrobiologisch. Mit *Saccharomyces carlsbergensis* (gleiche Aktivität von Pyridoxin, Pyridoxamin und Pyridoxal), *Saccharomyces cerevisiae* (Aldehyd 46%, Amin 40% der Aktivität von Pyridoxin), *Lactobacillus casei* (nur Aktivität von Pyridoxal), *Streptococcus faecalis* (Aktivität von Pyridoxamin und Pyridoxal), *Tetrahymena pyriformis*[5] (Aktivität von Pyridoxamin und Pyridoxal).

Enzymatisch. Pyridoxalphosphat mit Tyrosindecarboxylase.

Chemisch[6]. In reiner Lösung spektrophotometrisch oder kolorimetrisch aufgrund von Reaktionen der phenolischen Hydroxylgruppe; Pyridoxal und Pyridoxalphosphat fluorometrisch als Cyanohydrin (Pyridoxin läßt sich durch Oxydation, Pyridoxamin durch Transaminierung in Pyridoxal überführen); Pyridoxsäure fluorometrisch als Lacton (Pyridoxamin läßt sich in Pyridoxin überführen, Pyridoxin und Pyridoxal können zu Pyridoxsäure oxydiert werden); Pyridoxin, Pyridoxamin, Pyridoxal und die Phosphate können durch Säulen-, Papier- oder Dünnschichtchromatographie getrennt werden.

Einheit

Keine internationale Einheit; es gilt das Substanzgewicht.

Struktur und Eigenschaften von Vitamin B_6 und verwandten Verbindungen

Verbindung	Formel und Molgewicht	Struktur	Physikalische Eigenschaften	Vorkommen und Aktivität
Pyridoxin*, Pyridoxol* (Adermin)	$C_8H_{11}NO_3$ 169,18	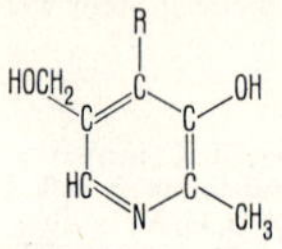 $R = —CH_2OH$	Smp. 160 °C; farblose Kristalle, wasserlöslich, thermostabil, lichtempfindlich	Speziell in pflanzlichem Gewebe. Vitamin-B_6-Aktivität für höhere Tiere und Hefe; nur geringe Aktivität für Bakterien
Pyridoxamin*	$C_8H_{12}N_2O_2$ 168,20	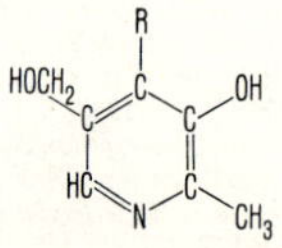 $R = —CH_2NH_2$	Smp. 193 °C; farblose Kristalle, wasserlöslich, thermolabil, lichtempfindlich	Speziell in tierischem Gewebe. Vitamin-B_6-Aktivität für Mikroorganismen und höhere Tiere
Pyridoxal*	$C_8H_9NO_3$ 167,17	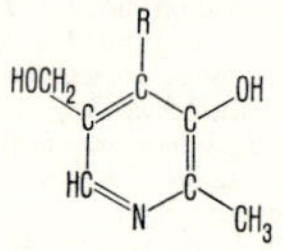 $R = —CHO$	Farblose Kristalle, wasserlöslich, thermolabil, lichtempfindlich	Speziell in tierischem Gewebe. Vitamin-B_6-Aktivität für Mikroorganismen und höhere Tiere
Pyridoxaminphosphat	$C_8H_{13}N_2O_5P$ 248,18	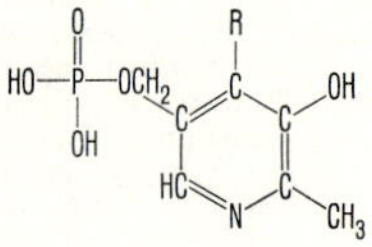 $R = —CH_2NH_2$		Coenzym bei Transaminierungen
Pyridoxalphosphat (Codecarboxylase)	$C_8H_{10}NO_6P$ 247,15	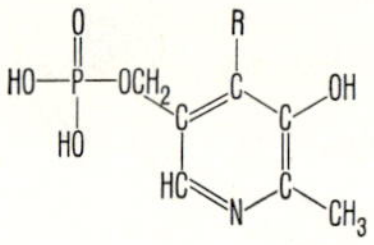 $R = —CHO$	Smp. > 270 °C; gelbe Kristalle, wasserlöslich	Speziell im Muskel. Coenzym für Decarboxylierungen, Transaminierungen und Phosphorylierungen
Pyridoxsäure (4-Pyridoxsäure)	$C_8H_9NO_4$ 183,17	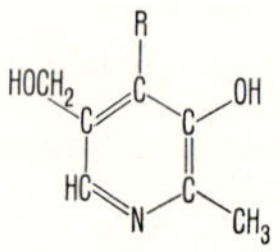 $R = —COOH$	Smp. 247 °C; weiße Kristalle, mäßig wasserlöslich	Speziell im Harn (Abbauprodukt). Keine Vitamin-B_6-Aktivität
Desoxypyridoxin	$C_8H_{11}NO_2$ 153,18	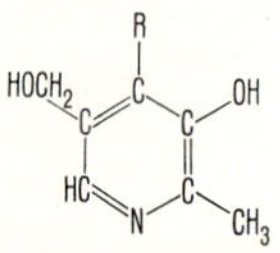 $R = —CH_3$		Vitamin-B_6-Antagonist bei Mikroorganismen und Tieren

* Trivialnamen entsprechend den Empfehlungen der Kommission für biochemische Nomenklatur der IUPAC [IUPAC-IUB Commission on Biochemical Nomenclature, *Biochim.biophys.Acta (Amst.)*, **107**, 1 (1965)].

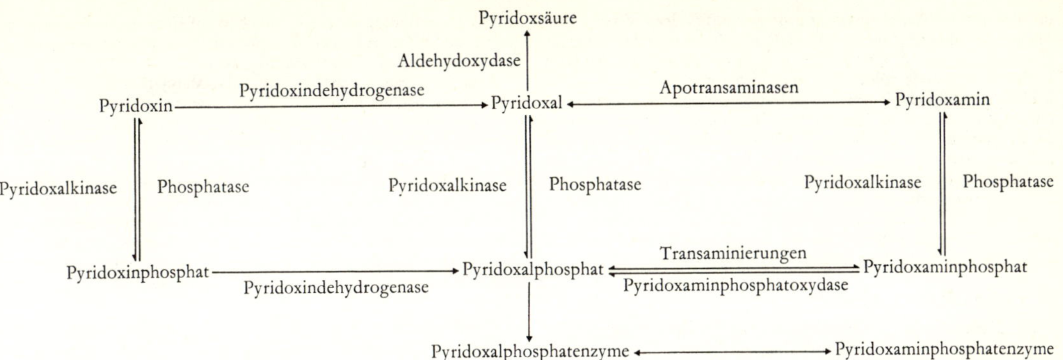

Biogenese[7]

Über die Biosynthese des Pyridinrings ist so gut wie nichts bekannt. Pyridoxin, Pyridoxal, Pyridoxamin und die Phosphate können durch Mikroorganismen und in tierischem Gewebe ineinander umgewandelt werden[8] (siehe obiges Schema).

Aufnahme und Ausscheidung

Die durchschnittliche tägliche Kost enthält 1–2 mg Vitamin B_6[2]. Die Vitamin-B_6-Phosphate der Nahrung werden wahrscheinlich durch Phosphatasen im Darm hydrolysiert[9] und die nichtphosphorylierten Verbindungen im oberen Teil des Intestinaltrakts resorbiert. Vitamin B_6 wird auch durch die Darmflora synthetisiert; es ist aber kaum anzunehmen, daß sich der Organismus dieser Vitaminquelle bedient[10]. Die Vitamin-B_6-Ausscheidung in den Fäzes ist weitgehend unabhängig von der Einnahme (bei Erwachsenen 0,7–0,9 mg pro Tag, bei Kindern 0,15–0,30 mg pro Tag[2]).

Die nichtphosphorylierten Verbindungen werden in den Geweben (vor allem in Gehirn, Leber und Nieren), aber wahrscheinlich nicht im Blut, durch das Enzym Pyridoxalkinase und ATP in die Phosphate übergeführt[11]. Die Vitamin-B_6-Aktivität des Vollbluts beträgt 20–45 µg/l, des Serums 30–80 µg/l[12]. Pyridoxalphosphat findet sich im Serum (gegen 10 µg/l) und in den Leukozyten (siehe S. 606). Pyridoxin scheint im Blut nicht vorhanden zu sein[4]. Pyridoxingaben führen innerhalb von 3 Tagen zu einem Anstieg des Pyridoxalphosphatgehalts im Vollblut und innerhalb von 10 Tagen zu einem solchen in den Leukozyten[2]. Der menschliche Organismus kann anscheinend höchstens 7 mg Pyridoxin pro Tag in Pyridoxalphosphat umwandeln; bei höherer Pyridoxineinnahme steigt der Pyridoxalphosphatgehalt im Blut nicht weiter an[13].

Vitamin B_6 wird in Leber (5–20 µg/g), Muskel (2–6 µg/g) und Gehirn (12–25 µg/g) gespeichert[12]. Der Vitamin-B_6-Gehalt des gesamten Körpers wird mit 40–150 mg[14] bzw. 16–32 mg[15] angenommen; etwa die Hälfte des im Körper vorhandenen Pyridoxalphosphats dürfte, an α-Glucanphosphorylase gebunden, im Muskelgewebe enthalten sein[16]. Täglich werden 2,2–4,4% des Vitamins B_6 umgesetzt und 2–3% aus dem Körperreservoir eliminiert[14].

Pyridoxal wird durch Aldehydoxydase in der Leber zu Pyridoxsäure abgebaut, die neben kleinen Mengen Pyridoxin, Pyridoxal und Pyridoxamin im Harn ausgeschieden wird (siehe S. 672). Bei normaler Kost erscheint etwa die Hälfte oder weniger des umgesetzten Vitamins B_6 als Pyridoxsäure im Harn[14,17].

Funktion[8,18]

Vitamin B_6 ist an mehr als 40 enzymatischen Reaktionen als Coenzym beteiligt[19]. Pyridoxaminphosphat und Pyridoxalphosphat wirken als Coenzyme bei Transaminierungsreaktionen, die für den Abbau von γ-Aminobuttersäure im Gehirn und für den Oxalsäurestoffwechsel von Bedeutung sind. Pyridoxalphosphat ist das Coenzym für die Decarboxylierung von Aminosäuren und für andere Reaktionen von Aminosäuren (siehe untenstehende Tabelle). Pyridoxalphosphat greift bei verschiedenen Reaktionen des Tryptophanstoffwechsels ein (siehe untenstehendes Schema), was

Abhängigkeit des Tryptophanstoffwechsels von B-Vitaminen[20, 26]

Bei Vitamin-B_6-Mangel wird die Kynureninase stärker inaktiviert als die Transaminase, die an der Xanthurensäurebildung beteiligt ist[27].

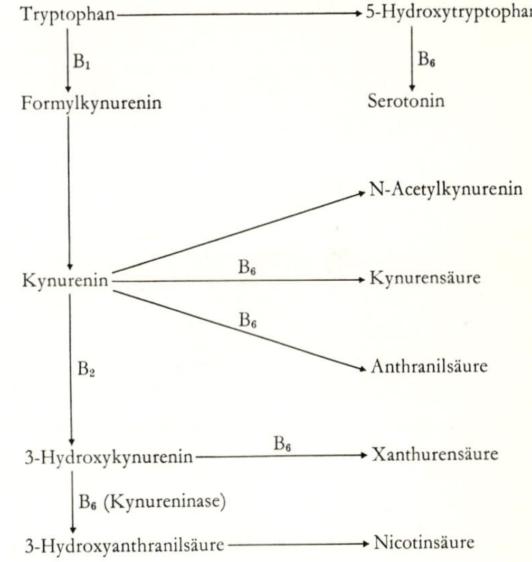

*Enzymatische Reaktionen mit Pyridoxaminphosphat und Pyridoxalphosphat als Cofaktoren**

Enzym	Reaktion	Enzym	Reaktion
Diaminoxydase, Histaminase	Oxydation von Diaminen und Histamin	Decarboxylasen	Zum Beispiel Decarboxylierung von Histidin zu Histamin, Tyrosin zu Tyramin, Dopa zu Dopamin, Hydroxytryptophan zu Serotonin
Serinhydroxymethyltransferase	Bildung von 5,10-Methylentetrahydrofolsäure	Threoninaldolase	Spaltung von Threonin in Glycin und Acetaldehyd
α-Glucanphosphorylase	Phosphorolyse von Glycogen	Dehydratasen	Desaminierung von Serin, Homoserin, Threonin usw.
Transaminasen	$Aminosäure_1 + Ketosäure_2 \rightleftharpoons Ketosäure_1 + Aminosäure_2$ (mit allen natürlich vorkommenden Aminosäuren)	Desulfhydrasen	Desaminierende Desulfhydrierung von Cystein und Homocystein
Synthasen	Bildung von Tryptophan aus Serin und Indol, von Cystein aus Serin, von Methylcystein aus Serin und Methanthiol	Racemasen	L-Aminosäure ⇌ D-Aminosäure (Alanin, Methionin, Glutaminsäure)

* Pyridoxaminphosphat wirkt als Cofaktor nur bei Transaminierungen.

im Tryptophanbelastungstest zur Erkennung eines Vitamin-B_6-Mangels ausgewertet werden kann[20]. Pyridoxalphosphat wirkt als Coenzym bei der Übertragung einer Einkohlenstoffeinheit von Serin auf Tetrahydrofolsäure[21]; es ist ferner von Bedeutung für die Bildung zirkulierender Antikörper[22] und wird neben anderen Cofaktoren zur Synthese von δ-Aminolävulinsäure, einer Vorstufe der Porphyrine (Hämatopoese), benötigt[23]. Pyridoxalphosphat ist ein Bestandteil der α-Glucanphosphorylase[16]. Es ist nicht geklärt, ob sich das Vitamin B_6 direkt am Fettstoffwechsel beteiligt[24].

Desoxypyridoxin und andere synthetische Pyridoxine, Hydrazide (zum Beispiel Isonicotinsäurehydrazid) und Cycloserin wirken als Vitamin-B_6-Antagonisten[25], wobei die pyridoxalphosphatabhängigen Enzyme in verschiedenem Grad inaktiviert werden.

Bedarf und Mangelerscheinungen

Der Mindestbedarf des Erwachsenen an Pyridoxinhydrochlorid beträgt anscheinend 1,25 mg pro Tag bei täglicher Einnahme von 30 g Protein und 1,5 mg bei täglicher Einnahme von 100 g Protein, der Optimalbedarf 1,75–2,0 mg pro Tag bei täglicher Einnahme von 100 g Protein[28, 29]. Mit erhöhter Proteineinnahme steigt auch der Vitamin-B_6-Bedarf. Die National Academy of Sciences, USA, empfiehlt bei einer täglichen Einnahme von 2600–2900 Kalorien und 100 g Protein und mehr eine Vitamin-B_6-Zufuhr von 1,5–2,0 mg pro Tag unter Annahme eines Mindestbedarfs von 0,675–0,750 mg Vitamin B_6 pro Tag[30]. Der Vitamin-B_6-Bedarf wurde ausführlich diskutiert[31, 32]; es ist möglich, daß eine noch höhere Zufuhr als die oben angegebene empfehlenswert ist. Ein erhöhter Bedarf besteht vermutlich während der Schwangerschaft[33]. Der Bedarf des Säuglings liegt zwischen 0,1 und 0,5 mg pro Tag und hängt von der Proteineinnahme ab (20 µg/g Protein); der Mindestbedarf von Kindern beträgt 0,5–1,5, der von Jugendlichen 1,5–2 mg pro Tag[34].

Das Vitamin B_6 ist praktisch in allen pflanzlichen und tierischen Nahrungsmitteln enthalten (siehe S. 495–511). Gute Vitamin-B_6-Quellen sind Hefe, Leber und Getreide (Vollkorn; beim Ausmahlen gehen bis zu 80–90% verloren)[2].

Die Symptome eines Vitamin-B_6-Mangels zeigen je nach Spezies und Alter große individuelle Variabilität. Zum Teil erklären sich die verschiedenartigen Mangelsymptome aus der Tatsache, daß während einer progressiven B_6-Hypovitaminose nicht alle Enzymsysteme gleichzeitig in gleichem Ausmaße blockiert sind[27]. Symptome bei experimenteller B_6-Hypovitaminose[31]: bei der Ratte schwere Dermatitis (Rattenpellagra), manchmal hämolytische Anämie, Abnahme des Gesamtkörperfetts; beim Kaninchen desquamierende Dermatitis an den Ohren, leichte Anämie, Konvulsionen, Creatinurie, paralytischer Kollaps und Tod[35]; beim Rhesusaffen Arteriosklerose, Zahnkaries, Verfettung oder Zirrhose der Leber, Pankreassklerose, Störungen im zentralen Nervensystem[36]; beim Menschen a) Haut und Schleimhäute: seborrhoeische und desquamative Dermatitis an Mund und Augen, die sich auch auf Gesicht, Kopfhaut, Hals und Becken ausbreiten kann; Intertrigo mammae und inguinalis bei der Frau; Stomatitis und Glossitis, b) Nervensystem: Reizbarkeit, Depression, Schläfrigkeit, Nausea, Störungen in der Wahrnehmung von Vibrationen und der Lage; sehr selten periphere Neuritiden[37].

Spontaner Vitamin-B_6-Mangel beim Menschen ist selten; bei mehr als 300 Säuglingen, die infolge eines neuen Sterilisierungsverfahrens nur gegen 60 µg Vitamin B_6 pro Liter Milchpräparat erhielten, kam es zu Hyperakusie, Schreckhaftigkeit und epileptiformen Krämpfen[38]. Genetisch bedingt sind vielleicht die pyridoxinabhängigen Krämpfe bei Säuglingen (generalisierte Krampfanfälle ohne klinische oder hirnelektrische Besonderheiten, in den ersten Lebenstagen auftretend und manchmal in den folgenden Wochen in einen Status epilepticus übergehend)[38–40], die wahrscheinlich auf einem vermehrten Vitamin-B_6-Bedarf oder auf einer Vitamin-B_6-Verwertungsstörung beruhen. Ähnliche Ursachen dürften auch die Pyridoxinmangelanämie und die pyridoxinsensible Anämie des Menschen haben[38, 41, 42], die aber im Gegensatz zu den Störungen im Zentralnervensystem sozusagen nur bei Erwachsenen auftreten. Bei der Pyridoxinmangelanämie (hypochrome mikrozytäre Anämie mit erhöhtem Serumeisen und Organhämosiderose) ist die Synthese von δ-Aminolävulinsäure gestört und resultiert in einer Verminderung von Protoporphyrin; diese Krankheit ist vielleicht auch genetisch bedingt. Bei den pyridoxinsensiblen Anämien (Symptome wie bei der Pyridoxinmangelanämie, häufig dazu Hepatosplenomegalie) handelt es sich um eine komplexe Porphyrinstoffwechselstörung im Sinne einer sideroachrestischen Anämie.

Ob Vitamin-B_6-Mangel beim Menschen mit Zahnkaries[43] und der Bildung von Oxalatsteinen im Harntrakt[44] verknüpft ist, kann nicht mit Sicherheit gesagt werden.

Die Cystathionurie beruht vielleicht auf einer mangelhaften Bindung des Coenzyms Pyridoxalphosphat an das Apoenzym der Homoserindehydratase (Cystathionase)[45].

Biochemisch läßt sich ein Vitamin-B_6-Mangel erkennen: a) an der erhöhten Ausscheidung von Xanthurensäure und anderen Tryptophanmetaboliten im Harn, speziell nach oraler Tryptophangabe (Tryptophanbelastungstest)[20]; diese Störung des Tryptophanstoffwechsels zeichnet sich bereits nach einer Woche unter einer Vitamin-B_6-Mangelkost ab[46]; b) an einem erniedrigten Pyridoxalphosphatgehalt des Bluts und stark erniedrigter Vitamin-B_6- und Pyridoxsäureausscheidung im Harn[47]; c) an einem erniedrigten Transaminasegehalt des Serums[47] und der Erythrozyten[48]; d) an einer Erhöhung der Oxalsäureausscheidung im Harn[44, 49] und an einer Abnahme der Taurinausscheidung im Harn[49].

Therapie

Bei rein alimentären Mangelzuständen genügen Vitamin-B_6-Dosen in der Höhe des täglichen Bedarfs. Bei pyridoxinabhängigen Krampfanfällen der Säuglinge 2–15 mg Pyridoxin täglich parenteral[40], bei Pyridoxinmangelanämie mindestens 10 mg täglich parenteral[42], bei pyridoxinsensiblen Anämien 500 mg täglich parenteral[42]. Ein täglicher Pyridoxinzuschuß von 10–15 mg mag in manchen Fällen von Schwangerschaft (starkes Erbrechen, Toxämie, unzureichende Ernährung) angebracht sein[50]. Dosen von 100 mg Pyridoxin werden zur Behandlung von Strahlenkater empfohlen[51]. Bei einer Behandlung mit Pyridoxin wird vorausgesetzt, daß die Überführung in Pyridoxal (mittels Pyridoxindehydrogenase) im Organismus nicht gestört ist[8].

Literatur

1 Sebrell, jr., und Harris (Hrsg.), *The Vitamins*, Band 3, Academic Press, New York, 1954, S. 219; Chow, B. F., in: Beaton und McHenry (Hrsg.), *Nutrition*, Band 2, Academic Press, New York, 1964, S. 207; International Symposium on Vitamin B_6, *Vitam. and Horm.*, **22**, 359 (1964).
2 Vilter, R. W., in: Wohl und Goodhart (Hrsg.), *Modern Nutrition in Health and Disease*, 3. Aufl., Lea & Febiger, Philadelphia, 1964, S. 400.
3 Toepfer und Polansky, *Vitam. and Horm.*, **22**, 825 (1964).
4 Storvick und Peters, *Vitam. and Horm.*, **22**, 833 (1964).
5 Baker und Sobotka, *Advanc. clin. Chem.*, **5**, 173 (1962).
6 Gstirner, F., *Chemisch-physikalische Vitaminbestimmungsmethoden*, 5. Aufl., Enke, Stuttgart, 1965, S. 145.
7 Brown und Reynolds, *Ann. Rev. Biochem.*, **32**, 419 (1963); Goodwin, T. W., *The Biosynthesis of Vitamins and Related Compounds*, Academic Press, New York, 1963, S. 145.
8 Snell, E. E., *Vitam. and Horm.*, **22**, 485 (1964).
9 Turner, J. M., *Biochem. J.*, **80**, 663 (1961).
10 Wayne et al., *Arch. intern. Med.*, **101**, 143 (1958).
11 Roberts et al., *Vitam. and Horm.*, **22**, 503 (1964).
12 Baker et al., *Amer. J. clin. Nutr.*, **18**, 123 (1966).
13 Boxer et al., *J. Nutr.*, **63**, 623 (1957).
14 Johansson et al., *Amer. J. clin. Nutr.*, **18**, 185 (1966).
15 Sauberlich et al., in: *VII. Internationaler Ernährungskongreß*, Hamburg 1966, Kurzfassung der Vorträge, Pergamos-Druck, Hamburg, 1966, S. 253.
16 Krebs und Fischer, *Vitam. and Horm.*, **22**, 399 (1964).
17 Reddy et al., *J. biol. Chem.*, **233**, 691 (1958); Udalov und Čelnokova, *Lab. Delo*, Nr. 3, 33 (1962), zitiert nach *Nutr. Abstr. Rev.*, **32**, 910 (1962).
18 Snell, E. E., *Vitam. and Horm.*, **16**, 77 (1958).
19 Dixon und Webb, *Enzymes*, 2. Aufl., Longmans, London, 1964.
20 Musajo und Benassi, *Advanc. clin. Chem.*, **7**, 63 (1964).
21 Blakley, R. L., *Biochem. J.*, **77**, 459 (1960).
22 Axelrod und Trakatellis, *Vitam. and Horm.*, **22**, 591 (1964).
23 Schulman und Richert, *J. biol. Chem.*, **226**, 181 (1957).
24 Mueller, J. F., *Vitam. and Horm.*, **22**, 787 (1964).
25 Rosen et al., *Vitam. and Horm.*, **22**, 609 (1964).
26 Goodwin, T. W., *The Biosynthesis of Vitamins and Related Compounds*, Academic Press, New York, 1963, S. 69.
27 Wiss und Weber, *Vitam. and Horm.*, **22**, 495 (1964); Wiss, J., *Biochem. J.*, **95**, 1P (1965).
28 Baker et al., *Amer. J. clin. Nutr.*, **15**, 59 (1964).
29 Sauberlich, H. E., *Vitam. and Horm.*, **22**, 807 (1964).
30 Food and Nutrition Board, *Recommended Dietary Allowances*, 6. Aufl., National Academy of Sciences – National Research Council, Publication 1146, Washington, 1964, S. 39.
31 Leitch und Hepburn, *Nutr. Abstr. Rev.*, **31**, 389 (1961).
32 Borsook, H., *Vitam. and Horm.*, **22**, 855 (1964); Sebrell, W. H., jr., *Vitam. and Horm.*, **22**, 875 (1964).
33 Wachstein, M., *Vitam. and Horm.*, **22**, 705 (1964).
34 American Academy of Pediatrics – Committee on Nutrition, *Pediatrics*, **38**, 1068 (1966).
35 Hove und Herndon, *J. Nutr.*, **61**, 127 (1957).
36 Greenberg, L. D., *Vitam. and Horm.*, **22**, 677 (1964).
37 Vilter et al., *J. Lab. clin. Med.*, **42**, 335 (1953); Vilter, R. W., *J. Amer. med. Ass.*, **159**, 1210 (1955).
38 Coursin, D. B., *Vitam. and Horm.*, **22**, 755 (1964).
39 Scriver, C. R., *Pediatrics*, **26**, 62 (1960).
40 Cramer, H., *Dtsch. med. Wschr.*, **87**, 1577 (1962).
41 Horrigan und Harris, *Advanc. intern. Med.*, **12**, 103 (1964); Harris und Horrigan, *Vitam. and Horm.*, **22**, 721 (1964).

[42] GEHRMANN, G., *Dtsch.med.Wschr.*, **88**, 2261 (1963).
[43] HILLMAN, R.W., *Vitam.and Horm.*, **22**, 695 (1964).
[44] GERSHOFF, S.N., *Vitam.and Horm.*, **22**, 581 (1964).
[45] Review, *Nutr.Rev.*, **24**, 37 (1966).
[46] BROWN et al., *Fed.Proc.*, **23**, 137 (1964).
[47] BAYSAL et al., *Fed.Proc.*, **23**, 137 (1964).
[48] RAICA, jr., und SAUBERLICH, *Amer.J.clin.Nutr.*, **15**, 67 (1964).
[49] JOHNSTON und DONALD, *Fed.Proc.*, **23**, 137 (1964).
[50] DIDING und MELANDER, *Acta obstet.gynec.scand.*, **40**, 252 (1961).
[51] JONES, P.O., *Practitioner*, **182**, 45 (1959).

Nicotinsäure[1-3]

Chemie

Verbindung	Formel und Molgewicht	Struktur	Physikalische Eigenschaften	Vorkommen und Aktivität
Nicotinsäure* (Niacin, 3-Pyridincarbonsäure, Vitamin PP)	$C_6H_5NO_2$ 123,11	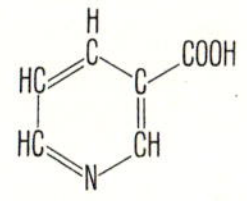	Smp. 234–237 °C; weiße Kristalle, saurer Geschmack, mäßig löslich in Wasser und Alkohol, stabil gegen Hitze und Oxydation	In pflanzlichem und tierischem Gewebe; Bestandteil von NAD und NADP
Nicotinamid* (Nicotinsäureamid, Niacinamid, 3-Pyridincarbonsäureamid, Vitamin PP)	$C_6H_6N_2O$ 122,13	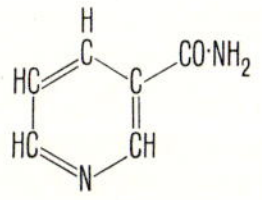	Smp. 128–131 °C; weiße Kristalle, salziger Geschmack, löslich in Wasser und Alkohol, stabil gegen Hitze und Oxydation	In pflanzlichem und tierischem Gewebe; Bestandteil von NAD und NADP
1-Methylnicotinamid (N_1-Methylnicotinamid)	$C_7H_9N_2O$ 137,16	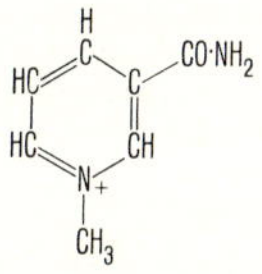		Im Harn; Stoffwechselprodukt der Nicotinsäure
1-Methyl-6-pyridon-3-carbonsäureamid (N_1-Methyl-2-pyridon-5-carbonsäureamid)	$C_7H_8N_2O_2$ 152,15	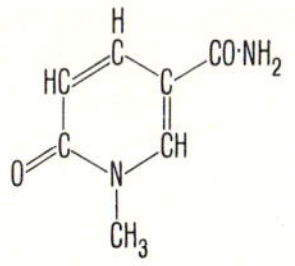	Smp. 212–214 °C; weiße Kristalle, löslich in Wasser und Alkohol	Im Harn; Stoffwechselprodukt der Nicotinsäure
Nicotinamidadenindinucleotid (NAD, reduzierte Form $NADH_2$)	Siehe S. 340	Siehe S. 340	Farbloses Pulver, löslich in Wasser, unlöslich in Alkohol	In allen tierischen und pflanzlichen Zellen; Coenzym vieler Dehydrogenasen
Nicotinamidadenindinucleotidphosphat (NADP, reduzierte Form $NADPH_2$)	Siehe S. 340	Siehe S. 340	Farbloses Pulver, löslich in Wasser, unlöslich in Alkohol	In allen tierischen und pflanzlichen Zellen; Coenzym vieler Dehydrogenasen

* Trivialnamen entsprechend den Empfehlungen der Kommission für biochemische Nomenklatur der IUPAC [IUPAC-IUB Commission on Biochemical Nomenclature, *Biochim.biophys.Acta (Amst.)*, **107**, 1 (1965)].

Bestimmung

Biologisch[4]. Black-tongue-Kurativtest an Hunden, Kükenwachstumstest. – *Mikrobiologisch*[5]. *Lactobacillus plantarum* (früher *L.arabinosus*) oder *Tetrahymena pyriformis* für Nicotinsäure und Nicotinamid.

Chemisch[6]. In reiner Lösung spektrophotometrisch, polarographisch oder maßanalytisch; kolorimetrisch mittels der Bromcyanreaktion (KÖNIG-Reaktion) oder auch fluorometrisch (besonders für Organe geeignet). Nicotinsäure und die Stoffwechselprodukte lassen sich mittels chromatographischer Methoden trennen. NAD und NADP müssen vor der Bestimmung als Nicotinsäure hydrolysiert werden; direkt lassen sie sich spektrophotometrisch oder fluorometrisch durch eine blaue Fluoreszenz in alkalischer Lösung bestimmen.

Einheit

Keine internationale Einheit; es gilt das Substanzgewicht.

Biogenese[7, 8]

In Pflanzen entsteht Nicotinsäure durch Kondensation von Drei- und Vierkohlenstoffeinheiten. Bei Tieren, Pilzen und einigen wenigen Bakterien (zum Beispiel *Xanthomonas pruni*) wird Nicotinsäure aus Tryptophan unter der Beteiligung von Thiamin, Riboflavin und Vitamin B_6 gebildet (siehe S. 471). Nicotinamid entsteht eher durch Hydrolyse der Nicotinamiddinucleotide als direkt aus Nicotinsäure. Die Nicotinamiddinucleotide werden nach folgendem Schema gebildet (Erythrozyten, Leber, Hefe):

Nicotinsäure —(5-Phosphoribosyl-1-pyrophosphat)→ Nicotinsäuremononucleotid

↓ ATP

Nicotinsäureadenindinucleotid (Desamido-NAD)

↓ NH_3

Nicotinamidadenindinucleotid (NAD) —(ATP)→ Nicotinamidadenindinucleotidphosphat

Aufnahme und Ausscheidung

Eine durchschnittliche Kost in den USA enthält gegen 500–1000 mg Tryptophan und 8–17 mg Nicotinsäure täglich[9]. Nicotinsäure und Tryptophan werden im Intestinaltrakt leicht resorbiert. Nicotinsäure wird wahrscheinlich von Darmbakterien aus Tryptophan synthetisiert; es ist aber nicht wahrscheinlich, daß der menschliche Organismus sich dieser Quelle bedient. Im Körper wird aus 60 mg Tryptophan ungefähr 1 mg Nicotinsäure gebildet[1,2]; die für diese Umwandlung nötigen Enzyme finden sich in der Leber und in den Erythrozyten. Während der Schwangerschaft ist die Umwandlung von Tryptophan in Nicotinsäure gesteigert[10].

Im Vollblut finden sich 4–10 mg Nicotinsäure pro Liter, und zwar fast ausschließlich als Dinucleotide in den Blutkörperchen. Im Serum sind 0,02–0,05 mg freie Nicotinsäure vorhanden[5] (siehe auch S. 606). Nach parenteralen Gaben von Nicotinsäure steigt der Nicotinsäuregehalt des Bluts rasch an; nach oralen Gaben von Nicotinsäure oder Tryptophan erhöht sich der Dinucleotidgehalt der Erythrozyten. Nicotinsäure findet sich in Form von Dinucleotiden in allen Geweben, vor allem in der Leber. Eine menschliche Leber enthält etwa 65 mg Nicotinsäure[11].

In der Leber wird Nicotinamid, aber nicht Nicotinsäure, mit S-Adenosylmethionin als Methyldonator zu 1-Methylnicotinamid methyliert und weiter zu 1-Methyl-6-pyridon-3-carbonsäureamid oxydiert[8]. Diese Verbindungen werden im Harn ausgeschieden (normal 5–8 mg 1-Methylnicotinamid und 7–10 mg 1-Methyl-6-pyridon-3-carbonsäureamid, außerdem noch gegen 1 mg Nicotinsäure täglich[2]; siehe auch S. 672). Nach oralen Gaben von 10–150 mg Nicotinamid täglich wurden im Durchschnitt 57% im Harn nachgewiesen: 10–30% davon als 1-Methylnicotinamid und 70–90% als 1-Methyl-6-pyridon-3-carbonsäureamid[12]. Nach großen Gaben von Nicotinsäure, aber nicht Nicotinamid, wird Nicotinsäure im Harn auch an Glycin gebunden (als Nicotinursäure) ausgeschieden.

Funktion

Die aktive Form der Nicotinsäure sind die Nicotinamiddinucleotide NAD und NADP. Diese sind Coenzyme (Cosubstrate) zahlreicher Dehydrogenasen, vor allem bei der Gärung, Glycolyse und anderen Reaktionen. Sie übernehmen den Wasserstofftransport innerhalb der Zelle: $NADPH_2$ liefert bei den Biosynthesen den nötigen Wasserstoff; $NADH_2$ überträgt seinen Wasserstoff an die Enzyme der Atmungskette. Die Reaktion mit Sauerstoff zu Wasser wird bei der Synthese von ATP ausgenutzt (oxydative Phosphorylierung). Einzelheiten hierüber siehe im Abschnitt «Stoffwechsel», S. 398–400.

Nicotinsäure, aber nicht Nicotinamid, hat in größeren Dosen einen hemmenden Einfluß auf die Synthese von Lipiden und besonders Cholesterin. Der Mechanismus dieser Wirkung ist aber noch nicht geklärt[13]; vielleicht wirkt Nicotinsäure primär dadurch, daß sie die Freisetzung freier Fettsäuren aus dem Gewebe blokkiert[14].

Bedarf und Mangelerscheinungen

Der Nicotinsäurebedarf ist von der Kalorieneinnahme abhängig. Der Mindestbedarf, um das Auftreten von Pellagra zu verhindern, beträgt 4,4 mg pro 1000 kcal mit einer Mindesteinnahme für den Erwachsenen von 8,8 mg täglich bei einer Einnahme von weniger als 2000 kcal täglich[9]. Die National Academy of Sciences, USA, empfiehlt für Säuglinge, Kinder und Erwachsene eine tägliche Einnahme von 6,6 mg pro 1000 kcal; während der Schwangerschaft sollen zusätzlich 3 mg täglich, während der Laktation zusätzlich 7 mg täglich eingenommen werden[9]. Der Nicotinsäurebedarf kann auch durch Tryptophan gedeckt werden, wobei 60 mg Tryptophan 1 mg Nicotinsäure entsprechen (Nicotinsäureäquivalent).

Gute Nicotinsäurequellen sind Hefe, Leber, Muskelfleisch, Erdnüsse und Hülsenfrüchte (siehe S. 495–511). Pflanzliche Proteine enthalten 0,8–1,4% Tryptophan, tierische Proteine gegen 1,3% (siehe auch S. 512). Mais hat einen geringen Nicotinsäure- und Tryptophangehalt; Nicotinsäure ist auch in gebundener Form vorhanden und wird vom Organismus nicht verwertet[15]. Beim Rösten von Kaffee entstehen beträchtliche Mengen Nicotinsäure aus Trigonellin[16].

Ein Nicotinsäuremangel führt zu Pellagra. Das Entstehen von Pellagra wird durch Sonnenlicht und schwere Arbeit begünstigt. Ein alimentärer Nicotinsäuremangel ist in Gegenden häufig, wo Mais das Hauptnahrungsmittel bildet. Zu Pellagra kommt es gelegentlich bei chronischem Alkoholismus, Leberzirrhose, chronischer Diarrhoe, Diabetes mellitus und Neoplasien. Bei Karzinoidtumoren werden bis zu 60% (normal 1%) des Körpertryptophans in Serotonin umgewandelt; das Tryptophan ist dann für eine Nicotinsäurebildung nicht verfügbar[17]. Auch eine Isoniazidtherapie kann über eine Hemmung von Pyridoxalphosphat zu einer Störung der Synthese von Nicotinsäure aus Tryptophan führen. Diese Synthese wird möglicherweise auch durch einen hohen Leucingehalt der Kost gestört[18].

Die Symptome der Pellagra sind: a) Ein symmetrisch an Extremitäten, Gesicht, Hals und allen der Luft und dem Licht ausgesetzten Regionen auftretendes dunkelrotes Erythem; die Haut wird schließlich trocken, rissig, atrophisch und braun pigmentiert. Die Schädigungen sind durch eine Atrophie der oberflächlichen Coriumschichten mit Blutgefäßdilatation, eine Keratinisierung der Epidermis und deren Ablösungstendenz vom Corium charakterisiert. Verletzungen jeglicher Art verursachen eine Verschlimmerung dieser Symptome. b) Chronische Entzündung der Schleimhäute, des Verdauungstrakts (Stomatitis, Glossitis, Gastritis mit geringer Säuresekretion). Profuse, oft blutige Diarrhoen. c) Psychische Störungen (Delirien, Halluzinationen, Verwirrungszustände). Neurologische Störungen beruhen eher auf einem gleichzeitigen Mangel an anderen Vitaminen, da sie bei experimentellem Nicotinsäuremangel nicht beobachtet wurden[2].

Biochemische Kennzeichen eines Nicotinsäuremangels: Bei Pellagra liegt die Ausscheidung von 1-Methylnicotinamid plus 1-Methyl-6-pyridon-3-carbonsäureamid im Harn meist unter 2 mg pro Tag. Innerhalb 30–60 Tagen geht die Ausscheidung dieser Metaboliten bei Nicotinsäuremangel bis auf einen Minimalwert zurück und bleibt dann konstant; kurz nach Erreichen dieses Minimalwerts treten auch die ersten klinischen Mangelanzeichen auf[2]. Unter einer Standardkost (10 mg Nicotinsäure, 1000 mg Tryptophan) beträgt die Ausscheidung der Nicotinsäuremetaboliten weniger als 3,0 mg bei Pellagrapatienten und 7–37 mg bei Gesunden[19]. Bei Nicotinsäuremangel nimmt der Gehalt der Nicotinamidadenindinucleotide im Muskel und in der Leber, nicht aber in den Erythrozyten, ab[2, 20].

Therapie

Bei schwerem Nicotinsäuremangel 300–500 mg Nicotinamid täglich oral in Dosen von 50–100 mg; bei Schluckbeschwerden 100 mg Nicotinamid dreimal täglich intramuskulär[2]. Nicotinsäure soll intravenös in Dosen von nicht mehr als 25 mg verabreicht werden, da es sonst zu einem anaphylaktischen Schock kommen kann. Nicotinsäure, aber nicht Nicotinamid, bewirkt in größeren Dosen eine ausgesprochene Vasodilatation, besonders an Kapillaren und Gefäßen der oberen Körperhälfte, was bei peripheren Zirkulationsstörungen therapeutisch ausgenützt werden kann. Nicotinsäure in Dosen von üblicherweise 1 g dreimal täglich kann zur Senkung des Serumcholesteringehalts verwendet werden[21].

Literatur

1 Horwitt, M.K., in: Wohl und Goodhart (Hrsg.), *Modern Nutrition in Health and Disease*, 3. Aufl., Lea & Febiger, Philadelphia, 1964, S. 380.
2 Goldsmith, G.A., in: Beaton und McHenry (Hrsg.), *Nutrition*, Band 2, Academic Press, New York, 1964, S. 109.
3 Sebrell, jr., und Harris (Hrsg.), *The Vitamins*, Band 2, Academic Press, New York, 1954, S. 449.
4 Bliss und György, in: György, P. (Hrsg.), *Vitamin Methods*, Band 2, Academic Press, New York, 1951, S. 210.
5 Baker und Sobotka, *Advanc. clin. Chem.*, **5**, 173 (1962).
6 Gstirner, F., *Chemisch-physikalische Vitaminbestimmungsmethoden*, 5. Aufl., Enke, Stuttgart, 1965, S. 196.
7 Brown und Reynolds, *Ann. Rev. Biochem.*, **32**, 419 (1963).
8 Goodwin, T.W., *The Biosynthesis of Vitamins and Related Compounds*, Academic Press, New York, 1963, S. 69.
9 Food and Nutrition Board, *Recommended Dietary Allowances*, 6. Aufl., National Academy of Sciences – National Research Council, Publication 1146, Washington, 1964, S. 22.
10 Wertz et al., *J. Nutr.*, **64**, 339 (1958).
11 Baker et al., *Amer. J. clin. Nutr.*, **14**, 1 (1964).
12 Goldsmith et al., *J. Nutr.*, **73**, 172 (1961).
13 Chiu, G.C., *Arch. intern. Med.*, **108**, 717 (1961); Goldsmith, G.A., *J. Amer. med. Ass.*, **194**, 167 (1965).
14 Eaton et al., *J. clin. Invest.*, **44**, 247 (1965).
15 Review, *Nutr. Rev.*, **19**, 240 (1961).
16 Bressani und Navarrete, *Food Res.*, **24**, 344 (1959).
17 Bridges et al., *Brit. J. Surg.*, **45**, 117 (1957).
18 Review, *Nutr. Rev.*, **21**, 334 (1963).
19 Goldsmith et al., *Amer. J. clin. Nutr.*, **4**, 151 (1956).
20 Axelrod et al., *J. biol. Chem.*, **138**, 667 (1941).
21 To-day's Drugs, *Brit. med. J.*, **2**, 1181 (1964).

DK-Zahl	Nr.
Deskriptoren:	Serie:
	Eing. Original oder Kopie Separatum
	Bearb.: Freistedt

Verfasser:

Titel:

Quelle:

Fundstelle:

1-5-9 Ag 315 80

Knorpel	cartilage
Knochen	bone
Osteogenese	osteogenesis
Phylogenese	phylogenesis
Zellen	cells
Enzyme	enzymes
Embryologie	embryology
Verkalkung	mineralisation
~~Methode~~	~~Vertebrates~~
~~Kultur~~	proteins
	proteids
	peptides

Vitamin-B_{12}-Gruppe (Corrinoide)[1,2]

Chemie[3]

Die kompletten B_{12}-Arten enthalten ein durch α-glycosidische Bindung gekennzeichnetes Nucleotid, dessen Imidazolstickstoff unter geeigneten Bedingungen mit dem Cobaltatom koordinieren kann. Bei den inkompletten B_{12}-Arten fehlt entweder der Alkanolamin- und Nucleotidanteil oder nur der Nucleotidanteil, oder der Nucleotidanteil ist durch eine β-glycosidische Bindung gekennzeichnet, wodurch der Imidazolstickstoff nicht mit dem Cobaltatom koordinieren kann. Die B_{12}-Coenzyme entsprechen den kompletten B_{12}-Arten, haben aber anstelle der anorganischen Gruppe eine organische Gruppe direkt über ein Kohlenstoffatom an das Cobaltatom gebunden. Die gegen Licht und Sauerstoff relativ stabilen kompletten und inkompletten B_{12}-Arten sind vermutlich Artefakte der B_{12}-Coenzyme.

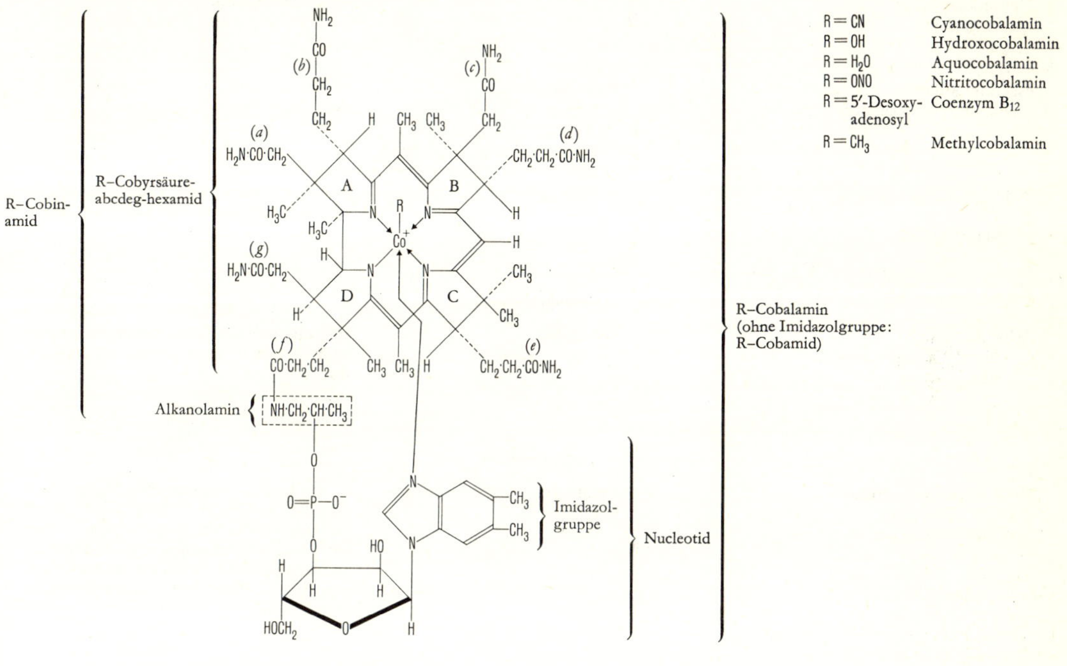

Verbindung*	Formel und Molgewicht	Physikalische Eigenschaften	Vorkommen und biologische Eigenschaften
		Komplette B_{12}-Arten	
Vitamin B_{12} (Cyanocobalamin, 5,6-Dimethylbenzimidazolcyanocobamid)	$C_{63}H_{88}N_{14}O_{14}PCo$ 1355,40	Rote Nadeln, gegen mehrstündiges Erhitzen bei 100 °C stabil Spektrum in Wasser: Maxima bei 278, 361, 550 nm	In der Natur nur als Coenzym vorkommend. Isolierbar aus tierischem Gewebe, vielen Bakterienarten, Faulschlamm, Belebtschlamm. Stimulierung der Erythrozytenausreifung im Knochenmark, «animal protein factor»-Aktivität bei Tieren, Wachstumsförderung gegenüber vielen Mikroorganismen
Aquocobalamin (Vitamin B_{12b}, 5,6-Dimethylbenzimidazolaquocobamid) Hydroxocobalamin (Vitamin B_{12a}, 5,6-Dimethylbenzimidazolhydroxocobamid)	$C_{62}H_{90}N_{13}O_{15}PCo$ 1347,39	Rote Nadeln, Aquoform in neutraler, Hydroxoform in alkalischer Lösung Spektrum in Wasser: Maxima bei 274, 350,522 nm	Wirkung wie beim Cyanocobalamin, Depotwirkung im menschlichen Organismus
5-Methylbenzimidazolcyanocobamid		Rote Nadeln	Im Belebtschlamm und Faulschlamm. Zwei Drittel der Cyanocobalaminaktivität gegen perniziöse Anämie

* Zur Nomenklatur siehe die Empfehlungen der Kommission für biochemische Nomenklatur der IUPAC [IUPAC-IUB Commission on Biochemical Nomenclature, *Biochim. biophys. Acta (Amst.)*, **117**, 285 (1966)].

Verbindung*	Formel und Molgewicht	Physikalische Eigenschaften	Vorkommen und biologische Eigenschaften
Benzimidazolcyanocobamid		Rote Nadeln	Im Belebtschlamm und Faulschlamm. Zwei Drittel der Cyanocobalaminaktivität gegen perniziöse Anämie
5-Hydroxybenzimidazolcyanocobamid (Faktor III)		Rote Nadeln	Im Faulschlamm; schwach aktiv gegen perniziöse Anämie
Pseudovitamin B_{12} (Adenincyanocobamid)		Rote Nadeln	In Faulschlamm, Fäzes, Panseninhalt; inaktiv gegen perniziöse Anämie
2-Methyladenincyanocobamid (Faktor A)		Rote Nadeln	In Faulschlamm, Fäzes, Panseninhalt; sehr schwach aktiv gegen perniziöse Anämie
		Inkomplette B_{12}-Arten	
Ätiocobalamin (Faktor B, Cyanocobinamid)		Amorph	In Faulschlamm, Fäzes, Panseninhalt; Antagonist von Cyanocobalamin im Kükentest
		B_{12}-Coenzyme	
5′-Desoxyadenosylcobalamin (Coenzym B_{12})		Orangegelbe Blättchen, lichtempfindlich	In zahlreichen Bakterienarten, in tierischem Gewebe (vorwiegend Leber). Biochemisch aktive Form des Vitamins B_{12}. Wachstumsaktivität bei Mikroorganismen und Küken; antiperniziöse Aktivität wie die des Cyanocobalamins; Depotwirkung im menschlichen Körper
Methylcobalamin		Orangegelbe Blättchen, lichtempfindlich	In tierischem Gewebe (Leber), Blutserum. Coenzymfunktion

* Zur Nomenklatur siehe die Empfehlungen der Kommission für biochemische Nomenklatur der IUPAC [IUPAC-IUB Commission on Biochemical Nomenclature, *Biochim. biophys. Acta (Amst.)*, **117**, 285 (1966)].

Bestimmung

Mikrobiologisch[1,4]. Mit Bakterien: *Escherichia coli* (Cobalamine, Pseudovitamin B_{12}, Cobamid), *Lactobacillus leichmannii* (Cobalamine, Pseudovitamin B_{12}). Mit Protozoen: *Euglena gracilis* (Cobalamine, Pseudovitamin B_{12}), *Ochromonas malhamensis* (nur Cobalamine).

Chemisch[5]. Spektrophotometrisch oder polarographisch in reiner Lösung; Trennung der einzelnen Verbindungen durch Gegenstromverteilung, Säulenchromatographie, mit Ionenaustauschern.

Isotopenmethoden. Isotopenverdünnung mit ^{57}Co-, ^{58}Co- oder ^{60}Co-markiertem Vitamin B_{12}.

Einheit

Einheit ist das Substanzgewicht. 1 μg Vitamin B_{12} = 11000 LLD-Einheiten (*Lactobacillus lactis* DORNER) = 1 USP-Einheit (Leberextrakt). 1 USP-Einheit ist diejenige Tagesdosis, die bei echter perniziöser Anämie klinisch und hämatologisch befriedigende Resultate herbeiführt. 1000 LLD-Einheiten entsprechen ungefähr der Wirkung von 1 ml guten Leberextrakts.

Biogenese[6,7]

Vitamin B_{12} wird von vielen Bakterienarten synthetisiert, so von Propionibakterien und *Aerobacter aerogenes*. Möglicherweise wird es auch in tierischem Gewebe gebildet[8].

Die Biosynthese verläuft etwa nach folgendem Schema:

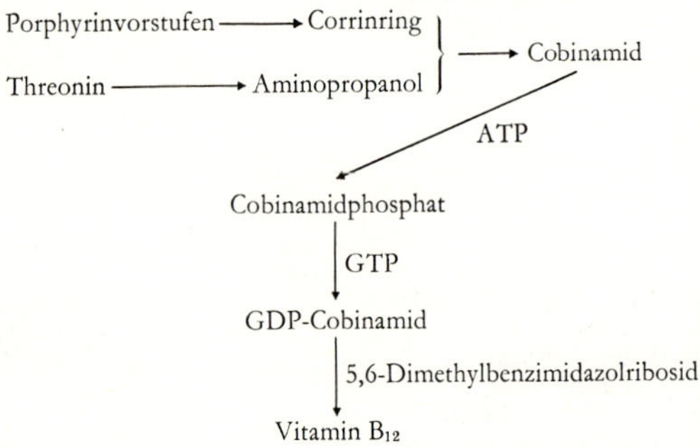

Es entstehen die Coenzymformen des Vitamins; Cyanocobalamin und Hydroxocobalamin sind wahrscheinlich nur Artefakte[9], die aber in tierischem Gewebe in die Coenzyme umgewandelt werden können:

CN–Co $\xrightarrow[\text{ATP, RSH}]{\text{FMNH}_2}$ 5′-Desoxyadenosyl–Co

Aufnahme und Ausscheidung

In den USA enthält die tägliche Kost durchschnittlich 15–30 µg Vitamin B_{12}[10], davon werden vielleicht 5 µg resorbiert. Nach Heinrich und Wolfsteller[12] sollen pro Vitamin-B_{12}-Gabe 1,5 µg mit Hilfe von «intrinsic factor», einem Mucoprotein des Magensaftes[11], im Ileum resorbiert werden, wobei der Übergang durch die Darmwand wahrscheinlich zusammen mit dem «intrinsic factor» erfolgt[13]. Außerdem findet eine passive Diffusion durch die Darmwand statt[14], die mit zunehmender Dosis logarithmisch bis zu einem Grenzwert des resorbierten Anteils von 0,9% ansteigt[12]. Bei normaler Kost und 3 Mahlzeiten täglich werden demnach 2–5 µg und mehr Vitamin B_{12} täglich resorbiert[15] (siehe unten das Diagramm). Cyanocobalamin wird eher leichter resorbiert als Coenzym B_{12}[16]. Im Dickdarm des Menschen werden von Bakterien täglich 10–50 µg Vitamin B_{12} synthetisiert, und ebensoviel wird mit den Fäzes ausgeschieden; ob davon etwas resorbiert wird, ist nicht sicher bekannt[17].

Der Vitamin-B_{12}-Gehalt im Serum liegt zwischen 100 und 900 ng/l (siehe S. 606); das Vitamin ist überwiegend als Methylcobalamin vorhanden und zu etwa 80% an α-Globuline gebunden (Transcobalamin I). Exogenes Vitamin B_{12} wird kurzfristig auch an ein β-Globulin gebunden (Transcobalamin II)[18]. Die Halbwertzeit von intravenös appliziertem Cyanocobalamin im Serum beträgt ungefähr 6 Tage[19]. Kleine Mengen von einigen Mikrogramm Vitamin B_{12} werden im Körper retiniert, Mengen von einigen Milligramm rasch im Harn ausgeschieden. Parenteral verabreichtes Hydroxocobalamin wird im Körper länger retiniert als Cyanocobalamin und als Coenzym B_{12}[16]. Die Speicherung des Vitamins im Körpergewebe erfolgt wahrscheinlich in der Coenzymform. Der gesamte Körpervorrat des Menschen an Vitamin B_{12} wird auf etwa 2–5 mg (Grenzwerte 1–11 mg) geschätzt[1,12,15]. Die Leber enthält ungefähr 0,8 mg Vitamin B_{12}[20] (biologische Halbwertzeit des Vitamins in der Leber ungefähr 12 Monate[19]). 0,1% der Körperreserven an Vitamin B_{12} werden täglich eliminiert[15]. Die Körperreserven des Menschen dürften genügen, um das Auftreten von klinischen Mangelerscheinungen für 3–8 Jahre zu verhindern[1,15]. Das Vitamin wird mit der Galle ausgeschieden (siehe S. 651); im Harn finden sich nur geringe Mengen (0–0,27 µg pro Tag)[1].

Funktion[7, 21]

Vitamin B_{12} ist als Coenzym an verschiedenen Reaktionen beteiligt:

Enzym (in Klammern katalysierte Reaktion)	Coenzym	Vorkommen
Methylaspartatmutase (Glutaminsäure ⇌ β-Methylasparaginsäure)	5'-Desoxyadenosylcobalamin	Bakterien
Methylmalonyl-CoA-Mutase (Methylmalonyl-CoA ⇌ Succinyl-CoA)	5'-Desoxyadenosylcobalamin	Bakterien, tierisches Gewebe
Glycoldehydrogenase (Äthylenglycol ⇌ Acetaldehyd), 1,2-Propandiol ⇌ Propionaldehyd)	5'-Desoxyadenosylcobalamin	Bakterien
5-Methyltetrahydrofolat-homocysteintransmethylase (Methioninbildung)	Methylcobalamin (Proteinkomplex) als Zwischenprodukt	Bakterien, tierisches Gewebe
Ribonucleotidreductase (DNS-Bildung)	5'-Desoxyadenosylcobalamin	Bakterien, tierisches Gewebe
(Thioloxydation)	Unbekannt	Bakterien, tierisches Gewebe

Anteilmäßige Verteilung der intestinalen Gesamt-Vitamin-B_{12}-Resorption auf die vom «intrinsic factor» abhängige Vitamin-B_{12}-Resorption und die diffusionsbedingte Vitamin-B_{12}-Resorption beim gesunden Menschen[12]

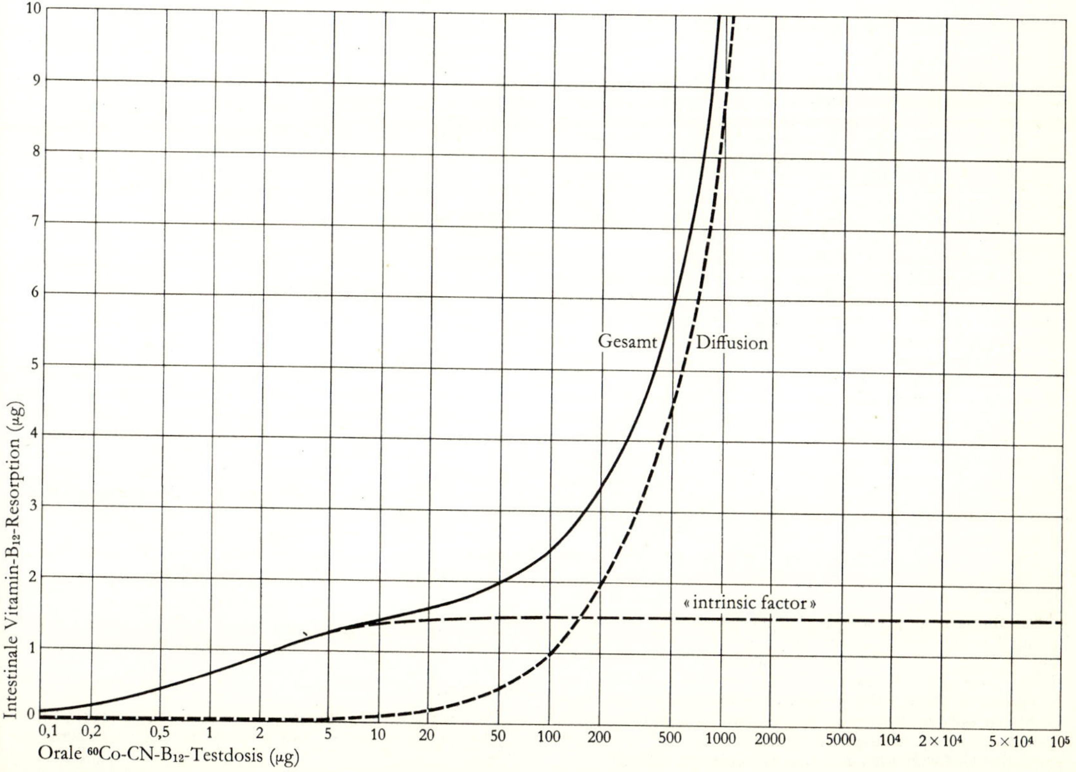

Vitamin B_{12} ist an der DNS- und Proteinbildung beteiligt und somit für das Wachstum unbedingt erforderlich. Zur Biosynthese von DNS ist Thymidylsäure nötig, deren Bildung Methylentetrahydrofolsäure erfordert. Diese Verbindung kann aber nur entstehen, falls mit Hilfe des vitamin-B_{12}-haltigen Enzyms die Methylgruppe von Methyltetrahydrofolsäure unter Bildung von Methionin und Regenerierung von Tetrahydrofolsäure auf Homocystein übertragen wird[22, 23]. Fehlt Vitamin B_{12}, so reichert sich Methyltetrahydrofolsäure an («folate-trap»-Hypothese[24]), und die DNS-Bildung, vor allem in den rasch wachsenden Zellen (Knochenmark, Schleimhaut, Epithel) ist unterbunden. Die beeinträchtigte DNS- und Methioninsynthese hat Auswirkung auf die Proteinsynthese[25]; die Bedeutung des Vitamins für den Lipid- und Kohlenhydratstoffwechsel mag mit der von Vitamin B_{12} abhängigen Bildung von Succinat zusammenhängen.

Bedarf

Der tägliche Bedarf des Erwachsenen scheint sich mit 0,6–1,5 µg resorbiertem Vitamin B_{12} hinreichend decken zu lassen[15, 26]; wünschenswert ist eine tägliche Resorption von 3–5 µg[15]. Der Bedarf ist vielleicht beim Säugling und während der Schwangerschaft erhöht, da die Reserven der Mutter durch den Fötus weitgehend aufgebraucht werden.

Die besten Quellen für Vitamin B_{12} sind (in abnehmender Reihenfolge): Leber, Nieren, Fleisch, Milch; nur geringe Mengen sind in Pflanzen enthalten (siehe S. 495–511). Beim Kochen bleiben mindestens 70% der Aktivität erhalten[15].

Mangel[27]

Ursachen eines Vitamin-B_{12}-Mangels:

a) Ungenügende orale Zufuhr (extreme Vegetarier)
b) Nicht genügende oder fehlende «intrinsic factor»-Sekretion (ADDISONsche perniziöse Anämie, Gastrektomie, Gastroenterostomie); Antikörper gegen «intrinsic factor» im Magensaft[28]
c) Ungenügende Resorption im Ileum (Malabsorptionssyndrom, Ileitis, Tuberkulose, Resektion)
d) Interferenz mit der Resorption durch Bakterien (intestinale Stase bei blinden Darmschlingen, Dünndarmdivertikulose) und durch Fischbandwurm

Mangelsymptome sind: makrozytäre Anämie, Megaloblastose des Knochenmarks, Leukopenie, Thrombozytopenie, Glossitis, morphologische Veränderungen im Gastrointestinaltrakt und im Gegensatz zum Folsäuremangel progressive Degeneration der Achsenzylinder der Rückenmarkneurone. Ursache der perniziösen Anämie des Erwachsenen sind vielleicht immunologische Prozesse – bei vielen Patienten finden sich im Serum Antikörper gegen «intrinsic factor» –, die zur Atrophie der Magenschleimhaut führen. Während beim Erwachsenen mit perniziöser Anämie die Säuresekretion im Magen fehlt, kann bei Kindern zwar die «intrinsic factor»-Sekretion – wahrscheinlich genetisch bedingt – fehlen, die Säuresekretion aber normal sein[29].

Biochemische, diagnostisch verwertbare Mangelsymptome sind der erniedrigte Vitamin-B_{12}-Gehalt des Serums (siehe S. 606) und der Leber sowie die stark erhöhte Ausscheidung von Methylmalonsäure im Harn[30]. Die Ermittlung der Vitamin-B_{12}-Resorption erfolgt durch orale Gabe von markierter Substanz und anschließende Bestimmung der Aktivität a) in den Fäzes, b) im Harn (SCHILLING-Test), c) im Serum, d) in der Leber, e) im gesamten Körper. Zur Differentialdiagnose kann man den Resorptionstest mit «intrinsic factor» wiederholen; man kann aber auch gleichzeitig freies Vitamin B_{12} und Vitamin-B_{12}-«intrinsic factor», markiert mit zwei verschiedenen Co-Isotopen, verwenden[31]. Der SCHILLING-Test (0,5 µg markiertes Vitamin B_{12} oral, 1 Stunde später 1000 µg nichtmarkiertes Vitamin B_{12} intramuskulär) zeigt folgende Werte[32]: normal 8–34%, bei Patienten mit perniziöser Anämie 0–3,5% der Radioaktivität im 24-Stunden-Harn (siehe auch S. 286).

Therapie

Das Blutbild bei perniziöser Anämie bessert sich bereits mit 0,1 µg Vitamin B_{12} parenteral pro Tag[33]; mit 0,5–2,0 µg pro Tag kommt es zu einer vollständigen Remission[34]. Auffüllung der Körperreserven durch fünfmal 1000 µg subkutan innerhalb von 10 Tagen. Übliche Erhaltungsdosis 100–400 µg parenteral einmal im Monat oder auch 1000 µg oral zweimal wöchentlich[35]. Die orale Therapie mit Vitamin B_{12} + «intrinsic factor» ist nicht zu empfehlen, da sich mit der Zeit eine Resistenz entwickelt[12, 36].

Literatur

1 GRÄSBECK, R., *Advanc. clin. Chem.*, **3**, 299 (1960).
2 SEBRELL, jr., und HARRIS (Hrsg.), *The Vitamins*, Band 1, Academic Press, New York, 1954, S. 395; CHOW, B. F., in: BEATON und MCHENRY (Hrsg.), *Nutrition*, Band 2, Academic Press, New York, 1964, S. 207; VILTER, R. W., in: WOHL und GOODHART (Hrsg.), *Modern Nutrition in Health and Disease*, 3. Aufl., Lea & Febiger, Philadelphia, 1964, S. 421; SMITH, E. L., *Vitamin B_{12}*, 3. Aufl., Methuen, London, 1965.
3 FRIEDRICH, W., in: RAUEN, H. M. (Hrsg.), *Biochemisches Taschenbuch*, 2. Aufl., 1. Teil, Springer, Berlin, 1964, S. 708.
4 BAKER und SOBOTKA, *Advanc. clin. Chem.*, **5**, 173 (1962).
5 GSTIRNER, F., *Chemisch-physikalische Vitaminbestimmungsmethoden*, 5. Aufl., Enke, Stuttgart, 1965, S. 162.
6 GOODWIN, T. W., *The Biosynthesis of Vitamins and Related Compounds*, Academic Press, New York, 1963, S. 167; BROWN und REYNOLDS, *Ann. Rev. Biochem.*, **32**, 419 (1963); BERNHAUER et al., *Advanc. Enzymol.*, **26**, 233 (1964).
7 JAENICKE, L., *Ann. Rev. Biochem.*, **33**, 287 (1964); WAGNER, F., *Ann. Rev. Biochem.*, **35**, 405 (1966).
8 BRADY und NEWTON, *Experientia (Basel)*, **19**, 398 (1963).
9 ROSENBLUM, C., *Ser. Haemat.*, **3**, 48 (1965).
10 MANGAY CHUNG et al., *Amer. J. clin. Nutr.*, **9**, 573 (1961).
11 GLASS, G. B. J., *Physiol. Rev.*, **43**, 529 (1963); ELLENBOGEN und HIGHLEY, *Vitam. and Horm.*, **21**, 1 (1963); HERBERT und CASTLE, *New Engl. J. Med.*, **270**, 1181 (1964); GLASS, G. B. J., *Ser. Haemat.*, **3**, 61 (1965).
12 HEINRICH und WOLFSTELLER, *Med. Klin.*, **61**, 756 (1966).
13 WILSON, T. H., *Nutr. Rev.*, **23**, 33 (1965).
14 HERBERT et al., *Medicine (Baltimore)*, **43**, 679 (1964).
15 HEYSSEL et al., *Amer. J. clin. Nutr.*, **18**, 176 (1966).
16 HERBERT und SULLIVAN, *Ann. N. Y. Acad. Sci.*, **112**, 855 (1964); HEINRICH und GABBE, *Ann. N. Y. Acad. Sci.*, **112**, 871 (1964).
17 MERZBACH und GROSSOWICZ, *J. Nutr.*, **87**, 41 (1965).
18 HALL und FINKLER, *J. Lab. clin. Med.*, **65**, 459 (1965).
19 ADAMS, J. F., *Nature*, **198**, 200 (1963).
20 BAKER et al., *Amer. J. clin. Nutr.*, **14**, 1 (1964).
21 WEISSBACH und DICKERMAN, *Physiol. Rev.*, **45**, 80 (1965); ARNSTEIN, H. R. V., *Ser. Haemat.*, **3**, 38 (1965); SILBER und MOLDOW, *Amer. J. Med.*, **48**, 549 (1970).
22 WEISSBACH und TAYLOR, *Vitam. and Horm.*, **28**, 415 (1970).
23 HOFFBRAND und PETERS, *Schweiz. med. Wschr.*, **100**, 1954 (1970).
24 NIXON und BERTINO, *Amer. J. Med.*, **48**, 555 (1970).
25 JAENICKE und GROSS, *Klin. Wschr.*, **50**, 985 (1972).
26 Food and Nutrition Board, *Recommended Dietary Allowances*, 6. Aufl., National Academy of Sciences – National Research Council, Publication 1146, Washington, 1964, S. 39.
27 ESTREN et al., *Advanc. intern. Med.*, **9**, 11 (1958); MOLLIN, D. L., *Ann. Rev. Med.*, **11**, 333 (1960); HELLER und VENGER, *Med. Clin. N. Amer.*, **46**, 121 (1962); COMPSTON und PITCHER, in: BARON et al. (Hrsg.), *Recent Advances in Medicine*, 14. Aufl., Churchill, London, 1964, S. 171; CASTLE, W. B., *Med. Clin. N. Amer.*, **50**, 1245 (1966).
28 SCHADE et al., *New Engl. J. Med.*, **275**, 528 (1966).
29 MCINTYRE et al., *New Engl. J. Med.*, **272**, 981 (1965).
30 WHITE und COX, *Ann. N. Y. Acad. Sci.*, **112**, 915 (1964).
31 KATZ et al., *J. Lab. clin. Med.*, **61**, 266 (1963).
32 FRICK und BRUNNER, *Helv. med. Acta*, **31**, 345 (1964).
33 SULLIVAN und HERBERT, *New Engl. J. Med.*, **272**, 340 (1965).
34 DARBY et al., *Amer. J. Med.*, **25**, 726 (1958).
35 MCKENNA und ERSLEV, *Med. Clin. N. Amer.*, **49**, 1371 (1965).
36 Today's Drugs, *Brit. med. J.*, **4**, 167 (1968).

Folsäuregruppe[1–3]

Chemie[4]

Struktur und Eigenschaften siehe S. 480 und 481.

Bestimmung

Kurativtest am Huhn[5].

Mikrobiologisch[1, 6]. Mit *Lactobacillus casei* (gesamte Folsäureaktivität: Pteroylglutaminsäure, Pteroyltriglutaminsäure und höhere Konjugate, reduzierte Folsäure einschließlich 5-Methyltetrahydropteroylglutaminsäure); mit *Streptococcus faecalis* (Pteroylglutaminsäure, reduzierte Folsäure, aber nicht 5-Methyltetrahydropteroylglutaminsäure); mit *Pediococcus cerevisiae* (reduzierte Folsäure). In biologischem Material, vor allem in Nahrungsmitteln, lassen sich die Konjugate auch enzymatisch spalten.

Chemisch[7]. Photometrisch nach Spaltung mit Zink- oder Kaliumpermanganat und anschließender Diazotierung; in reiner Lösung auch spektrophotometrisch und polarographisch.

Einheit

Keine internationale Einheit; es gilt das Substanzgewicht.

Biogenese[8]

Im Gewebe höherer Pflanzen, durch Mikroorganismen (Intestinalflora), in tierischem Gewebe[9], wahrscheinlich nach folgendem Schema:

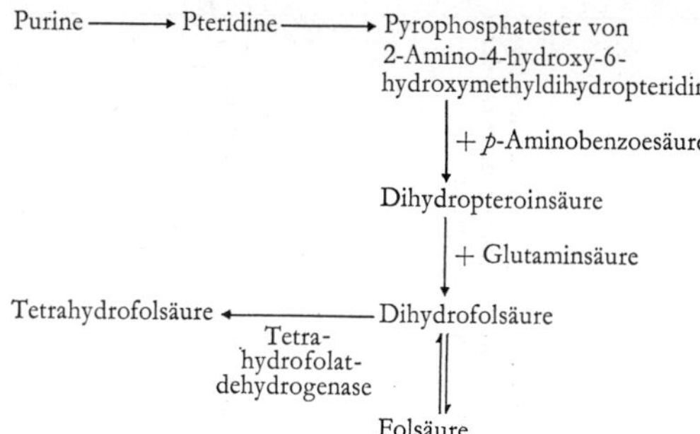

Durch Sulfonamide wird die Synthese der Dihydrofolsäure gehemmt[10]. Folsäureantagonisten wie Aminopterin, aber auch Medikamente mit pyrimidinähnlicher Struktur wie Primidon und Pyrimethamin hemmen die Tetrahydrofolatdehydrogenase und damit die Bildung von Tetrahydrofolsäure.

Aufnahme und Ausscheidung

Die tägliche Kost in den USA enthält ungefähr 150–200 µg Folsäureaktivität[11,12], aber nur gegen 20 µg Pteroylglutaminsäure[12]. Folsäurekonjugate werden im oberen Teil des Intestinaltrakts hydrolysiert. Die Folsäure aus der Nahrung und die von der Intestinalflora gebildete wird in allen Dünndarmabschnitten aktiv resorbiert; große Mengen diffundieren auch passiv durch die Intestinalwand[13].

Folsäuregehalt: im Serum 5–20 µg/l, in den Erythrozyten gegen 300 µg/l (*L. casei*-Aktivität; siehe dazu auch S. 606). Die maximale Folsäurekonzentration im Serum wird 2–4 Stunden nach oraler Folsäuregabe erreicht[14]. Die Halbwertzeit von Folsäure i.v. beträgt im Serum etwa 6–10 Minuten[15]. Orale Folsäuregaben beeinflussen den Folinsäuregehalt des Serums nicht; in den Geweben wird die zugeführte Folsäure dagegen reduziert und in kleiner Menge gespeichert. Der Gesamtfolsäuregehalt des menschlichen Körpers beträgt schätzungsweise 12–15 mg[16]; etwa 7 mg sind in der Leber enthalten[17]. Im Serum[18,19], in den Erythrozyten[20] und in der Leber[21] liegt die Folsäure überwiegend in Form von 5-Methyltetrahydropteroylglutaminsäure vor. Der Körpervorrat dürfte genügen, um für 4–5 Monate das Auftreten klinischer Mangelerscheinungen zu verhindern[19]. Nach intravenöser Gabe markierter Folsäure wurden im Harn markierte Folsäure und 10-Formyltetrahydropteroylglutaminsäure nachgewiesen, ferner unmarkierte, aus Geweben stammende 5-Methyltetrahydropteroylglutaminsäure[22].

Funktion[23]

Die Tetrahydrofolsäure ($H_4PteGlu$) ist ein wichtiger Überträger von Einkohlenstoffeinheiten. Diese Einheiten entstammen vor allem dem Histidin und Serin und werden zur Synthese von Purinen und Methionin verwendet (siehe das untenstehende Schema sowie S. 429 und 433).

Aufgrund der Bedeutung der Folsäure für die Purin- und Nucleinsäuresynthese spielt das Vitamin eine wichtige Rolle bei allen Zellteilungsvorgängen, so vor allem bei der Hämatopoese (Stimulierung der Retikulozytose). Der primäre Defekt bei Folsäuremangel liegt wahrscheinlich in einer Störung der DNS-Verdoppelung im Kern bei der Zellteilung. Wenig geklärt ist die Bedeutung für die Erhaltung einer normalen Schwangerschaft; vielleicht wird die Wirkung der Ovarialhormone auf den Uterus beeinflußt.

Bedarf

Der Folsäurebedarf ist nicht genau bekannt[24]. Der tägliche Mindestbedarf bei Erwachsenen dürfte gegen 50 µg betragen, eine Menge, die den Abfall des Serumfolsäurespiegels zu verhindern vermag[25]. Der Säugling hat einen Mindestbedarf von ungefähr 5–20 µg[26] oder noch mehr[27] pro Tag. Erhöhten Bedarf zeigen Schwangere (vielleicht 200–400 µg pro Tag im 3. Trimester bei einem Folatdefizit[28]). – Folsäurereiche Nahrungsmittel sind Leber, Nieren, dunkelgrüne Blattgemüse, Hefe (siehe S. 495–511). Der Folsäuregehalt von frischer Mutter- und Kuhmilch reicht aus, um den Bedarf des Säuglings zu decken[29]. Da die Folsäure sehr hitzeempfindlich ist, können beim Kochen 50–95% der Aktivität zerstört werden.

Mangel[30,31]

Ursachen eines Folsäuremangels:

a) Orale Zufuhr ungenügend (Säuglinge, Alkoholiker, Zirrhotiker)
b) Intestinale Resorptionsstörung (Malabsorptionssyndrom, Jejunumresektion, Hämochromatose)
c) Vermehrter Bedarf (Schwangerschaft, chronische hämolytische Anämien, maligne Erkrankungen)
d) Störungen des Folsäurestoffwechsels (Folsäureantagonisten, siehe oben den Abschnitt «Biogenese»)

Eine tägliche Einnahme von 5 µg Folsäure führte zu Folsäuremangel[32]. Klinische Symptome sind Megaloblastose des Knochenmarks, makrozytäre Anämie, Leukopenie, Hypersegmentierung der Leukozyten, Thrombozytopenie, Glossitis und Störungen im Gastrointestinaltrakt. Biochemische, diagnostisch auswertbare Symptome sind der erniedrigte Folsäuregehalt von Serum und Erythrozyten (siehe S. 606) und die erhöhte Ausscheidung von Formiminoglutaminsäure im Harn nach Histidinbelastung (siehe S. 666). Zur Diagnose eines Folsäuremangels eignet sich auch der Therapieversuch (0,05–0,2 mg Folsäure täglich während 10 Tagen oral oder bei Malabsorption intramuskulär)[2]; weiter eignen sich die Bestimmung der Folsäureresorption mittels tritiummarkierter Folsäure und die Bestimmung der Plasmafolsäureclearance.

Zeitliche Reihenfolge des Auftretens der Mangelsymptome[33]:

Erniedrigter Serumfolsäurespiegel (< 7–16 µg/l)	2 Wochen
Hypersegmentierung der Leukozyten	6–10 Wochen
Erhöhte Ausscheidung von Formiminoglutaminsäure	12–18 Wochen
Erniedrigter Erythrozytenfolsäurespiegel	17 Wochen
Makroelliptozytose	18 Wochen
Megaloblastose des Knochenmarks	19 Wochen
Makrozytäre Anämie........................	20 Wochen

Ein Folsäuremangel ist häufige Ursache von megaloblastischer Anämie bei Schwangeren. Folsäuremangel findet sich auch oft bei Kindern in tropischen Ländern; die Symptome sind eher Anorexie und mangelnde Gewichtszunahme als megaloblastische Anämie[31]. Der sekundäre Folsäuremangel bei Vitamin-B_{12}-Mangel beruht vermutlich auf der Blockierung der Regeneration von Tetrahydrofolat aus 5-Methyltetrahydrofolat, zu der Vitamin B_{12} nötig ist[13].

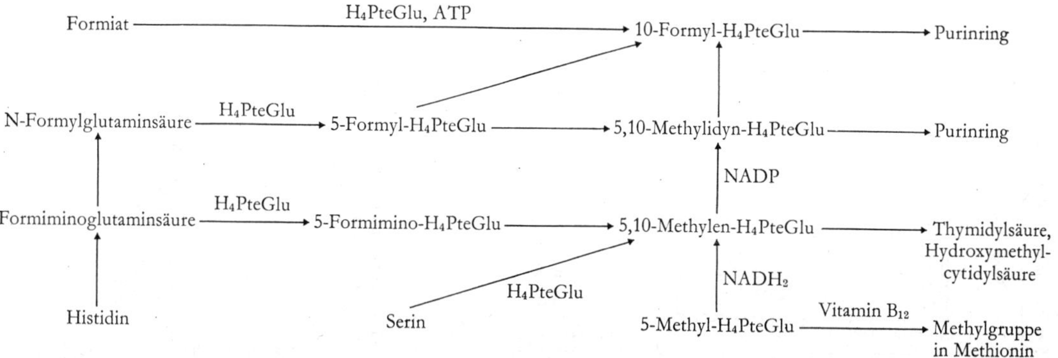

Struktur und Eigenschaften von Folsäure und verwandten Verbindungen

Verbindung*	Formel und Molgewicht	Struktur	Physikalische Eigenschaften	Vorkommen und biologische Eigenschaften
Rhizopterin (SLR-Faktor)	$C_{15}H_{12}N_6O_4$ 340,30	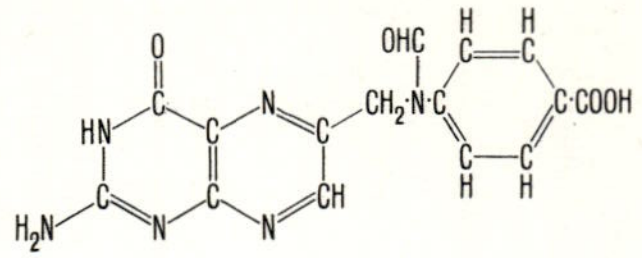	Hellgelbe Blättchen	Im Gärungssaft von *Rhizopus nigrans*; schwache Folsäureaktivität
Pteroylglutaminsäure, PteGlu (Folsäure, Vitamin B_c, *p*-[2-Amino-4-oxo-dihydropteridyl-(6)]-methylaminobenzoyl-L-glutaminsäure)	$C_{19}H_{19}N_7O_6$ 441,41	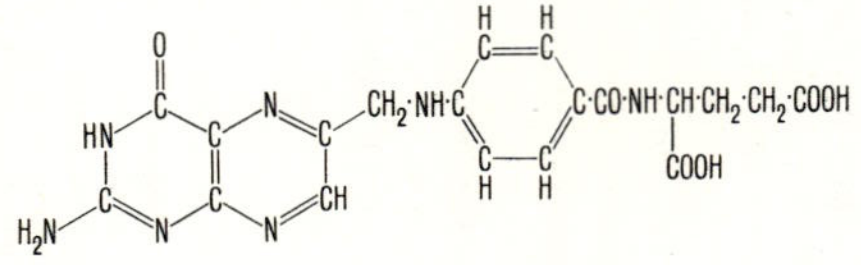	Orangegelbe, geruch- und geschmacklose Nadeln oder Plättchen [α] + 20° (0,1n NaOH)	In Leber, Hefe, grünen Blättern; Wachstumsfaktor für *Lactobacillus casei*, *Streptococcus faecalis R* und andere Mikroorganismen; antianämische Eigenschaften
Pteroyltriglutaminsäure, $PteGlu_3$ (Teropterin)	$C_{29}H_{33}N_9O_{12}$ 699,64	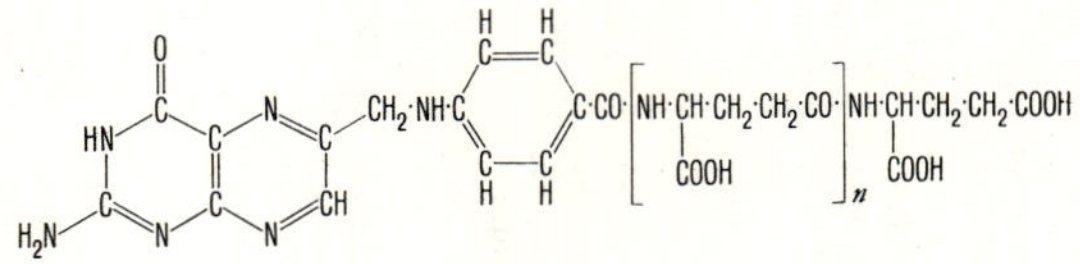 $n=2$	Hellgelbes amorphes Pulver	In Mikroorganismen; entsteht bei *Corynebacterium*-induzierten Fermentationen; schwache Folsäurewirkung
Pteroylheptaglutaminsäure, $PteGlu_7$ (Vitamin-B_c-Konjugat)	$C_{49}H_{61}N_{13}O_{24}$ 1216,11	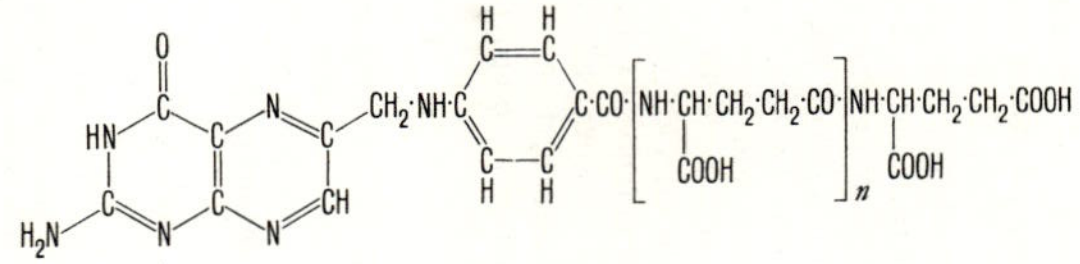 $n=6$	Orangefarbene Kristalle	In Hefe; mikrobiologisch inaktiv; vermutlich Speicherungsform der Pteroylglutaminsäure
Dihydropteroylglutaminsäure, $H_2PteGlu$ (Dihydrofolsäure, FSH_2)	$C_{19}H_{21}N_7O_6$ 443,42	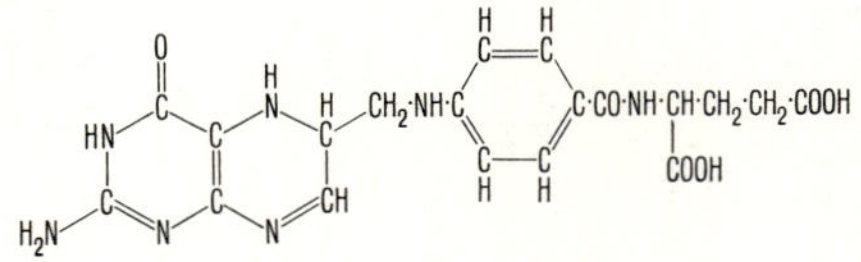	Hellgelbes amorphes Pulver	Stoffwechselzwischenprodukt

Tetrahydropteroylglutaminsäure, $H_4PteGlu$ (Tetrahydrofolsäure, FSH_4)	$C_{19}H_{23}N_7O_6$ 445,44		Leicht cremefarbenes Pulver, oxydiert an der Luft, instabil im Licht, besonders in Lösung (–)-L-Form: $[\alpha]_D^{27}$ –16,9°	Aktive Form der Folsäure
5-Formyltetrahydropteroylglutaminsäure (Citrovorumfaktor, Folinsäure, Leucovorin)	$C_{20}H_{23}N_7O_7$ 473,45		Farblose Kristalle $[\alpha]_D$ –15,1° (natürlicher Faktor) $[\alpha]_D^{25}$ + 16,76° (Racemat, synthetischer Faktor)	In Mikroorganismen; Wachstumsfaktor für *Leuconostoc citrovorum*, *Lactobacillus casei*, *Streptococcus faecalis*, *Lactobacillus arabinosus*; Überträger von Einkohlenstoffeinheiten
5,10-Methylentetrahydropteroylglutaminsäure («Aktiver Formaldehyd»)	$C_{20}H_{23}N_7O_6$ 457,45		Instabil in saurem und neutralem Medium	Überträger von Einkohlenstoffeinheiten
5-Methyltetrahydropteroylglutaminsäure	$C_{20}H_{25}N_7O_6$ 459,47			In Serum und Leber; Überträger von Einkohlenstoffeinheiten
4-Aminopteroylglutaminsäure (Aminopterin)	$C_{19}H_{20}N_8O_5$ 440,42		Gelbe Nadeln	Antagonist der Folsäure, bringt die Zellteilung zum Stillstand

* Entsprechend den Empfehlungen der Kommission für biochemische Nomenklatur der IUPAC [IUPAC-IUB Commission on Biochemical Nomenclature, *Biochim. biophys. Acta (Amst.)*, **107**, 11 (1965] sollen Folsäure und Folat nur als allgemeine Bezeichnung für irgendeine Verbindung der Gruppe oder ein Gemisch der Verbindungen, aber nicht für eine durch die Strukturformel bestimmte Verbindung verwendet werden.

Therapie

Eine Therapie mit Folsäure soll möglichst spezifisch und dem Grad des Folsäuremangels angepaßt sein[34]. 0,25 mg Folsäure täglich genügen, um das Blutbild bei megaloblastischer Anämie infolge alimentären Folsäuremangels zu normalisieren[35]. Folsäuregaben von mehr als 0,1 mg täglich können das Auftreten von Anämie bei Patienten mit Vitamin-B_{12}-Mangel verhindern; das Nervensystem wird aber gegen die subakuten degenerativen Erscheinungen nicht geschützt[24, 36]. Bei einer Behandlung mit Folsäureantagonisten (Krebstherapie) soll reduzierte Folsäure (zum Beispiel Folinsäure) gegeben werden[37]. Vorbeugende Gaben von 0,1–0,5 mg Folsäure täglich während der Schwangerschaft können erwogen werden[16].

Literatur

1 GIRDWOOD, R. H., *Advanc. clin. Chem.*, **3**, 235 (1960).
2 LUHBY und COOPERMAN, *Advanc. metab. Disord.*, **1**, 263 (1964).
3 SEBRELL, jr., und HARRIS (Hrsg.), *The Vitamins*, Band 3, Academic Press, New York, 1954, S. 87; CHOW, B. F., in: BEATON und MCHENRY (Hrsg.), *Nutrition*, Band 2, Academic Press, New York, 1964, S. 207; VILTER, R. W., in: WOHL und GOODHART (Hrsg.), *Modern Nutrition in Health and Disease*, 3. Aufl., Lea & Febiger, Philadelphia, 1964, S. 409.
4 PFLEIDERER, W., in: RAUEN, H. M. (Hrsg.), *Biochemisches Taschenbuch*, 2. Aufl., 1. Teil, Springer, Berlin, 1964, S. 647.
5 O'DELL und HOGAN, *J. biol. Chem.*, **149**, 323 (1943).
6 BAKER und SOBOTKA, *Advanc. clin. Chem.*, **5**, 173 (1962).
7 GSTIRNER, F., *Chemisch-physikalische Vitaminbestimmungsmethoden*, 5. Aufl., Enke, Stuttgart, 1965, S. 188.
8 GOODWIN, T. W., *The Biosynthesis of Vitamins and Related Compounds*, Academic Press, New York, 1963, S. 100; BROWN und REYNOLDS, *Ann. Rev. Biochem.*, **32**, 419 (1963); STOKSTAD und KOCH, *Physiol. Rev.*, **47**, 83 (1967).
9 LUCKEY et al., *J. Nutr.*, **55**, 105 (1955), und **57**, 169 (1955).
10 HITCHINGS und BURCHALL, *Advanc. Enzymol.*, **27**, 417 (1965).
11 MANGAY CHUNG et al., *Amer. J. clin. Nutr.*, **9**, 573 (1961).
12 BUTTERWORTH, jr., et al., *J. clin. Invest.*, **42**, 1929 (1963).
13 HERBERT, V., *Ann. Rev. Med.*, **16**, 359 (1965).
14 BAKER et al., *J. Amer. med. Ass.*, **187**, 119 (1964).
15 SHEEHY et al., *J. Lab. clin. Med.*, **61**, 650 (1963).
16 To-day's Drugs, *Brit. med. J.*, **2**, 1248 (1964).
17 BAKER et al., *Amer. J. clin. Nutr.*, **14**, 1 (1964).
18 HERBERT et al., *J. clin. Invest.*, **41**, 1134 (1962).
19 HERBERT, V., *Proc. roy. Soc. Med.*, **57**, 377 (1964).
20 NORONHA und ABOOBAKER, *Arch. Biochem.*, **101**, 445 (1963).
21 CHANARIN et al., *Brit. med. J.*, **1**, 396 (1966).
22 MCLEAN und CHANARIN, *Blood*, **27**, 386 (1966).
23 SLAVÍK, K., *Wld Rev. Nutr. Diet.*, **3**, 83 (1962); FRIEDKIN, M., *Ann. Rev. Biochem.*, **32**, 185 (1963); JAENICKE und WILMANNS, *Klin. Wschr.*, **41**, 1029 (1963); JAENICKE, L., *Ann. Rev. Biochem.*, **33**, 287 (1964); ARNSTEIN, H. R. V., *Ser. Haemat.*, **3**, 38 (1965); STOKSTAD und KOCH, *Physiol. Rev.*, **47**, 83 (1967).
24 Food and Nutrition Board, *Recommended Dietary Allowances*, 6. Aufl., National Academy of Sciences – National Research Council, Publication 1146, Washington, 1964, S. 41.
25 HERBERT, V., *Arch. intern. Med.*, **110**, 649 (1962).
26 VELEZ et al., *Amer. J. clin. Nutr.*, **12**, 54 (1963).
27 SULLIVAN et al., *Amer. J. clin. Nutr.*, **18**, 311 (1966).
28 ALPERIN et al., *Arch. intern. Med.*, **117**, 681 (1966); WILLOUGHBY und JEWELL *Brit. med. J.*, **2**, 1568 (1966).
29 MATOTH et al., *Amer. J. clin. Nutr.*, **16**, 356 (1965).
30 MOLLIN, D. L., *Ann. Rev. Med.*, **11**, 333 (1960); HELLER und VENGER, *Med. Clin. N. Amer.*, **46**, 121 (1962); COMPSTON und PITCHER, in: BARON et al. (Hrsg.), *Recent Advances in Medicine*, 14. Aufl., Churchill, London, 1964, S. 171; CASTLE, W. B., *Med. Clin. N. Amer.*, **50**, 1245 (1966).
31 RACHMILEWITZ, M., *Ser. Haemat.*, **3**, 19 (1965).
32 HERBERT, V., *Amer. J. clin. Nutr.*, **12**, 17 (1963).
33 KREHL und HODGES, *Amer. J. clin. Nutr.*, **17**, 191 (1965).
34 HERBERT, V., *Med. Clin. N. Amer.*, **46**, 1365 (1962).
35 DAVIDSON und JANDL, *Amer. J. clin. Nutr.*, **7**, 711 (1959).
36 VILTER et al., *Blood*, **5**, 695 (1950).
37 DELMONTE und JUKES, *Pharmacol. Rev.*, **14**, 92 (1962).

Biotin[1]

Chemie

Struktur und Eigenschaften siehe folgende Seite.

Bestimmung

Biologisch[3]. Mit *Saccharomyces cerevisiae*, *Lactobacillus casei*, *Lactobacillus arabinosus*, *Neurospora crassa* usw.; in biologischen Flüssigkeiten am besten mit *Ochromonas danica*.

Chemisch. Keine Methoden gebräuchlich.

Einheit

Keine internationale Einheit; es gilt das Substanzgewicht. 1 Avidineinheit = Menge, welche das durch 1 µg Biotin geförderte Hefewachstum vollständig unterdrückt[4].

Biogenese[2, 5]

Biotin wird in Pflanzen (vor allem in keimendem Samen) und von verschiedenen Mikroorganismen synthetisiert. *Achromobacter* beispielsweise bildet Biotin aus Pimelylcoenzym A, Cystein und Carbamylphosphat; Pimelylcoenzym A entsteht aus 3 Molekülen Malonylcoenzym A[6]. Die Carboxylgruppe des Biotins ist kovalent an den Lysinrest eines Proteins gebunden. Biocytin entsteht durch Einwirkung einer Proteinase auf das proteingebundene Biotin.

Aufnahme und Ausscheidung

Biotin wird von der Darmflora in so großer Menge gebildet, daß die Ausscheidung in den Fäzes das 2- bis 5fache der oralen Einnahme beträgt[7]. Der Organismus scheint imstande zu sein, das im Darm gebildete Biotin zu verwerten, es ist aber nicht bekannt, in welchem Maß. Das in rohem Eiweiß vorhandene Avidin bindet Biotin, so daß es für den Organismus nicht verfügbar ist.

Biotin wurde im Blut, im Serum (siehe S. 607) und im Harn (siehe S. 672) nachgewiesen. Kleine Mengen Biotin werden in der Leber (etwa 0,2 mg) und im Gehirn gespeichert[3, 8] (Gehalt von Blutgefäßen 3–5 ng/g[9]). In der Leber ist das Biotin vorwiegend proteingebunden (bei der Ratte 90%[5]). Über den Stoffwechsel von Biotin weiß man nur wenig. Bei der Ratte wurden 4 Stunden nach Injektion von Biotin 16% in der Leber gefunden; 30% wurden ausgeschieden[5].

Funktion[5]

Warmblüter und gewisse Mikroorganismen benötigen Biotin. Biotin ist das Coenzym bei CO_2-Fixierungs- und Transcarboxylierungsreaktionen.

Biotinenzyme

Enzym	Katalysierte Reaktion	Vorkommen
Acetyl-CoA-Carboxylase	Acetyl-CoA + HCO_3^- + ATP ⇌ Malonyl-CoA + ADP + P	Mikroorganismen, Hühnerleber
β-Methylcrotonyl-CoA-Carboxylase	β-Methylcrotonyl-CoA + HCO_3^- + ATP ⇌ β-Methylglutaconyl-CoA + ADP + P	Mikroorganismen, Rattenlebermitochondrien
Propionyl-CoA-Carboxylase	Propionyl-CoA + HCO_3^- + ATP ⇌ Methylmalonyl-CoA + ADP + P	Schweineherz, Rinderlebermitochondrien
Methylmalonyl-CoA-Carboxyltransferase	Methylmalonyl-CoA + Pyruvat ⇌ Propionyl-CoA + Oxalacetat	Propionibakterien, Hundeskelettmuskel
Pyruvatcarboxylase	Pyruvat + HCO_3^- + ATP ⇌ Oxalacetat + ADP + P	Mikroorganismen, Lebermitochondrien, Kaninchennieren

Die durch Biotinenzyme katalysierten Carboxylierungsreaktionen verlaufen gemäß

$$\text{Biotinenzym} + CO_2 + \text{ATP} \xrightleftharpoons{Mg^{++}} CO_2\text{-Biotinenzym} + \text{ADP} + \text{P}$$

$$CO_2\text{-Biotinenzym} + X \longrightarrow \text{Biotinenzym} + CO_2\text{-}X$$

(wobei X zum Beispiel β-Methylcrotonyl-CoA) über eine CO_2-Biotinenzymverbindung, in der CO_2 an Biotin gebunden ist (Formel und Struktur siehe nächste Seite)[10]. Bei der Carboxylierung von Acetylcoenzym A soll dagegen der Ureidkohlenstoff des Biotins selbst das aktive CO_2 darstellen[11]; als Zwischenprodukt soll eine als «Diaminobiotin» benannte Verbindung entstehen.

Die Carboxylierung von Acetylcoenzym A ist eine wichtige Startreaktion bei der Fettsäuresynthese (siehe S. 420). Biotin hat noch Bedeutung für viele andere Reaktionen, wobei aber die Wirkung des Vitamins nur eine indirekte sein dürfte. Solche Reaktionen sind: Desaminierung von Aspartat, Serin und Threonin in Bakterien, Desaminierung von Serin bei Tieren, reduktive Carboxylierung von Pyruvat, Carboxylierung von Phosphoenolpyruvat, Carbamylierungsreaktionen, Tryptophanstoffwechsel, Purinsynthese, Proteinsynthese, Kohlenhydratstoffwechsel.

Gewisse Homologe (Homooxybiotin; Biotinsulfon, in dem das Schwefelatom durch eine Sulfongruppe ersetzt ist) reagieren als Antivitamine[12].

Struktur und Eigenschaften von Biotin und verwandten Verbindungen

Verbindung	Formel und Molgewicht	Struktur	Physikalische Eigenschaften	Vorkommen	Aktivität
Biotin, *d*-Biotin	$C_{10}H_{16}N_2O_3S$ 244,31	O C HN NH HC—CH H_2C CH S $CH_2 \cdot CH_2 \cdot CH_2 \cdot CH_2 \cdot COOH$	Smp. 230–232 °C, $[\alpha]_D^{26}+91°$ in 0,1n NaOH; weiße Nadeln, stabil gegen Hitze, instabil gegen Säure und Alkali	Verschiedene Mikroorganismen, zum Beispiel Hefe, tierisches Gewebe, vor allem Leber, Eigelb, Pflanzen	Wachstumsfaktor für viele Bakterien, Protozoen und wahrscheinlich alle höheren Tiere
Biocytin, *d*-Biocytin (ε-N-Biotinyl-L-lysin)	$C_{16}H_{28}N_4O_4S$ 372,49	O C HN NH HC—CH NH_2 H_2C CH S $(CH_2)_4 \cdot CO \cdot NH \cdot (CH_2)_4 \cdot CH \cdot COOH$	Smp. 245–252 °C	Hefe	Wachstumsfaktor für verschiedene Mikroorganismen
Biotinsulfoxyd, *d*-Biotin-1-sulfoxyd (AN-Faktor)	$C_{10}H_{16}N_2O_4S$ 260,31	O C HN NH HC—CH H_2C CH S $CH_2 \cdot CH_2 \cdot CH_2 \cdot CH_2 \cdot COOH$ O		Kulturen von *Aspergillus niger* und *Phycomyces blakesleeanus*	Wachstumsfaktor für *Neurospora crassa*
Oxybiotin (Oxobiotin)	$C_{10}H_{16}N_2O_4$ 228,25	O C HN NH HC—CH H_2C CH O $CH_2 \cdot CH_2 \cdot CH_2 \cdot CH_2 \cdot COOH$	Smp. 205–207 °C		5–30% der Aktivität von Biotin[2]
1′-N-Carboxybiotin (CO_2-Biotin)	$C_{11}H_{16}N_2O_5S$ 288,33	HOOC O C N NH HC—CH H_2C CH S $(CH_2)_4 \cdot COOH$		Instabiles Zwischenprodukt	Aktive Form von CO_2 bei Carboxylierungen

Bedarf

Der Biotinbedarf des Menschen ist nicht bekannt. Bei experimenteller Hypovitaminose reichten 150–300 μg pro Tag aus, um die Mangelerscheinungen zu beheben[13,14]; diese Menge ist üblicherweise in der Kost enthalten[15].

Biotinreich sind Leber, Nieren, Hefe, Eigelb; Biotin ist aber auch in Gemüsen, Nüssen und Getreide enthalten (siehe S. 495–511).

Mangelerscheinungen

Biotinmangel drückt sich aus[16] in nervösen Störungen (Ratte, Schwein, Huhn, Mensch), Hyperkeratose (Ratte), seborrhoeischer Dermatitis (Mensch), Alopezie (Ratte, Maus), Depigmentation der Haare (Ratte, Maus). Der experimentell erzeugte Biotinmangel beim Menschen resultierte in Lethargie, Anorexie, Nausea, Muskelschmerzen und lokalisierten Parästhesien[14]. Biotinmangel wurde bei einer Kost beobachtet, die reich an rohen Eiern war[17,18], und er scheint auch bei Leberzirrhose vorzukommen[18].

Therapie

Biotin wurde zur Behandlung der seborrhoeischen Dermatitis des Kleinkindes (LEINERsche Krankheit) herangezogen[19], eine Krankheit, die möglicherweise infolge des geringen Biotingehalts der Muttermilch und eines Biotinverlusts durch persistierende Diarrhoe mit einem Biotinmangel zusammenhängt.

Literatur

1 SEBRELL, jr., und HARRIS (Hrsg.), *The Vitamins*, Band 1, Academic Press, New York, 1954, S. 525; CHOW, B. F., in: BEATON und MCHENRY (Hrsg.), *Nutrition*, Band 2, Academic Press, New York, 1964, S. 207; GOODHART, R. S., in: WOHL und GOODHART (Hrsg.), *Modern Nutrition in Health and Disease*, 3. Aufl., Lea & Febiger, Philadelphia, 1964, S. 458.
2 GOODWIN, T. W., *The Biosynthesis of Vitamins and Related Compounds*, Academic Press, New York, 1963, S. 145.
3 BAKER und SOBOTKA, *Advanc. clin. Chem.*, **5**, 173 (1962).
4 DHYSE, F. G., *Proc. Soc. exp. Biol. (N. Y.)*, **85**, 515 (1954).
5 MISTRY und DAKSHINAMURTI, *Vitam. and Horm.*, **22**, 1 (1964).
6 LEZIUS et al., *Biochem. Z.*, **336**, 510 (1963).
7 OPPEL, T. W., *Amer. J. med. Sci.*, **204**, 856 (1942).
8 BAKER et al., *Amer. J. clin. Nutr.*, **14**, 1 (1964).
9 KIRK und SANWALD, *J. Lab. clin. Med.*, **66**, 885 (1965).
10 LYNEN et al., in: DE REUCK und O'CONNOR (Hrsg.), *The Mechanism of Action of Water-soluble Vitamins*, Ciba Foundation Study Group, Nr. 11, Churchill, London, 1961, S. 80; KNAPPE et al., *Angew. Chem.*, **74**, 432 (1962).
11 WAITE und WAKIL, *J. biol. Chem.*, **238**, 81 (1963).
12 DORNOW und PETSCH, *Arzneimittel-Forsch.*, **5**, 536 (1955).
13 SYDENSTRICKER et al., *Science*, **95**, 176 (1942).
14 SYDENSTRICKER et al., *J. Amer. med. Ass.*, **118**, 1199 (1942).
15 Food and Nutrition Board, *Recommended Dietary Allowances*, 6. Aufl., National Academy of Sciences – National Research Council, Publication 1146, Washington, 1964, S. 43.
16 TERROINE, T., *Vitam. and Horm.*, **18**, 1 (1960).
17 WILLIAMS, R. H., *New Engl. J. Med.*, **228**, 247 (1943).
18 BUTTERWORTH, jr., et al., *Amer. J. clin. Nutr.* **20**, 364 (1967).
19 GAUTIER et al., *Int. Z. Vitaminforsch.*, **28**, 61 (1957); NISENSON, A., *J. Pediat.*, **51**, 537 (1957).

Pantothensäure[1]

Chemie

Verbindung	Formel und Molgewicht	Struktur	Physikalische Eigenschaften	Vorkommen und Aktivität
Pantothensäure (D-[+]-N-[α,γ-Dihydroxy-β,β-dimethylbutyryl]-β-alanin, Kükenantidermatitisfaktor)	$C_9H_{17}NO_5$ 219,24	$HO{\cdot}CH_2{\cdot}C(CH_3)_2{\cdot}CH(OH){\cdot}CO{\cdot}NH{\cdot}CH_2{\cdot}CH_2{\cdot}COOH$ (β-Alaninrest: $NH{\cdot}CH_2{\cdot}CH_2{\cdot}COOH$)	Gelbes Öl, instabil gegen Hitze, Säure und Alkali, $[\alpha]_D^{25} + 37{,}5°$ Calciumsalz: weiße Kristalle, thermostabil	In Pflanzen und Tieren allgemein verbreitet; Wachstumsfaktor für Hefe und für viele andere Mikroorganismen sowie für alle höheren Tiere; Bestandteil des Coenzyms A
Pantothenylalkohol (Panthenol, N-Pantoyl-3-propanolamin)	$C_9H_{19}NO_4$ 205,26	$HO{\cdot}CH_2{\cdot}C(CH_3)_2{\cdot}CH(OH){\cdot}CO{\cdot}NH{\cdot}CH_2{\cdot}CH_2{\cdot}CH_2{\cdot}OH$	Visköse Flüssigkeit, $[\alpha]_D^{20} + 29{,}5°$	Synthetisch; im Kükentest 86% der Aktivität von Pantothensäure[2]
Pantethein (N-Pantothenyl-β-aminoäthanthiol)	$C_{11}H_{22}N_2O_4S$ 278,37	$HO{\cdot}CH_2{\cdot}C(CH_3)_2{\cdot}CH(OH){\cdot}CO{\cdot}NH{\cdot}CH_2{\cdot}CH_2{\cdot}CO{\cdot}NH{\cdot}CH_2{\cdot}CH_2{\cdot}SH$	Amorphes Pulver, in Wasser löslich	Wachstumsfaktor für *Lactobacillus bulgaricus*
Coenzym A (CoA)	$C_{21}H_{36}N_7O_{16}P_3S$ 767,54	Strukturformel siehe S. 341	Farbloses Pulver, in Wasser löslich	Weit verbreitet in Mikroorganismen, Pflanzen und Tieren; als Acetylcoenzym A («aktive Essigsäure») an der Übertragung von Zweikohlenstoffeinheiten beteiligt (siehe S. 341)

Bestimmung

Biologisch. Wachstumstest an Küken; mikrobiologisch[3] mit *Lactobacillus casei* oder *Lactobacillus plantarum* (*L. arabinosus*).

Chemisch[4]. Nach Hydrolyse durch kolorimetrische Bestimmung des β-Alanins.

Einheit

Keine internationale Einheit; es gilt das Substanzgewicht. 1 LIPMANN-Einheit von Coenzym A = 2,4 μg Reinsubstanz (entsprechend 0,7 μg Pantothensäure)[5].

Biogenese[6]

Pantothensäure wird von Bakterien (zum Beispiel *Escherichia coli*, *Bacterium linens*) aus α-Ketoisovaleriansäure durch Addition einer Einkohlenstoffeinheit gebildet.

Die Bildung von Pantothensäure aus Pantoinsäure und β-Alanin erfolgt unter Einfluß von ATP (zum Beispiel in *Escherichia coli* und *Brucella abortus*).

$$\alpha\text{-Ketoisovaleriansäure} \xrightarrow{HCHO} \alpha\text{-Ketopantoinsäure} \xrightarrow{+2\,H} \text{Pantoinsäure}$$

$$\text{Pantoinsäure} + \beta\text{-Alanin} + ATP \rightarrow \text{Pantothensäure} + \text{Pyrophosphat}$$

In tierischem Gewebe wird keine Pantothensäure gebildet; das Vitamin wird aber sowohl von Mikroorganismen als auch von Tieren in Coenzym A eingebaut (zum Beispiel Leber):

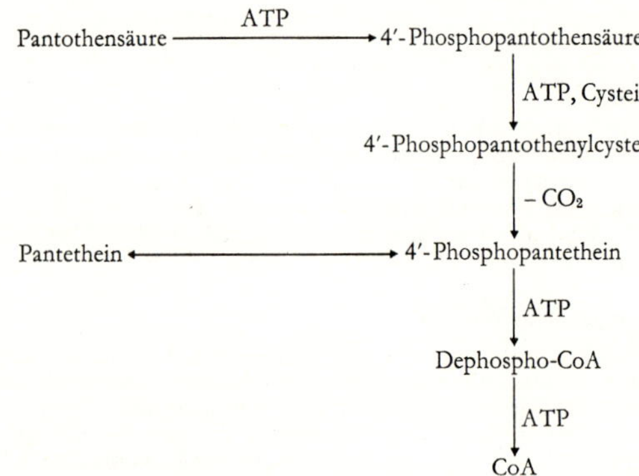

Aufnahme und Ausscheidung

Eine 2500-Kalorien-Kost enthält gegen 4–12 mg freie und 9–20 mg Gesamtpantothensäure[7]. Das Vitamin wird auch im Darm des Menschen synthetisiert; es ist aber nicht erwiesen, daß sich der Organismus dieser Quelle bedient. Der Pantothensäuregehalt des Vollbluts beträgt 0,22–1,9 mg/l (siehe S. 607), der Gehalt in der Zerebrospinalflüssigkeit ist etwa gleich groß. Im Harn werden 0,76–4,1 mg/l ausgeschieden[3]. 4 Stunden nach Verabreichung einer

Testdosis steigt der Blut- und Harnspiegel stark an[8]. Im Blut und in der Zerebrospinalflüssigkeit liegt die Pantothensäure konjugiert, im Harn frei vor[3]. Die Ausscheidung in den Fäzes ist sehr unterschiedlich und hängt von der Ernährung ab.

Coenzym A zirkuliert nicht im Blut und scheint die Zellmembranen nur schwer zu durchdringen. Wahrscheinlich wird es intrazellulär gebildet, wenn es benötigt wird. Coenzym A ist vor allem in folgenden Organen enthalten (Reihenfolge in abnehmender Konzentration): Leber, Nebennieren, Nieren, Gehirn, Herz, Testikel. Der Pantothensäuregehalt – vorwiegend in Form von Coenzym A – einer menschlichen Leber beträgt 28 mg[9].

Funktion

Die Bedeutung der Pantothensäure für den Stoffwechsel liegt darin, daß sie Bestandteil des mit der Acylübertragung betrauten Coenzyms A ist. Coenzym A ist bei folgenden Reaktionen beteiligt: Bildung von Citrat aus Oxalacetat und Acetat (S.386 und 420), Oxydation von Pyruvat (S.387), Oxydation von α-Ketoglutarat (S.386), Oxydation und Synthese von Fettsäuren (S.387 und 420), Synthese der Triglyceride (S.422), Phospholipide (S.421) und des Cholesterins (S.422), Acetylierung von Aminen (S.440), Cholin (S.430) und Glucosamin (S.420). Pantothensäure ist wichtig für die Nebennierenrindenaktivität[10], da die Corticosteroide aus dem mittels Coenzyms A gebildeten Cholesterin entstehen (S.425).

Bedarf und Mangelerscheinungen

Der Pantothensäurebedarf des Menschen ist nicht bekannt. Beim Erwachsenen dürften 10 mg pro Tag den Bedarf decken[11], eine Menge, wie sie üblicherweise in der Kost enthalten ist. Der Bedarf von Kindern ist entsprechend ihrer kleineren Kalorieneinnahme geringer[12].

Pantothensäure findet sich praktisch in allen Gemüsen, Getreide und tierischen Nahrungsmitteln. Besonders reich daran sind Hefe, Leber, Nieren, Herz (siehe S.495–511) und speziell Bienenköniginnenfutter (Gelée royale) (110–320 µg/g[13]).

Pantothensäure ist so weit in den Nahrungsmitteln verbreitet, daß ein Mangel beim Menschen praktisch nicht vorkommt. Symptome des Pantothensäuremangels beim Tier sind Degeneration neuromuskulärer Strukturen, Nebennierenrindeninsuffizienz, Tod. Beim Menschen wurde durch eine pantothensäurearme Kost und Gaben des Antagonisten Ω-Methylpantothensäure experimentell ein Mangel erzeugt[14]. Es resultierten folgende Symptome: leichte Ermüdbarkeit, Kopfschmerzen, Schlafstörungen, Nausea, epigastrische Beschwerden, Parästhesien der Extremitäten, Muskelkrämpfe, Koordinationsstörungen; keine eosinophile Reaktion im Blut auf ACTH, erhöhte Insulinempfindlichkeit. Eine verringerte Acetylierungsfähigkeit nach Gabe von Sulfanilamid oder Paraaminobenzoesäure läßt auf einen Pantothensäuremangel schließen.

Therapie

Das «burning feet»-Syndrom wurde mit Pantothensäure behandelt[15]; es ist jedoch nicht sicher, daß dieses Syndrom auf Pantothensäuremangel allein beruht. Mit Pantothensäure soll eine gewisse Wirkung gegen die Streptomycin-Neurotoxizität zu erzielen sein[16]; nicht bewiesen[17] ist dagegen der Wert bei einer Behandlung psychischer Störungen und diabetischer Neuropathie, von Hauterkrankungen und paralytischem Ileus[18].

Literatur

1 Sebrell, jr., und Harris (Hrsg.), *The Vitamins*, Band 2, Academic Press, New York, 1954, S.589; Chow, B.F., in: Beaton und McHenry (Hrsg.), *Nutrition*, Band 2, Academic Press, New York, 1964, S.207; Vilter, R.W., in: Wohl und Goodhart (Hrsg.), *Modern Nutrition in Health and Disease*, 3. Aufl., Lea & Febiger, Philadelphia, 1964, S.395.

2 Hegsted, D.M., *Proc.Soc.exp.Biol.(N.Y.)*, **69**, 571 (1948).

3 Baker und Sobotka, *Advanc.clin.Chem.*, **5**, 173 (1962).

4 Gstirner, F., *Chemisch-physikalische Vitaminbestimmungsmethoden*, 5. Aufl., Enke, Stuttgart, 1965, S.231.

5 Kaplan und Lipmann, *J.biol.Chem.*, **174**, 37 (1948).

6 Goodwin, T.W., *The Biosynthesis of Vitamins and Related Compounds*, Academic Press, New York, 1963, S.131; Brown und Reynolds, *Ann. Rev.Biochem.*, **32**, 419 (1963).

7 Mangay Chung et al., *Amer.J.clin.Nutr.*, **9**, 573 (1961).

8 Gounelle und Richet, *C.R.Soc.Biol.(Paris)*, **150**, 2167 (1956), und **151**, 24 (1957).

9 Baker et al., *Amer.J.clin.Nutr.*, **14**, 1 (1964).

10 Langwell et al., *Endocrinology*, **62**, 565 (1958).

11 Food and Nutrition Board, *Recommended Dietary Allowances*, 6. Aufl., National Academy of Sciences – National Research Council, Publication 1146, Washington, 1964, S.42.

12 Szórády, I., *Mschr.Kinderheilk.*, **111**, 10 (1963).

13 Rembold, H., *Vitam.and Horm.*, **23**, 359 (1965).

14 Vilter und Will, *Ann.Rev.Med.*, **9**, 191 (1958); Hodges et al., *J.clin.Invest.*, **38**, 1421 (1959).

15 Gopalon, C., *Indian med.Gaz.*, **81**, 22 (1946).

16 Murray, I., *Practitioner*, **182**, 50 (1959).

17 Brock, J.F., in: Brock, J.F., *Recent Advances in Human Nutrition*, Churchill, London, 1961, S.74.

18 Editorial, *Brit.med.J.*, **2**, 634 (1963).

Ascorbinsäure[1–3]

Chemie

Verbindung	Formel und Molgewicht	Struktur	Physikalische Eigenschaften	Vorkommen und Aktivität
L-Ascorbinsäure (Vitamin C)	$C_6H_8O_6$ 176,13	CH_2OH – HOCH – Ring (O, =O, H, OH, OH)	Smp. 192 °C, $[\alpha]_D + 23°$; weiße Kristalle mit saurem Geschmack, löslich in Wasser, wenig löslich in Alkohol, stark reduzierend, empfindlich gegen Licht, Luftsauerstoff und gewisse Schwermetalle	Wahrscheinlich in allen höheren Pflanzen, besonders in Kohlgewächsen, Zitrusfrüchten, Hagebutten, in geringerer Menge auch in tierischem Gewebe; Antiskorbutwirkung
Dehydroascorbinsäure	$C_6H_6O_6$ 174,11	CH_2OH – HOCH – Ring (O, =O, H, O, O)	Smp. 225 °C; weiße Kristalle, löslich in Wasser, leicht hydrolysierbar zu 2,3-Diketo-L-gulonsäure	Neben Ascorbinsäure in Pflanzen; Antiskorbutwirkung
2-Keto-L-gulonsäure	$C_6H_{10}O_7$ 194,14	HO·CH_2·C(H)(OH)—C(OH)(H)—C(H)(OH)·CO·COOH	Smp. 171 °C; weiße Kristalle	Vorstufe der Ascorbinsäure; keine Antiskorbutwirkung

Bestimmung

Biologisch[4]. Histologische Untersuchung der Zahnstruktur bei Meerschweinchen; präventiver oder kurativer Wachstumstest bei Meerschweinchen.

Chemisch[5]. Polarographisch; maßanalytisch aufgrund des Reduktionsvermögens der Ascorbinsäure mit 2,6-Dichlorphenolindophenol oder auch mit N-Bromsuccinimid (Dehydroascorbinsäure muß vor der Bestimmung zum Beispiel mit H_2S oder Homocystein reduziert werden); photometrisch die Dehydroascorbinsäure und die 2,3-Diketo-L-gulonsäure als das 2,4-Dinitrophenylhydrazon, das sich in konzentrierter Schwefelsäure mit roter Farbe löst (Ascorbinsäure muß vor der Bestimmung zum Beispiel mit Brom oder Aktivkohle oxydiert werden). Die Extraktion aus biologischem Material erfolgt am besten mit Metaphosphorsäurelösung. Eine Trennung von Ascorbinsäure, Dehydroascorbinsäure und anderen störenden Substanzen läßt sich papierchromatographisch vornehmen.

Einheit

Es gilt das Substanzgewicht.
Früher galt: 1 internationale Einheit = 50 µg L-Ascorbinsäure.

Biogenese[6]

Ascorbinsäure wird von höheren Pflanzen und Tieren synthetisiert, ausgenommen Primaten, Meerschweinchen, das «red-vented bubul» (*Pycnonotus cafer*) und das «Indian fruit bat» (*Pteropus medius*). Mikroorganismen bilden anscheinend Ascorbinsäure nicht und benötigen sie auch nicht für das Wachstum. Die Biogenese verläuft nach folgendem Schema, wenn auch für Pflanzen noch andere Synthesewege diskutiert wurden:

D-Glucose ⟶ D-Glucuronsäure ⟶ D-Glucuronolacton ⟶

L-Gulonolacton ⟶ (L-Gulonolacton-oxydase) 2-Keto-L-gulonsäure ⟶ L-Ascorbinsäure

Bei den meisten Tieren wird Ascorbinsäure in der Leber synthetisiert, bei Vögeln, Reptilien und Amphibien dagegen in der Niere. Tieren, die Ascorbinsäure nicht bilden können, fehlt das Enzym L-Gulonolactonoxydase.

Aufnahme und Ausscheidung

Die tägliche Ascorbinsäureeinnahme in den USA beträgt gegen 120 mg; die Hälfte davon entstammt Zitrusfrüchten und Tomaten[7]. Die Resorption der Ascorbinsäure im Gastrointestinaltrakt geht ähnlich vor sich wie die von Glucose und anderen Kohlenhydraten[3]. Auch bei hoher Ascorbinsäureeinnahme finden sich nur 6–10 mg im 24-Stunden-Stuhl[8]. Zwischen der resorbierten Ascorbinsäure und der Ascorbinsäure in den Geweben kommt es in weniger als 4 Stunden zu einem Gleichgewicht. Die Ascorbinsäure passiert wahrscheinlich die Zellmembranen in Form der lipoidlöslicheren Dehydroascorbinsäure, die in der Zelle wieder zu Ascorbinsäure reduziert wird[9,10]. Bei Sättigung der Gewebe enthält der Körper gegen 50 mg Ascorbinsäure pro Kilogramm[11]. Der Ascorbinsäuregehalt verschiedener Gewebe beim Erwachsenen beträgt[12]: (mg/kg) Gehirn 150, Hypophyse 150, Linse 250, Nebenniere 400, Pankreas 150, Leber 150, Niere 50, Herzmuskel 50. Der Ascorbinsäuregehalt der verschiedenen Gewebe ist am höchsten bei der Geburt und ist im hohen Alter stark erniedrigt[12]. Leukozyten enthalten bei Sättigung 270–300 mg Ascorbinsäure pro Kilogramm[11]; kurz nach hohen Dosen Ascorbinsäure soll der Gehalt bis auf 600 mg pro Kilogramm ansteigen[13]. Der Plasmaspiegel hängt vom Grad der Gewebssättigung und der Einnahme ab. Kurz nach hohen Dosen Ascorbinsäure finden sich Werte bis zu 40 mg pro Liter; normalerweise liegt der Plasmaspiegel unter 14 mg pro Liter, da bei dieser Konzentration der Schwellenwert der Nieren erreicht ist und dann die Ascorbinsäureclearance stark ansteigt[3,11]. Im Serum liegen durchschnittlich etwa 20% der Gesamtascorbinsäure in Form von Dehydroascorbinsäure vor[14] (siehe S. 607). Ascorbinsäure findet sich auch im Kammerwasser (50–295 mg/l[15]), im Magensaft (siehe S. 646) und in der Synovialflüssigkeit (siehe S. 638).

Ascorbinsäure in Serum und Leukozyten in Abhängigkeit von der Einnahme[2,3,11]

Tägliche Einnahme (mg)	Serum (mg/l)	Leukozyten (mg/kg)	Gewebssättigung (%)	Prozent einer Testdosis im Harn*
<10	<2	<120	0–40	<5
10–20	~2	~120	~40	<15
30–100	4–10	150–200	>50	20–60
>100	10–14	270–300	→100	60–80

* Übliche Belastungsteste: oral 10 mg Ascorbinsäure pro Kilogramm Körpergewicht, Ascorbinsäurebestimmung im 24-Stunden-Harn; intravenös 100 mg Ascorbinsäure, Ascorbinsäurebestimmung im 3-Stunden-Harn.

Bei einem Ascorbinsäuregehalt des Körpers von 20 mg pro Kilogramm wird etwa 1 mg pro Kilogramm täglich umgesetzt, was einer Halbwertzeit von 16 Tagen entspricht[16]. Im Harn erscheint die umgesetzte Ascorbinsäure vorwiegend unverändert, zum Teil hydrolysiert als Diketogulonsäure und abgebaut zu Oxalsäure[3]. Weitere Stoffwechselprodukte sind L-Xylonsäure und L-Lyxonsäure, die aus Ascorbinsäure durch Decarboxylierung entstehen[17]. Nach Gaben markierter Ascorbinsäure wurde radioaktives CO_2 in der Atemluft gefunden[18]. Der Ascorbinsäuregehalt der Muttermilch (siehe dazu S. 685) hängt weitgehend von der Einnahme ab.

Funktion

Ascorbinsäure und Dehydroascorbinsäure bilden ein Redoxsystem mit «Semidehydroascorbinsäure» als sehr reaktionsfähiger Zwischenstufe. Diese Zwischenstufe entsteht durch Abgabe nur eines Elektrons aus Ascorbinsäure oder durch Aufnahme nur eines Elektrons aus Dehydroascorbinsäure[10]. Bei fast allen Stoffwechselprozessen, deren Störung zu Skorbutsymptomen führt, handelt es sich um Reaktionen, die Ascorbinsäure oxydieren. Wichtig vor allem sind ascorbinsäureabhängige Hydroxylierungsreaktionen, die molekularen Sauerstoff benötigen.

Die bei Ascorbinsäuremangel auftretenden Störungen in der Bindegewebsbildung beruhen auf einem Ausfall der ascorbinsäureabhängigen Hydroxylierung von Prolin zu Hydroxyprolin, einem Bestandteil des Kollagens. Die Bildung und Erhaltung von Kollagen ist von einem normalen Ascorbinsäurespiegel abhängig[19]. Die Kollagensynthese in Gewebskulturen von menschlicher Haut wird durch Ascorbinsäure gefördert[20]. Beim Meerschweinchen mit Ascorbinsäuremangel erfolgt eine Hydroxyprolinbildung im Granulationsgewebe erst nach Ascorbinsäuregabe[21].

Eine weitere ascorbinsäureabhängige Hydroxylierungsreaktion ist die Hydroxylierung der Seitenkette von Dopamin zu Noradrenalin; das diese Reaktion katalysierende Enzym wurde in den Mikrosomen des Nebennierenmarks von Rindern nachgewiesen[22]. Ascorbinsäure dürfte auch bei Hydroxylierungsreaktionen der Steroidsynthese in der Nebenniere von Bedeutung sein; nähere Einzelheiten sind allerdings nicht bekannt[22,23].

Als Reduktionsmittel wirkt Ascorbinsäure auch im Tyrosinstoffwechsel, obwohl es hier nicht an einer Hydroxylierungsreaktion beteiligt ist. Wahrscheinlich schützt es das Enzym *p*-Hydroxyphenylbrenztraubensäurehydroxylase vor der Hemmung durch sein Substrat[24]. Ascorbinsäure als Elektronendonator spielt auch eine Rolle bei der Überführung der Folsäure in die Tetrahydrofolsäure. Dieser Zusammenhang zwischen Ascorbinsäure und Tetrahydrofolsäure könnte für das Auftreten der makrozytären Anämie bei Skorbut verantwortlich sein[10]. Die bei Skorbut vorkommende hypochrome Anämie hängt eher mit einer Beeinflussung des Eisenstoffwechsels durch Ascorbinsäure zusammen, da diese für den Einbau von Eisen in das Ferritin des Gewebes erforderlich ist[25].

Im Gegensatz zu den ascorbinsäureabhängigen Reaktionen benötigt die Hydroxylierung von Tryptophan zu 5-Hydroxytryptophan, der Vorstufe des Serotonins, Dehydroascorbinsäure, die gleichzeitig zu Ascorbinsäure reduziert wird. Das diese Reaktion katalysierende Enzym benötigt für seine Aktivität noch Kupferionen und findet sich vor allem im Dünndarmgewebe[26]. Wichtig ist die Regenerierung von Ascorbinsäure aus Dehydroascorbinsäure in den Geweben. Sie erfolgt über die Bildung von Semidehydroascorbinsäure durch Komproportionierung aus Ascorbinsäure und Dehydroascorbinsäure, wobei ein Enzymsystem der tierischen Zelle Elektronen von $NADH_2$ auf Semidehydroascorbinsäure überträgt und so Ascorbinsäure regeneriert[10].

Ascorbinsäure übt im tierischen Organismus eine Schutzwirkung gegen einen Mangel an anderen Vitaminen aus (Thiamin, Riboflavin, Pantothensäure, Biotin, Folsäure, Vitamin E, Vitamin A); die Zusammenhänge sind indessen noch nicht klar[27].

Bedarf und Mangelerscheinungen

Der Mindestbedarf an Ascorbinsäure, um Skorbut zu verhindern, beträgt beim Säugling gegen 10 mg im Tag, beim Erwachsenen knapp 10 mg im Tag[28]. Eine tägliche Einnahme von 30–40 mg führt zu mäßiger Gewebssättigung, eine solche von 60–100 mg zu weitgehender Gewebssättigung[28]. Empfehlungen für die wünschenswerte tägliche Ascorbinsäureeinahme in den USA[29]: Säuglinge 30 mg, Kinder 40–80 mg, Erwachsene 70 mg; in der Bundesrepublik Deutschland[30]: Säuglinge 30–35 mg, Kinder 40–75 mg, Erwachsene 75 mg; in Kanada[31]: Kinder 20–30 mg, Erwachsene 30 mg; in England[32]: Säuglinge 10 mg, Kinder 15–30 mg, Erwachsene 20 mg; in Holland[33]: Kinder 35–75 mg, Erwachsene 50 mg; in Japan[34]: Kinder 30–90 mg, Erwachsene 60–65 mg. Der Bedarf ist während der Schwangerschaft und der Laktation erhöht (empfohlene zusätzliche Einnahme 30 mg pro Tag[29]). 150–250 mg täglich sollen bei Arbeiten in großer Kälte eingenommen werden[35].

Gute Ascorbinsäurequellen sind Kohlgemüse, Spinat, Pfefferschoten, Zitrusfrüchte, Tomaten, Erdbeeren, Johannisbeeren und Leber (siehe S. 495–511). In welkendem Gemüse nimmt der Ascorbinsäuregehalt rasch ab. Eine wichtige Ascorbinsäurequelle sind die Kartoffeln, die aber bei der Überwinterung bis zu 80% davon verlieren. Frische Kuhmilch enthält bis zu 25 mg pro Liter; der Ascorbinsäuregehalt geht aber beim Pasteurisieren und Kochen stark zurück.

Die wichtigsten Ascorbinsäuremangelsymptome sind: starke Blutungsneigung mit zum Teil großflächigen Blutungen unter die Haut, in das Zahnfleisch, die Muskulatur, das Fettgewebe und die inneren Organe; Störungen in der Bindegewebsbildung mit Veränderungen im Knochenaufbau und -wachstum, gestörter Zahnbildung und rissiger, rauher Haut; öfters auch Störungen in der Eisenresorption und Anämie. Bei Säuglingen (Möller-Barlowsche Krankheit) zeigt sich der Ascorbinsäuremangel vor allem am Knochen mit der charakteristischen Trümmerfeldzone (Fränkel), die über den Rand der Metaphyse in die Weichteile hineingequetscht wird, und an den subperiostalen Blutungen, besonders der metaphysären Partien der Diaphysen.

Bei ascorbinsäurefreier Ernährung sinkt nach 40 Tagen der Ascorbinsäurespiegel des Plasmas unter 1 mg pro Liter, und nach 120 Tagen fällt derjenige der Leukozyten bis gegen 0[2]. Zu diesem Zeitpunkt kommt es auch zur Erweiterung und Keratose der Haarbälge, die dann in den folgenden 40 Tagen allmählich Blutungen und charakteristische «Skorbutflecken» aufweisen; nach 180 Tagen zeigen sich Veränderungen der Gingiva[36].

Eine unzureichende Ascorbinsäureeinnahme läßt sich am besten an einem erniedrigten Plasmaspiegel feststellen, ein schwerer Ascorbinsäuremangel dagegen besser am Ascorbinsäuregehalt der Leukozyten (< 120 mg/kg, siehe Tabelle auf S. 486). Zur Erkennung des Ascorbinsäureernährungszustandes eignen sich auch verschiedene Teste, die den Grad der Gewebssättigung ermitteln. Die Auskünfte erhält man dadurch, daß nach einer Ascorbinsäuretestdosis der Ascorbinsäuregehalt im Plasma und die Ausscheidung im Harn verfolgt wird.

Therapie

Präventiv bei Säuglingen 20 mg Ascorbinsäure täglich, zum Beispiel in Form von Orangensaft; bei skorbutischen Säuglingen 4mal täglich 25 mg, bei skorbutischen Erwachsenen 5- oder 6mal täglich 100 mg[28]. Auch bei Patienten nach schweren chirurgischen Eingriffen reichen 150–300 mg Ascorbinsäure täglich aus, um die Gewebe weitgehend zu sättigen[37]. Die reduktiven Eigenschaften der Ascorbinsäure lassen sich zur Behandlung der Methämoglobinämie und zur Unterstützung der Resorption von oral verabreichtem Eisen ausnützen[38]. Nach russischen Autoren soll sich Ascorbinsäure zur Behandlung von Koronarerkrankungen eignen[39].

Literatur

1 Sebrell, jr., und Harris (Hrsg.), *The Vitamins*, Band 1, Academic Press, New York, 1954, S. 177; Knox und Goswami, *Advanc. clin. Chem.*, 4, 121 (1961).
2 Vilter, R. W., in: Wohl und Goodhart (Hrsg.), *Modern Nutrition in Health and Disease*, 3. Aufl., Lea & Febiger, Philadelphia, 1964, S. 433.
3 Woodruff, C. W., in: Beaton und McHenry (Hrsg.), *Nutrition*, Band 2, Academic Press, New York, 1964, S. 265.
4 Bliss und György, in: György, P. (Hrsg.), *Vitamin Methods*, Band 2, Academic Press, New York, 1951, S. 244.
5 Roe, J. H., *Ann. N. Y. Acad. Sci.*, **92**, 277 (1961); Gstirner, F., *Chemisch-physikalische Vitaminbestimmungsmethoden*, 5. Aufl., Enke, Stuttgart, 1965, S. 254.
6 Isherwood und Mapson, *Ann. Rev. Plant Physiol.*, **13**, 329 (1962); Goodwin, T. W., *The Biosynthesis of Vitamins and Related Compounds*, Academic Press, New York, 1963, S. 210.
7 Stitt, K. R., *Nutr. Rev.*, **21**, 257 (1963).
8 Abt und Farmer, zitiert nach Vilter, R. W. [2].
9 Martin, G. R., *Ann. N. Y. Acad. Sci.*, **92**, 141 (1961).
10 Schneider und Staudinger, *Klin. Wschr.*, **42**, 879 (1964).
11 Burch, H. B., *Ann. N. Y. Acad. Sci.*, **92**, 268 (1961).
12 Kirk, J. E., *Vitam. and Horm.*, **20**, 67 (1962).
13 Mašek und Hrubá, *Int. Z. Vitaminforsch.*, **34**, 39 (1964).
14 Linkswiler, H., *J. Nutr.*, **64**, 43 (1958).
15 Huber, A., in: *Documenta Geigy, Wissenschaftliche Tabellen*, 5. Aufl., Basel, 1955, S. 341.
16 Hellman und Burns, *J. biol. Chem.*, **230**, 923 (1958).
17 Ashwell et al., *Ann. N. Y. Acad. Sci.*, **92**, 105 (1961).
18 Schuchling und Abt, *Proc. Soc. exp. Biol. (N. Y.)*, **118**, 30 (1965).
19 Robertson, W. van B., *Ann. N. Y. Acad. Sci.*, **92**, 159 (1961).
20 Green und Goldberg, *Proc. Soc. exp. Biol. (N. Y.)*, **117**, 258 (1964).
21 Gould, B. S., *Vitam. and Horm.*, **18**, 89 (1960).
22 Levin et al., *J. biol. Chem.*, **235**, 2080 (1960).
23 Chalopin et al., *Wld Rev. Nutr. Diet.*, **6**, 165 (1966).
24 La Du und Zannoni, *Ann. N. Y. Acad. Sci.*, **92**, 175 (1961).
25 Mazur, A., *Ann. N. Y. Acad. Sci.*, **92**, 223 (1961).
26 Cooper, J. R., *Ann. N. Y. Acad. Sci.*, **92**, 208 (1961).
27 Terroine, T., *Wld Rev. Nutr. Diet.*, **2**, 101 (1960).
28 Goldsmith, G. A., *Ann. N. Y. Acad. Sci.*, **92**, 230 (1961).
29 Food and Nutrition Board, *Recommended Dietary Allowances*, National Academy of Sciences – National Research Council, Washington, Publication 589, 1958, S. 15, und Publication 1146, 6. Aufl., 1964, S. 23.
30 Deutsche Gesellschaft für Ernährung, *Die wünschenswerte Höhe der Nahrungszufuhr*, 2. Aufl., Umschau Verlag, Frankfurt, 1962.
31 Canadian Council on Nutrition, Mai 1963, zitiert nach Young, E. G., in: Beaton und McHenry (Hrsg.), *Nutrition*, Band 2, Academic Press, New York, 1964, S. 299.
32 British Medical Association, *Report of the Committee on Nutrition*, London, 1950.
33 Commissie van de Voedings-Organisatie T. N. O., *Voeding*, **19**, 66 (1958), und **22**, 210 (1961).
34 Ministry of Health and Welfare, *Nutrition in Japan*, Tokyo, 1961.
35 van der Merwe, A. le R., *S. Afr. med. J.*, **36**, 751 (1962).
36 Bartley et al., *Spec. Rep. Ser. med. Res. Coun. (Lond.)*, Nr. 280 (1953).
37 Crandon et al., *Ann. N. Y. Acad. Sci.*, **92**, 246 (1961); Coon, W. W., *Surg. Gynec. Obstet.*, **114**, 522 (1962).
38 Schroeder, H., *Ther. d. Gegenw.*, **100**, 224 (1961).
39 Simonson und Keys, *Circulation*, **24**, 1239 (1961).

Verbindung	Formel, Molgewicht und physikalische Eigenschaften	Vorkommen	Funktion	Bedarf, Mangelerscheinungen
Bioflavonoide[2] (Vitamin-P-Gruppe, Citrin)	Struktur der Flavone: 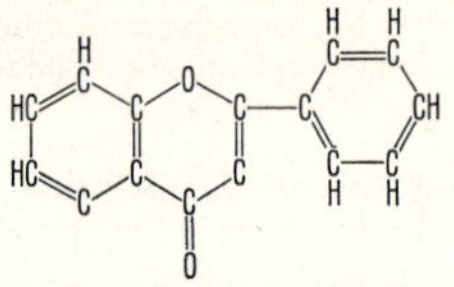 [Strukturformel] Zu dieser Gruppe gehören Substanzen wie Hesperidin und Eriodictyol	Weit verbreitet in Pflanzen, besonders in Früchten wie Zitrone und schwarzen Johannisbeeren	Biologische Funktion unklar. Pharmakologische Wirkung umstritten. Substanzen, die die Kapillarresistenz erhöhen, sollen eine Antihistamin- und Antihyaluronidasewirkung besitzen[3]	
Mesoinosit[4] (Myoinosit)	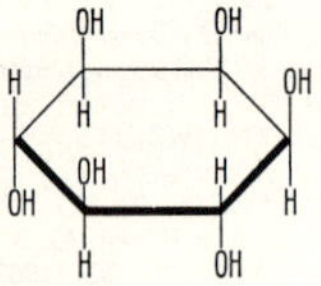 [Strukturformel] $C_6H_{12}O_6$ Molgewicht 180,16 Smp. 225–227 °C	Wahrscheinlich Bestandteil jeder lebenden Zelle. In Form von Phospholipiden in Blättern, Samen und tierischem Gewebe (vor allem Herz, Gehirn, Skelettmuskel); als Hexaphosphat (Phytinsäure) in Pflanzen	In Form von Phospholipiden beteiligt am Kationentransport durch die Zellmembranen, an der Nervenstimulierung und am Stoffwechsel der Mitochondrien[5]	Wachstumsfaktor für Hefe und manche tierische Zellarten in Gewebskultur. Synthese im tierischen Organismus. Bedeutung für die menschliche Ernährung unklar. Einnahme gegen 1 g pro Tag
Carnitin[6] (β-Hydroxy-γ-butyrobetain, Vitamin B_T)	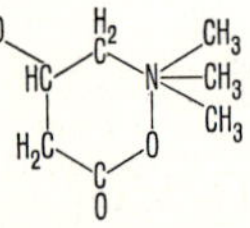 [Strukturformel] $C_7H_{15}NO_3$ Molgewicht 161,20 $[\alpha]_D$ − 20,9°	In allen tierischen Geweben (Skelettmuskel 1, Herz 0,6, Niere 0,4, Leber 0,3 mg pro Gramm Trockensubstanz); kleine Mengen in Blut, Milch, Pflanzen, Mikroorganismen	Beteiligt am intrazellulären Fettstoffwechsel in Form von Acylcarnitin: a) Transport von Acetylcoenzym A und Acetoacetylcoenzym A von den Mitochondrien an den Ort der Synthese langkettiger Fettsäuren außerhalb der Mitochondrien[7], b) Transport der aktivierten langkettigen Acylgruppen vom Zytoplasma in die Mitochondrien, wo die langkettigen Fettsäuren oxydiert werden[8]	Wachstumsfaktor für manche Insekten, zum Beispiel Mehlwurm, *Tenebrio molitor* und einige Bakterienarten. Vertebraten können Carnitin synthetisieren
Cholin[9] (β-Hydroxyäthyltrimethylammoniumhydroxyd)	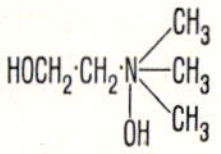 $HOCH_2{\cdot}CH_2{\cdot}N(OH)(CH_3)_3$ $C_5H_{15}NO_2$ Molgewicht 121,18 Smp. 180 °C (Zersetzung)	Bestandteil von Lecithin, Plasmalogen, Sphingomyelin und Acylcholin. Weit verbreitet in Pflanzen und Tieren (Eidotter 17, Fleisch 6, Zerealien 1 mg pro Gramm)	Methyldonator, ersetzbar aber durch andere Quellen labiler Methylgruppen bzw. Synthese aus diesen im Organismus. Beteiligt am Transport von Fettsäure von der Leber zu den peripheren Fettdepots	Wachstumsfaktor für verschiedene Mikroorganismen, ferner für Ratte, Huhn und Truthahn. Cholinmangel beim Tier führt zu Leber- und Nierenschäden. Bedeutung für die Ernährung des Menschen unklar. Einnahme etwa 0,5–1,0 g pro Tag[10]
α-Liponsäure[11] (Thioctsäure)	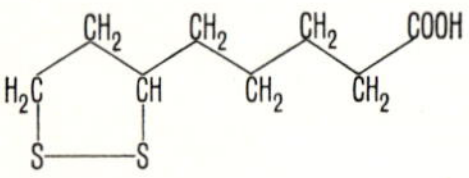 [Strukturformel] $C_8H_{14}O_2S_2$ Molgewicht 206,33 Smp. 48 °C	In kleinen Mengen in pflanzlichem und tierischem Gewebe, speziell in Hefe und Leber	Beteiligt an der oxydativen Decarboxylierung von Brenztraubensäure (S. 387) und α-Ketoglutarsäure (S. 386)	Wachstumsfaktor für gewisse Bakterien- und Protozoenarten. Wahrscheinlich ohne Bedeutung für die Ernährung höherer Tiere

* Nach Bersin[1] sind dies Substanzen, die zwar für manche Lebewesen als essentielle Nahrungsfaktoren betrachtet werden müssen, die aber nicht in die funktionelle Form eines Enzyms übergehen.

Verbindung	Formel, Molgewicht und physikalische Eigenschaften	Vorkommen	Funktion	Bedarf, Mangelerscheinungen
Essentielle Fettsäuren[12] (Vitamin F)	Linolsäure ($C_{18}H_{32}O_2$): Molgewicht 280,45 Arachidonsäure ($C_{20}H_{32}O_2$): Molgewicht 304,48 Ungesättigte Fettsäuren oder auch verwandte Verbindungen, wie zum Beispiel der entsprechende Alkohol, die vom Organismus nicht in genügender Menge synthetisiert werden und für Stoffwechsel und Wachstum erforderlich sind	In der Nahrung vor allem Linolsäure (Pflanzenöle, tierische Fette) und Arachidonsäure (tierische Fette). Aktiv sind auch Linolsäurevorstufen wie Linoleylalkohol und cis-2-Octensäure[13]; praktisch nicht aktiv ist die Linolensäure. Arachidonsäure wird im tierischen Organismus aus Linolsäure synthetisiert	Von Bedeutung für die Zellmembranstruktur und vielleicht den Fettsäuretransport. Strukturell-essentieller Bestandteil von Phospholipiden und Vorstufe der Prostaglandine. Beteiligt am Stoffwechsel in den Mitochondrien. Manche Polyenfettsäuren, wie Linol- und Arachidonsäure, aber auch andere ohne Wachstumswirkung, vermögen den Serumcholesterinspiegel zu senken	Mangelerscheinung bei der jungen Ratte: Wachstumsstillstand und Ekzeme; beim Säugling: Ekzeme[14]. Der erhöhte Wasserkonsum bei Mangelratten kann zur Bestimmung der Wirksamkeit herangezogen werden[15]. Bei Mangel ist der Gehalt des Serums an Triensäuren erhöht (Bildung von 5,8,11- und 7,10,13-Eicosatriensäure), der an Tetraensäuren (Arachidonsäure) erniedrigt[16,17]. Der Minimalbedarf des Menschen an essentiellen Fettsäuren beträgt gegen 1–2% der Kalorienzufuhr [16,18], das sind 1,2–2,4 g Linolsäure pro 1000 kcal Nahrungsaufnahme. Optimalbedarf des Säuglings: 4% der Kalorieneinnahme in Form von Linolsäure[19]. Mit erhöhter Einnahme von essentiellen Fettsäuren steigt der Tocopherolbedarf (siehe S. 462)

* Siehe Fußnote auf S. 488.

Literatur

1 Bersin, T., *Biochemie der Vitamine*, Akademische Verlagsgesellschaft, Frankfurt a. M., 1966.
2 Vilter, R. W., in: Wohl und Goodhart (Hrsg.), *Modern Nutrition in Health and Disease*, 3. Aufl., Lea & Febiger, Philadelphia, 1964, S. 452.
3 Ravina, A., *Presse méd.*, **72**, 2855 (1964).
4 Goodhart, R. S., in: Wohl und Goodhart (Hrsg.), *Modern Nutrition in Health and Disease*, 3. Aufl., Lea & Febiger, Philadelphia, 1964, S. 455.
5 Hawthorne, J. N., *Vitam. and Horm.*, **22**, 57 (1964).
6 Fraenkel und Friedman, *Vitam. and Horm.*, **15**, 74 (1957); Goodhart, R. S., in: Wohl und Goodhart (Hrsg.), *Modern Nutrition in Health and Disease*, 3. Aufl., Lea & Febiger, Philadelphia, 1964, S. 460.
7 Bressler und Katz, *J. clin. Invest.*, **44**, 840 (1965).
8 Fritz, I. B., *Advanc. Lipid Res.*, **1**, 285 (1964); Wittels und Bressler, *J. clin. Invest.*, **44**, 1639 (1965).
9 Goodhart, R. S., in: Wohl und Goodhart (Hrsg.), *Modern Nutrition in Health and Disease*, 3. Aufl., Lea & Febiger, Philadelphia, 1964, S. 453.
10 Ridout et al., *Biochem. J.*, **52**, 79 (1952).
11 Reed, L. J., *Vitam. and Horm.*, **20**, 1 (1962).
12 Aaes-Jørgensen, E., *Physiol. Rev.*, **41**, 1 (1961).
13 Sinclair, H., *Brit. med. J.*, **2**, 337 (1962).
14 Hansen et al., *J. Nutr.*, **66**, 565 (1958).
15 Thomasson, H. J., *Int. Z. Vitaminforsch.*, **25**, 62 (1953).
16 Holman, R. T., *J. Amer. med. Ass.*, **178**, 930 (1961).
17 Aaes-Jørgensen, E., *Nutr. Rev.*, **24**, 1 (1966).
18 Holman et al., *Amer. J. clin. Nutr.*, **14**, 70 (1964).
19 Adam et al., *J. Nutr.*, **66**, 555 (1958).

Ernährungsnormen

Die von den Vereinten Nationen[1–3] sowie von nationalen Komitees (zum Beispiel der Deutschen Gesellschaft für Ernährung[4], der National Academy of Sciences [USA][5], der British Medical Association[6] und dem Ministerium für Gesundheitsschutz der UdSSR[7]) herausgegebenen Ernährungsnormen sind Zusammenfassungen quantitativer Angaben über den Bedarf bzw. die wünschenswerte Zufuhr von Nahrungsbestandteilen (Nährstoffen); es handelt sich hierbei entweder um Angaben des *Mindestbedarfs* (bezogen auf ein Durchschnittsindividuum einer Gruppe oder auf alle Individuen einer Gruppe) oder, da der optimale Bedarf an Nährstoffen nicht genügend bekannt ist, um *Empfehlungen*, die einen guten Ernährungszustand praktisch aller Individuen gewährleisten sollen.

Empfohlene tägliche Zufuhr von Nährstoffen (National Academy of Sciences – National Research Council, USA[5])
(Werte für gesunde, in der gemäßigten Zone lebende Personen bei mäßiger körperlicher Betätigung)

	Alter in Jahren*	Gewicht		Größe		Kalorien**	Protein**	Calcium**	Eisen**	Vitamine					
										A	B_1	B_2	Nicotinsäure †	C	D
		kg	lb	cm	in	kcal	g	g	mg	IE***	mg	mg	mg	mg	IE ††
Männer	18–35	70	154	175	69	2900	70	0,8	10	5000	1,2	1,7	19	70	–
	35–55	70	154	175	69	2600	70	0,8	10	5000	1,0	1,6	17	70	–
	55–75	70	154	175	69	2200	70	0,8	10	5000	0,9	1,3	15	70	–
Frauen	18–35	58	128	163	64	2100	58	0,8	15	5000	0,8	1,3	14	70	–
	35–55	58	128	163	64	1900	58	0,8	15	5000	0,8	1,2	13	70	–
	55–75	58	128	163	64	1600	58	0,8	10	5000	0,8	1,2	13	70	–
Schwanger (2. und 3. Trimester)						+ 200	+20	+0,5	+ 5	+1000	+0,2	+0,3	+ 3	+30	400
Stillend						+1000	+40	+0,5	+ 5	+3000	+0,4	+0,6	+ 7	+30	400
Säuglinge †††	0– 1	8	18			kg × 115 ±15	kg × 2,5 ±0,5	0,7	kg × 1,0	1500	0,4	0,6	6	30	400
Kinder	1– 3	13	29	87	34	1300	32	0,8	8	2000	0,5	0,8	9	40	400
	3– 6	18	40	107	42	1600	40	0,8	10	2500	0,6	1,0	11	50	400
	6– 9	24	53	124	49	2100	52	0,8	12	3500	0,8	1,3	14	60	400
Knaben	9–12	33	72	140	55	2400	60	1,1	15	4500	1,0	1,4	16	70	400
	12–15	45	98	156	61	3000	75	1,4	15	5000	1,2	1,8	20	80	400
	15–18	61	134	172	68	3400	85	1,4	15	5000	1,4	2,0	22	80	400
Mädchen	9–12	33	72	140	55	2200	55	1,1	15	4500	0,9	1,3	15	80	400
	12–15	47	103	158	62	2500	62	1,3	15	5000	1,0	1,5	17	80	400
	15–18	53	117	163	64	2300	58	1,3	15	5000	0,9	1,3	15	70	400

* Die Empfehlungen beziehen sich auf das mittlere Alter einer jeden Altersgruppe, im Bereich zwischen 18 und 35 Jahren auf 25 Jahre.
** Siehe nachfolgenden Text.
*** 1 internationale Einheit (IE) entspricht 0,30 µg Retinol (Vitamin-A_1-Alkohol) bzw. 0,60 µg β-Carotin. Die Werte der Tafel basieren auf der Annahme, daß annähernd zwei Drittel des Vitamins A in Form von Carotinen zugeführt werden.
† Nicotinsäure kann auch durch Tryptophan ersetzt werden, sofern der Tryptophanbedarf gedeckt ist (60 mg Tryptophan = 1 mg Nicotinsäure).
†† 1 internationale Einheit (IE) entspricht 0,025 µg Vitamin D_3. Beim normalen, gesunden Erwachsenen ist die Eigenproduktion an Vitamin D meist genügend, wenn nicht ein Mangel an Tageslicht die Synthese beeinträchtigt (Nachtarbeiter, Nonnen).
††† Der Kalorien- und Proteinbedarf pro Kilogramm Körpergewicht nimmt bei Säuglingen mit zunehmendem Alter ab. Der Bedarf an Calcium, Vitamin B_1, Vitamin B_2 und Nicotinsäure steigt proportional zum Kalorienbedarf bis auf die angegebenen Maximalwerte.

Kalorien*

Die Empfehlungen der National Academy of Sciences[5] betreffend die Kalorienzufuhr gelten für einen 25 Jahre alten, 70 kg schweren Mann bzw. eine 25 Jahre alte, 58 kg schwere Frau, die bei mäßiger körperlicher Betätigung in der temperierten Zone bei 20 °C leben. Für ein Alter von 35 bis 55 Jahren empfiehlt sich eine Reduktion der Kalorienzufuhr um 5% pro Dekade, für ein Alter von 55 bis 75 Jahren eine Reduktion um 8% pro Dekade und für ein Alter von über 75 Jahren eine weitere Reduktion um 10%. Die wünschenswerte Kalorienzufuhr für Personen, die das Standardgewicht nicht besitzen, ist aus nebenstehender Tabelle zu ersehen.

Eine niedrigere Umgebungstemperatur als 20 °C bedarf kaum einer zusätzlichen Kalorienzufuhr, sofern man genügend, aber nicht zu schwer bekleidet ist. Bei Temperaturen zwischen 30 und 40 °C sollte die Kalorienzufuhr um 0,5% pro 1 °C erhöht werden, sofern die körperliche Aktivität nicht eingeschränkt wird.

Eine gesteigerte körperliche Aktivität erfordert auch eine höhere Kalorienzufuhr; der Mehrbedarf übersteigt jedoch selten 25% der Standardkalorienzufuhr. Bei geringerer körperlicher Aktivität (zum Beispiel sitzender Arbeitsweise) ist eine geringere Kalorienzufuhr angebracht. Je nach der körperlichen Aktivität weist der Kalorienbedarf der Kinder besonders große Schwankungen auf. Die Kalorienzufuhr ist am besten so zu bemessen, daß sie normales, gutem Gesundheitszustand entsprechendes Körpergewicht oder Wachstum bei bestem Wohlbefinden aufrechterhält.

* 1 $kcal_{15}$ = 4,185 5 kJ (siehe dazu S. 213).

Empfohlene tägliche Kalorienzufuhr (National Academy of Sciences – National Research Council, USA[5])
(mäßige körperliche Betätigung, mittlere Umgebungstemperatur 20 °C)

Wünschenswertes Gewicht	Empfohlene Kalorienzufuhr (kcal)					
	Männer			Frauen		
kg	25 Jahre	45 Jahre	65 Jahre	25 Jahre	45 Jahre	65 Jahre
40	–	–	–	1600	1450	1200
45	–	–	–	1750	1600	1300
50	2300	2050	1750	1900	1700	1450
55	2450	2200	1850	2000	1800	1550
60	2600	2350	1950	2150	1950	1650
65	2750	2500	2100	2300	2050	1750
70	2900	2600	2200	2400	2200	1850
75	3050	2750	2300	–	–	–
80	3200	2900	2450	–	–	–
85	3350	3050	2550	–	–	–

Der Kalorienstandard der FAO[1] ist infolge Annahme einer größeren körperlichen Aktivität höher als der der National Academy of Sciences[5].

Der Kalorienbedarf in Abhängigkeit von der körperlichen Tätigkeit kann anhand der folgenden Tabellen berechnet werden[8].

Normalwerte des Energieverbrauchs Erwachsener im Liegen[8]

Körpergewicht (kg)			45	50	55	60	65	70	75	80
Fett (%)	Statur		Energieverbrauch (kcal/min)							
	Männer	Frauen								
5– 9	Mager	–	–	0,99	1,06	1,12	1,19	1,26	1,32	1,39
10–14	Normal	–	–	0,94	1,01	1,08	1,14	1,21	1,28	1,34
15–19	Voll-schlank	Mager	0,82	0,89	0,96	1,03	1,09	1,16	1,23	1,30
20–24	Dick	Normal	0,78	0,84	0,91	0,98	1,05	1,11	1,18	1,25
25–29	–	Voll-schlank	–	0,80	0,86	0,93	1,00	1,07	1,13	1,20
>30	–	Dick	–	–	0,81	0,88	0,95	1,02	1,08	1,15

Normalwerte des Energieverbrauchs Erwachsener bei ruhigem Sitzen[8]

Alter in Jahren	Anzahl	Energieverbrauch (kcal/min)		
		Mittelwert	Bereich	*s*
Männer (65 kg)				
20–39	30	1,39	0,97–1,79	0,25
40–64	30	1,37	0,87–1,94	0,29
> 65	23	1,29	0,91–1,94	0,25
Frauen (55 kg)				
20–39	30	1,15	0,75–1,68	0,28
40–59	30	1,07	0,78–1,56	0,19
> 60	23	1,09	0,77–1,62	0,31

Normalwerte des Energieverbrauchs beim Gehen[8]

Körpergewicht (kg)	45	55	65	75	85	95
Geschwindigkeit (km/h)	Energieverbrauch (kcal/min)					
3	2,1	2,5	2,8	3,2	3,5	3,8
4	2,7	3,2	3,6	4,0	4,3	4,6
5	3,2	3,7	4,2	4,7	5,1	5,5
6	3,8	4,4	4,9	5,4	5,9	6,4
7	4,4	5,0	5,5	6,1	6,6	7,1

Energieverbrauch bei verschiedenen Tätigkeiten[8]

Leichte Arbeit (2,5–4,9 kcal/min)	Mittelschwere Arbeit (5,0–7,4 kcal/min)	Schwere Arbeit (7,5–9,9 kcal/min)	Sehr schwere Arbeit (mehr als 10 kcal/min)
Leichte Arbeiten in Industrie und Haushalt Gymnastische Übungen Ziegellegen Anstreichen Landwirtschaftliche Arbeiten mit Maschinen Fahren eines Lastwagens Golf, Kegeln	Arbeiten mit Krampe und Schaufel Landwirtschaftliche und gärtnerische Arbeiten Marschieren mit Gepäck Gesellschaftstanzen Tennisspielen Radfahren	Arbeiten in Kohlengruben Fußball	Holzfällen Stahlkochen Schwimmen (Crawl) Klettern

Proteine

Die Proteine der Nahrung liefern dem Körper den Stickstoff und die essentiellen Aminosäuren, die er zum Aufbau körpereigener Proteine und anderer Stickstoffverbindungen benötigt. Von den physiologisch wichtigen Aminosäuren müssen 8 (Erwachsene) bzw. 9 (Kinder) mit der Nahrung zugeführt werden, da sie vom Menschen nicht synthetisiert werden können (siehe nebenstehende Tabelle). Die wünschenswerte Proteinzufuhr beim Erwachsenen beträgt nach der National Academy of Sciences[5] 1 g Protein pro Kilogramm Körpergewicht pro Tag, ein Wert, der etwa das Zweifache des Minimalbedarfs an Protein vom biologischen Wert 100 beträgt. Es wird angenommen, daß der Säugling bei ausreichender Stillfähigkeit der Mutter mit der Muttermilch genügend Protein erhält, wenn auch kaum mehr als den Mindestbedarf. Der tägliche Proteinbedarf für 28–112 Tage alte Säuglinge wurde mit maximal 2,17 g pro Kilogramm Körpergewicht ermittelt, sofern das Protein von hervorragender Qualität war[8]. Frühgeborene sollen täglich 2,5 bis höchstens 6 g Protein pro Kilogramm Körpergewicht erhalten[9].

Täglicher Proteinbedarf (FAO/WHO-Expertengruppe[2])

Alter	Gramm Referenzprotein* pro Kilogramm Körpergewicht	
	Durchschnitt	Bereich**
Säuglinge†		
0–3 Monate	2,3	–
3–6 Monate	1,8	–
6–9 Monate	1,5	–
9–12 Monate	1,2	–
Kinder		
1–3 Jahre	0,88	0,70–1,06
4–6 Jahre	0,81	0,65–0,97
7–9 Jahre	0,77	0,62–0,92
10–12 Jahre	0,72	0,58–0,86
13–15 Jahre	0,70	0,56–0,84
16–19 Jahre	0,64	0,51–0,77
Erwachsene††	0,59	0,47–0,71

* Zur Zusammensetzung des Referenzproteins siehe S. 512. Ähnlichen biologischen Wert besitzen die Proteine von Ei, Milch und Fleisch. Für ein Protein von geringerem biologischem Wert muß die Zufuhr entsprechend erhöht werden.
** Der Bereich berücksichtigt die individuellen Schwankungen im Proteinbedarf. Der obere Grenzwert genügt dem Bedarf von 95% der Individuen («practical allowance»).
† Bei Ernährung mit Muttermilch oder Kuhmilch.
†† Während der Schwangerschaft zusätzlich 6 g täglich im 2. und 3. Trimester, während des Stillens zusätzlich 15 g täglich.

Essentielle Aminosäuren

*Bedarf an essentiellen Aminosäuren**

Aminosäure	Säuglinge	Erwachsene**		
	Mindestbedarf[10] (mg/kg/Tag)	Mindestbedarf		Empfohlene Zufuhr[11] (g/Tag)
		Junge Männer[11] (g/Tag)	Junge Frauen[12] (g/Tag)	
L-Histidin	34	0	0	0
L-Tryptophan	22	0,25	0,16	0,50
L-Phenylalanin				
Tyrosin vorhanden†	90	0,30	0,22	–
Tyrosin nicht vorhanden	–	1,10	–	2,20
L-Lysin	103	0,80	0,50	1,60
L-Threonin	87	0,50	0,31	1,00
L-Methionin				
Cystin vorhanden††	45	0,20	0,35	–
Cystin nicht vorhanden	–	1,10	–	2,20
L-Leucin	150	1,10	0,62	2,20
L-Isoleucin	126	0,70	0,45	1,40
L-Valin	105	0,80	0,65	1,60

* Vorbedingung ist eine für die Bildung der nichtessentiellen Aminosäuren ausreichende Stickstoffzufuhr.
** Der Mindestbedarf für über 50 Jahre alte Männer ist zumindest für 2 Aminosäuren höher als für junge Männer (Methionin 2,4–3,0 g pro Tag, Lysin 1,4–2,8 g pro Tag)[13]. Eine höhere Zufuhr als die angegebene empfohlene ist für werdende und stillende Mütter angebracht.
† Der Bedarf an Phenylalanin kann zu 70–75% durch Tyrosin gedeckt werden[11].
†† Der Bedarf an Methionin kann zu 80–89% durch Cystin gedeckt werden[11].

Von den 18 in den Nahrungsmittelproteinen enthaltenen Aminosäuren sind 8 essentiell, weil sie vom Körper nicht synthetisiert werden (Tryptophan, Phenylalanin, Lysin, Threonin, Methionin, Leucin, Isoleucin, Valin), 2 semiessentiell, weil sie vom wachsenden Organismus nicht in genügender Menge synthetisiert werden (Histidin, Arginin), und 6 nichtessentiell, weil sie aus einer Stickstoffquelle, wie einer beliebigen Aminosäure, Ammoniumsalzen oder Harnstoff, synthetisiert werden (Asparaginsäure, Glutaminsäure, Prolin, Glycin, Serin, Alanin).

Kohlenhydrate, Fette

Die Höhe der wünschenswerten Kohlenhydrat- und Fettzufuhr sowie die optimale Fettsäurenzusammensetzung der Nahrung ist nicht festlegbar. Eine Kost, die möglichst vielseitig aus pflanzlichen und tierischen Nahrungsmitteln zusammengestellt ist, sollte einen guten Gesundheitszustand gewährleisten. Mehrfach ungesättigte Fettsäuren, wie Linol- und Arachidonsäure, erwiesen sich als essentiell für das Tier und sind es höchstwahrscheinlich auch für den Menschen. Der Minimalbedarf des Menschen an essentiellen Fettsäuren dürfte bei etwa 2% der Kalorienzufuhr liegen[14], das sind etwa 2,4 g Linolsäure pro 1000 kcal Nahrungsaufnahme.

Calcium

Die Kenntnisse über den Mindestbedarf an Calcium sind ungenügend. Weitgehend gesichert ist nur, daß bei einer Zufuhr von mehr als 300 mg Calcium täglich und nicht mehr als 2000 mg Calcium täglich keine schädlichen Folgen auftreten[15].

Die von der FAO/WHO[3] vorgeschlagenen Werte der wünschenswerten Calciumzufuhr (suggested practical allowance) sind niedriger als jene der National Academy of Sciences[5].

Wünschenswerte tägliche Calciumzufuhr (FAO/WHO-Experten[3])

Alter	mg Calcium
0–12 Monate*	500– 600
1–9 Jahre	400– 500
10–15 Jahre	600– 700
16–19 Jahre	500– 600
Erwachsene	400– 500
Schwangerschaft, 3. Trimester	1000–1200
Laktation	1000–1200

* Für nichtgestillte Kinder; bei ausreichender Stillfähigkeit der Mutter sollte auch der Calciumbedarf des Säuglings gedeckt sein.

Phosphor

Die Phosphorzufuhr im Kindesalter, während der Schwangerschaft und während des Stillens soll mindestens so groß sein wie die Calciumzufuhr[5]; bei normaler Ernährung beträgt die Phosphorzufuhr beim Erwachsenen etwa das Eineinhalbfache der Calciumzufuhr. Eine Deckung des Calcium- und Proteinbedarfs sollte auch zu einer Deckung des Phosphorbedarfs führen, da calcium- und proteinreiche Nahrungsmittel im allgemeinen genügend Phosphor enthalten.

Wasser

Der Wasserbedarf wird durch die Wärmeerzeugung des Körpers, die Belastung der Körperflüssigkeiten durch gelöste Stoffe, die Konzentrierungsfähigkeit der Nieren und durch Verluste infolge Schwitzens bestimmt. Der Wasserbedarf ist eng mit dem Salzbedarf verknüpft. Er beträgt etwa 1 ml pro Nahrungskalorie[5]. In heißem, trockenem Klima kann der Wasserbedarf infolge gesteigerter Wasserabgabe durch Schwitzen wesentlich höher sein. Der Wasserbedarf des Kleinkindes unter normalen klimatischen Verhältnissen ist höher als beim Erwachsenen und beträgt etwa 1,5 ml pro Nahrungskalorie[5].

Siehe auch den Abschnitt «Wasser- und Elektrolythaushalt», S. 519–526.

Natrium und Chlorid

Der Bedarf an Natrium und Chlorid hängt eng mit dem Wasserhaushalt zusammen. Über die Höhe der wünschenswerten Natrium- und Chloridzufuhr ist nichts bekannt. Eine tägliche Einnahme von etwa 6 g NaCl dürfte bei mäßiger körperlicher Tätigkeit in der temperierten Zone ausreichen. Bei starker körperlicher Arbeit in den Tropen genügte eine Zufuhr von täglich 19 g NaCl[16]. Die durchschnittliche Tageskost in Westeuropa und den Vereinigten Staaten enthält 10–20 g NaCl.

Kalium

Der tägliche Mindestbedarf an Kalium beträgt wahrscheinlich 0,8–1,3 g[5]. Eine gemischte Kost aus tierischen und pflanzlichen Nahrungsmitteln, wie sie in den Vereinigten Staaten üblich ist, enthält pro 1000 kcal 0,8–1,5 g Kalium.

Magnesium

Der tägliche Magnesiumbedarf[17] beträgt wahrscheinlich für Kinder unter 10 Jahren 150 mg, für ältere Kinder 200–300 mg, bei einer Proteinzufuhr von 70–80 g pro Tag für Männer 300–400 mg, für Frauen 300 mg. Während der Schwangerschaft scheint eine tägliche Zufuhr von 350 mg, während der Laktation eine solche von 400 mg ausreichend zu sein. Bei hoher Proteinzufuhr besteht vermutlich ein erhöhter Magnesiumbedarf. Die durchschnittliche Kost enthält etwa 250–500 mg Magnesium pro Tag.

Eisen

Männer sowie Frauen nach der Menopause müssen gegen 0,5–1,0 mg Eisen täglich resorbieren, damit ihre Eisenbilanz ausgeglichen ist; für menstruierende Frauen erhöht sich der Bedarf um weitere 0,3–1,0 mg täglich[18]. Der Eisenbedarf ist während der Schwangerschaft erhöht, vor allem infolge der Zunahme des Erythrozytengesamtvolumens. Dieses Eisen wird zum Teil aus den Körperreserven mobilisiert und diese wieder ergänzt, wenn sich post partum das Erythrozytengesamtvolumen verringert. Während der Kindheit wechselt der Bedarf mit dem Alter. Der Säugling deckt seinen Eisenbedarf in den ersten Lebensmonaten vorwiegend aus den Eisendepots seines Körpers. Vom 3. bis zum 12. Lebensmonat beträgt sein Eisenbedarf etwa 0,8 mg täglich[5]. Speziell zu beachten ist der Eisenhaushalt von heranwachsenden Mädchen, die nicht nur den Bedarf für das Wachstum decken, sondern auch die Verluste durch die Menstruation ersetzen müssen. Bei einer durchschnittlichen Resorption des Nahrungseisens von 10% ergibt sich folgende notwendige Eisenzufuhr:

Notwendige Eisenzufuhr (Committee on Iron Deficiency Anemia, American Medical Association[19])

	Eisenbedarf mg/Tag	Notwendige Eisenzufuhr* mg/Tag
Männer	0,5–1,0	5–10
Menstruierende Frauen	0,7–2,0	7–20
Schwangere Frauen	2,0–4,8	20–48
Jugendliche	1,0–2,0	10–20
Kinder	0,4–1,0	4–10
Säuglinge	0,5–1,5	1,5 mg/kg**

* Unter Annahme einer 10%igen Resorption des Nahrungseisens.
** Bis zu einem Maximum von 15 mg.

Schätzungen des Eisenkonsums in den USA, Australien, England, Kanada ergaben Werte von 10–20 mg pro Person und pro Tag; mehrere Untersuchungen in den USA stellten bei 3–6 Jahre alten Kindern einen täglichen Eisenkonsum von 3–11 mg fest[20]. Bei Säuglingen läßt sich der Bedarf durch Kuhmilch oder Muttermilch allein nicht decken; Säuglinge mit einem Eisendefizit und Frühgeborene benötigen bereits ab 2.–3. Lebensmonat eine zusätzliche Eisenzufuhr, entweder in Form von mit Eisen angereicherten Getreideprodukten oder eventuell Eisensalzen[21]. Auch der Bedarf von Schwangeren kann durch die Kost allein nur schwer gedeckt werden.

Kupfer

Kupfer ist ein wesentlicher Bestandteil verschiedener Enzyme, die am Sauerstofftransport beteiligt sind. Die durchschnittliche Kost des Erwachsenen in den Vereinigten Staaten und Europa enthält gegen 1–5 mg Kupfer pro Tag[20]. Der tägliche Bedarf des Erwachsenen wird auf 1,5–2 mg geschätzt[5, 20], der von Säuglingen und Kindern liegt zwischen 0,04 und 0,14 mg pro Kilogramm Körpergewicht[22].

Mangan

Mangan ist sehr wahrscheinlich ein essentieller Nährstoff. Das Element scheint an der Lipidsynthese und der oxydativen Phosphorylierung beteiligt zu sein[23]. Die tägliche Kost enthält 2–5 mg Mangan[24], eine Menge, die den Bedarf zu decken scheint. Aufgrund des Kriteriums einer positiven Manganbilanz wurde für

Kinder eine tägliche Zufuhr von 0,2–0,3 mg Mangan pro Kilogramm Körpergewicht vorgeschlagen[25].

Zink

Zink ist ein wesentlicher Bestandteil von Enzymen, speziell von Dehydrogenasen. Die tägliche Zufuhr liegt zwischen 10 und 15 mg, woraus eine positive Zinkbilanz resultiert[26]. Der Zinkgehalt der Muttermilch nimmt mit fortschreitender Laktation ab (siehe S. 684) und reicht vielleicht nicht aus, um den Zinkbedarf des Säuglings zu decken[27].

Cobalt

Cobalt ist ein Bestandteil von Vitamin B_{12} und wird in anderer Form vom menschlichen Organismus nicht benötigt. Der Wert einer Behandlung von Anämien durch Cobaltsalze ist zweifelhaft[28].

Molybdän

Molybdän ist ein essentieller Bestandteil verschiedener Enzyme, speziell der Xanthinoxydase[29]. Die natürliche Kost scheint genügend Molybdän zu enthalten, um einen möglichen Bedarf an diesem Element zu decken.

Vanadium

Vanadium ist möglicherweise ein essentieller Nährstoff – vielleicht durch einen Einfluß auf den Lipidstoffwechsel. Die tägliche Zufuhr mit der Nahrung beträgt gegen 2 mg[30].

Chrom

Chrom in dreiwertiger Form ist wahrscheinlich ein essentieller Nährstoff. Es scheint eine Beziehung zwischen Chrom und der Insulinfunktion zu bestehen[31]. In der täglichen Kost sind 30–100 µg Chrom enthalten, wovon etwa 1% resorbiert wird; ein möglicher Bedarf scheint dadurch gedeckt zu werden[32].

Selen

Ob Selen für den Menschen von Bedeutung ist, ist nicht erwiesen. Das Element steht in Beziehung zum Stoffwechsel von Tocopherol und schwefelhaltigen Aminosäuren[33].

Jod

Jod ist ein Bestandteil der Schilddrüsenhormone. Der Mindestbedarf für Erwachsene wird auf 50–75 µg pro Tag geschätzt; einen höheren Bedarf haben Kinder und schwangere Frauen[5, 34]. Aufgrund der Gesamtkörper-Jodumsatzrate soll der optimale Bedarf des Erwachsenen zwischen 114 und 357 µg pro Tag liegen[35]. Die British Medical Association empfiehlt für Erwachsene eine tägliche Jodzufuhr von mindestens 100 µg, für Kinder sowie schwangere und stillende Frauen eine solche von mindestens 150 µg[6]. Der Jodgehalt der Nahrungsmittel reflektiert den Jodgehalt des Bodens, aus dem das Nahrungsmittel stammt. Eine Jodierung des Tafelsalzes mit KI im Verhältnis 1:10000 bis 1:100000 sollte eine ausreichende Jodversorgung gewährleisten[34]. Üblicher Jodgehalt von künstlich jodiertem Tafelsalz (in µg I/g NaCl): Deutsche Bundesrepublik, Polen $\leq$ 3,8; Schweiz, Niederlande, Italien, Jugoslawien 7,6; England und Wales 19; Argentinien 25; Neuseeland 38; USA und Kanada, internationaler Schiffs- und Flugverkehr 76.

Fluor

Fluor ist ein Bestandteil des Zahnschmelzes und schützt diesen vor Zerstörung[36]. Enthält das Trinkwasser 1 mg Fluorid pro Liter, so ist die Anfälligkeit gegen Zahnkaries, speziell bei 6–15 Jahre alten Kindern, geringer, als wenn das Trinkwasser fluoridarm ist. Die tägliche Fluoridzufuhr wurde auf 1,4–1,8 mg für Erwachsene und auf 0,4–0,8 mg für 1–3 Jahre alte Kinder geschätzt, bei einem Fluoridgehalt des Trinkwassers von 1 mg/l. Der Canadian Council on Nutrition schlägt für Säuglinge eine tägliche Fluorideinnahme von 0,25 mg, für 1–14 Jahre alte Kinder eine solche von 0,5–1,0 mg vor[37]. In Gegenden, in denen der natürliche Fluoridgehalt des Wassers gering ist, kann eine Fluoridierung des Trinkwassers im Verhältnis von 1:1000000 erwogen werden[5].

Vitamine

Der Vitaminbedarf ist im Abschnitt «Vitamine», S. 453–489, ausführlich diskutiert. Die Empfehlungen der National Academy of Sciences, USA, zur Zufuhr von Vitamin A, Thiamin, Riboflavin, Nicotinsäure, Vitamin C und Vitamin D sind auf S. 490 zusammengestellt. Die Empfehlungen einer FAO/WHO-Expertengruppe[38] zur Zufuhr von Thiamin, Riboflavin und Nicotinsäure stimmen mit denjenigen der National Academy of Sciences weitgehend überein, die zur Zufuhr von Vitamin A nennt kleinere Mengen.

Empfohlene tägliche Retinolzufuhr (FAO/WHO-Expertengruppe[38])

Alter	µg Retinol	Alter	µg Retinol
0–6 Monate	*	13–15 Jahre	725
6–12 Monate ...	300	16–19 Jahre	750
1–3 Jahre	250	Erwachsene	750
4–6 Jahre	300	Schwangerschaft	750
7–9 Jahre	400	Laktation	1200
10–12 Jahre	575		

* Ausreichendes Stillen deckt den Retinolbedarf des Säuglings am besten.

Literatur

1 Calorie Requirements, Report of the Second Committee on Calorie Requirements, *FAO Nutritional Studies*, Nr. 15, Food and Agriculture Organization of the United Nations, Rom, 1957.
2 Protein Requirements, Report of a Joint FAO/WHO Expert Group, *Wld Hlth Org. techn. Rep. Ser.*, Nr. 301 (1965).
3 Calcium Requirements, Report of an FAO/WHO Expert Group, Rom 1961, *Wld Hlth Org. techn. Rep. Ser.*, Nr. 230 (1962).
4 Deutsche Gesellschaft für Ernährung, *Die wünschenswerte Höhe der Nahrungszufuhr*, 2. Aufl., Umschau-Verlag, Frankfurt, 1962.
5 Food and Nutrition Board, *Recommended Dietary Allowances*, 6. Aufl., National Academy of Sciences – National Research Council, Publication 1146, Washington, 1964.
6 British Medical Association, *Report of the Committee on Nutrition*, London, 1950, zitiert nach Young, E. G., in: Beaton und McHenry (Hrsg.), *Nutrition*, Band 2, Academic Press, New York, 1964, S. 299.
7 Eine Übersetzung der Ernährungsnormen der UdSSR findet sich in: Schtenberg et al., *Chemische Zusammensetzung und Nährwert der Lebensmittel*, Akademie-Verlag, Berlin, 1959.
8 Passmore, R., *Nutr. et Dieta (Basel)*, **8**, 161 (1966).
9 Barness und György, *Wld Rev. Nutr. Diet.*, **3**, 1 (1962).
10 Holt, jr., et al., *Protein and Amino Acid Requirements in Early Life*, New York University Press, New York, 1960.
11 Rose, W. C., *Fed. Proc.*, **8**, 546 (1949), und *Nutr. Abstr. Rev.*, **27**, 631 (1957).
12 Williams, H. H., *J. Amer. diet. Ass.*, **35**, 929 (1959).
13 Tuttle et al., *Metabolism*, **6**, 564 (1957), und *Amer. J. clin. Nutr.*, **16**, 229 (1965); Bigwood, E. J., *Nutr. et Dieta (Basel)*, **8**, 226 (1966).
14 Holman, R. T., *J. Amer. med. Ass.*, **178**, 930 (1961).
15 Council on Foods and Nutrition, *J. Amer. med. Ass.*, **185**, 588 (1963).
16 Malhotra, M. S., *Indian J. med. Res.*, **48**, 212 (1960).
17 Magnesium in Human Nutrition, *Home Economics Research Report*, Nr. 19, Agricultural Research Service, United States Department of Agriculture, Washington, 1962.
18 Moore und Brown, Der Eisenstoffwechsel, *Documenta Geigy*, *Acta clinica*, Nr. 7, Basel, 1967.
19 Committee on Iron Deficiency Anemia, *J. Amer. med. Ass.*, **203**, 407 (1968).
20 Hawkins, W. W., in: Beaton und McHenry (Hrsg.), *Nutrition*, Academic Press, New York, 1964, S. 309.
21 Schulman, I., *J. Amer. med. Ass.*, **175**, 118 (1961).
22 Gubler, C. J., *J. Amer. med. Ass.*, **161**, 530 (1956); Cordano et al., *Pediatrics*, **34**, 324 (1964).
23 Cotzias, G. C., in: Comar und Bronner (Hrsg.), *Mineral Metabolism*, Band 2, Teil B, Academic Press, New York, 1962, S. 403.
24 Schroeder et al., *J. chron. Dis.*, **19**, 545 (1966).
25 Review, *Nutr. Rev.*, **23**, 236 (1965).
26 Vallee, B. L., in: Comar und Bronner (Hrsg.), *Mineral Metabolism*, Band 2, Teil B, Academic Press, New York, 1962, S. 443.
27 Strain et al., in: *VII. Internationaler Ernährungskongreß*, Hamburg 1966, Kurzfassung der Vorträge, Pergamos-Druck, Hamburg, 1966, S. 269.
28 Smith, E. L., in: Comar und Bronner (Hrsg.), *Mineral Metabolism*, Band 2, Teil B, Academic Press, New York, 1962, S. 349.
29 De Renzo, E. C., in: Comar und Bronner (Hrsg.), *Mineral Metabolism*, Band 2, Teil B, Academic Press, New York, 1962, S. 483.
30 Schroeder et al., *J. chron. Dis.*, **16**, 1047 (1963).
31 Glinsmann et al., *Science*, **152**, 1243 (1966).
32 Schroeder et al., *J. chron. Dis.*, **15**, 941 (1962).
33 Scott, M. L., in: Comar und Bronner (Hrsg.), *Mineral Metabolism*, Band 2, Teil B, Academic Press, New York, 1962, S. 543.
34 Stanbury und Ramalingaswami, in: Beaton und McHenry (Hrsg.), *Nutrition*, Band 1, Academic Press, New York, 1964, S. 373.
35 Heinrich und Gabbe, *Klin. Wschr.*, **42**, 1248 (1964).
36 Nikiforuk und Grainger, in: Beaton und McHenry (Hrsg.), *Nutrition*, Band 1, Academic Press, New York, 1964, S. 417; Duckworth, R., *Brit. med. J.*, **2**, 283 (1966).
37 Canadian Council on Nutrition, Mai 1963, zitiert nach Young, E. G., in: Beaton und McHenry (Hrsg.), *Nutrition*, Band 2, Academic Press, New York, 1964, S. 299.
38 Requirements of Vitamin A, Thiamine, Riboflavine and Niacin, Report of a Joint FAO/WHO Expert Group, Rom 1965, *Wld Hlth Org. techn. Rep. Ser.*, Nr. 362 (1967).

Gehalt verschiedener Nahrungsmittel an Hauptnährstoffen, Vitaminen und Elementen (siehe Tabellen S. 495–511)

Es wurde versucht, aus dem einschlägigen Schrifttum möglichst zuverlässige und repräsentative Zahlenangaben für den Gehalt der einzelnen Nahrungsmittel an den verschiedenen Nährstoffen auszuwählen. Bei dieser Literaturbearbeitung wurden vor allem die Tabellen der FAO[1], des Agriculture Handbook Nr. 8[2], des Medical Research Council[3] und des Bundesministeriums für Ernährung, Landwirtschaft und Forsten[4] sowie Arbeiten verschiedener Zeitschriften[5] verwendet. Einige Angaben beruhen auf den Ergebnissen eigener Untersuchungen. Ausführliche Zusammenstellungen des Nährstoffgehalts der Nahrungsmittel finden sich auch in den Tabellen von Bowes und Church[6], Högl und Lauber[7], Randoin et al.[8], Schall[9], Schtenberg et al.[10], ferner in den einschlägigen Monographien, wie zum Beispiel von Albritton[11], Mattice[12], Proudfit und Robinson[13] sowie Turner[14].

Angesichts der oft großen Schwankungen in der Zusammensetzung eines Nahrungsmittels muß beachtet werden, daß der tatsächliche Gehalt an einer bestimmten Substanz von dem angeführten Wert abweichen kann, vor allem dann, wenn es sich um zubereitete Nahrungsmittel handelt, wie zum Beispiel Konserven, Schokolade oder Würste. Bei Fleisch spielt der Mästungszustand der Tiere eine bedeutende Rolle (Fettgehalt), bei Pflanzen Sorte, Klima, Bodenbeschaffenheit und Reifegrad. Die Art der Lagerung der Nahrungsmittel ist von Bedeutung für die Konservierung von Wasser und Vitaminen. Ein Wasserverlust resultiert in der Konzentrierung aller Nährstoffe.

Beim Zubereiten von Nahrungsmitteln kann es zu einem Verlust an Nährstoffen kommen, da einzelne Vitamine durch Hitze und Oxydation zersetzt werden bzw. Vitamine und Mineralstoffe in das Kochwasser übergehen und mit diesem oft ausgegossen werden.

Die angeführten Werte beziehen sich auf 100 g des jeweils eßbaren Anteils und auf ungekochte Nahrungsmittel, sofern nicht anders angegeben.

Mit Ausnahme des Kalorienwerts beziehen sich alle Angaben auf den Gesamtgehalt des Nahrungsmittels an dem betreffenden Bestandteil und nicht auf den resorbierten Anteil. Über die Resorbierbarkeit von Elementen und Vitaminen ist nur wenig bekannt. So werden je nach Nahrungsmittel 2–12% des darin enthaltenen Eisens resorbiert; das Eisen von Muskelfleisch, Hämoglobin, Sojabohnen wird besser resorbiert als das von Eiern, Getreide und Gemüse[15]. Ein hoher Gehalt an Oxalsäure kann die Resorption des Calciums stark einschränken.

Der *Wassergehalt* wird üblicherweise bestimmt durch Ermittlung des Gewichtsverlusts bei höherer Temperatur. Enthalten in diesen Werten ist daher auch ein eventueller Gehalt an anderen leicht flüchtigen Substanzen.

Der *Proteingehalt* wird aus dem Stickstoffgehalt berechnet durch Multiplikation mit dem Faktor 6,25 für Fleisch und Eier, mit 6,38 für Milch und mit Faktoren, die zwischen 5,18 und 6,25 liegen, für Gemüse, Getreide und Nüsse (Einzelheiten im Agriculture Handbook Nr. 8[2]).

Beim *Fett* handelt es sich um die in Fettlösungsmitteln (zum Beispiel Äther) extrahierbaren Substanzen. Als Polyenfettsäuren ist entweder die Summe des Gehalts an Linol- und Arachidonsäure angegeben oder die Differenz zwischen dem Gehalt an gesamten ungesättigten Fettsäuren und Ölsäure. Der Cholesteringehalt entspricht weitgehend dem unverseifbaren Anteil am Gesamtfett; Cholesterin findet sich aber nur in tierischen Produkten, Cholesterinangaben bei Nüssen, Getreide und anderen pflanzlichen Produkten widerspiegeln einen Gehalt an anderen Sterinen.

Der *Kohlenhydratgehalt* wird üblicherweise als Differenz bestimmt, indem vom Gesamtgewicht der Gehalt an Wasser, Protein, Fett und Asche abgezogen wird. Die Angaben über den Fasergehalt variieren stark je nach verwendeter Bestimmungsmethode. Eine Zusammenstellung des Gehaltes von Nahrungsmitteln an den verschiedenen Kohlenhydraten ist publiziert worden[16].

Der *Kalorienwert* wurde aus dem Gehalt an Fett, Kohlenhydrat und Protein (und Alkohol, falls vorhanden) berechnet unter Verwendung spezifischer Faktoren, die die unterschiedliche Verdaulichkeit der einzelnen Nahrungsmittel berücksichtigen (Einzelheiten in der Publikation der Food and Agriculture Organization, Washington[17]); es handelt sich daher um Angaben über verwertbare Kalorien.

Vitamine. Die Vitamine A (einschließlich β-Carotin) und D sind in internationalen Einheiten (IE) angegeben, alle anderen Vitamine in Milligramm; 1 IE Vitamin A = 0,000 3 mg Vitamin A_1 bzw. 0,000 6 mg β-Carotin, 1 IE Vitamin D = 0,000 025 mg Vitamin D_3. Unter Vitamin E werden Werte für α-Tocopherol angegeben (sofern bekannt), da diese Verbindung vor allem die Vitaminaktivität besitzt (siehe S. 461).

Vitaminverlust beim Kochen (in Prozenten)[18]

	B_1	B_2	Nicotinsäure	C
Fleisch	35	20	25	–
Fleisch plus Saft	25	5	10	–
Eier	25	10	0	–
Getreideprodukte	10	0	10	–
Hülsenfrüchte	20	0	0	–
Gemüse (grüne und gelbe Blätter)	40	25	25	60
Tomaten	5	5	5	15
Andere Gemüse	25	15	25	60
Kartoffeln	40	25	25	60

Zeichen und Symbole. Nullwerte sind durchgehend mit Null (0) gekennzeichnet. Ein Strich (–) an Stelle eines Zahlenwertes bedeutet, daß der Wert nicht bekannt ist, stellt somit keine Wertangabe dar.

Literatur

1 Chatfield, C., *Food Composition Tables for International Use*, FAO Nutritional Studies, Nr. 3, Food and Agriculture Organization of the United Nations, Washington, 1949; Chatfield, C., *Food Composition Tables – Minerals and Vitamins – for International Use*, FAO Nutritional Studies, Nr. 11, Food and Agriculture Organization of the United Nations, Rom, 1954.

2 Watt und Merrill, *Composition of Foods – Raw, Processed, Prepared*, United States Department of Agriculture, Agriculture Handbook, Nr. 8, Washington, 1963.

3 McCance und Widdowson, *The Composition of Foods*, Med. Res. Coun. Spec. Rep. Ser., Nr. 297, HMSO, London, 1960.

4 Souci et al., *Die Zusammensetzung der Lebensmittel*, 2 Bände, Wissenschaftliche Verlagsgesellschaft, Stuttgart, 1962 und 1964.

5 Agricultural and Food Chemistry; Bulletin de la Société scientifique d'hygiène alimentaire et d'alimentation rationnelle; Food Research; Journal of the American Dietetic Association; Journal of Nutrition; Journal of the Science of Food and Agriculture; Mitteilungen aus dem Gebiete der Lebensmitteluntersuchung und Hygiene; Zeitschrift für Lebensmittel-Untersuchung und -Forschung.

6 Bowes und Church, *Food Values of Portions Commonly Used*, 9. Aufl. bearbeitet von Church und Church, Lippincott, Philadelphia, 1963.

7 Högl und Lauber, *Nährwert der Lebensmittel*, Sonderdruck aus dem Schweizerischen Lebensmittelbuch, 1. Band, 5. Aufl., Eidg. Gesundheitsamt, Bern, 1961.

8 Randoin et al., *Tables de composition des aliments*, 3. Aufl., Lanore, Paris, 1961.

9 Schall, H., *Nahrungsmitteltabelle*, 18. Aufl., Barth, Leipzig, 1962.

10 Schtenberg et al., *Chemische Zusammensetzung und Nährwert der Lebensmittel*, Akademie-Verlag, Berlin, 1959.

11 Albritton, E. C. (Hrsg.), *Standard Values in Nutrition and Metabolism*, Saunders, Philadelphia, 1954.

12 Mattice, M. R., *Bridges' Food and Beverage Analyses*, 3. Aufl., Lea & Febiger, Philadelphia, 1950.

13 Proudfit und Robinson, *Nutrition and Diet Therapy*, 11. Aufl., Macmillan, New York, 1955.

14 Turner, D. F., *Handbook of Diet Therapy*, 3. Aufl., University of Chicago Press, Chicago, 1959.

15 Moore und Brown, Der Eisenstoffwechsel, *Documenta Geigy, Acta clinica*, Nr. 7, Basel, 1967.

16 Hardinge et al., *J. Amer. diet. Ass.*, **46**, 197 (1965).

17 *Energy Yielding Components of Food and Computation of Caloric Values*, Food and Agriculture Organization, Nutrition Division, Washington, 1947.

18 Interdepartmental Committee on Nutrition, *Publ. Hlth Rep. (Wash.)*, **75**, 687 (1960).

100 g eßbare Substanz (wenn nicht anders vermerkt) enthalten	Wasser g	Proteine g	Fette: Total g	Fette: Polyen-fettsäuren g	Kohlenhydrate: Total g	Kohlenhydrate: Faserstoffe g	Kalorien* kcal	Vitamine: A** IE	Vitamine: B_1 mg	Vitamine: B_2 mg	Vitamine: B_6 mg	Vitamine: Nicotin-säure mg	Vitamine: Pantothen-säure mg	Vitamine: C mg	Vitamine: Weitere Vitamine*** mg	Weitere organische Bestandteile: Äpfelsäure mg	Weitere organische Bestandteile: Citronen-säure mg	Weitere organische Bestandteile: Oxalsäure mg	Säureüberschuß S Basenüberschuß B	Elemente: Natrium Na mg	Elemente: Kalium K mg	Elemente: Calcium Ca mg	Elemente: Magne-sium Mg mg	Elemente: Mangan Mn mg	Elemente: Eisen Fe mg	Elemente: Kupfer Cu mg	Elemente: Phos-phor P mg	Elemente: Schwefel S mg	Elemente: Chlor Cl mg
Früchte und Fruchtsäfte																													
Ananas (*Ananas sativus*)	86,7	0,4	0,2	–	12,2	0,5	47	70	0,08	0,03	0,08	0,2	0,17	17	FS 0,004	120	770	–	B	0,3	210	17	17	1,07	0,5	0,07	8	2,5	46
In Büchsen, gesüßt	79,9	0,3	0,1	–	19,4	0,3	74	50	0,08	0,02	0,07	0,2	–	7	FS 0,001	–	–	6,3	B	1	120	11	8	–	0,3	0,05	5	2,7	4,2
Ananassaft in Büchsen	85,6	0,4	0,1	–	13,5	0,1	55	50	0,05	0,02	0,1	0,2	0,1	7	FS 0,001	–	–	–	B	1	140	15	15	–	0,5	–	9	–	–
Äpfel (süß) (*Pirus malus*)	84,0	0,3	0,6	–	15,0	0,9	58	90	0,04	0,02	0,03	0,1	0,1	5[1]	E 0,3; Biotin 0,001; FS 0,002	270–1020	0–30	1,5	B	1	116	7	5	0,07	0,3	0,08	10	5	4
Per Kilogramm im Handel	*688*	*2,5*	*4,9*	–	*123*	*7,4*	*476*	*738*	*0,33*	*0,17*	*0,25*	*0,8*	*0,8*	*41*	*E 2,5; Biotin 0,008; FS 0,016*	*2200–8400*	*0–246*	*12,3*	*B*	*8*	*951*	*57*	*41*	*0,57*	*2,5*	*0,66*	*82*	*41*	*33*
Getrocknet	20,4	3	0,7	–	73,6	4,0	281	–	0,05	0,08	0,16	0,5	–	10[1]	–	–	–	–	B	5	557	31	29	–	1,6	–	52	19	19
Apfelmus, gesüßt	75,7	0,2	0,1	–	23,8	0,5	91	60	0,01	0,01	–	Spur	–	1	–	–	–	–	B	0,3	55	4	5	–	0,5	–	5	–	–
Apfelsaft, frisch	86,9	0,1	Spur	–	13	–	47	–	0,01	0,02	0,03	0,5	0,02	1	FS 0,001; Biotin 0,0005	700	230	0	B	2	100	6	–	–	0,6	0,35	9	–	–
Aprikosen (*Prunus armeniaca*)	85,3	0,9	0,2	–	12,8	0,6	51	2700	0,03	0,05	0,07	0,7	0,3	7	FS 0,003	–	–	–	B	0,6	440	17	9	0,2	0,5	0,12	23	6	2
Per Kilogramm im Handel	*802*	*8,5*	*1,9*	–	*120,3*	*5,6*	*479*	*25380*	*0,28*	*0,47*	*0,66*	*6,6*	*2,8*	*66*	*FS 0,028*	–	–	–	*B*	*5,6*	*4136*	*160*	*85*	*1,88*	*4,7*	*1,13*	*216*	*56*	*19*
In Büchsen, gesüßt	76,9	0,6	0,1	–	22,0	0,4	86	1740	0,02	0,02	0,05	0,3	0,1	4	–	330	1060	–	B	2	256	11	7	0,08	0,3	0,05	15	1,0	2
Getrocknet	25,0	5,0	0,5	–	66,5	3,0	260	10900	0,01	0,16	0,25	3,3	0,7	12	FS 0,005	810	350	–	B	26	1700	67	65	0,28	5,5	0,4	119	164	35
Avocato (*Persea gratissima*)	73,6	2,2	17,0	2	6,0	1,5	171	290	0,11	0,20	0,61	1,6	0,9	14	FS 0,03	–	–	–	B	3	340	10	30	0,3–4,2	0,6	0,4	42	25	10
Bananen (*Musa sapientum*)	75,7	1,1	0,2	–	22,2	0,6	85	190	0,05	0,06	0,32	0,6	0,2	10	E 0,2; Biotin 0,004; FS 0,01	500	150	6,4	B	1	420	8	31	0,64	0,7	0,2	28	12	125
Per Kilogramm im Handel	*514,8*	*7,5*	*1,4*	–	*151,0*	*4,1*	*578*	*1292*	*0,34*	*0,41*	*2,18*	*4,1*	*1,4*	*68*	*E 1,4; Biotin 0,027; FS 0,07*	*3400*	*1020*	*42,2*	*B*	*7*	*2856*	*54,4*	*211*	*4,35*	*4,8*	*1,36*	*190*	*82*	*850*
Birnen (*Pirus communis*)	83,2	0,5	0,4	–	15,5	1,5	61	20	0,02	0,04	0,02	0,1	0,05	4	Biotin 0,0001; FS 0,002	120	240	3	B	2	129	8	9	0,06	0,3	0,13	11	7	4
Per Kilogramm im Handel	*757,1*	*4,6*	*3,6*	–	*141*	*13,7*	*555*	*182*	*0,18*	*0,36*	*0,18*	*0,9*	*0,46*	*36*	*Biotin 0,0009; FS 0,02*	*1092*	*2184*	*27*	*B*	*18*	*1174*	*73*	*82*	*0,55*	*2,7*	*1,18*	*100*	*64*	*36*
In Büchsen, gesüßt	79,8	0,2	0,2	–	19,6	0,6	76	Spur	0,01	0,02	–	0,1	0,02	1	–	160	420	1,7	B	2	52	5	6	–	0,2	0,04	7	1,3	3
Brombeeren (*Rubus fruticosus*)	84,5	1,2	0,9	–	12,9	4,1	58	200	0,03	0,04	0,05	0,4	0,25	21	Biotin 0,0004; FS 0,012	160	Spur	18	B	4	181	32	24	0,59	1,0	0,12	19	17	15
Gefroren, gesüßt	74,3	0,8	0,3	–	24,4	1,8	96	140	0,02	0,10	–	0,6	–	8	–	–	–	–	B	1	105	17	12	–	0,6	–	17	–	–
Datteln (*Phoenix dactylifera*) Getrocknet	22,5	2,2	0,5	–	72,9	2,3	274	50	0,09	0,10	0,1	2,2	0,8	0	FS 0,025	–	–	–	B	1	790	59	65	0,15	3,0	0,21	63	65	290
Erdbeeren (*Fragaria* sp.)	89,9	0,7	0,5	–	8,4	1,3	37	60	0,03	0,07	0,04	0,6	0,26	60	Biotin 0,0011; FS 0,005	160	1080	19	B	1	145	21	12	0,06	1,0	0,13	21	12	11
Gefroren, gesüßt	75,7	0,4	0,2	–	23,5	0,6	92	30	0,02	0,06	–	0,5	–	53	–	–	–	–	B	1	104	13	–	–	0,6	–	16	–	–

* Umrechnung in kJ (Kilojoule): man multipliziere angegebenen Wert mit 4,185 5.
** A = Vitamin-A-Aktivität, bewirkt durch Vitamin A + β-Carotin.
*** FS = Folsäure; E = α-Tocopherol, sofern nicht anders angegeben.
[1] Große Schwankungen von Sorte zu Sorte.

100 g eßbare Substanz (wenn nicht anders vermerkt) enthalten	Wasser	Proteine	Fette		Kohlenhydrate		Kalorien*	Vitamine								Weitere organische Bestandteile			Säureüberschuß S Basenüberschuß B	Elemente									
			Total	Polyenfettsäuren	Total	Faserstoffe		A**	B_1	B_2	B_6	Nicotinsäure	Pantothensäure	C	Weitere Vitamine***	Äpfelsäure	Citronensäure	Oxalsäure		Natrium Na	Kalium K	Calcium Ca	Magnesium Mg	Mangan Mn	Eisen Fe	Kupfer Cu	Phosphor P	Schwefel S	Chlor Cl
	g	g	g	g	g	g	kcal	IE	mg	mg	mg	mg	mg	mg	mg	mg	mg	mg		mg	mg	mg	mg	mg	mg	mg	mg	mg	mg
Feigen (*Ficus carica*)	81,7	1,2	0,4	–	16,1	1,4	65	75	0,09	0,08	0,13	0,63	0,4	2	FS 0,01	Spur	340	–	B	2	190	35	21	–	0,8	0,06	22	12	14
Getrocknet	23,0	4,3	1,3	–	69,1	5,6	274	80	0,10	0,10	0,32	1,7	0,5	0	FS 0,03	–	–	–	B	34	780	126	82	0,35	4,0	0,35	116	69	105
Fruchtcocktail																													
In Büchsen	79,6	0,4	0,1	–	19,7	0,4	76	140	0,02	0,01	–	0,4	–	2	–	–	–	–	B	5	160	9	8	–	0,4	0,03	12	2	3
Grapefruit (*Citrus decumana*)	88,4	0,6	0,1	–	9,8	0,5	39	80	0,04	0,02	0,02	0,2	0,25	40	E 0,25; FS 0,003; Biotin 0,003	80	1460	0	B	2	198	17	10	0,01	0,3	0,02	16	5	3
Per Kilogramm im Handel	*433,2*	*2,9*	*0,5*	–	*48*	*2,6*	*191*	*392*	*0,20*	*0,10*	*0,10*	*1,0*	*1,23*	*196*	*E 1,23; FS 0,015; Biotin 0,015*	*392*	*7154*	*0*	*B*	*10*	*970*	*83*	*49*	*0,05*	*1,47*	*0,10*	*78*	*25*	*15*
In Büchsen, gesüßt	81,1	0,6	0,1	–	17,8	0,2	70	10	0,03	0,02	–	0,2	–	30	–	–	–	–	B	2	135	13	11	–	0,3	–	14	–	–
Grapefruitsaft, frisch	89,2	0,4	0,1	–	9,8	0,1	41	10	0,03	0,02	0,014	0,2	0,16	45	Biotin 0,0007; FS 0,001	–	–	–	B	2	150	8	12	–	0,4	–	14	5	2
Heidelbeeren (*Vaccinium myrtillus*)	83,2	0,7	0,5	–	15,3	1,5	62	100	0,03	0,06	0,091	0,5	0,12	14	FS 0,008	100	1560	15	B	1	89	15	10	2,3	1,0	0,11	13	11	8
Gefroren, gesüßt	72,3	0,6	0,3	–	26,5	0,9	105	30	0,04	0,05	–	0,4	–	8	–	–	–	–	B	1	66	6	4	–	0,4	–	11	–	–
Himbeeren (*Rubus idaeus*)	84,2	1,2	0,5	–	13,6	3,0	57	150	0,03	0,09	0,09	0,9	0,2	25	Biotin 0,0019; FS 0,005	40	1300	15	B	3	190	49	23	0,51	1,0	0,13	22	18	22
Gefroren, gesüßt	74,3	0,7	0,2	–	24,6	2,2	98	70	0,02	0,02	–	0,6	–	21	–	–	–	–	B	1	100	13	11	–	0,6	–	17	–	–
Himbeersaft, frisch	88	0,2	0	–	11	Spur	40	120	0,02	–	–	–	–	20	–	–	–	–	B	7	141	29	18	–	1,0	–	14	7	10
Holunderbeeren, schwarz (*Sambucus nigra*)	80,9	2,5	0,5	–	15,9	6,8	42	600	0,07	0,08	0,25	1,5	0,18	18	Biotin 0,002; FS 0,017	–	–	–	B	0,5	305	35	–	–	1,6	–	57	–	–
Johannisbeeren																													
Rote und weiße (*Ribes rubrum*)	85,7	1,4	0,2	–	12,1	3,4	50	120	0,04	0,02	0,05	0,3	0,06	41	Biotin 0,0026	50	2300	19	B	2	275	36	15	0,6	1,0	0,12	23	29	13
Schwarze (*Ribes nigrum*)	82	1,0	0,1	–	16,1	5,7	62	220	0,05	0,03	0,08	0,3	–	136	–	400	3030	4	B	3	336	17	10	–	0,9	0,12	28	–	–
Kakipflaume (chinesische Dattelpflaume) (*Diospyros kaki*)	78,8	0,7	0,4	–	19,7	1,6	77	2710	0,03	0,02	–	0,1	–	11	–	–	–	–	B	6	174	6	8	–	0,3	–	26	–	–
Kirschen (*Prunus avium*)	83,4	1,2	0,4	–	14,6	0,5	60	1000	0,05	0,06	0,05	0,3	0,08	10	Biotin 0,0004; FS 0,006	1250	10	Spur	B	2	260	19	14	0,03	0,5	0,07	19	8	3
Per Kilogramm im Handel	*750,6*	*10,8*	*3,6*	–	*131,4*	*4,5*	*540*	*9000*	*0,45*	*0,54*	*0,45*	*2,7*	*0,72*	*90*	*Biotin 0,0036; FS 0,054*	*11250*	*90*	*Spur*	*B*	*18*	*2340*	*179*	*132*	*0,28*	*4,7*	*0,66*	*171*	*72*	*27*
Krannbeeren (*Vaccinium macrocarpon*)	87,9	0,4	0,7	–	10,8	1,4	46	40	0,03	0,02	0,06	0,1	–	12	–	260	1120	–	B	1	65	14	8	0,3	0,5	0,09	11	7	5
Krannbeerenmus																													
In Büchsen, gesüßt	62,1	0,1	0,2	–	37,5	0,2	146	20	0,01	0,01	–	Spur	–	2	–	–	–	–	B	1	17	6	2	–	0,2	–	4	–	–
Limettensaft (*Citrus aurantifolia*)	90,3	0,3	–	–	9,0	–	26	10	0,02	0,01	0,05	0,1	–	32	–	–	–	–	B	1	100	9	–	–	0,2	–	11	–	39
Mandarinen (*Citrus nobilis*)	87	0,8	0,2	–	11,6	0,5	46	420	0,07	0,02	0,07	0,2	–	31	–	–	–	–	B	2	110	40	11	0,04	0,4	0,1	18	10	2
Per Kilogramm im Handel	*643,8*	*5,9*	*1,5*	–	*85,8*	*3,7*	*341*	*3108*	*0,52*	*0,15*	*0,52*	*1,5*	–	*229*	–	–	–	–	*B*	*15*	*814*	*296*	*81*	*0,30*	*3,0*	*0,7*	*133*	*74*	*15*

* Umrechnung in kJ (Kilojoule): man multipliziere angegebenen Wert mit 4,185 5. ** A = Vitamin-A-Aktivität, bewirkt durch Vitamin A + β-Carotin. *** FS = Folsäure; E = α-Tocopherol, sofern nicht anders angegeben.

100 g eßbare Substanz (wenn nicht anders vermerkt) enthalten	Wasser	Proteine	Fette		Kohlenhydrate		Kalorien*	Vitamine								Weitere organische Bestandteile			Säureüberschuß S Basenüberschuß B	Elemente									
			Total	Polyenfettsäuren	Total	Faserstoffe		A**	B_1	B_2	B_6	Nicotinsäure	Pantothensäure	C	Weitere Vitamine***	Äpfelsäure	Citronensäure	Oxalsäure		Natrium Na	Kalium K	Calcium Ca	Magnesium Mg	Mangan Mn	Eisen Fe	Kupfer Cu	Phosphor P	Schwefel S	Chlor Cl
	g	g	g	g	g	g	kcal	IE	mg	mg	mg	mg	mg	mg	mg	mg	mg	mg		mg	mg	mg	mg	mg	mg	mg	mg	mg	mg
Melonen und Kantalupen (*Cucumis melo*)	91,2	0,7	0,1	–	7,5	0,3	30	3400[1]	0,04	0,03	0,036	0,6	0,26	33	Biotin 0,003; FS 0,007	0	–	0	B	12	230	14	17	0,04	0,4	0,04	16	11,7	41
Per Kilogramm im Handel	*456*	*3,5*	*0,5*	–	*37,5*	*2,0*	*150*	*17000*	*0,20*	*0,15*	*0,18*	*3,0*	*1,30*	*165*	*Biotin 0,015; FS 0,035*	*0*	–	*0*	*B*	*60*	*1150*	*70*	*85*	*0,20*	*2,0*	*0,20*	*80*	*58,5*	*205*
Oliven, grün (*Olea europaea*) Mariniert	78,2	1,4	12,7	1,0	1,3	1,3	116	300	0,03	0,08	0,02	0,5	0,02	0	FS 0,001	–	–	–	B	2400	55	61	22	0,05–1,0	1,6	0,46	17	32	3750
Orangen (*Citrus sinensis*)	87,1	1,0	0,2	–	12,2	0,5	49	200	0,10	0,03	0,03	0,2	0,2	50	E 0,23; Biotin 0,001; FS 0,005	Spur	980	24	B	0,3	170	41	10	0,025	0,4	0,07	23	8	4
Per Kilogramm im Handel	*635,8*	*7,3*	*1,5*	–	*89,1*	*3,7*	*358*	*1460*	*0,73*	*0,22*	*0,22*	*1,5*	*1,5*	*365*	*E 1,68; Biotin 0,007; FS 0,036*	*Spur*	*7154*	*175*	*B*	*2,2*	*1241*	*299*	*73*	*0,182*	*2,9*	*0,51*	*168*	*58*	*29*
Orangensaft, frisch	86	0,6	0,1	–	12,9	0,1	49	100	0,07	0,02	0,026	0,2	0,14	50[2]	Biotin 0,0003; FS 0,002	–	–	–	B	0,5	190	11	11	–	0,3	0,08	17	8	4
Pfirsiche (*Prunus persica*)	86,6	0,6	0,1	–	11,8	0,6	46	880	0,02	0,05	0,02	1,0	0,12	7	Biotin 0,002; FS 0,004	370	370	Spur	B	0,5	160	9	10	0,11	0,5	0,01	19	7	5
Per Kilogramm im Handel	*753,4*	*5,2*	*0,9*	–	*102,7*	*5,2*	*400*	*7656*	*0,17*	*0,44*	*0,17*	*8,7*	*1,05*	*61*	*Biotin 0,02; FS 0,035*	*3219*	*3219*	*Spur*	*B*	*4,4*	*1392*	*78*	*87*	*0,96*	*4,4*	*0,09*	*165*	*61*	*44*
In Büchsen, gesüßt	79,1	0,4	0,1	–	20,1	0,4	78	430	0,01	0,02	0,02	0,6	0,05	4	Biotin 0,0002; FS 0,0005	–	–	1,2	B	5	107	4	6,3	0,04	0,3	0,06	12	1	4
Getrocknet	25,0	3,0	0,7	–	68,3	3,1	262	3900	0,01	0,2	0,15	5,3	–	18	–	–	–	–	B	12	1100	48	54	0,67	6,0	0,3	117	240	11
Pflaumen (*Prunus domestica*)	85,7	0,7	0,1	–	12,3	0,7	50	250	0,07	0,04	0,05	0,5	0,13	6	Biotin Spur; FS 0,002	360–2390	30	10	B	2	167	13	13	0,1	0,4	0,3	23	5	2
Per Kilogramm im Handel	*805,6*	*6,6*	*0,9*	–	*115,6*	*6,6*	*470*	*2350*	*0,66*	*0,38*	*0,47*	*4,7*	*1,22*	*56,4*	*Biotin Spur; FS 0,019*	*3384–22466*	*282*	*94*	*B*	*18,8*	*1560*	*122*	*122*	*0,94*	*3,8*	*2,82*	*216*	*47*	*19*
In Büchsen, gesüßt	77,4	0,4	0,1	–	21,6	0,3	83	230	0,02	0,02	0,027	0,4	0,08	2	FS 0,001	–	–	–	B	1	142	9	5	0,07	0,9	0,16	10	–	–
Getrocknet	28,0	2,1	0,6	–	67,4	1,6	255	1600	0,1	0,17	0,5	1,6	0,35	3	FS 0,005	–	–	–	B	6	700	51	32	0,18	3,9	0,16	79	28	9
Preiselbeeren (*Vaccinium vitis idaea*)	87,4	0,3	0,5	–	11,6	1,7	42	30	0,014	0,024	0,012	0,2	0,1	12	FS 0,003	–	–	–	B	2	72	14	6	0,5	0,5	0,26	10	–	4
Quitten (*Cydonia oblonga, Cydonia vulgaris*)	84	0,3	0,3	–	14,9	2,4	57	30	0,03	0,02	–	0,2	–	15	–	680–1590	–	–	B	3	203	14	6	0,04	0,3	0,13	19	5	2
Rosinen (*Vitis vinifera*)	18,0	2,5	0,2	–	77,4	0,9	289	20	0,11	0,08	0,3	0,5	0,09	1	Biotin 0,005; FS 0,01	–	–	–	B	31	725	62	42	0,32	3,5	0,2	101	42	9
Stachelbeeren (*Ribes grossularia*)	88,9	0,8	0,2	–	9,7	1,9	39	290	0,15	0,03	0,02	0,3	0,15	25	Biotin 0,0005	500–2080	–	–	B	1	210	35	9	0,04	0,5	0,08	31	15	9
Trauben (*Vitis vinifera*)	81,4	0,6	0,3	–	17,3	0,5	67	100	0,05	0,02	0,1	0,3	0,08	4	Biotin 0,002; FS 0,006	650	–	–	B	2	250	12	7	0,083	0,4	0,1	20	9	2

* Umrechnung in kJ (Kilojoule): man multipliziere angegebenen Wert mit 4,185 5.
** A = Vitamin-A-Aktivität, bewirkt durch Vitamin A + β-Carotin.
*** FS = Folsäure; E = α-Tocopherol, sofern nicht anders angegeben.
[1] Stark gefärbte Sorten.
[2] In Büchsen 12.

100 g eßbare Substanz (wenn nicht anders vermerkt) enthalten	Wasser g	Proteine g	Fette: Total g	Fette: Polyen-fettsäuren g	Kohlenhydrate: Total g	Kohlenhydrate: Faserstoffe g	Kalorien* kcal	Vitamine: A** IE	Vitamine: B_1 mg	Vitamine: B_2 mg	Vitamine: B_6 mg	Vitamine: Nicotin-säure mg	Vitamine: Pantothen-säure mg	Vitamine: C mg	Vitamine: Weitere Vitamine*** mg	Weitere organische Bestandteile: Äpfelsäure mg	Weitere organische Bestandteile: Citronen-säure mg	Weitere organische Bestandteile: Oxalsäure mg	Säureüberschuß S Basenüberschuß B	Elemente: Natrium Na mg	Elemente: Kalium K mg	Elemente: Calcium Ca mg	Elemente: Magne-sium Mg mg	Elemente: Mangan Mn mg	Elemente: Eisen Fe mg	Elemente: Kupfer Cu mg	Elemente: Phos-phor P mg	Elemente: Schwefel S mg	Elemente: Chlor Cl mg
Traubensaft	82,9	0,2	Spur	–	16,6	Spur	66	–	0,04	0,02	0,021	0,2	0,04	2	Biotin 0,0003; FS 0,003	310	20	–	B	1	120	11	4	–	0,3	0,02	12	–	–
Wassermelonen (*Citrullus vulgaris* var. *colocynthoides*)	92,6	0,5	0,2	–	6,4	0,3	26	590	0,03	0,03	0,033	0,2	0,3	7	Biotin 0,004; FS 0,0006	200	–	0	B	0,3	100	7	8	0,02	0,5	0,07	10	9	8
Zitronen (*Citrus medica*)	90,1	1,1	0,3	–	8,2	0,4	27	20	0,04	0,02	0,06	0,1	0,2	45	FS 0,007	Spur	3840	–	B	6	148	26	9	0,04	0,6	0,26	16	8	4
Zitronensaft, frisch	91,0	0,5	0,2	–	8,0	–	25	20	0,03	0,01	0,039	0,1	0,1	50	FS 0,001	290	6080	–	B	1	130	14	7	–	0,2	0,13	11	2	4
Zwetschgen (*Prunus domestica*), siehe Pflaumen																													
Gemüse																													
Artischocken (*Cynara scolymus*)	85,5	2,7	0,2	–	10,6	2,4	49	160	0,08	0,05	–	1,0	0,4	9	–	170	100	–	B	43	430	51	–	0,36	1,3	0,2	94	20	22
Bataten (Süßkartoffeln) (*Ipomoea batatas*)	70,6	1,7	0,4	–	26,3	0,7	114	8800	0,10	0,06	0,32	0,6	0,93	21	E 4,0; Biotin 0,004; FS 0,012	0	70	56	B	5	530	32	31	0,15–0,52	0,7	0,15	47	15	85
Blumenkohl (*Brassica oleracea* var. *botrytis*)	91,0	2,7	0,2	–	5,2	1,0	27	60	0,11	0,10	0,2	0,6	1,0	78	E 0,15; K 3,6; Biotin 0,017; FS 0,022	390	210	0	B	16	400	25	7	0,17	1,1	0,14	56	29	30
Bohnen																													
Grüne (Gartenbohnen) (*Phaseolus vulgaris*)	90,1	1,9	0,2	–	7,1	1,0	32	600	0,07	0,11	0,14	0,5	0,2	19	E < 0,1; K 0,29; FS 0,028	130	30	30	B	1,7	256	56	26	0,45	0,8	0,07	44	30	33
Per Kilogramm im Handel	*793*	*16,7*	*1,7*	–	*62,5*	*8,8*	*272*	*5280*	*0,62*	*0,97*	*1,23*	*4,4*	*1,8*	*167*	*E < 1; K 2,55; FS 0,25*	*1144*	*264*	*264*	*B*	*15*	*2253*	*493*	*229*	*3,96*	*7,0*	*0,62*	*387*	*264*	*290*
In Büchsen, ohne Flüssigkeit	91,9	1,4	0,1	–	5,2	1,0	24	470	0,03	0,05	0,043	0,3	0,07	4	Biotin 0,001; FS 0,012	–	–	–	B	236[1]	95	45	13	–	1,5	–	25	–	–
Weiße (Bohnensamen) (*Phaseolus vulgaris*)	11,6	21,3	1,6	–	61,6	4,0	338	0	0,6	0,22	0,28	2,1	0,98	2	E 4	–	–	–	B	2	1310	106	132	2,0	6,1	–	429	–	25
Limabohnen (*Phaseolus lunatus*)	67,5	8,4	0,5	–	22,1	1,8	123	290	0,24	0,12	0,55	1,4	1,3	29	Biotin 0,01; FS 0,13	170	650	4,3	B	1	680	52	66	–	2,8	0,86	142	60	9
In Büchsen, ohne Flüssigkeit	74,7	5,4	0,3	–	18,3	1,8	96	190	0,03	0,05	0,08	0,5	0,11	6	FS 0,013	–	–	–	B	236[2]	210	28	–	–	2,4	–	70	–	–
Pferdebohnen (Feldbohnen) (*Vicia faba*), getrocknet	12,6	24,0	2,2	–	58,2	5,9	339	30	0,53	0,30	–	2,5	–	6	–	–	–	–	B	–	–	77	–	–	6,3	–	374	–	–
Broccoli (Federkohl) (*Brassica oleracea* var. *botrytis*)	89,1	3,6	0,3	–	5,9	1,5	32	2500	0,1	0,23	0,17	0,9	1,3	113	FS 0,05	120	210	–	B	15	400	103	24	0,15	1,1	1,4	78	137	76
Eierfrucht (Aubergine) (*Solanum melongena*)	92,4	1,2	0,2	–	5,6	0,9	25	10	0,05	0,05	–	0,6	0,23	5	–	170	0	6,9	B	0,9	190	17	10	0,11	0,4	0,08	26	9	24
Endivien (*Cichorium endivia*)	93,1	1,7	0,1	–	4,1	0,9	20	3300	0,10	0,20	–	0,72	–	10	–	–	–	27,3	B	18	400	104	13	0,22	1,7	0,09	38	26	71

* Umrechnung in kJ (Kilojoule): man multipliziere angegebenen Wert mit 4,185 5.
** A = Vitamin-A-Aktivität, bewirkt durch Vitamin A + β-Carotin.
*** FS = Folsäure; E = α-Tocopherol, sofern nicht anders angegeben.

[1] Ungesalzen 2.
[2] Ungesalzen 4.

100 g eßbare Substanz (wenn nicht anders vermerkt) enthalten	Wasser g	Proteine g	Fette: Total g	Fette: Polyen-fettsäuren g	Kohlenhydrate: Total g	Kohlenhydrate: Faserstoffe g	Kalorien* kcal	Vitamine: A** IE	Vitamine: B_1 mg	Vitamine: B_2 mg	Vitamine: B_6 mg	Vitamine: Nicotin-säure mg	Vitamine: Pantothen-säure mg	Vitamine: C mg	Vitamine: Weitere Vitamine*** mg	Weitere organische Bestandteile: Äpfelsäure mg	Weitere organische Bestandteile: Citronen-säure mg	Weitere organische Bestandteile: Oxalsäure mg	Säureüberschuß S Basenüberschuß B	Elemente: Natrium Na mg	Elemente: Kalium K mg	Elemente: Calcium Ca mg	Elemente: Magne-sium Mg mg	Elemente: Mangan Mn mg	Elemente: Eisen Fe mg	Elemente: Kupfer Cu mg	Elemente: Phos-phor P mg	Elemente: Schwefel S mg	Elemente: Chlor Cl mg
Erbsen (*Pisum sativum*) Grün	75,0	6,3	0,4	–	17,0	2,0	84	640	0,32	0,15	0,18	2,5	0,82	27	E 0,6; K 0,3; Biotin 0,009; FS 0,025	80	110	1,3	B	2	370	26	30	0,41	2,0	0,23	116	50	33
Grün, gefroren	80,7	5,4	0,3	–	12,8	1,9	73	680	0,32	0,10	–	2,0	–	19	–	–	–	–	B	129	150	20	24	–	2,0	–	90	–	–
Grün, in Büchsen	82,3	3,4	0,4	–	12,7	1,3	67	450	0,11	0,06	0,05	0,9	0,17	9	E 0,02; Biotin 0,002; FS 0,01	–	–	0,8	B	260[1]	201	25	25	–	1,8	0,21	67	44	318
Getrocknet, Split	9,3	24,2	1,0	–	62,7	1,2	348	120	0,87	0,29	0,05	3,0	2,1	–	Biotin 0,02; FS 0,03	–	–	–	B	42	880	73	116	2,0	6,0	0,8	303	129	60
Schoten (Kefen, Zuckererbsen)	86,2	2,6	0,1	–	10,5	1,5	53	55	0,06	0,10	–	0,8	–	30	–	–	–	–	B	–	–	44	–	–	1,4	–	54	–	–
Fenchel (*Foeniculum vulgare*)	90	1,5	0,1	–	6,4	0,5	27	3500	0,23	0,11	0,10	0,2	0,25	31	FS 0,1; Biotin 0,003	–	–	–	B	331	784	100	–	–	2,7	–	51	–	–
Gurken (*Cucumis sativus*)	95,6	0,8	0,1	–	3,0	0,6	13	300	0,04	0,05	0,04	0,2	0,3	8	Biotin 0,001; FS 0,001	240	10	25	B	5	140	25	9	0,15	1,1	0,06	27	12	30
Karotten (Möhren) (*Daucus carota*)	88,6	1,1	0,2	–	9,1	1,0	40	11000[2]	0,06	0,06	0,12	0,6	0,27	2–10	E 0,45; Biotin 0,003; FS 0,008	24	90	33	B	50	311	37	21	0,06–0,25	0,7	0,08	36	21	40
Per Kilogramm im Handel	*726,5*	*9,0*	*1,6*	–	*74,6*	*8,2*	*328*	*90200*	*0,49*	*0,49*	*0,98*	*4,9*	*2,21*	*16–82*	*E 3,69; Biotin 0,025; FS 0,07*	*199*	*738*	*271*	*B*	*410*	*2550*	*303*	*172*	*0,49–2,05*	*5,7*	*0,66*	*295*	*172*	*328*
In Büchsen, ohne Flüssigkeit	91,2	0,8	0,3	–	6,7	0,8	30	15000	0,03	0,02	0,04	0,3	0,11	3	Biotin 0,002; FS 0,003	–	–	–	B	236[3]	110	26	5	–	0,7	0,04	22	–	445
Karottensaft, frisch	92,7	0,6	–	–	6,7	0,7	23	4000	–	–	–	–	–	4	–	–	–	–	B	52	219	27	–	–	–	–	31	–	41
Kartoffeln (*Solanum tuberosum*)	79,8	2,1	0,1	–	17,7	0,5	76	Spur	0,11	0,04	0,2	1,2	0,3	20	E 0,06; K 0,08; Biotin 0,0001; FS 0,006	0	510	5,7	B	3	410	14	27	0,17	0,8	0,16	53	29	35
Per Kilogramm im Handel	*646,4*	*17,0*	*0,8*	–	*143,4*	*4,1*	*616*	*Spur*	*0,89*	*0,32*	*1,6*	*9,7*	*2,4*	*162*	*E 0,49; K 0,65; Biotin 0,0008; FS 0,049*	*0*	*4131*	*46,2*	*B*	*24*	*3321*	*113*	*219*	*1,38*	*6,5*	*1,30*	*429*	*235*	*284*
Getrocknet	7,1	8,3	0,6	–	80,4	1,4	352	Spur	0,25	0,10	–	4,8	–	26	–	–	–	–	B	84	1600	44	–	–	2,4	–	203	–	–
Chips	1,8	5,3	39,8	–	50,0	1,6	568	Spur	0,21	0,07	–	4,8	–	16	–	–	–	–	B	340	880	40	48	–	1,8	0,36	139	–	–
Knoblauch, Knollen (*Allium sativum*)	63,8	5,3	0,2	–	29,3	1,1	129	Spur	0,21	0,08	–	0,6	–	9	–	–	–	–	B	32	515	38	36	–	1,4	–	134	–	–
Kohl (*Brassica oleracea*) Grünkohl (var. *acephala*)	87,5	4,2	0,8	–	6,0	1,3	38	8900	0,16	0,26	0,19	2,0	0,1–1,4	115	E 8; Biotin 0,0005; FS 0,05	50	350	13	B	75	410	179	37	0,5	2,2	0,09	73	115	122
Rotkohl (Blaukraut) (var. *capitata rubra*)	91,8	1,5	0,2	–	5,9	1,1	26	50	0,07	0,05	0,15	0,4	0,32	50	E 0,2; Biotin 0,002	–	–	–	B	4	266	35	18	0,1	0,5	0,06	30	–	100
Weißkohl (Weißkraut) (var. *capitata alba*)	92,1	1,4	0,2	–	5,7	1,5	25	70	0,05	0,04	0,11	0,32	0,26	46	E 0,7; FS 0,08	–	–	–	B	13	227	46	23	0,1	0,5	0,06	27,5	–	37
Wirsingkohl (var. *sabauda*)	90,0	3,0	0,4	–	5,6	1,2	31	200	0,05	0,06	0,2	0,33	–	45	–	–	–	–	B	9	282	47	12	–	–	–	56	–	–

* Umrechnung in kJ (Kilojoule): man multipliziere angegebenen Wert mit 4,185 5.
** A = Vitamin-A-Aktivität, bewirkt durch Vitamin A + β-Carotin.
*** FS = Folsäure; E = α-Tocopherol, sofern nicht anders angegeben.
[1] Ungesalzen 3.
[2] Stark gefärbte Sorten; in licht gefärbten 2000.
[3] Ungesalzen 39.

100 g eßbare Substanz (wenn nicht anders vermerkt) enthalten	Wasser	Proteine	Fette		Kohlenhydrate		Kalorien*	Vitamine								Weitere organische Bestandteile			Säureüberschuß S Basenüberschuß B	Elemente									
			Total	Polyenfettsäuren	Total	Faserstoffe		A**	B_1	B_2	B_6	Nicotinsäure	Pantothensäure	C	Weitere Vitamine***	Äpfelsäure	Citronensäure	Oxalsäure		Natrium Na	Kalium K	Calcium Ca	Magnesium Mg	Mangan Mn	Eisen Fe	Kupfer Cu	Phosphor P	Schwefel S	Chlor Cl
	g	g	g	g	g	g	kcal	IE	mg	mg	mg	mg	mg	mg	mg	mg	mg	mg		mg	mg	mg	mg	mg	mg	mg	mg	mg	mg
Kohlrabi (*Brassica oleracea* var. *gongylodes*), Knollen	90,3	2,0	0,1	–	6,6	1,0	29	20	0,06	0,04	0,12	0,3	0,1	53	FS 0,01	–	–	–	B	10	392	41	48	0,11	0,5	0,14	51	–	57
Kresse																													
Brunnenkresse (*Nasturtium officinale*)	93,3	2,2	0,3	–	3,0	0,7	19	4000	0,1	0,27	–	0,9	0,1	75	–	–	–	–	B	60	301	151	17	0,54	2,0	0,04	46	147	109
Gartenkresse (*Lepidium sativum* ssp. *sativum*)	89,4	2,6	0,7	–	5,5	1,1	32	9300	0,08	0,26	–	1,0	–	69	–	–	–	–	B	14	606	81	–	–	1,3	–	76	–	–
Kürbis (*Cucurbita* sp.)	95,0	0,8	0,1	–	3,5	0,6	15	1600	0,05	0,11	–	0,6	–	9	–	150	0	–	B	1	457	21	12	0,04	0,8	0,08	44	10	37
Lauch (Porree) (*Allium porrum*)	87,8	2,0	0,3	–	9,4	1,2	44	50	0,06	0,04	–	0,5	–	18	E 1,0	–	–	–	B	5	300	60	18	0,07	1,0	0,3	50	72	40
Linsen (*Lens esculenta*)																													
Getrocknet	11,1	24,7	1,1	–	60,1	3,9	340	60	0,50	0,25	0,49	2,0	1,5	–	Biotin 0,013; FS 0,1	–	–	–	B	36	810	79	77	–	8,6	0,7	377	122	64
Löwenzahnblätter (*Taraxacum officinale*)	85,6	2,7	0,7	–	9,2	1,6	45	14000	0,19	0,26	–	–	–	36	–	–	–	25	B	76	430	187	–	0,3	3,1	0,15	66	17	99
Mais (*Zea mays*), süß	72,7	3,5	1,0	–	22,1	0,7	96	400[1]	0,15	0,12	0,22	1,7	0,89	12	Biotin 0,006; FS 0,03	0	0	5,2	B	0,4	300	3	38	0,15	0,7	0,06	111	32	14
Süß, in Büchsen, ohne Flüssigkeit	75,9	2,6	0,8	–	19,8	0,8	84	350[1]	0,03	0,05	0,27	0,9	0,28	4	Biotin 0,003; FS 0,008	–	–	–	B	236[2]	97	5	19	–	0,5	–	49	–	–
Mangold (*Beta vulgaris* var. *cicla*)	90,8	1,6	0,4	–	5,6	1,0	27	6500	0,03	0,09	–	0,4	0,17	34	E 1,5; FS 0,03	–	–	690	B	147	550	110	65	0,3	2,7	0,11	29	–	–
Meerrettich (Kren) (*Armoracia lapathifolia*)	76,6	2,8	0,3	–	18,1	2,8	80	30	0,06	0,11	0,18	0,6	–	120	–	–	–	–	B	9	554	105	33	–	2,0	0,14	70	212	18
Pastinake (*Pastinaca sativa*)	79,1	1,7	0,5	–	17,5	2,0	76	30	0,08	0,09	0,1	0,2	0,5	16	Biotin 0,0001; FS 0,02	350	130	10	B	17	342	50	22	0,03–0,34	0,7	0,10	77	26	30
Petersilie (*Petroselinum crispum*)	85,1	3,6	0,6	–	8,5	1,5	44	8500	0,12	0,26	0,2	1,2	0,03	172	Biotin 0,0004; FS 0,04	–	–	190	B	28	880	203	52	0,94	6,2	0,21	63	190	156
Pfefferschote (Paprika), grüne (*Capsicum annuum*)	92,8	1,2	0,2	–	5,3	1,4	24	420	0,08	0,08	–	0,4	–	128	–	–	–	16	B	4,2	186	9	12	0,13	0,4	0,11	25	19	13
Portulak (*Portulaca oleracea* var. *sativa*)	92,5	1,7	0,4	–	3,8	0,9	21	2500	0,03	0,10	–	0,5	–	25	–	–	–	–	B	2	754	103	151	–	3,5	–	39	–	–
Radieschen (*Raphanus sativus*)	93,7	1,1	0,1	–	3,6	0,7	18	10	0,04	0,04	0,1	0,3	0,18	26	FS 0,01	–	–	–	B	15	260	30	15	0,05	1,0	0,13	31	37	37
Randen, siehe Rüben																													
Rhabarber (*Rheum undulatum*)	94,9	0,5	0,1	–	3,8	0,7	16	100	0,01	0,03	0,03	0,1	0,08	9	E 0,2; FS 0,003	1770	410	230–500	B	3,5	286	96	14	0,15	0,8	0,05	18	8	53
Rosenkohl (*Brassica oleracea* var. *gemmifera*)	84,8	4,7	0,4	–	8,7	1,2	47	550	0,1	0,16	0,16	0,9	0,72	100	E 1; K 0,8–3; Biotin 0,0004; FS 0,05	200	240	–	B	12	450	29	20	0,27	1,5	0,1	80	78	40
Per Kilogramm im Handel	*627,5*	*34,8*	*3,0*	–	*64,4*	*8,9*	*347,8*	*4070*	*0,74*	*1,18*	*1,18*	*6,7*	*5,33*	*740*	*E 7; K 5,9–22,2; Biotin 0,003; FS 0,37*	*1480*	*1776*	–	*B*	*89*	*3330*	*215*	*148*	*2,00*	*14,1*	*0,74*	*592*	*577*	*296*

* Umrechnung in kJ (Kilojoule): man multipliziere angegebenen Wert mit 4,185 5.
** A = Vitamin-A-Aktivität, bewirkt durch Vitamin A + β-Carotin.
*** FS = Folsäure; E = α-Tocopherol, sofern nicht anders angegeben.
[1] Gelbe Sorten; in weißen Sorten nur Spuren.
[2] Ungesalzen 2.

100 g eßbare Substanz (wenn nicht anders vermerkt) enthalten	Wasser	Proteine	Fette		Kohlenhydrate		Kalorien*	Vitamine								Weitere organische Bestandteile			Säureüberschuß S Basenüberschuß B	Elemente									
	Wasser	Proteine	Total	Polyenfettsäuren	Total	Faserstoffe	Kalorien*	A**	B_1	B_2	B_6	Nicotinsäure	Pantothensäure	C	Weitere Vitamine***	Äpfelsäure	Citronensäure	Oxalsäure		Natrium Na	Kalium K	Calcium Ca	Magnesium Mg	Mangan Mn	Eisen Fe	Kupfer Cu	Phosphor P	Schwefel S	Chlor Cl
	g	g	g	g	g	g	kcal	IE	mg	mg	mg	mg	mg	mg	mg	mg	mg	mg		mg	mg	mg	mg	mg	mg	mg	mg	mg	mg
Rüben																													
Weiße *(Brassica rapa)*																													
Rübe	91,5	1,0	0,2	–	6,6	0,9	30	Spur	0,04	0,07	0,11	0,6	0,02	36	E 0,02; Biotin 0,0001; FS 0,004	230	0	0	B	37	230	39	7	0,04	0,5	0,07	30	22	41
Blätter	90,3	3,0	0,3	–	5,0	0,8	28	7600	0,21	0,39	0,98	0,8	0,38	139	E 2,3; FS 0,04	–	–	15	B	10	440	260	19	1,4	1,8	0,09	58	54	168
Gelbe Kohlrübe, Steckrübe, Wruke, Unterkohlrabi *(Brassica napus* var. *napobrassica)*																													
Rübe	87,0	1,1	0,1	–	11,0	1,1	46	580	0,07	0,07	–	1,1	–	43	–	–	–	–	B	5	239	66	15	0,04	0,4	0,08	39	–	–
Rote (rote Bete, Rande) *(Beta vulgaris)*																													
Rübe	87,3	1,6	0,1	–	9,9	0,8	43	20	0,03	0,04	0,05	0,4	0,12	10	FS 0,02	0	110	338	B	84	303	25	23	0,94	0,7	0,19	33	15	61
Blätter	90,9	2,2	0,3	–	4,6	1,3	24	6100	0,05	0,17	–	0,3	0,26	30	Biotin 0,003; FS 0,06	–	–	916	B	130	570	119	71	1,3	3,3	0,09	40	35	40
Salat																													
Kopfsalat *(Lactuca sativa)*	95,1	1,3	0,2	–	2,5	0,5	14	970	0,06	0,07	0,07	0,3	0,1	8	E 0,6; Biotin 0,003; FS 0,02	170	20	7,1	B	12	140	35	10	0,80	2,0	0,07	26	12	39–74
Feldsalat (Pflücksalat) *(Valerianella olitoria)*	93,8	1,8	0,3	–	3,2	0,6	18	1500–12000	0,06	0,08	0,2	0,38	–	18	–	–	–	–	B	4	421	30	13	–	–	–	49	57	17
Sauerkraut	92,8	1,0	0,2	–	4,0	0,7	18	50	0,03	0,04	–	0,2	0,08	14	–	–[1]	–[1]	–[1]	B	650	140	36	–	–	0,5	0,1	18	–	–
Schnittlauch *(Allium schoenoprasum)*	91,3	1,8	0,3	–	5,8	1,1	28	5800	0,04	0,11	–	0,3	–	22	–	–	–	1,1	B	3	250	76	32	–	0,9	0,11	26	–	–
Schwarzwurzel *(Scorzonera hispanica)*	79	3,2	0,6	–	16,4	1,8	77	10	0,04	0,04	–	0,2	–	12	–	–	–	–	B	5	320	40	–	–	1,5	–	76	–	–
Sellerie *(Apium graveolens)*																													
Blätter	94,1	0,9	0,1	–	3,9	0,6	17	240	0,05	0,03	–	0,4	–	9	E 0,7	170	10	50	B	96	291	39	25	0,16	0,5	0,01	40	22	137
Knollen	88,4	1,8	0,3	–	8,5	1,3	40	16	0,03	0,03	–	0,7	–	8	E 0,2	–	–	34	B	100	300	60	12	0,16	0,9	0,15	60	–	50
Sojabohnen *(Glycine hispida)*																													
Getrocknet	10,0	34,1	17,7	10,7	33,5	4,9	403	80	1,14	0,31	0,64	2,1	1,68	Spur	E 6–11; Biotin 0,06; FS 0,22	–	–	–	B	4	1900	226	235	–	8,4	0,11	554	–	–
Spargel *(Asparagus officinalis)*	92,9	2,1	0,2	–	4,1	0,8	21	900	0,18	0,20	0,14	1,5	0,62	33	E 2,5; FS 0,11	100	110	5,2	B	2	240	22	20	0,19	1,0	0,14	62	46	53
Per Kilogramm im Handel	*520,2*	*11,8*	*1,1*	–	*23*	*4,5*	*118*	*5040*	*1,01*	*1,12*	*0,78*	*8,4*	*3,47*	*185*	*E 14; FS 0,62*	*560*	*616*	*29,1*	*B*	*11*	*1344*	*123*	*112*	*1,06*	*5,6*	*0,78*	*347*	*257*	*297*
In Büchsen, ohne Flüssigkeit	92,5	2,4	0,4	–	3,4	0,8	21	800	0,06	0,10	0,03	0,8	0,15	15	Biotin 0,002; FS 0,03	–	–	–	B	236[2]	166	19	–	–	1,9	–	53	–	–

* Umrechnung in kJ (Kilojoule): man multipliziere angegebenen Wert mit 4,185 5.
** A = Vitamin-A-Aktivität, bewirkt durch Vitamin A + β-Carotin.
*** FS = Folsäure; E = α-Tocopherol, sofern nicht anders angegeben.
[1] Milchsäure 1,6 g.
[2] Ungesalzen 3.

100 g eßbare Substanz (wenn nicht anders vermerkt) enthalten	Wasser	Proteine	Fette		Kohlenhydrate		Kalorien*	Vitamine								Weitere organische Bestandteile			Säureüberschuß S Basenüberschuß B	Elemente									
			Total	Polyenfettsäuren	Total	Faserstoffe		A**	B_1	B_2	B_6	Nicotinsäure	Pantothensäure	C	Weitere Vitamine***	Äpfelsäure	Citronensäure	Oxalsäure		Natrium Na	Kalium K	Calcium Ca	Magnesium Mg	Mangan Mn	Eisen Fe	Kupfer Cu	Phosphor P	Schwefel S	Chlor Cl
	g	g	g	g	g	g	kcal	IE	mg	mg	mg	mg	mg	mg	mg	mg	mg	mg		mg	mg	mg	mg	mg	mg	mg	mg	mg	mg
Spinat (*Spinacia oleracea*)	90,7	3,2	0,3	–	4,3	0,6	26	8100	0,10	0,20	0,20	0,6	0,3	51	E 2,5; K 0,04–3; Biotin 0,007; FS 0,075	90	80	460	B	62	662	106	62	0,82	3,1	0,20	51	27	65
Per Kilogramm im Handel	*834,4*	*29,4*	*2,8*	–	*39,6*	*5,5*	*239*	*74520*	*0,92*	*1,84*	*1,84*	*5,52*	*2,8*	*469*	*E 23; K 0,37–27,6; Biotin 0,065; FS 0,69*	*828*	*736*	*4232*	*B*	*570*	*6090*	*975*	*570*	*7,54*	*28,5*	*1,84*	*469*	*248*	*598*
In Büchsen	93,0	2,0	0,4	–	3,0	0,7	19	5500	0,02	0,06	0,095	0,3	0,06	14	Biotin 0,002; FS 0,05	–	–	364	B	320[1]	260	85	–	–	2,1	–	26	–	–
Gefroren, ungetaut, Blätter	91,3	3,0	0,3	–	4,2	0,8	25	8100	0,1	0,16	–	0,5	–	35	–	–	–	–	B	53	385	105	–	–	2,5	–	45	–	–
Tomaten (*Lycopersicon esculentum*)	93,5	1,1	0,2	–	4,7	0,5	22	900	0,06	0,04	0,1	0,6	0,31	23	E 0,27; Biotin 0,004; FS 0,008	150	390	7,5	B	3	268	13	11	0,19	0,6	0,10	27	11	51
In Büchsen	93,7	1,0	0,2	–	4,3	0,4	21	900	0,06	0,03	0,07	0,7	0,2	17	Biotin 0,0018; FS 0,003	–	–	–	B	130[2]	217	6	–	0,04	0,5	0,09	19	–	–
Tomatenketchup	68,6	2,0	0,4	–	25,4	0,5	106	1400	0,09	0,07	–	1,6	–	15	–	–	–	–	B	1042	363	22	21	–	0,8	–	50	–	–
Tomatenmark	86,0	2,3	0,5	–	9,5	0,5	44	1200	0,09	0,06	0,18	1,5	–	9	–	–	–	–	B	590	1160	60	–	–	1,0	–	34	–	–
Tomatensaft, in Büchsen	93,6	0,9	0,1	–	4,3	0,2	19	800	0,05	0,03	0,19	0,7	0,30	16	FS 0,007	23	336	–	B	230[2]	230	7	7	–	0,9	–	18	–	–
Zichorien (*Cichorium intybus*)	96,2	0,8	0,1	–	3,7	0,6	16	–	0,07	0,12	–	0,40	–	10	–	–	–	–	B	10	182	18	13	0,30	0,69	0,14	21	18	25
Zucchetti (*Cucurbita pepo* var. *medullosa*)	94,6	1,2	0,1	–	3,6	0,6	17	320[3]	0,05	0,09	–	1,0	–	19	–	–	–	–	B	1	202	28	–	0,14	0,4	–	29	–	–
Zwiebeln (*Allium cepa*), reif	89,1	1,5	0,1	–	8,7	0,6	38	40	0,03	0,04	0,1	0,2	0,17	10	E 0,26; Biotin 0,004; FS 0,01	170	20	23	S	10	130	27	8	0,36	0,5	0,13	36	51	24
Getrocknet	4	8,7	1,3	–	82,1	4,4	350	200	0,25	0,18	–	1,4	–	35	–	–	–	–	S	88	1383	158	–	–	3,1	–	256	–	–
Pilze																													
Champignon (*Psalliota campestris*)	90,8	2,8[4]	0,24	–	3,7	0,9	22	0	0,1	0,44	0,05	6,2	2,1	5	E 0,83[5]; Biotin 0,016; FS 0,03; D 150 IE	–	–	–	B	5	520	9	13	0,08	0,8	1,8	116	34	25
Pfifferling (*Cantharellus cibarius*)	91,5	1,5[4]	0,5	–	3,8	1,0	21	0	0,02	0,23	–	6,5	–	2–10	E 0,06[5]; D 350 IE	–	–	–	B	3	507	8	–	–	6,5	–	44	–	–
Steinpilz (*Boletus edulis* Bull.)	88,6	2,8[4]	0,4	–	5,9	1,1	31	0	0,03	0,37	–	4,9	2,7	2,5	E 0,63[5]; D 350 IE	–	–	–	B	6	486	9	–	–	1,0	–	115	–	–
Getrocknet	11,6	19,7[4]	3,2	–	52	8,1	259	–	–	–	–	–	–	–	E 0,19[5]	–	–	–	B	14	2000	34	–	–	8,4	–	642	–	–

* Umrechnung in kJ (Kilojoule): man multipliziere angegebenen Wert mit 4,185 5.
** A = Vitamin-A-Aktivität, bewirkt durch Vitamin A + β-Carotin.
*** FS = Folsäure; E = α-Tocopherol, sofern nicht anders angegeben.

[1] Ungesalzen 34.
[2] Ungesalzen 3.
[3] Einschließlich Schale.
[4] % N × 6,25.
[5] Gesamttocopherol.

100 g eßbare Substanz (wenn nicht anders vermerkt) enthalten	Wasser	Proteine	Fette		Kohlenhydrate		Kalorien*	Vitamine								Weitere organische Bestandteile			Säureüberschuß S Basenüberschuß B	Elemente									
			Total	Polyenfettsäuren	Total	Faserstoffe		A**	B_1	B_2	B_6	Nicotinsäure	Pantothensäure	C	Weitere Vitamine***	Äpfelsäure	Citronensäure	Oxalsäure		Natrium Na	Kalium K	Calcium Ca	Magnesium Mg	Mangan Mn	Eisen Fe	Kupfer Cu	Phosphor P	Schwefel S	Chlor Cl
	g	g	g	g	g	g	kcal	IE	mg	mg	mg	mg	mg	mg	mg	mg	mg	mg		mg	mg	mg	mg	mg	mg	mg	mg	mg	mg
Hefe																													
Bierhefe *(Saccharomyces cerevisiae)*, getrocknet	5,0	38,8	1,0	–	38,4	1,7	283	Spur	15,6	4,28	4,2	37,9	9,5	Spur	Biotin 0,08; FS 2,4	–	–	–	S	121	1700	210	231	0,53	17,3	3,32	1753	–	–
Preßhefe (Bäckerhefe) *(Saccharomyces cerevisiae)*	71,0	12,1	0,4	–	11,0	–	86	Spur	0,71	1,65	1,2	11,2	5,3	Spur	Biotin 0,4; FS 0,5	–	–	–	S	16	610	13	59	–	4,9	–	394	–	–
Torulahefe *(Torulopsis utilis)*	6,0	38,6	1,0	–	37,0	3,3	277	Spur	15,0	5,0	3,5	50,0	10,0	–	Biotin 0,1; FS 3,0	–	–	–	S	15	2046	424	165	–	20	–	1713	–	–
Nüsse																													
Akajounüsse (Cashewnüsse) *(Anacardium occidentale)*, Kerne	5,2	17,2	45,7	3	29,3	1,4	561	100	0,43	0,25	–	1,8	–	–	–	–	–	–	–	15	464	38	267	–	3,8	–	373	–	–
Erdnüsse *(Arachis hypogaea)* Geröstet	1,8	26,2	48,7	14,0	20,6	2,7	582	360	0,32	0,13	0,3	17,1	2,14	0	Biotin 0,034; FS 0,057; E 6,5	–	–	–	S	3	740	74	181	1,51	2,2	0,27	407	377	7
Erdnußbutter (Erdnußpaste)	1,8	27,8	49,4	11,9	17,2	1,9	581	–	0,13	0,13	0,30	15,7	2,5	0	Biotin 0,04; FS 0,06	–	–	–	S	607[1]	670	63	178	–	2,0	–	407	225	–
Haselnüsse *(Corylus avellana)* Trocken	6,0	12,7	60,9	23	18	3,5	627	100	0,47	0,55	0,54	1,6	1,15	7,5	E 21; FS 0,067	–	–	–	B	3	618	250	150	4,2	4,5	1,35	320	198	10
Kastanien *(Castanea sativa)*	48	3,4	1,9	–	45,6	1,3	213	0	0,23	0,22	0,29	0,5	0,3	6	E 0,5; Biotin 0,0013	–	–	–	B	2	410	46	42	3,7	1,4	0,06	74	29	11
Getrocknet	9,0	6,7	4,1	–	78,8	2,5	378	0	0,34	0,39	–	0,8	–	0	–	–	–	–	B	4	875	57	–	–	3,3	–	170	–	–
Kokosnüsse *(Cocos nucifera)*	48	4,2	34	0,6	12,8	3,3	351	0	0,06	0,03	0,06	0,6	0,33	2	E 1; FS 0,028	–	–	–	B	17	363	13	39	1,31	1,7	0,32	95	44	114
Getrocknet	3,5	7,2	64,9	0,6	23,0	3,9	662	0	0,06	0,04	–	0,6	–	0	–	–	–	–	B	29	588	26	90	–	3,3	0,55	187	76	196
Kokosmilch (Kokoswasser)	94,2	0,3	0,2	–	4,7	Spur	22	0	Spur	Spur	–	0,1	–	2	–	–	–	–	–	25	147	20	28	–	0,3	–	13	–	–
Mandeln *(Amygdalus communis)*	4,7	18,6	54,2	10,8	19,5	2,6	598	75	0,25	0,92	0,10	3,5	0,58	Spur	E 15; Biotin 0,02; FS 0,045	–	–	–	B	3	690	234	252	1,9	4,7	0,14	504	150	2
Paranüsse *(Bertholletia excelsa)*	4,6	14,3	66,9	18,4	10,9	3,1	654	10	1,0	0,07	0,11	7,7	0,23	2	E 6,5; FS 0,005	–	–	–	S	2	670	127	225	2,8	2,8	1,1	600	198	61
Pekannüsse *(Carya illinoinensis)*	3,4	9,2	71,2	14	14,6	2,3	687	130	0,86	0,13	0,19	0,9	–	2	E 1,5	–	–	–	–	Spur	603	73	142	3,5	2,4	–	289	–	–
Pinienkerne *(Pinus pinea)*	3,1	13,0	60,5	–	20,5	1,1	635	30	1,28	0,23	–	4,5	–	–	–	–	–	–	–	–	–	12	–	–	5,2	–	604	–	–
Pistazienkerne *(Pistacia vera)*	5,3	19,3	53,7	10	19,0	1,9	594	230	0,67	–	–	1,4	–	–	–	–	–	–	–	–	972	131	158	–	7,3	–	500	–	–
Walnüsse *(Juglans regia)*	3,5	14,8	64,0	47,5	15,8	2,1	651	30	0,3	0,13	1,0	1,0	0,7	2	Biotin 0,037; FS 0,077; E 1,5	–	–	–	S	4	450	99	134	1,8	3,1	0,31	380	146	23
Getreide und Mehle [2]																													
Buchweizen *(Fagopyrum esculentum)*, Vollmehl	14,1	11,7	2,7	–	70	2,6	327	0	0,58	0,15	–	2,9	1,5	–	–	–	–	–	S	1	680	33	–	2,09	2,2	0,7	263	–	–
Gerste (Perl-) *(Hordeum sp.)*	12,0	9,0	1,4	0,8	76,5	0,8	346	0	0,12	0,05	–	3,1	0,5	0	–	–	70	–	S	3	160	16	37	1,68	2,0	0,4	189	116	105
Haferflocken *(Avena sativa)*	10,3	13,8	6,6	2,7	67,6	1,4	387	–	0,55	0,14	0,75	1,1	0,92	0	E 0,25	–	–	–	S	2	340	53	145	4,9	3,6	0,74	407	199	49

* Umrechnung in kJ (Kilojoule): man multipliziere angegebenen Wert mit 4,185 5.
** A = Vitamin-A-Aktivität, bewirkt durch Vitamin A + β-Carotin.
*** FS = Folsäure; E = α-Tocopherol, sofern nicht anders angegeben.
[1] Schwach gesalzen.
[2] Angeführt sind nur Produkte ohne Vitamin- und Mineralstoffzusatz.

100 g eßbare Substanz (wenn nicht anders vermerkt) enthalten	Wasser g	Proteine g	Fette: Total g	Fette: Polyen-fettsäuren g	Kohlenhydrate: Total g	Kohlenhydrate: Faserstoffe g	Kalorien* kcal	Vitamine: A** IE	B_1 mg	B_2 mg	B_6 mg	Nicotin-säure mg	Pantothen-säure mg	C mg	Weitere Vitamine*** mg	Weitere organische Bestandteile: Äpfelsäure mg	Citronen-säure mg	Oxalsäure mg	Säureüberschuß S Basenüberschuß B	Elemente: Natrium Na mg	Kalium K mg	Calcium Ca mg	Magne-sium Mg mg	Mangan Mn mg	Eisen Fe mg	Kupfer Cu mg	Phos-phor P mg	Schwefel S mg	Chlor Cl mg
Mais *(Zea mays)*																													
Vollmehl	12,0	7,8	2,6	–	76,8	0,7	368	340[1]	0,20	0,06	0,06	1,4	0,55	0	Biotin 0,006; FS 0,01; E 0,3	–	–	–	S	1	120	6	–	–	1,8	–	164	–	–
Grieß	11,0	8,8	1,1	–	78,0	–	365	440[1]	0,15	0,05	0,05	0,5	–	–	–	–	–	–	S	1	80	4	20	–	1,0	–	73	–	–
Corn-flakes	3,8	7,9	0,4	–	85,3	0,7	385	0	0,43[2]	0,1	–	2,1	0,19	0	FS 0,006	–	–	5,6	S	660	160	10	17	0,05	1,4	0,17	45	93	–
Popcorn	4,0	12,7	5,0	2,0	76,7	2,2	386	–	0,39	0,12	–	2,2	–	0	–	–	–	–	S	3	240	11	–	–	2,7	0,31	281	–	–
Stärke (Maizena)	12,0	0,3	Spur	–	87,9	0,1	362	0	Spur	0,08	0,005	0,03	–	–	–	–	–	–	S	4	4	Spur	2	–	0,5	–	30	–	6
Reis *(Oryza sativa)*																													
Vollreis	12,0	7,5	1,9	–	77,4	0,9	360	0	0,29	0,05	–	4,7	–	0	E 1,2	–	–	–	S	9	150	32	119	1,7	1,6	0,36	221	121	–
Glaciert	12,0	6,7	0,4	–	80,4	0,3	362	0	0,07	0,03	0,15	1,6	0,63	–	E 0,35	–	–	–	S	6	113	24	28	1,08	0,8	0,06–0,19	94	79	27
Glaciert, gekocht	72,6	2,0	0,1	–	24,2	0,1	109	0	0,02	0,01	–	0,4	–	0	–	–	–	–	S	2[5]	38	10	8	–	0,2	–	28	27	9[5]
Roggen *(Secale cereale)*																													
Vollmehl	14,3	10,8	1,5	–	71,8	1,7	310	–	0,30	0,14	–	2,9	–	–	–	–	–	–	S	2	439	23	83	1,94	2,6	0,42	362	134	55
Feinmehl	14,6	7,4	1,14	–	76,0	0,4	336	–	0,19	0,11	–	0,8	–	–	–	–	–	–	S	1	240	31	73	2,2	1,1	–	185	–	–
Soja *(Glycine hispida)*																													
Vollfett	8,0	36,7	20,3	–	30,2	2,4	347	110	0,85	0,31	0,66	2,1	1,68	0	Biotin 0,07; FS 0,43	–	–	–	B	–	1660	199	235	–	8,4	–	558	–	–
Halb entfettet	8,0	43,4	6,7	–	36,6	2,5	264	80	0,83	0,36	–	2,6	–	0	–	–	–	–	B	–	2025	244	286	–	9,1	–	634	–	–
Tapiokastärke *(Manihot utilissima)*	12,6	0,6	0,2	–	86,4	0,1	360	0	0	0,1	–	0	–	0	–	–	–	–	0	4	20	12	2	0,69	1,0	0,07	12	4	16
Weizen *(Triticum* sp.)																													
Vollmehl	12,6	12,1	2,1	–	71,5	2,1	331	400	0,55	0,12	–	4,3	–	0	E 3,2[3]	–	50	–	S	2	290	41	131	–	3,3	0,17	372	124	–
Feinmehl	12,0	10,5	1,0	–	76,1	0,3	363	0	0,06	0,05	–	0,9	–	0	–	–	–	–	S	2	150	16	25	–	0,8	–	87	–	–
Grieß	13,1	10,3	0,8	–	76	–	362	0	0,12	0,04	0,085	1,3	–	–	E 1,8[3]	–	–	–	S	1	112	17	–	–	1	–	87	–	–
Weizenkeime	11,5	26,6	10,9	2,9	46,7	2,5	363	650	2,0	0,68	0,92	4,2	2,2	0	FS 0,31; E 15[3]	–	340	–	S	2	780	72	336	–	9,4	1,3	1118	–	70
Brote und Teigwaren[4]																													
Brötchen (Semmeln)	34,0	6,8	0,5	–	58	0,3	269	0	0,074	0,035	–	0,88	0,49	0	–	–	–	–	S	486	115	24	24	1,2	0,55	0,1	109	–	450
Grahambrot	39,7	8,4	1,0	–	49,3	1,1	227	–	0,21	0,11	0,20	2,5	–	–	–	–	–	–	S	370	209	50	92	–	1,6	–	187	–	377
Knäckebrot	7,0	10,1	1,4	–	79	2,0	349	0	0,20	0,18	0,30	1,10	–	0	E 4[3]	–	–	–	S	463	436	55	68	–	4,7	–	400	–	–
Pumpernickel	34,0	9,1	1,2	–	53,1	1,1	246	–	0,23	0,14	–	1,2	–	–	–	–	–	–	S	569	454	84	71	–	2,4	–	229	–	–
Roggenbrot	38,5	6,4	1,0	–	52,7	1,5	227	0	0,16	0,12	0,22	1,1	–	–	–	–	–	–	S	220	100	22	47	1,28	1,9	0,28	134	–	–
Weißbrot	38,3	8,2	1,2	–	51	0,9	253	–	0,086	0,06	0,14	0,85	–	–	E 2[3]	–	–	–	S	385	132	58	24	0,3	0,95	0,22	89	–	450
Zwieback	8,5	9,9	4,3	–	76	0,6	389	–	–	–	0,09	1,3	–	–	–	–	–	–	S	263	160	42	16	–	1,5	0,5	120	–	–
Eierteigwaren	10,1	13,0	2,9	–	73	0,4	376	100	0,2	0,08	–	2,1	–	–	–	–	–	–	S	7	157	20	–	–	2,1	–	196	–	–
Spaghetti	10,4	12,5	1,2	–	75,2	0,3	369	0	0,09	0,06	–	2,0	–	–	–	–	–	–	S	5	–	22	–	–	1,5	–	165	–	–

* Umrechnung in kJ (Kilojoule): man multipliziere angegebenen Wert mit 4,185 5.
** A = Vitamin-A-Aktivität, bewirkt durch Vitamin A + β-Carotin.
*** FS = Folsäure; E = α-Tocopherol, sofern nicht anders angegeben.

[1] Gelbe Sorten.
[2] Mit Vitamin-B_1-Zusatz.
[3] Gesamttocopherol.
[4] Angeführt sind nur Produkte ohne Vitamin- und Mineralstoffzusatz.
[5] Ungesalzen.

100 g eßbare Substanz (wenn nicht anders vermerkt) enthalten	Wasser	Proteine	Fette		Kohlenhydrate		Kalorien*	Vitamine								Weitere organische Bestandteile			Säureüberschuß S Basenüberschuß B	Elemente									
			Total	Polyenfettsäuren	Total	Faserstoffe		A**	B_1	B_2	B_6	Nicotinsäure	Pantothensäure	C	Weitere Vitamine***	Äpfelsäure	Citronensäure	Oxalsäure		Natrium Na	Kalium K	Calcium Ca	Magnesium Mg	Mangan Mn	Eisen Fe	Kupfer Cu	Phosphor P	Schwefel S	Chlor Cl
	g	g	g	g	g	g	kcal	IE	mg	mg	mg	mg	mg	mg	mg	mg	mg	mg		mg	mg	mg	mg	mg	mg	mg	mg	mg	mg
Zucker, Süßigkeiten																													
Caramel[1]	7,6	4,0	10,2	–	76,6	0,2	399	10	0,03	0,17	–	0,2	–	Spur	–	–	–	–	B	226	192	148	–	–	1,4	–	122	–	–
Honig	17,2	0,3	0	–	82,3	–	304	0	Spur	0,04	0,01	0,3	0,06	1	FS 0,003	–	–	–	0	7	51	5	3	0,03	0,5	0,2	6	–	29
Kakao (schwach entölt)	5,6	19,8	24,5	0,4	43,6	5,7	299	10	0,09	0,11	–	1,9	–	0	E 3,1[8]	–	–	450	S-B	60	900–3200	114	420	3,53	12,5	3,4	709	203	51
Marmelade	29	0,6	0,1	–	70,0	1,0	272	10	0,01	0,03	–	0,2	–	2	–	–	–	–	B	16	112	12	10	–	1,0	0,23	9	6,5	9
Marzipan	8,8	8,0	18	–	64	–	428	–	0,1	–	–	1,4	–	–	–	–	–	–	B	5	209	43	–	–	–	–	–	–	–
Melasse	24,0	–	–	–	60,0	–	232	–	0–0,08	0–0,16	0,27	2,8	0,5	0	Biotin 0,009; FS 0,01	–	–	–	B	40	1500	273	–	0,04	6,7	1,9	69	–	317
Schokolade																													
Milchschokolade	0,9	7,7	32,3	–	56,9	0,4	520	270	0,06	0,34	–	0,3	–	0	E 1,1	–	–	–	S	86	420	228	58	–	1,1	1,1	251	67	151
Milchfrei, süß	0,9	4,4	35,1	1,2	57,9	0,5	528	10	0,02	0,14	–	0,3	–	Spur	–	–	–	–	S	19	397	63	107	–	1,4	1,1	142	32	–
Traubenzucker	Spur	0	0	–	99,5	0	385	0	0	0	–	0	–	0	–	–	–	–	0	1	0,4	–	–	–	–	–	–	–	–
Zucker																													
Unraffiniert	2,1	0	0	–	96,4	–	373	0	0,01	0,03	–	0,2	–	0	–	–	–	–	B	24	230	85	–	–	3,4	–	19	–	–
Raffiniert	Spur	0	0	–	99,5	0	385	0	0	0	–	0	–	0	–	–	–	–	0	0,3	0,5	0	–	–	0,04	–	0	–	–
Getränke																													
Kaffee[2] (ungezuckert)	98,5	0,3	0,1	–	0,8	–	5	0	0,01	0,01	–	0,9	–	0	–	18	29	1	B	1–6	80	5	9	0,09	0,2	–	5	–	0,6
Tee[3] (ungezuckert)	99	0,1	0	–	0,4	–	2	0	0	0,04	–	0,1	–	1	–	–	–	10	0	0–2	16	0,3–5	1–13	0,69	0,2	–	1–4	–	0,4
			Alkohol[4]																										
Bier																													
Hell	90,6	0,5	3,6	–	4,8[5]	0	47	0	0,004	0,03	0,05	0,88	0,08	–	Biotin 0,0005	–	–	–	B	5	38	4	–	–	–	–	–	–	–
Dunkel	–	0,2	3,5	–	5,4[5]	0	48	10	0,004	0,03	0,05	0,88	0,08	–	Biotin 0,0005	–	–	–	B	3	40	3	–	–	–	–	–	–	–
Branntweine	–	–	35–40	–	–	–	245–280	–	–	–	–	–	–	–	–	–	–	–	0	3	4	–	–	–	–	–	–	–	–
Cola-Typus	90	–	–	–	10	–	39	–	–	–	–	–	–	–	–	–	–	–	B	–	–	–	–	–	–	–	–	–	–
Limonaden, durchschnittlich	88	–	–	–	12	0	46	–	–	–	–	–	–	–	–	–	–	–	0	1–15[6]	1[6]	–	–	–	–	–	–	–	–
Most (Obstwein)	–	–	5,2	–	1,0	–	40	–	–	–	–	–	–	–	–	–	–	–	B	7	72	–	–	–	–	–	–	–	–
Portwein	–	0,2	15,0	–	14,0	–	161	–	–	–	–	–	–	–	–	–	–	–	B	4	75	5	10	–	0,3	0,09	11	–	8
Rum	–	–	35,1	–	–	–	246	–	–	–	–	–	–	–	–	–	–	–	0	2	3	–	–	–	–	–	–	–	–
Wein[7], durchschnittlich	–	0	8,8–12,5	–	0,2–8,0	–	60–120	–	0,001–0,005	0,01	0,09	0,05	0,04	–	FS 0,001	0–280	6–58	–	B	4–7	20–120	7	7–16	0,3	0,3–5	0,05–0,25	10	15	2
Whisky (Scotch)	–	–	35	–	–	–	245	–	–	–	–	–	–	–	–	–	–	–	0	0,3	1	–	–	–	–	–	–	–	–

* Umrechnung in kJ (Kilojoule): man multipliziere angegebenen Wert mit 4,185 5.
** A = Vitamin-A-Aktivität, bewirkt durch Vitamin A + β-Carotin.
*** FS = Folsäure; E = α-Tocopherol, sofern nicht anders angegeben.

[1] Mit Vollrahm hergestellt.
[2] Coffein 75–100 mg, Trigonellin 100 mg, Essigsäure 20 mg, Ameisensäure 12 mg, Chlorogensäure und andere phenolische Säuren 200 mg.
[3] Coffein 40–60 mg.
[4] Alkohol ergibt 7 kcal/g.
[5] Extrakt.
[6] Ohne Mineralwasser.
[7] Weinsäure 163–234 mg, Milchsäure 71–248 mg, Bernsteinsäure 90–130 mg, flüchtige Säuren 56–136 mg, Glycerin 0,8–2,6 g.
[8] Gesamttocopherol.

100 g eßbare Substanz (wenn nicht anders vermerkt) enthalten	Wasser	Proteine	Fette			Kohlenhydrate	Kalorien*	Vitamine								Purinstickstoff	Säureüberschuß S Basenüberschuß B	Elemente									
			Total	Polyen-fettsäuren	Cholesterin			A**	B_1	B_2	B_6	Nicotin-säure	Pantothen-säure	C	Weitere Vitamine***			Natrium Na	Kalium K	Calcium Ca	Magne-sium Mg	Mangan Mn	Eisen Fe	Kupfer Cu	Phos-phor P	Schwefel S	Chlor Cl
	g	g	g	g	g	g	kcal	IE	mg	mg	mg	mg	mg	mg	mg	mg		mg	mg	mg	mg	mg	mg	mg	mg	mg	mg
Fette und Öle																											
Butter	17,4	0,6	81,0	4	0,28	0,7	716	3300	Spur	0,01	Spur	0,1	Spur	Spur	E 2,4; D 40 IE	–	S	10[1]	23	16	1	0,04	0,2	0,03	16	9	–
Kokosfett	0,1	0,8	99,0	1,4	0	0,01	878	–	–	–	–	–	–	–	E 3,6	–	0	0–4	0–4	0–3	–	–	–	–	–	–	–
Lebertran	0	0	99,9	–	0,85	0	901	85000	–	0	–	0	–	–	E 26[2]; D 8500 IE	–	0	0,1	–	–	–	–	–	–	–	–	–
Margarine	19,7	0,5	78,4	18	–	0,4	698	3000	–	–	–	–	–	–	–	–	–	104	7	5	13	–	0,05	–	15	–	134
Mayonnaise	15,1	1,1	78,9	32[3]	–	3,0	718	280	0,02	0,04	–	Spur	–	0	–	–	S	702	53	18	2	–	0,5	–	28	–	–
Öle																											
Baumwollsamenöl	Spur	0	99,9	50	0	0	883	–	–	–	–	–	–	–	E ~ 30	–	0	–	–	–	–	–	–	–	–	–	–
Erdnußöl	Spur	0	99,9	29	0	0	883	–	–	–	–	–	–	–	E 13	–	0	–	–	–	–	–	–	–	–	–	–
Färberdistelöl (safflower oil)	Spur	0	99,9	72	0	0	883	–	–	–	–	–	–	–	E 31	–	0	–	–	–	–	–	–	–	–	–	–
Maisöl	Spur	0	99,9	56	0	0	883	–	–	–	–	–	–	–	E ~ 19	–	0	–	–	–	–	–	–	–	–	–	–
Olivenöl	Spur	0	99,9	8	0	0	883	0	0	0	–	0	–	0	E ~ 3	–	0	0,1	Spur	0,5	–	–	0,08	0,07	–	–	–
Palmöl	Spur	0	99,9	9	0	0	883	–	–	–	–	–	–	–	E 30	–	0	–	–	–	–	–	–	–	–	–	–
Sojabohnenöl	Spur	0	99,9	60	0	0	883	–	–	–	–	–	–	–	E 18	–	0	–	–	–	–	–	–	–	–	–	–
Sonnenblumenöl	Spur	0	99,9	63	0	0	883	–	–	–	–	–	–	–	E 22	–	0	–	–	–	–	–	–	–	–	–	–
Schweineschmalz	1,0	Spur	99,0	10	0,1	0	901	0	0	0	–	0	–	0	E 2	–	S	0,3	0,2	1	–	–	0,1	0,02	3	25	4
Senf, braun	78,1	5,9	6,3	–	–	5,3	91	–	–	–	–	–	–	–	–	–	S	1307	130	124	48	–	1,8	–	134	–	–
Eier																											
Hühnereier																											
Vollei, roh	74,0	12,8	11,5	2,3	0,46	0,7	162	1180	0,12	0,34	0,25	0,1	1,6	0	D 200 IE; B_{12} 0,002; E 1; K 0,002; Biotin 0,02; FS 0,005	–	S	135	138	54	13	0,05	2,3	0,03	205	197	159
Eidotter, roh	50,0	16,1	31,9	6,7	1,6	0,6	360	3400	0,32	0,52	0,30	0,02	4,2	0	B_{12} 0,002; E 3; D 350 IE; Biotin 0,05; FS 0,013	–	S	50	123	141	16	0,09	7,2	0,02	569	194	142
Eiweiß, roh	87,6	10,9	0,2	–	0	0,8	51	0	0,02	0,23	0,22	0,1	0,14	0	Biotin 0,007; FS 0,001	–	S	192	148	9	11	0,04	0,2	0,03	17	208	161
1 Ei, mittelgroß (48 g)	*35,5*	*6,1*	*5,5*	*1,1*	*0,22*	*0,4*	*77*	*580*	*0,06*	*0,16*	*0,12*	*0,04*	*0,8*	*0*	–[4]	–	*S*	*66*	*67*	*26*	*6*	*0,02*	*1,3*	*0,02*	*98*	*95*	*69*
1 Eidotter, mittelgroß (17 g)	*8,5*	*2,8*	*5,4*	*1,1*	*0,22*	*0,1*	*61*	*580*	*0,05*	*0,09*	*0,05*	*Spur*	*0,7*	*0*	–[4]	–	*S*	*9*	*21*	*23*	*3*	*0,01*	*1,2*	*0,01*	*93*	*32*	*21*
1 Eiweiß, mittelgroß (31 g)	*27,0*	*3,3*	*0,1*	–	*0*	*0,3*	*16*	*0*	*0,01*	*0,07*	*0,07*	*0,03*	*0,04*	*0*	–[4]	–	*S*	*57*	*46*	*3*	*3*	*0,01*	*0,06*	*0,01*	*5*	*64*	*48*
Eipulver	4,1	47,0	41,2	–	2,14	4,1	592	4460	0,35	1,23	0,08	0,2	7,4	0	D 240 IE	–	S	519	483	190	41	–	8,7	0,18	800	630	592

* Umrechnung in kJ (Kilojoule): man multipliziere angegebenen Wert mit 4,185 5.
** A = Vitamin-A-Aktivität, bewirkt durch Vitamin A + β-Carotin.
*** FS = Folsäure; E = α-Tocopherol, sofern nicht anders angegeben.

[1] Ungesalzen.
[2] Gesamttocopherol.
[3] Mit Maisöl zubereitet.
[4] Zu berechnen aus dem Gehalt in 100 g.

100 g eßbare Substanz (wenn nicht anders vermerkt) enthalten	Wasser g	Proteine g	Fette: Total g	Fette: Polyen-fettsäuren g	Fette: Cholesterin g	Kohlenhydrate g	Kalorien* kcal	Vitamine: A** IE	B_1 mg	B_2 mg	B_6 mg	Nicotin-säure mg	Pantothen-säure mg	C mg	Weitere Vitamine*** mg	Purinstickstoff mg	Säureüberschuß S Basenüberschuß B	Elemente: Natrium Na mg	Kalium K mg	Calcium Ca mg	Magne-sium Mg mg	Mangan Mn mg	Eisen Fe mg	Kupfer Cu mg	Phos-phor P mg	Schwefel S mg	Chlor Cl mg
Milch, Milchprodukte																											
Milch																											
Kamelmilch[1]	87,1	3,7	4,2	–	–	4,1	69	120	–	–	–	–	–	6	–	–	B	–	–	–	–	–	–	–	–	–	–
Kuhmilch, frisch[1,2]	88,5	3,2	3,7	0,1	0,01	4,6	64	140	0,04	0,15	0,05	0,07	0,33	1	E 0,06[4]; B_{12} 0,0006; Biotin0,002; D0,5–4IE; FS 0,0001	–	B	75	139	133	13	0,002	0,04	0,01	88	29	105
Muttermilch[1,2]	87,7	1,03	4,4	0,3	0,01–0,02	6,9	70	330	0,01	0,04	0,02	0,18	0,24	5	E 0,23[4]; B_{12} Spur; Biotin 0,001; FS 0,0001; D 0,4–9,7 IE	–	B	17	50	33	3	Spur	0,05	0,05	14	14	36
Schafmilch[1]	81,6	5,6	7,5	–	–	4,4	107	200	0,07	0,50	–	0,50	0,35	3	B_{12} 0,0003; Biotin 0,009; FS 0,0002	–	B	30	190	190	–	–	0,1	–	150	–	140
Stutenmilch[1]	91,1	2,1	1,25	–	–	6,3	44	45	0,03	0,02	0,03	0,05	0,30	10	B_{12} 0,0003; FS 0,0001	–	B	–	70	100	10	–	–	–	60	–	20
Ziegenmilch[1]	86,6	3,6	4,2	–	–	4,8	71	120	0,05	0,12	0,027	0,2	0,35	2	B_{12} 0,0001; Biotin 0,002; FS 0,0002; D 2 IE	–	B	34	180	129	13	0,008	0,1	0,04	103	16	150
Buttermilch	91,2	3,5	0,5	–	–	4,0	35	35	0,04	0,18	0,04	0,1	0,36	1	B_{12} 0,0003; E 0,05[4]; Biotin 0,002; FS 0,0003	–	B	57	147	109	16	–	0,1	0,02	95	30	100
Kondensierte Milch																											
Gesüßt	27,1	8,1	8,7	0,2	–	54,3	321	350	0,1	0,38	0,06	0,2	0,85	1	Biotin 0,003; D 3,5 IE	–	B	140	340	262	25	–	0,1	–	206	–	–
Ungesüßt	73,8	7,0	7,9	0,2	–	9,7	138	350	0,06	0,36	0,03	0,2	0,85	1	Biotin 0,003; FS 0,0007; D 3,5 IE	–	B	100	270	252	25	–	0,2	–	205	–	–
Magermilch (entrahmte Milch)	90,9	3,5	0,07	–	0,003	4,8	34	7	0,038	0,17	0,05	0,1	0,28	2	E 0,03[4]; Biotin 0,002	–	B	53	150	123	14	–	0,1	0,003	97	–	100
Milchpulver																											
Aus Vollmilch	2,0	26,4	27,5	0,7	–	38,2	502	1200	0,28	1,2	0,3	0,7	2,7	10	B_{12} 0,002; Biotin 0,013	–	B	410	1330	909	112	–	0,6	0,16	708	234	784
Aus entrahmter Milch	3,0	35,9	1,0	–	–	52,0	362	30	0,35	1,80	0,4	0,9	3,5	10	B_{12} 0,002; Biotin 0,016; FS 0,0024	–	B	525	1335	1300	111	–	0,6	–	1016	300	1130
Milchprodukte																											
Käse																											
Camembert	51,3	18,7	22,8	–	–	1,8	287	1010	0,05	0,45	0,25	1,45	0,1–0,9	0	Biotin 0,005	–	S	1150[3]	109	382	18	–	0,5	0,08	184	–	–
Edamer	43,4	26,1	23,6	–	–	3,5	232	600	0,06	0,35	–	0,07	–	–	–	–	S	737	76	765	–	–	0,7	–	455	–	1180
Emmentaler	34,9	27,4	30,5	–	–	3,4	398	1140	0,05	0,33	0,09	0,1	–	0,5	E 0,35[4]; D 100 IE	–	S	620[3]	100	1180	55	–	0,9	0,13	860	–	1210[3]
Parmesan	30,0	36,0	26,0	–	–	2,9	393	1060	0,02	0,73	–	0,2	–	0	–	–	S	755[3]	153	1140	50	–	0,4	0,36	781	251	1110[3]
Rahmkäse	50,5	14,6	30,5	–	–	1,9	338	1540	0,04	0,28	–	0,1	–	0	–	–	S	606[3]	74	62	–	–	0,2	–	189	–	–
Roquefort	40,0	21,0	32,0	–	–	1,8	378	800	0,06	0,3–0,7	–	0,4–0,9	0,5–0,7	0	Biotin 0,003	–	S	–	–	700	–	–	1	–	–	–	–
Schmelzkäse (45 % Fett i.T.)	51,3	14,4	23,6	–	–	6,1	293	1800	0,034	0,38	0,07	0,22	0,52	–	–	–	S	1260	65	547	–	–	1,0	0,46	944	–	–

[1] Gehalt in 100 g	pH	Spez. Gewicht	Casein	Albumin	Proteine total	Rest-N	Asche
Kamelmilch	–	1,031	2,90 g	0,90 g	3,4–3,7 g	–	0,68 g
Kuhmilch	6,60	1,031	2,80 g	0,40 g	2,0–6,0 g	13–14 mg	0,72 g
Muttermilch	6,97	1,031	0,40 g	0,30 g	1,0–6,0 g	32,4 mg	0,21 g
Schafmilch	6,54	1,036	4,17 g	0,98 g	4,5–5 g	42,5 mg	0,93 g
Stutenmilch	7,20	1,034	1,40 g	–	2,13 g	–	0,36 g
Ziegenmilch	–	1,031	2,87 g	0,89 g	3,6–3,8 g	40 mg	0,85 g

* Umrechnung in kJ (Kilojoule): man multipliziere angegebenen Wert mit 4,185 5.
** A = Vitamin-A-Aktivität, bewirkt durch Vitamin A + β-Carotin.
*** FS = Folsäure; E = α-Tocopherol, sofern nicht anders angegeben.

[2] Siehe auch die ausführliche Zusammenstellung auf S. 683–685.
[3] Variabel, abhängig vom NaCl-Zusatz.
[4] Gesamttocopherol.

100 g eßbare Substanz (wenn nicht anders vermerkt) enthalten	Wasser	Proteine	Fette			Kohlenhydrate	Kalorien*	Vitamine								Purinstickstoff	Säureüberschuß S Basenüberschuß B	Elemente									
			Total	Polyen-fettsäuren	Cholesterin			A**	B_1	B_2	B_6	Nicotin-säure	Pantothen-säure	C	Weitere Vitamine***			Natrium Na	Kalium K	Calcium Ca	Magne-sium Mg	Mangan Mn	Eisen Fe	Kupfer Cu	Phos-phor P	Schwefel S	Chlor Cl
	g	g	g	g	g	g	kcal	IE	mg	mg	mg	mg	mg	mg	mg	mg		mg	mg	mg	mg	mg	mg	mg	mg	mg	mg
Milchprodukte *(Forts.)*																											
Molke	93,3	0,9	0,3	–	–	4,7	25	8–16	0,04	0,08	0,02	0,07	0,35	1,5	Biotin 0,002; E 0,024[1]	–	B	45	129	50	1	–	–	–	53	–	–
Quark																											
Fett	70	14	14	–	–	4	198	280	0,02	0,24	–	0,1	–	–	–	–	S	–	–	82	–	–	0,3	–	–	–	–
Mager	79,4	17,2	0,6	–	–	1,8	86	35	0,04	0,31	0,01	0,1	0,1	1	Biotin 0,002; FS 0,03	–	S	36	95	90	–	–	0,4	–	189	–	150
Schlagrahm (Sahne), 30%	64,1	2,2	30,4	0,8	–	2,9	288	1100[2]	0,025	0,17	0,035	0,07	–	1	D 40 IE	–	B	38	78	75	–	–	0–0,1	–	63	–	–
Yoghurt[3]	86,1	4,8	3,8	–	–	4,5	71	145	0,045	0,024	0,05	0,18	–	2	–	–	B	62	190	150	–	–	0,2	–	135	–	–
Fleisch																											
Ente	54,0	16	28,6[4]	6,9	0,07	0	326	–	0,10	0,24	–	5,6	–	8	–	60	S	85	285	15	–	0,03	1,8	0,4	188	–	85
Gans	51,0	16,4	31,5[4]	2,5	–	0	354	–	0,10	0,24	0,6	5,6	–	–	–	100	S	85	420	15	–	0,05	1,8	0,3	188	–	–
Leber	66	17	10	–	0,49	5,5	184	–	0,02	–	0,9	4	–	–	–	–	S	140	230	10	–	–	–	–	180	–	–
Hase	73	22,3	0,9[4]	–	0,08	0,2	103	0	0,09	0,19	–	5,0	–	–	–	–	S	50	400	12	–	–	3,2	–	157	–	–
Huhn (Brathuhn)																											
Poulet	72,7	20,6	5,6[5]	1,2	0,09	–	138	30	0,1	0,2	0,50	6,8	0,80	2,5	E 0,21; Biotin 0,011; FS 0,003	60	S	83	359	12	37	0,02	1,8	0,3	200	–	85
Leber	72,2	19,7	3,7	1,0	0,20	2,9	141	12100	0,4	2,5	0,80	10,8	4,1	35	FS 0,38; B_{12} 0,004; D 50 IE	–	S	85	179	12	13	0,18	7,9	0,32	236	–	–
Magen	78,4	18,3	0,4	–	–	–	–	–	0,09	0,25	–	4,8	–	–	–	–	S	64	253	8	13	0,11	2,7	0,08	113	–	–
Kalb																											
Schlegel	68,0	19,1	12,0	0,8	0,065	0	190	–	0,18	0,27	0,20	6,3	0,91	0	FS 0,005; B_{12} 0,0007	60	S	90	330	11	15	0,03	2,9	0,25	206	203	77
Kotelettstück	70,0	19,5	9,0	0,6	–	0	164	–	0,14	0,26	0,43	6,5	0,50	0	Biotin 0,002; FS 0,005; B_{12} 0,0007	50	S	90	301	11	16	0,03	2,9	0,25	200	–	–
Herz	78,3	12,2	7,6	0,5	–	0,8	124	30	0,6	1,05	–	6,3	2,8	5	Biotin 0,015; B_{12} 0,01; FS 0,01	–	S	120	230	16	18	–	2,2	0,34	350	–	–
Hirn	79,4	10,2	8,3	–	–	0,8	122	–	0,20	0,20	0,16	3,7	2,5	18	Biotin 0,06; B_{12} 0,002	–	S	172	265	9	14	–	2,6	0,14	353	–	–
Leber	70,7	19,2	4,7	–	0,36	4,1	140	22500	0,28	2,72	1,2	17	9,7	32	E 0,9–1,6[1]; K 0,15; FS 0,05; B_{12} 0,06; Biotin 0,075; D 50 IE	120	S	84	295	8	15	0,34	5,4	4,4	311	–	–
Niere	75,0	16,7	6,4	0,18	–	0,8	132	70	0,37	2,5	0,5	6,5	4,0	13	B_{12} 0,025; FS 0,04	–	S	200	290	10	–	–	3,4	0,51	171	–	–
Thymus (Milke, Bries)	75	19,6	3,0	–	0,28	0	111	–	0,08	0,17	–	2,6	–	–	–	400	S	73	519	–	–	–	0,9	0,08	–	–	–
Zunge	74,3	18,5	5,3	–	–	0,9	130	–	–	–	–	–	–	–	–	–	S	84	200	9	–	–	3,0	–	190	–	–
Kaninchen	70,4	20,4	8,0	1,5	0,12	0	159	30	0,04	0,18	0,6	12,8	0,8	0	E 1,0[1]	38	S	40	385	18	–	–	2,4	–	210	199	51
Lamm (Hammel)																											
Schlegel	64,0	18,0	18,0	0,5	0,07	0	239	–	0,16	0,22	0,32	5,2	0,62	–	Biotin 0,006; B_{12} 0,003; FS 0,003	81	S	78	380	10	16	–	2,7	–	213	–	–
Kotelettstück	52,0	14,9	32,0	0,7	0,07	0	352	–	0,13	0,18	0,33	4,3	0,59	–	E 0,6	65	S	90	345	9	14	–	2,2	–	138	–	–
Leber	70,8	21,0	3,9	–	0,12	2,9	136	50500	0,4	3,28	0,37	16,9	7,1	33	Biotin 0,13; FS 0,28	–	S	51	170	13	14	0,23	10,9	6,3	349	–	–
Nieren	77,7	16,8	3,3	–	–	0,9	105	690	0,51	2,42	–	7,4	4,3	15	B_{12} 0,063	103	S	151	205	13	13	0,09	7,5	0,3	218	–	–

* Umrechnung in kJ (Kilojoule): man multipliziere angegebenen Wert mit 4,185 5.
** A = Vitamin-A-Aktivität, bewirkt durch Vitamin A + β-Carotin.
*** FS = Folsäure; E = α-Tocopherol, sofern nicht anders angegeben.

[1] Gesamttocopherol.
[2] Im Sommer, im Winter 500.
[3] Citronensäure 232 mg, Milchsäure 487 mg, Essigsäure 44 mg.
[4] Sehr variabel.
[5] Brust 0,9; Schlegel 3,1.

100 g eßbare Substanz (wenn nicht anders vermerkt) enthalten	Wasser	Proteine	Fette: Total	Fette: Polyenfettsäuren	Fette: Cholesterin	Kohlenhydrate	Kalorien*	Vitamine: A**	B_1	B_2	B_6	Nicotinsäure	Pantothensäure	C	Weitere Vitamine***	Purinstickstoff	Säureüberschuß S Basenüberschuß B	Elemente: Natrium Na	Kalium K	Calcium Ca	Magnesium Mg	Mangan Mn	Eisen Fe	Kupfer Cu	Phosphor P	Schwefel S	Chlor Cl
	g	g	g	g	g	g	kcal	IE	mg	mg	mg	mg	mg	mg	mg	mg		mg	mg	mg	mg	mg	mg	mg	mg	mg	mg
Pferd, Muskelfleisch	74,3	21,7	2,6	–	–	0,9	120	–	0,07	0,12	–	4,3	0,50	1	E 0,5[7]; B_{12} 0,003	–	S	44	332	10	–	–	2,7	–	150	–	–
Reh, Muskelfleisch	73,0	21,4	3,6	0,3	–	0	124	0	0,37	0,28	–	7,4	–	0	–	–	S	70	336	19	29	–	5,0	–	183	211	41
Rind																											
Filet	75,1	19,2	4,4	–	–	–	122	–	0,10	0,13	–	4,6	–	–	E 0,5	58	S	51	340	3	24	–	–	–	164	–	–
Lende	62,7	16,4	19,2	0,4	0,12	–	243	–	0,10	0,13	–	4,6	0,33	1	–	50	S	70	348	3	17	–	2,5	–	154	–	–
Schlegel	69,0	19,5	12,5	0,3	0,12	–	196	–	0,08	0,17	0,50	4,7	0,52	–	Biotin 0,003; FS 0,01; B_{12} 0,002	50	S	68	400	11	22	–	2,9	0,08	180	–	–
Getrocknet, gesalzen	47,7	34,3	6,3	–	0,23	0	203	0	0,11	0,32	–	3,7	–	0	–	–	S	4300	200	20	–	–	5,1	–	404	–	–
Corned beef	59,3	25,3	12,0	–	–	0	216	0	0,02	0,2	–	3,4	–	0	–	36	S	1300	60	20	–	–	4,3	–	106	–	–
Euter	64,9	15,4	18,7	–	–	0	234	0	0,09	0,18	–	1,3	–	0	–	–	S	–	–	70	–	–	2,6	–	160	–	–
Herz	75,5	16,8	6,0	0,2	0,15	0,6	128	20	0,53	0,88	0,29	6,8	2,0	6	Biotin 0,007; B_{12} 0,01; FS 0,003	94	S	85	286	5	17	–	4,0	0,3	195	–	–
Hirn	79,4	10,4	8,0	–	2,36	0,8	120	580	0,15	0,23	0,16	4,0	1,8	14	Biotin 0,007; B_{12} 0,005; FS 0,012	–	S	104	191	11	12	–	1,6	0,2	265	–	–
Kutteln	78	19,0	2,0	–	0,15	0	99	0	0,01	0,09	–	3,0	–	0	–	22	S	46	19	69	–	–	0,9	–	132	–	–
Leber	69,9	19,7	3,8	0,7	0,32	5,9	136	20000	0,30	2,9	0,7	13,6	7,3	31	E 1; B_{12} 0,065; Biotin 0,10; FS 0,29	110	S	116	292	7	15	0,27	6,5	2,1	352	–	–
Lunge	80,1	16,9	2,0	–	0,35	Spur	90	–	0,09	0,32	–	4,0	1,4	0	B_{12} 0,003; Biotin 0,006	–	S	–	–	12	–	–	6,6	–	196	–	–
Milz	77	18,1	3,4	–	–	Spur	108	–	0,13	0,28	0,12	4,2	1,2	6	B_{12} 0,005; Biotin 0,006	–	S	99	379	7	–	–	8,9	–	236	–	–
Niere	75,9	15,4	6,7	–	0,41	0,9	130	1000	0,25	2,1	0,39	6,4	4	11	B_{12} 0,04; FS 0,06; Biotin 0,009	94	S	245	231	11	11	0,08	5,5	0,35	219	161	256
Pankreas	70,6	14,6	12,3	–	–	Spur	173	17	0,10	0,40	–	4,2	3,5	58	B_{12} 0,014; FS 0,02; Biotin 0,014	–	S	62	249	9	15	–	1,0	0,06	335	–	–
Zunge	68,0	16,4	15,0	–	–	0,4	207	0	0,14	0,27	0,13	5,0	2,0	0	Biotin 0,003; B_{12} 0,003	55	S	80	260	8	10	–	3,0	0,07	182	–	13
Schwein																											
Filet	71,2	18,6	9,9	–	–	–	168	–	1,1	0,31	–	6,5	–	–	–	–	S	74	348	12	22	–	3,0	–	234	–	–
Kamm	52,6	14,6	32,0	1,6	0,10	0	351	–	0,92	0,18	–	3,9	0,65	2	B_{12} 0,001	–	S	76	252	5	–	–	2,2	–	157	–	–
Kotelettstück	53,9	15,2	30,6	2,8	0,07	0	341	0	0,8	0,19	0,48	4,3	0,40	0	E 0,6; B_{12} 0,001; Biotin 0,005; FS 0,002	–	S	62	326	9	19	0,06	2,3	–	170	–	–
Schinken (Schlegel), roh	53,0	15,2	31,0	–	0,07–0,1	0	345	0	0,74	0,18	0,44	4,0	0,64	0	FS 0,01; B_{12} 0,001; Biotin 0,005	49	S	76	339	9	18	0,06	2,3	0,31	168	–	–
Gesalzen, gekocht	57,0	19,5	20,6	2,0	0,07	0	269	0	0,54	0,26	–	4,2	0,53	0	–	45	S	876	348	10	–	–	2,5	–	150	–	–
Geräuchert, roh	42,0	16,9	35,0	–	0,11	0,3	389	0	0,7	0,19	0,40	4,0	–	0	–	–	S	2530	248	10	20	–	2,5	–	207	–	2060
Geräuchert, in Büchsen	65,0	18,3	12,3	–	0,07	1,5	193	0	0,53	0,19	–	3,8	–	0	–	–	S	1150	293	11	20	–	2,7	0,09	156	–	–
Speck, durchwachsen	20,0	9,1	65,0	6,5	0,22	Spur	625	0	0,36	0,11	0,35	1,8	–	0	E 0,4	28	S	1770	225	13	15	–	1,2	–	108	–	–
Herz	76,8	16,9	4,8	0,27	–	0,4	117	30	0,43	1,24	0,43	6,6	2,5	3	E 1,4[7]; B_{12} 0,003; Biotin 0,02	–	S	80	257	6	15	–	3,3	0,3	132	198	113
Hirn	78,0	10,6	9,0	–	–	Spur	126	–	0,16	0,28	–	4,3	2,8	18	B_{12} 0,003	–	S	153	312	10	11	–	3,6	0,3	300	–	–
Leber	71,6	20,6	4,8	–	–	2,6	131	10900	0,43	2,7	0,85	16,4	7,0	27	E 1,0[7]; B_{12} 0,010; FS 0,22; Biotin 0,10	–	S	77	350	10	18	0,3	19	0,85	316	228	102
Niere	77,8	16,3	5,2	0,29	–	0,8	120	130	0,34	1,8	0,55	9,8	3,1	12	B_{12} 0,015; Biotin 0,13	–	S	173	242	11	16	0,10	6,7	0,38	218	–	190
Zunge	66,1	16,8	15,6	–	–	0,5	215	–	0,17	0,29	0,35	5,0	–	–	–	–	S	93	234	9	–	–	1,4	–	186	–	–

* Umrechnung in kJ (Kilojoule): man multipliziere angegebenen Wert mit 4,185 5.
** A = Vitamin-A-Aktivität, bewirkt durch Vitamin A + β-Carotin.
*** FS = Folsäure; E = α-Tocopherol, sofern nicht anders angegeben.
[7] Gesamttocopherol.

100 g eßbare Substanz (wenn nicht anders vermerkt) enthalten	Wasser g	Proteine g	Fette: Total g	Fette: Polyen-fettsäuren g	Fette: Cholesterin g	Kohlenhydrate g	Kalorien* kcal	Vitamine: A** IE	Vitamine: B_1 mg	Vitamine: B_2 mg	Vitamine: B_6 mg	Vitamine: Nicotin-säure mg	Vitamine: Pantothen-säure mg	Vitamine: C mg	Vitamine: Weitere Vitamine*** mg	Purinstickstoff mg	Säureüberschuß S Basenüberschuß B	Elemente: Natrium Na mg	Elemente: Kalium K mg	Elemente: Calcium Ca mg	Elemente: Magne-sium Mg mg	Elemente: Mangan Mn mg	Elemente: Eisen Fe mg	Elemente: Kupfer Cu mg	Elemente: Phos-phor P mg	Elemente: Schwefel S mg	Elemente: Chlor Cl mg
Truthahn	64,2	20,1	14,7[1]	3,0	0,015	0,4	218	Spur	0,13	0,14	–	7,9	0,75	0	FS 0,01	79	S	66	315	8	–	0,03	1,5	0,2	212	–	123
Wal	71	20,6	4,0	–	–	1	125	1860	0,03	0,1	–	4,4	–	8	–	–	S	78	–	12	–	–	2,4	–	144	–	–
Ziege, Muskelfleisch	70	18,7	9,4	0,4	–	0	165	0	0,17	0,32	–	5,6	–	0	–	–	S	–	–	11	–	–	2,2	–	–	–	–
Wurstwaren																											
Frankfurter, Cervelats	55,6	12,5	27,6	–	–	1,8	256	0	0,16	0,20	–	2,7	–	0	–	–	S	1100	230	7	–	–	1,9	–	133	–	–
Mortadella	52,3	12,4	32,8	–	–	–	349	–	0,10	0,15	–	3,1	–	0	–	–	S	668	207	12	–	–	3,1	–	238	–	920
Salami (deutsche)	27,7	17,8	49,7	–	–	–	524	–	0,18	0,20	–	2,6	–	–	E 0,11	–	S	1260	302	35	–	–	–	–	–	–	2390
Weißwurst (Münchner)	65,2	11,1	21,7	–	–	–	241	–	0,04	0,13	–	2,4	–	–	–	–	S	620	122	25	–	–	–	–	–	–	–
Dosenwürstchen	65,7	13,0	19,6	–	–	–	232	–	0,03	0,08	–	3,1	–	–	–	–	S	711	–	10	–	–	2,7	–	185	–	1100
Gelatine, trocken	13,0	85,6	0,1	–	–	0	335	0	0	0	–	0	–	0	–	0	0	–	–	–	–	–	–	–	–	–	–
Fleisch von Kaltblütern																											
Aal (*Anguilla anguilla*)	60,7	12,7	25,6	–	0,05	0	285	2000	0,15	0,31	0,28	2,2	–	1,8	D 5000 IE	–	S	78	247	18	18	0,03	0,7	0,03	166	130	35
Geräuchert	50,3	18,6	27,8	–	–	0,8	333	2500	0,14	0,35	0,15	3,8	–	–	B_{12} 0,006; D 6400 IE	–	S	798	239	95	50	0,03	0,7	–	211	–	–
Austern (*Ostrea* sp.)	83,0	9,0	1,2	–	0,11–0,33	4,8	68	310	0,18	0,23	0,11	2,5	0,5	Spur	Biotin 0,001; FS 0,004; B_{12} 0,015; D 5 IE	29	S	73	110	94	42	0,2	5,5	1,2–3,7	143	–	–
Barsch (Flußbarsch) (*Perca fluviatilis*)	79,5	18,4	0,8	–	0,07	0	86	30	0,075	0,12	–	1,7	–	–	–	–	S	67	238	20	–	–	1	–	198	–	–
Flunder (*Platichthys flesus, Pleuronectes flesus*)	81,3	16,7	0,8	–	0,06	0	79	30	0,22	0,21	0,25	3,8	–	–	–	86	S	68	332	12	31	0,02	0,8	0,18	195	–	151
Forelle (*Salmo trutta*)	77,6	19,2	2,1	–	–	0	101	150	0,09	0,25	–	3,5	–	–	–	92	S	39	470	19	–	0,03	1,0	0,33	220	–	–
Froschschenkel (*Rana* sp.)	81,9	16,4	0,3	–	0,04	0	73	–	0,14	0,25	–	1,2	–	5	–	–	S	55	308	18	–	–	1,5	–	147	163	40
Garnelen(Crevetten)(*Crangon* sp.)	78,2	18,7	2,2	–	0,14	–	97	10	0,07	0,05	0,13	1,25	–	2	B_{12} 0,001	–	S	140	258	63	42	–	2,0	0,43	300	–	–
In Büchsen[2]	70,4	24,2	1,1	–	0,15	0,7	116	60	0,01	0,03	0,11	1,5	0,21	0	FS 0,002; D 105 IE	–	S	–	122	115	–	–	3,1	–	263	–	–
Hecht (*Esox lucius*)	80,2	18,2	1,2	–	–	0	89	–	0,15	0,07	–	1,7	–	–	E 0,2	45	S	70	300	20	30	0,02	0,7	0,25	210	200	100
Heilbutt (*Hippoglossus hippoglossus*)	75,2	18,6	5,2	–	0,06	0	126	440	0,09	0,18	0,42	6	0,30	0	Biotin 0,002; B_{12} 0,001; FS 0,002	68	S	56	340	13	–	0,01	0,7	0,23	211	–	–
Hering (*Clupea harengus*)	62,8	17,3	18,8	–	–	0	243	130	0,06	0,24	0,45	4,3	1,0	0,5	E 2[3,4]; B_{12} 0,01; D 900 IE[3]	119	S	118	317	57	26	0,02	1,1	0,3	240	202	122
Mariniert (Bismarckhering)	60,2	18,3	14	–	–	–	204	150	–	0,08	0,15	3,3	–	–	–	–	S	1000	–	30	9	–	–	–	150	–	1600
Geräuchert (Bückling)	61,0	22,2	12,9	–	–	0	211	40	0,04	0,28	0,35	3,3	–	–	B_{12} 0,01	–	S	720	285	66	–	–	1,4	–	254	–	230
Hummer (*Homarus vulgaris*)	78,5	16,9	1,9	–	0,20	0,5	91	–	0,15	0,13	–	1,5	1,3	5	Biotin 0,005; FS 0,0005	73	S	300	260	29	22	0,04	0,6	2,2	200	170	500
Kabeljau (Dorsch) (*Gadus callarias*)	81,2	17,6	0,3	–	0,05	0	78	0	0,06	0,07	0,20	2,2	0,12	2	Biotin 0,0002; FS 0,001; B_{12} 0,0005	62	S	86	339	11	28	0,01	0,5	0,5	190	–	97

* Umrechnung in kJ (Kilojoule): man multipliziere angegebenen Wert mit 4,185 5.
** A = Vitamin-A-Aktivität, bewirkt durch Vitamin A + β-Carotin.
*** FS = Folsäure; E = α-Tocopherol, sofern nicht anders angegeben.

[1] Muskelfleisch 6,6.
[2] Ohne Flüssigkeit.
[3] Ohne Gonaden.
[4] Gesamttocopherol.

100 g eßbare Substanz (wenn nicht anders vermerkt) enthalten	Wasser	Proteine	Fette			Kohlenhydrate	Kalorien*	Vitamine								Purinstickstoff	Säureüberschuß S Basenüberschuß B	Elemente									
			Total	Polyen-fettsäuren	Cholesterin			A**	B_1	B_2	B_6	Nicotin-säure	Pantothen-säure	C	Weitere Vitamine***			Natrium Na	Kalium K	Calcium Ca	Magne-sium Mg	Mangan Mn	Eisen Fe	Kupfer Cu	Phos-phor P	Schwefel S	Chlor Cl
	g	g	g	g	g	g	kcal	IE	mg	mg	mg	mg	mg	mg	mg	mg		mg	mg	mg	mg	mg	mg	mg	mg	mg	mg
Kammuschel, Pilgermuschel (*Pecten* sp.)	79,8	15,3	0,2	–	–	3,3	79	0	0,04	0,06	–	1,3	0,14	–	Biotin 0,0003; FS 0,0005	117	S	150	420	26	–	–	1,8	–	208	342	–
Karpfen (*Cyprinus carpio*)	72,4	18,9	7,1	–	–	0	145	300	0,08	0,04	–	1,5	–	1	–	54	S	51	285	34	15	–	1	–	220	–	62
Kaviar (*Acipenser* sp., *Huso huso*)	46,0	26,9	15,0	–	0,3	3,3	262	–	0	–	–	–	–	–	–	40	S	2200	180	276	–	–	11,8	–	355	–	1800
Krabbe (Riesenkrabbe) (*Cancer pagurus*), in Büchsen	77,2	17,4	2,5	–	0,15	1,1	101	–	0,08	0,08	0,35	2,5	0,5	Spur	Biotin 0,005; B_{12} 0,0005; FS 0,0003	61	S	1000	110	45	48	–	0,8	1,3	182	–	–
Lachs (Salm) (*Salmo salar*)	65,5	19,9	13,6	5,3	0,06	0	208	220	0,17	0,17	0,98	7,5	0,8	1	Biotin 0,001; D 650 IE; FS 0,002; B_{12} 0,003	47	S	48	391	29	29	0,01	0,8	0,2	266	190	64
Geräuchert	58,9	21,6	9,3	–	–	0	176	–	–	–	–	–	–	–	–	–	S	–	–	14	–	–	–	–	245	–	–
In Büchsen	64,2	21,7	12,2	–	–	0	203	60	0,03	0,18	0,45	6,5	0,5	Spur	Biotin 0,015; FS 0,0005; D 500 IE	101	S	540	330	67	30	–	1,3	0,05	285	–	865
Makrele (*Scomber scombrus*)	67,2	19,0	12,2	–	0,08	0	191	450	0,15	0,35	0,70	7,7	0,46	0	E 1,6[1]; B_{12} 0,01; Biotin 0,002; FS 0,001; D 50 IE	–	S	144	358	5	33	0,02	1,0	0,16	239	197	170
Geräuchert	59,4	23,8	13,0	–	–	0	219	–	–	–	–	–	–	–	–	–	S	–	–	–	–	–	–	–	–	–	–
(Mies)muscheln (Moule) (*Mytilus edulis*)	84,1	11,7	1,9	–	0,15	2,2	76	180	0,16	0,22	–	1,6	–	–	–	199	S	290	315	88	23	0,25	5,8	3,2	250	367	460
Rotbarsch, großer (*Sebastes marinus*)	77,9	18,9	3,0	–	–	0	108	30	0,09	0,08	–	2,5	–	3	–	–	S	94	345	46	–	–	1,0	–	212	–	–
Sardinen (*Sardina pilchardus sardina*)																											
In Büchsen, ganzer Inhalt	50,6	20,6	24,4	–	–	0,6	311	180	0,02	0,16	0,16	4,4	0,5	0	Biotin 0,005; D 300 IE; B_{12} 0,01; FS 0,002	–	S	510	560	354	–	–	3,5	0,04	434	–	–
In Büchsen, ohne überschüssiges Öl	61,8	24,0	11,1	3	0,07	1,2	214	290	0,03	0,20	0,28	5,4	0,6	0	Biotin 0,02; D 250 IE	234	S	823	590	437	–	–	2,9	0,04	499	–	–
Schellfisch (*Melanogrammus aeglefinus*)	80,5	18,3	0,1	–	0,06	0	79	60	0,06	0,17	0,2	3,0	0,14	0	E 0,6; Biotin 0,0003; B_{12} 0,001; FS 0,001	67	S	99	301	18	24	0,02	0,7	0,23	197	238	241
Schnecken (*Helix*)	82	15	0,8	–	–	2	75	–	–	–	–	–	–	–	–	–	S	–	–	170	250	1,6	3,5	0,4	–	140	–
Seezunge (Sole) (*Solea solea*) (siehe Werte für Flunder)																											
Steckmuschel (Klaffmuschel) (*Mya arenaria*)	83,1	10,5	1,3	–	0,12	3,1	70	–	0,1	0,19	0,08	1,5	0,6	–	Biotin 0,002; FS 0,003	–	S	121	235	12	63	–	0,6	–	208	–	–
Thunfisch (*Thunnus thynnus*) In Büchsen [2]	52,5	23,8	20,9	–	–	0	290	90	0,05	0,06	0,25	10,8	0,2	0	Biotin 0,0005; B_{12} 0,001; FS 0,003	–	S	361	343	7	–	–	1,2	–	294	–	–
Tintenfisch (*Sepia officinalis*)	82,2	15,3	0,8	–	0,17	0	73	–	0,02	0,06	–	1,8	–	–	–	–	S	–	–	29	–	–	0,19	0,44	173	–	–
Zander (*Lucioperca lucioperca*)	78,4	19,2	0,7	–	–	0,45	90	–	0,16	0,25	–	2,3	–	1	–	–	S	81	237	27	18	–	1,4	–	194	–	41

* Umrechnung in kJ (Kilojoule): man multipliziere angegebenen Wert mit 4,185 5.
** A = Vitamin-A-Aktivität, bewirkt durch Vitamin A + β-Carotin.
*** FS = Folsäure; E = α-Tocopherol, sofern nicht anders angegeben.
[1] Gesamttocopherol.
[2] Einschließlich Flüssigkeit.

Aminosäurengehalt verschiedener Nahrungsmittel

Die in nachstehender Tabelle angeführte Aminosäurenzusammensetzung der Nahrungsmittel wurde der Lebensmitteltabelle des Medical Research Council[1] entnommen. Ausführliche Zusammenstellungen finden sich in den Publikationen von Block und Bolling[2], Block und Weiss[3], Orr und Watt[4] sowie Harvey[5]. Angaben über den Gehalt an essentiellen Aminosäuren sind in den Lebensmitteltabellen von Souci et al.[6] sowie Bowes und Church[7] enthalten. Die Aminosäurenzusammensetzung des Referenzproteins der FAO[8] basiert auf dem Minimalbedarf der einzelnen essentiellen Aminosäuren.

Die Zusammensetzung verschiedener Fleisch- und Fischproteine sowie die der Proteine der Getreide- und Milchprodukte ist weitgehend ähnlich, so daß auf eine ausführliche Liste dieser Nahrungsmittel verzichtet werden konnte. Beträchtliche Schwankungen finden sich in der Aminosäurenzusammensetzung von Gemüseproteinen. Da diesen Proteinen in der Kost mengenmäßig keine Bedeutung zukommt, sind diese Schwankungen für die Ernährung unwesentlich. Über die Zusammensetzung der Proteine in Früchten ist zu wenig bekannt, als daß eine Aufnahme in die Tabelle gerechtfertigt wäre; der Phenylalaningehalt von Früchten liegt zwischen 1,5 und 4 g/16 g N[9].

Die angeführten Werte gelten für rohe Nahrungsmittel. Die Proteine von kohlenhydratarmen Nahrungsmitteln werden durch Hitzeeinwirkung kaum verändert. Bei Backwaren ist die Verwertbarkeit der Proteine in der Kruste herabgesetzt. Von Gemüsen ist bekannt, daß es beim Kochen zu einem Verlust an stickstoffhaltigen Substanzen kommt, was aber nicht von praktischer Bedeutung ist.

Literatur

1 McCance und Widdowson, *The Composition of Foods*, Med. Res. Coun. Spec. Rep. Ser., Nr. 297, HMSO, London, 1960.
2 Block und Bolling, *The Amino Acid Composition of Proteins and Foods*, 2. Aufl., Thomas, Springfield, 1951.
3 Block und Weiss, *Amino Acid Handbook*, Thomas, Springfield, 1956.
4 Orr und Watt, *Amino Acid Content of Foods*, United States Department of Agriculture, Home Economics Research Report, Nr. 4, Washington, 1957.
5 Harvey, D., *Tables of the Amino Acids in Foods and Feedingstuffs*, Commonwealth Agricultural Bureaux, Technical Communication, Nr. 19, Farnham Royal, 1958.
6 Souci et al., *Die Zusammensetzung der Lebensmittel*, 2 Bände, Wissenschaftliche Verlagsgesellschaft, Stuttgart, 1962.
7 Bowes und Church, *Food Values of Portions Commonly Used*, 9. Aufl., bearbeitet von Church und Church, Lippincott, Philadelphia, 1963.
8 *Protein Requirements*, Report of the FAO Committee, Rom 1955, FAO Nutritional Studies, Nr. 16, Food and Agriculture Organization of the United Nations, Rom, 1957.
9 Miller et al., *J. Amer. diet. Ass.*, **46**, 43 (1965).

Gramm Aminosäure pro 16 g Stickstoff *

	Arginin	Cystin	Histidin	Isoleucin	Leucin	Lysin	Methionin	Phenyl-alanin	Threonin	Trypto-phan	Tyrosin	Valin	Alanin	Asparagin-säure	Glutamin-säure	Glycin	Prolin	Serin
Gemüse																		
Blumenkohl	4,2	–	0,2	4,3	6,2	5,4	2,1	3,4	4,2	1,3	–	5,8	–	–	–	–	–	–
Bohnen, grün	5,9	1,1	2,9	5,4	7,7	5,4	0,5	3,4	2,6	1,0	3,0	5,1	2,6	6,6	1,4	3,7	4,5	5,8
Bohnensamen	5,8	1,0	3,2	6,1	8,2	7,0	1,3	6,2	4,6	1,3	–	6,6	–	–	–	–	–	–
Broccoli	5,8	–	1,8	3,8	5,3	5,4	1,8	3,0	3,4	1,3	–	4,2	–	–	–	–	–	–
Erbsen	8,6	1,0	1,8	5,0	6,9	5,3	1,0	4,0	4,0	1,0	4,2	4,6	(3,8)	(8,6)	(3,2)	(6,1)	–	–
Karotten	3,5	–	1,4	4,3	5,8	4,5	1,1	3,7	3,8	0,8	–	5,4	–	–	–	–	–	–
Kartoffeln	5,3	1,3	1,4	4,5	4,6	5,0	1,6	4,2	3,7	1,3	2,9	5,1	4,2	17,1	23,8	1,9	2,6	2,7
Kohl	7,5	1,6	1,8	2,9	4,2	3,7	1,0	2,6	2,7	0,8	2,1	3,4	–	–	–	–	–	–
Linsen	8,3	0,6	2,2	5,3	7,0	6,2	0,6	4,2	3,7	0,8	–	5,6	–	–	–	–	–	–
Rosenkohl	6,2	–	2,2	4,2	4,3	4,3	1,0	3,4	3,4	1,0	–	4,3	–	–	–	–	–	–
Rüben, rot (Randen)	1,8	–	1,4	3,2	3,4	3,4	0,5	1,4	2,4	1,0	–	3,0	–	–	–	–	–	–
Rüben, Blätter	6,1	1,4	1,9	3,2	6,2	3,5	2,4	5,0	4,2	1,4	4,5	5,1	–	–	–	–	–	–
Spinat	4,5	–	1,4	4,0	6,4	5,1	1,8	4,5	4,0	1,8	–	5,1	–	–	–	–	–	–
Sojabohnen, -mehl	7,4	1,9	2,6	5,3	7,7	6,4	1,3	5,0	4,0	1,4	3,7	5,3	5,0	1,3	19,0	4,5	5,3	5,8
Nüsse																		
Erdnüsse	10,6	1,6	2,4	4,2	6,2	3,5	1,0	5,0	2,9	1,1	3,0	5,0	2,9	14,1	2,0	5,4	5,1	6,6
Haselnüsse	14,6	2,6	1,9	5,8	6,2	2,9	1,0	3,7	2,9	1,4	3,7	6,2	–	7,0	20,5	9,4	5,6	9,6
Kokosnüsse	12,5	1,8	2,1	4,5	7,2	3,5	1,8	4,2	3,0	2,1	–	5,6	–	–	–	–	–	–
Mandeln	10,1	1,8	2,2	3,8	6,6	2,6	1,3	5,1	2,7	0,8	–	5,0	–	–	–	–	–	–
Paranüsse	13,3	3,0	2,1	3,7	6,9	2,6	5,1	3,4	2,6	1,1	–	4,8	–	–	–	–	–	–
Walnüsse	13,0	1,8	2,2	4,3	6,9	2,6	1,8	4,3	3,4	1,0	–	5,4	–	–	–	–	–	–
Getreide																		
Gerste, ganzes Korn	5,0	2,1	1,9	3,8	6,9	3,4[1]	1,4	5,0	3,7	1,4	3,5	5,0	4,5	5,9	20,5	43,2	9,3	3,7
Hafer, ganzes Korn	6,6	1,8	1,9	4,6	7,0	3,7	1,4	5,0	3,4	1,3	3,8	5,4	5,1	4,2	18,4	4,2	5,8	3,4
Mais, ganzes Korn	5,0	2,1	2,4	4,0	12,0	3,0	2,1	5,0	4,2	0,8	3,8	5,6	9,9	12,3	15,4	3,0	8,3	4,2
Reis, Vollreis	8,5	1,8	2,2	4,8	8,2	4,2	2,1	4,6	3,5	1,4	5,8	6,2	–	–	–	–	–	–
Glaciert	8,0	1,6	2,2	4,6	8,5	3,0	2,1	4,8	3,8	1,4	5,0	6,6	5,6	4,5	10,7	6,6	4,5	5,1
Roggen, ganzes Korn	5,0	1,8	2,1	3,8	6,1	3,7	1,6	4,6	3,4	1,3	4,2	5,0	–	–	19,7	–	–	3,8
Mehl, Vollkorn	4,3	2,1	2,1	3,8	6,4	2,7	1,6	4,6	2,9	1,3	3,2	4,3	3,4	5,0	27,7	3,8	10,1	4,8
Fein	3,4	2,2	2,1	3,7	7,0	1,9	1,6	5,4	2,9	1,3	3,4	4,2	3,2	4,2	33,4	3,4	11,7	4,6
Weißbrot	3,4	2,2	2,1	3,7	7,4	1,9	1,9	5,0	2,9	–	3,2	4,2	3,0	4,2	33,0	3,4	11,5	4,5
Weizenkeime	6,9	1,4	2,7	3,5	5,9	6,1	1,4	3,7	4,5	1,0	–	4,6	–	–	–	–	–	–
Eier und Milch																		
Vollei	6,4	2,1	2,6	5,8	9,0	6,7	3,0	5,3	5,3	1,8	4,3	7,2	–	10,7	12,3	3,8	4,3	7,7
Eidotter	7,0	1,8	2,6	5,8	8,5	6,7	2,2	4,6	5,8	1,8	4,6	6,9	–	–	12,0	3,4	4,3	8,8
Eiweiß	6,2	2,2	2,4	5,8	9,0	6,6	4,0	5,9	5,0	1,9	4,2	7,8	–	11,0	12,6	4,2	4,2	6,9
Kuhmilch, Milchprodukte	3,7	0,8[2]	2,7	6,2	9,9	7,8	2,4	5,1	4,6	1,4	5,6	7,0	3,7	8,2	22,2	1,9	9,8	5,8
Muttermilch	3,4	1,9	2,2	5,6	9,4	6,2	2,1	4,0	4,5	1,6	4,8	6,2	3,8	9,3	19,8	2,2	8,6	4,8
Fleisch und Fische																		
Fleisch, Fleischprodukte	6,6	1,3	3,2	5,1	7,8	8,2	2,4	4,2	4,5	1,3	3,4	5,3	6,2	9,1	15,4	4,5	4,2	4,2
Hirn, Leber, Niere	6,1	1,3	3,2	5,1	9,0	8,2	2,4	5,1	4,5	1,3	3,4	6,1	6,2	9,1	15,4	4,5	4,2	4,2
Fische	5,8[3]	11,2	2,1[4]	5,1	7,5	9,0	2,9	3,7	4,5	1,0	3,0	5,3	6,1	9,4	14,1	6,1	5,9	5,3
Gelatine	7,8	Spur	6,9	1,4	2,9	4,0	0,8	2,1	1,9	–	0,3	2,2	9,8	5,9	10,1	24,2	26,7[5]	3,7
Referenzprotein der FAO	–	–	–	4,3	4,9	4,3	2,3	2,9	2,8	1,4	2,9	4,3	–	–	–	–	–	–

* Annähernder Stickstoffgehalt von 100 g Protein.
1 Perlgerste 2,2. 2 Käse 0,5. 3 Garnelen 9,4. 4 Makrelen 3,7; Thunfisch 5,8. 5 Einschließlich Hydroxyprolin.

Die Zusammensetzung des Körpers und seiner Gewebe

Der menschliche Körper ist von komplexer Struktur und setzt sich aus den verschiedensten Organen und Geweben zusammen. Der relative Anteil am Gesamtkörpergewicht ist in den einzelnen Altersstufen verschieden; so machen zum Beispiel die Muskeln 25% des Neugeborenengewichts und 43% des Erwachsenengewichts aus, dagegen das Gehirn 13% des Neugeborenengewichts, aber nur 2% des Erwachsenengewichts. Die Zusammensetzung jedes Organs und Gewebes ändert sich mit dem Alter, wobei aber die Entwicklung nicht für jeden Körperanteil gleich schnell vor sich geht. Die Zusammensetzung des gesamten Körpers in irgendeinem Alter resultiert aus der Zusammensetzung der einzelnen Gewebe und ihrem relativen Anteil am Gesamtgewicht des Körpers im betreffenden Alter.

Methoden zur Bestimmung der Körperzusammensetzung

Die Zusammensetzung des Körpers kann durch direkte chemische Analyse oder durch Verdünnungsmethoden bestimmt werden. Eine chemische Analyse ist nur an Leichen möglich, während die Verdünnungsmethoden nur bei lebenden Personen anwendbar sind. Die Kenntnisse über die Veränderungen der Körperzusammensetzung während des pränatalen Lebens beruhen auf der chemischen Analyse von Föten und totgeborenen Kindern. Es ist aber äußerst schwierig, entsprechendes Untersuchungsmaterial für postnatale Lebensstadien zu erhalten, vor allem, wenn es um Körper gesunder Personen geht. Bis heute wurden nur 8 Körper von Erwachsenen chemisch analysiert. Es liegen wesentlich mehr Informationen über die Flüssigkeitsräume des Körpers vor als über den Gesamtgehalt an Fett, Stickstoff und anorganischen Bestandteilen während der postnatalen Entwicklung.

Die Verdünnungsmethoden bestehen darin, daß man dem Körper eine bekannte Menge einer fremden oder körpereigenen (markierten) Substanz zuführt und ihre Konzentration im Serum einmal oder in verschiedenen Zeitintervallen bestimmt. Berücksichtigt man die Verluste an der zugeführten Substanz mit dem Harn, durch den Stoffwechsel oder infolge einer anderen Ursache, so kann das Flüssigkeitsvolumen, in dem die Substanz verteilt wurde, berechnet werden. Durch Verwendung einer geeigneten Substanz kann auf diese Weise der Gehalt des Körpers an Gesamtwasser, extrazellulärem Wasser und an gewissen Mineralien bestimmt werden. Ähnliche Werte des Gesamtwassergehalts bei ein und derselben Person werden durch Verwendung von Deuteriumoxyd, Tritiumoxyd, Antipyrin und Harnstoff erhalten; die so ermittelten Werte stimmen auch, wie im Tierexperiment gezeigt wurde, mit dem durch Trocknung des Körpers bestimmten Wassergehalt überein. Weniger genau läßt sich das Volumen der extrazellulären Flüssigkeit bestimmen, und man kann wohl behaupten, daß die Idealsubstanz für die Bestimmung noch nicht gefunden wurde. Diese Größe variiert je nach verwendeter Substanz; die theoretischen Erwägungen, die bei diesen Bestimmungsmethoden wegleitend sind, wurden in mehreren Arbeiten diskutiert[1].

Die Werte in der Tabelle über das Volumen der extrazellulären Flüssigkeit schließen auch das Plasmavolumen ein. Dieses kann mittels verschiedener Methoden gesondert bestimmt werden (siehe S. 550). Mit den Verdünnungsmethoden läßt sich nicht der gesamte Gehalt des Körpers an einem Mineral bestimmen, sondern nur sein austauschbarer Anteil.

* Der Abschnitt «Chemische Zusammensetzung des Körpers», S. 513–518, wurde von E. M. Widdowson und J. W. T. Dickerson, Department of Experimental Medicine, University of Cambridge, England, zusammengestellt.

Bestimmung der Zusammensetzung von Geweben

Die Zusammensetzung der Gewebe kann durch chemische Analyse von post mortem gewonnenem Material, Biopsieproben oder operativ entfernten Organen bestimmt werden. Die Kenntnisse über die Zusammensetzung einzelner Organe und Gewebe sind wesentlich umfangreicher als über die des Gesamtkörpers.

Die Zusammensetzung während des Wachstums

Der Fettgehalt des Fötus nimmt während der letzten 2 Monate der Schwangerschaft stark zu; der Körper des ausgetragenen Neugeborenen besteht zu ungefähr 16% aus Fett. Der Körper eines Mannes mit normalem Gewicht besteht ebenfalls zu ungefähr 16% aus Fett, der Fettanteil kann aber von 8% bis 50% schwanken. Der Körper der Frau besitzt eher einen höheren Fettanteil als der des Mannes. Infolge des stark schwankenden Fettgehalts des menschlichen Körpers werden alle anderen Körperbestandteile besser auf 100 g oder 1 kg fettfreie Körpermasse bezogen.

Eine der charakteristischsten Veränderungen in der Wachstumsperiode ist die Abnahme des Wassergehalts der fettfreien Körpermasse und der Anstieg des Feststoffgehalts. Die Abnahme des Gesamtkörperwassers beruht vor allem auf dem starken Rückgang des Anteils an extrazellulärer Flüssigkeit, der die Zunahme an intrazellulärem Wasser – bedingt durch die Erhöhung des Zellanteils – wesentlich übersteigt. Parallel mit diesen Veränderungen nehmen auch die extrazellulären Bestandteile Natrium und Chlorid ab und nehmen die vorwiegend intrazellulären Bestandteile Kalium, Phosphor und Stickstoff zu. Dies gilt sowohl für alle Weichteilgewebe als auch für den Körper als Ganzes.

Der relative Anteil des Skeletts am Körper ändert sich nicht wesentlich zwischen Geburt und Erwachsenenalter, aber die Zusammensetzung des Knochens ändert sich nach der Geburt mehr als die Zusammensetzung fast aller anderen Gewebe. Der größte Teil des Körpercalciums findet sich im Skelett; der relative Anteil des Calciums am Körper nimmt während der postnatalen Lebensperiode um mehr als das Doppelte zu.

Literatur

[1] Elkinton und Danowski, *The Body Fluids*, Williams & Wilkins, Baltimore, 1955; McCance, R. A., *Ned. T. Geneesk.*, **99**, 146 (1955); Moore et al., *Metabolism*, **5**, 447 (1956); Edelman und Leibman, *Amer. J. Med.*, **27**, 256 (1959); Moore et al., *The Body Cell Mass and its Supporting Environment*, Saunders, Philadelphia, 1963; Friis-Hansen, B., in: Brožek, J. (Hrsg.), *Human Body Composition*, Pergamon, Oxford, 1965, S. 191.

Zusammensetzung des menschlichen Körpers, durch chemische Analyse bestimmt (alle Werte pro Kilogramm fettfreies Gewebe, falls nicht anders angegeben)

Alter	Körpergewicht kg	Wasser* g	Fett* g	Wasser g	N g	Na mval	K mval	Cl mval	Mg g	Ca g	P g	Fe mg	Cu mg	Zn mg	B mg	Co mg
Fötus	0,02	898	2	900	10,5	110	48	80	0,10	2,1	2,1	–	–	–	–	–
Fötus	0,20	876	5	880	13,0	102	42	76	0,14	3,5	2,5	54	3,3	20	–	–
Fötus	1,0	851	10	860	18,4	94	42	68	0,20	6,3	3,9	65	3,4	20	–	–
Fötus	2,0	790	60	840	21,0	88	45	62	0,24	7,8	4,8	84	4,0	20	–	–
Termingerecht Neugeborene .	3,5	689	160	820	22,6	82	53	55	0,26	9,6	5,6	94	4,7	20	–	–
Erwachsene	70	605	160	720	34,0	80	69	50	0,47	22,4	12,0	74	1,7	28	0,37	0,02

* Pro Kilogramm Gesamtkörpermasse.

Literatur

Widdowson et al., *Clin. Sci.*, **10**, 113 (1951); Widdowson und Spray, *Arch. Dis. Childh.*, **26**, 205 (1951); Forbes et al., *J. biol. Chem.*, **203**, 359, (1953); Forbes et al., *J. biol. Chem.*, **209**, 857 (1954); Forbes und Lewis, *J. clin. Invest.*, **35**, 596 (1956); Forbes et al., *J. biol. Chem.*, **223**, 969 (1956); Widdowson und Dickerson, in: Comar und Bronner (Hrsg.), *Mineral Metabolism*, Band 2, Teil A, Academic Press, New York, 1964, S. 1.

Zusammensetzung des menschlichen Körpers, mit Verdünnungsmethoden bestimmt

Alter	Gesamtwasser in Prozenten des Körpergewichts	Extrazelluläres Wasser in Prozenten des Körpergewichts	Austauschbares Na mval/kg Körpergewicht	Austauschbares K mval/kg Körpergewicht	Austauschbares Cl mval/kg Körpergewicht	Literatur
Neugeborene, 1–27 Stunden	–	–	–	35,5	–	1
Neugeborene, 1 Tag	79,0 (Deuteriumoxyd)	43,9 (Thiosulfat)	–	–	–	2
Säuglinge, 2–4 Wochen	–	–	–	–	48,1	3
Säuglinge, 2 Wochen bis 2 Monate	–	–	76,4	–	–	4
Männer.................	59,1 (Deuteriumoxyd)	15,6 (Inulin)	41,7	48,1	31,9	5
	59,6 (Tritiumoxyd)	16,3 (Thiosulfat)	–	–	–	5
	53,4 (Antipyrin)	22,9 (Thiocyanat)	–	–	–	5
	60,2 (Harnstoff)	–	–	–	–	5
Frauen	51,0 (Deuteriumoxyd)	16,0 (Thiosulfat)	40,5	38,2	28,6	5
	43,4 (Antipyrin)	20,9 (Thiocyanat)	–	–	–	5
	57,0 (Harnstoff)	–	–	–	–	5

Literatur

1 CHRISTIAN und TALSO, *Pediatrics*, **23**, 63 (1959).
2 FRIIS-HANSEN, B., *Acta paediat. (Uppsala)*, **46**, Suppl. 110 (1957).
3 CHEEK, D. B., *Pediatrics*, **14**, 5 (1954).
4 FORBES und PERLEY, *J. clin. Invest.*, **30**, 566 (1951).
5 Detaillierte Angaben in WIDDOWSON und DICKERSON, in: COMAR und BRONNER (Hrsg.), *Mineral Metabolism*, Band 2, Teil A, Academic Press, New York, 1964, S. 1.

Zusammensetzung von Muskelgewebe (alle Werte pro Kilogramm fettfreies Gewebe)

Organ oder Gewebe	Alter	Gewicht in Prozenten des Körpergewichts	Wasser g	N g	Na mval	K mval	Cl mval	Mg mval	Ca mval	P mmol
Skelettmuskel	Fötus, 14 Wochen	–	907	11,5	101	56,3	76,4	11,7	5,6	36,5
	Fötus, 20–22 Wochen ...	25	887	15,4	90,6	57,6	65,6	10,5	7,1	40,0
	Neugeborene	25	804	20,9	60,1	57,7	42,6	14,8	4,3	47,0
	Säuglinge, 4–7 Monate ..	–	785	29,6	50,1	89,5	35,5	20,0	3,1	64,9
	Erwachsene	43	792	31,4	36,3	92,2	22,1	16,7	2,8	58,8
Ganzes Herz	Fötus, 20 Wochen	0,6	860	14,0	46,1	81,1	41,0	–	–	49,7
	Neugeborene	0,5	841	19,6	64,2	54,3	45,2	10,9	7,4	47,0
	Säuglinge, 4–7 Monate ..	–	830	21,0	59,8	49,3	49,3	11,0	8,2	49,5
	Erwachsene	0,4	827	22,9	57,8	66,5	45,6	13,2	2,6	49,0
Linke Kammer	Erwachsene	–	789	–	44,7	78,5	38,0	17,0	3,9	63,5
Rechte Kammer	Erwachsene	–	802	–	47,8	56,2	39,5	16,5	3,8	50,0
Vorhof	Erwachsene	–	812	–	52,2	35,7	42,2	–	–	30,6
Septum	Erwachsene	–	792	–	40,5	79,0	33,8	–	–	51,8
Myometrium	Nichtschwanger........	–	794	–	87,8	62,6	73,8	12,8	16,6	–
	Frühe Schwangerschaft .	–	825	–	93,6	59,0	71,0	8,5	7,1	–
	Bei der Geburt.........	–	823	–	88,8	62,4	63,2	13,5	17,5	–

Literatur

Skelettmuskel: DICKERSON und WIDDOWSON, *Biochem. J.*, **74**, 247 (1960).
Herz: WILKINS und CULLEN, *J. clin. Invest.*, **12**, 1063 (1933); MANGUN et al., *Arch. intern. Med.*, **67**, 320 (1941); ALEXANDER et al., *J. Lab. clin. Med.*, **36**, 796 (1950); CLARKE und MOSHER, *Circulation*, **5**, 907 (1952); WIDDOWSON und DICKERSON, *Biochem. J.*, **77**, 30 (1960).
Myometrium: HAWKINS und NIXON, *J. Obstet. Gynaec. Brit. Emp.*, **65**, 895 (1958).

Zusammensetzung glandulärer Organe (alle Werte pro Kilogramm Frischgewicht)

Organ	Alter	Gewicht in Prozenten des Körpergewichts	Wasser g	N g	Na mval	K mval	Cl mval	Mg mval	Ca mval	P mmol	Fe (anorganisch) mg	Cu mg	Zn mg	Mn mg
Leber	Fötus, 14 Wochen ...	–	849	20,2	–	81,8	62,2	–	–	82,5	–	–	–	–
	Fötus, 20 Wochen ...	4	812	22,1	54,8	92,9	57,1	14,7	2,3	88,0	–	–	–	–
	Neugeborene	5	786	22,6	59,8	58,7	55,8	10,4	3,0	56,5	300	41,5	68,6	0,9
	Kinder, 4–7 Monate..	4	764	24,4	51,0	66,2	42,8	11,8	4,4	82,5	170	8,6	–	–
	Erwachsene.........	2	711	28,2	42,5	75,0	38,3	15,2	2,8	86,0	28–162	5,2	–	1,3
Nieren	Fötus, 20 Wochen ...	0,7	884	14,2	68,0	66,5	59,6	8,6	17,4	65,5	–	–	–	–
	Neugeborene	1,0	841	19,2	75,5	56,0	56,4	8,7	7,7	61,0	32	3,7	–	–
	Erwachsene.........	0,5	810	24,5	82,0	57,0	67,8	8,6	7,0	57,5	3,3–10,1	2,8	–	–
Milz	Erwachsene.........	0,2	790	30,1	–	81,0	–	13,0	4,2	71,0	85–169	1,8	33,0	0,18

Literatur

Leber: Tompsett, S. L., *Biochem. J.*, **29**, 480 (1935); Brückmann und Zondek, *Biochem. J.*, **33**, 1845 (1939); Widdowson et al., *Clin. Sci.*, **10**, 113 (1951).
Nieren: Tompsett, S. L., *Biochem. J.*, **29**, 480 (1935); Brückmann und Zondek, *Biochem. J.*, **33**, 1845 (1939); Widdowson und Dickerson, *Biochem. J.*, **77**, 30 (1960).
Milz: Richards, M. B., *Biochem. J.*, **24**, 1572 (1930); Tompsett, S. L., *Biochem. J.*, **29**, 480 (1935); Widdowson et al., *Clin. Sci.*, **10**, 113 (1951); Forbes et al., *J. biol. Chem.*, **203**, 359 (1953).

Zusammensetzung der Lunge (alle Werte pro Kilogramm Frischgewicht)

Alter	Gewicht in Prozenten des Körpergewichts	Wasser g	N g	Na mval	K mval	Cl mval	Mg mval	Ca mval	P mmol	Fe (total) mg	Cu mg	Mn mg	B mg	Co mg	Be µg
Fötus, 20 Wochen.	–	888	10,3	89,0	71,0	67,5	–	–	56,5	70	–	–	–	–	–
Neugeborene.	1,7	858	17,0	75,6	48,6	62,5	–	–	44,0	150	–	–	–	–	–
Erwachsene ..	1,6	787	27,2	75,3	54,7	69,0	4,8	12,5	51,8	200	3,7	0,40	0,16	0,03	0,23

Literatur

Richards, M. B., *Biochem. J.*, **24**, 1572 (1930); Chou und Adolph, *Biochem. J.*, **29**, 476 (1935); Forbes et al., *J. biol. Chem.*, **223**, 969 (1956); Widdowson und Dickerson, in: Comar und Bronner (Hrsg.), *Mineral Metabolism*, Band 2, Teil A, Academic Press, New York, 1964, S. 1.

Zusammensetzung von Gehirn und Nerven (alle Werte pro Kilogramm Frischgewicht, falls nicht anders angegeben)

Organ oder Gewebe	Alter	Gewicht in Prozenten des Körpergewichts	Wasser g	N g	Na mval	K mval	Cl mval	Mg mval	Ca mval	P mmol	Cu[1] mg	Fe[1] mg	Mn[1] mg	Pb[1] mg
Gesamtes Gehirn	Fötus, 14 Wochen	15,0	914	9,6	97,5	49,6	72,1	–	–	57,0	–	–	–	–
	Fötus, 20–22 Wochen..	13,4	922	8,4	91,7	52,0	72,6	8,4	4,9	52,2	–	–	–	–
	Neugeborene...	13,4	897	9,3	80,9	58,2	66,1	7,9	4,8	54,0	–	–	–	–
	Erwachsene	2,3	774	17,1	55,2	84,6	40,5	11,4	4,0	109	3,6–50	–	–	0,4–17,3
Graue Substanz	Erwachsene	–	843	17,2	83,9	58,4	48,6	16,3	5,2	71,3	15,9–99,0[2] 19,4, 33,0[3]	328–461[2] 222[3]	1,12[2] 1,24[3]	– –
Weiße Substanz	Erwachsene	–	706	17,5	68,6	59,4	41,2	21,6	7,1	127	9,2–82,0[2] 23,3[3]	269–507[2]	0,99[2]	–
Rückenmark	Erwachsene	0,04	644	16,0	87,4	92,2	42,8	31,6	9,0	177	–	177	–	–
Peripherer Nerv	Erwachsene	–	557	–	–	49,6	–	–	9,9	119	12,3	15,6	–	–

Literatur

Gesamtes Gehirn: Widdowson und Dickerson, *Biochem. J.*, **77**, 30 (1960).
Graue und weiße Substanz, Rückenmark und peripherer Nerv: siehe Literatur bei Widdowson und Dickerson, in: Comar und Bronner (Hrsg.), *Mineral Metabolism*, Band 2, Teil A, Academic Press, New York, 1964, S. 1.

[1] Pro Kilogramm Trockengewicht; Werte entnommen aus Tingey, A. H., *J. ment. Sci.*, **83**, 452 (1937); Cumings, J. N., *Brain*, **71**, 410 (1948); Cumings, J. N., *Heavy Metals and the Brain*, Blackwell, Oxford, 1959.
[2] Cerebrum.
[3] Cerebellum.

Organische Bestandteile von Gehirn und Rückenmark des Erwachsenen (alle Werte als g/kg Frischgewicht, falls nicht anders angegeben)

	Gesamtes Gehirn	Graue Substanz	Weiße Substanz	Rückenmark
Gesamtlipoid-P	250[1]	30,8	78,2	51–105[2]
Lecithin-P	–	7,9–13,2	9–15	22[2,3]
Cephalin-P	148–260[1]	18–22	27–35	61[2,3]
Diphosphoinositid-P	–	1,96	4,14	–
Sphingomyelin-P	–	2,7	10,8	–
Cerebroside	–	6,3 ± 2,9	49,0[4]	12,9–19,6
	–	3,1 ± 0,2[4]	–	67[3]
Gesamtlipide	104	57,9	179	–
Cholesterin	26–44	7,2	40,7	59[3]
Ganglioside (N-Acetylsialsäure × 4,0)	–	3,3	1,25	–
Gesamtprotein	100–110	73–82	77–92	90
Löslich in 4,5% KCl (isoelektrischer Punkt pH 5,6)	–	16,7–18,9	18,5–22,1	–
Löslich in Wasser (isoelektrischer Punkt pH 4,6)	–	21,9–24,6	14,6–17,5	–
Proteolipidprotein	–	16[5]	42[5]	–
Neurokeratin	–	3,1	11,2	–

[1] g/kg Trockengewicht.
[2] Nicht als P angegeben.
[3] Weiße Substanz.
[4] Echte Cerebroside.
[5] Ungefähre Werte, berechnet nach FOLCH und LEES, *J. biol. Chem.*, **191**, 807 (1951).

Literatur
ANSELL, G. B., in: LONG, C. (Hrsg.), *Biochemists' Handbook*, Spon, London, 1961, S. 640.

Zusammensetzung von Haut, Haaren und Nägeln (alle Werte pro Kilogramm Frischgewicht, falls nicht anders angegeben)

Organ oder Gewebe	Alter	Gewicht in Prozenten des Körpergewichts	Wasser	N	Na	K	Cl	Mg	Ca	P	Cu	Fe	Mn*	Pb	Si
			g	g	mval	mval	mval	mval	mval	mmol	mg	mg	mg	mg	mg
Haut	Fötus, 14 Wochen	–	917	11,6	–	23,8	90,6	–	4,4	41,8	–	–	–	–	–
	Fötus, 20 Wochen	13	901	11,9	120	36,0	96,0	3,8	6,1	28,2	–	–	–	–	–
	Neugeborene	15	828	26,5	87,1	45,0	66,9	4,7	10,0	31,7	–	–	–	–	–
	Säuglinge, 3–5 Monate	–	675	54,5	65,4	43,7	72,3	7,4	11,4	34,9	–	–	–	–	–
	Erwachsene	7	694	53,0	79,3	23,7	71,4	3,1	9,5	14,0	–	–	–	–	–
Epidermis	Erwachsene	–	645	–	49,6	81,4	–	15,0	7,5	–	–	–	–	–	–
Haar**	Erwachsene	–	–	–	–	–	–	0,8–8,4	94–245	–	4–128	0,8–170	0,00001–46	17–508	150–3600
Nägel**	Erwachsene	–	–	–	–	–	–	1,9–9,2	–	–	9–81	18–65	Weniger als 1	97–240	1700–5400

* Pro Kilogramm Trockengewicht.
** Haare und Nägel enthalten auch Zn (9–562 bzw. 116–3080 mg/kg); Haare sollen auch Al, Ni, Co, Cr, ferner in Spuren Ti, Sr und Ag enthalten.

Literatur
Epidermis: SUNTZEFF und CARRUTHERS, *J. biol. Chem.*, **160**, 567 (1945); ZHEUTLIN und FOX, jr., *Arch. Derm.*, **61**, 397 (1950).
Haut: WIDDOWSON und DICKERSON, *Biochem. J.*, **77**, 30 (1960).
Haar: FLESCH, P., in: ROTHMAN, S. (Hrsg.), *Physiology and Biochemistry of the Skin*, University of Chicago Press, Chicago, 1954, S. 601.
Nägel: GOLDBLUM et al., *J. invest. Derm.*, **20**, 13 (1953), zitiert nach LORINCZ, A. L., in: ROTHMAN, S. (Hrsg.), *Physiology and Biochemistry of the Skin*, University of Chicago Press, Chicago, 1954, S. 662.

Zusammensetzung von Zähnen und Knochen (alle Werte pro 100 g fettfreies Trockengewicht, falls nicht anders angegeben)

Organ oder Gewebe	Alter	Wasser* g	N g	Ca g	P g	Mg g	CO_3^{--} g	Cl g	F g	Na g	K g	Fe g	Cu g	Pb g
Zähne														
Schmelz	Erwachsene ...	3	0,03	36	17	0,4	2,5	0,25	0,010–0,034	0,71–0,90	0,05–0,30	0,0008–0,4	0,00017–0,0009	–
Dentin	Erwachsene ...	10	3,4	27	13	0,9	3,3	0,00–0,03	0,024–0,076	0,30	0,07–0,10	0,007	–	0,005
Knochengewebe														
Femurkortex	Fötus, 14 Wochen ...	–	5,95	18,9	9,1	–	–	–	–	–	–	–	–	–
	Fötus, 20–24 Wochen	31,1	5,25	23,4	10,5	–	–	–	–	–	–	–	–	–
	Neugeborene ..	23,8	5,06	24,6	10,8	–	–	–	–	–	–	–	–	–
	Kinder, 2–4½ Monate.	23,0	5,28	23,7	10,8	–	–	–	0,049**	–	–	–	–	–
	Kinder, 5–9 Monate ..	19,5	5,31	24,9	11,0	–	–	–	–	–	–	–	–	–
	Kinder, 12–24 Monate	20,3	5,24	24,6	11,1	–	–	–	0,071**	–	–	–	–	–
	Kinder, 12 Jahre	15,5	4,92	25,3	11,5	–	–	–	–	–	–	–	–	–
	Erwachsene, 18–35 Jahre ..	12,2	4,74	26,4	11,3	0,39	4,0	0,18	0,094–0,270**	0,18–0,6	0,05–0,3	0,011–0,017	0,0002–0,0048	0,001–0,01
Femur (ohne Epiphysen)	Fötus, 14 Wochen ...	56,0	5,69	15,8	7,1	–	–	–	–	–	–	–	–	–
	Fötus, 20–24 Wochen	54,6	5,95	19,1	8,2	–	–	–	–	–	–	–	–	–
	Neugeborene ..	48,8	5,94	23,6	9,9	–	–	–	–	–	–	–	–	–
	Kinder, 2–4½ Monate	49,2	6,78	19,9	9,7	–	–	–	–	–	–	–	–	–
	Kinder, 5–9 Monate ..	43,7	6,89	19,0	8,6	–	–	–	–	–	–	–	–	–
	Kinder, 12–24 Monate	39,7	5,67	18,3	8,5	–	–	–	–	–	–	–	–	–
	Kinder, 12 Jahre	30,7	5,21	27,2	12,4	–	–	–	–	–	–	–	–	–
	Erwachsene, 18–35 Jahre ..	22,7	5,20	25,1	10,7	–	–	–	–	–	–	–	–	–

Literatur

Zähne: Eastoe, J. E., in: Long, C. (Hrsg.), *Biochemists' Handbook*, Spon, London, 1961, S. 720.
Knochen: Eastoe, J. E., in: Long, C. (Hrsg.), *Biochemists' Handbook*, Spon, London, 1961, S. 715; Dickerson, J. W. T., *Biochem. J.*, **82**, 56 (1962).

* Pro 100 g fettfreie Knochen.
** Nimmt mit Alter und steigendem Fluorgehalt des Trinkwassers zu; Werte gelten für Rippen (Jackson und Weidmann, *J. Path. Bact.*, **76**, 451 [1958]).

Strontium- und Bariumgehalt von Knochenasche (µg/g)

Alter	Sr	Ba
0–3 Monate	79,1	7,0
1–13 Jahre	73,8	7,6
19–33 Jahre	107	5,1
33–74 Jahre	114	8,5

Literatur

Sowden und Stitch, *Biochem. J.*, **67**, 104 (1957).

Strontium-90–Calcium-Verhältnis im Knochen (pCi ^{90}Sr/g Ca)

Alter	Mittelwert	Maximum
0–5 Jahre	2	3,2
5–20 Jahre	1	2,0
Über 20 Jahre	0,3	0,6

Literatur

Scheuermann, W., *Z. Ernährungsw.*, **2**, 123 (1962). Werte aus der Bundesrepublik Deutschland im Jahr 1960.

Organische Bestandteile von Muskeln, Haut, Knochen und Zähnen (alle Werte als g/kg Frischgewicht, falls nicht anders angegeben)

Organ oder Gewebe	Alter	Nicht-protein-N	Sarkoplasma-protein-N	Fibrillen-protein-N	Kollagen-N	Glycogen	Mucopoly-saccharide	Cholesterin
Skelettmuskel	Fötus, 14 Wochen	1,2	3,6	5,7	0,6[4]	–	–	–
	Fötus, 20–22 Wochen	1,7	3,7	8,7	1,8[4]	–	–	–
	Neugeborene	2,4	3,9	10,9	3,8[4]	–	–	–
	Kinder, 4–7 Monate	3,2	5,0	17,0	4,6[4]	–	–	–
	Erwachsene	3,0	6,7	19,9	1,4[4]	–	–	2,7[5]
Uterusmuskel	Nichtschwanger	–	–	5[1], 11[2], 4[3]	–	–	–	10[5]
	Bei der Geburt	–	–	13[1], 9[2], 15[3]	–	–	–	–
Muköse Membran	Proliferationsphase	–	–	–	–	3,2	–	–
	Beginn der Sekretionsphase	–	–	–	–	11,2	–	–
	Sekretionsphase	–	–	–	–	6,4	–	–
Haut	Fötus, 20–22 Wochen	–	–	–	2,4	–	–	–
	Neugeborene	–	–	–	16,8	–	2,9[6]	–
	Kinder, 4–7 Monate	–	–	–	39,2	–	–	–
	Erwachsene	–	–	–	45,7	–	2,0[6]	–
Knochen	Fötus, 14 Wochen	–	–	–	29,2[6]	–	–	–
	Fötus, 20–24 Wochen	–	–	–	40,6[6]	–	–	–
	Neugeborene	–	–	–	42,0[6]	–	–	–
	Kinder, 2–4½ Monate	–	–	–	44,0[6]	–	–	–
	Kinder, 5–9 Monate	–	–	–	42,7[6]	–	–	–
	Kinder, 12–24 Monate	–	–	–	43,7[6]	–	2,3[7]	–
	Erwachsene, 18–35 Jahre	–	–	–	41,5[6]	–	1,6[7]	–
Zähne								
Schmelz	Erwachsene	–	–	–	0,16[5]	–	1,0 (lösliches Schmelz-protein)	–
Dentin	Erwachsene	–	–	–	30,6[5]–32,4[5]	–	2,0–6,0	4,0

[1] Actomyosin.
[2] Myosin.
[3] Actotropomyosin.
[4] Gesamter extrazellulärer Protein-N.
[5] Pro Kilogramm Trockengewicht.
[6] Pro Kilogramm fettfreies Trockengewicht.
[7] Pro Kilogramm Trockengewicht, als Glucosamin-HCl.

Literatur

Skelettmuskel: Dickerson und Widdowson, *Biochem. J.*, **74**, 247 (1960).
Uterus: Csapo, A., *Amer. J. Physiol.*, **160**, 46 (1950); Naeslund und Snellman, *Acta Soc. Med. upsalien.*, **59**, 349 (1954); Arronet und Latour, *J. clin. Endocr.*, **17**, 261 (1957).
Haut: Widdowson und Dickerson, *Biochem. J.*, **77**, 30 (1960); Loewi, G., *Biochim. biophys. Acta*, **52**, 435 (1961).
Knochen: Rogers, H. J., *Nature*, **164**, 625 (1949); Dickerson, J. W. T., *Biochem. J.*, **82**, 56 (1962).
Zähne: Eastoe, J. E., in: Long, C. (Hrsg.), *Biochemists' Handbook*, Spon, London, 1961, S. 720.

Zusammensetzung von Plazenta und Fruchtwasser (alle Werte pro Kilogramm frischer Plazenta und pro Liter Fruchtwasser)

Gewebe	Schwangerschafts-stadium	Wasser g	N g	Na mval	K mval	Cl mval	Mg mval	Ca mval	P mmol	Cu mg	Zn mg
Plazenta	20–40 Wochen	866	18,5	98	40	–	6,6	12,4	30	1,5	10,0
Fruchtwasser	Erste Hälfte	–	–	135	4,0	109	1,4	3,6	1,2	–	–
	Bei der Geburt	–	–	–	–	–	–	–	0,7	–	–

Literatur

Plazenta: Widdowson und Spray, *Arch. Dis. Childh.*, **26**, 205 (1951); weitere Werte in der Zusammenstellung von Berger und von Hornstein, *Fortschr. Geburtsh. Gynäk.*, **14**, 1 (1961).
Fruchtwasser: Makepeace et al., *Surg. Gynec. Obstet.*, **53**, 635 (1931); Economou-Mavrou und McCance, *Biochem. J.*, **68**, 573 (1958); Westin et al., *Acta paediat. (Uppsala)*, **49**, 154 (1960).

Wasser- und Elektrolythaushalt

(Siehe hierzu auch den Abschnitt «Wässerige Lösungen», S. 264–270)

Der Abschnitt «Wasser- und Elektrolythaushalt», S. 519–526, wurde von U. F. Gruber und M. Allgöwer, Chirurgische Universitätsklinik Basel, zusammengestellt.

Einleitung

Die Therapie der Störungen des Wasser- und Elektrolythaushalts ist ein Bilanzproblem. Man muß den täglichen Bedarf des Gesunden an Wasser, Elektrolyten und Kalorien und die Ausscheidungswege und -raten kennen. Beim gesunden Erwachsenen ist die Gesamteinfuhr jedes Elements gleich der Gesamtausfuhr. Beim Patienten sind außer dem täglichen Bedarf auch vorausgegangene und noch vorkommende Verluste von Wasser und Elektrolyten zu berücksichtigen. Voraussetzung für die Therapie ist daher ein sorgfältiges Bestimmen der gesamten Einfuhr (Nahrung, Trinkmenge, Infusionen, Einläufe usw.) und Ausfuhr (Harn, Fäzes, Erbrochenes, Sekrete, Fistelflüssigkeiten, Punktionsflüssigkeiten usw.) sowie Kenntnis ihrer genauen Zusammensetzung. Eine große Hilfe zur Erkennung von Veränderungen im Wasserhaushalt und Stoffwechsel bildet das tägliche Wägen des Patienten unter Standardbedingungen. Maßgebend ist immer der gesamte Elektrolyt- und Wasserhaushalt des einzelnen Patienten; eine alleinige Korrektur einzelner abnormer Plasmakonzentrationswerte ist unzulässig.

Gesamtkörperzusammensetzung

Einzelheiten hierzu finden sich im Abschnitt «Chemische Zusammensetzung des Körpers», S. 513–518.

Tabelle 1 Annähernde Körperzusammensetzung und Wasserverteilung in Prozenten des Körpergewichts

	Erwachsene		Säuglinge
	Männer	Frauen	
Feste Substanzen	40	50	25
1. Organische Bestandteile	35	45	–
2. Mineralische Bestandteile	5	5	–
Gesamtkörperwasser	60	50	75
1. Intrazellulär	40	30	40
2. Extrazellulär	20	20	35
a) Intravasal	4	4	5
b) Interstitiell	16	16	30

Elektrolytzusammensetzung der Flüssigkeitsräume

Einzelheiten über den Serumelektrolytgehalt sind im Abschnitt «Blut» zu finden.

Tabelle 2 Konzentrationen der wichtigsten Elektrolyte in Serum, Serumwasser, interstitieller Flüssigkeit und intrazellulärer Flüssigkeit[7]

	Serum		Serumwasser	Interstitielle Flüssigkeit*	Intrazelluläre Flüssigkeit**
	mval/l	mg/l	mval/l	mval/l	mval/kg Wasser
Kationen					
Natrium	142	3 265	152,7	145	10
Kalium	4	156	4,3	4	160
Calcium	5	100	5,4	5	2
Magnesium	2	24	2,2	2	26
Kationen, total	153	3 545	164,6	156	198
Anionen					
Chlorid	101	3 581	108,5	114	3
Bicarbonat	27	1 648	29,3	31	10
Phosphat (HPO_4^{-})	2	96	2,2	2	100
Sulfat	1	48	1	1	20
Organische Säuren	6	210	6,4	7	–
Proteine	16	66 300	17,2	1	65
Anionen, total	153	71 900	164,6	156	198

* Der durchschnittliche Gibbs-Donnan-Wert von 0,95 gilt nur für einwertige Ionen; die Angaben für die zweiwertigen Ionen sind daher nicht exakt. Unberücksichtigt blieb auch der nicht ionisierte Anteil von Ca^{++}, der nicht in die interstitielle Flüssigkeit diffundiert.
** Werte basierend auf den Konzentrationen im intrazellulären Wasser von Skelettmuskel.

Tabelle 3 Umrechnungsfaktoren für Serumelektrolyte

	Serumgehalt				Umrechnungsfaktoren (siehe dazu auch S. 270)			
	mval/l	mmol/l	mosm/l	mg/l	mg/l in mval/l	mg/100 ml in mval/l	mval/l in mg/l	mval/l in mg/100 ml
Kationen								
Natrium	142	142	142	3 265	0,043 5	0,435	23,0	2,30
Kalium	4	4	4	156	0,025 6	0,256	39,1	3,91
Calcium	5	2,5	2,5	100	0,049 9	0,499	20,0	2,00
Magnesium	2	1	1	24	0,082 3	0,823	12,2	1,22
Kationen, total	153	149,5	149,5	3 545	–	–	–	–
Anionen								
Chlorid	101	101	101	3 581	0,028 2	0,282	35,5	3,55
Bicarbonat	27	27	27	1 648	0,016 4*	0,164*	61,0*	6,10*
Phosphat (HPO_4^{-})	2	1	1	96	0,020 8	0,208	48,0	4,80
Sulfat	1	0,5	0,5	48	0,020 8	0,208	48,0	4,80
Organische Säuren	6	6	6	210	0,028 6	0,286	35	3,5
Proteine	16	2	2	66 300	0,000 241**	0,002 41**	4145**	414,5**
Anionen, total	153	137,5	137,5	71 900	–	–	–	–
Kationen+Anionen, total	306	287	287	75 400	–	–	–	–

* Zur Umrechnung von Vol% CO_2 in mmol CO_2 und umgekehrt siehe S. 270.
** Der Faktor 2,41 nach van Slyke zur Umrechnung des Serumproteingehaltes (g/100 ml) in ionisiertes Serumprotein (mval/l) gilt für 38 °C, pH 7,4 und einen Albumin-Globulin-Quotienten von 1,6. Bei abnormer Verteilung der Proteinfraktionen sollte es nach van Slyke möglich sein, den Äquivalenzwert der Albumine und Globuline aufgrund folgender Faktoren zu errechnen[2]: 1 g Albuminstickstoff = 1,745 mval; 1 g Globulinstickstoff = 1,205 mval. Nach Broch[3] soll aber die Umrechnung nach van Slyke bei Dysproteinämien zu hohe Werte ergeben.

Wasserbilanz

Tabelle 4 Durchschnittlicher täglicher Wasserumsatz für 70 kg Körpergewicht (nach WOLF[4])

	Wasseraufnahme in Gramm			Wasserausscheidung in Gramm	
	Obligatorisch	Fakultativ		Obligatorisch	Fakultativ
Trinkflüssigkeit ..	650	} 1000	Harn ..	700	} 1000
Nahrung	750		Haut...	500	
Oxydationswasser	350		Lunge .	400	
			Fäzes ..	150	
Subtotal	1750	1000	Subtotal	1750	1000
Total	2750		Total ..	2750	

Tabelle 5 Täglicher Wasserbedarf in Milliliter pro Kilogramm Körpergewicht für verschiedene Lebensalter unter normalen Verhältnissen[5,6]

Alter	Körpergewicht kg	Geschätzter Wasserbedarf ml/kg
3 Tage	3,0	80–100*
10 Tage	3,2	125–150*
3 Monate	5,4	140–160
6 Monate	7,3	130–155
9 Monate	8,6	125–145
1 Jahr	9,5	120–135
2 Jahre	11,8	115–125
4 Jahre	16,2	100–110
6 Jahre	20,0	90–100
10 Jahre	28,7	70–85
14 Jahre	45,0	50–60
18 Jahre	54,0	40–50
Erwachsene[7]	70,0	21–43

* Durchschnittswerte für brusternährte Säuglinge.

Den täglichen Bedarf an Wasser, Elektrolyten und Kalorien kann man beim Erwachsenen mit hinreichender Genauigkeit auf 1 kg Körpergewicht beziehen. Ein Bezug auf die Körperoberfläche bietet trotz der größeren Genauigkeit keinen Vorteil, da die Bedarfswerte noch von andern Faktoren abhängen, wie Alter, Geschlecht, Herz-, Nieren- und Lungenfunktion, Fieber, zugrunde liegenden Krankheiten, Ernährungszustand und Kalorienverbrauch. Beim Neugeborenen, Säugling und Kind empfiehlt sich unter Umständen ein Bezug auf 1 m² Körperoberfläche (siehe Nomogramm, S. 534) oder auf den täglichen Kalorienumsatz.

Tabelle 6 Täglicher Wasserbedarf pro Quadratmeter Körperoberfläche[6]

Mindestbedarf	870 ml/m²
Durchschnitt	1500 ml/m²
Maximaltoleranz	2730 ml/m²

Tabelle 7 Durchschnittlicher täglicher Wasserumsatz pro 100 kcal[1]

Wasseraufnahme	80–110 ml/100 kcal
Oxydationswasser	10– 20 ml/100 kcal
Harn	50– 70 ml/100 kcal
Unsichtbarer Wasserverlust (siehe auch Tabelle 8)	40– 60 ml/100 kcal

Tabelle 8 Durchschnittlicher täglicher unsichtbarer Wasserverlust für verschiedene Altersstufen[1]

Alter	ml/m²	ml/100 kcal
0–3 Jahre	1150	59
3–8 Jahre	950	49
8–16 Jahre	700	45
Erwachsene	550	40

Bei Körpertemperaturen über 37,6 °C steigt der unsichtbare Wasserverlust pro °C um etwa 13% des Normalwerts[8]. (Über die Wasserabgabe durch die Haut beim Schwitzen siehe S. 675.) Beim ruhenden, weniger als ein Jahr alten Säugling beträgt die pulmonale Wasserabgabe 1 g/kg Körpergewicht pro Stunde[5].

25% der Gesamtwärmeabgabe des Körpers gehen bei normaler Aktivität auf Kosten der Wasserverdunstung (unsichtbarer Wasserverlust)[9]. Die Verdampfungswärme des Wassers beträgt 0,58 kcal/ml bei 37 °C (oder 1 kcal/1,7 ml). Damit kann der Wasserverlust durch Verdunstung aus dem Gesamtkalorienverbrauch berechnet werden.

Tabelle 9 Oxydationswasser[1]

Beim Abbau von	entstehen
100 g Fett	107 ml Oxydationswasser
100 g Eiweiß	41 ml Oxydationswasser
100 g Kohlenhydrat	55 ml Oxydationswasser
100 g Nichtfettgewebe	15 ml Oxydationswasser

Die Proteine im Nichtfettgewebe werden nicht voll oxydiert, da der im Urin ausgeschiedene Harnstoff noch ein nicht oxydiertes C-Atom enthält. Beim Abbau von Nichtfettgewebe wird neben dem Oxydationswasser auch das intrazelluläre Wasser frei (73 ml/100 g). Fettgewebe enthält praktisch kein Wasser[10].

Tabelle 10 Bildung von Wasser beim Abbau von Körpergewebe

Beim Abbau von	entstehen	
500 g Fettgewebe	535 ml Oxydationswasser	–
500 g Nichtfettgewebe	75 ml Oxydationswasser	365 ml intrazelluläres Wasser
1000 g Körpergewebe	610 ml Oxydationswasser	365 ml intrazelluläres Wasser
	975 ml Wasser	

Beim Abbau von 1 kg körpereigenem Gewebe (500 g Fettgewebe plus 500 g Nichtfettgewebe) fällt durchschnittlich 1 l endogenes, praktisch natriumfreies Wasser an. Dies ist bei Patienten mit eingeschränkter Kalorienzufuhr und gleichzeitig verminderter Wasserausscheidung (zum Beispiel postoperativ) zu berücksichtigen. Solche Patienten werden sehr leicht überwässert. Ein Patient, der nach unkompliziertem Abdominaleingriff postoperativ nur mit Elektrolytlösungen und 5%iger Glucoselösung ernährt wird, soll daher pro Tag ungefähr 200–400 g Gewicht verlieren[10].

Elektrolytbilanz

Tabelle 11 Täglicher Bedarf, übliche Einnahme und durchschnittliche Ausscheidung verschiedener Elektrolyte[1,7,10,11]

	Mindestbedarf* mval/Tag	Übliche Einnahme mval/Tag	Durchschnittliche Ausscheidung** Bei Einnahme von mval/Tag	Harn mval/Tag	Fäzes mval/Tag	Schweiß mval/Tag
Natrium						
Erwachsene	20	50–250	100	97	3	0–(10)
Pro Quadratmeter Oberfläche	12	29–145				
Pro Kilogramm Körpergewicht	0,3	0,7–3,6				
Kalium						
Erwachsene	20–33	50–150	100	90	10	0–(5)
Pro Quadratmeter Oberfläche	12–19	29–87				
Pro Kilogramm Körpergewicht	0,3–0,5	0,7–2,1				
Calcium						
Erwachsene	15	25–75	50	5	45	–
Pro Quadratmeter Oberfläche	9	14–43				
Pro Kilogramm Körpergewicht	0,2	0,4–1,1				
Magnesium						
Erwachsene	16–25	20–50	30	10	20	–
Pro Quadratmeter Oberfläche	9–14	12–29				
Pro Kilogramm Körpergewicht	0,2–0,4	0,3–0,7				
Chlorid						
Erwachsene	20	50–250	100	97	3	0–(10)
Pro Quadratmeter Oberfläche	12	29–145				
Pro Kilogramm Körpergewicht	0,3	0,7–3,6				

* Die angeführten Werte gelten nur für Erwachsene. Der Mindestbedarf an Natrium und Chlorid ist nicht bekannt. Angegeben ist der Gehalt einer streng natriumarmen Diät. Eine extrem natriumarme Diät mit 9 mval Natrium pro Tag darf nur unter ärztlicher Überwachung angewendet werden.

** Einzelheiten siehe in den Abschnitten «Harn», S. 658–660, «Fäzes», S. 654, und «Schweiß», S. 675 und 676.

Tabelle 12 Menge und Elektrolytgehalt bilanzmäßig wichtiger Körperflüssigkeiten*

	Menge	Natrium mval/l	Kalium mval/l	Chlorid mval/l	Bicarbonat mval/l	pH
Speichel	500–1500 ml/24 h	10–25	15–40	10–40	2–13	–
Magensaft	2000–3000 ml/24 h	–	–	–	–	–
Mit Säure	–	20–70	5–15	80–160	0	Sauer
Ohne Belegzellensekret	–	70–150	5–15	80–120	25–40	Neutral bis schwach alkalisch
Pankreassaft	300–1500 ml/24 h	140	6–9	110–130	25–45	Alkalisch
Galle	250–1100 ml/24 h	130–165	3–12	90–120	30	Schwach alkalisch
Darmsekrete	3000 ml/24 h	–	–	–	–	Schwach alkalisch
Dünndarm, MILLER-ABBOTT-Sonde	–	82–148	2–8	43–137	–	–
Ileostomie, frisch	–	105–144	6–29	90–136	–	–
Ileostomie, alt	–	46	3	21	–	–
Caecostomie	–	53	8	–	–	–
Intraluminalflüssigkeit	500 ml	70	35	–	–	–
Schweiß	500–1000 ml/24 h	5–80	5–15	5–70	–	–
Zerebrospinalflüssigkeit	100–160 ml	130–150	2,5–4,5	122–128	25	Schwach alkalisch
Transsudate**	–	130–145	2,5–5	90–110	–	–
Stuhlwasser***	–	–	–	–	–	–

* Die angegebenen Werte sind näher besprochen in den einzelnen Abschnitten der Körperflüssigkeiten; die Werte über Darmsekrete und Transsudate stammen aus LOCKWOOD und RANDALL[12], die über Intraluminalflüssigkeit aus BLACK[13].

** Die Quotienten für den Elektrolytgehalt in Transsudatwasser und Serumwasser betragen durchschnittlich 0,96 für Natrium, 0,92 für Kalium und 1,03 für Chlorid[14]. Die angegebenen Werte wurden mit diesen Quotienten aus den Mittelwerten im Serumwasser unter Annahme eines mittleren Transsudatproteingehalts von 20 g/l berechnet.

*** Bei Durchfall nähern sich die Elektrolytkonzentrationen im Stuhl denjenigen eines Ileumsekretes mit relativ höherem Kaliumgehalt von 40–70 mval/l[10].

Tabelle 13 Natrium- und Kaliumhaushalt eines 70 kg schweren Mannes[10,15]

	Natrium	Kalium
Gesamtaustauschbar *	2800 mval	3400 mval
Im Plasma	450 mval	14 mval
In der interstitiellen Flüssigkeit ..	1900 mval	60 mval
In der intrazellulären Flüssigkeit .	220 mval	3300 mval
Durchschnittliche Einnahme	100 mval pro Tag **	100 mval pro Tag ***
Durchschnittliche Ausscheidung .	100 mval pro Tag	100 mval pro Tag
1 mval entspricht	23 mg	39 mg

* Inbegriffen das in der Tabelle nicht gesondert angeführte Natrium im Knochen. Weitere Einzelheiten siehe im Abschnitt «Chemische Zusammensetzung des Körpers», S. 514.
** 1 l physiologische (isotonische) Kochsalzlösung (0,85%) enthält je 145 mval Natrium und Chlorid, das ist mehr, als dem Tagesbedarf an Kochsalz entspricht.
*** Bei parenteraler Zufuhr und guter Nierenfunktion genügen 60 mval Kalium pro Tag[10]. Bei Nierengesunden können 20–25 mval Kalium pro Stunde ohne Gefahr infundiert werden; bei schwerer Hypokaliämie kann es nötig sein, 50–60 mval pro Stunde zu infundieren[16].

Osmotische Verhältnisse

Die osmotischen Verhältnisse sind für die Verteilung des Wassers und der darin gelösten Stoffe in den Wasserräumen des Körpers verantwortlich. Die Membranen, welche die verschiedenen Flüssigkeitsphasen des Körpers voneinander trennen (das Gefäßendothel und die Zellmembranen), sind für Wasser im allgemeinen frei permeabel. Es scheint dadurch ein gleichmäßiger osmotischer Druck in sämtlichen Körperflüssigkeiten gewährleistet zu werden. Zur Definition von Gefrierpunktserniedrigung, osmotischem Druck, Osmolarität und Osmolalität siehe S. 264 und 265; Umrechnungstabellen siehe S. 266 und 267.

Gefrierpunktserniedrigung des Plasmas bei 38 °C: 0,540 °C
Osmotischer Druck des Plasmas bei 38 °C: 7,39 atm; 5616 Torr
Osmolalität des Plasmas bei 38 °C: 291,2 mosm/kg Wasser

Die aus der chemischen Zusammensetzung unter Annahme einer vollständigen Dissoziation der Elektrolyte zu errechnende ideale Osmolalität beträgt etwa 325 mosm/kg Serumwasser. Die Differenz zwischen diesem Wert und der tatsächlich osmotisch wirksamen Konzentration von etwa 290 mosm/kg Serumwasser (das ist rund das Zweifache der Natriumkonzentration des Serums in mval/l) erklärt sich aus der nicht vollständigen Dissoziation der Elektrolyte im Serum.

Tonizität. Im klinischen Gebrauch werden die Begriffe Tonizität und Osmolalität gleichgesetzt. Eine Lösung wird als isotonisch bezeichnet, wenn sie isoosmotisch ist, das heißt den gleichen osmotischen Druck aufweist wie das Serum. In praxi werden hypotonische und hypertonische Lösungen mit Osmolalitäten zwischen 140 mosm/kg Wasser und 1710 mosm/kg Wasser intravenös verabreicht, ohne daß es zu Zeichen von Hämolyse kommt[7]. $^1/_6$ molare bzw. $^1/_6$ normale Lösungen aller Salze, die in 2 Teile dissoziieren, sind für praktische Bedürfnisse isotonisch (333 mosm/l).

Die Integrität des Plasmavolumens und die Verteilung von Flüssigkeit zwischen Plasma und interstitiellem Raum ist hauptsächlich vom «wirksamen» osmotischen Druck der Plasmaproteine abhängig. Das Kapillarendothel ist für fast alle in der Extrazellularflüssigkeit gelösten Teilchen frei durchlässig. Der gesamte osmotische Druck wird vor allem durch die Natriumionen und die dazugehörigen Anionen bestimmt. Da diese Ionen aber die Kapillaren frei passieren und sich im gesamten Extrazellularraum durch einfache Diffusion und Filtration frei verteilen, können sie zu einem osmotischen Druckgradienten zwischen intravasalem und extravasalem Raum nichts beitragen. Im intravasalen Raum befinden sich dagegen fast alle großen Proteinmoleküle. Diese üben einen wirksamen osmotischen Druck aus, wodurch der Austritt von Wasser aus dem Plasma verhindert wird, obwohl die Proteine nur einen kleinen Teil der Gesamtosmolalität ausmachen. Diese spezifische Wirkung der Plasmaproteine bezeichnet man als kolloidosmotischen oder onkotischen Druck.

Onkotischer Druck des Plasmas bei 38 °C etwa 0,04 atm
etwa 30 Torr
etwa 400 mm Wasser

Das Albumin ist für ungefähr 85% des kolloidosmotischen Drucks verantwortlich. Da das Fibrinogen zufolge seines hohen Molgewichtes praktisch keine osmotische Wirkung besitzt, können der onkotische Druck des Serums und derjenige des Plasmas einander gleichgesetzt werden.

Bei abnormer Zusammensetzung der Plasmaproteine kann der onkotische Druck nach Keys[17] berechnet werden:

$$\text{Onkotischer Druck (in mm Wasser)} = f_c\,(4{,}52\,A + 1{,}886\,G) \times T/273{,}15$$

wobei A = Albumin in g/l Serum, G = Globuline in g/l Serum, T = absolute Temperatur in Grad Kelvin (°K) = 273,15 + °C und f_c einen variablen Faktor bedeuten. f_c hängt vom Gesamtproteingehalt wie folgt ab:

Gesamtproteingehalt des Serums (g/l)....	10	20	30	40	50	60	70	80
f_c	0,88	0,92	0,98	1,03	1,09	1,17	1,28	1,45

Die Gegenkraft des onkotischen Drucks ist der hydrostatische Druck in den Kapillaren.

Kapillardruck bei 38 °C (siehe auch S. 550)

Arterieller Schenkel	32 Torr 435 mm Wasser
Venöser Schenkel	12 Torr 163 mm Wasser

Zur osmotischen Aktivität der Serumelektrolyte siehe die Tabelle 3.

Tabelle 14 Osmotische Aktivität einiger Serumkristalloide[10]

1000 mg Glucose/l Serum..................	5,5 mosm/l
1000 mg Harnstoff/l Serum	17,2 mosm/l

Tabelle 15 Osmotische Aktivität einiger Serumkolloide[10]

	g/l	mval/l	mosm/l
Albumin	45	14	1,7
Globulin	15	2	0,3
Gesamtproteine	60	16	2,0

Infusionen von Plasma und Blut verteilen sich im gesamten intravasalen Raum, Infusionen von isotonischen Elektrolytlösungen im gesamten extrazellulären Raum und isotonische Kristalloidlösungen (zum Beispiel Glucoselösungen) im Gesamtkörperwasser.

Kalorische Bedürfnisse

Definition der Kalorie und Umrechnungen siehe S. 213; täglicher Kalorienbedarf siehe S. 490; kalorischer Wert der Nahrungsmittel siehe S. 494–511; kalorischer Wert von Fett, Protein und Kohlenhydrat siehe S. 535.

Die kalorischen Bedürfnisse bei parenteraler Therapie können durch Kohlenhydratlösungen, Aminosäurenlösungen und Fettemulsionen gedeckt werden; über deren Kaloriengehalt orientieren die Herstellerfirmen.

Der menschliche Körper verwertet in einer Stunde normalerweise nicht mehr als etwa 0,5 g D-Glucose pro Kilogramm Körpergewicht[18].

Äthylalkohol USP liefert 7 kcal/g, Lactat 0,31 kcal/mmol.

250 ml Plasma enthalten etwa 15 g Proteine, das sind etwa 60 kcal.

Tabelle 16 Tagesbilanz des Energiehaushalts eines 70 kg schweren Mannes[19]

Durchschnittliche Zufuhr		Durchschnittliche Ausfuhr	
500 g Fett + Kohlenhydrat + Protein 550 l Sauerstoff		12 g Harnstickstoff 450 l Kohlendioxyd 300 ml Oxydationswasser	
	Energie in kcal		Energie in kcal
Fett	900	Körperaktivität (leicht)	800
Kohlenhydrat .	1400	Spezifisch dynamische Wirkung	200
Proteine	300	Grundumsatz	1600
Total	2600	Total	2600

Bei einem nicht bettlägerigen Spitalpatienten mit eingeschränkter Aktivität beträgt der gesamte Energieverbrauch ungefähr 2000 kcal pro Tag.

Säure–Basen-Haushalt und pH

Der Wasserstoffionengehalt der einzelnen Wasserräume des Körpers wird durch Menge und Verhältnis der darin enthaltenen Säuren und Basen bestimmt*. Er wird durch chemische und physiologische Regelmechanismen innerhalb gewisser Grenzen gehalten. Da die Wasserstoffionenkonzentration nicht exakt meßbar ist, wird sie in Form von pH-Werten angegeben (Definition siehe S. 272). Der chemische Mechanismus zur Regelung der Wasserstoffionenkonzentration beruht auf der Wirkung von Puffersystemen. Im Plasma und in der interstitiellen Flüssigkeit sind es vor allem die Systeme Bicarbonat, Phosphat und Proteinat, in den Zellen Hämoglobin und andere Proteinate sowie organische Phosphate (Adenosintriphosphat, Creatinphosphat usw.); eine chemische Pufferwirkung besitzen auch die Apatitkristalle der Knochen. Die physiologische Regelung erfolgt durch die Lunge (Abatmung von CO_2) und die Nieren (Ausscheidung von Wasserstoffionen oder Bicarbonat). Da Säuren und Basen in ihrer dissoziierten Form Elektrolyte sind, führen Veränderungen im Elektrolytgehalt der Körperflüssigkeiten häufig zu pH-Änderungen und umgekehrt.

Tabelle 17 Pufferkapazität (Δmval/ΔpH) des Körpers[20]

	Pufferkapazität pro Kilogramm Gewebe	Kilogramm Gewebe pro Kilogramm Körpergewicht	Pufferkapazität pro Kilogramm Körpergewicht
Blut	18	0,10	1,8
Gewebe (Muskel)...	5	0,65	3,25

Tabelle 18 Relative Pufferkapazität von Blut[21]

Vollblut .. 100%	Zellen 79%	
	Plasma 21%	Proteinat 13,6%
		Bicarbonat ... 6,1%
		Phosphat 1,5%

Bei der üblichen gemischten Kost liegt im Körper eine positive Wasserstoffionenbilanz vor. Diese im Verlauf des Stoffwechsels entstandenen Wasserstoffionen werden durch die Nieren als NH_4^+, $H_2PO_4^-$ und organische Säuren ausgeschieden (zusammen etwa 30–80 mval pro Tag, siehe S. 532). Endogen werden Wasserstoffionen gebildet durch die Oxydation schwefelhaltiger Aminosäuren zu Schwefelsäure, Freisetzung gewisser Phosphatgruppen zu Phosphorsäure und Abbau von Kohlenhydraten und Fetten bis zu Ketosäuren, Milchsäure und anderen organischen Säuren; endogen werden Wasserstoffionen verbraucht durch Verbrennung organischer Anionen wie Citrat, Malat und Oxalat aus Früchten und Gemüse. Das im Verlauf des Stoffwechsels entstandene CO_2 trägt normalerweise nichts zur Wasserstoffionenbilanz bei, da es durch die Lungen wieder ausgeschieden wird, beeinflußt aber den Säure-Basen-Zustand des Blutes, weil es in diesem transportiert wird.

In der Klinik wird der Säure–Basen-Haushalt durch Bestimmung des CO_2-Bicarbonatsystems untersucht. Den intrazellulären Puffersystemen dürfte zwar zumindest dieselbe Bedeutung zukommen wie den extrazellulären[22], sie sind aber meßtechnisch nur schwer erfaßbar.

Mißt man von den drei Größen pH, Total-CO_2-Gehalt (in mmol/l) und CO_2-Partialdruck (P_{CO_2} in Torr) deren zwei bei Körpertemperatur im Plasma oder Serum von anaerob gewonnenem arteriellem Blut, so kann die dritte nach HENDERSON[23] bzw. HASSELBALCH[24] berechnet werden[25]:

$$pH = 6{,}10 + \log \frac{[\text{Total-}CO_2]_P - 0{,}0301\,P_{CO_2}}{0{,}0301\,P_{CO_2}}$$

$[\text{Total-}CO_2]_P$ = Summe der Konzentration von gelöstem CO_2 und HCO_3^- im Plasma (Index P) in mmol/l. Zu Umrechnungen in Vol% gilt (siehe S. 270):

$$\text{mmol/l} = \frac{\text{Vol\%}}{2{,}226}$$

Die Summe der Konzentration von gelöstem CO_2 und H_2CO_3 im Plasma (in mmol/l) kann berechnet werden nach:

$$[CO_2]_P = 0{,}0301\,P_{CO_2}$$

Die Bicarbonatkonzentration im Plasma (in mmol/l) ergibt sich als Differenz zwischen Total-CO_2-Gehalt und Gehalt an gelöstem CO_2 und H_2CO_3:

$$[HCO_3^-]_P = [\text{Total-}CO_2]_P - [CO_2]_P$$

Diese Beziehungen sind in Abbildung 1 (nächste Seite) dargestellt.

Tabelle 19 Normalwerte der Meßgrößen des CO_2-Bicarbonatsystems in arteriellem und venösem Blut von Erwachsenen*[25, 27]

	Einheit	Blut**	Mittelwert	Bereich
pH	–	*v*	7,37	7,32–7,42
		a	7,40	7,35–7,45
$[HCO_3^-]_P$***	mmol/l	*v*	26	24–28
		a	24	22–26
P_{CO_2}	Torr	*v*	46	42–55
		a	40	34–46
$[\text{Total-}CO_2]_P$	mmol/l	*v*	27	25–29
		a	25	23–27
$[CO_2]_P$	mmol/l	*v*	1,38	1,26–1,65
		a	1,20	1,02–1,38

* Die Normalwerte gelten für Personen, die auf Meereshöhe leben. Bei Personen, die in Höhenlagen wohnen, ist P_{CO_2} wegen chronischer Hyperventilation niedriger, pH wegen kompletter renaler Kompensation jedoch normal, das heißt die Plasmabicarbonatkonzentration ist erniedrigt[25]. Eine ausführliche Zusammenstellung von Normalwerten findet sich im Abschnitt «Blutgase», S. 564; pH-Werte siehe S. 556.
** *a* = arterielles Blut, *v* = venöses Blut. Venöses Blut kann bei Patienten mit Kreislauf- und Atemstörungen nicht verwendet werden[25]; venöses Blut ist ohne Anlegen eines Stauschlauches zu entnehmen.
*** Die Plasmabicarbonatkonzentration ist bei Frauen um etwa 1 mmol/l geringer als bei Männern[25].

Die respiratorische Komponente des Säure–Basen-Haushalts wird durch den P_{CO_2}-Wert gut erfaßt; ob sich zur Beschreibung der metabolischen Komponente besser der Bicarbonatgehalt des Plasmas[28] oder besser der Pufferbasengehalt[29] des Vollbluts (S. 567) bzw. der Basenüberschuß[30] im Vollblut (S. 567) eignet, darüber sind die Meinungen geteilt[31].

* Nach BRØNSTED sind Säuren Protonendonatoren (Wasserstoffdonatoren) und Basen Protonenakzeptoren.

Folgende Formen von Veränderungen des Säure–Basen-Haushalts werden je nach Ursache der Störung unterschieden:

1. Respiratorische Alkalose: Abfall des P_{CO_2} infolge Hyperventilation.
2. Respiratorische Acidose: Anstieg des P_{CO_2} infolge verminderter CO_2-Ausscheidung durch die Lungen.
3. Metabolische Alkalose: Erhöhung des Basen- oder Erniedrigung des Säuregehalts des Blutes.
4. Metabolische Acidose: Erhöhung des Säure- oder Erniedrigung des Basengehalts des Blutes.

Häufig treten zwei dieser Störungen gleichzeitig auf. Einzelheiten sind aus der Abbildung 2 zu ersehen.

Abb. 1 Nomogramm für die Gleichung von HENDERSON-HASSELBALCH (nach MCLEAN[26])

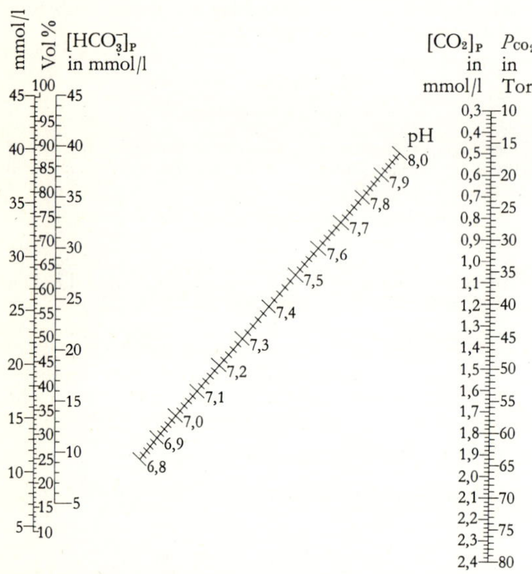

Abb. 2 pH-Bicarbonat-Diagramm nach DAVENPORT[25] in der Darstellung von PERRET[32]

Die von links oben nach rechts unten verlaufende Linie ist die normale Plasmapufferlinie. Die von rechts oben nach links unten verlaufenden Kurven sind P_{CO_2}-Isobaren; die stärker ausgezogene Kurve ist die Isobare für normales Plasma (40 Torr). Der Kreuzungspunkt der Plasmapufferlinie und der 40-Torr-Isobaren entspricht den Normalwerten pH = 7,40, Bicarbonatkonzentration = 24 mmol/l und P_{CO_2} = 40 Torr. Die Ziffern im Diagramm bezeichnen Gebiete einer Störung des Säure–Basen-Haushalts: *1* Kompensierte respiratorische Acidose. *2* Kompensierte metabolische Alkalose. *3* Kompensierte metabolische Acidose. *4* Kompensierte respiratorische Alkalose. *5* Respiratorische und metabolische Acidose. *6* Metabolische und respiratorische Alkalose. *7* Vollständig kompensierte respiratorische Acidose oder metabolische Alkalose. *8* Vollständig kompensierte metabolische Acidose oder respiratorische Alkalose.

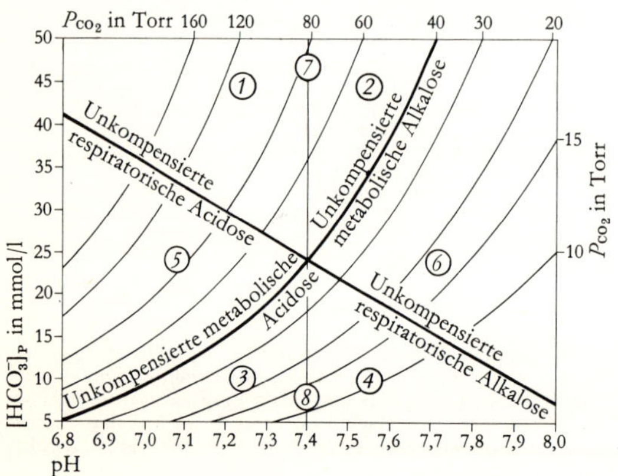

Blutvolumen

Eine Diskussion des Blutvolumens findet sich auf S. 550.

Tabelle 20 Normalwerte des Blutvolumens*[10]

Körperbau	Blutvolumen in Prozenten des Körpergewichts	
	Männer	Frauen
Normal	7,0	6,5
Fettleibig	6,0	5,5
Mager	6,5	6,0
Athletisch	7,5	7,0

* Diese Werte gelten bei getrennter Bestimmung von Plasma- und Erythrozytenvolumen mit zwei verschiedenen Markiersubstanzen und Addition der beiden Werte zur Erlangung des Gesamtvolumens.

Körperoberfläche

Tabelle 21 Anteil der Oberfläche verschiedener Körperteile in Prozenten der gesamten Körperoberfläche[33]

Alter in Jahren	Kopf	Rumpf*	Arme**	Beine
0	19	34	19	28
1	17	34	19	30
5	13	34	19	34
10	11	34	19	36
15	9	34	19	38
Erwachsene	7	34	19	40

* Einschließlich Hals, Genitale und Gesäß. ** Für alle Altersstufen beträgt die Fläche eines Handtellers etwa 1% der Körperoberfläche.

Tabelle 22 Neunerregel für Erwachsene: Anteil der Oberfläche verschiedener Körperteile in Prozenten der gesamten Körperoberfläche* (nach WALLACE[34])

Kopf	9
Arm links	9
Arm rechts	9
Rumpf vorne	18
Rumpf hinten	18
Bein links	18
Bein rechts	18
Genitale	1
Total	100

* Das Gesäß wird zu den unteren Extremitäten gerechnet. Die Neunerregel für Erwachsene ist für klinische Bedürfnisse genügend genau.

Parenterale Therapie

Verabreichungsweg. Jeder Patient wird so bald als möglich per os ernährt. Ist eine intravenöse Wasser- und Elektrolyttherapie nötig, so ist zu überlegen, ob nicht zumindest ein Teil der Zufuhr per os erfolgen kann.

Infusionen sollten nicht subkutan verabreicht werden; die Resorption erfolgt nur langsam, unregelmäßig und unsicher (Diffusion von Ionen und Wasser), die Infusion ist schmerzhaft, die zuführbare Menge beschränkt und die Infektionsgefahr größer als bei intravenöser Verabreichung. Ist mit länger dauernder Infusionstherapie zu rechnen, wird besser frühzeitig ein intravenöser Katheter eingelegt. Soll ein solcher mehrere Tage liegen gelassen

Abb. 3 Nomogramm zur Berechnung der Tropfenzahl pro Minute[35]

In diesem Nomogramm kann die Tropfenzahl pro Minute, die zur Verabreichung der erwünschten Infusionsmenge in einer bestimmten Zeit erforderlich ist, direkt abgelesen werden. Das Nomogramm berücksichtigt auch die mit der Tropfgeschwindigkeit zunehmende Tropfengröße. Die Definition des «Normaltropfens» nach Ph. H. V (20 Tropfen Aquae dest. bei 15 °C = 1 g [± 0,05 g]) gilt nämlich nur für eine Tropfengröße von 60 Tropfen pro Minute. Bei größerer Tropfgeschwindigkeit sind die Tropfen größer, bei geringerer Tropfgeschwindigkeit kleiner. Diese Variabilität wird durch eine zunehmende Breite der Skaleneinheiten der drei Abszissen bei zunehmender Tropfgeschwindigkeit berücksichtigt.

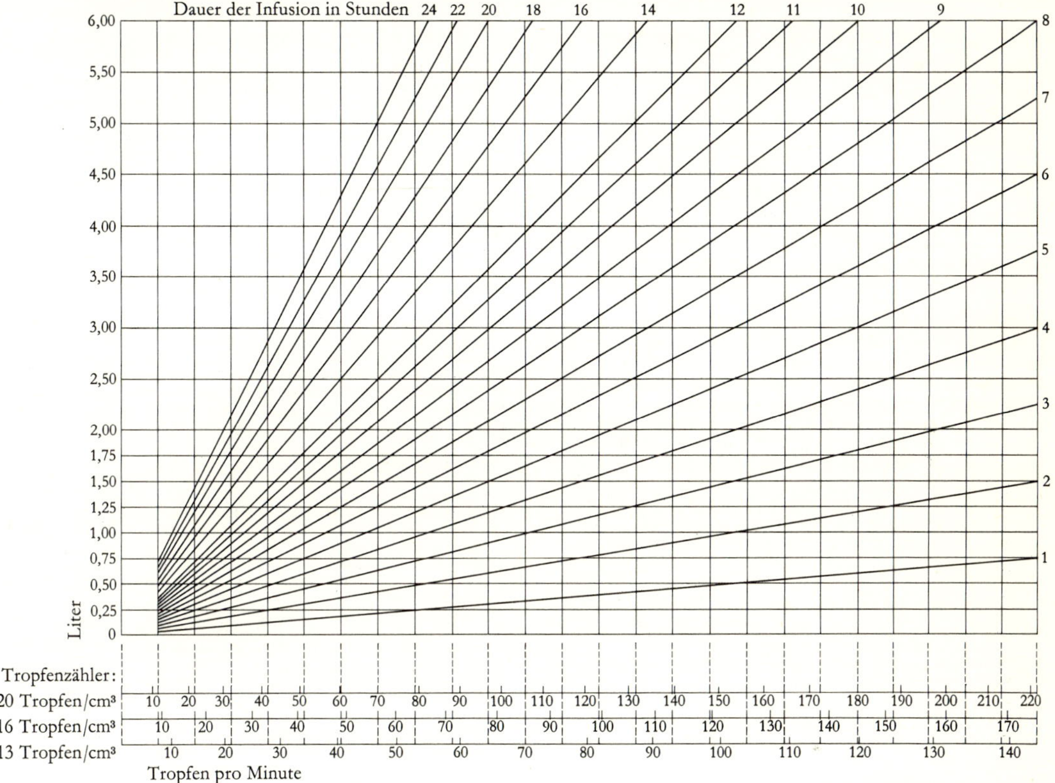

Tabelle 23 Parenterale Therapie, Zusammensetzung einiger wichtiger Infusionslösungen

Lösung	Gelöster Stoff	g/l	Na^+ mval/l	K^+ mval/l	Ca^{++} mval/l	Mg^{++} mval/l	Cl^- mval/l	HCO_3^- mval/l	Lactat mval/l	Gesamtionen mval/l	mosm/l	kcal/l
5% Glucose	$C_6H_{12}O_6$	50	–	–	–	–	–	–	–	–	278	200
0,85% Kochsalz	NaCl	8,5	145	–	–	–	145	–	–	290	290	–
RINGER USP	NaCl	8,6	147	–	–	–	147	–	–	–	–	–
	KCl	0,3	–	4	–	–	4	–	–	–	–	–
	$CaCl_2 + 2\,H_2O$.	0,33	–	–	5	–	5	–	–	–	–	–
	Gesamt	–	147	4	5	–	156	–	–	312	309	–
RINGER-Lactat nach HARTMANN	NaCl	6,0	103	–	–	–	103	–	–	–	–	–
	KCl	0,4	–	5,4	–	–	5,4	–	–	–	–	–
	$CaCl_2 + 6\,H_2O$.	0,2	–	–	1,8	–	1,8	–	–	–	–	–
	Na-Lactat	3,05	27	–	–	–	–	–	27	–	–	9
	$MgCl_2$	0,2	–	–	–	2	2	–	–	–	–	–
	Gesamt	–	130	5,4	1,8	2	112,2	–	27	278,4	276	9
Natriumbicarbonat 1/6 normal	$NaHCO_3$	14	167	–	–	–	–	167	–	334	334	–
Ammoniumchlorid 1/6 normal	NH_4Cl	9	–	–	–	–	169	–	–	338	338	–

werden, so verwende man wenn immer möglich die Vena cephalica, basilica oder jugularis und schiebe den Katheter in die Vena cava superior vor; die Thrombosegefahr scheint hier kleiner zu sein als bei Verwendung der Venae saphenae und Vena cava inferior. Für kurzdauernde Infusionen und Zufuhr von mehr oder weniger isotonischen Lösungen können aber die kleineren Venen an Armen und Beinen verwendet werden.

Tabelle 24 Prioritätsliste der parenteralen Behandlung akuter Störungen im Wasser- und Elektrolythaushalt mit abnehmender Wichtigkeit (nach MOORE[10])

1. Blutvolumen	5. Kaliumhaushalt (Tabelle 13)
2. Onkotischer Druck	6. Gesamtkörperwasser und übrige Elektrolyte
3. Säure–Basen-Haushalt	
4. Osmotischer Druck	7. Kalorien

Es sind die verschiedensten Kristalloid- und Elektrolytlösungen erhältlich, über deren Zusammensetzung man sich durch den Hersteller informieren lassen kann. Man neigt heute in der Wasser- und Elektrolyttherapie dazu, mit einem Minimum an Grundlösungen zur Deckung des täglichen Wasser- und Elektrolytbedarfs auszukommen. Besteht ein weiterer Bedarf an Elektrolyten, so kann man Zusatzampullen beimischen, die beispielsweise Kaliumchlorid, Kaliumlactat, Natriumchlorid, Natriumbicarbonat, Natriumlactat, Calciumchlorid, Magnesiumsulfat usw. enthalten.

Zur Behandlung von metabolischen Störungen im Säure–Basen-Haushalt werden meist Lösungen von Natriumbicarbonat, Natriumlactat, Ammoniumchlorid oder Argininhydrochlorid verwendet. Neuerdings steht auch ein intrazellulär wirksamer Puffer, Trishydroxymethylaminomethan (THAM), zur Verfügung: die 0,3molare Lösung (36,3 g/l) ist isotonisch; übliche Dosierung 0,3–0,5 g pro Kilogramm Körpergewicht in 3–4 Stunden[36].

Viel verwendete kolloidale Lösungen

1. Vollblut, in Form von gelagertem Citratblut, frischem Citratblut, frischem, über Kationenaustauscher gewonnenem Blut, frischem Heparinblut, Direkttransfusion.
2. Erythrozytenkonzentrate, in eigenem Plasma oder in isotonischen Elektrolytlösungen.
3. Plasma und Plasmafraktionen, in Form von Humantrockenplasma (nicht hepatitisvirusfrei), pasteurisierten Plasmaproteinlösungen, Frischplasma, Lösungen von Albumin, Fibrinogen, antihämophilem Globulin, γ-Globulin.
4. Plasmaexpander, Lösungen von Dextran (mittleres Molgewicht etwa 70000 und 40000).

Literatur

[1] MAXWELL und KLEEMAN (Hrsg.), *Clinical Disorders of Fluid and Electrolyte Metabolism*, McGraw-Hill, New York, 1962.
[2] VAN SLYKE et al., *J. biol. Chem.*, **79**, 769 (1928).
[3] BROCH, O. J., *Scand. J. clin. Lab. Invest.*, **5**, 9 (1953).
[4] WOLF, A. V., *Thirst*, Thomas, Springfield, 1958.
[5] BLAND, J. H., *Störungen des Wasser- und Elektrolythaushaltes*, Thieme, Stuttgart, 1959.
[6] TALBOT et al., *New Engl. J. Med.*, **248**, 1100 (1953), und **252**, 856 (1955).
[7] ELKINTON und DANOWSKI, *The Body Fluids*, Williams & Wilkins, Baltimore, 1955.
[8] HAYES et al., *Surgery*, **41**, 353 (1957).
[9] NEWBURGH et al., *J. clin. Invest.*, **10**, 703 (1931).
[10] MOORE, F. D., *The Metabolic Care of the Surgical Patient*, Saunders, Philadelphia, 1959.
[11] *Recommended Dietary Allowances*, A Report of the Food and Nutrition Board, National Academy of Sciences – National Research Council, 6. Aufl., Publication 1146, Washington, 1964; WOHL und GOODHART (Hrsg.), *Modern Nutrition in Health and Disease*, 3. Aufl., Lea & Febiger, Philadelphia, 1964.
[12] LOCKWOOD und RANDALL, *Bull. N. Y. Acad. Med.*, **25**, 228 (1949).
[13] BLACK, D. A. K., *Sci. Basis Med. Ann. Rev.*, **1964**, 291.
[14] PETERS, J. P., *Body Water; the Exchange of Fluids in Man*, Thomas, Springfield, 1935; FOLK et al., *Amer. J. Physiol.*, **153**, 381 (1948).
[15] MOORE, F. D., in: BROŽEK und HENSCHEL (Hrsg.), *Techniques for Measuring Body Composition*, National Academy of Sciences – National Research Council, Washington, 1961; MOORE et al., *The Body Cell Mass and its Supporting Environment*, Saunders, Philadelphia, 1963.
[16] CLEMENTSEN, H. J., *Lancet*, **2**, 175 (1962).
[17] KEYS, A., *J. phys. Chem.*, **42**, 11 (1938).
[18] FELBER et al., *Mod. Probl. Pädiat.*, **4**, 467 (1959).
[19] KINNEY, J. M., *Bull. N. Y. Acad. Med.*, **36**, 617 (1960).
[20] FENN, W. O., *Ann. N. Y. Acad. Sci.*, **92**, 547 (1961).
[21] ELLISON et al., *Clin. Chem.*, **4**, 452 (1958).
[22] ROBIN, E. D., *New Engl. J. Med.*, **265**, 780 (1961); BITTAR, E. E., *Cell pH*, Butterworths, London, 1964.
[23] HENDERSON, L. J., *Blood*, Yale University Press, New Haven, 1928.
[24] HASSELBALCH, K. A., *Biochem. Z.*, **78**, 112 (1916).
[25] DAVENPORT, H. W., *The ABC of Acid-Base Chemistry*, The University of Chicago Press, Chicago, 1958.
[26] MCLEAN, F. C., *Physiol. Rev.*, **18**, 495 (1938).
[27] WEISBERG, H. F., *Water, Electrolyte, and Acid-Base Balance*, 2. Aufl., Williams & Wilkins, Baltimore, 1962.
[28] SCHWARTZ und RELMAN, *New Engl. J. Med.*, **268**, 1382 (1963).
[29] SINGER und HASTINGS, *Medicine (Baltimore)*, **27**, 223 (1948).
[30] ASTRUP und SIGGAARD-ANDERSEN, *Advanc. clin. Chem.*, **6**, 1 (1963).
[31] Committee on Acid-Base Terminology, *Lancet*, **2**, 1010 (1965); *Ann. intern. Med.*, **63**, 885 (1965); *Ann. N. Y. Acad. Sci.*, **133**, 251 (1966).
[32] PERRET, C., Die respiratorische Insuffizienz, *Documenta Geigy, Acta clinica*, Nr. 6, Basel, 1966.
[33] LUND und BROWDER, *Surg. Gynec. Obstet.*, **79**, 352 (1944).
[34] WALLACE, A. B., *Lancet*, **1**, 501 (1951).
[35] JEANNERET et al., *Schweiz. med. Wschr.*, **86**, 1390 (1956); JEANNERET et al., *Pharm. Acta Helv.*, **32**, 118 (1957).
[36] NAHAS, G. G., *Ann. N. Y. Acad. Sci.*, **92**, 337 (1961).

Nierenpartialfunktionen können mit Hilfe quantitativer und sogenannter semiquantitativer Proben beurteilt werden. Eine Anwendung quantitativer Methoden, die großenteils auf dem Clearanceprinzip aufgebaut sind, ist weder in allen Fällen möglich noch notwendig. Sie ist an Spezialkliniken gebunden und – was differenzierte Clearanceuntersuchungen anbetrifft – auch sehr aufwendig. Unter den semiquantitativen Nierenfunktionsproben faßt man die Plasmakonzentrationen von Reststickstoff (RN) und «wahrem» endogenem Creatinin, den Phenolrottest und in weiterem Sinne die Bestimmung des im Durstversuch maximal erreichbaren spezifischen Harngewichtes zusammen. Ihre Empfindlichkeit wird ermittelt anhand eines Vergleiches mit quantitativen Verfahren, die eine exakte Beurteilung des Zustandes verschiedener Partialfunktionen ermöglichen.

Nierenhämodynamik

Quantitative Methoden

Hierbei bestimmt man die Plasmaclearance (C)[1,2] bestimmter Substanzen nach der Grundformel

$$C = \frac{U \times V}{P} \quad (1)$$

wobei U (mg/l) bzw. P (mg/l) die Konzentration einer Clearancesubstanz in Urin bzw. Plasma und V (ml/min) das Harnzeitvolumen darstellen. Die Einsetzung des venösen Plasmaspiegels in die übliche Clearanceformel ist nur bei Konstanz der Plasmakonzentrationen und des Verteilungsvolumens einer Clearancesubstanz statthaft. Als Bezugsstandard für Clearancemessungen hat sich die «Norm» der Körperoberfläche (1,73 m^2) eingeführt[3,4].

Von allen Substanzen, die zur Bestimmung des *Glomerulumfiltrats* beim Menschen empfohlen wurden, bewährte sich *Inulin*[5,6] am besten. Neuerdings konnte gezeigt werden[7], daß sich ein inulinähnliches Poly(fructose)saccharid zur Messung des Glomerulumfiltrats ebenso gut eignet wie Inulin. (Die Harnstoffclearance erlaubt keine Aussage über nierenhämodynamische Größen, da Harnstoff nicht nur glomerulär filtriert wird, sondern in Abhängigkeit vom Harnfluß in unterschiedlichem Ausmaß tubulär rückdiffundiert[8].)

Aufgrund ihrer physikalisch-chemischen Eigenschaften und ihres Verhaltens im Stoffwechsel ist *p-Aminohippursäure (PAH)* allen anderen Stoffen, die zur Bestimmung des *effektiven Nierenplasmastroms* (C_{PAH}) verwendet wurden, überlegen[2,9].

$$C_{PAH} = \frac{U_{PAH} \times V}{P_{PAH}} \quad (2)$$

Totaler Nierenplasmastrom[2] (total renal plasma flow):

$$\text{RPF} = \frac{C_{PAH}}{E_{PAH}} \quad (3)$$

Hierbei ist die renale Extraktion

$$E_{PAH} = \frac{Ka_{PAH} - Kv_{PAH}}{Ka_{PAH}}$$

(wobei Ka_{PAH} = PAH-Konzentration im arteriellen Plasma; Kv_{PAH} = PAH-Konzentration im Plasma des Nierenvenenbluts)

Der Normalwert von E_{PAH} bei einer Plasmakonzentration von PAH bis 30 mg/l ist 0,925 (Bereich: 0,875–1,000)[10].

Effektive Nierendurchblutung[2] $= C_{PAH}/(1 - \text{Hkt})$ (4)
(wobei Hkt = peripherer Hämatokritwert)

Gesamtnierendurchblutung[2] (renal blood flow):

$$\text{RBF} = C_{PAH}/E_{PAH}\ (1 - \text{Hkt}) \quad (5)$$

Die «Normalwerte» der renalen Inulin- und PAH-Clearance (Tabelle 1) sind von den aktuellen Bedingungen im Wasser-, Salz-[11,13] und Eiweißhaushalt[14] abhängig. Im «steady state» einer starken Natriumrestriktion nimmt C_{In} ohne gleichzeitige Beeinflussung von C_{PAH} signifikant ab, so daß sich die differentialdiagnostisch wichtige Filtrationsfraktion (FF) vermindert.

$$\text{FF} = C_{In}/C_{PAH} \quad (6)$$

Eiweißreiche Ernährung erhöht die Clearancewerte[14], ebenso steigen die Clearancewerte ohne charakteristische Änderung der Filtrationsfraktion bei großen Harnzeitvolumina an (Hydratation)[11,13]. Darüber hinaus besteht eine Altersabhängigkeit der Standardclearancewerte[15]. Vom 20. bis zum 90. Lebensjahr fallen C_{In} und C_{PAH} etwa im gleichen Verhältnis ab, so daß sich die Filtrationsfraktion praktisch nicht ändert. Es bestehen folgende Regressionsgleichungen:

$$C_{In} = 157{,}0 - (1{,}16 \times \text{Alter in Jahren})$$
$$C_{PAH} = 820{,}2 - (6{,}75 \times \text{Alter in Jahren})$$

Die renale Fraktion des Herzminutenvolumens beträgt normalerweise etwa 20%[2].

Semiquantitative Methoden

Zwischen der Größe des Glomerulumfiltrats und der Höhe der Plasmakonzentrationen von Creatinin bzw. Reststickstoff (RN) besteht keine einfache lineare Beziehung[5,16–20] (Abb. 1 und 2), so daß bei Orientierung nach den genannten Proben erhebliche Funktionseinschränkungen der glomerulären Filtrationsrate unerkannt bleiben können. Die vom Stickstoffmetabolismus weitgehend unabhängige Plasmakonzentration von *«wahrem» endogenem Creatinin* (P_{Cr}) ist der Reststickstoffkonzentration bei der Erkennung glomerulärer Funktionseinschränkung überlegen.

Im Kollektiv wird P_{Cr} von einer Minderung des glomerulären Filtrats auf ein Drittel der Norm an empfindlich[5,18,20] (Abb. 1), während die Stickstoffkonzentration in Abhängigkeit von der Größe des Stickstoffumsatzes und der Harnmenge schon bei Nierengesunden[6] erhöht sein kann oder erst bei einem auf ein Viertel der Norm herabgesetzten Glomerulumfiltratvolumen erhöht zu sein braucht[19] (Abb. 2). Individuell können die Creatininwerte auch schon bei einem geringen Nierenfunktionsausfall erhöht sein[18,20]. Über die methodisch bedingten Unterschiede, die Schwankungsbreite und Geschlechtsdifferenzen der P_{Cr} bei nierengesunden Personen siehe den Abschnitt «Blut», S. 568. Die von den meisten Autoren angegebenen Geschlechtsdifferenzen von P_{Cr} sind auf Unterschiede in der Körpermuskelmasse zu beziehen, da P_{Cr} im wesentlichen von der Creatininproduktion in der Muskulatur[22] bestimmt wird. Bei Bestimmung von P_{Cr} sollte man methodisch stets so vorgehen, daß Nichtcreatininchromogene, die die Niere anders als Creatinin behandelt, aus dem Reaktionsgemisch entfernt werden. Bei normalem Plasmacreatiningehalt wirkt sich die Anwesenheit von Nichtcreatininchromogenen (u.a. Aceton, Acetessigsäure, Bromsulfophthalein, Glucose, Barbituraten, Brenztraubensäure) mit einem individuell sehr variablen Anteil von etwa

Tabelle 1 Normalwerte für nierenhämodynamische Größen (bezogen auf 1,73 m^2 Körperoberfläche)

1. Normalbedingungen (gemischte Kost, Harnminutenvolumen 1–3 ml)		
Frauen[2]	C_{In}	108,8 ± 13,5 ml/min
	C_{PAH}	592 ± 153 ml/min
	FF	0,194 ± 0,039
	RBF[1]	982 ± 184 ml/min
Männer[2]	C_{In}	124,1 ± 25,8 ml/min
	C_{PAH}	654 ± 163 ml/min
	FF	0,192 ± 0,035
	RBF[1]	1209 ± 256 ml/min
Männer und Frauen[11]	C_{In}	124,5 ± 9,7 ml/min
	C_{PAH}	638,6 ± 84,5 ml/min
	FF	0,197 ± 0,018
	RBF[12]	1165 ml/min
2. Hydratation (Harnminutenvolumen 6–12 ml)		
Männer und Frauen[11]	C_{In}	152,6 ± 14,7 ml/min
	C_{PAH}	711,7 ± 136,5 ml/min
	FF	0,220 ± 0,037
3. «Steady state» einer diätetischen Natriumrestriktion auf 30 mval täglich; Zufuhr von 0,5–1,0 g Eiweiß pro Kilogramm Körpergewicht und Tag; Harnminutenvolumen 1–3 ml		
Männer und Frauen[11]	C_{In}	107,6 ± 11,4 ml/min
	C_{PAH}	631,2 ± 87,8 ml/min
	FF	0,172 ± 0,018

* Der Abschnitt «Nierenfunktionswerte», S. 527–532, wurde verfaßt von D. P. Mertz und H. Sarre, Medizinische Universitätspoliklinik Freiburg i. Br. (Direktor: Prof. H. Sarre).

15%[17, 23] störend aus, während die Bedeutung dieser Stoffe bei Niereninsuffizienz umgekehrt proportional der aktuellen P_{Cr} abnimmt.

Als oberer Normwert für die Reststickstoffkonzentration im Plasma werden 40 mg/100 ml angesehen[24]. Bekanntlich sind Steigerungen der *Reststickstoffkonzentration* im Plasma hauptsächlich durch Zunahme der Harnstofffraktion bedingt. Überschlagsmäßig läßt sich der Anteil der *Harnstofffraktion* am Reststickstoffgehalt nach der Formel von PETERS und VAN SLYKE[25] errechnen:

Rest-N in mg/100 ml = 10 + (1,07 × Harnstoff-N in mg/100 ml).

Hierbei ist zu berücksichtigen, daß der prozentuale Anteil des Harnstoff-N an der Reststickstofferhöhung bei chronischer Niereninsuffizienz etwas geringer ist, als die oben angeführte Näherungsformel erwarten läßt. Während bei akutem Nierenversagen bis zu 90% des Reststickstoffbetrages auf Harnstoff-N entfallen können, findet sich bei chronischer Niereninsuffizienz ein relativ stärkerer Konzentrationsanstieg von Nichtharnstoff-N («Residual»-N).

Die Empfindlichkeit des 15-Minuten-*Phenolrottests* – nach einmaliger intravenöser Injektion von 6 mg Phenolrot (Phenolsulfophthalein, PSP) – ist zu gering, um leichte Veränderungen der

Abb. 1 Nichtlineare Regression der Plasmakonzentration von «wahrem» endogenem Creatinin (P_{Cr}) – Methode nach LØKEN[21] – auf die renale Inulinclearance (C_{In}). T_y = 95%-Toleranzbereich für Y/x[18]

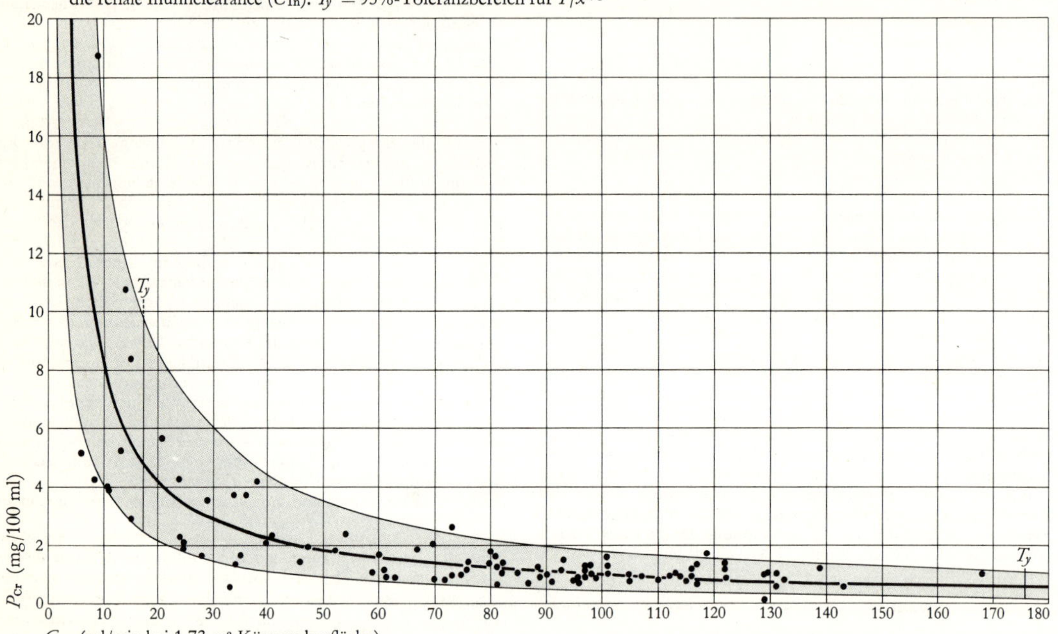

Abb. 2 Nichtlineare Regression der Plasmakonzentration von Reststickstoff (RN) auf die renale Inulinclearance (C_{In})[19]

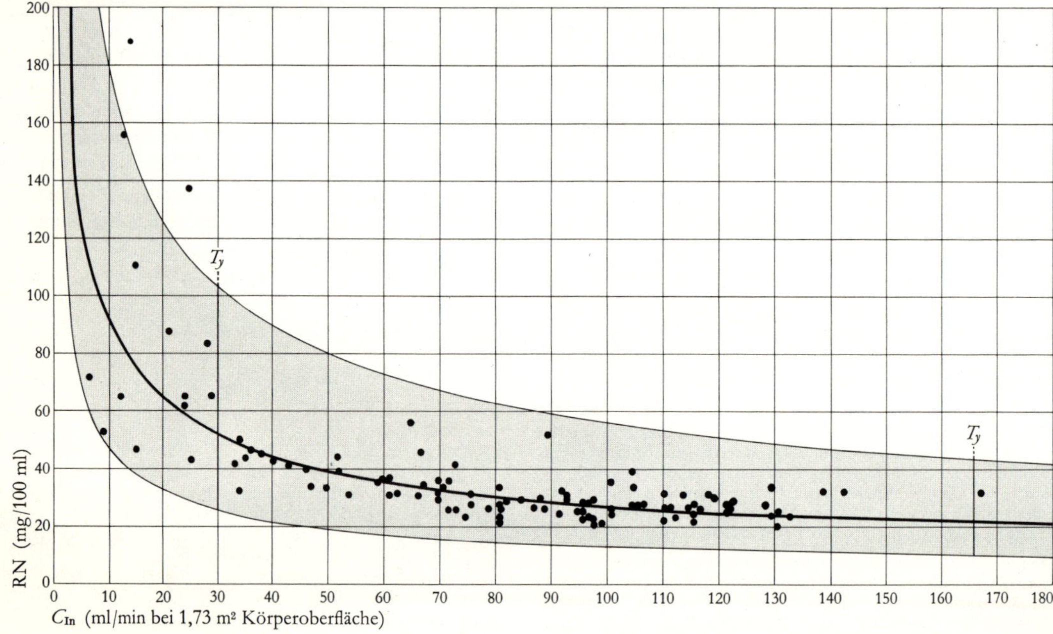

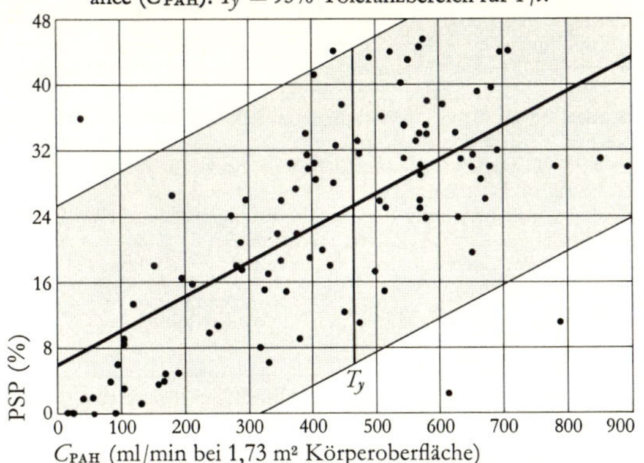

Abb. 3 Lineare Regression der prozentualen Phenolrotausscheidung (PSP) – 15-Minuten-Wert nach intravenöser Injektion von 6 mg des Farbstoffes – auf die renale PAH-Clearance (C_{PAH}). T_y = 95%-Toleranzbereich für Y/x [26]

exkretorischen tubulären Nierenfunktion aufzudecken[26]. Für die erhebliche Streuung der Stichproben um die Regressionsgerade (Abb. 3) sind vor allem die von verschiedenen Faktoren abhängige Bindung von PSP an Plasmaeiweißkörper, das Fehlen eines Fließgleichgewichtes von PSP im Verteilungsraum nach einmaliger Injektion, die fehlende Berücksichtigung der Körpermaße bei der Auswertung sowie die Bestimmung im Spontanurin verantwortlich zu machen[26].

Harnverdünnung und Harnkonzentrierung

Auf die Durchführung eines Versuches zur Bestimmung der Harnverdünnungsfähigkeit wird heute meist verzichtet, da jede Niere, die konzentrieren kann, auch einen verdünnten Urin zu bereiten vermag, da der Konzentrationsversuch weniger von extrarenalen Faktoren abhängig und daher empfindlicher ist und da ein vorausgehender Verdünnungsversuch einen Konzentrationstest stören kann[20, 24, 27].

Quantitative Methoden

Unter maximaler ADH-Aktivität (ADH = antidiuretisches Hormon) soll der Harnkonzentrierungsmechanismus von 2 Meßgrößen begrenzt sein[28]: 1. während Hydropenie und Oligurie vom maximalen osmotischen Konzentrationsverhältnis zwischen Urin und Plasma (U_{osm}/P_{osm}), also vom maximalen osmotischen Konzentriereffekt; 2. während osmotischer Diurese, die unter physiologischen Bedingungen nicht aufzutreten pflegt, von der sogenannten maximalen Rückdiffusionskapazität von osmotisch freiem Wasser ins hypertonische Interstitium des Nierenmarks ($Tm^c_{H_2O}$). Es sind manche Bedingungen bekannt, unter denen sich $Tm^c_{H_2O}$ als die empfindlichere Meßgröße erweist und bereits pathologische Werte anzeigt, wenn der Konzentrationsversuch (Bestimmung der maximalen Harnosmolarität) noch völlig normal ausfällt.

Normalwerte

Maximale Harnosmolarität	900–1400 mosm/l[29–31]
	1027 ± 110 mosm/l[29]
	1067 (918–1230) mosm/l[32]
Maximalwert von U_{osm}/P_{osm} ...	2,77 ± 0,36[33]
	3,63–4,65[34]
$Tm^c_{H_2O}$ (bei intravenöser Infusion hypertonischer Mannitlösung)	5,7 ± 2,0 ml/min[35]
$Tm^c_{H_2O} \times 100/C_{In}$ (bei intravenöser Infusion hypertonischer Mannitlösung)	5,1 ± 1,5[36]

Mit ansteigender osmolarer Clearance (C_{osm}) zwischen 1 und 15 ml/min bei 1,73 m² Körperoberfläche nimmt $T^c_{H_2O}$ bis zum Erreichen des Maximalwertes $Tm^c_{H_2O}$ zu. Nach Überschreiten einer C_{osm} von etwa 25 ml/min bei 1,73 m² Körperoberfläche kann eine Tendenz zu leichter Verminderung auftreten[37].

Abb. 4 $T^c_{H_2O}$ während Natriumchloriddiurese (——) und Mannitdiurese (– – –) bei einem gesunden Mann (*a*) und einem Mann mit essentieller Hypertonie (*b*)[39]

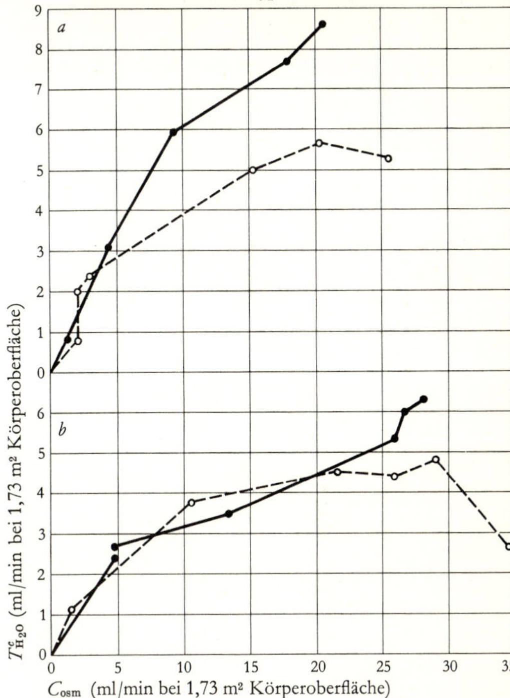

Neuerdings konnte indessen gezeigt werden, daß $T^c_{H_2O}$ mit wachsender osmotischer Natriumchloriddiurese nicht dem erwarteten individuellen Maximalwert zustrebt, sondern ständig ansteigt. Dies gilt sowohl für normotensive nierengesunde Personen[38, 39] als auch für Patienten mit essentieller Hypertonie[39], deren Nierenfunktion noch nicht nennenswert eingeschränkt ist. Der progressive Anstieg von $T^c_{H_2O}$ ist auch in Diuresebereichen nachweisbar, in denen bei Mannitdiurese bereits eine Tendenz zur Verringerung von $T^c_{H_2O}$ auftreten kann (Abb. 4). Entgegen den Angaben verschiedener Autoren ist also $T^c_{H_2O}$ beim Menschen während osmotischer Diurese mit verschiedenen Stoffen, wie Natriumchlorid, Mannit, Harnstoff, Glucose, unter vergleichbarer Gesamtausscheidung von osmotisch aktivem Material nicht einheitlich. Die maximale Begrenzung des Nettoentzugs von osmotisch freiem Wasser während osmotischer Diurese mit Mannit, Harnstoff und Glucose ist ein «Pseudomaximum». Der Natriumtransport in das medulläre Interstitium des Nierenmarks ist beim Menschen ebensowenig wie im Tierexperiment durch ein Maximum limitiert. Nach unserer Auffassung[39] stellt U_{osm}/P_{osm} während Hydropenie und Oligurie den besten Gradmesser für die Beurteilung der konzentrativen Nierenleistung dar. Eine Bestimmung von «$Tm^c_{H_2O}$» während hypertoner Mannitdiurese bietet in manchen Fällen höchstens hinsichtlich der Erkennung der Lokalisation von Partialstörungen im Harnkonzentrierungsmechanismus gewisse Vorteile gegenüber den gängigen Methoden.

Bei maximaler Wasserdiurese kann der Überschuß an osmotisch freiem Wasser gegenüber einer hypothetischen isoosmotischen Harnportion als maximale Freiwasserclearance ($Tm^d_{H_2O}$) bestimmt werden.

Normalwerte für eine Körperoberfläche von 1,73 m²

$Tm^d_{H_2O}$ = maximale C_{H_2O}	17 ml/min[40]
	23 ml/min[41]

Berechnung nach Wesson und Anslow[42]:

$$\text{Hypothetische isoosmotische Harnportion} = \text{osmolare Clearance } (C_{osm}) = \frac{U_{osm} \times V}{P_{osm}} \qquad (7)$$

Abb. 5 Diagramm zur Ablesung des Wertes von $Tm^c_{H_2O}$ aus dem Wert von U_{osm}/P_{osm} und dem gleichzeitigen Harnminutenvolumen bei osmotischer Diurese[43]

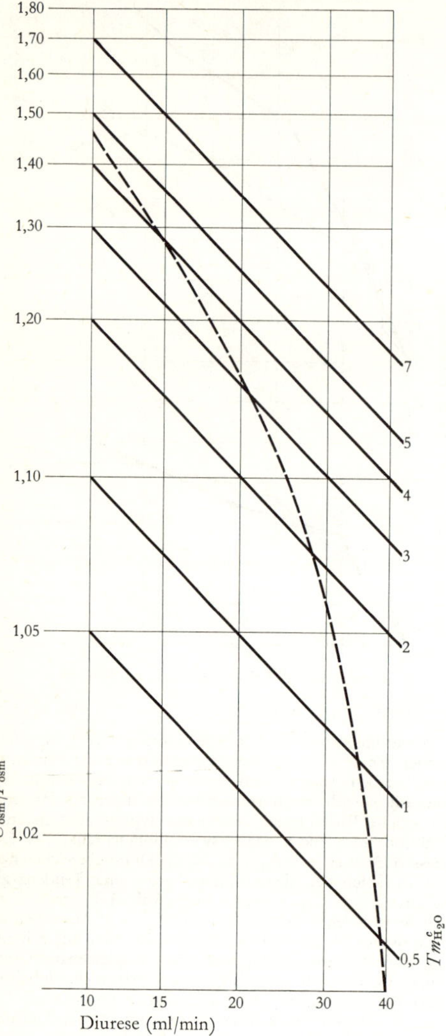

Abb. 6 Beteiligung einzelner Harnbestandteile am Wert des spezifischen Harngewichtes und der Harnosmolarität[49]

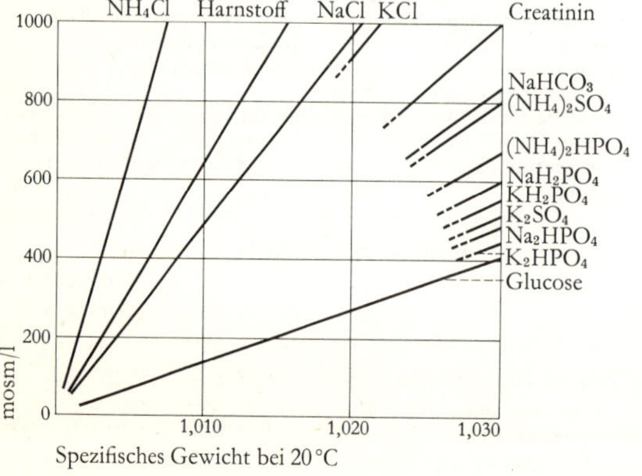

$$T^c_{H_2O} = C_{osm} - V \quad \text{(8)}$$

$$T^d_{H_2O} = C_{H_2O} = V - C_{osm} \quad \text{(9)}$$

$$U_{osm}/P_{osm} = 1 + \frac{T^c_{H_2O}}{V} \text{ (siehe Abb. 5)}^{36} \quad \text{(10)}$$

Die zum Teil erheblich differierenden «Normalwerte» bestimmter Parameter für die konzentrative Nierenleistung sind Ausdruck unterschiedlicher Versuchsbedingungen. Die konzentrative Nierenleistung kann durch proteinreiche Ernährung gesteigert werden[44]; sie nimmt bei ungenügender Dehydratation ab[45] und ist beim Menschen (Durstversuch) vom Natriumchloridgehalt der Nahrung unabhängig[46].

Regressionsgleichung für die Altersabhängigkeit der im Durstversuch erreichten maximalen Harnosmolarität (U_{osm}) an nierengesunden Personen im Alter zwischen 24 und 72 Jahren (24-Stunden-Durstversuch)[47]:

U_{osm} (in mosm/l) = 1134 − 4,1 × Alter (in Jahren)

Semiquantitatives Verfahren

Da verschiedene Elektrolyte und Nichtelektrolyte des Harnes pro Konzentrationseinheit unterschiedlich zu spezifischem Gewicht und osmotischem Druck beitragen, der physiologische Grundprozeß beim Konzentrieren jedoch einen Entzug von osmotisch freiem Wasser darstellt, ist die Bestimmung des *maximalen spezifischen Harngewichtes* (SH) im Durstversuch[48] als semiquantitative Nierenfunktionsprobe anzusprechen. Glucose, Phosphate und Sulfate ergeben ein hohes spezifisches Harngewicht bei relativ niedriger osmotischer Konzentration[49] (Abb. 6), wohingegen Chloride und Harnstoff bei gegebenem spezifischem Harngewicht einen hohen osmotischen Druck erzeugen. Bei nierengesunden Personen besteht zwischen der im Durstversuch erreichten maximalen Harnosmolarität und dem maximalen spezifischen Harngewicht nur eine lockere Parallelität[29]. Die Streubreite des Verhältnisses beider Meßgrößen nimmt bei Nierenkranken noch zu (Abb. 7)[30].

Normalwert (24-Stunden-Versuch)	1035 ± 4 mg/ml[27]
Untere Normgrenze bei Nierengesunden .	1026 mg/ml[24, 27, 30]

In Abhängigkeit vom Lebensalter nimmt das maximale spezifische Harngewicht von durchschnittlich 1032 bei 20jährigen auf durchschnittlich 1024 bei 80- bis 90jährigen ab[50].

Abhängigkeit des 24-Stunden-Harnvolumens vom Anfall harnpflichtiger Substanzen und der konzentrativen Nierenleistung

Die Menge an harnpflichtigen Substanzen, die täglich ausgeschieden werden müssen, ist eine Funktion der Nahrungszufuhr, besonders von Protein und Salzen, sowie des Kalorienumsatzes des Organismus[51]. Bei gemischter Kost werden täglich etwa 1200 mosm harnpflichtige Abbauprodukte gebildet[52]. Bei Fasten verringert sich dieser Betrag auf 800 mosm. Durch Zufuhr von 100 g Glucose kann im Fastenzustand die Menge an gelösten Harnbestandteilen auf 400 mosm pro Tag abfallen. Unter einer eiweiß- und salzarmen, aber kohlenhydratreichen Kost vermindert sich der Anfall harnpflichtiger Substanzen unter Grundumsatzbedingungen weiter bis auf 200 mosm pro Tag. Zur Ausscheidung dieser Substanzmengen sind 857, 571, 286 bzw. 143 ml Lösungswasser erforderlich, unter Zugrundelegung einer maximal erreichbaren Harnosmolarität von 1400 mosm/l. Bei Vorliegen einer Isosthenurie (Harnosmolarität = 300 mosm/l) werden zur renalen Eliminierung von 1200, 800, 400 bzw. 200 mosm harnpflichtiger Substanzen 4000, 2667, 1333 bzw. 667 ml Wasser benötigt. In der Abbildung 8[51] ist die Beziehung zwischen Harnvolumen und Harnosmolarität in Abhängigkeit von der auszuscheidenden Menge gelöster Bestandteile dargestellt.

Tubuläre Transportfunktionen

Mit Hilfe der Clearancetechnik kann die Funktionstüchtigkeit von aktiven, im proximalen Tubuluskonvolut lokalisierten Transportmechanismen quantitativ erfaßt werden. Sowohl die tubuläre Sekretion von *p*-Aminohippursäure (PAH) als auch die Reabsorption von Glucose (G) aus dem Tubulusharn sind durch sogenannte Transportmaxima (*Tm*)[1] begrenzt.

$$Tm_{PAH} = U_{PAH} \times V - C_{In} \times P_{PAH} \times k^{9} \quad \text{(11)}$$

wobei U_{PAH} und P_{PAH} die PAH-Konzentrationen in Urin und Plasma darstellen und *k* ein Korrekturfaktor für die im Plasma an Eiweiß gebundene, nicht glomerulär filtrierbare PAH-Fraktion ist; *k* beträgt normalerweise 0,83.

Abb. 7 Beziehung zwischen dem im 18-Stunden-Durstversuch erzielten maximalen spezifischen Harngewicht (SH) und der korrespondierenden Harnosmolarität (U_{osm}): $(SH - 1000)/U_{osm} = 0{,}0318 \pm 0{,}0053$ [30]

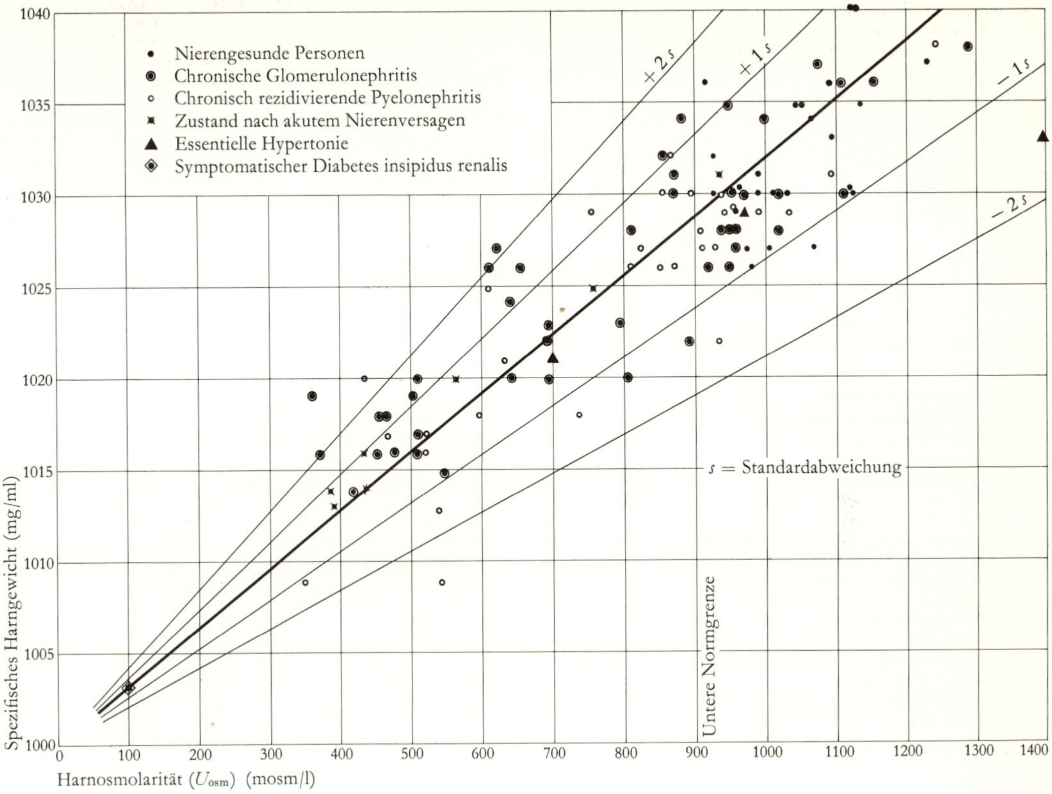

$$Tm_G = P_G \times C_{In} - U_G \times V \qquad (12)$$

Normalwerte für eine Körperoberfläche von 1,73 m²		
Tm_{PAH}	Männer	$79{,}8 \pm 16{,}7$ mg/min [2]
	Frauen	$77{,}2 \pm 10{,}8$ mg/min [2]
Tm_G	Männer	$375 \pm 79{,}7$ mg/min [1,2]
	Frauen	$303 \pm 55{,}3$ mg/min [1,2]

Zur genaueren Differenzierung von Nierenpartialleistungen kann man Tm_{PAH} (als Maß für das funktionstüchtige sekretorische Nierengewebe) und Tm_G (als Maß für das reabsorptive Gewebe) zu C_{In} bzw. C_{PAH} in Beziehung setzen. C_{In}/Tm_{PAH}, C_{PAH}/Tm_{PAH} und Tm_G/C_{In} stellen ein Maß für die glomeruläre Aktivität bzw. die effektive Nierenplasmadurchströmung pro Einheit des sekretorischen bzw. resorptiven Gewebes dar.

Normalwerte	
C_{In}/Tm_{PAH}	$1{,}54 \pm 0{,}4$ ml/mg [2]
C_{PAH}/Tm_{PAH}	$8{,}28 \pm 2{,}2$ ml/mg [2]
Tm_G/C_{In}	$2{,}41 \pm 0{,}35$ mg/ml [1]

Alle beschriebenen Funktionen zeigen eine Altersabhängigkeit zwischen dem 20. und 90. Lebensjahr:

$Tm_{PAH} = 120{,}6 - (0{,}865 \times \text{Alter})$ [15]

$Tm_G = 432{,}8 - (2{,}604 \times \text{Alter})$ [50]

$C_{In}/Tm_{PAH} = 1{,}382 - (0{,}00158 \times \text{Alter})$ [50]

$C_{PAH}/Tm_{PAH} = 7{,}710 - (0{,}0278 \times \text{Alter})$ [50]

Abb. 8 Beziehung zwischen Harnvolumen und Harnosmolarität in Abhängigkeit von der auszuscheidenden Menge gelöster Bestandteile [51, 52]

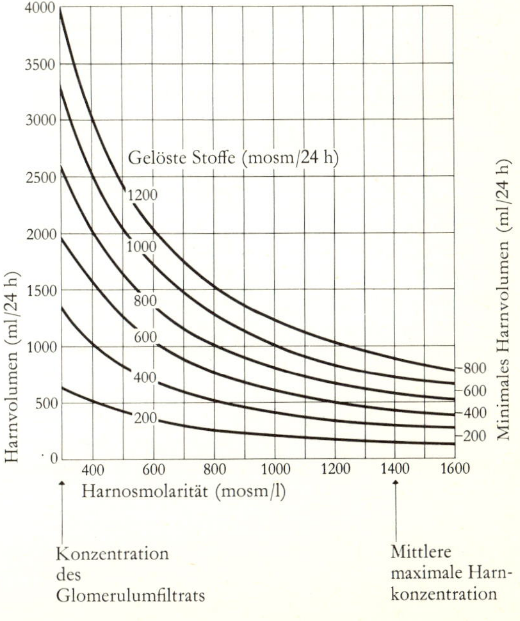

Säure- und Elektrolytausscheidung

Die *Gesamtsäureausscheidung* (A_{H^+}) ist die Summe der Ausscheidung von potentiell ionisierbaren Wasserstoffionen (Titrationsacidität, TA) und derjenigen von gebundenen (nicht ionisierbaren) Wasserstoffionen, die in Form von Ammoniumionen vorliegen.

$$A_{H^+} = A_{TA} + A_{NH_4^+} \quad \textbf{(13)}$$

Normalwerte bei gemischter Kost	
Gesamtsäureausscheidung (A_{H^+})	30–80 mval/24 h[53]
Titrierbare Acidität (A_{TA})	10–30 mval/24 h[53]
NH_4^+-Ausscheidung ($A_{NH_4^+}$)	20–50 mval/24 h[53]
$A_{NH_4^+}/A_{TA}$	1,0–2,5[53]
	1,28 ± 0,14[54]

Unter *effektiver Säureausscheidung* ($A_{H^+_{eff}}$) versteht man die Differenz zwischen Gesamtsäureausscheidung und Bicarbonatausscheidung.

$$A_{H^+_{eff}} = A_{H^+} - A_{HCO_3^-} = A_{TA} + A_{NH_4^+} - A_{HCO_3^-} \quad \textbf{(14)}$$

Bei alkalischem Harn ergibt sich für die effektive Säureausscheidung ein negativer Wert, da hauptsächlich Bicarbonationen ausgeschieden werden.

Der Urin-pH-Wert kann zwischen 4,6 und 8,2 schwanken[2, 55].

Eine Beurteilung der tubulären Bearbeitung von *Elektrolyten* aus dem Verhalten der prozentual zum glomerulär filtrierten Betrag ausgeschiedenen Menge ist ohne Einschränkung nur möglich, wenn eine Substanz frei filtrierbar ist und tubulär ausschließlich reabsorbiert und nicht sezerniert wird. Von den wichtigen Elektrolyten trifft diese Voraussetzung nach unseren heutigen Kenntnissen beim Menschen nur für Natrium, Chlorid und Bicarbonat zu.

In Tabelle 2 sind Durchschnittswerte für die glomerulär filtrierte Menge und Gesamtausscheidung einiger Elektrolyte im 24-Stunden-Harn wiedergegeben[24].

Die *glomerulär filtrierte Menge* (GFR) eines vollständig filtrierbaren Elektrolyts (E) errechnet sich wie folgt:

$$GFR_E \text{ (in mval/min)} = k \times P_E \times C_{In} \quad \textbf{(15)}$$

Hierbei stellt P_E die Plasmakonzentration des Elektrolyts (in mval/l) und k einen Korrekturfaktor für geringe Konzentrationsdifferenzen dar, die zwischen Plasma und Glomerulumfiltrat durch Gibbs-Donnan-Gleichgewichte und den um die Eiweißkonzentration verminderten Wassergehalt des Plasmas bedingt sind.

k beträgt für Cl^- und HCO_3^- normalerweise 1,02[56], für Na^+ bzw. K^+ 0,96 bzw. 0,92[57]. Zur Berechnung der glomerulär filtrierten Menge von Elektrolyten, die zum Teil an Plasmaeiweißkörper gebunden sind, ist es wichtig, den filtrablen Anteil zu kennen. Dieser hängt von der Konzentration und Zusammensetzung der Plasmaeiweißkörper, vom pH-Wert und anderen physikalisch-chemischen Bedingungen ab. 54% des Plasmacalciumbestandes und 68% des Plasmamagnesiumbestandes sind normalerweise ultrafiltrierbar[58].

Eine Angabe von «Normalwerten» für die Clearance verschiedener Elektrolyte erscheint wegen deren starker Abhängigkeit von exogenen Faktoren wenig sinnvoll.

Tabelle 2 Pro Tag ausgeschiedene und rückresorbierte Mengen aufgrund der Annahme eines Glomerulumfiltrats von 130 ml/min

	Filtrierte Menge	Im Harn ausgeschiedene Menge
Harnstoff.............	46 g	20–35 g
Harnsäure............	7,2 g	0,1–2 g
Aminosäuren	50 g	0,5–1 g
Creatinin.............	1,2 g	1,2–1,5 g
Glucose..............	180 g	–
Eiweiß...............	36 g	–
Natrium	600 g	4–6 g
Chlorid	640 g	6–9 g
Kalium	7,2 g	2,5–3,5 g
Bicarbonat	4900 mval	1–2 mval
Calcium..............	Unsicher	0,01–0,3 g
Anorganisches Phosphat (als P)	5,6 g	1–5 g
Anorganisches Sulfat (als S)................	2,9 g	1,4–3,3 g
Wasser...............	180 l	1,5 l

Literatur

1 Smith, H. W., *Lectures on the Kidney*, University of Kansas, Lawrence, 1943.
2 Smith, H. W., *The Kidney; Structure and Function in Health and Disease*, Oxford University Press, New York, 1951.
3 McIntosh et al., *J. clin. Invest.*, **6**, 467 (1928).
4 Möller et al., *J. clin. Invest.*, **6**, 427 (1928).
5 Reubi, F., *Schweiz. med. Wschr.*, **88**, 1084 (1958).
6 Sarre und Schadkhu, *Klin. Wschr.*, **40**, 179 (1962).
7 Harth, O., *Klin. Wschr.*, **41**, 769 (1963); Mertz und Sarre, *Klin. Wschr.*, **41**, 868 (1963).
8 Austin et al., *J. biol. Chem.*, **46**, 91 (1921).
9 Smith et al., *J. clin. Invest.*, **24**, 388 (1945).
10 Bradley et al., *Fed. Proc.*, **6**, 79 (1947).
11 Mertz, D. P., *Z. klin. Med.*, **157**, 1 (1961).
12 Aas und Blegen, *Scand. J. clin. Lab. Invest.*, **1**, 22 (1949).
13 Mertz, D. P., *Die extrazelluläre Flüssigkeit*, Thieme, Stuttgart, 1962.
14 Pullman et al., *J. Lab. clin. Med.*, **44**, 320 (1954).
15 Watkin und Shock, *J. clin. Invest.*, **34**, 969 (1955).
16 Steinitz und Türkand, *J. clin. Invest.*, **19**, 285 (1940); Sarre et al., *Dtsch. med. Wschr.*, **82**, 1093 (1957); Effersøe, P., *Acta med. scand.*, **156**, 429 (1957); Edwards und Whyte, *Aust. Ann. Med.*, **8**, 218 (1959).
17 Doolan et al., *Amer. J. Med.*, **32**, 65 (1962).
18 Mertz et al., *Klin. Wschr.*, **40**, 687 (1962).
19 Mertz et al., *Klin. Wschr.*, **40**, 889 (1962).
20 Reubi, F., *Nierenkrankheiten*, Huber, Bern, 1960.
21 Løken, F., *Scand. J. clin. Lab. Invest.*, **6**, 325 (1954).
22 Borsook und Dubnoff, *J. biol. Chem.*, **168**, 493 (1947).
23 Miller und Dubos, *J. biol. Chem.*, **121**, 457 (1937).
24 Sarre, H., *Nierenkrankheiten*, 2. Aufl., Thieme, Stuttgart, 1959.
25 Peters und van Slyke, *Quantitative Clinical Chemistry*, Band 1, 2. Aufl., Williams & Wilkins, Baltimore, 1946.
26 Mertz und Sarre, *Klin. Wschr.*, **40**, 692 (1962).
27 Bock und Krecke, *Dtsch. Arch. klin. Med.*, **204**, 499 (1957).
28 Smith, H. W., *Principles of Renal Physiology*, Oxford University Press, New York, 1956.
29 Isaacson, L. C., *Lancet*, **1**, 467 (1960).
30 Mertz, D. P., *Z. klin. Med.*, **157**, 517 und 529 (1963).
31 Gamble, J. L., *Proc. Amer. philos. Soc.*, **88**, 151 (1944); McCance, R. A., *J. Physiol. (Lond.)*, **104**, 196 (1945).
32 Hulet und Smith, *Amer. J. Med.*, **30**, 8 (1961).
33 Boyarsky und Smith, *J. Urol. (Baltimore)*, **78**, 511 (1957).
34 Raisz und Scheer, *J. clin. Invest.*, **38**, 1 (1959).
35 Zak et al., *J. clin. Invest.*, **33**, 1064 (1954).
36 Baldwin et al., *J. clin. Invest.*, **34**, 800 (1955).
37 Raisz et al., *J. clin. Invest.*, **38**, 1725 (1959); Eisner et al., *J. Mt Sinai Hosp.*, **29**, 38 (1962).
38 Goldberg et al., *J. clin. Invest.*, **44**, 182 (1965).
39 Mertz, D. P., *Pflügers Arch. ges. Physiol.*, **290**, 1 (1966).
40 Kleeman et al., *J. clin. Invest.*, **35**, 749 (1956); Buchborn et al., *Klin. Wschr.*, **37**, 347 (1959).
41 Kleeman et al., *J. clin. Invest.*, **39**, 1472 (1960).
42 Wesson, jr., und Anslow, jr., *Amer. J. Physiol.*, **170**, 255 (1952).
43 Buchborn und Anastasakis, *Internist (Berl.)*, **2**, 611 (1961).
44 Epstein et al., *J. clin. Invest.*, **36**, 635 (1957).
45 Kleeman und Maxwell, *Clin. Res. Proc.*, **5**, 43 (1957); Epstein et al., *J. clin. Invest.*, **36**, 629 (1957).
46 Levitt et al., *J. clin. Invest.*, **38**, 463 (1959).
47 Lindeman et al., *New Engl. J. Med.*, **262**, 1306 (1960).
48 Volhard, F., *Verh. dtsch. Ges. inn. Med.*, **27**, 735 (1910).
49 Isaacson, L. C., *Lancet*, **1**, 72 (1959).
50 Shock, N. W., in: Wolstenholme und O'Connor (Hrsg.), *Ciba Foundation Colloquia on Ageing*, Band 4, Churchill, London, 1958, S. 229.
51 Gamble, J. L., *Chemical Anatomy, Physiology, and Pathology of Extracellular Fluid*, 6. Aufl., Harvard University Press, Cambridge, 1954.
52 Gamble und Butler, *Trans. Ass. Amer. Phycns*, **58**, 157 (1944).
53 Krück, F., *Klin. Wschr.*, **36**, 946 (1958).
54 Schwab, M., *Verh. dtsch. Ges. inn. Med.*, **67**, 595 (1961).
55 Pitts et al., *J. clin. Invest.*, **27**, 48 (1948).
56 Hastings et al., *J. gen. Physiol.*, **8**, 701 (1927).
57 Folk et al., *Amer. J. Physiol.*, **153**, 381 (1948).
58 Walser, M., *J. clin. Invest.*, **40**, 723 (1961).

Nomogramm zur Bestimmung der Körperoberfläche aus Größe und Gewicht[1]

Größe

cm 200 – 195 – 190 – 185 – 180 – 175 – 170 – 165 – 160 – 155 – 150 – 145 – 140 – 135 – 130 – 125 – 120 – 115 – 110 – 105 – cm 100

79 in – 78 – 77 – 76 – 75 – 74 – 73 – 72 – 71 – 70 – 69 – 68 – 67 – 66 – 65 – 64 – 63 – 62 – 61 – 60 – 59 – 58 – 57 – 56 – 55 – 54 – 53 – 52 – 51 – 50 – 49 – 48 – 47 – 46 – 45 – 44 – 43 – 42 – 41 – 40 – 39 in

Körperoberfläche

2,80 m² – 2,70 – 2,60 – 2,50 – 2,40 – 2,30 – 2,20 – 2,10 – 2,00 – 1,95 – 1,90 – 1,85 – 1,80 – 1,75 – 1,70 – 1,65 – 1,60 – 1,55 – 1,50 – 1,45 – 1,40 – 1,35 – 1,30 – 1,25 – 1,20 – 1,15 – 1,10 – 1,05 – 1,00 – 0,95 – 0,90 – 0,86 m²

Gewicht

kg 150 – 145 – 140 – 135 – 130 – 125 – 120 – 115 – 110 – 105 – 100 – 95 – 90 – 85 – 80 – 75 – 70 – 65 – 60 – 55 – 50 – 45 – 40 – 35 – kg 30

330 lb – 320 – 310 – 300 – 290 – 280 – 270 – 260 – 250 – 240 – 230 – 220 – 210 – 200 – 190 – 180 – 170 – 160 – 150 – 140 – 130 – 120 – 110 – 105 – 100 – 95 – 90 – 85 – 80 – 75 – 70 – 66 lb

[1] Nach der Formel von Du Bois und Du Bois, *Arch. intern. Med.*, **17**, 863 (1916): $O = G^{0,425} \times H^{0,725} \times 71,84$, oder:
$\log O = \log G \times 0,425 + \log H \times 0,725 + 1,8564$ (O = Körperoberfläche in Quadratzentimeter, G = Gewicht in Kilogramm, H = Größe in Zentimeter)

Nomogramm zur Bestimmung der Körperoberfläche aus Größe und Gewicht[1]

Größe

cm 120 – 115 – 110 – 105 – 100 – 95 – 90 – 85 – 80 – 75 – 70 – 65 – 60 – 55 – 50 – 45 – 40 – 35 – 30 – cm 25

47 in – 46 – 45 – 44 – 43 – 42 – 41 – 40 – 39 – 38 – 37 – 36 – 35 – 34 – 33 – 32 – 31 – 30 – 29 – 28 – 27 – 26 – 25 – 24 – 23 – 22 – 21 – 20 – 19 – 18 – 17 – 16 – 15 – 14 – 13 – 12 – 11 – 10 in

Körperoberfläche

1,10 m^2 – 1,05 – 1,00 – 0,95 – 0,90 – 0,85 – 0,80 – 0,75 – 0,70 – 0,65 – 0,60 – 0,55 – 0,50 – 0,45 – 0,40 – 0,35 – 0,30 – 0,25 – 0,20 – 0,19 – 0,18 – 0,17 – 0,16 – 0,15 – 0,14 – 0,13 – 0,12 – 0,11 – 0,10 – 0,09 – 0,08 – 0,074 m^2

Gewicht

kg 40,0 – 35,0 – 30,0 – 25,0 – 20,0 – 15,0 – 10,0 – 9,0 – 8,0 – 7,0 – 6,0 – 5,0 – 4,5 – 4,0 – 3,5 – 3,0 – 2,5 – 2,0 – 1,5 – kg 1,0

90 lb – 85 – 80 – 75 – 70 – 65 – 60 – 55 – 50 – 45 – 40 – 35 – 30 – 25 – 20 – 15 – 10 – 9 – 8 – 7 – 6 – 5 – 4 – 3 – 2,2 lb

[1] Nach der Formel von Du Bois und Du Bois, *Arch. intern. Med.*, **17**, 863 (1916): $O = G^{0,425} \times H^{0,725} \times 71,84$, oder: $\log O = \log G \times 0,425 + \log H \times 0,725 + 1,8564$ (O = Körperoberfläche in Quadratzentimeter, G = Gewicht in Kilogramm, H = Größe in Zentimeter)

Der Grundumsatz ist der Kalorienverbrauch eines nüchternen, körperlich und geistig ruhenden Menschen bei Zimmertemperatur (etwa 20 °C). Er entspricht dem unvermeidbaren Wärmeverlust infolge des Zellstoffwechsels und der auch in Ruhe ablaufenden physiologischen Funktionen (Kreislauf, Atmung, Verdauung, unwillkürlicher Muskeltonus). Zum Grundumsatz trägt vor allem der Stoffwechsel der Leber bei (siehe Tabelle).

Beitrag des Stoffwechsels verschiedener Organe zum Grundumsatz[1]

Organ	Gewicht (kg)	Anteil am Körpergewicht (%)	Sauerstoffverbrauch ([ml/min]/kg)	Sauerstoffverbrauch des Organs (ml/min)	Anteil am Grundumsatz (%)
(a) Leber.......	1,5	2,1	44	66	26,4
(b) Gehirn	1,4	2,0	33	46	18,3
(c) Herz	0,3	0,43	94	23	9,2
(d) Nieren......	0,3	0,43	61	18	7,2
Subtotal (a)–(d) .	...	...	...	153	61,1
(e) Skelettmuskel	27,8	39,7	2,3	64	25,6
Total (a)–(e)....	...	...	...	217	86,7

Der Grundumsatz wird von vielen Faktoren beeinflußt[2, 3], so besonders von Geschlecht, Größe, Gewicht, Körperzusammensetzung, Lebensalter und Hormonhaushalt; tageszeitliche, jahreszeitliche Schwankungen und ein Einfluß des Klimas wurden beobachtet. Bei Frauen schwankt der Grundumsatz geringfügig mit dem Zyklus[3, 4] und ist gegen Ende der Schwangerschaft um etwa 20% erhöht[5]. Standardwerte des Grundumsatzes wurden wiederholt publiziert; häufig verwendet werden die Standards von Harris und Benedict[6], Boothby, Berkson und Dunn[7], Robertson und Reid[8] sowie von Fleisch[9]; Standardwerte für Kinder wurden von Shock[10] sowie Lewis, Duval und Iliff[11] zusammengestellt. Der Grundumsatz von Säuglingen[12] und von Kindern[13] wurde ausführlich diskutiert; derjenige von 50- bis 90jährigen wurde speziell untersucht[14].

Die Standardwerte des Grundumsatzes werden gewöhnlich auf die Körperoberfläche bezogen (Bestimmung der Körperoberfläche siehe S. 533 und 534). Da der Stoffwechsel des Fettgewebes im Vergleich zu dem des Muskelgewebes nur gering ist, wird auch vorgeschlagen, den Grundumsatz auf die fettfreie Körpermasse, aktive Zellmasse, Muskelmasse oder ähnliche Körpermaße zu beziehen[15]. Als Maß für die Muskelmasse wurde die Creatininausscheidung empfohlen[16]. Beim Säugling bezieht man den Grundumsatz am besten auf das Körpergewicht[17].

In pathologischer Hinsicht wird der Grundumsatz vor allem durch die Funktion der Hypophyse, Schilddrüse und Nebennierenrinde beeinflußt. Hyperaktivität dieser Drüsen führt zu einer Steigerung, Hypoaktivität zu einer Senkung des Grundumsatzes. Eine spezifische Form von Hypermetabolismus, der auf einer Störung der Respiration in den Mitochondrien beruht, wurde beschrieben[18].

Bestimmung des Grundumsatzes

Die kalorimetrische Bestimmung des Grundumsatzes erfordert umfangreiche Apparaturen. In der Praxis wird deshalb die Bestimmung meist aufgrund des O_2-Verbrauches, der CO_2-Abgabe, unter Umständen (wenn große Genauigkeit erwünscht ist) auch noch aufgrund der im Harn ausgeschiedenen Stickstoffmenge durchgeführt. Gasvolumen sind auf STPD umzurechnen.

Das Verhältnis aus CO_2-Abgabe ($\dot{V}_{CO_2}$) und O_2-Verbrauch ($\dot{V}_{O_2}$) ergibt den sogenannten *respiratorischen Quotienten* (RQ):

$$RQ = \frac{\dot{V}_{CO_2}}{\dot{V}_{O_2}}$$

RQ in verschiedenen Lebensaltern[19]

Erste Lebensstunden	0,90
Erste Lebenstage............................	0,73
Ende der 1. Woche	0,82
Erwachsene, postabsorptiv	0,82

Zur Berechnung des Grundumsatzes können folgende Formeln verwendet werden (wobei $\dot{E}$ = Energieumsatz in Kilokalorien pro Zeiteinheit; $\dot{V}_{O_2}$ = O_2-Verbrauch in Liter pro Zeiteinheit; $\dot{V}_{CO_2}$ = CO_2-Abgabe in Liter pro Zeiteinheit; $\dot{H}_N$ = Stickstoffausscheidung im Harn in Gramm pro Zeiteinheit):

$$\dot{E} = 4{,}825\ \dot{V}_{O_2} \quad (\mathbf{1})$$

(falls nur der O_2-Verbrauch bestimmt wird)

$$\dot{E} = 3{,}941\ \dot{V}_{O_2} + 1{,}106\ \dot{V}_{CO_2} \quad (\mathbf{2}a)$$

$$\dot{E} = 3{,}78\ \dot{V}_{O_2} + 1{,}16\ \dot{V}_{CO_2} \quad (\mathbf{2}b)$$

(falls der O_2-Verbrauch und die CO_2-Abgabe bestimmt werden)

$$\dot{E} = 3{,}941\ \dot{V}_{O_2} + 1{,}106\ \dot{V}_{CO_2} - 2{,}17\ \dot{H}_N \quad (\mathbf{3}a)$$

$$\dot{E} = 3{,}78\ \dot{V}_{O_2} + 1{,}16\ \dot{V}_{CO_2} - 2{,}98\ \dot{H}_N \quad (\mathbf{3}b)$$

(unter zusätzlicher Berücksichtigung des Proteinstoffwechsels)

Formel (**1**)[20] gilt unter Annahme eines RQ von 0,82, für Formel (**2**a) und (**3**a)[21] wurden die kalorischen Werte von Loewy, für Formel (**2**b) und (**3**b)[22] die von Rubner verwendet.

Kalorischer Wert, Sauerstoffverbrauch und Kohlensäureabgabe pro Gramm der im Körper verbrannten Proteine, Fette und Kohlenhydrate sowie pro Gramm im Harn ausgeschiedenen Stickstoffs[23]

	Verbrauchter Sauerstoff (ml/g)	Abgegebene Kohlensäure (ml/g)	RQ	kcal/g		kcal/l	
				Nach Rubner	Nach Loewy	Sauerstoff	Kohlensäure
Protein	966,3	773,9	0,801	4,10	4,316	4,485	5,579
Harn-N	5939,0	4757,0	0,801	25,63	26,54	4,485	5,579
Fett...........	2019,3	1427,3	0,707	9,3	9,461	4,686	6,629
Kohlenhydrat ..	828,8	828,8	1,000	4,1	4,182	5,047	5,047

Literatur

1 Brožek und Grande, nach Kinney et al., *Ann. N. Y. Acad. Sci.*, **110**, 711 (1963).

2 Kraut und Zimmermann, in: Flaschenträger und Lehnartz (Hrsg.), *Physiologische Chemie*, Band II/2c, Springer, Berlin, 1959, S. 520; Tata, J. R., *Advanc. metab. Disord.*, **1**, 153 (1964); Swift und Fisher, in: Beaton und McHenry (Hrsg.), *Nutrition*, Band 1, Academic Press, New York, 1964, S. 181.

3 Suzuki, S., *Wld Rev. Nutr. Diet.*, **1**, 103 (1959).

4 Wakeham, G., *J. biol. Chem.*, **56**, 555 (1923).

5 Hytten und Leitch, *The Physiology of Human Pregnancy*, Blackwell, Oxford, 1964, S. 96.

6 Harris und Benedict, *A Biometric Study of Basal Metabolism in Man*, Publication No. 279 of the Carnegie Institution, Washington, 1919.

7 Boothby et al., *Amer. J. Physiol.*, **116**, 468 (1936).

8 Robertson und Reid, *Lancet*, **1**, 940 (1952).

9 Fleisch, A., *Helv. med. Acta*, **18**, 23 (1951).

10 Shock, N. W., *Amer. J. Dis. Child.*, **64**, 19 (1942).

11 Lewis et al., *J. Pediat.*, **23**, 1 (1943).

12 Karlberg, P., *Acta paediat. (Uppsala)*, **41**, Suppl. 89 (1952).

13 Sargent, D. W., *An Evaluation of Basal Metabolic Data for Children and Youth in the United States*, Home Economics Research Report, Nr. 14, United States Department of Agriculture, Washington, 1961.

14 Binet et al., *Bull. Acad. nat. Méd. (Paris)*, **144**, 355 (1960); Binet et al., *J. Physiol. (Paris)*, **54**, 687 (1962).

15 Miller, jr., und Blyth, *J. appl. Physiol.*, **5**, 311 (1953); Miller, A. T., jr., *Meth. med. Res.*, **6**, 74 (1954); Kinney et al., *Ann. N. Y. Acad. Sci.*, **110**, 711 (1963).

16 Talbot, N. B., *Amer. J. Dis. Child.*, **52**, 16 (1936); Talbot et al., *Amer. J. Dis. Child.*, **58**, 506 (1939).

[17] Hill, J.R., in: Jonxis et al. (Hrsg.), *Nutricia Symposium on the Adaptation of the Newborn Infant to Extra-Uterine Life*, Kroese, Leiden, 1964, S. 223.
[18] Ernster und Luft, *Advanc.metab. Disord.*, **1**, 95 (1964).
[19] Smith, C. A., *The Physiology of the Newborn Infant*, 3. Aufl., Blackwell, Oxford, 1959, S. 203; Behrendt, H., *Diagnostic Tests in Infants and Children*, 2. Aufl., Lea & Febiger, Philadelphia, 1962, S. 33.
[20] Lusk, G., *J.biol.Chem.*, **59**, 41 (1924).
[21] Weir, J.B. de V., *J. Physiol. (Lond.)*, **109**, 1 (1949).
[22] Consolazio et al., *Physiological Measurements of Metabolic Functions in Man*, McGraw-Hill, New York, 1963, S. 315.
[23] Nach Peters und van Slyke, *Quantitative Clinical Chemistry*, Band 1, 2. Aufl., Williams & Wilkins, Baltimore, 1946, S. 3.

Standardwerte des Grundumsatzes

Alter in Jahren	kcal/m²/h					
	Männer			Frauen		
	Standard des *Handbook of Biological Data*[1]		Standard von Fleisch[2]	Standard des *Handbook of Biological Data*[1]		Standard von Fleisch[2]
	Mittelwert	95%-Bereich	Mittelwert	Mittelwert	95%-Bereich	Mittelwert
1	–	–	53,0	–	–	53,0
2	–	–	52,4	–	–	52,4
3	60,1	51,8–68,3	51,3	54,5	47,0–62,0	51,2
4	57,9	49,9–65,9	50,3	53,9	46,5–61,3	49,8
5	56,3	48,5–64,1	49,3	53,0	45,7–60,3	48,4
6	54,0	46,5–61,5	48,3	51,2	44,1–58,3	47,0
7	52,3	45,1–59,5	47,3	49,7	42,8–56,6	45,4
8	50,8	43,8–57,8	46,3	48,0	41,4–54,6	43,8
9	49,5	42,7–56,3	45,2	46,2	39,8–52,6	42,8
10	47,7	41,1–54,3	44,0	44,9	38,7–51,1	42,5
11	46,5	40,1–52,9	43,0	44,1	38,0–50,2	42,0
12	45,3	39,0–51,6	42,5	42,0	36,2–47,8	41,3
13	44,5	38,4–50,6	42,3	40,5	34,9–46,1	40,3
14	43,8	37,8–49,8	42,1	39,2	33,8–44,6	39,2
15	43,7	37,7–49,7	41,8	38,3	33,0–43,6	37,9
16	42,9	37,0–48,8	41,4	37,7	32,5–42,9	36,9
17	41,9	36,1–47,7	40,8	36,2	31,2–41,2	36,3
18	40,5	34,9–46,1	40,0	35,7	30,8–40,6	35,9
19	40,1	34,6–45,6	39,2	35,4	30,5–40,3	35,5
20	39,8	34,3–45,3	38,6	35,3	30,4–40,2	35,3
21	39,4	34,0–44,8	–	35,2	30,3–40,1	–
22	39,2	33,8–44,6	–	35,2	30,3–40,1	–
23	39,0	33,6–44,4	–	35,2	30,3–40,1	–
24	38,7	33,4–44,0	–	35,1	30,3–39,9	–
25	38,4	33,1–43,7	37,5	35,1	30,3–39,9	35,2
26	38,2	32,9–43,5	–	35,0	30,2–39,8	–
27	38,0	32,8–43,2	–	35,0	30,2–39,8	–
28	37,8	32,6–43,0	–	35,0	30,2–39,8	–
29	37,7	32,5–42,9	–	35,0	30,2–39,8	–
30	37,6	32,4–42,8	36,8	35,0	30,2–39,8	35,1
31	37,4	32,2–42,6	–	35,0	30,2–39,8	–
32	37,2	32,1–42,3	–	34,9	30,1–39,7	–
33	37,1	32,0–42,2	–	34,9	30,1–39,7	–
34	37,0	31,9–42,1	–	34,9	30,1–39,7	–
35	36,9	31,8–42,0	36,5	34,8	30,0–39,6	35,0
36	36,8	31,7–41,9	–	34,7	29,9–39,5	–
37	36,7	31,6–41,8	–	34,6	29,8–39,4	–
38	36,7	31,6–41,8	–	34,5	29,7–39,3	–
39	36,6	31,5–41,7	–	34,4	29,7–39,1	–
40	36,5	31,5–41,5	36,3	34,3	29,6–39,0	34,9
45	36,3	31,3–41,3	36,2	33,9	29,2–38,6	34,5
50	36,0	31,0–40,0	35,8	33,4	28,8–38,0	33,9
55	35,4	30,5–40,3	35,4	32,9	28,4–37,4	33,3
60	34,8	30,0–39,6	34,9	32,4	27,9–36,9	32,7
65	34,0	29,3–38,7	34,4	31,8	27,4–36,2	32,2
70	33,1	28,5–37,7	33,8	31,3	27,0–35,6	31,7
75 und mehr	31,8	27,4–36,2	33,2	31,1	26,8–35,4	31,3

Alter in Jahren	kJ/m²/h*					
	Männer			Frauen		
	Standard des *Handbook of Biological Data*[1]		Standard von Fleisch[2]	Standard des *Handbook of Biological Data*[1]		Standard von Fleisch[2]
	Mittelwert	95%-Bereich	Mittelwert	Mittelwert	95%-Bereich	Mittelwert
1	–	–	222	–	–	222
2	–	–	219	–	–	219
3	252	217–286	215	228	197–260	214
4	242	209–276	211	226	195–257	208
5	236	203–268	206	222	191–252	203
6	226	195–257	202	214	185–244	197
7	219	189–249	198	208	179–237	190
8	213	183–242	194	201	173–229	183
9	207	179–236	189	193	167–220	179
10	200	172–227	184	188	162–214	178
11	195	168–221	180	185	159–210	176
12	190	163–216	178	176	152–200	173
13	186	161–212	177	170	146–193	169
14	183	158–208	176	164	141–187	164
15	182	158–208	175	160	138–182	159
16	180	155–204	173	158	136–180	154
17	175	151–200	171	152	131–172	152
18	170	146–193	167	149	129–170	150
19	168	145–191	164	148	128–169	149
20	167	144–190	162	148	127–168	148
21	165	142–188	–	147	127–168	–
22	164	141–187	–	147	127–168	–
23	163	141–186	–	147	127–168	–
24	162	140–184	–	147	127–167	–
25	161	139–183	157	147	127–167	147
26	160	138–182	–	146	126–167	–
27	159	137–181	–	146	126–167	–
28	158	136–180	–	146	126–167	–
29	158	136–180	–	146	126–167	–
30	157	136–179	154	146	126–167	147
31	157	135–178	–	146	126–167	–
32	156	134–177	–	146	126–166	–
33	155	134–177	–	146	126–166	–
34	155	134–176	–	146	126–166	–
35	154	133–176	153	146	126–166	146
36	154	133–175	–	145	125–165	–
37	154	132–175	–	145	125–165	–
38	154	132–175	–	144	124–164	–
39	153	132–175	–	144	124–164	–
40	153	132–174	152	144	124–163	146
45	152	131–173	152	142	122–162	144
50	151	130–167	150	140	121–159	142
55	148	128–169	148	138	119–157	139
60	146	126–166	146	136	117–154	137
65	142	123–162	144	133	115–152	135
70	139	119–158	141	131	113–149	133
75 und mehr	133	115–152	139	130	112–148	131

* Die Werte in kJ sind umgerechnet aufgrund der Beziehung 1 $kcal_{15}$ = 4,185 5 kJ (siehe dazu S. 213).

[1] Boothby und DuBois, in: Albritton, E.C. (Hrsg.), *Standard Values in Nutrition and Metabolism*, Saunders, Philadelphia, 1954, S. 241. Die Werte repräsentieren 4016 Messungen. Der Normalbereich wurde mittels eines mittleren Variationskoeffizienten von 6,9 berechnet. Verarbeitet wurden die Angaben des Mayo Foundation Standards von Boothby, Berkson und Dunn, des englischen Standards von Robertson und Reid sowie des Carnegie Nutrition Laboratory Standards von Harrison und Benedict.
[2] Fleisch, A., *Helv. med. Acta*, **18**, 23 (1951). Werte beruhend auf 24 Arbeiten der Literatur.

Symbole in der Atmungsphysiologie*

1. Symbole für die Gasphase

a) Hauptsymbole (kursive Großbuchstaben)

Ein Punkt über einem Symbol bedeutet Abhängigkeit von der Zeit. Ein Strich über einem Symbol bezeichnet den Mittelwert.

V	Gasvolumen
$\dot{V}$	Gasvolumen pro Zeiteinheit
P	Gasdruck (Partialdruck)
$\bar{P}$	Mittlerer Gasdruck
F	Fraktion eines Gases in einem trockenen Gasgemisch
f	Atemfrequenz (Anzahl der Atemzüge pro Zeiteinheit)
D	Diffusionskapazität

b) Hinweissymbole (kursive Kapitälchen) sowie Abkürzungen (geradestehende Kapitälchen)

I	Inspirationsgase
E	Exspirationsgase
A	Alveolargase
D	Totraumgase (Symbol aus «dead»)
T	Atemvolumgase (Symbol aus «tidal»)
STPD	Normalverhältnisse (Gasvolumen bei 0 °C, 760 mm Hg, trocken)
BTPS	Körperverhältnisse (Gasvolumen bei 37 °C, gemessenem Luftdruck, mit Wasserdampf gesättigt)
ATPS	Meßverhältnisse (Gasvolumen bei Umgebungstemperatur und -druck, mit Wasserdampf gesättigt)

2. Symbole für die Blutphase

a) Hauptsymbole (kursive Großbuchstaben)

Q	Blutvolumen
$\dot{Q}$	Blutvolumen pro Zeiteinheit
S	O_2- oder CO_2-Sättigung des Hämoglobins (in Prozenten der O_2- oder CO_2-Kapazität)

b) Hinweissymbole (kursive Kleinbuchstaben)

a	Arterielles Blut
v	Venöses Blut
c	Kapillarblut

* In Anlehnung an die Empfehlungen des Amer. Physiol. Soc. Committee on Standardization of Symbols in Respiratory Physiology, *Fed. Proc.*, **9**, 602 (1950), und der Kommission der Dtsch. Ges. inn. Med. zur Normung der Nomenklatur von Atmungsgrößen, *Zbl. inn. Med.*, **192**, 1 (1958).

Gemessene Größen	Definition	Dimension	Bemerkungen, Normalwerte (Literatur siehe S.542)
Atemvolumina und -kapazitäten	*Definition der Atemvolumina und -kapazitäten*[1] Maximale Inspirationslage · Inspirationskapazität · Totale Lungenkapazität · Vitalkapazität · Atemruhelage · Maximale Exspirationslage · Funktionelle Residualkapazität · 100% · Inspiratorisches Reservevolumen · Atemvolumen (je nach Aktivität) · Exspiratorisches Reservevolumen · Residualvolumen · 0% Die einzelnen Volumina überschneiden sich nicht, die Kapazitäten umfassen zwei oder mehr Einzelvolumina (siehe Schema)		Alle Angaben sind auf BTPS (body temperature and pressure, saturated; siehe S.254) zu beziehen. Die Bestimmung der Volumina und Kapazitäten erfolgt üblicherweise am liegenden Patienten; die Werte beim sitzenden oder stehenden Patienten sind eher höher[2]
Atemvolumen (AV) Atemzugvolumen Tidal volume Volume courant	Luftvolumen, das bei jedem Atemzug ein- und ausgeatmet wird	1	Normalwerte siehe Tabelle 1, S.546
Inspiratorisches Reservevolumen (IRV) Komplementärluft Inspiratory reserve volume (IRV) Volume de réserve inspiratoire (VRI)	Maximales Luftvolumen, das nach einer normalen Inspiration noch zusätzlich eingeatmet werden kann	1	
Exspiratorisches Reservevolumen (ERV) Reserveluft Expiratory reserve volume (ERV) Volume de réserve expiratoire (VRE)	Maximales Luftvolumen, das nach einer normalen Exspiration noch zusätzlich ausgeatmet werden kann	1	Normalwerte siehe Tabelle 2, S.546

Gemessene Größen	Definition	Dimension	Bemerkungen, Normalwerte (Literatur siehe S. 542)
Residualvolumen (RV) Residualluft Residual volume (RV) Volume résiduel (VR)	Luftvolumen, das sich nach einer maximalen Exspiration noch in der Lunge befindet	l	Normalwerte siehe Tabellen 2, 3 und 5, S. 546 und 547
Totalkapazität der Lunge (TK) Total lung capacity (TLC) Capacité pulmonaire totale (CT)	Luftvolumen, das sich nach einer maximalen Inspiration in der Lunge befindet	l	Normalwerte siehe Tabellen 2 und 5, S. 546 und 547. Ermittlung für Kinder siehe Abbildung 1, S. 543. Berechnung der Totalkapazität aus der Sollvitalkapazität[3]: 15–34 Jahre Sollvitalkapazität/0,8 35–49 Jahre Sollvitalkapazität/0,75 > 50 Jahre Sollvitalkapazität/0,65
Vitalkapazität (VK) Vital capacity (VC) Capacité vitale (CV)	Maximales Luftvolumen, das nach einer maximalen Exspiration durch größte Anstrengung eingeatmet werden kann (inspiratorische Vitalkapazität) bzw. das nach maximaler Inspiration ausgeatmet werden kann (exspiratorische Vitalkapazität)	l	Man bestimmt besser die inspiratorische VK, weil sie auch bei pathologischen Zuständen reproduzierbar ist; im Gegensatz dazu kann die exspiratorische VK infolge des Check-valve-Mechanismus schwanken. Normalwerte siehe Tabellen 2, 3 und 5, S. 546 und 547, von Kindern siehe Tabelle 4, S. 547. Ermittlung für ambulante lungengesunde Personen siehe Abbildung 3, für bettlägerige lungengesunde Personen siehe Abbildung 4, S. 543. «Crying»-Vitalkapazität beim Neugeborenen 0,14 l[4]
Inspirationskapazität (IK) Inspiratory capacity (IC) Capacité inspiratoire (CI)	Luftvolumen, das von der Atemruhelage aus maximal eingeatmet werden kann	l	Normalwerte siehe Tabelle 2, S. 546
Funktionelle Residualkapazität (FRK) Functional residual capacity (FRC) Capacité résiduelle fonctionnelle (CRF)	Luftvolumen, das sich bei Atemruhelage in der Lunge befindet	l	Normalwerte siehe Tabelle 2, S. 546. Ermittlung für Kinder siehe Abbildung 2, S. 543. Beim Neugeborenen etwa 70 ml[4]
Ventilation			
Atemminutenvolumen (AMV) Minute ventilation Débit ventilatoire	Das in einer Minute inspirierte oder exspirierte Gasvolumen	$l\ min^{-1}$	Da in Ruhe bei normaler Atmung der respiratorische Quotient unter 1 liegt, ist das inspiratorische vom exspiratorischen Atemminutenvolumen verschieden. Die Größe des Atemminutenvolumens ist vorwiegend eine Funktion des Energieumsatzes, der Totraumventilation und der Atemfrequenz; sie unterliegt daher großen individuellen Schwankungen. Zur Berechnung des Sollwerts siehe Rossier et al.[5]. Normalwerte siehe auch Tabelle 1, S. 546
Alveoläre Ventilation Alveolar ventilation Ventilation alvéolaire	Das in die Alveolen pro Minute einströmende Frischluftvolumen bzw. das pro Minute ausgeatmete Alveolargasvolumen	$l\ min^{-1}$	Bei einem jungen, 70 kg schweren Mann mit einer O_2-Aufnahme von 250 ml/min muß die alveoläre Ventilation 4,3 l/min betragen, um das venöse Mischblut zu arterialisieren[3]. Die Berechnung erfolgt mit Hilfe der Bohrschen Alveolargleichung. Die Normalwerte sind abhängig von der Körperhaltung und betragen während Ruhebedingungen 70–80%, bei schwerer Belastung etwa 85% der Gesamtventilation; der Rest ist die Totraumventilation, der sogenannte funktionelle Totraum[5, 6]

Gemessene Größen	Definition	Dimension	Bemerkungen, Normalwerte (Literatur siehe S. 542)
Atemzeitquotient	Quotient Exspirationsdauer/Inspirationsdauer		Normalwerte siehe Tabelle 1, S. 546
Mischungszeit	Die für die Stabilisierung der Gaskonzentration im System Lunge–Spirometer benötigte Zeit		Die Mischungszeit, ein Maß für die Gleichmäßigkeit der intrapulmonalen Gasmischung, wird bei der Bestimmung des Residualvolumens im geschlossenen System erhalten. Normalerweise ist die Mischung nach 2–3 min beendet. Über Heliummischdiagramme siehe BRISCOE[7]
Teste der ventilatorischen Leistungsfähigkeit			
Atemgrenzwert (AGW) Maximal breathing capacity (MBC), maximal voluntary ventilation (MVV) Ventilation maximale minute (VMM)	Das durch willkürliche Hyperventilation maximal mögliche Atemminutenvolumen	$l\ min^{-1}$	Gemessen während 10–20 s und auf 1 min umgerechnet. Zur Ermittlung des Atemgrenzwertes in Abhängigkeit von Alter und Atemfrequenz siehe Abbildung 5, S. 544. Sollwert bei einer Atemfrequenz von 50 Atemzügen pro Minute[8, 9]: absolute Sekundenkapazität × 37 bzw. Sollvitalkapazität × 30. Normalwerte von Erwachsenen siehe in Abbildung 6, S. 544, über US-Normwerte siehe Committee on Rating of Mental and Physical Impairment[10]
Forciertes Exspirationsvolumen (FEV_t) Absolute Sekundenkapazität, TIFFENEAU-Wert, Atemstoßwert Forced expiratory volume (FEV_t) Volume expiratoire maximal (VEM)	Das – anschließend an eine volle Inspiration – während eines bestimmten Zeitintervalls in einer vollständigen forcierten Exspiration ausgeatmete Gas	l	Meist wird das in der ersten Sekunde ausgeatmete Exspirationsvolumen gemessen: $FEV_{1,0}$ = Einsekundenkapazität. Andere gebräuchliche Meßgrößen sind $FEV_{0,5}$, $FEV_{3,0}$, $FEV_{0,25-0,75}$. Normalwerte von $FEV_{1,0}$ bei Erwachsenen siehe in Abbildung 7, S. 544, und Tabelle 5, S. 547, bei Kindern siehe in Abbildung 10, S. 545. Über Normalwerte aus den USA siehe Committee on Rating of Mental and Physical Impairment[10], aus England siehe COTES[11]
Prozentuales forciertes Exspirationsvolumen Relative Sekundenkapazität Percentage expired Pourcentage expiré	Forciertes Exspirationsvolumen (FEV_t) bezogen auf die Vitalkapazität (VK): ($100\ FEV_t/VK$)	%	Normalwerte siehe Tabelle 5, S. 547, und Abbildung 8, S. 545
Maximale exspiratorische Atemstromstärke (MEAS) Pneumometerwert Maximal expiratory flow rate (MEFR), peak flow rate Débit expiratoire de pointe	Atemstromstärke in einem bestimmten Abschnitt einer forcierten Exspiration	$l\ s^{-1}$	Meßmethoden: Pneumotachograph, HADORN-Pneumometer, WRIGHTsches Peakflow-Meter, Pneumometer «Minimus», eventuell auch aus dem Spirogramm ablesbar. Normalwerte von Kindern und Erwachsenen siehe in Tabelle 6, S. 547, und Abbildung 13, S. 546
Maximale inspiratorische Atemstromstärke (MIAS) Maximal inspiratory flow rate (MIFR) Débit inspiratoire de pointe	Atemstromstärke in einem bestimmten Abschnitt einer forcierten Inspiration	$l\ s^{-1}$	
Maximale mittelexspiratorische Atemstromstärke (MMEAS) Maximal mid-expiratory flow (MMF)	Atemstromstärke in der mittleren Hälfte des forcierten Exspirationsvolumen	$l\ s^{-1}$	Normalwerte von Erwachsenen siehe in Abbildung 9, S. 545
Lungenkreislauf			
Intravaskulärer Druck	Blutdruck in einem beliebigen Abschnitt des Blutgefäßes bezogen auf den Luftdruck	Torr	Normalwerte siehe S. 549

Gemessene Größen	Definition	Dimension	Bemerkungen, Normalwerte (Literatur siehe S. 542)
Transmuraler Druck	Druckdifferenz zwischen dem Blutdruck im Gefäß und dem Druck, der von außen auf dieses Gefäß wirkt	Torr	Der Druck, der von außen auf die Lungenarterien und -venen einwirkt, ist gleich dem intrathorakalen Druck
Treibender Druck	Druckdifferenz zwischen dem Blutdruck an einem bestimmten Ort in einem Blutgefäß und einem zweiten, weiter stromabwärts gelegenen	Torr	
Widerstand	Strömungswiderstand im Lungenkreislauf	dyn s cm^{-5}	Berechnung: $\frac{\text{Treibender Druck}}{\text{Minutenvolumen}}$
Minutenvolumen Minute volume Débit sanguin pulmonaire, débit cardiaque	Die in einer Minute die Lunge durchströmende Blutmenge	l min^{-1}	Ermittlung nach dem direkten Fickschen Prinzip: $\frac{O_2\text{-Aufnahme (ml/min)}}{\text{Arteriovenöse } O_2\text{-Differenz (ml/l)}}$ Beim Erwachsenen beträgt die Lungendurchblutung in Ruhe etwa 5 l/min
Intrapulmonales Blutvolumen	Gesamte Blutmenge zwischen dem Ursprung der Lungenarterie und der Mündung der Lungenvenen in den linken Vorhof	l	Beim gesunden Erwachsenen etwa 900 ml; die Blutmenge in den Lungenkapillaren zu einem gegebenen Zeitpunkt beträgt beim ruhenden Erwachsenen gegen 75–100 ml[3]; Normalwerte von Kindern siehe bei Bucci[12]
Belüftungs-Durchblutungs-Verhältnis Ventilation perfusion ratio Rapport ventilation–perfusion	Verhältnis von alveolärer Belüftung (Ventilation) zur Durchblutung der Lungenkapillaren (Perfusion)		Beim ruhenden Erwachsenen beträgt die alveoläre Ventilation etwa 4 l/min und die Durchblutung etwa 5 l/min, das Belüftungs-Durchblutungs-Verhältnis daher 4:5 bzw. 0,8
Intrapulmonales Kurzschlußblutvolumen Venöse Beimischung Intrapulmonary shunt volume Débit de shunt	Anteil des venösen Bluts am aortalen Strömungsvolumen	Vol%	Physiologisch ist die venöse Beimischung bedingt durch das in die Lungenvenen abfließende Bronchialvenenblut, durch intrapulmonale arteriovenöse Anastomosen, in geringem Ausmaß durch Zustrom aus den Koronarvenen durch die Venae thebesii und durch porto- und mediastino-pulmonalvenöse Verbindungen. Normalwerte junger Erwachsener in Ruhe 2 (0–4)%[13]
Blutgase und Diffusion	Die folgenden Druckangaben sind Partialdrucke. Unter diesen versteht man den Druck, den ein Gas ausüben würde, wenn es allein das ganze Volumen der Mischung erfüllte. Der Gesamtdruck einer (idealen) Gasmischung ist gleich der Summe der Partialdrucke der in ihr enthaltenen Gase		Mit den meisten gasanalytischen Geräten erhält man sogenannte Trockenprozente der Gase, auch angegeben als Fraktion F eines Gases (in Teilen von 1) in einem trokkenen Gasgemisch. Der Druck P des Gases (in Torr) in der ursprünglichen Mischung ergibt sich aus $P_{Gas} = F_{Gas}(B - P_{H_2O})$, wobei B = Barometerstand (in Torr), P_{H_2O} = 47 Torr bei 37 °C
Alveolärer O_2-Druck ($P_{A_{O_2}}$)		Torr	Erwachsene[9]: 100 (95–105) Torr
Alveolärer CO_2-Druck ($P_{A_{CO_2}}$)		Torr	Erwachsene[9]: 40 (38–42) Torr
Arterielle O_2-Sättigung (Sa_{O_2})		%	Erwachsene[9]: 97 (95–99) %; siehe auch S. 566
Arterieller O_2-Druck (Pa_{O_2})		Torr	Erwachsene[9]: 80–100 Torr; siehe auch S. 566

Gemessene Größen	Definition	Dimension	Bemerkungen, Normalwerte (Literatur siehe S. 542)
Arterieller CO_2-Druck (P_{aCO_2})		Torr	Erwachsene[9]: 40 (38–42) Torr; siehe auch S. 566
Arterieller pH-Wert			Erwachsene[9]: 7,4 (7,36–7,44); siehe auch S. 556
Diffusionskapazität (D) Diffusionsfaktor (DF) Diffusing capacity Capacité de diffusion	Gasstrom in ml/min, der bei einem Unterschied des Partialdrucks von 1 Torr von den Alveolen in das Blut übergeht	ml min⁻¹ Torr⁻¹	Messung unter Verwendung von CO oder O_2. Die Diffusionskapazität hängt von der Konstitution, dem Alter, dem Lungenvolumen, dem Stoffwechsel und der Körperlage ab. Normalwerte für die Diffusionskapazität der Lunge (D_L) siehe in Tabelle 7, S. 548. Die Diffusionskapazität der Lunge für CO resultiert aus 2 Komponenten: 1. der Diffusion durch die Alveolärmembran (D_M) und 2. der Geschwindigkeit des Durchtritts durch die Erythrozytenmembran in den Lungenkapillaren einschließlich Bindung an das Hämoglobin ($\vartheta\, V_c$); es gilt $\frac{1}{D_L} = \frac{1}{D_M} + \frac{1}{\vartheta\, V_c}$ wobei ϑ = Geschwindigkeitskonstante (abhängig vom P_{cO_2}), V_c = Blutvolumen in den Lungenkapillaren
Differenz zwischen alveolärem und arteriellem Sauerstoffpartialdruck	$P_{AO_2} - P_{aO_2}$	Torr	Normalwert bei Luftatmung etwa 10–15 Torr. Diese Differenz ist zurückzuführen 1. auf die Zufuhr von venösem Blut in das aus den Alveolen kommende arterialisierte Blut (dieses Gemisch ist das arterielle Blut), 2. auf die ungleichmäßige Verteilung des Belüftungs-Durchblutungs-Verhältnisses in den einzelnen Teilen der Lunge (auch beim Gesunden sind im Verhältnis zur Perfusion manche Alveolen überventiliert, manche unterventiliert), und 3. auf den durch die Diffusion bedingten Abfall des Partialdrucks (beim Gesunden unter Normoxie ist dieser Anteil nur gering). Die Ungenauigkeit der Berechnung des letzteren Anteils ist Ursache der großen Schwankungen in den Angaben der Diffusionskapazität der Lunge für O_2
Atemmechanik			
Compliance (C) Dehnbarkeit Compliance Compliance	Dehnbarkeit der Lunge und/oder des Thorax, ausgedrückt als Volumänderung je Einheit der Druckänderung	l cmH_2O^{-1}	Normalwerte *junger Männer*[3]: Compliance der Lunge (C_L) etwa 0,2 l cmH_2O^{-1} Compliance des Thorax (C_T) etwa 0,2 l cmH_2O^{-1} Compliance von Lunge + Thorax (C_{L+T}) etwa 0,1 l cmH_2O^{-1} wobei $\frac{1}{C_{L+T}} = \frac{1}{C_L} + \frac{1}{C_T}$ Compliance der Lunge von *Neugeborenen*[4]: 5 ml cmH_2O^{-1} Compliance der Lunge von *Kindern* siehe in Abbildung 11, S. 545 Compliance der Lunge von *Erwachsenen* siehe in Tabelle 9, S. 548
Spezifische Compliance	Quotient Compliance/funktionelle Residualkapazität		Erwachsene 0,05–0,06 l cmH_2O^{-1}, Neugeborene 0,065 l cmH_2O^{-1} pro Liter funktionelle Residualkapazität[3]
Elastance (E)	Reziprokwert der Compliance	cmH_2O l⁻¹	Ein Maß des elastischen Widerstands von Lunge und Thorax

Gemessene Größen	Definition	Dimension	Bemerkungen, Normalwerte
Nichtelastische Widerstände Visköse Widerstände	Die je Einheit Atemzeitvolumen erforderliche Druckdifferenz	$cmH_2O\ s\ l^{-1}$	
Strömungswiderstand (*R*) Atemwegwiderstand Airway resistance Résistance des voies aériennes	Strömungswiderstand in den Luftwegen		Bestimmbar mittels Körperplethysmographen, üblicherweise bei rascher oberflächlicher Atmung bestimmt (Atemfrequenz 200 min^{-1}). Normalwerte siehe in Tabelle 8, S. 548. Über bei normaler Atemfrequenz bestimmte Werte siehe JAEGER und OTIS[14]
Lungengewebswiderstand Lung tissue resistance Résistance tissulaire du poumon	Reibungs- bzw. Deformationswiderstand des Lungengewebes		Berechenbar aus der Differenz zwischen Lungenwiderstand und Strömungswiderstand. Normalwerte siehe in Tabelle 8, S. 548
Lungenwiderstand Atembewegungswiderstand (Total) pulmonary resistance Résistance pulmonaire	Strömungswiderstand plus Lungengewebswiderstand		Bestimmbar mittels Intrathorakaldruckmessung oder Ösophagusdruckmessung. Bei gesunden jungen Leuten sind etwa 20% des Lungenwiderstands auf den Lungengewebswiderstand zurückzuführen, 80% auf den Strömungswiderstand. Normalwerte von Kindern siehe in Abbildung 12, S. 545, von Erwachsenen in Tabelle 8, S. 548
Thoraxgewebswiderstand Thorax tissue resistance Résistance tissulaire de la cage thoracique	Deformationswiderstand des Thoraxgewebes		Annähernd berechenbar aus der Differenz zwischen dem Wert der Verschlußdruckmessung und dem der Ösophagusdruckmessung
Gesamter (nichtelastischer) Atemwiderstand Total respiratory resistance Résistance respiratoire totale	Lungenwiderstand plus Thoraxgewebswiderstand		Annähernde Werte liefert die Verschlußdruckmethode mittels eines Pneumotachographen. Exakt meßbar nur im Respirator bei vollständiger Erschlaffung der Atemmuskulatur
Conductance	Reziprokwert des nichtelastischen Widerstands	$l\ s^{-1}\ cmH_2O^{-1}$	
Atemarbeit (*A* oder *W*) Work of breathing Travail mécanique ventilatoire	Arbeit, die nötig ist, die elastischen Widerstände von Lunge und Thorax, die nichtelastischen Widerstände von Lunge und Thorax und den Strömungswiderstand der Atemwege zu überwinden: $A = \text{Kraft} \times \text{Weg}$ bzw. $\text{Druck} \times \text{Volumen}$	m kg oder l atm	Die totale Atemarbeit kann nur durch passive Beatmung im Respirator aus den für die verschiedenen Atemminutenvolumina erforderlichen Drucken berechnet werden. Ergebnis[15]: 0,315 kg m min^{-1} (Atemzugvolumen 500 ml, Atemfrequenz 15 min^{-1}). Verzichtet man auf die Bestimmung der für die Überwindung des Thoraxgewebswiderstandes nötigen Arbeit, so kann die an den Lungen geleistete Arbeit anhand der Atemschleife ermittelt werden. Diese Arbeit ist die Summe der Produkte aus den Kräften, die als Druck im Ösophagus gemessen werden können, und den zugehörigen Atemvolumina (siehe Abbildung nebenan). Die Atemschleife kann sowohl rechnerisch aus dem Pneumotachogramm und der Druckkurve ermittelt als auch automatisch mittels Kathodenstrahloszillographen oder direkt registrierenden Koordinatenschreibern aufgenommen werden. Normalwerte der Anteile der Atemarbeit für den einzelnen Atemzug entsprechend nebenstehender Abbildung siehe in Tabelle 10, S. 548

Schematische Darstellung des Volumen–Druck-Diagramms eines Atemzugs[16]

Volumen (ml): 0, 100, 200, 300, 400, 500, 600 — Ösophagusdruck (cmH_2O): 0, −2, −4 — A, B, C, E, I

Fläche *AIBC* Gesamte Arbeit gegen den elastischen Widerstand des Lungengewebes, den nichtelastischen Widerstand des Lungengewebes und den Strömungswiderstand in den Atemwegen

Fläche *AIB* Arbeit gegen den nichtelastischen Widerstand des Lungengewebes und den Strömungswiderstand in den Atemwegen bei der Inspiration

Fläche *ABC* Arbeit gegen den elastischen Widerstand des Lungengewebes bei der Inspiration

Fläche *BEA* Arbeit gegen den nichtelastischen Widerstand des Lungengewebes und den Strömungswiderstand in den Atemwegen bei der Exspiration; die Exspiration erfordert keine aktive Arbeit, sondern erfolgt passiv durch die elastische Retraktion der inspiratorisch gedehnten Lunge

Literatur

1 Nach Amer. Physiol. Soc. Committee on Standardization of Symbols in Respiratory Physiology, *Fed. Proc.*, **9**, 602 (1950).
2 WHITFIELD et al., *Brit. J. soc. Med.*, **4**, 86 (1950); HAMM und KLEINSORG, *Dtsch. Arch. klin. Med.*, **203**, 234 (1956); MORENO und LYONS, *J. appl. Physiol.*, **16**, 27 (1961); GEUBELLE und GOFFIN, *Acta paediat. (Uppsala)*, **51**, 255 (1962).
3 COMROE, jr., et al., *Die Lunge*, Schattauer, Stuttgart, 1964.
4 COOK et al., *Advanc. Pediat.*, **11**, 11 (1960).
5 ROSSIER et al., *Physiologie und Pathophysiologie der Atmung*, 2. Aufl., Springer, Berlin, 1958.
6 FRUHMANN und STURM, *Z. ges. exp. Med.*, **139**, 357 (1965).
7 BRISCOE, W. A., *Clin. Sci.*, **11**, 45 (1952).
8 BÜHLMANN et al., *Schweiz. med. Wschr.*, **91**, 105 (1961).
9 HERTZ, C. W., *Internist (Berl.)*, **1**, 80 (1960).
10 Committee on Rating of Mental and Physical Impairment, *J. Amer. med. Ass.*, **194**, 919 (1965).
11 COTES et al., *Brit. med. J.*, **1**, 1016 (1966).
12 BUCCI et al., *J. Pediat.*, **58**, 820 (1961).
13 FRUHMANN, G., *Z. ges. exp. Med.*, **139**, 391 (1965).
14 JAEGER und OTIS, *J. appl. Physiol.*, **19**, 813 (1964).
15 OTIS et al., *J. appl. Physiol.*, **2**, 592 (1950).
16 Nach HAMM et al., *Z. klin. Med.*, **157**, 133 (1962).

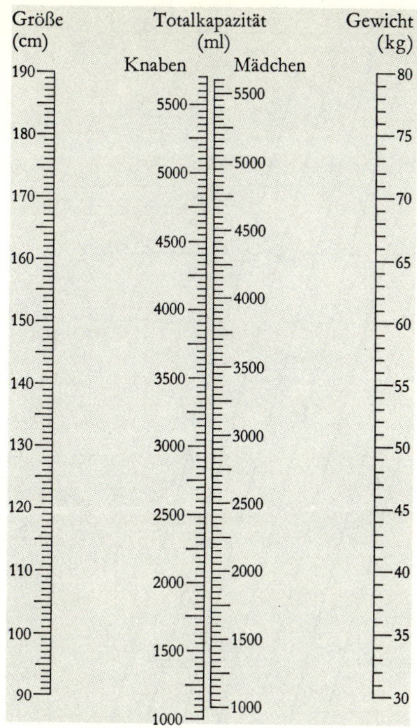

Abb. 1. Ermittlung der Totalkapazität der Lunge von Kindern (nach LYONS und TANNER, *J. appl. Physiol.*, **17**, 601 [1962])

Abb. 2. Ermittlung der funktionellen Residualkapazität von Kindern (nach LYONS und TANNER, *J. appl. Physiol.*, **17**, 601 [1962]) ▼

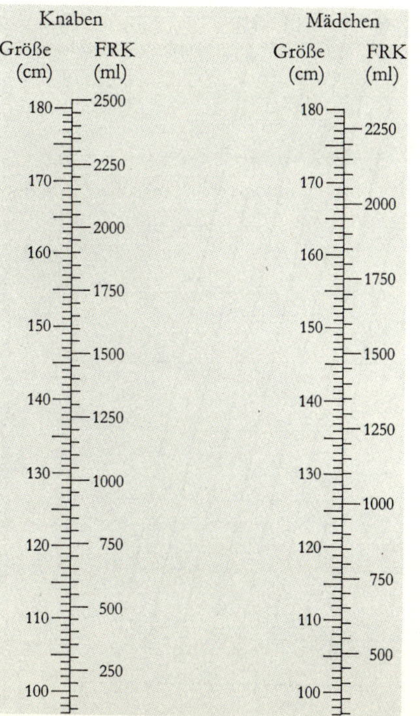

Abb. 3. Ermittlung der Vitalkapazität von gesunden Erwachsenen (nach MILLER et al., *J. appl. Physiol.*, **14**, 157 [1959]) ▶

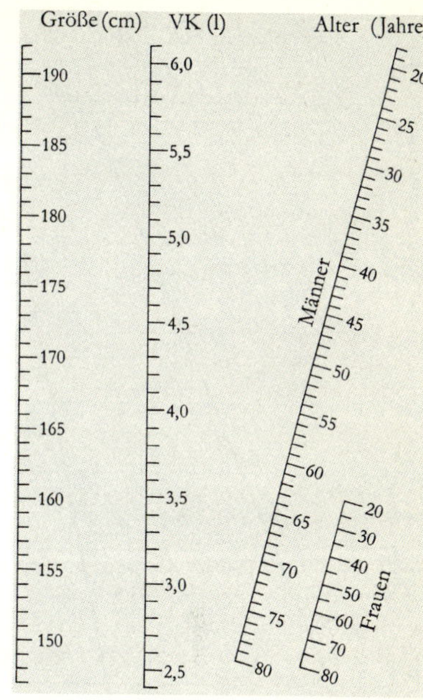

Abb. 4. Ermittlung der Vitalkapazität von bettlägerigen gesunden Erwachsenen (nach der Formel von BALDWIN et al., *Medicine [Baltimore]*, **27**, 243 [1948]) ▼

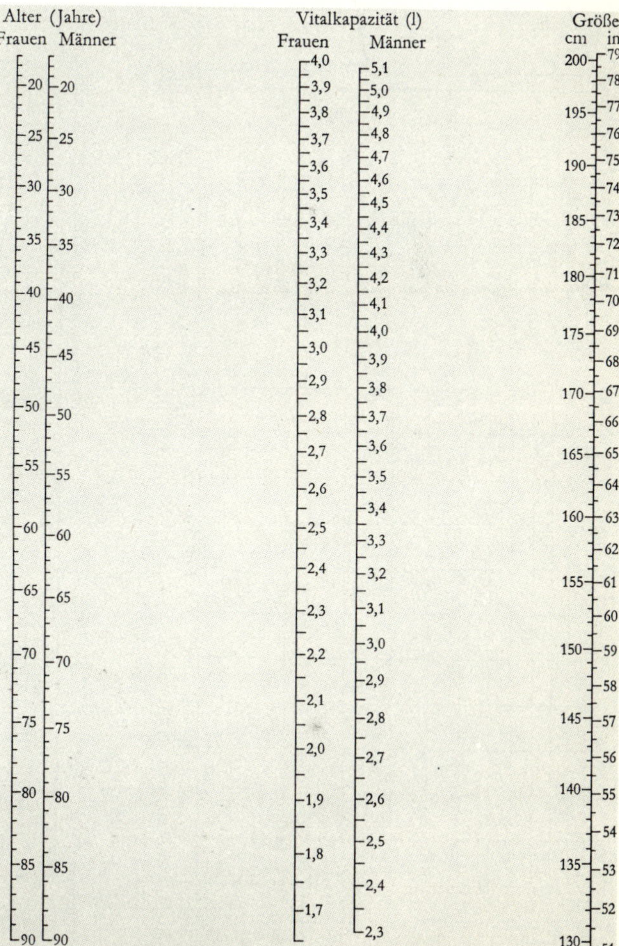

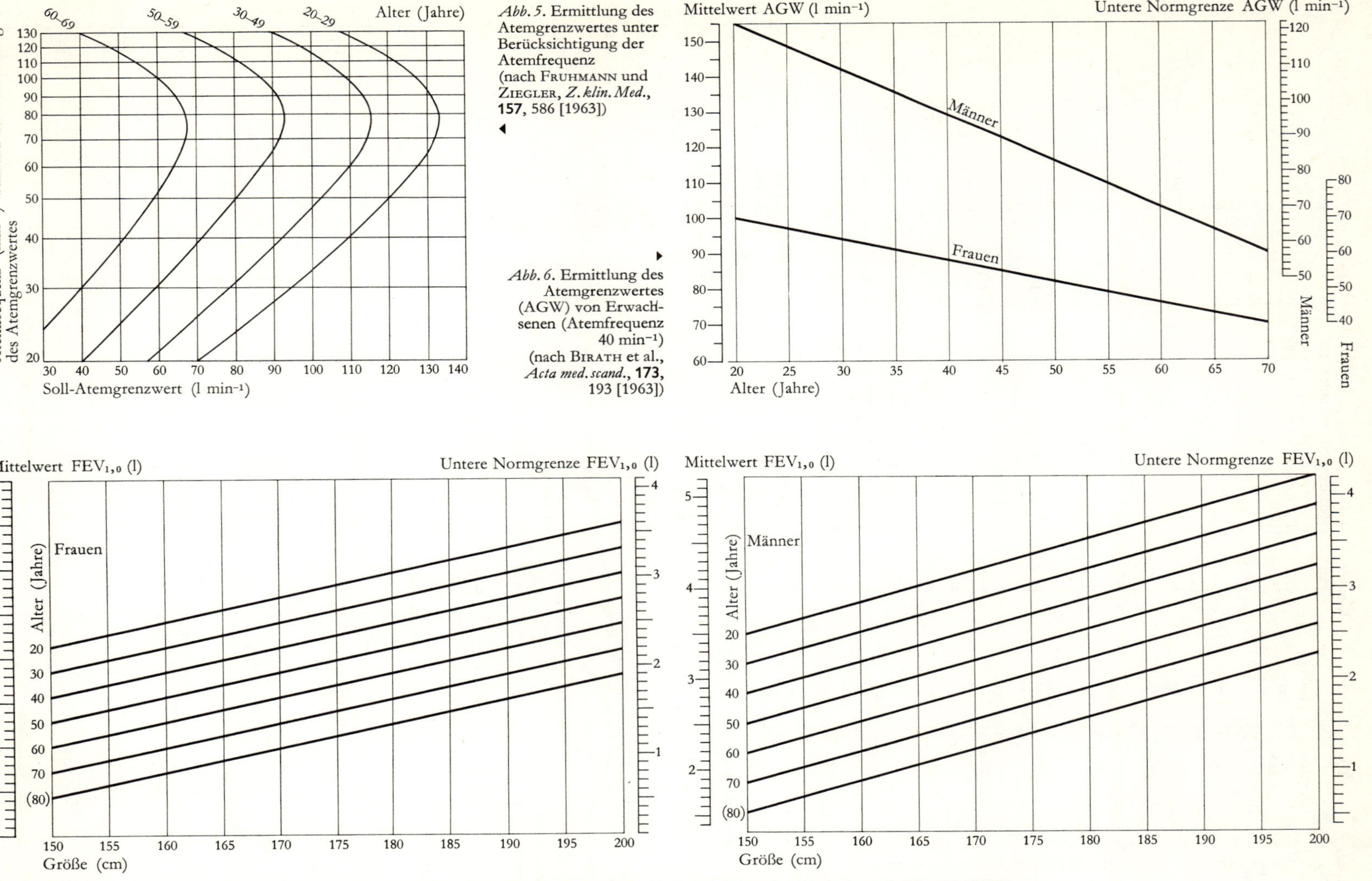

Abb. 5. Ermittlung des Atemgrenzwertes unter Berücksichtigung der Atemfrequenz (nach Fruhmann und Ziegler, *Z. klin. Med.*, **157**, 586 [1963]) ◀

▶ *Abb. 6.* Ermittlung des Atemgrenzwertes (AGW) von Erwachsenen (Atemfrequenz 40 min^{-1}) (nach Birath et al., *Acta med. scand.*, **173**, 193 [1963])

Abb. 7. Ermittlung des forcierten Exspirationsvolumens von Frauen und Männern ($FEV_{1,0}$) (nach Berglund et al., *Acta med. scand.*, **173**, 185 [1963])

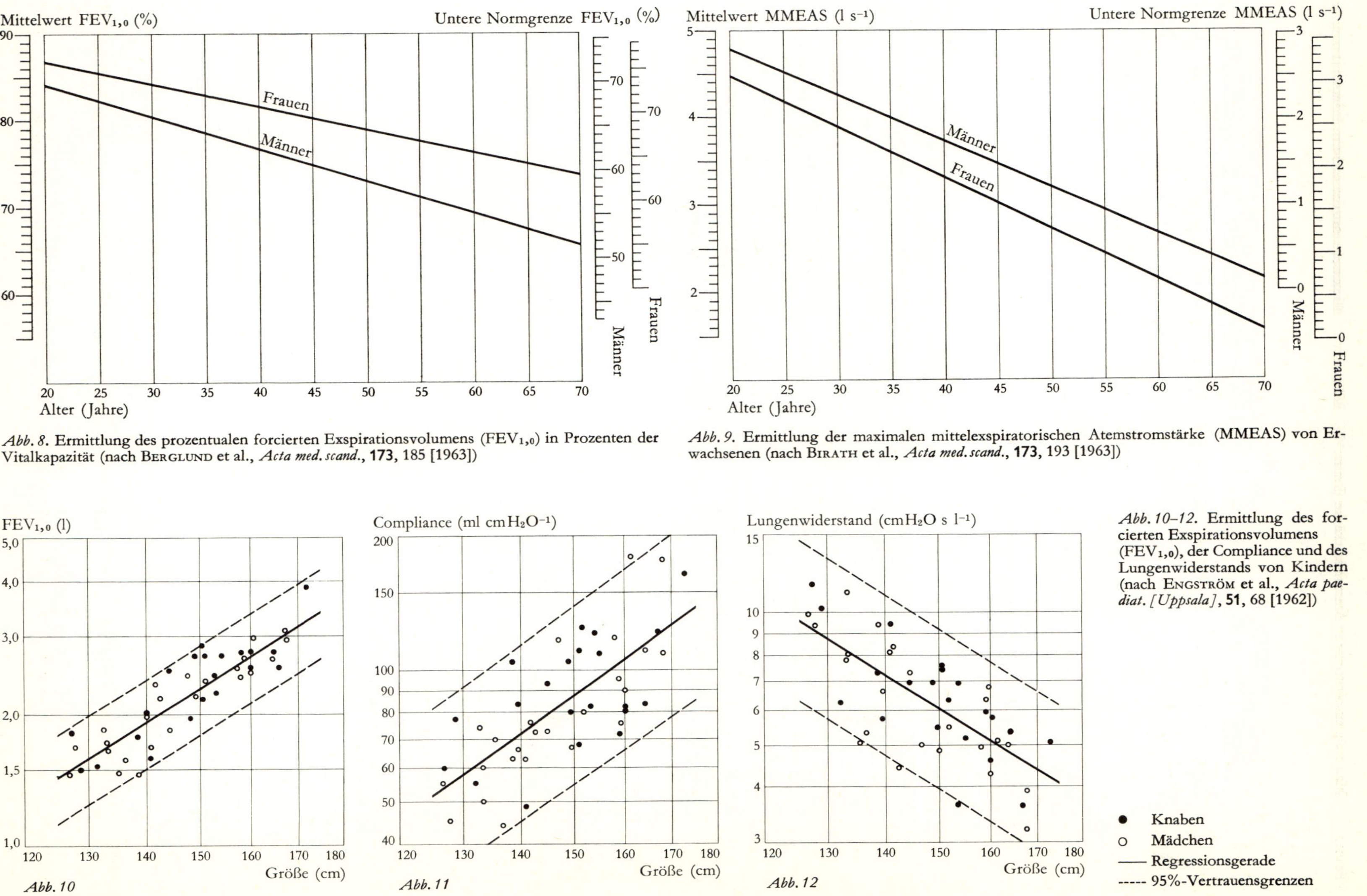

Abb. 8. Ermittlung des prozentualen forcierten Exspirationsvolumens (FEV$_{1,0}$) in Prozenten der Vitalkapazität (nach BERGLUND et al., *Acta med. scand.*, **173**, 185 [1963])

Abb. 9. Ermittlung der maximalen mittelexspiratorischen Atemstromstärke (MMEAS) von Erwachsenen (nach BIRATH et al., *Acta med. scand.*, **173**, 193 [1963])

Abb. 10–12. Ermittlung des forcierten Exspirationsvolumens (FEV$_{1,0}$), der Compliance und des Lungenwiderstands von Kindern (nach ENGSTRÖM et al., *Acta paediat. [Uppsala]*, **51**, 68 [1962])

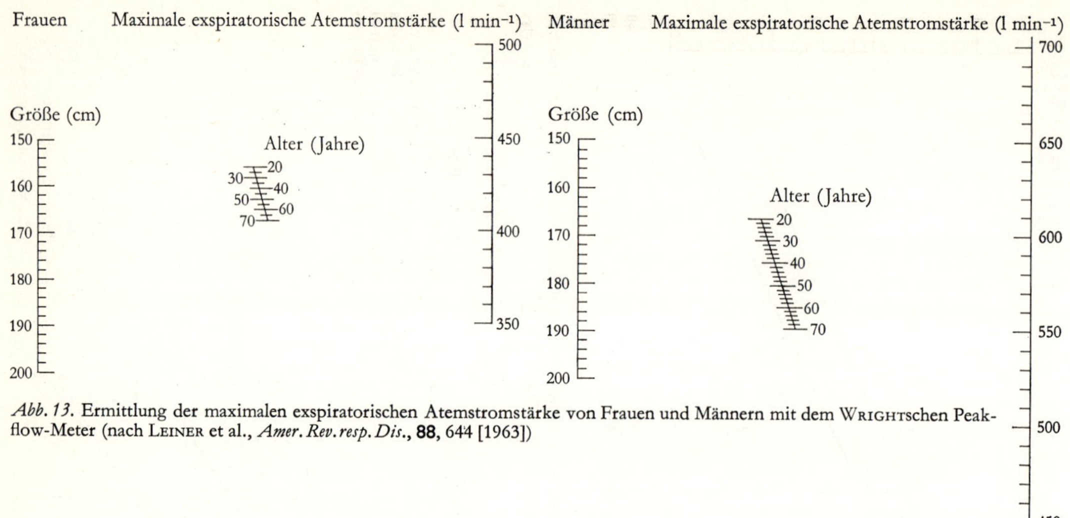

Abb. 13. Ermittlung der maximalen exspiratorischen Atemstromstärke von Frauen und Männern mit dem WRIGHTschen Peakflow-Meter (nach LEINER et al., *Amer. Rev. resp. Dis.*, **88**, 644 [1963])

Tabelle 1 Atemfrequenz, Atemvolumen, Atemminutenvolumen und Atemzeitquotient von Kindern und Erwachsenen*

	Atemfrequenz (min^{-1})		Atemvolumen (ml)		Atemminutenvolumen ($l\ min^{-1}$)		Atemzeitquotient		Literatur
	Mittelwert	95%-Bereich (in Klammern Extrembereich)	Mittelwert	95%-Bereich (in Klammern Extrembereich)	Mittelwert	95%-Bereich (in Klammern Extrembereich)	Mittelwert	95%-Bereich (in Klammern Extrembereich)	
Neugeborene, 4,6 Tage	49,7	(28,0–69,0)	17,3	(9,5–25,9)	0,83	(0,50–1,48)	1,29	(0,97–2,09)	1
Säuglinge, 0,21 Jahre	62,8	(40,0–87,0)	17,5	(11,0–28,1)	1,03	(0,75–1,37)	1,27	(1,09–1,58)	1
Kinder, 2–3 Jahre	23,7	(18,9–30,3)	122	(77–149)	2,8	(2,3–4,0)	1,46	(0,92–1,79)	1
Kinder, 4–5 Jahre	23,2	(11,3–30,2)	138	(147–275)	4,0	(3,1–4,7)	1,43	(1,27–1,55)	1
Kinder, 6–7 Jahre	21,1	(17,4–24,0)	203	(180–223)	4,3	(3,7–4,9)	1,60	(1,15–2,52)	1
Knaben, 12 Jahre	16,3	7,9–24,7	305	185–425	4,8	3,7–5,8	–	–	2
Mädchen, 12 Jahre	16,1	9,8–22,4	289	189–389	4,5	3,1–6,0	–	–	2
Knaben, 14 Jahre	17,0	12,8–21,2	316	196–436	5,3	3,8–6,8	–	–	2
Mädchen, 14 Jahre	15,6	11,4–19,8	315	235–395	4,9	3,6–6,1	–	–	2
Knaben, 16 Jahre	15,6	9,3–21,9	344	184–504	5,1	3,4–6,8	–	–	2
Mädchen, 16 Jahre	15,2	8,9–21,5	282	162–402	4,2	2,5–5,9	–	–	2
Erwachsene, 20–39 Jahre	17,2	–	–	–	8,5	2,5–14,5	1,35	0,79–1,91	3
Erwachsene, 40–59 Jahre	16,9	–	–	–	9,5	–	1,33	0,85–1,81	3
Erwachsene, ab 60 Jahren	16,3	–	–	–	10,5	–	1,54	0,98–2,10	3
Männer, ruhend	11,7	(10,1–13,1)	630	–	7,4	(5,8–10,3)	–	–	4
Männer, leichte Arbeit (500 m kg min⁻¹)	17,1	(15,7–18,2)	1670	–	28,6	(27,3–30,9)	–	–	4
Männer, Schwerarbeit (800 m kg min⁻¹)	21,2	(18,6–23,3)	2030	–	43	(39–45)	–	–	4
Frauen, ruhend	11,7	–	390	–	4,6	–	–	–	4
Frauen, leichte Arbeit (300 m kg min⁻¹)	19,0	–	860	–	16,4	–	–	–	4

1 BLÖMER und HAHN, *Z. Kinderheilk.*, **87**, 466 (1963).
2 SHOCK, N. W., in: DITTMER und GREBE (Hrsg.), *Handbook of Respiration*, Saunders, Philadelphia, 1958, S. 44.
3 FRUHMANN, G., *Z. exp. Med.*, **138**, 1 (1964).
4 TAYLOR, C., *Amer. J. Physiol.*, **135**, 27 (1941).
* In Ruhe, wenn nicht anders angegeben.

Tabelle 2 Lungenvolumen ruhender Erwachsener

	50 junge Männer[1] (im Liegen)		50 junge Frauen[1] (im Liegen)		11 Männer > 50 Jahre[2] (halbliegend)	
	Mittelwert	*s*	Mittelwert	*s*	Mittelwert	*s*
Alter (Jahre)	22,9	3,3	23,1	3,4	61,5	6,8
Größe (cm)	176,2	5,1	163,4	4,2	169,0	4,8
Gewicht (kg)	72,5	11,2	57,2	9,4	65,9	12,4
Inspirationskapazität (l)	3,79	0,52	2,42	0,36	2,61	0,61
Exspiratorisches Reservevolumen (l)	0,98	0,26	0,73	0,19	1,01	0,38
Vitalkapazität (l)	4,78	0,59	3,14	0,41	3,48	0,48
Residualvolumen (l)	1,19	0,35	1,10	0,30	2,43	0,50
Funktionelle Residualkapazität (l)	2,18	0,50	1,82	0,39	3,44	0,74
Totalkapazität (l)	5,97	0,81	4,24	0,57	5,92	0,57
Relatives Residualvolumen (% der Totalkapazität)	19,8	4,4	25,9	5,0	40,9	7,1

1 Nach KALTREIDER et al., *Amer. Rev. Tuberc.*, **37**, 662 (1938).
2 Nach GREIFENSTEIN et al., *J. appl. Physiol.*, **4**, 641 (1952).

Tabelle 3 Residualvolumen und Vitalkapazität in Abhängigkeit vom Alter[1]

Alter (Jahre)	Anzahl	Vitalkapazität (ml)		Residual-volumen (ml)		Anteil des Residualvolumens an der Totalkapazität (%)		Alter (Jahre)	Anzahl	Vitalkapazität (ml)		Residual-volumen (ml)		Anteil des Residualvolumens an der Totalkapazität (%)	
		Mittelwert	*s*	Mittelwert	*s*	Mittelwert	*s*			Mittelwert	*s*	Mittelwert	*s*	Mittelwert	*s*
Männer								Frauen							
9–13	16	2690	520	540	180	17,3	4,3	14–19	2–3	3330	(300)	820	(220)	19,5	(5,0)
14–19	9–10	4030	540	830	340	17,2	4,3	20–29	9–11	3600	390	1290	340	25,7	6,2
20–29	20–26	5440	720	1410	310	20,6	4,0	30–39	3	3460	(380)	1310	(280)	28,0	(5,0)
30–39	15–19	5030	700	1510	360	22,2	4,0	40–49	3–4	3680	(710)	1390	(490)	30,0	(8,7)
40–49	14–17	4530	500	1690	410	26,8	5,2	50–59	4	3250	(370)	1300	(360)	28,8	(4,6)
50–59	18	4650	970	1740	380	27,8	4,4	60–64	2–3	3140	(400)	1200	(280)	29,5	(4,6)
60–75	7–11	3860	810	1760	330	33,9	5,2								

[1] Nach Zehnder, H., *Helv. med. Acta*, **27**, 245 (1960).

Tabelle 4 Vitalkapazität von Kindern in Abhängigkeit von Alter und Geschlecht[1]

Alter (Jahre)	Anzahl	Größe (cm)	Vitalkapazität (ml)[2]			Alter (Jahre)	Anzahl	Größe (cm)	Vitalkapazität (ml)[2]		
			Mittelwert	*s*	Extrembereich				Mittelwert	*s*	Extrembereich
Knaben						Mädchen					
4	6	103,4	855	–	540– 970	4	9	95,4	717	–	380– 920
5	20	106,8	1001	–	650–1240	5	26	106,4	959	–	650–1300
6	62	112,2	1246	197	860–1730	6	62	111,5	1172	176	760–1730
7	112	116,9	1393	210	970–2380	7	81	114,4	1326	196	970–1940
8	98	121,8	1585	238	1130–2270	8	76	121,0	1513	215	860–2100
9	110	129,9	1852	266	1300–2480	9	73	127,0	1634	247	1080–2430
10	87	133,4	2022	283	1510–2860	10	117	132,1	1806	295	970–2590
11	113	137,8	2150	292	1400–3020	11	119	135,9	1943	260	1350–2750
12	114	142,4	2357	367	1400–3560	12	135	144,0	2217	370	1510–3130
13	132	148,7	2655	464	1840–4300	13	162	151,4	2537	442	1670–3890
14	177	154,8	2929	523	1510–4640	14	192	156,6	2816	390	2050–4100
15	155	159,9	3397	595	2000–4750	15	131	157,8	2918	446	2050–4000
16	67	167,2	3699	619	2270–4640	16	29	160,1	3000	–	2210–3780
17	23	171,4	4078	–	2590–4860	17	7	162,6	3178	–	2430–3670

[1] Nach Stewart und Sheets, *Amer. J. Dis. Child.*, **24**, 83, 451 (1922).
[2] Zur Umrechnung auf BTPS wurden die Originalwerte um 8% erhöht (siehe Bernstein et al., *J. Allergy*, **30**, 514 [1959]).

Tabelle 5 Vitalkapazität (VK), Residualvolumen (RV), Totalkapazität (TK) und forciertes Exspirationsvolumen ($FEV_{1,0}$) von Männern bezogen auf die 3. Potenz der Körperlänge (Volumina in Litern, Körperlänge [H] in Metern)[1]

Alter (Jahre)	$\frac{VK}{H^3}$	$\frac{RV}{H^3}$	$\frac{TK}{H^3}$	$\frac{100\,RV}{TK}$	$\frac{FEV_{1,0}}{H^3}$	$\frac{FEV_{1,0}}{VK}$
18–19	0,990	0,240	1,230	19,5	0,812	82,0
20–29	1,025	0,275	1,300	21,0	0,818	80,0
30–34	1,020	0,300	1,300	22,5	0,795	78,0
35–39	1,010	0,310	1,320	23,5	0,778	77,0
40–44	1,000	0,320	1,320	24,3	0,757	75,5
45–49	0,990	0,330	1,320	25,0	0,737	74,5
50–54	0,970	0,350	1,320	26,5	0,713	73,5
55–59	0,950	0,370	1,320	28,0	0,684	72,0
60–64	0,930	0,390	1,320	29,5	0,651	70,0
$2\,V \times 100$* ..	17%	31%	22%	11%	19%	13%
Anzahl	3153	1098	1098	1098	2536	2536

* V = Variationskoeffizient (siehe S. 160).

[1] Nach Cara und Martin, Enquête conduite par la C. E. C. A. en 1955–1960, in: Denolin et al. (Hrsg.), *L'exploration fonctionnelle pulmonaire*, Flammarion, Paris, 1964, S. 112.

Tabelle 6 Maximale exspiratorische Atemstromstärke (MEAS) von Kindern und Erwachsenen

Alter (Jahre)		Anzahl	Methode	MEAS ($l\,s^{-1}$)		Literatur
				Mittelwert	*s*	
Kinder	3–5	30	Pneumotachograph	1,8	0,4	1
Männer	9–13	16	Hadorn-Pneumometer	5,0	0,8	2
	14–19	10		7,1	1,3	2
	20–29	20		8,0	0,9	2
	30–39	16		7,9	1,1	2
	40–49	16		7,6	1,0	2
	50–59	17		7,3	1,2	2
	60–75	11		6,8	1,2	2
Frauen	14–19	3		5,5	(0,9)	2
	20–29	11		5,8	0,7	2
	30–39	3		6,0	(0,8)	2
	40–49	4		5,1	(0,6)	2
	50–59	4		4,6	(0,5)	2
	60–64	3		5,0	(0,2)	2
Erwachsene	40	37	Pneumometer «Minimus»	6,85	1,89	3

[1] Rivera und Snider, *Pediatrics*, **30**, 117 (1962).
[2] Zehnder, H., *Helv. med. Acta*, **27**, 245 (1960).
[3] Fabel und Hamm, *Dtsch. med. Wschr.*, **87**, 2361 (1962).

Tabelle 7 Diffusionskapazität der Lunge (D_L) ruhender Personen

Methode		Anzahl	Alter (Jahre)	D_L (ml min^{-1} Torr^{-1}) Mittelwert	95%-Bereich (in Klammern Extrembereich)	Literatur	Bemerkungen
CO-Methoden	«Steady state»-Methode	5	23–45	17	(10,5–28,0)	1	Berechnung des mittleren alveolären CO-Drucks
	«Steady state»-Methode	18	18–41	17,6	(10,5–28,7)	2	Messung des CO-Drucks in der exspirierten Alveolarluft
		7	26–36	20,6	9,6–31,6	3	
	Ein-Atemzug-Methode .	28	8–72	24,9	(11,0–37,5)	4	Atemanhalten für 10 s
		20	4–13	17,4*	4,8–30,0	5	
		3	24–46	35,6	(28,4–41,6)	6	
	Rückatmungsmethode . .	15	24–60	25	(19–31)	7	Verwendung von ^{14}CO
O_2-Methoden	«Steady state»-Methode	6	28–36	21	(12–36)	8	
		9	22–28	47	–	9	
	Ein-Atemzug-Methode .	5	24–46	33	(23–45)	6	Verwendung von $^{17}O_2$

* D_L in Abhängigkeit von der Körperoberfläche:

Oberfläche (m²)	D_L	Oberfläche (m²)	D_L
0,8	12,8	1,4	25,4
1,0	17,0	1,6	29,6
1,2	21,2	1,8	33,8

1 Filley et al., *J. clin. Invest.*, **33**, 530 (1954).
2 Bates et al., *J. Physiol.*, **129**, 237 (1955).
3 Macklem und Becklake, *Amer. Rev. resp. Dis.*, **87**, 47 (1963).
4 Ogilvie et al., *J. clin. Invest.*, **36**, 1 (1957).
5 Giammona und Daly, *Amer. J. Dis. Child.*, **110**, 144 (1965).
6 Hyde et al., *J. clin. Invest.*, **45**, 1178 (1966).
7 Kruhøffer, P., *Acta physiol. scand.*, **32**, 106 (1954).
8 Lilienthal, jr., et al., *Amer. J. Physiol.*, **147**, 199 (1946).
9 Haab et al., *Helv. physiol. pharmacol. Acta*, **23**, C23 (1965).

Tabelle 8 Atemwiderstände von Kindern und Erwachsenen

	Anzahl	Alter (Jahre)	Widerstand (cmH_2O s l^{-1}) Mittelwert	s	Literatur
Strömungswiderstand	5 Kinder	4–6	1,93	0,5	1
	5 Kinder	10–13	1,49	0,2	1
	5 Kinder	10	2,26	0,73	2
	21	22–57	1,50	0,49	3
	12 Männer	24–46	0,96	0,27	2, 4
	7 Frauen	18–30	1,46	0,47	2, 4
Lungengewebswiderstand	5 Kinder	10	1,31	0,37	2
	12 Männer	24–46	0,29	0,12	2, 4
	7 Frauen	18–30	0,50	0,15	2, 4
Lungenwiderstand	5 Kinder	10	3,57	0,98	2
	12 Männer	24–46	1,25	0,28	2, 4
	7 Frauen	18–30	1,96	0,45	2, 4
	11	18–47	1,9	0,6	5
	21	50–89	2,8	0,8	5
	7	26–36	1,7	1,1	6
	36	–	2,59	0,68	7
Thoraxgewebswiderstand	36	–	1,37	0,63	7
Gesamter Widerstand	36	–	3,96	0,65	7

1 Giammona und Daly, *Amer. J. Dis. Child.*, **110**, 144 (1965).
2 Bachofen und Scherrer, *J. clin. Invest.*, **46**, 133 (1967).
3 DuBois et al., *J. clin. Invest.*, **35**, 327 (1956).
4 Bachofen, H., *Helv. med. Acta*, **33**, 108 (1966).
5 Frank et al., *J. clin. Invest.*, **36**, 1680 (1957).
6 Macklem und Becklake, *Amer. Rev. resp. Dis.*, **87**, 47 (1963).
7 Jaeger, M., *Schweiz. med. Wschr.*, **92**, 67 (1962).

Tabelle 9 Compliance der Lunge (C_L) von ruhenden Erwachsenen und Kindern

Anzahl	Alter (Jahre)	C_L (ml cmH_2O^{-1}) Mittelwert	s	Literatur	Bemerkungen
11	18–47	150	27	1	
21	50–89	131	38	1	
12	39	213	60	2	Atemfrequenz 20 min^{-1}
7	26–36	189	34	3	
12 Männer	24–46	260	60	4	
7 Frauen	18–30	160	50	4,5	
5 Kinder	10	83	10,2	5	

1 Frank et al., *J. clin. Invest.*, **36**, 1680 (1957).
2 Hamm et al., *Z. klin. Med.*, **157**, 133 (1962).
3 Macklem und Becklake, *Amer. Rev. resp. Dis.*, **87**, 47 (1963).
4 Bachofen, H., *Helv. med. Acta*, **33**, 108 (1966).
5 Bachofen und Scherrer, *J. clin. Invest.*, **46**, 133 (1967).

Tabelle 10 Atemarbeit für den einzelnen Atemzug pro Milliliter Atemvolumen bei Erwachsenen[1]

	g cm ml^{-1} Mittelwert	s
Gesamte inspiratorische Atemarbeit	2,40	0,50
Elastische inspiratorische Atemarbeit	1,80	0,35
Nichtelastische inspiratorische plus nichtelastische exspiratorische Atemarbeit . . .	1,40	0,30

1 Hamm und Schölmerich, *Klin. Wschr.*, **42**, 1108 (1964).

Blutdruck[1] (in Torr)

Kammer oder Gefäße	Systolischer Druck		Diastolischer Druck		Mittlerer Druck		Methode
	Mittelwert	Bereich	Mittelwert	Bereich	Mittelwert	Bereich	
Rechte Vorkammer .	–	–	–	–	3,5	2,5–6,0	Katheterisieren des rechten Herzens
Linke Vorkammer . .	–	–	–	–	6,6	6–9	Katheterisieren des linken Herzens
Rechter Ventrikel. . .	25	17,0–31,5	0	−0,5 bis +7,0	–	–	Katheterisieren des rechten Herzens
Linker Ventrikel . . .	120	105–150	0	−0,5 bis +7,0	–	–	Katheterisieren des linken Herzens
Arteria pulmonaris . .	20	11–29	9	4–13	–	8–19	Katheterisieren des rechten Herzens
Lungenarteriolen . . .	15	–	5	–	–	5–13	Katheterisieren des rechten Herzens
Lungenvenen	4	–	8	–	5	3–8	Katheterisieren des rechten oder linken Herzens
Vena cava	–	–	–	–	−1	−5 bis +4	Katheterisieren des rechten Herzens

[1] Nach einer Zusammenstellung von Luisada, A. A., in: Dittmer und Grebe (Hrsg.), *Handbook of Circulation*, Saunders, Philadelphia, 1959, S. 112.

Arterieller Blutdruck

Methodische Aspekte der Messung des arteriellen Blutdrucks wurden wiederholt besprochen[1–5], auch die Messung bei Kindern[6]. Ohne nähere Angaben versteht man unter dem arteriellen Blutdruck den in der Arteria brachialis am Oberarm indirekt gemessenen Wert. Diese Messung wird meistens nach dem auskultatorischen Verfahren nach Korotkoff vorgenommen; daneben bestehen noch das palpatorische und oszillometrische Verfahren. Eine Standardisierung der Auskultation wurde von der American Heart Association[1] und von der WHO[4] vorgenommen. Vergleiche mit intraarteriellen Messungen ergaben, daß bei der auskultatorischen Bestimmung bei normalgewichtigen Erwachsenen der systolische Druck um etwa 10 Torr[3] bzw. 25 Torr[7] zu niedrig, der diastolische um einige Torr zu hoch[3] bzw. zu niedrig[7] ausfällt. Die Beziehung zwischen Armumfang und Manschettengröße ist von wesentlicher Bedeutung[3, 6]. Exakte Blutdruckwerte erhält man am besten durch kontinuierliche intraarterielle Messung. Bei Säuglingen eignet sich das palpatorische oder oszillometrische Verfahren besser als das auskultatorische[8].

Der Meßwert des arteriellen Blutdrucks hängt von der Lage des Armes in bezug auf die Herzhöhe ab[9], er soll daher mit dem Arm in der Höhe der Aortenklappe bestimmt werden. Wegen gelegentlich vorkommender Druckunterschiede in den beiden Armen[10] empfiehlt sich bei der ersten Untersuchung eine Messung an beiden Armen. Unterschiede im Blutdruck bestehen auch je nachdem, ob der Patient liegt, sitzt oder steht. Üblicherweise wird kein exakter Ruheblutdruck gemessen; das Konzept der Messung eines Ruheblutdrucks unter Basalbedingungen wurde besprochen[1, 4].

Der arterielle Blutdruck variiert während des Tages[11]; er ist am höchsten am frühen Abend, am niedrigsten während des Schlafens zwischen 1 und 4 Uhr morgens. Bei Neugeborenen wird der arterielle Blutdruck durch den Zeitpunkt der Unterbindung der Nabelschnur beeinflußt und nimmt in den ersten Lebensstunden ab[12, 13]; in einer Untersuchung[13] betrug in den ersten Minuten nach der Geburt der systolische Druck 87, der diastolische 59 Torr im Mittel; in den anschließenden 2 Stunden fiel der Druck um etwa 15–20 Torr, stieg dann aber langsam wieder an. Bei Frühgeborenen ist der arterielle Blutdruck eher niedriger als bei normal ausgetragenen Kindern[14]. Bei Kindern steigt der arterielle Blutdruck mit dem Alter allmählich an. Zwischen dem 12. und 14. Lebensjahr nimmt der diastolische Druck eher ab[15, 16]; in dieser Periode beginnen sich auch Geschlechtsunterschiede abzuzeichnen. Der arterielle Blutdruck bei Jugendlichen scheint vor allem durch den Grad der Maturität bestimmt zu sein[16, 17]; abnormal hohe Werte bei Fehlen einer organischen Krankheit lassen auf eine vasomotorische Instabilität schließen. Die Altersabhängigkeit des arteriellen Blutdrucks beim Erwachsenen wurde wiederholt untersucht[2, 18–20]. Für den Blutdruck des Erwachsenen mögen das Gewicht[18, 20], der Körperbau[2, 20], genetische[21] und Umwelteinflüsse[22] maßgebend sein. Bei leichter und mittlerer Muskelarbeit verändert sich der arterielle Blutdruck wenig, bei maximaler Muskelarbeit steigt der systolische Blutdruck oft auf über 180 Torr[23]; der diastolische Druck erhöht sich geringfügig. Der arterielle Blutdruck ist häufig unter emotioneller Belastung erhöht (Situationshypertonie[24]). Zu Beginn der Schwangerschaft[25] ist der arterielle Blutdruck eher erniedrigt, steigt aber im letzten Teil an.

Hypertonie. Als Grenzwert für Hypertonie wird zumeist ein systolischer Druck von 140–150 Torr und ein diastolischer Druck von 90 Torr unabhängig vom Lebensalter angenommen[5, 26]; der Höhe des diastolischen Drucks muß besondere Aufmerksamkeit zugewandt werden (diastolische Hypertonie). «Klinischer Normalbereich» des systolischen bzw. diastolischen Blutdrucks des Erwachsenen (nach Master et al.[2]): Mittelwert $\pm 1{,}282\ s$; untere Hypertoniegrenze: Mittelwert $+ 2\ s$. Blutdruck verbunden mit der höchsten Lebenserwartung bei 30- bis 59jährigen Männern und 20- bis 49jährigen Frauen (nach Society of Actuaries[27]): systolisch < 130 Torr, diastolisch < 70 Torr.

Arterieller Blutdruck in verschiedenen Lebensaltern (in Torr)

Alter	Systolisch				Diastolisch				Literatur
	Männer		Frauen		Männer		Frauen		
	Mittelwert	s	Mittelwert	s	Mittelwert	s	Mittelwert	s	
1 Tag	70	5							1
3 Tage	72	6							1
9 Tage	73	6							1
3 Wochen . . .	77	5							1
3 Monate . . .	86	5							1
6–12 Monate	89	14,5	93	9,1	60	10,0	62	9,3	2
1 Jahr	96	15,2	95	11,9	66	12,3	65	15,0	2
2 Jahre	99	12,4	92	12,2	64	12,3	60	11,7	2
3 Jahre	100	12,4	100	11,2	67	11,7	64	8,3	2
4 Jahre	99	10,1	99	10,6	65	5,1	66	9,8	2
5 Jahre	92	6,0	92	6,5	62	7,5	62	6,5	3
6 Jahre	94	6,5	94	7,0	64	7,5	64	7,0	3
7 Jahre	97	6,5	97	7,0	65	7,5	66	7,5	3
8 Jahre	100	6,5	100	7,0	67	7,0	68	7,0	3
9 Jahre	101	6,5	101	7,0	68	6,5	69	7,0	3
10 Jahre	103	6,5	103	7,0	69	6,0	70	6,5	3
11 Jahre	104	6,5	104	7,0	70	5,5	71	6,5	3
12 Jahre	106	6,5	106	7,0	71	5,0	72	7,0	3
13 Jahre	108	6,5	108	6,5	72	5,0	73	7,5	3
14 Jahre	110	6,5	110	6,5	73	5,0	74	8,5	3
15 Jahre	112	7,0	112	7,0	75	5,5	76	9,5	3
16 Jahre	118	12,2	116	12,1	73	10,3	72	9,6	4
17 Jahre	121	12,9	116	11,5	74	9,4	72	9,2	4
18 Jahre	120	12,0	116	11,4	74	10,0	72	8,6	4
19 Jahre	122	15,0	115	11,9	75	10,3	71	8,9	4
20–24 Jahre .	123	13,8	116	11,8	76	9,9	72	9,7	4
25–29 Jahre .	125	12,6	117	11,4	78	9,0	74	9,1	4
30–34 Jahre .	126	13,6	120	14,0	79	9,7	75	10,8	4
35–39 Jahre .	127	14,2	124	13,9	80	10,4	78	10,0	4
40–44 Jahre .	129	15,1	127	17,1	81	9,5	80	10,6	4
45–49 Jahre .	130	16,9	131	19,5	82	10,8	82	11,6	4
50–54 Jahre .	135	19,2	137	21,3	83	11,3	84	12,4	4
55–59 Jahre .	138	18,8	139	21,4	84	11,4	84	11,7	4
60–64 Jahre .	142	21,1	144	22,3	85	12,4	85	13,0	4
65–69 Jahre .	143	26,0	154	29,0	83	9,9	85	13,8	5
70–74 Jahre .	145	26,3	159	25,8	82	15,3	85	15,3	5
75–79 Jahre .	146	21,6	158	26,3	81	12,9	84	13,1	5
80–84 Jahre .	145	25,6	157	28,0	82	9,9	83	13,1	5
85–89 Jahre .	145	24,2	154	27,9	79	14,9	82	17,3	5
90–94 Jahre .	145	23,4	150	23,6	78	12,1	79	12,1	5
95–106 Jahre	145	27,5	149	23,5	78	12,7	81	12,5	5

[1] Holland und Young, *Brit. med. J.*, **2**, 1331 (1956). [2] Allen-Williams, G. M., *Arch. Dis. Childh.*, **20**, 125 (1945). [3] Faber und James, *Amer. J. Dis. Child.*, **22**, 7 (1921). [4] Master et al., *Normal Blood Pressure and Hypertension*, Lea & Febiger, Philadelphia, 1952. [5] Master et al., *Ann. intern. Med.*, **48**, 284 (1958).

Venöser Blutdruck

Der venöse Blutdruck vergrößert sich mit zunehmender Distanz zum Herzen (an der Peripherie größerer Druck). Er variiert je nach der Lage der Vene in bezug auf den rechten Vorhof als Resultat der dadurch veränderten Einwirkung der Gravitationskraft. Üblicherweise bestimmt man den Druck – bezogen auf die Höhe der Trikuspidalklappe – in der Vena mediana basilica im rechten Arm. Bei Neugeborenen[28] wird der venöse Blutdruck durch den Zeitpunkt der Unterbindung der Nabelschnur beeinflußt.

Venöser Blutdruck (in Torr)[1]

	Mittelwert	Bereich
Vena mediana basilica (in der Ellenbeuge)		
Kinder, 3–5 Jahre	3,4	2,2– 4,6
Kinder, 5–10 Jahre	4,3	2,4– 5,4
Männer	7,4	3,7–10,3
Frauen	6,9	4,4– 9,4
Venae metacarpeae dorsales	9,6	5,2–12,5
Vena femoralis	8,2	7,2– 9,4
Abdominalvenen	8,5	5,2–11,8
Vena saphena magna	11,0	8,1–14,0
Venae digitales dorsales pedis	12,9	9,1–15,4

[1] Burch, G. E., *A Primer of Venous Pressure*, Lea & Febiger, Philadelphia, 1950, zitiert nach Dittmer und Grebe (Hrsg.), *Handbook of Circulation*, Saunders, Philadelphia, 1959, S. 111.

Kapillardruck (in Torr) (im Fingernagelfalz, Hand auf Herzhöhe)

	Mittelwert	Bereich
Direkte Messung[1]		
Arterieller Schenkel	32	21–48
Venöser Schenkel	12	6–18
Indirekte (unblutige) Messung[2]		
Arteriolen	47	–
Kapillaren	27	–

[1] Landis, E. M., *Heart*, **15**, 209 (1930).
[2] Küchmeister, H., *Ergebn. inn. Med. Kinderheilk.*, **4**, 464 (1953).

Literatur

1 Bordley et al., *Circulation*, **4**, 503 (1951).
2 Master et al., *Normal Blood Pressure and Hypertension*, Lea & Febiger, Philadelphia, 1952.
3 Pickering, G. W., *High Blood Pressure*, Churchill, London, 1955.
4 Expert Committee on Arterial Hypertension and Ischaemic Heart Disease, *Wld Hlth Org. techn. Rep. Ser.*, Nr. 231 (1962).
5 Wollheim und Moeller in: von Bergmann et al. (Hrsg.), *Handbuch der inneren Medizin*, Band 9, Teil 5, Springer, Berlin, 1960; Moeller, J., *Med. Klin.*, **58**, 1449 (1963).
6 Moss und Adams, *Problems of Blood Pressure in Childhood*, Thomas, Springfield, 1962.
7 Holland und Humerfelt, *Brit. med. J.*, **2**, 1241 (1964).
8 Keuth, U., *Z. Kinderheilk.*, **86**, 169 (1961); Young, M., *Brit. med. Bull.*, **17**, 154 (1961).
9 Merendino und Finnerty, jr., *J. Amer. med. Ass.*, **175**, 51 (1961); Krause und Klepzig, *Z. Kreisl.-Forsch.*, **52**, 927 (1963).
10 Rueger, M. J., *Ann. intern. Med.*, **35**, 1023 (1951); Reinle, E., *Schweiz. med. Wschr.*, **93**, 1616 (1963).
11 Pierach, A., *Münch. med. Wschr.*, **105**, 873 (1963); Richardson et al., *Clin. Sci.*, **26**, 445 (1964).
12 Ashworth und Neligan, *Lancet*, **1**, 804 (1959).
13 Berger et al., *Z. Kinderheilk.*, **86**, 247 (1962).
14 Moss et al., *Pediatrics*, **32**, 175 (1963).
15 Shock, N. W., *Amer. J. Dis. Child.*, **68**, 16 (1944).
16 Heald et al., *New Engl. J. Med.*, **268**, 299 (1963).
17 Katcher, A. L., *Med. Clin. N. Amer.*, **48**, 1467 (1964).
18 Solth, K., *Med. Klin.*, **56**, 1281 (1961).
19 Hamilton et al., *Clin. Sci.*, **13**, 11, 37 und 273 (1954); Pickering, G., in: Wolstenholme et al. (Hrsg.), *CIBA Foundation Symposium on Significant Trends in Medical Research*, Churchill, London, 1959, S. 273; Lowe und McKeown, *Lancet*, **1**, 1086 (1962); U. S. Department of Health, Education, and Welfare, *Blood Pressure of Adults by Age and Sex, United States 1960–1962*, National Center for Health Statistics, Series 11, No. 4, Washington, 1964; Johnson et al., *J. chron. Dis.*, **18**, 147 (1965).
20 Harlan et al., *Circulation*, **26**, 530 (1962).
21 Pickering, G. W., in: Bock und Cottier (Hrsg.), *Essentielle Hypertonie*, Symposium mit Unterstützung der CIBA, Springer, Berlin, 1960, S. 34; Platt, R., in: Bock und Cottier (Hrsg.), *Essentielle Hypertonie*, Symposium mit Unterstützung der CIBA, Springer, Berlin, 1960, S. 45; McKusick, V. A., *Circulation*, **22**, 857 (1960); U. S. Department of Health, Education, and Welfare, *Blood Pressure of Adults by Age and Sex, United States 1960–1962*, National Center for Health Statistics, Series 11, No. 5, Washington, 1964.
22 Cruz-Coke, R., *Lancet*, **2**, 885 (1960); Annotation, *Lancet*, **1**, 383 (1961); Schneckloth et al., *Amer. Heart J.*, **63**, 607 (1962).
23 Maidorn und Mellerowicz, *Z. Kreisl.-Forsch.*, **52**, 53 (1963); Guild, W. R., *Med. Clin. N. Amer.*, **49**, 495 (1965).
24 von Uexküll und Wick, *Arch. Kreisl.-Forsch.*, **39**, 236 (1962).
25 Hytten und Leitch, *The Physiology of Human Pregnancy*, Blackwell, Oxford, 1964, S. 61.
26 Editorial, *Brit. med. J.*, **2**, 763 (1963).
27 Society of Actuaries, *Build and Blood Pressure Study*, Band 1, Chicago, 1959, S. 121.
28 Taylor et al., *Amer. J. Dis. Child.*, **96**, 545 (1958); Jegier et al., *Acta paediat. (Uppsala)*, **52**, 485 (1963).

Blutvolumen

Je nach Körperbau beträgt die normale Blutmenge eines Mannes 6,0–8,0%, die einer Frau 5,5–7,0% des Körpergewichts (siehe S. 524). Davon befinden sich 65–75% im venösen System, 15–20% in den Arterien und 5–7,5% im Kapillarbett[1]. Die verschiedenen Angaben über Blutvolumina sind nur unter kritischer Berücksichtigung der verwendeten Methoden miteinander vergleichbar. Die Tabelle auf S. 551 bringt eine Auswahl von Blutvolumina von Kindern und Erwachsenen.

Siehe auch die erschienenen zusammenfassenden Darstellungen über das Blutvolumen[1–3].

Die genauesten Werte des Blutvolumens (BV) erhält man durch getrennte Bestimmung des Plasma- (PV) und Erythrozytenvolumens (EV):

$$BV = PV + EV \tag{1}$$

Weniger genau ist die Berechnung des Blutvolumens aus dem Plasmavolumen und dem Körperhämatokrit (Hkt)

$$BV = 100 \frac{PV}{100 - Hkt} \tag{2}$$

bzw. aus dem Erythrozytenvolumen und dem Körperhämatokrit

$$BV = 100 \frac{EV}{Hkt} \tag{3}$$

Der Körperhämatokrit, definitionsgemäß

$$Hkt = 100 \frac{EV}{PV + EV} \tag{4}$$

läßt sich auch aus dem venösen Hämatokrit (Hkt_V) berechnen:

$$Hkt = Hkt_V \times 0{,}97 \times 0{,}91 = Hkt_V \times 0{,}88 \tag{5}$$

[Der Faktor 0,97 berücksichtigt das beim Zentrifugieren in der Erythrozytensäule verbleibende Plasma (Mikrohämatokritmethode[4]), der Faktor 0,91, daß der Anteil der Erythrozyten am Gesamtblut kleiner ist als der am peripheren venösen Blut.]

Die verschiedenen Methoden zur Bestimmung des Plasma- und Erythrozytenvolumens wurden wiederholt diskutiert[3, 5]. Indikatoren für das Plasmavolumen sind: Evansblau (T-1824), Coomassie-Blau[6], Dextran, $^{51}CrCl_3$, ^{59}Fe-Citrat, ^{131}I-Humanserumalbumin (^{131}I-HSA), ^{125}I-Humanserumalbumin[7], alkalische Phosphatase[8]; Indikatoren für das Erythrozytenvolumen sind: Kohlenmonoxyd, Zellen markiert mit ^{32}P, ^{42}K oder ^{51}Cr.

Physiologische Variationen

Das Blutvolumen im ersten Lebensjahr schwankt stark von Kind zu Kind[9]. Die verschiedenen Angaben über das Blutvolumen von Neugeborenen[9–11] und Kindern[12–14] stimmen nur schlecht überein, wohl infolge methodischer Schwierigkeiten. Bei Neugeborenen ist der Zeitpunkt der Unterbindung der Nabelschnur von Einfluß[11]. Regressionsgleichungen für das Blutvolumen von Kindern in Abhängigkeit von Größe, Gewicht und Oberfläche wurden aufgestellt[13]. Bis zur Pubertät vergrößert sich das Blutvolumen entsprechend dem Körperwachstum, aber unabhängig vom Geschlecht; mit der Pubertät vergrößert es sich bei den Knaben stärker als bei den Mädchen[12]. Auf das Körpergewicht bezogen kann das Blutvolumen von Kindern und Erwachsenen als weitgehend ähnlich angesehen werden[15].

Beim Erwachsenen steht das Blutvolumen in enger Korrelation mit den Körpermaßen, vor allem mit der fettfreien Körpermasse[16]. Es variiert mit den metabolischen Bedürfnissen und korreliert mit dem Grundumsatz[1]. Eine Abhängigkeit des Blutvolumens vom Lebensalter beim Erwachsenen unter Berücksichtigung der Körpermaße ist nicht feststellbar[17–19]. Regressionsgleichungen für die Abhängigkeit des Blutvolumens von Größe und Gewicht wurden für Männer[17, 20, 21] und für Frauen[18, 20, 21] ausgearbeitet. Rassische Unterschiede sind möglicherweise vorhanden; so sind Blut- und Plasmavolumen bei Negern[22] geringer, bei Eskimos[23] größer als bei den Weißen.

Das Blutvolumen ist relativ konstant; bei oraler oder venöser Flüssigkeitszufuhr erfolgt die Angleichung an den Normalzustand sehr schnell[24]. Bettruhe ist mit einer Reduktion des Blutvolumens verbunden, die zum größten Teil durch Einengung des Plasmavolumens bedingt wird[25]. Sportliche Betätigung führt zur Vergrößerung des Blutvolumens und zur Vermehrung des Hämoglobins[26]. Mit steigender Umgebungstemperatur kommt es zu einer Vasodilatation und einer Vergrößerung des Plasma- und Blutvolumens, mit abnehmender Umgebungstemperatur zu einer Vasokonstriktion und Verkleinerung des Plasma- und Blutvolumens[23, 27]. Akklimatisation an große Höhe führt zu einer Vergrößerung des Erythrozytenvolumens infolge Erhöhung der Erythrozytenzahl (siehe S. 610).

Während der Schwangerschaft vergrößert sich das Blutvolumen; das Plasmavolumen[28, 29] nimmt um 25–80% zu, das Erythrozytenvolumen[28, 30] um 10–20%. 3–4 Monate post partum ist das Blutvolumen wieder normal[28, 31].

Literatur

1 ALBERT, S.N., *Blood Volume*, Thomas, Springfield, 1963.
2 SJÖSTRAND, T., *Physiol. Rev.*, **33**, 202 (1953); WINTROBE, M.M., *Clinical Hematology*, 5. Aufl., Lea & Febiger, Philadelphia, 1961, S.316.
3 GREGERSEN und RAWSON, *Physiol. Rev.*, **39**, 307 (1959); MOENS et al., *Schweiz. med. Wschr.*, **92**, 1660 und 1697 (1962).
4 RUSTAD, H., *Scand. J. clin. Lab. Invest.*, **16**, 677 (1964).
5 ROOT, W.S., *Meth. med. Res.*, **8**, 59 (1960); WENNESLAND et al., *Scand. J. clin. Lab. Invest.*, **14**, 355 (1962).
6 MARTIN, W.B., *Amer. J. med. Sci.*, **242**, 342 (1961); MARTIN und FULLER, *Amer. J. med. Sci.*, **245**, 556 (1963).
7 BUTTON et al., *Transfusion (Philad.)*, **5**, 143 (1965); New Appliances, *Brit. med. J.*, **1**, 1374 (1965).
8 POSEN et al., *J. Lab. clin. Med.*, **65**, 530 (1965).
9 SISSON et al., *J. Pediat.*, **55**, 163 (1959).
10 MOLLISON et al., *Arch. Dis. Childh.*, **25**, 242 (1950); STEELE, M.W., *Amer. J. Dis. Child.*, **103**, 10 (1962); LOW et al., *Amer. J. Obstet. Gynec.*, **86**, 886 (1963).
11 USHER et al., *Acta paediat. (Uppsala)*, **52**, 497 (1963).
12 BRINES et al., *J. Pediat.*, **18**, 447 (1941).
13 MORSE et al., *Amer. J. Physiol.*, **151**, 448 (1947).
14 RUSSELL, S.J.M., *Arch. Dis. Childh.*, **24**, 88 (1949); LINDEN et al., *Ann. Paediat. Fenn.*, **6**, 119 (1960).
15 GRAHAM, G.R., *Ann. roy. Coll. Surg. Engl.*, **33**, 149 (1963).
16 BÖRNER et al., *Klin. Wschr.*, **38**, 21 (1960).
17 WENNESLAND et al., *J. clin. Invest.*, **38**, 1065 (1959).
18 BROWN et al., *J. clin. Invest.*, **41**, 2182 (1962).
19 YIENGST und SHOCK, *J. appl. Physiol.*, **17**, 195 (1962).
20 MOORE et al., *The Body Cell Mass and its Supporting Environment*, Saunders, Philadelphia, 1963, S. 58.
21 NADLER et al., *Surgery*, **51**, 224 (1962).
22 BASS et al., *J. appl. Physiol.*, **14**, 801 (1959).
23 BASS und HENSCHEL, *Physiol. Rev.*, **36**, 128 (1956).
24 KALTREIDER und MENEELY, *J. clin. Invest.*, **19**, 627 (1940).
25 TAYLOR et al., *Amer. J. Physiol.*, **144**, 227 (1945).
26 KJELLBERG et al., *Acta physiol. scand.*, **19**, 146 (1949); MUSSHOFF et al., *Acta radiol. (Stockh.)*, **57**, 377 (1962).
27 PALOHEIMO, J.A., *Scand. J. clin. Lab. Invest.*, **15**, 563 (1963).
28 HYTTEN und DUNCAN, *Nutr. Abstr. Rev.*, **26**, 855 (1956).
29 HYTTEN und PAINTIN, *J. Obstet. Gynaec. Brit. Cwlth*, **70**, 402 (1963).
30 GAHRES et al., *Amer. J. Obstet. Gynec.*, **84**, 770 (1962).
31 PRITCHARD et al., *Amer. J. Obstet. Gynec.*, **84**, 1271 (1962).

Blut-, Erythrozyten- und Plasmavolumen (pro Kilogramm Körpergewicht oder Quadratmeter Körperoberfläche)

	Anzahl	Vollblut				Erythrozyten				Plasma				Verhältnis Körperhämatokrit / venöser Hämatokrit		Methode*	Literatur
		ml/kg		ml/m²		ml/kg		ml/m²		ml/kg		ml/m²					
		Mittelwert	s	Mittelwert	s	Mittelwert	s	Mittelwert	s	Mittelwert	s	Mittelwert	s	Mittelwert	s		
Neugeborene, 15–30 Minuten	50	76,5	7,81	–	–	35,0	5,60	–	–	41,5	3,98	–	–	–	–	T-1824, Hkt	1
Neugeborene, 24 Stunden	61	83,3	8,2	–	–	37,7	6,4	–	–	45,6	4,3	–	–	–	–	T-1824, Hkt	1
Kinder, 3 Monate	–	87	–	–	–	33	–	–	–	54	–	–	–	–	–	T-1824, Hkt	2
Kinder, 6 Monate	–	86	–	–	–	31	–	–	–	55	–	–	–	–	–	T-1824, Hkt	2
Kinder, 1 Jahr	–	80	–	–	–	28	–	–	–	52	–	–	–	–	–	T-1824, Hkt	2
Kinder, 6 Jahre	–	80	–	–	–	29	–	–	–	51	–	–	–	–	–	T-1824, Hkt	2
Kinder, 10 Jahre	–	75	–	–	–	30	–	–	–	45	–	–	–	–	–	T-1824, Hkt	2
Kinder, 15 Jahre	–	71	–	–	–	30	–	–	–	41	–	–	–	–	–	T-1824, Hkt	2
Männer	–	71	–	–	–	33	–	–	–	38	–	–	–	–	–	T-1824, Hkt	2
Frauen	–	70	–	–	–	29	–	–	–	41	–	–	–	–	–	T-1824, Hkt	2
Männer	30	69,1	–	2566	235	28,0	–	1039	123	41,1	–	1527	156	0,950	0,33	T-1824, ^{32}P	3
Frauen	30	62,1	–	2245	191	21,6	–	782	80	40,5	–	1463	162	0,930	0,51	T-1824, ^{32}P	3
Männer	8	77,6	–	2857	–	31,7	–	1167	–	45,9	–	1690	–	0,913	0,036	^{131}I-HSA, ^{51}Cr	4
Frauen	4	78,7	–	2700	–	29,1	–	998	–	49,6	–	1702	–	0,913	0,036	^{131}I-HSA, ^{51}Cr	4
Männer	22	77,8	6,6	2873	210	29,9	3,5	1109	111	48,0	4,9	1765	171	–	–	^{131}I-HSA, Hkt	4
Frauen	12	72,7	13,4	2437	358	24,7	5,1	835	151	47,5	8,7	1586	214	–	–	^{131}I-HSA, Hkt	4
Männer, 23–54 Jahre	10	69	–	–	–	27	–	–	–	42	–	–	–	–	–	T-1824, ^{51}Cr	5
Männer, 71–84 Jahre	7	70	–	–	–	25	–	–	–	45	–	–	–	–	–	T-1824, ^{51}Cr	5
Frauen, 23–51 Jahre	10	64	–	–	–	22	–	–	–	42	–	–	–	–	–	T-1824, ^{51}Cr	5
Frauen, 60–74 Jahre	7	57	–	–	–	20	–	–	–	37	–	–	–	–	–	T-1824, ^{51}Cr	5

* T-1824 = Evansblau; ^{131}I-HSA = ^{131}I-Humanserumalbumin; Hkt = Hämatokrit.

1 LOW et al., *Amer. J. Obstet. Gynec.*, **86**, 886 (1963).
2 OSGOOD, E.E., *Pediatrics*, **15**, 733 (1955).
3 SAMET et al., *Medicine (Baltimore)*, **36**, 211 (1957).
4 MOENS et al., *Schweiz. med. Wschr.*, **92**, 1660 und 1697 (1962).
5 MOORE et al., *The Body Cell Mass and its Supporting Environment*, Saunders, Philadelphia, 1963.

Nomogramme zur Ermittlung des Blut-, Plasma- und Erythrozytenvolumens aus dem Alter und Körpergewicht von Erwachsenen [nach DAGHER et al., *Advanc. Surg.*, **1**, 69 (1965)]

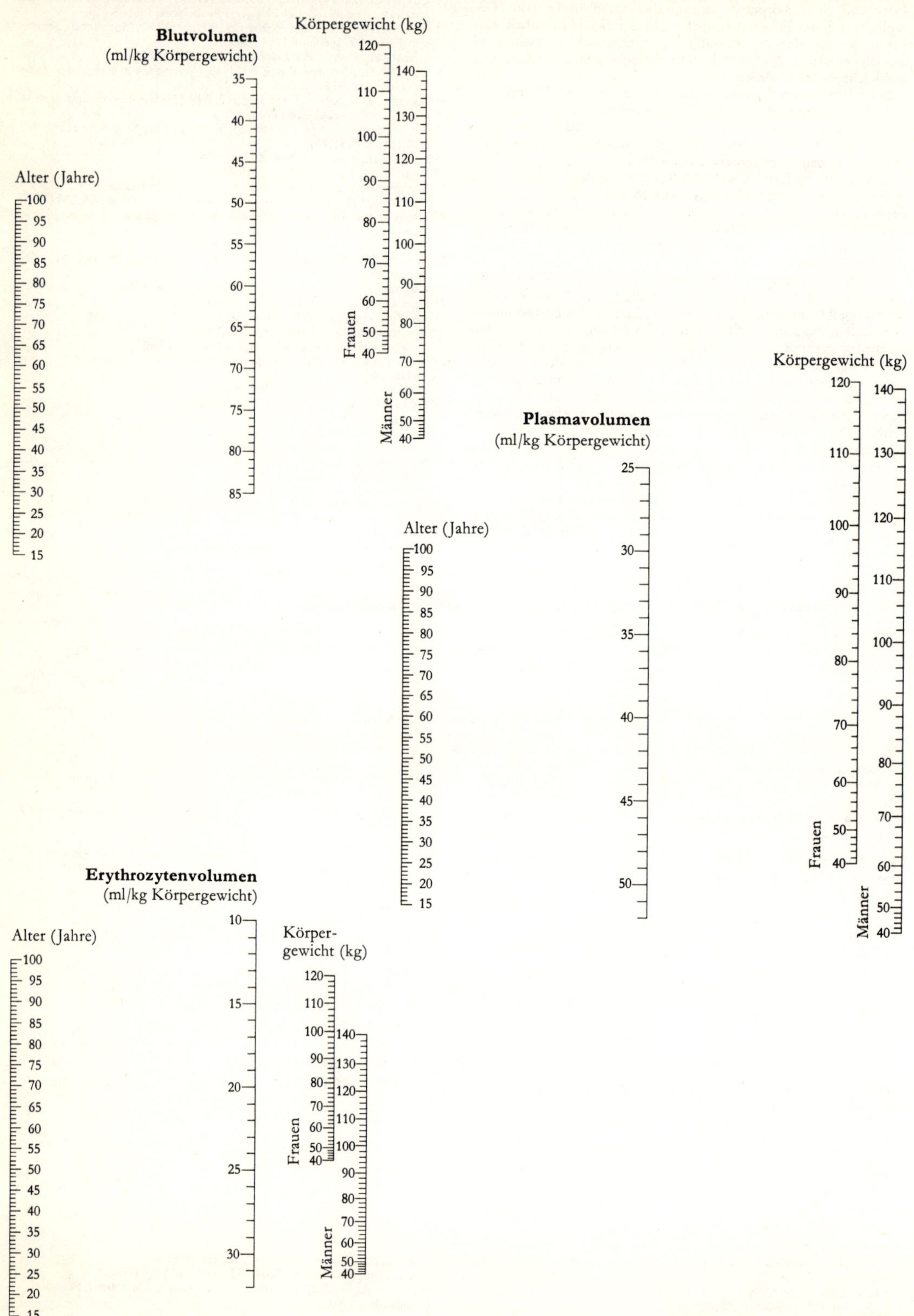

(Literatur siehe S. 557)

	Mittelwert	95%-Bereich (in Klammern Extrembereich)	s	Literatur	Bemerkungen
Spezifisches Gewicht (25 °C/4 °C)					
(a) Vollblut, Männer	1,0595	1,0553–1,0637	0,0021	1	(a, c, d) 20, (b) 17 Personen; (a, b, c, d) bestimmt mit der Kupfersulfatmethode nach PHILLIPS et al.[5] (zu dieser Methode siehe auch POLLER[6]). Das spezifische Gewicht des Vollbluts ist vom Erythrozytengehalt abhängig, das des Plasmas und Serums in erster Linie vom Proteingehalt. Das spezifische Gewicht des Vollbluts ist eher niedriger am Nachmittag und nach Mahlzeiten, eher höher in der Nacht und nach körperlichen Anstrengungen. Pathologisch *erhöht* ist das spezifische Gewicht des Plasmas bei Cholera, Dysenterie, schweren Verbrennungen und Plasmozytom; das des Vollbluts ist *erniedrigt* bei Anämien, das des Plasmas bei hydropischen Nierenerkrankungen.
(b) Vollblut, Frauen		(1,0523–1,0604)		1	
(c) Plasma, Männer	1,0269	1,0251–1,0287	0,0009	1	
Serum	–	(1,024–1,028)	–	2	
(d) Erythrozyten, Männer	1,0964	1,0928–1,1000	0,0018	1	
Leukozyten	–	(1,07–1,08)	–	3	
Thrombozyten	1,03	–	–	4	
Gefrierpunktserniedrigung (°C)					
(a) Serum	0,540	0,512–0,568	0,014	7	(a) 75, (b) 50 Personen. Die Gefrierpunktserniedrigung von Vollblut und Serum ist praktisch identisch. Die Erythrozyten befinden sich in einem osmotischen Gleichgewicht mit dem Serum[9].
(b) Serum	0,537	–	–	8	
Osmolalität (mosm/kg H_2O)					
Serum	289	281–297	4	8	Werte von 50 Personen. Am einfachsten ist die Bestimmung über die Gefrierpunktserniedrigung[10]. Elektrolyte tragen mit annähernd 96%, Glucose und nichtproteinstickstoffhaltige Substanzen mit annähernd 4% zur Osmolalität bei. Erhöht ist die Osmolalität bei Neugeborenen in den ersten zwei Lebenstagen[11]. Pathologische Abweichungen spiegeln vor allem Änderungen des Natriumgehalts wider.
Osmotischer Druck (0 °C)					
Serum (atm)	6,51	–	–	–	Berechnet aus dem Wert (a) der Gefrierpunktserniedrigung (nach Tabelle S. 266). Der osmotische Druck ist vorwiegend bedingt durch die kristalloiden Bestandteile; auf die Kolloide entfällt ein Teildruck von etwa 0,5% des gesamten osmotischen Druckes.
Serum (Torr)	4950	–	–	–	

Spezifisches Gewicht / Serumwasser / gelöste Substanzen[1]

Die Tabelle dient zur Umrechnung

a) der Konzentration eines Stoffes in 1 l Serum in die Konzentration dieses Stoffes in 1 kg Serumwasser: multipliziere mit den Faktoren der Kolonne 4

b) der Konzentration eines Stoffes in 1 kg Serumwasser in die Konzentration dieses Stoffes in 1 l Serum: multipliziere mit den Faktoren der Kolonne 3 und dividiere durch 1000

Spezifisches Gewicht	Wasser pro Kilogramm Serum (g)	Wasser pro Liter Serum (g)	Faktor
1	2	3	4
1,015	952	966	1,035
1,016	948	964	1,038
1,017	945	961	1,040
1,018	942	959	1,043
1,019	939	957	1,045
1,020	936	954	1,048
1,021	932	952	1,051
1,022	929	949	1,053
1,023	926	947	1,056
1,024	923	945	1,059
1,025	919	942	1,061
1,026	916	940	1,064
1,027	913	938	1,067
1,028	910	935	1,069
1,029	906	933	1,072
1,030	903	930	1,075
1,031	900	928	1,078
1,032	897	925	1,081
1,033	894	923	1,083
1,034	890	921	1,086

[1] Nach SUNDERMAN, F. W., *J. biol. Chem.*, **113**, 111 (1936).

Zusammenhang zwischen Hämatokrit und Blutviskosität[1]

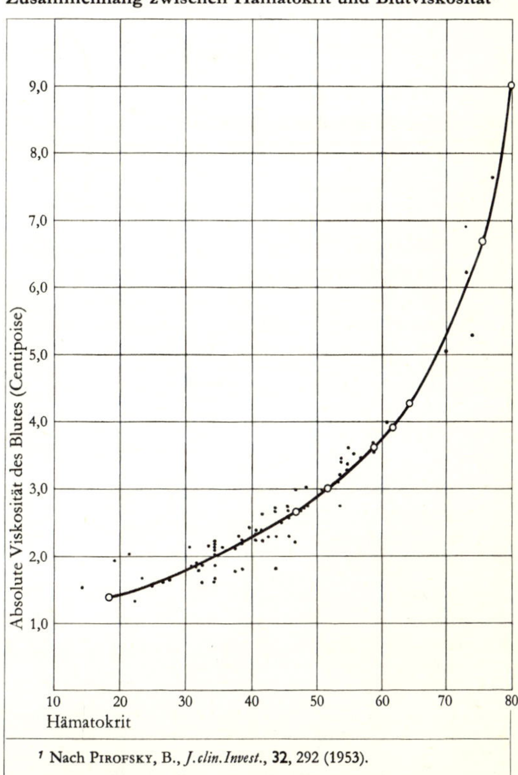

[1] Nach PIROFSKY, B., *J. clin. Invest.*, **32**, 292 (1953).

(Literatur siehe S. 557)

	Mittelwert	95%-Bereich (in Klammern Extrembereich)	*s*	Literatur	Bemerkungen
Kolloidosmotischer (onkotischer) Druck (0 °C)					
Serum (Torr)	24,3	(20,6–35,3)	–	12	Der kolloidosmotische Druck (KOD) kann angenähert aus dem Albumin- und Globulinspiegel des Serums nach der Formel von Keys[13] berechnet werden (siehe S. 522). Eine exaktere Berechnung läßt sich unter Berücksichtigung des KOD der einzelnen Serumproteinfraktionen durchführen[14]. Der größte Teil des KOD wird vom Albumin ausgeübt; Fibrinogen beeinflußt den KOD des Plasmas nicht meßbar[15], so daß der KOD des Plasmas dem des Serums gleichgesetzt werden kann.
Viskosität					
Relative Viskosität (in vitro bei 18 °C)					
(a) Vollblut	4,75	(3,80–5,70)	–	16	(a, b) 21, (c) 25 Personen, Nüchternblut, mit dem Hess-Viskosimeter gemessen; (d) in vivo mittels Kapillaren gemessen, Hämatokrit 40–45%; (e) mit dem Kapillarviskosimeter nach Zeitfuchs bestimmt. Das Blut ist keine Newtonsche Flüssigkeit. Mit verschiedenen Methoden erhaltene Viskositätswerte sind nicht miteinander vergleichbar. Die Abhängigkeit der dynamischen Viskosität von der Gleitgeschwindigkeit zwischen 10 und 200 s^{-1} wurde mit einem Rotationsviskosimeter untersucht[19]: bei gegebenem Hämatokrit wird mit zunehmender Gleitgeschwindigkeit die Viskosität niedriger. Die in vivo gemessenen Viskositätswerte (d) entsprechen etwa einer Gleitgeschwindigkeit von 1700 s^{-1}. Die rheologischen Eigenschaften des Blutes wurden auch in vivo untersucht[20]. Zur Viskositätsbestimmung nach der Kugelfallmethode siehe Krosch und Heidelmann[21]. Die Viskosität des Vollbluts hängt in erster Linie vom Blutkörperchengehalt, beim Gesunden also vom Erythrozytengehalt ab (siehe Abbildung, vorhergehende Seite). Die Viskosität des Plasmas ist durch den Proteingehalt bestimmt. Die relative Viskosität des Vollbluts ist bei Männern um etwa 0,5 höher als bei Frauen[22,23], bei Kindern eher geringer als bei Erwachsenen[22], die des venösen Blutes höher als die des arteriellen[22]. Pathologisch *erhöht* ist die Viskosität des Vollbluts bei Polycythaemia vera[24], Sichelzellenanämie[25] und Leukämie[26], die des Serums bei Hyperglobulinämien[18,27], bei erhöhtem Titer an Rheumafaktor[18] und vor allem bei Makroglobulinämie[18,27].
(b) Plasma	2,01	1,67–2,35	0,17	16	
(c) Serum	1,88	1,58–2,18	0,15	16	
Dynamische Viskosität (Centipoise) (in vivo)					
(d) Vollblut	–	(2,30–2,75)	–	17	
Kinematische Viskosität (Centistokes) (in vitro bei 37,5 °C)					
(e) Serum	1,15	(1,08–1,22)	–	18	
Senkungsgeschwindigkeit (Senkungsreaktion, SR)					
Erythrozyten	...	...	...	...	Werte verschieden je nach Methode; siehe nachstehende Tabelle.
Leukozyten (mm/h)	13,58	3,72–23,4	4,93	28	Berechnet nach ½ $(a+b/2)$, wobei a = mm Senkung in 1 Stunde, b = mm Senkung in 2 Stunden; Werte von 300 Erwachsenen. Bei dieser Bestimmung läßt man eine Probe leukozytenreichen Plasmas in zellfreiem Plasma sedimentieren. Die Senkungsgeschwindigkeit der Leukozyten ist von deren Eigenschaften abhängig, nicht jedoch von den Eigenschaften des Plasmas; unreife Leukozytenformen scheinen schneller zu sedimentieren. Die Leukozytensenkung ist beschleunigt bei akuten Formen von Leukämie, bei akutem Morbus Hodgkin, Tuberkulose und anderen bakteriellen Infektionen und bei Karzinomen mit Lebermetastasen.

Senkungsgeschwindigkeit der Erythrozyten

		Westergren-Methoden							Linzenmeier-Methode[4]	
		Originalmethode[1]			Weites Röhrchen[2]		Modifikation nach Wintrobe[3]			
Methodik	*Senkungsröhrchen*									
	Höhe der Blutsäule	200 mm			100 mm		100 mm		50 mm	
	Durchmesser	2,5 mm			5 mm		2,5 mm		5 mm	
	Antikoagulans	Natriumcitratlösung			Natriumcitratlösung		Kaliumoxalat + Ammoniumoxalat		Natriumcitratlösung	
Normalwerte (morgens, Nüchternblut)		Senkung in 1 Stunde (mm)	Senkung in 2 Stunden (mm)	Senkung in 24 Stunden (mm)	Senkung in 1 Stunde (mm)	Senkung in 2 Stunden (mm)	Senkung in 1 Stunde (mm)		Zeit bis zur Senkung von 18 mm (h)	
		Bereich	Bereich	Bereich	Bereich	Bereich	Mittelwert	Bereich	Mittelwert[7]	Bereich[7]
	Neugeborene, 1. Tag	Bis 2[5]	–	–	–	–	–	Bis 2[5]	106	30–185
	Neugeborene, 4. Tag	–	–	–	–	–	–	–	45	6–120
	Neugeborene, 12.–21. Tag	–	–	–	–	–	–	–	11	2–40
	Knaben, 12–20 Jahre	–	–	–	–	–	4,7[6]	Bis 20[6]	–	–
	Männer	3–5	Bis 15	90	2–5	5–14	3,7	Bis 6,5	10	–
	Frauen	3–8	Bis 20	100–110	3–8	6–18	9,6	Bis 15	–	3½–5

[1] Westergren, A., *Ergebn. inn. Med. Kinderheilk.*, **26**, 577 (1924).
[2] Wuhrmann und Märki, *Dysproteinämien und Paraproteinämien*, Schwabe, Basel, 1963, S. 221.
[3] Wintrobe und Landsberg, *Amer. J. med. Sci.*, **189**, 102 (1935); Wintrobe, M. M., *Clinical Hematology*, 5. Aufl., Lea & Febiger, Philadelphia, 1961, S. 325.
[4] Linzenmeier, G., *Arch. Gynäk.*, **113**, 608 (1920).
[5] Smith, C. H., *Amer. J. med. Sci.*, **192**, 73 (1936).
[6] Gallagher, J. R., *Amer. J. med. Sci.*, **188**, 450 (1934).
[7] Berg et al., in: Henning, N. (Hrsg.), *Klinische Laboratoriumsdiagnostik*, 2. Aufl., Urban & Schwarzenberg, München, 1960, S. 10; Hurwitz et al., *J. Pediat.*, **12**, 785 (1938).

(Literatur siehe S. 557)

Senkungsgeschwindigkeit der Erythrozyten

Der Mechanismus des Senkungsablaufs[29, 30] ist nur unvollständig bekannt. 3 Phasen sind zu unterscheiden: in der 1. Phase sinken einzelne Erythrozyten im Schwerefeld ab; gleichzeitig ballen sich die Erythrozyten zu Agglomeraten verschiedener Größe (Agglomerationsphase). In der 2. Phase kommt es zu einem raschen Absinken der Agglomerate, deren Größe die Geschwindigkeit der Senkung bestimmt; ungleich große Komplexe führen vielleicht zur Schleierung (Schleiersenkung). In der 3. Phase verlangsamt sich die Senkung durch gegenseitige Behinderung der dicht beieinander liegenden Agglomerate (Sackung).

Für den Ausfall der Blutkörperchensenkungsreaktion ist das Ausmaß der Agglomeration, das heißt der reversiblen Ballung der Erythrozyten, entscheidend. Dabei werden bestimmte Plasmaproteine reversibel an spezifische Senkungsrezeptoren der Erythrozytenoberfläche adsorbiert, wodurch eine Haftung der Erythrozyten untereinander zustande kommt. Der Senkungsrezeptor der Erythrozytenoberfläche ist wahrscheinlich ein Cerebrosid[31]. Bei den senkungswichtigen Plasmaproteinen sind die sogenannten Agglomerine[32] und das Supplement[33] zu unterscheiden: Die Agglomerine führen, abgesehen von sehr hohen Konzentrationen, nur bei Anwesenheit des Supplements eine deutliche Agglomeration der Erythrozyten herbei. Zu den Agglomerinen gehören das Fibrinogen, das Caeruloplasmin, das Haptoglobin, bestimmte Paraproteine, Kälteagglutinine und Autoagglutinine; ob bei einer Senkungsbeschleunigung noch weitere neue, im normalen Senkungsplasma nicht vorhandene Agglomerine auftreten, ist noch nicht geklärt.

In den α_1-Lipoproteinen der senkungsnormalen wie -pathologischen Seren ist ein Proinhibitor[34] der Blutkörperchensenkung vorhanden. Aus ihm wird durch ein spezifisches Serumenzym bei der Inkubation bei 37 °C ein Lysophosphatid[35] (wahrscheinlich ein Lysolecithin) abgespalten. Dieses bindet sich an das Serumalbumin; dieser Albumin-Lipid-Komplex ist ein Inhibitor der Blutkörperchensenkung.

Die biologische Bedeutung einer beschleunigten Blutkörperchensenkung ist noch unklar. Da eine Reihe von entzündungshemmenden Stoffen auch eine Hemmung einer beschleunigten Blutkörperchensenkung in vitro verursachen, wurde die Vorstellung entwickelt, daß die Agglomerine Aktivatoren der Entzündung sind. Hierfür spricht, daß die Antiphlogistika ihre senkungshemmende Wirkung in vitro über eine Hemmung der senkungswichtigen Plasmaproteine ausüben[36].

Von Einfluß auf die Senkungsreaktion sind weiterhin

a) Größe, Form (Sichelzellenerythrozyten zeigen eine geringere Senkungsreaktion als normale Erythrozyten), Hämoglobingehalt und Zahl der Erythrozyten;
b) die Höhe der Blutsäule (eine kurze Säule hemmt die Senkungsgeschwindigkeit, da sich der Einfluß der Sackung rascher bemerkbar macht);
c) Art und Menge des Antikoagulans[37] (zuwenig Citrat beschleunigt, zuviel Citrat hemmt);
d) die Temperatur (mit zunehmender Temperatur steigt die Senkungsgeschwindigkeit[38]);
e) die Stellung des Röhrchens (eine Schrägstellung wirkt stark beschleunigend).

Physiologische Variationen. Der Ausfall der Senkungsreaktion ist bei Männern konstanter als bei Frauen. Die Menstruation hat aber nur einen kleinen, klinisch nicht bedeutsamen Einfluß[39]. Während der Schwangerschaft beginnt die Beschleunigung der Senkungsreaktion mit dem 3.–4. Monat und kehrt in der 3.–4. Woche post partum zur Norm zurück[39, 40]. Bei Neugeborenen ist die Senkungsgeschwindigkeit stark erniedrigt (siehe Tabelle S. 554), bei älteren Erwachsenen eher erhöht[41].

Pathologische Variationen. Verzögert bei Polyzythämien, kardialer Stauung, Erkrankungen des Leberparenchyms, Hyperbilirubinämie, akuten anaphylaktischen Zuständen und vegetativer Dystonie; in der Regel beschleunigt bei allen entzündlichen Zuständen, bei akuten und chronischen Infektionen, bei Krankheiten, die mit Nekrose oder Gewebsabbau verbunden sind, bei Tumoren, nach Höhensonne, Röntgen- und Reizkörpertherapie.

Leitsätze für die Praxis[29]

1. Man darf von der Senkung als Blut*plasma*reaktion grundsätzlich nicht mehr verlangen, als diese Routinemethode in ihrer Einfachheit und Unspezifität dem Arzt in der Praxis und am Krankenbett bieten kann. Auch bei normalem Ausfall dispensiert sie nie von einer gründlichen Untersuchung. Im Gegensatz zum rasch ansprechenden zellulären Blutbild braucht sie im allgemeinen eine Anlaufzeit von etwa 20–30 Stunden.
2. Die Senkung weist kaum Tagesschwankungen auf; es genügt im allgemeinen die Ablesung der Ein- und Zweistundenwerte, wobei die Normalwerte je nach Methode schwanken. Es bestehen ausgesprochene individuelle Unterschiede, so daß die Kenntnis der Minimalwerte eines Individuums im Zeitpunkt völliger Gesundheit wichtig ist.
3. Eine deutlich erhöhte Blutsenkung weist in objektiver Weise auf ein pathologisches Geschehen im Organismus hin, ohne daß dieser Befund direkt mit dem Vorhandensein einer eigentlichen Krankheit gleichgesetzt werden darf (zum Beispiel Nachschleppen in der Rekonvaleszenz). Eine deutliche Erhöhung, die nicht erklärt werden kann, fordert aber immer zu weiteren Untersuchungen und Kontrollen auf.
4. Eine auffällig starke initiale Senkungsbeschleunigung, wobei der Maximalwert schon nach 15–20 Minuten erreicht wird, ist sehr verdächtig auf ein Plasmozytom bzw. Makroglobulinämie.
5. Langfristige deutliche ungeklärte Senkungserhöhungen bei Exploranden im mittleren und höheren Lebensalter sind verdächtig auf Karzinome; der Arzt sollte, wenn keine Normalisierung eintritt, den Patienten periodisch kontrollieren, bis eine Ursache aufgedeckt werden kann.
6. Eine normale Senkung schließt anderseits eine Krankheit, auch eine schwere, fortschreitende, wie Tuberkulose oder Karzinom, nie aus; besonders das hämodynamische Versagen des Kreislaufes hält eine Senkungszunahme oft längere Zeit hintan. Dabei kann gleichzeitig die Elektrophorese eine deutliche Dysproteinämie aufzeigen. Auffällig tiefe Werte von 1–3 mm in der ersten und zweiten Stunde werden oft bei vegetativen Dystonien festgestellt.
7. Bei deutlich erhöhten Senkungswerten wird selten ein ganz normales Bluteiweißbild gefunden, zum Beispiel bei dekompensierten perniziösen Anämien. Eine Parallelität zwischen dem Ausfall der Senkung, dem Fibrinogen- und Gesamteiweiß- und Globulingehalt des Blutes besteht aber nicht.
8. Die auf dem Höhepunkt einer Erkrankung durchgeführte Probe erhält erst im Vergleich mit späteren Kontrollen ihre volle Bedeutung, so daß es unbiologisch ist, bei einer akuten Erkrankung mit der Prüfung zuzuwarten, bis die Senkung «sowieso wahrscheinlich wieder normal ist».
9. Der Ausschlag der Blutsenkung ist oft weniger durch das Grundleiden als durch sekundäre Komplikationen, wie Pneumonien, Thrombophlebitiden, Lungeninfarkte, interkurrente Infekte usw. bedingt. Bei der Therapie mit Antikoagulantien kann die Normalisierung der Senkung oft längere Zeit aufgehalten werden. Medikamente haben im allgemeinen keinen direkten Einfluß auf die Probe, können sich aber über eine Leberparenchymschädigung auswirken.
10. Nebenresultate der Senkung, die eines unserer wichtigsten Such- und Triagehilfsmittel ist, sind in der Farbe und Klarheit des Plasmas (goldgelb bei Hämolyse, auffällig hell bei Eisenmangel, strohgelb bei Perniziosa, trüb durch vermehrte Lipide und veränderte Proteine bei Nephrosen und Diabetes sowie alimentär nach Fettzufuhr) zu erblicken. Pathologische Vermehrung der weißen Blutkörperchen über 50000 pro mm³ bei Leukämien können oft makroskopisch abgelesen werden.

	Mittelwert	95%-Bereich	*s*	Literatur	Bemerkungen
Oberflächenspannung (20 °C, dyn cm⁻¹)					
Serum	56,2	–	–	42	Werte von 82 Personen zwischen 20 und 30 Jahren; Nüchternblut, bestimmt mit der Torsionswaage.

	Mittelwert	95%-Bereich (in Klammern Extrembereich)	s	Literatur	Bemerkungen
Refraktionswert (20 °C)...	–	(1,348 46–1,351 32)	–	43	Gemessen mit dem PULFRICH-Refraktometer. Der Brechungsindex des Serums ist in erster Linie vom Proteingehalt des Serums abhängig und kann deshalb zu dessen Bestimmung herangezogen werden (siehe zum Beispiel DRICKMAN und MCKEON[44]). Die refraktometrische Proteinbestimmung ist unzuverlässig bei hohem Harnstoff-, Zucker-, Lipid- und Bilirubingehalt des Serums.
Spezifische Wärme (cal grd^{-1} g^{-1})					
Vollblut	0,87	–	–	45	
Plasma	0,94	–	–	45	
Erythrozyten	0,77	–	–	45	
Spezifische Leitfähigkeit (25 °C, S cm^{-1})					
Serum	0,011 90	(0,011 73–0,012 29)	–	46	Die spezifische Leitfähigkeit und der Gesamtproteingehalt des Serums erlauben eine Bestimmung der Serumgesamtkationen (siehe S. 558).
Elektrophoretische Beweglichkeit (zur Anode) (µm s^{-1} V^{-1} cm)					
(a) Erythrozyten	1,080	1,064–1,096	0,008	47	(a) 10 Personen, pH 7,2 (NaCl-Lösung und Phosphatpuffer); (b) 28 Personen, Citratblut. Die elektrophoretische Beweglichkeit der Blutzellen ist hauptsächlich durch die Carboxylgruppen der auf der Zelloberfläche vorhandenen Sialsäure bestimmt[49–51]. Die Beweglichkeit ist eine für jede Blutzellart sehr charakteristische Größe; die der Erythrozyten ist unabhängig von Rasse, Geschlecht, Alter und Blutgruppe[52]. Eine erhöhte Leukozytenbeweglichkeit[48,51] findet sich bei chronischen und akuten Myelosen, Lymphadenosen, Morbus HODGKIN und Tumoren mit Knochenmetastasen. Die Beweglichkeit der Erythrozyten wird durch das Serum von Krebskranken erniedrigt[53].
(b) Erythrozyten	1,270	1,236–1,304	0,017	48	
(b) Granulozyten	0,840	0,790–0,890	0,025	48	
(b) Lymphozyten	1,060	1,006–1,114	0,027	48	
(b) Thrombozyten	0,120	0,020–0,220	0,050	48	
Elektrische Ladungsdichte (esE cm^{-2})					
Erythrozyten	3500	–	–	50	Die elektrische Ladungsdichte wird nach der elektrophoretischen Beweglichkeit berechnet. Unter Annahme einer Erythrozytenoberfläche von 163 µm^2 ergibt sich eine elektrische Ladung von 11,9 × 10^6 esE pro Erythrozyt.
Redoxpotential (mV)					
Venöses Vollblut					
(a) Gegen die Kalomelelektrode	–	–260 bis –300	–	54	Der angeführte Bereich umfaßt 83% von 550 Messungen, bestimmt in vitro nach der Methode von ZIEGLER[55] mit einer schwach polarisierten Platinelektrode. Das Redoxpotential des Blutes ist bestimmt durch das Verhältnis Dehydroascorbinsäure/Ascorbinsäure.
(b) Gegen die Wasserstoffelektrode	–	–12 bis –52	–	54	
pH (38 °C)					
(a) Nabelschnurarterie, Vollblut	7,21	(7,05–7,38)	–	56	(a) 19, (b) 12, (c) 13, (d) 15, (e) 29, (f, g, h, k) je 20, (i) 55 und (j) 9 Personen, bestimmt mit der pH-Elektrode; (d, f, g, h, k) bezogen auf die NBS-pH-Skala, (e, j) bezogen auf die HITCHCOCK-TAYLOR-pH-Skala. Zur theoretischen Grundlage der pH-Messung siehe S. 272. Die pH-Messung in der Klinik wurde wiederholt diskutiert[60,65–67]. pH-Werte sind nur vergleichbar bei Kenntnis der verwendeten Bezugspufferlösung; sie sollen auf die Puffer des National Bureau of Standards bezogen werden (NBS-pH-Skala siehe S. 273). Nach neuesten Empfehlungen soll die Meßtemperatur 37 °C und nicht 38 °C betragen[64]. Als Antikoagulans eignet sich Heparin, nicht aber Oxalat, Citrat oder EDTA[66]. Zwischen den pH-Werten von Plasma und Vollblut besteht bei Personen in völligem Ruhezustand kein Unterschied[65]; bei körperlicher Tätigkeit ist das arterielle Plasma leicht alkalischer als das arterielle Vollblut (maximale Differenz 0,10 pH-Einheiten bei einer Sauerstoffsättigung von 98%). Der pH-Wert von Kapillarblut stimmt mit dem von arteriellem Blut gut überein[59,60]; ersteres ist im Mittel um 0,008 pH-Einheiten alkalischer als letzteres. Venöses Plasma aus einer Extremität ist bis zu 0,03 pH-Einheiten weniger alkalisch als arterielles Plasma[59]. Bei Neugeborenen ist der pH-Wert des Bluts erniedrigt[56,68], während der Schwangerschaft leicht erhöht[69]. Bei akuten Störungen des Säure–Basen-Haushalts kann der pH-Wert für kurze Zeit auf 6,8 fallen bzw. auf 7,8 steigen[60]; bei chronischen Störungen liegt er meistens zwischen 7,2 und 7,5. Der pH-Wert ist extrem erniedrigt bei diabetischem Koma und schwerem Nierenversagen, extrem erhöht bei akuter Hyperventilation in Verbindung mit Anästhesie und nach langdauerndem Wasserstoffionenverlust, zum Beispiel infolge Erbrechens.
(a) Nabelschnurvene, Vollblut	7,32	(7,23–7,42)	–	56	
Arterielles Vollblut					
(b) Säuglinge, 1–4 Wochen	7,377	7,315–7,439	0,031	57	
(c) Säuglinge, 4–16 Monate	7,432	7,366–7,498	0,033	57	
(d) Erwachsene	7,424	7,386–7,462	0,019	58	
(e) Erwachsene	7,392	–	–	59	
Kapillares Vollblut					
(f) Männer	7,390	7,360–7,420	0,015	60	
(g) Frauen	7,398	7,366–7,430	0,016	60	
Arterielles Plasma					
(h) Erwachsene	7,39	7,35–7,43	0,018	61	
Venöses Plasma					
(i) Erwachsene	7,398	7,378–7,418	0,010	62	
Erythrozyten					
(j) Erwachsene	7,209	7,175–7,243	0,017	63	
(k) Erwachsene	7,19	7,15–7,23	0,022	61	
Kapillares Vollblut (37 °C)					
(f) Männer	7,405	7,375–7,435	–	64	
(g) Frauen	7,412	7,391–7,435	–	64	

Literatur (zu S. 553–556)

1 VAN SLYKE et al., *J. biol. Chem.*, **183**, 349 (1950).
2 LEAKE et al., *Amer. J. Physiol.*, **81**, 493 (1927).
3 GRAHAM et al., *Blood*, **10**, 467 (1955).
4 TULLIS, J.L., *Blood*, **7**, 891 (1952).
5 PHILLIPS et al., *J. biol. Chem.*, **183**, 305 (1950).
6 POLLER, L., *Acta haemat. (Basel)*, **21**, 242 (1959).
7 OLMSTEAD und ROTH, *Amer. J. med. Sci.*, **233**, 392 (1957).
8 HENDRY, E.B., *Clin. Chem.*, **7**, 156 (1961), und **8**, 246 (1962).
9 WILLIAMS et al., *J. clin. Invest.*, **38**, 1587 (1959).
10 JOHNSON, jr., et al., *Stand. Meth. clin. Chem.*, **5**, 159 (1965); WARHOL et al., *Arch. intern. Med.*, **116**, 743 (1965).
11 GAUTIER, E., in: JONXIS et al. (Hrsg.), *Nutricia Symposium on the Adaptation of the Newborn Infant to Extra-Uterine Life*, Kroese, Leiden, 1964, S. 83.
12 KEYS und HILL, *J. exp. Biol.*, **11**, 28 (1934).
13 KEYS, A., *J. phys. Chem.*, **42**, 11 (1938).
14 OTT, H., *Klin. Wschr.*, **34**, 1079 (1956).
15 WUHRMANN und MÄRKI, *Dysproteinämien und Paraproteinämien*, Schwabe, Basel, 1963, S. 156.
16 WATSON, W.C., *Lancet*, **2**, 366 (1957).
17 PIROFSKY, B., *J. clin. Invest.*, **32**, 292 (1953).
18 SHEARN et al., *Arch. intern. Med.*, **112**, 684 (1963); *J. Lab. clin. Med.*, **61**, 677 (1963).
19 WELLS, jr., et al., *J. Lab. clin. Med.*, **57**, 646 (1961); WELLS, jr., und MERRILL, *J. clin. Invest.*, **41**, 1591 (1962).
20 DREIZEN, P., *J. clin. Invest.*, **41**, 2036 (1962).
21 KROSCH und HEIDELMANN, *Klin. Wschr.*, **33**, 947 (1955).
22 WINTROBE, M.M., *Clinical Hematology*, 5. Aufl., Lea & Febiger, Philadelphia, 1961, S. 324.
23 SWANK, R.L., *Amer. J. clin. Nutr.*, **10**, 418 (1962).
24 NYGAARD et al., *Amer. J. Physiol.*, **114**, 128 (1935).
25 MCCORD et al., *Proc. Soc. exp. Biol. (N.Y.)*, **69**, 19 (1948).
26 STEPHENS, D.J., *Proc. Soc. exp. Biol. (N.Y.)*, **35**, 251 (1936).
27 STEEL, A.E., *Clin. chim. Acta*, **8**, 86 (1963).
28 Annotation, *Brit. med. J.*, **2**, 520 (1960); STORTI, *Acta med. scand.*, **167**, 1 (1960).
29 WUHRMANN und MÄRKI, *Dysproteinämien und Paraproteinämien*, Schwabe, Basel, 1963.
30 SANER, R., *Helv. med. Acta*, **28**, 775 (1961); BRITTINGER, G., *Med. Klin.*, **58**, 1057 (1963); RUHENSTROTH-BAUER, G., *Klin. Wschr.*, **44**, 533 (1966).
31 GRANZER, E., *Naturwissenschaften*, **51**, 244 (1964).
32 RUHENSTROTH-BAUER et al., *Klin. Wschr.*, **40**, 1200 (1962).
33 RUHENSTROTH-BAUER, G., *Klin. Wschr.*, **43**, 460 (1965).
34 KAYSER et al., *Hoppe-Seylers Z. physiol. Chem.*, **331**, 95 (1963).
35 BERGENHEM, B., *Acta path. microbiol. scand.*, Suppl. 39, 220 (1938); SCHIEBEL et al., *Hoppe-Seylers Z. physiol. Chem.*, **338**, 198 (1964).
36 RUHENSTROTH-BAUER, G., München, persönliche Mitteilung, 1964.
37 DAWSON, J.B., *Brit. med. J.*, **1**, 1697 (1960); Editorial, *Brit. med. J.*, **1**, 1717 (1960).
38 MANLEY, R.W., *J. clin. Path.*, **10**, 354 (1957).
39 WINTROBE, M.M., *Clinical Hematology*, 5. Aufl., Lea & Febiger, Philadelphia, 1961, S. 325.
40 KATZ und LEFFKOWITZ, *Ergebn. inn. Med. Kinderheilk.*, **33**, 266 (1928); VISCOLO, H.-C., *Méd. et Hyg. (Genève)*, **22**, 487 (1964).
41 OLBRICH, O., *Edinb. med. J.*, **55**, 100 (1948); UNDRITZ und BRAGATSCH, *Schweiz. med. Wschr.*, **92**, 388 (1962); BÖTTIGER und SVEDBERG, *Brit. med. J.*, **2**, 85 (1967).
42 KÜNZEL, O., *Ergebn. inn. Med. Kinderheilk.*, **60**, 565 (1941).
43 FRANK, H., in: HENNING, N. (Hrsg.), *Klinische Laboratoriumsdiagnostik*, 2. Aufl., Urban & Schwarzenberg, München, 1960, S. 1.
44 DRICKMAN und MCKEON, jr., *Amer. J. clin. Path.*, **38**, 392 (1962).
45 MENDLOWITZ, M., *Science*, **107**, 97 (1948).
46 SUNDERMAN, F.W., *Amer. J. clin. Path.*, **15**, 219 (1945).
47 SACHTLEBEN und RUHENSTROTH-BAUER, *Nature*, **192**, 982 (1961).
48 RUHENSTROTH-BAUER et al., *Münch. med. Wschr.*, **103**, 794 (1961).
49 COOK et al., *Nature*, **191**, 44 (1961).
50 EYLAR et al., *J. biol. Chem.*, **237**, 1992 (1962).
51 RUËFF, F., *Die Zellelektrophorese in der klinischen Diagnostik*, Lehmann, München, 1964.
52 BANGHAM et al., *Nature*, **182**, 642 (1958).
53 ROTTINO und ANGERS, *Proc. N.Y. State Ass. publ. Hlth Laborat.*, **41**, 9 (1961); ROTTINO und ANGERS, *Clin. Chem.*, **8**, 579 (1962); GRACE et al., *Amer. Rev. resp. Dis.*, **88**, 652 (1963).
54 MÜNKER, G., *Redoxpotential-, Eisen-, Kupfer- und Vitamin-C-Veränderungen im Blut unter einer Behandlung, die Einfluß auf das redoxaktive Geschehen nimmt*, Diss., Freiburg i. Br., 1962.
55 ZIEGLER, E., *Messung und Bedeutung des Redoxpotentials im Blut in vivo und in vitro*, 10. Beiheft zu «Arzneimittel-Forschung», Editio Cantor, Aulendorf, 1960.
56 ROOTH, G., *Acta paediat. (Uppsala)*, **52**, 22 (1963).
57 RIEGEL, K., *Klin. Wschr.*, **41**, 249 (1963).
58 SCHWAB und WISSER, *Klin. Wschr.*, **40**, 713 (1962).
59 GAMBINO, S.R., *Amer. J. clin. Path.*, **32**, 298 (1959).
60 SIGGAARD-ANDERSEN, O., *Scand. J. clin. Lab. Invest.*, **15**, Suppl. 70 (1963); ASTRUP und SIGGAARD-ANDERSEN, *Advanc. clin. Chem.*, **6**, 1 (1963).
61 PURCELL et al., *Clin. Chem.*, **7**, 536 (1961).
62 GAMBINO, S.R., *Amer. J. clin. Path.*, **32**, 294 (1959).
63 SOMMERKAMP und BOMKE, *Klin. Wschr.*, **42**, 392 (1964).
64 GAMBINO et al., *Ann. N.Y. Acad. Sci.*, **133**, 259 (1966).
65 GAMBINO, S.R., *Amer. J. clin. Path.*, **32**, 285 (1959).
66 GAMBINO et al., *Stand. Meth. clin. Chem.*, **5**, 169 (1965).
67 WOOLMER, R.F. (Hrsg.), *A Symposium on pH and Blood Gas Measurement*, Churchill, London, 1959; CONSOLAZIO et al., *Physiological Measurements of Metabolic Functions in Man*, McGraw-Hill, New York, 1963, S. 132; BARTELS et al., *Lungenfunktionsprüfungen*, Springer, Berlin, 1959.
68 REARDON et al., *Pediatrics*, **6**, 753 (1950); RÄIHÄ, N.C.R., *Pediatrics*, **32**, 1025 (1963).
69 SJÖSTEDT, S., *Amer. J. Obstet. Gynec.*, **84**, 775 (1962).

Anorganische Substanzen (Literatur siehe S. 563–564)

	Vollblut				Plasma oder Serum				Bemerkungen
	Mittelwert	95%-Bereich (in Klammern Extrembereich)	s	Literatur	Mittelwert	95%-Bereich (in Klammern Extrembereich)	s	Literatur	
Wasser									
(g/l)	850	(830–865)	–	1	945	(930–955)	–	1	(a) Werte von 128 Personen. Der Wassergehalt der Erythrozyten nimmt mit abnehmendem Hämoglobingehalt zu[4]. Der Wassergehalt des Plasmas ist beim liegenden Menschen am größten und nimmt bei Muskelarbeit ab. Der Wassergehalt der Leukozyten ist abhängig von ihrer Art und ihrem Reifegrad[5].
		Erythrozyten:							
(g/l)	713	693–733	10	2					
(g/kg)	681,3	654–709	13,6	3					
(a) (g/kg)	666	648–684	9,0	127					
Trockensubstanz									
(a) (g/l)	210	–	–	–	80	–	–	–	(a) Berechnet aus dem Wassergehalt und dem spezifischen Gewicht; (b) 128 Personen. Etwa 90% der Trockensubstanz des Vollbluts sind organische Substanzen.
		Erythrozyten:							
(b) (g/kg)	334	316–352	9,0	127					
Gesamtkationen									
(a) Arterielles Blut (mval/l)	...	...	...	...	152,9	149–157	2,2	6	(a) 44 Männer, bestimmt durch Elektrodialyse; (b) Summe von Kalium, Natrium, Magnesium und Calcium. Kationengehalt des Serums erhöht bei Frühgeborenen in den ersten Lebenswochen (im Mittel 159 mval/l)[7]. Siehe Nomogramm S. 558.
(a) Venöses Blut (mval/l)	...	...	...	...	154,1	149–159	2,6	6	
		Erythrozyten:							
(b) (mval/kg H_2O)	156	–	–	3	163	–	–	3	
		Erythrozyten:							
Bicarbonat (mval/l)	11,2	10,9–11,5	0,15	8	24,9	21,3–28,5	1,79	9	Erythrozytenwerte von 9, Plasmawerte von 15 Personen. Siehe auch «Blutgase», S. 567.

(Literatur siehe S. 563–564)

	Vollblut				Plasma oder Serum				Bemerkungen
	Mittelwert	95%-Bereich (in Klammern Extrembereich)	s	Literatur	Mittelwert	95%-Bereich (in Klammern Extrembereich)	s	Literatur	
Chlorid (mval/l)									
(a) Nabelschnurvenenblut	...	...	...	...	103,3	94,1–113	4,6	10	(a) 14, (b) 20, (c) 100, (d) 157, (f) 37 Personen; (a) jodometrisch, (b, c) mercurimetrisch, (d, f) argentometrisch bestimmt. Es ist eine automatische amperometrische Chloridbestimmung beschrieben worden[16]. Sobald Vollblut mit Luft in Kontakt gerät, wandert CO_2 aus den Erythrozyten aus und wird durch Chlorid des Plasmas ersetzt (chloride shift); zur Bestimmung des Chloridgehalts des Serums sollte deshalb die Abtrennung der Erythrozyten möglichst unter Luftabschluß erfolgen.
(a) Neugeborene, 2 Tage	...	...	...	...	102,8	88,6–117	7,1	10	
(b) Säuglinge, 3 Monate	...	...	...	...	113,6	83,2–144	15,2	11	
(c) Erwachsene	–	(77–88)	–	12	102,7	(99–110)	–	12	
(d) Erwachsene	...	...	...	...	106	101–111	2,5	13	
(e) Erwachsene	–	Erythrozyten: (52–65)	–	14					
(f) Erwachsene	67,9	58,9–76,9	4,5	15					

Der Chloridgehalt von Nabelschnurblut ist dem des mütterlichen Bluts annähernd gleich[17]; der des Serums von Säuglingen ist eher höher als der von Erwachsenen[11].
Der Chloridgehalt des Serums ist pathologisch *erhöht* nach längerer Dehydratation, bei renaler hyperchlorämischer Acidose (Typ Lightwood, Typ Albright), bei respiratorischer Alkalose, nach Kopfverletzungen und unter Medikation mit Corticosteroiden; *erniedrigt* ist er bei starkem Schwitzen ohne ausreichende Chloridzufuhr, bei Verlust von Verdauungsflüssigkeiten (speziell Magensaft), Verbrennungen, Expansion der extrazellulären Flüssigkeit (Pneumonie, Wasserintoxikation), Schädigung der Nierentubuli, Nebennierenrindeninsuffizienz (Addisonsche Krankheit), unter Medikation mit gewissen Diuretika, bei respiratorischer Acidose und manchmal bei diabetischer Ketose in Verbindung mit einer Diurese.

Ermittlung des Serumkationengehalts aus der spezifischen Leitfähigkeit und dem Proteingehalt des Serums [nach Lufkin und Sunderman, *Techn.Bull.Registry med.Technologists*, **7**, 118 (1946), Beiheft zu *Amer.J.clin.Path.*, **16** (1946)]

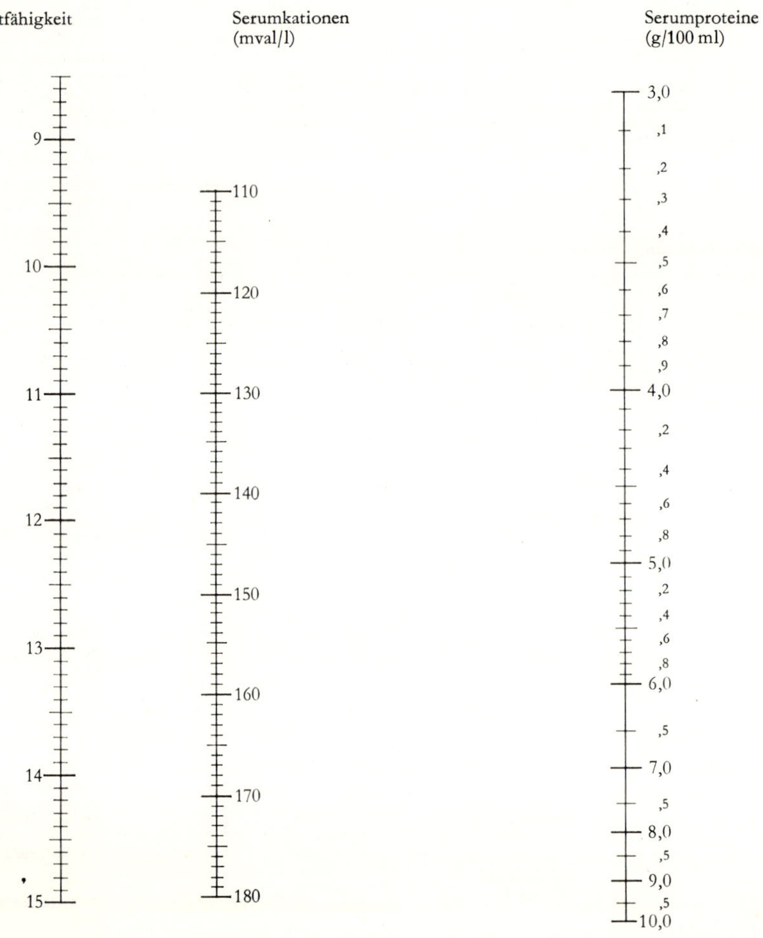

(Literatur siehe S. 563–564)

	Vollblut				Plasma oder Serum				Bemerkungen
	Mittelwert	95%-Bereich (in Klammern Extrembereich)	*s*	Literatur	Mittelwert	95%-Bereich (in Klammern Extrembereich)	*s*	Literatur	
Phosphor (mg/l)									
(a) Gesamtphosphor	370	(314–443)	–	18	112	(89–149)	–	18	(a) 42, (b) 464, (c) 121, (d) Vollblut 42, Serum 22, (e) 30, (f) 42, (g) Erythrozyten 20, Serum 42 Personen; (f) ausgenommen Lipoidphosphor. Der Phosphor in den Erythrozyten liegt größtenteils in Form von Phosphorsäureestern vor (Nucleotide, Zuckerphosphate und Glycerindiphosphat); anorganisches Phosphat findet sich nur in geringen Mengen. Im Serum überwiegt der Lipoidphosphor (siehe «Phosphatide», S. 597). *Anorganisches Phosphat im Serum.* Die Bestimmung sollte im Nüchternserum durchgeführt werden. Zur Methodik siehe die Literatur[24]. Das Serumphosphat besteht – bedingt durch den pH des Serums – zu etwa 80% aus primärem Phosphat und zu etwa 20% aus sekundärem Phosphat; kleine Mengen sind an Proteine gebunden[25]. In den ersten Tagen nach der Geburt ist der Phosphatgehalt erhöht[17,19,26]; beim Kind ist er deutlich höher als beim Erwachsenen, gleicht sich aber mit dem Ende der Skelettverknöcherung dem des Erwachsenen an[27,28]. Vom 50. Lebensjahr an nimmt der Phosphatgehalt des Serums leicht zu[28]. Unterschiede bezüglich des Geschlechts sind gering[28]. Während der Schwangerschaft ist der Phosphatgehalt des Serums leicht erniedrigt[29]. Zum Phosphatstoffwechsel siehe die Literatur[30]. Pathologisch *erhöht* ist der Phosphatgehalt des Serums bei Hypoparathyreoidismus, Pseudohypoparathyreoidismus, Niereninsuffizienz, Vitamin-D-Intoxikation und gelegentlich bei idiopathischer Hypercalcämie; *erniedrigt* ist er bei Hyperparathyreoidismus, Störung der Calcium- oder Phosphatresorption, Vitamin-D-Mangelrachitis, renaler tubulärer Acidose (Typ ALBRIGHT), FANCONI-Syndrom und Phosphatdiabetes.
	719	Erythrozyten: (609–867)	–	18					
Anorganischer Phosphor		Vollblut:							
(b) Neugeborene, 1. Woche	...	...	...	...	60,3	(37–85)	–	19	
(c) Kinder, 1–19 Jahre	...	...	...	...	48	(36–59)	–	20	
(d) Erwachsene	29	(21–38)	–	18	33,6	25,6–41,6	4,0	21	
(a)	24	Erythrozyten: (9,1–33)	–	18					
(e)	2,7	0,5–4,9	1,1	22					
(f) Phosphorsäureesterphosphor	231	Vollblut: (186–286)	–	18	34	(25–45)	–	18	
	497	Erythrozyten: (385–587)	–	18					
(g) Lipoidphosphor	137	Erythrozyten: 124–150	6,5	23	83	(69–97)	–	18	
Schwefel (mg/l)									
(a) Gesamtschwefel	1221	–	–	31	780	–	–	–	(a) Plasmawerte berechnet aus den Vollblut- und Erythrozytenwerten; (b) 16, (c) 88 junge Erwachsene. Ungefähr 95% des Schwefels im Blut sind in den Proteinen enthalten. Die Fraktion der Schwefelsäureester enthält Indoxylsulfat (S. 571) und andere gepaarte Schwefelsäuren, die des Neutralschwefels freie schwefelhaltige Aminosäuren, Glutathion, Ergothionin und andere Verbindungen. Der Gehalt des Serums an anorganischem Sulfat ist bei Nierenversagen erhöht[33].
	1900	Erythrozyten: –	–	31					
(a) Proteinschwefel	1180	Vollblut: –	–	31	740	–	–	–	
	1859	Erythrozyten: –	–	31					
(b) Nichtproteinschwefel	...	...	...	...	33,8	(29,5–37,5)	–	32	
Anorganischer Sulfatschwefel	...	...	...	...	15,7	(10,0–18,5)	–	32	
Schwefelsäureesterschwefel	...	...	...	...	3,9	(2,5–6,5)	–	32	
Neutralschwefel	...	...	...	...	14,2	(9,0–19,5)	–	32	
(c) Anorganisches Sulfat (mval/l)	...	...	...	...	0,65	0,31–0,99	0,17	33	
Bromid (mg/l)	3,72	(2,27–5,27)	–	34	2,8	(0,7–13,3)	–	35	(a) 5 Personen; durch Neutronenaktivierung bestimmt. Der Bromidgehalt des Bluts scheint großen individuellen Schwankungen zu unterliegen. Nach Medikation mit Brom ist er erhöht; ein Gehalt von mehr als 2,5 g/l Serum ist mit Sicherheit toxisch[37].
(a) (mg/kg)	3,9	0–7,9	2,0	36					
Fluorid (mg/l)									
(a)	0,18	(0,04–0,36)	–	38	–	(0,14–0,19)	–	39	(a) Vollblutwerte von 37 Frauen; niedere Werte wurden bei Neugeborenen und deren Müttern gefunden. Serumwerte bei einem Fluoridgehalt des Trinkwassers zwischen 0,15 und 2,5 mg/l; weitgehend unabhängig von der Einnahme[40]. (b) 14 Personen.
(b)	...	...	...	...	0,014	–	0,008	128	

(Literatur siehe S. 563–564)

	Vollblut				Plasma oder Serum				Bemerkungen
	Mittelwert	95%-Bereich (in Klammern Extrembereich)	*s*	Literatur	Mittelwert	95%-Bereich (in Klammern Extrembereich)	*s*	Literatur	
Jod (μg/l)									
(a) Gesamtjod	...	...	...	...	52,1	(38–60)	–	41	(a) 12, (b) 11, (c) 8, (d) 125, (e) 12, (f) 38, (g) 91, (h) 29 und (i) 52 Personen; (a, c) alkalischer Aufschluß, (b) mit ^{132}I bestimmt, (d) Chlorsäureaufschluß, (e–i) Permanganataufschluß. Zur Methodik siehe die Literatur[47,48].
(b) Anorganisches Jod	...	...	...	...	2,8	(1,0–5,2)	–	42	
Proteingebundenes Jod									
(c) Nabelschnurblut	...	...	...	...	79	(67–92)	–	43	
(a) Erwachsene	...	...	...	...	48,1	(35–56)	–	41	
(d) Erwachsene	...	...	...	...	52	32–72	10	44	
Butanolextrahierbares Jod									
(e) Neugeborene, 2–6 Tage	...	...	...	...	–	(70–117)	–	45	
(f) Kinder, 1 Monat–10 Jahre	...	...	...	...	55	39–71	8	46	
(g) Kinder, 11–18 Jahre	...	...	...	...	42	30–54	6	46	
(h) Männer	...	...	...	...	50,0	33,0–67,0	8,5	46	
(i) Frauen	...	...	...	...	44,6	31,8–57,4	6,4	46	

Der Gehalt des Serums an anorganischem Jod wird von der Jodeinnahme bestimmt; bei normaler Jodeinnahme liegt das Serumjod fast ausschließlich in organischer Form vor. Das proteingebundene Jod umfaßt Tetra-, Tri- und Dijodthyronin sowie einen Teil des Monojodthyronins, das butanolextrahierbare Jod nur Tetra- und Trijodthyronin. Der Gehalt des Serums an proteingebundenem Jod ist bei alten Leuten[49] und während der Schwangerschaft[43,50] erhöht, außerdem bei Neugeborenen höher als bei älteren Kindern[43,45]. Das proteingebundene Jod des Serums ist *erhöht* bei Hyperthyreose (80–300 μg/l) und *erniedrigt* bei Hypothyreose (0–40 μg/l)[47]. Zum Jodstoffwechsel siehe die Literatur[51].

	Vollblut Mittelwert	95%-Bereich	*s*	Literatur	Plasma/Serum Mittelwert	95%-Bereich	*s*	Literatur	Bemerkungen
Rhodanid (mg/l)	...	...	...	...	0,80	(0,44–1,14)	–	52	Werte von 52 Nichtrauchern; *erhöht* bei Rauchern und bei Hyperplasie der Schilddrüse.
Borat (als Bor) (mg/l)	0,25	(0,00–1,25)	–	53	...	...	...	...	Werte von 34 Kindern; größere Mengen Borat, zum Beispiel infolge gesteigerter Resorption durch die Haut bei Verwendung borsäurehaltiger Präparate, sind toxisch.
Nitrit (μg/l)	8	(0–16)	–	54					
Silikat (als SiO_2) (mg/l)	8,3	3,5–13,1	2,4	55	...	...	...	...	264 Untersuchungen; keine Unterschiede bezüglich Alters, Geschlechts und Krankheiten (auch Silikose).
Kalium (mval/l)		Erythrozyten:							
(a) Nabelschnurvenenblut	99,6	97–102	–	10	7,79	3,79–11,8	2,0	10	(a) Erythrozyten 3, Serum 14, (b) 12, (c) 13, (d) Erythrozyten 20, Serum 157, (e) 37, (f) *Plasma*werte von 106, (g) *Serum*werte von 22, (h) 128, (i) 40 Personen; alle Werte flammenphotometrisch bestimmt, zur Methode[59] sowie bezüglich des Einflusses der Thrombozyten auf die Kaliumbestimmung im Serum siehe die Literatur[57,60].
(a) Neugeborene, 1 Tag	105	100–108	–	10	6,19	4,73–7,65	0,73	10	
(a) Neugeborene, 2 Tage	107	100–114	–	10	5,92	4,32–7,52	0,8	10	
(b) Kinder, 3 Monate	...	...	...	...	5,24	4,30–6,18	0,47	11	
(c) Kinder, 18 Monate	...	...	...	...	4,72	3,54–5,90	0,59	11	
(d) Erwachsene	81,7	68,3–95,1	6,7	56	4,30	3,40–5,20	0,45	13	
(e) Erwachsene	88	76–100	6	15	4,05	3,37–4,73	0,34	15	
(f) Erwachsene	...	...	...	...	3,7	3,1–4,3	0,31	127	
(g) Erwachsene	...	...	...	...	4,4	3,6–5,2	0,39	127	
(h) (mval/kg)	89,6	82–97	3,6	127					
		Thrombozyten:							
(i) (mval/kg)	89,7	73,9–106	7,9	57					
(k) (mval/kg)	69,1	65–71	–	58					

Der Kaliumgehalt des Nabelschnurserums ist signifikant höher als der des mütterlichen Serums[17]; bei Säuglingen ist er deutlich höher als bei Erwachsenen[11]. Zwischen dem 25. und 97. Lebensjahr ändert sich der Kaliumgehalt des Blutes nicht merklich[61].

Der Kaliumgehalt des Serums ist pathologisch *erhöht* bei rascher Infusion von Kaliumsalzen, massiver Hämolyse und akutem Gewebszerfall, Nebennierenrindeninsuffizienz (ADDISONsche Krankheit, Hypoaldosteronismus), bei Nierenversagen in Verbindung mit Oligurie und Anurie, bei unbehandelter diabetischer Ketose; *erniedrigt* ist er bei zu geringer Kaliumzufuhr oder -resorption, bei Verlusten von Verdauungsflüssigkeiten (Diarrhoe, Erbrechen), Nebennierenrindenüberfunktion (Hyperaldosteronismus, CUSHING-Syndrom, Corticosteroidtherapie), bei Nierenkrankheiten in Verbindung mit Polyurie, bei Medikation von Diuretika, bei renaler tubulärer Acidose, bei FANCONI-Syndrom und bei diabetischer Ketose unter Insulintherapie.

(Literatur siehe S. 563–564)

	Vollblut				Plasma oder Serum				Bemerkungen
	Mittelwert	95%-Bereich	*s*	Literatur	Mittelwert	95%-Bereich	*s*	Literatur	
Natrium (mval/l)									
(a) Nabelschnurvenenblut	...	...	...	...	146,8	131–163	8,1	10	(a) 14, (b) 20, (c) 37, (d) 157, (e) 20, (f) 106, (g) 128 Personen; (a–d, f, g) flammenphotometrisch, (e) durch Neutronenaktivierung bestimmt. Zur flammenphotometrischen Methodik[59] und zur Beeinflussung durch Serumproteine siehe die Literatur[62, 63].
(a) Neugeborene, 1 Tag	...	...	...	...	146,4	133–159	6,5	10	
(a) Neugeborene, 2 Tage	...	...	...	...	148,7	140–157	4,3	10	
		Erythrozyten:							
(b) Erwachsene	16,4	10–22	3,0	56	144,5	138–151	3,3	56	
(c) Erwachsene	8,7	5,1–13,1	–	15	143,1	136–151	3,8	15	
(d) Erwachsene	...	...	...	...	138	132–144	3	13	
(e) Erwachsene	...	...	...	...	142,6	138–148	2,45	62	
(f) Erwachsene	...	...	...	...	138,4	132–145	3,07	127	
(g) (mval/kg)	10,9	8,3–13,5	1,3	127					
		Thrombozyten:							
(h) (mval/kg)	27,0	25–28	–	58					

Während der Schwangerschaft ist der Natriumgehalt der Erythrozyten eher niedriger als bei Nichtschwangeren[17]. Der Natriumgehalt des Serums von Neugeborenen und deren Müttern ist weitgehend gleich, der der Erythrozyten bei Neugeborenen höher als bei den Müttern[17]. Der Natriumgehalt des Serums von Säuglingen ist dem von Erwachsenen praktisch gleich[11]. Die physiologische und klinische Bedeutung des Serumnatriums ist ausführlich diskutiert worden[64].
Der Natriumgehalt des Serums ist pathologisch *erhöht* bei Dehydratation, Natriumintoxikation (besonders gefährdet sind Säuglinge), bei Nebennierenrindenüberfunktion, unter Corticosteroidtherapie, bei Hirntraumen, Hirnblutungen, Enzephalitis; *erniedrigt* ist er bei starkem Schwitzen ohne ausreichende Natriumzufuhr, bei Verlust von Verdauungsflüssigkeiten (Diarrhoe, Erbrechen), bei Verbrennungen, Expansion der extrazellulären Flüssigkeit (Wasserintoxikation, Pneumonien), fortgeschrittener Schädigung der Nierentubuli, Nebennierenrindeninsuffizienz (Addisonsche Krankheit), bei Medikation von Diuretika und bei diabetischer Ketose.

	Vollblut				Plasma oder Serum				Bemerkungen
	Mittelwert	95%-Bereich	*s*	Literatur	Mittelwert	95%-Bereich	*s*	Literatur	
Calcium (mval/l)									
(a) Nabelschnurblut	...	...	...	...	5,5	–	–	65	(a) 3, (b) 48, (d) 70, (e) 21, (f) 35, (g) 50 Personen; (a, d, e, f) EDTA-Titration, (b) Oxalatfällung, (c, g) flammenphotometrisch bestimmt. Die Methode der Flammenphotometrie und der Oxalatfällung ergibt eher höhere Werte als die der EDTA-Titration[67, 69]; zur flammenphotometrischen Methodik siehe MacIntyre[70, 71].
(b) Erwachsene	...	...	...	...	5,09	4,7–5,5	0,22	66	
(c) Erwachsene	...	...	...	...	5,2	4,8–5,6	0,2	67	
(d) 16–59 Jahre	...	...	...	...	4,74	4,56–4,92	0,09	129	
(e) 60–70 Jahre	...	...	...	...	4,60	4,36–4,84	0,12	129	
(f) Erwachsene	...	...	...	...	4,9	4,6–5,2	0,13	68	
Proteingebunden	...	...	...	...	1,8	1,4–2,2	0,18	68	
Ionisiert	...	...	...	...	2,9	2,7–3,1	0,10	68	
Komplex	...	...	...	...	0,1	0–0,3	0,10	68	
		Erythrozyten:							
(g) (mval/kg)	0,12	0,05–0,19	0,034	3					

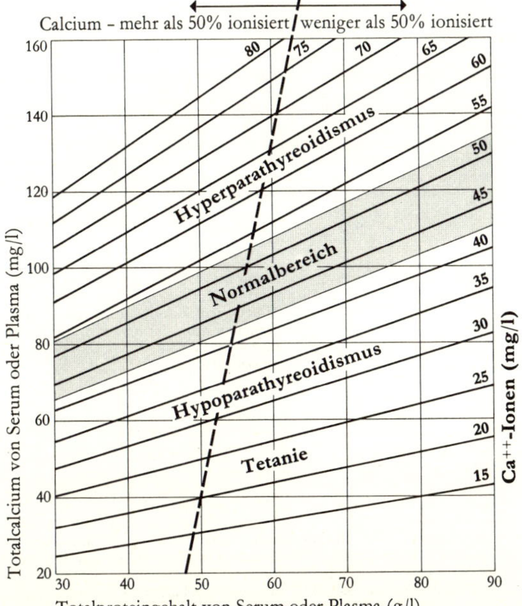

Das Serumcalcium ist zu 35–50% proteingebunden, zu 50–60% ionisiert und zu 5–10% komplex an organische Säuren gebunden[72]. Das ionisierte Calcium läßt sich direkt kolorimetrisch bestimmen[73] oder von Nomogrammen ablesen[74]; die Verwendbarkeit von Nomogrammen ist aber eingeschränkt, wenn pH-Wert und Proteingehalt des Serums stark von der Norm abweichen. Der Calciumgehalt des Serums ist während der Schwangerschaft erniedrigt[29], bei Neugeborenen deutlich höher als bei deren Müttern[65] und bei Säuglingen eher höher als bei Erwachsenen[11]. Der Calciumstoffwechsel ist ausführlich behandelt worden[30, 72].
Pathologisch *erhöht* ist der Calciumgehalt des Serums bei Hyperparathyreoidismus, Vitamin-D-Intoxikation, Knochentumoren und -metastasen, idiopathischer Hypercalcämie (siehe Übersicht[75]), Sarkoidose, akuter Knochenatrophie und reichlicher Calciumeinnahme (Milch-Alkali-Diät); *erniedrigt* ist er bei Hypoparathyreoidismus, Pseudohypoparathyreoidismus, Störungen der Calciumresorption und gelegentlich bei Niereninsuffizienz mit Phosphatretention. Bei einem Calciumgehalt von weniger als 3–3,5 mval/l Serum kommt es zu Tetanie. Der Anteil des ionisierten Calciums ist vom Proteingehalt, besonders vom Albumingehalt, des Serums abhängig; bei niedrigem Albumingehalt werden niedrigere Calciumkonzentrationen ohne Tetanie ertragen.

Ermittlung der Ca^{++}-Ionen aus Gesamtprotein- und Gesamtcalciumgehalt des Serums oder Plasmas (nach McLean und Hastings[74])

	Vollblut				Plasma oder Serum				Bemerkungen
	Mittelwert	95%-Bereich (in Klammern Extrembereich)	s	Literatur	Mittelwert	95%-Bereich (in Klammern Extrembereich)	s	Literatur	
Magnesium (mval/l)		Erythrozyten:							
(a) Nabelschnurblut	4,4	–	–	65	1,64	–	–	65	(a) 3, (b) 77, (c) Erythrozyten 54, Serum 46, (d) 40, (e) 76, (f) 100, (g) 58, (h) 97 Personen; (a, b) EDTA-Titration, (c, h) Titangelbmethode, (d) Ammonphosphatfällung, (e) Emissionsflammenphotometrie, (f, i, k) Absorptionsflammenphotometrie, (g) fluorometrisch mit 8-Hydroxychinolin bestimmt. Zur Emissionsflammenphotometrie siehe MacIntyre[70].
(b) Erwachsene	5,3	4,24–6,36	0,53	65	2,00	1,70–2,30	0,15	65	
(c) Erwachsene	4,78	3,30–6,26	0,74	76	1,70	1,30–2,10	0,20	76	
(d) Erwachsene	4,93	3,87–5,99	0,53	76	1,73	1,45–2,01	0,14	76	
(e) Erwachsene	...	...	...	...	1,66	1,50–1,82	0,08	77	
(f) Erwachsene	...	...	...	...	1,74	1,52–1,96	0,11	78	
(g) Erwachsene	...	...	...	...	1,89	1,6–2,2	–	79	
(h) Erwachsene	...	...	...	...	1,80	1,28–2,32	0,26	80	
(i) Vor der Pubertät	3,76	(2,86–4,30)	–	83	1,69	(1,50–1,99)	–	83	
(k) Nach der Pubertät	4,26	(3,68–5,26)	–	83	1,65	(1,36–2,07)	–	83	

Zur Diskussion der unterschiedlichen Serumwerte siehe die Literatur[81]. Das Serummagnesium ist zu etwa 30% proteingebunden, zu 55–60% ionisiert und zu 10–15% komplex gebunden[25,82]. Der Magnesiumgehalt des Serums von Neugeborenen und deren Müttern ist geringer als der von Erwachsenen[65]. Bei Erwachsenen wurde keine Alters- und Geschlechtsabhängigkeit gefunden[78]. Zum Magnesiumstoffwechsel siehe die Literatur[76,77,84,85].
Der Magnesiumgehalt des Serums ist pathologisch *erhöht* bei Nierenkrankheiten (auch der der Erythrozyten) und bei Hypothyreoidismus; er ist *erniedrigt* bei Störungen der Magnesiumresorption, schwerem Erbrechen und Durchfall, Hyperparathyreoidismus, Thyreotoxikose, chronischem Alkoholismus, primärem Aldosteronismus, renaler tubulärer Acidose und gelegentlich bei Leberzirrhose. Eine Hypomagnesämie (Magnesiumgehalt $< 1,3$ mval/l Serum) ist klinisch durch akute Konvulsionen gekennzeichnet[84], wobei im Gegensatz zur Hypocalcämie periphere Muskelkrämpfe fehlen.

	Vollblut Mittelwert	95%-Bereich	s	Literatur	Plasma/Serum Mittelwert	95%-Bereich	s	Literatur	Bemerkungen
Cobalt (µg/l)	0,35	–	–	86	0,29	–	–	87	
Eisen (mg/l)									
(a) Nabelschnurblut	...	...	...	...	1,93	–	–	88	Serumwerte: (a) 21, (b) 17, (c) 160, (d) 161, (e) 33 Personen; (a, b, e) kolorimetrisch mit *o*-Phenanthrolin[93], (c, d) mit Dipyridyl[92] bestimmt; zur Bestimmung mit Bathophenanthrolin siehe die Literatur[94].
(b) Kinder, 3–10 Jahre	...	...	...	...	0,86	0,20–1,52	0,33	88	
(c) Knaben, 12–19 Jahre	...	...	...	...	0,946	0,19–1,70	0,376	89	
(d) Mädchen, 12–19 Jahre	...	...	...	...	0,917	0,25–1,59	0,335	89	
(e) Männer	–	(440–560)	–	90	1,34	0,58–2,10	0,38	88	
(f) Frauen	–	(420–480)	–	90					
(g) Erwachsene	...	...	...	...	–	0,75–1,75	–	91	
Totale Eisenbindungsfähigkeit (= latente bzw. ungesättigte Eisenbindungsfähigkeit + Serumeisenspiegel) (mg/l)									
(b) Kinder, 3–10 Jahre	...	...	...	...	4,0	(1,9–4,5)	–	88	
(g) Erwachsene	...	...	...	...	–	2,5–4,0	–	92	

Die Hauptmenge des Bluteisens ist im Hämoglobin der Erythrozyten enthalten. Hämoglobin enthält 0,347% Eisen. Im Serum liegt das Eisen in dreiwertiger Form vor und ist fast vollständig an das Protein Transferrin gebunden.
Serumeisen. Starke Schwankungen innerhalb eines Tages[95], mit 10–30% höheren Werten am Morgen als am Abend. Bei Frauen liegen die Werte 10–15% niedriger als bei Männern[92] und schwanken mit dem Zyklus[96]. Gegen Ende der Schwangerschaft ist der Serumeisenspiegel gegen 35% niedriger als bei Nichtschwangeren[97]. Bei der Geburt ist er erhöht, sinkt aber stark in den 12 ersten Lebensstunden[88]; dann Anstieg im ersten Lebensmonat, Absinken im 2.–6. Lebensmonat, häufig niederer Serumeisenspiegel bis zum 2. Lebensjahr, Angleichung an die Normalwerte Erwachsener im Schulalter[98]. Zum Eisenstoffwechsel siehe auch die Literatur[92,99].
Der Eisengehalt des Serums ist pathologisch *erhöht* bei hämolytischer Anämie, unbehandelter perniziöser Anämie, akuter Hepatitis und idiopathischer Hämochromatose; *erniedrigt* ist er bei Eisenmangelanämie, Infektionen, nephrotischem Syndrom und chronischen Blutungen.

	Vollblut Mittelwert	95%-Bereich	s	Literatur	Plasma/Serum Mittelwert	95%-Bereich	s	Literatur	Bemerkungen
Kupfer (mg/l)		Erythrozyten:							
(a) Nabelschnurblut	1,03	–	–	100	0,51	–	–	88	Erythrozyten: (a) 3, (d, e) 10 Personen; Serum: (a) 22, (b) 17, (c) 31, (d) 120 und (e) 85 Personen; kolorimetrisch mit Dithizon bestimmt. Zur Bestimmung mit Bathocuproin siehe Zak[94], mit Oxalyldihydrazid siehe Rice et al.[102].
(b) Kinder, 3–10 Jahre	...	...	...	...	1,31	0,77–1,85 (0,99–1,58)	0,27	88	
(c) Männer	...	...	...	...	0,92	0,50–1,34	0,21	88	
(d) Männer	0,89	0,72–1,06	0,085	100	1,10	0,79–1,41	0,157	101	
(e) Frauen	0,89	0,64–1,14	0,127	100	1,20	0,84–1,56	0,178	101	

60% des Erythrozytenkupfers sind im Erythrocuprein, 94% des Serumkupfers im Caeruloplasmin enthalten; beide Proteine enthalten 0,32–0,36% Kupfer. Der Kupfergehalt der Erythrozyten ist wesentlich konstanter als der des Serums und steht mit diesem auch in keiner Korrelation.
Serumkupfer. Starke Schwankungen von Tag zu Tag bis zu Unterschieden von 0,3 mg/l Serum sind möglich[103]. Der Kupfergehalt des Serums steigt während der Schwangerschaft um etwa 100% und geht innerhalb 2 Wochen post partum auf den für Nichtschwangere charakteristischen Wert zurück[100]; der von Neugeborenen ist wesentlich niedriger als der der Mütter, da das Caeruloplasmin die Plazenta nicht passiert. Er steigt innerhalb des 1. Lebensjahres stark an und ist bei Kindern signifikant höher als bei Erwachsenen[104]. Der Kupferstoffwechsel ist ausführlich besprochen worden[105].
Der Kupfergehalt des Serums ist pathologisch *erhöht* bei Infektionen, Lupus erythematosus, Glomerulonephritis, Myokardinfarkt, Hämochromatose, Zirrhosen, Morbus Hodgkin, akuter Leukämie, aplastischer Anämie, Thyreotoxikose und bei Gabe von Östrogenen; *erniedrigt* ist er bei Störung der Kupferresorption, Kwashiorkor, Wilsonscher Krankheit, idiopathischer Hypoproteinämie und Verlust von Caeruloplasmin durch die Nieren (beim nephrotischen Syndrom). Das nicht an Caeruloplasmin gebundene Kupfer des Serums ist aber bei Wilsonscher Krankheit erhöht.

	Vollblut				Plasma oder Serum				Bemerkungen
	Mittelwert	95%-Bereich (in Klammern Extrembereich)	s	Literatur	Mittelwert	95%-Bereich (in Klammern Extrembereich)	s	Literatur	
Mangan (µg/l)									
(a)	–	(8,6–16,5)	–	106	–	(1,8–3,1)	–	106	(a) Durch Neutronenaktivierung, (b) kolorimetrisch bestimmt.
(b)	~200	Erythrozyten: –	–	107	~100	–	–	107	
Molybdän (µg/kg)	3,3	0–8,3	2,5	36	...	...	...	...	Werte von 5 Personen; durch Neutronenaktivierung bestimmt.
Zink (mg/l)		Erythrozyten:							
(a) Nabelschnurblut	3,76	1,56–5,96	1,10	108	1,25	0,59–1,91	0,33	108	Vollblut, Erythrozyten, Leukozyten: (a) 32, (b) 16, (c) 12, (d) 84, (e) 27, (f, g) 29 Personen; Serum: (a) 39, (b) 15, (c) 11, (d) 126 und (e) 40 Personen; Vollblut: (e, f, g) durch Neutronenaktivierung, alle anderen Werte kolorimetrisch bestimmt. Etwa 35% des Serumzinks sind an Proteine gebunden. Während der Schwangerschaft ist der Zinkgehalt des Serums um etwa 20% erniedrigt[108,111], der der Erythrozyten und Leukozyten dagegen nicht wesentlich verändert[112]. Der Zinkstoffwechsel wurde ausführlich besprochen[113]. Der Zinkgehalt des Serums ist pathologisch *erniedrigt* bei atrophischer Leberzirrhose, Infektionen, Myokardinfarkt sowie unbehandelter perniziöser Anämie; ebenfalls *erniedrigt* ist der Zinkgehalt der Leukozyten bei Leukämien[109,112] und bei Leberzirrhose[112,114].
(b) Kinder, 4–11 Monate	7,77	4,37–11,17	1,70	108	1,27	0,69–1,85	0,29	108	
(c) Kinder, 1–5 Jahre	10,55	7,51–13,59	1,52	108	1,30	0,66–1,94	0,32	108	
(d) Erwachsene	12,44	8,84–16,04	1,80	108	1,09	0,69–1,49	0,20	108	
(e)	5,9	Vollblut: 3,7–8,1	1,1	109	1,21	0,83–1,59	0,19	110	
(f) (mg/10^{12} Zellen)	0,97	Erythrozyten: 0,65–1,29	0,16	109					
(g) (mg/10^{12} Zellen)	14,0	Leukozyten: 0–34,8 (3,7–43,5)	10,4	109					
Aluminium (µg/l)	140	0–380	120	115	172	156–188	8	116	Serumwerte von 536 Personen; keine Unterschiede in bezug auf Alter und Geschlecht.
Arsen (µg/l)	–	(60–200)	–	117	...	...	...	...	(a) 8 Personen; bestimmt durch Neutronenaktivierung.
(a) (µg/kg)	4	0–10	3,1	36					
Blei (µg/l)									
(a)	270	170–370	50	115	29	–	–	115	(b) 100 Erwachsene (90% der Werte lagen unter 100 µg/l); (a) spektrographisch, (b) kolorimetrisch bestimmt (siehe dazu RICE et al.[119]). Blei ist vorwiegend in den Erythrozyten enthalten[115]. Werte von über 400 µg/l Vollblut lassen auf eine abnorme Bleiaufnahme schließen[118].
(b)	–	(0–200)	–	118					
(c)	–	(<300–400)	–	119					
Lithium (µg/l)	...	...	...	...	–	(3–44)	–	120	
Selen (µg/kg)	120	20–220	50	36	...	...	...	...	6 Personen; bestimmt durch Neutronenaktivierung.
Andere Elemente	...	...	...	...	...	...	...	...	Es ist eine ausführliche Liste aller im Blut bestimmten Elemente publiziert worden[121]. Neuere Untersuchungen betreffen Barium[122,123], Cadmium[124], Chrom[123–125], Gold[36], Quecksilber[126], Rubidium[123] und Zinn[115].

Literatur (zu S. 557–563)

1 DAVIS et al., *Science*, **118**, 276 (1953).
2 KESSLER et al., *J. Lab. clin. Med.*, **57**, 32 (1961).
3 VALBERG et al., *J. clin. Invest.*, **44**, 379 (1965).
4 VON BUBNOFF und RIECKER, *Klin. Wschr.*, **39**, 724 (1961).
5 RIGAS, D. A., *J. Lab. clin. Med.*, **58**, 234 (1961).
6 GIBBS et al., *J. biol. Chem.*, **144**, 325 (1942).
7 REARDON et al., *Pediatrics*, **6**, 753 (1950).
8 SOMMERKAMP und BOMKE, *Klin. Wschr.*, **42**, 392 (1964).
9 SCHWAB, M., *Klin. Wschr.*, **40**, 765 (1962).
10 ACHARYA und PAYNE, *Arch. Dis. Childh.*, **40**, 430 (1965).
11 GYLLENSWÄRD und JOSEPHSON, *Scand. J. clin. Lab. Invest.*, **9**, 21 (1957).
12 SCHALES et al., *Stand. Meth. clin. Chem.*, **1**, 37 (1953).
13 FLEAR und HUGHES, *Brit. Heart J.*, **25**, 166 (1963).
14 VON BUBNOFF und RIECKER, *Biochem. Z.*, **331**, 577 (1959).
15 MARONGIU et al., *Klin. Wschr.*, **44**, 1405 (1966).
16 COTLOVE et al., *Stand. Meth. clin. Chem.*, **3**, 81 (1961).
17 ÖSTERLUND, K., *Ann. Paediat. Fenn.*, **1**, Suppl. 4 (1955).
18 HELVE, O., *Acta med. scand.*, **125**, 505 (1946).
19 TODD et al., *Amer. J. Dis. Child.*, **57**, 1278 (1939).
20 BULLOCK, J. K., *Amer. J. Dis. Child.*, **40**, 725 (1930).
21 WERTHEIM et al., *J. clin. Invest.*, **33**, 565 (1954).
22 SKAUG und NATVIG, *Scand. J. clin. Lab. Invest.*, **9**, 39 (1957).
23 REED et al., *J. Lab. clin. Med.*, **56**, 281 (1960).
24 POWER und YOUNG, *Stand. Meth. clin. Chem.*, **1**, 84 (1953); DRYER et al., *Stand. Meth. clin. Chem.*, **4**, 191 (1963).
25 WALSER, M., *J. clin. Invest.*, **40**, 723 (1961).
26 CONNELLY et al., *Pediatrics*, **30**, 425 (1962).
27 STEARNS und WARWEG, *J. biol. Chem.*, **102**, 749 (1933).
28 GREENBERG et al., *J. clin. Endocr.*, **20**, 364 (1960).
29 KERR et al., *Amer. J. Obstet. Gynec.*, **83**, 2 (1962).
30 NORDIN, B. E. C., *Advanc. clin. Chem.*, **4**, 275 (1961); BORLE, A. B., Kalzium- und Phosphatstoffwechsel; NORDIN, B. E. C., Osteomalazie und Osteo-

porose; COURVOISIER et al., Klinische Diagnose der Nebenschilddrüsenerkrankungen, in: Der Phosphor-Kalzium-Stoffwechsel, *Documenta Geigy, Acta clinica*, Nr. 2, Basel, 1963.

31 LARIZZA, P., *Fisiol. e Med.*, **6**, 203 (1935), zitiert in: FLASCHENTRÄGER und LEHNARTZ (Hrsg.), *Physiologische Chemie*, Band II/1a, Springer, Berlin, 1954, S. 415.

32 STURM und POTHMANN, *Z. klin. Med.*, **137**, 467 (1940).

33 MILLER et al., *J. Lab. clin. Med.*, **58**, 656 (1961).

34 CONWAY und FLOOD, *Biochem. J.*, **30**, 716 (1936).

35 CRETIUS und BEYERMANN, *Klin. Wschr.*, **40**, 89 (1962).

36 BRUNE et al., *Clin. chim. Acta*, **13**, 285 (1966).

37 ARIEFF, A. J., *J. Amer. med. Ass.*, **180**, 1075 (1962).

38 GEDALIA et al., *Proc. Soc. exp. Biol. (N.Y.)*, **106**, 147 (1961).

39 SINGER und ARMSTRONG, *J. appl. Physiol.*, **15**, 508 (1960).

40 SOGNNAES, R. F., *Science*, **150**, 989 (1965).

41 SANZ et al., *Clin. chim. Acta*, **1**, 570 (1956).

42 HARDEN und ALEXANDER, *Clin. Sci.*, **25**, 79 (1963).

43 DOWLING et al., *J. clin. Invest.*, **35**, 1263 (1956).

44 FARRELL und RICHMOND, *Clin. chim. Acta*, **6**, 620 (1961).

45 MAN et al., *Pediatrics*, **9**, 32 (1952).

46 MAN, E. B., *J. Lab. clin. Med.*, **59**, 528 (1962).

47 CHANEY, A. L., *Advanc. clin. Chem.*, **1**, 81 (1958).

48 KINGSLEY et al., *Stand. Meth. clin. Chem.*, **2**, 147 (1958); FOSS et al., *Stand. Meth. clin. Chem.*, **4**, 125 (1963).

49 SCAZZIGA et al., *Schweiz. med. Wschr.*, **94**, 1778 (1964).

50 ABOUL-KHAIR et al., *Clin. Sci.*, **27**, 195 (1964).

51 WAYNE et al., *Clinical Aspects of Iodine Metabolism*, Blackwell, Oxford, 1964; GROSS, J., in: COMAR und BRONNER (Hrsg.), *Mineral Metabolism*, Band 2, Teil B, Academic Press, New York, 1962, S. 221.

52 REINWEIN und LIEBERMEISTER, *Klin. Wschr.*, **39**, 130 (1961).

53 FISHER und FREIMUTH, *J. invest. Derm.*, **30**, 85 (1958).

54 HINSBERG, K., in: FLASCHENTRÄGER und LEHNARTZ (Hrsg.), *Physiologische Chemie*, Band II/1a, Springer, Berlin, 1954, S. 415.

55 WORTH, G., *Klin. Wschr.*, **30**, 82 (1952).

56 GESSLER, U., *Klin. Wschr.*, **39**, 232 (1961).

57 PFLEIDERER, T., *Klin. Wschr.*, **42**, 640 (1964).

58 HARTMANN et al., *J. clin. Invest.*, **37**, 699 (1958).

59 HALD und MASON, *Stand. Meth. clin. Chem.*, **2**, 165 (1958); HALD, P. M., *Meth. med. Res.*, **4**, 79 (1951).

60 STAIB et al., *Chirurg*, **32**, 453 (1961).

61 VIDEBAEK und ACKERMANN, *J. Geront.*, **8**, 63 (1953).

62 BERGSTRÖM und HULTMAN, *Lancet*, **1**, 1132 (1962).

63 BERGMAN et al., *Lancet*, **1**, 892 (1963).

64 LEAF, A., *New Engl. J. Med.*, **267**, 24 und 77 (1962).

65 WALLACH et al., *J. Lab. clin. Med.*, **59**, 195 (1962).

66 STUTZMAN und AMATUZIO, *Arch. Biochem.*, **39**, 271 (1952).

67 STEWART und DUNLOP, *Clinical Chemistry in Practical Medicine*, 6. Aufl., Livingstone, Edinburg, 1962, S. 236.

68 FOWLER et al., *Lancet*, **2**, 284 (1961).

69 WILKINSON, R. H., *J. clin. Path.*, **10**, 126 (1957).

70 MACINTYRE, I., *Advanc. clin. Chem.*, **4**, 1 (1961).

71 MACINTYRE, I., *Biochem. J.*, **67**, 164 (1957).

72 MYERS, W. P. L., *Advanc. intern. Med.*, **11**, 163 (1962).

73 LUMB, G. A., *Clin. chim. Acta*, **8**, 33 (1963).

74 MCLEAN und HASTINGS, *Amer. J. med. Sci.*, **189**, 601 (1935); FANCONI und ROSE, *Quart. J. Med.*, NS **27**, 463 (1958); HANNA et al., *Clin. Chem.*, **10**, 235 (1964).

75 FORFAR und TOMPSETT, *Advanc. clin. Chem.*, **2**, 167 (1959).

76 HÄNZE, S., *Der Magnesiumstoffwechsel*, Thieme, Stuttgart, 1962.

77 MACINTYRE, I., *Sci. Basis Med. Ann. Rev.*, **1963**, 216.

78 STEWART et al., *J. Lab. clin. Med.*, **61**, 858 (1963).

79 THIERS et al., *Stand. Meth. clin. Chem.*, **5**, 131 (1965).

80 BASINSKI et al., *Stand. Meth. clin. Chem.*, **5**, 137 (1965).

81 ALCOCK et al., *Nature*, **206**, 89 (1965); PURDEN et al., *Clin. chem.*, **12**, 613 (1966).

82 PRASAD et al., *J. Lab. clin. Med.*, **58**, 531 (1961).

83 BOELLNER et al., *Amer. J. Dis. Child.*, **110**, 172 (1965).

84 WACKER und VALLEE, *Med. Clin. N. Amer.*, **44**, 1357 (1960).

85 WACKER und VALLEE, in: COMAR und BRONNER (Hrsg.), *Mineral Metabolism*, Band 2, Teil A, Academic Press, New York, 1964, S. 483.

86 HAERDI et al., *Helv. chim. Acta*, **43**, 869 (1960).

87 PARR und TAYLOR, *Biochem. J.*, **91**, 424 (1964).

88 STURGEON, P., *Pediatrics*, **13**, 107 (1954).

89 SELTZER et al., *Amer. J. clin. Nutr.*, **13**, 343 (1963).

90 SACHS et al., *Arch. intern. Med.*, **52**, 366 (1933); **55**, 227 (1935); **71**, 489 (1943).

91 BEUTLER, E., *New Engl. J. Med.*, **256**, 692 (1957).

92 RAMSAY, W. N. M., *Advanc. clin. Chem.*, **1**, 1 (1958).

93 SCHALES et al., *Stand. Meth. clin. Chem.*, **2**, 69 (1958).

94 ZAK, B., *Clin. chim. Acta*, **3**, 328 (1958); SCHADE, A. L., *Meth. med. Res.*, **8**, 53 (1960); GIOVANNIELLO et al., *Stand. Meth. clin. Chem.*, **4**, 139 (1963); LAUBER, K., *Z. klin. Chem.*, **3**, 96 (1965).

95 BOWIE et al., *Amer. J. clin. Path.*, **40**, 491 (1963).

96 ZILVA und PATSTON, *Lancet*, **1**, 459 (1966).

97 HYTTEN und LEITCH, *The Physiology of Human Pregnancy*, Blackwell, Oxford, 1964, S. 34.

98 GLADTKE und RIND, *Klin. Wschr.*, **44**, 88 (1966).

99 MOORE und DUBACH, in: COMAR und BRONNER (Hrsg.), *Mineral Metabolism*, Band 2, Teil B, Academic Press, New York, 1962, S. 287; BOTHWELL und FINCH, *Iron Metabolism*, Little, Brown, Boston, 1962; BEUTLER et al., *Clinical Disorders of Iron Metabolism*, Grune & Stratton, New York, 1963; MOORE, F. D., Der Eisenstoffwechsel, *Documenta Geigy, Acta clinica*, Nr. 7, Basel, 1967.

100 SHIELDS et al., *J. clin. Invest.*, **40**, 2007 (1961).

101 CARTWRIGHT et al., *Amer. J. Med.*, **28**, 555 (1960).

102 RICE et al., *Stand. Meth. clin. Chem.*, **4**, 57 (1963).

103 RICE, E. W., *Amer. J. med. Sci.*, **243**, 593 (1962).

104 BAKWIN et al., *Pediatrics*, **27**, 642 (1961).

105 MCELROY und GLASS (Hrsg.), *Copper Metabolism; a Symposium on Animal, Plant and Soil Relationships*, Johns Hopkins Press, Baltimore, 1950; ADELSTEIN und VALLEE, *New Engl. J. Med.*, **265**, 892 und 941 (1961); ADELSTEIN und VALLEE, in: COMAR und BRONNER (Hrsg.), *Mineral Metabolism*, Band 2, Teil B, Academic Press, New York, 1962, S. 371; WALSHE und CUMINGS (Hrsg.), *Wilson's Disease*, Blackwell, Oxford, 1961.

106 COTZIAS und PAPAVASILIOU, *Nature*, **195**, 823 (1962).

107 MILLER und YOE, *Analyt. chim. Acta*, **26**, 224 (1962).

108 BERFENSTAM, R., *Acta paediat. (Uppsala)*, **41**, Suppl. 87 (1952).

109 DENNES et al., *Biochem. J.*, **78**, 578 (1961).

110 VALLEE et al., *Ann. intern. Med.*, **50**, 1077 (1959).

111 JOHNSON, N. C., *Proc. Soc. exp. Biol. (N.Y.)*, **108**, 518 (1961).

112 FREDRICKS et al., *J. clin. Invest.*, **43**, 304 (1964).

113 VALLEE, B. L., *Physiol. Rev.*, **39**, 443 (1959); VALLEE, B. L., in: COMAR und BRONNER (Hrsg.), *Mineral Metabolism*, Band 2, Teil B, Academic Press, New York, 1962, S. 443.

114 FREDRICKS et al., *J. clin. Invest.*, **39**, 1651 (1960).

115 KEHOE et al., *J. Nutr.*, **19**, 579 (1940); **20**, 85 (1940).

116 SEIBOLD, M., *Klin. Wschr.*, **38**, 117 (1960).

117 LEIFHEIT und FLETCHER, *Stand. Meth. clin. Chem.*, **3**, 23 (1961).

118 BERMAN, E., *Amer. J. clin. Path.*, **36**, 549 (1961).

119 RICE et al., *Stand. Meth. clin. Chem.*, **5**, 121 (1965).

120 LANG und HERRMANN, *Z. ges. exp. Med.*, **139**, 200 (1965).

121 BOWEN, H. J. M., *The Elementary Composition of Mammalian Blood*, United Kingdom Atomic Energy Authority Research Group, R 4196, Berkshire, 1963.

122 THOMAS und CHITTENDEN, *Lancet*, **2**, 209 (1960).

123 NIEDERMEIER et al., *Arthr. and Rheum.*, **5**, 439 (1962).

124 IMBUS et al., *Arch. environm. Hlth*, **6**, 286 (1963).

125 PAIXAO und YOE, *Clin. chim. Acta*, **4**, 507 (1959); HERRING et al., *Amer. J. clin. Nutr.*, **8**, 846 und 855 (1960).

126 GOLDWATER et al., *Arch. environm. Hlth*, **5**, 537 (1962); KELLERSHOHN et al., *J. Lab. clin. Med.*, **66**, 168 (1965).

127 FUNDER und WIETH, *Scand. J. clin. Lab. Invest.*, **18**, 167 (1966).

128 TAVES, D. R., *Nature*, **211**, 192 (1966).

129 BAUDITZ, W., *Z. ges. exp. Med.*, **142**, 9 (1967).

Blutgase (pH-Werte siehe S. 556; Literatur siehe S. 567)

Normalwerte sind auf S. 566 und 567 zusammengestellt. Sie gelten für Meereshöhe und sind bis gegen 200 m über Meereshöhe verwendbar. Bei Personen, die in Höhenlagen wohnen, ist der P_{CO_2} wegen chronischer Hyperventilation erniedrigt, der pH-Wert wegen kompletter renaler Kompensation jedoch normal und daher die Plasmabicarbonatkonzentration erniedrigt (siehe «Wasser- und Elektrolythaushalt», S. 523).

Für Gasanalysen müssen die Blutproben anaerob gewonnen werden. Auch bei anaerober Aufbewahrung der Blutproben muß an Veränderungen durch Gerinnung, Glycolyse, Autoxydation und Sedimentierung gedacht werden. Venöses Blut aus peripheren Subkutanvenen ist für Gasanalysen meist unbrauchbar. Venöses Mischblut erhält man aus der Arteria pulmonalis, arterielles Blut durch Punktion der Arteria femoralis, brachialis oder radialis. Für die Mikromethoden eignet sich auch Kapillarblut, das durch tiefe Punktion der angewärmten Fingerbeere oder des Ohrläppchens erhältlich ist; dieses Kapillarblut ist in seinem Gasgehalt praktisch identisch mit arteriellem Blut[1]. Nach neuester Empfehlung[2] sollen Blutgaswerte bei 37 °C (statt bei 38 °C) gemessen bzw. auf diese Temperatur umgerechnet werden.

Methoden[3–5]. Kohlendioxyd, Sauerstoff, Stickstoff und Kohlenmonoxyd wird meist manometrisch bestimmt, nach VAN SLYKE bzw. mittels der Mikromodifikation nach KOPP-NATELSON. Kohlendioxyd- und Sauerstoffgehalt lassen sich auch massenspektrographisch oder gaschromatographisch bestimmen. Spektrophotometrische Methoden stehen zur Bestimmung der Sauerstoffkapazität und Sauerstoffsättigung zur Verfügung. Der Bicarbonatgehalt kann titrimetrisch erfaßt werden. Der Sauerstoffdruck läßt sich polarographisch, der Kohlendioxyddruck potentiometrisch bestimmen. Die nicht gemessenen Größen des CO_2–Bicarbonat-Systems lassen sich über die Dissoziationsgleichung der Kohlensäure berechnen (S. 523) bzw. von Nomogrammen (S. 524 und 565) ablesen.

Nomogramm des Säure–Basen-Gleichgewichts im Blut des Menschen bei 37 °C [nach SINGER und HASTINGS, *Medicine (Baltimore)*, **27**, 223 (1948)]

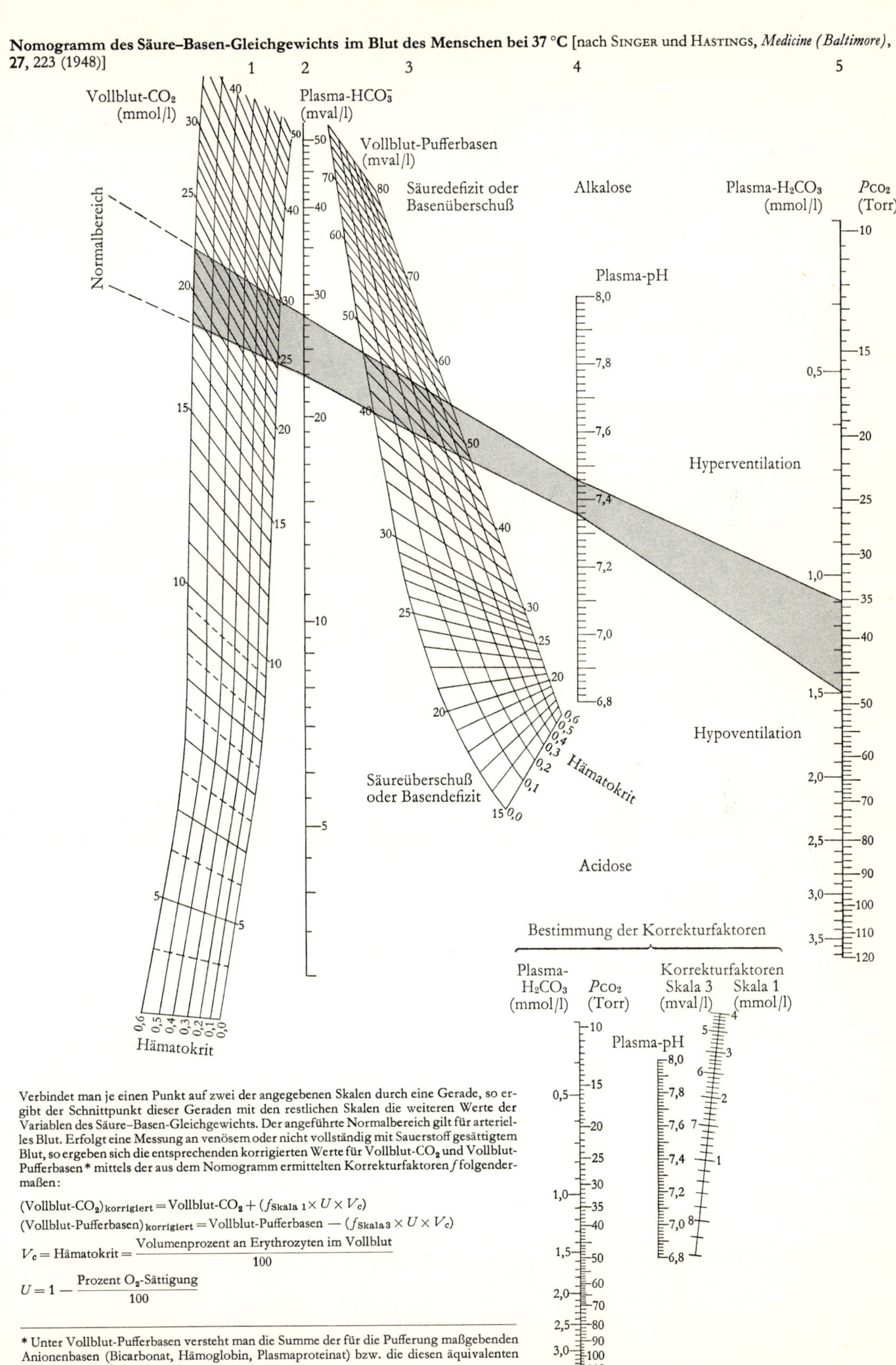

Verbindet man je einen Punkt auf zwei der angegebenen Skalen durch eine Gerade, so ergibt der Schnittpunkt dieser Geraden mit den restlichen Skalen die weiteren Werte der Variablen des Säure–Basen-Gleichgewichts. Der angeführte Normalbereich gilt für arterielles Blut. Erfolgt eine Messung an venösem oder nicht vollständig mit Sauerstoff gesättigtem Blut, so ergeben sich die entsprechenden korrigierten Werte für Vollblut-CO_2 und Vollblut-Pufferbasen* mittels der aus dem Nomogramm ermittelten Korrekturfaktoren f folgendermaßen:

$$(\text{Vollblut-}CO_2)_{\text{korrigiert}} = \text{Vollblut-}CO_2 + (f_{\text{Skala 1}} \times U \times V_c)$$

$$(\text{Vollblut-Pufferbasen})_{\text{korrigiert}} = \text{Vollblut-Pufferbasen} - (f_{\text{Skala 3}} \times U \times V_c)$$

$$V_c = \text{Hämatokrit} = \frac{\text{Volumenprozent an Erythrozyten im Vollblut}}{100}$$

$$U = 1 - \frac{\text{Prozent } O_2\text{-Sättigung}}{100}$$

* Unter Vollblut-Pufferbasen versteht man die Summe der für die Pufferung maßgebenden Anionenbasen (Bicarbonat, Hämoglobin, Plasmaproteinat) bzw. die diesen äquivalenten Kationen («Pufferkationen»).

	Alter, Blut	Methode	Anzahl	Mittelwert	95%-Bereich (in Klammern Extrembereich)	s	Literatur	Bemerkungen
Sauerstoff								
Sauerstoffdruck (Torr)	Nabelschnurarterie, Blut	Polarographisch	25	9,2	0–19,2	5,0	6	Sauerstoffpartialdruck in einer Gasphase im Gleichgewicht mit Blut (Symbol P_{O_2} oder p_{O_2}).
	Nabelschnurvene, Blut	Polarographisch	25	22,4	12,8–32,0	4,8	6	
	Kinder, 1–4 Wochen, arterielles Blut	Polarographisch	12	85,6	70,7–101	7,45	7	
	Kinder, 4–16 Monate, arterielles Blut	Polarographisch	13	78,0	55,0–101	11,51	7	
	Männer, < 30 Jahre, arterielles Blut	Polarographisch	28	91,0	74,4–108	8,3	8	
	Männer, > 60 Jahre, arterielles Blut	Polarographisch	10	79,7	62,7–96,7	8,5	8	
Sauerstoffgehalt (Vol%)	Nabelschnurarterie, Blut	Manometrisch (VAN SLYKE)	25	2,9	0–6,9	2,0	6	Sauerstoffgehalt des unter Luftabschluß gewonnenen und untersuchten Blutes. Gegen 99% sind an Hämoglobin gebunden, der Rest ist physikalisch gelöst (Einzelheiten bei ALBRITTON[13]).
	Nabelschnurarterie, Blut	Gaschromatographisch	29	4,1	(0,4–7,7)	–	9	
	Nabelschnurvene, Blut	Manometrisch (VAN SLYKE)	25	10,6	4,2–17,0	3,2	6	
	Nabelschnurvene, Blut	Gaschromatographisch	32	12,3	(6,2–16,6)	–	9	
	Kinder, 3–11 Jahre, arterielles Blut	Manometrisch (VAN SLYKE)	9	15,6	13,7–17,5	0,93	10	
	Männer, arterielles Blut	Manometrisch (VAN SLYKE)	50	19,6	17,2–22,0	1,2	11	
	Männer, venöses Blut	Manometrisch (VAN SLYKE)	50	12,9	10,3–15,5	1,3	11	
Sauerstoffkapazität (Vol%)	Nabelschnurarterie, Blut	Manometrisch (VAN SLYKE)	25	22,15	17,9–26,4	2,11	6	Sauerstoffgehalt eines mit O_2 gesättigten Blutes (maximal möglicher Gehalt). Häufig wird die Sauerstoffkapazität unter Vernächlässigung des physikalisch gelösten O_2 mit dem an das Hämoglobin bindbaren O_2 gleichgesetzt und aus dem Hämoglobingehalt errechnet.
	Kinder, 1–4 Wochen, arterielles Blut	Manometrisch (VAN SLYKE)	12	20,38	14,5–26,2	2,93	7	
	Kinder, 4–16 Monate, arterielles Blut	Manometrisch (VAN SLYKE)	13	13,89	10,3–17,5	1,78	7	
	Männer, arterielles Blut	Manometrisch (VAN SLYKE)	50	20,9	18,3–23,5	1,3	11	
	Männer, venöses Blut	Manometrisch (VAN SLYKE)	50	20,8	18,2–23,4	1,3	11	
Sauerstoffsättigung (%)	Nabelschnurarterie, Blut	Manometrisch (VAN SLYKE)	25	13,7	0–32,1	9,2	6	Prozentuelle Sättigung des Hämoglobins mit Sauerstoff (100 × O_2-Gehalt/O_2-Kapazität).
	Nabelschnurvene, Blut	Manometrisch (VAN SLYKE)	25	47,7	19,5–75,9	14,1	6	
	Kinder, 1–4 Wochen, arterielles Blut	Manometrisch (VAN SLYKE)	12	95,2	89,0–101	3,11	7	
	Kinder, 4–16 Monate, arterielles Blut	Manometrisch (VAN SLYKE)	13	92,5	86,0–99,0	3,23	7	
	Männer, arterielles Blut	Manometrisch (VAN SLYKE)	50	93,9	91,9–95,9	1,0	11	
	Männer, venöses Blut	Manometrisch (VAN SLYKE)	50	61,8	54,4–69,2	3,7	11	
	Erwachsene, Kapillarblut	Spektrophotometrisch	40	96,6	94,2–99,0	1,2	4	
Kohlendioxyd								
Kohlendioxyddruck (Torr)	Nabelschnurarterie, Blut	Berechnet	25	60,4	43,2–77,6	8,6	6	Kohlendioxydpartialdruck in einer Gasphase im Gleichgewicht mit Blut (Symbol P_{CO_2} oder p_{CO_2}).
	Nabelschnurvene, Blut	Berechnet	25	44,9	28,9–60,9	8,0	6	
	Kinder, 1–4 Wochen, arterielles Blut	Berechnet	12	36,7	28,5–44,9	4,08	7	
	Kinder, 4–16 Monate, arterielles Blut	Berechnet	13	32,1	24,6–39,6	3,77	7	
	Kinder, 2–12 Monate, Kapillarblut	Berechnet	10	32,8	28,7–36,9	2,05	12	
	Erwachsene, arterielles Blut	Berechnet	15	37,5	33,0–42,0	2,23	14	
	Männer, < 30 Jahre, arterielles Blut	Potentiometrisch	24	39,3	31,9–46,7	3,7	8	
	Männer, > 60 Jahre, arterielles Blut	Potentiometrisch	11	38,8	32,5–45,1	3,16	8	
	Männer, arterielles Blut	Berechnet	50	39,9	36,3–43,5	1,8	11	
	Männer, venöses Blut	Berechnet	50	49,9	46,1–53,7	1,9	11	
	Männer, Kapillarblut (38 °C)	Berechnet	20	41,2	35,8–46,6	2,7	4	
	Frauen, Kapillarblut (38 °C)	Berechnet	20	38,1	32,5–43,7	2,8	4	
	Männer, Kapillarblut (37 °C)	Berechnet	–	39,3	–	–	2	
	Frauen, Kapillarblut (37 °C)	Berechnet	–	36,4	31,0–41,7	–	2	

Kohlendioxydgehalt (mmol/l)	Nabelschnurarterie, Blut	Manometrisch (VAN SLYKE)	25	21,4	17,0–25,8	2,2	6	Gehalt des unter Luftabschluß gewonnenen und untersuchten Blutes an durch starke Säuren extrahierbarem CO_2. Davon sind im Plasma gegen 5% physikalisch gelöst, 94% Bicarbonat und 1% Carbaminoverbindungen; in den Erythrozyten sind gegen 7% physikalisch gelöst, 82% Bicarbonat und 11% Carbaminoverbindungen (Einzelheiten bei ALBRITTON[13]); der Anteil an Kohlensäure (H_2CO_3) und Carbonat ($CO_3^{=}$) ist nur sehr gering. Zur Umrechnung in Vol% multipliziere man die nebenstehenden Werte mit 2,226.
	Nabelschnurarterie, Blut	Gaschromatographisch	29	19,8	(13,3–25,6)	–	9	
	Nabelschnurvene, Blut	Manometrisch (VAN SLYKE)	25	18,3	13,9–22,7	2,2	6	
	Nabelschnurvene, Blut	Gaschromatographisch	32	17,0	(11,1–21,2)	–	9	
	Kinder, 3–11 Jahre, arterielles Blut	Manometrisch (VAN SLYKE)	9	20,4	18,2–22,6	1,1	10	
	Männer, arterielles Blut	Manometrisch (VAN SLYKE)	50	21,6	20,4–22,8	0,6	11	
	Männer, venöses Blut	Manometrisch (VAN SLYKE)	50	24,6	23,2–26,0	0,7	11	
	Erwachsene, arterielles Plasma	Manometrisch (VAN SLYKE)	15	26,1	22,4–29,8	1,83	14	
	Männer, arterielles Plasma	Manometrisch (VAN SLYKE)	50	26,6	24,6–28,6	0,99	5	
	Frauen, arterielles Plasma	Manometrisch (VAN SLYKE)	50	25,6	22,7–28,5	1,43	5	
	Männer, venöses Plasma	Manometrisch (KOPP-NATELSON)	7	30,3	27,7–32,9	1,31	15	
	Frauen, venöses Plasma	Manometrisch (KOPP-NATELSON)	8	27,8	24,9–30,7	1,45	15	
Bicarbonatgehalt (mval/l)	Erwachsene, Plasma	Titrimetrisch	–	–	21–30	–	16	Der Bicarbonatgehalt des Plasmas wird üblicherweise aus dem Kohlendioxydgehalt berechnet, indem das physikalisch gelöste CO_2, nicht aber das Carbamino-CO_2 vom totalen Kohlendioxyd abgezogen wird. Titrimetrisch ermittelte Plasmawerte stimmen mit den berechneten annähernd überein.
	Erwachsene, arterielles Plasma	Berechnet	15	24,9	21,3–28,5	1,79	14	
	Erwachsene, Erythrozyten	Berechnet	9	11,2	10,9–11,5	0,15	17	
Standardbicarbonat (mval/l)	Nabelschnurvene, Blut	Berechnet	–	16,6	11,8–21,4	–	18	Bicarbonatgehalt des Plasmas von Vollblut, sauerstoffgesättigtes Hämoglobin enthaltend und äquilibriert bis $P_{CO_2} = 40$ Torr bei 37 °C. Zur nomographischen Ermittlung des Standardbicarbonats siehe die Literatur[4,5]. Die Alkalireserve (carbon dioxid combining power) ist der Kohlendioxydgehalt des anaerob abgetrennten Plasmas, äquilibriert bis $P_{CO_2} = 40$ Torr bei Raumtemperatur; diese Werte sind aber nicht einwandfrei reproduzierbar.
	Kinder, 1–4 Wochen, arterielles Plasma	Berechnet	12	21,1	17,8–24,4	1,67	7	
	Kinder, 4–16 Monate, arterielles Plasma	Berechnet	13	21,0	19,0–23,0	0,99	7	
	Erwachsene, arterielles Plasma	Manometrisch (VAN SLYKE)	15	25,2	22,4–28,0	1,40	14	
	Männer, Kapillarplasma	Berechnet	20	–	22,1–25,8	–	5	
	Frauen, Kapillarplasma	Berechnet	20	–	21,3–25,0	–	5	
Basenüberschuß (mval/l)	Nabelschnurarterie, Blut	Berechnet	16	−9,9	–	–	9	Basenkonzentration entsprechend einer Titration mit einer starken Säure bis pH 7,40 bei $P_{CO_2} = 40$ Torr (bei 37 °C). Negative Werte entsprechen einer Titration mit einer starken Base (auch Basendefizit genannt). Zwischen der Abweichung des Standardbicarbonats vom Normalwert und dem Basenüberschuß besteht für einen Hb-Gehalt von 150 g/l Blut annähernd folgende Beziehung: Δ Standardbicarbonat × 1,2 = Basenüberschuß
	Nabelschnurvene, Blut	Berechnet	16	−6,4	–	–	9	
	Nabelschnurvene, Blut	Berechnet	–	−9,5	−16,6 bis −2,5	–	18	
	Männer, Kapillarblut	Berechnet	20	−0,1	−2,4 bis 2,3	–	4	
	Frauen, Kapillarblut	Berechnet	20	−1,0	−3,3 bis 1,2	–	4	
Pufferbasen (mval/l)	Nabelschnurvene, Blut	Berechnet	–	37,2	30,8–43,7	–	18	Summe des Gehalts des Vollbluts an den basischen Anionen mit Pufferwirkung, Bicarbonat, Hämoglobin und Plasmaproteinat. Zur Ermittlung des Pufferbasengehalts siehe das Nomogramm auf S. 565.
	Männer, arterielles Blut	Berechnet	153	48,4	46–52	–	19	
	Männer, Kapillarblut	Berechnet	180	50,1	47–53	–	19	
	Frauen, Kapillarblut	Berechnet	24	48,0	45–51	–	19	

1 SINGER et al., *Clin. Chem.*, **1**, 287 (1955); GAMBINO, S. R., *Amer. J. clin. Path.*, **35**, 175 (1961); MAAS und VAN HEIJST, *Clin. chim. Acta*, **6**, 31 (1961).
2 GAMBINO et al., *Ann. N. Y. Acad. Sci.*, **133**, 259 (1966).
3 BARTELS et al., *Lungenfunktionsprüfungen*, Springer, Berlin, 1959; WOOLMER, R. F. (Hrsg.), *A Symposium on pH and Blood Gas Measurement*, Churchill, London, 1959; GAENSLER, E. A., *Ann. Rev. Med.*, **12**, 385 (1961); SEVERINGHAUS, J. W., *Ann. Rev. Physiol.*, **24**, 421 (1962); CONSOLAZIO et al., *Physiological Measurements of Metabolic Functions in Man*, McGraw-Hill, New York, 1963, S. 99 und 132.
4 SIGGAARD-ANDERSEN, O., *Scand. J. clin. Lab. Invest.*, **15**, Suppl. 70 (1963).
5 ASTRUP und SIGGAARD-ANDERSEN, *Advanc. clin. Chem.*, **6**, 1 (1963).
6 BEER et al., *Pflügers Arch. ges. Physiol.*, **260**, 306 (1955).
7 RIEGEL, K., *Klin. Wschr.*, **41**, 249 (1963).
8 ULMER und REICHEL, *Klin. Wschr.*, **41**, 1 (1963).
9 ROOTH, G., *Acta paediat. (Uppsala)*, **52**, 22 (1963).
10 KENNEDY und SOKOLOFF, *J. clin. Invest.*, **36**, 1130 (1957).
11 GIBBS et al., *J. biol. Chem.*, **144**, 325 (1942).
12 PROENÇA und WENNER, *Klin. Wschr.*, **40**, 898 (1962).
13 ALBRITTON, E. C. (Hrsg.), *Standard Values in Blood*, Saunders, Philadelphia, 1952, S. 120; DITTMER und GREBE (Hrsg.), *Handbook of Respiration*, Saunders, Philadelphia, 1958, S. 56.
14 SCHWAB, M., *Klin. Wschr.*, **40**, 765 (1962).
15 GAMBINO, S. R., *Amer. J. clin. Path.*, **32**, 294 (1959).
16 HODES et al., *Stand. Meth. clin. Chem.*, **1**, 19 (1953).
17 SOMMERKAMP und BOMKE, *Klin. Wschr.*, **42**, 392 (1964).
18 SALING, E., *Das Kind im Bereich der Geburtshilfe*, Thieme, Stuttgart, 1966.
19 SINGER und HASTINGS, in: DITTMER, D. S. (Hrsg.), *Blood and Other Body Fluids*, Biological Handbooks, Federation of American Societies for Experimental Biology, Washington, 1961, S. 183.

(Literatur siehe S. 574)

	Vollblut				Plasma oder Serum				Bemerkungen
	Mittelwert	95%-Bereich (in Klammern Extrembereich)	s	Literatur	Mittelwert	95%-Bereich (in Klammern Extrembereich)	s	Literatur	
Gesamtstickstoff (g/l)	34,3	(30,0–41,0)	–	1	13,1	(12,0–14,3)	–	1	Angegeben ist der Stickstoff in chemischer Bindung. – Der Gesamt-N-Gehalt des Plasmas ist wegen des Fibrinogens geringfügig höher als der nebenstehende Serumwert. Zur N-Bestimmung nach Kjeldahl siehe Archibald et al.[6]. – Der Anteil des Protein-N am Gesamt-N beträgt in den Erythrozyten mehr als 99%, im Serum mehr als 96%, in den Leukozyten etwa 80% und in den Thrombozyten etwa 90%; 94% des Gesamt-N der Erythrozyten entfallen auf Hämoglobin.
		Erythrozyten:							
(g/l)	–	(57–62)	–	2					
(g/kg)	55,3	51,7–58,9	1,8	3					
(mg/10^9 Zellen)	4,61	3,77–5,45	0,42	4					
		Leukozyten:							
	10,0	0–23,8	6,9	4					
		Thrombozyten:							
	–	(0,31–0,39)	–	5					
Reststickstoff (mg/l)									(a) 25, (b) 21, (c) 25, (d) 30, (e) 58 und (f) 46 Personen; (a–d) nach Folin[9], (e, f) nach Rappaport[10]. – Proteinreiche Kost: Reststickstoff erhöht, Anteil an Harnstoff-N bis 90%; proteinarme Kost: Reststickstoff erniedrigt, Anteil an Harnstoff-N 50% und weniger[11]. Gegen Ende der Schwangerschaft ist der Reststickstoffgehalt des Blutes erniedrigt, der Harnstoff-N-Anteil nur gering[11]. Pathologisch *erhöht* ist der Reststickstoff bei verschiedenen Nierenkrankheiten, bei Obstruktion der Harnwege, Verbrennungen und Schock; *erniedrigt* ist er bei schweren Leberschädigungen. Siehe auch unten «Harnstoff» sowie S. 527.
(a) Nabelschnurblut	311	244–378	33,4	7	...	...	...	...	
(b) Neugeborene, 5–6 Tage	266	201–331	32,3	7					
(c) Kinder, 1–6 Jahre	324	253–395	35,7	7					
(d) Erwachsene	331	219–443	56,0	7					
(e) Männer	276	202–350	36,9	8	249	177–321	35,9	8	
(f) Frauen	261	183–339	39,1	8	223	139–307	42,0	8	
		Erythrozyten:							
(e) Männer	309	211–407	48,9	8					
(f) Frauen	318	189–447	64,7	8					
Harnstoff (mg/l)									(a) Vollblut 13, Serum 25, (b) 21, (c) 25, (d) 30, (e) 42, (f) 31, (g) 10 Personen. Bestimmungsmethoden: Spaltung mit Urease und Bestimmung des NH_3 mit Nessler-Reagenz[14] oder besser mit Berthelot-Reagenz[15,16]. Mit Diacetylmonoxim in einem automatischen Verfahren[17] lagen 90% der Harnstoffwerte unter 200 mg/l Serum. Zur Berechnung des Harnstoffgehalts aus dem Rest-N siehe S. 528. Der Harnstoffgehalt des Bluts ist in erster Linie von der Proteineinnahme, der Harnmenge und der Funktionsfähigkeit der Nieren abhängig. Der Gehalt im Nabelschnurblut wird durch den des mütterlichen Bluts bestimmt[12]; bei Schwangeren soll er eher niedriger sein als bei Nichtschwangeren[7]. *Erhöht* ist der Harnstoffgehalt bei gesteigertem Abbau von Organeiweiß (zum Beispiel bei Fieber, nach Operationen), bei gestörter Ausscheidung durch die Nieren und bei Obstruktion der Harnwege; *erniedrigt* ist er oft bei dehydratisierten Patienten nach Gaben N-freier Lösungen[18].
(a) Nabelschnurblut	294	148–440	73	12	216	158–274	29	7	
(a) Neugeborene, 3 h	257	71–443	93	12					
(a) Neugeborene, 24 h	318	60–576	129	12					
(b) Neugeborene, 5–6 Tage	...	...	...	...	201	139–263	31	7	
(c) Kinder, 1–6 Jahre	...	...	...	...	313	241–385	36	7	
(d) Erwachsene	...	...	...	...	328	230–426	49	7	
(e) Männer	272	156–388	58	8	305	177–433	64	8	
(f) Frauen	241	131–351	55	8	238	122–354	58	8	
		Erythrozyten:							
(e) Männer	232	114–350	59	8					
(f) Frauen	178	58–298	60	8					
(g) In Relation zur Proteineinnahme									
0,5 g Protein pro kg Körpergewicht und Tag	...	...	...	...	193	135–251	29	13	
1,5 g Protein pro kg Körpergewicht und Tag	...	...	...	...	386	244–528	71	13	
2,5 g Protein pro kg Körpergewicht und Tag	...	...	...	...	455	311–599	72	13	
Creatin (mg/l)									Serum: (a) Jaffé-Reaktion, (b) fluorometrisch mit Ninhydrin. Zur Jaffé-Reaktion siehe unten «Creatinin». Der Creatingehalt des Serums ist bei fleischreicher Kost eher erhöht.
Kinder, 1–14 Wochen	...	...	...	...	–	(2,2–12,5)	–	19	
Erwachsene									
(a)	27	–	–	20	–	(1,6–4,0)	–	21	
(b)	...	...	...	...	–	(1,9–7,9)	–	22	
		Erythrozyten:							
	56,2	–	–	23					
Creatinin (mg/l)									Serumwerte: (a) 25, (b) 18, (c) 25, (d) 30, (e) 39 und (f) 28 Personen; (e, f) mit einer automatischen Methode bestimmt. Die zur Creatin- und Creatininbestimmung oft verwendete Jaffé-Reaktion (alkalisches Picrat) ist nicht spezifisch und wird durch Glucose, Acetessigsäure, Aceton, Ascorbinsäure, Pyruvat usw. gestört. Je nach Vorbehandlung der Proben erhält man differierende Werte; enzymatisch[25] oder mit Ionenaustauschern[26] ermittelte Werte («wahres Creatinin») liegen um 10–20% unter jenen der Jaffé-Reaktion. Die Bestimmungsmethoden sind diskutiert worden[21,27].
(a) Nabelschnurblut	...	...	...	...	11,8	6,4–17,2	2,7	7	
(b) Kinder, 4–21 Wochen	...	...	...	...	9,5	7,9–11,1	0,8	7	
(c) Kinder, 1–6 Jahre	...	...	...	...	11,9	7,5–16,3	2,2	7	
(d) Erwachsene	6	–	–	20	12,4	6,6–18,2	2,9	7	
(e) Männer	...	...	...	...	8,55	5,3–11,9	1,69	24	
(f) Frauen	...	...	...	...	7,12	5,6–8,6	0,77	24	
		Erythrozyten:							
	4,5	–	–	23					

Der Creatiningehalt des Serums ist nach Creatinineinnahme (zum Beispiel in Form von gebratenem Fleisch) *erhöht*; er ist weitgehend proportional der Muskelmasse und daher bei Männern höher als bei Frauen. Siehe auch S. 527.

Pathologisch *erhöht* ist der Creatingehalt des Serums bei gesteigerter Bildung (zum Beispiel bei Akromegalie) und bei gestörter Ausscheidung.

(Literatur siehe S. 574)

	Vollblut				Plasma oder Serum				Bemerkungen
	Mittelwert	95%-Bereich (in Klammern Extrembereich)	*s*	Literatur	Mittelwert	95%-Bereich (in Klammern Extrembereich)	*s*	Literatur	
Guanidin (mg/l)	–	(<0,4)	–	20					
Guanidinoessigsäure (mg/l)	–	(< 3)	–	20	–	(2,4–4,4)	–	28	Erythrozyten sollen keine Guanidinoessigsäure enthalten[23].
Methylguanidin (mg/l)	–	(< 0,2)	–	20					
Ammoniak (mg/l)									
(a) Neugeborene, 0–14 Tage	–	(0,9–1,5)	–	29	...	...	...	...	(b) Vollblut 25, Serum 30, (c) 20, (d) 50, (e) 25 Personen; (a, d, e) nach Diffusion, (b, c) nach Ionenaustauschchromatographie bestimmt. Der Ammoniakgehalt des Neugeborenenbluts ist höher als der des mütterlichen Blutes[34]. Er ist erhöht bei Frühgeborenen und Neugeborenen mit Ikterus[29], sehr häufig auch bei drohendem Coma hepaticum[35].
(a) Kinder	–	(0,07–0,63)	–	29					
(b) Erwachsene	0,48	0,22–0,74	0,13	30	0,20	(0,04–0,33)	–	31	
(c) Erwachsene	...	...	...	...	0,19	0,08–0,30	0,055	32	
(d) Erwachsene, Venenblut	1,02	0,56–1,48	0,23	33					
(e) Erwachsene, arterielles Blut	1,06	0,76–1,36	0,15	33					
Freie Aminosäuren (als α-Amino-N) (mg/l)									
(a) Nabelschnurblut	...	...	...	...	76,8	36,8–116,8	20	36	(a) 25, (b) 32, (c, d) 53 Personen; kolorimetrisch mit Ninhydrin bestimmt. – Ein Maß für den Aminosäurengehalt ist der α-Amino-N-Gehalt: Bestimmung am besten nach der gasometrischen Ninhydrinmethode[37]; es reagieren aber nicht nur freie Aminosäuren, sondern auch α-Aminogruppen von Peptiden und anderen Substanzen. Die α-Amino-N-Werte des Serums werden durch die Art der Proteinfällung beeinflußt[38]. Sie sind eher höher als im Plasma, da bei der Gerinnung Aminosäuren aus den Thrombozyten freigesetzt werden. (Über die einzelnen Aminosäuren siehe S. 570.)
(b) Kinder, 6–11 Jahre	...	...	...	...	50,1	24,1–76,1	13	36	
(c) Männer	61	48,4–73,6	6,3	8	42	33,4–50,6	4,3	8	
(d) Frauen	59	48,2–69,8	5,4	8	39	28,0–50,0	5,5	8	
		Erythrozyten:							
(c) Männer	87	71,8–102,2	7,6	8					
(d) Frauen	90	75,0–105,0	7,5	8					
Carnitin (mg/l)	...	...	...	...	–	(8,6–13,3)	–	49	
Ergothionein (mg/l)		Erythrozyten:							
(a) Erwachsene	96	34–158	31	50	...	...	...	...	(a) 94 Untersuchungen, (b) 4, (c) 10, (d) 15, (e) 13 Personen. Der Ergothioneinspiegel des Blutes ist vom Ergothioneingehalt der Nahrung abhängig. Es sind pathologische Veränderungen beschrieben worden[50,51].
(µmol/kg Wasser)									
(b) Nabelschnurblut	162	26–298	68	45					
(c) Kinder, 4 Tage bis 1 Jahr	125	17–233	54	45					
(d) Kinder, 1–12 Jahre	200	0–410	105	45					
(e) Erwachsene	458	90–826	184	41	–	(< 10)	–	41	
	–	Leukozyten: (< 300)	–	41					
Glutathion (mg/l)									
(a) Erwachsene	354	(269–414)	–	52	...	...	...	...	(a) 10, (b) 102, (c) 10 Personen. Glutathion ist nur in den Erythrozyten, aber nicht im Serum enthalten. Es macht in seiner reduzierten Form etwa 30% der reduzierenden Nichtzuckersubstanzen des Vollbluts aus. Zum Nachweis der Glutathioninstabilität bei medikamentöser Innenkörperanämie siehe Beutler[56].
		Erythrozyten:							
(b) Neugeborene, < 48 h	782	748–816	16,9	53					
(b) Neugeborene, > 48 h	697	662–732	17,6	53					
(c) Erwachsene	–	(586–689)	–	54					
(µmol/10^{12})									
Reduziert (GSH)	210	144–276	33	55					
Oxydiert (GSSG)	22	10–34	6	55					
Aliphatische Amine (als N) (mg/l)	0,30	0,08–0,52	0,11	57	...	...	...	...	Werte von 35 Personen; vorwiegend Äthanolamin und Dimethylamin.
Äthanolamin (µmol/kg Wasser)	–	Erythrozyten: (< 10)	–	41	–	(< 10)	–	41	Plasmawerte siehe auch in Tabelle S. 570.
	–	Leukozyten: (< 250)	–	41					
Phosphoäthanolamin (mg/l)									
Nabelschnurblut	...	...	...	...	2,7	0–5,5	1,4	47	
Mütter	...	...	...	...	0,5	0–1,1	0,3	47	
(µmol/kg Wasser)	2651	Leukozyten: 451–4851	1100	41					

Aminosäuren (Literatur siehe S. 574)

Die einzelnen Aminosäuren können mikrobiologisch[39] oder nach papierchromatographischer[40, 41] oder säulenchromatographischer[42, 43] Trennung bestimmt werden; für einige wenige Aminosäuren gibt es auch spezifische chemische Methoden. Bei der säulenchromatographischen Trennung nach STEIN und MOORE bestimmt man zumeist 26 Aminosäuren im Serum; weitere 6 ninhydrinpositive Substanzen kommen in Spuren vor. Normalwerte sind in der Tabelle unten aufgeführt. Siehe auch die Literatur (Übersichten[43, 44], Kinderwerte[45, 46], Nabelschnurblutwerte[47]).

Physiologische Schwankungen. Nach einer proteinreichen Kost ist der Aminosäurengehalt des Blutes für mehrere Stunden erhöht. Neugeborene und besonders Frühgeborene weisen einen höheren Aminosäurengehalt des Serums auf als ältere Kinder; bei Kindern ist er eher niedriger als bei Erwachsenen, wobei die Werte aber individuell sehr verschieden sind. Der Glutaminsäuregehalt liegt bei Kindern höher als bei Erwachsenen. Bei Frauen besteht eine gewisse Abhängigkeit vom Zyklus: Zu Beginn der Lutealphase ist der Gehalt an Alanin, Serin, Lysin, Threonin und Prolin erniedrigt; während der Schwangerschaft sind die meisten Aminosäuren eher spärlicher vorhanden als während der Lutealphase.

Pathologische Veränderungen. Der Gehalt des Serums an Aminosäuren ist *erhöht* bei Lebererkrankungen, insbesondere bei akuter gelber Leberdystrophie, schweren Verbrennungen und Schock, bei Diabetes mellitus mit Ketose, bei Kwashiorkor (besonders β-Aminobuttersäure), ebenso der Gehalt an einzelnen Aminosäuren bei familiären Störungen des Aminosäurenstoffwechsels (siehe S. 444); er ist eher *erniedrigt* bei Nephrose. Pathologische Veränderungen sind diskutiert worden[48].

Freie Aminosäuren in Plasma und Blutkörperchen von Neugeborenen, Kindern und Erwachsenen*

Aminosäure	Neugeborene[1] (1. Tag)		Erwachsene[1]		Kinder[2] (9 Monate bis 2 Jahre)		Erwachsene[3]	Mann[4]			
	Plasma		Plasma		Plasma		Plasma	Plasma	Erythrozyten	Leukozyten	Thrombozyten
	Mittelwert	Bereich	Mittelwert	Bereich	Mittelwert	Bereich	Bereich	Mittelwert			
	mg/l	mg/l	mg/l	mg/l	μmol/l	μmol/l	μmol/l	μmol/kg	μmol/kg	μmol/kg	μmol/kg
Alanin	29,4	21,0–36,5	30,7	22,2–44,7	219	99–313	213–472	420	350	6610	2700
β-Alanin	1,3	–	0,8	–	0	0	–	–	–	–	–
α-Aminobuttersäure	1,5	0,6–3,0	1,7	1,0–2,4	5	0–17	10–35	–	–	–	–
β-Aminoisobuttersäure	–	–	–	–	5	0–22	Spur	–	–	–	–
Arginin	9,4	3,8–15,3	14,3	8,6–26,3	31	11–65	40–140	100	0	330	530
Asparagin	6,0	–	5,7	–	–	–	–	–	–	–	–
Asparaginsäure	1,1	Spur–2,2	2,2	Spur–7,2	2	0–9	1–11	2	370	3500	2700
Äthanolamin	3,2	1,6–5,6	0,1	Spur–0,7	–	–	–	–	–	–	–
Citrullin	2,8	1,5–5,0	5,3	2,1–9,7	–	–	10–17	–	–	–	–
Cystin**	14,7	8,5–20,2	17,7	11,5–33,7	4	0–40	70–108	110	0	370	0
Glutamin	112	79–140	83	61–102	135	46–290	(140–570)	–	–	–	–
Glutaminsäure	7,6	3,0–15,7	8,6	2,5–17,3	–	–	(20–90)	(50)	(320)	(7360)	(3160)
Glycin	25,8	16,8–38,6	17,4	10,8–36,6	170	56–308	179–587	220	370	5080	3650
Histidin	11,9	7,6–17,7	12,4	9,7–14,5	64	24–112	32–97	80	140	630	310
Hydroxyprolin	4,2	–	0,9[5]	0,69–1,20[5]	–	–	–	–	–	–	–
Isoleucin	5,2	3,5–6,9	7,1	4,6–11,5	44	26–94	40–99	70	40	2900	1200
Leucin	9,5	6,1–14,3	13,2	9,3–17,8	75	45–155	78–176	140	400	6300	1880
Lysin	29,3	16,7–39,3	25,4	21,1–30,9	87	45–144	105–207	200	130	2360	1220
Methionin	4,4	1,3–6,1	3,2	2,3–3,9	21	3–29	11–30	30	Spur	1750	380
1-Methylhistidin	–	–	–	–	0	0	0–10	–	–	–	–
3-Methylhistidin	–	–	–	–	0	0	0–8	–	–	–	–
Ornithin	12,1	6,5–20,0	9,2	4,3–16,7	40	10–107	30–64	–	–	–	–
Phenylalanin	13,0	6,9–18,2	9,5	6,3–19,2	40	23–69	38–73	50	40	2480	850
Prolin	21,3	12,3–31,9	27,1	12,8–51,4	115	51–185	103–290	220	170	2100	1020
Serin	17,2	9,9–25,5	11,8	6,8–20,3	92	24–172	76–164	120	150	5100	3650
Taurin	17,6	9,3–27,0	8,3	5,7–17,3	49	19–91	32–138	50	36	26000	21000
Threonin	25,9	13,6–39,9	19,4	12,2–29,3	60	33–128	76–194	130	160	3400	1550
Tryptophan	6,5	Spur–13,7	9,8	5,1–14,9	–	–	–	–	–	–	–
Tyrosin	12,6	7,6–18,0	9,1	6,5–11,3	45	11–122	22–83	60	50	1970	780
Valin	16,0	9,4–28,8	19,9	13,6–26,6	127	57–262	168–317	270	330	3750	1500

* Werte der säulenchromatographischen Trennung mittels Ionenaustauschs.
** μmol-Angaben für Cystin ½ + Cystein. Im Plasma Erwachsener sind gegen 10 mg Cystin/l und 4 mg Cystein/l enthalten[6].

[1] DICKINSON et al., *Pediatrics*, **36**, 2 (1965). Werte von 25 Kindern vor der ersten Nahrungsaufnahme bzw. von 8 Erwachsenen.
[2] VIS, H., nach SOUPART, P., in: HOLDEN, J. T. (Hrsg.), *Amino Acid Pools*, Elsevier, Amsterdam, 1962, S. 220. Nüchternwerte von 20 Kindern.
[3] SOUPART, P., in: HOLDEN, J. T. (Hrsg.), *Amino Acid Pools*, Elsevier, Amsterdam, 1962, S. 220. Nüchternwerte von 30 Erwachsenen, zusammengestellt aus der Literatur.
[4] SOUPART, P., in: HOLDEN, J. T. (Hrsg.), *Amino Acid Pools*, Elsevier, Amsterdam, 1962, S. 220. Plasmawerte von STEIN und MOORE, Blutkörperchenwerte eines Mannes.
[5] ØYE, I., *Scand. J. clin. Lab. Invest.*, **14**, 259 (1962). Nüchternwerte von 10 Männern.
[6] BRIGHAM et al., *J. clin. Invest.*, **39**, 1633 (1960).

(Literatur siehe S. 574)

	Vollblut				Plasma oder Serum				Bemerkungen
	Mittelwert	95%-Bereich (in Klammern Extrembereich)	s	Literatur	Mittelwert	95%-Bereich (in Klammern Extrembereich)	s	Literatur	
Cystamin (mg/l)	2,9	–	–	58					
Spermin (mg/l)	1,34	1,14–1,54	0,10	59	...	...	...	...	Werte von 30 Personen; beide Amine finden sich nur in den Zellen, nicht aber im Serum.
Spermidin (mg/l)	0,96	0,86–1,06	0,05	59	...	...	...	...	
Acetylcholin (µg/l)	...	...	...	...	12,8	0–36,8 (3,2–48,0)	12,0	60	Werte von 14 Personen; erhöht bei Asthmatikern.
Cholin (mg/l)									
Gesamtcholin	...	...	...	...	–	(244–542)	–	61	Das Cholin des Serums liegt fast ausschließlich in Form von Phospholipiden vor.
Freies Cholin	...	...	...	...	4,4	(2,5–9,9)	–	62	
Catecholamine	...	...	...	...	...	...	...	...	Siehe S. 722.
Histamin (µg/l)	–	(16–89)	–	63	2,6	(0–15)	–	63	Histamin findet sich vorwiegend in den Leukozyten[64] (Werte in µg pro 10^9 Zellen): Neutrophile 3,3, Basophile 1080, Eosinophile 160, Lymphozyten 0,6, Monozyten 1,2, Thrombozyten 0,009. Der Histamingehalt des Blutes ist erhöht beim Karzinoidsyndrom[65] und vor allem bei chronischer myeloischer Leukämie infolge Vermehrung der Basophilen[64].
Bufotenin (µg/l)	–	(0–27)	–	66					
Tryptamin	...	...	...	...	...	...	...	...	Tryptamin wurde im Blut eines Patienten mit Karzinoidtumor gefunden[67].
N,N-Dimethyltryptamin (µg/l)	39	27–51	6	68	...	...	...	...	Werte von 50 Personen.
Serotonin (µg/l)	–	(90–180)	–	69	13	1–25	6	70	Der größte Teil des Serotonins im Blut ist an den Thrombozyten adsorbiert. Der Serotoningehalt des Bluts ist beim Karzinoidsyndrom erhöht[72]; Thrombozytenwerte gehen bis zu 18,5 µg pro 10^9 Zellen[71].
(µg/10^9)	0,336	Thrombozyten: 0,148–0,524	0,094	70					
	0,45	0,13–0,77	0,16	71					
3-Indoxylschwefelsäure (Harnindican) (mg/l)									
(a) Männer	...	...	...	...	3	1,2–4,8	0,9	73	(a) 56 und (b) 44 Personen. Der Indoxylschwefelsäuregehalt des Serums ist beim nephrotischen Syndrom erhöht[74].
(b) Frauen	...	...	...	...	3	0,6–5,4	1,2	73	
6-Sulfatoxyskatol (mg/l)	...	...	...	...	–	(0–1)	–	75	
Indolyl-3-essigsäure (mg/l)	...	...	...	...	–	(1–2)	–	75	
Indolyl-3-milchsäure (mg/l)	...	...	...	...	–	(0,1–1)	–	75	
Porphyrine									
δ-Aminolävulinsäure (mg/l)	–	Erythrozyten: (0,25–0,45)	–	76	0,19	0,11–0,27	0,04	77	Serumwerte von 50 Männern. Bei der Biosynthese von δ-Aminolävulinsäure wird auch Aminoaceton in den Erythrozyten gebildet[78].
Porphobilinogen (mg/l)	–	Erythrozyten: (0,15–0,40)	–	76					
Coproporphyrin (µg/l)		Erythrozyten:							
(a) Nabelschnurblut	28	0–60 (11–72)	16	79	15	1–29 (7–32)	7	79	Erythrozyten: (a) 20, (b) 10 und (c, d) 20 Personen; Serum: (a) 16 und (c, d) 11 Personen.
(b) Neugeborene, 9–15 Tage	8	–	–	79					Der Coproporphyringehalt der Erythrozyten korreliert gut mit der Retikulozytenzahl[80]. Er ist oft stark erhöht bei der kongenitalen erythropoetischen Porphyrie, bei der Coproporphyrie[81] und bei der sideroachrestischen Anämie[82], erhöht bei hämolytischen Anämien, schwach erhöht bei Eisenmangelanämie, Null bei unbehandelter Perniziosa[80]. Der Coproporphyringehalt des Serums ist bei Porphyrien erhöht[83].
(c) Männer	13	5–21 (7–23)	4	79	8	2–14 (4–15)	3	79	
(d) Frauen	12	0–26 (3–23)	7	79					

(Literatur siehe S. 574)

	Vollblut				Plasma oder Serum				Bemerkungen
	Mittelwert	95%-Bereich (in Klammern Extrembereich)	s	Literatur	Mittelwert	95%-Bereich (in Klammern Extrembereich)	s	Literatur	
Protoporphyrin (µg/l)		Erythrozyten:							
(a) Nabelschnurblut	540	40–1040 (320–1350)	250	79	...	...	...	...	(a) 20, (b) 10, (c) 8, (d, e) 20 Personen. Im Serum ist kaum Protoporphyrin enthalten[83]. Der Protoporphyringehalt der Erythrozyten ist mit der Retikulozytenzahl nicht so streng korreliert, wie dies beim Coproporphyringehalt der Fall ist[80]. Er ist stark erhöht bei erythropoetischer Protoporphyrie[81], schwach erhöht bei hämolytischen Anämien, stark erhöht bei Eisenmangelanämien, zeigt höchste Werte bei Bleivergiftung, bleibt innerhalb der Normalgrenzen bei Perniziosa[80].
(b) Neugeborene, 9–15 Tage	510	–	–	79					
(c) Kinder, 1–2 Jahre	320	–	–	79					
(d) Männer	300	150–450 (160–520)	75	79					
(e) Frauen	370	170–570 (180–510)	100	79					
Uroporphyrin (µg/l)	–	Erythrozyten: (0–20)	–	76					
Hämoglobin									
Nabelschnurblut (mg/l)	...	...	...	...	80	–	–	84	(a) Bei schonendster Blutentnahme durch Fersenpunktion, (b) Werte von 25 Personen, Benzidinreaktion. Der Hämoglobingehalt des Serums ist bei körperlicher Tätigkeit erhöht und kann bei Berufssportlern bis auf das 30fache ansteigen. Das Serumhämoglobin ist an Haptoglobin gebunden; maximale Bindungsfähigkeit bis zu 1,4 g/l Serum[87]. (c) Werte von 200 Personen; siehe ferner S. 609.
(a) Neugeborene (mg/l)	...	...	...	...	–	(1000–1310)	–	84	
(b) Erwachsene (mg/l)	...	...	...	...	3,1	(1,6–5,8)	–	85	
(c) Erwachsene (g/l)	158,5	134–173	–	86					
(c) Erwachsene (g/l)	328	Erythrozyten: 299–357	–	86					
Hämiglobin (% des Hämoglobins)	0,4	(0,0–1,1)	–	88	...	...	...	...	Zur spektrophotometrischen Bestimmung siehe Hainline et al.[90]. Klinische Symptome (Zyanose) ab 20% Hämiglobinanteil[91], Todesgefahr ab 70% Hämiglobinanteil[92]. Über toxische und angeborene Hämiglobinämien (Methämoglobinämien) siehe Jaffé und Heller[92].
	0,65	0,25–1,05	0,20	89					
Carboxyhämoglobin (% des Hämoglobins)									
(a) Neugeborene	0,42	0–1,54 (0,1–1,8)	0,56	93	...	...	...	...	(a) 20 Neugeborene jünger als 4 Tage; bei Rh- und AB0-Unverträglichkeit mit Hämolyse 1,9–11,9%; (b) in kohlenmonoxydfreier Atmosphäre; (c) bei normaler Kohlenmonoxydexposition. Bis 12% und mehr bei Autofahrern. Klinische Symptome ab 15–25%, Todesgefahr ab 65%[91].
(b) Erwachsene	0,55	–	–	94					
(c) Erwachsene	3,4	0–8,2	2,4	95					
Verdoglobin (mg/l)	4	–	–	96					
Bilirubin (mg/l)									
Direkt reagierendes									
(a) Erwachsene	...	...	...	...	1,0	(0,5–2,4)	–	97	(a, b) 110, (c) 49, (d) 150, (e) 11, (f) 10, (g) 11, (h) 6, (i) 61, (j) 53 Personen. Bestimmungsmethoden: Diazoreaktion nach van den Bergh; zu einer modifizierten Methodik nach Malloy und Evelyn (Denaturierung mit Methanol) siehe MacDonald et al.[101], zu einer solchen nach Jendrassik und Grof (Verdrängung mit Acetat, Benzoat und Coffein) siehe Gambino et al.[102]; bei Neugeborenen auch direkte spektrophotometrische Bestimmung[15,103]. Die verschiedenen Methoden sind diskutiert worden[15,104]; wichtig ist die Reinheit des Bilirubinstandards[15,105]. Das direkt reagierende Bilirubin der Diazoreaktion stimmt annähernd mit dem konjugierten Bilirubin (Bilirubindiglucuronid, kleinere Mengen Bilirubinmonoglucuronid und -sulfat) überein, die Differenz zwischen gesamtem Bilirubin und direktem Bilirubin (indirektes Bilirubin) mit dem freien Bilirubin. Ob im Serum Gesunder direkt reagierendes Bilirubin vorhanden ist, ist nicht sicher bewiesen.
Gesamtes									
(b) Erwachsene	...	...	...	...	6,0	(2,6–14)	–	97	
(c) Frühgeborene, Nabelschnurblut	...	...	...	...	18,5	2,9–34,1	7,8	98	
(d) Neugeborene, Nabelschnurblut	...	...	...	...	15,1	1,7–28,5	6,7	98	
(e) Neugeborene, 1. Tag	...	...	...	...	26,8	0–60,0	16,6	99	
(f) Neugeborene, 3. Tag	...	...	...	...	58,5	2,5–114,5	28,0	99	
(g) Neugeborene, 5. Tag	...	...	...	...	60,6	1,0–120,2	29,8	99	
(h) Neugeborene, 7. Tag	...	...	...	...	50,0	1,4–98,6	24,3	99	
Freies									
(i) Männer	...	...	...	...	4,0	1,5–10,5	–	100	
(j) Frauen	...	...	...	...	2,8	1,1–7,0	–	100	

Freies Serumbilirubin ist normalerweise an Albumin gebunden; die Bindungsfähigkeit des letzteren kann bestimmt werden[106]. Das Bilirubin pathologischer Seren ist chromatographisch in 4 Fraktionen auftrennbar (freies, monokonjugiertes, dikonjugiertes, an Albumin gebundenes Bilirubin)[107]. Zur Physiologie und Pathologie des Bilirubinstoffwechsels siehe die Literatur[108,109], ferner S. 357 und 450 sowie die Tabelle auf der nächsten Seite.

Physiologischer Ikterus des Neugeborenen. Die Leber ist infolge eines Mangels an UDP-Glucuronyltransferaseaktivität nicht in der Lage, Bilirubin vollständig zu konjugieren; der Gehalt des Serums an freiem Bilirubin ist daher erhöht. Bei ungefähr 40% aller Neugeborenen dürfte in der 1. Lebenswoche der Bilirubingehalt über 40 mg/l Serum liegen[110]. Der Bilirubingehalt des Serums der Nabelschnurarterie ist höher als in der Nabelschnurvene[111].

Hämolytischer Ikterus des Neugeborenen. Mit zunehmendem Hämoglobinabbau steigt der Bilirubingehalt des Serums; übersteigt dieser die Bindungsfähigkeit des Albumins, so kann sich ein Kernikterus entwickeln. Austauschtransfusionen werden – je nach Alter und Zustand des Kindes – ab einem Bilirubingehalt von 190–250 mg/l Serum empfohlen. Siehe die Literaturauswahl zum Neugeborenen- und Kernikterus[98,109,112].

(Literatur siehe S. 574)

Stoffwechselstörungen des Bilirubins

Art des Ikterus	Art der Stoffwechselstörung	Ort der Störung	Freies Bilirubin im Serum (↑ erhöht)	Konjugiertes Bilirubin im Serum (↑ erhöht)
Familiärer hämolytischer Ikterus .	Erhöhter Hämoglobinabbau	Retikuläres System	↑	(↑)
Erworbene hämolytische Anämien	Erhöhter Hämoglobinabbau		↑	(↑)
Morbus haemolyticus neonatorum	Erhöhter Hämoglobinabbau		↑↑	–
Gilbert-Syndrom	Gestörter Transport des freien Bilirubins	Leber (Lysosomen)	↑	–
Posthepatische Hyperbilirubinämie	Gestörter Transport des freien Bilirubins		↑	–
Neugeborenenikterus	Mangelhafte Konjugation des freien Bilirubins	Leber (Mikrosomen)	↑	–
Crigler-Najjar-Syndrom......	Mangelhafte Konjugation des freien Bilirubins		↑↑	–
Cholostatischer Ikterus	Gestörte Exkretion der Bilirubinglucuronide	Gallenkapillaren	(↑)	↑
Dubin-Johnson-Syndrom	Gestörte Exkretion der Bilirubinglucuronide		(↑)	↑
Rotor-Syndrom...............	Gestörte Exkretion der Bilirubinglucuronide		↑	↑
Mechanischer Ikterus	Gestörte Ableitung der Bilirubinglucuronide in das Duodenum	Gallenwege	(↑)	↑↑
Hepatitis, Zirrhose.............	Störungen an mehreren Orten des Bilirubinstoffwechsels		↑	↑↑

	Vollblut				Plasma oder Serum				Bemerkungen
	Mittelwert	95%-Bereich (in Klammern Extrembereich)	*s*	Literatur	Mittelwert	95%-Bereich (in Klammern Extrembereich)	*s*	Literatur	
Purine, Nucleotide									
Allantoin (mg/l)	...	...	...	...	–	(3–6)	–	113	
Harnsäure (mg/l)									
(a) Neugeborene, 0–4 Tage .	...	...	...		55	–	–	114	Serum: (b) 224, (c) 874 und (d) 899 Personen, (c, d) Alter 4–88 Jahre, (b, c, d) Uricasemethode; Vollblut: (c) 13 und (d) 8 Personen, chromatographisch bestimmt. Zur Methodik der Harnsäurebestimmung siehe die Literatur[118].
(b) Kinder, 4–9 Jahre	...	...	...	...	37,3	–	–	115	
(c) Männer	23,6	16,0–31,2	3,8	116	48,6	20,8–76,4	13,9	115	
(d) Frauen	22,7	13,7–31,7	4,5	116	41,8	18,2–65,4	11,8	115	
		Erythrozyten:							
	25	–	–	117					

Der Harnsäuregehalt des Serums ist bei Neugeborenen erhöht, bei Kindern eher niedriger als bei Erwachsenen. Beim Mann bleibt er während des ganzen Lebens weitgehend konstant, bei der Frau ist er bis zur Menopause niedriger, nachher höher als beim Mann; die obere Grenze des Normalbereichs (Uricasemethode) liegt beim Mann um 75 mg/l Serum, bei der 20–40 Jahre alten Frau um 60 mg/l Serum[119]. Der Harnsäurestoffwechsel ist ausführlich besprochen[120]. Pathologisch *erhöht* ist der Harnsäuregehalt des Serums bei Gicht, bei gesteigertem Nucleinsäurestoffwechsel (zum Beispiel bei myeloischer Leukämie und Polyzythämie) und bei Nierenschädigungen; *erniedrigt* ist er bei Wilsonscher Krankheit, Fanconi-Syndrom und unter urikosurischen Medikamenten.

	Mittelwert	95%-Bereich	*s*	Literatur	Mittelwert	95%-Bereich	*s*	Literatur	Bemerkungen
Xanthin und Hypoxanthin (mg/l)	...	...	...	...	–	(~1–2)	–	121	
Nucleotide (µmol/l)									
Adenosinmonophosphat ...	–	(2–14)	–	116	...	...	...	...	Nach chromatographischer Trennung im Blut von 13 Männern und 8 Frauen bestimmt. Die Nucleotide sind nur in den Zellen, nicht oder nur in Spuren im Plasma enthalten. Verschiedene Nucleotide wurden in Vollblut und Erythrozyten[124], Leukozyten[125] und Thrombozyten[126] bestimmt. Eine genetisch bedingte Erhöhung des ATP-Gehalts der Erythrozyten wurde beschrieben[127].
Adenosindiphosphat	–	(32–73)	–	116					
Adenosintriphosphat	–	(287–586)	–	116					
Guanosintriphosphat	–	(13–36)	–	116					
Inosintriphosphat	3	–	–	123					
Uridindiphosphat	4,5	–	–	123					
Nicotinamidadenindinucleotid	–	(22–40)	–	116					
In Form von NAD......	33,0	–	–	122					
In Form von $NADH_2$ ...	4,6	–	–	122					
Nicotinamidadenindinucleotidphosphat	–	(2–15)	–	116					
In Form von NADP	11,6	–	–	122					
In Form von $NADPH_2$ ..	16,0	–	–	122					

	Vollblut				Plasma oder Serum				Bemerkungen
	Mittelwert	95%-Bereich	s	Literatur	Mittelwert	95%-Bereich	s	Literatur	
Nucleinsäuren (mg/10⁹)		Leukozyten:							
Ribonucleinsäuren	8,19	0,91–15,47	3,64	128					
Desoxyribonucleinsäuren ..	6,86	4,52–9,20	1,17	128					

Literatur (zu S. 568–574)

1 Gram, H.C., *Amer. J. med. Sci.*, **168**, 511 (1924).
2 Hinsberg und Berendt, in: Flaschenträger und Lehnartz (Hrsg.), *Physiologische Chemie*, Band II/1a, Springer, Berlin, 1954, S. 416.
3 Valberg et al., *J. clin. Invest.*, **44**, 379 (1965).
4 Dennes et al., *Biochem. J.*, **78**, 578 (1961).
5 Nour-Eldin, F., *Nature*, **196**, 1219 (1962).
6 Archibald et al., *Stand. Meth. clin. Chem.*, **2**, 91 (1958).
7 Josephson et al., *Acta paediat. (Uppsala)*, **51**, Suppl. 135, 111 (1962).
8 Björnesjö, K.B., *Scand. J. clin. Lab. Invest.*, **15**, Suppl. 69, 25 (1963).
9 Beach et al., *Stand. Meth. clin. Chem.*, **2**, 100 (1958).
10 Rappaport und Eichhorn, *J. Lab. clin. Med.*, **32**, 1034 (1947).
11 Eastham, R.D., *Biochemical Values in Clinical Medicine*, 2. Aufl., Wright, Bristol, 1963, S. 77.
12 Acharya und Payne, *Arch. Dis. Childh.*, **40**, 430 (1965).
13 Addis et al., *J. clin. Invest.*, **26**, 869 (1947).
14 Schales et al., *Stand. Meth. clin. Chem.*, **1**, 118 (1953); Südhof et al., *Klin. Wschr.*, **40**, 208 (1962).
15 Richterich, R., *Klinische Chemie*, Karger, Basel, 1965.
16 Kaplan et al., *Stand. Meth. clin. Chem.*, **5**, 245 (1965).
17 Searcy et al., *Lancet*, **2**, 1114 (1962).
18 Gallagher und Seligson, *New Engl. J. Med.*, **266**, 492 (1962).
19 Cohen et al., *Amer. J. Dis. Child.*, **86**, 752 (1953).
20 van Pilsum et al., *J. biol. Chem.*, **222**, 225 (1956).
21 Taussky und Brahen, *Stand. Meth. clin. Chem.*, **3**, 99 (1961).
22 Conn, R.B., jr., *Clin. Chem.*, **6**, 537 (1960).
23 Sandberg et al., *Metabolism*, **2**, 22 (1953).
24 Zender und Falbriard, *Clin. chim. Acta*, **12**, 183 (1965).
25 Miller und Dubos, *J. biol. Chem.*, **121**, 457 (1937).
26 Teger-Nilsson, A.-C., *Scand. J. clin. Lab. Invest.*, **13**, 326 (1961).
27 Schirmeister et al., *Klin. Wschr.*, **41**, 878 (1963).
28 Hoberman, H.D., *J. biol. Chem.*, **167**, 721 (1947); Levedahl und Samuels, *J. biol. Chem.*, **176**, 327 (1948).
29 O'Brien und Ibbott (Hrsg.), *Laboratory Manual of Pediatric Micro- and Ultramicro-Biochemical Techniques*, 3. Aufl., Hoeber, Harper & Row, New York, 1962, S. 31.
30 Hutchinson und Labby, *J. Lab. clin. Med.*, **60**, 170 (1962).
31 Fenton, J.C.B., *Clin. chim. Acta*, **7**, 163 (1962).
32 Secchi et al., *Clin. chim. Acta*, **12**, 235 (1965).
33 Conn et al., *Stand. Meth. clin. Chem.*, **5**, 43 (1965).
34 McGovern et al., *Pediatrics*, **23**, 1160 (1959).
35 Bessman, S.P., *Advanc. clin. Chem.*, **2**, 135 (1959); Gabuzda, G.J., *Advanc. intern. Med.*, **11**, 11 (1962); Stahl, J., *Ann. intern. Med.*, **58**, 1 (1963).
36 Andrews et al., *J. Pediat.*, **60**, 201 (1962).
37 Frame et al., *Stand. Meth. clin. Chem.*, **4**, 1 (1963).
38 Oepen und Oepen, *Klin. Wschr.*, **41**, 921 (1963).
39 Johnson und Bergeim, *J. biol. Chem.*, **188**, 833 (1951).
40 McMenamy et al., *J. clin. Invest.*, **36**, 1672 (1957).
41 McMenamy et al., *J. clin. Invest.*, **39**, 1675 (1960).
42 Stein und Moore, *J. biol. Chem.*, **211**, 915 (1954).
43 Soupart, P., in: Holden, J.T. (Hrsg.), *Amino Acid Pools*, Elsevier, Amsterdam, 1962, S. 220.
44 Zilversmit, D.B., *Expos. ann. Biochim. méd.*, **23**, 1 (1961).
45 Nicolaidou et al., *Arch. Biochem.*, **96**, 613 (1962).
46 Schreier, K., in: Holden, J.T. (Hrsg.), *Amino Acid Pools*, Elsevier, Amsterdam, 1962, S. 263.
47 Ghadimi und Pecora, *Pediatrics*, **33**, 500 (1964).
48 Bickel, H., *Schweiz. med. Wschr.*, **91**, 1597 (1961).
49 Goodhart, R.S., in: Wohl und Goodhart (Hrsg.), *Modern Nutrition in Health and Disease*, 3. Aufl., Lea & Febiger, Philadelphia, 1964, S. 460.
50 Fraser, R.S., *J. Lab. clin. Med.*, **35**, 960 (1950); **37**, 199 (1951).
51 Melville, D.B., *Vitam. and Horm.*, **17**, 155 (1959).
52 Caren und Carne, *Amer. J. med. Sci.*, **221**, 307 (1951).
53 Silverberg et al., *Ann. N. Y. Acad. Sci.*, **111**, 472 (1963).
54 Beutler et al., *J. Lab. clin. Med.*, **61**, 882 (1963).
55 Waller, H.D., *Ser. haemat.*, Nr. 2, 34 (1965).
56 Beutler, E., *J. Lab. clin. Med.*, **49**, 84 (1957).
57 Simenhoff et al., *Clin. Sci.*, **25**, 65 (1963).
58 Mondovì et al., *Ital. J. Biochem.*, **10**, 42 (1961).
59 Raina, A., *Scand. J. clin. Lab. Invest.*, **14**, 318 (1962).
60 Scudamore et al., *J. Lab. clin. Med.*, **37**, 860 (1951).
61 Cohen, L., *J. Lab. clin. Med.*, **53**, 629 (1959).
62 Appleton et al., *J. biol. Chem.*, **205**, 803 (1953).
63 van Arsdel, jr., und Beall, *Arch. intern. Med.*, **106**, 714 (1960).
64 Graham et al., *Blood*, **10**, 467 (1955).
65 Haverback et al., *J. clin. Invest.*, **41**, 1364 (1962).
66 Gross und Franzen, *Biochem. Z.*, **340**, 403 (1964).
67 Eccleston et al., *Nature*, **197**, 502 (1963).
68 Gross und Franzen, *Z. klin. Chem.*, **3**, 99 (1965).
69 Waalkes, T.P., *J. Lab. clin. Med.*, **53**, 824 (1959).
70 Crawford, N., *Clin. chim. Acta*, **12**, 274 (1965).
71 Girard, J.-P., *Schweiz. med. Wschr.*, **93**, 1456 (1963).
72 Dalgliesh, C.E., *Advanc. clin. Chem.*, **1**, 193 (1958); Resnick und Gray, *Med. Clin. N. Amer.*, **44**, 1323 (1960).
73 Müting et al., *Z. klin. Med.*, **157**, 538 (1963).
74 Müting et al., *Z. klin. Med.*, **157**, 544 (1963).
75 Rodnight, R., *Int. Rev. Neurobiol.*, **3**, 251 (1961).
76 Heilmeyer, L., *Schweiz. med. Wschr.*, **92**, 1285 (1962).
77 Haeger, B., *Scand. J. clin. Lab. Invest.*, **12**, Suppl. 47 (1960).
78 Druyan und Haeger-Aronsen, *Scand. J. clin. Lab. Invest.*, **16**, 498 (1964).
79 Wranne, L., *Acta paediat. (Uppsala)*, **49**, Suppl. 124 (1960).
80 Watson, C.J., *Arch. intern. Med.*, **86**, 797 (1950).
81 Granick und Levere, *Progr. Hemat.*, **4**, 1 (1964); Stich, W., *Verh. dtsch. Ges. inn. Med.*, **70**, 522 (1964).
82 Verloop et al., *Ser. haemat.*, **5**, 76 (1965).
83 Schlenker et al., *Amer. J. clin. Path.*, **36**, 31 (1961).
84 Michaëlsson und Sjölin, *Acta paediat. scand.*, **54**, 325 (1965).
85 Chaplin, jr., et al., *J. Lab. clin. Med.*, **57**, 612 (1961).
86 Dittrich, H., *Med. Klin.*, **58**, 1882 (1963).
87 Jayle und Moretti, *Progr. Hemat.*, **3**, 342 (1962).
88 van Slyke et al., *J. biol. Chem.*, **166**, 121 (1946).
89 Waller et al., *Klin. Wschr.*, **37**, 898 (1959).
90 Hainline, jr., et al., *Stand. Meth. clin. Chem.*, **5**, 143 (1965).
91 Schwerd, W., *Der rote Blutfarbstoff und seine wichtigsten Derivate*, Schmidt-Römhild, Lübeck, 1962, S. 73.
92 Jaffé und Heller, *Progr. Hemat.*, **4**, 48 (1964).
93 Oski und Altman, *J. Pediat.*, **61**, 709 (1962).
94 Sjöstrand, T., *Acta physiol. scand.*, **26**, 338 (1952).
95 Pace et al., *Amer. J. Physiol.*, **147**, 352 (1946).
96 Kiese, M., *Klin. Wschr.*, **21**, 565 (1942).
97 Nosslin, B., *Scand. J. clin. Lab. Invest.*, **12**, Suppl. 49 (1960).
98 Vest, M., *Bibl. paediat. (Basel)*, Heft 69 (1959).
99 Obrinsky et al., *Amer. J. Dis. Child.*, **87**, 305 (1954).
100 Brodersen et al., *Scand. J. clin. Lab. Invest.*, **15**, 523 (1963).
101 MacDonald et al., *Stand. Meth. clin. Chem.*, **5**, 65 (1965).
102 Gambino et al., *Stand. Meth. clin. Chem.*, **5**, 55 (1965).
103 Eberlein, W.R., *Pediatrics*, **25**, 878 (1960).
104 Mather, A., *Pediatrics*, **26**, 350 (1960); Watson und Rogers, *J. clin. Path.*, **14**, 271 (1961); McKay, R.J., jr., *Pediatrics*, **30**, 1 (1962); Lucey et al., *Pediatrics*, **30**, 3 (1962); Westphal et al., *Pediatrics*, **30**, 12 (1962); Schellong, G., *Dtsch. med. Wschr.*, **88**, 1145 (1963); Henry, R.J., *Clinical Chemistry*, Harper & Row, New York, 1964; Michaëlsson et al., *Pediatrics*, **35**, 925 (1965).
105 Committee on Fetus and Newborn, *Pediatrics*, **31**, 878 (1963); Recommendation on a Uniform Bilirubin Standard, *Stand. Meth. clin. Chem.*, **5**, 75 (1965).
106 Waters und Porter, *Pediatrics*, **33**, 749 (1964).
107 Kuenzle et al., *J. Lab. clin. Med.*, **67**, 282 und 294 (1966).
108 Billing, B.H., *Advanc. clin. Chem.*, **2**, 267 (1959); With, T.K., *Biologie der Gallenfarbstoffe*, Thieme, Stuttgart, 1960, S. 124; Arias, I.M., *Med. Clin. N. Amer.*, **44**, 607 (1960); Klatskin, G., *Ann. Rev. Med.*, **12**, 211 (1961); Billing, B.H., *Sci. Basis Med. Ann. Rev.*, **1963**, 197; Stich, W., *Med. Klin.*, **58**, 648 (1963).
109 Arias, I.M., *Advanc. clin. Chem.*, **3**, 35 (1960).
110 Claireaux, A.E., *Brit. med. J.*, **1**, 1528 (1960).
111 Döring, G.K., *Dtsch. med. Wschr.*, **89**, 293 (1964).
112 Lucey, J.F., *Pediatrics*, **25**, 690 (1960); Leading Article, *Lancet*, **1**, 1281 (1962); Survey, *Lancet*, **1**, 1291 (1962); Annotation, *Lancet*, **2**, 1283 (1964).
113 Archibald, R.M., *J. biol. Chem.*, **156**, 121 (1944).
114 Christiansson und Josephson, *Acta paediat. (Uppsala)*, **49**, 633 (1960).
115 Mikkelsen et al., *J. Lab. clin. Med.*, **60**, 999 (1962).
116 Bishop et al., *J. biol. Chem.*, **234**, 1233 (1959).
117 Jørgensen und Nielsen, *Scand. J. clin. Lab. Invest.*, **8**, 108 (1956).
118 Caraway und Hald, *Stand. Meth. clin. Chem.*, **4**, 239 (1963); Zöllner, N., *Z. klin. Chem.*, **1**, 178 (1963).
119 Ott, H., *Schweiz. med. Wschr.*, **94**, 1597 (1964).
120 Seegmiller et al., *New Engl. J. Med.*, **268**, 712, 764 und 821 (1963).
121 Goldfinger et al., *J. clin. Invest.*, **44**, 623 (1965).
122 Löhr und Waller, *Dtsch. med. Wschr.*, **86**, 27 und 87 (1961), und *Germ. med. Mth.*, **6**, 37 (1961).
123 Vanderheiden, B.S., *Biochem. biophys. Res. Commun.*, **21**, 265 (1965).
124 Vogel, G., *Klin. Wschr.*, **36**, 975 (1958); Scheibe, O., *Klin. Wschr.*, **40**, 303 (1962); Papenberg et al., *Klin. Wschr.*, **40**, 936 (1962); Bock et al., *Schweiz. med. Wschr.*, **92**, 1213 (1962).
125 Silber et al., *J. clin. Invest.*, **41**, 230 (1962).
126 Schmitz et al., *Klin. Wschr.*, **40**, 13 (1962).
127 Brewer, G.J., *J. clin. Invest.*, **43**, 1287 (1964); Brewer und Powell, *J. Lab. clin. Med.*, **64**, 844 (1964).
128 Frei et al., *Blood*, **18**, 317 (1961).

	Vollblut				Plasma oder Serum				Bemerkungen
	Mittelwert	95%-Bereich (in Klammern Extrembereich)	s	Literatur	Mittelwert	95%-Bereich (in Klammern Extrembereich)	s	Literatur	
Gesamtprotein (g/l)	–	180–210	–	1	–	Serum: 65–80	–	1	Im Vollblut überwiegt mengenmäßig das Hämoglobin der Erythrozyten. Das Hämoglobin macht etwa 94% der Erythrozytenproteine aus, der restliche Teil besteht aus Stromaeiweiß, freiem Globin und verschiedenen Enzymen. Einzelheiten über den Hämoglobingehalt siehe S. 612. Elektrophoretische Trennungen der Erythrozyten-[4] und Leukozytenproteine[5] wurden beschrieben. Über Plasmaproteine siehe die Tabellen der folgenden Seiten und untenstehenden Text.
	–	Erythrozyten: 330–390	–	1					
(mg/10⁹)	100	Leukozyten: –	–	2					
	–	Thrombozyten: (1,6–1,8)	–	3					
Fibrinogen (g/l)	...	...	...	...	2,95	Plasma: 2,6–3,3 (2,0–4,0)	0,17	6	Werte von 20 Personen. Fibrinogen ist auch in den Thrombozyten enthalten[7].

Plasmaproteine[8,9]

Methoden. Zur Bestimmung des Gesamtproteins nach KJELDAHL siehe ARCHIBALD et al.[10], mittels der Biuretreaktion siehe REINHOLD et al.[11], aus dem Brechungsindex siehe S. 556. Eine Auftrennung des Gesamtproteins in einzelne Fraktionen gelingt durch Aussalzen (zum Beispiel nach HOWE), durch Fällung mit wasserlöslichen organischen Lösungsmitteln (Methode nach COHN unter Verwendung von Äthylalkohol), durch Ultrazentrifugieren, Chromatographie an Ionenaustauschern, Gelfiltration und verschiedene Formen der Elektrophorese (freie Elektrophorese nach TISELIUS oder Elektrophorese auf Trägermedien wie Filterpapier, Stärkegel, Agargel und Celluloseacetatfolien). Einzelne Proteine lassen sich auch durch immunochemische Methoden nachweisen, wie Antikörperverbrauch, Antigenfixierung, Komplementbindungsreaktion und Immunpräzipitatsbildung. Besonders leistungsfähig sind Kombinationen von Trägerelektrophorese und Immunpräzipitatsbildung (Immunoelektrophorese[12]), wodurch bis zu 30 verschiedene Serumproteinfraktionen erfaßt werden können. Enzyme lassen sich durch ihre biochemische Aktivität bestimmen (siehe S. 580). Über eine einfache Trennung des Albumins von den Globulinen durch Aussalzen siehe REINHOLD et al.[11]. Serumlabilitätsreaktionen – ausgenommen die Senkungsreaktion (S. 554) – haben heute keine Bedeutung mehr.

Physiologische Variationen. Wegen der methodischen Schwierigkeiten empfiehlt es sich, in jedem Laboratorium den Normalbereich selbst festzulegen. Der Proteingehalt des Plasmas kann durch den wechselnden Wassergehalt des Plasmas gefälscht werden; er ist am niedrigsten bei liegenden Personen, um etwa 8% höher beim Stehen und um weitere 10% höher nach kurzer Muskelarbeit[9]. Bei Kleinkindern werden die Ergebnisse der Proteinbestimmung besonders häufig durch den Hydratationszustand des Blutes beeinflußt. Bei der Probenentnahme soll eine längere venöse Stauung vermieden werden, da sonst infolge Hämokonzentration eine Hyperproteinämie resultiert. Zur Blutgewinnung bei Kindern im 1. und 2. Lebensjahr wird eine perkutane Punktion an der Ferse empfohlen[9]. Eine Nahrungseinnahme beeinflußt vorwiegend den Gehalt an Lipoproteinen. Stärkere Veränderung im Proteingehalt und in der Proteinzusammensetzung finden sich vor allem im 1. Lebensjahr[9,13] (siehe S. 579) sowie während der Schwangerschaft[14] (siehe S. 687).

Der Proteingehalt des Plasmas von Kindern vom 3. Lebensjahr an ist dem von Erwachsenen weitgehend ähnlich[13]. Im hohen Lebensalter ist der Gehalt an Albumin erniedrigt, der an β-Globulin erhöht[15] (siehe S. 578). Unterschiede im Proteingehalt des Plasmas von Weißen und Negern wurden wiederholt beobachtet[16].

Mehrere Serumproteine weisen Allotypien auf (siehe Abschnitt «Serumgruppen», S. 630).

Literatur

1 Übliche Werte der Literatur.
2 HINSBERG und BERENDT, in: FLASCHENTRÄGER und LEHNARTZ (Hrsg.), *Physiologische Chemie*, Band II/1a, Springer, Berlin, 1954, S. 416.
3 MARCUS und ZUCKER, *The Physiology of Blood Platelets*, Grune & Stratton, New York, 1965.
4 BOTTINI und HUEHNS, *Clin. chim. Acta*, **8**, 127 (1963); TODOROW und DIKOW, in: PEETERS, H. (Hrsg.), *Protides of the Biological Fluids*, 11. Kolloquium, Elsevier, Amsterdam, 1964, S. 502.
5 ANDERSEN, V., in: PEETERS, H. (Hrsg.), *Protides of the Biological Fluids*, 10. Kolloquium, Elsevier, Amsterdam, 1963, S. 54.
6 REINER et al., *Stand. Meth. clin. Chem.*, **3**, 114 (1961).
7 NACHMAN, R. L., *Blood*, **25**, 703 (1965).
8 PUTNAM, F. W. (Hrsg.), *The Plasma Proteins*, 2 Bände, Academic Press, New York, 1960; RIVA, G., *Das Serumeiweißbild*, 2. Aufl., Huber, Bern, 1960; Schweizerische Akademie der Medizinischen Wissenschaften, *Biochemie und Klinik der menschlichen Bluteiweiße*, Symposion, Schwabe, Basel, 1961; FURNESS et al., *Ann. N. Y. Acad. Sci.*, **94**, Art. 1 (1961); SCHEIFFARTH et al., *Papierelektrophorese in Klinik und Praxis*, Urban & Schwarzenberg, München, 1962; KAZAL, L. A., *Progr. Hemat.*, **3**, 294 (1962); WUHRMANN und MÄRKI, *Dysproteinämien und Paraproteinämien*, 4. Aufl. von *Die Bluteiweißkörper des Menschen*, Schwabe, Basel, 1963.
9 HITZIG, W. H., *Die Plasmaproteine in der klinischen Medizin*, Springer, Berlin, 1963.
10 ARCHIBALD et al., *Stand. Meth. clin. Chem.*, **2**, 91 (1958).
11 REINHOLD et al., *Stand. Meth. clin. Chem.*, **1**, 88 (1953).
12 WUNDERLY, C., *Advanc. clin. Chem.*, **4**, 207 (1961).
13 OBERMAN et al., *New Engl. J. Med.*, **255**, 743 (1956).
14 MACK, H. C., *The Plasma Proteins in Pregnancy*, Thomas, Springfield, 1955; HYTTEN und LEITCH, *The Physiology of Human Pregnancy*, Blackwell, Oxford, 1964.
15 RAFSKY et al., *Amer. J. med. Sci.*, **224**, 522 (1952); BIRREN et al. (Hrsg.), *Human Aging*, Public Health Service Publication No. 986, U. S. Department of Health, Education, and Welfare, Bethesda, 1963, S. 37.
16 POLLAK et al., *J. Lab. clin. Med.*, **58**, 353 (1961); ASSHAVER, E., *Med. Klin.*, **61**, 130 (1966).

Stoffwechsel der Plasmaproteine[1]

Protein	Menge (g/kg Körpergewicht)	Synthese (Organ)	Halbwertzeit (Tage)	Abbau (% pro Tag)	Abbau (Organ)
Albumin	1,1–1,7	Leber	~15	5–8	Magen-Darm-Trakt
γ-Globuline	0,54	Plasmazellen	γG 23 γA 6 γM 5	3 12 14	Leber, Magen-Darm-Trakt
α- und β-Globuline	–	Leber	~ 5	–	Leber? Darm?
Fibrinogen	0,7–0,8	Leber	~ 5	–	–

1 Ausführlich besprochen ist der Stoffwechsel der Plasmaproteine bei WUHRMANN und MÄRKI, *Dysproteinämien und Paraproteinämien*, 4. Aufl., Schwabe, Basel, 1963; ANKER, H. S., in: PUTNAM, F. W. (Hrsg.), *The Plasma Proteins*, Band 2, Academic Press, New York, 1960, S. 267. Daten für die Immunglobuline nach FAHEY, J. L., *J. Amer. med. Ass.*, **194**, 255 (1965).

Physikalisch-chemische und biologische Eigenschaften definierter Plasmaproteine[1]
(über Lipoproteine siehe auch S. 598, über Glycoproteine S. 602)

Protein	Gramm pro 100 g Plasmaprotein (%)	Isoelektrischer Punkt (pH)	Elektrophoretische Beweglichkeit* (10^{-5} cm² V^{-1} s^{-1})	Sedimentationskonstante, S_{20W} (10^{-13} cm² s^{-1} dyn^{-1})	Diffusionskonstante, D_{20W} (10^{-7} cm² s^{-1})	Molgewicht	Funktion
Präalbumin (tryptophanreiches)	0,1–0,5	–	9,0	4,2	–	61 000	Vermutlich Thyroxinbindung
Albumin	50–65	4,9	5,9	4,6	5,9	69 000	Onkotischer Druck, Trägerfunktion, Reserveprotein
Saures α_1-Glycoprotein (α_1-Seromucoid, Orosomucoid)	0,5–1,5	2,7	5,1	3,1	5,3	44 100	Vermutlich Gewebsabbauprodukt
α_1-Antitrypsin	1,9–4,0	–	–	3,4	–	45 000	Trypsinhemmung
α_2-Makroglobulin	1,5–4,5	5,4	4,2	19,4	2,4	900 000	Proteinaseinhibitor
α_2-Haptoglobin	0,3–1,9	4,1	3,3	4,1	4,7	85 000	Hämoglobinbindung
α_2-Caeruloplasmin	0,3–0,5	4,4	4,6	7,2	4,7	150 000	Kupfergehalt 0,34%, vermutlich Oxydaseaktivität
β_1-Siderophilin (Transferrin)	3,0–6,5	5,8	3,1	6,1	6,2	88 000	Eisentransport; vermutlich Infektabwehr
α_1-Lipoprotein							
Dichte 1,093	4,5–8	–	–	5,5	–	435 000	Lipidtransport
Dichte 1,149				5,0	–	195 000	
α_2-Lipoprotein	0,5–1,5	–	–	$S_f > 12$	–	3 400 000	Lipidtransport
β_1-Lipoprotein	4–14	5,4	3,1	$S_f = 0–12$	–	2 500 000	Lipidtransport
γA, IgA (β_{2A}-Globulin, γ_{1A}-Globulin)	0,8–2,8	–	−2,2	7 (10, 13, 15, 17)	–	150 000 (und Aggregate)	
γM, IgM (β_{2M}-Globulin, γ_{1M}-Globulin, γ_1-Makroglobulin, 19S γ)	0,6–1,7	–	−2	19 (30–150)	–	900 000 (und Aggregate)	Immunglobuline: Träger der spezifischen humoralen Antikörper**
γG, IgG (γ-Globulin, γ_2-Globulin, γ_{ss}-Globulin, 7S γ)	13–22	7,3	−0,8	6–7	4,0	150 000	
γD, IgD	<0,5	–	–	–	–	150 000	
γE, IgE	–	–	–	8	–	150 000 (und Aggregate)?	
Fibrinogen	2,5–5,0	5,4	2,1	8,5	2,0	340 000	Gerinnung

* pH 8,6; Ionenstärke 0,1.

[1] Nach Zusammenstellungen in: Hitzig, W. H., *Die Plasmaproteine in der klinischen Medizin*, Springer, Berlin, 1963, S. 45; Phelps und Putnam, in: Putnam, F. W. (Hrsg.), *The Plasma Proteins*, Band 1, Academic Press, New York, 1960, S. 143; Wuhrmann und Märki, *Dysproteinämien und Paraproteinämien*, 4. Aufl., Schwabe, Basel, 1963, S. 55; Schwick und Störiko, *Laboratoriumsblätter für die medizinische Diagnostik*, Behringwerke AG., Marburg-Lahn, Juni 1965; Mikol und Renoux, *Presse méd.*, **75**, 1649 (1967).

** Einige Antikörper dieser Gruppe sind:
- γA Verschiedene Insulinantikörper, Tetanusantitoxin, Polio-I/III-Antikörper, gewisse Isoagglutinine
- γM Isoantikörper Anti-A und Anti-B, agglutinierende Rh-Antikörper, spezifische und unspezifische Kälteagglutinine, heterophile Agglutinine, Wassermann-Antikörper, antinukleäre Antikörper, Rheumafaktor, Conglutinine (Properdin)
- γG Inkomplette Rh-Antikörper, inkomplette Antikörper Anti-A und Anti-B, LE-Faktor (?), blockierende Antikörper
- γD Unbekannt
- γE Reagine

Struktur der Immunglobuline[1]

Ketten*		γ		α		δ		ε		μ		–	–
	H	γ		α		δ		ε		μ		–	–
	L	κ	λ	κ	λ	κ	λ	κ	λ	κ	λ	κ	λ
Molekültypus		K	L	K	L	K	L	K	L	K	L	K	L
Kettenkombination		$\kappa_2\gamma_2$	$\lambda_2\gamma_2$	$\kappa_2\alpha_2$	$\lambda_2\alpha_2$	$\kappa_2\delta_2$	$\lambda_2\delta_2$	$\kappa_2\varepsilon_2$	$\lambda_2\varepsilon_2$	$[\kappa_2\mu_2]_n$ $n \geqq 6$	$[\lambda_2\mu_2]_n$	κ_2	λ_2
Normales Immunglobulin		γG-Globulin		γA-Globulin		γD-Globulin		γE-Globulin		γM-Globulin		γU-Globulin	
Paraprotein**		Myelomglobuline								Makroglobulin		Bence-Jones-Globulin	

* H-Kette (heavy chain) für jedes Immunglobulin spezifisch; die γ-Kette trägt die Gm-Spezifität; Molgewicht ungefähr 50000.
L-Kette (light chain) identisch bei den Immunglobulinen und in zwei Typen auftretend: Typ K (Typ I, 1, B) und Typ L (Typ II, 2, A); die κ-Ketten tragen die Inv-Spezifität; Molgewicht ungefähr 20000.
** Paraproteine sind abnorm strukturierte Proteine aus der Gruppe der Immunglobuline, die bei neoplastischen Erkrankungen des retikuloendothelialen Systems auftreten.

[1] Heide, K., in: *Die gelben Hefte*, Immunbiologische Informationen der Behringwerke AG., Heft 9, Marburg-Lahn, 1965, S. 321; Putnam, F. W., *Ser. Haematol.*, Nr. 4, 1 (1965); Fahey, J. L., *J. Amer. med. Ass.*, **194**, 71 (1965); Lennox und Cohn, *Ann. Rev. Biochem.*, **36**, 365 (1967).

Aminosäuren- und Kohlenhydratzusammensetzung von Humanserumproteinen (g/100 g Protein)[1]

	Präalbumin	Albumin	Saures α_1-Glycoprotein	α_1-Antitrypsin	Haptoglobin	Caeruloplasmin	α_2-Makroglobulin	Transferrin	γG-Globulin	γM-Globulin	γA-Globulin
Lysin	6,96	10,95	4,48	7,15	8,17	5,84	5,34	9,65	6,96	4,88	4,57
Histidin	3,62	3,17	1,12	2,92	3,12	3,93	2,70	3,33	2,28	1,83	1,93
Ammoniak	1,00	0,94	1,49	1,04	1,40	1,40	1,37	1,23	1,46	1,23	2,02
Arginin	4,27	5,38	3,44	1,85	2,23	4,38	3,82	5,15	4,02	5,05	4,55
Asparaginsäure	6,44	9,05	5,72	8,02	9,53	9,45	7,16	11,40	7,69	7,12	6,15
Threonin	9,17	4,31	4,02	4,97	4,42	5,35	5,35	3,71	7,18	7,23	7,65
Serin	7,36	3,15	1,44	2,98	3,50	3,64	5,50	4,38	9,69	6,95	7,93
Glutaminsäure	10,91	15,85	10,50	10,90	9,70	10,88	12,30	10,22	11,26	10,62	10,52
Prolin	5,31	3,65	1,81	2,69	4,19	3,21	4,07	3,82	6,05	5,27	6,26
Glycin	3,94	1,05	1,03	2,03	2,90	2,98	2,75	3,44	3,35	3,06	3,22
Alanin	6,25	6,67	1,52	2,89	3,53	2,44	3,44	5,00	3,18	3,51	3,87
Cystin ½	0	5,09	0,68	0	2,05	0,72	1,14	5,07	2,20	1,58	2,10
Valin	8,44	6,17	2,14	3,86	6,25	4,10	6,80	5,40	8,10	6,49	6,00
Methionin	0,86	1,08	0,37	1,66	1,04	1,98	1,53	1,31	0,85	1,16	0,80
Isoleucin	3,68	1,31	2,46	3,32	3,38	4,13	3,09	2,10	2,14	2,70	1,74
Leucin	5,50	10,30	3,92	8,25	6,03	5,51	7,76	8,21	7,21	6,33	7,76
Tyrosin	5,51	4,03	4,08	1,87	5,55	7,55	4,84	4,61	5,97	4,21	4,38
Phenylalanin	5,11	6,74	3,31	6,37	2,36	5,07	5,37	5,07	4,29	3,96	3,66
Tryptophan	2,40	0,13	1,40	0,55	2,60	2,30	1,30	2,10	3,83	2,80	3,30
Summe	96,73	99,02	54,93	73,32	81,95	84,86	85,63	95,20	97,71	85,98	88,41
Hexosen	0,4	0,05	14,70	4,70	7,80	3,00	3,6	2,40	1,10	5,40	3,20
Acetylhexosamin	0,1	0,03	13,90	3,90	5,30	2,40	2,9	2,00	1,30	4,40	2,90
Acetylneuraminsäure	0	0	12,10	3,60	5,30	2,40	1,8	1,40	0,30	1,30	1,80
Fucose	0	0	0,70	0,20	0,20	0,18	0,1	0,07	0,20	0,70	0,22
Summe	97,23	99,10	96,33	85,72	100,55	92,84	94,03	101,07	100,61	97,78	96,53

[1] Heimburger et al., *Clin. chim. Acta*, **10**, 293 (1964).

Serum- und Plasmaproteinfraktionen von Erwachsenen

Freie Elektrophorese der Serum- und Plasmaproteine (nach Tiselius)[1]

	Serum (30 Personen)						Plasma (7 Personen)			
	Absolute Werte (g/l Serum)			Relative Werte (g/100 g Gesamtprotein)			Absolute Werte (g/l Plasma)	Relative Werte (g/100 g Gesamtprotein)		
	Mittelwert	Extrembereich	*s*	Mittelwert	Extrembereich	*s*	Extrembereich	Mittelwert	Extrembereich	*s*
Gesamtprotein	73	68–82	3,7	100	–	–	~69–85	100	–	–
Albumin	46,2	42,2–53,9	2,9	63,5	59,7–68,6	2,32	–	61,2	57,0–65,8	3,2
Globuline	26,8	22,5–31,0	2,2	36,5	31,4–40,3	2,32	–	38,8	32,2–43,0	3,2
α-Globulin	6,8	5,1–9,8	1,1	9,2	7,0–12,2	1,43	–	9,2	8,1–10,5	0,83
α_1-Globulin....	–	–	–	2,0	1,1–3,0	0,52	–	–	–	–
α_2-Globulin....	–	–	–	7,3	5,5–9,8	1,15	–	–	–	–
β-Globulin	8,2	5,5–10,1	1,1	11,3	7,7–14,0	1,40	–	11,5	10,5–12,9	1,3
γ-Globulin	11,6	8,8–15,0	1,4	15,9	12,3–18,9	1,6	–	14,1	12,7–17,0	1,5
Fibrinogen	–	–	–	–	–	–	~2–4	4,0	2,2–5,8	1,1
Albumin : Globuline	–	–	–	1,74	1,49–2,19	0,17	–	1,59	1,32–1,92	0,21

[1] Riva, G., *Das Serumeiweißbild*, 2. Aufl., Huber, Bern, 1960, S. 257 (Werte des Inselspitals Bern).

Trägerelektrophorese der Serumproteine auf Papier[1] *bzw. Celluloseacetat*[2]

	Papierelektrophorese (12 Personen)			Elektrophorese auf Celluloseacetat (40 Personen)			
	Relative Werte (g/100 g Gesamtprotein)			Absolute Werte (g/l Serum)		Relative Werte (g/100 g Gesamtprotein)	
	Mittelwert	Extrembereich	*s*	Mittelwert	95%-Bereich	Mittelwert	95%-Bereich
Gesamtprotein	100	–	–	75,0	66–84	100	–
Albumin	65,2	58,0–71,9	4,35	44,7	37–52	59,6	52,2–67,0
Globuline	34,8	28,1–42,0	4,35	–	–	–	–
α-Globulin	10,9	8,4–14,2	2,0	–	–	–	–
α_1-Globulin ...	4,1	3,1–6,6	1,14	2,5	1–4	3,5	2,4–4,6
α_2-Globulin ...	6,7	5,2–9,1	1,28	7,5	5–10	10,1	6,6–13,6
β-Globulin	9,8	6,1–12,0	1,64	9,0	6–12	11,9	9,1–14,7
γ-Globulin	14,1	10,3–18,4	2,92	11,1	6–16	14,8	9,0–20,6
Fibrinogen	–	–	–	–	–	–	–
Albumin : Globuline	1,92	1,42–2,59	0,38	–	–	1,48	–

[1] Riva, G., *Das Serumeiweißbild*, 2. Aufl., Huber, Bern, 1960, S. 257 (Werte des Inselspitals Bern).
[2] Kaplan und Savory, *Clin. Chem.*, **11**, 937 (1965).

Serumproteine von Männern in verschiedenen Lebensaltern (g/l)[1]

Alter	Anzahl	Gesamtprotein		Albumin		α_1-Globulin		α_2-Globulin		β-Globulin		γ-Globulin	
		Mittelwert	95%-Bereich	Mittelwert	95%-Bereich	Mittelwert	95%-Bereich	Mittelwert	95%-Bereich	Mittelwert	95%-Bereich	Mittelwert	95%-Bereich
18–36 Jahre	22	71,9	62,1–81,7	38,1	29,9–46,3	3,7	2,3–5,4	7,6	3,8–11,3	9,9	6,7–17	12,5	7,3–17
65–92 Jahre	43	69,3	58,4–89,2	32,7	26,9–38,5	3,8	2,4–5,2	8,8	5,8–11,8	11,3	8,7–13,9	13,0	6,6–19,4

[1] Papierelektrophorese, Werte des National Institute of Mental Health, Bethesda, Maryland; Birren et al. (Hrsg.), *Human Aging*, Public Health Service Publication No. 986, U.S. Department of Health, Education, and Welfare, Bethesda, 1963, S. 37.

Serumproteine in verschiedenen Lebensaltern (g/l)

	Literatur	Gesamtprotein	Albumin*	α_1-Globuline*	α_1-Lipoprotein**	α_2-Globuline*	α_2-Makroglobulin**	α_2-Haptoglobin***	α_2-Caeruloplasmin†	β-Globuline*	β_1-Lipoprotein**	β_1-Siderophilin††	γA-Globulin**	γM-Globulin**	γG-Globulin††
		Mittelwerte (in Klammern *s*)													
Mütter	1	59,31	27,46	3,97	2,36	7,30	4,33	1,44	0,89	10,85	4,89	4,80	1,05	0,96	10,9
		(3,54)	(3,00)	(0,71)	(2,24)	(1,45)	(1,45)	(0,69)	(0,27)	(1,26)	(1,93)	(0,64)	–	(0,46)	(0,8)
Nabelschnurblut	1	54,81	32,16	2,31	0,28	4,51	4,54	0,26	0,11	4,66	1,16	3,33	<0,02	<0,09	12,5
		(3,24)	(3,38)	(0,31)	(0,22)	(0,58)	(1,44)	(0,38)	(0,06)	(0,86)	(0,47)	(0,24)	–	–	(2,0)
Kinder															
0–14 Tage ...	1	51,30	30,06	2,33	0,65	4,89	5,17	0,15	0,17	4,32	2,50	2,70	<0,02	0,22	9,9
		(5,10)	(3,64)	(0,39)	(0,27)	(0,62)	(1,12)	(0,07)	(0,05)	(0,79)	(0,74)	(0,09)	–	(0,06)	(0,8)
2–4 Wochen..	1	50,78	29,71	2,59	0,40	4,86	4,55	0,41	0,20	5,01	1,38	2,74	0,09	0,27	9,5
		(3,74)	(3,54)	(0,66)	(0,17)	(1,16)	(2,70)	(0,37)	(0,08)	(0,75)	(0,43)	(0,26)	(0,12)	(0,09)	(0,6)
5–9 Wochen..	1	53,37	35,10	2,60	0,33	5,13	3,60	0,25	0,24	5,25	1,42	3,03	0,45	0,26	6,3
		(3,04)	(2,64)	(0,48)	(0,15)	(0,82)	(1,70)	(0,24)	(0,06)	(0,61)	(0,46)	(0,23)	(0,25)	(0,11)	(1,8)
2–6 Monate ..	1	56,50	35,02	2,01	0,61	6,78	5,44	0,73	0,25	6,75	2,36	3,59	0,50	0,35	5,8
		(3,98)	(2,78)	(0,72)	(0,31)	(1,15)	(1,81)	(0,41)	(0,11)	(1,27)	(1,03)	(0,35)	(0,20)	(0,13)	(1,2)
6–13 Monate .	1	60,56	36,09	2,19	0,89	7,55	5,60	1,17	0,39	7,81	3,26	3,94	0,69	0,55	7,5
		(3,31)	(2,63)	(0,61)	(0,39)	(1,37)	(2,01)	(0,57)	(0,17)	(0,82)	(1,03)	(0,38)	(0,27)	(0,23)	(1,3)
1¼–3 Jahre ..	2	64,40	36,20	3,26	–	8,15	5,00	0,95	0,51	8,92	4,60	3,53	–	0,67	8,66
		(4,31)	(3,39)	(0,72)	–	(1,27)	(1,41)	(0,46)	(0,09)	(1,38)	(1,71)	(0,41)	–	(0,36)	(2,42)
3–7 Jahre	2	66,90	36,58	3,40	–	7,59	4,72	0,68	0,51	8,89	4,22	3,53	–	0,64	13,00
		(4,56)	(2,59)	(0,65)	–	(1,08)	(1,27)	(0,32)	(0,12)	(0,23)	(1,73)	(0,44)	–	(0,18)	(2,81)
7–11 Jahre ...	2	68,86	37,96	3,15	–	7,15	4,50	0,61	0,44	8,78	4,12	3,57	–	0,61	14,20
		(2,64)	(2,60)	(0,53)	–	(1,18)	(1,50)	(0,41)	(0,14)	(1,50)	(1,66)	(0,56)	–	(0,25)	(2,71)
11–16 Jahre ..	2	69,17	37,50	3,32	–	6,81	3,46	0,47	0,41	8,94	3,78	3,41	–	0,55	13,85
		(2,79)	(2,11)	(0,56)	–	(0,96)	(0,87)	(0,30)	(0,11)	(1,56)	(1,48)	(0,37)	–	(0,25)	(1,83)
Erwachsene	2	69,86	36,58	3,11	–	6,76	2,92	0,81	0,38	8,74	3,56	3,00	–	0,68	13,14
		(1,43)	(2,81)	(0,41)	–	(1,27)	(0,98)	(0,46)	(0,08)	(1,07)	(1,90)	(0,38)	–	(0,29)	(2,02)
Erwachsene	1	69,25	35,75	3,58	0,80	7,08	3,56	1,10	0,32	8,66	2,18	3,66	0,80	0,66	11,7
		(1,86)	(2,11)	(0,54)	(0,16)	(0,50)	(0,29)	(0,82)	(0,06)	(0,54)	(0,44)	(0,13)	–	(0,19)	(0,4)

* Papierelektrophorese.
** Zweidimensionale Immunodiffusion nach OUCHTERLONY in Mikrorosettenanordnung.
*** Chemisch nach JAYLE.

† Werte bei Literaturhinweis [1]: Methode nach OUCHTERLONY; bei Hinweis [2]: enzymatisch nach RAVIN.
†† Eindimensionale Immunodiffusion nach OUDIN.
[1] HITZIG, W. H., *Die Plasmaproteine in der klinischen Medizin*, Springer, Berlin, 1963, S. 110.
[2] WEISS, W. A., *Klin. Wschr.*, **43**, 273 (1965).

Nomenklatur klinisch wichtiger Plasmaproteinveränderungen[1]

	Normal	Pathologisch	
Gesamtprotein	*Normoproteinämie*	Erhöht:	*Hyperproteinämie*
		Erniedrigt:	*Hypoproteinämie*
Verhältnis der einzelnen Proteinfraktionen	*Euproteinämie*	*Pathoproteinämien*	
		Mangel spezifischer Proteine:	*Defektpathoproteinämie (Analbuminämie, Hypo- und Agammaglobulinämie, Afibrinogenämie, Atransferrinämie)*
		Auftreten spezifischer Proteine:	*Doppelalbuminämie, Paraproteinämie*
		Unspezifische Verschiebungen:	*Dysproteinämie*

[1] EMMRICH et al., *Verh. dtsch. Ges. inn. Med.*, **66**, 164 (1960); RIVA, G., *Schweiz. med. Wschr.*, **94**, 1706 (1964).

(Literatur siehe S. 584)

Enzyme** sind Proteine mit bestimmten katalytischen Funktionen. Man erkennt und mißt sie an ihrer Aktivität – ihrer Fähigkeit, ein bestimmtes Substrat umzusetzen. Je mehr Substrat in der Zeiteinheit umgesetzt wird, desto höher ist die Aktivität des Enzyms.

Enzymeinheiten. Zur Zeit sind noch eine Vielzahl von Enzymeinheiten in Gebrauch. Sie erschweren den Vergleich der von verschiedenen Laboratorien – oft mit gleicher Methodik – erhaltenen Werte. Es empfiehlt sich, die von der International Union of Biochemistry (IUB)[1] empfohlene Standardeinheit (Symbol U) zu verwenden†.

1 U bezeichnet die Enzymmenge, die unter Standardbedingungen den Umsatz von 1 µmol Substrat pro Minute bewirkt[1]. Übliche Multiple kU, mU, µU. Standardbedingungen[1]: 25 °C (IUB-Empfehlung 1961), 30 °C (IUB-Empfehlung 1964), wenn möglich optimaler pH-Wert und optimale Substratkonzentration.

Enzymkonzentration: U/l Lösung oder auch U/ml Lösung
U/kg Gewebe oder auch U/g Gewebe
Spezifische Aktivität: U/mg Enzympräparat
Molekulare Aktivität: U/µmol Enzym

In Tabelle 1 werden die Umrechnungsfaktoren in U/l (≡ mU/ml) für einige bisher gebräuchliche Einheiten (ohne Korrektur eventueller Temperaturunterschiede) angegeben.

Die Tabelle 2 enthält Umrechnungsfaktoren zur Temperaturkorrektur auf 25 °C.

Etwa 90% des Gesamtproteins der Zellen bestehen aus Enzymen. Ihrer verschiedenartigen Funktion entsprechend besitzen die einzelnen Organe und Gewebe unterschiedliche Enzymausstattungen. Diese Unterschiede sind im wesentlichen quantitativer Natur[2], wobei sich das funktionelle Zusammenspiel verschiedener Enzyme an «proportionskonstanten Gruppen» dokumentiert[3]. Diese Enzyme in den Hauptketten des energieliefernden Stoffwechsels bilden ein Grundmuster der Enzymausstattung, das von variableren Enzymen umgeben wird. Diese können, wie zum Beispiel die Lactatdehydrogenase, die α-Glycerophosphatdehydrogenase, die Enzyme des Hexosemonophosphatzyklus usw., je nach dem Stoffwechseltyp, dem ein Gewebe angehört, in ganz unterschiedlichem Verhältnis zu den metabolischen Grundstrukturen stehen. Ihre Aktivitäten unterscheiden sich von Organ zu Organ unter Umständen um Größenordnungen.

Zu den variablen Enzymen gehören naturgemäß auch alle, die – vornehmlich in den parenchymatösen Organen – Träger spezifischer Organleistungen sind. Ihre Aktivitätsunterschiede sind teilweise so groß, daß man sie als «organ- oder gewebsspezifische Enzyme» bezeichnet. Mit Hilfe dieser organspezifischen Enzyme, zum Beispiel der «Leberenzyme» Iditoldehydrogenase oder Ketose-1-phosphataldolase oder des «Muskelenzyms» Creatinkinase, und durch Beachtung der unterschiedlichen Relationen auch ubiquitärer Hauptkettenenzyme wird es möglich, das einem Organ eigentümliche Enzymmuster an einem sehr kleinen Ausschnitt, bei geeigneter Auswahl sogar an nur 3–4 Enzymen zu erkennen[4].

Als «Isozyme»††[5] werden Enzyme mit gleicher katalytischer Funktion, aber verschiedener Struktur und damit verschiedenen Eigenschaften bezeichnet[6]. Da die prozentuale Verteilung der Gesamtaktivität eines Enzyms auf seine Isozyme für die einzelnen Organe deutliche Unterschiede aufweist, wird auch hierdurch eine Differenzierung der Organe möglich. Das bekannteste Beispiel sind die Isozyme der Lactatdehydrogenase[7], die besonders in Herz und Leber deutlich verschiedene Relationen aufweisen. Es sind von einer großen Anzahl von Enzymen Isozyme bekannt geworden: Malatdehydrogenase[8,9], Aspartataminotransferase[9,10], Isocitratdehydrogenase[9,11], Glucose-6-phosphatdehydrogenase[11], Glycerophosphatdehydrogenase[11], Phosphopyruvathydratase[12], Leucin-

* Die Seiten 580–596 entstanden in Zusammenarbeit mit E. Schmidt und F.W. Schmidt, Gastroenterologische Abteilung der Medizinischen Klinik der Medizinischen Hochschule Hannover.

** Im folgenden werden für die Enzyme die Trivialnamen entsprechend den Empfehlungen der Enzyme Commission (EC) der International Union of Biochemistry[1] verwendet (siehe auch S. 378). Besonders sei auf die Trivialnamen Aspartataminotransferase anstelle von Glutamat–Oxalacetat-Transaminase und Alaninaminotransferase anstelle von Glutamat–Pyruvat-Transaminase hingewiesen.

† Anstelle des Symbols U werden auch die Symbole IU (International Unit) bzw. IE (internationale Einheit) verwendet. Die Internationale Föderation für klinische Chemie diskutiert als Enzymeinheit das Catal (catalytic amount; Symbol cat):

1 cat bezeichnet die katalytische Menge eines Systems, das *N* Reaktionszyklen pro Sekunde unter Standardbedingungen katalysiert (zu *N* siehe S. 224.4). 1 U = 16,67 ncat (n = nano).

†† Auch «Isoenzyme» genannt.

Tabelle 1 Umrechnungsfaktoren einiger Enzymeinheiten

Zur Umrechnung in Standardeinheiten (U/l) multipliziere man mit dem angegebenen Faktor. Die Angaben über Normgrenzen differieren je nach der Methode (unabhängig von der Einheit).

Gegebene Einheiten	Umrechnungsfaktor
1. NAD/NADP-abhängige Reaktionen	
Nach Bücher[1]	
25 °C, $E^{366}_{0,100}$/100 s × 1 ml	18,3
Nach Karmen und Wróblewski[2]	
23 °C, $E^{340}_{0,001}$/1 min × 3 ml	0,48
Nach Amelung und Horn[3]	
25 °C, 1µmol/1 h × 1 ml	16,7
Nach Holzer und Gerlach[4]	
24 °C, $E^{366}_{0,001}$/1 min × 3 ml	0,91
2. Fructosediphosphataldolase	
Nach Bruns[5]	
37 °C, 1 µl Fructose-1,6-diphosphatlösung/1 h × 1 ml	0,61
Nach Sibley und Lehninger[6]	
38 °C, 1 µl Fructoselösung/30 min × 0,04 ml	0,74
Nach Schapira[7]	
37 °C, 1 mg Triosephosphat-P/1 min × 1000 ml	16,00
3. Alkalische Phosphatase	
Nach King-Armstrong[8,9]	
37,5 °C, 1 mg Phenol/15 min × 100 ml	7,1
Nach Shinowara[10]	
37 °C, 1 mg P/1 h × 100 ml	5,4
Nach Bessey-Lowry (auch saure Phosphatase)[11]	
38 °C, 1 mmol *p*-Nitrophenol/1 h × 1000 ml	16,7
Nach Bodansky (auch saure Phosphatase)[12]	
37,5 °C, 1 mg P/1 h × 100 ml	5,4
4. Saure Phosphatase	
Nach King-Armstrong[8]	
37,5 °C, 1 mg Phenol/1 h × 100 ml	1,8
5. Amylase (Diastase)	
Nach Somogyi[13]	
37 °C, 5 mg Stärke/15 min × 100 ml	20,6
Nach Wohlgemuth[14]	
38 °C, 1 mg Stärke/30 min × 1 ml	206,0

[1] Beisenherz et al., *Z. Naturforsch.*, **8b**, 555 (1953).
[2] Karmen et al., *J. clin. Invest.*, **34**, 126 (1955).
[3] Amelung und Horn, *Dtsch. med. Wschr.*, **81**, 1701 (1956).
[4] Holzer et al., *Biochem. Z.*, **326**, 451 (1955); Gerlach, U., *Klin. Wschr.*, **37**, 93 (1959).
[5] Bruns, F., *Biochem. Z.*, **325**, 156 (1954).
[6] Sibley und Lehninger, *J. biol. Chem.*, **177**, 859 (1949).
[7] Schapira et al., *Amer. J. phys. Med.*, **34**, 313 (1955).
[8] King und Armstrong, *Canad. med. Ass. J.*, **31**, 376 (1934).
[9] King und Wootton, *Microanalysis in Medical Biochemistry*, 3. Aufl., Churchill, London, 1959.
[10] Shinowara et al., *J. biol. Chem.*, **142**, 921 (1942).
[11] Bessey et al., *J. biol. Chem.*, **164**, 321 (1946).
[12] Bodansky, A., *J. biol. Chem.*, **101**, 93 (1933).
[13] Somogyi, M., *J. biol. Chem.*, **125**, 399 (1938).
[14] Wohlgemuth, J., *Biochem. Z.*, **9**, 1 (1908).

(Literatur siehe S. 584)

Tabelle 2 Korrekturfaktoren zur Umrechnung der Aktivitätswerte auf 25 °C

Meßtemperatur	Lactatdehydrogenase[1]	Alaninaminotransferase[1]	Aspartataminotransferase[1]	Malatdehydrogenase[2]	Glucose-6-phosphatdehydrogenase und Phosphogluconatdehydrogenase[2]	Cholinesterase[2]
20 °C	1,470	1,400	1,390	1,520	1,300	1,360
21 °C	1,350	1,310	1,300	1,390	1,240	1,280
22 °C	1,250	1,220	1,220	1,280	1,180	1,200
23 °C	1,160	1,140	1,150	1,180	1,120	1,120
24 °C	1,080	1,060	1,070	1,090	1,060	1,055
25 °C	1,000	1,000	1,000	1,000	1,000	1,000
26 °C	0,928	0,930	0,936	0,920	0,950	0,950
27 °C	0,862	0,874	0,878	0,860	0,900	0,900
28 °C	0,802	0,817	0,821	0,800	0,850	0,855
29 °C	0,742	0,767	0,770	0,740	0,800	0,815
30 °C	0,694	0,716	0,719	0,680	0,760	0,775
31 °C	0,640	0,672	0,675	0,630	0,720	0,740
32 °C	0,598	0,628	0,636	0,580	0,680	0,700
33 °C	0,556	0,591	0,599	0,540	0,650	0,670
34 °C	0,520	0,553	0,560	0,500	0,620	0,635
35 °C	0,485	0,516	0,528	0,460	0,590	0,605
36 °C	0,449	0,484	0,497	0,430	0,560	0,575
37 °C	0,419	0,459	0,465	0,400	0,530	0,545

[1] Henry et al., *Amer. J. clin. Path.*, **34**, 381 (1960).
[2] King, J., *Practical Clinical Enzymology*, Van Nostrand, London, 1965.

aminopeptidase[13], alkalische Phosphatase[14,15], saure Phosphatase[14,16], Cholinesterase[17], Ribonuclease[18], Glutamatdehydrogenase[19], Phosphogluconatdehydrogenase[20], Creatinkinase[21], Pyruvatkinase[22], Phosphoglucomutase[23] und Amylase[24].

Innerhalb der Zelle sind die Enzyme in verschiedenen Zellkompartimenten lokalisiert: im Zytoplasma, in den Mitochondrien, Lysosomen, Mikrosomen, im Zellkern. Nach dem Grad ihrer Löslichkeit unterscheidet man Enzyme vom Typ I, die sehr leicht extrahiert werden können und wahrscheinlich nur in sehr lockerer Bindung im Hyaloplasma vorliegen, wie zum Beispiel Lactatdehydrogenase und Alaninaminotransferase, von Enzymen des Typs II, die erst bei stärkerer Zerstörung der Zellstrukturen löslich werden können. Ein Beispiel hierfür ist das Mitochondrienenzym Glutamatdehydrogenase. Die Aspartataminotransferase, Malatdehydrogenase und Isocitratdehydrogenase müssen zu einem Typ III gezählt werden, da ihre zytoplasmatischen Isozyme leicht, ihre mitochondrialen Isozyme schwer löslich sind[25]. Andere Enzyme, wie diejenigen der Atmungskette, sind so fest mit der Struktur verhaftet, daß sie bei Lösungsversuchen ihre Aktivität verlieren.

Bei dem großen Konzentrationsunterschied der Enzyme zwischen Zelle und extrazellulärem Raum, der nur durch ständigen Energieaufwand der Zelle aufrechterhalten wird, ist es verständlich, daß sich schon physiologisch geringe Aktivitäten der leicht löslichen Enzyme des zytoplasmatischen Raums im Serum finden. Höhere Enzymaktivitätsanstiege wie auch das Auftreten mitochondrialer Enzyme im Serum sind dagegen stets Folgen einer stärkeren Zellschädigung.

Die wesentlichste Quelle des physiologischen Enzymspiegels im Serum ist bisher noch umstritten. Wahrscheinlich tragen viele Organe zum normalen Enzymspiegel des Plasmas bei. Der Anteil der Blutzellmauserung wurde überschätzt[26], eine größere Rolle spielt wahrscheinlich der verstärkte Enzymaustritt bei Muskelarbeit[27].

Physiologische Variationen der Enzymkonzentration (siehe auch die Haupttabelle, S. 586–596)

In den Körperflüssigkeiten sind die Enzymkonzentrationen eher lognormal als normal verteilt; in der Haupttabelle wurde deshalb auf eine Berechnung des 95%-Bereichs aus dem Mittelwert und der Standardabweichung verzichtet.

Tabelle 3 Enzymaktivitäten in U/g Gewebe[1] bzw. U/10^{11} Zellen[2]

Gewebe	Hexokinase	Iditoldehydrogenase	Ketose-1-phosphataldolase	Fructosediphosphataldolase	Glycerophosphatdehydrogenase	Alkoholdehydrogenase	Glyceraldehydphosphatdehydrogenase	Phosphopyruvathydratase	Pyruvatkinase	Lactatdehydrogenase	Malatdehydrogenase	Isocitratdehydrogenase	Glutamatdehydrogenase	Aspartataminotransferase	Alaninaminotransferase	Glucose-6-phosphatdehydrogenase	Phosphogluconatdehydrogenase	Phosphoglyceratkinase	Phosphoglyceratphosphomutase
Leber	25,2	71,9	3,4	5,7	14,8	30,5	75,2	22,2	15,5	156	202	36,2	60,2	96,0	58,7	0,93	1,39	217	134
Skelettmuskel	3,5	0,01	0,9	98,1	2,3	0,01	175	21,4	67,6	148	93,8	6,8	0,5	36,7	3,4	0,01	0,01	33,8	35,0
Herzmuskel	2,0	0,01	0,3	5,0	0,6	0,01	62,6	1,7	29,0	125	482	5,2	1,1	52,5	3,0	0,2	0,1	0	0
Uterus	2,2	0,01	0,01	0,9	0,01	0,01	37,5	2,7	11,1	25,6	33,8	1,1	1,1	4,1	0,9	0,9	0,01	15,0	23,1
Magenmuskularis	2,3	0,3	0,1	2,6	0,05	0,01	57,4	5,2	17,6	54,1	49,8	2,8	0,7	4,3	0,05	0,5	0,1	0	0
Magenmukosa	1,1	1,2	0,05	1,1	0,1	0,9	69,8	6,4	22,2	65,7	113	11,0	3,0	28,9	1,1	0,7	0,3	0	0
Pankreas	0,4	0,2	0,09	0,04	0,04	0,1	37,7	3,5	9,8	50,8	47,7	1,8	0,5	3,0	0,7	0,4	0,2	0	0
Nierenrinde	2,1	3,6	0,5	1,8	2,4	0,01	108	9,1	15,6	114	105	6,1	6,7	10,6	2,0	0,7	0,5	0	0
Nierenmark	1,1	0,6	0,1	0,7	0,2	0,05	57,8	3,3	23,5	101	49,2	4,4	2,2	8,2	0,7	0,3	0,3	0	0
Großhirnrinde	3,2	0,2	0,1	5,3	0,09	0,01	69,3	10,5	28,5	54,6	117	0,8	4,1	20,3	0,1	0,3	0,3	0	0
Großhirnmark	1,0	0,2	0,04	2,5	0,2	0,01	69,1	7,7	27,9	40,1	61,8	0,9	2,3	9,3	0,01	0,2	0,1	0	0
Kleinhirnhemisphäre	1,8	0,1	0,07	4,7	0,01	0,01	69,7	12,4	34,9	64,7	78,4	0,2	1,5	21,6	0,07	0,3	0,3	0	0
Lunge	1,6	1,6	0,04	0,5	0,1	0,3	27,3	2,6	8,6	27,4	27,3	1,1	2,5	1,1	0,3	0,6	0,5	0	0
Fettgewebe	0,7	0,01	0,1	1,6	4,3	0,2	19,4	1,6	3,8	52,8	72,7	1,7	1,3	5,2	1,9	1,5	1,2	0	0
Lymphknoten	3,7	0,2	0,09	3,4	0,1	0,2	75,3	10,8	30,4	84,0	69,7	4,1	2,7	7,4	0,07	0,9	0,5	0	0
Erythrozyten	2,0	0	0	10,3	0	0	198	18,9	32,8	171	125	1,2	0	6,8	1,4	13,2	7,1	289	64,2
Fötal	1,5	0	0	14,9	1,9	0	284	30,3	23,3	357	304	2,7	0	14,3	1,3	28,5	8,2	600	75,4
Thrombozyten	4,5	0	0	8,2	1,2	0	39,0	23,6	120	97,7	37,2	3,3	0,7	1,6	0,8	6,9	0,9	82,7	39,4
Granulozyten	174	0	0	406	159	0	5,29 × 10^3	3,38 × 10^3	368	9,92 × 10^3	2,43 × 10^3	166	23,8	271	82,3	926	342	11,7 × 10^3	4,16 × 10^3

[1] Schmidt und Schmidt, *Klin. Wschr.*, **38**, 957 (1960); Schmidt und Schmidt, *Enzymol. biol. clin. (Basel)*, **2**, 201 (1962).
[2] Löhr, G.W., *Folia haemat. (Frankfurt)*, NF **6**, 49 (1961); Löhr und Waller, *Z. Geburtsh.*, **159**, Beilageheft (1962).

Tabelle 4 Konzentrationsgradienten Organ/Serum[1]

Enzym	Skelett-muskel/ Serum	Leber/ Serum
Fructosediphosphataldolase	21800:1	2700:1
Pyruvatkinase	6200:1	1400:1
Lactatdehydrogenase	1400:1	1400:1
Malatdehydrogenase	2000:1	2600:1
Aspartataminotransferase	5700:1	9000:1
Alaninaminotransferase	750:1	7600:1

[1] SCHMIDT und SCHMIDT, *Klin. Wschr.*, 38, 957 (1960).

1. Geschlechtsunterschiede. Bei der Mehrzahl der auch im Plasma Gesunder vorkommenden Enzyme besteht kein wesentlicher Geschlechtsunterschied. Frauen haben etwas geringere Aktivitäten der sauren Phosphatase[28], der Cholinesterase[29] und der β-Glucuronidase[30] im Serum als Männer. Es wurde auch über gering tiefer liegende Normalwerte von Aspartataminotransferase und Alaninaminotransferase[31] und von Creatinkinase[32] bei Frauen berichtet. Für fast alle diagnostisch gebräuchlichen Enzyme können aber bei Männern und Frauen die gleichen oberen Normgrenzen angenommen werden[33, 34].

2. Altersabhängigkeit. Zahlreiche Enzyme zeigen besonders beim Neugeborenen und in der frühesten Kindheit höhere Normwerte im Serum. Vom 2. bis 3. Lebensjahr an sind aber nur noch die deutlich höheren Werte der alkalischen Phosphatase von größerem praktischem Interesse. Die Höhe des Spiegels der alkalischen Phosphatase im Serum zeigt im Wachstumsalter eine enge Korrelation mit dem Verlauf des Knochenwachstums[35]. In der Tabelle der Normalwerte sind – soweit bekannt – die Werte für Kinder mit aufgeführt.

Auch für das fortgeschrittene Alter wurde über höhere Normwerte von Malatdehydrogenase, Aspartataminotransferase und Alaninaminotransferase berichtet[36]. Es ist jedoch wahrscheinlich, daß der im Alter höhere Prozentsatz subklinischer Erkrankungen diese höheren Durchschnittswerte bedingt.

3. Tagesvariationen. Die Angaben über Veränderungen der Enzymspiegel im Laufe des Tages sind uneinheitlich. Neben Schwankungen bis zu 40% (bei allerdings starker Streuung der Werte) mit nächtlichen Maximal- und mittäglichen Minimalwerten[37] wurden sehr konstante Enzymspiegel im Ablauf des Tages beobachtet[38].

4. Muskeltätigkeit. Durch stärkere Muskelarbeit kommt es zu einem deutlichen Anstieg von Enzymaktivitäten im Serum. Besonders nach längerer Belastung untrainierter Versuchspersonen wurden deutliche Anstiege der Aktivitäten von Aspartataminotransferase, Alaninaminotransferase, Lactatdehydrogenase, Fructosediphosphataldolase, Malatdehydrogenase, Pyruvatkinase und Creatinkinase nachgewiesen[27, 39–41]. Besonders empfindlich reagiert die Creatinkinase, bei der allein schon geringe körperliche Belastungen zu einem deutlichen Aktivitätsanstieg im Serum führen[39, 42]. Keine Veränderungen zeigen alkalische Phosphatase, saure Phosphatase und Amylase[33].

5. Schwangerschaft. Im Verlauf der normalen Schwangerschaft bleiben die Aktivitäten vieler Enzyme, so die von Aspartataminotransferase, Alaninaminotransferase, Fructosediphosphataldolase, Isocitratdehydrogenase, Malatdehydrogenase und α-Hydroxybutyratdehydrogenase im Normbereich[43–50]. Einige Untersucher berichten über inkonstante Anstiege der Aspartataminotransferase[47], der Creatinkinase[49] und öfter noch der Lactatdehydrogenase[47, 48, 51] in den letzten Schwangerschaftswochen. Andere konnten das nicht bestätigen[44–46, 52].

Eine Reihe hydrolytisch wirkender Enzyme (alkalische Phosphatase[45, 47, 53], Leucinaminopeptidase[50, 54], Oxytocinase[55], β-Glucuronidase[50, 56]) sowie die Histaminase[57] steigen mit fortschreitender Schwangerschaft bis zu Vielfachen ihrer Normalwerte im Serum an und fallen während des Wochenbettes innerhalb weniger Tage wieder zur Norm ab.

Enzymaktivitäten im Serum

Die Mehrzahl der diagnostisch gebräuchlichen Enzyme, mit Ausnahme der Gerinnungsenzyme, wird im Serum bestimmt. Bei Verwendung von Plasma können Hemmungen durch den Zusatz von Citrat, Oxalat, Heparin, Fluorid usw. auftreten[33]. Schon die geringste Hämolyse stört die Bestimmung solcher Enzyme, die in hoher Aktivität in den Erythrozyten vertreten sind, wie Lactatdehydrogenase, Glucose-6-phosphatdehydrogenase, Phosphogluconatdehydrogenase, Fructosediphosphataldolase, Arginase usw. Bei anderen Enzymen mit wesentlich geringeren Konzentrationsunterschieden zwischen Erythrozyten und Serum, wie Aspartataminotransferase, Alaninaminotransferase, Glutamatdehydrogenase, Ketose-1-phosphataldolase usw., kann eine geringe Hämolyse toleriert werden.

Generell sollten Enzymbestimmungen rasch nach der Gewinnung des Serums durchgeführt werden, da die Stabilität der Enzyme im Serum sehr unterschiedlich ist. Die Mehrzahl der diagnostisch gebräuchlichen Enzyme zeigt jedoch über 24 Stunden bei +4 °C, meist sogar bei Raumtemperatur, keine wesentlichen Aktivitätsabnahmen[33, 34]. Ausnahmen sind die Glucose-6-phosphatase, Glucose-6-phosphatdehydrogenase, Phosphogluconatdehydrogenase und Creatinkinase[33]. Zur Methodik der Enzymbestimmungen siehe die Literatur[33, 58].

Enzymelimination aus dem Serum

Der normale Enzymspiegel des Serums ist relativ konstant. Nach Injektion von Enzymen in die Blutbahn fallen die ansteigenden Aktivitäten rasch wieder zur Norm ab[59–62]. Der Abfall verläuft zweiphasisch[61]: Die erste, schnellere Phase zeigt die Verteilung auf den gesamten Interzellularraum; die zweite, langsamere Phase ist die eigentliche Eliminationszeit. Die bisher nur in Annäherung bekannten Halbwertzeiten der Aktivitäten im Serum beim Menschen betragen für Aspartataminotransferase 46–58, für Alaninaminotransferase 63–88, für Lactatdehydrogenase etwa 52 Stunden[63–66].

Über den eigentlichen Eliminationsmechanismus besteht bisher keine Klarheit. Alkalische Phosphatase und Leucinaminopeptidase werden mit der Galle ausgeschieden, Amylase, Pepsinogen und andere Enzyme von geringem Molgewicht mit dem Harn. Dagegen wird die Eliminationsgeschwindigkeit anderer Enzyme wie Aspartataminotransferase, Alaninaminotransferase, Lactatdehydrogenase usw. weder durch beidseitige Nephrektomie noch durch Hepatektomie oder Splenektomie beeinflußt[59, 61, 63, 67]. Möglicherweise spielt hier die Funktion des retikuloendothelialen Systems eine wesentliche Rolle[68].

Enzymdiagnostik

Die Aufrechterhaltung des Konzentrationsunterschiedes im Enzymgehalt zwischen Zelle und Serum ist eine an den Energiestoffwechsel der Zelle gekoppelte Leistung. Einschränkungen des Energieaufkommens – bei Zellschäden – bedingen einen Enzymaustritt[59, 60, 69]. Die Austrittsgeschwindigkeit der einzelnen Enzyme ist abhängig vom Konzentrationsgradienten, dem Molgewicht und der jeweiligen intrazellulären Lokalisation. Je nach dem Ausmaß des Zellschadens treten diese einzelnen Faktoren mehr oder weniger stark hervor. Bei akuten schweren Schäden – zum Beispiel beim Herzinfarkt – lassen sich im Serum die Enzymrelationen des Organs wiederfinden, bei langsamer verlaufenden und geringeren Schädigungen wird vorwiegend ein Anstieg der leicht extrahierbaren Enzyme des Zytoplasmas im Serum beobachtet, wobei sich die organcharakteristischen Enzymrelationen durch die unterschiedliche Eliminationsgeschwindigkeit der Enzyme im Serum weiterhin verwischen können[41, 70–72].

Die Höhe des Anstiegs der Enzymaktivitäten im Serum geht parallel mit der Schwere und Ausbreitung der Schädigung[64, 66, 73]. Die Lokalisation der Erkrankung wird durch Beachtung der typischen Enzymrelationen – der Enzymmuster – der Organe, durch Bestimmung «organspezifischer» Enzyme oder gewebsspezifischer Isozymverteilungen möglich[74].

Von der Vielzahl der im Serum nachweisbaren Enzyme hat sich nur die Bestimmung einiger weniger für diagnostische Zwecke bewährt und eingebürgert. Nach ihrer praktischen Bedeutung geordnet, läßt sich etwa folgende Reihe aufstellen: Aspartataminotransferase, Alaninaminotransferase, alkalische Phosphatase und saure Phosphatase, Amylase, Creatinkinase, Glutamatdehydrogenase, Lactatdehydrogenase (und ihre Isozyme), Iditoldehydrogenase und Fructosediphosphataldolase. Unentbehrlich geworden sind bisher Enzymbestimmungen in der Diagnostik der Leber-, Herz-, Muskel- und Pankreaserkrankungen.

1. Lebererkrankungen. Bei der *akuten Hepatitis* läßt sich ein Anstieg der Mehrzahl der bisher im Serum untersuchten Enzyme nachweisen[75]. Die Aktivität der Aspartataminotransferase ist auf das 10- bis 150fache, die der Alaninaminotransferase auf das 20-

bis 200fache gesteigert. Der Anstieg der alkalischen Phosphatase ist vergleichsweise gering und entspricht dem Ausmaß der begleitenden Cholestase[76]. Die Aktivität der von der Leber in das Plasma sezernierten Cholinesterase sinkt ab[77]. Der Anstieg der Enzyme im Serum erfolgt früher als der des Bilirubins und gestattet auch die Diagnose der anikterischen Hepatitis[78]. Der Verlauf der Erkrankung ist gut zu verfolgen: Eine Verschlechterung oder ein Rezidiv kündigen sich stets durch einen erneuten Enzymanstieg an[76]. Fallen die Aktivitäten der Aminotransferasen trotz scheinbarer klinischer Ausheilung nicht zur Norm ab, so liegt eine persistierende oder subchronische Verlaufsform vor[76].

Geringere Aminotransferaseanstiege im Serum, zwischen dem 2- und 8fachen der Norm, finden sich bei der aktiven *chronischen Hepatitis* und der *Leberzirrhose*[76, 79–81]. Bei älteren Prozessen ist meist die Aktivität der Aspartataminotransferase höher als die der Alaninaminotransferase, und es läßt sich ein relativ hoher Anstieg der Glutamatdehydrogenase nachweisen[76]. Diese vom Bild der akuten Hepatitis abweichende Enzymrelation weist auf den hier vorherrschenden «Nekrosetyp» der Zellschädigung hin[72].

Jeder interkurrente Verschlechterungsschub, ob ikterisch oder anikterisch, führt zu einem sofortigen Anstieg der Enzyme im Serum[76, 79, 81, 82]. Als ungünstiges Zeichen muß das Absinken der Aminotransferasen bei protrahiertem Verlauf des *Coma hepaticum* betrachtet werden[81, 83–85], wobei andere Enzyme – wie Lactatdehydrogenase, Malatdehydrogenase, Ketose-1-phosphataldolase usw. – hohe Anstiege zeigen[76, 85].

Bei Endstadien der *Leberzirrhose mit Aszites* liegen bei insgesamt nur gering pathologischen Werten die Aktivitäten der Aspartataminotransferase stets höher als die der Alaninaminotransferase, während die Glutamatdehydrogenase nicht selten deutlich meßbar ist. Diese sehr geringen Aminotransferaseerhöhungen erlauben eine Abgrenzung dieser Endstadien vom sogenannten «Frühaszites» bei akuten Verschlechterungsschüben, bei denen die Aktivitäten der Aminotransferasen entsprechend der akuten schweren Zellschädigung stark erhöht sind[76].

Die Veränderungen der Enzymaktivitäten im Serum bei der *Fettleber* sind gering. Deutlich erhöhte Werte werden nur bei exzessiven Verfettungen oder bei Auftreten sekundärer Entzündungen gefunden[76, 86]. Extrem hohe Enzymanstiege – bis 10000 U/l der Aspartataminotransferase, Alaninaminotransferase und Lactatdehydrogenase – wurden bei akuten *Vergiftungen*, besonders mit organischen Lösungsmitteln, nachgewiesen[64, 87]. Nur bei Alkoholikern läßt sich ein Anstieg der Enzymaktivitäten im Serum nach akuter *Alkoholintoxikation* nachweisen, dagegen nicht bei gesunden Personen unter entsprechenden Versuchsbedingungen[88].

Das primäre *Leberkarzinom* auf dem Boden einer Leberzirrhose zeigt keine von der Grundkrankheit abweichende Veränderung des Enzymmusters im Serum[81, 89]. Bei der *Metastasenleber* ist bei insgesamt mäßigem Anstieg die Aktivität der Aspartataminotransferase höher als die der Alaninaminotransferase[75, 76], die Glutamatdehydrogenase zeigt einen deutlichen Anstieg[76], und die Aktivität der Lactatdehydrogenase liegt häufig über 500 U/l[75, 76]. Sehr häufig werden auch ohne Vorliegen eines Ikterus hohe Werte der alkalischen Phosphatase gefunden[90, 91].

Beim *Verschlußikterus* gilt als diagnostisches Kriterium, daß hier der Anstieg der Aminotransferasen deutlich geringer ist als bei der akuten Hepatitis[81, 91, 92] und daß hohe Aktivitäten der alkalischen Phosphatase[93] und der Leucinaminopeptidase[94, 95] gefunden werden. Besonders im Anschluß an Gallenkoliken lassen sich jedoch nicht selten Aminotransferaseanstiege nachweisen, die denen leichterer Verlaufsformen der akuten Hepatitis entsprechen[41, 81, 96]. Auch wird nicht selten ein entsprechender Anstieg der alkalischen Phosphatase vermißt. Eine gute diagnostische Hilfe bietet die Beachtung des Aminotransferase/Glutamatdehydrogenase-Quotienten[97]: Aspartataminotransferase + Alaninaminotransferase/Glutamatdehydrogenase, der bei den entzündlichen ikterischen Lebererkrankungen über 30 und beim Verschlußikterus unter 15 liegt.

2. Herzerkrankungen. Zur Diagnose des *Herzinfarkts* ist der Anstieg der Enzymaktivitäten im Serum ein konstantes und zuverlässiges Symptom, das sich bei 95–100% der Patienten nachweisen läßt[98, 99]. Bei der akuten und kurzdauernden Zellschädigung kommt der «zeitgerechten» Bestimmung[75] der Enzymaktivitäten im Serum besondere Bedeutung zu.

Das Ausmaß des Enzymanstiegs ist bei der relativ geringen Masse des geschädigten Herzareals deutlich kleiner als bei den akuten Lebererkrankungen. Die Aktivitäten der Creatinkinase und Aspartataminotransferase erreichen durchschnittlich das 10fache, die von Lactatdehydrogenase und Fructosediphosphataldolase das 3- bis 6fache der Norm[74, 75]. Die tierexperimentell deutliche Kor-

Tabelle 5 Enzymaktivitäten im Serum nach Herzinfarkt[1]

Enzym	Anstiegsbeginn (Stunden)	Maximum der Aktivität (Stunden)	Normalisierung (Tage)
Creatinkinase	2–4	24–36	3–6
Aspartataminotransferase	4–6	24–48	4–7
Lactatdehydrogenase	8–10	48–72	8–9
Lactatdehydrogenase-isozyme 1 und 2	8–10	24–92	10–12
Fructosediphosphataldolase	4–6	24–48	2–9

[1] Amelung, D., *Fermentdiagnostik interner Erkrankungen*, Thieme, Stuttgart, 1964; Schmidt et al., in: Bergmeyer, H.-U. (Hrsg.), *Methoden der enzymatischen Analyse*, Verlag Chemie, Weinheim/Bergstr., 1962, S.651.

relation zwischen der Größe des Infarkts und der Höhe des Enzymanstiegs im Serum[100] wird auch beim Menschen sichtbar, jedoch können im Einzelfall einhergehende Kollapszustände und zunehmende Insuffizienzerscheinungen zu einem zusätzlichen Enzymaustritt aus anderen Organen führen. Prognostische Schlüsse aus dem Ausmaß des Enzymanstiegs sind somit nur mit Vorbehalt möglich[75]. Das Enzymmuster im Serum entspricht dem des Herzmuskels: Es zeigt deutlich höhere Aktivitäten der Aspartataminotransferase als der Alaninaminotransferase und relativ hohe Aktivitäten der Creatinkinase. An dieser charakteristischen Enzymrelation läßt sich bei erneut ansteigenden Enzymaktivitäten ein Reinfarkt von einer beginnenden Dekompensation unterscheiden. Bei letzterer kommt es bei meist weiter abfallenden Werten der Creatinkinase zu einem Anstieg der Alaninaminotransferase, die jetzt die Aktivität der Aspartataminotransferase erreicht und eventuell übersteigt[75].

Bei *Angina pectoris* sind die Enzymaktivitäten im Serum unverändert[101]. Wird bei schweren stenokardischen Beschwerden ein Enzymanstieg nachweisbar, so ist auch bei fehlenden entsprechenden EKG-Veränderungen ein Infarkt wahrscheinlich eingetreten[102].

Veränderungen der Enzymaktivitäten im Serum wurden auch bei *Tachykardien* verschiedener Genese mit einer Frequenz von über 160/min beschrieben[99, 103]. Ursächlich sind sie der Leberstauung zuzuschreiben.

Eine *Lungenembolie* kann vom Herzinfarkt aufgrund folgender Kriterien abgegrenzt werden: In etwa 60% der Fälle ist kein Anstieg der Aminotransferasen nachweisbar. Tritt ein Anstieg ihrer Aktivitäten ein, so fehlt die für den Herzinfarkt charakteristische Differenz im Anstieg der Aminotransferasen: Die Aktivitäten der Alaninaminotransferase entsprechen denen der Aspartataminotransferase oder übersteigen sie. Im weiteren ist kein Anstieg der Creatinkinase festzustellen, und die Isozyme der Lactatdehydrogenase zeigen keine Vermehrung der «Herz»-, sondern der «Leber»fraktionen[75].

Die differentialdiagnostisch ebenfalls bedeutsamen akuten Oberbaucherkrankungen führen zum Auftreten eines «Lebermusters» im Serum: Höhere Aktivitäten der Alaninaminotransferase als der Aspartataminotransferase, geringer Anstieg der Lactatdehydrogenase bei Vermehrung der «Leber»isozymfraktion und leberspezifischer Enzyme, wie Ketose-1-phosphataldolase und Iditoldehydrogenase, im Serum. Weitere diagnostische Hilfen bietet die Bestimmung der Amylase (Pankreaserkrankungen) sowie der alkalischen Phosphatase und der Glutamatdehydrogenase (Gallenwegerkrankungen).

Bei *Perikarditis* verschiedener Ätiologie wird in der Regel kein Anstieg der Enzymaktivitäten im Serum gefunden[104]. Lassen sich geringe Erhöhungen nachweisen, so zeigt dies eine Beteiligung des Myokards an der Entzündung an[66, 105]. Ein meist geringer Anstieg von Aspartataminotransferase und Lactatdehydrogenase wird bei *Myokarditis* gefunden[106]; überraschend hohen Werten begegnet man bei diphtherischer Myokarditis[107].

Die Mehrzahl der Patienten mit *myogener Herzinsuffizienz* zeigt annähernd normale Aminotransferaseaktivitäten im Serum. Kommt es zu einem Enzymanstieg, so ist eine stauungsbedingte hypoxische Leberzellschädigung wahrscheinlich. Sicherlich tragen hier jedoch auch noch andere Organe, wie zum Beispiel die Skelettmuskulatur, zu den Veränderungen des Enzymspiegels bei. Bei überwiegender Rechtsinsuffizienz ist die Leberähnlichkeit der Enzymrelationen im Serum größer als bei Linksinsuffizienz[108].

3. Muskelerkrankungen. Nach schweren *Muskeltraumen* läßt sich im Serum ein geringer Anstieg besonders solcher Enzyme nachweisen, die in der Muskulatur in höherer Aktivität vertreten sind: Creatinkinase, Aspartataminotransferase und Fructosediphosphataldolase. Starke Aktivitätsanstiege werden bei der *Muskeldystrophie* beobachtet, besonders beim Typ DUCHENNE[109–112]. Der Enzymanstieg bei anderen Formen ist deutlich geringer und unregelmäßiger[109–112]. Die Höhe des Enzymanstiegs entspricht der Aktivität des Prozesses und ist vom Krankheitsstadium abhängig. Die höchsten Werte finden sich zu Beginn der Erkrankung[112]. Je mehr Muskulatur im Laufe der Erkrankung durch Fett und Bindegewebe ersetzt wird, desto niedriger sind die Aktivitäten; bei bettlägerigen Patienten können diese im Bereich der Norm gefunden werden. Enzymbestimmungen haben sich auch zur Untersuchung des Erbganges als nützlich erwiesen: Weibliche Familienangehörige von Knaben mit progressiver Muskeldystrophie (Typ DUCHENNE) zeigen durchschnittlich höhere Aktivitäten von Fructosediphosphataldolase, Creatinkinase und Lactatdehydrogenase als Frauen und Mädchen aus anderen Familien[111–113].

Ein Anstieg von Enzymaktivitäten im Serum wurde auch bei *chronischer Polymyositis*[110,114,115] und *Myotonia dystrophica Curschmann-Steinert*[110,114,116] nachgewiesen.

Anstiege, besonders der Lactatdehydrogenase und Glucosephosphatisomerase, werden auch bei der *Dermatomyositis* gefunden. Die Aktivitäten der Aminotransferasen können hier auf 400–600 U/l ansteigen[117].

4. Pankreaserkrankungen. Die Enzymbestimmungen der Wahl sind bei Pankreaserkrankungen nach wie vor jene der Amylase und der Lipase. Der Anstieg anderer Enzyme, wie Aspartataminotransferase, Alaninaminotransferase, Lactatdehydrogenase, alkalische Phosphatase und Leucinaminopeptidase, ist uncharakteristisch und weist allein auf die primäre oder sekundäre Beteiligung der Leber hin[95,118].

Bei *akuter Pankreatitis* beginnen innerhalb von 3–6 Stunden die Aktivitäten der Amylase und Lipase im Serum zu steigen und erreichen ihre Maximalwerte nach etwa 20–30 Stunden. Erhöhte Aktivitäten lassen sich etwa nach 48–72 Stunden im Serum nachweisen. Dann bleibt – bei leichteren Formen durch die wiedereinsetzende Zellabdichtung, bei schweren Formen durch die gestörte Neubildung – der Nachschub aus[119]. Die in das Serum übergetretenen Enzyme werden in den Harn ausgeschieden. Im Harn spiegeln die Enzymaktivitäten die Veränderungen im Plasma mit einer Phasenverschiebung von 6–10 Stunden wider.

Die Unzuverlässigkeit der Enzymbestimmungen zur Diagnose der *chronischen Pankreatitis* und des *Pankreaskarzinoms*, bei denen nur zeitweilig während der Schmerzattacken erhöhte Enzymaktivitäten im Serum nachgewiesen werden können, hat zur Entwicklung von Provokationstests geführt[120]. Durch einen starken Sekretionsreiz wird beim geschädigten Organ ein verstärkter Austritt exkretorischer Enzyme in das Plasma erreicht. Voraussetzung ist eine noch ausreichende Enzymbildung im Pankreas.

5. Bluterkrankungen. Kennzeichnend für die *perniziöse Anämie* ist der oft extrem hohe Anstieg der Lactatdehydrogenaseaktivität im Serum[83,121,122]. Bei unbehandelten Patienten lassen sich praktisch ausnahmslos Aktivitäten über 700 U/l nachweisen[123]. Werte über 1200 U/l gelten als beweisend, wenn ausgedehnte Karzinommetastasen, schwere Intoxikationen oder Schockzustände ausgeschlossen werden können[123]. Nach Behandlung mit Vitamin B_{12} fällt die Aktivität der Lactatdehydrogenase noch vor dem Anstieg der Retikulozytenzahl steil ab und normalisiert sich innerhalb von 2–3 Wochen, noch vor der Rekompensation des Blutbildes[83,123].

Keine oder nur sehr geringe Veränderungen der Enzymaktivitäten im Serum werden bei *kongenitalen hämolytischen Anämien*, bei *Blutungsanämien* und bei *aplastischen Anämien* im Serum gefunden[83,124].

In der Regel normale Enzymaktivitäten im Serum zeigen auch *Polyglobulien* und *Polyzythämien*[122,125]. Unter ^{32}P-Behandlung oder radiologischer Therapie kommt es zu einem kurzen Anstieg der Enzymaktivitäten im Serum[125].

Bei *akuten Leukosen* ist ein Enzymanstieg ein häufiges, aber nicht konstantes Symptom[126,127]. Nur geringe Anstiege finden sich bei der *chronischen Myelose*. Bei der *chronischen Lymphadenose* zeigen selbst die Lactatdehydrogenase oft und andere Enzyme meist normale Werte[126].

6. Tumoren. Die früheren Hoffnungen, besonders mit Hilfe der Lactatdehydrogenasebestimmung das Vorliegen von Karzinomen sicher bestimmen zu können[128], haben sich nicht erfüllt. Die Häufigkeit des Auftretens erhöhter Lactatdehydrogenaseaktivitäten im Serum bei Tumorpatienten variiert zwischen 40 und 90%[129]. Dabei erwies sich der Anstieg der Lactatdehydrogenaseaktivität unter 26 Enzymen, deren Verhalten im Serum bei den verschiedensten Tumoren gemeinsam untersucht wurde[130], noch als das zuverlässigste Indiz. Für den Einzelfall bleibt jedoch die Unsicherheit, daß die Aktivität der Lactatdehydrogenase – auch bei Vorliegen ausgedehnter Tumoren – keineswegs regelmäßig erhöht ist, und sie kann zudem auch bei einer Vielzahl anderer Erkrankungen ansteigen.

Auf das charakteristische Enzymmuster bei der Metastasenleber wurde bereits hingewiesen.

Über die hier angeführten Krankheitsbilder hinaus bieten Enzymbestimmungen im Serum noch bei vielen Erkrankungen einen wertvollen Beitrag zur Diagnostik und Verlaufskontrolle. Ihr großer Nutzen wird besonders dann deutlich, wenn nicht nur die Aktivität *eines* Enzyms gemessen wird, sondern sich ein ausgewähltes Muster von 2, 3 und mehr Enzymen mit den weiteren Symptomen des Krankheitsbildes zu einer pathophysiologischen Vorstellung zusammenfügt[76].

Literatur (zu S. 580–584)

1 International Union of Biochemistry, *Report of the Commission on Enzymes*, Pergamon Press, Oxford, 1961; International Union of Biochemistry, *Enzyme Nomenclature*, Recommendations 1964, Elsevier, Amsterdam, 1965.

2 GREENSTEIN, J. P., *Biochemistry of Cancer*, 2. Aufl., Academic Press, New York, 1954, Kapitel 8.

3 PETTE et al., *Biochem. biophys. Res. Commun.*, **7**, 419 (1962); PETTE et al., *Biochem. biophys. Res. Commun.*, **7**, 425 (1962); KLINGENBERG und PETTE, *Biochem. biophys. Res. Commun.*, **7**, 430 (1962); PETTE und LUH, *Biochem. biophys. Res. Commun.*, **8**, 283 (1962).

4 SCHMIDT und SCHMIDT, *Klin. Wschr.*, **38**, 957 (1960).

5 MARKERT und MØLLER, *Proc. nat. Acad. Sci. (Wash.)*, **45**, 753 (1959).

6 NEILANDS, J. B., *Science*, **115**, 143 (1952); NEILANDS, J. B., *J. biol. Chem.*, **199**, 373 (1952); KREBS, E. G., *J. biol. Chem.*, **200**, 471 (1953); VESELL und BEARN, *Proc. Soc. exp. Biol. (N. Y.)*, **94**, 96 (1957).

7 PFLEIDERER und JECKEL, *Biochem. Z.*, **329**, 370 (1957); WIELAND und PFLEIDERER, *Biochem. Z.*, **329**, 112 (1957); WIELAND et al., *Biochem. Z.*, **332**, 1 (1959); WIEME, R. J., *Clin. chim. Acta*, **4**, 317 (1959); PLAGEMANN et al., *J. biol. Chem.*, **235**, 2282 (1960); HESS und WALTER, *Klin. Wschr.*, **38**, 1080 (1960); RICHTERICH et al., *Clin. chim. Acta*, **8**, 178 (1963).

8 DELBRÜCK et al., *Biochem. Z.*, **331**, 297 (1959); THORNE, C. J. R., *Biochim. biophys. Acta (Amst.)*, **42**, 175 (1960).

9 SCHMIDT et al., *Klin. Wschr.*, **40**, 1133 (1962).

10 EICHEL und BUKOVSKY, *Nature*, **191**, 243 (1961).

11 TSAO, M. U., *Arch. Biochem.*, **90**, 234 (1960).

12 MALMSTRÖM, B. G., *Arch. Biochem.*, **70**, 58 (1957).

13 KOWLESSAR et al., *J. clin. Invest.*, **39**, 671 (1960); SCHOBEL und WEWALKA, *Klin. Wschr.*, **40**, 1048 (1962).

14 LATNER, A. L., in: RUYSSEN und VANDENDRIESSCHE (Hrsg.), *Enzymes in Clinical Chemistry*, West-European Symposia on Clinical Chemistry, Gent 1964, Band 4, Elsevier, Amsterdam, 1965.

15 KEIDING, N. R., *Scand. J. clin. Lab. Invest.*, **11**, 106 (1959).

16 REITH et al., *Klin. Wschr.*, **42**, 915 (1964).

17 DUBBS et al., *Science*, **131**, 1529 (1960).

18 HAKIM, A. A., *Arch. Biochem.*, **83**, 390 (1959).

19 VAN DER HELM, *Nature*, **194**, 773 (1962).

20 FILDES und PARR, *Nature*, **200**, 890 (1963).

21 DEUL und VAN BREEMEN, *Clin. chim. Acta*, **10**, 276 (1964).

22 VON FELLENBERG et al., *Enzymol. biol. clin. (Basel)*, **3**, 240 (1963).

23 SPENCER et al., *Nature*, **204**, 742 (1964).

24 MCGEACHIN und LEWIS, *J. biol. Chem.*, **234**, 795 (1959).

25 DELBRÜCK et al., *Biochem. Z.*, **331**, 273 (1959).

26 HOF und WOLLER, *Klin. Wschr.*, **34**, 98 (1956).

27 OTTO et al., *Klin. Wschr.*, **42**, 75 (1964).

28 RICHTERICH et al., *Schweiz. med. Wschr.*, **92**, 1496 (1962).

29 REINHOLD et al., *Amer. J. clin. Path.*, **23**, 645 (1953); BREUER und SCHÖNFELDER, *Clin. chim. Acta*, **6**, 515 (1961).

30 COHEN und HUSEBY, *Cancer Res.*, **11**, 52 (1951); GOLDBARG et al., *Gastroenterology*, **36**, 193 (1959); PLAICE, C. H., *J. clin. Path.*, **14**, 661 (1961).

31 SIEKERT und FLEISHER, *Proc. Mayo Clin.*, **31**, 459 (1956).

32 HUGHES, B. P., *Clin. chim. Acta*, **7**, 597 (1962).

33 KING, J., *Practical Clinical Enzymology*, Van Nostrand, London, 1965.

34 FEISSLI et al., *Klin. Wschr.*, **44**, 390 (1966).

35 CLARK und BECK, *J. Pediat.*, **36**, 335 (1950).

36 MERTEN und SOLBACH, *Mitteilungsdienst der Gesellschaft zur Bekämpfung der Krebskrankheiten in Nordrhein-Westfalen*, Heft 5/6, 388 (1961).

37 VETTER et al., *Z. ges. inn. Med.*, **16**, 359 (1961).

38 SCHMIDT und SCHMIDT, unveröffentlichte Untersuchungen; MASSARRAT, S., persönliche Mitteilung.

39 BAUMANN et al., *Schweiz. Z. Sportmed.*, **10**, 33 (1962).

40 CANTONE und CERRETELLI, *Int. Z. angew. Physiol.*, **18**, 107 (1960); ALTLAND und HIGHMAN, *Amer. J. Physiol.*, **201**, 393 (1961); RICHTERICH et al., *Schweiz. med. Wschr.*, **91**, 601 (1961); FOWLER, jr., et al., *J. appl. Physiol.*, **17**, 943 (1962); SCHNEIDER und HEISE, *Dtsch. med. Wschr.*, **88**, 520 (1963).

41 SCHMIDT und SCHMIDT, in: WILDHIRT, E. (Hrsg.), *Fortschritte der Gastroenterologie*, Urban & Schwarzenberg, München, 1960.

42 COLOMBO et al., *Klin. Wschr.*, **40**, 37 (1962).

43 BOMPIANI, A., *Ann. Ostet. Ginec.*, **78**, 705 (1956); JOHANSSON et al., *Nord. Med.*, **59**, 442 (1958); DUBACH und STAMM, *Arch. Gynäk.*, **190**, 394 (1958); BORGLIN, N. E., *J. clin. Endocr.*, **18**, 872 (1958); BORGLIN, N. E., *J. clin. Endocr.*, **19**, 425 (1959); FERRARIO und FUMAGALLI, *Minerva ginec.*, **11**, 260

(1959); Klimek et al., *Ginek. pol.*, **30**, 345 (1959); Kucker und Richter, *Gynaecologia (Basel)*, **148**, 142 (1959); Normann et al., *Nord. Med.*, **63**, 259 (1960); Kubli, F., *Arch. Gynäk.*, **194**, 406 und 413 (1961); von Muralt und Richter, *Gynaecologia (Basel)*, **151**, 124 (1961); Dawkins und Wigglesworth, *J. Obstet. Gynaec. Brit. Cwlth*, **68**, 264 (1961); Little und Kirpalani, *Amer. J. Obstet. Gynec.*, **83**, 1346 (1962); Tobin, S.M., *Amer. J. Obstet. Gynec.*, **87**, 213 (1963).

44 West und Zimmerman, *Amer. J. med. Sci.*, **235**, 443 (1958).

45 Knutson et al., *J. Lab. clin. Med.*, **51**, 773 (1958).

46 Crisp et al., *Obstet. and Gynec.*, **13**, 487 (1959); Neumann und Kyank, *Zbl. Gynäk.*, **83**, 1909 (1961).

47 Friedman et al., *Amer. J. Obstet. Gynec.*, **82**, 132 (1961).

48 Theisen et al., *Obstet. and Gynec.*, **17**, 183 (1961).

49 Konttinen und Pyörälä, *Scand. J. clin. Lab. Invest.*, **15**, 429 (1963).

50 Carol und Bonow, *Zbl. Gynäk.*, **87**, 426 (1965).

51 Hagerman und Wellington, *Amer. J. Obstet. Gynec.*, **77**, 348 (1959); Stone et al., *Amer. J. Obstet. Gynec.*, **80**, 104 (1960); Romalis und Claman, *Amer. J. Obstet. Gynec.*, **84**, 1104 (1962).

52 Little, W. A., *Obstet. and Gynec.*, **13**, 152 (1959); Smith et al., *Obstet. and Gynec.*, **13**, 163 (1959; Emery und Pascasio, *Amer. J. Obstet. Gynec.*, **91**, 18 (1965).

53 Meranze et al., *Amer. J. Obstet. Gynec.*, **33**, 444 (1937); Waronski und Kudla, *Ginek. pol.*, **32**, 521 (1961).

54 Goldbarg und Rutenburg, *Cancer*, **11**, 283 (1958); Sabatini und Marimpietri-Pienabarca, *Monit. ostet.-ginec.*, NS **33**, 471 (1962); Kokot und Cekański, *Zbl. Gynäk.*, **85**, 1638 (1963).

55 Werle und Effkemann, *Arch. Gynäk.*, **171**, 286 (1941); Semm, K., *Naunyn-Schmiedeberg's Arch. exp. Path. Pharmak.*, **220**, 447 (1953); Tuppy und Wintersberger, *Mh. Chem.*, **91**, 1001 (1961); Tuppy et al., *Hoppe-Seylers Z. physiol. Chem.*, **329**, 278 (1962); Bernhard und Semm, *Zbl. Gynäk.*, **86**, 1691 (1964).

56 McDonald und Odell, *J. clin. Endocr.*, **7**, 535 (1947); Yamada und Hayakawa, *Nagoya J. med. Sci.*, **16**, 203 (1953); Kasdon et al., *Obstet. Gynec.*, **15**, 367 (1960).

57 Werle und Effkemann, *Arch. Gynäk.*, **170**, 82 (1940); Ahlmark, A., *Acta physiol. scand.*, **9**, Suppl. 28 (1944); Vignes und Cariou, *Gynéc. et Obstét.*, **57**, 399 (1958); Swanberg, H., *Acta physiol. scand.*, **23**, Suppl. 79 (1958); Borglin und Willert, *Cancer*, **15**, 271 (1962).

58 Colowick und Kaplan (Hrsg.), *Methods in Enzymology*, 7 Bände, Academic Press, New York, 1955–1964; Henry et al., *Amer. J. clin. Path.*, **34**, 381 (1960); Bergmeyer, H.-U. (Hrsg.), *Methoden der enzymatischen Analyse*, Verlag Chemie, Weinheim/Bergstr., 1962; Schmidt und Schmidt, *Enzymol. biol. clin.*, **2**, 201 (1962); Richterich, R., *Klinische Chemie; Theorie und Praxis*, Karger, Basel, 1965.

59 Sibley, J. A., *Ann. N. Y. Acad. Sci.*, **75**, 339 (1958).

60 Bruns und Neuhaus, *Arch. Biochem.*, **55**, 588 (1955).

61 Dunn et al., *J. Lab. clin. Med.*, **51**, 259 (1958).

62 Sibley und Fleisher, *Proc. Mayo Clin.*, **29**, 591 (1954); Wróblewski und LaDue, *Proc. Soc. exp. Biol. (N. Y.)*, **90**, 210 (1955); Amelung et al., *Klin. Wschr.*, **36**, 963 (1958); Sampson, J. J., *Progr. cardiovasc. Dis.*, **1**, 187 (1958); Wolfson, jr., et al., *Ann. N. Y. Acad. Sci.*, **75**, 260 (1958/59).

63 Amelung, D., *Hoppe-Seylers Z. physiol. Chem.*, **318**, 219 (1960).

64 Molander et al., *J. Lab. clin. Med.*, **46**, 831 (1955).

65 Neuhaus et al., *Klin. Wschr.*, **41**, 619 (1963).

66 Nydick et al., *Circulation*, **15**, 324 (1957).

67 Strandjord et al., *J. clin. Invest.*, **38**, 2111 (1959); Reichard, H., *J. Lab. clin. Med.*, **53**, 417 (1959); Cleeve, H., *J. clin. Path.*, **15**, 93 (1962).

68 Fleisher und Wakim, *J. Lab. clin. Med.*, **61**, 76, 86, 98, 107 (1963).

69 Warburg und Christian, *Biochem. Z.*, **314**, 399 (1943); Warburg und Hiepler, *Z. Naturforsch.*, **7b**, 193 (1952); Schade, A. L., *Biochim. biophys. Acta*, **12**, 163 (1953); Warburg et al., *Z. Naturforsch.*, **9b**, 109 (1954); Zierler, K. L., *Amer. J. Physiol.*, **185**, 12 (1956); Zierler, K. L., *Amer. J. Physiol.*, **190**, 201 (1957); Bruns, F. H., *Clin. chim. Acta*, **2**, 257 (1957); Zierler, K. L., *Amer. J. Physiol.*, **192**, 283 (1958); Zierler, K. L., *Bull. Johns Hopk. Hosp.*, **102**, 17 (1958); Zierler, K. L., *Ann. N. Y. Acad. Sci.*, **75**, 227 (1958); Wu und Racker, *Fed. Proc.*, **17**, 399 (1958); Wu, R., *Cancer Res.*, **19**, 1217 (1959); Bruns et al., *Klin. Wschr.*, **39**, 342 (1961).

70 Bücher et al., in: *Transactions of the 9th Middle East Medical Assembly*, Beirut, 1959.

71 Schmidt und Schmidt, in: *Verhandlungen des 1. Europäischen Symposiums über medizinische Enzymologie*, Mailand 1960, Karger, Basel, 1961, S. 100; Schmidt und Schmidt, *Bibl. gastroent. (Basel)*, **4**, 15 (1961); Schmidt und Schmidt, in: *Transactions du 7e Congrès international de gastroentérologie*, Brüssel, 1964, S. 116; Schmidt, F.W., *Verh. dtsch. Ges. inn. Med.*, **70**, 612 (1964).

72 Schmidt und Schmidt, *Regensburg. Jb. ärztl. Fortbild.*, **12**, 4, 207 (1964).

73 Wróblewski und LaDue, *Cancer*, **8**, 1155 (1955); Friend et al., *J. exp. Med.*, **102**, 699 (1955); Nydick et al., *Circulation*, **12**, 161 (1955); Bruns und Neuhaus, *Biochem. Z.*, **326**, 242 (1955); Rudolph et al., *J. Lab. clin. Med.*, **49**, 31 (1957); Asada, M., *Med. J. Osaka Univ.*, **9**, 45 (1958); De Ritis et al., *G. Mal. infett.*, **11**, 469 (1959).

74 Schmidt et al., in: Bergmeyer, H.-U. (Hrsg.), *Methoden der enzymatischen Analyse*, Verlag Chemie, Weinheim/Bergstr., 1962, S. 651.

75 Amelung, D., *Fermentdiagnostik interner Erkrankungen*, Thieme, Stuttgart, 1964.

76 Schmidt und Schmidt, *Enzymol. biol. clin. (Basel)*, **3**, 1 (1963).

77 Antopol et al., *Proc. Soc. exp. Biol. (N. Y.)*, **38**, 363 (1938); Molander et al., *Ann. intern. Med.*, **41**, 1139 (1954); Kommerell und Franken, *Dtsch. med. Wschr.*, **81**, 1959 (1956); Pietschmann, H., *Wien. Z. inn. Med.*, **41**, 409 (1960).

78 Bang et al., *Nord. Med.*, **58**, 1013 (1957); Tolentino und Rossi, *G. Mal. infett.*, **9**, 552 (1957); Delkeskamp et al., *Dtsch. med. Wschr.*, **84**, 188 (1959); De Ritis et al., *Bull. Wld Hlth Org.*, **20**, 589 (1959); Manning et al., *Amer. J. med. Sci.*, **241**, 454 (1961).

79 Schmidt et al., *Klin. Wschr.*, **36**, 280 (1958).

80 De Ritis et al., *Recenti Progr. Med.*, **20**, 533 (1956).

81 Wróblewski, F., *Amer. J. Med.*, **27**, 911 (1959).

82 Molander et al., *J. Amer. med. Ass.*, **163**, 1461 (1957); Donato, R.A., *Amer. J. clin. Path.*, **28**, 377 (1957); Baier et al., *Klin. Wschr.*, **39**, 117 (1961).

83 Beyreder und Rettenbacher-Däubner, *Wien. klin. Wschr.*, **71**, 686 (1959).

84 Franken, F.H., *Klin. Wschr.*, **35**, 1203 (1957).

85 Schmidt und Schmidt, *Gastroenterologia (Basel)*, **90**, Suppl. 69 (1958).

86 Bradus et al., *Amer. J. med. Sci.*, **246**, 35 (1963).

87 Lindner, H., *Klin. Wschr.*, **36**, 877 (1958); Baier, H., *Medizinische*, **1959**, 2222; Petersen, V.P., *Acta med. scand.*, **164**, 131 (1959); Krentz, K., *Internist (Berl.)*, **2**, 261 (1961); Dawborn et al., *Brit. med. J.*, **2**, 493 (1961).

88 Bang et al., *J. Amer. med. Ass.*, **168**, 156 (1958); Linde, S., *Scand. J. Lab. clin. Invest.*, **10**, 303 (1958); Madsen et al., *Brit. med. J.*, **1**, 543 (1958); Hed, R., *Acta med. scand.*, **165**, 161 (1959); von Oldershausen und Regoeczi, *Bibl. gastroent. (Basel)*, **4**, 79 (1961).

89 Klein, H.G., *Wien. med. Wschr.*, **109**, 179 (1959).

90 Mendelsohn und Bodansky, *Cancer*, **5**, 1 (1952); Gibbons, T.B., *J. Amer. med. Ass.*, **164**, 22 (1957); Molander et al., *Acta Un. int. Cancr.*, **16**, 1478 (1960).

91 Gutman, A.B., *Amer. J. Med.*, **27**, 875 (1959).

92 Wróblewski und LaDue, *Ann. intern. Med.*, **43**, 345 (1955); Eismann, J., *Dtsch. med. J.*, **7**, 204 (1956); De Ritis et al., *Minerva med.*, **47**, 167 (1956); Horn und Amelung, *Dtsch. med. Wschr.*, **82**, 619 (1957).

93 Latner und Smith, *Lancet*, **2**, 915 (1958); Martini und Strohmeyer, *Med. Klin.*, **54**, 1489 (1959); Leipold et al., *Dtsch. med. Wschr.*, **86**, 1341 (1961).

94 Banks et al., *New Engl. J. Med.*, **263**, 1277 (1960); Bressler et al., *J. Lab. clin. Med.*, **56**, 417 (1960).

95 Göggel et al., *Dtsch. med. Wschr.*, **85**, 1756 und 1808 (1960).

96 Lindner, H., *Dtsch. med. J.*, **12**, 15 und 33 (1961); Demeulenaere, L., in: *Verhandlungen des 1. Europäischen Symposiums über medizinische Enzymologie*, Mailand 1960, Karger, Basel, 1961, S. 260; Mossberg und Ross, *Gastroenterology*, **45**, 345 (1963).

97 Schmidt und Schmidt, *Klin. Wschr.*, **40**, 962 (1962); Filippa, G., *Enzymol. biol. clin. (Basel)*, **3**, 97 (1963).

98 Kattus et al., *Circulation*, **15**, 502 (1957); Lass et al., *Medizinische*, **1958**, 1767; Forster, G., *Praxis*, **47**, 1013 (1958); LaDue, J.S., *Amer. J. Cardiol.*, **1**, 308 (1958); Rudolph et al., *N. Y. St. J. Med.*, **58**, 2520 (1958); Wood et al., *Northw. Med. (Seattle)*, **57**, 1447 (1958); Snodgrass et al., *New Engl. J. Med.*, **261**, 1259 (1959).

99 Chinsky und Sherry, *Arch. intern. Med.*, **99**, 556 (1957).

100 Glassner et al., *Amer. J. Physiol.*, **179**, 639 (1954); Lemley-Stone et al., *Amer. J. Physiol.*, **183**, 555 (1955); Siegel und Bing, *Proc. Soc. exp. Biol. (N. Y.)*, **91**, 604 (1956); Wróblewski, F., *Amer. Heart J.*, **54**, 219 (1957); Coltorti et al., *Minerva cardioangiol.*, **5**, 1 (1957); Ruegsegger et al., *Circulat. Res.*, **7**, 4 (1959).

101 Amelung und Horn, *Dtsch. med. Wschr.*, **81**, 1701 (1956).

102 LaDue et al., *Mod. Conc. cardiov. Dis.*, **25**, 333 (1956).

103 Carcassi und Pitzus, *Minerva med.*, **48**, 2449 (1957); Bruyet et al., *Arch. Mal. Cœur*, **51**, 758 (1958); Dewar et al., *Brit. med. J.*, **2**, 1121 (1958).

104 Chinsky et al., *J. Lab. clin. Med.*, **47**, 108 (1956); Fremont et al., *Amer. J. Cardiol.*, **1**, 480 (1958); Weissmann, C., *Schweiz. med. Wschr.*, **89**, 777 und 811 (1959).

105 Agress et al., *Proc. Soc. exp. Biol. (N. Y.)*, **92**, 826 (1956).

106 Nydick et al., *Circulation*, **12**, 795 (1955); Baron et al., *Quart. J. Med.*, **27**, 533 (1958); Cattaneo et al., *Reumatismo*, **10**, 366 (1958).

107 Choremis und Leonidas, *Acta paediat. (Uppsala)*, **51**, 293 (1962).

108 West et al., *Amer. J. med. Sci.*, **241**, 350 (1961).

109 Schapira und Dreyfus, in: Bourne und Golarz (Hrsg.), *Muscular Dystrophy in Man and Animals*, Karger, Basel, 1963, S. 48.

110 Dreyfus und Schapira, in: Gigon und Ludwig (Hrsg.), *Enzymatische Regulationen in der Klinik*, Schwabe, Basel, 1961, S. 145.

111 Chung et al., *Amer. J. hum. Genet.*, **12**, 52 (1960).

112 Aebi et al., *Helv. paediat. Acta*, **16**, 543 (1961).

113 Aebi et al., *Enzymol. biol. clin. (Basel)*, **1**, 61 (1961/62); Schapira et al., *Enzymol. biol. clin. (Basel)*, **2**, 45 (1962/63).

114 Heyck und Laudahn, *Klin. Wschr.*, **41**, 905 (1963).

115 Matzelt und Mertens, *Verh. dtsch. Ges. inn. Med.*, **68**, 285 (1962).

116 Kuhn et al., *Klin. Wschr.*, **40**, 744 (1962).

117 Wüst et al., *Derm. Wschr.*, **137**, 288 (1958).

118 Foulk und Fleisher, *Gastroenterology*, **35**, 375 (1958); Harkness et al., *Brit. med. J.*, **1**, 1787 (1960); Pojer et al., *Gastroenterologia (Basel)*, **95**, 73 (1961); Klaus, D., *Med. Welt*, **12**, 644 (1962).

119 Gülzow, M., *Internist (Berl.)*, **5**, 88 (1964).

120 Popper et al., *Surg. Gynec. Obstet.*, **77**, 471 (1943); Knight et al., *Gastroenterology*, **12**, 34 (1949); Sanchez-Ubeda und Rousselot, *Surg. Gynec. Obstet.*, **93**, 283 (1951); Steinmann und Widmer, *Schweiz. med. Wschr.*, **85**, 411 (1955).

121 Hess und Gehm, *Klin. Wschr.*, **33**, 91 (1959); Heller et al., *J. Lab. clin. Med.*, **55**, 425 (1960).

122 Levitan et al., *Clin. Res.*, **7**, 217 (1959).

123 Amelung, D., *Dtsch. med. Wschr.*, **85**, 1629 (1960).

124 Hennemann und Klaus, *Klin. Wschr.*, **36**, 516 (1958); Horn, H.D., *Verh. dtsch. Ges. inn. Med.*, **64**, 315 (1958); Schlief et al., *Medizinische*, **1959**, 669.

125 Vetter und Griesche, *Z. ges. inn. Med.*, **15**, 367 (1960).

126 Englhardt-Gölkel et al., *Klin. Wschr.*, **36**, 462 (1958).

127 Englhardt-Gölkel et al., *Klin. Wschr.*, **36**, 576 (1958).

128 Hill und Levi, *Cancer Res.*, **14**, 513 (1954).

129 Hsieh et al., *Proc. Soc. exp. Biol. (N. Y.)*, **89**, 627 (1955), Korrektur: **90**, 554 (1955); White, L.P., *J. nat. Cancer Inst.*, **21**, 671 und 685 (1958); Horn und Langrehr, *Z. Geburtsh. Gynäk.*, **150**, 311 (1958); Gullino et al., *Minerva chir.*, **16**, 274 (1961); Rose et al., *Cancer*, **14**, 726 (1961).

130 Merten und Solbach, *Klin. Wschr.*, **39**, 222 (1961).

Normalwerte in **U/l Plasma oder Serum** von Erwachsenen, wenn nicht anders angegeben (Definition der Einheit U siehe S. 580)

EC-Nummer Systematischer Name **Empfohlener Trivialname** (Abkürzungen; nicht empfohlene Trivialnamen)	Methode	Anzahl	Mittelwert	95%-Bereich (in Klammern Extrembereich)	s	Literatur	Bemerkungen
1.1.1.1 Alcohol: NAD oxidoreductase **Alkoholdehydrogenase** (ADH)	UV-Test[1] modifiziert, 25 °C	7	1,8			2	Geringe Hämolyse stört nicht. Bisher klinische Bedeutung gering. Deutlicher Anstieg im Serum bei akuter Hepatitis und anderen akuten schweren Leberschäden[2,3].
1.1.1.8 L-Glycerol-3-phosphate: NAD oxidoreductase **Glycerophosphatdehydrogenase** (GDH)	UV-Test[4] modifiziert, 25 °C	19	2,7	(1,6–6,6)		2, 5	Geringe Hämolyse stört nicht. Anstieg im Serum bei akuter Hepatitis und schweren Leberschäden[2].
1.1.1.14 L-Iditol: NAD oxidoreductase **L-Iditoldehydrogenase** (Sorbitdehydrogenase, SDH)	UV-Test[6] modifiziert, 24 °C	16	0,9			7	Bei der geringen Aktivität des Enzyms in den Erythrozyten stört geringe Hämolyse nicht. Nur in der Leber in höherer Aktivität vorhanden. Der Anstieg des Enzyms im Serum weist relativ spezifisch auf eine deutliche Leberschädigung hin[5,7,9].
	UV-Test[7] modifiziert, 25 °C	12	1,1			5	
	UV-Test[7] modifiziert, 25 °C	91	0,06	(0–0,4)	0,1	8	
	UV-Test[7] modifiziert, 37 °C	32	0,08	(0–0,6)		9	
	UV-Test[7] modifiziert, 25 °C			0–3,0		10	
	Nabelschnurvenenblut			0–4,5		10	
	Kinder			0–6,0		10	
1.1.1.27 L-Lactate: NAD oxidoreductase **Lactatdehydrogenase** (LDH)	UV-Test[11] modifiziert, 24–27 °C	161	225	(120–419)		12	Infolge der hohen Aktivität der Lactatdehydrogenase in den Erythrozyten führt schon geringe Hämolyse zu falsch hohen Werten. Das Enzym, von dem sich in den Organen und im Serum 5 Isozyme nachweisen lassen, ist in allen Organen in hoher Aktivität vorhanden. Entsprechend kommt es bei jeder schweren Organschädigung zu einem Anstieg seiner Aktivität. Klinische Bedeutung hat die Bestimmung der Gesamtlactatdehydrogenase zur Diagnose des Herzinfarktes, in der Differentialdiagnose der Anämien – die höchsten Aktivitäten lassen sich bei der perniziösen Anämie nachweisen – und in geringerem Ausmaß bei Lebererkrankungen gefunden. Siehe Übersichten[20]. Zu einer Zusammenstellung von Normalwerten der Lactatdehydrogenaseisozymverteilung siehe Jordan und White[20a].
	UV-Test[13] modifiziert, 25 °C.	130		(125–379)		14	
	UV-Test[11] modifiziert, 25 °C.	180	88	(36–130)		5	
	UV-Test[11] modifiziert, Raumtemperatur	107	71		6,2	15	
	UV-Test[11] modifiziert, 25 °C.			(30–120)		16	
	Kolorimetrisch (2,4-Diphenylhydrazin), 37 °C			(70–240)		16	
	UV-Test[11] modifiziert, 25 °C.	209	100		22	8	
	UV-Test[11] modifiziert, 25 °C.	175	144		28,8	17	
	UV-Test[11] modifiziert, 25 °C.	100	140		45	10	
	Nabelschnurvenenblut	29	306		118	10	
	1. Monat	6	306		89	10	
	2. und 3. Monat	13	221		44	10	
	4.–6. Monat	12	217		41	10	
	6.–12. Monat	14	197		44	10	
	2. Jahr	12	230		57	10	
	2.–16. Jahr	24	145		45	10	
	UV-Test[11] modifiziert, 25 °C, Nabelschnurvenenblut	202		(87–580)		18	
	UV-Test[11] modifiziert, 25 °C						
	Frühgeborene	25	126			19	
	Neugeborene	19	114		61	19	
	Säuglinge	36	49		27	19	
	Kinder	38	42		12	19	

[1] Negelein und Wulff, *Biochem. Z.*, **293**, 351 (1937).
[2] Schmidt et al., *Klin. Wschr.*, **36**, 280 (1958).
[3] Wolfson, jr., et al., *Ann. N. Y. Acad. Sci.*, **75**, 260 (1958/59).
[4] Bücher, T., in: Colowick und Kaplan (Hrsg.), *Methods in Enzymology*, Band 1, Academic Press, New York, 1955, S. 415.
[5] Schmidt et al., in: Bergmeyer, H.-U. (Hrsg.), *Methoden der enzymatischen Analyse*, Verlag Chemie, Weinheim/Bergstr., 1962, S. 703.
[6] Holzer et al., *Biochem. Z.*, **326**, 451 (1955).
[7] Gerlach, U., *Klin. Wschr.*, **37**, 93 (1959).
[8] Feissli et al., *Klin. Wschr.*, **44**, 390 (1966).
[9] Wüst und Schön, *Klin. Wschr.*, **39**, 280 (1961).
[10] Gautier et al., *Helv. paediat. Acta*, **17**, 415 (1962).
[11] Kubowitz und Ott, *Biochem. Z.*, **314**, 94 (1943).
[12] Wróblewski und LaDue, *Proc. Soc. exp. Biol. (N. Y.)*, **90**, 210 (1955).
[13] Strominger und Lowry, *J. biol. Chem.*, **213**, 635 (1955).
[14] Hsieh und Blumenthal, *Proc. Soc. exp. Biol. (N. Y.)*, **91**, 626 (1956).
[15] Englhardt-Gölkel et al., *Klin. Wschr.*, **36**, 462 (1958).
[16] King, J., *Practical Clinical Enzymology*, Van Nostrand, London, 1965.
[17] Schneider et al., *Med. Klin.*, **60**, 6 (1965).
[18] Haug und Kluge, *Klin. Wschr.*, **43**, 680 (1965).
[19] Stave, U., *Z. Kinderheilk.*, **81**, 472 (1958).
[20] Wilkinson, J. H., *An Introduction to Diagnostic Enzymology*, Arnold, London, 1962; Hess, B., *Enzyme im Blutplasma*, Thieme, Stuttgart, 1962; Amelung, D., *Fermentdiagnostik interner Erkrankungen*, Thieme, Stuttgart, 1964.
[20a] Jordan und White, *Clin. chim. Acta*, **15**, 457 (1967).

Normalwerte in **U/l Plasma oder Serum** von Erwachsenen, wenn nicht anders angegeben (Definition der Einheit U siehe S. 580)

EC-Nummer Systematischer Name **Empfohlener Trivialname** (Abkürzungen; nicht empfohlene Trivialnamen)	Methode	Anzahl	Mittelwert	95%-Bereich (in Klammern Extrembereich)	s	Literatur	Bemerkungen
(α-Hydroxybutyratdehydrogenase) (HBDH)	UV-Test[21, 22], 25 °C	42	90		38	23	Die α-Hydroxybutyratdehydrogenase ist kein selbständiges Enzym. Es handelt sich um eine einfache Methode zur Erfassung der elektrophoretisch rasch wandernden Lactatdehydrogenaseisozyme[21]. Diese in höherer Aktivität vor allem in Herzmuskel und Gehirn vorliegenden Enzyme oxydieren Hydroxybutyrat, während die in Skelettmuskel und Leber überwiegenden Isozyme dieses Substrat viel weniger angreifen. Praktisch entspricht der Quotient Lactatdehydrogenase/ Hydroxybutyratdehydrogenase dem Verhältnis Gesamtlactatdehydrogenaseisozyme / herzmuskelspezifische Isozyme. Normaler Quotient: bei 42 Erwachsenen[23] 1,40; bei 155 Erwachsenen[17] 1,34.
	UV-Test[21, 22], 25 °C	175	108		23,5	17	
	UV-Test[21, 22], 25 °C	100	77		36	24	
	UV-Test[21, 22], 25 °C	152	76		30	25	
	Nabelschnurvenenblut	15	211		164	25	
1.1.1.37 L-Malate : NAD oxidoreductase **Malatdehydrogenase** (MDH)	UV-Test[26] modifiziert, 25 °C.	28	37,9	(17,0–57,3)		5	Bei der hohen Aktivität der Malatdehydrogenase in den Erythrozyten führt schon geringe Hämolyse zu falsch hohen Werten. In der neonatalen Periode obere Normgrenze bis zu 100 U/l[28]. Die diagnostische Bedeutung ist bisher gering. Infolge sehr hoher Aktivitäten in allen Organen ist bei allen schweren Organschäden ein Malatdehydrogenaseanstieg nachweisbar, zum Beispiel beim Herzinfarkt, bei Leberschäden, bei Blutkrankheiten. Siehe Übersichten[20].
	UV-Test[27] modifiziert, 25 °C.	107	23,5		3,4	15	
	UV-Test[26] modifiziert, 25 °C.	88	71		17	8	
	UV-Test[26] modifiziert, 25 °C.			(12,5–50)		16	
	Nabelschnurvenenblut	202		(93,4–265)		18	
1.1.1.38 (40) L-Malate : NAD(P) oxidoreductase (decarboxylating) **Malatdehydrogenase (decarboxylierend)** («Malic» enzyme)	UV-Test[29], 25 °C	30		(0–0,5)		30	
1.1.1.42 *threo*-D_s-Isocitrate : NADP oxidoreductase (decarboxylating) **Isocitratdehydrogenase** (ICDH)	UV-Test[31], 25 °C	44	2,0	(0,86–4,8)		31	Geringe Hämolyse stört nicht. Im Nabelschnurblut finden sich etwa doppelt so hohe Aktivitäten wie bei Erwachsenen, die jedoch innerhalb von 10 Tagen abfallen[16]. Pehrson fand jedoch praktisch gleiche Werte[33]. Anstieg der Isocitratdehydrogenaseaktivität im Serum bei Leberschäden[2]. Kein[34] oder nur geringer und flüchtiger[35] Anstieg beim Herzinfarkt.
	UV-Test[32], Raumtemperatur	38	1,3	(0,96–1,9)		32	
	UV-Test[27] modifiziert, 25 °C.	13	3,5	(1,0–7,3)		5	
	Nabelschnurvenenblut	30	3,7		2,6	33	
1.1.1.44 6-Phospho-D-gluconate: NADP oxidoreductase (decarboxylating) **Phosphogluconatdehydrogenase (decarboxylierend)** (PGDH)	UV-Test[31], 25 °C	26	2,5	(0,7–4,0)		31	Bei der hohen Aktivität des Enzyms in den Erythrozyten wird bei geringster Hämolyse seine Bestimmung im Serum nutzlos. Die Aktivitäten in der Gravidität sind normal, im Nabelschnurblut etwas höher als bei Erwachsenen. Die diagnostische Bedeutung ist bisher gering. Aktivitätsanstiege finden sich bei akuter Hepatitis[2, 3] und bei Blutkrankheiten[37]. Die Bedeutung seiner Bestimmung im Vaginalsekret zur Krebsdiagnose wird diskutiert[38].
	UV-Test[36] modifiziert, 25 °C.	17	1,0			5	

[21] Rosalki und Wilkinson, *Nature*, **188**, 1110 (1960).
[22] Elliott und Wilkinson, *Lancet*, **1**, 698 (1961).
[23] Elliott et al., *Clin. Sci.*, **23**, 305 (1962).
[24] Richterich, R., *Klinische Chemie; Theorie und Praxis*, Karger, Basel, 1965.
[25] Konttinen und Pyörälä, *Scand. J. clin. Lab. Invest.*, **15**, 429 (1963).
[26] Mehler et al., *J. biol. Chem.*, **174**, 961 (1948).
[27] Ochoa, S., *J. biol. Chem.*, **174**, 133 (1948).
[28] King und Morris, *Arch. Dis. Childh.*, **36**, 604 (1961).
[29] Ochoa et al., *J. biol. Chem.*, **174**, 979 (1948).
[30] Merten und Solbach, *Klin. Wschr.*, **39**, 222 (1961).
[31] Wolfson, jr., und Williams-Ashman, *Proc. Soc. exp. Biol. (N. Y.)*, **96**, 231 (1957).
[32] Kerppola et al., *Acta med. scand.*, **164**, 357 (1959).
[33] Pehrson, S. L., *Acta obstet. gynec. scand.*, **43**, 69 (1964).
[34] Bowers, jr., und MacDuffee, *Clin. Chem.*, **5**, 369 (1959).
[35] Strandjord et al., *J. clin. Invest.*, **38**, 2111 (1959).
[36] Horecker und Smyrniotis, in: Colowick und Kaplan (Hrsg.), *Methods in Enzymology*, Band 1, Academic Press, New York, 1955, S. 323.
[37] Heller et al., *J. Lab. clin. Med.*, **55**, 425 (1960).
[38] Bonham und Gibbs, *Brit. med. J.*, **2**, 823 (1962).

Normalwerte in **U/l Plasma oder Serum** von Erwachsenen, wenn nicht anders angegeben (Definition der Einheit U siehe S. 580)

EC-Nummer Systematischer Name **Empfohlener Trivialname** (Abkürzungen; nicht empfohlene Trivialnamen)	Methode	Anzahl	Mittelwert	95%-Bereich (in Klammern Extrembereich)	s	Literatur	Bemerkungen
1.1.1.49 D-Glucose-6-phosphate: NADP oxidoreductase **Glucose-6-phosphat-dehydrogenase** (G-6-PDH) (Zwischenferment, ZF)	UV-Test[39], Raumtemperatur	67	1,4	(0,5–2,4)		32	Schon die geringste Hämolyse macht die Bestimmung nutzlos. Bei akuter Hepatitis[2], Herzinfarkt und anderen schweren Gewebsschäden steigt die Aktivität im Serum an. Wichtig ist die Bestimmung in den Erythrozyten bei Verdacht auf Favismus[40] und Icterus gravis neonatorum[41].
	UV-Test[39] modifiziert, 25 °C.	18	1,0			5	
	UV-Test[39] modifiziert, 25 °C.	38	0,24		0,29	8	
1.2.1.12 D-Glyceraldehyde-3-phosphate: NAD oxidoreductase (phosphorylating) **Glyceraldehydphosphat-dehydrogenase** **Triosephosphatdehydrogenase** (GAPDH)	UV-Test[42] modifiziert, 25 °C.	20	7,1	(1,0–11,2)		5	Schon geringe Hämolyse stört erheblich. Die klinische Bedeutung der Glyceraldehydphosphatdehydrogenasebestimmung ist bisher gering. Anstieg der Aktivität im Serum fand sich bei akuter Hepatitis[2], infektiöser Mononukleose[43] und bei Tumoren[30].
1.2.3.2 Xanthine: oxygen oxidoreductase **Xanthinoxydase** (Hypoxanthinoxydase)	Substrat: 8-^{14}C-Xanthin[44], 25 °C..................	20		(0–0,000 5)		44	Bisher geringe klinische Bedeutung. Ein pathologischer Anstieg findet sich bei Leberschäden[44].
1.3.99.1 Succinate: (acceptor) oxidoreductase **Succinatdehydrogenase**	UV-Test[45]...............			Nicht nachweisbar		15	Strukturgebundenes Enzym. Bisher auch bei schweren Organschäden im Serum nicht nachgewiesen.
1.4.1.3 L-Glutamate: NAD(P) oxidoreductase (deaminating) **Glutamatdehydrogenase** (GLDH)	UV-Test[6] modifiziert, 25 °C .		1,0			46	Geringe Hämolyse stört die Bestimmung nicht. Weitgehend leberspezifisches Enzym. Anstieg bei entzündlichen Leberkrankheiten und Verschlußikterus[46, 47]. Zur Differentialdiagnose zwischen entzündlichen Leberkrankheiten und Verschlußikterus eignet sich der Quotient Aspartataminotransferase + Alaninaminotransferase/Glutamatdehydrogenase[47–49].
	UV-Test[6] modifiziert, 25 °C .	127	1,0			47	
	UV-Test (Boehringer), 25 °C.	243	0,39	$< 0,8$	0,28	8	
1.6.4.2 Reduced-NAD(P): oxidized-glutathione oxidoreductase **Glutathionreductase** (GR)	UV-Test[50]...............			(5–35)		16	Deutlicher Anstieg der Aktivität bei akuter Hepatitis sowie Leukämien[32], geringer bei Zirrhosen. In 35–80% auch bei ausgedehntem Karzinom erhöht[32, 52]. In den an Glucose-6-phosphatdehydrogenase verarmten Erythrozyten von primaquinesensitiven Patienten ist die Aktivität der Glutathionreductase auf das Doppelte erhöht[53].
	UV-Test[51], 25 °C						
	NAD	10	7,0	(3,3–10,2)		51	
	NADP	10	12,6	(4,3–17,4)		51	
	UV-Test[50], NADP.........	98	19,2		7,2	52	

[39] Kornberg und Horecker, in: Colowick und Kaplan (Hrsg.), *Methods in Enzymology*, Band 1, Academic Press, New York, 1955, S. 323.
[40] Carson et al., *Science*, **124**, 484 (1956).
[41] Smith und Vella, *Lancet*, **1**, 1133 (1960).
[42] Beisenherz et al., *Z. Naturforsch.*, **8b**, 555 (1953).
[43] Kalk et al., *Klin. Wschr.*, **38**, 421 (1960).
[44] Shamma'a et al., *Gastroenterology*, **48**, 226 (1965).
[45] Slater und Borner, jr., *Biochem. J.*, **52**, 185 (1952).
[46] Gerlach, U., *Klin. Wschr.*, **35**, 1144 (1957).
[47] Schmidt und Schmidt, *Klin. Wschr.*, **40**, 962 (1962).
[48] Filippa, G., *Enzymol. biol. clin. (Basel)*, **3**, 97 (1963).
[49] Schmidt und Schmidt, *Enzymol. biol. clin. (Basel)*, **3**, 1 (1963).
[50] Racker, E., in: Colowick und Kaplan (Hrsg.), *Methods in Enzymology*, Band 2, Academic Press, New York, 1955, S. 722.
[51] Horn und Bruns, *Biochem. Z.*, **331**, 58 (1958).
[52] Manso und Wróblewski, *J. clin. Invest.*, **37**, 214 (1958).
[53] Schrier et al., *J. Lab. clin. Med.*, **52**, 109 (1958).

Normalwerte in **U/l Plasma oder Serum** von Erwachsenen, wenn nicht anders angegeben (Definition der Einheit U siehe S. 580)

EC-Nummer Systematischer Name **Empfohlener Trivialname** (Abkürzungen; nicht empfohlene Trivialnamen)	Methode	Anzahl	Mittelwert	95%-Bereich (in Klammern Extrembereich)	*s*	Literatur	Bemerkungen
(Caeruloplasmin)*	Kolorimetrisch (*p*-Phenylendiamin)[54], 37 °C			19–45		10	Caeruloplasmin steigt in der Schwangerschaft bis zum 2- bis 3fachen der Norm an[55]. Ein Mangel an Caeruloplasmin ist charakteristisch für die WILSONsche Krankheit[56], wird aber auch beim nephrotischen Syndrom, bei Kwashiorkor[57] und Sprue[58] gefunden. Erhöhte Aktivitäten wurden bei Herzinfarkt, Infektionskrankheiten, Leukämien usw. gefunden[16].
	Nabelschnurvenenblut			3,3–16,7		10	
* Caeruloplasmin hat die Eigenschaften einer *p*-Diphenoloxydase.	1.–3. Monat			12,1–39		10	
	Kinder			19,2–60		10	
2.1.3.3 Carbamoylphosphate: L-ornithine carbamoyltransferase **Ornithincarbamoyltransferase** (OCT)	Mikrodiffusionsmethode[59] modifiziert[60], 37 °C			(0–0,25)		16	Anstiege in 25% bei normaler Schwangerschaft. Im Nabelschnurblut normale Aktivität. Die Angabe von REICHARD[63], daß ab 25. Lebensjahr höhere Aktivität bestehe, wurde von DEMANGE et al. nicht bestätigt[64]. Wegen der hohen Aktivität in der Leber zum spezifischen Nachweis von schweren Leberschäden geeignet.
	Kolorimetrisch[61], 37 °C			(8–20)		61	
	Isotopenmethode[62], 37 °C			(0–0,07)		62	
2.2.1.1 Sedoheptulose-7-phosphate: D-glyceraldehyde-3-phosphate glycolaldehydetransferase **Transketolase** **Glycolaldehydtransferase**	Kolorimetrisch (Bestimmung von Sedoheptulose-7-phosphat)[65], 37 °C	15	0,82	(0,38–1,42)		65	Ein Anstieg der Aktivität wird bei Urämie und – nicht regelmäßig – bei akuter Hepatitis gefunden. Normale Aktivität bei Herzinfarkt, Leberzirrhose und Verschlußikterus[65].
		21	0,29	(0,17–0,60)		66	
2.6.1.1 L-Aspartate: 2-oxoglutarate aminotransferase **Aspartataminotransferase** (Glutamat–Oxalacetat-Transaminase, GOT)	UV-Test[67], 20–22 °C	500	10,6	(2,4–19,2)	3,2	68	Geringe Hämolyse stört die Bestimmung der Aspartataminotransferase kaum. Die wesentliche klinische Bedeutung der Bestimmung des Enzyms liegt in der deutlichen Verbesserung der Diagnostik des Herzinfarktes und der Lebererkrankungen. Siehe Übersichten[20,49,72].
	UV-Test[67], 38 °C	160	16,6		0,4	69	
	UV-Test[67] modifiziert, 25 °C	105	8,0	(3,6–17,0)		5	
	UV-Test (Boehringer), 25 °C, Blutspender	950	12,0	(6,2–22,0)		70	
	UV-Test[67], 25 °C, Blutspender	100	13,6		3,2	10	
	UV-Test[67], 25 °C			(4–15)		16	
	Kolorimetrisch[71] modifiziert, 25 °C			(5–18)		16	
	UV-Test (Boehringer), 25 °C	577	7,67		1,8	8	
	UV-Test[67], 25 °C						
	Nabelschnurvenenblut	44	21,3		9,5	10	
	Bis 30. Tag	12	20,4		9,7	10	
	2.–3. Monat	13	22,6		6,3	10	
	4.–6. Monat	12	24,3		5,5	10	
	7.–12. Monat	16	19,3		5,4	10	
	2. Jahr	6	15,7		4,8	10	
	2.–16. Jahr	58	14,1		3,9	10	
	16. Jahr	49	14,4		4,0	10	
	Nabelschnurvenenblut	15	12,6		9,0	25	
	Nabelschnurvenenblut	202		(0–29)		18	
	UV-Test[67], 25 °C						
	Frühgeborene	25	9,2		9,4	19	
	Neugeborene	20	8,8		4,5	19	
	Säuglinge	41	4,8		2,6	19	
	Kinder	43	3,7		2,6	19	

54 RAVIN, H. A., *Lancet*, **1**, 726 (1956).
55 HOLMBERG und LAURELL, *Scand. J. clin. Lab. Invest.*, **3**, 103 (1951).
56 SCHEINBERG und GITLIN, *Science*, **116**, 484 (1952).
57 REIFF und SCHNIEDEN, *Blood*, **14**, 967 (1959).
58 GUBLER, C. J., *J. Amer. med. Ass.*, **161**, 530 (1956).
59 REICHARD und REICHARD, *J. Lab. clin. Med.*, **52**, 709 (1958).
60 BALLAN et al., *Presse méd.*, **67**, 2353 (1959).
61 BROWN und GRISOLIA, *J. Lab. clin. Med.*, **54**, 617 (1959).
62 REICHARD, H., *J. Lab. clin. Med.*, **57**, 78 (1961).
63 REICHARD, H., *Enzymol. biol. clin. (Basel)*, **1**, 47 (1961).
64 DEMANGE et al., *Presse méd.*, **70**, 1032 (1962).
65 BRUNS et al., *Biochem. Z.*, **330**, 497 (1958).
66 ENGLHARDT-GÖLKEL und WITHÖFT, *Klin. Wschr.*, **40**, 642 (1962).
67 KARMEN, A., *J. clin. Invest.*, **34**, 131 (1955).
68 WRÓBLEWSKI und LADUE, *Ann. intern. Med.*, **43**, 345 (1955).
69 FLEISHER et al., *Proc. Mayo Clin.*, **32**, 188 (1957).
70 LINDNER, H., *Dtsch. med. J.*, **12**, 15 und 33 (1961).
71 REITMAN und FRANKEL, *Amer. J. clin. Path.*, **28**, 56 (1957).
72 WRÓBLEWSKI, F., *Amer. J. Med.*, **27**, 911 (1959).

Normalwerte in U/l **Plasma oder Serum** von Erwachsenen, wenn nicht anders angegeben (Definition der Einheit U siehe S. 580)

EC-Nummer Systematischer Name **Empfohlener Trivialname** (Abkürzungen; nicht empfohlene Trivialnamen)	Methode	Anzahl	Mittelwert	95%-Bereich (in Klammern Extrembereich)	s	Literatur	Bemerkungen
2.6.1.2 L-Alanine:2-oxoglutarate aminotransferase **Alaninaminotransferase** (Glutamat–Pyruvat-Transaminase, GPT)	UV-Test[73] modifiziert, Raumtemperatur	54	3,7		2,1	74	Geringe Hämolyse stört die Bestimmung der Alaninaminotransferase nicht. Das Enzym ist in den Erythrozyten praktisch nicht, in der Leber in höchster Aktivität vorhanden. Pathologischerweise besonders bei Leberschäden erhöht. Wichtigstes Enzym in der Diagnostik der Lebererkrankungen. Siehe Übersichten[20, 49, 72].
	UV-Test[73], 20–22 °C	260	7,7	(2,4–16,8)		73	
	UV-Test[73] modifiziert, 25 °C.	122	6,9	(2,9–16,1)		5	
	UV-Test (Boehringer), 25 °C, Blutspender	2400		(6,4–16,0)		70	
	UV-Test[73], 25 °C, Blutspender	2400		(6,4–16,0)		75	
	UV-Test (Boehringer), 25 °C	722	5,54		1,7	8	
	Nabelschnurvenenblut	44	5,0		2,3	10	
	1. Lebensmonat	11	4,0		3,0	10	
	2. und 3. Monat	11	7,5		1,6	10	
	4.–12. Monat	14	6,2		2,7	10	
	Nach dem 1. Jahr	31	6,8		3,3	10	
	Nabelschnurvenenblut	202		0,5–9,6		18	
2.7.1.1 ATP:D-hexose 6-phosphotransferase **Hexokinase** (HK)	UV-Test mit Glucose-6-phosphatdehydrogenase, 25 °C.	30		Nicht nachweisbar		15	Hämolyse stört die Bestimmung der Hexokinase. Bisher keine praktische Bedeutung. Anstieg der Aktivität im Serum bei akuter Hepatitis[2].
	UV-Test, 25 °C	7	0,1			5	
2.7.1.3 ATP:D-fructose 1-phosphotransferase **Ketohexokinase** (Fructokinase, FK)	UV-Test[76] modifiziert, 25 °C	30		Nicht nachweisbar		30	Bisher keine praktische Bedeutung. Anstieg der Aktivität im Serum bei akuter Hepatitis[30].
2.7.1.40 ATP:pyruvate phosphotransferase **Pyruvatkinase** (PK)	UV-Test[42] modifiziert, 25 °C.	19	16,4	(3,8–34,8)		5	Die Bestimmung der Pyruvatkinase im Serum hat bisher keine klinische Bedeutung. Bei akuter Hepatitis findet sich ein nichtsignifikanter Abfall der Aktivität (Bettruhe?)[2], bei Tumoren ein Anstieg[30]. Ein Pyruvatkinasemangel der Erythrozyten kann bei nichtsphärozytischer hämolytischer Anämie nachgewiesen werden[78].
	UV-Test[42]	20	29,9	(15,7–49,6)		77	
	UV-Test[42] modifiziert, 25 °C	30	15,8		6,0	30	
2.7.2.3 ATP:3-phospho-D-glycerate 1-phosphotransferase **Phosphoglyceratkinase** (PGK)	UV-Test[4] modifiziert, Raumtemperatur	107	11,2		3,1	15	Anstieg der Aktivität im Serum bei Leukämien[15]. Bei Herzinfarkt und akuter Hepatitis wurden normale Aktivitäten[15], aber auch erhöhte Werte gefunden[49].
2.7.3.2 ATP:creatine phosphotransferase **Creatinkinase** (Creatinphosphokinase, CPK)	Kolorimetrisch[79], 37 °C			(3,3–23,7)		79	Geringe Hämolyse stört die Bestimmung nicht. Körperliche Arbeit vor der Bestimmung steigert die Aktivität des Enzyms im Serum deutlich[83, 85]. Bei Männern lassen sich gering höhere Normwerte als bei Frauen nachweisen[8, 80]. Die Creatinkinase ist das sensibelste Enzym in der Diagnostik der Herz- und Muskelerkrankungen. Siehe Übersichten[20].
	Kolorimetrisch[80], 37 °C			(5,5–75)		81	
	UV-Test[82], 37 °C	254	0,40		1,3	83	
	UV-Test (Boehringer), 25 °C	257	0,30	< 1,0	0,30	8	
	UV-Test (Boehringer), 25 °C	30		(0–0,48)		84	
	UV-Test[82], 37 °C		1,0		0,8	25	
	Nabelschnurvenenblut		2,1		1,8	25	
	Gravidität Mens VII–X		2,9		5,6	25	

[73] Wróblewski und LaDue, *Proc. Soc. exp. Biol. (N.Y.)*, **91**, 569 (1956).
[74] Henley und Pollard, *J. Lab. clin. Med.*, **46**, 785 (1955).
[75] Richterich et al., *Schweiz. med. Wschr.*, **91**, 601 (1961).
[76] Waller et al., *Thrombos. Diathes. haemorrh. (Stuttg.)*, **3**, 520 (1959).
[77] van Rymenant und Robert, *Cancer*, **12**, 1087 (1959).
[78] Tanaka et al., *Blood*, **19**, 267 (1962).
[79] Dreyfus et al., *Rev. franç. Etud. clin. biol.*, **5**, 384 (1960).
[80] Goldbarg et al., *Gastroenterology*, **36**, 193 (1959).
[81] Hughes, B. P., *Clin. chim. Acta*, **7**, 597 (1962).
[82] Kuby et al., *J. biol. Chem.*, **209**, 191 (1954); Tanzer und Gilvarg, *J. biol. Chem.*, **234**, 3201 (1959).
[83] Richterich et al., *Amer. J. hum. Genet.*, **15**, 133 (1963).
[84] Forster und Escher, *Helv. med. Acta*, **28**, 513 (1961).
[85] Griffiths, P. D., *Clin. chim. Acta*, **13**, 413 (1966).

Normalwerte in **U/l Plasma oder Serum** von Erwachsenen, wenn nicht anders angegeben (Definition der Einheit U siehe S. 580)

EC-Nummer Systematischer Name **Empfohlener Trivialname** (Abkürzungen; nicht empfohlene Trivialnamen)	Methode	Anzahl	Mittelwert	95%-Bereich (in Klammern Extrembereich)	s	Literatur	Bemerkungen
2.7.4.3 ATP:AMP phosphotransferase **Adenylatkinase** (Myokinase, MK)	UV-Test[86], 25 °C	25	8,7		3,1	87	Die absoluten Aktivitäten der Adenylatkinase sind in der quergestreiften Muskulatur höher als jene der Creatinkinase[88]; relativ hohe Aktivitäten finden sich aber auch in Leukozyten und Thrombozyten. Der Nutzen der Adenylatkinasebestimmung zur Diagnose von Herz- und Muskelerkrankungen wird durch die Notwendigkeit der Verwendung völlig hämolysefreien Serums eingeschränkt[87].
2.7.5.1 α-D-Glucose-1,6-diphosphate: α-D-glucose-1-phosphate phosphotransferase **Phosphoglucomutase** **Glucosephosphomutase** (PGluM)	Fructose-6-phosphatbestimmung[89], 37 °C	10	8,3	(1,7–23,4)		89	Geringe Hämolyse stört nicht. Im Nabelvenenblut fanden sich nur halb so hohe Werte wie bei Erwachsenen. Klinische Bedeutung gering. Anstiege bei Leberschäden[91].
	Fructose-6-phosphatbestimmung[89], 37 °C	30	9,8		5,2	30	
	Glucose-1-phosphatbestimmung[90], 37 °C		9,2	(4–17)	3,4	90	
3.1.1.3 Glycerol-ester hydrolase **Lipase**	Titrimetrisch (Substrat Olivenöl), 37 °C	68	78		29	92	Hämolyse stört, da Hämoglobin die Reaktion hemmt. Es bestehen keine Geschlechtsunterschiede[93]. Diagnostisch wenig genutzt wird bisher der deutliche Aktivitätsanstieg bei akuter Pankreatitis[94]. Die Veränderungen bei chronischer Pankreatitis sind nicht zuverlässig; bessere Ergebnisse werden mit Provokationstesten erzielt[95]. Geringe Lipaseanstiege können auch bei entzündlichen Lebererkrankungen gefunden werden[96].
	Titrimetrisch (Substrat Olivenöl), 37 °C			(18–285)		16	
	Titrimetrisch (Substrat Phenyllaurat), 37 °C			(9–20)		16	
3.1.1.8 Acylcholine acyl-hydrolase **Cholinesterase** (CHE)	Kolorimetrisch (Acetylcholinbromid), 37 °C			(2000–5200)		97	Geringe Hämolyse stört die Bestimmung nicht. Im Nabelschnurvenenblut wurden etwas geringere Werte, nach dem 10. Lebenstag normale Werte gefunden; nach 2 Monaten liegen sie etwa 25% höher als bei Erwachsenen. Erniedrigte Aktivitäten im Serum werden bei Hepatitis und Zirrhose gefunden, korrespondierend mit der Erniedrigung des Albuminspiegels[102]. Wesentlichste Bedeutung hat die Bestimmung der Cholinesterase zur Feststellung von Vergiftungen mit organischen Phosphorverbindungen (Insektiziden[103]) sowie zur Ermittlung der Toleranz gegenüber Muskelrelaxantien[104]. Zur Erkennung des familiären Enzymmangels, wobei auch atypische Enzymvarianten auftreten, dient die Bestimmung der Dibucainzahl:
	UV-Test (Benzoylcholin), 25 °C			(620–1370)		98	
	Kolorimetrisch (Phenylbenzoat), 37 °C			(3200–7000)		99	
	UV-Test (Benzoylcholin), 25 °C	60	1026		233	24	
	Kolorimetrisch (Acetylcholin), 37 °C	250	1530		333	100	
	Kolorimetrisch (Benzoylcholin), 37 °C	250	1560		333	100	
	Kolorimetrisch (α-Naphthylpropionat), 37 °C	250	3050		466	100	
	Kolorimetrisch (β-Naphthylpropionat), 37 °C	250	1750		383	100	
	Kolorimetrisch (Phenylacetat), 37 °C	250	16600		3830	100	
	Kolorimetrisch (Monosuccinylcholin), 37 °C	250		< 20		100	
	Kolorimetrisch (Disuccinylcholin), 37 °C	250		< 20		100	
	Titrimetrisch (Acetylcholinchlorid), 37 °C						
	Männer (Blutspender)	25	4440		620	101	
	Frauen (Blutspender)	25	3640		680	101	

	Nach King[16]	Nach Richterich[24]
Normale	80 ± 3	62–90
Heterozygote	62 ± 8	30–60
Atypisch Homozygote	22 ± 6	< 30

[86] Schmidt, F. H., *Klin. Wschr.*, **42**, 476 (1964).
[87] Schreiber, F. K., *Klin. Wschr.*, **42**, 478 (1964).
[88] Oliver, I. T., *Biochem. J.*, **61**, 116 (1955).
[89] Noltmann und Bruns, *Hoppe-Seylers Z. physiol. Chem.*, **313**, 194 (1958).
[90] Bodansky, O., *Cancer*, **10**, 859 (1957).
[91] De Ritis et al., *Boll. Soc. ital. Biol. sper.*, **32**, 386 (1956); De Ritis et al., *G. Mal. infett.*, **9**, 240 (1957).
[92] Weber, H., *Dtsch. med. Wschr.*, **90**, 1170 (1965).
[93] Comfort und Osterberg, *Proc. Mayo Clin.*, **15**, 427 (1940).
[94] Tietz et al., *Amer. J. clin. Path.*, **31**, 148 (1959).
[95] Burton et al., *Gut*, **1**, 125 (1960).
[96] Cummins und Bockus, *Gastroenterology*, **18**, 518 (1951).
[97] de la Huerga et al., *Amer. J. clin. Path.*, **22**, 1126 (1952).
[98] Kalow und Genest, *Canad. J. Biochem.*, **35**, 339 (1957).
[99] Smith et al., *Clin. chim. Acta*, **4**, 384 (1959).
[100] Pilz, W., *Z. klin. Chem.*, **3**, 89 (1965).
[101] Arbeitsvorschrift der Radiometer, Kopenhagen.
[102] Kunkel und Ward, *J. exp. Med.*, **86**, 325 (1947); Burnett, W., *Gut*, **1**, 294 (1960).
[103] Aldridge und Davies, *Brit. med. J.*, **1**, 945 (1952).
[104] Evans et al., *Lancet*, **1**, 1229 (1952).

Normalwerte in **U/l Plasma oder Serum** von Erwachsenen, wenn nicht anders angegeben (Definition der Einheit U siehe S. 580)

EC-Nummer Systematischer Name **Empfohlener Trivialname** (Abkürzungen; nicht empfohlene Trivialnamen)	Methode	Anzahl	Mittelwert	95%-Bereich (in Klammern Extrembereich)	s	Literatur	Bemerkungen
3.1.3.1 Orthophosphoric monoester phosphohydrolase **Alkalische Phosphatase** (AP)	Substrat Phenylphosphat, 37 °C			(25–92)		105	Die Aktivität des Enzyms ist während der Kindheit[16,110] und gegen Ende der Gravidität erhöht. Die größte praktische Bedeutung hat die Bestimmung der alkalischen Phosphatase bei Leber- und Knochenerkrankungen. Bei ersteren dient sie als Indikator für das Ausmaß der intra- oder extrahepatischen Cholestase, bei letzteren sind Erhöhungen der alkalischen Phosphatase ein sicheres Diagnostikum der Rachitis und in geringerem Maße der Osteomalazie. Hohe Aktivitäten finden sich auch bei Knochentumoren und Knochenmetastasen mit verstärkter Osteoblastentätigkeit. Siehe Übersichten[113].
	Substrat *p*-Nitrophenylphosphat, 37 °C			(13,4–38)		106	
	Substrat Phenolphthaleinphosphat, 37 °C			(0,6–4,2)		107	
	Substrat β-Glycerophosphat, 37 °C			(15,1–46,4)		108	
	Substrat β-Glycerophosphat, 37 °C			(8,2–21,8)		109	
	Substrat *p*-Nitrophenylphosphat, 37 °C	100	29		8	110	
	Nabelschnurvenenblut	15	60		19	110	
	1. Monat	3	59			110	
	2.–3. Monat	17	98		29	110	
	4.–6. Monat	14	98		32	110	
	7.–12. Monat	15	92		29	110	
	2.–15. Jahr	142	88		26	110	
	Substrat Phenylphosphat, 37 °C						
	Neugeborene			(35–105)		16	
	1. Monat			(70–250)		16	
	1.–3. Jahr			(70–210)		16	
	3.–10. Jahr			(70–180)		16	
	10.–16. Jahr			(100–275)		16	
	Substrat *p*-Nitrophenylphosphat, optimale Bedingungen[111], 25 °C	73	102	61–171		112	
3.1.3.2 Orthophosphoric monoester phosphohydrolase **Saure Phosphatase** (SP)	Substrat *p*-Nitrophenylphosphat, 37 °C						Die saure Phosphatase des Serums entstammt verschiedenen Quellen (Erythrozyten, Thrombozyten, Leukozyten, Prostata, Knochen). Aufgrund der unterschiedlichen Hemmbarkeit mit Formaldehyd und L-Tartrat kann sie ihrer Herkunft nach erkannt werden. Diagnostische Bedeutung hat die Bestimmung beim Prostatakarzinom. Der Anstieg erfolgt in der Mehrzahl der Fälle jedoch erst, wenn Knochenmetastasen vorliegen. Durch die Bestimmung der formaldehydstabilen und besonders der tartratlabilen Fraktionen der sauren Phosphatase kann die Treffsicherheit erheblich verbessert werden. Siehe Übersicht[116].
	Gesamt-SP						
	Serum Männer		9,15		4,40	114	
	Serum Frauen		8,00		2,94	114	
	Plasma Männer		5,08		3,54	114	
	Plasma Frauen		4,41		1,60	114	
	Prostata-SP						
	Serum Männer		1,84		1,80	114	
	Serum Frauen		1,85		1,58	114	
	Plasma Männer		0,32		0,64	114	
	Plasma Frauen		0,33		0,60	114	
	Substrat Phenylphosphat, 37 °C						
	Formaldehydstabile SP		4,25			115	
	Tartratlabile SP		1,25			115	
	Gesamt-SP		5,5			115	
	Neugeborene			(3–6)		16	
	1. Monat			(6,5–11)		16	
	1.–3. Jahr			(6,5–11)		16	
	3.–10. Jahr			(3,5–9)		16	
	10.–16. Jahr			(3–10)		16	

105 King und Wootton, *Microanalysis in Medical Biochemistry*, 3. Aufl., Churchill, London, 1959.
106 Bessey et al., *J. biol. Chem.*, **164**, 321 (1946).
107 Klein et al., *Clin. Chem.*, **6**, 269 (1960).
108 Shinowara et al., *J. biol. Chem.*, **142**, 921 (1942).
109 Bodansky, A., *J. biol. Chem.*, **101**, 93 (1933).
110 Richterich und Gautier, *Schweiz. med. Wschr.*, **92**, 781 (1962).
111 Rick und Hausamen, *Z. analyt. Chem.*, **212**, 267 (1965).
112 Hausamen et al., *Clin. chim. Acta*, **15**, 241 (1967).
113 King, E. J., *Brit. med. Bull.*, **9**, 160 (1953); Gutman, A. B., *Amer. J. Med.*, **27**, 875 (1959).
114 Richterich et al., *Schweiz. med. Wschr.*, **92**, 1496 (1962).
115 Joplin und Jegatheesan, *Brit. med. J.*, **1**, 827 (1962).
116 Woodard, H. Q., *Amer. J. Med.*, **27**, 902 (1959).

Normalwerte in **U/l Plasma oder Serum** von Erwachsenen, wenn nicht anders angegeben (Definition der Einheit U siehe S. 580)

EC-Nummer Systematischer Name **Empfohlener Trivialname** (Abkürzungen; nicht empfohlene Trivialnamen)	Methode	Anzahl	Mittelwert	95%-Bereich (in Klammern Extrembereich)	*s*	Literatur	Bemerkungen
3.1.3.5 5′-Ribonucleotide phosphohydrolase **5′-Nucleotidase**	Kolorimetrisch[117], 37 °C			(2–15)		117	Kinder haben gleiche Werte wie Erwachsene. Wie bei der alkalischen Phosphatase steigt die Aktivität beim Verschlußikterus stark[118], geringer bei hepatozellulärem Ikterus[119]. Im Gegensatz zur alkalischen Phosphatase wird bei Knochenerkrankungen kein Anstieg gefunden[118].
3.1.3.9 D-Glucose-6-phosphate phosphohydrolase **Glucose-6-phosphatase**	Kolorimetrisch[120], 37 °C		8			120	Hämolyse stört wegen des Anstiegs nichtspezifischer Phosphatasen. Anstieg der Aktivität bei akuter Hepatitis und chronischen Lebererkrankungen[120].
3.1.4.5 Deoxyribonucleate oligonucleotidohydrolase **Desoxyribonuclease** (DNase)	Kolorimetrisch, 37 °C		0,65	(0–1,8)		121	
3.1.4.6 Deoxyribonucleate 3′-nucleotidohydrolase **Desoxyribonuclease II**	Kolorimetrisch, 37 °C		0,56	(0–1,2)		121	
3.2.1.1 α-1,4-Glucan 4-glucanohydrolase **α-Amylase**	Amyloklastisch[122] modifiziert, 37 °C	100	1500		615	24	Hämolyse stört, da das Hämoglobin die Reaktion hemmt. Beim Neugeborenen liegen die Werte tiefer, erreichen jedoch im 1. Jahr die Erwachsenenwerte[24]. Pathologisch erhöht bei akuter Pankreatitis und Pankreaskarzinom, gelegentlich auch bei anderen Abdominalerkrankungen, schwerem Nierenversagen und Mumps. Eher erniedrigt bei chronischer Pankreasinsuffizienz. Wichtigstes Enzym zur Pankreasdiagnostik. Siehe Übersichten[123].
3.2.1.31 β-D-Glucuronide glucuronohydrolase **β-Glucuronidase**	Kolorimetrisch (Phenolphthaleinmono-β-D-glucuronat), 37 °C						Geringe Hämolyse stört die Bestimmung nicht. Anstieg der Aktivität im letzten Schwangerschaftsdrittel, Normalisierung bis zum 5. Tag post partum. Hohe Spiegel bei Präeklampsie[125]. Hohe Werte bei Pankreaskopfkarzinom; bei Karzinom anderer Genese Anstieg deutlich geringer[80]. Erhöhte Aktivitäten auch bei Pankreatitis und Leberschäden[80], niedere Aktivitäten bei fortgeschrittenen Zirrhosen und ausgedehnter Lebermetastasierung[126]. Die Bestimmung des Enzyms im Vaginalsekret wurde zur Karzinomdiagnose empfohlen[127].
	Männer			(0,2–0,55)		16	
	Frauen			(0,09–0,4)		16	
	Männer		0,62		0,15	124	
	Frauen		0,46		0,12	124	
	Kolorimetrisch (*p*-Nitrophenyl-β-D-glucuronat), 25 °C						
	Männer	52		0,35–1,32		124a	
	Frauen	53		0,22–0,99		124a	

[117] CAMPBELL, D. M., *Biochem. J.*, **82**, 34P (1962).
[118] DIXON und PURDOM, *Nature*, **170**, 500 (1952); DIXON und PURDOM, *J. clin. Path.*, **7**, 341 (1954).
[119] WACHSTEIN und SIGISMONDI, *Amer. J. clin. Path.*, **30**, 523 (1958); YOUNG, I. I., *Ann. N. Y. Acad. Sci.*, **75**, 357 (1958/59).
[120] KOIDE und ODA, *Clin. chim. Acta*, **4**, 554 (1959).
[121] GAVOSTO et al., *Clin. chim. Acta*, **4**, 192 (1959).
[122] SMITH und ROE, *J. biol. Chem.*, **227**, 357 (1957).
[123] JANOWITZ und DREILING, *Amer. J. Med.*, **27**, 924 (1959); WEBSTER und ZIEVE, *New Engl. J. Med.*, **267**, 604 und 654 (1962).
[124] SCHÖN und LEIPOLD, *Klin. Wschr.*, **40**, 292 (1962).
[124a] SZÁSZ, G., *Clin. chim. Acta*, **15**, 275 (1967).
[125] ODELL und MCDONALD, *Amer. J. Obstet. Gynec.*, **56**, 74 (1948).
[126] PINEDA et al., *Gastroenterology*, **36**, 202 (1959).
[127] ODELL et al., *Science*, **109**, 564 (1949).

Normalwerte in **U/l Plasma oder Serum** von Erwachsenen, wenn nicht anders angegeben (Definition der Einheit U siehe S. 580)

EC-Nummer Systematischer Name **Empfohlener Trivialname** (Abkürzungen; nicht empfohlene Trivialnamen)	Methode	Anzahl	Mittelwert	95%-Bereich (in Klammern Extrembereich)	*s*	Literatur	Bemerkungen
3.4.1.1 L-Leucyl-peptide hydrolase **Leucinaminopeptidase** (LAP)	Kolorimetrisch (Substrat L-Leucyl-β-naphthylamid), 37 °C....................			(15–50)		16	Geringe Hämolyse stört die Bestimmung nicht. Bei Frauen etwas geringere Werte. Miller und Worsley[129] betrachten den Unterschied als klinisch bedeutungslos, Bressler et al.[130] fanden keinen Geschlechtsunterschied. Hoher Anstieg der Aktivität bei Cholestasen extra- und intrahepatischer Genese. Normale Aktivität bei Pankreaskopfkarzinom ohne Choledochusverschluß und ohne Lebermetastasen[131]. Geringer Anstieg auch bei entzündlichen Lebererkrankungen und akuter Pankreatitis.
	Kolorimetrisch (Substrat L-Leucylglycin), 37 °C	82	16,4		0,67	128	
(Oxytocinspaltende Aminoacylpeptidase) (Oxytocinase)	Kolorimetrisch (Substrat L-Cystin-bis-β-Naphthylamid[132] oder L-Cystin-bis-*p*-nitroanilid[133])						Anstieg während der Schwangerschaft bis zu einem Vielfachen des Normwerts (siehe S. 582). Cystinaminopeptidaseaktivität des Normalserums wahrscheinlich auf der Aktivität der Leucinaminopeptidase beruhend[134].
3.4.1.3 Amino-acyl-dipeptide hydrolase **Aminopeptidase** (Aminotripeptidase)	Kolorimetrisch (Substrat Glycylglycylglycin), 37 °C.	39	64,7		4,2	128	
3.4.4.1 **Pepsin**	Kolorimetrisch (Substrat Rinderhämoglobin), 37 °C.	45	1,72		0,91	135	Gebildet aus Pepsinogen. Die Aktivität ist im Serum von Männern eher höher als im Serum von Frauen[137]. Sie ist vermindert oder nicht nachweisbar bei Magenatrophie und erhöht bei Duodenalulkus[137,138].
	Kolorimetrisch (Substrat Rinderhämoglobin), 37 °C. 1. Lebenswoche..........		2,76	(0,60–8,26)		136	
	3. Woche bis 6. Jahr		2,41	(1,05–3,08)		136	
3.4.4.4 **Trypsin**							Im Serum findet sich kein aktives Trypsin[139]. Die Trypsininhibitorkapazität in 1 ml Serum reicht aus, um durchschnittlich 1 mg Trypsin zu hemmen.
3.4.4.15 **Renin**							Gebildet in dem juxtaglomerulären Apparat der Nieren und ausgeschüttet ins Plasma, wo es an der Freisetzung von Angiotensin aus Angiotensinogen beteiligt ist (siehe dazu S. 730).
3.5.3.1 L-Arginine amidinohydrolase **Arginase**	Kolorimetrisch[140], 37 °C....			(0–12)		16	Hämolyse führt infolge hoher Erythrozytenaktivitäten zu falsch hohen Werten. Die Aktivität des Enzyms ist erhöht bei akuten und chronischen Leberparenchymschäden; normal ist sie bei Verschlußikterus[140,141].
3.5.4.3 Guanine aminohydrolase **Guanindesaminase** (Guanase)	UV-Test[142], 37 °C			0–3		143	Hämolyse stört nicht. Erhöhte Aktivität im Serum bei Leberschaden.

128 Fleisher et al., *Ann. N. Y. Acad. Sci.*, **75**, 363 (1958/59).
129 Miller und Worsley, *Brit. med. J.*, **2**, 1419 (1960).
130 Bressler et al., *J. Lab. clin. Med.*, **56**, 417 (1960).
131 Fleisher et al., *Proc. Mayo Clin.*, **32**, 410 (1957); Harkness et al., *Brit. med. J.*, **1**, 1787 (1960).
132 Tuppy und Nesvadba, *Mh. Chem.*, **88**, 977 (1957).
133 Tuppy et al., *Hoppe-Seylers Z. physiol. Chem.*, **329**, 278 (1962).
134 Goebelsman und Beller, *Z. klin. Chem.*, **3**, 49 (1965).
135 Hirschowitz, B. I., *J. Lab. clin. Med.*, **46**, 568 (1955).
136 Grayzel et al., *Amer. J. Dis. Childh.*, **103**, 759 (1962).
137 van Goidsenhoven et al., *Gastroenterology*, **34**, 421 (1958).
138 Edwards et al., *Brit. med. J.*, **1**, 30 (1960); Vickers und Kennedy, *Brit. med. J.*, **1**, 1453 (1962).
139 Roman und Favilla, *Enzymologia*, **26**, 249 (1963).
140 Manning und Grisolia, *Proc. Soc. exp. Biol. (N. Y.)*, **95**, 225 (1957).
141 Ugarte et al., *J. Lab. clin. Med.*, **57**, 359 (1961); Pelikán et al., *Clin. chim. Acta*, **9**, 141 (1964).
142 Hue und Free, *Clin. Chem.*, **10**, 631 (1964).
143 Knights, jr., et al., *J. Lab. clin. Med.*, **65**, 355 (1965).

Normalwerte in **U/l Plasma oder Serum** von Erwachsenen, wenn nicht anders angegeben (Definition der Einheit U siehe S. 580)

EC-Nummer Systematischer Name **Empfohlener Trivialname** (Abkürzungen; nicht empfohlene Trivialnamen)	Methode	Anzahl	Mittelwert	95%-Bereich (in Klammern Extrembereich)	*s*	Literatur	Bemerkungen
3.5.4.4 Adenosine aminohydrolase **Adenosindesaminase**	Kolorimetrisch[144], 25 °C....	70	2,6	(1,4–4,7)	0,54	145	Hämolyse stört die Bestimmung durch die Erythrozytenaktivität. Erhöhte Aktivität im Serum bei Lebererkrankungen, auch bei Hämoblastosen, Retikulosen, akuten Nierenerkrankungen.
4.1.2.7 Ketose-1-phosphate aldehyde-lyase **Ketose-1-phosphataldolase** (Phosphofructaldolase, PFA) (Aldolase)	UV-Test[146] modifiziert, 25 °C	18	1,0			5	Die Aktivität des Enzyms in der Leber liegt weit über jener in anderen Organen. Ihr Anstieg im Serum ist daher spezifisch für eine Leberschädigung. Hohe Aktivitäten im Serum werden bei akuter Hepatitis, geringe Anstiege bei chronischen Lebererkrankungen und Verschlußikterus gefunden[147].
4.1.2.13 Fructose-1,6-diphosphate D-glyceraldehyde-3-phosphate-lyase **Fructosediphosphataldolase** (Aldolase, ALD) (Zymohexase)	Kolorimetrisch[148], 38 °C....	115	4,4	(2,2–7,4)		148	Hämolyse stört die Bestimmung durch die Erythrozytenaktivität. Die Aktivität der Fructosediphosphataldolase steigt zu einem Gipfel am 3. Lebenstag und erreicht innerhalb von 3 Wochen die Werte im Nabelschnurblut[16]. Sie hat bei Kindern höhere Aktivitäten im Serum als bei Erwachsenen[10,16,151] (siehe jedoch STAVE[19]). Nach körperlicher Belastung wird ein mäßiger Enzymanstieg im Serum beobachtet[152]. Diagnostisch wird der Anstieg der Fructosediphosphataldolase bei Erkrankungen der Skelettmuskulatur, des Myokards und der Leber genutzt. Hohe Aktivitäten werden vor allem bei Patienten mit Muskeldystrophie vom Typ DUCHENNE gefunden; erhöhte Werte zeigen häufig auch deren Mütter und Geschwister[153]. Siehe Übersichten[20].
	Kolorimetrisch[148] modifiziert, 37 °C..................	21	3,3	(1,8–4,9)		149	
	UV-Test[42] modifiziert, 25 °C.	23	2,7	(1–9,7)		5	
	UV-Test[42], 25 °C	48	1,8		0,65	8	
	UV-Test[42], 25 °C, Blutspender	100	6,4		2,4	10	
	UV-Test[42], 25 °C	30	5,0		2,5	30	
	Kolorimetrisch[150], 37 °C....		3,2		0,4	151	
	Kinder		6,4		0,5	151	
	Kolorimetrisch, 37 °C						
	Nabelschnurvenenblut....		9,0	(4,0–17,5)		16	
	1. Jahr		17,5			16	
	2. Jahr		15,2			16	
	6. Jahr		12,0			16	
	12. Jahr		8,7			16	
	18. Jahr		6,6			16	
	UV-Test[42], 25 °C						
	Säuglinge..............	50	5,3		1,3	10	
	Kinder	43	3,6		1,5	10	
	UV-Test[42] modifiziert, 25 °C						
	Frühgeborene	25	7,1			19	
	Neugeborene............	18	6,4		2,9	19	
	Säuglinge..............	54	3,5		1,5	19	
	Kinder	45	2,4		0,7	19	
4.2.1.2 L-Malate hydro-lyase **Fumarathydratase** (Fumarase)	UV-Test[154], 37 °C			Nicht nachweisbar		155	Geringer Anstieg bei Hepatitis[156]. Kein sicherer Anstieg bei Karzinomen, auch in den Spätstadien nicht[30].
	UV-Test[154], 37 °C	30		(0–0,7)		30	
4.2.1.3 Citrate (Isocitrate) hydro-lyase **Aconitathydratase** (Aconitase)	UV-Test[157], 37 °C	30		Nicht nachweisbar		30	Kein Anstieg im Plasma bei Herzinfarkt, Hepatitis und Zirrhosen[158].

[144] MARTINEK, R. G., *Clin. Chem.*, **9**, 620 (1963).
[145] MÜLLER-BEISSENHIRTZ und KELLER, *Dtsch. med. Wschr.*, **91**, 159 (1966).
[146] LEUTHARDT et al., *Helv. chim. Acta*, **36**, 227 (1953).
[147] WOLF et al., *Gastroenterologia (Basel)*, **87**, 172 (1957); RICK und OESTERLE, *Verh. dtsch. Ges. inn. Med.*, **65**, 692 (1959); FORSTER und JENNY, *Helv. med. Acta*, **26**, 673 (1959); SCHNEIDERBAUR und RETTENBACHER, *Wien. med. Wschr.*, **111**, 322 (1961).
[148] SIBLEY und LEHNINGER, *J. biol. Chem.*, **177**, 859 (1949).
[149] BRUNS und PULS, *Klin. Wschr.*, **32**, 656 (1954).
[150] MEYERHOF und LOHMANN, *Biochem. Z.*, **271**, 89 (1934).
[151] SCHAPIRA et al., *Amer. J. phys. Med.*, **34**, 313 (1955).
[152] CANTONE und CERRETELLI, *Int. Z. angew. Physiol.*, **18**, 107 (1960); BAUMANN et al., *Schweiz. Z. Sportmed.*, **10**, 33 (1962); FOWLER, jr., et al., *J. appl. Physiol.*, **17**, 943 (1962); OTTO et al., *Klin. Wschr.*, **42**, 75 (1964).
[153] SCHAPIRA und SCHAPIRA, *Ann. Biol. clin.*, **18**, 1 (1960); CHUNG et al., *Amer. J. hum. Genet.*, **12**, 52 (1960); LEYBURN et al., *Ann. hum. Genet.*, **25**, 41 (1961).
[154] RACKER, E., *Biochim. biophys. Acta*, **4**, 20 (1950).
[155] DE RITIS et al., *Clin. chim. Acta*, **4**, 213 (1959).
[156] DE RITIS et al., *Boll. Soc. ital. Biol. sper.*, **32**, 642 (1956).
[157] RACKER, E., *Biochim. biophys. Acta*, **4**, 211 (1950).
[158] BEUTLER und YEH, *J. Lab. clin. Med.*, **54**, 456 (1959).

Normalwerte in **U/l Plasma oder Serum** von Erwachsenen, wenn nicht anders angegeben (Definition der Einheit U siehe S. 580)

EC-Nummer Systematischer Name **Empfohlener Trivialname** (Abkürzungen; nicht empfohlene Trivialnamen)	Methode	Anzahl	Mittelwert	95%-Bereich (in Klammern Extrembereich)	*s*	Literatur	Bemerkungen
4.2.1.11 2-Phospho-D-glycerate hydro-lyase **Phosphopyruvathydratase** (Enolase, ENO)	UV-Test[42] modifiziert, 25 °C.	15	3,1	(1–6,0)		5	Anstieg der Aktivität im Serum bei Lebererkrankungen, Herzinfarkt sowie metastasierenden Karzinomen[2, 30].
	UV-Test[42], 25 °C	30	10,5		3,3	30	
5.3.1.1 D-Glyceraldehyde-3-phosphate ketol-isomerase **Triosephosphatisomerase** (TIM)	UV-Test[42], 34 °C	21	142		58	159	Anstieg im Serum bei Virushepatitis und progressiver Muskeldystrophie[159, 161]. Hohe Aktivitäten auch bei generalisierten neoplastischen Erkrankungen, besonders bei Lebermetastasen[160].
	UV-Test[42], 25 °C	30	42,8		15	30	
	UV-Test[42] modifiziert, 25 °C.	26	234	(100–400)	58	160	
5.3.1.6 D-Ribose-5-phosphate ketol-isomerase **Ribosephosphatisomerase** (Phosphoriboisomerase)	Kolorimetrisch[162], 37 °C....	11	58,4	(33,4–90,2)		162	Anstieg im Serum bei Lebererkrankungen, Nephritis und Lymphosarkom[162].
5.3.1.9 D-Glucose-6-phosphate ketol-isomerase **Glucosephosphatisomerase** (Phosphohexoseisomerase, PHI) (Hexosephosphatisomerase)	Kolorimetrisch[163], 37 °C....		50,8		24,2	30	In der frühen Kindheit höhere Werte als beim Erwachsenen. Anstieg im Serum bei Herzinfarkt[165, 166] und akuter Hepatitis[166, 167], nur geringe Anstiege bei chronischen Leberkrankheiten und Verschlußikterus[166, 167]. Erhöhte Werte auch bei Leukämien[168], megaloblastischen Anämien[78], Muskeldystrophie[151], schwerer Thyreotoxikose[169] und Karzinomen[167, 169, 170].
	Kolorimetrisch[164], 37 °C....		46,5	(13,5–86,0)		16	
	Nabelschnurvenenblut			(45–170)		16	
5.4.2.1 D-Phosphoglycerate 2,3-phosphomutase **Phosphoglyceratphosphomutase** (PGM)	UV-Test[171] modifiziert, 25 °C	30		Nicht nachweisbar		30	Keine sicheren Veränderungen der Aktivität im Serum bei Herz- und Lebererkrankungen und bei Tumoren[30].

159 GIUSTI und PICCININO, *Acta hepato-splenol. (Stuttg.)*, **10**, 166 (1963).
160 ROBERT et al., *Cancer*, **14**, 1166 (1961).
161 GIUSTI, G., *Boll. Soc. ital. Biol. sper.*, **38**, 10 (1962).
162 BRUNS, F. H., *Biochem. Z.*, **327**, 523 (1956).
163 BRUNS und HINSBERG, *Biochem. Z.*, **325**, 532 (1954).
164 HORROCKS et al., *J. clin. Path.*, **16**, 248 (1963).
165 SIEGEL und BING, *Proc. Soc. exp. Biol. (N. Y.)*, **91**, 604 (1956).
166 BING et al., *J. Amer. med. Ass.*, **164**, 647 (1957).
167 BRUNS und JACOB, *Klin. Wschr.*, **32**, 1041 (1954).
168 BLANCHAER et al., *Blood*, **13**, 245 (1958).
169 WHITE, L. P., *J. nat. Cancer Inst.*, **21**, 671 (1958).
170 SCHWARTZ et al., *Cancer*, **15**, 347 (1962).
171 SUTHERLAND et al., *J. biol. Chem.*, **181**, 153 (1949).

Lipide (Literatur siehe S. 598)

	Erythrozyten				Plasma oder Serum				Bemerkungen
	Mittelwert	95%-Bereich	*s*	Literatur	Mittelwert	95%-Bereich	*s*	Literatur	
Gesamtlipide (g/l)	5,10	4,08–6,12	0,51	1	–	3,5–8,5	–	2	Einzelheiten auf den folgenden Seiten.
Fettsäuren (g/l)*									
Total	2,0	–	–	1	–	1,0–5,0	–	2	Einzelheiten auf den folgenden Seiten.
Unverestert («frei»).......	0,08	–	–	3	–	0,10–0,35	–	2	
Cholesterin (g/l)									
Total	1,20	1,02–1,38	0,09	1	–	1,0–3,0	–	2	Einzelheiten auf den folgenden Seiten.
Frei......................	–	–	–	–	–	0,3–1,0	–	2	

* 1 mmol (mval)/l ≈ 0,28 g/l bzw. 1 g/l ≈ 3,57 mmol (mval)/l.

(Literatur siehe S. 598)

	Erythrozyten				Plasma oder Serum				Bemerkungen
	Mittelwert	95%-Bereich	s	Literatur	Mittelwert	95%-Bereich (in Klammern Extrembereich)	s	Literatur	
Phosphatide (g/l)	2,98	2,58–3,38	0,20	1	–	1,5–3,5	–	2	Einzelheiten auf den folgenden Seiten.
Triglyceride (g/l)	~0,2	–	–	4	–	0,5–2,2	–	2	Einzelheiten auf den folgenden Seiten.
Gallensäuren (mg/l)									
Trihydroxycholansäure (Cholsäure)	...	...	...	...	1,4	(0–3,4)	–	5	Der Gallensäurengehalt des Serums beträgt normalerweise weniger als 10 mg/l[6] und ist *erhöht* bei Krankheiten, die zu einer Störung der Gallensekretion führen[7], mit Werten bis 400 mg/l.
Dihydroxycholansäuren (Chenodesoxycholsäure und Desoxycholsäure) ...	...	...	...	...	0,8	(0–1,9)	–	5	

Gesamtlipide

Die Blutlipide bestehen aus freien Fettsäuren, Mono-, Di- und Triglyceriden, Phosphatiden, Sterinen (Cholesterin, Gallensäuren, Steroidhormonen), Carotenoiden und fettlöslichen Vitaminen.

Die Methoden zur Bestimmung der einzelnen Lipidfraktionen sind diskutiert worden[8]. Die Gesamtlipide bestimmt man am besten gravimetrisch nach geeigneter Extraktion[9].

In den Erythrozyten sind 90% der Lipide in der Zellmembran enthalten. In den Leukozyten machen die Lipide etwa 5–10% der Trockensubstanz aus[10], in den Thrombozyten etwa 15%[11]. Die Thrombozyten haben eine ähnliche Lipidzusammensetzung wie die Erythrozyten[12]. Die Serumlipide sind zum größten Teil an Proteine gebunden; über die Nomenklatur der Lipoproteine informiert die Tabelle S. 598. Siehe weiter die ausführliche Monographie über Serumlipide von Pezold[13].

Der Lipidgehalt des Serums ist von einer Reihe von Faktoren abhängig, so vor allem von Alter, Geschlecht, Rasse, Ernährung, Hormonhaushalt, Streß, Klima, körperlicher Bewegung und Beschäftigung. Der Lipidgehalt des Serums ist bei Neugeborenen und Kindern niedriger als bei Erwachsenen; er steigt bis gegen das 60. Lebensjahr an, während der Schwangerschaft ist er erhöht[14]. Die Beziehung des Serumlipidgehalts zu Körpergewicht, Konstitution und Blutdruck ist untersucht worden[15]. Zwischen dem Lipidgehalt des Serums bzw. dem Gehalt an Lipoproteinen niederer Dichte, Cholesterin und Glyceriden und dem Risiko des Auftretens einer Atherosklerose besteht eine positive Korrelation[16,17], wenn auch kausale Zusammenhänge nicht schlüssig bewiesen sind. Es ist jedoch wünschenswert, die Kost so zu gestalten, daß ein übermäßiger Anstieg des Serumlipidgehalts vermieden wird.

Fettsäuren

Etwa 3%, maximal 10% der Fettsäuren des Serums sind unverestert[18]; zur Hauptsache sind sie Teil von Glyceriden, Phosphatiden und Cholesterinestern. Auch in den Erythrozyten sind freie Fettsäuren in geringer Menge vorhanden. Im Gegensatz zu den Lipoproteinkomplexen der anderen Lipidfraktionen sind die freien Fettsäuren im Serum meist locker als Anionen an Albumin gebunden.

Beim Neugeborenen steigt der Gehalt des Serums an freien Fettsäuren innerhalb weniger Stunden nach der Geburt ungefähr auf das Dreifache des Nabelschnurblutwertes an[38]. Bei Kindern vor der Pubertät ist er eher höher als bei Erwachsenen[19], gegen Ende der Schwangerschaft erhöht, zwei Tage post partum aber wiederum normal[20].

Zum Fettsäurengehalt der Lipidfraktionen siehe die Literatur[21].

Cholesterin

Im Serum ist etwa ein Drittel des Cholesterins frei, zwei Drittel sind verestert; etwa 0,7% des Serumcholesterins ist Dihydrocholesterin[22]. Der Cholesterinsulfatgehalt des Serums liegt unterhalb 5 mg/l[23]. Das Verhältnis des veresterten zum Gesamtcholesterin (Esterquotient) ist im Serum außerordentlich konstant. In den Thrombozyten und Leukozyten schwankt der Anteil an freiem und verestertem Cholesterin stark[24]. Zur Cholesterinbestimmung wurden verschiedene kolorimetrische Methoden ausgearbeitet, die aber alle nicht sehr spezifisch sind[25]; gebräuchlich sind die nach Schoenheimer und Sperry[26], Abell[27] und Zak[28].

Ähnlich wie der Gesamtlipidgehalt hängt auch der Cholesteringehalt des Serums von verschiedenen Faktoren ab, wobei der Ernährung und der körperlichen Aktivität besondere Bedeutung zukommt. Der Cholesteringehalt des Serums wird weniger vom Cholesteringehalt der Nahrung beeinflußt – der größte Teil des Serumcholesterins ist endogenen Ursprungs – als vielmehr vom Fettgehalt und der Fettsäurenzusammensetzung der Kost. Eine Kost, deren Fettanteil zu einem größeren Teil aus Polyenfettsäuren besteht, führt zu einem niedrigen Cholesterinspiegel im Serum. Im Hinblick auf das Risiko einer Atherosklerose ist ein Cholesterinspiegel von unter 2,0 g/l Serum wünschenswert[17].

Der Cholesteringehalt des Serums von Neugeborenen ist bei der Geburt niedrig, steigt aber schon in den ersten Stunden und Tagen nach der Geburt an[29]. Über die Abhängigkeit des Serumcholesterinspiegels von Geschlecht und Lebensalter besteht eine umfangreiche Literatur[13,17,30–32]. Bei einer Untersuchung an New-Yorkern europäischer Abstammung wurde gefunden, daß der Cholesterinspiegel von etwa 2,0 g/l bei 20jährigen Männern bis auf 2,5 g/l bei den 50jährigen ansteigt und in höherem Lebensalter wieder abfällt, ferner daß der Cholesterinspiegel von 2,0 g/l bei 20jährigen Frauen bis auf 2,8 g/l bei den 55jährigen Frauen ansteigt und in höherem Lebensalter ebenfalls abfällt[30] (Medianwerte). Während der Schwangerschaft ist der Gehalt an freiem und verestertem Cholesterin erhöht[14].

Phosphatide (Phospholipide)

Die Phosphatide machen in den Erythrozyten etwa 60%[1], in den Leukozyten etwa 50%[10] und in den Thrombozyten etwa 75%[11] aus. Gebräuchliche Methoden zur Bestimmung der Serumphosphatide über den Lipoidphosphor sind die von Zilversmit[33] sowie Fiske und Subbarow[34].

Der Phosphatidgehalt des Serums ist bei Neugeborenen niedrig, während der Schwangerschaft erhöht[14]. Die Alters- und Geschlechtsabhängigkeit des Phosphatidgehalts des Serums wurde ausführlich untersucht[32]; sie verlaufen weitgehend parallel den Veränderungen des Cholesteringehalts.

Glyceride

In den Erythrozyten finden sich nur kleine Mengen Glyceride. Die Glyceride des Serums bestehen zu etwa 5–10% aus Mono- und Diglyceriden[35], der Hauptteil aus Triglyceriden.

Infolge methodischer Unzulänglichkeiten sind die in der Literatur aufscheinenden Serumglyceridwerte recht verschieden. Der Glyceridgehalt, auch als «Neutralfett» bzw. «Fettrest» bezeichnet, wird zumeist als Differenz bestimmt[36]:

Neutralfett (mg/l) = mg Gesamtlipid pro Liter − (mg freies Cholesterin pro Liter + 1,68 mg Estercholesterin pro Liter + 25 × mg Lipoidphosphor pro Liter)

Exakter ist die Bestimmung über die estergebundenen Fettsäuren[36]:

Neutralfett (mg/l) = mg Esterfettsäuren pro Liter − (0,764 × mg Estercholesterin pro Liter + 14,2 × mg Lipoidphosphor pro Liter)

oder über das gebundene Glycerin[36]:

Neutralfett (mg/l) = 885 (mmol Gesamtglycerin pro Liter − mmol freies Glycerin pro Liter)

Der Gehalt des Serums an Glyceriden steigt in den ersten Monaten nach der Geburt an, bleibt aber dann während der Kindheit unverändert[37]. Bei einer Untersuchung an New-Yorkern europäischer Abstammung wurde gefunden, daß der Glyceridspiegel bei Männern in allen Lebensaltern höher ist als der von Frauen, daß er bei Männern im 5. Lebensjahrzehnt stark ansteigt und im 6. Lebensjahrzehnt wieder abfällt[30].

Literatur (zu S. 596–597)

[1] Farquhar, J. W., *Biochim. biophys. Acta*, **60**, 80 (1962).
[2] Übliche in der Literatur beschriebene Werte.
[3] Ways und Hanahan, *J. Lipid Res.*, **5**, 318 (1964).
[4] Ways und Reed, *Ser. Haemat.*, Heft 10, 34 (1965).
[5] Carey, J.B., jr., *J. clin. Invest.*, **37**, 1494 (1958).
[6] MacIntyre und Wootton, *Ann. Rev. Biochem.*, **29**, 635 (1960); Osborn et al., *Lancet*, **2**, 1049 (1959).
[7] van Itallie und Hashim, *Med. Clin. N. Amer.*, **47**, 629 (1963).
[8] Sunderman und Sunderman, jr. (Hrsg.), *Lipids and the Steroid Hormones in Clinical Medicine*, Lippincott, Philadelphia, 1960; Zöllner und Eberhagen (Hrsg.), *Untersuchung und Bestimmung der Lipoide im Blut*, Springer, Berlin, 1965.
[9] Sperry et al., *Stand. Meth. clin. Chem.*, **4**, 173 (1963).
[10] Hinsberg und Berendt, in: Flaschenträger und Lehnartz (Hrsg.), *Physiologische Chemie*, Band II/1a, Springer, Berlin, 1954, S. 461.
[11] Barkhan und Silver, *Progr. Hemat.*, **3**, 170 (1962).
[12] Troup et al., in: Johnson et al. (Hrsg.), *Blood Platelets*, Little, Brown, Boston, 1961, S. 265.
[13] Pezold, F. A., *Lipide und Lipoproteide im Blutplasma*, Springer, Berlin, 1961.
[14] Boyd, E. M., *J. clin. Invest.*, **13**, 347 (1934); Oliver und Boyd, *Clin. Sci.*, **14**, 15 (1955).
[15] Hartmann et al., *Z. Kreisl.-Forsch.*, **52**, 425 (1963).
[16] Kuo, P. T., *Med. Clin. N. Amer.*, **44**, 1635 (1960).
[17] Stamler et al., *Med. Clin. N. Amer.*, **47**, 3 (1963).
[18] Eggstein, M., *Z. klin. Chem.*, **4**, 12 (1966).
[19] Loeb et al., *Rev. franç. Etud. clin. biol.*, **5**, 916 (1960).
[20] Burt, R. L., *Obstet. and Gynec.*, **15**, 460 (1960).
[21] Schrade, W., *Med. u. Ernähr.*, **1**, 267 (1960); Schrade et al., *Klin. Wschr.*, **38**, 739 (1960); Lindgren und Nichols, *Ann. N. Y. Acad. Sci.*, **94**, 55 (1961).
[22] Chattopadhyay und Mosbach, *Analyt. Biochem.*, **10**, 435 (1965).
[23] Drayer und Lieberman, *Biochem. biophys. Res. Commun.*, **18**, 126 (1965); Moser et al., *Biochim. biophys. Acta*, **116**, 146 (1966).
[24] Hawthorne et al., *J. Nutr.*, **81**, 241 (1963).
[25] Kritchevsky et al., *J. Lab. clin. Med.*, **63**, 511 (1964).
[26] Kaser et al., *Stand. Meth. clin. Chem.*, **1**, 43 (1953).
[27] Abell et al., *Stand. Meth. clin. Chem.*, **2**, 26 (1958).
[28] Leffler et al., in: Sunderman und Sunderman, jr. (Hrsg.), *Lipids and the Steroid Hormones in Clinical Medicine*, Lippincott, Philadelphia, 1960, S. 18; Zak et al., *Stand. Meth. clin. Chem.*, **5**, 79 (1965).
[29] Thalme, B., *Acta paediat. (Uppsala)*, **51**, 649 (1962).
[30] Schaefer, L. E., *Amer. J. Med.*, **36**, 262 (1964).
[31] Keys et al., *J. clin. Invest.*, **29**, 1347 (1950); Keys et al., *Clin. Chem.*, **1**, 34 (1955); Lewis et al., *Circulation*, **16**, 227 (1957).
[32] Adlersberg et al., *J. Amer. med. Ass.*, **162**, 619 (1956).
[33] Zilversmit et al., *Stand. Meth. clin. Chem.*, **2**, 132 (1958).
[34] Sunderman et al., in: Sunderman und Sunderman, jr. (Hrsg.), *Lipids and the Steroid Hormones in Clinical Medicine*, Lippincott, Philadelphia, 1960, S. 28.
[35] Carlson und Wadström, *Clin. chim. Acta*, **4**, 197 (1959).
[36] Eggstein, M., in: Zöllner und Eberhagen (Hrsg.), *Untersuchung und Bestimmung der Lipoide im Blut*, Springer, Berlin, 1965, S. 289.
[37] Brown et al., in: Wollheim und Schlegel (Hrsg.), *VIIth International Congress of Internal Medicine*, München 1962, Band 1, Thieme, Stuttgart, 1963, S. 176.
[38] Keele et al., *Pediatrics*, **37**, 597 (1966).

Lipoproteine des Serums und ihre Zusammensetzung[1]

Fraktion		Gehalt* (g/l Serum)	Dichte	S_f**	$-S$**	Freie Elektrophorese (Fraktion)	Cohn-Fraktion (Methode 10)	Lipoproteinzusammensetzung						
								Protein (%)	Lipide (%)	Lipidfraktion in Prozenten der Gesamtlipide				
										Glyceride	Phosphatide	Cholesterinester	Freies Cholesterin	Unveresterte Fettsäuren
Chylomikronen		0–0,5	<0,96	10^4–10^5	–	–	I+II	1	99	88	8	3	1	–
β-*Lipoproteine niederer Dichte*	LDF_1	1,5	0,96 –1,006	20–400	>70	α_2	I+II	7	93	56	20	15	8	1
	LDF_2	0,5	1,006–1,019	12–20	40–70	α_2	I+III	11	89	29	26	34	9	1
	LDF_3	3,5	1,019–1,063	0–12***	20–40	β	III	21	79	13	28	48	10	1
α-*Lipoproteine hoher Dichte*	HDL_2	0,5	1,063–1,125	–	4–20	α_1	IV+V	33	67	16	43	31	10	–
	HDL_3	3,0	1,125–1,210	–	0–4	α_1	IV+V	57	43	13	46	29	6	6
Unveresterte Fettsäuren-Albumin		40,0	–	–	–	–	V	99	1	0	0	0	0	100

[1] Olson und Vester, *Physiol. Rev.*, **40**, 677 (1960).
* Werte gelten für einen gesunden, guternährten 40jährigen Mann (postabsorptiv).
** S_f = Svedberg-Flotationseinheiten ($-S \times 10^{-13}$ s) bei einer Dichte von 1,063 und t = 26 °C; $-S$ = Svedberg-Flotationseinheiten bei einer Dichte von 1,21 und t = 26 °C.
*** Fraktion 0–2 = HDL_1.

Lipoproteingehalt des Serums in verschiedenen Lebensaltern (g/l)[1]

Alter	Anzahl	S_f 100–400		S_f 20–100		S_f 12–20		S_f 0–12		HDL_1		HDL_2		HDL_3	
		Mittelwert	s	Mittelwert	s	Mittelwert	s	Mittelwert	s	Mittelwert	s	Mittelwert		Mittelwert	s
Männer															
17–29	585	0,37	0,43	0,75	0,41	0,40	0,21	3,22	0,86	0,23	0,07	0,37	0,28	2,17	0,40
30–39	834	0,51	0,64	0,91	0,54	0,51	0,23	3,55	0,84	0,24	0,15	0,36	0,28	2,19	0,42
40–49	399	0,66	0,91	1,07	0,66	0,57	0,23	3,80	0,84	0,25	0,15	0,37	0,28	2,26	0,50
50–65	143	0,58	0,70	1,03	0,58	0,56	0,24	3,83	0,75	0,27	0,22	0,42	0,32	2,24	0,51
Frauen															
17–29	190	0,09	0,14	0,44	0,29	0,30	0,16	2,83	0,68	0,21	0,07	0,80	0,41	2,28	0,38
30–39	99	0,13	0,17	0,51	0,36	0,41	0,22	3,24	0,86	0,22	0,09	0,81	0,45	2,35	0,38
40–49	37	0,18	0,24	0,65	0,51	0,42	0,21	3,46	0,67	0,23	0,05	0,89	0,53	2,41	0,43
50–65	10	0,32	0,37	0,77	0,48	0,93	0,36	4,37	0,40	0,25	0,07	1,17	0,66	2,70	0,54

[1] Gesunde Angestellte der University of California Radiation Laboratory (UCRL) in Livermore, California; Lindgren und Nichols, in: Putnam, F.W. (Hrsg.), *The Plasma Proteins*, Band 2, Academic Press, New York, 1960, S. 1.

Serumlipide in verschiedenen Lebensaltern

	An-zahl	Gesamtlipide (g/l)			Gesamtcholesterin (g/l)			Freies Cholesterin (g/l)			Phosphatide (g/l)			Glyceride (g/l)			Unveresterte Fettsäuren (mmol/l)		Lite-ratur
		Mittel-wert	(Extrem-bereich)	*s*	Mittel-wert	95%-Bereich (in Klammern Extrembereich)	*s*	Mittel-wert	(Extrem-bereich)	*s*	Mittel-wert	95%-Bereich (in Klammern Extrembereich)	*s*	Mittel-wert	95%-Bereich	*s*	Mittel-wert	*s*	
Mütter	36	9,03	–	–	2,60	–	–	0,66	–	–	2,76	–	–	2,28	–	–	–	–	1
Nabelschnurblut	21	2,91	–	–	0,75	–	–	0,15	–	–	0,99	–	–	0,69	–	–	–	–	1
Kinder, 6–8 Wochen																			
Milch–Fleisch-Kost	10	5,74	–	–	1,36	–	–	0,30	–	–	1,77	–	–	1,83	–	–	–	–	1
Vegetabilische Kost	10	3,83	–	–	0,89	–	–	0,17	–	–	1,32	–	–	1,10	–	–	–	–	1
Nabelschnurblut	15	3,13	(1,70–4,40)	–	0,74	(0,48–0,98)	–	0,26	(0,19–0,38)	–	1,24	(0,76–1,70)	–	–	–	–	–	–	2
Kinder, 3–10 Tage (gestillt)	15	6,08	(4,30–7,60)	–	1,34	(1,10–1,67)	–	0,49	(0,37–0,59)	–	2,07	(1,60–2,60)	–	–	–	–	–	–	2
Kinder, 1–12 Monate	37	6,06	(2,40–8,00)	–	1,30	(0,69–1,73)	–	0,40	(0,27–0,66)	–	1,88	(1,22–2,76)	–	–	–	–	–	–	2
Kinder, 2–14 Jahre	25	8,38	(4,90–10,90)	–	1,88	(1,38–2,42)	–	0,54	(0,39–0,69)	–	2,35	(1,88–2,92)	–	–	–	–	–	–	2
Kinder, 10–13 Jahre	635	–	–	–	1,54	1,07–2,06	–	–	–	–	–	–	–	0,75	0,33–1,74	–	–	–	3
Männer, 16–35 Jahre	62	6,10	–	1,20	1,92	–	0,57	0,64	–	0,19	2,08	–	0,35	0,84	–	0,34	0,750	0,233	4
Frauen, 16–35 Jahre	29	6,48	–	1,14	1,85	–	0,38	0,58	–	0,18	2,32	–	0,44	0,88	–	–	0,781	0,174	4
Erwachsene, 20–35 Jahre	62	–	–	–	1,78	–	0,26	0,46	–	–	1,78	–	0,23	1,23	–	0,49	0,405	0,081	5
Erwachsene, 45–70 Jahre	30	–	–	–	2,09	–	0,29	0,61	–	–	2,50	–	0,28	–	–	–	–	–	5

	Gesamtlipide* (g/l)						Gesamtcholesterin* (g/l)						Phosphatide* (g/l)						Glyceride* (g/l)						Lite-ratur
	An-zahl	2,5%	5%	50%	95%	97,5%	An-zahl	2,5%	5%	50%	95%	97,5%	An-zahl	2,5%	5%	50%	95%	97,5%	An-zahl	2,5%	5%	50%	95%	97,5%	
Männer, 15–24 Jahre	150	3,95	4,15	5,82	8,29	8,63	148	1,21	1,42	1,87	2,59	2,78	150	1,45	1,51	1,93	2,57	2,74	142	0,07	0,10	0,98	2,49	2,83	6
Männer, 25–34 Jahre	383	4,58	4,81	6,50	9,35	9,95	379	1,47	1,62	2,11	2,94	3,12	383	1,58	1,66	2,15	2,76	2,98	371	0,11	0,22	1,17	2,98	3,77	6
Männer, 35–44 Jahre	497	4,93	5,18	7,12	10,91	11,89	494	1,60	1,76	2,37	3,31	3,54	495	1,70	1,82	2,32	3,00	3,18	488	0,20	0,28	1,27	3,43	4,78	6
Männer, 45–54 Jahre	499	5,16	5,33	7,44	10,26	11,24	497	1,61	1,77	2,45	3,34	3,49	499	1,77	1,86	2,39	3,09	3,21	491	0,16	0,24	1,32	3,08	3,54	6
Männer, 55–64 Jahre	301	5,33	5,55	7,69	10,50	11,73	301	1,75	1,83	2,54	3,28	3,55	303	1,80	1,94	2,43	3,06	3,30	292	0,23	0,31	1,36	3,59	4,07	6

* Stichprobenprozentile.
[1] Anstaltswaisen in Tennessee; Sweeney et al., *Pediatrics*, **27**, 765 (1961).
[2] Gesunde Kinder von Lund, Schweden; Rafstedt und Swahn, *Acta paediat. (Uppsala)*, **43**, 221 (1954); Rafstedt, S., *Acta paediat. (Uppsala)*, **44**, Suppl. 102 (1955).
[3] Schulkinder von New York City; Baker et al., *Amer. J. clin. Nutr.*, **20**, 850 (1967).
[4] Gesunde Erwachsene von Göteborg, Schweden; Svanborg et al., *Acta med. scand.*, **169**, 43 (1961).
[5] Eggstein, M., *Klin. Wschr.*, **43**, 1031 (1965); **44**, 267 (1966); unveresterte Fettsäuren nach Eggstein et al., *Klin. Wschr.*, **45**, 943 (1967).
[6] Werktätige Männer von Basel; Hartmann, G., persönliche Mitteilung, 1967.

Fettsäurenzusammensetzung der einzelnen Serumlipidfraktionen von Erwachsenen[1]

	Unveresterte Fettsäuren	Cholesterinester	Phosphatide	Triglyceride
Lipidfraktion (g/l Serum)	0,29	2,24	2,09	1,73
Fettsäurengehalt der Lipidfraktion (g/l Serum)..	0,29	0,72	1,11	1,44
Fettsäuren (Prozent der gesamten Fettsäuren)				
Myristinsäure	2,0	1,1	0,9	1,6
Palmitinsäure	27,9	12,1	30,7	28,1
Palmitoleinsäure	7,2	6,8	3,3	7,6
Stearinsäure	14,9	2,6	11,9	3,7
Ölsäure	25,5	18,9	15,1	36,8
Linolsäure	13,1	47,1	21,5	12,2
Triensäuren (C_{18} und C_{20})	0,9	0,9	0,8	0,9
Arachidonsäure	2,4	5,0	8,8	3,1
Pentaensäuren (C_{20} und C_{22})	1,2	1,4	2,0	1,2
Hexaensäuren (C_{22})...	1,8	1,9	3,1	1,9
Andere Fettsäuren......	3,1	2,2	2,1	2,9

[1] Schrade, W., *Med. u. Ernähr.*, **1**, 267 (1960); Schrade et al., *Klin. Wschr.*, **38**, 739 (1960); Mittelwerte von 16 gesunden Personen, 18–41 Jahre alt.
Zur Fettsäurenzusammensetzung der Lipidfraktionen im Neugeborenenserum siehe Zöllner et al., *Klin. Wschr.*, **44**, 380 (1966), im Neugeborenenserum und im Serum von Säuglingen in Abhängigkeit von der Ernährung siehe Pikaar und Fernandes, *Amer. J. clin. Nutr.*, **19**, 194 (1966).

Einzelne Phosphatide in Plasma und Erythrozyten[1]

	Plasma (15 Erwachsene*)		Erythrozyten (13 Erwachsene)	
	Mittelwert	s	Mittelwert	s
Lipoidphosphor (mg/l)	99,8	15,2	139,5	11,2
Phosphatide (Prozent des Lipoidphosphors)				
Cephalin**	5,0	0,6	42,4	1,0
Lecithin...........	68,2	1,7	32,7	2,0
Sphingomyelin.....	19,0	1,9	23,1	1,9
Lysolecithin	7,7	1,5	1,8	0,2

* Nüchternwerte. Im Nabelschnurplasma ist der Anteil an Lecithin erniedrigt, der an den anderen Fraktionen erhöht[2].
** Im Serum[3] sind etwa ein Drittel der Cephalinfraktion Plasmalogene, in den Erythrozyten[4] etwa die Hälfte.
[1] Phillips, G. B., *J. Lab. clin. Med.*, **59**, 357 (1962).
[2] Zöllner et al., *Klin. Wschr.*, **44**, 380 (1966).
[3] Phillips, G. B., *Biochim. biophys. Acta*, **29**, 594 (1958).
[4] Farquhar, J. W., *Biochim. biophys. Acta*, **60**, 80 (1962).

Nomenklatur von Veränderungen des Serumlipidgehalts[1]

Substanz bzw. Bestimmungsmethode	Vermehrung im Serum
Cholesterin	Hypercholesterinämie
Lipoidphosphor	Hyperphosphatidämie
Neutralfett....................	Hyperlipämie
Freie Fettsäuren	Hyperlipacidämie
Gesamtlipide..................	Hyperlipidämie
Trübung durch Neutralfette.....	Lipämie
Verschwinden der lipämischen Trübung	Lipämieklärung

[1] Klenk et al., *Clin. chim. Acta*, **7**, 446 (1962).

Kohlenhydrate (Literatur siehe S. 602)

Glucose, Nüchternwerte (mg/l)

Alter	Untersuchungsmaterial	Methode	Anzahl	Mittelwert	95%-Bereich	s	Literatur
Schwangere, ante partum ..	Kapillarblut	Hagedorn-Jensen	19	931	878–984	26,7	1
		Glucoseoxydase	19	867	788–946	39,5	1
Neugeborene ...	Nabelschnurblut	Hagedorn-Jensen	20	856	790–922	33,2	1
		Glucoseoxydase	20	671	588–754	41,5	1
1. Stunde	Kapillarblut	Hagedorn-Jensen	20	558	489–627	34,4	1
		Glucoseoxydase	20	263	190–336	36,5	1
6. Tag	Kapillarblut	Hagedorn-Jensen	16	708	653–763	27,5	1
		Glucoseoxydase	16	447	381–513	32,8	1
Neugeborene ...	Nabelschnurblut	Somogyi-Nelson	14	730	392–1068	169	2
1 Stunde	Kapillarblut	Somogyi-Nelson	14	626	224–1028	201	2
2 Stunden	Kapillarblut	Somogyi-Nelson	14	589	209–969	190	2
9 Stunden	Kapillarblut	Somogyi-Nelson	14	590	310–870	140	2
24 Stunden ...	Kapillarblut	Somogyi-Nelson	14	579	301–857	139	2
48 Stunden ...	Kapillarblut	Somogyi-Nelson	14	591	321–861	135	2
Neugeborene, 1–78 Stunden.	Blut	Hagedorn-Jensen	63	841	–	–	3
		Somogyi-Nelson	63	598	–	–	3
Kinder, 1–17 Monate .	Blut	Hagedorn-Jensen	10	948	–	–	3
		Somogyi-Nelson	10	796	–	–	3

Bemerkungen:

Methoden. Die Reduktionsmethoden zur «Blutzucker» bestimmung – zum Beispiel nach Hagedorn-Jensen, Hoffman, Folin-Wu und Somogyi-Nelson – erfassen neben Glucose auch andere Hexosen (Fructose, Mannose, Galactose), Pentosen, Glucuronsäure, Glutathion, Harnsäure, Creatin und Creatinin, Ascorbinsäure und auch verschiedene Medikamente («Restreduktion»). Aldohexosen werden kolorimetrisch mit *o*-Toluidin[7,10] oder mit Triphenyltetrazoliumchlorid[11] erfaßt. Am spezifischsten sind enzymatische Methoden: die Reaktion mit Glucoseoxydase-Peroxydase[8,12,13] und die Reaktion mit Hexokinase-Glucose-6-phosphatdehydrogenase[13].

Physiologische und pathologische Variationen. Der Glucosegehalt des Kapillarbluts ist nach 12 Stunden Fasten annähernd dem des Venenbluts gleich; nach Glucoseeinnahme ist der des Kapillar- und Arterienbluts höher als der des Venenbluts. Bei erhöhter Leukozytenzahl kann infolge von Glycolyse in den Leukozyten eine Hypoglykämie vor-

(Literatur siehe S. 602)

Glucose, Nüchternwerte (mg/l) *(Fortsetzung)*

Alter	Untersuchungs-material	Methode	Anzahl	Mittelwert	95%-Bereich	*s*	Literatur	Bemerkungen *(Fortsetzung)*
Kinder, 2–14 Jahre ...	Blut	Hagedorn-Jensen	15	933	–	–	*3*	getäuscht werden[14]. Im Serum und Erythrozytenwasser ist Glucose in gleicher Konzentration vorhanden. Der Glucosegehalt des Bluts sinkt in den ersten Lebensstunden nach der Geburt und steigt in den folgenden Tagen langsam an[1,2,15]; diese Hypoglykämie des Neugeborenen ist besonders ausgeprägt bei Frühgeborenen[16,17], bei Kindern in einem schlechten Ernährungszustand[18] und bei Kindern von diabetischen Müttern[16]. Pathologisch *erhöht* ist der Glucosegehalt des Blutes bei Diabetes mellitus, Krankheiten der Nebennierenrinde (Cushing-Syndrom) und der Hypophyse (Akromegalie), nach Corticotropingaben, unter Einfluß erhöhter Mengen von zirkulierendem Adrenalin und bei Wernickescher Polioenzephalitis; *erniedrigt* ist er bei Insulinüberschuß, Dumpingsyndrom, Unterfunktion der Nebennierenrinde (Addisonsche Krankheit) und der Hypophyse, Läsionen des Hypothalamus und bei manchen Lebererkrankungen.
		Somogyi-Nelson	15	843	–	–	*3*	
Erwachsene	Blut	Hagedorn-Jensen	21	1072	–	–	*3*	
		Somogyi-Nelson	21	1000	–	–	*3*	
Kinder, 8–14 Jahre ...	Venöses Blut	Glucoseoxydase	12	800	600–1000	–	*4*	
Erwachsene	Venöses Plasma	Somogyi-Nelson	33	995	819–1171	88	*5*	
		Glucoseoxydase	33	909	751–1067	79	*5*	
Erwachsene	Venöses Blut	Glucoseoxydase	38	800	668–932	66	*6*	
Erwachsene	Blut	*o*-Toluidin	21	–	630–870	–	*7*	
Erwachsene	Blut	Glucoseoxydase	94	810	630–990	90	*8*	
0–29 Jahre	Kapillarblut	Hoffman	41	859	683–1035	88	*9*	
30–49 Jahre	Kapillarblut	Hoffman	103	878	650–1106	114	*9*	
50–69 Jahre	Kapillarblut	Hoffman	155	897	623–1171	137	*9*	
> 70 Jahre.....	Kapillarblut	Hoffman	46	991	665–1317	163	*9*	
17–45 Jahre	Kapillarblut	Hexokinase	199	828	700–950	65,6	*13*	

	Vollblut				Plasma oder Serum				Bemerkungen
	Mittelwert	95%-Bereich (in Klammern Extrembereich)	*s*	Literatur	Mittelwert	95%-Bereich	*s*	Literatur	
Pentosen (mg/l)..........	...	...	...	...	6,6	0,2–13,0	3,2	*19*	Werte von 28 Personen, bestimmt mit Orcinol.
L-Xylulose...............	...	...	...	...	1,4	0–5,0	1,8	*20*	Werte von 36 Personen. Erhöht bei Diabetikern.
Mesoinosit (mg/l)........	...	...	...	...	10,9	6,7–15,1	2,1	*21*	Werte von 18 Personen, enzymatisch bestimmt.
Zuckerphosphate (µmol/l)		Erythrozyten:							
Diphosphoglycerinsäure ...	4375	–	–	*22*					
Triosephosphat...........	115	0–241	63	*23*					
Glucose-6-phosphat.......	83	39–127	22	*23*					
Fructose-6-phosphat.......	36	10–62	13	*23*					
Fructose-1,6-diphosphat ...	125	55–195	35	*23*					
Pentose-5-phosphat	18	0–36	9	*23*					
Nucleotidpentose.........	3808	2632–4984	588	*23*					
Sedoheptulose-1,7-diphosphat	9	–	–	*24*					
Octulose-1,8-diphosphat ...	3	–	–	*24*					
Galactose-1-phosphat (mg/l)	...	...	...	...	...	...	...	...	Erhöht bei Galactosämie.
Nabelschnurblut........	17	1–33	8	*25*					
Kinder, Erwachsene.....	0	0–6	3	*25*					
Glucuronsäure, total (mg/l)									
(a) Kinder...............	...	...	...	...	65	–	–	*26*	(b) 56, (c) 44 Personen; (a) mit Carbazol, (b, c, d) mit Naphthoresorcin bestimmt. Glucuronsäure ist Bestandteil von Glycoproteinen (siehe nächste Seite); im Serum ist sie vorwiegend glycosidisch gebunden, zum Teil aber auch frei[29]. Der Glucuronsäuregehalt des Serums ist beim nephrotischen Syndrom erniedrigt[30].
(b) Männer	...	...	...	...	32	19,6–44,4	6,2	*27*	
(c) Frauen..............	...	...	...	...	32	23–41	4,5	*27*	
(d)......................	–	Erythrozyten: (0–20)	–	*28*					
Glycogen (mg/l)	55	(12–162)	–	*31*	0	–	–	*31*	Bei Glycogenspeicherkrankheit kann der Glycogengehalt der Erythrozyten erhöht sein[32,34].
(µg/g Hämoglobin)		Erythrozyten:							
Neugeborene, 1. Tag	155	(48–361)	–	*32*					
Kinder, 1–12 Monate......	86	(32–151)	–	*32*					
Erwachsene...............	56	(26–105)	–	*32*					
(mg/10^9)	7,5	Granulozyten: (4,7–11,9)	–	*33*					

	Vollblut				Plasma oder Serum				Bemerkungen
	Mittelwert	95%-Bereich	s	Literatur	Mittelwert	95%-Bereich (in Klammern Extrembereich)	s	Literatur	
Heparin (mg/l)	...	...	...	...	–	(1,0–2,4)	–	35	
Proteingebundene Kohlenhydrate (mg/l)									
Total	...	...	...	...	2739	–	–	36	Verschiedene Proteine des Serums, der Erythrozyten, Leukozyten und Thrombozyten enthalten auch Kohlenhydrate (Glycoproteine)[38,39]. Zum Kohlenhydratgehalt von Serumproteinen siehe S. 577. Die Hexosen der Serumglycoproteine sind Galactose und Mannose, die Hexosamine Galactosamin und Glucosamin (im Verhältnis 1:6[40]).
Hexosen	...	...	...	...	1210	1170–1250	21	36	
Hexosamine	...	...	...	...	830	750–910	40	36	
Sialsäure	...	...	...	...	600	526–674	37	36	
Fucose	...	...	...	...	89	77–101	6	36	
Uronsäuren	...	...	...	...	2,3	0,8–3,8	0,75	37	

Der Gehalt des Serums an proteingebundenen Kohlenhydraten ist bei Männern und Frauen gleich[41] (bei Frauen gegen Ende der Schwangerschaft erhöht[42]), der an Sialsäure[41,43] und an Hexosen[42,44] steigt mit zunehmendem Lebensalter. Bei Neugeborenen ist der Sialsäuregehalt des Serums niedriger als bei den Müttern[45,46]; er erreicht in den ersten 4 Lebensmonaten den Erwachsenenwert[46]. Der Glycoproteingehalt des Serums ist bei Krankheiten, die mit Gewebsabbau einhergehen, bei Kollagenkrankheiten sowie bei entzündlichen und degenerativen Erkrankungen *erhöht*. Über solche pathologische Veränderungen siehe die Literatur[38,42,47].

Literatur (S.600–602)

1 Wolf, H., *Klin. Wschr.*, **38**, 87 (1960).
2 Acharya und Payne, *Arch. Dis. Childh.*, **40**, 430 (1965).
3 Hallman, N., *Mod. Probl. Pädiat.*, **4**, 535 (1959).
4 Öckerman, P. A., *Clin. chim. Acta*, **12**, 370 (1965).
5 Saifer und Gerstenfeld, *J. Lab. clin. Med.*, **51**, 448 (1958).
6 Sunderman, jr., und Sunderman, *Amer. J. clin. Path.*, **36**, 75 (1961).
7 Hyvärinen und Nikkilä, *Clin. chim. Acta*, **7**, 140 (1962).
8 Fales und Seligson, *Stand. Meth. clin. Chem.*, **4**, 101 (1963).
9 Diabetes Survey Working Party, *Brit. med. J.*, **2**, 655 (1963).
10 Zender, R., *Clin. chim. Acta*, **8**, 351 (1963).
11 Lorentz, K., *Clin. chim. Acta*, **13**, 660 (1966).
12 Richterich und Colombo, *Klin. Wschr.*, **40**, 1208 (1962); Free, A. H., *Advanc. clin. Chem.*, **6**, 67 (1963); Meites et al., *Stand. Meth. clin. Chem.*, **5**, 113 (1965).
13 Schmidt, F. H., *Internist (Berl.)*, **4**, 554 (1963); persönliche Mitteilung, 1967.
14 Hanrahan et al., *Amer. J. clin. Path.*, **40**, 43 (1963).
15 Creery und Parkinson, *Arch. Dis. Childh.*, **28**, 134 (1953); Farquhar, J. W., *Arch. Dis. Childh.*, **29**, 519 (1954).
16 Zetterström, R., in: Wolstenholme und O'Connor (Hrsg.), *Ciba Foundation Symposium on Somatic Stability in the Newly Born*, Churchill, London, 1961, S. 59.
17 Baens et al., *Pediatrics*, **31**, 580 (1963).
18 Neligan et al., *Lancet*, **1**, 1282 (1963).
19 McKay, E., *Clin. chim. Acta*, **10**, 320 (1964).
20 Winegrad et al., *Diabetes*, **14**, 311 (1965).
21 Garcia-Buñuel und Garcia-Buñuel, *J. Lab. clin. Med.*, **64**, 461 (1964).
22 Shafer und Bartlett, *J. clin. Invest.*, **40**, 1178 (1961).
23 Fornaini et al., *J. clin. Invest.*, **41**, 1446 (1962).
24 Vanderheiden, B. S., *Biochem. biophys. Res. Commun.*, **21**, 265 (1965).
25 Woolf, L. I., *Advanc. clin. Chem.*, **5**, 1 (1962).
26 Vest, M., *Bibl. paediat. (Basel)*, Heft 69 (1959).
27 Müting et al., *Z. klin. Med.*, **157**, 538 (1963).
28 Deichmann und Dierker, *J. biol. Chem.*, **163**, 753 (1946).
29 Green et al., *Biochim. biophys. Acta (Amst.)*, **62**, 574 (1962).
30 Müting et al., *Z. klin. Med.*, **157**, 544 (1963).
31 Wagner, R., *Arch. Biochem.*, **11**, 249 (1946).
32 Sidbury, jr., et al., *Helv. paediat. Acta*, **16**, 506 (1961).
33 Valentine et al., *J. clin. Invest.*, **32**, 251 (1953).
34 Hers, H. G., *Advanc. metab. Disord.*, **1**, 1 (1964).
35 Engelberg, H., *Circulation*, **23**, 578 (1961).
36 Winzler, R. J., in: Putnam, F. W. (Hrsg.), *The Plasma Proteins*, Band 1, Academic Press, New York, 1960, S. 309.
37 Kerby, G. P., *J. clin. Invest.*, **37**, 962 (1958).
38 Stary, Z., *Ergebn. Physiol.*, **50**, 174 (1959).
39 Magalini und Mascioli, *J. Lab. clin. Med.*, **62**, 961 (1963).
40 Hirayama et al., *Lancet*, **1**, 532 (1961).
41 Böttiger und Holmström, *J. Lab. clin. Med.*, **63**, 772 (1964).
42 Shetlar, M. R., *Ann. N. Y. Acad. Sci.*, **94**, 44 (1961).
43 Böttiger und Carlson, *Clin. chim. Acta*, **5**, 664 (1960).
44 Pearce et al., *Clin. Chem.*, **10**, 1066 (1964).
45 Löhr und Pullig, *Klin. Wschr.*, **37**, 633 (1959).
46 Cabezas et al., *Clin. chim. Acta*, **7**, 406 und 448 (1962).
47 Heiskell et al., *Ann. N. Y. Acad. Sci.*, **94**, 183 (1961).

Stickstofffreie Stoffwechselsubstanzen (Literatur siehe S. 604)

	Vollblut				Plasma oder Serum				Bemerkungen
	Mittelwert	95%-Bereich (in Klammern Extrembereich)	s	Literatur	Mittelwert	95%-Bereich (in Klammern Extrembereich)	s	Literatur	
Äthylalkohol (mg/l)	–	(<1,5)	–	34	...	...	...	...	Zur kolorimetrischen Äthylalkoholbestimmung siehe Sunshine et al.[35].
Acetaldehyd (mg/l)	2,3	(0,5–4,0)	–	36	...	...	...	...	*Erhöht* bei Alkoholvergiftung. Beträgt die Konzentration des Acetaldehyds mehr als 5 mg pro Liter Blut, so ist er in der Atemluft nachweisbar.
Acetoin (mg/l)	0,10	–	–	37					
2,3-Butylenglycol (mg/l)	1,17	–	–	37					
Glycerin (mg/l)									
(a) Kinder, 8–14 Jahre	...	...	...	...	5,5	0,9–10	–	38	(a) 12, (b) 15, (c) 57 Personen. Angegeben ist das freie Glycerin. Glycerin ist vor allem ein Bestandteil der Glyceride (siehe Lipide, S. 597).
(b) Erwachsene	...	...	...	...	7,5	2,9–12,1	2,3	39	
(c) Erwachsene	...	...	...	...	11	0–23	6	40	

(Literatur siehe S. 604)

	Vollblut				Plasma oder Serum				Bemerkungen
	Mittelwert	95%-Bereich (in Klammern Extrembereich)	s	Literatur	Mittelwert	95%-Bereich (in Klammern Extrembereich)	s	Literatur	
Flüchtige Säuren (mg/l)	17	–	–	1	...	...	...	...	Die flüchtigen Säuren des Bluts bestehen aus etwa 25% Ameisensäure, 75% Essigsäure und 0–5% Propionsäure.
Fettsäuren	...	...	...	...	...	...	...	...	Siehe Lipide, S. 596.
Äpfelsäure (mg/l)	4,6	(2,4–7,5)	–	2	0,43	0,19–0,67	0,12	3	Serumwerte von 14 Personen, enzymatisch bestimmt. Erhöht bei Niereninsuffizienz.
Bernsteinsäure (mg/l)	...	...	...	...	5	–	–	4	
Citronensäure (mg/l)									
Nabelschnurvene	16,9	4,3–29,5	6,3	5	...	...	...	...	(a) Nüchternwerte von 29 Personen; nach einer Mahlzeit um 4–9 mg/l erhöht.
Nabelschnurarterie	13,0	8,2–17,8	2,4	5					
Erwachsene	–	(13,0–16,7)	–	6	–	(19,2–26,0)	–	6	
(a) Erwachsene	...	...	...	...	26	(17–31)	–	7	

Der Citratgehalt des Vollbluts sinkt beim Erwachsenen mit zunehmendem Lebensalter, eine Geschlechtsabhängigkeit besteht nicht[7,8]. Im Serum ist das Citrat vorwiegend komplex an Calcium und Magnesium gebunden, etwa 20% sind frei[9]. Eine Erhöhung des Citratgehalts des Serums führt zu einer Abnahme des ionisierten Calciums (Citratintoxikation). *Erhöht* ist der Citratgehalt des Bluts nach Muskelarbeit, sodann oft bei primärem Hyperparathyreoidismus und gelegentlich nach einem Myokardinfarkt oder bei Leberschädigung; *erniedrigt* ist der Citratgehalt gelegentlich bei Diabetes mellitus, viszeralen Neoplasmen und akuter Niereninsuffizienz. Übersicht siehe bei NORDMANN und NORDMANN[10].

	Vollblut Mittelwert	95%-Bereich	s	Literatur	Plasma Mittelwert	95%-Bereich	s	Literatur	Bemerkungen
Milchsäure (mg/l)									
(a) Nabelschnurvene	196	60–332	68	11	...	...	...	...	(a) 14, (b) 69 Personen; (b) arterielles Blut von nüchternen Personen in völliger Ruhe, (c) venöses Blut unter üblichen Meßbedingungen. Zur kolorimetrischen Milchsäurebestimmung siehe BARKER et al.[14]; zur enzymatischen siehe OLSON[15] und BERGMEYER[16].
(a) Neugeborene, 1 Stunde	160	40–280	60	11					
(a) Neugeborene, 1 Tag	144	28–260	58	11					
(a) Neugeborene, 2 Tage	135	41–229	47	11					
(b) Erwachsene	56	42,2–69,8	6,9	12					
(c) Erwachsene	90	68,4–112	10,8	12					
		Erythrozyten:							
	76	32–120	22	13					

Der Milchsäuregehalt des Bluts ist bei Muskelarbeit, bei psychischer Erregung, bei Neugeborenen (besonders im Nabelschnurarterienblut)[5,11,17] und gegen Ende der Schwangerschaft[18] erhöht, bei Niereninsuffizienz[3] dagegen oft erniedrigt. Es wurde das Syndrom einer Lactacidose mit hohem Lactatgehalt im Blut beschrieben[19].

	Vollblut Mittelwert	95%-Bereich	s	Literatur	Plasma Mittelwert	95%-Bereich	s	Literatur	Bemerkungen
Oxalsäure (mg/l)	–	(2,0–3,2)	–	20	–	(1,4–2,8)	–	20	Werte von 15 Erwachsenen bei normaler Kost.
Glyoxylsäure	...	...	...	...	0	–	–	20	
Brenztraubensäure (mg/l)									
(a) Nabelschnurvene	7,1	1,1–13,1	3,0	5	...	...	...	...	(b) 120, (c) 21 Personen; (c) venöses Blut von nüchternen Personen in völliger Ruhe, enzymatisch bestimmt. Brenztraubensäure und andere Ketosäuren sind wenig stabil und sollen daher eher im Vollblut als im Serum bestimmt werden.
(b) Kinder, 2–13 Jahre	6,73	4,93–8,53	0,90	21					
(c) Erwachsene	5,6	1,2–10,0	2,2	22	6,4	2,6–10,2	1,9	22	
		Erythrozyten:							
	8,2	2,6–13,8	2,8	13					

Der Brenztraubensäuregehalt des Bluts ist beim Neugeborenen erhöht und sinkt in den ersten Lebenstagen[17,23]; er ist ferner erhöht nach Glucoseeinnahme, bei Muskelarbeit und psychischer Erregung. Pathologisch *erhöht* ist er bei Vitamin-B_1-Mangel, respiratorischer Alkalose, schweren kardiovaskulären Störungen, bei Arsen- und Quecksilbervergiftung sowie bei Lebererkrankungen. Übersicht siehe bei NORDMANN und NORDMANN[10].

	Vollblut Mittelwert	95%-Bereich	s	Literatur	Plasma Mittelwert	95%-Bereich	s	Literatur	Bemerkungen
α-Ketoglutarsäure (mg/l)									
(a) Nabelschnurblut	2	–	–	5	...	...	...	...	(b) 120 und (c) 40 Personen. Die physiologischen und pathologischen Veränderungen des α-Ketoglutaratgehalts von Blut gleichen weitgehend denjenigen des Brenztraubensäuregehalts.
(b) Kinder, 2–13 Jahre	1,36	0,70–2,02	0,33	21					
(c) Kinder, Erwachsene	1,3	0,5–2,1	0,4	24					
α-Ketoisovaleriansäure (mg/l)	1,3	0,9–1,7	0,2	24	...	...	...	...	Werte von 40 Kindern und Erwachsenen.
α-Ketoisocapronsäure und α-Keto-β-methylvaleriansäure (mg/l)	3,8	1,8–5,8	1,0	24	...	...	...	...	Werte von 40 Kindern und Erwachsenen.
Oxalessigsäure (mg/l)	1,2	–	–	25					

	Vollblut				Plasma oder Serum				Bemerkungen
	Mittelwert	95%-Bereich (in Klammern Extrembereich)	s	Literatur	Mittelwert	95%-Bereich (in Klammern Extrembereich)	s	Literatur	
Ketonkörper (µmol/l)									
(a) Neugeborene, <4 Stunden	90	(40–180)	–	26	...	...	...	...	(a) Kapillarblut, Nüchternwerte; (b) 94, (c) 19 Personen; (b) ergibt umgerechnet 8,3 mg Aceton pro Liter bzw. 14,9 mg β-Hydroxybuttersäure. Die meisten Methoden der Ketonkörperbestimmung sind nicht befriedigend[28]; Acetessigsäure und β-Hydroxybuttersäure lassen sich spezifisch enzymatisch bestimmen (siehe nachfolgende Werte).
(a) Neugeborene, 2–6 Tage	670	(90–1900)	–	26					
(a) Kinder, 1 Woche bis 1 Jahr	250	(30–890)	–	26					
(a) Kinder, 1–2 Jahre	540	(40–2300)	–	26					
(a) Kinder, 2–6 Jahre	290	(30–1100)	–	26					
(a) Kinder, 6–15 Jahre	130	(10–540)	–	26					
(b) Erwachsene, nüchtern	143	5–281	69	27					
(c) Erwachsene, nicht nüchtern	107	0–247	70	27					

Die Ketonkörper des Bluts bestehen zu 25–35% aus Acetessigsäure und Aceton und zu 65–75% aus β-Hydroxybuttersäure[29,30]. Bei längerem Fasten ist der Ketonkörpergehalt des Bluts erhöht. Über die biochemischen Grundlagen der Ketonkörperbildung siehe die Literatur[31].

Pathologisch *erhöht* ist der Ketonkörpergehalt bei unbehandeltem Diabetes mellitus, Glycogenspeicherkrankheit, Alkalose, CUSHING-Syndrom und unter Einfluß von Wachstumshormon.

	Vollblut Mittelwert	Vollblut 95%-Bereich	Vollblut s	Vollblut Literatur	Plasma Mittelwert	Plasma 95%-Bereich	Plasma s	Plasma Literatur	Bemerkungen
Aceton (mg/l)									
(a) Kinder, 1–3 Jahre	...	...	...	...	12	(0–37)	–	28	(a) 50, (b) 47 und (c) 11 Personen.
(b) Kinder, 10–15 Jahre	...	...	...	...	9	(0–34)	–	28	
(c) Erwachsene	...	...	...	...	2,9	2,3–3,5	0,3	32	
Acetessigsäure (mg/l)*									
(a) Kinder, 1–3 Jahre	...	...	...	...	6	(0–32)	–	28	(a) 45, (b) 43, (c) 5, (d) 16, (e) 7 Personen; (d, e) enzymatisch bestimmt.
(b) Kinder, 10–15 Jahre	...	...	...	...	3	(0–28)	–	28	
(c) Erwachsene	–	(0,55–2,6)	–	33	–	(0,80–2,8)	–	33	
(d) Erwachsene, nicht nüchtern	1,7	(0,5–4,6)	–	30					
(e) Erwachsene, nüchtern	3,2	(1,8–7,8)	–	30					
β-Hydroxybuttersäure (mg/l)**									
(a) Kinder, 1–3 Jahre	...	...	...	...	13	(0–35)	–	28	(a) 11, (b) 17, (c) 16, (d) 7 Personen; (c, d) enzymatisch bestimmt.
(b) Kinder, 10–15 Jahre	...	...	...	...	9	(0–25)	–	28	
(c) Erwachsene, nicht nüchtern	3,7	(1,4–9,9)	–	30					
(d) Erwachsene, nüchtern	9,4	(5,8–17,1)	–	30					
Liponsäure (µg/l)	...	...	...	...	15,8	8,8–22,8	3,5	41	Werte von 10 Personen.

* 1 mg/l = 9,8 µmol/l. ** 1 mg/l = 9,6 µmol/l.

Literatur (zu S. 602–604)

1 ANNISON, E. F., *Biochem. J.*, **58**, 670 (1954).
2 HUMMEL, J. P., *J. biol. Chem.*, **180**, 1225 (1949).
3 NORDMANN et al., *Clin. chim. Acta*, **12**, 304 (1965).
4 KREBS, H. A., *Ann. Rev. Biochem.*, **19**, 417 (1950).
5 RÄIHÄ, N. C. R., *Pediatrics*, **32**, 1025 (1963).
6 NATELSON et al., *J. biol. Chem.*, **170**, 597 (1947).
7 HODGKINSON, A., *Clin. Sci.*, **24**, 167 (1963).
8 RECHENBERGER und BENNDORF, *Z. klin. Med.*, **154**, 648 (1957).
9 WALSER, M., *J. clin. Invest.*, **40**, 723 (1961).
10 NORDMANN und NORDMANN, *Advanc. clin. Chem.*, **4**, 53 (1961).
11 ACHARYA und PAYNE, *Arch. Dis. Childh.*, **40**, 430 (1965).
12 HUCKABEE, W. E., *J. clin. Invest.*, **37**, 244 (1958); *Amer. J. Med.*, **30**, 833 (1961).
13 FORNAINI et al., *J. clin. Invest.*, **41**, 1446 (1962).
14 BARKER et al., *Stand. Meth. clin. Chem.*, **3**, 167 (1961).
15 OLSON, G. F., *Clin. Chem.*, **8**, 1 (1962).
16 BERGMEYER, H.-U. (Hrsg.), *Methoden der enzymatischen Analyse*, Verlag Chemie, Weinheim/Bergstr., 1962.
17 STAVE und FRIOLET, *Klin. Wschr.*, **38**, 1198 (1960).
18 BURT et al., *Obstet. and Gynec.*, **17**, 80 (1961).
19 HUCKABEE, W. E., *Amer. J. Med.*, **30**, 840 (1961); DÉROT et al., *Presse méd.*, **73**, 1269 (1965).
20 ZAREMBSKI und HODGKINSON, *Biochem. J.*, **96**, 717 (1965).
21 VERSÉ, H., *Z. Kinderheilk.*, **86**, 347 (1962).
22 TSIRIMBAS und STICH, *Klin. Wschr.*, **38**, 1196 (1960).
23 BONCOMPAGNI et al., *Minerva pediat.*, **13**, 176 (1961).
24 KÄSER, H., *Clin. chim. Acta*, **6**, 337 (1961).
25 GRÜNDIG, E., *Clin. chim. Acta*, **6**, 331 (1961).
26 ÅKERBLOM et al., *Ann. Paediat. Fenn.*, **11**, 108 (1965).
27 WERK, jr., und KNOWLES, jr., *Diabetes*, **10**, 22 (1961).
28 PEDEN, V. H., *J. Lab. clin. Med.*, **63**, 332 (1964).
29 WILLIAMSON et al., *Biochem. J.*, **82**, 90 (1962); WAKIL und BRESSLER, *Metabolism*, **11**, 742 (1962).
30 BERGMEYER und BERNT, *Enzymol. biol. clin. (Basel)*, **5**, 65 (1965).
31 PASSMORE, R., *Lancet*, **1**, 839 (1961); SIDBURY, jr., und DONG, *J. Pediat.*, **60**, 294 (1962).
32 LEVEY et al., *J. Lab. clin. Med.*, **63**, 574 (1964).
33 ROSENTHAL, S. M., *J. biol. Chem.*, **179**, 1235 (1949).
34 Review, *Nutr. Rev.*, **21**, 324 (1963).
35 SUNSHINE et al., *Stand. Meth. clin. Chem.*, **3**, 1 (1961).
36 KLEIN und KORZIS, *Medizinische*, **1958**, 345.
37 THÖLEN et al., *Experientia (Basel)*, **18**, 454 (1962).
38 ÖCKERMAN, P. A., *Clin. chim. Acta*, **12**, 445 (1965).
39 MUELLER und EVANS, *J. Lab. clin. Med.*, **61**, 953 (1963).
40 EGGSTEIN, M., *Klin. Wschr.*, **44**, 267 (1966).
41 SHIGETA et al., *J. Vitaminol.*, **7**, 48 (1961).

(Literatur siehe S. 607)

	Vollblut				Plasma oder Serum				Bemerkungen
	Mittelwert	95%-Bereich (in Klammern Extrembereich)	s	Literatur	Mittelwert	95%-Bereich (in Klammern Extrembereich)	s	Literatur	
Carotine (μg/l)	...	...	...	...	850	(200–1990)	–	1	Werte von 133 Erwachsenen bei normalem Carotingehalt der Kost.

Gegen Ende der Schwangerschaft ist der Carotingehalt des Serums eher erhöht[2]; im Nabelschnurblut beträgt er etwa 25% des mütterlichen Wertes[3]. Bei Säuglingen ist der Carotinspiegel oft *erhöht*, wahrscheinlich infolge reichlicher Milch- und Gemüseeinnahme (Carotinikterus). Die Werte für Kinder fallen in den angeführten Normalbereich[4].

	Vollblut Mittelwert	95%-Bereich	s	Literatur	Plasma/Serum Mittelwert	95%-Bereich	s	Literatur	Bemerkungen
Vitamin A (μg/l)	...	...	...	...	324	(207–471)	–	1	Werte von 133 Erwachsenen bei normalem Carotin- und Vitamin-A-Gehalt der Kost.

Gegen Ende der Schwangerschaft ist der Vitamin-A-Gehalt des Serums um etwa 25% erniedrigt[2,3]; Nabelschnurblutwerte betragen etwa 50% des mütterlichen Wertes[3]. Nach CHIKHALIKAR et al.[4] liegt der Vitamin-A-Spiegel bei 3–12 Jahre alten Kindern im angeführten Normalbereich. Es sind Unterschiede in den einzelnen Dekaden bei Erwachsenen festgestellt worden, so vor allem ein Abfall des Vitamin-A-Spiegels bei den über 70jährigen Männern[5]. Im Winter ist der Vitamin-A-Spiegel eher niedriger als im Herbst[5].
Im Serum ist Vitamin A zu etwa 90% als Alkohol enthalten, der Rest als Ester; es ist fast gänzlich an Plasmaproteine gebunden (siehe S. 453). Solange der Vorrat des Körpers nicht erschöpft ist, bleibt der Vitamin-A-Gehalt des Serums recht konstant. Pathologisch erniedrigt ist er während Infektionen; bei lobulärer Pneumonie kann Vitamin A ganz aus dem Serum verschwinden[6].

	Vollblut Mittelwert	95%-Bereich	s	Literatur	Plasma/Serum Mittelwert	95%-Bereich	s	Literatur	Bemerkungen
Vitamin D (IE/l)									
Kinder	...	...	...	...	–	(860–2100)	–	70	Werte biologisch bestimmt (Rattentest). Vitamin D ist im Serum an α_2-Globuline und Albumin gebunden (siehe S. 457).
Erwachsene	...	...	...	...	2000	(700–3100)	–	7	
Tocopherol (mg/l)									
(a) Nabelschnurblut	...	...	...	...	5,7	(1,0–11,2)	–	8	(a) 46, (b) 71, (c) 61 Personen; bestimmt (a) nach NAIR und MAGAR[10], (b, c) nach FARBER et al.[11].
(b) Männer	...	...	...	...	10,6	5,6–15,6	2,5	9	
(c) Frauen	...	...	...	...	10,4	5,0–15,8	2,7	9	

Im Serum sind 88% α-Tocopherol, der Rest β- und γ-Tocopherol[12].
Der Serumspiegel ist während der Schwangerschaft erhöht[13]; erniedrigt ist er bei Neugeborenen und verschiedenen Tocopherolmangelzuständen, vor allem bei zystischer Pankreasfibrose (siehe auch S. 463)[14]. Brusternährte Säuglinge haben einen höheren Serumspiegel als mit Kuhmilch ernährte[14].

	Vollblut Mittelwert	95%-Bereich	s	Literatur	Plasma/Serum Mittelwert	95%-Bereich	s	Literatur	Bemerkungen
Ubichinon (mg/l)	...	...	...	...	0,73	(0,40–1,15)	–	15	Das Serum enthält Ubichinon-50[16].
Thiamin (μg/l)									
(a) Gesamt	28	(20–75)	–	17	21	(18–62)	–	17	(a) Vollblut 138, Serum 128 Personen, bestimmt mit *Ochromonas danica*; (b) 28 Personen, bestimmt mit *Ochromonas malhamensis*; (c) 11 Personen, Thiochrommethode. Bestimmung des Gesamtthiamins nach Hydrolyse des Thiaminpyrophosphats.
(b) Gesamt	–	(20–41)	–	18	–	(3–15)	–	18	
(c) Gesamt	–	(40–70)	–	19					
(c) Frei	–	(6,5–11,4)	–	19					

In den Erythrozyten und Leukozyten ist vorwiegend Thiaminpyrophosphat enthalten (siehe S. 466). Der Thiamingehalt des Serums ist gegen Ende der Schwangerschaft erniedrigt (im Mittel 11,5 μg/l), im Neugeborenenserum dagegen erhöht (im Mittel 55 μg/l)[20]. Die Abnahme des Thiaminpyrophosphatgehalts der Erythrozyten bei Thiaminmangel wird im Transketolasetest diagnostisch ausgewertet (siehe S. 467). Bei insulinabhängigen Diabetikern ist der Thiamingehalt des Bluts erniedrigt[21].

	Vollblut Mittelwert	95%-Bereich	s	Literatur	Plasma/Serum Mittelwert	95%-Bereich	s	Literatur	Bemerkungen
Riboflavin (μg/l)									
(a) Gesamt	66,8	(49–104)	–	22	...	...	...	...	(a) 18 Männer, 42 Frauen, Lumiflavinmethode; (b) 13 Personen, (c, d) 12 Personen, (b–d) photometrisch; (e) 8 Personen, bestimmt mit *Lactobacillus casei*. Im Nabelschnurblutserum ist der Gehalt an freiem Riboflavin viermal, an FMN dreimal, an FAD halb so hoch wie im mütterlichen Serum[25]. Ein erniedrigter Riboflavingehalt der Erythrozyten zeigt einen Riboflavinmangel an[26] (siehe S. 469).
(a) In Form von FMN und FAD	55,1	(43–71)	–	22					
(b) Gesamt	...	...	...	...	32	(26–37)		23	
(b) In Form von FAD	...	...	...	...	24	(18–30)		23	
(b) In Form von FMN und freiem Riboflavin	...	...	...	...	8	(3–13)	–	23	
(c)	224	Erythrozyten: (180–262)	–	23					
(d)	2520	Leukozyten: (2270–2930)	–	23					
(e) (μg/10^9)	0,62	0,18–1,06	0,22	24					
Vitamin B₆									
Gesamtaktivität (μg/l)									
(a)	37	(20–45)	–	27	44	(30–80)	–	27	(a) Bestimmt mit *Tetrahymena pyriformis*, (b, c) mit *Saccharomyces carlsbergensis*; (b) 30, (c) 15 Personen. Zur Methodik der Vitamin-B_6-Bestimmung siehe BAKER und SOBOTKA[29] sowie STORVICK und PETERS[30], ferner S. 469.
(b) Männer	19,2	(6,8–77)	–	28					
(c) Frauen	17,7	(4,4–76)	–	28					
(a)	20	Erythrozyten: (13–31)	–	27					

Die Vitamin-B_6-Aktivität im Blut dürfte vorwiegend durch Pyridoxalphosphat gegeben sein; Pyridoxol scheint im Blut nicht vorhanden zu sein[31]. Während der Schwangerschaft ist der Vitamin-B_6-Gehalt des Bluts eher erniedrigt[28,32], der des Nabelschnurbluts beträgt etwa das Vierfache des mütterlichen Bluts[28].

	Vollblut				Plasma oder Serum				Bemerkungen
	Mittelwert	95%-Bereich (in Klammern Extrembereich)	s	Literatur	Mittelwert	95%-Bereich (in Klammern Extrembereich)	s	Literatur	
Pyridoxalphosphat (µg/l)									
(a) 0–1 Jahr	...	...	...	...	16,3	(6,5–57,1)	16,7	33	(a) 14, (b) 13, (c) 11, (d) 21, (e) 40 Personen, bestimmt mit Tyrosindecarboxylase.
(b) 20–29 Jahre	...	...	...	...	11,3	(3,8–21,6)	5,7	33	
(c) 30–59 Jahre	...	...	...	...	7,1	(2,4–12,4)	3,0	33	
(d) > 60 Jahre	...	...	...	...	3,4	(0–13,5)	3,0	33	
(e) (µg/10^9)	–	Leukozyten: (0,14–0,36)	–	34					
Pyridoxsäure (µg/l)	–	(100–130)	–	31	...	...	...	...	Werte von 3 Personen, fluorometrisch bestimmt.
Nicotinsäure (mg/l)									
(a)	–	(3,9–9,6)	–	29	–	(0,016–0,05)	–	29	(a) 28, (b) 39, (c) 46 Personen; (a) bestimmt mit *Tetrahymena pyriformis*, (b, c) mit *Lactobacillus arabinosus*.
(b) Männer	6,55	5,32–7,78	0,615	35					
(c) Frauen	6,05	4,59–7,51	0,730	35					

Im Vollblut ist die Nicotinsäure sozusagen ausschließlich in Form von Nicotinamidadenindinucleotiden (NAD und NADP) in den Blutkörperchen enthalten (in den Erythrozyten 60–90 mg/l, in den Leukozyten 88 mg/l als Nicotinamidadenindinucleotid[36]).

	Vollblut Mittelwert	95%-Bereich	s	Literatur	Plasma Mittelwert	95%-Bereich	s	Literatur	Bemerkungen
1-Methylnicotinamid (mg/l)	...	...	...	...	0,017	–	–	36	Nach Gaben von Nicotinamid lassen sich im Plasma noch die Nicotinsäuremetaboliten 1-Methyl-2-pyridon-5-carbonsäureamid und 1-Methyl-4-pyridon-5-carbonsäureamid nachweisen[37].
Vitamin B_{12} (ng/l)									
(a)	...	...	...	...	611	277–945	167	38	(a) 39, (b) 223, (c) 28, (d) 3 und (e) 50 Personen; bestimmt (a) durch Isotopenverdünnung, (b) mit *Euglena gracilis*, (c, d) mit *Ochromonas malhamensis*, (e) mit *Lactobacillus leichmannii*. Zur Diskussion der Bestimmungsmethoden siehe die Literatur[29, 43].
(b)	...	...	...	...	356	(100–900)	–	39	
(c)	–	(120–450)	–	18	–	(140–640)	–	18	
(d)	74	Erythrozyten: (59–88)	–	40					
(e)	213	(110–500)	–	41					
(ng/kg)	–	Leukozyten: (500–4300)	–	42					
(ng/10^9)	–	(2,45–6,65)	–	42					

Etwa 80% des Vitamins B_{12} im Serum sind für Mikroorganismen nicht verwertbar, falls es nicht durch Hitzebehandlung freigesetzt wird. Dieser Teil des Vitamins B_{12} ist an α_1- und α_2-Globulin gebunden[44]. Das Vitamin B_{12} scheint im Serum vorwiegend als Methylcobalamin enthalten zu sein[45]. Die Serumwerte sind lognormal verteilt[46].

Der Serumspiegel an Vitamin B_{12} ist während der Schwangerschaft eher erniedrigt[47, 48]; er ist im Nabelschnurblut höher als im mütterlichen Blut[49].

Pathologisch *erniedrigt* ist der Serumspiegel bei perniziöser Anämie, Magenkrebs, Magenresektion, Dünndarmläsionen (Malabsorptionssyndrom), Fischbandwurmträgern und bei alimentärem Vitamin-B_{12}-Mangel (zum Beispiel bei Vegetariern); *erhöht* ist er bei Leber- und Nierenerkrankungen, Diabetes mellitus und Leukämie[39, 43, 46]. Serumwerte unter 100 ng/l zeigen einen schweren Vitamin-B_{12}-Mangel an (megaloblastische Anämie).

	Vollblut Mittelwert	95%-Bereich	s	Literatur	Plasma Mittelwert	95%-Bereich	s	Literatur	Bemerkungen
Folsäure (µg/l)									
(a)	12,0	(3,0–20,0)	–	50	...	...	...	...	(a–c) 43, (d) 27, (e) 24 Personen; (a) mit *Streptococcus faecalis*, (b) mit *Pediococcus cerevisiae*, (c–e) mit *Lactobacillus casei* bestimmt. Nur mit *L. casei* wird die 5-Methyltetrahydropteroylglutaminsäure, die wichtigste Folsäureverbindung des Bluts, erfaßt (siehe auch S. 478). Zu den Bestimmungsmethoden siehe GIRDWOOD[53] sowie BAKER und SOBOTKA[29].
(b)	6,35	(1,5–25,0)	–	50					
(c)	89	(47–149)	–	50	8,2	(3,5–15,0)	–	50	
(d)	327	Erythrozyten: (184–655)	–	51	9,4	(5,2–23,8)	–	51	
(ng/10^9)									
(e)	2,6	–	1,8	52					
(e)	64	Leukozyten: –	42,5	52					

64% der Folsäure im Serum sind proteingebunden[54].

Der Folsäuregehalt des Serums ist während der Schwangerschaft häufig erniedrigt[47, 50]. Der des Nabelschnurbluts ist höher als der des mütterlichen Bluts[55], bei Neugeborenen sinkt er jedoch in den ersten Lebenswochen[56]. Pathologisch *erniedrigt* ist der Folsäuregehalt des Serums bei Dünndarmerkrankungen, chronischer Polyarthritis, Myelofibrose, Karzinomatose und bei ungenügender Folsäurezufuhr; Werte unter 3 µg/l Serum zeigen einen schweren Folsäuremangel an (megaloblastische Anämie)[50, 51]. Der Folsäuregehalt der Leukozyten ist bei myeloischer Leukämie erhöht[57]. Der Folsäuregehalt von Erythrozyten und Vollblut widerspiegelt die Menge gespeicherter Folsäure[58].

	Vollblut Mittelwert	95%-Bereich	s	Literatur	Plasma Mittelwert	95%-Bereich	s	Literatur	Bemerkungen
Unkonjugierte Pterine									
(µg/l)	–	(27–70)	–	18	–	(11–43)	–	18	Bestimmt mit *Crithidia fasciculata*.
(ng/10^9)	6,0	Erythrozyten: (4,3–11,8)	–	52					
	117	Leukozyten: (77–167)	–	52					

	Vollblut				Plasma oder Serum				Bemerkungen
	Mittelwert	95%-Bereich (in Klammern Extrembereich)	s	Literatur	Mittelwert	95%-Bereich (in Klammern Extrembereich)	s	Literatur	
Biotin (ng/l)									
(a) Säuglinge	324	(147–555)	114	71	...	...	...	...	(a) 30, (b) 25 und (c) 12 Personen, bestimmt (a, b) mit *Lactobacillus plantarum*, (c) mit *Ochromonas danica*.
(b) Erwachsene	258	(120–422)	74	71					
(c)	–	170–279	–	29	–	213–404	–	29	
Pantothensäure (µg/l)									
(a) Gesamt	–	(230–2075)	–	18	–	(200–1650)	–	18	Werte von (a) 28, (b) 30 Personen, bestimmt mit *Lactobacillus plantarum*.
(b) Gesamt	464	382–546	41	59					
(b) Frei	28,7	0–58,7	15	59					

Der Blutspiegel während der Schwangerschaft[20,60] liegt im angeführten Bereich, der des Neugeborenen beträgt etwa das Fünffache des mütterlichen Blutspiegels[20]. Der Blutspiegel ist *erhöht* – bei verringertem Lebergehalt – in Fällen von Fettleber und akuter Zirrhose[61], *erniedrigt* bei chronischer Polyarthritis[62].

	Vollblut				Plasma oder Serum				Bemerkungen
Ascorbinsäure (mg/l)									
(a) Männer	5,07	(2,24–8,80)	–	63	4,76	(1,96–8,76)	–	63	(a) 11, (b) 7, (c) 25, (d) 50 Personen; (a, b) 20–30 Jahre alt, mit 2,4-Dinitrophenylhydrazin bestimmt (zur Methodik siehe Roe et al.[65]).
(b) Frauen	8,84	(5,17–12,8)	–	63	8,97	(6,24–14,1)	–	63	
(µg/10⁹)		Leukozyten:							
(c) 18–45 Jahre	350	210–530	–	64					
(d) 60–91 Jahre	134	20–360	–	64					

Der Ascorbinsäuregehalt des Bluts und Plasmas hängt vom Grad der Gewebssättigung und der Einnahme ab (siehe S. 486). In Serum und Leukozyten von Neugeborenen ist der Ascorbinsäuregehalt höher als bei der Mutter[66]. Im Serum sind 21% (Bereich 7–41%) als Dehydroascorbinsäure enthalten[67]; bei Frauen schwankt dieser Anteil mit dem Zyklus[68]. Unter Corticosteroiden verschwindet Dehydroascorbinsäure aus dem Serum[69].

Literatur (zu S. 605–607)

1 Campbell und Tonks, *Brit. J. Ophthal.*, **46**, 151 (1962).
2 Pulliam et al., *Proc. Soc. exp. Biol. (N.Y.)*, **109**, 913 (1962).
3 Lübke und Finkbeiner, *Int. Z. Vitaminforsch.*, **29**, 45 (1958).
4 Chikhalikar et al., *Indian J. Child Hlth*, **10**, 161 (1961).
5 Leitner et al., *Brit. J. Nutr.*, **14**, 157 (1960).
6 Kagan und Goodhart, in: Wohl und Goodhart (Hrsg.), *Modern Nutrition in Health and Disease*, 3. Aufl., Lea & Febiger, Philadelphia, 1964, S. 341.
7 Thomas, jr., et al., *J. clin. Invest.*, **38**, 1078 (1959).
8 Toyama, R., *Acta pediat. esp.*, **22**, 283 (1964).
9 Bieri et al., *Proc. Soc. exp. Biol. (N.Y.)*, **117**, 131 (1964).
10 Nair und Magar, *Indian J. med. Res.*, **42**, 577 (1954).
11 Farber et al., *Proc. Soc. exp. Biol. (N.Y.)*, **79**, 225 (1952).
12 Bieri und Prival, *Proc. Soc. exp. Biol. (N.Y.)*, **120**, 554 (1965).
13 Ferguson et al., *J. Nutr.*, **55**, 305 (1955).
14 Goldbloom, R. B., *Canad. med. Ass. J.*, **82**, 1114 (1960).
15 Bieri, J. G., *Nutr. Rev.*, **21**, 129 (1963).
16 Dinning et al., *Amer. J. clin. Nutr.*, **13**, 169 (1963).
17 Baker et al., *Amer. J. clin. Nutr.*, **14**, 197 (1964).
18 Baker et al., *Nature*, **191**, 78 (1961).
19 Haugen, H. N., *Scand. J. clin. Lab. Invest.*, **13**, 50 (1961).
20 Baker et al., *Proc. Soc. exp. Biol. (N.Y.)*, **103**, 321 (1960).
21 Haugen, H. N., *Scand. J. clin. Lab. Invest.*, **16**, 260 (1964).
22 Kerppola, W., *Acta med. scand.*, **153**, 33 (1955).
23 Burch et al., *J. biol. Chem.*, **175**, 457 (1948).
24 Prager et al., *J. Lab. clin. Med.*, **53**, 926 (1959).
25 Lust et al., *J. clin. Invest.*, **33**, 38 (1954).
26 Bessey et al., *J. Nutr.*, **58**, 367 (1956).
27 Baker et al., *Amer. J. clin. Nutr.*, **18**, 123 (1966).
28 Karlin, R., *C. R. Soc. Biol. (Paris)*, **156**, 858 (1962).
29 Baker und Sobotka, *Advanc. clin. Chem.*, **5**, 173 (1962).
30 Storvick und Peters, *Vitam. and Horm.*, **22**, 833 (1964).
31 Fujita und Fujino, zitiert nach Storvick und Peters [30].
32 Wachstein, M., *Vitam. and Horm.*, **22**, 705 (1964).
33 Hamfelt, A., *Clin. chim. Acta*, **10**, 48 (1964).
34 Wachstein et al., *Proc. Soc. exp. Biol. (N.Y.)*, **105**, 563 (1960).
35 Karlin, R., *C. R. Soc. Biol. (Paris)*, **153**, 1044 (1959).
36 Goldsmith, G. A., in: Beaton und McHenry (Hrsg.), *Nutrition*, Band 2, Academic Press, New York, 1964, S. 109.
37 Abelson et al., *J. biol. Chem.*, **238**, 717 (1963); *Clin. chim. Acta*, **8**, 603 (1963).
38 Barakat und Ekins, *Blood*, **21**, 70 (1963).
39 Mollin und Ross, in: Heinrich, H. C. (Hrsg.), *Vitamin B_{12} und Intrinsic Factor*, 1. Europäisches Symposium über Vitamin B_{12} und Intrinsic Factor, Hamburg 1956, Enke, Stuttgart, 1957, S. 413.
40 Baker et al., *Nature*, **180**, 1043 (1957).
41 Biggs et al., *Brit. J. Haemat.*, **10**, 36 (1964).
42 Mollin und Ross, *Brit. J. Haemat.*, **1**, 155 (1955).
43 Gräsbeck, R., *Advanc. clin. Chem.*, **3**, 299 (1960); Baker et al., *Clin. Chem.*, **6**, 578 (1960).
44 Meyer, L. M., *Ser. Haemat.*, **3**, 91 (1965).
45 Ståhlberg, K. G., *Scand. J. Haemat.*, **1**, 220 (1964).
46 Panders et al., *Ned. T. Geneesk.*, **109**, 1291 (1965).
47 Ball und Giles, *J. clin. Path.*, **17**, 165 (1964).
48 Boger et al., *Proc. Soc. exp. Biol. (N.Y.)*, **92**, 140 (1956).
49 Boger et al., *New Engl. J. Med.*, **256**, 1085 (1957); Baker et al., *Proc. Soc. exp. Biol. (N.Y.)*, **103**, 321 (1960); Chow und Okuda, *J. Amer. med. Ass.*, **172**, 422 (1960).
50 Rachmilewitz, M., *Ser. Haemat.*, **3**, 19 (1965).
51 Mollin und Hoffbrand, *Ser. Haemat.*, **3**, 1 (1965).
52 James und Hart, *Amer. J. clin. Nutr.*, **18**, 309 (1966).
53 Girdwood, R. H., *Advanc. clin. Chem.*, **3**, 235 (1960).
54 Johns et al., *J. clin. Invest.*, **40**, 1684 (1961).
55 Matoth et al., *Pediatrics*, **33**, 507 (1964).
56 Strelling et al., *Lancet*, **1**, 898 (1966).
57 Swendseid et al., *Cancer Res.*, **11**, 864 (1951).
58 Herbert, V., *Ann. Rev. Med.*, **16**, 359 (1965).
59 Hatano, M., *J. Vitaminol.*, **8**, 134 (1962).
60 Ishiguro, K., *Tohoku J. exp. Med.*, **78**, 7 (1962), zitiert nach *Nutr. Abstr. Rev.*, **33**, 815 (1963).
61 Leevy et al., *J. clin. Invest.*, **39**, 1005 (1960).
62 Barton-Wright und Elliott, *Lancet*, **2**, 862 (1963).
63 Spathis und Hallpike, *Guy's Hosp. Rep.*, **110**, 148 (1961).
64 Denson und Bowers, *Clin. Sci.*, **21**, 157 (1961).
65 Roe et al., *Stand. Meth. clin. Chem.*, **3**, 35 (1961).
66 Dłużniewska et al., *Rocz. Państwowego Zakt. Hig.*, **14**, 443 (1963), zitiert nach *Nutr. Abstr. Rev.*, **34**, 1103 (1964).
67 Linkswiler, H., *J. Nutr.*, **64**, 43 (1958).
68 Kofoed et al., *Amer. J. Obstet. Gynec.*, **91**, 95 (1965).
69 Stewart et al., *Biochem. J.*, **53**, 254 (1953).
70 Job et al., *Ann. Péd.*, **43**, 2412/P. 648 (1967).
71 Bhagavan und Coursin, *Amer. J. clin. Nutr.*, **20**, 903 (1967).

Unter Erythroblasten sind alle kernhaltigen Vorstufen der Erythrozyten zu verstehen, das heißt die Proerythroblasten, die Erythroblasten im engeren Sinne und die Normoblasten. Im peripheren Blut finden sich physiologisch nur letztere – und nur während der beiden ersten Lebenstage. Die Normoblasten sind bezüglich der Färbbarkeit ihres Plasmas, ihrer Hämoglobinkonzentration und ihrer Größe den Erythrozyten weitgehend ähnlich. Die Erythroblasten im engeren Sinne sind polychromatisch, die Proerythroblasten basophil im Plasma.

Erythroblastosen, das heißt Ausschwemmungen der Erythroblasten ins periphere Blut, sind stets ein Zeichen einer gesteigerten Erythropoiese und deshalb meist von Retikulozytosen begleitet. Beim Neugeborenen, beim Frühgeborenen und beim jungen Säugling sind sie ein Hinweis auf das Nochbestehen oder das Wiederauftreten der extramedullären Blutbildung und gleichzeitig ein Zeichen des Mißverhältnisses zwischen der starken Erythrozytenbildung auf der einen Seite und dem in diesem Alter absolut wie relativ kleinen Markvolumen auf der anderen Seite. Starke Erythroblastosen von 50–100–500 und mehr Erythroblasten auf 100 Leukozyten in der Neugeborenenperiode sind fast stets ein Hinweis auf eine infolge einer Blutgruppeninkompatibilität zwischen Mutter und Kind aufgetretene schwere Hämolyse. Im weiteren Verlauf des Säuglings- und Kleinkindesalters sind es vorwiegend hämolytische Anämien, Blutungsanämien, ab und zu Leukosen und gelegentlich zyanotische Vitien, die zu peripheren Erythroblastosen führen.

	Mittelwert	Extrembereich	*s*	Literatur	Bemerkungen
Anzahl (auf 100 Leukozyten)					
Nabelschnurblut	3,2	(0–30)	–	1	Bestimmungsmethode: Auszählung im GIEMSA-gefärbten Blutausstrich.
Neugeborene, 1–10 Stunden	1,6	(0–16)	–	1	
Neugeborene, 2 Tage	–	(0–1)	–	1	
Erwachsene	0	–	–	1	

Literatur [1] v. BOROVICZÉNY und BALLÓ, *Wien. Z. inn. Med.*, **38**, 196 (1957).

Proerythrozyten (Retikulozyten)

Retikulozytensynonyma: vital granulierte Erythrozyten, vital gefärbte Erythrozyten, Proerythrozyten (UNDRITZ[1]), polychrome Erythrozyten. Die Retikulozyten sind größer als der Durchschnitt der Erythrozyten und widerstandsfähiger gegen Hämolyse. Zwischen Männern und Frauen besteht ein Unterschied von 3–5‰ (siehe Tabelle auf nächster Seite). Vermehrt sind die Retikulozyten bei jeder gesteigerten Erythrozytenbildung, das heißt kontinuierlich bei chronischen hämolytischen oder Blutungsanämien, plötzlich über Tage bis wenige Wochen in der Reparationsphase perniziöser Anämien und Erythroblastopenien, in geringerem Ausmaße auch bei Eisenmangelanämien. Vermindert sind die Retikulozyten bei aplastischen und hypoplastischen Anämien, nach Transfusionen und nach länger dauernder O_2-Zufuhr. Das Ausmaß der Retikulozytenausschwemmung ist im allgemeinen Wertmesser für die Aktivität der Erythrozytenbildung.

Die mitunter erheblich voneinander differierenden Angaben über Retikulozytennormwerte in der Literatur sind methodisch bedingt. Je besser die Färbemethode, um so höher der Retikulozytenprozentsatz (Zählung im brillantkresylblaugefärbten Ausstrich).

	Mittelwert	95%-Bereich (in Klammern Extrembereich)	*s*	Literatur	Bemerkungen
Anzahl					
(pro µl)	–	10 000–50 000	–	2	Erwachsenenwerte, direkt bestimmt; Neugeborenenwerte siehe unten.
(‰ der Erythrozyten)	7,5	1,3–13,7	3,1	3	Erwachsenenwerte; Neugeborenenwerte siehe unten, Kinderwerte und weitere Erwachsenenwerte siehe nächste Seite (Kinderwerte in Übereinstimmung mit WASHBURN[4]).
Durchmesser (µm)	–	(8,0–9,0)	–	5	1,0–1,5 µm größer als der Erythrozyt oder 1,1–1,2mal so groß wie der Erythrozytendurchmesser.
Dicke (µm)	–	(4,5–5,5)	–	6	Erythrozyt: 1,8–2,2 µm.
Volumen (fl ≡ µm³)					
Kleinkind	–	(200–230)	–	6	Erythrozyt: 5 µm³.
Erwachsene	–	(250–310)	–	6	Erythrozyt: 85 µm³.

Retikulozytenzahl am 1. Lebenstag[7]

Stunden	‰ der Erythrozyten	Zahl pro µl
Geburt	25,4	126 000
2	35,9	168 000
4	40,0	190 000
6	26,6	148 000
8	25,1	119 000
10	15,7	86 000

Retikulozytenzahl bei Neugeborenen (‰ der Erythrozyten)

Tage	FAXÉN[8]	SEIP[13]	GAIRDNER et al.[10]
1	22	52	37
2	20,4	50	–
3	16,6	52	–
4	10,7	45	27,5
5	5,3	33	–
6	4,8	18	–
7	3,8	13	–
9	–	–	7,9

Retikulozytenzahl in der Kindheit[11] (‰ der Erythrozyten)

Alter	Mittelwert	95%-Bereich	s
1–24 Stunden	39,2	–	–
1.–7. Tag	22,3	–	–
7.–10. Tag	10,6	–	–
10.–30. Tag	7,9	0,3–15,5	3,8
1.–2. Monat	12,9	0–27,7	7,4
2.–6. Monat	10,6	0–24,8	7,1
6.–12. Monat	7,5	0–17,3	4,9
1. Jahr	7,5	0–16,3	4,4
2. Jahr	7,1	0–15,1	4,0
3. Jahr	7,2	0–15,4	4,1
4. Jahr	8,1	0–18,1	5,0
5. Jahr	8,2	0–17,2	4,5
6. Jahr	7,5	0–15,5	4,0
7. Jahr	7,6	0,6–14,6	3,5
8. Jahr	6,8	0,4–13,2	3,2
9. Jahr	7,5	0,9–14,1	3,3
10. Jahr	7,6	1,2–14,0	3,2
11.–15. Jahr	7,4	0–15,4	4,0

Retikulozytenzahl bei Erwachsenen (‰ der Erythrozyten)

	SEIP[9]		WATSON[3]	
	Mittelwert	Extrembereich	Mittelwert	95%-Bereich
Männer und Frauen	15,7	9,6–23,8	7,5	1,3–13,7
Männer	13,5	9,6–18,4	6	1,6–10,4
Frauen	17,3	10,4–23,8	9	2,6–15,4

Reifegrade der Retikulozyten (‰ der Erythrozyten)

Grad	SEIP[9]		NIZET[12]	
	Mittelwert	Extrembereich	Mittelwert	Extrembereich
I	0,02	0–0,2	0	–
II	1,1	0–2,6	1,6	0–5,6
III	5,0	1,8–10,8	3,6	0,2–12,3
IV	9,5	5,8–12,0	12,5	–

Literatur

1 UNDRITZ, E., *Dtsch. med. Wschr.*, **63**, 1686 (1937).
2 BJÖRKMAN, S. E., *Xe Congrès de la Société européenne d'hématologie*, Straßburg, 1965, S. 225.
3 WATSON, C. J., *Arch. intern. Med.*, **86**, 797 (1950).
4 WASHBURN, A. H., *Amer. J. Dis. Child.*, **62**, 530 (1941).
5 PERSONS, E. L., *J. clin. Invest.*, **7**, 615 (1929).
6 WEICKER und FICHSEL, *Klin. Wschr.*, **33**, 1074 (1955).
7 WEGELIUS, R., *Acta paediat. (Uppsala)*, **35**, Suppl. 4, 1 (1948).
8 FAXÉN, N., *Acta paediat. (Uppsala)*, **19**, Suppl. 1, 1 (1937).
9 SEIP, M., *Acta med. scand.*, **146**, Suppl. 282, 1 (1953).
10 GAIRDNER et al., *Arch. Dis. Childh.*, **27**, 214 (1952).
11 DE CHASTONAY, E., *Helv. paediat. Acta*, **6**, 257 (1951).
12 NIZET, A., *Acta med. scand.*, **127**, 424 und 565 (1947).
13 SEIP, M., *Acta paediat. (Uppsala)*, **44**, 355 (1955).

Erythrozyten

(Literatur siehe S. 613)

	Mittelwert	95%-Bereich	s	Literatur	Bemerkungen
Anzahl	...	...	...	...	Siehe unten Text und Tabelle S. 612.
Hämatokritwert (Erythrozytenpackungsvolumen)	...	...	...	...	Siehe Text S. 610 und Tabelle S. 612.
Durchmesser (μm)					
(a)	8,56	8,14–8,98	0,21	1	Mikroskopische Messung an den Erythrozyten von 10 Personen: (a) einzelne Zelle, Naßpräparat, (b) Trockenpräparat, (c) Geldrollen. Siehe auch Text S. 610 und Tabelle S. 612.
(b)	7,11	6,31–7,91	0,40	1	
(c)	8,70	8,12–9,28	0,29	1	
Dicke (μm)					
(a)	1,9	1,75–2,1	–	2	(a) und (b) berechnet aus dem Einzelvolumen und dem Erythrozytendurchmesser; (a) Naßpräparat, (b) Trockenpräparat; (c) mikroskopische Messung (10 Personen). Siehe dazu Text S. 610.
(b)	2,1	1,9–2,3	–	2	
(c)	1,64	1,50–1,78	0,07	1	
Oberfläche (μm^2)	145,0	128–162	8,3	1	Berechnet aus dem Erythrozytendurchmesser und der Erythrozytendicke. Die Gesamtoberfläche aller Erythrozyten eines Mannes beträgt etwa 3820 m^2 oder das 2000fache der Körperoberfläche.
	163	–	–	3	
Volumen ($fl \equiv \mu m^3$)	86,1	73,5–98,7	6,3	1	Berechnet aus dem Erythrozytendurchmesser und der Erythrozytendicke. Siehe auch Text S. 610 und Tabelle S. 612.
Gewicht (pg)	96,8	–	7,02	4	Werte lognormal verteilt.
Hämoglobingehalt	...	...	...	...	Siehe Text S. 611 und Tabelle S. 612.

Erythrozytenzahl

Bestimmung

Die heute noch in den meisten Laboratorien durchgeführte visuelle Auszählung ist mit erheblichen Fehlern belastet. Der Variationskoeffizient dieser Methode beträgt 10–15%[5]. Automatische Zählapparate arbeiten wohl exakter, doch gilt dies nur für den Zählakt im eigentlichen Sinne. Die abnahmebedingten Fehler (Ausquetschen von Kapillarblut, nicht exakte Füllung der Pipette und Nichtabtupfen der Pipette) sind viel bedeutsamer. So sagt ein Variationskoeffizient wiederholter Bestimmungen an gleichen Blutproben von 2–2,5% nichts über die Zuverlässigkeit der Abnahme.

(Literatur siehe S. 613)

Bestimmungen mit ^{32}P-markierten Erythrozyten haben bedeutend niedrigere Gesamtzahlen der im Körper zirkulierenden Erythrozyten ergeben, als sich aus den Konzentrationen im peripheren venösen Blut errechnen läßt. Als absoluter Wert für eine diagnostische Beurteilung ist deshalb die Erythrozytenkonzentration des peripheren Blutes nur bei gleichzeitiger Bestimmung des gesamten Blutvolumens brauchbar. Dies zeigt eindrucksvoll das Beispiel der ersten Lebensstunden, in denen die Erythrozytenzahl oft um über eine Million pro Mikroliter ansteigt, weil sich das Gesamtblutvolumen reduziert.

Zu den verschiedenen Zählmethoden siehe auch die Literatur[6].

Physiologische Besonderheiten

Beim Neugeborenen schwankt die Erythrozytenzahl stärker als zu jedem anderen Zeitpunkt des Lebens – auch unter konstanten Abnahmebedingungen. Außerdem ist sie abhängig vom Ort der Abnahme. Kapillarblut weist in den ersten Lebenstagen bis zu einer halben Million mehr Erythrozyten auf als Nabelschnur- bzw. Venenblut[7]. Auch der Zeitpunkt der Abnabelung ist bedeutungsvoll. Eine sofortige Abnabelung verhindert den Übertritt eines Viertels bis eines Drittels des gesamten dem Neugeborenen zur Verfügung stehenden Blutvolumens aus der Plazenta. Demzufolge können die Erythrozytenwerte in solchen Fällen nach einigen Stunden um 1–1½ Millionen pro Mikroliter unter der Norm liegen. Wenige Stunden nach der Geburt steigt die Erythrozytenzahl beim Neugeborenen auf Maximalwerte an, da das große Blutvolumen durch den Übertritt von Blutplasma in das Gewebe reduziert wird[8]. Die Erythrozytenzahl nimmt von der Mitte der ersten Woche bis zur Mitte des dritten Monats kontinuierlich ab – durch regulative Bremsung der Erythropoiese. Der physiologischen Polyglobulie des Neugeborenen folgt eine physiologische Oligoglobulie des Trimenonkindes. – Während der Schwangerschaft geht die Erythrozytenzahl zurück[9]. Im übrigen ist die Erythrozytenzahl vom Sauerstoffpartialdruck der Luft und damit von der Höhenlage der menschlichen Lebenssphäre abhängig. So besitzen die Indianer im Hochland von Peru erhebliche Polyglobulien, und zwar von Kindheit an. Dementsprechend bedeutet ein Aufstieg in größere Höhen einen anoxischen Stimulus der Erythropoiese und ein Abstieg aus diesen Höhen – ähnlich wie eine Sauerstoffzufuhr – eine Inhibierung. Schließlich können auch psychische Einflüsse wie Angst und Aufregung eine Streßerythrozytose hervorrufen, wahrscheinlich durch Übertritt von Plasma ins Gewebe. – Die zwischen Männern und Frauen bestehende Erythrozytendifferenz von einer halben Million bildet sich während der Pubertät aus.

Hämatokritwert

Der Hämatokritwert ist der Anteil des Volumens der Erythrozyten am Volumen des peripheren venösen oder Kapillarvollbluts. Über den Körperhämatokrit siehe S. 550. Der Hämatokritwert ist von drei Faktoren abhängig: von der Erythrozytenzahl, vom Einzelerythrozytenvolumen und vom Plasmavolumen. Da das Verhältnis zwischen dem Hämoglobingehalt und dem Volumen des Einzelerythrozyten nur in sehr engen Grenzen schwankt, besitzt der Hämatokritwert nahezu den gleichen Aussagewert wie der Hämoglobingehalt des Vollbluts.

Bestimmung

Der Hämatokritwert kann mit verschiedenen Makro- bzw. Mikromethoden bestimmt werden. Am geeignetsten sind hochtourige Hämatokritzentrifugen unter Verwendung heparinisierter Mikrohämatokritkapillaren[10]. Der Hämatokritwert hängt von der Tourenzahl der Zentrifuge, der Dauer des Zentrifugierens und der Viskosität des Blutes ab. Je nach der Methode beträgt der Anteil des zwischen den zusammengepackten Erythrozyten eingeschlossenen Plasmas 1–9%[11]; nach Zentrifugieren bei 14000 g_n während 40 Minuten betrug dieser Anteil nur 0,45%[12].

Siehe auch die Literatur zur Hämatokritbestimmung[13].

Physiologische Besonderheiten

Naturgemäß verhält sich der Hämatokritwert während der Neugeborenenperiode wie die Erythrozytenzahl. Er ist abhängig vom Zeitpunkt der Abnabelung[14], steigt in den ersten Lebensstunden und sinkt bis zum dritten Lebensmonat. Von da ab verhält er sich anders. Während die Erythrozytenzahl etwa gleich bleibt oder leicht ansteigt, geht der Hämatokritwert noch etwas zurück, weil die neugebildeten Erythrozyten hämoglobinarm und damit kleinvolumig sind. Bezüglich der Geschlechtsdifferenz zwischen Männern und Frauen, der Schwangerschaft und der Abhängigkeit vom O_2-Partialdruck der Außenluft verhält sich der Hämatokritwert wie die Erythrozytenzahl.

Erythrozytendurchmesser

Bestimmung

Es gibt zwei grundsätzlich verschiedene Verfahren zur Bestimmung des mittleren Erythrozytendurchmessers: die Objektmikrometrie und die Halometrie[15]. Diese ist einfach, zeitsparend und genügt für praktische Belange. Die Messung im Blutausstrich oder am projizierten Bild des Ausstrichs hat den Vorteil, daß man außer dem Mittelwert eine Verteilung gewinnt, die – ähnlich wie beim Volumen – diagnostische Bedeutung besitzen kann. Solche Verteilungen sollen aber auf Messungen an 1500–2000 Zellen beruhen[16].

Siehe auch die Literatur zur Bestimmung des Erythrozytendurchmessers[17].

Physiologische Besonderheiten

Auch der Erythrozytendurchmesser ist beim Neugeborenen groß und reduziert sich, aber nicht nur bis zum dritten Lebensmonat wie die Erythrozytenzahl, sondern infolge der Neubildung kleiner, hämoglobinarmer Erythrozyten bis zum Ende des ersten Lebensjahres. 7 µm können im Durchschnitt unterschritten werden.

Pathologische Besonderheiten

Große Erythrozytendurchmesser mit einer besonders starken Streuung finden sich bei der perniziösen und perniziosiformen Anämie, relativ große Durchmesser bei der aplastischen Anämie, kleine Durchmesser bei den Eisenmangel- und sideroachrestischen Anämien und bei der Sphärozytose, in letzterem Fall – was besonders wichtig ist – bei normalem Erythrozytenvolumen.

Numerische Exzentrizität

Die Abweichung der Erythrozytenform von der Kreisform läßt sich durch die Entrundungsgröße, den Achsenkoeffizienten (K) oder die numerische Exzentrizität (ε) angeben:

$$K = 1 - \frac{b}{a} \qquad \varepsilon = \sqrt{1 - \left(\frac{b}{a}\right)^2}$$

wobei a = größter, b = kleinster Durchmesser. Zur Bestimmung dieser Größen mittels eines Nomogramms siehe v. Boroviczény[18]; normalerweise sind 74,4% der Erythrozyten rund, 14,9% nicht mehr rund, 8,2% elliptisch und 2,5% schmalelliptisch.

Ein Überwiegen regelmäßig ovaler Formen wird als Elliptozytose bezeichnet. Sie kommt als hereditäre, klinisch bedeutungslose, dominant vererbbare Anomalie vor. Alle Erythrozyten sehen sich ähnlich. – Symptomatische Elliptozytosen verschiedenen Ausmaßes und von verschiedenem Ausprägungsgrad finden sich, meist im Zusammenhang mit Poikilozytosen, bei der perniziösen sowie bei den perniziosiformen Anämien, hin und wieder bei Leukämien und selten bei schweren Infektionen.

Sonderformen der Erythrozyten

Poikilozyten sind unregelmäßig geformte und außerordentlich verschieden große Erythrozyten. Sie sind meist der Ausdruck einer gestörten Erythropoiese und kommen wahrscheinlich durch Abschnürungen des Erythroblasten- bzw. Normoblastenplasmas zustande.

Kugelzellen (Sphärozyten), Korbzellen, Schießscheibenzellen (Targetzellen) und Sichelzellen sind meist phänotypische Manifestationen stoffwechselbedingter hämolytischer Anämien.

Erythrozytendicke

Der Dickendurchmesser des Erythrozyten ist insofern eine willkürliche Größe, als der Erythrozyt kein Rotationsellipsoid, sondern ein beidseitig eingedelltes Scheibchen ist. Bedeutung besitzt er nur bei extremen Verschiebungen: bei der hereditär bedingten Sphärozytose, aber auch bei Phänokopien. Im Laufe der Hämolyse steigt der Durchmesser auf 4–5 µm bei gleichbleibendem Erythrozytenvolumen; dann ist die osmotische Resistenz der Erythrozyten herabgesetzt. Unter 1,5 µm liegt der Dickendurchmesser bei Eisenmangel- und sideroachrestischen Anämien – und dementsprechend ist die osmotische Resistenz erhöht.

Bestimmung

Mittels direkter mikroskopischer Messung oder mittels Division des Erythrozytenvolumens durch das Quadrat des Radius mal π.

Einzelerythrozytenvolumen*

Das Einzelerythrozytenvolumen ist im Gegensatz zur Erythrozytenzahl und zum Hämatokritwert, die von verschiedenen Faktoren abhängig sind, absolut, das heißt, es besitzt eine zwar indi-

* «Mean corpuscular volume» = MCV.

viduelle, aber dann nahezu konstante Größe. Allerdings ist der gefundene Wert ein Mittelwert, der wie andere biologische Daten seine Streuung besitzt. Mit Hilfe einiger der modernen automatischen Erythrozytenzählgeräte ist es möglich, Volumenverteilungskurven der Erythrozyten zu gewinnen. Sie sind für die Anämiediagnostik noch aufschlußreicher als der schon sehr brauchbare mittlere Erythrozytenvolumenwert: Aplastische, hypoplastische und besonders perniziöse und perniziosiforme Anämien weisen hohe mittlere Einzelerythrozytenvolumina auf, Eisenmangelanämien und sideroachrestische Anämien niedrige. Ein großes mittleres Erythrozytenvolumen kann durch hohe Retikulozytenwerte vorgetäuscht werden, weil das mittlere Retikulozytenvolumen dreimal so groß ist wie das eines Erythrozyten. Makrozytäre hämolytische Anämien sind meist normozytäre Anämien mit Retikulozytosen. Auch das große mittlere Erythrozytenvolumen des Neugeborenen ist zum Teil durch die relativ hohe Retikulozytenzahl bedingt.

Bestimmung

Das Volumen eines einzelnen Erythrozyten erhält man mittels Division des Hämatokritwerts (in Liter pro Liter) durch die Zahl der in 1 l Vollblut enthaltenen Erythrozyten. Dabei ergeben sich im Normalfall 80–90 fl (fl $\equiv$ μm^3).

Hämoglobingehalt der Erythrozyten*

Die Hämoglobinkonzentration der Erythrozyten ist eine Naturkonstante[19], die nicht nur beim Menschen, sondern in weiten Bereichen des Tierreiches gilt. Der Wert wird nur durch hohe Retikulozytenprozentsätze beeinträchtigt, weil diese eine niedrigere Hämoglobinkonzentration aufweisen. Selbst unter pathologischen Bedingungen verändert er sich relativ wenig; um so stärker sind echte Konzentrationserniedrigungen unter 30% zu bewerten. Sie finden sich bei extremem Eisenmangel.

Bestimmung

Der Hämoglobingehalt (Hämoglobinkonzentration) der Erythrozyten in Gramm pro Liter Erythrozyten errechnet sich mittels Division des Hämoglobingehalts von Vollblut in Gramm pro Liter durch den Hämatokritwert in Liter pro Liter.

Als einzige *physiologische Besonderheit* findet sich eine relativ hohe Hämoglobinkonzentration der Erythrozyten bei der Geburt, die sich bis zum Ende des ersten Monats auf den Normwert einspielt.

Hämoglobingehalt des Einzelerythrozyten**

Der Hämoglobingehalt des Einzelerythrozyten ist eine reale Größe wie das Einzelerythrozytenvolumen. Er sagt unmittelbar etwas über die Erythropoiese aus und ist unabhängig vom Gesamtblut und vom Plasmavolumen. Bei Erhöhungen über 35 pg spricht man von einer Hyperchromie; sie ist typisch für die Perniziosa und die perniziosiformen Anämien, die aplastischen und hypoplastischen Anämien. Bei erheblichen Erniedrigungen unter 30 pg spricht man von einer Hypochromie, einem Charakteristikum der Eisenmangel- und sideroachrestischen Anämien.

Bestimmung

Der Hämoglobingehalt des Einzelerythrozyten errechnet sich mittels Division des Hämoglobingehalts in Gramm pro Liter Vollblut durch die Erythrozytenzahl in der gleichen Volumeneinheit. Es ergeben sich im Normalfall 30–32 pg (pg $\equiv 10^{-12}$ g).

Physiologische Besonderheiten

Auch der Hämoglobingehalt des Einzelerythrozyten ist beim Neugeborenen hoch, verändert sich aber während des ersten Lebenstages nicht. Er sinkt bis zum dritten Monat auf Normwerte und bis zum Ende des ersten Jahres auf mäßig hypochrome Werte ab und steigt bis zur Pubertät wieder auf Normwerte an. Die hypochromen Werte werden bei Frühgeborenen schon nach 4–8 Wochen erreicht und sind stärker ausgeprägt als beim Reifgeborenen, weil die Eisenmitgift dieser Kinder geringer ist. – Ein erhöhtes oder vermindertes O_2-Angebot (O_2-Zufuhr bzw. Aufstieg in große Höhen) wirkt sich auf den Hämoglobingehalt des Einzelerythrozyten nicht aus, weil der Hämoglobingehalt des Gesamtblutes und die Erythrozytenzahl gleichsinnig reagieren.

Der im Prinzip dem Hämoglobingehalt der Einzelerythrozyten entsprechende sogenannte Färbeindex (Hämoglobingehalt des Blutes in Prozenten der Norm dividiert durch die Erythrozytenzahl in Prozenten der Norm) sollte verlassen werden, ebenso wie die Hämoglobinangaben in SAHLI-Prozent. Der Färbeindex bedarf mehrerer Korrekturen, um das gleiche auszusagen wie der Hämoglobingehalt des Einzelerythrozyten.

Hämoglobingehalt des Vollblutes

Der Hämoglobingehalt des Vollblutes ist das Produkt des Hämoglobingehalts des einzelnen Erythrozyten mit der Erythrozytenzahl der Volumeneinheit. Dementsprechend steigt und fällt er sowohl mit der Erythrozytenzahl wie mit dem Hämoglobingehalt des Einzelerythrozyten. Die verschiedenen in der Literatur zu findenden Angaben des Hämoglobingehalts können nur unter Berücksichtigung der verwendeten Bestimmungsmethoden miteinander verglichen werden.

Bestimmung

Als Standardmethode wird die photometrische Bestimmung als Hämiglobincyanid empfohlen[20]. Messung bei 540 nm oder 546 nm unter Verwendung einer Quecksilberlampe; millimolarer Extinktionskoeffizient von Hämiglobincyanid bei 540 nm = 44,0; Molgewicht von Hämoglobin = 64458. Standardlösungen von Hämiglobincyanid sind bei den Standardisierungskomitees erhältlich. Mit dieser Methode werden alle im Blut vorkommenden Hämoglobinderivate mit Ausnahme des Verdoglobins erfaßt. Andere Bestimmungsmethoden, zum Beispiel als Oxyhämoglobin oder über den Eisengehalt, sind so zu adjustieren, daß die Ergebnisse mit denen der Hämiglobincyanidmethode übereinstimmen. Die Bestimmung von Hämoglobin als saures Hämatin kann wegen der Ungenauigkeit dieser Methode nicht empfohlen werden. Die Angabe des Hämoglobingehalts von Vollblut kann in Gramm oder auch in Millimol bezogen auf die Volumeneinheit erfolgen; auf keinen Fall sollte die Angabe in SAHLI-Prozent verwendet werden.

Zur Methodik siehe auch die Literatur[5, 21].

Physiologische Besonderheiten

Beim Hämoglobin sind die Verhältnisse ähnlich wie bei der Erythrozytenzahl (S. 609) und besonders beim Hämatokritwert (S. 610). So enthält das Nabelschnurblut etwa 160 g/l, venöses Blut am ersten Lebenstag etwa 182 g/l und Kapillarblut etwa 200 g/l[22]. Bei sofortiger Abnabelung ist der definitive Hämoglobingehalt während des ersten Lebenstages um etwa 20 g/l kleiner als bei Abnabelung nach Aufhören der Nabelschnurpulsationen[23]. Wie die Erythrozytenzahl steigt der Hämoglobingehalt in den ersten Stunden nach der Geburt an, hält sich über einige Tage hoch und beginnt Mitte der ersten Woche wieder zu sinken. Das physiologische Minimum wird in der 9.–11. Woche erreicht[8] und bis zum Ende des 2. Jahres beibehalten. Er steigt vom 2. bis zum 12. Jahr kontinuierlich an, bleibt dann beim Mädchen stehen, während er beim Knaben im Laufe der Pubertät die Normalwerte des Mannes erreicht[5, 24]. – Während der Schwangerschaft nimmt der Hämoglobingehalt bis zu einem Minimum von 120 g/l in der 30.–35. Woche ab. Verringerter bzw. erhöhter Sauerstoffpartialdruck führt zu Erhöhungen bzw. Erniedrigungen des Hämoglobingehalts wie der Erythrozytenzahl[9, 25].

Da der Hämoglobingehalt des Vollblutes und die Erythrozytenzahl im allgemeinen parallel absinken oder ansteigen, sind besonders die Abweichungen von dieser Parallelität diagnostisch bedeutsam: Die Erythrozytenzahl sinkt stärker ab als der Hämoglobingehalt bei der perniziösen und den perniziosiformen Anämien, in schwächerem Grade bei den aplastischen und hypoplastischen Anämien. Ein starkes Absinken des Hämoglobingehaltes bei geringem oder überhaupt keinem Absinken der Erythrozytenzahl ist typisch für die Eisenmangel- und sideroachrestischen Anämien.

Fötales Hämoglobin

Sehr junge Föten haben praktisch nur das fötale Hämoglobin Hb-F im Blut (im Embryonalstadium ist vorübergehend ein weiteres Hämoglobin, das sogenannte embryonale Hämoglobin Gower, vorhanden). Im 4. Entwicklungsmonat tritt dann Hb-A auf, das Hämoglobin des normalen Erwachsenen; es erreicht im 5. Monat einen Anteil von gegen 10%, bleibt dann aber bis zur 33. Woche annähernd konstant. Anschließend nimmt der Anteil an Hb-A dauernd zu, so daß bei der Geburt nur noch ein Hb-F-Anteil von 60 bis 80% vorhanden ist. Auch nach der Geburt geht der Hb-F-Anteil zurück; im 5. Monat beträgt er noch gegen 10%, im 2. Lebensjahr 1,8%, bei Erwachsenen 0,5% (maximal 2%)[26]. Die Ablösung von Hb-F durch Hb-A wird durch den Termin der Geburt praktisch nicht beeinflußt.

Der Hb-F-Anteil ist aufgrund der Alkaliresistenz bestimmbar. Aus fixierten Blutausstrichen läßt sich Hb-A mittels eines sauren Puffergemisches eluieren, während Hb-F in den Zellen verbleibt.

* Hämoglobinkonzentration der Erythrozyten, «mean corpuscular hemoglobin concentration» = MCHC.

** Hb_E, «mean corpuscular hemoglobin» = MCH.

Erythrozytenzahl, Erythrozytengröße und Hämoglobingehalt in verschiedenen Lebensaltern*

Alter	Literatur	Erythrozytenzahl (Millionen/µl)		Hämatokritwert (l/l)		Erythrozyten-Ø (µm)	Einzelerythrozytenvolumen (fl)		Hämoglobingehalt					
									g/l Vollblut		g/l Erythrozyten		pg pro Einzelerythrozyt	
		Mittelwert	95%-Bereich (in Klammern Extrembereich)	Mittelwert	95%-Bereich (in Klammern Extrembereich)	Mittelwert	Mittelwert	95%-Bereich (in Klammern Extrembereich)	Mittelwert	95%-Bereich (in Klammern Extrembereich)	Mittelwert	95%-Bereich (in Klammern Extrembereich)	Mittelwert	95%-Bereich (in Klammern Extrembereich)
1. Tag	1	5,6	(4,7–7,0)	0,561	–	8,6	106	–	212	(177–265)	378	–	38	–
1. Woche	1	5,3	(4,5–6,4)	0,527	–	–	101	–	196	(162–255)	372	–	37	–
2. Woche	1	5,1	(4,3–6,0)	0,496	–	}	96	–	180	(145–242)	363	–	35	–
3. Woche	1	4,9	(4,1–6,0)	0,466	–	} 8,1	93	–	166	(132–230)	356	–	34	–
4. Woche	1	4,7	(3,9–5,9)	0,446	–	}	91	–	156	(120–218)	350	–	33	–
2. Monat	1	4,5	(3,8–5,8)	0,389	–	}	85	–	133	(108–180)	342	–	30	–
4. Monat	1	4,5	(3,8–5,3)	0,365	–	} 7,7	79	–	124	(102–150)	340	–	27	–
6. Monat	1	4,6	(3,9–5,3)	0,362	–	}	78	–	123	(100–150)	340	–	27	–
8. Monat	1	4,6	(4,0–5,4)	0,358	–	}	77	–	121	(98–150)	338	–	26	–
10. Monat	1	4,6	(4,0–5,5)	0,355	–	} 7,4	77	–	119	(84–149)	335	–	26	–
12. Monat	1	4,6	(4,0–5,5)	0,352	–	}	77	–	116	(90–146)	330	–	25	–
2. Jahr	1	4,7	(3,8–5,4)	0,355	–	7,3	78	–	117	(92–155)	330	–	25	–
4. Jahr	1	4,7	(3,8–5,4)	0,371	–	}	80	–	126	(96–155)	340	–	27	–
6. Jahr	1	4,7	(3,8–5,4)	0,379	–	}	80	–	127	(100–155)	335	–	27	–
8. Jahr	1	4,7	(3,8–5,4)	0,389	–	} 7,4	80	–	129	(103–155)	332	–	27	–
10. Jahr	1	4,8	(3,8–5,4)	0,390	–	}	80	–	130	(107–155)	333	–	27	–
12. Jahr	1	4,8	(3,8–5,4)	0,396	–	}	81	–	134	(110–165)	338	–	28	–
Männer, 14 Jahre und älter	1	5,4	4,6–6,2	0,47	0,40–0,54	7,5	87	–	158	140–180	335	–	29	–
Frauen, 14 Jahre und älter	1	4,8	4,2–5,4	0,42	0,37–0,47	7,5	87	–	139	115–160	335	–	29	–
2 Jahre	2	–	–	0,368	0,332–0,404	–	79	72–86	123	122–124	–	–	26,3	23,5–29,1
3 Jahre	2	–	–	0,376	0,340–0,412	–	80	73–87	125	124–126	–	–	27,2	24,4–30,0
4–5 Jahre	2	–	–	0,377	0,341–0,413	–	81	74–88	128	127–129	–	–	27,5	24,7–30,3
6–8 Jahre	2	–	–	0,389	0,353–0,425	–	83	76–90	134	133–135	–	–	28,8	26,0–31,6
9–11 Jahre	2	–	–	0,401	0,365–0,437	–	84	77–91	140	139–141	–	–	29,4	26,6–32,2
Männer	3	5,2	4,4–6,0	0,46	0,41–0,51	–	88	80–96	150	130–170	330	310–350	29	26–32
Männer und Frauen	4	–	–	0,481	0,386–0,576	–	–	–	159	134–173	328	299–357	–	–
Männer, 10–20 Jahre	5	4,8	(3,9–5,9)	0,460	(0,37–0,54)	–	97	(82–107)	146	(121–172)	319	(233–368)	30,7	(28–35)
Männer, 20–40 Jahre	5	5,1	(4,1–6,0)	0,479	(0,41–0,55)	–	96	(83–110)	158	(133–182)	331	(291–361)	31,4	(27–38)
Männer, älter als 40 Jahre	5	5,0	(4,2–5,6)	0,463	(0,41–0,52)	–	93	(87–103)	156	(141–170)	336	(308–358)	31,2	(29–36)
Frauen, 10–20 Jahre	5	4,5	(3,9–5,0)	0,436	(0,38–0,50)	–	98	(77–116)	139	(120–164)	320	(283–368)	31,1	(26–36)
Frauen, 20–40 Jahre	5	4,5	(3,9–5,5)	0,429	(0,35–0,49)	–	95	(88–109)	141	(118–175)	329	(296–356)	31,2	(28–34)
Frauen, älter als 40 Jahre	5	4,4	(4,0–5,0)	0,443	(0,40–0,52)	–	100	(92–117)	139	(127–163)	319	(270–360)	31,9	(30–35)
Männer, in Meereshöhe	6	5,1	(4,3–5,9)	0,468	–	7,5	91	–	160	(140–183)	341	–	31	–
Männer, in 4540 m Höhe	6	6,2	(5,0–7,6)	0,599	–	7,7	97,5	–	208	(181–254)	347	–	34	–

* Die Werte gelten, wenn nicht anders angegeben, für eine Höhe über Meer von 0–200 m. Die Werte aus Dittmer[1] und Wintrobe[1] sind eine Zusammenfassung älterer Arbeiten aus den USA; die Werte von Betke et al.[2] und Dittrich[4] resultieren aus Untersuchungen in Deutschland, die von Greendyke et al [3] aus solchen in den USA, die von Plum[5] aus solchen in Dänemark (Hämoglobinbestimmung bei Literatur[2–5] mittels der Hämiglobincyanidmethode); die Werte von Hurtado et al.[6] stammen aus einer Studie in den Anden (Meereshöhe [Lima] und 4540 m [Morococha]). Weitere Normalwerte wurden in den letzten Jahren unter anderem in der Schweiz[7] (Altersgruppen zwischen 19 und 93 Jahren), in den USA[8] (Altersgruppen zwischen 12 und 17 Jahren), in Japan[9] (Erwachsene) und in der Türkei[10] (Erwachsene) ermittelt. Über Erythrozytendaten während der Schwangerschaft siehe Holly[11] und S. 687.

Literatur

1 Dittmer, D. S. (Hrsg.), *Blood and Other Body Fluids*, Fed. Amer. Soc. exp. Biol., Washington, 1961, S. 109; Wintrobe, M. M., *Clinical Hematology*, 5. Aufl., Lea & Febiger, Philadelphia, 1961, S. 104.
2 Betke et al., *Dtsch. med. Wschr.*, **89**, 1197 (1964).
3 Greendyke et al., *Amer. J. clin. Path.*, **37**, 429 (1962).
4 Dittrich, H., *Med. Klin.*, **58**, 1882 (1963).
5 Plum, C. M., *Bibl. haemat. (Basel)*, Heft 21, 165 (1965).
6 Hurtado et al., *Arch. intern. Med.*, **75**, 284 (1945).
7 Undritz und Bragatsch, *Schweiz. med. Wschr.*, **92**, 388 (1962).
8 Kasper und Wallerstein, *Amer. J. clin. Nutr.*, **18**, 286 (1966).
9 Hoshino, T., *Bibl. haemat. (Basel)*, Heft 21, 135 (1965); Takikawa et al., *Bibl. haemat. (Basel)*, Heft 21, 142 (1965); Kawakita, Y., *Bibl. haemat. (Basel)*, Heft 21, 151 (1965).
10 Reimann, F., *Bibl. haemat. (Basel)*, Heft 21, 132 (1965).
11 Holly, R. G., *Obstet. and Gynec.*, **2**, 119 (1953).

	Mittelwert	95%-Bereich (in Klammern Extrembereich)	s	Literatur	Bemerkungen
Lebensdauer (Tage)					
(a) Frühgeborene	–	(70–90)	–	27	Bestimmung: (a) und (b) durch Differentialagglutination nach Ashby, (c) und (d) mit ^{15}N-Glycin. Zur Bestimmung der Lebensdauer eignet sich ^{32}P-Diisopropylfluorophosphat am besten; die Bestimmungsmethoden wurden diskutiert[29,30]. Die Lebensdauer von 120 Tagen entspricht einem Erythrozytenersatz von 0,83% je Tag. Pathologische Veränderungen der Lebensdauer bestehen ausschließlich in einer Abnahme[29].
(b) Erwachsene	117	(110–135)	–	5	
(c) Männer	120	–	–	28	
(d) Frauen	109	–	–	28	
Halbwertzeit (Tage)					
Frühgeborene	16	–	–	27	Bestimmt mit ^{51}Cr-markierten Erythrozyten. Beim Erwachsenen beträgt die Halbwertzeit ungefähr ein Viertel der mittleren Lebensdauer.
Neugeborene	24	–	–	27	
Säuglinge, 3 Monate	28	–	–	27	
Erwachsene	29	(25–40)	–	29	
Osmotische Resistenz (Konzentration der NaCl-Lösung [%])					
(a) Nabelschnurblut					(a) 16, (b) 14 und (c) 18 Personen. Die Methodik wurde ausführlich besprochen[5,32]; die Resultate werden durch die Temperatur, Art des Antikoagulans, den pH-Wert der hämolysierenden Lösung und den Bilirubingehalt des Blutes beeinflußt. Eine vollständige Hämolyse der Erythrozyten erfolgt in 0,33- bis 0,30%iger NaCl-Lösung (siehe unten das Diagramm). Die osmotische Resistenz der Erythrozyten ist um so kleiner, je sphärischer sie sind[5,32,33]. Sphärozyten stehen deshalb der Hämolyse näher, während die dünneren Erythrozyten resistenter sind. Junge reife Erythrozyten sind in hypotonem Medium resistenter als alte Erythrozyten[34]. Die osmotische Resistenz von Erythrozyten aus venösem Blut ist geringer als die von Erythrozyten aus arteriellem Blut[35]. *Pathologische Veränderungen*[5,32]. Ausgesprochen erniedrigt bei kongenitalem hämolytischem Ikterus und gelegentlich bei hämolytischem Ikterus infolge Anwesenheit irregulärer Antikörper[36], erhöht bei Polycythaemia vera, Thalassaemia major (Resistenz erhöht bis zu einer NaCl-Konzentration von 0,03%), bei Sichelzellen- und hypochromen Anämien.
5%ige Hämolyse	0,502	0,46–0,55	0,022	31	
50%ige Hämolyse	0,422	0,38–0,46	0,021	31	
(b) Neugeborene, 2–5 Tage					
5%ige Hämolyse	0,474	0,34–0,51	0,019	31	
50%ige Hämolyse	0,395	0,36–0,43	0,016	31	
(c) Erwachsene					
5%ige Hämolyse	0,475	0,45–0,50	0,012	31	
50%ige Hämolyse	0,424	0,40–0,44	0,010	31	
Stoffwechsel (µmol Umsatz pro 10^{11} Erythrozyten)					
O_2-Aufnahme pro Stunde	2,7	0–5,5	1,4	37	
CO_2-Bildung pro Stunde	2,5	0,3–4,7	1,1	37	
Pyruvatbildung pro Stunde	1,9	1,1–2,7	0,4	37	
Lactatbildung pro Stunde	38,4	26,6–50,2	5,9	37	

Osmotische Resistenz der Erythrozyten[35]

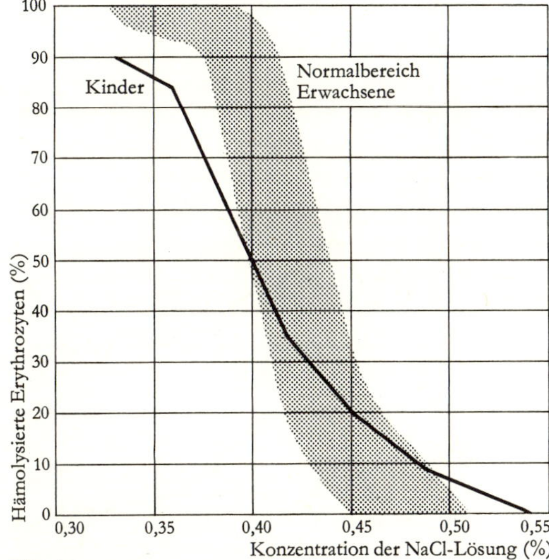

Literatur

1 Westerman et al., *J. Lab. clin. Med.*, **57**, 819 (1961).
2 v. Boroviczény, K.G., *Pädiat. Prax.*, **3**, 537 (1964); *Tägl. Prax.*, **6**, 477 (1965).
3 Eylar et al., *J. biol. Chem.*, **237**, 1992 (1962).
4 Ch'in, C.-T., *J. Lab. clin. Med.*, **32**, 66 (1947).
5 Wintrobe, M.M., *Clinical Hematology*, 5. Aufl., Lea & Febiger, Philadelphia, 1961.
6 Red Blood Cell Count, *Bibl. haemat. (Basel)*, Heft 18, 15 (1964); Standardization of Blood Cell Counts, *Bibl. haemat. (Basel)*, Heft 24, 2 (1966).
7 DeMarsh et al., *J. Amer. med. Ass.*, **116**, 2568 (1941).
8 Betke, K., *Arch. Kinderheilk.*, **159**, 51 (1959).
9 Hytten und Duncan, *Nutr. Abstr. Rev.*, **26**, 855 (1956).
10 Dittrich, H., *Langenbecks Arch. klin. Chir.*, **302**, 118 (1963); Strumia et al., *Amer. J. clin. Path.*, **24**, 1016 (1954).
11 Kleine, N., *Bibl. haemat. (Basel)*, Heft 18, 29 (1964).
12 Kleine, N., *Bibl. haemat. (Basel)*, Heft 24, 118 (1966).
13 Standardization of Packed Cell Volume Determination, *Bibl. haemat. (Basel)*, Heft 24, 83 (1966).
14 Usher et al., *Acta paediat. (Uppsala)*, **52**, 497 (1963); Oh und Lind, *Acta paediat. (Uppsala)*, **55**, 38 (1966).
15 v. Boroviczény und Saffar, *Schweiz. med. Wschr.*, **92**, 1327 (1962).
16 Behnken und v. Boroviczény, *Schweiz. med. Wschr.*, **93**, 1509 (1963).
17 Mean Cell Diameter, *Bibl. haemat. (Basel)*, Heft 18, 40 (1964).
18 v. Boroviczény, K.G., *Schweiz. med. Wschr.*, **93**, 1499 (1963).
19 Stengle et al., *Bibl. haemat. (Basel)*, Heft 21, 4 (1965).
20 Deutsche Gesellschaft für innere Medizin, *Acta haemat. (Basel)*, **27**, 369 (1962); Division of Medical Science of the National Academy of Sciences – National Research Council, *Blood*, **26**, 104 (1965); Recommendations and Requirements for Haemoglobinometry in Human Blood, *Bibl. haemat. (Basel)*, Heft 21, 213 (1965).
21 Hainline, jr., et al., *Stand. Meth. clin. Chem.*, **2**, 49 (1958); Legowski und v. Boroviczény, *Dtsch. med. Wschr.*, **87**, 1953 (1962); Schwerd, W., *Der rote Blutfarbstoff und seine wichtigsten Derivate*, Schmidt-Römhild, Lübeck, 1962; Haemoglobinometry, *Bibl. haemat. (Basel)*, Heft 18, 59 (1964); Standardization of Methods, *Bibl. haemat. (Basel)*, Heft 18, 86 (1964); Standardization, *Bibl. haemat. (Basel)*, Heft 21, 2, 25, 62 (1965).
22 Josephs, H.W., *Acta paediat. (Uppsala)*, **48**, 403 (1959).
23 Lanzkowsky, P., *Brit. med. J.*, **2**, 1777 (1960).
24 de Wijn und Rusbach, *Ned. T. Geneesk.*, **105**, 1028 (1961).
25 Paaby, P., *Acta obstet. gynec. scand.*, **37**, 69 (1958); Morgan, E.H., *Lancet*, **1**, 9 (1961).
26 Goldberg und Bove, *Stand. Meth. clin. Chem.*, **3**, 131 (1961); Zipursky et al., *Pediatrics*, **30**, 262 (1962); Betke, K., in: Wiesener, H. (Hrsg.), *Einführung in die Entwicklungsphysiologie des Kindes*, Springer, Berlin, 1964, S. 92.
27 Vest, M., *Bibl. paediat. (Basel)*, Heft 69 (1959).
28 Rickenberg, D., *J. biol. Chem.*, **179**, 463 (1949).
29 Berlin et al., *Physiol. Rev.*, **39**, 577 (1959); Berlin, N.I., *J. Amer. med. Ass.*, **188**, 375 (1964).
30 Root, W.S., *Meth. med. Res.*, **8**, 92 (1960).
31 Crawford et al., *Blood*, **8**, 620 (1953).
32 Haden, R.L., *Amer. J. med. Sci.*, **188**, 441 (1934).
33 Dameshek, W., *Blood*, Special Issue, Nr. 2, 43 (1948).
34 Marks und Johnson, *J. clin. Invest.*, **37**, 1542 (1958).
35 Nach Whitby und Hynes, *J. Path. Bact.*, **40**, 219 (1935).
36 Spiess und Wolf, *Klin. Wschr.*, **41**, 30 (1963).
37 Waller, H.D., *Ser. Haemat.*, Nr. 2, 34 (1965).

(Literatur siehe S. 616)

	Mittelwert	95%-Bereich	s	Literatur	Bemerkungen
Anzahl	...	...	...	...	Siehe Tabelle auf S. 615 sowie Abbildung und Text unten.
Leukozytokritwert (ml/l) (Leukozytenpackungsvolumen)	~2,5	...	...	...	Volumenanteil der Leukozyten am Gesamtblut, berechnet aus der Leukozytenzahl und dem Einzelleukozytenvolumen.
Durchmesser	...	...	...	...	siehe Tabelle unten
Volumen	...	...	...	...	
Halbwertzeit (Stunden)					
Granulozyten	6,6	3,8–9,4	1,4	3	Werte von 45 Männern; bestimmt mit ^{32}P-Diisopropylfluorophosphat (DFP).
Osmotische Resistenz	...	...	...	...	Bei einer 6 Minuten langen Exposition gegen 0,2%ige NaCl-Lösung bleiben 55–75% der Leukozyten erhalten[4]; mononukleäre Zellelemente sind weniger resistent als Granulozyten. Die osmotische Resistenz der Leukozyten steigt mit dem Lebensalter an. Sie ist erhöht bei entzündlichen Leukozytosen, infolge vermehrten Gehalts an jungen Zellen, und bei den meisten Myelosen; erniedrigt ist sie bei Leukopenien und Panzytopenien.
Stoffwechsel (mmol Umsatz pro 10^{11} Leukozyten)					
O_2-Aufnahme pro Stunde	4,0	–	–	5	Werte abhängig von der Zusammensetzung des Inkubationsmediums.
Glucoseverbrauch pro Stunde	14,0	–	–	5	
Lactatbildung pro Stunde	30,1	–	–	5	

	Durchmesser[1] (μm)	Volumen[2] (μm³ [≡fl])
Basophile	10–15	450
Neutrophile	10–15	450
Eosinophile	10–15	450
Lymphozyten	7–18	230
Monozyten	12–20	470
Neutrophile Myelozyten	12–18	–

Gesamtleukozytenzahl (siehe auch Tabelle S. 615)

Bestimmung

Visuelle Zählung in der Kammer oder automatische durch einen Blutkörperchenzählapparat. Bezüglich der Fehlerbreiten und Differenzen gilt das für die Erythrozytenzählung Gesagte (siehe S. 609). Diskussion der Methoden und Literaturzusammenstellung siehe [7].

Physiologische Besonderheiten

Die Leukozytenzahl des Neugeborenen steigt wie die Erythrozytenzahl während der ersten Lebensstunden um ein Fünftel bis ein Viertel an (siehe Diagramm). Genauso wie bei den Erythrozyten besteht im Anfang der Neugeborenenperiode ein Unterschied zwischen der Kapillarblut- und der Venenblutzahl. Letztere liegt um 1000–1500 Leukozyten niedriger. Während der ersten Lebenstage gibt es eine ausgesprochene Neutrophilie und eine deutliche Monozytose, von der zweiten Lebenswoche bis zum vierten Lebensjahr eine Lymphozytose.

Gegen Ende der Schwangerschaft kommt es zu leichten Neutrophilien, desgleichen bei körperlichen Anstrengungen, bei emotionellen Erregungen, bei Krämpfen und nach Adrenalingabe.

Geschlechtsdifferenzen bestehen nicht[8]. Tagesrhythmen, jahreszeitliche und klimatische Schwankungen sind beschrieben worden.

Pathologische Besonderheiten

Leukozytosen sind am häufigsten Neutrophilien. Sie finden sich bei zahlreichen Infektionskrankheiten, bei allen Eiterungen, die durch Kokken hervorgerufen werden, bei Vergiftungen durch verschiedene Metalle und Drogen, bei der diabetischen Ketose, bei zahlreichen malignen Tumoren, bei Magen- und Zwölffingerdarmulzera, Gicht und Koronarthrombose. Exzessive Leukozytosen mit starken Linksverschiebungen der Granulozyten gibt es bei der Sepsis tuberculosa Landouzy. Ein besonderes Bild bieten die myeloischen Leukämien – bald myeloblastisch, bald promyelozytär, dann wieder monozytär oder aus einer Mischung dieser Zellelemente bestehend. Leukozytosen infolge Lymphozytosen gibt es beim Kind hauptsächlich beim Keuchhusten und bei der akuten infektiösen Lymphozytose. Leukozytosen infolge lymphoid-monozytärer Reaktionen sind charakteristisch für das Pfeiffersche Drüsenfieber.

Leukopenien infolge von Agranulozytosen oder Granulozytopenien finden sich bei Salmonellosen, beim Typhus stärker als beim Paratyphus, ab und zu einmal bei einer Septikämie oder bei der Miliartuberkulose, im anaphylaktischen Schock und bei schweren

Leukozytenzahl pro Mikroliter zwischen Geburt und 15 Jahren[6]

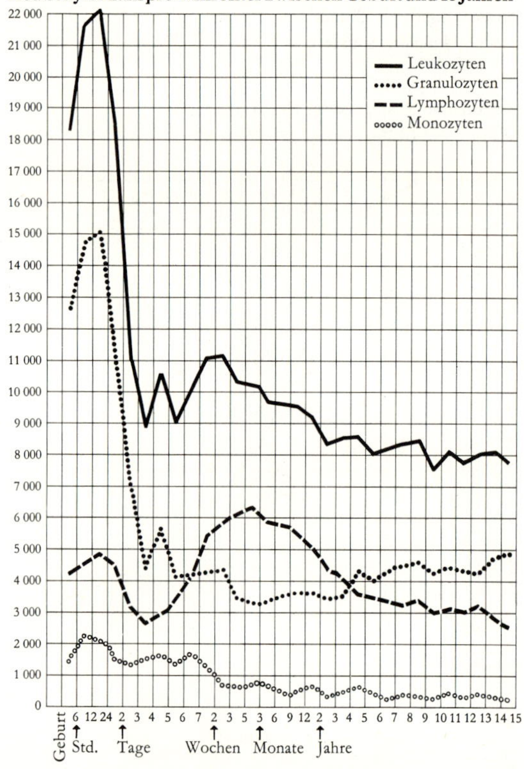

Störungen im Knochenmark, zum Beispiel durch Strahlen. Leukopenien infolge Lymphopenien oder gar Lymphozytophthisen sind charakteristisch für einen großen Teil der Antikörpermangelsyndrome[9].

Leukozytengesamtzahl und -verteilung in den verschiedenen Lebensaltern

Lebensalter		Literatur	Leukozyten total		Neutrophile Granulozyten total		Neutrophile Granulozyten stabkernig	Neutrophile Granulozyten segmentkernig	Eosinophile Granulozyten		Basophile Granulozyten		Lymphozyten		Monozyten		Neutrophile Myelozyten*	
			Mittelwert	95%-Bereich (in Klammern Extrembereich)	Mittelwert	95%-Bereich (in Klammern Extrembereich)	Mittelwert	Mittelwert	Mittelwert	95%-Bereich (in Klammern Extrembereich)	Mittelwert	95%-Bereich (in Klammern Extrembereich)	Mittelwert	95%-Bereich (in Klammern Extrembereich)	Mittelwert	95%-Bereich (in Klammern Extrembereich)	Mittelwert	95%-Bereich (in Klammern Extrembereich)
Geburt	Anzahl/µl .	1, 2	18100	(9000–30000)	11000	(6000–26000)	1650	9400	400	(20–850)	100	(0–640)	5500	(2000–11000)	1050	(400–3100)	–	
	Prozent . . .				61		9,1	52	2,2		0,6		31		5,8			
12 Stunden	Anzahl/µl .	1, 2	22800	(13000–38000)	15500	(6000 28000)	2330	13200	450	(20–950)	100	(0–500)	5500	(2000–11000)	1200	(400–3600)	–	0–1908
	Prozent . . .				68		10,2	58	2,0		0,4		24		5,3			0–10
24 Stunden	Anzahl/µl .	1, 2	18900	(9400–34000)	11500	(5000–21000)	1750	9800	450	(50–1000)	100	(0–300)	5800	(2000–11500)	1100	(200–3100)	–	
	Prozent . . .				61		9,2	52	2,4		0,5		31		5,8			
1 Woche	Anzahl/µl .	1, 2	12200	(5000–21000)	5500	(1500–10000)	830	4700	500	(70–1100)	50	(0–250)	5000	(2000–17000)	1100	(300–2700)	–	0–437
	Prozent . . .				45		6,8	39	4,1		0,4		41		9,1			0–3
2 Wochen	Anzahl/µl .	1, 2	11400	(5000–20000)	4500	(1000–9500)	630	3900	350	(70–1000)	50	(0–230)	5500	(2000–17000)	1000	(200–2400)	–	0–102
	Prozent . . .				40		5,5	34	3,1		0,4		48		8,8			0–1
4 Wochen	Anzahl/µl .	1	10800	(5000–19500)	3800	(1000–9000)	490	3300	300	(70–900)	50	(0–200)	6000	(2500–16500)	700	(150–2000)	–	–
	Prozent . . .				35		4,5	30	2,8		0,5		56		6,5			
2 Monate	Anzahl/µl .	1	11000	(5500–18000)	3800	(1000–9000)	490	3300	300	(70–850)	50	(0–200)	6300	(3000–16000)	650	(130–1800)	–	–
	Prozent . . .				34		4,4	30	2,7		0,5		57		5,9			
4 Monate	Anzahl/µl .	1	11500	(6000–17500)	3800	(1000–9000)	450	3300	300	(70–800)	50	(0–200)	6800	(3500–14500)	600	(100–1500)	–	–
	Prozent . . .				33		3,9	29	2,6		0,4		59		5,2			
6 Monate	Anzahl/µl .	1	11900	(6000–17500)	3800	(1000–8500)	450	3300	300	(70–750)	50	(0–200)	7300	(4000–13500)	580	(100–1300)	–	–
	Prozent . . .				32		3,8	28	2,5		0,4		61		4,8			
8 Monate	Anzahl/µl .	1	12200	(6000–17500)	3700	(1000–8500)	410	3300	300	(70–700)	50	(0–200)	7600	(4500–12500)	580	(80–1200)	–	–
	Prozent . . .				30		3,3	27	2,5		0,4		62		4,7			
10 Monate	Anzahl/µl .	1	12000	(6000–17500)	3600	(1000–8500)	400	3200	300	(60–700)	50	(0–200)	7500	(4500–11500)	550	(50–1200)	–	–
	Prozent . . .				30		3,3	27	2,5		0,4		63		4,6			
12 Monate	Anzahl/µl .	1	11400	(6000–17500)	3500	(1500–8500)	350	3200	300	(50–700)	50	(0–200)	7000	(4000–10500)	550	(50–1100)	–	–
	Prozent . . .				31		3,1	28	2,6		0,4		61		4,8			
2 Jahre	Anzahl/µl .	1	10600	(6000–17000)	3500	(1500–8500)	320	3200	280	(40–650)	50	(0–200)	6300	(3000–9500)	530	(50–1000)	–	–
	Prozent . . .				33		3,0	30	2,6		0,5		59		5,0			
4 Jahre	Anzahl/µl .	1	9100	(5500–15500)	3800	(1500–8500)	270	3500	250	(20–650)	50	(0–200)	4500	(2000–8000)	450	(0–800)	–	–
	Prozent . . .				42		3,0	39	2,8		0,6		50		5,0			
6 Jahre	Anzahl/µl .	1	8500	(5000–14500)	4300	(1500–8000)	250	4000	230	(0–650)	50	(0–200)	3500	(1500–7000)	400	(0–800)	–	–
	Prozent . . .				51		3,0	48	2,7		0,6		42		4,7			
8 Jahre	Anzahl/µl .	1	8300	(4500–13500)	4400	(1500–8000)	250	4100	200	(0–600)	50	(0–200)	3300	(1500–6800)	350	(0–800)	–	–
	Prozent . . .				53		3,0	50	2,4		0,6		39		4,2			
10 Jahre	Anzahl/µl .	1	8100	(4500–13500)	4400	(1800–8000)	240	4200	200	(0–600)	40	(0–200)	3100	(1500–6500)	350	(0–800)	–	–
	Prozent . . .				54		3,0	51	2,4		0,5		38		4,3			
12 Jahre	Anzahl/µl .	1	8000	(4500–13500)	4400	(1800–8000)	240	4200	200	(0–550)	40	(0–200)	3000	(1200–6000)	350	(0–800)	–	–
	Prozent . . .				55		3,0	52	2,5		0,5		38		4,4			
14 Jahre	Anzahl/µl .	1	7900	(4500–13000)	4400	(1800–8000)	240	4200	200	(0–500)	40	(0–200)	2900	(1200–5800)	380	(0–800)	–	–
	Prozent . . .				56		3,0	53	2,5		0,5		37		4,7			
16 Jahre	Anzahl/µl .	1	7800	(4500–13000)	4400	(1800–8000)	230	4200	200	(0–500)	40	(0–200)	2800	(1200–5200)	400	(0–800)	–	–
	Prozent . . .				57		3,0	54	2,6		0,5		35		5,1			
18 Jahre	Anzahl/µl .	1	7700	(4500–12500)	4400	(1800–7700)	230	4200	200	(0–450)	40	(0–200)	2700	(1000–5000)	400	(0–800)	–	–
	Prozent . . .				57		3,0	54	2,6		0,5		35		5,2			
20 Jahre	Anzahl/µl .	1	7500	(4500–11500)	4400	(1800–7700)	230	4200	200	(0–450)	40	(0–200)	2500	(1000–4800)	380	(0–800)	–	–
	Prozent . . .				59		3,0	56	2,7		0,5		33		5,0			
21 Jahre	Anzahl/µl .	1	7400	(4500–11000)	4400	(1800–7700)	220	4200	200	(0–450)	40	(0–200)	2500	(1000–4800)	300	(0–800)	–	–
	Prozent . . .				59		3,0	56	2,7		0,5		34		4,0			
Erwachsene	Anzahl/µl .	3	7000	2800–11200	4150	712–7588	–	–	165	0–397	44	0–112	2185	1029–3341	456	66–846	0	0
	Prozent . . .				59				2,4		0,6		31		6,5			

* Diese Zellen sind auch bei den stabkernigen Neutrophilen mitgezählt.

[1] Dittmer, D. S. (Hrsg.), *Blood and Other Body Fluids*, Federation of American Societies for Experimental Biology, Washington, 1961, S. 125.

[2] Forkner, C. E., *Bull. Johns Hopk. Hosp.*, **45**, 75 (1929).

[3] Graham et al., *Blood*, **10**, 467 (1955).

Basophilenzahl[10]

Physiologische und pathologische Besonderheiten

1. Vermehrung: hochgradig bei chronischer myeloischer Leukämie und Polyzythämie, signifikant bei Diabetes mellitus und Myxödem.
2. Verminderung: hochgradig bei Hyperthyreosen, nach Gaben von Glucocorticoiden und während der Schwangerschaft.

Eosinophilenzahl[11]

Physiologische Besonderheiten

1. Andauernd kurzfristige Schwankungen mit Abständen von wenigen Minuten, über die methodische Fehlerbreite hinausgehend.
2. Ausgeprägte Tagesperiodik mit niedrigen Werten spätnachmittags sowie frühmorgens (bis etwa −20% des 24-Stunden-Mittelwertes) und einem Maximum um Mitternacht (bis etwa +30% des gleichen Mittelwertes). Diese Fluktuation besteht im wesentlichen beim *Nüchternen.*
3. Jahreszeitliche Schwankungen (Zunahme im Frühjahr und Herbst).
4. Veränderungen im Rahmen des weiblichen Zyklus (menstrueller Gipfel, postovulatorischer Tiefpunkt).

Pathologische Besonderheiten

1. Eosinophilie: bei Parasitenbefall, bei allergischen Reaktionen, durch Funktionsstörungen der Milz, bei Erkrankungen der blutbildenden Organe und des Zentralnervensystems.
2. Eosinopenie: durch vermehrte Abwanderung ins Gewebe bei unzureichendem Nachschub, bei Verdrängung oder Aplasie der Myelopoiese im Knochenmark, durch vermehrte Corticosteroidausschüttung oder -zufuhren.
3. Aneosinophilie: während der Akme des Typhus abdominalis.

Hämogramm nach Schilling

Normalverhältnis von unreifen Neutrophilen (Myelozyten + jugendliche + stabkernige) zu den reifen (segmentierten) Neutrophilen = 1 : 13 oder kleiner	Basophile	Eosinophile	Myelozyten	Neutrophile			Lymphozyten	Monozyten
				jugendliche	stabkernige	segmentierte		
Normalbereich (%)	0,5–1,5	2–4	0	0–1	3–5	51–67	20–30	5–10

Zur Vereinfachung der Zahlenangaben von Differentialauszählungen kann man das SCHILLINGsche Hämogramm voraussetzen und dann auf die Benennungen verzichten: «–,– / –,–,–,– / –,–». Anstelle der acht Querstriche sind die ausgezählten Prozentwerte in der Reihenfolge des Hämogramms einzutragen; das Differentialblutbild läßt sich dann schnell ablesen.

Literatur

1 WINTROBE, M. M., *Clinical Hematology*, 5. Aufl., Lea & Febiger, Philadelphia, 1961, S. 214.
2 TIVEY et al., *Blood*, **6**, 1013 (1951).
3 MAUER et al., *J. clin. Invest.*, **39**, 1481 (1960).
4 BRÜSCHKE und HERRMANN, *Dtsch. Gesundh.-Wes.*, **15**, 1719 (1960); BRÜSCHKE, G., *Schweiz. med. Wschr.*, **91**, 1150 (1961).
5 VALENTINE, W. N., *Progr. Hemat.*, **1**, 293 (1956).
6 Nach KATO, K., *J. Pediat.* (The C. V. Mosby Company, St. Louis), **7**, 7 (1935).
7 Standardization of Blood Cell Counts, *Bibl. haemat. (Basel)*, Heft 24, 2 (1966).
8 UNDRITZ und BRAGATSCH, *Schweiz. med. Wschr.*, **92**, 388 (1962).
9 GASSER, C., *Pädiatr. Fortbildungskurse (Basel)*, Nr. 11–12, 16 (1964).
10 BRAUNSTEINER, H., in: BRAUNSTEINER, H. (Hrsg.), *Physiologie und Physiopathologie der weißen Blutzellen*, Thieme, Stuttgart, 1959, S. 49.
11 GROSS, R., in: BRAUNSTEINER, H. (Hrsg.), *Physiologie und Physiopathologie der weißen Blutzellen*, Thieme, Stuttgart, 1959, S. 1.

Blutplättchen (Thrombozyten)

	Mittelwert	95%-Bereich (in Klammern Extrembereich)	s	Literatur	Bemerkungen
Anzahl (in Tausend pro Mikroliter)					
Nabelschnurblut	227	149–305	39	1	Bestimmt nach der direkten Methode. Deutliche Unterschiede bezüglich Geschlechts und Lebensalters bestehen nicht[3]. Vor und zu Beginn der Menstruation ist der Thrombozytengehalt eher erniedrigt, nach der Menstruation steigt er wieder an[4]. Thrombozytenzahl und -verteilung sollen auch durch den Körperbau, durch körperliche Anstrengung, durch die Höhe über Meer und die Umgebungstemperatur beeinflußt werden. Die Thrombozytenzahl ist *erhöht* bei Traumen und chronischer myelozytischer Leukämie, *erniedrigt* bei thrombopenischer Purpura.
Kinder					
1. Woche (kutanes Blut)	233	143–323	45	1	
1. Monat (kutanes Blut)	277	175–379	51	1	
3. Monat (kutanes Blut)	348	220–476	64	1	
12. Monat (kutanes Blut)	339	219–459	60	1	
Erwachsene					
Kutanes Blut	250	133–367	58,5	2	
Venöses Blut	310	286–334	11,9	2	
Arterielles Blut	350	322–378	13,9	2	
Thrombozytokritwert (ml/l) (Thrombozytenpackungsvolumen)	4,8	(3,3–8,3)	–	5	Volumenanteil der Thrombozyten am peripheren venösen Gesamtblut.
Durchmesser (µm)	–	(2–4)	–	2, 6	Die Thrombozyten sind normalerweise rund oder oval; sie verändern ihre Form aber schon nach kurzem Kontakt mit einer benetzbaren Oberfläche[5, 7].
Volumen (fl ≡ µm³)	–	(10–12)	–	2	Abhängig von der Temperatur und der Konzentration an Antikoagulantien[8]. Das Thrombozytenvolumen ist bei thrombopenischer Purpura und einigen anderen Krankheiten *erhöht*[5].
	16,2	(10,3–19,7)	–	5	
	5,8	–	–	8	
Lebensdauer (Tage)	–	(8–14)	–	9	Bestimmt mit ^{32}P-Diisopropylfluorophosphat (DFP). Die Lebensdauer der Thrombozyten ist verkürzt bei Polycythaemia vera mit Thrombopenie[10].
Halbwertzeit (Tage)	–	(5–6)	–	11	Bestimmt mit ^{14}C-Serotonin.
Osmotische Resistenz	...	...	...	...	Zu morphologischen Veränderungen der Thrombozyten kommt es ab einer NaCl-Konzentration von 0,44%; bei einer solchen von 0,1% liegen alle Thrombozyten als Schatten vor[12]. Die osmotische Resistenz der Thrombozyten ist erniedrigt bei idiopathischer Thrombozytopenie[12], erhöht bei Thrombopathien[12], verändert auch bei manchen Infektionskrankheiten[13].

	Mittelwert	95%-Bereich	s	Literatur	Bemerkungen
Stoffwechsel (µmol Umsatz pro 10^{11} Thrombozyten)					
O_2-Aufnahme pro Stunde ...	86,3	73,5–99,1	6,4	14	Werte abhängig von der Zusammensetzung des Inkubationsmediums.
CO_2-Bildung pro Stunde....	95,7	74,9–117	10,4	14	
Pyruvatbildung pro Stunde..	3,9	3,1–4,7	0,4	14	
Lactatbildung pro Stunde ...	76,4	52,6–100	11,9	14	

Thrombozytenwerte während der Menstruation[15]

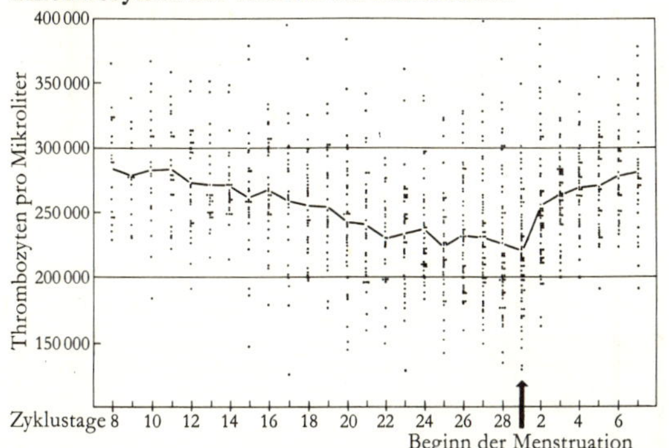

Literatur

1 Merritt und Davidson, *Amer. J. Dis. Child.*, **46**, 990 (1933).
2 Tocantins, L. M., *Medicine (Baltimore)*, **17**, 155 (1938).
3 Undritz und Bragatsch, *Schweiz. med. Wschr.*, **92**, 388 (1962).
4 Pohle, F. J., *Amer. J. med. Sci.*, **197**, 40 (1939).
5 Rebuck et al., in: Johnson et al. (Hrsg.), *Blood Platelets*, Henry Ford Hospital International Symposium, Little, Brown, Boston, 1961, S. 533.
6 Olef, I., *J. Lab. clin. Med.*, **23**, 166 (1937).
7 Braunsteiner, H., in: Johnson et al. (Hrsg.), *Blood Platelets*, Henry Ford Hospital International Symposium, Little, Brown, Boston, 1961, S. 617.
8 Bull und Zucker, *Proc. Soc. exp. Biol. (N.Y.)*, **120**, 296 (1965).
9 Zucker et al., *J. Lab. clin. Med.*, **58**, 405 (1961).
10 Odell, jr., und Kniseley, *Progr. Hemat.*, **3**, 203 (1962).
11 Heyssel, R. M., *J. clin. Invest.*, **40**, 2134 (1961).
12 Nelken et al., *J. Lab. clin. Med.*, **56**, 120 (1960).
13 Rogner, G., *Klin. Wschr.*, **41**, 290 (1963).
14 Waller et al., *Thrombos. Diathes. haemorrh. (Stuttg.)*, **3**, 520 (1959).
15 Nach Pohle, F. J., *Amer. J. med. Sci.*, **197**, 40 (1939).

Knochenmark

Nirgends in der Hämatologie gibt es so widerspruchsvolle Zahlenangaben wie bezüglich der Prozentsätze der verschiedenen Zellklassen des menschlichen Knochenmarks. Das ist methodisch bedingt. Je mehr Mark angesogen wird, um so mehr Blut strömt in die Spritze. Die Erythroblasten- und Granuloblastenprozentsätze sinken, die Prozentsätze der Stab- und Segmentkernigen und der Lymphozyten steigen. In Wirklichkeit sind die zuletzt genannten Zellen Angehörige des Marksinusblutes und damit durch peripheres Blut jederzeit anzureichern. Bezüglich der Originalwerte Erwachsener sei besonders auf die Monographie von Rohr[1] verwiesen.

Myelogramm während der verschiedenen Lebensalter[2]

Zellart	1. Lebenstag		Ende der Neugeborenenperiode		Säuglingsalter		Kleinkindesalter		Schulalter		Erwachsene	
	Bereich (%)	Mittelwert (%)	Bereich (%)	Mittelwert (%)	Bereich (%)	Mittelwert (%)	Bereich (%)	Mittelwert (%)	Bereich (%)	Mittelwert (%)	Bereich (%)	Mittelwert (%)
Erythroblasten												
Basophile........	0,5–10,0	5,0	0,0– 3,0	1,0	0,5– 5,0	2,5	1,0– 6,0	2,5	1,0– 8,0	3,0	0,5– 7,5	3,5
Polychromatische.	7,5–30,0	15,0	0,0–10,0	3,0	5,0–20,0	10,0	3,0–10,0	5,0	3,0–10,0	6,0	2,0–15,0	7,0
Oxyphile........	7,5–30,0	15,0	2,0–20,0	6,0	5,0–12,5	7,5	5,0–20,0	10,0	5,0–20,0	11,0	5,0–25,0	12,0
Insgesamt.......	...	35,0	...	10,0	...	20,0	...	17,5	...	20,0	...	22,5
Granulopoese												
Myeloblasten	0,2– 5,0	2,5	0,2– 5,0	2,0	0,2– 5,0	1,5	0,2– 5,0	1,0	0,2– 5,0	1,0	0,5– 5,0	1,0
Promyelozyten ...	0,2– 5,0	3,0	0,5– 7,5	3,5	0,5–10,0	2,5	0,5– 7,5	2,5	0,5–10,0	3,0	0 – 7,5	3,0
Myelozyten......	2,0–20,0	6,0	5,0–20,0	10,0	5,0–15,0	10,0	5,0–20,0	12,5	5,0–25,0	15,0	5,0–25,0	15,0
Metamyelozyten..	5,0–25,0	12,5	5,0–25,0	12,5	5,0–15,0	10,0	5,0–20,0	12,5	5,0–25,0	15,0	5,0–20,0	15,0
Stabkernige......	5,0–25,0	12,5	10,0–25,0	15,0	5,0–15,0	8,0	5,0–15,0	10,0	5,0–20,0	12,5	5,0–25,0	15,0
Segmentkernige ..	10,0–30,0	15,0	10,0–25,0	15,0	1,0–15,0	7,0	1,0–15,0	8,5	1,0–15,0	8,0	0,5–15,0	7,0
Eosinophile	0,0– 5,0	1,0	0,5– 7,5	2,5	1,0– 7,5	4,0	1,5– 7,5	5,0	1,0– 7,0	4,0	1,5– 7,5	4,0
Basophile	0,0– 0,5	0,05	0,0– 1,0	0,05	0 – 1,0	<0,05	0 – 0,5	<0,1	0 – 1,0	<0,2	0 – 1,0	<0,5
Insgesamt.......	...	52,5	...	60,0	...	43,0	...	52,0	...	58,5	...	60,5
Monozyten*.......	3,0–15,0	7,5	2,0–10,0	5,0	0,5– 5,0	2,0	1,0– 5,0	3,0	0,5– 4,0	1,5	0,5– 3,0	2,0
Lymphozyten**....	...	...	...	...	...	...	...	...	...	...	2,5–15,0	7,5
Retikulumzellen**..	0,0–10,0	5,0	10,0–40,0	25,0	15,0–50,0	35,0	15,0–40,0	27,5	10,0–35,0	20,0	1,5–20,0	6,5
Plasmozyten.......	0,0– 1,0	0,1	0,0– 1,5	0,1	0 – 2,0	<0,5	0 – 2,5	<0,5	0,2– 2,5	0,5	0,5– 3,0	1,0
Megakaryozyten....	...	0,1	...	0,1	...	<0,5	...	<0,5	...	<0,5	...	<0,5

* Die hohen Monozytenwerte des Neugeborenenmarks dürften synchron mit der peripheren Monozytose der ersten Lebenswochen bestehen.

** Auf eine Differenzierung zwischen lymphoidem Retikulum und Lymphozyten wurde verzichtet, weil die diesbezüglichen quantitativen Angaben der Literatur zu weit voneinander abweichen.

Literatur

1 Rohr, K., *Das menschliche Knochenmark*, 3. Aufl., Thieme, Stuttgart, 1960.
2 Nach Opitz und Weicker, in: Brock, J. (Hrsg.), *Biologische Daten für den Kinderarzt*, 2. Aufl., Band 1, Springer, Berlin, 1954, S. 160.

Physiologie

Die Vorgänge, die sich bei der Gerinnung des Blutes abspielen, sind auch heute noch nicht restlos geklärt. Die nebenstehende Darstellung (Abb. 1) darf deshalb nicht als endgültig angesehen werden.

Die Gerinnung des Blutes beginnt normalerweise, wenn das Blut durch eine Verletzung aus den Gefäßen austritt und in Kontakt mit einer fremden, benetzbaren Oberfläche, wie zum Beispiel verletztem Gewebe, kommt. Durch Kontakt des Blutes mit einer solchen Oberfläche wird in Gegenwart von Calciumionen der Faktor XII aktiviert, der seinerseits auf bis jetzt noch nicht bekanntem Weg die visköse Metamorphose der Thrombozyten einleitet. Die Thrombozyten werden labilisiert, so daß sie an der fremden Oberfläche, aneinander und an andern Zellen agglutinieren. Dadurch bildet sich ein Plättchenthrombus, und es wird eine Anzahl von Wirkstoffen, darunter ein Lipoidfaktor, freigesetzt. Andererseits werden ebenfalls in Gegenwart von Calciumionen durch den aktivierten Faktor XII in einer Kettenreaktion nacheinander die Faktoren XI, IX, VIII und X aktiviert. Der aktivierte Faktor X bildet mit dem Lipoidfaktor der Plättchen das aktive Plasmathromboplastin (intrinsic system).

Die Gewebsflüssigkeit aktiviert zusammen mit dem Faktor VII in Gegenwart von Calciumionen ebenfalls den Faktor X. Der über dieses System (extrinsic system) aktivierte Faktor X führt zur Bildung des aktiven Gewebsthromboplastins. Die Bildung dieser beiden aktiven Thromboplastine wird durch den Faktor V beschleunigt.

Die beiden aktiven Thromboplastine – Plasma- und Gewebsthromboplastin – wirken in der ersten Phase der Gerinnung auf das Prothrombin ein und verursachen seine Umwandlung in Thrombin.

Heparin hemmt sowohl die Aktivität der Thromboplastine als auch die des Thrombins. Weitere Antithrombine greifen ebenfalls auf dieser Stufe als Antagonisten in das Gerinnungsgeschehen ein.

Das Thrombin wirkt in der zweiten Phase der Gerinnung auf das Fibrinogen ein. Letzteres wird dadurch zunächst in monomeres, lösliches Fibrin umgewandelt. Dieses polymerisiert sich dann und wird unter dem Einfluß des Faktors XIII und von Calciumionen zum stabilen Fibrin.

Das Fibringerinnsel unterliegt in der dritten Phase unter dem Einfluß der agglutinierten Thrombozyten der Retraktion.

Das retrahierte Gerinnsel wird schließlich gegebenenfalls durch Plasmin abgebaut. Dabei entstehen lösliche Fibrinabbauprodukte. Plasmin ist ein wenig spezifisches proteolytisches Ferment, das unter pathologischen Umständen auch Fibrinogen und weitere Eiweißkomponenten des Gerinnungssystems abzubauen vermag. Das Ferment entsteht durch Aktivierungsprozesse über ein verhältnismäßig kompliziertes System aus dem Plasminogen: Die Lysokinasen, die sich sowohl im Blut als auch im Gewebe vorfinden, wirken auf einen Proaktivator des Blutes und bilden daraus einen Aktivator. Dieser bewirkt die Umwandlung des Plasminogens in Plasmin. Das Plasminogen kann auch direkt durch einen Gewebsaktivator zum Plasmin aktiviert werden. Antilysokinasen hemmen die Lysokinasen, Antiplasmin die Plasminaktivität.

Physiologische Variationen

Das Gerinnungssystem ist beim Neugeborenen noch nicht in allen Fällen voll funktionsfähig. So ist besonders in den ersten Tagen der Fibrinogengehalt und der Gehalt an Faktor II, VII, IX und X im Durchschnitt erniedrigt; die individuellen Variationen sind aber beträchtlich, und es können auch erhöhte Werte vorkommen[1].

Thrombozytenzahlen und die Thrombozytenfunktion liegen auch bei Neugeborenen, einschließlich Frühgeborenen, im Normalbereich (siehe dazu auch S. 616).

Das Alter als solches scheint keine Veränderung im Gerinnungssystem hervorzurufen. Pathologische Verhältnisse dürften in der Mehrzahl der Fälle durch Veränderungen des Gerinnungssystems oder der Gefäße verursacht sein. Eine Anfälligkeit des Gerinnungssystems gegenüber gewissen Nahrungsmitteln scheint im Alter gehäuft vorzukommen, so beispielsweise eine verstärkte Gerinnungstendenz nach fettreichen Mahlzeiten[2].

Während der Schwangerschaft wird oft eine Erhöhung des Gehalts an Faktor VII und X festgestellt. Gelegentlich auftretende Erhöhungen des Faktor-IX-Gehaltes und des Fibrinogenspiegels zusammen mit einer erhöhten Neigung der Thrombozyten zur Agglutination bei gleichzeitig vorhandener Hyperphospholipidämie können zu thromboembolischen Komplikationen während der Schwangerschaft führen[3].

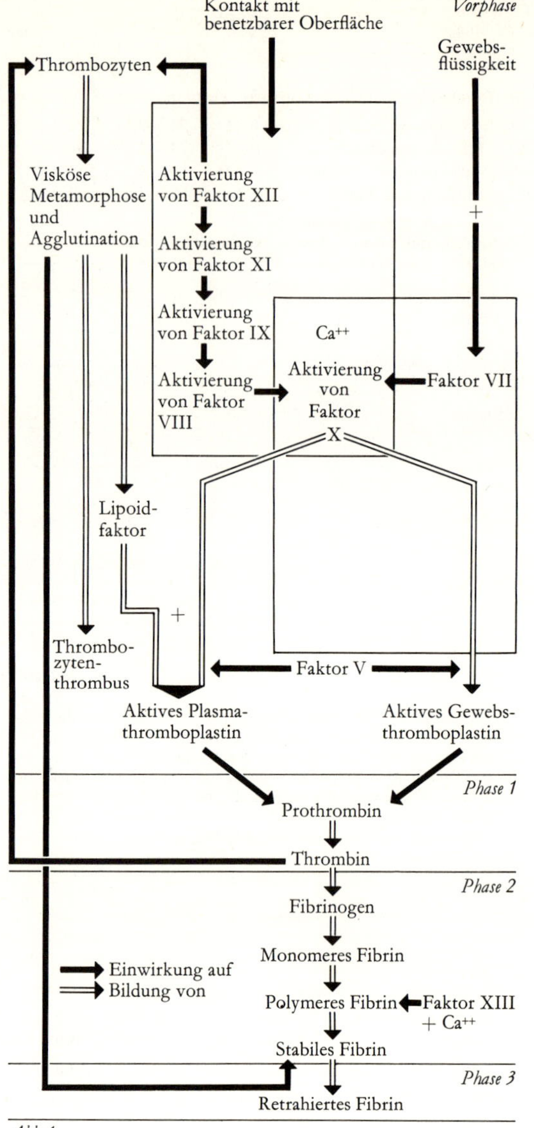

Abb. 1

Pathologie

Die Pathologie der Blutgerinnung umfaßt im wesentlichen drei prinzipiell verschiedene Krankheitsbilder: die Thrombose mit der Gefahr der Embolie, die hämorrhagischen Diathesen und den Herzinfarkt.

Thromboembolie

Intravasal kann eine plasmatische Gerinnung durch Erschöpfung der endogenen Heparindepots oder allgemein durch Absinken des Antithrombintiters bewirkt werden.

Eine Verminderung der Plättchenstabilität durch Aktivierung der Faktoren XII und X (zum Beispiel durch pathologische Veränderungen der Gefäßwand) oder durch spezifische Thrombozytopathien führt ebenfalls zu einer Erhöhung der Gerinnungstendenz.

Auch eine Hemmung des fibrinolytischen Systems durch physiologische Inhibitoren, Medikamente oder pathologische Zustände kann zum gleichen Resultat führen.

Stasen infolge verminderter Strömungsgeschwindigkeit des Blutes wirken zusätzlich thrombosefördernd.

* Dieser Abschnitt, S. 618–621, wurde verfaßt von C. Montigel, Wissenschaftliche Laboratorien CIBA-GEIGY AG, Basel.

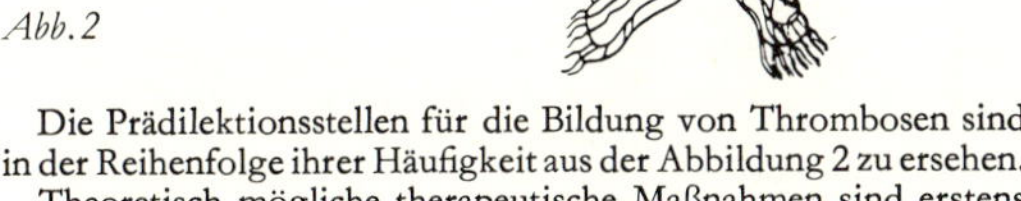

Abb. 2

Die Prädilektionsstellen für die Bildung von Thrombosen sind in der Reihenfolge ihrer Häufigkeit aus der Abbildung 2 zu ersehen.

Theoretisch mögliche therapeutische Maßnahmen sind erstens die Herabsetzung des plasmatischen Gerinnungspotentials durch orale Antikoagulantien, zweitens die Hemmung der Wirkung der Thromboplastine und des Thrombins durch Heparin, drittens die Stabilisierung der Thrombozyten bzw. die Hemmung des Kontaktaktivierungssystems (Hemmung der Aktivierung des Faktors XII) und schließlich die Erhöhung der fibrinolytischen Aktivität.

Hämorrhagische Diathesen

Zustände erhöhter Blutungsbereitschaft können durch eine abnorm gesteigerte fibrinolytische Aktivität (durch physiologische Aktivatoren, pathologische Zustände, Medikamente), durch Erhöhung der Thrombozytenstabilität, durch Thrombopenie oder Thrombasthenie und schließlich durch die Hemmung des plasmatischen Gerinnungssystems (infolge Erhöhung des endogenen Heparinpotentials, infolge Erhöhung des Antithrombintiters oder verursacht durch Faktorenmangel und Medikamente) bedingt sein.

Eine erhöhte fibrinolytische Aktivität kann durch Verabreichung von Fibrinolysehemmern wie zum Beispiel ε-Aminocapronsäure beherrscht werden. Eine pathologisch erhöhte Stabilität der Thrombozyten, die Thrombopenie und die Thrombasthenie lassen sich medikamentös nicht beeinflussen. Die Hemmung des plasmatischen Gerinnungssystems durch einen Überschuß an endogenem Heparin oder heparinähnlichen Hemmstoffen kann durch Verabreichung von Protaminsulfat normalisiert werden. Die Substitution eines fehlenden Gerinnungsfaktors oder die Zufuhr des gesamten plasmatischen Gerinnungssystems bei Ausfall eines oder mehrerer plasmatischer Gerinnungsfaktoren ist nur von vorübergehender Wirkung. Durch orale Antikoagulantien zu stark gesenkte Gerinnungsvalenz läßt sich durch Vitamin K_1 normalisieren.

Die Abbildung 3 veranschaulicht, wie und bei welchen Störungen im plasmatischen, thrombozytären und fibrinolytischen Gerinnungssystem eine Tendenz zur intravasalen Gerinnung bzw. zu Blutungen sich entwickeln kann, und zeigt gleichzeitig, daß bei ausgeglichenen Gerinnungsverhältnissen ein dynamisches Gleichgewicht zwischen thrombophilen und hämorrhagischen Tendenzen besteht.

Die besondere Bedeutung der Stabilität der Gefäßwand und der Blutzellen, besonders der Thrombozyten, für das gerinnungsphysiologische Gleichgewicht ist heute unbestritten.

Endogene Amine wie Serotonin, Histamin, Adrenalin, endogene und exogene thromboplastische Lipoide und ACTH bewirken eine Labilisierung der Gefäßwand und der Thrombozyten. Negative Ladungsträger wie Heparin, unterstützt durch Stabilisatoren wie Cortison oder Cortisol, haben dagegen eine Stabilisierung des Gefäßendothels und der Thrombozyten zur Folge. In der Abbildung 4 ist angedeutet, wie man sich die Steuerung bzw. die Aufrechterhaltung des Normalzustandes durch übergeordnete Mechanismen zu denken hat. Die Heparinausschüttung bzw. -bildung in den Mastzellen wird neurovegetativ über den Sympathikus gesteuert. Das ACTH–Cortison-Gleichgewicht, das durch exogene Reize wie Klima, Wetter, Streßsituationen beeinflußbar ist, wird durch das Zwischenhirn über Hypophyse und Nebennierenrinde kontrolliert.

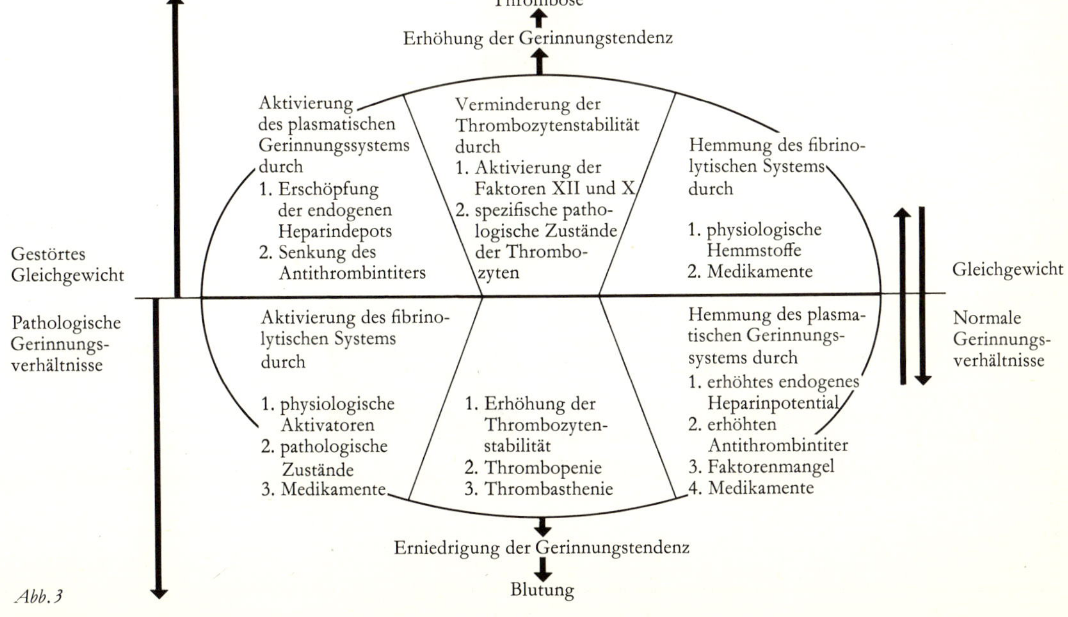

Abb. 3

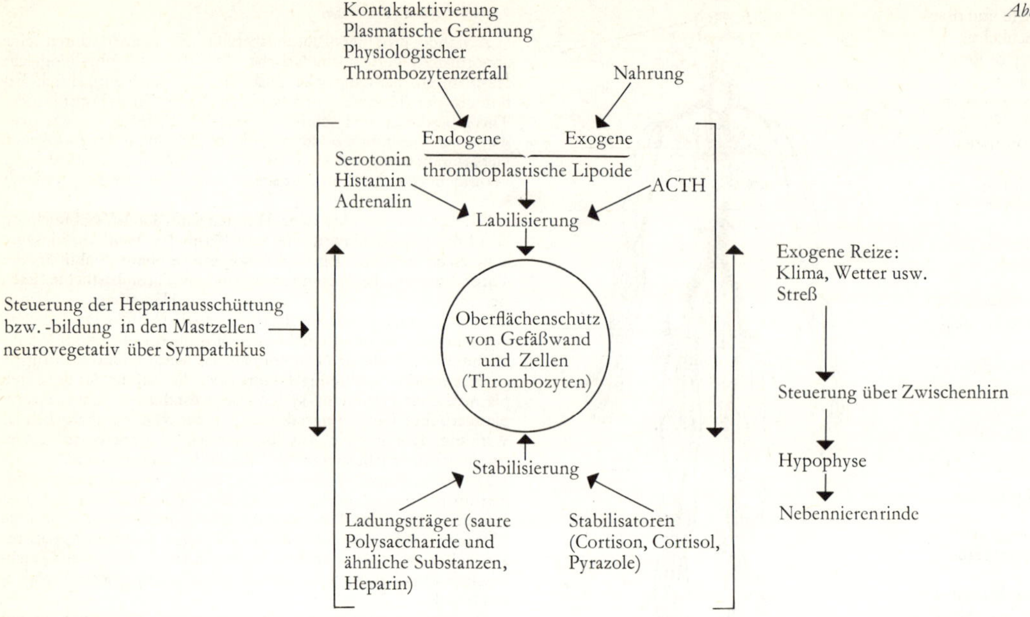

Herzinfarkt

Die Pathogenese des Herzinfarkts ist in mancher Hinsicht von derjenigen der Thrombose verschieden, wenn auch gewisse äußere Ursachen und auslösende Mechanismen dieselben sind[4]. Primäre Gerinnungsthromben werden beim Herzinfarkt nur in seltenen Fällen gefunden. Viele Probleme sind heute noch nicht geklärt.

Die Auslösung des Infarkts erfolgt wohl meist durch Streß, Schock und indirekt möglicherweise durch Medikamente. Dabei spielen sich in sehr kurzer Zeit folgende Reaktionen ab: Über den Hirnstamm erfolgt eine Erhöhung des Sympathikustonus, die zu einer vermehrten Ausschüttung von Catecholaminen aus dem Nebennierenmark führt. In der Gefäßwand und im Herzen, insbesondere subendokardial, in der linken Kammerwand, im Septum und an der Herzspitze, überall dort, wo eine besonders hohe Monoaminoxydaseaktivität sich histologisch nachweisen läßt[5], kommt es infolge von Hypoxämie zur Bildung von Nekrosen, die entweder unmittelbar oder über die Bildung von Ödemen in den Koronargefäßen zum manifesten Infarkt führen. Die Entstehung des Infarkts wird weiter dadurch gefördert, daß als Folge einer gestörten Hämodynamik und Herztätigkeit Hypertonie, Spasmen, Stasen und Ischämie besonders häufig auftreten, wodurch die Bildung von Nekrosen und Ödemen durch Catecholamine begünstigt wird.

Das so ausgelöste Infarktereignis wird durch zentralnervös gesteuerte Mechanismen auf dem Weg über die Hypophyse und das Vasomotorenzentrum intensiviert[6]. Die Hypophyse schüttet vermehrt Vasokonstriktoren aus, die das hämodynamische Gleichge-

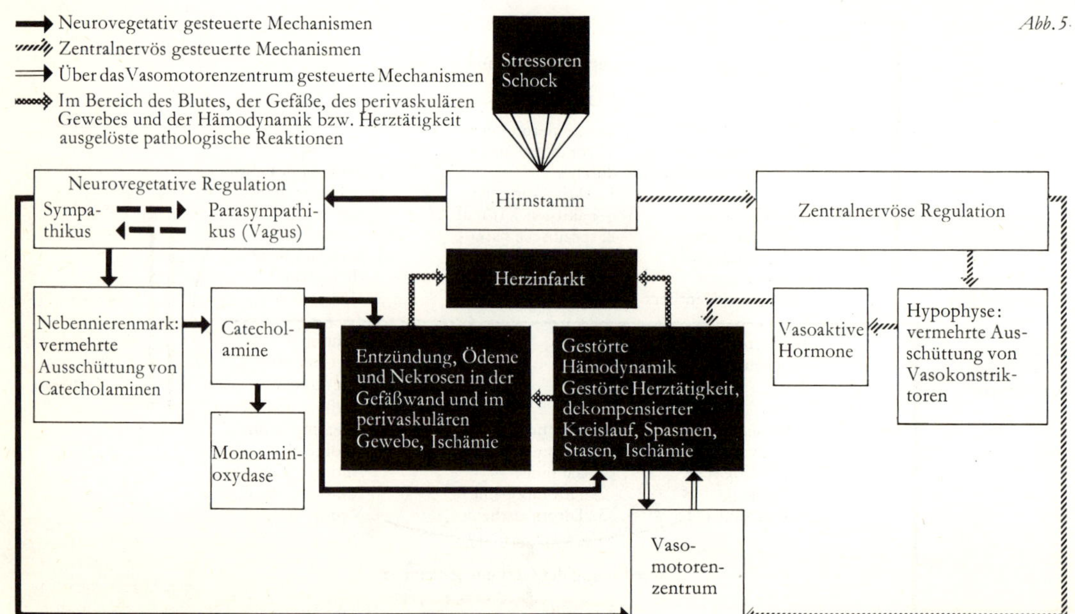

wicht stören. Im gleichen Sinne wird die Steuerung der Herztätigkeit und der Hämodynamik durch das Vasomotorenzentrum ungünstig beeinflußt (siehe Abb. 5).

Methoden

Zur Kontrolle der Gerinnungsvorgänge stehen eine Anzahl von *Globalmethoden* zur Verfügung, die in jedem Laboratorium ausgeführt werden können:

Blutungszeit. Messung der Blutstillung bei aus Kapillaren, kleinen Venen und Arteriolen blutenden Wunden. Die Resultate der Methode sind abhängig vom Zustand des plasmatischen, thrombozytären und fibrinolytischen Gerinnungssystems. Eine Differenzierung ist nicht möglich.

Recalcifizierungszeit. Die Methode dient vorzugsweise zur Messung der Wirkung des Heparins und der Heparinoide auf das plasmatische Gerinnungssystem.

Prothrombinzeit. Die Methode erfaßt Veränderungen der plasmatischen Gerinnungsfaktoren II, V, VII und X und dient ausschließlich zur Kontrolle der Wirkung oraler Antikoagulantien.

Retraktion. Die Bestimmung der Retraktion ist klinisch von Interesse, weil die Retraktion bei gewissen Thrombozytopathien sowie bei Heparintherapie verändert ist.

Heparintoleranztest. Mit diesem Test ist es möglich, durch Messung der Gerinnbarkeit des Blutes die Thromboseneigung des Patienten zu bestimmen.

Entsprechend dem physiologischen Ablauf der Gerinnung ergeben sich für die Erfassung einzelner Faktoren bzw. Funktionen eine Reihe von *Spezialmethoden*, die nur in besonders dafür eingerichteten Laboratorien durchgeführt werden können. Für diese Methoden sind entweder kostspielige Apparaturen wie Thrombelastographen und Thrombozytenaggregometer oder spezielle Reagenzien, die von den Laboratorien selbst hergestellt werden müssen, notwendig. Die nachfolgende Tabelle vermittelt einen Überblick über die heute einwandfrei durchführbaren Spezialuntersuchungen.

Eine genaue Beschreibung der Technik der erwähnten Methoden würde an dieser Stelle zu weit führen. Es sei deshalb auf die einschlägige Monographie des Autors[7] verwiesen.

Literatur

[1] McElfresh, A. E., *Amer. J. med. Sci.*, **242**, 771 (1961); Šilko, N. A., referiert in *Abstr. Wld Med.*, **33**, 74 (1963); Landbeck, G., in: Wiesener, H. (Hrsg.), *Einführung in die Entwicklungsphysiologie des Kindes*, Springer, Berlin, 1964, S. 118.

[2] Ollendorff et al., *Acta med. scand.*, **175**, 621 (1964).

[3] Pechet und Alexander, *New Engl. J. Med.*, **265**, 1093 (1961).

[4] Pathogenese des Myokardinfarkts, Sitzungsbericht, *Dtsch. med. J.*, **17**, 736 (1966).

[5] Müller, E., *Naunyn-Schmiedeberg's Arch. exp. Path. Pharmak.*, **254**, 439 (1966).

[6] Selye, H., *Practitioner*, **172**, 5 (1954); *Dtsch. med. J.*, **17**, 717 (1966).

[7] Montigel, C., *Die Analytik der Blutgerinnung* (in Vorbereitung).

Spezielle Methoden zur Untersuchung der Blutgerinnung

Betroffene Phase des Gerinnungssystems	Erfaßter Faktor oder Funktion	Methode	Reagenz	Bemerkungen
Vorphase «Intrinsic system» Plakettärer Teil	Thrombozytenfunktion	Thrombelastograph Thrombozyten-aggregometer Methode nach Breddin		
Vorphase «Intrinsic system» Plasmatischer Teil	Kontaktaktivierung Faktor XII	Thrombelastograph Thrombozyten-aggregometer		
Vorphase «Intrinsic system» Plasmatischer Teil	Faktor X	Gerinnungsmessung	Faktor-X-freies Plasma + Viperngift + Phospholipide	
«Extrinsic system» Plasmatischer Teil			Faktor-X-freies Plasma + Gewebs-thromboplastin	Nur wenn Faktor VII in genügender Menge vorhanden
Vorphase «Extrinsic system»	Faktor VII	Gerinnungsmessung	Faktor-VII-freies Plasma + Gewebs-thromboplastin	
Vorphase Plasmatischer Teil	Faktor V	Gerinnungsmessung	Faktor-V-freies Plasma + Gewebs-thromboplastin	
Vorphase Plasmatischer Teil Hemmstoffe	Antithrombin II	Gerinnungsmessung im Serum nach Zusatz von Fibrinogen	Fibrinogenlösung	
Phase 1	Faktor II Prothrombin	Gerinnungsmessung	Faktor-II-freies Plasma + Gewebs-thromboplastin	
Phase 2	Faktor I			Keine befriedigende Routinemethode bekannt
Phase 3	Retraktionspotential der Thrombozyten	Siehe Globalmethoden		
Phase 4	Fibrinolytisches Potential	Plasmalysezeit		
		Euglobulinlysezeit		Hemmstoffe entfernt

Unter Blutgruppen[1] versteht man erbliche Eigenschaften der Blutkörperchen, vor allem der Erythrozyten, die mit Hilfe spezifischer Antikörper als Antigene festgestellt werden. Die Gene, welche die Ausprägung der Antigene bewirken, werden nach den MENDELschen Regeln vererbt. Die meisten Blutgruppeneigenschaften sind bereits beim jungen Embryo nachweisbar; sie ändern sich im Laufe des Lebens nicht. Äußere Ursachen wie Klima usw., im allgemeinen auch Krankheit[2], haben keinen Einfluß auf sie. – Die Blutgruppeneigenschaften lassen sich zu Systemen zusammenfassen. Die bisher bekannten Blutgruppensysteme sind: AB0, MNSs, P, Rh, Lutheran, Kell, Lewis, Duffy, Kidd, Diego, Ii, Auberger, Xg, Yt und Dombrock. Jedes dieser Blutgruppensysteme wird unabhängig voneinander autosomal vererbt, mit Ausnahme der Xg-Gruppe, die am X-Chromosom lokalisiert vererbt wird. Bekannt sind außerdem Blutgruppenantigene, die nur sehr selten anzutreffen sind («Individualantigene»), wie Levay, Jobbins, Becker, Ven, Rm, Chr^a, Wr^a, Be^a, By, Sw^a, Good, Bi, Tr^a, und andererseits solche, die menschlichen Erythrozyten nur ausnahmsweise fehlen, wie Vel, Ge, Lan, Sm.

Antikörperhaltige Seren (Testseren) dienen zur Feststellung der einzelnen Blutgruppeneigenschaften. Die Testseren können menschlicher Provenienz sein (Isoantikörper) und enthalten Agglutinine oder inkomplette Antikörper. Die Antikörper entstehen entweder als natürliche Antikörper, das heißt ohne bekannte immunisierende Ursache, oder als Immunantikörper nach immunisierenden Stimuli, wie Schwangerschaften, Bluttransfusionen und -injektionen. Durch Immunisierung geeigneter Tiere können auch heteroantikörperhaltige tierische Seren gewonnen und als Testseren verwendet werden. Reagenzien pflanzlicher Herkunft (Phytagglutinine) können ebenfalls zur Bestimmung bestimmter Blutgruppeneigenschaften (A_1, A_2, H, M, N usw.) dienen.

Zwischen Testseren und antigentragenden Erythrozyten erfolgt eine Antigen-Antikörper-Reaktion, die entweder zur Agglutination oder, unter Komplementverbrauch, zur Lyse der roten Blutkörperchen führt (Hämolyse).

Die Agglutinine reagieren bei geeigneter Temperatur mit in physiologischer NaCl-Lösung aufgeschwemmten Erythrozyten. Die Reaktion mit inkompletten Antikörpern ist möglich

a) in viskösem Reaktionsmilieu, wozu sich das 22- bis 30%ige Rinderalbumin besonders eignet; andere Substanzen, welche für den gleichen Zweck verwendet werden, sind antikörperfreies menschliches Serum oder Plasma, dann Gelatine, Dextran, Polyvinylpyrrolidon, Gummi arabicum usw.
b) im Fermenttest; in der Hauptsache werden folgende proteolytische Enzyme verwendet: Trypsin, Papain, Bromelin, Ficin
c) im indirekten Antiglobulintest (COOMBS-Test)

Testkombinationen (zum Beispiel Trypsintest mit indirektem Antiglobulintest kombiniert) sind besonders empfindlich.

Das AB0-Blutgruppensystem (LANDSTEINER, 1900[3])

Die Isoantikörper Anti-A und Anti-B sind normale und regelmäßige Bestandteile menschlicher Seren. Zwei Antigene (Agglutinogene), nämlich A und B, die mit Anti-A bzw. Anti-B reagieren, erlauben die Zuordnung zu einer der vier Gruppen A, B, AB und 0.

Tabelle 1

Reaktion mit Anti-A ...	+	–	+	–
Reaktion mit Anti-B	–	+	+	–
Blutgruppe	A	B	AB	0

Die Antigene sind an der Erythrozytenoberfläche lokalisiert; das Serum enthält die Isoantikörper Anti-A und/oder Anti-B dann, wenn die Erythrozyten das entsprechende Antigen nicht aufweisen:

Tabelle 2

Blutgruppe	Antigen der Erythrozyten	Antikörper im Serum
0	–	Anti-A + Anti-B
A.............	A	Anti-B
B.............	B	Anti-A
AB	A und B	Keine

* Die Abschnitte «Blutgruppen» und «Serumgruppen», S. 622–630, wurden von L. P. HOLLÄNDER, Blutspendezentrum Basel-Stadt des Schweizerischen Roten Kreuzes, verfaßt.

An einem Genlokus ist eines der allelen Gene (*A*, *B* oder *0*) lokalisiert. Das Zusammenwirken der beiden an korrespondierenden Chromosomstellen lokalisierten Gene prägt die Blutgruppe, wobei die Eigenschaft 0 phänotypisch nur in homozygoter Form feststellbar ist.

Den vier Blutgruppen (= Phänotypen) entsprechen sechs Genotypen, wobei man zwischen *AA* und *A0* bzw. *BB* und *B0* serologisch nicht unterscheiden kann.

Tabelle 3

Blutgruppe (Phänotyp)	Genotyp
0	*00*
A	*AA* oder *A0*
B	*BB* oder *B0*
AB	*AB*

Die einzelnen Blutgruppen werden in einer Bevölkerung verschieden häufig angetroffen. Aus diesen Phänotypenhäufigkeiten können die Genhäufigkeiten errechnet werden (Formeln siehe bei RACE und SANGER[1]). Solchen Daten kommt eine große anthropologische Bedeutung zu.

Untergruppen im AB0-System

Die Blutgruppe A kann in A_1 und A_2 unterteilt werden (VON DUNGERN und HIRSZFELD[4]), ebenso die Gruppe AB in A_1B und A_2B. Anti-A-Seren (von B-Individuen) bestehen aus zwei Komponenten: Anti-A und Anti-A_1. Anti-A_1 reagiert nur mit Erythrozyten der Gruppen A_1 und A_1B, Anti-A dagegen mit Erythrozyten der Gruppen A_1 und A_2 bzw. A_1B und A_2B. Durch die Unterteilung von A erhöht sich die Zahl der möglichen Blutgruppen von vier auf sechs: 0, A_1, A_2, B, A_1B und A_2B. Diesen Phänotypen entsprechen zehn Genotypen (siehe Tabelle 4).

Tabelle 4

Blutgruppe (Phänotyp)	Genotyp
0	*00*
A_1	A_1A_1, A_1A_2, A_10
A_2	A_2A_2, A_20
B	*BB*,*B0*
A_1B	A_1B
A_2B	A_2B

Anti-A_1 ist als irregulärer Antikörper in etwa 1–2% der Seren von A_2-Individuen und in etwa 26% der Seren von A_2B-Individuen anzutreffen.

In Tabelle 5 sind die serologischen Daten der A_1A_2B0-Gruppen zusammengefaßt.

Tabelle 5

Blutgruppe	Reaktion mit Testserum			Regelmäßig im Serum vorhandene Antikörper	Gelegentlich im Serum vorhandene Antikörper
	Anti-A	Anti-A_1	Anti-B		
0	–	–	–	Anti-A (+ Anti-A_1) Anti-B	–
A_1.....	+	+	–	Anti-B	–
A_2.....	+	–	–	Anti-B	Anti-A_1 in etwa 1–2%
B......	–	–	+	Anti-A (+ Anti-A_1)	–
A_1B ...	+	+	+	Keine	–
A_2B ...	+	–	+	Keine	Anti-A_1 in etwa 26%

Die Bestimmung der A-Untergruppen kann auch mit Phytagglutininen erfolgen. *Dolichos biflorus*-Extrakt reagiert spezifisch mit A_1, und Extrakt aus Samen des *Lotus tetragonolobus* kann als Anti-A_2-Reagenz verwendet werden. In ganz seltenen Fällen gelingt die Zuordnung zu einer der A-Untergruppen nicht. In diesem Falle wird eine Intermediärform (A_i) angenommen.

Die A_3-Gruppe kommt selten, etwa einmal unter 1000 A-Individuen vor (GAMMELGAARD[5]). Die Erythrozyten der Blutgruppe A_3 werden durch Anti-A (von B- oder 0-Individuen) in charakteristischer Art agglutiniert, indem neben kleinen Klumpen zahlreiche nicht agglutinierte Blutkörperchen zu sehen sind. Die Abgrenzung gegen Chimärenblut[6] oder Gruppenänderung bei der Leukämie[2] kann Schwierigkeiten bereiten. Noch schwächere Eigenschaften von A sind das A_x (auch als A_4, A_5, A_z oder A_o bezeichnet) sowie das A_m. Über serologische Daten der A-Untergruppen siehe die Tabelle 6.

Tabelle 6

Reaktion mit Testseren	A_1	A_2	A_3	A_x	A_m
Anti-A (Blutgruppe B)	+	+	+*	−(+)	−(+)
Anti-A+B (Blutgruppe 0)	+	+	+*	+	−(+)
Anti-A_1	+	−	−	−	−
Serum reagiert mit Erythrozyten A_1	−	(+)	−	+	−
A_2	−	−	−	−	−
B	+	+	+	+	+
A-Substanz im Speichel, wenn Ausscheider	Ja	Ja	Ja	Nein	Ja

* Mischagglutination.

Varianten der Blutgruppe B sind ebenfalls bekannt. Sie reagieren schwach bis negativ mit Anti-B-Testseren. Im Serum solcher Individuen ist ein Anti-B (das mit dem eigenen B nicht reagiert) sowie B-Substanz nachweisbar. Auch Fälle ohne Anti-B im Serum werden beschrieben und B_w (LEVINE et al.[7]) oder B_x (YOKOYAMA et al.[8]) genannt. Diese scheiden B-Substanz in ihrem Speichel aus. Schwache B-Eigenschaft der Erythrozyten, wobei H-Substanz, jedoch nicht B-Substanz, ausgeschieden wird, wurde als B_3 bezeichnet (MOULLEC et al.[9]).

Bei dem *«Bombay»- oder Oh-Phänotypus* handelt es sich um eine sehr selten vorkommende Unterdrückung der Ausprägung der ABH-Eigenschaften an den Erythrozyten. Die Unterdrückung wird der Wirkung des Gens x in homozygoter Form (xx) zugeschrieben. Das Serum dieser Individuen enthält Anti-A, Anti-B und Anti-H.

Die Antigene A und B konnten auch an Blutplättchen und Leukozyten nachgewiesen werden. Den chemischen Aufbau der A-, B- und H-Gruppensubstanzen kennt man weitgehend.

Das MNSs-Blutgruppensystem (LANDSTEINER und LEVINE, 1927[10])

Die Antigene M und N menschlicher Erythrozyten können mit Hilfe heterospezifischer Immunseren von Kaninchen festgestellt werden. Über Phänotypen und Genotypen der M- und N-Eigenschaften siehe Tabelle 7.

Tabelle 7

Reaktion mit Anti-M	+	+	−
Reaktion mit Anti-N	−	+	+
Phänotyp (Gruppe)	M	MN	N
Genotyp	*MM*	*MN*	*NN*

SANGER und RACE konnten zeigen, daß ein von WALSH und MONTGOMERY[11] 1947 beschriebenes Serum ein Antigen definiert, das in engster Beziehung zu M und N steht. Das Antigen wurde als S bezeichnet.

LEVINE et al.[12] fanden einen Antikörper, der mit dem hypothetischen s reagierte. Anti-M und Anti-N kommen auch als irreguläre spezifische Kälteagglutinine in menschlichen Seren vor. Anti-S und Anti-s konnten bei Tieren nicht erzeugt werden. Mit Hilfe der vier Antiseren (Anti-M, Anti-N, Anti-S und Anti-s) kann man neun Genotypen erkennen (Tabelle 8). Serologisch sind die Genotypen *MS/Ns* und *Ms/NS* nicht unterscheidbar.

Tabelle 8

	MS/MS	*MS/Ms*	*Ms/Ms*	*MS/NS*	*Ms/Ns*	*MS/Ns* oder *Ms/NS*	*NS/NS*	*NS/Ns*	*Ns/Ns*
Anti-M	+	+	+	+	+	+	−	−	−
Anti-N	−	−	−	+	+	+	+	+	+
Anti-S	+	+	−	+	−	+	+	+	−
Anti-s	−	+	+	−	+	+	−	+	+

Selten trifft man schwache Formen von M oder von N (M_2 oder N_2) an. Sie sind dadurch charakterisiert, daß sie in den meisten Fällen nur schwach mit Anti-M- bzw. Anti-N-Seren reagieren. Das M^c (DUNSFORD et al.[13]) reagiert mit den meisten Anti-M- und mit einigen Anti-N-Seren und wird als Intermediärform zwischen M und N betrachtet. Das M_1-Antigen (JACK et al.[14]) weist einen qualitativen Unterschied gegenüber M auf und kommt bei Angehörigen der Negerrasse häufiger als bei Weißen vor. Ein richtiges Allel von M und N ist das M^g, eine selten vorkommende Eigenschaft, welche weder mit Anti-M noch mit Anti-N reagiert (ALLEN et al.[15]). Der korrespondierende Antikörper Anti-M^g ist relativ häufig in normalen Seren enthalten. WIENER et al.[16] fanden im Serum einer Negerfrau Antikörper, die mit Ausnahme der Anti-S- und Anti-s-negativen mit allen Blutproben reagierten. Dieses Anti-U verhält sich wie ein untrennbares Gemisch von Anti-S und Anti-s. Individuen, die Anti-U bilden, besitzen weder S noch s. Das Antigen Hu (Hunter)[17] wurde vorwiegend, das Antigen He (Henshaw)[18] ausschließlich bei Angehörigen der Negerrasse gefunden. Beide gehören zum MNSs-System, wobei die genaue Lokalisation der entsprechenden Gene noch nicht feststeht. Anti-Mi^a (LEVINE et al.[19]), Anti-Vw (VAN DER HART et al.[20]) und Anti-Mu (CLEGHORN[21]) reagieren mit Antigenen, die ebenfalls zum MNSs-System gehören und untereinander in einer noch nicht ganz geklärten genetischen Beziehung stehen. Das M^k ist ein stummes Allel am MN-Genlokus (METAXAS und METAXAS-BÜHLER[22]). Das mit dem Anti-Vr (VAN DER HART et al.[23]) reagierende Antigen ist kein Allel von M oder N, S oder s, gehört jedoch ebenfalls zum MNSs-Komplex. Die Antigene Ri^a und St^a (CLEGHORN[24]) sowie Mt^a[25], Cl^a[26] und Ny^a[27] sind weitere Antigene dieses Blutgruppensystems.

Das P-Blutgruppensystem (LANDSTEINER und LEVINE, 1927[28])

Menschliche Blutproben reagieren mit Anti-P-Seren entweder positiv oder negativ. Im Serum P-negativer Individuen findet man in der Kälte wirksame, oft aber nur schwache Anti-P-Antikörper. Einem natürlichen Anti-P begegnet man auch in tierischen Seren (Pferd, Kaninchen, Schwein, Rind). Die meisten Anti-P-Testseren werden durch Immunisierung bei Tieren gewonnen. Über Phänotypen und Genotypen siehe Tabelle 9.

Tabelle 9

		Phänotyp	Genotyp
Anti-P	+	P+	*PP* oder *Pp*
	−	P−	*pp*

LEVINE et al.[29] beschrieben 1951 einen hämolysierenden Antikörper, Anti-Tj^a, der mit 99,99% der geprüften Erythrozytenproben reagierte. SANGER[30] gelang 1955 der Nachweis, daß das Antigen Tj^a zum P-System gehört. Individuen, die Anti-Tj^a bilden, sind P-negativ. Nach Adsorption von Anti-Tj^a an P-negative Erythrozyten bleibt ein Antikörperanteil mit Anti-P-Spezifität übrig. Das P-Blutgruppensystem wird heute genetisch in Analogie zu den $A_1A_2$0-Gruppen interpretiert. Die drei Allele sind P_1 (alias P), P_2 (alias p) und p (alias Tj[a−]). – Das Anti-Tj^a, gebildet von den seltenen pp-Individuen, entspricht dem Anti-P+P_1. Das System ist in Tabelle 10 zusammengefaßt.

MATSON et al.[31] beschrieben 1959 das äußerst selten vorkommende Antigen P^k, das zum P-System gehört, doch genetisch bisher nicht genau eingeordnet werden konnte. Die meisten Anti-P+P_1- und Anti-P_1-Seren enthalten einen Anti-P^k-Anteil.

Tabelle 10

Reaktion mit Anti-P_1 (Anti-P)	+	–	–
Reaktion mit Anti-P +P_1 (Anti-Tj^a).....	+	+	–
Genotyp	$P_1P_1(PP)$ $P_1P_2(Pp)$ $P_1p\ (PTj^b)$	$P_2P_2(pp)$ $P_2p(pTj^b)$	$pp(Tj^bTj^b)$
Phänotyp..........	P_1	P_2	p

In Klammern die vor 1955 übliche Bezeichnung.

Das Rhesus-Blutgruppensystem (LANDSTEINER und WIENER, 1940[32])

Die Entdeckung der Rh-Blutgruppe durch LANDSTEINER und WIENER[32] erwies sich von großer praktischer Bedeutung, indem Rh-negative Personen nach Kontakt mit dem Rh-Antigen (Transfusion, Fremdblutinjektion, Schwangerschaft) relativ häufig Rh-Antikörper bilden. Diese können bei der nächsten Transfusion mit Rh-positivem Blut eine hämolytische Transfusionsreaktion auslösen oder bei Frauen Ursache eines Morbus haemolyticus ihrer Neugeborenen sein. Für klinische Zwecke ist die Unterscheidung in Rh-positiv und Rh-negativ meistens ausreichend; das Rh-Blutgruppensystem ist aber äußerst komplex. Diese Komplexität ist unter anderem der Grund, warum für die Rh-Gruppen mehrere genetische Theorien aufgestellt wurden und mindestens drei verschiedene Nomenklaturen im Gebrauch sind. Nach der Konzeption von WIENER[33] liegt, bei Annahme eines Genorts am Chromosom, multiple Allelie vor. Jedes Allel bewirkt ein Agglutinogen, welches mehrere Faktoren besitzt. Die Faktoren sind einerseits durch korrespondierende Antikörper feststellbar und wirken andererseits als Antigene. Nach der Auffassung von FISHER und von RACE[34] wird die Rh-Zugehörigkeit durch drei enggekoppelte Genpaare determiniert. Jede Person erbt von jedem seiner Eltern drei Rh-Gene, nämlich *C* oder *c*, *D* oder *d* und *E* oder *e* zusammen als untrennbaren Genkomplex. Zum Beispiel erbt ein Individuum *CDe* von einem und *cde* vom anderen Elternteil. In der Tabelle 11 (nach RACE und SANGER[7]) sind die zwei Konzeptionen anhand von CDe gegenübergestellt.

Tabelle 11

	Gen	Agglutinogen	Faktoren	Antikörper
WIENER			Rh_0	Anti-Rh_0
	R^1	Rh_1	rh′	Anti-rh′
			hr″	Anti-hr″
FISHER und RACE	*C*	C		Anti-C
	D	D		Anti-D
	e	e		Anti-e

In Tabelle 12 sind die WIENERschen Faktoren und die FISHER-RACEsche Interpretation sowie die Bezeichnung der mit ihnen reagierenden Antikörper gegenübergestellt.

Tabelle 12

Rh_0 = D	Anti-Rh_0 = Anti-D
rh′ = C	Anti-rh′ = Anti-C
rh″ = E	Anti-rh″ = Anti-E
hr′ = c	Anti-hr′ = Anti-c
hr″ = e	Anti-hr″ = Anti-e

In der Folge sind Antigene bekannt geworden, denen teilweise auch weitere Allele am einzelnen Genlokus entsprechen.

Allele und Varianten von D

STRATTON[35] hat das Antigen D^u beschrieben, welches mit einigen Anti-D-Seren positiv, mit anderen negativ reagiert. D^u tritt in verschiedenen Stärkegraden auf («high grade» und «low grade») und scheint identisch zu sein mit der Intermediärform von WIENER ($\mathfrak{R}h_0$). Das Antigen D kann bei D^u-Individuen die Bildung von Anti-D auslösen. – Die Tatsache, daß auch D-positive Individuen Anti-D bilden können (ARGALL et al.[36]), führte WIENER und UNGER[37] zu der Annahme von Partialantigenen von D. Individuen, welche einen Teilfaktor nicht besitzen, können gegen diesen Antikörper bilden. Mit $\mathfrak{R}h^a$ wurde ein Blut bezeichnet, bei welchem der Teilfaktor Rh^A fehlt und das mit Anti-Rh_0, ferner aber auch mit Anti-Rh^B, Anti-Rh^C und Anti-Rh^D reagiert. Diese Varianten und ihre Reaktionen sind in Tabelle 13 zusammengestellt.

Tabelle 13

Variante	Reaktion mit Anti-Rh_0	Anti-Rh^A	Anti-Rh^B	Anti-Rh^C	Anti-Rh^D
$\mathfrak{R}h^a$	+	–	+	+	+
$\mathfrak{R}h^b$	+	+	–	+	+
$\mathfrak{R}h^c$	+	+	+	–	+
$\mathfrak{R}h^d$	+	+	+	+	–
$\mathfrak{R}h^{ab}$	+	–	–	+	+
$\mathfrak{R}h^{abc}$	+	–	–	–	+
$\mathfrak{R}h^{ac}$	+	–	+	–	+

Ein weiteres sehr seltenes Partialantigen von D^u scheint dasjenige zu sein, welches mit einem von CHOWN et al.[38] beschriebenen Antikörper Anti-Wiel reagiert.

Allele und Varianten von C und c

C^W (CALLENDER und RACE[39]) ist ein drittes Allel und reagiert mit einem spezifischen Anti-C^W-Serum. Die meisten Anti-C-Seren besitzen auch eine Anti-C^W-Komponente.

Selten ist C^u (RACE et al.[40]), ein schwach reagierendes C-Antigen, das seine Parallele im D^u hat.

Der nicht sehr selten gefundene Antikörper Anti-C^x reagiert mit dem sehr seltenen Antigen C^x (STRATTON und RENTON[41]).

Allele und Varianten von E und e

E^u (CEPPELLINI et al.[42]) ist im gleichen Sinne zu werten wie D^u oder C^u. Das Antigen E^W (GREENWALT und SANGER[43]) wurde nur in sehr wenigen Familien gefunden. Das Antigen e^s (SANGER et al.[44]) kommt bei Angehörigen der Negerrasse vor. Im Serum einer Bantufrau fand SHAPIRO[45] den Antikörper Anti-hr^s; den Faktor hr^s gibt es sowohl bei Bantu als auch bei Weißen. Das Antigen e^i wurde unter den Indianern Kolumbiens beobachtet (LAYRISSE et al.[46]).

In Tabelle 14 sind die WIENERsche Nomenklatur, die Rh-Phänotypen und ihre Verteilung unter der weißen Bevölkerung von New York City zusammengefaßt[47].

Tabelle 15 zeigt die von RACE et al.[48] zusammengestellten Häufigkeitsprozente der Rh-Genotypen in der englischen Bevölkerung.

In den letzten Jahren sind zusammengesetzte Antigene des Rh-Systems bekannt geworden, so ce, welches mit dem ursprünglich als Anti-f beschriebenen Antiserum (ROSENFIELD et al.[49]) reagiert. Weitere zusammengesetzte Antigene sind rh_i oder Ce (ROSENFIELD und HABER[50]), CE (TIPPETT et al.[51]) und ce^s, welches mit dem ursprünglich als Anti-V beschriebenen Serum reagiert (DENATALE et al.[52]). Das von ALLEN und TIPPETT[53] beschriebene Antigen G ist nicht im gleichen Sinne ein zusammengesetztes Antigen. G ist mit C und D eng verwandt, indem die meisten C- oder D-positiven Individuen auch G-positiv sind. Anti-G wird im Serum von cde- oder cdE-Personen gefunden, die meistens auch ein Anti-D + C bilden.

Den ersten Fall eines «defekten» Rh-Chromosoms hatten RACE et al.[54] beobachtet und es als —D— bezeichnet (nach WIENER $\bar{R}h_0$). Seither wurden noch folgende «defekte» Chromosomen beobachtet: C^WD— (GUNSON und DONOHUE[55]), cD— (TATE et al.[56]), ——— (VOS et al.[57]). Ob es sich dabei um Gensuppressionen oder Gendepressionen handelt, kann nicht entschieden werden.

Der Antigengehalt der einzelnen Genkomplexe ist in Tabelle 16 (S. 627) zusammengestellt (nach RACE und SANGER[7]).

Mit r^G wurde ein Rh-Komplex mit Gendepression bezeichnet (ALLEN und TIPPETT[53]). Ähnlich verhalten sich die Antigene der Komplexe r^M (TIPPETT et al.[51]) und r^L (METAXAS und METAXAS-BÜHLER[58]).

Tabelle 14 Rh—Hr-Phänomene und Genotypen (nach WIENER und WEXLER[47]; Nomenklatur von WIENER als «internationale Nomenklatur» bezeichnet)

2 Rh-Phänotypen			12 Rh-Phänotypen					28 Rh–Hr-Phänotypen					55 Genotypen
Bezeichnung	Annähernde Frequenz in New York City bei Weißen (%)	Reaktion mit Anti-Rh$_0$ oder Antirhesus	Typ	Annähernde Frequenz in New York City bei Weißen (%)	Reaktion mit Anti-rh′	Anti-rh″	Anti-rh^w	Bezeichnung	Annähernde Frequenz in New York City bei Weißen (%)	Reaktion mit Anti-hr′	Anti-hr″	Anti-hr	
Rh-negativ	15	—	rh	14,4	—	—	—	rh	14,4	+	+	+	rr
			rh′	0,46	+	—	—	rh′rh	0,46	+	+	+	$r'r$
								rh′rh′	0,0036	—	+	—	$r'r'$
			rh′^{w}	0,004	+	—	+	rh′^{w}rh	0,004	+	+	+	$r'^{w}r$
								rh′^{w}rh′	0,00006	—	+	—	$r'^{w}r'$ oder $r'^{w}r'^{w}$
			rh″	0,38	—	+	—	rh″rh	0,38	+	+	+	$r''r$
								rh″rh″	0,0025	+	—	—	$r''r''$
			rh$_y$	0,01	+	+	—	rh′rh″	0,006	+	+	—	$r'r''$
								rh$_y$rh	0,008	+	+	+	$r^{y}r$
								rh$_y$rh′	0,0001	—	+	—	$r^{y}r'$
								rh$_y$rh″	0,0001	+	—	—	$r^{y}r''$
								rh$_y$rh$_y$	0,000001	—	—	—	$r^{y}r^{y}$
			rh$_y^w$	0,00005	+	+	+	rh′^{w}rh″	0,00005	+	+	—	$r'^{w}r''$
								rh$_y^w$rh′	0,000001	—	+	—	$r'^{w}r^{y}$
Rh-positiv	85	+	Rh$_0$	2,1	—	—	—	Rh$_0$	2,1	+	+	+	R^0R^0 oder R^0r
			Rh$_1$	50,7	+	—	—	Rh$_1$rh	33,4	+	+	+	R^1r, R^1R^0 oder R^0r'
								Rh$_1$Rh$_1$	17,3	—	+	—	R^1R^1 oder R^1r'
			Rh$_1^w$	3,3	+	—	+	Rh$_1^w$rh	1,6	+	+	+	$R^{1w}r$, $R^{1w}R^0$ oder $R^0r'^{w}$
								Rh$_1^w$Rh$_1$	1,7	—	+	—	$R^{1w}R^1$, $R^1r'^{w}$, $R^{1w}r'$, $R^{1w}R^{1w}$ oder $R^{1w}r'^{w}$
			Rh$_2$	14,6	—	+	—	Rh$_2$rh	12,2	+	+	+	R^2r, R^2R^0 oder R^0r''
								Rh$_2$Rh$_2$	2,4	+	—	—	R^2R^2 oder R^2r''
			Rh$_z$	13,4	+	+	—	Rh$_1$Rh$_2$	12,9	+	+	—	R^1R^2, R^1r'' oder R^2r'
								Rh$_z$rh	0,2	+	+	+	R^zr, R^zR^0 oder R^0r^y
								Rh$_z$Rh$_1$	0,2	—	+	—	R^zR^1, R^zr' oder R^1r^y
								Rh$_z$Rh$_2$	0,07	+	—	—	R^zR^2, R^zr'' oder R^2r^y
								Rh$_z$Rh$_z$	0,0004	—	—	—	R^zR^z oder R^zr^y
			Rh$_z^w$	0,6	+	+	+	Rh$_1^w$Rh$_2$	0,6	+	+	—	$R^{1w}R^2$, $R^{1w}r''$ oder $R^2r'^{w}$
								Rh$_z^w$Rh$_1$	0,008	—	+	—	$R^{1w}R^z$, $R^{1w}r^y$ oder $R^zr'^{w}$

Tabelle 15 Rh-Genotypen in der englischen Bevölkerung (nach RACE et al.[48])

Geschätzte Frequenz der Gruppe (%)	Testung mit vier leicht erreichbaren Antiseren				Seltene Antiseren					Genkonstellation	Kurzsymbole		Geschätzte Genotypen-frequenz (%)
	CC^w	c	D	E	Reines C	Reines C^w	e	f	d		Meist-gebraucht	WIENER und WEXLER[47]	
15,1020	−	+	−	−	−	−	+	+	+	*cde/cde*	rr	rr	15,1020
2,0609	−	+	+	−	−	−	+	+	+	*cDe/cde*	R_0r	R^0r	1,9950
					−	−	+	+	−	*cDe/cDe*	R_0R_0	R^0R^0	0,0659
0,9376	−	+	−	+	−	−	+	+	+	*cdE/cde*	$R''r$	$r''r$	0,9235
					−	−	−	−	+	*cdE/cdE*	$R''R''$	$r''r''$	0,0141
14,0769	−	+	+	+	−	−	−	−	−	*cDE/cDE*	R_2R_2	R^2R^2	1,9906
					−	−	−	−	+	*cDE/cdE*	R_2R''	R^2r''	0,3353
					−	−	+	+	−	*cDE/cDe*	R_2R_0	R^2R^0	0,7243
					−	−	+	+	+	*cDE/cde*	R_2r	R^2r	10,9657
										cDe/cdE	R_0R''	R^0r''	0,0610
0,7644	+	+	−	−	+	−	+	+	+	*Cde/cde*	$R'r$	$r'r$	0,7644
					−	+	+	+	+	C^wde/cde	R'^wr	r'^w	0,0000
34,8899	+	+	+	−	+	−	+	+	−	*CDe/cDe*	R_1R_0	R^1R^0	2,0922
					+	−	+	+	+	*CDe/cde*	R_1r	R^1r	31,6759
										cDe/Cde	R_0R'	R^0r'	0,0505
					−	+	+	+	−	C^wDe/cDe	$R_1^wR_0$	$R^{1w}R^0$	0,0664
					−	+	+	+	+	C^wDe/cde	R_1^wr	$R^{1w}r$	1,0049
										C^wde/cDe	R'^wR_0	r'^wR^0	0,0000
0,0234	+	+	−	+	+	−	+	−	+	*cdE/Cde*	$R''R'$	$r''r'$	0,0234
					+	−	+	+	+	*CdE/cde*	R_yr	r^yr	0,0000
					+	−	−	−	+	*CdE/cdE*	R_yR''	r^yr''	0,0000
					−	+	+	−	+	C^wde/cdE	R'^wR''	r'^wr''	0,0000
13,4178	+	+	+	+	+	−	+	−	−	*CDe/cDE*	R_1R_2	R^1R^2	11,5000
					+	−	+	+	−	*cDe/CDE*	R_0R_z	R^0R^z	0,0125
					+	−	+	−	+	*CDe/cdE*	R_1R''	R^1r''	0,9685
										cDE/Cde	R_2R'	R^2r'	0,2775
					+	−	+	+	+	*CDE/cde*	R_zr	R_zr	0,1893
										CdE/cDe	R_yR_0	r^yR^0	0,0000
					+	−	−	−	−	*cDE/CDE*	R_2R_z	R^2R^z	0,0687
					+	−	−	−	+	*cdE/CDE*	$R''R_z$	$r''R^z$	0,0058
										CdE/cDE	R_yR_2	r_yR^2	0,0000
					−	+	+	−	−	C^wDe/cDE	$R_1^wR_2$	$R^{1w}R^2$	0,3648
					−	+	+	−	+	C^wDe/cdE	R_1^wR''	$R^{1w}r''$	0,0307
										C^wde/cDE	R'^wR_2	r'^wR^2	0,0000
0,0097	+	−	−	−	+	−	+	−	+	*Cde/Cde*	$R'R'$	$r'r'$	0,0097
					+	+	+	−	+	C^wde/Cde	R'^wR'	r'^wr'	0,0000
					−	+	+	−	+	C^wde/C^wde	$R'^wR'^w$	$r'^wr'^w$	0,0000
18,5073	+	−	+	−	+	−	+	−	−	*CDe/CDe*	R_1R_1	R^1R^1	16,6097
					+	−	+	−	+	*CDe/Cde*	R_1R'	R^1r'	0,8016
					+	+	+	−	−	CDe/C^wDe	$R_1R_1^w$	R^1R^{1w}	1,0539
					+	+	+	−	+	C^wDe/Cde	R_1^wR'	$R^{1w}r'$	0,0254
										C^wde/CDe	R'^wR_1	r'^wR^1	0,0000
					−	+	+	−	−	C^wDe/C^wDe	$R_1^wR_1^w$	$R^{1w}R^{1w}$	0,0167
					−	+	+	−	+	C^wde/C^wDe	$R'^wR_1^w$	r'^wR^{1w}	0,0000
0,2101	+	−	+	+	+	−	+	−	−	*CDe/CDE*	R_1R_z	R^1R^z	0,1985
					+	−	+	−	+	*Cde/CDE*	$R'R_z$	$r'R^z$	0,0048
										CdE/CDe	R_yR_1	r^yR^1	0,0000
					+	−	−	−	−	*CDE/CDE*	R_zR_z	R^zR^z	0,0006
					+	+	+	−	−	C^wDe/CDE	$R_1^wR_z$	$R^{1w}R^z$	0,0062
					+	−	−	−	+	*CdE/CDE*	R_yR_z	r^yR^z	0,0000
					+	+	+	−	+	CdE/C^wDe	$R_yR_1^w$	r^yR^{1w}	0,0000
										C^wde/CDE	R'^wR_z	r'^wR^z	0,0000
0,0000	+	−	−	+	+	−	+	−	+	*CdE/Cde*	R_yR'	r^yr'	0,0000
					+	−	−	−	+	*CdE/CdE*	R_yR_y	r^yr^y	0,0000
					+	+	+	−	+	CdE/C^wde	$R_yR'^w$	$r^yr'^w$	0,0000

Tabelle 16

Genkomplexe		Antigene				
R_0	*cDe*	D	G	c	ce	e
R_1	*CDe*	D	G	C	Ce	e
R_2	*cDE*	D	G	c	?	E
R_z	*CDE*	D	G	C	CE	E
r	*cde*	—	—	c	ce	e
R′	*Cde*	—	G	C	Ce	e
R″	*cdE*	—	—	c	?	E
R_y	*CdE*	—	G	C	CE	E
R_1^w	C^wDe	D	G	C^w	?	e
R_0^u	cD^ue	(D)	(G)	c	ce	e
r^v	cde^s	—	—	c	ce^s	e^s
R_0^s	cDe^s	D	G	c	ce^s	e^s
R'^s	Cde^s	—	G	C	ce	e^s
	−D−	D	G	—	—	—
	C^wD-	D	G	(C^w)	—	—
	cD−	D	G	(c)	(ce)	—
	———	—	—	—	—	—
r^G	*(C)d(e)*	—	G	(C)	—	(e)

ROSENFIELD et al.[59] schlugen 1962 eine neuartige Terminologie der Rh-Gruppen vor; sie numerierten die Rh-Antikörper in der chronologischen Reihenfolge ihrer Identifizierung. In der ursprünglichen Publikation sind 21 Antikörper angeführt. Seither ist die Zahl auf 27 angestiegen (KEITH et al.[60]). Diese Nomenklatur präjudiziert keine Lösung der genetischen Problematik, es wird lediglich der Phänotypus angegeben. Rh: 1, 2, −3, 4, 5 beispielsweise bedeutet ein Blut, das folgende Reaktionen gezeigt hat: Anti-D+, Anti-C+, Anti-E−, Anti-c+, Anti-e+ (bei WIENER Rh_1r, nach FISHER und RACE *CDe/cde*). Die Nomenklaturen der wichtigsten Antigene des Rh-Blutgruppensystems sind einander in Tabelle 17 gegenübergestellt.

Tabelle 17

WIENER	FISHER und RACE	ROSENFIELD et al.
Rh_0	D	Rh 1
rh′	C	Rh 2
rh″	E	Rh 3
hr′	c	Rh 4
hr″	e	Rh 5
hr	ce = f	Rh 6
rh_i	Ce	Rh 7
rh^{1w}	C^w	Rh 8
rh^x	C^x	Rh 9
hr^v	ce^s = V	Rh 10
	E^w	Rh 11
rh^G	G	Rh 12
	CE	Rh [22]
	cE	Rh [27]

Das Lutheran-Blutgruppensystem (CALLENDER und RACE, 1946[39])

Zwei allele Gene, Lu^a und Lu^b, determinieren das Lutheran-System. Diesen entsprechen die Antigene Lu^a und Lu^b, welche mit den Antikörpern Anti-Lu^a (CALLENDER und RACE[39]) bzw. Anti-Lu^b (CUTBUSH und CHANARIN[61]) reagieren. Es sind folgende Phänotypen möglich: Lu(a+b−), Lu(a+b+) und Lu(a−b+), denen die Genotypen Lu^aLu^a, Lu^aLu^b bzw. Lu^bLu^b entsprechen. CRAWFORD et al.[62] beschrieben den seltenen Phänotyp Lu(a−b−) in einer Familie, bei welcher auch die Kidd-Gruppen ungewöhnliche Reaktionen zeigten. Die autosomale Genkoppelung zwischen den Lutheran- und Lewis-Genen wurde von MOHR[63] vermutet. Diese besteht nach SANGER und RACE[64] eigentlich zwischen den Genen der Lutheran-Gruppen und den Genen für die Ausscheidung der ABH-Blutgruppensubstanzen.

Das Kell-Blutgruppensystem (COOMBS et al., 1946[65])

Nach Auffinden des Antikörpers Anti-K durch COOMBS et al.[65] haben LEVINE et al.[66] den antithetischen Antikörper Anti-k beschrieben. Das einfache System der Kell-Eigenschaften mit den Phänotypen K+k−, K+k+ und K−k+ erfuhr durch die Entdeckung der Antikörper Anti-Kp^a sowie Anti-Kp^b (ALLEN und LEWIS[67]) eine Erweiterung. Auch fand man den Phänotyp, der negative Reaktionen mit allen vier Kell-Antikörpern gab: K−k−Kp (a−b−) (CHOWN et al.[68]). Dieser Phänotyp wurde mit dem Symbol K^0 belegt. Antikörper Anti-Ku (CORCORAN et al.[69]) reagiert mit allen Blutproben, außer dem sehr seltenen K^0-Blut. Ein weiterer ebenfalls seltener Phänotyp (McLeod) wurde von ALLEN et al.[70] beschrieben, bei welchem die Antigene k, Kp^b nur schwach ausgeprägt waren. Diese Erythrozyten reagierten mit Anti-Ku nicht. Die Beobachtung, daß das K^0-Blut mit den Antikörpern Anti-Js^a und Anti-Js^b des Sutter-Blutgruppensystems (Js) (GIBLETT[71]) nicht reagiert, führte zu der berechtigten Annahme, daß die Js-Gruppen (bisher nur bei Negern beobachtet) Teil des Kell-Blutgruppensystems sind (STROUP et al.[72]).

ALLEN und ROSENFIELD[73] haben für das Kell-System eine Bezeichnungsweise vorgeschlagen, wie sie sie schon beim Rh-System anwendeten: K = K1, k = K2, Kp(a+) = K3, Kp(b+) = K4. Danach ist beispielsweise die Bezeichnung K: −1, 2, −3, 4 gleichzusetzen mit kk Kp(a−b+).

Die Antigene, die nun zu dem durch die Sutter-Eigenschaften erweiterten Kell-Blutgruppensystem gehören, sind in Tabelle 18 zusammengestellt.

Tabelle 18

K	K 1 (Kell)
k	K 2 (Cellano)
Kp^a	K 3 (Penney)
Kp^b	K 4 (Rautenberg)
Ku	K 5 (Peltz)
Js^a	K 6 (Sutter)
Js^b	K 7 (Js^b = Matthews)

Eine nach ALLEN und ROSENFIELD[73] leicht abgewandelte Tabelle faßt die Kenntnisse über das Kell-Blutgruppensystem zusammen (noch ohne Berücksichtigung der Zusammenhänge mit dem Js-System).

Tabelle 19

Bezeichnung	Bezeichnung nach ALLEN und ROSENFIELD[73]	Antigenstruktur der Phänotypen mit den Antiseren				
		Anti-K K1	Anti-k K2	Anti-Kp^a K3	Anti-Kp^b K4	Anti-Ku K5
K+	K: 1, 2, −3, 4, 5	+	+	−	+	+
K−	K: 1, 2, −3, 4, 5	−	+	−	+	+
k−	K: 1, 2, −3, 4, 5	+	−	−	+	+
Kp(a+) ...	K: −1, 2, 3, 4, 5	−	+	+	+	+
K+Kp(a+)	K: 1, sch 2, 3, 4, 5	+	sch	+	+	+
Kp(b−) ...	K: −1, sch 2, 3, 4, 5	−	sch	+	−	+
K^0	K: −1, −2, −3, −4, −5	−	−	−	−	−
McLeod ...	K: 1, sch 2, −3, sch 4, −5	−	sch	−	sch	−

sch = schwache Reaktion.

Das Lewis-Blutgruppensystem und die Zusammenhänge mit der Ausscheidereigenschaft für ABH-Substanzen

Sekretoren und Nichtsekretoren

Eine wasserlösliche Form der A-, B- und H-Substanzen der AB0-Blutgruppen ist in den Körperflüssigkeiten und Organen von sogenannten Ausscheidern (Sekretoren) nachweisbar. Die Anwesenheit wird durch das Gen *Se* bestimmt. Eine alkohollösliche Form der Antigensubstanzen ist sowohl an den Erythrozyten als auch in allen Geweben (mit Ausnahme vom Gehirn), nicht aber in den Körperflüssigkeiten vorhanden. Die Anwesenheit dieser Substanz wird durch das *Se*-Gen nicht beeinflußt (FRIEDENREICH und HARTMANN[74]).

Der Zusammenhang der Sekretoren- bzw. Nichtsekretoreigenschaft (Gene *Se* und *se*) mit den Lewis-Blutgruppen wurde durch GRUBB[75] nachgewiesen.

Die Lewis-Blutgruppen (MOURANT, 1946[76])

Durch das Auffinden von zwei Antikörpern, Anti-Le^a (MOURANT[76]) und Anti-Le^b (ANDRESEN[77]), konnten vier Lewis-Phänotypen der Erythrozyten bestimmt werden (Tabelle 20). Anti-X (ANDRESEN und JORDAL[78]) besitzt eine Anti-Le^a + Le^b-Spezifität.

Tabelle 20

Reaktion mit Anti-Le^a	Reaktion mit Anti-Le^b	Phänotypen
+	−	Le(a+b−)
−	+	Le(a−b+)
−	−	Le(a−b−)
+	+	Le(a+b+)*

* Bei Individuen der Gruppe 0 und A_2.

Primär handelt es sich bei den Lewis-Antigenen um Speichel- und Serumsubstanzen (GRUBB[79]), und die Erythrozyten erhalten ihre Lewis-Antigene durch Absorption dieser Substanz aus dem Serum (SNEATH und SNEATH[80]). Da der Lewis-Phänotyp durch den Ausscheidergenotyp beeinflußt wird, besitzt eine Person, welche das Lewis-Gen *Le* erbt und Nichtausscheider ist (*se se*), den Lewis-Phänotyp Le(a+b−), wenn sie Ausscheider ist (*Se se* oder *Se Se*), den Lewis-Phänotyp Le(a−b+). Außerdem beeinflußt die AB0-Gruppe die Ausprägung des Lewis-Phänotyps. So interferiert das A_1-Gen mit der Ausprägung des Le^b-Antigens (ANDRESEN[77]) und auch des Le^a-Antigens (CUTBUSH et al.[81]) (Tabelle 20). GRUBB[79] und CEPPELLINI[82] befaßten sich mit den genetischen Zusammenhängen zwischen den Lewis-Gruppen der Erythrozyten und der Ausscheidung von Lewis- und ABH-Substanzen im Speichel.

In Tabelle 21 sind die Theorien von GRUBB und CEPPELLINI zusammengefaßt.

Tabelle 21

Genotypen	Antigene des Speichels				Antigene der Erythrozyten
	ABH	Le^a	Le^{bL}	Le^{bH}	
Se Se Le Le *Se Se Le le* *Se se Le Le* *Se se Le le*	+	+	+	+	Le(a−b+)
se se Le Le *se se Le le*	−	+	−	−	Le(a+b−)
Se Se le le *Se se le le*	+	−	−	+	Le(a−b−)
se se le le	−	−	−	−	Le(a−b−)

Das Duffy-Blutgruppensystem (CUTBUSH et al., 1950[83])

Die Antikörper Anti-Fy^a (CUTBUSH et al.[83]) und Anti-Fy^b (IKIN et al.[84]) reagieren mit je einem Antigen menschlicher Erythrozyten, nämlich mit Fy^a bzw. Fy^b. Diesen entsprechen die allelen Gene *Fy^a* und *Fy^b*. SANGER et al.[85] beschrieben den Phänotypus Fy(a−b−), welcher häufig bei Negern sowie Juden aus Jemen gefunden wurde.

In Tabelle 22 sind die Daten des Duffy-Blutgruppensystems zusammengefaßt.

Tabelle 22

Reaktion mit Anti-Fy^a	Reaktion mit Anti-Fy^b	Phänotyp	Genotyp
+	−	Fy(a+b−)	Fy^aFy^a
+	+	Fy(a+b+)	Fy^aFy^b
−	+	Fy(a−b+)	Fy^bFy^b
−	−	Fy(a−b−)	$FyFy$

Das Kidd-Blutgruppensystem (ALLEN et al., 1951[86])

Die Antikörper Anti-Jk^a (ALLEN et al.[86]) und Anti-Jk^b (PLAUT et al.[87]) reagieren mit den Antigenen Jk^a bzw. Jk^b menschlicher Erythrozyten. Diesen entsprechen die allelen Gene *Jk^a* und *Jk^b*. Auch bei den Kidd-Gruppen fand man Individuen, welche weder mit Anti-Jk^a noch mit Anti-Jk^b reagierten, also dem Phänotyp Jk(a−b−) angehören. Im Serum solcher Individuen wurde der Antikörper Anti-Jk^{a}Jk^b gefunden (PINKERTON et al.[88]).

Die Tabelle 23 orientiert zusammenfassend über den Stand der Kenntnisse bezüglich des Kidd-Blutgruppensystems.

Tabelle 23

Anti-Jk^a	Anti-Jk^b	Phänotyp	Genotyp
+	−	Jk(a+b−)	Jk^aJk^a
+	+	Jk(a+b+)	Jk^aJk^b
−	+	Jk(a−b+)	Jk^bJk^b
−	−	Jk(a−b−)	$JkJk$

Das Diego-Blutgruppensystem (LAYRISSE et al., 1955[89])

Anti-Di^a, erstmals beobachtet in Venezuela (LAYRISSE et al.[89]), definiert ein Antigen Di^a, das bisher nur an Erythrozyten Mongoloider, vor allem südamerikanischer Indianer, nachgewiesen wurde. Über Anti-Di^b berichten THOMPSON et al.[90].

Das Auberger-Blutgruppensystem (SALMON et al., 1961[91])

Anti-Au^a wurde bisher nur einmal gefunden. Das Antigen Au^a wurde etwa gleich häufig bei Weißen wie bei Negern angetroffen.

Das Dombrock-Blutgruppensystem (SWANSON et al., 1964[92])

SWANSON et al.[92] beschrieben den Antikörper Anti-Do^a, welcher mit einem bis anhin unbekannten Erythrozytenantigen Do^a reagiert. In etwa zwei Dritteln der geprüften Blutproben war das Antigen nachweisbar.

Das Ii-Blutgruppensystem (WIENER et al., 1956[93])

Anti-I wird von denjenigen sehr seltenen Individuen gebildet, deren Erythrozyten nur sehr wenig Antigen I aufweisen (WIENER et al.[93]). Anti-I sind Autoantikörper oder seltene, natürlich vorkommende Isoantikörper vom Kältetypus. Nabelschnurerythrozyten reagieren mit Anti-I nur schwach; die normale antigene Stärke entwickelt sich allmählich und erreicht erst mit 18 Monaten diejenige der Erwachsenen. MARSH und JENKINS[94] fanden das Anti-i. Unter den I-Trägern wurden mehrere deutlich unterscheidbare Stärkegrade beobachtet; ebenso wird zwischen i_1 (selten bei Weißen) und i_2 (selten bei Negern) unterschieden. Ein Zusammenhang der I- und i-Eigenschaften mit den Blutgruppen des AB0-Systems wird vermutet (TIPPETT et al.[95]).

Das Xg-Blutgruppensystem (MANN et al., 1962[96])

Von besonderem Interesse für die Genetik ist die bisher einzig bekannte Blutgruppe, welche sich am X-Chromosom vererbt: die Xg-Gruppe. Der Antikörper Anti-Xg^a wurde sehr selten beobachtet. Das Antigen Xg^a, am kurzen Arm des X-Chromosoms lokalisiert, ist für neue Erkenntnisse über die Topographie des X-Chromosoms von großer Wichtigkeit.

Die Yt-Blutgruppe (EATON et al., 1956[97])

Einen Antikörper, welcher mit 99,6% der von Engländern stammenden Blutproben reagiert, haben EATON et al.[97] gefunden und Anti-Yt^a genannt. Anti-Yt^b, das mit etwa 8% der Blutproben reagiert, haben GILES und METAXAS[98] beschrieben.

Antigene mit geringer Verbreitung (Individualantigene, Privatantigene)

Es wurden wiederholt Antikörper gefunden, welche mit Antigenen reagieren, die oft auf eine einzige Familie beschränkt sind. Die genetische Einordnung der diesen Familienantigenen entsprechenden Gene ist schwierig; man begnügt sich mit dem Nachweis der Unabhängigkeit von den Eigenschaften der bisher beschriebenen Blutgruppensysteme sowie von anderen Individual-, Privat- oder Familienantigenen. Bei einem Großteil wurde der Beweis ihrer Erblichkeit erbracht: Levay[39], Jobbins[99], Becker[100], Ven[101], Wr^a[102], Be^a[103], Rm[20], By[104], Chr^a[105], Sw^a[106], Good[107], Bi[108], Tr^a[109]. Bei anderen wurde die Erblichkeit der Antigene nicht bewiesen: bei Stobo[110], Ot[111], Ho[112], Price[113] sowie bei den Antigenen der Gruppe Bennett, Goodspeed, Sturgeon oder Donna[114].

Weitverbreitete Antigene

Die Antikörper definieren Antigene, die menschlichen Erythrozyten nur außerordentlich selten fehlen. Solche Antigene sind: Vel[115], Ge[116], Lan[112], Sm[117].

Klinische Bedeutung der Blutgruppen

Blutgruppenspezifische Antikörper können bei der Blutübertragung eine hämolytische Transfusionsreaktion auslösen. Auch sind sie Ursache des Morbus haemolyticus neonatorum. Die wichtigsten und häufigsten der blutgruppenspezifischen Antikörper und ihre Rolle bei der Entstehung der hämolytischen Transfusionsreaktion (HTR) und des Morbus haemolyticus der Neugeborenen (MHN) sind in Tabelle 24 zusammengestellt.

Tabelle 24 Klinische Bedeutung der blutgruppenspezifischen Antikörper (gekürzt und teilweise ergänzt nach METAXAS[118])

Blutgruppen-system	Antikörper	HTR	MHN
AB0	Anti-A	Ja	Ja
	Anti-B	Ja	Selten
	Anti-A_1	Sehr selten	Nein
	Anti-H	Nein	Nein
MNSs	Anti-M	Sehr selten	Sehr selten
	Anti-N	Nein	Nein
	Anti-S	Sehr selten	Selten
	Anti-s	Sehr selten	Selten
	Anti-U (S+s)	Sehr selten	Sehr selten
P	Anti-P_1	Sehr selten	Nein
Rh	Anti-D	Ja	Ja
	Anti-C	Ja	Selten
	Anti-c	Ja	Ja
	Anti-C^W	Ja	Selten
	Anti-E	Ja	Ja
	Anti-e	Selten	Sehr selten
Lutheran	Anti-Lu^a	Nein	Nein
	Anti-Lu^b	Ja	Sehr selten
Kell.........	Anti-K	Ja	Ja
	Anti-k	Sehr selten	Sehr selten
	Anti-Kp^a	Nein	Nein
	Anti-Kp^b	Nein	Sehr selten
	Anti-Js^a	Selten	Nein
Lewis	Anti-Le^a	Ja	Nein
	Anti-Le^b	Selten	Nein
	Anti-X (Le^a+Le^b)	Ja	Nein
Duffy	Anti-Fy^a	Ja	Sehr selten
	Anti-Fy^b	?	Nein
Kidd	Anti-Jk^a	Ja	Selten
	Anti-Jk^b	Selten	Sehr selten
	Anti-Jk^aJk^b	Selten	?
Diego	Anti-Di^a	Ja	?
Auberger	Anti-Au^a	?	?

Literatur

1 Einige neuere Werke über Blutgruppen und Anwendungsgebiete: BOORMAN und DODD, *An Introduction to Blood Group Serology*, 3. Aufl., Churchill, London, 1966; DUNSFORD und BOWLEY, *Techniques in Blood Grouping*, 2. Aufl., Thomas, Springfield, 1965; MOLLISON, P. L., *Blood Transfusion in Clinical Medicine*, 4. Aufl., Blackwell, Oxford, 1967; MOURANT, A. E., *The Distribution of the Human Blood Groups*, Blackwell, Oxford, 1954; PROKOP und UHLENBRUCK, *Lehrbuch der menschlichen Blut- und Serumgruppen*, 2. Aufl., Fischer, Jena, 1966; RACE und SANGER, *Blood Groups in Man*, 5. Aufl., Blackwell, Oxford, 1968 (deutsche Fassung: *Die Blutgruppen des Menschen*, Thieme, Stuttgart, 1958); STRATTON und RENTON, *Practical Blood Grouping*, Blackwell, Oxford, 1958; WIENER, A. S., *Blood Groups and Transfusion*, 3. Aufl., Thomas, Springfield, 1943; WIENER und WEXLER, *Heredity of the Blood Groups*, Grune & Stratton, New York, 1958 (deutsche Fassung: *Die Vererbung der Blutgruppen*, Thieme, Stuttgart, 1960).
2 Übersicht zur Frage der Änderung der Blutgruppen bei Leukämiepatienten: GOLD und HOLLÄNDER, *Blut*, **9**, 188 (1963).
3 LANDSTEINER, K., *Zbl. Bakt., I. Abt. Orig.*, **27**, 357 (1900).
4 VON DUNGERN und HIRSZFELD, *Z. Immun.-Forsch.*, **8**, 526 (1911).
5 GAMMELGAARD, A., *Hos Mennesket*, Nyt Nordisk Forlag, Kopenhagen, 1942.
6 DUNSFORD et al., *Brit. med. J.*, **2**, 81 (1953).
7 LEVINE et al., in: HOLLÄNDER, L. (Hrsg.), *Proceedings of the 6th Congress of the International Society of Blood Transfusion*, Boston 1956, Karger, Basel, 1958, S. 132 (*Bibl. haemat. [Basel]*, Heft 7).
8 YOKOYAMA et al., *Vox Sang. (Basel)*, NF **2**, 348 (1957).
9 MOULLEC et al., *Rev. Hémat.*, **10**, 574 (1955).
10 LANDSTEINER und LEVINE, *Proc. Soc. exp. Biol. (N. Y.)*, **24**, 600 (1927).
11 WALSH und MONTGOMERY, *Nature*, **160**, 504 (1947).
12 LEVINE et al., *Proc. Soc. exp. Biol. (N. Y.)*, **78**, 218 (1951).
13 DUNSFORD et al., *Nature*, **172**, 688 (1953).
14 JACK et al., *Nature*, **186**, 642 (1960).
15 ALLEN, jr., et al., *Vox Sang. (Basel)*, NF **3**, 81 (1958).
16 WIENER et al., *J. Amer. med. Ass.*, **153**, 1444 (1953).
17 LANDSTEINER et al., *J. Immunol.*, **27**, 469 (1934).
18 IKIN und MOURANT, *Brit. med. J.*, **1**, 456 (1951).
19 LEVINE et al., *Proc. Soc. exp. Biol. (N. Y.)*, **77**, 402 (1951).
20 VAN DER HART et al., *Vox Sang. (Basel)*, **4**, 108 (1954).
21 CLEGHORN, T. E., *The Occurrence of Certain Rare Blood Group Factors in Britain*, Diss., Sheffield, 1961.
22 METAXAS und METAXAS-BÜHLER, *Nature*, **202**, 1123 (1964).
23 VAN DER HART et al., *Vox Sang. (Basel)*, NF **3**, 261 (1958).
24 CLEGHORN, T. E., *Nature*, **195**, 297 (1962).
25 SWANSON und MATSON, *Vox Sang. (Basel)*, NF **7**, 585 (1962).
26 WALLACE und IZATT, *Nature*, **200**, 689 (1963).
27 ÖRJASAETER et al., *Nature*, **201**, 832 (1964).
28 LANDSTEINER und LEVINE, *Proc. Soc. exp. Biol. (N. Y.)*, **24**, 941 (1927).
29 LEVINE et al., *Proc. Soc. exp. Biol. (N. Y.)*, **77**, 403 (1951).
30 SANGER, R., *Nature*, **176**, 1163 (1955).
31 MATSON et al., *Amer. J. hum. Genet.*, **11**, 26 (1959).
32 LANDSTEINER und WIENER, *Proc. Soc. exp. Biol. (N. Y.)*, **43**, 223 (1940).
33 WIENER, A. S., *Proc. Soc. exp. Biel. (N. Y.)*, **54**, 316 (1943).
34 RACE, R. R., *Nature*, **153**, 771 (1944).
35 STRATTON, F., *Nature*, **158**, 25 (1946).
36 ARGALL et al., *J. Lab. clin. Med.*, **41**, 895 (1953).
37 WIENER und UNGER, *J. Amer. med. Ass.*, **169**, 696 (1959).
38 CHOWN et al., *Transfusion (Philad.)*, **2**, 150 (1962).
39 CALLENDER und RACE, *Ann. Eugen. (Lond.)*, **13**, 102 (1946).
40 RACE et al., *Nature*, **161**, 316 (1948).
41 STRATTON und RENTON, *Brit. med. J.*, **1**, 962 (1954).
42 CEPPELLINI et al., *Boll. Ist. sieroter. milan.*, **29**, 123 (1950).
43 GREENWALT und SANGER, *Brit. J. Haemat.*, **1**, 52 (1955).
44 SANGER et al., *Nature*, **186**, 171 (1960).
45 SHAPIRO, M., *J. forens. Med.*, **7**, 96 (1960).
46 LAYRISSE et al., *Nature*, **191**, 503 (1961).
47 WIENER und WEXLER, *L. Geddas Novant' Anni delle Leggi Mendeliane*, Istituto Gregorio Mendel, Rom, 1956, S. 147.
48 RACE et al., *Blood*, **3**, 689 (1948).
49 ROSENFIELD et al., *Brit. med. J.*, **1**, 975 (1953).
50 ROSENFIELD und HABER, *Amer. J. hum. Genet.*, **10**, 474 (1958).
51 TIPPETT et al., *Vox Sang. (Basel)*, NF **6**, 21 (1961).
52 DENATALE et al., *J. Amer. med. Ass.*, **159**, 247 (1955).
53 ALLEN, jr., und TIPPETT, *Vox Sang. (Basel)*, NF **3**, 321 (1958).
54 RACE et al., *Nature*, **166**, 520 (1950).
55 GUNSON und DONOHUE, *Vox Sang. (Basel)*, NF **2**, 320 (1957).
56 TATE et al., *Vox Sang. (Basel)*, NF **5**, 398 (1960).
57 VOS et al., *Lancet*, **1**, 14 (1961).
58 METAXAS und METAXAS-BÜHLER, *Vox Sang. (Basel)*, NF **6**, 136 (1961).
59 ROSENFIELD et al., *Transfusion (Philad.)*, **2**, 287 (1962).
60 KEITH et al., *Vox Sang. (Basel)*, NF **10**, 528 (1965).
61 CUTBUSH und CHANARIN, *Nature*, **178**, 855 (1956).
62 CRAWFORD et al., *Transfusion (Philad.)*, **1**, 228 (1961).
63 MOHR, J., *Acta path microbiol. scand.*, **29**, 339 (1951).
64 SANGER und RACE, *Heredity*, **12**, 513 (1958).
65 COOMBS et al., *Lancet*, **1**, 264 (1946).
66 LEVINE et al., *Science*, **109**, 464 (1949).
67 ALLEN, jr., und LEWIS, *Vox Sang. (Basel)*, NF **2**, 81 (1957).
68 CHOWN et al., *Nature*, **180**, 711 (1957).
69 CORCORAN et al., *Transfusion (Philad.)*, **1**, 181 (1961).
70 ALLEN, jr., et al., *Vox Sang. (Basel)*, NF **6**, 555 (1961).
71 GIBLETT, E. R., *Nature*, **181**, 1221 (1958).
72 STROUP et al., *Transfusion (Philad.)*, **5**, 309 (1965).
73 ALLEN, jr., und ROSENFIELD, *Transfusion (Philad.)*, **1**, 305 (1961).
74 FRIEDENREICH und HARTMANN, *Z. Immun.-Forsch.*, **92**, 141 (1938).
75 GRUBB, R., *Nature*, **162**, 933 (1948).
76 MOURANT, A. E., *Nature*, **158**, 237 (1946).
77 ANDRESEN, P. H., *Acta path. microbiol. scand.*, **25**, 728 (1948).
78 ANDRESEN und JORDAL, *Acta path. microbiol. scand.*, **26**, 636 (1949).
79 GRUBB, R., *Acta path. microbiol. scand.*, **28**, 61 (1951).
80 SNEATH und SNEATH, *Nature*, **176**, 172 (1955).
81 CUTBUSH et al., *Brit. J. Haemat.*, **2**, 210 (1956).
82 CEPPELLINI, R., *Proceedings of the 5th Congress of the International Society of Blood Transfusions*, Paris, 1955, S. 207.
83 CUTBUSH et al., *Nature*, **165**, 188 (1950).
84 IKIN et al., *Nature*, **168**, 1077 (1951).
85 SANGER et al., *Brit. J. Haemat.*, **1**, 370 (1955).
86 ALLEN et al., *Nature*, **167**, 482 (1951).
87 PLAUT et al., *Nature*, **171**, 431 (1953).
88 PINKERTON et al., *Vox Sang. (Basel)*, NF **4**, 155 (1959).
89 LAYRISSE et al., *Acta med. venez.*, **3**, 132 (1955).
90 THOMPSON et al., *Vox Sang. (Basel)*, NF **13**, 314 (1967).
91 SALMON et al., *Nouv. Rev. franç. Hémat.*, **1**, 649 (1961).
92 SWANSON et al., *Nature*, **206**, 313 (1965).
93 WIENER et al., *Ann. intern. Med.*, **44**, 221 (1956).
94 MARSH und JENKINS, *Nature*, **188**, 753 (1960).
95 TIPPETT et al., *Vox Sang. (Basel)*, NF **5**, 107 (1960).
96 MANN et al., *Lancet*, **1**, 8 (1962).
97 EATON et al., *Brit. J. Haemat.*, **2**, 333 (1956).
98 GILES und METAXAS, *Nature*, **202**, 1122 (1964).
99 GILBEY, B. E., *Nature*, **160**, 362 (1947).
100 ELBEL und PROKOP, *Z. Hyg. Infekt.-Kr.*, **132**, 120 (1951).

101 van Loghem und van der Hart, *Bulletin van het Centraal Laboratorium van de Bloedtransfusiedienst van het Nederlandse Rode Kruis*, **2**, 225 (1952).
102 Holman, C.A., *Lancet*, **2**, 119 (1953).
103 Davidsohn et al., *Blood*, **8**, 747 (1953).
104 Simmons und Were, *Med.J.Aust.*, **2**, 55 (1955).
105 Kissmeyer-Nielsen, F., *Vox Sang. (Basel)*, **5**, 102 (1955).
106 Cleghorn, T.E., *Brit.J.Haemat.*, **6**, 433 (1960).
107 Frumin et al., *Blood*, **15**, 681 (1960).
108 Wadlington et al., *Amer.J.Dis.Child.*, **101**, 623 (1961).
109 Cleghorn, T.E., zitiert nach Race und Sanger, *Blood Groups in Man*, 4. Aufl., Blackwell, Oxford, 1962, S. 298.
110 Wallace und Milne, in: Holländer, L. (Hrsg.), *Proceedings of the 7th Congress of the International Society of Blood Transfusion*, Rom 1958, Karger, Basel, 1959, S. 587 (*Bibl.haemat.[Basel]*, Heft 10).
111 Dorfmeijer et al., in: Holländer, L. [110], S. 608.
112 van der Hart et al., zitiert nach Race und Sanger [109], S. 298.
113 Dunsford, I., zitiert nach Race und Sanger [109], S. 298.
114 Buchanan und Afaganis, *Vox Sang. (Basel)*, NF **8**, 213 (1963).
115 Sussman und Miller, *Rev. Hémat.*, **7**, 368 (1952).
116 Rosenfield et al., *Brit.J.Haemat.*, **6**, 344 (1960).
117 Schmidt et al., zitiert nach Race und Sanger [109], S. 314.
118 Metaxas, M.N., *Méd.et Hyg. (Genève)*, **20**, 999 (1962).

Serumgruppen[1]

Einige Serumproteine weisen erblich determinierte Allotypien auf, welche als Serumgruppen bezeichnet werden, so die γ-Globuline (Gm-Gruppen), die α_2-Globuline (Haptoglobine und Gc-Gruppen), die Lipoproteine (die Ag-, Lp- und Ld-Gruppen), die Transferrine, die Serumcholinesterase. Außer den Polymorphismen von Serumenzymen sind auch solche der Erythrozytenenzyme bekannt, wie die der sauren Phosphatase[26], der Phosphoglucomutase[27], der Esterasen[28] und der Lactatdehydrogenase[29].

Die Gm-Serumgruppen (Grubb und Laurell[2]) (genetische Faktoren der Immunglobuline)

Die Gm-Serumgruppen bestehen aus den Gm-Faktoren, welche an der H-Kette, und aus den Inv-Faktoren, welche an der L-Kette der Immunglobuline lokalisiert sind (siehe auch S. 577). Die Gm- und auch die Inv-Faktoren werden mit Hilfe der Agglutinationshemmreaktion gegenüber mit inkompletten Anti-D-Antikörpern beladenen, Rh-positiven Erythrozyten nachgewiesen. Ein als Anti-ISf bezeichnetes Serum definiert eine von den Gm und Inv unabhängige Eigenschaft der Immunglobuline (lokalisiert auf der H-Kette des Typs γ_{2b}). Bisher sind insgesamt 22 Gm- und 3 Inv-Eigenschaften beschrieben worden. Die wesentlichsten Gm-Faktoren sind: Gm^a (Grubb und Laurell[2]), Gm^b (Harboe[3]), Gm^x (Harboe und Lundevall[4]), Gm^t (Gold et al.[5]). In einer 1965 vorgeschlagenen neuen Terminologie heißen diese Gm-Faktoren Gm(1), Gm(5), Gm(2) bzw. Gm(4). Für die ursprünglich als Inv (l) bezeichnete Eigenschaft steht jetzt Inv(1).

Die Haptoglobingruppen (Smithies[6])

Trennt man die α_2-Globuline zonenelektrophoretisch im Stärkegel, so finden sich bei den Haptoglobinbanden gruppenspezifische Unterschiede, die eine Unterscheidung von drei Hp-Phänotypen erlauben, denen drei Genotypen entsprechen (Tabelle 1).

Tabelle 1

Phänotyp	Genotyp
Hp 1–1	Hp^1/Hp^1
Hp 2–1	Hp^1/Hp^2
Hp 2–2	Hp^2/Hp^2

Bei Neugeborenen besteht physiologisch eine Ahaptoglobinämie. Diese tritt auch bei intravasaler Hämolyse auf. Die echte Ahaptoglobinämie, eine Defektpathoproteinämie, ist außerordentlich selten. Es sind auch einige seltene Varianten der Haptoglobingruppen beschrieben worden, so das Hp-Ca (Galatius-Jensen[7]) und der Johnson-Typ (Giblett[8]), der in verschiedenen Modifikationen (Modifikation 1 und 2) nachgewiesen wurde.

Die gruppenspezifische Komponente (Gc-Gruppen) (Hirschfeld[9])

In dem mit Hilfe der Immunelektrophorese aufgetrennten α_2-Globulinbereich des Serums wurde von Hirschfeld[9] eine Allotypie beobachtet und als Gc-Gruppe bezeichnet. Man unterscheidet einen schnell wandernden Gc-1-1-Typ, den intermediären Gc-2-1- und den langsam wandernden Gc-2-2-Typ.

Diesen Phänotypen entsprechen die durch die autosomalen Gene Gc^1 und Gc^2 gebildeten Genotypen Gc^1Gc^1, Gc^1Gc^2 und $Gc^2\ Gc^2$. Sehr seltene Varianten sind: Gc^x (Hirschfeld[10]), Gc^y (Hirschfeld[11]) und Gc^z (Hennig und Hoppe[12]).

Die Lipoproteinserumgruppen (Ag-Gruppen [Allison und Blumberg[13]]; Lp-Gruppen [Berg[14]])

In der komplexen Proteinklasse der Lipoproteine unterscheidet man die «high-density»-Lipoproteine und die «low-density»-Lipoproteine (LDL). Die LDL weisen eine genetisch kontrollierte Heterogenität auf. Dieser Polymorphismus wird mit Hilfe präzipitierender Immunseren dargestellt. Allison und Blumberg[13] fanden als erste im Serum eines Patienten, der sehr viele Bluttransfusionen erhalten hat, ein präzipitierendes Anti-LDL-Serum, welches sie als Anti-Ag bezeichneten. Auch im Serum von Multiparae mit mindestens vier Schwangerschaften fanden Dürwald et al.[15] Isopräzipitine mit Anti-Ag-Spezifität. Das korrespondierende Antigen wird als Ag bezeichnet. Im Laufe der Zeit wurden verschiedene Ag-Spezifitäten beschrieben. So außer dem ursprünglichen Ag(a)[13] Ag(b)[16], Ag(x)[17], $Ag(a_1)$[18] und Ag(z)[18]. Berg[19] schlug für eine weitere Ag-Spezifität die Bezeichnung Ld(a) vor. Es ist nicht gelungen, beim Tier ein heterospezifisches Anti-Ag-Serum zu erzeugen. Berg[14] erhielt durch Immunisieren von Kaninchen heterospezifische Anti-LDL-Seren, die mit einem weiteren LDL-Antigen, nämlich Lp, reagieren. Die genetische Unabhängigkeit der Ag-Eigenschaften von den Lp-Eigenschaften scheint gesichert zu sein[19]. Eine Isoimmunisierung gegen einen Lp-Faktor wurde bisher nicht beschrieben. Es gelang, ein Anti-Lp-Serum außer beim Kaninchen auch beim Pferd zu erzeugen[20]. Während das ursprüngliche Anti-Lp-Serum[14] den Faktor Lp(a) definiert, reagiert das heterospezifische Anti-Lp-Pferdeserum[20] mit dem Faktor Lp(x).

Die Transferringruppen (Smithies[21])

Polymorphismen des eisenbindenden β_1-Globulins Siderophilin (Transferrin) werden Transferringruppen (Tf-Gruppen) genannt. Es sind an die acht in ihrer elektrophoretischen Beweglichkeit unterschiedliche Transferrine (Smithies und Hiller[22], Giblett et al.[23]). Jedes der Transferrine entspricht einem autosomalen Gen, wovon jedes Individuum ein Paar besitzt. Die meisten Individuen der weißen Rasse sind homozygot für das Gen Tf^c.

Die Cholinesterasegruppen (Lehmann und Ryan[24], Kalow und Genest[25])

Gruppenspezifische Polymorphismen des Serumenzyms Cholinesterase, die aufgrund ihrer differenten enzymatischen Aktivität unterscheidbar sind, werden als Cholinesterasegruppen zusammengefaßt. Ihr Erbgang ist noch nicht klargestellt.

Literatur

1 Übersicht bei Prokop und Uhlenbruck, *Lehrbuch der menschlichen Blut- und Serumgruppen*, Fischer, Jena, 1963.
2 Grubb und Laurell, *Acta path.microbiol.scand.*, **39**, 390 (1956).
3 Harboe, M., *Acta path.microbiol.scand.*, **47**, 191 (1959).
4 Harboe und Lundevall, *Acta path.microbiol.scand.*, **45**, 357 (1959).
5 Gold et al., *Vox Sang. (Basel)*, **10**, 299 (1965).
6 Smithies, O., *Biochem.J.*, **61**, 629 (1955).
7 Galatius-Jensen, F., *The Haptoglobins; a Genetical Study*, Dansk Videnskabs Forlag, Kopenhagen, 1960.
8 Giblett, E.R., *Nature*, **183**, 192 (1959).
9 Hirschfeld, J., *Acta path.microbiol.scand.*, **47**, 160 (1959).
10 Hirschfeld, J., *Progr. Allergy*, **6**, 155 (1962).
11 Hirschfeld, J., *Sci.Tools*, **8**, 17 (1962).
12 Hennig und Hoppe, *Vox Sang. (Basel)*, NF **10**, 214 (1965).
13 Allison und Blumberg, *Lancet*, **1**, 634 (1961).
14 Berg, K., *Acta path.microbiol.scand.*, **59**, 369 (1963).
15 Dürwald et al., *Vox Sang. (Basel)*, NF **10**, 94 (1965).
16 Blumberg und Riddell, *J.clin.Invest.*, **42**, 867 (1963).
17 Hirschfeld und Blombäck, *Nature*, **201**, 1337 (1964).
18 Hirschfeld et al., *Nature*, **202**, 706 (1964).
19 Berg, K., *Vox Sang. (Basel)*, NF **11**, 419 (1966).
20 Bundschuh, G., *Ärztl. Lab.*, **10**, 309 (1964).
21 Smithies, O., *Nature*, **180**, 1482 (1957).
22 Smithies und Hiller, *Biochem.J.*, **72**, 121 (1959).
23 Giblett et al., *Nature*, **183**, 1589 (1959).
24 Lehmann und Ryan, *Lancet*, **2**, 124 (1956).
25 Kalow und Genest, *Canad.J.Biochem.*, **35**, 339 (1957).
26 Hopkinson et al., *Nature*, **199**, 969 (1963).
27 Spencer et al., *Nature*, **204**, 742 (1964).
28 Shaw et al., *Science*, **138**, 31 (1962); Tashian und Shaw, *Amer.J.hum.Genet.*, **14**, 295 (1962).
29 Vesell, E.S., *Progr.med.Genet.*, **4**, 128 (1965).

(Literatur siehe S. 635–636)

Wenn nicht anders angegeben, handelt es sich bei der folgenden Zusammenstellung um Lumballiquor des Erwachsenen, der dem Arachnoidalsack zwischen dem 3. und 4. Lendenwirbel entnommen wurde. Die Zusammensetzung des Liquors in den einzelnen Liquorräumen – Lumballiquor, Subokzipital- bzw. Zisternenliquor und Ventrikelliquor – zeigt infolge der verschiedenen Sekretions-, Transsudations- und Resorptionsvorgänge manche Unterschiede.

Wir verweisen auf die zusammenfassenden Darstellungen der Liquorzusammensetzung[1–6].

	Mittelwert	95%-Bereich (in Klammern Extrembereich)	s	Literatur	Bemerkungen
Physikalisch-chemische Daten					
Druck (Torr)					
Kinder	–	(3,0–7,5)	–	5	Druckmessung, während der Patient sich in Seitenlage befindet. Der Meßwert schwankt mit der Lage des Patienten, der Atmung und den Herzschlägen. Einatmen von CO_2 und Alkalose bewirken eine Druckerhöhung, Einatmen von O_2 und Hyperventilation eine Druckerniedrigung[7]. *Queckenstedt-Test:* Der Liquordruck erhöht sich bei Kompression der beiden Jugularvenen und wird wieder normal, sobald die Kompression aufhört. Erhöht sich der Liquordruck bei Kompression einer einzigen Jugularvene, so weist dies auf eine Thrombose des lateralen Sinus venosus der andern Seite hin.
Erwachsene	–	(4,5–13,5)	–	5	
Menge (ml)					
Säuglinge	–	(40–60)	–	5	Davon sind beim Erwachsenen etwa 35 ml in den Ventrikeln, 25 ml im Subarachnoidalraum und den Zisternen und 75 ml im Spinalraum.
Jüngere Kinder	–	(60–100)	–	5	
Ältere Kinder	–	(80–120)	–	5	
Erwachsene	135	(100–160)	–	5	
Aussehen	...	...	...	...	Der Liquor ist normalerweise wasserhell und klar. Er ist pathologisch, wenn er gefärbt oder getrübt ist, ausgenommen bei einer durch Punktion verursachten Blutung. Der Liquor ist getrübt ab einem Gehalt von etwa 200 Leukozyten pro Mikroliter. Rotfärbung (Erythrochromie), wenn sich im Verlauf der Punktion oder höchstens 5–6 Stunden vorher Blut beimischte (falls mehr als 30 Erythrozyten pro Mikroliter). Gelbfärbung (Xanthochromie), wenn sich früher als 6 Stunden vor der Punktion Blut beimischte oder die Permeabilität der Meningealschranke für Farbstoffe wie Bilirubin und Carotine erhöht ist (zum Beispiel Meningitiden oder Zirkulationsblockierungen des Liquors). Braunfärbung bei Melanosarkom des Zentralnervensystems oder der Meningen.
Leukozytenzahl (pro µl)					
Neugeborene (0–14 Tage)					
Lumballiquor	7,5	(0–15)	–	8	(a) 60, (b) 20 Personen, Werte in Übereinstimmung mit Sayk[10]. Der Leukozytengehalt ist häufig bei Neugeborenen[8] und besonders Frühgeborenen[11] in den ersten Lebenswochen stark erhöht; vom 3. Lebensmonat an ist der Leukozytengehalt des Liquors gleich wie bei Erwachsenen. Bei Kindern sind 58% der Zellen polynuklear, bei Erwachsenen beträgt der Anteil an lymphozytären Zellen in (a) 70–90%, in (b) 85–95%, in (c) 95–100%, der an monozytären Zellen in (a) 10–20%, in (b) 5–15% und in (c) 0–5%.
Erwachsene					
(a) Lumballiquor	1,1	0–5,3	–	9	
(b) Subokzipitalliquor	0,9	0–3,6	–	9	
(c) Ventrikelliquor	–	(0–1)	–	10	
Erythrozytenzahl (pro µl)					
Neugeborene (0–14 Tage)	120	(0–675)	–	8	Ausgenommen in der Neugeborenenperiode ist das Vorhandensein von Erythrozyten immer pathologisch, jedoch gelangen bei einer Punktion fast unvermeidlich einige in die Flüssigkeit.
Spezifisches Gewicht	1,007 0	(1,006 2–1,008 2)	–	12	Werte von 150 Personen.
Gefrierpunktserniedrigung (°C)	0,569	(0,540–0,603)	–	13	Werte von 47 Personen. Gefrierpunktserniedrigung und Osmolalität des Liquors sind etwas größer als die des Serums.
Osmolalität (mosm/kg H_2O)	306	–	–	13	
Refraktionswert	–	(1,334 94–1,335 10)	–	14	
Oberflächenspannung (20 °C, dyn cm^{-1})	61,5	60,0–63,0	0,75	15	Gemessen mit der Torsionswaage.
Relative Viskosität (38 °C)	–	(1,020–1,027)	–	16	
Spezifische Leitfähigkeit (18 °C, S cm^{-1})	0,011 90	–	–	17	
Trockensubstanz (g/kg)	10,8	(8,5–17,0)	–	13	Werte von 28 Personen; die Trockensubstanz besteht vorwiegend aus Natriumchlorid.
pH					
Subokzipitalliquor	7,349	7,327–7,371	0,011	18	Werte von 15 Personen, bezogen auf die NBS-pH-Skala; mittlerer pH-Wert des arteriellen Blutes 7,424. Der pH-Wert des Subokzipital- und Lumballiquors ist identisch[19]. Der Liquor-pH-Wert ist bei Störungen des Säure–Basen-Haushalts weitgehend konstant[20] infolge Verschiebung der Bicarbonatkonzentration.

(Literatur siehe S. 635–636)

	Mittelwert	95%-Bereich (in Klammern Extrembereich)	s	Literatur	Bemerkungen
Anorganische Substanzen					
Bicarbonat (mval/l)					
Subokzipitalliquor	23,6	21,3–25,9	1,17	18	Werte von 15 Personen; mittlerer Bicarbonatgehalt des Serums 24,9 mval/l. Der Bicarbonatgehalt des Subokzipital- und Lumballiquors ist gleich[19].
CO_2 (mmol/l)					
Subokzipitalliquor	25,1	22,6–27,6	1,25	18	Manometrisch ermittelte Werte von 15 Personen; mittlerer CO_2-Gehalt des Serums 26,1 mmol/l.
CO_2-Druck (Torr)					
Subokzipitalliquor	45,2	39,5–50,9	2,84	18	Berechnete Werte von 15 Personen, mittlerer CO_2-Druck des arteriellen Blutes 37,5 Torr. Der CO_2-Druck des Subokzipital- und Lumballiquors ist gleich[19].
Chlorid (mval/l)					
(a)	124	(122–128)	–	21	(a) 15 Proben, argentometrisch bestimmt; (b) 23 Personen, mercurimetrisch bestimmt. Der Chloridgehalt des Liquors ist ungefähr 20% höher als der des Serums.
(b)	119,4	110–129	4,81	22	
Phosphor (mg/l)					
Total	–	(13,7–21,5)	–	23	Anorganischer Phosphor: Werte von 70 Personen; erhöht bei entzündlichen Erkrankungen des Zentralnervensystems und bei zerebraler Arteriosklerose.
Anorganisch	16,1	11,5–20,7	2,3	24	
Lipoidphosphor	0,16	–	–	25	
Schwefel, anorganisch (mg/l)	6	–	–	26	Werte von Personen mit neurologischen Erkrankungen.
Bromid (mg/l)	2,3	(1,4–3,8)	–	27	Der Bromidgehalt des Ventrikelliquors ist kleiner als der des Lumballiquors[28].
Jod (µg/l)	2	–	–	29	Kleine Mengen des Jods liegen als Jodid vor, der größte Teil in Form von Thyroxin[30]. Der Jodgehalt des Liquors beträgt etwa 2% des Serumjodgehalts.
Rhodanid (mg/l)	–	(0,3–2,9)	–	1	
Kalium (mval/l)					
(a)	3,0	2,64–3,36	0,18	22	(a) 23, (b) 20 Personen; (b) mittlerer Kaliumgehalt des Serums 4,46 mval/l. Der Kaliumgehalt des Liquors ist weitgehend unabhängig von dem des Serums. Bei Säuglingen ist er eher niedriger als bei Erwachsenen[32].
(b)	2,96	2,06–3,86 (2,33–4,59)	0,45	31	
Natrium (mval/l)					
(a)	146	135–157	5,69	22	(a) 23, (b) 20 Personen; (b) mittlerer Natriumgehalt des Serums 140,6 mval/l. Der Natriumgehalt des Liquors variiert entsprechend dem des Serums, außer bei sehr schweren Affektionen des Zentralnervensystems[31].
(b)	141,2	129–153 (128–152)	6,0	31	
Calcium (mval/l)	2,28	1,96–2,60	0,16	33	Werte von 38 Personen. Der Calciumgehalt des Liquors entspricht etwa dem Gehalt des Serums an ionisiertem Calcium. Der Calciumgehalt der einzelnen Liquorfraktionen ist weitgehend identisch.
Magnesium (mval/l)	2,23	0,45–4,01	0,89	33	Werte von 38 Personen; mittlerer Magnesiumgehalt des Serums 1,61 mval/l. Der Magnesiumgehalt der einzelnen Liquorfraktionen ist weitgehend identisch.
Eisen (mg/l)	–	(0,23–0,52)	–	5	
Kupfer (µg/l)					
(a)	62	14–110	24	34	(a, b) Je 15 Personen; (a) kolorimetrisch, (b) mittels Neutronenaktivierung bestimmt.
(b)	16	8–24	4	87	
Mangan (µg/l)	–	(0,83–1,50)	–	35	Bestimmt mittels Neutronenaktivierung.
Stickstoffhaltige Substanzen					
Gesamtstickstoff (mg/l)	185	(157–220)	–	1	Der Liquor enthält nur geringe Mengen Protein; der Reststickstoff besteht vorwiegend aus Harnstoff und Aminosäuren.
Reststickstoff (mg/l)	–	(110–200)	–	1	
Ammoniak (mg/l)	0,264	0,062–0,466	0,101	36	Werte von 15 Personen; erhöht bei Leberzirrhose.
Aminosäuren					
Als α-Amino-N (mg/l)	12,4	9,6–15,2 (10,0–14,7)	1,4	37	Werte von 20 Personen, kolorimetrisch mit Ninhydrin bestimmt. Die Angaben über den Gehalt des Liquors an den einzelnen freien Aminosäuren[38,39] stimmen nur mäßig überein. Durch Säulenchromatographie nach Stein und Moore erhält man 35 ninhydrinpositive Substanzen[39], darunter 25 Aminosäuren und 7 nicht näher definierte Substanzen. Glutamin ist im Liquor in ähnlicher Konzentration wie im Serum enthalten; der Gehalt an den meisten anderen Aminosäuren beträgt 5–15% des Serumgehaltes[39].

(Literatur siehe S. 635–636)

	Mittelwert	95%-Bereich (in Klammern Extrembereich)	s	Literatur	Bemerkungen
Äthanolamin (mg/l)	–	(0,5–1,5)	–	40	Die Äthanolaminkonzentration im Liquor ist höher als die im Serum.
Creatin (mg/l)	–	(4,6–18,7)	–	41	
Creatinin (mg/l)	–	(6–14)	–	41	
Harnstoff (mg/l)	250	(138–364)	–	42	Werte von 106 Personen, Ureasemethode. Der Harnstoffgehalt des Liquors beträgt ungefähr ¾ des Serumgehalts[42,43]. Er ist erhöht bei Krankheiten, die mit einer Stickstoffretention einhergehen.
Harnsäure (mg/l)	–	(5–26)	–	5	
Acetylcholin (μg/l)	–	(<20)	–	44	
Histamin (μg/l)	9,7	(2–30)	–	45	
Serotonin (μg/l)	1,04	0,66–1,42	0,19	46	Werte von 48 Personen, biologisch bestimmt.
Indoxylschwefelsäure (mg/l)	1,0	0,6–1,4	0,2	47	Werte von 50 Personen. Erhöht bei Niereninsuffizienz.
Bilirubin (mg/l)					
Neugeborene	2,4	0,4–4,4	1,0	48	Werte von 34 Neugeborenen; Bilirubingehalt des Serums 67 mg/l. Mit zunehmendem Bilirubingehalt des Serums steigt auch der des Liquors (Korrelationskoeffizient 0,58[48]). Das Bilirubin des Liquors liegt hauptsächlich unkonjugiert vor[48,50].
Erwachsene	–	(<0,1)	–	49	
Proteine (mg/l)					
Kinder					
(a) 1–5 Tage	700	(250–900)	–	51	(a) 35, (b) 7, (c) 98, (d) 21, (e) 25, (f) 13 und (g) 7 Personen; (a) Biuretreaktion, (b) Fällung mit Trichloressigsäure, (c, e) Biuretreaktion–Folin-Methode, (d, f, g) Fällung mit Sulfosalicylsäure. Je nach verwendeter Methode ergeben sich etwas verschiedene Werte[52,54,55]. Im Vergleich zum Serum enthält der Liquor nur wenig Protein. Immunoelektrophoretisch lassen sich über 30 Fraktionen nachweisen[3,4,56], mittels Agargel-Elektrophorese gegen 20 Fraktionen[57]. Bei neurologischen Erkrankungen finden sich im Liquor auch serumfremde Proteine[56,57]. Gegenüber dem Serum ist der Gehalt an Präalbumin stark erhöht, dagegen fehlen im normalen Liquor Fibrinogen und weitgehend auch Lipoproteine und Proteine mit höherem Molgewicht als γG-Globulin. Bei Neugeborenen und besonders Frühgeborenen ist der Proteingehalt des Liquors erhöht[8,11,48,51]. Ungefähr vom 6. Lebensmonat an entspricht er jenem des Erwachsenen. Bei über 65jährigen enthält der Lumballiquor gelegentlich über 600 mg Protein pro Liter[55]. Beobachtungen über Geschlechtsunterschiede sind widersprechend. Pathologischer Liquor enthält immer erhöhte Mengen an Protein; die Präalbuminfraktion ist gelegentlich verringert, die γ-Globulin-Fraktion bei entzündlichen Prozessen und multipler Sklerose erhöht[6,57–59]. Die Agargel-Elektrophorese der γ-Globuline ermöglicht die Differentialdiagnose von Leukoenzephalitis, multipler Sklerose und Neurosyphilis[57].
(b) 5–8 Monate	204	156–252	24	8	
Erwachsene					
(c) Lumballiquor	244	156–333	44	52	
(d) Lumballiquor	313	123–503	95	53	
(e) Subokzipitalliquor	218	127–310	46	52	
(f) Subokzipitalliquor	183	97–269	43	53	
(g) Ventrikelliquor	171	0–369	99	53	
Mucoproteine (mg/l)	51	15–87	18	60	In Perchlorsäure löslicher Proteinanteil.
Sialsäure (mg/l)	5,1	3,3–6,9	0,9	61	Werte von 15 Proben, Thiobarbitursäuremethode; freie Sialsäure ist im Liquor nicht enthalten.
β-Lipoproteine (mg/l)	0,39	(0,10–0,62)	0,18	62	Werte von 12 Personen.

Papierelektrophoretische Liquorproteinfraktionen (% des Gesamtproteins)

	Anzahl	Präalbumin		Albumin		α₁-Globuline		α₂-Globuline		β-Globuline		γ-Globulin		Literatur
		Mittelwert	s	Mittelwert	s	Mittelwert	s	Mittelwert	s	Mittelwert	s	Mittelwert	s	
Kinder (1–5 Tage)	35	2,5		47,4		6,8		8,8		14,5		20,0		1
Erwachsene														
Lumballiquor	22	3,4	1,98	54,8	6,95	8,8	0,24	7,9	1,77	{9,8 / 5,8}*	{1,71 / 1,53}*	9,8	2,88	2
	21	4,6	1,3	49,5	6,5	6,7	2,0	8,3	2,1	18,5	4,8	11,2	2,7	3
Subokzipitalliquor	13	4,6	1,6	44,6	7,3	6,7	1,0	9,5	3,7	21,3	4,5	13,4	4,0	3
Ventrikelliquor	7	6,3	1,8	46,4	6,5	8,1	1,7	7,9	2,8	19,1	2,0	10,3	2,7	3

* Gesamt-β-Fraktion; erster Wert β-Fraktion; zweiter Wert β_L-Fraktion.

1 Pilíero und Lending, *Amer. J. Dis. Child.*, **97**, 785 (1959).

2 Scheiffarth et al., *Papierelektrophorese in Klinik und Praxis*, Urban & Schwarzenberg, München, 1962, S. 78.

3 Goldstein et al., *Med. Clin. N. Amer.*, **44**, 1053 (1960).

	Mittelwert	95%-Bereich (in Klammern Extrembereich)	s	Literatur	Bemerkungen
Enzyme*	...	...	...	...	Im Liquor wurden bisher bis gegen 30 Enzyme nachgewiesen[4,6]; außer den nachstehenden Enzymen enthält der Liquor noch verschiedene Esterasen (zum Beispiel Cholinesterase), Lipasen, Ribonuclease, Isocitratdehydrogenase und Succinatdehydrogenase. Zwischen der Enzymaktivität des Serums und der des Liquors besteht sozusagen keine Beziehung. Störungen der Permeabilität der Blut–Hirn- und Blut–Liquor-Schranke können zu einer Transsudation von Enzymen aus dem Serum und dem Hirnparenchym in die Zerebrospinalflüssigkeit führen.
1.1.1.14 **L-Iditoldehydrogenase** (U/l, 25 °C)	1,0	0,54–1,46	0,23	63	Werte von 2–15 Jahre alten Kindern.
1.1.1.27 **Lactatdehydrogenase** (U/l, 25 °C)	18,4	6,8–30,0	5,8	64	Das Verhältnis der einzelnen Isoenzyme ist ähnlich wie im Serum[65]. Signifikante Altersunterschiede wurden bei Kindern nicht beobachtet[63].
1.1.1.37 **Malatdehydrogenase** (U/l, 25 °C)	20,8	12,8–28,8	4,0	64	
2.1.3.3 **Ornithincarbamoyltransferase** (U/l, 37 °C)	0,31	0,05–0,57	0,13	66	Werte von 77 Kindern.
2.6.1.1 **Aspartataminotransferase** (U/l, 25 °C)	–	(0–10)	–	67	UV-Test. Signifikante Altersunterschiede wurden bei Kindern nicht beobachtet[63].
2.6.1.2 **Alaninaminotransferase** (U/l, 25 °C)	–	(0–9)	–	67	
3.4.1.1 **Leucinaminopeptidase** (U/l, 37 °C)	0,17	(0,05–0,28)	–	68	
4.1.2.13 **Fructosediphosphataldolase** (U/l, 37 °C)	0,29	0–0,73	0,22	64	
5.3.1.6 **Ribosephosphatisomerase** (U/l, 37 °C)	1,2	(0,5–1,3)	–	69	
5.3.1.9 **Glucosephosphatisomerase** (U/l, 37 °C)	15	(2,5–38)	–	69	
Lipide					
Gesamtlipide (mg/l)	12,52	7,66–17,4	2,43	59	Im Liquor sind Triglyceride, Phospholipide, Cholesterin und Cholesterinester enthalten. Die Fettsäurenzusammensetzung der Liquorlipide ist der der Plasmalipide qualitativ ähnlich; der Linolsäureanteil der Liquorfettsäuren (4%) ist geringer als der der Plasmafettsäuren (24%)[70].
Neutralfett (mg/l)	4,17	0–9,01	2,42	59	Differenzwert; wahrscheinlich vorwiegend Triglyceride.
Cholesterin (mg/l)					
(a)	3,95	2,19–5,71	0,88	59	(a) 33%, (b) 44% freies Cholesterin.
(b)	4,63	1,55–7,71	1,54	71	
Phospholipide					
(mg/l)	5,49	2,09–8,89	1,70	71	Die Liquorphospholipide bestehen aus Lecithinen, Cephalinen, Plasmalogenen, Sphingomyelinen und kleinen Mengen Lysolecithine[59,72]. Der Phospholipidgehalt des Liquors ist bei neurologischen Krankheiten oft erhöht, ebenso der Cephalingehalt bei Erkrankungen, die mit einem Myelinabbau im Nervengewebe einhergehen[73].
(μmol/l)	5,21	3,41–7,01	0,90	59	
Gesamtfettsäuren (μmol/l)	70	42–98	14	74	

* Angegeben ist die EC-Nummer, gefolgt vom Trivialnamen des Enzyms (siehe dazu S.378). Zur Definition der Einheit U siehe S.580.

	Mittelwert	95%-Bereich (in Klammern Extrembereich)	s	Literatur	Bemerkungen
Kohlenhydrate und stickstofffreie Stoffwechselprodukte					
Glucose (mg/l)					
(a) Lumballiquor	615	487–743	64	75	(a) Glucoseoxydasemethode, (b) Bestimmung nach FOLIN-WU, (c) nach HAGEDORN-JENSEN. Zur Glucosebestimmung eignet sich auch die *o*-Toluidinmethode[76], da im Erwachsenenliquor Galactose und Mannose fehlen. Ungefähr 90% der reduzierenden Substanzen im Liquor sind Glucose. Der Glucosegehalt des Liquors beträgt etwa ⅔ des Serumgehaltes; er ist bei Neugeborenen oft erniedrigt, pathologisch erhöht bei Diabetes mellitus und Encephalitis lethargica, erniedrigt bei bakterieller Meningitis.
(b) Lumballiquor	670	480–860	95	75	
(c) Lumballiquor	–	(500–800)	–	10	
(c) Subokzipitalliquor	–	(500–900)	–	10	
(c) Ventrikelliquor	–	(500–900)	–	10	
Fructose (mg/l)	34	(24–42)	–	77	
Glucosamin (mg/l)	90	(50–180)	–	78	
Inosit (mg/l)	25,5	13,7–37,3	5,9	79	Werte von 14 Personen.
Brenztraubensäure (mg/l)	–	(4–7)	–	80	Eine diagnostische Bedeutung der Werte wurde diskutiert[81].
α-Ketoglutarsäure (mg/l)	–	(0,3–2,9)	–	80	
Oxalessigsäure (mg/l)	–	(0,8–1,1)	–	80	
Bernsteinsäure (mg/l)	–	(2,8–3,9)	–	82	
Citronensäure (mg/l)					
Lumballiquor	54	–	–	83	Werte von 30 Jahre alten Personen; der Citronensäuregehalt des Liquors steigt mit zunehmendem Lebensalter.
Subokzipitalliquor	37	–	–	83	
Milchsäure (mval/l)	1,6	0,84–2,36	0,38	22	Werte von 23 Personen, enzymatisch bestimmt; Milchsäuregehalt des Bluts 1,4 mval/l.
Acetessigsäure (mg/l)	2,67	(1,61–5,46)	1,26	88	Werte von 11 Personen, enzymatisch bestimmt.
β-Hydroxybuttersäure (mg/l)	4,83	(2,47–9,80)	2,49	88	Werte von 11 Personen, enzymatisch bestimmt.
Vitamine					
Thiamin (μg/l)					
(a)	–	(13–17)	–	84	(a) 45, (b) 36 Personen; (a) bestimmt mit *Ochromonas malhamensis*, (b) mit *Ochromonas danica*. Thiamin ist im Liquor sowohl in freier als auch in phosphorylierter Form vorhanden[1].
(b)	4	(3–12)	–	85	
Vitamin B_6 (μg/l)	–	(0–0,75)	–	84	Bestimmt mit *Tetrahymena pyriformis*.
Nicotinsäure (mg/l)	–	(0,1–0,5)	–	1	
Folsäure (μg/l)					
(a)	–	(10–30)	–	86	(a) Bestimmt mit *Lactobacillus casei*, (b) mit *Pediococcus cerevisiae*. Zu den Bestimmungsmethoden siehe S. 478.
(b)	–	(1–5)	–	86	
Vitamin B_{12} (ng/l)	–	(0–30)	–	86	Bestimmt mit *Ochromonas malhamensis*.
Pantothensäure (mg/l)	0,52	(0,10–1,7)	–	84	Werte von 103 Personen, bestimmt mit *Lactobacillus plantarum*; vorwiegend in gebundener Form vorhanden.
Ascorbinsäure (mg/l)	–	(3–21)	–	1	In reduzierter Form vorliegend.

Literatur (zu S. 631–635)

1 HINSBERG und GEINITZ, in: LANG et al. (Hrsg.), *Hoppe-Seyler/Thierfelder Handbuch der physiologisch- und pathologisch-chemischen Analyse*, 10. Aufl., Band 5, Springer, Berlin, 1953, S. 300.
2 HINSBERG, K., in: FLASCHENTRÄGER und LEHNARTZ (Hrsg.), *Physiologische Chemie*, Band II/1a, Springer, Berlin, 1954, S. 564; WOLSTENHOLME und O'CONNOR (Hrsg.), *The Cerebrospinal Fluid*, Ciba Foundation Symposium, Churchill, London, 1958; BOWSHER, D., *Cerebrospinal Fluid Dynamics in Health and Disease*, American Lecture Series, No. 413, Thomas, Springfield, 1960; HENLY, A. A., in: LONG et al. (Hrsg.), *Biochemists' Handbook*, Spon, London, 1961, S. 892; DAVSON, H., *Ergebn. Physiol.*, **52**, 20 (1963); DAVSON, H., *Physiology of the Cerebrospinal Fluid*, Churchill, London, 1967.
3 BAUER, H., *Internist (Berl.)*, **2**, 85 (1961).
4 BAUER und HABECK, *Internist (Berl.)*, **4**, 535 (1963).
5 LUPS und HAAN, *The Cerebrospinal Fluid*, Elsevier, Amsterdam, 1954.
6 MCALPINE et al., *Multiple Sclerosis*, Livingstone, Edinburg, 1965.
7 RICH et al., *Circulat. Res.*, **1**, 389 (1953).
8 WIDELL, S., *Acta paediat. (Uppsala)*, **47**, Suppl. 115 (1958).
9 RIEDER, H. P., Neurologische Universitätsklinik Basel, unveröffentlichte Beobachtung.
10 SAYK, J., *Cytologie der Cerebrospinalflüssigkeit*, Fischer, Jena, 1960, S. 24.
11 GYLLENSWÄRD und MALMSTRÖM, *Acta paediat. (Uppsala)*, Suppl. 135, 54 (1962).
12 WOLMAN et al., *Techn. Bull. Reg. med. Technol.*, **7**, 33 (1946).
13 FREMONT-SMITH et al., *Arch. Neurol. Psychiat. (Chic.)*, **25**, 1271 (1931).
14 HALLMANN, L., *Klinische Chemie und Mikroskopie*, 9. Aufl., Thieme, Stuttgart, 1960.
15 KÜNZEL, O., *Ergebn. inn. Med. Kinderheilk.*, **60**, 565 (1941).
16 LEVINSON, A., *Cerebrospinal Fluid in Health and in Disease*, 2. Aufl., Mosby, St. Louis, 1923.
17 TESCHLER, L., *Dtsch. Z. Nervenheilk.*, **103**, 87 (1928).
18 SCHWAB, M., *Klin. Wschr.*, **40**, 765 (1962).
19 FISHER und CHRISTIANSON, *J. appl. Physiol.*, **18**, 712 (1963).
20 MITCHELL et al., *J. appl. Physiol.*, **20**, 443 (1965).
21 COTLOVE et al., *Stand. Meth. clin. Chem.*, **3**, 81 (1961).
22 MONTANI und PERRET, *Schweiz. med. Wschr.*, **94**, 1552 (1964).

23 Tropp et al., *Biochem.Z.*, **290**, 320 (1937).
24 Friedman und Levinson, *Arch.Neurol.Psychiat.(Chic.)*, **74**, 424 (1955).
25 Tourtellotte, W.W., *Neurology (Minneap.)*, **9**, 375 (1959).
26 Watchorn und McCance, *Biochem.J.*, **29**, 2291 (1935).
27 Dittmer, D.S. (Hrsg.), *Blood and Other Body Fluids*, Biological Handbooks, Federation of American Societies for Experimental Biology, Washington, 1961, S.315.
28 Smith et al., *J.Neurol.Neurosurg.Psychiat.*, **18**, 237 (1955).
29 Gildea und Man, *Arch.Neurol.Psychiat.(Chic.)*, **49**, 93 (1943).
30 Alpers und Rall, *J.clin.Endocr.*, **15**, 1482 (1955).
31 Cooper et al., *Amer.J.Med.*, **18**, 613 (1955).
32 Giusti, M., *Riv.Clin.pediat.*, **56**, 49 (1955).
33 Hunter und Smith, *Nature*, **186**, 161 (1960).
34 Gubler et al., *J.clin.Invest.*, **36**, 1208 (1957).
35 Cotzias und Papavasiliou, *Nature*, **195**, 823 (1962).
36 Schwab und Dammaschke, *Klin.Wschr.*, **40**, 184 (1962).
37 Williams et al., *Clin.chim.Acta*, **12**, 468 (1965).
38 Gründig, E., *Clin.chim.Acta*, **7**, 498 (1962); Schreier, K., in: Holden, J.T. (Hrsg.), *Amino Acid Pools*, Elsevier, Amsterdam, 1962, S.263.
39 Perry und Jones, *J. clin. Invest.*, **40**, 1363 (1961).
40 Knauff und Zickgraf, *Hoppe-Seylers Z.physiol.Chem.*, **312**, 264 (1958).
41 Straube, G., *Dtsch.Z.Nervenheilk.*, **134**, 288 (1934).
42 Straube und Hofmann, *Klin.Wschr.*, **13**, 1377 (1934).
43 Bradbury et al., *Clin.Sci.*, **25**, 97 (1963).
44 Turner und Mauss, *Arch.gen.Psychiat.*, **1**, 646 (1959).
45 Jackson und Rose, *J.Lab.clin.Med.*, **34**, 250 (1949).
46 Singh et al., *Nature*, **206**, 206 (1965).
47 Müting, D., *Clin.chim.Acta*, **12**, 551 (1965).
48 Nasralla et al., *J.clin.Invest.*, **37**, 1403 (1958).
49 Berman et al., *J.Lab.clin.Med.*, **44**, 273 (1954).
50 Stempfel und Zetterström, *Pediatrics*, **16**, 184 (1955).
51 Piliero und Lending, *Amer.J.Dis.Child.*, **97**, 785 (1959).
52 Rieder, H.P., *Klin.Wschr.*, **44**, 1036 (1966).
53 Goldstein et al., *Med.Clin.N.Amer.*, **44**, 1053 (1960).
54 Friedman et al., *Stand.Meth.clin.Chem.*, **5**, 223 (1965).
55 Rice et al., *Stand.Meth.clin.Chem.*, **5**, 231 (1965).
56 Dencker und Swahn, *Nature*, **194**, 288 (1962).
57 Lowenthal, A., *Agar Gel Electrophoresis in Neurology*, Elsevier, Amsterdam, 1964.
58 Scheiffarth et al., *Papierelektrophorese in Klinik und Praxis*, Urban & Schwarzenberg, München, 1962, S.78.
59 Tourtellotte, W.W., *Med.Clin.N.Amer.*, **47**, 1619 (1963).
60 Zlotnick et al., *J.Lab.clin.Med.*, **54**, 207 (1959).
61 Saifer und Gerstenfeld, *Clin.chim.Acta*, **7**, 467 (1962).
62 Clausen, J., in: Peeters, H. (Hrsg.), *Protides of the Biological Fluids*, Proceedings of the 13th Colloquium, Brüssel 1965, Elsevier, Amsterdam, 1966, S.85.
63 Verrey, F., *Enzymol.biol.clin.(Basel)*, **2**, 233 (1962/63).
64 Conconi et al., *Acta vitamin.(Milano)*, **15**, 197 (1961).
65 van der Helm et al., *Clin.chim.Acta*, **8**, 193 (1963).
66 Weber, H., *Klin.Wschr.*, **41**, 37 (1963).
67 Wróblewski, F., *Advanc.clin.Chem.*, **1**, 313 (1958).
68 Green und Perry, *Neurology (Minneap.)*, **13**, 924 (1963).
69 Bruns et al., *Clin.chim.Acta*, **1**, 63 (1956).
70 Tuna et al., *Neurology (Minneap.)*, **13**, 331 und 381 (1963).
71 Shin, Y.S., *Analyt.Biochem.*, **5**, 369 (1963).
72 Hack und Helmy, *Proc.Soc.exp.Biol.(N.Y.)*, **111**, 421 (1962); Phillips und Robinson, *Clin.chim.Acta*, **8**, 832 (1963).
73 Annotation, *Lancet*, **1**, 1363 (1963).
74 Farstad, M., *Scand.J.clin.Lab.Invest.*, **16**, 554 (1964).
75 Marks, V., *Clin.chim.Acta*, **4**, 395 (1959).
76 Hyvärinen und Nikkilä, *Clin.chim.Acta*, **7**, 140 (1962).
77 Papadopoulos und Hess, *Arch.Biochem.*, **88**, 167 (1960).
78 Eastham und Keay, *J.clin.Path.*, **5**, 319 (1952).
79 Garcia-Buñuel und Garcia-Buñuel, *J.Lab.clin.Med.*, **64**, 461 (1964).
80 Gründig, E., *Clin.chim.Acta*, **7**, 498 (1962).
81 Lasch, F., *Klin.Wschr.*, **31**, 941 (1953).
82 Thunberg, T., *Acta med.scand.*, Suppl.90, 122 (1938).
83 Mårtensson und Thunberg, *Acta med.scand.*, **140**, 454 (1951).
84 Baker und Sobotka, *Advanc.clin.Chem.*, **5**, 173 (1962).
85 Baker et al., *Amer.J.clin.Nutr.*, **14**, 197 (1964).
86 Sobotka et al., *Proc.Soc.exp.Biol.(N.Y.)*, **103**, 801 (1960).
87 Kjellin, K., *J.Neurochem.*, **10**, 89 (1963).
88 Schmidt und Schwarz, *Klin.Wschr.*, **46** (1968), im Druck.

Synovialflüssigkeit

(Literatur siehe S.638)

Die Synovialflüssigkeit besteht aus einem Serumultrafiltrat und einem mucopolysaccharidhaltigen Sekret, das von den Zellen der Synovialmembran ausgeschieden wird. Normalwerte der Synovialflüssigkeit sind zusammengestellt bei Ropes und Bauer[1] sowie Dittmer[2]. Diskutiert worden ist die Bedeutung einer Untersuchung der Synovialflüssigkeit bei Gelenkerkrankungen[1,3,4].

Die nachstehenden Angaben beziehen sich, wenn nicht anders angegeben, auf die Flüssigkeit des Kniegelenks.

	Mittelwert	95%-Bereich (in Klammern Extrembereich)	s	Literatur	Bemerkungen
Physikalische Daten					
Volumen (ml) (Kniegelenk)	1,1	(0,13–4,00)	–	2	Bei Gelenkerkrankungen oft 10–30 ml.
Spezifisches Gewicht (20 °C/20 °C)............	–	(1,0081–1,015)	–	5	Post-mortem-Werte von 25 Personen.
Viskosität					
Relative Viskosität (37 °C)...	–	(> 300)	–	6	Die Viskosität ist abhängig vom Gehalt an Hyaluronsäure und ihrer Struktur. Sie ist häufig erniedrigt bei Gelenkerkrankungen[6,7].
Intrinsic-Viskosität (37 °C) ..	46,3	26,9–65,7	9,7	6	
Zellgehalt (pro µl).........	63	(13–180)	–	8	Davon sind 63% mononukleare Phagozyten, 25% Lymphozyten, 6,5% polymorphonukleare Leukozyten und 4% Synovialzellen; Erythrozyten normalerweise nur bei Aspirationstrauma. Es wurden die verschiedenen Zellelemente in der Synovialflüssigkeit bei rheumatischen Krankheiten untersucht[9].
pH......................	7,434	(7,31–7,64)	–	10	In vivo gemessen; erniedrigt bei entzündlichen Gelenkerkrankungen.
Wasser (g/kg)............	–	(960–988)	–	5	Post-mortem-Werte von 25 Personen.
Trockensubstanz (g/kg) ...	34	(12–48)	–	2	
Anorganische Substanzen					
Kohlendioxyd (mmol/l)....	–	(19,3–30,6)	–	11	Bicarbonatkonzentration entsprechend dem Donnan-Gleichgewicht höher als im Serum[1].
Chlorid (mval/l)..........	107,4	(87–138)	–	7	Chloridkonzentration entsprechend dem Donnan-Gleichgewicht höher als im Serum[1].

(Literatur siehe S. 638)

	Mittelwert	95%-Bereich (in Klammern Extrembereich)	s	Literatur	Bemerkungen
Phosphat	...	...	...	...	Der Gehalt an anorganischem Phosphat entspricht dem des Serums[7].
Sulfat	...	...	...	...	Der Gehalt an anorganischem Sulfat entspricht dem des Serums, ist aber eher *erhöht* bei traumatisch degenerativer Arthritis und *erniedrigt* bei chronischer Polyarthritis[12].
Kalium (mval/l)	4,0	3,5–4,5	0,25	13	Werte von 10 Personen. Gehalt entsprechend dem DONNAN-Gleichgewicht niedriger als im Serum[7]. Bei Gelenkerkrankungen nicht charakteristisch verändert[7].
Natrium (mval/l)	136,1	133–139	1,63	13	Werte von 10 Personen. Gehalt entsprechend dem DONNAN-Gleichgewicht niedriger als im Serum[7]. Bei Gelenkerkrankungen nicht charakteristisch verändert[7].
Calcium (mval/l)	–	(2,3–4,7)	–	5	Post-mortem-Werte von 25 Personen. Gehalt entsprechend dem DONNAN-Gleichgewicht niedriger als im Serum[7]. Calciumpyrophosphatkristalle wurden in der Synovialflüssigkeit bei Chondrocalcinose (Pseudogicht) nachgewiesen[14].
Magnesium	...	...	...	...	Gehalt entsprechend dem DONNAN-Gleichgewicht niedriger als im Serum[7].
Aluminium (μg/kg)	290	(40–900)	–	15	Post-mortem-Werte, spektrographisch bestimmt.
Eisen (μg/kg)	43	(20–90)	–	15	Post-mortem-Werte, spektrographisch bestimmt.
Kupfer (μg/kg)	210	(40–640)	–	15	Post-mortem-Werte, spektrographisch bestimmt. Erhöht bei chronischer Polyarthritis.
Rubidium (μg/kg)	540	(110–1300)	–	15	Post-mortem-Werte, spektrographisch bestimmt.
Zink (μg/l)	373	247–499	63	16	Werte von 6 Proben; erhöht bei chronischer Polyarthritis.
Organische Substanzen					
Gesamtstickstoff (g/l)	–	(0,84–4,0)	–	5	Post-mortem-Werte von 25 Personen. Erhöht bei Gelenkerkrankungen infolge des erhöhten Proteingehalts.
Nichtproteinstickstoff (g/l)	–	(0,22–0,43)	–	11	Das sind etwa 10% des Gesamt-N.
Harnsäure (mg/l)	73,4	–	–	17	Der Harnsäuregehalt der Gelenkflüssigkeit entspricht etwa dem des Serums. Bei Gicht finden sich häufig Harnsäurekristalle in der Gelenkflüssigkeit[18].
Protein (g/l)					
(a)	17,2	(4,5–31,5)	–	2	(a) Zusammengestellt aus den verschiedenen Werten der Literatur; (b) 6 Männer, Biuretreaktion. Gegenüber dem Serum ist der relative Anteil an Albumin erhöht, an α_2-Globulin erniedrigt; der an α_1-Globulin ist eher höher als der an α_2-Globulin[20–23]. Der Haptoglobingehalt ist gering[24]; Fibrinogen und Plasminogen finden sich in der Gelenkflüssigkeit normalerweise nicht[25]. Bei Gelenkerkrankungen ist der Proteingehalt meist erhöht[6, 7, 22, 23, 26], besonders bei chronischer Polyarthritis. Erhöht ist vor allem der Gehalt an Haptoglobin[24], γ-Globulin[22, 23] und Caeruloplasmin[27].
(b)	12	(5–18)	–	19	
Enzyme	...	...	...	...	In der Synovialflüssigkeit finden sich mehrere Enzyme, wie Lactatdehydrogenase[28–30], Malatdehydrogenase[28, 30], Isocitratdehydrogenase[30], Glutathionreductase[30], Aspartataminotransferase[28, 30], Alaninaminotransferase[30], alkalische und saure Phosphatase[31], β-Glucuronidase[32], Aminopeptidase[33], Fructosediphosphataldolase[28, 30] und Glucosephosphatisomerase[28, 30]. Der Gehalt dieser Enzyme liegt innerhalb oder unterhalb des Serum-Normalbereichs; viele dieser Enzyme sind bei entzündlichen Gelenkerkrankungen in erhöhter Konzentration vorhanden.

Proteinfraktionen in der Synovialflüssigkeit [1]

	Volumen pro Kniegelenk	Biuretreaktion	Papierelektrophorese bei pH 8,6					α_1-Globulin / α_2-Globulin	Ultrazentrifuge			
			Albumin	α_1-Globulin	α_2-Globulin	β-Globulin	γ-Globulin		19S	7S	4S	1S
	ml	g Protein/l	Relativer Anteil (%)						Relativer Anteil (%)			
Synovialflüssigkeit												
Normal	0,2–0,4	18	63	7	7	9	14	1,0	–	–	–	–
Post mortem	7	18	50	9	7	12	23	1,3	2	12	83	3
Traumatisch	10	26	55	5	8	11	21	0,7	3	8	88	1
Chronische Polyarthritis	–	45	45	5	10	14	26	0,5	4	24	72	0
Serum												
Normal	–	70	49	6	12	17	16	0,5	2	12	86	0

[1] BINETTE und SCHMID, *Arthr. and Rheum.*, **8**, 14 (1965).

	Mittelwert	95%-Bereich (in Klammern Extrembereich)	s	Literatur	Bemerkungen
Reduzierende Substanzen (Glucose)	...	...	...	...	Der Glucosegehalt der Synovialflüssigkeit entspricht bei Gesunden etwa dem des Serums, ist aber erniedrigt bei entzündlichen Gelenkerkrankungen (siehe untenstehende Tabelle).
Hyaluronsäure (g/l)	3,21	2,45–3,97 (2,50–3,65)	0,38	34	Werte von 8 Personen, bestimmt als Hexuronsäure. Die Hyaluronsäure enthält normalerweise 2% Protein[35], die von pathologischen Effusionen 10%[26]. Bei Gelenkerkrankungen ist der Hyaluronsäuregehalt meist *erniedrigt*[6,7,23,26,34]. Der Polymerisationsgrad der Hyaluronsäure ist bei entzündlichen Gelenkerkrankungen *erniedrigt*[36], was sich in einer verringerten Intrinsic-Viskosität der Synovialflüssigkeit auswirkt und für den pathologischen Ausfall des Mucintests (siehe untenstehende Tabelle) verantwortlich ist.
Sialsäure (g/l)	0,28	0,14–0,42	0,07	37	Werte von 10 Proben, Diphenylaminreaktion.
Milchsäure	...	...	...	...	Der Milchsäuregehalt der Synovialflüssigkeit entspricht bei Gesunden etwa dem des Serums, ist aber erhöht bei entzündlichen Gelenkerkrankungen[1,38].
Ascorbinsäure (mg/l)	–	(1,5–11,6)	–	39	Werte von 6 Personen mit chronischer Polyarthritis.
Lipide	...	...	...	...	Der Gehalt der Lipide ist bei Gelenkerkrankungen auf etwa das 10fache der Norm erhöht[40,41].
Cholesterin (mg/l)	71	–	–	41	
	–	(50–140)	–	21	
Phospholipide (mg/l)	138	(130–150)	–	41	
Triglyceride (mg/l)	0	–	–	41	

Synovialflüssigkeit bei Gelenkerkrankungen[1]

	Normal	Nicht entzündet	Entzündet	Septisch	Hämorrhagisch
Volumen (ml)	<3,5	>3,5	>3,5	>3,5	>3,5
Aussehen	Klar, farblos	Strohgelb, klar	Trüb, gelb	Trüb, gelb	Blutig
Viskosität	Hoch	Hoch	Niedrig	Niedrig	Variabel
Fibringerinnsel	Fehlt	Fehlt meist	Vorhanden	Vorhanden	Fehlt meist
Mucingerinnsel*	Kräftig	Kräftig	Brüchig	Brüchig	Variabel
Kernhaltige Zellen pro Mikroliter	<200	200–5000	2000–100000	20000–200000	200–10000
Davon polymorphonukleare Leukozyten (%)	<25	<25	>50	>75	<50
Differenz im Glucosegehalt von Blut und Synovialflüssigkeit (mg/l)	<100	<100	>250	>250	<250
Kultur	Negativ	Negativ	Negativ	Oft positiv	Negativ

* Nach Zusatz von Essigsäure.
[1] Gatter und McCarty, jr., *Rheumatism*, **20**, 2 (1964); Schmid und Ogata, *Med. Clin. N. Amer.*, **49**, 165 (1965); Hollander et al., *Med. Clin. N. Amer.*, **50**, 1281 (1966).

Literatur (zu S. 636–638)

1 Ropes und Bauer, *Synovial Fluid Changes in Joint Disease*, Harvard University Press, Oxford, 1953.
2 Dittmer, D. S. (Hrsg.), *Blood and Other Body Fluids*, Biological Handbooks, Federation of American Societies for Experimental Biology, Washington, 1961, S. 329.
3 Furey et al., *J. Bone Jt Surg.*, **41A**, 167 (1959); Hollander et al., *Bull. rheum. Dis.*, **12**, 263 (1961).
4 Gatter und McCarty, jr., *Rheumatism*, **20**, 2 (1964); Schmid und Ogata, *Med. Clin. N. Amer.*, **49**, 165 (1965); Hollander et al., *Med. Clin. N. Amer.*, **50**, 1281 (1966).
5 Horiye, K., *Virchows Arch. path. Anat.*, **251**, 649 (1924).
6 Sundblad, L., *Acta Soc. Med. upsalien.*, **58**, 113 (1953).
7 Mäkinen, P., *Ann. Med. exp. Fenn.*, **36**, Suppl. 7 (1958).
8 Coggeshall et al., *Anat. Rec.*, **77**, 129 (1940).
9 Vojtíšek, O., *Z. Rheumaforsch.*, **21**, 114 (1962).
10 Cummings und Nordby, *Arthr. and Rheum.*, **9**, 47 (1966).
11 Cajori et al., *Arch. intern. Med.*, **37**, 92 (1926).
12 Chrisman et al., *J. Bone Jt Surg.*, **40A**, 457 (1958).
13 Yielding et al., *Proc. Soc. exp. Biol. (N.Y.)*, **85**, 665 (1954).
14 McCarty, jr., et al., *Ann. intern. Med.*, **56**, 711 (1962); Kohn et al., *Ann. intern. Med.*, **56**, 738 (1962).
15 Niedermeier et al., *Arthr. and Rheum.*, **5**, 439 (1962).
16 Bonebrake et al., *Arthr. and Rheum.*, **9**, 849 (1966).
17 Seegmiller et al., *New Engl. J. Med.*, **268**, 712 (1963).
18 McCarty und Hollander, *Ann. intern. Med.*, **54**, 452 (1961); Zvaifler und Pekin, *Arch. intern. Med.*, **111**, 99 (1963).
19 Pekin, jr., und Zvaifler, *J. clin. Invest.*, **43**, 1372 (1964).
20 Aufdermaur und Brodhage, *Ärztl. Forsch.*, **10**, 129 (1956).
21 Schmid und MacNair, *J. clin. Invest.*, **37**, 708 (1958).
22 Wilkinson und Jones, *Ann. rheum: Dis.*, **21**, 51 (1962); Binette und Schmid, *Arthr. and Rheum.*, **8**, 14 (1965).
23 Seppälä, P., *Scand. J. clin. Lab. Invest.*, **16**, Suppl. 79 (1964).
24 Sundblad et al., *Nature*, **192**, 1192 (1961).
25 Davies, D. V., in: Copeman, W. S. C., *Textbook of the Rheumatic Diseases*, 3. Aufl., Livingstone, Edinburg, 1964, S. 35.
26 Hamerman und Sandson, *J. clin. Invest.*, **42**, 1882 (1963).
27 Niedermeier, W., *Ann. rheum. Dis.*, **24**, 544 (1965).
28 Greiling et al., *Z. Rheumaforsch.*, **21**, 441 (1962); Greiling et al., *Klin. Wschr.*, **42**, 427 (1964); Greiling und Schuler, *Méd. et Hyg. (Genève)*, **22**, 1141 (1964).
29 Vesell et al., *J. clin. Invest.*, **41**, 2012 (1962).
30 West et al., *J. Lab. clin. Med.*, **62**, 175 (1963).
31 Lehman et al., *J. Bone Jt Surg.*, **46A**, 1732 (1964).
32 Jacox und Feldmahn, *J. clin. Invest.*, **34**, 263 (1955).
33 Ziff et al., *J. clin. Invest.*, **34**, 27 (1955).
34 Decker et al., *Clin. Chem.*, **5**, 465 (1959).
35 Sandson und Hamerman, *J. clin. Invest.*, **41**, 1817 (1962).
36 Barker et al., *Clin. chim. Acta*, **9**, 339 (1964); Brimacombe und Stacey, *Advanc. clin. Chem.*, **7**, 199 (1964).
37 Pigman et al., *Arthr. and Rheum.*, **1**, 151 (1958).
38 Greiling et al., *Klin. Wschr.*, **42**, 427 (1964).
39 Abrams und Sandson, *Ann. rheum. Dis.*, **23**, 295 (1964).
40 Chung et al., *Arthr. and Rheum.*, **5**, 176 (1962).
41 Bole, G. G., *Arthr. and Rheum.*, **5**, 589 (1962).

Speichel

(Literatur siehe S. 642)

Der Speichel wird von den in der Mundhöhle und in ihrer Umgebung liegenden Speicheldrüsen gebildet. Diese sind die Ohrspeicheldrüsen (Gl. parotis), Unterkieferdrüsen (Gl. submandibularis), Unterzungendrüsen (Gl. sublingualis), Drüsen an den Lippen und an der Zungenspitze (Gl. buccales und retromolares) und kleine vereinzelte Schleimdrüsen an der Vorderfläche des weichen Gaumens, am harten Gaumen entlang der Zungenränder und der Zungenwurzel[1]. Die Sekrete der einzelnen Drüsen besitzen eine unterschiedliche Zusammensetzung, die auch mit der Sekretionsgeschwindigkeit variiert. Die Art der Stimulierung beeinflußt nicht den Elektrolytgehalt, dagegen den Gehalt an Enzymen. In der Zusammensetzung finden sich Seitenunterschiede, individuelle Unterschiede und tägliche Schwankungen. Physiologie der Speichelsekretion und Zusammensetzung des Speichels sind wiederholt besprochen worden[1–7], ebenso deren Bedeutung für die Kariesresistenz[8].

Wenn nicht anders vermerkt, beziehen sich die angegebenen Werte auf den Gesamtspeichel, der beim gesunden nüchternen Erwachsenen morgens ohne spezielle Stimulierung gewonnen wurde (Gesamtruhespeichel).

	Mittelwert	95%-Bereich (in Klammern Extrembereich)	s	Literatur	Bemerkungen
Physikalisch-chemische Daten					
Aussehen	...	...	...	...	Parotisspeichel: dünnflüssig, nicht fadenziehend. – Submandibularisspeichel: klar, ziemlich dünnflüssig, schwach fadenziehend, leicht schäumend, aber trübe bei zystischer Pankreasfibrose. – Sublingualisspeichel: klar, schleimähnlich. – Mundschleim: dick, sehr zäh, fadenziehend, reich an geformten Bestandteilen. – Gemischter Speichel: farblos, durchsichtig oder durchscheinend, ein wenig fadenziehend, von geringer Viskosität und fadem Geschmack.
Menge (ml/min)					
(a) Parotisspeichel	0,05	(0,003–0,15)	–	9	Mittels Sonden an (a) 12, (b) 14 Personen bestimmt. (c) 69% des Gesamtruhespeichels entstammen den Submandibularisdrüsen, 26% den Parotisdrüsen, 5% den Sublingualisdrüsen[11]. Das Minutenvolumen von Frauen, Kindern und alten Leuten ist eher geringer als das von Männern[4,12]. Für das Minutenvolumen von stimuliertem Speichel finden sich in der Literatur Werte von 0,5–7,0 ml/min[4]. Die täglich produzierte Speichelmenge wird auf 500 bis 1500 ml geschätzt[1,4,6]. Der Speichelfluß ist bei manchen Kollagenkrankheiten (besonders beim SJÖGREN-Syndrom) stark reduziert[13].
(b) Submandibularisspeichel	0,14	(0,01–0,3)	–	9	
(c) Gesamtspeichel					
Neugeborene	–	(0,01–0,1)	–	10	
Säuglinge	–	(0,04–0,4)	–	10	
Junge Männer	–	(0,35–0,38)	–	11	
Spezifisches Gewicht	–	(1,002–1,012)	–	4	
Gefrierpunktserniedrigung (°C)	–	(0,07–0,34)	–	1	Der unstimulierte Speichel ist gegenüber dem Serum hypoton.
Oberflächenspannung (dyn cm^{-1})	–	(15,2–20,6)	–	4	
pH					
(a) Parotisspeichel	5,7	(5,1–6,25)	–	9	(a) 20, (b) 12, (d) 15 Erwachsene; (c) 315 Kinder, 5–11 Jahre alt. Infolge Entweichens von CO_2 werden Speichelproben bei längerem Stehen alkalischer. Der pH-Wert steigt mit zunehmender Sekretionsgeschwindigkeit[2]. Der pH-Wert des Speichels von Kindern scheint höher zu sein als der von Erwachsenen. Geschlechtsunterschiede scheinen nicht zu bestehen[15]. Bei schwangeren Frauen ist der pH-Wert erniedrigt (Mittel 6,5 gegenüber 7,0 für Nichtschwangere)[16].
(b) Submandibularisspeichel	6,4	(5,9–7,3)	–	9	
Gesamtspeichel					
(c) Kinder	7,32	6,40–8,24	0,46	14	
(d) Erwachsene	6,4	(5,8–7,1)	–	9	
Wasser (g/l)	994	–	–	6	
Trockensubstanz (g/l)	6	(3–8)	–	4, 6	Etwa 20% der Trockensubstanz sind suspendiert, 80% gelöst; etwa ⅓ sind anorganische Substanzen, ⅔ organische Substanzen.
Anorganische Substanzen					
Bicarbonat (mval/l)	–	(2–13)	–	4	Bicarbonat ist vor allem im Parotis- und Submandibularisspeichel vorhanden, weniger dagegen im Sublingualisspeichel[3]. Mit zunehmendem Minutenvolumen steigt der Bicarbonatgehalt des Speichels bis auf einen Maximalwert, der für Parotisspeichel etwa 60 mval/l ab einem Minutenvolumen von 2 ml/min beträgt[17].
Chlorid (mval/l)					
(a) Parotisspeichel	17,6	6,2–29,0 (10–38)	5,7	9	(a) 42, (b) 28, (c) 3, (d) 431, (e) 9, (f) 503 und (g) 323 Personen; Messungen von (f) und (g) bei heftiger Mundbewegung. Der Chloridgehalt des Speichels von Männern und Frauen ist gleich groß[12]; derjenige von Säuglingen ist höher als der von älteren Kindern[3]. Der Chloridgehalt des Speichels steigt bei exogener Stimulierung, ist aber immer geringer als der Chloridgehalt des Serums. Im Parotisspeichel nimmt der Chloridgehalt annähernd linear mit der Sekretionsgeschwindigkeit zu (Minutenvolumen 0,31 ml: Chloridgehalt 10 mval/l; Minutenvolumen 3,66 ml: Chloridgehalt 43 mval/l)[17]. Bei zystischer Pankreasfibrose scheint der Chloridgehalt des Speichels nicht charakteristisch erhöht zu sein[19] (siehe auch Natrium im Speichel und Chlorid im Schweiß).
(b) Submandibularisspeichel	14,6	7,6–21,6 (8,7–24)	3,5	9	
(c) Sublingualisspeichel	–	(25–73)	–	9	
Gesamtspeichel					
(d) Kinder	16,25	6,99–25,5 (6,5–42,9)	4,63	18	
(e) Erwachsene	17	–	–	9	
(f) Männer	23,28	15,1–31,5	4,10	12	
(g) Frauen	23,67	15,7–31,6	3,97	12	

(Literatur siehe S. 642)

	Mittelwert	95%-Bereich (in Klammern Extrembereich)	s	Literatur	Bemerkungen
Phosphor (mg/l)					
Parotisspeichel					
(a) Anorganischer Phosphor	201	14–388 (90–420)	93,5	9	(a) 42, (b) 28, (c) 120, (d) 50 und (e) 180 Personen. Der Gehalt an anorganischem Phosphat nimmt mit zunehmender Sekretionsgeschwindigkeit ab[2]. Der organische Phosphor ist größtenteils säurelöslich und enthält Phosphoäthanolamin[21] sowie Adenosinphosphate, Zuckerphosphate und Phosphoglycerinsäure[22]; die säureunlösliche Fraktion enthält Spuren von Phospholipiden[20].
Submandibularisspeichel					
(b) Anorganischer Phosphor	148	26–270 (70–350)	61	9	
Gesamtspeichel					
(c) Total	204	120–288	42	20	
(d) Organischer Phosphor	55	0–133	39	20	
(e) Anorganischer Phosphor	149	81–217	34	20	
Schwefel (mg/l)	–	(30–200)	–	23	5 Personen. Ein Großteil des Schwefels dürfte in Form von Rhodanid vorliegen.
Bromid (mg/l)	–	(0,2–7,1)	–	24	
Fluorid (mg/l)	–	(0,08–0,25)	–	4	Der Fluoridgehalt des Speichels scheint vom Fluoridgehalt des Trinkwassers unabhängig zu sein.
Jodid (mg/l)	0,102	0,002–0,202 (0,035–0,240)	0,05	25	Beim Menschen besteht praktisch das ganze im Speichel ausgeschiedene Jod aus Jodid[26]. Der Jodgehalt des Speichels ist 7- bis 100mal höher als der des Serums; die Jodkonzentrierung findet in den Parotis- und Submandibularisdrüsen statt, nicht aber in den Sublingualisdrüsen[26]. Die höchste Jodidkonzentration des Speichels wird bei niedriger Sekretionsgeschwindigkeit beobachtet[27,28]. Es wurde auch die Abhängigkeit der Jodkonzentrierung von der Schilddrüsenfunktion untersucht[29].
Rhodanid (mg/l)	113	0–257 (24–380)	72	30	37 Nichtraucher; bei Rauchern im Mittel 321 mg/l. Rhodanionen werden ähnlich wie Jodid durch die Speicheldrüsen bevorzugt ausgeschieden. Der Rhodangehalt des Parotisspeichels nimmt mit steigender Sekretionsgeschwindigkeit ab[27].
Kalium (mval/l)					
(a) Parotisspeichel	25,1	11,7–38,5 (15–46)	6,7	9	(a) 42, (b) 28, (c) 4 und (d) 9 Personen; (e) Kinder und Erwachsene. Der Kaliumgehalt ist in allen Speichelfraktionen höher als der des Serums. Bei Kleinkindern ist der Kaliumgehalt des Speichels größer als bei Erwachsenen[32], bei Erwachsenen ist er weitgehend unabhängig von Alter und Geschlecht[33]. Bei Sekretionsgeschwindigkeiten von über 0,5 ml/min ist der Kaliumgehalt des Speichels annähernd konstant, bei kleineren Sekretionsgeschwindigkeiten dagegen erhöht[17,31,34–36]. Angaben über stündliche Schwankungen sind widersprechend[9,31 33,37].
(b) Submandibularisspeichel	18,0	6,8–29,2 (10–38)	5,6	9	
(c) Sublingualisspeichel	–	(18–40)	–	9	
Gesamtspeichel					
(d) Ruhespeichel	20,7	(14–41)	–	9	
(e) Minutenvolumen 2 ml	19	11–27	4	31	
Natrium (mval/l)					
(a) Parotisspeichel	6,9	0–15,9 (1,7–17)	4,5	9	(a) 42, (b) 28, (c) 4 und (d) 9 Personen; (e) Kinder und Erwachsene. Der Natriumgehalt ist in allen Speichelfraktionen geringer als der des Serums; er steigt mit zunehmender Sekretionsgeschwindigkeit[2,17,31,34,35]. Bei Kleinkindern ist der Natriumgehalt des Speichels größer als bei Erwachsenen[32], bei Erwachsenen ist er weitgehend unabhängig von Alter und Geschlecht[33]. Angaben über stündliche Schwankungen des Natriumgehalts sind widersprechend[9,31,33,37]. Der Natriumgehalt des Speichels von Kindern mit zystischer Pankreasfibrose ist signifikant erhöht[38].
(b) Submandibularisspeichel	5,1	0,3–9,9 (0,9–10)	2,4	9	
(c) Sublingualisspeichel	–	(11–120)	–	9	
Gesamtspeichel					
(d) Ruhespeichel	14,4	(5,2–24,4)	–	9	
(e) Minutenvolumen 2 ml	24	12–36	6	31	
Natrium-Kalium-Quotient					
(a) Ruhespeichel	0,7	–	–	–	(a) Berechnet aus den Natrium- und Kaliumwerten für Gesamtspeichel; (b) Kinder und Erwachsene. Da der Kaliumgehalt des Speichels von der Sekretionsgeschwindigkeit weitgehend unabhängig ist, während der Natriumgehalt sich proportional dazu verhält, muß auch der Natrium-Kalium-Quotient mit der Sekretionsgeschwindigkeit ansteigen. Die Natrium- und Kaliumausscheidung im Speichel steht im Zusammenhang mit der Funktion des Hypophysenvorderlappen-Nebennierenrinden-Systems; unter Behandlung mit Desoxycorticosteron nimmt der Quotient infolge Natriumretention ab[39] und ist auch erniedrigt bei primärem Aldosteronismus[40].
(b) Minutenvolumen 2 ml	1,35	0,6–2,1	0,375	31	
Calcium (mval/l)					
Parotisspeichel	1,5	–	–	41	Der Calciumgehalt, speziell des Submandibularisspeichels, steigt mit zunehmender Sekretionsgeschwindigkeit[2, 42]. Ein erhöhter Calciumgehalt des Submandibularisspeichels wurde bei zystischer Pankreasfibrose gefunden[43].
Submandibularisspeichel	–	(3–6)	–	3	
Gesamtspeichel	3,1	(2,3–5,5)	–	6	

(Literatur siehe S. 642)

	Mittel-wert	95%-Bereich (in Klammern Extrembereich)	s	Lite-ratur	Bemerkungen
Magnesium (mval/l)					
Parotisspeichel	0,6	–	–	9	
Submandibularisspeichel	0,6	–	–	9	
Gesamtspeichel	0,6	(0,16–1,06)	–	6	
Cobalt (μg/l)	–	(0–125)	–	44	Stimulierter Speichel von 7 Personen; nur in 10 von 37 Speichelproben konnte Cobalt nachgewiesen werden.
Kupfer (μg/l)	317	(50–760)	151	45	Werte von 30 Personen.
Stickstoffhaltige Substanzen					
Gesamtstickstoff (g/l)					
(a) Parotisspeichel	0,586	0,140–1,032	0,223	9	(a) 47, (b) 23, (c) 7 Personen. Der Gesamtstickstoff von unstimuliertem und stimuliertem Speichel ist annähernd gleich. Der Proteinstickstoff beträgt etwa 70%, der Nichtproteinstickstoff etwa 30% des Gesamtstickstoffs. Der Stickstoffgehalt des Submandibularisspeichels ist bei zystischer Pankreasfibrose erhöht[43].
(b) Submandibularisspeichel	0,268	0,102–0,434	0,083	9	
(c) Gesamtspeichel	0,60	(0,20–1,07)	–	9	
Harnstoff (mg/l)					
Parotisspeichel	252	–	–	41	Der Harnstoffgehalt des Speichels beträgt zumeist 75–90% des Gehalts im Blut.
Gesamtspeichel	200	(140–750)	–	4	
Creatinin (mg/l)	–	(5–20)	–	4	Werte von der Analysenmethode abhängig[71].
Ammoniak (mg/l)	60	(10–120)	–	6	Werte von stimuliertem Speichel. Die großen Schwankungen des Ammoniakgehalts lassen sich zum Teil durch die Instabilität des Harnstoffs erklären.
Aminosäuren	...	...	...	...	Im stimulierten Speichel wurden bis zu 21 freie Aminosäuren in geringen, stark schwankenden Konzentrationen nachgewiesen[46–48] (Alanin, Arginin, Asparaginsäure, β-Alanin, Cystin, Glutaminsäure, Glycin, Histidin, Isoleucin, Leucin, Lysin, Methionin, Phenylalanin, Prolin, Serin, Taurin, Threonin, Tryptophan, Tyrosin, Valin und γ-Aminobuttersäure). Die Aminosäuren sind zum Teil Stoffwechselprodukte der Bakterien bzw. Abbauprodukte der Speichelproteine.
Cholin (mg/l)	–	(5–36)	–	49	Stimulierter Speichel von 2 Personen. Im Parotis- und Submandibularisspeichel wurde auch Phosphoäthanolamin nachgewiesen[21].
Harnsäure (mg/l)	15	(5–29)	–	6	Im stimulierten Speichel ist der Harnsäuregehalt höher.
Histamin (mg/l)	0,15	(0,11–0,18)	–	50	48 Messungen an 24 gesunden Personen. Keine wesentlichen Schwankungen im Laufe des Tages.
Proteine (g/l)					
(a) Parotisspeichel	2,62	0–5,38	1,38	51	(a) 25 Personen, Biuretreaktion; (b) Bereich der Werte in der Literatur. Die Speichelproteine bestehen vor allem aus Mucinen, Plasmaproteinen und Enzymen; zum Teil entstammen sie Bakterien, Epithelialzellen und Leukozyten. Bei Sekretionsgeschwindigkeiten von über 0,1 ml/min ist der Proteingehalt von Parotisspeichel konstant, bei geringerer Sekretionsgeschwindigkeit erniedrigt[36]. Verschiedene Plasmaproteine wurden immunoelektrophoretisch im Speichel nachgewiesen[52–57], darunter Albumin, Haptoglobin, Transferrin, Orosomucoid und γA-Globulin, sowie Enzyme.
(b) Gesamtspeichel	–	(1,4–6,4)	–	4	
Mucine (g/l)	2,7	(0,8–6,0)	–	6	Werte von stimuliertem Speichel. Die Mucine (Mucosubstanzen) werden überwiegend von den Sublingualis- und Submandibularisdrüsen gebildet, finden sich aber auch im Parotisspeichel[58]. Zu ihnen gehören sialsäurereiche Mucoproteine (Sialomucine) und fucosereiche Mucopolysaccharide (Fucomucine), wie zum Beispiel die blutgruppenspezifischen Substanzen[59].
Parotisspeichel (mg/l)					
Hexosamin, gebunden	99	(20–223)	59	60	Werte von 26 Personen, 5–18 Jahre alt.
Fucose, gebunden	89	(33–244)	54	60	
Hexose, gebunden	195	(73–441)	100	60	
Sialsäure, gebunden	12,4	(3,5–21,1)	8,1	60	
Enzyme	...	...	...	...	Enzyme sollen im reinen katheterisierten Speichel untersucht werden, da der Gesamtspeichel stets abgestorbene Epithelialzellen, Bakterien und Leukozyten enthält, die ihrerseits reich an verschiedenen Enzymen sind. Im Speichel nachgewiesen wurden: Amylase, Lysozym, Fructosediphosphataldolase und Hexokinase, Alaninaminotransferase und Aspartataminotransferase[61], alkalische und saure Phosphatase[62] sowie eine cholinesteraseähnliche Substanz[63].
Lysozym (g/l)	–	Bis 0,15	–	64	

	Mittelwert	95%-Bereich (in Klammern Extrembereich)	s	Literatur	Bemerkungen
Amylase (Ptyalin) (g/l)					
Parotisspeichel	1,03	–	0,44	65	Werte von 16 Personen. Die Speichelamylase ist eine α-Amylase; im Parotisspeichel ist sie die wichtigste Proteinkomponente[3]. Der Amylasegehalt des Speichels hängt von der Art der Stimulierung ab[2, 66]. Bei Neugeborenen ist er nur gering und erreicht den Erwachsenenwert gegen Ende des ersten Lebensjahres[3].
Submandibularisspeichel	0,25	–	0,24	65	
Sublingualisspeichel	0,26	–	0,32	65	
Gesamtspeichel	0,38	–	0,32	65	
Stickstofffreie Substanzen					
Reduzierende Substanzen (Glucose) (mg/l)					
(a) Parotisspeichel	11,4	–	–	41	(a) Nach Hagedorn-Jensen, (b) 39 Personen, Glucoseoxydasemethode, (c) übliche Werte der Literatur aufgrund von Reduktionsmethoden; Variationen je nach der Methode[68]. Unterschiede bezüglich des Geschlechts sind nicht bekannt; im hohen Lebensalter ist der Glucosegehalt des Speichels eher erhöht[67]. Neben Glucose wurden im Speichel noch Maltose, Arabinose und Ribose nachgewiesen[22].
(b) Gesamtspeichel	26	2–50	12	67	
(c) Gesamtspeichel	–	(100–300)	–	4	
Citronensäure (mg/l)	–	(Bis 20)	–	4	Werte von stimuliertem Speichel, individuell verschieden. Bei längerem Stehen der Speichelproben wird die Citronensäure rasch durch Bakterien abgebaut.
Milchsäure (mg/l)	–	(10–50)	–	6	Werte von stimuliertem Speichel. Stark ansteigend nach Mahlzeiten. Die Milchsäure im Speichel ist zum größten Teil ein Abbauprodukt von Kohlenhydraten und Mucinen infolge bakterieller Einwirkung.
Cholesterin (mg/l)	–	(25–500)	–	4	Cholesterin wurde im Parotis- und Submandibularisspeichel nachgewiesen[9].
Vitamine					
Folsäure (μg/l)	41	(2–165)	–	69	Bestimmt mit *Lactobacillus casei* im Speichel von 24 Personen.
Ascorbinsäure (mg/l)	2,18	0,58–3,78	0,80	70	Werte von 31 gesunden Personen. Ein Zusammenhang zwischen Karies und Ascorbinsäuregehalt des Speichels ist nicht nachgewiesen.

Literatur (zu S. 639–642)

1 Hinsberg und Schmid, in: Lang et al. (Hrsg.), *Hoppe-Seyler/Thierfelder Handbuch der physiologisch- und pathologisch-chemischen Analyse*, 10. Aufl., Band 5, Springer, Berlin, 1953, S. 357; Krzywanek und Flaschenträger, in: Flaschenträger und Lehnartz (Hrsg.), *Physiologische Chemie*, Band II/Ia, Springer, Berlin, 1954, S. 2.
2 Dawes und Jenkins, *J. Physiol. (Lond.)*, **170**, 86 (1964).
3 Burgen und Emmelin, *Physiology of the Salivary Glands*, Arnold, London, 1961.
4 Afonsky, D., *Saliva and its Relation to Oral Health*, University of Alabama Press, Alabama, 1961.
5 Rauch, S., *Die Speicheldrüsen des Menschen*, Thieme, Stuttgart, 1959.
6 Eastoe, J. E., in: Long et al. (Hrsg.), *Biochemists' Handbook*, Spon, London, 1961, S. 907.
7 Dittmer, D. S. (Hrsg.), *Blood and Other Body Fluids*, Biological Handbooks, Federation of American Societies for Experimental Biology, Washington, 1961, S. 399.
8 Leung, S. W., in: Wolstenholme und O'Connor (Hrsg.), *Ciba Foundation Symposium on Caries-Resistant Teeth*, Churchill, London, 1965, S. 266.
9 Köstlin und Rauch, *Helv. med. Acta*, **24**, 600 (1957).
10 Prader et al., *Helv. paediat. Acta*, **10**, 29 (1955).
11 Schneyer, L. H., *J. appl. Physiol.*, **9**, 79 (1956).
12 Shannon und Prigmore, *Proc. Soc. exp. Biol. (N.Y.)*, **97**, 825 (1958).
13 Bloch et al., *Medicine (Baltimore)*, **44**, 187 (1965).
14 Turner et al., *J. dent. Res.*, **33**, 55 (1954).
15 Topi und Zane, *Gazz. int. Med. Chir.*, **63**, 1 (1958).
16 Rosenthal et al., *J. dent. Res.*, **38**, 883 (1959).
17 Thaysen et al., *Amer. J. Physiol.*, **178**, 155 (1954).
18 Anders, J. T., *J. appl. Physiol.*, **8**, 659 (1956).
19 Kaiser et al., *Amer. J. Dis. Child.*, **92**, 369 (1956).
20 Eggers-Lura, H., *J. dent. Res.*, **26**, 203 (1947).
21 Rose und Kerr, *Quart. J. exp. Physiol.*, **43**, 160 (1958).
22 Bramstedt und Naujoks, *Dtsch. zahnärztl. Z.*, **17**, 867 (1962).
23 Clark und Shell, *Dent. Cosmos*, **69**, 605 (1927).
24 Vitte, G., *C. R. Soc. Biol. (Paris)*, **124**, 1227 (1937).
25 Bruger et al., *J. Lab. clin. Med.*, **26**, 1942 (1941), zitiert nach Lang et al. (Hrsg.), *Hoppe-Seyler/Thierfelder Handbuch der physiologisch- und pathologisch-chemischen Analyse*, 10. Aufl., Band 5, Springer, Berlin, 1953, S. 357.
26 Cohen und Myant, *J. Physiol. (Lond.)*, **145**, 595 (1959).
27 Ferguson et al., *Canad. J. Biochem.*, **35**, 333 (1957).
28 Fitting, W., *Klin. Wschr.*, **42**, 1203 (1964).
29 Gerbaulet und Fitting, *Klin. Wschr.*, **34**, 120 (1956).
30 Topi und Zane, *Gazz. int. Med. Chir.*, **64**, 512 (1959).
31 Prader et al., *Helv. paediat. Acta*, **10**, 29 (1955).
32 Hungerland et al., *Klin. Wschr.*, **33**, 44 (1955).
33 Grad, B., *J. Geront.*, **9**, 276 (1954).
34 Thorn et al., *J. appl. Physiol.*, **9**, 477 (1956).
35 Hildes und Ferguson, *Canad. J. Biochem.*, **33**, 217 (1955).
36 Ferguson et al., *Canad. J. Biochem.*, **36**, 1001 (1958).
37 De Traverse und Coquelet, *C. R. Soc. Biol. (Paris)*, **146**, 1099 (1952).
38 Prader und Gautier, *Helv. paediat. Acta*, **10**, 56 (1955).
39 White et al., *J. clin. Invest.*, **34**, 246 (1955).
40 Crane et al., *J. Lab. clin. Med.*, **61**, 51 (1963).
41 Shannon und Prigmore, *Ann. N.Y. Acad. Sci.*, **87**, 745 (1960).
42 Chauncey et al., *Proc. Soc. exp. Biol. (N.Y.)*, **97**, 539 (1958).
43 Chernick und Barbero, *Ann. N.Y. Acad. Sci.*, **106**, 698 (1963).
44 Dreizen et al., *J. dent. Res.*, **31**, 137 (1952).
45 de Jorge et al., *Clin. chim. Acta*, **9**, 148 (1964).
46 Woldring, M. G., *J. dent. Res.*, **34**, 248 (1955).
47 Berry, H. K., University of Texas Publication No. 5109, 157 (1951), zitiert nach Afonsky, D., *Saliva and its Relation to Oral Health*, University of Alabama Press, Alabama, 1961.
48 Moor und Gilligan, *J. nat. Cancer Inst.*, **12**, 691 (1951).
49 Eagle, E., *J. Lab. clin. Med.*, **27**, 103 (1941).
50 Sanders, S. G., *J. oral Surg.*, **13**, 193 (1955).
51 Drevon und Donikian, *C. R. Soc. Biol. (Paris)*, **150**, 1206 (1956).
52 Langkilde, M., in: Peeters, H. (Hrsg.), *Protides of the Biological Fluids*, Proceedings of the 10th Colloquium, Brüssel 1962, Elsevier, Amsterdam, 1963, S. 234.
53 Stoffer et al., *Proc. Soc. exp. Biol. (N.Y.)*, **111**, 467 (1962).
54 Leach et al., *J. dent. Res.*, **42**, 568 (1963).
55 Burger-Girard, N., *Schweiz. med. Wschr.*, **94**, 23 (1964).
56 Simons et al., *Acta med. scand.*, Suppl. 412, 257 (1964).
57 Masson et al., *Biochim. biophys. Acta*, **107**, 485 (1965).
58 Mandel und Ellison, *Ann. N.Y. Acad. Sci.*, **106**, 271 (1963).
59 Kent, P. W., *Gastroenterology*, **43**, 292 (1962).
60 Mandel et al., *Amer. J. Dis. Child.*, **110**, 646 (1965).
61 Dreizen et al., *Proc. Soc. exp. Biol. (N.Y.)*, **102**, 449 (1959).
62 Saito und Kizu, *J. dent. Res.*, **38**, 500 (1959).
63 Giddon und Lisanti, *Lancet*, **1**, 725 (1962).
64 Hoerman et al., *Proc. Soc. exp. Biol. (N.Y.)*, **92**, 875 (1956).
65 Schneyer, L. H., *J. appl. Physiol.*, **9**, 453 (1956).
66 Glatzel, H., *Ernährungsumschau*, **12**, 295 (1965).
67 Topi und Zane, *Ann. Stomat. (Roma)*, **10**, 1117 (1961).
68 Topi und Zane, *Arch. Stud. Fisiopat. Ricambio*, **25**, 93 (1961).
69 Markkanen und Mäkilä, *Lancet*, **1**, 1118 (1965).
70 Hess und Smith, *J. dent. Res.*, **28**, 507 (1949).
71 Dahlberg et al., *J. appl. Physiol.*, **23**, 100 (1967).

(Literatur siehe S. 646)

Die Zusammensetzung des reinen Magensekrets ist infolge der Gewinnungsschwierigkeiten nur unzulänglich bekannt. Mittels einer Magensonde, aber auch durch eine Magenfistel, erhält man kein reines Magensekret, sondern nur Mageninhalt, der fast immer Speichel, häufig Speisereste und gelegentlich auch Galle, Pankreassaft und Darminhalt enthält. Die nachfolgenden Werte wurden, wenn nicht anders angegeben, an unstimuliertem Magensaft bestimmt, der nüchternen Personen durch eine Verweilsonde entnommen wurde.

Der Magensaft ist eine Mischung der verschiedenen Zellsekrete der Magenmukosa. Die Schleimzellen des Deckepithels und die Nebenzellen der Drüsen sezernieren einen alkalischen mukösen Saft, die Belegzellen der Fundusdrüsen vorwiegend Salzsäure und die Hauptzellen der Drüsen vorwiegend Pepsinogen. Formal läßt sich der Magensaft in zwei Komponenten zerlegen, das Belegzellensekret (parietal secretion) und das Sekret der anderen Zellen (nonparietal secretion)[1,2]; beide Komponenten sind primär annähernd isoton mit dem Serum. Es gilt:

$$V_P = V_{total}\,(0{,}219 + 4{,}88\,A)$$
$$V_{NP} = V_{total} - V_P$$

(V_{total} = gesamtes Sekret [ml]; V_P = «parietal secretion» [ml]; V_{NP} = «nonparietal secretion» [ml]; A = Acidität [mval/ml].) Die Zusammensetzung hängt daher vom relativen Anteil der einzelnen Zellsekrete ab, deren Menge und Zusammensetzung von der Art der Stimulierung beeinflußt wird.

Die Zusammensetzung des Magensafts wurde ausführlich besprochen[2–6]; ebenso sind die diagnostischen Aspekte von Magensaftanalysen diskutiert worden[7,8].

	Mittelwert	95%-Bereich (in Klammern Extrembereich)	s	Literatur	Bemerkungen
Physikalisch-chemische Daten					
Nüchterninhalt (ml)					
(a) Neugeborene	2,65	(0,4–12,3)	2,05	9	(a) 154 Neugeborene; (b) 98 Proben von 3 Säuglingen; (c) 695 Proben von 59 Kindern (mittleres Alter 9 Jahre).
(b) Säuglinge	2,4	(1,0–3,5)	0,7	10	
(c) Kinder	8,8	(0,4–[80])	8,2	10	
(d) Erwachsene	50	(0–180)	–	5	
Aussehen	...	...	...	...	Reiner Fistelsaft ist eine klare bis leicht trübe, fast farblose Flüssigkeit von leicht säuerlichem Geschmack und Geruch. Der Nüchterninhalt ist leicht trüb, schleimig und gelegentlich durch Gallenrückfluß grünlich verfärbt. Freie Salzsäure ist im Nüchterninhalt des ungereizten Magens normalerweise nicht enthalten. Spuren frischen Blutes können durch ein Intubationstrauma bedingt sein. Pathologisches Blut im Nüchterninhalt ist meist dunkelbraun und kaffeesatzartig.
Menge (ml/h)					
(a) Säuglinge	18,6	(6–54)	18	10	(a) 98 Proben von 3 Säuglingen; (b) 10 Kinder, mittleres Alter 21 Monate; (c) 695 Proben von 59 Kindern (mittleres Alter 9 Jahre). Die Basalsekretion ist bei Frauen geringer als bei Männern, nimmt bei Erwachsenen mit dem Alter ab und variiert je nach Tageszeit und Stimulierung (siehe auch Tabelle S. 644). Die Magensaftproduktion während 24 Stunden beträgt beim Menschen etwa 2–3 l, das sind etwa 35 ml pro Kilogramm Körpergewicht[5]. Hyposekretion: häufig bei Diabetikern[11] und Patienten mit Magenkrebs[12] oder Zirrhose[13]. Hypersekretion: bei Patienten mit Ulcus duodeni[12,14,15] (speziell während der Nacht[15]) und in Fällen von ZOLLINGER-ELLISON-Syndrom[16].
(b) Kleinkinder					
Nüchtern (basal)	31	(10–64)	–	27	
Nach Histamin (maximal)	52	(28–105)	–	27	
(c) Kinder	50,4	(6–180)	25,2	10	
(d) Erwachsene					
Nüchtern (basal)	74	(0–176)	–	5	
Während der Nacht	46	(12–99)	–	5	
Nach Mahlzeiten	101	(13–217)	–	5	
Nach Histamin	117	(2–256)	–	5	
Nach Insulin	124	(70–204)	–	5	
Spezifisches Gewicht	–	(1,004–1,010)	–	5	
Gefrierpunktserniedrigung (°C)	0,47	(0,30–0,82)	–	5	Die Osmolalität der einzelnen Sekrete entspricht weitgehend der des Serums; durch Mischung des säurehaltigen Belegzellensekrets mit dem bicarbonathaltigen Sekret entsteht flüchtiges CO_2; säurearmer Magensaft ist daher oft hypoton[17].
Wasser (g/l)	–	(994–995)	–	3	
Trockensubstanz (g/l)	5,6	–	–	3	Davon sind etwa ¼ anorganische, ¾ organische Substanzen.
pH					
(a) Neugeborene	2,52	(1,2–7,4)	1,53	9	(a) 154 Neugeborene; (b) 695 Proben von 59 Kindern (mittleres Alter 9 Jahre); (c) 25, (d) 12 Erwachsene. Bei der Geburt ist der Magensaft von Neugeborenen annähernd neutral und erreicht bis zur 4.–6. Lebensstunde den nebenstehenden pH-Wert[18,19]. Der pH-Wert des Belegzellensekrets beträgt etwa 0,8, entsprechend einer Säurekonzentration von 160 mval/l[2,17], der des Deckzellensekrets etwa 7,7 entsprechend einer Bicarbonatkonzentration von 45 mval/l[2,17]. Der pH-Wert des Magensafts wird durch Speichel und Darminhalt erhöht. Es ist eine intragastrale pH-Messung mittels Endoradiosonde beschrieben worden[20].
(b) Kinder	3,27	(0,9–7,7)	2,01	10	
(c) Männer	1,92	–	1,28	11	
(d) Frauen	2,59	–	2,08	11	

(Literatur siehe S. 646)

	Mittelwert	Extrembereich	s	Literatur	Bemerkungen
Acidität					
Gesamte Säure (mval/l)					
(b) Kinder	38,2	(4–126)	21,6	10	(a) 154 Neugeborene; (b) 695 Proben von 59 Kindern (mittleres Alter 9 Jahre); (c) 15 Männer und 4 Frauen (20–25 Jahre alt); (d) 10 Kinder, mittleres Alter 21 Monate. Die von den Belegzellen sezernierte Säure besteht ausschließlich aus Salzsäure, die durch die Sekrete der anderen Zellen zum Teil neutralisiert, gepuffert und verdünnt wird. Die gesamte Säure entspricht einem Titrationsendpunkt von pH 7–8, die freie Säure einem solchen von 2,5–3,5. Die Differenz zwischen gesamter und freier Säure wird auch als gebundene Säure bezeichnet und entspricht annähernd dem gepufferten Anteil der Salzsäure; ob eine solche Unterscheidung aber sinnvoll ist, muß bezweifelt werden. Bevorzugt wird heute eine Titration der Säure bis zum Neutralpunkt unter Verwendung von Phenolrot oder elektrometrisch bis pH 7,4[24, 25]. Die früher verwendete «klinische Einheit» entspricht mval Säure/l bzw. einem Verbrauch von ml 0,1n NaOH/100 ml.
(c) Erwachsene	–	(5–118)	–	14	
Freie Säure (mval/l)					
(a) Neugeborene	21,4	–	11,7	9	
(b) Kinder	28,1	(0–100)	17,9	10	
(c) Erwachsene	–	(0–115)	–	14	
Freie Säure (mval/h)					
(d) Kleinkinder					
Nüchtern (basal)	0,48	(0,00–1,32)	–	27	
Nach Histamin (maximal)	2,59	(0,80–3,73)	–	27	
(e) Männer					
Nüchtern (basal)	2,4	–	–	8	
Während der Nacht	1,7	–	–	8	
Nach Betazol (submaximal)	11,6	–	–	8	
Nach Histamin (submaximal)	11,8	–	–	8	
Nach Histamin (maximal)	22,4	–	–	8	
Nach Insulin	16,5	–	–	8	

Magensaftsekretion unter maximaler Histaminstimulierung (verstärkter [augmented] Histamintest). Bestimmt wird die Säuresekretion unter Basalbedingungen und nach subkutaner Gabe von 0,04 mg Histaminphosphat pro Kilogramm Körpergewicht[22, 23]. Ermittelte Größen (alle Angaben in mval Säure pro Zeiteinheit):

- «one-hour morning basal acid output» (MBAO oder BAO) = Säuresekretion während einer Stunde morgens und ohne Stimulierung
- «maximum acid output» (MAO) oder «maximal secretory response» (MSR) = Säuresekretion während einer Stunde nach maximaler Stimulierung mit Histamin
- «maximal histamine response» (MHR) = Säuresekretion in der zweiten und dritten Viertelstunde nach maximaler Stimulierung mit Histamin
- «peak acid output» (PAO) = 2 × MHR

Die Säuresekretion kann ferner stimuliert werden[29]: mit Betazol subkutan (Werte für submaximale Stimulierung siehe unten), mit Histamin kontinuierlich intravenös, mit Insulin oder 2-Desoxy-D-glucose (via Vagusreizung), mit Gastrin oder mit einem synthetischen gastrinähnlichen Pentapeptid.

Die Acidität des unstimulierten und stimulierten Magensaftes variiert je nach Alter und Geschlecht (siehe dazu die untenstehenden Tabellen). Die basale Säuresekretion variiert mit der Tageszeit und ist am geringsten gegen 2 Uhr nachts[17]. Die höchsten beim Menschen gemessenen Aciditätswerte liegen bei 150 mval/l[21]. Bei der Geburt ist der Säuregehalt des Magensafts nur gering, steigt aber in den ersten Lebensstunden an[19]. Bei Kindern korreliert die Säuresekretion unter Histaminstimulierung gut mit dem Körpergewicht (etwa 2 mval/h pro 10 kg Körpergewicht)[27, 28].
Die maximale Säuresekretion (MAO) ist für eine und dieselbe Person weitgehend konstant und ist ein Maß für die gesamte Masse der Belegzellen (parietal cell mass)[30]; etwa 40 Millionen Belegzellen sind nötig, um unter maximaler Stimulierung 1 mval Salzsäure pro Stunde zu produzieren.
Die Bedeutung der Bestimmung der Säuresekretion für die Diagnose von Magen- und Dünndarmulzera ist wiederholt diskutiert worden[25, 31]. Beträgt die basale Säuresekretion mehr als 60% der maximalen Säuresekretion, so liegt ziemlich sicher ein Zollinger-Ellison-Syndrom vor[22]. Anacidität (pH > 6) unter maximaler Stimulierung mit Histamin ist selten[32] und findet sich nur bei starker Atrophie der Magenschleimhaut, wie zum Beispiel perniziöser Anämie.

Säuresekretion bei Erwachsenen vor und nach maximaler Histaminstimulierung (subkutane Gabe von 0,04 mg Histaminphosphat pro Kilogramm Körpergewicht)

	Anzahl	Volumen (ml/h)		Gesamte Säure (mval/h)		Freie Säure (mval/h)	
		Mittelwert	s	Mittelwert	s	Mittelwert	s
Nach Dotevall[1]							
Basalsekretion							
Männer	30	64,0	21,4	3,70*	2,12	2,59	1,97
Frauen	12	54,2	24,2	2,24*	1,76	1,48	1,33
Nach Histamin							
Männer	24	201,6	53,4	23,3**	6,9	20,5	6,8
Frauen	12	153,7	33,3	17,7**	5,4	15,7	5,1
Nach Baron[2]							
Basalsekretion							
Männer	20	38,7	23,01	1,3*	1,59	–	–
Frauen	20	40,6	38,8	1,1*	1,75	–	–
Nach Histamin							
Männer	20	177	73,3	17,1**	11,94	–	–
Frauen	20	107	57,7	9,4**	7,20	–	–

* Basal acid output (BAO). ** Maximal acid output (MAO). [1] Dotevall, G., *Acta med. scand.*, **170**, 59 (1961). [2] Baron, J.H., *Gut*, **4**, 136 (1963).

Säuresekretion bei Erwachsenen vor und nach Betazolstimulierung[1] (subkutane Gabe von 0,5 mg Betazolhydrochlorid pro Kilogramm Körpergewicht)

Alter	Männer				Frauen			
	Anzahl	Freie Säure (mval/h)			Anzahl	Freie Säure (mval/h)		
		Extrembereich	Mittelwert	s		Extrembereich	Mittelwert	s
Basalsekretion								
20–29	74	0–17,1	2,50	2,81	65	0– 8,6	1,74	2,06
30–39	157	0–14,9	2,63	2,70	145	0–15,0	1,58	2,32
40–49	156	0–12,3	2,83	3,01	184	0–13,5	1,43	2,24
50–59	158	0–17,0	2,25	3,04	162	0– 6,7	0,98	1,53
> 60	70	0– 9,9	1,48	2,18	78	0– 7,6	0,95	1,43
Alle Altersstufen	615	0–17,1	2,44	2,85	634	0–15,0	1,33	2,00
Nach Betazol								
20–29	74	0–29,6	11,46	6,69	65	0,3–20,8	7,79	4,57
30–39	157	0–31,3	12,83	6,69	145	0–22,1	7,83	4,51
40–49	156	0–48,4	13,29	8,66	184	0–24,7	8,12	5,42
50–59	158	0–31,5	10,67	7,11	162	0–22,8	6,90	5,59
> 60	70	0–24,8	7,67	7,56	78	0–20,0	6,67	5,40
Alle Altersstufen	615	0–48,4	11,64	7,62	634	0–24,7	7,53	5,20

[1] Nach Grossman et al., *Gastroenterology*, **45**, 14 (1963).

(Literatur siehe S. 646)

	Mittelwert	95%-Bereich (in Klammern Extrembereich)	s	Literatur	Bemerkungen
Anorganische Substanzen					
Bicarbonat	...	...	...	...	Das Sekret der Deckzellen dürfte 45 mval Bicarbonat pro Liter enthalten[17].
Chlorid (mval/l)	–	(77,6–159)	–	14	Der Chloridgehalt des Belegzellensekrets beträgt etwa 170 mval/l, der des Deckzellensekrets etwa 125 mval/l[2,17]. Chloridwerte unter 130 mval/l lassen auf eine Verunreinigung des Magensafts durch Speichel und Darminhalt schließen[2].
Phosphor (mg/l)	70	([6]–[180])	–	33	Messungen an mehreren hundert Personen; niederster Wert bei einem Patienten mit Hypersekretion, höchster Wert bei einem Patienten mit Magenkrebs. Mindestens 95% des Gesamtphosphors bestehen aus anorganischem Phosphat[33]; dieses wird in einer Konzentration von etwa 6,4 mval/l von den Zellen des Oberflächenepithels ausgeschieden, ist aber nicht im Sekret der Belegzellen enthalten[2,17].
Bromid (mg/l)	–	(0,6–9,0)	–	34	
Fluorid (mg/l)	–	(0,4–0,7)	–	35	
Rhodanid	...	...	...	...	Wenn der Magensaft Rhodanid enthält, so ist er wahrscheinlich mit Speichel vermischt[36].
Kalium (mval/l)	11,6	(6,4–16,6)	–	37	Werte von 50 Männern. Kalium wird in annähernd gleicher Konzentration sowohl von den Belegzellen als auch von den andern Zellen ausgeschieden. Die Veränderungen unter Histaminstimulierung sind variabel[38]. Erhöhte Kaliumwerte lassen auf eine Verunreinigung durch Speichel schließen.
Natrium (mval/l)	49	(18,7–69,5)	–	37	Werte von 50 Männern. Natrium wird in einer Konzentration von etwa 160 mval/l von den Zellen des Deckepithels ausgeschieden, ist aber nicht im Sekret der Belegzellen enthalten[2,17]; unter Histaminstimulierung nimmt daher der Natriumgehalt des Magensaftes ab.
Calcium (mval/l)	3,6	(2,0–4,8)	–	37	Werte von 50 Männern. Calcium findet sich nicht im Sekret der Belegzellen. Erniedrigte Calciumwerte lassen auf eine Verunreinigung durch Speichel schließen.
Magnesium (mval/l)	1,5	(0,3–3,0)	–	39	Werte von 43 Personen.
Kupfer (mg/l)	–	(0,1–0,4)	–	40	Werte von 7 Personen.
Organische Substanzen					
Gesamtstickstoff (mg/l)					
(a)	752	–	–	41	(a) 21 magengesunde Patienten; (b) 6 junge Männer.
(b)	–	(910–2180)	–	14	
Reststickstoff (mg/l)					
(a)	415	–	–	41	(a) 21 magengesunde Patienten; (b) 10 Personen. Der Anteil des Reststickstoffs am Gesamtstickstoff beträgt 20–80% (Magengesunde und Magenkranke)[41].
(b)	–	(150–320)	–	42	
Peptidstickstoff (mg/l)	–	(38–70)	–	42	Werte von 10 Personen.
Aminosäurenstickstoff (mg/l)	–	(16–75)	–	42	Werte von 10 Personen.
Freie Aminosäuren (mg/l)	316	–	–	43	Werte von 15 Personen; bestimmt wurden 18 Aminosäuren. Hyperacide Magensäfte haben einen erhöhten Gehalt an freien Aminosäuren. Siehe die Übersicht von Heathcote und Washington[44].
Ammoniak (mg/l)	97	67–127	15	45	Werte von 24 Personen. Der Ammoniakgehalt des Magensaftes ist erhöht bei Urämie[45] und Leberzirrhose[46].
Harnstoff (mg/l)	84	–	15	45	Werte von 24 Personen. Der Harnstoffgehalt des Magensaftes ist bei Urämie erhöht[45].
Creatinin (mg/l)	–	(12–33)	–	5	
Harnsäure (mg/l)	–	(8–69)	–	42	

	Mittelwert	95%-Bereich (in Klammern Extrembereich)	*s*	Literatur	Bemerkungen
Histamin (µg/l)	–	(7–48)	–	47	
Proteine (g/l)	2,8	2,2–3,4	0,3	48	Bestimmt mit Biuretreaktion; Werte in Übereinstimmung mit andern Messungen[36,49,50]. Die Proteine des Magensaftes sind ein sehr heterogenes Gemisch verschiedener Substanzen[52,53], wie kohlenhydratreiche Mucine, Enzyme und Plasmaproteine (Albumin, γG-Globulin, γA-Globulin und andere[54]). Plasma tritt in einer Menge von etwa 1 ml/h in den Magen über[54]. Durch Enzymeinwirkung werden die Proteine bei niedrigem pH-Wert leicht zu Peptiden und Aminosäuren abgebaut. Erhöhte Albuminwerte finden sich häufig bei Magenkrebs, bei atrophischer Gastritis und immer bei der Ménétrierschen Krankheit[52,55].
Albumin (g/24 h)	–	(0,02–0,69)	–	51	
γ-Globulin (g/24 h)	–	(0,03–0,38)	–	51	
Mucine (g/l)	–	(0,6–15,0)	–	5	Die Mucine sind Bestandteil des Deckzellensekrets (visible mucus), werden aber auch von den Nebenzellen und anderen Drüsenzellen ausgeschieden (glandular mucoprotein, mucoproteose). Zu der chemisch sehr heterogenen Gruppe dieser Mucosubstanzen[52,53,56,57] gehören vor allem sialsäurereiche Mucoproteine und fucosereiche Mucopolysaccharide (darunter blutgruppenspezifische Substanzen). Mucoproteine sind auch der «intrinsic factor» und verschiedene Vitamin-B_{12}-bindende Substanzen. Eine Bestimmung der «intrinsic factor»-Sekretion erleichtert die Diagnose von perniziöser Anämie[58].
Ungelöste Substanzen	1,4	–	–	56	
Trichloressigsäurepräzipitat	1,0	–	–	56	
Mucoprotein	0,5	–	–	56	
Mucoproteose	1,2	–	–	56	
Kohlenhydrate, gebunden (mg/l)					
(a) Hexosen	321	–	–	50	(a) 16, (b) 10, (c) 15, (d) 13 und (e) 12 Personen. Die Kohlenhydrate sind Bestandteile der Mucoproteine und Mucopolysaccharide. In den elektrophoretisch getrennten Proteinfraktionen ist die Verteilung der Kohlenhydrate untersucht worden[59]. Ein erhöhter Kohlenhydratgehalt des Magensafts wurde bei Magenkrebs und perniziöser Anämie gefunden[50].
(b) Hexosamine	327	–	–	50	
(c) Fucose	138	–	–	50	
(d) Sialsäure	73	–	–	50	
(e) Glucuronsäure	20	–	–	50	
Milchsäure	...	...	...	...	Milchsäure entsteht aus den Kohlenhydraten durch bakterielle Einwirkung, aber nur in anaciden und hypoaciden Magensäften.
Lipide	...	...	...	...	Der Magensaft scheint geringe Mengen an Lipiden zu enthalten[60], die aber noch nicht näher untersucht sind.
Enzyme	...	...	...	...	Der Magensaft enthält vor allem proteinspaltende Enzyme[52]. Andere Enzyme sind: Lipase[61], Lysozym[62], Lactatdehydrogenase[63,64], Isocitratdehydrogenase[64], Aminotransferasen[64], Fructosediphosphataldolase[64], alkalische Phosphatase[64], Leucinaminopeptidase[64], Oxoglutaratdehydrogenase[64], Glucosephosphatisomerase[64], β-Glucuronidase[64], Ribonuclease[64]; die Urease[46] ist wahrscheinlich bakteriellen Ursprungs. Der Gehalt des Magensafts an Lactatdehydrogenase und β-Glucuronidase ist bei Magenkrebs erhöht.
Pepsin (kU/24 h, 37 °C)					
Männer	28,8	–	13,5	65	Werte von je 10 Männern und Frauen (zur Definition der Einheit U siehe S. 580). Der Magensaft des Menschen enthält zumindest drei proteinspaltende Enzyme[52,53] – zwei Pepsine und eine Proteinase mit maximaler Aktivität bei pH 7. Nach Taylor[66] soll ein Pepsin den Hauptzellen der Fundusdrüsen, das andere den Pylorusdrüsen entstammen. Nach Tang und Wolf[67] entspricht die proteolytische Aktivität bei pH 2 dem Pepsin, die bei pH 3,5 dem Gastricsin. Der Pepsingehalt des Magensafts ist nach Histaminstimulierung schwach, nach Vagusreizung stark erhöht; erniedrigt ist er bei Magenkrebs und Atrophie der Magenschleimhaut[12,66].
Frauen	18,9	–	7,5	65	
Vitamine					
Vitamin B_{12} (µg/l)	–	(0,06–3,0)	–	68	
Ascorbinsäure (mg/l)	–	(1,5–15,0)	–	5	

Literatur (zu S. 643–646)

1 Hollander, F., *Fed. Proc.*, **11**, 706 (1952).
2 Hunt, J. N., *Physiol. Rev.*, **39**, 491 (1959).
3 Krzywanek und Flaschenträger, in: Flaschenträger und Lehnartz (Hrsg.), *Physiologische Chemie*, Band II/1a, Springer, Berlin, 1954, S. 2.
4 Hinsberg und Bruns, in: Lang et al. (Hrsg.), *Hoppe-Seyler/Thierfelder Handbuch der physiologisch- und pathologisch-chemischen Analyse*, 10. Aufl., Band 5, Springer, Berlin, 1953, S. 372.
5 Leach, A. A., in: Long et al. (Hrsg.), *Biochemists' Handbook*, Spon, London, 1961, S. 911.
6 Dittmer, D. S. (Hrsg.), *Blood and Other Body Fluids*, Biological Handbooks, Federation of American Societies for Experimental Biology, Washington, 1961, S. 404.
7 Rovelstad, R. A., *Gastroenterology*, **45**, 90 (1963).
8 Sparberg und Kirsner, *Arch. intern. Med.*, **114**, 508 (1964).
9 Thomson, J., *Arch. Dis. Childh.*, **26**, 558 (1951).
10 Wolman, I. J., *Amer. J. Dis. Child.*, **71**, 394 (1946).
11 Dotevall, G., *Acta med. scand.*, **170**, 59 (1961).
12 Hirschowitz, B. I., *Amer. J. dig. Dis.*, **6**, 199 (1961).
13 Scobie und Summerskill, *Gut*, **5**, 422 (1964).
14 Ihre, B., *Acta med. scand.*, Suppl. 95 (1938).
15 Dragstedt, L. R., *Ann. N. Y. Acad. Sci.*, **99**, 190 (1962).
16 Zollinger und Ellison, *Proceedings of the Third World Congress of Gastroenterology*, Band 1, Williams & Wilkins, Baltimore, 1959, S. 419.
17 Davenport, H. W., *Physiology of the Digestive Tract*, 2. Aufl., Year Book Medical Publishers, Chicago, 1966, S. 93.
18 Ebers et al., *Pediatrics*, **18**, 800 (1956); Avery et al., *Pediatrics*, **37**, 1005 1966).

[19] MONTES-GALLO und SAARI, *Ann.paediat.Fenn.*, **6**, 185 (1960).
[20] NOELLER, H.G., *Dtsch.med. Wschr.*, **85**, 1707 (1960); OTTENJANN, R., *Med. Klin.*, **58**, 1999 (1963); HOCHBERG et al., *Münch.med. Wschr.*, **106**, 789 (1964).
[21] NORDGREN, B., *Acta physiol.scand.*, **58**, Suppl. 202 (1963).
[22] MARKS, I.N., *Gastroenterology*, **41**, 599 (1961).
[23] KAY, A.W., *Brit.med.J.*, **2**, 77 (1953); BARON, J.H., *Gut*, **4**, 136 (1963).
[24] BARON, J.H., *Gastroenterology*, **45**, 118 (1963).
[25] PERRIER et al., *Schweiz.med. Wschr.*, **95**, 876 (1965).
[26] LAWRIE et al., *Lancet*, **2**, 270 (1964); LAWRIE und FORREST, *Postgrad. med. J.*, **41**, 408 (1965).
[27] RØDBRO et al., *Lancet*, **2**, 730 (1966).
[28] GHAI et al., *Arch. Dis.Childh.*, **40**, 77 (1965).
[29] MAKHLOUF et al., *Gut*, **5**, 379 (1964); ZATERKA und NEVES, *Gastroenterology*, **47**, 251 (1964); SCOBIE, B.A., *Brit.med.J.*, **1**, 1287 (1965); DUKE et al., *Lancet*, **2**, 871 (1965); MAKHLOUF et al., *Gut*, **6**, 525 (1965); MAKHLOUF et al., *Gastroenterology*, **51**, 149 (1966); A Multicentre Pilot Study, *Lancet*, **1**, 291 (1967).
[30] CARD und MARKS, *Clin.Sci.*, **19**, 147 (1960).
[31] BARON, J.H., *Clin.Sci.*, **24**, 357 (1963); BARON, J.H., *Gut*, **4**, 243 (1963); JOHNSON et al., *Gut*, **5**, 402 (1964).
[32] Leading Article, *Lancet*, **2**, 27 (1960).
[33] HOESCH, K., *Dtsch. Arch. klin. Med.*, **165**, 201 (1929).
[34] CORNBLEET, T., *J.invest. Derm.*, **1**, 399 (1938).
[35] GOLDEMBERG und SCHRAIBER, *Rev.Soc.argent.Biol.*, **11**, 111 (1935).
[36] TEICHMANN, W., *Dtsch.Z. Verdau.- u.Stoffwechselkr.*, **13**, 203 (1953).
[37] BERNSTEIN, R.E., *J.Lab.clin. Med.*, **40**, 707 (1952).
[38] HOLLANDER, F., *Gastroenterology*, **40**, 477 (1961).
[39] MAHLER, P., *Wien. Arch.inn. Med.*, **19**, 413 (1930).
[40] VAN RAVESTEYN, A.H., *Acta med.scand.*, **118**, 163 (1944).
[41] NORPOTH, L., *Klin. Wschr.*, **26**, 406 (1948).
[42] NAGL, F., *Z.klin.Med.*, **151**, 429 (1954).
[43] MÜTING, D., *Naturwissenschaften*, **41**, 580 (1954).
[44] HEATHCOTE und WASHINGTON, *Nature*, **207**, 941 (1965).
[45] LIEBER und LEFÈVRE, *J.clin.Invest.*, **38**, 1271 (1959).
[46] RAPPOPORT und KERN, jr., *J. Lab.clin. Med.*, **61**, 550 (1963).
[47] FARENDIN et al., *Gastroenterologia (Basel)*, **79**, 185 (1953).
[48] BERG, G., *Bibl.gastroent. (Basel)*, **5**, 195 (1962).
[49] TEICHMANN, W., *Z.ges.inn.Med.*, **7**, 908 (1952).
[50] RICHMOND et al., *Gastroenterology*, **29**, 1017 (1955).
[51] HOROWITZ und HOLLANDER, *Ann.N.Y.Acad.Sci.*, **99**, 67 (1962).
[52] GLASS, G.B.J., *Advanc.clin.Chem.*, **7**, 236 (1964).
[53] GLASS, G.B.J., *Advanc.clin.Chem.*, **7**, 373 (1964).
[54] BARANDUN et al., *Schweiz.med. Wschr.*, **92**, 316 und 353 (1962); HIRSCH-MARIE und BURTIN, in: PEETERS, H. (Hrsg.), *Protides of the Biological Fluids*, Proceedings of the 11th Colloquium, Brüssel 1963, Elsevier, Amsterdam, 1964, S.256; PEETERS et al., in: PEETERS, H. (Hrsg.), *Protides of the Biological Fluids*, Proceedings of the 11th Colloquium, Brüssel 1963, Elsevier, Amsterdam, 1964, S.261.
[55] WETTERFORS, J., *Acta med.scand.*, Suppl. 430 (1965).
[56] KENT, P.W., *Gastroenterology*, **43**, 292 (1962).
[57] HOLLANDER, F., *Gastroenterology*, **43**, 304 (1962).
[58] IRVINE et al., *Lancet*, **2**, 397 (1965).
[59] GLASS et al., *Clin.chim.Acta*, **9**, 509 (1964).
[60] HOROWITZ, M.I., *Ann.N.Y.Acad.Sci.*, **106**, 278 (1963).
[61] SCHØNHEYDER und VOLQVARTZ, *Acta physiol.scand.*, **11**, 349 (1946); BANK et al., *Gut*, **5**, 480 (1964).
[62] LOBSTEIN und FOGELSON, *Amer.J.dig.Dis.*, **18**, 282 (1951).
[63] SMYRNIOTIS et al., *Amer.J.dig.Dis.*, **7**, 712 (1962).
[64] PIPER et al., *Gastroenterology*, **45**, 614 (1963); *Amer.J.dig.Dis.*, **8**, 701 (1963).
[65] VAN GOIDSENHOVEN et al., *Gastroenterology*, **34**, 421 (1958).
[66] TAYLOR, W.H., *Physiol. Rev.*, **42**, 519 (1962).
[67] TANG und WOLF, *Gastroenterology*, **44**, 908 (1963).
[68] PENDL und FRANZ, *Acta haemat. (Basel)*, **13**, 207 (1955).

Pankreassaft

(Literatur siehe S.649)

Der Pankreassaft entstammt wahrscheinlich zwei verschiedenen Zelltypen: die einen Zellen, vermutlich die Gangepithelien, sondern ein sehr wässeriges bicarbonatreiches Sekret ab, die andern, die Acinusepithelien, ein zähflüssiges, enzymreiches Sekret. Verschiedene Reize, zum Beispiel Säuren, bewirken die Freisetzung von Secretin und Pancreozymin aus der Duodenalschleimhaut. Secretin stimuliert vor allem die Sekretion von Flüssigkeit und Bicarbonat; Pancreozymin, Acetylcholin und Vagusreizung führen zu starker Enzymausschüttung. Nachstehende Werte gelten, wenn nicht anders angegeben, für unstimulierten Pankreassaft, der entweder durch eine Sonde (als Duodenalinhalt bezeichnet) oder durch eine externe Pankreasfistel gewonnen wurde. Wir verweisen im übrigen auf die Darstellungen der Zusammensetzung von Pankreassaft in der Literatur[1–3].

	Mittelwert	95%-Bereich (in Klammern Extrembereich)	s	Literatur	Bemerkungen
Physikalisch-chemische Daten					
Aussehen	...	...	...	...	Wässerig, dünnflüssig, farblos, klar oder leicht opaleszierend. Aufgrund seiner Ähnlichkeit mit Speichel wird der Pankreassaft auch als Bauchspeichel bezeichnet.
Menge (ml/h)					
Kleinkinder	–	(4–13)	–	4	Die Sekretion von Pankreassaft setzt nie ganz aus; unter strengen Basalbedingungen dürfte sie beim Erwachsenen unter 6 ml/h liegen[5]. Ein reichlicher Fluß von Pankreassaft setzt meist einige Minuten nach Einnahme einer Mahlzeit ein und hält etwa drei Stunden lang an. Die tägliche Produktion von Pankreassaft bei normalen Perioden von Essen und Schlafen wird auf 700 bis 2500 ml[5] bzw. 17–20 ml/kg Körpergewicht[2] geschätzt. Es wurden tägliche Fistelsaftmengen bis zu 3300 ml beobachtet[5]. Nach intravenösen Gaben von Secretin erhöht sich die Pankreassekretmenge.
Erwachsene	36	(>0–99)	–	2	
Im Secretintest[6–9]:					
(ml/h)	176	38–314	69	9	Werte von 47 Erwachsenen ohne Pankreaserkrankungen; Analyse von Pankreassaft während einer Stunde nach intravenöser Gabe von 2 Einheiten Secretin pro Kilogramm Körpergewicht. Eine Abhängigkeit von Geschlecht und Alter besteht beim Erwachsenen praktisch nicht[10]. Die Sekretmenge ist bei Karzinom des Pankreaskopfes oft erniedrigt.
(ml/h/kg Körpergewicht)	2,68	1,04–4,32	0,82	9	
Spezifisches Gewicht	–	(1,008–1,011)	–	11-13	
Gefrierpunktserniedrigung (°C)	–	(0,55–0,63)	–	12,13	Pankreassaft ist annähernd isoton mit dem Serum.
Wasser (g/l)	987	–	–	11	
Trockensubstanz (g/l)	13,0	(7,5–15,7	–	14	Fistelsaft von 2 Personen. Etwa 50–60% der Trockensubstanz sind anorganische Stoffe.
pH	–	(7,5–8,8)	–	15,16	

	Mittelwert	95%-Bereich (in Klammern Extrembereich)	s	Literatur	Bemerkungen
Anorganische Substanzen					
Bicarbonat (mval/l)	–	(25–[150])	–	17	Der Bicarbonatgehalt des Pankreassaftes steigt in Form einer hyperbolischen Kurve von 25 mval/l bei einer Sekretionsgeschwindigkeit von 40 ml/h bis auf 130–150 mval/l bei Sekretionsgeschwindigkeiten über 300 ml/h. Die Summe der Konzentration von Bicarbonat und Chlorid ist konstant und beträgt etwa 154 mval/kg Wasser[17].
Im Secretintest[6–9]:					
(mval/h)	13,5	0–27,1	6,8	9	Werte von 47 Erwachsenen ohne Pankreaserkrankungen; Analyse von Pankreassaft während einer Stunde nach intravenöser Gabe von 2 Einheiten Secretin pro Kilogramm Körpergewicht. Eine Abhängigkeit von Geschlecht und Alter besteht beim Erwachsenen praktisch nicht[10]. Die Bicarbonatkonzentration ist bei chronischer Pankreatitis erniedrigt.
(mval/h/kg Körpergewicht)	0,199	0,047–0,351	0,076	9	
(mval/l)	76	62–90	7	9	
Chlorid (mval/l)	–	([4]–129)	–	17	Der Chloridgehalt des Pankreassaftes ist durch dessen Bicarbonatgehalt bestimmt (siehe oben «Bicarbonat»); er fällt in Form einer hyperbolischen Kurve mit zunehmender Sekretionsgeschwindigkeit.
Phosphat (mmol/kg Wasser)	0,8	0–1,6	0,4	17	Analyse von Duodenalinhalt, in Übereinstimmung mit dem Phosphatgehalt von Fistelsaft[16].
Kalium (mval/l)					
(a)	–	(6–9)	–	17	(a) Duodenalinhalt; (b) Fistelsaft.
(b)	–	(4,1–5,5)	–	16	
Natrium (mval/l)	–	(139–143)	–	17	Analyse von Duodenalinhalt; in Übereinstimmung mit dem Natriumgehalt des Fistelsaftes von 3 Personen[15]. Der Natriumgehalt des Pankreassafts geht weitgehend parallel mit dem des Serums.
Calcium (mval/kg Wasser)	3,4	2,2–4,6	0,6	17	Analyse von Duodenalinhalt; in Übereinstimmung mit dem Calciumgehalt von Fistelsaft von 3 Personen[15].
Magnesium (mval/kg Wasser)	1,0	–	–	17	Analyse von Duodenalinhalt.
Andere Minerale	...	...	...	...	Im Fistelsaft wurden noch nachgewiesen[1]: Schwefel (aber kein Sulfat[15]), Kieselsäure, Zink (ein Bestandteil der Carboxypeptidase A) und Spuren Kupfer.
Organische Substanzen					
Gesamtstickstoff (g/l)	–	(0,76–0,98)	–	1	Ergebnisse von Fistelsaftanalysen aus den Jahren 1902–1912.
Reststickstoff (g/l)	0,14	–	–	15	Fistelsaft von 3 Personen.
Proteine (g/l)					
(a)	–	(4,8–5,3)	–	18	(a) Duodenalinhalt von 3 Personen; (b) Fistelsaft von 3 Personen. Der größte Teil der Pankreassaftproteine sind Enzyme und ihre Vorstufen, der Rest Plasmaproteine und Mucoproteine. Elektrophoretisch wurden bis zu 7 Fraktionen nachgewiesen[14].
(b)	–	(1,9–3,4)	–	15	
(b) Albumin	0,6	–	–	15	
(b) Globulin	0,4	–	–	15	
Harnstoff (mg/l)	107	–	–	15	Fistelsaft von 3 Personen.
Creatinin	Spuren	–	–	16	
Harnsäure (mg/l)	2	–	–	15	
Reduzierende Substanzen (als Glucose) (mg/l)	–	(85–180)	–	16	Fistelsaft einer Person.
Lipide (mg/l)	5,2	–	–	2	Cholesterin wurde im Fistelsaft nicht gefunden[15].
Enzyme	...	...	...	...	Der Pankreassaft ist reich an Enzymen und Enzymvorstufen; er enthält vor allem Zymogene von Proteasen und Peptidasen wie Trypsinogen, Chymotrypsinogen und Procarboxypeptidasen, in geringerer Menge Amylase, Lipase, Phospholipase, Ribonuclease, Desoxyribonuclease, Clostridiopeptidase A und Pancreatopeptidase E[19]. Im Fistelsaft wurde die proteolytische Aktivität[20] und der Gehalt an Amylase und Lipase[14,21] bestimmt. Es wurde das Vorkommen eines Trypsininhibitors im Pankreassaft beschrieben[22]. Enzyme fehlen im Pankreassaft häufig, aber nicht immer bei zystischer Pankreasfibrose[4,23]. Der Enzymgehalt ist nach Injektion von Acetylcholin, Pancreozymin oder bei Vagusreizung erhöht.
Im Pancreozymintest[7,8,24,25]:					
Amylase (mg/min)	0,62	0,29–1,30	–	25	Siehe die Bemerkungen auf der nächsten Seite oben.
Carboxypeptidase A (mg/min)	0,72	0,36–1,45	–	25	

	Mittelwert	95%-Bereich	s	Literatur	Bemerkungen
Im Pancreozymintest[7,8,24,25]:					Werte von 36 Erwachsenen ohne Pankreaserkrankungen (zur Definition der Einheit U siehe S. 580); mittlere Sekretmenge nach Stimulation mit Pancreozymin 3,1 ml/min, Normalbereich 1,6–5,8 ml/min. Die Enzymwerte sind lognormal verteilt, wie zum Beispiel auch der Gehalt der Serumenzyme. Amylase bezogen auf kristallisierte Amylase aus menschlichem Pankreas, Carboxypeptidase A, Chymotrypsin und Trypsin auf die kristallisierten Enzymproteine aus Rinderpankreas. Bei chronischer Pankreatitis ist die Enzymsekretion häufig erniedrigt.
Chymotrypsin (mg/min) ...	3,0	1,22–7,6	–	25	
Trypsin (mg/min)	0,73	0,38–1,42	–	25	
Lipase (kU/min, 25 °C)	1,65	0,78–3,50	–	25	

Literatur (zu S. 647–649)

1 Krzywanek und Flaschenträger, in: Flaschenträger und Lehnartz (Hrsg.), *Physiologische Chemie*, Band II/1a, Springer, Berlin, 1954, S. 155.
2 Leach, A. A., in: Long et al. (Hrsg.), *Biochemists' Handbook*, Spon, London, 1961, S. 914.
3 Hinsberg und Bruns, in: Lang et al. (Hrsg.), *Hoppe-Seyler/Thierfelder Handbuch der physiologisch- und pathologisch-chemischen Analyse*, 10. Aufl., Band 5, Springer, Berlin, 1953, S. 389; Dittmer, D. S. (Hrsg.), *Blood and Other Body Fluids*, Biological Handbooks, Federation of American Societies for Experimental Biology, Washington, 1961, S. 414.
4 Vink, C. L. J., in: de Reuck und Cameron (Hrsg.), *Ciba Foundation Symposium on the Exocrine Pancreas*, Churchill, London, 1962, S. 310.
5 Elmslie et al., *Ann. Surg.*, **160**, 937 (1964).
6 Ågren und Lagerlöf, *Acta med. scand.*, **90**, 1 (1936); Sarles et al., *Gastroenterologia (Basel)*, **99**, 279 (1963); Perrier et al., *Helv. med. Acta*, **31**, 573 (1964).
7 Dreiling und Janowitz, in: de Reuck und Cameron (Hrsg.), *Ciba Foundation Symposium on the Exocrine Pancreas*, Churchill, London, 1962, S. 225.
8 Dreiling et al., *Pancreatic Inflammatory Disease*, Evanston, New York, 1964.
9 Hartley et al., *Gastroenterology*, **48**, 312 (1965); *Amer. J. dig. Dis.*, **11**, 27 (1966).
10 Rosenberg et al., *Gastroenterology*, **50**, 191 (1966).
11 Glaessner, K., *Hoppe-Seylers Z. physiol. Chem.*, **40**, 465 (1903/04).
12 Luckhardt et al., *Amer. J. Physiol.*, **63**, 397 (1923).
13 Mangeot et al., *Ann. Méd.*, **54**, 604 (1953).
14 Verschure, J. C. M., *Clin. chim. Acta*, **4**, 38 (1959).
15 Miller und Wiper, *Ann. Surg.*, **120**, 852 (1944).
16 Kogut et al., *J. clin. Invest.*, **15**, 393 (1936).
17 Janowitz und Dreiling, in: de Reuck und Cameron (Hrsg.), *Ciba Foundation Symposium on the Exocrine Pancreas*, Churchill, London, 1962, S. 115.
18 Bartelheimer et al., *Klin. Wschr.*, **33**, 160 (1955).
19 Kowlessar, O. D., *Med. Clin. N. Amer.*, **44**, 817 (1960); Messer und Anderson, *Clin. chim. Acta*, **6**, 276 (1961); Zieve und Vogel, *J. Lab. clin. Med.*, **57**, 586 (1961); Neurath, H., in: de Reuck und Cameron (Hrsg.), *Ciba Foundation Symposium on the Exocrine Pancreas*, Churchill, London, 1962, S. 67; Lundh und Borgström, in: de Reuck und Cameron (Hrsg.), *Ciba Foundation Symposium on the Exocrine Pancreas*, Churchill, London, 1962, S. 259.
20 Troll und Doubilet, *Gastroenterology*, **19**, 326 (1951).
21 Tindel et al., *Nature*, **195**, 288 (1962).
22 Haverback et al., *Amer. J. Med.*, **29**, 421 (1960); Forell und Stahlheber, *Klin. Wschr.*, **42**, 321 (1964).
23 di Sant'Agnese und Lepore, *Gastroenterology*, **40**, 64 (1961).
24 Sarles et al., *Gastroenterologia (Basel)*, **99**, 279 (1963); Rick, W., in: Henning et al. (Hrsg.), *Pathogenese, Diagnostik, Klinik und Therapie der Erkrankungen des exokrinen Pankreas*, Europäisches Pankreas-Symposion, Erlangen 1963, Schattauer, Stuttgart, 1964; Creutzfeldt, W., *Verh. dtsch. Ges. inn. Med.*, **70**, 781 (1964).
25 Rick, W., *Zur Physiologie und Pathologie der Enzymsekretion des Pankreas*, Habilitationsschrift, Gießen, 1963; Rick, W., *Dtsch. med. Wschr.*, **89**, 190 (1964).

Galle

(Literatur siehe S. 652)

Reinste Lebergalle läßt sich mittels einer Gallenfistel gewinnen, reinste Blasengalle durch Punktierung. Die Duodenalsondierung beim nüchternen Menschen ergibt eine gelbe bis hellbraune Flüssigkeit (A-Fraktion) aus Lebergalle, Pankreassekret und Duodenalsekret. Nach Einspritzen einer konzentrierten Magnesiumsulfatlösung durch die Sonde aspiriert man eine visköse dunkelbraune Flüssigkeit (B-Fraktion) aus Blasengalle vermischt mit Duodenalinhalt. Die Blasengalle ist konzentrierter als die Lebergalle, da in der Gallenblase Wasser resorbiert wird und das Gallenblasenepithel Mucopolysaccharide ausscheidet.

Wir verweisen auf die zusammenfassenden Darstellungen über die Zusammensetzung der Galle[1,2].

	Lebergalle				Blasengalle				Bemerkungen
	Mittelwert	Extrembereich	s	Literatur	Mittelwert	Extrembereich	s	Literatur	
Physikalisch-chemische Daten									
Aussehen	...	...	...	...	...	...	...	...	Lebergalle: goldgelb, gelborange; Blasengalle: braunschwarz, braungrün.
Menge (ml/24 h)	–	(250–1100)	–	3	...	...	...	...	Die Gallenproduktion der Leber unterliegt im Laufe des Tages rhythmischen Schwankungen[7]; nachts und morgens ist sie geringer als während des Tages; nach Mahlzeiten ist sie gesteigert. Die Gallenblase faßt etwa 50–65 ml beim Erwachsenen und etwa 8,5 ml bei 1–3 Jahre alten Kindern[4].
Spezifisches Gewicht.....	–	(0,995–1,008)	–	5	–	(1,008–1,034)	–	5	Gemessen bei 37 °C.
Oberflächenspannung (dyn cm^{-1})	42,6	(39,6–44,0)	–	5	42,0	(40,8–44,2)	–	5	Gemessen bei 37 °C.
Relative Viskosität.......	1,27	(1,07–1,75)	0,24	6	2,85	(1,31–5,42)	1,63	6	
Gefrierpunktserniedrigung (°C)	–	(0,56–0,61)	–	1	...	...	...	...	Die Gefrierpunktserniedrigung ändert sich bei der Konzentrierung der Galle in der Blase nur wenig. Die Galle ist annähernd isoton mit dem Serum.

Galle

(Literatur siehe S. 652)

	Lebergalle				Blasengalle				Bemerkungen
	Mittelwert	95%-Bereich (in Klammern Extrembereich)	*s*	Literatur	Mittelwert	95%-Bereich (in Klammern Extrembereich)	*s*	Literatur	
Trockensubstanz (g/l)	20	(8–34)	9	6	136	(70–248)	60	6	Etwa 85–95% der Trockensubstanz sind organische Bestandteile. In der Gallenblase werden Wasser und Salze resorbiert, so daß die Konzentrationserhöhung in der Blasengalle vor allem organische Substanzen betrifft; außerdem werden vom Wandepithel der Blase Mucopolysaccharide ausgeschieden.
	–	(23–33)	–	7	180	–	–	7	
	33,9	28,9–38,9	2,5	8	166	(114–219)	–	9	
pH	7,15	–	–	10	6,89	–	–	10	Daß die Blasengalle eher saurer ist als die Lebergalle, beruht möglicherweise auf der enzymatischen Bildung von Milchsäure in der Gallenblase.
	7,5	(6,2–8,5)	–	11	6,0	(5,6–8,0)	–	11	
Anorganische Substanzen									
Bicarbonat (mval/l)	30	–	–	10	19	–	–	10	Der Bicarbonatgehalt der Galle steigt ähnlich wie der des Pankreassafts mit zunehmender Sekretionsgeschwindigkeit[3].
Chlorid (mval/l)	100,6	(89–118)	–	12	31	(7–110)	–	13	
Gesamtphosphor (g/l)	0,148	0,060–0,236	0,044	7	1,40	–	–	7	Ein Großteil des Phosphors ist in Phospholipiden enthalten.
Kalium (mval/l)	4,98	(2,6–12,0)	–	12	13,5	(8,4–17,5)	–	13	
Natrium (mval/l)	148,9	(131–164)	–	12	220	(146–360)	–	13	
Calcium (mval/l)	–	(3,3–4,1)	–	14	15,4	(3,9–33,2)	–	13	
Magnesium	...	...	...	...	...	...	...	...	Der Magnesiumgehalt der Galle entspricht ungefähr dem des Serums[15].
Eisen (mg/l)	–	(0,4–3,1)	–	1	–	(0,6–3,8)	–	1	
Kupfer (mg/l)	–	(0,35–2,05)	–	16					
Andere Minerale	...	...	...	...	...	...	...	...	In der Galle sind kleine Mengen Zink und Mangan enthalten.
Organische Substanzen									
Gesamtstickstoff (g/l)	0,72	(0,24–1,45)	0,31	6	3,49	(1,88–6,00)	1,45	6	Der Gesamtstickstoffgehalt der Blasengalle schwankt stark infolge des variablen Bilirubin- und Proteingehalts. Etwa 40% des Stickstoffs der Blasengalle sind dialysierbar[18].
	0,77	(0,68–0,92)	–	7	4,9	–	–	7	
					2,8	(1,6–3,3)	–	17	
Reststickstoff (g/l)	0,46	–	–	19	–	(0,68–0,94)	–	19	Die hauptsächlichsten Reststickstoffsubstanzen sind Bilirubin, Cholin (Bestandteil der Phospholipide), Harnstoff und Aminosäuren (vor allem Glycin und Taurin als Bestandteil der Gallensäurenkonjugate).
					2,7	–	–	17	
Peptidstickstoff (mg/l)	140	–	–	19	–	(39–270)	–	19	
Aminosäurenstickstoff (mg/l)	54	–	–	19	–	(60–216)	–	19	
Harnstoff (mg/l)	236	–	–	19	–	(200–450)	–	19	
Cholin (g/l)	0,57	0,22–0,92 (0,35–0,89)	0,175	7	5,5	–	–	7	Cholin ist in den Phospholipiden enthalten.
Bilirubin (g/l)	0,65	(0,12–1,35)	0,13	6	2,94	(0,36–6,30)	1,94	6	Freies Bilirubin findet sich in der Galle nicht; 70–80% des Bilirubins der Blasengalle und über 90% des Bilirubins der Lebergalle liegen als Bilirubindiglucuronid vor, der Rest ist Bilirubinmonoglucuronid[20]. Neben Bilirubin finden sich in der Galle auch noch kleine Mengen anderer Gallenfarbstoffe[1,21]. Der Bilirubingehalt der Blasengalle ist bei Leberzirrhose erniedrigt[22].
	–	(0,26–0,41)	–	7					
Porphyrine (µg/l)	...	...	...	...	101	–	–	23	Die Galle enthält Coproporphyrin I und III[1].

(Literatur siehe S. 652)

	Lebergalle				Blasengalle				Bemerkungen
	Mittelwert	95%-Bereich (in Klammern Extrembereich)	*s*	Literatur	Mittelwert	95%-Bereich (in Klammern Extrembereich)	*s*	Literatur	
Proteine (g/l)	1,8	(1,4–2,7)	–	7	4,5	–	–	7	In der Galle sind Plasmaproteine, Mucopolysaccharide und Enzyme enthalten. Immunologisch wurden mehrere Plasmaproteine nachgewiesen[17,24], darunter Albumin, Orosomucoid, α_2-Haptoglobin, Transferrin und γG-Globulin, aber auch gallenspezifische Proteine[25]. Bei akuter ikterogener Hepatitis ist die Albuminfraktion der Lebergalle erniedrigt, die anderen Proteinfraktionen sind erhöht[26].
Enzyme	...	...	...	...	...	...	...	...	Die Galle enthält viele Enzyme[10,27,28], so Esterasen, Phospholipase A, Lipase, Amylase, Lactatdehydrogenase, Malatdehydrogenase, Transaminasen, alkalische Phosphatase, saure Phosphatase, Leucinaminopeptidase, L-Iditoldehydrogenase, Glucose-6-phosphatdehydrogenase, Creatinkinase, Fructosediphosphataldolase. Der Gehalt der Blasengalle an vielen dieser Enzyme beträgt etwa das 10fache des Serumwertes[27].
Gesamtkohlenhydrate (g/l)	–	(0,35–0,91)	–	7	2,4	–	–	7	In der Lebergalle liegen die Kohlenhydrate teils in Form von Glycoproteinen vor[8] (siehe «Proteine»), in der Blasengalle in Form von Mucopolysacchariden[18,28]. Diese Mucopolysaccharide bilden mit den Lipiden und dem Bilirubin einen Komplex[18,29]. In der Blasengalle wurden nachgewiesen[18]: Galactose, Glucose, kleinere Mengen Arabinose, Fucose und Ribose, Glucosamin, Galactosamin und Uronsäuren. In steinhaltiger Blasengalle ist der Kohlenhydratgehalt signifikant erniedrigt[18].
Hexosamin, gebunden (mg/l)	57	(5–160)	49	6	83	(30–180)	53	6	
Reduzierende Substanzen (als Glucose) (g/l)	–	(0,17–0,52)	–	7	0,8	–	–	7	Bei den reduzierenden Substanzen soll es sich vorwiegend um Glucose handeln[18].
Milchsäure (mg/l)	...	...	...	...	–	(130–480)	–	30	
Lipide	...	...	...	...	...	...	...	...	Die Galle enthält neben Gallensäuren vorwiegend Lecithin und Cholesterin; daneben finden sich noch Triglyceride, Diglyceride und unveresterte Fettsäuren[31,32].
Gesamtfettsäuren (g/l)	2,7	(1,6–4,1)	–	7	24	–	–	7	Palmitinsäure, Ölsäure und Linolsäure machen zusammen etwa 80% der Fettsäuren aus[33]. Nur etwa 0,3% der Gesamtlipide sind unveresterte Fettsäuren[32].
Phospholipide (g/l)	–	(1,0–4,3)	–	7	34	(15–53)	–	34	Etwa 98% der Phospholipide sind Lecithine, der Rest Cephaline und Lysolecithine[31]. Der Gehalt der Galle an Phospholipiden ist bei akuter ikterogener Hepatitis erniedrigt[26].
Cholesterin (g/l)									
Kinder	–	(0,20–0,22)	–	35	–	(0,78–0,81)	–	35	In der Blasengalle sind etwa 4% des Gesamtcholesterins verestert, der Hauptteil ist somit frei[32]. Bei akuter ikterogener Hepatitis ist der Cholesteringehalt der Galle erniedrigt[26].
Erwachsene	–	(0,8–1,8)	–	7	6,3	(3,1–16,2)	–	34	
Gallensäuren (g/l)	–	(6,5–14)	–	7	115	–	–	7	Weitere Werte siehe S. 652. – In der Galle sind die Gallensäuren größtenteils mit Glycin und Taurin konjugiert; nur wenige Prozente sind frei[37]. Die Gallensäuren liegen als Anionen vor. Die Galle enthält eine kleine Menge Trihydroxycoprostansäure[38], die in der Leber aus Cholesterin entsteht, ferner die primären Gallensäuren Cholsäure und Chenodesoxycholsäure, die ebenfalls in der Leber gebildet werden, und die sekundären Gallensäuren Desoxycholsäure, Lithocholsäure und Ursodesoxycholsäure, die im Darm durch bakterielle Einwirkung aus den primären Gallensäuren entstehen, im Darm resorbiert und wieder mit der Galle ausgeschieden werden[39]. Da im Darm von Neugeborenen Bakterien fehlen, enthält deren Galle auch keine sekundären Gallensäuren. Bei Leberzirrhose ist der Gallensäurengehalt der Blasengalle erniedrigt[22].
					32,1	0–65,9	16,9	36	
Folsäure (µg/l)	33	(8–65)	–	40	...	...	...	...	Duodenalsaft von 8 Patienten; bestimmt mit *Lactobacillus casei*.
Vitamin B$_{12}$ (µg/l)	–	(3–10)	–	41					

Literatur (zu S. 649–652)

1 Stary, Z., in: Flaschenträger und Lehnartz (Hrsg.), *Physiologische Chemie*, Band II/2a, Springer, Berlin, 1956, S. 527.
2 Hinsberg und Bruns, in: Lang et al. (Hrsg.), *Hoppe-Seyler/Thierfelder Handbuch der physiologisch- und pathologisch-chemischen Analyse*, 10. Aufl., Band 5, Springer, Berlin, 1953, S. 390; Popper und Schaffner, *Liver: Structure and Function*, McGraw-Hill, New York, 1957, S. 80; Kühn, H. A., in: Büchner et al. (Hrsg.), *Handbuch der allgemeinen Pathologie*, Band 5, 2. Teil, Springer, Berlin, 1959, S. 390; Dittmer, D. S. (Hrsg.), *Blood and Other Body Fluids*, Biological Handbooks, Federation of American Societies for Experimental Biology, Washington, 1961, S. 409; Lathe, G. H., in: Long et al. (Hrsg.), *Biochemists' Handbook*, Spon, London, 1961, S. 917.
3 Davenport, H. W., *Physiology of the Digestive Tract*, 2. Aufl., Year Book Medical Publishers, Chicago, 1966, S. 141.
4 Adam, A., in: Brock, J. (Hrsg.), *Biologische Daten für den Kinderarzt*, 2. Aufl., Band 1, Springer, Berlin, 1954, S. 559.
5 DePalma et al., *J. Amer. med. Ass.*, **195**, 943 (1966).
6 Bouchier et al., *Gastroenterology*, **49**, 343 (1965).
7 Polonovski und Bourrillon, *Bull. Soc. Chim. biol. (Paris)*, **34**, 703 (1952).
8 Mihaescu und Mihaescu, *Nature*, **186**, 394 (1960).
9 Crawford und Brooke, *Lancet*, **1**, 1096 (1955).
10 Dietrich und Anders, *Hoppe-Seylers Z. physiol. Chem.*, **309**, 60 (1957).
11 Sobotka, H., *Physiological Chemistry of the Bile*, Baillière, London, 1937.
12 Lockwood und Randall, *Bull. N. Y. Acad. Med.*, **25**, 228 (1949).
13 Large et al., *Amer. J. med. Sci.*, **239**, 713 (1960).
14 Lichtwitz und Bock, *Dtsch. med. Wschr.*, **41**, 1215 (1915).
15 Wheeler, H. O., *Med. Clin. N. Amer.*, **47**, 607 (1963)
16 van Ravesteyn, A. H., *Acta med. scand.*, **118**, 163 (1944).
17 Russell et al., *Clin. chim. Acta*, **10**, 210 (1964).
18 Giles, jr., et al., *J. Lab. clin. Med.*, **55**, 38 (1960).
19 Nagl, F., *Z. klin. Med.*, **151**, 429 (1954).
20 Billing, B. H., *Advanc. clin. Chem.*, **2**, 267 (1959); Hoffman et al., *J. clin. Invest.*, **39**, 132 (1960); Schachter, D., *Med. Clin. N. Amer.*, **47**, 621 (1963); Kuenzle et al., *J. Lab. clin. Med.*, **67**, 294 (1966).
21 With, T. K., *Biologie der Gallenfarbstoffe*, Thieme, Stuttgart, 1960.
22 Wannagat, L., in: Kalk und Boecker (Hrsg.), *Gallenblase und Gallenwege*, Thieme, Stuttgart, 1963, S. 63.
23 Brugsch, J., *Z. ges. inn. Med.*, **7**, 321 (1952).
24 Clausen, J., in: Peeters, H. (Hrsg.), *Protides of the Biological Fluids*, Proceedings of the 10th Colloquium, Brüssel 1962, Elsevier, Amsterdam, 1963, S. 211; Russell und Burnett, *Gastroenterology*, **45**, 730 (1963); Hardwicke et al., in: Peeters, H. (Hrsg.), *Protides of the Biological Fluids*, Proceedings of the 11th Colloquium, Brüssel 1963, Elsevier, Ar sterdam, 1964, S. 264; Hardwicke et al., *Clin. Sci.*, **26**, 509 (1964).
25 Duck-Sun Yoon et al., *J. Lab. clin. Med.*, **67**, 640 (1966).
26 Sotgiu et al., *Rev. int. Hépat.*, **12**, 575 (1962).
27 Zieve und Vogel, *J. Lab. clin. Med.*, **57**, 586 (1961); Chiandussi et al., *Clin. Sci.*, **22**, 425 (1962); Lorentz, K., *Klin. Wschr.*, **41**, 18 (1963).
28 Clausen und Güttler, in: Peeters, H. (Hrsg.), *Protides of the Biological Fluids*, Proceedings of the 11th Colloquium, Brüssel 1963, Elsevier, Amsterdam, 1964, S. 323.
29 Verschure und Mijnlieff, *Clin. chim. Acta*, **1**, 154 (1956).
30 Hinsberg und Bruns, in: Lang et al. (Hrsg.), *Hoppe-Seyler/Thierfelder Handbuch der physiologisch- und pathologisch-chemischen Analyse*, 10. Aufl., Band 5, Springer, Berlin, 1953, S. 390.
31 Phillips, G. B., *Biochim. biophys. Acta*, **41**, 361 (1960).
32 Nakayama und Johnston, *J. Lab. clin. Med.*, **59**, 364 (1962).
33 Blomstrand und Ekdahl, *Proc. Soc. exp. Biol. (N. Y.)*, **104**, 205 (1960).
34 Isaksson, B., *Acta Soc. Med. upsalien.*, **59**, 277 (1954).
35 Kostin, O. S., zitiert nach *Gastroenterology*, **40**, 836 (1961).
36 Singer und Fischer, *Analyt. Biochem.*, **2**, 292 (1961).
37 Sjövall, J., *Clin. chim. Acta*, **5**, 33 (1960).
38 Carey, jr., und Haslewood, *J. biol. Chem.*, **238**, PC 855 (1963).
39 Hellström und Sjövall, *Acta physiol. scand.*, **51**, 218 (1961); van Itallie und Hashim, *Med. Clin. N. Amer.*, **47**, 629 (1963); Carey, jr., und Williams, *J. clin. Invest.*, **42**, 450 (1963).
40 Baker et al., *Lancet*, **1**, 685 (1965).
41 Gräsbeck, R., *Advanc. clin. Chem.*, **3**, 299 (1960).

Gallensäurengehalt der Galle von Kindern und Erwachsenen

Alter	Anzahl	Gallensäuren (mval/l)*		Verhältnis Glycin : Taurin		Verhältnis Cholsäure : Chenodesoxycholsäure : Desoxycholsäure
		Mittelwert	Bereich	Mittelwert	Bereich	
Lebergalle (A-Fraktion)[1]						
1–4 Tage	13	10,7	4,6–26,7	0,47	0,21–0,86	2,5 : 1 : –
5–7 Tage	17	11,3	2,0–29,2	0,95	0,34–2,30	2,5 : 1 : –
7–12 Monate	8	8,8	2,2–19,7	2,4	1,4 –3,1	1,1 : 1 : –
4–10 Jahre	3	3,4	2,4– 5,2	1,7	1,3 –2,4	2,0 : 1 : 0,9
20 Jahre	19	8,1	2,8–20,0	3,1	1,9 –5,0	1,2 : 1 : 0,6
Blasengalle[2]						
Über 20 Jahren	4	121	31,5–222	3,0	1,0 –6,6	1,0 : 1 : 0,5

* 1 mval ≈ 0,4 g freie Gallensäuren. [1] Encrantz und Sjövall, *Clin. chim. Acta*, **4**, 793 (1959). [2] Sjövall, J., *Clin. chim. Acta*, **5**, 33 (1960).

Darmsaft

Die Zusammensetzung der Sekrete der verschiedenen Darmabschnitte beim gesunden Menschen ist nicht bekannt, da praktisch keine Möglichkeit besteht, die Sekrete rein zu gewinnen. Die Zusammensetzung von Darminhalt, aber nicht reinem Sekret, wurde beschrieben[1]. Neben Elektrolyten enthalten die Darmsekrete vor allem Proteine[2] (Albumin, γ-Globuline, Mucoproteine, Enzyme) und auch Lipide[2]. Ins Jejunum tritt Plasma in einer Menge von etwa 0,20 ml/10 cm/h bzw. 0,036 ml/cm²/24 h über[3].

Elektrolytgehalt der Darmsekrete des Hundes[4]

	Duodenum	Jejunum	Ileum	Kolon
Volumen (ml/h)	6–38	4–88	11–42	1–10
pH	6,5–7,6	6,3–7,3	7,6	7,9–8,0
Kohlendioxyd (mmol/l)	–	5–27	70–97	86–93

	Duodenum	Jejunum	Ileum	Kolon
Chlorid (mval/l)	103–139	141–155	68–88	60–88
Kalium (mval/l)	5–9	4–10	5	6–9
Natrium (mval/l)	138–156	126–152	146–156	136–151
Calcium (mval/l)	–	2–3	5	4–5

Literatur

1 Sunderman und Boerner, *Normal Values in Clinical Medicine*, Saunders, Philadelphia, 1950, S. 243; Hinsberg und Bruns, in: Lang et al. (Hrsg.), *Hoppe-Seyler/Thierfelder Handbuch der physiologisch- und pathologisch-chemischen Analyse*, 10. Aufl., Band 5, Springer, Berlin, 1953, S. 383; Dittmer, D. S. (Hrsg.), *Blood and Other Body Fluids*, Biological Handbooks, Federation of American Societies for Experimental Biology, Washington, 1961, S. 416 und 418.
2 Riva et al., in: Peeters, H. (Hrsg.), *Protides of the Biological Fluids*, Proceedings of the 11th Colloquium, Brüssel 1963, Elsevier, Amsterdam, 1964, S. 168.
3 Wetterfors, J., *Acta med. scand.*, Suppl. 430 (1965).
4 Davenport, H. W., *Physiology of the Digestive Tract*, 2. Aufl., Year Book Medical Publishers, Chicago, 1966, S. 149.

(Literatur siehe S. 656)

Die Fäzes sind ein sehr komplexes Gemisch von Nahrungsüberresten, Sekreten des Verdauungstrakts, abgestoßenen Zellen der Darmwand und Bestandteilen der Darmflora. Im Gegensatz zu den Fäzes nach Nahrungseinnahme ist der Hungerkot, über den aber nur wenige, ältere Untersuchungen vorliegen[1], frei von Nahrungsüberresten, und das Mekonium – der Darminhalt des Kindes bei der Geburt – ist auch frei von Bakterien. Wenn nicht anders angegeben, handelt es sich im folgenden um Fäzes von Erwachsenen, die eine gemischte Kost erhielten. Die Zusammensetzung der Fäzes wird ausführlich diskutiert bei KRZYWANEK und FLASCHENTRÄGER[1] sowie HINSBERG et al.[2]; eine tabellarische Zusammenfassung bietet ALBRITTON[3].

	Mittelwert	95%-Bereich (in Klammern Extrembereich)	s	Literatur	Bemerkungen
Physikalisch-chemische Daten					
Aussehen	...	...	...	...	Mekonium: weiche, klebrige, homogene Masse, geruchlos und *grünbraun* bis *schwarz* gefärbt. Säuglingsstühle: *goldgelb* bei Muttermilchernährung (Bilirubin), bei längerem Stehen *grün* (Biliverdin); *braun* bei Kuhmilchernährung (Stercobilin). Erwachsenenstühle: *braun* (Stercobilin, Bilifuscin, Mesobilifuscin), Nachdunkeln durch Oxydation an der Luft; dunkler bei schlackenarmer animalischer, heller bei schlackenreicher vegetabilischer Kost. *Schwarz* durch Pflanzensäfte (Heidelbeeren), Kohle, Eisen (Eisensulfid). *Pechschwarz* bei hohem Hämatingehalt (Blutwurst, bei Blutungen im Magen und in oberen Darmabschnitten). *Hellgrau* bei fetthaltigen Stühlen (aber nicht wegen des Fettgehalts, sondern durch Abbauprodukte von Gallenfarbstoffen[4]).
Geruch	...	...	...	...	Der Kotgeruch ist bedingt durch flüchtige Stoffe der Eiweißfäulnis.
Menge					
Mekonium (g)	–	(70–90)	–	5	(a) 44 Kinder; (b) 24 männliche Erwachsene. Die täglich ausgeschiedene Fäzesmenge ist von der Menge und der Zusammensetzung der Nahrung abhängig: Säuglinge, die Muttermilch erhalten, scheiden weniger Kot aus (etwa 15–25 g/24 h[5]) als solche, die Kuhmilch erhalten (etwa 30–40 g/24 h[5]); beim Erwachsenen[8] beträgt die Tagesmenge bei längerem Hungern 9,5–22 g, bei reiner Fleischkost 54–64 g, bei rein vegetabilischer Kost etwa 370 g; pathologisch kommen Tagesmengen von 500–1200 g und mehr vor[8].
(a) Kinder, 2 Monate – 6 Jahre (g/24 h)	–	(6,6–54,1)	–	6	
(b) Erwachsene (g/24 h)	115,3	33,1–197,5	41,1	7	
Anzahl der Stühle pro Tag					
Kinder					
1. Tag	–	(3–4)	–	9	Von 500 gesunden Neugeborenen hatten 69% den ersten Stuhl innerhalb 12 Stunden, 94% innerhalb 24 Stunden[10].
1. Woche	–	(4–5)	–	9	
2. Woche	–	(3–4)	–	9	
3.–6. Woche	–	(2–3)	–	9	
7.–13. Woche	–	(1–2)	–	9	
Wasser					
(a) Mekonium (g/kg)	774	712–836	31	11	(a) 12, (b) 44, (c) 7 Personen.
(b) Kinder, 2 Monate – 6 Jahre (g/kg)	–	(623–857)	–	6	
(c) Erwachsene					
(g/kg)	750	–	–	12	
(g/24 h)	111	–	–	12	
Trockensubstanz					
Mekonium (g/kg)	276	–	–	13	(a) 44, (b) 24, (c) 7 Personen. Beim Erwachsenen[1,8,12,14] bestehen 14–30% und mehr der Trockensubstanz der Fäzes aus abgestorbenen Bakterien und 25–40% aus Nahrungsüberresten (Cellulose, Muskelfasern usw.); etwa 1/3 der Trockensubstanz sind anorganische Substanzen, 1/3 stickstoffhaltige Substanzen, 1/6 Lipide und 1/6 Cellulose und ähnliche Substanzen.
(a) Kinder, 2 Monate – 6 Jahre (g/24 h)	–	(2,0–12,9)	–	6	
(b) Erwachsene (g/24 h)	34,0	1,6–66,4	16,2	7	
(c) Erwachsene (g/24 h)	21	11–31	5	12	
Asche (% der Trockensubstanz)					
Mekonium	4,0	–	–	13	
Erwachsene	20	–	–	1	
Brennwert					
(kcal/g Trockensubstanz)	5,15	(4,21–5,99)	–	15	Werte von über 6 kcal/g Trockensubstanz sind pathologisch und weisen auf eine verminderte Verwertung der Nahrung hin.
(kcal/24 h)	139	< 213 (obere Normgrenze)	–	15	
pH					
Mekonium	6,1	(5,7–6,4)	–	16	Der pH-Wert der Fäzes ist abhängig von der Nahrung, der Schnelligkeit der Darmpassage, der Intestinalflora usw. Säuglinge, die Muttermilch erhalten, haben saure Stühle, solche, die Kuhmilch erhalten, neutrale oder alkalische[18]. Beim Erwachsenen sind Stühle mit dem angeführten pH-Wert weich geformt, saure Stühle eher ungeformt und alkalische eher hart[19].
Säuglinge, 6. Tag (Muttermilch)	4,9	(4,6–5,2)	–	16	
Erwachsene	7,15	5,85–8,45	0,65	17	

(Literatur siehe S. 656)

	Mittelwert	95%-Bereich (in Klammern Extrembereich)	s	Literatur	Bemerkungen
Ionenkonzentration (mval/kg) (Anionen bzw. Kationen in Lösung)	–	(180–220)	–	20	In Lösung sind bei den Kationen ein Teil des Calciums und des Magnesiums, Natrium, Kalium und Ammonium, bei den Anionen ein Teil des Phosphats, organische Säuren, freie Fettsäuren, Bicarbonat und Chlorid[21–23].
Anorganische Substanzen					
Bicarbonat (mval/kg)	<30	–	–	22	
Chlorid (mval/24 h)	–	(0,5–3,0)	–	24	Bei einer durchschnittlichen Einnahme von 50–150 mval Cl/24 h.
Phosphor					
(a) Mekonium (mmol/kg)	5,28	2,38–8,18	1,45	11	(a) 12 Neugeborene; (b) bei einer durchschnittlichen Einnahme von 25–50 mmol P/24 h. Der größte Teil des Phosphors liegt in den Fäzes als Calciumphosphat vor, ein kleiner Teil als Phosphationen in Lösung[22,23].
(b) Erwachsene (mmol/24 h)	–	(10–25)	–	24	
Sulfat	0	–	–	22	
Fluorid (mg/24 h)	–	(0,5–2,2)	–	25	Bei einer durchschnittlichen Einnahme von 1,5–4,7 mg F/24 h.
Jod (µg/24 h)	–	(10–57)	–	26	Bestimmt an 7 Personen.
Kalium					
(a) Mekonium (mval/kg)	31,4	11,8–51,0	9,8	11	(a) 12 Neugeborene; (b) bei einer durchschnittlichen Einnahme von 50–75 mval K/24 h; (c) 7 Erwachsene.
(b) Erwachsene (mval/24 h)	–	(5–15)	–	24	
(c) Erwachsene (mval/24 h)	11,3	3,3–19,3	4	12	
Natrium					
(a) Mekonium (mval/kg)	136	90–182	23	11	(a) 12 Neugeborene; (b) bei einer durchschnittlichen Einnahme von 50–150 mval Na/24 h; (c) 7 Erwachsene.
(b) Erwachsene (mval/24 h)	–	(0,5–5,0)	–	24	
(c) Erwachsene (mval/24 h)	6,5	0,5–12,5	3	12	
Calcium					
(a) Mekonium (mval/kg)	23,2	6,5–39,9	8,35	11	(a) 12 Neugeborene; (b) bei einer durchschnittlichen Einnahme von 25–75 mval Ca/24 h. Beim Erwachsenen sind etwa 10 mval Ca/24 h endogenen Ursprungs und entstammen den Intestinalsekreten[27].
(b) Erwachsene (mval/24 h)	–	(15–65)	–	24	
Magnesium					
(a) Mekonium (mval/kg)	39,2	18,2–60,2	10,5	11	(a) 12 Neugeborene; (b) bei einer durchschnittlichen Einnahme von 20–40 mval Mg/24 h.
(b) Erwachsene (mval/24 h)	–	(10–30)	–	24	
Eisen					
(a) Mekonium (mg/kg)	16,8	(12,0–27,1)	–	28	(a) 6 Neugeborene; (b) bei einer durchschnittlichen Einnahme von 7 mg Fe/24 h.
(b) Erwachsene (mg/24 h)	–	(5,7–6,7)	–	29	
Kupfer					
(a) Mekonium (mg/kg)	17,0	(9,5–24,7)	–	28	(a) 6 Neugeborene.
(b) Erwachsene (mg/24 h)	1,96	0–4,62	1,33	30	
Zink					
(a) Mekonium (mg/kg)	65,0	(38,8–117)	–	28	
(b) Erwachsene (mg/24 h)	–	(5,1–10,3)	–	31	
Cobalt (µg/24 h)	–	(0,19–1,21)	–	32	
Mangan (mg/24 h)	3,69	0–8,29	2,30	30	
Andere Elemente	...	...	...	...	Der Gehalt der Fäzes an Aluminium, Blei und Zinn liegt in der gleichen Größenordnung wie der Gehalt der Nahrung an diesen Elementen[30]. Zur Strontiumausscheidung siehe SCHMID und ZIPF[33], zum Strontiumgehalt im Mekonium siehe WIDDOWSON[11].
Stickstoffhaltige Substanzen					
Stickstoff					
Mekonium (g/kg)	19	–	–	13	(a) 24, (b) 7 Personen. Der Fäzesstickstoff entstammt dem Schleim und den Epithelzellen der Darmwand, den Verdauungsflüssigkeiten, den Bakterien und der Nahrung. 17% des Stickstoffs sind in der Bakterienfraktion enthalten, etwa 47% des Stickstoffs sind wasserlöslich[12]. Mit dem Hungerkot werden etwa 0,25 g Stickstoff pro Tag ausgeschieden[7]. Der Stickstoffgehalt der Fäzes ist bei manchen Diarrhoen, bei Pankreaserkrankungen und bei Steatorrhoe *erhöht*.
Säuglinge (g/24 h)					
Bei Muttermilch	0,16	–	–	1	
Bei Kuhmilch	0,4	–	–	1	
Erwachsene (g/24 h)					
(a)	1,8	–	0,2	7	
(b)	1,1	–	–	12	

(Literatur siehe S. 656)

	Mittelwert	95%-Bereich (in Klammern Extrembereich)	s	Literatur	Bemerkungen
Proteine	...	...	...	...	Die Proteine in den Fäzes bestehen vorwiegend aus unverdauten Nahrungsproteinen und aus den Proteinen der Bakterienleiber. Plasmaproteine machen nur einen sehr kleinen Teil des wasserlöslichen Stickstoffs aus; der größte Teil der Plasmaproteine, die mit den Verdauungsflüssigkeiten in den Darm gelangen, werden durch Bakterien abgebaut und resorbiert. Immunologisch wurden im Mekonium und zum Teil in Kinderfäzes nachgewiesen[34]: Präalbumin, Albumin, γG-Globulin, α_2-Makroglobulin und Siderophilin. Die Fäzes, speziell das Mekonium[35], enthalten auch Mucopolysaccharide, darunter blutgruppenspezifische Substanzen.
Aminosäuren	...	...	...	...	Freie Aminosäuren machen bei Kindern nur einen geringen Teil des Gesamtstickstoffs aus[36].
Ammoniak (mg/kg)	–	(251–884)	–	37	Ammoniak entsteht im Enddarm durch bakterielle Einwirkung.
Porphyrine					
Coproporphyrin (mg/24 h)	0,422	0,012–0,832	0,205	38	Neben Coproporphyrin und Protoporphyrin enthalten die Fäzes noch Deutero- und Mesoporphyrin[38]. Der Porphyringehalt der Fäzes ist oft *erhöht* bei idiopathischer Steatorrhoe[38] und bei gewissen Porphyrien[39].
Protoporphyrin (mg/24h)	0,955	0–2,09	0,567	38	
Bilirubin					
Mekonium (mg/kg)	585	(252–1020)	–	40	Der Bilirubingehalt des Mekoniums nimmt mit steigendem Bilirubingehalt des Plasmas ab (angegebene Werte gelten für einen Plasmabilirubinspiegel von unter 50 mg/l). Gegen Ende des 1. Lebensjahres, sobald sich die Darmflora ausgebildet hat, entspricht der Bilirubingehalt der Säuglingsfäzes dem Erwachsenenwert[42]. Bei Störung der Darmflora durch Antibiotika mit breitem Wirkungsspektrum scheidet auch der Erwachsene größere Mengen Bilirubin aus.
Erwachsene (mg/24 h)	–	(5–20)	–	41	
Urobilinogen (mg/24 h)					
Männer	101	(57–200)	–	43	Als «Urobilinogen» werden verschiedene durch bakterielle Einwirkung entstandene farblose und gefärbte Abbauprodukte des Bilirubins bestimmt (vorwiegend Stercobilinogen und Stercobilin). Urobilinogen findet sich selten in den Fäzes von Säuglingen in der 1. Lebenswoche und in geringen schwankenden Mengen während des 1. Lebensjahres[41]. Über den Bilirubinabbau siehe auch S. 357.
Frauen	40	(80–150)	–	43	
Purinbasen (als Stickstoff) (mg/24 h)	–	(63–73)	–	44	Neben Purinbasen finden sich auch kleine Mengen Harnsäure in den Fäzes und im Mekonium[7].
Enzyme	...	...	...	...	Die Fäzesenzyme entstammen den Verdauungssäften, den Darmwandzellen und den Bakterien.
Trypsin (mg/g)	0,065	–	–	45	Im Mekonium findet sich kein Trypsin[46]. Bei chronischer Pankreatitis sind der Trypsin- und der Chymotrypsingehalt der Fäzes häufig erniedrigt[45].
Chymotrypsin (mg/g)	0,421	–	–	45	
Stickstofffreie Substanzen					
Kohlenhydrate (g/kg)					
Kinder, bis 1 Jahr	–	(< 8)	–	47	Im Kot von gesunden Erwachsenen finden sich nur unverdauliche Polysaccharide aus der Nahrung, wie Cellulose und Hemicellulose; Mono- und Disaccharide sind gelegentlich im Kot von Säuglingen enthalten, Glucuronsäure im Kot von Neugeborenen.
Erwachsene	0	–	–	47	
Organische Säuren (mval/kg)	150	(100–400)	–	22	Organische Säuren machen etwas mehr als 50% der Anionen der Fäzes aus. Sie entstehen durch bakterielle Einwirkung aus den Kohlenhydraten. Siehe auch «Flüchtige Fettsäuren» und «Milchsäure».
Milchsäure (mg/24 h)					
(a) Kinder	160	(4,5–370)	–	36	(a) 11, (b) 28 Personen; häufig erhöht bei Störungen der Kohlenhydratresorption.
(b) Erwachsene	32,4	0–76,4	22	48	
Phenole (mg/24 h)	–	(20–80)	–	49	Abbauprodukte von aromatischen Aminosäuren.
Lipide	...	...	...	...	Die Lipide der Fäzes bestehen aus freien Fettsäuren (41,9%), die zum Teil als Seifen vorliegen, Mono-, Di- und Triglyceriden (15,9%), Phospholipiden (6,3%), freien Sterinen (28,7%), Sterinestern (7,2%)[63] und Gallensäuren, Carotinoiden, höheren Alkoholen und Kohlenwasserstoffen. Die Fettsäuren in den Fäzes sind zu einem beträchtlichen Teil endogenen Ursprungs[50]; ihre Zusammensetzung läßt sich aber durch die Fettsäurenzusammensetzung der Kost beeinflussen[63].

	Mittelwert	95%-Bereich (in Klammern Extrembereich)	s	Literatur	Bemerkungen
Gesamtfett (g/24 h)					
(a) Kinder, 2 Monate–6 Jahre	–	(0,29–1,79)	–	6	Bestimmt (a) an 44 Kindern nach der SPERRY-Methode, (b) an 14 und (c) an 24 Erwachsenen nach der Methode VAN DE KAMER et al.[52]. Bei fettfreier Ernährung beträgt die tägliche Fettausscheidung etwa 2 g[53]. Etwa 15% der Fäzeslipide beim Erwachsenen sind in der Bakterienfraktion enthalten[12]. Der Fettgehalt der Fäzes ist *erhöht* bei verschiedenen Formen der Malabsorption, bei zu schneller Darmpassage der Nahrung, bei Gallen- und Pankreaserkrankungen und bei Obstruktion des Lymphflusses vom Darm aus. Zur Diagnose von Steatorrhoe eignet sich die Bestimmung des Fettgehalts im 24-Stunden-Stuhl viel besser als in der Stuhltrockensubstanz[4]. Die mikroskopische Untersuchung auf unverdaute Nahrungsbestandteile ist dagegen diagnostisch wertlos[4,54].
(b) Erwachsene	5,54	0,14–10,94	2,7	51	
(c) Erwachsene	4,0	0,8–7,2	1,6	7	
(% der Trockensubstanz)					
(a) Kinder, 2–6 Monate	–	(5,2–43,1)	–	6	
(a) Kinder, 6 Monate–6 Jahre	–	(6,1–25,8)	–	6	
(c) Erwachsene	13,3	–	8,07	7	
Freie Fettsäuren (g/24 h)					
(a) Kinder, 2 Monate–6 Jahre	–	(0,14–1,38)	–	6	
(b) Erwachsene	3,96	–	2,28	50	
Flüchtige Fettsäuren (mval/24 h)	–	(9,8–31,2)	–	55	Essigsäure, Propionsäure, Buttersäure, Valeriansäure und andere flüchtige Fettsäuren entstehen im Darm aus Kohlenhydraten durch bakterielle Einwirkung; ihr Gehalt in den Fäzes ist bei tropischer Sprue *erhöht*.
Neutrale Sterine					
Mekonium (g/kg)	7,9	–	–	56	Das Verhältnis von Sterinestersterin zu freien Sterinen beträgt etwa 0,15; die Sterine der Erwachsenenfäzes setzen sich zusammen aus etwa 60% Coprosterin, 15% Cholesterin + Cholestanol, 4% 7-Dehydrocholesterin + Δ^7-Cholestenol sowie 17% pflanzlichen Sterinen[63].
Kinder (g/24 h)					
1. Woche	0,24	–	–	56	
7 Wochen–10 Monate	0,10	–	–	56	
Erwachsene (g/24 h)	–	(0,39–0,76)	–	57	
Gallensäuren (g/24 h)	–	(0,27–0,48)	–	57	Geschätzte Werte. Folgende Gallensäuren wurden in den Fäzes nachgewiesen[58]: Chenodesoxycholsäure, Cholsäure, Desoxycholsäure und Lithocholsäure. Der Gehalt der Fäzes an Gallensäuren wird durch die Art des Nahrungsfetts beeinflußt[59].
Vitamine					
Vitamin B₆ (mg/24 h)					
Säuglinge	–	(0,15–0,30)	–	60	
Erwachsene	–	(0,7–0,9)	–	60	
Vitamin B₁₂ (µg/24 h)	~10	–	–	61	
Ascorbinsäure (mg/24 h)	–	(< 10)	–	62	

Literatur (zu S. 654–656)

1 KRZYWANEK und FLASCHENTRÄGER, in: FLASCHENTRÄGER und LEHNARTZ (Hrsg.), *Physiologische Chemie*, Band II/2b, Springer, Berlin, 1957, S. 202.
2 HINSBERG et al., in: LANG et al. (Hrsg.), *Hoppe-Seyler/Thierfelder Handbuch der physiologisch- und pathologisch-chemischen Analyse*, 10. Aufl., Band 5, Springer, Berlin, 1953, S. 401.
3 ALBRITTON, E. C. (Hrsg.), *Standard Values in Nutrition and Metabolism*, Saunders, Philadelphia, 1954.
4 HAEMMERLI und AMMANN, *Schweiz. med. Wschr.*, **93**, 1517 (1963).
5 ADAM, A., in: BROCK, J. (Hrsg.), *Biologische Daten für den Kinderarzt*, 2. Aufl., Band 1, Springer, Berlin, 1954, S. 598.
6 ANDERSEN, D. H., *Amer. J. Dis. Child.*, **69**, 141 (1945).
7 PIMPARKAR et al., *Amer. J. Med.*, **30**, 910 und 927 (1961).
8 HARRISON, G. A., *Chemical Methods in Clinical Medicine*, 4. Aufl., Churchill, London, 1957, S. 507.
9 GONCE, jr., und LEWIS, *Amer. J. Dis. Child.*, **80**, 274 (1950).
10 SHERRY und KRAMER, *J. Pediat.*, **46**, 158 (1955).
11 WIDDOWSON et al., *Lancet*, **2**, 373 (1962).
12 TRÉMOLIÈRES et al., *Nutr. et Dieta (Basel)*, **3**, 281 (1961).
13 BUCHANAN und RAPOPORT, *Pediatrics*, **9**, 304 (1952).
14 RÜEDI, W. F., *Schweiz. med. Wschr.*, **93**, 1065 (1963).
15 WOLF, F., *Bibl. gastroent. (Basel)*, **5**, 293 (1962).
16 NORTON und SHOHL, *Amer. J. Dis. Child.*, **32**, 183 (1926).
17 KERN, jr., et al., *J. Lab. clin. Med.*, **64**, 874 (1964).
18 BARNESS und GYÖRGY, *Wld Rev. Nutr. Diet.*, **3**, 1 (1962).
19 SHOSHKES, M., *Gastroenterology*, **9**, 765 (1947).
20 GOIFFON et al., *Gastroenterologia (Basel)*, **96**, 217 (1961).
21 GOIFFON et al., *Gastroenterologia (Basel)*, **96**, 223 (1961).
22 GOIFFON et al., *Gastroenterologia (Basel)*, **96**, 312 (1961).
23 GOIFFON et al., *Gastroenterologia (Basel)*, **96**, 326 (1961).
24 BERGER, E. Y., in: COMAR und BRONNER (Hrsg.), *Mineral Metabolism*, Band 1, Teil A, Academic Press, New York, 1960, S. 249.
25 MCCLURE et al., *J. industr. Hyg.*, **27**, 159 (1945).
26 VAN MIDDLESWORTH, L., in: ASTWOOD, E. B. (Hrsg.), *Clinical Endocrinology*, Band 1, Grune & Stratton, New York, 1960, S. 103.
27 SKILLMAN und HEANEY, *J. Lab. clin. Med.*, **60**, 1018 (1962).
28 CAVELL und WIDDOWSON, *Arch. Dis. Childh.*, **39**, 496 (1964).
29 JOHNSTON et al., *J. Nutr.*, **38**, 479 (1949).
30 KEHOE et al., *J. Nutr.*, **19**, 579 (1940).
31 VALLEE, B. L., *Physiol. Rev.*, **39**, 443 (1959).
32 HARP und SCOULAR, *J. Nutr.*, **47**, 67 (1952).
33 SCHMID und ZIPF, *Med. u. Ernähr.*, **3**, 173 (1962).
34 BARANDUN et al., *Schweiz. med. Wschr.*, **92**, 316 und 353 (1962); DE MURALT und ROULET, in: PEETERS, H. (Hrsg.), *Protides of the Biological Fluids*, Proceedings of the 11th Colloquium, Brüssel 1963, Elsevier, Amsterdam, 1964, S. 216.
35 BUCHANAN und RAPOPORT, *J. biol. Chem.*, **192**, 251 (1951).
36 HOOFT et al., *Ann. paediat.*, **205**, 73 (1965).
37 ROBINSON, C. S., *J. biol. Chem.*, **52**, 445 (1922).
38 ENGLAND et al., *Clin. Sci.*, **22**, 447 (1962).
39 HAEGER-ARONSEN, B., *Scand. J. clin. Lab. Invest.*, **14**, 397 (1962).
40 FASHENA, G. J., *Amer. J. Dis. Child.*, **76**, 196 (1948).
41 WITH, T. K., *Biologie der Gallenfarbstoffe*, Thieme, Stuttgart, 1960, S. 277.
42 SCHACHTER, D., *Med. Clin. N. Amer.*, **47**, 621 (1963).
43 BALIKOV, B., *Clin. Chem.*, **3**, 145 (1957); *Stand. Meth. clin. Chem.*, **2**, 192 (1958).
44 MENDEL und LYMAN, *J. biol. Chem.*, **8**, 115 (1910/11).
45 HAVERBACK et al., *Amer. J. dig. Dis.*, **7**, 972 (1962).
46 DE FILIPPI et al., *Pediatrics*, **14**, 114 (1954).
47 GRYBOSKI et al., *Gastroenterology*, **47**, 26 (1964).
48 KERN, jr., et al., *J. Lab. clin. Med.*, **64**, 874 (1964).
49 FOLIN und DENIS, *J. biol. Chem.*, **26**, 507 (1916).
50 JAMES et al., *Biochem. J.*, **78**, 333 (1961).
51 BERNDT et al., *Dtsch. med. J.*, **88**, 225 (1963).
52 VAN DE KAMER et al., *J. biol. Chem.*, **177**, 347 (1949).
53 LEWIS, G. T., *J. Lab. clin. Med.*, **44**, 91 (1954).
54 CREUTZFELDT, W., *Verh. dtsch. Ges. inn. Med.*, **70**, 781 (1964).
55 ASENJO et al., *Amer. J. dig. Dis.*, **7**, 974 (1962).
56 FOX und GARDNER, *Proc. roy. Soc. B*, **98**, 76 (1925/26).
57 AYLWARD et al., *Brit. J. Nutr.*, **16**, 339 und 345 (1962).
58 MOSETTIG et al., *Science*, **128**, 1433 (1958).
59 MOORE et al., *J. Lab. clin. Med.*, **60**, 1000 (1962).
60 VILTER, R. W., in: WOHL und GOODHART (Hrsg.), *Modern Nutrition in Health and Disease*, 3. Aufl., Lea & Febiger, Philadelphia, 1964, S. 400.
61 CALLENDER und SPRAY, *Lancet*, **1**, 1391 (1951).
62 VILTER, R. W., in: WOHL und GOODHART (Hrsg.), *Modern Nutrition in Health and Disease*, 3. Aufl., Lea & Febiger, Philadelphia, 1964, S. 433.
63 BÖHLE und STARCK, *Med. u. Ernähr.*, **8**, 81 (1967).

(Literatur siehe S. 658)

Die physikalischen Eigenschaften und die chemische Zusammensetzung von Harn sind sehr variabel und werden weitgehend durch Menge und Art der Nahrung bestimmt; der Gehalt des Harns an Produkten des endogenen Stoffwechsels ist außerdem vom Körpergewicht abhängig. Die Zusammensetzung von Harneinzelproben ist mit der des 24-Stunden-Harns nicht völlig identisch; die Ausscheidung vieler Harnbestandteile unterliegt einem Tag–Nacht-Rhythmus[1–3]. Wenn nicht anders angegeben, gelten die angeführten Werte für Erwachsene bei einer gemischten Kost. Eigenschaften und Zusammensetzung von Harn sind ausführlich besprochen worden[4–6].

Aussehen

Im Moment der Entleerung ist der Harn klar und durchsichtig; nach einer reichlichen alkalisierenden Mahlzeit jedoch kann er manchmal mehr oder weniger getrübt sein. Wenn man klaren Harn einige Zeit stehenläßt, erscheinen flockige Trübungen (Nubeculae), die durch den Schleim aus den Harnwegen und, bei alkalischem Urin, durch verschiedene Kristalle (Erdalkaliphosphate) gebildet werden. Der Harn kann auch durch Lipide getrübt sein.

Über den Zellgehalt des Harns und Harnsedimente siehe S. 673 und 674.

Farbe

Normalerweise ist der Harn infolge Anwesenheit nicht näher charakterisierter Substanzen (Urochrome) mehr oder weniger intensiv gelb gefärbt. Anomale Färbungen finden sich bei gewissen Krankheiten oder bei Einnahme von Farbstoffen. Man kann folgende anomale Färbungen beobachten[7]:

Fast farblos: bei Diabetes insipidus, gelegentlich auch Diabetes mellitus, Schrumpfniere; in der polyurischen Phase nach akuter Niereninsuffizienz; nach Diuretika

Dunkelgelb bis gelbrot: sehr häufig bei fieberhaften Erkrankungen oder nach starkem Schwitzen

Gelbrot bis ziegelrot: bei Anwesenheit von Urobilinogen und Porphyrin; Nachdunkeln, wenn Porphyrine vermehrt

Gelbgrün oder grünbraun: bei Anwesenheit von Bilirubin

Braunrot: bei Anwesenheit von Erythrozyten (Bodensatz, sedimentierbar) oder gelöstem Hämoglobin (Methämoglobin) bzw. Myoglobin (Metmyoglobin); nach Einnahme von Senna, Phenolphthalein, Santonin, Amidopyrin und Medikamenten auf ähnlicher Grundlage; Azofarbstoffe

Dunkelbraun: bei Anwesenheit von Homogentisinsäure oder Melanin, wobei der Harn auf Alkalizusatz oder beim Stehenlassen an der Luft oft nachdunkelt

Braungrün: bei Vergiftungen mit Phenolen

Grünblau: nach Einnahme von Methylenblau, zum Beispiel in Form von Desmoidkapseln

Purpurrot: Phenolphthalein, Phenolsulfophthalein (Phenolrot)

Blau: Indigokarmin

Geruch

Der schwache, meist aromatische Geruch rührt von nichtidentifizierten Substanzen her. Nach Genuß zum Beispiel von Kaffee, Knoblauch oder Spargeln ändert sich der Geruch völlig. Bei einem Gehalt an Aceton riecht der Harn obstartig, bei Zersetzung ammoniakalisch, faulig oder nach Schwefelwasserstoff.

	Mittelwert	95%-Bereich (in Klammern Extrembereich)	s	Literatur	Bemerkungen
Menge (ml/24 h)					
Neugeborene, Säuglinge					
1 Tag	17	(0–68)	–	8	(a) 60, (b) 40 und (c) 27 Personen; (c) älter als 90 Jahre. Bei der Geburt enthält die Blase bis zu 44 ml (im Mittel 5,7 ml) Harn[12]. Frühgeborene produzieren weniger Harn als gleichaltrige termingerecht Neugeborene[13]. Die Harnmenge ist *erhöht* bei hoher Wasser- und Salzeinnahme und proteinreicher Kost, *erniedrigt* bei geringer Wassereinnahme, kohlenhydratreicher Kost und bei starkem Schwitzen. Beim Erwachsenen weisen die ausgeschiedenen Harnmengen eine Tag–Nacht-Periodizität auf: Die stärksten Ausscheidungen werden gegen 18 Uhr, die schwächsten zwischen 3 und 6 Uhr beobachtet[14]; bei Nebennierenrinden- und Hypophysenvorderlappeninsuffizienz ist dieser Rhythmus umgekehrt[15]. Pathologisch *erhöht* ist die Harnmenge (Polyurie) bei zentralem und nephrogenem Diabetes insipidus, Diabetes mellitus, Nebennierenrindeninsuffizienz und fortgeschrittener chronischer Nephritis; *erniedrigt* (Oligurie) ist sie bei Dehydratation, Hypotension, Herzdekompensation, akuten Nierenschädigungen und Obstruktion der Harnwege. Bei Harnmengen unter 50 ml in 24 Stunden spricht man von Anurie. Zur Harnmenge siehe auch S. 527.
2 Tage	34	(0–84)	–	8	
3–10 Tage	–	100–300	–	9	
10–60 Tage	–	250–450	–	9	
60–365 Tage	–	400–500	–	9	
Kinder					
1–3 Jahre	–	500–600	–	9	
3–5 Jahre	–	600–700	–	9	
5–8 Jahre	–	650–1000	–	9	
8–14 Jahre	–	800–1400	–	9	
(a) Männer	1015	(510–2000)	–	10	
(b) Frauen	989	(500–1875)	–	10	
(c) Greise	853	(273–2400)	–	11	
(ml/kg Körpergewicht/24 h)					
(a) Neugeborene, 1. Tag	8,5	1,5–15,5	3,5	16	(a) 9, (b) 16 (Muttermilch), (c) 11 Personen.
(b) Neugeborene, 7. Tag	76	42–110	17	16	
(c) Junge Männer	20	13,6–26,4	3,2	16	
Spezifisches Gewicht					
Neugeborene (erste Tage)	1,012	–	–	9	Das spezifische Gewicht von Harn in Einzelportionen kann zwischen 1,001 und 1,050 liegen[4]. Zur Berechnung des Gehalts an festen Substanzen aus dem spezifischen Gewicht siehe «Trockensubstanz». Zum maximalen spezifischen Harngewicht im Durstversuch siehe S. 530. Das spezifische Gewicht von Harn ist extrem *niedrig* bei Diabetes insipidus, dagegen *erhöht* bei Diabetes mellitus, Fieber und nephrotischem Syndrom (infolge Proteinurie).
Säuglinge	–	(1,002–1,006)	–	9	
Erwachsene	–	(1,010–1,025)	–	17	
Relative Viskosität	–	(1,0–1,14)	–	18	(siehe Tabelle unten) Die Viskosität ist erhöht, falls der Harn erhöhte Mengen Eiweiß, Blut oder Leukozyten enthält.
Oberflächenspannung (dyn cm^{-1})	–	(64–69)	–	4	

Spezifisches Gewicht	Relative Viskosität	
1,005	1,0	(Viskosität von destilliertem Wasser = 1,00)
1,016	1,02	
1,022	1,09	
1,024	1,14	

	Mittelwert	95%-Bereich (in Klammern Extrembereich)	s	Literatur	Bemerkungen
Gefrierpunktserniedrigung (°C)	–	(0,1–2,5)	–	19	Die Gefrierpunktserniedrigung des Erwachsenenharns beträgt in der Regel 1,3–2,3 °C[20]. Zur Bestimmung siehe JOHNSON et al.[21]. Osmolarität und Osmolalität im Harn sind praktisch gleich. Nebenstehende Werte geben die Grenzen der Verdünnungs- und Konzentrierungsfähigkeit der Nieren an. Bei maximaler Harnkonzentrierung wurden für die Harnosmolarität des Erwachsenen Werte zwischen 855 und 1335 mosm/l ermittelt[20]. Neugeborene, besonders Frühgeborene, können den Harn je nach Harnstoffgehalt nur bis 700–1100 mosm/l konzentrieren[22].
Osmolarität (mosm/l)	–	(50–1400)	–	19	
pH					
Neugeborene	6,2	–	–	23	Der normale Harn reagiert meist sauer durch die aus dem Proteinabbau stammende Phosphor- und Schwefelsäure; bei vegetarischer Kost kann er auch alkalisch werden, da organische Säuren von Obst und Gemüse zu Bicarbonat abgebaut werden. Der pH-Wert des Harns (und die titrierbare Acidität) unterliegen einem Tag-Nacht-Rhythmus[1,26]: Der Harn ist am schwächsten sauer (manchmal alkalisch) nach dem Erwachen, am stärksten sauer gegen Mitternacht. Alkalischer Harn auch bei bakterieller Zersetzung des Harnstoffs.
Säuglinge	6,0	(5,1–6,8)	–	23, 24	
Kinder	–	(5,3–7,2)	–	24	
Männer	5,7	(4,8–7,5)	–	19, 25	
Frauen	5,8				
Titrierbare Acidität (mval/kg Körpergewicht/24 h)					
(a) Neugeborene	0,30	–	–	23	Titration bis pH 7,4; (a) 20, (b) 220, (c) 11 Personen. Die titrierbare Acidität des Harns beruht auf dem Gehalt an Säuren (Harnsäure, Milchsäure, Ketosäuren) und primärem Phosphat. Der Harn von Neugeborenen enthält nur wenig titrierbare Substanzen[16,28]. Die Gesamtacidität (titrierbare Acidität + NH_4^+) beträgt beim Erwachsenen bei gemischter Kost im Mittel 50–60 mval/24 h[29] (siehe auch S. 532). Bei schweren nichtrenalen Acidosen können bis zu 1000 mval Wasserstoffionen ausgeschieden, bei Alkalosen durch Bicarbonatausscheidung bis zu 250 mval Wasserstoffionen täglich eingespart werden. Bei stationärer renaler Acidose werden täglich durchschnittlich 19 mval Wasserstoffionen zurückgehalten[30].
(b) Säuglinge	0,96	–	–	23	
(c) Junge Männer	0,64	0,39–0,89	0,125	16	
Männer (mval/24 h)	38	(20–40)	–	25, 27	
Frauen (mval/24 h)	28				
Trockensubstanz (g/24 h)	–	(50–72)	–	2	Der Gehalt des Harns an gelösten Substanzen kann näherungsweise aus dem spezifischen Gewicht errechnet werden, indem man die 2. und die 3. Stelle nach dem Komma mit 2,6 multipliziert (bzw. mit 1,6 bei kleinen Kindern). Beispiel: spezifisches Gewicht 1,020; Trockengewicht $\cong 20 \times 2{,}6 = 52$ g/l (Erwachsene)[6].

Literatur (zu S. 657 und 658)

1 MILLS, J. N., in: CREESE, R. (Hrsg.), *Recent Advances in Physiology*, 8. Aufl., Churchill, London, 1963, S. 295.
2 DE VRIES et al., in: STEWART und STRENGERS (Hrsg.), *Symposium on Water and Electrolyte Metabolism*, Elsevier, Amsterdam, 1961, S. 77.
3 DE VRIES et al., *Clin. chim. Acta*, **5**, 915 (1960); Review, *Nutr. Rev.*, **20**, 13 (1962); HEATON und HODGKINSON, *Clin. chim. Acta*, **8**, 246 (1963); MERTZ, D. P., *Dtsch. med. Wschr.*, **89**, 2327 (1964).
4 WEHRLE und SCHIEVELBEIN, in: FLASCHENTRÄGER und LEHNARTZ (Hrsg.), *Physiologische Chemie*, Band II/2b, Springer, Berlin, 1957, S. 1.
5 DITTMER, D. S. (Hrsg.), *Blood and Other Body Fluids*, Biological Handbooks, Federation of American Societies for Experimental Biology, Washington, 1961, S. 363; COCKBURN, B. J., in: LONG et al. (Hrsg.), *Biochemists' Handbook*, Spon, London, 1961, S. 918.
6 HINSBERG, K., in: LANG et al. (Hrsg.), *Hoppe-Seyler/Thierfelder Handbuch der physiologisch- und pathologisch-chemischen Analyse*, 10. Aufl., Band 5, Springer, Berlin, 1953, S. 181.
7 FISCHLER und SCHLEMMER, *Anleitung zur Harnuntersuchung*, 4. Aufl., Bergmann, München, 1960, S. 5.
8 AAS, K., *Acta paediat. (Uppsala)*, **50**, 361 (1961).
9 RUBIN, M. I., in: NELSON, W. E. (Hrsg.), *Textbook of Pediatrics*, 7. Aufl., Saunders, Philadelphia, 1959, S. 1010.
10 MÜTING et al., *Z. klin. Med.*, **157**, 391 (1962).
11 HOWELL, T. H., *J. Geront.*, **11**, 61 (1956).
12 ALEXANDER und NIXON, *Brit. med. Bull.*, **17**, 112 (1961).
13 CRANNY und CRANNY, *Amer. J. Dis. Child.*, **99**, 507 (1960).
14 METZ und MOURS-LAROCHE, *C. R. Soc. Biol. (Paris)*, **149**, 1026 (1955).
15 SIGLER und RUBINI, *J. Lab. clin. Med.*, **59**, 833 (1962).
16 MCCANCE und WIDDOWSON, *Acta paediat. (Uppsala)*, **49**, 409 (1960).
17 STEWART und DUNLOP, *Clinical Chemistry in Practical Medicine*, 6. Aufl., Livingstone, Edinburg, 1962, S. 299.
18 POSNER, C., *Berl. klin. Wschr.*, **52**, 1106 (1915).
19 CONSOLAZIO et al., *Physiological Measurements of Metabolic Functions in Man*, McGraw-Hill, New York, 1963, S. 437.
20 JACOBSON et al., *Arch. intern. Med.*, **110**, 83 (1962).
21 JOHNSON, jr., et al., *Stand. Meth. clin. Chem.*, **5**, 159 (1965).
22 VESTERDAL, J., in: WOLSTENHOLME und O'CONNOR (Hrsg.), *Ciba Foundation Symposium on Somatic Stability in the Newly Born*, Churchill, London, 1961, S. 16.
23 WEBER, H., *Helv. paediat. Acta*, **15**, 186 (1960).
24 PEONIDES et al., *Arch. Dis. Childh.*, **40**, 33 (1965).
25 SCHWAB und KÜHNS, *Die Störungen des Wasser- und Elektrolytstoffwechsels*, Springer, Berlin, 1959, S. 171.
26 VIOLLE, P.-L., *Rev. Prat. (Paris)*, **7**, 644 (1957).
27 SPEIER, F., *Laboratoriumsdiagnostik*, Bernecker, Melsungen, o. J.
28 MCCANCE und HATEMI, *Lancet*, **1**, 293 (1961).
29 LANGENDORF, H., in: AUERSWALD, W. (Hrsg.), *Aktuelle Probleme des Mineralstoffwechsels*, Suppl. 1 zu *Z. Ernährungsw.*, Steinkopff, Darmstadt, 1961, S. 1; Editorial, *Lancet*, **1**, 92 (1961).
30 GOODMAN et al., *J. clin. Invest.*, **44**, 495 (1965).

Anorganische Substanzen (Literatur siehe S. 660–661)

	Mittelwert	95%-Bereich (in Klammern Extrembereich)	s	Literatur	Bemerkungen
Chlorid (mval/kg Körpergewicht/24 h)					
(a) Neugeborene, 1. Tag	0,43	0,07–0,79	0,18	1	(a) 9, (b) 16 (Muttermilch), (c) 11 Personen. Etwa 80–95% des zugeführten Chlorids werden im Harn ausgeschieden. Die Chloridausscheidung ist *erhöht* bei salzreicher Kost, unter Einwirkung von Diuretika, bei Schädigung der Nierentubuli (salt-losing nephritis) und bei ADDISONscher Krankheit; sie ist *erniedrigt* bei salzarmer Kost, bei erhöhtem Chloridverlust durch Erbrechen, Schwitzen oder Diarrhoe, bei CUSHING-Syndrom und Corticosteroidbehandlung, bei allen Formen von Salzretention, wie zum Beispiel bei Ödemen.
(b) Neugeborene, 7. Tag	2,08	0,08–4,08	1,00	1	
(c) Junge Männer	2,80	1,56–4,04	0,62	1	
Männer (mval/24 h)	184	(120–240)	–	2, 3	
Frauen (mval/24 h)	132				

(Literatur siehe S. 660–661)

	Mittelwert	95%-Bereich (in Klammern Extrembereich)	s	Literatur	Bemerkungen
Phosphor (mg/kg Körpergewicht/24 h)					
(a) Neugeborene, 1. Tag	0,12	0,06–0,18	0,03	1	(a) 9, (b) 16 (Muttermilch; bei Kuhmilch etwa das 10fache), (c) 11 Personen; der in utero gebildete Harn enthält nur wenig Phosphor[1]. Der Phosphor des Harns liegt zu 95–100% in anorganischer Form vor[5], und zwar vorwiegend als primäres Phosphat (mit steigendem pH-Wert in zunehmendem Maß als sekundäres Phosphat), und in geringer Menge als Pyrophosphat[6]. Die Phosphatausscheidung unterliegt einem Tag–Nacht-Rhythmus[7,8], mit einem Minimum am Vormittag und hohen Werten während der Nacht. Der Harnphosphor entstammt zum größten Teil der Nahrung, zum kleineren Teil dem endogenen Stoffwechsel von organischen Phosphaten. Etwa 50–80% der Nahrungsphosphate erscheinen im Harn[5]. Die Phosphatausscheidung wird durch Parathormon beeinflußt und ist außerdem von der Nierenfunktion abhängig. Zur Ermittlung der Phosphatausscheidung eignet sich die Bestimmung der Phosphatclearance, der prozentualen Phosphatrückresorption oder der Phosphatexkretionsindex[9]; entsprechende Größen bei Kindern siehe bei JANSE et al.[10]. Die Phosphorausscheidung wurde diskutiert[11].
(b) Neugeborene, 7. Tag	0,32	0–0,7	0,19	1	
(c) Junge Männer	16,5	10,1–22,9	3,2	1	
Erwachsene (g/24 h)	–	(0,8–2,0)	–	4	
HPO_4^{--} (mval/24 h)					
Männer	40	–	–	2	
Frauen	30	–	–	2	
Schwefel (g/24 h)					
Gesamt-S	1,32	(1,24–1,49)	–	12	(a) 9, (b) 16 (Muttermilch; bei Kuhmilch das 3fache), (c) 11 Personen. Der Harnschwefel besteht vor allem aus freiem Sulfat; kleine Mengen Sulfat liegen als organische Ester vor (Indoxylschwefelsäure)[12,13]. Der Neutralschwefel besteht aus Rhodanid, Mercaptan, Diäthylsulfid und schwefelhaltigen Aminosäuren[5]. Die Sulfatausscheidung ist bei eiweißreicher Kost erhöht und beim nephrotischen Syndrom erniedrigt[14].
Anorganischer Sulfat-S	1,17	(1,07–1,30)	–	12	
Schwefelsäureester-S	0,09	(0,08–0,10)	–	12	
Neutral-S	0,07	(0,05–0,08)	–	12	
Anorganischer Sulfat-S (mg/kg Körpergewicht/24 h)					
(a) Neugeborene, 1. Tag	3,4	0–6,8	1,7	1	
(b) Neugeborene, 7. Tag	6,0	1,8–10,2	2,1	1	
(c) Junge Männer	19,2	10,8–27,6	4,2	1	
SO_4^{--} (mval/24 h)					
Männer	45	(30–70)	–	2, 3	
Frauen	36				
Bromid (mg/l)	6,56	(2,97–8,55)	–	15	Werte von 8 Personen.
Fluorid (mg/l)					
(a) Kinder, 1–3 Jahre	0,14	(0,05–0,30)	–	16	(a) 31, (b) 28, (c) 34 Personen, bei einem Fluoridgehalt des Trinkwassers von 0,5–0,6 mg/l; (d) 5 Personen bei einer Einnahme von 1,5–4,7 mg F/24 h. Vom 4. Monat der Schwangerschaft an sinkt die Fluoridausscheidung (bis auf 0,22 mg/l im 8. Monat) und steigt nach der Entbindung innerhalb 16 Wochen wieder auf den Normalwert[18].
(b) Kinder, 4–6 Jahre	0,27	(0,05–0,70)	–	16	
(c) Erwachsene	0,52	(0,30–0,85)	–	16	
(d) Erwachsene (mg/24 h)	–	(0,9–2,9)	–	17	
Jodid (mg/24 h)	0,191	(0,018–0,483)	0,138	19	
Rhodanid (mg/l)	4	(0–6)	–	20	Bei Nichtrauchern; bei Rauchern höher.
Cyanid (µg/24 h)	–	(2–6)	–	21	
Kohlendioxyd (mmol/24 h)	–	(0,3–3,0)	–	3	Physikalisch gelöstes Kohlendioxyd im Harn von pH 5,5–6,0; mit steigendem pH-Wert des Harns liegt Kohlendioxyd zunehmend als Bicarbonat vor. Siehe auch «pH» und «Acidität», S. 658.
Kalium (mval/kg Körpergewicht/24 h)					
(a) Neugeborene, 1. Tag	0,36	0,08–0,64	0,14	1	(a) 9, (b) 16 (Muttermilch; bei Kuhmilch etwa das Doppelte), (c) 11 Personen. Etwa 80% des eingenommenen Kaliums werden im Harn ausgeschieden. Bei einer kaliumfreien Kost fällt die Kaliumausscheidung nach 48 Stunden auf 10 mval/24 h. Die Kaliumausscheidung unterliegt einem Tag–Nacht-Rhythmus mit einem Maximum am späten Vormittag und einem Minimum nach Mitternacht[8,22]. Pathologisch *erniedrigt* ist die Kaliumausscheidung bei Nierenerkrankungen wie Glomerulonephritis, Pyelonephritis und «salt-losing nephritis», bei extrarenaler Urämie, bei ADDISONscher Krankheit und chronischem extrarenalem Kaliumverlust (zum Beispiel Diarrhoe); *erhöht* ist sie unter Einwirkung von Steroidhormonen (CUSHING-Syndrom, primärer Hyperaldosteronismus), bei Nierenerkrankungen wie FANCONI-Syndrom, tubulärer Acidose, unter Einwirkung von Diuretika, bei metabolischer Acidose (zum Beispiel Diabetes mellitus) und metabolischer Alkalose (zum Beispiel Erbrechen) sowie bei Hunger infolge verstärkten Abbaus von Körperzellen.
(b) Neugeborene, 7. Tag	0,95	0–2,25	0,65	1	
(c) Junge Männer	1,05	0,79–1,31	0,13	1	
Männer (mval/24 h)	57	(35–80)	–	2, 3	
Frauen (mval/24 h)	47				
Natrium (mval/kg Körpergewicht/24 h)					
(a) Neugeborene, 1. Tag	0,25	0,11–0,39	0,07	1	(a) 9, (b) 16 (Muttermilch; bei Kuhmilch etwa das 1½fache), (c) 11 Personen. Etwa 90–95% des eingenommenen Natriums erscheinen im Harn[23]. Die Natriumausscheidung ist *erhöht* bei reichlicher Kochsalzeinnahme, *erniedrigt* bei geringer Kochsalzeinnahme und starkem Schwitzen; sie unterliegt einem Tag–Nacht-Rhythmus mit einem Maximum am Abend und einem Minimum zwischen 3 und 6 Uhr[8]. Pathologisch *erhöht* ist die Natriumausscheidung bei Nebennierenrindeninsuffizienz, bei «salt-losing nephritis», tubulärer Acidose, unter der Einwirkung von Diuretika, bei Alkalose und bei Kopfverletzungen im Gebiet des Hypothalamus; *erniedrigt* ist sie bei extrarenalem Natriumverlust und unter Einwirkung von Steroidhormonen (Streß, CUSHING-Syndrom).
(b) Neugeborene, 7. Tag	1,78	0–4,36	1,29	1	
(c) Junge Männer	2,66	1,58–3,74	0,54	1	
Männer (mval/24 h)	177	(120–220)	–	2, 3	
Frauen (mval/24 h)	128				

	Mittelwert	95%-Bereich (in Klammern Extrembereich)	s	Literatur	Bemerkungen
Calcium (mval/kg Körpergewicht/24 h)					
(a) Neugeborene, 1. Tag	0,02	0,01–0,03	0,005	24	(a) 12, (b) 9 (Muttermilch; bei Kuhmilch etwa die Hälfte), (c) 104, (d) 121, (e) 13 Personen. 0–33%, im Mittel 22% des Harncalciums sind ionisiert, der Rest ist an organische Säuren komplex gebunden[29]. Die Calciumausscheidung unterliegt einem Tag-Nacht-Rhythmus mit einem Maximum am Vormittag und einem Minimum während der Nacht[7,8], wahrscheinlich infolge des Einflusses von Mahlzeiten[30]. Sie ist eher vom Grad der Resorption als vom Calciumgehalt der Nahrung abhängig; bei einer Einnahme von 700 mg Calcium pro Tag werden etwa 30% davon im Harn ausgeschieden. Beim Erwachsenen ist die Calciumausscheidung *erniedrigt* bei geringem Calciumgehalt der Nahrung und im hohen Lebensalter[31]. Im Gegensatz zum Serumcalciumspiegel ändert sich die Calciumausscheidung während der Schwangerschaft nicht signifikant[32]. – Pathologisch *erhöht* ist die Calciumausscheidung bei Hyperparathyreoidismus, verschiedenen Formen von Osteoporose, Knochenmetastasen, tubulärer Acidose, idiopathischer Hypercalcämie und Vitamin-D-Intoxikation, *erniedrigt* bei niederem Calciumgehalt des Serums, wie bei Hypoparathyreoidismus und Osteomalazie mit Steatorrhoe, sowie bei Niereninsuffizienz (zum Beispiel bei nephrotischem Syndrom). Zur Calciumausscheidung siehe NORDIN und BORLE[11] sowie NORDIN und HODGKINSON[33].
(b) Neugeborene, 7. Tag	0,26	0,18–0,34	0,04	25	
(c) Kinder, 1. Jahr	0,10	(0,01–0,40)	–	26	
(d) Erwachsene	–	(0,05–0,31)	–	27	
(e) Erwachsene (mval/24 h) .	11,5	6,5–16,5	2,5	28	
Magnesium (mval/kg Körpergewicht/24 h)					
(a) Neugeborene, 1. Tag	0,004	0,0004–0,0076	0,0018	24	(a) 12, (b) 13 (Muttermilch; bei Kuhmilch etwa die Hälfte), (c) 91, (d) 61 Personen. Die Magnesiumausscheidung unterliegt einem Tag-Nacht-Rhythmus mit einem Maximum am Vormittag und einem Minimum während der Nacht[8,37], wahrscheinlich infolge des Einflusses von Mahlzeiten[30]. Von dem in der Nahrung enthaltenen Magnesium wird etwa ein Drittel resorbiert und im Harn ausgeschieden. Eine erhöhte Magnesiumausscheidung wurde unter Einwirkung von Diuretika beobachtet[38].
(b) Neugeborene, 7. Tag	0,050	0–0,118	0,034	34	
(c) Männer (mval/24 h)	10,7	4,7–16,7	3,0	35	
(d) Frauen (mval/24 h)	8,8	3,4–14,2	2,7	35	
(e) Erwachsene (mval/24 h) .	–	(4,9–16,5)	–	36	
Eisen (µg/24 h)					
(a)	55	–	–	39	(b) 10 Personen, bestimmt mit Bathophenanthrolin. Das Eisen entstammt vorwiegend der Mikrohämaturie und den Epithelzellen aus Nierentubuli und Blasenschleimhaut. Erhöht bei mit intravaskulärer Hämolyse einhergehenden Erkrankungen[41].
(b)	100	(40–150)	–	40	
Kupfer (µg/24 h)					
(a) Kinder	12	(6–17)	–	42	(a) 12, (b) 20, (c) 12, (d) 16 Personen; (a) und (b) mit Oxalyldihydrazid, (c) mit Dithizon, (d) durch Neutronenaktivierungsanalyse bestimmt. Ein Maximum der Kupferausscheidung liegt in den Nachmittagsstunden. Der Kupfergehalt des Harns ist pathologisch *erhöht* bei WILSONscher Krankheit, Pfortaderzirrhose und Proteinurie (zum Beispiel bei nephrotischem Syndrom), wobei 60–80% des Kupfers als Caeruloplasmin vorliegen.
(b) Erwachsene	14	(8–22)	–	42	
(c) Erwachsene	18	3,6–32,4	7,2	43	
(d)	50,4	28,2–72,6	11,1	44	
Mangan (µg/24 h)	0,8	0,2–1,4	0,3	44	16 Personen; durch Neutronenaktivierungsanalyse bestimmt. Zur Manganausscheidung siehe auch KEHOE et al.[45] und SCHROEDER[46].
Molybdän (µg/l)	16,3	0–42,7	13,2	47	16 Personen; emissionsspektrographisch bestimmt. Zur Molybdänausscheidung siehe auch SCHROEDER[46] und MELTZER et al.[48].
Zink (µg/24 h)					
(a)	457	217–697	120	49	(a) 14, (b) 16 Personen. Die Zinkausscheidung ist erhöht bei alkoholbedingter Leberzirrhose[49], bei Diabetes[48] und Krebs[47].
(b)	430	138–722	146	47	
Andere Elemente	...	...	...	...	Im Harn finden sich Silikate[5], Nitrit und Nitrat[5], Borat[50]. Der Arsengehalt liegt normalerweise unter 0,1 mg/l[51], der Bleigehalt unter 30–80 µg/l[46,52]; der Quecksilbergehalt soll 30 µg/l nicht übersteigen[53]. Ferner wurden im Harn bestimmt: Aluminium[45], Cadmium[46,48,50], Chrom[46,50], Cobalt[48], Nickel[45,46,50,54], Silber[46], Strontium[24,25,55], Titan[46], Vanadium[46], Wismut[48], Zinn[45,46,48].

Literatur (zu S. 658–660)

1 MCCANCE und WIDDOWSON, *Acta paediat. (Uppsala)*, **49**, 409 (1960).
2 SCHWAB und KÜHNS, *Die Störungen des Wasser- und Elektrolytstoffwechsels*, Springer, Berlin, 1959, S. 171.
3 SPEIER, F., *Laboratoriumsdiagnostik*, Bernecker, Melsungen, o. J.
4 CONSOLAZIO et al., *Physiological Measurements of Metabolic Functions in Man*, McGraw-Hill, New York, 1963, S. 437.
5 WEHRLE und SCHIEVELBEIN, in: FLASCHENTRÄGER und LEHNARTZ (Hrsg.), *Physiologische Chemie*, Band II/2b, Springer, Berlin, 1957, S. 1.
6 FLEISCH und BISAZ, *Nature*, **195**, 911 (1962); *Helv. physiol. pharmacol. Acta*, **21**, 88 (1963).
7 SCHÄFER et al., *Z. klin. Med.*, **157**, 372 (1962).
8 HEATON und HODGKINSON, *Clin. chim. Acta*, **8**, 246 (1963).
9 KYLE et al., *Ann. intern. Med.*, **57**, 957 (1962); HAAS, H. G., *Helv. med. Acta*, **33**, 91 (1966).
10 JANSE et al., *Arch. Dis. Childh.*, **41**, 541 (1966).
11 NORDIN, B. E. C., *Advanc. clin. Chem.*, **4**, 275 (1961); BORLE et al., Der Phosphor-Kalzium-Stoffwechsel, *Documenta Geigy*, *Acta clinica*, Nr. 2, Basel, 1963.
12 FOLIN, O., *Amer. J. Physiol.*, **13**, 45 (1905).
13 MÜTING et al., *Z. klin. Med.*, **157**, 391 (1962).
14 MÜTING et al., *Z. klin. Med.*, **157**, 544 (1963).
15 CONWAY und FLOOD, *Biochem. J.*, **30**, 716 (1936).
16 GEDALIA, I., *J. dent. Res.*, **37**, 601 (1957).
17 MCCLURE et al., *J. industr. Hyg.*, **27**, 159 (1945).
18 GEDALIA et al., *J. dent. Res.*, **38**, 548 (1959).
19 BRUGER et al., *J. Lab. clin. Med.*, **26**, 1942 (1941).
20 RHEINWALD, U., *Dtsch. zahnärztl. Z.*, **10**, 477 (1955).
21 BOXER und RICKARDS, *Arch. Biochem.*, **30**, 392 (1951).
22 MILLS, J. N., in: CREESE, R. (Hrsg.), *Recent Advances in Physiology*, 8. Aufl., Churchill, London, 1963, S. 295.
23 FORBES, G. B., in: COMAR und BRONNER (Hrsg.), *Mineral Metabolism*, Band 2, Teil B, Academic Press, New York, 1962, S. 1.
24 WIDDOWSON et al., *Lancet*, **2**, 373 (1962).
25 WIDDOWSON et al., *Lancet*, **2**, 941 (1960).
26 LELONG et al., *Sem. Hôp. Paris*, *Ann. Pédiat.*, **38**, 1125 (1962).
27 NORDIN, B. E. C., *Lancet*, **2**, 368 (1959).
28 BHANDARKAR und NORDIN, *Brit. med. J.*, **1**, 145 (1962).
29 NORDIN und TRIBEDI, *Lancet*, **1**, 409 (1962).
30 HODGKINSON und HEATON, *Clin. chim. Acta*, **11**, 354 (1965).
31 PANSU et al., in: HIOCO, D. J. (Hrsg.), *L'ostéoporose*, Symposium, Masson, Paris, 1964, S. 176.

[32] Kerr et al., *Amer. J. Obstet. Gynec.*, **83**, 2 (1962).
[33] Nordin und Hodgkinson, *Advanc. intern. Med.*, **13**, 155 (1967).
[34] Slater, J. E., *Brit. J. Nutr.*, **15**, 83 (1961).
[35] Evans und Watson, *Lancet*, **1**, 522 (1966).
[36] Wacker und Vallee, *Med. Clin. N. Amer.*, **44**, 1357 (1960).
[37] Metz und Mours-Laroche, *C. R. Soc. Biol. (Paris)*, **149**, 1026 (1955).
[38] Wacker, W. E. C., *J. clin. Invest.*, **40**, 1086 (1961); Hänze, S., *Der Magnesiumstoffwechsel*, Thieme, Stuttgart, 1962.
[39] Plötner und Petzel, *Klin. Wschr.*, **32**, 821 (1954).
[40] Hwang und Brown, *Arch. intern Med.*, **114**, 741 (1964).
[41] Moore und Brown, Der Eisenstoffwechsel, *Documenta Geigy*, *Acta clinica*, Nr. 7, Basel, 1967.
[42] Wilson und Klassen, *Clin. chim. Acta*, **13**, 766 (1966).
[43] Butler und Newman, *J. clin. Path.*, **9**, 157 (1956).
[44] Kanabrocki et al., *J. nucl. Med.*, **6**, 780 (1965).
[45] Kehoe et al., *J. Nutr.*, **19**, 579 (1940).
[46] Schroeder, H. A., *Advanc. intern. Med.*, **8**, 259 (1956).
[47] Pfeilsticker, K., *Z. klin. Chem.*, **3**, 145 (1965).
[48] Meltzer et al., *Amer. J. med. Sci.*, **244**, 282 (1962).
[49] Vallee et al., *Ann. intern. Med.*, **50**, 1077 (1959).
[50] Imbus et al., *Arch. environm. Hlth*, **6**, 286 (1963).
[51] Leifheit und Fletcher, *Stand. Meth. clin. Chem.*, **3**, 23 (1961).
[52] Rice et al., *Stand. Meth. clin. Chem.*, **5**, 121 (1965).
[53] Nobel und Leifheit, *Stand. Meth. clin. Chem.*, **3**, 176 (1961).
[54] Sunderman, F. W., jr., *Amer. J. clin. Path.*, **44**, 182 (1965).
[55] Schmid und Zipf, *Med. u. Ernähr.*, **3**, 173 (1962).

Stickstoffhaltige Substanzen (Literatur siehe S. 667–668)

	Mittelwert	95%-Bereich (in Klammern Extrembereich)	s	Literatur	Bemerkungen
Gesamtstickstoff (g/l)					
(a) Neugeborene, Geburt ...	0,74	0,02–1,46	0,36	1	(a) 7, (b) 9, (c) 12, (d) 16 (Muttermilch; bei Kuhmilch das Doppelte), (e) 11, (f) 12, (g) 54 Personen. Der Harnstickstoff besteht bei proteinreicher Kost zu 90% aus Harnstoff, zu 4% aus Creatinin und zu 3% aus Ammoniumionen, bei proteinarmer Kost zu 60% aus Harnstoff, zu 11% aus Ammoniumionen und zu 17% aus Creatinin. Etwa 1–2% des Harnstoffstickstoffs liegen in Form von Harnsäure und 2% als freie Aminosäuren vor; Protein ist im Harn nur in geringer Menge enthalten. Bei stickstofffreier Kost scheiden Erwachsene pro Tag etwa 3,5 g Stickstoff aus[5].
(b) Neugeborene, 2. Tag	6,40	3,44–9,36	1,48	1	
(c) Erwachsene	9,19	–	–	2	
(mg/kg Körpergewicht/24 h)					
(b) Neugeborene, 1. Tag	38,9	2,1–75,7	18,4	1	
(b) Neugeborene, 2. Tag	75,4	23,6–127	25,9	1	
(d) Neugeborene, 7. Tag	108	65,8–150	21,1	1	
(e) Junge Männer	207	159–255	24,2	1	
(g/24 h)					
(f) Kinder, 3–11 Jahre	–	(5,3–20,9)	–	3	
(g) Erwachsene	11,5	6,9–16,1	2,3	4	
Harnstoff (mg/kg Körpergewicht/24 h)					
(a) Neugeborene, 0–2 Tage ..	39	–	–	2	(a) 8, (b) 8 (Muttermilch), (c) 4, (d) 53 Personen. Die Harnstoffausscheidung ist dem Proteingehalt der Nahrung proportional. *Erhöht* ist sie bei verstärktem Abbau von Körperprotein, *erniedrigt* bei verstärkter Bildung von Körperprotein (wie im Wachstumsalter, während der Schwangerschaft) sowie bei Niereninsuffizienz und Lebererkrankungen.
(b) Neugeborene, 4–6 Tage ..	73	–	–	2	
(c) Erwachsene	358	–	–	2	
(d) Erwachsene (g/24 h)	20,6	12,6–28,6	4,0	4	
Creatin (mg/kg Körpergewicht/24 h)					
(a) Frühgeborene, 2–12 Wochen	2,3	(0,3–4,3)	–	6	(a) 10, (b) 6, (c) 5, (d) 13, (e) 19 Personen; (f) fluorometrisch mit Ninhydrin, (g) enzymatisch bestimmt; alle anderen Werte mit der Jaffé-Reaktion[9,13] (siehe auch S. 568). Die Creatinausscheidung ist beim wachsenden Kind größer als beim Erwachsenen, bei Mädchen und Frauen eher größer als bei Knaben und Männern. Bei Frauen fluktuiert sie mit dem Zyklus und ist während der Schwangerschaft und zu Beginn des Puerperiums erhöht. Nach 11- bis 17tägiger Immobilisierung durch Bettruhe wurden Werte bis zu 800 mg/24 h gefunden[14]. Die Ausscheidung ist pathologisch *erhöht* bei Muskelerkrankungen, bei endokrinen Störungen, die mit einem Überschuß von Thyroxin, Corticotropin und Cortison einhergehen, und bei gestörter Rückresorption in den Nieren (Diabetes mellitus, Akromegalie, Cushing-Syndrom); *erniedrigt* ist die Ausscheidung bei Hypothyreoidismus und unter Testosterontherapie.
(b) Neugeborene, 2–12 Wochen	28,0	(15,2–35,8)	–	7	
(c) Säuglinge, 6–12 Monate ..	10,6	(3,6–15,3)	–	7	
(d) Kinder, 6–11 Jahre	4,0	(2,2–7,4)	–	8	
(mg/24 h)					
(e)	–	(0–50)	–	9	
(f)	–	(18,6–58,5)	–	10	
(g) Männer	52,1	(11–189)	–	11	
(g) Frauen	92,1	(19–270)	–	11	
(h) > 90 Jahre	90	(25–230)	–	12	
Creatinin (mg/kg Körpergewicht/24 h)					
(a) Frühgeborene, 2–12 Wochen	14,3	(8,3–19,9)	–	6	(a) 10, (b) 6, (c) 5, (d) 13, (e) 8, (f) 10 Personen. Bei creatininfreier Nahrung ist die Creatininausscheidung weitgehend konstant und proportional der Muskelmasse. Pathologisch *erhöht* ist die Creatininausscheidung bei Hypothyreoidismus, Akromegalie und Diabetes mellitus, *erniedrigt* ist sie bei Muskelerkrankungen, Hyperthyreoidismus und fortgeschrittener Nierenschädigung.
(b) Neugeborene, 2–12 Wochen	11,9	(11,0–14,6)	–	7	
(c) Säuglinge, 6–12 Monate ..	9,8	(5,2–20,4)	–	7	
(d) Kinder, 6–11 Jahre	16,3	(6,4–21,9)	–	8	
(g/24 h)					
(e) Männer, 20–45 Jahre	1,80	1,1–2,5	0,35	15	
(f) Frauen, 20–45 Jahre	1,17	1,01–1,33	0,08	15	
(g) > 90 Jahre	0,47	(0,04–1,0)	–	12	

(Literatur siehe S. 667–668)

	Mittelwert	95%-Bereich (in Klammern Extrembereich)	s	Literatur	Bemerkungen
Guanidin (mg/24 h)	–	(<2)	–	16	
Guanidinoessigsäure					
(a) Neugeborene, 2–12 Wochen (mg/kg Körpergewicht/24 h)	2,6	(1,7–3,6)	–	17	(a) Nach chromatographischer Abtrennung bei 11, (b) kolorimetrisch bei 5 Personen bestimmt.
(b) Erwachsene (mg/24 h)	27	(11–56)	–	18	
Methylguanidin (mg/24 h)	–	(<1)	–	16	
Ammoniak (mg/24 h)					
Männer	680	(340–1200)	–	19	(a) 9, (b) 16 (Muttermilch), (c) 11 Personen. Zu niedrige Werte finden sich in alkalischem Harn infolge Entweichens von Ammoniak, zu hohe Werte in alten Harnproben infolge bakterieller Ammoniakproduktion. Die Ammoniakausscheidung ist der Einnahme von Anionen mit der Nahrung proportional (zum Beispiel Phosphat und Schwefel in Fleisch); sie ist daher höher bei saurem Harn als bei alkalischem. Pathologisch *erhöht* ist die Ammoniakausscheidung bei metabolischer und respiratorischer Acidose, *erniedrigt* bei metabolischer und respiratorischer Alkalose und bei Schädigung der distalen Nierentubuli.
Frauen	510				
(mval/24 h)					
Männer	40	(20–70)	–	19	
Frauen	30				
(mval/kg Körpergewicht/24 h)					
(a) Neugeborene, 1. Tag	0,26	0,02–0,50	0,12	1	
(b) Neugeborene, 7. Tag	0,56	0,26–0,86	0,15	1	
(c) Junge Männer	0,80	0,52–1,08	0,14	1	
Gesamte Aminosäuren					
(mg/24 h)	2255	(1337–3150)	–	20	Berechnet aus dem Gehalt an den einzelnen Aminosäuren im hydrolysierten Harn.
(mg α-Amino-N/24 h)	261	–	–	20	
Freie Aminosäuren					
(a) (mg/24 h)	800	(350–1180)	–	21	(a) Berechnet aus dem Gehalt an den einzelnen freien Aminosäuren (Tabelle S. 663); (b, d, e) kolorimetrisch mit Ninhydrin bestimmt; (c) als Kupferkomplex bestimmt; (d) 8, (e) 18 Personen. Einzelheiten siehe S. 663.
(mg α-Amino-N/24 h)					
(b) Kinder, 2–4 Jahre	33	(16–54)	–	22	
(a) Erwachsene	90	(41–133)	–	21	
(mg α-Amino-N/kg Körpergewicht/24 h)					
(c) Frühgeborene, 2–12 Wochen	20,7	(10,0–26,8)	–	6	
(c) Neugeborene, 2–12 Wochen	12,9	(6,8–20,7)	–	7	
(c) Säuglinge, 6–12 Monate	6,3	(3,4–8,5)	–	7	
(c) Kinder	1,8	(0,9–2,9)	–	23	
(a) Erwachsene	1,4	(0,6–2,1)	–	21	
(mg α-Amino-N/mg Creatinin-N)					
(d) Kinder	0,46	0,14–0,78	0,16	24	
(e) Erwachsene	0,17	0,08–0,26	0,045	24	
Nichtpeptidartig gebundene Aminosäuren					
o-Aminohippursäure (mg/24 h)	1,14	(0,4–1,7)	–	28	Werte von 20 Personen. Siehe auch unter *o*-Aminobenzoesäure, S. 665.
Hippursäure (g/24 h)	–	(1,0–2,5)	–	29	Das sind etwa 70% des gebundenen Glycins. Die Benzoesäure, aus der die Hippursäure entsteht, stammt größtenteils aus aromatischen Bestandteilen der Pflanzennahrung. Die Hippursäureausscheidung ist *erhöht* nach reichlichem Genuß von Obst und Gemüse, pathologisch *verringert* bei Niereninsuffizienz.
m-Hydroxyhippursäure (mg/24 h)	6	(2–150)	–	30	
Phenylacetylglutamin (g/24 h)	–	(0,25–0,50)	–	29	Das sind etwa 50% der gebundenen Glutaminsäure. Die im Darm durch bakterielle Einwirkung aus Eiweiß entstandene Phenylessigsäure wird als Phenylacetylglutamin ausgeschieden.
Peptide (mg/24 h)					
Anserin	–	(5–7)	–	31	Zusammenfassende Darstellung bei SKARŻYŃSKI und SARNECKA-KELLER[33].
Carnosin	–	(2–3)	–	31	
Homocarnosin	1,1	(0,5–2,4)	–	32	
Hydroxyprolinhaltige Peptide (als Hydroxyprolin)	25,1	(14,0–38,7)	–	34	Werte von 12 Erwachsenen; die Ausscheidung ist beim wachsenden Kind erhöht[35]. Freies Hydroxyprolin ist im Harn höchstens in Spuren vorhanden. Die Hydroxyprolinausscheidung ist ein Maß für den Kollagenstoffwechsel.

(Literatur siehe S. 667–668)

Freie Aminosäuren im Harn

Die Harnaminosäuren sind zu je etwa einem Drittel in freier Form, nichtpeptidartig gebunden (Hippursäure, Phenylacetylglutamin) und peptidartig gebunden (Peptide, Proteine) vorhanden. Zur Bestimmung des Aminosäurengehalts eignet sich die Bestimmung des α-Aminostickstoffs, wobei aber nicht nur freie Aminosäuren, sondern auch freie Aminogruppen von Peptiden und anderen Substanzen reagieren; es wurden dafür gasometrische (mit Ninhydrin oder salpetriger Säure), titrimetrische (Formoltitration) und kolorimetrische (mit Ninhydrin, mit Natrium-β-naphthochinon-4-sulfonat oder als Kupferkomplex) Methoden ausgearbeitet, die aber keine übereinstimmenden Resultate liefern[21, 23, 25]. Die einzelnen Aminosäuren können mikrobiologisch oder nach elektrophoretischer, papierchromatographischer bzw. säulenchromatographischer Trennung bestimmt werden; für einige wenige Aminosäuren gibt es auch spezifische chemische Methoden. Bei der automatischen säulenchromatographischen Trennung nach Stein und Moore findet man bis zu 80 mit Ninhydrin reagierende Substanzen, von denen 29 wohlbekannte Aminosäuren sind[26].

Der Aminosäurengehalt des Harns ist individuell verschieden, wird aber durch die Kost und das Harnvolumen nur wenig beeinflußt. Bei reichlicher Fleischkost steigt der Gehalt an Methylhistidin, bei Hunger und Unterernährung der Gehalt an β-Aminoisobuttersäure. Bezogen auf den Stickstoffgehalt des Harns ist die Aminosäurenausscheidung von Neugeborenen und Säuglingen (besonders von Frühgeborenen) größer als die von Erwachsenen. Bei Frauen zeigt der Aminosäurengehalt des Harns eine Abhängigkeit vom Zyklus, mit einem Maximum der Histidinausscheidung am 15.–20. Tag, zugleich mit dem Maximum der Östrogenausscheidung. Während der Schwangerschaft ist die Aminosäurenausscheidung, besonders des Histidins, *erhöht*. Pathologisch erhöht ist der Aminosäurengehalt des Harns bei erhöhtem Aminosäurengehalt des Serums, aber normaler Nierenfunktion (zum Beispiel bei Lebererkrankungen, erhöhtem Proteinkatabolismus, Phenylketonurie) sowie bei verschiedenen Nierendefekten (Vergiftungen, Rachitis, verschiedene erbliche Stoffwechselanomalien). Der Aminosäurengehalt des Harns ist ausführlich diskutiert worden[21, 23, 27].

Über genetisch bedingte Aminoacidurien siehe S. 444.

Aminosäure	mg/24 h						µmol/kg Körpergewicht/24 h[3]				
	Kinder[1] (9–24 Monate)		Männer[2]		Frauen[2]		Frühgeborene, künstliche Ernährung	Reifgeborene und Säuglinge		Kinder	Erwachsene
	Mittelwert	Extrembereich	Mittelwert	Extrembereich	Mittelwert	Extrembereich		Künstliche Ernährung	Muttermilch		
Alanin	10	5–15	22	5–32	24	9–44	18,6–125	14,2–30,2	9,6–15,3	3,2–18,2	3,6–9,8
β-Alanin	Etwa 0,3	–	6	3–10	3	2–9	–	–	–	–	–
α-Aminoadipinsäure	Etwa 0,5	–	8	5–13	4	0–13	–	–	–	–	–
α-Aminobuttersäure	Etwa 0,3	–	–	–	–	–	–	–	–	–	–
γ-Aminobuttersäure	Etwa 0,3	–	–	Spur	–	Spur	–	–	–	–	–
β-Aminoisobuttersäure	5	0–9	22	6–37	29	10–52	–	<2,7	3,2–12,2	1,4–9,4	–
Arginin	Etwa 0,5	–	6	0–14	4	0–11	<3,1	<1,3–7,1	<1,0	–	<0,7–2,0
Asparaginsäure	–	<4	8	3–29	4	2–11	–	–	–	–	<1,2
Asparagin	–	–	–	–	–	–	–	–	–	–	3,9–7,8
Citrullin	–	–	–	–	–	–	–	3,9–6,2	4,4	–	–
Cystin	–	–	–	–	–	–	<3,1–8,1	1,1–7,7	<2,9	0,6–4,1	<0,5–1,2
Cystin + Cystein*	–	<4	14	3–33	6	0–13	–	–	–	–	–
Glutamin	–	–	–	–	–	–	–	–	–	4,0–33,4	–
Glutamin + Asparagin	25	2–60	73	42–103	62	43–88	–	–	–	–	–
Glutamin + Asparagin + Serin	–	–	–	–	–	–	21,0–264	8,9–60,0	13,8–14,5	–	–
Glutaminsäure	–	–	–	–	–	–	2,3–31	2,3–13,1	5,2	1,5–1,6	<0,7–2,8
Glycin	28	11–42	104	53–189	142	67–312	42,6–484	46,0–117	27,6–33,8	4,3–53,1	13,8–36,6
Histidin	47	15–83	138	20–213	128	79–208	13,7–34,5	9,3–56,0	18,9–22,8	8,0–46,0	11,9–22,5
Homocitrullin[4]	10	1–65	–	Spur	–	Spur	–	–	–	–	–
Hydroxyprolin[5]	–	0,8–1,4	–	<0,5	–	<0,5	–	–	–	–	–
Isoleucin	–	<4	15	8–24	10	5–20	2,5–16,8	1,3–2,3	<1,5	0,5–2,3	1,1–2,7
Leucin	–	<4	11	6–20	9	2–16	3,2–21	2,5–6,6	<3,7	0,7–3,1	1,0–2,3
Lysin	10	1,5–20	7	0–14	8	0–16	–	–	–	1,8–23,5	0,7–4,5
Lysin + 1-Methylhistidin	–	–	–	–	–	–	10,6–35	7,0–27,0	9,7–10,1	–	–
Methionin	–	<5	7	5–11	5	3–12	<2,6	0,5–1,3	<1,0	0,6–3,9	<0,6–1,2
1-Methylhistidin	9	0–43	73	22–114	65	26–155	–	–	–	0,8–9,8	–
3-Methylhistidin	–	<5	65	35–87	48	30–69	5,1–5,2	2,2–4,7	2,1–5,2	1,5–8,9	–
Ornithin	–	<4	1	0–4	2	0–11	–	–	–	–	–
Phenylalanin	–	<5	13	8–15	13	6–41	2,4–28	1,3–4,5	2,0–3,1	0,8–4,4	0,8–2,6
Prolin	Etwa 0,3	–	–	–	–	–	0–108	0–37,6	0	0	<1,4
Serin	10	7–13	42	27–65	37	22–61	–	–	–	4,1–22,4	3,9–7,8
Taurin	7	2–14	123	44–231	87	27–161	<31	<16,5	3,5–7,3	2,2–45,3	9,1–38,6
Threonin	6	3–9	17	2–35	23	5–33	11,3–140	4,0–20,0	3,8–5,6	2,4–10,3	1,9–5,0
Tryptophan[6]	–	–	21	10–32	16	5–27	–	–	–	–	–
Tyrosin	–	<5	19	7–27	15	9–26	12,6–61	2,0–14,0	1,1–2,9	1,3–7,0	1,3–4,3
Valin	Etwa 0,3	–	10	4–17	6	0–30	1,9–23	<3,7	<1,9	0,5–2,0	<1,4

* Cystin 10–15 mg/l; Cystein 2–4 mg/l[7].

1 Soupart, P., in: Holden, J. T. (Hrsg.), *Amino Acid Pools*, Elsevier, Amsterdam, 1962, S. 220; Werte von 8 Knaben und 7 Mädchen, bestimmt mittels Ionenaustauschs.

2 Soupart, P., *Clin. chim. Acta*, 4, 265 (1959); Werte von 6 Männern und 9 Frauen, bestimmt mittels Ionenaustauschs.

3 O'Brien und Ibbott (Hrsg.), *Laboratory Manual of Pediatric Micro- and Ultramicro-Biochemical Techniques*, 3. Aufl., Hoeber, Harper & Row, New York, 1962, S. 30; Zusammenfassung verschiedener Werte aus der Literatur und Werte der Autoren; Werte von 5 Frühgeborenen, 8 Reifgeborenen und Säuglingen bei künstlicher Ernährung, 2 solchen mit Muttermilchkost, 14 Kindern und 8 Erwachsenen.

4 Gerritsen et al., *Arch. Biochem.*, **97**, 34 (1962); bestimmt mittels Ionenaustauschs.

5 Ravenni et al., *Boll. Soc. ital. Biol. sper.*, **38**, 263 (1962); kolorimetrisch bestimmt.

6 Ulrich, J. A., *Proc. Mayo Clin.*, **29**, 210 (1954); mikrobiologisch bestimmt.

7 Brigham et al., *J. clin. Invest.*, **39**, 1633 (1960); Ionenaustausch.

(Literatur siehe S. 667–668)

	Mittelwert	95%-Bereich (in Klammern Extrembereich)	s	Literatur	Bemerkungen
Proteine (mg/24 h)					
Gesamtes nichtdialysierbares Material					
(a) Neugeborene	87,9	34,3–142	26,8	36	(a) 7, (b) 3, (c) 11, (d) 7 Personen; (a, b, c) Fraktionierung in Protein und Uromucoid mittels Milliporefilters; (d) Protein berechnet aus dem N-Gehalt des nichtdialysierbaren Materials; (e) Werte der Biuretreaktion[40]; (f) zu etwa 80% Chondroitinsulfat A. Die unterschiedlichen Werte der Ausscheidung hochmolekularer Substanzen (zwischen 30 und 750 mg/24 h[41]) beruhen nicht zuletzt auf der Schwierigkeit der Konzentrierung des Harns. Diese Substanzen bestehen zu 30–40% aus Kohlenhydraten[37,42] und sind Glycoproteine, Glycopeptide und Mucopolysaccharide. Bei elektrophoretischer Auftrennung der Proteine finden sich gegen 25% in der Albuminfraktion, 17% in der α_1-Globulinfraktion, 24% in der α_2-Globulinfraktion, 16% in der β-Globulinfraktion und 12% in der γ-Globulinfraktion[43]. Bis zu 25 Serumproteine wurden im Harn nachgewiesen[44], darunter Transferrin, γA-Globulin und γG-Globulin, aber auch niedermolekulare γ-Globulinketten; andere Proteine entstammen den Nieren[45]. Physiologisch ist der Proteingehalt des Harns *erhöht* bei Neugeborenen[46] (besonders Frühgeborenen), nach Orthostase mit Hyperlordose und nach körperlichen Anstrengungen; pathologisch erhöht ist er bei Fieber, schwerem Schock und bei Nierenerkrankungen (besonders beim nephrotischen Syndrom[47]). Beim multiplen Myelom erscheint im Harn häufig in leicht nachweisbaren Mengen (Ausfällen mit Sulfosalicylsäure, Auflösen des Niederschlages bei 90–100 °C) ein niedermolekulares Protein (Bence-Jones-Protein); zum Nachweis dieses Proteins siehe Snapper und Ores sowie Naumann[48]. Proteine und Mucopolysaccharide des Harns sind ausführlich besprochen worden[41,49].
(b) Säuglinge	125	–	–	36	
(c) Erwachsene	474	420–528	27	36	
(d)	433	203–663	115	37	
Protein					
(a) Neugeborene	10,5	8,82–12,2	0,84	36	
(b) Säuglinge	13,0	–	–	36	
(c) Erwachsene	61,6	47,0–76,2	7,3	36	
(d)	204	–	–	37	
(e)	–	(30–60)	–	38	
Uromucoid					
(a) Neugeborene	4,75	3,27–6,23	0,74	36	
(b) Säuglinge	14,8	–	–	36	
(c) Erwachsene	70,5	47,7–93,3	11,4	36	
Mucopolysaccharide					
(f)	–	(3–15)	–	39	
Amine, Betaine					
Äthanolamin (mg/24 h)					
(a) Kinder, 3–11 Jahre	13,1	(3,6–18,7)	–	3	Bestimmt (a) säulenchromatographisch an 12, (b) papierchromatographisch an 14 Personen. Phosphoäthanolamin findet sich im Harn bei Hypophosphatasämie[50].
(b) Erwachsene	20,6	(11,5–35,2)	–	18	
Methylamin (mg/24 h)	5,0	(4,6–6,0)	–	51	
Dimethylamin (mg/24 h)	17,0	(15,2–19,3)	–	51	
Cystamin (mg/24 h)	1,4	–	–	52	
Piperidin (mg/24 h)	5,7	(4,7–7,1)	–	51	Wahrscheinlich vorwiegend bakteriellen Ursprungs (Dickdarm)[53].
Cholin (mg/24 h)	–	(5,6–9,0)	–	54	Im Harn ausschließlich in freier Form.
Carnitin (mg/24 h)	–	(80–130)	–	55	
Acetonitril (µg/l)	2,9	–	–	56	Werte von Nichtrauchern; bei Rauchern 118 µg/l.
Tyramin (mg/24 h)	1,3	(0,8–2,6)	–	57	Wahrscheinlich vorwiegend bakteriellen Ursprungs (Dickdarm)[53].
Paraaminobenzoesäure (mg/24 h)	0,76	(0,31–1,32)	–	58	
Catecholamine (µg/24 h)					
Adrenalin Frei	1	–	–	59	Berechnet aufgrund von 41 Untersuchungen an Nachtharnproben. Die Catecholamine im Harn liegen nicht nur frei, sondern auch gebunden an Schwefelsäure bzw. Glucuronsäure vor. Siehe dazu auch S. 722–723.
Noradrenalin Frei	57	–	–	59	
Dopamin Frei	197	–	–	59	
Metanephrin Frei	30	–	–	59	
Metanephrin Gesamt	88	–	–	59	
Normetanephrin Frei	205	–	–	59	
Normetanephrin Gesamt	420	–	–	59	
Stoffwechselprodukte des Tryptophans	...	...	...	...	Bei Vitamin-B_6-Mangel (siehe auch S. 471 und 472) kommt es zu einer erhöhten Ausscheidung von Xanthurensäure und anderen Tryptophanmetaboliten, die besonders gut nach oraler Tryptophangabe (Tryptophanbelastungstest) erkenntlich ist[60,61].
3-Hydroxyanthranilsäure (mg/24 h)	0,36	(0,1–1,1)	–	61	

(Literatur siehe S. 667–668)

	Mittelwert	95%-Bereich (in Klammern Extrembereich)	s	Literatur	Bemerkungen
3-Hydroxykynurenin (mg/24 h)	0,49	(0–2,3)	–	61	Bei Frauen ist die 3-Hydroxykynureninausscheidung nach der Menstruation erniedrigt[62].
Acetylkynurenin (mg/24 h)	2,2	–	–	62	Werte von 7 Frauen.
Kynurenin (mg/24 h)					
(a) Säuglinge	2,32	(0,19–27,7)	–	63	(a) 17, (b) 19, (c) 20 Personen.
(b) Kinder	1,8	(0,50–3,8)	–	64	
(c) Erwachsene	1,14	(0,3–2,6)	–	61	
Kynurensäure (mg/24 h)					
(a) Säuglinge	1,81	(0–4,75)	–	63	(a) 17, (b) 19, (c) 20 Personen.
(b) Kinder	5,0	(0,00–8,8)	–	64	
(c) Erwachsene	2,83	(1,0–4,2)	–	61	
Xanthurensäure (mg/24 h)					
(a) Kinder	6,4	(3,2–13,0)	–	64	(a) 19, (b) 20 Personen. Bei 9 Säuglingen nur einmal nachgewiesen (1,5 mg/24 h)[63].
(b) Erwachsene	0,66	(0,3–1,8)	–	61	
***o*-Aminobenzoesäure** (Anthranilsäure) (mg/24 h)	0,89	(0,32–2,24)	–	58	Die *o*-Aminobenzoesäure liegt im Harn vorwiegend als *o*-Aminohippursäure vor (siehe S. 662).
Nicotinsäure	...	...	...	...	Siehe S. 672.
Indole					
Tryptamin (µg/24 h)					
(a) Kinder	–	(66–370)	–	65	(a) 20, (b) 13, (c) 6 Personen. Wahrscheinlich vorwiegend bakteriellen Ursprungs (Dickdarm)[53].
(b) Männer	64	(20–120)	–	66	
(c) Frauen	56	(40–72)	–	66	
N,N-Dimethyltryptamin (µg/24 h)	43,0	25,8–60,2	8,6	67	Werte von 50 Personen.
Serotonin (5-Hydroxytryptamin) (µg/24 h)					
Frei					
(a) Kinder	83	(43–123)	–	64	(a) 6, (b) 20, (c) 6, (d) 21 Personen. Speziell die Ausscheidung des konjugierten Serotonins ist bei Karzinoidtumoren erhöht.
(b) Männer	72	(45–110)	–	66	
(c) Frauen	55	(10–85)	–	66	
(d)	131	(31–296)	–	68	
Als Glucuronid	93	(21–355)	–	68	
Als Sulfat	59	(0–127)	–	68	
5-Hydroxyindolylessigsäure (mg/24 h)					
(a) Kinder	8,6	(1,4–13,2)	–	64	(a) 19, (b) 30, (c) 15 Personen. Die Ausscheidung dieses Serotoninmetaboliten ist *erhöht* nach Genuß serotoninhaltiger Nahrungsmittel (Bananen, Tomaten, Pflaumen, Walnüssen) und unter verschiedenen Pharmaka (zum Beispiel Coffein, Nicotin)[69,71]; pathologisch erhöht ist sie bei Karzinoidtumoren (von 30 bis zu 1500 mg/24 h)[72].
(b) Erwachsene	–	(1,0–14,7)	–	69	
(c) Erwachsene	4,5	2,3–6,7	1,1	70	
5-Methoxytryptamin	0	–	–	64	50 µg/24 h fanden sich im Harn bei rheumatischem Fieber.
Bufotenin (µg/24 h)	63	49–77	7	73	Werte von 50 Personen.
Indoxylschwefelsäure (mg/24 h)					
(a) Kinder	420	(148–620)	–	64	(a) 19, (b) 8, (c) 56 und (d) 44 Personen. Die Ausscheidung von Indoxylschwefelsäure ist *erhöht* bei verstärkter bakterieller Zersetzung des Darminhalts (zum Beispiel Darmverschluß)[75] und beim nephrotischen Syndrom[76], *erniedrigt* bei rheumatischem Fieber[64].
(b) Erwachsene	200	(140–250)	–	64	
(c) Männer	64	28–100	18	74	
(d) Frauen	57	13–101	22	74	
6-Sulfatoxyskatol (mg/24 h)	24	(5–130)	–	66	

	Mittelwert	95%-Bereich (in Klammern Extrembereich)	s	Literatur	Bemerkungen
Indolyl-3-essigsäure (mg/24 h)					
(a) Gesamt	–	(5,2–13,8)	–	77	(a, b) 11 Personen; (a) nach Hydrolyse des Harns.
(b) Frei	–	(3,1–8,1)	–	77	
Indolyl-3-milchsäure (mg/24 h)	–	(0,3–3)	–	78	
Indolylacetylglutamin (mg/24 h)	–	(1–8)	–	78	
Indolylformylglucuronid (mg/24 h)	–	(0–60)	–	79	
Imidazole, Stoffwechselprodukte des Histidins					
N-Acetylhistamin (µg/24 h)					
(a) Kinder	–	(17–1840)	–	65	(a) 20, (b) 17 Personen. Wahrscheinlich vorwiegend bakteriellen Ursprungs (Dickdarm)[53].
(b) Erwachsene	22,0	(2,3–56)	–	80	
Histamin (µg/24 h)	11,9	(6,1–19)	–	80	Die Ausscheidung von Histamin und seinem Metaboliten 1,4-Methylimidazolessigsäure ist bei Mastozytose stark erhöht[81,82].
	–	(5–30)	–	81	
Imidazolmilchsäure (mg/g Creatinin)	19,8	9,6–30,0	5,1	83	Werte von 12 Personen.
Urocaninsäure (mg/24 h)	0,62	(0–1,7)	–	84	
Formiminoglutaminsäure (Formamidinoglutarsäure) (mg/24 h)	1,25	(0–2,1)	–	84	Die Ausscheidung dieses Histidinmetaboliten ist bei Folsäuremangel ***erhöht*** (siehe S. 479), gelegentlich auch bei Vitamin-B_{12}-Mangel, Lebererkrankungen und Sarkoidose.
Porphyrine und verwandte Verbindungen					
Aminoaceton (mg/l)	2,2	(1,5–3,1)	–	85	
δ-Aminolävulinsäure					
(a) Kinder (mg/l)	2,57	0,27–4,87	1,15	86	(a) 50 Kinder unter 15 Jahren; (b) 100, (c) 13 Personen. Zur Ausscheidung bei Kindern verschiedenen Alters siehe Käser et al.[89]. Sie ist ***erhöht*** bei einigen Formen von Porphyrie[90] (siehe auch S. 450) sowie bei Bleivergiftung. Die Bestimmung der δ-Aminolävulinsäure im Harn ermöglicht ein rechtzeitiges Erkennen einer erhöhten Bleiabsorption; Konzentrationen von 13–20 mg/l Harn entsprechen etwa 150–200 µg Blei pro Liter Harn und weisen auf die Gefahr einer Bleivergiftung hin.
(b) Erwachsene (mg/l)	2,9	0,1–5,7	1,4	87	
(c) Erwachsene (mg/24 h)	2,63	0–5,33 (1,43–6,97)	1,35	88	
Porphobilinogen					
(a) Kinder (mg/l)	1,05	0,13–1,97	0,46	86	(a) 50 Kinder unter 15 Jahren; (b) 100, (c) 13 Personen. Zur Ausscheidung bei Kindern verschiedenen Alters siehe Käser et al.[89]. Die Porphobilinogenausscheidung ist ***erhöht*** bei manchen Formen von Porphyrie[90] (siehe auch S. 450), schwach erhöht bei Lebererkrankungen, nicht erhöht bei Bleivergiftung.
(b) Erwachsene (mg/l)	1,0	0–2,0	0,5	87	
(c) Erwachsene (mg/24 h)	1,40	0,38–2,42	0,51	88	
Coproporphyrin					
(a) (µg/l)	70	0–150	40	87	(a) 100, (b) 9, (c) 72 Personen. Spektrophotometrische Methoden ergeben niedrigere Werte als fluorometrische Methoden (b)[93]. Die Coproporphyrinausscheidung ist dem Körpergewicht proportional; Kinder scheiden deshalb entsprechend weniger aus als Erwachsene[91]. Das Harncoproporphyrin besteht zu 50–90% aus Coproporphyrin III, zu 10–40% aus Coproporphyrin I[94]. Die Coproporphyrinausscheidung ist ***erhöht*** bei manchen Formen von Porphyrie[90] (siehe auch S. 450), Lebererkrankungen und Bleivergiftung.
(b) (µg/24 h)	130	(80–220)	–	91	
(c) (µg/24 h)	36	6–66	15	92	
Uroporphyrin					
(a) (µg/l)	–	(0–15)	–	86	(a) 25, (b) 9, (c) 72 Personen. Spektrophotometrische Methoden ergeben niedrigere Werte als fluorometrische Methoden (b)[93]. Die Uroporphyrinausscheidung ist bei manchen Formen von Porphyrie[90] ***erhöht*** (siehe auch S. 450).
(b) (µg/24 h)	39	(28–63)	–	91	
(c) (µg/24 h)	12	4–20	4	92	
Bilirubin (mg/l)					
Kinder	0,9	–	–	95	
Erwachsene	–	(0,02–1,9)	–	96	
Urobilinogen (mg/24 h)	0,36	0,05–2,5	–	97	Gemessen am Harn von 46 Personen; die Verteilung ist lognormal. Die Urobilinogenausscheidung ist bei Verschluß der Gallenwege ***erniedrigt***, ***erhöht*** bei Leberschädigung und intravaskulärer Hämolyse[97,98].

	Mittelwert	95%-Bereich (in Klammern Extrembereich)	s	Literatur	Bemerkungen
Hämoglobin	0	–	–	–	Freies, nicht an Erythrozyten gebundenes Hämoglobin (vorwiegend als Methämoglobin vorliegend) findet sich im Harn nur, falls die Bindungskapazität des Haptoglobins im Serum für Hämoglobin überschritten ist, das heißt ab etwa 0,5–1,4 g Hämoglobin pro Liter Serum[99]. Hämoglobinurie kann bei Schwarzwasserfieber, infolge Blutunverträglichkeit nach Transfusionen und bei paroxysmaler nächtlicher Hämoglobinurie auftreten, wurde aber auch bei Sportlern nach intensivem Lauftraining beobachtet[100]. Beim Schwarzwasserfieber kann auch ein rotbrauner Farbstoff ausgeschieden werden, der keine Peroxydaseaktivität zeigt[101].
Myoglobin	0	–	–	–	Myoglobin findet sich im Harn ab einem Serumspiegel von etwa 0,15–0,2 g/l, so nach schwerer körperlicher Anstrengung, nach schweren Verletzungen, die auch Muskeln betreffen, und bei idiopathischer paroxysmaler Myoglobinurie[102].
Purine und verwandte Verbindungen					
Aminoimidazolcarboxamid (mg/24 h)	0,4	(0,1–1,0)	–	103	Aminoimidazolcarboxamid ist ein Zwischenprodukt der Purinbiosynthese; seine Ausscheidung ist bei Mangel an Vitamin B_{12} *erhöht*.
	0,90	(0,36–1,58)	–	104	
Xanthin (mg/24 h)	4,9	(2,1–12,0)	–	105	Werte von 7 Personen, nach chromatographischer Trennung bestimmt. Zur enzymatischen Bestimmung von Xanthin und Hypoxanthin siehe Petersen et al.[106].
Hypoxanthin (mg/24 h)	6,8	(2,6–12,5)	–	105	
1-Methylhypoxanthin (mg/24 h)	–	(Spur)	–	105	
Guanin (mg/24 h)	0,5	(0–0,7)	–	105	
1-Methylguanin (mg/24 h)	1,2	(0–2,1)	–	105	
7-Methylguanin (mg/24 h)	3,6	(1,0–7,7)	–	105	
Adenin (mg/24 h)	1,5	(0,7–3,6)	–	105	
Harnsäure (mg/kg Körpergewicht/24 h)					
(a) Neugeborene, 0–2 Tage	4,8	–	–	2	(a) 8, (b) 4, (c) 20 Personen bei Normalkost. Die Harnsäureausscheidung ist vom Puringehalt der Nahrung abhängig; bei purinreicher Kost können 2 g und mehr Harnsäure täglich ausgeschieden werden[108]. Pathologisch *erhöht* ist die Harnsäureausscheidung bei chronischer granulozytärer Leukämie und verschiedenen akuten Leukämien (nicht aber bei chronischer lymphozytärer Leukämie[105]), bei Polycythaemia vera, bei Wilsonscher Krankheit und gelegentlich bei Psoriasis[109].
(b) Erwachsene	8,7	–	–	2	
(c) Erwachsene (mg/24 h)	528	80–976	224	107	
Allantoin (mg/24 h)	–	(25–30)	–	110	
Pyrimidine und verwandte Verbindungen					
5-Ribosyluracil (Pseudouridin) (mg/24 h)	46	(24–75)	–	111	Werte von 26 gesunden Personen, bei purinfreier Kost bestimmt. Die Pseudouridinausscheidung ist *erhöht* bei Gicht, ferner bei manchen Personen mit Leukämie und Psoriasis.
Orotsäure (mg/24 h)	1,4	–	–	112	Im Harn von Säuglingen bei familiärer Orotacidurie bis 1,5 g/24 h[113].

Literatur (zu S. 661–667)

1 McCance und Widdowson, *Acta paediat. (Uppsala)*, **49**, 409 (1960).
2 Barlow und McCance, *Arch. Dis. Childh.*, **23**, 225 (1948).
3 Carver und Paska, *Clin. chim. Acta*, **6**, 721 (1961).
4 Jellinek und Looney, *J. biol. Chem.*, **128**, 621 (1939).
5 Wehrle und Schievelbein, in: Flaschenträger und Lehnartz (Hrsg.), *Physiologische Chemie*, Band II/2b, Springer, Berlin, 1957, S. 1.
6 Bergstedt et al., *J. Pediat.*, **56**, 635 (1960).
7 De Leo und Di Francesco, *Pediatria (Napoli)*, **67**, 239 (1959).
8 Kennedy, W. P., *Arch. Dis. Childh.*, **36**, 325 (1961).
9 Taussky und Brahen, *Stand. Meth. clin. Chem.*, **3**, 99 (1961).
10 Conn, R. B., jr., *Clin. Chem.*, **6**, 537 (1960).
11 Kibrick, A. C., *Clin. chim. Acta*, **11**, 408 (1965).
12 Howell, T. H., *J. Geront.*, **11**, 61 (1956).
13 Taussky, H. H., *Clin. chim. Acta*, **1**, 210 (1956).
14 Heilskov und Schønheyder, *Acta med. scand.*, **151**, 51 (1955).
15 Vestergaard und Leverett, *J. Lab. clin. Med.*, **51**, 211 (1958).
16 van Pilsum et al., *J. biol. Chem.*, **222**, 225 (1956).
17 Cohen et al., *Amer. J. Dis. Child.*, **86**, 752 (1953).
18 McMenamy et al., *J. clin. Invest.*, **39**, 1675 (1960).
19 Schwab und Kühns, *Die Störungen des Wasser- und Elektrolytstoffwechsels*, Springer, Berlin, 1959, S. 171; Eastham, R. D., *Biochemical Values in Clinical Medicine*, 2. Aufl., Wright, Bristol, 1963, S. 13.
20 Müting, D., *Hoppe-Seylers Z. physiol. Chem.*, **297**, 61 (1954).
21 Bigwood et al., *Advanc. clin. Chem.*, **2**, 201 (1959).
22 Ghadimi und Shwachman, *Amer. J. Dis. Child.*, **99**, 457 (1960).
23 O'Brien und Ibbott, *Laboratory Manual of Pediatric Micro- and Ultramicro-Biochemical Techniques*, 3. Aufl., Harper & Row, New York, 1962.
24 Khachadurian et al., *J. Lab. clin. Med.*, **56**, 321 (1960).
25 van Slyke et al., *J. biol. Chem.*, **150**, 251 (1943); Opieńska-Blauth, J., *Clin. chim. Acta*, **4**, 841 (1959); Frame et al., *Stand. Meth. clin. Chem.*, **4**, 1 (1963).

26 King, J. S., jr., *Clin. chim. Acta*, **9**, 441 (1964).
27 Snyderman und Holt, jr., *Advanc. Pediat.*, **11**, 209 (1960); Zilversmit, D.B., *Expos. ann. Biochim. méd.*, **23**, 1 (1961); Schreier, K., in: Holden, J.T. (Hrsg.), *Amino Acid Pools*, Elsevier, Amsterdam, 1962, S. 263; Soupart, P., in: Holden, J.T. (Hrsg.), *Amino Acid Pools*, Elsevier, Amsterdam, 1962, S. 220; Scriver, C.R., *Progr. med. Genet.*, **2**, 83 (1962).
28 Musajo und Benassi, *Advanc. clin. Chem.*, **7**, 63 (1964).
29 Stein et al., *J. Amer. chem. Soc.*, **76**, 2848 (1954).
30 Armstrong et al., *J. biol. Chem.*, **218**, 921 (1956).
31 Westall, R.G., *Biochem. J.*, **60**, 247 (1955).
32 Abraham et al., *Arch. Biochem.*, **99**, 210 (1962).
33 Skarżyński und Sarnecka-Keller, *Advanc. clin. Chem.*, **5**, 107 (1962).
34 Mitoma et al., *J. Lab. clin. Med.*, **53**, 970 (1959).
35 Jasin et al., *J. clin. Invest.*, **41**, 1928 (1962); Goidanich et al., *Clin. chim. Acta*, **11**, 35 (1965); Allison et al., *Clin. chim. Acta*, **14**, 729 (1966).
36 Keutel und King, jr., *Clin. chim. Acta*, **11**, 341 (1965).
37 King, jr., et al., *J. clin. Invest.*, **37**, 315 und 1658 (1958).
38 Speier, F., *Laboratoriumsdiagnostik*, Bernecker, Melsungen, o. J., S. 123.
39 McKusick et al., *Medicine (Baltimore)*, **44**, 445 (1965).
40 Foster et al., *J. Lab. clin. Med.*, **39**, 618 (1952).
41 Maxfield, M., *Ann. Rev. Med.*, **14**, 99 (1963).
42 Bourrillon und Kaplan, *Clin. chim. Acta*, **5**, 732 (1960).
43 Webb et al., *Canad. J. Biochem.*, **36**, 1159 (1958).
44 Berggård et al., *Clin. chim. Acta*, **10**, 1 (1964).
45 Hermann und De Vaux St.Cyr, in: Peeters, H. (Hrsg.), *Protides of the Biological Fluids*, Proceedings of the 11th Colloquium, Brüssel 1963, Elsevier, Amsterdam, 1964, S. 494.
46 Rhodes et al., *J. Pediat.*, **60**, 18 (1962).
47 Tidstrøm, B., in: Peeters, H. (Hrsg.), *Protides of the Biological Fluids*, Proceedings of the 12th Colloquium, Brüssel 1964, Elsevier, Amsterdam, 1965, S. 311.
48 Snapper und Ores, *J. Amer. med. Ass.*, **173**, 1137 (1960); Naumann, H.N., *Amer. J. clin. Path.*, **44**, 413 (1965).
49 Hitzig, W.H., *Die Plasmaproteine in der klinischen Medizin*, Springer, Berlin, 1963, S. 209; King, jr., und Boyce, *High Molecular Weight Substances in Human Urine*, Thomas, Springfield, 1963.
50 McCance et al., *Lancet*, **1**, 131 (1955); Blockey, N. J., *Lancet*, **1**, 286 (1955).
51 Blau, K., *Biochem. J.*, **80**, 193 (1961).
52 Mondovì et al., *Ital. J. Biochem.*, **10**, 42 (1961).
53 Perry et al., *Clin. chim. Acta*, **14**, 116 (1966).
54 Luecke und Pearson, *J. biol. Chem.*, **153**, 259 (1944).
55 Goodhart, R.S., in: Wohl und Goodhart (Hrsg.), *Modern Nutrition in Health and Disease*, 3. Aufl., Lea & Febiger, Philadelphia, 1964, S. 460.
56 Medical News, *J. Amer. med. Ass.*, **181**, Nr. 5, 26 (1962).
57 Tompsett, S.L., *Clin. chim. Acta*, **7**, 50 (1962).
58 Tompsett, S.L., *Clin. chim. Acta*, **5**, 415 (1960).
59 Mattok et al., *Clin. chim. Acta*, **14**, 99 (1966).
60 Price et al., *Advanc. metab. Disord.*, **2**, 159 (1965).
61 Musajo und Benassi, *Advanc. clin. Chem.*, **7**, 63 (1964).
62 Brown et al., *J. clin. Invest.*, **40**, 617 (1961).
63 Careddu et al., *Acta vitamin. (Milano)*, **18**, 241 (1964).
64 Haddox, jr., und Saslaw, *J. clin. Invest.*, **42**, 435 (1963).
65 Perry et al., *Pediatrics*, **30**, 576 (1962).
66 Rodnight, R., *Int. Rev. Neurobiol.*, **3**, 251 (1961).
67 Gross und Franzen, *Z. klin. Chem.*, **3**, 99 (1965).
68 Davis et al., *J. Lab. clin. Med.*, **66**, 390 (1965).
69 Sturm, A., jr., *Clin. chim. Acta*, **7**, 714 (1962).
70 Mustala et al., *Scand. J. clin. Lab. Invest.*, **16**, 655 (1964).
71 Schievelbein et al., *Klin. Wschr.*, **40**, 52 (1962).
72 Dalgliesh, C.E., *Advanc. clin. Chem.*, **1**, 193 (1958); Resnick und Gray, *Med. Clin. N. Amer.*, **44**, 1323 (1960); Weissbach et al., *Stand. Meth. clin. Chem.*, **4**, 121 (1963).
73 Gross und Franzen, *Biochem. Z.*, **340**, 403 (1964).
74 Müting et al., *Z. klin. Med.*, **157**, 538 (1963).
75 Curzon und Walsh, *Clin. chim. Acta*, **7**, 657 (1962).
76 Müting et al., *Z. klin. Med.*, **157**, 544 (1963).
77 Weissbach et al., *J. biol. Chem.*, **234**, 81 (1959).
78 Armstrong et al., *J. biol. Chem.*, **232**, 17 (1958).
79 Balakrishnan und Rodnight, *Biochem. J.*, **76**, 61 P (1960).
80 Duner und Pernow, *Scand. J. clin. Lab. Invest.*, **8**, 296 (1956).
81 Demis et al., *Arch. intern. Med.*, **111**, 309 (1963).
82 Demis, D. J., in: *XXII International Congress of Physiological Sciences*, Leiden 1962, Band 2, Excerpta Medica Foundation, Amsterdam, 1962, Abstract No. 695.
83 Dubovský und Dubovská, *Clin. chim. Acta*, **12**, 360 (1965).
84 Merritt et al., *J. clin. Invest.*, **41**, 1472 (1962).
85 Waldron, H.A., *J. clin. Path.*, **18**, 230 (1965).
86 Haeger, B., *Lancet*, **2**, 606 (1958).
87 Haeger, B., *Scand. J. clin. Lab. Invest.*, **12**, Suppl. 47 (1960).
88 Malooly und Hightower, jr., *J. Lab. clin. Med.*, **59**, 568 (1962).
89 Käser et al., *Schweiz. med. Wschr.*, **93**, 1052 (1963).
90 Waldenström und Haeger-Aronsen, *Münch. med. Wschr.*, **106**, 1333 (1964).
91 Talman und Schwartz, *Stand. Meth. clin. Chem.*, **2**, 137 (1958).
92 Reinkingh und van Kampen, *Clin. chim. Acta*, **9**, 592 (1964).
93 Fernandez et al., *Clin. Chem.*, **12**, 463 (1966).
94 Aziz et al., *J. Lab. clin. Med.*, **63**, 585 (1964).
95 Michaëlsson, M., *Scand. J. clin. Lab. Invest.*, **13**, Suppl. 56 (1961).
96 Gundermann und Kübler, *Dtsch. med. Wschr.*, **87**, 306 (1962).
97 Balikov et al., *Stand. Meth. clin. Chem.*, **2**, 192 (1958).
98 Root, W.S., *Meth. med. Res.*, **8**, 122 (1960).
99 Laurell und Nyman, *Blood*, **12**, 493 (1957).
100 Schlatter und Forster, *Schweiz. med. Wschr.*, **95**, 979 (1965).
101 Rick, W., Düsseldorf, persönliche Mitteilung.
102 Editorial, *Lancet*, **1**, 704 (1961); Boroian et al., *J. Pediat.*, **67**, 69 (1965).
103 Luhby und Cooperman, *Lancet*, **2**, 1381 (1962).
104 Coward und Smith, *Clin. chim. Acta*, **12**, 206 (1965).
105 Krakoff et al., *Med. Clin. N. Amer.*, **45**, 521 (1961).
106 Petersen et al., *Scand. J. clin. Lab. Invest.*, **17**, 454 und 460 (1965).
107 Kuhl et al., *Metabolism*, **4**, 143 (1955).
108 Natelson et al., *Stand. Meth. clin. Chem.*, **1**, 123 (1953).
109 Eisen und Seegmiller, *J. clin. Invest.*, **40**, 1486 (1961).
110 Larson, H.W., *J. biol. Chem.*, **94**, 727 (1931).
111 Weissman et al., *J. Lab. clin. Med.*, **59**, 852 (1962).
112 Lotz et al., *Nature*, **197**, 194 (1963).
113 Huguley, jr., et al., *Blood*, **14**, 615 (1959); Becroft und Phillips, *Brit. med. J.*, **1**, 547 (1965).

Enzyme (Definition der Einheit U siehe S. 580)

Von der gesunden Niere werden niedermolekulare Enzyme bzw. ihre Vorstufen wie Amylase und Uropepsinogen regelmäßig ausgeschieden, hochmolekulare normalerweise nicht oder nur in geringer Menge. Solche Enzyme sind: Lactatdehydrogenase[1–3], Aspartataminotransferase[2,4], Ribonuclease[5], alkalische Phosphatase[3,6,7], saure Phosphatase[6], Arylsulfatasen[8], β-Glucuronidase[9], Aminopeptidase[10]. Bei Nierenschädigung ist im Harn der Gehalt an diesen Enzymen oft mehr oder weniger stark erhöht. Bei der Bewertung der Enzymaktivität im Harn muß das Harnvolumen und der Diuresezustand berücksichtigt werden; so erwies sich die pro Volumseinheit Harn nachweisbare Aktivität einiger Enzyme bei Antidiurese höher als bei Diurese[11].

	Mittelwert	95%-Bereich (in Klammern Extrembereich)	s	Literatur	Bemerkungen
Amylase (kU/24 h, 37 °C)...	6,03	(2,06–11,8)	–	12	Häufig *erhöht* bei akuter Pankreatitis.
Uropepsinogen (U/24 h, 37 °C)					
(a) Männer	40	2–78	19	13	(a) 21, (b) 18 Personen; Substrat Hämoglobin. Ein kleiner Teil des von der Magenschleimhaut sezernierten Pepsinogens gelangt ins Blut und wird durch die Nieren ausgeschieden; die Uropepsinogenausscheidung korreliert aber nur schlecht mit der Pepsinogensekretion in den Magensaft. Ein Fehlen von Uropepsinogen im Harn läßt auf Atrophie der Magenschleimhaut schließen.
(b) Frauen	23	0–51	14	13	

Literatur

1 Wacker und Dorfman, *J. Amer. med. Ass.*, **181**, 972 (1962); Brenner und Gilbert, *Amer. J. med. Sci.*, **245**, 31 (1963); Güttler und Clausen, *Enzymol. biol. clin. (Basel)*, **5**, 55 (1965).
2 Rosalki und Wilkinson, *Lancet*, **2**, 327 (1959).
3 Amador et al., *Ann. intern. Med.*, **62**, 30 (1965).
4 Sepaha et al., *Indian J. med. Res.*, **49**, 68 (1961).
5 Levy und Rottino, *Clin. Chem.*, **6**, 43 (1960).
6 Burgen, A.S.V., *Lancet*, **1**, 329 (1947).
7 Amador, E., *J. Amer. med. Ass.*, **185**, 769 (1963); Butterworth et al., *Clin. chim. Acta*, **11**, 212 (1965); Dietz u. Hodges, *Clin. chim. Acta*, **15**, 393 (1967).
8 Baum et al., *Clin. chim. Acta*, **4**, 453 (1959); Działoszyński und Gniot-Szulżycka, *Clin. chim. Acta*, **15**, 381 (1967).
9 Lewis und Plaice, *Nature*, **184**, 1249 (1959); Pulkkinen et al., *Ann. Paediat. Fenn.*, **8**, 50 (1962).
10 Roth, M., *Clin. chim. Acta*, **9**, 448 (1964); Bergmann und Scheler, *Klin. Wschr.*, **42**, 275 (1964).
11 Bösch und Dubach, *Clin. chim. Acta*, **15**, 325 (1967).
12 Tierney et al., *Ann. intern. Med.*, **58**, 229 (1963).
13 van Goidsenhoven et al., *Gastroenterology*, **34**, 421 (1958).

Die Kohlenhydrate im Harn liegen zum Teil frei, zum Teil in Form von Glycoproteinen, Mucopolysacchariden und Glycopeptiden vor bzw. als Glucuronsäure gebunden an Phenole und Säuren. Über freien Zucker im Harn siehe SIDBURY[1].

	Mittelwert	95%-Bereich (in Klammern Extrembereich)	s	Literatur	Bemerkungen
Reduzierende Substanzen («Zucker») (mg/24 h)	515	(242–845)	–	2	30 Personen; NELSON-SOMOGYI-Methode. Die klassischen Methoden zur Bestimmung des «Zuckers» basieren auf dem Reduktionsvermögen gewisser Kohlenhydrate. Sie sind nicht spezifisch für Glucose, sondern geben auch mit andern Bestandteilen des Harns positive Resultate, so mit Harnsäure, Creatinin, Glucuronsäure, Homogentisinsäure, Ascorbinsäure, Fructose, Lactose, Pentosen. Ebenso können sie positiv sein bei Patienten, die mit gewissen Antibiotika behandelt wurden[3] (Penicillin, Streptomycin, Chlortetracyclin, Oxytetracyclin, Tetracyclinhydrochlorid, nicht aber Dihydrostreptomycin oder Chloramphenicol). Für Glucose weitgehend spezifisch sind die Glucoseoxydase-Peroxydase-Reaktion[4], die Hexokinase-Pyruvatkinase-Reaktion[4] und die Hexokinase-Glucose-6-phosphatdehydrogenase-Reaktion[5].
Glucose (mg/l)					
(a) Neugeborene, 1. Woche	–	(<250)	–	6	(a) Papierchromatographisch bestimmt; (b) 30 Personen, Glucoseoxydasemethode. Die Glucoseausscheidung ist *erhöht* nach reichlicher Glucoseeinnahme, bei gewissen Nierenschädigungen, bei verschiedenen endokrinen Erkrankungen (Diabetes mellitus, CUSHING-Syndrom, Nebennierenrindenhyperplasie) und in Fällen von Kopfverletzungen und intrakranialen Tumoren.
(a) Neugeborene, 2. Woche	–	(<200)	–	6	
(b) Erwachsene (mg/24 h)	72	(16–132)	–	2	
Galactose (mg/l)					
(a) Neugeborene, 1. Woche	–	(<250)	–	6	(a) Papierchromatographisch bestimmt; (b) 10 Erwachsene, Durchschnittskost. Säuglinge, die eine Milchkost erhalten, können bis zu 400 mg Galactose pro Liter Harn ausscheiden, solche mit Galactosämie bis zu 10 g/l[8].
(a) Neugeborene, 2. Woche	–	(<200)	–	6	
(b) Erwachsene	14	(3–25)	–	7	
Fructose (mg/l)					
Neugeborene, 1. Woche	–	(<700)	–	6	Papierchromatographisch bestimmt. Die Ausscheidung von Fructose ist *erhöht* nach reichlicher Fructoseeinnahme und bei essentieller Fructosurie.
Neugeborene, 2. Woche	–	(<50)	–	6	
Lactose (mg/l)					
(a) Neugeborene, 1. Woche	–	(<1200)	–	6	(a) Papierchromatographisch bestimmt; (b) bei Mischkost. Bei lactosefreier Kost keine Ausscheidung von Lactose im Harn. Endogen gebildete Lactose im Harn findet sich bei hochschwangeren und laktierenden Frauen (bis zu 500 mg/l)[10].
(a) Neugeborene, 2. Woche	–	(<100)	–	6	
(b) Erwachsene (mg/24 h)	28	(0–91)	–	9	
Saccharose	...	...	...	...	Saccharose kann im Harn nach oraler Einnahme erscheinen[11].
Xylose (mg/24 h)	49	(14–111)	–	7	10 Erwachsene, Durchschnittskost. Die Ausscheidung von Xylose und Arabinose ist *erhöht* nach Genuß von Früchten[6].
Arabinose (mg/24 h)	38	(12–56)	–	7	
Ketopentosen (mg/24 h)	4,3	0,5–8,1	1,9	12	Harnproben von 15 Männern. Vorwiegend L-Xylulose, in Spuren auch Ribulose und Sedoheptulose. Bei essentieller Pentosurie werden unabhängig von der Diät 1–5 g L-Xylulose im Tag ausgeschieden[13].
Inosit (mg/l)	–	(35–85)	–	14	Chromatographisch wurde in allen Proben Mesoinosit und in 67% der Proben Scyllit gefunden.
Glucuronsäure, total (mg/24 h)					
(a) Männer	431	271–591	80	15	Hydrolysierter Harn von (a) 56, (b) 44, (c) 14 und (d) 10 Personen. Glucuronsäure ist zum größten Teil an Phenole (auch Steroidhormone) und Säuren gebunden. Zur Entgiftung und Ausscheidung solcher Substanzen kann die Leber große Mengen Glucuronsäure bereitstellen. Bei Frauen schwankt die Ausscheidung mit dem Zyklus[17]. Der Glucuronsäuregehalt des Harns ist *erhöht* bei schweren Verbrennungen und malignen neoplastischen Erkrankungen[18], *erniedrigt* bei rheumatischen Erkrankungen[17], Lebererkrankungen[19] und beim nephrotischen Syndrom[20].
(b) Frauen	371	193–549	89	15	
Neugeborene (mg/kg Körpergewicht/24 h)					
(c) 0–2 Wochen	16,4	12,2–20,6	2,12	16	
(d) 2–7 Wochen	8,5	5,54–11,5	1,48	16	
Nichtdialysierbare Kohlenhydrate (mg/24 h)					
Hexosen	72,6	34,4–111	19,1	21	Diese Kohlenhydrate liegen als Glycoproteine, Mucopolysaccharide und Glycopeptide vor (siehe auch «Proteine», S.664). An Hexosen wurden nachgewiesen: Galactose, Mannose, Glucose und Fucose; an Hexosaminen: Glucosamin und Galactosamin.
Hexosamine	26,5	14,3–38,7	6,1	21	
Sialsäure	40,7	25,7–55,7	7,5	21	
Glucuronsäure, Kinder	–	(4,1–14,7)	–	22	
Glucuronsäure, Erwachsene	–	(2,7–7,3)	–	22	

Literatur

1 SIDBURY, J.B., jr., *Advanc. clin. Chem.*, **4**, 29 (1961).
2 FROESCH et al., *Diabetes*, **5**, 1 (1956).
3 FISHER et al., *Ann. paediat. (Basel)*, **185**, 254 (1955).
4 SCHMIDT, F.H., *Internist (Berl.)*, **4**, 554 (1963).
5 RENSCHLER et al., *Dtsch. med. Wschr.*, **90**, 2349 (1965).
6 BICKEL, H., *Mod. Probl. Pädiat.*, **4**, 136 (1959).
7 DATE, J.W., *Scand. J. clin. Lab. Invest.*, **10**, 155 (1958).
8 WOOLF, L.I., *Advanc. clin. Chem.*, **5**, 1 (1962).
9 STUHLFAUTH et al., *Klin. Wschr.*, **40**, 1151 (1962).
10 RIFFART et al., *Arch. Gynäk.*, **181**, 607 (1952).
11 HAWORTH, J.C., *Lancet*, **2**, 725 (1962).
12 BAKER et al., *Metabolism*, **9**, 478 (1960).
13 Annotation, *Brit. med. J.*, **1**, 1628 (1963).
14 MALANGEAU, P., *Bull. Soc. Chim. biol. (Paris)*, **38**, 729 (1956).
15 MÜTING et al., *Z. klin. Med.*, **157**, 538 (1963).
16 PULKKINEN et al., *Ann. Paediat. Fenn.*, **8**, 50 (1962).
17 HOLOPAINEN, T., *Ann. Med. exp. biol. Fenniae*, **36**, Suppl. 8 (1958).
18 CORNILLOT, P., *Clin. chim. Acta*, **7**, 42 (1962).
19 MÜTING, D., *Dtsch. med. Wschr.*, **88**, 130 (1963).
20 MÜTING et al., *Z. klin. Med.*, **157**, 544 (1963).
21 KING, jr., et al., *J. clin. Invest.*, **37**, 315 (1958).
22 DIFERRANTE und RICH, *J. Lab. clin. Med.*, **48**, 491 (1956).

	Mittelwert	95%-Bereich (in Klammern Extrembereich)	s	Literatur	Bemerkungen
Organische Säuren (mval/24 h)					
Männer	55	–	–	1	Bei Säuglingen dominieren aliphatische, bei Erwachsenen nach Genuß von Früchten und Gemüsen aromatische Säuren, die aber zum größten Teil an Aminosäuren gebunden sind (S. 662). Siehe auch die Literatur[2, 3].
Frauen	64	–	–	1	
Flüchtige Säuren (mg/24 h)	–	(8–50)	–	4	Im wesentlichen Ameisensäure, etwas Essigsäure sowie Spuren von Buttersäure[3].
Ameisensäure (mg/l)	13	–	–	5	
Adipinsäure (mg/24 h)	–	(1,3–2,5)	–	6	
Äpfelsäure (mg/24 h)	5,4	–	–	7	
Bernsteinsäure (mg/24 h)	–	(2–12)	–	8	
Brenztraubensäure (mg/24 h)					
(a) Kinder	5,6	1,9–9,3	1,83	9	(a) 21, (b) und (c) je 3 Personen; (a) Alter 5–10 Jahre, (d) 3 Monate bis 4 Jahre. Ausscheidung *erhöht* bei nicht kompensiertem Diabetes.
(b) Männer	9,6	–	–	10	
(c) Frauen	11,4	–	–	10	
(mg/kg Körpergewicht/24 h)					
(d) Kinder	–	(0,16–0,52)	–	11	
Citronensäure					
(a) Erwachsene (mg/24 h)	462	90–834	186	12	(a) 12 Personen; (b) 3 Monate bis 4 Jahre. Ausscheidung bei kohlenhydratreicher Kost höher als bei proteinreicher, *erhöht* unter Östrogenen (daher bei Frauen vom Zyklus abhängig) und unter Vitamin D; *erniedrigt* bei starker Muskelbetätigung, Acidose, Diabetes mellitus, Hypoparathyreoidismus, chronischer Niereninsuffizienz[7].
(b) Kinder (mg/kg Körpergewicht/24 h)	–	(4–12)	–	11	
Furan-2,5-dicarboxylsäure (mg/24 h)	–	(3–4)	–	13	
Glutarsäure (mg/24 h)	2,5	–	–	15	
α-Ketoglutarsäure (mg/24 h)					
(a) Kinder	9,3	0,5–18,1	4,4	9	(a) 21, (b) und (c) je 3 Personen; (a) Alter 5–10 Jahre, (d) 3 Monate bis 4 Jahre. *Erniedrigt* bei chronischer Niereninsuffizienz[7].
(b) Männer	12,0	–	–	10	
(c) Frauen	18,7	–	–	10	
(d) Kinder (mg/kg Körpergewicht/24 h)	–	(0,5–2,0)	–	11	
Methylmalonsäure (mg/24 h)	5,8	(0–11,2)	–	14	*Erhöht* bei Vitamin-B_{12}-Mangel.
Milchsäure (mg/24 h)	–	100–600	–	4	Milchsäure ist im Harn oft nicht nachweisbar. Die Ausscheidung ist *erhöht* bei starker Muskelarbeit, nach epileptischen Anfällen und bei Fieber.
Glycolsäure (mg/24 h)	42	–	–	16	Werte von 15 Kindern, bezogen auf 1,73 m² Körperoberfläche.
Glyoxylsäure (mg/24 h)	–	(1,4–4,7)	–	17	
Oxalsäure (mg/24 h)					
(a) Kinder	–	(10–45)	–	18	(a) 25, (b) 18, (c) 60 Personen. Bei primärer Hyperoxalurie werden 100–400 mg täglich ausgeschieden[21].
(b)	31	13–49	9	19	
(c)	–	(9,0–28,5)	–	20	
Ketonkörper (als Aceton) (mg/24 h)					
(a)	–	(10–100)	–	22	(a) Übliche Werte für Erwachsene; (b) junge Männer. Die Ketonkörper bestehen aus Acetessigsäure, β-Hydroxybuttersäure (die vor der Bestimmung als Keton zu oxydieren ist) und Aceton; mit steigender Ketonkörperausscheidung steigt der Anteil an β-Hydroxybuttersäure. Die Ausscheidung von Ketonkörpern ist *erhöht* beim Fasten, besonders bei gleichzeitiger Muskelarbeit, und bei niedern Umgebungstemperaturen, *erniedrigt* bei Dehydratation; *pathologisch erhöht* ist sie bei Diabetes (bei schlecht eingestelltem bis 50 g/l), Thyreotoxikose und Fieber. Kinder neigen eher zu Hyperketonurie als Erwachsene.
(b)	209	(<400)	–	23	
Aceton (mg/l)	0,8	(0,2–2,5)	–	24	

	Mittel-wert	95%-Bereich (in Klammern Extrembereich)	s	Lite-ratur	Bemerkungen
Phenole, aromatische Säuren	...	...	...	...	Aromatische Säuren sind zum Teil an Aminosäuren gebunden (S. 662), Phenole an Glucuronsäure (S. 669).
Phenol (mg/24 h)	10	(8–13)	–	25	
p-**Cresol** (mg/24 h)	87	(64–117)	–	25	
Pyrocatechol (mg/24 h)	5,7	–	–	26	
3-Methoxy-4-hydroxyphenylglycol (mg/24 h)	3,0	(1,4–4,6)	0,8	27	Werte von 18 Personen.
3-Methoxy-4-hydroxyphenylessigsäure (Homovanillinsäure) (mg/24 h)	5,35	3,2–7,6	1,1	28	Werte von 15 jungen Erwachsenen.
Vanillinsäure (mg/24 h)	–	(<5)	–	29	
3-Methoxy-4-hydroxymandelsäure (Vanillylmandelsäure) (mg/24 h)	3,6	–	–	30	Weitere Werte siehe S. 722.
Dihydroxyphenylessigsäure (mg/24 h)	0,7	–	–	31	
Dihydroxymandelsäure (mg/24 h)	0,4	–	–	30	
Homogentisinsäure	...	...	...	...	Homogentisinsäure wird im Harn nur bei Alkaptonurie in meßbaren Mengen ausgeschieden (3–5 g/24 h)[32].
m-**Hydroxybenzoesäure** (mg/24 h)	–	(10–16)	–	33	
p-**Hydroxyphenylessigsäure** (mg/24 h)	–	(15–31)	–	33	
Lipide					
Nichtdialysierbare Lipide (mg/24 h)	15,6	0–31,8	8,1	34	Lipidgehalt des nichtdialysierbaren Materials (S. 664), bestehend aus Cholesterin, Phospholipiden und Fettsäuren; Triglyceride sind normalerweise nicht nachweisbar. Die Lipidausscheidung ist erhöht bei gewissen Nierenschädigungen, vor allem beim nephrotischen Syndrom.
Cholesterin (mg/24 h)	2,7	(1,2–3,8)	–	35	Werte von 5 Personen.
Phospholipide (mg/24 h)	9,5	(7,0–13,3)	–	35	Werte von 5 Personen.

Literatur (zu S. 670 und 671)

1 SCHWAB und KÜHNS, *Die Störungen des Wasser- und Elektrolytstoffwechsels*, Springer, Berlin, 1959, S. 171.
2 NORDMANN und NORDMANN, *Advanc. clin. Chem.*, **4**, 53 (1961).
3 WEHRLE und SCHIEVELBEIN, in: FLASCHENTRÄGER und LEHNARTZ (Hrsg.), *Physiologische Chemie*, Band II/2b, Springer, Berlin, 1957, S. 1.
4 HINSBERG, K., in: LANG et al. (Hrsg.), *Hoppe-Seyler/Thierfelder Handbuch der physiologisch- und pathologisch-chemischen Analyse*, 10. Aufl., Band 5, Springer, Berlin, 1953, S. 181.
5 RIETBROCK und HINRICHS, *Klin. Wschr.*, **42**, 981 (1964).
6 THOMAS et al., *Hoppe-Seylers Z. physiol. Chem.*, **317**, 276 (1959).
7 NORDMANN et al., *Clin. chim. Acta*, **12**, 304 (1965).
8 WEITZEL, G., *Hoppe-Seylers Z. physiol. Chem.*, **282**, 174 (1947).
9 ZELNICEK, E., *Clin. chim. Acta*, **7**, 592 (1962).
10 ZELNICEK, E., *Nature*, **185**, 928 (1960).
11 SCHAERER und ANTENER, *Ann. paediat. (Basel)*, **203**, Suppl. 1 (1964).
12 CANARY et al., *J. Lab. clin. Med.*, **57**, 230 (1961).
13 FLASCHENTRÄGER und BERNHARD, *Hoppe-Seylers Z. physiol. Chem.*, **246**, 124 (1937).
14 COX und WHITE, *Lancet*, **2**, 853 (1962); GIORGIO und PLAUT, *J. Lab. clin. Med.*, **66**, 667 (1965).
15 THOMAS und STALDER, *Hoppe-Seylers Z. physiol. Chem.*, **317**, 269 (1959).
16 HOCKADAY et al., *J. Lab. clin. Med.*, **65**, 677 (1965).
17 ZAREMBSKI und HODGKINSON, *Biochem. J.*, **96**, 218 (1965).
18 PIK und KERCKHOFFS, *Clin. chim. Acta*, **8**, 300 (1963).
19 DEMPSEY et al., *Metabolism*, **9**, 52 (1960).
20 ZAREMBSKI und HODGKINSON, *Biochem. J.*, **96**, 717 (1965).
21 Editorial, *Brit. med. J.*, **1**, 259 (1960).
22 CONSOLAZIO et al., *Physiological Measurements of Metabolic Functions in Man*, McGraw-Hill, New York, 1963, S. 437.
23 PASSMORE, R., *Lancet*, **1**, 839 (1961).
24 LEVEY et al., *J. Lab. clin. Med.*, **63**, 574 (1964).
25 SCHMIDT, E. G., *J. biol. Chem.*, **179**, 211 (1949).
26 SMITH, A. A., *Nature*, **190**, 167 (1961).
27 RUTHVEN und SANDLER, *Clin. chim. Acta*, **12**, 318 (1965).
28 RUTHVEN und SANDLER, *Clin. chim. Acta*, **14**, 511 (1966).
29 STURM, A., jr., *Dtsch. med. Wschr.*, **88**, 1000 (1963).
30 DEQUATTRO et al., *J. Lab. clin. Med.*, **63**, 864 (1964).
31 VON EULER et al., *Upsala Läk.-Fören. Förh.*, **64**, 217 (1959).
32 NEUBERGER et al., *Biochem. J.*, **41**, 438 (1947).
33 TOMPSETT, S. L., *Clin. chim. Acta*, **3**, 149 (1958).
34 KING, jr., et al., *J. clin. Invest.*, **37**, 315 (1958).
35 KLAHR et al., *J. clin. Invest.*, **46**, 1475 (1967).

	Mittelwert	95%-Bereich (in Klammern Extrembereich)	*s*	Literatur	Bemerkungen
Coenzym Q_{10} (µg/24 h)	15,4	(0–58)	–	1	
Thiamin (µg/l)					
(a)	900	(800–2400)	–	2	(a) 31 Personen, bestimmt mit *Ochromonas danica*[2]; (b) 27 Personen, bestimmt mit *Ochromonas malhamensis*[3]; (c) 24 Neugeborene, erste 3 Tage. Außer bei alimentärem Thiaminmangel steigt die Thiaminausscheidung im Harn linear mit der Einnahme. Bei Thiaminmangel sinkt die Ausscheidung an Thiamin rasch ab, die an Thiaminmetaboliten bleibt weitgehend konstant (siehe S. 466). Bei Beriberi finden sich im Harn 0–14 µg Thiamin täglich[5]. Erhöht ist die Ausscheidung unter Quecksilberdiuretika, aber nicht unter Thiaziden[6].
(b)	–	(110–370)	–	3	
(c) Neugeborene	96	52–140	22	4	
Riboflavin					
(a) Neugeborene (µg/l)	219	157–281	31	4	(a) 24 Neugeborene, erste 3 Lebenstage; (b) 31 Kinder, bei denen die meisten Werte unter 300 µg lagen. Die Riboflavinausscheidung variiert mit der Einnahme (siehe S. 469).
(b) Kinder, 3–7 Jahre (µg/24 h)	–	(50–650)	–	7	
(c) Erwachsene (µg/24 h)	–	(150–2000)	–	5	
Vitamin B_6 (µg/24 h)	40	(20–120)	–	8	Bestimmt mit *Tetrahymena pyriformis*.
(nmol/kg/h)					
Gesamt	–	(0,55–1,24)	–	9	Werte von 3 Kindern und 3 Erwachsenen. Freies Vitamin B_6 vor der Hydrolyse, gesamtes Vitamin B_6 nach der Hydrolyse, mit *Saccharomyces carlsbergensis* bestimmt.
Frei	–	(0,08–0,29)	–	9	
Pyridoxsäure	–	(1,7–8,0)	–	9	
Nicotinsäure					
(a) Kinder (mg/24 h)	2,3	(1,8–2,9)	–	10	(a) Chemisch bestimmt, (b) mikrobiologisch mit *Tetrahymena pyriformis*.
(b) Erwachsene (mg/l)	–	(1,16–1,54)	–	3	
1-Methylnicotinamid (mg/24 h)					
(a) Neugeborene, 4–50 Tage	1,71	(0,55–4,87)	–	11	(a) 14, (b) 29, (c) 25 Personen. Die Ausscheidung dieses Nicotinsäuremetaboliten ist bei Pellagra erniedrigt (siehe S. 474).
(b) Kinder, 6–11 Jahre	2,70	(0,77–5,45)	–	12	
(c) Männer, <35 Jahre	7,38	(2,85–12,3)	–	13	
(c) Frauen, <35 Jahre	6,05	(2,34–12,7)	–	13	
(c) Männer, >50 Jahre	3,60	(1,76–10,5)	–	13	
(c) Frauen, >50 Jahre	3,45	(1,50–9,20)	–	13	
1-Methyl-2-pyridon-5-carbonsäureamid (mg/24 h)					
(a) Neugeborene, 4–50 Tage	1,64	(0,30–6,67)	–	11	(a) 14, (b) 29, (c) 25 Personen. Neben 1-Methyl-2-pyridon-5-carbonsäureamid ist im Harn auch 1-Methyl-4-pyridon-5-carbonsäureamid enthalten[14]. Die Ausscheidung ist während der Schwangerschaft erhöht[15] und ist bei der Frau vom Zyklus abhängig[15,16]; pathologisch erniedrigt ist sie bei Diabetes mellitus[17] und bei Pellagra (siehe S. 474).
(b) Kinder, 6–11 Jahre	4,47	(1,55–11,8)	–	12	
(c) Männer, <35 Jahre	13,29	(4,44–29,2)	–	13	
(c) Frauen, <35 Jahre	11,14	(4,30–32,2)	–	13	
(c) Männer, >50 Jahre	6,20	(0,80–21,1)	–	13	
(c) Frauen, >50 Jahre	12,28	(1,75–29,2)	–	13	
Vitamin B_{12} (ng/24 h)	31	–	–	18	Bei normaler Kost.
Folsäure (µg/24 h)	4	(2–7)	–	18	Bei normaler Kost.
Biotin (µg/l)	–	(6,26–32,7)	–	3	Bestimmt mit *Ochromonas danica*. Liegt im Harn in freier Form vor.
Pantothensäure (mg/l)	2,90	(0,76–4,1)	–	3	Bestimmt mit *Lactobacillus plantarum*. Liegt im Harn in freier Form vor.
Ascorbinsäure					
(a) Neugeborene (mg/l)	45,4	31,8–59,0	6,8	4	(a) 24 Neugeborene, erste 3 Lebenstage; (b) abhängig vom Grad der Gewebssättigung und der Einnahme (siehe S. 486).
(b) Erwachsene (mg/24 h)	–	(10–100)	–	–	

Literatur

1 Napier, jr., et al., *Nature*, **202**, 806 (1964).
2 Baker et al., *Amer. J. clin. Nutr.*, **14**, 197 (1964).
3 Baker und Sobotka, *Advanc. clin. Chem.*, **5**, 173 (1962).
4 Dahl et al., *Acta paediat. (Uppsala)*, **50**, 127 (1961).
5 Goldsmith, G. A., in: Beaton und McHenry (Hrsg.), *Nutrition*, Band 2, Academic Press, New York, 1964, S. 109.
6 Dubel und Soloff, *Amer. J. med. Sci.*, **245**, 58 (1963).
7 Maslenikova und Kosenko, *Vop. Pitan.*, **21**, Nr. 5, 31 (1962), zitiert nach *Nutr. Abstr. Rev.*, **33**, 521 (1963).
8 Baker et al., *Amer. J. clin. Nutr.*, **18**, 123 (1966).
9 Scriver und Cullen, *Pediatrics*, **36**, 14 (1965).
10 Haddox, jr., und Saslaw, *J. clin. Invest.*, **42**, 435 (1963).
11 Apollonio et al., *Acta vitamin. (Milano)*, **17**, 65 (1963).
12 Mainardi et al., *Acta vitamin. (Milano)*, **17**, 153 (1963).
13 Mainardi et al., *Acta vitamin. (Milano)*, **16**, 255 (1962).
14 Chang und Johnson, *J. biol. Chem.*, **236**, 2096 (1961).
15 Brown et al., *J. clin. Invest.*, **40**, 617 (1961).
16 Mainardi et al., *Acta vitamin. (Milano)*, **19**, 15 (1965).
17 Pasquariello, G., *Acta vitamin. (Milano)*, **18**, 225 (1964).
18 Register und Sarett, *Proc. Soc. exp. Biol. (N. Y.)*, **77**, 837 (1951).

	Mittelwert	95%-Bereich (in Klammern Extrembereich)	s	Literatur	Bemerkungen
Erythrozyten (pro ml)	–	0–2500	–	1	Zum Erythrozytengehalt des Harnes von Neugeborenen siehe AAS[3], während der Schwangerschaft siehe SCHOLZ[4]. Eine erhöhte Erythrozytenausscheidung kann bei spastischer Verengung der Nierenvenen (zum Beispiel lordotische Stauungshämaturie) auftreten sowie bei verschiedenen Erkrankungen der Nieren- und Harnwege und bei Nieren- und Blasensteinen.
(Pro 24 h)................	130000	–	–	2	
Leukozyten (pro ml)	–	0–3000	–	1	Zum Leukozytengehalt des Harnes von Neugeborenen siehe AAS[3], während der Schwangerschaft siehe SCHOLZ[4]. Erhöhte Leukozytenausscheidung bei allen entzündlichen Nierenerkrankungen.
(Pro h)					
Männer	46000	(0–220000)	–	5	
Frauen	74000	(0–574000)	–	5	
(Pro 24 h)	650000	–	–	2	
Hyaline Zylinder (pro 24 h)	2000	–	–	2	73% aller Sedimente enthalten keine hyalinen Zylinder.
Bakterien	...	...	...	...	Durch Blasenpunktion gewonnener Harn ist normalerweise steril; bei «sauber gelöstem» Harn gelten 100000 Keime pro Milliliter als Grenzwert zwischen Verunreinigung und echter Infektion der Harnwege[6].

Literatur

[1] BROSIG et al., *Urologe*, **4**, 241 (1965).
[2] LIPPMAN, R. W., *Urine and the Urinary Sediment*, 2. Aufl., Thomas, Springfield, 1957.
[3] AAS, K., *Acta paediat. (Uppsala)*, **50**, 361 (1961).
[4] SCHOLZ, B., *Geburtsh. u. Frauenheilk.*, **25**, 743 (1965).
[5] LITTLE, P. J., *Lancet*, **1**, 1149 (1962).
[6] MCGEACHIE und KENNEDY, *J. clin. Path.*, **16**, 32 (1963); REUTTER et al., *Helv. med. Acta*, **31**, 478 (1964); STAMEY et al., *Medicine (Baltimore)*, **44**, 1 (1965); THIEL, G., *Schweiz. med. Wschr.*, **95**, 922 (1965).

Amorphe und kristallisierte chemische Sedimente

Sediment	Bemerkungen	Vorkommen	Löslichkeit (○ gut, ● schlecht)						
			Erhitzen	Alkalien	Mineralische Säuren	Essigsäure	Alkohol	Aceton	Äther
Harnsäure	Kristalle meistens durch absorbierte Harnpigmente gelblich gefärbt	Saurer Harn	○ (60 °C)	○	●	●	●	●	●
Urate	Calcium-, Magnesium- und Kaliumurate, meist amorph, in konzentrierten, sauren Harnen. Farbe und chemisches Verhalten wie Harnsäure	Ammoniumurat in alkalischen Harnen; alle andern Urate in sauren Harnen	○ (60 °C)	○	●	●	●	●	●
Phosphate									
Calciumphosphate	Selten	Alkalischer Harn	●	●	○	○	●	●	●
Ammonium-Magnesium-Phosphate ...	Häufiger	Alkalischer Harn	●	●	○	○	●	●	●
Calciumoxalat ..	Größe etwa wie Erythrozyten	Meist in sauren Harnen, auch in neutralen und schwach alkalischen	●	●	○	●	●	●	●
Cystin	Farblose Kristalle (Unterscheidung gegenüber Harnsäurekristallen, wenn gleiche Formen.) Prüfung in frischem Harn, da durch Bakterien schnell abgebaut	Saurer Harn..............	●	○ Besonders Ammoniak	○	●	●	●	●
Tyrosin	Oft gelb gefärbt, da bei Ikterus ausgeschieden. Meist zusammen mit Leucin. Bei akuter gelber Leberatrophie, Leberzirrhosen, akuter Phosphorvergiftung, Leukämien	Saurer Harn..............	● Relativ	○ Fällt aus bei Neutralisation	○	○	●	●	●
Leucin	Siehe Tyrosin. Harnleucinkristalle aus unreinem Leucin. Reines Leucin kristallisiert in hexagonalen Plättchen	Saurer Harn..............	○ Relativ	○	○	○	●	●	●
Bilirubin ...... (Hämatoidin)	Färbt eventuell anwesende Harnsäurekristalle und verändert dabei ihre Form	Saurer Harn..............	●	○ Leicht löslich in Chloroform	○	○	●	○	●
Indigoblau	Selten. Färbt auch Kristalle anderer Substanzen und scheint dann in verschiedenen Formen zu kristallisieren. Reiner Indigo im Harn ist amorph oder wie *b*, aus Chloroform ist er wie *c* in Abbildung auf S. 674	Alkalischer oder saurer Harn	Sehr leicht löslich in Chloroform				●	–	○
Cholesterin	Sehr selten	Saurer Harn..............	Sehr leicht löslich in Chloroform				●	–	○
Hippursäure ...	Sehr selten	....	○	○	●	●	●	–	●
Sulfonamide ...	Von Harnsäurekristallen leicht zu unterscheiden durch ihre Löslichkeit in Aceton	....	–	–	–	–	–	○	–

Amorphe und kristallisierte chemische Sedimente[1]

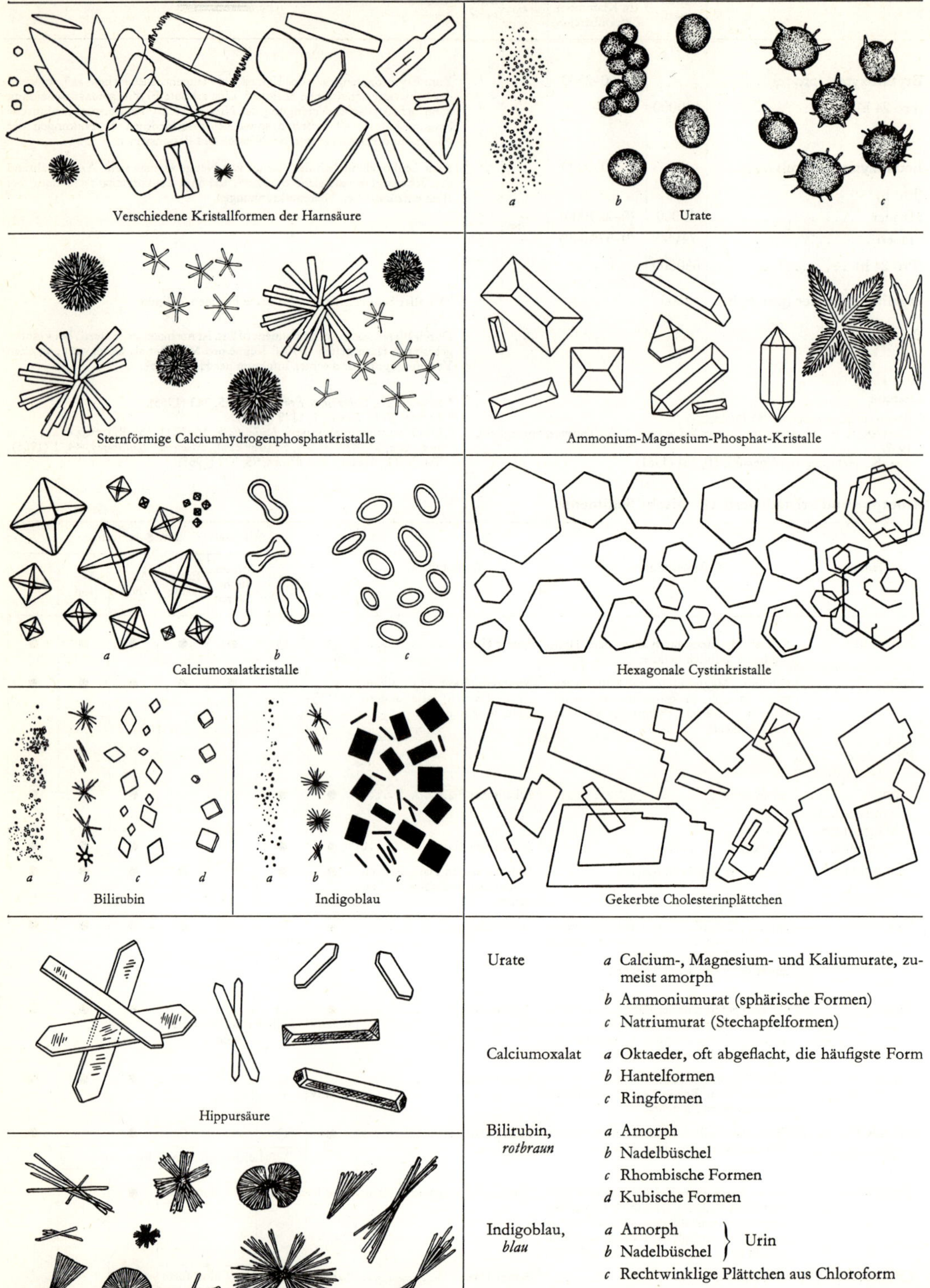

Verschiedene Kristallformen der Harnsäure

Urate

Sternförmige Calciumhydrogenphosphatkristalle

Ammonium-Magnesium-Phosphat-Kristalle

Calciumoxalatkristalle

Hexagonale Cystinkristalle

Bilirubin

Indigoblau

Gekerbte Cholesterinplättchen

Hippursäure

Verschiedene Sulfonamidkristalle

Urate	*a* Calcium-, Magnesium- und Kaliumurate, zumeist amorph
	b Ammoniumurat (sphärische Formen)
	c Natriumurat (Stechapfelformen)
Calciumoxalat	*a* Oktaeder, oft abgeflacht, die häufigste Form
	b Hantelformen
	c Ringformen
Bilirubin, *rotbraun*	*a* Amorph
	b Nadelbüschel
	c Rhombische Formen
	d Kubische Formen
Indigoblau, *blau*	*a* Amorph } Urin
	b Nadelbüschel } Urin
	c Rechtwinklige Plättchen aus Chloroform

[1] Nach Harrison, G. A., *Chemical Methods in Clinical Medicine*, 4. Aufl., Churchill, London, 1957, S. 100.

(Literatur siehe S. 677)

Der Schweiß wird von zwei Formen von Schweißdrüsen abgesondert, den kleinen, ekkrinen (minores), und den größeren, apokrinen (majores). Die ekkrinen Schweißdrüsen überwiegen zahlenmäßig stark und finden sich vorwiegend auf den haarlosen Hautpartien, die apokrinen mehr auf den mit Haaren bedeckten (speziell in den Achselhöhlen). Die Zusammensetzung des Sekrets der zwei Arten von Schweißdrüsen unterscheidet sich. Über die Zusammensetzung des apokrinen Sekrets[1] ist nur wenig bekannt, so daß im folgenden – wenn nicht anders angegeben – die nachstehenden Werte für das ekkrine Sekret gelten. Der Schweiß kann durch thermale Anregung (Hitzeschweiß), anstrengende körperliche Tätigkeit (Arbeitsschweiß) oder pharmakologische Anregung (zum Beispiel Pilocarpinschweiß) gewonnen werden. Die Zusammensetzung hängt von der Art der Gewinnung, der Sekretionsgeschwindigkeit und der Hautstelle ab. Die Zusammensetzung des ekkrinen Schweißes ist ausführlich beschrieben worden[2–8].

Zahl der Schweißdrüsen[9]

Total	2 Millionen
Ellbeuge	751/cm²
Handteller	373/cm²
Brust	155–250/cm²
Gesäß	57/cm²

	Mittelwert	95%-Bereich (in Klammern Extrembereich)	*s*	Literatur	Bemerkungen
Physikalisch-chemische Daten					
Aussehen	...	...	...	...	Ekkriner Schweiß: klar, wässerig, geruchlos. Apokriner Schweiß: trüb, viskos, häufig leicht gelb und fluoreszierend, manchmal auch bläulich bis schwärzlich (Chromidrose = übermäßige Färbung); steriler apokriner Schweiß ist geruchlos, nimmt aber rasch durch bakterielle Einwirkung einen charakteristischen Geruch an (Osmidrose, Bromidrose = übermäßige Geruchentwicklung).
Menge (l/24 h)					
(a)	0,3–0,5	–	–	7	(a) Perspiratio insensibilis = makroskopisch nicht sichtbares Schwitzen und transepidermaler Wasserverlust unter normalen Bedingungen; (b) gilt für einen 65 kg schweren Mann bei leichter Arbeit und 29 °C Umgebungstemperatur. Bei Kindern ist die auf gleiche Oberfläche bezogene Schweißmenge etwa doppelt so groß als beim Erwachsenen[6]. Der transepidermale Wasserverlust bei nichtschwitzender Haut ist nur gering[10] (0,2 mg/cm²/h bzw. 80–100 ml/24 h). Maximal können für kurze Zeit 2–4 l Schweiß pro Stunde oder 8–15 l Schweiß pro Tag ausgeschieden werden[6,7]. Zunehmende Gewöhnung an Hitze führt zu einer Anpassung und Abnahme der Schweißbildung.
(b)	(2–3)	–	–	7	
Spezifisches Gewicht	–	(1,001–1,008)	–	7	
Gefrierpunktserniedrigung (°C)	–	(0,32–0,37)	–	2	Zur Osmolalität des Schweißes tragen NaCl etwa 80%, Milchsäure etwa 11% bei[4]. Normalerweise ist der Schweiß hypoton, bei zystischer Pankreasfibrose dagegen isoton mit der extrazellulären Flüssigkeit[11]. Infolge erhöhter NaCl-Ausscheidung steigt auch die Osmolalität mit zunehmender Sekretionsgeschwindigkeit.
Oberflächenspannung (dyn cm⁻¹)	–	(69–70)	–	12	Bei 37–38 °C bestimmt.
Wasser (g/l)	–	(990–995)	–	2	
Trockensubstanz (g/l)	–	(3–10)	–	7	Davon sind etwa 50% organische und 50% anorganische Substanzen.
pH	–	(4–6,8)	–	5	Apokriner Schweiß ist um etwa 0,5 pH-Einheiten weniger sauer als ekkriner Schweiß[1], möglicherweise infolge seines höheren Ammoniakgehaltes[13].
Anorganische Substanzen					
Chlorid (mval/l)					
(a) Neugeborene, 1. Tag	39	14–64	12,5	14	Pilocarpinschweiß von (a) 100, (b) 43, (c) 107, (d) 17, (e) 63, (f) 31 Personen. Zur Bestimmung siehe Ibbott et al.[17]. Physiologische und pathologische Veränderungen im Chloridgehalt von Schweiß siehe unter «Natrium», S. 676.
(b) Kinder, 1–12 Monate	12,3	2,5–22,1	4,9	15	
(c) Kinder, 1–10 Jahre	15,3	0–31,5	8,1	15	
(d) Kinder, 10–16 Jahre	19,9	1,5–38,3	9,2	15	
(e) Erwachsene, 17–50 Jahre	29,7	0–65,1	17,7	15	
(f) Erwachsene, > 50 Jahre	38,9	34,3–43,5	2,3	16	
Phosphat (mg/l)	14	(10–17)	–	18	Messungen an 4 Kindern. Die Angaben über den Phosphorgehalt des Schweißes schwanken stark[6,7].
Sulfat (mg/l)	–	(7–190)	–	7	Der Anteil an anorganischem Sulfat liegt unter 50%.
Bromid (mg/l)	–	(0,182–0,502)	–	19	
Fluorid (mg/l)	–	(0,2–1,8)	–	20	
Jod (μg/l)	9,5	(5,4–12,2)	–	21	Bei zystischer Pankreasfibrose ist der Jodgehalt des Schweißes *erhöht*[22].

	Mittelwert	95%-Bereich (in Klammern Extrembereich)	s	Literatur	Bemerkungen
Kalium (mval/l)					
(a) Neugeborene, 1. Lebenstag	8	2–14	3	14	Pilocarpinschweiß von (a) 100, (b) 43, (c) 107, (d) 17, (e) 14, (f) 6 Personen. Mit zunehmender Sekretionsgeschwindigkeit nimmt die Kaliumkonzentration geringfügig ab[24]. Bei zystischer Pankreasfibrose ist der Kaliumgehalt des Schweißes mäßig *erhöht*[18,23,25], jedoch nicht so charakteristisch wie Natrium- und Chloridgehalt.
(b) Kinder, 1–12 Monate	11,2	4,4–18,0	3,4	15	
(c) Kinder, 1–10 Jahre	9,6	4,0–15,2	2,8	15	
(d) Kinder, 10–16 Jahre	8,5	3,7–13,3	2,4	15	
(e) Männer, 20–60 Jahre	7,5	4,3–10,7	1,6	23	
(f) Frauen, 20–60 Jahre	10,0	5,8–14,2	2,1	23	
Natrium (mval/l)					
(a) Neugeborene, 1. Lebenstag	36	10–62	13	14	Pilocarpinschweiß von (a) 100, (b) 43, (c) 107, (d) 17, (e) 33, (f) 26, (g) 21 Personen. Der Gehalt des Schweißes an Natrium und Chlorid wird von vielen Faktoren beeinflußt[27], wie Erbanlage, Alter, Jahreszeit, Gewinnungsort und Ernährung; er steigt mit zunehmender Sekretionsgeschwindigkeit und ist im Thermalschweiß höher als im Pilocarpinschweiß[18]. Der Natrium–Chlorid-Quotient beträgt 1,0–1,3[7]. Als obere Grenze des klinischen Normalbereichs wird für Thermalschweiß von Kindern und jüngeren Erwachsenen ein Natriumgehalt von 70–80 mval/l und ein Chloridgehalt von 60–70 mval/l angeführt[11,25,27,28]; für Neugeborene in den ersten Lebenstagen liegt diese Grenze etwas höher[14]. Der Natrium- bzw. Chloridgehalt von Schweiß bei zystischer Pankreasfibrose liegt in praktisch allen Fällen über diesen Grenzwerten; weniger charakteristisch erhöht ist der Natriumgehalt des Schweißes bei Unterfunktion der Nebennierenrinde[8] (normalisierbar durch Gaben von Aldosteron). Erniedrigte Werte finden sich bei primärem Hyperaldosteronismus[29].
(b) Kinder, 1–12 Monate	14,5	5,1–23,9	4,7	15	
(c) Kinder, 1–10 Jahre	19,5	3,3–35,7	8,1	15	
(d) Kinder, 10–16 Jahre	29,2	6,0–52,4	11,6	15	
(e) Männer, 20–60 Jahre	51,9	9,7–94,1	21,1	23	
(f) Frauen, 20–60 Jahre	36,5	0–73,9	18,7	23	
(g) Erwachsene, >65 Jahre	55,5	7,5–104	24,0	26	
Calcium (mval/l)	–	(0,2–6)	–	7	Der Calciumgehalt des Schweißes steigt mit zunehmender Sekretionsgeschwindigkeit. Bei längerem starkem Schwitzen kann es zu beträchtlichen Calciumverlusten kommen[30].
Magnesium (mval/l)	–	(0,03–4)	–	7	
Eisen (mg/l)					
Männer	1,15	(0,63–1,88)	–	31	Der zellfreie Schweiß enthält nur etwa ¼ der angeführten Eisenmenge: Thermalschweiß vom Arm 190 µg Eisen/l, vom Fuß 250 µg Eisen/l[33].
Frauen	1,61	(1,21–2,30)	–	32	
Kupfer (mg/l)	0,058	–	–	34	
Mangan (mg/l)	0,060	–	–	34	
Zink (mg/l)	1,15	0,55–1,75	0,30	35	Thermalschweiß von 10 Personen.
Stickstoffhaltige Substanzen					
Gesamtstickstoff (mg/l)	–	(230–400)	–	5	Der Stickstoffgehalt des Schweißes schwankt stark (Werte der Literatur zwischen 170 und 1960 mg/l, davon sind 50–1500 mg/l Harnstoff-N, 10–350 mg/l Ammoniak-N und 10–100 mg/l Aminosäuren-N[7]).
Harnstoff (mg/l)	–	(260–1220)	–	5	Der Harnstoffgehalt des Schweißes schwankt stark (Werte der Literatur zwischen 30 und 2000 mg/l[8]); er beträgt im allgemeinen das Zweifache des Harnstoffgehaltes des Serums[7].
Creatinin (mg/l)	4,6	(2,1–8,4)	–	18	Thermalschweiß von 4 Kindern. Die Werte der Literatur reichen von 0 bis 67 mg/l, mit einem Mittelwert von etwa 4 mg/l[5,7].
Ammoniak (mg/l)	–	(60–110)	–	5	Der Ammoniakgehalt des Schweißes schwankt stark (Werte der Literatur zwischen 12 und 425 mg/l[7]), zum Teil infolge der unterschiedlichen Zersetzung des Harnstoffs durch Bakterien. Er beträgt das 25- bis 200fache des Ammoniakgehaltes des Serums[7].
Aminosäuren (g/l)					
(a) Kinder	1,40	1,23–1,58	0,087	18	(a) Berechnet als Leucin; Pilocarpinschweiß von 18 Kindern (im Thermalschweiß im Mittel 2,65 g/l). (b) Thermalschweiß von 4 Männern. (c) Pilocarpinschweiß von 151 Männern und Frauen; quantitativ bestimmt wurden (in der Reihenfolge abnehmender Konzentration): Citrullin, Serin, Glutaminsäure, Asparaginsäure, Arginin, Threonin, Alanin, Leucin, Glycin, Histidin, Ornithin, Lysin, Valin; nachgewiesen wurden ferner in manchen Proben: Phenylalanin, Tyrosin, Prolin, Tryptophan, Taurin.
(b) Erwachsene	1,38	(0,54–2,59)	–	36	
(c) Erwachsene	0,476	0,27–0,68	0,102	37	
Harnsäure (mg/l)	–	(0–15)	–	5	Andere Autoren[38] fanden im Schweiß keine Harnsäure.
Urocaninsäure (mg/l)	57	1–113	28	18	Pilocarpinschweiß von 18 Kindern (im Thermalschweiß im Mittel 148 mg/l).

	Mittelwert	95%-Bereich (in Klammern Extrembereich)	s	Literatur	Bemerkungen
Acetylcholin (µg/l)	6,5	(2–20)	–	39	Thermalschweiß von 13 Kindern; bei zystischer Pankreasfibrose um das 10fache erhöht.
Mucoprotein (mg/l)	–	(200–400)	–	40	
Enzyme	...	...	...	...	Im ekkrinen Schweiß wurde alkalische Phosphatase gefunden[41].
Stickstofffreie Substanzen					
Reduzierende Substanzen (als Glucose) (mg/l)	30	(0–110)	–	7	Höchstens 25% der reduzierenden Substanzen im Schweiß dürften aus Glucose bestehen. Der Glucosegehalt von Thermalschweiß von Kindern beträgt etwa 2 mg/l[18], von Erwachsenen weniger als 10 mg/l[42].
Brenztraubensäure (mg/l)	–	(9–70)	–	7	Das ist etwa das 10fache des Brenztraubensäuregehaltes des Serums.
Milchsäure (g/l)					
(a) Kinder	1,47	0,43–1,51	0,52	18	(a) Pilocarpinschweiß von 18 Kindern (in Thermalschweiß im Mittel 2,30 g/l);
(b) Erwachsene	–	(0,36–3,60)	–	7	(b) Bereich der Mittelwerte der Literatur (das ist etwa das 4- bis 40fache des Milchsäuregehaltes des Serums). Der Schweiß von Männern ist milchsäurehaltiger als derjenige von Frauen[13]. Mit steigender Sekretionsgeschwindigkeit nimmt der Milchsäuregehalt des Schweißes ab. Die Milchsäure resultiert aus dem anaeroben Glucose- und Glycogenstoffwechsel der Schweißdrüsen.
Lipide	...	...	...	...	Lipide sind im apokrinen Schweiß enthalten[1,6] kaum aber im ekkrinen.

Literatur (zu S. 675–677)

1 Hurley und Shelley, *The Human Apocrine Sweat Gland in Health and Disease*, Thomas, Springfield, 1960.
2 Schaaf, F., in: Flaschenträger und Lehnartz (Hrsg.), *Physiologische Chemie*, Band II/2b, Springer, Berlin, 1957, S. 302.
3 Cremer und Führ, in: Lang et al. (Hrsg.), *Hoppe-Seyler/Thierfelder Handbuch der physiologisch- und pathologisch-chemischen Analyse*, 10. Aufl., Band 5, Springer, Berlin, 1953, S. 603; Albritton, E. C. (Hrsg.), *Standard Values in Nutrition and Metabolism*, Saunders, Philadelphia, 1954; Montagna, W., *The Structure and Function of Skin*, Academic Press, New York, 1956.
4 Rothman, S., *Physiology and Biochemistry of the Skin*, University of Chicago Press, Chicago, 1954.
5 Robinson und Robinson, *Physiol. Rev.*, **34**, 202 (1954).
6 Kuno, Y., *Human Perspiration*, Thomas, Springfield, 1956.
7 Schwartz, I. L., in: Comar und Bronner (Hrsg.), *Mineral Metabolism*, Band 1, Teil A, Academic Press, New York, 1960, S. 346.
8 Lobitz, jr., und Dobson, *Ann. Rev. Med.*, **12**, 289 (1961).
9 Stüttgen, G., *Die normale und pathologische Physiologie der Haut*, Fischer, Stuttgart, 1965, S. 268.
10 Blank et al., in: Montagna et al. (Hrsg.), *Advances in Biology of Skin*, Band 3: *Eccrine Sweat Glands and Eccrine Sweating*, Pergamon, Oxford, 1962, S. 97.
11 Vink, C. L. J., in: de Reuck und Cameron (Hrsg.), *Ciba Foundation Symposium on the Exocrine Pancreas*, Churchill, London, 1962, S. 310.
12 Randall und Calman, *J. invest. Derm.*, **23**, 113 (1954).
13 Thurmon und Ottenstein, *J. invest. Derm.*, **18**, 333 (1952).
14 Stur, O., *Öst. Z. Kinderheilk.*, **6**, 347 (1961).
15 Shwachman et al., *Pediatrics*, **32**, 85 (1963).
16 de Haller et al., *Schweiz. med. Wschr.*, **92**, 1493 (1962).
17 Ibbott et al., *Stand. Meth. clin. Chem.*, **5**, 101 (1965).
18 Clarke et al., *Amer. J. Dis. Child.*, **101**, 490 (1961).
19 Cornbleet, T., *J. invest. Derm.*, **1**, 399 (1938).
20 McClure et al., *J. industr. Hyg.*, **27**, 159 (1945).
21 Spector et al., *J. biol. Chem.*, **161**, 137 (1945).
22 Brodkey und Gibbs, *J. appl. Physiol.*, **15**, 501 (1960).
23 Lobeck und Huebner, *Pediatrics*, **30**, 172 (1962).
24 Collins, K. J., *Clin. Sci.*, **30**, 207 (1966).
25 di Sant'Agnese und Gibson, in: Montagna et al. (Hrsg.), *Advances in Biology of Skin*, Band 3: *Eccrine Sweat Glands and Eccrine Sweating*, Pergamon, Oxford, 1962, S. 229.
26 McKendrick, T., *Lancet*, **1**, 183 (1962).
27 Shwachman, H., *Pediatrics*, **30**, 167 (1962).
28 Koch et al., *Internist (Berl.)*, **1**, 35 (1960); Siegenthaler et al., *Lancet*, **1**, 538 (1962); Siegenthaler und de Haller, *Helv. med. Acta*, **32**, 1 (1965).
29 Crane et al., *J. Lab. clin. Med.*, **61**, 51 (1963).
30 Consolazio et al., *J. Nutr.*, **78**, 78 (1962).
31 Hussain et al., *Indian J. med. Res.*, **48**, 235 (1960).
32 Hussain und Patwardhan, *Lancet*, **1**, 1073 (1959).
33 Apte und Venkatachalam, *Indian J. med. Res.*, **50**, 817 (1962).
34 Mitchell und Hamilton, *J. biol. Chem.*, **178**, 345 (1949).
35 Prasad et al., *J. Lab. clin. Med.*, **62**, 84 (1963).
36 Bosse und Pascher, *Klin. Wschr.*, **42**, 1196 (1964).
37 Coltman, jr., et al., *Amer. J. clin. Nutr.*, **18**, 373 (1966).
38 Seegmiller et al., *New Engl. J. Med.*, **268**, 712 (1963).
39 Eyerman et al., *Nature*, **192**, 77 (1961).
40 Jirka und Kotas, *Clin. chim. Acta*, **2**, 292 (1957).
41 Loewenthal und Politzer, *Nature*, **195**, 902 (1962).
42 Schulze und Kunz, *Arch. Derm. Syph. (Chic.)*, **181**, 486 (1940).

(Literatur siehe S. 681)

Das Ejakulat (Gesamtsperma) ist eine Suspension von Spermatozoen in einem Flüssigkeitsmedium, dem Samenplasma. Das Samenplasma besteht aus den verschiedenen Sekreten der akzessorischen Reproduktionsorgane, nämlich den Sekreten von Hoden, Nebenhoden, Samenleitern, Samenblasen, Prostata und COWPERschen sowie LITTRÉschen Drüsen. Die Zusammensetzung des Gesamtspermas hängt vom relativen Anteil der einzelnen Fraktionen ab. Aus dem Gehalt an saurer Phosphatase, charakteristisch für das Prostatasekret, an Spermatozoen, charakteristisch für das Sekret der Hoden und Nebenhoden, und an Fructose, charakteristisch für das Samenblasensekret, läßt sich der Anteil der drei Hauptfraktionen im Ejakulat berechnen[1]. Nicht ohne Einfluß auf die Zusammensetzung ist die Methode der Spermagewinnung.

Bei der Ejakulation werden zunächst einige Tropfen des Sekrets der COWPERschen und LITTRÉschen Drüsen ausgestoßen, dann folgt anfangs in der Regel von Spermatozoen freies Prostatasekret, hierauf die die Spermatozoen enthaltende Mittelportion und zuletzt das hochviskose Sekret der Samenblasen[2]. Unmittelbar nach der Ejakulation erfolgt eine Gerinnung, wobei ein Enzym aus der Prostata auf ein fibrinogenähnliches Protein aus den Samenblasen einwirkt. Innerhalb etwa 15 Minuten nach der Ejakulation kommt es zu einer Verflüssigung infolge Fibrinolyse des Gerinnungsproduktes unter Einwirkung eines plasminähnlichen Enzyms aus der Prostata und infolge einer anschließenden Hydrolyse der Proteine zu Aminosäuren und Ammoniak. Die nachstehenden Angaben über die Spermazusammensetzung beziehen sich, wenn nicht anders angegeben, auf das verflüssigte Ejakulat. Eigenschaften und Zusammensetzung von Sperma sind in der Literatur ausführlich besprochen[3-5].

Gesamtsperma, sofern nichts anderes angegeben	Mittelwert	95%-Bereich (in Klammern Extrembereich)	s	Literatur	Bemerkungen
Physikalisch-chemische Daten					
Aussehen	...	...	...	...	Das frische Ejakulat ist milchig-trüb, leicht opaleszierend, mit glasigen, klebrigen Fäden sowie sago- und tapiokaähnlichen Körnern durchsetzt. Gelbe Pigmente (Flavine) finden sich gelegentlich im Samenblasensekret.
Ejakulatvolumen (ml)	3,4	0,2–6,6	1,6	6	1000 Messungen; nach mindestens dreitägiger Abstinenz. Ist beim gleichen Individuum sehr variabel. Bei wiederholtem Koitus nimmt das Volumen ab; nach längerer Abstinenz kann es 13 ml erreichen. 13–33% des Ejakulats entstammen der Prostata, 46–80% den Samenblasen, etwa 10% den Nebenhoden[1,3].
Spezifisches Gewicht	1,028	(1,020–1,040)	–	5, 7	Das spezifische Gewicht des Gesamtspermas ist abhängig vom Gehalt an Spermatozoen.
	1,035	(1,031–1,039)	–	8	
Prostatasekret	1,022	(1,018–1,027)	–	8	
Samenblasensekret	1,037	–	–	8	
Gefrierpunktserniedrigung (°C)					
(a)	–	(0,56–0,58)	–	9	(a) 1 Stunde, (b) 16 Stunden nach der Ejakulation.
(b)	–	(0,74–0,78)	–	9	
Osmolalität (mosm/kg H_2O)					
Samenplasma	296	–	–	10	
Spermatozoen	296	–	–	10	
Relative Viskosität bei 20 °C	6,45	–	–	9	Die Viskosität des Gesamtspermas ist weitgehend vom Spermatozoengehalt abhängig; die des Prostatasekrets ist gering und die des Samenblasensekrets hoch. Charakteristisch für das Sekret der COWPERschen und LITTRÉschen Drüsen ist die Spinnbarkeit[2].
Oberflächenspannung (dyn cm^{-1})					
Bei 20 °C	66	–	–	9	
Bei 15 °C	–	(52–59,5)	–	11	
Spezifische Leitfähigkeit (S cm^{-1}) bei 20 °C	–	(0,008 8–0,010 8)	–	9	
Wasser (g/l)	918	(891–944)	–	8	
Prostatasekret	932	(927–936)	–	8	
Samenblasensekret	890	–	–	8	
Spermatozoen (g/kg)	830	–	–	10	
Trockensubstanz (g/l)	–	(80–130)	–	8	Etwa 10% davon sind anorganische, 90% organische Substanzen[12].
pH	7,19	(6,9–7,36)	–	8	Infolge Entweichens von CO_2 werden Spermenproben bei längerem Stehen alkalischer (pH 7,6–8,0).
Prostatasekret	6,45	(6,3–6,6)	–	8	
Samenblasensekret	7,29	–	–	8	
Anorganische Substanzen					
Kohlendioxyd (mmol/l)	24	(19,2–33,2)	–	8	
Prostatasekret (mmol/l)	4,2	(3,1–5,4)	–	8	
Spermatozoen (mmol/kg)	10,5	–	–	10	
Chlorid (mval/l)	42,8	(28,3–57,3)	–	8	
Prostatasekret (mval/l)	38,1	(34,8–46,1)	–	8	
Spermatozoen (mval/kg)	33	–	–	10	

Gesamtsperma, sofern nichts anderes angegeben	Mittelwert	95%-Bereich (in Klammern Extrembereich)	s	Literatur	Bemerkungen
Phosphor (g/l)	1,12	–	–	5	
Säurelöslicher Phosphor	0,57	(0,28–0,94)	–	5	Der säurelösliche Phosphor des Samenplasmas liegt hauptsächlich als Phosphorylcholin und Glycerylphosphorylcholin vor.
Prostatasekret	0,03	(0,02–0,06)	–	13	
Samenblasensekret	0,46	(0,30–0,62)	–	13	
Spermatozoen (g/kg)	1,6	–	–	10	
Anorganischer Phosphor	0,11	–	–	5	
Lipoidphosphor	0,06	–	–	5	
Kalium (mval/l)	31,3	–	–	14	
	22,9	(17–27,4)	–	8	
Prostatasekret	48,3	(28,7–61,4)	–	8	
Samenblasensekret	17,8	–	–	8	
Spermatozoen (mval/kg)	35	–	–	10	
Natrium (mval/l)	117	(100–133)	–	8	
Prostatasekret	153	(149–158)	–	8	
Samenblasensekret	103	–	–	8	
Spermatozoen (mval/kg)	110	–	–	10	
Calcium (mval/l)	12,4	(10,6–14,3)	–	8	
Prostatasekret	60,4	(57,4–65,4)	–	8	
Samenblasensekret	7	–	–	1	
Magnesium (mval/l)	11,5	–	–	5	
Kupfer (mg/l)	–	(0,06–0,24)	–	15	
Zink (mg/g Trockensubstanz)					
Samenplasma	3,1	–	–	16	
Prostatasekret	7,2	–	–	17	
Spermatozoen	2,0	–	–	18	
Stickstoffhaltige Substanzen					
Gesamtstickstoff (g/l)	9,13	(5,60–12,25)	–	8	
Prostatasekret	4,16	(2,95–5,11)	–	8	
Samenblasensekret	12,84	(12,33–13,43)	–	8	
Reststickstoff (g/l)	0,96	(0,73–1,30)	–	8	
Prostatasekret	0,54	(0,30–0,90)	–	8	
Samenblasensekret	0,99	–	–	8	
Ammoniak (mg/l)	20	–	–	1	Bei längerer Inkubation bei 37 °C ansteigend infolge fortschreitender Proteolyse.
Harnstoff (mg/l)					
Samenplasma	720	–	–	19	
Creatin (mg/l)					
Samenplasma	170	–	–	20	
Arginin (mg/l)					
Samenplasma	900	–	–	20	
Aminosäuren (g/l)					
Samenplasma	12,6	–	–	21	Summe von 19 säulenchromatographisch bestimmten freien und peptidgebundenen Aminosäuren. Alle Aminosäuren liegen in wesentlich höherer Konzentration vor als im Blutplasma. Mittels Dünnschichtchromatographie wurden 24 verschiedene Aminosäuren nachgewiesen[22].
Cholin (frei) (g/l)	0,70	–	–	23	2 Minuten nach der Ejakulation; 6 Stunden nach der Ejakulation auf mehr als 20 g/l ansteigend, da unter dem Einfluß der sauren Phosphatase Cholin aus dem Phosphorylcholin freigesetzt wird.
Phosphorylcholin (g/l)	3,06	(2,86–3,80)	–	24	
Glycerophosphorylcholin (g/l)	0,66	(0,54–0,90)	–	24	

Gesamtsperma, sofern nichts anderes angegeben	Mittelwert	95%-Bereich (in Klammern Extrembereich)	s	Literatur	Bemerkungen
Spermin (g/l)	–	(0,5–3,5)	–	5	Etwa 90% davon sind Spermin, der Rest die Diamine Spermidin, 1,3-Propandiamin und Putrescin[25].
Ergothionein (mg/l)					
Samenplasma	15	–	–	26	
Samenblasensekret	–	(<10)	–	5	
Glutathion (mg/l)					
Samenplasma	300	–	–	27	
Harnsäure (mg/l)	60	–	–	5	
Proteine (g/l) (a)	45,0	(32,9–68,5)	–	8	(a) (Gesamtstickstoff — Reststickstoff) × 6,25; (b) gravimetrisch bestimmt; (c) Biuretreaktion. Das Samenplasma enthält, wie immunoelektrophoretisch nachgewiesen wurde[28–30], verschiedene Serumproteine (Albumin, α_1-Globulin, α_2-Globulin, Transferrin und γG-Globulin) sowie organspezifische Proteine, die zum Teil der Prostata entstammen[29,31], zum Teil den Samenblasen[29]. Unter dem Einfluß proteolytischer Enzyme werden die Spermaproteine nach der Ejakulation rasch abgebaut. Die Proteine der Spermatozoen liegen vorwiegend als Nucleoproteine und Enzyme vor.
(b)	58,0	(43,0–77,4)	–	8	
Samenplasma (c)	–	(18–47)	–	28	
Prostatasekret (a)	21,7	(16,6–29,3)	–	8	
(b)	25,5	(24,6–26,4)	–	8	
Samenblasensekret (a)	77,8	–	–	8	
(b)	90,4	–	–	8	
Mucoproteine (g/l)					
Samenplasma	9	–	–	32	Das Sperma dürfte außer dieser an Benzoesäure adsorbierbaren Fraktion auch noch andere Mucoproteine enthalten.
Sialsäure (g/l)	–	(0,60–1,05)	–	33	Nur etwa 4% davon sind dialysierbar[34]; die Sialsäure ist daher ein Bestandteil der Mucoproteine.
Prostatasekret	–	(0,75–1,05)	–	33	
Samenblasensekret	–	(<1,3)	–	33	
Desoxyribonucleinsäure (pg pro Spermatozoenkern)	2,5	–	–	35	Der Gehalt an Desoxyribonucleinsäuren (DNS), die einen integralen Bestandteil der Chromosomen darstellen, ist in Spermatozoen von Männern mit normaler Fertilität konstant und von annähernd gleicher Größe, während der DNS-Gehalt der Spermatozoen von Männern mit zweifelhafter Fertilität sowohl innerhalb des Individuums als auch von Individuum zu Individuum stark schwankt[35,36].
Enzyme	...	...	...	...	Die *Spermatozoen* sind reich an verschiedenen Enzymen[5], wie Cytochromen, Succinatdehydrogenase, Lactatdehydrogenase, Malatdehydrogenase und Adenosintriphosphatase. In der Kopfregion der Spermatozoen findet sich Hyaluronatlyase lose an der Zelloberfläche gebunden, die leicht an die Spermaflüssigkeit abgegeben wird. – Im *Samenplasma* wurden mehrere Enzyme quantitativ bestimmt, so Lactatdehydrogenase[37], Malatdehydrogenase[37], Isocitratdehydrogenase[37], Glutathionreductase[37], Aspartataminotransferase[38], Alaninaminotransferase[38], Creatinkinase[39], Phosphatasen[40], α-Glucosidase[41], β-Galactosidase[42], α-Mannosidase[42], β-Mannosidase[42], Chitobiase[42], β-Glucuronidase[42]. Das Samenplasma besitzt eine hohe fibrinolytische und proteolytische Aktivität[5]; die dafür verantwortlichen Enzyme sind aber nur schlecht charakterisiert.
Alkalische Phosphatase (U/l, 37 °C)					
Samenplasma	–	(18–177)	–	40	Definition der Einheit U siehe S.580.
Saure Phosphatase (kU/l, 37 °C)					
Samenplasma	–	(96–750)	–	40	Definition der Einheit U siehe S.580. Die saure Phosphatase des Spermas stammt zum größten Teil aus der Prostata. Während der Phosphatasegehalt verschiedener Ejakulate desselben Mannes ziemlich konstant ist, sind bei verschiedenen Individuen große Unterschiede festzustellen.
Prostatasekret					
Knaben, 11 Jahre	9	–	–	43	
Knaben, 16 Jahre	1540	–	–	43	
Männer, 20–40 Jahre	2560	–	–	44	
Männer, 40–100 Jahre	660	–	–	44	
Stickstofffreie Substanzen					
Fructose (g/l)	2,24	(0,91–5,20)	–	5	Der Fructosegehalt des Spermas schwankt stark und stammt vorwiegend aus den Samenblasen. Vor Beginn der Pubertät und nach Kastration ist keine Fructose nachweisbar. Werte unter 1,2 g/l Sperma lassen auf eine verminderte Funktion der LEYDIG-Zwischenzellen schließen.
Samenblasensekret	3,15	(1,7–8,2)	–	1, 5	
Glycogen (g/l)					
Samenplasma	–	(0,14–5,5)	–	41	
Inosit (g/l)					
Samenplasma	0,6	–	–	45	

Gesamtsperma, sofern nichts anderes angegeben	Mittelwert	95%-Bereich (in Klammern Extrembereich)	s	Literatur	Bemerkungen
Sorbit (g/l)					
Samenplasma	0,1	–	–	46	
Brenztraubensäure (g/l)					
Samenplasma	0,29	(0,11–0,56)	–	37	
Citronensäure (g/l)	3,76	(0,96–14,3)	–	5	Der Citronensäuregehalt des Spermas ist ein Maß für die androgene Aktivität; nach Kastration nimmt der Citronensäuregehalt des Prostatasekrets allmählich ab.
Prostatasekret	–	(4,80–26,9)	–	8	
Samenblasensekret	–	(0,15–0,22)	–	5	
Milchsäure (g/l)	0,37	(0,28–0,52)	–	1	
Prostatasekret	0,50	–	–	1	
Lipide					
Gesamtlipide (g/l)					
Samenplasma	1,88	(1,67–2,06)	–	47	Die Spermatozoen sind reich an verschiedenen Lipiden[5] (Lipoproteine, Triglyceride, freie Fettsäuren, Sterole, Phospholipide – besonders Acetalphosphatide –, Heptacosan). Die Lipide des Samenplasmas entstammen vorwiegend der Prostata und sind teils in den geformten Bestandteilen des Sekrets enthalten.
Prostatasekret	2,86	(2,60–3,10)	–	47	
Phospholipide (g/l)					
Samenplasma	0,84	(0,48–1,33)	–	47	
Prostatasekret	1,80	(1,44–2,25)	–	47	
Cholesterin (g/l)					
Samenplasma	1,03	(0,70–1,20)	–	47	
Prostatasekret	0,80	(0,62–1,05)	–	47	
Prostaglandine (mg/l)					
Samenplasma	...	...	...	...	Primäre Prostaglandine: PGE-Verbindungen 53,5 mg/l; PGF-Verbindungen 8 mg/l; außerdem Stoffwechselprodukte von PGE-Verbindungen 250 mg/l[48].
Vitamine					
Tocopherol (mg/kg)	9,8	–	–	49	
Vitamin B_{12} (µg/l)					
Samenplasma	–	(0,30–0,60)	–	50	Bestimmt mit *Euglena gracilis*; Werte von Sperma mit morphologisch normalen Spermatozoen.
Ascorbinsäure (mg/l)	43	(18–72)	–	51	Die Ascorbinsäure entstammt eher den Samenblasen als dem Prostatasekret[52].

Literatur (zu S. 678–681)

1 Lundquist, F., *Acta physiol. scand.*, **19**, Suppl. 66 (1949).
2 Oettle, A. G., *Fertil. and Steril.*, **5**, 227 (1954).
3 Junkmann, K., in: Flaschenträger und Lehnartz (Hrsg.), *Physiologische Chemie*, Band II/2b, Springer, Berlin, 1954, S. 563.
4 Doepfmer, R., in: Jadassohn, J. (Hrsg.), *Handbuch der Haut- und Geschlechtskrankheiten*, Ergänzungswerk, Band 6, 3. Teil, Springer, Berlin, 1960, S. 281; Dittmer, D. S. (Hrsg.), *Blood and Other Body Fluids*, Biological Handbooks, Federation of American Societies for Experimental Biology, Washington, 1961, S. 425; Silló-Seidl, G., *Fortschr. Geburtsh. Gynäk.*, **15**, 1 (1963).
5 Mann, T., *The Biochemistry of Semen and of the Male Reproductive Tract*, Methuen, London, 1964.
6 MacLeod, J., *Fertil. and Steril.*, **2**, 115 (1951).
7 Belonoschkin, B., *Zeugung beim Menschen*, Sjöberg, Stockholm, 1949, S. 117.
8 Huggins et al., *Amer. J. Physiol.*, **136**, 467 (1942).
9 Zagami, V., *Arch. Sci. biol. (Bologna)*, **25**, 208 (1939).
10 Keitel und Jones, *J. Lab. clin. Med.*, **47**, 917 (1956).
11 Shedlovsky et al., *Proceedings of the 2nd Conference on Biology of the Spermatozoa*, National Committee on Maternal Health, New York, 1940.
12 Weisman, A. I., *Spermatozoa and Sterility*, Hoeber, New York, 1941.
13 Huggins und Johnson, *Amer. J. Physiol.*, **103**, 574 (1933).
14 Sheth und Rao, *Experientia (Basel)*, **18**, 324 (1962).
15 Munch-Petersen, S., *Scand. J. clin. Lab. Invest.*, **2**, 335 (1950).
16 Mawson und Fischer, *Nature*, **177**, 190 (1956).
17 Mackenzie et al., *Nature*, **193**, 72 (1962).
18 Mawson und Fischer, *Biochem. J.*, **55**, 696 (1953).
19 Goldblatt, M. W., *Biochem. J.*, **29**, 1346 (1935).
20 White und Griffiths, *Aust. J. exp. Biol. med. Sci.*, **36**, 97 (1958).
21 Krampitz und Doepfmer, *Nature*, **194**, 684 (1962).
22 Keller und Pataki, *Helv. chim. Acta*, **46**, 1688 (1963).
23 Kahane und Lévy, *Bull. Soc. Chim. biol. (Paris)*, **19**, 959 (1937).
24 Dawson et al., *Biochem. J.*, **65**, 627 (1957).
25 Weaver und Herbst, *J. biol. Chem.*, **231**, 637 (1958).
26 Haag und MacLeod, *J. appl. Physiol.*, **14**, 27 (1959).
27 Infantellina, F., *Boll. Soc. ital. Biol. sper.*, **20**, 322 (1945).
28 Searcy et al., *Fertil. and Steril.*, **15**, 1 (1964).
29 Grant und Everall, in: Peeters, H. (Hrsg.), *Protides of the Biological Fluids*, Proceedings of the 10th Colloquium, Brüssel 1962, Elsevier, Amsterdam, 1963, S. 237.
30 Klopstock et al., *Fertil. and Steril.*, **14**, 530 (1963); Licht und Keutel, *Z. Urol.*, **56**, 401 (1963).
31 Barnes et al., *J. Lab. clin. Med.*, **61**, 578 (1963).
32 Anderson und Maclagan, *Biochem. J.*, **59**, 638 (1955).
33 Eliasson, R., *Nature*, **203**, 980 (1964).
34 Warren, L., *J. clin. Invest.*, **38**, 755 (1959).
35 Leuchtenberger et al., *Lab. Invest.*, **5**, 422 (1956).
36 Weir und Leuchtenberger, *Fertil. and Steril.*, **8**, 373 (1957).
37 Rhodes und Williams-Ashman, *Med. exp. (Basel)*, **3**, 123 (1960).
38 Searcy et al., *Lancet*, **1**, 1413 (1962).
39 Lehmann und Griffiths, *Lancet*, **2**, 498 (1963).
40 Gutman und Gutman, *Endocrinology*, **28**, 115 (1941).
41 Sheth und Rao, *Experientia (Basel)*, **18**, 370 (1962).
42 Conchie und Mann, *Nature*, **179**, 1190 (1957).
43 Kirk et al., *J. clin. Endocr.*, **12**, 338 (1952).
44 Kirk, E., *J. Geront.*, **3**, 98 (1948).
45 Hartree, E. F., *Biochem. J.*, **66**, 131 (1957).
46 King und Mann, *Proc. roy. Soc. B*, **151**, 226 (1959).
47 Scott, W. W., *J. Urol. (Baltimore)*, **53**, 712 (1945).
48 Bergström, S., *Recent Progr. Hormone Res.*, **22**, 153 (1966).
49 Silló-Seidl, G., *Int. Z. Vitaminforsch.*, **32**, 381 (1962).
50 Watson, A. A., *Lancet*, **2**, 644 (1962).
51 Koets und Michelson, *Fertil. and Steril.*, **7**, 15 (1956).
52 Berg et al., *Amer. J. Physiol.*, **133**, 82 (1941).

	Mittelwert	95%-Bereich (in Klammern Extrembereich)	s	Literatur	Bemerkungen
Anzahl (Millionen/ml)					
(a)	106,6	0–256	74,5	1	(a) 1000 Messungen. Die Spermienkonzentration eines Mannes kann sehr stark schwanken und wird vor allem von heftigen psychischen Erregungen und durch körperliche Anstrengungen negativ beeinflußt. Auch langandauernde sexuelle Abstinenz vermindert in gewissen Fällen den Spermiengehalt (vergrößert vor allem den Prozentsatz abnormer Formen), desgleichen Übertemperierung der Hoden (Grund der Hodendegenerierung bei Kryptorchismus). Saisonmäßige Schwankungen wurden beobachtet (Verminderung der Spermienkonzentration in den heißen Monaten), sind aber statistisch nicht signifikant. Eine absolute Korrelation zwischen Spermienkonzentration und Unfruchtbarkeit bzw. Fruchtbarkeit besteht nicht, wohl aber eine relative: durchschnittlich ist bei unfruchtbaren Männern der Spermiengehalt des Ejakulats vermindert. Zu dieser relativen gesellt sich bei einem kleinen Ejakulatvolumen noch die absolute Verminderung der Spermatozoenzahl, bei übergroßem Ejakulatvolumen die daraus resultierende Spermienverdünnung. Als die untere Grenze für ein fruchtbares Sperma wird ein Mindestgehalt von 20–25 Millionen pro Milliliter betrachtet[3].
(b)	–	(28–225)	–	2	
Spermatokrit (ml Spermatozoen/l Sperma)	~10	–	–	4	
Elektrophoretische Beweglichkeit (10^{-5} cm^2 s^{-1} V^{-1})	–	(6,1–8,7)	–	5	Bei pH 7,8 und 20 °C; die Spermatozoen wandern zur Anode.
Eigenbeweglichkeit					
(a) In vitro (s mm^{-1})	–	(40–50)	–	6	(a) Mittels der Linienmethode bestimmt. Bei normokinetischen Spermatozoen ist die Beweglichkeit auch 12 Stunden nach der Ejakulation noch erhalten[6]. Im weiblichen Genitaltrakt dürfte die Beweglichkeit etwa 48 Stunden anhalten. Nach ihrer Beweglichkeit können die Spermatozoen in folgende Kategorien eingeteilt werden: 1. unbewegliche (tote) Spermien (15%); 2. langsam und sich schwerfällig bewegende Spermien (15%); 3. mäßig bewegliche und 4. sehr bewegliche Spermien (zusammen wenigstens 75%)[11]. In einem fruchtbaren Sperma sollen zumindest 40–60% der Spermatozoen normal beweglich sein[3].
(b) In vitro (mm min^{-1})	–	(0,3–0,6)	–	7	
(c) In vivo (mm min^{-1})	–	(1,3–2,6)	–	7	
Spermatozoenformen (%)					
Ovale (normale) Formen	89,8	(66–99)	–	8	In einem fruchtbaren Sperma sollen zumindest 60% der Spermatozoen morphologisch normal sein und höchstens 10% als spermiozytogenetische Zellen vorliegen[3].
Spitz zulaufende Formen	3,6	(0–24)	–	8	
Runde Formen	1,6	(0–9)	–	8	
Doppelformen	1,8	(0–11)	–	8	
Riesen- und Stecknadelformen	0,6	(0–8)	–	8	
Amorphe Gruppe	2,1	(0–12)	–	8	
Spermatozoendimensionen					
Gewicht (pg)	37	–	–	9	
Kopf					
Länge (μm)	4,4	(3,3–6,2)	–	9	
Breite (μm)	3,2	–	–	9	
Dicke (μm)	2,0	–	–	9	
Volumen (μm^3)	6,4	–	–	9	
Mittelstück					
Länge (μm)	4,0	–	–	9	
Durchmesser (μm)	1,0	–	–	9	
Volumen (μm^3)	3,1	–	–	9	
Schwanz					
Länge (μm)	–	(40–60)	–	9	
Durchmesser (μm)	–	(0,4–0,7)	–	9	
Volumen (μm^3)	–	(4,5–6,8)	–	9	
Schwanzende					
Länge (μm)	–	(6–10)	–	9	
Durchmesser (μm)	0,2	–	–	9	
Volumen (μm^3)	0,16	–	–	9	

Schematische Darstellung eines Spermatozoons[10]

Kopf
Hals
Mittelstück
Schwanz
Achsenfaden mit fibrillärer Hülle
Äußere Akrosomenzone
Akrosom
Innere Akrosomenzone
Galea capitis
Kernmembran
Kern
Postnukleare Kappe
Zentriole
Achsenfadenkomplex
Mitochondrienspirale
Plasmamembran
Ring
Endstück

Literatur

1 MacLeod, J., *Fertil. and Steril.*, **2**, 115 (1951).
2 Kaufman, S. A., *Hum. Fertil.*, **11**, 3 (1946).
3 MacLeod und Gold, *Int. J. Fertil.*, **3**, 382 (1958); Joël, C. A., *Fertil. and Steril.*, **11**, 384 (1960).
4 Lundquist, F., in: Long, C. (Hrsg.), *Biochemists' Handbook*, Spon, London, 1961, S. 904.
5 Joël et al., *Experientia (Basel)*, **7**, 274 (1951).
6 Silló-Seidl, G., *Fortschr. Geburtsh. Gynäk.*, **15**, 1 (1963).
7 Casares Ponce und Botella Llusiá, *Arch. Med. exp. (Madr.)*, **16**, 459 (1953).
8 Hotchkiss, R. S., *Fertility in Men*, Lippincott, Philadelphia, 1944, S. 117.
9 van Duijn, C., *J. roy. micr. Soc.*, **77**, 12 (1957).
10 Mann, T., *The Biochemistry of Semen and of the Male Reproductive Tract*, Methuen, London, 1964, S. 20.
11 Weisman, A. I., *Spermatozoa and Sterility*, Hoeber, New York, 1941.

Menge

Die während des Stillens produzierte Milchmenge bestimmt man praktisch so, daß man den Säugling vor und nach dem Stillen wiegt. Sind die Milchdrüsen nach dem Stillen leer und hat der Säugling weder Harn noch Stuhl gelassen und nicht erbrochen, so ist seine Gewichtszunahme ein vernünftiges Maß für die produzierte Milchmenge; noch in den Milchdrüsen vorhandene Milch kann ausgepreßt und gemessen werden.

Die Milchproduktion läßt sich auch durch Melken der Milchdrüsen bestimmen; es bestehen aber berechtigte Zweifel, ob man durch manuelle oder mechanische Methoden die gesamte Milch gewinnen kann, ohne den Verlauf der Laktation zu beeinflussen. Das Saugen des Kindes stimuliert nicht nur die Brustwarzen und Areolae, sondern hat für die Mutter auch emotionelle Obertöne; ein mechanischer Ersatz dieses lokalen Stimulus, sei er auch noch so kunstvoll, wird nie gleich wirksam sein. Dieses Problem wurde experimentell untersucht[1]. Bei allen Angaben über die Milchproduktion ist deshalb genau auf die Gewinnungsart zu achten.

Im allgemeinen entspricht die produzierte Menge dem Bedarf des Säuglings; das sind bei 5–6 kg Körpergewicht ungefähr 850 ml täglich.

Zusammensetzung (siehe S. 684 und 685)

Milch für eine chemische Untersuchung läßt sich leicht gewinnen; zahlreiche Veröffentlichungen beschreiben die Zusammensetzung von Milchproben, die vor, während oder nach dem Stillen gewonnen wurden. Solche an Einzelportionen ermittelte Resultate sagen aber nichts oder nur wenig über die Zusammensetzung der 24-Stunden-Milch aus. Die Zusammensetzung der Milch ändert sich während des Stillens[2] und während des Tages[3]. So steigt der Fettgehalt der Milch während des Stillens gleichmäßig an[2], und Extremwerte von weniger als 10 g/l zu Beginn des Stillens und mehr als 60 g/l gegen Ende des Stillens sind nicht selten. Schwankungen anderer Milchbestandteile während des Stillens sind weniger ausgeprägt; mit steigendem Fettgehalt fällt der Gehalt an Lactose und löslichem Protein, während der Caseingehalt eher steigt. Die tageszeitlichen Schwankungen betreffen vor allem den Fettgehalt der Milch[3,4]. So fand sich in einer Untersuchung[3] der niedrigste Fettgehalt zumeist gegen 6 Uhr morgens, der höchste gegen 10 Uhr morgens; eine Milch mit einem durchschnittlichen Fettgehalt von 35 g/l während des ganzen Tages kann um 6 Uhr einen Fettgehalt von 25 g/l und um 10 Uhr einen solchen von 40 g/l aufweisen.

Die Unterschiede in der Milchzusammensetzung während der verschiedenen Laktationsstadien sind gut bekannt; diese einzelnen Stadien bedürfen aber einer sorgfältigen Standardisierung, damit Vergleiche zwischen einzelnen Personen angestellt werden können, da sich die Milchzusammensetzung in den ersten zwei Wochen sehr rasch verändern kann[4,5].

Um die gesamte 24-Stunden-Milch zu gewinnen, muß auf das Stillen des Kindes verzichtet und die Milch mechanisch gewonnen werden. Es ist nicht empfehlenswert, die Milch von einer Milchdrüse abzupumpen, während das Kind an der andern saugt, da die Zusammensetzung der Milch der beiden Drüsen nicht unbedingt dieselbe sein muß[6]. Die verschiedenen Angaben über die Zusammensetzung der Milch sind mit größter Vorsicht zu vergleichen, sofern es sich nicht um einwandfrei gewonnene 24-Stunden-Milch handelt.

Die Zusammensetzung von Muttermilch ist ausführlich zusammengestellt bei MACY[7], MACY und KELLY[8] sowie LINTZEL[9] und wurde auch vom Committee on Nutrition der American Academy of Pediatrics behandelt[10].

Literatur

1 HYTTEN, F.E., *Brit. med. J.*, **1**, 175 (1954).
2 HYTTEN, F.E., *Brit. med. J.*, **1**, 176 (1954).
3 HYTTEN, F.E., *Brit. med. J.*, **1**, 179 (1954).
4 ROLAND und FREIESLEBEN, *Med. u. Ernähr.*, **4**, 11 (1963).
5 HYTTEN, F.E., *Brit. med. J.*, **1**, 249 (1954).
6 HYTTEN, F.E., *Proc. Nutr. Soc.*, **15**, vi (1956).
7 MACY et al., *The Composition of Milks*, National Research Council, Publication 254, Washington, 1953.
8 MACY und KELLY, in: KON und COWIE (Hrsg.), *Milk: the Mammary Gland and its Secretion*, Band 2, Academic Press, New York, 1961, S. 265.
9 LINTZEL, W., in: FLASCHENTRÄGER und LEHNARTZ (Hrsg.), *Physiologische Chemie*, Band 2, Teil 2b, Springer, Berlin, 1957, S. 326.
10 Committee on Nutrition, *Pediatrics*, **26**, 1039 (1960).

Fettsäuren (in Gewichtsprozenten der Gesamtfettsäuren) *

Fettsäure	Reife Milch			Kolostrum 3. Tag			Kolostrum 2. Tag			Kolostrum 1. Tag			Kuhmilch		
	Mittelwert	s	Literatur	Mittelwert	s	Literatur	Mittelwert	s	Literatur	Mittelwert	s	Literatur	Mittelwert	s	Literatur
Buttersäure	0,4	–	1	0,3	–	1	0,2	–	1	0,2	–	1	2,7	0,5	2
Capronsäure	0,1	0,1	2	0,1	–	1	0,1	–	1	0,1	–	1	2,0	0,2	2
Caprylsäure	0,1	0,2	2	0,1	–	1	0,8	–	1	0,8	–	1	1,2	0,2	2
Caprinsäure	0,8	0,4	2	0,9	–	1	3,5	–	1	3,5	–	1	3,2	0,7	2
Laurinsäure	4,7	2,2	2	2,5	1,1	4	1,8	1,2	4	1,1	0,5	4	3,6	1,1	2
Myristinsäure	7,9	1,5	2	5,7	1,7	4	3,6	1,3	4	3,7	1,3	4	11,8	1,5	2
Palmitinsäure	26,7	2,7	2	26,1	3,0	4	26,1	2,7	4	26,9	2,8	4	36,6	4,7	2
Stearinsäure	8,3	1,7	2	5,8	0,9	4	6,5	1,4	4	7,0	1,0	4	8,1	3,2	2
Arachinsäure	1,3	–	3	–	–	–	–	–	–	–	–	–	1,7	–	5
Decensäure	0,1	–	1	0,1	–	1	0,2	–	1	0,2	–	1	0,3	–	5
Dodecensäure	0,1	–	1	0,1	–	1	0,1	–	1	0,1	–	1	0,2	–	5
Myristoleinsäure	0,24	–	3	0,2	–	1	0,1	–	1	0,1	–	1	1,5	–	5
Palmitoleinsäure	3,4	1,0	2	5,4	0,8	4	4,4	1,5	4	4,3	1,6	4	3,2	0,7	2
Ölsäure	37,4	3,7	2	43,1	4,5	4	44,2	3,4	4	44,0	4,4	4	17,7	4,6	2
Eicosensäure	0,89	–	3	–	–	–	–	–	–	–	–	–	1,0	–	5
Linolsäure	10,6	2,9	2	9,0	1,8	4	11,4	1,7	4	11,9	3,0	4	2,1	0,7	2
Linolensäure	0,85	–	3	0,3	–	1	0,3	–	1	0,3	–	1	1,7	0,7	2
Arachidonsäure	0,57	–	3	1,6	–	1	1,8	–	1	1,8	–	1	0,4	–	5

Literatur

1 BALDWIN und LONGENECKER, *J. biol. Chem.*, **154**, 255 (1944).
2 Committee on Nutrition, *Pediatrics*, **26**, 1039 (1960).
3 INSULL, jr., und AHRENS, jr., *Biochem. J.*, **72**, 27 (1959).
4 READ und SARRIF, *Amer. J. clin. Nutr.*, **17**, 177 (1965).
5 JACK, E.L., *J. Agric. Food Chem.*, **8**, 377 (1960).
6 PIERACCINI und MORGANTINI, *Riv. Clin. pediat.*, **68**, 241 (1961).
7 PIERACCINI und MORGANTINI, *Riv. Clin. pediat.*, **68**, 386 (1961).
8 READ et al., *Amer. J. clin. Nutr.*, **17**, 180 und 184 (1965).

* Über weitere in Spuren vorkommende Fettsäuren in Muttermilch siehe INSULL und AHRENS[3] sowie PIERACCINI und MORGANTINI[6], in Kuhmilch siehe JACK[5] sowie PIERACCINI und MORGANTINI[7]. In der Muttermilch ist nach einer hohen Kohlenhydrateinnahme der Laurin- und Myristinsäureanteil erhöht; Palmitinsäure entstammt eher dem Blut als der Synthese in der Milchdrüse[8].

	Reife Milch (15 Tage bis 15 Monate post partum)				Transitorische Milch (6.–10. Tag post partum)				Kolostrum (erste 5 Tage post partum)				Kuhmilch			
	Mittelwert	Extrembereich	*s*	Literatur	Mittelwert	Extrembereich	*s*	Literatur	Mittelwert	Extrembereich	*s*	Literatur	Mittelwert	Extrembereich	*s*	Literatur
Kalorien																
(kcal/l)	747	446–1192	93	1	735	678–830	36	1	671	588–730	–	1	701	587–876	–	2
(MJ/l)	3,127	1,867–4,989	0,389	*Ed*	3,076	2,838–3,474	0,151	*Ed*	2,808	2,461–3,055	–	*Ed*	2,934	2,457–3,666	–	*Ed*
Spezifisches Gewicht	1,031	1,026–1,037	0,002	1	1,035	1,034–1,036	–	1	1,034	–	–	38	1,031	1,028–1,033	–	3
pH	7,01	6,4–7,6	–	4	–	–	–	–	–	–	–	–	6,6	–	–	5
Feste Stoffe, total (g/l)	129	103–175	11	1	133	105–156	8	1	128	100–167	13	1	124	119–142	–	3
Asche, total (g/l)	2,02	1,6–2,66	0,18	1	2,67	2,31–3,38	0,32	1	3,08	2,47–3,50	–	1	7,15	6,81–7,71	–	6
Mineralien																
a) Elektropositive Elemente (mval/l)	41	–	–	1	55	–	–	1	68	–	–	1	149	–	–	*Ed*
Natrium (g/l)	0,172	0,064–0,436	0,045	1	0,294	0,192–0,539	0,076	1	0,501	0,265–1,37	0,28	1	0,768	0,392–1,39	–	7
	0,189	0,080–0,350	0,066	39	0,536	0,170–1,21	0,271	39	0,956	0,330–2,24	0,377	39	–	–	–	–
Kalium (g/l)	0,512	0,373–0,635	0,085	1	0,636	0,528–0,769	0,068	1	0,745	0,658–0,870	–	1	1,43	0,38–2,87	–	8
	0,553	0,425–0,735	0,070	39	0,692	0,450–0,910	0,099	39	0,581	0,220–0,790	0,120	39	–	–	–	–
Calcium (g/l)	0,344	0,173–0,609	0,067	1	0,464	0,23–0,628	0,095	1	0,481	0,242–0,656	0,121	1	1,37	0,56–3,81	–	8
	0,271	0,207–0,372	0,030	39	0,320	0,166–0,420	0,045	39	0,261	0,180–0,364	0,026	39	–	–	–	–
Magnesium (g/l)	0,035	0,018–0,057	0,007	1	0,035	0,026–0,054	0,006	1	0,042	0,031–0,082	0,013	1	0,13	0,07–0,22	–	8
b) Elektronegative Elemente (mval/l)	28	–	–	1	37	–	–	1	40	–	–	1	108	–	–	*Ed*
Phosphor (g/l)	0,141	0,068–0,268	0,025	1	0,198	0,097–0,317	0,047	1	0,157	0,085–0,251	0,047	1	0,91	0,56–1,12	–	8
Schwefel (g/l)	0,14	0,05–0,30	0,03	1	0,20	0,15–0,23	0,02	1	0,23	0,20–0,26	–	1	0,30	0,24–0,36	–	8
Chlor (g/l)	0,375	0,088–0,734	0,09	1	0,457	0,305–0,721	0,109	1	0,586	0,435–1,01	–	1	1,08	0,93–1,41	–	8
c) Überschuß an elektropositiven Elementen (mval/l)	13	–	–	1	18	–	–	1	28	–	–	1	41	–	–	*Ed*
d) Spurenelemente																
Cobalt (µg/l)	Spur	–	–	–	–	–	–	–	–	–	–	–	0,6	–	–	9
Eisen (mg/l)	0,50	0,20–0,80	–	10	0,59	0,29–1,45	–	40	1,0	–	–	11	0,45	0,25–0,75	–	10
Kupfer (mg/l)	0,51	–	0,046	11	1,04	–	0,073	11	1,34	–	0,112	11	0,102	–	–	11
Mangan (mg/l)	Spur	–	–	12	Spur	–	–	13	Spur	–	–	13	0,02	0,005–0,067	–	14
Zink (mg/l)	1,18	0,17–3,02	–	8	3,82	0,39–5,88	–	8	5,59	0,72–9,81	–	8	3,9	1,7–6,6	–	8
Fluor (mg/l)	0,107	0,0–0,24	–	15	–	–	–	–	0,131	0,0–0,35	–	15	–	0,10–0,28	–	16
Jod (mg/l)	0,061	0,044–0,093	–	17	–	–	–	–	–	0,045–0,450	–	18	0,116	0,036–1,05	–	17
Selen (mg/l)	0,021	–	–	41	–	–	–	–	–	–	–	–	0,04	0,005–0,067	–	41
Protein																
Total (g/l)	10,6	7,3–20	4,6	1	15,9	12,7–18,9	9,8	1	22,9	14,6–68,0	12,6	1	32,46	28,16–36,76	–	19
	–	–	–	–	–	–	–	–	55	14–215	–	20	–	–	–	–
Casein (g/l)	3,7	1,4–6,8	0,8	1	5,1	4,2–5,9	–	1	21	7,3–52	–	20	24,9	21,9–28,0	–	19
Molkenprotein* (g/l)	7	4–10	–	21	–	–	–	–	–	–	–	–	7	6–10	–	21
«Lactalbumin» (g/l)	3,6	1,4–6,0	1,0	1	7,8	6,9–8,6	–	1	–	–	–	–	2,4	1,4–3,3	–	19
«Lactoglobulin» (g/l)	–	–	–	–	5,0	2,1–13,6	–	20	35	4,2–133	–	20	1,7	0,7–3,7	–	19
Blutserumalbumin (g/l)	0,32	0,20–0,47	–	22	0,37	0,26–0,65	–	22	2,5	–	–	42	0,4	–	–	43
Blutserumimmunglobulin (g/l)	0,09	0,02–0,27	–	22	0,36	0,01–0,96	–	22	1,0	–	–	42	0,8	–	–	43
Aminosäuren																
Total (g/l)	12,8	9,0–16,0	–	23	9,4	6,0–10,0	–	23	12,0	7,0–40,0	–	23	33,0	27,0–41,0	–	23
Alanin (g/l)	–	0,36–0,42	–	24	–	–	–	–	–	–	–	–	0,75	–	–	44
Arginin (g/l)	0,43	0,28–0,64	0,088	1	0,63	0,48–0,73	0,069	1	0,74	0,62–0,96	–	1	1,4	1,2–1,6	–	25
Asparaginsäure (g/l)	–	0,89–0,98	–	24	–	–	–	–	–	–	–	–	1,7	–	–	44
Cystin (g/l)	–	0,23–0,25	–	24	–	–	–	–	–	–	–	–	–	–	–	–
Glutaminsäure (g/l)	–	1,89–2,00	–	24	–	–	–	–	–	–	–	–	6,8	–	–	44
Glycin (g/l)	–	0,23–0,24	–	24	–	–	–	–	–	–	–	–	0,11	–	–	44
Histidin (g/l)	0,24	0,12–0,30	0,041	1	0,38	0,29–0,45	0,046	1	0,41	0,35–0,46	–	1	1,2	1,1–1,3	–	25
Isoleucin (g/l)	0,61	0,41–0,92	0,121	1	0,97	0,73–1,21	0,110	1	1,01	0,88–1,15	–	1	2,5	2,1–2,9	–	25
Leucin (g/l)	0,97	0,65–1,47	0,174	1	1,51	1,13–1,97	0,219	1	1,66	1,33–2,14	–	1	3,6	3,2–3,9	–	25
Lysin (g/l)	0,70	0,36–0,93	0,127	1	1,13	0,88–1,48	0,157	1	1,18	0,95–1,41	–	1	2,6	2,3–3,1	–	25
Methionin (g/l)	0,12	0,07–0,16	0,023	1	0,24	0,16–0,34	0,040	1	0,25	0,19–0,36	–	1	0,8	0,6–0,9	–	25
Phenylalanin (g/l)	0,40	0,24–0,58	0,069	1	0,62	0,48–0,71	0,062	1	0,70	0,60–0,84	–	1	1,8	1,5–2,2	–	25
Prolin (g/l)	–	0,84–0,94	–	24	–	–	–	–	–	–	–	–	2,5	–	–	44
Serin (g/l)	–	0,47–0,51	–	24	–	–	–	–	–	–	–	–	1,6	–	–	44
Threonin (g/l)	0,52	0,30–0,66	0,085	1	0,78	0,61–0,91	0,079	1	0,85	0,75–1,04	–	1	1,7	1,3–2,2	–	25
Tyrosin (g/l)	–	0,46–0,52	–	24	–	–	–	–	–	–	–	–	–	–	–	–
Tryptophan (g/l)	0,19	0,14–0,26	0,030	1	0,28	0,23–0,32	0,024	1	0,32	0,25–0,42	–	1	0,6	0,4–0,8	–	25
Valin (g/l)	0,73	0,45–1,14	0,155	1	1,05	0,77–1,36	0,122	1	1,17	0,98–1,49	–	1	2,6	2,4–2,8	–	25
Reststickstoff																
Total (mg/l)	324	173–604	57	1	479	425–533	–	1	910	510–1270	–	20	252	181–323	–	19
Harnstoff-N (mg/l)	180	127–235	24	1	111	–	–	1	–	–	–	–	132,7	61,3–204	–	19
Harnsäure-N (mg/l)	22	13–41	5	1	–	–	–	–	–	–	–	–	24,1	11,3–36,9	–	19
Creatinin-N (mg/l)	11	8–19	2	1	–	–	–	–	–	–	–	–	7,05	1,9–12,2	–	19
Creatin-N (mg/l)	11	2–41	7	1	–	–	–	–	–	–	–	–	40,35	24,5–56,2	–	19
Aminosäuren-N** (mg/l)	50	28–113	14	1	44	–	–	1	–	40–120	–	45,46	6,8	1,7–11,9	–	19
Cholin-N*** (mg/l)	10,3	6,2–16,8	2,7	1	–	–	–	–	–	–	–	–	12	5–19	–	8
Enzyme†																
Lysozym (mg/l)	390	30–3000	–	47	–	–	–	–	460	90–1020	–	47	0,13	0,00–2,6	–	47

	Reife Milch (15 Tage bis 15 Monate post partum)				Transitorische Milch (6.–10. Tag post partum)				Kolostrum (erste 5 Tage post partum)				Kuhmilch			
	Mittelwert	Extrembereich	s	Literatur	Mittelwert	Extrembereich	s	Literatur	Mittelwert	Extrembereich	s	Literatur	Mittelwert	Extrembereich	s	Literatur
Kohlenhydrate																
Lactose																
Direkt bestimmt (g/l)	71	49–95	4	1	64	61–67	–	1	57	11–79	–	26	47	45–50	–	6
Als Differenz (g/l)	68	50–92	6	1	64	60–68	–	1	–	–	–	–	–	–	–	–
Fucose†† (g/l)	1,3	–	–	27	–	–	–	–	–	–	–	–	–	–	–	–
Glucosamin (g/l)	–	0,7–0,8	–	24	–	–	–	–	–	1,4–4,3	–	24	0	–	–	24
Galactosamin (g/l)	–	0,0–0,4	–	24	–	–	–	–	–	0,04–0,7	–	24	0	–	–	24
Inosit (g/l)	0,45	0,39–0,56	–	1	–	–	–	–	–	–	–	–	0,08	0,06–0,12	–	8
Citronensäure (g/l)	–	0,35–1,25	–	28	–	–	–	–	–	–	–	–	2,54	2,15–2,90	–	31
Fette, total (g/l)	45,4	13,4–82,9	10,0	1	35,2	27,3–51,8	7,3	1	29,5	24,7–31,8	–	1	38,0	34,0–61,0	–	3
Cholesterin (mg/l)	139	88–202	25	46	241	126–320	62	46	280	180–345	70	46	110	70–170	–	29
Freies Cholesterin (Prozent des Cholesterins)	76,1	–	–	46	76,5	–	–	46	79,5	–	–	46	–	90–95	–	48
Lipoidphosphor (mg/l)	10,5	7–14	0,6	46	15,5	11–20	0,9	46	12	6–17	1	46	–	53–70	–	30
Vitamine																
Vitamin A (mg/l)	0,61	0,15–2,26	0,23	1	0,88	0,58–1,83	0,31	1	1,61	0,75–3,05	0,63	1	0,27	0,17–0,38	–	3
Carotine (mg/l)	0,25	0,02–0,77	0,11	1	0,38	0,23–0,63	0,10	1	1,37	0,41–3,85	0,84	1	0,37	0,12–0,79	–	3
Vitamin D (IE/l)	–	4–100	–	33	–	–	–	–	–	–	–	–	–	5–40	–	33
Tocopherol (mg/l)	2,4	1,0–4,8	–	34	8,9	4,0–18,5	–	35	14,8	2,8–30,0	–	36	0,6	0,2–1,0	–	35
Thiamin (mg/l)	0,142	0,081–0,227	0,024	1	0,059	0,023–0,105	0,022	1	0,019	0,009–0,034	0,006	1	0,43	0,28–0,90	–	3
Riboflavin (mg/l)	0,373	0,198–0,790	0,087	1	0,369	0,275–0,490	0,053	1	0,302	0,120–0,453	0,087	1	1,56	1,16–2,02	–	3
Vitamin B_6 (mg/l)	0,18	0,10–0,22	–	1	–	–	–	–	–	–	–	–	0,51	0,40–0,63	–	8
Nicotinsäure (mg/l)	1,83	0,66–3,30	0,48	1	1,75	0,60–3,60	0,77	1	0,75	0,50–1,45	0,22	1	0,74	0,50–0,86	–	37
Vitamin B_{12}††† (µg/l)	–	Spur	–	32	0,36	0,03–0,70	–	32	0,45	0,10–1,5	–	32	6,6	3,2–12,4	–	32
Folsäure× (µg/l)																
(a)	1,4	0,9–1,8	–	32	0,2	0,15–0,25	–	32	0,5	0,10–1,5	–	32	1,3	0,2–4,0	–	32
(b)	24,0	7,4–61,0	–	49	–	–	–	–	–	–	–	–	37,7	16,8–63,2	–	49
(c)	7,3	2,4–17,6	–	49	–	–	–	–	–	–	–	–	12,6	2,8–43,6	–	49
Biotin (µg/l)	2	1–3	–	50	–	–	–	–	–	–	–	–	22	14–29	–	37
Pantothensäure (mg/l)	2,46	0,86–5,84	0,63	1	2,88	1,35–4,12	0,57	1	1,83	0,29–3,02	0,86	1	3,4	2,2–5,5	–	37
Ascorbinsäure×× (mg/l)	52	0–112	19	1	71	45–90	12	1	72	47–104	18	1	11	3–23	–	3

* Die Proteine des Muttermilchserums sind nur wenig charakterisiert. Es enthält milchspezifische Proteine, wie α-Lactalbumin und Lactotransferrin, sowie Blutserumproteine, wie Albumin und Immunglobuline (speziell IgA-Globulin)[22, 42, 51].

** Zum Gehalt an den einzelnen freien Aminosäuren in Mutter- und Kuhmilch siehe Ghadimi und Pecora[45], Tarjan et al.[46] sowie Armstrong und Yates[52].

*** Das entspricht in der Muttermilch 54–145 mg Cholin pro Liter, in der Kuhmilch 40–160 mg Cholin pro Liter.

† Der Gehalt der Muttermilch an mehreren Enzymen wurde bestimmt, so an Lactatdehydrogenase[53, 54], Malatdehydrogenase[53, 54], Glucose-6-phosphatdehydrogenase[55], Xanthinoxydase[54], Catalase[56], Peroxydase[56], Aspartataminotransferase[57], Alaninaminotransferase[57], Arylesterase[56], Lipase[57, 58], Acetylesterase[56], Cholinesterase[56], alkalischer Phosphatase[53, 57], saurer Phosphatase[57], Amylase[57], Peptidhydrolasen[59], anorganischer Pyrophosphatase[56], ATPase[56], Fructosediphosphataldolase[57], Glucosephosphatisomerase[57].

†† In Form von Oligosacchariden vorliegend (6 g pro Liter Muttermilch).

††† Bestimmt mit *Lactobacillus leichmannii.*

× Bestimmt (a) mit *Streptococcus faecalis,* (b) mit *Lactobacillus casei,* (c) mit *Pediococcus cerevisiae.*

×× Starke Schwankungen in der Muttermilch infolge der unterschiedlichen Ascorbinsäureeinnahme.

Literatur

Ed Durch den Herausgeber berechnet.

1 Macy, I. G., *Amer. J. Dis. Child.*, **78**, 589 (1949).
2 Kahlenberg, O. J., *J. Agric. Res.*, **43**, 749 (1931).
3 Dahlberg et al., *Sanitary Milk Control in Relation to Sanitary, Nutritive, and Other Qualities of Milk,* National Research Council, Publication 250, Washington, 1952.
4 Modde et al., *Arch. Gynäk.*, **196**, 343 (1961).
5 Ling et al., in: Kon und Cowie (Hrsg.), *Milk: the Mammary Gland and its Secretion,* Band 2, Academic Press, New York, 1961, S. 195.
6 Meigs und Marsh, *J. biol. Chem.*, **16**, 147 (1913/14).
7 Jones und Davies, *Biochem. J.*, **29**, 978 (1935).
8 Macy, I. G., zitiert in: Macy et al., *The Composition of Milks,* National Research Council, Publication 254, Washington, 1953.
9 Archibald, J. G., *J. Dairy Sci.*, **30**, 293 (1947).
10 Feuillen und Plumier, *Acta paediat. (Uppsala)*, **41**, 138 (1952).
11 Kleinbaum, H., *Z. Kinderheilk.*, **86**, 655 (1962).
12 Dingle und Sheldon, *Biochem. J.*, **32**, 1078 (1938).
13 Castellanos und Lizarralde, *Rev. Asoc. argent. Diet.*, **1**, 199 (1943).
14 Kiermeier und Johannsmann, *Z. Lebensmitt.-Untersuch.*, **118**, 304 (1962).
15 Bercovici et al., *Obstet. and Gynec.*, **16**, 319 (1960).
16 Evans und Phillips, *J. Dairy Sci.*, **22**, 621 (1939).
17 Souci et al. (Hrsg.), *Die Zusammensetzung der Lebensmittel,* Wissenschaftliche Verlagsgesellschaft, Stuttgart, 1962.
18 Elmer und Rychlik, *C. R. Soc. Biol. (Paris)*, **117**, 530 (1934).
19 Shahani und Sommer, *J. Dairy Sci.*, **34**, 1010 (1951).
20 Waller et al., *Biochem. J.*, **35**, 272 (1941).
21 Plimmer und Lowndes, *Biochem. J.*, **31**, 1751 (1937).
22 Schwick et al., *Behringwerk-Mitteilungen,* Heft 37, 11 (1959).
23 Albritton, E. C. (Hrsg.), *Standard Values in Nutrition and Metabolism,* Saunders, Philadelphia, 1954, S. 111.
24 Bigwood, E. J., *Wld Rev. Nutr. Diet.*, **4**, 93 (1963).
25 Sarkar et al., *J. Dairy Sci.*, **32**, 671 (1949).
26 Widdows et al., *Biochem. J.*, **29**, 1145 (1935).
27 Malpress und Hytten, *Biochem. J.*, **68**, 708 (1958).
28 Jerlov, E., *Svenska Läk.-Tidn.*, **1**, 17 (1929), zitiert nach Macy et al., *The Composition of Milks,* National Research Council, Publication 254, Washington, 1953.
29 Nataf et al., *J. Nutr.*, **36**, 495 (1948).
30 Hess und Helman, *J. biol. Chem.*, **64**, 781 (1925).
31 Fabris, A., *Il Mondo del latte,* **1951**, 598.
32 Collins et al., *J. Nutr.*, **43**, 313 (1951).
33 Lawrence et al., *Amer. J. Dis. Child.*, **70**, 193 (1945).
34 Harris et al., *J. Nutr.*, **46**, 459 (1952).
35 Abderhalden, R., *Biochem. Z.*, **318**, 47 (1948).
36 Neuweiler, W., *Int. Z. Vitaminforsch.*, **20**, 108 (1948).
37 Lawrence et al., *J. Nutr.*, **32**, 73 (1946).
38 Castellanos und Lizarralde, *Rev. Asoc. argent. Diet.*, **1**, 199 (1943), zitiert nach Macy et al., *The Composition of Milks,* National Research Council, Publication 254, Washington, 1953.
39 Terheggen, H.-G., *Z. Kinderheilk.*, **92**, 193 (1965).
40 Cavell und Widdowson, *Arch. Dis. Childh.*, **39**, 496 (1964).
41 Hadjimarkos, D. M., *Méd. et Hyg. (Genève)*, **24**, 721 (1966).
42 Gugler und von Muralt, *Schweiz. med. Wschr.*, **89**, 925 (1959).
43 Brunner et al., *J. Dairy Sci.*, **43**, 901 (1960).
44 Williamson, M. B., *J. biol. Chem.*, **156**, 47 (1944).
45 Ghadimi und Pecora, *Amer. J. clin. Nutr.*, **13**, 75 (1963).
46 Tarjan et al., *Nutr. et Dieta (Basel)*, **7**, 136 (1965).
47 Chandan et al., *Nature*, **204**, 76 (1964).
48 de Man, J. M., *Z. Ernährungsw.*, **5**, 1 (1964).
49 Matoth et al., *Amer. J. clin. Nutr.*, **16**, 356 (1965).
50 Neuweiler und Ritter, *Int. Z. Vitaminforsch.*, **21**, 239 (1949).
51 Tomasi, jr., und Zigelbaum, *J. clin. Invest.*, **42**, 1552 (1963); Bell und McKenzie, *Nature*, **204**, 1275 (1964); Got, R., *Clin. chim. Acta*, **11**, 432 (1965).
52 Armstrong und Yates, *Proc. Soc. exp. Biol. (N.Y.)*, **113**, 680 (1963).
53 Deodhar et al., *Ann. Biochem.*, **23**, 479 (1964).
54 Deodhar et al., *Acta paediat. (Uppsala)*, **53**, 101 (1964).
55 Sklavunu-Zurukzoglu et al., *Helv. paediat. Acta*, **20**, 193 (1965).
56 Heyndrickx, G. V., *Pediatrics*, **31**, 1019 (1963).
57 Heyndrickx, G. V., *Ann. paediat. (Basel)*, **198**, 356 (1962).
58 Behrendt, H., *Biochem. Z.*, **128**, 450 (1922); Karmarkar et al., *Acta paediat. (Uppsala)*, **52**, 554 (1963); Tarassuk et al., *Nature*, **201**, 298 (1964).
59 Gründig und Rumler, *Klin. Wschr.*, **43**, 1010 (1965).

Gewichtszunahme während der Schwangerschaft (in Kilogramm pro 4 Wochen)[1]

Schwangerschaftswochen	USA 1940[2]	England 1957[3]	Indien 1959[4]	Wünschenswerte Zunahme[5]
12–16	1,6	1,4	0,9	1,1
17–20	2,3	1,9	1,1	1,3
21–24	2,3	2,1	1,5	1,5
25–28	2,1	1,9	0,9	1,9
29–32	1,8	1,5	0,9	2,0
33–36	1,8	1,6	0,8	2,0
37–40	1,5	1,5	0,3	1,2

[1] Weitere Werte siehe HYTTEN und LEITCH, *The Physiology of Human Pregnancy*, Blackwell, Oxford, 1964, S. 214.
[2] STANDER und PASTORE, *Amer. J. Obstet. Gynec.*, **39**, 928 (1940) (2324 Untersuchungen).
[3] THOMSON und BILLEWICZ, *Brit. med. J.*, **1**, 243 (1957) (2868 Untersuchungen).
[4] VENKATACHALAM et al., *Indian J. med. Res.*, **48**, 511 (1960) (130 Untersuchungen).
[5] Richtwerte (HÜTER et al., *Geburtsh. u. Frauenheilk.*, **25**, 385 [1965]). Nach diesen Autoren besteht bei gesunden Frauen keine Abhängigkeit der Gewichtszunahme (insgesamt Mittel 10,2 kg) von Alter, Körpergröße und Parität.

Gewichtszunahme während der Schwangerschaft (in Kilogramm pro Woche) nach einer Untersuchung von 1950 bis 1955 im Aberdeen Maternity Hospital[1]

Primipara	Anzahl	80%				
			50%			
		P_{10}	P_{25}	P_{50}	P_{75}	P_{90}
Schwangerschaftswochen						
13–20	2868	0,19	0,29	0,42	0,54	0,66
20–30	2868	0,27	0,41	0,48	0,60	0,72
30–36	2868	0,16	0,28	0,42	0,58	0,72
36–40	2868	0,02	0,19	0,37	0,56	0,65
20–39, 40, 41 (Alter 20–29 Jahre, völlig gesund)	486	0,14	0,34	0,44	0,56	0,68

[1] Nach HYTTEN und LEITCH, *The Physiology of Human Pregnancy*, Blackwell, Oxford, 1964, S. 214; HYTTEN, F. E., persönliche Mitteilung.

Analyse der Gewichtszunahmen während der Schwangerschaft (Werte teilweise geschätzt)[1]

Schwangerschaftswochen	Gesamter Körper	Fötus	Plazenta	Liquor amnii	Uterus	Mammae	Plasma	Erythrozyten	Extrazelluläres extravaskuläres Wasser
Gesamte Gewichtszunahme (g)									
10	650	5	20	30	135	34	100		0
20	4000	300	170	250	585	180	600		0
30	8500	1500	430	600	810	360	1300		0
40	12500	3300	650	800	900	405	1250		1200
Proteinspeicherung (g)									
10	35	0,3	2	0	23	9	0		–
20	210	27	16	0,5	100	36	30		–
30	535	160	60	2	139	72	102		–
40	910	435	100	3	154	81	137		–
Fettspeicherung (g)									
10	367	Unbedeutend	Unbedeutend	–	0,5	1,4	0,4	–	–
20	1930	2	1	–	2,3	5,4	3,9	–	–
30	3613	80	3	–	3,2	10,8	17,4	–	–
40	4464	430	4	–	3,6	12,2	19,6	–	–
Zunahme an Wasser (ml)									
40	7000	2343	540	792	743	304	920	163	1195
Zunahme an extrazellulärem Wasser (ml)									
40	5165	1360	260	792	490	148	920	0	1195
Zunahme an intrazellulärem Wasser (ml)									
40	1835	983	280	0	253	156	0	163	0
Natriumspeicherung (mval)									
40	850	280	57	100	78	35	140	5	155
Kaliumspeicherung (mval)									
40	316	154	42	3	49	35	4	24	5
Calciumspeicherung (g)									
40	29,6	28,0	0,65	Unbedeutend	0,22	0,06	0,12	0,38	0,15

[1] Nach HYTTEN und LEITCH, *The Physiology of Human Pregnancy*, Blackwell, Oxford, 1964.

Protein- und Lipidgehalt des Plasmas vor, während und nach der Schwangerschaft (g/l)[1]

	Anzahl	Albumin		α_2-Globulin		β-Globulin		γ-Globulin		Fibrinogen		Gesamtlipide	
		Mittelwert	s	Mittelwert	s	Mittelwert	s	Mittelwert	s	Mittelwert	s	Mittelwert	s
Nichtschwangere Frauen....	17	38,3	2,7	5,9	0,98	8,8	1,3	14,1	2,4	3,6	0,85	6,2	0,74
Schwangerschaftswochen													
9–10	15	32,6	2,8	6,8	1,3	9,4	1,0	16,1	2,7	3,9	0,7	5,9	1,0
11–12	28	30,1	3,2	7,0	1,3	10,0	1,8	15,5	2,3	4,5	0,7	5,7	1,2
13–15	22	28,7	3,8	7,6	1,2	9,6	1,8	15,2	2,8	4,3	0,8	6,1	1,2
17–22	16	25,3	2,8	7,8	1,5	10,8	1,7	13,7	2,0	4,8	1,0	7,8	1,7
23–24	22	25,9	3,0	7,4	1,2	11,0	1,5	14,7	2,7	5,1	1,2	8,1	1,4
25–26	22	23,3	2,6	7,1	1,1	10,6	1,4	14,4	2,4	4,5	0,9	8,7	1,3
27–30	18	24,8	2,7	6,5	1,0	11,0	1,6	13,3	3,6	4,6	1,0	8,8	1,3
31–33	15	22,9	2,8	7,3	1,0	10,6	1,5	13,7	1,8	5,0	1,1	9,4	1,8
34	20	23,5	3,0	7,5	1,0	11,7	1,5	14,1	2,4	5,5	1,1	9,5	1,2
35–36	24	23,0	2,2	7,7	1,1	11,9	1,5	14,1	2,3	5,2	1,5	10,0	1,4
37–38	21	23,7	2,8	7,3	1,1	11,0	1,4	14,0	2,0	5,5	1,4	10,0	1,9
39–41	18	24,0	3,3	7,4	1,0	12,0	1,6	13,6	2,8	5,8	1,3	9,9	1,4
Post partum													
6–11 Stunden	15	21,6	2,5	7,1	1,0	10,1	1,7	14,1	2,0	5,0	1,0	8,6	1,1
12–16 Stunden	36	20,3	3,2	7,3	1,0	10,4	1,6	13,3	3,0	5,5	1,9	9,2	2,0
17–23 Stunden	26	21,0	2,9	7,4	1,2	10,5	1,5	13,9	2,2	5,9	1,4	8,9	1,3
24–33 Stunden	16	22,1	2,5	7,7	1,1	10,8	1,4	12,3	3,5	5,7	1,6	9,1	1,0
43 Stunden bis 6½ Tage	40	22,9	3,3	8,5	1,7	11,6	1,5	15,3	3,4	6,1	1,9	9,4	2,0
7–8 Tage	52	25,2	2,8	9,1	1,3	12,1	1,6	16,6	2,9	6,0	1,6	9,1	1,7
8½–18 Tage	10	26,2	1,7	9,0	2,1	11,6	1,2	17,1	3,6	6,0	2,1	8,3	1,1
30–60 Tage	13	33,3	3,0	6,8	1,2	9,1	1,6	17,8	3,7	3,8	0,8	6,6	1,1

[1] Nach Reboud et al., *Amer. J. Obstet. Gynec.*, **86**, 820 (1963).

Hämatologische Werte der Schwangerschaft[1]

	Plasmavolumen (ml)	Erythrozytenvolumen (ml)	Blutvolumen (ml)	Körperhämatokrit (ml/l)	Venöser Hämatokrit (berechnet) (ml/l)	Hämoglobin (berechnet) (g/l Blut)
Nichtschwangere Frauen	2600	1400	4000	350	398	131
Schwangerschaftswochen						
20	3150	1450	4600	315	358	118
30	3750	1550	5200	298	340	112
34	3830	1600	5430	295	335	111
40	3600	1650	5250	315	358	118

[1] Nach Hytten und Leitch, *The Physiology of Human Pregnancy*, Blackwell, Oxford, 1964, S. 24.

Größe und Gewicht des Embryos und Fötus[1]

Intrauterines Alter	Scheitel-Steiß-Länge (mm)	Scheitel-Fersen-Länge (mm)	Durchmesser des Chorionsackes (mm)	Gewicht (g)	Intrauterines Alter	Scheitel-Steiß-Länge (mm)	Scheitel-Fersen-Länge (mm)	Durchmesser des Chorionsackes (mm)	Gewicht (g)
1 Woche	0,1*	–	0,2	–	12 Wochen	56,0	73,0	–	14
2 Wochen	0,2*	–	3	–	16 Wochen	112,0	157,0	–	105
3 Wochen	2,0	–	10	–	20 Wochen	160,0	239,0	–	310
4 Wochen	5,0	–	20	0,02	24 Wochen	203,0	296,0	–	640
5 Wochen	8,0	–	25	–	28 Wochen	242,0	355,0	–	1080
6 Wochen	12,0	–	30	–	32 Wochen	277,0	409,0	–	1670
7 Wochen	17,0	19,0	40	–	36 Wochen	313,0	458,0	–	2400
8 Wochen	23,0	30,0	50	1	Termin (266 Tage)	350,0	500,0	–	3300

* Totallänge der Keimscheibe. [1] Nach Arey, L. B., *Developmental Anatomy*, 7. Aufl., Saunders, Philadelphia, 1965, S. 104.

Intrauterines Wachstum*

Anzahl	80%					Schwangerschafts-wochen	Anzahl	80%				
		50%							50%			
	P_{10}	P_{25}	P_{50}	P_{75}	P_{90}			P_{10}	P_{25}	P_{50}	P_{75}	P_{90}
Knaben: Gewicht (kg)[1]							Mädchen: Gewicht (kg)[1]					
13	0,610	0,730	0,830	1,020	1,230	24	11	0,490	0,645	0,760	0,980	1,250
12	0,685	0,790	0,880	1,040	1,260	25	15	0,600	0,740	0,845	1,050	1,295
43	0,760	0,875	0,965	1,110	1,330	26	25	0,700	0,830	0,935	1,125	1,350
38	0,835	0,970	1,080	1,215	1,435	27	34	0,790	0,925	1,035	1,210	1,420
64	0,915	1,075	1,205	1,350	1,570	28	54	0,870	1,020	1,140	1,320	1,530
80	0,995	1,180	1,330	1,495	1,720	29	63	0,945	1,115	1,255	1,455	1,690
61	1,085	1,290	1,465	1,650	1,875	30	48	1,025	1,215	1,380	1,600	1,880
88	1,195	1,415	1,600	1,830	2,050	31	59	1,125	1,330	1,515	1,760	2,100
66	1,320	1,550	1,760	2,045	2,280	32	58	1,250	1,465	1,675	1,970	2,330
62	1,470	1,710	1,970	2,310	2,575	33	56	1,400	1,630	1,875	2,275	2,620
74	1,645	1,920	2,220	2,620	2,920	34	71	1,550	1,825	2,155	2,555	2,920
104	1,875	2,180	2,520	2,885	3,190	35	84	1,730	2,060	2,410	2,795	3,160
118	2,105	2,410	2,745	3,090	3,385	36	84	1,960	2,320	2,630	2,980	3,335
188	2,330	2,625	2,930	3,245	3,540	37	184	2,220	2,520	2,800	3,120	3,450
354	2,505	2,795	3,080	3,380	3,665	38	282	2,405	2,680	2,940	3,235	3,545
504	2,630	2,915	3,200	3,505	3,780	39	506	2,540	2,810	3,060	3,340	3,640
576	2,700	2,995	3,290	3,610	3,880	40	588	2,630	2,905	3,160	3,440	3,720
312	2,735	3,035	3,330	3,670	3,940	41	320	2,660	2,950	3,210	3,520	3,795
164	2,730	3,005	3,310	3,660	3,995	42	172	2,630	2,940	3,210	3,550	3,840
Knaben und Mädchen: Länge (cm)[2]							Knaben und Mädchen: Kopfumfang (cm)[2]					
30	30,8	32,9	35,5	37,5	39,9	26	24	22,4	23,6	25,2	26,6	28,5
21	31,8	34,1	36,6	38,6	41,0	27	20	23,2	24,4	25,8	27,2	28,9
46	33,0	35,5	37,8	39,8	42,2	28	40	24,3	25,4	26,7	28,0	29,4
53	34,4	36,8	39,0	40,9	43,1	29	49	25,3	26,4	27,6	28,8	30,2
47	36,1	38,3	40,3	42,2	44,5	30	49	26,2	27,4	28,6	29,7	31,1
54	37,5	39,7	41,6	43,5	45,9	31	53	26,9	28,2	29,6	30,5	31,9
62	38,8	41,1	43,2	45,0	47,2	32	58	27,6	29,0	30,4	31,4	32,7
69	39,9	42,3	44,7	46,2	48,4	33	65	28,4	29,8	31,2	32,1	33,4
111	41,0	43,4	45,8	47,3	49,4	34	103	29,2	30,6	31,9	32,9	34,0
149	42,0	44,6	46,7	48,1	50,2	35	149	30,0	31,3	32,5	33,4	34,5
189	43,1	45,6	47,4	48,8	50,9	36	186	30,6	31,8	32,9	33,8	34,9
345	44,1	46,5	48,0	49,3	51,3	37	353	31,1	32,3	33,2	34,1	35,2
595	44,9	47,1	48,4	49,8	51,7	38	611	31,4	32,5	33,4	34,3	35,4
957	45,5	47,6	48,8	50,1	52,0	39	961	31,6	32,8	33,7	34,6	35,7
1084	45,8	47,9	49,2	50,5	52,3	40	1097	31,8	33,0	34,0	34,8	35,9
589	46,0	48,1	49,5	50,8	52,6	41	587	32,0	33,2	34,2	35,0	36,0
315	46,2	48,2	49,7	51,0	52,8	42	315	32,1	33,4	34,3	35,1	36,2

* Lebend geborene Kinder im Colorado General Hospital Denver zwischen 1948 und 1961 (P = Prozentile).

[1] Nach LUBCHENCO et al., *Pediatrics*, **32**, 793 (1963).
[2] Nach LUBCHENCO et al., *Pediatrics*, **37**, 403 (1966).

Gewichtsabnahme in den ersten Lebenstagen[1]

	Gewicht bei der Geburt (g)	Gewichtsabnahme in Prozenten des Geburtsgewichts					
		3. Tag		5. Tag		7. Tag	
		Mittelwert	s	Mittelwert	s	Mittelwert	s
Normale Geburt	3465	7,22	2,52	7,29	3,14	5,72	3,29
Kaiserschnitt mit Wehen	3580	7,19	2,09	7,65	2,83	6,06	3,31
Kaiserschnitt ohne Wehen	3550	7,27	2,33	7,97	2,17	7,66	3,34

[1] Kinder geboren in der Frauenklinik Helsinki zwischen 1947 und 1952; nach FURUHJELM, U., *Etud. néo-natal.*, **3**, 93 (1954).

Mittlere wöchentliche Gewichtszunahme (in Gramm) im 1. Lebensjahr in Abhängigkeit vom Geburtsgewicht[1]

Alter in Monaten	Knaben				Mädchen			
	Geburtsgewicht in Kilogramm				Geburtsgewicht in Kilogramm			
	0,91–1,36	1,36–1,81	1,81–2,27	2,27–2,72	0,91–1,36	1,36–1,81	1,81–2,27	2,27–2,72
0–1	113	139	159	164	113	139	159	145
1–3	204	221	235	241	187	196	193	198
3–6	230	213	190	173	201	187	179	173
6–9	145	133	125	113	156	145	142	130
9–12	99	91	85	82	105	91	79	68

[1] Nach LEVIN et al., *Weight Gains, Serum Protein Levels and Health of Breast Fed and Artificially Fed Infants*, Medical Research Council, Special Report Series, Nr. 296, HMSO, London, 1959, S. 104.

Gewicht in Kilogramm; übrige Maße in Zentimetern (P = Prozentile)

Knaben									Mädchen							
	90%									90%						
		80%									80%					
Anzahl			50%						Anzahl			50%				
	P_{05}	P_{10}	P_{25}	P_{50}	P_{75}	P_{90}	P_{95}			P_{05}	P_{10}	P_{25}	P_{50}	P_{75}	P_{90}	P_{95}
								Geburt								
123	2,60	2,80	3,10	3,40	3,70	3,90	4,01	Gewicht	121	2,64	2,70	2,95	3,20	3,53	3,96	4,06
121	47,0	49,0	49,0	50,5	52,0	52,5	53,0	Länge	118	47,0	47,0	48,7	49,5	51,0	52,0	53,0
								1 Monat								
54	3,42	3,57	3,72	4,04	4,29	4,58	4,73	Gewicht	48	3,36	3,44	3,63	3,86	4,08	4,42	4,50
54	52,0	52,5	53,2	54,5	55,8	56,8	57,0	Länge	49	50,7	51,4	52,5	53,2	54,5	55,5	56,7
51	33,7	34,0	35,0	36,0	36,5	37,0	37,7	Sitzhöhe	42	33,0	33,5	34,2	35,0	36,0	36,9	37,9
54	35,3	36,0	36,5	37,5	38,0	39,0	39,0	Kopfumfang	44	34,2	35,3	36,0	36,5	37,0	38,1	38,4
								2 Monate								
65	4,27	4,43	4,73	4,98	5,34	5,64	5,69	Gewicht	57	4,07	4,19	4,48	4,75	5,02	5,31	5,50
64	55,5	56,0	57,0	58,0	59,0	59,5	60,4	Länge	56	53,9	54,5	56,0	56,5	57,5	58,5	59,5
60	35,5	36,5	37,0	38,0	39,0	39,5	40,0	Sitzhöhe	50	35,2	35,5	36,5	37,5	38,0	38,5	39,0
63	37,5	38,0	38,5	39,0	40,0	40,5	40,7	Kopfumfang	53	36,3	37,0	37,5	38,5	39,0	39,5	40,0
								3 Monate								
75	5,18	5,40	5,73	6,00	6,32	6,66	6,90	Gewicht	60	4,80	4,89	5,20	5,53	5,95	6,23	6,46
75	58,3	59,0	60,5	61,0	62,5	63,2	63,6	Länge	58	57,4	58,0	58,5	59,5	60,5	61,6	63,0
74	38,0	38,5	39,5	40,5	41,0	41,5	42,0	Sitzhöhe	55	37,5	37,5	38,5	39,0	40,0	40,5	41,1
74	39,0	39,5	40,0	40,5	41,5	42,0	42,5	Kopfumfang	55	38,0	38,2	39,0	40,0	40,5	41,0	41,2
26	38,0	38,6	39,7	41,0	41,2	42,0	42,0	Thoraxumfang	16	37,4	38,0	38,5	40,0	40,5	41,0	41,2
								4 Monate								
63	5,82	5,91	6,35	6,84	7,23	7,49	7,77	Gewicht	58	5,22	5,42	5,77	6,24	6,85	7,13	7,43
63	60,1	61,3	63,5	64,5	65,5	66,3	67,0	Länge	58	59,5	60,0	60,5	62,0	63,5	64,5	64,6
60	39,5	40,0	41,0	42,0	43,0	43,5	44,0	Sitzhöhe	56	38,0	39,0	40,0	40,5	41,5	42,0	42,1
60	40,0	40,5	41,0	41,5	42,5	43,0	43,5	Kopfumfang	55	39,0	39,2	40,0	41,0	41,6	42,5	43,0
								5 Monate								
61	6,19	6,52	6,91	7,37	7,90	8,04	8,29	Gewicht	62	6,00	6,05	6,50	7,00	7,40	7,71	7,86
61	62,5	63,5	65,5	66,5	67,5	68,9	69,0	Länge	61	62,0	62,5	63,5	64,0	65,5	66,5	67,0
58	40,9	41,5	42,2	43,5	44,0	44,6	45,0	Sitzhöhe	59	40,5	40,5	41,0	42,0	42,5	43,5	44,0
57	41,0	41,0	42,0	43,0	43,5	44,0	44,5	Kopfumfang	59	40,0	40,5	41,0	42,0	42,5	43,0	44,0
								6 Monate								
73	6,74	7,00	7,48	8,12	8,49	8,77	8,98	Gewicht	74	6,34	6,53	6,92	7,48	7,93	8,27	8,62
73	64,1	65,1	67,1	68,5	69,5	71,3	71,6	Länge	74	63,5	64,0	65,0	66,5	67,5	69,3	69,6
73	41,8	42,5	43,5	44,5	45,0	46,0	46,5	Sitzhöhe	73	41,0	41,5	42,5	43,0	44,0	44,7	45,0
73	41,8	42,5	43,0	43,5	44,5	45,0	45,5	Kopfumfang	73	40,8	41,5	42,0	43,0	43,5	44,0	44,5
28	42,0	42,4	43,0	44,0	45,0	46,0	46,0	Thoraxumfang	23	39,3	41,0	41,8	43,0	44,0	44,7	45,0
								7 Monate								
50	7,19	7,41	7,86	8,36	8,85	9,02	9,15	Gewicht	47	6,72	6,87	7,28	7,87	8,31	8,86	9,13
49	65,2	66,5	68,7	70,0	71,0	72,0	73,2	Länge	47	65,1	65,5	66,5	68,0	69,5	70,5	71,0
48	43,0	43,5	44,5	45,0	46,0	47,0	47,3	Sitzhöhe	46	42,1	42,8	43,5	44,0	45,0	45,7	46,8
48	42,5	42,9	43,5	44,0	45,0	45,6	46,0	Kopfumfang	46	41,5	42,0	43,0	43,5	44,5	45,0	45,3
20	42,0	42,5	43,0	44,0	45,0	46,0	46,0	Thoraxumfang	16	39,8	41,0	42,5	44,0	45,0	45,0	45,2
								8 Monate								
59	7,63	8,06	8,35	8,97	9,37	9,66	9,88	Gewicht	56	7,10	7,16	7,56	8,24	8,78	9,30	9,74
59	66,9	68,0	70,5	71,5	72,6	74,0	74,5	Länge	55	66,5	67,0	68,0	69,5	71,0	72,2	73,0
57	43,4	44,0	45,0	46,0	47,0	47,5	48,0	Sitzhöhe	55	42,8	43,5	44,5	45,0	46,0	46,7	47,0
56	43,0	43,0	44,5	45,0	46;0	46,5	46,5	Kopfumfang	55	42,0	42,7	43,5	44,5	45,0	46,0	46,0
19	42,8	43,0	44,0	45,0	46,0	46,5	46,9	Thoraxumfang	20	42,5	42,5	43,0	45,0	46,0	47,0	47,5
								9 Monate								
66	8,00	8,30	8,71	9,37	9,82	10,36	10,40	Gewicht	72	7,30	7,62	7,90	8,58	9,23	9,71	9,88
66	68,8	71,0	72,0	73,0	74,0	75,0	75,8	Länge	72	67,9	68,6	69,5	71,0	72,0	73,5	74,0
63	44,5	45,0	46,0	46,5	47,5	48,3	49,0	Sitzhöhe	72	43,3	44,0	45,0	45,5	46,5	47,0	47,7
65	44,0	44,0	45,0	46,0	46,5	47,0	47,5	Kopfumfang	72	42,8	43,0	44,0	45,0	45,5	46,0	46,5
24	43,6	44,0	44,0	45,5	47,0	47,0	47,8	Thoraxumfang	26	42,5	43,0	44,0	45,0	46,2	47,2	47,8

[1] HEIMENDINGER, J., *Helv. paediat. Acta*, **19**, 406 (1964). Aufgrund von Messungen an 341 Knaben und 326 Mädchen vorwiegend deutschschweizerischer Abstammung aus Basel und Wettingen (Aargau) in den Jahren 1957–1962.

Gewicht in Kilogramm; übrige Maße in Zentimetern (P = Prozentile)

Knaben									Mädchen							
	90%									90%						
		80%									80%					
			50%									50%				
Anzahl	P_{05}	P_{10}	P_{25}	P_{50}	P_{75}	P_{90}	P_{95}		Anzahl	P_{05}	P_{10}	P_{25}	P_{50}	P_{75}	P_{90}	P_{95}
								10 Monate[1]								
36	8,00	8,30	8,85	9,40	9,82	10,41	10,66	Gewicht	36	7,60	7,84	8,30	8,74	9,25	9,90	10,07
36	69,9	71,0	72,5	73,5	74,5	76,4	77,1	Länge	36	68,5	69,1	70,5	72,0	73,0	74,0	74,7
34	45,0	45,0	46,0	46,5	47,5	48,5	49,0	Sitzhöhe	36	43,8	44,3	45,0	46,0	47,0	47,2	48,0
36	44,0	44,0	45,0	46,0	47,0	47,0	47,8	Kopfumfang	34	43,0	43,0	44,0	45,0	45,7	46,0	46,5
								11 Monate[1]								
28	8,50	8,86	9,37	10,00	10,46	10,64	10,86	Gewicht	34	7,77	8,00	8,43	9,14	9,99	10,59	10,90
28	71,3	73,3	74,0	75,5	76,0	77,1	77,8	Länge	34	70,5	70,8	71,5	73,5	74,7	75,5	76,6
28	45,4	46,0	46,5	47,5	48,0	49,0	49,6	Sitzhöhe	33	44,3	44,6	45,6	46,7	47,5	48,3	48,8
27	44,5	45,0	45,5	47,0	47,5	48,0	48,0	Kopfumfang	33	43,8	44,0	44,5	45,5	46,0	46,9	47,1
								12 Monate[1]								
58	8,50	9,17	9,57	10,09	10,78	11,13	11,36	Gewicht	73	8,22	8,40	8,86	9,51	10,04	11,05	11,33
58	71,4	73,4	75,0	76,5	77,5	79,0	79,5	Länge	72	71,0	72,0	73,0	74,7	76,0	77,0	77,5
56	45,8	46,5	47,5	48,0	49,0	50,7	51,1	Sitzhöhe	71	44,5	45,0	46,3	47,5	48,0	48,9	49,5
58	44,5	45,0	46,0	47,0	48,0	48,5	48,5	Kopfumfang	72	43,8	44,5	45,0	46,0	46,5	47,0	47,5
26	44,5	44,8	46,0	47,0	48,0	49,0	49,7	Thoraxumfang	31	42,5	44,0	45,3	46,0	47,1	47,5	48,2
								15 Monate[1]								
50	9,45	9,80	10,20	10,90	11,48	12,20	12,93	Gewicht	46	8,92	9,06	9,69	10,15	10,92	11,29	11,61
50	75,2	77,2	78,4	80,0	81,0	82,0	82,5	Länge	46	75,0	75,5	76,5	78,0	79,5	80,5	81,0
49	47,8	48,9	49,5	50,0	51,0	52,0	52,2	Sitzhöhe	46	46,5	46,5	48,0	48,5	49,5	50,7	51,3
50	45,5	46,4	47,0	48,0	48,5	49,5	49,5	Kopfumfang	45	44,5	45,0	46,0	47,0	47,5	48,0	48,5
24	45,5	45,7	47,0	48,5	49,0	50,0	50,4	Thoraxumfang	28	43,4	44,8	46,0	47,0	47,5	48,1	49,4
								18 Monate[1]								
39	10,12	10,36	10,91	11,31	12,02	12,91	13,29	Gewicht	40	9,56	10,15	10,47	10,95	11,90	12,42	13,00
39	78,4	79,9	81,5	83,0	84,1	86,0	86,5	Länge	40	78,0	78,5	80,0	81,5	83,0	85,0	86,0
39	49,0	49,5	50,5	51,5	52,5	53,5	54,0	Sitzhöhe	40	47,0	49,0	49,5	50,5	52,0	53,0	53,5
39	45,5	46,5	47,5	49,0	49,0	50,0	50,0	Kopfumfang	40	45,0	46,5	47,0	47,5	48,5	49,0	49,0
20	46,0	47,0	48,0	49,0	50,0	51,0	52,0	Thoraxumfang	22	44,8	45,1	46,7	48,0	49,2	51,0	51,4
								2 Jahre[1]								
23	10,91	11,33	11,82	12,53	13,39	13,93	14,43	Gewicht	24	10,03	10,59	11,22	12,10	12,96	13,70	14,05
24	84,0	84,0	86,0	87,5	90,0	92,9	94,3	Länge	24	83,0	83,9	85,0	88,0	89,5	90,8	91,4
24	51,1	51,5	52,5	54,0	55,0	56,0	56,4	Sitzhöhe	24	50,1	50,9	52,0	53,5	54,0	55,3	55,9
24	47,1	47,7	48,0	49,5	50,0	51,3	51,5	Kopfumfang	24	46,1	46,9	47,5	48,5	49,0	49,5	49,9
20	47,5	48,0	49,0	50,0	50,5	51,0	52,0	Thoraxumfang	10		47,0	48,0	49,5	50,5	51,0	

95%									95%							
	80%									80%						
		50%									50%					
$P_{2,5}$	P_{10}	P_{25}	P_{50}	P_{75}	P_{90}	$P_{97,5}$	s		$P_{2,5}$	P_{10}	P_{25}	P_{50}	P_{75}	P_{90}	$P_{97,5}$	s
								2 Jahre[2]								
8,3	9,7	11,0	12,4	13,8	15,1	16,5	2,05	Gewicht	9,1	10,1	10,9	11,9	12,9	13,7	14,7	1,4
78,9	81,7	84,2	87,0	89,8	92,3	95,1	4,1	Länge	78,8	81,4	83,8	86,5	89,2	91,6	94,2	3,9
48,1	49,8	51,3	52,9	54,5	56,0	57,7	2,4	Sitzhöhe	46,4	48,6	50,5	52,7	54,9	56,8	59,0	3,2
12,4	14,8	16,9	19,3	21,7	23,8	26,2	3,5	Schulterbreite	15,0	16,8	18,3	20,0	21,7	23,2	25,0	2,5
11,7	13,7	15,6	17,6	19,6	21,5	23,5	3,0	Beckenbreite	12,4	14,0	15,3	16,8	18,3	19,6	21,2	2,2
46,4	47,4	48,2	49,2	50,2	51,0	52,0	1,4	Kopfumfang	44,6	45,6	46,4	47,4	48,4	49,2	50,2	1,4
45,2	46,8	48,1	49,6	51,1	52,4	54,0	2,2	Thoraxumfang	43,5	45,2	46,7	48,3	49,9	51,4	53,1	2,4
13,5	14,2	14,8	15,5	16,2	16,8	17,5	1,0	Oberarmumfang	10,5	12,0	13,3	14,7	16,1	17,4	18,9	2,1
4,1	6,1	8,0	10,0	12,0	13,9	15,9	3,0	Handgelenkumfang	4,1	6,0	7,7	9,6	11,5	13,2	15,1	2,8
17,0	17,7	18,3	19,0	19,7	20,3	21,0	1,0	Wadenumfang	14,1	15,7	17,0	18,5	20,0	21,3	22,9	2,2

[1] Heimendinger, J., *Helv. paediat. Acta*, **19**, 406 (1964). Aufgrund von Messungen an 341 Knaben und 326 Mädchen vorwiegend deutschschweizerischer Abstammung aus Basel und Wettingen (Aargau) in den Jahren 1957 bis 1962.

[2] Heimendinger, J., *Helv. paediat. Acta*, **19**, Suppl. 13 (1964). Aufgrund von Messungen an 2150 Knaben und 2150 Mädchen in Kinderkrippen, Kindergärten und Schulen von Basel in den Jahren 1956 und 1957.

Gewicht in Kilogramm; übrige Maße in Zentimetern (P = Prozentile)

Knaben									Mädchen							
95%									95%							
	80%									80%						
		50%									50%					
$P_{2,5}$	P_{10}	P_{25}	P_{50}	P_{75}	P_{90}	$P_{97,5}$	s		$P_{2,5}$	P_{10}	P_{25}	P_{50}	P_{75}	P_{90}	$P_{97,5}$	s
								2½ Jahre								
9,3	10,8	12,1	13,5	14,9	16,2	17,7	2,11	Gewicht	9,7	10,9	11,9	13,1	14,3	15,3	16,5	1,7
84,1	87,0	89,5	92,4	95,3	97,8	100,7	4,2	Länge	82,9	85,7	88,2	91,0	93,8	96,3	99,1	4,1
49,8	51,5	53,1	54,9	56,7	58,3	60,0	2,6	Sitzhöhe	47,7	49,8	51,7	53,8	55,9	57,8	59,9	3,1
13,1	15,5	17,7	20,2	22,7	24,9	27,3	3,6	Schulterbreite	15,7	17,5	19,0	20,7	22,4	23,9	25,7	2,5
11,5	13,7	15,6	17,8	20,0	21,9	24,1	3,2	Beckenbreite	12,7	14,3	15,7	17,3	18,9	20,3	21,9	2,3
46,8	47,8	48,6	49,6	50,6	51,4	52,4	1,4	Kopfumfang	45,3	46,3	47,1	48,1	49,1	49,9	50,9	1,4
45,4	47,1	48,6	50,2	51,8	53,3	55,0	2,4	Thoraxumfang	44,5	46,2	47,7	49,3	50,9	52,4	54,1	2,4
13,2	14,0	14,8	15,6	16,4	17,2	18,0	1,2	Oberarmumfang	11,0	12,4	13,6	15,0	16,4	17,6	19,0	2,0
4,3	6,3	8,2	10,2	12,2	14,1	16,1	3,0	Handgelenkumfang	3,9	5,8	7,6	9,6	11,6	13,4	15,3	2,9
15,5	16,9	18,1	19,5	20,9	22,1	23,5	2,0	Wadenumfang	14,7	16,3	17,6	19,1	20,6	21,9	23,5	2,2
								3 Jahre								
10,5	11,9	13,2	14,6	16,0	17,3	18,7	2,06	Gewicht	10,3	11,7	12,9	14,3	15,7	16,9	18,3	2,0
88,2	91,0	93,5	96,3	99,1	101,6	104,4	4,1	Länge	86,7	89,6	92,3	95,2	98,1	100,8	103,7	4,3
50,0	52,1	54,0	56,1	58,2	60,1	62,2	3,1	Sitzhöhe	49,2	51,1	52,9	54,9	56,9	58,7	60,6	2,9
13,8	16,3	18,6	21,1	23,6	25,9	28,4	3,7	Schulterbreite	16,2	17,9	19,5	21,3	23,1	24,7	26,4	2,6
11,2	13,6	15,7	18,1	20,5	22,6	25,0	3,5	Beckenbreite	13,1	14,7	16,1	17,7	19,3	20,7	22,3	2,3
47,1	48,1	48,9	49,9	50,9	51,7	52,7	1,4	Kopfumfang	45,6	46,7	47,6	48,6	49,6	50,5	51,6	1,5
43,9	46,3	48,4	50,8	53,2	55,3	57,7	3,5	Thoraxumfang	45,4	47,2	48,7	50,4	52,1	53,6	55,4	2,5
12,9	13,9	14,7	15,7	16,7	17,5	18,5	1,4	Oberarmumfang	11,5	12,8	14,0	15,3	16,6	17,8	19,1	1,9
4,3	6,4	8,3	10,4	12,5	14,4	16,5	3,1	Handgelenkumfang	3,9	5,9	7,8	9,8	11,8	13,7	15,7	3,0
15,7	17,2	18,5	19,9	21,3	22,6	24,1	2,1	Wadenumfang	15,8	17,1	18,3	19,6	20,9	22,1	23,4	1,9
								3½ Jahre								
11,7	13,1	14,3	15,7	17,1	18,3	19,7	2,03	Gewicht	10,9	12,5	13,8	15,3	16,8	18,1	19,7	2,2
91,7	94,6	97,1	100,0	102,9	105,4	108,3	4,2	Länge	90,1	93,1	95,8	98,8	101,8	104,5	107,5	4,4
49,5	52,1	54,5	57,2	59,9	62,3	64,9	3,9	Sitzhöhe	50,5	52,4	54,1	56,0	57,9	59,6	61,5	2,8
14,8	17,2	19,4	21,9	24,4	26,6	29,0	3,6	Schulterbreite	16,9	18,6	20,2	22,0	23,8	25,4	27,1	2,6
10,7	13,3	15,7	18,4	21,1	23,5	26,1	3,9	Beckenbreite	13,7	15,3	16,6	18,1	19,6	20,9	22,5	2,2
47,5	48,5	49,3	50,3	51,3	52,1	53,1	1,4	Kopfumfang	46,5	47,4	48,2	49,1	50,0	50,8	51,7	1,3
38,7	43,1	47,0	51,4	55,8	59,7	64,1	6,4	Thoraxumfang	46,3	48,1	49,6	51,3	53,0	54,5	56,3	2,5
12,2	13,5	14,6	15,8	17,0	18,1	19,4	1,8	Oberarmumfang	12,2	13,4	14,4	15,6	16,8	17,8	19,0	1,7
4,5	6,6	8,5	10,6	12,7	14,6	16,7	3,1	Handgelenkumfang	4,1	6,1	8,0	10,0	12,0	13,9	15,9	3,0
16,0	17,6	18,9	20,4	21,9	23,2	24,8	2,2	Wadenumfang	17,1	18,2	19,1	20,1	21,1	22,0	23,1	1,5
								4 Jahre								
12,6	14,0	15,3	16,7	18,1	19,4	20,8	2,05	Gewicht	11,7	13,3	14,7	16,3	17,9	19,3	20,9	2,3
95,0	97,9	100,6	103,5	106,4	109,1	112,0	4,3	Länge	93,4	96,5	99,2	102,3	105,4	108,1	111,2	4,5
50,3	53,0	55,5	58,2	60,9	63,4	66,1	4,0	Sitzhöhe	51,8	53,6	55,3	57,1	58,9	60,6	62,4	2,7
16,4	19,1	20,8	22,7	24,6	26,3	27,4	2,8	Schulterbreite	17,6	19,3	20,9	22,7	24,5	26,1	27,8	2,6
12,3	14,5	16,6	18,8	21,0	23,1	25,3	3,3	Beckenbreite	14,3	15,8	17,1	18,5	19,9	21,2	22,2	2,1
47,8	48,8	49,6	50,6	51,6	52,4	53,4	1,4	Kopfumfang	47,0	47,9	48,7	49,6	50,5	51,3	52,2	1,3
38,6	43,3	47,5	52,1	56,7	60,9	65,6	6,8	Thoraxumfang	46,7	48,5	50,0	51,7	53,4	54,9	56,7	2,5
11,5	13,1	14,4	15,9	17,4	18,7	20,3	2,2	Oberarmumfang	13,1	14,1	14,9	15,9	16,9	17,7	18,7	1,4
4,9	6,9	8,8	10,8	12,8	14,7	16,7	3,0	Handgelenkumfang	4,6	6,5	8,3	10,3	12,3	14,1	16,0	2,9
16,3	17,9	19,3	20,9	22,5	23,9	25,5	2,3	Wadenumfang	17,9	18,9	19,7	20,7	21,7	22,5	23,5	1,4
								4½ Jahre								
13,6	15,1	16,4	17,8	19,2	20,5	22,0	2,12	Gewicht	12,5	14,2	15,7	17,3	18,9	20,4	22,1	2,4
98,0	101,1	103,8	106,9	110,0	112,7	115,8	4,5	Länge	96,9	100,0	102,7	105,8	108,9	111,6	114,7	4,5
52,7	54,9	57,0	59,2	61,4	63,5	65,7	3,3	Sitzhöhe	52,5	54,4	56,2	58,2	60,2	62,0	63,9	2,9
17,7	20,3	21,8	23,5	25,2	26,7	27,7	2,5	Schulterbreite	18,5	20,2	21,7	23,3	24,9	26,4	28,1	2,4
14,1	15,9	17,4	19,1	20,8	22,3	24,1	2,5	Beckenbreite	15,3	16,6	17,7	18,9	20,1	21,2	22,5	1,8
48,0	49,0	49,8	50,8	51,8	52,6	53,6	1,4	Kopfumfang	47,2	48,2	49,0	50,0	51,0	51,8	52,8	1,4
39,2	43,9	48,1	52,7	57,3	61,5	66,2	6,8	Thoraxumfang	47,0	48,7	50,3	52,1	53,9	55,5	57,2	2,6
11,7	13,3	14,6	16,1	17,6	18,9	20,5	2,2	Oberarmumfang	13,8	14,6	15,4	16,2	17,0	17,8	18,6	1,2
5,2	7,2	9,1	11,1	13,1	15,0	17,0	3,0	Handgelenkumfang	5,5	7,3	9,0	10,8	12,6	14,3	16,1	2,7
16,6	18,3	19,8	21,4	23,0	24,5	26,0	2,4	Wadenumfang	18,4	19,4	20,2	21,2	22,2	23,0	24,0	1,4

[1] HEIMENDINGER, J., *Helv. paediat. Acta*, **19**, Suppl. 13 (1964). Aufgrund von Messungen an 2150 Knaben und 2150 Mädchen in Kinderkrippen, Kindergärten und Schulen von Basel in den Jahren 1956 und 1957.

Normalmaße des Wachstumsalters – 5 bis 7 Jahre[1]

Gewicht in Kilogramm; übrige Maße in Zentimetern (P = Prozentile)

Knaben									Mädchen							
95%									95%							
	80%									80%						
		50%									50%					
$P_{2,5}$	P_{10}	P_{25}	P_{50}	P_{75}	P_{90}	$P_{97,5}$	s		$P_{2,5}$	P_{10}	P_{25}	P_{50}	P_{75}	P_{90}	$P_{97,5}$	s
								5 Jahre								
14,6	16,1	17,4	18,9	20,4	21,7	23,2	2,19	Gewicht	13,5	15,2	16,7	18,3	19,9	21,4	23,1	2,4
101,1	104,2	107,1	110,2	113,3	116,2	119,3	4,6	Länge	100,5	103,5	106,2	109,2	112,2	114,9	117,9	4,4
54,5	56,4	58,2	60,2	62,2	64,0	65,9	2,9	Sitzhöhe	53,2	55,3	57,2	59,3	61,4	63,3	65,4	3,1
18,9	21,2	22,6	24,2	25,8	27,2	28,1	2,3	Schulterbreite	19,8	21,3	22,6	24,0	25,4	26,7	28,2	2,1
15,1	16,7	18,0	19,5	21,0	22,3	23,9	2,2	Beckenbreite	16,2	17,3	18,3	19,4	20,5	21,5	22,6	1,6
48,0	49,1	50,0	51,0	52,0	52,9	54,0	1,5	Kopfumfang	47,5	48,5	49,3	50,3	51,3	52,1	53,1	1,4
40,5	45,0	49,0	53,4	57,8	61,8	66,3	6,5	Thoraxumfang	47,4	49,1	50,7	52,5	54,3	55,9	57,6	2,6
12,7	14,0	15,1	16,3	17,5	18,6	19,9	1,8	Oberarmumfang	14,4	15,2	15,9	16,6	17,3	18,0	18,8	1,1
5,6	7,5	9,3	11,3	13,3	15,1	17,0	2,9	Handgelenkumfang	6,7	8,3	9,6	11,1	12,6	13,9	15,5	2,2
17,0	18,7	20,2	21,8	23,4	24,9	26,6	2,4	Wadenumfang	19,0	20,0	20,8	21,8	22,8	23,6	24,6	1,4
								5½ Jahre								
15,5	17,1	18,5	20,0	21,5	22,9	24,5	2,25	Gewicht	14,4	16,2	17,7	19,4	21,1	22,6	24,4	2,5
103,9	107,2	110,1	113,4	116,7	119,6	122,9	4,8	Länge	103,7	106,8	109,5	112,6	115,7	118,4	121,5	4,5
55,3	57,3	59,2	61,2	63,2	65,1	67,1	3,0	Sitzhöhe	54,1	56,3	58,2	60,4	62,6	64,5	66,7	3,2
19,8	22,1	23,4	24,9	26,4	27,7	28,6	2,2	Schulterbreite	20,7	22,1	23,3	24,7	26,1	27,3	28,7	2,0
15,6	17,1	18,4	19,8	21,2	22,5	24,0	2,1	Beckenbreite	16,4	17,6	18,6	19,8	21,0	22,0	23,2	1,7
48,0	49,1	50,1	51,2	52,3	53,3	54,4	1,6	Kopfumfang	47,4	48,5	49,5	50,6	51,7	52,7	53,8	1,6
45,7	48,6	51,3	54,2	57,1	59,8	62,7	4,3	Thoraxumfang	47,6	49,4	51,1	52,9	54,7	56,4	58,2	2,7
14,2	15,0	15,8	16,6	17,4	18,2	19,0	1,2	Oberarmumfang	14,7	15,5	16,2	16,9	17,6	18,3	19,1	1,1
6,5	8,3	9,8	11,5	13,2	14,7	16,5	2,5	Handgelenkumfang	8,1	9,2	10,2	11,3	12,4	13,4	14,5	1,6
17,5	19,2	20,7	22,3	23,9	25,4	27,1	2,4	Wadenumfang	19,3	20,4	21,3	22,3	23,3	24,2	25,3	1,5
								6 Jahre								
16,4	18,0	19,4	21,0	22,6	24,0	25,6	2,32	Gewicht	14,9	16,8	18,6	20,6	22,6	24,4	26,3	2,9
106,8	110,2	113,2	116,5	119,8	122,8	126,2	4,9	Länge	106,0	109,4	112,5	115,9	119,3	122,4	125,8	5,0
55,9	58,1	60,0	62,2	64,4	66,3	68,5	3,2	Sitzhöhe	55,4	57,5	59,4	61,5	63,6	65,5	67,6	3,1
20,9	22,9	24,1	25,5	26,9	28,1	28,9	2,0	Schulterbreite	21,3	22,7	23,9	25,3	26,7	27,9	29,3	2,0
16,2	17,6	18,8	20,2	21,6	22,8	24,2	2,0	Beckenbreite	16,6	17,9	19,0	20,2	21,4	22,5	23,8	1,8
46,8	48,4	49,8	51,4	53,0	54,4	56,0	2,3	Kopfumfang	47,2	48,5	49,6	50,8	52,0	53,1	54,4	1,8
49,6	51,4	53,1	54,9	56,7	58,4	60,2	2,7	Thoraxumfang	47,7	49,6	51,4	53,4	55,4	57,2	59,1	2,9
14,6	15,4	16,1	16,8	17,5	18,2	19,0	1,1	Oberarmumfang	14,8	15,6	16,4	17,2	18,0	18,8	19,6	1,2
7,5	9,0	10,3	11,7	13,1	14,4	15,9	2,1	Handgelenkumfang	8,8	9,7	10,5	11,4	12,3	13,1	14,0	1,3
18,2	19,8	21,2	22,8	24,4	25,8	27,4	2,3	Wadenumfang	19,7	20,8	21,8	22,9	24,0	25,0	26,1	1,6
								6½ Jahre								
17,1	18,8	20,4	22,1	23,8	25,4	27,1	2,53	Gewicht	14,9	17,3	19,4	21,8	24,2	26,3	28,7	3,5
109,6	113,0	116,1	119,5	122,9	126,0	129,4	5,0	Länge	108,3	112,1	115,5	119,2	122,9	126,3	130,1	5,5
56,9	59,1	61,0	63,2	65,4	67,3	69,5	3,2	Sitzhöhe	56,5	58,6	60,5	62,6	64,7	66,6	68,7	3,1
21,7	23,7	24,9	26,2	27,5	28,7	29,3	1,9	Schulterbreite	21,6	23,2	24,5	26,0	27,5	28,8	30,4	2,2
16,5	17,9	19,1	20,5	21,9	23,1	24,5	2,0	Beckenbreite	17,0	18,3	19,4	20,6	21,8	22,9	24,2	1,8
46,4	48,1	49,7	51,5	53,3	54,9	56,6	2,6	Kopfumfang	46,8	48,3	49,6	51,0	52,4	53,7	55,2	2,1
50,6	52,3	53,9	55,7	57,5	59,1	60,8	2,6	Thoraxumfang	47,7	49,9	52,0	54,2	56,4	58,5	60,7	3,3
14,8	15,6	16,3	17,0	17,7	18,4	19,2	1,1	Oberarmumfang	14,7	15,7	16,5	17,5	18,5	19,3	20,3	1,4
8,3	9,6	10,7	11,9	13,1	14,2	15,5	1,8	Handgelenkumfang	9,6	10,3	10,9	11,6	12,3	12,9	13,6	1,0
18,7	20,3	21,7	23,3	24,9	26,3	27,9	2,3	Wadenumfang	20,2	21,3	22,3	23,4	24,5	25,5	26,6	1,6
								7 Jahre								
18,0	19,8	21,4	23,2	25,0	26,6	28,4	2,61	Gewicht	15,8	18,4	20,8	23,5	26,2	28,6	31,2	3,9
112,3	115,8	118,9	122,4	125,9	129,0	132,5	5,1	Länge	111,5	115,3	118,7	122,4	126,1	129,5	133,3	5,5
58,3	60,3	62,2	64,2	66,2	68,1	70,1	3,0	Sitzhöhe	57,6	59,7	61,6	63,7	65,8	67,7	69,8	3,1
22,6	24,5	25,6	26,8	28,0	29,1	29,8	1,8	Schulterbreite	22,3	23,9	25,2	26,7	28,2	29,5	31,1	2,2
17,1	18,4	19,6	20,9	22,2	23,4	24,7	1,9	Beckenbreite	17,4	18,7	19,8	21,0	22,2	23,3	24,6	1,8
46,3	48,1	49,8	51,6	53,4	55,1	56,9	2,7	Kopfumfang	47,0	48,5	49,8	51,2	52,6	53,9	55,4	2,1
51,2	53,0	54,7	56,5	58,3	60,0	61,8	2,7	Thoraxumfang	48,3	50,7	52,8	55,2	57,6	59,7	62,1	3,5
14,8	15,6	16,4	17,2	18,0	18,8	19,6	1,2	Oberarmumfang	14,6	15,7	16,7	17,8	18,9	19,9	21,0	1,6
8,9	10,0	11,0	12,1	13,2	14,2	15,3	1,6	Handgelenkumfang	9,3	10,2	11,0	11,9	12,8	13,6	14,5	1,3
19,1	20,7	22,1	23,7	25,3	26,7	28,3	2,3	Wadenumfang	20,5	21,8	22,9	24,1	25,3	26,4	27,7	1,8

[1] HEIMENDINGER, J., *Helv. paediat. Acta*, **19**, Suppl. 13 (1964). Aufgrund von Messungen an 2150 Knaben und 2150 Mädchen in Kinderkrippen, Kindergärten und Schulen von Basel in den Jahren 1956 und 1957.

Gewicht in Kilogramm; übrige Maße in Zentimetern (P = Prozentile)

Knaben									Mädchen							
	95%									95%						
		80%									80%					
			50%									50%				
$P_{2,5}$	P_{10}	P_{25}	P_{50}	P_{75}	P_{90}	$P_{97,5}$	s		$P_{2,5}$	P_{10}	P_{25}	P_{50}	P_{75}	P_{90}	$P_{97,5}$	s
								7½ Jahre								
18,3	20,4	22,2	24,3	26,4	28,2	30,3	3,05	Gewicht	16,7	19,6	22,3	25,2	28,1	30,8	33,7	4,3
115,1	118,6	121,7	125,2	128,7	131,8	135,3	5,1	Länge	114,9	118,5	121,8	125,4	129,0	132,3	135,9	5,3
59,3	61,3	63,2	65,2	67,2	69,1	71,1	3,0	Sitzhöhe	59,1	61,0	62,8	64,8	66,8	68,6	70,5	2,9
23,2	25,2	26,3	27,5	28,7	29,8	30,4	1,8	Schulterbreite	23,5	24,8	26,0	27,3	28,6	29,8	31,1	1,9
17,6	18,9	20,0	21,2	22,4	23,5	24,8	1,8	Beckenbreite	18,1	19,3	20,3	21,5	22,7	23,7	24,9	1,7
46,4	48,2	49,9	51,7	53,5	55,2	57,0	2,7	Kopfumfang	47,2	48,7	50,0	51,4	52,8	54,1	55,6	2,1
51,6	53,5	55,3	57,3	59,3	61,1	63,0	2,9	Thoraxumfang	48,9	51,4	53,7	56,2	58,7	61,0	63,5	3,7
14,7	15,7	16,5	17,5	18,5	19,3	20,3	1,4	Oberarmumfang	14,6	15,9	17,0	18,2	19,4	20,5	21,8	1,8
9,5	10,5	11,3	12,3	13,3	14,1	15,1	1,4	Handgelenkumfang	8,3	9,7	10,9	12,3	13,7	14,9	16,3	2,0
19,6	21,2	22,6	24,2	25,8	27,2	28,8	2,3	Wadenumfang	21,0	22,4	23,6	25,0	26,4	27,6	29,0	2,0
								8 Jahre								
18,4	20,8	22,9	25,3	27,7	29,8	32,2	3,49	Gewicht	17,6	20,7	23,6	26,7	29,8	32,7	35,8	4,6
117,7	121,3	124,5	128,0	131,5	134,7	138,3	5,2	Länge	118,3	121,7	124,8	128,2	131,6	134,7	138,1	5,0
59,9	62,1	64,0	66,2	68,4	70,3	72,5	3,2	Sitzhöhe	60,4	62,3	64,0	65,9	67,8	69,5	71,4	2,8
24,1	25,9	26,9	28,1	29,3	30,3	30,9	1,7	Schulterbreite	24,6	25,8	26,8	28,0	29,2	30,2	31,4	1,7
18,6	19,7	20,6	21,6	22,6	23,5	24,6	1,5	Beckenbreite	18,8	19,8	20,8	21,9	23,0	24,0	25,0	1,6
46,5	48,3	50,0	51,8	53,6	55,3	57,1	2,7	Kopfumfang	46,9	48,5	49,9	51,5	53,1	54,5	56,1	2,3
52,0	54,1	56,0	58,1	60,2	62,1	64,2	3,1	Thoraxumfang	49,4	52,0	54,4	57,1	59,8	62,2	64,8	3,9
14,8	15,9	16,8	17,8	18,8	19,7	20,8	1,5	Oberarmumfang	14,5	15,9	17,1	18,5	19,9	21,1	22,5	2,0
9,9	10,8	11,6	12,5	13,4	14,2	15,1	1,3	Handgelenkumfang	8,6	10,0	11,2	12,6	14,0	15,2	16,6	2,0
20,1	21,7	23,1	24,7	26,3	27,7	29,3	2,3	Wadenumfang	21,2	22,8	24,1	25,6	27,1	28,4	30,0	2,2
								8½ Jahre								
17,7	20,7	23,4	26,4	29,4	32,1	35,1	4,37	Gewicht	18,3	21,6	24,5	27,8	31,1	34,0	37,3	4,8
120,6	124,1	127,2	130,7	134,2	137,3	140,8	5,1	Länge	120,7	124,2	127,3	130,8	134,3	137,4	140,9	5,1
60,5	62,8	64,9	67,2	69,5	71,6	73,9	3,4	Sitzhöhe	61,7	63,5	65,2	67,0	68,8	70,5	72,3	2,7
24,9	26,6	27,6	28,7	29,8	30,8	31,3	1,6	Schulterbreite	25,2	26,4	27,4	28,6	29,8	30,8	32,0	1,7
19,4	20,3	21,1	22,0	22,9	23,7	24,6	1,3	Beckenbreite	19,2	20,2	21,2	22,3	23,4	24,4	25,4	1,6
46,4	48,3	50,0	51,9	53,8	55,5	57,4	2,8	Kopfumfang	46,1	48,0	49,7	51,6	53,5	55,2	57,1	2,8
52,7	54,9	56,8	59,0	61,2	63,1	65,3	3,2	Thoraxumfang	49,6	52,5	55,0	57,9	60,8	63,3	66,2	4,2
15,1	16,2	17,1	18,1	19,1	20,0	21,1	1,5	Oberarmumfang	14,6	16,1	17,4	18,8	20,2	21,5	23,0	2,1
10,1	11,0	11,8	12,7	13,6	14,4	15,3	1,3	Handgelenkumfang	9,3	10,5	11,5	12,7	13,9	14,9	16,1	1,7
20,6	22,2	23,6	25,2	26,8	28,2	29,8	2,3	Wadenumfang	21,3	22,9	24,3	25,9	27,5	28,9	30,5	2,3
								9 Jahre								
18,7	21,7	24,5	27,5	30,5	33,3	36,3	4,46	Gewicht	19,3	22,6	25,5	28,8	32,1	35,0	38,3	4,8
123,2	126,7	129,8	133,3	136,8	139,9	143,4	5,1	Länge	122,9	126,5	129,7	133,2	136,7	139,9	143,5	5,2
60,8	63,3	65,6	68,1	70,6	72,9	75,4	3,7	Sitzhöhe	61,9	64,0	65,9	68,0	70,1	72,0	74,1	3,1
25,5	27,2	28,2	29,3	30,4	31,4	31,9	1,6	Schulterbreite	25,5	26,8	27,9	29,1	30,3	31,4	32,7	1,8
20,0	20,8	21,6	22,4	23,2	24,0	24,8	1,2	Beckenbreite	19,6	20,6	21,6	22,7	23,8	24,8	25,8	1,6
46,5	48,4	50,1	52,0	53,9	55,6	57,5	2,8	Kopfumfang	45,1	47,4	49,5	51,8	54,1	56,2	58,5	3,4
53,9	56,1	58,0	60,2	62,4	64,3	66,5	3,2	Thoraxumfang	48,9	52,3	55,3	58,6	61,9	64,9	68,3	4,9
15,6	16,6	17,4	18,4	19,4	20,2	21,2	1,4	Oberarmumfang	14,7	16,3	17,6	19,1	20,6	21,9	23,5	2,2
10,5	11,3	12,1	12,9	13,7	14,5	15,3	1,2	Handgelenkumfang	9,9	10,9	11,7	12,7	13,7	14,5	15,5	1,4
21,0	22,6	24,0	25,6	27,2	28,6	30,2	2,3	Wadenumfang	21,4	23,1	24,6	26,2	27,8	29,3	31,0	2,4
								9½ Jahre								
19,0	22,3	25,3	28,6	31,9	34,9	38,2	4,86	Gewicht	20,5	23,8	26,7	30,0	33,3	36,2	39,5	4,8
125,3	128,9	132,2	135,8	139,4	142,7	146,3	5,3	Länge	124,7	128,4	131,7	135,4	139,1	142,4	146,1	5,4
61,0	63,8	66,3	69,1	71,9	74,4	77,2	4,1	Sitzhöhe	61,0	63,8	66,3	69,1	71,9	74,4	77,2	4,1
26,7	27,8	28,8	29,9	31,0	32,0	33,1	1,6	Schulterbreite	25,7	27,0	28,2	29,5	30,8	32,0	33,3	1,9
20,2	21,1	21,9	22,8	23,7	24,5	25,4	1,3	Beckenbreite	20,0	21,0	22,0	23,1	24,2	25,2	26,2	1,6
46,6	48,5	50,2	52,1	54,0	55,7	57,6	2,8	Kopfumfang	44,4	47,0	49,3	51,9	54,5	56,8	59,4	3,8
55,0	57,2	59,1	61,3	63,5	65,4	67,6	3,2	Thoraxumfang	48,5	52,3	55,7	59,4	63,1	66,5	70,3	5,5
15,9	16,9	17,7	18,7	19,7	20,5	21,5	1,4	Oberarmumfang	14,8	16,4	17,8	19,4	21,0	22,4	24,0	2,3
10,7	11,5	12,3	13,1	13,9	14,7	15,5	1,2	Handgelenkumfang	9,9	11,0	11,9	12,9	13,9	14,8	15,9	1,5
21,5	23,1	24,5	26,1	27,7	29,1	30,7	2,3	Wadenumfang	21,8	23,5	25,0	26,6	28,2	29,7	31,4	2,4

[1] HEIMENDINGER, J., *Helv. paediat. Acta*, **19**, Suppl. 13 (1964). Aufgrund von Messungen an 2150 Knaben und 2150 Mädchen in Kinderkrippen, Kindergärten und Schulen von Basel in den Jahren 1956 und 1957.

Gewicht in Kilogramm; übrige Maße in Zentimetern (P = Prozentile)

Knaben									Mädchen							
95%									95%							
	80%									80%						
		50%									50%					
$P_{2,5}$	P_{10}	P_{25}	P_{50}	P_{75}	P_{90}	$P_{97,5}$	s		$P_{2,5}$	P_{10}	P_{25}	P_{50}	P_{75}	P_{90}	$P_{97,5}$	s
								10 Jahre								
19,9	23,5	26,8	30,5	34,2	37,5	41,1	5,37	Gewicht	21,2	24,8	28,0	31,5	35,0	38,2	41,8	5,2
127,4	131,2	134,6	138,3	142,0	145,4	149,2	5,5	Länge	126,4	130,2	133,7	137,5	141,3	144,8	148,6	5,6
60,8	64,0	66,9	70,1	73,3	76,2	79,4	4,7	Sitzhöhe	60,7	64,0	66,9	70,2	73,5	76,4	79,7	4,8
27,3	28,4	29,4	30,5	31,6	32,6	33,7	1,6	Schulterbreite	26,0	27,4	28,6	30,0	31,4	32,6	34,0	2,0
20,5	21,5	22,2	23,3	23,4	25,1	26,1	1,4	Beckenbreite	20,2	21,4	22,4	23,6	24,8	25,8	27,0	1,7
46,8	48,7	50,4	52,3	54,2	55,9	57,8	2,8	Kopfumfang	43,9	46,7	49,2	52,0	54,8	57,3	60,1	4,1
55,5	57,8	59,9	62,2	64,5	66,6	68,9	3,4	Thoraxumfang	48,6	52,6	56,1	60,1	64,1	67,6	71,6	5,8
16,1	17,2	18,1	19,1	20,1	21,0	22,1	1,5	Oberarmumfang	14,8	16,6	18,1	19,8	21,5	23,0	24,8	2,5
10,7	11,6	12,4	13,3	14,2	15,0	15,9	1,3	Handgelenkumfang	8,3	10,0	11,5	13,1	14,7	16,2	17,9	2,4
22,0	23,6	25,0	26,6	28,2	29,6	31,2	2,3	Wadenumfang	22,1	23,9	25,4	27,1	28,8	30,3	32,1	2,5
								10½ Jahre								
20,6	24,8	28,5	32,7	36,9	40,6	44,8	6,10	Gewicht	21,3	25,4	29,0	33,0	37,0	40,6	44,7	5,9
129,1	133,1	136,6	140,6	144,6	148,1	152,1	5,8	Länge	127,4	131,6	135,3	139,5	143,7	147,4	151,6	6,1
61,2	64,6	67,7	71,1	74,5	77,6	81,0	5,0	Sitzhöhe	61,0	64,6	67,8	71,3	74,8	78,0	81,6	5,2
27,7	28,9	29,9	31,1	32,3	33,3	34,5	1,7	Schulterbreite	26,2	27,7	29,0	30,5	32,0	33,3	34,8	2,1
20,5	21,6	22,6	23,7	24,8	25,8	26,9	1,6	Beckenbreite	20,4	21,7	22,8	24,0	25,2	26,3	27,6	1,8
47,3	49,0	50,6	52,4	54,2	55,8	57,5	2,6	Kopfumfang	44,1	46,9	49,4	52,2	55,0	57,5	60,3	4,1
55,3	57,9	60,2	62,8	65,4	67,7	70,3	3,8	Thoraxumfang	49,0	53,1	56,8	60,9	65,0	68,7	72,8	6,0
16,1	17,3	18,3	19,5	20,7	21,7	22,9	1,7	Oberarmumfang	15,0	16,7	18,3	20,1	21,9	23,5	25,2	2,6
10,7	11,7	12,5	13,5	14,5	15,3	16,3	1,4	Handgelenkumfang	8,1	9,9	11,6	13,4	15,2	16,9	18,7	2,7
22,5	24,1	25,5	27,1	28,7	30,1	31,7	2,3	Wadenumfang	22,3	24,2	25,9	27,8	29,7	31,4	33,3	2,8
								11 Jahre								
22,9	27,1	30,8	35,0	39,2	42,9	47,1	6,12	Gewicht	21,9	26,4	30,4	34,8	39,2	43,2	47,7	6,5
130,8	134,9	138,6	142,7	146,8	150,5	154,6	6,0	Länge	128,9	133,4	137,4	141,8	146,2	150,2	154,7	6,5
61,8	65,4	68,6	72,1	75,6	78,8	82,4	5,2	Sitzhöhe	61,7	65,4	68,7	72,4	76,1	79,4	83,1	5,4
27,8	29,1	30,3	31,6	32,9	34,1	35,4	1,9	Schulterbreite	26,4	28,0	29,4	31,0	32,6	34,0	35,6	2,3
20,3	21,6	22,8	24,1	25,4	26,6	27,9	1,9	Beckenbreite	20,7	22,2	23,2	24,5	25,8	26,8	28,3	1,9
48,1	49,7	51,0	52,5	54,0	55,3	56,9	2,2	Kopfumfang	44,8	47,4	49,7	52,3	54,9	57,2	59,8	3,8
55,3	58,1	60,6	63,4	66,2	68,7	71,5	4,1	Thoraxumfang	49,3	53,6	57,4	61,6	65,8	69,6	73,9	6,2
16,1	17,4	18,6	19,9	21,2	22,4	23,7	1,9	Oberarmumfang	15,1	16,9	18,5	20,4	22,3	23,9	25,7	2,7
10,6	11,7	12,6	13,6	14,6	15,5	16,6	1,5	Handgelenkumfang	9,9	11,2	12,3	13,5	14,7	15,8	17,1	1,8
22,9	24,5	25,9	27,5	29,1	30,5	32,1	2,3	Wadenumfang	22,6	24,5	26,2	28,1	30,0	31,7	33,6	2,8
								11½ Jahre								
24,3	28,8	32,8	37,3	41,8	45,8	50,3	6,59	Gewicht	22,9	27,7	32,0	36,8	41,6	45,9	50,7	7,0
132,0	136,4	140,3	144,7	149,1	153,0	157,4	6,4	Länge	130,7	135,6	140,0	144,8	149,6	154,0	158,9	7,1
63,0	66,5	69,6	73,1	76,6	79,7	83,2	5,1	Sitzhöhe	63,4	66,9	70,0	73,5	77,0	80,1	83,6	5,1
27,5	29,1	30,5	32,1	33,7	35,1	36,7	2,3	Schulterbreite	26,8	28,5	30,0	31,6	33,2	34,7	36,4	2,4
19,8	21,5	23,0	24,6	26,2	27,7	29,4	2,4	Beckenbreite	21,1	22,7	23,7	25,1	26,5	27,5	29,1	2,0
49,0	50,3	51,4	52,6	53,8	54,9	56,2	1,8	Kopfumfang	46,3	48,4	50,3	52,4	54,5	56,4	58,5	3,1
55,5	58,5	61,2	64,2	67,2	69,9	72,9	4,4	Thoraxumfang	50,1	54,4	58,2	62,4	66,6	70,4	74,7	6,2
15,7	17,3	18,7	20,3	21,9	23,3	24,9	2,3	Oberarmumfang	15,5	17,3	18,9	20,7	22,5	24,1	25,9	2,6
9,9	11,2	12,4	13,7	15,0	16,2	17,5	1,9	Handgelenkumfang	11,6	12,3	12,9	13,6	14,3	14,9	15,6	1,0
23,2	24,9	26,4	28,0	29,6	31,1	32,8	2,4	Wadenumfang	22,7	24,6	26,4	28,4	30,4	32,2	34,1	2,9
								12 Jahre								
25,8	30,6	34,8	39,5	44,2	48,4	53,2	6,91	Gewicht	24,3	29,4	34,0	39,0	44,0	48,6	53,7	7,4
133,5	138,2	142,4	147,0	151,6	155,8	160,5	6,8	Länge	133,5	138,7	143,3	148,5	153,7	158,3	163,5	7,6
64,6	67,9	70,8	74,1	77,4	80,3	83,6	4,8	Sitzhöhe	65,1	68,4	71,3	74,6	77,9	80,8	84,1	4,8
26,6	28,6	30,5	32,5	34,5	36,4	38,4	3,0	Schulterbreite	27,3	29,1	30,6	32,3	34,0	35,5	37,3	2,5
19,4	21,3	23,1	25,1	27,1	28,9	30,8	2,9	Beckenbreite	21,7	23,4	24,5	25,9	27,3	28,4	30,1	2,1
49,3	50,5	51,5	52,7	53,9	54,9	56,1	1,7	Kopfumfang	48,3	49,8	51,1	52,5	53,9	55,2	56,7	2,1
56,1	59,2	61,9	65,0	68,1	70,8	73,9	4,5	Thoraxumfang	50,6	54,9	58,8	63,1	67,4	71,3	75,6	6,3
15,2	17,1	18,8	20,7	22,6	24,3	26,2	2,8	Oberarmumfang	15,8	17,6	19,2	21,0	22,8	24,4	26,2	2,6
9,1	10,7	12,1	13,7	15,3	16,7	18,3	2,3	Handgelenkumfang	11,8	12,5	13,1	13,8	14,5	15,1	15,8	1,0
23,7	25,4	26,9	28,5	30,1	31,6	33,3	2,4	Wadenumfang	23,0	24,9	26,7	28,7	30,7	32,5	34,4	2,9

[1] Heimendinger, J., *Helv. paediat. Acta*, **19**, Suppl. 13 (1964). Aufgrund von Messungen an 2150 Knaben und 2150 Mädchen in Kinderkrippen, Kindergärten und Schulen von Basel in den Jahren 1956 und 1957.

Gewicht in Kilogramm; übrige Maße in Zentimetern (P = Prozentile)

Knaben									Mädchen							
95%									95%							
	80%									80%						
		50%									50%					
$P_{2,5}$	P_{10}	P_{25}	P_{50}	P_{75}	P_{90}	$P_{97,5}$	s		$P_{2,5}$	P_{10}	P_{25}	P_{50}	P_{75}	P_{90}	$P_{97,5}$	s
								12½ Jahre								
26,9	32,1	36,7	41,8	46,9	51,5	56,7	7,50	Gewicht	25,8	31,2	36,0	41,4	46,8	51,6	57,0	7,9
135,3	140,4	145,0	150,0	155,0	159,6	164,7	7,4	Länge	136,3	141,5	146,3	151,5	156,7	161,5	166,7	7,7
66,4	69,4	72,1	75,1	78,1	80,8	83,8	4,4	Sitzhöhe	67,2	70,1	72,8	75,7	78,6	81,3	84,2	4,3
24,2	27,1	29,8	32,7	35,6	38,3	41,2	4,3	Schulterbreite	27,9	29,7	31,2	32,9	34,6	36,1	37,9	2,5
19,2	21,4	23,5	25,7	27,9	30,0	32,2	3,3	Beckenbreite	22,4	24,2	25,3	26,8	28,3	29,4	31,2	2,2
49,6	50,7	51,7	52,8	53,9	54,9	56,0	1,6	Kopfumfang	49,3	50,5	51,5	52,7	53,9	54,9	56,1	1,7
56,7	60,0	62,9	66,2	69,5	72,4	75,7	4,8	Thoraxumfang	51,3	55,7	59,6	64,0	68,4	72,3	76,6	6,4
14,5	16,7	18,8	21,0	23,2	25,3	27,5	3,3	Oberarmumfang	16,1	17,9	19,5	21,3	23,1	24,7	26,5	2,6
8,8	10,6	12,1	13,8	15,5	17,0	18,8	2,5	Handgelenkumfang	12,1	12,8	13,4	14,1	14,8	15,4	16,1	1,0
23,7	25,5	27,2	29,0	30,8	32,5	34,3	2,7	Wadenumfang	23,5	25,4	27,2	29,2	31,2	33,0	34,9	2,9
								13 Jahre								
28,9	34,2	38,9	44,1	49,3	54,0	59,3	7,67	Gewicht	27,9	33,6	38,6	44,3	50,0	55,0	60,7	8,3
138,0	143,3	148,1	153,4	158,7	163,5	168,8	7,8	Länge	139,8	144,8	149,2	154,1	159,0	163,4	168,4	7,2
67,8	70,7	73,4	76,3	79,2	81,9	84,8	4,3	Sitzhöhe	69,1	71,7	74,1	76,8	79,5	81,9	84,5	3,9
22,6	26,5	29,6	33,1	36,6	39,7	42,8	5,1	Schulterbreite	28,5	30,3	31,8	33,6	35,4	36,9	38,7	2,6
18,8	21,4	23,7	26,3	28,9	31,2	33,3	3,8	Beckenbreite	23,2	25,0	26,1	27,6	29,1	30,2	32,0	2,2
49,9	51,0	51,9	52,9	53,9	54,8	55,9	1,5	Kopfumfang	49,6	50,7	51,7	52,8	53,9	54,9	56,0	1,6
55,3	59,5	63,2	67,4	71,6	75,3	79,5	6,1	Thoraxumfang	52,3	56,8	60,8	65,2	69,6	73,6	78,1	6,5
14,7	16,9	19,0	21,2	23,4	25,5	27,7	3,3	Oberarmumfang	16,7	18,5	20,0	21,7	23,4	24,9	26,7	2,5
9,1	10,9	12,4	14,1	15,8	17,3	19,1	2,5	Handgelenkumfang	–	–	–	14,2	–	–	–	0,9
22,5	24,9	27,0	29,4	31,8	33,9	36,3	3,5	Wadenumfang	24,1	26,1	28,0	30,0	32,0	33,9	35,9	3,0
								13½ Jahre								
30,8	36,2	41,0	46,3	51,6	56,4	61,8	7,81	Gewicht	30,3	36,2	41,4	47,3	53,2	58,4	64,3	8,6
141,2	146,6	151,6	157,0	162,4	167,4	172,8	8,0	Länge	143,6	148,0	151,9	156,3	160,7	164,4	169,0	6,4
69,3	72,2	74,9	77,8	80,7	83,4	86,3	4,3	Sitzhöhe	70,8	73,2	75,4	77,9	80,4	82,6	85,0	3,6
24,8	28,7	31,2	34,1	37,0	39,5	41,4	4,2	Schulterbreite	29,2	31,0	32,5	34,2	35,9	37,4	39,2	2,5
20,1	22,5	24,6	27,0	29,4	31,5	33,9	3,5	Beckenbreite	24,3	26,0	27,1	28,5	29,9	31,0	32,7	2,1
50,0	51,1	52,0	53,0	54,0	54,9	56,0	1,5	Kopfumfang	50,0	51,1	52,0	53,0	54,0	54,9	56,0	1,5
54,2	59,4	64,0	69,2	74,4	79,0	84,2	7,6	Thoraxumfang	53,3	57,8	61,8	66,2	70,6	74,6	79,1	6,5
16,0	17,9	19,6	21,5	23,4	25,1	27,0	2,8	Oberarmumfang	17,2	18,9	20,4	22,0	23,6	25,1	26,8	2,4
9,9	11,5	12,9	14,5	16,1	17,5	19,1	2,3	Handgelenkumfang	–	–	–	14,3	–	–	–	0,9
22,7	25,2	27,5	30,0	32,5	34,8	37,3	3,7	Wadenumfang	24,8	26,9	28,8	30,9	33,0	34,9	37,0	3,1
								14 Jahre								
32,9	38,3	43,2	48,6	54,0	58,9	64,3	7,92	Gewicht	33,7	39,4	44,4	50,1	55,8	60,8	66,5	8,3
144,8	150,2	155,2	160,6	166,0	171,0	176,4	8,0	Länge	146,9	150,8	154,3	158,2	162,1	165,6	169,5	5,7
70,6	73,6	76,3	79,3	82,3	85,0	88,0	4,4	Sitzhöhe	72,3	74,6	76,7	79,0	81,3	83,4	85,7	3,4
28,8	31,9	33,6	35,4	37,2	38,9	39,4	2,7	Schulterbreite	30,1	31,8	33,3	34,9	36,5	38,0	39,7	2,4
23,0	24,8	26,3	28,0	29,7	31,2	33,0	2,5	Beckenbreite	25,3	26,7	27,9	29,3	30,7	31,9	33,3	2,0
50,1	51,2	52,1	53,1	54,1	55,0	56,1	1,5	Kopfumfang	50,2	51,3	52,2	53,2	54,2	55,1	56,2	1,5
57,8	62,4	66,4	70,9	75,4	79,4	84,0	6,6	Thoraxumfang	54,3	58,7	62,6	67,0	71,4	75,3	79,7	6,4
18,2	19,5	20,7	22,0	23,3	24,5	25,8	1,9	Oberarmumfang	17,7	19,3	20,7	22,3	23,9	25,3	26,9	2,3
11,0	12,4	13,6	15,0	16,4	17,6	19,0	2,0	Handgelenkumfang	–	–	–	14,4	–	–	–	0,9
25,5	27,3	29,0	30,8	32,6	34,3	36,1	2,7	Wadenumfang	25,8	27,8	29,7	31,7	33,7	35,6	37,6	3,0
								14½ Jahre								
34,3	40,1	45,2	50,9	56,6	61,7	67,5	8,37	Gewicht	36,9	42,1	46,7	51,8	56,9	61,5	66,7	7,5
148,2	153,6	158,4	163,8	169,2	174,0	179,4	7,9	Länge	149,7	152,5	156,0	159,8	163,6	167,1	169,9	5,6
72,1	75,1	77,8	80,8	83,8	86,5	89,5	4,4	Sitzhöhe	73,6	75,8	77,9	80,1	82,3	84,4	86,6	3,3
31,7	33,4	34,9	36,5	38,1	39,6	41,3	2,4	Schulterbreite	31,0	32,6	34,0	35,6	37,2	38,6	40,2	2,3
24,8	26,3	27,6	29,0	30,4	31,7	33,2	2,1	Beckenbreite	26,1	27,4	28,6	29,9	31,2	32,4	33,7	1,9
50,3	51,4	52,3	53,3	54,3	55,2	56,3	1,5	Kopfumfang	50,2	51,3	52,3	53,4	54,5	55,5	56,6	1,5
61,5	65,3	68,7	72,4	76,1	79,5	83,3	5,5	Thoraxumfang	55,2	59,5	63,4	67,7	72,0	75,9	80,2	6,3
18,9	20,2	21,4	22,7	24,0	25,2	26,5	1,9	Oberarmumfang	18,4	19,9	21,2	22,6	24,0	25,3	26,8	2,1
12,1	13,2	14,2	15,3	16,4	17,4	18,5	1,6	Handgelenkumfang	–	–	–	14,5	–	–	–	0,9
27,0	28,8	30,3	32,0	33,7	35,2	37,0	2,5	Wadenumfang	26,4	28,3	30,1	32,1	34,1	35,9	37,8	2,9

[1] Heimendinger, J., *Helv. paediat. Acta*, **19**, Suppl. 13 (1964). Aufgrund von Messungen an 2150 Knaben und 2150 Mädchen in Kinderkrippen, Kindergärten und Schulen von Basel in den Jahren 1956 und 1957.

Gewicht in Kilogramm; übrige Maße in Zentimetern (P = Prozentile)

Knaben									Mädchen							
			95%									95%				
			80%									80%				
			50%									50%				
$P_{2,5}$	P_{10}	P_{25}	P_{50}	P_{75}	P_{90}	$P_{97,5}$	s		$P_{2,5}$	P_{10}	P_{25}	P_{50}	P_{75}	P_{90}	$P_{97,5}$	s
								15 Jahre								
36,8	42,5	47,5	53,1	58,7	63,7	69,4	8,22	Gewicht	39,5	44,3	48,5	53,2	57,9	62,1	66,9	6,9
151,9	157,1	161,7	166,8	171,9	176,5	181,7	7,5	Länge	151,0	153,8	157,3	161,1	164,9	168,4	171,2	5,6
73,3	76,4	79,1	82,2	85,3	88,0	91,1	4,5	Sitzhöhe	74,9	77,1	79,0	81,2	83,4	85,3	87,5	3,2
33,0	34,6	35,9	37,4	38,9	40,2	41,8	2,2	Schulterbreite	31,6	33,2	34,5	36,0	37,5	38,8	40,4	2,2
25,5	27,0	28,3	29,7	31,1	32,4	33,9	2,1	Beckenbreite	26,6	27,7	28,9	30,2	31,5	32,7	33,8	1,9
50,4	51,5	52,4	53,4	54,4	55,3	56,4	1,5	Kopfumfang	50,5	51,6	52,5	53,5	54,5	55,4	56,5	1,5
64,0	67,4	70,5	73,9	77,3	80,4	83,8	5,0	Thoraxumfang	56,2	60,4	64,1	68,3	72,5	76,2	80,4	6,1
19,3	20,7	21,9	23,3	24,7	25,9	27,3	2,0	Oberarmumfang	18,9	20,3	21,5	22,9	24,3	25,5	26,9	2,0
12,9	13,8	14,6	15,5	16,4	17,2	18,1	1,3	Handgelenkumfang	–	–	–	14,5	–	–	–	0,9
27,9	29,6	31,1	32,7	34,3	35,8	37,5	2,4	Wadenumfang	27,2	28,9	30,5	32,3	34,1	35,7	37,4	2,6
								15½ Jahre								
39,4	44,9	49,9	55,4	60,9	65,9	71,4	8,09	Gewicht	41,0	45,6	49,7	54,3	58,9	63,0	67,6	6,7
155,8	160,6	164,8	169,5	174,2	178,4	183,2	6,9	Länge	150,6	154,6	158,1	162,1	166,1	169,6	173,6	5,8
75,0	78,0	80,7	83,7	86,7	89,4	92,4	4,4	Sitzhöhe	76,0	78,2	80,1	82,3	84,5	86,4	88,6	3,2
33,2	35,5	36,8	38,2	39,6	40,9	41,6	2,1	Schulterbreite	32,0	33,5	34,8	36,2	37,6	38,9	40,4	2,1
26,1	27,6	28,9	30,3	31,7	33,0	34,5	2,1	Beckenbreite	26,9	28,2	29,3	30,5	31,7	32,8	34,1	1,8
50,7	51,7	52,5	53,5	54,5	55,3	56,3	1,4	Kopfumfang	50,9	51,9	52,7	53,7	54,7	55,5	56,5	1,4
65,9	69,1	72,0	75,2	78,4	81,3	84,5	4,7	Thoraxumfang	57,3	61,3	64,8	68,8	72,8	76,3	80,3	5,8
19,2	20,8	22,1	23,6	25,1	26,4	28,0	2,2	Oberarmumfang	19,7	21,0	22,1	23,3	24,5	25,6	26,9	1,8
13,4	14,2	14,9	15,6	16,3	17,0	17,8	1,1	Handgelenkumfang	–	–	–	14,5	–	–	–	0,9
28,5	30,1	31,5	33,1	34,7	36,1	37,7	2,3	Wadenumfang	27,7	29,4	30,9	32,5	34,1	35,6	37,3	2,4
								16 Jahre								
41,9	47,4	52,3	57,7	63,1	68,0	73,5	7,98	Gewicht	41,8	46,4	50,5	55,1	59,7	63,8	68,4	6,7
158,8	163,3	167,3	171,7	176,1	180,1	184,6	6,5	Länge	151,2	155,3	158,9	162,9	166,9	170,5	174,6	5,9
77,1	79,9	82,4	85,2	88,0	90,5	93,3	4,1	Sitzhöhe	76,7	78,9	80,8	83,0	85,2	87,1	89,3	3,2
34,2	36,3	37,5	38,9	40,3	41,5	42,2	2,0	Schulterbreite	32,4	33,8	35,0	36,4	37,8	39,0	40,4	2,0
27,1	28,4	29,6	30,9	32,2	33,4	34,7	1,9	Beckenbreite	27,3	28,6	29,7	30,9	32,1	33,2	34,5	1,8
50,8	51,8	52,6	53,6	54,6	55,4	56,4	1,4	Kopfumfang	51,1	52,0	52,8	53,7	54,6	55,4	56,3	1,4
67,7	70,7	73,4	76,4	79,4	82,1	85,1	4,4	Thoraxumfang	58,3	62,1	65,5	69,2	72,9	76,3	80,1	5,5
19,3	20,9	22,3	23,9	25,5	26,9	28,5	2,3	Oberarmumfang	20,0	21,3	22,4	23,6	24,8	25,9	27,2	1,8
13,7	14,4	15,0	15,7	16,4	17,0	17,7	1,0	Handgelenkumfang	–	–	–	14,5	–	–	–	0,7
28,9	30,5	31,8	33,3	34,8	36,1	37,7	2,2	Wadenumfang	28,0	29,6	31,0	32,6	34,2	35,6	37,2	2,3
								16½ Jahre								
45,3	50,3	54,9	59,9	64,9	69,5	74,5	7,38	Gewicht	42,4	47,1	51,3	55,9	60,5	64,7	69,4	6,8
161,3	165,5	169,2	173,4	177,6	181,3	185,5	6,1	Länge	151,6	155,7	159,4	163,5	167,6	171,3	175,4	6,0
79,7	81,8	83,9	86,3	88,7	90,8	93,5	3,5	Sitzhöhe	77,0	79,2	81,1	83,3	85,5	87,4	89,6	3,2
35,5	36,9	38,1	39,5	40,9	42,1	43,5	2,0	Schulterbreite	32,6	33,9	35,1	36,4	37,7	38,9	40,2	1,9
27,9	29,1	30,1	31,3	32,5	33,5	34,7	1,7	Beckenbreite	27,6	28,9	30,0	31,2	32,4	33,5	34,8	1,8
50,9	51,9	52,7	53,7	54,7	55,5	56,5	1,4	Kopfumfang	51,1	52,0	52,8	53,7	54,6	55,4	56,3	1,4
69,1	72,0	74,5	77,4	80,3	82,8	85,7	4,2	Thoraxumfang	59,1	62,7	65,9	69,4	72,9	76,1	79,7	5,2
19,7	21,3	22,6	24,1	25,6	26,9	28,5	2,2	Oberarmumfang	20,3	21,6	22,7	23,9	25,1	26,2	27,5	1,8
13,8	14,5	15,1	15,8	16,5	17,1	17,8	1,0	Handgelenkumfang	–	–	–	14,5	–	–	–	0,7
29,0	30,6	31,9	33,4	34,9	36,2	37,8	2,2	Wadenumfang	28,1	29,7	31,1	32,7	34,3	35,7	37,3	2,3
								17 Jahre								
47,6	52,1	56,2	60,8	65,4	69,5	74,0	6,69	Gewicht	43,0	47,7	51,9	56,5	61,1	65,3	70,0	6,8
162,6	166,7	170,3	174,3	178,3	181,9	186,0	5,9	Länge	151,7	155,8	159,6	163,8	168,0	171,8	175,9	6,1
79,9	82,2	84,3	86,6	88,9	91,0	93,3	3,4	Sitzhöhe	77,2	79,4	81,3	83,5	85,7	87,6	89,8	3,2
36,2	37,5	38,7	40,0	41,3	42,5	43,8	1,9	Schulterbreite	32,7	34,0	35,2	36,5	37,8	39,0	40,3	1,9
28,6	29,7	30,6	31,6	32,6	33,5	34,6	1,5	Beckenbreite	27,9	29,2	30,3	31,5	32,7	33,8	35,1	1,8
50,8	51,9	52,8	53,8	54,8	55,7	56,8	1,5	Kopfumfang	51,1	52,0	52,8	53,7	54,6	55,4	56,3	1,4
70,1	73,0	75,5	78,4	81,3	83,8	86,7	4,2	Thoraxumfang	59,8	63,2	66,2	69,5	72,8	75,8	79,2	4,9
20,0	21,5	22,8	24,2	25,6	26,9	28,4	2,1	Oberarmumfang	20,6	21,9	23,0	24,2	25,4	26,5	27,8	1,8
14,0	14,6	15,2	15,8	16,4	17,0	17,6	0,9	Handgelenkumfang	–	–	–	14,5	–	–	–	0,7
29,3	30,8	32,1	33,5	34,9	36,2	37,7	2,1	Wadenumfang	28,2	29,8	31,2	32,8	34,4	35,8	37,4	2,3

[1] Heimendinger, J., *Helv. paediat. Acta*, **19**, Suppl. 13 (1964). Aufgrund von Messungen an 2150 Knaben und 2150 Mädchen in Kinderkrippen, Kindergärten und Schulen von Basel in den Jahren 1956 und 1957.

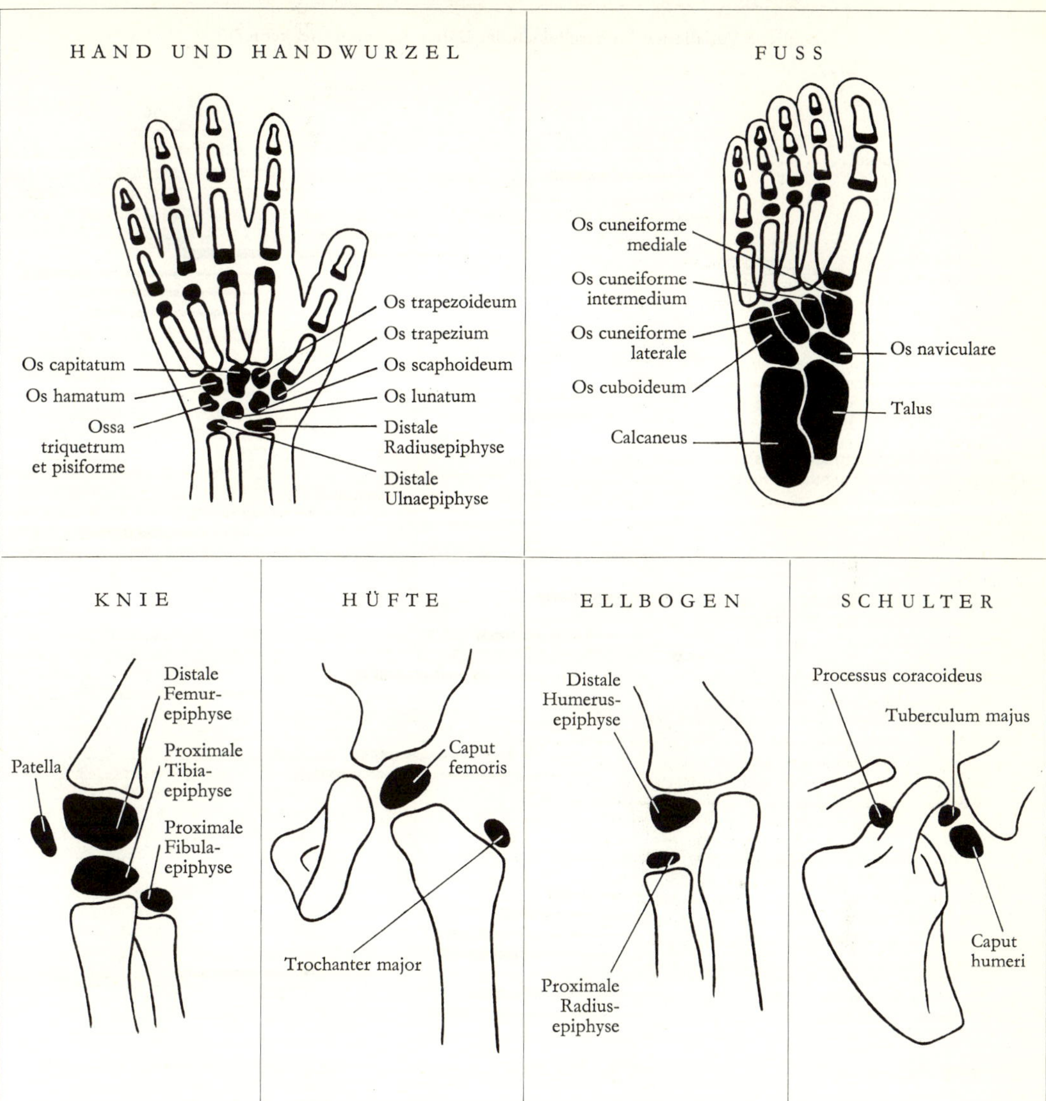

Die Beurteilung der Skelettentwicklung ist bei manchen klinischen Fragestellungen von erheblicher Bedeutung; von Geburt an bis zur abgeschlossenen Reifung können hier verschiedene regionale Prozesse der Ossifikation herangezogen werden.

Für die häufigsten klinischen Fragestellungen dürfen die folgenden Hinweise und Angaben als weitgehend verläßlich gelten.

Bestimmung der Reife im Neugeborenenalter

Knieaufnahme (antero-posterior oder lateral). Beim ausgetragenen Kind sollte die distale Femurepiphyse bereits gut ausgebildet und sichtbar sein.

Bestimmung des Knochenalters während der Kindheit

Anhand des Schemas auf S. 698 kann jeweils bei Betrachtung verschiedenster Skelettregionen festgestellt werden, inwieweit regionale Epiphysenkerne vorzeitig, zeitgemäß oder verspätet auftreten. Dabei ist zu berücksichtigen, daß eine ziemliche Variationsbreite noch als durchaus physiologisch zu gelten hat; ebenso, daß eine Dissoziation im Auftreten einzelner Ossifikationszentren häufig festzustellen ist. Aus diesem Grund empfiehlt es sich, zur Erfassung pathologischer Verhältnisse mehrere Körperregionen einer Röntgenanalyse zu unterziehen (Handwurzel, Knie und Fuß, eventuell andere).

Eine durchaus zufriedenstellende Orientierung ist nach wie vor anhand der beigegebenen Ossifikationsschemata der Hand (siehe S. 699) möglich. Für eine detaillierte Bewertung des Knochenalters empfiehlt es sich allerdings, die speziellen Atlanten[1–4] zu benutzen.

Bei der Bewertung der Knochenentwicklung zu Beginn und während der Pubertät ist zu berücksichtigen, daß Mädchen ein Knochenalter aufweisen, das gleichaltrigen Knaben im Durchschnitt um zwei Jahre vorauseilt.

Beziehungen der Knochenentwicklung zum Auftreten der Pubertät

Das zeitliche Auftreten der Pubertät läßt sich aufgrund der Knochenentwicklung mit weit größerer Sicherheit voraussagen als aufgrund von Körpergröße oder, was noch weit weniger verläßlich ist, aufgrund des chronologischen Alters. Bei kontinuierlich rasch fortschreitendem Knochenalter wird die Pubertät früh einsetzen und umgekehrt. Gleichermaßen besteht eine Beziehung zwischen der definitiven Größe eines Individuums und dem Auftreten und Reifezustand der verschiedenen Ossifikationszentren.

* Die Seiten 697–699 entstanden in Zusammenarbeit mit H. J. Kaufmann, Kinderspital Basel.

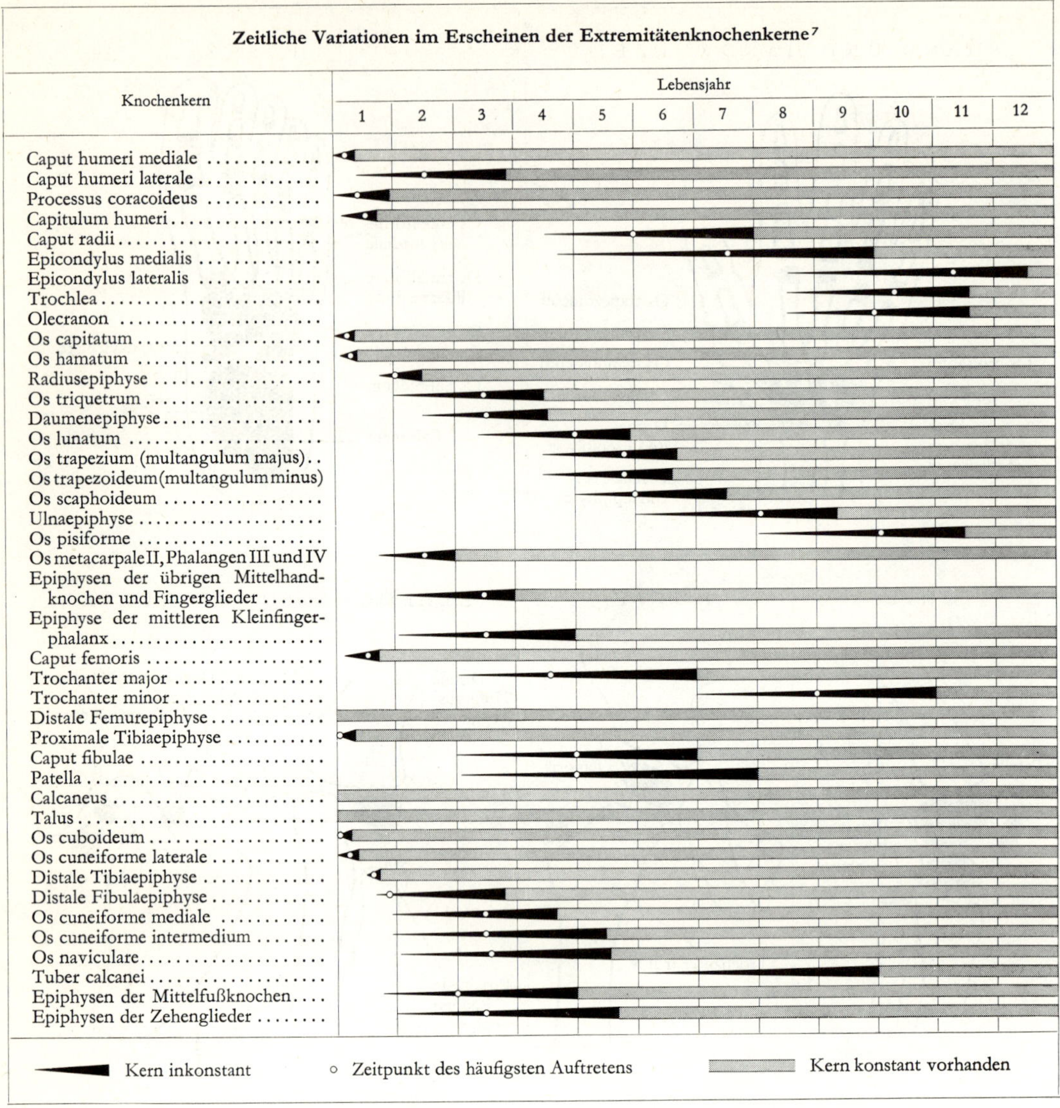

So ist es möglich, anhand der Angaben im Atlas von Greulich und Pyle[7] nach dem sechsten Jahr aus Knochenalter und Größe die zu erwartende Erwachsenengröße mit weitgehender Genauigkeit vorauszusagen. Klinisch wichtig ist die Tatsache, daß eine enge Korrelation zwischen dem Auftreten der Sesambeine am Daumen und dem Beginn der Pubertät besteht. Bei Ossifikationsbeginn der Apophyse am Beckenkamm kann bei Mädchen die Menarche innert sechs Monaten erwartet werden.

Klinische Probleme, bei denen die Bestimmung des Knochenalters von Bedeutung ist

Hypothyreose zeigt deutliches Zurückbleiben der Ossifikationszentren. Die Therapie muß laufend durch Bestimmung des Knochenalters überwacht werden. Bei überstürzter Reifung des Skeletts Gefahr eines Kleinwuchses.

Hypophysärer Kleinwuchs. Das Knochenalter bleibt im gleichen Maß wie das Längenalter zurück.

Primordialer Zwergwuchs. Störung des Längenalters bei praktisch normalem, altersgemäßem Stand der Ossifikation.

Hypophysärer Riesenwuchs. Wiederum dissoziiertes Verhalten. Längenalter weit voraus, Ossifikationsstand dem Alter entsprechend.

Adrenogenitales Syndrom (mit Pubertas praecox). Das Knochenalter ist dem Längenalter weit voraus, so daß diese Individuen infolge verfrühten Verschlusses der Epiphysenfugen nur eine unternormale Körpergröße erreichen.

Pseudopubertas praecox. Ebenfalls rascheres Fortschreiten des Knochenalters im Vergleich mit dem ebenfalls zu intensiven Längenwachstum.

Für die Klärung von Fragestellungen über den Zustand der sekundären Ossifikationszentren können unter anderem die im Literaturverzeichnis aufgeführten Atlanten und Lehrbücher zu Rate gezogen werden[1–6].

Literatur

1 Greulich und Pyle, *Radiographic Atlas of Skeletal Development of the Hand and Wrist*, Stanford University Press, Stanford, 1950.

2 Schmid und Moll, *Atlas der normalen und pathologischen Handskeletentwicklung*, Springer, Berlin, 1960.

3 Hoerr et al., *Radiographic Atlas of Skeletal Development of the Foot and Ankle*, Thomas, Springfield, 1962.

4 Pyle und Hoerr, *Radiographic Atlas of Skeletal Development of the Knee*, Thomas, Springfield, 1955.

5 Schmid und Weber, *Röntgendiagnostik im Kindesalter*, Bergmann, München, 1955.

6 Caffey, J., *Pediatric X-Ray Diagnosis*, 4. Aufl., Year Book Medical Publishers, Chicago, 1961.

7 Schmid und Halden, *Fortschr. Röntgenstr.*, **71**, 975 (1949).

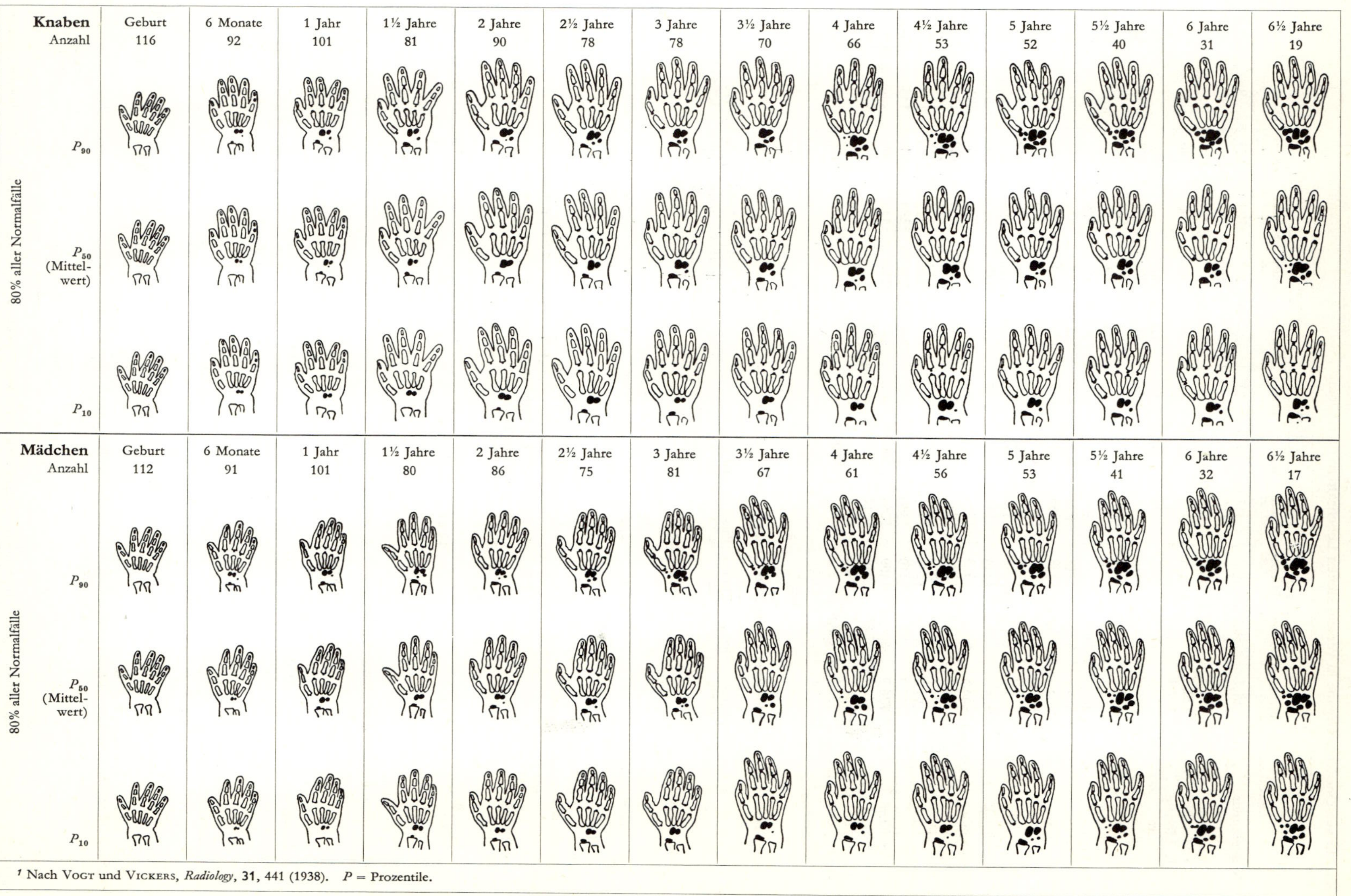

Knaben
Anzahl
Geburt 116
6 Monate 92
1 Jahr 101
1½ Jahre 81
2 Jahre 90
2½ Jahre 78
3 Jahre 78
3½ Jahre 70
4 Jahre 66
4½ Jahre 53
5 Jahre 52
5½ Jahre 40
6 Jahre 31
6½ Jahre 19
80% aller Normalfälle
P_{90}
P_{50} (Mittelwert)
P_{10}
Mädchen
Anzahl
Geburt 112
6 Monate 91
1 Jahr 101
1½ Jahre 80
2 Jahre 86
2½ Jahre 75
3 Jahre 81
3½ Jahre 67
4 Jahre 61
4½ Jahre 56
5 Jahre 53
5½ Jahre 41
6 Jahre 32
6½ Jahre 17
80% aller Normalfälle
P_{90}
P_{50} (Mittelwert)
P_{10}

[1] Nach Vogt und Vickers, *Radiology*, **31**, 441 (1938). P = Prozentile.

Gewicht verschiedener Organe in verschiedenen Lebensaltern (in Gramm)[1]

	Lunge		Gehirn		Herz		Nieren		Leber		Milz	
	Männer	Frauen	Männer	Frauen	Männer	Frauen	Männer	Frauen	Männer	Frauen	Männer	Frauen
Neugeborene	51,7	50,9	353	347	19	20	24	24	124	125	8	6
0–3 Monate	68,8	63,6	435	411	–	–	–	–	–	–	–	–
3–6 Monate	94,1	93,3	600	534	–	–	–	–	–	–	–	–
6–9 Monate	128,5	114,7	877	726	41	36	60	52	300	240	26	25
9–12 Monate	142,4	142,1										
1–2 Jahre	170,3	175,3	971	894	54	48	72	65	400	390	35	34
2–3 Jahre	245,9	244,3	1076	1012	63	62	85	75	460	450	42	41
3–4 Jahre	304,7	265,5	1179	1076	73	71	93	84	510	500	48	47
4–5 Jahre	314,2	311,7	1290	1156	83	80	100	93	555	550	53	52
5–6 Jahre	260,6	319,9	1275	1206	95	90	106	102	595	590	58	57
6–7 Jahre	399,5	357,5	1313	1225	103	100	112	112	630	635	62	62
7–8 Jahre	365,4	404,4	1338	1265	110	113	120	123	665	685	64	67
8–9 Jahre	405,0	382,1	1294	1208	122	126	128	135	715	745	68	71
9–10 Jahre	376,4	358,4	1360	1226	132	140	138	148	770	810	73	77
10–11 Jahre	474,5	571,2	1378	1247	144	154	150	163	850	880	82	85
11–12 Jahre	465,6	535,0	1348	1259	157	168	164	180	950	960	91	93
12–13 Jahre	458,8	681,7	1383	1256	180	188	178	195	1050	1080	101	103
13–14 Jahre	504,5	602,3	1382	1243	202	207	196	210	1150	1180	111	112
14–15 Jahre	692,8	517,0	1356	1318	238	226	212	222	1240	1270	121	120
15–16 Jahre	691,7	708,8	1407	1271	258	238	229	230	1315	1330	135	127
16–17 Jahre	747,3	626,5	1419	1300	282	243	244	236	1380	1360	145	134
17–18 Jahre	776,9	694,5	1409	1254	300	247	260	240	1450	1380	152	140
18–19 Jahre	874,7	654,9	1426	1312	310	250	270	244	1510	1395	157	146
19–20 Jahre	1035,6	785,2	1430	1294	318	251	282	247	1580	1405	160	151
20–21 Jahre	953,0	792,8	–	–	322	252	290	248	1630	1415	162	155

Gewicht verschiedener endokriner Organe (in Gramm) (Werte gelten für beide Geschlechter)[1]

	Nebennieren	Hypophyse	Thymus	Pankreas	Schilddrüse
Neugeborene	9,04	–	10,9	2,77	2,09
2–14 Tage	5,19	–	–	–	–
0–1 Monat	–	–	–	2,42	–
1–2 Monate	–	–	–	2,63	–
0–3 Monate	–	–	–	–	1,71
2–3 Monate	–	–	–	4,46	–
0–6 Monate	–	0,113	–	–	–
3–6 Monate	3,91	–	–	5,38	2,11
1 Tag bis 12 Monate	–	–	19,5	–	–
6–12 Monate	4,73	0,127	–	9,24	2,04
1–2 Jahre	3,56	0,148	–	13,54	2,53
1–3 Jahre	–	–	23,0	–	–
2–3 Jahre	–	–	–	–	3,40
2–4 Jahre	–	–	–	19,44	–
2–5 Jahre	4,71	0,194	–	–	–
3–5 Jahre	–	–	28,0	–	–
4–6 Jahre	–	–	–	22,44	5,24
6–8 Jahre	–	–	–	28,46	7,05
5–10 Jahre	5,19	0,257	28,5	–	–
8–10 Jahre	–	–	–	26,53	9,30
10–12 Jahre	–	–	–	29,25	8,69
12–14 Jahre	–	–	–	–	14,82
10–15 Jahre	7,00	0,380	29,5	–	–
14–16 Jahre	–	–	–	–	14,48
16–18 Jahre	–	–	–	–	16,62
15–20 Jahre	10,00	0,556	21,0	68,33	–
18–20 Jahre	–	–	–	–	18,33
20–25 Jahre	–	–	18,6	–	–

Gewicht verschiedener Fortpflanzungsorgane (in Gramm)[1]

	Testes	Testes und Epididymis	Samenbläschen	Prostata	Ovarien	Eileiter	Uterus
Neugeborene	0,85	0,91	0,050	0,82	0,33	0,29	3,90
0–1 Jahr	1,03	1,33	0,052	0,9	0,62	0,26	1,42
1–2 Jahre	–	–	–	–	0,84	0,29	1,50
1–3 Jahre	1,48	1,82	–	1,2	–	–	–
2–4 Jahre	–	–	–	–	1,12	–	2,30
3–5 Jahre	1,64	1,76	–	1,1	–	–	–
4–7 Jahre	–	–	–	–	1,90	–	2,80
5–10 Jahre	1,67	2,24	0,099	1,3	–	–	–
10–12 Jahre	2,00	4,00	0,120	1,9	–	–	–
7–14 Jahre	–	–	–	–	3,30	0,49	4,30
12–14 Jahre	6,96	8,15	–	3,3	–	–	–
14–16 Jahre	15,56	19,3	0,900	4,3	–	–	–
16–18 Jahre	–	32,0	–	8,8	–	–	–
14–20 Jahre	–	–	–	–	6,03	1,05	32,50
20–30 Jahre	34,66	–	–	16,6	10,71	2,13	49,50

[1] Nach Boyd, E., in: Altman und Dittmer (Hrsg.), *Growth, including Reproduction and Morphological Development*, Biological Handbooks, Federation of American Societies for Experimental Biology, Washington, 1962, S. 346.

Größe (in Schuhen) cm	Durchschnittsgewicht [1] in Kilogramm (in Hauskleidern)								Idealgewicht [2] in Kilogramm (in Hauskleidern), 25 Jahre und älter		
	15–16 Jahre	17–19 Jahre	20–24 Jahre	25–29 Jahre	30–39 Jahre	40–49 Jahre	50–59 Jahre	60–69 Jahre	Leichter Körperbau	Mittelschwerer Körperbau	Schwerer Körperbau
					Männer						
153	44,9	51,7	55,7	58,4	59,7	61,1	62,0	60,7			
154	45,6	52,1	56,2	58,9	60,3	61,6	62,5	61,2			
155	46,3	52,6	56,7	59,5	60,8	62,2	63,1	61,7			
156	47,2	53,2	57,2	60,0	61,3	62,7	63,6	62,2			
157	48,1	53,7	57,8	60,5	61,9	63,2	64,1	62,8	50,5–54,2	53,3–58,2	56,9–63,7
158	49,0	54,3	58,4	61,2	62,5	63,9	64,7	63,3	51,1–54,7	53,8–58,9	57,4–64,2
159	49,9	55,1	59,1	61,9	63,2	64,6	65,2	63,9	51,6–55,2	54,3–59,6	58,0–64,8
160	50,8	55,8	59,9	62,6	63,9	65,3	65,8	64,4	52,2–55,8	54,9–60,3	58,5–65,3
161	51,7	56,5	60,6	63,1	64,7	66,0	66,5	65,1	52,7–56,3	55,4–60,9	59,0–66,0
162	52,6	57,2	61,3	63,7	65,4	66,7	67,2	65,8	53,2–56,9	55,9–61,4	59,6–66,7
163	53,5	58,0	61,9	64,2	66,1	67,5	67,9	66,6	53,8–57,4	56,5–61,9	60,1–67,5
164	54,4	58,7	62,5	64,8	66,8	68,2	68,6	67,3	54,3–57,9	57,0–62,5	60,7–68,2
165	55,3	59,4	63,0	65,3	67,5	68,9	69,4	68,0	54,9–58,5	57,6–63,0	61,2–68,9
166	56,1	60,1	63,5	66,0	68,2	69,6	70,0	68,7	55,4–59,2	58,1–63,7	61,7–69,6
167	57,0	60,8	64,1	66,7	68,9	70,3	70,8	69,4	55,9–59,9	58,6–64,4	62,3–70,3
168	57,9	61,6	64,6	67,3	69,7	71,1	71,5	70,2	56,5–60,6	59,2–65,1	62,9–71,1
169	58,8	62,2	65,1	67,9	70,4	72,0	72,4	71,1	57,2–61,3	59,9–65,8	63,6–72,0
170	59,7	62,9	65,7	68,4	71,1	72,9	73,3	72,0	57,9–62,0	60,7–66,6	64,3–72,9
171	60,6	63,6	66,4	69,1	71,8	73,6	74,1	72,7	58,6–62,7	61,4–67,4	65,1–73,8
172	61,5	64,3	67,1	69,8	72,5	74,3	74,8	73,4	59,4–63,4	62,1–68,3	66,0–74,7
173	62,4	65,1	67,8	70,5	73,2	75,0	75,5	74,2	60,1–64,2	62,8–69,1	66,9–75,5
174	63,3	65,8	68,5	71,2	73,9	75,8	76,2	75,1	60,8–64,9	63,5–69,9	67,6–76,2
175	64,2	66,5	69,2	71,9	74,7	76,5	76,9	76,0	61,5–65,6	64,2–70,6	68,3–76,9
176	64,9	67,2	69,9	72,6	75,5	77,3	77,8	76,9	62,2–66,4	64,9–71,3	69,0–77,6
177	65,7	67,9	70,6	73,4	76,4	78,2	78,7	77,8	62,9–67,3	65,7–72,0	69,7–78,4
178	66,4	68,6	71,4	74,1	77,3	79,1	79,6	78,7	63,6–68,2	66,4–72,8	70,4–79,1
179	67,1	69,3	72,1	74,8	78,0	79,8	80,5	79,5	64,4–68,9	67,1–73,6	71,2–80,0
180	67,8	70,1	72,8	75,5	78,7	80,5	81,3	80,4	65,1–69,6	67,8–74,5	71,9–80,9
181	68,5	70,9	73,6	76,3	79,5	81,3	82,2	81,3	65,8–70,3	68,5–75,4	72,7–81,8
182	69,2	71,8	74,5	77,2	80,4	82,2	83,1	82,2	66,5–71,0	69,2–76,3	73,6–82,7
183	70,0	72,7	75,4	78,1	81,3	83,1	84,0	83,1	67,2–71,8	69,9–77,2	74,5–83,6
184	70,9	73,4	76,1	79,0	82,0	83,8	84,7	84,0	67,9–72,5	70,7–78,1	75,2–84,5
185	71,7	74,1	76,8	79,9	82,7	84,5	85,4	84,9	68,6–73,2	71,4–79,0	75,9–85,4
186	72,6	74,8	77,5	80,8	83,5	85,3	86,2	85,8	69,4–74,0	72,1–79,9	76,7–86,2
187	73,5	75,5	78,2	81,7	84,4	86,2	87,1	86,7	70,1–74,9	72,8–80,8	77,6–87,1
188	74,4	76,2	79,0	82,6	85,3	87,1	88,0	87,6	70,8–75,8	73,5–81,7	78,5–88,0
189	75,3	76,9	79,7	83,3	86,2	88,0	88,9	88,5	71,5–76,5	74,4–82,6	79,4–88,9
190	76,2	77,7	80,4	84,0	87,1	88,9	89,8	89,4	72,2–77,2	75,3–83,5	80,3–89,8
191	77,1	78,4	81,0	84,7	88,1	89,9	90,8	90,3	72,9–77,9	76,2–84,4	81,1–90,7
192	78,0	79,1	81,5	85,4	89,2	91,0	91,9	91,4	73,6–78,6	77,1–85,3	81,8–91,6
193	–	79,8	82,1	86,2	90,2	92,0	92,9	92,5	74,4–79,3	78,0–86,1	82,5–92,5
194	–	80,5	82,6	86,9	91,3	93,1	94,0	93,6	75,1–80,1	78,9–87,0	83,2–93,4
195	–	81,2	83,2	87,6	92,4	94,2	95,1	94,6	75,8–80,8	79,8–87,9	84,0–94,3
					Frauen						
148	44,4	45,3	46,6	48,9	52,4	55,6	56,9	57,8	42,0–44,8	43,8–48,9	47,4–54,3
149	44,9	45,8	47,2	49,4	52,8	55,9	57,3	58,2	42,3–45,4	44,1–49,4	47,8–54,9
150	45,4	46,3	47,7	50,0	53,1	56,3	57,7	58,6	42,7–45,9	44,5–50,0	48,2–55,4
151	46,0	46,9	48,2	50,5	53,7	56,9	58,2	58,9	43,0–46,4	45,1–50,5	48,7–55,9
152	46,5	47,4	48,8	51,0	54,2	57,4	58,8	59,3	43,4–47,0	45,6–51,0	49,2–56,5
153	47,1	48,1	49,4	51,6	54,8	57,9	59,3	59,8	43,9–47,5	46,1–51,6	49,8–57,0
154	47,9	48,8	50,1	52,1	55,3	58,5	59,8	60,3	44,4–48,0	46,7–52,1	50,3–57,6
155	48,6	49,5	50,8	52,6	55,8	59,0	60,4	60,8	44,9–48,6	47,2–52,6	50,8–58,1
156	49,3	50,2	51,3	53,2	56,3	59,5	60,9	61,3	45,4–49,1	47,7–53,2	51,3–58,6
157	50,0	50,9	51,9	53,7	56,9	60,0	61,4	61,9	46,0–49,6	48,2–53,7	51,9–59,1
158	50,6	51,5	52,4	54,3	57,4	60,6	62,1	62,5	46,5–50,2	48,8–54,3	52,4–59,7
159	51,1	52,1	53,0	54,8	58,0	61,1	62,8	63,2	47,1–50,7	49,3–54,8	53,0–60,2
160	51,7	52,6	53,5	55,3	58,5	61,7	63,5	63,9	47,6–51,2	49,9–55,3	53,5–60,8
161	52,2	53,3	54,0	55,9	59,0	62,4	64,2	64,7	48,2–51,8	50,4–56,0	54,0–61,5
162	52,8	54,0	54,6	56,5	59,6	63,1	64,9	65,4	48,7–52,3	51,0–56,8	54,6–62,2
163	53,4	54,8	55,2	57,0	60,1	63,8	65,7	66,1	49,2–52,9	51,5–57,5	55,2–62,9
164	54,1	55,5	55,9	57,7	60,7	64,3	66,4	66,8	49,8–53,4	52,0–58,2	55,9–63,7
165	54,8	56,2	56,6	58,5	61,2	64,8	67,1	67,5	50,3–53,9	52,6–58,9	56,7–64,4
166	55,5	56,7	57,3	59,2	61,9	65,5	67,8	68,2	50,8–54,6	53,3–59,8	57,3–65,1
167	56,2	57,3	58,1	59,9	62,6	66,2	68,5	68,9	51,4–55,3	54,0–60,7	58,1–65,8
168	56,9	57,8	58,7	60,5	63,2	66,9	69,2	69,7	52,0–56,0	54,7–61,5	58,8–66,5
169	57,4	58,3	59,2	61,1	63,8	67,6	69,9	70,4	52,7–56,8	55,4–62,2	59,5–67,2
170	58,0	58,9	59,8	61,6	64,3	68,4	70,6	71,1	53,4–57,5	56,1–62,9	60,2–67,9
171	58,6	59,6	60,5	62,3	65,0	69,1	71,3	71,8	54,1–58,2	56,8–63,6	60,9–68,6
172	59,4	60,3	61,2	63,0	65,7	69,8	72,1	72,5	54,8–58,9	57,5–64,3	61,6–69,3
173	60,1	61,0	61,9	63,7	66,4	70,5	72,8	73,2	55,5–59,6	58,3–65,1	62,3–70,1
174	60,8	61,7	62,6	64,4	67,1	71,2	73,5	73,9	56,3–60,3	59,0–65,8	63,1–70,8
175	61,5	62,4	63,3	65,1	67,9	71,9	74,2	74,7	57,0–61,0	59,7–66,5	63,8–71,5
176	62,2	63,1	64,0	65,8	68,6	72,8	75,1	75,4	57,7–61,9	60,4–67,2	64,5–72,3
177	62,9	63,8	64,7	66,6	69,3	73,7	75,9	76,1	58,4–62,8	61,1–67,8	65,2–73,2
178	63,6	64,6	65,5	67,3	70,0	74,6	76,8	76,8	59,1–63,6	61,8–68,6	65,9–74,1
179	–	65,5	66,4	68,2	70,9	75,5	77,7	–	59,8–64,4	62,5–69,3	66,6–75,0
180	–	66,4	67,3	69,1	71,8	76,4	78,6	–	60,5–65,1	63,3–70,1	67,3–75,9
181	–	67,3	68,2	70,0	72,7	77,2	79,6	–	61,3–65,8	64,0–70,8	68,1–76,8
182	–	68,2	69,1	70,9	73,6	78,1	80,7	–	62,0–66,5	64,7–71,5	68,8–77,7
183	–	69,1	70,0	71,8	74,5	79,0	81,8	–	62,7–67,2	65,4–72,2	69,5–78,6
184	–	70,0	70,9	72,7	75,4	79,9	82,9	–	63,4–67,9	66,1–72,9	70,2–79,5
185	–	70,9	71,8	73,6	76,3	80,8	83,9	–	64,1–68,6	66,8–73,6	70,9–80,4

[1] Nach *Build and Blood Pressure Study*, Band 1, Society of Actuaries, Chicago, 1959, S. 16. Auf metrische Maße umgerechnet. [2] Nach *Statist. Bull. Metrop. Life Insur. Co.*, **40**, Nov.–Dez. (1959). Auf metrische Maße umgerechnet. – Idealgewicht: Gewicht mit der höchsten Lebenserwartung.

Hormone

In diesem Abschnitt sind spezifisch wirkende Stoffe besprochen, die von spezialisierten Drüsen oder Geweben gebildet und in die Blutbahn sezerniert werden. In chemischer Hinsicht handelt es sich um Polypeptide, Derivate von Aminosäuren oder Steroide. Die beobachtbaren physiologischen Wirkungen dieser Stoffe sind die Folgen einer biochemische Vorgänge betreffenden Primärwirkung, wie Permeabilitätsänderungen der Zellmembran oder Stimulierung bestimmter Genorte, die zur Synthese bestimmter Enzyme führt[1].

Literatur

[1] Karlson, P. (Hrsg.), *Mechanisms of Hormone Action*, NATO Advanced Study Institute, Academic Press, New York, 1965.

Gonadotropine des Hypophysenvorderlappens[1,2]

Follikelstimulierendes Hormon
(FSH = follicle-stimulating hormone, Follikelreifungshormon)

Luteinisierendes Hormon
(LH = luteinizing hormone, ICSH = interstitial cell-stimulating hormone, Gelbkörperreifungshormon)

Chemie

Die Gonadotropine sind Glycoproteine mit einem Molgewicht des Monomeren von 16000–17000[3,4]; bei höher liegenden Angaben handelt es sich wahrscheinlich um Molgewichte des Dimeren und Tetrameren des Moleküls. Der Kohlenhydratanteil von Human-LH liegt bei 17%, von Human-FSH bei 24%[5], mit den Kohlenhydraten Mannose, Galactose, Fucose, N-Acetylhexosamine und N-Acetylneuraminsäure. LH hat einen wesentlich höheren Prolingehalt als FSH[5]. Gonadotropine aus Hypophyse und Harn lassen sich durch geeignete Extraktion, fraktionierte Fällung, Gelfiltration und Gelelektrophorese gewinnen. Reinheitsgrad und Aktivität von Präparaten aus der Hypophyse sind größer als von solchen aus dem Harn.

Aktivität verschiedener Humangonadotropinpräparate[1]

Herkunft	FSH-Präparate		
	FSH-Aktivität (IE/mg)	LH-Aktivität (IE/mg)	Autor
Hypophyse	1000	<10	Butt
Menopausenharn	597	11	Donini
	789	< 0,03	Stevens
Männlicher Harn	59,5	24,2	Donini

Herkunft	LH-Präparate		
	LH-Aktivität (IE/mg)	FSH-Aktivität (IE/mg)	Autor
Hypophyse	7500	< 1	Hartree
Menopausenharn	447	18,9	Donini
Männlicher Harn	53,6	6,7	Donini

[1] Butt, W.R., in: Bell und Loraine (Hrsg.), *Recent Research on Gonadotrophic Hormones*, Proceedings of 5th Gonadotrophin Club Meeting, Edinburg 1966, Livingstone, Edinburg, 1967, S.151.

* Der Abschnitt «Hormone», S.702–748, entstand in Zusammenarbeit mit Sir Hans Krebs, F.R.S., und P.R. Raggatt (Department of Biochemistry, University of Oxford, England); J.M. Lowenstein (Graduate Department of Biochemistry, Brandeis University, Waltham, Mass., USA); M. Aliapoulios (Peter Bent Brigham Hospital, Boston, Mass., USA); H.M. Goodman, W. Roth und W.J. Reddy (Harvard Medical School, Boston, Mass., USA); M.J. Herrera und J. Steinke (Joslin Research Laboratory, Boston, Mass., USA); J. Solomon (Chestnut Hill, Mass., USA); J.R. Williamson (Department of Biophysics and Physical Biochemistry, The Johnson Foundation, Philadelphia, Pa., USA); L. Braverman (St. Elizabeth's Hospital, Boston, Mass., USA); H. Studer (Medizinische Universitätsklinik Bern); R. Veyrat (Laboratoire de physiopathologie clinique et Département de médecine interne, Hôpital cantonal, Genève).

Einheiten

Folgende Referenzpräparate stehen zur Verfügung[6]:

1. internationales Referenzpräparat für Humanmenopausengonadotropin (IRP-HMG), früher auch als HMG-24 bezeichnet.
2. internationales Referenzpräparat für Humanmenopausengonadotropin (IRP-HMG), früher als Pergonal-23 bezeichnet. 1 internationale Einheit (IE) von Humanharn-FSH bzw. Humanharn-LH ist in 0,2295 mg des Referenzpräparats enthalten (siehe S. 753).

«Human pituitary gonadotrophin» (NIH-HPG-UE) der National Institutes of Health, Endocrinology Study Section, Bethesda, USA. Das Präparat wurde aus dem Harn von Eunuchen isoliert.

FSH der National Institutes of Health aus Schafhypophysen; 3 Präparate wurden bisher verteilt (NIH-FSH-S1, -S2 und -S3).

LH der National Institutes of Health aus Schafhypophysen (NIH-LH-S1).

Ein internationales Referenzpräparat von Humanhypophysen-Gonadotropin ist in Vorbereitung.

Umrechnungsfaktoren für Gonadotropinpräparate, angegeben in mg oder IE, die 1 mg des 2. IRP-HMG entsprechen[1]

Referenzpräparat	FSH*	LH**
2. IRP-HMG	1	1
1. IRP-HMG	56	16
NIH-FSH-S1	0,31	–
NIH-LH-S1	–	0,0053
Internationale Einheit	8	8

* Bestimmt anhand des Gewichtsanstiegs des Ovars.
** Bestimmt anhand des Ascorbinsäureabfalls im Ovar.
[1] Butt et al., in: Wolstenholme und Knight (Hrsg.), *Gonadotropins: Physicochemical and Immunological Properties*, Ciba Foundation Study Group, Nr.22, Churchill, London, 1965, S.85.

Bestimmungsmethoden

Methoden zur Bestimmung der Gonadotropine und der Extraktion aus Körperflüssigkeiten wurden wiederholt besprochen[6,7]. Oft herangezogene Bestimmungsmethoden sind:

Gesamtgonadotropinaktivität. Gewichtsanstieg des Uterus juveniler Mäuse[8] oder des Ovars juveniler Ratten[9].

FSH-Aktivität. Gewichtsanstieg des Ovars HCG-behandelter juveniler Ratten[10]. HCG hat biologisch ähnliche Eigenschaften wie LH; nach Überdosis wird das Ovar gegen weitere Einflüsse von LH refraktär und reagiert nur noch auf FSH.

LH-Aktivität. Gewichtsanstieg des ventralen Anteils der Prostata juveniler hypophysektomierter Ratten[11]; Abfall des Ascorbinsäure-[12] oder Cholesterinspiegels[13] im Ovar pseudogravider juveniler Ratten nach intravenöser bzw. subkutaner Applikation des Hormons.

Immunologische Methoden. LH[14] und FSH[15] lassen sich mittels Hämagglutinationshemmung bestimmen, LH außerdem durch Latexpartikelagglutinationshemmung[16]. Für LH[17,18] und FSH[18] sind auch radioimmunologische Bestimmungsmethoden ausgearbeitet worden.

Bildung, Sekretion, Stoffwechsel

Im Hypophysenvorderlappen werden die Gonadotropine in den zu den basophilen β-Zellen gehörenden Δ-Zellen gebildet[19]. Im kreisenden Blut finden sich kleine Mengen der Gonadotropine, die erst neuerdings mittels radioimmunologischer Methoden befriedigend bestimmbar sind. Der LH-Spiegel des Serums betrug in einer solchen Untersuchung bei Männern sowie bei Frauen außerhalb der Zyklusmitte 4,8–26 mE des 2. IRP-HMG/ml[20]. In der Zyklusmitte kurz vor dem Anstieg der Basaltemperatur steigt der LH-Spiegel des Plasmas für weniger als 24–48 h auf 30–150 mE/ml[21]. Bei Kindern vor der Pubertät ist der LH-Spiegel des Plasmas nur wenig geringer als bei Erwachsenen, bei Frauen wurden nach der Menopause Werte bis zu 85 mE/ml beobachtet[20]. Der FSH-Spiegel des Plasmas ist bei Männern und Frauen annähernd gleich hoch und zeigt bei Frauen auch während des Zyklus keine charakteristischen Veränderungen; nach der Menopause ist er erhöht[22]. Bei Männern wurden charakteristische Schwankungen des FSH-Serumspiegels im Verlauf des Tages beobachtet, nicht aber solche des LH-Serumspiegels[23].

Über den Stoffwechsel der Gonadotropine ist kaum etwas bekannt. Obwohl sie hochmolekulare Glycoproteine sind, werden sie durch die Niere ausgeschieden. Die mittlere renale Clearance für FSH wurde mit 0,68 ml/min, die für LH mit 0,14 ml/min bestimmt[24]. Nur ein kleiner Anteil des von der Hypophyse produzierten LH erscheint im Harn[25].

Normalwerte der Gonadotropinausscheidung sind in der untenstehenden Tabelle zusammengestellt. Kleine Mengen an Gesamtgonadotropin bzw. LH finden sich häufig im Harn von Kindern vor der Pubertät[26]. Bei der Frau weist die Gonadotropinausscheidung im Verlauf des Zyklus charakteristische Schwankungen auf mit einem Maximum während der Ovulationsphase, welches dem Anstieg der Basaltemperatur kurz vorausgeht[27]. LH ist im Harn in jeder Zyklusphase vorhanden und weist wie die Gesamtgonadotropine ebenfalls ein Aktivitätsmaximum in der Zyklusmitte auf[28–30]. Auch FSH ist in jeder Zyklusphase im Harn nachweisbar, die Ausscheidung zeigt aber keinen ausgeprägten Rhythmus im Zyklusablauf[28, 29]. Nach der Menopause ist die Gonadotropinausscheidung erhöht infolge weitgehenden Ausfalls des Einflusses der ovariellen Östrogene, mit beträchtlichen Schwankungen von Tag zu Tag[31]. Im Harn von Männern liegen FSH und LH etwa im gleichen Verhältnis vor wie im Menopausenharn[29].

Die Gonadotropinbestimmung im Harn eignet sich zur Unterscheidung von primärer Insuffizienz der Gonaden (erhöhte Ausscheidung) und sekundärer Insuffizienz infolge Störung der Hypophysenfunktion (erniedrigte Ausscheidung).

Im Harn von Kindern und Erwachsenen soll auch eine gonadotropinhemmende Substanz enthalten sein, deren genauere physiologische Bedeutung unbekannt ist[32].

Gesamtgonadotropinausscheidung im Harn

	Mittelwert	Bereich	s	Literatur
	mg des 1. IRP-HMG/24 h			
Männer, 18–40 Jahre	7,7	3,8–18,1	–	1
Frauen, 18–35 Jahre	4,9	2,7–7,1	–	1
Mädchen, 14–15 Jahre	0,8	–	–	1
Mädchen, 10 Jahre	0,3	–	–	1
Knabe, 8 ½ Jahre	0,5	–	–	1
	E des 1. IRP-HMG/24 h			
Frauen, Menstruation	9,0	3,0–15,7	–	2
Frauen, Proliferationsphase	9,2	2,8–30,4	–	2
Frauen, Ovulationsphase	10,5	2,8–31,6	–	2
Frauen, Lutealphase	7,4	2,9–14,9	–	2
Frauen, nach der Menopause	76	35–158*	–	3
Männer, 20–60 Jahre	11	5–23*	–	4

* 95%-Bereich.

Literatur

1 Fitschen und Clayton, *Arch. Dis. Childh.*, **40**, 16 (1965).
2 Loraine und Bell, *Lancet*, **1**, 1340 (1963).
3 Apostolakis und Loraine, *J. clin. Endocr.*, **20**, 1437 (1960).
4 Loraine, J.A., nach Loraine und Bell, *Hormone Assays and their Clinical Application*, 2. Aufl., Livingstone, Edinburg, 1966.

Steuerung der Gonadotropinsekretion. Die Gonadotropinausschüttung wird durch neurohumorale Faktoren aus dem Hypothalamus gesteuert, die sogenannten «gonadotropin-releasing factors» (GRF)[33]. Diese gelangen durch den Pfortaderkreislauf der Hypophyse zu den Zellen des Hypophysenvorderlappens[34]. Am besten ist bisher der LH-RF untersucht, bei dem es sich um ein Polypeptid mit einem Molgewicht zwischen 1200 und 2500 handeln dürfte[35]. LH-RF-Gaben bei der Ratte führten zu einem Anstieg des LH-Spiegels im Plasma[36]. Die LH-RF-Bildung wird durch Östrogene und hohe Dosen Progesteron und Testosteron gehemmt[35]. Eine direkte Hemmung der LH-Ausschüttung durch Einwirkung der Östrogene auf die Hypophyse muß ebenfalls in Betracht gezogen werden[37]. Zur Hemmung der FSH-RF-Bildung scheinen größere Mengen Östrogene erforderlich zu sein als zur Hemmung von LH-RF[38], und auch Testosteron hemmt die Bildung dieses Faktors[39]. Die Steuerung der Gonadotropine wird durch nervöse Impulse zentraler und peripherer Herkunft beeinflußt[40, 41]. Die Keimdrüsensteroide wirken auf Hypothalamus und Hypophyse, aber nicht nur in Form eines negativen «feed-back»-Mechanismus, sondern sie können unter gewissen Umständen auch eine stimulierende Wirkung entfalten (positiver «feed-back»)[2, 40].

Wirkung

Die Gonadotropine wirken direkt auf die Gonaden beider Geschlechter und indirekt auf die männlichen und weiblichen Geschlechtsorgane durch Stimulierung der Sekretion von Keimdrüsensteroiden. Die Gametogenese wird bei beiden Geschlechtern durch FSH aufrechterhalten. LH stimuliert das interstitielle Gewebe des Ovars, die Ovulation, die Corpus-luteum-Bildung und die Bildung von Androgenen in den Leydigschen Zellen. Das Zusammenspiel der verschiedenen Regelkreise im Verlauf des weiblichen Zyklus wird noch immer ungenügend verstanden. FSH zusammen mit LH induziert das Follikelwachstum und die Sekretion von Östrogenen. Eine LH-Woge führt zur Ovulation und stoppt die Östrogensekretion. Hohe Östrogen- und Progestagenspiegel des Blutes können die LH-Woge unterdrücken, was eine der Grundlagen der Anwendung ovulationshemmender Präparate bildet. FSH-Präparate aus der Hypophyse des Menschen mit nachfolgenden HCG-Gaben wurden wiederholt zur Ovulationsauslösung angewandt[42].

Literatur

1 Cole, H.H. (Hrsg.), *Gonadotropins, their Chemical and Biological Properties and Secretory Control*, Freeman, London, 1964; Apostolakis und Voigt, *Gonadotropine*, Thieme, Stuttgart, 1965; Harris und Donovan (Hrsg.), *The Pituitary Gland*, Band 1 und 2, Butterworth, London, 1966.
2 Mauvais-Jarvis, P., *Presse méd.*, **75**, 225 und 283 (1967).
3 Li und Starman, *Nature*, **202**, 291 (1964).
4 Jutisz, M., Diskussionsbeitrag in: Wolstenholme und Knight (Hrsg.), *Gonadotropins: Physicochemical and Immunological Properties*, Ciba Foundation Study Group, Nr. 22, Churchill, London, 1965, S. 113.
5 Butt, W.R., in: Bell und Loraine (Hrsg.), *Recent Research on Gonadotrophic Hormones*, Proceedings of 5th Gonadotrophin Club Meeting, Edinburg 1966, Livingstone, Edinburg, 1967, S. 129.
6 Loraine und Bell, *Hormone Assays and their Clinical Application*, 2. Aufl., Livingstone, Edinburg, 1966.
7 Lauritzen, C., *Med. Klin.*, **58**, 822 und 863 (1963); Bell, E.T., *Vitam. and Horm.*, **24**, 63 (1966).
8 Klinefelter, jr., et al., *J. clin. Endocr.*, **3**, 529 (1943).
9 Albert, A., *Fertil. and Steril.*, **10**, 60 (1959).
10 Steelman und Pohley, *Endocrinology*, **53**, 604 (1953).
11 Greep et al., *Endocrinology*, **30**, 635 (1942).
12 Parlow, A.F., in: Albert, A. (Hrsg.), *Human Pituitary Gonadotropins*, Thomas, Springfield, 1961, S. 300.
13 Bell et al., *J. Endocr.*, **28**, 321 (1964).
14 Wide et al., *Acta endocr. (Kbh.)*, **37**, 445 (1961); Wide und Gemzell, *Ciba Found. Coll. Endocr.*, **14**, 296 (1962).
15 Wolf, A., *Nature*, **211**, 942 (1966).
16 Rizkallah et al., *J. clin. Endocr.*, **25**, 943 (1965).
17 Odell et al., *Metabolism*, **15**, 287 (1966); Bagshawe et al., *Lancet*, **1**, 1118 (1966).
18 Midgley, A.R., jr., *Endocrinology*, **79**, 10 (1966).
19 Ezrin, C., in: Netter, P.H. (Hrsg.), *Endocrine System and Selected Metabolic Diseases*, Ciba Collection of Medical Illustrations, Band 4, Ciba, New York, 1965, S. 10.
20 Odell et al., *J. clin. Invest.*, **46**, 248 (1967).
21 Midgley, jr., und Jaffe, *J. clin. Endocr.*, **26**, 1375 (1966); Ross et al., *Science*, **155**, 1679 (1967).
22 Faiman und Ryan, *J. clin. Endocr.*, **27**, 444 (1967).
23 Faiman und Ryan, *Nature*, **215**, 857 (1967).
24 Keller, P.J., *Schweiz. med. Wschr.*, **97**, 221 (1967).
25 Kohler et al., *J. clin. Invest.*, **46**, 1079 (1967).
26 Carletti und Kehyayan, *Minerva pediat.*, **14**, 21 (1962); Fitschen und Clayton, *Arch. Dis. Childh.*, **40**, 16 (1965); Bell und Mukerji, zitiert nach Loraine und Bell, *Hormone Assays and their Clinical Application*, 2. Aufl., Livingstone, Edinburg, 1966.
27 Kaiser et al., *Arch. Gynäk.*, **199**, 414 (1964).
28 Fukushima et al., *J. clin. Endocr.*, **24**, 205 (1964); Rosemberg und Keller, *J. clin. Endocr.*, **25**, 1262 (1965).
29 Becker und Albert, *J. clin. Endocr.*, **25**, 962 (1965).
30 Stevens et al., *Metabolism*, **14**, 327 (1965); Bell et al., zitiert nach Loraine, und Bell, *Hormone Assays and their Clinical Application*, 2. Aufl., Livingstone, Edinburg, 1966.
31 Brown, P.S., *J. Endocr.*, **25**, 427 (1963); Albert und Mendoza, *J. clin. Endocr.*, **26**, 371 (1966).
32 Landau et al., *Metabolism*, **9**, 85 (1960); Soffer und Fogel, *J. clin. Endocr.*, **23**, 870 (1963); Saito, A., *Canad. J. Biochem.*, **43**, 1711 (1965); Davis et al., *J. clin. Endocr.*, **26**, 1123 (1966).
33 Guillemin, R., *Recent Progr. Hormone Res.*, **20**, 89 (1964); Guillemin, R., *Ann. Rev. Physiol.*, **29**, 313 (1967).
34 Harris, G.W., in: *Proceedings of the 23rd International Congress on Physiological Sciences*, Tokio 1965, Excerpta Medica Foundation, International Congress Series, Nr. 87, Amsterdam, 1965.
35 McCann et al., in: *Second International Congress on Hormonal Steroids*, Mailand 1966, Excerpta Medica Foundation, Amsterdam, 1966, S. 79.

[36] ANTUNES-RODRIGUES et al., *Proc.Soc.exp.Biol.(N.Y.)*, **122**, 1001 (1966).
[37] FLERKÓ, B., in: SZENTÁGOTHAI et al. (Hrsg.), *Hypothalamic Control of the Anterior Pituitary*, Hungarian Academy of Sciences, Budapest, 1963; BOGDANOVE, E. M., *Endocrinology*, **73**, 696 (1963).
[38] PARLOW, A.F., *Endocrinology*, **75**, 1 (1964).
[39] MITTLER und MEITES, *Endocrinology*, **78**, 500 (1966).
[40] BOGDANOVE, E. M., *Vitam.and Horm.*, **22**, 205 (1964).
[41] EVERETT, J.W., *Physiol. Rev.*, **44**, 373 (1964).
[42] GEMZELL, C., *Recent Progr. Hormone Res.*, **21**, 179 (1965); CROOKE, A.C., in: GARDINER-HILL, H. (Hrsg.), *Modern Trends in Endocrinology*, Band 3, Butterworth, London, 1967, S.111.

Choriongonadotropin[1,2]

(HCG = human chorionic gonadotropin)

Chemie

Ein HCG-Präparat, aus Schwangerenharn isoliert, hatte ein Molgewicht von ungefähr 30000 und eine Aktivität von 12000 IE/mg[3]. Das Hormon ist ein Glycoprotein und enthält 11% Hexosen, 9% Hexosamine, 1% Fucose und 8,5% N-Acetylneuraminsäure[3]. Ein weiteres hochgereinigtes HCG-Präparat aus Schwangerenharn hatte eine Aktivität von 18800 IE/mg[4]. Aus dem Harn von Patienten mit trophoblastischen Tumoren konnte ein Präparat mit einer Aktivität von 19000 IE/mg gewonnen werden[5].

Einheiten, Bestimmungsmethoden

1 internationale Einheit (IE) ist in 0,001279 mg des 2. internationalen Standards enthalten (siehe S. 753).

Zahlreiche biologische Bestimmungsmethoden für HCG wurden beschrieben[6]. Für die quantitative Bestimmung in Blut und Harn werden meist geschlechtsunreife Ratten oder Mäuse verwendet, wie zum Beispiel im Rattenhyperämietest[7] oder Rattenprostatagewichtstest[8]. Für die Schwangerschaftsdiagnose werden Mäuse (ASCHHEIM-ZONDEK-Test), Ratten (KUPPERMAN-Test), Kaninchen (FRIEDMAN-Test) oder Amphibien (GALLI-MAININI-Test) herangezogen. Diese Teste wurden in letzter Zeit vielfach von immunologischen Methoden abgelöst[9], die auf der Hämagglutinationshemmung[10], der Latexpartikelagglutinationshemmung[11] oder auf der Komplementbindungsreaktion[12] beruhen. Radioimmunologische Methoden wurden ebenfalls beschrieben[13], unter anderem auch eine solche für die Unterscheidung zwischen LH und HCG[14].

Nach mehreren Vergleichsuntersuchungen ergeben immunologische Methoden oft höhere HCG-Werte als tierexperimentelle Methoden[15], vielleicht weil durch die ersteren auch biologisch inaktive Teile des Hormons erfaßt werden.

Bildung, Sekretion, Stoffwechsel

HCG wird mit ziemlicher Sicherheit in der LANGHANSschen Zellschicht (Zytotrophoblast) der Chorionzotten der Plazenta gebildet. Die HCG-Produktion setzt etwa am 8. Tag nach der Befruchtung ein. Im 2. und 3. Schwangerschaftsmonat erreicht der HCG-Gehalt der Plazenta Werte bis zu 600 IE/g und geht dann im 2. und 3. Trimester auf einen weitgehend konstant bleibenden Wert von weniger als 20 IE/g zurück. Zur Zeit des Produktionsmaximums werden etwa 500000–1000000 IE HCG/24 h ausgeschüttet, während des 2. Trimesters ungefähr 100000 IE/24 h[7]. Im Serum beginnt die HCG-Konzentration zwischen dem 30. und 40. Tag nach der letzten Menstruation stark anzusteigen und erreicht die Höchstwerte gegen 70–80 Tage nach der letzten Menstruation, gefolgt von einem raschen Abfall und einem neuerlichen leichten Anstieg wenige Wochen vor Schwangerschaftsende[7,16,17] (siehe nachfolgende Abbildung). Bei Frauen mit niedrigen HCG-Werten im Plasma überwiegen männliche, bei Frauen mit hohen HCG-Werten weibliche Föten[17]. Nach dem Ausstoßen der Plazenta verschwindet das HCG innerhalb weniger Tage aus dem mütterlichen Blut. In den ersten Lebenstagen findet sich HCG im Blut, wird aber schnell inaktiviert[19].

Etwa 10% des zirkulierenden HCG dürften im Harn ausgeschieden werden[1]. Die Clearancewerte für HCG werden mit 0,18–1,2 ml/min angegeben[6]. Das Ansteigen der HCG-Ausscheidung während der Schwangerschaft verläuft weitgehend parallel zum Anstieg des Plasmaspiegels mit Maximalwerten zwischen dem 40. und 90. Tag von 20000–500000 IE/24 h[1,7,16,20]; in den letzten beiden Trimestern liegt die Ausscheidung zwischen 5000 und 10000 IE/24 h. Nach der Entbindung verschwindet das HCG im Harn in etwa 3 Tagen[7]. Bleibt die HCG-Ausscheidung auch nach der Entbindung erhöht, so kann die Ursache in einer Blasenmole bzw. in einem Chorionepitheliom liegen. Auch ein Chorionepitheliom des Hodens führt zu einer hohen Ausscheidung von HCG. Während der Schwangerschaft findet sich HCG nicht nur in Blut und Harn, sondern praktisch in allen Körperflüssigkeiten und Geweben der Mutter, so in der Zerebrospinalflüssigkeit, im Speichel, im Kolostrum und im Vaginalsekret[1].

Es ist nicht bekannt, wie die HCG-Produktion der Plazenta gesteuert wird.

Gehalt des Serums an Choriongonadotropin während der ersten 6 Schwangerschaftsmonate[18] (Mittelwert und 95%-Vertrauensgrenzen)

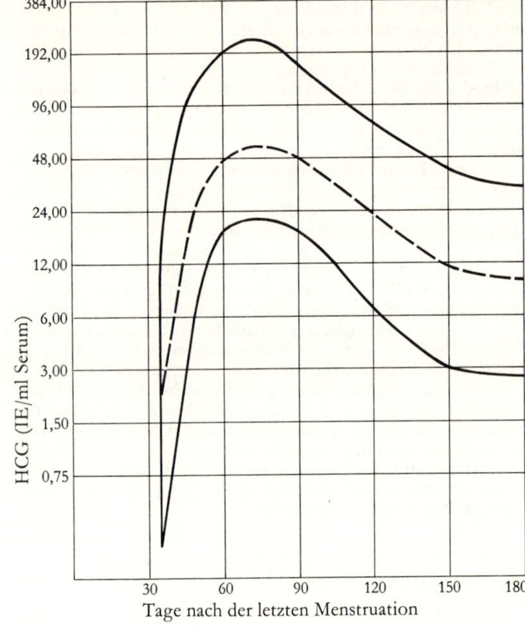

Wirkung

Auf die Proliferationsphase des Zyklus hat das HCG keine Auswirkung; jedoch kann es in der Sekretionsphase Follikelsprung und Corpus-luteum-Bildung auslösen. In Gegenwart eines frischen Corpus luteum verlängert HCG dessen Lebensdauer und als Folge davon den Zyklus. Zu Beginn der Schwangerschaft dürfte HCG dazu beitragen, die Fähigkeit des Corpus luteum zur Progesteronbildung zu erhalten. Die Funktion von HCG während des 2. und 3. Schwangerschaftstrimesters ist völlig unklar. Diskutiert wurde, ob HCG für den Fötus nicht ein adrenokortikotropes Hormon darstellt, das bei diesem die Bildung von Dehydroepiandrosteron stimuliert, welches dann zur Östrogenbildung in der Plazenta verwertet wird[19].

HCG-Gaben führen beim Mann zu einer Stimulierung der Androgensynthese in den interstitiellen Zellen der Testes.

Nach vorangegangener FSH-Medikation werden HCG-Gaben zur Ovulationsauslösung angewandt[21].

Literatur

[1] DICZFALUSY und TROEN, *Vitam. and Horm.*, **19**, 229 (1961).
[2] COLE, H.H. (Hrsg.), *Gonadotropins, their Chemical and Biological Properties and Secretory Control*, Freeman, London, 1963; APOSTOLAKIS und VOIGT, *Gonadotropine*, Thieme, Stuttgart, 1965.
[3] GOT, R., *Gonadotropine choriale humaine; isolement et caractérisation*, Diss., Paris, 1959; GOT und BOURRILLON, *Biochim. biophys. Acta*, **39**, 241 (1960).
[4] VAN HELL et al., *Nature*, **212**, 261 (1966).
[5] WILDE und BAGSHAWE, in: WOLSTENHOLME und KNIGHT (Hrsg.), *Gonadotropins: Physicochemical and Immunological Properties*, Ciba Foundation Study Group, Nr. 22, Churchill, London, 1965, S.46.
[6] LORAINE und BELL, *Hormone Assays and their Clinical Application*, 2. Aufl., Livingstone, Edinburg, 1966.
[7] ALBERT und BERKSON, *J. clin. Endocr.*, **11**, 805 (1951).
[8] LORAINE, J. A., *J. Endocr.*, **6**, 319 (1950).
[9] BERSON und YALOW, in: PINCUS et al. (Hrsg.), *The Hormones*, Band 4, Academic Press, New York, 1964, S.557; KELLER und PLETSCHER, *Schweiz. med. Wschr.*, **95**, 929 (1965); LOEWIT, K., *Dtsch. med. Wschr.*, **91**, 1609 (1966).

[10] WIDE und GEMZELL, *Acta endocr.(Kbh.)*, **35**, 261 (1960); WIDE und GEMZELL, *Ciba Found.Coll.Endocr.*, **14**, 296 (1962).
[11] TYLER et al., *Fertil.and Steril.*, **15**, 119 (1964); GOSS und TAYMOR, *Fertil. and Steril.*, **16**, 151 (1965).
[12] BRODY und CARLSTRÖM, *Lancet*, **2**, 99 (1960); BRODY und CARLSTRÖM, *Ciba Found.Coll.Endocr.*, **14**, 296 (1962).
[13] WILDE et al., *Nature*, **205**, 191 (1965); BAGSHAWE et al., *Lancet*, **1**, 1118 (1966).
[14] MIDGLEY, jr., et al., *Nature*, **213**, 733 (1967).
[15] BORTH et al., *Acta endocr.(Kbh.)*, **50**, 335 (1965).
[16] LORAINE, J.A., *Ciba Found.Coll.Endocr.*, **11**, 19 (1957).
[17] BRODY und CARLSTRÖM, *J.clin.Endocr.*, **25**, 792 (1965).
[18] Nach BRODY und CARLSTRÖM, in: WOLSTENHOLME und KNIGHT (Hrsg.), *Gonadotropins: Physicochemical and Immunological Properties*, Ciba Foundation Study Group, Nr.22, Churchill, London, 1965, S.70.
[19] LAURITZEN, C., in: *Second International Congress on Hormonal Steroids*, Mailand 1966, Excerpta Medica Foundation, Amsterdam, 1966, S.294.
[20] MISHELL, jr., und DAVAJAN, *Amer.J.Obstet.Gynec.*, **96**, 231 (1966); TAYMOR et al., *Fertil.and Steril.*, **17**, 613 (1966).
[21] GEMZELL, C., *Recent Progr.Hormone Res.*, **21**, 179 (1965); CROOKE, A.C., in: GARDINER-HILL, H. (Hrsg.), *Modern Trends in Endocrinology*, Band 3, Butterworth, London, 1967, S.111.

Corticotropin [1,2]

(Adrenocorticotropin, adrenokortikotropes Hormon, ACTH = adrenocorticotropic hormone)

Chemie [1,3]

Die aus den Hypophysen verschiedener Spezies isolierten Corticotropine sind einkettige Peptide aus 39 Aminosäuren; in ihrem Aufbau stimmen sie weitgehend überein, unterscheiden sich indessen in einem Teil der Aminosäurensequenz (siehe untenstehende Tabelle). Über die Strukturaufklärung des β-Corticotropins aus Schweinehypophysen wurde 1956 berichtet[4], über die Totalsynthese dieser Peptidkette 1963[5]. β-Corticotropin besitzt ein Molgewicht von 4567. In der Hypophyse wird ACTH wahrscheinlich nicht nur in freier Form gespeichert, sondern auch in einer proteingebundenen[6].

Für die biologische Wirkung ist nicht die vollständige Aminosäurenkette der natürlichen Hormone nötig; starke Wirksamkeit besitzen auch synthetische Peptide mit den ersten 20–24 Aminosäurenresten des Corticotropins. Ein Teil der Aminosäurensequenz der Corticotropine stimmt mit jener der Melanotropine überein (siehe S.711); die Corticotropine haben auch melanotrope Wirkung. Während die biologische Wirksamkeit des ACTH in erster Linie durch die ersten 20–24 Aminosäuren der Sequenz bestimmt wird, ist für die immunologischen Eigenschaften die zweite Hälfte der Kette maßgebend[7]. Das von nichthypophysären Tumoren gebildete ektopische ACTH scheint nach chemischen und immunologischen Untersuchungen dem hypophysären ACTH weitgehend ähnlich zu sein[8].

Bei der Isolierung von ACTH wurde in der Hypophyse ein weiteres biologisch aktives Polypeptid gefunden, das aus 59 Aminosäuren besteht und wegen seiner lipolytischen Wirkung Lipotropin (lipotropes Hormon, LPH) genannt wird[9]; es besitzt nur geringe kortikotrope Wirkung, ferner ähnliche melanotrope Wirkung wie ACTH.

Einheiten, Bestimmungsmethoden [10,11]

1 internationale Einheit (IE) ist in 1 mg des 3. internationalen Standards enthalten (siehe S.752). Von den vielen beschriebenen Methoden zur Corticotropinbestimmung eignen sich für klinische Zwecke besonders der Ascorbinsäuretest nach SAYERS et al.[12] (Verminderung des Ascorbinsäuregehalts der Nebenniere hypophysektomierter Ratten nach Gabe von ACTH) und der Test nach LIPSCOMB und NELSON[13] (Corticosteroidbildung in den Nebennieren hypophysektomierter Ratten nach Gabe von ACTH). Zur Aktivitätsbestimmung von Präparaten eignet sich auch die In-vitro-Methode nach SAFFRAN und SCHALLY[14] (Corticosteroidbildung in der präparierten Rattennebenniere). Es wurden auch radioimmunologische Methoden zur Bestimmung von ACTH in Körperflüssigkeiten beschrieben[15].

Bildung, Sekretion, Stoffwechsel

Der Ort der ACTH-Synthese in der Hypophyse ist nicht genau bekannt. ACTH wird wahrscheinlich in den chromophoben β^3-Zellen der Adenohypophyse gebildet[16], findet sich aber auch in den basophilen β^1-Zellen des Hypophysenvorder- und -hinterlappens[17]. ACTH läßt sich schon in der Hypophyse von 16 Wochen alten Föten nachweisen[18]; die Hypophyse des Erwachsenen enthält gegen 7–38 IE ACTH[6]. Die Angaben über den ACTH-Gehalt des Blutes variieren je nach Bestimmungsmethode und Art der Extraktion; nach neueren Arbeiten soll der Plasmaspiegel beim Menschen im Ruhezustand zwischen 1 und 10 mIE/l liegen[19,20]. Erhöhte Werte werden erreicht unter Streß[21], bei unbehandelter Nebennierenrindeninsuffizienz und besonders bei bilateraler Adrenalektomie, jedoch auch bei Morbus CUSHING in fortgeschritteneren Stadien[11,22]. Der ACTH-Spiegel des Blutes beim Menschen im

Struktur und biologische Aktivität der Corticotropine

Verbindung	Aminosäurensequenz*	ACTH-Aktivität (IE/mg) in vitro†	ACTH-Aktivität (IE/mg) in vivo††
α-ACTH (Rind)	NH$_2$ (an Glu 33) Ser·[A]·Asp·Gly·Glu·Ala·Glu·Asp·Ser·Ala·Glu·[B]·Phe 1 25 26 27 28 29 30 31 32 33 39	140	–
α-ACTH (Schaf)	NH$_2$ (an Glu 33) Ser·[A]·Ala·Gly·Glu·Asp·Asp·Glu·Ala·Ser·Glu·[B]·Phe 1 25 26 27 28 29 30 31 32 33 39	177	100–150
α-ACTH (Schwein) (Corticotropin A**, β-Corticotropin)	NH$_2$ (an Asp 25) Ser·[A]·Asp·Gly·Ala·Glu·Asp·Glu·Leu·Ala·Glu·[B]·Phe 1 25 26 27 28 29 30 31 32 33 39	90–150	80–150
α-ACTH (Mensch)	NH$_2$ (an Asp 25) Ser·[A]·Asp·Gly·Ala·Glu·Asp·Glu·Ser·Ala·Glu·[B]·Phe 1 25 26 27 28 29 30 31 32 33 39	52	26
β^{1-39}-Corticotropin (synthetisch)	Wie α-ACTH (Schwein)	–	115
β^{1-24}-Corticotropin (synthetisch) (Tetracosactrin)	Ser·[A]	–	106

* [A] = Tyr·Ser·Met·Glu·His·Phe·Arg·Trp·Gly·Lys·Pro·Val·Gly·Lys·Lys·Arg·Arg·Pro·Val·Lys·Val·Tyr·Pro (2 3 4 5 6 7 8 9 10 11 12 13 14 15 16 17 18 19 20 21 22 23 24)

[B] = Ala·Phe·Pro·Leu·Glu (34 35 36 37 38)

** Corticotropin A besitzt im Gegensatz zu β-Corticotropin keine Amidgruppe am Glu^{30}.

† In vitro: Steroidogenese.
†† In vivo: Ascorbinsäuretest.

Ruhezustand unterliegt tagesrhythmischen Schwankungen mit den höchsten Werten am Morgen und den niedrigsten abends[20, 23]. Über das Schicksal des im Blut zirkulierenden ACTH ist nur wenig bekannt; exogenes ACTH soll eine Halbwertzeit von 5 min und weniger haben[24]; bei einem Experiment an Ratten waren innerhalb 3 min 75% des endogenen zirkulierenden ACTH aus dem Blut verschwunden[25]. Peptidasen, die für den Abbau von ACTH verantwortlich sein mögen, wurden im Fettgewebe und in der Hypophyse nachgewiesen[26]. Wahrscheinlich werden kleine Mengen von ACTH (ungefähr 0,07 mIE/24 h) mit dem Harn ausgeschieden[27].

Cortisol- und ACTH-Gehalt des Plasmas in Abhängigkeit vom Alter[1]

Alter (Jahre)	Cortisol (μg/l)		ACTH (mIE/l)	
	Mittelwert	*s*	Mittelwert	*s*
1–5	244	64	1,9	0,8
6–10	193	58	1,6	0,4
11–15½	165	66	2,5	1,2
16–41	164	44	2,2	1,1

[1] Binoux et al., *Ann. Pédiat. Sem. Hôp. Paris*, **41**, 1603 (1965).

Steuerung der ACTH-Sekretion[21, 26, 28, 29]. Zumindest drei regulative Faktoren sind an der hypophysären ACTH-Sekretion beteiligt: die Tageszeit, noxische Stimuli (Streß) und der negative «feedback»-Mechanismus (über den Corticosteroidgehalt, eventuell auch über den ACTH-Gehalt des Blutes).

Die unter Anregung durch ACTH von der Nebennierenrinde ausgeschütteten Corticosteroide hemmen ihrerseits die Sekretion des ACTH; die von einem autonomen Nebennierenrindentumor sezernierten Corticosteroide haben die gleiche Wirkung, mit der Folge, daß die andere Nebenniere atrophiert. Die einzelnen Corticosteroide besitzen unterschiedliche Hemmwirkung. Auch synthetische Steroide sind wirksam; so ist zum Beispiel Dexamethason auf das Gewicht bezogen etwa 30mal so aktiv wie Cortisol[28]. Wenig geklärt ist die Hemmung der hypophysären ACTH-Sekretion durch einen hohen ACTH-Gehalt des Blutes (Autorückkopplungsmechanismus)[26, 30].

Die erhöhte ACTH-Sekretion unter Streß ist weitgehend unabhängig von den Schwankungen der Corticosteroidkonzentration im Blut; so kann an Tieren unter Streß eine ACTH-Sekretion bei einem Corticosteroidgehalt des Blutes nachgewiesen werden, bei dem sie normalerweise unterdrückt wäre.

Die Steuerung der ACTH-Sekretion verläuft zum Teil über den Hypothalamus, in dessen postsynaptischen Neuronen die sogenannten «corticotropin-releasing factors» (CRF) gebildet werden (siehe S. 715). Diese Faktoren werden in das Pfortadersystem der Hypophyse abgegeben und stimulieren die Freisetzung des ACTH in der Hypophyse. Bei unter Streß stehenden Ratten konnte eine CRF-Aktivität im peripheren Plasma nachgewiesen werden[31].

Funktionsteste

Die Fähigkeit der Hypophyse, ACTH zu sezernieren, läßt sich indirekt durch den Metyrapontest erfassen[32, 33]. Metyrapon (2-Methyl-1,2-bis-[3-pyridyl]-1-propanon) hemmt die Steroid-11β-hydroxylase und damit die Hydroxylierung von 11-Desoxycortisol zu Cortisol in der Nebennierenrinde. Da nur Cortisol, nicht aber Desoxycortisol die hypophysäre ACTH-Sekretion hemmt, kommt es bei normal funktionierender Hypophyse zu einer verstärkten ACTH-Ausschüttung, die eine weitere Steigerung der 11-Desoxycortisolausschüttung zur Folge hat. Die erhöhten Mengen von 11-Desoxycortisol und seines Metaboliten Tetrahydro-S lassen sich im Harn mit Leichtigkeit als 17-Hydroxysteroide bestimmen. Andere indirekte Teste zur Bestimmung der hypophysären ACTH-Sekretion beruhen auf der Erhöhung des Cortisolgehalts des Plasmas unter Bakterienpyrogen (noxischer Stimulus)[33] und unter Lysinvasopressin[34].

Wirkung

Wirkung auf die Nebenniere. ACTH stimuliert das Wachstum der Nebennierenrinde, speziell das der Zona fasciculata und der Zona reticularis. Bei Entfernung der Hypophyse atrophiert die Nebennierenrinde. Immerhin bleibt bei Ausfall der Hypophyse eine zur Erhaltung des Lebens ausreichende Restfunktion der atrophischen Nebennierenrinde bestehen. Die morphologischen Veränderungen infolge Hypophysektomie können durch Gabe von ACTH wieder rückgängig gemacht werden. Beim gesunden Tier führen ACTH-Injektionen zur Hypertrophie der Nebennierenrinde. Unter dem Einfluß von ACTH nehmen der Cholesterin- und Ascorbinsäuregehalt der Nebennierenrinde ab, Synthese und Ausschüttung von Glucocorticosteroiden werden stimuliert. Zwischen der Förderung der Steroidogenese und jener der Proteinsynthese in der Nebennierenrinde besteht ein enger, wenn auch noch nicht geklärter Zusammenhang[35, 36]. Die kurzfristige Wirkung von ACTH auf die Nebennierenrinde des Menschen unterscheidet sich von der langfristigen[1, 37]: Kurzfristige Gabe (unter 90 min) setzt Cortisol und Corticosteron in einem Verhältnis 2:1 frei bei gleichzeitigem Anstieg der Durchblutung des Kortex; langfristige Gabe (4 Tage) fördert die Steroidogenese stark, mit einem Cortisol/Corticosteron-Verhältnis bis 10:1; gleichzeitig ist eine Gewichtszunahme der Nebenniere feststellbar.

Bei welchen Teilschritten der Biosynthese der Corticosteroide (S. 424) ACTH eingreift, ist nicht sicher bekannt; beeinflußt wird möglicherweise die Bildung von Pregnenolon aus Cholesterin[38] sowie die Hydroxylierung von Progesteron zu 17α-Hydroxyprogesteron und die von 17α-Hydroxydesoxycorticosteron zu Cortisol[1]. Auf die Aldosteronsynthese hat ACTH eher einen geringen Einfluß, ACTH-Infusionen in die Nebennierenarterie bewirken eine Aldosteronsekretion erst, nachdem Cortisol- und Corticosteronsekretion hohe Werte erreicht haben[39]. Der Mechanismus der Förderung der Steroidogenese durch ACTH wurde noch nicht geklärt. ACTH erhöht den Gehalt der Nebenniere an zyklischem Adenosinmonophosphat, und die Wirkung des Hormons auf die Corticosteroidsynthese wird durch zyklisches Adenosinmonophosphat nachgeahmt[40]. Daß aber die Folgereaktionen – Phosphorylaseaktivierung (siehe dazu «Catecholamine», S. 723), Steigerung von Glycogenolyse und NADH-Generierung – die erhöhte Steroidogenese bewirken, kann bis jetzt nur als Hypothese gelten[36, 41].

Extraadrenale Wirkungen[42]. ACTH beeinflußt den Fettstoffwechsel (adipokinetische Wirkung – erhöhte Freisetzung von freien Fettsäuren aus dem Fettgewebe, Anstieg des Plasmaspiegels an freien Fettsäuren, Anstieg des Fettgehalts der Leber, Ketose) und den Kohlenhydratstoffwechsel (Hypoglykämie und verbesserte Glucosetoleranz, Anstieg des Glycogengehalts von Fettgewebe). Weiter sind zu erwähnen die melanotrope Aktivität (siehe S. 711) und die hemmende Wirkung auf die hypophysäre ACTH-Sekretion (siehe oben).

Indirekte Wirkungen von ACTH beruhen auf der gesteigerten Corticosteroidsekretion. Die antiphlogistische Wirkung von ACTH wird therapeutisch ausgenützt.

Literatur

1 Schwyzer, R., *Ann. Rev. Biochem.*, **33**, 259 (1964).
2 Venning, E. H., *Ann. Rev. Physiol.*, **27**, 107 (1965); Rosselin et al., *Presse méd.*, **74**, 813 und 873 (1966); Harris und Donovan (Hrsg.), *The Pituitary Gland*, Band 1 und 2, Butterworth, London, 1966.
3 Li, C. H., *Recent Progr. Hormone Res.*, **18**, 1 (1962); Hofmann und Yajima, *Recent Progr. Hormone Res.*, **18**, 41 (1962); Schroeder und Luebke, *The Peptides*, Band 2, Academic Press, New York, 1966, S. 194.
4 Shepherd et al., *J. Amer. chem. Soc.*, **78**, 5067 (1956).
5 Schwyzer und Sieber, *Nature*, **199**, 172 (1963).
6 Currie et al., *Acta endocr. (Kbh.)*, **43**, 255 (1963).
7 Imura et al., *J. clin. Endocr.*, **25**, 1361 (1965).
8 Liddle et al., *Cancer Res.*, **25**, 1057 (1965); Fleischer et al., *Endocrinology*, **78**, 1067 (1966).
9 Li, C. H., *Nature*, **201**, 924 (1964); Anselmino und Hoffmann, *Dtsch. med. Wschr.*, **90**, 1697 (1965).
10 Munson, P. L., in: Antoniades, H. N. (Hrsg.), *Hormones in Human Plasma*, Little, Brown, Boston, 1960, S. 149; Sayers, G., in: Gray und Bacharach (Hrsg.), *Hormones in Blood*, Academic Press, London, 1961, S. 185; Ruf, K., *Schweiz. med. Wschr.*, **96**, 684 (1966).
11 Loraine und Bell, *Hormone Assays and their Clinical Application*, 2. Aufl., Livingstone, Edinburg, 1966.
12 Sayers et al., *Endocrinology*, **42**, 379 (1948); Munson et al., *J. clin. Endocr.*, **8**, 586 (1948); Schuler et al., *Schweiz. med. Wschr.*, **93**, 1027 (1963).
13 Lipscomb und Nelson, *Endocrinology*, **71**, 13 (1962).
14 Saffran und Schally, *Endocrinology*, **56**, 523 (1955).
15 Felber, J. P., *Experientia (Basel)*, **19**, 227 (1963); Yalow et al., *J. clin. Endocr.*, **24**, 1219 (1964).
16 Siperstein, E. R., *J. cell. Biol.*, **17**, 521 (1963).
17 Leznoff et al., *J. clin. Invest.*, **41**, 1720 (1962); Pearse und van Noorden, *Canad. med. Ass. J.*, **88**, 462 (1963).
18 Taylor et al., *J. Endocr.*, **9**, 334 (1953).
19 Vance et al., *J. clin. Invest.*, **41**, 20 (1962); Davies, B. M. A., *Acta endocr. (Kbh.)*, **45**, 55 (1964); Binoux et al., *Ann. Pédiat. Sem. Hôp. Paris*, **41**, 1603 (1965).

[20] Retiene et al., *Klin.Wschr.*, **43**, 205 (1965).
[21] Estep, H.L., in: Bajusz, E. (Hrsg.), *An Introduction to Clinical Neuroendocrinology*, Karger, Basel, 1967, S.106.
[22] Nelson et al., *J.clin.Endocr.*, **26**, 722 (1966).
[23] Ney et al., *J.clin.Invest.*, **42**, 1669 (1963); Binoux et al., *Ann.Pédiat.Sem.Hôp.Paris*, **41**, 1614 (1965).
[24] Greenspan et al., *Endocrinology*, **46**, 261 (1950); Gemzell, C.A., *Ciba Found.Coll.Endocr.*, **14**, 287 (1962).
[25] Sydnor und Sayers, *Proc.Soc.exp.Biol.(N.Y.)*, **83**, 729 (1953).
[26] Vernikos-Danellis, J., *Vitam.and Horm.*, **23**, 97 (1965).
[27] Ibayashi et al., in: Bajusz, E. (Hrsg.), *An Introduction to Clinical Neuroendocrinology*, Karger, Basel, 1967, S.216.
[28] Liddle et al., *Recent Progr.Hormone Res.*, **18**, 125 (1962).
[29] Retiene et al., *Klin.Wschr.*, **44**, 716 (1966).
[30] Plager, J.E., in: Bajusz, E. (Hrsg.), *An Introduction to Clinical Neuroendocrinology*, Karger, Basel, 1967, S.232.
[31] Anderson, E., *Science*, **152**, 379 (1966).
[32] Liddle et al., *J.clin.Endocr.*, **19**, 875 (1959); Tamm, J., in: Küchmeister et al. (Hrsg.), *Klinische Funktionsdiagnostik*, 3.Aufl., Thieme, Stuttgart, 1967, S.44.
[33] Brinck-Johnsen, T., in: Bajusz, E. (Hrsg.), *An Introduction to Clinical Neuroendocrinology*, Karger, Basel, 1967, S.186.
[34] Gwinup, G., *Metabolism*, **14**, 1282 (1965); Landon et al., *Lancet*, **2**, 1156 (1965).
[35] Farese, R.V., *Endocrinology*, **74**, 579 (1964).
[36] Scriba, P.C., *Klin.Wschr.*, **42**, 463 (1964).
[37] Symington, T., *Brit.med.Bull.*, **18**, 117 (1962).
[38] Hayano et al., *Recent Progr.Hormone Res.*, **12**, 79 (1956).
[39] Blair-West et al., *Recent Progr.Hormone Res.*, **19**, 311 (1963).
[40] Haynes, jr., und Berthet, *J.biol.Chem.*, **225**, 115 (1957); Haynes, jr., et al., *Recent Progr.Hormone Res.*, **16**, 121 (1960).
[41] Pastan, I., *Ann.Rev.Biochem.*, **35**, 369 (1966).
[42] Engel, F.L., *Vitam.and Horm.*, **19**, 189 (1961); Engel und Lebovitz, *Amer.J.Med.*, **35**, 721 (1963).

Thyreotropin[1]

(thyreotropes Hormon, TSH = thyroid-stimulating hormone)

Chemie[2]

Rinder-TSH ist ein Glycoprotein mit einem Molgewicht von ungefähr 28000; außer Aminosäuren enthält das Hormon Glucosamin, Galactosamin und Mannose. Ein hochgereinigtes, aber instabiles Präparat aus der Hypophyse des Menschen wies eine Aktivität von 20 IE/mg auf[3]. Rinder-TSH ist bei allen Vertebraten wirksam, aber mit Gradunterschieden je nach Spezies. Eine TSH-ähnliche Substanz wurde aus Säugerhypophysen isoliert und als heterothyreotroper Faktor (HTF) bezeichnet[4]; die Substanz besitzt geringe TSH-Aktivität bei Säugern, aber starke Aktivität bei Fischen.

Einheiten[5]

1 internationale Einheit (IE) ist in 13,5 mg des 1. internationalen Standards enthalten (siehe S.753). 1 IE entspricht 1 USP-Einheit bzw. ungefähr 10 Junkmann-Schöller-Einheiten (JSE).

Bestimmungsmethoden[5]

Die TSH-Aktivität läßt sich in vivo oder in vitro anhand der histologischen oder physiologischen Wirkungen auf die Schilddrüse ermitteln. Oft verwendete In-vitro-Methoden sind die von Bakke et al.[6] (Gewichtsveränderung von Schilddrüsenschnitten) und die von Kirkham[7] bzw. Bottari et al.[8] (^{131}I-Freisetzung in Schilddrüsenschnitten). Zur Bestimmung von TSH in Körperflüssigkeiten dürften sich am besten die neuerdings entwickelten radioimmunologischen Methoden eignen[9,10].

Bildung, Sekretion, Stoffwechsel

TSH wird von den basophilen β^2-Zellen des Hypophysenvorderlappens gebildet[11]. Die TSH-Sekretion wird durch den Gehalt des Serums an zirkulierendem Schilddrüsenhormon gesteuert, und zwar in Form eines negativen «feed-back»-Mechanismus (siehe auch S.717): Ein Ansteigen des freien Thyroxins im Serum drosselt die TSH-Sekretion, ein Absinken dagegen stimuliert sie. An der TSH-Sekretion ist ein neurohumoraler Steuerungsmechanismus beteiligt, der auf der Bildung eines «thyreotropin-releasing factor» (TRF) beruht[12]. Dieses Neurohormon – anscheinend ein schwach basisches Polypeptid[13] – wird in den Kernen des vorderen Hypothalamus gebildet und in das Pfortadersystem der Adenohypophyse abgegeben, wo es die Freisetzung und vielleicht auch die Synthese von TSH stimuliert[14]. Die Sekretionsgeschwindigkeit von TSH beim Erwachsenen wurde auf 126 μg/24 h berechnet[15], bei einem TSH-Gehalt von Serumextrakten von 1,8 μg/l (Bereich 1,3–2,3), einem TSH-Pool von 6,9 μg für einen 70 kg schweren Mann, einer Halbwertzeit des TSH von 47 min und einer Stoffwechselclearance des TSH von 49 ml/min. Schätzungsweise der ganze TSH-Gehalt der Hypophyse wird jeden Tag umgesetzt. Ob TSH in meßbarer Menge im Harn ausgeschieden wird, ist vorläufig nicht sicher bekannt.

TSH-Gehalt des Serums. Bei 50 euthyreoten, 10 hypophysektomierten und 12 schwangeren Erwachsenen lag der radioimmunologisch bestimmte TSH-Gehalt des Serums unter 3 μg/l; bei Hypothyreoidismus war er um das 3- bis 100fache erhöht, bei Hyperthyreoidismus lag er im Normalbereich[9]. Der Serumspiegel ist bei Kindern dem von Erwachsenen etwa gleich; im Senium aber ist er erhöht[16].

Long-acting thyroid stimulator (= LATS; thyreoidstimulierendes Globulin = TSG). Dieser Faktor ist wahrscheinlich an der Pathogenese des Morbus Basedow beteiligt[17,18] und läßt sich im Blut nachweisen aufgrund der gegenüber TSH verzögert auftretenden Wirkungen im Bioassay. LATS ist anscheinend ein γG-Globulin[19] – das heißt, es wird im lymphatischen System gebildet – und hat bei der Ratte eine Halbwertzeit von 7½ h[17].

Für den Exophthalmus ist sicher nicht TSH und wahrscheinlich auch nicht LATS verantwortlich; Ursache ist anscheinend eine hypophysäre exophthalmusproduzierende Substanz (EPS)[20].

Wirkung

TSH bewirkt histologische und metabolische Veränderungen in der Schilddrüse. Histologisch zeigt die TSH-stimulierte Schilddrüse einen verminderten Kolloidgehalt und eine Vergrößerung der epithelialen Zellen. Mit fortdauernder Stimulierung nimmt die Anzahl der Thyreozyten zu, die Drüse hypertrophiert, und Zahl und Volumen ihrer Gefäße vergrößern sich. Stoffwechselveränderungen zeigen sich in der Schilddrüse innerhalb 5–30 min nach der TSH-Gabe[21]. Diese bestehen in einem Anstieg des Sauerstoffverbrauchs, der Glucoseoxydation, des Phospholipidumsatzes, der RNS-Synthese, der Natriumaufnahme und in einer Stimulierung der einzelnen Schritte der Bildung und Freisetzung der Schilddrüsenhormone; so werden speziell die organische Bindung des Jodids[22], die Kupplung der Jodtyrosine zu den Jodthyroninen[23], die Freisetzung der Schilddrüsenhormone aus dem Thyreoglobulin[24] und die Freisetzung von Jodid aus den Jodtyrosinen[22] stimuliert. Das LATS wirkt auf die Schilddrüse in ähnlicher Weise wie TSH[17,25], wobei die Wirkung aber verzögert einsetzt.

Literatur

[1] Sonenberg, M., *Vitam. and Horm.*, **16**, 205 (1958); Werner, S.C. (Hrsg.), *Thyrotropin*, Thomas, Springfield, 1963; Kirkham, K.E., *Vitam. and Horm.*, **24**, 173 (1966); Harris und Donovan (Hrsg.), *The Pituitary Gland*, 1. und 2. Band, Butterworth, London, 1966.
[2] Bates und Condliffe, *Recent Progr. Hormone Res.*, **16**, 309 (1960); Carsten und Pierce, *J.biol.Chem.*, **238**, 1724 (1963).
[3] Condliffe, P.G., *Endocrinology*, **72**, 893 (1963).
[4] Fontaine und Lopez, *Ann.Endocr.(Paris)*, **26**, 719 (1965).
[5] Crigler, J.F., jr., in: Antoniades, H.N. (Hrsg.), *Hormones in Human Plasma*, Little, Brown, Boston, 1960, S.201; Robbins et al., in: Gray und Bacharach (Hrsg.), *Hormones in Blood*, Academic Press, New York, 1961, S.49; Loraine und Bell, *Hormone Assays and their Clinical Application*, 2. Aufl., Livingstone, Edinburg, 1966.
[6] Bakke et al., *Endocrinology*, **61**, 352 (1957).
[7] Kirkham, K.E., *J.Endocr.*, **25**, 259 (1962).
[8] Bottari et al., *J.Physiol.*, **169**, 278 (1963).
[9] Odell et al., *J.clin.Endocr.*, **25**, 1179 (1965).
[10] Utiger, R.D., *J.clin.Invest.*, **44**, 1277 (1965); Lemarchand-Béraud et al., *Schweiz.med.Wschr.*, **95**, 772 (1965).
[11] Murray und Ezrin, *J.clin.Endocr.*, **26**, 287 (1966).
[12] D'Angelo, S.A., in: Nalbandov, A.V. (Hrsg.), *Advances in Neuroendocrinology*, University of Illinois Press, Urbana, 1963, S.158; Reichlin, S., in: Cameron und O'Connor (Hrsg.), *Brain-Thyroid Relationships*, Ciba Foundation Study Group, Nr.18, Churchill, London, 1964, S.17; Guillemin, R., *Recent Progr. Hormone Res.*, **20**, 89 (1964).
[13] Schally et al., *Endocrinology*, **78**, 726 (1966).
[14] Sinha und Meites, *Endocrinology*, **78**, 1002 (1966).
[15] Odell et al., *J.clin.Invest.*, **44**, 1081 (1965).
[16] Lemarchand-Béraud et al., *Schweiz.med.Wschr.*, **96**, 718 (1966).
[17] Adams, D.D., *Brit.med.J.*, **1**, 1015 (1965).
[18] McKenzie, J.M., *J.clin.Endocr.*, **25**, 424 (1965).
[19] Miyai und Werner, *J.clin.Endocr.*, **26**, 504 (1966).
[20] Schwarz et al., *Acta endocr.(Kbh.)*, **51**, 359 (1966); Horster et al., *Dtsch. med.Wschr.*, **92**, 673 (1967).
[21] Pastan, I., *Ann.Rev.Biochem.*, **35**, 369 (1966).
[22] Rosenberg et al., *Recent Progr. Hormone Res.*, **21**, 33 (1965).
[23] Shimoda et al., *Endocrinology*, **79**, 921 (1966).
[24] Deiss, jr., et al., *Endocrinology*, **79**, 19 (1966).
[25] Pinchera et al., *J. clin.Endocr.*, **25**, 189 (1965).

Prolactin[1,2]

(laktogenes Hormon, Mammotropin, PH = prolactin hormone, LTH = luteotrophic hormone)

Chemie

Prolactin, isoliert aus den Adenohypophysen von Schaf, Rind und Schwein, ist ein Polypeptidhormon mit einem Molgewicht von etwa 25000[3,4]. Prolactin von Schaf und Rind enthält 211 Aminosäurenreste, die in einer einzigen Kette aneinandergereiht sind[3]. Das Hormon des Schweins hat einen wesentlich höheren Cysteingehalt[4] als jenes von Schaf und Rind.

Die meisten Autoren sind der Ansicht, daß sich Prolactin und Wachstumshormon des Menschen chemisch und immunologisch nicht unterscheiden lassen[5]; nach anderen Autoren aber soll es sich auch beim Menschen um zwei verschiedene Hormone handeln[6]. Luteotropin wird als identisch mit Prolactin angesehen.

Einheiten, Bestimmungsmethoden

1 internationale Einheit entspricht 0,04545 mg des 2. internationalen Standards, der auf einem aus dem Hypophysenvorderlappen von Schafen gewonnenen Extrakt basiert (siehe S.752).

Biologische Bestimmungsmethoden[7,8]. Proliferationstest am Kropf von Tauben[9]. Bestimmung der mammotropen Aktivität an Kaninchen[10] oder Mäusen[11]. Bestimmung der luteotropen Aktivität an Ratten[12] oder Mäusen[13]. Immunologische Methoden wurden beschrieben[14], aber bisher für klinische Zwecke nicht verwendet.

Bildung, Sekretion, Stoffwechsel[2]

Prolactin wird in den acidophilen Zellen der Adenohypophyse, die mit Azocarmin oder Erythrosin anfärbbar sind, gebildet. Während der Schwangerschaft zeigen diese acidophilen Zellen bei Säugetieren eine zunehmende Sekretionsaktivität, die mit dem Einsetzen der Laktation noch ausgeprägter wird. In der Literatur finden sich Angaben über den Nachweis einer Prolactinaktivität in Blut und Harn von Frauen und Männern; angesichts der Schwierigkeiten der Extraktion und der Bestimmung sind diese Daten nur schwer zu beurteilen[8].

Steuerung der Prolactinsekretion[2]. Anders als bei den übrigen Hormonen des Hypophysenvorderlappens wirkt der Hypothalamus hemmend auf die Prolactinausschüttung. Wird der Einfluß des Hypothalamus bei Ratten und Mäusen ausgeschaltet, so sezerniert die Hypophyse erhöhte Mengen an Prolactin[15]. In Extrakten aus dem Hypothalamus verschiedener Säugetiere wurde ein «prolactin-inhibiting factor» nachgewiesen[16]. Östrogene bewirken eine Abnahme des Gehalts an diesem Faktor im Hypothalamus der Ratte[17], anderseits stimulieren Östrogene die Prolactinsekretion auch durch direkte Wirkung auf die Adenohypophyse[18]. Eine Stimulierung der Prolactinsekretion erfolgt ebenfalls unter dem Einfluß von Schilddrüsenhormonen[19]. Die ähnliche Wirkung hoher Dosen von Progesteron, Androgenen und Corticosteroiden ist wahrscheinlich indirekt.

Wirkung[2]

Prolactin hat bei Ratten und Mäusen eine luteotrope Wirkung, ähnlich derjenigen der Gonadotropine, und eine mammotrope und laktogene bei verschiedenen Säugetieren. Prolactin stimuliert das Wachstum der Kropfdrüse und die Absonderung von Kropfmilch bei Tauben. Bei gewissen Amphibien bewirken Prolactininjektionen, daß die Tiere vom Land in das Wasser übersiedeln (water-drive phenomenon).

Prolactin ist von wesentlicher Bedeutung für das Wachstum der Milchdrüse beim Tier. Prolactin zusammen mit Wachstumshormon führt zu einer vollen lobulo-alveolären Entwicklung der Milchdrüse bei ovariektomierten Ratten. Die Steroide des Ovars sind wahrscheinlich nur von sekundärer Bedeutung für das Wachstum der Milchdrüse bei der Ratte, weil sie wohl vorwiegend auf dem Wege der Stimulierung der Sekretion von Prolactin und Wachstumshormon wirken. Ungefähr zum Zeitpunkt des Gebärens werden erhöhte Mengen von Prolactin, ACTH und Corticosteroiden freigesetzt und bringen die Laktation in Gang. Infolge des Saugreizes werden diese Hormone weiterhin in erhöhter Menge sezerniert und können so die Laktation in Gang halten.

Prolactin vermag bei männlichen Meerschweinchen und Ratten das Wachstum der Prostata und Samenbläschen zu fördern; die physiologische Bedeutung des Hormons beim männlichen Tier ist aber unklar.

Beim Menschen sind die Stoffwechselwirkungen von Schafprolactin ähnlich denen von Wachstumshormon menschlichen Ursprungs[20].

Literatur

1 Dixon und Li, *Metabolism*, **13**, Suppl., 1093 (1964); Harris und Donovan (Hrsg.), *The Pituitary Gland*, Band 1 und 2, Butterworth, London, 1966.
2 Meites und Nicoll, *Ann. Rev. Physiol.*, **28**, 57 (1966).
3 Li, C.H., *Advanc. Protein Chem.*, **12**, 269 (1957); Sluyser und Li, *Arch. Biochem.*, **104**, 50 (1964).
4 Eppstein, S., *Nature*, **202**, 899 (1964).
5 Knobil und Hotchkiss, *Ann. Rev. Physiol.*, **26**, 47 (1964); Berson und Yalow, in: Pincus et al. (Hrsg.), *The Hormones*, Band 4, Academic Press, New York, 1964, S.557.
6 Pasteels, J.L., *Arch. Biol. (Liège)*, **74**, 439 (1963); Apostolakis, M., *Acta endocr. (Kbh.)*, **49**, 1 (1965).
7 Bates, R.W., *Extrait de l'Acta Union internationale contre le cancer*, **18**, 280 (1962).
8 Loraine und Bell, *Hormone Assays and their Clinical Application*, 2. Aufl., Livingstone, Edinburg, 1966.
9 Riddle et al., *Amer. J. Physiol.*, **105**, 191 (1933); Bates et al., *Endocrinology*, **73**, 217 (1963).
10 Chadwick, A., *J. Endocr.*, **27**, 253 (1963).
11 Scowen und Hadfield, *Cancer*, **8**, 890 (1955).
12 Wolthuis, O.L., *Acta endocr. (Kbh.)*, **42**, 364 und 380 (1963).
13 Browning et al., *J. Arkansas med. Soc.*, **60**, 46 (1963).
14 Hayashida, T., *Ciba Found. Coll. Endocr.*, **14**, 338 (1962).
15 Liebelt und Liebelt, *Cancer Res.*, **21**, 86 (1961); Bardin et al., *Proc. Soc. exp. Biol. (N.Y.)*, **110**, 716 (1962); Dao und Gawlak, *Endocrinology*, **72**, 884 (1963).
16 McCann et al., in: *Second International Congress on Hormonal Steroids*, Mailand 1966, Excerpta Medica Foundation, Amsterdam, 1966, S.79.
17 Ratner und Meites, *Endocrinology*, **75**, 377 (1964).
18 Ramirez und McCann, *Endocrinology*, **75**, 206 (1964).
19 Nicoll und Meites, *Endocrinology*, **72**, 544 (1963).
20 McGarry und Beck, *Lancet*, **2**, 915 (1962).

Wachstumshormon[1,2]

(Somatotropin, STH = somatotropic hormone, HGH = human growth hormone)

Chemie

Die aus der Hypophyse verschiedener Tierarten gewonnenen Wachstumshormone sind langkettige Polypeptide, deren physikalische und chemische Eigenschaften in der nachstehenden Tabelle zusammengestellt sind. Das Wachstumshormon von Affe und Mensch ist einkettig, die bekannten Hormone anderer Spezies sind wahrscheinlich mehrkettig. Die Reihenfolge der Aminosäuren in der Polypeptidkette des menschlichen Wachstumshormons wurde beschrieben[3]. HGH ist ziemlich stabil, bei Autopsie gewonnene Hypophysen können deshalb ohne wesentlichen Aktivitätsverlust in Aceton oder tiefgefroren monatelang aufbewahrt werden. Das mit den gebräuchlichen Methoden isolierte HGH ist nicht homogen und läßt sich zum Beispiel durch Gelfiltration[4] oder Elektrophorese[5] in 2 bzw. 3 Komponenten trennen. Auch im immunologischen Verhalten zeigen die Hormone verschiedener Spezies Unterschiede: Antiserum gegen HGH reagiert mit Wachstumshormon von Menschen und Primaten, aber beispielsweise nicht mit demjenigen von Rind, Schaf, Wal, Schwein, Pferd oder Fisch. Im Gegensatz zu anderen Hormonen des Hypophysenvorderlappens hat das Wachstumshormon auch in seiner biologischen Wirkung eine ausgeprägte Artspezifität.

Eigenschaften verschiedener Wachstumshormone[1]

Spezies	Molgewicht	Aminosäurenanzahl	NH_2-terminale Sequenz	COOH-terminale Sequenz	Isoelektrischer Punkt
Schaf ...	47800	430	Phe· Ala·	·Thr·Ala·Phe	6,8
Ochs ...	45000	416	Phe·Ala·Thr· Ala·Phe·Ala·	·Cys·Ala·Phe	6,8
Schwein.	41600	–	Phe·Pro·Ala·	·Cys·Ala·Phe	6,3
Wal	39900	340	Phe·Lys· (?)	·Leu·Ala·Phe	6,2
Affe	25400	220	Phe·Thr· (?)	·Ala·Gly·Phe	5,5
Mensch .	21500	188	Phe·Pro·Thr·	·Cys·Gly·Phe	4,9

1 Zusammengestellt nach Li, C.H., *Advanc. Protein Chem.*, **11**, 101 (1956); Root, A., *Pediatrics*, **36**, 940 (1965); Li et al., *J. Amer. chem. Soc.*, **88**, 2050 (1966); Mills, J.B., *Nature*, **213**, 631 (1967).

Einheiten, Bestimmungsmethoden[6]

1 internationale Einheit (IE) ist in 1 mg des 1. internationalen Standards enthalten, einem Präparat aus dem Hypophysenvorderlappen des Rindes (siehe S.753). Ein Referenzpräparat für menschliches Wachstumshormon ist in Vorbereitung.

Beim Wachstumstest nach EVANS[7] gilt als Einheit des Hormons jene Tagesmenge eines Präparates, die bei hypophysektomierten, 21–30 Tage alten weiblichen Ratten in 10 Tagen eine Gewichtszunahme von 10 g bewirkt. Im Rattentibiatest wird die Breite des Epiphysenknorpels der Tibia junger hypophysektomierter Ratten unter dem Einfluß des Hormons gemessen[8].

Von den immunologischen Methoden hat sich der Hämagglutinationshemmtest für Körperflüssigkeiten nicht bewährt, da sich in diesen unspezifische Inhibitoren vorfinden. Am besten eignen sich radioimmunologische Bestimmungsmethoden, wie sie von HUNTER und GREENWOOD[9], GLICK et al.[10] sowie UTIGER[11] eingeführt wurden.

Indirekt läßt sich Wachstumshormon durch den dosisabhängigen Einbau von markiertem Schwefel in den Rippenknorpel hypophysektomierter Ratten bestimmen[12]. Mit dieser Methode wird der sogenannte «sulfation factor» ermittelt, ein Bestandteil des menschlichen Serums, der zwar mit dem Wachstumshormon nicht identisch ist, aber zu dessen vorhandener Menge in enger Beziehung steht.

Bildung, Sekretion, Stoffwechsel

Wachstumshormon wird höchstwahrscheinlich in den acidophilen α-Zellen des Hypophysenvorderlappens gebildet[13]. Die Hypophyse eines Erwachsenen enthält 3,7–6,0 mg des Hormons[14]. Die Produktionsrate wird auf 5 mg pro Tag geschätzt[15]. Radioimmunologische Werte des Plasmaspiegels unter Basalbedingungen sind in nachstehender Tabelle zusammengestellt. Eine Stimulierung der Sekretion und ein Anstieg des Blutspiegels erfolgen durch alle Maßnahmen, die zu einem Absinken des Blutglucosespiegels oder zu einer Glucoseverwertungsstörung an der Peripherie führen[16]. Der Plasmaspiegel schwankt im Laufe des Tages auch infolge der Mahlzeiten[17]; er ist erhöht nach Fasten[18], nach Gaben von Insulin oder Tolbutamid[19] sowie unter den verschiedensten Formen von Streß[16,20]. Pathologisch erhöht ist er vielfach bei Akromegalie[16,21]. Die oft höheren Werte des Plasmaspiegels von Frauen beruhen vielleicht auf dem Einfluß von Östrogenen[22]. Das Hormon ist im Plasma wahrscheinlich an die α_2-Makroglobuline gebunden[23]. Seine Halbwertzeit im kreisenden Blut beträgt beim Erwachsenen gegen 25 min[15,16], beim Neugeborenen gegen 13 min[24]. Das mütterliche Hormon passiert die Plazentaschranke nicht[25].

An der Steuerung der Sekretion von Wachstumshormon ist der Hypothalamus beteiligt, wahrscheinlich durch die Bildung eines «somatotropin-releasing factor»[26], der die hypophysäre Hormonsekretion stimuliert. Bei der Ratte konnte exogenes Wachstumshormon die endogene Hormonsekretion hemmen, was auf einen negativen «feed-back»-Mechanismus schließen läßt[27].

Wachstumshormongehalt des Plasmas (µg/l)

	Mittelwert	Bereich	*s*	Literatur
Nabelschnurblut	49,7	–	57,8	1
Kinder, <1 Jahr	18,6	–	12,5	1
Kinder, 1–8 Jahre	8,5	–	7,8	1
Kinder, 9–10 Jahre	2,8	–	2,8	1
Kinder, 11–17 Jahre	14,0	–	13,4	1
Erwachsene, hospitalisiert	0,55	–	0,68	1
Frauen, laktierend	4,5	–	2,1	1
Frauen	4,91	0,9–10,6	3,32	2
Männer	0,27	0,1–0,7	0,14	2

Literatur

1 HUNTER und GREENWOOD, *Biochem. J.*, **91**, 43 (1964).
2 UNGER et al., *Nature*, **205**, 804 (1965).

Wirkung

Wie bei anderen Spezies besteht beim Menschen ein spezifischer Bedarf an Wachstumshormon. Hypophysektomie bei 6 Wochen alten Ratten hat sofortigen Wachstumsstillstand zur Folge. Nach Verabreichung des Hormons beginnt das Wachstum sofort wieder und hält so lange an, wie das Hormon gegeben wird. Ein Wachstumsrückstand kann bei Kindern mit einer Unterfunktion der Hypophyse oft bereits im 1. Lebensjahr festgestellt werden[28], in den folgenden Jahren geht die Wachstumsrate dann stark zurück. Durch Gaben von menschlichem Wachstumshormon kann erreicht werden, daß Individuen mit hypophysär bedingtem Zwergwuchs normal oder sogar schneller als normal wachsen[29]; tierisches Hormon ist beim Menschen jedoch wirkungslos. In einzelnen Fällen sprachen Patienten mit solchem Zwergwuchs auf Hormongaben nicht an, was auf die Bildung von Antikörpern gegen das verwendete Präparat zurückgeführt wurde[30]. Zur Therapie mit Wachstumshormon verweisen wir auf die einschlägige Literatur[2,31]. Die Knochenalterung zeigt unter dem Einfluß von Wachstumshormon keine Beschleunigung, wie sie nach Gaben von anabolen Steroiden zu beobachten ist.

Abgesehen vom Wachstum beeinflußt das Hormon den Stoffwechsel auf mannigfache Weise. Diese Wirkungen sind in der nachstehenden Tabelle zusammengestellt.

Physiologische Wirkungen von Wachstumshormon[1]

Proteinstoffwechsel	Gesteigerte Proteinsynthese Stickstoffretention* Phosphorretention* Kaliumretention* Verringerte Harnstoffausscheidung* Gesteigerter intrazellulärer Aminosäurentransport Gesteigerte Proteinsynthese an den Ribosomen
Fettstoffwechsel	Intrazelluläre Lipolyse Erhöhter Gehalt des Plasmas an freien Fettsäuren* Gesteigerte Fettoxydation* Ketogenese stimuliert bei Diabetes*
Kohlenhydratstoffwechsel	Verschlimmerung von Diabetes* Verminderung der Insulinansprechbarkeit* Verringerte Umwandlung von Glucose in Fett im Fettgewebe
Mineralstoffwechsel	Calciumstoffwechsel Gesteigerte Absorption im Darm* Hypercalciurie* Natriumretention* Phosphorretention* Hyperphosphatämie* Erhöhter Serumspiegel der alkalischen Phosphatase*
Organe und Gewebe	Akromegalie Beeinflussung des Bindegewebes Stimulierung der Synthese von Chondroitinsulfat Stimulierung der Kollagensynthese Erhöhte Ausscheidung von Hydroxyprolin* Zunahme der interstitiellen Flüssigkeit

* Diese Wirkungen sind am Menschen unter Wachstumshormon nachweisbar.
1 DAUGHADAY und PARKER, *Ann. Rev. Med.*, **16**, 47 (1965); VEST und GIRARD, *Dtsch. med. Wschr.*, **87**, 1705 (1962).

Auf den Proteinstoffwechsel wirkt das Hormon anabol: Die Stickstoffausscheidung im Harn nimmt ab; die tägliche Stickstoffretention kann anfänglich auf 3–5 g ansteigen[32], während beispielsweise für das Wachstum bei Kindern nur ungefähr 0,2 g Stickstoff pro Tag nötig sind. Die Stimulierung der Proteinsynthese verläuft wahrscheinlich über die Ribosomen, vermutlich durch Förderung der Boten-RNS-Synthese[33]. Insulin wirkt dabei synergistisch.

Im Fettstoffwechsel führt das Hormon zu einer Verminderung der Fettsynthese und einer Mobilisierung des Depotfetts. Der Gehalt an freien Fettsäuren im Blut steigt an.

Bei einmaliger Gabe wirkt das Hormon ähnlich wie Insulin: Es verursacht einen Abfall des Blutzuckerspiegels. Über längere Zeit und in höheren Dosen verabreicht, vermindert es aber die Glucosetoleranz und führt zu Hyperglykämie und Ketose (diabetogene Wirkung).

In den Elektrolytstoffwechsel greift das Hormon durch Retention von Natrium, Phosphor, Kalium und zumeist auch von Calcium ein.

In den Nieren steigert es die Glomerulumfiltration, den renalen Plasmafluß und die Phosphatresorption.

Am Knorpel wirkt das Hormon durch Stimulierung der Proliferation der Säulenknorpel, des Einbaus von Phosphat und der Synthese von Kollagen.

Das Wachstumshormon des Menschen wirkt bei Versuchstieren ähnlich wie Prolactin. Die meisten Autoren sind der Ansicht, daß sich das Prolactin und das Wachstumshormon des Menschen chemisch und immunologisch nicht voneinander unterscheiden lassen (siehe S.708).

Literatur

1 Smith et al. (Hrsg.), *The Hypophyseal Growth Hormone; Nature and Actions*, McGraw-Hill, New York, 1955; Knobil und Hotchkiss, *Ann. Rev. Physiol.*, **26**, 47 (1964); Matsuzaki und Raben, *Ann. Rev. Pharmacol.*, **5**, 137 (1965); Daughaday und Parker, *Ann. Rev. Med.*, **16**, 47 (1965); Root, A., *Pediatrics*, **36**, 940 (1965); Harris und Donovan (Hrsg.), *The Pituitary Gland*, Band 1 und 2, Butterworth, London, 1966.
2 Vest, M., *Schweiz. med. Wschr.*, **96**, 405 (1966).
3 Li et al., *J. Amer. chem. Soc.*, **88**, 2050 (1966).
4 Peckham, W.D., *J. biol. Chem.*, **242**, 190 (1967).
5 Saxena und Henneman, *Biochem. J.*, **100**, 711 (1966).
6 Loraine und Bell, *Hormone Assays and their Clinical Application*, 2. Auflage, Livingstone, Edinburg, 1966; Bell, E.T., *Vitam. and Horm.*, **24**, 63 (1966).
7 Evans et al., *Endocrinology*, **22**, 483 (1938); Greenspan et al., in: Emmens, C.W. (Hrsg.), *Hormone Assays*, Academic Press, New York, 1950, S.273.
8 Geschwind und Li, in: Smith et al. (Hrsg.), *The Hypophyseal Growth Hormone; Nature and Actions*, McGraw-Hill, New York, 1955, S.28; Lostroh und Li, *Endocrinology*, **60**, 308 (1957).
9 Hunter und Greenwood, *Biochem. J.*, **85**, 39P (1962); Hunter und Greenwood, *Biochem. J.*, **91**, 43 (1964).
10 Glick et al., *Nature*, **199**, 784 (1963).
11 Utiger et al., *J. clin. Invest.*, **41**, 254 (1962); Utiger, R.D., *J. clin. Endocr.*, **24**, 60 (1964).
12 Daughaday et al., *J. clin. Endocr.*, **19**, 743 (1959); Collins und Baker, *Metabolism*, **9**, 556 (1960); Kogut et al., *Pediatrics*, **31**, 538 (1963).
13 Ezrin, C., in: Netter, P.H. (Hrsg.), *Endocrine System and Selected Metabolic Diseases*, Ciba Collection of Medical Illustrations, Band 4, Ciba, New York, 1965, S.10.
14 Gemzell und Heijkenskjöld, *Endocrinology*, **59**, 681 (1956).
15 Parker et al., *J. clin. Invest.*, **41**, 262 (1962).
16 Glick et al., *Recent Progr. Hormone Res.*, **21**, 241 (1965).
17 Greenwood et al., *Brit. med. J.*, **1**, 25 (1964); Hunter et al., *J. Endocr.*, **34**, 139 (1966); Hunter und Rigal, *J. Endocr.*, **34**, 147 (1966).
18 Marks et al., *Nature*, **208**, 686 (1965).
19 Hunter und Greenwood, *Brit. med. J.*, **1**, 804 (1964).
20 Greenwood und Landon, *Nature*, **210**, 540 (1966).
21 Hartog et al., *Brit. med. J.*, **2**, 1229 (1964).
22 Frantz und Rabkin, *J. clin. Endocr.*, **25**, 1470 (1965).
23 Hadden und Prout, *Nature*, **202**, 1342 (1964).
24 Cornblath et al., *J. clin. Endocr.*, **25**, 209 (1965).
25 Gitlin et al., *J. clin. Endocr.*, **25**, 1599 (1965); Laron et al., *Acta endocr. (Kbh.)*, **53**, 687 (1966).
26 Deuben und Meites, *Endocrinology*, **74**, 408 (1964); Dhariwal et al., *Endocrinology*, **77**, 932 (1965).
27 Müller und Pecile, *Proc. Soc. exp. Biol. (N.Y.)*, **122**, 1289 (1966).
28 Brasel et al., *Amer. J. Med.*, **38**, 484 (1965); Seip und Trygstad, *Acta paediat. scand.*, **55**, 287 (1966).
29 Raben, M.S., *New Engl. J. Med.*, **266**, 82 (1962).
30 Széky et al., *Helv. paediat. Acta*, **17**, 411 (1962); Prader et al., *Lancet*, **2**, 378 (1964).
31 Raben, M.S., *Recent Progr. Hormone Res.*, **15**, 71 (1959); Mason und Tanner, in: Gardiner-Hill, H. (Hrsg.), *Modern Trends in Endocrinology*, Band 3, Butterworth, London, 1967, S.1.
32 Bergenstal und Lipsett, *J. clin. Endocr.*, **20**, 1427 (1960).
33 Korner, A., *Recent Progr. Hormone Res.*, **21**, 205 (1965).

Laktogenes Hormon der Plazenta

(HPL = human placental lactogen, human chorionic growth-hormone prolactin)

HPL, ein Polypeptidhormon, wurde immunologisch in Plazentaextrakten[1] sowie im Plasma von Schwangeren[2] durch Kreuzreaktion mit Antiserum gegen Humanwachstumshormon nachgewiesen. In der Folgezeit wurden wiederholt Präparate unterschiedlicher Aktivität aus der Plazenta isoliert. Das Molgewicht eines chemisch homogenen Präparats wurde mit 39000 ermittelt[3]. Die Sequenz der ersten 17 Aminosäuren ist der von Humanwachstumshormon sehr ähnlich[4]; das Hormon ist möglicherweise eine dimere Form eines wachstumshormonähnlichen Polypeptids. Die Aminosäure am Aminoende der Peptidkette ist Valin, die am Carboxylende Phenylalanin[3].

HPL läßt sich in Gewebsextrakten und in Körperflüssigkeiten radioimmunologisch bestimmen[5–8]. Es ist im Zytoplasma der Synzytiotrophoblastenschicht der Plazenta lokalisiert[9] und wird von der Plazenta gebildet und sezerniert[10]. Die plazentare Produktion zum Termin wird auf 0,3 g/24 h geschätzt[11]. Das Hormon läßt sich bereits im 1. Schwangerschaftstrimester in Blut und Harn nachweisen; der Plasmaspiegel steigt mit fortschreitender Schwangerschaft an und erreicht den maximalen Wert gegen den Termin[5–7], mit einer mittleren Konzentration von 1,15 mg/l[11]. Zum Termin beträgt das Verhältnis von HPL zu Wachstumshormon im Plasma etwa 1000:1[6]. Einige Stunden nach Ausstoßung der Plazenta ist das Hormon im Blut der Mutter kaum noch nachzuweisen[5–7]. Im Nabelschnurblut ist HPL nur in sehr geringer Konzentration vorhanden[6,7]. HPL wird in den Geweben rasch abgebaut und hat eine biologische Halbwertzeit von etwa 20 min[11]. Beim Termin liegt die Ausscheidung im Harn unter 0,1 mg/24 h[12].

Das Hormon hat wahrscheinlich eine schwache somatotrope Wirkung ähnlich der von Wachstumshormon, ferner eine mammotrope und luteotrope Aktivität ähnlich der von Prolactin[8]. HPL ist möglicherweise ein physiologischer Insulinantagonist während der Schwangerschaft[11,12] und mag beim Steroidstoffwechsel in der Plazenta eine Rolle spielen[13].

Literatur

1 Josimovich und MacLaren, *Endocrinology*, **71**, 209 (1962).
2 Greenwood et al., *Brit. med. J.*, **1**, 22 (1964).
3 Catt et al., *Biochem. J.*, **102**, 27c (1967).
4 Catt et al., *Science*, **157**, 321 (1967).
5 Kaplan und Grumbach, *Science*, **147**, 751 (1965).
6 Kaplan und Grumbach, *J. clin. Endocr.*, **25**, 1370 (1965); Beck et al., *J. clin. Endocr.*, **25**, 1457 (1965).
7 Samaan et al., *J. clin. Endocr.*, **26**, 1303 (1966).
8 Greenwood, F.C., in: Gardiner-Hill, H. (Hrsg.), *Modern Trends in Endocrinology*, Band 3, Butterworth, London, 1967, S.288.
9 Sciarra et al., *Nature*, **199**, 1005 (1963).
10 Grumbach und Kaplan, *Trans. N.Y. Acad. Sci.*, **27**, 167 (1964).
11 Beck und Daughaday, *J. clin. Invest.*, **46**, 103 (1967).
12 Samaan et al., zitiert nach Beck und Daughaday, *J. clin. Invest.*, **46**, 103 (1967).
13 Tominaga und Troen, *J. clin. Invest.*, **46**, 1124 (1967).

Melanotropin[1]

(melanophorenstimulierendes Hormon, MSH = melanocyte-stimulating hormone, Chromatophorenhormon, Pigmenthormon, Intermedin)

Chemie[2,3]

Die melanophorenstimulierenden Hormone α-MSH und β-MSH sind lineare Polypeptide mit einer Aminosäurensequenz, die der eines Teiles des ACTH-Moleküls sehr ähnlich ist. α-MSH scheint bei allen bisher untersuchten Spezies die gleiche Struktur zu besitzen; Unterschiede in der Struktur bestehen aber beim β-MSH je nach Herkunft (siehe nachfolgende Tabelle). α-MSH und ein β-MSH-Octadecapeptid mit einer Aminosäurensequenz, wie sie das Rinderhormon aufweist, wurden synthetisiert. Die Struktur der «α-corticotropin-releasing factors» ist der des α-MSH sehr ähnlich.

Einheiten, Bestimmungsmethoden

Die Bestimmungsmethoden beruhen auf der Eigenschaft des Hormons, bei Amphibien eine Expansion des Pigments (vorwiegend des Melanins) in den Melanozyten zu bewirken. Testobjekt sind Frösche[4,5] oder in vitro deren Haut[6,7]. Die Froschhaut rea-

Struktur und biologische Aktivität der Melanotropine[1]

Verbindung	Aminosäurensequenz	Aktivität (E/g)*
ACTH	Ser· Tyr· Ser· Met·Glu·His·Phe·Arg·Trp·Gly· Lys· Pro· Val· Gly·Lys·Lys·Arg·Arg·Pro 1 2 3 4 5 6 7 8 9 10 11 12 13 14 15 16 17 18 19	**
α-MSH (Schwein, Rind, Pferd)	CH_3CO– Ser· Tyr· Ser· Met·Glu·His·Phe·Arg·Trp·Gly· Lys· Pro· Val· NH_2 1 2 3 4 5 6 7 8 9 10 11 12 13	$1{,}0–2{,}0 \times 10^{10}$
β-MSH (Schwein)	Asp·Glu·Gly·Pro· Tyr· Lys· Met·Glu·His·Phe·Arg·Trp·Gly· Ser· Pro· Pro·Lys·Asp 1 2 3 4 5 6 7 8 9 10 11 12 13 14 15 16 17 18	$3{,}0–5{,}0 \times 10^{9}$
β-MSH (Rind) ..	Asp·Ser·Gly·Pro· Tyr· Lys· Met·Glu·His·Phe·Arg·Trp·Gly· Ser· Pro· Pro·Lys·Asp 1 2 3 4 5 6 7 8 9 10 11 12 13 14 15 16 17 18	$2{,}0 \times 10^{9}$
β-MSH (Pferd) ..	Asp·Glu·Gly·Pro· Tyr· Lys· Met·Glu·His·Phe·Arg·Trp·Gly· Ser· Pro· Arg·Lys·Asp 1 2 3 4 5 6 7 8 9 10 11 12 13 14 15 16 17 18	$1{,}2 \times 10^{9}$
β-MSH (Mensch)	Ala·Glu·Lys·Lys·Asp·Glu·Gly·Pro· Tyr· Arg· Met·Glu·His·Phe·Arg·Trp·Gly· Ser· Pro· Pro·Lys·Asp 1 2 3 4 5 6 7 8 9 10 11 12 13 14 15 16 17 18 19 20 21 22	$3{,}3 \times 10^{9}$

* Froschhauttest in vitro.
** Das natürlich vorkommende ACTH besitzt etwa 1% der Aktivität von α-MSH, am Serinende acetyliertes ACTH dagegen etwa 10% der Aktivität von α-MSH auf molarer Basis.

[1] SCHROEDER und LUEBKE, *The Peptides*, Band 2, Academic Press, New York, 1966, S. 161.

giert bereits auf eine so niedrige Konzentration wie 10^{-11} mol MSH/l[8]. Die Aktivität von MSH-Präparaten wird meist in Einheiten nach dem Test von SHIZUME et al.[6] angegeben; 1 Einheit entspricht der Wirkung von 0,04 μg eines von diesen Autoren hergestellten Standardpräparates.

Bildung, Sekretion

Bildungsort von MSH sind wahrscheinlich die polygonalen Zellen des Hypophysenmittellappens, der von der RATHKEschen Tasche abstammt. Das Hormon läßt sich aber auch im Hypophysenvorder- und -hinterlappen nachweisen. Aufgrund der Verwandtschaft zwischen der Struktur der Melanotropine und Corticotropine kann angenommen werden, daß die Biosynthese dieser Hormone im gleichen Zelltyp der Adenohypophyse erfolgt[9]. Eine melanotrope Aktivität wurde in Plasmaextrakten nachgewiesen, mit erhöhten Werten während der Schwangerschaft[4,10]. Die melanotrope Aktivität konnte von der kortikotropen Aktivität in Gewebe- und Plasmaextrakten getrennt werden[11]. Mittels einer radioimmunologischen Methode wurde im menschlichen Plasma ein β-MSH-Gehalt von 20–90 ng/l gefunden[12]. Die Steuerung der MSH-Sekretion erfolgt möglicherweise durch den MSH-Gehalt des Blutes (Frosch, Ratte) in Form eines negativen «feed-back»-Mechanismus; wahrscheinlich spricht der Hypothalamus auf diesen Mechanismus an, indem er einen Faktor produziert, der die MSH-Sekretion in der Hypophyse hemmt[13]. Eine melanotrope Aktivität wurde auch im Harn nachgewiesen; bei der Frau variiert sie im Verlauf des Zyklus und steigt während der Schwangerschaft an[10,14].

Wirkung

Unter der Einwirkung von MSH wird bei Kaltblütern infolge rascher Melanozytenexpansion und Pigmentdispersion innerhalb der Melanozyten die Haut dunkler. Dieser reversible Vorgang, als physiologische Pigmentregulierung bezeichnet, ermöglicht dem Tier eine rasche Angleichung an die Farbe der Umgebung. Bei Vögeln und Säugetieren wird die Intensität der Hautfärbung durch den Pigmentgehalt der Melanozyten reguliert, ein langsam ablaufender, als morphologische Pigmentregulierung bezeichneter Vorgang, dessen Beeinflussung durch MSH noch nicht völlig geklärt ist. Beim Frosch bewirkt MSH eine Pigmentdispersion in den Melanozyten der Epidermis und der Dermis, aber nur die der Dermis ziehen sich unter dem Einfluß von Melatonin wieder zusammen[15]; die morphologischen Eigenschaften der epidermalen Melanozyten des Frosches und der Säugetiere sind ähnlich. MSH fördert anscheinend auch die Pigmentbildung; so nimmt der Pigmentgehalt bei Fröschen unter einer andauernden Behandlung mit MSH zu, und beim Menschen führen tägliche Injektionen von α-MSH zu einer Hyperpigmentierung, die bereits am 2. Behandlungstage einsetzt[16]. Andere Wirkungen von MSH-Gaben bei Säugetieren sind Hypocalcämie, Hyperlipämie, ferner Steigerung der Schilddrüsenfunktion und der Pulszahl sowie der Permeabilität der Blut–Liquor-Schranke des Auges[3,17]; ob diese Wirkungen auch den physiologischen Verhältnissen entsprechen, ist nicht bekannt.

Die Wirkungsweise von MSH ist nicht geklärt. Die Pigmentdispersion ist wahrscheinlich nur ein sekundärer Effekt als Folge einer direkten Wirkung auf die Zelle, an der Natrium und Calcium beteiligt sind[18]. Die Melaninbildung in den Melanozyten erfolgt in *o*-Diphenoloxydase enthaltenden Ribosomen aus Tyrosin und Sauerstoff durch allmähliche «Melanisierung» dieser subzellulären Teilchen. Ein Einfluß von MSH auf das Enzym *o*-Diphenoloxydase wäre denkbar, ist aber nicht bewiesen[19].

Literatur

[1] GORDON, M. (Hrsg.), *Pigment Cell Biology*, Academic Press, New York, 1959; LERNER und LEE, *Vitam. and Horm.*, **20**, 337 (1962); BARRINGTON, E. J. W., in: PINCUS und THIMANN (Hrsg.), *The Hormones*, Band 4, Academic Press, New York, 1964, S. 299; HARRIS und DONOVAN (Hrsg.), *The Pituitary Gland*, Band 3, Butterworth, London, 1966.
[2] LEE et al., *Ann. N. Y. Acad. Sci.*, **100**, 658 (1963); SCHROEDER und LUEBKE, *The Peptides*, Band 2, Academic Press, New York, 1966, S. 161.
[3] SCHWYZER, R., *Ann. Rev. Biochem.*, **33**, 259 (1964).
[4] McGUINNESS, B. W., *Ann. N. Y. Acad. Sci.*, **100**, 640 (1963).
[5] TEAGUE und PATTON, *Ann. N. Y. Acad. Sci.*, **100**, 686 (1963).
[6] SHIZUME et al., *Endocrinology*, **54**, 553 (1954).
[7] LERNER und WRIGHT, *Meth. biochem. Anal.*, **8**, 295 (1960); SCHULER et al., *Schweiz. med. Wschr.*, **93**, 1027 (1963).
[8] LERNER, A. B., *Nature*, **184**, 674 (1959).
[9] PEARSE und VAN NOORDEN, in: BENOIT und DA LAGE (Hrsg.), *Cytologie de l'adénohypophyse*, C.N.R.S., Paris, 1963, S. 63.
[10] SHIZUME und LERNER, *J. clin. Endocr.*, **14**, 1491 (1954).
[11] ISLAND et al., *J. clin. Endocr.*, **25**, 975 (1965).
[12] ABE et al., *J. clin. Invest.*, **46**, 1031 (1967).
[13] KASTIN und ROSS, *Endocrinology*, **77**, 45 (1965); KASTIN und SCHALLY, *Nature*, **213**, 1238 (1967).
[14] DAHLBERG, B., *Ann. N. Y. Acad. Sci.*, **100**, 631 (1963).
[15] McGUIRE und MÖLLER, *Endocrinology*, **78**, 367 (1966).
[16] McGUIRE und LERNER, *Ann. N. Y. Acad. Sci.*, **100**, 622 (1963).
[17] PASTAN, I., *Ann. Rev. Biochem.*, **35**, 369 (1966).
[18] NOVALES, R. R., *Ann. N. Y. Acad. Sci.*, **100**, 1035 (1963); NOVALES und NOVALES, *Gen. comp. Endocr.*, **5**, 568 (1965).
[19] LERNER und TAKAHASHI, *Recent Progr. Hormone Res.*, **12**, 303 (1956); IPPEN, H., *Dtsch. med. Wschr.*, **89**, 798 (1964).

Oxytocin [1-3]
(Ocytocin, Pitocin, Lactagogin)

Vasopressin [1,2]
(Pitressin, Adiuretin, Antidiuretin, ADH = antidiuretic hormone)

Chemie [4]

Die aus der Neurohypophyse verschiedener Spezies isolierten Hormone sind zyklische Polypeptide, die aus 9 Aminosäuren aufgebaut sind, eine Disulfidbrücke und eine endständige Amidgruppe enthalten; die Ringstruktur geht auf die Oxydation der Cysteinreste zum Disulfid zurück*. Die einzelnen Hormone unterscheiden sich nur in den Aminosäuren der Positionen 3, 4 und 8. Das Molgewicht liegt knapp über 1000. Struktur und biologische Aktivität der natürlich vorkommenden Hinterlappenhormone sind auf der folgenden Seite zusammengestellt. Im Verlauf der Evolution tritt zunächst das Argininvasotocin auf, das dann zu den Vasopressinen der Säuger umgewandelt wurde [5]. Lysinvasopressin ist auf Suinaspezies beschränkt. Für die oxytocinartige Aktivität sind der Asparaginrest in Position 5 und der Glycinamidrest in Position 9 unentbehrlich, für die antidiuretische Aktivität die basische Seitenkette in Position 8 [6]. Die Aktivität ist von der Größe des Rings abhängig; die –S–S-Brücke ist aber nicht erforderlich, da die Aktivität auch nach Ersatz des Cystein-S der Position 1 durch eine CH_2-Gruppe erhalten bleibt [7].

Einheiten, Bestimmungsmethoden

Synthetische Präparate beider Hinterlappenhormone des Menschen sind erhältlich. 1 internationale Einheit (IE) oxytocin- und vasopressinartiger sowie antidiuretischer Aktivität ist in 0,5 mg des 3. internationalen Standards (pulverisierter, acetongetrockneter Rinderhypophysenhinterlappen) enthalten (siehe S.752).

Zur Bestimmung der Hinterlappenhormone steht eine Reihe biologischer Methoden zur Verfügung [8]. Einige davon sind in der Tabelle auf S.713 ersichtlich. Bei der Interpretation der Resultate ist aber zu berücksichtigen, daß die meisten Gewebe weitere pharmakologisch aktive Substanzen, wie Histamin, Serotonin, Acetylcholin, Bradykinin enthalten, auf welche die biologischen Bestimmungsmethoden für die Hinterlappenhormone ebenfalls ansprechen.

Zur Bestimmung der oxytocinartigen Aktivität wird am häufigsten der Rattenuterustest herangezogen: Verfolgung der Kontraktionen des isolierten Uterus von mit Östrogenen vorbehandelten weiblichen Ratten.

Die vasopressorische Aktivität läßt sich am besten anhand der Blutdrucksteigerung in der Arteria carotis der Ratte bestimmen. Die Möglichkeit einer radioimmunologischen Bestimmungsmethode wurde diskutiert [9].

Bildung, Sekretion, Stoffwechsel [10]

Die neurohypophysären Hormone werden im Hypothalamus gebildet und im Hypophysenhinterlappen gespeichert. Im GOLGI-Apparat der Neuronen im Nucleus supraopticus und im Nucleus paraventricularis des Hypothalamus entsteht ein proteinartiges Material (Neurosekret, neurosecretory material), das bei Bedarf an die Nervenendigungen im Hinterlappen abgegeben wird, was einen Transport im Axoplasma der Traktusfaser bedingt [11]. Das Neurosekret läßt sich mittels geeigneter Färbungen (zum Beispiel nach GOMORI) unter dem Lichtmikroskop nachweisen und zeigt sich im Elektronenmikroskop als dichte Granula mit einem Durchmesser von 0,1–0,3 μm. Die Ansammlungen dieser Granula sind die Ursache der spezifischen Anfärbbarkeit der Nervenendigungen und der HERRING-Körper. Nach Durchtrennung des Hypophysenstiels reichert sich das Neurosekret in den proximalen Enden der Axonen an. Physiologische Stimuli, die zu einer Abnahme der Aktivität der Neurohypophyse führen, bewirken auch eine solche an anfärbbarem Neurosekret im Hypothalamus und im Hinterlappen. Angefärbt wird wahrscheinlich die aus Protein bestehende Trägersubstanz und nicht das Polypeptidhormon selbst. Ein Protein mit einem Molgewicht von etwa 30000 und Oxytocin- und Vasopressinaktivität konnte aus dem Hinterlappen isoliert werden (VAN-DYKE-Protein [12], Neurophysin [13]).

Der Hormongehalt des Hypothalamus und der Neurohypophyse sowie das Verhältnis von Vasopressin zu Oxytocin in diesen Geweben sind von Spezies zu Spezies verschieden [14]. Der Hypothalamus des Menschen enthält 4,6% des Vasopressins bzw. 5,9% des Oxytocins der Neurohypophyse; das Verhältnis von Vasopressin zu Oxytocin beträgt im Hypothalamus 1,9, in der Neurohypophyse 1,6. Je nach den physiologischen Umständen zeigt das Vasopressin–Oxytocin-Verhältnis charakteristische Veränderungen, so zum Beispiel bei laktierenden Hunden und während des Zyklus der Ratte [15]. Ursache für diese Unterschiede in der Hormonverteilung mag sein, daß jedes zur Sekretion befähigte Neuron nur eines der beiden Hormone bildet und der Anteil an Vasopressin und Oxytocin produzierenden Neuronen im Nucleus supraopticus und paraventricularis von Spezies zu Spezies variiert [14].

Die neurosekretorische Zelle erreicht mit ihren verdickten sekrethaltigen Endigungen die Wandungen von Kapillaren des Hinterlappens und gibt dort in einem calciumabhängigen Prozeß die Hormone ab [16].

Der Hypophysenhinterlappen scheint Oxytocin und Vasopressin immer zusammen in die systemische Zirkulation abzugeben, und zwar unabhängig von der Art des Stimulus. Bei der Sekretion scheinen die beiden Hormone aber nicht immer im gleichen Verhältnis abgegeben zu werden, was auf eine getrennte Regulierung der Sekretion schließen läßt. So führt der Saugreflex bei laktierenden Frauen [17] und bei Milchkühen zu keiner Antidiurese; allerdings ergaben sich gegenteilige Befunde bei anderen Spezies. Auch Hämorrhagie, Narkose und Nikotin führen bei manchen Spezies zu Veränderungen im Verhältnis der sezernierten Hormonmengen [18].

Im Blut und anderen Körperflüssigkeiten lassen sich die Hinterlappenhormone angesichts ihrer sehr niedrigen Konzentrationen mit den zur Verfügung stehenden Methoden quantitativ nur unbefriedigend bestimmen. Der Vasopressingehalt des Plasmas bei normaler Hydratation wurde auf 1–5 mIE/l geschätzt (1 mIE entspricht etwa 1×10^{-12} mol) (gemessene Werte in nachstehender Tabelle); in ähnlicher Konzentration scheint auch Oxytocin im Plasma vorzuliegen [19]. Bei Frauen scheint sich der Oxytocingehalt des Plasmas bei der Laktation nicht zu verändern [20], bei Kühen und Ziegen hingegen wurde ein Anstieg während des Melkens festgestellt. Im Blut finden sich die Hormone nur im Plasma; sie sind nicht an die Erythrozyten gebunden [19]. Wieweit die Hormone an Plasmaproteine gebunden sind, ist nicht sicher bekannt; unter physiologischen Verhältnissen liegen sie wahrscheinlich vorwiegend in freier Form vor [19].

Vasopressingehalt des Plasmas (mIE/l)

Normal hydratisiert		Dehydratisiert		Literatur
Mittelwert	Bereich	Mittelwert	Bereich	
1,9	1,0–2,7	6,5	3,4–9,0	1
0,0	–	4,6	2,5–10,0	2
–	0,2–0,4	–	0,9–1,0	3

Literatur

1 YOSHIDA et al., *J. Lab. clin. Med.*, **62**, 279 (1963).
2 AHMED et al., *J. clin. Invest.*, **46**, 111 (1967).
3 HEINTZ et al., *Klin. Wschr.*, **42**, 771 (1964).

Die Hormone werden durch Inaktivierung in den Geweben und Ausscheidung durch die Nieren rasch aus dem kreisenden Blut entfernt. Vasopressin hat eine biologische Halbwertzeit von 10 bis 20 min, Oxytocin eine solche von 10 min und weniger [19]. Bei physiologischem Vasopressingehalt des Plasmas beträgt die Gesamtclearance im menschlichen Organismus ungefähr 150 ml/min, die Harnclearance ungefähr 4–10 ml/min [19]; im Harn werden bei normaler Hydratation gegen 5–32 mIE/24 h ausgeschieden [21]. Enzyme, die Vasopressin und Oxytocin abbauen, finden sich speziell in der Leber und den Nieren, aber auch in anderen Geweben wie Milchdrüse, Myometrium von schwangeren Tieren und Plazenta. Bei schwangeren Frauen tritt im Serum ein Enzym auf (Oxytocinase), das sowohl Oxytocin als auch Vasopressin abbaut [22].

Wirkung

Die Hormone der Neurohypophyse wirken auf die Epithelmembranen – wie der distalen Nierentubuli der Säuger sowie der Haut und Blase von schwanzlosen Amphibien –, indem sie die Permeabilität für Wasser, Harnstoff und Natrium erhöhen [23], und greifen an kontraktilen Geweben an, indem sie auf die glatte Muskulatur des Uterus von Säugetieren, den Ovidukt von Vögeln und Reptilien, das Myoepithel im Bereich der Milchdrüsenalveolen

* Zählt man die durch die –S–S-Brücke verbundenen Cysteinreste als eine Aminosäure (Cystin), so sind Oxytocin und Vasopressin Octapeptide.

Struktur und biologische Aktivität natürlich vorkommender neurohypophysärer Hormone[1]

	Struktur	Oxytocinartige Aktivität (IE/mg)			Vasopressinartige Aktivität (IE/mg)		Vorkommen
		Uterus (Ratte in vitro)	Blutdruck (Hahn)	Milchdrüse (Kaninchen)	Blutdruck (Ratte)	Antidiurese (Ratte)	
Argininvasopressin (Arg⁸-Vasopressin)	Cys·Tyr·Phe·Glu(NH₂)·Asp(NH₂)·Cys·Pro·Arg·Gly·NH₂ (1 2 3 4 5 6 7 8 9; Disulfidbrücke 1–6)	16	60	70	400	400	Mensch, viele Säuger
Lysinvasopressin (Lys⁸-Vasopressin)	Cys·Tyr·Phe·Glu(NH₂)·Asp(NH₂)·Cys·Pro·Lys·Gly·NH₂ (1 2 3 4 5 6 7 8 9)	5	40	45	280	250	Schwein, Nilpferd
Oxytocin (Ile³–Leu⁸-Vasopressin)	Cys·Tyr·Ile·Glu(NH₂)·Asp(NH₂)·Cys·Pro·Leu·Gly·NH₂ (1 2 3 4 5 6 7 8 9)	450	450	450	5	5	Mensch, viele Wirbeltiere
Argininvasotocin (Ile³–Arg⁸-Vasopressin)	Cys·Tyr·Ile·Glu(NH₂)·Asp(NH₂)·Cys·Pro·Arg·Gly·NH₂ (1 2 3 4 5 6 7 8 9)	155	285	210	245	250	Vögel, Reptilien, Fische
Isotocin (Ser⁴–Ile⁸-Oxytocin, Ile³–Ser⁴–Ile⁸-Vasopressin)	Cys·Tyr·Ile·Ser·Asp(NH₂)·Cys·Pro·Ile·Gly·NH₂ (1 2 3 4 5 6 7 8 9)	150	320	300	0,06	0,18	Manche Knochenfische
Mesotocin (Ile³–Ile⁸-Vasopressin)	Cys·Tyr·Ile·Glu(NH₂)·Asp(NH₂)·Cys·Pro·Ile·Gly·NH₂ (1 2 3 4 5 6 7 8 9)	289	498	328	6	1,1	Frosch, Flösselhecht
Glumitocin (Ile³–Ser⁴–Glu⁸-Vasopressin)	Cys·Tyr·Ile·Ser·Asp(NH₂)·Cys·Pro·Glu(NH₂)·Gly·NH₂ (1 2 3 4 5 6 7 8 9)	8					Manche Knorpelfische

[1] WALTER et al., *Amer. J. Med.*, **42**, 653 (1967).

und die glatte Muskulatur der Blutgefäße von Säugern stimulierend bzw. relaxierend auf die Gefäßwände von Vögeln wirken. Auch die Wirkung auf die kontraktilen Elemente verläuft wahrscheinlich über eine Permeabilitätsänderung, weil durch eine Erhöhung der Membranpermeabilität von erregbarem Gewebe die Depolarisation nach elektrischer oder chemischer Reizung im allgemeinen gesteigert ist[2]. Im biomolekularen Bereich verläuft die Beeinflussung der Permeabilität möglicherweise über eine Intensivierung der Synthese von zyklischem 3′,5′-Adenosinmonophosphat[24]. Vasopressinähnliche Polypeptide (siehe S.715) und möglicherweise auch Vasopressin sind an der Kontrolle der ACTH-Sekretion beteiligt[25]. Die Aktivität der Polypeptide der Neurohypophyse ist in ihren fünf wichtigsten biologischen Wirkungen aus der Tabelle auf S.713 zu ersehen.

Oxytocin hat eine stark ausgeprägte Wirkung auf Uterus und Milchdrüse von Säugetieren. Die Empfindlichkeit des Uterus auf Oxytocin steigt im Laufe der Schwangerschaft an und ist am höchsten unmittelbar vor der Geburt[26]. Bei Tieren verändert sich die Empfindlichkeit im Verlauf des Zyklus, sie ist während des Östrus am größten. Während der lutealen Phase ist der Uterus völlig unempfindlich. Bei der graviden Maus läßt sich die Empfindlichkeit durch Injektion von Östron steigern. Oxytocin scheint bei der Auslösung der Geburt eine Rolle zu spielen, obwohl diese auch bei exstirpierter Hypophyse vor sich gehen kann, möglicherweise infolge Regeneration der das Neurosekret abgebenden Nervenendigungen. Nach schwerer Verletzung des Hypothalamus oder Zerstörung der neurosekretorischen Zellen wurden Störungen beim Geburtsvorgang beobachtet.

Der Einfluß von Oxytocin auf die Milchejektion (Milchauspressung) ist so stark, daß eine Injektion von 0,01 IE noch eine Wirkung auf die Milchdrüse laktierender Frauen hervorrufen kann[27]. Die Oxytocinsekretion in der Neurohypophyse wird durch den Saugreiz ausgelöst; das freigesetzte Hormon gelangt durch die Blutbahn in die Milchdrüse. Die nervöse Steuerung der Milchejektion wird aber auch durch verschiedene psychische Reize beeinflußt.

Die physiologische Funktion von *Vasopressin* besteht in der Beteiligung an der Bildung eines hypertonen Harns[28]. Fehlt Vasopressin im Blut, so ist die Wasserpermeabilität des distalen Konvoluts und der Sammelrohre der Niere erniedrigt. Die aus dem aufsteigenden Teil der HENLE-Schleife in das distale Konvolut einfließende hypotone Flüssigkeit bleibt bei Wasserdiurese bis zur Ausmündung der Sammelrohre hypoton. Die Wasserresorption in diesen Abschnitten ist nahezu aufgehoben, da wegen der geringen Wasserpermeabilität kein osmotischer Wasserentzug in das blutisotone Interstitium der Rinde und in das hypertone Interstitium des Marks erfolgen kann. Bei Anwesenheit von Vasopressin dagegen ist die Wasserpermeabilität des distalen Konvoluts und der Sammelrohre erhöht. Die aus dem aufsteigenden Schleifenteil ausfließende hypotone Flüssigkeit wird im distalen Konvolut durch osmotischen Wasserentzug isoton und bei der Passage durch die Sammelrohre hyperton. Durch die Erhöhung der Wasserpermeabilität allein kann aber die Bildung eines hypertonen Harns nicht erklärt werden, weil Wasser gegen einen osmotischen Gradienten gepumpt werden müßte und ein solcher aktiver Wassertransport bisher noch nie beobachtet wurde; sowohl bei der Bildung eines hypertonen wie hypotonen Harns werden aktiv nur gelöste Teilchen (vor allem Natriumionen) transportiert, wobei durch Abdichten der Tubuluswände das osmotische Nachfolgen von Wasser verhindert wird. Die Erzielung eines erhöhten osmotischen Drukkes im Nierenmark bedarf eines besonderen Systems, des Haarnadelgegenstromsystems der HENLE-Schleifen, in dem ein Konzentrierungseinzeleffekt im Gegenstrom multipliziert wird[29].

Die Ausschüttung von Vasopressin durch die Neurohypophyse hängt von der osmotischen Konzentration der Elektrolyte in der extrazellulären Flüssigkeit ab. Wenn durch Wasserverlust die osmotische Konzentration ansteigt, wird mehr antidiuretisches Hormon sezerniert und als Folge davon in der Niere mehr Wasser rückresorbiert sowie ein konzentrierterer Harn produziert. Wasserzufuhr führt zur Hemmung der Vasopressinausschüttung, gefolgt von der Produktion eines stark verdünnten Harns (Wasserdiurese). Da die osmotischen Konzentrationen nur sehr wenig schwanken, muß die Existenz von «Osmorezeptoren» im Hypothalamus angenommen werden, die auf die geringsten Schwankungen ansprechen[30]. Ein weiterer Stimulus für die Vasopressinsekretion ist eine rasche Verminderung des Plasmavolumens bzw. der extrazellulären Flüssigkeit, wie dies zum Beispiel nach Blutungen eintreten kann[31].

Zerstörung des Hypothalamus führt zu dauerndem Diabetes insipidus mit einer Polyurie von durchschnittlich 5–10 l/24 h; die klinischen Erscheinungen lassen sich durch Vasopressingaben in geeigneter Dosierung aufheben[32].

Vasopressin führt auch zur Vasokonstriktion der peripheren Gefäße, beim Herzen zur Verlangsamung der Schlagfrequenz und Verminderung des Minutenvolumens sowie zur Blutdruckerhöhung. Weiter bewirkt das Hormon Kontraktion der glatten Muskulatur des Darms, der Gallenblase und der Harnblase. Physiologische Bedeutung kommt dem wahrscheinlich nicht zu, so daß die Bezeichnung «Antidiuretin» dem Hormon besser gerecht wird als «Vasopressin».

Literatur

1 SAWYER, W.H., *Pharmac.Rev.*, **13**, 225 (1961); SAWYER, W.H., in: NALBANDOV, A.V. (Hrsg.), *Advances in Neuroendocrinology*, Symposium, Miami 1961, University of Illinois Press, Urbana, 1963, S.68; HARRIS und DONOVAN (Hrsg.), *The Pituitary Gland*, Band 3, Butterworth, London, 1966.

2 KLEEMAN und CUTLER, *Ann.Rev.Physiol.*, **25**, 385 (1963).

3 PINKERTON, J.H.M. (Hrsg.), *Advances in Oxytocin Research*, Pergamon, London, 1965.

4 SCHROEDER und LUEBKE, *The Peptides*, Band 2, Academic Press, New York, 1966; WALTER et al., *Amer.J.Med.*, **42**, 653 (1967).

5 SAWYER, W.H., *Amer.J.Med.*, **42**, 678 (1967).

6 WIELAND und DETERMANN, *Ann.Rev.Biochem.*, **35**, 651 (1966).

7 RUDINGER und JOŠT, *Experientia (Basel)*, **20**, 570 (1964).

8 SAWYER, W.H., *Meth.med.Res.*, **9**, 210 (1961); SAWYER, W.H., in: HARRIS und DONOVAN (Hrsg.), *The Pituitary Gland*, Band 3, Butterworth, London, 1966, S.288.

9 PERMUTT et al., *Endocrinology*, **78**, 809 (1966).

10 HELLER und CLARK (Hrsg.), *Neurosecretion*, Proceedings of the 3rd International Symposium of Neurosecretion, Bristol 1961, Academic Press, New York; HELLER und GINSBURG, in: HARRIS und DONOVAN (Hrsg.), *The Pituitary Gland*, Band 3, Butterworth, London, 1966, S.330.

11 SCHARRER und SCHARRER, *Recent Progr. Hormone Res.*, **10**, 183 (1954); BARGMANN, W., in: HELLER, H. (Hrsg.), *The Neurohypophysis*, Proceedings of the 8th Symposium, Bristol 1956, Butterworth, London, 1957, S.11; BARGMANN, W., in: STUTINSKY, F. (Hrsg.), *Neurosecretion*, Springer, Berlin, 1967, S.241; SACHS, H., *Amer.J.Med.*, **42**, 687 (1967).

12 VAN DYKE et al., *J.Pharmacol.exp.Ther.*, **74**, 190 (1942).

13 ACHER und FROMAGEOT, *Ergebn.Physiol.*, **48**, 286 (1955); ACHER, R., in: HARRIS und DONOVAN (Hrsg.), *The Pituitary Gland*, Band 3, Butterworth, London, 1966, S.269.

14 VAN DYKE et al., in: HELLER, H. (Hrsg.), *The Neurohypophysis*, Proceedings of the 8th Symposium, Bristol 1956, Butterworth, London, 1957, S.65; HELLER, H., *Brit.med.Bull.*, **22**, 227 (1966).

15 VAN DYKE et al., *Recent Progr. Hormone Res.*, **11**, 1 (1955).

16 DOUGLAS, W.W., in: STUTINSKY, F. (Hrsg.), *Neurosecretion*, Springer, Berlin, 1967, S.178.

17 GAITAN et al., *J.clin.Invest.*, **43**, 2310 (1964).

18 ANDERSON, B., in: HELLER, H. (Hrsg.), *The Neurohypophysis*, Proceedings of the 8th Symposium, Bristol 1956, Butterworth, London, 1957, S.131.

19 LAUSON, H.D., in: ANTONIADES, H.N. (Hrsg.), *Hormones in Human Plasma*, Little, Brown, Boston, 1960, S.225; LAUSON, H.D., *Amer.J.Med.*, **42**, 713 (1967).

20 HAWKER, R.W., *J.clin.Endocr.*, **18**, 54 (1958).

21 ALEXANDER und FILBIN, *J.Lab.clin.Med.*, **60**, 855 (1962).

22 SEMM, K., *Gynaecologia (Basel)*, **159**, 61 (1965); RIAD, A.M., *Acta endocr. (Kbh.)*, **54**, 618 (1967).

23 LEAF, A., *Amer.J.Med.*, **42**, 745 (1967).

24 ORLOFF und HANDLER, *Amer.J.Med.*, **42**, 757 (1967).

25 MARTINI, L., in: HARRIS und DONOVAN (Hrsg.), *The Pituitary Gland*, Band 3, Butterworth, London, 1966, S.535.

26 CALDEYRO-BARCIA und HELLER (Hrsg.), *Oxytocin*, An International Symposium, Uruguay 1959, Pergamon, London, 1961.

27 BELLER et al., *Acta endocr. (Kbh.)*, **29**, 1 (1958).

28 WIRZ, H., in: HELLER, H. (Hrsg.), *The Neurohypophysis*, Proceedings of the 8th Symposium, Bristol 1956, Butterworth, London, 1957, S.157; SMITH, H.W., *Bull.N.Y.Acad.Med.*, **35**, 293 (1959); WIRZ, H., in: *XXII International Congress of Physiological Sciences*, Leiden 1962, Band 1, Teil 1, Excerpta Medica Foundation, Amsterdam, 1962, S.359; GOTTSCHALK, C.W., *Amer.J.Med.*, **36**, 670 (1964); ULLRICH und HIERHOLZER, in: SARRE, H. (Hrsg.), *Nierenkrankheiten*, 3.Aufl., Thieme, Stuttgart, 1967, S.1; BERLINER und BENNETT, *Amer.J.Med.*, **42**, 777 (1967).

29 WIRZ et al., *Helv. physiol. Acta*, **9**, 196 (1951); WIRZ, H., *Helv. physiol. Acta*, **14**, 353 (1956); GOTTSCHALK und MYLLE, *Amer.J.Physiol.*, **196**, 927 (1959).

30 VERNEY, E.B., *Proc.roy.Soc.B*, **135**, 25 (1947/48).

31 SHARE, L., *Amer.J.Med.*, **42**, 701 (1967).

32 COGGINS und LEAF, *Amer.J.Med.*, **42**, 807 (1967).

Hypophysotrope Faktoren des Hypothalamus[1]

(hypothalamic releasing and inhibiting factors)

Im Hypothalamus werden nicht nur Vasopressin und Oxytocin, sondern auch Faktoren gebildet (releasing and inhibiting factors), die an der Synthese und Sekretion der Hormone des Hypophysenmittel- und -vorderlappens beteiligt sind. Diese werden in den primären Plexus des hypophysären Pfortadersystems in der Eminentia mediana des Hypophysenstiels freigesetzt. Die im Hypothalamus bzw. der Neurohypophyse verschiedener Tierspezies nachgewiesenen Faktoren sind nachstehend zusammengestellt. Im Hypothalamus des Menschen wurden CRF, MIF, FRF, LRF, TRF und GRF gefunden[2]. FRF und LRF werden in eng umschriebenen Gebieten des Hypothalamus synthetisiert, TRF anscheinend in einem größeren Gebiet; der Ort der CRF-Synthese konnte bisher nicht ermittelt werden[3].

Hypophysotrope Faktoren des Hypothalamus

Faktor	Abkürzung	Literatur
Corticotropin-releasing factors	α_1-CRF	1
	α_2-CRF	2
	β-CRF	1,3
Melanocyte-stimulating-hormone releasing factor	MRF (MSH-RF)	4
Melanocyte-stimulating-hormone inhibiting factor	MIF (MSH-IF)	5
Follicle-stimulating-hormone releasing factor	FRF (FSH-RF)	6
Luteinizing-hormone releasing factor	LRF (LH-RF)	7
Prolactin-releasing factor	PRF (Tauben)	8
Prolactin-inhibiting factor	PIF (Säuger)	9
Growth-hormone releasing factor ...	GRF (GH-RF)	10
Thyroid-stimulating-hormone releasing factor	TRF (TSH-RF)	11

Literatur

1 GUILLEMIN et al., *C.R.Acad.Sci.(Paris)*, **250**, 4462 (1960).
2 SCHALLY et al., *Endocrinology*, **71**, 164 (1962).
3 SCHALLY et al., *Endocrinology*, **70**, 478 (1962).
4 TALEISNIK und ORÍAS, *Amer.J.Physiol.*, **208**, 293 (1965).
5 KASTIN und ROSS, *Endocrinology*, **77**, 45 (1965).
6 IGARASHI und MCCANN, *Endocrinology*, **74**, 446 (1964).
7 MCCANN et al., *Proc.Soc.exp.Biol.(N.Y.)*, **104**, 432 (1960).
8 KRAGT und MEITES, *Endocrinology*, **76**, 1169 (1965).
9 PASTEELS, J.L., *C.R.Acad.Sci.(Paris)*, **254**, 2664 (1962); MEITES et al., in: NALBANDOV, A.V. (Hrsg.), *Advances in Neuroendocrinology*, University of Illinois Press, Urbana, 1963, S.238.
10 FRANZ et al., *Acta endocr.(Kbh.)*, **41**, 336 (1962).
11 SHIBUSAWA et al., *Endocr.jap.*, **6**, 31 (1959).

Chemisch handelt es sich bei diesen Faktoren sehr wahrscheinlich um Polypeptide. α_1-CRF und α_2-CRF haben eine dem α-MSH ähnliche Struktur, β-CRF scheint dem Vasopressin ähnlich zu sein, und TRF, LRF sowie FRF sind schwach basische, kein Cystin enthaltende Polypeptide mit einem Molgewicht zwischen 1200 und 2500.

Literatur

1 GUILLEMIN, R., *Recent Progr. Hormone Res.*, **20**, 89 (1964); GUILLEMIN, R., *Ann.Rev.Physiol.*, **29**, 313 (1967); MARTINI, L., in: HARRIS und DONOVAN (Hrsg.), *The Pituitary Gland*, Butterworth, London, 1966, S.535; HARRIS et al., *Brit.med.Bull.*, **22**, 266 (1966).
2 SCHALLY et al., *J.clin.Endocr.*, **27**, 755 (1967).
3 MESS et al., in: MARTINI et al. (Hrsg.), *Proceedings of the 2nd International Congress on Hormonal Steroids*, Mailand 1966, Excerpta Medica Foundation, Amsterdam, 1967, S.1004.

Schilddrüsenhormone[1–3]

Chemie

Die normale Schilddrüse des Menschen enthält ungefähr 8 mg Jod[4]. Mehr als 99% des Jods der Schilddrüse sind organisch gebunden und liegen in Form der jodierten Aminosäuren Monojodtyrosin, Dijodtyrosin, Trijodthyronin und Thyroxin vor.

L-3-Monojodtyrosin — HO–C₆H₃(I)–$CH_2 \cdot CH(NH_2) \cdot COOH$

L-3,5-Dijodtyrosin (L-Jodgorgosäure) — HO–C₆H₂(I)₂–$CH_2 \cdot CH(NH_2) \cdot COOH$

L-3,5,3'-Trijodthyronin — HO–C₆H₃(I)–O–C₆H₂(I)₂–$CH_2 \cdot CH(NH_2) \cdot COOH$

L-Thyroxin — HO–C₆H₂(I)₂–O–C₆H₂(I)₂–$CH_2 \cdot CH(NH_2) \cdot COOH$

Die jodierten Aminosäuren werden in der Schilddrüse zum weitaus größten Teil in hochmolekulare Proteine eingebaut. Das wichtigste dieser Proteine ist das Thyreoglobulin, ein Glycoprotein mit einem Molgewicht von 660000 und einer Sedimentationskonstante von 19 S[5]. Auf die ungefähr 110 Tyrosineinheiten des Thyreoglobulins kommen gegen 26 Jodatome[6]; pro Molekül enthält Thyreoglobulin schätzungsweise 7 Einheiten Monojodtyrosin, 6 Einheiten Dijodtyrosin, 1 Einheit Thyroxin und in jedem 3. Molekül 1 Einheit Trijodthyronin. Der Anteil der einzelnen jodierten Aminosäuren am Thyreoglobulin hängt vom Jodangebot ab; so führt Jodmangel zu einem Anstieg des Monojodtyrosin- und Trijodthyroningehalts des Thyreoglobulins.

Bildung, Sekretion, Stoffwechsel

Das mit der Nahrung aufgenommene Jod wird im Blut als Jodid transportiert. Die Schilddrüse kann Jodid aus dem Blut stark anreichern. Eine Jodidkonzentrierung findet zwar auch in anderen Organen statt, so in Speicheldrüsen, Magenmukosa, Haut, Milchdrüsen und Plazenta, aber nur in der Schilddrüse wird dieser Vorgang physiologisch geregelt. So wird die Jodkonzentrierung in der Schilddrüse durch Thyreotropin stimuliert, durch Hypophysektomie unterdrückt. In den Epithelzellen des Follikels wird Jodid zu Jod oder Jodiniumionen oxydiert, und zwar mit Hilfe einer Peroxydase. Es ist bis heute noch nicht endgültig entschieden, ob die Jodierung des Aminosäurengerüsts und die Kopplung der Tyrosine zu Thyroninen in der Schilddrüsenzelle, an der Zell–Kolloid-Grenze oder vielleicht sogar im Kolloid vor sich geht. Jedenfalls sind Jodierungsgrad und Struktur des Thyreoglobulins im Follikellumen Änderungen unterworfen.

Die Schilddrüsenhormone – Thyroxin und Trijodthyronin – werden erst nach enzymatischer Proteolyse des Thyreoglobulins, die durch Thyreotropin stimuliert wird, ins Blut ausgeschüttet. Thyreoglobulin findet sich auch in der Lymphe der Schilddrüse; die physiologische Bedeutung des Lymphsystems als Abtransportweg für Thyreoglobulin ist ungeklärt[7]. Das bei der Proteolyse des Thyreoglobulins entstehende Mono- und Dijodtyrosin wird in der Schilddrüse dejodiert, und das frei werdende Jodid steht wieder zur Bildung der Schilddrüsenhormone zur Verfügung. Das zirkulierende Schilddrüsenhormon besteht zu mehr als 90% aus Thyroxin und nur zu wenigen Prozenten aus Trijodthyronin. Mono- und Dijodtyrosin sind normalerweise im Blut anscheinend nicht vorhanden[8], wenn auch gegenteilige Untersuchungsergebnisse veröffentlicht wurden[9]. Im Serum ist das Thyroxin zum größten Teil durch physikalisch-chemische Bindung an bestimmte Vehikelproteine gebunden[10]; Trijodthyronin wird viel weniger stark an Proteine angelagert (Normalwerte des proteingebundenen Jods auf S. 560 und in der übernächsten Tabelle). Thyroxin ist hauptsächlich an das «thyroxinbindende Globulin», das sich bei der Elektrophorese zwischen den α_1- und α_2-Globulinen zeigt, und an das «thyroxinbindende Präalbumin» gebunden, findet sich jedoch auch in der Albuminfraktion. Der Anteil von freiem Thyroxin am gesamten Thyroxin beträgt bei Dialyse gegen proteinfreie Pufferlösung annähernd 0,05%; beim Trijodthyronin ist der freie Anteil etwa 10mal größer[11]. Sehr wahrscheinlich werden nur die freien Schilddrüsenhormone an die Gewebe abgegeben; sie sind somit die physiologisch aktiven[6,10,11]. Der Gehalt des freien Schild-

*Daten des Jodidstoffwechsels** [1]

Alter (Jahre)	Serumjodidkonzentration (µg/l)				Jodidclearance der Schilddrüse (ml/min)				Absolute Jodaufnahme der Schilddrüse (µg/h)				Jodidclearance der Nieren (ml/min)			
	Männer		Frauen		Männer		Frauen		Männer		Frauen		Männer		Frauen	
	Mittelwert	Bereich	Mittelwert	Bereich	Mittelwert	Bereich	Mittelwert	Bereich	Mittelwert	Bereich	Mittelwert	Bereich	Mittelwert	Bereich	Mittelwert	Bereich
0–19...	1,4	–	0,8	0,6–1,0	23,0	–	36,2	31,5–40,9	2,0	–	1,6	1,4–1,9	27,0	–	31,5	30,2–32,7
20–39..	2,3	0,8–3,4	1,6	0,4–2,7	27,5	9,7–57,8	26,4	19,7–38,2	3,2	1,9–8,2	2,2	0,9–3,4	40,6	25,9–61,8	25,0	15,7–41,3
40–59..	1,7	0,4–3,6	1,6	0,8–2,6	21,8	2,9–38,5	15,6	5,7–37,6	2,5	0,1–6,7	1,3	0,6–2,2	38,8	17,9–53,8	28,4	19,0–37,4
> 60...	1,7	0,4–3,5	2,5	1,4–5,7	25,3	13,8–36,0	18,3	5,4–38,6	2,0	0,8–2,9	2,1	0,5–3,1	27,2	21,0–30,8	19,3	11,7–38,5

* Je nach Jodzufuhr sind große Abweichungen von diesen Werten möglich. [1] Wayne et al., *Clinical Aspects of Iodine Metabolism*, Blackwell, Oxford, 1964.

Schilddrüsenhormone im Blut [1]

Alter (Jahre)	Endogene Thyroxinverteilung (%)						Thyroxinbindungskapazität (µg Thyroxin/l Serum)				Protein-gebundenes Jod (µg/l Serum)		Freies Thyroxin			
	Thyroxin-bindendes Globulin		Thyroxin-bindendes Präalbumin		Albumin		Thyroxin-bindendes Globulin		Thyroxin-bindendes Präalbumin				Freies Thyroxin (ng/l Serum)		Freies Thyroxin (% des gesamten Serum-thyroxins)	
	Mittelwert	*s*	Mittelwert	*s*	Mittelwert	*s*	Mittelwert	*s*	Mittelwert	*s*	Mittelwert	*s*	Mittelwert	*s*	Mittelwert	*s*
2–12...	55,0	7,0	26,8	5,5	18,2	3,7	27,3	3,6	72	26	61	7	47,0	7,4	0,050	0,007
16–20..	43,4	7,2	39,6	6,5	17,0	3,9	–	–	–	–	52	7	36,0	7,7	0,050	0,015
21–30..	40,2	4,0	43,1	5,9	16,6	3,3	–	–	–	–	52	11	44,6	14,1	0,057	0,015
31–40..	39,5	5,7	44,6	5,8	15,8	1,5	21,5	3,6	183	26	52	7	42,7	9,1	0,055	0,011
41–50..	41,7	7,1	42,7	7,9	15,7	2,5	–	–	–	–	53	9	46,0	11,4	0,057	0,008
51–60..	44,6	6,3	37,8	6,4	17,7	4,3	–	–	–	–	48	5	35,1	3,8	0,050	0,004
61–70..	47,8	9,7	36,5	8,9	15,5	3,1	25,3	5,8	128	60	54	8	47,5	12,3	0,058	0,014
> 70...	50,8	4,7	29,7	5,8	19,5	7,3	–	–	–	–	51	12	42,0	13,4	0,054	0,008

[1] Braverman et al., *J.clin.Invest.*, **45**, 1273 (1966).

drüsenhormons im Blut wird durch einen negativen Rückkopplungsmechanismus (negative feed-back) kontrolliert. Fällt der Gehalt des freien Schilddrüsenhormons im Blut, so erhöht sich die Sekretion von Thyreotropin, wodurch Synthese und Freisetzung von Thyroxin und Trijodthyronin in der Schilddrüse stimuliert werden; mit steigendem Blutthyroxingehalt nimmt die Thyreotropinsekretion wieder ab (siehe auch S.707).

Die Halbwertzeit von Thyroxin im Blut beträgt 6–8 Tage, die von Trijodthyronin ungefähr 2–3 Tage[1,12]; bei Kindern[13] und Jugendlichen[14] sowie im Zustand von Hyperthyreose[15] wird Thyroxin rascher, im hohen Alter[16] und bei Hypothyreose[15] langsamer abgebaut. Thyroxin und Trijodthyronin lassen sich praktisch in allen Geweben des Körpers nachweisen[17]. Die Hormone werden rasch von der Leber aufgenommen – etwa ein Drittel des extrathyreoidalen Thyroxins ist in der Leber enthalten[18] –, weniger rasch von anderen Geweben wie Skelettmuskel, Darm, Haut. Nach Eintritt in die Zelle werden die Schilddrüsenhormone durch Dejodierung, durch Desaminierung, durch Decarboxylierung oder durch Konjugation abgebaut[10,19]. Desaminierung und Decarboxylierung der Alaninseitenkette führen zu Brenztrauben- und Essigsäureanalogen der Hormone, die im weiteren ebenfalls dejodiert werden. Spaltung der Diphenylätherbrücke, die zu Dijodtyrosin und *p*-Hydrochinon führt, wurde gleichfalls nachgewiesen[20]. Ungefähr 20% des bei der Dejodierung entstandenen Jods stehen für die Synthese von Schilddrüsenhormon wieder zur Verfügung[21]. Die Konjugation mit Schwefelsäure und Glucuronsäure findet vorwiegend in der Leber, aber auch in anderen Geweben statt[22]. In der Galle findet sich hauptsächlich Thyroxinglucuronid[23], das teilweise im Darm wieder gespalten und dann resorbiert wird. Ungefähr 15% des Thyroxins werden mit dem Stuhl ausgeschieden[24]. Im Harn findet sich Thyroxin nur in sehr geringer Menge; das beim Abbau der Schilddrüsenhormone freigesetzte Jod wird, sofern es nicht von der Schilddrüse aufgenommen wird, durch die Nieren ausgeschieden.

Wirkung

Die Schilddrüsenhormone zeigen eine Reihe von ganz verschiedenartigen Wirkungen. Thyroxin und Trijodthyronin steigern den Sauerstoffverbrauch und die Energieproduktion bei Warmblütern. Nicht alle Gewebe sprechen hierbei gleich stark auf das Hormon an; so steigt wohl der Sauerstoffverbrauch in Herz, Muskel, Leber, Nieren und Leukozyten, nicht aber im Gehirn. Durch Gaben von Schilddrüsenhormonen wird der Stoffwechsel von Kohlenhydraten, Fetten und Protein gefördert, das Herzminutenvolumen ist erhöht, die Erregbarkeit des Nervensystems gesteigert. Das Hormon beeinflußt den Calcium- und Knochenstoffwechsel; es macht Tiere gegenüber der kardiovaskulären, glycogenolytischen und lipolytischen Wirkung der Catecholamine empfindlich. Thyroxinmangel hemmt das Wachstum und stört die fötale Differenzierung, was sich besonders eindrücklich an niederen Tieren beobachten läßt (Metamorphosentest). Bedeutsam ist die Eigenschaft des Hormons, die Reifung der Hirnrinde in den kritischen Phasen der Entwicklung zu stimulieren[25].

Charakteristisch für die Wirkung der Schilddrüsenhormone ist die sogenannte «latente Periode»; der Grundumsatz des Menschen beginnt beispielsweise erst 2 Tage nach Hormongabe zu steigen.

Auch Wirkungen des Hormons im biomolekularen Bereich wurden untersucht[26], so wird die Wirkung vieler Enzyme beeinflußt, die oxydative Phosphorylierung in den Mitochondrien entkuppelt, die Permeabilität der Mitochondrienmembran verändert, die Proteinsynthese in der Zelle stimuliert. Letztere Wirkung könnte nach Ansicht mancher Autoren die primäre Wirkung des

Biologische Wirkung der Schilddrüsenhormone [1]

Verbindung	Spezies	Physiologischer Test		
		Kalorigenische Wirkung	Wachstum und Differenzierung	Thyreotropindepression
L-Thyroxin	Alle	100	100	100
D-Thyroxin	Ratte	5–8	–	–
	Mensch	8–12	–	–
3,5,3′-Trijod-L-thyronin	Ratte	150–350	500	–
	Mensch	100–250	–	280–540
3,5,3′-Trijod-D-thyronin	Ratte	10–15	–	14
3,5-Dijod-L-thyronin	Ratte	0–5	–	–
3-Jod-L-thyronin	Ratte	0–3	–	–
3,5-Dijod-3′-methyl-DL-thyronin	Ratte	150	–	–

[1] Pitt-Rivers und Tata, *Thyroid Hormones*, Pergamon, Oxford, 1959; Tata, J.R., *Advanc. metab. Disord.*, **1**, 153 (1964).

Hormons darstellen, mit der Steigerung des Sauerstoffverbrauchs als sekundärem Effekt.

Die Wirkung der Schilddrüsenhormone und verwandter Verbindungen steht zu ihrer Struktur in enger Beziehung[27]. Für die Wirksamkeit der jodierten Thyronine ist die sterische Konfiguration in erster Linie maßgebend; durch die beiden Jodatome im inneren Ring ist der äußere Ring nicht mehr frei rotierbar. Die Aktivität ist am größten, wenn die 5′-Stellung im äußeren Ring nicht substituiert und die 3′-Stellung mit Jod oder einer ähnlich großen Gruppe besetzt ist. Der äußere Ring ist für die biologische Aktivität bestimmend, der innere Ring, die O-Brücke und in geringerem Maße die Alaninseitenkette sind für die Fixierung an einen Bindungsrezeptor am Ort der Hormonwirkung verantwortlich.

Bei der Interpretation der Wirksamkeit der verschiedenen Thyroxinanaloga in vivo ist Vorsicht geboten, da die einzelnen Substanzen verschieden stark an die Plasmaproteine gebunden werden und so ihre periphere Wirksamkeit beeinflußt wird[10]. Verglichen mit Thyroxin ist Trijodthyronin bei parenteraler Verabreichung von doppelter, bei oraler von vierfacher Aktivität. Qualitativ zeigen Thyroxin und Trijodthyronin die gleiche Wirkung; die kalorigenische Wirkung von Trijodthyronin setzt aber erheblich schneller ein und klingt in kürzerer Zeit ab als die von Thyroxin.

Prüfung der Schilddrüsenfunktion[3,28]

Größe und Form der Schilddrüse sagen allein nur wenig über den Funktionszustand aus. Die Hyperplasie der Schilddrüse ist – außer bei Hyperthyreose – der morphologische Ausdruck vermehrter TSH-Stimulierung. Die angehobene TSH-Sekretion wird nach den Gesetzen der «feed-back»-Steuerung durch eine Verminderung der Thyroxinkonzentration im Blut ausgelöst. Diese wiederum ist die Folge eines Substratmangels (Jod) oder einer Synthesestörung. Das Wachstum des Kropfes ist also meistens eine Kompensationserscheinung. Hyperplasie und vermehrte Leistung der Drüse vermögen fast stets den euthyreoten Zustand des Kropfträgers zu erhalten, außer bei extremem Jodmangel oder schwerer Synthesestörung. Andererseits sind schwere Störungen der Funktion bekannt, die nicht mit Kropfbildung einhergehen.

Die Funktion der Schilddrüse läßt sich am besten anhand der einzelnen Phasen des Jodzyklus verfolgen: Jodaufnahme, Hormonsynthese, Hormonausschüttung, Hormontransport, Hormonverbrauch an der Peripherie, Jodausscheidung. Zwischen diesen Phasen besteht ein Gleichgewicht, das auch bei Hyper- und Hypothyreose eingehalten wird. Bei Schilddrüsenüberfunktion ist die Jodaufnahme der Schilddrüse erhöht, die Hormonsynthese ist ebenfalls intensiviert, und die vermehrt in freier Form zirkulierenden Schilddrüsenhormone werden rascher verbraucht und abgebaut. Im Gegensatz dazu sind bei Schilddrüsenunterfunktion alle Vorgänge verlangsamt.

Jodaufnahmephase. Messung der Akkumulierung einer Tracerdosis von ^{131}I oder ^{132}I. Der Normalbereich schwankt je nach Jodzufuhr sehr stark (siehe dazu S. 281). Darstellung der Verteilung des radioaktiven Jods im Schilddrüsenparenchym durch die Szintigraphie, eventuell auch Bestimmung der Jodidclearance und der absoluten Jodaufnahme der Schilddrüse (Normalwerte in der Tabelle auf S. 716).

Hormonbildungsphase. Bestimmung des proteingebundenen Jods oder, besser, des mit Butanol extrahierbaren Jods im Serum (siehe dazu S. 560). Ermittlung der Sekretionsgeschwindigkeit durch Bestimmung des radioaktiven proteingebundenen Jods nach Gabe einer Tracerdosis. Bestimmung der Umwandlungsrate[29], das heißt des prozentualen Anteils des proteingebundenen Radiojods an der Gesamtaktivität einer Serumprobe (siehe dazu S. 281). Chromatographische Methoden erlauben, Thyroxin von Trijodthyronin zu trennen und pathologische, inaktive Jodproteine nachzuweisen.

Hormontransportphase. Bestimmung der Thyroxinbindungskapazität für thyroxinbindendes Globulin und thyroxinbindendes Präalbumin (Normalwerte in der Tabelle auf S. 716). Bestimmung des freien Thyroxins im Serum (S. 282 und Tabelle auf S. 716). Indirekte Ermittlung des freien Thyroxins durch Bestimmung der freien Bindungskapazität der thyroxinbindenden Proteine im Serum durch Zusatz von radioaktivem Trijodthyronin und Messung der Trijodthyroninfixation an Erythrozyten[30], an Ionenaustauschharze[31] oder an mit Hämoglobin beladene Kohle[32]. Die Normalwerte schwanken je nach Methode (siehe S. 282); höhere Aufnahme beim Neugeborenen[33].

Hormonverbrauchsphase. Bestimmung der Halbwertzeit von intravenös injiziertem radioaktivem Thyroxin (siehe S. 283).

Indirekt läßt sich die Schilddrüsenaktivität durch die Wirkungen der Schilddrüsenhormone erfassen, so durch Bestimmung des Grundumsatzes (siehe S. 535), des Sauerstoffverbrauchs der Leukozyten und durch Messung der Dauer der Muskelerschlaffung beim Achillessehnenreflex, die durch Thyroxinmangel verlängert, durch Überschuß verringert wird[34].

Literatur

1 Means et al., *The Thyroid and its Diseases*, 3. Aufl., McGraw-Hill, New York, 1963.
2 Ingbar und Galton, *Ann. Rev. Physiol.*, **25**, 361 (1963); Rall et al., in: Pincus et al. (Hrsg.), *The Hormones*, Band 5, Academic Press, New York, 1964, S. 159; Rosenberg und Bastomsky, *Ann. Rev. Physiol.*, **27**, 71 (1965).
3 Wayne et al., *Clinical Aspects of Iodine Metabolism*, Blackwell, Oxford, 1964.
4 Riggs, D.S., *Pharmacol. Rev.*, **4**, 284 (1952).
5 Edelhoch, H., *Recent Progr. Hormone Res.*, **21**, 1 (1965); Pastan, I., *Ann. Rev. Biochem.*, **35**, 369 (1966).
6 Robbins und Rall, *Physiol. Rev.*, **40**, 415 (1960).
7 Daniel et al., *J. Physiol. (Lond.)*, **188**, 25 (1967).
8 Shalom, E.S., *J. Endocr.*, **36**, 1 (1966).
9 Werner und Radichevich, *Nature*, **197**, 877 (1963); Dimitriadou et al., *Nature*, **201**, 575 (1964).
10 Tata, J.R., *Recent Progr. Hormone Res.*, **18**, 221 (1962).
11 Ingbar et al., *J. clin. Invest.*, **44**, 1679 (1965).
12 Pitt-Rivers und Tata, *Thyroid Hormones*, Pergamon, Oxford, 1959.
13 Haddad, H.M., *J. clin. Invest.*, **39**, 1590 (1960).
14 Hung et al., *Pediatrics*, **35**, 76 (1965).
15 Sterling und Chodos, *J. clin. Invest.*, **35**, 806 (1956); Klein, E., *Klin. Wschr.*, **40**, 3 (1962); Thomson und Wallace, *J. clin. Endocr.*, **26**, 875 (1966).
16 Gregerman et al., *J. clin. Invest.*, **41**, 2065 (1962); Anbar et al., *J. clin. Invest.*, **44**, 1986 (1965).
17 Tata, J.R., *Expos. ann. Biochim. méd.*, **25**, 45 (1964).
18 Cavalieri und Searle, *J. clin. Invest.*, **45**, 939 (1966).
19 Roche und Michel, *Ann. N.Y. Acad. Sci.*, **86**, 454 (1960).
20 Wynn, J., *Clin. Res.*, **11**, 232 (1963).
21 Tata, J.R., *Biochim. biophys. Acta (Amst.)*, **28**, 95 (1958).
22 Closon, J., *Expos. ann. Biochim. méd.*, **25**, 129 (1964).
23 West et al., *J. clin. Invest.*, **42**, 1134 (1963).
24 Ingbar und Freinkel, *Recent Progr. Hormone Res.*, **16**, 353 (1960).
25 Eayrs, J.T., in: Cameron und O'Connor (Hrsg.), *Brain-Thyroid Relationships*, Ciba Foundation Study Group, Nr. 18, Churchill, London, 1964, S. 60.
26 Hoch, F.L., *New Engl. J. Med.*, **266**, 446 (1962); Hoch, F.L., *Physiol. Rev.*, **42**, 605 (1962); Tapley und Hatfield, *Vitam. and Horm.*, **20**, 251 (1962); Wolff und Wolff, in: Pitt-Rivers und Trotter (Hrsg.), *The Thyroid Gland*, Band 1, Butterworth, London, 1964, S. 237; Tata, J.R., *Advanc. metab. Disord.*, **1**, 153 (1964); Tata, J.R., in: Karlson, P. (Hrsg.), *Mechanisms of Hormone Action*, Academic Press, New York, 1965, S. 173.
27 Jorgensen et al., *J. biol. Chem.*, **237**, 3832 (1962); Greenberg et al., *Amer. J. Physiol.*, **205**, 821 (1963); Jorgensen, E.C., *Mayo Clin. Proc.*, **39**, 560 (1964).
28 Scazziga und Lemarchand-Béraud, Die Pathophysiologie der Schilddrüse, *Documenta Geigy, Acta clinica*, Nr. 5, Basel, 1966.
29 Clark et al., *Surgery*, **26**, 331 (1949).
30 Hamolsky et al., *J. clin. Endocr.*, **17**, 33 (1957); Hamolsky et al., *J. clin. Endocr.*, **19**, 103 (1959).
31 Mitchell et al., *J. clin. Endocr.*, **20**, 1474 (1960).
32 Braverman et al., *J. Amer. med. Ass.*, **199**, 469 (1967).
33 Kunstadter et al., *Pediatrics*, **30**, 27 (1962); Fridrich und Bühler, *Schweiz. med. Wschr.*, **96**, 1680 (1966).
34 Sherman et al., *Lancet*, **1**, 243 (1963); Weissbecker et al., *Münch. med. Wschr.*, **109**, 729 (1967).

Parathormon[1-3]

Chemie

Gereinigtes Rinderparathormon hat ein Molgewicht von 8500 und ist ein einkettiges Polypeptid ohne kovalente Brückenbindung innerhalb der Kette[4]. Ein hochgereinigtes Präparat mit einer biologischen Aktivität von 2500–3000 USP-Einheiten je Milligramm erhält man durch Gelfiltration. Empirische Aminosäurenzusammensetzung von Rinderparathormon: Lys_9, His_4, Arg_5, Asp_8, Thr, Ser_6, Glu_{10}, Pro_3, Gly_4, Ala_7, Val_7, Met_2, Ile_3, Leu_8, Tyr, Phe_2, Trp. Das Hormon wird durch Pepsin, Trypsin und Chymotrypsin irreversibel, durch Wasserstoffperoxyd hingegen reversibel inaktiviert.

Einheiten, Bestimmungsmethoden[5]

1 USP-Einheit = $^1/_{100}$ der Menge, die bei 8–16 kg schweren Hunden innerhalb 16–18 h nach parenteraler Verabreichung den Calciumgehalt des Serums um 1 mg/100 ml erhöht. Die Aktivität von Präparaten kann auch an der Erhaltung des Serumcalciumspiegels[6] bzw. an der Phosphatausscheidung im Harn parathyreoidektomierter Ratten[7] bestimmt werden. Neuerdings wurde versucht, das Hormon in Körperflüssigkeiten aufgrund seiner immunologischen Eigenschaften zu bestimmen, so durch Komplementfixation[8] bzw. radioimmunologisch[9].

Bildung, Sekretion, Abbau

Parathormon wird in den Hauptzellen und in den sogenannten wasserhellen Zellen, vielleicht auch in den oxyphilen Zellen der Nebenschilddrüse gebildet[10]. Eine intrazelluläre Form des Hormons stellen die tröpfchenartigen Gebilde im Zytoplasma dar, die im Golgi-Apparat entstehen[11]. Die Ausschüttung des Hormons wird durch den erniedrigten Calciumionengehalt des in die Nebenschilddrüse strömenden Bluts gesteuert[12]. Eine Ausnahme bilden die Fälle von primärem Hyperparathyreoidismus, bei denen die Parathyroidea das Hormon unabhängig vom Blutcalciumspiegel sezerniert. Hypothalamus und Hypophyse haben keinen nachweisbaren Einfluß auf die Parathormonsekretion.

Die Angaben über den Parathormongehalt des Bluts variieren beträchtlich. Biologische Methoden ergaben Werte von 25 µg/l Plasma und mehr, radioimmunologische solche zwischen 0,1 und 1,0 µg/l Plasma; der Plasmaspiegel ist bei Adenomen der Parathyroidea, gewissen Karzinomen (Pseudohyperparathyreoidismus) und chronischen Nierenerkrankungen (sekundärem Hyperparathyreoidismus) erhöht[13]. Der Abbau des zirkulierenden Hormons erfolgt rasch (Halbwertzeit bei der Ratte 22 min[14]) und findet wahrscheinlich in der Leber statt[1]. Parathormon wird mit dem Harn ausgeschieden; der Gehalt im Harn nimmt mit steigender Konzentration des ionisierten Calciums im Serum ab[15].

Wirkung

Das Parathormon verhindert den Abfall der Konzentration des ionisierten Calciums in der extrazellulären Flüssigkeit. An der Calciumhomöostase sind neben Parathormon noch Vitamin D (siehe S. 457) und Thyreocalcitonin (siehe S. 719) beteiligt. Parathormon greift direkt am Skelett an und bewirkt die Resorption von Knochensubstanz[16]. Durch diesen Knochenabbau steigt nicht nur der Blutcalciumspiegel, sondern es kommt auch zu einer erhöhten Ausscheidung von Mucoproteinen[17], Hydroxyprolin[18] und Pyrophosphat[19] im Harn. Der zweite Angriffspunkt des Hormons sind die Nierentubuli. Es fördert dort die Ausscheidung von anorganischem Phosphat[20], die ihr Maximum zwischen 15 und 40 min nach Gabe des Hormons erreicht, nur wenige Stunden dauert und somit über eine Senkung des Serumphosphatspiegels zu einer raschen Hebung des Serumcalciumspiegels führt. Die Mobilisierung von Calcium vollzieht sich dagegen langsamer, mit einem Maximum nach 6 oder mehr Stunden, da ihr eine Neubildung von Osteoklasten vorangeht[3]. Fraglich ist, ob das Hormon den Blutcalciumspiegel auch dadurch konstant hält, daß es die Calciumrückresorption in den Nierentubuli[21] und die Calciumresorption aus dem Darm[22] stimuliert. Ein Einfluß von Parathormon auf die Laktation wurde ebenfalls beobachtet[23].

Über den Wirkungsmechanismus von Parathormon liegen viele Untersuchungen vor. Auf das Skelett könnte das Hormon wirken: a) durch Freisetzen eines kollagenolytischen Faktors aus den Knochenzellen[24]; b) über eine Förderung der Citrat- und Lactatbildung – durch diese Metaboliten verschiebt sich der pH-Wert gegen den sauren Bereich, und die Löslichkeit des Hydroxyapatits im Knochen nimmt zu[25]. Für die Wirkung auf die Knochen ist Vitamin D erforderlich, nicht aber für die auf die Nieren[26,27]. Im molekularen Bereich fördert das Hormon die Phosphataufnahme in den Mitochondrien und unter Mitwirkung von Vitamin D die Calciummobilisierung[26,28]. Da sich die Wirkung auf die Knochen durch Actinomycin D hemmen läßt, beruht sie wahrscheinlich zum Unterschied von der Wirkung auf die Nieren auf einem genetischen Mechanismus[11,29].

Prüfung der Nebenschilddrüsenfunktion[30,31]

Bei Hyperparathyreoidismus sind der Serumcalciumspiegel und die Ausscheidung von Phosphat und Calcium im Harn häufig erhöht, der Serumphosphatspiegel ist oft erniedrigt. Die Phosphatausscheidung im Harn läßt sich erfassen durch die Phosphatclearance[32], durch die prozentuale tubuläre Phosphatrückresorption[33] oder durch den Phosphatexkretionsindex[34] (siehe auch S. 659). Zur Unterscheidung des primären Hyperparathyreoidismus von anderen Erkrankungen, die mit einer Störung des Calciumstoffwechsels einhergehen, sind Nebenschilddrüsensuppressionsteste ausgearbeitet worden[31,35], bei denen die Wirkung einer Calciuminfusion auf die Phosphatausscheidung gemessen wird.

Literatur

1 Munson et al., *Ann. Rev. Physiol.*, **25**, 325 (1963); Arnaud, jr., et al., *Ann. Rev. Physiol.*, **29**, 349 (1967).
2 Aurbach und Potts, jr., *Advanc. metab. Disord.*, **1**, 45 (1964), und *Amer. J. Med.*, **42**, 1 (1967).
3 Fischer, J. A., *Schweiz. med. Wschr.*, **96**, 273 und 321 (1966).
4 Aurbach, G. D., *J. biol. Chem.*, **234**, 3179 (1959); Rasmussen und Craig, *Biochim. biophys. Acta (Amst.)*, **56**, 332 (1962); Hawker et al., *Biochemistry*, **5**, 344 (1966); Potts et al., *Recent Progr. Hormone Res.*, **22**, 101 (1966).
5 Biering, A., *Acta pharmacol. (Kbh.)*, **6**, 40 (1950); Thorp, R. H., in: Emmens, C. W. (Hrsg.), *Hormone Assay*, Academic Press, New York, 1950, S. 77; Thorp, R. H., in: Dorfman, R. I., *Methods in Hormone Research*, Band 2, Academic Press, New York, 1962, S. 477.
6 Munson et al., *Fed. Proc.*, **12**, 249 (1953); Munson, P. L., *Ann. N. Y. Acad. Sci.*, **60**, 776 (1955); Munson, P. L., in: Greep und Talmage (Hrsg.), *The Parathyroids*, Thomas, Springfield, 1961, S. 94.
7 Kenny und Munson, *Endocrinology*, **64**, 513 (1959); Ziegler et al., *Dtsch. med. Wschr.*, **91**, 2114 (1966).
8 Tashjian, jr., et al., *Endocrinology*, **74**, 244 (1964); Tashjian, jr., und Munson, *Endocrinology*, **77**, 520 (1965).
9 Berson et al., *Proc. nat. Acad. Sci. (Wash.)*, **49**, 613 (1963).
10 Selzman und Fechner, *J. Amer. med. Ass.*, **199**, 359 (1967).
11 Davis und Enders, in: Greep und Talmage (Hrsg.), *The Parathyroids*, Thomas, Springfield, 1961, S. 76; Munger und Roth, *J. cell. Biol.*, **16**, 379 (1963); Lever, J. D., in: Gaillard et al. (Hrsg.), *The Parathyroid Glands, Ultrastructure, Secretion, and Function*, The University of Chicago Press, Chicago, 1965, S. 11.
12 Sherwood et al., *Nature*, **209**, 52 (1966).
13 Berson und Yalow, *Science*, **154**, 907 (1966); Anderson und Tomlinson, in: Gray und Bacharach (Hrsg.), *Hormones in Blood*, Band 2, 2. Aufl., Academic Press, New York, 1967, S. 601.
14 Melick et al., *Endocrinology*, **77**, 198 (1965).
15 Eliel et al., *J. clin. Endocr.*, **25**, 445 (1965).
16 Gaillard, P. J., *Exp. Cell Res.*, Suppl. 3, 154 (1955); Gaillard, P. J., in: Greep und Talmage (Hrsg.), *The Parathyroids*, Thomas, Springfield, 1961, S. 20; Goldhaber, P., in: Gaillard et al. (Hrsg.), *The Parathyroid Glands, Ultrastructure, Secretion, and Function*, The University of Chicago Press, Chicago, 1965, S. 153.
17 Engel, M. B., *Arch. Path.*, **53**, 339 (1952).
18 Keiser et al., *J. clin. Invest.*, **43**, 1073 (1964).
19 Avioli et al., *J. clin. Invest.*, **45**, 1093 (1966).
20 Pullman et al., *Endocrinology*, **67**, 570 (1960).
21 Kleeman et al., *Yale J. Biol. Med.*, **34**, 1 (1961).
22 Talmage und Elliott, *Fed. Proc.*, **17**, 160 (1958).
23 Toverud und Munson, *Ann. N. Y. Acad. Sci.*, **64**, 336 (1956).
24 Gross et al., in: Locke, M. (Hrsg.), *Cytodifferentiation and Macromolecular Synthesis*, Academic Press, New York, 1963, S. 175; Stern et al., *Biochem. biophys. Res. Commun.*, **13**, 137 (1963).
25 Borle et al., *J. biol. Chem.*, **235**, 1211 (1960); Kenny, A. D., in: Greep und Talmage (Hrsg.), *The Parathyroids*, Thomas, Springfield, 1961, S. 275; Neuman und Dowse, in: Greep und Talmage (Hrsg.), *The Parathyroids*, Thomas, Springfield, 1961, S. 310.
26 Rasmussen et al., *J. clin. Invest.*, **42**, 1940 (1963).
27 Arnaud et al., *J. clin. Invest.*, **45**, 1955 (1966).
28 Aurbach et al., *Biochem. biophys. Res. Commun.*, **20**, 592 (1965); DeLuca und Sallis, in: Gaillard et al. (Hrsg.), *The Parathyroid Glands, Ultrastructure, Secretion, and Function*, The University of Chicago Press, Chicago, 1965, S. 181.
29 Rasmussen et al., *Science*, **144**, 1019 (1964).
30 Kyle et al., *Ann. intern. Med.*, **57**, 957 (1962).
31 Haas, H. G., *Helv. med. Acta*, **33**, 91 (1966); Haas, H. G., *Knochenstoffwechsel- und Parathyreoidea-Erkrankungen*, Thieme, Stuttgart, 1966.
32 Kyle et al., *Amer. J. Med.*, **24**, 240 (1958).
33 Schaaf und Kyle, *Amer. J. med. Sci.*, **228**, 262 (1954).
34 Nordin und Fraser, *Lancet*, **1**, 947 (1960); Nordin, B. E. C., *Advanc. clin. Chem.*, **4**, 275 (1961).
35 Howard et al., *Trans. Ass. Amer. Phycns*, **65**, 351 (1952); Howard et al., *J. clin. Endocr.*, **13**, 1 (1953); Pronove und Bartter, *Metabolism*, **10**, 349 (1961); Kyle et al., *J. clin. Endocr.*, **22**, 52 (1962).

Thyreocalcitonin[1] (siehe auch den Nachtrag S.755)

In den Jahren seit 1961 wurde der Nachweis für Faktoren erbracht, die an der Homöostase des Calciums durch Erniedrigung des Blutcalciumspiegels beteiligt sind. Eine solche Wirkung wurde zuerst bei der Perfusion der Nebenschilddrüse des Hundes beobachtet und auf eine Substanz zurückgeführt, die man als Calcitonin bezeichnete[2]. Später extrahierte man eine Substanz mit gleicher Wirkung aus der Schilddrüse verschiedener Spezies[3], einschließlich des Menschen[4]; diese erhielt den Namen Thyreocalcitonin[3]. Es herrscht die Ansicht vor, daß Calcitonin und Thyreocalcitonin die gleiche Substanz sind[5]. Schweinethyreocalcitonin ist ein lipophiles Polypeptid mit einem Molgewicht von 5000–6000[6] oder 3600[7].

Thyreocalcitonin wird in den sogenannten C-Zellen gebildet[8], die von den letzten Kiemenbogen abstammen und sich nicht nur in der Schilddrüse, sondern je nach Spezies und Individuum auch in anderen Halsbereichen finden[7,9]. Im Serum des Menschen soll die Thyreocalcitoninkonzentration aufgrund einer radioimmunologischen Untersuchung bei 30–85 ng/l liegen[10].

Die Wirkung von Thyreocalcitonin ist nur kurz. Das Hormon greift primär am Skelett an, wahrscheinlich durch Hemmung der Knochenresorption[11]; es wirkt somit antagonistisch zum Parathormon. Nicht sicher bewiesen ist die von manchen Autoren beschriebene, dem Parathormon gleichsinnige Förderung der renalen Phosphatausscheidung[12]. Mit Schweinethyreocalcitonin gelang es, beim Menschen in einzelnen Fällen den Blutcalciumspiegel zu senken[13]. Eine Übersekretion von Thyreocalcitonin ist möglicherweise die Ursache der Osteopetrose[14]. Thyreocalcitoninmangelzustände können nach chirurgischer Behandlung oder Radiotherapie von Schilddrüsenerkrankungen auftreten[15].

Literatur

1 ZIEGLER und PFEIFFER, *Dtsch.med.Wschr.*, **92**, 613 (1967); JOUBLIN, M., *Sem. Hôp. Paris*, **43**, 2511 (1967).
2 COPP et al., *Endocrinology*, **70**, 638 (1962); COPP, D.H., in GAILLARD et al. (Hrsg.), *The Parathyroid Glands, Ultrastructure, Secretion, and Function*, The University of Chicago Press, Chicago, 1965, S.73.
3 HIRSCH et al., *Endocrinology*, **73**, 244 (1963); MACINTYRE et al., in: GAILLARD et al. (Hrsg.), *The Parathyroid Glands, Ultrastructure, Secretion, and Function*, The University of Chicago Press, Chicago, 1965, S.89.
4 ALIAPOULIOS und MUNSON, *Surg.Forum*, **16**, 55 (1965); ALIAPOULIOS et al., *J.clin.Endocr.*, **26**, 897 (1966).
5 Leading Article, *Lancet*, **1**, 131 (1968).
6 O'RIORDAN et al., *Science*, **154**, 885 (1966).
7 MOSELEY et al., *Lancet*, **1**, 108 (1968).
8 BUSSOLATI und PEARSE, *J. Endocr.*, **37**, 205 (1967).
9 CARVALHEIRA und PEARSE, Vortrag am Symposium on Thyrocalcitonin and the C-cells, Royal Postgraduate Medical School, London 1967.
10 ARNAUD und LITTLEDYKE, *J.clin.Invest.*, **45**, 982 (1966).
11 ALIAPOULIOS et al., *Fed. Proc.*, **24**, 322 (1965); FRIEDMAN und RAISZ, *Science*, **150**, 1465 (1965); ALIAPOULIOS et al., *Science*, **151**, 330 (1966); KOHLER und PECHET, *J.clin.Invest.*, **45**, 1033 (1966); ANAST et al., *J.clin. Invest.*, **46**, 57 (1967).
12 ROBINSON et al., *Lancet*, **2**, 83 (1966); MILHAUD, G., *Presse méd.*, **75**, 71 (1967).
13 FOSTER et al., *Lancet*, **1**, 107 (1966); MILHAUD und JOB, *Science*, **154**, 794 (1966); HAAS und DAMBACHER, *J. clin. Endocr.* (im Druck).
14 WHITE und AHMANN, *J. clin. Invest.*, **44**, 1111 (1965).
15 SMITH und LALJEE, in: IRVINE, W.J. (Hrsg.), *Thyrotoxicosis*, Proceedings of an International Symposium, Edinburg 1967, Livingstone, Edinburg, 1967, S.186.

Thymushormone

Während die Thymektomie bei erwachsenen gesunden Mäusen, abgesehen von einer geringen Lymphopenie im Blut, praktisch keine Symptome zur Folge hat, führt der Eingriff beim neugeborenen Tier zu schweren Störungen, die alle auf einer immunologischen Insuffizienz beruhen[1]. Diese Ausfallerscheinungen können durch intraperitoneale Reimplantation des Thymus in einer Diffusionskapsel weitgehend kompensiert werden. Aus dieser Tatsache läßt sich schließen, daß der Thymus einen humoralen Faktor produziert, der an der Ausbildung der immunologischen Kompetenz beteiligt ist (competence-inducing factor), vielleicht indem er die Reifung oder Differenzierung von immunologisch kompetenten Zellen aus lymphoiden Vorstufen fördert[2]. Schon früher wurde die Produktion eines humoralen Faktors im Thymus postuliert, der die Proliferation von lymphatischem Gewebe stimulieren soll (lymphocytosis-stimulating factor)[3]. Solch ein Faktor wird vielleicht in den medullären Epithelzellen des Thymus gebildet, wobei es sich um ein sulfathaltiges saures Mucopolysaccharid handeln könnte[4]. Ein in vitro aktiver lymphopoetischer Thymusfaktor, ein hitzestabiles kohlenhydrathaltiges Protein, wurde aus Kalbsthymus isoliert[5]. Mit einem Extrakt aus Kalbsthymus ließ sich in vivo die immunologische Reaktivität thymektomierter Mäuse wiederherstellen[6]. Es ist nicht ausgeschlossen, daß zur Funktion des Thymus mehrere humorale Faktoren beitragen[7].

Literatur

1 MILLER und DUKOR, *Die Biologie des Thymus nach dem heutigen Stand der Forschung*, Karger, Basel, 1964.
2 MILLER und OSOBA, in: WOLSTENHOLME und KNIGHT (Hrsg.), *The Immunologically Competent Cell*, Ciba Foundation Study Group, Nr.16, Little, Brown, Boston, 1963, S.62; MILLER, J.F.A.P., *Ser. Haemat.*, Nr.8, 41 (1965).
3 METCALF, *Brit.J.Cancer*, **10**, 442 (1956); DEFENDI und METCALF (Hrsg.), *The Thymus*, Symposium, Wistar Institute Press, Philadelphia, 1964.
4 CLARK, S.L., jr., in: WOLSTENHOLME und PORTER (Hrsg.), *The Thymus: Experimental and Clinical Studies*, Ciba Foundation Symposium, Churchill, London, 1966, S.3.
5 GOLDSTEIN et al., *Proc.nat.Acad.Sci.*, **56**, 3 (1966).
6 TRAININ und LINKER-ISRAELI, *Cancer Res.*, **27**, 309 (1967).
7 BURNET, F.M., in: WOLSTENHOLME und PORTER (Hrsg.), *The Thymus: Experimental and Clinical Studies*, Ciba Foundation Symposium, Churchill, London, 1966, S.520.

Hormone der Zirbeldrüse

Die Zirbeldrüse (Glandula pinealis, Epiphyse) des Menschen liegt als zapfenförmiges, ungefähr 8 mm langes Organ genau median am hinteren oberen Ende des Epithalamus. Sie entsteht im Embryo als neuroektodermale Ausstülpung des dorsalen Dienzephalons, besteht aus epithelialen Parenchymzellen und enthält bei sexueller Ausreifung in der Regel Kalkablagerungen. Phylogenetisch entspricht die Epiphyse den dorsomedianen Lichtsinnesorganen.

Wahrscheinliche Epiphysenhormone. Melatonin (skin-lightening factor, melanocyte-contracting principle) wird in der Epiphyse von Wirbeltieren gebildet[1]. Größere Mengen von Serotonin und seinen Metaboliten, wie 5-Hydroxyindolylessigsäure, kommen in Säugerepiphysen vor. Außerdem können in Epiphysenextrakten Noradrenalin und Histamin nachgewiesen werden[2]. Anöstrin, ein Östrusinhibitor, und antigonadotrope Faktoren kommen angeblich auch in der Epiphyse vor, sind vielleicht aber mit Melatonin identisch[2]. Auch das die Aldosteronsekretion beschleunigende Glomerulotropin (Adrenoglomerulotropin) ist möglicherweise ein Epiphysenhormon[3]; chemisch soll es sich bei dieser Substanz um ein Carbolinderivat handeln[4].

Melatonin (N-Acetyl-5-methoxytryptamin)

H_3CO … $CH_2{\cdot}CH_2{\cdot}NH{\cdot}CO{\cdot}CH_3$ … N–H

Melatonin wird in der Zirbeldrüse aus N-Acetyl-5-hydroxytryptamin durch Methylierung der Hydroxylgruppe gebildet[1]. Die Reaktion wird durch Hydroxyindol-O-methyltransferase katalysiert, ein Enzym, das anscheinend nur in der Epiphyse vorkommt[5]. Das zirkulierende Melatonin wird von den Geweben rasch aufgenommen und umgewandelt. Es entsteht vorwiegend 6-Hydroxymelatonin, das, mit Sulfat und in geringerer Menge mit Glucuronsäure konjugiert, im Harn ausgeschieden wird[6].

Gewicht, Morphologie und chemische Zusammensetzung der Zirbeldrüse der Ratte können dadurch beeinflußt werden, daß man die Tiere längere Zeit dem Licht oder der Dunkelheit aussetzt; so verkleinern sich die Parenchymzellen der Epiphyse bei andauernder Belichtung[7], und die Aktivität der Hydroxyindol-O-methyltransferase und die Melatoninsynthese in der Epiphyse werden durch Dunkelheit gesteigert[8]. Der Gehalt der Epiphyse an Serotonin, Melatonin und Hydroxyindol-O-methyltransferase unterliegt tagesrhythmischen Schwankungen[8,9]; die Zirbeldrüse erhält die Lichtinformation über die Augen und deren sympathische Nerven.

Bei Amphibien wirkt Melatonin als MSH-Antagonist, indem es eine Kontraktion der Melanozyten bewirkt (siehe S.711). Bei Ratten soll Melatonin das Gewicht der Ovarien reduzieren und den Östrus und die sexuelle Reifung behindern[2,10]. Nach Epiphysektomie erfolgt bei der Ratte der Östrus häufiger, was durch Melatonin rückgängig gemacht werden kann[11]. Bei Parenchymzelltumoren des Mannes verzögert sich die sexuelle Reifung, während nichtparenchymatöse, die Epiphyse zerstörende Tumoren mit Pubertas praecox einhergehen[12].

Literatur

1 LERNER et al., *J.Amer.chem.Soc.*, **80**, 2587 (1958).
2 ARIËNS KAPPERS und SCHADÉ, *Structure and Function of the Epiphysis Cerebri*, Progress in Brain Research, Band 10, Elsevier, Amsterdam, 1965.
3 FARRELL und TAYLOR, *Ann.Rev.Physiol.*, **24**, 471 (1962).
4 FARRELL und MCISAAC, *Arch.Biochem.*, **94**, 543 (1961); FARRELL et al., in: MARTINI und PECILE (Hrsg.), *Hormonal Steroids*, Band 1, Academic Press, New York, 1964, S. 141.
5 AXELROD und WEISSBACH, *J.biol.Chem.*, **236**, 211 (1961).
6 KOPIN et al., *J.biol.Chem.*, **236**, 3072 (1961).
7 ROTH et al., *Endocrinology*, **71**, 888 (1962).
8 AXELROD et al., *J.biol.Chem.*, **240**, 949 (1965).
9 FISKE, V.M., *Science*, **146**, 253 (1964); QUAY, W.B., *Proc.Soc.exp.Biol. (N.Y.)*, **115**, 710 (1964).
10 WURTMAN und AXELROD, *Science*, **141**, 277 (1963).
11 CHU et al., *Endocrinology*, **75**, 238 (1964).
12 KITAY und ALTSCHULE, *The Pineal Gland*, Harvard University Press, Cambridge, 1954.

Catecholamine[1-4]

(Brenzcatechinamine)

Chemie

Die Catecholamine sind Derivate des Phenyläthylamins mit zwei Hydroxylgruppen im Benzolring entsprechend dem Brenzcatechin. Die wichtigsten Vertreter sind Dopamin, Noradrenalin und Adrenalin. Diese Verbindungen kommen nicht nur bei den Vertebraten vor, sondern wurden auch bei Insekten nachgewiesen; für letztere ist auch N-Acetyldopamin wichtig[5]. Die natürlich vorkommenden Catecholamine sind linksdrehend; die rechtsdrehenden Formen sind biologisch praktisch inaktiv.

Die einzelnen Catecholamine besitzen sehr ähnliche chemische Eigenschaften. Sie sind in Wasser schlecht, in den meisten organischen Lösungsmitteln, in wässerigen Alkalien und Säuren gut löslich. Noradrenalin und Adrenalin oxydieren außerordentlich leicht zu Noradrenochrom bzw. Adrenochrom. Die Autoxydation wird durch Schwermetallionen katalysiert; verdünnte Lösungen lassen sich durch EDTA in der Konzentration 5×10^{-5}molar stabilisieren.

Dopamin (3-Hydroxytyramin)

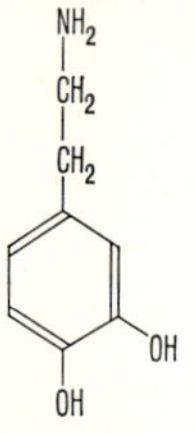

Noradrenalin (Norepinephrin)

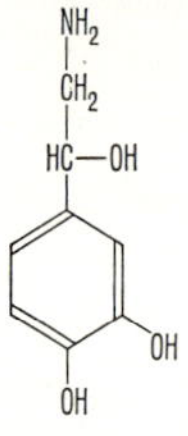

Adrenalin (Epinephrin)

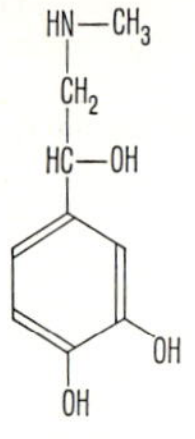

NH_2 / CH_2 / CH_2 / OH / OH

NH_2 / CH_2 / HC—OH / OH / OH

HN—CH_3 / CH_2 / HC—OH / OH / OH

Bestimmungsmethoden[6,7]

Für die Bestimmung der Catecholamine steht eine Reihe chemischer und biologischer Methoden zur Verfügung. Einige davon sind ihrer Empfindlichkeit nach in der folgenden Tabelle zusammengestellt. Bei der Verwendung biologischer Bestimmungsmethoden müssen Gewebsextrakte und Körperflüssigkeiten vorbehandelt werden, da diese neben den Catecholaminen noch Substanzen wie Histamin, Acetylcholin und Serotonin enthalten, die mit den Nachweisen interferieren. Für klinisch-chemische Zwecke sind chemische Methoden vorzuziehen. Adrenalin und Noradrenalin lassen sich am besten mittels der Trihydroxyindolmethode (zum Beispiel in der Ausführung von CROUT[8] oder von SOURKES und MURPHY[9]) bzw. der Äthylendiaminmethode (zum Beispiel in der Ausführung von WEIL-MALHERBE[10]) quantitativ bestimmen. Bei der Trihydroxyindolmethode werden die Catecholamine in Gegenwart von schwacher Säure zu den Adrenochromen oxydiert und diese ihrerseits in Gegenwart von Alkali und Ascorbinsäure in die in UV-Licht fluoreszierenden Adrenolutine umgewandelt. Die Äthylendiaminmethode beruht auf der Bildung fluoreszierender Verbindungen durch Kondensation der Catecholamine mit Äthylendiamin. Adrenalin und Noradrenalin können einzeln bestimmt werden, indem man die Verbindungen chromatographisch trennt, die Oxydation bei verschiedenen pH-Werten ausführt oder das Fluoreszenzspektrum der Adrenolutine bei verschiedenen Wellenlängen mißt. Beide Verfahren können auch zur Bestimmung von Dopamin adaptiert werden. Die 3-Methoxy-4-hydroxymandelsäure läßt sich kolorimetrisch, durch Hochspannungselektrophorese, Dünnschichtchromatographie oder Isotopenverdünnung bestimmen.

Empfindlichkeit von Catecholaminbestimmungsmethoden[1]

Bestimmungsmethode	Empfindlichkeit (ng)	
	Adrenalin	Noradrenalin
Biologisch		
Blutdruck, Katze	200	100
Blutdruck, Ratte	50	3
Blutdruck, Ratte (nach SHIPLEY und TILDEN)	7	5
Uterus, Ratte (2 ml)	0,1	15
Ohr, Kaninchen (Perfusion)	0,5	1
Ohr, Kaninchen (nach ARMIN und GRANT)	0,002	–
Intestinalmuskel, Kaninchen (10 ml)	40	40
Intestinalmuskel, Huhn (2 ml)	2	50
Chemisch		
Kolorimetrisch als Adrenochrom	10000	10000
Reduktion von Arsenomolybdat	50	800
Trihydroxyindolmethode	20	20
Äthylendiaminmethode	6	6

1 GADDUM und HOLZBAUER, *Vitam. and Horm.*, **15**, 151 (1957).

Bildung, Sekretion, Stoffwechsel

Die Zellen des Nebennierenmarks und die sympathischen Neuronen enthalten die für die Biosynthese der Catecholamine aus Tyrosin nötigen Enzyme. Die einzelnen Schritte des Synthesewegs – L-Tyrosin→L-Dopa→L-Dopamin→L-Noradrenalin→L-Adrenalin – sind auf S. 436 besprochen. Die N-Methylierung von Noradrenalin zu Adrenalin kann nur in den Zellen des Nebennierenmarks vor sich gehen, nicht aber in den Neuronen. Die Fähigkeit, Adrenalin zu synthetisieren, kommt dem Nebennierenmark erst in ausgereiftem Zustand zu, das fötale Nebennierenmark bildet nur Noradrenalin. Die Synthese des Adrenalins im Nebennierenmark scheint unter Kontrolle von ACTH und den Corticosteroiden zu stehen[11]; seine Freisetzung scheint zudem durch Glucagon beeinflußt zu werden[12]. Der Noradrenalingehalt der sympathischen Nerven bleibt auch bei unterschiedlichster Nervenaktivität weitgehend konstant. Die Noradrenalinsynthese in den Neuronen wird möglicherweise mittels eines negativen Autorückkopplungsmechanismus reguliert. Im Nebennierenmark wird Adrenalin zum kleinen Teil noch zu N-Methyladrenalin umgewandelt[13].

Die Catecholamine werden in einem Komplex mit ATP in Form charakteristischer subzellulärer Partikel gespeichert (chromaffine Granula). Solche Partikel aus dem Nebennierenmark oder aus den sympathischen Neuronen enthalten Catecholamine und ATP im molaren Verhältnis von etwa 4:1[3,14]. Die Catecholamin enthaltenden Granula des Nebennierenmarks haben einen Durchmesser bis zu 100 nm und sind zwischen das endoplasmatische Retikulum eingelagert[15]. Möglicherweise gibt es zwei verschiedene Zelltypen, von denen der eine vor allem Noradrenalin, der andere überwiegend Adrenalin speichert. In den sympathischen Neuronen ist Noradrenalin als 40–50 nm große Granula in den myelinfreien Axonen enthalten[16]. Dopamin findet sich in den sympathischen Nerven im Zytoplasma, in den chromaffinen Zellen verschiedener Organe wie Lunge, Leber und Darm an Zellpartikel gebunden[17].

Der Catecholamingehalt der Nebenniere ist von Spezies zu Spezies verschieden[1]; so wurden Werte von 0,12–14 mg/g (bei Menschen 0,27–1 mg/g) publiziert. Das Verhältnis von Adrenalin zu Noradrenalin in der Medulla schwankt ebenfalls von Spezies zu Spezies und beträgt beim Menschen ungefähr 4:1. Im Fötus findet sich in der Medulla kein Adrenalin; Adrenalingehalt und Anteil des Adrenalins an den Gesamtcatecholaminen steigen mit dem

Stoffwechsel der Catecholamine

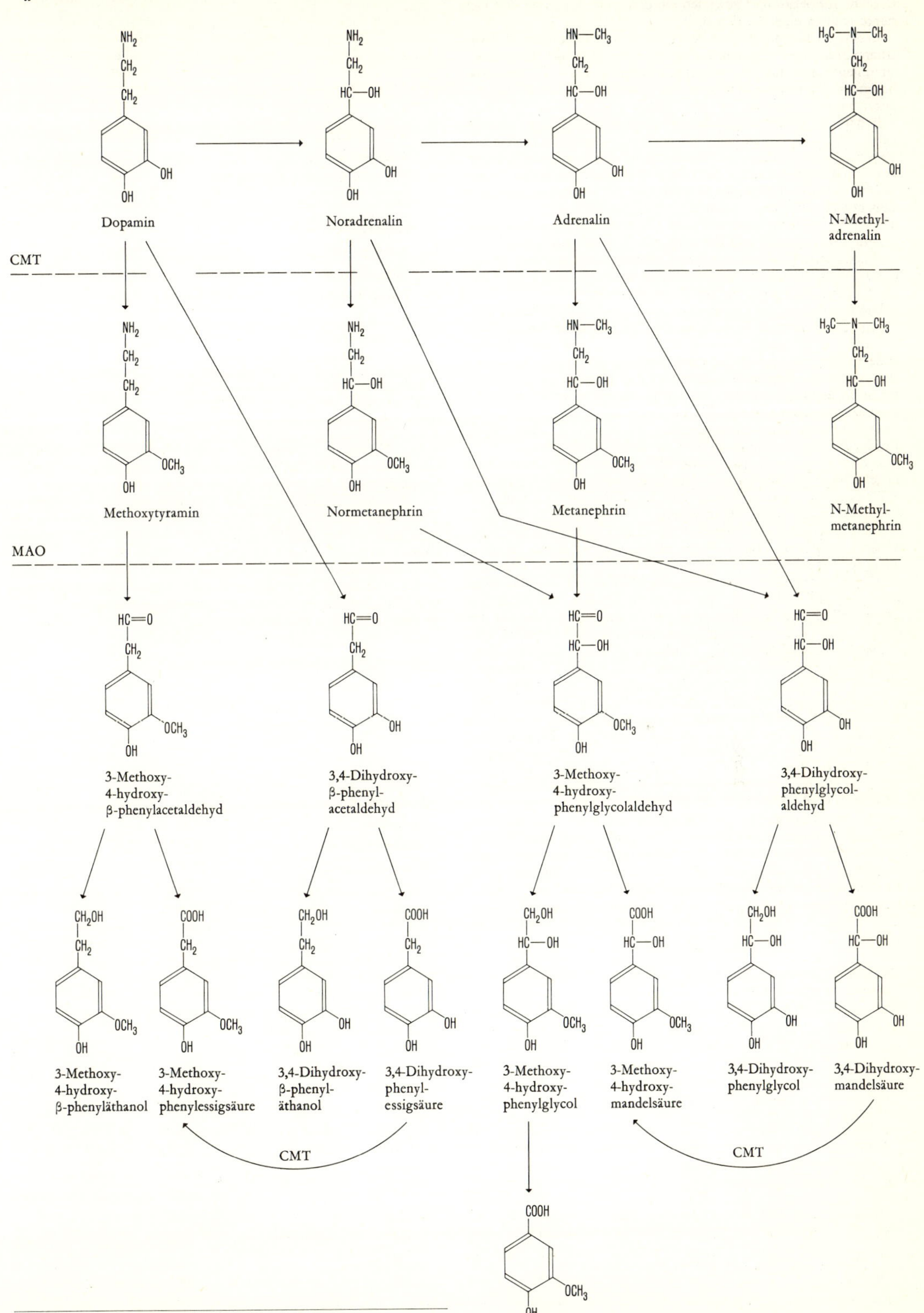

CMT Catecholmethyltransferase
MAO Monoaminoxydase

Wachstum[18]. Dopamin konnte nicht in der Nebenniere aller untersuchten Spezies nachgewiesen werden; sein Anteil an den Gesamtcatecholaminen beträgt nicht mehr als 2%[3].

In den peripheren sympathischen Nerven und Ganglien ist Noradrenalin in einer Konzentration von 5–10 µg/g enthalten; Dopamin liegt ungefähr in der selben Konzentration vor[3]. Noradrenalin findet sich in allen Geweben, die von sympathischen Nervenfasern versorgt werden, in einer Menge von 0,1–2 µg/g[3]. Auch Adrenalin ist in den peripheren Geweben in einer Menge von ungefähr 10% des Noradrenalingehalts nachzuweisen[3]. Im Gehirn verschiedener Spezies liegt Noradrenalin in einer Konzentration von 0,2–0,5 µg/g vor, mit der höchsten Konzentration im Hypothalamus und im limbischen System; der Adrenalingehalt erreicht dort etwa 5–10% des Noradrenalingehalts[3]. Dopamin findet sich in manchen Gehirnregionen in hoher Konzentration, so besonders im Nucleus caudatus und Putamen mit Werten von 4–8 µg/g[19].

Einen hohen Catecholamingehalt besitzen manche Tumoren der chromaffinen Zellen; so wurden Werte bis zu 8,4 mg/g für Noradrenalin und 2,3 mg/g für Adrenalin gefunden[20].

Die Freisetzung der Catecholamine aus der Medulla in das Blut erfolgt durch nervale Reize über den Nervus splanchnicus. Die Sekretion wird stimuliert durch Streß, Gaben von Reserpin und anderen Pharmaka; auch bei insulininduzierter Hypoglykämie ist sie erhöht. Im allgemeinen sezerniert die Medulla die Catecholamine in einem konstanten Verhältnis, das aber von Spezies zu Spezies verschieden ist[21]. Manche Reize, so speziell Hypoglykämie, führen zu einer überwiegenden Sekretion von Adrenalin[22]. Bei der Freisetzung verlassen die Catecholamin enthaltenden Granula die Zellen anscheinend nicht. Mit den Catecholaminen treten gleichzeitig große Mengen ATP ins Blut über[23]. Der Freigabe von ATP und den Catecholaminen geht ein Übertritt von Calciumionen durch die Zellmembran voraus.

Die Freisetzung von Noradrenalin in den sympathischen Nervenendigungen wird durch Nervenreize ausgelöst. Eine Veränderung der Permeabilität der Zellmembran erleichtert den Übertritt von Calciumionen aus der extrazellulären Flüssigkeit, und diese fördern dann die Freisetzung von Noradrenalin. Die Permeabilitätsänderung der Nervenzellmembran beruht möglicherweise auf der Wirkung von durch Nervenimpulse freigesetztem Acetylcholin[24].

Der Noradrenalingehalt des Plasmas liegt beim ruhenden Menschen unter 1 µg/l, der Adrenalingehalt unter 0,5 µg/l. Bestimmungen mit der Äthylendiaminmethode geben eher höhere Resultate als solche mit der Trihydroxyindolmethode (siehe Tabelle auf folgender Spalte). Der Noradrenalinspiegel steigt beim Übergang von liegender in aufrechte Stellung und bei körperlicher Tätigkeit, der Adrenalinspiegel während Insulinhypoglykämie (Literatur siehe in Loraine und Bell[7]). Bei Patienten mit Catecholamin produzierenden Tumoren wurde ein über 100facher Anstieg des Noradrenalinspiegels beobachtet[25].

Aus dem Blut werden die Catecholamine rasch von den Geweben aufgenommen und dort zum Teil gespeichert, zum Teil abgebaut. Dabei wird Noradrenalin stärker an Zellbestandteile gebunden als Adrenalin. Am Abbau der Catecholamine sind zwei Enzyme beteiligt, die Monoaminoxydase (MAO) und die Catecholmethyltransferase (CMT). Die MAO katalysiert die oxydative Desaminierung; das Enzym findet sich vor allem im Intestinaltrakt, in Leber, Nieren und Gehirn; es scheint an die Mitochondrien gebunden zu sein. Die CMT katalysiert die Übertragung von Methylgruppen von S-Adenosylmethionin auf die Hydroxylgruppe in 3-Stellung der Catecholamine; das Enzym findet sich vor allem im Zellsaft der Leber und der Nieren. Die einzelnen Schritte des Abbaus sind aus der Abbildung auf S.721 ersichtlich. Das Noradrenalin wird nach seiner Freisetzung innerhalb der Nerven durch MAO, außerhalb durch CMT umgewandelt[16]. Adrenalin scheint in der Medulla nicht metabolisiert zu werden[26]. Der Stoffwechsel von Noradrenalin im Gehirn ist dem im sympathischen Nervensystem weitgehend ähnlich[27].

Adrenalin- und Noradrenalingehalt des Plasmas (µg/l)

	Adrenalin		Noradrenalin		Literatur
	Mittelwert	*s*	Mittelwert	*s*	
Trihydroxyindolmethode					
Erwachsene	0,06	0,05	0,30	0,07	1
Männer	0,07	0,01	0,35	0,01	2
Frauen	0,06	0,01	0,35	0,01	2
Äthylendiaminmethode					
Erwachsene	0,22	0,27	0,58	0,66	3
Neugeborene	0,35	0,64	2,39	2,69	4
Frühgeborene	0,86	1,21	3,24	2,03	4

Literatur
1 Cohen und Goldenberg, *J. Neurochem.*, **2**, 58 (1957).
2 Vendsalu, A., *Acta physiol. scand.*, **49**, Suppl. 173 (1960).
3 Weil-Malherbe, H., *Meth. med. Res.*, **9**, 130 (1961).
4 Cheek et al., *Pediatrics*, **31**, 374 (1963).

Catecholaminausscheidung im Nachtharn (µg/h)[1]

	Freie Amine		Gesamte Amine	
	Mittelwert	Bereich	Mittelwert	Bereich
Adrenalin	0,04	< 1,29	0,06	< 2,35
Noradrenalin	2,36	<11,0	4,69	<21,6
Dopamin	8,22	<23,3	27,2	10,2–56,8
Metanephrin	1,25	< 6,80	3,65	<13,3
Normetanephrin	8,55	<17,8	17,5	4,82–58,0

1 Mattok et al., *Clin. chim. Acta*, **14**, 99 (1966).

Ausscheidung von Catecholaminen und 3-Methoxy-4-hydroxymandelsäure bei Kindern und Erwachsenen

Alter (Jahre)	Anzahl	Harnmenge (ml/24 h)	Adrenalin (µg/24 h)		Noradrenalin (µg/24 h)		Dopamin (µg/24 h)		3-Methoxy-4-hydroxymandelsäure (mg/24 h)		Literatur
			Mittelwert	*s*	Mittelwert	*s*	Mittelwert	*s*	Mittelwert	*s*	
0–1	19	370	1,3	1,2	10,6	3,4	60,9	24,3	0,57	0,31	1
1–5	15	492	3,2	2,7	18,8	7,0	124,1	40,7	1,35	0,44	1
6–15	13	845	4,8	2,4	37,4	16,6	169,3	72,6	2,37	0,70	1
> 15	13	1552	7,1	3,3	50,7	15,7	249,1	74,9	3,19	0,67	1
0–10	46	380	9,2	8,6	19	13	–	–	1,0	0,9	2
10–30	28	1010	22	14	52	31	–	–	3,6	1,9	2
30–50	33	1280	26	22	66	34	–	–	4,2	1,7	2
50–70	42	1500	28	21	60	34	–	–	4,1	1,5	2
70–99	8	1010	19	12	43	27	–	–	3,2	1,3	2

Literatur 1 Voorhess, M.L., *Pediatrics*, **39**, 252 (1967). 2 Ritzel und Hunzinger, *Klin. Wschr.*, **41**, 419 (1963).

Im Harn erscheint nur ein kleiner Teil der sezernierten Catecholamine in unveränderter Form[22]. Die Catecholamine und ihre Stoffwechselprodukte werden zum Teil mit Glucuron- oder Schwefelsäure konjugiert. Die Ausscheidung der Gesamtcatecholamine beträgt etwa das 1,5- bis 3fache derjenigen der freien Catecholamine[1]. Das Adrenalin im Harn scheint größtenteils aus der Medulla zu stammen, das Noradrenalin aus den sympathischen Nerven, da nach Entfernung der Nebenniere die Ausscheidung von Adrenalin, nicht aber die von Noradrenalin vermindert ist[28]. Nach intravenöser Gabe von ^{3}H-Adrenalin fand sich folgende Tritiumverteilung im Harn[16]: 6,8% in Adrenalin, 0,9% in freier und 0,7% in konjugierter 3,4-Dihydroxymandelsäure, 5,2% in freiem Metanephrin, 6,0% in Metanephringlucuronid, 29,5% in Metanephrinsulfat, 41,2% in 3-Methoxy-4-hydroxymandelsäure und 7,1% in 3-Methoxy-4-hydroxyphenylglycolsulfat.

Normalwerte der Ausscheidung von Catecholaminen und ihrer wichtigsten Abbauprodukte sind am Fuße der nebenstehenden Seite zusammengestellt. Die Höhe der Ausscheidung dieser Verbindungen ist, auf Körpergewicht oder -oberfläche bezogen und das Säuglingsalter ausgenommen, vom Lebensalter weitgehend unabhängig[29]. Die Ausscheidung der Catecholamine wird durch Körperstellung und körperliche Tätigkeit beeinflußt; sie ist unter der Einwirkung physischer und psychischer Belastung erhöht. Die Ausscheidung von Adrenalin ist erhöht bei Insulinhypoglykämie, die von Noradrenalin nach Injektion von Acetyl-β-methylcholin (Literatur siehe in LORAINE und BELL[7]). Aggression steigert die Ausscheidung von Noradrenalin, Angstzustände und unbestimmte bedrohliche Situationen steigern die von Adrenalin[30]. Große Mengen von Adrenalin, Noradrenalin und 3-Methoxy-4-hydroxymandelsäure werden bei Tumoren der chromaffinen Zellen ausgeschieden, erhebliche Mengen an Dopa, Dopamin und dessen Stoffwechselprodukt Homovanillinsäure bei Neuroblastomen (siehe dazu die einschlägige Literatur[20, 31]).

Wirkung

Die Catecholamine haben im tierischen Organismus zwei wichtige Funktionen. Als endokrine Substanzen werden sie vom Nebennierenmark sezerniert, wobei physiologisch die Wirkungen auf den Stoffwechsel im Vordergrund stehen, als Übermittler nervaler Reize werden sie von den adrenergen Synapsen des sympathischen Nervensystems freigegeben.

Stoffwechselwirkungen. Adrenalin führt zu einer Erhöhung des Sauerstoffverbrauchs im Muskel- und Fettgewebe, der Körpertemperatur und des Grundumsatzes[32]. Adrenalin und Noradrenalin stimulieren die Glycogenolyse im Skelettmuskel, Fettgewebe und in der Leber. Im Muskel ist Lactat das wichtigste Stoffwechselprodukt der Glycolyse, so daß ein Anstieg des Serumlactatspiegels und eine Stimulierung der Gluconeogenese in der Leber (CORI-Zyklus) erfolgen können. Die Aktivierung der Glycogenolyse in der Leber durch die Catecholamine führt zu erhöhter Glucoseausschüttung und kurzem Anstieg des Blutzuckerspiegels. Im Fettgewebe bewirken Adrenalin und Noradrenalin eine Lipolyse mit erhöhter Abgabe freier Fettsäuren ins Blut und Beschleunigung ihrer Rückveresterung zu Triglyceriden[33, 34]. Das bei der Lipolyse frei werdende Glycerin führt wegen des Mangels an Glycerinkinase im Fettgewebe zu gesteigertem Verbrauch von aus Glucose oder Glycogen gebildetem α-Glycerophosphat für die Rückveresterung[34]. Inwieweit die Stoffwechselwirkungen des Adrenalins für seine positiv inotrope Wirkung verantwortlich sind, ist nicht bekannt[35].

Die Wirkung von Adrenalin auf die Glycogenolyse wird durch zyklisches 3′,5′-Adenosinmonophosphat (zyklisches AMP) vermittelt. Adrenalin und Noradrenalin aktivieren die membrangebundene Adenylatcyclase, die die Bildung von zyklischem AMP aus ATP katalysiert[36]. Das zyklische AMP begünstigt die Phosphorylierung einer inaktiven Form der Phosphorylase-*b*-Kinase in eine aktive Form. Phosphorylase-*b*-Kinase katalysiert die Phosphorylierung und Dimerisierung von Phosphorylase *b* zu Phosphorylase *a*. Im Gegensatz zur Phosphorylase *b*, die hohe Konzentrationen von zyklischem AMP für ihre Wirksamkeit braucht, ist Phosphorylase *a* unter physiologischen Bedingungen die aktivere Form und bewirkt einen raschen Abbau des Glycogens zu Glucose-1-phosphat. Die Catecholamine scheinen die Phosphorylase aller Gewebe über den selben Mechanismus zu aktivieren. An der durch Adrenalin und Noradrenalin bewirkten Lipolyse scheint zyklisches AMP ebenfalls intermediär beteiligt zu sein[37]; es konnten jedoch bisher noch keine unterscheidbaren Formen von Triglyceridlipase isoliert werden.

Pharmakologische Wirkungen. Die unterschiedlichen pharmakologischen Wirkungen der einzelnen Catecholamine können durch das Vorliegen von zweierlei adrenergen Rezeptoren (α- und β-Rezeptoren) am Erfolgsorgan gedeutet werden. Adrenalin kann zu beiden Rezeptoren in Beziehung treten, Noradrenalin ist ein weitgehend spezifischer α-Stimulator, das synthetische Isoprenalin (Isopropylnoradrenalin) ein weitgehend spezifischer β-Stimulator. Rezeptoren mit gleicher charakteristischer Reizbarkeit können, je nach Erfolgsorgan, entweder stimulierende oder hemmende Impulse vermitteln[38]:

Rezeptor	Wirkung	Aktivität äquimolarer Dosen
α	Gefäßverengung Uteruskontraktion Aktive Pupillenerweiterung Hemmung der Darmkontraktion	Adrenalin > Noradrenalin > Isoprenalin
β	Gefäßerweiterung Uteruserschlaffung Kontraktilitätszunahme des Herzens	Isoprenalin > Adrenalin > Noradrenalin

Wirkungen auf den Blutkreislauf (siehe dazu untenstehende Abbildung). Bei kontinuierlicher intravenöser Infusion (0,1–0,3 μg/min/kg Körpergewicht) können beim Menschen folgende Wirkungen festgestellt werden[40]. *Noradrenalin:* Prompte Erhöhung des mittleren Blutdrucks durch Erhöhung des systolischen und diastolischen Druckes, verursacht durch Vergrößerung des peripheren Kreislaufwiderstandes (Vasokonstriktion). Herzleistung unverändert oder leicht gesenkt. *Adrenalin:* Erhöhung des mittleren Blutdrucks dadurch, daß das Absinken des Blutdrucks im peripheren Kreislauf (Vasodilatation) durch entsprechende Vergrößerung des Schlagvolumens und Erhöhung der Schlagfrequenz überkompensiert wird. Die Kreislaufwirkungen von Adrenalin und Noradrenalin heben sich bei physiologischer Dosierung (intravenös bis 0,3 μg/min/kg) auf.

Dopamin kann bei kontinuierlicher intravenöser Infusion (5,3 bis 11,6 μg/min/kg Körpergewicht) zu einer Erhöhung des systolischen und mittleren Blutdrucks, zu einer Steigerung der Herzleistung und zu einer Verringerung des peripheren Widerstands führen[41].

Die Nierendurchblutung wird durch Adrenalin vermindert[42]. Nach großen Adrenalindosen ist die glomeruläre Filtratmenge erniedrigt. Die Gefäße des Hirns werden durch Adrenalin nur wenig verändert.

Kardiovaskuläre Wirkungen intravenöser Infusionen von Noradrenalin, Adrenalin und Dopamin[39]

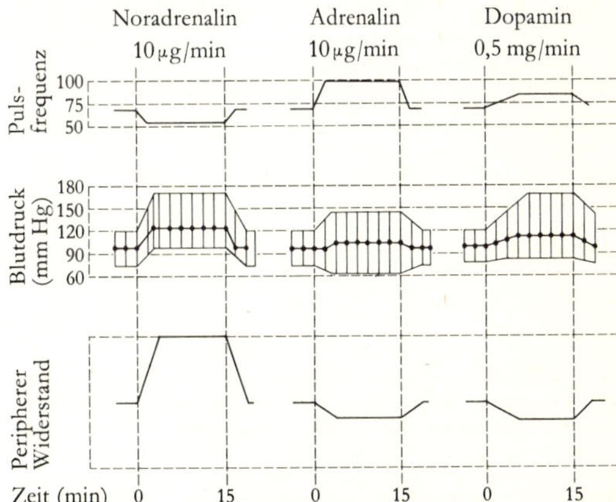

Catecholamine als Überträgersubstanzen. Impulse, die an den efferenten Endigungen der sympathischen Nerven ankommen, setzen kleine Mengen Noradrenalin frei, die die Aktivität der Zellen des Erfolgsorgans stimulieren oder hemmen[14, 43]. Im Zentralnervensystem haben Noradrenalin[27] bzw. Dopamin[19] möglicherweise eine ähnliche Funktion. Nach der Catecholaminhypothese der Depressionen soll vor allem bei gehemmten Depressionen ein Noradrenalindefizit an den spezifischen Rezeptoren bestimmter Gebiete des Zentralnervensystems vorliegen; ein Überschuß von Noradrenalin in diesen Gebieten soll bei manischen Zuständen auftreten[30].

Literatur

1 von Euler, U.S., *Noradrenaline*, Thomas, Springfield, 1956.
2 First Symposium on Catecholamines, *Pharmacol. Rev.*, **11**, Nr. 2, Teil 2 (1959); Vane et al. (Hrsg.), *Adrenergic Mechanisms*, Ciba Foundation Symposium, Churchill, London, 1960.
3 Weiner, N., in: Pincus et al. (Hrsg.), *The Hormones*, Band 4, Academic Press, New York, 1964, S. 403.
4 Second Symposium on Catecholamines, *Pharmacol. Rev.*, **18**, Nr. 1, Teil 1 (1966).
5 Sekeris und Karlson, *Pharmacol. Rev.*, **18**, 89 (1966).
6 Elmadjian, F., in: Dorfman, R.I. (Hrsg.), *Methods in Hormone Research*, Academic Press, New York, 1962, Band 1, S. 337, Band 2, S. 371.
7 Loraine und Bell, *Hormone Assays and their Clinical Application*, 2. Aufl., Livingstone, Edinburg, 1966.
8 Crout, J.R., *Stand. Meth. clin. Chem.*, **3**, 62 (1961).
9 Sourkes und Murphy, *Meth. med. Res.*, **9**, 147 (1961).
10 Weil-Malherbe, H., *Meth. med. Res.*, **9**, 130 (1961).
11 Wurtman und Axelrod, *First Latin American Symposium on Catecholamines*, Buenos Aires 1966, zitiert nach *Science*, **154**, 680 (1966).
12 Kuschke et al., *Klin. Wschr.*, **44**, 1297 (1966).
13 Axelrod, J., *Biochim. biophys. Acta (Amst.)*, **45**, 614 (1960).
14 Iversen, L.L., *Nature*, **214**, 8 (1967).
15 Vane, J.R., in: Robson und Stacey (Hrsg.), *Recent Advances in Pharmacology*, 3. Aufl., Churchill, London, 1962, S. 95.
16 Axelrod, J., *Recent Progr. Hormone Res.*, **21**, 597 (1965).
17 Bertler et al., *Acta physiol. scand.*, **47**, 251 (1959).
18 Comline und Silver, *Brit. med. Bull.*, **22**, 16 (1966).
19 Hornykiewicz, O., *Pharmacol. Rev.*, **18**, 925 (1966).
20 von Euler, U.S., *Ciba Found. Coll. Endocr.*, **12**, 268 (1958).
21 Malmejac, J., *Physiol. Rev.*, **44**, 186 (1964).
22 Elmadjian et al., *Recent Progr. Hormone Res.*, **14**, 513 (1958).
23 Douglas, W.W., *Pharmacol. Rev.*, **18**, 471 (1966).
24 Ferry, C.B., *Physiol. Rev.*, **46**, 420 (1966).
25 von Euler, U.S., *Ciba Found. Coll. Endocr.*, **11**, 379 (1957).
26 Kopin, I.J., *Pharmacol. Rev.*, **18**, 513 (1966).
27 Glowinski und Baldessarini, *Pharmacol. Rev.*, **18**, 1201 (1966).
28 von Euler et al., *Acta physiol. scand.*, **31**, 1 (1954).
29 Voorhess, M.L., *Pediatrics*, **39**, 252 (1967).
30 Schildkraut und Kety, *Science*, **156**, 21 (1967).
31 Crout, J.R., *Pharmacol. Rev.*, **18**, 651 (1966); Käser, H., *Pharmacol. Rev.*, **18**, 659 (1966); Käser, H., *Schweiz. med. Wschr.*, **96**, 258 (1966); Clotten und Michaelis, *Klin. Wschr.*, **44**, 1161 (1966).
32 Lee, K.S., *J. Pharmacol. exp. Ther.*, **109**, 313 (1953); Ellis, S., *Pharmacol. Rev.*, **8**, 485 (1956); **11**, 469 (1959).
33 Fritz, I.B., *Physiol. Rev.*, **41**, 52 (1961); Steinberg, D., *Pharmacol. Rev.*, **18**, 217 (1966).
34 Jeanrenaud, B., *Metabolism*, **10**, 535 (1961); Randle, P.J., *Ann. Rev. Physiol.*, **25**, 291 (1963).
35 Haugaard und Hess, *Pharmacol. Rev.*, **18**, 197 (1966); Williamson, J.R., *Pharmacol. Rev.*, **18**, 205 (1966).
36 Sutherland und Rall, *Pharmacol. Rev.*, **12**, 265 (1960); Sutherland, E.W., *Harvey Lect.*, **57**, 17 (1962); Sutherland und Robison, *Pharmacol. Rev.*, **18**, 145 (1966).
37 Rizack, M.A., *J. biol. Chem.*, **239**, 392 (1964); Vaughan, M., *Pharmacol. Rev.*, **18**, 215 (1966).
38 Lydtin, H., *Dtsch. med. Wschr.*, **92**, 401 (1967).
39 Allwood et al., *Brit. med. Bull.*, **19**, 132 (1963).
40 Goldenberg et al., *Amer. J. Med.*, **5**, 792 (1948); Wakim und Essex, *Circulation*, **5**, 370 (1952).
41 Horwitz et al., *Circulat. Res.*, **10**, 237 (1962).
42 Moyer und Handley, *Circulation*, **5**, 91 (1952).
43 Ferry, C.B., *Ann. Rev. Pharmacol.*, **7**, 185 (1967).

Insulin[1,2]

Chemie

Bis 1966 war die Struktur des Insulinmoleküls von 20 Spezies vollständig oder weitgehend aufgeklärt[3]. Bei allen bis jetzt untersuchten Arten besteht das aus Pankreas isolierte Insulinmolekül aus zwei Polypeptidketten, die durch zwei Disulfidbrücken miteinander verbunden sind. Bei fast allen Spezies enthält die kürzere A-Kette 21 Aminosäuren, mit Glycin am Aminoende, zumindest vier freien Aminogruppen und einer ketteneigenen Disulfidbrücke zwischen den Cysteingruppen in Stellung 6 und 11. Variationen in der Aminosäurensequenz treten vor allem in den Positionen 8, 9 und 10 auf. Die Aminosäurensequenz der B-Kette, bestehend aus 28 bis 30 Aminosäuren, enthält zwei oder drei freie Aminogruppen und bei den meisten Spezies Phenylalanin am Aminoende. Variationen in der Aminosäurensequenz zeigen vor allem die Positionen 3, 29 und 30. Von den 51 Aminosäurepositionen im Insulinmolekül sind in 29 Positionen Variationen bekannt. So unterscheidet sich zum Beispiel das Insulin des Menschen von dem der Krötenfische in 17 Aminosäuren. Mindestens zwei Tierarten – Ratte und Krötenfisch – haben je zwei strukturell verschiedene Insuline im Pankreas. Es produzieren aber auch verschiedene Tiere ein und dasselbe Insulin, beispielsweise Hund, Schwein, Finn- und Pottwal.

Unterschiede in der Aminosäurensequenz einiger Insuline

Spezies	A-Kette			B-Kette
	8-Stellung	9-Stellung	10-Stellung	30-Stellung
Rind	Ala	Ser	Val	Ala
Schwein	Thr	Ser	Ile	Ala
Schaf..........	Ala	Gly	Val	Ala
Pferd..........	Thr	Gly	Val	Ala
Wal...........	Thr	Ser	Ile	Ala
Mensch........	Thr	Ser	Ile	Thr

Das Molgewicht der verschiedenen Insuline variiert naturgemäß mit der Struktur; das des Menschen beträgt 5807, des Rinds 5733, des Schweins 5777. Das Absorptionsmaximum liegt bei 276 nm. Der isoelektrische Punkt des Rinderinsulins liegt bei 5,4; bei einem pH-Wert darunter oder darüber geht Insulin leicht in Lösung und aggregiert sich zu Polymeren von mindestens 2 Molekülen (Insulindimer). Es ist unbekannt, ob dies auch in komplexen Lösungen wie Blut vorkommt. Insulin bildet mit Zink oder basischen Proteinen wie Histon und Protamin Komplexe. Es kristallisiert in Rhomben oder Prismen. Bei Erhitzung von Insulinlösungen mit einem pH-Wert unter 3,5 bilden sich durch terminale Anlagerung der Insulinmonomeren die charakteristischen Insulinfibrillen.

Zur Behandlung der menschlichen Zuckerkrankheit werden zumeist Insuline aus Rinder- oder Schweinepankreas verwendet. Das Schweineinsulin unterscheidet sich vom menschlichen nur durch eine Aminosäure (Stellung 30 der B-Kette), das Rinderinsulin hingegen hat drei andere Aminosäurenreste (Stellung 8 und 10 der A-Kette und Stellung 30 der B-Kette). Diese Differenz in der Aminosäurenzusammensetzung erklärt vielleicht die größere Antigenwirkung des Rinderinsulins im Vergleich zum Schweineinsulin. Bloß von der Aminosäurensequenz her beurteilt, sollte homologes Insulin die Bildung zirkulierender Antikörper nicht auslösen. Es konnte jedoch gezeigt werden, daß beim Rind[4] die Injektion von Insulin aus Rinderpankreas, beim Schwein[5] die Injektion von Schweineinsulin Antikörperbildung bewirkt[6]. Die Antigenwirkung des Insulins beruht also noch auf anderen Ursachen als auf der Aminosäurensequenz allein.

Bei Veränderungen des Insulinmoleküls erwies sich, daß die Entfernung des carboxylterminalen Alanins der B-Kette die Aktivität nicht signifikant vermindert, während die Abtrennung des carboxylterminalen Asparagins der A-Kette einen Aktivitätsabfall zur Folge hat[7]. Anderseits behält nach Abspaltung von 8 Aminosäuren vom Carboxylende der B-Kette durch Trypsin das Restmolekül noch 15% der ursprünglichen biologischen Aktivität[8]. Durch reduktive Spaltung der Disulfidbrücken zwischen den beiden Ketten geht die Aktivität völlig verloren, A- oder B-Kette allein besitzen also keine Insulinaktivität. Präparate mit Restaktivität enthalten mit großer Wahrscheinlichkeit noch intaktes Insulin.

Die Totalsynthese des Schafinsulins gelang drei Forschergruppen etwa zur gleichen Zeit[9]; Humaninsulin konnte ebenfalls synthetisiert werden[10].

Aminosäurensequenz des Rinderinsulins

Phe·Val·Asp(NH_2)·Glu(NH_2)·His·Leu·Cys·Gly·Ser·His·Leu·Val·Glu·Ala·Leu·Tyr·Leu·Val·Cys·Gly·Glu·Arg·Gly·Phe·Phe·Tyr·Thr·Pro·Lys·Ala
1 2 3 4 5 6 7 8 9 10 11 12 13 14 15 16 17 18 20 21 22 23 24 25 26 27 28 29 30

Gly·Ile·Val·Glu·Glu(NH_2)·Cys·Cys·Ala·Ser·Val·Cys·Ser·Leu·Tyr·Glu(NH_2)·Leu·Glu·Asp(NH_2)·Tyr·Cys·Asp(NH_2)
1 2 3 4 5 6 7 8 9 10 11 12 13 14 15 16 17 18 19 20 21

Insulinähnliche Aktivität[11]. Die im Serum durch biologische, nicht aber durch immunologische Methoden nachweisbare insulinähnliche Aktivität ist nicht mit Insulin identisch. Sie läßt sich nicht mit Insulinantikörpern neutralisieren, hat ein Molgewicht zwischen 70000 und 150000 und ist auch nicht in die A- und B-Ketten des Insulinmoleküls aufspaltbar. Möglicherweise handelt es sich dabei um das dritte Pankreashormon neben Insulin und Glucagon.

Synalbumin[12,13]. Ein bei der Elektrophorese mit dem Albumin wandernder insulinantagonistischer Faktor wurde Synalbumin-Insulin-Antagonist genannt. Seine physikalisch-chemischen Eigenschaften lassen vermuten, daß es sich um die B-Kette des Insulins handelt.

Einheit, Bestimmungsmethoden[14,15]

1 internationale Einheit (IE) entspricht 0,04167 mg des 4. internationalen Standards, einer Mischung aus 52% Rinder- und 48% Schweineinsulin (S.753). Insulin anderer Spezies kann in biologischen In-vivo-Testen eine abweichende Aktivität aufweisen.

Für pharmakologische Untersuchungen stehen In-vivo-Methoden zur Verfügung, wie die Messung der blutzuckersenkenden Wirkung beim Kaninchen oder der Konvulsionstest bei Mäusen; auch kann Insulin papierchromatographisch[16] bestimmt werden.

Für klinisch-chemische Untersuchungen können mehrere Methoden herangezogen werden, von denen aber keine ganz befriedigt. Sie lassen sich in zwei Hauptgruppen unterteilen: a) radioimmunologische und b) biologische. Die ersteren sind beliebig reproduzierbar, genau und empfindlich, liefern aber Meßergebnisse, die der biologischen Aktivität nicht unbedingt entsprechen. Zur Isolierung des antikörpergebundenen markierten Insulins können die Papierelektrophorese[17], Ionenaustauscher[18] oder die Ausfällung des Insulin-Antikörper-Komplexes durch einen zweiten Antikörper[19] herangezogen werden.

Die biologischen Methoden benutzen Stoffwechselwirkungen des Insulins an isolierten, lebenden Geweben. Gewöhnlich wird entweder Rattendiaphragma verwendet und die Insulinaktivität an der Glucoseaufnahme oder Glycogensynthese gemessen, oder es wird am Fettgewebe des Rattennebenhodens die Insulinaktivität anhand von Glucoseaufnahme, Nettogasaustausch, Oxydation von mit ^{14}C markierter Glucose zu $^{14}CO_2$ oder Einbau markierten Glucosekohlenstoffs in Lipide oder Fettgewebeglycogen bestimmt. Mit diesen – nicht sehr präzisen – Verfahren erhält man die biologische Aktivität des Insulins in vitro. Zusätzlich zeigt die Methode am Rattendiaphragma einen Verdünnungseffekt; das heißt, die gesamte Insulinaktivität nimmt bei Verdünnung des Serums zu. Der Fettgewebetest anderseits ist möglicherweise nicht spezifisch, da auch bei unbehandelter diabetischer Ketose und bei Hunden nach Pankreatektomie immer noch eine insulinartige Aktivität im Serum gefunden wird.

Bildung, Sekretion, Stoffwechsel

Insulin wird in den β-Zellen der LANGERHANSschen Inseln gebildet und dort in granulärer Form gespeichert. Die A- und B-Ketten werden wahrscheinlich getrennt synthetisiert und durch spontane Oxydation der SH-Gruppen des Cysteins zum Insulinmolekül zusammengefügt[20]. Im menschlichen Fötus erscheinen die Speichergranula zwischen der 10. und 14. Schwangerschaftswoche; vom selben Zeitpunkt an ist es auch möglich, biologisch aktives Insulin aus dem Pankreas zu extrahieren[21]. Beim Erwachsenen schwankt der Insulingehalt des Pankreas je nach Alter, Geschlecht und Ernährungszustand zwischen 1 und 4 IE/g[22], mit einer Gesamtmenge von 100–400 IE und einem Mittelwert von 250 IE bzw. 10 mg. Aufgrund der radioimmunologisch bestimmten Insulinkonzentration im Plasma wird die tägliche Insulinproduktion des Pankreas auf ungefähr 50 IE geschätzt[23]. Dies entspricht der für die Substitutionstherapie benötigten Insulinmenge bei völlig erloschener Insulinproduktion.

Die Insulinsekretion wird durch eine Vielzahl von Faktoren stimuliert bzw. gehemmt (siehe nachfolgende Tabellen)[24–26].

Nach der Stimulierung durch Glucose oder Tolbutamid wandern die Sekretionsgranula der β-Zellen zur Zelloberfläche, wo die Granulamembran mit der Zellmembran verschmilzt; hierauf wird Insulin aus den Granula in den extrazellulären Raum abgegeben[27]. Die Insulinsekretionsrate ist der das Pankreas durchströmenden Glucosemenge proportional[2]. Wahrscheinlich ist aber nicht die Glucose selbst für die stimulierende Wirkung verantwortlich, sondern ein Stoffwechselprodukt aus dem Pentosephosphatzyklus[26]. Beim Menschen kommt es innerhalb weniger Minuten nach Beginn einer Glucoseinfusion zu einem Anstieg des Insulinspiegels im peripheren venösen Blut[28].

Die Insulinsekretion stimulierende Faktoren

	In vivo	In vitro
Glucose	+	+
Fructose	+	+
Mannose	+	+
Ribose	+	+
Xylit	+	+
Ribit		+
Leucin	+	+
Arginin	+	+
Acetoacetat	+	±
Glucagon	+	+
Wachstumshormon	+	±
Laktogenes Hormon der Plazenta	+	
ACTH	+	+
Glucocorticosteroide	+	±
Thyroxin	+	±
Secretin	+	+
Insulinantikörper	+	+
Calcium		+
Magnesium		±
Kalium	+	+
Adenosintriphosphat		+
Zyklisches Adenosinmonophosphat		+
Sulfonylharnstoffe	+	+
Vagusstimulierung	+	

Die Insulinsekretion hemmende Faktoren

	In vivo	In vitro
2-Desoxyglucose	+	+
Glucosamin		+
Mannoheptulose	+	+
Adrenalin	+	+
Noradrenalin	+	
Insulin	+	
Phenäthylbiguanide	+	
Diazoxide	+	+
Nahrungsentzug	+	
Hypoxie		+
Vagotomie	+	

In welcher Form Insulin im Plasma vorhanden ist, ist noch nicht völlig geklärt. Die verschiedenen Untersuchungsmethoden liefern unterschiedliche Ergebnisse[29]. Bei der Papierelektrophorese des Serums findet man das Insulin immunochemisch nach der Albuminzone, mit dem Rattenfettgewebetest aber auch in der Zone der α- und β-Globuline. Die in letzterer Zone vorhandene insulinähnliche Aktivität wird durch Insulinantikörper nicht gehemmt, und dieses Insulin wird deshalb als «nicht hemmbar», «atypisch» oder «gebunden» bezeichnet[30]. Wird dem Serum kristallines Insulin zugegeben, so wandert es bei der Papierelektrophorese in die Zone nach dem Albumin. Fraktionierung des Serums an einer Sephadex-G-75-Säule gibt zwei proteinreiche Zonen mit einer dazwischenliegenden proteinfreien. Die insulinähnliche Aktivität ist in der ersten Proteinfraktion am höchsten, immunochemisch bestimmbares Insulin findet sich dagegen vor allem im proteinfreien Intervall. Aus dieser Zone kann auch mit Isotopen markiertes Insulin zurückgewonnen werden[31].

Je nach Untersuchungsmethode findet man im Serum unterschiedliche Mengen Insulin und/oder insulinähnlicher Aktivität. Durchschnittswerte der morgendlichen Messung des Insulinspiegels im Serum bei Personen, die während 12 h nüchtern geblieben sind: 20 mIE/l bei Anwendung radioimmunologischer Verfahren (siehe dazu die Tabelle auf der folgenden Seite), 100 mIE/l bei An-

Gehalt des Plasmas an immunologisch bestimmbarem Insulin (mIE/l, Nüchternwerte)

	Mittel-wert	Bereich	*s*	Lite-ratur
Erwachsene	20	0–66	–	1
Erwachsene	20	6–35	–	2
Erwachsene	22	–	10	3
Neugeborene, 2–8 Tage	43	–	32	4

Literatur

[1] Yalow und Berson, *J.clin.Invest.*, **39**, 1157 (1960).
[2] Hales et al., *Lancet*, **1**, 65 (1965).
[3] Melani et al., *Klin.Wschr.*, **43**, 1000 (1965).
[4] Stimmler et al., *Lancet*, **1**, 137 (1964).

Insulinspiegel des Serums nach 50 g Glucose oral[33] (Werte von 45 Personen logarithmisch verteilt)

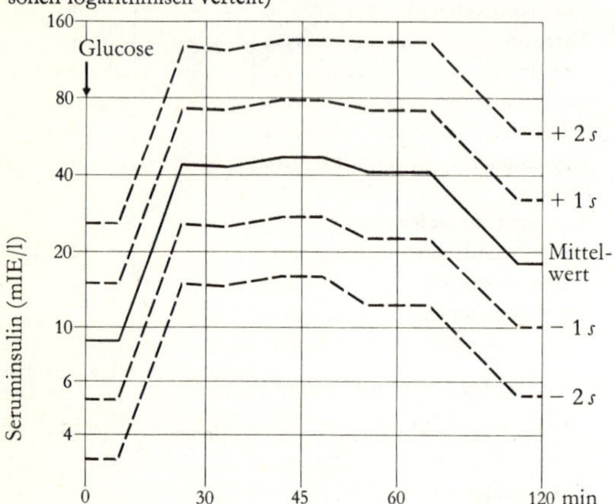

wendung der Rattendiaphragmamethode[15] und 350 mIE/l bei Anwendung der Rattenfettgewebemethode[31]. Die mit Insulinantikörpern nicht hemmbare Insulinaktivität des Serums wurde mit ungefähr 170 mIE/l bestimmt[32]. Seruminsulinwerte während des Glucosebelastungstests sind aus obenstehender Abbildung ersichtlich. Gegen Ende der Schwangerschaft ist der Insulinspiegel des Serums erhöht[34,35] und steigt unter Glucosebelastung auch stärker an als post partum[34]. Im Nabelschnurserum ist der Insulinspiegel niedrig[36]. Geringe Insulinmengen wurden im Liquor cerebrospinalis nachgewiesen[37].

Nur ein Teil des vom Pankreas sezernierten Insulins erreicht den allgemeinen Kreislauf, da beinahe die Hälfte vorher in der Leber abgefangen und abgebaut wird. Im kreisenden Blut ist die Halbwertzeit des Insulins beim Menschen mit ungefähr 30 min eher höher als bei Tieren[2]. Insulin tritt auch in die Gewebe über; die höchsten Konzentrationen lassen sich durch Gaben markierten Insulins in Niere, Leber und Muskel nachweisen. Geringe Mengen Insulin werden mit dem Harn ausgeschieden, im Durchschnitt etwa 5 mIE/24 h (radioimmunologische Untersuchung von Nachtharnen)[38,39]. Die Insulinclearance des Erwachsenen liegt bei 0,4 ml/min[38,39]. Die Insulinausscheidung bei Kindern ist dem Körpergewicht proportional, mit etwa 0,2 mIE/kg/24 h[40]. Das im Glomerulum filtrierte Insulin wird fast vollständig rückresorbiert und in den Nierentubuli abgebaut, und zwar bei einem Serumspiegel von 14 mIE/l etwa 4 IE täglich[38]. Der Abbau von Insulin in der Leber, wahrscheinlich auch in der Niere und in anderen Geweben, wird durch das Enzym Proteindisulfidreductase eingeleitet, das durch Spaltung der Disulfidbrücken eine Freisetzung der A- und B-Ketten bewirkt[41], die dann durch weitere Proteolyse abgebaut werden. Während der Schwangerschaft ist auch die Plazenta am Insulinabbau beteiligt[42].

Wirkung

Insulin beeinflußt direkt oder indirekt praktisch alle Organe und Stoffwechselreaktionen des Organismus. Am ausgeprägtesten und am besten untersucht ist die Wirkung auf Fettgewebe[43], Muskel[44] und Leber[45]. Über den Wirkungsmechanismus wurden verschiedene Theorien aufgestellt, wobei nicht allen Wirkungen des Insulins der gleiche Mechanismus zugrunde liegen muß. Die Theorien darüber sind a) die Insulin–Enzym-Theorie, b) die Insulin–Transport-Theorie, c) die Insulin–Gen(transcription)-Theorie und d) die Insulin–Ribosomen(translation)-Theorie. Näheres dazu siehe in der Literatur[46].

Am wichtigsten ist Insulin für den Stoffwechsel des *Fettgewebes*, Hauptort für die Regulierung der Energiespeicherung und -mobilisierung. Es hat die Aufgabe, die Fettspeicherung zu fördern und die Fettfreisetzung zu kontrollieren. Insulin stimuliert im Fettgewebe die Glucoseaufnahme und den Glucose-6-phosphatstoffwechsel, die Glycogenese, die Bildung von Glyceridglycerin, die Fettsäuresynthese aus Glucose, die Transaminierung von Glucose zu Aminosäuren und die Proteinsynthese; es hemmt die Freisetzung von Fettsäuren, indem es die Bildung von α-Glycerophosphat fördert, das mit den freien Fettsäuren Triglyceride rückbildet.

Im *Muskel* aktiviert Insulin ein Transportsystem, das Glucose, Aminosäuren und andere Verbindungen in die Zellen überführt. Intrazellulär wird Glucose mit Hilfe von Hexokinase in Glucose-6-phosphat und schließlich durch Aktivierung der UDP-Glucose–Glycogenglucosyltransferase in Glycogen übergeführt. Die Aktivierung des Transports von Aminosäuren verläuft unabhängig von der von Glucose. Unabhängig von diesen Vorgängen stimuliert Insulin im Muskel die Proteinsynthese, wahrscheinlich durch Aktivierung der Ribosomen. Außerdem fördert Insulin die Ribonucleinsäuresynthese.

Die Verabreichung von Insulin bewirkt eine Abnahme der Glucoseabgabe aus der *Leber*. Die Membran der Leberzellen ist für Glucose im Gegensatz zur Membran der Zellen des Muskel- und Fettgewebes frei durchlässig. Die Wirkung von Insulin in der Leber verläuft über eine Beeinflussung der Aktivität verschiedener Enzyme[47]. Insulin stimuliert die Bildung der UDP-Glucose–Glycogenglucosyltransferase, der glycolytischen Enzyme Glucokinase, Phosphofructokinase und Pyruvatkinase und von Enzymen, die an der Fettsäuresynthese beteiligt sind. Dies führt zu erhöhter Glucoseverwertung, Glycogenese, Glycolyse und Lipogenese. Der Enzymaktivierung geht anscheinend eine Steigerung der RNS-Synthese voraus[45].

In-vivo-Untersuchungen am Menschen haben gezeigt, daß Insulin bei niedrigerem Serumglucosespiegel den Übertritt von Glucose ins Gehirn erleichtert[48].

Insulinantagonisten. Darunter versteht man Stoffe, die Insulin inaktivieren oder seine Wirkungen in vitro oder in vivo hemmen[49,50]. Solche Antagonisten sind die Enzymsysteme der Gewebe, die Insulin abbauen, und die insulinbindenden Antikörper, die bei Insulinbehandlung auftreten können. In vitro wirken die freien Fettsäuren antagonistisch[51], die die Aufnahme und Verwertung von Glucose im Muskel hemmen, sowie der Synalbumin-Insulin-Antagonist[12,13,49], der die Insulinwirkung am Rattendiaphragma hemmt. In vivo sind Hormone wie das Wachstumshormon, Corticosteroide, ACTH und Adrenalin Antagonisten, die alle die Freisetzung von Fettsäuren fördern und dadurch die Glucoseaufnahme im Muskel beeinträchtigen. Es bleibt noch zu klären, welche Rolle die genannten Antagonisten bei der Pathogenese des Diabetes mellitus spielen[13].

Literatur

[1] Randle, P.J., in: Pincus et al. (Hrsg.), *The Hormones*, Band 4, Academic Press, New York, 1964, S.481; Levine und Mahler, *Ann.Rev.Med.*, **15**, 413 (1964); Renold und Cahill, jr., in: Stanbury et al. (Hrsg.), *The Metabolic Basis of Inherited Disease*, 2.Aufl., McGraw-Hill, New York, 1966, S.69.
[2] Grodsky und Forsham, *Ann.Rev.Physiol.*, **28**, 347 (1966).
[3] Schroeder und Luebke, *The Peptides*, Band 2, Academic Press, New York, 1966; Smith, L.F., *Amer.J.Med.*, **40**, 662 (1966).
[4] Renold et al., *Ciba Found.Coll.Endocr.*, **15**, 122 (1964).
[5] Lockwood und Prout, *Metabolism*, **14**, 530 (1965).
[6] Schwick, H.G., *Behringwerk-Mitteilungen*, Heft 46, 87 (1966).
[7] Carpenter, F.H., *Amer.J.Med.*, **40**, 750 (1966).
[8] Nicol, D.S., *Biochem.J.*, **75**, 395 (1960).
[9] Meienhofer et al., *Z.Naturforsch.*, **18B**, 1120 (1963); Katsoyannis et al., *J.Amer.chem.Soc.*, **85**, 2863 (1963); **86**, 930 (1964); Katsoyannis, P.G., *Diabetes*, **13**, 339 (1964); Niu et al., *Sci.Sinica (Peking)*, **13**, 1343 (1964); Zahn, H., *Naturwissenschaften*, **52**, 99 (1965).
[10] Katsoyannis, P.G., *Amer.J.Med.*, **40**, 652 (1966).
[11] Bürgi et al., *Biochim.biophys.Acta (Amst.)*, **121**, 360 (1966); Power, L., *Lancet*, **1**, 1138 (1967).
[12] Vallance-Owen, J., *Ciba Found.Coll.Endocr.*, **15**, 217 (1964); Vallance-Owen, J., *Diabetes*, **13**, 241 (1964); Jervell und Vallance-Owen, *Lancet*, **1**, 21 (1967).
[13] Vallance-Owen, J., in: Gardiner-Hill, H. (Hrsg.), *Modern Trends in Endocrinology*, Band 3, Butterworth, London, 1967, S.152.

[14] Renold et al., in: Antoniades, H.N. (Hrsg.), *Hormones in Human Plasma*, Little, Brown, Boston, 1960, S.49; Smith, K.L., in: Dorfman, R.I. (Hrsg.), *Methods in Hormone Research*, Band 2, Academic Press, New York, 1962, S.413; Loraine und Bell, *Hormone Assays and their Clinical Application*, 2. Aufl., Livingstone, Edinburg, 1966.
[15] Vallance-Owen und Wright, *Physiol. Rev.*, **40**, 219 (1960).
[16] Fenton, E.L., *Biochem.J.*, **71**, 507 (1959).
[17] Yalow und Berson, *J.clin.Invest.*, **39**, 1157 (1960); Berson und Yalow, in: Pincus et al. (Hrsg.), *The Hormones*, Band 4, Academic Press, New York, 1964, S.557.
[18] Meade und Klitgaard, *J.nucl.Med.*, **3**, 407 (1962); Melani et al., *Klin. Wschr.*, **43**, 1000 (1965).
[19] Hales und Randle, *Biochem.J.*, **88**, 137 (1963); Morgan und Lazarow, *Diabetes*, **12**, 115 (1963).
[20] Humbel, R.E., *Amer.J.Med.*, **40**, 672 (1966).
[21] Steinke und Driscoll, *Diabetes*, **14**, 573 (1965).
[22] Steinke et al., *J.clin.Invest.*, **42**, 1322 (1963).
[23] Field, J.B., *Metabolism*, **13**, 407 (1964).
[24] Williams und Ensinck, *Diabetes*, **15**, 623 (1966).
[25] Grodsky et al., *Amer.J.Physiol.*, **205**, 638 (1963); Brolin et al. (Hrsg.), *The Structure and Metabolism of the Pancreatic Islets*, Symposium, Pergamon, New York, 1964; Frerichs et al., *Klin.Wschr.*, **43**, 136 (1965); Frerichs et al., *Diabetologia*, **2**, 269 (1966); Karam et al., *Diabetes*, **15**, 571 (1966).
[26] Montague et al., *Nature*, **215**, 1088 (1967).
[27] Lacy, P.E., *Ciba Found.Coll.Endocr.*, **15**, 75 (1964).
[28] Cahill, G.F., jr., *Med.Clin.N.Amer.*, **49**, 881 (1965).
[29] Lyngsøe, J., *Acta med.scand.*, Suppl. 441 (1965); Berson und Yalow, *Amer.J.Med.*, **40**, 676 (1966).
[30] Antoniades et al., *Endocrinology*, **76**, 709 (1965).
[31] Steinke und Soeldner, in: Leibel und Wrenshall (Hrsg.), *On the Nature and Treatment of Diabetes*, Excerpta Medica Foundation, New York, 1965, S.212.
[32] Jakob et al., *Dtsch.med.Wschr.*, **91**, 1314 (1966).
[33] Welborn et al., *Lancet*, **1**, 280 (1966).
[34] Bleicher et al., *New Engl.J.Med.*, **271**, 866 (1964).
[35] Burt et al., *Obstet.and Gynec.*, **28**, 836 (1966).
[36] Thomas et al., *Diabetologia*, **2**, 221 (1966).
[37] Rafaelsen et al., *Diabetologia*, **2**, 216 (1966).
[38] Chamberlain und Stimmler, *J.clin.Invest.*, **46**, 911 (1967).
[39] Rubenstein et al., *Metabolism*, **16**, 234 (1967).
[40] McArthur und Stimmler, *Lancet*, **1**, 1236 (1966).
[41] Mirsky, I.A., *Diabetes*, **13**, 225 (1964); Tomizawa und Varandani, *J.biol. Chem.*, **240**, 3191 (1965).
[42] Freinkel, N., *Diabetes*, **13**, 260 (1964); Gitlin et al., *Pediatrics*, **35**, 65 (1965).
[43] Renold und Cahill, jr. (Hrsg.), American Physiological Society: *Handbook of Physiology*, Section 5, Williams & Wilkins, Baltimore, 1965; Renold et al., *Diabetologia*, **1**, 4 (1965).
[44] Sols, A., in: Leibel und Wrenshall (Hrsg.), *On the Nature and Treatment of Diabetes*, Excerpta Medica Foundation, New York, 1965, S.118; Randle et al., *Recent Progr. Hormone Res.*, **22**, 1 (1966).
[45] Steiner, D.F., *Vitam. and Horm.*, **24**, 1 (1966).
[46] Krahl, M.E., *The Action of Insulin on Cells*, Academic Press, New York, 1961; Intersociety Symposium: Role of Insulin in Membrane Transport, *Fed.Proc.*, **24**, 1039 (1965); Schwartz und Hechter, *Amer.J.Med.*, **40**, 765 (1966).
[47] Weber et al., *Fed.Proc.*, **24**, 745 (1965); Weber et al., *Advanc. Enzyme Reg.*, **4**, 59 (1966).
[48] Butterfield et al., *Lancet*, **1**, 557 (1966).
[49] Vallance-Owen, J., *Advanc.metab.Disord.*, **1**, 191 (1964).
[50] Berson und Yalow, *Diabetes*, **13**, 247 (1964); Kipnis und Stein, *Ciba Found.Coll.Endocr.*, **15**, 156 (1964).
[51] Randle et al., *Lancet*, **1**, 785 (1963).

Glucagon[1,2]

Chemie

Das Glucagon des Schweins ist ein einkettiges, aus 29 Aminosäuren bestehendes Polypeptid mit einem Molgewicht von 3485 und einem Absorptionsmaximum bei 278 nm. Die Aminosäurensequenz ist folgende[3]:

His·Ser·Glu(NH_2)·Gly·Thr·Phe·Thr·Ser·Asp·Tyr·Ser·Lys·Tyr

Leu·Asp·Ser·Arg·Arg·Ala·Glu(NH_2)·Asp·Phe·Val·Glu(NH_2)

Try·Leu·Met·Asp(NH_2)·Thr

Glucagon kristallisiert in weißen rhombischen Dodekaedern und geht in saurer Lösung rasch in eine dem Insulin ähnliche Faserstruktur über. Das Glucagon kann kein Abbauprodukt des Insulins sein, da es mit ihm nur zwei Aminosäuren in der selben Reihenfolge gemeinsam hat[4]. Beim Vergleich der räumlichen Struktur des Glucagons mit der des Insulins zeigt sich aber eine bemerkenswerte Ähnlichkeit[5]. Von anderen bekannten Polypeptidhormonen unterscheidet sich Glucagon durch das Fehlen von Cystin, Prolin und Isoleucin. Seine Aktivität geht bei der Inkubation mit Pepsin, Trypsin, Chymotrypsin, Subtilopeptidase, Leucinaminopeptidase und Carboxypeptidase verloren. Glucagon ist alkaliresistenter als Insulin und wird, da es keine Disulfidbindungen enthält, von Cystein nicht angegriffen. Durch Inkubation mit Cystein können deshalb Glucagonpräparate gewonnen werden, die keine Insulinaktivität mehr aufweisen.

Einheit, Bestimmungsmethoden

Keine internationale Einheit. Bezug auf das äquivalente Gewicht der verfügbaren gereinigten Standardpräparate aus Schwein und Rind.

Biologische Bestimmungsmethoden[6] beruhen zum Beispiel auf der durch Glucagon beim intakten Tier erzeugten Hyperglykämie oder auf der an Lebergewebeschnitten oder an Leberhomogenaten erzeugten Glycogenolyse. Spezifischer und genauer als die früher üblichen biologischen Methoden ist der radioimmunologische Nachweis von Glucagon[7–9]. Eine Versuchsanordnung, in der die Aktivierung der Adenylatcyclase in subzellulären Partikeln von Hundeleber ausgewertet wird, ist spezifischer als die anderen biologischen Verfahren[10].

Bildung, Sekretion, Stoffwechsel

Das Glucagon wird wahrscheinlich in den α-Zellen der Langerhansschen Inseln und in ähnlichen Zellen des oberen Darmtrakts gebildet. Zerstörung der β-Zellen des Pankreas durch Alloxan ist ohne Einfluß auf dessen Glucagongehalt, während eine Schädigung der α-Zellen durch Cobaltchlorid oder andere Verbindungen eine allmähliche Abnahme der Glucagonaktivität zur Folge hat. Glucagon kann nur aus den Teilen des Hundepankreas gewonnen werden, die α-Zellen aufweisen; der α-zellfreie Processus uncinatus enthält kein Glucagon. Außerdem stimmt bei verschiedenen Tierarten die Menge an extrahierbarem Glucagon gut mit der Anzahl der α-Zellen im Pankreas überein. Histochemisch kann das im Glucagon, nicht aber im Insulin vorkommende Tryptophan wohl in den α-Zellen, nicht jedoch in den β-Zellen nachgewiesen werden[1]. Auch durch spezifische Immunofluoreszenzverfahren läßt sich die Bildung von Glucagon in den α-Zellen beweisen[11].

In Schleimhaut und Muskulatur des oberen Gastrointestinaltrakts konnten mit der Leberadenylatcyclasemethode bei Mensch und Hund größere Mengen einer glucagonähnlichen Substanz gefunden werden[10]. Dieses Ergebnis wurde radioimmunologisch bestätigt[12]. Danach enthält das Pankreas des Menschen 4,0–12,4 µg Glucagon pro Gramm, das Kolon 0,006–0,01 µg pro Gramm; der Glucagongehalt des ganzen Verdauungstrakts dürfte nicht mehr als 25–50% desjenigen des Pankreas betragen. Glucagon wurde auch radioimmunologisch in sauren Alkoholextrakten eines undifferenzierten Bronchialkarzinoms nachgewiesen[13]. Hingegen besteht kein Anhaltspunkt für einen Zusammenhang zwischen Glucagon und den aus Haut, Lymphknoten, Zunge und Milz isolierten Substanzen, die eine Hyperglykämie erzeugen.

Die Angaben in der Literatur über den Glucagonspiegel des Plasmas nüchterner Personen reichen von 0,1 µg/l bis zu 5 µg/l; nach den jüngsten Publikationen dürfte er weniger als 0,3 µg/l betragen[14]. Der Glucagongehalt des Bluts steigt bei Nahrungsentzug, insulininduzierter Hypoglykämie und Phlorizindiabetes an; Verabreichung von Glucose an phlorizinvorbehandelte Tiere oder Patienten mit Hypoglykämie bewirkt ein Absinken des Glucagonspiegels im Blut[8,15]. Paradoxerweise führt auch eine orale Glucosebelastung zu einem raschen Anstieg des Glucagongehalts im Blut; bei intravenöser Glucosezufuhr ist dieser Effekt nur wenig ausgeprägt[16]. Im Blut scheint das Glucagon nicht an Plasmaproteine gebunden zu sein[17].

Glucagon wird in Nieren, Leber und anderen Organen sowie bis zu einem gewissen Grad auch im Blut abgebaut. Nach Injektion von Glucagon-^{131}I reichert es sich in folgenden Organen an (Reihenfolge nach abnehmenden Glucagonmengen): Nieren, Leber, Hypophyse, Milz, Lungen, Speicheldrüsen, Nebennieren, Pankreas, Schilddrüse, Herz, Duodenum und Lymphknoten. Hepatektomie und Nephrektomie zeigten, daß Leber und Nieren die Hauptorte für den Glucagonabbau sind. Hierbei soll eine proteolytische «Glucagonase» von begrenzter Spezifität beteiligt sein. Dieses Enzym enthält SH-Gruppen und wird durch Insulin, STH, α-ACTH und α-Casein gehemmt. Wegen des raschen Abbaus – injiziertes Glucagon hat beim Menschen eine Halbwertzeit von weniger als 10 min[7] – kann Glucagon kaum mit den glycogenolytischen oder hyperglykämisierenden Substanzen identisch sein, die im Harn von Gesunden, Diabetikern und Schizophrenen gefunden werden.

Wirkung

Andauernde Verabreichung von Neutralrot führt zu Degranulation und zahlenmäßiger Abnahme der α-Zellen im Pankreas. Auf diese Weise behandelte Ratten entwickeln bei Nahrungsentzug Hypoglykämie und werden auf Insulin und Tolbutamid übermäßig empfindlich[18].

Glucagon bewirkt bei Säugern, Vögeln und Reptilien eine Hyperglykämie, deren Ausmaß und Dauer von der Glucagondosis, der Verabreichungsart, dem Ernährungszustand und der Spezies abhängen. Am ausgeprägtesten ist die Hyperglykämie beim gutgenährten Tier mit großer Leberglycogenreserve, geringer nach Abbau der Glycogenreserven, völlig aufgehoben aber nur beim eviszerierten Tier. In vivo ist die Glucagonhyperglykämie von rascher Erschöpfung der Glycogenreserven in der Leber begleitet. In vitro (isolierte perfundierte Leber, Lebergewebeschnitte und -homogenate) verursacht Glucagon in physiologischen Konzentrationen eine starke Glycogenolyse[1]. Anderseits stimuliert Glucagon in perfundierter Rattenleber die Gluconeogenese aus Aminosäuren und Lactat[19,20], beim Fehlen dieser Substrate aus endogenem Leberprotein[21]. Glucagon hat einen positiv inotropen Effekt; es fördert im Herzen die Oxydation von Glucose und Acetat zu CO_2[22].

Der Mechanismus der Beeinflussung des Kohlenhydratstoffwechsels durch Glucagon konnte weitgehend aufgeklärt werden: Glucagon fördert die Bildung von zyklischem Adenosinmonophosphat[23] und damit die Glycogenolyse, wie das bei den Catecholaminen (S. 723) beschrieben ist; diese biomolekulare Wirkung des Glucagons wurde zwar in Leber und Herz, aber, anders als beim Adrenalin, nicht im Skelettmuskel beobachtet[2]. Zyklisches Adenosinmonophosphat und damit auch Glucagon stimulieren die Glucosebildung aus Lactat in der perfundierten Rattenleber, wahrscheinlich durch Aktivierung der Phosphopyruvatcarboxylase[20]. Glucagon fördert die Kaliumfreisetzung aus der Leber, die der Aktivierung der Phosphorylase vorangeht; ob zwischen den beiden Wirkungen ein Zusammenhang besteht, konnte noch nicht bewiesen werden[24].

Glucagon wirkt aber nicht nur antagonistisch zu Insulin, indem es bei Hypoglykämie die Freisetzung von Glucose in der Leber fördert[25], sondern stimuliert auch die Freisetzung von Insulin, und zwar unabhängig von seiner den Blutzuckerspiegel erhöhenden Wirkung[26]. Gewebsschnitte aus Kaninchenpankreas geben auf Zusatz von Glucagon Insulin ab, wobei die Reaktion mit zunehmender Glucosekonzentration des Inkubationsmediums ausgeprägter ausfällt[27]. Möglicherweise wirkt beim Menschen unter physiologischen Verhältnissen das Glucagon des Pankreas primär insulinstimulierend und nur sekundär blutzuckermehrend, das Glucagon des Verdauungstrakts dagegen primär blutzuckermehrend[12].

Die Verabreichung hoher Glucagondosen an Tiere über längere Zeit führt zu Hyperglykämie, Glucosurie, deutlich negativer Stickstoffbilanz, Gewichtsverlust und erhöhtem Grundumsatz; bei Kaninchen kann die Folge ein bleibender Diabetes (Metaglucagondiabetes) sein[28]. Es besteht jedoch kein Grund zur Annahme, daß die gesteigerte Sekretion von Glucagon ein Faktor in der Pathogenese des Diabetes mellitus ist.

Glucagon wirkt auch auf den Verdauungstrakt, indem es seine Motilität[29] sowie die Sekretion von Magensaft und Salzsäure hemmt und das Hungergefühl aufhebt[2]. Auf die Niere wirkt Glucagon diuresefördernd, wobei Natrium, Kalium, Chlorid, Bicarbonat, Phosphat und Harnsäure vermehrt ausgeschieden werden[2,30]. Möglicherweise verläuft auch diese Wirkung über die Bildung von zyklischem Adenosinmonophosphat, das die Permeabilität des Nephrons beeinflussen kann (siehe «Vasopressin», S. 714).

Den Lipidstoffwechsel beeinflußt Glucagon, indem es die Mobilisierung von Fettsäuren aus dem Fettgewebe fördert[31]. Der dieser Wirkung zugrunde liegende Mechanismus verläuft wahrscheinlich ebenfalls über die Bildung von zyklischem Adenosinmonophosphat (siehe «Catecholamine», S. 723).

Klinische Bedeutung

Bei Patienten mit Mangel an α-Zellen im Pankreas sollte eine endogene Insuffizienz der Glucagonsekretion Hypoglykämie verursachen; der endgültige Beweis durch Messung der Glucagonmengen in Pankreas und Blut steht aber noch aus[32]. In einem Inselzelltumor konnten große Glucagonmengen immunologisch nachgewiesen werden; der Patient hatte einen leichten Diabetes und einen hohen Insulin- und Glucagongehalt im Serum[33]. Das auf Glucagongaben beim Tier auftretende Krankheitsbild konnte bis jetzt noch nicht als spontanes Krankheitsbild des Menschen beobachtet werden.

Glucagon eignet sich zur diagnostischen Beurteilung von Patienten mit Glycogenose. Je nach dem Ort der Enzymblockierung in der Glycogenolyse kann die Hyperglykämie nach Glucagongaben ausbleiben, normal oder schwach sein oder nur kurz nach Einnahme von Kohlenhydraten auftreten. Es wurde jedoch auch über atypische Resultate berichtet. Glucagon läßt sich auch zur Bestimmung der Glycogenreserven bei ADDISONscher Krankheit, Diabetes und Lebererkrankungen verwenden.

Literatur

1 FOÀ und GALANSINO, *Glucagon: Chemistry and Function in Health and Disease*, Thomas, Springfield, 1962.
2 FOÀ, P.P., in: PINCUS et al. (Hrsg.), *The Hormones*, Band 4, Academic Press, New York, 1964, S. 531.
3 BEHRENS und BROMER, *Vitam. and Horm.*, **16**, 263 (1958).
4 SANGER, F., *Ciba Found. Coll. Endocr.*, **9**, 110 (1956).
5 SCHUSTER, T. M., *Nature*, **209**, 302 (1966).
6 MAKMAN et al., in: ANTONIADES, H. N. (Hrsg.), *Hormones in Human Plasma*, Little, Brown, Boston, 1960, S. 119; BROMER und BEHRENS, in: DORFMAN, R. I. (Hrsg.), *Methods in Hormone Research*, Band 2, Academic Press, New York, 1962, S. 459.
7 UNGER et al., *J. clin. Invest.*, **40**, 1280 (1961).
8 UNGER et al., *J. clin. Invest.*, **42**, 1031 (1963).
9 SAMOLS und BILKUS, *Proc. Soc. exp. Biol. (N. Y.)*, **115**, 79 (1964).
10 MAKMAN und SUTHERLAND, jr., *Endocrinology*, **75**, 127 (1964).
11 BAUM et al., *Diabetes*, **11**, 371 (1962).
12 SAMOLS et al., *Lancet*, **2**, 727 (1966).
13 UNGER et al., *J. clin. Endocr.*, **24**, 823 (1964).
14 SOKAL et al., *J. clin. Invest.*, **46**, 778 (1967).
15 FOÀ et al., *Recent Progr. Hormone Res.*, **13**, 473 (1957); UNGER et al., *J. clin. Invest.*, **41**, 682 (1962).
16 SAMOLS et al., *Lancet*, **2**, 1257 (1965).
17 MERIMEE und PROUT, *J. Lab. clin. Med.*, **64**, 412 (1964).
18 OKUDA und GROLLMAN, *Endocrinology*, **78**, 195 (1966).
19 MILLER, L. L., *Recent Progr. Hormone Res.*, **17**, 539 (1961).
20 EXTON und PARK, *Pharmacol. Rev.*, **18**, 181 (1966).
21 GARCIA et al., *Diabetes*, **15**, 188 (1966).
22 KREISBERG und WILLIAMSON, *Amer. J. Physiol.*, **207**, 721 (1964).
23 SUTHERLAND und ROBISON, *Pharmacol. Rev.*, **18**, 145 (1966).
24 FINDER et al., *Amer. J. Physiol.*, **206**, 738 (1964).
25 UNGER und EISENTRAUT, *Diabetes*, **13**, 563 (1964).
26 SAMOLS et al., *Lancet*, **2**, 415 (1965); SAMOLS et al., *Diabetes*, **15**, 855 (1966); CROCKFORD et al., *Metabolism*, **15**, 114 (1966).
27 TURNER und MCINTYRE, *Lancet*, **1**, 351 (1966).
28 LOGOTHETOPOULOS et al., *Diabetes*, **9**, 278 (1960).
29 KOCK et al., *Gastroenterology*, **53**, 88 (1967).
30 PULLMAN et al., *Metabolism*, **16**, 358 (1967).
31 STEINBERG, D., *Pharmacol. Rev.*, **18**, 217 (1966).
32 GROLLMAN et al., *Metabolism*, **13**, 686 (1964).
33 UNGER et al., *Clin. Res.*, **14**, 102 (1966).

Hormone des Gastrointestinaltrakts[1]

Gastrin[2,3]

Das aus der Mukosa des Magenantrums vom Schwein isolierte Gastrin konnte in zwei Verbindungen getrennt werden: Gastrin I und II[4]. Beide sind einkettige Heptadecapeptide mit einem Pyroglutamylrest am Aminoende und einer Amidgruppe am Carboxylende. Schweinegastrin II hat folgende Aminosäurensequenz[5]:

```
                                                             SO₃H
                                                              |
Glu·Gly·Pro·Try·Met·Glu·Glu·Glu·Glu·Glu·Ala·Tyr—
 1   2   3   4   5   6   7   8   9   10  11  12
—Gly·Try·Met·Asp·Phe·NH₂
  13  14  15  16  17
```

Gastrin I unterscheidet sich von Gastrin II nur durch das Fehlen der Sulfatestergruppe am Tyrosin. Die Gastrine des Menschen unterscheiden sich von denjenigen des Schweins durch Ersatz des Methionins in Position 5 durch Leucin[6]. Weitgehend aufgeklärt ist auch die Struktur des Gastrins von Hund und Schaf[7]. Das Gastrin des Schweins[8] und des Menschen[9] konnte synthetisiert werden. Die biologische Aktivität ist qualitativ bereits im carboxylterminalen Tetrapeptid enthalten, steigt aber quantitativ mit Verlängerung der Aminosäurenkette[10]. Die Sulfatgruppe hat keinen Einfluß auf die Aktivität. Die Isolierung eines aus 107 Aminosäurenresten bestehenden «Gastrins» mit einem Molgewicht von 12500 wurde beschrieben[11]; der Zusammenhang mit Gastrin I und II ist ungeklärt.

Gastrin kann im Antrum und Dünndarm verschiedener Spezies nachgewiesen werden[12]. Über die Bildung des Hormons ist nichts bekannt. Im normalen Pankreas ist es nicht enthalten, wurde aber aus Tumorgewebe von Patienten mit ZOLLINGER-ELLISON-Syndrom isoliert[13]. Die Freisetzung von Gastrin wird durch den Nervus vagus ausgelöst, aber auch durch Kontakt von Nahrung mit dem Magenantrum und durch Dehnung des Antrums. Bei der Gastrinsekretion spielt aus den Nerven freigesetztes Acetylcholin eine Vermittlerrolle[14]. Die vagal ausgelöste Gastrinsekretion wird gebremst, wenn der pH-Wert im Antrum unter 2 sinkt.

Gastrin stimuliert die Sekretion von Magensäure. Mit 0,5 µg Gastrin pro Kilogramm Körpergewicht subkutan erzielt man die gleiche «maximale» Säuresekretion wie mit 40 µg Histaminphosphat pro Kilogramm Körpergewicht subkutan; etwa 10% höher liegt die Säuresekretion bei Gabe von 2 µg Gastrin pro Kilogramm Körpergewicht; sie kann durch höhere Gastringaben nicht mehr gesteigert werden[15]. In hohen Dosen – durch die die Säuresekretion aber gehemmt wird – stimuliert Gastrin auch die Sekretion von Pepsin und fördert in geringem Grad die exokrine Pankreassekretion bezüglich Menge und Enzymgehalt sowie den Gallenfluß; ferner regt es die Motilität von Magen und Dünndarm an. Gastrin hat ebenfalls einen stimulierenden Einfluß auf die Insulinsekretion[16].

Secretin[17] (siehe auch den Nachtrag S.755)

Das aus der Schleimhaut des oberen Dünndarms isolierte Secretin ist ein Polypeptidhormon ohne schwefelhaltige Aminosäuren. Am Aminoende seiner Aminosäurensequenz hat es His·Ser·Asp·, am Carboxylende Valinamid[18]. Die bisher isolierten Präparate sind von recht unterschiedlicher Aktivität[19].

Secretin wird bei Ansäuerung des Duodenums freigesetzt und spielt eine wichtige Rolle bei der Neutralisierung des Dünndarminhalts. Es fördert die Durchblutung des Pankreas, stimuliert die exokrine Sekretion von Wasser (S.647) und Bicarbonat (S.648) in diesem Organ, aber auch die endokrine Sekretion von Insulin[16]. Auf den Gallenfluß stimulierend wirkt Secretin, indem es die Produktion einer bicarbonatreichen Flüssigkeit fördert[20].

Cholecystokinin–Pancreozymin

Cholecystokinin und Pancreozymin sind wahrscheinlich identisch. Ein homogenes Polypeptid aus der Dünndarmmukosa von Schweinen hatte eine hohe Cholecystokinin- und Pancreozyminaktivität, die während aller Reinigungsschritte parallel lief[21]. Pancreozyminaktivität wurde auch im Magenantrum nachgewiesen[22]. Die Freisetzung des Hormons wird durch Kontakt von Aminosäuren, Proteinhydrolysat, Fett und Säure mit der Gastrointestinalmukosa ausgelöst.

Cholecystokinin regt die Kontraktion der Gallenblase an. Pancreozymin stimuliert die exokrine Enzymausschüttung aus dem Pankreas (siehe S.648), hat jedoch keinen Einfluß auf Menge und Bicarbonatgehalt des Pankreassekrets. Cholecystokinin–Pancreozymin stimuliert ebenfalls die Sekretion von Insulin und Glucagon[16].

Enterogastron

Dieses Hormon aus der Dünndarmmukosa konnte noch nicht in reiner Form gewonnen werden. Die Freisetzung wird durch Kontakt von Fett und Zucker mit der Dünndarmmukosa angeregt. Enterogastron soll die sekretorische und motorische Tätigkeit des Magens hemmen.

Literatur

1 GREGORY, R.A., *Secretory Mechanisms of the Gastro-Intestinal Tract*, Arnold, London, 1962; JORPES und MUTT, in: PINCUS et al. (Hrsg.), *The Hormones*, Band 4, Academic Press, New York, 1964, S.365; DEMLING, L., *Münch. med. Wschr.*, **108**, 8 (1966).
2 GROSSMAN, M.I. (Hrsg.), *Gastrin*, Proceedings of a Conference, Los Angeles 1964, Butterworth, London, 1966.
3 GROSSMAN, M.I., *Ann. intern. Med.*, **64**, 212 (1966); GROSSMAN, M.I., *Amer. J. dig. Dis.*, **11**, 90 (1966); SEWING, K.-F., *Dtsch. med. Wschr.*, **91**, 1506 (1966).
4 GREGORY und TRACY, *Gut*, **5**, 103 (1964).
5 GREGORY et al., *Nature*, **204**, 931 (1964).
6 BENTLEY et al., *Nature*, **209**, 583 (1966).
7 GREGORY, R.A., *Gastroenterology*, **51**, 953 (1966).
8 ANDERSON et al., *Nature*, **204**, 933 (1964).
9 BEACHAM et al., *Nature*, **209**, 585 (1966).
10 TRACY und GREGORY, *Nature*, **204**, 935 (1964); MORLEY et al., *Nature*, **207**, 1356 (1965).
11 TAUBER und MADISON, *J. clin. Invest.*, **43**, 1271 (1964); TAUBER, S.D., in: GROSSMAN, M.I. [2], S.27.
12 LAI, K.S., *Gut*, **5**, 334 (1964); ELWIN und UVNÄS, in: GROSSMAN, M.I. [2], S.69.
13 GREGORY et al., *Lancet*, **2**, 543 (1967).
14 FARRAR, jr., und BOWER, *Ann. Rev. Physiol.*, **29**, 141 (1967).
15 MAKHLOUF et al., *Lancet*, **2**, 485 (1964).
16 DUPRE et al., *Lancet*, **2**, 611 (1967); UNGER et al., *J. clin. Invest.*, **46**, 630 (1967).
17 GROSSMAN, M.I., *Vitam. and Horm.*, **16**, 179 (1958).
18 JORPES et al., *Biochem. biophys. Res. Commun.*, **9**, 275 (1962).
19 JORPES und MUTT, in: DE REUCK und CAMERON (Hrsg.), *Ciba Foundation Symposium on the Exocrine Pancreas*, Churchill, London, 1962, S.150; JORPES und MUTT, *Klin. Wschr.*, **40**, 661 (1962); JORPES und MUTT, *Acta physiol. scand.*, **66**, 316 (1966).
20 WAITMAN und JANOWITZ, *J. clin. Invest.*, **46**, 1127 (1967).
21 JORPES und MUTT, *Acta physiol. scand.*, **66**, 196 (1966); JORPES und MUTT, *Nord. Med.*, **77**, 237 (1967).
22 HARPER et al., in: DE REUCK und CAMERON (Hrsg.), *Ciba Foundation Symposium on the Exocrine Pancreas*, Churchill, London, 1962, S.168.

Erythropoietin[1]

Erythropoietin ist ein unter gewissen Bedingungen (Hypoxie, Anämie, Injektion von Cobaltchlorid) im Serum verschiedener Spezies nachweisbarer Faktor, der die Erythropoiese in spezifischer Weise stimuliert. Es ist ein sialsäurehaltiges, nicht dialysierbares Glycoprotein mit einem Molgewicht zwischen 24000 und 46000[2,3] und besitzt schwache Antigeneigenschaften[4].

In vivo kann Erythropoietin durch Verfolgung der Erythropoiese (^{59}Fe-Einbau in die Erythrozyten, Retikulozytose) an Mäusen oder Ratten mit unterdrückter Erythropoiese nachgewiesen werden; In-vitro-Bestimmungen (zum Beispiel an Knochenmarkkulturen) haben sich weniger bewährt.

1 internationale Einheit (IE) von Erythropoietin ist in 1,48 mg des 1. internationalen Referenzpräparats enthalten (siehe S.753). Die internationale Einheit entspricht der Einheit des Erythropoietinstandards A bzw. B des National Institute for Medical Research, London[5]. Hochgereinigte Präparate aus Kaninchenplasma bzw. menschlichem Harn hatten eine Aktivität bis zu 368 IE/mg[3].

Für die Bildung von Erythropoietin ist die Niere von besonderer Bedeutung. Entweder wird das Hormon zum größten Teil in den Nieren gebildet, und zwar möglicherweise in den juxtaglomerulären Zellen[6], oder aber die Nieren produzieren ein Enzym, das aus Plasmaproteinen Erythropoietin freisetzt[7]. Die Bildung von Erythropoietin wird durch Sauerstoffmangel der Gewebe ausgelöst und möglicherweise durch androgene Hormone stimuliert[8], was die höhere Erythrozytenzahl des Mannes erklären könnte.

Im Plasma liegt die Erythropoietinkonzentration an der Grenze der Nachweisbarkeit[9]; erhöhte Konzentrationen finden sich bei vielen Patienten mit Polyzythämie, Polyglobulie, Anämien, Blutverlust, Hämolyse. Das Hormon wird relativ schnell aus der Zirkulation entfernt, mit einer Halbwertzeit von etwa 2–3 h[10]. Normalwerte der Erythropoietinausscheidung im Harn sind in der untenstehenden Tabelle zusammengestellt (die unterschiedlichen Ergebnisse sind wohl durch abweichende Methodik bedingt). Eine erniedrigte Ausscheidung wurde bei manchen Fällen von Schwangerschaftsanämie gefunden[11]. Erythropoietin wurde auch im Fruchtwasser nachgewiesen[12].

Erythropoietinausscheidung im Harn (IE/24 h)

	Mittelwert	Bereich	*s*	Literatur
Knaben	1,0	0,6–1,2	–	1
Männer	2,8	1,5–5,2	1,3	1
Frauen	0,9	0,5–1,8	0,4	1
Männer	0,54	0,21–1,2	–	2
Frauen	0,22	0,16–0,32	–	2
Männer in Chacaltaya, Bolivien (5200 m)	9,1	1,1–22,4	–	2

Literatur

1 ALEXANIAN, R., *Blood*, **28**, 344 (1966).
2 VAN DYKE et al., *Blood*, **28**, 535 (1966).

Wirkung

Erythropoietin stimuliert die Proliferation der Erythroblasten im Knochenmark, führt zu einer Erhöhung der Retikulozyten- und Erythrozytenzahl im peripheren Blut und steigert den Stoffwechsel des Knochenmarks, der Retikulozyten und Erythrozyten (Purinsynthese, Hämsynthese, DNS-Synthese, RNS-Synthese)[13].

Literatur

[1] Gordon, A. S., *Physiol. Rev.*, **39**, 1 (1959); Jacobson et al., *Advanc. intern. Med.*, **10**, 297 (1960); Lange und Pavlovic-Kentera, *Progr. Hemat.*, **4**, 72 (1964); Keller, H. M., *Schweiz. med. Wschr.*, **94**, 1773 (1964).
[2] Goldwasser et al., *Biochim. biophys. Acta (Amst.)*, **64**, 487 (1962); Rosse et al., *J. clin. Invest.*, **42**, 124 (1963); Rosse und Waldmann, *Blood*, **24**, 739 (1964).
[3] Lowy und Keighley, *Clin. chim. Acta*, **13**, 491 (1966).
[4] Schooley und Garcia, *Proc. Soc. exp. Biol. (N.Y.)*, **109**, 325 (1962).
[5] Cotes und Bangham, *Bull. Wld Hlth Org.*, **35**, 751 (1966).
[6] Goldfarb und Tobian, *Proc. Soc. exp. Biol. (N.Y.)*, **111**, 510 (1962).
[7] Contrera et al., *Blood*, **28**, 330 (1966); Gordon et al., *Blood*, **28**, 977 (1966).
[8] Alexanian, R., *Blood*, **28**, 1007 (1966).
[9] Mirand et al., *Proc. Soc. exp. Biol. (N.Y.)*, **118**, 823 (1965).
[10] Dukes, P. P., in: Karlson, P. (Hrsg.), *Wirkungsmechanismen der Hormone*, 18. Colloquium der Gesellschaft für physiologische Chemie, Mosbach 1967, Springer, Berlin, 1967, S. 197.
[11] Kosmin et al., *Blood*, **28**, 978 (1966).
[12] Finne, P. H., *Brit. med. J.*, **1**, 697 (1965).
[13] Remmele, W., *Die humorale Steuerung der Erythropoiese*, Springer, Berlin, 1963; Pieber-Perretta et al., *Biochim. biophys. Acta (Amst.)*, **95**, 360 (1965); Rudolph und Perretta, *Proc. Soc. exp. Biol. (N.Y.)*, **124**, 1041 (1967); Powsner und Berman, *Blood*, **30**, 189 (1967).

System Renin–Angiotensin[1,2]

Chemie

Das System umfaßt eine komplexe enzymatische Reaktion, in welcher das Enzym Renin auf ein Plasmaproteinsubstrat, das Angiotensinogen, einwirkt und ein Decapeptid, das Angiotensin I (Hypertensin I, Angiotonin I), freisetzt. Unter Einwirkung eines durch Chlorid aktivierten Enzymkomplexes im Plasma (converting enzyme) wird Angiotensin I zu einem Octapeptid, dem Angiotensin II, gespalten. Angiotensin II wird durch Peptidhydrolasen («Angiotensinase»), die sich in Geweben (Nieren, Leber), Erythrozyten und Plasma finden, rasch zu inaktiven Peptiden abgebaut (Halbwertzeit etwa 1 min). Verschiedene Aktivatoren und Inhibitoren im Plasma beeinflussen diese Reaktionen.

Renin ist ein Protein mit einem Molgewicht von etwa 43000 (Mensch)[3], Angiotensinogen ein Plasmaprotein aus der Gruppe der α_2-Globuline. Aus Angiotensinogen läßt sich durch Trypsineinwirkung ein Tetradecapeptid, das sogenannte Polypeptid–Renin-Substrat, gewinnen, das durch Renin an der Leu·Leu-Bindung gespalten wird. Die Struktur dieser Verbindung sowie die der Angiotensine ist in der untenstehenden Tabelle zusammengestellt. Das synthetische Val⁵-Angiotensin-II-Asp¹-β-amid besitzt qualitativ und quantitativ die gleichen pharmakologischen Eigenschaften wie die natürlichen Angiotensine II[4] und läßt sich daher als Bezugssubstanz verwenden.

Einheiten

Renin. 1 Goldblatt-Einheit entspricht der Reninmenge, die beim nichtnarkotisierten Hund nach intravenöser Gabe den mittleren arteriellen, direkt in der Arteria femoralis gemessenen Blutdruck um 30 Torr steigert[7]. Bei Verwendung von Angiotensinogen als Substrat läßt sich Renin als Enzymaktivität angeben: 1 Einheit entspricht der Bildung von 1 ng Angiotensin pro Minute[5,6].

Angiotensin. 1 Goldblatt-Einheit entspricht der Angiotensinmenge, die beim nichtnarkotisierten Hund nach intravenöser Gabe den mittleren arteriellen, direkt in der Arteria femoralis gemessenen Blutdruck um 30 Torr steigert[7]. – Bei Verwendung von Angiotensin II als Bezugssubstanz Angabe als Gewicht; 1 µg Angiotensin II entspricht etwa 2,2 Goldblatt-Einheiten[7].

Bestimmungsmethoden

Renin

Biologische Methoden. – a) Direkte Bestimmung der blutdrucksteigernden Wirkung in vivo nach intravenöser Injektion der zu untersuchenden Lösung beim nichtnarkotisierten Hund[1] oder in vitro an einem Aortapräparat[8]. – b) Plasmarenin nach Boucher et al.[5] (reninartige Aktivität): Inkubation des Plasmas, das Renin, Angiotensinogen sowie Aktivatoren und Inhibitoren enthält, bei pH 5,5 und 37 °C in Gegenwart von Dowex 50W-X2(NH_4), einem Ionenaustauscher, der Angiotensin adsorbiert und es damit vor dem Abbau durch Angiotensinase schützt; nach Eluierung wird das Angiotensin durch die blutdrucksteigernde Wirkung an der Ratte bestimmt[5]. – c) Plasmarenin nach Brown et al.[6]: Nach Adsorption des Renins an eine DEAE-Cellulosesäule und anschließender Elution werden Angiotensinogen und Angiotensinase durch Ansäuerung eliminiert. Nach Inkubation des so isolierten Renins mit Rinderangiotensinogen bei pH 5,7 und 37 °C wird das freigesetzte Angiotensin durch die blutdrucksteigernde Wirkung an der Ratte bestimmt.

Chemische Methoden. Fluorometrische Bestimmung des Hydrolyseprodukts aus einem synthetischen Substrat nach Einwirkung von Renin[9]; für die Bestimmung des Reningehalts im Plasma ist diese Methode aber zuwenig empfindlich.

Angiotensin

Biologische Methoden. – a) Direkte Bestimmung der blutdrucksteigernden Wirkung in vivo nach intravenöser Injektion der zu untersuchenden Lösung beim nichtnarkotisierten Hund[1] oder in vitro an einem Aortapräparat[8]. – b) Adsorption des Angiotensins

Struktur der Angiotensine

Verbindung	Molgewicht	Aminosäurensequenz	Herkunft
Ile⁵–Polypeptid–Renin-Substrat . .	1759	Asp·Arg·Val·Tyr·Ile·His·Pro·Phe·His·Leu·Leu·Val·Tyr·Ser 1 2 3 4 5 6 7 8 9 10 11 12 13 14	Pferdeplasma nach Trypsineinwirkung[1]
Ile⁵-Angiotensin I	1297	Asp·Arg·Val·Tyr·Ile·His·Pro·Phe·His·Leu 1 2 3 4 5 6 7 8 9 10	Pferd[2], Schwein[3], Mensch[4]
Val⁵-Angiotensin I	1283	Asp·Arg·Val·Tyr·Val·His·Pro·Phe·His·Leu 1 2 3 4 5 6 7 8 9 10	Rind[5]
Ile⁵-Angiotensin II	1046	Asp·Arg·Val·Tyr·Ile·His·Pro·Phe 1 2 3 4 5 6 7 8	Aus Ile⁵-Angiotensin I
Val⁵-Angiotensin II	1032	Asp·Arg·Val·Tyr·Val·His·Pro·Phe 1 2 3 4 5 6 7 8	Aus Val⁵-Angiotensin I
Val⁵-Angiotensin-II-Asp¹-β-amid.	1029	Asp(NH_2)·Arg·Val·Tyr·Val·His·Pro·Phe 1 2 3 4 5 6 7 8	Synthetisch[6]

Literatur

[1] Skeggs, jr., et al., *J. exp. Med.*, **106**, 439 (1957), und **108**, 283 (1958).
[2] Skeggs, jr., et al., *J. exp. Med.*, **102**, 435 (1955).
[3] Bumpus et al., *Science*, **125**, 886 (1957).
[4] Arakawa et al., *Nature*, **214**, 278 (1967); Arakawa et Nakamura, *Circulat. Res.*, **21**, Suppl. II, 101 (1967).
[5] Elliott et Peart, *Biochem. J.*, **65**, 246 (1957).
[6] Schwyzer und Turrian, *Vitam. and Horm.*, **18**, 237 (1960).

an Dowex 50W-X2(NH_4), nach Eluierung Reinigung durch Papierchromatographie, danach Bestimmung durch die blutdrucksteigernde Wirkung an der Ratte[5]. – c) Radioimmunologische Methoden[10] unter Verwendung von Angiotensin II, markiert mit ^{125}I bzw. ^{131}I.

Bildung, Stoffwechsel

Renin wird im juxtaglomerulären Apparat der Niere, möglicherweise auch im Uterus gebildet[11]. Normalwerte der Reninaktivität im Plasma von nüchternen Personen im Liegen sind in untenstehender Tabelle zusammengestellt. Beim Wechsel von liegender zu aufrechter Haltung erhöht sich die Reninaktivität im Plasma[12]; tagesrhythmische Schwankungen wurden nachgewiesen[13]. Die Reninaktivität im Plasma ist bei diätetischer Natriumrestriktion erhöht, unter Natriumbelastung erniedrigt[12,14,15]. Erhöhte Werte finden sich auch häufig während der Schwangerschaft, besonders in den ersten 3 Monaten[16]. Pathologisch erhöht ist die Reninaktivität im Plasma bei Natriumdepletion (Diarrhoe, Diuretikaabusus, Nebennierenrindeninsuffizienz, adrenogenitales Syndrom), bei Verringerung des Plasmavolumens (Aderlaß, Hypoproteinämie), bei renovaskulärem arteriellem Hochdruck, bei malignem arteriellem Hochdruck und oft bei Phäochromozytom[15]; bei primärem Aldosteronismus ist die Reninaktivität erniedrigt bzw. nicht mehr nachweisbar[17]. Erhöhte Reninaktivität ist aber nicht notwendigerweise mit erhöhtem Blutdruck verknüpft.

Die Bildung des *Angiotensins* ist vorn im Abschnitt «Chemie» besprochen. Normalwerte des Angiotensingehalts im Blut finden sich in der nachfolgenden Tabelle; erhöhte Werte wurden gegen Schwangerschaftsende nachgewiesen[18].

Renin- und Angiotensingehalt des Blutes

	Mittelwert	Bereich	s	Bestimmungsmethode	Literatur
Renin (E/l)					
Plasma...	9,0	0–32	7,6	Biologisch	1
Plasma...	4	2–10	–	Biologisch	2
Angiotensin (ng/l)					
Plasma...	60	–	100	Biologisch	3
Blut.....	95	–	66	Biologisch	4
Plasma...	–	<8–56	–	Radioimmunologisch	5
Blut.....	21	–	14	Radioimmunologisch	6

Literatur

1 Veyrat et al., *Schweiz.med.Wschr.*, **94**, 914 (1964).
2 Klaus et al., *Dtsch.med.Wschr.*, **92**, 2114 (1967).
3 Genest et al., *Canad.med.Ass.J.*, **90**, 263 (1964).
4 Zulema et al., *Clin.Sci.*, **30**, 473 (1966).
5 Boyd et al., *Lancet*, **2**, 1002 (1967).
6 Catt et al., *Lancet*, **2**, 1005 (1967).

Wirkung

Wirksam im System Renin–Angiotensin ist das freie Angiotensin II, das drei Hauptwirkungen hat[19]:

a) Beeinflussung der Aldosteronsekretion. Angiotensin ist das wichtigste Stimulans der Aldosteronsekretion und greift anscheinend direkt an der Zona glomerulosa der Nebennierenrinde an[20]. Die Aldosteronsekretionsrate ist eine direkte Funktion der Reninaktivität im Plasma, und diese wiederum wird durch Veränderungen im Natriumhaushalt des Körpers beeinflußt[14,15].

b) Erregung der glatten Muskulatur der Arteriolen zur Kontraktion. Angiotensin ist die stärkste der bekannten vasopressorischen Substanzen. Intravenöse Gabe von Angiotensin führt zu einem raschen, kurzdauernden Anstieg des arteriellen Blutdrucks. Speziell beeinflußt wird die Hämodynamik der Niere. Angiotensin scheint an der renalen Autoregulation beteiligt zu sein[21].

c) Beeinflussung der tubulären Natriumrückresorption[22]. Unabhängig von den beiden oben beschriebenen Wirkungen kann Angiotensin die tubuläre Natriumrückresorption entweder fördern (bei normotensiven Personen) oder hemmen (bei hypertensiven Personen und Patienten mit Zirrhose)[23].

Auf die Reninsekretion wirkt Angiotensin hemmend in Form eines negativen Rückkopplungsmechanismus[24].

Klinische Bedeutung

Die Bestimmung der Reninaktivität im Plasma ermöglicht, zwischen primärem Aldosteronismus (Reninaktivität erniedrigt) und sekundärem Aldosteronismus (Reninaktivität erhöht) zu unterscheiden. Sie gestattet auch, die renovaskuläre Herkunft eines arteriellen Hochdrucks in Verbindung mit einer Nierenarterienstenose festzustellen.

Test nach Kaplan und Silah[25]: Die Empfindlichkeit gegenüber der blutdrucksteigernden Wirkung einer intravenösen Infusion von Angiotensin ist bei renovaskulärem arteriellem Hochdruck erniedrigt, bei primärem Aldosteronismus erhöht.

Literatur

1 Goldblatt, H., *Physiol.Rev.*, **27**, 120 (1947).
2 Gross, F., *Klin.Wschr.*, **36**, 693 (1958); Tobian, L., *Physiol.Rev.*, **40**, 280 (1960); Page und Bumpus, *Physiol.Rev.*, **41**, 331 (1961); Peart, W.S., *Pharmacol.Rev.*, **17**, 143 (1965).
3 Warren und Dolinsky, *Proc.Soc.exp.Biol. (N.Y.)*, **123**, 911 (1966).
4 Schwyzer und Turrian, *Vitam. and Horm.*, **18**, 237 (1960).
5 Boucher et al., *Canad.med.Ass.J.*, **90**, 194 (1964).
6 Brown et al., *Biochem.J.*, **93**, 594 (1964).
7 Khairallah et al., *Nature*, **196**, 1059 (1962).
8 Helmer, O.M., *Med.Clin.N.Amer.*, **45**, 309 (1961).
9 Roth und Reinharz, *Helv.chim.Acta*, **49**, 1903 (1966).
10 Vallotton et al., *J.clin.Invest.*, **46**, 1126 (1967); Vallotton et al., *Nature*, **215**, 714 (1964); Boyd et al., *Lancet*, **2**, 1002 (1967); Catt et al., *Lancet*, **2**, 1005 (1967).
11 Capell et al., *J.clin.Invest.*, **46**, 1042 (1967).
12 Veyrat et al., *Canad.med.Ass.J.*, **90**, 215 (1964); Klaus et al., *Dtsch.med. Wschr.*, **92**, 2114 (1967).
13 Gordon et al., *J.clin.Invest.*, **45**, 1587 (1966).
14 Veyrat et al., *Schweiz.med.Wschr.*, **94**, 914 (1964).
15 Veyrat et al., *Schweiz.med.Wschr.*, **98**, 65 (1968).
16 Winer, B.M., *J.clin.Invest.*, **44**, 1112 (1965); Brown et al., *Lancet*, **2**, 900 (1963).
17 Conn et al., *J. Amer. med. Ass.*, **190**, 213 (1964).
18 Massani et al., *Amer.J.Obstet.Gynec.*, **99**, 313 (1967).
19 Gross et al., *Recent Progr.Hormone Res.*, **21**, 119 (1965).
20 Laragh et al., *J.Amer.med.Ass.*, **174**, 234 (1960); Genest, J., *Canad.med. Ass.J.*, **84**, 403 (1961); Ganong et al., *Recent Progr.Hormone Res.*, **22**, 381 (1966).
21 Thurau, K., *Amer.J.Med.*, **36**, 698 (1964).
22 Peters, G., *Proc.Soc.exp.Biol. (N.Y.)*, **112**, 771 (1963).
23 Ames et al., *J.clin.Invest.*, **44**, 1171 (1965).
24 Vander, A.J., *Physiol.Rev.*, **47**, 359 (1967); Klaus, D., *Dtsch.med.Wschr.*, **92**, 2128 (1967).
25 Kaplan und Silah, *J.clin.Invest.*, **43**, 659 (1964).

Plasmakinine[1–3]

Chemie

Die Kinine sind niedermolekulare, pharmakologisch hochaktive Polypeptide, die aus Plasmaproteinen durch Einwirkung proteolytischer Enzyme entstehen. Isoliert, in der Struktur aufgeklärt und synthetisiert wurden die in der Tabelle auf der nächsten Seite aufgeführten Kinine.

Zum Nachweis der Kinine eignet sich am besten ihre kontrahierende Wirkung am isolierten Ileum des Meerschweinchens. Radioimmunologisch läßt sich Bradykinin unter Verwendung eines ^{14}C-acetylierten Bradykinins bestimmen[4].

Bildung, Stoffwechsel

Die inaktiven Vorstufen der Kinine, die Kininogene, sind α_2-Globuline mit einem Molgewicht von etwa 50000. Aus diesen werden die Plasmakinine durch Einwirkung des Enzyms Kallikrein gebildet. Ein aus Rinderserum isoliertes Kininogen lieferte 20 µg Bradykinin/mg[5]. Das Enzym Kallikrein findet sich in Harn, Schweiß, Speichel und Fäzes, seine inaktive Vorstufe Prekallikrein (Kallikreinogen) in Pankreas, Speicheldrüsen, Darmwand, Zunge und Plasma[2]. Kallikrein wird im Blut aus Prekallikrein in Anwesenheit von Faktor XII freigesetzt. Das freie Kallikrein wird durch Substanzen aus verschiedenen Geweben, so besonders Lunge und Speicheldrüsen, gehemmt.

Im Blut wird Kallidin durch eine Aminopeptidase rasch zu Bradykinin abgebaut. Im Plasma des Erwachsenen liegt der Bradykininspiegel unter 2 µg/l, im Nabelschnurblut beträgt er im Mittel 12,8 µg/l[6]. Erhöhte Werte wurden bei Schockzuständen, akuter Pankreatitis und Karzinoidsyndrom gefunden[3,7]. Die Plasmakinine werden durch Peptidasen rasch zu inaktiven Bruchstücken abgebaut[7]. Solche Enzyme sind in vielen Geweben nachweisbar, so

Struktur und biologische Aktivität natürlich vorkommender Plasmakinine[1]

	Mol-gewicht	Struktur	Relative Aktivität in vitro*	Relative Aktivität in vivo**	Vorkommen im Plasma von
Bradykinin (Kallidin I, Kallidin-9, Kinin-9)	1060	Arg·Pro·Pro·Gly·Phe·Ser·Pro·Phe·Arg	100	100	Rind, Mensch
Kallidin (Kallidin II, Lysylbradykinin, Kinin-10)	1188	Lys·Arg·Pro·Pro·Gly·Phe·Ser·Pro·Phe·Arg	33	190	Rind, Mensch
Methionylkallidin (Methionyllysylbradykinin, Kinin-11)	1329	Met·Lys·Arg·Pro·Pro·Gly·Phe·Ser·Pro·Phe·Arg	25	–	Rind

* Kontraktion des isolierten Meerschweinchenileums.
** Blutdrucksenkung am Kaninchen.

[1] SCHROEDER und LUEBKE, *The Peptides*, Band 2, Academic Press, New York, 1966.

in Leber, Milz, Niere, Lunge, Lymphdrüsen. Intravenös verabreichtes Bradykinin hat eine Halbwertzeit von 30 s[8]. Im Harn finden sich zwei Urokinine, die sich zwar pharmakologisch wie Bradykinin und Kallidin verhalten, aber wohl nicht aus dem Blut stammen, sondern eher aus den Tubulusepithelien der Niere[9].

Wirkung

Die Plasmakinine erregen glattmuskuläre Organe wie Darm, Uterus und Bronchien zur Kontraktion, senken bei intravenöser Injektion den Blutdruck und erhöhen die Gefäßpermeabilität; sie erzeugen Schmerz beim Aufbringen auf die Basis einer Kantharidenblase. Die Wirkung des Bradykinins auf den isolierten Rattenuterus entspricht etwa der des Oxytocins[3]. Die Blutdrucksenkung beruht auf einer Dilatation der Widerstandsgefäße; Herzfrequenz, Minutenvolumen und regionale Durchblutung steigen an.

Die physiologische Funktion der Kinine ist nicht bekannt. Diskutiert wurde eine Beteiligung an der Steuerung der Durchblutung sekretorischer Drüsen[10]. Bradykinin spielt möglicherweise eine Rolle beim Übergang von der fötalen zur Neugeborenenzirkulation[6].

Die Plasmakinine sind an zwei Krankheiten beteiligt, am hereditären angioneurotischen Ödem, das auf angeborenem dominant vererbtem Mangel an Plasmakallikreininhibitoren beruht[11], und am Karzinoidsyndrom, bei dem das «flush»-auslösende Prinzip mit Bradykinin identisch ist[12]. Welche Rolle die Plasmakinine bei entzündlichen Reaktionen spielen, ist noch nicht geklärt. Kinine wurden in der Synovialflüssigkeit von Arthritikern nachgewiesen[2].

Literatur

1 WERLE, E., *Münch.med.Wschr.*, **105**, 2486 (1963); SCHACHTER, M., *Ann. Rev. Pharmacol.*, **4**, 281 (1964).
2 WEBSTER, M.E., *Arthr. and Rheum.*, **9**, 473 (1966).
3 STÜRMER, E., *Schweiz.med.Wschr.*, **96**, 1667 (1966).
4 RINDERKNECHT et al., *Nature*, **213**, 1130 (1967).
5 HABERMANN, E., *Biochem. Z.*, **337**, 440 (1963).
6 MELMON et al., *J.clin.Invest.*, **46**, 1094 (1967).
7 ERDÖS, E.G., *Gastroenterology*, **51**, 893 (1966).
8 GERSMEYER und SPITZBARTH, *Klin.Wschr.*, **39**, 1227 (1961).
9 YOSHINAGA et al., *Experientia (Basel)*, **20**, 396 (1964).
10 HILTON und LEWIS, *Brit.med.Bull.*, **13**, 189 (1957).
11 LANDERMAN et al., *J. Allergy*, **33**, 330 (1962).
12 OATES et al., *Lancet*, **1**, 514 (1964); OATES et al., *J.clin.Invest.*, **45**, 173 (1966).

Cortisol (Hydrocortison)

Cortison

Corticosteron

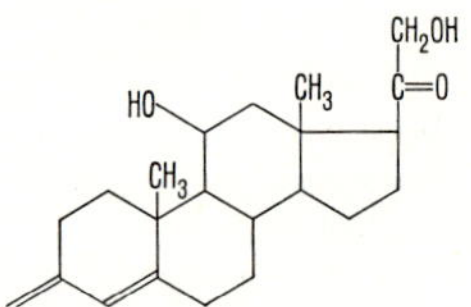

Dehydrocorticosteron (11-Dehydrocorticosteron)

11-Desoxycorticosteron (Cortexon)

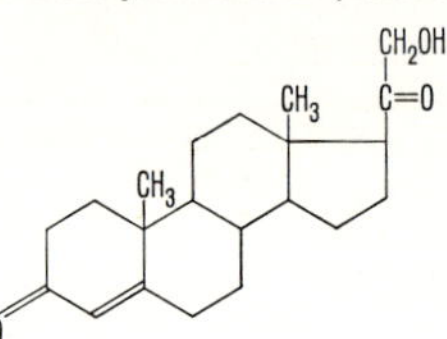

11-Desoxycortisol (Cortexolon)

Aldosteron

Corticosteroide

(Nebennierenrindenhormone)

Chemie

Zu den Corticosteroiden werden C_{21}-Steroide gezählt, die 3 oder mehr Sauerstoffatome enthalten und in der Nebennierenrinde, im Blut und im Harn vorkommen[1]. Die Formeln der 7 wichtigsten biologisch aktiven Corticosteroide sind nachfolgend dargestellt. Für die Aktivität notwendig sind die Δ^4-3-Ketogruppierung und die α-Ketolgruppierung in der Seitenkette. Für Aldosteron ist die Aldehydgruppe am C-18 charakteristisch. Andere in der Nebennierenrinde gebildete Steroide sind das Pregnantriol und die C_{19}-Steroide Dehydroepiandrosteron, Androstendion und 11β-Hydroxyandrostendion.

Bestimmungsmethoden[2–4]

Vor der Bestimmung müssen die Hormone zuerst aus den Geweben oder Körperflüssigkeiten durch geeignete Lösungsmittel extrahiert werden. Während der Extraktion und der weiteren Schritte ist Sorge zu tragen, daß sich keine Artefakte bilden, sei es durch Autoxydation oder aufgrund der gewählten chemischen Technik. Durch gruppenspezifische Methoden lassen sich verschiedene Steroidklassen bestimmen (siehe die nebenstehende Tabelle)[3,4]. Will man die individuellen Steroide bestimmen, muß das vorliegende Steroidgemisch zuerst mittels Papier-, Dünnschicht- oder Gaschromatographie getrennt werden[5]; gelegentlich kann aber auch die Anwendung von Gegenstromverteilung nötig sein[3]. Enzymatische Bestimmungsmethoden unter Verwendung spezifischer Hydroxysteroiddehydrogenasen wurden ausgearbeitet[6].

Gruppenspezifische Methoden der Corticosteroidbestimmung

Steroidklasse	Spezifische chemische Gruppierung	Methode	Autor
Porter-Silber-Chromogene	17,21-Dihydroxy-20-keto-Seitenkette (Dihydroxy-aceton-Seitenkette)	Farbreaktion mit Phenyl-hydrazin in Äthanol–Schwefelsäure	Porter und Silber[1], Peterson et al.[2]
21-Desoxyketole	17-Hydroxy-20-keto-21-desoxy-Seitenkette	Spezifische Oxydation zu 17-Ketosteroiden und Reaktion nach Zimmermann Vanillin–Phosphorsäure-Methode	Appleby und Norymberski[3] McAleer und Kozlowski[4]
17-ketogene Steroide	Seitenketten entsprechend untenstehendem Formelschema	Spezifische Oxydation zu 17-Ketosteroiden und Reaktion nach Zimmermann	Norymberski et al.[5]
Gesamt-17-Hydroxycorticosteroide ..	Seitenketten entsprechend untenstehendem Formelschema	Spezifische Oxydation zu 17-Ketosteroiden und Reaktion nach Zimmermann	Appleby et al.[6], Few[7]
17-Desoxycorticosteroide...........	17-Desoxy-20-keto-21-hydroxy-Seitenkette	Spezifische Oxydation zu Aldehyden und Farbreaktion über Hydroxamsäuren	Exley et al.[8]
Reduzierende Corticosteroide	20-Keto-21-hydroxy-Seitenkette (α-Ketolgruppierung)	Alkalische Reduktion von Tetrazolblau zu einem farbigen Diformazan	Mader und Ruck[9]
11-Hydroxycorticosteroide..........	Δ^4-11-Hydroxycorticosteroide	Fluoreszenz in Äthanol–Schwefelsäure	Mattingly[10], Silber[11]
Δ^5-3β-Hydroxysteroide............	Δ^5-3β-Hydroxysteroide, wie zum Beispiel Pregnenolon, aber nicht Cholesterin	Farbreaktion in Äthanol–Schwefelsäure	Oertel und Eik-Nes[12]
Δ^4-3-Ketosteroide	α,β-ungesättigte Ketone	Farbreaktion mit Isonicotinsäurehydrazid	Umberger[13]
17-Ketosteroide....................	$-CO-CH_2-$; am intensivsten reagiert die 17-Ketogruppierung	Farbreaktion mit *m*-Dinitrobenzol in alkalischer Lösung	Zimmermann[14]

Struktur der Seitenkette im Steroidmolekül:

$-\overset{\vert}{\underset{OH}{C}}-\overset{}{\underset{O}{\overset{\Vert}{C}}}-\underset{OH}{CH_2}$	$-\overset{\vert}{\underset{OH}{C}}-\overset{H}{\underset{OH}{C}}-\underset{OH}{CH_2}$	$-\overset{\vert}{\underset{OH}{C}}-\overset{H}{\underset{OH}{C}}-CH_3$	$-\overset{\vert}{\underset{OH}{C}}-\underset{O}{\overset{\Vert}{C}}-CH_3$	$-\overset{\vert}{\underset{H}{C}}-\underset{O}{\overset{\Vert}{C}}-\underset{OH}{CH_2}$
Porter-Silber-Chromogene			21-Desoxyketole	17-Desoxycorticosteroide

17-ketogene Steroide (erste drei Strukturen)

Gesamt-17-Hydroxycorticosteroide (erste vier Strukturen)

Literatur

1 Porter und Silber, *J.biol.Chem.*, **185**, 201 (1950).
2 Peterson et al., *Analyt.Chem.*, **29**, 144 (1957).
3 Appleby und Norymberski, *Biochem.J.*, **60**, 460 (1955).
4 McAleer und Kozlowski, *Arch.Biochem.*, **62**, 196 (1956).
5 Norymberski et al., *Lancet*, **1**, 1276 (1953).
6 Appleby et al., *Biochem.J.*, **60**, 453 (1955).
7 Few, J.D., *J.Endocr.*, **22**, 31 (1961).
8 Exley et al., *Biochem.J.*, **81**, 428 (1961).
9 Mader und Buck, *Analyt.Chem.*, **24**, 666 (1952).
10 Mattingly, D., *J.clin.Path.*, **15**, 374 (1962).
11 Silber, R.H., *Meth.biochem.Anal.*, **14**, 63 (1966).
12 Oertel und Eik-Nes, *Analyt.Chem.*, **31**, 98 (1959).
13 Umberger, E.J., *Analyt.Chem.*, **27**, 768 (1955).
14 Zimmermann, W., *Hoppe-Seylers Z.physiol.Chem.*, **233**, 257 (1935), und **300**, 141 (1955).

Aldosteron läßt sich kolorimetrisch nach der Methode von NEHER und WETTSTEIN[7] oder durch doppelte Isotopenverdünnung nach KLIMAN und PETERSON[8] bestimmen (zur Aldosteronbestimmung siehe auch TAIT und TAIT[9]). Die Methode von NEHER und WETTSTEIN[7] eignet sich auch zur Bestimmung von Cortisol und Cortison. Pregnantriol läßt sich nach der Methode von BONGIOVANNI und EBERLEIN[10], Dehydroepiandrosteron nach FOTHERBY[11] bestimmen.

Die zahlreichen biologischen Bestimmungsmethoden für Corticosteroide (Zusammenfassung siehe DORFMAN[12]) haben für klinische Zwecke heute keine Bedeutung mehr, sind aber wertvoll für die Ermittlung der physiologischen Aktivität synthetischer Verbindungen. Die glucocorticoide Aktivität läßt sich am besten anhand der Förderung der Glycogensynthese in der Leber adrenalektomierter hungernder Ratten oder Mäuse ermitteln (siehe die Ausführungen von VENNING et al.[13] oder PABST et al.[14]). Aufschluß über die mineralocorticoide Aktivität erhält man durch Bestimmung des $^{24}Na/^{42}K$-Verhältnisses im Harn von adrenalektomierten Ratten nach Injektion dieser Isotope, das durch Mineralocorticoide verringert wird[15].

Bildung, Sekretion, Stoffwechsel

Die Corticosteroide werden in der Nebennierenrinde gebildet: in der äußersten Schicht (Zona glomerulosa) vorwiegend Hormone, welche den Salz- und Wasserhaushalt beeinflussen (Aldosteron und, mit geringerer Wirkung, Corticosteron), in der mittleren (Zona fasciculata) die Steroide, die den Kohlenhydratstoffwechsel beeinflussen (Cortisol, Cortison und, mit geringerer Wirkung, Corticosteron), und in der innersten Schicht (Zona reticularis) 17-Ketosteroide (vor allem Dehydroepiandrosteron).

Corticosteroidgehalt der normalen Nebenniere[1]

Corticosteroid	µg/g Gewebe	
	Mittelwert	Bereich
Aldosteron	0,06	0,05–0,08
Corticosteron	1,7	0,73–2,9
Cortisol	2,7	0,97–3,9
Cortison	0,05	0–0,10

[1] LOUIS und CONN, *Recent Progr. Hormone Res.*, **17**, 415 (1961).

Das Corticosteroidmuster ist von Tierart zu Tierart verschieden; die mengenmäßig wichtigsten Corticosteroide des Menschen sind Cortisol und Corticosteron. Das Verhältnis von Cortisol zu Corticosteron im venösen Blut der Nebenniere liegt zwischen 0,5 und 5,0, im peripheren Blut zwischen 5 und 30, was den schnelleren Abbau des Corticosterons anzeigt[16].

Die endgültige Gliederung der Nebennierenrinde in die drei Zonen erfolgt erst in den ersten Lebensmonaten, nachdem sich die fötale X-Zone zurückgebildet hat; das Corticosteroidmuster der Nebennierenrinde des Neugeborenen unterscheidet sich daher von dem älterer Kinder und Erwachsener[17].

Die Biosynthese der Corticosteroide ist auf S. 424 besprochen. Da die Nebennierenrinde größere Mengen Corticosteroide nicht zu speichern vermag, muß sie bei vermehrtem Bedarf in der Lage sein, rasch mit erhöhter Biosynthese zu antworten. Die Hormonbildung wird durch ACTH stimuliert, und zwar vor allem die Bildung von Cortisol, in geringerem Maße die von Corticosteron und auch von Aldosteron (siehe S. 706). An der Stimulierung der Aldosteronsekretion ist das System Renin–Angiotensin wesentlich beteiligt (S. 731).

Zur Bestimmung der Bildungs- und Sekretionsraten der Corticosteroide wurden die verschiedensten Methoden herangezogen[18]. Direkte Methoden sind auf einen größeren chirurgischen Eingriff angewiesen, das heißt auf die Sammlung des gesamten venösen Bluts der Nebenniere; indirekte Methoden, wie zum Beispiel die Harnanalyse, verlangen die genaue Kenntnis der Umwandlungen der sezernierten Steroide durch den Stoffwechsel sowie der Vorgänge während der Analyse. Die besten Ergebnisse liefert die Methode der Isotopenverdünnung[19, 20].

Normalerweise werden beim Erwachsenen täglich 5–28 mg Cortisol sezerniert (siehe nebenstehende Tabelle); unter pathologischen Verhältnissen wurden Werte bis zu 418 mg Cortisol bei CUSHING-Syndrom[21] und Werte von nur 0,8 mg bei ADDISONscher Krank-

Sekretionsraten der Corticosteroide

	Mittelwert	Bereich	s	Literatur
Aldosteron (µg/24 h)				
Neugeborene	23	9–41	12	1
Säuglinge	72	25–138	29,5	1
Kinder, 1–15 Jahre	91	57–162	30,4	1
Erwachsene	80	39–138	30,8	1
Erwachsene	135	70–210	–	2
Männer, 18–35 Jahre	77	40–110	–	3
Männer, 67–88 Jahre	34	20–72	–	3
Schwangere	–	387–2912	–	4
Corticosteron				
(mg/24 h)				
Erwachsene	2,3	1,5–4,0	–	5
Erwachsene	3,22	2,1–4,2	–	6
(mg/24 h/m² Oberfläche)				
Säuglinge, < 3 Monate	2,5	–	–	7
Kinder	0,65	–	–	7
Cortisol				
(mg/24 h)				
Säuglinge, < 3 Monate	3,8	–	–	8
Kinder	16	8,5–22,5	–	8
Erwachsene	–	4,9–27,9	–	9
Erwachsene	16,0	10,5–23,5	–	6
Frauen	17,5	11,4–20,9	1,9	10
Männer	21,0	15,9–27,4	3,1	10
Alte Männer	17,7	12,3–23,0	–	11
Schwangere	15,0	11,3–18,9	–	10
(mg/24 h/m² Oberfläche)				
Neugeborene, < 5 Tage	18,7	–	3,7	12
Säuglinge, 5–20 Tage	13,9	–	2,9	12
Kinder, 4 Monate–20 Jahre	12,1	–	2,9	12
Dehydroepiandrosteronsulfat (mg/24 h)				
Frauen	12	10–18,5	–	13
Männer	17	14–22	–	13
Desoxycorticosteron (µg/24 h)	–	50–160	–	14
11-Desoxycortisol (mg/24 h)	–	0,20–2,0	–	15
18-Hydroxycorticosteron (µg/24 h)	305	145–460	–	2

Literatur

[1] WELDON et al., *Pediatrics*, **39**, 713 (1967).
[2] ULICK und VETTER, *J. clin. Endocr.*, **25**, 1015 (1965).
[3] FLOOD et al., *J. clin. Invest.*, **46**, 960 (1967).
[4] WATANABE et al., *J. clin. Invest.*, **42**, 1619 (1963).
[5] PETERSON und PIERCE, *J. clin. Invest.*, **39**, 741 (1960).
[6] KARL und RAITH, *Klin. Wschr.*, **44**, 303 (1966).
[7] LORAS et al., in: *Second International Congress on Hormonal Steroids*, Mailand 1966, Excerpta Medica Foundation, Amsterdam, 1966, S. 175.
[8] BERTRAND et al., *Acta endocr. (Kbh.)*, Suppl. 89, 16 (1964).
[9] COPE und BLACK, *Brit. med. J.*, **1**, 1020 (1958).
[10] MIGEON et al., *Metabolism*, **12**, 718 (1963).
[11] ROMANOFF et al., *J. clin. Endocr.*, **21**, 1413 (1961).
[12] KENNY et al., in: *Second International Congress on Hormonal Steroids*, Mailand 1966, Excerpta Medica Foundation, Amsterdam, 1966, S. 175.
[13] BAULIEU et al., *Recent Progr. Hormone Res.*, **21**, 411 (1965).
[14] BIGLIERI et al., *J. clin. Invest.*, **45**, 1946 (1966).
[15] VERDONCK et al., in: *Second International Congress on Hormonal Steroids*, Mailand 1966, Excerpta Medica Foundation, Amsterdam, 1966, S. 299.

heit gefunden[20]. Der tägliche Cortisolbedarf adrenalektomierter Erwachsener beträgt mindestens 20–30 mg.

Die normale tägliche Aldosteronsekretion des Erwachsenen liegt zwischen 40 und 200 µg (siehe die Tabelle auf S. 734); sie fällt bei hohen Natriumeinnahmen und steigt bis auf 1500 µg bei starker Einschränkung der Natriumzufuhr[17]. Gaben in der Größenordnung von 150–200 µg Aldosteron täglich heben die klinischen Symptome von ADDISONscher Krankheit auf, bei der die Aldosteronsynthese stark eingeschränkt ist. Eine erhöhte Aldosteronsekretion wird beim CONN-Syndrom gefunden[20].

Von der Nebennierenrinde des Mannes und der Frau wird auch ein konjugiertes 17-Ketosteroid, Dehydroepiandrosteronsulfat, in einer Menge von etwa 15 mg täglich gebildet; freies Dehydroepiandrosteron wird höchstens in geringer Menge sezerniert. Ein weiteres von der Nebennierenrinde sezerniertes Steroid ist das Pregnantriol, ein Stoffwechselprodukt von 17α-Hydroxyprogesteron.

Corticosteroide im Plasma (µg/l)

	Mittelwert	Bereich	*s*	Literatur
Aldosteron				
Männer	0,06	0,02–0,15	–	1
Erwachsene	0,22	0,06–0,59	–	2
Corticosteron				
Nabelschnurblut	58	–	33	3
Kinder, 3–7 Tage	63	–	41	3
Kinder, 3 Monate–5 Jahre	45	–	22	3
Kinder, 11–17 Jahre	36	–	24	3
Erwachsene	36	–	18	3
Erwachsene	11	5–20	3	4
Cortisol				
Kinder, 0–12 h	71	33–198	31,5	5
Kinder, 12–24 h	38	10–107	30,0	5
Kinder, 36–48 h	42	15–66	23,5	5
Kinder, 1–5 Monate	47	38–62	10,4	5
Nabelschnurblut	129	–	47	3
Kinder, 3–7 Tage	140	–	48	3
Kinder, 3 Monate–5 Jahre	124	–	50	3
Kinder, 11–17 Jahre	124	–	54	3
Erwachsene	117	–	27	3
Erwachsene	150	–	–	4
Erwachsene	–	21–226	–	6
Cortison				
Kinder, 0–12 h	53	24–97	22,4	5
Kinder, 12–24 h	45	24–96	19,0	5
Kinder, 36–48 h	39	20–60	13,5	5
Kinder, 1–5 Monate	6	0–9	4,0	5
11-Desoxycortisol	–	0–14	–	6
Pregnantriol	–	<50	–	7

Literatur

1 PETERSON, R. E., in: BAULIEU und ROBEL (Hrsg.), *Aldosterone*, Blackwell, Oxford, 1964, S. 145.
2 WOLFF et al., *Schweiz. med. Wschr.*, **95**, 387 (1965).
3 HUGHES et al., *Amer. J. Dis. Child.*, **104**, 605 (1962).
4 PETERSON, R. E., *J. biol. Chem.*, **225**, 25 (1957).
5 HILLMAN und GIROUD, *J. clin. Endocr.*, **25**, 243 (1965).
6 WAXMAN et al., *J. clin. Endocr.*, **21**, 943 (1961).
7 BONGIOVANNI et al., *J. clin. Endocr.*, **24**, 1312 (1964).

Corticosteroide im Blut. Cortisol und Corticosteron werden von der Nebennierenrinde in unkonjugierter Form ausgeschüttet und finden sich so auch im zirkulierenden Blut (Normalwerte in vorstehender Tabelle).

Metaboliten dieser beiden Steroide sind im Plasma in konjugierter Form vorhanden; in nachstehender Tabelle ist der konjugierte und unkonjugierte Anteil von Plasmacorticosteroidfraktionen gegenübergestellt. Das von der Nebennierenrinde als Sulfat ausgeschiedene Dehydroepiandrosteron findet sich auch im Blut in dieser Form (siehe S. 742).

Corticosteroidfraktionen im Plasma[1] (µg/l)

	Mittelwert	*s*
Porter-Silber-Chromogene		
Unkonjugiert	129	43
Konjugiert	173	56
Δ^4-3-Ketosteroide		
Unkonjugiert	133	49
Konjugiert	118	63
Reduzierende Corticosteroide		
Unkonjugiert	216	59
Konjugiert	750	248

1 Nach WEICHSELBAUM und MARGRAF, *J. clin. Endocr.*, **17**, 959 (1957).

Cortisol ist im Plasma normalerweise zu 95–97% an ein Protein – wahrscheinlich ein α-Globulin – gebunden, das «corticosteroidbindendes» Globulin oder «Transcortin» genannt wird[22]. Das Protein bindet Cortisol stärker als Corticosteron; die konjugierten Cortisolmetaboliten sind normalerweise nicht an Protein gebunden. Aldosteron ist mehreren Untersuchungen zufolge nur schwach an Proteine gebunden[23], und zwar vorwiegend an Albumin. Der kleine nicht an Protein gebundene Anteil des Cortisols stellt wahrscheinlich die aktive Form des Hormons dar. Die Konzentration der «aktiven» Corticosteroide im Gewebe ist nur etwa 10^{-8}molar. Der Gehalt des Parotisspeichels an Cortisol und Cortison vermittelt ein zutreffendes Bild über den Gehalt an aktivem Cortisol im Blut[24].

Der Corticosteroidgehalt des Blutes unterliegt einem 24-Stunden-Rhythmus wie der ACTH-Gehalt: Für die Schwankungen des Cortisolgehalts im Laufe des Tages ist der Wechsel zwischen Wachsein und Schlafen, für die des Aldosterongehaltes der Wechsel zwischen aufrechter und liegender Stellung verantwortlich[25].

17-Hydroxycorticosteroidgehalt des Plasmas von 5 Erwachsenen im Verlauf des Tages[25]

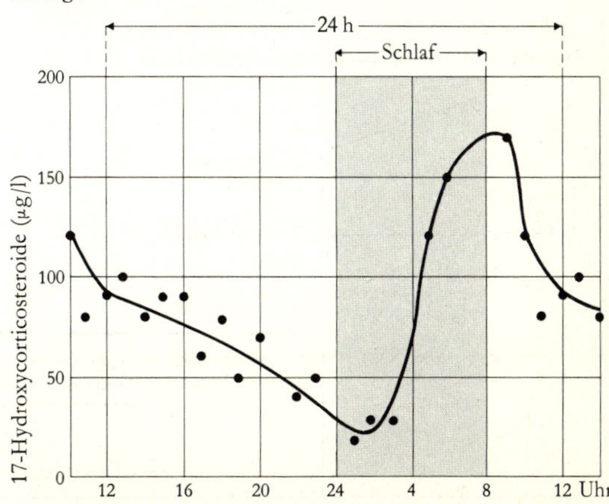

Zusammenhang zwischen Steroiden von Nebennierenrinde bzw. Testikeln und wichtigen Harnsteroidfraktionen

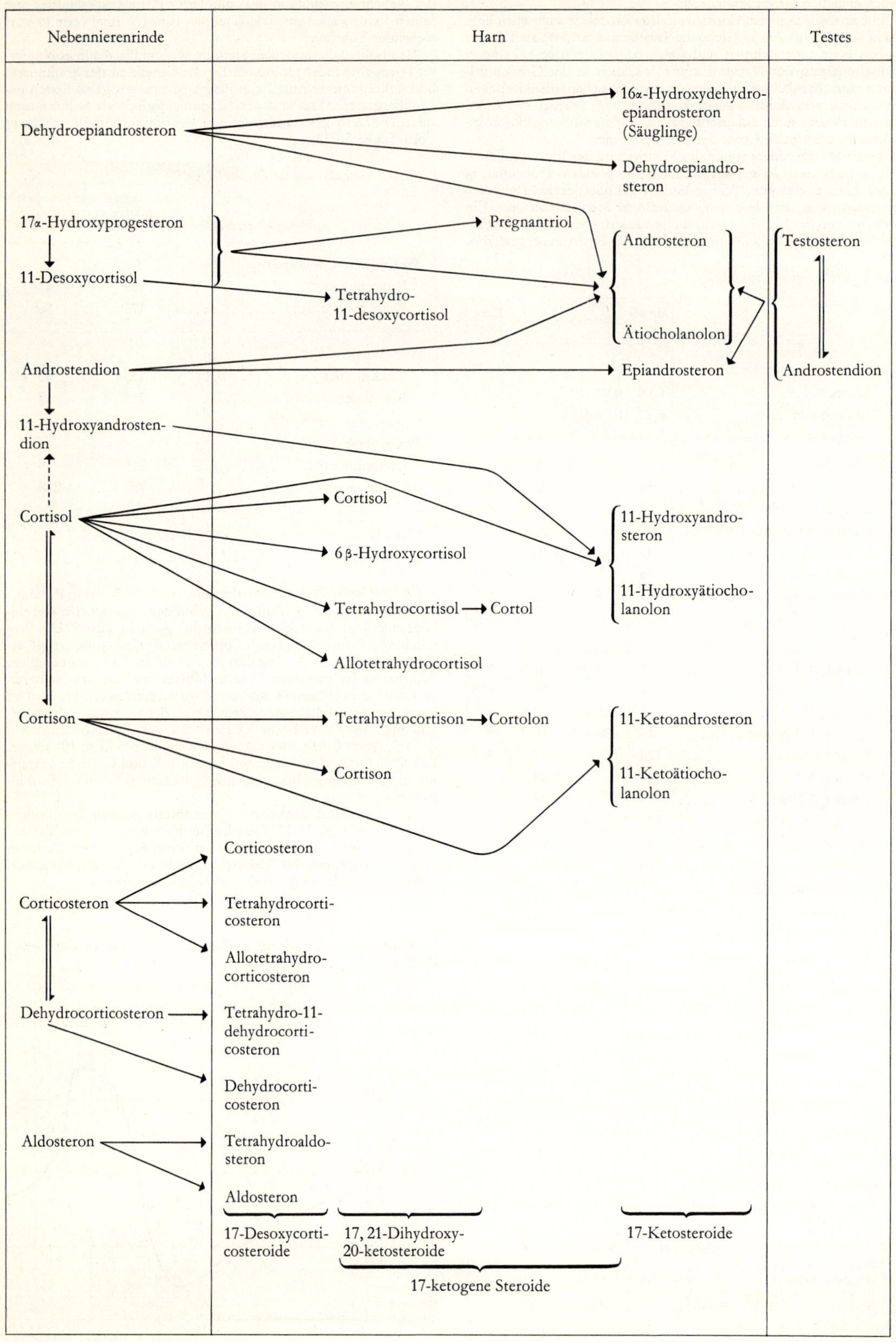

Stoffwechsel der Corticosteroide. Injiziertes Cortisol hat im kreisenden Blut eine biologische Halbwertzeit von 1,4–3 h, Corticosteron eine von 0,9–1,6 h und Cortison eine solche von etwa 30 min[26]. Die Halbwertzeit von Aldosteron beträgt 33 min[27]. Der Katabolismus der Corticosteroide findet vorwiegend in der Leber statt, der von Aldosteron[28] aber auch in der Niere. Durch Reduktion des Ringes A von Cortisol und Corticosteron entstehen die entsprechenden Tetrahydroderivate, durch Reduktion der 20-Ketogruppe α- und β-Cortol sowie α- und β-Cortolon. Auch Aldosteron wird zum Tetrahydroderivat reduziert. Dehydroepiandrosteronsulfat wird zum größten Teil unverändert ausgeschieden. Fast alle Metaboliten werden konjugiert unter Bildung von Glucuronosiden und Sulfaten. Weiteres über den Corticosteroidstoffwechsel siehe S. 424.

Corticosteroide im Harn. Im Harn werden sowohl Corticosteroide als auch ihre Stoffwechselprodukte ausgeschieden. Normalwerte finden sich in den folgenden Tabellen und Abbildungen (S. 737–739). Für das Routinelabor ist die Bestimmung der einzelnen Steroide zu kompliziert, so daß man sich mit der Bestimmung von Gruppen begnügen muß (siehe die Tabelle auf S. 733). Stoffwechselprodukte der Corticosteroide stammen aber zum Teil auch von in den Testikeln produzierten Steroiden ab. Die entsprechenden Zusammenhänge sind aus dem nebenstehenden Schema ersichtlich. Welche oft bestimmten Corticosteroidfraktionen im Harn – die 17-Ketosteroide, die 17-ketogenen Steroide oder die 11-Hydroxycorticosteroide – am besten die Corticosteroidproduktion der Nebenniere wiedergeben, darüber sind die Meinungen geteilt[32, 33]. Beim Mann sind etwa zwei Drittel der Gesamt-17-ketosteroide Corticosteroidmetaboliten, ein Drittel Metaboliten von Testikelsteroiden; bei der Frau sind die Corticosteroide die Hauptquelle, geringe Mengen sind ovarieller Herkunft.

Bei der Beurteilung der Aldosteronausscheidung sind der Hydratationszustand sowie Kalium- und Natriumhaushalt zu berücksichtigen. Die Bestimmung von Pregnantriol ist wertvoll zur Er-

Ausscheidung von Cortisol[1], Cortison[1] und Aldosteron[2] im Harn bei Kindern und Erwachsenen

Alter	Cortisol		Cortison		Aldosteron	
	μg/24 h	μg/24 h/kg Körpergewicht	μg/24 h	μg/24 h/kg Körpergewicht	μg/24 h	μg/24 h/kg Körpergewicht
<1 Jahr	1,0	0,11	6,9	0,86	2,1	0,24
1–5 Jahre	3,9	0,23	14,4	0,85	3,5	0,23
6–10 Jahre	7,3	0,26	23,9	0,76	4,9	0,17
11–15 Jahre	14,4	0,29	35,2	0,71	6,5	0,13
16–20 Jahre	20,6	0,33	47,2	0,76	6,6	0,10
21–30 Jahre	31,3	0,42	65,7	0,89	7,5	0,10

1 Minick, M.C., *Metabolism*, **15**, 359 (1966).
2 Minick und Conn, *Metabolism*, **13**, 681 (1964).

*Ausscheidung von Corticosteroiden im Harn**

	Mittelwert	Bereich	Literatur
Aldosteron (μg/24 h)	5	2–10	1
Aldosteron, frei (μg/24 h)			
Neugeborene	–	0,03–0,13	2
Erwachsene	–	0,17–0,63	3
18-Aldosteronglucuronid (μg/24 h)			
Neugeborene	–	0,4–2,5	2
Erwachsene	5,6	3,0–12,0	3
Corticosteron (mg/24 h)	0,02	0–0,04	1
Cortisol (mg/24 h)	0,07	0,03–0,09	1
Cortisol, frei (mg/24 h)	0,019	–	4
Cortisolglucuronid (mg/24 h)	0,025	–	4
Cortison (mg/24 h)	0,09	0,06–0,14	1
Cortison, frei (mg/24 h)	0,057	–	4
Cortisonglucuronid (mg/24 h)	0,063	–	4
Cortolon (mg/24 h)			
Männer	1,9	0,3–2,9	3
Frauen	1,1	0,5–1,6	3
Dehydrocorticosteron (mg/24 h)	0,01	0–0,03	1
6β-Hydroxycortisol (mg/24 h)			
Männer	0,44	–	3
Frauen	0,37	–	3
16-Hydroxydehydroepiandrosteron (mg/24 h)			
Neugeborene, 0–7 Tage	0,29	0,0–1,1	5
Kinder, 4–6 Monate	0,04	0,0–0,16	5
16-Hydroxypregnenolon (mg/24 h)			
Neugeborene, 0–7 Tage	0,98	0,05–3,6	5
Kinder, 4–6 Monate	0,02	0,0–0,08	5
Pregnantriol (mg/24 h)			
Kinder vor der Pubertät	–	<0,1	6
Männer	–	0,11–0,97	7
Frauen	–	0,11–0,45	7
Tetrahydroaldosteron (μg/24 h)			
Neugeborene	–	1,9–7,2	2
Erwachsene	–	40–60	3
Tetrahydrocorticosteron (mg/24 h)	0,20	0,10–0,36	1
Allotetrahydrocorticosteron (mg/24 h)	0,20	0,08–0,36	1
Tetrahydrocortisol (mg/24 h)	1,0	0,6–1,6	1
Männer	2,2	0,8–2,8	3
Frauen	1,9	0,5–3,7	3
Allotetrahydrocortisol (mg/24 h)	0,4	0,1–0,7	1
	1,1	0–2,8	3
Tetrahydrocortison (mg/24 h)	2,7	1,0–3,8	1
Tetrahydro-11-dehydrocorticosteron (mg/24 h)	0,16	0,06–0,24	1
Tetrahydro-11-desoxycortisol (mg/24 h)	0,06	0,02–0,10	1

* Werte für Erwachsene, falls nicht anders angegeben.

Literatur

1 Cost und Vegter, *Acta endocr. (Kbh.)*, **41**, 571 (1962).
2 New et al., *J. clin. Invest.*, **45**, 412 (1966).
3 Tamm, J., in: Bartelheimer und Jores (Hrsg.), *Klinische Funktionsdiagnostik*, 3. Aufl., Thieme, Stuttgart, 1967, S. 44.
4 Brouillet und Mattox, *J. clin. Endocr.*, **26**, 453 (1966).
5 Reynolds, J.W., *J. clin. Endocr.*, **25**, 416 (1965).
6 Visser, H.K.A., *Arch. Dis. Childh.*, **41**, 2 (1966).
7 Kinoshita et al., *J. clin. Endocr.*, **26**, 1219 (1966).

Ausscheidung von 17-ketogenen Steroiden im Harn von Frauen und Männern[29] (98%-Vertrauensbereich)

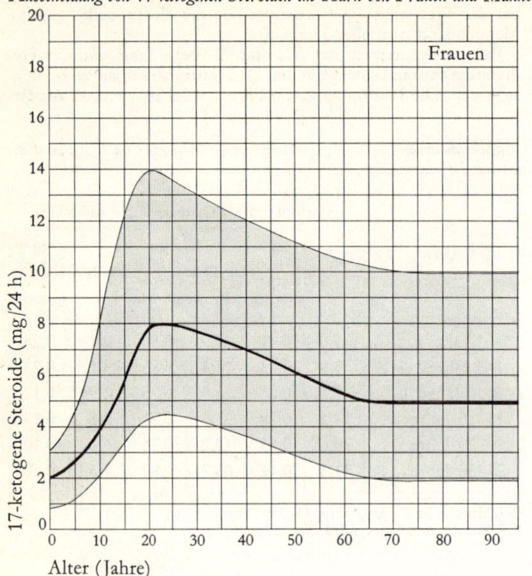

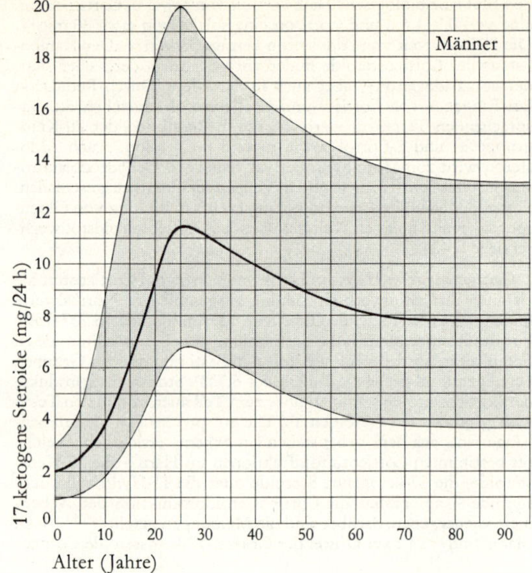

Corticosteroidausscheidung im Harn während der Schwangerschaft[30]

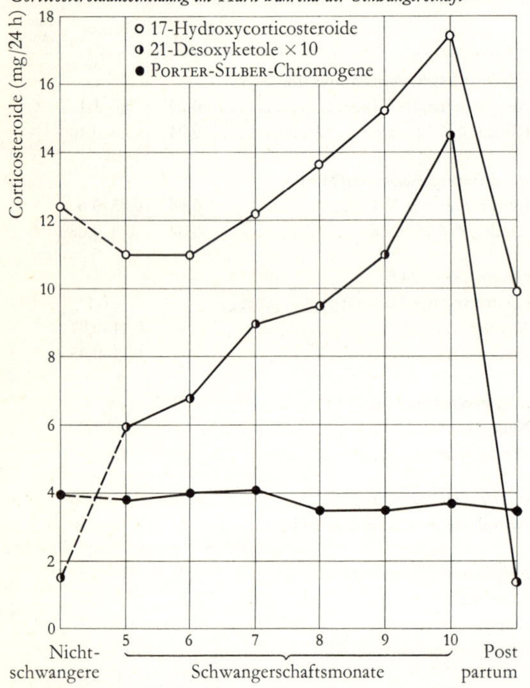

kennung einer kongenitalen Nebennierenrindenhyperplasie. 16α-Hydroxypregnenolon und 16α-Hydroxydehydroepiandrosteron – beides Steroide adrenaler Herkunft – können nur im Harn von Neugeborenen und Säuglingen nachgewiesen werden. Diese beiden Steroide sind wahrscheinlich Vorstufen für die von der Plazenta gebildeten Östrogene.

Funktionsteste

Die Nebennierenrindenkapazität läßt sich durch Bestimmung der Corticosteroide in Blut bzw. Harn nach exogener Gabe von ACTH – meist in einer Dosis von 25–50 IE intravenös[33] – ermitteln. Statt ACTH wird neuerdings auch das synthetische Polypeptid Tetracosactrin verwendet[34]: Bei 66 Personen stieg der Plasmaspiegel der 11-Hydroxycorticosteroide ausgehend von 147 µg/l auf einen Wert von 314 µg/l 30 min nach intramuskulärer Gabe von 0,25 mg Polypeptid.

Zur Differenzierung von Nebennierenrindenerkrankungen wurden Steroidsuppressionsteste ausgearbeitet, die darauf beruhen, daß die Cortisolsekretion der Nebennierenrinde, solange sie vom ACTH der Hypophyse abhängig ist, durch exogen zugeführte Corticosteroide unterdrückt werden kann; ein Test unter Verwendung oraler Gaben von Dexamethason wurde von Liddle[35] standardisiert. Zum Metyrapontest siehe S.706.

Der diagnostische Wert indirekter Funktionsteste ist im Gegensatz zu dem der chemischen Bestimmung der Corticosteroide in Körperflüssigkeiten relativ gering. Solche Teste sind der Eosinophilentest (Thorn-Test)[36], der Diuresetest[37] und Untersuchungen der Elektrolytbilanz.

Biologische Wirkung[38]

Die Hormone der Nebennierenrinde sorgen im weitesten Sinn für die Aufrechterhaltung der Homöostasis. Sie ermöglichen dem Organismus, innerer und äußerer Beanspruchung zu begegnen. Für die erhöhte Corticosteroidaktivität bei Belastungen ist ACTH verantwortlich; die ACTH-Sekretion ihrerseits wird durch den Hypothalamus und andere Gehirnzentren gesteuert[39] (siehe auch «Corticotropin», S.706). Die Corticosteroide unterscheiden sich in Wirkungsweise und -grad, worüber die Tabelle auf S.740 Aufschluß gibt. Die Wirkung der Corticosteroide bei den einzelnen Spezies ist aber nicht gleichartig; so bestehen beträchtliche Unterschiede zwischen Ratte und Mensch[40].

Aufgrund ihres Wirkungsspektrums werden die Corticosteroide oft in Mineralo- und Glucocorticoide unterteilt, was aber nicht streng durchführbar ist, weil sich die Wirkungen der einzelnen Corticosteroide überschneiden. Corticosteroide mit einer Sauerstoffunktion am C-11 beeinflussen vor allem den Kohlenhydrat- und Eiweißstoffwechsel. Die Wirkung auf den Mineralstoffwechsel ist für die Lebenserhaltung entscheidend. Der Tod nach völligem Ausfall der Nebennierenrinde ist vor allem eine Folge der Natriumverarmung. Durch reichliche Natriumzufuhr kann das Fehlen der Corticosteroide bis zu einem gewissen Grad kompensiert werden. Corticotropin hat bei intakter Nebennierenrinde praktisch die gleiche Wirkung wie die Glucocorticoide.

Wirkung auf den Kohlenhydrat- und Proteinstoffwechsel[41]. Nahrungsentzug führt beim adrenalektomierten Tier zu raschem Schwinden der Kohlenhydratreserve. Der Glycogengehalt der Leber und ebenfalls der Muskeln nimmt ab, der Blutzuckerspiegel sinkt. Adrenalektomierte Tiere sind überempfindlich auf Insulin. Patienten mit Addisonscher Krankheit weisen eine ähnliche Störung des Koh-

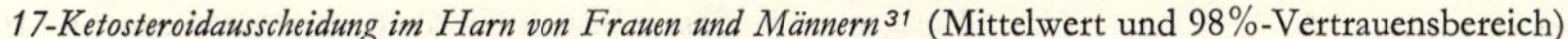

17-Ketosteroidausscheidung im Harn von Frauen und Männern[31] (Mittelwert und 98%-Vertrauensbereich)

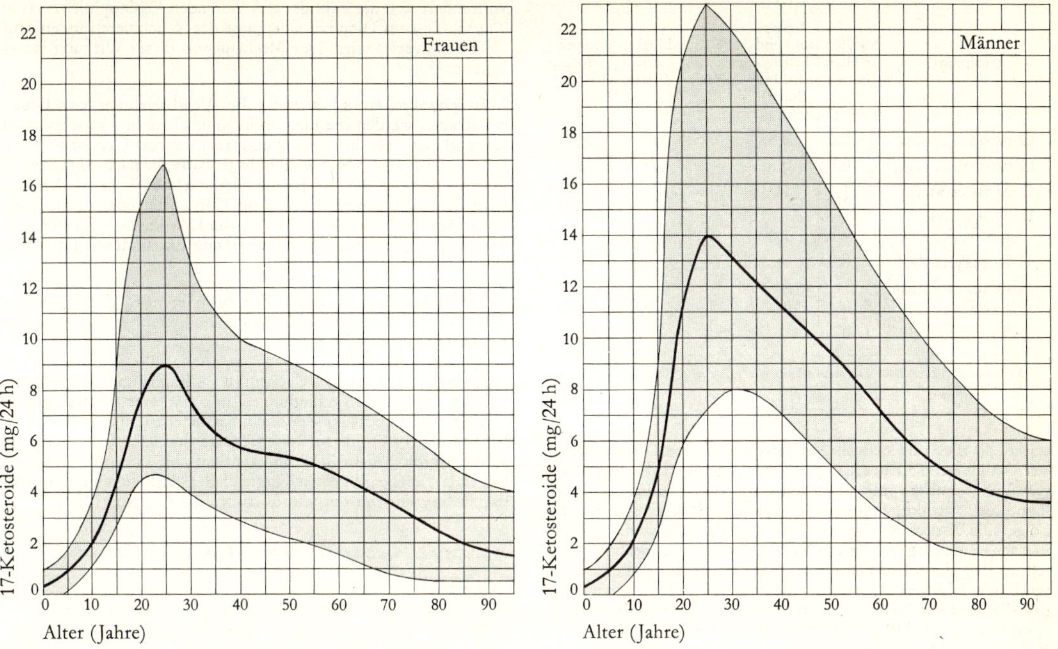

Ausscheidung von 17-Ketosteroiden im Harn von Kindern und Erwachsenen (mg/24 h)

Alter	Anzahl	11-Hydroxy-ätiocholanolon		11-Hydroxy-androsteron		11-Keto-ätiocholanolon		Dehydroepiandrosteron		Ätiocholanolon		Androsteron		Literatur
		Mittelwert	Bereich	Mittelwert	Bereich	Mittelwert	Bereich	Mittelwert	Bereich	Mittelwert	Bereich	Mittelwert	Bereich	
Knaben, 3–12 Jahre.	9	0,35	0,03–0,88	0,45	0,09–0,92	0,34	0,03–0,62	0,10	< 0,01–0,33	0,35	0,04–0,82	0,32	0,07–0,82	1
Mädchen, 3–11 Jahre	14	0,25	0,01–0,73	0,64	0,10–1,74	0,33	0,03–0,84	0,08	< 0,01–0,34	0,50	0,01–1,56	0,67	0,01–2,28	1
Männer, 19–43 Jahre	10	0,6	0,3–1,1	1,6	1,0–2,1	0,6	0,3–1,4	2,3	0,8–6,4	2,8	1,4–5,1	3,4	1,5–6,0	1
Frauen, 18–43 Jahre.	25	0,6	0,2–1,2	1,4	0,2–2,9	0,7	0,2–1,4	1,1	0,1–2,6	2,7	0,7–4,3	3,1	0,9–4,8	1
Männer, 50–71 Jahre	11	0,8	0,2–2,2	1,7	0,8–3,1	0,7	0,2–1,5	0,7	< 0,1–4,0	2,5	1,1–5,0	1,8	1,0–3,8	1
Frauen, 46–70 Jahre.	21	0,6	0,2–1,5	1,0	0,5–1,9	0,7	0,3–1,4	0,3	< 0,1–0,7	2,2	0,9–3,7	1,3	0,5–3,8	1
Männer	8	0,7	0,3–1,6	0,6	0,3–1,0	0,7	0,2–1,1	0,6	0,1–1,4	2,1	1,0–3,1	2,1	1,1–3,5	2
Frauen	8	0,9	0,6–1,9	0,5	0,1–0,9	0,5	0,2–0,7	0,4	0,1–1,1	1,9	1,3–3,9	1,6	0,3–3,6	2

Literatur [1] FEHER, T., *Clin.chim.Acta*, **14**, 91 (1966). [2] MARTIN und HAMMAN, *J.clin.Endocr.*, **26**, 257 (1966).

lenhydratstoffwechsels auf. Diese Erscheinungen werden sämtlich durch Zufuhr von Cortisol aufgehoben. Unter der Wirkung der Corticosteroide nehmen die Stickstoffausscheidung sowie die Aminosäurenkonzentration des Blutes zu. Daraus läßt sich schließen, daß Protein in Kohlenhydrat umgewandelt wird (Gluconeogenese). Die Zufuhr von großen Dosen Cortisol hat Symptome zur Folge, wie sie beim CUSHING-Syndrom zu finden sind, so Erhöhung des Blutzuckerspiegels und des Glycogengehalts der Leber sowie geringe Ansprechbarkeit auf Insulin. Die katabolische Wirkung der Corticosteroide äußert sich in Gewebsabbau, reduzierter Muskelmasse, Osteoporose und dünner werdender Haut.

Wie diese Wirkung zustande kommt, ist nur teilweise geklärt. Die Corticosteroide beeinflussen in vivo und in vitro die Wirkung vieler Enzyme[42]. So steigt in der Leber durch die Corticosteroide die Aktivität der Glucose-6-phosphatase und von am Aminosäurenstoffwechsel beteiligten Enzymen, wie Tryptophanoxygenase und Tyrosinaminotransferase. Gleichzeitig kommt es zu einer Synthese von Boten-RNS und einer De-novo-Enzymsynthese[42, 43]. Dieser Wirkungsmechanismus der Corticosteroide beruht möglicherweise auf direkter Beeinflussung der Genaktivität[44].

Wirkung auf den Fettstoffwechsel[45]. Die Glucocorticoide haben Einfluß auf jede Phase des Fettstoffwechsels – Oxydation, Synthese, Mobilisierung und Speicherung. Bei Fehlen der Nebennierenrinde ist die Mobilisierung von Fett in den peripheren Depots durch Adrenalin, Noradrenalin, Wachstumshormon oder fettmobilisierendes Peptid der Adenohypophyse stark beeinträchtigt. Diese Störungen können durch kleine Dosen Cortisol aufgehoben werden. Die Corticosteroide scheinen aber nur die Wirkung der vorher erwähnten Hormone zu konditionieren. Dieser Einfluß der Corticosteroide auf den Fettstoffwechsel wird auch als «permissive» Rolle der Nebennierenrinde bezeichnet. Die Störung des Fettstoffwechsels des Menschen bei Cortisoltherapie oder CUSHING-Syndrom, bei der Ansatz und Verteilung des Körperfetts verändert sind, ist in ihrer Wirkungsweise ungeklärt.

Wirkung auf den Mineral- und Wasserhaushalt[46]. Störungen der Nebennierenrindenfunktion beeinflussen den Elektrolyt- und Wasserhaushalt. Bei Unterfunktion kommt es zu Natriumverlust via Harn, Hyponatriämie, Hyperkaliämie, Abnahme des extrazellulären Flüssigkeitsvolumens und Zunahme der Hydratation der Zellen. Bei Überfunktion steigt der Natriumgehalt des Körpers, der Serumnatriumspiegel ist leicht erhöht, und es kommt zu Hypokaliämie und Zunahme des extrazellulären Flüssigkeitsvolumens. Die Wirksamkeit von Aldosteron und in geringerem Maße von Desoxycorticosteron auf den Mineralstoffwechsel ist wesentlich

Wirkungsvergleich einiger Corticosteroide[1]

Hormon	Na^+/K^+ im Harn (Ratte)	Wachstum und Lebenserhaltung (Ratte)	Lebenserhaltung (Hund)	Muskelarbeit (Ratte)	Leberglycogen (Ratte)
Cortison	0,6	2,5	0,5	10	10
Cortisol	0,8	0,5	–	19	16
Corticosteron ...	1,4	1,7	–	–	5
Dehydrocorticosteron	–	1,0	–	5	5
11-Desoxycortisol	0,8	–	–	0,2	–
11-Desoxycorticosteron	10	10	10	0,2	0,1
Aldosteron......	1000	–	250	–	3

[1] Fruton und Simmonds, *General Biochemistry*, 2. Aufl., Wiley, New York, 1958, S. 947.

stärker als die von Cortisol. Aldosteron und auch Desoxycorticosteron steigern die Rückresorption von Natrium im distalen Nierentubulus und erhöhen gleichzeitig die Ausscheidung von Kalium; die Natriumretention hat auch eine Wasserretention zur Folge. Die Wirkungsweise von Aldosteron besteht wahrscheinlich in einer Förderung des aktiven Natriumtransports, wie experimentell an der Harnblase der Kröte gezeigt werden konnte; wahrscheinlich induziert Aldosteron die Synthese eines Proteins, das den Übertritt von Natrium in die Zellen der Mukosa erleichtert[47]. Cortisol unterscheidet sich in der Wirkungsweise von Aldosteron. Wie Aldosteron steigert es – wenn auch in geringerem Maße – die Rückresorption von Natrium im distalen Nierentubulus; die erhöhte Kaliumausscheidung aber scheint eher auf einer Freisetzung von Kalium im Gewebe zu beruhen als eine Folge der Wirkung auf die Niere zu sein. Die Abnahme der Wasserdiurese, wie sie bei Nebennierenrindeninsuffizienz vorkommt, kann durch Gaben von Cortisol, aber nicht von Aldosteron, verhindert werden. Cortisol scheint nötig zu sein, um die Funktion des Nierentubulus für eine normale Wasserdiurese aufrechtzuerhalten.

Wirkung auf den Kreislauf. Sie ist in erster Linie eine Folge der Beeinflussung des Mineral- und Wasserhaushalts – so bei Nebennierenrindeninsuffizienz Folge des verringerten Plasmavolumens und der erhöhten Blutviskosität –, beruht aber auch auf einer direkten Wirkung der Corticosteroide auf die Kapillaren, Arteriolen und das Myokard. Die Tatsache, daß Corticosteroide die Adrenalinfreisetzung stimulieren, hat ebenfalls ihre Auswirkung auf den Kreislauf.

Wirkung auf den Muskel. Die Beeinträchtigung der Muskelfunktion bei Nebennierenrindeninsuffizienz ist in erster Linie Folge des inadäquaten Kreislaufs. Bei primärem Aldosteronismus liegt die Ursache der Muskelschwäche außerdem in der Hypokaliämie, bei Cushing-Syndrom im gesteigerten Muskelabbau.

Wirkung auf das Zentralnervensystem. Die Corticosteroide beeinflussen die Erregbarkeit des Gehirns und die Psyche. Dem liegt im wesentlichen die Wirkung der Corticosteroide auf den zerebralen Kreislauf und auf den Stoffwechsel von γ-Aminobuttersäure und Elektrolyten im Gehirn zugrunde[48].

Wirkung auf das lymphatische Gewebe. Die Corticosteroide führen zu einer ausgeprägten Involution der lymphatischen Organe, wobei sowohl die Parenchymzellen als auch die retikulären Bindegewebszellen betroffen werden[49]. In der ersten Phase erfolgt eine charakteristische Auflösung der Thymozyten im Thymus und der Lymphozyten in den Lymphknoten, ferner in geringerem Grade in der Milz. Die der Lymphozytolyse folgende zweite Phase ist charakterisiert durch eine Hemmung der Zellneubildung einerseits (dies manifestiert sich durch die Abwesenheit von Mitosen in Thymus, Lymphknoten und Milz) und durch eine Degeneration des retikulären Bindegewebes anderseits.

Nur unzureichend geklärt sind Vermehrung und Verminderung der zirkulierenden Antikörper unter dem Einfluß der Corticosteroide. Diese scheinen beim Menschen, Affen oder Meerschweinchen die Antikörperbildung nur unwesentlich zu beeinflussen, unterdrücken sie aber unter gewissen Umständen bei Kaninchen, Ratte und Maus.

Wirkung auf die Eosinophilen. Unter Corticosteroiden und ACTH vermindert sich die Zahl der zirkulierenden Eosinophilen, was im Thorn-Test zur Differentialdiagnose der Nebennierenrindeninsuffizienz verwertet wird. Der Mechanismus dieser Wirkung ist unbekannt[50].

Entzündungshemmende Wirkung. Bei Verabreichung von Glucocorticoiden werden die meisten inflammatorischen Prozesse toxischer, allergischer, infektiöser und traumatischer Genese gehemmt bzw. unterdrückt, wenn auch bloß palliativ, da nach Absetzen der Hormontherapie die Symptome wiederkehren[51]. Diese Wirkung wird dem schützenden Einfluß der Corticosteroide auf die Lysosomenmembran zugeschrieben[52]; die Lysosomen enthalten proteinspaltende Enzyme, deren Freisetzung Entzündungen nach sich ziehen soll.

Wirkung auf die Hypophyse. Die zirkulierenden Corticosteroide üben einen hemmenden Einfluß auf die hypophysäre Corticotropinsekretion aus (siehe S. 706).

Synthetische Steroide. Durch chemische Modifizierung des Steroidgerüsts gelang es, Verbindungen mit stärkerer physiologischer Aktivität und größerer Spezifität herzustellen, als sie die natürlichen Corticosteroide aufweisen. Heute sind über 1200 biologisch aktive Steroide, natürliche und synthetische, bekannt. Die nachfolgende Tabelle gibt einen Vergleich der Wirkung einiger synthetischer Steroide mit der von Cortison und Cortisol[53].

Physiologische Aktivität natürlicher und synthetischer Steroide

Steroid	Entzündungshemmende Wirkung	Na-Retention	K-Diurese	Wirkung auf den Kohlenhydratstoffwechsel
Cortison	1	1	1	1
Cortisol................	1–1,25	1–1,25	1	1,25
Prednison .... (1-Dehydrocortison)	3–5	Gering	Gering	3–5
Prednisolon .... (1-Dehydrocortisol)	3–5	Gering	Gering	3–5
6α-Methylprednisolon	3–5	Keine	Gering	3–5
9α-Fluorocortisol	10–15	300-900	10–25	10–25
Triamcinolon............ (9α-Fluoro-16α-hydroxyprednisolon)	3–5	Keine	Gering	3–5
Dexamethason........... (9α-Fluoro-16α-methylprednisolon)	15–28	Keine	Gering	30

Literatur

1 Borth, R., *Acta endocr. (Kbh.)*, **22**, 125 (1956).
2 Loraine und Bell, *Hormone Assays and their Clinical Application*, 2. Aufl., Livingstone, Edinburg, 1966.
3 Carstensen, H., *Meth. biochem. Anal.*, **9**, 127 (1962).
4 Dorfman, R.I., in: Dorfman, R.I. (Hrsg.), *Methods in Hormone Research*, Band 1, Academic Press, New York, 1962, S. 51; Péron, F.G., in: Dorfman, R.I. (Hrsg.), *Methods in Hormone Research*, Band 1, Academic Press, New York, 1962, S. 199.
5 Neher, R., *Chromatogr. Rev.*, **1**, 99 (1959); Bush, I.E., *The Chromatography of Steroids*, Pergamon, Oxford, 1961; Heftman, E., *Chromatogr. Rev.*, **7**, 179 (1965); Kuksis, A., *Meth. biochem. Anal.*, **14**, 325 (1966).
6 Talalay, P., *Meth. biochem. Anal.*, **8**, 119 (1960).
7 Neher und Wettstein, *J. clin. Invest.*, **35**, 800 (1956).
8 Kliman und Peterson, *J. biol. Chem.*, **235**, 1639 (1960).
9 Tait und Tait, in: Dorfman, R.I., *Methods in Hormone Research*, Band 1, Academic Press, New York, 1962, S. 265.
10 Bongiovanni und Eberlein, *Analyt. Chem.*, **30**, 388 (1958); Bongiovanni et al., *J. clin. Endocr.*, **24**, 1312 (1964).
11 Fotherby, K., *Biochem. J.*, **73**, 339 (1959).
12 Dorfman, R.I., in: Dorfman, R.I. (Hrsg.), *Methods in Hormone Research*, Band 2, Academic Press, New York, 1962, S. 325.
13 Venning et al., *Endocrinology*, **38**, 79 (1946).
14 Pabst et al., *Endocrinology*, **41**, 55 (1947).

[15] Simpson und Tait, *Endocrinology*, **50**, 150 (1952).
[16] Neher, R., *Advanc.clin.Chem.*, **1**, 127 (1958).
[17] Visser, H.K.A., *Arch.Dis.Childh.*, **41**, 2 (1966).
[18] Dorfman und Ungar, *Metabolism of Steroid Hormones*, Academic Press, New York, 1965; Eik-Nes und Hall, *Vitam. and Horm.*, **23**, 153 (1965).
[19] Pearlman, W.H., *Ciba Found.Coll.Endocr.*, **11**, 233 (1957).
[20] Cope, C.L., *Adrenal Steroids and Disease*, Pitman, London, 1965.
[21] Cope und Pearson, *J.clin.Path.*, **18**, 82 (1965).
[22] Sandberg et al., *Recent Progr. Hormone Res.*, **13**, 209 (1957); Slaunwhite, jr., und Sandberg, *J.clin. Invest.*, **38**, 384 (1959); Sandberg und Slaunwhite, jr., *J.clin.Invest.*, **38**, 1290 (1959); De Moor et al., *J.clin. Endocr.*, **26**, 71 (1966).
[23] Mills, I.H., *Recent Progr. Hormone Res.*, **15**, 261 (1959); Sandberg et al., *J.clin.Jnvest.*, **39**, 1914 (1960); Daughaday et al., *J.clin.Endocr.*, **21**, 53 (1961).
[24] Katz und Shannon, *J.clin. Invest.*, **45**, 1031 (1966).
[25] Nach Liddle, G.W., *Arch.intern.Med.*, **117**, 739 (1966).
[26] Ayres et al., *Ciba Found.Coll.Endocr.*, **11**, 309 (1957); Peterson, R.E., *Recent Progr. Hormone Res.*, **15**, 231 (1959); Gallagher, T.F., *Harvey Lect.*, **52**, 1 (1958); Peterson, R.E., *Ann. N.Y. Acad.Sci.*, **82**, 846 (1959); Peterson und Pierce, *J.clin.Invest.*, **39**, 741 (1960).
[27] Wolff et al., *Schweiz.med.Wschr.*, **95**, 387 (1965).
[28] Deck und Siegenthaler, *Helv.med.Acta*, **32**, 407 (1965); Bledsoe et al., *J.clin.Invest.*, **45**, 264 (1966).
[29] Nach Jørgensen, M., *Acta endocr. (Kbh.)*, **26**, 424 (1957).
[30] Nach Norymberski, J.K., in: McGowan und Sandler (Hrsg.), *The Adrenal Cortex*, Pitman, London, 1961, S.88.
[31] Hamburger, C., *Acta endocr. (Kbh.)*, **1**, 19 (1948), und persönliche Mitteilung, 1967.
[32] Cope, C.L., in: McGowan und Sandler (Hrsg.), *The Adrenal Cortex*, Proceedings of a Symposium, London 1960, Pitman, London, 1961, S.20; Mattingly et al., *Lancet*, **2**, 1046 (1964); Mattingly und Tyler, *Brit. med. J.*, **4**, 394 (1967).
[33] Tamm, J., in: Küchmeister et al. (Hrsg.), *Klinische Funktionsdiagnostik*, 3.Aufl., Thieme, Stuttgart, 1967, S.44; Prunty, F.T.G., in: Gardiner-Hill, H. (Hrsg.), *Modern Trends in Endocrinology*, Band 3, Butterworth, London, 1967, S.169.
[34] Wood et al., *Lancet*, **1**, 243 (1965).
[35] Liddle, G.W., *J.clin.Endocr.*, **20**, 1539 (1960).
[36] Renold et al., *J.clin.Endocr.*, **12**, 763 (1952); Randolph, T.G., *J.Lab. clin.Med.*, **34**, 1696 (1949).
[37] Robinson et al., *Proc.Mayo Clin.*, **16**, 577 (1941).
[38] Noble, R.L., in: Pincus und Thimann (Hrsg.), *The Hormones*, Band 3, Academic Press, New York, 1955, S.685; Travis und Sayers, in: Goodman und Gilman (Hrsg.), *The Pharmacological Basis of Therapeutics*, 3.Aufl., Macmillan, New York, 1965, S.1608.
[39] Yates und Urquhart, *Physiol.Rev.*, **42**, 359 (1962).
[40] Ringler, I., in: Dorfman, R.I. (Hrsg.), *Methods in Hormone Research*, Band 3, Academic Press, New York, 1964, S.227.
[41] Long et al., *Endocrinology*, **26**, 309 (1940); Long et al., in: Wolstenholme und O'Connor (Hrsg.), *Metabolic Effects of Adrenal Hormones*, Ciba Foundation Study Group, Nr.6, Churchill, London, 1960, S.4; Landau, B.R., *Vitam. and Horm.*, **23**, 1 (1965).
[42] Rosen und Nichol, *Vitam. and Horm.*, **21**, 135 (1963).
[43] Garren et al., *J.molec.Biol.*, **9**, 100 (1964).
[44] Karlson, P. (Hrsg.), *Mechanisms of Hormone Action*, NATO Advanced Study Institute, Academic Press, New York, 1965; Hechter und Halkerston, *Ann. Rev. Physiol.*, **27**, 133 (1965).
[45] Renold et al., in: Wolstenholme und O'Connor (Hrsg.), *Metabolic Effects of Adrenal Hormones*, Ciba Foundation Study Group, Nr.6, Churchill, London, 1960, S.68; Winegrad, A.I., *Vitam. and Horm.*, **20**, 141 (1962).
[46] Lipsett et al., in: Comar und Bronner (Hrsg.), *Mineral Metabolism*, Band 1, Teil B, Academic Press, New York, 1961, S.473; Slater, J.D.H., *Postgrad.med.J.*, **40**, 479 (1964); Laragh und Kelly, *Advanc.metab.Dis.*, **1**, 217 (1964).
[47] Sharp und Leaf, *Recent Progr. Hormone Res.*, **22**, 431 (1966).
[48] Woodbury, D.M., *Pharmacol.Rev.*, **10**, 275 (1958).
[49] Baker et al., *Amer.J.Anat.*, **88**, 313 (1951); Dougherty und White, *Amer.J.Anat.*, **77**, 81 (1945); Dougherty et al., *Progr.Hematol.*, **3**, 155 (1962).
[50] Thorn et al., *New Engl.J.Med.*, **248**, 232, 284, 323, 369, 414, 588, 632 (1953).
[51] Mills und Moyer (Hrsg.), *Inflammation and Diseases of Connective Tissue*, Saunders, Philadelphia, 1961.
[52] Weissmann und Thomas, *Recent Progr. Hormone Res.*, **20**, 215 (1964).
[53] Liddle, G.W., *Ann.N.Y.Acad.Sci.*, **82**, 854 (1959); Tolksdorf, S., *Ann. N.Y.Acad.Sci.*, **82**, 829 (1959); Frawley et al., *Ann.N.Y.Acad.Sci.*, **82**, 868 (1959); Fried und Borman, *Vitam. and Horm.*, **16**, 303 (1958); Soffer und Orr, *Metabolism*, **7**, 383 (1958).

Androgene[1,2]

Chemie

Unter Androgenen versteht man Steroide, die beim erwachsenen Männchen die Auswirkungen der Kastration kompensieren können und beim geschlechtsunreifen Tier die Entwicklung der männlichen akzessorischen Geschlechtsdrüsen und der sekundären Geschlechtsmerkmale fördern.

Testosteron

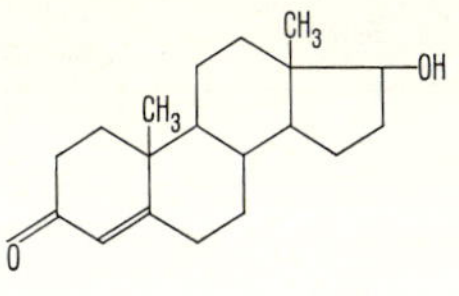

Androsteron
(Androstan-3α-ol-17-on)

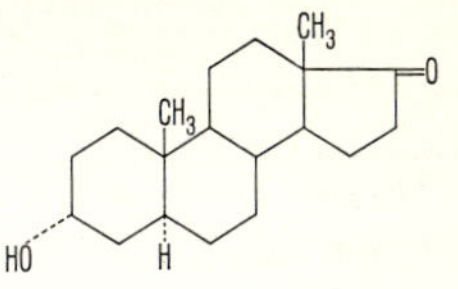

Androstendion

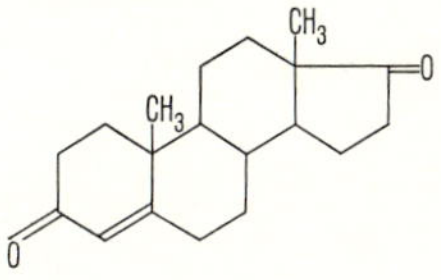

Androstandion

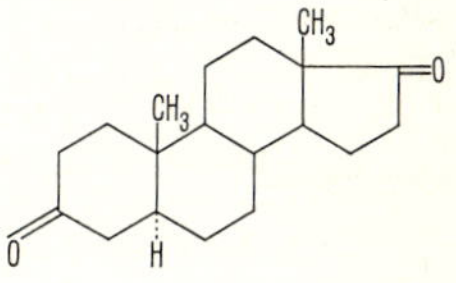

Dehydroepiandrosteron

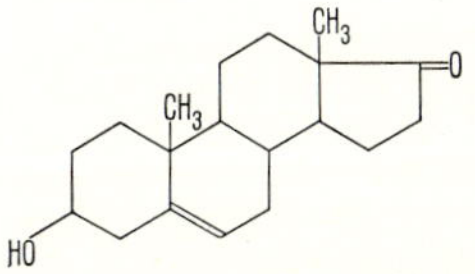

Synthetische Steroide mit androgener Wirkung[3] sind zum Beispiel 17-Methyltestosteron und Fluoxymesteron. Protrahierte Wirkung zeigen längerkettige Ester von Testosteron (Testosteroncypionat, Testosteronenanthat, Testosteronphenylacetat). Synthetische Testosteronabkömmlinge mit anaboler, aber geringerer virilisierender Wirkung sind zum Beispiel Methandrostenolon, 19-Nortestosteron, Norethandrolon[4].

Einheiten

Die internationale Einheit für androgene Wirksamkeit (0,1 mg Androsteron) ist aufgehoben. Biologische Einheit für androgene Wirksamkeit: KE (Kapauneinheit) = Minimalmenge, die, an 2 aufeinanderfolgenden Tagen verabreicht, eine Vergrößerung des Kammes um 20% bewirkt; diese Menge entspricht ungefähr der Aktivität von 0,1 mg Androsteron.

Bestimmungsmethoden[5]

Die androgene Aktivität läßt sich biologisch an Vögeln (Kapaunkammtest, Kükenkammtest) oder an Ratten (Samenblasentest, Prostatatest) bestimmen. Diese Teste sind zwar von Bedeutung für pharmakologische Untersuchungen, für klinische Zwecke aber wurden sie von den chemischen Bestimmungsmethoden verdrängt. Einige Androgene, nicht aber Testosteron, lassen sich aufgrund der chemischen Struktur in der Gruppe der 17-Ketosteroide erfassen (siehe S.733). Zur Bestimmung von Dehydroepiandrosteron eignet sich die Methode nach Fotherby[6]. Zur Bestimmung von Testosteron im Harn wurden gaschromatographische Methoden ausgearbeitet[7]. Zur Bestimmung von Testosteron und Androstendion im Blut wurde die doppelte Isotopenverdünnung herangezogen[8].

Bildung, Sekretion, Stoffwechsel[9]

Der Bildungsweg der Androgene ist auf S.424 beschrieben. Die Testikel bilden vor allem Testosteron, daneben aber auch kleine Mengen Androstendion und Dehydroepiandrosteron. Die letzteren beiden Verbindungen und 11β-Hydroxyandrostendion werden auch von der Nebennierenrinde sezerniert. Die Testikel tragen zur täglichen Produktion von Androstendion 0,4–0,5 mg und von Dehydroepiandrosteron 0,6–0,7 mg bei, die Nebennierenrinde zur täglichen Produktion von Androstendion 2–3 mg und von Dehydroepiandrosteron 9–10 mg[10] (siehe hierzu S.734). In geringen Mengen werden Androstendion, Dehydroepiandrosteron und wahrscheinlich auch Testosteron vom Ovar sezerniert. Auch in der Leber wird Testosteron aus Androstendion und Dehydroepiandrosteron gebildet. Es ist deshalb nur schwer möglich, aus dem Gehalt an Androgenen im Blut oder im Harn Sekretionsraten für eine bestimmte Drüse zu berechnen; es werden vielmehr sogenannte Produktionsraten bestimmt (Werte hierzu sind auf der folgenden Seite zusammengestellt). Die Steroidbiosynthese in den Leydigschen Zellen der Testikel scheint nur durch die Gonadotropine (LH,

Produktionsraten von Androgenen (mg/24 h)

	Mittelwert	Bereich	*s*	Literatur
Testosteron				
Männer	7	–	–	1
Frauen	0,34	–	–	1
Männer	–	3,58–7,56	–	2
Frauen	–	0,42–0,94	–	2
Männer	6,8	–	–	3
Frauen	0,23	0,13–0,33	0,073	4
Androstendion				
Männer	1,4	–	–	1
Frauen	3,4	–	–	1
Frauen	3,3	1,7–6,3	1,86	4
Epitestosteron				
Männer	0,22	–	–	3

Literatur

1 Horton und Tait, *J. clin. Invest.*, **45**, 301 (1966).
2 Camacho und Migeon, *J. clin. Endocr.*, **26**, 893 (1966).
3 Wilson und Lipsett, *J. clin. Endocr.*, **26**, 902 (1966).
4 Bardin und Lipsett, *J. clin. Invest.*, **46**, 891 (1967).

Androgene im Plasma

	Mittelwert	Bereich	*s*	Literatur
Testosteron (µg/l)				
Männer	8,0	5–11	2,5	1
Frauen	0,69	–	–	1
Männer	6,4	3,2–13,0	2,0	2
Frauen	0,36	0,13–0,80	0,09	2
Frauen	0,37	0,20–0,70	0,09	3
Schwangere, 20–31 Wochen	3,8	3,0–4,6	–	4
Schwangere, 39–42 Wochen	9,0	5,9–11,7	–	4
Androstendion (µg/l)				
Jugendliche	0,50	–	–	5
Männer	0,60	–	0,12	6
Frauen	1,40	–	0,32	6
Frauen	1,67	0,9–2,1	0,40	3
Dehydroepiandrosteronsulfat (mg/l)				
Männer	1,5	–	–	7
Frauen	1,0	–	–	7
Androsteronsulfat (mg/l)	0,4	–	–	7

Literatur

1 Riondel et al., *J. clin. Endocr.*, **23**, 620 (1963).
2 Lloyd et al., *J. clin. Endocr.*, **26**, 314 (1966).
3 Bardin und Lipsett, *J. clin. Invest.*, **46**, 891 (1967).
4 Meeker, C.I., in: *Second International Congress on Hormonal Steroids*, Mailand 1966, Excerpta Medica Foundation, Amsterdam, 1966, S. 174.
5 Prunty und Lim, in: *Second International Congress on Hormonal Steroids*, Mailand 1966, Excerpta Medica Foundation, Amsterdam, 1966, S. 133.
6 Horton, R., *J. clin. Endocr.*, **25**, 1237 (1965).
7 Prunty, F. T. G., *Brit. med. J.*, **2**, 605 (1966).

HCG) stimulierbar zu sein[10,11]; die Bildung von Androgenen in der Nebennierenrinde wird durch ACTH stimuliert. Die Testosteronsekretion der Leydigschen Zellen wird durch Gaben synthetischer Androgene und Östrogene unterdrückt. Das biologisch inaktive Epitestosteron wird wahrscheinlich in der Leber und in der Nebennierenrinde gebildet.

Angaben über den Gehalt des peripheren Plasmas an Androgenen sind in der Tabelle unten links zu finden. Mit zunehmendem Alter steigt bei Knaben die Testosteronkonzentration des Plasmas an – ausgehend von Werten wie im weiblichen Organismus –, bis sie mit der Pubertät die des Mannes erreicht[10]. Die Berichte über Schwankungen im Tagesablauf sind widersprechend[10,13]; bei der Frau zeigt der Testosteronspiegel des Plasmas zyklusartige Schwankungen[12]. Während der Schwangerschaft steigt er an und ist zum Termin oft höher als beim Mann; 11 Tage post partum ist er wieder auf den Normalwert zurückgefallen[14]. Im Plasma sind die Androgene zum Teil an Proteine gebunden, Testosteron anscheinend spezifisch an ein β-Globulin[15]. Die Bestimmung des Testosteronspiegels im Plasma des Mannes erlaubt eine Aussage über die Hodenfunktion[10], im Plasma der Frau eine solche über virilisierende Prozesse und idiopathischen Hirsutismus[2].

Injiziertes Testosteron wird im kreisenden Blut rasch umgewandelt, mit einer Halbwertzeit von vielleicht 4 min[16]. Die wichtigsten Umwandlungsprodukte von Testosteron und Androstendion sind Androsteron und Ätiocholanolon (S. 736). Angaben über die Ausscheidung dieser Verbindungen finden sich im Abschnitt «Corticosteroide», S. 739. Testosteron findet sich im Harn vorwiegend als Glucuronid, Dehydroepiandrosteron vorwiegend als Sulfat. Die Angaben über die Testosteronausscheidung im Harn stimmen wenig überein; einige Werte, aus denen auch die Altersabhängigkeit ersichtlich ist, sind in untenstehender Tabelle und in der Abbildung auf der nächsten Seite zusammengestellt. Die Testosteronausscheidung der Frau zeigt Schwankungen im Verlauf des Zyklus[18,19], mit einem Minimum während und nach der Menstruation und einem Maximum in der Mitte des Zyklus. Nach der Menopause kann es zu einer Abnahme der Testosteronausscheidung kommen[19].

Testosteronausscheidung im Harn (µg/24 h)

	Mittelwert	Bereich	Literatur
Testosteron, gesamt			
Kinder, <10 Jahre	0,4	0,1–0,8	1
Männer	37	20–65	1
Frauen	7,7	3–14	1
Männer, 16–20 Jahre	78	60–103	2
Männer, 21–63 Jahre	51,7	40–65	2
Frauen, 20–55 Jahre	6,5	2,1–10,7	2
Testosteronglucuronid			
Männer	72	33–120	3
Frauen	12	7–18	3
Testosteronsulfat			
Männer	–	~5–10	4
Testosteron, frei			
Männer	1,1	–	5
Frauen	0,7	–	5
Epitestosteronglucuronid			
Männer	182	–	3
Frauen	36	–	3

Literatur

1 Vestergaard et al., *Clin. chim. Acta*, **14**, 540 (1966).
2 Ismail und Harkness, *Biochem. J.*, **99**, 717 (1966).
3 Prunty, F. T. G., *Brit. med. J.*, **2**, 605 (1966).
4 Dessypris et al., *Proc. Soc. exp. Biol. (N.Y.)*, **121**, 1128 (1966).
5 van der Molen et al., zitiert nach Prunty [3].

Testosteronausscheidung im Harn von Männern (Mittelwerte und zweifache Standardabweichung von 68 Personen)[17]

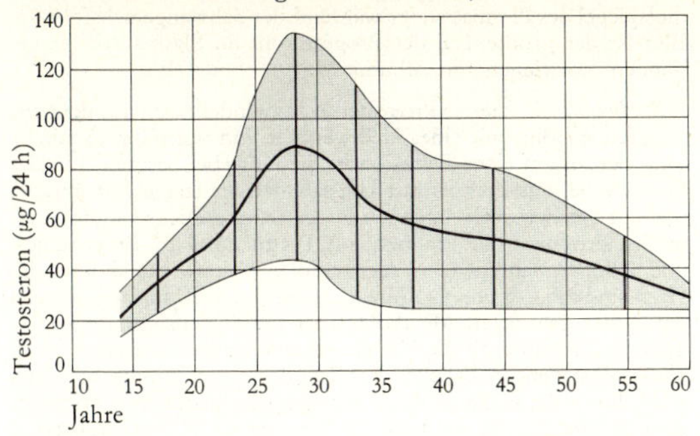

Wirkung

Testosteron übt eine anabole Wirkung auf den Proteinstoffwechsel aus[20]. Testosteron bzw. entsprechende synthetische Derivate fördern die Stickstoffretention und beschleunigen die Erholung von einer Proteinmangelernährung. Die Wirkung ist bei Knaben vor der Pubertät und bei Frauen ausgeprägter als bei Männern. Der Angriffspunkt in der Proteinsynthese dürfte beim Transfer des s-RNS-Aminosäurenkomplexes in die Ribosomen der Mikrosomen liegen.

Testosteron hemmt die LH-Sekretion der Hypophyse, wahrscheinlich infolge einer Hemmung der LH-RF-Bildung im Hypothalamus[21].

Die Geschlechtswirkungen der Androgene sind in der Tabelle auf S. 748 zusammengestellt. Testosteron scheint im Zellkern der Erfolgsorgane gebunden zu sein; die Wirkung dürfte über die RNS-Bildung gehen[22].

Wirkungsvergleich einiger androgener Hormone[1] (bezogen auf Testosteron = 100)

Verbindung	Kapaunkammtest	Samenblasentest (Ratte)	Virilisierung der Frau
Testosteron	100	100	100
Androsteron	10	10	–
Androstendion	12	20	<5
Androstandion	12	14	–
Dehydroepiandrosteron	16	3	<5
Methyltestosteron	60	–	–

[1] DORFMAN und SHIPLEY, *Androgens*, Wiley, New York, 1956, S. 116.

Literatur

[1] DORFMAN und SHIPLEY, *Androgens*, Wiley, New York, 1956.

[2] SEGRE, E. J., *Androgens, Virilization and the Hirsute Female*, Thomas, Springfield, 1967.

[3] DORFMAN, R. I., in: DORFMAN, R. I. (Hrsg.), *Methods in Hormone Research*, Band 5, Academic Press, New York, 1966, S. 235.

[4] KINCL, F. A., in: DORFMAN, R. I. (Hrsg.), *Methods in Hormone Research*, Band 4, Academic Press, New York, 1965, S. 21.

[5] DORFMAN, R. I., in: DORFMAN, R. I. (Hrsg.), *Methods in Hormone Research*, Band 2, Academic Press, New York, 1962, S. 275; LORAINE und BELL, *Hormone Assays and their Clinical Application*, 2. Aufl., Livingstone, Edinburg, 1966.

[6] FOTHERBY, K., *Biochem. J.*, **73**, 339 (1959).

[7] ISMAIL und HARKNESS, *Acta endocr. (Kbh.)*, Suppl. 100, 47 (1965); *Biochem. J.*, **99**, 717 (1966).

[8] HUDSON et al., *Austr. J. exp. Biol.*, **41**, 235 (1963); RIONDEL et al., *J. clin. Endocr.*, **23**, 620 (1963); RIVAROLA und MIGEON, *Steroids*, **7**, 103 (1966).

[9] DORFMAN und UNGAR, *Metabolism of Steroid Hormones*, Academic Press, New York, 1965; LIPSETT und KORENMAN, *J. Amer. med. Ass.*, **190**, 757 (1964); PRUNTY, F. T. G., *Brit. med. J.*, **2**, 605 (1966); TAMM, J., in: BARTELHEIMER und JORES (Hrsg.), *Klinische Funktionsdiagnostik*, 3. Aufl., Thieme, Stuttgart, 1967, S. 95; TAMM, J., *Dtsch. med. Wschr.*, **92**, 1983, 2037, 2080 (1967).

[10] HUDSON et al., *Ciba Found. Coll. Endocr.*, **16**, 140 (1967).

[11] EIK-NES, K. B., *Physiol. Rev.*, **44**, 609 (1964).

[12] LOBOTSKY et al., *J. clin. Endocr.*, **24**, 1261 (1964).

[13] RESKO und EIK-NES, *J. clin. Endocr.*, **26**, 573 (1966).

[14] MEEKER, C. I., in: *Second International Congress on Hormonal Steroids*, Mailand 1966, Excerpta Medica Foundation, Amsterdam, 1966, S. 174.

[15] MERCIER, C., in: *Second International Congress on Hormonal Steroids*, Mailand 1966, Excerpta Medica Foundation, Amsterdam, 1966, S. 269.

[16] PEARLMAN, W. H., *Ciba Found. Coll. Endocr.*, **11**, 233 (1957).

[17] Nach SCHMIDT und STARCEVIC, *Klin. Wschr.*, **45**, 377 (1967).

[18] HORN et al., *Steroids*, **7**, 118 (1966).

[19] GRATTAROLA und JUTISZ, in: *Second International Congress on Hormonal Steroids*, Mailand 1966, Excerpta Medica Foundation, Amsterdam, 1966, S. 304.

[20] WYNN, V., in: GARDINER-HILL, H. (Hrsg.), *Modern Trends in Endocrinology*, Band 3, Butterworth, London, 1967, S. 254.

[21] MCCANN et al., in: *Second International Congress on Hormonal Steroids*, Mailand 1966, Excerpta Medica Foundation, Amsterdam, 1966, S. 79.

[22] WILLIAMS-ASHMAN et al., *Recent Progr. Hormone Res.*, **20**, 247 (1964); KARLSON, P. (Hrsg.), *Mechanisms of Hormone Action*, NATO Advanced Study Institute, Academic Press, New York, 1965.

Progesteron

Chemie

Progesteron ist chemisch mit den Nebennierenrindensteroiden nahe verwandt und beim Menschen das wichtigste progestagene Hormon. Weniger wirksam sind die ebenfalls beim Menschen vorkommenden progestagenen Steroide 17α-Hydroxyprogesteron sowie 20α- und 20β-Hydroxypregn-4-en-3-on (20α- bzw. 20β-Hydroxyprogesteron). 20α-Hydroxypregnenon scheint beim Kaninchen das wichtigste progestagene Steroid zu sein[1].

Progesteron

Synthetische Steroide mit progestagener Wirkung[2] leiten sich vor allem vom 17α-Acetoxyprogesteron ab; Derivate des 19-Nortestosterons haben neben der progestagenen Wirkung auch eine ausgeprägt androgene Wirkung.

Bestimmungsmethoden

Biologisch[3]. Für klinische Zwecke sind solche Teste nicht genügend empfindlich bzw. spezifisch. Im CLAUBERG-Test wird am juvenilen weiblichen Kaninchen, das mit Östrogenen vorbehandelt wurde, die Umwandlung der proliferierten Uterusschleimhaut in eine Sekretionsschleimhaut verfolgt (eine Kanincheneinheit entspricht etwa 0,6 mg Progesteron).

Chemisch[4]. Progesteron kann nach geeigneter chromatographischer Isolierung durch Spektrophotometrie bei 240 nm oder in Form des Dithiosemicarbazons bei 280 nm bestimmt werden[5]. Andere Methoden beruhen auf der Anwendung der Fluorometrie und Kolorimetrie sowie neuerdings der Gaschromatographie und der doppelten Isotopenverdünnung. Pregnandiol wird am besten kolorimetrisch bestimmt, zum Beispiel nach KLOPPER et al.[6], oder auch gaschromatographisch.

Bildung, Sekretion, Stoffwechsel[7,8]

Progesteron ist ein Zwischenprodukt bei der Biosynthese aller anderen Steroidhormone. Es wird von Nebennierenrinde, Ovar, Testikel und Plazenta gebildet. In quantitativer Hinsicht sind das Corpus luteum des Ovars und die Plazenta die wichtigsten Progesteronquellen. Die in diesen Organen enthaltene Progesteronmenge (Corpus luteum etwa 20 µg/g[9], Plazenta 2–4 µg/g[10]) ist im Verhältnis zur Progesteronsekretion während der lutealen Phase des Zyklus und der Schwangerschaft nur gering; Progesteron muß also sezerniert werden, sobald es gebildet ist. Ergebnisse der Bestimmung von Progesteronsekretionsraten sind in einer besondern Tabelle auf der folgenden Seite zusammengestellt. Nach neueren Untersuchungen scheinen diese Werte zumindest für den Mann zu hoch zu sein; so betrug die Plasmaproduktionsrate, ermittelt durch doppelte Isotopenverdünnung, beim Mann 0,59 mg pro Tag, die Harnproduktionsrate aber 3,8 mg pro Tag[11]. Während der Schwangerschaft verläuft die Progesteronproduktion ungefähr proportional dem Plazentagewicht; zum Termin erreicht sie Werte von ungefähr 250 mg pro Tag[12].

Angaben über den Gehalt des Plasmas an Progesteron und einigen seiner Stoffwechselprodukte sind in einer besondern Tabelle auf der folgenden Seite zusammengestellt. Während des ersten Schwanger-

*Produktionsraten von Progesteron und Pregnenolon** (mg/24 h)

	Mittelwert	Bereich	Literatur
Progesteron			
Männer	–	1,1–6,5	1
Männer, 23–34 Jahre	5,1	3,2–7,4	2
Männer, 74–79 Jahre	1,5	0,8–1,9	2
Frauen, ovariektomiert	–	0,9–2,5	1
Frauen, Proliferationsphase	–	2,5–5,4	3
Frauen, Lutealphase	–	22–43	3
Pregnenolon			
Männer, 23–34 Jahre	15	9–22	2
Männer, 74–79 Jahre	3,5	2,6–5,1	2

* Anhand der Pregnandiolausscheidung im Harn ermittelt (Harnproduktionsrate).

Literatur

1 LITTLE et al., zitiert nach FOTHERBY, K., *Vitam. and Horm.*, **22**, 153 (1964).
2 ROMANOFF et al., *J. clin. Endocr.*, **26**, 1023 (1966).
3 DOMINGUEZ et al., zitiert nach BROOKS, R.V., in: GARDINER-HILL, H. (Hrsg.), *Modern Trends in Endocrinology*, Band 3, Butterworth, London, 1967, S. 127.

Progesteron und seine Metaboliten im Plasma (µg/l)

	Mittelwert	Bereich	s	Literatur
Progesteron				
Frau, Proliferationsphase	–	0–5,3	–	1
Frau, Lutealphase	–	6–21	–	1
Frau, Proliferationsphase	1,13	–	0,49	2
Frau, Lutealphase	10,4	–	3,2	2
Frau, ovariektomiert	0,39	–	0,10	2
Männer	0,28	–	0,13	2
Männer	0,28	< 0,15–0,48	–	3
Nabelschnurvene	372	–	60	4
Nabelschnurarterie	140	–	18	4
17α-Hydroxyprogesteron				
Nabelschnurvene	6	–	–	4
Nabelschnurarterie	33	–	–	4
20α-Hydroxypregnenon				
Nabelschnurvene	10	–	–	4
Nabelschnurarterie	27	–	–	4
20β-Hydroxypregnenon				
Nabelschnurvene	3	–	–	4
Nabelschnurarterie	14	–	–	4
Pregnandiol				
Frauen	–	65–129	–	5

Literatur

1 WOOLEVER, C.A., *Amer. J. Obstet. Gynec.*, **85**, 981 (1963).
2 RIONDEL et al., *J. clin. Endocr.*, **25**, 229 (1965).
3 VAN DER MOLEN und GROEN, *J. clin. Endocr.*, **25**, 1625 (1965).
4 ZANDER, J., in: WOLSTENHOLME und CAMERON (Hrsg.), *Progesterone and the Defence Mechanism of Pregnancy*, Ciba Foundation Study Group, Nr. 9, Churchill, London, 1961, S. 32.
5 OERTEL et al., *Arch. Biochem.*, **86**, 148 (1960).

schaftstrimesters liegt der Plasmaspiegel unter 40 µg/l und steigt bis zum Termin auf 80–250 µg/l und mehr an[7]. Auch der Pregnandiolspiegel des Plasmas steigt während der Schwangerschaft[13]. Im Blut ist der größte Teil des Progesterons an Plasmaproteine gebunden, vorwiegend an Albumin[14].

Stoffwechsel. Injiziertes Progesteron schwindet rasch aus dem zirkulierenden Blut mit einer Halbwertzeit von ungefähr 15 min[11]. Dies beruht auf einer Diffusion in die Gewebe, besonders in das Fettgewebe, aus dem es nur langsam wieder freigesetzt wird[15], und auf Stoffwechselvorgängen in der Leber. Gut bekannte Stoffwechselprodukte sind Pregnanolon, Pregnandiol (5β-Pregnandiol) und Allopregnandiol (5α-Pregnandiol). Weitere Metaboliten im Harn sind am C-6 und C-16 hydroxyliert[7]. Der Hauptteil der von der Leber gebildeten Metaboliten ist mit Glucuronsäure konjugiert und wird durch die Nieren ausgeschieden (Normalwerte in der untenstehenden Tabelle). Ein Teil der Progesteronmetaboliten wird durch die Galle in den Darm ausgeschieden und erscheint zum größten Teil in den Fäzes[16]. Weniger als 70% des injizierten Progesterons können aus Harn und Fäzes wiedergewonnen werden; weniger als 40% sind identifizierbare Stoffwechselprodukte[7].

Während der Proliferationsphase des Zyklus der Frau liegt die Pregnandiolausscheidung meist unter 1 mg/24 h; dieses Pregnandiol stammt wahrscheinlich vorwiegend von in der Nebennierenrinde gebildeten Steroiden ab. Anschließend an die Ovulation steigt die Pregnandiolausscheidung an und erreicht während der Lutealphase Werte zwischen 2 und 6 mg/24 h. In dieser Phase stammt der größte Teil des Pregnandiols vom Progesteron des Corpus luteum. Einige Tage vor Beginn der Menstruation beginnt sich die Pregnandiolausscheidung zu vermindern und geht auch noch die ersten 2 oder 3 Tage nach Beginn der Periode weiter zurück.

Das von der Plazenta gebildete Progesteron wird in den Fötus transportiert, wo es zu weniger aktiven Verbindungen wie 17α-Hydroxyprogesteron und 20α- und 20β-Hydroxypregnenon abgebaut wird. Zwischen Fötus und Plazenta, Mutter und Plazenta sowie Fötus und Mutter besteht ein dynamischer Austausch von Progesteron und seinen Metaboliten[17]. Während der Schwangerschaft steigt die Ausscheidung von Pregnandiol (siehe die Abbildung auf der nächsten Seite), ebenso die von Pregnanolon[19]. Eine Woche post partum ist die Pregnandiolausscheidung wieder auf den während der Proliferationsphase bestehenden Wert zurückgefallen[20]. Pregnandiol wurde aus dem Mekonium isoliert, es liegt dort zu 85–95% als Sulfat vor[21].

Ausscheidung von Progesteronmetaboliten im Harn (mg/24 h)

	Mittelwert	Bereich	s	Literatur
Pregnandiol				
Knaben, 3–15 Jahre	0,76	–	0,32	1
Mädchen, 3–15 Jahre	0,72	–	0,60	1
Männer	0,92	0,38–1,42	–	2
Frauen, Proliferationsphase	1,12	0,78–1,50	–	2
Frauen, Lutealphase	3,3	2,1–4,2	–	2
Frauen, nach der Menopause	0,63	0,28–0,86	–	2
Frauen, Proliferationsphase	0,48	0,10–1,26	0,31	3
Frauen, Lutealphase	2,68	1,17–9,50	1,68	3
Männer, 23–34 Jahre	0,6	–	0,17	4
Männer, 74–79 Jahre	0,15	–	0,07	4
Pregnanolon				
Männer	–	0,14–0,60	–	5
Frauen	–	0,06–0,46	–	5

Literatur

1 BERGSTRAND und GEMZELL, *J. clin. Endocr.*, **17**, 870 (1957).
2 KLOPPER et al., *J. Endocr.*, **12**, 209 (1955).
3 SCOMMEGNA et al., *Fertil. and Steril.*, **18**, 257 (1967).
4 ROMANOFF et al., *J. clin. Endocr.*, **26**, 1023 (1966).
5 VAN DER MOLEN, H.J., *Acta endocr. (Kbh.)*, **41**, 247 (1962).

Pregnandiolausscheidung im Harn während der Schwangerschaft[18] (Mittelwert und 95%-Vertrauensgrenzen)

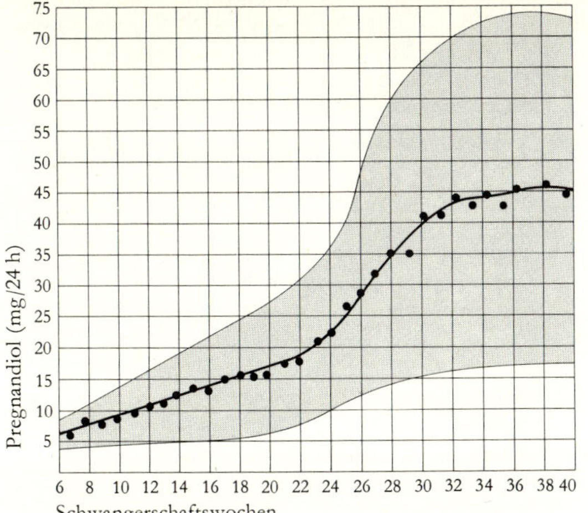

Steuerung der Progesteronsekretion. Wie die Progesteronbildung und -sekretion gesteuert wird, ist nur unvollständig bekannt[2,7,22,23]. Die Bildung von Progesteron im reifenden Follikel wird wahrscheinlich durch LH allein stimuliert; ob für die Progesteronsekretion während der Lutealphase neben LH auch Prolactin stimulierend wirkt, ist nicht sicher bewiesen. Die Steuerung der Progesteronproduktion in der Plazenta ist noch nicht geklärt; HCG mag daran beteiligt sein. Unter bestimmten Bedingungen wurde eine Steigerung der Progesteronsekretion im Corpus luteum durch HCG beobachtet.

Wirkung

Die Hauptwirkung des Progesterons auf den Uterus besteht in der Erhaltung der Schwangerschaft bis zum Termin[24]. Diese Rolle des Hormons wird jedoch nur unzureichend verstanden[25]. Progesteron beeinflußt die Zusammensetzung und Stoffwechselaktivität des Uterus; manche dieser Wirkungen auf den Uterus sind auf die gleichzeitige Einwirkung von Östrogenen angewiesen[7]. Progesteron führt zu einer Zunahme des Uterusgewichts sowie des Kollagen-, Nucleinsäure-, Glycogen- und Lipidgehalts. Es wirkt möglicherweise auf den Uterus durch Blockierung der Kontraktionen, die durch Oxytocin ausgelöst werden[24]. In vitro hemmt Progesteron die Aktivität von Enzymen der Atmungskette und stimuliert den Galactosestoffwechsel[7]. Es wirkt außerdem antagonistisch zur natriumretinierenden Wirkung von Aldosteron und Desoxycorticosteron, beeinflußt aber nicht die Kaliumausscheidung. Nach Progesterongaben steigt zur Kompensation der erhöhten Natriumausscheidung die Aldosteronsekretion. Auf den Aminosäurenstoffwechsel wirkt Progesteron katabol und bewirkt folglich eine vermehrte Stickstoffausscheidung durch die Nieren. Dieser Effekt beruht vielleicht auf einer gestörten Aminosäurenverwertung durch die Leber. Bei Mäusen und Ratten führt Progesteron zu einer Zunahme des Körpergewichts, vor allem des Fettgewebes. Den Stoffwechselwirkungen des Progesterons dürfte unter physiologischen Verhältnissen keine besondere Bedeutung zukommen, abgesehen von Fällen hoher Progesteronsekretion.

Progesteron, in hohen Dosen über längere Zeit verabreicht, hemmt die LH-Sekretion und damit auch die Ovulation. Progestagene Verbindungen steigern somit die ovulationshemmende Wirkung der Östrogene in den Steroidkombinationen, die zur Konzeptionsverhütung verwendet werden. Diese Kombinationen verändern aber auch den Zervixmukus, indem sie ihn für die Spermien schwerer durchdringbar machen[26]. Progesteron, nahe dem Zeitpunkt der erwarteten Ovulation verabreicht, induziert oder beschleunigt sie[22].

Literatur

1 Hilliard et al., *Endocrinology*, **72**, 59 (1963).
2 Miyake und Rooks, in: Dorfman, R. I. (Hrsg.), *Methods in Hormone Research*, Band 5, Academic Press, New York, 1966, S. 59; Edgren et al., *Fertil. and Steril.*, **18**, 238 (1967).
3 Miyake, T., in: Dorfman, R. I. (Hrsg.), *Methods in Hormone Research*, Band 2, Academic Press, New York, 1962, S. 127.
4 Loraine und Bell, *Hormone Assays and their Clinical Application*, 2. Aufl., Livingstone, Edinburg, 1966.
5 Pearlman, W. H., *Recent Progr. Hormone Res.*, **9**, 27 (1954).
6 Klopper et al., *J. Endocr.*, **12**, 209 (1955).
7 Fotherby, K., *Vitam. and Horm.*, **22**, 153 (1964).
8 Dorfman und Ungar, *Metabolism of Steroid Hormones*, Academic Press, New York, 1965.
9 Zander et al., *J. clin. Endocr.*, **18**, 337 (1958).
10 Kumar et al., *Amer. J. Obstet. Gynec.*, **87**, 126 (1963).
11 Little et al., *J. clin. Invest.*, **45**, 901 (1966).
12 Zander und von Münstermann, *Klin. Wschr.*, **32**, 894 (1954); Pearlman, W. H., *Ciba Found. Coll. Endocr.*, **11**, 233 (1957).
13 Deshpande und Sommerville, *Lancet*, **2**, 1046 (1958); Oertel et al., *Arch. Biochem.*, **86**, 148 (1960).
14 Westphal et al., *Arch. Biochem.*, **92**, 441 (1961).
15 Kaufmann und Zander, *Klin. Wschr.*, **34**, 7 (1956); Plotz und Davis, *Proc. Soc. exp. Biol. (N.Y.)*, **95**, 92 (1957); Davis und Plotz, *Recent Progr. Hormone Res.*, **13**, 347 (1957).
16 Sandberg und Slaunwhite, jr., *J. clin. Endocr.*, **18**, 253 (1958); Taylor, W., in: Taylor, W. (Hrsg.), *The Biliary System*, NATO Advanced Study Institute, Academic Press, New York, 1965, S. 399; Peterson, R. E., in: Taylor, W. (Hrsg.), *The Biliary System*, NATO Advanced Study Institute, Academic Press, New York, 1965, S. 385.
17 Diczfalusy und Troen, *Vitam. and Horm.*, **19**, 229 (1961); Diczfalusy, E., *Fed. Proc.*, **23**, 791 (1964).
18 Nach Shearman, R. P., *J. Obstet. Gynaec. Brit. Emp.*, **66**, 1 (1959).
19 van der Molen, H. J., *Acta endocr. (Kbh.)*, **41**, 247 (1962); Lachèse et al., *Clin. chim. Acta*, **8**, 538 (1963).
20 Ehrlich, E. N., *J. Lab. clin. Med.*, **65**, 869 (1965).
21 Francis und Kinsella, jr., *J. clin. Endocr.*, **26**, 128 (1966).
22 Rothchild, I., *Vitam. and Horm.*, **23**, 209 (1965).
23 Savard et al., *Recent Progr. Hormone Res.*, **21**, 285 (1965).
24 Csapo, A., in: Wolstenholme und Cameron (Hrsg.), *Progesterone and the Defence Mechanism of Pregnancy*, Ciba Foundation Study Group, Nr. 9, Churchill, London, 1961, S. 3.
25 Lloyd und Weisz, *Ann. Rev. Physiol.*, **28**, 267 (1966).
26 Diczfalusy, E., *Brit. med. J.*, **2**, 1394 (1965).

Östrogene

Chemie

Alle natürlichen östrogenen Stoffe sind ungesättigte Verbindungen mit phenolischen und alkoholischen bzw. Ketogruppen. Sie sind leicht löslich in Äther, Alkohol, Chloroform, Aceton, unlöslich in Wasser. Dank ihrer phenolischen Struktur sind sie leicht löslich in wässerigen Alkalien, was ihre leichte Trennung von den Androgenen der selben Harnfraktion erlaubt.

Östradiol (Östradiol-17β)

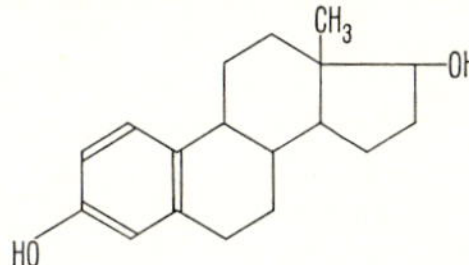

Östriol

Östron

Östrogene Wirkung haben auch pflanzliche Phenole wie Genistein und Cumöstrol. Synthetische Verbindungen mit östrogener Wirkung sind Äthinylöstradiol sowie nichtsteroide Verbindungen wie Diäthylstilböstrol, Hexöstrol, Dienöstrol, Benzöstrol, Chlorotrianisen[1]. Ester des Östradiols wirken protrahierter als die freie Verbindung, weil sie langsamer resorbiert werden.

Einheiten

Die internationalen Einheiten für Östron (1 IE = 0,0001 mg) und für Östradiolbenzoat (1 IE = 0,0001 mg) sind aufgehoben. Es gilt das Substanzgewicht.

Mäuseeinheit (ME) und Ratteneinheit (RE) = Minimalmenge an Östrogenen, die bei kastrierten weiblichen Tieren zum Schollenstadium (Brunst) der Vagina führt.

Bestimmungsmethoden

Biologisch[2]. Zum Beispiel an der Induktion des Schollenstadiums der Vagina an der kastrierten weiblichen Maus bzw. Ratte (ALLEN-DOISY-Test). Biologische Teste haben den Nachteil, daß, insbesondere für klinische Untersuchungen, nur die Aktivität des vorliegenden Östrogengemischs ermittelt werden kann.

Chemisch[3]. Östrogene können kolorimetrisch (KOBER-Reaktion) oder fluorometrisch (Reaktion mit Schwefelsäure oder Phosphorsäure) bestimmt werden. Zur Bestimmung der einzelnen Östrogene ist eine vorherige chromatographische Trennung erforderlich.

Im Harn wurden die Östrogene auch gaschromatographisch bestimmt, im Blut auch durch doppelte Isotopenverdünnung.

Bildung, Sekretion, Stoffwechsel[4]

Der Bildungsweg der Östrogene ist auf S. 426 beschrieben. Die Orte der Östrogenproduktion sind beim Menschen vorwiegend das Ovar und die Plazenta, kleinere Mengen werden von der Nebennierenrinde und den Testikeln gebildet. Gehalt des Ovars an Östrogenen: Östron 0,10–0,16 µg/g, Östradiol 0,25–0,41 µg/g[5]. Die primären Sekretionsprodukte sind Östradiol und Östron, während Östriol ein Stoffwechselprodukt der beiden darstellt. Die Östrogene werden im reifenden GRAAFschen Follikel, im Corpus luteum (nach der Ovulation) und in kleinen Mengen im Stroma des Ovars gebildet. Während der Schwangerschaft wird die Östrogenproduktion des Ovars durch die der Plazenta abgelöst; vom 2. bis 3. Schwangerschaftsmonat an ist letzteres Organ die Hauptquelle der Östrogene. In quantitativer Hinsicht ist Östriol das wichtigste plazentare Östrogen. Gehalt der Plazenta an Östrogenen: Östron 0,041 µg/g, Östradiol 0,101 µg/g, Östriol 0,180 µg/g[6]. Beim Mann kommen vermutlich zwei Drittel des Östrogens aus den Testikeln[7]. Aus dem Sperma wurden ebenfalls Östrogene isoliert: Östradiol 10 µg/l, Östron 60 µg/l, Östriol 30 µg/l[8].

Produktionsraten für Östrogene sind in der untenstehenden Tabelle zusammengestellt. Zuverlässige Angaben sind nur durch die Methode der doppelten Isotopenverdünnung zu erhalten, nicht dagegen aufgrund der Bestimmung der Östrogenausscheidung im Harn. Aussagen über die Produktionsrate während der Schwangerschaft sind schwer zu machen. Fötus, Plazenta und mütterliche Gewebe müssen als getrennte Räume angesehen werden, und nicht alle Östrogenmetaboliten können frei von einem in den anderen Raum übertreten[9]. Schätzungsweise werden täglich 1,8 mg Östradiol von der Plazenta in den Fötus, 4,0 mg von der Plazenta zur Mutter und 0,7 mg vom Fötus zur Mutter übergeführt, dagegen kein Östradiol von der Mutter zum Fötus[10].

Produktionsraten von Östradiol (µg/24 h)

	Mittelwert	Bereich	*s*	Literatur
Frauen	–	200–500	–	1
Frauen	–	93–165	–	2
Frauen, Zyklusmitte	–	Bis 300	–	3
Frauen, Zyklusanfang	–	35–100	–	3
Männer, 21–37 Jahre	70	–	29	4

Literatur

1 GURPIDE et al., *J. clin. Endocr.*, **22**, 935 (1962).
2 MORSE et al., *J. Endocr.*, **26**, 25 (1963).
3 GOERING et al., *Amer. J. Obstet. Gynec.*, **92**, 441 (1965); GOERING und HERRMANN, *J. clin. Endocr.*, **26**, 65 (1966).
4 LIPSETT et al., *Recent Progr. Hormone Res.*, **22**, 245 (1966).

Normalwerte des Gehalts an Östrogenen im Serum sind in nachfolgender Tabelle zusammengestellt. Die höchsten Werte bei der Frau im Verlauf des Zyklus werden kurz vor der Ovulation gefunden[11]. Während der Schwangerschaft steigt der Östrogenspiegel, deutlich nachweisbar ab etwa der 10. Woche[12], wobei der Östriolgehalt am stärksten zunimmt. Im Schwangerenblut liegt Östriol konjugiert als Glucuronat, Sulfat und als Doppelkonjugat vor, Östron überwiegend als Sulfat und Östradiol überwiegend frei[13]. Von allen Steroiden sind die Östrogene am stärksten an die Plasmaproteine gebunden[14].

Stoffwechsel. Die Halbwertzeit für Östradiol im kreisenden Blut beträgt gegen 50 min[11]. Der Stoffwechsel vollzieht sich – außer während der Schwangerschaft – vorwiegend in der Leber. Nach

Östrogene im Plasma (µg/l)

	Mittelwert	Bereich	*s*	Literatur
Frauen				
Proliferationsphase				
Östriol	0,25	–	0,12	1
Östron	0,20	–	0,11	1
Östradiol	0,13	–	0,08	1
Ovulation				
Östriol	0,37	–	0,23	1
Östron	0,70	–	0,25	1
Östradiol	0,28	–	0,17	1
Männer				
Östron	0,42	–	0,09	2
Östradiol	0,15	–	0,12	2
Östriol	–	Spur	–	3
Schwangere				
36.–38. Woche				
Östron + Östradiol	92	–	32	4
Östriol	81	–	35	4
39.–42. Woche				
Östron + Östradiol	108	–	37	4
Östriol	93	–	39	4
Gegen Termin				
Östriol	–	43–175	–	5
Östron	–	27–103	–	5
Östradiol	–	13–29	–	5
Nabelschnurblut				
Östriol	583	–	–	6
Östron	13	–	–	6
Östradiol	6	–	–	6

Literatur

1 ROY et al., *J. Endocr.*, **31**, 177 (1965).
2 POCHI et al., *J. clin. Endocr.*, **25**, 1660 (1965).
3 KROMAN et al., *Clin. chim. Acta*, **9**, 73 (1964).
4 KUBLI und KELLER, *Klin. Wschr.*, **41**, 861 (1963).
5 AITKEN und PREEDY, *Ciba Found. Coll. Endocr.*, **11**, 331 (1957).
6 DICZFALUSY et al., *Recent Progr. Hormone Res.*, **17**, 147 (1961).

Gabe von radioaktivem Östradiol waren 65% der Aktivität im Harn (23% als Östriol, Östron und Östradiol) nachweisbar und 10% in den Fäzes[15]. Andere Stoffwechselprodukte der Östrogene im Harn sind 16-Epiöstriol, 16α-Hydroxyöstron, 16-Ketoöstradiol, 16β-Hydroxyöstron, 2-Methoxyöstron, 2-Methoxyöstriol[16] sowie 15α-Hydroxyöstron, 15β-Hydroxyöstron und 15β-Hydroxyöstradiol-17β[17]. Die Östrogene werden im Harn fast ausschließlich gepaart mit Glucuronsäure oder Schwefelsäure ausgeschieden. Das mit der Galle ausgeschiedene Östron und Östradiol wird zum größten Teil im Darm wieder absorbiert und mit dem Harn ausgeschieden[18].

Normalwerte der Östrogenausscheidung im Harn sind aus der Tabelle und aus den Abbildungen auf der nächsten Seite ersichtlich. Im Verlauf der Schwangerschaft erreicht sie hohe Werte, und gegen den Termin finden sich im Tagesharn etwa je 100mal soviel Östron und Östradiol und ungefähr 1000mal soviel Östriol als zum Zeitpunkt des lutealen Maximums[21]. Die Östrogenausscheidung beginnt etwa 7 Wochen nach der letzten Menstruation allmählich anzusteigen[3, 21], fällt post partum innerhalb weniger Tage stark ab und ist während der Laktationsperiode nur gering. Beim Neugeborenen geht die Östriolausscheidung nach der ersten Woche stark zurück; Östron und Östradiol scheinen vom Neugeborenen nicht ausgeschieden zu werden[22]. Bei Kindern ist die Östrogenausscheidung geringer als beim Erwachsenen und steigt dann mit Beginn

Ausscheidung von Östrogenen im Harn (µg/24 h)

	Mittelwert	Bereich	Literatur
Kinder, 9–12 Jahre			
Gesamtöstrogene	–	< 1,0	1
Frauen nach der Menopause			
Gesamtöstrogene	5,5	3,2–9,0	2
Östriol	3,9	2,2–7,5	2
Östron	1,3	0,3–2,4	2
Östradiol	0,3	0–1,4	2
Männer, 20–50 Jahre			
Gesamtöstrogene	10,3	6,0–17,8	3
Östriol	3,5	0,8–11,0	3
Östron	5,4	3,0–8,2	3
Östradiol	1,5	0–6,3	3
Schwangere, 1 Woche ante partum			
Gesamtöstrogene	30800	23200–37200	4
Östriol	29000	22000–35000	4
Östron	1400	930–1600	4
Östradiol	520	380–630	4

Literatur

[1] Persson, B.H., zitiert nach Loraine und Bell, *Hormone Assays and their Clinical Application*, 2. Aufl., Livingstone, Edinburg, 1966, S. 257.
[2] Brown und Matthew, *Recent Progr. Hormone Res.*, **18**, 337 (1962).
[3] Brown, J.B., *Mem. Soc. Endocr.*, **3**, 1 (1955).
[4] Brown, J.B., *Lancet*, **1**, 704 (1956).

Östriol im Harn während der Schwangerschaft[19] (Mittelwert und 95%-Bereich)

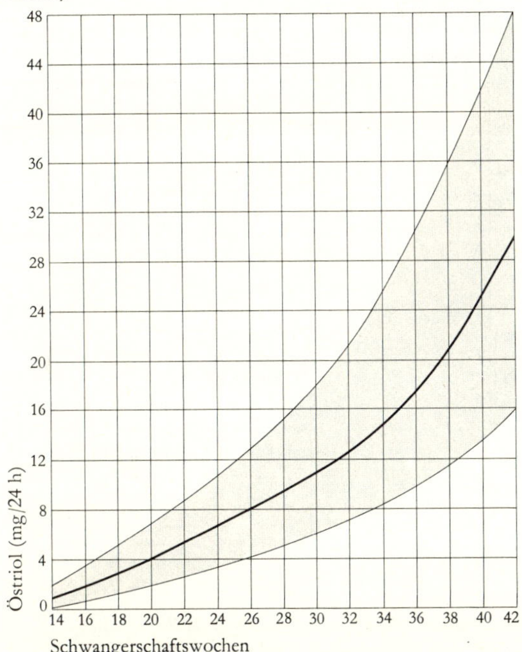

der Pubertät an[23]. Die Ausscheidung von 16-Epiöstriol wurde im Harn von Knaben[24] sowie in dem von Frauen während des Zyklus[25] und im Verlauf der Schwangerschaft[26] bestimmt; während

Östrogene im Harn während des Zyklus[20] (Mittelwert, höchster und niedrigster Wert von 16 Frauen zwischen 18 und 41 Jahren)

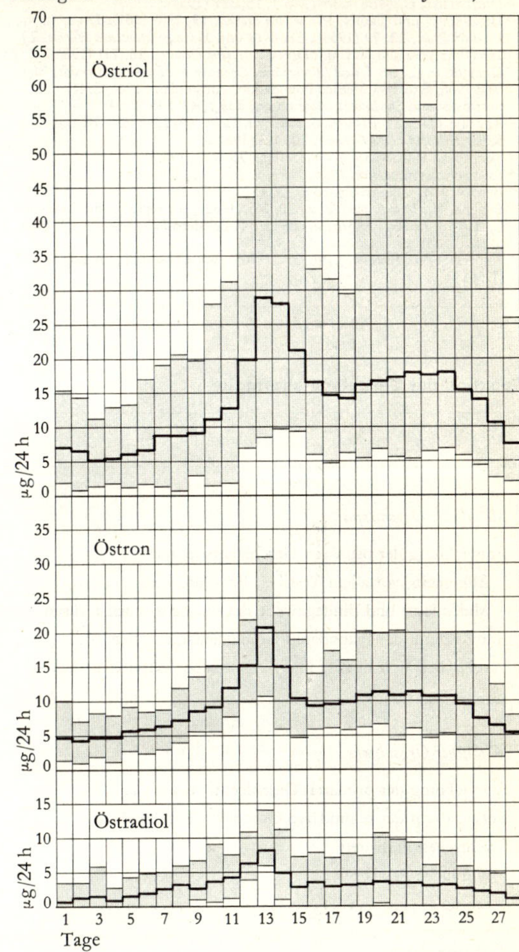

der Schwangerschaft verfolgt wurde ferner die Ausscheidung von 2-Methoxyöstron, 16α-Hydroxyöstron und 16-Ketoöstradiol[26].

Steuerung der Östrogensekretion[27]. Für die Östrogenbildung scheinen sowohl FSH als auch LH nötig zu sein. Auch HCG stimuliert die Östrogensynthese, sowohl bei der Frau als auch beim Mann[7].

Wirkung

Die Geschlechtswirkungen der Östrogene sind in der Tabelle auf S. 748 zusammengestellt. Östrogene finden sich spezifisch an Zellbestandteile des Zielorgans (Uterus) gebunden und bewirken eine gesteigerte Synthese von nukleärer RNS, die eine Neubildung von Protein induziert[28].

Die Östrogene üben – ähnlich wie die Androgene, aber schwächer – eine anabole Wirkung auf den Proteinstoffwechsel aus und führen zu Natrium- und Wasserretention.

Auf die Hypophyse wirken die Östrogene durch Hemmung der FSH- und LH-Sekretion, wahrscheinlich vorwiegend über eine Unterdrückung der Produktion der «gonadotropin-releasing factors» im Hypothalamus (siehe den Abschnitt «Gonadotropine», S. 703).

Literatur

[1] Emmens und Martin, in: Dorfman, R.I. (Hrsg.), *Methods in Hormone Research*, Band 3, Academic Press, New York, 1964, S. 1.
[2] Emmens, C.W., in: Dorfman, R.I. (Hrsg.), *Methods in Hormone Research*, Band 2, Academic Press, New York, 1962, S. 59.
[3] Loraine und Bell, *Hormone Assays and their Clinical Application*, 2. Aufl., Livingstone, Edinburg, 1966.
[4] Diczfalusy und Lauritzen, *Östrogene beim Menschen*, Springer, Berlin, 1961.
[5] Mahesh und Greenblatt, *Recent Progr. Hormone Res.*, **20**, 341 (1964).

[6] SCHMIDT-ELMENDORFF, H.W., *Acta endocr.(Kbh.)*, **38**, 527 (1961).
[7] FISHMAN et al., *Ciba Found.Coll.Endocr.*, **16**, 156 (1967).
[8] DICZFALUSY, E., *Acta endocr.(Kbh.)*, **15**, 317 (1954).
[9] DICZFALUSY und TROEN, *Vitam. and Horm.*, **19**, 230 (1961); DICZFALUSY, E., *Fed.Proc.*, **23**, 79 (1964); EIK-NES und HALL, *Vitam. and Horm.*, **23**, 153 (1965); SIITERI und MACDONALD, *J.clin.Endocr.*, **26**, 751 (1966).
[10] GURPIDE et al., in: *Second International Congress on Hormonal Steroids*, Mailand 1966, Excerpta Medica Foundation, Amsterdam, 1966, S.41.
[11] SVENDSEN und SØRENSEN, *Acta endocr.(Kbh.)*, **47**, 245 (1964).
[12] ROY und MACKAY, *J.Obstet.Gynaec.Brit.Cwlth*, **69**, 13 (1962); KELLER und KUBLI, *Méd. et Hyg.(Genève)*, **20**, 453 (1962).
[13] SMITH und HAGERMAN, *J.clin.Endocr.*, **25**, 732 (1965).
[14] SANDBERG et al., *Recent Progr. Hormone Res.*, **13**, 209 (1957).
[15] BROWN, J.B., *Advanc.clin.Chem.*, **3**, 157 (1960).
[16] BREUER, H., *Vitam. and Horm.*, **20**, 285 (1962); BREUER, H., in: CASSANO, C. (Hrsg.), *Research on Steroids*, Band 1, Il Pensiero Scientifico, Rom, 1964, S.133.
[17] KNUPPEN et al., *Biochem. J.*, **96**, 33C (1965); KNUPPEN et al., *Steroids*, **8**, 403 (1966).
[18] ADLERCREUTZ, H., in: TAYLOR, W. (Hrsg.), *The Biliary System*, NATO Advanced Study Institute, Academic Press, New York, 1965, S.369; SANDBERG et al., in: *Second International Congress on Hormonal Steroids*, Mailand 1966, Excerpta Medica Foundation, Amsterdam, 1966, S.214.
[19] Nach AASTED FRANDSEN, V., *The Excretion of Oestriol in Normal Human Pregnancy*, Diss., Kopenhagen, 1963.
[20] Nach BROWN und MATTHEW, *Recent Progr. Hormone Res.*, **18**, 337 (1962).
[21] MERRILL, R.C., *Physiol. Rev.*, **38**, 463 (1958).
[22] DICZFALUSY et al., *Ciba Found.Coll.Endocr.*, **11**, 249 (1957).
[23] NATHANSON et al., *Endocrinology*, **28**, 851 (1941).
[24] LUISI et al., *Clin.chim.Acta*, **14**, 346 (1966).
[25] NOCKE und BREUER, *Acta endocr.(Kbh.)*, **44**, 47 (1963).
[26] HOBKIRK und NILSEN, *J.clin.Endocr.*, **22**, 134 (1962).
[27] EIK-NES, K.B., *Physiol. Rev.*, **44**, 609 (1964); BROOKS, R.V., in: GARDINER-HILL, H. (Hrsg.), *Modern Trends in Endocrinology*, Band 3, Butterworth, London, 1967, S.127.
[28] HECHTER und HALKERSTON, *Ann. Rev. Physiol.*, **27**, 133 (1965); KARLSON, P. (Hrsg.), *Mechanism of Hormone Action*, NATO Advanced Study Institute, Academic Press, New York, 1965.

Funktion der Geschlechtshormone

Funktion	Androgene	Östrogene	Progesteron
Männlicher Organismus			
Entwicklung der primären Geschlechtsorgane			
Allgemein, vor allem Testikel, Prostata, Penis	+++	Antagonist	
Muskulatur und Bindegewebe der akzessorischen Drüsen	?	+	
Entwicklung der sekundären Geschlechtsmerkmale	++++	Antagonist	
Psychisches Verhalten: Libido, männliche Aktivität	++++	Antagonist	
Weiblicher Organismus			
Entwicklung der primären Geschlechtsorgane	Teilweise Antagonist	+++	0
Entwicklung der sekundären Geschlechtsmerkmale	Antagonist	++++	?
Psychisches Verhalten			
Weibliche Passivität	Antagonist	++++	+
Libido	+++	+	Teilweise Antagonist
Weiblicher Zyklus			
Eireifung	?	+++	+
Proliferationsphase	?	++++	+
Sekretionsphase	?	+	++++
Eiwanderung, Nidation	?	++	+++
Schwangerschaft			
Verhinderung der Heranreifung weiterer Follikel; Ruhigstellung des Uterus; Erschlaffung der Uterusmuskulatur (*a*); Herabsetzung des Na/K-Verhältnisses im Blut; Herabsetzung des Sympathikustonus (*b*)	?	Antagonist zu (*a*); Synergist zu (*b*)	++++
Zur Aufrechterhaltung der Schwangerschaft unbedingt nötig	?	++	++
Lockerung des Beckengürtels; Tonuserhöhung der Uterusmuskulatur gegen Ende der Schwangerschaft (*c*)	?	+++	Antagonist zu (*c*)
Wachstum des Milchdrüsengewebes	?	++*	++*
Verhinderung der Milchsekretion bis zur Geburt	?	++	+
Post partum			
Aufrechterhaltung der Milchsekretion	?	++*	++*
Bei hohen therapeutischen Dosen Verhinderung der Milchsekretion	++	+++++	0
Involution des Uterus und Vorbereitung der neuen Zyklusperiode	?	+++	0

* Siehe auch den Abschnitt «Prolactin», S.708.

Präparat	Internationale Einheit, IE (mg)	Erhältlich in Form von	Einführungsjahr
Antigene I			
Erhältlich beim Internationalen Laboratorium für biologische Standardpräparate, Statens Seruminstitut, Kopenhagen			
Alttuberkulin	0,011 111 µl	Ampullen zu 2 ml (90000 IE/ml)	1965 (3. Standard)
Tuberkulin von Säugetieren (gereinigtes Proteinderivat)	– *	Ampullen zu 10 mg Tuberkulin plus 4 mg Salze	1951 (1. Standard)
Tuberkulin von Geflügel (gereinigtes Proteinderivat)	0,000 072 6	Ampullen zu 10 mg Tuberkulin plus 26,3 mg Salze (500000 IE pro Ampulle)	1954 (1. Standard)
Tetanus-Toxoid, flüssig (alkoholgereinigt)	0,03	Ampullen zu 25 mg des Toxoids plus Glycocoll (833 IE pro Ampulle)	1951 (1. Standard)
Tetanus-Toxoid, adsorbiert (getrocknet)	0,666 7	Ampullen zu 80 mg Tetanus-Toxoid, auf Aluminiumhydroxyd adsorbiert, plus eine gleiche Menge getrocknetes Meerschweinchenserum (120 IE pro Ampulle)	1965 (1. Standard)
Diphtherie-Toxoid, flüssig (alkoholgereinigt)	0,50	Ampullen zu 50 mg des Toxoids plus Glycocoll (100 IE pro Ampulle)	1951 (1. Standard)
Diphtherie-Toxoid, adsorbiert (getrocknet)	0,75	Ampullen zu 80 mg des Toxoids, auf Aluminiumhydroxyd adsorbiert, plus eine gleiche Menge getrocknetes Meerschweinchenserum (107 IE pro Ampulle)	1955 (1. Standard)
Diphtherie-Toxin (Schick-Test) (gereinigt)	0,004 2	Ampullen zu 0,005 mg des Toxins plus 1 mg Rinderalbumin und 2,74 mg Phosphatpuffersalze (900 IE pro Ampulle)	1954 (1. Standard)
Pertussis-Vakzine (getrocknet)	1,5	Ampullen zu 52 mg (34,7 IE pro Ampulle)	1957 (1. Standard)
Cholera-Antigen (Inaba) (getrocknet)	–	Ampullen zu etwa 100 mg	1953 (1. Referenzpräparat)
Cholera-Antigen (Ogawa) (getrocknet)	–	Ampullen zu etwa 100 mg	1953 (1. Referenzpräparat)
Cholera-Vakzine (Inaba) (getrocknet)	–	Ampullen zu 20 mg ($1{,}6 \times 10^{10}$ Bazillen pro Ampulle)	1953 (1. Referenzpräparat)
Cholera-Vakzine (Ogawa) (getrocknet)	–	Ampullen zu 20 mg ($1{,}6 \times 10^{10}$ Bazillen pro Ampulle)	1953 (1. Referenzpräparat)
Cardiolipin (gereinigt)	–	Ampullen zu 4, 8 oder 16 ml einer Äthylalkohollösung des Cardiolipins (6,4 mg Cardiolipin je Milliliter, berechnet nach dem Phosphorgehalt)	1958 (3. Referenzpräparat)
Lecithin (gereinigtes Rinderherzpräparat)	–	Fläschchen zu 30 ml einer Äthylalkohollösung (30,3 mg Lecithin pro Milliliter)	1953 (2. Referenzpräparat)
Lecithin (ex ovo, gereinigt)	–	Ampullen zu 4, 8 oder 16 ml einer Äthylalkohollösung (26,7 mg Lecithin pro Milliliter, berechnet nach dem Phosphorgehalt)	1959 (3. Referenzpräparat)
Tollwut-Vakzine (gefriergetrocknet)	–	Ampullen mit 121 mg suspendiertem Kaninchengehirn, das mit Rabies-Virus infiziert und durch UV-Bestrahlung inaktiviert wurde	1965 (2. Referenzpräparat)
Pocken-Vakzine (gefriergetrocknet)	–	Ampullen zu 14 mg	1962 (1. Referenzpräparat)
Typhus-Vakzine (Aceton-inaktiviert, getrocknet)	–	Ampullen zu 11 mg	1962 (1. Referenzpräparat)
Typhus-Vakzine (Hitze-Phenol-inaktiviert, gefriergetrocknet)	–	Ampullen zu 34 mg	1962 (1. Referenzpräparat)
Poliomyelitis-Vakzine, trivalent (inaktiviert, gefroren)	–	Ampullen zu 10 ml	1962 (1. Referenzpräparat)
BCG-Vakzine (getrocknet)	–	Ampullen zu 5,72 mg (bestehend aus 2,5 mg halbtrockener BCG-Bazillenmasse und 5 mg Natriumglutamat)	1965 (1. Referenzpräparat)
Antigene II			
Erhältlich beim Internationalen Laboratorium für biologische Standardpräparate, Central Veterinary Laboratory, Weybridge, England			
Schweinerotlauf-Vakzine, adsorbiert (getrocknet)	0,50	Ampullen zu 499 mg; Vakzine erhalten durch Formaldehydbehandlung von *Erysipelothrix rhusiopathiae*, Typ B, auf Aluminiumhydroxyd adsorbiert (1000 IE pro Ampulle)	1959 (1. Standard)
Newcastle-disease-Vakzine, adsorbiert (inaktiviert, gefriergetrocknet)	1,0	Ampullen zu 525 mg; Vakzine erhalten durch Formaldehydbehandlung von Allantoisflüssigkeit von Eiern, infiziert mit Newcastle-disease-Virus, auf Aluminiumhydroxyd adsorbiert (525 IE pro Ampulle)	1963 (1. Standard)
Clostridium-oedematiens (α)-Toxoid (gefriergetrocknet)	–	Ampullen zu 53,4 mg	1966 (1. Referenzpräparat)

* Internationale Einheit 1960 aufgehoben.

[1] S. 749–754 nach *Wld Hlth Org. techn. Rep. Ser.*, **361**, 79 (1967). Wiedergabe mit Genehmigung der Abteilung für biologische Standardisierung der Weltgesundheitsorganisation, Genf.

Präparat	Internationale Einheit, IE (mg)	Erhältlich in Form von	Einführungsjahr
Antikörper I			
Erhältlich beim Internationalen Laboratorium für biologische Standardpräparate, Statens Seruminstitut, Kopenhagen			
Tetanus-Antitoxin (hyperimmunes Pferdeserum, getrocknet)	0,309 4	Fläschchen zu 10 ml einer Salzlösung mit 66 Vol% Glycerin (5 IE/ml)	1928 (1. Standard)
Diphtherie-Antitoxin (hyperimmunes Pferdeserum, getrocknet)	0,062 8	Fläschchen zu 10 ml einer Salzlösung mit 66 Vol% Glycerin (10 IE/ml)	1922 (1. Standard)
Antidysenterie-Serum (SHIGA) (hyperimmunes Pferdeserum, getrocknet)	0,05	Fläschchen zu 10 ml einer Salzlösung mit 66 Vol% Glycerin (200 IE/ml)	1928 (1. Standard)
Gasgangrän-Antitoxin (Antitoxin von *Clostridium perfringens*, Typ A) (hyperimmunes Pferdeserum, getrocknet)	0,334 6	Fläschchen zu 90,35 mg (270 IE pro Ampulle)	1963 (5. Standard)
Gasgangrän-Antitoxin (Antitoxin von *Clostridium septicum*) (hyperimmunes Pferdeserum, getrocknet)	0,118	Ampullen zu 59 mg einer Salzlösung unter Zusatz von Phosphatpuffer, 1:3 verdünnt (500 IE pro Ampulle)	1957 (3. Standard)
Gasgangrän-Antitoxin (Antitoxin von *Clostridium novyi*) (hyperimmunes Pferdeserum, getrocknet)	0,082 8	Ampullen zu 91 mg (1100 IE pro Ampulle)	1966 (3. Standard)
Gasgangrän-Antitoxin (Antitoxin von *Clostridium histolyticum*) (hyperimmunes Pferdeserum, getrocknet)	0,2	Fläschchen zu 10 ml einer Salzlösung mit 66 Vol% Glycerin (20 IE/ml)	1951 (2. Standard)
Gasgangrän-Antitoxin (Antitoxin von *Clostridium bifermentans*) (hyperimmunes Pferdeserum, getrocknet)	0,133 4	Fläschchen zu 10 ml einer Salzlösung mit 66 Vol% Glycerin (20 IE/ml)	1938 (1. Standard)
α-Staphylokokken-Antitoxin (hyperimmunes Pferdeserum, getrocknet)	0,237 6	Fläschchen zu 10 ml einer Salzlösung unter Zusatz von Phosphatpuffer und mit 0,01 g Thiomersal (Natriumäthylmercurithiosalicylat) pro 100 ml (20 IE/ml)	1938 (2. Standard)
Scharlachstreptokokken-Antitoxin (hyperimmunes Pferdeserum, getrocknet)	0,049	Ampullen zu 490 mg (10000 IE pro Ampulle)	1952 (1. Standard)
Antistreptolysin O (Humanserum, getrocknet)	0,021 3	Ampullen zu 46 mg (2160 IE pro Ampulle)	1959 (1. Standard)
Antipneumokokken-Serum (Typ 1) (hyperimmunes Pferdeserum, getrocknet)	0,088 6	Fläschchen zu 10 ml einer Salzlösung mit 66 Vol% Glycerin (200 IE/ml)	1934 (1. Standard)
Antipneumokokken-Serum (Typ 2) (hyperimmunes Pferdeserum, getrocknet)	0,089 4	Fläschchen zu 10 ml einer Salzlösung mit 66 Vol% Glycerin (200 IE/ml)	1934 (1. Standard)
Anti-Q-Fieber-Serum (Rinderserum, getrocknet)	0,101 7	Ampullen zu 101,7 mg (1000 IE pro Ampulle)	1953 (1. Standard)
Antitollwut-Serum (hyperimmunes Pferdeserum, getrocknet)	1,0	Ampullen zu 86,6 mg (86,6 IE pro Ampulle)	1955 (1. Standard)
Anti-A-(Blutgruppen-)Serum (Humanserum, getrocknet)	0,346 5	Ampullen zu 88,7 mg (256 IE pro Ampulle)	1950 (1. Standard)
Anti-B-(Blutgruppen-)Serum (Humanserum, getrocknet)	0,352 0	Ampullen zu 90,1 mg (256 IE pro Ampulle)	1950 (1. Standard)
Anti-Rh_0 (anti-D), inkomplettes Blutgruppenserum (Humanserum, getrocknet)	0,95	Ampullen zu 30,4 mg (32 IE pro Ampulle)	1966 (1. Standard)
Syphilis-Serum (Humanserum, getrocknet)	3,617	Ampullen zu 177,4 mg (49 IE pro Ampulle)	1958 (1. Standard)
Antipoliovirus-Serum (Typ 1) (hyperimmunes Affenserum, getrocknet)	10,78	Ampullen zu 107,8 mg (10 IE pro Ampulle)	1962 (1. Standard)
Antipoliovirus-Serum (Typ 2) (hyperimmunes Affenserum, getrocknet)	10,46	Ampullen zu 104,6 mg (10 IE pro Ampulle)	1962 (1. Standard)
Antipoliovirus-Serum (Typ 3) (hyperimmunes Affenserum, getrocknet)	10,48	Ampullen zu 104,8 mg (10 IE pro Ampulle)	1962 (1. Standard)
Antitoxin von *Clostridium botulinum*, Typ A (hyperimmunes Pferdeserum, getrocknet)	0,136 0	Ampullen zu 68,0 mg (500 IE pro Ampulle)	1963 (1. Standard)
Antitoxin von *Clostridium botulinum*, Typ B (hyperimmunes Pferdeserum, getrocknet)	0,174 0	Ampullen zu 87,0 mg (500 IE pro Ampulle)	1963 (1. Standard)
Antitoxin von *Clostridium botulinum*, Typ C (hyperimmunes Pferdeserum, getrocknet)	0,080 0	Ampullen zu 80,0 mg (1000 IE pro Ampulle)	1963 (1. Standard)
Antitoxin von *Clostridium botulinum*, Typ D (hyperimmunes Pferdeserum, getrocknet)	0,012 1	Ampullen zu 12,1 mg (1000 IE pro Ampulle)	1963 (1. Standard)
Antitoxin von *Clostridium botulinum*, Typ E (hyperimmunes Pferdeserum, getrocknet)	0,069 1	Ampullen zu 69,1 mg (1000 IE pro Ampulle)	1963 (1. Standard)
Antitoxin von *Clostridium botulinum*, Typ F (hyperimmunes Kaninchenserum, getrocknet)	7,44	Ampullen zu 29,32 mg (4 IE pro Ampulle)	1965 (1. Standard)

Präparat	Internationale Einheit, IE (mg)	Erhältlich in Form von	Einführungsjahr
Naja-Antivenin, polyvalent (*Naja*- und *Hemachatus*-Spezies) (Pferdeserum, getrocknet, gereinigt)	2,69	Ampullen zu 807 mg (300 IE pro Ampulle)	1964 (1. Standard)
Antipocken-Serum (Humanserum, gefriergetrocknet)	0,084 16	Ampullen zu 84,3 mg (1000 IE pro Ampulle)	1965 (1. Standard)
Cholera-Agglutinationsserum (Inaba) (monospezifisch)	–	Ampullen zu 0,6 ml	1953 (1. Referenzpräparat)
Cholera-Agglutinationsserum (Ogawa) (monospezifisch)	–	Ampullen zu 0,6 ml	1953 (1. Referenzpräparat)
Diphtherie-Antitoxin für die Flockungsprobe (hyperimmunes Pferdeserum, verdünnt)	–	Fläschchen zu 10 ml einer Salzlösung unter Zusatz von Phosphatpuffer und mit 0,01 g Thiomersal (Natriumäthylmercurithiosalicylat) pro 100 ml (500 IE/ml)	1956 (4. Referenzpräparat)
Antityphus-Serum (hyperimmunes Pferdeserum, getrocknet)	–	Ampullen zu 5 ml	1952 (1. Referenzpräparat)
Antigelbfieber-Serum (Affenserum, getrocknet)	0,5	Ampullen zu 71,5 mg (143 IE pro Ampulle)	1962 (1. Referenzpräparat)
Antimasern-Serum (Humanserum, getrocknet)	9,378	Ampullen zu 93,8 mg (10 IE pro Ampulle)	1964 (1. Referenzpräparat)
Antikörper II Erhältlich beim Internationalen Laboratorium für biologische Standardpräparate, Central Veterinary Laboratory, Weybridge, England			
Antistaphylokokken-P-V-Leucocidin-Serum (Pferdeserum, gefriergetrocknet)	0,356 5	Ampullen zu 53,5 mg (150 IE pro Ampulle)	1965 (1. Referenzpräparat)
PCP-Serum, Rheumatoid-arthritis-Serum (Humanserum, gefriergetrocknet)	–	Ampullen zu 17,1 mg	1965 (1. Referenzpräparat)
Antirubella-Serum (Humanserum, gefriergetrocknet)	–	Ampullen zu 56,28 mg	1966 (1. Referenzpräparat)
Antitoxin von *Clostridium perfringens*, Typ B (hyperimmunes Pferdeserum, getrocknet)	0,013 7	Ampullen zu 68,5 mg (5000 IE pro Ampulle)	1954 (1. Standard)
Antitoxin von *Clostridium perfringens*, Typ D (hyperimmunes Pferdeserum, getrocknet)	0,065 7	Ampullen zu 65,7 mg (1000 IE pro Ampulle)	1954 (1. Standard)
Antischweinerotlauf-Serum (Anti-N) (hyperimmunes Pferdeserum, getrocknet)	0,14	Ampullen zu 87,9 mg (628 IE pro Ampulle)	1954 (1. Standard)
Anti-*Brucella-abortus*-Serum (Rinderserum, getrocknet)	0,091	Ampullen zu 91 mg (1000 IE pro Ampulle)	1952 (1. Standard)
Antischweinefieber-Serum (Schweineserum, gefriergetrocknet)	0,89	Ampullen zu 889,5 mg (1000 IE pro Ampulle)	1963 (1. Standard)
Anti-Newcastle-disease-Serum (Hühnerserum, gefriergetrocknet)	–	Ampullen zu 55,5 mg	1966 (1. Referenzpräparat)
Antibiotika I Erhältlich beim Internationalen Laboratorium für biologische Standardpräparate, National Institute for Medical Research, Mill Hill, London			
Penicillin (Benzylpenicillinnatrium)	0,000 598 8	Ampullen zu 30 mg (1670 IE/mg)	1952 (2. Standard)
Phenoxymethylpenicillin	0,000 59	Ampullen zu 75 mg (1695 IE/mg)	1957 (1. Standard)
Streptomycin (-sulfat)	0,001 282	Ampullen zu 175 mg (780 IE/mg)	1958 (2. Standard)
Dihydrostreptomycin (-sulfat)	0,001 219	Ampullen zu 200 mg (820 IE/mg)	1966 (2. Standard)
Bacitracin (Zink-Bacitracin)	0,013 51	Ampullen zu 100 mg (74 IE/mg)	1964 (2. Standard)
Tetracyclin (-hydrochlorid)	0,001 01	Ampullen zu 200 mg (990 IE/mg)	1957 (1. Standard)
Chlortetracyclin (-hydrochlorid)	0,001	Ampullen zu 60 mg (1000 IE/mg)	1953 (1. Standard)
Oxytetracyclin (-dihydrat)	0,001 136 4	Ampullen zu 100 mg (880 IE/mg)	1966 (2. Standard)
Erythromycin (-dihydrat)	0,001 053	Ampullen zu 200 mg (950 IE/mg)	1957 (1. Standard)
Polymyxin B (-sulfat) (gereinigt)	0,000 127	Ampullen zu 19 mg (7874 IE/mg)	1955 (1. Standard)
Nystatin	0,000 333	Ampullen zu 75 mg (3000 IE/mg)	1963 (1. Standard)
Amphotericin B	0,001 064	Ampullen zu 100 mg (940 IE/mg)	1963 (1. Standard)

Präparat	Internationale Einheit, IE (mg)	Erhältlich in Form von	Einführungsjahr
Vancomycin (-sulfat)	0,000 993	Ampullen zu 50 mg (1007 IE/mg)	1963 (1. Standard)
Oleandomycin (Chloroformaddukt)	0,001 176	Ampullen zu 75 mg (850 IE/mg)	1964 (1. Standard)
Novobiocin	0,001 031	Ampullen zu 100 mg (970 IE/mg)	1965 (1. Standard)
Kanamycin (-sulfat)	0,001 232	Ampullen zu 50 mg (812 IE/mg)	1959 (1. Referenzpräparat)
Kanamycin B	–	Ampullen zu 5 mg	1964 (1. Referenzpräparat)
Viomycin (-sulfat)	0,001 37	Ampullen zu 35 mg (730 IE/mg)	1959 (1. Referenzpräparat)
Penicillin K (89,9% reines *n*-Heptylpenicillin-Natrium, 9,6% Dihydropenicillin F, 0,5% Penicillin F)	–	Ampullen zu 20 mg	1951 (1. Referenzpräparat)
Neomycin (-sulfat)	0,001 47	Ampullen zu 100 mg (680 IE/mg)	1958 (1. Referenzpräparat)
Ristocetin	–	Ampullen zu 45 mg	1960 (1. Referenzpräparat)
Ristocetin B	–	Ampullen zu 5 mg	1964 (1. Referenzpräparat)
Gramicidin S	0,001 002	Ampullen zu 50 mg (998 IE/mg)	1962 (1. Referenzpräparat)
Gramicidin	0,001	Ampullen zu 55 mg (1000 IE/mg)	1966 (1. Referenzpräparat)
Spiramycin	0,000 312 5	Ampullen zu 50 mg (3200 IE/mg)	1962 (1. Referenzpräparat)
Demethylchlortetracyclin	0,001	Ampullen zu 80 mg (1000 IE/mg)	1962 (1. Referenzpräparat)
Triacetyloleandomycin	0,001 2	Ampullen zu 100 mg (833 IE/mg)	1962 (1. Referenzpräparat)
Procain-Benzylpenicillin in Öl mit Aluminiummonostearat	–	Phiolen zu 10 ml	1966 (2. Referenzpräparat)
Paromomycin (-sulfat)	0,001 333	Ampullen zu 75 mg (750 IE/mg)	1965 (1. Referenzpräparat)
Colistin (-sulfat)	–	Ampullen zu 75 mg	1965 (1. Referenzpräparat)
Colistin (-methansulfonat)	–	Ampullen zu 75 mg	1966 (1. Referenzpräparat)
Cefalotin (-natrium)	0,001 066 1	Ampullen zu 50 mg (938 IE/mg)	1965 (1. Referenzpräparat)
Lincomycin (-hydrochlorid)	0,001 135 1	Ampullen zu 50 mg (881 IE/mg)	1965 (1. Referenzpräparat)
Antibiotika II			
Erhältlich beim Internationalen Laboratorium für biologische Standardpräparate, Central Veterinary Laboratory, Weybridge, England			
Tylosin	0,001	Ampullen zu 40 mg (1000 IE/mg)	1966 (1. Standard)
Hygromycin B	0,000 892 8	Ampullen zu 40 mg (1120 IE/mg)	1966 (1. Standard)
Hormone, Vitamine, Enzyme			
Erhältlich beim Internationalen Laboratorium für biologische Standardpräparate, National Institute for Medical Research, Mill Hill, London			
Oxytocische, vasokonstriktorische und antidiuretische Substanzen (pulverisierter, acetongetrockneter Rinderhypophysenhinterlappen)	0,5	Ampullen zu 30 mg (2 oxytocische, 2 vasokonstriktorische und 2 antidiuretische IE/mg)	1957 (3. Standard)
Prolactin (getrocknetes aktives Prinzip von Schafshypophysenvorderlappen)	0,045 45	Ampullen zu 10 mg (22 IE/mg)	1962 (2. Standard)
Corticotropin (gereinigtes Hormon von Schweinehypophysenvorderlappen)	1,0	Ampullen zu 50 µg in 5 mg Lactose (1 IE/mg)	1962 (3. Standard)

Präparat	Internationale Einheit, IE (mg)	Erhältlich in Form von	Einführungsjahr
Thyreotropin (gereinigtes Hormon von Rinderhypophysenvorderlappen)	13,5	Röhrchen zu zehn 20-mg-Tabletten einer Mischung von 1 Teil Hormon zu 19 Teilen Lactose (etwa 1,48 IE pro Tablette)	1954 (1. Standard)
Wachstumshormon (getrocknetes aktives Prinzip von Rinderhypophysenvorderlappen)	1,0	Ampullen zu 30 mg (1 IE/mg)	1955 (1. Standard)
Menopausenhormon (getrocknetes aktives Prinzip aus dem Harn von Frauen nach der Menopause)	0,229 5	Ampullen zu 9 mg in Lactose (40 IE follikelstimulierendes und 40 IE luteinisierendes Hormon pro Ampulle)	1964 (2. Referenzpräparat)
Serumgonadotropin (gefriergetrocknetes aktives Material)	0,003 569	Ampullen zu 5,71 mg in Lactose (1600 IE pro Ampulle)	1966 (2. Standard)
Choriongonadotropin (getrocknetes aktives Prinzip aus dem Harn schwangerer Frauen)	0,001 279	Ampullen zu 7 mg in Lactose (5300 IE pro Ampulle)	1963 (2. Standard)
Insulin (gereinigt, 52% Rinder-, 48% Schweinepankreas)	0,041 67	Ampullen zu 110–125 mg (24 IE/mg)	1958 (4. Standard)
Heparin (Natriumsalz des gereinigten aktiven Prinzips von Rinderlunge)	0,007 7	Ampullen zu 20 mg (130 IE/mg)	1958 (2. Standard)
Erythropoietin	1,48	Ampullen zu 14,80 mg (0,675 7 IE/mg)	1965 (1. Referenzpräparat)
Vitamin D_3	0,000 025	Fläschchen zu 6 g einer Lösung in Pflanzenöl (1000 IE/g)	1949 (2. Standard)
Vitamin B_{12}	–	Röhrchen zu zehn 20-mg-Tabletten Cyanocobalamin	1959 (1. Referenzpräparat)
Hyaluronatlyase (getrocknet, von Rindertestes)	0,1	Röhrchen zu zehn 20-mg-Tabletten des mit Lactose verdünnten Enzyms (etwa 200 IE pro Tablette)	1955 (1. Standard)
Streptokinase-Streptodornase (getrocknetes aktives Material)		Ampullen zu 1 mg mit 5,5 mg Lactose (3100 IE Streptokinase und 2400 IE Streptodornase pro Ampulle)	1964 (1. Standard)
Streptokinase	0,002 090		
Streptodornase	0,002 700		

Pharmakologische Präparate

Erhältlich beim Internationalen Laboratorium für biologische Standardpräparate, National Institute for Medical Research, Mill Hill, London

Präparat	Internationale Einheit, IE (mg)	Erhältlich in Form von	Einführungsjahr
Digitalis (getrocknete, pulverisierte Blätter von *Digitalis purpurea*)	76,0	Ampullen zu 2500 mg (0,013 16 IE/mg)	1949 (3. Standard)
Neoarsphenamin	–	Ampullen zu 300 mg	1940 (3. Referenzpräparat)
Sulfarsphenamin	–	Ampullen zu 300 mg	1951 (3. Referenzpräparat)
Oxophenarsin	–	Sätze von 3 Ampullen, enthaltend: a) 120 mg Oxophenarsinhydrochlorid b) 100 mg wasserfreies Natriumcarbonat c) 500 mg wasserfreie Saccharose	1951 (1. Referenzpräparat)
Mel B (Melaminyl-4-phenylarsenodithioglycerin)	–	Ampullen zu 100 mg	1954 (1. Referenzpräparat)
MSb (Natrium-*p*-melaminylphenylstibonat, polymerisiert)	–	Ampullen zu 500 mg	1954 (1. Referenzpräparat)
Dimercaprol (BAL; 2,3-Dimercaptopropanol)	–	Ampullen zu 2 ml	1952 (1. Referenzpräparat)
Protamin	–	Ampullen zu 60 mg	1954 (1. Referenzpräparat)
Pyrogen (getrocknetes, gereinigtes O-Antigen der *Shigella dysenteriae*)	–	Ampullen zu 2 mg	1958 (1. Referenzpräparat)

Verschiedenes

Erhältlich beim Internationalen Laboratorium für biologische Standardpräparate, Statens Seruminstitut, Kopenhagen

Präparat	Internationale Einheit, IE (mg)	Erhältlich in Form von	Einführungsjahr
Trübungsbezugspräparat (Suspension von Pyrexglasteilchen in Wasser)	–	Ampullen zu 15 ml (10 internationale Trübungseinheiten pro Milliliter)	1965 (3. Referenzpräparat)

Neuere Strukturen von Hormonen

Hormon	Struktur	Literatur
Vitamin-D-Hormone*	25-Hydroxycholecalciferol; 1,25-Dihydroxycholecalciferol	1
Follikelstimulierendes Hormon (FSH)		
Mensch (α-Subeinheit)	Kette von 89 Aminosäuren in bekannter Sequenz	2
Mensch (β-Subeinheit)	Kette von 115 Aminosäuren in bekannter Sequenz. Oligosaccharidgruppen gebunden an Asn in Position 7 und 24	3
Luteinisierendes Hormon (LH)		
Mensch (α-Subeinheit)	Kette von 89 Aminosäuren in bekannter Sequenz, identisch mit der α-Subeinheit von FSH	2
Mensch (β-Subeinheit)	Kette von 115 Aminosäuren in bekannter Sequenz. Oligosaccharidgruppe gebunden an Asn in Position 30	4
Choriongonadotropin (HCG)		
Mensch (α-Subeinheit)	Kette von 92 Aminosäuren in bekannter Sequenz. 89 identische Positionen mit Human-α-LH	5
Mensch (β-Subeinheit)	Kette von 139 Aminosäuren in bekannter Sequenz. 89 identische Positionen mit Human-β-LH. Oligosaccharidgruppen gebunden an Asn in Positionen 13, 28, 118, 121, 123	4,6
Thyreotropin (TSH)		
Mensch (α-Subeinheit)	Kette von 89 Aminosäuren, wahrscheinlich identisch mit der α-Subeinheit von FSH und LH	5,7
Mensch (β-Subeinheit)	Kette von 112 Aminosäuren in bekannter Sequenz. Oligosaccharidgruppe gebunden an Asn in Position 23	8
Prolactin		
Schaf	Kette von 198 Aminosäuren in bekannter Sequenz	9
Mensch	Die Sequenz der ersten 24 Aminosäuren am NH_2-Ende ist bekannt	10
Wachstumshormon		
Mensch (HGH)	Kette von 190 Aminosäuren in bekannter Sequenz	9
Laktogenes Hormon der Plazenta		
Mensch (HPL)	Kette von 190 Aminosäuren in bekannter Sequenz. 183 identische Positionen mit HGH	9
TSH-releasing factor (TRF)		
Schaf, Schwein (Mensch?)	(Pyro)Glu·His·Pro(NH_2)	11
Luteinizing-hormone releasing factor (LRF)		
Schwein	(Pyro)Glu·His·Trp·Ser·Tyr·Gly·Leu·Arg·Pro·Gly(NH_2)	12
Growth-hormone-release inhibiting factor (Somatostatin)		
Schaf	Ala·Gly·Cys·Lys·Asn·Phe·Phe·Trp·Lys·Thr·Phe·Thr·Ser·Cys	13
Calcitonin		
Mensch (monomeres)	Cys·Gly·Asn·Leu·Ser·Thr·Cys·Met·Leu·Gly·Thr·Tyr·Thr·Gln·Asp·Phe·Asn·Lys·Phe·His·Thr·Phe·Pro·Gln·Thr·Ala·Ile·Gly·Val·Gly·Ala·Pro(NH_2)	
Lachs	Cys·Ser·Asn·Leu·Ser·Thr·Cys·Val·Leu·Gly·Lys·Leu·Ser·Gln·Glu·Leu·His·Lys·Leu·Gln·Thr·Tyr·Pro·Arg·Thr·Asn·Thr·Gly·Ser·Gly·Thr·Pro(NH_2)	14
Parathormon		
Schwein, Rind	Kette von 84 Aminosäuren in bekannter Sequenz. Das Hormon von Rind und Schwein unterscheidet sich in 10 Positionen	15
Mensch	Die Sequenz der ersten 37 Aminosäuren am NH_2-Ende ist bekannt	16
Proinsulin	Im Proinsulin ist die A- und B-Kette des Insulins durch eine Kette von 30 (Rind) bis 35 (Mensch) Aminosäuren verbunden (connecting peptide, C-Kette)	17
Secretin		
Schwein	His·Ser·Asp·Gly·Thr·Phe·Thr·Ser·Glu·Leu·Ser·Arg·Leu·Arg·Asp·Ser·Ala·Arg·Leu·Gln·Arg·Leu·Leu·Gln·Gly·Leu·Val(NH_2)	18
Cholecystokinin		
Schwein	Lys·Ala·Pro·Ser·Gly·Arg·Val·Ser·Met·Ile·Lys·Asn·Leu·Gln·Ser·Leu·Asp·Pro·Ser·His·Arg·Ile·Ser·Asp·Arg·Asp·Tyr(SO_3)·Met·Gly·Trp·Met·Asp·Phe(NH_2)	18

Fußnoten und Literatur zu Seite 754

* Cholecalciferol (Vitamin D_3) wird im Körper zu verschiedenen Verbindungen hydroxyliert – zuerst in der Leber zu 25-Hydroxycholecalciferol, dann in der Niere zu 1,25-Dihydroxycholecalciferol, 24,25-Dihydroxycholecalciferol und 1,24,25-Trihydroxycholecalciferol (Hydroxylgruppe am C-1 in α-Stellung). 1,25-Dihydroxycholecalciferol kann als Hormon angesehen werden, dessen Synthese durch einen Rückkopplungsmechanismus in Abhängigkeit vom Serumcalcium- und -phosphatspiegel sowie von Parathormon gesteuert wird und das die Calciumabsorption im Darm und die Calciumfreisetzung aus dem Skelett stimuliert.

[1] DeLuca, H.F., *Kidney Int.*, **4**, 80 (1973); Holick und DeLuca, *Ann. Rev. Med.*, **25**, 349 (1974); Kodicek, E., *Lancet*, **1**, 325 (1974).
[2] Shome und Parlow, *J. clin. Endocr.*, **39**, 191 (1974).
[3] Shome und Parlow, *J. clin. Endocr.*, **39**, 187 (1974).
[4] Shome und Parlow, *J. clin. Endocr.*, **36**, 618 (1973).
[5] Papkoff et al., *Recent Progr. Hormone Res.*, **29**, 563 (1973).
[6] Bahl et al., *Biochem. biophys. Res. Commun.*, **48**, 416 (1972).
[7] Sairam und Li, *Biochem. biophys. Res. Commun.*, **51**, 336 (1973).
[8] Sairam und Li, *Biochem. biophys. Res. Commun.*, **54**, 426 (1973).
[9] Li, C.H., in Wolstenholme und Knight (Hg.), *Lactogenic Hormones*, A CIBA Foundation Symposium, Churchill, Livingstone, Edinburg, 1972, S. 7.
[10] Niall, H., zitiert nach Friesen und Hwang, *Ann. Rev. Med.*, **24**, 251 (1973).
[11] Guillemin et al., *Vitam. and Horm.*, **29**, 1 (1971).
[12] Schally et al., *Vitam. and Horm.*, **30**, 83 (1972).
[13] Brazeau et al., *Science*, **179**, 77 (1973).
[14] Foster et al., *Clin. Endocr. Metab.*, **1**, 93 (1972).
[15] Parsons und Potts, *Clin. Endocr. Metab.*, **1**, 33 (1972).
[16] Brewer et al., *Amer. J. Med.*, **56**, 759 (1974); Segre et al., *Amer. J. Med.*, **56**, 774 (1974).
[17] Chance, R.E., *Diabetes*, **21**, Suppl. 2, 461 (1972).
[18] Jorpes und Mutt, in Eichler et al. (Hg.), *Handbuch der experimentellen Pharmakologie*, Band 34, Springer, Berlin, 1973, S. 1.

Empfohlene tägliche Zufuhr von Nährstoffen in den USA*

	Alter	Gewicht	Größe	Energie		Protein	Elemente					
							Calcium	Phosphor	Jod	Eisen	Magnesium	Zink
	Jahre	kg	cm	kcal	MJ	g	mg	mg	µg	mg	mg	mg
Säuglinge	0,0–0,5	6	60	kg×117	kg×0,49	kg×2,2	360	240	35	10	60	3
	0,5–1,0	9	71	kg×108	kg×0,45	kg×2,0	540	400	45	15	70	5
Kinder	1–3	13	86	1300	5,4	23	800	800	60	15	150	10
	4–6	20	110	1800	7,5	30	800	800	80	10	200	10
	7–10	30	135	2400	10,1	36	800	800	110	10	250	10
Männer	11–14	44	158	2800	11,7	44	1200	1200	130	18	350	15
	15–18	61	172	3000	12,6	54	1200	1200	150	18	400	15
	19–22	67	172	3000	12,6	54	800	800	140	10	350	15
	23–50	70	172	2700	11,3	56	800	800	130	10	350	15
	51+	70	172	2400	10,1	56	800	800	110	10	350	15
Frauen	11–14	44	155	2400	10,1	44	1200	1200	115	18	300	15
	15–18	54	162	2100	8,8	48	1200	1200	115	18	300	15
	19–22	58	162	2100	8,8	46	800	800	100	18	300	15
	23–50	58	162	2000	8,4	46	800	800	100	18	300	15
	51+	58	162	1800	7,5	46	800	800	80	10	300	15
Schwangerschaft	–	–	–	+300	+1,3	+30	1200	1200	125	18+§	450	20
Laktation	–	–	–	+500	+2,1	+20	1200	1200	150	18	450	25

	Alter	Gewicht	Größe	Fettlösliche Vitamine			Wasserlösliche Vitamine						
				Vitamin A†	Vitamin D	Vitamin E††	Ascorbinsäure	Folacin**	Niacin§§	Riboflavin	Thiamin	Vitamin B_6	Vitamin B_{12}
	Jahre	kg	cm	IE	IE	IE	mg	µg	mg	mg	mg	mg	µg
Säuglinge	0,0–0,5	6	60	1400	400	4	35	50	5	0,4	0,3	0,3	0,3
	0,5–1,0	9	71	2000	400	5	35	50	8	0,6	0,5	0,4	0,3
Kinder	1–3	13	86	2000	400	7	40	100	9	0,8	0,7	0,6	1,0
	4–6	20	110	2500	400	9	40	200	12	1,1	0,9	0,9	1,5
	7–10	30	135	3300	400	10	40	300	16	1,2	1,2	1,2	2,0
Männer	11–14	44	158	5000	400	12	45	400	18	1,5	1,4	1,6	3,0
	15–18	61	172	5000	400	15	45	400	20	1,8	1,5	2,0	3,0
	19–22	67	172	5000	400	15	45	400	20	1,8	1,5	2,0	3,0
	23–50	70	172	5000	–	15	45	400	18	1,6	1,4	2,0	3,0
	51+	70	172	5000	–	15	45	400	16	1,5	1,2	2,0	3,0
Frauen	11–14	44	155	4000	400	12	45	400	16	1,3	1,2	1,6	3,0
	15–18	54	162	4000	400	12	45	400	14	1,4	1,1	2,0	3,0
	19–22	58	162	4000	400	12	45	400	14	1,4	1,1	2,0	3,0
	23–50	58	162	4000	–	12	45	400	13	1,2	1,0	2,0	3,0
	51+	58	162	4000	–	12	45	400	12	1,1	1,0	2,0	3,0
Schwangerschaft	–	–	–	5000	400	15	60	800	+2	+0,3	+0,3	2,5	4,0
Laktation	–	–	–	6000	400	15	80	600	+4	+0,5	+0,3	2,5	4,0

* Food and Nutrition Board, National Academy of Sciences – National Research Council, Washington, D.C., revidiert 1974. Die Empfehlungen sind so angelegt, daß sie einen guten Ernährungszustand praktisch aller in den USA lebenden gesunden Personen gewährleisten sollen. Die Empfehlungen für Erwachsene gelten für leichte Beschäftigung bei normalen Umweltverhältnissen (20°C).

** Gesamte Folsäure, wie sie in der Nahrung mit *Lactobacillus casei* nach Conjugasebehandlung bestimmbar ist. Der Bedarf würde wahrscheinlich durch ein Viertel der angegebenen Menge an freier Folsäure (Pteroylmonoglutaminsäure) gedeckt werden.

§ Der erhöhte Eisenbedarf kann nicht durch die Nahrung gedeckt werden. Eisensupplemente werden empfohlen.

§§ Niacin kann auch durch Tryptophan ersetzt werden, sofern der Tryptophanbedarf gedeckt ist (60 mg Tryptophan entsprechen 1 mg Niacin).

† Die Vitamin-A-Zufuhr erfolgt üblicherweise etwa je zur Hälfte in Form von Retinol und von Carotinen mit Vitamin-A-Aktivität. Für Kinder in den ersten 6 Lebensmonaten ist eine ausschließliche Retinolzufuhr gemeint.

†† Gesamte Vitamin-E-Aktivität unter der Annahme, daß die Nahrung 80% der Aktivität in Form von α-Tocopherol und 20% in Form anderer Tocopherole enthält.

Relative Atommassen der Elemente 1973*

Name	Symbol	Atomnummer	Relative Atommasse
Actinium	Ac	89	(227)
Aluminium	Al	13	26,981 54
Americium	Am	95	(243)
Antimon	Sb	51	121,75+
Argon	Ar	18	39,948+
Arsen	As	33	74,921 6
Astatin	At	85	(210)
Barium	Ba	56	137,34+
Berkelium	Bk	97	(247)
Beryllium	Be	4	9,012 18
Blei	Pb	82	207,2
Bor	B	5	10,81
Brom	Br	35	79,904
Cadmium	Cd	48	112,40
Caesium	Cs	55	132,905 4
Calcium	Ca	20	40,08
Californium	Cf	98	(251)
Cassiopeium	Cp	Siehe Lutetium	
Cer	Ce	58	140,12
Chlor	Cl	17	35,453
Chrom	Cr	24	51,996
Cobalt	Co	27	58,933 2
Columbium	Cb	Siehe Niob	
Curium	Cm	96	(247)
Dysprosium	Dy	66	162,50+
Einsteinium	Es	99	(254)
Eisen	Fe	26	55,847+
Emanation	Em	Siehe Radon	
Erbium	Er	68	167,26+
Europium	Eu	63	151,96
Fermium	Fm	100	(257)
Fluor	F	9	18,998 40
Francium	Fr	87	(223)
Gadolinium	Gd	64	157,25+
Gallium	Ga	31	69,72
Germanium	Ge	32	72,59+
Glucinium	Gl	Siehe Beryllium	
Gold	Au	79	196,966 5
Hafnium	Hf	72	178,49+
Hahnium§	Ha§	105	–
Helium	He	2	4,002 60
Holmium	Ho	67	164,930 4
Indium	In	49	114,82
Iridium	Ir	77	192,22+
Jod	I	53	126,904 5
Kalium	K	19	39,098+
Kohlenstoff	C	6	12,011
Krypton	Kr	36	83,80
Kupfer	Cu	29	63,546+
Kurtschatovium§	Kt§	104	–
Lanthan	La	57	138,905 5+
Lawrencium	Lr	103	(260)
Lithium	Li	3	6,941+
Lutetium	Lu	71	174,97
Magnesium	Mg	12	24,305
Mangan	Mn	25	54,938 0
Mendelevium	Md	101	(258)
Molybdän	Mo	42	95,94+
Natrium	Na	11	22,989 77
Neodym	Nd	60	144,24+
Neon	Ne	10	20,179+
Neptunium	Np	93	[237,048 2]
Nickel	Ni	28	58,70
Niob	Nb	41	92,906 4
Niton	Nt	Siehe Radon	
Nobelium	No	102	(255)
Osmium	Os	76	190,2
Palladium	Pd	46	106,4
Phosphor	P	15	30,973 76
Platin	Pt	78	195,09+
Plutonium	Pu	94	(244)
Polonium	Po	84	(209)
Praseodym	Pr	59	140,907 7
Promethium	Pm	61	(145)
Protactinium	Pa	91	[231,035 9]
Quecksilber	Hg	80	200,59+
Radium	Ra	88	[226,025 4]
Radon (Radium-emanation)	Rn	86	(222)
Rhenium	Re	75	186,207
Rhodium	Rh	45	102,905 5
Rubidium	Rb	37	85,467 8+
Ruthenium	Ru	44	101,07+
Samarium	Sm	62	150,4
Sauerstoff	O	8	15,999 4+
Scandium	Sc	21	44,955 9
Schwefel	S	16	32,06
Selen	Se	34	78,96+
Silber	Ag	47	107,868
Silicium	Si	14	28,086+
Stickstoff	N	7	14,006 7
Strontium	Sr	38	87,62
Tantal	Ta	73	180,947 9+
Technetium	Tc	43	(97)
Tellur	Te	52	127,60+
Terbium	Tb	65	158,925 4
Thallium	Tl	81	204,37+
Thorium	Th	90	[232,038 1]
Thulium	Tm	69	168,934 2
Titan	Ti	22	47,90+
Uran	U	92	238,029
Vanadium	V	23	50,941 4+
Wasserstoff	H	1	1,007 9
Wismut	Bi	83	208,980 4
Wolfram	W	74	183,85+
Xenon	Xe	54	131,30
Ytterbium	Yb	70	173,04+
Yttrium	Y	39	88,905 9
Zink	Zn	30	65,38
Zinn	Sn	50	118,69+
Zirkon	Zr	40	91,22

* Relative Atommassen 1973 bezogen auf das Kohlenstoffisotop ^{12}C. Die Unsicherheit beträgt ± 1 in der letzten Stelle; wenn mit + versehen, beträgt sie ± 3. Werte in runden Klammern geben die Nukleonenanzahl (oder Massenzahl) des stabilsten bekannten Isotops an, Werte in eckigen Klammern die Nukleonenanzahl (oder Massenzahl) des bekanntesten Isotops.

§ Diese Elemente sowie deren Symbole sind international noch nicht anerkannt.

Ein ausführliches Stichwortregister zur Einführung in die Statistik (S.146–197) findet sich auf S.198

A

Alphabetisches Stichwortregister

Ein ausführliches Stichwortregister zur Einführung in die Statistik (S.146–197) findet sich auf S.198

Ein ausführliches Stichwortregister zur Einführung in die Statistik (S.146–197) findet sich auf S.198

Ein ausführliches Stichwortregister zur Einführung in die Statistik (S.146–197) findet sich auf S.198

B

Ein ausführliches Stichwortregister zur Einführung in die Statistik (S.146–197) findet sich auf S.198

Ein ausführliches Stichwortregister zur Einführung in die Statistik (S. 146–197) findet sich auf S. 198

C

Ein ausführliches Stichwortregister zur Einführung in die Statistik (S.146–197) findet sich auf S.198

Ein ausführliches Stichwortregister zur Einführung in die Statistik (S. 146–197) findet sich auf S. 198

Ein ausführliches Stichwortregister zur Einführung in die Statistik (S.146–197) findet sich auf S.198

D

Ein ausführliches Stichwortregister zur Einführung in die Statistik (S. 146–197) findet sich auf S. 198

E

Ein ausführliches Stichwortregister zur Einführung in die Statistik (S.146–197) findet sich auf S.198

Ein ausführliches Stichwortregister zur Einführung in die Statistik (S.146–197) findet sich auf S.198

F

Ein ausführliches Stichwortregister zur Einführung in die Statistik (S.146–197) findet sich auf S.198

G

Ein ausführliches Stichwortregister zur Einführung in die Statistik (S.146–197) findet sich auf S.198

Ein ausführliches Stichwortregister zur Einführung in die Statistik (S.146–197) findet sich auf S.198

Ein ausführliches Stichwortregister zur Einführung in die Statistik (S.146–197) findet sich auf S.198

H

Ein ausführliches Stichwortregister zur Einführung in die Statistik (S.146–197) findet sich auf S.198

Ein ausführliches Stichwortregister zur Einführung in die Statistik (S.146–197) findet sich auf S.198

Ein ausführliches Stichwortregister zur Einführung in die Statistik (S. 146–197) findet sich auf S. 198

I

Ein ausführliches Stichwortregister zur Einführung in die Statistik (S. 146–197) findet sich auf S. 198

J

K

Ein ausführliches Stichwortregister zur Einführung in die Statistik (S.146–197) findet sich auf S.198

Ein ausführliches Stichwortregister zur Einführung in die Statistik (S.146–197) findet sich auf S.198

L

Ein ausführliches Stichwortregister zur Einführung in die Statistik (S. 146–197) findet sich auf S. 198

Ein ausführliches Stichwortregister zur Einführung in die Statistik (S.146–197) findet sich auf S.198

M

Ein ausführliches Stichwortregister zur Einführung in die Statistik (S. 146–197) findet sich auf S. 198

Alphabetisches Stichwortregister

Ein ausführliches Stichwortregister zur Einführung in die Statistik (S.146–197) findet sich auf S.198

N

Ein ausführliches Stichwortregister zur Einführung in die Statistik (S.146–197) findet sich auf S.198

O

Ein ausführliches Stichwortregister zur Einführung in die Statistik (S.146–197) findet sich auf S.198

P

Ein ausführliches Stichwortregister zur Einführung in die Statistik (S. 146–197) findet sich auf S. 198

Ein ausführliches Stichwortregister zur Einführung in die Statistik (S.146–197) findet sich auf S.198

Ein ausführliches Stichwortregister zur Einführung in die Statistik (S. 146–197) findet sich auf S. 198

Ein ausführliches Stichwortregister zur Einführung in die Statistik (S.146–197) findet sich auf S.198

Ein ausführliches Stichwortregister zur Einführung in die Statistik (S.146–197) findet sich auf S.198

S

Ein ausführliches Stichwortregister zur Einführung in die Statistik (S. 146–197) findet sich auf S. 198

Ein ausführliches Stichwortregister zur Einführung in die Statistik (S.146–197) findet sich auf S.198

Ein ausführliches Stichwortregister zur Einführung in die Statistik (S.146–197) findet sich auf S.198

T

Ein ausführliches Stichwortregister zur Einführung in die Statistik (S.146–197) findet sich auf S.198

Alphabetisches Stichwortregister

Ein ausführliches Stichwortregister zur Einführung in die Statistik (S. 146–197) findet sich auf S. 198

Ein ausführliches Stichwortregister zur Einführung in die Statistik (S.146–197) findet sich auf S.198

W

X

Ein ausführliches Stichwortregister zur Einführung in die Statistik (S.146–197) findet sich auf S.198

Y

Z

Notizen

Notizen

Notizen

Notizen